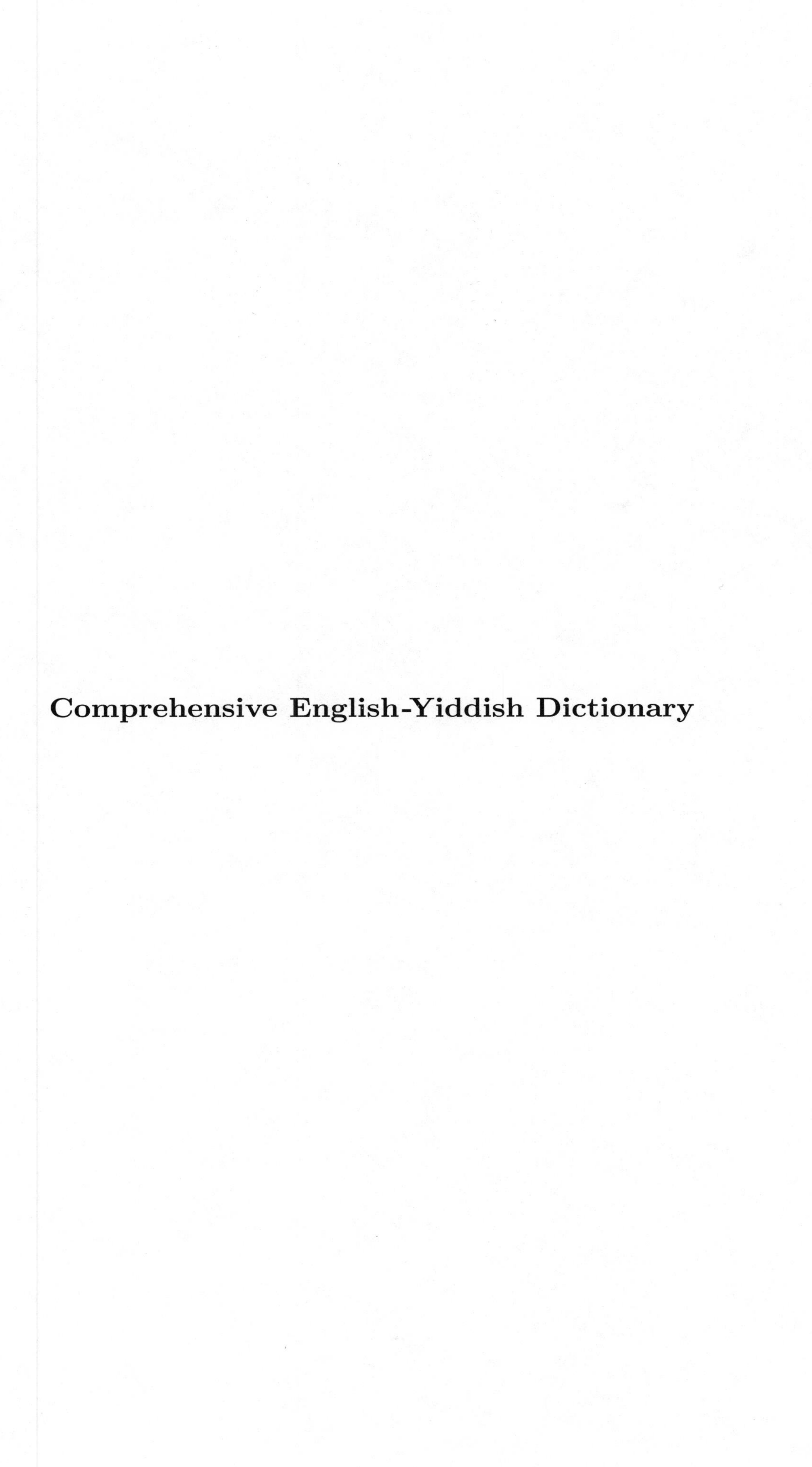

Comprehensive English-Yiddish Dictionary

Gitl Schaechter-Viswanath
Paul Glasser
Editors in Chief

Chava Lapin
Associate Editor

Comprehensive English-Yiddish Dictionary

(based on the lexical research of Mordkhe Schaechter)

אַרומנעמיק ענגליש־ייִדיש ווערטערבוך

(באַזירט אויף די לעקסישע זאַמלונגען פֿון מרדכי שעכטער)

Indiana University Press
Bloomington and Indianapolis

This book is a publication of

Indiana University Press
Office of Scholarly Publishing
Herman B Wells Library 350
1320 East 10th Street
Bloomington, Indiana 47405 USA

iupress.indiana.edu

The paper used in this publication meets the minimum requirements of the American National Standard for Information Sciences—Permanence of Paper for Printed Library Materials, ANSI Z39.48-1992.

The Yiddish font used in this publication is based on Taamey David CLM, originally designed by Yoram Gnat.

Manufactured in the United States of America

Cataloging information is available from the Library of Congress.

ISBN 978-0-253-02282-0 (cloth)

ISBN 978-0-253-02330-8 (ebook)

1 2 3 4 5 22 21 20 19 18 17

For her cover design of this publication Judith Waletzky was inspired by a map of Czernowitz, Romania (Chernivtsi in contemporary Ukraine). Czernowitz was the site of the first international Yiddish conference in 1908 which focused on the Yiddish language and its role in Jewish life. It was coincidentally also the birthplace of Mordkhe Schaechter. To reach the final design Waletzky took a map of Czernowitz and 3D-modeled an abstract topography. The artwork is a virtual bird's-eye view of the fractured landscape. The blue line represents the River Prut which flows through the city. The following images trace the steps taken to reach the final image.

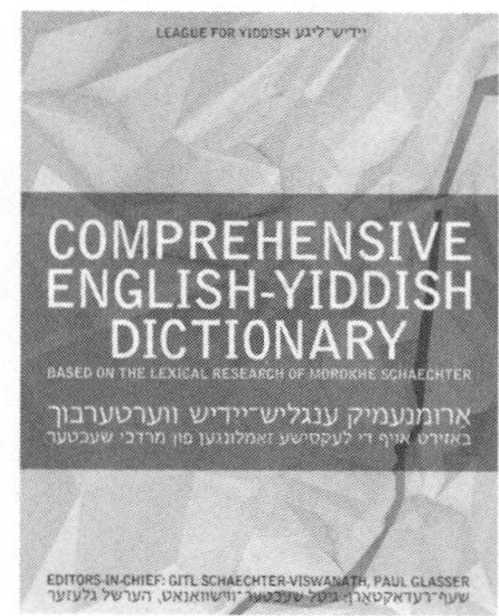

2007-1927

לזכּרון מרדכי שעכטער
וואָס האָט אין אונדז אַלעמען אײַנגעפֿלאַנצט
אַ ברענענדיקע ליבשאַפֿט און געטרײַשאַפֿט
צון אַ לעבעדיקער ייִדישער שפּראַך

Dedicated to the memory of Mordkhe Schaechter
who kindled in our hearts
a passion for, and dedication to,
a vibrant and resilient Yiddish

We are deeply indebted to the following foundations and individuals who substantially supported this project:

Eisenstadt Family Foundation
Jim Feldman and Natalie Wexler
Benyumen Shekhter Foundation for the Advancement of Standard Yiddish
Atran Foundation, Inc.
The Max and Anna Levinson Foundation
Jonathan Sunshine
The Rita Poretsky Foundation, Inc.
Nan Bases
Jean Axelrod Memorial Foundation

Generous donations were also provided by:

Yiddish of Greater Washington, in honor of Max Ticktin, his leadership of the Yiddish (and Jewish) community in Washington, and the great affection that all of his students have had for him over the years
Harold Perloff
Adina Cimet and Michael Singer
Jacob Morowitz

Additional funding was received from: Solon and Marjery Beinfeld, Shulamith Zvia Berger, S. Perry and Shirley Brickman, Cynthia Ehrenkrantz, Marcia Elaine Kaplan, Henry and Linda Kellerman, Robert D. King, Osher Kraut, Gillda Leitenberg, Barry E. Lichtenberg, Jeffry V. Mallow, H. Marder, James A. Matisoff, Anna Miransky, Libi Miransky, Elliott/Elye and Donna Palevsky, Ray Palevsky, Adam Ring and Rachel Dobkin in memory of Boris and Frania Blum, Nina Rogow, David Roskies, Rubin Salz and Susan Curchack, Binyumen Schaechter, Rukhl Schaechter in memory of Mordkhe and Charne Schaechter, Judith and Lewis Siegel, Tracey Sivitz, Harvey Spiro in honor of Joseph and Shoshana Spiro, Tammy and Amit Stavinsky, Jay Wisnicki, Judith Woll, Dale Zheutlin, Sheva Zucker and Sandy Kessler, and Claire Zuckerman.

דאָס ווערטערבוך גייט אַרויס אַ דאַנק דער ברייטהאַרציקער שטיץ
פֿון די וויַטערדיקע פֿונדאַציעס און יחידים:

די אײַזענשטאַט־משפּחה־פֿונדאַציע
ישׂראל פֿעלדמאַן און נאַטאַלי וועקסלער
די פֿונדאַציע פֿאַר ייִדישער שפּראַכקולטור א"נ בנימין שעכטער
אַטראַן־פֿונדאַציע
די מאַקס און אַנאַ לעווינסאָן־פֿונדאַציע
איציק סאָנשײַן
די ריטאַ פּאָרעצקי־פֿונדאַציע
כיענע באַזעס
דזשין אַקסלראָד־מעמאָריאַל־פֿונדאַציע

צוגעשטעלט אַ ברייטע פּלייצע האָבן:

ייִדיש פֿון גרויס־וואַשינגטאָן, לכּבֿוד מאַקס טיקטין,
זײַן פֿירערשאַפֿט פֿון דער ייִדיש־ און ייִדישער קהילה אין וואַשינגטאָן, און דער טיפֿער ליבשאַפֿט
וואָס זײַנע סטודענטן האָבן פֿאַר אים געהאַט אין משך פֿון די יאָרן
הירש פּערלאָוו
עדינה צימעט און מײַקל זינגער
יאָסל מוראַוויעץ

מיר באַדאַנקען אויך די וויַטערדיקע בײַשטײַערערס: שלום און מאַרדזשערי בײַנפֿעלד, שולמית צבֿיה בערגער, שׂמחה־פּרץ און שבֿעלע בריקמאַן, יהודית וואָל, ישׂראלווישניצקי, ראובֿן זאַלץ און שושנה קורטשאַק, דייל זשויטלין, גילדאַ לײַטענבערג, בעריש ע. ד. ליכטענבערג, יאַנקל מאַטיסאָף, ישעיה מאַלאָוו, ה. מאַרדער, חנה מיראַנסקי, ליבי מיראַנסקי, יהודית און לויִס סגל, תּמי און עמית סטאַווינסקי, טעמע סיוויץ, שולמית ערענקראַנץ, חיהלע פּאַלעווסקי, עליע און דאָנאַ פּאַלעווסקי, שבֿע צוקער און סענדער קעסלער, חנה צוקערמאַן, מאַשע עטל קאַפּלאַן, ראָבערט קינג, חיים און ליבע קעלערמאַן, אָשר קרויט, נינאַ ראָגאָוו, דוד־הירש ראָסקעס, אָדם רינג און רחל דאָבקין לזכּרון באָריס און פֿראַניאַ בלום, בנימין שעכטער, שׂרה־רחל שעכטער לזכּרון מרדכי און טשאַרנע שעכטער, הירש שפּיראָ לכּבֿוד יוסף און שושנה שפּיראָ

Preface

Mordkhe Schaechter, the initiator of this new dictionary, was a Yiddish language institute in and of himself. More than anyone else in living memory, he collected and researched spoken and literary Yiddish in all its varieties—geographical, social, historical, and cultural. He published both descriptive works on authentic traditional usage and prescriptive ones as part of his vision for present-day and future Yiddish. Several lifetimes would have been too little time for him to publish all the knowledge he had accumulated.

Schaechter's professional research spanned many spheres of the linguistic field, particularly dialectology and Yiddish language corpus planning, and had a major influence on the most important Yiddish publications of the past fifty years.

Besides being a meticulous researcher, Schaechter was also a successful and much beloved Yiddish professor at Columbia University and the Jewish Teachers Seminary/Herzliah. One need only look at the number of his students who went on to become Yiddish professors to realize the impact that he had on the development of Yiddish as a subject of serious study. His personal relationship with Yiddish—not just as an academic field of study, but also as the indispensable language of our thousand-year-old Yiddish heritage—informed his entire life.

In the late 1950s, Schaechter initiated the Committee for the Implementation of the Standardized Yiddish Orthography, which would be active for several decades in promoting the standardized Yiddish spelling system originally promulgated by YIVO and TsIShO (Central Yiddish School Organization in Poland). In 1964, he co-founded Yugntruf Youth for Yiddish in order to promote the speaking of Yiddish among young people. In 1979, he founded and served as the longtime executive director of the League for Yiddish. This organization—through educational and literary ventures, including its magazine *Afn shvel*—continues to this day to pursue the goals of encouraging people to speak Yiddish in their everyday life; enhancing the prestige of Yiddish as a living language, both within the Yiddish-speaking community and outside it; and promoting the modernization of Yiddish.

Through his multi-faceted research, Schaechter curated approximately thirty terminological collections reflecting day-to-day spoken and written Yiddish in prewar Eastern Europe. These lists, which range literally from A (agriculture) to Z (zoology), include words and expressions used by professionals and tradesmen, in synagogues, in schools, on the street, in the military, at home, and in intimate life—wherever Yiddish-speaking Jews lived and worked—and can be found in Yiddish literature, newspapers, and other sources of the written word.

Towards the end of the twentieth century, as the Yiddish language began to undergo a minor renaissance, and the existing dictionaries gradually lost their utility in providing the necessary vocabulary for a natural spoken Yiddish in a rapidly changing linguistic environment, Schaechter recognized the need for a new English-Yiddish dictionary.

His belief in the value of Yiddish as a living language for both secular and religious Jews never wavered. A living language is a growing language, as he eloquently put it in his article "We Are Not Standing Still."[1] During the peak period of terminological creativity in Yiddish, between the two World Wars in Eastern Europe, the Yiddish school systems and YIVO did their utmost to enrich the language with words for all modern endeavors; Yiddish—not merely a vehicle for home, synagogue, and in-group speech—would be on a par with all national languages.

In the post-war era, Yiddish philologists, including the young Mordkhe Schaechter, recognized the urgent need to collect and preserve traditional Yiddish, as well as to continue to fill lexical gaps. Among the results of this philological approach were Uriel Weinreich's *Modern English-Yiddish Yiddish-English*

[1] "Mir shteyen nit af an ort" (see Bibliography).

Dictionary (1968), which Schaechter assisted in editing; Yudel Mark and Judah A. Joffe's *Great Dictionary of the Yiddish Language* (1961-1980); and the *Language and Culture Atlas of Ashkenazic Jewry* by Marvin I. Herzog et al. (1992-), for which Schaechter served as principal interviewer during the field research of the 1950s to 1960s. As in any given modern age, new inventions and concepts require new terminology, and all languages must strive to keep pace. In the case of technology and computer science, for example, many innovations have arisen in English-speaking countries; hence, the relevant words have originated in English. Even widely spoken European languages, such as French, Spanish, German, and Russian, utilize three different approaches to fill lexical gaps: recycling older words, coining new ones, and borrowing.

In the case of Yiddish, a language spoken by a minority people surrounded by various majority nations, borrowing from other languages has been prevalent throughout its history. In spite of that, Schaechter notes that "the tendency of its development has been toward greater independence [from its origins in Middle High German]."[2] After the rise of modern Yiddish literature and the Yiddishist movement in the latter part of the nineteenth century—along with contemporaneous efforts to reverse the prevailing tendency and make Yiddish more closely resemble German—borrowing was considered the least desirable approach to enrich the language: "They looked [for terms] in traditional folk language or coined [new ones]."[3] Where borrowing was necessary, it was considered best to borrow pan-European terms of Greco-Latin origin,[4] as widespread borrowing from local languages could lead to unintelligibility between speakers from different regions. This has, to some extent, taken place in the post-Holocaust era, as Yiddish speakers have found themselves even more far-flung than before; whereas a degree of unintelligibility may be tolerated in colloquial speech, it is decidedly not so in a literary language, let alone in scientific discourse.

The present dictionary arose out of what would have been Schaechter's most ambitious publication, tentatively titled "How Would You Say It in Yiddish?" which he intended to include the words both spontaneously and mindfully coined since the publication of the *Modern English-Yiddish Yiddish-English Dictionary.* Without these, it would be difficult to discuss contemporary topics in Yiddish.

As Schaechter stated in his original (unpublished) preface, his planned dictionary was to be "mainly a complement to our existing bilingual lexicography in general, to the English-Yiddish part of the Weinreich dictionary in particular." He did, however, plan to include English words listed in earlier dictionaries if they had acquired new meanings or if the Yiddish equivalents were obviously outdated. Here, Schaechter cited the example of Paul Abelson's *English-Yiddish Encyclopedic Dictionary* (1915), in which many "Yiddish" glosses were lifted wholesale from German dictionaries.

Rather than simply issue a complement to the Weinreich dictionary, however, the editors of this dictionary decided to considerably expand its scope to encompass the broad range of words and expressions found in most bilingual dictionaries, as well as contemporary English slang and colloquial usage prevalent mainly in North America.

Many entries were drawn from Schaechter's card files. Where he may have proposed several possible Yiddish equivalents for an English term, the editors selected the one or two that appeared to be most felicitous, and supplemented them with known existing synonyms. Where a draft entry included only an English term (intended by Schaechter to be further researched at a later point in time), the editors added Yiddish equivalents based on further in-depth review of existing Yiddish dictionaries, in particular Nahum Stutchkoff's *Thesaurus of the Yiddish Language* (1950), and by comparison to pan-European and Middle Eastern usage: French, German, Spanish, Portuguese, Italian, Polish, Russian, Czech, Hungarian, Israeli Hebrew, and Arabic dictionaries, both hard-copy and internet editions.

Moreover, in keeping with Schaechter's striving for maximal comprehensiveness and contemporaneity, English terms that have arisen since his retirement have been added and Yiddish equivalents have been found or coined for them.

This new dictionary is significantly larger than most previous ones. The Weinreich dictionary, for example, includes approximately 20,000 entries each in both the English-Yiddish and Yiddish-English sections; Alexander Harkavy's *Yiddish-English-Hebrew Dictionary* includes around 30,000; the

[2] Ibid., p. 352.

[3] Ibid., p. 357.

[4] Yiddish: *internatsyonalizmen.*

Comprehensive Yiddish-English Dictionary by Solon Beinfeld and Harry Bochner—about 37,000; the *Comprehensive English-Yiddish Dictionary* includes close to 50,000 entries and 33,000 subentries.

The initiator and editors of this dictionary have also taken a somewhat different approach to Yiddish dialectal usage than is evident in previous works, consistent with Schaechter's approach to dialect variation. A majority of Yiddish monolingual and bilingual dictionaries have evinced an implicit preference for the lexicon and usage originating in the northeastern region of Yiddish-speaking Eastern Europe (Lithuania, Latvia, Estonia, Belarus, and Northeastern Poland). The present dictionary emphasizes the usage of other regions as well, including Central Yiddish (spoken in Poland, Galicia, Hungary, and northwestern Romania) and Southeastern Yiddish (spoken in Ukraine, Moldova, and northeastern Romania), thereby presenting the richness and depth of the language over its entire geographic spread.

The editors-in-chief are Gitl Schaechter-Viswanath, a Yiddish editor and poet, who collaborated with her father on this dictionary and edited a number of his publications, and Paul Glasser, a Yiddish linguist who studied extensively with Dr. Schaechter and also collaborated with him on many of his publications. Associate editor Chava Lapin has been teaching Yiddish and related studies for forty years both in the United States and overseas.

The League for Yiddish is proud to be partnering with Indiana University Press in the publication of the *Comprehensive English-Yiddish Dictionary.*

Bibliography

Abelson, Paul, *English-Yiddish Encyclopedic Dictionary.* New York: Jewish Press Publishing Company, 1915.

Beinfeld, Solon, and Harry Bochner, *Comprehensive Yiddish-English Dictionary.* Bloomington and Indianapolis: Indiana University Press, 2013.

Bordin, Hanan-Michael, *English-Yiddish Dictionary of Place-Names.* Tel Aviv: Bedek Media Group, 2015.

Harkavy, Alexander, *Yiddish-English-Hebrew Dictionary.* New York: Hebrew Publishing Company, 1928. Republished New York: Schocken Books and YIVO, 1988.

Herzog, Marvin I., et al., *Language and Culture Atlas of Ashkenazic Jewry.* 3 Vols. Tübingen: Max Niemeyer Verlag and New York: YIVO, 1992-.

Kerner, Samuel, and Bernard Vaisbrot, *Dictionnaire français-yiddish.* Paris: Bibliothèque Medem, 2000.

Mark, Yudel, and Judah A. Joffe, *Great Dictionary of the Yiddish Language.* 4 Vols. New York: Yiddish Dictionary Committee, 1961-1980.

Niborski, Yitskhok, *Dictionnaire des mots d'origine hébraïque et araméene en usage dans la langue yiddish.* Third, Revised and Expanded Edition. Paris: Bibliothèque Medem, 2012.

Niborski, Yitskhok, and Bernard Vaisbrot, *Dictionnaire yiddish-français.* Paris: Bibliothèque Medem, 2002.

Schaechter, Mordkhe, *Authentic Yiddish.* New York: League for Yiddish, 1986.

---, "Mir shteyen nit af an ort" ["We Are Not Standing Still"]. *Almanakh Yidish.* New York: Congress for Jewish Culture, 1961: 351-362.

---, *Plant Names in Yiddish.* New York: YIVO, 2005.

Shapiro, M. A., I. G. Spivak and M. Ya. Shulman, *Russko-Evreiskii (Idish) Slovar'.* Moscow: Russkii Yazyk, 1984.

The Standardized Yiddish Orthography. Mordkhe Schaechter, *The History of the Standardized Yiddish Spelling,* and *Rules of Yiddish Spelling,* sixth edition. New York: YIVO and League for Yiddish, 1999.

Stutchkoff, Nahum, *Thesaurus of the Yiddish Language.* New York: YIVO, 1950.

Weinreich, Uriel, *Modern English-Yiddish Yiddish-English Dictionary.* New York: McGraw Hill and YIVO, 1968.

"Yiddishland: Countries, Cities, Towns, Rivers." Paul Glasser, ed. Based on the toponymic collections of Mordkhe Schaechter. www.yivo.org/Yiddishland.

הקדמה

דאָס איצטיקע **אַרומנעמיק ענגליש־ייִדיש ווערטערבוך** וואַקסט אַרויס פֿונעם לעבנסווערק פֿון מרדכי שעכטער, וואָס ער האָט געפֿונען פֿאַר נייטיק צו זען, אַז מאַמע־לשון זאָל מיטהאַלטן מיט דער צײַט בכּלל און מיט דער ריזעדיקער טעכנאָלאָגישער אַנטוויקלונג פֿון די לעצטע פֿופֿציק יאָר בפֿרט, און האָט דעריבער אָנגעקליבן אַ גרויסן חלק פֿונעם מאַטעריאַל וואָס דער ניצער וועט דאָ געפֿינען.

שעכטער איז איינער אַליין געווען אַ גאַנצער ייִדיש־אינסטיטוט: אַ פֿאָרשער, רעדאַקטאָר, לערער, שרײַבער, אַרויסגעבער, אַגיטאַטאָר און אַ פּרינציפּיעלער ייִדיש־רעדער – מיט זײַן משפּחה, גוטע־פֿרײַנד, סטודענטן, באַקאַנטע און גלאַט ייִדן און נישט־ייִדן ליבהאָבערס פֿון מאַמע־לשון.

דעם יסוד פֿונעם איצטיקן ווערטערבוך האָט ער געלייגט דורך זײַן אויספֿאָרשן און אָנקלײַבן ייִדישע טערמינאָלאָגיע מכּל־המינים: טעכנישע, באָטאַנישע, געאָגראַפֿישע און נאָך און נאָך. כאָטש שעכטער האָט אים קודם פֿאַרטראַכט ווי אַ המשך פֿון אוריאל ווײַנרײַכס **מאָדערן ענגליש־ייִדיש ייִדיש־ענגליש ווערטערבוך** (1968), וואָס זאָל אַרײַננעמען די נײַ־צוגעקומענע ווערטער, דערעיקרשט וויסנשאַפֿטלעכע און טעכנישע טערמינען, זינט די מיטעלע 1960ער יאָרן, האָבן די רעדאַקטאָרן באַשלאָסן אויסצוברייטערן דעם פּראָיעקט און אַרײַננעמען וואָס מער שפּראַכוואַרג – נישט בלויז נײַע ווערטער, נאָר אויך די מיט אַ ייִחוס, וואָס מע קען זיי געפֿינען אויך אין פֿריִערדיקע ווערטערביכער. איז דאָס איצטיקע ווערטערבוך דאָס גרעסטע פֿון דעם זגאַל, מיט קנאַפּע 50,000 איינסן און 33,000 סובאיינסן.

די שעף־רעדאַקטאָרן, גיטל שעכטער־ווישוואַנאַט און הערשל גלעזער, האָבן ביידע לאַנגע יאָרן צוזאַמענגעאַרבעט מיט שעכטערן איבער כּלערליי פּראָיעקטן זײַנע. חוה לאַפּין, דער אַסאָציִירטער רעדאַקטאָר, לערנט ייִדיש און קרובֿישע לימודים שוין פֿערציק יאָר סײַ אין אַמעריקע סײַ מעבֿר־לים. אין נאָמען פֿון דער ייִדיש־ליגע ווילן זיי אַרויסזאָגן זייער שטאָלץ, וואָס בשותּפֿות מיטן פֿאַרלאַג פֿונעם אינדיאַנאַ־אוניווערסיטעט קומט אַרויס דאָס **אַרומנעמיק ענגליש־ייִדיש ווערטערבוך**.

Acknowledgements

In the course of the past sixteen years, many individuals have contributed their talents to the making of this dictionary. We would like to acknowledge and thank the following:

Associate Editor Chava Lapin painstakingly reviewed the manuscript of Mordkhe Schaechter's original lexical collection, making numerous linguistic additions, comments, and recommendations. Her extensive and wide-ranging knowledge of the Yiddish language were invaluable in this effort.

Deep appreciation goes to those individuals who tirelessly reviewed and edited proofs over the years, including: Elissa Bemporad, Yakov Peretz Blum, Harry Bochner, Alec Burko, David E. Fishman, Simon Neuberg, Elinor Robinson, Robert A. Rothstein, Arele (Arun) Viswanath, and Sheva Zucker.

Various linguistic comments, suggestions and clarification were provided by: David Braun, Yitskhok Niborski, Paula Teitelbaum, and Khane-Faygl Turtletaub.

Advice and recommendations regarding professional and technical terminology were provided by: Zackary Berger, Alexander Botwinik, Stephen M. Cohen, Jamie Conway, Raphael Finkel, Eve Jochnowitz, Binyumen Schaechter, Naftali Schaechter Ejdelman, Meena-Lifshe Viswanath, and Meylekh (P.V.) Viswanath.

Logistical advice and consultation were provided by: Jim Feldman, Faith Jones, Jeffry V. Mallow, Libi Miransky, Elliott/Elye Palevsky, Yankl Salant, and Adam Whiteman.

Lyubov Remennik assisted in the initial stages of the compilation of the dictionary.

The book cover was designed by Judith Shalva Waletzky. Design and layout of the front matter was by Yankl Salant.

Heartfelt thanks to Adam Whiteman for his unwavering support and wholehearted assistance from the outset of this project.

We acknowledge the selfless devotion and skill of Jamie Conway, who converted the manuscript from an outdated software program into a contemporary format, created the design for the main content of the dictionary and incorporated all editorial changes, thereby making possible its publication.

Finally, words cannot express our deepest appreciation to the Viswanath family—Meylekh, Meena-Lifshe, Arele, and Malke-Leye—for their enduring patience, understanding of the importance of this project, and unflagging moral and emotional support during its many years of development. This dictionary is for you.

Gitl Schaechter-Viswanath
Paul (Hershl) Glasser
Editors-in-Chief

דאַנקוואָרט

אָן אַ שיעור טאַלאַנטן האָבן צוגעהאָלפֿן אין משך פֿון די לעצטע זעכצן יאָר בײַם שאַפֿן דאָס ווערטערבוך. מיר ווילן זיי דאָ אָנערקענען און באַדאַנקען:

אַסאָציִירטער רעדאַקטאָר חוה לאַפּין האָט מיט קאָפּ און האַרץ איבערגעקוקט דעם רויען מאַנוסקריפּט פֿון מרדכי שעכטערס אָריגינעלע לעקסישע זאַמלונגען, און דערבײַ געמאַכט אַ שלל מיט שפּראַכיקע צוגאָבן, קאָמענטאַרן און רעקאָמענדאַציעס. דער צושטײַער פֿון איר ברייטן און טיפֿן וויסן פֿון ייִדיש־לשון איז אין־לשער.

מיר שאַצן טיף אָפּ דעם צושטײַער פֿון אַלע וואָס האָבן מיט געדולד געלייענט קאָרעקטור אין משך פֿון די יאָרן: חיים באָכנער, לייזער בורקאָ, יעקבֿ־פּרץ בלום, אליסה בן־פּורתּ, אַרעלע ווישוואַנאַט, שמעון נויבערג, דוד־אליהו פֿישמאַן, שבֿע צוקער, לאה ראָבינסאָן און רחמיאל־אַבֿרהם ראָטשטיין.

שפּראַך־קאָמענטאַרן, פֿירלייגן און אויפֿקלערונגען האָבן מיר צו פֿאַרדאַנקען: דוד בראַון, פּערל טייטלבוים, חנה־פֿײַגל טערטלטויב און יצחק ניבאָרסקי.

מיט עצות און רעקאָמענדאַציעס אין שײַכות מיט ספּעציפֿישער פּראָפֿעסיאָנעלער און טעכנישער טערמינאָלאָגיע האָבן שטאַרק צוגעהאָלפֿן: סענדער באָטווינִיק, שלום בערגער, מינע־ליפּשע ווישוואַנאַט, מלך ווישוואַנאַט, איוו יאָכנאָוויץ, שלמה־חיים כּהן, רפֿאל פֿינקל, דזשיימי קאָנוויי, בנימין שעכטער און נפֿתּלי שעכטער איידלמאַן.

לאָגיסטישע עצות און פֿירלייגן האָבן געמאַכט: נעמי דזשאָנז, אָדם ווײַטמאַן, ישעיה מאַלאָוו, ליבי מיראַנסקי, יאַנקל סאַלאַנט, עליע פּאַלעווסקי און ישׂראל פֿעלדמאַן.

די הילעקונסט האָט געריסעוועט יהודית שלווה וואַלעצקי. די אַרײַנפֿיר־זײַטלעך האָט אויסגעשטעלט יאַנקל סאַלאַנט.

ליבקע רעמעניק האָט מיטגעאַרבעט בשעת די ערשטע סטאַדיעס פֿונעם צונויפֿשטעלן דאָס ווערטערבוך.

אַ דאַנק פֿון טיפֿן האַרצן אָדם ווײַטמאַנען פֿאַר זײַן פֿעסטער שטיץ און מוטיקונג פֿון סאַמע אָנהייב פֿון דעם פּראָיעקט.

מיר אָנערקענען די מוסר־נפֿשדיקע איבערגעגעבנקייט און קענטשאַפֿט פֿון דזשיימי קאָנוויי, וואָס האָט אַריבערגעפֿירט דעם מאַנוסקריפּט פֿון אַ שטאַרק פֿאַרעלטערטער קאָמפּיוטער־פּראָגראַם אויף אַ הײַנטצײַטיקן פֿאָרמאַט, אויסגעשטעלט דאָס ווערטערבוך און אַרײַנגעפֿירט אַלע רעדאַקציאָנעלע בײַטן, און דערבײַ דערמעגלעכט דאָס אַרויסענדיקן און אַרויסגעבן דאָס בוך.

אַחרון אַחרון חבֿיבֿ: דער משפּחה ווישוואַנאַט – מלך, מינע־ליפּשע, אַרעלע און מלכּה־לאה – קומט אונדזער טיפֿסטער דאַנק און הכּרת־טובֿה פֿאַר איר אייביקן געדולד אין פֿאַרשטיין די וויכטיקייט פֿון דעם פּראָיעקט און פֿאַרן אַרויסווײַזן אומפֿאַרמאַטערלעכע מאָראַלישע און עמאָציאָנעלע שטיץ במשך די אָן אַ שיעור יאָרן וואָס דער פּראָיעקט האָט זיך געצויגן. אײַערס איז דאָס ווערטערבוך.

גיטל שעכטער־ווישוואַנאַט
הערשל גלעזער
שעף־רעדאַקטאָרן

Guidelines for Use of the Dictionary

1. Arrangement of entries:

   1a. When an entry or subentry indicates several Yiddish equivalents for a single English word, the most appropriate or commonly used synonym is usually listed first; all other equally appropriate synonyms are listed thereafter.

   1b. Some of the subtleties of the different Yiddish equivalents listed have been indicated. When uncertain as to which of the synonyms is most appropriate in a given context, it is recommended that the user look them up in a contemporary Yiddish-English dictionary.

   1c. Different parts of speech derived from the same root are listed in separate entries, e.g., buff, *adj.*, buff, *n.*, and buff, *v.* The most common meanings of these words are indented as subentries under the main entry.

   1d. English compounds are given their own entry, if they are a commonly occurring or idiomatic phrase. Otherwise, compounds or expressions are indented under the main element of the given phrase.

   1e. All entries are alphabetized without regard to spaces or punctuation. For example, *conversation piece* appears after *conversational*, and *machine-washable* appears after *machinery.*

   1f. The plural form of the noun appears following the singular form, and is separated by a comma, e.g. דער פֿאַקט, ־ן; דער קאָפּ, קעפּ, etc.

   1g. The Yiddish gloss indicated in the main entry is at times also relevant for one or more subentries; in these cases, we have included the italicized word *also* at the subentries.

   1h. Line breaks in the middle of a word have been minimized in order to optimize understanding of the correct orthography of the word. Therefore, such line breaks occur only after a hyphen or at the end of the word.

2. Pronunciation:

   2a. Yiddish contains many words of Hebrew-Aramaic origin, which are not usually spelled phonetically. The pronunciation of such words is given in transcription, as per YIVO standards. See alphabet table below. For example, the word שבת is transcribed [ShÁBES].

   — A single transcription is indicated for a word in a given entry, and is not repeated in subsequent subentries. However, derived forms in separate entries, including prefixes and suffixes, are transcribed. For example, the main entry for the word מחלוקת has the transcription [MAKhLÓYKES], but a subentry for מחלוקתדיק will include the transcription [MAKhLÓYKESDIK] as well. All transcriptions can be found on the last line or the following line of any given subentry, in the order in which the Yiddish word appeared in the subentry.

   2b. The most common unstressed vowel in Yiddish, often referred to as schwa, is for most speakers pronounced somewhere between [E] and [I]. Both Yiddish spelling and Roman transcription are inconsistent in this respect. For example, פנים is transcribed [PÓNEM], but שבתים is transcribed [ShABÓSIM]; the schwa in בוידעם is spelled with ע, but the schwa in ספּאָדיק is spelled with י.

   2c. The suffix ־ין, used to derive feminine from masculine nouns, is pronounced [N], not [IN]—the י is silent.

   2d. Palatal consonants are not indicated. This information can be found in existing Yiddish-English dictionaries.

   2e. Words such as לחיים, תּנאָים, etc. have generally been transcribed—based on the Yiddish spelling of the word—as [LEKhÁIM] and [TNÓIM]. This dictionary transcribes such words as [LEKhÁYEM], [TNÓYEM], and so forth, which more accurately reflects the actual pronunciation, to the best of our knowledge, in all Yiddish dialects.

2f. The sounds ש, כ/ח and זש are transcribed, respectively, as [Sh], [Kh] and [Zh], with a lower-case *h*, in order to distinguish the pronunciation of this sound from words with the sound [H]. For example: [MAKhLÓYKES], [KhÉYShEK] and [KhEZhBM], as opposed to [ÓYSHÁRGE(NE)N], [AVÉKHÁRGE(NE)N] and [AZHÓRE].

3. Stress:

3a. Stress is indicated for all words of more than one syllable, although most such words are stressed on the penultimate syllable.

3b. Only one type of accent mark is used for the two main types of accents: word stress, and primary accent in a phrase, such as in the periphrastic verb נישט װערן ‘disappear.’ In longer words, for which the word stress may not be completely clear, we have indicated not just one, but two stress marks.

3c. When a word includes a hyphen, stress marks are generally included for both elements of the word.

3d. Most Yiddish compound words have two stresses—primary and secondary. There is no graphic distinction between primary and secondary stress; both are indicated with the same accent mark. In most cases, the primary stress falls on the first element of the compound. For example, אַרבעטער־רינג ‘Workmen’s Circle’ and ישיבֿה־בחור ‘yeshiva student’, which were formed in Yiddish, have primary stress on the first element: [ÁRBETER], [YEShÍVE]; however, we have indicated both primary and secondary stress with the transcription [YEShÍVE-BÓKhER];

— In compounds derived directly from Hebrew, such as כּהרף־העין ‘instantly,’ primary stress falls on the second element—here, on [ÁYEN]. Again, in such cases, we have indicated both primary and secondary stress.

— A number of compounds have only a single stress on the second element: טאַטע־מאַמע, שוואַרצע־יאָר, יונגער־מאַן, etc. In these cases, we have indicated only the primary stress.

3e. Verbs with stressed prefixes have primary stress on the prefix; when the infinitive contains three or more syllables, including the infinitive ending, a secondary stress is indicated on the verb, e.g., אויפֿרודערן.

4. Stylistic, orthographic, orthoepic, and geographical variants:

4a. The dictionary is generally based on American usage, rather than British or Commonwealth usage.

4b. The user may encounter apparent inconsistencies, such as an English noun and verb, or adjective and adverb derived from the same root, yet with Yiddish equivalents based on different roots. This reflects the editors’ best evaluation of actual Yiddish usage as reflected in the literature and lexicography.

4c. Although a number of synonyms have been included in certain glosses, the editors of the dictionary have not endeavored to give all possible Yiddish variants, whether geographical, stylistic or otherwise. A variant that is absent is not necessarily incorrect. For example, both מעגלעך and מיגלעך are acceptable. In certain main entries, both have been indicated; however, in subentries only one is indicated, for reasons of practicality and space.

4d. The dictionary gives עס and ס׳ as equivalents of the English *it* preceding a verb. This should not be understood to mean that the variant עס is incorrect—all three are acceptable before a verb, whereas following a verb, only עס is correct. Likewise, מע before a verb is preferable to מען, although both are correct; following a verb, מען is required.

4e. The dictionary prefers the negation נישט; however, ניט is correct as well.

4f. The variants בלאָ/בלוי, גראָ/גרוי, מילך/מילעך are, again, indicated in main entries, but not in subsequent subentries. A longer list of such spelling variants can be found in *The Standardized Yiddish Orthography.*

5. General grammatical information:

   5a. While the dictionary does provide much grammatical information, certain grammatical details have not been included, e.g., past participles are not listed. Such information is readily available in Yiddish grammars and other Yiddish dictionaries.

   5b. The dictionary has aimed for idiomatic equivalence rather than grammatical equivalence. For example, English adjectival phrases often have Yiddish equivalents with verbal or nominal constructions. By way of illustration, although the adjective "absent" is indicated by the adjectival equivalent פֿעלנדיק, the expression "be absent" is indicated by the more idiomatic verbal expressions: ניששט (בײַ)זײַן and פֿעלן.

6. Nouns:

   6a. Gender of nouns is indicated by the article: דער (masculine), די (feminine), דאָס (neuter).

   6b. Proper nouns and those that can be considered proper appear with a definite article, but this article is generally not used. For example: דאָס ייִדיש, דאָס פּאַריז, די אַמעריקע.

   6c. A number of words use more than one article. For example: פֿענצטער 'window' can be either דאָס (neutral) or דער (masculine). We have indicated both (and at times, for some words, even all three relevant articles) in the main entry, but in subentries, generally only one is used, for simplicity's sake. The first listed article is the more commonly used one.

   6d. The symbol "–" following a noun indicates a zero plural ending, i.e., singular and plural are identical.

   6e. Words of Hebrew origin that end in ה drop the ה in the plural, e.g., מזוזה, מזוזות; ביצה, ביצים. In the dictionary, this is not indicated explicitly, where the entries read, e.g., מזוזה, ־ות.

7. Adjectives:

   7a. A number of adjectives cannot appear in positions that require inflection, e.g., ראָוי 'worthy'—these are classified as predicative; a number of others can only appear in such positions, e.g, פּיצינק 'tiny'; these are attributive. These differentiations are indicated by the respective abbreviations פּר' and אַטר'.

   Example of an attributive adjective: דאָס פּיצינקע שטיײַבעלע 'the minute speck' is correct, but not דאָס שטיײַבעלע איז פּיצינק; a predicative adjective—דער מענטש איז ראָוי 'this person is worthy' is correct, but not דער ראָויער מענטש.[1]

   7b. Gerundial adjectives ending in ־ענדיק are attributive only, and must be inflected: דאָס שפּרינגענדיקע ייִנגעלע 'the jumping little boy,' not דאָס ייִנגעלע איז שפּרינגענדיק.

8. Verbs:

   8a. The semelfactive, or instantaneous, aspect of verbs is formed either by the expression ... געבן אַ followed by a verb stem, or by אַ ... טאָן, surrounding the verb stem, e.g. זי האָט געגעבן אַ קוק or זי האָט אַ קוק געטאָן 'she took a look.' Regardless of which is used in a given entry, both are correct. More about variants in no. 4 above.

   8b. The infinitive ending of verbs is separated from the verb stem by a vertical line when the verb stem ends in thematic *e*: e.g., הוידע|ן, קאַטשע|ן, טענה|ן. This indicates that the *e* is part of the conjugation of the present tense, the past participle and the infinitive of these verbs. In all other verbs, such infinitive endings are not indicated.

   8c. Adjectival participles and gerunds are combined in one entry with their infinitives only when they have not been established as adjectives in their own right, but are merely inflected forms of the verb. Participles that have historically developed into adjectives are listed as separate entries.

[1] Weinreich, *Dictionary*, xxxi.

9. Place names: The dictionary includes the names of countries, states of the United States, and major world cities. It does not list all Yiddish place names. Additional information can be found in the *English-Yiddish Dictionary of Place-Names* and in the Internet publication *Yiddishland.*

10. Use of abbreviations:

    10a. Abbreviations referring to parts of speech are used only in cases of ambiguity.

    10b. Abbreviations that refer to case government (accusative and dative) are used only where usage is not obvious. When a verb takes the dative, or when the case governed—whether accusative or dative—is unexpected, it is indicated by the abbreviations 'דאַט and 'אַק.

    10c. The abbreviation *m./unsp.* refers to masculine nouns, indicating either males or those whose gender is unspecified; they are generally paired with feminine nouns designated *f.*, which refer specifically to females.

11. Use of symbols:

    11a. The slash (/) in a transcription indicates variants of the same word, such as two acceptable pronunciations—נואפֿים [NÓYEFIM/NOYÁFIM]. The slash is also used in Yiddish to indicate variant forms when included between the brackets ( ) or ‹ ›.

    11b. The angled brackets (‹ ›) indicate alternative forms within the same expression, e.g., ביסטו ‹זענט איר› 'are you.'

The Yiddish Alphabet and Letter Combinations

LETTER OR COMBINATION	TRANSCRIPTION	EXAMPLE	TRANSCRIPTION	GLOSS	REMARKS
א	silent	איי	[EY]	egg	
אַ	A	אַלץ	[ALTS]	everything	
אָ	O	אָרעם	[OREM]	arm	
ב	B	באַקן	[BAKN]	bake	
בֿ	V	רבֿ	[ROV]	rabbi	
ג	G	גוט	[GUT]	good	
ד	D	דין	[DIN]	thin	
ה	H	האָבער	[HOBER]	oats	
ו, וּ	U	קומען, ווּ	[KUMEN], [VU]	come, where	
וו	V	וואָס	[VOS]	what	
וי	OY	אויער	[OYER]	ear	
ז	Z	זען	[ZEN]	see	
זש	Zh	זשעדנע	[ZhEDNE]	greedy	As distinguished from, e.g., אַזהרה [AZ-HORE]
ח	Kh	חרטה	[KhAROTE]	regret	As distinguished from, e.g., פּיקהאָלץ [PIK-HOLTS]
ט	T	טאָן	[TON]	tone	
י, ִי	I	צי, ציִען	[TSI], [TSIEN]	whether, pull	

י	Y	יאָר	[YOR]	year	Pronounced [Y] when preceding a vowel
יי	EY	ביימער	[BEYMER]	trees	
ײַ	AY	לײַט	[LAYT]	people	
כּ	K	כּשר	[KOShER]	kosher	
כ, ך	Kh	כאָר, רויך	[KhOR], [ROYKh]	chorus, smoke	As distinguished from, e.g., פּיקהאָלץ [PIK-HOLTS]; in word-final position ך
ל	L	לופֿט	[LUFT]	air	
מ, ם	M	מאַכן, שוואָם	[MAKhN, ShVOM]	make, sponge	In word-final position ם
נ, ן	N	ניסן	[NISN]	sneeze	In word-final position ן
ס	S	סלופּ	[SLUP]	pole	
ע	E	עסן	[ESN]	eat	
פּ	P	פּאַקן	[PAKN]	pack	
פֿ, ף	F	פֿיש, טיף	[FISh], [TIF]	fish, deep	In word-final position ף
צ, ץ	TS	צען, קאַץ	[TSEN], [KATS]	ten, cat	In word-final position ץ
ק	K	קעמל	[KEML]	comb	
ר	R	רעדן	[REDN]	speak	
ש	Sh	שיקן	[ShIKN]	send	As distinguished from, e.g., אויסהאַלטן [OYS-HALTN]
שׂ	S	מעשׂה	[MAYSE]	story	
תּ	T	תּורה	[TOYRE]	Torah	
ת	S	אות	[OS]	letter of the alphabet	

Symbols and Abbreviations

Symbols

( ) optional word(s)

[ ] transcription

– zero plural ending

/ variant forms

< > alternative word/expression

| end of verb root

´ stress

• of doubtful acceptability in Standard Yiddish

Abbreviations of Lexical Categories

acad.	academic
agr.	agriculture
alg.	algebra
Am.	Americanism
anat.	anatomy
archit.	architecture
astr.	astronomy
av.	aviation
bib.	biblical
bio.	biology
bot.	botany
bus.	business
chem.	chemistry
Chr.	Christian
comp.	computer
cul.	culinary
econ.	economics
elec.	electricity/electronics
fin.	financial
geog.	geography
geol.	geology
geom.	geometry
gram.	grammar
hist.	historical
J.	Jewish
jur.	jurisprudence
ling.	linguistic
math.	mathematics
mech.	mechanics
med.	medicine
meteor.	meteorological
mil.	military
mus.	music
myth.	mythological
naut.	nautical
nav.	navigation
obst.	obstetrics
pharm.	pharmaceutical
phil.	philosophy
phon.	phonetics
phot.	photography
phys.	physics
physio.	physiology
poet.	poetic
pol.	political
psych.	psychology/psychiatry
rel.	religious
Sov.	Soviet
spo.	sports
stat.	statistics
tech.	technology
thea.	theater
typ.	typography
zool.	zoology

Grammatical and Stylistic Abbreviations

accus.	accusative
adj.	adjective
adv.	adverb
aff.	term of affection
app.	appellative (when addressing)
arch.	archaic
art.	article
aux. v.	auxiliary verb
coll.	collective noun
conj.	conjunction
dat.	dative
emph.	emphatic
esp.	especially
euph.	euphemistic
f.	feminine
fig.	figurative
form.	formal
hum.	humorous
imp.	imperfective verb
inf.	informal
inter. pron.	interrogative pronoun
int.	interjection
iro.	ironic
lit.	literary

m.	masculine
m./unsp.	can refer either to a male or to someone of unspecified sex
n.	noun
neut.	neutral
nom.	nominative
num.	numeral
nurs.	nursery talk (in speaking with children)
off.	offensive
part.	particle
pej.	pejorative
pf.	perfective verb
pl.	plural
pop.	popular
prep.	preposition
pron.	pronoun
rel./lnd.	religious/learned
rel. pron.	relative pronoun
sb.	somebody
sing.	singular
slg.	slang
stg.	something
unsp.	unspecified gender
v.	verb
vi.	intransitive verb
vlg.	vulgar
vt.	transitive verb

Yiddish Abbreviations

impersonal	אומפּ'	אומפּערזענלעך
attributive adjective	אַטר'	אַטריבוטיוו
uninflected	אינוו'	אינוואַריאַנט
infinitive	אינפֿ'	אינפֿיניטיוו
Americanism	אַמ'	אַמעריקאַניזם
inflected	געב'	געבויגן
singular	ל"י	לשון־יחיד
plural	ל"ר	לשון־רבים
possessive	פּאָס'	פּאָסעסיוו
postposition	פּאָסטפּ'	פּאָסטפּאָזיציע
past participle	פּאַרט'	(עבֿר־)פּאַרטיציפּ
predicate adjective	פּר'	פּרעדיקאַטיווער אַדיעקטיוו
reverse construction	פֿ"ק	פֿאַרקערטע קאָנסטרוקציע
collective noun	קאָל'	קאָלעקטיווער סובסטאַנטיוו
comparative adjective	קאָמפּ'	קאָמפּאַראַטיוו

A

A
  (letter) דער אַ, ־ען
  (grade/Am.) דער איי, ־ען
  (mus.) דער לאַ, ־ען
  A flat לאַ בעמאָל
  A sharp לאַ דיעֹז
  from A to Z פֿון אַלף ביז תּוו [ÁLEF] [TOF]
a
  (article) אַ(ן)
  (per) אַ; פּער; צו
aardvark דאָס ערד־חזירל, ־חזירימלעך [KhÁZERL, KhAZÉYRIMLEKh]
aardwolf דער ערדוואָלף, ...וועלף
Aaron (bib.) אַהרן הכּהן [ARN HAKÓYEN]
aback
  take aback איבערראשן; שטאַרק פֿאַרחידושן; פֿלעפֿן [FARKhÍDEShN]
  taken aback איבערגעראַשט; שטאַרק פֿאַרחידושט; געפֿלעפֿט [FARKhÍDEShT]
abacus דער אַבאַקוס, ־ן; דער אַבאַק, ־ן; רעכן־ביינדלעך ל״ר
abandon, *n.*
  with abandon הפֿקרדיק; אומגעצאַמט; מיט האַרץ און נשמה [HÉFKERDIK] [NEShÓME]
abandon, *v.* פֿאַרלאָזן; איבערלאָזן אויף הפֿקר; פֿאַרוואָרלאָזן ‹פֿאַרוואָרלייזן›; אַוועקוואַרפֿן; מפֿקיר זײַן [HÉFKER] [MÁFKER]
  abandon hope פֿאַרלירן די האָפֿענונג; אַראָפּלאָזן די הענט
  abandon ship פֿאַרלאָזן די שיף
  abandon a task אויפֿהערן ‹איבעררײַסן› די אַרבעט; מאַכן אַ סוף צו דער אַרבעט [SOF]
abandoned איבערגעלאָזן; פֿאַרלאָזן; פֿאַרוואָרלאָזט ‹פֿאַרוואָרלייזט›; הפֿקר; אַוועקגעוואָרפֿן [HÉFKER]
  abandoned child דאָס אונטערגעוואָרפֿענע קינד, ־ער
  abandoned house דאָס פֿאַרלאָזטע הויז, הײַזער; די פּוסטקע, ־ס
  abandoned wife דאָס/די פֿאַרלאָזטע ‹אַוועקגעוואָרפֿענע› ווײַב, ־ער
  abandoned wife (J.) די עגונה, ־ות [AGÚNE]
abandonment
  (of home/family) די אַוועקוואַרפֿונג; דאָס אַוועקוואַרפֿן
  child abandonment די אונטערוואַרפֿונג; דאָס אונטערוואַרפֿן אַ קינד
abase משפּיל זײַן; באַלײדיקן; דערנידעריקן [MAShPL]
abash פֿאַרשעמען; שטעלן אין אַ פֿאַרלעגנהייט
abashed פֿאַרשעמט
abate
  vt. פֿאַרקלענערן; פֿאַרמינערן; פֿאַרקנאַפּן
  vi. אײַנשטילן זיך; אײַנלייגן זיך; אָפּלאָזן; אָפּגיין
abatement די פֿאַרקלענערונג; די פֿאַרמינערונג; די פֿאַרקנאַפּונג
abattoir דאָס שעכטהויז, ...הײַזער; די בוינע, ־ס
abbess די אַבאַטיצע, ־ס; די הויפּט־מאָנאַשקע, ־ס
abbey
  (institution) די אַבאַטנשאַפֿט
  (building) די אַבאַטסטווע, ־ס
abbot דער אַבאַט, ־ן
abbreviate פֿאַרקירצן; (אָפּ)קירצן
abbreviated פֿאַרקירצט
  (word) *also* (אָפּ)געקירצט
abbreviation די (פֿאַר)קירצונג, ־ען; די אָפּקירצונג, ־ען; דער ראַשי־תּיבֿות, ־ן [ROShETÉYVES]
ABC
  the ABC דער (לאַטײַנישער/ליטײַנישער) אַלף־בית; דער אַלפֿאַבעט, ־ן; דער אַ־בע־צע, ־ען [ÁLEFBEYS]
  the ABCs of די יסודות פֿון; די עלעמענטאַרסטע ידיעות אין [YESÓYDES] [YEDÍES]
abdicate אַבדיקירן (פֿון); אָפּזאָגן זיך פֿון; אָפּדאַנקען פֿון
abdication די אַבדיקאַציע; דאָס אָפּזאָגן זיך
  abdication of the throne די אַבדיקאַציע; דאָס אָפּזאָגן זיך פֿונעם טראָן
  abdication of responsibility דאָס אָפּזאָגן זיך פֿון אַחריות [AKhRÁYES]
abdomen דער בויך, בײַכער
abdominal בויכ...
abdominal aorta די בויך־אַאָרטע, ־ס
abdominal binder דער בויך־אַרומבינדער, ־ס
abdominal bloating דער אָנגעבלאָזענער ‹אָנגעפּוישטער› בויך
abdominal cavity דער בויך־חלל [KhÓLEL]
abdominal cramps בויכקראַמפּן; בויכקראַמען; דער בויכווייטיק ל״י
abdominals בויכמוסקלען
abduct פֿאַרכאַפּן; קידנעפּן
abduction דער פֿאַרכאַפּ, ־ן; דאָס קידנעפּן; די קידנעפּונג
abductor דער פֿאַרכאַפּער, ־ס
abecedarian דאָס מלופּן־קינד, ־ער; דער אַלף־ביתניק, ־עס; דער צניף, ־ן; דאָס צניפֿל, ־עך [MELÚPM] [ALEFBÉYSNIK]
abed אין בעט
Abel (bib.) הבֿל [HEVL]
abelmosk דער אַבלמאָסק
aberrant אָפּווײַכיק
aberrate אָפּווײַכן; אָפּנייגן
aberration די אַבעראַציע, ־ס; דער אָפּווײַך, ־ן; דער אָפּנייג, ־ן
abessive דער אום־פֿאַל; דער אַבעסיוו
abet (אָנ)מוטיקן; אונטערהעצן
abettor דער אָנמוטיקער, ־ס; דער אונטערהעצער, ־ס
abeyance
  hold in abeyance פֿאַרהאַלטן; אָפּלייגן
  be in abeyance זײַן פֿאַרהאַלטן; רוען
abhor פֿײַנט האָבן תּכלית־שינאה; מיאוסן זיך פֿאַר; מיגלען זיך פֿון [TÁKhLES-SÍNE] [MÍESN]
abhorrent דערווידערדיק; מיאוס(־ומאָוס) [MÍES(-UMÓES)]
abide
  (dwell) (באַ)וווינען; יישובֿן [YÍShEVN]
  (endure) פֿאַרטראָגן; אויסהאַלטן
  abide by אויספֿאָלגן; אָפּהיטן
  abiding faith די באַשטייִקע ‹בלײַביקע/געדויערדיקע› אמונה [EMÚNE]
ability די/דאָס פֿעיִקייט, ־ן; דאָס יכולת, ־ן [YEKhÓYLES]
  to the best of one's ability אויף וויפֿל מע קען; לויטן יכולת
abiotic אַביאָטיש
abject נעבעכדיק; קלאָגעדיק; פֿינצטער; ביטער
  (apology) הכנעהדיק [HAKhNÓEDIK]
  abject poverty דער נעבעכדיקער ‹פֿינצטערער› דלות [DÁLES]
abjectly מיט הכנעה [HAKhNÓE]
abjure אָפּזאָגן זיך (מיט אַ שבֿועה) [ShVÚE]

ablation דאָס אויסשנײַדן; די אַמפּוטירונג
ablative, *n.* **(gram.)** דער אַבלאַטיוו
ablaut דער אַבלאַוט
ablaze צעפֿלאַקערט; צעפֿלאַמט; אין פֿלאַמען
(with light) צעלויכטן
ablaze with מיט פֿלאַמענדיקע
set ablaze אונטערצינדן
able פֿעיִק; קאַפּאַבל
be able to (do stg.) קענען ...; זײַן בכּוח ‹ביכולת/מסוגל› צו; זײַן אין שטאַנד צו [BEKÓYEKh] [BIKhÓYLES] [MESÚGL]
be able to hear הערן; קענען (דער)הערן
...able (capable of ...ing) ...(עווד)יק; ...לעך
be ...able לאָזן זיך ...
able-bodied קרעפֿקע; פֿעסט געבויט; געזונט און שטאַרק
abloom צעצוויטעט; צעבליט; אין צוויט
ablutions דאָס (ריטועלע) וואַשן זיך
do one's ablutions וואַשן זיך
abnegate פֿאַרלייקענען
abnormal אומנאָרמאַל; נישט־נאָרמאַל
abnormality די/דאָס אומנאָרמאַלקייט
aboard אין; אויף
aboard the plane אינעם ‹אויפֿן› (אַ)עראָפּלאַן
aboard the ship אויף דער שיף; אויפֿן באָרט פֿון דער שיף
aboard the train אין ‹אויף› דער באַן
abode דאָס וווינאָרט, ...ערטער; די וווינונג, ־ען; דער וווין, ־ען
abolish אָפּשאַפֿן; בטל מאַכן [BOTL]
abolition די אָפּשאַפֿונג; דאָס אָפּשאַפֿן; דער אָפּשאַף; די אַבאַליציע [BOTL]
(hist.) די אַבאַליציע; דאָס אָפּשאַפֿן שקלאַפֿערײַ
abolitionism דער אַבאַליציאָניזם
abolitionist דער אַבאַליציאָניסט, ־ן; דער קעגנ(ע)ער פֿון שקלאַפֿערײַ
abomasum די קיטניצע, ־ס
A-bomb *see* **atomic bomb**
abominable מיגלדיק; גרויליק; מיאוס; דערווידערדיק [MÍES]
abominable snowman דער יעטי; דער שניימענטש
abominate מיגלען ‹מיאוסן› זיך פֿון [MÍESN]
abomination
(feeling) דאָס ווידערגעפֿיל; דער דערווידער
(stg. abominable) די פּאַסקודסטווע, ־ס; די/דאָס פֿאַרדאָרבנקייט, ־ן
aboriginal אַבאָריגעניש; אײַנגעבוירן
aborigine דער אַבאָריגען, ־ען; דער אײַנגעבוירענער גערב׳
aborning אויפֿקומענדיק
abort
(med.) אַבאָרטירן
(tech.) אָפּשטעלן; איבעררײַסן
abort the mission אָפּשטעלן דאָס שליחות [ShLÍKhES]
aborted
aborted fetus דאָס מפּיל־קינד, ־ער; דאָס מפּילע, ־ך [MAPL] [MÁPELE]
aborted take-off דער אָפּגעשטעלטער אָפּפֿלי
abortion דער אַבאָרט, ־ן; דאָס מפּיל־זײַן [MAPL]
have an abortion אַבאָרטירן; אָפּטרײַבן
abortion clinic די אַבאָרטיר־קליניק, ־עס
abortionist דער אַבאָרטיסט, ־ן
abortion pill די אַבאָרטיר־פּיל, ־ן
abortion rights דאָס אַבאָרטיר־רעכט ל״ר
abortive (אָ)דורכגעפֿאַלן; נישט־געראָטן; לא־יוצלחדיק [LOY-YÚTSLEKhDIK]
abortive attempt דער (אָ)דורכגעפֿאַלענער פּרווו, ־ן
abortive coup דער (אָ)דורכגעפֿאַלענער פּוטש, ־ן; דאָס נישט־געראָטענע איבערקערעניש, ־ן
abortus דאָס מפּילע, ־ך [MÁPELE]
abound זײַן בשפֿע [BEShÉFE]
abound in/with זײַן רײַך מיט; שווימלען און גריבלען מיט
about, *adv.* **(approximately)** אַן ערך; בערך; אַרום; אַ; בײַ [ÉREKh] [BEÉREKh]
About face! דריי(ט) זיך אויס!; אַרום!
about here אַן ערך דאָ
It's about time ס'איז שוין די העכסטע צײַט; געקומען איז די צײַט
be about to האַלטן בײַ(ם)
about, *prep.* **(regarding)** וועגן; מכּוח [MIKÓYEKh]
about it וועגן דעם; דערוועגן
The story is about די מעשה איז ‹רעדט זיך› וועגן [MÁYSE]
about-face
do an about-face אויסדרייען זיך (אויף הונדערט אַכציק גראַד); איבערדרייען ‹אויסדרייען/פֿאַרקערעווען› דעם דישל; מאַכן השיבֿנו (נאַזאַד) [HAShIVÉYNU]
above, *adj.* אויבן דערמאָנט; אויבנדיק
above, *adv.*
(in a higher position) איבער דעם
(overhead) אין דער הייך; אויבן ‹אויוון›
as mentioned above ווי אויבן ‹פֿריער› דערמאָנט
from above פֿון אויבן
above, *n.*
all of the above אַלע דערמאָנטע
above, *prep.* איבער; העכער פֿון
above all מער פֿון ‹פֿאַר› אַלץ; ועל־כּולם [VEALKÚLEM]
above and beyond העט מער ווי מ'האָט זיך געריכט
above and beyond the call of duty מער ווי מחויבֿ; שטאַרק הערואיש [MEKhÚYEV]
above board כּשר־וישר; אָן גענאַרערײַ; אָפֿן [KÓShER-VEYÓShER]
He's above telling a lie ער וועט זיך נישט אַראָפּלאָזן צו ליגנס
She's not above lying זי קען גאַנץ פֿײַן זאָגן אַ ליגן
aboveground איבערערדיש; אויף דער ערד
abovementioned, *adj. see* **above**
abovementioned, *n.*
the abovementioned הנ״ל; דאָס אויבן דערמאָנטע [HANÁL]
abracadabra די אַבראַקאַדאַברע; דער האָקוס־פּאָקוס; דאָס אָפּשפּרעכערײַ
Abraham (bib.) אַבֿרהם אָבֿינו [AVRÓM OVÍNU]
abrasion דער (צע)קראַץ, ־ן; די אָפּגעריבענע הויט; די אַבראַזיע, ־ס
abrasive, *adj.*
(person) האַרב; גראָב; נישט־איידל
(tech.) אַבראַזיוו; שלײַפֿ...
abrasive, *n.* דאָס שלײַפֿעכץ; דאָס שלײַפֿמיטל, ־ען
abreast אין אַ שורה ‹ריי›; אין דער ברייט [ShÚRE]
keep (oneself) abreast of זײַן אינפֿאָרמירט וועגן; אינפֿאָרמירן זיך וועגן; וויסן ווי סע האַלט מיט; זײַן אין קורס פֿון
keep sb. abreast of אינפֿאָרמירן + אַק׳ וועגן; געבן + דאַט׳ צו וויסן וועגן
walk four abreast גיין צו פֿיר אין אַ שורה ‹ריי›; גיין אין אַ סאַדעגערער פלויט
abridge (פֿאַר)קירצן; אָפּקירצן
(limit) באַגרענעצן

abridgment די (אָפּ)קירצונג, ־ען; דער קיצור, ־ים
[KÍTSER, KITSÚRIM]
abroad אין אויסלאַנד; אין דער פֿרעמד
(from Israel's perspective) חוץ־לאָרץ
[KhÚTS-LOÓRETS]
from abroad פֿון אויסלאַנד; פֿון דער פֿרעמד
from abroad (from Israel's view) פֿון חוץ־לאָרץ
go abroad פֿליִען ‹פֿאָרן› אין אויסלאַנד
abrogate אַנולירן; קאַסירן; בטל מאַכן; צערײַסן [BOTL]
abrogation די אַנולירונג; די צערײַסונג
abrupt פּלוצעמדיק; מיטאַמאָליק; אומגעריכט
(person/manner) שאַרף
(steep) שטאָציק
abruptio placentae דאָס פֿאַרלירן דאָס אָרט ‹די בערט›
abruptly פּלוצעמדיק; מיט אַ מאָל; אומגעריכט; ראַפּטעם;
אָן צערעמאָניעס
abruptness די/דאָס פּלוצעמדיקייט; די/דאָס
אומגעריכטקייט
(manner) די/דאָס שאַרפֿקייט
(steepness) די/דאָס שטאָציקייט
abs *see* **abdominals**
abscess דאָס געשוויר, ־ן; דער אַבסצעס, ־ן; דער בלאָטער,
־ס; די מכּה, ־ות [MÁKE]
abscissa די אַבסציסע, ־ס
abscission (bot.) דער אָפּפֿאַל פֿון בלאַט
abscission layer דער אָפּפֿאַלפּלאַסט
abscond אַנטרינען; אַנטרונען ווערן; אַנטלויפֿן; מאַכן פּליטה;
מאַכן אַ ויבֿרח [PLÉYTE] [VAYÍVREKh]
absence
(vs. presence) דאָס נישט־(בײַ)זײַן; דאָס פֿעלן
(from school) די פֿאַרפֿעלונג, ־ען; דאָס פֿאַרפֿעלן
Absence makes the heart grow fonder פֿון דער
ווײַטנס ברענט די ליבע שטאַרקער
absence of mind די/דאָס צעטראָגנקייט; די/דאָס
צעפֿלויגנקייט
in his absence בשעת ער איז נישטאָ ‹נישט געווען›
[BEShÁS]
in the absence of אָן; צוליבן אויספֿעלן פֿון; צוליב דעם
וואָס ... איז נישט געווען
in the absence of reliable information אָן
פֿאַרלאָזלעכער אינפֿאָרמאַציע
absent, *adj.* פֿעלנדיק
absent father דער פֿעלנדיקער טאַטע, ־ס; דער טאַטע
וואָס פֿעלט
be absent נישט (בײַ)זײַן; פֿעלן
be absent from פֿאַרפֿעלן
be absent without leave פֿעלן אָן רשות
‹דערלויבעניש› [REShÚS]
have an absent look on one's face אויסזען
צעטראָגן ‹צעפֿלויגן›
absent, *prep.* אָן
absent, *v.*
absent oneself אַוועקגיין; אָפּבעטן זיך
absentee, *adj.* פֿעלנדיק
absentee, *n.* דער פֿאַרפֿעלער, ־ס
absentee ballot דער פֿאַרפֿעלער־צעטל, ־ען
absenteeism דאָס פֿאַרפֿעלערײַ; דאָס אָפּציִערײַ
absentee landlord דער פֿעלנדיקער בעל־הבית; דער בעל־
הבית פֿון דער ווײַטנס [BAL(E)BÓS]
absently צעטראָגענערהייט; צעפֿלויגענערהייט
absent-minded צעטראָגן; צעפֿלויגן; צעחושט
absent-mindedness די/דאָס צעטראָגנקייט; די/דאָס
צעפֿלויגנקייט
absent-minded professor דער צעטראָגענער מלאך; די
צעטראָגענע בריאה [MÁLEKh] [BRÍE]
absinthe דער אַבסינט
absolute אַבסאָלוט; אומבאַגרענעצט
the absolute truth דער ריינער אמת; די ריינע וואָרעט;
די/דאָס ריכטיקייט אַליין [ÉMES]
absolute adjective דער אַבסאָלוטער אַדיעקטיוו, ־ן
absolutely אַבסאָלוט; דורכויס; לחלוטין; לגמרי
[LAKhLÚTN] [LEGÁMRE]
Absolutely! אַבסאָלוט!
Absolutely not! בשום־אופֿן נישט!; אויף קיין פֿאַל נישט!
[BEShÚM-ÓYFN]
absolute majority די אַבסאָלוטע מאַיאָריטעט, ־ן
absoluteness די/דאָס אַבסאָלוטקייט
absolute pitch דאָס אַבסאָלוטע ‹פּערפֿעקטע› געהער
absolute temperature די אַבסאָלוטע טעמפּעראַטור
absolute value די/דער אַבסאָלוטע(ר) ווערט
absolute zero דער אַבסאָלוטער נול
absolution דאָס באַפֿרײַט ווערן; דאָס ריינוואַשן; די
ריינוואַשונג
(Chr.) דאָס באַפֿרײַט ווערן פֿון עבֿירות; די אַבסאָלוציע
[AVÉYRES]
absolutism דער אַבסאָלוטיזם
absolutist, *adj.* אַבסאָלוטיסטיש
absolutist, *n.* דער אַבסאָלוטיסט, ־ן
absolve באַפֿרײַען; ריינוואַשן
(Chr.) באַפֿרײַען פֿון עבֿירות; אַבסאָלווירן [AVÉYRES]
absorb אײַנזאַפּן; אַבסאָרבירן
(liquid/*fig.*) *also* אָנזאַפּן זיך מיט; אַרײַנצִיען
(phys.) *also* פֿאַרשלינגען
absorbed אײַנגעזאַפּט; אַבסאָרבירט
absorbed in (*fig.*) פֿאַרטאָן; אַרײַנגעטאָן; פֿאַרטיפֿט
become absorbed (liquid) אײַנזאַפּן זיך
be absorbed in thought זײַן פֿאַרזונקען ‹פֿאַרטיפֿט›
אין די געדאַנקען; פֿאַרמוחן זיך [FARMÓYEKhN]
absorbent, *adj.* (אײַנ)זאַפּיק
absorbent, *n.* דאָס זאַפּעכץ, ־ער
absorbent cotton די זאַפּיקע וואַטע
absorbing (story) פֿאַרכאַפּנדיק
absorption די אײַנזאַפּונג; דאָס אײַנזאַפּן; די אַבסאָרבירונג
absorption center דער אַבסאָרביר־צענטער, ־ס
absorptive (אײַנ)זאַפּ...
absorptivity דער (אײַנ)זאַפּ־כּוח [KÓYEKh]
abstain אָפּהאַלטן זיך
abstain from sex אָפּהאַלטן זיך פֿון סעקס; זײַן
אָפּגעשיידט פֿון תּשמיש(־המיטה) [TÁShMESh(-HAMÍTE)]
abstain from voting אָפּהאַלטן זיך פֿון שטימען
abstainer
m./unsp. דער אָפּהאַלטער, ־ס; דער אַבסטינענט, ־ן
f. די אָפּהאַלטערין, ־ס; די אַבסטינענטקע, ־ס
abstemious אײַנגעהאַלטן; מאָסיק
abstention די אָפּהאַלטונג, ־ען
abstinence דאָס אָפּהאַלטן זיך; די אַבסטינענץ
(sexual) די (סעקסועלע) אַבסטינענץ; דאָס סעקסועל
אָפּהאַלטן זיך
abstinence education דאָס דערציִען צו אַבסטינענץ
abstinent אָפּגעהאַלטן; אַבסטינענט
be abstinent אָפּהאַלטן זיך; זײַן אַבסטינענט
abstract, *adj.* אַבסטראַקט
abstract, *n.* דער קיצור, ־ים; דער קאָנספּעקט, ־ן
[KÍTSER, KITSÚRIM]
in the abstract טעאָרעטיש (גערעדט)
abstract, *v.* אַבסטראַהירן

abstract art די אַבסטראַקטע קונסט
abstraction די אַבסטראַקציע, ־ס
abstractionism דער אַבסטראַקציאָניזם
abstractionist, *adj.* אַבסטראַקציאָניסטיש
abstractionist, *n.* דער אַבסטראַקציאָניסט, ־ן
abstract noun דער אַבסטראַקטער סובסטאַנטיוו, ־ן
abstract number די אַבסטראַקטע צאָל, ־ן
abstruse נישט צו(ם) באַנעמען ‹פֿאַרשטײן›; פֿאַרוויקלט
absurd, *adj.* אַבסורדיש; אַבסורדאַל; לעכערלעך; ווילד
It's absurd! ס'איז (אַן) אַבסורד!; ס'איז לעכערלעך!; סע קלעפּט זיך ווי אַן אַרבעס צו דער וואַנט!
absurd, *n.* דער אַבסורד, ־ן
absurdist אַבסורדיסטיש
absurdity דער אַבסורד, ־ן; די/דאָס אַבסורדישקייט, ־ן; די/דאָס ווילדקייט, ־ן
abundance די שפֿע; די זעט; דאָס גערעטעניש [ShÉFE]
in abundance בשפֿע; לרובֿ; אָן אַ שיעור; ווי האָלץ [BEShÉFE] [LERÓV] [ShÍER]
abundant (ב)שפֿעדיק; איבער גענוג [(BE)ShÉFEDIK]
abundantly
abundantly clear אַבסאָלוט קלאָר; קלאָר ווי דער טאָג
make abundantly clear אָנזאָגן זײַער קלאָר
abuse, *n.*
(emotional) דאָס עמאָציאָנעל ‹גײַסטיק› מוטשען ‹באַעוולען›; דאָס באַליידיקן [BAÁVLEN]
(ethical) דער קרומבאַניץ, ־ן; דאָס אויסניצן לרעה [LERÓE]
(physical) דאָס שלאָגן; דאָס מוטשען; דאָס לייגן אַ האַנט אויף; דער פֿיזישער ג(ע)וואַלד
(sexual) דאָס סעקסועל באַעוולען; דאָס טשעפּען זיך סעקסועל; די באַלעסטיקונג
(verbal) דאָס (אויס)זידלען; דאָס באַליידיקן; דאָס מבֿזה זײַן; דאָס מזלזל זײַן; זידלערײַען ל״ר; זילזולים ל״ר [MEVÁZE] [MEZÁLZL]
abuse of power דאָס אויסניצן די מאַכט לרעה; דער קרומבאַניץ פֿון דער מאַכט
be a victim of abuse דאָס זײַן אַ געמוטשעטער ‹באַלעסטיקטער/באַעוולטער› [BAÁVLTER]
spousal abuse (of husband) דאָס באַעוולען דעם (אײגענעם) מאַן; ג(ע)וואַלד־מעשׂים קעגן דעם (אײגענעם) מאַן
spousal abuse (of wife) דאָס באַעוולען דאָס (אײגענע) ווײַב; ג(ע)וואַלד־מעשׂים קעגן דעם (אײגענעם) ווײַב [MÁYSIM]
abuse, *v.*
(emotionally) עמאָציאָנעל ‹גײַסטיק› מוטשע(ן) ‹באַעוולען› [BAÁVLEN]
(ethically) קרום באַניצן; אויסניצן לרעה [LERÓE]
(physically) שלאָגן; לייגן אַ האַנט אויף; מוטשע(ן)
(sexually) סעקסועל באַעוולען ‹טשעפּע(ן) זיך צו›; סעקסועל אָנטאָן + דאַט' צרות; באַלעסטיקן [TSÓRES]
(verbally) זידלען; באַליידיקן; מבֿזה זײַן; מזלזל זײַן [MEVÁZE] [MEZÁLZL]
abuser
(of drugs) דער נאַרקאָמאַן, ־ען
(physical) דער שלעגער, ־ס
(sexual) דער באַלעסטיקער, ־ס
abusive זידלעריש; באַליידיקנדיק; שלעגעריש
(physically) abusive husband דער ווײַבשלעגער, ־ס
abusive language זידלערײַען ל״ר; זידלווערטער ל״ר; דאָס מענה־לשון [MÁYNE-LOShN]
abusive wife די מרשעת, ־ן; די ווײַב די שלאַק [MARShÁS]
be abusive זידלען זיך
abut גרענעצן זיך מיט; באַרירן
abuzz
be abuzz זשומען; שושקען זיך
Everyone was abuzz with אַלע האָבן זיך געשושקעט וועגן; אין אַלע ווינקלעך ‹אומעטום› האָט מען געהערט וועגן
abysmal קלאָגעדיק; (הימל־)שרײַענדיק; גאָר ביטער
abyss דער תּהום, ־ען; דער אָפּגרונט, ־ן [THOM]
Abyssinia (די) אַביסיניע
Abyssinian אַביסיניש
acacia די אַקאַציע, ־ס
academia די אַקאַדעמישע ‹אוניווערסיטעטישע› וועלט
academic, *adj.* אַקאַדעמיש
(educational) *also* לערנ...; שטודיר...; לימודים־...; שול...
(theoretical) *also* טעאָרעטיש
academic, *n.* דער אַקאַדעמיקער, ־ס
academic ability די/דאָס לערן־פֿעיִקייט, ־ן
academic background דער אַקאַדעמישער באַגאַזש ‹הינטערגרונט›
academic building דער לערן־בנין, ־ים [BÍNYEN, BINYÓNIM]
academic calendar *see* **academic year**
academic environment די אַקאַדעמישע סבֿיבֿה [SVÍVE]
academic excellence די/דאָס אויסגעצייכנטקייט אין לערנען
academic freedom די אַקאַדעמישע פֿרײַהייט
academician דער אַקאַדעמיקער, ־ס
academic institution די העכערע לערן־אינסטיטוציע, ־ס
academic planning די שול־פּלאַנירונג; די אַקאַדעמישע פּלאַנירונג
academic program די שולפּראָגראַם, ־ען; די אַקאַדעמישע פּראָגראַם, ־ען
academic rank דער אַקאַדעמישער ‹אוניווערסיטעטישער› טיטל, ־ען
academic requirements אַקאַדעמישע פֿאָדערונגען
academics (אַקאַדעמישע) לימודים ל״י
academic standards דער אַקאַדעמישער ניוואָ ל״י
academic year דאָס אַקאַדעמישע יאָר, ־ן; דאָס לערניאָר, ־ן
academy די אַקאַדעמיע, ־ס
Academy Award די אַקאַדעמיע־פּרעמיע
acanthus דער אַקאַנטוס; דער בערנפֿוס
a cappella אַקאַפּעלאַ
accede (to) מסכּים זײַן (מיט); אײַנשטימען (מיט); נאָכקומען (צו) + דאַט'; צושטימען (צו) [MÁSKEM]
accelerant דער פֿאַרגיכערער, ־ס; דער אַקצעלעראַטאָר, ־ס/...אָרן
accelerate
vt. פֿאַרגיכערן; צואָגן; העכערן די/דאָס גיכקייט
vi. פֿאַרגיכערן זיך; צואָגן זיך
accelerated גיכ...; פֿאַרגיכערט
accelerated course דער גיכקורס, ־ן
accelerated program די גיכפּראָגראַם, ־ען
acceleration די פֿאַרגיכערונג, ־ען
accelerator
(gas pedal) דער אַקצעלעראַטאָר, ־ס/...אָרן; דער גאַזפּעדאַל, ־ן; דער/דאָס גאַזטרעטל, ־ען/־עך
(substance) דער קאַטאַליסט, ־ן; דער קאַטאַליזאַטאָר, ־ס
(tech.) דער פֿאַרגיכערער, ־ס
accent, *n.* דער אַקצענט, ־ן
(ling./stress) דער טראָפּ, ־ן; דער קוועטש, ־ן
(mus.) דער טראָפּ, ־ן
musical accents (in cantillation) טראָפּצייכנס; דער טראָפּ ל״י; טעמים [TÁYMIM]
accent, *v.* שטעלן דעם טראָפּ ‹קוועטש› אויף; אַקצענטירן

accentual אַקצענט...
accentuate אַקצענטירן; שטעלן דעם טראָפּ ‹קוועטש› אויף; אַרויסהייבן
accept [MEKÁBL] אָננעמען; מקבל זײַן; אַקצעפּטירן
 (acknowledge) אָנערקענען
 (concede) אָננעמען פֿאַר ליב; מקבל־באַהבֿה זײַן [MEKÁBL-BE(AH)ÁVE/BEÁHAVE]
acceptability די/דאָס אָננעמ(עווד)יקייט; די/דאָס קראַנטקייט
acceptable אָננעמ(עווד)יק; אָננעמלעך; קראַנט
 be acceptable לאָזן זיך אָננעמען
acceptance דאָס אָננעמען; דער אָננעם; דאָס אַקצעפּטירן
 find acceptance אָנגענומען ווערן
acceptance speech די אַקצעפּטיר־‹אָננעם־›רעדע, ־ס
accepted אָנגענומען
 He was accepted מע האָט אים אָנגענומען
access, *n.* דער צוטריט; דער צוקום; דאָס דריסת־הרגל [DRÍSES-HORÉGL]
 have access to האָבן צוטריט צו
 have easy access קענען גרינג צוקומען; האָבן אַ שליסל
access, *v.* צוקומען צו; אָנקומען אין; דערגרייכן
 access the internet צוקומען צו דער אינטערנעץ
access control list די צוטריט־רשימה [REShÍME]
accessibility די/דאָס דערגרייכלעכקייט; דאָס קענען צוקומען ‹דערגרייכן›
accessible צוטריטלעך; דערגרייכלעך; צום דערגרייכן
 (comprehensible) גרינג צו פֿאַרשטיין ‹באַנעמען›
accession
 (addition) דאָס צובאַקומען; דער צוווקס
 (approach) דער צוקום; דאָס צוקומען
 (in library) דאָס אַרײַנטראָגן בײַכער אין קאַטאַלאָג
 accession to power דאָס (אָנ)קומען צו דער מאַכט
 accession to the throne דאָס אַרויפֿגיין אויפֿן טראָן; דאָס פֿאַרנעמען דעם טראָן
accessorize, *vt./vi.* אויסריכטן (זיך)
accessory, *adj.* צוגאָב...
accessory, *n.*
 (article) דער צוגאָב, ־ן
 (person) דער מיטשולדיקער געב׳
 accessory after the fact דער מיטשולדיקער לאַחר־המעשה [LEÁKhER-HAMÁYSE]
accessory bud דער צוגאָב־בוטאָן, ־ען
accessory organ דער צוגאָב־אָרגאַן, ־ען
access point דער צוקומפּונקט, ־ן
access road דער צוקומוועג, ־ן
accident די סיבה, ־ות; די אַוואַריע, ־ס; דאָס אומגליק, ־ן; דער אַקצידענט, ־ן [SÍBE]
 (coincidence) דער צופֿאַל, ־ן; דער טראַף, ־ן
 by accident על־פּי טעות ‹צופֿאַל›; צופֿעליק; אומגערן; נישט־ווילנדיק [ÁLPI TÓES]
 have an accident (defecate) באַמאַכן זיך
 have an accident (urinate) באַנעצן זיך
 I was in an accident ס׳האָט מיך געטראָפֿן אַ סיבה; כ׳בין אַרײַנגעפֿאַלן אין אַ סיבה
 It's an accident waiting to happen ס׳איז אַן אומגליק וואָס וועט זיכער געשען; ס׳וועט אַלץ פֿירן צום אומגליק
 It's no accident (ס׳איז) נישט סתּם ‹צופֿעליק›; (ס׳איז) נישט קיין צופֿאַל [STAM]
 Accidents will happen סע מאַכט זיך; סע זאָל זיך נישט טרעפֿן ווי סע טרעפֿט זיך
accidental, *adj.* צופֿעליק
accidental, *n.* **(mus.)** די צופֿעליק געבײַטענע נאָטע, נאָטן; דער צופֿעליקער געב׳
accident insurance די אויטאָ־פֿאַרזיכערונג‹־סטראַכירונג›
accident-prone
 He's accident-prone ער איז אַ שלימזל(דיקער); ער איז נוטה־לסיבה; דאָס אומגליק גייט אים נאָך [ShLIMÁZL] [NÓYTE-LESÍBE]
acclaim, *n.* די אָנערקענונג
acclaim, *v.* אָנערקענען
acclaimed אָנערקענט
 She was acclaimed for her achievements מע האָט אָנערקענט אירע אויפֿטוען
acclamation די אַקלאַמאַציע, ־ס
 (applause) *also* די אָוואַציע, ־ס
 vote by acclamation שטורעמדיק צושטימען
acclimate אַקלימאַטיזירן זיך; צוגעווינען ‹צוגעוויינען› זיך
acclimatization די אַקלימאַטיזירונג
acclivity דער באַרגאַרויף, ־ן
accolade דער שבֿח, ־ים; די לויב, ־ן; דאָס לויבוואָרט, ...ווערטער [ShVAKh, ShVÓKhIM]
accommodate
 vt. **(a request)** באַפֿרידיקן; אויספֿאָלגן
 vt. **(contain)** אַרײַננעמען; באַדינען
 vt. **(do a favor)** צופֿרידן שטעלן; באַפֿרידיקן; צו ליב טאָן + דאַט׳; אַנטקעגנקומען + דאַט׳
 vt. **(lodging)** אײַנקוואַרטירן; אײַנאָרדענען
 vi. **(adapt)** צופּאַסן זיך
 accommodate with (supply) צושטעלן
accommodations די קוואַרטיר ל״ן; דער נאַכטלעגער ל״י
accompaniment די באַ(ג)לייטונג; דער באַ(ג)לייט
 (mus.) *also* דער צושפּיל; דער אַקאָמפּאַנימענט
accompanist
 m./unsp. דער אַקאָמפּאַניסט, ־ן; דער באַ(ג)לייטער, ־ס; דער אַקאָמפּאַניאַטאָר, ...אָרן
 f. די אַקאָמפּאַניסטקע, ־ס; די באַ(ג)לייטערין, ־ס; די אַקאָמפּאַניאַטאָרשע, ־ס
accompany באַ(ג)לייטן
 (escort) *also* אונטערפֿירן; מיטגיין ‹מיטפֿאָרן› מיט
 (mus.) *also* צושפּילן; אַקאָמפּאַנירן + דאַט׳
accompanying, *adj.* מיט...; מיטבאַ(ג)לייטנדיק
accomplice
 m./unsp. דער מיטפֿאַרברעכער, ־ס; דער מיטשולדיקער געב׳; דער מיטגנבֿ, ־ים; דער מיטהעלפֿער, ־ס [MÍTGÁNEF, MÍTGANÓVIM]
 f. די מיטפֿאַרברעכערין, ־ס; די מיטשולדיקע, ־; די מיטגנבֿטע, ־ס; די מיטהעלפֿערין, ־ס [MÍTGÁNEFTE]
accomplish אויפֿטאָן; אויספֿירן; פּועלן; דערגרייכן [PÓY(E)LN]
 (a mission) (אָ)דורכפֿירן
accomplished
 (performance) [ShLÉYMESDIK] שלמותדיק; פּערפֿעקט
 (person) גאָר פֿעיִק ‹געניט›; (שטאַרק) טאַלאַנטירט
 highly accomplished person (*m./unsp.*) דער מושלם, ־ים [MÚShLEM, MUShLÓMIM]
 highly accomplished person (*f.*) די מושלמת, ־ן [MUShLÉMES]
accomplishment דער אויפֿטו, ־ען; דער דערגרייך, ־ן; די דערגרייכונג, ־ען
accord, *n.* [HÉSKEM] דער הסכּם, ־ס; דער אָפּמאַך, ־ן
 be in accord [HÉSKEMEN] מיטשטימען; הסכּמען זיך
 of its own accord פֿון זיך אַליין; אין גאַנצן אַליין
 of one's own accord פֿרײַוויליק; פֿון זיך אַליין; אײַגנוויליק; מיטן אײגענעם ווילן

accord, *v.* באַווייליקן; צוטיילן; באַגאָבן מיט
accordance
 (agreement) דער הסכם, ־ס; די מיטשטימונג, ־ען [HÉSKEM]
 (granting) דאָס צוטיילן; די צוטיילונג
 accordance of rights and privileges דאָס צוטיילן רעכט און פּריווילעגיעס
 in accordance with בהסכם ‹אין הסכם› מיט [BEHÉSKEM]
according (to) לויט; על־פּי; ווערדליק; כּפֿי [ÁLPI] [KEFÍ]
accordingly ווערדליק דעם; בהסכם ‹אין הסכם› דערמיט [BEHÉSKEM] [HÉSKEM]
accordion די האַרמאָניע, ־ס; דער אַקאָרדיאָן, ־ען
accordion file די צעצי־פּאַפּקע, ־ס
accost אָפּשטעלן + אַק׳ אין מיטן גאַנג ‹גאַס›; קומען פּנים־אל־פּנים מיט [PÓNEM-EL-PÓNEM]
account, *n.*
 (bank) די קאָנטע, ־ס
 (client) דער (געשעפֿט־)קליענט, ־ן
 (financial) דער חשבון, ־ות; די רעכענונג, ־ען [KhEZhBM, KhEZhBÓYNES]
 (report) דער באַריכט, ־ן
 be of no account נישט זײַן וויכטיק; נישט האָבן קיין ווערדע
 by all accounts לויט אַלע ידיעות; לכל־הדעות [YEDÍES] [LEKhÓLADÉYES]
 on account (bus.) עד־לחשבון [ÁD-LEKhÉZhBM]
 on account of צוליב; מחמת; איבער [MÁKhMES]
 on all accounts אין ‹אויף› יעדן פֿאַל
 on no account אויף ‹פֿאַר› קיין פֿאַל נישט; בשום־אופֿן נישט [BEShÚM-ÓYFN]
 take into account נעמען אין באַטראַכט ‹אַכט›; אַרײַננעמען אין חשבון
 take no account of נישט לייגן קיין אַכט אויף; נישט נעמען אין באַטראַכט
account, *v.* **(for)**
 (be the reason) זײַן די (גרונט־)סיבה פֿון [SÍBE]
 (explain) געבן צו פֿאַרשטיין; דערקלערן; אויפֿקלערן; אָפּגעבן אַ חשבון פֿון [KhÉZhBM]
accountability דאָס אַחריות [AKhRÁYES]
accountable
 be accountable טראָגן דאָס אַחריות; זײַן דער בעל־אַחריות [AKhRÁYES] [BALAKhRÁYES]
 be accountable to מוזן אָפּגעבן + דאַט׳ חשבון; מוזן ענטפֿערן + דאַט׳; שולדיק זײַן + דאַט׳ אַ דין־וחשבון [KhEZhBM] [DIN-VEKhÉZhBM]
 hold sb. accountable מאָנען פֿון + דאַט׳ אַחריות ‹אַ דין־וחשבון›
accountant
 m./unsp. דער חשבון־פֿירער, ־ס [KhEZhBM]
 f. די חשבון־פֿירערין ‹־פֿירערקע›, ־ס
account executive דער קליענטן־ממונה, ־ים [MEMÚNE, MEMÚNIM]
accounting
 (profession) דאָס חשבון־פֿירערײַ [KhEZhBM]
 (reckoning) דער דין־וחשבון, ־ס [DIN-VEKhÉZhBM]
 There's no accounting for taste איטלעכער ‹יעדערער› האָט זיך זײַן געשמאַק
 demand an accounting from אָפּנעמען (אַ) דין־וחשבון בײַ
accounting firm די חשבון־פֿירערײַ, ־ען [KhEZhBM]
accounting practices דער חשבון־פֿירערישער שטייגער [KhEZhBM]
account owner דער בעל־קאָנטע, ־ס [BAL]
accounts payable חשבונות צום אויסצאָלן [KhEZhBÓYNES]
accounts receivable חשבונות צום אײַנמאָנען [KhEZhBÓYNES]
accouterments צוגאָבן; אַטריבוטן
accredit אַקרעדיטירן
accreditation דאָס אַקרעדיטירן; די אַקרעדיטאַציע
accreditation commission די אַקרעדיטיר־קאָמיסיע, ־ס
accredited אַקרעדיטירט
accrete צוקומען; צוּוואַקסן
accretion דער צוקום, ־ען; דער צוּוווּקס, ־ן; דאָס צוקומען; דאָס צוּוואַקסן
accrual דאָס אָנוואַקסן; דאָס צוקומען; דאָס צוּוואַקסן
accrue
 vt. אָנזאַמלען; אָנקלײַבן
 vi. אָנוואַקסן; צוקומען; צוּוואַקסן; אָנזאַמלען זיך; אָנקלײַבן זיך
 accrued hours אָנגעזאַמלטע ‹אָנגעקליבענע› שעהען [ShÓEN]
acculturate אַקולטורירן זיך; אײַנקולטורירן זיך
acculturation דער קולטור־צופּאַס; די אַקולטוראַציע
accumulate, *vt./vi.* אָנקלײַבן (זיך); אָנזאַמלען (זיך); אַקומולירן (זיך)
 accumulated credits אָנגעקליבענע פּונקטן ‹קרעדיטן›
accumulation דער אָנקלײַב; די אַקומולירונג
accumulative אָנגעקליבן; אָנגעזאַמלט
accumulator
 (person) דער זאַמלער, ־ס
 (phys.) דער אַקומולאַטאָר, ...אָרן
accuracy די/דאָס פּינקטלעכקייט; די/דאָס אַקוראַטקייט
accurate פּינקטלעך; אַקוראַט; גענוי
accursed פֿאַרשאָלטן
accusation די באַשולדיקונג, ־ען
accusative, *n.* דער אַקוזאַטיוו, ־ן
accuse (of) באַשולדיקן (אין); אָנקלאָגן (אין)
accused, *adj.* באַשולדיקט; אָנגעקלאָגט
accused, *n.* דער באַשולדיקטער געב׳; דער אָנגעקלאָגטער געב׳
accuser דער באַשולדיקער, ־ס; דער אָנקלאָגער, ־ס; דער קטיגור, ־ס [KATÉYGER]
accustom אײַנגעוווינען ‹אײַנגעוויינען›; צוגעוווינען ‹צוגעוויינען›
accustomed אײַנגעוווינט; צוגעוווינט
 get accustomed אײַנגעוווינען זיך; צוגעוווינען זיך
ace, *n.*
 (baseball) דער שטערן פֿון די וואַרפֿערס
 (cards) די טויז, טייז; דאָס איינסטל, ־עך; דאָס אחדל, ־עך [ÉKhEDL]
 (tennis) די אייס, ־עס; דאָס איינסטל, ־עך
 ace of spades טויז פּיק ‹שוואַרץ›; שלימויז
 be an ace at זײַן אַ מומחה ‹מאדים/שטערן› אין [MÚMKhE] [MÁYDEM]
 His ace in the hole is בײַ אים שטעקט די גבֿורה אין [GVÚRE]
 within an ace of אויף אַ האָר פֿון
ace, *v.*
 ace an exam אויסצייכענען זיך אין אַן עקזאַמען
acerbic בײַסיק; גאַליק; טערפּקע; שאַרף
acerbity די/דאָס בײַסיקייט; די/דאָס שאַרפֿקייט
acetate, *adj.* אַצעטאַט־...
acetate, *n.* דער אַצעטאַט, ־ן
acetone דער אַצעטאָן
acetylene דער אַצעטילען
acetylene torch דער אַצעטילען־ברענער, ־ס

ache, *n.* דער װײטיק, ־ן
  aches and pains כּלערלײ ‹אַלערלײ/אַלערלײ› װײטיקן [KÓLERLÉY]
ache, *v.* װײ טאָן אומפּ' + דאַט'; ברעכן אומפּ' + דאַט'
  I'm aching all over סע ברעכט מיר יעדער אבֿר; סע ברעכן מיר די בײנער [ÉYVER]
  I'm aching to כ'האָב שטאַרק חשק צו; ס'בײַסן מיר די פֿינגער צו [KhÉYShEK]
  My head aches ס'טוט מיר װײ דער קאָפּ; דער קאָפּ טוט מיר װײ
  My lower back aches ס'ברעכן מיר די קריזשעס; די קריזשעס טוען מיר װײ
achievable דערגרײכלעך; צום דערגרײכן
  be achievable לאָזן זיך דערגרײכן ‹אױפֿטאָן›; זײַן דערגרײכלעך ‹צום דערגרײכן›
achieve דערגרײכן; אױפֿטאָן; אַ פּעולה טאָן [PÚLE]
  achieve one's purpose אױספֿירן; פּועלן; צוקומען צום ציל [PÓY(E)LN]
achievement דער דערגרײך, ־ן; די דערגרײכונג, ־ען; דאָס דערגרײכן; דער אױפֿטו, ־ען; די פּעולה, ־ות [PÚLE]
  academic achievement די אַקאַדעמישע פּעולה, ־ות
achievement test דער דערגרײכטעסט, ־ן
achiever דער דערגרײכער, ־ס
  be a high achiever הױך דערגרײכן; האָבן גוטע פּעולות [PÚLES]
achillea די אַכילעע, ־ס
Achilles אַכילעס
Achilles' heel די אַכילעס־פּיאַטע
  (*hum.*) דער גלעזערנער הינטערחלק ‹תּחת› [HÍNTERKhEYLEK] [TÓKhES]
Achilles' tendon די/דער אַכילעס־שפּאַנאָדער
Achoo! אַפּטשי!; אַפּטשו!; אַכטשי!; אַכטשו!
acid, *adj.* זױער
acid, *n.* דאָס זײַערס, ־ן
  (LSD) דער על־עס־די
acidemia די אַצידעמיע
acid-free אָנזײַערסדיק; אָן זײַערס
acidic
  (chem.) זײַערסדיק
  (taste) זױער
acidification די פֿאַרזײַערונג; די אַצידירונג
acidify פֿאַרזײַערן; אַציד(יפֿ)ירן
acid indigestion דאָס ברענען ‹ברענעניש› בײַם ‹אונטערן› האַרץ; דאָס ברענען אונטערן לעפֿעלע
acidity
  (chem.) די/דאָס זײַערס(די)קײט
  (sourness) די/דאָס זױערקײט
  high acidity די/דאָס געהעכערטע זײַערס(די)קײט
acidophile דער אַצידאָפֿיל, ־ן
acidosis דער אַצידאָז
acidotic אַצידאָטיש
acid rain דער זײַערס־רעגן
acid test דער פּרוּװשטײן; דער אבֿן־בוחן [EVN-BÓYKhN]
acid-tongued שאַרפֿצונגיק
acknowledge אָנערקענען
  (concede) מודה זײַן [MÓYDE]
  (express gratitude) זאָגן אַ דאַנק
  acknowledge receipt of letter באַשטעטיקן אַז מ'האָט באַקומען דעם בריװ
  acknowledge receipt of money קװיטירן דאָס געלט
acknowledgment די אָנערקענונג; דאָס אָנערקענען
  (gratitude) דער דאַנק; דאָס זאָגן אַ דאַנק
acme דער שפּיץ, ־ן; דער הױכפּונקט, ־ן

acne די אַקנע; דער נאָניק; יצר־הרע־פּרישטשיקלעך ‹־בלעטערלעך› ל"ר [YÉYTSER-HÓRE]
acolyte דער געהילף, ־ן
  (Chr.) דער געהילף־גלח, ־ים [GÁLEKh, GALÓKhIM]
aconite דער אַקאָניט; דער שטורעמהוט
acorn דאָס חזיר־ניסל, ־עך [KhÁZER]
acoustic אַקוסטיש
acoustic guitar די אַקוסטישע גיטאַר, ־ן
acoustics די אַקוסטיק ל"י
acquaint, *vt./vi.* באַקענען (זיך)
  acquaint oneself with באַקענען זיך מיט
acquaintance
  (knowledge) די (באַ)קאַנטשאַפֿט
  (person) דער באַקענטער געב'
  make sb.'s acquaintance באַקענען זיך מיט
acquaintanceship די באַקאַנטשאַפֿט, ־ן
acquainted באַקאַנט
  be acquainted with קענען; באַקאַנט זײַן מיט
  get acquainted באַקענען זיך; שליסן (באַ)קאַנטשאַפֿט
acquiesce (to) שלום מאַכן (מיט); אָננעמען + אַק' פֿאַר ליב; צושטימען (צו); נאָכגעבן + דאַט'; פֿאָטאָקעװע|ן + דאַט' [ShÓLEM]
acquire אײַנשאַפֿן זיך; אײַנהאַנדלען זיך; צוקריגן; צובאַקומען; קונה זײַן [KÓYNE]
acquired צוגעקומען
  Wine is an acquired taste צום טעם פֿון װײַן מוז מען זיך צוגעװױנען [TAM]
acquisition
  (act) דאָס אײַנשאַפֿן זיך; די אײַנשאַפֿונג, ־ען
  (object) דער אײַנשאַף, ־ן; דאָס אײַנגעשאַפֿענע; דער קנין, ־ים [KÍNYEN, KINYÓNIM]
acquisitive אײַנשאַפֿעריש
acquit באַפֿרײַען פֿון שולד; פֿרײַזאָגן
  acquit oneself well גוט אױפֿפֿירן זיך
  She was acquitted מע האָט זי באַפֿרײַט פֿון שולד
acquittal די שולד־באַפֿרײַונג, ־ען; די פֿרײַזאָגונג, ־ען
acre די מאָרג, ־ן/־עס; דער אַקער, ־ס
acreage דער שטח אַקערס [ShÉTEKh]
acrid עסעריק; שאַרף; ביטער
acrimonious ביטער; פֿאַרביטערט
acrimony די/דאָס ביטערקײט; די/דאָס פֿאַרביטערטקײט
acrobat דער אַקראָבאַט, ־ן
acrobatic אַקראָבאַטיש
acrobatics די אַקראָבאַטיק ל"י; אַקראָבאַטישע קונצן ‹שטיק›
  do acrobatics מאַכן אַקראָבאַטיק; אַקראָבירן
acrolect די אײבערשפּראַך, ־ן
acrolith דער אַקראָליט, ־ן
acronym דער ראָשי־תּיבֿות, ־ן; דער אַקראָנים, ־ען [ROShETÉYVES]
acrophobia די מורא פֿאַר הײכן; די אַקראָפֿאָביע [MÓYRE]
across, *adv.*
  (beyond) אַריבער
  (crosswise) אין דער קװער ‹ברײט›
across, *prep.* אױף יענער ‹דער צװײטער› זײַט
  (crosswise) אין דער קװער ‹ברײט› פֿון
  (opposite) אױף יענער זײַט ‹דער צװײטער› זײַט
  (over) איבער; אַריבער
  across the street אַ(נט)קעגן איבער דער גאַס; אױף יענער ‹דער צװײטער› זײַט גאַס
across-the-board פֿאַר אַלעמען; כּוללדיק; אַרומנעמיק [KÓYLELDIK]

across-the-board tax cut די שטײַער־פֿאַרקלענערונג פֿאַר אַלעמען; די כּוללדיקע שטײַער־פֿאַרקלענערונג [KÓYLELDIKE]
across-the-board wage increase די הוספֿה פֿאַר אַלעמען [HOYSÓFE/HESÓFE]
acrostic דער אַקראָסטיך, ־ן
acrylic, *adj.* אַקריליש
acrylic, *n.*
  (resin) דער אַקריל
  (textile) דער אַקרילאַן
acrylic paint די אַקרילישע פֿאַרב, ־ן
act, *n.*
  (deed) די טוּונג, ־ען; דער אַקט, ־ן
  (thea.) דער אַקט, ־ן; דער אויפֿצי, ־ען
  acts (deeds) *also* מעשׂים [MÁYSIM]
  act of Congress דאָס קאָנגרעס־געזעץ, ־ן
  act of God די גאָטזאַך
  act of grace דער חסד; די ג(ע)נאָד [KhÉSED]
  act of sabotage דער סאַבאָטאַזש־אַקט, ־ן
  Acts of the Apostles (Chr./bib.) מעשׂים פֿון די שליחים [MÁYSIM] [ShLÍKhIM]
  act of war דער מלחמה־אַקט, ־ן [MILKhÓME]
  It was an act of faith מ׳האָט עס געטאָן מיט בטחון [BITÓKhN]
  get in on the act באַטייליקן זיך; משתּתּף זײַן זיך; אַרײַנמישן זיך [MIShTÁTEF]
  in the act of בשעת; אין גאַנג פֿון [BEShÁS]
  in the act of stealing בשעתן גנבֿע|(נע)ן; בײַ דער גנבֿה [BEShÁSN] [GÁNVE(NE)N] [GANÉYVE/G(E)NÉYVE]
  put on an act שפּילן טעאַטער; שפּילן אַ ראָלע
act, *v.*
  (behave) (אויפֿ)פֿירן זיך; נוהג זײַן זיך [NÓYEG]
  (thea.) שפּילן טעאַטער; שפּילן (אַ ראָלע)
  act as (function) דינען ווי; זײַן בבֿחינת [BIFKhÍNES]
  act on (affect) ווירקן; האָבן אַ ווירקונג ‹פּעולה› אויף; משפּיע זײַן אויף [PÚLE] [MAShPÍE]
  act on (take action) אָננעמען טריט ‹מיטלען› קעגן; עפּעס טאָן וועגן
  act out (be disruptive) (אַרומ)ווילדעווע|ן
  act out (thea.) אויסשפּילן
  act up (flare up) צעשפּילן זיך
  act up (malfunction) אונטערהינקען; נישט גוט פֿונקציאָנירן
  act up (misbehave) (אַרומ)קאָמאַנדעווע|ן; פּראַווע|ן ‹מאַכן› שטיק; פּאַיאַצעווע|ן
acting, *adj.* אַמטירנדיק
acting, *n.* דאָס שפּילן (טעאַטער)
  (iro.) דאָס אַקטיאָרעווען
  Her acting was excellent איר שפּילן איז געווען אויסערגעוויינ(ט)לעך; איר שפּילן האָט אויסגענומען; זי האָט אויסערגעוויינ(ט)לעך געשפּילט
actinium דער אַקטיניום
actinozoa שטראַליקע ל״ר
action די אַקציע, ־ס; די טוּונג, ־ען
  (gram.) די טוּונג, ־ען
  (mil.) די קאַמפּאַקציע, ־ס; דער קאַמף, ־ן
  (strike) דער שטרײַק, ־ן
  actions *also* מעשׂים [MÁYSIM]
  Actions speak louder than words לא המדרש עיקר [LOY HAMÉDRESh ÍKER]
  be out of action באַזײַטיקט ווערן
  bring an action against לאָדן (אין געריכט); רופֿן צו מישפּט [MÍShPET]
  in action (mil.) אויפֿן פֿעלד; אין קאַמף ‹פֿײַער/שלאַכט›
  in action (working) אין דער אַרבעט
  take action אָננעמען טריט ‹מיטלען›
actionable
  It's actionable מע קען עס ברענגען צו(ן) אַ מישפּט [MÍShPET]
actional verb דער טוּונגווערב, ־ן
action figure דאָס אַקציע־שפּילעכל, ־עך
action movie דער אַקציעפֿילם, ־ען
activate אָנשטעלן; אַקטיוו(יז)ירן; אײַנשליסן; לאָזן אין גאַנג
  (mil.) אַקטיוו(יז)ירן; (אײַנ)רופֿן צו אַקטיוון (מיליטער־)דינסט
activation דאָס אַקטיוו(יז)ירן; די אַקטיווירונג; דאָס אײַנשליסן
activation fee דאָס אַקטיוויר־געלט
active, *adj.* אַקטיוו; טועריש; טויִק; ˙טעטיק
  be active (busy) זײַן אַקטיוו; אַרומלויפֿן
  be active (activist/*m./unsp.*) זײַן אַ טוער
  be active (activist/*f.*) זײַן אַ טוערין
  be active (in communal life/*m./unsp.*) זײַן אַ כּלל־טוער [KLAL]
  be active (in communal life/*f.*) זײַן אַ כּלל־טוערין
active duty דאָס אַקטיווע (מיליטער־)דינסט
  on active duty אין אַקטיוון דינסט
active intellect דער שׂכל־הפּועל [SÉYKhL-HAPÓYEL]
actively אַקטיוו(ערהייט)
active voice (gram.) דער אַקטיוו; דער אַקטיווער גענוס
active volcano דער אַקטיווער ‹וואַכיקער› ווולקאַן, ־ען
activewear דאָס ספּאָרטוואַרג קאָל׳
activism דער אַקטיוויזם
activist, *adj.* אַקטיוויסטיש; טועריש
activist, *n.*
  m./unsp. דער אַקטיוויסט, ־ן; דער טוער, ־ס
  f. די אַקטיוויסטקע ‹אַקטיוויסטין›, ־ס; די טוערין ‹טוערקע›, ־ס
activity
  (action) די טוּונג, ־ען; דאָס טוּעניש, ־ן
  (event/pastime) די אַקטיוויטעט, ־ן; די ˙טעטיקייט, ־ן
  (activeness) די/דאָס אַקטיווקייט; די אַקטיוויטעט
activity center דער אַקטיוויטעטן־צענטער, ־ס; די אַקטיווערײַ, ־ען
actor דער אַקטיאָר, ־ן; דער אַרטיסט, ־ן
  (pej.) דער אַקטיאָרשטשיק, ־עס
actor's union דער אַרטיסטן־פֿאַראיין, ־ען
actress די אַקטריסע, ־ס; די אַרטיסטקע ‹אַרטיסטין›, ־ס
actual פֿאַקטיש; באמתדיק; בפּועלדיק; רעאַל [BEÉMESDIK] [BEPÓYELDIK]
actuality די/דאָס פֿאַקטישקייט; די וואָר; די רעאַליטעט
actualization די אַקטואַליזירונג; די אַקטואַליזאַציע
actualize אַקטואַליזירן; מקיים זײַן; אויספֿירן מן הכּוח אל הפּועל [MEKÁYEM] [MIN HAKÓYEKh EL HAPÓYEL]
actually
  (in fact) פֿאַקטיש; לעולם; בפּועל(־ממש); ˙אייגנטלעך [LEÓYLEM] [BEPÓYEL(-MÁMESh)]
  (as it turns out) צום סוף; לאָזט זיך אויס אַז; ווײַזט זיך אַרויס אַז [SOF]
actuarial table די סטראַכיר־טאַבעלע, ־ס; די אַקטואַרישע טאַבעלע, ־ס
actuary דער סטראַכיר־סטאַטיסטיקער, ־ס; דער אַקטואַר, ־ן
actuate לאָזן אין גאַנג; מאַכן גיין
acuity די/דאָס שאַרפֿקייט
  (med.) די/דאָס אַקוטקייט, ־ן; די/דאָס חרובֿדיקייט [KhÓREVDIKEYT]
acumen דאָס חריפֿות [Kh(A)RÍFES]

acupressure די אַקודריקונג
acupuncture די אַקופּונקטור
acupuncturist דער אַקופּונקטירער, ־ס
acute שאַרף
 (med.) אַקוט; שווער
acute accent דער אַקוט, ־ן
acute angle דער שאַרפֿער ווינקל, ־ען
acute care דער אַקוטער אָפּהיט
acutely שטאַרק־שטאַרק; זייער־זייער
 acutely ill [KhÓREV] חרובֿ ‹שווער/שטאַרק› קראַנק
acuteness *see* **acuity**
acute triangle דער שאַרף־‹שפּיץ־›ווינקלדיקער דרייעק, ־ן
AD (anno Domini) נ"ק; נאָך קריסטוסן
ad *see* **advertisement**
adage דאָס (וועלטס)ווערטל, ־עך
adagio אַדאַדזשיאָ
Adam (bib.) [ÓDEM (H)ORÍShN] (דער) אָדם הראשון
 I don't know him from Adam איך הייב אים נישט אָן צו קענען; איך קען אים אין גאַנצן נישט
adamant אומפּשרותדיק; פֿעסט; נישט־נאָכגיביק [ÚMPShÓRESDIK]
Adam's ale דער גענדזנוויין
Adam's apple דער (גאָרגל)קנאָפּ, ...קנעפּ
adapt
 vt. **(fit)** צופּאַסן
 vt. **(text/book)** באַאַרבעטן; אַדאַפּטירן
 vi. צופּאַסן זיך; צוגעוווינען ‹צוגעוויינען› זיך
adaptability די/דאָס צופּאַס(עווד)יקייט
adaptable צופּאַס(עווד)יק
adaptation
 (fitting) די צופּאַסונג, ־ען; דאָס צופּאַסן
 (of text/book) די באַאַרבעטונג, ־ען; די אַדאַפּטירונג, ־ען
adapter דער אַדאַפּטער, ־ס
adaptive צופּאַס(עווד)יק
Adar [ÓDER] (דער) אָדר
add [MÓYSEF] צוגעבן; צושטעלן; צולייגן; מוסיף זיין
 (math.) [KhÍBERN] צונױפֿרעכענען; צוגעבן; חיבורן
 (onto building) צובויען
 add fuel to the fire גיסן בוימל אויפֿן פֿייער
 to add insult to injury אויב דאָס איז נאָך ווינציק ‹ווייניק› ...; טאָמער איז דאָס ווינציק ‹ווייניק› ...
 add liquid צוגיסן; דערגיסן; אונטערגיסן
 add salt צוזאַלצן; צושיטן ‹צוטאָן› זאַלץ
 add slowly צוגעבן צו ביסלעך
 add sugar צושיטן ‹אַריינשיטן/צוטאָן› צוקער
 add up (total) צונױפֿרעכענען; מאַכן אַ סך־הכל [SAKhÁKL]
 add up (*fig.*) [SEYKhL] שטימען; לייגן זיך אויפֿן שׂכל
ADD (med.) דער איי־די־די; דער אַ־דע־דע
added צוגעקומען; צוגעגעבן
addend [KhÍBER] די צונױפֿלייג־‹חיבור־›צאָל, ־ן
addendum די הוספֿה, ־ות; דער צולאָג, ־ן [HOYSÓFE/HESÓFE]
adder די צלם־שלאַנג, ־ען/שלענג; דער ווײפּער, ־ס; דער נאָטער, ־ס [TSÉYLEM]
adder's tongue (bot.) די שלאַנגענצונג, ־ען
addict דער אַדיקט, ־ן
addicted
 be addicted האָבן אַן אַדיקציע
 He became addicted to ס'איז ביי אים געוואָרן אַן אַדיקציע צו
addiction (to) די אַדיקציע (צו); די מאַניע (פֿאַר)
addictive אַדיקטיוו; אַדיקציע־שאַפֿ(נד)יק

adding machine [KhÍBER] די רעכן־‹חיבור־›מאַשין, ־ען
addition
 (stg. added) דאָס צוגעקומענע; דער צולאָג, ־ן; דאָס צוגעגעבענע; דער צוגאָב, ־ן
 (math.) [KhÍBER] דער חיבור
 in addition נאָך דערצו (נאָך); (אַ)חוץ דעם
 (supplementation) דאָס צוגעבן; דאָס צולייגן
additional צוגאָב...; צוגאָבלעך; ווייטערדיק
additionally (אַ)חוץ דעם; ווי אַ צוגאָב; נאָך דערצו (נאָך)
addition table [KhÍBER] די חיבור־טאַבעלע, ־ס
additive דער (שפּייז)צוגאָב, ־ן; דאָס צוגאָבעכץ, ־ן
addle
 vt. **(confuse)** אַראָפּשלאָגן + אַק' פֿון די געדאַנקען; פֿאַרפּלאָנטערן; צעטומלען
 vi. **(spoil)** קאַליע ווערן
addled
 (confused) פֿאַרפּלאָנטערט; צעטומלט
 (spoiled) קאַליע (געוואָרן)
add-on דער צוגאָב, ־ן; דאָס צוגאָבל, ־עך
address, *n.*
 (mailing) דער אַדרעס, ־ן
 (speech) די רעדע, ־ס
address, *v.*
 (an envelope) אַדרעסירן
 (a concern) פֿאַרנעמען זיך מיט
 (speak to) ווענדן זיך צו
 (with title) טיטולירן
address book דאָס אַדרעסן־ביכל, ־עך; דאָס אַדרעסן־בוך, ־ביכער
address change דער אַדרעסבייט, ־ן
addressee דער אַדרעסאַט, ־ן
address label דאָס אַדרעסל, ־עך; דאָס אַדרעס־קלעפּל, ־עך
addressograph די אַדרעסירקע, ־ס; דער אַדרעסאָגראַף, ־ן
adduce (פֿיר)ברענגען
adenitis דער אַדעניט; די גילן־פֿאַרצינדונג‹־אָנצינדונג›
adenoids אַדענאָידן
adept פֿעיִק
 be adept at זיין פֿעיִק ‹געניט/באַהאַוונט› אין; זיין בקי אין; זיין אַ בריה ‹מאדים› אויף; אויסטויגן זיך צו [BÓKE] [BÉRYE] [MÁYDEM]
adequacy די/דאָס גענוגיקייט; די/דאָס אַדעקוואַטקייט
adequate גענוגיק; אַדעקוואַט
 be adequate (acceptable) טויגן
 be adequate (sufficient) קלעקן; סטײַע|ן; סטאַרטשע|ן
adhere (to) צוקלעפּן זיך (צו)
 (abide) האַלטן זיך (ביי)
adherence דאָס צוקלעפּן זיך
 (devotion) די אָנהענגערשאַפֿט; די/דאָס איבערגעגעבנקייט
 adherence to (abiding) דאָס האַלטן זיך ביי
adherent דער אָנהענגער, ־ס; דער חסיד, ־ים [KhÓSID, KhSÍDIM]
adhesion דאָס צונױפֿוואַקסן; די אַדהעזיע, ־ס
 (med.) דער צונױפֿוווּקס, ־ן
adhesive, *adj.* קלעפּיק; קלעפּ...
adhesive, *n.* דאָס קלעפּעכץ, ־ן
adhesive bandage דער פּלאַסטער, ־ס
adhesive label דער קלעפּצעטל, ־ען
adhesive tape דער קלעפּ־צעלאָפֿאַן; די קלעפּלענטע
ad hoc אַד האָק; ספּעציעל
ad hominem דער אַד־האָמינעם; דער פּערזענלעכער אַטאַק ‹אָנפֿאַל›
Adieu! [TÓMED] אַדיע!; זיי(ט) (מיר) געזונט!; אַ גוטן תּמיד!
 bid adieu to געזעגענען זיך מיט

ad infinitum עד־אין־סוף; אָן אַ סוף; אָן אַן עק [AD-ÉYNSOF] [SOF]

adipose פֿעט

adipose tissue דאָס פֿעטסגעוועב

adipsia די אַדיפּסיע

adjacent דערבײַיִק; דערלעבנדיק; שכניש; שכנותדיק [ShKhÉYNISh] [ShKhÉYNESDIK]

  adjacent to אין שכנות מיט; האַרט בײַ [ShKhÉYNES]

  (angles) שכניש; בײַליגנדיק

adjectival אַדיעקטיוויש

adjectivalization די אַדיעקטיוויזירונג

adjectival phrase די אַדיעקטיווישע פֿראַזע, ־ס

adjective, *adj.* אַדיעקטיוויש

adjective, *n.* דער אַדיעקטיוו, ־ן; דאָס איכות־וואָרט, ־ווערטער [ÉYKhES]

adjectivizer דער אַדיעקטיוויזירער, ־ס

adjoin זײַן אין שכנות מיט; גרענעצן זיך מיט [ShKhÉYNES]

adjoining שכנותדיק [ShKhÉYNESDIK]

adjourn

  (postpone) אָפּלייגן

  (conclude) שליסן

  adjourn to another room אַריבערגיין אין אַ צווייטן צימער

adjournment

  (postponement) די אָפּלייגונג, ־ען; די הפסקה, ־ות [HAFSÓKE]

  (conclusion) די שליסונג, ־ען; דאָס שליסן

adjudge אַרויסברענגען ‹אַרויסטראָגן› אַ פּסק קעגן; צופּסקענען + דאַט'; דערקלערן (פֿאַר) [PSAK] [TSÚPÁSKENEN]

  adjudge guilty דערקלערן (פֿאַר) שולדיק

adjudicate באַהאַנדלען; באַטראַכטן; מישפּטן [MÍShPETN]

adjudication דער פּסק, ־ים [PSAK, PSÓKIM]

  adjudication of bankruptcy די באַנקראָט־דערקלערונג

adjudicator דער ריכטער, ־ס

adjunct, *adj.* אַדיונקט...; אַדיונקטיק

adjunct, *n.* דער אַדיונקט, ־ן

adjust

  vt. **(adapt)** צופּאַסן; רעגולירן; ריכטעווע|ן

  vt. **(a claim)** אויספֿאָרשן

  vi. צופּאַסן זיך

adjustable צופּאַס(עווד)יק; רוק...

adjustable seat דער רוקזיץ, ־ן

adjusted צוגעפּאַסט

  adjusted for inflation אינפֿלאַציע־צוגעפּאַסט

adjuster (of claims) דער שאָדן־‹היזק־›אויספֿאָרשער, ־ס [HÉZEK]

adjusting screw דער/די רעגוליר־שרויף, ־ן

adjustment דאָס צופּאַסן זיך; די צופּאַסונג, ־ען

  adjustment of fees דער אָפּצאָל־אויסגלײַך

adjutant דער אַדיוטאַנט, ־ן

adjuvant הילף...; באַהילפֿיק

ad lib, *adv.* פֿון אַרבל

ad lib, *n.* דאָס אימפּראָוויזירטע

ad-lib, *v.* אימפּראָוויזירן; רעדן פֿון אַרבל; רעדן אַרבל־פֿראַזע

adman דער רעקלאַמיסט, ־ן

administer

  (manage) אָנפֿירן (מיט); אַדמיניסטרירן; זײַן דער אָנפֿירער פֿון; פֿאַרוואַלטן מיט

  administer an exam געבן אַן עקזאַמען

  administer an oath משביע זײַן; באַשווערן; (אָפּ)נעמען אַ שבֿועה [MAShBÍE] [ShVÚE]

  administer medicine אײַנגעבן אַ מעדיקאַמענט ‹רפֿואה› [REFÚE]

administration

  (management) די אַדמיניסטראַציע; די אָנפֿירונג; די דירעקציע

  (government) די רעגירונג, ־ען

  administration of medicine דאָס אײַנגעבן מעדיקאַמענטן ‹רפֿואות› [REFÚES]

  the Kennedy administration די קענעדי־אַדמיניסטראַציע

administration official דער רעגירונג־באַאַמטער געב'

administrative אַדמיניסטראַטיוו; אַדמיניסטריר־...

administrative assistant דער אַדמיניסטריר־געהילף, ־ן

administrative office דער אַדמיניסטריר־ביוראָ, ־ען; די (אַדמיניסטריר־)קאַנצעלאַריע, ־ס

administrator

  m./unsp. דער אַדמיניסטראַטאָר, ־ס/...אָרן

  f. די אַדמיניסטראַטאָרשע ‹אַדמיניסטראַטאָרין›, ־ס

admirable צו(ם) באַוווּנדערן; באַוווּנדערלעך; אויסגעצייכנט; ערשטקלאַסיק

admirably אויסגעצייכנט

admiral דער אַדמיראַל, ־ן

admiralty די אַדמיראַלשאַפֿט

admiralty law דאָס ים־רעכט [YAM]

admiration די באַוווּנדערונג; דער באַוווּנדער

admire באַוווּנדערן

admirer דער באַוווּנדערער, ־ס; דער אָנהענגער, ־ס

admissibility די/דאָס דערלאָזלעכקייט

admissible דערלאָזלעך; צום דערלאָזן

  equally admissible גלײַכרעכטיק

admission

  (to event) דער אַרײַנטריט ‹אַרײַנטרעט›; דער אַרײַנגאַנג

  (to school) דער צולאָז; דער אײַנטריט

  admission of guilt די שולד־אָנערקענונג, ־ען; דאָס מודה זײַן זיך [MÓYDE]

  worth the price of admission ווערט דאָס גאַנצע געלט

admission fee דאָס אַרײַנטריט־געלט; דאָס אַרײַנגעלט

admission requirements צולאָז־פֿאָדערונגען

admissions office דער צולאָז־ביוראָ, ־ען

admissions policy די צולאָז־‹אַרײַנטריט־›פּאָליטיק, ־ן

admission ticket דער אַרײַנטריט־בילעט, ־ן

admit

  (acknowledge) מודה זײַן; צוגעבן; אָנערקענען [MÓYDE]

  (allow in) אַרײַנלאָזן; צולאָזן

  (confess) מודה זײַן זיך

  (have capacity for) אַרײַננעמען

  (to hospital) אַרײַננעמען ‹אַרײַנשרײַבן› אין שפּיטאָל

  admit that ... is right נאָכגעבן אַז + נאָמ' איז גערעכט; געבן + דאַט' גערעכט

  He was admitted to the hospital מ'האָט אים אַרײַנגענומען ‹אַרײַנגעשריבן› אין שפּיטאָל

  She was admitted to Columbia זי איז אָנגעקומען אין קאָלאָמביע; מע האָט זי אָנגענומען אין קאָלאָמביע

admittance דער אַרײַנגאַנג; דער אַרײַנטריט

  no admittance אַרײַנגאַנג פֿאַרווערט; (מע טאָר) נישט אַרײַנגיין

admittedly אמת; דעם אמת זאָגנדיק; מע דאַרף נאָכגעבן אַז [ÉMES]

admixture דער צומיש, ־ן

admonish מוסרן; פֿירהאַלטן; אָנזאָגן; וואָרענען; מתרה זײַן [MÚSERN] [MÁSRE]

admonition די וואָרענונג, ־ען; דאָס מוסרן; די התראה, ־ות [MÚSERN] [HASRÓE]

ad nauseam ביז חלשות; ביז סע קריכט שוין פֿון האַלדז; ביז סע שלאָגט צוריק ‹צום האַרצן› [KhALÓShES]

ado

much ado about nothing אַ צימעס ‹בראָטן› פֿון גאָרנישט; אויפֿן הימל אַ יאַריד

without any further ado אָן קיין ווײַטערדיקע צערעמאָניעס

without much ado אָן צו מאַכן אַ צימעס; אָן קיין רעש; אָן לאַנגע שהיות [RASh] [ShÍES]

adobe דער (פֿון דער זון געטריקנטער) ליימציגל

adolescence די דערוואַקסלינגשאַפֿט; די אַדאָלעסצענץ; צענער־יאָרן ל״ר; יונגע יאָרן ל״ר

(male) די בחורשאַפֿט; די יינגלשאַפֿט [BÓKhERShAFT]

(female) די מיידלשאַפֿט

during adolescence אין די מיידלשע ‹יינגלשע/יונגע› יאָרן; דערוואַקסלינגצווייַז

adolescent, *adj.* נישט־דערוואַקסן; אַדאָלעסצענט

adolescent, *n.* דער דערוואַקסלינג, ־ען; דער נישט־דערוואַקסענער געב׳; דער צענערלינג, ־ען

Adonis (myth./*fig.*) (דער) אַדאָניס

adopt

(a child) אַדאָפּטירן

(a resolution/policy) אָננעמען

adopt an attitude of פֿירן ‹האַלטן› זיך ווי

adoptable

(of child) אַדאָפּטירעוודיק

(of resolution/policy) אָננעמ(עווד)יק

adopter דער אַדאָפּטירער, ־ס

adoption

(child) די אַדאָפּטירונג, ־ען; דאָס אַדאָפּטירן

(of resolution/policy) דאָס אָננעמען

adoption agency די אַדאָפּטיר־אַגענטור, ־ן

adoptive אַדאָפּטיר־...

adoptive parents אַדאָפּטיר־טאַטע־מאַמע

adorable מלא־חן; טײַער; ליבינק אַטר׳ [MÓLE-KhÉYN]

adorable child דאָס אוצרל, ־עך [ÓYTSERL]

adoration די פֿאַרגעטערונג

adore ליב האָבן דאָס לעבן; ליב האָבן אַהבֿת־נפֿש [Á(H)AVES-NÉFESh]

(idolize) פֿאַרגעטערן; הייבן אויף דרוקעס; הייבן אין הימל אַרײַן

adorn באַפּוצן; באַצירן

adornment די באַפּוצונג, ־ען

adrenal אַדרענאַל

adrenal glands בײַנירן; אַדרענאַלע גילן ‹דריזלעך›

adrenaline דער אַדרענאַלין

adrift דרייפֿנדיק; שוועבנדיק

(aimless/*fig.*) פֿאַרלוירן; אָן אַ ציל ‹צוועק›

be adrift *also* שווימען מיטן שטראָם

adroit פֿעיִק; בריהדיק; לאָווקע [BÉRYEDIK]

adsorb אַדסאָרבירן

adsorption די אַדסאָרבירונג

adulation דאָס (אונטער)לעקערײַ; די חניפֿה [Kh(A)NÍFE]

adulatory חניפֿהדיק [Kh(A)NÍFEDIK]

adult, *adj.* דערוואַקסן

adult, *n.* דער גרויסער געב׳; דער דערוואַקסענער געב׳; דער לײַט, ־/־ן

adult education די בילדונג פֿאַר דערוואַקסענע

adult entertainment די פֿאַרווײַלונג פֿאַר דערוואַקסענע

adulterate צומישן; פֿאַרוואַסערן; קאַליע מאַכן (מיט צוגאָבעכצן)

adulterer דער מחלל־זיווגניק, ־עס; דער נואף, ־ים; דער אשת־אישניק, ־עס [MEKhÁLEL-ZÍVEGNIK] [NÓYEF] [ÉYShES-ÍShNIK]

adulteress די מחלל־זיווגניצע, ־ס; די נואפֿטע, ־ס; די אשת־אישניצע, ־ס; די סוטה, ־ות [MEKhÁLEL-ZÍVEGNITSE] [NÓYEFTE] [ÉYShES-ÍShNITSE] [SÓYTE]

adulterous חילול־זיווגדיק; נואפֿדיק [KhÍLEL-ZÍVEGDIK] [NÓYEFDIK]

adultery דער חילול־הזיווג; דער ניאוף [KhÍLEL-HAZÍVEG] [NÍEF]

adulthood די דערוואַקסנשאַפֿט

advance, *adj.* פֿאָרויסיק; פֿאָרויס...

advance, *n.*

(progress) דער פֿאָרויסגאַנג; דער גאַנג ‹טריט› פֿאָרויס; דער פּראָגרעס

(mil.) דער פֿאָרויסמאַרש, ־ן

(money) דער אַוואַנס, ־ן

(approach/overture) דער אַוואַנס, ־ן

in advance אין פֿאָרויס; פֿון פֿריער; אַפֿריער

brush off sb.'s advances אָפּטשעפּען זיך פֿון + דאַט׳; נישט לאָזן זיך; אָפּוואַרפֿן + פּאָס׳ אַוואַנסן

make advances to מאַכן + דאַט׳ אַן אַוואַנס; חנדלען ‹שאַרן/צורוקן› זיך צו [KhÉYNDLEN]

advance, *v.*

vt. **(argument/theory)** פֿירברענגען; אַרויסרוקן

vt. **(money)** אויסלײַגן; אַוואַנסירן

vt. **(promote)** העכערן + דאַט׳ דעם ראַנג; פּראָמאָווירן

vi. **(move ahead)** גיין פֿאָרויס; אַוואַנסירן; פּראָגרעסירן

vi. **(spo.)** פֿאָרויסרוקן זיך

advanced אַוואַנסירט; ווײַטהאַלטער...; העכער...

be advanced האַלטן ווײַט; זײַן אַ ווײַטהאַלטער

advanced in years אין די יאָרן; אויף די עלטערע יאָרן; אויף דער עלטער

advanced course דער ווײַטהאַלטער־קורס, ־ן; דער קורס פֿאַר ווײַטהאַלטערס ‹אַוואַנסירטע›

advance directives מעדיצינישע באַפֿעלן אין פֿאָרויס; די געזונט־צוואה ל״י [TSAVÓE]

advanced placement דאָס אַרײַנזעצן פֿאָרויס

advanced student דער ווײַטהאַלטער, ־ס; דער אַוואַנסירטער סטודענט, ־ן

advanced study העכערע לימודים ל״ר

advancement דער פֿאָרויסגאַנג; די אַוואַנסירונג

advance party דער פֿעדערשטער אָטריאַד, ־ן; דער אַוואַנגאַרד, ־ן

advance payment דער אַוואַנס, ־ן; די צאָלונג אין פֿאָרויס

advance publicity די רעקלאַמע ‹דער פּירסום› אין פֿאָרויס [PÍRSEM]

advance screening דער פֿאָרויסווײַז, ־ן

advantage

(benefit) די מעלה, ־ות; דער פּלוס, ־ן [MÁYLE]

(spo.) די פֿאָרהאַנט, ...הענט; דער אַוואַנטאַזש, ־ן

have the advantage האָבן די פֿאָרהאַנט; האָבן דעם אַוואַנטאַזש

take advantage of (avail oneself of) אויסניצן די געלעגנהייט צו

take advantage of (exploit) אויסניצן לרעה ‹צום בייזן› [LERÓE]

to one's own advantage לטובֿת זיך (אַליין) [LETÓYVES]

to the advantage of דאַט׳ + לטובֿה [LETÓYVE]

advantageous גינציק

advent דער אויפֿקום

Advent (Chr.) דער אַדווענט

Adventism דער אַדווענטיזם

Adventist דער אַדווענטיסט, ־ן
adventitious
  (accidental) צופֿעליק
  (acquired) צוגעקומען
  (external) דרויסנדיק
adventure די (אַ)וואַנטורע, ־ס; די ווענטורע, ־ס
adventure film דער (אַ)וואַנטורע־פֿילם, ־ען
adventurer דער אַוואַנטוריסט, ־ן
adventuress די אַוואַנטוריסטקע, ־ס
adventurous אַוואַנטוריסטיש; איינשטעלעריש; דרייסט
  be an adventurous soul ליב האָבן אַוואַנטורע
adverb דער אַדווערב, ־ן
  adverb of duration דער געדויער־אַדווערב, ־ן
  adverb of manner דער אופֿן־אַדווערב [ÓYFN]
  adverb of time דער צייטאַדווערב, ־ן
adverbial, *adj.* אַדווערביאַל; אַדווערביש
adverbial, *n.* דער אַדווערביאַל, ־ן
adverbial adjective דער אַדווערביאַלער אַדיעקטיוו, ־ן
adverbial complement דער קאָנווערב, ־ן; דער ווערבאַלער צוגאָב, ־ן
adverbial phrase דער אַדווערביאַל, ־ן; די אַדווערביאַלע פֿראַזע, ־ס
adversarial קעגנ(ע)נעריש; כנגדיק [KENÉGEDIK]
  adversarial relationship די קעגנ(ע)נערישע באַציונג, ־ען; די סטיגאָטערשאַפֿט
adversary דער קעגנ(ע)נער, ־ס; דער סטיגאָטער, ־ס; דער כּנגד, ־ים; דער אָפּאָנענט, ־ן [KENÉGED, KENÉGDIM]
adverse אומגינציק; נעגאַטיוו; קעגנ(ע)נעריש
  have an adverse affect ווירקן לרעה; שלעכט ווירקן [LERÓE]
adversely לגנאַי; לרעה [LIGNÁY] [LERÓE]
adversity צרות ל"ר; יסורים ל"ר; פּלאָגן ל"ר [TSÓRES] [YESÚRIM]
  time of adversity די עת־צרה; די שווערע צייט; שווערע צייטן ל"ר [EYS-TSÓRE]
advertise רעקלאַמירן; אַנאָנסירן; געבן אַן אַנאָנס
advertisement די רעקלאַמע, ־ס; דער אַנאָנס, ־ן; די נאָטיץ, ־ן; די מודעה, ־ות [MOYDÓE/MEDÓE]
  put/place an advertisement שטעלן ‹געבן› אַן אַנאָנס
advertiser דער רעקלאַמירער, ־ס; דער אַנאָנסירער, ־ס
advertising, *adj.* רעקלאַמיר; אַנאָנסן־...
advertising, *n.* **(profession)** דאָס רעקלאַמעריי
  be in advertising פֿאַרנעמען זיך מיט רעקלאַמעריי
advertising agency דער רעקלאַמיר־ביוראָ, ־ען; די רעקלאַמיר־אַגענטור, ־ן
advertising campaign די רעקלאַמיר־קאַמפּאַניע, ־ס
advice
  (notification) דער אַוויז, ־ן; די ידיעה, ־ות [YEDÍE]
  (opinion) די עצה, ־ות [ÉYTSE]
  a piece of advice די עצה, ־ות
  good advice די גוטע עצה, ־ות; די עצה־טובֿה, עצות־טובֿות [ÉYTSE-TÓYVE, ÉYTSES-TÓYVES]
  seek advice from שואל־עצה זיין זיך מיט; האַלטן זיך אַן עצה מיט; פֿרעגן אַן עצה ביי; באַראָטן זיך מיט; קאָנסולטירן זיך ביי [ShÓYEL-ÉYTSE]
  take sb.'s advice פֿאָלגן + דאַט/אַק; פֿאָלגן + פּאָס' עצה
advice column די עצות־רובריק, ־ן [ÉYTSES]
advice columnist דער עצות־קאָלומניסט, ־ן [ÉYTSES]
advisability די/דאָס כּדאַייקייט [KEDÁYIKEYT]
advisable כּדאַי [KEDÁY]
  be advisable זיין כּדאַי; זיין אַ פּלאַן; לאָזן זיך רעקאָמענדירן
advise עצה|ן; ראָטן; געבן + דאַט' אַן עצה; רעקאָמענדירן [ÉYTSEN] [ÉYTSE]
  advise against עצה|ן קעגן; אָפּראָטן פֿון
  advise sb. of אָנזאָגן + דאַט' וועגן; צו וויסן טאָן + דאַט' וועגן; לאָזן + אַק' וויסן וועגן
  Be advised that זיי(ט) וויסן אַז; מע זאָל וויסן זיין אַז
advise-and-consent process די עצה־און־הסכּמה [ÉYTSE-UN-HASKÓME]
advisedly בכּוונה; בכּיוון; אומיסטן; אומישנע [BEKAVÓNE] [BEKÍVN]
advisee דער געעצהטער געב'; דער באַראָטענער געב' [GEÉYTSETER]
advisement
  take under advisement נעמען צו קענטעניש
advisor דער בעל־יועץ, בעלי־יועצים; דער עצה־געבער, ־ס; דער ראָטגעבער, ־ס [BALYÓYETS, BÁLE-YÓYETSIM] [ÉYTSE]
advisory
  (less formal) עצה־געבעריש [ÉYTSE]
  (more formal) קאָנסולטאַטיוו
  in an advisory capacity ווי אַ בעל־יועץ ‹קאָנסולטאַנט› [BALYÓYETS]
advisory council די קאָנסולטאַטיווע קאָלעגיע, ־ס
advocacy (of) דאָס שטיצן; דאָס איינשטעלן זיך (פֿאַר)
advocacy group די אינטערעסן־גרופּע, ־ס
advocate, *n.* דער שטיצער, ־ס; דער אָנהענגער, ־ס
  (jur.) דער אַדוואָקאַט, ־ן
  be an advocate for איינשטעלן זיך פֿאַר; זיין אַ שטיצער פֿון
advocate, *v.* אַקטיוו שטיצן; איינשטעלן זיך פֿאַר; אַרויסטרעטן פֿאַר
aegis די עגידע
  under the aegis of אונטער דער עגידע פֿון; אונטער די פֿליגל פֿון; אונטערן פּאַטראָנאַזש פֿון
Aeolian mode די עאָלישע גאַמע
aerate אויסלופֿטערן
aerial, *adj.* לופֿט...; פֿון דער לופֿט; אַעראָ...
aerial, *n.* די אַנטענע, ־ס
aerial perspective די לופֿט־פּערספּעקטיוו, ־ן
aerial photography די אַעראָפֿאָטאָגראַפֿירונג
aerial pounding דאָס האַמערן פֿון דער לופֿט
aerial spraying דאָס באַשפּריצן פֿון דער לופֿט
aerial tramway די הענגבאַן, ־ען; דער לופֿטטראַמוויי, ־ען
aerial warfare דאָס לופֿטגעשלעג, ־ן
aerie די אָדלערנעסט, ־ן
aerobatic אַעראָבאַטיש
aerobatics די אַעראָבאַטיק ל"י; לופֿטקונצן
aerobic אַעראָביש
aerobics די אַעראָביק ל"י
aerodrome דער אַעראָדראָם, ־ען
aerodynamic אַעראָדינאַמיש
aerodynamics די אַעראָדינאַמיק ל"י
aerogram דער אַעראָגראַם, ־ען
aeronautical אַעראָנאַוטיש
aeronautics די אַעראָנאַוטיק ל"י
aerophobia די אַעראָפֿאָביע; די פֿלי־מורא [MÓYRE]
aerosol דער אַעראָסאָל, ־ן
aerosol bomb די אַעראָסאָל־באָמבע, ־ס
aerosol spray דער אַעראָסאָל־שפּריץ, ־ן
aerospace
  (science) די פֿלי־וויסנשאַפֿט
  (space) דער וויטער קאָסמאָס
aetites דער שטערנשיס

afar
from afar פֿון דער ווײַטנס; פֿון ווײַטן ‹ווײַטנס›
affable צוגעלאָזן ‹צוגעלאָזט›; ליבלעך; נוח־לבריות פּר׳ [NÓYEKh-LEBRÍES]
affable person דער צוגעלאָזענער געב׳; דער נוח־לבריות
affair
(business) דער ענין, ־ים; דער/דאָס עסק, ־ים; דאָס געשעפֿט, ־ן [ÍNYEN, INYÓNIM] [ÉYSEK, ASÓKIM]
(matter) דער ענין, ־ים; די פּרשה, ־ות [PÁRShE]
(romance) דער ראָמאַן, ־ען; די ליבע, ־ס; די אַפֿערע, ־ס; די (ליבע־)אינטריגע, ־ס
(social) די אונטערנעמונג, ־ען
have an affair פֿירן אַ ליבע ‹ראָמאַן›
affect, *n.* דער אַפֿעקט, ־ן
affect,[1] *v.* **(influence)** באַווירקן; ווירקן אויף; אָפּרופֿן זיך אויף; משפּיע זײַן אויף; אָנרירן [MAShPÍE]
affect deeply מאַכן אַ גרויסן ‹טיפֿן› רושם אויף; טיף ווירקן אויף [RÓYShEM]
affect,[2] *v.* **(feign)** מאַכן זיך (ווי); מאַכן אַן אָנשטעל (פֿון/אַז)
affectation דער אָנשטעל, ־ן; די/דאָס געמאַכטקייט; די/דאָס געקינצלטקייט; די סיגע, ־ס
affected (false) געמאַכט; געקינצלט
affection די ליבשאַפֿט; די/דאָס צערטלעכקייט; די/דאָס צוגעבונדנקייט
affectionate ליבלעך; ליבעוודיק; צערטלעך; צוגעבונדן
affective אַפֿעקטיש; אַפֿעקטיק
affective connotation דער אַפֿעקטישער טײַטש
affidavit דער אַפֿידייוויט, ־ן; די געשוואוירענע באַשטעטיקונג, ־ען
affiliate, *v.* **(with)** פֿאַרבינדן זיך (מיט); אַפֿיליִירן זיך (מיט); צוגלידערן זיך (צו)
affiliate, *n.* דער פֿיליאַל, ־ן
affiliated פֿאַרבונדן; אַפֿיליִירט; פֿיליאַל
be affiliated with זײַן פֿאַרבונדן ‹אַפֿיליִירט› מיט
affiliation די (פֿאַר)בינדונג, ־ען; די אַפֿיליאַציע, ־ס
affinity
(closeness) די/דאָס נאָענטקייט; די נאָענטשאַפֿט; די קרובֿישאַפֿט; דאָס שייַכות [KRÓYVIShAFT] [ShÁYKhES]
(attraction) דער צוצי
(chem.) די אַפֿיניטעט, ־ן; די קרובֿישאַפֿט; דער צוצי, ־ען
I have an affinity for סע ציט מיך צו
affirm פֿעסטשטעלן; באַשטעטיקן; קאָנסטאַטירן; אַפֿירמירן; באַיאָען
affirmation די פֿעסטשטעלונג, ־ען; די באַשטעטיקונג, ־ען; די קאָנסטאַטירונג, ־ען; די אַפֿירמירונג, ־ען; די באַיאָונג, ־ען
affirmative, *adj.* אַפֿירמאַטיוו
affirmative, *n.* די אַפֿירמירונג, ־ען; די אַפֿירמאַציע, ־ס
respond in the affirmative געבן אַ פּאָזיטיוון ענטפֿער; ענטפֿערן מיט ‹אויף› יאָ
affirmative action די אויסגלײַך־פּאָליטיק
affix, *n.* דער אַפֿיקס, ־ן
affix, *v.* צושעפּע|ן; צוקלעפּן; צופֿעסטיקן; אַפֿיקסירן
affix blame to באַשולדיקן; אַרויפֿלייגן די שולד אויף
affix one's signature to חתמע|(נע)ן; שטעלן די חתימה אויף [KhÁSMENEN] [KhSÍME]
affixation די אַפֿיקסירונג
afflict פּלאָגן; גורם זײַן ‹אַרויסרופֿן› ווייטיק [GÓYREM]
afflicted געפּלאָגט
be afflicted by/with זײַן געפּלאָגט ‹געשלאָגן› מיט; לײַדן פֿון ‹אויף›
affliction די פּלאָג, ־ן; דאָס/די אָנשיקעניש, ־ן; דער אָנשיק, ־ן; די צרה, ־ות; דאָס אומגליק, ־ן [TSÓRE]
affluence די גבֿירישאַפֿט; די/דאָס פֿאַרמעגלעכקייט; דאָס עשירות [G(E)VÍRIShAFT] [AShÍRES]
affluent, *adj.* גבֿיריש; פֿאַרמעגלעך; רײַך; נגידיש [G(E)VÍRISh] [NEGÍDISh]
affluent person דער רײַכער געב׳; דער פֿאַרמעגלעכער געב׳; דער גבֿיר, ־ים; דער נגיד, ־ים; דער עושר, עשירים [G(E)VÍR] [NÓGED, NEGÍDIM] [ÓYShER, AShÍRIM]
affluent, *n.* דער בײַטייַך, ־ן
affluent society די פֿאַרמעגלעכע געזעלשאַפֿט
afford פֿאַרגינען זיך
afford pleasure (to) פֿאַרשאַפֿן + דאַט׳ פֿאַרגעניגן ‹נחת› [NÁKhES]
afford the time פֿאַרגינען זיך די צײַט
be able to afford (fin.) קענען אויספֿירן; קענען זיך פֿאַרגינען ‹דערלויבן›
be able to afford (spare) מעגן זיך באַמיִען ‹פֿאַרגינען›; נישט קראַנק זײַן צו
be ill able to afford נישט קענען זיך פֿאַרגינען
affordable צוטריטלעך; פֿאַרגינעוודיק; וואָלוול
affordable housing צוטריטלעכע ‹וואָלווועלע› דירות [DÍRES]
afforestation די באַוועלדערונג
affricate דער אַפֿריקאַט, ־ן
affrication די אַפֿריקאַציע
affricative *see* **affricate**
affront די באַליידיקונג, ־ען; דאָס גנאַי־וואָרט, ־ווערטער; דער פּאַטש אין פּנים [PÓNEM]
Afghani, *adj.* אַפֿגאַנער אינוו׳; אַפֿגאַניש
Afghani, *n.*
m./unsp. דער אַפֿגאַנער, –
f. די אַפֿגאַנערקע ‹אַפֿגאַנערין›, ־ס
Afghanistan (דאָס) אַפֿגאַניסטאַן
aficionado דער ענטוזיאַסט, ־ן; דער אָנהענגער, ־ס; דער חסיד, ־ים [KhÓSID, KhSÍDIM]
afield
far afield העט ווײַט
afikomen דער אַפֿיקומן [AFIKÓYMEN]
aflame אין פֿלאַמען
afloat
be afloat טראָגן זיך (אויפֿן וואַסער)
keep afloat נישט לאָזן אונטערגיין
afoot
There's something afoot עפּעס טוט זיך; סע רירט זיך
aforementioned/aforesaid אויבן דערמאָנט; שוין פֿריִער דערמאָנט; הנ״ל [HANÁL]
a fortiori על־אַחת־כּמה־וכּמה; קל־וחומר [ALÁKhES-KÁME-VEKÁME] [KALVEKhÓYMER]
afoul
run afoul of עובֿר זײַן אויף; אַריבערטרעטן [ÓYVER]
afraid איבערגעשראָקן; דערשראָקן
be afraid (of) מורא האָבן (פֿון/פֿאַר); שרעקן זיך (פֿאַר); ציטערן (פֿאַר); האָבן פּחד (פֿאַר) [MÓYRE] [PÁKhED]
I'm afraid that כ׳האָב מורא אַז; דאָס האַרץ זאָגט מיר אַז; כ׳האָב אַ חשד אַז [KhShAD]
afresh אויף ‹פֿון› ס׳נײַ
Africa (די) אַפֿריקע
African, *adj.* אַפֿריקאַניש; אַפֿריקאַנער אינוו׳
African, *n.*
m./unsp. דער אַפֿריקאַנער, –
f. די אַפֿריקאַנערקע ‹אַפֿריקאַנערין›, ־ס
African-American, *adj.* אַפֿראָאַמעריקאַניש; אַפֿראָאַמעריקאַנער אינוו׳; שוואַרץ
African-American, *n.*

m./unsp. דער אַפֿראָאַמעריקאַנער, –; דער שוואַרצער געב׳
f. די אַפֿראָאַמעריקאַנערין, ־ס; די שוואַרצע, –
African-American studies אַפֿראָאַמעריקאַנער לימודים
African lily די אַפֿריקאַנער ליליע, ־ס
African lion דער אַפֿריקאַנער לייב, ־ן
African studies די אַפֿריקאַניסטיק ל״י
African violet די קאַפּ־פֿיאַלקע, ־ס
Afrikaans דאָס אַפֿריקאַנס(יש)
Afrikaner דער אַפֿריקאַנסער געב׳
afro דער אַפֿראָ; די אַפֿראָ־פֿריזור
aft באָרט־אַראָפּ
after, *conj.* נאָך דעם וואָס ‹ווי›
after, *prep.* נאָך
  after all (at the end) נאָך אַלעמען; סוף־כל־סוף; דער סוף איז געווען אַז [SOF] [SOFKLSÓF]
  after all (yet) דאָך; (דאָך) פֿאָרט
  after that נאָך דעם
  be after ווערלן; זוכן
afterbirth דאָס אָרט; די פּלאַצענטע
afterburner דער הינטן־ברענער, ־ס
aftercare
  (med.) דער נאָכדעמדיקער אָפּהיט; די נאָכבאַהאַנדלונג
  (childcare) די נאָכשול; דער קינדאָפּהיט נאָך דער שול
after-dinner mint די מ(י)ענטע נאָכן עסן
aftereffect דער נאָכעפֿעקט, ־ן; נאָכווייעניש ל״ר
afterglow דער נאָכגלאַנץ
after-hours נאָך דער אַרבעט; נאָך די אַרבעט־שעהען [ShÓEN]
afterlife יענע וועלט; (דער/די) עולם־הבא [ÓYLEM-HÁBE]
aftermath דער דערנאָכדעם; דאָס נאָכווייעניש; דער נאָכווירק; די קאָנסעקווענץ
  in the aftermath of נאָך; אין דער צײַט נאָך
afternoon, *adj.* נאָכמיטאָג־...; נאָכמיטאָגדיק
afternoon, *adv.* נאָך מיטאָג; נאָך האַלבן טאָג
afternoon, *n.* דער נאָכמיטאָג, ־ן
  in the afternoon נאָך מיטאָג; נאָך האַלבן טאָג; בײַ טאָג
  Saturday afternoon he takes a nap שבת נאָך מיטאָג ‹שבת בײַ טאָג› כאַפּט ער אַ דרימל [ShÁBES]
afterpains נאָכווייען
after-school נאָך דער שול
after-shave lotion דאָס נאָכראַזיר־שמירעכץ
aftershock דער נאָכטרייסל, ־ען; די נאָכטרעסע, ־ס; נאָכווייען ל״ר
aftertaste דער נאָכטעם, ־ען; דער ווידערטעם, ־ען [NÓKhTAM] [VÍDERTAM]
aftertax נאָך די שטײַערן
aftertax income די הכנסה נאָך די שטײַערן [HAKhNÓSE]
afterthought דער נאָכגעדאַנק, ־ען
  as an afterthought נאָכן איבערקלערן; ווי אַ נאָכגעדאַנק
afterwards (שוין) נאָך דעם; דערנאָכדעם; (ל)אַחר־המעשׂה [(LE)ÁKhER-HAMÁYSE]
again ווידער (אַ מאָל); נאָך ‹אָבער› אַ מאָל
  (anew) צוריק; קריק; פֿון ‹אויף› ס'נײַ
  again and again נאָך אַ מאָל און ווידער אַ מאָל; ווידער אַ מאָל און אָבער אַ מאָל
against
  (compared to) אַ(נט)קעגן; אין פֿאַרגלײַך מיט; כּנגד [KENÉGED]
  (leaning) אַ(נט)קעגן
  against it (opinion) דערקעגן; קעגן דעם
  eight against one אַכט אויף ‹קעגן› איינעם
agalactia די אָנמילכשאַפֿט
agape געפּלעפֿט; אָן לשון ‹ווערטער› [LOShN]

agaric דער אַגאַריק, ־עס
agate דער אַגאַט
agave די אַגאַווע, ־ס
age, *n.*
  (period) די צײַט, ־ן; די עפּאָכע, ־ס; די תּקופֿה, ־ות [TKÚFE]
  (years) דער עלטער, ־ס; די יאָרן ל״ר; דער/דאָס דור, ־ות [DOR, DÓYRES]
  Act your age! זײַ אַ מענטש ‹לײַט›!; פֿיר זיך אויף ווי אַ מענטש אין דײַנע יאָרן!; דאָס פּאַסט פֿאַר אַ קליין קינד!
  age of consent די הסכּמה־יאָרן [HASKÓME]
  Age of Reason די תּקופֿה פֿון ראַציאָנאַליזם; די השׂכּלה [TKÚFE] [HASKÓLE]
  of age פֿוליאָריק
  the same age as אין די זעלב(יק)ע יאָרן ווי; אין איינע יאָרן מיט; אין איין עלטער מיט
  She's showing her age זי האָט זיך שטאַרק געעלטערט; זי האָט זיך געגעבן אַ רוק
  Haven't seen you in ages! שוין אַ שאָק מיט יאָרן (זיך נישט געזען)!
age, *v.*
  vt. לאָזן אויסשטיין; עלטערן
  vi. עלטערן זיך
aged
  (cheese) אויסגעשטאַנען
  (person) עלטער; באַיאָרנט
  (wine) אַלט; אויסגעהאַלטן
  the aged עלטערע לײַט
age discrimination די דיסקרימינאַציע צוליבן עלטער
age group די עלטער־גרופּע, ־ס; דער/דאָס דור, ־ות [DOR, DÓYRES]
  in the same age group אינעם זעלבן עלטער; אין די זעלבע יאָרן; אינעם זעלבן דור
ageism *see* **age discrimination**
ageless אייביק
age limit דער מאַקסימאַלער עלטער
agency
  (office/business) די אַגענטור, ־ן; דער ביוראָ, ־ען
  through/by the agency of דורך דער פֿאַרמיטלונג פֿון; מיט דער הילף פֿון; דורך
agenda דער סדר־היום; די טאָג־אָרדענונג, ־ען [SÉYDER-HAYÓM]
  have one's own agenda האָבן אַ פּניה; האָבן אַן אייגענעם גאַנג [PNÍE]
agent
  (person/*m./unsp.***)** דער אַגענט, ־ן
  (person/*f.***)** די אַגענטקע, ־ס
  (chem.) דער אַגענט, ־ן; דאָס מיטל, ־ען
  (gram.) דער טוער, ־ס
agentive case דער טוערפֿאַל, ־ן
agent noun דער טוער־סובסטאַנטיוו, ־ן
agent provocateur דער פּראָוואָקאַטאָר, ...אָרן
agent verb דער טוערווערב, ־ן
age-old פֿון קדמונים אָן; פֿון דור־דורות; דורותדיק [KADMÓYNIM] [DOR-DÓYRES] [DÓYRESDIK]
age range דער יאָרן־אָפּשניט
age spot דער עלטערפֿלעק, ־ן
Aggadah די אַגדה, ־ות [AGÓDE]
agglomerate, *n.* דער אַגלאָמעראַט, ־ן
agglomerate, *v.* אַגלאָמערירן; צונויפֿבאַלן; צונויפֿנעמען (אין אַ קנויל)
agglomeration די אַגלאָמעראַציע, ־ס
agglutinate, *vt./vi.*
  (phys./ling.) אַגלוטינירן (זיך)

(unite) צונויפֿקלעפּן (זיך)
agglutinating language דאָס אַגלוטינירנדיקע לשון; די אַגלוטינירנדיקע שפּראַך [LOShN]
agglutination
(phys./ling.) די אַגלוטינאַציע
(union) דאָס צונויפֿקלעפּן (זיך)
agglutinin דער אַגלוטינין, ־ען
aggrandize
(enlarge) פֿאַרגרעסערן
(extol) גרייסן; לויבן (און רימען)
aggrandize oneself מאַכן זיך וויכטיק ‹גרויס›
aggrandizement (enlargement) די פֿאַרגרעסערונג
aggravate
(a person) דערקוטשע\|ן; דערגיין + דאַט' די יאָרן; דענערווירן
(a situation) פֿאַרערגערן; מאַכן ערגער ‹שווערער›; פֿאַרשווערערן; פֿאַרשאַרפֿן
aggravated assault דער שווערער אָנפֿאַל
aggravating
(person) דענערווירנדיק
(situation) פֿאַרערגערנדיק
aggravating circumstances פֿאַרשווערער־אומשטאַנדן
aggravation דאָס עגמת־נפֿש; די גריזאָטע; דאָס שפֿיכת־דמים [ÁGMES-NÉFESh] [ShFÍKhES-DÓMIM]
aggregate, *adj.* צוזאַמענדיק; אַגרעגאַטיוו
aggregate, *n.* דער סך־הכּל, ־ען; דער גאַנצער סכום, ־ען; דער אַגרעגאַט, ־ן [SAKhÁKL]
in the aggregate בסך־הכּל; צוזאַמען גענומען [BESAKhÁKL]
aggregate, *vt./vi.* צונויפֿקלײַבן (זיך); צונויפֿנעמען (זיך)
aggression די אַגרעסיע; דער אָנפֿאַל
aggressive אַגרעסיוו; אָנפֿאַלעריש
aggressively אַגרעסיוו(ערהייט); אויף אַן אַגרעסיוון אופֿן [OYFN]
aggressiveness די/דאָס אַגרעסיווקייט
aggressor דער אַגרעסאָר, ...אָרן; דער אָנפֿאַלער, ־ס
aggrieved געקריוודעט; באַעוולט [BAÁVLT]
aghast דערשראָקן; אויפֿגעשוידערט; געפּלעפֿט
agile פֿלינק; רירעוודיק; באַווּעגלעך; זשוואַווע; לאָווקע; שמײַדיק
agility די/דאָס פֿלינקייט; די/דאָס רירעוודיקייט
aging, *n.* דאָס עלטערן זיך; דאָס אַלט ווערן
agitate אויפֿרודערן; אויפֿרעגן; אָנצינדן; צעקאָכן; אויפֿשרויפֿן
(liquid) אויפֿבויטע\|ן; אויפֿקאַלאָטשע\|ן
(pol.) אַגיטירן; העצן
agitated אויפֿגערודערט; אָנגעצונדן; אויפֿגעשרויפֿט; צערודערט; אומרויִק
agitation די אויפֿרודערונג; די/דאָס אומרויִקייט; די צערודערונג
(of liquid) דאָס אויפֿבויטען; דאָס אויפֿקאַלאָטשען
(pol.) די אַגיטאַציע, ־ס; די העצע, ־ס
agitator דער אַגיטאַטאָר, ־ס/...אָרן
aglow
be aglow גליִען
agnostic, *adj.* אַגנאָסטיש
agnostic, *n.*
m./unsp. דער אַגנאָסטיקער, ־ס
f. די אַגנאָסטיקערין, ־ס
agnosticism דער אַגנאָסטיציזם
ago מיט ... צוריק
one week ago מיט אַ וואָך צוריק; יענע וואָך; פֿאַר אַכט טאָגן
one year ago מיט אַ יאָר צוריק; פֿאַר אַ יאָרן
two years ago מיט צוויי יאָר צוריק; פֿאַר צוויי יאָר
eight years ago מיט אַכט יאָר צוריק
agog אומגעדולדיק; שטאַרק נײַגעריק
be all agog שיִער נישט אויסגיין פֿאַר אומגעדולד; זײַן שטאַרק נײַגעריק
agonize האָבן יסורים; מוטשע\|ן זיך; מאָרדעווע\|ן זיך; קרענקען זיך [YESÚRIM]
agony
(pain) יסורים ל"ר; דער פּײַנלעכער ווייטיק [YESÚRIM]
(torment) עינויים ל"ר; יסורים ל"ר [INÚIM]
agony of death די גסיסה; די יציאת־נשמה [KSÍSE] [YETSÍES-NEShÓME]
be in agony מוטשע\|ן זיך פֿאַר ווייטיק
agoraphobia די אַגאָראַפֿאָביע
agoraphobic, *adj.* אַגאָראַפֿאָביש
agoraphobic, *n.* דער אַגאָראַפֿאָביקער, ־ס
agrarian אַגראַר...; אַגראַריש
agree מסכּים זײַן; אײַנשטימען; צושטימען; אײַנפֿאַרשטיין זיך [MÁSKEM]
(decide) אָפּרעדן; דעררעדן זיך; באַשליסן; צונויפֿרעדן זיך; אָפּשמועסן; אָפּמאַכן
(gram.) מיטשטימען
fail to agree נישט קענען זיך דעררעדן ‹צונויפֿרעדן›; נישט קענען קומען צו קיין הסכּם [HÉSKEM]
Garlic doesn't agree with me איך קען נישט פֿאַרטראָגן ‹אָנקוקן› קיין קנאָבל; סע שאַט מיר (צו) עסן קנאָבל
agreeable ליב; אײַנגענעמ(ען); אָנגענעמ(ען); צום האַרצן; ניחא [NÍKhE]
be agreeable to אײַנשטימיק ‹מרוצה› אויף; נישט האָבן קעגן [MERÚTSE]
agreed אָפּגעשמועסט; אָפּגערעדט; אָפּגעמאַכט; אײַנפֿאַרשטאַנען; מוסכּם [MÚSKEM]
as agreed ווי מ'האָט אָפּגעמאַכט ‹אָפּגערעדט›; לויטן אָפּמאַך; ווי דער מדובר איז [MEDÚBER]
It was agreed that מ'האָט אָפּגערעדט ‹באַשלאָסן› אַז
Agreed! מסכּים!; אָפּגעמאַכט!; אָפּגערעדט! [MÁSKEM]
agreement
(agreeing) דאָס מסכּים זײַן; דאָס אָפּמאַכן [MÁSKEM]
(state of accord) דער אָפּמאַך, ־ן; דער אָפּרעד, ־ן; דער הסכּם, ־ס; דער פּאַקט, ־ן [HÉSKEM]
(gram.) די מיטשטימונג
be in agreement מסכּים זײַן; אײַנפֿאַרשטיין זיך
break an agreement ברעכן דעם אָפּמאַך; בטל מאַכן דעם הסכּם [BOTL]
by mutual agreement אַלע ‹בײדע› האָבן מסכּים געווען אַז
reach an agreement דעררעדן זיך; ווערן איינס; אײַנפֿאַרשטיין זיך; מושווה ווערן [MÚShVE]
agricultural אַגריקולטורעל; אַגריקולטור־...; ערדאַרבעט־...
agricultural engineering די אַגראָטעכניק
agricultural products ערדפּראָדוקטן; אַגריקולטור־פּראָדוקטן
agriculture די אַגריקולטור; די ערדאַרבעט
agrimony די אַגרימאָניע, ־ס; דאָס בערקעלע, ־ך
agrochemistry די אַגראָכעמיע
agronomic אַגראָנאָמיש
agronomist דער אַגראָנאָם, ־ען
agronomy די אַגראָנאָמיע
aground
run aground אַרויפֿגיין אויף אַ זאַמדבאַנק; בלײַבן שטעקן אין אַ בלאָטע; שלעכט פֿאַרפֿאָרן
ague דאָס קדחת [KADÓKhES]
agunah די עגונה, ־ות [AGÚNE]
Ah!, *int.*

(disappointment) אוי, אַ שאָד!
(dislike) פֿע!
(pain) אוי (ווײ)!
(pleasure) אַ מחיה(ניש)! [MEKhÁYE(NISh)]
(sorrow) אַך!; אוי!
(surprise) אוי!
Aha!, *int.* אַהאַ!
ahead
(before) פֿאָר
(earlier) פֿאָר; נאָך פֿריִער פֿאַר
(forward) פֿאָרויס
(in advance) אין ‹אויף› פֿאָרויס
(location) פֿאָרנט
ahead of פֿאַר
1/2 mile ahead (from here) אַ האַלבע מײַל פֿון דאַנען
1/2 mile ahead (from there) מיט אַ האַלבער מײַל ווײַטער
be ahead (surpass) האַלטן ווײַטער ווי ‹פֿאַר›; אַריבערשטײַגן
be ahead by זײַן פֿאָרויס מיט; געווינען מיט
be ahead of the game האַלטן העט פֿאָרויס
go ahead (continue) טאָן ווײַטער
go ahead (direction) פֿאָרן ‹גיין› ווײַטער ‹פֿאָרויס›
go ahead and (do stg.) נעמען און + ווערב
Go ahead, shoot! נעמ(ט) און שיס(ט)!; וואַלײַ!
Ahem!, *int.* הם!
aid, *n.*
(assistance) די הילף
(device) דער מכשיר, ־ים; דאָס מיטל, ־ען [MÁKhShER, MAKhShÍRIM]
(fin.) די/דער שטיץ
come to the aid of קומען + דאַט' צו הילף
in aid of לטובֿת [LETÓYVES]
with the aid of מיט דער הילף פֿון
aid, *v.* (צו)העלפֿן + דאַט'; זײַן + דאַט' צו הילף
aid and abet (in) אונטערהעלפֿן (בײַ)
aide דער געהילף, ־ן; דער העלפֿער, ־ס; דער אַסיסטענט, ־ן
aide-de-camp דער אַדיוטאַנט, ־ן
AIDS דער איידס
aid worker דער הומאַניטאַר־אַרבעטער, ־ס
ail
vt. **(trouble)** שווער מאַכן + דאַט' דאָס האַרץ; באַאומרויִקן
vi. **(be ill)** קרענקען; זײַן אַ חולה ‹קראַנקער› [KhÓYLE]
aileron דער עלעראָן, ־ען
ailing קראַנק; אָפּגעשוואַכט
(economy) אָפּגעשוואַכט
ailment די קרענק, ־ען; די חלאַת, ־ן; די מחלה, ־ות [KhALÁS] [MÁKhLE]
aim, *n.* דער ציל, ־ן; דער צוועק, ־ן
have good aim גוט צילן ‹צילעווען›
take aim at *see* **aim**, *vt.*
aim, *v.*
aim, *vt.* **(at)** אָנצילן ‹אָנצילעווען› (אויף); אָנשטעלן דאָס געווער (אויף)
aim, *vi.* **(to)** צילן ‹צילעווען› (אויף/צו); שטעלן זיך פֿאַר אַ ציל (צו); פֿאַרמעסטן זיך (אויף); שטרעבן (צו)
aimless אָן אַ ציל ‹צוועק/טאַלק›; סתּם אַזוי; גלאַט ‹סתּם› אין דער וועלט אַרײַן [STAM]
aimlessly
shoot aimlessly שיסן אויף בלינד; שיסן גלאַט ‹סתּם› אין דער וועלט אַרײַן [STAM]
wander about aimlessly סתּם אַזוי אַרומבלאָנקען; אַרומגיין אָן אַ ציל ‹צוועק›; אַרומדרייען זיך ווי אַ נאַר אויף אַ חתונה [KhÁSENE]
wander about aimlessly (*vlg.*) אַרומדרייען זיך ווי אַ פֿאָרץ אין ראָסל
air, *n.* די לופֿט
(appearance) דער אויסזע; דאָס אויסזען; דאָס פּנים [PÓNEM]
(poet.) דער אַוויר [ÁVER]
(mus.) די אַריע, ־ס
be on the air (האַלטן אין) טראַנסמיטירן
be up in the air (*fig.*) הענגען אין דער לופֿטן
by air (mail) מיט לופֿטפּאָסט
assume an air of importance בלאָזן פֿון זיך ווי אַ ליולקע; האַלטן זיך ווי אַן אייער־קיכל
in the air אין דער לופֿטן
in the open air אונטערן פֿרײַען הימל; אויף דער פֿרישער לופֿט
put on airs בלאָזן פֿון זיך; האַלטן זיך גרויס; פֿאַררײַסן די נאָז; זײַן אַ פּריץ (בײַ זיך) [PÓRETS]
She disappeared into thin air זי איז ווי נישט געוואָרן; זי איז פֿאַרשוווּנדן ווי אין וואַסער אַרײַן
air, *v.*
(broadcast) טראַנסמיטירן
air one's dirty linen in public אַרויסקומען מיטן קויטיקן וועש ‹גרעט› פֿאַר אַלעמען אין די אויגן
air one's views לאָזן וויסן די אייגענע מיינונגען
air out אויסלופֿטערן; (אַ)דורכלופֿטערן; אויסוויטערן
air assault דער לופֿטאַטאַק, ־ן
airbag דער לופֿטקישן, ־ס
air ball דער שאָס אין דער לופֿטן
air base די לופֿטבאַזע, ־ס; די אַוויאַבאַזע, ־ס
air battle דאָס לופֿטגעשלעג, ־ן; די לופֿטשלאַכט, ־ן
airborne
(carried by air) (אינדער)לופֿט...
(in flight) פֿליִענדיק
(mil.) לופֿטדעסאַנט־...
be airborne (aloft) פֿליִען; זײַן אין דער לופֿטן
be airborne (particle) טראָגן זיך אין דער לופֿטן
air brake דער לופֿטטאָרמאַז, ־ן
air carrier *see* **airline**
air-condition קילן די לופֿט
air-conditioned (לופֿט)געקילט
air conditioner דער לופֿטקילער, ־ס
air conditioning די לופֿטקילונג
air cover די דעקונג פֿון דער לופֿט
aircraft דאָס פֿליוואַרג קאָל'; די לופֿטשיף, ־ן; דער (אַ)עראָפּלאַן, ־ען; דער אַוויאָן, ־ען
aircraft carrier די מוטערשיף, ־ן; די (אַ)עראָפּלאַנען־‹־אַוויאָנען־›שיף, ־ן
air defense דער לופֿטשיץ
air-defense brigade די לופֿטשיץ־בריגאַדע, ־ס
air division די לופֿט־דיוויזיע, ־ס
airdrop לאָזן פֿאַלן פֿון דער לופֿטן
airfare דאָס פֿליגעלט
How much is the airfare? וויפֿל קאָסט דאָס פֿליִען?; וויפֿל קאָסט אַ (פֿלי)בילעט?
airfield דאָס פֿליפֿעלד, ־ער; דער אַעראָדראָם, ־ען
air filter דער לופֿטפֿילטער, ־ס
air flow די לופֿטפֿלייץ
air-flow valve דער לופֿטווענטיל, ־ן
air force דער לופֿטפֿלאָט
air freighter דער משׂא־(אַ)עראָפּלאַן, ־ען [MÁSE]

air freshener דער לופֿט־אָפּפֿרישער, ־ס

air gun/rifle די לופֿטביקס, ־ן

airhead דער קאַצנקאָפּ, ...קעפּ; דער קאַצן־מוח, ־ות [MÓYEKh, MÓYKhES]

airhole דער לופֿטשיק, ־עס

airily אָנדאגותדיק; מיט קלות־דעת [ÓNDÁYGESDIK] [KÁLES-DÁAS]

air kiss דער לופֿטקוש, ־ן

air-launched לופֿטלאַנצירט

airlift, *n.* די לופֿטבריק, ־ן

airlift, *v.* אַריבערפֿירן מיט אַ לופֿטבריק

airline די לופֿטליניע, ־ס; די פֿליליניע, ־ס; די אַוויאַליניע, ־ס

airliner דער פּאַסאַזשיר־(אַ)עראָפּלאַן, ־ען

airline reservations system די סיסטעם צו רעזערווירן פֿליבילעטן

airline ticket דער פֿליבילעט, ־ן

airlock דער לופֿטשליוז, ־ן

airmail די לופֿטפּאָסט

airmail envelope דער לופֿטפּאָסט־קאָנווערט, ־ן; דער לופֿטקאָנווערט, ־ן

airmail letter דער לופֿטפּאָסט־בריוו, –

airman דער פֿליִער, ־ס; דער אַוויאַטאָר, ...אָרן

air patrol דער פֿליפּאַטראָל, ־ן

airplane דער (אַ)עראָפּלאַן, ־ען; דער אַוויאָן, ־ען

air pocket דער/די לופֿטגרוב, ...גריבער

air pollution די לופֿט־פֿאַרפּעסטיקונג

airport דאָס פֿליפֿעלד, ־ער; דער אַעראָפּאָרט, ־ן; דער פֿליפּלאַץ, ...פּלעצער

airport security די/דאָס פֿלי־זיכערקייט

air potato דער ברויטוואָרצל, ־ען

air power דער לופֿט־כּוח; די לופֿטקראַפֿט [KÓYEKh]

air pressure די לופֿטדריקונג; דער לופֿטדרוק

air pump דער לופֿטפּלומפּ, ־ן

air purifier דער לופֿט־רייניקער, ־ס

air raid דער אָנפֿלי, ־ען

air-raid alarm דער אָנפֿלי־אַלאַר(ע)ם, ־ס

air-raid shelter דער אָנפֿלי־באַהאַלטער, ־ס

air-raid siren די אָנפֿלי־סירענע, ־ס

air reconnaissance דער לופֿטאויסשפּיר

air shaft די לופֿטשאַכטע, ־ס; דער לופֿטשיק, ־עס

air show דער פֿלי־ספּעקטאַקל, ־ען

airsick

  be airsick לײַדן פֿון (דער) פֿליקרענק

airsickness די פֿליקרענק

airsickness bag דער ברעכבײַטל, ־ען

airspace דאָס לופֿטגעשפּרייט; דער לופֿט־שטח [ShÉTEKh]

airspeed די/דאָס פֿליגיכקייט, ־ן

air stream דער לופֿטשטראָם, ־ען

air strike דער לופֿטאַטאַק, ־ן

airstrip דער לאַנדונגפּאַס, ־ן

airtight לופֿט־באַוואָרנט; הערמעטיש אָפּגעשלאָסן

  airtight alibi דער אײַזערנער אַליבי, ־ען

air-to-air combat דאָס לופֿטגעשלעג, ־ן

air-to-air missile דער לופֿט־לופֿט־ראַקעט, ־ן

air-to-surface missile דער אַראָפּ־ראַקעט, ־ן

air traffic דער לופֿטטראַפֿיק

air-traffic control דער לופֿטטראַפֿיק־קאָנטראָל

air-traffic controller דער לופֿטטראַפֿיק־קאָנטראָליר, ־ן

air transport דער לופֿטטראַנספּאָרט

airwaves ראַדיאָ־כוואַליעס

airway די/דער לופֿטרער, ־ן

airway obstruction די/דער פֿאַרפּראָפּטע(ר) לופֿטרער

airy לופֿטיק

aisle דער דורכגאַנג, ־ען

  both sides of the aisle (pol.) בײדע פּאַרטײען

  walk sb. down the aisle, *vt.* **(J.)** פֿירן + אַק' צו דער חופּה; נעמען + אַק' אונטערפֿירנס [KhÚPE]

  walk sb. down the aisle, *vt.* **(non-J.)** פֿירן + אַק' צום אַלטאַר

  walk down the aisle, *vi.* **(J.)** גיין צו דער חופּה

  walk down the aisle, *vi.* **(non-J.)** גיין צום אַלטאַר

aisle seat דער זיץ בײַם דורכגאַנג

ajar האַלב אָפֿן; אויפֿגעעפֿנט

aka המכונה; באַקאַנט אונטערן נאָמען [HAM(E)KhÚNE]

akimbo

  with arms akimbo מיט די הענט אויף די באָקעס ‹זײַטן›

akin געגליכן

Aktionsart דער טו־שטייגער, ־ס

à la אַלאַ; לויטן שטייגער פֿון

Alabama (די) אַלאַבאַמע

alabaster, *adj.* אַל(אַ)באַסטער־...

alabaster, *n.* דער אַל(אַ)באַסטער

à la carte לויטן ‹פֿונעם› מעניו; אַלאַ קאַרט

alacrity

  (eagerness) די/דאָס גערנקייט; די/דאָס גרייטקייט

  (promptness) די/דאָס פֿלינקייט

Aladdin אַלאַדין

Aladdin's lamp אַלאַדינס לאָמפּ

Aladdin's ring אַלאַדינס רינג ‹ווינטש־פֿינגערל›

à la mode מיט אײַזקרעם

alarm, *n.*

  (anxiety/fear) דער אומרו; דער פּחד; דער שרעק; די טרעוואָגע [PÁKhED]

  (device) דער אַלאַר(ע)ם, ־ס; דער ג(ע)וואַלדגלאָק, ...גלעקער

  four-alarm פֿיר־אַלאַרמיק

  raise/sound an alarm אויפֿהייבן אַן אַלאַרעם; קלאַפּן ‹שלאָגן› טרעוואָגע

  set an alarm אָנשטעלן אַ וועקזייגער

alarm, *v.*

  (make anxious/frighten) באַאומרויִקן; דערוועקן אַ שרעק אין; איבערשרעקן

  (warn of danger) וואָרענען; אַלאַרמירן

  (with device) אינסטאַלירן ‹אײַנפֿירן› אַ ג(ע)וואַלדגלאָק

alarm clock דער וועקער, ־ס; דער וועקזייגער, ־ס; דאָס וועקערל, ־עך

alarmed

  She was alarmed זי האָט זיך באַאומרויִקט ‹איבערגעשראָקן›

  The house is alarmed אין הויז איז דאָ אַ ג(ע)וואַלדגלאָק

alarming באַאומרויִקנדיק

alarmist דער אַלאַרמיסט, ־ן; דער פּאַניק־שפּרייטער, ־ס

Alas!, *int.* וויי!; אַז אָך און וויי!; אוי, אַ בראָך!

Alaska (די) אַלאַסקע

Albania (די) אַלבאַניע

Albanian, *adj.* אַלבאַניש

Albanian, *n.*

  m./unsp. דער אַלבאַנער, –

  f. די אַלבאַנערין ‹אַלבאַנערקע›, ־ס

  (language) דאָס אַלבאַניש

albatross דער אַלבאַטראָס, ־ן

  (fig.) דער יאָך

  albatross around one's neck דער יאָך אויפֿן האַלדז

albeit כאָטש; הגם [HAGÁM]

albinism דער אַלביניזם

albino, *adj.* אַלביניש

albino, *n.* דער אַלבינאָ, ־ס
album
  (photo) דער אַלבאָם, ־ען
  (record) די פּלאַטע, ־ס; דער דיסק, ־ן
albumin דער אַלבומין; דאָס ווייַסל
albuminous אַלבומין־...; אַלבומיניש
albuminuria די אַלבומינוריע
alchemist דער אַלכעמיקער, ־ס
alchemy די אַלכעמיע
alcohol דער אַלקאָהאָל; דער ספּירט; דער שפּיר(ע)ט
alcohol abuse דאָס שיכּורן [ShÍKERN]
alcohol-free אומאַלקאָהאָליש; אָן אַלקאָהאַל
alcoholic, *adj.* אַלקאָהאָליש
alcoholic, *n.* דער אַלקאָהאָליקער, ־ס
alcoholic drink דאָס אַלקאָהאָלישע געטראַנק, ־ען; דער אַלקאָהאָל, ־ן; די משקה, משקאָות [MÁShKE, MAShKÓES]
alcoholism דער אַלקאָהאָליזם
alcohol lamp דאָס שפּירטלעמפּל, ־עך
alcohol treatment center דער רעהאַביליטיר־צענטער פֿאַר אַלקאָהאָליקערס
alcove דער אַלקער, ־ס; דער אַלקאָוו, ־ן
alder די אָלכע, ־ס; דער אָלשענע־בוים, ־ביימער
  (wood) די אָלשענע, ־ס
alderman דער שטאָט־יועץ, ־ים; דער אָלדערמאַן, ...מענער; דער לאַווניק, ־עס [YÓYETS]
ale דאָס ענגלישע ביר; דער אייל
alert, *adj.* אָנגעשפּיצט; וואַכיק; וואַך; שמייַדיק
alert, *n.*
  (alarm) דער אַלאַר(ע)ם, ־ס; דער אויפֿדערוואַך, ־ן
  (notification) די הודעה, ־ות; די מודעה, ־ות; די וואָרענונג, ־ען [HOYDÓE] [MOYDÓE/MEDÓE]
  be on the alert זייַן אויף דער וואַך; זייַן אָנגעשפּיצט
  issue an alert אַרויסלאָזן אַ וואַך־באַוואָרענונג
  on high alert מיט דער העכסטער וואַכיקייט
  sound the alert אויפֿהייבן אַן אַלאַרעם
alert, *v.* אָנוואָרענען; געבן צו וויסן (אין פֿאָרויס); אַלאַרמירן; וואַכיק מאַכן; מתרה זייַן [MÁSRE]
alertness די/דאָס וואַכיקייט
Alexander the Great אַלכּסנדר מוקדון [ALEKSÁNDER MOKDN]
alfalfa די אַלפֿע; די אַלפֿאַלפֿע
alfalfa sprouts אַלפֿע־שפּראָצלעך
alfresco אויף דער פֿרייַער לופֿט
algae אַלגעס
algebra די אַלגעברע, ־ס
algebraic אַלגעבראַיִש; אַלגעבריש
algebraic curve די אַלגעבראַיִשע קרומע, ־ס
algebraic equation די אַלגעבראַיִשע גלייַכונג, ־ען
algebraic geometry די אַלגעבראַיִשע געאָמעטריע
algebraic series די אַלגעבראַיִשע ריי
Algeria (די) אַלזשיריע
Algerian, *adj.* אַלזשיריש; אַלזשירער אינוו'
Algerian, *n.*
  m./unsp. דער אַלזשירער, –
  f. די אַלזשירערין, ־ס
Algiers (דאָס) אַלזשיר
algorithm דער אַלגאָריטעם, ־ס
alias, *conj.* אַליאַס; המכונה; באַקאַנט אונטערן נאָמען [HAM(E)KhÚNE]
alias, *n.* דער אַליאַס, ־ן; דער דעקנאָמען, ...נעמען; דער פּסעוודאָנים, ־ען
alibi דער אַליבי, ־ען; דער תּירוץ, ־ים [TÉRETS, TERÚTSIM]
alien, *adj.*
  (extraterrestrial) חוצפּלאַנעטיש
  (foreign) אויסלענדיש; פֿרעמד
  alien to פֿרעמד + דאַט'
alien, *n.*
  (extraterrestrial) דער חוצפּלאַנעטיקער, ־ס
  (foreigner) דער אויסלענדער, –
alienate אָפּפֿרעמדן; פֿאַרשטויסן
alienation
  (act) די אָפּפֿרעמדונג; דאָס אָפּפֿרעמדן (זיך)
  (state) די/דאָס אָפּגעפֿרעמדטקייט; די פֿרעמדשאַפֿט
  (psych.) די אַליענאַציע
alight, *v.* אַראָפּלאָזן זיך
alight, *adj.*
  be alight (burning) ברענען
  be alight (illuminated) לייַכטן זיך; זייַן באַלויכטן
  set alight אונטערצינדן
align אויסגלייַכן; אייַנרייען
  align oneself with צושטיין צו; אייַנשטימען מיט
  align left אויסגלייַכן די שורות אויף לינקס [ShÚRES]
  align right אויסגלייַכן די שורות אויף רעכטס
alignment
  (mech.) דער אויסגלייַך, ־ן; די אויסגלייַכונג, ־ען
  (pol.) די אייַנשטימונג, ־ען
  in alignment אויסגעגלייַכט
  The tires are out of alignment די רעדער זענען נישט אויסגעגלייַכט
alike, *adj.* ענלעך; גלייַך
  look alike (ענלעך) זייַן ווי צוויי טראָפּנס וואַסער; האָבן איין פּנים; אויסזען דאָס זעלבע [PÓNEM]
alike, *adv.*
  winter and summer alike סייַ ווינטער סייַ זומער
alimentary פֿאַרדײ...; פֿאַרדייַ...
alimentary canal דער פֿאַרדײ־‹פֿאַרדייַ־›קאַנאַל; דער פֿאַרדײטראַקט ‹פֿאַרדייַטראַקט›
alimony אַלימענטן ל"ר; מזונות ל"ר [MEZÓYNES]
alive לעבעדיק; בייַם לעבן
  (in force) גילטיק; אין קראַפֿט
  (lively) באַלעבט
  alive and well פֿריש און געזונט
  be alive with (bustling) שווימלען און גרימלען מיט
  be alive with (full) פֿול מיט
  He's alive and kicking ער איז פֿריש און געזונט; ער לעבט און לאַכט
  He's the proudest man alive ער איז דער סאַמע שטאָלצסטער אויף דער וועלט
  keep alive (an issue) אָנהאַלטן דעם מאָמענטום פֿון
  keep alive (breathing) דערהאַלטן בייַם לעבן; דערהאַלטן דאָס חיות [KhÍES/KhÁYES]
  Look alive! עפֿנ(ט) די אויגן!; גיב ‹גיט› זיך אַ ריר!
  You have to keep hope alive מע מוז האָפֿן; מע מוז זיך האַלטן
  stay alive (live) דערהאַלטן זיך ‹בלייַבן› בייַם לעבן
  stay alive (baseball) קלאַפּן ווייַטער
alkali די אַלקאַלי, ־ען; די באַזע, ־ס; דער לויג
alkaline אַלקאַליניש; באַזיש; לויג...
alkaline metal דער לויגמעטאַל, ־ן; דער אַלקאַלי־מעטאַל, ־ן
alkalinity די/דאָס אַלקאַלינישקייט; די/דאָס באַזישקייט
alkaloid דער אַלקאַלאָיִד, ־ן
all, *adj.* אַלע; גאַנץ
  All even! (spo.) גלייַך!
  You, of all people! פֿון דיר ‹אייַך› גאָר האָב איך זיך אַזוינס נישט געריכט!
all, *adv.* אין גאַנצן; גאָר

all alone אײנער גענב' אַלײן
all along די גאַנצע צײַט; פֿון סאַמע אָנהײב
all around (everywhere) אַרום און אַרום; אומעטום
all but (nearly) שיִער נישט; כּמעט ווי [KIMÁT]
all in all בסך־הכּל; אין גאַנצן; די אונטערשטע שורה איז וואָס; אַרום און אַרום [BESAKhÁKL] [ShÚRE]
all over (everywhere) אומעטום
all over (finished) נאָך אַלעמען; געענדיקט; אויס
all over the world איבער גאָר דער וועלט
all the more so מכּל־שכּן; אַוודאי און אַוודאי; על־אַחת־כּמה־וכּמה [MIKÓLShKN] [AVÁDE] [ALÁKhES-KÁME-VEKÁME]
all the time די גאַנצע צײַט; כּסדר [KESÉYDER]
all the better (איז) אַוודאי גוט; (אַפֿילו) נאָך בעסער [AFÍLE]
all the way (completely) אין גאַנצן
all the way (until) אַזש ‹העט› ביז; דעם גאַנצן וועג [SOF]
at all לחלוטין; בכּלל; לגמרי [LAKhLÚTN] [BIKhLÁL] [LEGÁMRE]
come all the way from קומען אַזש ‹העט› פֿון; קומען איבער דער גאַנצער לענג פֿון
five all פֿינ(ע)ף גאָר ‹גלײַך›
for all that און מיט דעם אַלעמען; נישט־געקוקט אויף דעם
I'm all out (of money) ס'איז מיר גאָרנישט נישט געבליבן; מער פֿון דעם האָב איך נישט
know all too well וויסן זיִער גוט
not at all בכּלל נישט; נישטאָ וואָס צו רעדן
That's all! אויס!; שוין!; פֿאַרטיק!; פּטור! [PÓTER]
all, *n.*
give it one's all אַרײַנלייגן דעם טאַטן מיט דער מאַמען
all, *pron.*
(everyone) אַלע; אילע
(everything) אַלץ; אַל(צ)דינג; אילץ
all at one time אַלץ מיט איין שאָס; אַלץ ‹אַלע› מיט אַ מאָל
all but (except) (אַ)חוץ
All in good time! געדולד!; כאַפּ(ט) נישט!
be all for (agree) מסכּים זײַן מיט [MÁSKEM]
That's all we have מער פֿון דעם ‹מער ווי דאָס› האָבן מיר נישט
We all sat down מיר האָבן זיך אַלע אַוועקגעזעצט
when all is said and done נאָך אַלעמען
all-... אַל...; גאַנצ...; ריין; סאַמע
Allah (דער) אַלאַ(ה)
all-American, *adj.* דורך און דורך אַמעריקאַניש; סאַמע ‹ריין/טיפּיש› אַמעריקאַניש
all-around, *adj.*
(comprehensive) כּולדיק; טאָטאַל; אַלץ־אין־אײנעמדיק [KÓYLELDIK]
(versatile) פֿילזײַטיק; גאָר פֿעיִק; גוט באַהאַוונט
all-around failure דער כּולדיקער ‹טאָטאַלער› דורכפֿאַל, ־ן [KÓYLELDIKER]
allay
(fear) באַרויִקן
(pain) לינדערן; אײַנשטילן
all-clear די סוף־סירענע [SOF]
get the all-clear (*fig.*) קריגן דאָס דערלויבעניש ‹די הסכּמה› [HASKÓME]
all-day גאַנצטאָגיק; אַ גאַנצן טאָג
allegation די טענה, ־ות; די באַשולדיקונג, ־ען [TÁYNE]
allege טענה|ן [TÁYNEN]
alleged כּלומרשטיק; געמײנט; אַזוי גערופֿן [KLÓYMERShTIK]
allegedly
He is allegedly ... ער איז כּלומרשט ...; מע זאָגט אַז ער ... [KLÓYMERShT]
allegiance די געטרײַשאַפֿט
allegorical אַלעגאָריש
allegory די אַלעגאָריע, ־ס
allegretto אַלעגרעטאָ
allegro אַלעגראָ
allele די אַלעלע, ־ס
all-encompassing אַלץ־אַרומנעמיק
allergen דער אַלערגען, ־ען
allergic אַלערגיש
allergic reaction די אַלערגישע רעאַקציע, ־ס
allergist דער אַלערגאָלאָג, ־ן
allergy די אַלערגיע, ־ס
person with allergies דער אַלערגיקער, ־ס
allergy medicine די אַלערגיע־מעדיצין, ־ען
allergy shot די אַלערגיע־אײַנשפּריצונג, ־ען
alleviate לינדערן; אײַנשטילן
alleviation די לינדערונג, ־ען; דאָס אײַנשטילן
all-expenses-paid געדעקט אין גאַנצן
alley די געסקע, ־ס; דער ליק, ־עס/־ן; דאָס ליקל, ־עך
It's right up my alley ס'איז מיר פּונקט אָנגעמאָסטן ‹צוגעפּאַסט›
alley cat די ווילדע קאַץ, קעץ; די גאַסנקאַץ, ...קעץ
all-female בלויז ‹נאָר› פֿרויען
alliance די אַליאַנץ, ־ן
(treaty) *also* דער אָפּמאַך, ־ן
(union) *also* די פֿאַרבינדונג, ־ען; דער בונד, ־ן
allied אַליִירט
alligator דער אַליגאַטאָר, ־ס
all-inclusive כּולדיק [KÓYLELDIK]
all-in-one, *adj.* אַלץ־אין־אײנעמדיק
all-in-one, *n.* דער אַלץ־אין־אײנעם, ־ס
alliteration די אַליטעראַציע, ־ס
alliterative אַליטעראַטיוו
all-male בלויז ‹נאָר› מענער
all-night גאַנצנאַכטיק; אַ גאַנצע נאַכט
It was an all-night party די שׂימחה ‹מסיבה› האָט זיך געצויגן אַ גאַנצע נאַכט [SÍMKhE] [MESÍBE]
all-nighter
pull an all-nighter האָבן אַ ליכטיקע נאַכט
allocate אַלאָקירן; אַסיגנירן; צוטיילן; אויסטיילן
allocation די אַלאָקירונג, ־ען; די אַסיגנירונג, ־ען; די צוטיילונג, ־ען
allogamy די אַנאַנד־באַפֿרוכפּערונג; די אַלאָגאַמיע
allograph דער אַלאָגראַף, ־ן
allomorph דער אַלאָמאָרף, ־ן
allophone דער אַלאָפֿאָן, ־ען
allophoneme דער אַלאָפֿאָנעם, ־ען
allophonic אַלאָפֿאָניש
all-or-nothing (אָדער) גאָר אָדער גאָרנישט
allot באַשטימען; צוטיילן; אײַנטיילן; אַסיגנירן
allotment די צוטיילונג, ־ען; דער חלק, ־ים [KhÉYLEK, KhALÓKIM]
allotrope דער אַלאָטראָפּ, ־ן
allotropy די אַלאָטראָפּיע
allotted באַשטימט; צוגעטיילט
in the allotted time אין משך פֿון דער באַשטימטער ‹צוגעטיילטער› צײַט [MÉShEKh]
all-out
(attack) קאָנצענטרירט
(effort) מאַקסימאַל; מיטן גאַנצן כּוח [KÓYEKh]
(total) טאָטאַל

make an all-out effort אָנשטרענגען זיך מיטן גאַנצן כּוח; אָנווענדן אַלע כּוחות [KÓYKhES]
allow (דער)לאָזן; דערלויבן
allow for אַרײַננעמען אין חשבון [KhEZhBM]
allowable דערלאָזלעך; דערלויבט
allowance
(acknowledgment) די אָנערקענונג; דאָס אָנערקענען
(tax) די שטײַער־הנחה, ־ות [HANÓKhE]
(weekly) דאָס וואָכנגעלט
make allowances for רעכענען זיך מיט (דעם אַז)
allowed דערלאָזט; דערלויבט
be allowed מעגן; זײַן דערלויבט
alloy, *n.* דאָס געשמעלץ, ־ן
alloy, *v.* צונויפֿשמעלצן; לעגירן
(*fig.*) מישן
all-powerful אַלמאַכטיק; אַלמעכטיק
all-purpose, *adj.* כּלל־...; אוניווערסאַל; פֿאַר אַלע צוועקן [KLAL]
all-purpose flour דאָס/די כּלל־מעל
all-purpose glue דאָס קלעפּאַלץ
all right (גאַנץ) גוט; נישט שלעכט; נישקשה [NIShKÓShE]
be all right (appropriate) טויגן; פּאַסן; זײַן רעכט
be all right (healthy) זײַן געזונט
Is everything all right? איז אַלץ בײַ דיר ‹אײַך› אין אָרדענונג?
It'll be all right ס׳וועט נאָך זײַן גוט; ס׳וועט זיך אויספּרעסן
All right! גוט!; רעכט!; פֿײַן!; מסכּים!; מהיכא־תּיתי! [MÁSKEM] [MEKh(E)TÉYSE]
allspice דער ענגלישער פֿעפֿער
all-star, *adj.* מיט גאָלע שטערן
all-star, *n.* דער שטערן־שפּילער, ־ס
all-terrain vehicle דער אומעטום־אויטאָ, ־ס
all-time פֿון אַלע צײַטן; רעקאָרדיש; וואָס קיין בעסערס איז נישטאָ
allude to פֿאַררופֿן זיך אויף; אָנווינקען אויף; געבן אָנצוהערן אויף; מרמז זײַן אויף [MERÁMEZ]
allure, *n.* דער צוצי־כּוח; דער רייץ; דער כּישוף [KÓYEKh] [KÍShEF]
allure, *v.* פֿאַרכּישופֿן; פֿאַרכאַפּן; פֿאַרפֿירן [FARKÍShEFN]
alluring צוציִענדיק; רייצנדיק
allusion (to) דער פֿאַררוף, ־ן (אויף); דער אָנווונק, ־ען (אויף); דאָס אָנצוהערעניש, ־ן (אויף); דער רמז, ־ים (אויף); די אַלוזיע, ־ס (אויף) [RÉMEZ, REMÓZIM]
allusive פֿול מיט רמזים ‹אַלוזיעס› [REMÓZIM]
alluvial אַלוּוויאַל
alluvium דער אַלוּוויום
all-volunteer מיט ‹פֿון› לויטער וואָלונטירן
all-weather אין ‹פֿאַר› אַלע מינים וועטער
all-wheel drive דער אַלראָדיקער אָנטרײַב
ally, *v.* אַליִירן; פֿאַראייניקן
ally oneself אַליִירן זיך
ally, *n.* דער אַליִירטער געב׳; דער אַליאַנט, ־ן
alma mater די אַלמאַ מאַטער, ־ס
almanac דער אַלמאַנאַך, ־ן
almemar די בימה, ־ות; דער באַלעמער, ־ס [BÍME]
almighty אַלמעכטיק; אַלמאַכטיק
the Almighty דער אַלמעכטיקער; דער רבונו־של־עולם; דער אייבערשטער; דער כּל־יכול [REBÓYNE-ShELÓYLEM] [KOL-YÓKhL]
almond דער מאַנדל, ־ען
almond bark דער מאַנדל־שאָקאָלאַד
almond butter דער מאַנדלשמיר
almond cookie דאָס מאַנדל־פּלעצל ‹־קיכל›, ־עך
almond horn די מאַנדל־לבֿנה, ־ות [LEVÓNE]
almond oil דער מאַנדלאייל
almost כּמעט; שיִער נישט [KIMÁT]
alms די צדקה ל״ר; די נדבֿה, ־ות [TSDÓKE] [NEDÓVE]
alms box די צדקה־פּושקע, ־ס; דאָס צדקהלע, ־ך [TSDÓKE] [TSDÓKELE]
aloe דער אַליאָז
aloe vera דער אמתער אַליאָז [ÉMESER]
aloft אין די הייכן; אין דער לופֿטן
alone אַליין
(isolated) אָפּגעזונדערט; ביחידות; איינער געב׳ אַליין [BIKhÍDES]
live alone (by oneself) וווינען איינער געב׳ אַליין
live alone (in isolation) פּראַווען| ‹לעבן אין› התבודדות [HISBÓYDEDES]
not alone (not the only one) נישט דער איינציקער געב׳
along לענג־אויס; פּאַזע
along the lines of [ÉREKh] לויטן מוסטער פֿון; אַן ערך ווי
along the road לענג־אויס ‹פּאַזע› דעם וועג
along with בײַ גלײַך מיט; אין איינעם מיט
get along with (קענען) אויסקומען מיט; הויזן מיט
They don't get along זיי קומען נישט אויס (איינס מיטן צווייטן)
She'll be along soon זי וועט באַלד (אונטער)קומען
alongside
(along) לענג־אויס; פּאַזע
(beside) זײַט בײַ זײַט מיט; בײַנאַנד מיט
aloof
(emotionally) אײַנגעהאַלטן; גלײַכגילטיק; נישט־צוגעלאָזן; קיל
(physically) פֿון דער ווײַטנס; דערווײַטערט; אין אַ זײַט; מן־הצד [MINATSÁD]
aloud אויפֿן ‹אויף אַ› קול; בקול־רם [KOL] [BEKÓL-RÓM]
alpaca די אַלפּאַקע, ־ס
alpha די אַלפֿאַ
alpha and omega דער אָנהייב און סוף; די אַלפֿאַ און אָמעגאַ; דער סאַמע עיקר [SOF] [ÍKER]
alphabet דער אַלפֿאַבעט, ־ן
(J.) דער אַלף־בית, ־ן [ÁLEFBEYS]
alphabetical אַלפֿאַבעטיש
(J.) לויטן ‹נאָכן› אַלף־בית [ÁLEFBEYS]
in alphabetical order אַלפֿאַבעטיש
alphabetically לויטן אַלפֿאַבעט; אַלפֿאַבעטיש
alphabetize אַלפֿאַבעטיזירן; שטעלן לויטן אַלף־בית [ÁLEFBEYS]
alphabet noodles אַלף־בית־לאָקשן [ÁLEFBEYS]
alphabet soup די אַלף־בית־זופּ [ÁLEFBEYS]
(*fig.*) דער מיש־מאַש, ־ן
alpha male דער אַלפֿאַ־זכר, ־ים [ZÓKhER, SKhÓRIM]
alphanumeric אַלפֿאַנומעריש
alpha particle דאָס אַלפֿאַ־טײלעכל, ־עך
alpha personality די אַלפֿאַ־פּערזענלעכקייט
alpha ray דער אַלפֿאַשטראַל, ־ן
alpine אַלפּיניש; הויכבאַרגיק
alpine skiing דער באַרגסקי־ספּאָרט
alpinism דער אַלפּיניזם
alpinist דער אַלפּיניסט, ־ן
Alps אַלפּן
al-Qaeda אַל־קאַעדאַ
already שוין
Alsace דאָס עלזאַס ‹עלזעס›
Alsatian, *adj.* עלזאַסער אינוו׳

Alsatian, *n.* דער עלזאַסער אינוו׳
(dog) דער דײַטשישער שאָפֿהונט, ...הינט
also אויך; אויכעט
also-ran דער פֿאַרשפּילער, ־ס
altar
(sacrificial) דער מזבח, ־ות [MIZBÉYEKh, MIZBÉYKhES]
(Chr.) דער אַלטאַר, ־ן
Altar (meteor.) דער אַלטאַר
lead to the altar פֿירן צום אַלטאַר
altar boy דאָס אַלטאַר־ייִנגל, ־עך
altar cloth דאָס אַלטאַרטוך, ...טיכער
altar girl דאָס אַלטאַר־מיידל, ־עך
alter, *v.* (איבער)בײַטן; איבעראַנדערשן; איבערמאַכן
(in sewing) איבערמאַכן; צופּאַסן
alteration דער (איבער)בײַט, ־ן; די שינוי, ־ים
[ShÍNE, ShINÚIM]
(in sewing) דאָס איבערמאַכן; דאָס צופּאַסן
altercation דער צונויפֿשטויס, ־ן; דאָס שפּאַרעניש, ־ן; דאָס געווערטלערײַ; דער וויכּוח, ־ים [VIKÚEKh, VIKÚKhIM]
alter ego דער צווייטער ‹אַנדערער› איך, ־ן; דער אַלטער־עגאָ, ־ס
alternant דער וואַריאַנט, ־ן
alternate, *adj.*
(alternative) אַנדער; ברירהדיק; ברירה־...; אַלטערנאַטיוו
[BRÉYREDIK] [BRÉYRE]
(by turns) יעדער צווייטער ‹אַנדערער› געב׳
on alternate days אַ טאָג איבער אַ טאָג; יעדן צווייטן טאָג
alternate, *vt./vi.* (אָפּ)בײַטן (זיך)
alternately אַ ‹איין› מאָל איבער אַ מאָל
alternate route דער צווייטער וועג, ־ן; דער ברירה־וועג, ־ן
[BRÉYRE]
alternating current דער בײַט־שטראָם, ־ען
alternation דער (אָפּ)בײַט, ־ן; דאָס אָפּבײַטן (זיך); דאָס בײַטן (זיך) לויט דער ריי
alternative, *adj.* אַלטערנאַטיוו; ניט־טראַדיציאָנעל
alternative, *n.* די אַלטערנאַטיוו, ־ן; די ברירה, ־ות; די צווייטע מעגלעכקייט, ־ן; דער אויסוועג, ־ן [BRÉYRE]
alternative lifestyle דער אַלטערנאַטיווער ‹ניט־טראַדיציאָנעלער› שטייגער לעבן
alternative medicine די אַלטערנאַטיווע ‹ניט־טראַדיציאָנעלע› מעדיצין
alternator דער אַלטערנאַטאָר, ...אָרן
although כאָטש; הגם [HAGÁM]
altimeter דער אַלטימעטער, ־ס; דער הייכמעסטער, ־ס
altitude
(of place) די הייך, ־ן
(of plane) די פֿליהייך, ־ן
altitude sickness די באַרגקראַנקייט
alt key דער אַלטקלאַוויש, ־ן
alto, *adj.* אַלט...
alto, *n.* דער אַלט, ־ן
alto clef דער אַלטשליסל
alto flute די אַלטפֿלייט, ־ן
altogether, *adv.* בסך־הכּל; אַרום און אַרום; אין גאַנצן; גאָר [BESAKhÁKL]
altogether, *n.*
in the altogether אָדם נאַקעט; אין דער באָבע חווהס מלבושים; ווי די מאַמע האָט + אַק׳ געהאַט [ÓDEM]
[KhÁVES] [MALBÚShIM]
alto saxophone דער אַלט־סאַקסאָפֿאָן, ־ען
altruism דער אַלטרויִזם
altruist דער אַלטרויִסט, ־ן
altruistic אַלטרויִסטיש

alum[1] **(acad.)** *see* **alumnus/alumna**
alum[2] **(chem.)** דער האַלון
aluminum, *adj.* אַלומיניען; אַלומיניום־...
aluminum, *n.* דער אַלומיניום
aluminum can די אַלומיניום־פּושקע‹־באַנקע›, ־ס
aluminum foil דאָס זילבער־פּאַפּיר
aluminum siding אַלומיניום־ווענטפּאַנעלן ל״ר
alumna די אַלומנאַ, אַלומנע; די גראַדויִרטע, –; די געענדיקטע, –
alumnus דער אַלומנוס, אַלומני; דער גראַדויִרטער געב׳; דער געענדיקטער געב׳
alveolar אַלוועאָל
alveolar ridge דער אַלוועאָלער בויגן
alveolus דער אַלוועאָל, ־ן
(air sac) *also* דאָס טאָרבעלע, ־ך; דאָס פּאַכירל, ־עך
(dental) *also* דער (צאָן־)אויסהויל
alveopalatal פּאַלאַטאָאַלוועאָלאַר
always תּמיד; שטענדיק; אַלע מאָל [TÓMED]
as always ווי תּמיד; ווי אַלע מאָל
Alzheimer's disease די אַלצהײַמער־קרענק; אַלצהײַמער
a.m. פֿ״מ (פֿאַר מיטאָג); אד״פֿ (אין דער פֿרי)
in the a.m. אין דער פֿרי
amalgam דער אַמאַלגאַם, ־ען; דער צונויפֿשמעלץ, ־ן
amalgamate, *vt./vi.* צונויפֿשמעלצן (זיך); צונויפֿגיסן (זיך)
amalgamation די צונויפֿשמעלצונג; דאָס צונויפֿשמעלצן
amandine מיט מאַנדלען
amaranth דער אַמאַראַנט
amaretto דער אַמאַרעטאָ
amaryllis די אַמאַריל, ־ן
amass אָנזאַמלען; אָנקויפּן
amateur, *adj.* אַמאַטאָרן־...; אַמאַטאָריש
amateur, *n.*
m./unsp. דער אַמאַטאָר, ...אָרן; דער אַמאַטאָר, ־ן; דער ליבהאָבער, ־ס; דער דילעטאַנט, ־ן
f. די אַמאַטאָרין, ־ס; די ליבהאָבערין, ־ס; די דילעטאַנטקע, ־ס
amateur chorus דער אַמאַטאָרן־כאָר, ־ן
amateurish אַמאַטאָריש; דילעטאַנטיש
amateurism דאָס ליבהאָבערײַ; די אַמאַטאָרשאַפֿט; דער דילעטאַנטיזם
amateur night דער אַמאַטאָרן־אָוונט, ־ן
amatory ליבנדיק; ליבע...
amaze פֿאַרחידושן; פֿאַרוווּנדערן [FARKhÍDEShN]
amazed פֿאַרחידושט; פֿאַרוווּנדערט; פֿאַרגאַפֿט
[FARKhÍDEShT]
be amazed פֿאַרחידושט ‹פֿאַרוווּנדערט/פֿאַרגאַפֿט/נשתּומם› ווערן; פֿאַרגאַפֿן זיך; ˚(דער)שטוינען
[NIShTÓYMEM]
amazement דער חידוש; די פֿאַרגאַפֿונג; די ˚דערשטוינונג
[KhÍDESh]
amazing וווּנדער...; וווּנדערלעך; פּלעפֿ(נד)יק; פּלאדיק; פּלאָימדיק; הפֿלאדיק; ˚דערשטוינענדיק [PÉ(Y)LEDIK]
[PLÓYEMDIK] [HÁFLEDIK]
Amazing! וווּנדער איבער וווּנדער!; גאָטס נסים! [NÍSIM]
stg. amazing די פּלא, פּלאָים; פּילאי־פּלאָים ל״ר; הפֿלא־ופֿלא [PÉ(Y)LE, PLÓYEM] [PÍLE-PLÓYEM]
[HÁFLE-VOFÉLE]
Amazon (myth.) די אַמאַזאָנקע, ־ס
Amazon River דער (טײַך) אַמאַזאָן
ambassador דער אַמבאַסאַדאָר, ...אָרן
ambassadorial אַמבאַסאַדאָריש; אַמבאַסאַדאָרן־...
amber, *adj.* בורשטינען
amber, *n.* דער בורשטין

ambidextrous בײדהענטיק
ambience
 (environment) דער אַרום; די סבֿיבֿה [SVÍVE]
 (mood) די שטימונג, ־ען
ambient אַרומיק; אַרומנעמיק; סבֿיבֿה־... [SVÍVE]
ambiguity די/דאָס צווייטײַטשיקייט, ־ן; די/דאָס טאָפּל־טײַטשיקייט, ־ן; די/דאָס אומקלאָרקייט, ־ן
ambiguous צווייטײַטשיק; טאָפּל־טײַטשיק; אומקלאָר
ambit דער תּחום, ־ען/־ים; די ספֿערע, ־ס
ambition די אַמביציע, ־ס
 His ambition knows no limits פֿאַר אים זענען אַלע לייטערס צו קורץ
ambitious אַמביציעז; אײַנרײַסעריש
 ambitious person דער אַמביציעזער געב'; דער אײַנרײַסער, ־ס
ambivalence די אַמביוואַלענץ, ־ן
ambivalent אַמביוואַלענט
amble, *n.*
 (horse) דער פּאַסגאַנג
 (person) דער שפּאַצירגאַנג
amble, *v.*
 (horse) גיין אין פּאַסגאַנג
 (person) (אַ)דורכגיין זיך; (אַ)דורכשפּאַצירן זיך
ambrosia די אַמבראָזיע; די געטערשפּײַז; די פֿויגלמילך ‹פֿויגל־מילעך›
ambulance דער אַמבולאַנס, ־ן
ambulance chaser דער קליענטן־כאַפּער, ־ס
ambulatory אַמבולאַטאָריש
ambulatory surgery די אַמבולאַטאָרישע כירורגיע
ambulette די אַמבולעטקע, ־ס
ambush, *n.*
 (attack) דער איבערפֿאַל, ־ן; דער לאָקער, ־ן
 (place) די אַמבוסקאַדע, ־ס; דאָס לאָקעראָרט, ...ערטער
ambush, *v.* איבערפֿאַלן; אָפּטשאַטעווען
 lie in ambush for לאָקערן אויף
ambusher דער איבערפֿאַלער, ־ס; דער לאָקערער, ־ס
ameba די אַמעבע, ־ס
amebic אַמעביש
ameliorate פֿאַרבעסערן; (אַ)מעליאָרירן
amelioration די פֿאַרבעסערונג; די (אַ)מעליאָרירונג
amen, *n.* דער אָמן, ־ס [OMÉYN/ÓMEYN]
 say amen to (נאָכ)זאָגן ‹ענטפֿערן› אָמן
Amen!, *int.*
 (response to blessing) אָמן! [OMÉYN/ÓMEYN]
 (agreement) אָמן!; אָמן־סלה!; פֿון דײַן מויל אין גאָטס אויערן!; הלוואַי! [OMÉYN(-SÉLO)] [(H)ALEVÁY]
amenable (to) נאָכקומיק (אויף); נאָכגיביק (אויף); ווייליק (אויף); מרוצה (אויף) [MERÚTSE]
amend איבערבעסערן; פֿאַרבעסערן; אַמענדירן
amendment
 (addition) דער צוגאָב, ־ן; די הוספֿה, ־ות [HOYSÓFE/HESÓFE]
 (improvement) די איבערבעסערונג, ־ען; דער איבערבעסער, ־ן; דער תּיקון, ־ים; די אַמענדירונג, ־ען [TIKN, TIKÚNIM]
 (constitutional) די איבערבעסערונג, ־ען; דער אַמענדמענט, ־ס אַמ'
amends
 make amends קאָמפּענסירן; אויסגלײַכן; פֿאַרגלעטן די שולד; פֿאַרגוטיקן; מטיבֿ זײַן [MÉYTEV]
amenity
 (convenience) די/דאָס באַקוועמ(לעכ)קייט, ־ן
 (pleasantness) די/דאָס אײַנגענעמ(ענ)קייט
 amenities (lavatory/*euph.***)** דער וואַשצימער, ־ן

America (די) אַמעריקע; קאָלומבוסעס מדינה; די גאָלדענע מדינה [MEDÍNE]
 God bless America! לעבן זאָל קאָלומבוס!
American, *adj.* אַמעריקאַניש; אַמעריקאַנער אינוו'
American, *n.*
 m./unsp. דער אַמעריקאַנער, –
 f. די אַמעריקאַנערין, ־ס
American cheese דער אַמעריקאַנער קעז
American Civil Liberties Union דער אַמעריקאַנער פֿאַרבאַנד פֿאַר בירגער־פֿרײַהייטן
Americanization די אַמעריקאַניזירונג
Americanize אַמעריקאַניזירן
Americanized אַמעריקאַניזירט
 become Americanized אַמעריקאַניזירן זיך
 become Americanized (*hum.***)** אויסגרינען זיך
American League די אַמעריקאַנער ליגע
American Medical Association דער אַמעריקאַנער דאָקטוירים־פֿאַרבאַנד
American Sign Language דאָס אַמעריקאַנער שטום־לשון [LOShN]
American Stock Exchange די אַמעריקאַנער בערזע
americium דער אַמעריקיום
amethyst, *adj.* אַמעטיסטיש
amethyst, *n.* דער אַמעטיסט, ־ן
amiable ליבהאַרציק; צוגעלאָזן; פֿרײַנדלעך
amicable פֿרידלעך; גוט־ברודעריש; בשלומדיק [BEShÓLEMDIK]
amicably אויף אַ פֿרידלעכן אופֿן; מיט גוטן; בשלום [OYFN] [BEShÓLEM]
amid צווישן; אין מיטן
Amidah די שמונה־עשׂרה [ShIMENÉSRE/ShMÓYNE-ÉSRE]
amide דער אַמיד, ־ן
amidships אין מיטן שיף
amino acid דאָס אַמינאָ־זײַערס, ־ן
amir דער עמיר, ־ן
Amish, *adj.* אַמיש
Amish, *n.*
 m./unsp. דער אַמישער געב'
 f. די אַמישין ‹אַמישקע›, ־ס
amiss
 Something's amiss עפּעס איז דאָ נישט גלאַט ‹כּשורה›; ס'איז נישט סע באַדאַרף צו זײַן [KEShÚRE]
 take amiss האָבן פֿאַראיבל אויף; נעמען זיך צום האַרצן; נעמען פֿאַר אומגוט
amity די חבֿרשאַפֿט [KhÁVERShAFT]
ammo *see* **ammunition**
ammonal דער אַמאָנאַל, ־ן
ammonia דער אַמאָניאַק; די אַמאָניע
ammonium דער אַמאָניום
ammonium nitrate דער אַמאָניום־ניטראַט, ־ן
ammunition די אַמוניציע; דאָס שיסוואַרג קאָל'; שיס־מאַטעריאַלן ל"ר
ammunition belt דער פּאַטראָנטאַש, ־ן; די קוילן־לענטע, ־ס
ammunition depot דער געווער־מאַגאַזין, ־ען
amnesia די אַמנעזיע
amnesty, *n.* די אַמנעסטיע
amnesty, *v.* אַמנעסטירן
Amnesty International די אינטערנאַציאָנאַלע אַמנעסטיע־געזעלשאַפֿט
amniocentesis דער אַמניאָצענטעז
amnion *see* **amniotic sac**
amniotic אַמניאָטיש

amniotic fluid	דאָס אַמניאָטישע וואַסער
amniotic sac	דער אַמניאָטישער פּענכער, ־ס
amoeba *see* **ameba**	
amok	
run amok	[MEShÚGENERVAYZ] אַרומלויפֿן משוגענערווײַז
among	צווישן
Amor	אַמאָר; קופּידאָן
Amora	[AMÓYRE, AMOYRÓYEM] דער אַמורא, אַמוראָים
amoral	אַמאָראַליש
amorous	ליבע...; פֿול מיט ליבע
(*hum.*)	ליובעדיק
amorphous	אַמאָרפֿיש
(phys.) *also*	אַמאָרפֿן
(shapeless) *also*	אָנפֿאָרעמדיק
amortization	די אַמאָרטיזירונג, ־ען
amortize	אַמאָרטיזירן
Amos (bib.)	[ÓMES] עמוס
amount, *n.*	
(quantity)	דער סכום, ־ען; דער פֿאַרנעם, ־ען
(sum)	די סומע, ־ס; דער באַטרעף, ־ן
a great amount	[SAKh] זייער ‹גאָר› אַ סך
in the amount of	[BESAKhÁKL] בסך־הכּל
amount, *v.* **(to)**	באַטרעפֿן; אויסקומען; אויסמאַכן
He won't amount to much	פֿון אים וועט גאָרנישט נישט ווערן
amour	די ליבע, ־ס
amp, *n.*	דער אַמפּער, ־ן
(amplifier)	דער פֿאַרשטאַרקער, ־ס; דער אַמפּליפֿיצירער, ־ס
amp, *v.* **(up)**	פֿאַרשטאַרקן; אַמפּליפֿיצירן
amped	אויפֿגעזאָטן; אויפֿגעהײַטערט
amperage	דער אַמפּעראַזש
ampere	דער אַמפּער, ־ן
ampere hour	[ShO] די אַמפּער־שעה, ־ען
ampersand	דער עט־צייכן, ־ס
amphetamine	דער אַמפֿעטאַמין, ־ען
amphibian, *adj.*	אַמפֿיביש
amphibian, *n.*	די אַמפֿיביע, ־ס; דער לאַנד־וואַסער־בעל־חי, ־בעלי־חיים [BALKhÁY, BÁLE-KhÁYEM]
(vehicle)	די אַמפֿיביע, ־ס; די אַמפֿיביע־מאַשין, ־ען
amphibious	אַמפֿיביש; וואַסער־ערדיש
amphibious assault	דער אַמפֿיבישער אַטאַק, ־ן
amphibious tank	דער אַמפֿיבישער טאַנק, ־ען
amphitheater	דער אַמפֿיטעאַטער, ־ס
amphora	די אַמפֿאָרע, ־ס; דער וואַזאַניק, ־עס
ample	[NIShKÓShEDIK] גענוגיק; נישקשהדיק; ברייט
ample warning	די גענוגיקע וואָרענונג, ־ען
amplification	די פֿאַרשטאַרקונג, ־ען; די אַמפּליפֿיצירונג, ־ען
amplifier	דער פֿאַרשטאַרקער, ־ס; דער אַמפּליפֿיצירער, ־ס
amplify	פֿאַרשטאַרקן; אַמפּליפֿיצירן
amplitude	די אַמפּליטודע, ־ס
(magnitude) *also*	די ברייט, ־ן
amply	(איבער) גענוג
ampule	די אַמפּול(ק)ע, ־ס
ampulla	
(anat.)	די אַמפּולע, ־ס
(vessel)	[KÉYLE, KÉYLIM] דער אַמפּול, ־ן; די כּלי, ־ם
amputate	אַמפּוטירן; אַראָפּנעמען ‹אָפּשנײַדן› אַן אבֿר [ÉYVER]
amputation	די אַמפּוטירונג, ־ען; דאָס אַראָפּנעמען אַן אבֿר [ÉYVER]
amputee	דער אַמפּוטירטער געב׳
AM radio	די איי־עם־סטאַנציע
Amsterdam	(דאָס) אַמסטערדאַם
amulet	די קמיע, ־ות; דער אַמולעט, ־ן; די שמירה, ־ות [KAMÉYE] [ShMÍRE]
amuse	[MESAMÉYEKh] פֿאַרווײַלן; אַמוזירן; משׂמח זײַן
amuse oneself	פֿאַרווײַלן זיך; אַמוזירן זיך
I'm not amused	בײַ מיר איז עס נישט קיין געלעכטער; ס׳איז מיר נישט איבעריק קאָמיש
amusement	די פֿאַרווײַלונג, ־ען; דער צײַטפֿאַרברענג, ־ען
(state)	די/דאָס אַמוזירטקייט
express amusement	אַרויסווײַזן אַמוזירטקייט
amusement park	דער לונאַפּאַרק, ־ן
amusement-park ride	די (לונאַפּאַרק־)אַטראַקציע, ־ס
amusing	פֿאַרווײַלנ(ד)יק; אַמוזאַנט
amygdala	די אַמיגדאַלע
amygdalin	דער אַמיגדאַלין
amyotrophic lateral sclerosis	דער זײַטיקער אַמיאָטראָפֿישער סקלעראָז
an *see* **a**	
Anabaptist, *adj.*	אַנאַבאַפּטיסטיש
Anabaptist, *n.*	דער אַנאַבאַפּטיסט, ־ן
anachronism	דער אַנאַכראָניזם, ־ען
anachronistic	אַנאַכראָניסטיש
anaconda	די אַנאַקאָנדע, ־ס
anacrusis	די אַנאַקרוזע, ־ס; דער אויפֿטאַקט, ־ן
anaerobe	דער אַנעראָב, ־ן; דאָס אָנזויערשטאָפּל, ־עך
anaerobic	אַנעראָביש
anagogy	די אַנאַגאָגיע, ־ס
anagram	דער אַנאַגראַם, ־ען
anal	[ÓKhER] אַנאַל; אָחור־...
anal intercourse	דער אַנאַלער סעקס; דער תּשמיש־האָחור [TÁShMESh-HAÓKhER]
have an anal fixation	זײַן אַנאַל־פֿאַרהאַלטן
analgesia	די אַנאַלגעזיע, ־ס
analgesic, *adj.*	ווייטיק־שטילנדיק; אַנאַלגעזיש
analgesic, *n.*	דער ווייטיק־שטילער, ־ס; דאָס אַנאַלגעזישע מיטל, ־ען
analog	אַנאַלאָג־...
analog clock	דער אַנאַלאָג־זייגער, ־ס
analogize	אַנאַלאָגיזירן; (אַ)דורכפֿירן אַן אַנאַלאָגיע
analogous	אַנאַלאָגיש; ענלעך
analogy	די אַנאַלאָגיע, ־ס
make/draw an analogy	אַנאַלאָגיזירן; (אַ)דורכפֿירן אַן אַנאַלאָגיע
anal-retentive	אַנאַל־פֿאַרהאַלטן
analysis	דער אַנאַליז, ־ן
in the final analysis	אין לעצטן סך־הכּל; די אונטערשטע שורה איז וואָס [SAKhÁKL] [ShÚRE]
analytic(al)	אַנאַליטיש
analytic function	די אַנאַליטישע פֿונקציע, ־ס
analytic geometry	די אַנאַליטישע געאָמעטריע
analyze	אַנאַליזירן; צעלייגן; צעגלידערן; צענעמען
ananthous	אָנבלומיק; אַנאַנטיש
anapest	דער אַנאַפּעסט, ־ן
anapestic	אַנאַפּעסטיש
anaphora	די אַנאַפֿאָרע, ־ס
anaphoric	אַנאַפֿאָריש
anaphoric pronoun	דער אַנאַפֿאָרישער פּראָנאָם, ־ען
anaphrodisia	די אַנאַפֿראָדיסיע; די/דאָס סעקסועלע אָפּגעשוואַכטקייט
anaphrodisiac, *adj.*	אַנאַפֿראָדיסיאַקיש
anaphrodisiac, *n.*	דער אַנאַפֿראָדיסיאַק, ־ן
anaphylactic shock	דער אַנאַפֿילאַקטישער שאָק
anaphylaxis	די אַנאַפֿילאַקסיע

anaptyctic vowel דער אַנאַפּטיקטישער וואָקאַל, ־ן
anaptyxis די אַנאַפּטיקסע, ־ס
anarchic אַנאַרכיש
anarchism דער אַנאַרכיזם
anarchist
  m./unsp. דער אַנאַרכיסט, ־ן
  f. די אַנאַרכיסטקע, ־ס
anarchy די אַנאַרכיע
anathema די אַנאַטעמע, ־ס
  (curse) *also* די קללה, ־ות [KLÓLE]
  (excommunication) *also* דער חרם, ־ס [KhÉYREM]
  (person) דער פֿאַרשאָלטענער געב'; דער אַנאַטעמע, ־ס
  It was anathema to her ס'איז בײַ איר געווען טריף־פּסול; זי האָט דערפֿון נישט געוואָלט הערן [TREYF-PÓSL]
anathematize
  (curse) פֿאַרשעלטן
  (excommunicate) אַרײַנלייגן אין חרם [KhÉYREM]
anatida דער אַנאַטיד, ־ן
anatomical אַנאַטאָמיש
anatomically correct אַנאַטאָמיש אַקוראַט
anatomy די אַנאַטאָמיע, ־ס
ancestor דער אָבֿ, ־ות; דער שטאַמפֿאָטער, ־ס [OV]
  ancestors אָבֿות(־אַבֿותינו); עלטער־עלטערן [ÓVES(-AVOYSÉYNU)]
  ancestors (J./bib.) אָבֿות
ancestral אָבֿותדיק; פֿון אָבֿות־אַבֿותינו [ÓVESDIK] [ÓVES-AVOYSÉYNU]
ancestral home די היים פֿון די אָבֿות [ÓVES]
ancestry דער אָפּשטאַם; דער ייִחוס [YÍKhES]
  She is of Asian ancestry זי שטאַמט פֿון אַזיע; זי איז פֿון אַזיאַטישן אָפּשטאַם
anchor, *n.* דער אַנקער, ־ס
  (broadcast) דער הויפּטדיקטאָר, ...אָרן
  drop anchor אַראָפּלאָזן דעם אַנקער; פֿאַראַנקערן זיך
anchor, *v.* (פֿאַר)אַנקערן (די שיף)
anchorage דאָס אַנקעראָרט, ...ערטער
anchor cable דער אַנקער־קאַבל, ־ען
anchovy דער אַנטשאָוס, ־ן; די אַנטשאָווי, ־ס
ancient, *adj.* פֿאַרצײַטיק; פֿאַרצײַטיש; קדמוניש; אַלטצײַטיק; אַנטיק; אוראַלט [KADMÓYNISh]
ancient, *n.*
  (old man) דער זקן, ־ים [ZOKN, SKÉYNIM]
  (old woman) די זקנה, ־ות [SKÉYNE]
  the ancients די קדמונים [KADMÓYNIM]
  the Ancient of Days (דער) עתּיק־יומין [ÁTEK-YÓYMIN]
ancient history די אַלטצײַטישע געשיכטע ‹היסטאָריע›
  Oh, that's ancient history! דאָס איז שוין אַן אַלטע מעשׂה! [MÁYSE]
ancillary, *adj.* בײַ...; הילפֿ...; צוגאָב...
and און
Andalusia (די) אַנדאַלוזיע
Andalusian, *adj.* אַנדאַלוזיאַניש
andante אַנדאַנטע
andantino אַנדאַנטינאָ
Andean, *adj.* אַנדיש; אַנדיער אינוו'
Andes אַנדן
andiron דער קאַמינבאָק, ...בעק
androecium דאָס שטויבגעפֿעס
androgen דער אַנדראָגען, ־ען
androgyne דער אַנדרוגינוס, ־ן [ANDRÓYG(E)NES]
androgynous אַנדראָגיניש
android, *adj.* אַנדראָיִדיש
android, *n.* דער אַנדראָיִד, ־ן
andromeda די אַנדראָמעדע, ־ס
anecdotal אַנעקדאָטיש
anecdotal evidence אומדירעקטע ראַיות [RÁYES]
anecdote דער אַנעקדאָט, ־ן
anemia די אַנעמיע; די/דאָס בלוטאָרעמקייט
anemic אַנעמיש; בלוטאָרעם
anemometer דער אַנעמאָמעטער, ־ס; דער ווינטמעסטער, ־ס
anemone
  (bot.) דאָס ווינטרייזעלע, ־ך; די אַנעמאָנע, ־ס
  (zool.) די ים־אַנעמאָנע, ־ס; די ים־רויז, ־ן [YAM]
anesthesia די אַנעסטעזיע, ־ס; די אײַנשלעפֿערונג
anesthesiologist דער אַנעסטעזיאָלאָג, ־ן
anesthesiology די אַנעסטעזיאָלאָגיע
anesthetic, *adj.* אַנעסטעטיש
anesthetic, *n.* די אַנעסטעטיק, ־ן; דאָס אַנעסטיזיר־מיטל, ־ען
anesthetist דער אַנעסטעטיקער, ־ס
anesthetize אַנעסטיזירן
aneurysm דער אַנעווריזם, ־ען
anew אויף ‹פֿון› ס'נײַ; איבער אַ נײַס
angel דער מלאך, מלאָכים [MÁLEKh, MALÓKhIM]
  angel of death דער מלאך־המוות [MAL(E)KhAMÓVES]
angelfish דער ים־מלאך, מלאָכים [YÁM-MÁLEKh, -MALÓKhIM]
angel food cake דער ווײַסל־לעקעך, ־ער
angelic מעשׂה ‹ווי אַ› מלאך [MÁYSE] [MÁLEKh]
angelica די אַנגעליקע
anger, *n.* דער כּעס; דאָס געבײזער; דער רוגז; די רוגזה; דער ירגזון [KÁAS] [RÓYGES] [RÚGZE] [YIRGÓZN]
anger, *v.*
  vt. אַרײַנברענגען אין כּעס; אַרויסברענגען פֿון די כּלים [KÁAS] [KÉYLIM]
  vi. ווערן אין כּעס; צעבײזערן זיך; צעכּעסן זיך; כּעסנען זיך [TSEKÁSN] [KÁYSENEN]
anger management דאָס קאָנטראָלירן ‹אײַנהאַלטן› דעם כּעס [KÁAS]
angina (of throat) די אַנגינע; די האַלדז־פֿאַרצינדונג
angina pectoris די אַנגינע פּעקטאָריס; די ברוסטזשאַבע
angiogram דער אַנגיאָגראַם, ־ען
angiography די אַנגיאָגראַפֿיע, ־ס
angioplasty די אַנגיאָפּלאַסטיע, ־ס
angiosperm דאָס בלומיקע געוויקס, ־ן; דער אַנגיאָספּערם, ־ען
angle, *n.* דער ווינקל, ־ען
  (viewpoint) דער קוקווינקל, ־ען
  angle of incidence דער פֿאַלווינקל, ־ען
  play all the angles אַרבעטן אויף אַלע פֿראָנטן; אויסניצן אַלע מעגלעכקייטן
  study every angle אַרײַנקוקן אין אַלע ווינקעלעך; דערוויסן זיך וועגן אַלץ
angle, *v.*
  (fishing) כאַפּן ‹פֿאַנגען› פֿיש (מיט אַ ווענטקע)
  (try) מיִען זיך זײַטיק
  angle for a compliment זוכן זיך קאָמפּלימענטן
angler דער (ווענטקע־)פֿישער, ־ס
anglerfish דער ים־טײַוול, ־ען [YAM]
Anglican, *adj.* אַנגליקאַניש
Anglican, *n.* דער אַנגליקאַנער, –
Anglican Church די אַנגליקאַנישע קירך
Anglicanism דער אַנגליקאַניזם
anglicism דער אַנגליציזם, ־ען
anglicize פֿאַרענגלישן
Anglo-... אַנגלאָ...

Anglo-American, *adj.* אַנגלאָאַמעריקאַניש
Anglo-American, *n.* דער אַנגלאָאַמעריקאַנער, –
Anglo-Saxon, *adj.* אַנגלאָסאַקסיש
Anglo-Saxon, *n.*
m./unsp. דער אַנגלאָסאַקס, ־ן
f. די אַנגלאָסאַקסין, ־ס
Angola (די) אַנגאָלע
Angolan, *adj.* אַנגאָליש
Angolan, *n.*
m./unsp. דער אַנגאָלער, –
f. די אַנגאָלערין, ־ס
Angora cat די אַנגאָרער קאַץ, קעץ
Angora goat די אַנגאָרער ציג, ־ן
Angora wool די אַנגאָרע־וואָל
angrily מיט כּעס; בייזערהייט; ברוגזדיק [KÁAS] [BRÓYGESDIK]
angry אין כּעס; בייז; ברוגז; צעכּעסט; אָנגעברוגזט [KÁAS] [BRÓYGES] [TSEKÁST] [ÓNGEBROYGEST]
be angry at זײַן אין כּעס אויף; בייזערן זיך אויף; זײַן ברוגז ‹בייז› מיט
get angry (at) אָנברוגזן זיך (אויף/מיט); צעבייזערן זיך (אויף); ווערן אין כּעס (אויף) [ÓNBRÓYGESN]
make sb. angry אַרײַנברענגען + אַק' אין כּעס; אַרויסברענגען + אַק' פֿון די כּלים [KÉYLIM]
angry person דער כּעסן, ־ים; דער בייזער געב' [KAYSN, KAYSÓNIM]
angst דער פּחד [PÁKhED]
Angstrom unit דער אַנגסטראָם־איינס, ־ן
anguish, *n.* יסורים ל"ר; די פּײַן [YESÚRIM]
anguish, *v.* **(over)** האָבן יסורים (וועגן) [YESÚRIM]
anguished פֿול מיט יסורים ‹פּײַן› [YESÚRIM]
angular ווינקלדיק; ווינקל...; קאַנטיק
angular bracket דער ווינקלדיקער קלאַמער, ־ן
in angular brackets אײַנגעווינקלט
anhydride דער אַנהידריד, ־ן
anhydrous אַנהידריש; וואַסערפֿרײַ
aniline דער אַנילין
animal, *adj.* חיה־...; (בעל־)חיייש [KhÁYE] [(BAL)KhÁYESh]
animal, *n.* די חיה, ־ות; דער בעל־חי, בעלי־חיים [KhÁYE] [BALKhÁY, BÁLE-KhÁYEM]
animal cracker דאָס חיה־קיכעלע, ־ך [KhÁYE]
animal fat דאָס/די שמאַלץ; דאָס בעלי־חיים־פֿעטס [BÁLE-KhÁYEM]
animal hospital די וועטערינאַרישע קליניק, ־עס; דער/דאָס זאָאָשפּיטאָל, ־ן/שפּיטעלער
animal husbandry דאָס האָדעווען בעלי־חיים [BÁLE-KhÁYEM]
animal instinct דער חיישער אינסטינקט [KhÁYEShER]
animalism דער אַנימאַליזם
animalist, *adj.* אַנימאַליסטיש
animalist, *n.* דער אַנימאַליסט, ־ן
animal kingdom די וועלט פֿון בעלי־חיים; דאָס בעל־חי־קיניגרײַך [BÁLE-KhÁYEM] [BALKhÁY]
animal lover דער צער־בעלי־חיימניק, ־עס; דער ליבהאָבער פֿון חיות [TSÁR-BALEKhÁYEMNIK] [KhÁYES]
animal magnetism דער בעל־חי־מאַגנעטיזם; די לעבעדיקע צוציקראַפֿט [BALKhÁY]
animal protection דער חיות־שיץ [KhÁYES]
animal rights דאָס חיות־רעכט ל"ר [KhÁYES]
animal shelter דער חיות־מיקלט; דער מיקלט פֿאַר בעלי־חיים [(KhÁYES-)MÍKLET] [BÁLE-KhÁYEM]
animate, *adj.* באַלעבט
animate, *v.* באַלעבן; אויפֿלעבן; אַנימירן

animated באַלעבט; אויפֿגעלעבט; אַנימירט
animated film דער אַנימאַציע־פֿילם, ־ען; די אַנימאַציע, ־ס
animation די אַנימאַציע
anime דער אַנימע, ־ען
animism דער אַנימיזם
animist דער אַנימיסט, ־ן
animistic אַנימיסטיש
animosity/animus די/דאָס פֿײַנדלעכקייט; די אַנימאָזיע
anise דער ענעס
aniseed דאָס ענעס־קערל, ־עך; דער ענעס־זוימען, ־ס
Ankara (די) אַנקאַרע
ankle דאָס קנעכל, ־עך
anklebone דער קנעכלביין, ־ער
ankle boot די באָטינקע, ־ס
ankle-deep ביז (איבער) די קנעכלעך
ankle sock דאָס קורצע זעקל, ־עך; די שקאַרפּעטקע, ־ס
anklet דער פֿוסרינג, ־ען
ankylosaur דער פּאַנצער־דינאָזאַווער, ־ס
ankylosis דער אַנקילאָז
annalist דער קראָניקער, ־ס
annals די קראָניקע, ־ס; אַנאַלן
anneal, *vt./vi.* אויסגליִען (זיך)
annelid דער אַנעליד, ־ן
annex, *n.*
(appendix) די הוספֿה, ־ות [HOYSÓFE/HESÓFE]
(building) דער צובוי, ־ען; דאָס בײַגעבײַ, ־ען; דער אַנעקס, ־ן
annex, *v.*
(attach) צובויען
(incorporate) אַנעקסירן; איבערנעמען
annexation די אַנעקסירונג; דאָס איבערנעמען (טעריטאָריע)
annihilate פֿאַרטיליקן; פֿאַרשנײַדן; צענישטן; צו נישט מאַכן; אויסראָטן; פֿאַרלענדן
annihilated פֿאַרטיליקט; פֿאַרשניטן
be annihilated צו נישט ווערן; פֿאַרשניטן ‹פֿאַרטיליקט› ווערן
annihilation די פֿאַרטיליקונג; די צונישט־מאַכונג; די פֿאַרלענדונג
anniversary דער יאָרטאָג, ...טעג; דער יובֿל, ־ען [YOYVL]
(of a death) דער יאָרצײַט, ־ן
anniversary card דאָס יובֿל־קאַרטל, ־עך; דאָס יובֿעלע, ־ך [YOYVL] [YÓYVELE]
annotated אַנאָטירט; מיט בײַבאַמערקונגען
annotation די אַנאָטאַציע, ־ס; די בײַבאַמערקונג, ־ען
announce מעלדן; אָנזאָגן; לאָזן וויסן; באַקאַנט מאַכן; מודיע זײַן [MEDÍE/MOYDÍE]
announce publicly מעלדן עפֿנטלעך; מכריז־ומודיע זײַן [MÁKhREZ-UMOYDÍE]
to be announced מע וועט נאָך מעלדן; מע וועט נאָך צו וויסן טאָן ‹געבן›
announcement דער אַנאָנס, ־ן; דער אָנזאָג, ־ן; די מעלדונג, ־ען; די מודעה, ־ות; די בשורה, ־ות [MEDÓE/MOYDÓE] [PSÚRE]
announcer דער דיקטאָר, ...אָרן; דער אָנזאָגער, ־ס
annoy דענערווירן; דערקוטשע|ן; יאַדע|ן; טשעפּע|ן זיך צו + דאַט'; דולן + דאַט' אַ קאָפּ; האַקן + דאַט' אַ טשײַניק; דערגיין + דאַט' די יאָרן; דרייען + דאַט' אַ קאָפּ ‹ספּאָדיק›; דרייען + דאַט' דעם קאָפּטער; אַרײַנקריכן + דאַט' אין האַרצן
annoyance
(nuisance) דאָס אָנשיקעניש, ־ן; דאָס צוטשעפּעניש, ־ן; די פּריטשעפּע, ־ס
(state of being annoyed) די דענערווירונג, ־ען; דער פֿאַרדראָס, ־ן; דאָס משו(ו)לחת, ־ן [MISh(U)LÁKhES]

annoyed (at) דענערוויִרט (מיט)
annoying דערקוטשיק; זלידנע; נישט צום האַרצן
annual, *adj.* יאָריק; יערלעך; איינאָריק
annual, *n.*
 (book) דאָס יאָרבוך, ...ביכער
 (bot.) דאָס איינאָריקלינג, ־ען; דאָס איינאָריקע געוויקס, ־ן
annually אַלע ‹יעדעס› יאָר
annual report דער יערלעכער באַריכט, ־ן
annual ring דער האָלצרינג, ־ען; דער יאָררינג, ־ען
annuity די רענטע, ־ס; דאָס יאָרגעלט, ־ער
 life annuity די לעבנסלאַנגע רענטע, ־ס
annuity fund דער רענטעפאָנד, ־ן
annul אַנולירן; אָפּשאַפן; קאַסירן; בטל מאַכן; מבֿטל זיין ‹מאַכן› [BOTL] [MEVÁTL]
annular רינגיק
annulment די אַנולירונג, ־ען; דאָס בטל מאַכן; דאָס מבֿטל זיין ‹מאַכן›; די קאַסירונג, ־ען [BOTL] [MEVÁTL]
annulus דער רינג, ־ען
Annunciation (Chr.) דער הייליקער אָנזאָג
anode דער אַנאָד, ־ן
anodyne דאָס ווייטיק־מיטל, ־ען
 be an anodyne שטילן דעם ווייטיק
anoint זאַלבן
anointment די זאַלבונג, ־ען
anomalous אַנאָמאַליש
anomaly די אַנאָמאַליע, ־ס; די/דאָס אומנאָרמאַלקייט, ־ן
anomia די אַנאָמיע
anon באַלד; תּיכּף; אין גיכן [TÉYKEF]
anonymity די/דאָס אַנאָנימקייט
anonymous אַנאָנים
 anonymous person דער אַנאָנים, ־ען
 anonymous letter דער אַנאָנימער בריוו, –; די אַנאָנימקע, ־ס
anonymously אַנאָנימערהייט
anopheles די אַנאָפעלע, ־ס; דער מאַלאַריע־מאָסקיט, ־ן
anorak דער אַנאָראַק, ־ן
anorectic, *adj.* אַנאָרעקסיש
anorectic, *n.*
 m./unsp. דער אַנאָרעקסישער געב׳
 f. די אַנאָרעקסישע, –
anorexia די אַנאָרעקסיע
anorexia nervosa די נערוועזע אַנאָרעקסיע
anorexic אַנאָרעקסיש
another
 (additional) נאָך (אַ)
 (different one) אַן אַנדער
 another's (another person's) אַן אַנדערנס געב׳; אַ צווייטנס געב׳; יענעמס געב׳
answer, *n.* דער ענטפער, ־ס; דער תּירוץ, ־ים; די תּשובֿה, ־ות [TÉRETS, TERÚTSIM] [TShÚVE]
 (to Halachic question) די תּשובֿה, ־ות [TShÚVE]
 in answer to the question ווי אַן ענטפער אויף דער פראַגע; בתּשובֿה אויפן אָנפרעג [BITShÚVE]
answer, *v.*
 (a person) ענטפערן + דאַט׳
 (a question) ענטפערן אויף
 answer back אָפענטפערן מיט העזה ‹חוצפה›; נישט שולדיק בלייבן קיין וואָרט ‹ענטפער› [HÓZE] [KhÚTSPE]
 answer for (be responsible) טראָגן דאָס אחריות פאַר [AKhRÁYES]
 answer for (vouch for) ערבֿ זיין פאַר [ÓREV]
 answer the door עפענען די טיר
 answer the phone אויפהייבן דאָס טרייבל; ענטפערן דעם טעלעפאָן
 answer to (one's name) רופן זיך
 answer to (report to) טראָגן דאָס אחריות פאַר; דאַרפן אָפּגעבן + דאַט׳ אַ דין־וחשבון [DIN-VEKhÉZhBM]
answerable *see* **answer to**
answering machine די ענטפערקע, ־ס; די ענטפער־מאַשין, ־ען
answering service דאָס ענטפערדינסט
answer key דער ענטפער־שליסל, ־ען
answer sheet דער ענטפער־בויגן, ־ס
ant די מערעטשקע ‹מוראַשקע›, ־ס
 have ants in one's pants נישט קענען איינזיצן; זיצן אויף שפּילקעס ‹הייסע קוילן›
antacid, *adj.* אַנטיזייער־...
antacid, *n.* דאָס אַנטיזייערס; דאָס זייערס־מיטל, ־ען
antagonism דער אַנטאַגאָניזם, ־ען
antagonist דער אַנטאַגאָניסט, ־ן
antagonistic אַנטאַגאָניסטיש; קעג(ע)נעריש
antagonize אַנטאַגאָניזירן
Antarctic, *adj.* אַנטאַרקטיש
Antarctic, *n.*
 the Antarctic דער אַנטאַרקטיק
Antarctica (די) אַנטאַרקטיקע
Antarctic Circle דער אַנטאַרקטישער קרייַז
ante, *n.* דער איינשטעל, ־ן; די סטאַווקע, ־ס
ante, *v.* שטעלן די ערשטע סטאַווקע
 ante up (*fig.*) באַצאָלן; איינצאָלן
ante... פאַר...
anteater דער מערעטשקע־‹מוראַשקע־›פרעסער, ־ס
antebellum פאַרמלחמהדיק [FÁRMILKhÓMEDIK]
antecardium דאָס האַרצגריבל, ־עך
antecedent, *adj.* פריערדיק; פאַרדעמדיק
antecedent, *n.* דער פריערדיקער פאַל, ־ן; דער אַפריער, ־ס; דער אַנטעצעדענט, ־ן
antechamber *see* **anteroom**
antedate גיין ‹זיין/קומען/געשען› נאָך פריער פון
antediluvian פאַרמבולדיק [FÁRMÁBLDIK]
antelope דער אַנטילאָפּ, ־ן
antemeridian אין דער פרי
antenatal פאַרן געבוירן ווערן
antenna
 (feeler) דאָס טאַפּערל, ־עך
 (TV) די אַנטענע, ־ס
antepenultimate דריטלעצט; פאַרפאַרלעצט
anterior
 (location) פעדערשט; פאָדערשט
 (temporal) פריערדיק; פאַרדעמדיק
anteroom די פאָדערשטוב, ...שטיבער; דער פאָדערצימער, ־ן; דאָס פרהויז, ...הייזער; די וואַרטזאַל, ־ן [FÍRES]
anthem דער הימען, ־ס
anther דאָס שטויב־קישעלע‹־ביַיטעלע›, ־ך
antheridium די אַנטערידיע, ־ס
anthill דער מערעטשניק ‹מוראַשניק›, ־עס
anthologize אַנטאָלאָגירן
anthology די אַנטאָלאָגיע, ־ס; די זאַמלונג, ־ען
anthracite דער אַנטראַציט; האַרטע שטיינקוילן ל״ר
anthrax דער אַנטראַקס
anthropoid, *adj.* אַנטראָפּאָידיש
anthropoid, *n.* דער אַנטראָפּאָיד, ־ן
anthropological אַנטראָפּאָלאָגיש
anthropological linguistics די אַנטראָפּאָלאָגישע לינגוויסטיק ל״י

anthropologist דער אַנטראָפּאָלאָג, ־ן
anthropology די אַנטראָפּאָלאָגיע
anthropomorphic אַנטראָפּאָמאָרפֿיש
anthropomorphism דער אַנטראָפּאָמאָרפֿיזם
anthroponymy די אַנטראָפּאָנימיק
anti... אַנטי...; קעגנ...
antiabortion קעגנאַבאָרט־...
antiaircraft זעניט...
antiaircraft artillery די זעניט־אַרטילעריע
antiaircraft battery די זעניט־באַטעריע, ־ס
antiaircraft gun די זעניטקע, ־ס
antiaircraft gunner דער זעניטניק, ־עס
antianxiety drug דאָס אַנטיפּחד־מיטל, ־ען [ANTIPÁKhED]
antibacterial, *adj.* אַנטיבאַקטעריע־...
antibacterial, *n.* דאָס אַנטיבאַקטעריע־מיטל, ־ען
antiballistic אַנטיבאַליסטיש
antibiotic, *adj.* אַנטיביאָטיש
antibiotic, *n.* דער אַנטיביאָטיק, ־ן
antibiotic resistance די/דאָס אויסהאַלטעוודיקייט אַ(נט)קעגן אַנטיביאָטיק
antibiotic-resistant
  be antibiotic-resistant אויסהאַלטן אַ(נט)קעגן אַנטיביאָטיק
antibody דער אַנטיקערפּער, ־ס; דאָס אַנטיגופֿל, ־עך
antic, *adj.* גראָטעסק; פֿאַנטאַסטיש
antic, *n.*
  antics דאָס שטיפֿעריַי ל״ר; די/דאָס קונדסעריַי ל״ר; דאָס פּאַיאַצעריַי ל״ר; (משוגענע) שטיק [KUNDESERÁY] [MEShÚGENE]
anticancer drug דאָס אַנטיראַק־מיטל, ־ען; דאָס מיטל קעגן ראַק
anticaries אַנטיקאַריש
Antichrist דער אַנטיקריסט, ־ן
anticipate ריכטן זיך אויף; פֿאָרויסזען; פֿילן פֿאָרויס דעם טעם פֿון [TAM]
anticipated פֿאָרויסגעזען
  as anticipated ווי מע האָט פֿאָרויסגעזען ‹זיך געריכט›
anticipation דאָס וואַרטעניש
anticlimactic אַנטיקלימאַקטיש
anticlimax דער אַנטיקלימאַקס, ־ן
anticlockwise קעגנזייגערדיק; אומזייגערדיק; קעגן זייגער
anticoagulant, *adj.* אַנטיגליווער־...; אַנטיקאָאַגולאַטיוו
anticoagulant, *n.* דאָס אַנטיגליווער־מיטל, ־ען; דער אַנטיקאָאַגולאַנט, ־ן
anticonvulsant, *adj.* אַנטיקאָנוולסיע־...; קעגנקאָנוולסיע־...
anticonvulsant, *n.* דאָס אַנטיקאָנוולסיע־ ‹קעגנקאָנוולסיע־›מיטל, ־ען
antidepressant, *adj.* אַנטידעפּרעסיע־...; קעגנדעפּרעסיע־...
antidepressant, *n.* דאָס אַנטידעפּרעסיע־מיטל, ־ען; דאָס מיטל קעגן דעפּרעסיע
antidote דער אַנטידאָט, ־ן; דאָס קעגנמיטל, ־ען
antiemetic, *adj.* אַנטיברעכעריש
antiemetic, *n.* דאָס אַנטיברעך־מיטל, ־ען
antifreeze די/דאָס אַנטיפֿריר־פֿליסיקייט, ־ן
antigen דער אַנטיגען, ־ען
antigravity די קעגנשווערקראַפֿט
antihero דער אַנטיהעלד, ־ן
antihistamine, *adj.* אַנטיהיסטאַמיניש
antihistamine, *n.* דער אַנטיהיסטאַמין, ־ען
anti-inflammatory, *adj.* קעגנאָנצינד־...
anti-inflammatory, *n.* דאָס קעגנאָנצינד־מיטל, ־ען
anti-intellectualism דער אַנטיאינטעלעקטואַליזם

antilock brake דער אַנטיפֿאַרהאַק־טאָרמאַז, ־ן
antimatter די אַנטימאַטעריע; דער אַנטי־עצם [ÉTSEM]
antimicrobial, *adj.* אַנטימיקראָביש
antimicrobial, *n.* דאָס אַנטימיקראָבישע מיטל, ־ען
antimissile קעגנראַקעט(ן)־...; אַנטיראַקעט(ן)־...; אַנטימיסל־...
antimony די אַנטימאָניע; דער אַנטימאָן; דאָס שפּיזגלאָז
antinomy די אַנטינאָמיע, ־ס
antioxidant, *adj.* אַנטיאָקסידיר־...
antioxidant, *n.* דער אַנטיאָקסידאַנט, ־ן
antipasto די אַנטיפּאַסטע, ־ס
antipathy די אַנטיפּאַטיע; דער דערווידער
antiperspirant, *n.* דאָס קעגנשוויץ־מיטל, ־ען
antiphon דער אַנטיפֿאָן, ־ען
antiphonal אַנטיפֿאָניש
antiphony די אַנטיפֿאָניע
antipodal אַנטיפּאָדיש; אַנטיפּאָדאַל
antipode דער אַנטיפּאָד, ־ן
Antipodes אַנטיפּאָדן
antipoverty אַנטידלות [ANTIDÁLES]
antipyretic, *adj.* אַנטיפּירעטיש; אַנטיפֿעבריליש
antipyretic, *n.* דער אַנטיפּירעטיק, ־ן; דער אַנטיפֿעבריל, ־ן
antiquarian, *adj.* אַנטיקוואַריש
antiquarian, *n.* דער אַנטיקוואַר, ־ן
antiquated שטאַרק פֿאַרעלטערט
antique, *adj.* אַנטיק; פֿאַרצײַטיק
antique, *n.* דער אַנטיק, ־ן
  antiques אַנטיקן; דאָס אַנטיקוואַרג קאָל׳
antique dealer דער אַנטיקן־הענדלער, ־ס; דער אַנטיקן־סוחר, ־ים [SÓYKhER, SÓKhRIM]
antique green אַנטיקן גרין
antique shop דער אַנטיקוואַריאַט, ־ן; דאָס אַנטיקן־געשעפֿט, ־ן
antique show דער אַנטיקן־יאַריד, ־ן
antiquing
  go antiquing לאָזן זיך זוכן אַנטיקן
antiquity
  (era) די אַלטוועלט; די אַלטצײַט; די קדמונים־צײַט [KADMÓYNIM]
  (quality) די/דאָס אַלטקייט
  (relic) די אַנטיקוויטעט, ־ן
antirejection drug דאָס אַנטיאָפּוואַרף־מיטל, ־ען
antiretroviral drug דאָס אַנטירעטראָווירוס־מיטל, ־ען
anti-Semite דער אַנטיסעמיט, ־ן; דער המן, ־ס; דער שונא־ישׂראל, שונאי־...; דער צורר־היהודים [HÓMEN] [SÓYNE-YISRÓEL] [TSÓYRER-HAYEHÚDIM]
anti-Semitic אַנטיסעמיטיש
anti-Semitism דער אַנטיסעמיטיזם; די שׂינאת־ישׂראל [SÍNES-YISRÓEL]
antiseptic, *adj.* אַנטיסעפּטיש
antiseptic, *n.* די אַנטיסעפּטיק, ־ן
antiskid system די קעגנגליטש־סיסטעם, ־ען
antisocial אַנטיסאָציאַל; אַנטיגעזעלשאַפֿטלעך
antispasmodic, *adj.* קעגנספּאַזמיר־...; אַנטיספּאַזמיר־...
antispasmodic, *n.* דאָס קעגנספּאַזמיר־‹אַנטיספּאַזמיר־› מיטל, ־ען
antisubmarine אַנטיטונקשיף־...
antisubmarine aircraft דער אַנטיטונקשיף־(אַ)עראָפּלאַן, ־ען
antitank קעגנטאַנקער־...; אַנטיטאַנק־...
antitank artillery די קעגנטאַנקען־אַרטילעריע; דער אַנטיטאַנק־האַרמאַט, ־ן
antitank grenade דער קעגנטאַנקען־גראַנאַט, ־ן

antitank grenade launcher דער קעגנטאַנקען־גראַנאַטן־וואַרפֿער, ־ס

antitheft ...קעגן־גנבֿה־ [...GANÉYVE/...G(E)NÉYVE]

antithesis דער אַנטיטעז, ־ן; דער היפּוך, ־ים/הפֿכים [HÉYPEKh, HIPÚKhIM/HAFÓKhIM]

  It's the antithesis of ס'איז פּונקט דער היפּוך פֿון

antithetical אַנטיטעטיש

antitoxin, *adj.* אַנטיטאָקסיניש

antitoxin, *n.* דער אַנטיטאָקסין, ־ען

antitrust ...אַנטימאָנאָפּאָל־

antivirus software די ווירוס־באַשיץ־פּראָגראַם, ־ען; דאָס ווירוס־באַשיצוואַרג קאָל'

antler דער האָרן, הערנער

antonym דער אַנטאָנים, ־ען

antonymous אַנטאָנימיש

antsy אומרויִק

  be antsy נישט קענען איַנזיצן; זיצן אויף שפּילקעס ‹הייסע קוילן›

Antwerp (דאָס) אַנטווערפּן

anus די אַנאַלע עפֿענונג, ־ען; דער אַנוס, ־ן

  (*rel./lnd.*) דער פּי־טבעת [PI-TABÁAS]

anvil די קאָוואַדלע, ־ס

anxiety דער פּחד; דער/די אומרו, ־ען; דאָס ציטערניש; דאָס באַדרענגעניש, ־ן; דאָס האַרץ־קלאַפּעניש; ˚דער/די אַנגסט [PÁKhED]

  suffer from anxiety לײַדן פּחד

  anxiety attack דער פּחד־אָנפֿאַל, ־ן

  have an anxiety attack אַרײַנפֿאַלן אין אַ פּחד ‹פּאַניק›

anxious אומרויִק; באַאומרויִקט; ציטערדיק; פּחדימדיק; באַזאָרגט; ˚אַנגסטיק [PKhÓDIMDIK]

  be anxious about האָבן יסורים וועגן; ציטערן איבער; נעמען זיך צום האַרצן + אַק'; רופֿע|ן אומפּ' + אַק'/פּ"ק [YESÚRIM]

  be anxious to זײַן נײַגעריק צו; שטאַרק ‹זייער› וועלן

  anxious for להוט צו ‹אויף/נאָך›; נײַגעריק צו האָבן [LÓET/LÓER]

any קיין

  (whatever) (אַ)יעדער; וואָסער ‹וועלכער› סע זאָל נישט זײַן; אַבי וואָסער ‹וועלכער› נישט איז

  any day now אַ ליאַדע טאָג; הײַנט־מאָרגן; אויב נישט הײַנט, איז מאָרגן

  any minute now אָט־אָט; איעדע ‹אַ ליאַדע› מינוט

  any which way (how) ווי נאָר מע קען

  any which way (where) ווו(הין) סע לאָזט זיך

  not any קיין (שום)

anybody *see* **anyone**

anyhow

  (however) ווי נאָר

  (in any case) סײַ ווי (סײַ); אויף יעדן פֿאַל; יעדן פֿאַלס; ווי סע זאָל נישט זײַן; אַזוי צי אַזוי

  (somehow) ווי ס'איז

  anyhow, ... אַ כּלל [KLÁL]

anymore

  (any longer) נאָך אַלץ

  (no longer) מער נישט

anyone יעדער(ער); יעדער איינער; אימעצער; עמעצער; ווער נאָר; ווער סע זאָל נישט זײַן; ווער נישט איז; אַ ליאַדע ווער

  Anyone but me! ווער ווער, נאָר נישט איך!; איך בין נישט קיין בעלן! [BALN]

  He's not just anyone ער איז נישט אַבי ווער

  It's anyone's guess ווער קען דען וויסן?; שווער צו וויסן

anyplace *see* **anywhere**

anything

  (nothing) גאָרנישט; קיין זאַך נישט

  (something) עפּעס

  (no matter what) אַבי וואָס; וואָס סע זאָל נישט זײַן; וואָס נאָר מע וויל

  anything but וואָס וואָס, נאָר נישט

  anything can happen אַלץ קען פּאַסירן ‹טרעפֿן›; אַ קשיא אויף אַ מעשׂה [KÁShE] [MÁYSE]

  Anything else? נאָך עפּעס?

  Anything goes! (ס'איז) הפֿקר פּעטרישקע!; וואָס נאָר מע וויל! [HÉFKER]

  like anything מיט אַלע כּוחות; שטאַרק־שטאַרק [KÓYKhES]

  He'll eat anything ער וועט עסן אַלץ וואָס מע גיט אים; ער איז נישט קיין מפֿונק ‹איבערקלײַבער› [MEFÚNEK]

anytime, *adv.* צו יעדער צײַט; אַבי ווען; ווען נאָר; ווען נישט איז; ווען סע זאָל נישט זײַן

Anytime!, *int.* זאָל דיר ‹אײַך› וווּל באַקומען!; נישטאָ פֿאַר וואָס!

anyway *see* **anyhow**

anywhere

  (nowhere) אין ערגעץ נישט

  (wherever) אַבי וווּ; וווּ נאָר; וווּ סע זאָל נישט זײַן; וווּ נישט וווּ; אומעטום

  anywhere but וווּ וווּ, נאָר נישט

  She can't get anywhere (succeed) סע גיט זיך איר נישט אײַן; זי האָט נישט קיין מזל [MAZL]

  She doesn't go anywhere זי גייט אין ערגעץ נישט אַרויס

A-okay גוט ווי גאָלד; ערשטקלאַסיק

aorta די אַאָרטע, ־ס; די גרויסע אַרטעריע, ־ס

aortic ...אַאָרטע־; אַאָרטיש

aortic aneurysm דער אַאָרטישער אַנעווריזם, ־ען

aortic valve די אַאָרטע־קלאַפּע, ־ס

apace אימפּעטיק; גיך; געשווינד

apart

  (aside) אין ‹אָן› אַ זײַט

  (separately) באַזונדער; אָפּגעזונדערט; צעשיידט

  apart from (אַ)חוץ; ˚אויסער

  2 years apart מיט צוויי יאָר גערוקט

  keep apart אָפּזונדערן; צעטיילן; האַלטן פֿון דער ווײַטן

  spend some time apart זײַן אַ ביסל אָפּגעזונדערט ‹צעשיידט› איינס פֿון ס'אַנדערע

apartheid די אַפּאַרטהייט

apartment די דירה, ־ות [DÍRE]

  take an apartment דינגען אַ דירה

apartment house דאָס דירות־הויז, ־הײַזער [DÍRES]

apathetic אַפּאַטיש; גלײַכגילטיק

  apathetic person דער גלײַכגילטיקער געב'; דער קאַלטער מלאך ‹לונג־און־לעבער› [MÁLEKh]

apathy די אַפּאַטיע; די/דאָס גלײַכגילטיקייט

ape, *n.* די מאַלפּע, ־ס

  go ape (berserk) ווילד ווערן; אַרויסגיין פֿון די כּלים [KÉYLIM]

  go ape (enthusiastic) אַרײַנפֿאַלן ‹פֿאַרגיין› אין התפּעלות; ווערן מלא־גדולה [HISPÁYLES] [MÓLE-G(E)DÚLE]

ape, *v.* (נאָכ)מאַלפּעווע|ן + דאַט'; נאָכמאַכן (ווי אַ מאַלפּע); נאָכקרימען; נאָכטאַנצן + דאַט'

apelike מאַלפּעדיק; מעשׂה ‹ווי אַ› מאַלפּע [MÁYSE]

apéritif דער אַפּעריטיף, ־ן

aperture די עפֿענונג, ־ען; דאָס מויל, מײַלער; דאָס לעכל, ־עך

apetalous אָנקרײנדלדיק

apex דער שפּיץ, ־ן; דער הויכפּונקט, ־ן; דער אַפּעקס, ־ן

aphasia די אַפֿאַזיע

aphelion דער אַפּהעליום
apheresis דער אַפֿערעז
aphesis דער אַפֿעז
aphid די בלאַטלויז, ...לײַז
aphorism דער אַפֿאָריזם, ־ען; דאָס גלײַכוואָרט, ...ווערטער; דאָס גלײַכווערטל, ־עך
aphrodisiac, *adj.* אַפֿראָדיסיאַקיש
aphrodisiac, *n.* דער אַפֿראָדיסיאַק, ־ן; דאָס ליבע־מיטל, ־ען
Aphrodite אַפֿראָדיטע
apiarist דער בינער, ־ס; דער בינען־ציער, ־ס
apiary די בינערײַ, ־ען
apical אַפּיקאַל; שפּיצ...
apiculture דאָס בינערײַ; די בינען־האָדעוואַניע
apiece צו...
3 dollars apiece (יעדער) צו דרײַ דאָלאַר
apish מאַלפּעדיק
aplenty בשפֿע; איבער גענוג; לרובֿ; אַריבער און אַריבער [BEShÉFE] [LERÓV]
aplomb דער צוטרוי ‹בטחון› אין זיך; די/דאָס זיכערקייט בײַ זיך [BITÓKhN]
apnea די אַפּנעע
apocalypse (דער) עק וועלט; דער קאַטאַקליזם, ־ען; דער אַפּאָקאַליפּס, ־ן
(bib.) דער אַפּאָקאַליפּס(יס), ־ן
(prophecy) די אַפּאָקאַליפּטיק
apocalyptic אַפּאָקאַליפּטיש
Apocrypha אַפּאָקריפֿן; ספֿרים־חיצונים [SFÓRIM-KhITSÓYNIM]
apocryphal אַפּאָקריפֿיש
apodosis דער אויב־אַזוי־זאַץ, ־ן; דער פּועל־יוצא־זאַץ, ־ן [PÓYEL-YÓYTSE]
apogee דער אַפּאָגיי, ־ען; דער שפּיץ, ־ן
apolitical אַפּאָליטיש
Apollo אַפּאָלאָן
apologetic אַפּאָלאָגעטיש; התנצלותדיק [HISNÁTSLESDIK]
apologetics די אַפּאָלאָגעטיק ל״י
apologist דער אַפּאָלאָג, ־ן; דער אַפּאָלאָגעט, ־ן
apologize (to) פֿאַרענטפֿערן זיך (פֿאַר); בעטן + אַק׳ מחילה; ˙אַנטשולדיקן זיך (פֿאַר); בעטן ˙אַנטשולדיקונג (בײַ) [MEKhÍLE]
apology די פֿאַרענטפֿערונג, ־ען; דאָס התנצלות, ־ן; די ˙אַנטשולדיקונג, ־ען [HISNÁTSLES]
offer one's apologies (to) פֿאַרענטפֿערן זיך (פֿאַר)
owe sb. an apology קומען + דאַט׳ אַ פֿאַרענטפֿערונג
demand an apology (of) פֿאָדערן אַז + נאָמ׳ זאָל זיך פֿאַרענטפֿערן
send one's apologies לאָזן זיך פֿאַרענטפֿערן
apophony די אַפּאָפֿאָניע
apoplectic אַפּאָפּלעקטיש
(*fig.*) מלא־רציחה [MÓLE-RETSÍKhE]
apoplexy די אַפּאָפּלעקסיע ‹פּאַפּלעקציע›, ־ס
apostasy די אַפּאָסטאַזיע, ־ס
(J.) די/דער שמד [ShMAD]
apostate דער אַפּאָסטאַט, ־ן
(J.) דער משומד, ־ים; דער מומר, ־ים [MEShÚMED, MEShUMÓDIM] [MÚMER, MÚMRIM]
a posteriori דער לאָגישער אויספֿיר; דעריבער איז געדרונגען; אַפּאָסטעריאָרי
apostle דער אַפּאָסטאָל, ...אָלן
apostolic אַפּאָסטאָליש
apostrophe דער אַפּאָסטראָף, ־ן
apothecary
(pharmacist) דער אַפּטייקער, ־ס
(pharmacy) די אַפּטייק, ־ן
apothecium דאָס פֿרוכטביקסל, ־עך
apotheosis די פֿאַרגעטערונג; דער אַפּאָטעאָז
app די אַפּליקאַציע, ־ס; די אַפּ, ־ן
appall אָנוואַרפֿן אַ גרויל ‹שרעק› אויף
I was appalled ס׳האָט מיך אָנגעכאַפּט אַ גרויל; ס׳האָט אויף מיר אָנגעוואָרפֿן אַ גרויל ‹שרעק›
appalling גרויליק; הימל־שרײַענדיק; שרעקלעך
appalling news שרעקלעכע בשׂורות; די איובֿ־בשׂורה, ־ות [PSÚRES] [ÍEV-PSÚRE]
apparatchik דער אַפּאַראַטשיק, ־עס
apparatus דער אַפּאַראַט, ־ן; די אַפּאַראַטור, ־ן; דער מכשיר, ־ים [MÁKhShER, MAKhShÍRIM]
apparel מלבושים ל״ר; די קליידונג; די הלבשה [MALBÚShIM] [HALBÓShE]
apparent
(obvious) קענטיק; באַשײַמפּערלעך; קלאָר
(seeming) כּלומרשטיק [KLÓYMERShTIK]
(visible) אָנזעעוודיק
be apparent אָנזען זיך; זײַן קלאָר; מערקן זיך
apparently אַ פּנים; ווײַזט זיך אויס אַז; משמעות; אויף צו כּלומרשט [PÓNEM] [MAShMÓES] [KLÓYMERShT]
apparition די באַווײַזונג, ־ען; די ווײַזעבונג, ־ען; דאָס דערזעעניש, ־ן
appeal, *v.*
(jur.) אַפּעלירן + אַק׳
appeal to (charm) געפֿעלן + דאַט׳
appeal to (request) אַפּעלירן צו; בעטן (זיך) בײַ
appeal, *n.*
(jur.) די אַפּעלאַציע, ־ס
(charm) דער חן; דער צוצי(־כּוח) [KhEYN] [KÓYEKh]
(request) דער אַפּעל, ־ן; דער רוף, ־ן; דער קול־קורא, ־ס [KOLKÓYRE]
appealing
(attractive) מלא־חן; באַחנט [MÓLE-KhÉYN] [BAKhÉYNT]
(pleading) בעטנדיק
appeals court דאָס אַפּעליר־געריכט, ־ן
appear
(look) אויסזען
(come into view) באַווײַזן זיך; געבן זיך אַ ווײַז; אַ ווײַז טאָן זיך
(show up) באַווײַזן זיך; (פֿאָ)יאַווע|ן זיך
(thea.) אויפֿטרעטן; אַרויסטרעטן
appearance
(physical) דאָס אויסזען; דער אויסזע; דער אָנבליק; דאָס געשטאַלט; דאָס פּנים; די מראה; דער/דאָס פּרצוף־פּנים [PÓNEM] [MÁRE] [PÁRTSEF-PÓNEM]
(advent) דער אויפֿקום, ־ען
(thea.) דער אויפֿטריט, ־ן; דער אַרויסטרעט, ־ן
to avoid the appearance of impropriety פֿאַר ‹צוליב› מראית־עין [MÁRES-ÁYEN]
change one's appearance בײַטן דאָס אייגענע אויסזען; באַקומען אַן אַנדער פּנים
for appearance's sake פֿון ‹צוליב› יוצא וועגן; לפּנים (וועגן); פֿאַר לײַטן [YÓYTSE] [LEPÓNEM]
keep up appearances מאַכן דעם אָנשטעל; האַלטן זיך אין דער מעלה; האַלטן שטאַט ‹פֿאַסאָן› [MÁYLE]
make/put in an appearance באַווײַזן זיך; פֿאָיאַווע|ן זיך
to all appearances ווי סע זעט אויס; לויט אַלע סימנים [SIMÓNIM]
appease באַרויִקן; אײַנשטילן; מפֿייס זײַן [MEFÁYES]
(pol.) נאָכגעבן
appeasement (pol.) די נאָכגיב־פּאָליטיק

appellant דער אַפּעלאַנט, ־ן
appellate אַפּעליר־...
appellate court דאָס אַפּעליר־געריכט, ־ן
appellation דער נאָמען, נעמען
appellative דער אַפּעלאַטיוו, ־ן
append צוגעבן; צוהענגען; מוסיף זײַן [MÓYSEF]
appendage דער אבֿר, ־ים [ÉYVER, ÉYVRIM]
  (*fig.*) דאָס אָנהענגל, ־עך; דער צוגאָב, ־ן
appendectomy דאָס אויסשנײַדן די בלינדע קישקע; די אַפּענדעקטאָמיע, ־ס
appendicitis דער אַפּענדיציט
appendix
  (anat.) די בלינדע קישקע, ־ס
  (document) די הוספֿה, ־ות [HOYSÓFE/HESÓFE]
apperception די אויפֿנעמונג, ־ען
appertain זײַן שײַך + דאַט׳; האָבן אַ שײַכות צו; געהערן צו [ShÁYEKh] [ShÁYKhES]
appetite דער אַפּעטיט, ־ן
  (strong desire) *also* דער חשק [KhÉYShEK]
  have an appetite for האָבן אַפּעטיט ‹חשק› צו; (פֿאַר)קוואַפּען זיך אויף
  She lost her appetite ס׳האָט איר צוגענומען ‹פֿאַרשלאָגן› דעם אַפּעטיט; ס׳איז איר פֿאַרגאַנגען דער אַפּעטיט
appetizer דאָס פֿאָרגעריכט, ־ן; די פֿאָרשפּײַז, ־ן; דער צובײַס, ־ן
appetizing אַפּעטיטלעך
appetizing store דאָס געזאַלצנס־געשעפֿט, ־ן
applaud אַפּלאָדירן; פּליעסקע(ו)ן מיט די הענט; פּאַטשן בראַוואָ
  (praise) לויבן; באַגריסן
applause אַפּלאָדיסמענטן ל״ר; דאָס (גע)פּליעסקערײַ
apple, *adj.* עפּל...
apple, *n.* דער עפּל, –
  the apple of discord דער סלע־המחלוקת, ־ן [SÉLE-HAMAKhLÓYKES]
  the apple of one's eye דאָס אויג אין קאָפּ; דאָס שוואַרצאַפּל פֿון אויג
apple butter דער עפּלשמיר
apple cake דער עפּל־קוכן, ־ס; דער עפּלטאָרט, ־ן
apple cider דער עפּלקוואַס
apple cider vinegar דער עסיק פֿון עפּלקוואַס
applejack דער עפּל־קאָניאַק
apple juice דער עפּלזאַפֿט
apple-picking דאָס עפּלעווען; דאָס רײַסן עפּל
apple pie דער עפּלפּײַ, ־ען
apple-polish, *v.* אונטערחנפֿע(נע)ן זיך צו [ÚNTERKhÁNFE(NE)N]
applesauce דער עפּל־קאָמפּאָט; דער עפּל־צימעס
apple strudel דער עפּל־שטרודל
apple tree דער עפּלבוים, ...ביימער
appliance דער מכשיר, ־ים; דער אַפּאַראַט, ־ן [MÁKhShER, MAKhShÍRIM]
  home appliances שטוב־אַפּאַראַטן
applicable אָנווענדלעך; אָנווענדעוודיק
  It's applicable to סע גילט אויף; ס׳איז חל אויף; מע קען עס אָנווענדן אויף [KhAL]
applicant
  m./unsp. דער אַפּליקאַנט, ־ן; דער קאַנדידאַט, ־ן
  f. די אַפּליקאַנטקע, ־ס; די קאַנדידאַטקע, ־ס
  applicant for a job דער אַפּליקאַנט ‹קאַנדידאַט› אויף אַ שטעלע ‹פּאָסטן›
applicant pool די רשימה אַפּליקאַנטן ‹קאַנדידאַטן› [REShÍME]

application
  (for stg.) די אַפּליקאַציע, ־ס; די ווענדונג, ־ען; די בקשה, ־ות [BAKÓShE]
  (comp.) די (קאָמפּיוטער־)אַפּליקאַציע, ־ס; די (קאָמפּיוטער־)פּראָגראַם, ־ען
  (diligence) דער אָנשטרענג; די אָנשטרענגונג; די באַמיִונג
  (use) די אָנווענדונג, ־ען
  (of bandage) דאָס פֿאַרלייגן; דאָס צולייגן
  (of cream) דאָס באַשמירן
  (of paint) דאָס אָנפֿאַרבן
application deadline דער (לעצטער) טערמין אויף אַפּליקאַציעס
application fee דאָס אַפּליקיר־געלט; דער אָנגעב־אָפּצאָל, ־ן
application form דער אַפּליקיר־פֿאָרמולאַר, ־ן; די אַפּליקירקע, ־ס
applied אָנגעווענדט; אָנגעוואָנדן
applied linguistics די אָנגעווענדטע ‹אָנגעוואָנדענע› לינגוויסטיק ל״י
applied science די אָנגעווענדטע ‹אָנגעוואָנדענע› וויסנשאַפֿט, ־ן
apply
  apply to (be relevant) גילטן אויף; זײַן חל אויף; זײַן שײַך צו [KhAL] [ShÁYEKh]
  apply for אָנגעבן ‹אַפּליקירן› אויף; דערלאַנגען אַן אַפּליקאַציע אויף
  apply for admission אָנגעבן אויף אָנגענומען צו ווערן
  apply oneself סטאַרע(ו)ן זיך; אָנשטרענגען זיך; באַמיִען זיך
  apply a bandage פֿאַרלייגן ‹צולייגן› אַ באַנדאַזש
  apply a cream באַשמירן מיט קרעם
  apply a theory אָנווענדן אַ טעאָריע
  apply credits פֿאַררעכענען פּונקטן ‹קרעדיטן›
  apply paint to אָנפֿאַרבן + אַק׳
  apply pressure to (person) דריקן אויף; צודריקן + אַק׳ צו דער וואַנט
  apply pressure to (wound) (אָנ)דריקן אויף
  apply the brakes פֿאַרטאָרמאַזירן; פֿאַרהאַמעווע(ו)ן
appoint
  (a person) באַשטימען; זעצן; נאָמינירן
  (a time) אָפּרעדן; אָפּשטימען; אָפּשטעלן
  appoint a proxy לאָזן זיך פֿאַרטרעטן
appointee דער באַשטימטער געב׳
appointment די באַשטעלונג, ־ען
  (acad.) די אַקאַדעמישע באַשטימונג, ־ען
  (designation) די באַשטימונג, ־ען; דאָס באַשטימען
  (social) דער אָפּשמועס, ־ן; די טרעפֿונג, ־ען; דער צונויפֿטרעף, ־ן
  by appointment מיט אַ באַשטעלונג אין פֿאָרויס
  make an appointment (for) מאַכן אַ באַשטעלונג (אויף)
appointment book די באַשטעלונג־העפֿט, ־ן; דאָס קאַלענדאַרל, ־עך
appointment slip דאָס באַשטעלונג־קוויטל, ־עך
apportion צוטיילן; אויסטיילן
  apportion blame to באַשולדיקן + אַק׳; אַרויפֿוואַרפֿן די שולד אויף
apposite פּאַסיק; צוגעפּאַסט
apposition די אַפּאָזיציע, ־ס
appositive, *adj.* אַפּאָזיטיוו
appositive, *n.* דער אַפּאָזיטיוו, ־ן
appraisal די (אָפּ)שאַצונג, ־ען
appraise (אָפּ)שאַצן; טאַקסירן; שטעלן אַ פּרייז אויף
appraiser דער אָפּשאַצער, ־ס; דער טאַקסירער, ־ס
appreciable
  (considerable) היפּש; נישקשהדיק [NIShKÓShEDIK]

(perceptible) מערקלעך
appreciate
(be grateful for) אָפּשאַצן; קומען + דאַט' אַ דאַנק
(increase in value) וואַקסן; פֿאַרגרעסערן זיך
(understand) פֿאַרשטיין זיך אויף; זײַן אַ מבֿין אויף [MEYVN]
I appreciate it איך שאַץ עס אָפּ; ס'איז בײַ מיר זייער אָנגעלייגט
I don't appreciate it מוחל טובֿות; כ'קען זיך באַגיין אָן דעם [MOYKhL TÓYVES]
appreciated (valued) אָנגעלייגט
appreciation
(gratitude) דאָס אָפּשאַצן; די אָפּשאַצונג
(in value) די צוּוווּקס; דער אָנוואַקס; דער אָנוווקס
(understanding) דער פֿאַרשטאַנד
appreciative
be appreciative קומען + דאַט' אַ דאַנק; זאָגן + דאַט' אַ דאַנק; אָפּשאַצן + פּאָס' אַ טובֿה [TÓYVE]
apprehend
(arrest) אַרעסטירן; פֿאַרהאַלטן
(comprehend) באַנעמען
apprehension
(arrest) דער אַרעסט, ־ן
(comprehension) דער באַנעם
(uneasiness/fear) דער חשש; די מורא; דער פּחד; דער/די אומרו [KhShASh] [MÓYRE] [PÁKhED]
apprehensive פֿאַרזאָרגט; אומרויִק
be apprehensive *also* אַרומשווײַזן אַ חשש; איבערטראַכטן; איבערקלערן [KhShASh]
apprentice, *adj.* לערנ...
apprentice, *n.*
m./unsp. דער לערניונג, ־ען; דאָס לערנייִנגל, ־עך
f. דאָס לערנמיידל, ־עך
apprentice, *v.* **(under)** זײַן אויף דער לער (בײַ); לערנען זיך אַ מלאָכה (בײַ) [MELÓKhE]
apprenticeship די לער
apprise לאָזן וויסן; געבן צו וויסן
approach, *n.* די דערנע(ע)נטערונג, ־ען
(by foot) *also* דאָס צוגיין; דער צוגאַנג, ־ען
(by plane) *also* דאָס צופֿליִען; דער צופֿלי, ־ען
(by vehicle) *also* דאָס צופֿאָרן; דער צופֿאָר(וועג), ־ן
(to problem) דער צוגאַנג, ־ען
approach, *v.* דערנע(ע)נטערן זיך (צו)
(by foot) *also* צוגיין ‹צוקומען› צו
(by plane) *also* צופֿליִען
(by vehicle) *also* צופֿאָרן ‹צוקומען› צו
(propose) קומען מיט אַ פֿירלייג ‹פֿאָרלייג›
approach the limit (math.) דערנע(ע)נטערן זיך ‹שטרעבן› צו דער גרענעץ (צום גבֿול) [GVUL]
approachable
(physically) צוטריטלעך
(socially) צוגעלאָזן ‹צוגעלאָזט›; נוח־לבריות פּר' [NÓYEKh-LEBRÍES]
approachable person דער צוגעלאָזענער ‹צוגעלאָזטער› געב'; דער נוח־לבריות
approaching קומעדיק; בקרובֿדיק [BEKÓREVDIK]
approbation די אַפּראָבירונג, ־ען; די הסכּמה, ־ות [HASKÓME]
appropriate, *adj.* פּאַסיק; צוגעפּאַסט; אויפֿן אָרט; געהעריק
appropriate, *v.*
(allocate) באַשטימען; אַסיגנירן
(seize) צונעמען פֿאַר זיך; פֿאַרכאַפּן; צואייגענען; עקספּראָפּריִרן

be appropriate פּאַסן זיך; זײַן צוגעפּאַסט; געשיקן זיך
It's not appropriate סע פּאַסט (עפּעס) נישט
appropriation
(allocation) דאָס באַשטימען; דאָס אַסיגנירן; די באַשטימונג, ־ען; די אַסיגנירונג, ־ען
(seizure) דאָס צונעמען פֿאַר זיך; דאָס פֿאַרכאַפּן; די צואייגענונג, ־ען; די עקספּראָפּריאַציע, ־ס
approval די הסכּמה, ־ות; די אַפּראָבירונג, ־ען [HASKÓME]
(J./rabbinic) דער הכשר, ־ים [HÉKhShER, HEKhShÉYRIM]
on approval אויף פּראָבע
approval form די אַפּראָבירקע, ־ס; דער אַפּראָביר־פֿאָרמולאַר, ־ן
approve באַשטעטיקן; אַפּראָבירן; געבן די הסכּמה [HASKÓME]
approve of האַלטן פֿון; מסכּים זײַן אויף; אײַנגיין אויף [MÁSKEM]
I approve of the match סע גייט מיר אײַן דער שידוך; סע געפֿעלט מיר דער שידוך [ShÍDEKh]
approximal אַפּראָקסימאַל; שכנותדיק [ShKhÉYNESDIK]
approximate, *adj.* בערכדיק; שאַציק [BEÉREKhDIK]
approximate, *v.*
vt. (bring closer) דערנע(ע)נטערן
vi. (estimate) (אָפּ)שאַצן
vi. (approach) צוקומען נע(ע)נטער; דערנע(ע)נטערן זיך
approximate an ideal צוקומען צו(ן) אַן אידעאַל
approximately בערך; אַן ערך; אַרום; מער אָדער ווייניקער; פֿיל־וויניציקער [BEÉREKh] [ÉREKh]
approximation
(bringing closer) די דערנע(ע)נטערונג
(estimate) די שאַצונג, ־ען
(math.) די אַפּראָקסימאַציע, ־ס
appurtenances דאָס געשלידער קאָל'; דאָס געצײַג קאָל'; די אויסשטאַטונג קאָל'
with all the appurtenances מיט אַלע זיבֿ(עצ)ן גליקן ‹זאַכן›; מיט אַלע פּליטערלעך; מיטן גאַנצן קלאַפּער־געצײַג
apricot דער אַפּריקאָס, ־ן
(tree) דער אַפּריקאָסן־בוים, ...ביימער
April (דער) אַפּריל
April fool's day דער ערשטער אַפּריל; דער פּרימאַ־אַפּרילים
April fool's joke דער אַפּריל־וויץ, ־ן
a priori פֿון פֿאַרויס; אַפּריאָרי
apron דער פֿאַרטעך, ־ער
(airport) דער פּעראָן, ־ען
He's tied to his mother's apron strings ער באַהאַלט זיך נאָך אַלץ הינטער דער מאַמעס פֿאַרטעך
apropos, *adj.* פּאַסיק
apropos, *adv.* אַגבֿ; אַפּראָפּאָ [ÁGEV]
apropos, *prep.* וואָס שייך; בנוגע; אַפּראָפּאָ; אַ(נט)קעגן [ShÁYEKh] [BENEGÉYE]
apropos of nothing נישט צו דער זאַך; נישט צום ענין [ÍNYEN]
apse/apsis דער אַפּסיד, ־ן
apse line/line of apsides די אַפּסידן־ליניע, ־ס
apt פּאַסיק; געהעריק
apt moment די שעת־הכּושר; דער פּאַסיקער מאָמענט [ShAS-HAKÓYShER]
apt pupil דער פֿעיִקער סטודענט, ־ן
be apt to זײַן גענייגט ‹עלול/נוטה/קאָפּאַבל› צו [ÓLEL] [NÓYTE]
aptitude דער אויסטויג, ־ן; די/דאָס פֿעיִקייט, ־ן; דאָס געלענק, ־ען; די נייגונג, ־ען; דער כּישרון, ־ות [KÍShREN, KIShRÓYNES]

aptitude test דער אויסטויגטעסט, ־ן
Apus דער גן־עדן־פֿויגל [GANÉYDN/GENÉYDEM]
aqua *see* **aquamarine**
aqua fortis דאָס שיידוואַסער
aqualung דער אַקוואַלונג, ־ען
aquamarine, *adj.* אַקוואַמאַרין
aquamarine, *n.* דער אַקוואַמאַרין; דער בעריל
aquarelle
(method) דאָס אַקוואַרעל־מאָלערײַ
(painting) דער אַקוואַרעל, ־ן; דאָס אַקוואַרעל־בילד, ־ער
aquarium דער אַקוואַריום, ־ס
Aquarius מזל דלי; דער וואַסער־טרעגער; דער עמער [MAZL DLI]
aquatic אַקוואַטיש; וואַסער...
aquatics די אַקוואַטיק ל"י
aquavit דער אָקעוויט
aqueduct דער אַקוועדוקט, ־ן
aqueous וואַסער...; וואַסערדיק
aqueous humor דאָס קאַמער־וואַסער
aquifer דער וואַסער־טראָגיקער שיכט, ־ן
Aquila (astr.) דער אָדלער
aquiline אָדלער...
aquiline nose די אָדלערנאָז
Arab, *adj.* אַראַביש
Arab, *n.*
m./unsp. דער אַראַבער, –
f. די אַראַבערין ‹אַראַבערקע›, ־ס
arabesque דער אַראַבעסק, ־ן
Arabia (די) אַראַביע
Arabian אַראַביש
the Arabian nights די טויזנט און איין נאַכט
Arabian camel דער איינהויקערדיקער קעמל, ־ען; דער דראָמעדער, ־ן
Arabic אַראַביש
Arabic numeral דער/די אַראַבישע(ר) ציפֿער, ־ן/–
Arab League די אַראַבישע ליגע
arable land די אַקערערד; דער פֿאַרזיי־שטח [ShÉTEKh]
arachnid דער שפּינעדיקער געב'
arak דער אַראַק
Aramaic, *adj.* אַראַמעיִש; אַרמיש [ARÁMISh]
Aramaic, *n.* דאָס אַראַמעיִש
(J.) דאָס אַרמיש; דאָס תּרגום־לשון [ARÁMISh] [TÁRGEM-LOShN]
arbiter דער אַרביטער, ־ס; דער בורר, ־ים; דער שליש, ־ים [BÓYRER, BÓRERIM] [ShÓLESh, ShLÍShIM]
arbitrage דער אַרביטראַזש
arbitrageur דער אַרביטראַזשער, ־ן
arbitrariness דער מוטוויל; דער ווילדווילן; די/דאָס אַרביטראַרישקייט; דער הפֿקר; די/דאָס קאַפּריזנעקייט [HÉFKER]
arbitrary מוטוויליק; ווילדוויליק; אַרביטראַריש; הפֿקר־...; קאַפּריזנע [HÉFKER]
(math.) אומבאַשטימט
arbitrate בוררן; זײַן ‹דינען ווי› אַן אַרביטער; אַרביטרירן [BÓYRERN]
arbitration דער אַרביטראַזש, ־ן; דאָס בוררות [BÓRERES]
arbitrator דער בורר, ־ים; דער שליש, ־ים [BÓYRER, BÓRERIM] [ShÓLESh, ShLÍShIM]
arbor די אַלטאַנ(ק)ע, ־ס; דאָס גאָרטן־שטיבל, ־עך
Arbor Day דער ביימערטאָג
arboreal ביימער...
arboretum דער ביימער־גאָרטן, ־גערטנער
arc, *n.* דער בויגן, ־ס
(elec.) דער ליכטבויגן, ־ס
(math.) *also* דער קרײַזסעגמענט, ־ן
arc, *vt./vi.* בייגן (זיך)
arcade די אַרקאַד, ־ן
Arcadia (די) אַרקאַדיע
Arcadian אַרקאַדיש
arcana רזין־דרזין ל"ר [ROZN-DERÓZN]
arcane באַהאַלטן; פֿאַרבאָרגן; עסאָטעריש
Arc de Triomphe דער טריומף־טויער
arch, *n.*
(curve) דער בויגן, ־ס; דאָס בויגנדל, ־עך
(archit.) די אַרקע, ־ס; דער בויגן, ־ס; דער טויער, ־ן
(croquet) דאָס בויגנדל, ־עך
(of foot) דער פֿוסבאַלקן, ־ס
arch, *v.* אויסבייגן
arch one's back אויסבייגן דעם רוקן
arch... אַרצע...; אַרצי...
archaeometry די אַרכעאָמעטריע
archaic אַרכאַיִש
archaism דער אַרכאַיִזם, ־ען
archangel דער אַרכאַנגל, ־ען
archbishop דער אַרציביסקופּ, ־ן
archbishopric די אַרציביסקופּשאַפֿט
arch bridge די בויגנבריק, ־ן
arched אויסגעבויגן
archenemy דער דם־שונא, ־ים; דער פֿאַרביסענער שונא, ־ים; דער אַרצערשע, ־ים [DÁMSOYNE, DÁMSONIM] [SÓYNE, SÓNIM] [ARTSERÓShE, ARTSERESHÓYEM]
(Satan) דער שׂטן [SOTN]
archeological אַרכעאָלאָגיש
archeologist דער אַרכעאָלאָג, ־ן
archeology די אַרכעאָלאָגיע
archer דער פֿײַלן־בויגער, ־ס
archery דאָס פֿײַלן־בויגערײַ
archery range די פֿײַלן־בויגערײַ, ־ען
archetypal מוסטער...; פּראָטאָטיפּיש
archetype דער מוסטער, ־ן; דער פּראָטאָטיפּ, ־ן
Archimedean אַרכימעדיש
Archimedean screw דער/די אַרכימעדישע(ר) שרויף, ־ן
Archimedes אַרכימעדעס
archipelago דער אַרכיפּעלאַג, ־ן
archiphoneme דער אַרכיפֿאָנעם, ־ען
architect
m./unsp. דער אַרכיטעקט, ־ן
f. די אַרכיטעקטין ‹אַרכיטעקטקע›, ־ס
architectural אַרכיטעקטיש; אַרכיטעקטוריש
architecture די אַרכיטעקטור, ־ן; די בויקונסט
archival אַרכיוו...; אַרכיוואַל(יש)
archival holdings דער אַרכיוו־פֿאַרמאָג קאָל'
archival material דער אַרכיוו־מאַטעריאַל, ־ן; אַרכיוואַלע דאָקומענטן ל"ר
archive, *v.* אַרכיווירן
archive, *n.* דער אַרכיוו, ־ן
archivist
m./unsp. דער אַרכיוויסט, ־ן; דער אַרכיוואַר, ־ן
f. די אַרכיוויסטקע, ־ס; די אַרכיוואַרין, ־ס
archivolt דער אַרכיוואָלט, ־ן
archrival דער הויפּט־קעג(ע)נער, ־ס
archvillain *see* **archenemy**
archway דער בויגן־פּאַסאַזש, ־ן
arctic, *adj.* אַרקטיש
the Arctic Ocean דער אײַז־ים; דער אַרקטישער אָקעאַן [YAM]

arctic, *n.*

the Arctic דער אַרקטיק

Arctic Circle דער אַרקטישער קרײַז

arctic fox דער אַרקטישער פֿוקס, פֿיקס

Arctic National Wildlife Refuge דער אַרקטישער לאַנדישער געווילד־רעזערוואַט

ardent הייס; פֿלאַם־פֿײַערדיק; פֿאַרברענט; התלהבֿותדיק [HISLÁYVESDIK]

ardently מיט התלהבֿות ‹ברען› [HISLÁYVES]

ardor דאָס פֿײַער; די/דאָס פֿלאַם־פֿײַערדיקייט; דער ברען; דאָס התלהבֿות; די הייסקייט [HISLÁYVES]

arduous אָנשטרענג(ענד)יק; שווער; האַרב; מאַטערדיק

area

(region) דער שטח, ־ים; דער ראַיאָן, ־ען [ShÉTEKh, ShTÓKhIM]

(field of study) דער תּחום, ־ען/־ים; דאָס פֿעלד, ־ער

(math.) דער שטח (פֿון אַ פֿיגור)

area code דער ראַיאָנקאָד, ־ן

arena די אַרענע, ־ס

areola דאָס אָפּל־רעדל, ־עך

areolar אַרום דעם אָפּל

areometer דער אַרעאָמעטער, ־ס

Argentina (די) אַרגענטינע

Argentine, *adj.* אַרגענטינער אינוו'

Argentine, *n.*

m./unsp. דער אַרגענטינער, –

f. די אַרגענטינערין ‹אַרגענטינערקע›, ־ס

Argo די שיף אַרגאָ

argon דער אַרגאָן

argonaut דער אַרגאָנאַווט, ־ן

argot דער אַרגאָ, ־ען; דער זשאַרגאָן, ־ען

thieves' argot דאָס הענטשקע־לשון; די גנבֿים־שפּראַך [LOShN] [GANÓVIM]

arguably

It's arguably ... מע קען טענה|ן אַז ... [TÁYNEN]

argue

(debate) אַרגומענטירן; טענה|ן; פּאָלעמיזירן; דעבאַטירן; מתווכּח זײַן זיך; אַמפּערן זיך; שפּאַרן זיך [TÁYNEN] [MISVAKÉYEKh]

(quarrel) קריגן זיך; רײַסן זיך; אַמפּערן זיך

argue against אַרגומענטירן קעגן; ברענגען באַווײַזן ‹אַרגומענטן/ראַיות› קעגן [RÁYES]

argue for אַרגומענטירן פֿאַר; ברענגען באַווײַזן ‹אַרגומענטן/ראַיות› פֿאַר

argue a case פֿאַרטרעטן אַן ענין; זײַן דער אַדוואָקאַט פֿאַרן בעל־טענה ‹בעל־תּבֿיעה› [ÍNYEN] [BALTÁYNE] [BALTVÍE]

argument

(debate) די פּאָלעמיק, ־עס; די דעבאַטע, ־ס; דער וויכּוח, ־ים; דאָס אַמפּערניש, ־ן [VIKÚEKh, VIKÚKhIM]

(quarrel) דאָס קריגערײַ, ־ען; דאָס רײַסעניש, ־ן; די פּלוגתּא, ־ות [PLÚGTE]

(reason) דער אַרגומענט, ־ן; די טענה, ־ות [TÁYNE]

(math.) דער אַרגומענט, ־ן

present one's argument טענה|ן; צעלייגן דעם אַרגומענט [TÁYNEN]

argumentation די אַרגומענטאַציע, ־ס

argumentative קריגעריש; אַרויסרופֿעריש

be an argumentative person האָבן טענות; זײַן קריגעריש [TÁYNES]

argyle, *adj.* אַרגײַל־...

argyle, *n.* דער אַרגײַל

aria די אַריע, ־ס

arid טרוקן; פֿאַרטריקנט

aridity די/דאָס טרוקנקייט

Ariel (astr.) אַריעל

Aries מזל טלה; דער באַראַן; דער באָק [MAZL TÓLE]

arise

(awaken) אויפֿשטיין; אויפֿוועקן ‹אויפֿכאַפּן› זיך

(occur) מאַכן זיך; אונטערקומען; פֿאָרקומען; פֿירקומען; געשען

(originate) אויפֿקומען; אויפֿשפּראָצן; ניצמח ווערן [NÍTSMEKh]

(stand up) אויפֿשטעלן זיך

The question arises פֿרעגט זיך די קשיא [KÁShE]

aristocracy די אַריסטאָקראַטיע, ־ס; דער אַדל; די גילדענע פּאָן

aristocrat

m./unsp. דער אַריסטאָקראַט, ־ן

f. די אַריסטאָקראַטקע, ־ס

aristocratic אַריסטאָקראַטיש; אַדעליק

Aristotelian אַריסטאָטעליש

Aristotle אַריסטאָטעלעס

arithmetic די אַריטמעטיק

arithmetical אַריטמעטיש

arithmeticial דער אַריטמעטיקער, ־ס

arithmetician דער אַריטמעטיקער, ־ס

arithmetic mean דער אַריטמעטישער דורכשניט, ־ן

arithmetic sequence די אַריטמעטישע פּראָגרעסיע, ־ס

arithmometer דער אַריטמאָמעטער, ־ס

Arizona (די) אַריזאָנע

ark

(ship) די תּבֿה, ־ות [TÉYVE]

(in synagogue) דער אָרון־קודש, ־ן [ORNKÓYDESh]

Ark of the Covenant דער אָרון־(ה)ברית [ORN-(HA)BRÍS]

Arkansas (דאָס) אַרקאַנסאָ

arm, *n.* די האַנט, הענט; דער אָרעם, ־ס

(of child) דאָס הענטעלע, ־ך

(of coat) דער אַרבל, –

(of glasses) די האַלאָבליע, ־ס

(of government) די/דער צווײַג, ־ן; דער אָפּטייל, ־ן

arm in arm געאָרעמט

arm of the law די מאַכט; דער כּוח [KÓYEKh]

have a strong arm (spo.) קענען גוט ‹שטאַרק/לאַנג› וואַרפֿן

keep at arm's length האַלטן פֿון דער ווײַטנס

under the arm אונטערן אָרעם

with open arms מיט אָפֿענע אָרעמס

within arm's reach מיט דער האַנט צו דערגרייכן

arm, *vt./vi.* באַוואָפֿענען (זיך)

armada די אַרמאַדע, ־ס; דער גרויספֿלאָט, ־ן

armadillo דער פּאַנצער, ־ס

Armageddon די מלחמת־גוג־ומגוג [MILKhÉMES-GOG-UMÓGEG]

armament די באַוואָפֿענונג, ־ען; דאָס כּלי־זיין; דער/דאָס וואָפֿן [KLEZÁYEN]

armamentarium די מעדיצינישע אויסריכטונג

armband די אָרעמבאַנד, ...בענדער

armchair דער פֿאָטעל, ־ן; די פֿאָטערשטול, ־ן

armchair general דער כּמו־גענעראַל, ־ן; דער גענעראַל פֿון דער היים [KMOY]

armed אָנגעוואָפֿנט; באַוואָפֿנט; מיט געווער

armed to the teeth באַוואָפֿנט ביז איבער די אויגן

armed with (*fig.*) אויסשטאַפּירט ‹אָנגעוואָפֿנט› מיט

armed forces באַוואָפֿנטע כּוחות [KÓYKhES]

armed robbery די גזלה מיט געווער [GZÉYLE]

armed struggle דאָס געראַנגל מיט געווער אין די הענט
Armenia (די) אַרמעניע
Armenian, *adj.* אַרמעניש
  Armenian Jew דער אַרמענישער גערב׳; דער אַרמענישער ייִד, ־ן
Armenian, *n.*
  m./unsp. דער אַרמענער, –
  f. די אַרמענערקע ‹אַרמענערין›, ־ס
armful
  an armful of פֿולע הענט מיט; באַלאָדן מיט
  an armful of wood אַ ברעם מיט האָלץ
armistice דער וואָפֿן־שטילשטאַנד; די וואָפֿנרו
armoire די שאַפֿע, ־ס; דער אַלמער, ־ס
armor דער פּאַנצער, ־ס
armored געפּאַנצערט; פּאַנצער...
armored division די פּאַנצער־דיוויזיע, ־ס; די טאַנקען־אַרמיי, ־ען
armored personnel carrier דער פּאַנצער־טראַנספּאָרטירער, ־ס
armored vehicle דער פּאַנצער־אויטאָ, ־ס
armor-piercing פּאַנצער־ברעכ(נד)יק
armor plate דער/די פּאַנצערשילד, ־ן
armory דער געווער־לאַגער, ־ן; דער אַרסענאַל, ־ן
armpit די פּאַכווע, ־ס
armrest די/דער אָרעמלען, ־ען; דאָס (פּאָטעל־)הענטל, ־עך
arms דאָס געווער קאָל׳; דאָס כּלי־זיין קאָל׳; דאָס וואָפֿן קאָל׳ [KLEZÁYEN]
  be up in arms (against) קאָכן (קעגן); זײַן צעקאָכט ‹אויפֿגערודערט› (קעגן); זײַן מלא־כּעס (אויף) [MÓLE-KÁAS]
arms control די געווער־באַגרענעצונג
arms dealer דער געווער־הענדלער, ־ס
arms inspector דער געווער־אינספּעקטאָר, ...אָרן
arms race דאָס וואָפֿן־געיעג
arm-twisting דאָס צודריקן צו דער וואַנט
arm-wrestling דאָס האַנט־געראַנגל
army, *adj.* אַרמייִש; אַרמיי...
army, *n.* די אַרמיי, ־ען; דאָס מיליטער; דאָס חיל, ־ות [KhÁYEL, KhAYÓLES]
  an army of אַ ים ‹שלל/וועלט› מיט [YAM] [ShLAL]
  You and whose army? גיי סטראַשע די גענדז!
army ant די שפּין־מערטשקע ‹־מוראַשקע›, ־ס
army corps דער אַרמיי־קאָרפּוס
army engineer דער סאַפּיאָר, ־ן
army unit דער אַרמייטייל, ־ן; דער אַרמייאיינס, ־ן
aroma דער אַראָמאַט, ־ן; דער (אָנגענעמער) ריח, ־ות [RÉYEKh, RÉYKhES]
aromatherapy די אַראָמאַטן־טעראַפּיע
aromatic אַראָמאַטיש
around אַרום
  (approximately) *also* אַן ערך; בערך; בײַ [ÉREKh] [BEÉREKh]
  around about אין געגנט
  be around (in the area) זײַן דאָ
  He's been around ער איז נישט קיין מפּיל־קינד; ער האָט שוין פֿאַרזוכט פֿון אַלע תּאוות [MAPL] [TÁYVES]
  this time around דאָס מאָל
  There's no one around ס'איז קיינער נישטאָ
around-the-clock, *adj.* מעת־לעתיק [MESLÉSIK]
around the clock, *adv.* אַ גאַנצן מעת־לעת; אַ גאַנצן קײַלעכ(ד)יקן מעת־לעת; טאָג ווי נאַכט [MESLÉS]
arousal
  (awakening) דאָס אויפֿוועקן זיך
  (sexual/process) דאָס צערייצן; דאָס אויפֿרייצן; די צערייצונג; די אויפֿרייצונג
  (sexual/state) די/דאָס צערייצטקייט
arouse
  (from sleep) אויפֿוועקן
  (sexually) אַנטוועקן; צעוועקן; אָנצינדן; אויפֿרייצן; צערייצן
arpeggiate אַרפּעדזשירן
arpeggio דער אַרפּעדזשיאָ
arraign צוזיצן ‹שטעלן› צום געריכט; ציִען לדין [LEDÍN]
arraignment דאָס צוזיצן ‹די צוזיצונג› צום געריכט
arrange
  (in order) אויסדרן; צעשטעלן; צעלייגן; אײַנאָרדענען [ÓYSSÁDERN]
  (plan) אַראַנזשירן; אָפּמאַכן; פּלאַנירן; אָפּרעדן; אָפּשמועסן
  (mus.) אַראַנזשירן
  arrange for באַשטעלן ‹באַפֿעלן› אין פֿאָרויס
  arrange a marriage רעדן אַ שידוך [ShÍDEKh]
  arrange one's affairs אײַנאָרדענען זיך
arranged marriage דער גערעדטער שידוך [ShÍDEKh]
arrangement
  (order) דער סדר, ־ים; די צעשטעלונג, ־ען [SÉYDER, SDÓRIM]
  (agreement) דער אָפּרעד, ־ן; דער אָפּמאַך, ־ן; דער מדובר, ־ס [MEDÚBER]
  (preparation) די צוגרייטונג, ־ען
  (mus.) די אַראַנזשירונג, ־ען
  come to an arrangement דערגרייכן ‹קומען› צו(ן) אַ הסכּם; קומען צו(ן) אַ טאָלק [HÉSKEM]
arranger דער אַראַנזשירער, ־ס
array, *n.*
  (dress) די קליידונג; די הלבשה; דער הילוך [HALBÓShE] [HÍLEKh]
  (collection) די (אָנ)זאַמלונג, ־ען
  (math/comp.) דער דאַטנריי, ־ען
  an array of אַ שלל מיט; אַ גוזמא [ShLAL] [GÚZME]
  in battle array אין שלאַכט־אָרדענונג
array, *v.* אויסדרן; אויסשטעלן [ÓYSSÁDERN]
array processor דער וועקטאָרן־פּראָצעסירער, ־ס
arrear(s) חובֿות; די/דאָס פֿאַרשולדיקטקייט [KhÓYVES]
  be in arrears זײַן אַ בעל־חובֿ; זײַן הינטערשטעליק [BALKhÓYV]
arrest, *n.* דער אַרעסט, ־ן
  He's under arrest מ'האָט אים אַרעסטירט
  place under arrest שטעלן אונטער אַרעסט
arrest, *v.*
  (stop) פֿאַרהאַלטן; אָפּשטעלן
  (jur.) אַרעסטירן; נעמען אונטער אַרעסט
arrestable offense דער אַרעסטיר־פֿאַרברעכן, ־ס
arrested development דער אַנטוויקל־פֿאַרהאַלט; די פֿאַרהאַלטענע אַנטוויקלונג
arresting, *adj.* (אָטעם־)פֿאַרכאַפּנדיק; רושמדיק [RÓYShEMDIK]
arrest warrant דער אַרעסט־באַפֿעל, ־ן
arrhythmia די אַריטמיע, ־ס
arrhythmic אַריטמיש
arrival דער אָנקום; דאָס אָנקומען
  new arrival דער נײַער גערב׳; דער צוגעקומענער גערב׳
  on my arrival אַז איך וועל אָנקומען
  on arriving בײַם אָנקומען
arrivals hall דער אָנקומזאַל, ־ן
arrive אָנקומען
  (by foot) *also* קומען צו גיין
  (by plane) *also* אָנפֿליִען; קומען צו פֿליִען

(by vehicle) *also* אָנפֿאָרן; קומען צו פֿאָרן
(succeed) [MATSLÍEKh] מצליח זײַן
arrive unexpectedly (פֿאַ)יאַווען זיך; אַרײַנשטעלן זיך; באַווײַזן זיך
arrive at a decision קומען צו(ן) אַ באַשלוס ‹החלטה› [HAKhLÓTE]
arrive at the station אָנקומען אין ‹אויף› דער סטאַנציע
arriving flight דער אָנקומפֿלי, ־ען
arriviste דער אַריוויסט, ־ן
arrogance די גאווה; די/דאָס פֿאַרריסנקייט; דאָס גדלות; די אַראָגאַנץ [GÁYVE] [GÁDLES]
arrogant גאווהדיק; פֿאַרריסן; גרויסהאַלטעריש; אַראָגאַנט [GÁYVEDIK]
arrogant person דער בעל־גאווה, בעלי־...; דער בעל־גאווהניק, ־עס; דער גדלן, ־ים; דער גרויסהאַלטער, ־ס [BALGÁYVE, BÁLE-...] [BALGÁYVENIK] [GÁDLEN, GADLÓNIM]
arrogate צונייזן זיך; נעמען פֿאַר זיך (אָן רעכט)
arrow די פֿײַל, ־ן
(symbol) דאָס פֿײַלעכל, ־עך
arrowhead דער פֿײַלנשפּיץ, ־ן
(bot.) דאָס פֿײַלנבלאַט, ...בלעטער
arrowroot דער פֿײַלן־וואָרצל, ־ען
arsenal דער אַרסענאַל, ־ן
(mil.) *also* דער פּולווער־מאַגאַזין, ־ען; דער געווער־לאַגער, ־ן
arsenic דער אַרשעניק; דער אַרסען
arson די אונטערצינדונג
arsonist דער אונטערצינדער, ־ס
art די קונסט, ־ן
(trickery) דער שווינדל; קונצן ל"ר
art for art's sake קונסט לשם קונסט [LEShÉM]
the arts די קונסטן; די קונסטוועלט
art editor דער קונסט־רעדאַקטאָר, ...אָרן
arterial אַרטעריאַל; אַרטעריע־...
arterial blockage די אַרטעריע־פֿאַרשטאָפּונג, ־ען; דער אַרטעריע־בלאָקיר, ־ן
arterial blood דאָס אַרטעריע־בלוט; דאָס רויטבלוט
arterial road דער מאַגיסטראַל, ־ן
arteriole דער אַרטעריאָל, ־ן
arteriosclerosis דער אַרטעריאָסקלעראָז
arteriosclerotic אַרטעריאָסקלעראָטיש
arteriovenous אַרטעריאָווענאָז
arteritis דער אַרטעריט
artery די אַרטעריע, ־ס
(traffic) דער מאַגיסטראַל, ־ן
artesian well דער אַרטעזיאַנישער ברונעם, ־ס
artful
(skillful) קונציק
(cunning) אָפּנאַרעריש; כיטרע
artful dodger דער כיטרער פֿוקס, ־ן
art gallery די קונסט־‹בילדער־›גאַלעריע, ־ס
art history די קונסט־געשיכטע ‹היסטאָריע›
arthritic אַרטריטיש; פֿאַרקליאַ(ק)נעט
arthritis דער אַרטריט
person with arthritis דער אַרטריטיקער, ־ס
arthropathy די אַרטראָפּאַטיע, ־ס
arthropod דער אַרטראָפּאָד, ־ן
arthroscope דער אַרטראָסקאָפּ, ־ן
arthroscopic אַרטראָסקאָפּיש
arthroscopy די אַרטראָסקאָפּיע, ־ס
artichoke דער אַרטישאָק, ־ן
article
(item) [KhÉYFETS, KhFÉYTSIM] דער חפֿץ, ־ים; די זאַך, ־ן
(in newspaper) דער אַרטיקל, ־ען
(of contract) דער פּאַראַגראַף, ־ן
(gram.) דער אַרטיקל, ־ען
article of clothing דער בגד, ־ים; דאָס/דער מלבוש, ־ים [BÉGED, BGÓDIM] [MÁLBESh, MALBÚShIM]
article of faith דער אני־מאמין; דער קרעדאָ [ÁNI-MÁYMIN]
lengthy article דער מאמר, ־ים; דער לענגערער אַרטיקל, ־ען [MÁYMER, MAYMÓRIM]
the genuine article אַ ריכטיקער געב'; אַן עכטער געב'
articles of impeachment אײַנשולדיק־פּאַראַגראַפֿן
articulate, *adj.*
(diction) קלאָר; קלאָררײדיק; דײַטלעך; חיתוך־הדיבורדיק [KhÍTEKh-HADÍBERDIK]
(joint) געגלידערט; אַרטיקולירט
She is very articulate זי פֿאַרמאָגט דעם כּוח־הדיבור; מע דאַרף איר די צונג נישט פּיקן [KÓYEKh-HADÍBER]
articulate, *v.* אַרטיקולירן
(diction) *also* אַרויסזאָגן ‹אַרויסברענגען› קלאָר
articulated (jointed) געגלידערט; אַרטיקולירט
articulation די אַרטיקולאַציע, ־ס
(diction) *also* דער חיתוך־הדיבור; די דיקציע [KhÍTEKh-HADÍBER]
artifact דער אַרטיפֿאַקט, ־ן
artifice
(deception) די/דאָס כיטרעקייט; קונצן ל"ר; תּחבולות ל"ר [TAKhBÚLES]
(ingenuity) [HAMTSÓEDIKEYT] די/דאָס המצאהדיקייט
artificial [KMOY] קינסטלעך; געקינצלט; געמאַכט; כּמו־...
artificial coloring די קינסטלעכע פֿאַרב, ־ן
artificial eye דאָס קינסטלעכע אויג, ־ן
artificial flavoring [BATÁMUNG] די קינסטלעכע באַטעמונג
artificial insemination די קינסטלעכע אײַנזוימענונג
artificial intelligence די קינסטלעכע אינטעליגענץ
artificial limb דער פּראָטעז, ־ן
artificial respiration די קינסטלעכע אָטעמונג
artificial resuscitation די קינסטלעכע אָפּמינטערונג
artificial sweetener דער קינסטלעכער צוקער; דער כּמו־צוקער [KMOY]
artificial teeth אַרײַנגעמאַכטע ‹אַרײַנגעשטעלטע› ציין/ציינער; דער פּראָטעז, ־ן
artillery, *adj.* אַרטילעריש; אַרטילעריע־...
artillery, *n.* די אַרטילעריע
artillery barrage די אַרטילעריע־באָמבאַרדירונג, ־ען
artillery battalion דער אַרטילעריע־באַטאַליאָן, ־ען
artillery exchange די אַרטילעריע־איבערשיסונג, ־ען
artillery fire דאָס אַרטילערישע פֿײַער
artillery gunner דער אַרטילעריסט, ־ן
artisan דער בעל־מלאָכה, ־ות; דער האַנטווערקער, ־ס [BALMELÓKhE]
artist דער קינסטלער, ־ס; דער אַרטיסט, ־ן; דער מאָלער, ־ס
artiste דער אַרטיסט, ־ן; דער אַרויסטרעטער, ־ס
artistic קינסטלעריש; אַרטיסטיש
artistic director דער אַרטיסטישער דירעקטאָר, ...אָרן
artistic license די אַרטיסטישע פֿרײַהייט ‹ליצענץ›
artistry די/דאָס קינסטלערישקייט; די/דאָס אַרטיסטישקייט
artless
(naive) [TMÍMESDIK] תּמימותדיק
(natural) [PÓShET] אומגעקינצלט; נאַטירלעך; פּשוט
art restorer דער קונסט־רעסטאַווירער, ־ס
arts and crafts די האַנטאַרבעט און קונסט; די קונסט און מלאָכה [MELÓKhE]

art school די קונסטשול, ־ן
art song דאָס קונסטליד, ־ער
artsy כּמו־אַרטיסטיש [KMOY]
be artsy *also* האָבן פּרעטענזיעס אויף קונסט
artwork די קונסטאַרבעט
arugula (עסעוודיקע) כּמו־שאַלאָטן ל״ר; די אַרוגולע [KMOY]
arum אַהרנס שטעקן [ARNS]
Aryan, *adj.* אַריש
Aryan, *n.*
m./unsp. דער אַריער, –
f. די אַריערין, ־ס
as
(like) (אַזוי) ווי; מעשׂה; בתּורת [MÁYSE] [BETÓYRES]
(since) אַזוי ווי; ווי באַלד
(for instance) אַ שטייגער ווי; למשל [LEMÓShL]
(while) ווען; בשעת; בעת [BEShÁS] [BEYS]
(in the role of) ווי; בבחינת [BIFKhÍNES]
as ... as אַזוי ... ווי
as ... goes ווערדליק; לויט; על־פּי [ÁLPI]
as for וואָס שייך; אַ(נט)קעגן; בנוגע; מכּוח [ShÁYEKh] [BENEGÉYE] [MIKÓYEKh]
as if nothing had happened ווי ‹עלעהיי› קיין מאָל גאָרנישט
as if to say אַזוי צו זאָגן; ווי איינער רעדט
as if/though גלייך ווי; עלעהיי; ווי ס'וואָלט געווען; כּאילו [KEÍLE]
as is ווי סע שטייט און גייט
as it were כּלומרשט; אַזוי צו זאָגן; יאָקבע; כּאילו [KLÓYMERShT]
as many as אַזש (ביז); נישט ווייניקער פֿון
as of פֿון ... אָן
as of now פֿון איצט ‹איצטער(ט)› אָן
as soon as ווי נאָר; באַלד ‹אַזוי› ווי
It's not as if she didn't know נאָך אַלעמען האָט זי דאָך געוווּסט
asafetida די חלבנה; דאָס טײַוולסקויט; דער אָלונט [KhÉLBNE]
asbestos דער אַסבעסט; דער באַרגפֿלאַקס
asbestos removal דאָס אָפּראַמען ‹אויסרייניקן› דעם אַסבעסט
ascend אַרויפֿגיין; אַרויפֿלאָזן זיך; אויפֿהייבן זיך; (אַרויפֿ)שטײַגן
(planet/moon) אויפֿגיין
ascend the stairs אַרויפֿגיין (מיט) די טרעפּ
ascend the throne אָנקומען צום טראָן; אַרויפֿגיין אויפֿן טראָן; געקרוינט ווערן
ascendant, *adj.*
(controlling) הערשנדיק
(planet/moon) אויפֿגייענדיק
ascendant, *n.*
be in the ascendant (control) הערשן; געוועלטיקן
be in the ascendant (planet/moon) (האַלטן אין) אויפֿגיין
Ascension (Chr.) יעזוסעס אויפֿשטײַג
ascension *see* **ascent**
Ascension Day דער אויפֿשטײַגטאָג
ascent
(rise) דער אויפֿשטײַג, ־ן; דער אַרויפֿגאַנג, ־ען; דער אויפֿהייב, ־ן
(slope) דער באַרגאַרויף, ־ן
ascertain דערגיין (אויף זיכער); פֿעסטשטעלן
ascertainable
be ascertainable צום דערגיין ‹פֿעסטשטעלן›
ascetic, *adj.* אַסקעטיש; נזיריש [NEZÍRISh]

ascetic, *n.* דער אַסקעט, ־ן; דער נזיר, ־ים [NÓZER, NEZÍRIM]
asceticism דער אַסקעטיציזם; דאָס נזירות [NEZÍRES]
ASCII דער אַסקי־סטאַנדאַרד
ascorbate דער אַסקאָרבאַט, ־ן
ascorbic acid דאָס אַסקאָרבין־זײַערס
ascot דער האַלדז־שלייף, ־ן
ascribe
(attribute) צושרײַבן; אַטריבוטירן
(credit) פֿאַררעכענען
aseptic אַסעפּטיש
aseptics די אַסעפּטיק ל״י
asexual
(lacking desire) אָנחשקדיק [ÓNKhÉYShEKDIK]
(sexless) אָנמיניק; אומגעשלעכטיק; אַסעקסועל
ash, *adj.* אַשן
(of ash) *also* אַשיק
(bot.) *also* יאַסינאָווע
ash, *n.* דאָס אַש
(bot.) דער אַשבוים, ...ביימער; דער יאַסען, ־ס; די יאַסינע, ־ס
ashes דאָס אַש ל״י
ashamed פֿאַרשעמט
be ashamed שעמען זיך
be terribly ashamed באַגראָבן זיך פֿאַר חרפּה; שעמען זיך אין טיפֿן ‹ווײַטן› האַלדז אַרײַן [KhÁRPE]
become ashamed פֿאַרשעמען זיך
She was ashamed of him זי האָט זיך געשעמט מיט אים; ער איז איר געווען אַ חרפּה ‹בושה› [BÚShE]
You should be ashamed of yourself! מעגסט ‹איר מעגט› זיך שעמען!; שעמען מעגסטו ‹מעגט איר› זיך!
ashen
(of ash) אַשן; אַשיק
(pallid) טויט בלאַס; גראָ ווי אַש
Ashkenazi, *n.*
m./unsp. דער אשכּנזי, ־ם; דער אַשכּנזער, –; דער אַשכּנזישער ייִד, ־ן [AShKENÁZI] [AShKENÁZER] [AShKENÁZIShER]
f. די אַשכּנזישע, –; די אַשכּנזערין, ־ס [AShKENÁZIShE] [AShKENÁZERN]
Ashkenazic, *adj.* אַשכּנזיש; אַשכּנזער אינוו' [AShKENÁZISh] [AShKENÁZER]
ashore אויפֿן ברעג; אויף דער יבשה [YABÓShE]
go ashore דערברעגן זיך; אַראָפּגיין פֿון דער שיף
ashtray דאָס אַשטעצל, ־עך; דאָס אַש־בעכערל, ־עך; די אַשלקע, ־ס
Ash Wednesday דער אַש־מיטוואָך
Asia (די) אַזיע
Asia Minor (די) קליינאַזיע
Asian, *adj.* אַזיאַטיש
Asian, *n.*
m./unsp. דער אַזיער, –; דער אַזיאַט, ־ן
f. די אַזיערין, ־ס; די אַזיאַטקע, ־ס
Asian-American, *adj.* אַזיאַטיש־אַמעריקאַניש
Asian-American, *n.* דער אַזיאַטיש־אַמעריקאַנער, –
Asian elephant דער אינדישער העלפֿאַנד, ־ן
Asian studies די אָריענטאַליסטיק
Asiatic *see* **Asian**
aside, *adv.* אין ‹אָן› אַ זײַט; בײַ דער זײַט
aside from (אַ)חוץ; (שוין) אָפּגערעדט פֿון
aside, *n.* דער זײַטיקער באַמערק, ־ן; דער אַפּאַרט, ־ן; דער אַנאַזײַט, ־ן
as an aside אין ‹אָן› אַ זײַט; אַפּאַרט

asinine יאָלדיש; נאַריש; חמור(י)ש [KhÁMER(I)Sh/KhAMÓYRISh]
ask פֿרעגן
ask after נאָכפֿרעגן זיך אויף ‹וועגן›; געוואָר ‹געוווי(ע)ר› ווערן וועגן
ask again איבערפֿרעגן; ווידער פֿרעגן
ask around (about/for) נאָכפֿרעגן זיך (אויף)
ask for stg. בעטן; פֿאַרלאַנגען; מאָנען
ask a question [KÁShE] שטעלן ‹פֿרעגן› אַ פֿראַגע ‹קשיא›
ask a great deal פֿאָדערן ‹מאָנען/פֿאַרלאַנגען› אַ סך; זײַן אַ גרויסער פֿאַרלאַנגער [SAKh]
ask for sb.'s hand in marriage *see* **ask to marry**
ask for trouble זוכן זיך צרות [TSÓRES]
ask in אַרײַנפֿאַרבעטן; בעטן אַרײַנקומען
ask out on a date (פֿאַר)בעטן אויף אַ ראַנדקע
ask to (פֿאַר)בעטן
ask to dance בעטן טאַנצן; בעטן, ... זאָל טאַנצן
ask to marry פֿירלייגן ‹פֿאָרלייגן› + דאַט' חתונה צו האָבן; בעטן ... פֿאַר אַ ווײַב ‹מאַן› [KhÁSENE]
ask to marry (J.) פֿירלייגן ‹פֿאָרלייגן› חופּה־וקידושין; אָנשלאָגן + דאַט' אַ שידוך [KhÚPE-VEK(I)DÚShN] [ShÍDEKh]
Ask me another! [BEKhÉYREM] פֿרעג(ט) מיך בחרם!
Don't ask! פֿרעג(ט) (שוין) נישט!; געזינטער ‹גלײַכער/בעסער› נישט פֿרעגן!
That's asking too much! דאָס איז שוין צו פֿיל!
askance
(sidewise) פֿון דער זײַט; זײַטיק
(suspiciously) קרום; מיט חשד; סקעפּטיש [KhShAD]
askew קרום; אויסגעקרימט; צעקרימט
look askew at (scornfully) [BITL] קוקן מיט ביטול אויף
asking, *n.*
for the asking מע דאַרף נאָר בעטן
to be had for the asking האָבן ‹קריגן› אומזיסט
asking price דער געריכנטער פּרײַז, ־ן; דער פֿאַרקויפֿפּרײַז, ־ן
What's your asking price? וויפֿל רעכנט איר?
aslant קאָסע; אין דער קרים
asleep
be asleep שלאָפֿן
be asleep (*hum.*) פּאָפֿן; כראָפּען
be asleep at the switch/wheel שלאָפֿן אויפֿן דישל; זײַן אומוואַך
be fast asleep שלאָפֿן געשמאַק ‹פֿעסט›; האָבן אַ האַרטן שלאָף; האַלטן אין מיטן בעסטן שלאָף
fall asleep אײַנשלאָפֿן; אַנטשלאָפֿן ווערן; אײַנדרימלען ‹אײַנדרעמלען›; צוטאָן ‹צומאַכן› מיט אַן אויג
Asmodeus דער אַשמדאַי [ÁShMEDAY]
asocial אומסאָציאַל; נישט־סאָציאַל
asp
(bot.) *see* **aspen**
(zool.) די סמיקע שלאַנג, ־ען [SÁMIKE]
asparagine דער אַספּאַראַגין
asparagus די ספּאַרזשע; שפּאַראַגן ל"ר; דער שפּאַרגל
aspartame דער אַספּאַרטאַם
aspect
(appearance) דער אויסזע, ־ען; די צורה, ־ות; דאָס געשטאַלט, ־ן [TSÚRE]
(element) דער אַספּעקט, ־ן; דער פּרט, ־ים [PRAT, PRÓTIM]
(gram.) דער (ווערבאַלער) אַספּעקט, ־ן
aspect ratio די אַספּעקט־פּראָפּאָרציע, ־ס
aspectual אַספּעקטיק
aspen, *adj.* אָסינאָווע
aspen, *n.* די טאָפּאָליע, ־ס; דער טאָפּאָל, ...אָליעס; די אָסינע ‹אָסינע›, ־ס
asperity די/דאָס שאַרפֿקייט; די/דאָס ביטערקייט
aspersion די באַשמוצונג, ־ען; דער בילבול, ־ים; דאָס לשון־הרע [BILBL, BILBÚLIM] [LOShN-HÓRE]
cast aspersions (on) רעדן לשון־הרע (וועגן); אָנרעדן שלעכטס (אויף)
asphalt, *adj.* אַספֿאַלטן; אַספֿאַלטירט
asphalt, *n.* דער אַספֿאַלט, ־ן
asphalt jungle דער שטאָטישער דזשונגל
asphodel די אַספֿאָדעל, ־ן
asphyxia די אַספֿיקסיע
asphyxiate דערשטיקן
asphyxiated דערשטיקט
asphyxiation די דערשטיקונג; דער חנק [KhÉNEK]
aspic דער גליווער; דער פּעטשאָ; דריליעס ל"ר
aspic fish פֿיש אין דריליעס ‹גליווער›
aspirant
m./unsp. דער אַספּיראַנט, ־ן
f. די אַספּיראַנטקע, ־ס
aspirate, *n.* דער אַספּיראַט, ־ן
aspirate, *v.*
(inhale) אַרײַנזויגן; אַרײַנאָטעמען
(suction) אַרויסציִען; אַרויסזויגן
(ling.) אַספּירירן
aspiration
(goal) די שטרעבונג, ־ען; די אַספּיראַציע, ־ס
(inhalation) דאָס אַרײַנזויגן; דאָס אַרײַנאָטעמען
(suction) דאָס אַרויסציִען; דאָס אַרויסזויגן
(ling.) די אַספּיראַציע
aspirator דער אַספּיראַטאָר, ־ס
aspire (to) שטרעבן (צו); אַספּירירן (צו); שנײַדן זיך (אויף); רײַסן זיך (צו)
aspirin דער אַספּירין
aspiring שטרעבנדיק; אַספּיראַטאָריש
ass
(zool.) דער אייזל, ־ען; דער חמור, ־ים [KhÁMER/KhAMÓY(E)R, KhAMÓYRIM]
(fool) דער לעקיש, ־ן; דער טיפּש, ־ים; דער נאַר, נאַראָנים [TÍPESh, TÍPShIM]
(buttocks) דער תּחת, ־ער [TÓKhES, TÉKhESER]
(buttocks/*euph./hum.*) דער זײַט־זשע־מוחל; די מחילה [MOYKhL] [MEKhÍLE]
Get your ass over here! נעמ(ט) (זיך) די מחילה און קומ(ט) אַהער! [MEKhÍLE]
assail אָנפֿאַלן אויף; באַפֿאַלן
assailant דער אָנפֿאַלער, ־ס; דער באַפֿאַלער, ־ס
assassin דער אַטענטאַטאָר, ־ס; דער מערדער, ־ס
assassinate אויספֿירן אַן אַטענטאַט אויף; דערמאָרדן; דערהרגע(נע)ן [DERHÁRGE(NE)N]
assassination דער (פּאָליטישער) מאָרד, ־ן
assassination attempt דער אַטענטאַט, ־ן
assault, *n.* דער אָנפֿאַל, ־ן
(jur.) *also* דאָס אָנפֿאַלן; דאָס באַפֿאַלן
(mil.) *also* דער אָנגריף, ־ן; דער שטורעם, ־ס
(sexual) דער סעקסועלער אָנפֿאַל ‹באַפֿאַל›, ־ן
assault and battery דאָס אָנפֿאַלן ‹באַפֿאַלן› און אָנשלאָגן
assault, *v.* אָנפֿאַלן אויף
(jur.) *also* באַפֿאַלן
(mil.) *also* אָנגרײַפֿן; שטורעמען
assaultive אָנפֿאַלעריש; שלעגעריש
assault rifle די שטורעמביקס, ־ן

assault unit די שטורמיסטן־אָפּטײלונג, ־ען
assault weapons דאָס שטורעם־געווער קאָל׳
assay, *n.*
(chem.) די פּראָבע, ־ס
(trial) די פּרוּוו, ־ן
assay, *v.*
(chem.) פּראָבירן
(trial) פּרוּוון; מאַכן אַ פּרוּוו
ass-backwards (*slg.*) משה־קאַפּויער; פֿיס־אַרויף־קאָפּ־אַראָפּ [MÓYShE]
assemblage די פֿאַרזאַמלונג, ־ען
assemble
vt. **(mech.)** צונויפֿשטעלן; צוזאַמענשטעלן; צונויפֿמאָנטירן
vt./vi. **(people)** צונויפֿזאַמלען (זיך); פֿאַרזאַמלען (זיך); צונויפֿקלײַבן (זיך)
vi. **(sudden crowd)** אָנלויפֿן זיך; צונויפֿלויפֿן זיך; אויפֿלויפֿן זיך
assembly
(gathering) די פֿאַרזאַמלונג, ־ען; די אַסיפֿה, ־ות [ASÍFE]
(institution) די אַסאַמבלע, ־ס
(mech.) דער צונויפֿשטעל; דער מאָנטאַזש
assembly hall דער זאַל, ־ן; די אודיטאָריע, ־ס
assembly line די מאָנטאַזש־ליניע, ־ס
assemblyman דער אַסאַמבלע־מאַן, ־לײַט
assembly plant די מאָנטאַזש־‹צונויפֿשטעל־›פֿאַבריק, ־ן
assembly point דער זאַמלפּונקט, ־ן
assemblywoman די אַסאַמבלע־פֿרוי, ־ען
assent, *n.* די הסכּמה, ־ות; די צושטימונג, ־ען; די אײַנשטימונג, ־ען; דער צושטים, ־ען; דער יאָ, ־ען [HASKÓME]
assent, *v.* **(to)** מסכּים זײַן (אויף); צושטימען (צו); אײַנשטימען (אויף); זאָגן יאָ (צו) [MÁSKEM]
assert קאָנסטאַטירן; פֿעסטשטעלן; טענה|ן [TÁYNEN]
assert one's right פֿאַרטיידיקן דאָס (אײגענע) רעכט
assertion די קאָנסטאַטירונג, ־ען; די פֿעסטשטעלונג, ־ען; דאָס פֿעסטשטעלן; די טענה, ־ות [TÁYNE]
assertive זיכער מיט זיך; דעה־זאָגעריש [DÉYE]
be assertive אַוועקשטעלן זיך; לאָזן פֿון זיך הערן; אַרויסשטעלן זיך; זאָגן אַ דעה
assertiveness דאָס אַוועקשטעלן זיך אַלײן; דאָס אַרויסשטעלן זיך
assess, *v. imp./pf.* (אָפּ)שאַצן
(for taxes) (אָפּ)טאַקסירן
assessee דער אָפּגעשאַצטער געב׳
(tax) דער אָפּטאַקסירטער געב׳
assessment די אָפּשאַצונג, ־ען
(tax) די (אָפּ)טאַקסירונג, ־ען
assessor דער אָפּשאַצער, ־ס
(tax) דער טאַקסאַטאָר, ...אָרן
asset
(advantage) דער פּלוס, ־ן; די מעלה, ־ות [MÁYLE]
assets (econ.) אַקטיוון; דער פֿאַרמאָג קאָל׳
asset allocation די אַקטיוון־אַלאָקירונג‹־צוטײלונג›, ־ען; דאָס אַלאָקירן ‹צוטײלן› די אַקטיוון
asset management דאָס פֿאַרוואַלטן מיט די אַקטיוון
asshole (*vlg.*)
(anat.) די/דער תּחת־לאָך, ־לעכער [TÓKhES]
(person) דער שוואַנץ, שווענץ; דער פּאָץ, פּעץ; דער פּאַסקודניאַק, ־עס
assiduous כּסדרדיק; פֿלײַסיק; התמדהדיק [KESÉYDERDIK] [HASMÓDEDIK]
assign
(allot) צוטײלן
(designate) באַשטימען
(funds) אַסיגנירן
(task) פֿאַרגעבן
assign a high priority באַשטימען אַ הויכע פּריאָריטעט
assign homework פֿאַרגעבן היימאַרבעט
assignation
(funds) די אַסיגנירונג, ־ען
(meeting) דער ראַנדעוווּ, ־ען
assignment
(task) די עובֿדה ‹עובֿדא›, ־ות; דער פֿאַרגעב, ־ן; די אויפֿגאַבע, ־ס [ÚVDE]
(mission) דאָס שליחות, ־ן; די מיסיע, ־ס; די קאָמאַנדירונג, ־ען [ShLÍKhES]
give an assignment (acad.) פֿאַרגעבן אַ לעקציע
assignment book דער/די פֿאַרגעבהעפֿט, ־ן
assimilate, *vt./vi.* אַסימילירן (זיך)
assimilated אַסימילירט
assimilation די אַסימילאַציע, ־ס; די אַסימילירונג, ־ען
assimilationist, *adj.* אַסימילאַטאָריש
assimilationist, *n.* דער אַסימילאַטאָר, ...אָרן
assist, *n.* די צוהילף; דאָס צוהעלפֿן
assist, *v.* (צו)העלפֿן; (אַרויס)העלפֿן
assistance די (מיט)הילף
be of assistance זײַן בײַהילפֿיק ‹באַהילפֿיק›; זײַן + דאַט׳ צו הילף
come to the assistance of קומען + דאַט׳ צו הילף
receive assistance from דאַרפֿן אָנקומען צו; באַקומען הילף פֿון
assistant, *adj.* געהילפֿ...
assistant, *n.* דער געהילף, ־ן; דער אַסיסטענט, ־ן
assistant dean דער סובדעקאַן, ־ען; דער פּראָדעקאַן, ־ען
assistant professor דער געהילף־פּראָפֿעסאָר, ...אָרן
assistant professorship די געהילף־פּראָפֿעסור, ־ן
assistantship די אַסיסטענטשאַפֿט, ־ן
assisted living דירות מיט אַקטיווער הילף (פֿאַר עלטערע לײַט) [DÍRES]
assisted reproduction דאָס צוגעהאָלפֿענע קינדלען
assisted suicide דער צוגעהאָלפֿענער אַלײנמאָרד ‹זעלבסטמאָרד›
ass-kisser דער תּחת־לעקער, ־ס [TÓKhES]
ass-kissing דאָס תּחת־לעקערײַ [TÓKhES]
associate, *adj.* אַסאָציִירט
associate, *n.* דער מיטאַרבעטער, ־ס
associate, *v.* האָבן צו טאָן; פֿאַרהאַלטן זיך; האַלטן געזעלשאַפֿט; חבֿרן זיך [KhÁVERN]
associate professor דער אַסאָציִירטער פּראָפֿעסאָר, ...אָרן
association
(organization) די אַסאָציאַציע, ־ס; דער פֿאַרבאַנד, ־ן; די פֿאַראײניקונג, ־ען
(relationship) די חבֿרשאַפֿט, ־ן; די פֿאַרבינדונג, ־ען [KhÁVERShAFT]
(psych.) די אַסאָציאַציע
by association אַסאָציאַטיוו; לויט (דער) אַסאָציאַציע
associative אַסאָציאַטיוו
assonance די אַסאָנאַנץ, ־ן
assonant אַסאָנאַנט
assorted פֿאַרשידן; געקליבן
assortment דער אָפּקלײַב, ־ן
(of wares) דער אַסאָרטימענט, ־ן; פֿאַרשידענע מינים סחורה [SKhÓYRE]
assortment of chocolates דער אָפּקלײַב שאָקאָלאַדקעס; דער (שאָקאָלאַד־)אַסאָרטי
assuage שטילן
(pain) *also* לינדערן

(thirst) *also* לעשן
assuasive באַרויִקנדיק; לינדערנדיק
assume
(adopt) אָננעמען
(suppose) משער זײַן זיך; אָננעמען; גיין מיטן גאַנג [MEShÁER]
(take over) איבערנעמען (די לײַצעס); נעמען אויף זיך
assumed (supposed) אָנגענומען
assumed name דער אַליאַס, ־ן; דער דעקנאָמען, ...נעמען
assumption די השערה, ־ות; די הנחה, ־ות [HAShÓRE] [HANÓKhE]
assumption of power דאָס (אָנ)קומען צו דער מאַכט; דאָס איבערנעמען די מאַכט
go on the assumption אַרויסגיין פֿון דער הנחה; גיין מיטן גאַנג
assurance די פֿאַרזיכערונג, ־ען; די הבֿטחה, ־ות; דאָס וואָרט; די זיכערקייט [HAFTÓKhE]
give assurances פֿאַרזיכערן; מבֿטיח זײַן; געבן דאָס וואָרט [MAFTÍEKh]
He received assurances מע האָט אים פֿאַרזיכערט ‹מבֿטיח געווען›; מע האָט אים געגעבן דאָס וואָרט
assure פֿאַרזיכערן; מבֿטיח זײַן [MAFTÍEKh]
I assure you! אויף מײַן אחריות!; איך קען אײַך פֿאַרזיכערן! [AKhRÁYES]
assured פֿאַרזיכערט; געזיכערט; אָנספֿקדיק [ÓNSÓFEKDIK]
be assured of זײַן זיכער אַז
Assyria (דאָס) אַשור
Assyrian, *adj.* אַשוריש
Assyrian, *n.* דער אַשור, אַשורים
astatine דער אַסטאַטין
aster די אַסטרע, ־ס
asterisk, *n.* דאָס שטערנדל, ־עך
asterisk, *v.* באַשטערנדלען; שטעלן אַ שטערנדל (בײַ/לעבן)
asteroid דער אַסטעראָיִד, ־ן
asteroid belt דער אַסטעראָיִדן־פּאַס, ־ן
asthma די אַסטמע
asthmatic, *adj.* אַסטמאַטיש
be asthmatic לײַדן פֿון ‹אויף› אַסטמע; האָבן אַ שווערן ‹קורצן› אָטעם
asthmatic, *n.* דער אַסטמאַטיקער, ־ס
astigmatic, *adj.* אַסטיגמאַטיש
astigmatic, *n.* דער אַסטיגמאַטיקער, ־ס
astigmatism דער אַסטיגמאַטיזם
astir
(out of bed) שוין אויפֿגעשטאַנען
The streets were all astir ס'האָט זיך געטאָן אין אַלע גאַסן; ס'האָט זיך געטאָן אויף טיש און אויף בענק
astonish פֿאַרחידושן; פֿאַרוווּנדערן [FARKhÍDEShN]
astonished פֿאַרחידושט; פֿאַרוווּנדערט; פֿאַרשטוינט; פֿאַראַפּט [FARKhÍDEShT]
be astonished פֿאַרחידושן זיך; פֿאַרוווּנדערן זיך; נשתּומם ווערן; פֿאַרשטוינט ווערן [NIShTÓYMEM] [FARKhÍDEShN]
astonishing חידושדיק; וווּנדערדיק; פּלאדיק; פּלאָימדיק [KhÍDEShDIK] [PÉ(Y)LEDIK] [PLÓYEMDIK]
astonishment דער חידוש; די פֿאַרוווּנדערונג [KhÍDESh]
astound פֿאַרחידושן; פֿאַרוווּנדערן; פֿאַרטאָמלען; ˚דערשטוינען [FARKhÍDEShN]
astounded פֿאַרטאָמלט
be astounded (ניבֿהל־ו)נשתּומם ווערן; זײַן פֿאַרטאָמלט ‹פֿאַרטאָמלעוועט/˚דערשטוינט› [(NÍVL-VE)NIShTÓYMEM]
astounding חידושדיק; נשתּוממדיק; ˚דערשטוינענדיק [KhÍDEShDIK] [NIShTÓYMEMDIK]
astrakhan, *adj.* באַראַשקן
astrakhan, *n.* די אַסטראַכאַנקע; דאָס באַראַשיק
astral ווי די שטערן; שטערנ...; אַסטראַל...
astral body דער אַסטראַל־גוף, ־ים
astray פֿאַרבלאָנדזשעט; פֿאַרפֿירט
go astray פֿאַרבלאָנדזשע|ן; אַראָפּגיין פֿון דרך־הישר ‹גלײַכן וועג› [DÉREKh-HAYÓShER]
lead astray פֿאַרפֿירן; אַראָפּפֿירן פֿון דרך־הישר ‹גלײַכן וועג›
astride רײַטנדיק אויף
astringent, *adj.* בײַסיק; שאַרף
astringent, *n.* דאָס צונויפֿצי־‹אײַנצי־›מיטל, ־ען
astrodome דער אַסטראָדאָם, ־ען
astrography די אַסטראָגראַפֿיע
astrolabe דער אַסטראָלאַב, ־ן
astrologer דער אַסטראָלאָג, ־ן
astrological אַסטראָלאָגיש
astrology די אַסטראָלאָגיע; דאָס שטערן־זעערײַ
astrometry די אַסטראָמעטריע
astronaut דער אַסטראָנויט, ־ן; דער קאָסמאָנויט, ־ן; דער קאָסמאָסניק, ־עס
astronautical אַסטראָנויטיש; קאָסמאָנויטיש
astronautics די אַסטראָנויטיק ל״י; די קאָסמאָנויטיק ל״י
astronomer דער אַסטראָנאָם, ־ען
astronomical אַסטראָנאָמיש
astronomy די אַסטראָנאָמיע; די חכמת־התּכונה [KhÓKhMES-HATKhÚNE]
astrophysicist דער אַסטראָפֿיזיקער, ־ס
astrophysics די אַסטראָפֿיזיק ל״י
astroturf דער אַסטראָטורף; דאָס געמאַכטע גראָז
astute שאַרף; חריפֿותדיק; פּיקחיש [Kh(A)RÍFESDIK] [PÍKKhISh]
astuteness די/דאָס שאַרפֿקייט; דאָס חריפֿות; דאָס פּיקחות [Kh(A)RÍFES] [PÍKKhES]
asylum דער אַזיל, ־ן
(institution) *also* דער/דאָס משוגעים־שפּיטאָל, ־ן/שפּיטעלער; דאָס משוגעים־הויז, ־הײַזער; דער משוגעים־אַזיל, ־ן; דאָס דולהויז, ...הײַזער [MEShUGÓYEM]
(refuge) *also* דער מיקלט, ־ים [MÍKLET, MIKLÓTIM]
(right of) asylum דאָס אַזילרעכט
grant asylum געבן אַזילרעכט
seek asylum זוכן אַ מקום־מיקלט; זוכן אַזילרעכט [MÓKEM-MÍKLET]
asylum-seeker דער אַזיל־זוכער, ־ס
asymmetrical אַסימעטריש; אומסימעטריש
asymmetry די אַסימעטריע
asymptomatic אָן סימפּטאָמען
asymptote די אַסימפּטאָטע, ־ס
asyntactic אומסינטאַקטיש
asystole דאָס נישט־קלאַפּן (פֿונעם האַרץ)
at
(event) אויף; בײַ
(place) בײַ; אין
(time) אין; צו
at 7:00 זיבן אַ זייגער
at any time צו יעדער צײַט
be at it נישט אָפּלאָזן ‹נאָכלאָזן›
at sb.'s home בײַ ... (אין דער היים)
at the age of six צו זעקס יאָר
the at sign (@) אויף; בײַ; שטרודל
ataman דער אַטאַמאַן, ־ען/־עס
atavism דער אַטאַוויזם
atavistic אַטאַוויסטיש
atheism דער אַטעיִזם; דאָס נישט־גלייבן

atheist דער אַטעיִסט, ־ן; דער נישט־גלײביקער געב׳
(J.) דער כּופֿר, ־ים; דער כּופֿר־בעיקר, כּופֿרים־...
[KÓYFER, KÓFRIM] [KÓYFER-BEÍKER, KÓFRIM-...]
atheistic אַטעיִסטיש
Athena אַטענע
Athens (דאָס) אַטען
atherosclerosis דער אַטעראָסקלעראָז
athlete
m./unsp. דער אַטלעט, ־ן
f. די אַטלעטקע ‹אַטלעטין›, ־ס
athlete's foot דאָס פֿוסשווּעמל
athletic אַטלעטיש
athleticism די/דאָס אַטלעטישקייט
athletics די אַטלעטיק ל״י
athletic supporter דער אַטלעטישער קראָקרימען, ־ס; דאָס מענער־בענדל, ־עך
at-home, *adj.* אינדערהײם־...; אין דער הײם
at-home father דער טאַטע אין דער הײם; דער אינדערהײם־טאַטע, ־ס
at-home mother די מאַמע אין דער הײם; די אינדערהײם־מאַמע, ־ס
athwart אין דער ברײט; פּאָפּעריק (איבער)
Atlantic אַטלאַנטיש
Atlantic Ocean דער אַטלאַנטיק; דער אַטלאַנטישער אָקעאַן
Atlantic sturgeon דער אַטלאַנטישער באַליק
atlas דער אַטלאַס, ־ן
Atlas (דער) אַטלאַס
ATM *see* **automated teller machine**
atmosphere די אַטמאָספֿער, ־ן
(astr.) *also* דער לופֿט(צו)דעק, ־ן
(social) *also* די סבֿיבֿה, ־ות [SVÍVE]
atmospheric אַטמאָספֿעריש; אַטמאָספֿער־...
atmospheric pressure די דריקונג פֿון דער אַטמאָספֿער; דער אַטמאָספֿער־דרוק
atmospheric science די אַטמאָספֿער־װיסנשאַפֿט
atoll דער אַטאָל, ־ן
atom דער אַטאָם, ־ען
atom bomb די אַטאָם־באָמבע, ־ס
atomic אַטאָמ...; אַטאָמען־...; אַטאָמיש
atomic age די אַטאָמישע תּקופֿה [TKÚFE]
atomic energy די אַטאָם־ענערגיע; די אַטאָמישע ענערגיע
atomic fission די אַטאָמען־שפּאַלטונג
atomic mass די אַטאָמישע מאַסע, ־ס
atomic nucleus דער אַטאָם־יאָדער, ־ן
atomic number דער אַטאָמישער נומער, ־ן
atomic physicist דער אַטאָם־פֿיזיקער, ־ס
atomic physics די אַטאָם־פֿיזיק ל״י
atomic-powered אַטאָמיש־געטריבן‹־באַכּוחט›
[BAKÓYEKhT]
atomic research די אַטאָם־פֿאָרשונג
atomic structure די אַטאָם־סטרוקטור, ־ן; די אַטאָמישע סטרוקטור, ־ן
atomic theory די אַטאָם־טעאָריע; די אַטאָמישע טעאָריע
atomic weapon דער אַטאָם־װאָפֿן, ־ס; דער אַטאָמישער װאָפֿן, ־ס
atomic weight די אַטאָמישע װאָג, ־ן; די אַטאָמװאָג, ־ן
atomize אַטאָמיזירן; פּולװעריזירן
atomizer דער אַטאָמיזירער, ־ס; דער פּולװעריזאַטאָר, ...אָרן
atom smasher דער אַטאָם־מורשטער, ־ס
atonal אַטאָנאַל
atonality די/דאָס אַטאָנאַלקייט
atone (for) תּשובֿה טאָן (פֿאַר); מכפּר זײַן (אויף); אָפּקומען (פֿאַר) [TShÚVE] [MEKhÁPER]

atonement דאָס תּשובֿה טאָן; די תּשובֿה; דאָס אָפּקומעניש
[TShÚVE]
atop אויף; פֿון אויבן
atrial אַטריום־...
atrial fibrillation די אַטריום־פֿיברילאַציע
at-risk
at-risk behavior דער אײַנשטעלערישער אויפֿפֿיר
at-risk child דאָס אײַנגעשטעלטע קינד, ־ער
atrium דער אַטריום, ־ס
atrocious
(disgusting) שרעקלעך; פּאַסקודנע; מיגלדיק
(wicked) אַכזריותדיק; גרויליק [AKhZÓRYESDIK]
atrocity דאָס אַכזריות, ־ן; דער אַכזריות־אַקט, ־ן
[AKhZÓRYES]
atrophic אַטראָפֿיש
atrophied אַטראָפֿירט
atrophy, *n.* די אַטראָפֿיע
atrophy, *v.*
vt. אַטראָפֿירן
vi. אַטראָפֿירט װערן; אַטראָפֿירן זיך
Attaboy! אָט אַזױ!; גוט געמאַכט!; יישר־כּוח!; אַ לעבן אויף דײַן ‹אײַער› קאָפּ!; אַ געזונט אויף דיר ‹אײַך›!
[YÁShER-KÓYEKh/ShKÓYEKh]
attach (to)
vt. צוטשעפּע|ן (צו); צופּעסטיקן (צו); אָנטשעפּע|ן (אין/אויף); צונויפֿהעפֿטן (צו); צובינדן (צו); אָנבינדן (אין)
vi. צופּעסטיקן זיך (צו); צוטשעפּע|ן זיך (צו); צובינדן זיך (צו)
attach importance to לייגן אַכט אויף; האַלטן פֿאַר װיכטיק
(comp.) בײַלייגן
attaché דער אַטאַשע, ־ען
attaché case די טעקע, ־ס; דער דיפּלאָמאַט, ־ן; דער פּאָרטפֿעל, ־ן
attached
(building) צוזאַמענגעבויט; אײַנגעבויט; צוזאַמענגעהאָפֿטן
(document/comp.) בײַגעלייגט
(emotionally) צוגעבונדן; צוגעטאָן; צוגעזאָטן
(fastened) צוגעטשעפּעט; צוגעפּעסטיקט
attachment
(document/comp.) די בײַגעלייגטע טעקע, ־ס; דער בײַלייג, ־ן; דער צולאָג, ־ן
(emotional) די/דאָס צוגעבונדנקייט
attack, *n.* דער אָנפֿאַל, ־ן; דער באַפֿאַל, ־ן; דער אַטאַק, ־ן
have an attack of (med.) לײַדן אַ ...־אַטאַק‹־אָנפֿאַל›
attack, *v.* אַטאַקירן; באַפֿאַלן; אָנפֿאַלן ‹איבערפֿאַלן› אויף
attack a problem נעמען זיך צו(ן) אַ פּראָבלעם; נעמען זיך צו פֿאַרענטפֿערן אַן ענין [ÍNYEN]
attack a meal (*hum.*) אײַנרײַבן אַ מאָרדע; נעמען זיך צו דער אַכילה [AKhÍLE]
attack dog דער באַפֿאַלהונט, ...הינט
attacker דער באַפֿאַלער, ־ס; דער אָנפֿאַלער, ־ס; דער אַטאַקירער, ־ס
attack politics די אַטאַקיר־פּאָליטיק ל״י
attack submarine די אַטאַקיר־טונקשיף, ־ן
Attagirl! *see* **Attaboy!**
attain דערגרייכן; דערגיין ביז; פּועלן; דערשלאָגן ‹דערביוװע|ן› זיך צו [PÓY(E)LN]
attainable צום דערגרייכן
attempt, *n.* דער פּרוּװ, ־ן
attempt, *v.* פּרוּװן; פּרובירן; אָנשטרענגען זיך; מיִען זיך
attend
(be present) בײַזײַן בײַ ‹אויף›

(accompany) באַ(ג)לייטן
(school) גיין אין; לערנען זיך אין
(college) שטודירן אין; זײַן אַ סטודענט אין
(J./yeshiva) לערנען אין
attend to פֿאַרנעמען ‹אָפּגעבן› זיך מיט; מתעסק זײַן זיך מיט [MISÁSEK]
attendance דאָס בײַזײַן
(spo./thea.) די צאָל צוקוקערס
be in attendance (בײַ)זײַן; זײַן דערבײַ
have poor attendance פֿעלן אַ סך; פֿעלן צו פֿיל [SAKh]
not in attendance נישטאָ; נישט דערבײַ
take attendance אויסרופֿן (די נעמען)
attendance record דער קאָמצעטל, ־ען; דער בײַזײַן־סך־הכּל, ־ען [SAKhÁKL]
attendant, *adj.* באַ(ג)לייט; פֿאַרבונדן...
attendant, *n.*
(assistant) דער באַדינער, ־ס; דער אַסיסטענט, ־ן; דער געהילף, ־ן
(escort) דער באַ(ג)לייטער, ־ס
(at J. wedding) דער אונטערפֿירער, ־ס
attendee דער באַטייליקטער געב'
attending physician דער הויפּטדאָקטער, ...טוירים
attention דער אויפֿמערק; די אַכט
(romantic) די אָוורונג
Attention! (mil.) גראָד שטיין!; לייגט אַכט!; אַכטונג!; גיט אַכטיק!
attract/draw attention ציִען דעם אויפֿמערק
give a lot of attention to שטאַרק אָפּגעבן זיך מיט
grab attention ציִען אויף זיך דעם אויפֿמערק
pay attention to לייגן ‹געבן› אַכט אויף; אײַנהערן ‹אײַנקוקן› זיך צו; צולייגן קאָפּ צו
pay attention to (romantic) צושאַרן זיך צו; דריִען זיך אַרום; אָוורן ‹אָוורן› + דאַט'
pay no attention to נישט אומקוקן זיך אויף; הערן ווי דעם רבֿ [ROV]
The child wants attention דאָס קינד וויל מע זאָל זיך אומקוקן אויף אים ‹איר›
The child wants attention (*hum./*Am.) דאָס קינד וויל אַטענטשיעלע
attention deficit disorder דער אויפֿמערק־פֿעלער
attention deficit hyperactivity disorder דער אויפֿמערק־פֿעלער מיט היפּעראַקטיוויקייט
attention span דער אויפֿמערק־דויער; דער אויפֿמערק(־כּוח) [KÓYEKh]
short attention span דער קורצער אויפֿמערק
attentive אײַנהעריק
(solicitous) זאָרגעריש
be attentive (audience) אײַנהערן זיך (מיט קאָפּ); צולייגן קאָפּ
attentiveness די/דאָס אײַנהעריקייט
(solicitousness) די/דאָס זאָרגערישקייט
attenuate אָפּשוואַכן
attenuated אָפּגעשוואַכט
attest (to) באַשטעטיקן (אַז); אַטעסטירן (אַז); אויפֿווײַזן (אויף); זאָגן עדות אויף ‹אַז› [ÉYDES]
attestation די באַשטעטיקונג, ־ען; די אַטעסטאַציע, ־ס; דער אויפֿווײַז, ־ן
attic דער בוידעם, ־ס/בוידעמער
attire, *n.* דאָס אָנ(גע)טועכץ; די הלבשה; דער הילוך; די קליידונג [HALBÓShE] [HÍLEKh]
attired אָנגעטאָן; אויסגעקלײדט
(*iro.*) אויסגעסטרויעט; אויסגעצאַצקעט; אויסגעצירט
attitude די באַציִונג, ־ען; די שטעלונג, ־ען; דער צוגאַנג, ־ען; דער אײַנשטעל, ־ן
(posture) די האַלטונג, ־ען; דער שטעל, ־ן
have an attitude פֿירן זיך חוצפּהדיק [KhÚTSPEDIK]
attitude word דאָס מאָדאַלע וואָרט, ווערטער
attorney
m./unsp. דער אַדוואָקאַט, ־ן
f. די אַדוואָקאַטקע ‹אַדוואָקאַטין›, ־ס
attorney general דער גענעראַל־פּראָקוראָר, ־ן
attract צוציִען
attract attention צוציִען דעם אויפֿמערק
attracted צוגעצויגן; צוגעזאָגט
attracted to each other צוגעצויגן ‹צוגעזאָגט› איינס צו ס'אַנדערע
He's attracted to her סע ציט אים צו(ן) איר
attraction
(appeal) דער צוצי, ־ען; די/דאָס צוגעצויגנקייט
(feature) די אַטראַקציע, ־ס
attractive צוציִענדיק; צוציִיק; אַטראַקטיוו
attributable
It's attributable to מע קען עס צורעכענען ‹צושרײַבן› + דאַט'
attribute, *n.* דער אַטריבוט, ־ן
(quality) *also* דער שטריך, ־ן; די אייגנקייט, ־ן
attribute, *v.* **(to)** צושרײַבן + דאַט'; צורעכענען + דאַט'; אַטריבוטירן (צו)
attribution דאָס צושרײַבן; די אַטריבוציע, ־ס
not for attribution נישט צום ציטירן
attributive, *adj.* אַטריבוטיוו
attributive, *n.* דער אַטריבוטיוו, ־ן
attrition די אָפּשוואַכונג; די פֿאַרקנאַפּונג; דאָס אײַנגעשרומפּן ווערן
attune
(mus.) אָנשטימען; אָנסטרויען
become attuned (*fig.*) צופּאַסן זיך; צוגעוווינען ‹צוגעוווינען› זיך
atwitter צעשראָפּט
atypical נישט־טיפּיש
auburn רויט־ברוין
au contraire אַדרבא; פּונקט פֿאַרקערט [ÁDERABE]
au courant אינפֿאָרמירט; אין קורס
(fashionable) אין דער מאָדע; הײַנטמאָדיש
auction, *n.* די ליציטאַציע, ־ס; דער טאָרג, ־עס
by auction אויף ליציטאַציע
auction, *v.* ליציטירן
auction off אָפּליציטירן; אויסליציטירן; אַוועקלאָזן אונטערן האַמער
auction block דער ליציטיר־קלאָץ, ־קלעצער; די ליציטיר־באַנק, ־בענק
put on the auction block שטעלן אויף ליציטאַציע; אַוועקלאָזן אונטערן האַמער
auctioneer דער ליציטאַטאָר, ...אָרן
auction house די ליציטיר־פֿירמע, ־ס
audacious
(bold) דרייסט; העלדיש; ־מוטיק
(insolent) העזהדיק; חוצפּהדיק; עזותדיק; פּאַטעפּאַלנע; האַפֿערדיק [HÓZEDIK] [KhÚTSPEDIK] [ÁZESDIK]
audacity
(boldness) די/דאָס דרייסטקייט; די/דאָס העלדישקייט; דער ־מוט
(insolence) די העזה; די חוצפּה; דאָס עזות; דאָס פּאַטעפּאַלנאַסט [HÓZE] [KhÚTSPE] [ÁZES]
audibility די/דאָס הערעוודיקייט

audible הערעווידיק; צום הערן
audience דער עולם, ־ס; דער פּובליקום, ־ס; די צוהערערשאַפֿט, ־ן; די אווידיטאָריע, ־ס [ÓYLEM]
(J./thea./*slg.*) משה [MÓYShE]
give an audience to אויפֿנעמען + אַק׳
have an audience with אויפֿגענומען ווערן פֿון
audience share דער חלק צוקוקערס [KhÉYLEK]
audio, *adj.* אודיאָ...; קלאַנג...
audio, *n.* דער אודיאָ; דער קלאַנג
audiobook דאָס קלאַנגבוך, ...ביכער
audio cable דער קלאַנגקאַבל, ־ען
audio frequency די קלאַנגפֿרעקווענץ, ־ן
audiological אוידיאָלאָגיש
audiologist דער אוידיאָלאָג, ־ן
audiology די אוידיאָלאָגיע
audiotape די קלאַנגטאַשמע, ־ס; די אוידיאָטאַשמע, ־ס
audiovisual קלאַנג־און־בילד־...; אוידיאָוויזועל־...
audiovisual aids קלאַנג־און־בילד־מכשירים; אוידיאָוויזועלע מכשירים [MAKhShÍRIM]
audit, *n.* די (ביכער־)רעוויזיע, ־ס
audit, *v.* רעווידירן; מאַכן אַ רעוויזיע (אויף)
(accounting) רעווידירן (די ביכער); קאָנטראָלירן (די חשבונות) [KhEZhBÓYNES]
(a course) זײַן אַ פֿרײַער צוהערער
audit department דער רעווידיר־אָפּטייל, ־ן
audited financial statement דער רעווידירטער פֿינאַנץ־באַריכט, ־ן
auditing, *n.* די ביכער־רעוויזיע, ־ס; דאָס רעווידירן
audition, *n.* דער אויספּרוּוו, ־ן; דער פֿאַרהער, ־ן; די פּראָבע, ־ס
audition, *v.*
vt. פֿאַרהערן
vi. לאָזן זיך פֿאַרהערן; אויספּרוּוון; מאַכן פּראָבע
auditor
(accounting/*m./unsp.*) דער רעוויזאָר, ־ן; דער רואה־חשבון, ־ס [RÓYE-KhÉZhBM]
(accounting/*f.*) די רעוויזאָרשע, ־ס
(in course) דער פֿרײַער צוהערער, ־ס
auditorium דער זאַל, ־ן; די אווידיטאָריע, ־ס
auditory (גע)הער...; שמיעה־... [ShMÍE]
auditory canal דער געהערגאַנג; דער אויערגאַנג
auditory hallucination די הער־האַלוצינאַציע, ־ס
auditory nerve דער (גע)הערנערוו, ־ן
audit trail דער רעווידיר־נאָכשפּיר
aufruf דאָס אויפֿרופֿנס
auger דער עגבער, ־ס
aught דער נול, ־ן
the aughts די נוליאָרן
augment פֿאַרגרעסערן
(mus.) אויגמענטירן
augmentation דאָס פֿאַרגרעסערן; די פֿאַרגרעסערונג, ־ען
(mus.) די אויגמענטאַציע, ־ס
augmentative, *adj.* פֿאַרגרעסער־...
augmentative, *n.* די פֿאַרגרעסער־פֿאָרמע, ־ס
augmented פֿאַרגרעסערט
augmented fifth די פֿאַרגרעסערטע קווינטע
augmented fourth די פֿאַרגרעסערטע קוואַרטע
augur, *n.* דער וואָרזאָגער, ־ס; דער אויגור, ־ן
augur, *v.*
It augurs ill ס׳איז נישט קיין גוטער סימן; סע שמעקט מיט שלעכטס [SÍMEN]
It augurs well ס׳איז אַ גוטער סימן
augury
(omen) דער וואָרצייכן, ־ס
(prophecy) דאָס וואָרזאָגערײַ
august, *adj.* דערהויבן; דערהייכט; מאַיעסטעטיש
August, *n.* (דער) אויגוסט
au jus מיטן סאָס ‹טונקעכץ›; מיט דער יויך
auld lang syne די שוין לאַנג פֿאַרגאַנגענע צײַט
au naturel
(in the nude) נאַקעט; ווי די מאַמע האָט + אַק׳ געהאַט
(simple) פּראָסט־פּשוט; נישט צוגעפּוצט [PÓShET]
aunt די מומע, ־ס
aunt by marriage די קאַלטע מומע, ־ס
au pair די אָפּער־העלפֿערין, ־ס
au poivre מיט פֿעפֿער; געפֿעפֿערט; באַפֿעפֿערט
aura
(med.) די אַורא, ־ס; דאָס פֿאָרגעפֿיל, ־ן
(mood) די אַטמאָספֿער, ־ן; די שטימונג, ־ען
It has an aura of respectability סע זעט אויס לײַטיש
aural הער...
auricle
(ear) דער אויער־מושל, ־ען
(heart) דער אוריקל, ־ען; דער אַטריום, ־ס
Auriga דער פֿורמאַן
Aurora Australis דאָס דרום־ליכט [DÓREM]
Aurora Borealis דאָס צפֿון־ליכט [TSOFN]
auscultate אָפּהערן; אויסהערן
auscultation דאָס אָפּהערן; דאָס אויסהערן
auspices די השגחה ל״י; דער פּאַטראָנאַט, ־ן [HAZhGÓKhE/HAShGÓKhE]
under the auspices אונטער די פֿליגל; אונטער דער השגחה; אונטערן פּאַטראָנאַט
auspicious מזלדיק; גינציק [MÁZLDIK]
be auspicious זײַן אַ גוטער סימן [SÍMEN]
auspicious occasion די שעת־הכּושר; דער גינציקער מאָמענט, ־ן [ShAS-HAKÓYShER]
auspiciously צום גוטן; בכי־טובֿ [BEKhÍ-TÓYV]
austere שטרענג; האַרב
(frugal) צימצומדיק [TSÍMTSEMDIK]
(simple) שטרענג פּשוט; אָן באַפּוצונגען [PÓShET]
austerity די/דאָס שטרענגקייט
(econ.) די נויט
(frugality) דער צימצום [TSÍMTSEM]
austerity measures נויטמיטלען
Australia (די) אויסטראַליע
Australian, *adj.* אויסטראַליש
Australian Jew דער אויסטראַלישער געב׳; דער אויסטראַלישער ייִד, ־ן
Australian, *n.*
m./unsp. דער אויסטראַליער, –
f. די אויסטראַליערין, ־ס
Austria (דאָס) עסטרײַך
Austrian, *adj.* עסטרײַכיש
Austrian Jew דער עסטרײַכישער געב׳; דער עסטרײַכישער ייִד, ־ן
Austrian, *n.*
m./unsp. דער עסטרײַכער, –
f. די עסטרײַכערין, ־ס
Austro-Hungarian empire די עסטרײַך־אונגערישע אימפּעריע
Austro-Hungary (דאָס) עסטרײַך־אונגערן
authentic אויטענטיש; עכט; אָריגינעל; וואָרצלדיק
authenticate אויטענטיפֿיצירן; אויטענט(יק)ירן; באַעכטיקן
authentication די אויטענטי(פֿי)קאַציע, ־ס
authenticity די/דאָס אויטענטישקייט; די/דאָס עכטקייט

author, *n.*

m./unsp. דער מחבר, ־ים; דער בעל־מחבר, בעלי־מחברים; דער שרײַבער, ־ס; דער אויטאָר, ...אָרן [MEKhÁBER, MEKhÁBRIM] [BALMEKhÁBER, BÁLE-MEKhÁBRIM]

f. די מחברטע, ־ס; די שרײַבערין, ־ס; די אויטאָרשע, ־ס [MEKhÁBERTE]

author, *v.* מחבר זײַן; אָנשרײַבן [MEKhÁBER]

authoritarian אויטאָריטאַריש; הערשעריש

authoritative

(official) פֿון דער מלוכה; אָפֿיציעל [MELÚKhE]

(reliable) פֿאַרלאָזלעך; מאָסגיביק

authority

(agency) די אינסטאַנץ, ־ן

(expert) דער בר־סמכא, ־ס; דער אויטאָריטעט, ־ן; דער מומחה, ־ים [BARSÁMKhE] [MÚMKhE, MÚMKhIM]

(permission) דער רשות [REShÚS]

(power) די מאַכט; די אויטאָריטעט; די אײבערשאַפֿט; די דעה [DÉYE]

be in authority האָבן די מאַכט ‹דעה›; פֿירן די אײבערשאַפֿט

give sb. authority געבן + דאַט׳ רשות

have the authority to האָבן דעם רשות צו

higher authority די העכערע אינסטאַנץ, ־ן

on one's own authority אײגנמעכטיק

person in authority דער בעל־דעה, בעלי־דעות; דער דעה־זאָגער, ־ס [BALDÉYE, BÁLE-DÉYES] [DÉYE]

authorities די מאַכט ‹מלוכה› ל״י; מאַכטאָרגאַנען [MELÚKhE]

authorities (*iro.*) די נאַטשאַלסטווע

authority figure דער בעל־רשות, בעלי־...; די אויטאָריטעט־פֿיגור, ־ן [BALREShÚS, BÁLE-...]

authorization די באַפֿולמאַכטיקונג; די אויטאָריזאַציע; דער כּוח־הרשאה [KÓYEKh-HARShÓE]

authorize אויטאָריזירן; באַפֿולמאַכטיקן

(J./rabbinic) מתּיר זײַן [MÁTER]

authorized אויטאָריזירט; באַפֿולמאַכטיקט

Authorized Version די אַנגליקאַנישע ביבל

authorship די מחברשאַפֿט [MEKhÁBERShAFT]

autism דער אויטיזם

autism spectrum דער אויטיזם־ספּעקטער

autistic אויטיסטיש

autistic person דער אויטיסטישער געב׳; דער אויטיסט, ־ן

auto... אויטאָ...; זיך...; אַלײן...

autobiographical אויטאָביאָגראַפֿיש

autobiography די אויטאָביאָגראַפֿיע, ־ס

autobus דער (אויטאָ)בוס, ־ן

autoclave, *n.* דער אויטאָקלאַוו, ־ן

autoclave, *v.* אויטאָקלאַווירן

autocorrect, *n.* דער אויטאָקאָרעקטאָר, ...אָרן

autocorrect, *v.* אויטאָקאָרעגירן

autocorrection די אויטאָקאָרעקטור, ־ן

autocracy די אויטאָקראַטיע, ־ס

autocrat דער אויטאָקראַט, ־ן; דער אַלײן־הערשער, ־ס

autocratic אויטאָקראַטיש

auto-da-fé דער אויטאָדאַפֿע, ־ען

autodialer דער אויטאָאָנרעדלער, ־ס

autodidact דער אויטאָדידאַקט, ־ן

auto-emissions test דער אויסקנאַלפּרוּוו, ־ן

autoerotic אויטאָעראָטיש

autograph, *n.* דער אויטאָגראַף, ־ן; די (אײגנהאַנטיקע) חתימה, ־ות [KhSÍME]

autograph, *v.* אויטאָגראַפֿירן

autoharp די/דער אויטאָהאַרף, ־ן

autoimmune אויטאָאימון־...

autoimmune disorder דער אויטאָאימון־פֿעלער, ־ן

autologous פֿונעם אײגענעם גוף; אויטאָלאָגיש

autolysis דער אויטאָליז

automaker דער אויטאָ־פֿאַבריקאַנט, ־ן

automat דער אויטאָמאַט, ־ן

automate אויטאָמ(אַט)ירן

automated אויטאָמ(אַט)ירט; אויטאָמאַטיש

automated teller machine דער געלט־אויטאָמאַט, ־ן; דער באַנקאָמאַט, ־ן

automatic, *adj.* אויטאָמאַטיש

automatic, *n.* דער אויטאָמאַט, ־ן

automatically אויטאָמאַטיש

automatic rifle די אויטאָמאַטישע שטורעמביקס, ־ן

automatic pilot דער אויטאָפּילאָט

on automatic pilot (*fig.*) אָן צו קלערן; ניט־געטראַכטערהײט; ווי אַ גולם [GÓYLEM]

automatic pistol דער נאַגאַן, ־עס

automatic transmission אויטאָמאַטישע גענג ל״ר; די אויטאָמאַטישע טראַנסמיסיע

automation די אויטאָמאַציע

automaton דער אויטאָמאַט, ־ן

auto mechanic דער אויטאָ־מעכאַניקער, ־ס

auto mechanics די אויטאָ־מעכאַניק ל״י

automobile דער אויטאָמאָביל, ־ן; דער אויטאָ, ־ס; די מאַשין, ־ען

automobile insurance די אויטאָ־פֿאַרזיכערונג ‹־סטראַכירונג›

automobile race דער אויטאָ־פֿאַרמעסט, ־ן

automobile racing דער אויטאָ־פֿאַרמעסט

automobile theft די אויטאָ־גנבֿה, ־ות [GANÉYVE/G(E)NÉYVE]

automotive אויטאָ...

autonomic nervous system די אויטאָנאָמישע נערוון־סיסטעם

autonomous אויטאָנאָמ(יש)

autonomy די אויטאָנאָמיע, ־ס

autophyte דאָס אַלײנשפּײַזיקע געוויקס, ־ן; דער אויטאָפֿיט, ־ן

autopsy, *n.* דער פּאַלמעס, ־ן; די פּאַלמעסונג; די אויטאָפּסיע, ־ס

do an autopsy פּאַלמעסן

autopsy, *v.* פּאַלמעסן

auto repair shop דער אויטאָ־רעפּאַריר־וואַרשטאַט, ־ן

auto show די אויטאָ־אויסשטעלונג, ־ען

auto showroom דער אויטאָ־סאַלאָן, ־ען; דער אויטאָ־אויסשטעלזאַל, ־ן

autosomal אויטאָסאָמיש

autosome דער אויטאָסאָם, ־ען

autotrophic אויטאָטראָפֿיש

autotrophy די אויטאָטראָפֿיע

autumn, *adj.* האַרבסט...; האַרבסטיק; אָסיענ...; אָסיענדיק

autumn, *n.* דער האַרבסט, ־ן; דער אָסיען, ־ס

autumnal *see* **autumn,** *adj.*

autumnal equinox די האַרבסט־גלײַכנאַכט

auxiliary, *adj.* (אויס)העלפֿ...; געהילפֿ...

auxiliary, *n.*

(organization) די העלף־אָרגאַניזאַציע, ־ס

(person) דער העלפֿער, ־ס; דער געהילף, ־ן

auxiliary fireman דער העלף־‹געהילף־›פֿײַער־לעשער, ־ס

auxiliary police די העלף־‹געהילף־›פּאָליציי

auxiliary policeman דער העלף־‹געהילף־›פּאָליציאַנט, ־ן

auxiliary power די צוגאָבקראַפֿט
auxiliary verb דער העלפֿווערב, ־ן
auxin דער אויקסין
Av [OV] [MENÁKhEMOV] (דער) אָבֿ; (דער) מנחם־אָבֿ
avail, *n.*
be of no avail גאָר נישט העלפֿן; העלפֿן ווי אַ טויטן באַנקעס
to no avail אומזיסט; אומנישט; אומזיסט־אומנישט
avail, *v.*
avail oneself of באַניצן זיך מיט
availability די/דאָס פֿאַראַנענקייט; די/דאָס צודערהאַנטיקייט
subject to availability אויב (ס'איז) פֿאַראַן; אויב ס'איז דאָ צו באַקומען; ביי דער פֿאַראַנענקייט
available
(person/time) פֿרײַ
(to be had) פֿאַראַן(ען); בנימצא; במציאות; צו דער האַנט; צו(ם) קריגן ‹באַקומען/געפֿינען› [BENÍMTSE] [BIMTSÍES]
It's available מע קען עס קריגן ‹באַקומען›
It's readily available מע קריגט ‹באַקומט› עס אומעטום
(unmarried) נאָך נישט חתונה געהאַט; פֿרײַלעדיק; פֿרײַ [KhÁSENE]
be available (J./trad.) זײַן ראוי־לחופּה; שטיין אין שידוכים; זוכן אַ שידוך [RÓE-LEKhÚPE] [ShÍDEKh]
avalanche די לאַווינע, ־ס; דער אַוואַלאַנש, ־ן
avant-garde, *adj.* אַוואַנגאַרדיש
avant-garde, *n.* דער אַוואַנגאַרד, ־ן
avant-gardist דער אַוואַנגאַרדיסט, ־ן
avarice די/דאָס גײַציקייט; די/דאָס זשעדנעקייט; די האַבונסטווע
avaricious גײַציק; זשעדנע
be avaricious *also* האַבעווע|ן; האַבונעווע|ן
avatar דער אַוואַטאַר, ־ן; די פֿאַרקערפּערונג, ־ען
avenge נוקם זײַן זיך פֿאַר; נעמען נקמה פֿאַר; אָפּרעכענען זיך פֿאַר [NÓYKEM] [NEKÓME]
avenge oneself on נוקם זײַן זיך אין; אָפּרעכענען זיך מיט; נעמען נקמה אין
avenger דער נקמה־נעמער, ־ס [NEKÓME]
avenue די עוועניו, ־ס
aver [TÁYNEN] קאָנסטאַטירן; באַשטעטיקן; טענה|ן; דערווײַ|זן
average, *adj.* דורכשניטלעך
average, *n.* דער דורכשניט, ־ן
above average בעסער ‹העכער› פֿונעם דורכשניט
have an A average האָבן אַ דורכשניט פֿון אַ
have a B+ average האָבן אַ דורכשניט פֿון בע־פּלוס
on average דורכשניטלעך; אין דורכשניט; דורך ס'באַנק
average, *v.* אויסרעכענען ‹מאַכן› אַ דורכשניט
average out (to) זײַן אַ דורכשניט (פֿון)
average speed די/דאָס דורכשניטלעכע גיכקייט
averse
be averse to זײַן (געשטימט) קעגן; זײַן נישט גענייגט צו; זײַן נוטה נישט צו; שטאַרק נישט האָבן קיין חשק צו [NÓYTE] [KhÉYShEK]
I wouldn't be averse to a drink איך וואָלט פֿון אַ שנעפּסל זיך נישט אָפּגעזאָגט; איך וואָלט אַ בעלן געווען עפּעס צו טרינקען [BALN]
aversion דער דערווידער, ־ס; דער מיגל, ־ען
I have an aversion to eggs כ'קען נישט פֿאַרטראָגן קיין אייער; אייער זענען מיר דערווידער; אייער מיגלען מיר
avert
(turn aside) אָפּווענדן; אָפּקערן
(ward off) אויסמײַדן; פֿאַרהיטן
avert one's eyes אָפּווענדן ‹אָפּקערן› די אויגן; אָפּווענדן דעם בליק
narrowly avert שיִער נישט אויסמײַדן ‹פֿאַרהיטן›
avian פֿייגלש; פֿייגל...
avian flu די פֿייגל־אינפֿלוענציע; די פֿייגל־גריפּע
aviary די פֿייגלשטוב, ...שטיבער; דאָס פֿייגלהויז, ...הײַזער
aviation די אַוויאַציע; דאָס פֿליערײַ
aviation mechanic דער (אַ)עראָפּלאַן־מעכאַניקער, ־ס
aviator
m./unsp. דער אַוויאַטאָר, ...אָרן; דער פּילאָט, ־ן; דער פֿליִער, ־ס
f. די אַוויאַטאָרשע, ־ס; די פּילאָטקע, ־ס; די פֿליִערין, ־ס
avid
(enthusiastic) ענטוזיאַסטיש; באַגײַסטערט; איבערגעגעבן; פֿאַרברענט; הייס
(greedy) זשעדנע; להוט; גײַציק [LÓET/LÓER]
be an avid reader שלינגען ביכער
aviophobia די אַעראָפֿאָביע; די פֿלי־מורא [MÓYRE]
avitaminosis דער אַוויטאַמינאָז
avocado די אַוואָקאַדע, ־ס; דער אַוואָקאַדאָ, ־ס
(tree) דער אַוואָקאַדע־בוים, ...ביימער
avocation די אַוואָקאַציע, ־ס
avoid אויסמײַדן; פֿאַרמײַדן; ווײַכן פֿון
avoid like the plague ווײַכן ווי אַ שד פֿון ‹פֿאַר› ווײַרעך; ווײַכן ווי (פֿון) דעם עיפּוש [ShED] [ÍPESh]
avoid taxes אָפּטימיזירן די שטײַער־פּאָליטיק
avoidable
It was avoidable מ'האָט עס געקענט אויסמײַדן
avoidance דאָס (בכיוונדיקע) אויסמײַדן; דאָס פֿאַרמײַדן [BEKÍVNDIKE]
avow (אָפֿן) דעקלאַרירן; קאָנסטאַטירן; פֿאַרזיכערן
avowal די אָפֿענע דעקלאַראַציע, ־ס
avowed אָפֿן; געשוואוירן
avuncular ווי אַ פֿעטער
await וואַרטן אויף; ריכטן זיך אויף
await eagerly אַרויסקוקן אויף; אויסקוקן + אַק'; אַרויסקוקן ווי אויף משיחן [MEShÍEKhN]
await sb.'s arrival אָפּוואַרטן
awake, *adj.* אויף; וואַך
be awake זײַן אויף ‹וואַך›; וואַכן
awaken
vt. אויפֿוועקן
vi. אויפֿוועקן זיך; אויפֿכאַפּן זיך; אויסטשוכע|ן זיך
awakening
(from sleep) דאָס אויפֿוועקן זיך; די אויפֿוואַכונג
(spiritual) דאָס התעוררות; די גײַסטיקע דערוועקונג [HISÓYRERES]
award, *n.*
(prize) דער פּריז, ־ן; די פּרעמיע, ־ס
(citation) די אויסצייכענונג, ־ען
(jur.) די צופּסקענונג, ־ען [TSÚPÁSKENUNG]
award, *v.*
(prize) פּרעמירן מיט; צוטיילן
(jur.) צופּסקענען [TSÚPÁSKENEN]
award a degree צוטיילן אַ דיפּלאָם
award a grant צוטיילן ‹באַוויליקן› אַ סובווענץ
awarding of degrees דאָס אויסטיילן דיפּלאָמען
award-winner דער לאַרבעראַנט, ־ן; דער פּרעמירטער געב'
award-winning פּרעמירט
aware
(informed) באַקאַנט; אינפֿאָרמירט; וויסיק; באַוווסטזיניק
(vigilant) וואַכיק

aware of זײַן אינפֿאָרמירט ‹װיסיק/באַװוּסטזיניק› װעגן; װיסן פֿון ‹װעגן›
not that I'm aware of נישט אויף װיפֿל איך װייס
awareness די/דאָס װיסיקייט; די/דאָס באַװוּסטזיניקייט; דאָס װיסן זײַן
awareness campaign די אינפֿאָרמיר־אַקציע, ־ס
awash
be awash in שװימען אין; טונקען ‹באָדן› זיך אין
away, *adj.*
(absent) נישטאָ
(distant) אַװעק; װײַטער
She's away זי איז נישטאָ (הי)
a half-hour away (distance) מיט אַ האַלבער שעה װײַטער [ShO]
a half-hour away (time/in future) אין אַ האַלבער שעה אַרום
a half-hour away (time/in past) מיט אַ האַלבער שעה שפּעטער
two away (baseball) צװיי אַװעק
He lives four miles away from here ער װױנט פֿיר מײַל פֿון דאַנען
away game דער מאַטש בײַ יענע
away message דער נישטאָ־אָנזאָג, ־ן
awe, *n.* דאָס יִראת־הכּבֿוד; דער אָפּשײַ; די פֿאָרכט [YÍRES-HAKÓVED]
(fear) דער פּחד; דאָס ציטערניש [PÁKhED]
be in awe of שטאַרק באַװוּנדערן; האָבן גרויס אָפּשײַ ‹דרך־ארץ› פֿאַר [DERKhÉRETS]
awe, *v.* אַרױסרופֿן יִראת־הכּבֿוד ‹אָפּשײַ/פֿאָרכט› בײַ [YÍRES-HAKÓVED]
awe-inspiring (*fig.*) פּראַכטיק; פּרעכטיק; גלענצנדיק
awesome פּלאדיק; ג(ע)װאַלדיק; רושמדיק; אױסערגעװײנ(ט)לעך [PÉ(Y)LEDIK] [RÓYShEMDIK]
Awesome! הו־האַ!; אַזױנס װי אַזעלעכס!; פֿענאָמענאַל!; אױסערגעװײנ(ט)לעך; ג(ע)װאַלדיק!
awestruck פֿריטשמעליעט; פֿאַרבלענדט; פֿול מיט יִראת־הכּבֿוד ‹פֿאָרכט› [YÍRES-HAKÓVED]
He was awestruck *also* אים האָט אַרומגעכאַפּט אַ פּחד ‹ציטערניש› [PÁKhED]
awful שרעקלעך
an awful lot of אַ שלל ‹ים› מיט; גאָר ‹זײער› אַ סך; חמרים מיט [ShLAL] [YAM] [SAKh] [KhMÓRIM]
That's awful! (אַ) חלשות! [KhALÓShES]
awfully שרעקלעך
(extremely) *also* ביז גאָר; גאָר־גאָר; סכּנות [SAKÓNES/SEKÓNES]
awhile אַ שטיקל צײַט; נישט לאַנג
wait awhile *also* צוװאַרטן
awkward
(unmanageable) אומגעלומפּערט; װי אַ ביין אין האַלדז
(embarrassing) פֿריקרע; נישט צום האַרצן
awkward age די פֿריִע דערװאַקסלינגשאַפֿט; דער איבערגאַנג־עלטער
be awkward (clumsy) האָבן ליימענע הענט; האָבן צװיי לינקע פֿיס; זײַן אומגעלומפּערט ‹לעפּיש/אומגעשיקט›
awkward squad נײַע רעקרוטן ל״ר; נײַנקע ל״ר
awl די (נ)אָל, ־ן
awn די זאַנגבאָרד
awning דאָס איבערצי־דעכל, ־עך; די פֿלאַנדעקע, ־ס; דאָס שיצדעכל, ־עך; דאָס ברעזענטענע דעכל, ־עך
AWOL
go AWOL פֿעלן אָן רשות ‹דערלויבעניש› [REShÚS]
awry קרום
go awry אויספֿאַלן באָקעם; קאַליע װערן; אױסלאָזן זיך קרום
look awry (at) קוקן קרום (אויף)
axe, *n.* די האַק, העק
have an axe to grind האָבן טענות; אַרומטראָגן זיך מיט תּרעומות [TÁYNES] [TARÚMES]
axe, *v.* אונטערהאַקן; אָפּהאַקן
(fire) אָפּזאָגן (פֿון דער אַרבעט)
axe the budget פֿאַרקלענערן ‹שנײַדן› דעם בודזשעט
axil די (בלאַט)פּאַכװע, ־ס
axilla די פּאַכװע, ־ס
axillary פּאַכװעדיק; פּאַכװע...
axillary bud דער בוזעמקנאָספּ, ־ן
axillary hair פּאַכװעהאָר ל״ר
axiom די/דער אַקסיאָם, ־ען
axiomatic אַקסיאָמאַטיש
axis די אַקס, ־ן
x-axis די איקס־אַקס, ־ן
y-axis די איגרעק־אַקס, ־ן
axis of evil די רישעות־אַקס [RÍShES]
axis of rotation די דרייאַקס
axis of symmetry די אַקס פֿון סימעטריע
Axis powers די אַקס(מאַכטן)
axle די אַקס, ־ן
four-axle פֿיראַקסיק
axle box די בוקסע, ־ס
axled אַקסיק
ayatollah דער איאַטאָלאַ, ־ס
aye דער יאָ, ־ען
The ayes have it די מאַיאָריטעט האָט געשטימט (אַז) יאָ
azalea די אַזאַליע, ־ס
Azerbaijan (דאָס) אַזערבײַדזשאַן
Azerbaijani, *adj.* אַזערבײַדזשאַניש; אַזערבײַדזשאַנער אינװ׳
Azerbaijani, *n.*
m./unsp. דער אַזערבײַדזשאַנער, –
f. די אַזערבײַדזשאַנערין, ־ס
Azeri
(people) *see* **Azerbaijani**
(language) (דאָס) אַזעריש
azimuth דער אַזימוט, ־ן
azonal אַזאָנאַל
azure, *adj.* אַזוריש; הימל ‹לאַזור› בלאָ
azure, *n.*
(color) די (ל)אַזור
(gem) דער אַזוריט; דער לאַזורשטיין

B

B
(letter) דער בע, ־ען
(grade/Am.) דער בי, ־ען
(mus.) דער סי, ־ען
B flat סי בעמאָל
B sharp סי דיעז
baa, *n.* דער בעקע, ־ס
baa, *v.* בעקע|ן
baba ganoush דער באַבאַ־גאַנוש
babbitt דער באַביט
babble, *n.* דאָס פּלאַפּלען; דאָס פּלאַפּלערײַ
babble, *v.*
(chatter) באַלעמוטשע|ן; פּלאַפּלען; פּרעפּלען; בעבע|ן; באַלאַקע|ן; מאַטלען
(of child) לעפּעטשע|ן; באַלעבעטשע|ן
babbler דער באַלעמוט, ־ן; דער פּלאַפּלער, ־ס
babe, *n.*
(infant) דאָס עופֿעלע, ־ך; דאָס פּיצעלע, ־ך [ÉYFELE]
(innocent/*fig.*) דער תּמים, ־ס [TÓMEM]
(woman/*slg.*) די ליאַליע, ־ס
babe in arms דאָס קינד אין וויג
babe in the woods דאָס מלופּן־קינד, ־ער; דאָס ניונקעלע, ־ך [MELÚPM]
Babel (דאָס) בבֿל [BOVL]
babka די באַבקע, ־ס
baboon דער באַבון, ־ען
babushka דאָס קאָפּטיכל, ־עך; די קאָסינקע, ־ס
(old woman) די אַלטיטשקע, –
baby, *n.* דאָס עופֿעלע, ־ך; דאָס וויקלקינד, ־ער; דאָס זייגקינד, ־ער; דאָס פּיצל, ־עך; דאָס פּיצעלע, ־ך [ÉYFELE]
(*aff./app.*) אוצרל; בובעלע; ברעקעלע; בריזעלע; דרויבעלע; וועווריק(ל); ווערעמל; זיסקייט; חיותל; חיותעלע; טאַטעלע [צון אַ ייִנגעלע]; טײַבעלע; ליאַלקעלע; מאַמעלע [צון אַ מיידעלע]; מאַנדעלע; מאָנצעלע; מיאוסקייט; מײַזעלע; מענטשעלע; נאָגעלע; נפֿשל; נשמה(ק)עלע; פּויקעלע; פּופּטשיקל; פּוציפּאַק; פּיצוויניקל; פּיצעלע; פֿייגעלע; פּישעלע; צוציק(ל); קאַראַפּוזיקל; קאַרדופֿניקל; קוטרוצעלע; קעצעלע; קרישקעלע; שוועלבעלע; שוינקייט; שיינקייט; שנעקעלע; שעפּסעלע; שעפֿעלע [ÓYTSERL] [KhÍYESL/KhÁYESL] [KhÁYSELE] [MÍESKEYT] [NÉFEShL] [NEShÓM(K)ELE]
have a baby גיין צו קינד; האָבן אַ קינד; געלעגן ווערן
the baby of the family (*m.*) דער מיזיניק, ־עס
the baby of the family (*f.*) די מיזינקע, ־ס
baby, *v.* פּיעשטשע|ן; פּעסטע|ן; רעדן ווי צו(ן) אַ קינד
baby blanket דאָס קאָציקל, ־עך; דאָס קאָלדריקל, ־עך; דאָס דעקעלע, ־ך
baby blue ליכטיק בלאָ
baby blues בלאָע אויגן
(*fig.*) קוקערס
(obst./psych.) די/דאָס קימפּעט־דערשלאָגנקייט
baby boom דאָס צעקינדלעניש
baby-boomer
be a baby-boomer זײַן פֿונעם צעקינדל־דור [DOR]
baby-boom generation דער/דאָס צעקינדל־דור [DOR]
baby bottle דאָס פֿלעשעלע, ־ך; דאָס מיזוקל, ־עך [MÍZEKL]
baby carriage דאָס (גאַנג־)וועגעלע, ־ך
baby carrier דאָס האַרצזעקל, ־עך; דאָס טרעגערל, ־עך
baby carrot דאָס מייערל, ־עך; דאָס מערעלע, ־ך
baby cereal דאָס קאַשקעלע, ־ך
baby clothes בגדימלעך; מלבושימלעך [BGÓDIMLEKh] [MALBÚShIMLEKh]
baby corn דאָס פּאַפּשויקעלע, ־ך; דאָס קוקורוזעלע, ־ך
baby face דאָס פּנימל ווי אַן עופֿעלע ‹אַ מלאכל›; דאָס אומשולדיקע פּנימל [PÉ(Y)NEML] [ÉYFELE] [MÁLEKhL]
baby fat די/דאָס קײַלעכדיקייט
baby food דאָס עופֿל־עסן [ÉYFL]
baby gate דער קינדער־טויער, ־ן
baby grand דער קליינער ראָיאַל, ־ן
babyhood די/דאָס עופֿלשאַפֿט [ÉYFLShAFT]
Babylonia (דאָס) בבֿל [BOVL]
Babylonian, *adj.* בבֿליש [BÁVLISh]
Babylonian, *n.* דער בבֿלי, ־ם [BÁVLI]
baby lotion דאָס עופֿל־שמירעכץ ‹־אײַנרײַבעכץ› [EYFL]
baby monitor די קינד־אָפּשפּירקע, ־ס
baby nurse די ניאַניע ‹ניאַנקע›, ־ס
baby oil דער עופֿל־אייל [EYFL]
baby powder דער עופֿל־פּראָשיק [EYFL]
baby rocker דאָס וויגערל, ־עך
baby's breath (bot.) דער נע־ונדניק, ־עס [NAVENÁDNIK]
baby scale די קינדערוואָג
baby shampoo דאָס צוואָגוואַסערל; דער עופֿל־שאַמפּו [EYFL]
baby shower די עופֿל־שׂימחה, ־ות [ÉYFL-SÍMKhE]
babysit (for) קינדהיטן (בײַ); זײַן אַ קינדהיטער (בײַ)
babysitter
m./unsp. דער קינדהיטער, ־ס
f. די קינדהיטערין, ־ס
babysitting דאָס קינדהיטערײַ; דאָס קינדהיטן
baby sling די (עופֿל־)בינדע, ־ס [EYFL]
baby step דאָס (פּיצעלע) טראָטעלע, ־ך
baby talk דאָס קינדער־לשון [LOShN]
baby thermometer דער קינדער־טערמאָמעטער, ־ס
baby tooth דער מילכצאָן, ...ציין
baby teeth מילכציין; ערשטע ‹דערווײַליקע› ציינדלעך
baby wipe דאָס (אונטער)ווישערל, ־עך
baccalaureate דער באַקאַלאַווער, ־ס; דער באַקאַלאַווראַט, ־ן
baccarat דער באַקאַראַ
bacchanalia די וואַקכאַנאַליע, ־ס; די אָרגיע, ־ס
Bacchus באַקכוס
bachelor דער (אַלטער/עלטערער) בחור, ־ים; דער פֿרײַלײדיקער געב׳ [BÓKhER, BÓKhERIM/BOKhÚRIM]
(degree) דער באַקאַלאַווראַט, ־ן; דער באַקאַלאַווער, ־ס
Bachelor of Arts דער באַקאַלאַווער פֿון קונסטן
Bachelor of Science דער באַקאַלאַווער פֿון וויסנשאַפֿט
lead a bachelor's life בחורן [BÓKhERN]
bachelorette די נישט־חתונה־געהאַטע, –; די מויד, ־ן/מיידן; די פֿרײַלײדיקע, – [KhÁSENE]
bachelorhood די/דאָס (אַלט־)בחורשאַפֿט [BÓKhERShAFT]
bachelor party די חתן־הוליאַנקע, ־ס [KhOSN]
bacillus דער באַציל, ־ן
bacitracin דער באַציטראַצין
back, *adj.* הינטערשט; הינטער...
back, *adv.* אויף צוריק ‹הינטן›; צוריק; קריק; הינטערווײַלעכץ
back and forth אַהין און צוריק; (אַ)הין און קריק; אַהין און אַהער

back then אַ מאָל; דעמאָלט; דענסטמאָל; יעמאָלט
back to back (consecutively) איינס באַלד ‹האַרט› נאָכן צווייטן; איינס נאָך אַנאַנד
back to back (physically) אַ פּלייצע קעגן אַ פּלייצע
be back צוריקקומען; אומקערן זיך; זײַן דאָ צוריק
be five games back האַלטן פֿינ(ע)ף מאַטשן פֿון הינטן
first game back דער ערשטער מאַטש נאָכן אומקערן זיך
get back together איבערבעטן זיך; ווידער צונויפֿקומען זיך
go back on one's promise/word נישט האַלטן וואָרט
on the way back אויפֿן וועג צוריק; (אויף) צוריק וועגס

back, *n.*
(anat.) די פּלייצע, ־ס; דער רוקן, ־ס
(behind) דער הינטן, ־ס; די הינטערשטע זײַט, ־ן
(football) דער בעק, ־ן
(of baby) דאָס פּלייצ(ק)עלע, ־ך
(of shoe) דער טיליק, טילקעס
(of chair) דער אָנלען, ־ען; דער רוקן, ־ס; דאָס רוקן־ווענטל, ־עך
back of the hand דער דלאָניע־רוקן
know like the back of one's hand וויסן ‹קענען› אויף די פֿינגער
back of the neck דער נאַקן, ־ס; די פּאַטילניצע, ־ס; דער קאַרק, ־עס/קערק
back of the tongue די הינטערצונג
be on sb.'s back נישט לאָזן + אַק' לעבן; דערגיין + דאַט' די יאָרן; נישט לאָזן + אַק' צו רו
Get off my back! טשעפּע(ט) זיך אָפּ!; לאָז(ט) מיך צו רו!
behind one's back הינטער די אויגן ‹פּלייצעס›
have one's back to the wall נישט האָבן קיין ברירה ‹אויסוועג›; זײַן אין אַ קלעם [BRÉYRE]
in back of (אַ)הינטער
in the back (פֿון) הינטן
sit in the back זיצן פֿון הינטן
turn one's back on אויסדרייען זיך מיט דער פּלייצע צו; אָפּקערן זיך פֿון; איבערלאָזן אויף הפֿקר ‹גאָטס באַראָט› [HÉFKER]

back, *v.* (אונטער)שטיצן; אינדאָרסירן; פּראָטעזשירן
back away אָפּטרעטן; צוריקטרעטן
back away (*fig.*) צוריקציִען זיך
back down/off צוריקציִען; אָפּטרעטן
back out (regret) צוריקציִען זיך
back out (vehicle) אַרויספֿאָרן אויף צוריק
back out of (a deal) צוריקציִען זיך פֿון; חרטה האָבן אויף [KhARÓTE]
back up, *vt.* **(comp.)** מאַכן אַ רעזערוו־קאָפּיע (פֿון)
back up, *vt.* **(confirm)** באַשטעטיקן
back up, *vt.* **(spo.)** שטיין הינטער; הינטערכאַפּן
back up, *vt.* **(support)** (אונטער)שטיצן; אונטערשפּאַרן
back up, *vi.* **(car)** פֿאָרן אויף צוריק; פֿאָרן הינטערווײַלעכץ
back up, *vi.* **(move back)** רוקן זיך אויף צוריק; רוקן זיך הינטערווײַלעכץ
back up, *vi.* **(plumbing)** פֿאַרשטאָפּט ווערן
Traffic was backed up for miles דער טראַפֿיק האָט זיך פֿאַרצויגן אויף מײַלן
backed up in payments הינטערשטעליק ‹פֿאַרשפּעטיקט› מיט די צאָלונגען
backed up with work הינטערשטעליק מיט דער אַרבעט; באַלאָדן מיט אַרבעט

backache דער פּלייצע־‹רוקן־›ווייטיק, ־ן
I have a backache סע טוט מיר וויי די קריזשעס; די פּלייצע טוט מיר וויי; סע ברעכט מיך דער רוקן

back-alley, *adj.* **(illegal)** אומלעגאַל
back alley, *n.* דאָס הינטערגעסל, ־עך; דער זאַוווּליק, ־עס
back-and-forth, *n.* דער צווישנשמועס, ־ן
backbeat דער הינטערטאַקט, ־ן
backbend דאָס בייגן זיך אויף צוריק; דער קריקבייג, ־ן
backbite באַרעדן; טרײַבן רכילות אויף; מאַטלען אויף [REKhÍLES]
backbiting דאָס באַרעדן; דאָס טרײַבן רכילות [REKhÍLES]
backboard דאָס/די הינטערברעט, ־ער
backbone דער רוקנביין, ־ער; די שדרה, ־ות [ShÉDRE]
to the backbone דורך און דורך
He's the backbone of the organization ער איז דער זײַל פֿון דער אָרגאַניזאַציע; אויף אים האַלט זיך די גאַנצע אָרגאַניזאַציע
back brace דער רוקן־האַלטער, ־ס
backbreaking איבער די כּוחות [KÓYKhES]
do backbreaking work ברעכן דעם רוקן; אַרבעטן עבֿודת־פּרך [AVÓYDES-PÉREKh]
back burner דער הינטערברענער, ־ס
put on the back burner (*fig.*) אַוועקשטעלן ‹אָפּרוקן› אויפֿן הינטערשטן פּלאַן; אָפּלייגן אין דער לאַנגער באַנק (אַרײַן); אָפּלייגן אויף שפּעטער
backcheck, *n.* דער קריקשטויס, ־ן
backcheck, *v.* קריקשטויסן
backcloth *see* **backdrop**
back country די העק, ־ן; דאָס פֿאַרוואָרפֿענע ווינקל, ־עך
backcourt דער הינטערפּלאַץ, ...פּלעצער; דער שיצפּלאַץ, ...פּלעצער
backcourt player דער הינטערשטער געב'; דער היטער, ־ס; דער שיצער, ־ס
back cover די הינטערהילע, ־ס
backdate קריקדאַטירן
back-door, *adj.* באַהאַלטן; שטיל; בסודיק [BESÓDIK]
back door, *n.* די הינטערטיר, ־ן; די הינטערשטע טיר, ־ן
through the back door (*fig.*) הינטן אַרום; מיט הינטערגענג
backdrop די הינטערדעקאָראַציע, ־ס
(background/*fig.***)** דער פֿאָן, ־ען; דער הינטערגרונט, ־ן
on the backdrop of אויפֿן פֿאָן פֿון
back-end program די הינטערפּראָגראַם, ־ען
backer דער שטיצער, ־ס
backfield דאָס בעקפֿעלד
(players) בעקן
backfire, *n.* דער קריקפֿײַער; דער קעגנפֿײַער
backfire, *v.* געבן קריקפֿײַער
(*fig.*) אויספֿאַלן באַקעם; אַרויסקומען קאַפּויער
backflip, *n.* די קאָזשלקע ‹דער קאָזשעליק› אויף צוריק
backflip, *v.* מאַכן אַ קאָזשלקע ‹קאָזשעליק› אויף צוריק ‹קריק›
back float
do a back float האַלטן זיך נאָזנדיק אויפֿן וואַסער
back formation די קריקפֿורעמונג, ־ען
backgammon דער שש־בש [ShÉSh-BESh]
background, *adj.* הינטער...; אַרומיק
background, *n.*
(origin) דער אָפּשטאַם, ־ען; דער ייִחוס [YÍKhES]
(painting) דער פֿאָן, ־ען; דער הינטערגרונט, ־ן
(preparation) דער צוגרייט; די צוגרייטונג
(information) דער קאָנטעקסט; דער הינטערגרונט
in the background אין הינטערגרונט; פֿון הינטן
do a background check on אויספֿאָרשן ‹(אַ)דורכקאָנטראָלירן› + פּאָס' הינטערגרונט
background color די הינטערפֿאַרב, ־ן

background music די הינטערמוזיק
background noise דער הינטערזשום, ־ען; דער אַרומיקער זשום, ־ען
background radiation די אַרומיקע שטראַלונג
backhand די הינטערהאַנט; דער הינטערפֿיר
play backhand קלאַפּן ‹שיסן› מיט דער הינטערהאַנט
backhanded compliment דער לינקער קאָמפּלימענט, ־ן
backhander (bribe/*slg.*) די לאַפּעק; די לאַפּאָוועקע
backhoe דער עקסקאַוואַטאָר, ...אָרן
backing
(aid) די/דער שטיץ; די אונטערשטיצונג
(for check) די דעקונג
(material) דער אונטערלאַג; דער אונטערשלאַק
back issue דער פֿריערדיקער נומער, ־ן
back labor דאָס גיין צו קינד הינטן אַרום
backlash דער קריקשלאַג, ־ן; דער צוריקשלאַג, ־ן; דער צוריקשמייס, ־ן
(*fig.*) די שטאַרק ‹שאַרף› נעגאַטיווע רעאַקציע, ־ס
backless
(chair) אָן אַ רוקן
(dress) טיף אויסגעשניטן פֿון הינטן
backlight, *n.* דאָס הינטערליכט
backlight, *v.* (אַ)דורכלייַכטן; באַלייַכטן פֿון הינטן
backlog
(reserve) דער זאַפּאַס, ־ן
(of work) די אָנגעזאַמלטע ‹אָנגעקליבענע› אַרבעט
backlog, *v.* אָנזאַמלען זיך
back order, *n.* די פֿאַרהאַלטענע ‹נאָך נישט פֿאַרפֿולטע› באַשטעלונג, ־ען
back-order, *v.* באַשטעלן פֿאַרהאַלטענערהייט
backpack, *n.* דער רוקזאַק, ...זעק; דאָס פּלייצע־זעקל, ־עך
backpack, *v.* רוקזאַקעווע|ן
back pain *see* **backache**
back pay נישט־דערצאָלטע שכירות ל״ר; דער נאָכצאָל [SKhÍRES]
backpedal טרעטלען אויף צוריק
(*fig.*) אָפּטרעטן; ציִען זיך אויף צוריק
back pocket די הינטערשטע קעשענע, ־ס; די תּחת־קעשענע, ־ס [TÓKhES]
backrest דער (פּלייצע־)אָנלען, ־ען; דער רוקן, ־ס; דאָס רוקן־ווענטל, ־עך
back road דער הינטערוועג, ־ן
back room דער הינטערצימער, ־ן
back-room operator דער שטריקל־ציִער, ־ס
back-room politics דאָס באַהאַלטענע פּאָליטיקאַנערייַ ל״י
back rub דער פּלייצע־‹רוקן־›מאַסאַזש, ־ן
backsaw די האַנטזעג, ־ן
backscratcher דער רוקן־קראַצער, ־ס
(*fig.*) דער אונטערלעקער, ־ס; דער חניפֿהניק, ־עס [Kh(A)NÍFENIK]
back seat דאָס הינטערשטע געזעס, ־ן
take a back seat (*fig.*) לאָזן יענעמ(ען) אָנפֿירן
backseat driver
be a backseat driver קאָמאַנדעווע|ן פֿון הינטן; געבן אומגעוווּנטשענע עצות [ÉYTSES]
backside, *n.* די הינטערזייַט, ־ן
(buttocks) דער אָחור, ־ס; דער הינטערחלק, ־ים; דער הינטן; דער הינטערשטער; דאָס געזעס, ־ן; דער זיץ־זשע־מוחל [ÓKhER] [HÍNTERKhEYLEK, ...KhALÓKIM] [MOYKhL]
backslap פֿירן זיך נאַשבראַט
backslapper דער נאַשבראַט, ־ן; דער גוטער־ברודער, גוטע־ברידער
backslash דער פֿאַרקערטער קאָסאַק, ־עס
backslide קריקפֿאַלן; צוריקפֿאַלן
backsliding דער קריקפֿאַל; דאָס קריקפֿאַלן
backspace, *n.* דער קריקרוקער, ־ס; דער קריקקלאַוויש, ־ן
backspace, *v.* קריקרוקן
backstabber
be a backstabber אַרייַנשטעקן + דאַט׳ אַ מעסער אין רוקן
backstage הינטער די קוליסן
back stairs הינטערשטע טרעפּ
backstop
(fence) דער הינטערפּלויט; די שפּילוואַנט
(player) דער כאַפּער, ־ס
back story די (הינטער)געשיכטע, ־ס
back street *see* **back alley**
backstroke דער נאַזנשווום
swim the backstroke שווימען נאַזנדיק
backstroker דער נאַזנשווימער, ־ס
backswing דער מאַך אויף צוריק
backtalk דאָס אָפּענטפֿערן מיט חוצפּה; דאָס עפֿענען אַ מויל אויף יענעם; דאָס אַקעגנרעדן [KhÚTSPE]
back taxes נישט־דערצאָלטע שטייַערן
back-to-school sale דער סוף־זומער־אויספֿאַרקויף [SOF]
back-to-work order דער באַפֿעל זיך אומצוקערן צו דער אַרבעט
backtrack
(retrace steps) צוריקגיין אויפֿן זעלבן וועג; אָפּגיין אויף צוריק
(on policy) אָפּטרעטן; צוריקציִען זיך
backup, *adj.* רעזערוו...; הינטער...
backup, *n.* (spo.) דער פֿאַרבייַטער, ־ס; דער ממלא־מקום, ־ס [MEMÁLE-MÓKEM]
backup disk דער רעזערוודיסק, ־ן
backup documentation די אונטערשפּאַר־דאָקומענטאַציע
backup plan דער צווייטער פּלאַן, פּלענער
backup singers הינטערוואָקאַליסטן
backup system די רעזערוו־סיסטעם, ־ען
back vowel דער הינטערשטער וואָקאַל, ־ן
backward, *adj.* הינטערשטעליק; אָפּגעשטאַנען
backward(s), *adv.* אויף צוריק ‹קריק/הינטן›; אַהינטער; הינטערווייַלעכץ
backward and forward אַהין און צוריק ‹קריק›
know backward and forward קענען ווי אַ וואַסער
He has it backwards ער האָט פֿאַרשטאַנען פּונקט פֿאַרקערט ‹קאַפּויער›
backwash דער צוריקשטראָם
(aftermath/*fig.*) דער אָפּקלאַנג; דער דערנאָכדעם
backwater דאָס אָפּגעשטאַנענע אָרט; די/דער העק
back wheel די הינטערשטע ראָד, רעדער
backwoods דאָס פֿאַרוואָרפֿענע ווינקל ל״ן; די/דער העק ל״י
backyard דער הינטערהויף, ־ן
in our own backyard ביי אונדז
bacon דער בייקאָן; די פּעטזייַט; דער שפּעק
bacteria באַקטעריעס
bacterial באַקטעריע־...
bacterial infection די באַקטעריע־אינפֿעקציע, ־ס
bacteriological באַקטעריאָלאָגיש
bacteriologist דער באַקטעריאָלאָג, ־ן
bacteriology די באַקטעריאָלאָגיע
bacterium די באַקטעריע, ־ס
Bactrian camel דער צוויי־הויקערדיקער קעמל, ־ען
bad שלעכט; בייז; מיאוס [MÍES]
Bad boy/girl! איַי־ניו־ניו; ניו־ניו־ניו!
be bad at נישט טויגן אויף; נישט זייַן פֿעיִק צו

be bad for זײַן + דאַט' נישט געזונט; קענען שאַטן + דאַט' צום געזונט

He's in a bad way סע האַלט שמאָל מיט אים; ער איז שטאַרק ‹מסוכּן› קראַנק [MESÚKN]

get on sb.'s bad side דערגיין + דאַט' די יאָרן

go bad אַ תּל ווערן; קאַליע ‹געראָנען› ווערן [TEL]

go from bad to worse ווערן אַלץ ערגער און ערגער

I feel bad (regret) סע טוט מיר באַנג

I feel bad (sick) איך פֿיל זיך נישט גוט; איך פֿיל זיך נישט מיט אַלעמען

I feel bad about סע טוט מיר באַנג וואָס

not bad [NIShKÓShE] נישקשה; גאַנץ לײַטיש; נישט שלעכט

the good and the bad די מעלות און חסרונות [MÁYLES] [KhESRÓYNES]

too bad that אַ שאָד ‹חסרון› וואָס [KhESÓRN]

Too bad! (pity) אַ שאָד!; אַן עבֿירה! [AVÉYRE]

Too bad! (*iro.*) איז נישט געפֿידלט!; פֿאַרפֿאַלן!

bad apple דער פֿאַרשיווער שאָף, –; דער פֿאַרפֿוילטער עפּל, –

bad blood [SÍNE] די פֿײַנטשאַפֿט; די שׂינאה; דאָס בייזע בלוט

bad breath דער (פֿולער) מויל־ריח [RÉYEKh]

He has bad breath סע פֿילט ‹הערט› זיך אים פֿון מויל

badge דאָס בלעכל, ־עך; די עמבלעם, ־ען; דער אָפּצייכן, ־ס

badge of honor די ערן־עמבלעם, ־ען

He considers it a badge of honor ער איז גאָר שטאָלץ דערמיט

badger, *n.* דער טאַקס, ־ן; דער באַרסוק, ־עס

badger, *v.* יאַדע|ן; פּלאָגן; דערקוטשע|ן; רופּע|ן; טשעפּע|ן זיך צו; פֿאַלן + דאַט' צו לאַסט

bad language דער ניבול־פּה; פּאַסקודנע ‹מיאוסע/גראָבע› רייד ל"ר; קללות ל"ר [NIBLPÉ] [MÍESE] [KLÓLES]

badly שלעכט; נישט גוט; אויף אַ שלעכטן ‹מיאוסן› אופֿן [MÍESN] [OYFN]

be badly off זײַן אויף (גרויסע) צרות; ליגן אין דר'ערד [TSÓRES]

It's going badly [ShOFL] ס'איז שפֿל; ס'איז זייער נישט גוט

need badly שטאַרק דאַרפֿן

want badly שטאַרק וועלן

bad-mannered אומדערצויגן; שלעכט דערצויגן; אומהעפֿלעך

be bad-mannered האָבן שלעכטע ‹גראָבע› מאַנירן

badminton דער באַדמינטאָן

badmouth באַרעדן; רעדן לשון־הרע וועגן; איבערוואַשן + דאַט' די ביינער; אויסרעדן אַל דאָס בייזס אויף [LOShN-HÓRE]

bad press דער נעגאַטיווער פּירסום [PÍRSEM]

bad weather דער פּאַסקודנער ‹מיאוסער/שלעכטער› וועטער [MÍESER]

baffle פּלעפֿן; מבֿלבל זײַן; צעמאַנטשע|ן [MEVÁLBL]

(thwart) פֿאַרשטערן; קאַליע מאַכן

be baffled (at/by) בלײַבן געפּלעפֿט (פֿון); פֿאַרהאַקן זיך (בײַ)

bafflement די/דאָס געפּלעפֿטקייט

baffling פּלעפֿנדיק

baffling problem דער האַרבער ענין, ־ים [ÍNYEN, INYÓNIM]

baffling question (*hum.*) [KÁShE] די קלאָץ־קשיא, ־ות

bag, *n.*

(plastic/paper) דער בײַטל, ־ען; דאָס זעקל, ־עך

(paper) דער שקאַרמיץ, ־ן

(pocketbook) דער טאַש, ־ן

(suitcase) דאָס רענצל, ־עך; דער טשעמאָדאַן, ־ען; די וואַליז(ק)ע, ־ס

bag of bones הויט און ביין; אַ בינטל ביינער

bag of tricks תּחבולות ל"ר [TAKhBÚLES]

bag of waters דאָס וואַסער־זעקל

bags of פֿולע זעק מיט

bags under the eyes קישעלעך ‹טאָרבעלעך› אונטער די אויגן

be left holding the bag בלײַבן מיט אַ נאָז; בלײַבן שטיין מיטן אתרוג אין דער האַנט; האַלטן זיך מיט דער דודע [ÉSREG]

in the bag פֿאַרזיכערט; געזיכערט; זיכער ווי געלד

with bag and baggage מיט האַק־און־פּאַק; מיט אַלע בעבעכעס

bag, *v.*

(catch) פֿאַנגען

(put in bag) אַרײַנלייגן אין בײַטל ‹זאַק›

bagatelle די באַגאַטעל, ־ן

bagel דער בייגל, –

bagel and cream cheese דער בייגל מיט שמירקעז

bagel and lox דער בייגל מיט לאַקס

baggage דער באַגאַזש; דאָס געפּעק

(emotional) דאָס פּעקל

baggage car דער באַגאַזש־וואַגאָן, ־ען

baggage carousel דער באַגאַזש־קאַרוסעל, ־ן

baggage cart דאָס באַגאַזש־וועגעלע, ־ך

baggage check-in דאָס אײַנשרײַבן ‹אַוועקגעבן/אויפֿגעבן› דעם באַגאַזש

baggage claim דער באַגאַזש־אָפּנעם

baggage claim area דער באַגאַזש־אָפּנעמזאַל, ־ן

baggage compartment דער באַגאַזשניק, ־עס

baggage elevator דער באַגאַזשליפֿט, ־ן

baggage handler דער באַגאַזש־אַרבעטער, ־ס

baggage room דער באַגאַזש־צימער, ־ן

baggage screening דער באַגאַזש־קאָנטראָל

baggage tag דאָס באַגאַזש־קוויטל, ־עך

baggy הענגענדיק; בײַטלדיק; לויז

bagpipe דער זאַקפֿײַף, ־ן

baguette דער באַגעט, ־ן

Bahamas באַהאַמאַס; באַהאַמישע אינדזלען

Bahamian, *adj.* באַהאַמיש

Bahamian, *n.*

m./unsp. דער באַהאַמיער, –

f. די באַהאַמיערין, ־ס

Bahrain (דאָס) באַכרייַן

Bahraini, *adj.* באַכרייניש

Bahraini, *n.*

m./unsp. דער באַכרייַנער, –

f. די באַכרייַנערין, ־ס

bail, *n.* [ÓRVES/ARÉYVES] די קויציע; דאָס ערבֿות(־געלט)

forfeit bail לאָזן פֿאַלן די קויציע

hold without bail האַלטן אָן קויציע

post bail אײַנצאָלן ‹אײַנלייגן› קויציע

set bail באַשטימען די קויציע

bail, *v.* אויסשעפּן

bail out (of plane) אַרויסוואַרפֿן זיך מיט ‹אויף› אַ פּאַראַשוט

bail out (rescue) [TSÓRE] אַרויסראַטעווע|ן (פֿון אַ צרה)

bailiff דער געריכט־דינער, ־ס; דער וואָזנע, ־ס; דער קאָמאָרניק, ־עס

(J.) דער שליח־בית־דין; שליחי־... [ShELÍEKh-BÉZDN, ShLÍKhE-...]

bailiwick

(district) דעם געריכט־דינערס קרײַז, ־ן

(field) די בראַנזשע, ־ס; די (אינטערעסן־)ספֿערע, ־ס

bailor [BÁL(E)] דער דעפּאָנענט, ־ן; דער בעל־קויציע, בעלי־...

bailout דער ראַטיר, ־ן; דער ראַטוניק, ...נקעס

bailout funds ראַטיר־פֿאָנדן

Bairam דער בײַראַם

bait, *n.* די צישפּײַז; די לאָקערשפּײַז; דאָס לאָקערל, ־עך

  take the bait (fish) לאָזן זיך כאַפּן אויף דער ווענטקע; לאָזן זיך פֿאַנגען

  take the bait (*fig.*) אַרײַנפֿאַלן

bait, *v.*

  (fish) צוטשעפּע\|ן ‹אָנטאָן› צישפּײַז

  (harass) רייצן זיך מיט; צאַפּן בײַ + דאַט' דאָס בלוט; העצן; איזדיעקעווע\|ן זיך איבער

baiter דער העצער, ־ס

baiting, *n.* (*fig.*) די העצע, ־ס; דאָס העצן; די פֿאַרהעצונג

baize די בײַקע

bake

  imp. באַקן

  pf. אָפּבאַקן; אויסבאַקן

baked (אָפּ)געבאַקן; (אָפּ)געבאַקט

baked goods דאָס געבעקס ל״י; דאָס געבאַקנס ל״י

baked potatoes געבאַקענע קאַרטאָפֿל; קאַרטאָפֿל אין די שאָלן ‹מונדירן/העמדלעך›; בולבעס מיט די פּעלצלעך

bakelite דער באַקעליט

baker דער בעקער, ־ס

baker's dozen דרײַצן; אַ טוץ מיט אַן עודף [ÓYDEF]

bakery די בעקערײַ, ־ען

baking, *adj.* באַק...

baking, *n.* דאָס באַקן

baking oven דער באַקאויוון, ־ס; דער באַקרייער, ־ן

baking pan דער בעקן, ־ס; דער באַקפֿאַן, ־ען

baking powder דער באַקפּראָשיק

baking soda די (באַק)סאָדע

baklava די באַקלאַוואַ

baksheesh דער באַקשיש; דער כאַבאַר; דאָס שמירגעלט

balalaika די באַלאַלײַקע, ־ס

balance, *n.* די גלײַכוואָג; דער באַלאַנס, ־ן

  (scales) די וואָג, ־ן

  (math./econ.) דער בילאַנץ; די סאַלדע

  balance of payments דער צאָלבילאַנץ

  balance of power דער כּוח־באַלאַנס [KÓYEKh]

  balance of trade די האַנדל־סאַלדע; דער האַנדל־בילאַנץ

  in the balance אויף משקולת [MIShKÓYLES]

  lose one's balance פֿאַרלירן די גלײַכוואָג ‹דעם באַלאַנס›

  on balance סך־הכּל [SAKhÁKL]

balance, *v. imp./pf.*

  (weight) (אויס)באַלאַנסירן

  (math./econ.) (אויס)בילאַנצירן

  balance each other out אויסבאַלאַנסירן ‹אויסגלײַכן› זיך

  balance the budget אויסבילאַנצירן ‹אויסגלײַכן› דעם בודזשעט

  balance the checkbook אויסגלײַכן דאָס טשעקביכל

  balance the wheels (אויס)באַלאַנסירן די רעדער

balance beam דער באַלאַנסיר־שטאַנג, ־ען

balanced גלײַך געוויגן; באַלאַנסירט

balanced budget דער (אויס)בילאַנצירטער בודזשעט, ־ן

balance pan די וואָגשאָל, ־ן

balance sheet דער/דאָס בילאַנצבלאַט, ...בלעטער

balancing act דער באַלאַנסאַקט, ־ן

balancing lever דער באַלאַנסיר־שטאַנג, ־ען

balcony דער באַלקאָן, ־ען

bald ליסע; פּליכעוואַטע; נאַקעט

  bald person דער פּליכעוואַטער געב'; דער פּליך, ־ן

  He's balding/going bald סע קריכן אים אויס די האָר (פֿון קאָפּ)

  He has a bald spot ער האָט אַ פּליך; ער איז פּליכעוואַטע

  the bald truth דער ריינער אמת [ÉMES]

bald eagle דער ליסע־אָדלער, ־ס

balderdash *see* **baloney**

bald-faced liar דער חוצפּהדיקער ליגנער, ־ס [KhÚTSPEDIKER]

baldly אָפֿענערהייט; אויף אַ שאַרפֿן אופֿן [OYFN]

baldness ד ליסינע; דער פּליך

bald pate דער ליסעקאָפּ, ...קעפּ

bald tire די/דער אויסגעריבענע(ר) רייף, ־ן

bale, *n.* דער באַלן, ־ס; דער טיוק, ־ן

bale, *v.* פֿאַרפּאַקן אין באַלנס ‹טיוקן›

baleful שלעכט־‹בייז־›סימנדיק; פּחדימדיק [SÍMENDIK] [PKhÓDIMDIK]

baler די בינדמאַשין, ־ען

balk, *n.*

  (archit.) דער (הויפּט)באַלקן, ־ס

  (hindrance) די מניעה, ־ות; דער אָפּהאַלט, ־ן; דער שטיין אין וועג [MENÍE]

  (baseball) דער וואַקל, ־ען; דער נישט־וואַרף ‹נישט־וואָרף›, ־ן

balk, *v.*

  (baseball) געבן ‹טאָן› זיך אַ וואַקל ‹נישט־וואַרף/נישט־וואָרף›

  balk at אָפּזאָגן זיך פֿון; קעגנשטעלן זיך; נישט האָבן קיין חשק צו [KhÉYShEK]

Balkan באַלקאַניש

Balkanization די באַלקאַניזאַציע

Balkanize באַלקאַניזירן

Balkans באַלקאַנען

ball, *n.*

  (round shape) די קויל, ־ן

  (spo.) דער באָלעם, ־ס; די פּילקע, ־ס; דער באַל, ־ן

  (dance) דער באַל, בעלער

  (of string) דער קנויל, ־ן

  ball of fire די פֿײַערקויל, ־ן

  ball of wool דער קנויל וואָל; דאָס קנײַלעכל וואָל

  be on the ball פֿאַרשטיין אַן ענין; זײַן אַ בריה; וויסן וואָס צו טאָן [ÍNYEN] [BÉRYE]

  get the ball rolling לאָזן אין גאַנג; געבן זיך אַ שאָקל

  have a ball הוליע\|ן; טאַנצן אין די גאַסן

  The ball is in your court איצטער וויַז(ט) וואָס דו קענסט ‹איר קענט›

ball, *v.* (*slg./vlg.*) טרענען; באַרע\|ן

ballad די באַלאַדע, ־ס

balladlike באַלאַדיש; באַלאַדנדיק

ballast, *n.* דער באַלאַסט, ־ן

ballast, *v.* אָנלאָדן מיט באַלאַסט

ball bearing דאָס שרײַטל־געלעגער, ־ס; דער קײַלעכל־לאַגער, ־ן

ball boy דער באַליונג, ־ען

ball carrier דער באָלעם־טרעגער, ־ס

ball club די מאַנשאַפֿט, ־ן; די קאָמאַנדע, ־ס

ballerina די באַלערינע, ־ס; די באַלעט־טענצערין, ־ס

ballet דער באַלעט, ־ן

ballet dancer

  m./unsp. דער באַלעט־טענצער, ־ס

  f. די באַלעט־טענצערין, ־ס

ballet slipper דער באַלעטשוך, ...שיך

ballfield דאָס באָלפֿעלד, ־ער

ballgame דער מאַטש, ־ן; די/דאָס שפּיל, ־ן

That's a whole different ballgame! דאָס איז שוין גאָר אַן אַנדער מעשׂה [MÁYSE]
ball girl דאָס באַלמיידל, ־עך
ballistic באַליסטיש
He went ballistic ער איז אַרויס פֿון די כּלים; ער האָט זיך אָנגעצונדן [KÉYLIM]
ballistic missile דער באַליסטישער ראַקעט, ־ן
ballistics די באַליסטיק ל״י
ball joint
(anat.) דאָס קײַלעך־געלענק, ־ען
(mech.) דער קײַלעך־שאַרניר, ־ן
balloon, *n.* דער (לופֿט)באַלאָן, ־ען
balloon, *v.* אויפֿגעבלאָזן ווערן
balloonist דער באַלאָניסט, ־ן; דער באַלאָן־פֿליִער, ־ס
balloon tire די/דער באַלאָנרייף, ־ן
ballot, *n.* דער שטימצעטל, ־ען; די שטים, ־ען
ballot, *v.* שטימען
ballot booth די שטימבודקע, ־ס
ballot box די (וואַל)אורנע, ־ס; דאָס שטימקעסטל, ־עך; די קלפּי, ־ס [KÁLFE]
ballpark דאָס באָלפֿעלד, ־ער; דער סטאַדיאָן, ־ען
in the ballpark (*fig.*) אַן ערך; בערך [ÉREKh] [BEÉREKh]
ballpark figure דער/די בערכדיקע(ר) ציפֿער, –/־ן [BEÉREKhDIKE(R)]
ballplayer דער באָלשפּילער, ־ס
ballpoint pen די קײַלעכפֿען, ־ען; די שרײַטלפֿען, ־ען
ballroom דער באַלזאַל, ־ן; דער טאַנצזאַל, ־ן
balls
(testicles/*slg.*) אייער; ביצים [BÉYTSIM]
(courage) ביצים; דער קוראַזש ל״י; דאָס יאַנדעס ל״י; דאָס האַרץ ל״י
have sb. by the balls (*slg./vlg.*) כאַפּן ‹האַלטן› + אַק׳ בײַ די ביצים
ballyhoo, *n.* דאָס טומלעניש; דער טאַרעראַם; די ג(ע)ראַטשקע
ballyhoo, *v.* מאַכן אַ גאַנצן טאַרעראַם אַרום; צעשרײַען זיך לויבנדיק
balm
(bot.) די מעליסע
(ointment) דער באַלזאַם, ־ען
(*fig.*) די טרייסט
balmy מילד; לינד; לאַגאָדנע; באַלזאַמיש
balmy weather דער מילדער וועטער
baloney נאַרישקייטן ל״ר
Baloney! נאַרישקייטן!; בלאָטע!; אַ נעכטיקער טאָג!; פּוסטע מעשׂיות! [MÁYSES]
balsa די באַלזע
balsam
(bot.) אימפּאַציענס
(ointment) דער באַלזאַם, ־ען
Baltic באַלטיש
Baltic Sea דער באַלטישער ים [YAM]
balustrade די באַלוסטראַדע, ־ס
bamboo דער באַמבוס; דער יאַמש
bamboozle אָפּנאַרן; פֿאַרפֿירן; באַשווינדלען
ban, *n.* דער פֿאַרווער, ־ן; דער איסור, ־ים [ÍSER, ISÚRIM]
ban, *v.* פֿאַרווערן; אַסרן; אויסשליסן; אַרויפֿלייגן אַ חרם אויף [ÁSERN] [KhÉYREM]
banal באַנאַל; אויסגעדראָשן; קאַזיאָנע; פּלאַטשיק
banality די/דאָס באַנאַלקייט
banana דער באַנאַן, ־ען; די באַנאַנע, ־ס
banana republic די באַנאַנען־רעפּובליק, ־ן
bananas, *adj.* (crazy) משוגע; צעדרייט [MEShÚGE]
banana tree דער באַנאַנע־בוים, ־ביימער
band,[1] *n.* (strip) די באַנד, בענדער
(radio spectrum) דער פֿרעקווענץ־ספּעקטער, ־ס
band,[2] *n.* (mus.) די קאַפּעליע, ־ס
(military) דער מיליטערישער אָרקעסטער, ־ס; די מיליטערישע קאַפּעליע, ־ס
band of robbers די גנבֿים־באַנדע, ־ס; דאָס גנבֿים־געזינדל, ־עך [GANÓVIM]
band, *v.* (together) צונויפֿנעמען זיך; פֿאַראייניקן זיך
bandage, *n.* דער באַנדאַזש, ־ן; דער פּלאַסטער, ־ס
bandage, *v.* (פֿאַר)באַנדאַזשירן; איבערבינדן; פֿאַרבינדן
bandaid דאָס פּלעסטערל, ־עך
bandaid solution די דערווײַליקע ‹אויבנאויפֿיקע› פֿאַרענטפֿערונג, ־ען
bandana די באַנדאַנע, ־ס
banderole די באַנדעראָל, ־ן
bandit דער באַנדיט, ־ן; דער רויבער, ־ס; דער גזלן, ־ים [GÁZLEN, GAZLÓNIM]
bandleader דער קאַפּעל־מײַסטער, ־ס
bandoleer דער פּאַטראָנטאַש, ־ן
bandsaw די באַנדזעג, ־ן
bandstand די אָרקעסטער־עסטראַדע, ־ס
bandura די באַנדורע, ־ס
bandwidth די באַנדגרייס, ־ן
bandy אויסבײַטן זיך מיט
bandy words איבערוואַרפֿן זיך מיט ווערטער
bandy about an idea שפּילן זיך מיט אַ געדאַנק
Her name was bandied about מ'האָט זי אַרײַנגענומען אין מויל; איר נאָמען איז אַריבער פֿון מויל צו מויל
bane
He's the bane of my existence ער מאַכט מיר דעם טויט; ער לאָזט מיך נישט לעבן
bang, *n.*
(burst of action) דער טראַסק; דער פּראַל
(noise) דער טראַסק, ־ן/טרעסק; דער זעץ, ־ן; דער קנאַל, ־ן
go out with a bang פֿאַרענדיקן מיט אַ טראַסק
bang, *v.*
(make noise) טראַסקע|ן; קלאַפּן; קנאַלן
(have sex with/*slg./vlg.*) האַקן
bang on the door האַקן ‹שטאַרק קלאַפּן› אין טיר
bang down sb.'s door (*fig.*) אָפּשלאָגן + דאַט׳ די טירן
bang up (damage) צעברעכן; צעקלאַפּן
get banged up [TSENÉREKT] צעהרגעט ‹צעשלאָגן› ווערן
Bang-bang! פּיף־פּאַף!
Bangladesh (דאָס) באַנגלאַדעש
Bangladeshi, *adj.* באַנגלאַדעשער
Bangladeshi, *n.*
m./unsp. דער באַנגלאַדעשער, –
f. די באַנגלאַדעשערין, ־ס
bangle דאָס בראַסלעטל ‹בראַנדזשלעטל›, ־עך
bangs די גזשיבע ל״י; די גריווקע ל״י
banish אַרויסטרײַבן; פֿאַרטרײַבן; פֿאַרשיקן; מגרש זײַן [MEGÁRESh]
banishment די פֿאַרטרײַבונג, ־ען; די פֿאַרשיקונג, ־ען; דאָס פֿאַרשיקן; דער גירוש, ־ים [GÉYRESh, GERÚShIM]
banister דאָס געלענדער, ־ס; די פּאַרענטשע, ־ס; דער פּאַרענטש, ־ן
banjo דער באַנדזשאָ, ־ס
banjoist דער באַנדזשאָניק, ־עס; דער באַנדזשאָ־שפּילער, ־ס
bank,[1] *n.* (fin.) די/דער באַנק, בענק
bank,[2] *n.*
(shore) דער ברעג, ־ן

(tilt) דער (זײַט)אָנגייג, ־ן
bank,[3] *n.* **(panel)** דער פּאַנעל, ־ן
bank,[1] *v.* **(fin.)** האַלטן אַ קאָנטע; האַלטן געלט; פֿירן באַנק־געשעפֿטן
bank on פֿאַרלאָזן זיך אויף; דיפּע|ן אויף
bank,[2] *v.*
(amass) אָנזאַמלען
(tilt) אָנגייגן (זיך) אין אַ זײַט
bank account די באַנקקאָנטע, ־ס
bank draft דער באַנקטשעק, ־ן
banker דער באַנקירער, ־ס; דער באַנקיר, ־ן
(in games) דער באַנקהאַלטער, ־ס
banker's check דער באַנקטשעק, ־ן
banking, *n.* דאָס באַנק(יר)ערײַ
banking hours are די באַנק־שעהען זענען ...; די באַנק איז אָפֿן... [ShÓEN]
banking industry די באַנקסיסטעם, ־ען
banking regulations באַנקיר־רעגלאַמענטן
banknote דער באַנקנאָט, ־ן
bank regulator דער באַנק־רעגולאַטאָר, ...אָרן
bankroll, *n.* די באַנקראָלקע, ־ס
bankroll, *v.* פֿינאַנצירן
bankrupt, *adj.* באַנקראָט
go bankrupt באַנקראָטירן; (אַוועק)שטעלן זיך; אָנזעצן; מאַכן פּליטה; קראַכן [PLÉYTE]
bankrupt person דער באַנקראָטניק, ־עס; דער בורח, ־ים; דער באַנקראָטשיק, ־עס [BOYRÉYEKh, BÓRKhIM]
bankruptcy דער באַנקראָט, ־ן; דער אָנזעץ, ־ן
declare bankruptcy דערקלערן זיך פֿאַר באַנקראָט
file for bankruptcy דערלאַנגען ‹אײַנזעצן› אויף באַנקראָט
bankruptcy laws באַנקראָט־געזעצן
bankruptcy protection דער באַנקראָטשיץ
bank statement דער באַנק־חשבון, ־ות; דער (קאָנטע־)אויסצוג, ־ן [KhEZhBM, KhEZhBÓYNES]
bank teller דער באַנקקאַסיר, ־ן; דער באַנקקאַסירער, ־ס
banner די פֿאָנע, ־ס; דער טראַנספּאַרענט, ־ן
banner ad די פֿאָנע־רעקלאַמע, ־ס
banner headline די גרויסע קאָפּ־שורה, ־ות [ShÚRE]
banquet דער באַנקעט, ־ן; די סעודה, ־ות [SÚDE]
banquet hall דער באַנקעטזאַל, ־ן
banter, *n.* דער קיבעץ
banter, *v.* קיבעצן
banyan tree דער באַניאַן־פֿיקוס
baptism דער באַפּטיזם
(of Christian) די טבֿילה; די קריסטיקונג [TVÍLE]
(of Jew) די שמד [ShMAD]
baptism by fire די שלאַכטקרייצונג; דער פֿײַער־אויספּרוּוו
baptismal קריסטיק...; ˚טויף...
baptismal font דער קריסטיק־בעקן, ־ס
baptismal water דאָס קריסטיק־וואַסער
Baptist, *adj.* באַפּטיסטיש
Baptist, *n.* דער באַפּטיסט, ־ן
baptize
(Chr.) קריסטיקן; הייליקן; ˚טויפֿן
(a Jew) אָפּשמדן [ÓPShMADN]
bar, *n.*
(candy) דאָס ברעטעלע, ־ך; די פּליטקע, ־ס; דאָס טעוועלע, ־ך
(counter) דער טאָמבאַנק, ...בענק
(drinking) די שענק, ־ען; דער באַר, ־ן; די קנײַפּיע, ־ס
(ingot) דער שטאַנג, ־ען; דער צאַנקען, ־ס
(legal) די אַדוואָקאַטנשאַפֿט; די אַדוואָקאַטן־קאָלעגיע
(mus.) דער טאַקט, ־ן
(obstacle) די מניעה, ־ות [MENÍE]
(over window) די גראַטע, ־ס; די קראַטע, ־ס
(prohibition) דער פֿאַרווער, ־ן
(rod) דער דראָנג, ־ען/־עס/דרענגער; דער שטאַנג, ־ען; דער פּרענט, ־ן
bar of soap דאָס שטיקל ‹פּרענטל/בריסל› זייף; דער פּאַס זייף
be behind bars זיצן אין תּפֿיסה ‹טורמע/קרימינאַל› [TFÍSE]
put behind bars אײַנגראַטעווע|ן; אײַנזעצן (אין קרימינאַל)
bar, *v.*
(block) בלאָקירן; פֿאַרשטעלן + דאַט' דעם וועג; פֿאַרצאַמען
(bolt) פֿאַרשפּאַרן; צושפּאַרן
(exclude) אויסשליסן פֿון; פֿאַרווערן צו
(prohibit) פֿאַרווערן; נישט דערלאָזן
bar none אָן אויסנעם
barb
(bot.) די שטעכלקע, ־ס
(speech) דאָס שטעכוואָרט, ...ווערטער; דאָס שטעכווערטל, ־עך
exchange barbs אַרײַנזאָגן זיך איינער דעם צווייטן
barbarian, *adj.* באַרבאַריש
barbarian, *n.* דער באַרבאַר, ־ן
(pej.) דער אַזיאַט, ־ן
barbaric באַרבאַריש
barbarically אויף אַ באַרבאַרישן אופֿן [OYFN]
barbarity די/דאָס באַרבאַרישקייט
barbarous באַרבאַריש; אַכזריותדיק [AKhZÓRYESDIK]
barbecue, *n.*
(grill) די בראָט־רעשאָטקע, ־ס
(meal) דער באַרבעקיו, ־ען; דאָס פֿעלדוואַרמעס
barbecue, *v.* בראָטן אויף דער רעשאָטקע; בראָטן אויפֿן פֿײַער; זשאַרע|ן; באַרבעקיוירן
barbecue sauce דער באַרבעקיו־סאָס
barbed שטעכיק; מיט שטעכלקעס
barbed wire דער/דאָס שטעכ(ל)דראָט
barbell דער שטאַנג, ־ען
barber דער שערער, ־ס
barberry דער באַרבאַריס
barbershop די שערערײַ, ־ען; די ראַזורע, ־ס
barbershop quartet דער באַרבערשאַפּ־קוואַרטעט, ־ן
barber's trade דאָס שערערײַ
barbiturate, *adj.* באַרביטוראַטן־...
barbiturate, *n.* דער באַרביטוראַט, ־ן
bar car דער טרינקוואַגאָן, ־ען
barcarolle די באַרקאַראָלע, ־ס
Barcelona (די) באַרצעלאָנע
bar chart *see* **bar graph**
bar code דער סקאַנדירקאָד, ־ן; דער פּאַסנקאָד, ־ן
bard דער באַרד, ־ן; דער פּאָעט, ־ן; דער פּייטן, ־ים [PAYTN, PAYTÓNIM]
bare, *adj.* נאַקעט; הויל; בלויז
lay bare אויפֿדעקן
on bare ground אויף דער הוילער ערד
with bare feet באָרוועסרהייט
bare, *v.* אָפּדעקן; אויפֿדעקן; אַנטפּלעקן; אַנטבלויזן
bare one's soul אַראָפּרעדן זיך פֿון האַרצן
bare one's teeth שטשירע|ן מיט די ציין
bareback אָן אַ זאָטל
bare-bones סאַמע פּשוטסט; מינימאַליסטיש [PÓShETST]
bare-breasted מיט אויפֿגעדעקטע ‹אָפּגעדעקטע/נאַקעטע/הוילע› בריסט

barechested מיט אַ הוילער ‹נאַקעטער› ברוסט; אָן אַ העמד
barefaced אָנבושהדיק; אומפֿאַרשעמט [ÓNBÚShEDIK]
barefoot, *adj.* באָרוועס
barefoot, *adv.* באָרוועס(ערהייט)
barehanded
(unarmed) אָן געווער
(uncovered) מיט די בלויזע הענט; מיט דער הוילער האַנט
bareheaded אין הוילן ‹גאָלן› קאָפּ; בגילוי־ראָש; מיט אַן אָפּגעדעקטן קאָפּ; מיטן בלויזן קאָפּ [BEGÍLE-ROSh]
bare-knuckled אָן הענטשקעס
(*fig.*) אומברחמנותדיק [ÚMBERAKhMÓNESDIK]
barelegged מיט נאַקעטע פֿיס; אָן זאָקן
barely קוים(־קוים); קאַם(־קאַם)
bar examination דער שטאַטישער יורי־עקזאַמען, ־ס
barf, *v. imp./pf.* (אויס)ברעכן; (אויס)מייקע|(נע)ן
barf bag דער ברעכבײַטל, ־ען
barfly דער פּי־תּמידניק, ־עס; דער אָפּטער אײַנגייער אין שענק [PITÓMEDNIK]
be a barfly אָפּזיצן גאַנצע אָוונטן ‹טעג› אין שענק
bargain, *n.*
(purchase) די מציאה, ־ות [METSÍE]
(agreement) דער אָפּמאַך, ־ן
add to the bargain נאָך אָנגעבן אין נדן [NADN]
drive a hard bargain אָפּקווטשן; שטאַרק דינגען זיך
into the bargain טאָמער איז ווייניק; דערצו נאָך; צום רומל
keep one's end of a bargain האַלטן וואָרט
What a bargain! אַ מציאה־שבמציאות!; אַ גאָלדענע ‹כשרע› מציאה!; אַ מציאה פֿון אַ גנבֿ!; ממש אַ גנבֿה! [ShÉBEMETSÍES] [KÓShERE] [GÁNEF] [MÁMESh] [GANÉYVE]
What a bargain! (*iro.*) סאַראַ מעציאָצע!; יענע מציאה!
bargain, *v.* דינגען זיך; פֿאַרהאַנדלען; טאָרגעווע|ן זיך
bargain away פֿאַרשאַכערן
bargain down אַראָפּשלאָגן
bargain for ריכטן זיך אויף
bargain in good faith האַנדלען ערלעך; האַנדלען מעשׂה סוחר [MÁYSE SÓYKhER]
as bargained for ווי (מ'האָט) אָפּגערעדט ‹אָפּגעמאַכט›
This is more than I bargained for אויף דעם האָב איך זיך שוין נישט גערעכנט!; אוי, בין איך אַרײַנגעפֿאַלן!
bargain-basement דער מציאות־אָפּטייל [METSÍES]
bargain-basement price דער האַלב־אומזיסטער פּרײַז, ־ן; דער חצי־חינם [KhÓTSE-KhÍNEM]
bargain hunter דער מציאה־כאַפּער, ־ס [METSÍE]
bargaining, *n.* פֿאַרהאַנדלונגען ל"ר; דער משׂא־ומתּן; דאָס דינגעניש [MASEMÁTN]
bargaining chip דאָס אוחז־בידל [ÓYKhEZ-BEYÁDL]
bargaining power דער פֿאַרהאַנדל־כּוח [KÓYEKh]
bargaining table דער פֿאַרהאַנדל־טיש, ־ן
barge, *n.* די באַרקע, ־ס; די באַרזשע, ־ס; די קוילנשיף, ־ן; די בערלינע, ־ס
barge, *v.* **(in)** אַרײַנפֿאַלן (אומפֿאַרבעטענערהייט) אין; אַרײַנלאָזן זיך אין
bar graph די סלופּ־דיאַגראַם, ־ען
barhop אַרומשלעפּן זיך פֿון איין שענק אין צווייטן
baritone, *adj.* באַריטאָן־...
baritone, *n.* דער באַריטאָן, ־ען
barium דער באַריום
bark, *adj.* קאָרן
bark,[1] *n.* **(tree)** די קאָרע, ־ס
bark,[2] *n.* **(sound)** דער האַווקע, ־ס; דאָס האַווקען

His bark is worse than his bite אונטערן בייזן איז ער אַ מילדער; אונטערן כּעס איז ער אַ גוטע נשמה [KÁAS] [NEShÓME]
bark, *v.* האַווקע|ן; בילן
bark at האַווקע|ן ‹בילן› אויף
bark at the moon בילן אויף דער לבֿנה [LEVÓNE]
bark up the wrong tree אָנטרעפֿן אַ פֿאַלשע שפּור; האָבן אַ (גרויסן) טעות [TÓES]
barker דער אויסרופֿער, ־ס; דער ליציטאַטאָר, ...אָרן
barking, *n.* דאָס האַווקען
barley, *adj.* גערשטנ...; פּערל...
barley, *n.* דער גערשט, ־ן; פּערלגרויפּן ל"ר
grain of barley דער גערשט, ־ן
barley cereal די פּערל־קאַשע; פּערלגרויפּן ל"ר
barleycorn דער גערשט, ־ן
barley groats גערשטענע גריץ
barley soup דער קרופּניק
barley sugar דער גערשטן־צוקער
bar line די טאַקטליניע, ־ס
barm דער בירשוים
barmaid די באַרקעלנערין, ־ס; די שענקקעלנערין, ־ס
barman דער באַרקעלנער, ־ס; דער שענקקעלנער, ־ס
Bar Mitzvah די בר־מיצווה, ־מיצוות [BARMÍTSVE]
Bar Mitzvah boy דער בר־מיצווה־בחור, ־ים; דער בר־מיצווה, בני־מיצווה [BÓKhER, BÓKhERIM/BOKhÚRIM] [BNEY-MÍTSVE]
Bar Mitzvah speech די בר־מיצווה־דרשה, ־ות [DRÓShE]
be Bar Mitzvahed ווערן בר־מיצווה
barmy שוימיק
(eccentric) צעדרייט; משוגע [MEShÚGE]
barn
(grain) דער שײַער, ־ן; דער אַמבאַר, ־ן
(livestock) די/דער (פֿיכ)שטאַל, ־ן
barnacle די קלעפּמושל, ־ען
barn dance דער דאָרפֿישער טאַנץ, טענץ; דער דאָרפֿשער, ־ן
barn owl די שלײַער־סאָווע, ־ס
barnstorm
(thea.) גאַסטראָלירן אין דער פּראָווינץ
(pol.) פּאָליטיקעווע|ן אין דער פּראָווינץ
barnyard דער פֿיכהויף, ־ן
barometer דער באַראָמעטער, ־ס
barometric באַראָמעטריש
baron דער באַראָן, ־ען
baroness די באַראָנעסע, ־ס
baronet דער באַראָנעט, ־ן
baronial פּראַכטיק; גראַנדיעז; ווי סע פּאַסט פֿאַר אַ באַראָן
baroque, *adj.* באַראָק־...
baroque, *n.* דער באַראָק
barrack דער באַראַק, ־ן; די קאַזאַרמע, ־ס
barracks די קאַזאַרמע ל"י
restrict to barracks קאַזאַרמירן
barracuda די באַראַקודע, ־ס
barrage דער באַראַזש, ־ן
(*fig.*) דער אָנפֿאַל; דער שטורעם
a barrage of attacks איין אָנפֿאַל נאָך אַ צווייטן
barrage fire דאָס באַראַזש־פֿײַער
barrel, *n.* די/דאָס/דער פֿאַס, פֿעסער; דאָס פֿעסל, ־עך; דאָס באַרל, ־עך; די באַרילקע, ־ס; דאָס באַרילעכל, ־עך; די טון, ־ען
(of gun) די לויפֿע, ־ס; די/דער רער, ־ן
by the barrel אויפֿן פֿעסל; פֿאַסנווײַז
over a barrel אין אַ פּריקרען ‹שווערן› מצבֿ [MÁTSEV]
four-barreled gun די פֿיררעריקע ביקס, ־ן

barrel, *v.* **(down)** פֿאָרן סטראָם־האַלאָוווי פֿאָרן ‹לויפֿן› מיט דער פֿולער גיכקייט

barrel-chested

be barrel-chested האָבן אַ ברוסט ווי אַ פֿעסל ‹האַרמאַט›

barrel organ די קאַטערינקע, ־ס; די שאַרמאַנקע, ־ס

barrel roll די פֿאַספיגור, ־ן

barrel-shaped ברייט ווי אַ פֿאַס

barrel vault דאָס פֿעסל־געוועלב, ־ער

barren, *adj.* אומפּראָכפּערדיק

(land) *also* ליידיק; פוסט; וויסט

barren man *also* דער עקר, ־ים [ÓKER, AKÓRIM]

barren woman *also* די עקרה, ־ות [AKÓRE]

barren, *n.* דער פוסטבאָדן

barrenness די/דאָס ליידיקייט; די/דאָס וויסטקייט

barrette די באַרעטקע, ־ס; די (האָר)שפּילקע, ־ס

barricade, *n.* די באַריקאַדע, ־ס

barricade, *v.* (פֿאַר)באַריקאַדירן

barrier דער באַריער, ־ן

(*fig.*) די מניעה, ־ות; דער מיכשול, ־ים [MENÍE] [MIKhShL, MIKhShÓYLIM]

barrier cream דער/די באַשיצקרעם

barring אויסשליסנדיק

barrister דער געשווירענער אַדוואָקאַט, ־ן

barrow

(earth) דער קורגאַן, ־עו

(vehicle) די טאַטשקע, ־ס

barstool דאָס באַרבענקל, ־עך

bartender דער באַרשענקער, ־ס

barter, *n.* דער (סחורה־)אויסבייט; דער בייטהאַנדל; דער שטעך; דער חילוף [SkhÓYRE] [KhÍLEF]

barter, *v.* **(for)** אויסבייטן (אויף); פֿאַרשטעכעווע|ן (אויף)

barter away פֿאַרשאַכערן

basalt דער באַזאַלט

bascule bridge די אויפֿציבריק, ־ן

base, *adj.*

(common) געמיין; פּראָסט

(immoral) אוממאָראַליש

(vulgar) געמיין; ווולגאַר

(of metals) פּראָסט

base, *n.* די באַזע, ־ס

(alg.) *also* דער יסוד, ־ות [YESÓD, YESÓYDES]

(baseball) *also* דער בייס, ־ן

(chem.) *also* די אַלקאַלי, ־ען

(foundation) *also* דער יסוד, ־ות; דער פֿונדאַמענט, ־ן

(geom.) די גרונטזייט, ־ן; דער באַזיס, ־ן

(mil.) די (מיליטערישע) באַזע, ־ס

base of operations די אָפּעריר־באַזע, ־ס

base on balls די פֿרייע באַזע, ־ס; דער פֿרייער בייס, ־ן

bases (are) loaded די באַזעס זענען פֿול

be way off base האָבן אַ גרויסן טעות; שטאַרק טועה זיין זיך [TÓES] [TÓYE]

base, *v.* באַזירן; סומך זיין; שטיצן; אָנשפּאַרן; בויען [SÓYMEKh]

(mil.) סטאַ(נ)ציאָנירן

base oneself on סומך זיין זיך אויף; שטיצן זיך אויף

based on באַזירט אויף; אויפֿן סמך פֿון [SMAKh]

Chicago-based מיט דער הויפּטקוואַרטיר אין שיקאַגע

be based on גרונטפֿעסטיקן ‹שטיצן› זיך אויף

baseball דער בייסבאָל, ־ן

baseball bat די הילקע, ־ס

baseball cap דער (בייסבאָל־)קאַשקעט, ־ן

baseball card דאָס בייסבאָל־קאַרטל, ־עך

baseball game דער בייסבאָלמאַטש, ־ן

baseball glove די בייסבאָל־הענטשקע, ־ס

baseball manager דער (הויפּט־)טרענירער, ־ס

baseball nine די בייסבאָל־מאַנשאַפֿט, ־ן; די בייסבאָל־קאָמאַנדע, ־ס

baseball player דער בייסבאָליסט, ־ן; דער בייסבאָל־שפּילער, ־ס

baseboard די פּלינטע, ־ס; די דיללייסט, ־ן

baseboard heater די פּלינטע־הייצונג, ־ען

base camp דער הויפּטלאַגער, ־ן

base component דער גרונט־קאָמפּאָנענט, ־ן

base form די גרונטפֿאָרמע, ־ס

base hit דער באַזעקלאַפּ ‹בייסקלאַפּ›, ...קלעפּ

baseless אָן אַ גרונד ‹באָדן›; אומבאַגרינד(ע)ט

baseless hatred די שינאת־חינם [SÍNES-KhÍNEM]

baseline די גרונטליניע, ־ס; דער אַרויסגייפּונקט, ־ן

(spo.) די באַזע־ליניע, ־ס

baseman דער בייסניק ‹באַזעניק›, ־עס

basement, *adj.* קעלערדיק; קעלער...

basement, *n.* דער קעלער, ־ן; דער אונטערגאָרן, ־ס; דער פּאָדוואַל, ־ן

basement apartment די קעלערשטוב, ...שטיבער

base metal דער פּראָסטער מעטאַל, ־ן; דער גרונטמעטאַל, ־ן

base pay גרונט־שכירות ל״ר [SKhÍRES]

base rate דער גרונטטאַריף, ־ן

baserunner דער באַזע־לויפֿער ‹בייסלויפֿער›, ־ס

baserunning דאָס בייסלויפֿן

base vowel דער שטאַמוואָקאַל, ־ן

bash, *n.* דאָס קערמעשל, ־עך; די מסיבה, ־ות; די שימחה, ־ות [MESÍBE] [SÍMKhE]

bash, *v.*

(strike) געבן אַ זעץ; טראַכקע|ן

(criticize) אַראָפּרייסן; קריטיקירן; צו נישט מאַכן

bash in איינהאַקן; איינברעכן

bashful שעמעוודיק

be bashful שעמען זיך

bashful person דער שעמעוודיקער געב׳; דער ביישן, ־ים; דער בושת־פּנים, ־ער [BAYShN, BAYShÓNIM] [BÓYShES-PÓNEM, -PÉNEMER]

bashing, *n.* **(criticism)** דאָס אַראָפּרייסן

basic גרונט...; גרונטיק; תּוך־...; תּוכיק; עיקר־...; עיקרדיק; יסודותדיק [TOKh] [TÓKhIK] [ÍKER] [ÍKERDIK] [YESÓYDESIK]

(chem.) באַזיש; אַלקאַליש

basically אין תּוך (אַריין); אין תּוך גענומען; בעצם; אין גרונט [TOKh] [BEÉTSEM]

basic element דער גרונט־עלעמענט, ־ן

basicity די/דאָס באַזישקייט; די/דאָס אַלקאַלישקייט

basic research די תּוך־פֿאָרשונג; די גרונטפֿאָרשונג [TOKh]

basics יסודות; עיקרים; גרונטפּרינציפּן [YESÓYDES] [ÍKRIM]

back to basics צוריק צו די יסודות ‹עיקרים›

basic services די עיקר־באַדינונג ל״י [ÍKER]

basic training די גרונט־טרענירונג

basic truths אַלף־בית־אמתן; גרונט־אמתן; גרונטאַקסיאָמען [ÁLEFBEYS-ÉMESN]

basil דער באַזיליק

basilica די באַזיליקע, ־ס

basin דער באַסיין, ־ען; דער בעקן, ־ס; דער ביט, ־ן

(river) דער טייכבאַסיין, ־ען

basis דער סמך, ־ן; דער באַזיס, ־ן; דער פֿונדאַמענט, ־ן; דער גרונט, ־ן; דער יסוד, ־ות [SMAKh] [YESÓD, YESÓYDES]

on the basis of אויפֿן סמך פֿון

serve as the basis for זיין דער יסוד פֿאַר ‹פֿון›

bask וואַרעמען זיך

bask in the sun וואַרעמען ‹באָדן› זיך אויף דער זון
bask in (*fig.*) אָנקוועלן פֿון
basket דער קויש, ־ן; דער קאָשיק, ־עס; דער קאָרב, קערב; דער קױבער, ־ס
(small) דאָס קײשל, ־עך; דאָס קערבל, ־עך; דאָס קײבערל, ־עך
make a basket (basketball) אַרײַנשיסן אין קויש
He's a real basket case פֿאַר אים איז נישטאָ קיין שום האָפֿענונג
basketball דער קױשבאָל, ־ן
basketball player דער קױשבאָליסט, ־ן; דער קױשבאָל־שפּילער, ־ס
basketful (of) דער פֿולער קויש (מיט)
basketry דאָס פֿלעכטוואַרג
basket-weaving דאָס (קױשן־)פֿלעכטערײַ
Bas Mitzvah די בת־מיצווה, ־מיצוות [BASMÍTSVE]
Bas Mitzvah girl דאָס בת־מיצווה־מיידל, ־עך; די בת־מיצווה, בנות־מיצווה [BNOS-...]
be Bas Mitzvahed ווערן בת־מיצווה
Basque, *adj.* באַסקיש
Basque, *n.* דער באַסק, ־ן
bas relief דער באַרעליעף, ־ן
bass, *adj.* באַסאָווע; באַס...
bass,[1] *n.*
(instrument) דער באַס, ־ן/בעסער
(voice) *also* די באַסשטים, ־ען; די באַסאָווע שטים, ־ען; דאָס אונטערקול [ÚNTERKOL]
(on stereo) די נידעריקע פֿרעקווענץ
bass,[2] *n.* **(fish)** דער אָקון, ־יעס; די אָקענע, ־ס; דער באַר(ז)ש, ־עס
bass clef דער באַסשליסל
bass drum די באַספּויק, ־ן
bass fiddle/viol דער קאָנטראַבאַס, ־ן; דער באַס, בעסער
bassinette דאָס באַסינעטל, ־עך; דאָס עופֿל־געלעגערל, ־עך [EYFL]
bassist דער באַסיסט, ־ן; דער באַסשפּילער, ־ס
basso *see* **bass**
bassoon דער פֿאַגאָט, ־ן
bassoonist דער פֿאַגאָטיסט, ־ן
basso profundo די טיפֿע באַסשטימע; דער באַס־פּראָפֿונדע
basswood די ליפּע; דער לינדנבוים
bast דער ליובּסטיק; דער לוב
bastard דאָס אומגעזעצלעכע קינד, ־ער; דער ממזר, ־ים; דער באַנק, ־עס; דער בענקאַץ, ־עס [MÁMZER, MAMZÉYRIM]
What a bastard! אוי, איז ער אַ הונט ‹ממזר(וק)/מנוול/ פּאַרך›!; אַ ממזר בן הנידה! [MÁMZER(ÚK)] [MENÚVL] [BEN HANÍDE]
bastardization דאָס פֿאַרדאַרבן
bastardize פֿאַרדאַרבן
bastard title דער/דאָס שמוצבלאַט, ...בלעטער
baste,[1] *v.* **(cul.)** באַשמעלצן; באַגיסן; באַנעצן
baste,[2] *v.* **(sew)** (פֿאַ)סטריגעווע|ן
basting (sewing) די פֿאַסטריגע; די סטריגעוואַניע
basting brush דאָס בראָטבערשטל, ־עך; דאָס באַקבערשטל, ־עך
basting stitch די פֿאַסטריגע, ־ס
basting thread די פֿאַסטריגע
bastion דער באַסטיאָן, ־ען; די באַפֿעסטיקונג, ־ען; די פֿאַרפֿעסטיקונג, ־ען; די פֿעסטונג, ־ען
bast shoe די לאַפּטשע, ־ס
bat,[1] *n.* **(wooden)** די הילקע, ־ס
at bat בײַ דער הילקע
go to bat for (אונטער)שטיצן; פֿאַרטײדיקן
right off the bat באַלד; תּיכּף־ומיד [TÉYKEF-UMIYÁD]
Who's at bat? ווער קלאַפּט איצט?; ווער דאַרף איצט קלאַפּן?
bat,[2] *n.*
(zool.) די פֿלעדערמויז, ...מײַז
He has bats in the belfry סע פֿעלט אים אַ קלעפּקע אין קאָפּ; ער האָט אַ שום אין קאָפּ
bat, *v.* קלאַפּן
(baseball) *also* הילקעו|ן
bat first קלאַפּן דער ערשטער
bat ninth קלאַפּן דער נײַנטער ‹לעצטער›
He didn't bat an eyelash ער האָט נישט געטאָן קיין פּינטל מיטן אויג; ווי קיין מאָל גאָרנישט!
be batting a thousand קלאַפּן טויזנט פּראָמיל
bat boy דער הילקעניק, ־עס
batch, *n.*
(group) די גרופּע, ־ס
(quantity) דאָס פּעקל, ־עך; דאָס בינטל, ־עך; די פּאַרטיע, ־ס
(comp.) דער בעטש
batch of cookies דאָס געבעק, ־ן; דאָס געבעקל, ־עך
batch command דער בעטשבאַפֿעל, ־ן
batch file די בעטש־טעקע, ־ס
bated breath דער אײַנגעהאַלטענער אָטעם
bat girl די הילקעניצע, ־ס
bath
(locale) די באָד, בעדער; דאָס/דער מרחץ, ־ן [MÉRKhETS]
(tub) די וואַנע, ־ס
have/take a bath (אָפּ)באָדן זיך; מאַכן אַ וואַנע; (אויס)באָדן זיך
give a tub bath (to a baby) אָפּבאָדן אין אַ ווענטשקעלע ‹ביטעלע/קינדער־וואַנע›
bathe
vt./vi. imp. באָדן (זיך)
vt./vi. pf. אָפּבאָדן (זיך); אויסבאָדן (זיך)
be bathed in באָדן זיך אין
bather דער פּלאַזשעניק, ־עס; דער זיך באָדנדיקער געב'
bathhouse די באָד, בעדער; דאָס/דער מרחץ, ־ן [MÉRKhETS]
bathhouse attendant דער בעדער, ־ס; דער באָד־באַדינער, ־ס
bathing, *adj.* באָד...
bathing, *n.* דאָס באָדן זיך
bathing cap דאָס באָדהיטל, ־עך; די שווימקאַפּקע, ־ס
bathing suit דער באָדקאָסטיום, ־ען; שווימקעס ל"ר
bathing trunks שווימקעס
bath mat דאָס וואַנע־‹באָד־›טרעטערל, ־עך
bathos דער איבערגעטריבענער פּאַטאָס; דער אַנטיקלימאַקס
bathrobe דאָס באָדרעקל, ־עך; דער באָדכאַלאַט, ־ן; דער שלאָפֿראָק, ...רעק
bathroom דער וואַשצימער, ־ן; דער קלאָזעט, ־ן; דער/דאָס בית־הכּסא, ־ס; דאָס בית־הכּבֿוד, ־ן; דער וואַנע־צימער, ־ס [BEYSAKÍSE] [BEYSAKÓVED]
go to the bathroom גיין אין וואַשצימער ‹קלאָזעט›; גיין פֿון מײַנעט ‹דײַנעט/זײַנעט/אירעט› וועגן
go to the bathroom (*hum.*) גיין ווו דער קייסער ‹מלך› גייט צו פֿוס; גיין ווו דער קייסער קען קיין שליח נישט שיקן [MÉYLEKh] [ShELÍEKh]
bath towel דער לײַבהאַנטעך, ־ער
bathtub די וואַנע, ־ס
bathwater דאָס באָדוואַסער
throw the baby out with the bathwater אין אײַנעם מיטן וואַסער אַרויסגיסן אויך דאָס קינד; אַרויסוואַרפֿן דעם תּמצית אין אײַנעם מיטן שאָלעכץ [TÁMTSES]

batik דער באַטיק, ־ן
batiste, *adj.* באַטיסטן
batiste, *n.* דער באַטיסט
Bat Mitzvah *see* **Bas Mitzvah**
baton
 (mus.) דאָס (דיריגענט־)שטעקעלע, ־ך; דאָס טאַקטשטעקל, ־עך
 (mil.) דאָס קאָמאַנדיר־דרענגל, ־עך; די בולאַווע, ־ס
 pass the baton איבערגעבן די לייצעס
battalion דער באַטאַליאָן, ־ען
batten, *n.* דאָס לייסטל, ־עך
batten, *v.* **(down)** פֿאַרפֿעסטיקן; פֿאַרקלאַפּן
 Batten down the hatches! (*fig.*) גרייט זיך גוט צו (אויף צרות)! [TSÓRES]
batter,[1] *n.* **(dough)** דאָס (שיטער)טייג
batter,[2] *n.* **(spo.)** דער קלאַפּער, ־ס
 Batter up! זאָל מען קלאַפּן!
batter, *v.* צעשלאָגן; ברוטאַליזירן; צעממיתן; צעמזיקן; צענהרגן [TSENÉREKN] [TSEMÁZEKN] [TSEMÉYMESN]
battered
 (person) געשלאָגן; ברוטאַליזירט
 (hat) אָפּגעטראָגן; אָפּגעבאַרעט
battering ram דער מויער־ברעכער, ־ס; דער טאַראַן, ־ען
batter's box דער קלאַפּקוואַדראַט
battery די באַטעריע, ־ס
 (automobile) דער אַקומולאַטאָר, ...אָרן
 (baseball) כאַפּער־וואַרפֿער
 (mil.) די באַטעריע, ־ס
battery cable דער באַטעריע־קאַבל, ־ען
battery charger דער באַטעריע־אַנלאַדער, ־ס
battery life דער אויסדויער פֿון דער באַטעריע
battery-operated באַטעריע־...; אויף באַטעריעס
battery power דער באַטעריע־כּוח [KÓYEKh]
batting, *adj.* קלאַפּ...
batting, *n.* דאָס קלאַפּן
batting average דער קלאַפּדורכשניט, ־ן
batting cage די קלאַפּשטייג, ־ן
batting coach דער קלאַפּ־טרענירער, ־ס
batting glove די קלאַפּהענטשקע, ־ס
batting order דער קלאַפּ־‹הילקע־›סדר [SÉYDER]
batting practice קלאַפּ־געניטונגען ל״ר
batting range דער קלאַפּפּלאַץ, ...פּלעצער
battle, *adj.* קאַמפּ(ס)...
battle, *n.* די שלאַכט, ־ן
 (struggle/*fig.*) דער קאַמף, ־ן; דאָס געראַנגל, ־ען
 battle of the sexes דער קאַמף צווישן די מינים
 battle of wills דער ווער־ווילעמען; דער קידער־ווידער
 battle of wits די מוחות־מלחמה [MÓYKhES-MILKhÓME]
 do battle with קעמפֿן קעגן
 Choose your battles! לאָז(ט) זיך נישט אַרייַן אין יעדער מלחמה!
 fight one's own battles פֿאַרטיידיקן זיך אַליין; אַליין באַשטיין דאָס (אייגענע) שטעטל
 see the battle through (אַ)דורכקעמפֿן דעם קאַמף
battle, *v.* **(struggle)** קעמפֿן קעגן; ראַנגלען זיך מיט; באַקעמפֿן
battle-axe די קריגסהאַק, ...העק
 (*fig.*/J.) די ייִדענע מיט אַן אוירינגל
battle command דער שלאַכטבאַפֿעל, ־ן
battle cruiser דער שלאַכטקרייצער, ־ס
battle cry דער שלאַכטרוף, ־ן
battle dead געפֿאַלענע אין שלאַכט
battle dressing דער נויטבאַנדאַזש, ־ן
battle fatigue די נאָכווייעניש(־קרענק); די טראַוומעקרענק
battlefield דאָס שלאַכטפֿעלד, ־ער; דער קאַמפּפּלאַץ, ...פּלעצער
battlefront דער פֿראָנט, ־ן
battleground *see* **battlefield**
battlement די פֿעסטונגוואַנט, ...ווענט; די וואַנט מיט שיסלעכער
battler דער קעמפֿער, ־ס
battleship די שלאַכטשיף, ־ן; די פּאַנצערשיף, ־ן; די קריגשיף, ־ן
batty גערירט; משוגע [MEShÚGE]
bauble די טשאַטשקע ‹צאַצקע›, ־ס; דאָס באָוועלע, ־ך
bauxite דער באָקסיט
Bavaria (דאָס) בייערן; (די) באַוואַריע
Bavarian בייעריש
bawdy נישט־לייטיש; אומפּאַרשעמט; גראָב
bawl
 (shout) גו(ע)וואַלדעווען; מאַכן קולות [KÓYLES]
 (wail) פּלאָנכען; האַלאָסען; וויען; בעטשען
 bawl out אָנבייזערן ‹אויסשרייַען› זיך אויף; אָנשרייַען אויף
bay,[1] *n.* **(body of water)** דער (ים־)איינגאָס, ־ן; דער ים־בוזעם, ־ס; די בוכטע, ־ס [YAM]
bay,[2] *n.*
 (recess) די נישע, ־ס
 (archit.) דער דורכלויכט, ־ן
bay,[3] *n.*
 hold at bay האַלטן פֿון דער ווייַטן; נישט צולאָזן
bayberry דער וואַקס־הדס [HÓDES]
bay leaf דער/דאָס לאָרבערבלאַט, ...בלעטער
bayonet דער באַגנעט, ־ן; די שטיקע, ־ס
bay window דער ערקער, ־ס
bazaar דער באַזאַר, ־ן
bazooka די באַזוקע, ־ס
BB bullet דער שרויט, ־ן
BB gun דער שרויטן־פּיסטויל, ־ן
bcc, *n.* די אַנאָנימע קאָפּיע, ־ס
bcc, *v.* שיקן אַן אַנאָנימע קאָפּיע
BCE (= before the Christian Era) פֿאַר דער איצטיקער צייַט־רעכענונג; פֿאַר דער ספֿירת־הנוצרים [SFÍRES-HANÓTSRIM]
be זייַן
 be for שטיצן
 be that as it may אַזוי צי אַזוי; ווי סע זאָל נישט זייַן
 be there for sb. בײַשטיין + דאַט' אין דער נויט
 be to (supposed to) דאַרפֿן
 be with (agree) מסכּים זייַן מיט; מיטשטימען מיט [MÁSKEM]
 Be gone! טראָג(ט) זיך אָפּ!; פֿאַרנעמ(ט) זיך פֿון דאַנען!
 Been there, done that! שוין געווען און געזען!
 If I were you ווען איך בין דו ‹איר›; איך אויף דייַן ‹אייַער› אָרט
 It was to cost $10 ס'האָט געזאָלט קאָסטן צען דאָלאַר
beach, *n.* די פּלאַזשע, ־ס; דער ברעג ים [YAM]
beach, *v.* פֿאַרקריכן ‹פֿאַרשטעקן› אויפֿן ברעג
beach ball דער פּלאַזשע־באַלעם, ־ס
beach bum דער פּלאַזשעניק, ־עס
beach chair דאָס פּלאַזשע־בענקל, ־עך; די ליגשטול, ־ן
beached פֿאַרקראָכן אויפֿן ברעג
beachfront פּלאַזשע...; בײַם ברעג ים [YAM]
beachfront home די פּלאַזשעשטוב, ...שטיבער; די שטוב בײַם ברעג ים [YAM]
beachhead
 (foothold) דער איינגרונט, ־ן

(mil.) דער דעסאַנט־פּלאַצדאַרם, ־ען
beach towel דער פּלאַזשע־האַנטעך, ־ער
beach umbrella דער ים־שירעם, ־ס [YAM]
beachwear פּלאַזשע־קליידער ל"ר
beacon
(fire) דאָס סיגנאַל־פֿײַער
(tower) דער שײַנטורעם, ־ס; דער לײַכטטורעם, ־ס
bead, *n.* די פּאַטשערקע, ־ס; די קרעל, ־ן
beads of sweat שווייסטראָפּנס
bead, *v.* אָנציִען אויף אַ שנירל
beaded מיט פּאַטשערקעס ‹קרעלן›
beadle
(J.) דער שמש, ־ים [ShÁMES, ShAMÓSIM]
(Chr.) דער קלויסטער־דינער, ־ס
beady eyes אויגן ווי קרעלן
beagle דער קורצפֿיסיקער יאָגהונט, ...הינט
beak דער שנאָבל, ־ען
beaker די קאָלבע, ־ס; דאָס בעכערגלאָז, ...גלעזער
be-all and end-all דער עיקר־שבעיקרים [ÍKER-ShEBEÍKRIM]
beam, *n.* דער שטאַנג, ־ען
(wooden) דער באַלקן, ־ס; דער קלאָץ, קלעצער; דער בעליק, ־עס; די בעלקע, ־ס; די בערווענע, ־ס; דער זאַמיט
(crossbar of balance) דער (וואָג)שטאַנג, ־ען
(of light) דער שטראַל, ־ן; די פּאַסמע ליכט; דער סנאָפּ ליכט
beam, *v.* שטראַלן
vt. **(comp.)** אַרײַנשטראַלן
vt. **(radio/TV)** אַרויסשטראַלן
vi. **(with joy)** *also* שײַנען; אָנקוועלן
beam down אַראָפּשטראַלן
beam up אַרויפֿשטראַלן
beam bridge די באַלקנבריק, ־ן
bean, *n.* דער באָב, ־עס; דאָס בעבל, ־עך; די פּאַסאָליע, ־ס
be full of beans (energetic) שפּרודלען מיט ענערגיע
be full of beans (talk nonsense) רעדן פּוסטע רייד
bean, *v.* געבן + דאַט' אַ זעץ ‹קלאַפּ› אין קאָפּ
beanbag דער באָבבײַטל, ־ען; דאָס באָבזעקל, ־עך
beanpole די טיטשקע, ־ס
(person) דער דאַרער דראָנדזשאַק, ...אַקעס; דער לאַנגער ‹הויכער› דראַנג, ־ען/־עס/דרענגער; דער לאַנגאָץ, ־עס
bean sprout דאָס באָבשפּראָצל, ־עך
beanstalk דאָס באָבשטענגל, ־עך
bear, *n.*
(male) דער בער, ־ן
(female) די בעריכע, ־ס
bear's בעריש
give a bear hug האַרציק אַרומנעמען
the three little bears די דרײַ בערעלעך
bear, *v.*
(carry) טראָגן; האַלטן
(endure) פֿאַרטראָגן; אויסהאַלטן; טאָלערירן; איבערטראָגן; פֿאַרלײַדן; אויסשטיין; סובֿל זײַן [SOYVL]
(give birth to) האָבן; געבוירן; געווינען; ברענגען אויף דער וועלט
bear a resemblance to זײַן ענלעך צו ‹אויף›; אויסזען ווי
bear arms טראָגן ‹האַלטן› דאָס געווער
bear comparison לאָזן זיך פֿאַרגלײַכן
bear down (approach) אונטעררוקן זיך; באַלד (אָנ)קומען
bear down (during labor) אַראָפּדריקן
bear fruit געבן ‹ברענגען› פּרוכט
bear in silence שטיקן זיך אינעווייניק
bear many children (אָנ)קינדלען; אויסטראָגן ‹(אָנ)האָבן› אַ סך קינדער [SAKh]
bear out אונטערהאַלטן; באַשטעטיקן; באַקרעפֿטיקן
bear (full) responsibility טראָגן דאָס (גאַנצע) אַחריות [AKhRÁYES]
bear the brunt טראָגן דעם (גאַנצן) עול [OL]
bear the cost of באַזאָרגן ‹אויסשטיין› די הוצאָות [HOYTSÓES/HETSÓES]
bear up האַלטן זיך
bear with האָבן געדולד מיט; האָבן אײַנזעעניש פֿאַר
bearable צו(ם) פֿאַרטראָגן; צו(ם) פֿאַרלײַדן; אויסצוהאַלטן; מיט חסד [KhÉSED]
bearberry די רפֿואהדיקע בערן־יאַגדע, ־ס [REFÚEDIKE]
beard די באָרד, בערד
bearded באַבערדלט; מיט אַ באָרד
bearded person דער באָראָדאַטש, ־עס; דער באַבערדלטער געב'
bearer דער טראָגער, ־ס; דער ברענגער, ־ס
(of document/letter) דער מוכּז [MUKÁZ]
bearing
(posture) דער שטעל; די האַלטונג
(conduct) דער אויפֿפֿיר
have bearing on האָבן אַ שייכות מיט ‹צו›; זײַן נוגע + דאַט'; אָנקערן זיך מיט [ShÁYKhES] [NEGÉYE]
get one's bearings אָריענטירן זיך
lose one's bearings פֿאַרלירן דעם וועג; פֿאַרבלאָנדזשען|; פֿאַרלירן זיך
bearish בעריש
(fin.) *also* פּעסימיסטיש (וועגן דער בערזע)
bear market די בערישע ‹פּעסימיסטישע› בערזע, ־ס
bearskin די בערנפֿעל, ־ן
beast די חיה, ־ות; די בעסטיע, ־ס [KhÁYE]
(animal nature) דער חיהשער אינסטינקט [KhÁYEShER]
(brutal person) דער רוצח, ־ים; די ווילדע חיה, ־ות; די בעסטיע, ־ס [RETSÉYEKh, RÓTSKhIM]
beast of burden די לאַסט־‹שלעפּ־›חיה, ־ות
beast of prey די רויב־חיה, ־ות
It's the nature of the beast אַזוי איז עס
beastly חייִש; ווילד; בעסטיאַליש [KhÁYESh]
(terrible) שרעקלעך
beat, *adj.* **(exhausted/***slg.***)** אויסגעמוטשעט; פֿאַרמאַטערט
beat, *n.*
(blow) דער קלאַפּ, קלעפּ; דאָס קלאַפּן
(mus.) דער טאַקט, ־ן; דער ריטעם, ־ס
keep the beat האַלטן טאַקט
not miss a beat נישט אָפּשטעלן זיך (אויף קיין סעקונדע)
off the beat נישט־אַקצענטירט
walk the beat פּאַטראָלירן
beat, *v.* שלאָגן; קלאַפּן; האַקן
(defeat) געווינען בײַ ‹קעגן›; צעשלאָגן; צעקלאַפּן
beat a dead horse אומזיסט באַמיִען זיך
beat a deadline באַווײַזן (דעם טערמין)
beat a hasty retreat אָפּציִען געשווינד; נישט ווערן אויפֿן אָרט; מאַכן ויבֿרח [VAYÍVREKh]
beat an egg צעשלאָגן ‹צעקלאַפּן› אַן איי
beat back צוריקשלאָגן
beat down, *vt.* **(price)** אַראָפּשלאָגן
beat down, *vi.* **(sun)** ברענען
beat egg whites until stiff אויפֿשלאָגן אַ שניי ‹פּיאַנע›
beat expectations דערגרייכן איבער דער מאָס; איבערטרעפֿן די וואַרטונגען

beat into someone's head אַרײַנשלאָגן + דאַט' אין קאָפּ אַרײַן

Beat it! טראָג(ט) זיך אָפּ!; אַוועק!; פֿאַרטראָג(ט) ‹פֿאַרנעמ(ט)› זיך פֿון דאַנען!; מאַרש(ט)!; נעמ(ט) ס'פּעקל!; מאַכ(ט) אָפּצי!

beat off אָפּשלאָגן; אָפּטרײַבן

beat one's head against the wall שלאָגן זיך קאָפּ אין וואַנט

beat one's own drum לויבן די אייגענע סחורה [SKhÓYRE]

beat sb. to it אויסכאַפּן דאָס ערשטע אָרט; זײַן דער ערשטער; פֿאַרלויפֿן + דאַט' דעם וועג

beat the rap אויסמײַדן די שטראָף

beat the system איבערקליגן דאָס געזעץ

beat time קלאַפּן צום טאַקט

beat up צעשלאָגן; צעממיתן; צעהרגע|(נע)ן; צעמזיקן; צענהרגן; אָנברעכן + דאַט' די ביינער; אײַנרײַבן + דאַט' די זײַטן; געבן + דאַט' קלעפּ [TSEMÉYMESN] [TSEHÁRGE(NE)N] [TSEMÁZEKN] [TSENÉREKN]

beat up on oneself רײַסן פֿון זיך שטיקער; אַראָפּרײַסן זיך אַליין

get beat up קריגן קלעפּ

Beats me! פֿרעג(ט) מיך בחרם!; כ'הייב נישט אָן צו וויסן! [BEKhÉYREM]

beat around the bush דרייען מיט דער צונג; נישט ענטפֿערן צו דער זאַך; קוועטשן זיך

beat cop דער פּאָליציאַנט אויף דער גאַס

beaten צעשלאָגן

beaten egg whites דער שניי; די פּיאַנע

beaten gold דאָס בלאַטגאָלד

off the beaten path אין אַ העק; אין האָצעפּלאָץ; אָפּגעלעגן

go off the beaten track נישט גיין מיטן אויסגעטראָטענעם וועג

beater דער קלאַפּער, ־ס

beatification די בעאַטיפֿיקירונג

beatify

(Chr.) בעאַטיפֿיקירן

(make blissful) זעלפּטיקן

beating, *n.* דאָס קלאַפּן

take a beating כאַפּן ‹קריגן› קלעפּ; כאַפּן ‹באַקומען› דעם אמתן באַגראָב; כאַפּן די רעכטע מפּלה [ÉMESN] [MAPÓLE]

beatitude די/דאָס זעלפּטיקייט

beatnik דער ביטניק, ־עס

beat-up צעקראָכן; צעבראָכן; צעפֿאַלן

beat-up car די טאַראַדײַקע, ־ס; די קאַטערינקע, ־ס

beau דער קאַוואַליר, ־ן

beaut

It's a beaut! ס'איז אַזוינס און אַזעלעכס!; אַ פּראַכט!

beautician

m./unsp. דער קאָסמעטיקער, ־ס

f. די קאָסמעטיקערין, ־ס

beautiful שיין (ווי די וועלט); פּראַכטיק

beautiful boy דער שיינער יונג, ־ען; דער קראַסאַוועץ, ...ווצעס

beautiful girl די שיינע ‹שאָנקעדיקע› מויד, ־ן/מיידן; די קראַסאַוויצע, ־ס

beautiful woman *see* **beauty**

What a beautiful baby! סאַראַ ליאַלקע(לע) ‹טעקעלע/מלאכל›! [MÁLEKhL]

beautify פֿאַרשענערן; אויספּײַנערן; באַשיינען

beautify oneself פּוצן זיך

beauty די/דאָס שיינקייט

(woman) די שיינהייט, ־ן; די שאָנקייט, ־ן; די יפֿת־תּואר, ־ס/־ן; די קראַסאַוויצע, ־ס; די יפֿיפֿיה, ־ות; די אָסאָבע, ־ס [YEFASTÓYER] [YEFÉYF(Y)E]

lend beauty to באַשיינען

the beauty of it all is דאָס שענסטע ‹בעסטע› איז

beauty contest/pageant דער שיינקייט־קאָנקורס, ־ן; דער אסתּר־המלכּה־פֿאַרמעסט, ־ן [ÉSTER-HAMÁLKE]

beauty mark דאָס פּעפּערל, ־עך; דאָס חן־פּינטעלע, ־ך [KhEYN]

beauty parlor/salon דער שיינקייט־‹פֿריזירן־›סאַלאָן, ־ען

beauty products דאָס שיינוואַרג קאָל'; דאָס קאָסמעטיקוואַרג קאָל'

beauty spot *see* **beauty mark**

beaver, *adj.* ביבערן

beaver, *n.* דער ביבער, ־ס

beaver coat דער ביבערפּעלץ, ־ן

beaver fur דער ביבער

of beaver fur ביבערן

bebop דער ביבאָפּ

because ווײַל; וואָרעם; וואָרן; דערפֿאַר וואָס; צוליב ‹איבער› דעם וואָס; מחמת; אַ דאַנק דעם וואָס [MÁKhMES]

because of צוליב; איבער; מחמת; פֿון וועגן; אַ דאַנק

just because באשר; נאָר דערפֿאַר וואָס [BÁNShER]

beck

be at sb.'s beck and call זײַן בײַ + דאַט' אַ שיקייִנגל; שטיין + דאַט' צו דינסט

beckon, *v.*

imp. ווינקען

pf. צווינקען + דאַט'; געבן אַ ווּנק; צורופֿן אָן ווערטער

becloud פֿאַרוואָלקענען; פֿאַרטונקלען

become ווערן

(suit) פּאַסן

What's to become of him? וואָס וועט פֿון אים ווערן?; וואָס וועט פֿון אים זײַן דער סוף? [SOF]

What became of her? ווּ איז זי אַהינגעקומען?; וווּהין איז זי פֿאַרשוווּנדן?; וואָס איז פֿון איר געוואָרן?

becoming

(suitable) פּאַסיק

(attractive) צוציִענדיק; טעמע(וו)דיק; מלא־חן [TÁME(V)DIK] [MÓLE-KhÉYN]

bed, *n.* דאָס/די בעט, ־ן; דאָס געלעגער, ־ס

(river) דאָס (טײַך־)געלעגער, ־ס

(flower) די בייט, ־ן

bed and board (דער) צימער מיט קעסט; (דאָס) געלעגער און עסן; (דאָס) עסן און וווינונג

bed and breakfast דער צימער מיט פֿרישטיק

be good in bed זײַן אַ קנאַק אין בעט

be in bed with (*fig.*) מאַכן יד־אַחת מיט [YADÁKhES]

change the bed איבערציִען דאָס בעטגעוואַנט

get sb. into bed באַלייגן; שלאָפֿן מיט

go to bed לייגן זיך שלאָפֿן; לייגן זיך אין בעט (אַרײַן); מאַכן נאַכט

go to bed (*nurs.*) גיין שלאָפּײַ ‹פּאָפּײַ/ליו־ליו›

go to bed with שלאָפֿן מיט

make the bed (before sleeping) (אויס)בעטן די בעטן

make the bed (after sleeping) פֿאַרבעטן ‹צובעטן› די בעטן; צו רעכט מאַכן די בעטן

As you make your bed, so you must lie in it ווי אַזוי מע בעט זיך אויס, אַזוי שלאָפֿט מען

on a bed of lettuce אונטערגעבעט מיט שאַלאַטן

put to bed לייגן שלאָפֿן; באַלייגן; אַנטשלעפֿן; אײַנשלעפֿ(ער)ן

strip the bed (אַר)אָפּציִען דאָס בעטגעוואַנט
bed, *v.* שלאָפֿן מיט; באַשלאָפֿן
bedbound *see* **bedridden**
bedbug די וואַנץ, ־ן
bedclothes/bedding דאָס בעטגעוואַנט
change the bedding איבערציִען דאָס בעטגעוואַנט
Beddy-bye! שלאָפֿעלע!; שלאָפֿעניו!; פּאָפּײַ!
bedeck באַצירן; באַפּוצן
bedevil דערקוטשעןװ; דערגיין + דאַט׳ די יאָרן
bedfellow דער מיטשלעפֿער, ־ס; דער בעט־חבֿר, ־ים [KhÁVER, KhAVÉYRIM]
strange bedfellows אומגעריכטע שותּפֿים [ShÚTFIM]
bedlam (uproar) די בהלה; די סומאַטאָכע; דער באַלאַגאַן [BEHÓLE]
bed linens דאָס באַצײַכן; דאָס בעטגעוואַנט
bedmate
m./unsp. דער בײַשלעפֿער, ־ס; דער מיטשלעפֿער, ־ס
f. די בײַשלעפֿערין, ־ס; די מיטשלעפֿערין, ־ס
Bedouin, *adj.* בעדויִנער
Bedouin, *n.*
m./unsp. דער בעדויִנער, –
f. די בעדויִנערין, ־ס
bedpan די קראַנקן־כּלי, ־ם [KÉYLE, KÉYLIM]
bedraggle אויסמאַטשעןװ; (אַ)דורכנעמען מיט וואַסער
be bedraggled אויסגעמאַטשעט ווערן; אויסזען ווי אַ נאַסער האָן
bedridden צוגעבונדן ‹צוגעשמידט› צום בעט
bedrock דער יסוד־שטיין, ־ער [YESÓD]
bedrock principle דער יסוד־‹עיקר־›פּרינציפּ, ־ן [YESÓD] [ÍKER]
bedroll דער הײמישער שלאָפֿזאַק, ...זעק
bedroom דער שלאָפֿצימער, ־ן; די שלאָפֿשטוב, ־ן/...שטיבער; דער שלאָפֿאַלקער, ־ס
3-bedroom apartment די דרײַ־שלאָפֿצימערדיקע דירה, ־ות [DÍRE]
bedroom furniture דאָס שלאָפֿמעבל
bedroom suite די שלאָפֿצימער־גאַרניטור, ־ן
bedsheet דער לײַלעך, ־ער
bedside
at the bedside בײַם ‹לעבן› בעט
have good bedside manners וויסן ווי צוצוגיין צו פּאַציִענטן; גוט אָפּכאַדזעןװ אַ קראַנקן
bedside table דאָס בעטטישל, ־עך
bedsore די ליגראַנע, ־ס; די ליגווונד, ־ן
bedspread דער איבערדעק, ־ן; דער בעטצודעק, ־ן; די קאָפּע, ־ס
bedtime די צײַט זיך צו לייגן שלאָפֿן; די צײַט צו מאַכן נאַכט
bedtime story דאָס מעשׂהלע צום אַנטשלאָפֿן ווערן [MÁYSELE]
bedwetter דער באַנעצער, ־ס; דער שטשאַד, ־עס
(*iro./m./unsp.*) דער ליאַכער, ־ס
(*iro./f.*) די ליאַכערקע, ־ס
be a bedwetter באַנעצן זיך (בײַ נאַכט); שטשאַכעןװ
bedwetting דאָס באַנעצן דאָס בעט
bee די בין, ־ען
(contest) דער פֿאַרמעסט, ־ן; דער קאָנקורס, ־ן
She has a bee in her bonnet סע רויִעט בײַ איר אין קאָפּ אַ שגעון; זי האָט פֿליגן אין נאָז [ShIGÓEN]
beech דער בוק, ־עס; דער בוקנבוים, ...ביימער
beechnut דער/די בוקנוס, ...ניס
bee-eater דער בינען־פֿרעסער, ־ס; דער מעראָפּיד, ־ן
beef, *adj.* רינדערן
beef, *n.* דאָס רינדערנע פֿלייש; דאָס רינדערנס
have a beef with האָבן אַ טענה צו [TÁYNE]
beef, *v.* **(up)** פֿאַרשטאַרקן; פֿאַרפֿעסטיקן
beefburger דער האַמבורגער, ־ס
beef fat דאָס טוקענע שמאַלץ; דאָס טוקנשמאַלץ
beefsteak דער בעפֿשטיק, ־ן; דער ביפֿסטייק, ־ן
beef stew דאָס רינדערנע געדישעכץ
beefy פֿלײשיק; לײַביק
beehive דער בינשטאָק, ־ן
(hairdo) די אָנגעבלאָזענע פֿריזור
beekeeper דער בינער, ־ס; דער בינען־ציִער, ־ס
beekeeping דאָס בינערײַ; די בינען־האָדעוואַניע
beeline
make a beeline for לאָזן זיך גלײַך (גיין) צו ‹אין›
beep, *n.* דער פּיפּס, ־ן
beep, *v.* פּיפּסן; געבן ‹טאָן› אַ פּיפּס
beeper דער פּיפּסער, ־ס; דער ביפּער, ־ס
beer דאָס ביר, ־ן
beer belly דער טרעלבוך, ־עס; דער בויך ווי אַ קעסלפּויק; דער פּאַנץ, ־ן
beer bottle דאָס בירפֿלעשל, ־עך
beer can די בירפּושקע, ־ס
beeswax דער בינענוואַקס
beet דער בוריק, ־עס
beet red רויט ווי אַ בוריק; צוויק רויט
beetle דער זשוק, ־עס; דער כרושטש, ־עס
beet leaf די נאַטשענע, ־ס
beet soup דער באָרשט
beet sugar דער בוריק־צוקער
befall טרעפֿן; טרעפֿן (זיך) מיט; געשען + דאַט׳; פּאַסירן מיט
befit פּאַסן + דאַט׳/פֿאַר; אָנשטיין + דאַט׳; געשיקן זיך פֿאַר
befitting a king ווי סע פּאַסט פֿאַר אַ מלך [MÉYLEKh]
before, *adv.* פֿריִער
before, *conj.* אײדער; פֿאַר דעם ווי
before, *prep.* פֿאַר
(temporal) *also* ערבֿ [ÉREV]
before long אײדער וואָס ווען; באַלד; אין גיכן; קורצלעך; בקרובֿ [BEKÓREV]
before my eyes פֿאַר מיר אין די אויגן
before nightfall אײדער ס׳ווערט נאַכט; אײדער ס׳פֿאַלט צו די נאַכט
before you know it אײדער וואָס ווען; אײדער מע קוקט זיך אַרום
beforehand (אַ)פֿריִער; נאָך פֿריִער; נאָך פֿאַר דעם
befriend פֿאַרחבֿרן זיך מיט; באַפֿרײַנדן זיך מיט; מקרבֿ זײַן [FARKhÁVERN] [MEKÁREV]
befuddle צעטומלען; צעמישן; צעדולן
beg
(ask for charity) בעטלען; שנאָר(ע)ןװ; קבצנען [KÁPTSENEN]
(ask) בעטן (בײַ)
(beseech) בעטן זיך בײַ
beg for mercy בעטן רחמים; בעטן רחמנות האָבן; בעטן דערבאַרעמען זיך [RÁKhMIM] [RAKhMÓNES]
beg off אָפּזאָגן זיך (פֿון)
beg one's indulgence בעטן בײַ + דאַט׳ געדולד
go begging גיין איבער די הײַזער; גיין מיט דער טאָרבע ‹פּושקע›
I beg to differ איך בין דווקא נישט מסכּים [DÁFKE] [MÁSKEM]
I beg your pardon האָב ‹האָט› נישט קיין פֿאַראיבל; זײַ(ט) מיר מוחל; כ׳בעט איבער דײַן ‹אײַער› כּבֿוד [MOYKhL] [KÓVED]

It begs the question פֿרעגט זיך די שאלה ‹קשיא› [ShÁYLE] [KÁShE]

beget געווינען; געבוירן; האָבן; מוליד זײַן [MÓYLED]

begotten by דער זון פֿון; די טאָכטער פֿון

beggar

m./unsp. דער בעטלער, ־ס; דער שנאָרער, ־ס; דער אָרחא־פּרחאניק, ־עס [ORKhEPÓRKhENIK]

f. די בעטלערין, ־ס; די שנאָרערקע, ־ס

Beggars can't be choosers פֿאַר נויט עסט מען ווײַסברויט

begin, *vt./vi.* אָנהייבן (זיך); נעמען (זיך)

to begin with [RÉYShES(-KOL)] ערשטנס; ראשית(־כּל)

beginner

m./unsp. דער אָנהייבער, ־ס

f. די אָנהייבערין ‹אָנהייבערקע›, ־ס

beginner's luck [STAM] [MAZL] דאָס סתּם מזל

beginning, *n.* [HASKhÓLE] דער אָנהייב, ־ן; די התחלה, ־ות

from the beginning פֿון סאַמע אָנהייב; פֿון אָנהייב אָן

from beginning to end פֿון אָנהייב ביזן סוף; פֿון אלף ביז תּוו [SOF] [ÁLEF] [TOF]

in the beginning [BRÉYShES] אין ‹פֿון› אָנהייב; בראשית

the beginning of the end דער אָנהייב פֿונעם סוף

since the beginning of time פֿון ‹זינט› ששת־ימי־בראשית [ShÉYShES-YEMÉY- B(E)RÉYShES]

beginning rhyme דער אָנהייבגראַם, ־ען

Begone! אַוועק (פֿון דאַנען)!; מאַרש(ט)!

begonia די בעגאָניע, ־ס

begrudge נישט פֿאַרגינען + דאַט'; זשאַלעווע(ן) + דאַט'; מקנא זײַן + אַק'/דאַט' [MEKÁNE]

begrudge sb. stg. נישט פֿאַרגינען + דאַט' + אַק'

begrudger

m./unsp. דער נישט־פֿאַרגינער, ־ס; דער עין־הרעניק, ־עס [EYNHÓRENIK]

f. די נישט־פֿאַרגינערקע, ־ס; די עין־הרעניצע, ־ס [EYNHÓRENITSE]

beguile פֿאַרכאַפּן; פֿאַרפֿירן; אָפּנאַרן

behalf

on behalf of אין נאָמען פֿון

on sb.'s behalf לטובֿת + דאַט'; דאַט' + לטובֿה; פֿון + פּאָס' וועגן [LETÓYVES] [LETÓYVE]

behave אויפֿפֿירן זיך; האַלטן זיך

behave well האַלטן זיך אין דער מעלה; אויפֿפֿירן ‹האַלטן› זיך שיין; זײַן אַ מענטש [MÁYLE]

behavior דער אויפֿפֿיר, ־ן

good behavior דער לײַטישער אויפֿפֿיר

be on good behavior אויפֿפֿירן זיך לײַטיש; פֿירן זיך ווי אַ לײַט ‹מענטש›

behavioral אויפֿפֿיר...

behavioral psychologist דער אויפֿפֿיר־פּסיכאָלאָג

behavioral psychology די אויפֿפֿיר־פּסיכאָלאָגיע

behavioral sciences אויפֿפֿיר־וויסנשאַפֿטן

behavior modification די טעראַפּיע צו בײַטן דעם אויפֿפֿיר

behead קעפּן; אַראָפּנעמען ‹אָפּהאַקן› דעם קאָפּ

beheaded געקעפּט

beheading דאָס קעפּן

behemoth, *adj.* ריזיק

behemoth, *n.*

(giant) דער גיגאַנט, ־ן; דער ריז, ־ן

(bib.) דער בעהעמאָט, ־ן; דאָס וואַסערפֿערד, –

behest

at sb.'s behest [BAKÓShE] אויף + פּאָס' בקשה

behind, *adv.* (פֿון) הינטן

be behind (lag) זײַן הינטערשטעליק

five games behind פֿינ(ע)ף מאַטשן פֿון הינטן

behind, *n.*

(buttocks) דער אָחור, ־ס; דאָס געזעס; דער הינטן; דער הינטערחלק, ־ים; דער תּחת, ־ער; דער וואַרזאַק [ÓKhER] [HÍNTERKhEYLEK, ...KhALÓKIM] [TÓKhES, TÉKhESER]

(child's buttocks) דאָס תּחתל, ־עך; דאָס געזעסעלע, ־ך [TÉKhESL]

from behind פֿון הינטן; הינטן אַרומעט

come from behind to win איבעריאָגן און געווינען

behind, *prep.* הינטער

behind enemy lines הינטערפֿראָנטיק; הינטערן פֿראָנט

behind the scenes הינטער די קוליסן

behind the times הינטערשטעליק; אַלטמאָדיש

behold

imp. זען; פֿאַרנעמען

pf. דערזען; דערבליקן; באַמערקן

beholden (to) [MEKhÚYEV] מחויבֿ + דאַט'

behoove [KhAL] חל ‹מוטל› זײַן אויף

beige בעזש(ן); פֿון בעזשקאָליר

being, *n.* דאָס זײַן; דאָס עקסיסטירן

(human) דער מענטש, ־ן; דער בן־אָדם, בני־...; דער בר־נש, ־ן [BENÓDEM, BNEY-ÓDEM] [BARNÁSh]

(creature) די בריאה, ־ות/ברואים; דאָס באַשעפֿעניש, ־ן; דער בעל־חי, בעלי־חיים [BRÍE, BRÚIM] [BALKhÁY, BÁLE-KhÁYEM]

(entity) [YESh] דער יש, ־ן

come into being אויפֿקומען; אַרויסוואַקסן

bejeweled מיט צירונג באַפּוצט

belabor

belabor the point איבערחזרן נאָך אַ מאָל און ווידער אַ מאָל; האַלטן אין איין יאָמערן; רײַסן זיך אין אַן אָפֿענער טיר [ÍBERKhÁZERN]

Belarus (דאָס) ווײַסרוסלאַנד; (דאָס) רײַסן; (דאָס) בעלאַרוס

Belarussian, *adj.* ווײַסרוסיש

Belarussian Jew דער ווײַסרוסישער געב'; דער ווײַסרוסישער ייִד, ־ן

Belarussian, *n.*

m./unsp. דער ווײַסרוס, ־ן

f. די ווײַסרוסקע, ־ס

belated פֿאַרשפּעטיקט

belatedly פֿאַרשפּעטיקטערהייט

belch, *n.* דער גרעפּץ, ־ן

belch, *v. imp./pf.* (אָפּ)גרעפּצן

(single belch) געבן אַ גרעפּץ

beleaguer

(beset) צושטיין צו

(besiege) באַלעגערן; באַלאַגערן; אַרומרינגלען

beleaguered by worries באַצרהט; באַלאָדן מיט צרות; פֿאַרשוואָנקען אין ערגערניש [BATSÓRET] [TSÓRES]

Belfast (דאָס) בעלפֿאַסט

belfry דער גלאָקטורעם, ־ס

Belgian, *adj.* בעלגיש

Belgian Jew דער בעלגישער געב'; דער בעלגישער ייִד, ־ן

Belgian, *n.*

m./unsp. דער בעלגיער, –

f. די בעלגיערין, ־ס

Belgium (די) בעלגיע

belie זײַן אין סתּירה מיט; פֿאַלש פֿאָרשטעלן; פֿאַרדרייען [STÍRE]

belief

(faith) [EMÚNE] די אמונה, ־ות; דער גלויבן, ־ס

(conviction) די איבערצײַגונג, ־ען

in the belief that גלײַבנדיק ‹מיינענדיק› אַז

believability די/דאָס גלײבלעכקייט
believable גלײבלעך
be believable גלייבן זיך
believe
(with belief) גלייבן
(be of the opinion) האַלטן; מײנען; זײַן בײַ דער מײנונג אַז
believe completely גלייבן אויפֿן וואָרט; גלייבן בלבֿ־ונפֿש [BELÉV-VONÉFESh]
believe in גלייבן אין; האַלטן פֿון
believe it or not גלייב(ט) יאָ, גלייב(ט) נישט; צי דו גלייבסט ‹איר גלייבט› צי נישט
believe me מעגסט ‹איר מעגט› מיר גלייבן; גלייב(ט) מיר (בנאמנות); כלעבן [BENEMÓNES]
make believe מאַכן אַן אָנשטעל; פֿאָרשטעלן זיך
not believe a word נישט גלייבן קיין (איין) וואָרט
believer דער גלײביקער געב'; דער מאמין, ־ים; דער בעל־מאמין, בעלי־מאמינים [MÁYMEN, MAYMÍNIM] [BALMÁYMEN, BÁLE-MAMÍNIM]
belittle מאַכן צו נישט ‹גאָרנישט/קלײנגעלט›; אַוועקמאַכן מיט דער האַנט; אַראָפּמאַכן; מבֿטל זײַן [MEVÁTL]
He's not to be belittled מע קען אים נישט אַוועקמאַכן מיט דער האַנט; ער איז נישט קיין שיפּע זיבעלע
bell דער גלאָק, גלעקער
(small bell) דאָס גלעקל, ־עך; דאָס גלעקעלע, ־ך
clear as a bell קלאָר ווי דער טאָג
ring the bell קלינגען אין גלאָק; קלינגען בײַ דער טיר
ring a bell (*fig.*) דערמאָנען אין עפּעס
school bell דאָס שולגלעקל, ־עך
with bells on גערן; מיטן גרעסטן פֿאַרגעניגן
belladonna די בעלאַדאָנע; די משוגע־קאַרש [MEShÚGE]
bellbottoms קלו(י)אָשהויזן; מאַטראָסן־הויזן
bellboy/bellhop דער האָטעל־באַדינער, ־ס; דער האָטעל־משרת, ־ים; דער פּיקאָלאָ, ־ס [MEShÓRES, MEShÓRSIM]
belle *see* **beauty**
belles-lettres די בעלעטריסטיק
bellicose קריגעריש
belligerence די/דאָס קריגערישקייט
belligerency דאָס מלחמה־האַלטערײַ; די מלחמה־האַלטונג ‹־פֿירונג› [MILKhÓME]
belligerent, *adj.* קריגעריש
(in warfare) מלחמה־האַלטנדיק‹־פֿירנדיק› [MILKhÓME]
belligerent, *n.* דער מלחמה־האַלטער‹־פֿירער›, ־ס [MILKhÓME]
bellow ריטשע|ן; רעווע|ן; מיטשע|ן
bellows דער בלאָזזאַק, ...זעק
bell pepper דער זיסער פֿעפֿער, ־ס; דאָס זיסע פֿעפֿערל, ־עך
bell ringer דער גלאָקן־ציער, ־ס
bell-shaped אין דער פֿאָרעם פֿון אַ גלאָק
bell tower דער גלאָקן־טורעם, ־ס
bellwether
(animal) דער סטאַדע־‹סטײַע־›פֿירער, ־ס
(indicator) דער וועגווײַזער, ־ס
bellwort דער גלעקלקווייט
belly דער בויך, בײַכער
(of child) דאָס בײַכעלע, ־ך; דאָס פּענצעלע, ־ך
go belly up באַנקראָטירן
bellyache, *n.* דער בויכווייטיק, ־ן
bellyache, *v.* באַקלאָגן זיך; בורטשע|ן; כניקע|ן; פּכיקע|ן
bellyband דער בויכגאַרטל, ־ען
bellybutton דער פּופּיק, ־עס; דער נאָפּל, ־ען
(of child) דאָס פּופּיקל, ־עך
belly cargo די בויך־משׂא [MÁSE]
bellydance, *n.* דער בויכטאַנץ
do a bellydance טאַנצן דעם בויכטאַנץ
bellydancer די בויכטענצערין, ־ס
bellyful
a bellyful of העט צו פֿיל
belly landing דאָס אַראָפּלאָזן זיך אויפֿן בויך
belly laugh דאָס האַרציקע געלעכטער
belong (to) געהערן + דאַט'; באַלאַנגען (צו)
belonging, *n.* דאָס געהערן; די/דאָס צוגעהעריקייט
belongings דאָס האָב־און־גוטס ל"י; דער פֿאַרמאָג ל"י; דאָס האָב ל"י; מאַנאַטקעס
with all one's belongings מיטן גאַנצן האַק־און־פּאַק ‹האָב־און־גוטס›; מיט אַלע זיבן זאַכן
beloved, *adj.* באַליבט; (הייס) געליבט; טײַער
beloved, *n.*
m./unsp. דער ליבסטער געב'; דער ליבינקער געב'; דער געליבטער געב'; דער טײַערינקער געב'
f. די ליבסטע, –; די ליבינקע, –; די געליבטע, –; די טײַערינקע, –
your beloved (end of letter) דײַן ליבער געב'; דײַן דיך ליבנדיקער געב'
below, *adv.* אונטן
down below (גאָר) אונטן
from below פֿון אונטן; אונטן אַרומעט
below, *prep.* אונטער
belt, *n.* דער פּאַסיק, ־עס; דער פּאַס, ־ן; דער רימען, ־ס; דער גאַרטל, ־ען
(mech./tech.) דער רימען, ־ס
It was below the belt ס'איז געווען אַ קלאַפּ אונטערן גאַרטל
tighten one's belt אײַנציִען דעם פּאַסיק ‹רימען›
tighten one's belt (*fig.*) אײַנגאַרטלען זיך
belt, *v.*
(fasten) צומאַכן דעם פּאַסיק ‹רימען›
(beat) אויסשמײַסן; דערלאַנגען + דאַט' קלעפּ
belt out אַרויסזינגען
belt drive די רימען־טראַנסמיסיע, ־ס
beluga די בעלוגע, ־ס
bemedaled באַמעדאַלירט; באַהאָנגען מיט מעדאַלן
bemoan באַוויינען
bemoan one's fate באַוויינען דאָס אײגענע גורל [GOYRL]
bemused געפּלעפֿט; צעטומלט
bench, *n.* די באַנק, בענק
(judge's seat) די ריכטערשטול, ־ן
(judges) ריכטערס ל"ר
approach the bench צוקומען צו דער ריכטערשטול
be on the bench (jur.) זײַן אַ ריכטער
be on the bench (spo.) זיצן (אויף דער באַנק)
bench, *v.* אַוועקזעצן
He was benched מ'האָט אים אַוועקגעזעצט
benchmark, *n.* דער סטאַנדאַרד, ־ן
(surveyor's) דעם ערדמעסטערס צייכן, ־ס
benchmark, *v.* (אָפּ)מעסטן לויטן סטאַנדאַרד
benchmark index דער סטאַנדאַרד־אינדעקס, ־ן
bench seat דער באַנקזיץ, ־ן
bench trial דער ריכטער־משפּט, ־ים [MÍShPET, MIShPÓTIM]
bench warrant דער געריכט־‹אַרעסט־›באַפֿעל, ־ן
bend, *n.* דער (אויס)בייג, ־ן
(in river) דאָס טײַך־געשלענגל, ־עך
round the bend (*fig.*) משוגע [MEShÚGE]
bend, *v.*
vt./vi. imp. בייגן (זיך)

vt./vi. pf. אָנבייגן (זיך); אויסבייגן (זיך); אײַנבייגן (זיך); פֿאַרבייגן (זיך)
bend down אַראָפּבייגן זיך; אײַנבייגן זיך
bend over איבערבייגן זיך; אָנבייגן זיך
bend over backwards לייגן זיך אין דער לענג און אין דער ברייט; צערײַסן זיך; טאָן איבערן כּוח; שטאַרק באַמיִען זיך [KÓYEKh]
bend over in pain צונויפֿקאָרטשען|ען זיך פֿאַר ווייטיק
bend sb.'s ear לעכערן + דאַט' די אויערן
bend the law אַ קנייטש טאָן דאָס געזעץ
You can bend him, but you can't break him ער לאָזט זיך רעדן, אָבער נישט איבעררעדן
on bended knee אויף די קני
bender דאָס זויפֿערײַ; דאָס טרינקערײַ
bends
the bends די טונקערקרענק
beneath אונטער
It's beneath her dignity ס'איז אונטער איר כּבֿוד; סע שטייט איר נישט אָן; סע פּאַסט איר נישט [KÓVED]
benediction די ברכה, ־ות; די בענטשונג, ־ען [BRÓKhE]
benefactor דער בעל־טובֿה, בעלי־טובֿות; דער בעל־חסד, בעלי־חסדים; דער וווילטוער, ־ס [BALTÓYVE, BÁLE-TÓYVES] [BALKhÉSED, BÁLE-KhSÓDIM]
beneficence דאָס וווילטוערײַ; די צדקה [TSDÓKE]
beneficial גוטטויִק; וווילטויִק; לוינעוודיק
be mutually beneficial לוינען זיך בײדע צדדים [TSDÓDIM]
beneficiary
(benefitor) דער געניסער, ־ס; דער זוכה, ־ים [ZÓYKhE, ZÓYKhIM]
(inheritor) דער יורש, ־ים [YÓYRESh, YÓRShIM]
benefit, *n.*
(advantage) די מעלה, ־ות [MÁYLE]
(entitlement) דער בענעפֿיט, ־ן
(event) דער בענעפֿיט, ־ן
(use) דער נוץ, ־ן; דער נוצן, ־ס; די טובֿה, ־ות [TÓYVE]
for the benefit of לטובֿת + דאַט'; דאַט' + לטובֿה [LETÓYVES] [LETÓYVE]
give sb. the benefit of the doubt מלמד־זכות זײַן אויף; דן זײַן + דאַט' לכּף־זכות [MELÁMED-SKhÚS] [DAN] [LEKÁF-SKhÚS]
benefits and drawbacks מעלות און חסרונות [MÁYLES] [KhESRÓYNES]
benefit, *v.*
vt. ברענגען נוצן + דאַט'
vi. געניסן; האָבן אַ טובֿה; ציִען נוצן; מרוויח זײַן [TÓYVE] [MARVÍEKh]
vi. (*hum.*) אָפּלעקן ‹אָפּבײַסן› אַ ביינדל; כאַפּן אַ פֿאַרדינסטל; נאַשן
benevolence די/דאָס גוטוויליקייט; די/דאָס גוטהאַרציקייט; דער גוטער ווילן
benevolent גוטוויליק; גוטהאַרציק; גוטגינציק
Bengal, *adj.* בענגאַליש
Bengal, *n.* (דאָס) בענגאַל
Bengali, *n.*
m./unsp. דער בענגאַל(י)ער, –
f. די בענגאַל(י)ערין, ־ן
(language) דאָס בענגאַליש; די בענגאַלישע שפּראַך
Bengal tiger דער בענגאַלישער טיגער, ־ס
benign
(non-malignant) גוטמיניק
(person) לײַטזעליק; ליבלעך; גוטמוטיק
benign neglect די נישט־אַרײַנמישונג

bent, *adj.* אויסגעבויגן; אײַנגעבויגן; צעבויגן
be bent on האָבן נאַר אין זינען; זײַן אָנגעצילט אויף
bent, *n.* די נטיה, ־ות; די נײגונג, ־ען [NETÍE]
bent grass די פֿעלדניצע
benzene דער בענזין; דער בענזאָל
bequeath (to) אָפּשרײַבן + דאַט' (אין דער צוואה); אָפּזאָגן + דאַט' בצוואה [TSAVÓE] [BETSAVÓE]
bequeath to a charity לאָזן אויף עולמות [ÓYLEMES]
bequest דער עזבֿון, ־ות; דער אָפּשרײַב, ־ן; די ירושה, ־ות [IZÓVN, IZVÓYNES] [YERÚShE]
berate אויסזידלען; (אויף)עפּענען אַ מויל אויף; אויסמוסרן; אויסשײַגעצן [ÓYSMÚSERN]
Berdichev (דאָס) באַרדיטשעוו
bereave פֿאַראָבֿלען [FARÓVLEN]
bereaved פֿאַראָבֿלט [FARÓVLT]
bereaved person (*m./unsp.*) דער אָבֿל, ־ים; דער פֿאַראָבֿלטער געב' [OVL, AVÉYLIM] [FARÓVLTER]
bereaved person (*f.*) די אָבֿלטע, ־ס; די פֿאַראָבֿלטע, – [ÓVLTE] [FARÓVLTE]
bereavement דאָס אָבֿלות [AVÉYLES]
bereft
She was bereft of מ'האָט בײַ איר צוגענומען; זי איז געבליבן אין גאַנצן אָן
Berenice's hair (astr.) בערעניקעס האָר
beret דער בערעט, ־ן
bergenia דער באַדאַן
beri-beri דער בערי־בערי
berkelium דער בערקעליום
Berlin (דאָס) בערלין
berm די בערמע, ־ס
Bermuda (די) בערמודע
Bermudan, *adj.* בערמודיש
Bermudan, *n.*
m./unsp. דער בערמודער, –
f. די בערמודערין ‹בערמודערקע›, ־ס
Bermuda shorts בערמודע־הייזקעס
Bermuda Triangle דער בערמודישער דרײַעק
beroe די בעראָע
berry די יאַג(ע)דע, ־ס; דאָס בערעלע, ־ך
berserk
go berserk (crazy) אַרײַנפֿאַלן אין משוגעת; אַראָפּגיין פֿון זינען; אַראָפּגיין פֿון די רעלסן [MEShUGÁS]
go berserk (furious) אַרײַנפֿאַלן אין רציחה; צעבושעווע|ן זיך; אַרויסגיין פֿון די כּלים [RETSÍKhE] [KÉYLIM]
berth
(bed) די קויקע, ־ס; דאָס געלעגער, ־ס
(in train) דאָס באַנבעטל, ־עך
(on ship) דאָס שיפֿבעטל, ־עך
(mooring space) דער לאַנדונגפּלאַץ, ...פּלעצער
Give him a wide berth זאָל ער זיך טאָן זײַנס; האַלט זיך פֿון אים פֿון דער ווײַטנס
beryl דער בעריל; דער יאַכצונג ‹יאָכצום›
beryllium דער בעריליום
beseech בעטן זיך בײַ
beset
He was beset by the enemy דער שונא האָט אים אַרומגערינגלט ‹באַלאַגערט› [SÓYNE]
He was beset by troubles צרות האָבן זיך אים אָנגעזעצט; צרות זענען אים באַפֿאַלן [TSÓRES]
beside
(near) לעבן; בײַ; פּאַזע
(except) (אַ)חוץ
(compared with) אין פֿאַרגלײַך מיט

beside the point נישט שייך (צום ענין); נישט צו דער זאַך [ShÁYEKh] [ÍNYEN]
be beside oneself for joy פֿרעגלען זיך פֿאַר נחת [NÁKhES]
be beside oneself with anger זײַן אױסער זיך פֿאַר כּעס [KÁAS]
besides, *adv.* (אַ)חוץ דעם
besides, *prep. see* **beside**
besiege באַלעגערן; באַלאַגערן; אַרומרינגלען
besmirch באַשמוצן; באַפֿלעקן; באַשמירן; באַזבֿלען; אויסחזירן [BAZÉVLEN] [ÓYSKhÁZERN]
besotted (with) פֿאַרכּישופֿט (פֿון); פֿאַרשיכּורט (פֿון) [FARKÍShEFT] [FARShÍKERT]
bespattered באַשפּריצט
bespeak אָנווײַזן (אויף)
bespectacled באַברילט; מיט ברילן
best, *adj.* בעסט
as best she could אויף וויפֿל זי האָט נאָר געקענט
be best at אויסצײכענען זיך מיט
best bet דאָס גלײַכסטע
best, *n.*
at best אין בעסטן פֿאַל; העכסטנס
at one's best אין העכסטער ‹בעסטער› פֿאָרעם
best of סאַמע בעסט
best of all דאָס סאַמע בעסטע איז וואָס
do one's (level) best טאָן וואָס נאָר מע קען
the best (of the bunch) דאָס (סאַמע) בעסטע
look one's best אויסזען צום בעסטן
make the best of it געבן זיך אַן עצה; טאָן וואָס מע קען [ÉYTSE]
personal best דער אײגענער רעקאָרד
The best is yet to come! דאָס איז נאָך גאָרנישט!
to the best of my abilities אויף וויפֿל איך קען נאָר; אויף ווי ווײַט איך קען
to the best of my knowledge אויף וויפֿל איך ווייס
to the best of my recollection אויף וויפֿל איך געדענק
with the best of intentions מיטן גאַנצן גוטן ווילן; מיט די בעסטע כּוונות [KAVÓNES]
All the best! אַל דאָס גוטס!; כּל־טובֿ!; אַ גוטן תּמיד! [KOLTÚV] [TÓMED]
It was all for the best! גם זו לטובֿה; ס'האָט זיך אויסגעלאָזט צום גוטן [GAM ZU LETÓYVE]
Is that the best you can do? בעסער קענסטו ‹קענט איר› נישט?
best, *v.* געווינען בײַ; מנצח זײַן; בײַקומען [MENATSÉYEKh]
bestial חיהיש; בעסטיאַליש; ברוטאַל [KhÁYESh]
bestiality
(of animal) די/דאָס חיהישקייט; די/דאָס בעסטיאַלקייט [KhÁYEShKEYT]
(sexual activity) דאָס ליגן מיט חיות; די זאָאָפֿיליע [KhÁYES]
best man דער אונטערפֿירער, ־ס; דעם חתנס באַדינער, ־ס [KhOSNS]
bestow (stg. upon sb.) באַשענקען + אַק' (מיט); באַגאָבן + אַק' (מיט)
bestowal די באַשענקונג; דאָס באַשענקען
bestseller דער בעסטסעלער, ־ס
make the bestseller list ווערן אַ בעסטסעלער
best-selling
be best-selling פֿאַרקויפֿן זיך ווי מצה־וואַסער [MÁTSE]
bet, *n.* דאָס געוועט, ־ן; דער וועט, ־ן
It's a good bet that מסתּמא [MISTÁME]
All bets are off מע קען גאָר נישט פֿאָרויסזאָגן; ווער ווייסט וואָס ס'וועט זײַן?
bet, *v.*
bet sb. גיין אין געוועט (מיט); (פֿאַר)וועטן זיך (מיט)
bet on (*fig.*) פֿאַרלאָזן זיך אויף
bet one's future on בויען אַ צוקונפֿט אויף
bet the sum of וועטן זיך אויף
bet stg. on שטעלן אויף
Don't bet on it! ניי(ט) זיך נישט קיין בײַטל!; לייג(ט) זיך נישט קיין פֿײַגעלעך אין בוזעם!
I'll bet you $10 איכ'ל גיין מיט דיר ‹אײַך› אין געוועט אויף צען דאָלאַר; איך וועט זיך מיט דיר ‹אײַך› אויף צען דאָלאַר
Wanna bet? אַנו!
You bet! און נאָך ווי!; און ווי נאָך!; זיכער!
beta דער בעטאַ
beta blocker דער בעטאַ־בלאָקירער, ־ס
beta cell דאָס בעטאַ־קעמערל, ־עך
beta male דער בעטאַ־זכר, ־ים [ZÓKhER, SKhÓRIM]
beta particle דאָס בעטאַ־טיילעכל, ־עך
beta personality די בעטאַ־פּערזענלעכקייט, ־ן
beta rays דער בעטאַ־שטראַל, ־ן
betatron דער בעטאַטראָן, ־ען
beta wave די בעטאַ־כוואַליע, ־ס
betel nut דער בעטעלנוס, ...ניס
betel palm די בעטעלנוס־פּאַלמע, ־ס
beth din דאָס בית־דין, ־ס [BEZ(D)N]
bethink oneself מישבֿ זײַן זיך; באַקלערן זיך [MEYÁShEV]
Bethlehem (דאָס) בית־לחם [BEYS-LÉKhEM]
betide
Woe betide you! אַז אָך און ווי איז דיר ‹אײַך›!
betoken זײַן אַ סימן פֿון; אָנזאָגן [SÍMEN]
betray מסרן; אַרויסגעבן; פֿעלטשן אין; פֿאַרראַטן; °פֿאַרראַטן; בוגד זײַן אין [MÁSERN] [BÓYGED]
(be unfaithful) נישט זײַן געטרײַ + דאַט'
betray sb.'s confidence אויסזאָגן + פּאָס' סוד [SOD]
betrayal דאָס מסרן; דאָס אַרויסגעבן; דער פֿאַרראַט; דער °פֿאַרראַט; די בגידה [MÁSERN] [BGÍDE]
betrayal of country די בגידה־במלוכות; דער מלוכה־פֿאַרראַט [BGÍDE-BEMÁLKhES] [MELÚKhE]
betrayer דער בוגד, בוגדים; דער מסור, מוסרים; דער °פֿאַררעטער, ־ס [BÓYGED, BÓGDIM] [MÓSER, MÓSRIM]
betroth פֿאַרקנסן [FARKNÁSN]
be betrothed to פֿאַרקנסט ווערן פֿאַר ‹מיט› [FARKNÁST]
betrothal די פֿאַרקנסונג, ־ען [FARKNÁSUNG]
better, *adj.* בעסער
all the better איז נאָך בעסער; איז אַוודאי גוט [AVÁDE]
the better part of ס'רובֿ [ROV]
better late then never בעסער שפּעט איידער קיין מאָל נישט
better luck next time ביז מאָרגן זאָל גאָט זאָרגן
in better times אין פֿריידן
He's a better man than I ער איז אַ בעסערער פֿון מיר; דער גיבור איז ער [GÍBER]
Now that's better! אָט אַזוי!
better, *adv.* בעסער
better off אין בעסערע אומשטאַנדן; אין אַ בעסערן מצבֿ [MÁTSEV]
better at זײַן פֿעיִקער אויף
better left unsaid בעסער נישט דערזאָגן ‹אַרויסזאָגן›
get better (improve) פֿאַרבעסערן זיך
get better (health) פֿילן זיך בעסער; געניזן ווערן; קומען צו זיך; שטעלן זיך אויף די פֿיס

go one better אַריבערשטײַגן
It doesn't get any better בעסער קען (שוין) גאָר נישט זײַן
She had better שוין בעסער זי זאָל
She would be better off without ס'וואָלט איר שוין בעסער ‹גלײַכער› געווען אָן
You better believe it! מעגסט ‹איר מעגט› מיר גלייבן!; ס'איז דער רײַנער אמת! [ÉMES]
He can do better ער וואָלט עס געקענט נאָך בעסער טאָן
She should know better זי וואָלט געמעגט האָבן מער שׂכל [SEYKhL]

better, *n.*
be all the better for פֿילן זיך בעסער נאָך
for better or for worse אין לײדן און אין פֿרײדן
for the better לטובֿה; צום גוטן [LETÓYVE]
get the better of (beat) קריגן די אײבערהאַנט; געווינען איבער
get the better of (gain advantage) אַריבערוועגן
get the better of (trick) אויסניצן; אָפּנאַרן

better, *v.* פֿאַרבעסערן
betterment די פֿאַרבעסערונג, ־ען
for the betterment of לטובֿת [LETÓYVES]
betting, *n.* דאָס וועטן זיך; דאָס געוועטערײַ
betting man
be a betting man ליב האָבן זיך צו וועטן
If I were a betting man ווען איך גײ אין געוועט
between (אין) צווישן
between you and me אונטער פֿיר אויגן; צווישן אונדז גערעדט; צווישן אונדז זאָל עס בלײַבן
in between אין צווישן ‹מיטן›
bevel, *n.*
(instrument) דער ווינקל־מעסטער, ־ס; די שמיגע, ־ס
(surface) דער קרומווינקל, ־ען; די קאָסעפּלאַך, ־ן
bevel, *v.* אָפּקאַנטעווען; קרומווינקלען
bevel gears ווינקל־צײנדלעך
bevelled אָפּגעקאַנטעוועט
bevel wheel די קאָנישע צאָנראָד, ...רעדער
beverage דאָס געטראַנק, ־ען
(alcoholic) די משקה, ־אות [MÁShKE, MAShKÓES]
bevy
(of birds) די טשאַטע פֿייגל
(of people) די כאַפּטע מענטשן
(of wolves) די סטײַע וועלף
bewail באַוויינען
beware (of) היטן זיך (פֿאַר)
Beware! היט זיך!; אַכטונג!; אַכטיק!
bewilder צעטומלען; צעחושן; צעמישן; פֿלעפֿן
bewildered צעטומלט; צעחושט; צעמישט; געפּלעפֿט; מבֿוהל [MEVÚEL]
bewildered person דער חושים, ־ס; דער צעטומלטער געב׳; דער צעחושטער געב׳; דער נישט־היגער געב׳
bewildering צעטומלענדיק; פֿלעפֿנדיק
bewilderment די/דאָס געפּלעפֿטקייט; דאָס צעטומלעניש; דאָס צעמישעניש
bewitch פֿאַרכּישופֿן; באַכּישופֿן [FARKÍShEFN] [BAKÍShEFN]
bewitching פֿאַרכּישופֿנדיק; באַכּישופֿנדיק [FARKÍShEFNDIK] [BAKÍShEFNDIK]
beyond ווײַטער פֿון; הינטער; אויף יענער זײַט; מחוץ [MEKhÚTS]
It's beyond me כ'קען עס פּשוט נישט באַנעמען ‹פֿאַרשטיין› [PÓShET]
It's beyond repair מע קען עס שוין נישט פֿאַרריכטן; ס'איז פֿאַרפֿאַלן
She's beyond help ס'וועט איר שוין גאָרנישט (נישט) העלפֿן
bialy דאָס ביאַליסטאָקער פּלעצל, ־עך; דער ביאַליסטאָקער קוכן, ־ס
biannual
(twice a year) האַלבײאָריק
(every two years) צוויי־יאָריק
bias די פּניה, ־ות; דער פֿאָראורטל, ־ען; דער הינטערגעדאַנק, ־ען [PNÍE]
bias crime דאָס שׂינאה־פֿאַרברעכן, ־ס [SÍNE]
biased פּניותדיק; צדדימדיק [PNÍESDIK] [TSDÓDIMDIK]
be biased האָבן אַ פּניה ‹פֿאָראורטל› [PNÍE]
biathlon דער צווייפֿאַרמעסט, ־ן; דער ביאַטלאָן, ־ען
bib דאָס גאַווערל, ־עך; דאָס פֿאַרטעכל, ־עך; דאָס הערצל, ־עך; דאָס גאַווער־טיכל, ־עך
Bible
(J.) דער תּנ״ך [TANÁKh]
(Chr.) די ביבל, ־ען
biblical
(J.) תּנכיש [TANÁKhISh]
(Chr.) ביבליש
bibliographer דער ביבליאָגראַף, ־ן
bibliographical ביבליאָגראַפֿיש
bibliography די ביבליאָגראַפֿיע, ־ס
bibliophile דער ביבליאָפֿיל, ־ן; דער ליבהאָבער פֿון ביכער
bibulous
(absorbent) אײַנזאַפּיק
be bibulous (person) ליב האָבן דאָס גלעזל; ליב האָבן דעם ביטערן טראָפּן
bicameral צוויי־קאַמערדיק
bicarbonate דער ביקאַרבאָנאַט, ־ן
bicarbonate of soda די (באַק)סאָדע
bicentennial, *adj.* צווייהונדערט־יאָריק
bicentennial, *n.* דער צווייהונדערט־יאָריקער יובֿל, ־ען; דער צווייהונדערטסטער יאָרטאָג, ...טעג [YOYVL]
biceps דער צווייקעפּיקער מוסקל, ־ען; דער ביצעפּס
bicker (ה)אַמפּערן זיך; שפּאַרן זיך
bickering דאָס (ה)אַמפּערניש; דאָס שפּאַרעניש
bicuspid צווײשפּיציק
bicuspid tooth דער קלײנער באַקצאָן, ...צײן
bicycle, *n.* דער ראָווער, ...ערן; דער וועלאָסיפּעד, ־ן; דער ביציקל, ־ען
bicycle, *v.* פֿאָרן מיט אַ ראָווער ‹וועלאָסיפּעד/ביציקל›
bicycle lane דער ראָווער־‹וועלאָסיפּעד־/ביציקל־›שפּאַליר, ־ן
bicycle rack דאָס ביציקל־געשטעל, ־ן
bicycling דאָס ביציקלירן
bicyclist דער ראָוועריסט, ־ן; דער וועלאָסיפּעדיסט, ־ן; דער ביציקליסט, ־ן
bid, *n.* דער אָנבאָט, ־ן
make a bid (of) אָנבאָטן
put a bid on אַרײַנגעבן אַן אָנבאָט פֿאַר
bid, *v.*
(offer) (אָנ)באָטן
(order) הייסן + דאַט׳; בעטן
(wish) ווינטשן + דאַט׳
bid down אַראָפּבאָטן (דעם פּרײַז)
bid farewell (to) געזעגענען זיך (מיט)
bid for אָנבאָטן אויף
bid up אַרויפֿבאָטן (דעם פּרײַז)
bidder דער אָנבאָטער, ־ס
bidding דאָס אָנבאָטן
do one's bidding (אויס)פֿאָלגן

bidding war דער ליציטיר־פֿאַרמעסט, ־ן
biddy
old biddy (*pej./vlg.*) דאָס ווײַבעראָ, ־ס
bide אויסוואַרטן
bide one's time אויסוואַרטן ‹אָפּוואַרטן› ביז
bidet דער בידע, ־ען
bidialectism די/דאָס צווײ־דיאַלעקטישקייט
bidirectional צווײ־ריכטונגדיק; פֿון בײדע ריכטונגען
biennial צוויי־יאָריק; אַלע צוויי יאָר
bier דער קאַטאַפֿאַלק, ־ן
bifocal ביפֿאָקאַל
bifocals ביפֿאָקאַלעברילן; ביפֿאָקאַלן
bifurcate צעצווײַגן זיך; צעצווייען זיך; צעגאָפּלען זיך
bifurcation די צעצווײַגונג, ־ען; די צעצווייונג, ־ען; די צעגאָפּלונג, ־ען
big גרויס
(important) וויכטיק
big step דער ברייטער טראָט, טריט; דער לאַנגער שפּאַן, ־ען; דער קריטישער שריט, ־ן
think big האָבן גרויסע השׂגות [HASÓGES]
He lost big time ער האָט גוט ‹טײַער› פֿאַרשפּילט; ער איז אַרויס נקי ‹נאַקעט› [NÓKI]
bigamist דער ביגאַמיסט, ־ן
bigamous ביגאַמיש
bigamy די ביגאַמיע; דאָס צווײ־ווײַבערײַ
big bang דער גרויסער זעץ
big-bellied (גרויס)בײַכיק
big-bellied person דער טרעלבוך, ־עס; דער גרויסבײַכיקער געב'
big-breasted גרויסברוסטיק
big brother דער גרויסער ‹עלטערער› ברודער, ברידער
Big Brother (pol.) דער ברודער־בעל־הבית; דער גרויסער ברודער [BAL(E)BÓS]
big bucks הויפֿנס געלט; מאַיאָנטקעס
big-budget film דער גרויס־בודזשעטיקער פֿילם, ־ען
big business דער גרויסהאַנדל
Big Dipper דער גרויסער בער
big game דאָס גרויסגעווילד
biggest גרעסט
(most important) וויכטיקסט
biggie
That's a biggie! הו־האַ!; ס'איז נישט סתם! [STAM]
big gun (*fig.*) דער תּקיף, ־ים; די (גרויסע) שישקע, ־ס [TÁKEF, T(A)KÍFIM]
big-headed אַראָגאַנט; גרויסהאַלטעריש
big-hearted ברייטהאַרציק
bighorn sheep דער קאַנאַדער שעפּס
bight
(bay) די בוכטע, ־ס
(loop) דער שלייף, ־ן; די פּעטליע, ־ס
big league די אייבערליגע, ־ס
bigmouth דער בריטאַן, ־עס; דער גראַמאָפֿאָן, ־ען
be a bigmouth האָבן אַ גרויסן פּיסק; האָבן אַ לאַנגע צונג; האָבן אַ מויל אויף שרויפֿן; האָבן אַ מויל (ווי) אַ בריטאַן
big name דער פֿאַרשמטער געב'; די אָנגעזעענע פּערזענלעכקייט, ־ן [FARShÉMTER]
bigot דער פֿאַרגלייבטער געב'; דער ביגאָט, ־ן; דער פֿאַנאַטיקער, ־ס
bigoted פֿאַרגלייבט; ביגאָטיש; פֿאַנאַטיש
bigotry די/דאָס פֿאַרגלייבטקייט; די/דאָס ביגאָטישקייט; דער פֿאַנאַטיזם

big shot דער (גרויסער) העכט, –; דער קאַרפּנקאָפּ, ...קעפּ; דער קנאַקער, ־ס; דער כּל־ולך [KÓLVELOKh]
(*hum./iro.*) דער שוויצער, ־ס; דער יאַ־טעבע־דאַם, ־ען
Big shot! אַ גאַנצער פּיש־פּיש־פּיש!; אָדם אַ מענטש, קאַטשקע רוק זיך!; אויך מיר אַ ...! [ÓDEM]
big time
He made the big time סע קלינגט ‹שמט› מיט אים אַ וועלט; ער איז אַרײַן אין די הויכע פֿענצטער [ShEMT]
I owe you big time כ'בין דיר ‹אײַך› אַ גרויסער בעל־חובֿ; כ'בין דיר ‹אײַך› שולדיק און נאָך ווי! [BALKhÓYV]
big toe דער גראָבער פֿוספֿינגער, –
big top דאָס צירקגעצעלט, ־ן
bigwig דער גרויסער מאַכער ‹קנאַקער›, ־ס
bike *see* **bicycle**
biker *see* **bicyclist, motorcyclist**
biking *see* **bicycling**
bikini, *adj.* ביקיני־...
bikini, *n.* ביקיני־שווימקעס ל"ר
bikini briefs ביקיני־הייזעלעך ל"ר
bilabial בילאַביאַל; צווייליפּיק
bilabialization די בילאַביאַליזירונג
bilateral
(geom.) צווייזײַטיק
(pol.) צוויי־צדדימדיק [TSDÓDIMDIK]
bilberry דאָס שיכּור־ניסל, ־עך; די בלאָ־יאַגדע, ־ס; די פּיאַניצע, ־ס [ShÍKER]
bile די גאַל
bile acid דאָס גאַלזײַערס
bile duct דער גאַלגאַנג, ־ען; דער גאַלקאַנאַל, ־ן
bilge דאָס שלאַקוואַסער
(of ship) דער דנאָ, ־ען
(nonsense) נאַרישקייטן ל"ר; שטותים ל"ר; דער קוואַטש [ShTÚSIM]
bilingual צווייִשפּראַכיק
bilingual edition די פּאַראַלעל־אויסגאַבע, ־ס
bilingualism די/דאָס צווייִשפּראַכיקייט
bilious גאַליק
bilk אָפּנאַרן; אַרויסנאַרן; באַשווינדלען
bill,[1] *n.*
(currency) דער באַנקנאָט, ־ן; דאָס פּאַפּירגעלט קאָל'
(invoice) דער חשבון, ־ות; די רעכענונג, ־ען [KhEZhBM, KhEZhBÓYNES]
(law) דער געזעץ־פּראָיעקט, ־ן; דער ביל, ־ן
(sign) דער אַפֿיש, ־ן; דער פּלאַקאַט, ־ן
bill of exchange דער (טראַסירטער) וועקסל, ־ען; די טראַטע, ־ס
bill of fare דער מעניו, ־ען
bill of lading דער פֿראַכטצעטל, ־ען
bill of particulars באַשולדיק־פּרטים ל"ר [PRÓTIM]
Bill of Rights דער ביל פֿון רעכט
bill of sale דער שטר־מכירה; דער פֿאַרקויף־צעטל, ־ען [ShTAR-MEKhÍRE]
give sb. a clean bill of health באַשטעטיקן אַז + נאָמ' איז געזונט
bill,[2] *n.* **(beak)** דער שנאָבל, ־ען
bill,[1] *v.*
(fin.) רעכענען; שיקן + דאַט' אַ חשבון [KhEZhBM]
bill,[2] *v.* **(bird)** שנאָבלען
bill and coo לאַשטשע|ן זיך; צערטלען זיך
billable hours שעהען צום רעכענען [ShÓEN]
billboard דאָס/די פּלאַקאַטן־‹רעקלאַמע־›ברעט, ־ער
billet, *n.* די קוואַרטיר, ־ן
billet, *v.* אײַנקוואַרטירן; צעשטעלן אויף קוואַרטיר

billfold
(document holder) דער פּאַפּירן־טאַש, ־ן; דער בומאַזשניק, ־עס
(wallet) דאָס טעשל, ־עך; דער טײַסטער, ־ס
billhook דער/דאָס צווײַגמעסער, ־ס
billiard ball די קויל, ־ן; דאָס ביליאַרדל, ־עך; דער ביליאַרדבאַל, ־ן
billiard cue דאָס ביליאַרד־שטעקל, ־עך; דער ביליאַרד־שטעקן, ־ס
billiards דער ביליאַרד ל״י
billing, *n.* דאָס אַרויסשיקן חשבונות [KhEZhBÓYNES]
billion דער מיליאַרד, ־ן; דער ביליאָן, ־ען
billow, *n.* די פֿאַליע, ־ס; די אינד, ־ן; די (הויכ)כוואַליע, ־ס
billow, *v.* פֿאַליע|ן; כוואַליע|ן זיך; הייבן זיך
billowy כוואַליעדיק
billy club דער פּאָליציי־שטעקן, ־ס
billy goat דאָס צאַפּיקל, ־עך; דער ציגנבאָק, ...בעק
bimah די בימה, ־ות; דער באַלעמער, ־ס [BÍME]
bimbo
m./unsp. די פּוסטע כּלי, ־ים [KÉYLE, KÉYLIM]
f. also די ליאַלקע, ־ס
bimonthly, *adj.*
(every two months) צוויי־חדשימדיק; אַלע צוויי חדשים [KhADÓShIMDIK] [KhADÓShIM]
(twice a month) האַלב־חודשדיק [KhÓYDEShDIK]
bimonthly, *n.*
(every two months) דער צוויי־חדשימניק, ־עס [KhADÓShIMNIK]
(twice a month) דער האַלב־חודשניק, ־עס [KhÓYDEShNIK]
bin, *n.* דער זאַסיק, ־עס
bin, *v.* האַלטן אין זאַסיק
binary צוויי́ער...; צווייִק
binary number די/דער צווייִקע(ר) ציפֿער, ־ן/–
binary system די צווייער־סיסטעם, ־ען
bind, *n.* די קלעם; די פֿאַרלעגנהייט
in a bind אין אַ קלעם ‹פֿאַרלעגנהייט›
bind, *v.*
imp. בינדן
pf. פֿאַרבינדן; צובינדן
(hands and feet) (פֿאַר)בינדן ‹פּענטע|ן› + דאַט׳ הענט און פֿיס
(book) (אײַנ)בינדן
binder, *n.*
(mech.) די בינדמאַשין, ־ען
(med.) די אַרומבינדונג, ־ען
(notebook) דער בינדער, ־ס; די קלעמהעפֿט, ־ן
(person) דער אײַנבינדער, ־ס
binding, *adj.* מחייבֿ [MEKhÁYEV]
binding commitment דאָס התחייבֿות, ־ן [HISKhÁYVES]
legally binding יורידיש ‹לעגאַל› מחייבֿ
binding, *n.*
(book) דער אײַנבונד, ־ן; דער בינד, ־ן
the binding of Isaac (bib.) (די) עקדת־יצחק; די עקדה [AKÉYDES-YÍTSKhOK] [AKÉYDE]
binding energy די בינד־ענערגיע
bindweed דאָס שלענדערל, ־עך
binge, *n.* די אָרגיע, ־ס
(drinking binge) דאָס טרינקערײַ, ־ען; דאָס זויפֿערײַ, ־ען; דער צעך
binge, *v.*
(with food) פֿרעסן; רײַבן אַ סעודה [SÚDE]
(with drink) אַרײַנטרינקען; אַרײַנזויפֿן; פּיאַנעווע|ן
(fig.) טאָן העט איבער דער מאָס
binge drinker דער קאָמפּולסיווער שיכּור, ־ים [ShÍKER, ShIKÚRIM]
binge drinking דאָס קאָמפּולסיווע שיכּורן [ShÍKERN]
binge eater דער קאָמפּולסיווער עסער ‹פֿרעסער›, ־ס
binge eating דאָס קאָמפּולסיווע עסן ‹פֿרעסן›
binge-watch שלינגען עפּיזאָדן
bingo דער בינגאָ
binocular צווייאויגיק
binoculars דער בינאָקל, ־ען; פֿאַרגרעסער־גלעזער; דער שפּאַקטיוו, ־ן
field binoculars דער פֿעלד־בינאָקל, ־ען; פֿעלדגלעזער
binomial, *adj.* בינאָמיש
binomial, *n.* דער בינאָם, ־ען; דער צווייגליד, ־ער
bio דער ביאָ, ־ס
biochemical ביאָכעמיש
biochemist דער ביאָכעמיקער, ־ס
biochemistry די ביאָכעמיע
biodegradable ביאָצעפֿאַליק; ביאָצעלייגעוודיק
biodegradables דאָס ביאָצעפֿאַלוואַרג קאָל׳
biodiversity די/דאָס ביאָפֿאַרשיידנקייט
bioengineer דער ביאָטעכניקער, ־ס
bioengineering די ביאָטעכניק
bioethicist דער ביאָעטיקער, ־ס
bioethics די ביאָעטיק ל״י
biofeedback דער ביאָאָפּרוף
biofuel דאָס ביאָברענוואַרג
biogenic ביאָגעניש
biographer דער ביאָגראַף, ־ן
biographical ביאָגראַפֿיש
biography די ביאָגראַפֿיע, ־ס
biohazard די ביאָלאָגישע סכּנה, ־ות [SAKÓNE/SEKÓNE]
biolinguist דער ביאָלינגוויסט, ־ן
biolinguistic ביאָלינגוויסטיש
biolinguistics די ביאָלינגוויסטיק ל״י
biological ביאָלאָגיש
biological clock דער ביאָלאָגישער זייגער
biological father דער לײַבלעכער טאַטע, ־ס
biological mother די לײַבלעכע מאַמע, ־ס
biological warfare דאָס פֿירן מלחמה מיט ביאָגעווער ‹ביאָמיטלען› [MILKhÓME]
biological weapons דאָס ביאָגעווער קאָל׳; דאָס ביאָלאָגישע געווער קאָל׳; ביאָמיטלען
biologist דער ביאָלאָג, ־ן
biology די ביאָלאָגיע
biomass די ביאָמאַסע
biomedical ביאָמעדיציניש
biometric ביאָמעטריש
biometrics די ביאָמעטריק ל״י
biometry די ביאָמעטריע
bionic ביאָניש
bionics די ביאָניק ל״י
biophysics די ביאָפֿיזיק ל״י
biopsy, *n.* די ביאָפּסיע, ־ס
biopsy, *v.* מאַכן אַ ביאָפּסיע
biorhythm דער ביאָריטעם, ־ס
biosphere די ביאָספֿערע; די לעבעדיקע סבֿיבֿה [SVÍVE]
biostatistics די ביאָסטאַטיסטיק ל״י
biotech ביאָטעכנאָלאָגיש
biotechnology די ביאָטעכנאָלאָגיע
bioterror דער ביאָטעראָר
bioterrorism דער ביאָטעראָריזם
bioterrorist דער ביאָטעראָריסט, ־ן

biowarfare/bioweapons *see* **biological warfare**
bipartisan צווײ־פּאַרטײיִש
bipartisanship די/דאָס צווײ־פּאַרטײיִשקייט
bipartite צווײ־צדדימדיק [TSDÓDIMDIK]
biped דער צווײפֿיסיקער געב'
bipedal צווײפֿיסיק
bipedalism די/דאָס צווײפֿיסיקייט
biplane דער ביפּלאַן, ־ען
bipolar
(with two poles) צווײפּאָלוסדיק
(psych.) מאַניש־דעפּרעסיִוו
bipolar disorder די/דאָס מאַניש־דעפּרעסיִווקייט
birch, *adj.* ב(ע)רעזע־...
birch, *n.* די ב(ע)רעזע, ־ס; דער שבֿועות־בוים, ־ביימער [ShVÚES]
bird דער פֿויגל, פֿייגל
birds of a feather פֿון איין טייג געקנאָטן; שקר און ‹מיט› שלימזל [ShÉKER] [ShLIMÁZL]
A little bird told me די שוואַלבן אויפֿן דאַך זינגען דערפֿון
the birds and the bees די סעקסועלע פֿאַקטן
She's a strange bird זי איז יענער פֿויגל; זי איז אַ מאָדנע בריאה [BRÍE]
birdbath דאָס פֿייגל־באַסיינדל, ־עך
birdbrain
be a birdbrain האָבן אַ הינערשן שכל; האָבן אַ קעצישן מוח [SEYKhL] [MÓYEKh]
birdcage דאָס שטײַגל, ־עך
birder
(birdwatcher) דער פֿייגל־אָבסערוואַטאָר, ...אָרן
(hunter) דער פֿייגל־כאַפּער, ־ס
bird feeder דאָס שפּײַזברעטל, ־עך; דער פֿויגל־פֿיטערער, ־ס
birdie דאָס פֿייגעלע, ־ך
(badminton) *also* דאָס באַדמינטאָנדל, ־עך
bird of paradise דער גן־עדן־פֿויגל, ־פֿייגל [GANÉYDN/GENÉYDEM]
(flower) די גן־עדן־פֿויגלבלום, ־ען
bird of prey דער רויבפֿויגל, ...פֿייגל
birdseed דער פֿויגל־פֿיטער; טויבן־גרויפּן ל"ר
bird's-eye view דער פֿויגלבליק; די פֿייגל־פּערספּעקטיוו
birdsong דאָס טרעלן
birdwatcher דער פֿייגל־אָבסערוואַטאָר, ...אָרן
birdwatching דאָס אָבסערווירן פֿייגל
birdwatching walk דער פֿייגל־שפּאַציר, ־ן
Birobidzhan (דאָס) בירעבידזשאַן ‹ביראָבידזשאַן›
birth דאָס געבוירן; דאָס געבוירן־ווערן; די/דאָס ־געבורט
at birth בײַם געבוירן ווערן
from birth פֿון געבוירן ‹געבוירנשאַפֿט› אָן
be about to give birth זײַן אויף דער צײַט
give birth גיין צו קינד; געלעגן ווערן
give birth to געבוירן + אַק'; געווינען + אַק'; האָבן + אַק'
birth amulet דער שיר־המעלות, ־ן; דער שמירה־צעטל, ־עך [ShÍR-(H)AMÁYLES] [ShMÍRE]
birth announcement די געבוירן־מודעה, ־ות [MOYDÓE/MEDÓE]
birth canal דער האָבקאַנאַל, ־ן; האָבוועגן ל"ר
birth certificate די מעטריקע, ־ס
birth control דער קינדל־קאָנטראָל
practice/use birth control ניצן פֿאַרהיט־מיטלען
birth-control pill די טראָגפֿאַרהיט־פּיל, ־ן
birthday דער געבוירן־טאָג, ־טעג; דער ־געבורטסטאָג, ...טעג
have one's birthday יערן זיך; פּראַוווען דעם געבוירן־טאָג
Happy birthday! מיט מזל געיערט זיך!; אַ פֿריילעכן געבוירן־טאָג ‹־געבורטסטאָג›! [MAZL]
in one's birthday suit מוטער ‹אָדם› נאַקעט [ÓDEM]
birthday card דאָס געבוירן־טאָג־קאַרטל‹־באַגריסל›, ־עך
birth defect דער געבוירן־פֿעלער, ־ן; דער געבוירן־מום, ־ים
birthing bed דאָס/די אָפּנעמבעט, ־ן; דאָס/די האָבבעט, ־ן
birthing center דער האָבצענטער, ־ס; דער געבוירן־צענטער, ־ס
birthing chair די/דער בראָכשטול, ־ן
birthing room דער אָפּנעמזאַל, ־ן; דער האָבזאַל, ־ן
birthmark דאָס לעבערל, ־עך; דער מוטער־‹געבוירן־›צייכן, ־ס
birth pangs חבֿלי־לידה; די ווייען [KhEVLE-LÉYDE]
birthplace דאָס געבוירן־אָרט, ־ערטער
birthrate די/דאָס געבורטיקייט
birthright דאָס געבוירן־רעכט
(J.) די בכורה [PKhÓYRE]
sell one's birthright for a mess of pottage פֿאַרקויפֿן די בכורה פֿאַר אַ טאָפּ לינדזן
birthweight די געבוירן־וואָג; די וואָג בײַם געבוירן ווערן
biscuit דער ביסקוויט, ־ן; דאָס קיכל, ־עך
bisect צעהאַלבן; האַלבירן
bisection די צעהאַלבונג, ־ען; די האַלבירונג, ־ען
bisector די ביסעקטריסע, ־ס
bisexual, *adj.* ביסעקסואַליסטיש; ביסעקסועל
bisexual, *n.*
m./unsp. דער ביסעקסואַליסט, ־ן
f. די ביסעקסואַליסטקע, ־ס
bisexuality דער ביסעקסואַליזם; די/דאָס ביסעקסועלקייט
bishop
(Chr.) דער ביסקופּ, ־ן
(chess) דער לאַפּער, ־ס; דער לויפֿער, ־ס; דער זקן, ־ים [ZOKN, SKÉYNIM]
bishopric די ביסקופּשאַפֿט, ־ן
bismuth דער וויזמוט
bison דער זובער, זוברעס; דער ביזאָן, ־ען; דער אויעראָקס, ־ן; דאָס ווילטיר, ־ן
(J./legendary) דער שור־הבר [ShORABÓR]
bistro דער ביסטראָ, ־ס
bisulfate דער ביסולפֿאַט, ־ן
bit,[1] *n.*
(small amount) דאָס ביסל, ־עך; דער קאַפּ, ־ן; דאָס שטיקל, ־עך; דאָס ברעקל, ־עך
(of drill) דער בויער־אײַזן, ־ס
(of bridle) דאָס צוימגעביס, ־ן; דער מושטוק, ־עס; דער טרענזל
bit by bit ביסלעכווײַז; צו ביסלעך; טראָפּנווײַז
a bit אַ ביסל ‹ביסעלע›
a bit of a אַ שטיקל
a little bit אַ קליין ביסעלע; אַ קאַפּעלע
tiny bit דאָס ביסינקעלע, ־ך; דאָס קאַפּעטשקע, ־ס; דאָס שטיקעלע, ־ך; דאָס ברעקעלע, ־ך
do one's bit צוהעלפֿן
every bit as good as פּונקט אַזוי גוט ווי; נישט ערגער פֿון
fall to bits צעפֿאַלן זיך אויף פּיץ־פּיצלעך
not a bit בכלל נישט [BIKhLÁL]
not in the least bit אויף קיין האָר נישט
the whole bit מיט אַלע פּי(ש)טשעווקעס; אַלץ מיט אַנאַנדער
bits and pieces שטיקלעך מיט פּיצלעך
take the bit in its teeth (horse) פֿאַרקלעמען דאָס צוימגעביס

take the bit in one's teeth (*fig.*) (אַליין) אונטערנעמען זיך
bit,[2] *n.* **(data)** דאָס איינסל, ־עך; דער ביט, ־ן
bitch, *n.*
(dog) די צויג, ־ן/צייג; די הינטיכע, ־ס
(*fig./slg.*) די כלבֿטע, ־ס; די מכשפֿה, ־ות; די מרשעת, ־ן; די מנוװלטע, ־ס; די היצלעכע, ־ס [KLÁFTE] [MAKhShÉYFE] [MARShÁS] [MENÚVLTE]
This is a bitch to do! אַ שווער שטיקל אַרבעט!; יענע אַרבעט!
bitch, *v.* פּכיקען|; כניקען|; בריקעווען| זיך
bitcoin דער ביטקוין, ־ען
bite, *n.* דער ביס, ־ן
bite of food דער ביסן, ־ס
grab a bite to eat איבערכאַפּן עפּעס; כאַפּן ‹נעמען› עפּעס אין מויל אַריין
bite, *v. imp./pf.* (אײַנ)בײַסן
bite in half איבערבײַסן (אין צווייען)
bite off אָפּבײַסן
bite off more than one can chew האָבן גרויסע אויגן; איבערשאַצן די אייגענע כּוחות; אונטערנעמען זיך צו פֿיל [KÓYKhES]
bite one's lip פֿאַרבײַסן (מיט) די ליפּן
bite one's nails בײַסן זיך די נעגל ‹פֿינגער›
bite one's tongue (*fig.*) האַלטן די צונג; פֿאַרבײַסן די ציין ‹ליפּן›
bite the bullet צונויפֿדריקן די ציין
bite the hand that feeds you בײַסן די האַנט וואָס קאָרמעט
Bite your tongue! בײַס(ט) זיך אָפּ די צונג!; אַל תּפֿתּח פּה לשׂטן! [AL TÍFTEKh PE LESÓTN]
Once bitten, twice shy אַז מע בריט זיך אָפּ אויף הייסן, בלאָזט מען אויף קאַלטן
bite-size(d) piece דאָס בײַסשטיקל, ־עך
biting בײַסיק; שאַרף
bitmap די ביטמאַפּע, ־ס
bit part די קליינע ראָלע; אַ פּאָר ווערטער
bit player דער סטאַטיסט, ־ן
bitter ביטער; גאַליק
make bitter (flavor) פֿאַרביטערן
make bitter (*fig.*) פֿאַרביטערן; פֿאַרפֿינצטערן
the bitter truth דער ביטערער ‹האַרבער› אמת [ÉMES]
to the bitter end ביזן ביטערן סוף; ביזן דנאָ [SOF]
very bitter ביטער (ווי) גאַל
It's a bitter pill to swallow ס׳אַ ביטערע פּיל; שווער אָנצונעמען
bitter cold ביטער קאַלט
the bitter cold די ביטערע ‹עסעדיקע› קעלט
bitterness די/דאָס ביטערקייט
bittersweet, *adj.* ביטער זיס
bittersweet, *n.* **(bot.)** דער ביטערזיס
bitter tears ביטערע ‹הייסע› טרערן
cry bitter tears וויינען מיט ביטערע ‹הייסע› טרערן
bitterwood דער כּמו־מאַהאָן [KMOY]
bitumen דער ביטומען
bituminous coal ווייכע קוילן ל״ר
bivalence די/דאָס צווייווערטיקייט; די ביוואַלענץ
bivalent צווייווערטיק; ביוואַלענט
bivalve דער צוויי־פֿליגלדיקער מאָלוסק, ־ן
bivouac, *n.* דער ביוואַק, ־ן
bivouac, *v.* ביוואַקירן
biweekly, *adj.* צווייוואָכיק; אַלע צוויי וואָכן
biweekly, *n.* די צווייוואָכן־שריפֿט, ־ן

bizarre טשודנע; גאָר מאָדנע; אויסטערליש; ביזאַר
blab(ber)
(gossip) פּלאַפּלען; פּיסקעווען|; פּלוידערן
(reveal a secret) אויסזאָגן אַ סוד; אויסלאמרן; האָבן אַ לויזע ‹לאַנגע› צונג [SOD] [ÓYSLÉYMERN]
blabbermouth דער פּלאַפּלער, ־ס; דער פּלוידערזאַק, ...זעק
black, *adj.* שוואַרץ
(Negro) שוואַרץ; נעגער(י)ש
black and blue ברוין־און־בלאָ; בלאָנע(נ)בלאָ
in black and white שוואַרץ אויף ווײַס
black, *n.*
Negro (*m./unsp.*) דער שוואַרצער געב׳; דער נעגער, ־ס
Negro (*f.*) די שוואַרצע, ־; די נעגערטע ‹נעגערין›, ־ס
be in the black זײַן בײַ געלט; נישט האָבן קיין חובֿות [KhÓYVES]
black-and-blue mark דער סיניק ‹סיניאַק›, ־עס; דער בלאָער צייכן, ־ס
black-and-white film דער שוואַרץ־און־ווײַסער פֿילם, ־ען
blackball, *n.* די קענגשטים, ־ען
blackball, *v.* פֿאַרגאַלקעווען|; אויסשליסן; אָסטראַקירן; שטימען קעגן
black bean דאָס שוואַרצע בעבעלע, ־ך
black bear דער שוואַרצער בער, ־ן; דער שוואַרצבער, ־ן
Blackbeard שוואַרצבאָרד
black belt דער שוואַרצגאַרטל, ־ען
blackberry די אָזשענע, ־ס
blackbird דער אַמס(ט)ל, ־ען; דער דראָסל, ־ען
blackboard דער טאָוול, ־ען
black box דאָס שוואַרצקעסטל, ־עך; די קאַבינע־רעקאָרדירקע, ־ס
black bread דאָס שוואַרצברויט
blackcap (zool.) די שוואַרצקעפּיקע סילוויע, ־ס
black cod דער קאָלפֿיש
blackcurrant דאָס שוואַרצע ווײַמפּערל, ־עך
Black Death די (שוואַרצע) מגפֿה [MAGÉYFE]
blacken
(color) פֿאַרשוואַרצן; אויסשוואַרצן; אָפּטונקלען
(with smoke) פֿאַררייכערן; פֿאַרשוואַרצן
(with soot) אײַנריסן
black eye דאָס אונטערגעשלאָגענע אויג, ־ן
give sb. a black eye אונטערשלאָגן ‹אונטערהאַקן› + דאַט׳ אַן אויג
give sb. a black eye (*fig.*) אָנמאַכן + דאַט׳ אַ שלעכטן שם [ShEM]
black-eyed pea די לוביע, ־ס; דאָס שוואַרץ־אייגעלע, ־ך
black-eyed Susan דאָס שוואַרץ־חנדלעלע, ־ך [KhÉYNDELE]
blackguard דער זשוליק, ־עס; דער לײַדאַק, ־עס; דער פּאַסקודניאַק, ־עס; דער מנוול, ־ים [MENÚVL, MENUVÓLIM]
blackhead די אוגרע, ־ס; דאָס שוואַרצע פּרישטשיקל, ־עך
black hole די/דער שוואַרצלאָך, ...לעכער
black ice דאָס גלאַטאײַז; דער גליטש
blackjack
(truncheon) די דובינקע, ־ס
(card game) דער איין־און־צוואַנציק
(flag) די פּיראַטן־פֿאָן, ־ען
blacklist, *n.* די שוואַרצע ליסטע, ־ס
blacklist, *v.* אַרויפֿשטעלן אויף דער שוואַרצער ליסטע
black magic די שוואַרצקונסט; די שוואַרצע מאַגיע; דער שוואַרצער כּישוף [KÍShEF]
blackmail, *n.* דער שאַנטאַזש
blackmail, *v.* שאַנטאַזשירן
blackmailer דער שאַנטאַזשיסט, ־ן

black market דער שוואַרצהאַנדל; דער שוואַרצער מאַרק
black marketeer דער שוואַרצהענדלער, ־ס
blackout, *n.*
(elec.) די פֿאַרפֿינצטערונג, ־ען; די פֿאַרטונקלונג, ־ען
(med.) דאָס חלשות [KhALÓShES]
(news) די פּרעסע־פֿאַרפֿינצטערונג, ־ען
black out, *v.*
(erase) אויסשטרײַכן; אויסמעקן
(faint) חלשן; פֿאַרלירן דאָס באַוווּסטזײַן [KhÁLEShN]
blackout cake דער שוואַרצטאָרט, ־ן
black pepper דער שוואַרצער פֿעפֿער
black pudding דער בלוטווורשט, ־ן
black-skinned שוואַרצהויטיק
blacksmith דער שמיד, ־ן; דער קאָוואַל ‹קאָוואַל›, ־עס
black soil דער שוואַרצבאָדן
black-tie האַלב פֿאָרמעל
black widow (spider) די שוואַרצע אַלמנה, ־ות [ALMÓNE]
bladder דער (אורין־)פּענכער, ־ס; דאָס אורין־זעקל, ־עך; די בלאָז, ־ן
have a bladder infection לײַדן אויף פּענכער־קאַטאַר ‹־אָנצינדונג›; לײַדן פֿון אַן אָנצינדונג אין דער בלאָז
lose bladder control נישט קענען זיך אײַנהאַלטן
bladder training דאָס טרענירן דעם פּענכער
blade
(knife) די שאַרף, ־ן; דאָס קלינגל, ־עך; דער קלינג, ־ען
(propellor) דער פֿליגל, –/־ען
(grass) דאָס גרעזל, ־עך; דאָס גרעזעלע, ־ך
blah
feel blah נישט פֿילן זיך מיט אַלעמען
blah-blah, *v.* רעדן סתּם אין דער וועלט אַרײַן [STAM]
Blah-blah! בע־מע!
blame, *n.* די שולד
be to blame זײַן שולדיק
place the blame on (אָפּ)לייגן אויף + דאַט' דעם בייגל; אַרויפֿוואַרפֿן אויף + דאַט' די שולד
play the blame game באַשולדיקן זיך איינס ס'אַנדערע
There's enough blame to go around אַלע זענען דאָ שולדיק; אַלע האָבן אַ צד אין בלאָטע [TSAD]
blame, *v.* באַשולדיקן; אויפֿוואַרפֿן
blame sb. for באַשולדיקן + אַק' אין; פֿאַרדענקען + אַק' + דאַט'; האָבן צו + דאַט' פֿאַר
blame each other באַשולדיקן איינס ס'אַנדערע
Who can blame him? וואָס איז ער דאָ שולדיק?
blameless אומשולדיק
blameworthy
He's blameworthy ער איז שולדיק; ער איז ראוי ‹ווערט› מע זאָל אים באַשולדיקן [RÓE]
blanch
vt. בלאַנשירן; אָפּפּאַרע|ן און אָפּשיילן
vi. בלאַס ווערן
bland מילד; אומפּיקאַנט; לאַקרעצדיק; אָן אַ טעם; אָן זאַלץ און אָן שמאַלץ [TAM]
stg. bland דאָס לאַקרעץ־פּלעצל, ־עך
blandishment די חניפֿה; דאָס לאַשטשעניש, ־ן; דאָס גלעטעניש, ־ן; זיסינקע ריידעלעך ל"ר [Kh(A)NÍFE]
blank, *adj.* בלויז; ליידיק; ריין; פּוסט
My mind went blank ס'איז מיר אַרויס פֿון געדאַנק ‹קאָפּ›
blank, *n.*
(cartridge) דער פּוסטער ‹ליידיקער› פּאַטראָן, ־ען
(form) דער בלאַנק, ־ען
(in text) דער בלויז, ־ן; דער בלאַנק, ־ען
blank check דער בלאַנקאָטשעק, ־ן
give sb. a blank check (*fig.*) געבן + דאַט' אַ פֿרײַע האַנט
blanket, *adj.* כּוללדיק; אַרומנעמיק [KÓYLELDIK]
blanket, *n.* די קאָלד(ע)רע, ־ס; דער קאָץ, ־ן; דער צודעק, ־ן
blanket, *v.* אײַנדעקן; פֿאַרדעקן; באַדעקן
blanketed by snow פֿאַרשנייט; פֿאַרדעקט ‹איבערגעדעקט› מיט שניי
blanket statement דער כּוללדיקער זאַג, ־ן; די אַרומנעמיקע דעקלאַראַציע, ־ס [KÓYLELDIKER]
blank look דער פּוסטער בליק, ־ן
blank round דער פּוסטער שאָס, ־ן; די ווײַסע קויל, ־ן
blank slate דער ריינער טאָוול, ־ען
blank verse ווײַסע פֿערזן ל"ר
blare, *n.* דאָס געהילך, ־ן
blare, *v.* אַרויסהילכן; אַרויסשאַלן
blarney די חניפֿה; דאָס טרעלן [Kh(A)NÍFE]
blasé איבערגעזעטיקט; בלאַזירט
blaspheme מחלל־(ה)שם זײַן; לעסטערן [MEKhÁLEL-(HA)ShÉM]
blasphemer דער מחלל־שם־שמים; דער לעסטערער, ־ס [MEKhÁLEL-ShEM-ShOMÁYEM]
blasphemous
be blasphemous זײַן אַ חילול־השם; לעסטערן [KhÍLEL-HAShÉM]
blasphemy דער חילול־השם; די לעסטערונג, ־ען; דער גידוף, ־ים [KhÍLEL-HAShÉM] [GÍDEF, GIDÚFIM]
blast, *n.*
(bomb) דער אויפֿרײַס, ־ן
(gun) דער אויסשאָס, ־ן
(of music) דער אויסשאַל, ־ן; דער טראַסק, ־ן/טרעסק; דאָס געשמעטער, ־ס
(wind) דער שטאַרקער ווינטשטויס ‹ווינטבראַד/בלאָז›, ־ן
at full blast מיטן גאַנצן כּוח; מיטן פֿולן ברען; אויף וואָס די וועלט שטייט [KÓYEKh]
have a blast הוליען; שטאַרק הנאה האָבן [HANÓE]
blast, *v.*
(bomb) אויפֿרײַסן
(music) אויסשאַלן; צעזעצן די אויערן
(wind) געבן אַ שטאַרקן שטויס
blast off, *vt./vi.* אַרויפֿשיסן (זיך)
blast through (אַ)דורכרײַסן זיך
blasted
(cursed) פֿאַרשאָלטן
(drunk) פֿאַרשיכּורט [FARShÍKERT]
blast furnace די דאָמנע, ־ס; די רודניע, ־ס; דער הויכאויוון, ־ס
blastocyst דער בלאַסטאָציסט, ־ן
blast-off דער אַרויפֿשאָס, ־ן
blast site דאָס אויפֿרײַסאָרט, ...ערטער
blatant שרײַיק; בולט; קלאָר; וווּלגאַר [BÓYLET]
be blatant רײַסן + דאַט' די אויגן
blather, *n.* דאָס פּלאַפּלערײַ; דאָס פּלוידערײַ; נאַרישע רייד ל"ר
blather, *v.* רעדן נאַרישע רייד; פּלאַפּלען ‹באַלעבעטשע|ן› סתּם אין דער וועלט אַרײַן [STAM]
blaze, *n.* די שׂרפֿה, ־ות; דער בראַנד, ־ן [SRÉYFE]
run like the blazes לויפֿן ווי גיך נאָר די פֿיס טראָגן
What the blazes? וואָס טוט זיך דאָ?
blaze, *v.* פֿלאַמען; פֿלאַקערן; שׂרפֿע|ן [SÁRFEN]
blaze a trail (אַ)דורכלייגן ‹עפֿענען› אַ וועג; זײַן אַ פּיאָניר
blazer דאָס (ספּאָרט)רעקל, ־עך
blazing פֿלאַמ(ענד)יק; פֿלאַם־פֿײַערדיק
bleach, *n.* דאָס בלייכעכץ
bleach, *v.* (אויס)בלייכן; (אויס)בליאַקירן; (אָפּ)בליאַקעווע|ן; אָפּשיסן

bleached אָפּגעבליאַקעוועט; אָפּגעבלייכט; אָפּגעשאָסן

bleachers בליִטשערס

bleaching די בלײַכונג

bleaching agent דאָס בלײַכמיטל, ־ען

bleak, *adj.* וויסט; אָן האָפֿענונג

bleak, *n.* די אוקלײַקע, ־ס

bleary פֿאַרוויינט; פֿאַרטונקלט; פֿאַרנעפּלט; אומקלאָר

bleary-eyed

be bleary-eyed האָבן פֿאַרוויינטע ‹פֿאַרטונקלטע› אויגן; אַזש די אויגן קלעפּן זיך

bleat, *n.* דער מעקע, ־ס; דער בעקע, ־ס

bleat, *v.* מעקען|; בעקען|

bleating, *n.* דאָס מעקען; דאָס בעקען

bleed

vt. לאָזן + דאַט׳ בלוט; אָדער לאָזן; שלאָגן + דאַט׳ צו דער אָדער

vi. בלוטיקן; גיין אומפּ׳ + דאַט׳/פֿ״ק בלוט

bleed profusely בלוטיקן אָן אויפֿהער; גיסן זיך אומפּ׳ + דאַט׳/פֿ״ק בלוט; אָפּגיין מיט בלוט

until it bleeds ביז בלוט

bleeding, *adj.* בלוטיקנדיק

bleeding, *n.* דאָס בלוטיקן

bleeding heart

(bot.) דאָס אוירינגל, ־עך

(person) דער פּוכקע־‹מיאַכקע־›לבֿבֿות, ־ן [LEVÓVES]

bleeding ulcer דאָס בלוטיקנדיקע מאָגן־געשוויר

bleep, *n.* דער פּיפּס, ־ן

bleep, *v.* פּיפּסן

(edit) אויסשנײַדן

blemish, *n.* די פֿליאַמע, ־ס; דער פֿלעק, ־ן; דער פּגם, ־ים; די פּגימה, ־ות; דער פּסול, ־ן; דאָס אומטײַדערל, ־עך [PGAM, PGÓMIM] [PGÍME]

blemish, *v.* פֿאַרפֿלעקן; מאַכן אַ פּגימה [PGÍME]

blend, *n.* דאָס געמיש, ־ן; די מישונג, ־ען; דער (האַרמאָנישער) צוזאַמענשטעל, ־ן

blend, *v.*

vt. imp. מישן

vt. pf. אויסמישן; צונויפֿגיסן; צופּאַסן

vi. imp./pf. (אויס)מישן זיך; (צונויפֿ)גיסן זיך; (אַרײַנ)פּאַסן זיך

(cul.) אויסמישן; איבערשלאָגן

blender דער אויסמישער, ־ס

bless בענטשן; געבן אַ ברכה [BRÓKhE]

May God bless you! זאָל דיך ‹אײַך› גאָט בענטשן!; געבענטשט זאָלסטו ‹זאָלט איר› זײַן!; לאַנג לעבן זאָלסטו ‹זאָלט איר›!; אַ געזונט אין דיר ‹אײַך›!; אַ לעבן אויף דיר ‹אײַך›!

God bless you! (after sneeze) צו(ם) געזונט!; זאָל זײַן צום געזונט!; אַסותא! [ASÚSE]

God bless you! (after second sneeze) צו(ם) לעבן!

God bless you! (after third sneeze) צו לאַנגע יאָר!

blessed געבענטשט

of blessed memory (male) זכרונו לבֿרכה [ZIKhRÓYNE LEVRÓKhE]

of blessed memory (female) זכרונה לבֿרכה

blessing די ברכה, ־ות; די בענטשונג, ־ען [BRÓKhE]

a blessing in disguise גוטס בצורת שלעכטס; נאָך אַלעמען אַ טובֿה; בײַ יעדן אומגליק איז אויך פֿאַראַן גליק [BETSÚRES] [TÓYVE]

bleu cheese דער בלאָער קעז

blight, *n.*

(plant) די בראַנד; דער זשאַווער

(grain) די (תּבֿואה־)בראַנד; די קאָרנבראַנד [TVÚE]

(*fig.*) דער אונטערגאַנג, ־ען; דער פֿאַרפֿאַלב, ־ן

blight, *v.* פֿאַרפֿאַלבן; ברענגען שאָדן; קאַליע מאַכן

become blighted פֿאַרפֿאַלבן; פֿאַרפֿאַלבט ווערן

blimp

(airship) דער בלימפּ, ־ן; דער דיריזשאַבל, ־ען

(obese person/*slg.*) דער פּענצאַק; די/דאָס/דער פּאַס

blind, *adj.* בלינד; נישט־זעעוודיק

blind as a bat בלינד ווי די נאַכט

turn a blind eye (to) מאַכן זיך כּלא־ידע (וועגן); מאַכן זיך נישט־וויסנדיק (וועגן); קוקן דורך די פֿינגער (אויף) [KILEYÓDE]

blind, *n.*

(window) דער רולעט, ־ן; די שטאָרע, ־ס; די זשאַלוזיע, ־ס

the blind בלינדע (לײַט)

the blind leading the blind צוויי מתים גייען טאַנצן [MÉYSIM]

blind, *v.* בלינד מאַכן

(*fig.*) פֿאַרבלענדן; פֿאַרבלענדזן|

blind alley דאָס זאַקגעסל, ־עך; דאָס בלינדע געסל, ־עך

blind copy די אַנאָנימע קאָפּיע, ־ס

blind curve דער פֿאַרשטעלטער אויסבייג, ־ן

blind date די בלינדע ראַנדקע, ־ס; די ראַנדקע אויף בלינד ‹טראַף›

blind driveway דער פֿאַרשטעלטער אַרײַנפֿאָר, ־ן

blinders שלידערס; אויגן־לעדערלעך

have blinders on (*fig.*) האָבן גלעזערנע אויגן; נישט זען וואָס סע טוט זיך אַרום זיך

blind flying דאָס פֿליען לויט די מכשירים [MAKhShÍRIM]

blindfold, *n.* דער (אויגן־)פֿאַרבונד, ־ן

blindfold, *v.* פֿאַרבינדן + דאַט׳ די אויגן

blindfolded מיט פֿאַרבונדענע אויגן

blinding (פֿאַר)בלענדנדיק

blinding headache דער שרעקלעכער קאָפּווייטיק

blinding snow דער בלענדשניי

blind landing דאָס לאַנדן לויט די מכשירים [MAKhShÍRIM]

blindly בלינדערהייט; אויף בלינד

blind man's buff די בלינדע קו; דאָס בלענדעניש; דאָס בלינדזעקייט

play blind man's buff שפּילן אין בלינדע קו; שפּילן אין בלענדעניש ‹בלינדזעקייט›

blindness די/דאָס בלינדקייט

blindsided

be blindsided by כאַפּן אומגעריכט אַ זעץ ‹טראַסק› פֿון

blind spot

(anat.) דער בלינדער פֿלעק, ־ן

(when driving) דער בלינדער ווינקל, ־ען

(*fig.*) דער בלינדער מאָמענט, ־ן

blind trust דאָס בלינדע נאמנות [NEMÓNES]

blink, *n.*

(with eye) דאָס פּינטלען מיט די אויגן

be on the blink (mech.) האָבן צרות [TSÓRES]

in the blink of an eye אין איין הרף־עין; אין אַן אויגנבליק [HÉREF-ÁYEN]

blink, *v.*

(eye) פּינטלען מיט די אויגן

(cursor/comp.) פּינטלען; בליצלען

blink first (*fig.*) נאָכגעבן דער ערשטער; זײַן דער ערשטער אַרײַנצופֿאַלן

blinker

(car) דער קערעווע־סיגנאַל, ־ן; דער בליצלער, ־ס

(horse) *see* **blinders**

blinking, *adj.* פּינטלענדיק

blinking, *n.* דאָס פּינטלען; דאָס בליצלען

blintz די בלינצע, ־ס

blip דער ראַדאַרפֿלעק, ־ן
a blip in time דער פֿאַרפֿלויגענער מאָמענט, ־ן
bliss די חדווה; דאָס מתיקות; די עקסטע פֿרייד; דאָס העכסטע גליק [KhÉDVE] [MESÍKES]
blissful (איבער)גליקלעך; חדווהדיק; מלא־חדווה [KhÉDVEDIK] [MÓLE-KhÉDVE]
blister, *n.* דער בלאָטער, ־ס; דאָס בלעזל, ־עך; דער פּוכיר, ־ן
blister, *v.* אָנרײַסן; אויפֿבלעזלען זיך; אָנציִען
blistering attack דער שאַרפֿער אָנפֿאַל, ־ן
blister pack די בלעזל־פּאַקונג, ־ען
blithe
(cheerful) פֿריידיק; פֿריילעך; שׂימחהדיק [SÍMKhEDIK]
(indifferent) גלײַכגילטיק
blithely גלײַכגילטיק; פֿריילעכערהייט; מיט ‹אין› אַ גוטער שטימונג
blitz דער בליץ, ־ן; דער פּלוצעמדיקער אָנפֿאַל, ־ן
Blitzkrieg די בליצקריג
blizzard די זאַווערוכע, ־ס
bloat אָנבלאָזן; אָנפּוישן
bloated אָנגעבלאָזן; אָנגעפּוישט
bloating די/דאָס אָנגעבלאָזנקייט; די/דאָס אָנגעפּוישטקייט
blob
(clod of earth) דער שראָל, ־ן; די הרודקע, ־ס
(daub) דער שמיר, ־ן; דער טראָפּן, ־ס
bloc דער בלאָק, ־ן
block, *n.*
(obstacle) דער פֿאַרצאַם, ־ען; דער מיכשול, ־ים [MIKhShL, MIKhShÓYLIM]
(psych.) דער שטער, ־ן; דער עיכּובֿ, ־ים [ÍKEV, IKÚVIM]
(street) דער בלאָק, ־ן; די גאַס, ־ן
(wooden) דאָס קלעצל, ־עך; דאָס קלעצעלע, ־ך
go on the (auction) block לאָזן פֿאַרקויפֿן אונטערן האַמער
have a mental block נישט קענען זיך דערמאָנען
up/down the block ווײַטער אויף דער גאַס
block, *v.*
(obstruct) פֿאַרשטעלן; בלאָקירן; פֿאַרשטאָפּן; פֿאַרפֿראָפּקעווע|ן
(med.) פֿאַרשטאָפּן
block in (obstruct) פֿאַרבלאָקירן; פֿאַרשטעלן
block in (sketch) סקיצירן; אָנוואַרפֿן אויף שוואַרץ
block off בלאָקירן; באַריקאַדירן; פֿאַרשטעלן
block out (repress) פֿאַרשטופּן
block out (reserve) רעזערווירן
block the road פֿאַרפֿראָפּקעווע|ן ‹פֿאַרשטעלן› דעם וועג
blockade, *n.* די בלאָקאַדע, ־ס
blockade, *v.* בלאָק(אַד)ירן
blockade runner דער בלאָקאַדע־ברעכער, ־ס
blockage די פֿאַרשטאָפּונג, ־ען; דער פֿאַרהאַלט, ־ן; דער בלאָקיר, ־ן
blockbuster
(bomb) די צעשטער־באָמבע, ־ס
(success) דער שלאַגער, ־ס; דער זבענג, ־ען
blocked פֿאַרשטעלט; בלאָקירט; פֿאַרשטאָפּט
(med.) פֿאַרשטאָפּט
blockhead דער שוטה, ־ים; דער טעמפּער קאָפּ, קעפּ; דער באָמאָז, ־ן; דער קאַטשן, קאַטשענעס; די סטופּע, ־ס; דאָס שאַקעלע, ־ך; דאָס שטיק פֿלייש מיט צוויי אויגן; דער קלאָץ, קלעצער [ShÓYTE, ShÓYTIM]
block letters די כּתיבֿה [KSÍVE]
in block letters מיט גרויסע אותיות; געכּתיבֿהט [ÓYSYES] [GEKSÍVET]
write in block letters כּתיבֿה|ן [KSÍVEN]

blog, *n.* דער בלאָג, ־ן
blog, *v.* בלאָגירן
blogger דער בלאָגיסט, ־ן; דער בלאָגער, ־ס
bloke דער יאַט, ־ן
blond, *adj.* בלאָנד
dirty blond טונקל בלאָנד
blond, *n.*
m. דער בלאָנדין, ־ען; דער בלאָנדער געבֿ'
f. די בלאָנדינקע, ־ס; די בלאָנדע, –
blood דאָס בלוט; געבליטן ל"ר
His blood ran cold ס'האָט אים געגליווערט דאָס בלוט; דער מאַמעס מילך איז אים אַנטפֿאַלן; ס'האָט אים אָנגעכאַפּט אַ שוידער ‹קעלט›
It made my blood boil דאָס בלוט האָט בײַ מיר דערפֿון אויפֿגעזאָטן ‹אויפֿגעכוואַליעט›
It runs in my blood סע ליגט מיר אין בלוט
Blood is thicker than water בלוט איז פֿאָרט נישט קיין וואַסער
blood bank די בלוטבאַנק, ...בענק
bloodbath די בלוטבאָד, ...בעדער
bloodborne
be bloodborne אַריבערגעפֿירט ווערן מיטן בלוט
blood cell דאָס בלוט־קעמערל, ־עך; דאָס בלוט־קײַקעלע, ־ך
blood circulation די בלוט־צירקולאַציע
blood clot דער בלוטקלומפּ, ־ן; דער בלוטגליווער, ־ס; דער טראָמב, ־ן; דאָס שטיק בלוט, שטיקער בלוט
blood count דער העמאָגראַם, ־ען
blood-curdling
She let out a blood-curdling scream זי האָט אַרויסגעלאָזט אַ קוויטש אַז ס'האָט אַזש געגליווערט דאָס בלוט
blood donor דער בלוטגעבער, ־ס; דער בלוטדאָנאָר, ־ס
blood drive די בלוט־קאַמפּאַניע, ־ס
blood feud דאָס בלוט־מחלוקת, ־ן; דער בלוט־סיכסוך, ־ים [MAKhLÓYKES] [SÍKhSEKh, SIKhSÚKhIM]
bloodhound דער שפּירהונט, ...הינט
bloodied פֿאַרבלוטיקט
bloodless אָנבלוטיק; אָן אַ טראָפּן בלוט
(ashen) בלאַס
(coup) אָן קיין בלוט־פֿאַרגיסונג
bloodletting
(med.) שלאָגן אַן אָדער; לאָזן אָדער
(slaughter) דאָס פֿאַרגיסן בלוט; די בלוט־פֿאַרגיסונג
blood libel דער בלוט־בילבול, ־ים; דער/דאָס עלילת־דם [BILBL, BILBÚLIM] [ALÍLES-DÁM]
bloodlust די/דאָס בלוטדאָרשטיקייט
blood money דאָס בלוטגעלט
blood plasma די פּלאַזמע
blood poisoning די בלוט־פֿאַרסמונג [FARSÁMUNG]
blood pressure די בלוטדריקונג; דער בלוטדרוק
high blood pressure די הויכע בלוטדריקונג; דער הויכער בלוטדרוק
low blood pressure די נידעריקע בלוטדריקונג; דער נידעריקער בלוטדרוק
blood-pressure medication דער בלוטדרוק־מעדיקאַמענט, ־ן
blood products בלוט־קאָמפּאָנענטן
blood-red בלוט ‹ריץ› רויט; רויט ווי בלוט
blood relative דער לײַבלעכער קרובֿ, ־ים; דער שאר־בשׂר [KÓREV, KRÓYVIM] [ShEYR-BÓSER]
blood sample דאָס בלוטפּרווול, ־עך
blood sausage דער בלוטוווּרשט, ־ן

bloodshed די בלוט־פֿאַרגיסונג; דער בלוטפֿאַרגאָס
bloodshot פֿאַרלאָפֿן מיט בלוט
blood-soaked (אַ)דורכגעווייקט מיט בלוט
bloodstain דער בלוטפֿלעק, ־ן
bloodstained פֿאַרפֿלעקט מיט בלוט; פֿאַרבלוטיקט
bloodstream דער בלוטשטראָם
bloodsucker די פּיאַווקע, ־ס
  (*fig.*) דער בלוטזויגער, ־ס; דער בלוטצאַפּער, ־ס
blood sugar דער בלוטצוקער
blood-sugar level דער ניוואָ פֿון בלוטצוקער
blood supply דער בלוטצושטעל; די בלוט־פֿאַרזאָרגונג
blood test די בלוטפּראָבע, ־ס; דער בלוט־אַנאַליז, ־ן
bloodthirsty בלוטדאָרשטיק; בלוטיק
blood transfusion די בלוט־טראַנספֿוזיע, ־ס
blood type די בלוטגרופּע, ־ס
blood vessel דאָס בלוטגעפֿעס, ־ן; די/דער אָדער, ־ן
bloody, *adj.* פֿאַרבלוטיקט; בלוטיק
bloody, *v.* פֿאַרבלוטיקן; צעבלוטיקן; צעדמען; צעקאַרדאַשע|ן [TSEDÁMEN]
bloody chapter די בלוטיקע סדרה, ־ות [SÉDRE]
bloody diarrhea דער בלוט־שילשול [ShILShL]
bloody show דאָס פֿלעקן
bloom, *n.*
  (flower) דער בלי; דער צוויט
  (period) די בליצײַט
  in bloom צעבליט
  in full bloom צעצוויטעט
bloom, *v.*
  imp. **(flower)** בליִען; צוויטע|ן
  pf. **(flower)** צעבליִען זיך; צעצוויטע|ן זיך
  (flourish/*fig.*) צעבליִען זיך
bloomers מײַטקעס; אונטערהייזקעס
blooper די בולבע, ־ס
blossom, *n.* דער קווייט, ־ן; די בלום, ־ען
blossom, *v.* קווייטלען; אויפֿבליִען; צעבליִען זיך
blot, *n.*
  (ink) דער (טינט)פֿלעק, ־ן; דער קלעק, ־ן
  (*fig.*) דער פֿעלער, ־ן; דער פֿלעק, ־ן; דאָס אומטיידערל, ־עך
blot, *v.* אָפּקלעקן
  blot out אָפּווישן; אויסמעקן; פֿאַרדעקן
blotch דער פֿלעק, ־ן
blotter
  (ink) דער קלעקער, ־ס; דאָס קלעקפּאַפּיר, ־ן; דאָס פֿלייצפּאַפּיר, ־ן; די נעצקע, ־ס
  (police) דער (פּאָליציי־)רייסטער, ־ס
blotting paper *see* **blotter**
blouse די בלוז(ק)ע, ־ס
blow, *n.*
  (physical) דער זעץ, ־ן; דער קנאַק, ־ן; דער קלאַפּ, קלעפּ; דער שטויס, ־ן; דער טראַסק, ־ן/טרעסק
  (wind) דער בלאָז, ־ן
  (*fig.*) דער קלאַפּ, קלעפּ
  a low blow אַ קלאַפּ אונטערן גאַרטל
  at one blow מיט איין מאָל ‹קלאַפּ›
  come to blows דערגיין ביז קלעפּ
blow, *v.* בלאָזן
  blow a chance [PÁTERN] פּטרן ‹פֿאַרלירן› אַ געלעגנהייט
  blow a fuse (elec.) איבערברענען; (אַ)דורכברענען
  blow a fuse (*fig.*) [KÉYLIM] אַרויסגיין פֿון די כּלים
  blow bubbles בלאָזן (לופֿט)באַלאָנען ‹בלעזעלעך/בולבעלעך›
  blow glass אויסבלאָזן גלאָז
  blow into אַרײַנבלאָזן אין
  blow off steam דערלאַנגען פֿאַרע; אויסלאָדן זיך
  blow one's nose (אויס)שנײַצן (זיך) די נאָז; סמאַרקע|ן; סמאָרקע|ן
  blow one's own horn מאַכן אַ ווינט; לויבן זיך אַליין; באַרימען זיך מיט זיך אַליין
  blow out אויסלעשן
  blow out of proportion צעבלאָזן איבער דער מאָס; מאַכן פֿון אַ פֿליג אַ העלפֿאַנד
  blow over איבערגיין
  blow smoke (*fig.*) רעדן אין דער וועלט אַרײַן
  blow the horn טרובע|ן
  blow a whistle בלאָזן אין פֿײַפֿל
  blow the whistle (*fig.*) אויסדערציילן; אויסזאָגן
  blow up, *vt.* **(enlarge)** אויפֿבלאָזן; פֿאַרגרעסערן
  blow up, *vi.* **(explode)** אויפֿרײַסן; עקספּלאָדירן
  blow up, *vi.* **(anger)** אויפֿרעגן זיך; אַרויסגיין פֿון די כּלים; קריגן די פּלאַץ
  blown to bits אויפֿגעריסן ‹צעפּלאַצט› אויף פּיץ־פּיצלעך
  I blew it! אוי, בין איך אַרײַנגעפֿאַלן!; כ׳האָב (עס) אין גאַנצן קאַליע געמאַכט!
blow-by-blow description די באַשרײַבונג מיט אַלע פּי(ש)טשעווקעס
blow-dry אויסטריקענען מיט אַ האָר־טריקענער
blow-dryer דער האָר־טריקענער, ־ס
blowhard דער באַרימער, ־ס; דאָס מוילהעלד, ־ן
blowhole
  (of whale) די/דער בלאָזלאָך, ...לעכער
  (in ice) די/דער אָטעמלאָך, ...לעכער
  (metallurgy) דאָס בלעזל, ־עך
blow job (*slg.*) דער תּשמיש־הפּה [TÁShMESh-HAPÉ]
blowpipe דאָס לייטערל, ־עך
blowtorch דאָס לייטלעמפּל, ־עך; די פּײַפּקע, ־ס; דער שווייסברענער, ־ס
blubber, *n.* דער וואַלפֿישטראָן
blubber, *v.* פּלאַנכע|ן; וויינען ווי אַ ביבער
bludgeon, *n.* דער שטאָק, ־ן; די דובינקע, ־ס
bludgeon, *v.* כמאַליע|ן; צעשלאָגן ‹צעממיתן› מיט אַ שטאָק [TSEMÉYMESN]
blue, *adj.* בלאָ; בלוי
  (depressed) טרויעריק; אומעטיק; סומנע; פֿאַראומערט
  blue with cold בלאָ פֿאַר קעלט
  until one is blue in the face פֿון איצט ביז איבער אַ יאָר; פֿון הײַנט ביז מאָרגן; צעזעצטערהייט
blue, *n.*
  into the blue ווײַט־ווײַט אַוועק
  out of the blue פֿון דער העלער הויט (אַרויס); אין מיטן דערינען; ווי פֿונעם הימל (אַראָפּגעפֿאַלן)
blue, *v.*
  (metal) בראָנירן
  (clothing) אָנבלאָען
blue baby דאָס בלאָעלע, ־ך
blueback herring דער בלאָער הערינג
bluebell דאָס בלאָע גלעקעלע, ־ך
blueberry די אַפֿענע, ־ס; די בלאָע ‹שוואַרצע› יאַגדע, ־ס; דאָס שוואַרצע בערעלע, ־ך
blueberry muffin דאָס אַפֿענדל, ־עך
blueberry pie דער אַפֿענעס־פּײַ, ־ען; דער פּײַ פֿון אַפֿענעס ‹שוואַרצע יאַגדעס›
bluebird דער בלאָפֿויגל, ...פֿייגל
blue-blooded אַריסטאָקראַטיש; פֿון ייִחוס [YÍKhES]
blue book (acad.) די/דער עקזאַמעניר־העפֿט, ־ן
bluebottle (bot.) דאָס (בלאָע) קאָרן־שוועסטערל, ־עך
blue-chip ערשטקלאַסיק; זיכער

blue-collar ...בלאָקאָלנער־

blue-collar worker דער פֿיזישער אַרבעטער, ־ס; דער בלאָקאָלנער־אַרבעטער, ־ס

blued steel דאָס בראַניִרטע שטאָל

blue-eyed בלאָאויגיק; מיט בלאָע אויגן

bluefish דער בלאָפֿיש, –

bluegrass
(bot.) דאָס בעזעמל(־גראָז)
(mus.) די בלוגראַס־מוזיק

blue jay די (צפֿון־אַמעריקאַנער) בלויע סויקע, ־ס [TSOFN]

blue jeans דזשינסהויזן

blue-pencil, *v.* רעדאַקטירן; צענזורירן

blueprint
(process/print) דער ציאַנאָטיפּ, ־ן
(plan/*fig.*) דער פּלאַן, פּלענער; די סכעמע, ־ס

blues
(mus.) בלוזמוזיק
(sadness) דער אומער; די כאַנדראַ
have the blues אַרומגיין אַ פֿאַראומערטער גענ׳

blue skies (*fig.*) דער העלער מאָרגן ל״י

bluestone דער בלאָשטיין

blue wall of silence די פּאָליציייִשע ‹בלאָע› שווײַגוואַנט

blue whale דער בלאָער וואַלפֿיש, ־ן; דער ים־ריז, ־ן; דער בלאָער לוויתן [YAM] [LEVYÓSN]

bluff, *n.*
(cliff) דער אָפּריס, ־ן; דער (ברעג)פֿעלדז, ־ן
(deception) דער בלאָף, ־ן
call sb.'s bluff שטעלן + אַק׳ אויפֿן צימבל; הייסן + דאַט׳ דערלאַנגען

bluff, *v.* בלאָפֿן; טשאַקע|ן

bluing דאָס בלאָעכץ

bluish בלאָלעך

blunder, *n.* דער (גרויסער/גראָבער) פֿעלער, ־ן; דער פּלאָנטער, ־ס

blunder, *v.* אַרײַנפֿאַלן; אָפּטאָן אַ פֿעלער; באַנאַרישן זיך

blunt, *adj.*
(abrupt) אָפֿן; דירעקט; שאַרף
(dull) טעמפּ; שטומפּיק; נישט־שאַרף

blunt, *v.* אָפּטעמפּן

blunt-edged scissors דאָס אויסגעקײַלעכטע שערעלע, ־ך

bluntly אָפֿן; דירעקט; בפה־מלא [BEPÉ-MÓLE]

bluntness
(abruptness) די/דאָס דירעקטקייט
(dullness) די/דאָס טעמפּקייט; די/דאָס שטומפּיקייט

blur, *n.*
(smudge) דער וויש, ־ן; דער פֿלעק, ־ן
(stg. hazy) די/דאָס אומקלאָרקייט; די/דאָס נעפּלדיקייט
It was all a blur ס׳איז געווען ווי אין אַ נעפּל ‹טומאַן›; קוים וואָס איך געדענק

blur, *v.* פֿאַרשמירן; פֿאַררײַבן; פֿאַרווישן

blurb דער קיצור, ־ים [KÍTSER, KITSÚRIM]

blurred צעשוווּמען
(photo) פֿאַררוקט
(vision) פֿאַרנעפּלט

blurry אומקלאָר; נעפּלדיק

blurt (out) אַרויסכאַפּן זיך (מיט); אויסשיסן ‹אַרויספּלאַצן› (מיט)

blush, *n.*
(cosmetic) די שמינקע; דאָס רייטל
(reddening) דאָס פֿאַררייטלען זיך; די פֿאַרב
at first blush אויפֿן ערשטן בליק

blush, *v.*
imp. רייטלען זיך
pf. פֿאַררייטלען זיך; רויט ווערן

blusher *see* **blush**

bluster, *n.*
(wind gust) דער בלאָז, ־ן; דער ווינטשטויס, ־ן; דער ווינטבראַד, ־ן
(pomposity) דאָס זיך־באַרימערײַ; דאָס גרויסהאַלטערײַ; דאָס בלאָזעניש

bluster, *v.*
(wind) צעבושעווע|ן זיך; אַ בלאָז ‹שטויס› טאָן
(brag) באַרימען זיך; בלאָזן פֿון זיך

blustery שטאַרק ווינטיק; בושעווענדיק

Bnai Brith דאָס בני־ברית [BNEY-BRÍS]

boa constrictor דער באָאַ, ־ס; די/דער באָאַשלאַנג, ־ען

boar דער ווילדער חזיר, ־ים; דער קאַבאַן, ־עס [KhÁZER, KhAZÉYRIM]

board, *n.*
(wooden) דאָס/די ברעט, ־ער
(panel) דער טאָוול, ־ען
(committee) די פֿאַרוואַלטונג, ־ען; דער ראַט, ־ן; די קאָלעגיע, ־ס
(meals/lodging) דער פּאַנסיאָן; דער קעסט
on board (ship) אויפֿן באָרט; אויף דער שיף
be on board (*fig.*) מיטהאַלטן; מסכים זײַן; מיטפֿאָרן [MÁSKEM]
board of directors די פֿאַרוואַלטונג, ־ען; די דירעקטאָרן־קאָלעגיע, ־ס; די דירעקטאָרנשאַפֿט, ־ן; דער דירעקטאָריום ,־ס
board of education דער בילדונגסאַמט
board of elections דער שטימאַמט
board of health דער געזונטאַמט; דער געזונט־אָפּטייל
board of regents די רעגענטן־קאָלעגיע
board of trade דער האַנדלאַמט

board, *v.*
vt. **(a bus)** אַרײַנזעצן זיך אין
vt. **(a plane)** באָרטירן; אַרײַנזעצן זיך אין
vt. **(a ship)** באָרטירן; אַרויפֿ(גיין) אויף
vt. **(an elevator)** אַרײַנ(גיין) אין אַ ליפֿט
vi. **(obtain food/lodging)** זײַן אויף פּאַנסיאָן; דינגען אַ צימער מיט קעסט
board up באַשלאָגן ‹פֿאַרקלאַפּן› מיט ברעטער

board certification די קאָמיסיע־אַטעסטירונג

board-certified קאָמיסיע־אַטעסטירט

boarded-up באַשלאָגן ‹פֿאַרקלאַפּט› מיט ברעטער

boarder דער קאָמעניק, ־עס; דער קוואַרטיראַנט, ־ן; דער קעסטניק, ־עס; דער פּאַנסיאָנער, ־ן

boarder baby דאָס פּאַנסיאָן־עופֿעלע, ־ך; דאָס פּאַנסיאָנערל, ־עך [ÉYFELE]

board game די/דאָס ברעטשפּיל, ־ן

boarding, *n.*
(a ship) דאָס באָרטירן
(a vehicle) דאָס אַרײַנזעצן זיך (אין)
Boarding! אַלע אַרײַן!; זעצט זיך אַרײַן!

boarding area דער באָרטירפּלאַץ, ...פּלעצער

boarding house דער פּאַנסיאָן, ־ען

boarding pass דער באָרטירפּאַס, ...פּעסער; דאָס באָרטיר־קאַרטל, ־עך

boarding platform די באָרטיר־פּלאַטפֿאָרמע, ־ס

boarding school דער פּאַנסיאָן, ־ען; דער פּאַנסיאָנאַט, ־ן; די שול מיט אינטערנאַט

boardroom דער זיצונג־צימער, ־ן

boardwalk דער (ים־)פּראָמענאַד, ־ן; דער ברעטערוועג, ־ן [YAM]

boast, *n.* דאָס באַרימערײַ, ־ען; דער באַרים, ־ען; דער פּראַל, ־ן; דאָס בלאָזן פֿון זיך
boast, *v.* באַווײַזן זיך; (באַ)רימען זיך; גרייסן זיך; פּראַלן זיך; בלאָזן פֿון זיך
What's there to boast about? וואָס איז די (גרויסע) גדולה? [G(E)DÚLE]
boastful באַרימעריש
boat דאָס שיפֿל, ־עך; דאָס שיפֿעלע, ־ך; די לאָדקע, ־ס
be in the same boat האָבן די זעלבע צרות; זײַן אויף איין פֿור; זײַן אַחים־לצרה [TSÓRES] [ÁKhIM-LETSÓRE]
toy boat דאָס שפּיל־שיפֿעלע, ־ך
boater דער שיפֿלער, ־ס
boathouse דאָס שיפֿל־הײַזל, ־עך
boating, *n.* דאָס שיפֿלען זיך
boating lake די שיפֿל־אָזערע, ־ס
boatman דער (איבער)שיפֿער, ־ס
boat people שיפֿל־פּליטים [PLÉYTIM]
boatswain דער באָצמאַן, ־עס/...מענער
bob, *n.* די קורץ געשוירענע האָר
bob, *v.*
vt. **(hair)** אָפּשערן זיך קורץ
vi. **(in water)** שווימען אַרויף און אַראָפּ
bobbin די שפּול, ־ן; די קאַטושקע, ־ס; די קעטע, ־ס
bobblehead דאָס באָמבל־קעפּל, ־עך
bobby pin די האָרשפּילקע, ־ס
bobcat דער (רויטער) לוקס, ־ן
Bobov Hasid דער באָבעווער חסיד, באָבעווער חסידים [KhÓSID, KhSÍDIM]
bobsled דער באָבשליטן, ־ס
bodacious העזהדיק; חוצפּהדיק; אומבאַדאַכט [HÓZEDIK] [KhÚTSPEDIK]
bode, *v.*
bode ill זײַן אַ שלעכטער ‹בייזער› סימן [SÍMEN]
bode well זײַן אַ גוטער סימן
bodice
(tailoring) די טאַליע, ־ס
(vest) דער קאָרסאַזש, ־ן; דאָס שנירלײַבל, ־עך
bodily, *adj.* גוף־...; גופֿיק
bodily, *adv.*
(in the flesh) אין גוף
(as a whole) גאַנצערהייט
bodily fluid דער גוף־זאַפֿט, ־ן; די/דאָס גוף־פֿליסיקייט, ־ן
bodily injury די גוף־צעשעדיקונג
bodkin די (נ)אָל, ־ן
body
(anat.) דער גוף, ־ים; דאָס לײַב, ־ער; דער קערפּער, ־ס
(group) דער קאָרפּוס, ־ן
(of vehicle) די קאַראָסעריע, ־ס
(organization) די קערפּערשאַפֿט, ־ן
body of knowledge דער גאַנצער סכום וויסן
body of water דער/דאָס וואַסער, ־ן
Over my dead body! נישט בײַ מײַן לעבן!; נישט בײַ מאַטיען!; לא מיט אַן אלף! [LOY] [ÁLEF]
with all one's body and soul מיטן גאַנצן לײַב און לעבן; מיט אַלע רמ"ח אבֿרים [RAMÁKh ÉYVRIM]
with one's whole body מיטן גאַנצן גוף
body armor דער גוף־פּאַנצער, ־ס
body bag דער מתים־זאַק, ־זעק [MÉYSIM]
body blow דער שטאַרקער זעץ, ־ן
bodybuilder דער מוסקלען־אויסשטרויער, ־ס
bodybuilding די מוסקלען־אויסשטרויונג
body check (hockey) דער טלוק, ־עס
body count די צאָל קרבנות [KORBÓNES]
bodyguard
(person) דער לײַבוועכטער, ־ס
(group) די לײַבוואַך
body heat די/דאָס וואַרעמקייט פֿון גוף
body language דאָס גוף־לשון [LOShN]
body odor דער גוף־ריח [RÉYEKh]
body part דער גוף־טייל, ־ן; דער קערפּערטייל, ־ן; דער אבֿר, ־ים [ÉYVER, ÉYVRIM]
body politic דאָס פֿאָלק; די מדינה [MEDÍNE]
body search די גוף־באַטאַפּונג; דאָס באַזוכן ‹באַטאַפּן› דעם גוף
body shop דער קאַראָסעריע־וואַרשטאַט, ־ן
body snatcher דער מתים־רויבער, ־ס; דער קבֿרים־גנבֿ, ־ים [MÉYSIM] [KVÓRIM-GÁNEF, -GANÓVIM]
bodysuit דער לײַב־בגד, ־ים [BÉGED, BGÓDIM]
bodysurf אינדלען זיך מיטן גוף; אינדלען זיך אָן אַ ברעט
bodysurfing דאָס גוף־אינדלערײַ; דאָס אינדלען זיך אָן אַ ברעט
body wall דאָס לײַבווענטל, ־עך
body wash דער שפּריצזשעלע
body weight די גוף־וואָג; די וואָג פֿונעם גוף ‹קערפּער›
bodywork (mech.) די קאַראָסעריע
bog, *n.* דער זומפּ, ־ן; די גרוזנע, ־ס
bog, *v.*
be bogged down שטעקן בלײַבן; פֿאַרזונקען ווערן; פֿאַרגרוזנעט ווערן
bog bilberry בוכעס ל"ר; שיכּור־ניסלעך ל"ר; בלאָ־יאַגדעס ל"ר [ShÍKER]
bogeyman דער בער; די סטראַשידלע; די פּודעלע
boggle
It boggles the mind סע שפּאַלט זיך אַזש דער קאָפּ ‹מוח›; סע צענעמט דעם מוח [MÓYEKh]
boggy זומפּיק
bogus פֿאַלש; געפֿעלשעוועט
Bohemia (דאָס) ביימען
bohemian, *adj.* באָהעמיש
bohemian, *n.* דער באָהעם, ־ען
bohrium דער באָריום
boil, *n.*
(med.) דער בלאָטער, ־ס; דאָס געשוויר, ־ן; די מכּה, ־ות [MÁKE]
(boiling point) דער זידפּונקט
bring/come to a boil אויפֿזידן; אויפֿקאָכן; פֿאַרזידן
bring to a boil (milk) אויפֿוועלן
boil, *v.*
imp. זידן
pf. אויפֿזידן; אָפּזידן; אויפֿקאָכן
(water) (אויפֿ)זידן
(milk) (אויפֿ)וועלן
(meat) קאָכן
begin to boil פֿאַרזידן
boil away אויסקאָכן
boil down, *vt./vi.* (לאָזן) אײַנקאָכן
boil over איבערקאָכן; אויסלויפֿן
It all boils down to אין לעצטן סך־הכּל; בקיצור [SAKhÁKL] [BEKÍTSER]
boiled beef דאָס זופּנפֿלייש; דאָס געקאָכטע פֿלייש
boiled egg דאָס געקאָכטע איי, ־ער
boiler דער קעסל, ־ען; דער פּאַראַוויק, ־עס
boilermaker דער קאָטליער, ־ס; דער קעסלער, ־ס; דער קעסלשמיד, ־ן
boilerplate, *adj.* *(fig.)* אויסגעדראָשן; שאַבלאָניש
boilerplate, *n.* די קעסל־פּלאַטע, ־ס

boiler room די קעסלשטוב, ...שטיבער; די קעסל־קאַמער, ־ן
boiling, *adj.* זודיק; קאָכעדיק
boiling hot זודיק הייס; קאָכעדיק; (אָקערשט) פֿון דער זאָט
boiling, *n.* דאָס קאָכן; דאָס זידן
boiling point דער זידפּונקט, ־ן; דער קאָכפּונקט, ־ן
boiling water דער אָקרעפּ; די זאָט; דאָס זודיקע וואַסער
boisterous טומלדיק; רעשיק; ליאַרעמדיק; שטורעמדיק [RAShIK]
bok choy דאָס/די כינעזישע קרויט
bold, *adj.* דרייסט; בראַוו; באַהאַרצט; אומדערשראָקן; ˚מוטיק
bold, *v.* שטעלן מיט פֿעטע ‹שוואַרצע/בולטע› אותיות [BÓYLETE] [ÓYSYES]
boldface פֿעטע ‹שוואַרצע/בולטע› אותיות ל"ר [BÓYLETE] [ÓYSYES]
boldfaced חוצפּהדיק; עזותדיק; אומפֿאַרשעמט [KhÚTSPEDIK] [ÁZESDIK]
boldly דרייסט; אומדערשראָקנערהייט
boldness די/דאָס דרייסטקייט; דער קוראַזש; דער ˚מוט; די ˚מוטיקייט
bolero דער באָלעראָ, ־ס
boll דער זוימען־קאַפּסל, ־ען
boll weevil דאָס באַ(נ)וול־לאַנגנעזל, ־עך
bologna דער באָלאָניער וווּרשט
bolster, *n.* דער (אונטער)קישן, ־ס; דאָס קישל, ־עך; דער וואַליק, ־עס
bolster, *v.*
(emotionally) אויפֿמונטערן; אויפֿהייטערן
(physically) אונטערשפּאַרן; פֿאַרשטאַרקן
bolt, *n.*
(lock) דער פֿאַררוקער, ־ס; דער ריגל, ־ען
(with nut) דער באָלץ, ־ן; די/דער שרויף, ־ן
bolt of lightning דער בליץ, ־ן
like a bolt from the blue ווי אַ בליץ פֿון הימל
make a bolt for אַ לאָז טאָן זיך צו; אַ לויף טאָן צו
bolt, *v.*
(lock) פֿאַרריגלען
(with screw) פֿאַרפֿעסטיקן מיט אַ באָלץ ‹שרויף›
(run) לויפֿן ‹פֿליִען› פֿײַל אויסן בויגן; אַנטלויפֿן; אַנטרונען ווערן
(of horse) צעספּוזשען זיך
bolt down (devour) פֿאַרשלינגען
bolt together צונויפֿריגלען
sit bolt upright אויסציִען זיך (ווי אַ סטרונעלע)
bolt action דער ביקסשלאָס, ...שלעסער
bomb, *n.* די באָמבע, ־ס
(failure) דער טאָטאַלער דורכפֿאַל, ־ן
(thea.) די בולבע, ־ס
There was a bomb scare/threat מ'האָט געסטראַשעט מיט אַ באָמבע
bomb, *v.*
(with bomb) באָמבאַרדירן; באָמבירן
(fail) האָבן אַ טאָטאַלן דורכפֿאַל
(thea.) מאַכן אַ בולבע; פֿאַלן ווי שטרוי
bomb out of existence צעשמעטערן מיט באָמבעס; צעבאָמבירן גלײַך מיט דער ערד
bombard באָמבאַרדירן; באַשיסן
bombard with letters נישט אויפֿהערן צו שיקן איין בריוו נאָך אַ צווייטן; האַלטן אין איין שיקן בריוו
bombard with questions פֿאַרשיטן + אַק' מיט פֿראַגעס
bombardier דער באָמבאַרדירער, ־ס
bombardment דאָס באָמבאַרדירן
bombastic באָמבאַסטיש; קנאַקעדיק
bomb attack דער באָמבע־אַטאַק, ־ן
bomb blast דער באָמבע־אויפֿרייס, ־ן
bomb detector דער באָמבע־אָפּשפּירער, ־ס
bomb disposal דאָס אָפּפּטרן אַ באָמבע [ÓPPÁTERN]
bombed-out צעבאָמבאַרדירט; אויס(גע)באָמבאַרדירט
bomber
(aircraft) דער באָמבאַרדירער, ־ס; דער באָמבאַרדיר־עראָפּלאַן ‹־אַוויאָן›, ־ען; דער באָמבאָוועץ, ...ווצעס
(person) דער באָמבירער, ־ס; דער באָמבן־וואַרפֿער, ־ס; דער באָמבאַרדיר, ־ן
bombing, *n.* דאָס באָמבאַרדירן; די באַשיסונג, ־ען; די באָמבאַרדע, ־ס
bombproof באָמבע־זיכער; באָמבע־באַוואָרנט
bomb search דאָס זוכן אַ באָמבע
bombshell די באָמבע, ־ס
drop a bombshell (*fig.*) אָנמאַכן אַ סענסאַציע
bomb shelter דער אָנפֿלי־באַהאַלטער, ־ס; דאָס באָמבע־באַהעלטעניש, ־ן; דער באָמבע־מיקלט, ־ים [MÍKLET, MIKLÓTIM]
bomb site דאָס באָמבאַרדירטע אָרט, ערטער
bomb-sniffing dog דער באָמבע־שפּירהונט, ...הינט
bomb squad דער באָמבע־אָפּטייל, ־ן
bona fide אויטענטיש; עכט; רעכט; נאמנותדיק [NEMÓNESDIK]
bona fides גוטע כּוונות; דאָס נאמנות ל"י [KAVÓNES] [NEMÓNES]
bonanza די ג(ע)וואַלדיקע הצלחה, ־ות; די שמאַלצגרוב, ...גריבער [HATSLÓKhE]
bonbon די באָנבאָנע, ־ס
bonbonièrre די באָנבאָניערקע, ־ס
bond, *n.*
(tie) דער בונד, ־ן
(connection) די פֿאַרבינדונג, ־ען; באַציִונגען ל"ר
(chain) די קייט, ־ן; די פּענטע, ־ס
(chem.) די בינדונג, ־ען
(econ.) די אָבליגאַציע, ־ס
(emotional) די/דאָס צוגעבונדנקייט
30-year bond די אָבליגאַציע אויף 30 יאָר
bond, *v.*
(chem.) פֿאַרבינדן זיך
(emotionally) צובינדן זיך
bondage
(enslavement) די קנעכטשאַפֿט; דאָס שקלאַפֿערײַ
(constraint) דער צוואַנג
(sexual) די/דאָס סעקסועלע געפּענטעטקייט
bonded פֿאַרזיכערט; באַוואָרנט
bondholder דער אָבליגאַציע־פֿאַרמאָגער, ־ס
bonding
It was a good bonding experience געווען אַ גוטע געלעגנהייט אָנצוקניפּן אַ באַציִונג
male bonding דאָס אָנקניפּן באַציִונגען צווישן מענער
bond rating די אָבליגאַציע־שאַצונג, ־ען
bondsman דער ערבֿ, ־ים [ÓREV, ÓRVIM/ARÉYVIM]
bone, *n.* דער ביין, ־ער
bone of contention דער סלע־המחלוקת; דאָס צאַנק־עפּעלע [SÉLE-HAMAKhLÓYKES]
bones *also* דאָס געבײן ל"י
cut to the bone שנײַדן ביזן ביין
feel in one's bones פֿילן אין האַרצן; פֿילן אין די ביינער
have a bone to pick with האָבן אַ טענה צו; פֿירהאָבן מיט [TÁYNE]
make no bones about רעדן אָפֿענע דיבורים
more bones than meat מער ביינער ווי פֿלייש; אויסגעביינערט; קײַ־און־שפּײַ

to the bone אויף דורך און דורך; דראַסטיש
work one's fingers to the bone האָרעווע(ן) ווי אַ הונט
bone, *v.* אויסביינערן
bone up on צולערנען זיך; זוברעווע(ן)
bone density די/דאָסביין־געדיכטקייט; די/דאָס געדיכטקייט פֿון די ביינער
bone-density test דער טעסט פֿון ביין־געדיכטקייט
bone dry טרוקן ווי ביין
bonehead דער פֿאַרשטאָפּטער ‹טעמפּער› קאָפּ
boneless אָנביינערדיק; אָן ביינער
bone loss די ביינער־אָפּשוואַכונג
bone marrow דער ביינמאַר(ע)ך
bone-marrow transplant דער מאַר(ע)ך־איבערפֿלאַנץ, ־ן
bone meal דאָס/די ביינערמעל; דער/דאָס ביינערשטויב
bone spur דער ביינערשפּאַר, ־ן
bone-weary טויט מיד; מיד ווי אַ הונט; געהרגעט [GEHÁRGET]
bonfire דער שײַטער, ־ס
bong דער באָנג, ־ען
bongo דער באָנגאָ, ־ס
bonhomie די/דאָס גוטמוטיקייט
bonkers משוגע; צעדרייט [MEShÚGE]
He's bonkers about you ער איז משוגע פֿאַרליבט אין דיר; ער גייט אויס נאָך דיר
bon mot דאָס גלײַכוואָרט, ...ווערטער; דאָס גלײַכווערטל, ־עך; דאָס קאַטאָוועסל, ־עך
bonnet דאָס (זון)הײַבל, ־עך; דער טשעפּיק, ־עס; די קאָפּקע, ־ס
bonsai דאָס באָנסײַ־ביימל, ־עך
bonus דער באָנוס, ־ן; די פּרעמיע, ־ס
(stg. extra) דער (פֿײַנער) צוגאָב, ־ן
bon vivant דער עולם־הזהניק, ־עס; דער באָנוויוואַן, ־ען [ÓYLEM-HÁZENIK]
Bon voyage! זיי(ט) (מיר) געזונט!; פֿאָר(ט) געזונט און קומ(ט) געזונט!; צאתכם(ם)־לשלום! [TSÉYSKhE(M)-LEShÓLEM]
bony ביינערדיק; ביינִיק
boo, *n.* דער אויספֿײַף, ־ן
boo, *v.* אויספֿײַפֿן
He was booed מ'האָט אים אויסגעפֿײַפֿט
Boo! בעעע!
boob, *n.*
(breast/_slg._**)** די ציצ(ק)ע, ־ס; דאָס בולקעלע, ־ך
(fool) דער נאַר, נאַראָנים; דער שוטה, ־ים [ShÓYTE, ShÓYTIM]
booby trap, *n.* די גענאַר־מינע, ־ס
booby-trap, *v.* אונטערלייגן ‹פֿאַרלייגן› גענאַר־מינעס אין
booger/boogie דאָס קוזשעלע, ־ך; דאָס סטרעמפּעלע, ־ך; דאָס מוקל, ־עך
booing דאָס אויספֿײַפֿעניש
book, *n.* דאָס/דער בוך, ביכער; דאָס ביכל, ־עך
(rel./J.) דער ספֿר, ־ים [SÉYFER, SFÓRIM]
(betting) דאָס געוועטבוך, ...ביכער
(lyrics) דער ליברעטאָ, ־ס
be like an open book זײַן אַן אָפֿענער זעקסאונזעכציק; זײַן אַן אָפֿענע קאָרט
by the book לויטן געזעץ; כהלכה [KEHALÓKhE]
in my book לפֿי־דעתּי; לויט מײַן מיינונג; ווען מע פֿרעגט מיך [LEFIDÁTI]
keep (the) books פֿירן (די) ביכער
keep two sets of books האַלטן אַ טאָפּעלע בוכהאַלטעריע
off the books אונטערן טיש; אויף שוואַרץ; בלאַט
on the books פֿאַרצייכנט; פֿאַרפּראָטאָקאָלירט

People of the Book דער עם־הספֿר [ÁM-HASÉYFER]
throw the book at דערלאַנגען + דאַט' די סאַמע האַרבסטע שטראָף
book, *v.*
(reserve) רעזערווירן; באַשטעלן
(write down) פֿאַרשרײַבן; פֿאַררעגיסטרירן; (אײַנ)בוכן
(jur.) פֿאַרפּראָטאָקאָלירן
book up רעזערווירן ‹באַשטעלן› אין פֿאָרויס
be all booked up נישט האָבן מער קיין אָרט
bookbag די/דער שולטאַש, ־ן; דאָס ביכער־רענצל, ־עך
bookbinder דער אײַנבינדער, ־ס
book burning די ביכער־פֿאַרברענונג
bookcase די ביכער־שאַפֿע, ־ס; די ביכערשאַנק, ...שענק; דאָס ביכערשענקל, ־עך
(for J./rel. books) דער ספֿרים־שאַנק, ־שענק; דער ספֿרים־אַלמער, ־ס [SFÓRIM]
book club דער ביכערקלוב, ־ן
bookdealer *see* **bookseller**
bookend דער ביכער־ווינקל, ־ען
book fair דער ביכער־יאַריד, ־ן
book-filled פֿול מיט ביכער
bookie דער געוועטניק, ־עס
bookie joint די געוועט־קנײַפּע, ־ס
booking clerk דער בילעטן־פֿאַרקויפֿער, ־ס; דער בילעטער, ־ס
bookish אויסגעלייענט; אָנגעלייענט; ביכערדיק; ביכלדיק
book jacket די הילע, ־ס; דאָס העמדל, ־עך
bookkeeper דער בוכהאַלטער, ־ס
bookkeeping די בוכהאַלטעריע
booklet דאָס ביכעלע, ־ך; די בראָשור, ־ן
bookmaker דער געוועטניק, ־עס
bookmark, *n.* דער לייען־צייכן, ־ס; דער זײַטל־האַלטער, ־ס
bookmark, *v.* פֿאַרצייכענען; שטעלן אַ לייען־צייכן
bookmarked פֿאַרצייכנט
bookmobile דער ביבליאָבוס, ־ן
book party דער ליטעראַרישער יום־טובֿ, ־ים [YÓNTEF/YÓNTEV, YONTÓYVIM]
book peddler דער פּאַקן־טרעגער, ־ס
bookplate דער עקסליבריס, ־ן
book post די ביכערפּאָסט
book report דער בוך־רעפֿעראַט, ־ן; דער בוכבאַריכט, ־ן
write a book report רעפֿערירן אַ ביכל; (אָנ)שרײַבן אַ בוכבאַריכט; (אָנ)שרײַבן אַ רעפֿעראַט וועגן אַ ביכל
book review די ביכער־רעצענזיע, ־ס
bookseller דער מוכר־ספֿרימניק, ־עס; דער מוכר־ספֿרים, מוכרי־...; דער ביכער־הענדלער‹־פֿאַרקויפֿער›, ־ס [MÓYKhER-SFÓRIMNIK] [MÓYKhER-SFÓRIM, MÓKhRE-...]
bookshelf די ביכער־פּאָליצע, ־ס
book signing דאָס אויטאָגראַפֿירן דאָס אײגענע בוך ‹ביכל›
bookstore די ביכערקראָם, ־ען; דאָס ביכער־געוועלב, ־ער; די ביכערקלייט, ־ן
bookworm דער בוכוואָרעם, ...ווערעם
(*fig.***)** דער ביכער־וואָרעם, ־ווערעם; דער אותיות־‹ביכער־› שלינגער, ־ס; דער באַנקקוועטשער, ־ס; דער ביכערניק, ־עס [ÓYSYES]
Boolean בולעאַנער אינוו'
boom,[1] *n.* **(loud noise)** דאָס בוכן; דאָס דונערן; דער קראַך, ־ן; דער קנאַק, ־ן
boom,[2] *n.* **(growth)** די בליונג, ־ען; דער צעבלי, ־ען; דער אויפֿבלי, ־ען; דער אויפֿלעב, ־ן
(econ.) די האָסע; דער בום; דער עקאָנאָמישער צעבלי ‹וווקס›
boom and bust עליות און ירידות [ALÍES] [YERÍDES]

boom,[3] *n.* **(of derrick)** דער הײבשטאַנג, ־ען
boom, *v.* בוכעװ|ן; דונערן; קראַכן
boombox דער הילכשפּילער, ־ס; די טאַרעראַמקע, ־ס
boomerang, *n.* דער בומעראַנג, ־ען
boomerang, *v.* צוריקקומען װי אַ בומעראַנג
(*fig.*) אויספֿאַלן באָקעם
boomerang effect דער קריקטראָף
boom town דאָס בליִענדיקע שטעטל, ־עך
boon די ברכה, ־ות; די מעלה, ־ות [BRÓKhE] [MÁYLE]
boondoggle דער בונדאָגל, ־ס
boor דער בור, ־ים; דער עם־האָרץ, עמי־הארצים; דער זשלאָב, ־עס; דער בורדיוק, ־עס; דער פּראָסטאַק, ־עס; דער גראָבער־יונג, גראָבע־יונגען; דער יונגאַטש, ־עס; דער פֿאַרגרעבטער גבֿ' [AMÓRETS, AMERÁTSIM]
boorish עם־הארציש; פֿאַרגרעבט; מגושמדיק; פּראָסט; פּויעריש [AMERÁTSISh] [MEGÚShEMDIK]
boost, *n.*
(increase) די פֿאַרגרעסערונג; די העכערונג
(physical) דער אונטערהייב, ־ן
give a boost (physical) געבן אַ הייב אונטער
give a boost (*fig.*) (אָנ)מוטיקן; דערמוטיקן
boost, *v.* אונטערטרײַבן; אונטערהייבן; פֿאַרגרעסערן; פֿאַרשטאַרקן
boost the immune system (אונטער)שטיצן ‹פֿאַרשטאַרקן› די אימון־סיסטעם
booster
(elec.) דער פֿאַרשטאַרקער, ־ס
(promoter) דער רעקלאַמירער, ־ס
booster cable דער נויטקאַבל, ־ען
booster rocket דער הײבראַקעט, ־ן
booster seat דאָס הייב־בענקעלע, ־ך
booster shot די צוגאָב־איניעקציע, ־ס
boot, *n.* דער שטיוול, –
give sb. the boot געבן + דאַט' אַ פּור מיט אַ גלעקל
The boot is on the other foot דאָס רעדל האָט זיך איבערגעדרייט
to boot נאָך דערצו (נאָך); צום רומל
boot, *v.*
boot up לאָזן אין גאַנג; אָנשטעלן
boot out אַרויסוואַרפֿן; אַרויסקאָפּעװ|ן; משלח זײַן [MEShALÉYEKh]
bootblack דער (שטיוול־)פּוצער, ־ס; דער שיכפּוצער, ־ס
boot camp דער רעקרוטן‹טרעניר־›לאַגער, ־ס
Bootes (astr.) דער פּאַסטעך
booth די בודקע, ־ס; דער קיאָסק, ־ן; דאָס בײַדל, ־עך
booties טשיזמעס; (וואָל־)זשעקעלעך [EYFL]
bootjack דער שטיוול־ציִער, ־ס
bootlace די שטיוול־שנורעוואַדלע, ־ס
bootleg, *adj.* קאָנטראַבאַנד...; שמוגל...
bootleg, *n.*
(of boot) די כאַליעווע, ־ס
(illegal goods) דער קאָנטראַבאַנד; די שמוגל־סחורה [SKhÓYRE]
(illegal liquor) די שמוגל־משקה [MÁShKE]
(illegal recording) די קאָנטראַבאַנד־רעקאָרדירונג, ־ען; דער קאָנטראַבאַנד־דיסק, ־ן
bootleg, *v.* שמוגלען; שוואַרצן; פֿירן קאָנטראַבאַנד
bootlegged געשמוגלט; געשוואַרצט
bootlegger דער שמוגלער, ־ס; דער שוואַרצער, ־ס; דער קאָנטראַבאַנדיסט, ־ן
bootlicker דער טעלער־לעקער, ־ס; דער אונטערלעקער, ־ס; דער חניפֿהניק, ־עס [Kh(A)NÍFENIK]
bootstrap דער/דאָס אויער, ־ן
pull oneself up by one's bootstraps אַרויספֿאַרבעטן זיך אַליין
boot tree דער קאָפּיט, ־עס
booty דאָס (קריגס)רויב; דאָס זאָקרויב; די גזלה [GZÉYLE]
booze, *n.* דער ביטערער טראָפּן; דער יש; דער קנאַק; די כּוס(י)ע [YASh] [KÓYS(Y)E]
booze, *v.*
booze it up קנאַקן; כּוס(י)עװ|ן; גיסן (אין זיך) [KÓYS(Y)EN]
boozer דער כּוס(י)ע־‹לחיים־›מאַכער, ־ס; דער שיכּורניק, ־עס; דער פּי־תּמידניק, ־עס [KÓYS(Y)E] [LEKhÁYEM] [ShIKÓRNIK] [PITÓMEDNIK]
bop, *n.* דער לײַכטער קלאַפּ, קלעפּ
bop, *v.* געבן אַ לײַכטן קלאַפּ (אין)
borax די בורע; דער באָראַקס
Bordeaux (wine) דער באָרדאָ
bordello דאָס (פֿרײלעכע) הײַזל, ־עך; דער באָרדעל, ־ן
border, *n.* די/דער גרענעץ, ־ן
(of paper) דער ראַנד, ־ן; דער ברעג, ־ן; דער שליאַק, ־ן
(decoration) דער שליאַק, ־ן
cross the border אַריבערגיין ‹אַריבערפֿאָרן› די גרענעץ
cross the border illegally גנבֿע|(נע)ן ‹שוואַרצן› די גרענעץ [GÁNVE(NE)N]
border, *v.* גרענעצן זיך מיט
(sewing) באַברעמען
border on (*fig.*) האַלטן שוין אַזש בײַ
border control/enforcement דער גרענעץ־קאָנטראָל
border guard דער גרענעץ־וועכטער, ־ס; דער גרענעצלער, ־ס
borderland דער גרענעץ־שטח, ־ים [ShÉTEKh, ShTÓKhIM]
borderless אָן גרענעצן
borderline, *adj.* גרענעצדיק
borderline, *n.* די/דער גרענעץ, ־ן
borderline case דער גרענעצפֿאַל, ־ן
border marker דער גרענעצשטיין, ־ער
bore, *n.*
(hole) די בוערלאָך, ...לעכער
(of gun) דער קאַליבער, ־ס; די/דער רער, ־ן
(person) דער נודניק, ־עס
He's such a bore! ער איז אַ ג(ע)וואַלדיקער נודניק; ער איז אַ שלאַק פֿון זײַן ליבן נאָמען!
bore, *v.*
imp. **(dril)** עקבערן; בוערן
pf. **(drill)** (אַ)דורכעקבערן; (אַ)דורכבוערן
(person) נוד(י)ע|ן
bore to death פֿאַרנודיע|ן ביז טויט
bored
be bored by נוד(י)ע|ן זיך פֿון; זײַן סקוטשנע אומפּ'/פּ"ק + דאַט' פֿון; דערעסן ווערן פּ"ק + דאַט'
I'm bored to death ס'איז מיר נימאס צום ‹ביז› טויט [NÍMES]
I'm bored with the book דאָס ביכל איז מיר שוין דערעסן ‹נימאס געוואָרן›
boredom די/דאָס נודנעקייט; די/דאָס סקוטשנעקייט; די נודאָטע; די לאַנגווײַל
boreworm דער עקבער־וואָרעם, ־ווערעם
boric acid דאָס באָריזײַערס
boring נודנע; נימאס; סקוטשנע; מאַרודנע; לאַנגווײַליק [NÍMES]
become boring (for) נימאס ווערן + דאַט'; צועסן זיך + דאַט'
born געבוירן
be born געבוירן ‹געבאָרן› ווערן; קומען אויף דער וועלט

born and bred פֿון געבױרן אָן; מבטן־ולידה [MIBÉTN-VELÉYDE]

I wasn't born yesterday כ'בין נישט קיין נעכטיקער ‹מפּיל־קינד/שיפֿע זױבעלע› [MAPL]

in all my born days אַ גאַנץ לעבן לאַנג; דאָס גאַנצע לעבן מײַנס

born-again פֿרישגלײביק

be born-again זײַן אַ פֿרישגלײביקער געב'

borne

He was borne along by ס'האָט אים געטראָגן + נאָמ'

boron דער באָר

borough דער באָראָ, ־ס; דער שטאָטטײל, ־ן

borrow (from)

imp. לײַען (בײַ); באָרגן (בײַ)

pf. אױסלײַען (בײַ); אױסבאָרגן (בײַ); אַנטלײַען (בײַ)

borrow a page from אָפּלערנען זיך פֿון

live on borrowed time אױסלעבן געבאָרגטע טעג

borrower דער באָרגער, ־ס; דער אַנטלײַער, ־ס; דער לווה, ־ים [LÓYVE, LÓYVIM]

Neither a borrower nor a lender be לײַען און באָרגן מאַכן גרױסע זאָרגן; באָרגן מאַכט זאָרגן

borrowing (ling.) דער אַנטלײַ, ־ען; דאָס לײַװאָרט, ...װערטער

borscht דער באָרשט, ־ן

borscht belt דער באָרשטבעלט

borscht-belt humor דער באָרשטבעלט־הומאָר

borzoi דער (רוסישער) װאָלפֿהונט, ...הינט

Bosnia (די) באָסניע

Bosnia-Herzegovina (די) באָסניע־הערצעגאָװינע

Bosnian, *adj.* באָסניש

Bosnian Jew דער באָסנישער געב'; דער באָסנישער ייִד, ־ן

Bosnian, *n.*

m./unsp. דער באָסניאַק, ־עס; דער באָסניער געב'

f. די באָסניאַטשקע, ־ס; די באָסניערין, ־ס

bosom דער בוזעם, ־ס

(*fig.*) דאָס האַרץ; דער/די שװיס

full bosom דער הױכער בוזעם

modest bosom דער קלײנער בוזעם

bosom buddy דער ידיד, ־ים; דער האַרצפֿרײַנד, –; דער שמעלקע, ־ס [YEDÍD]

bosomy ברוסטיק; אױסגעבוזעמט; בוזעמדיק

be bosomy האָבן היפּשלעכע ‹פּוקלדיקע› בריסט; האָבן מזל־ברכה אין בוזעם [MAZL-BRÓKhE]

boss, *n.* דער בעל־הבית, בעלי־בתּים [BAL(E)BÓS, BAL(E)BÁTIM]

I'll show him who's boss איכ'ל אים שױן װײַזן װער עלטער איז; איכ'ל אים שױן װײַזן װער ס'איז דאָ דער בעל־הבית

boss, *v.* **(around)** הערשװעון ‹קאָמאַנדעװעון/ באַלעבאַטעװעון› איבער; שאַפֿן זיך מיט; זײַן דער גאַנצער בעל־הבית איבער [BAL(E)BÓS]

bossy

be bossy ליב האָבן צו קאָמאַנדעװען

Boston (דאָס) באָסטאָן

Boston fern באָסטאָנער נירן־שײַבן ל"ר

Boston Tea Party דער באָסטאָנער טײפּראַטעסט

botanical, *adj.* באָטאַניש

botanical, *n.* די געװיקסן־רפֿואה, ־ות [REFÚE]

botanical gardens דער באָטאַנישער גאָרטן ל"י

botanist דער באָטאַניקער, ־ס

botany די באָטאַניק

botch קאַליע מאַכן; אַ תּל מאַכן פֿון; פּטרן; צעטערכען; פֿאַרטאַטשעװען; כאַלטורעװען; אָנדאָסן; פֿושערן [TEL] [PÁTERN]

botched געפּטרט; צעטערכעט; פֿאַרטאַטשעװעט; נישט־געראָטן [GEPÁTERT]

both בײדע

both ... and סײַ ... סײַ; אי ... אי; הן ... הן [HEN]

both of them זײ בײדע

both kinds of בײדערלײ; בײדע מינים

have it both ways טאַנצן אױף בײדע חתונות; װעלן אי דאָס אי יענץ [KhÁSENES]

bother, *n.* דער שטער, ־ן; די דאגה, ־ות; דער קלאַפּאָט, ־ן; די כלאַפּאָטע, ־ס; דאָס פֿאַרדרײעניש, ־ן; דאָס קאָפּ־דרײעניש, ־ן [DÁYGE]

go to the bother of מטריח זײַן זיך און [MATRÍEKh]

It's no bother ס'איז נישט קײן טירחה; ס'װעט מיר נישט שטערן [TÍRKhE]

It's too much bother סע לוינט זיך נישט; ס'איז נישט כּדאַי [KEDÁY]

bother, *v.*

(annoy) שטערן; טשעפּען; קאָטערן; רופּען; דערגײן + דאַט' די יאָרן; דרײען ‹דולן› + דאַט' אַ קאָפּ ‹ספּאָדיק›; האַקן + דאַט' אַ טשײניק; דרײען + דאַט' דעם קאָפּטער

(concern) אַרן

bother about זאָרגן זיך װעגן; דאגהן װעגן; מטריח זײַן זיך װעגן [DÁYGEN] [MATRÍEKh]

bother with פּאַטשקען ‹פּאָרען› זיך מיט

It doesn't bother me in the least ס'אַרט מיך װי דער פֿאַראײאָריקער שנײ

What's bothering her? װאָס קװעטשט ‹דריקט/ קאָטערט› זי?; װאָס לאָזט זי נישט רוען?

I can't be bothered with it סע גײט מיר נישט אין לעבן; כ'האָב נישט קײן כּוח צו דעם [KÓYEKh]

Bother! צום טײװל!; צון) אַל די שװאַרצע־יאָר!

bothersome דערעסנדיק; דענערװירנדיק; זלידנע

bothersome person דער/די זלידנע, ־ס; דער טאַרכענער, ־ס

bottle, *n.* די פֿלאַש, פֿלעשער; דאָס פֿלעשל, ־עך

hit the bottle נעמען זיך צום גלעזל ‹פֿלעשל›; שנ(י)אָשקען; כּוס(י)ען; שנאַפּסן [KÓYS(Y)EN]

bottle, *v.* אײַנפֿלעשלען

bottle up (*fig.*) פֿאַרשטיקן; דערשטיקן; אײַנהאַלטן

bottle brush דאָס פֿלעשל־בערשטעלע, ־ך

bottlecap דאָס שטערצעלע, ־ך

bottled אײַנגעפֿלעשלט

bottled water דאָס אײַנגעפֿלעשלטע װאַסער

bottle-fed baby דאָס עופֿעלע װאָס מע גיט דאָס פֿלעשל; דאָס פֿלעשלקינד, ־ער [ÉYFELE]

bottle feeding דאָס געבן דאָס פֿלעשל

bottle glass דאָס פֿלאַשגלאָז

bottle green פֿלאַש גרין

bottleneck, *n.* דאָס העלדזל, ־עך

(delay) דער פֿאַרהאַלט, ־ן

(in road) די פֿאַרשמעלערונג, ־ען; די ענגונג, ־ען

bottle opener דער אױפֿשטערצלער, ־ס; דער פֿלעשל־עפֿענער, ־ס

bottler דער אײַנפֿלעשלער, ־ס

bottle warmer דער פֿלעשל־אָנװאַרעמער, ־ס

bottling די אײַנפֿלעשלונג

bottom, *adj.* אונטערשט

bottom, *n.* דער דנאָ, ־ען; דער גרונט, ־ן; דער אונטן, ־ס; דער באָדעם, ־ס; דער דעק

(backside) דער הינטערחלק, ־ים [HÍNTERKhEYLEK, ...KhALÓKIM]
bottoms (פּיזשאַמע־)הויזן
Bottoms up! לחיים! [LEKhÁYEM]
at bottom אין תּוך אַרײַן ‹גענומען›; אין גרונט [TOKh]
be at the bottom of (האָבן צו) שטעקן אין; ליגן אין
get to the bottom of דערגיין; דערגרונטעווען| זיך צו
bottom, *v.* **(out)** דערגרייכן דעם דנאָ
bottomless אָן אַ דנאָ ‹גרונט›; אָנדנאָיִק
bottomless dancer די אונטן נאַקעטע טענצערין, ־ס
bottomless pit דער אָנגרונטיקער תּהום, ־ען [THOM]
be a bottomless pit (*fig.*) האָבן אַ קישקע אָן אַ דנאָ
bottom line די אונטערשטע שורה [ShÚRE]
(econ.) דער (פֿינאַנציעלער) סך־הכּל [SAKhÁKL]
boudoir דער בודואַר, ־ן
bougainvillea די בוגענוויליע
bough די צווײַג, ־ן
bouillon דער בוליאָן, ־ען; די יויך, ־ן
bouillon cube דאָס בוליאָן־קובל, ־עך
boulder די סקאַלע, ־ס; דער פֿעלדז, ־ן; דער פֿעלדשטיין, ־ער; דער וואַלגערשטיין, ־ער
boulevard דער בולוואַר, ־ן
bounce, *n.*
(of ball) דער אָפּשפּרונג, ־ען
(of person) די/דאָס זשוואַוועקייט; די/דאָס לעבעדיקייט
bounce, *v.*
vt. imp./pf. (אָפּ)באַלעמען
vi. אונטערשפּרינגען; אָפּשפּרינגען; אָפּקלאַפּן; אָפּבאַלעמען זיך
bounce back (ball) אָפּשפּרינגען; אונטערשפּרינגען
bounce back (*fig.*) קומען צו זיך
bounce (by hitting/baseball) קלאַפּן אַ שפּרינגער
bounce (by throwing/baseball) וואַרפֿן אַ שפּרינגער
bounce into a room אַרײַנפֿליִען ‹אַרײַנשפּרינגען› אין צימער
bounce off אָפּקלאַפּן; אָפּבאַלעמען; צוריקבאַלעמען
bounce off the rim (basketball) אָפּשפּרינגען פֿון ראַנד
bounce on one's knee האָצקען| אויף די קני
The check bounced דער טשעק איז נישט (אָ)דורך; דעם טשעק האָט מען אָפּגעוואָרפֿן ‹אומגעקערט›
bounced check דער אָפּגעוואָרפֿענער ‹אומגעקערטער› טשעק, ־ן
bouncer
(guard) דער אַרויסוואַרפֿער, ־ס
(ball/spo.) דער שפּרינגקלאַפּ, קלעפּ; דער שפּרינגוואָרף, ־ן
bouncing, *adj.*
(of ball) (אונטער)שפּרינגענדיק
(healthy) געזונט
bouncy
(of ball) שפּרינגעוודיק; באַלעמדיק
(lively) זשוואַווע; לעבעדיק
(of hair) פֿעדערדיק
(of ride) האָצקעדיק
bound, *adj.*
bound by מחויבֿ לויט [MEKhÚYEV]
bound for אויפֿן וועג קיין ‹אין›
bound for home אויפֿן וועג אַהיים
bound up with צונויפֿגעבונדן מיט
be bound to וועט זיכער ‹אַוודאי› [AVÁDE]
He's bound for success דאָס מזל לײַכט אים דעם וועג; סע וואַרטן אויף אים גליקן [MAZL]
It's bound to happen ס'וועט זיכער געשען

bound, *n.* דער שפּרונג, ־ען
bound,[1] *v.*
(surround) באַגרענעצן; אָפּגרענעצן
(math.) באַגרענעצן
bound,[2] *v.* **(leap)** שפּרינגען
boundary די/דער גרענעץ, ־ן; דער גבֿול, ־ן; דער קאַרדאָן, ־ען [GVUL]
(spo.) די גרענעץ־ליניע, ־ס
bound form די געבונדענע פֿאָרמע, ־ס
boundless אָנגרענעצדיק; אומבאַגרענעצט; אָנגבֿוליק; אָן אַ גרענעץ ‹שיעור›; נישט אַרומצוכאַפּן מיטן אויג [ÓNGVÚLIK] [ShÍER]
bounds דער תּחום; די/דער גרענעץ; דער גבֿול [GVUL]
in the bounds of אין גבֿול פֿון
out of bounds (forbidden) פֿאַרווערט
out of bounds (spo.) אַרויס; אַריבער דער גרענעץ
step out of bounds אַריבערטרעטן די גרענעץ
bound variable דער אָפּהענגיקער וואַריאַבל, ־ען
bounteous/bountiful שפֿעדיק [ShÉFEDIK]
bounty
(generosity) די/דאָס ברייטהאַרציקייט; דאָס וותּרנות [VATRÓNES]
(gift) דאָס געשאַנק, ־ען; די מתּנה, ־ות; דער גאָב, ־ן [MATÓNE]
(reward) די באַלוינונג, ־ען; דער שׂכר, ־ן [SKhAR]
bounty hunter דער קאָפּיעגער, ־ס
bouquet דער בוקעט, ־ן; דאָס בינטל, ־עך
(of wine) די בלום; דער בוקעט
bourbon דער בורבאָן(־וויסקי)
boureka דער בורעקאַס, ־ן
bourgeois, *adj.* בורזשואַז; בירגערלעך; פֿון מיטעלן קלאַס
(*slg.*) יאַטיש
bourgeois, *n.* דער בירגער, ־ס; דער בורזשואַ, ־ען
(*pej.*) דער בורזשוי, ־עס/־ען
bourgeoisie די בורזשואַזיע
Bourguignon דער בורגיניאָן
bourse די בערזע, ־ס
bout
(med.) דער אָנפֿאַל, ־ן
(spo.) דאָס געראַנגל, ־ען
bout of drinking דאָס זויפֿערײַ; דאָס טרינקערײַ
have a long bout with cancer לאַנג ראַנגלען זיך מיט אַ ראַק
boutique די בוטיק, ־ן
bovine בהמיש; קיִיש; קיִען; ווי אַ קו [BEHÉYMISh]
(person) בהמיש; טעמפּ; לעפּיש
bow,[1] *n.*
(naut.) דער פֿאָדערבאָרט, ־ן
(bend) דער פֿאַרנייג, ־ן
take a bow פֿאַרנייגן זיך; אָנערקענען דעם הוראַ
bow,[2] *n.*
(arc) דער בויגן, ־ס
(ribbon) דער שלייף, ־ן; דאָס באַנטיקל, ־עך; דער באַנט, ־ן
(weapon) דער (פֿײַלן־)בויגן, ־ס
bow, *v. imp./pf.* (פֿאַר)נייגן זיך; (פֿאַר)בייגן זיך
bow and scrape (before) קריכן + דאַט' אונטער די נעגל; שפּרינגען קדוש (פֿאַר) [KÓDESh]
bow down פֿאַרנייגן ‹פֿאַרבייגן› זיך
bow out צוריקציִען זיך
bow to pressure נישט אויסהאַלטן דעם דרוק
bow and arrow דער פֿײַל־און־בויגן, ־ס
bowdlerize איבערשרײַבן פֿאַר לײַטן; צענזורירן
bowel(s) געדערעם ל"ר; קישקעס ל"ר

move one's bowels האָבן דעם מאָגן
bowel movement דאָס אויסמאַכן זיך; דער שטולגאַנג
have a bowel movement (adult) האָבן דעם מאָגן; אויסמאַכן זיך
have a bowel movement (baby) האָבן דאָס מעגעלע; אויסמאַכן זיך
bowel training
(adult) דאָס טרעניִרן דעם מאָגן
(child) דאָס טרעניִרן דאָס מעגעלע; דאָס לערנען גיין אויפֿן טעפּעלע
bower
(arbor) דאָס גאָרטן־שטיבל, ־עך
(bedroom) דער בודואַר, ־ן
bowl, *n.* די שיסל, ־ען; דאָס שיסעלע, ־ך; די שאַל, ־ן; דאָס שאָלכל, ־עך
bowl, *v.* קעגליען; שפּילן אין קעגליעס
bowl over אַוועקקלייגן; פּלעפֿן
I was bowled over ס'האָט מיך אַוועקגעלייגט; כ'בין געבליבן אַ געפּלעפֿטע(ר)
bowlegged
be bowlegged האָבן קדמא־ואַזלא־פֿיס; האָבן אַרויסגעבויגענע קני [KÁDME-VEÁZLE]
bowler
(hat) דער האַרטער קאַפּעליטש ‹קאַפּעליוש›, ־ן
(spo.) דער קעגליער, ־ס
bowling דאָס קעגליען; דאָס שפּילן אין קעגליעס; די/דאָס קעגליעשפּיל
bowling alley די קעגליעריַי, ־ען
bowling ball דער קעגליעבאַל, ־ן
bowling pin די קעגליע, ־ס
bowtie די מושקע, ־ס; דער שניפּס, ־ן
bowtie pasta מושקעלעך; שניפּסעלעך
bow-wow, *n.* דער האַווקע, ־ס
Bow-wow! האַו־האַו!; האַוו־האַוו!
box, *n.* דער קאַסטן, ־ס; דאָס קעסטל, ־עך
(small) דאָס פּודעלע, ־ך; דאָס קעסטעלע, ־ך
(of cardboard) די פּודלע, ־ס
box of candy די באָמבאָניערקע, ־ס
outside/out of the box (*fig.*) פֿון אַן אַנדער שניט; פֿון אַ באַזונדערן שניט; פֿון אַן אַנדער טייג געקנאָטן
think outside the box טראַכטן נאָוואַטאָריש; טראַכטן מיט ווייזיע
box,[1] *v.* **(pack)** איַינקעסטלען
box in איַינצאַמען
box up איַינקעסטלען
box,[2] *v.* **(spo.)** באָקסן; באָקסירן
box sb.'s ears געבן + דאַט' אַ קלאַפּ איבער די אויערן; דערלאַנגען + דאַט' איבערן קאָפּ
boxball דער באָקסבאַל
boxcar דער פֿראַכטוואַגאָן, ־ען
box cutter דאָס קריקצי־מעסערל, ־עך
boxed איַינגעקעסטלט
boxed set דער קעסטלגאַנג, ...גענג; דער קעסטל־קאָמפּלעט, ־ן
boxer דער באָקסער, ־ס; דער פֿויסטקעמפֿער, ־ס; דער פֿויסטלער, ־ס
boxer shorts גאַטקעס
boxing דער באָקס; דער פֿויסטנקאַמף
boxing glove די באָקסהענטשקע, ־ס
boxing match דער באָקסמאַטש, ־ן
boxing ring די באָקס־אַרענע, ־ס
box office די קאַסע, ־ס
box-office receipts די קאַסע־הכנסה ל"י [HAKhNÓSE]
box-office success דער קאַסע־סוקצעס, ־ן; דער שלאַגער, ־ס
box score דאָס חשבון־קעסטל, ־עך [KhEZhBM]
box seats די לאָזשע ל"י
box spring די ספּרוזשינע־רעם ‹־ראַם›, ־ען
box tree דער בוקס(נ)בוים, ...ביימער; דער בוקשפּאָן
boxwood דאָס בוקסנהאָלץ
boxy קעסטלדיק
boy דאָס ייִנגל, ־עך
(big) דער יונג, ־ען; דער בחור, ־ים [BÓKhER, BÓKhERIM/BOKhÚRIM]
(little) דאָס ייִנגעלע, ־ך
(*aff.*/adm.) דאָס ייִנגעלע, ־ך; דער בחורעץ, ־ן; דאָס יאַטל, ־עך; דער יונגאַטש, ־עס; דאָס יונגאַטשיקל, ־עך [BOKhERÉTS]
as a boy ייִנגלוויַיז
Boys will be boys אַזוי זענען ייִנגלעך; ס'איז אַ ייִנגלשע טבֿע [TÉVE]
one of the boys דער נאַשבראַט
Oh, boy! אָוואַ!
boycott, *n.* דער בויקאָט, ־ן
boycott, *v.* בויקאָטירן
boy-crazy פֿאַרקאָכט אין ייִנגלעך
be boy-crazy *also* חלשן נאָך בחורים [KhÁLEShN] [BÓKhERIM/BOKhÚRIM]
boyfriend דער בחור, ־ים; דער חבֿר, ־ים; דער געליבטער געב' [BÓKhER, BÓKhERIM/BOKhÚRIM] [KhÁVER, KhAVÉYRIM]
boyhood די ייִנגלשאַפֿט; די ייִנגלשע יאָרן ל"ר
boyish ייִנגלש
boy scout דער סקויט, ־ן
boys' school די ייִנגלשול, ־ן
bra *see* **brassiere**
brace, *n.* דער קלאַמער, ־ן
(med.) די שינע, ־ס
(teeth) דאָס (ציין)דרעטל, ־עך
brace, *v.* שטאַרקן; אונטערהאַלטן; פֿאַרפֿעסטיקן
brace oneself שטאַרקן זיך; האַלטן זיך; אָנגורטן זיך
bracelet דער בראַסלעט, ־ן; דער בראַנדזעלעט, ־ן
bracing דערפֿרישנדיק
bracket, *n.*
(archit.) דער קראַנשטיין, ־ער
(symbol) דאָס קאַנטיקל, ־עך; דער קלאַמער, ־ן
in brackets/bracketed איַינגעקאַנטיקט
see also **parenthesis**
bracket, *v.* איַינקאַנטיקן; איַינקלאַמערן
brackish עפּעס געזאַלצן
brackish water דאָס בראַקוואַסער; דאָס אָפּזיַי־וואַסער
brag באַרימען זיך; באַוויַיזן זיך; גרייסן זיך
braggadoccio דאָס באַרימעריַי
braggart דער באַרימער, ־ס; דער פֿלאָקן־שיסער, ־ס
bragging rights דאָס באַרימעריַי־רעכט
Brahmin, *adj.* בראַמין־...
Brahmin, *n.* דער בראַמין, ־ס
braid, *n.* דער צאָפּ, צעפּ; דאָס צעפּל, ־עך; דאָס צעפּעלע, ־ך
(on uniform) די פּאַגאָנע, ־ס
braid, *v.*
imp. פֿלעכטן
pf. צונויפֿפֿלעכטן; פֿאַרפֿלעכטן
Braille דער ברייל
brain דער מוח, ־ות [MÓYEKh, MÓYKhES]
brains *also* געהירן ל"ר
have on the brain ליגן אומפּ' + דאַט'/פּ"ק אויפֿן קאָפּ

He has no brains! ער האָט עפּעס נישט קיין שׂכל! [SEYKhL]
Use your brain! ווו איז דײַן ‹אײַער› שׂכל?
brain cell דאָס מוח־קעמערל, ־עך [MÓYEKh]
brainchild [HAMTSÓE] די המצאה, המצאָות; דער אײַנפֿאַל, ־ן
brain damage דער מוח־שאָדן; די מוח־צעשעדיקונג [MÓYEKh]
brain-damaged
be brain-damaged [MÓYEKh] לײַדן פֿון אַ מוח־שאָדן
brain-dead [MÓYEKh] מוח־טויט
brain death [MÓYEKh] דער מוח־טויט
brain drain [MÓYKhES] דער אָפּפֿליס פֿון מוחות
brain freeze דער (אײַזקרעם־)קאָפּווייטיק
brainiac דער בעל־מוח, בעלי־מוחות; דער קאָפּמענטש, ־ן [BALMÓYEKh, BÁLE-MÓYKhES]
brainless
(without a brain) [MÓYEKh] אָן קיין מוח
(unintelligent) [SEYKhL] אָן אַ טראָפּן שׂכל
brainpower דער מוח־כּוח; דער געזונטער שׂכל [MÓYEKh-KÓYEKh] [SEYKhL]
brainstem דער לעבנסבוים
brainstorm, *n.* דער געדאַנקען־בליץ, ־ן; דער געניאַלער אײַנפֿאַל, ־ן
brainstorm, *v.* צונויפֿליגן ‹צונויפֿנעמען› די קעפּ
brainteaser דאָס רעטעניש דעם קאָפּ צו ברעכן
brain trust [MÚMKhIM] די מומחים־קאָלעגע, ־ס
brainwash [MÓYEKh] איבערצוואַשן דעם מוח
brainwashing [MÓYEKh] די מוח־צוואַג
brainwave [MÓYEKh] די מוח־כוואַליע, ־ס
braise, *v.* (צו)דעמפּן; (צו)דושען; אײַנדושען
braised meat דאָס צוגעדעמפּטע פֿלייש
brake, *n.* דער טאָרמאָז, ־ן
put the brakes on אָפּשטעלן
brake, *v.* טאָרמאָזירן; אָנטרעטן אויפֿן טאָרמאָז; אָפּשטעלן זיך
brake axle די טאָרמאָזאַקס, ־ן
brake drum די טאָרמאָזפּויק, ־ן
brake fluid די/דאָס טאָרמאָז־פֿליסיקייט
brake lever דער טאָרמאָז־שטאַנג, ־ען
brake light דער טאָרמאָזיר־סיגנאַל, ־ן
(stoplight) דער סטאָפּסיגנאַל, ־ן; דער סעמאַפֿאָר, ־ן
brake lining די טאָרמאָז־אונטערשלאַק, ...שלעק
brake pad דער טאָרמאָז־קישן, ־ס
brake pedal דער טאָרמאָז־פּעדאַל, ־ן; דער/דאָס טאָרמאָזיר־טרעטל, ־ען/־עך
brake pulley דער טאָרמאָזבלאָק, ־ן
brake shoe דער טאָרמאָז־שוך, ־שיך
braking, *n.* דאָס טאָרמאָזירן
braking distance די אָפּשטעל־דיסטאַנץ
braless אָן אַ סטאַניק
bramble דער אָזשענע־קוסט, ־ן
brambling דער באַרגפֿינק, ־ען
bran קלײַען ל"ר
bran cereal קלײַען־גרײַפּעלעך ל"ר
branch, *n.* די צווײַג, ־ן
(office) די פֿיליע, ־ס; דער פֿיליאַל, ־ן; דער אָפּצווײַג, ־ן
(of candelabrum) די העסע, ־ס
(of chandelier) די/דער רער, ־ן
(railroad) די צווײַגליניע, ־ס; די צווײַגבאַן, ־ען
branch, *v.* אָפּצווײַגן זיך
branch out צעצווײַגן זיך; פֿונאַנדערצווײַגן זיך
branch cutter דער/דאָס צווײַגמעסער, ־ס
brand, *n.*
(cattle) דער בראַנדצייכן, ־ס
(style) דער סטיל, ־ן; דער סאָרט, ־ן
(symbol) די מאַרקע, ־ס; דער פֿירמע־צייכן, ־ס
brand, *v.* שטעמפּלען; בראַנדן
brand sb. as שטעמפּלען + אַק' ווי ‹פֿאַר›
brandish פֿאָכען מיט
brand-name, *adj.* מיט אַ מאַרקע־נאָמען; פֿון אַן אָנערקענטער פֿירמע
brand name, *n.* דער מאַרקע־נאָמען, ־נעמען
brand new שפּאָגל ‹פֿונק/נאָגל› נײַ; נאָר וואָס פֿון איי אַרויס
brandy דער בראָנפֿן, ־ס; דער קאָניאַק; די האָרעלקע
(*hum.*) [TIKN] דער תּיקון
bran muffin דאָס קלײַענדל, ־עך; דער קלײַען־מאָפֿין, ־ס
brash
(impetuous) האַסטיק
(impudent) [KhÚTSPEDIK] חוצפּהדיק
brass, *adj.* מעשן
get down to brass tacks קומען צו דער זאַך; נעמען זיך צום ענין [ÍNYEN]
brass, *n.* דאָס מעש
(mil.) די אָפֿיצירנשאַפֿט; שליפֿערס ל"ר; מעשענע קנעפּלעך ל"ר
brass band די מעש־קאַפּעליע, ־ס
brasserie די טרינקשטוב, ...שטיבער
brassie דער מעשער, ־ס
brassiere דער סטאַניק, ־עס; דער ליפֿטשיק, ־עס; דער (ברוסט)האַלטער, ־ס
brass instrument דער מעש־אינסטרומענט, ־ן
brass knuckle די אײַזערנע הענטשקע, ־ס; דער קאַסטעט, ־ן
brassware [KÉYLIM] דאָס מעשוואַרג; מעשענע כּלים ל"ר
brassy מעשן
(insolent) [ÁZESDIK] עזותדיק
(noisy) טומלדיק
brat
(boy) דער צעבאַלעוועטער געב'; דער חבֿרה־מאַן, ־לײַט; דער סמאַרקאַטש, ־עס; דער יונגאַטש, ־עס; דער תּכשיט, ־ים; דער חוצפּהניק, ־עס; דער פּיזשיק, ־עס; דער וועוריק, ־עס; דער באַנדיט, ־ן [KhÉVRE] [TÁKhShET, TAKhShÍTIM] [KhÚTSPENIK]
(girl) די צעבאַלעוועטע, –; דאָס סמאַרקל, ־עך; די סמאַרקאַטקע, ־ס; די חוצפּהניצע, ־ס; דאָס מיידעלע מיט אַן אוירינגל [KhÚTSPENITSE]
Bratislava (דאָס) פּרעשבאָריק
bravado די בראַוואַדע; די בראַוווירונג
brave, *adj.* בראַוו; העלדיש; באַהאַרצט; דרייסט; ^מוטיק
put on a brave face מאַכן אַן אָנשטעל פֿון גבֿורה [GVÚRE]
brave, *n.* דער אינדיאַנער קריגער, ־ס
brave, *v.* באַהאַרצן זיך + דאַט'; אַנטקעגנגיין; ברייה|ן זיך קעגן [BÉRYEN]
bravely העלדיש; בראַוורהייט; דרייסט
bravery די גבֿורה; די/דאָס העלדישקייט; די/דאָס בראַווקייט [GVÚRE]
Bravo! בראַוואָ!
brawl דאָס אַלגעמיינע געשלעג, ־ן; דאָס גערייסערײַ, ־ען
brawler דער שלעגער, ־ס
brawn מוסקלען ל"ר; די מוסקלקראַפֿט
have plenty of brawn האָבן שטאַרקע מוסקלען
all brawn and no brains ווו מע דאַרף האָבן מוח העלפֿט נישט קיין כּוח [MÓYEKh] [KÓYEKh]
brawny אויסמוסקולירט; שטאַרק
Braxton-Hicks contractions פֿאַל(ט)שע ווייען
bray, *n.* דאָס רעווען; דאָס ברומען
bray, *v.* רעווע|ן ‹ברומען› ווי אַן אייזל

brazen
(brass) מעשן
(impudent) עזותדיק; אומפֿאַרשעמט [ÁZESDIK]
brazier
(pot) דער פֿײַערטאָפּ, ...טעפּ
(worker) דער קופּערשמיד, ־ן
Brazil (דאָס) בראַזיל
Brazilian, *adj.* בראַזיליאַניש; בראַזיליאַנער אינוו'
Brazilian, *n.*
m./unsp. דער בראַזיליאַנער, –
f. די בראַזיליאַנערין, ־ס
Brazil nut דער בראַזילער נוס, ניס
breach, *n.*
(gap) דער דורכבראָך, ־ן
(violation) די ברעכונג, ־ען; דער ריס, ־ן; דאָס עובֿר זײַן [ÓYVER]
(wave) דער כוואַליעבראָך
breach of agreement דאָס ברעכן דעם אָפּמאַך
breach of friendship די אָפּפֿרעמדונג
breach of law דאָס עובֿר זײַן אויפֿן געזעץ
breach of peace דאָס שטערן די (געזעלשאַפֿטלעכע) רו
breach of trust דער געבראָכענער צוטרוי
step into the breach אויספֿילן דעם בלויז; אַרויסהעלפֿן אין אַן עת־צרה [EYS-TSÓRE]
breach, *v.* (אַ)דורכברעכן זיך דורך; אַרײַנברעכן זיך אין
bread, *n.* דאָס ברויט, ־ן
(money/*slg.***)** מעות ל"ר; ממתּקים ל"ר; דמים ל"ר [MÓES] [MAMTÁKIM] [DÓMIM]
Man doesn't live by bread alone נישט אויף ברויט אַליין לעבט דער מענטש
bread, *v.* אײַנטונקען אין מעל ‹ברייזל›
bread and butter דאָס ברויט מיט פּוטער
(*fig.***)** די פּרנסה; די מחיה [PARNÓSE] [MÍKhYE]
This job is my bread and butter פֿון דער אַרבעט פֿאַרדין איך אויף ברויט
bread-and-butter issue דער קעשענע־‹געלט־›ענין, ־ים [ÍNYEN, INYÓNIM]
breadbasket די ברויטניצע, ־ס
(region) דער תּבֿואה־ראַיאָן, ־ען [TVÚE]
(stomach/*hum.***)** דאָס לעפּעלע
breadboard דאָס/די ברויטברעט, ־ער; דאָס/די צערעפּטל־ברעט, ־ער
breadbox די ברויטניצע, ־ס
bread crumbs דאָס ברייזל ל"ין; (ברויט)קרישקעלעך; דאָס רײַבברויט ל"ין; דאָס רײַבעכץ ל"י
breaded אײַנגעטונקען אין מעל ‹ברייזל›
breadfruit די ברויטפֿרוכט, ־ן
(tree) דער ברויטבוים, ...ביימער
bread knife דער/דאָס ברויטמעסער, ־ס
breadline די שפּײַזליניע, ־ס
on the breadline (*fig.***)** ביטער אָרעם
bread pan דער ברויטבעקן, ־ס
bread pudding דער ברויטפּודינג
breadstick דאָס ברויטיקל, ־עך; דאָס ברויט־שטעקעלע, ־ך
breadth די ברייט, ־ן
breadwinner דער פּרנסה־געבער, ־ס; דער ברויטגעבער, ־ס; דער בעל־חיונה, בעלי־...; דער שפּײַזער, ־ס [PARNÓSE] [BALKhEYÚNE, BÁLE-...]
break, *n.*
(act of breaking) דאָס (איבער)ברעכן; דאָס שפּאַלטן
(gap) דער (איבער)בראָך, ־ן; דער ריס, ־ן; דער שפּאַלט, ־ן
(pause) די הפֿסקה, ־ות; דער איבעררײַס, ־ן [HAFSÓKE]
break of day דער באַגינען; דער קאַיאָר; דער פֿאַרטאָג
Give me a break! האָב ‹האָט› גאָט אין האַרצן!; האָב ‹האָט› אַ ביסל אײַנזעעניש!
Give me a break! (sarcastically) גיי(ט) שוין, גיי(ט)!; ווייס איך וואָס!
have a bad break נישט האָבן קיין מזל; אָנטרעפֿן זיך אויפֿן שלימזל [MAZL] [ShLIMÁZL]
make a break for it אַנטלויפֿן; מאַכן פּליטה [PLÉYTE]
take a break מאַכן אַ הפֿסקה; ראַסן
I had a lucky break כ'האָב געהאַט מזל; ס'האָט מיר אָפּגעגליקט
without a break אָן אויפֿהער; אַ מײַרע אַראָפּ, אַ מײַרע אַרויף
break, *v.*
vt. imp./pf. **(shatter)** (צע)ברעכן
vt./vi. **(rope)** צערײַסן (זיך)
vi. **(pause)** מאַכן אַ הפֿסקה; מאַכן אַן איבעררײַס [HAFSÓKE]
vi. **(voice)** (פֿאַר)ברעכן זיך
break a bone, *imp./pf.* (צע)ברעכן אַ ביין
break a code דעשיפֿרירן
Break a leg! (זאָל זײַן) מיטן רעכטן פֿוס!
break apart, *vt.* צענעמען
break apart, *vi.* צעפֿאַלן ‹צעברעכן› זיך
break bread עסן אין אײנעם
break contact איבעררײַסן ‹איבערברעכן› דעם קאָנטאַקט
break down, *vt.* **(analyze)** צעפּרטלען; צעענצלען [TSEPRÁTLEN]
break down, *vi.* **(disintegrate)** צעפֿאַלן זיך
break down, *vi.* **(emotionally)** אײַנברעכן זיך
break down, *vi.* **(mech.)** קאַליע ווערן
break even [HOYTSÓES/HETSÓES] אויסשלאָגן די הוצאָות
break free באַפֿרײַען זיך
break in, *vt.* **(housetrain)** אײַנשטוביקן
break in, *vt.* **(interrupt)** איבערהאַקן; איבערשלאָגן
break in, *vt.* **(train)** אויסלערנען; אײַנאַרבעטן
break in, *vi.* **(by force)** אַרײַנברעכן זיך; אַרײַנרײַסן זיך; אַרײַנדרינגען
break in half, *vt./vi.* איבערברעכן (זיך) אין צווייען
break into pieces, *vt.* צעברעכן אויף שטיקלעך
break into pieces, *vi.* צעפֿאַלן ‹צעברעכן› זיך אויף שטיקלעך
break new ground אַנטדעקן חידושים
break off, *vt./vi.* אָפּברעכן (זיך)
break off, *vt.* **(mil.)** אָפּרײַסן זיך פֿונעם שונא [SÓYNE]
break one's back ברעכן רוק־און־לענד; אָנאַרבעטן זיך
break sb.'s heart ברעכן + דאַט' דאָס האַרץ; פֿאַרנעמען + אַק' בײַם האַרץ
break one's silence אַרויסקומען מיטן אמת [ÉMES]
break one's word ברעכן דאָס וואָרט
break out (of prison) אַרויסרײַסן זיך פֿון תּפֿיסה; אַנטלויפֿן פֿון תּפֿיסה [TFÍSE]
break out (war) אויסברעכן
I broke out in pimples ס'האָבן זיך מיר אויסגעזעצט פּרישטשיקלעך
break ranks אַרויסטרעטן פֿון די רייען
break sb.'s fall אָפּשוואַכן + דאַט' דאָס פֿאַלן ‹דעם פֿאַל›
break the law ברעכן דאָס געזעץ; עובֿר זײַן אויפֿן געזעץ [ÓYVER]
break the news אָנזאָגן די בשׂורה; לאָזן וויסן [PSÚRE]
break the rules ברעכן די כּללים; עובֿר זײַן אויף די כּללים [KLÓLIM]
break the surface (אַ)דורכרײַסן די וואַסערפֿלאַך

break through (אַ)דורכברעכן ‹(אַ)דורכשלאָגן› זיך
break up, *vt.* **(a company)** צענעמען
break up, *vi.* **(fall apart)** צעפֿאַלן זיך
break up, *vi.* **(romantic)** צעגיין זיך; פֿונאַנדערגיין זיך
break wind לאָזן לופֿט; פֿאַרצן
break with איבעררהאַקן די באַציִונגען מיט; אײַנרײַסן זיך מיט
Day is breaking סע טאָגט; סע שאַרײַעט ‹שפּראָצט› אויף טאָג
You'll break the bank ס'וועט דיך אָפּקאָסטן אַ מאַיאָנטיק
breakable ברעכ(עווד)יק
breakables ברעכיקע זאַכן
breakage דאָס ברעכוואַרג
breakaway אָפּגעזונדערט
breakdancing דער ברייקטאַנץ
breakdown
(analysis) די צעפּרטלונג, ־ען [TSEPRÁTLUNG]
(disintegration) דער צעפֿאַל, ־ן; דאָס צעפֿאַלן זיך
(emotional) דער פּסיכישער (אײַנ)בראָך, ־ן; דער נערוון־צוזאַמענבראָך, ־ן
(mech.) דער בראָך, ־ן
breakdown in communication דער טעות אין פּשט; די/דאָס נישט־דערדערטקייט; דער מקח־טעות [TÓES] [PShAT] [MÉKEKh-TÓES]
break-even point דער פֿינאַנציעלער גלײַכפּונקט, ־ן
breakfast, *n.* דער פֿרישטיק, ־ן; דאָס איבערבײַסן, ־ס; דאָס אָנבײַסן, ־ס
have breakfast עסן פֿרישטיק; איבערבײַסן
make breakfast צוגרייטן ‹אָפּקאָכן› פֿרישטיק
breakfast, *v.* עסן פֿרישטיק; איבערבײַסן
break-in דער אַרײַנברעך, ־ן; די אַרײַנברעכונג, ־ען
breaking news סאַמע נײַסטע נײַעס; אָט־ערשט־נײַעס
breaking point דער בראָכפּונקט, ־ן
reach the breaking point ברעכן זיך
breakneck האַלדז־ברעכעריש; קאָפּ־שווינדלדיק; געפֿערלעך גיך
at breakneck speed מיט אַ געפֿערלעכער גיכקייט
breakout
(escape) דער אַנטלויף; דאָס אַנטלויפֿן
(outbreak) דער אויסבראָך, ־ן
breakout session די ווינקל־סעסיע, ־ס
breakthrough, *n.*
(mil.) דער דורכבראָך, ־ן
(scientific) די וויכטיקע אַנטדעקונג, ־ען; דער דערגרייך, ־ן
breakthrough pain דער דורכרײַסנדיקער ווייטיק
breakup
(bus.) דער צענעם, ־ען
(romantic) דאָס צעגיין זיך; דאָס פֿונאַנדערגיין זיך
breakwater דער כוואַליע־ברעכער, ־ס
bream דער לעשטש, ־עס
breast די ברוסט, ־ן/בריסט
breast of veal די קעלבערנע ברוסט; דאָס קעלבערנע בריסטל; די קאַלבנברוסט
breast of chicken דער בייליק
make a clean breast of אַרויסזאָגן דעם (גאַנצן) אמת [ÉMES]
She had her breasts enlarged מ'האָט איר פֿאַרגרעסערט די בריסט ‹ברוסטן›
breast augmentation דער ברוסט־פֿאַרגרעסער
breastbone דער ברוסטביין, ־ער
breast cancer דער ברוסטראַק
breastfeed
imp. זייגן; געבן + דאַט' די ברוסט
pf. אויסזייגן; אָנזייגן
(nurs.) געבן ציצי
breastfed baby דאָס זייגקינד, ־ער
breastfeeding דאָס געבן די ברוסט; דאָס געבן צו זייגן
breastfeeding mother די זייגעדיקע מאַמע, ־ס
breast fixation די אָבסעסיע מיט בריסט ‹ברוסטן›
breast implant דער ברוסטאײַנפּלאַנץ, ־ן
breast milk די מאַמעמילך; די מוטערמילך; די זייגמילך
breast pad דאָס זייג־קישעלע, ־ך
breastplate דאָס ברוסטבלעך, ־ן; דער ברוסטפּאַנצער, ־ס
breast pocket די בוזעם־קעשענע, ־ס
breast pump דאָס אָפּציִערל, ־עך; דער אָפּציִער, ־ס; דאָס (ברוסט)פּלומפּל, ־עך
breast reduction דער ברוסט־פֿאַרקלענער
breaststroke דער זשאַבעשווים
swim the breaststroke שווימען ווי אַ זשאַבע
breath דער אָטעם, ־ס; דער דעך, ־ן
catch one's breath אָפּציִען ‹אָפּכאַפּן› דעם אָטעם; אָפּאָטעמען; אָפּדעכע|ן
He has bad breath סע פֿילט ‹הערט› זיך אים פֿון מויל
in the same breath אין זעלבן אָטעם
It took my breath away ס'האָט מיר פֿאַרכאַפּט ‹פֿאַרנומען› דעם אָטעם
last breath די יציאת־נשמה; דער לעצטער אָטעם [YETSÍES-NEShÓME]
lose one's breath בלײַבן אָן אָטעם; פֿאַרסאָפּעו|ן זיך
out of breath פֿאַרסאָפּעט; אָן (אַן) אָטעם
take a deep breath אײַנאָטעמען טיף
under one's breath אונטער די וואָנצעס
with bated breath מיט אײַנגעהאַלטענעם ‹פֿאַרהאַלטענעם› אָטעם
breathalyzer *see* **breath test**
breathe אָטעמען ‹עטעמען›
breathe fire שפּײַען מיט פֿײַער
breathe hard סאָפּעו|ן; דעכעו|ן; זשיפּעו|ן
breathe in אײַנאָטעמען
breathe new life into אַרײַנבלאָזן אַ נײַע נשמה אין; אויפֿפֿרישן + אַק'; דערפֿרישן + אַק'; אויפֿלעבן + אַק' [NEShÓME]
breathe one's last אויסהויכן דעם לעצטן אָטעם; אויסהויכן די נשמה; שטאַרבן; אויסגיין
breathe out אַרויסאָטעמען
not breathe a word נישט אויסזאָגן (קיינעם); מאַכן אַ שווײַג; נישט אויסזאָגן קיין פּאַרע
breather די (קורצע) הפסקה, ־ות [HAFSÓKE]
breathing, *adj.* אָטעמ...
give sb. breathing space לאָזן + אַק' צו רו
breathing, *n.* דאָס אָטעמען ‹עטעמען›
breathing apparatus דער אָטעם־מכשיר, ־ים; דער אָטעם־אַפּאַראַט, ־ן [MÁKhShER, MAKhShÍRIM]
breathing exercise די אָטעם־געניטונג, ־ען
breathless אָן (אַן) אָטעם; פֿאַרסאָפּעט; פֿאַרדעכעט
breathlessness די/דאָס אָנאָטעמדיקייט; די/דאָס פֿאַרסאָפּעטקייט
breath mint דאָס מ(י)ענטע־צוקערל, ־עך
breathtaking אָטעם־פֿאַרכאַפּנדיק
It's breathtaking סע נעמט אַזש אָפּ דעם אָטעם; סע פֿאַרכאַפּט דעם אָטעם
breath test דער דעכטעסט, ־ן
submit to a breath test לאָזן אויספּרוּוון דעם דעך
breech, *n.*
(baby) דאָס אונטערשטל, ־ן

(of garment) דער הינטן
(of cannon) דער הינטערשטער טייל
complete breech דאָס גאַנצע אונטערשטל
frank breech דאָס תּחתל־אונטערשטל [TÉKhESL]
breech baby דאָס אונטערשטל, ־עך
breech birth דאָס אונטערשטל־האָבן
breeches קניהויזן
He's too big for his breeches ער מיינט אַז ער איז מי יודע ווער; ער האַלט זיך פֿאַר אַ גרויסן קנאַקער [MI YEDÉYE]
breeches role די הויזן־ראָלע, ־ס
breech presentation דאָס גיין מיטן אונטערשטל
breed, *n.*
(genetics) די ראַסע, ־ס; די גזע, ־ס [GÉZE]
(kind) דער סאָרט, ־ן; דער מין, ־ים
breed, *v.*
vt. imp./pf. (אויפֿ)האָדעווען|; (אויפֿ)ציִען
vi. פֿאַרמערן זיך; פֿלאָדיען| זיך
breed chickens אויסבריִען הינדעלעך
breeder דער האָדעוער, ־ס; דער ציִער, ־ס
breeding, *n.* דאָס האָדעווען; דאָס אויפֿציִען
breeding ground דער פֿלאָדיעפּלאַץ, ...פּלעצער
(*fig.*) דער נערבאָדן
breeding season די פֿאַרמערצייט
(chickens) דער אויסברי־סעזאָן, ־ען
breeze, *n.* דאָס ווינטל, ־עך; דאָס ווינטעלע, ־ך
light breeze דאָס גרינגע ווינטל, ־עך
stiff breeze דאָס שטאַרקע ווינטל, ־עך
breeze, *v.*
breeze in אַרײַנטאַנצן
breeze through גרינג (אַ)דורכ(גיין)
breezy ווינטלדיק; קילבלעך
(manner) אויפֿגעלעבט; מונטער
It's breezy סע בלאָזט אַ ווינטל
Breslov Hasid דער בראָסלעווער חסיד, בראָסלעווער חסידים [KhÓSID, KhSÍDIM]
brethren ברידער
breve דאָס האַטשיקל, ־עך
brevier דער פּעטיט
brevity די/דאָס קורצקייט; דער צימצום [TSÍMTSEM]
brew, *n.* די אויסברויונג, ־ען; דאָס געברײַ, ־ען
brew, *v.*
(beer) (אויס)ברײַען
(coffee) אויפֿקאָכן; אויפֿזידן
(tea) פֿאַרפּאַרען|; פֿאַרבריִען
brewed coffee די אויפֿגעקאָכטע קאַווע
It's been brewing all week סע קאָכט ‹מאַכט› זיך שוין אַ גאַנצע וואָך
brewer דער (ביר)ברײַער, ־ס; דער מעלצער, ־ס
brewer's yeast בירהייוון ל"ר
brewery די ברײַערײַ, ־ען; די ברויז, ־ן/ברײַזער; די מעלצערײַ, ־ען
briar דער דאָרנקוסט, ־ן/־עס
bribe, *n.* דער כאַבאַר; דער שוחד; דער אונטערקויף; דאָס שטעקגעלט; די נתינה [ShÓYKhED] [NESÍNE]
pay a bribe (to) געבן + דאַט' כאַבאַר ‹שוחד›; געבן + דאַט' אין האַנט ‹יד› אַרײַן [YAD]
take bribes נעמען כאַבאַר ‹שוחד›; נעמען אין האַנט ‹יד› אַרײַן
bribe, *v.* (אונטער)שמירן; אונטערקויפֿן; אָפּקויפֿן
briber דער אונטערשמירער, ־ס; דער כאַבאַר־געבער, ־ס
bribery דער כאַבאַר; דאָס אונטערקויפֿן; דאָס (אונטער)שמירן

bribetaker
m./unsp. דער כאַבאַרניק, ־עס
f. די כאַבאַרניצע, ־ס
bric-a-brac דער כלאַם; טשאַטשקעס ל"ר
brick, *adj.* ציגעלן; ציגל...; געמויערט
talk to a brick wall רעדן צו דער וואַנט
brick, *n.* דער ציגל, –
drop a brick (*fig.*) אַ זאָג טאָן אַ נאַרישקייט
like a ton of bricks ווי אַ שטיין פֿון הימל
brick kiln דאָס ציגלערײַ, ־ען
bricklayer דער ציגל־לייגער, ־ס; דער מויערער, ־ס; דער מוליער, ־ס
brick red ציגל רויט
brickwork די ציגל־מויערונג
brickworks די ציגלערײַ, ־ען
bridal כּלה־... [KÁLE]
bridal bouquet דער כּלה־בוקעט, ־ן [KÁLE]
bridal registry דער חתן־כּלה־רעגיסטער, ־ס [KhOSN-KÁLE]
bridal shower די כּלה־שׂימחה, ־ות [KÁLE-SÍMKhE]
bridal suite דער חתן־כּלה־צימער, ־ן [KhOSN-KÁLE]
bridal veil דער שלייער, ־ס; דאָס דעקטוך, ...טיכער; דאָס דעקטיכל, ־עך
bridal wreath די כּלה־קרוין [KÁLE]
bride(-to-be) די כּלה, ־ות [KÁLE]
bride and groom חתן־כּלה [KhOSN-KÁLE]
bridegroom(-to-be) דער חתן, ־ים [KhOSN, KhASÁNIM]
bridesmaid די אונטערפֿירערין, ־ס; די יונג־געזעלין, ־ס
bridge, *n.* די בריק, ־ן
(dental) *also* דאָס בריקל, ־עך
(game) דערברידזש
(naut.) דער קאַפּיטאַן־דעק, ־ן; דאָס קאַפּיטאַן־בריקל, ־עך
(of nose) דער נאָזרוקן
(of violin) דאָס (פֿידל־)בריקל, ־עך
We'll cross that bridge when we come to it איף מאָרגן וועט גאָט זאָרגן; ביז דעמאָלט איז גאָט אַ פֿאָטער; מע זאָל שוין האַלטן דערבײַ
bridge, *v.* בריקן זיך איבער; אַריבערלייגן ‹פֿאַרלייגן› אַ בריק איבער
bridge a gap פֿאַרלייגן אַ בריק איבערן תּהום [THOM]
bridge the gap (*fig.*) בײַקומען דאָס/דער חילוקי־דעות; צונויפֿפֿירן די צדדים [KhILÚKE-DÉYES] [TSDÓDIM]
bridge the generations בויען אַ צווישנדורותדיקע בריק [TSVIShNDÓYRESDIKE]
bridge-building דער בריקנבוי; דער בריקן־אויסבוי
bridgehead דער פֿלאַצדאַרם, ־ען; דער בריקנשפּיץ, ־ן
bridge loan די צווישן־הלוואה, ־הלוואות [HALVÓE]
bridge support דער שטיצסלופּ, ־ן
bridge toll דאָס בריקגעלט
bridle, *n.* די/דער צוים, ־ען; דאָס צײַמל, ־עך; די שלייע, ־ס
bridle, *v.*
(horse) פֿאַרצײַמלען; אײַנצײַמלען; אײַנטאַמעווען|
(show resentment) שטײַפֿן זיך (קעגן)
bridle path דער רײַטשטעג, ־ן
Brie דער בריער קעז
brief, *adj.* קורץ; בקיצורדיק [BEKÍTSERDIK]
brief, *n.*
(summary) דער רעזומע, ־ען; דער קיצור, ־ים [KÍTSER, KITSÚRIM]
(jur.) דאָס צד־פּאַפּיר, ־ן; די שריפֿטלעכע אַרגומענטאַציע, ־ס [TSAD]
brief, *v.* אינסטרוקטירן; אײַנזאָגן
be brief מאַכן בקיצור; מקצר זײַן [BEKÍTSER] [MEKÁTSER]

in brief בקיצור; אָן לאַנגע שהיות [ShÍES]
briefcase די טעקע, ־ס; דער פּאָרטפֿעל, ־ן
briefing די אינסטרוקטירונג, ־ען; די אײַנזאָגונג, ־ען; דער בריפֿינג, ־ען
briefly
(concisely) בקיצור; אין קורצן [BEKÍTSER]
(temporal) אויף אַ קורצער צײַט
briefs הײזעלעך; מײַטקעס
brig די מיליטעריש תּפֿיסה, ־ות [TFÍSE]
brigade די בריגאַדע, ־ס
brigadier דער בריגאַדיר, ־ן
brigadier general דער גענעראַל־בריגאַדיר, ־ן
brigand דער בריגאַנט, ־ן; דער באַנדיט, ־ן; דער גזלן, ־ים [GÁZLEN, GAZLÓNIM]
bright ליכטיק; העל
(shiny) גלאַנציק; בלאַנקענדיק
bright and early גאַנץ פֿרי; ווען גאָט אַליין שלאָפֿט נאָך; קאַיאָר
be bright (smart) האָבן אַ שאַרפֿן מוח; האָבן אַ גוטן קאָפּ [MÓYEKh]
be bright (of child) האָבן אַ גוט קעפּעלע
bright boy דאָס קלוגע ייִנגל, ־עך; דער חכם, ־ים; דער חכם־עתיק, – [KhÓKhEM, KhAKhÓMIM] [KhOKhEMÁTIK]
bright girl דאָס קלוגע מיידל, ־עך; די חכמה, ־ות; די חכמתטע, ־ס [KhAKhÓME] [KhAKhÉYMESTE]
brighten
vt. העלער ‹ליכטיקער› מאַכן; אויסהעלן
vi. העלער ‹ליכטיקער› ווערן; אויסהעלן זיך
brightness די/דאָס ליכטיקייט; די/דאָס העלקייט; דער בלאַנק
brights (high-beam lights) ווײַטפֿאָנאַרן
bright side דער פֿלוס, ־ן; די מעלה, ־ות [MÁYLE]
Look at the bright side! טײַטש(ט) עס אויס צום גוטן!; מע דאַרף זײַן אַן אָפּטימיסט!; גם זו לטובֿה! [GAM ZU LETÓYVE]
brilliance
(light) דער גלאַנץ
(genius) די/דאָס געניאַלקייט; דאָס גאונות [GEÓYNES]
brilliant
(light) גלאַנציק
(ingenious) געניאַל; גאוניש [GEÓYNISh]
brilliant child דער עילוי, ־ים [ÍLE, ILÚIM]
brilliant person דער געניאַלער געבֿ; דער זשעני, ־ען; דער גאון, גאונים [GÓEN, GEÓYNIM]
brilliant idea דער געניאַלער ‹גאָלדענער› אײַנפֿאַל, ־ן; די (געניאַלע) המצאה, המצאָות [HAMTSÓE]
brim, *n.* דער ברעג, ־ן; דער ראַנד, ־ן
brim, *v.* אָנגיסן ביזן ראַנד ‹ברעג›
brim with [MÓLE] שווימלען און גריבלען מיט; זײַן מלא־...
brimful
a brimful of פֿול ביזן ברעג מיט; פֿול אויפֿן אויג מיט
brimstone דער שוועבל
brine דער ראָסל; דער ליאַג; די ראָפּע
bring, *v. imp./pf.* (צו)ברענגען; (צו)פֿירן; (צו)טראָגן
bring about דערפֿירן צו; גורם זײַן; ברענגען צו שטאַנד [GÓYREM]
bring across (carry) אַריבערברענגען; אַריבערפֿעקלען
bring across (explain) געבן צו פֿאַרשטיין
bring along מיטברענגען
bring back צוריקברענגען
bring back to life מחיה־מתים זײַן; אויפֿלעבן [MEKhÁYE-MÉYSIM]
bring before שטעלן פֿאַר; אַפֿערברענגען פֿאַר
bring down (shoot down) אַראָפּשיסן
bring down the curtain אַראָפּלאָזן די קוליסן
bring down the house מיטרײַסן דעם עולם; זײַן אַ שלאָגער [ÓYLEM]
bring forth (bear) אָנפֿלאַדיע|ן
bring forth (display) אַרויסברענגען; אויסלייגן
bring sb. from afar אַראָפּברענגען
bring home (to one's house) אַהיימברענגען
bring home (an idea) קלאָר מאַכן
bring in (thing) אַרײַנברענגען; אַרײַנטראָגן
bring in (person) אַרײַנפֿירן
bring into the world ברענגען אויף דער וועלט; געבוירן
Bring it on! אַנו!; לאָמיר זען!
bring off אויסנעמען; באַווײַזן; מצליח זײַן [MATSLÍEKh]
bring out (person) אַרויספֿירן
bring out (thing) אַרויסברענגען; אַרויסטראָגן
bring over (person) צופֿירן
bring over (thing) צוברענגען; צוטראָגן
bring to a stop אָפּשטעלן
bring to bear אָנווענדן
bring to light אויפֿדעקן; אַנטפּלעקן
bring to sb.'s attention אָנווײַזן + דאַט׳; הייסן + דאַט׳ אַ קוק טאָן
bring together צונויפֿברענגען; צונויפֿפֿירן
bring up (child) אויפֿציִען; אויפֿהאָדעווע|ן
bring up (topic) דערמאָנען
bring up from the minors אַרויפֿרופֿן
bring sb. up to date דעראַײַנטיקן; איבערגעבן + דאַט׳ די נײַסטע ידיעות [YEDÍES]
brink דער ראַנד, ־ן
be on the brink of האַלטן אָט־אָט בײַ
from the brink פֿונעם ראַנד פֿון אָפּגרונט
on the brink of disaster מיט דער פּעטליע אויפֿן האַלדז
brinkmanship די בײַם־תּהום־פּאָליטיק [THOM]
briny ליאַגיק; זאַלציק
brioche דער בריאָש, ־ן; די באַנדע, ־ס; די פּוטער־בולקע, ־ס
briquette דער בריקעט, ־ן
brisk
(invigorating) פֿריש; דערפֿרישנדיק
(lively) ענערגיש; לעבעדיק; זשוואַווע
Business is brisk די געשעפֿטן גייען זייער גוט; די געשעפֿטן זענען אין פֿולן גאַנג
brisket דאָס ברוסטפֿלייש; דער ברוסטפֿלאַנקען
briskly גיך; אימפּעטיק; מיט אימפּעט
brisling די טולקע, ־ס; די קילקע, ־ס; דער שפּראָט, ־ן
bristle, *n.* בערשטלהאָר ל״ר; חזיר־האָר ל״ר [KhÁZER]
bristle, *v.* (פֿאַר)שטײַפֿן זיך
bristle with זײַן פֿול מיט; זײַן מלא־... [MÓLE]
bristle with anger וואַרפֿן זיך מיט כּעס; זײַן מלא־כּעס [KÁAS]
bristlecone pine די שטעכסאָסנע, ־ס
bristly שטעכיק; רויכיק
Britain (די) בריטאַניע
British, *adj.* בריטיש
British Jew דער בריטישער געבֿ; דער בריטישער ייִד, ־ן
Briton
m./unsp. דער בריטאַניער, –
f. די בריטאַניערין, ־ס
brittle, *adj.* קרישלדיק; קרוכלע; שפּליטערדיק; ברעכ(עווד)יק
(emotionally) עקסט עמאָציאָנעל ‹שפּירעוודיק›
brittle bones שוואַכע ביינער
have a brittle temper גרינג אויפֿברויזן
brittle, *n.* דאָס (נוס)ברעטל, ־עך

britzka די בריטשקע, ־ס
broach אַרײַנפֿירן; אױפֿהײבן; אָנרירן
broad, *adj.* ברײט; װײַט...
broad hint דאָס קלאָרע אָנצוהערעניש, ־ן
broad hint (*iro.*) דאָס קאַפּוליער אָנצוהערעניש, ־ן
broad, *n.* (*slg./pej.*) די יאַלדעװקע, ־ס; דאָס שעכטל, ־עך
broadband, *adj.* ברײטבאַנדיק
broadband, *n.* די ברײטבאַנד, ...בענדער
broad-based ברײט; מיט אַ גרױסן פֿאַרנעם
broad bean דער (רוסישער) באָב, ־עס
broadcast, *n.* די אױדיציע, ־ס; די טראַנסמיסיע, ־ס
broadcast, *v.* טראַנסמיטירן; איבערגעבן
(*fig.*) צעפּױקן (פֿאַר דער װעלט)
broadcaster דער (נײַעס־)דיקטאָר, ...אָרן
broadcasting די טראַנסמיטירונג, ־ען
broadcast personality די ראַדיאָ־‹טעלעװיזיע־› פּערזענלעכקײט, ־ן
broad gauge, *n.* דער ברײטער אָפּשטאַנד, ־ן
broad-gauge, *adj.*
(**rail**) ברײט־אָפּשטאַנדיק
(*fig.*) ברײט(מאָסיק)
broadloom דער ברײט געװעבטער טעפּעך, ־ער
broadly speaking אין אַלגעמײן גערעדט
broadminded טאָלעראַנט; ברײטגײַסטיק
broad-ranging ברײט־פֿאַרמאָסטן
broadsheet די גרױספֿאָרמאַטיקע צײַטונג, ־ען
broad-shouldered ברײטפּלײציק; מיט ברײטע פּלײצעס
broadside, *n.* דער באָרטזאַלפּ, ־ן
(*fig.*) דער גענעראַל־אַטאַק, ־ן
broadside, *v.* אָנקלאַפּן ‹אַרײַנקראַכן› פֿון דער זײַט
broad-spectrum ברײט־גאַמעדיק; ברײט־ספּעקטערדיק
brocade דער שפּאַניער; דער בראָקאַט
brocaded באַלײגט מיט שפּאַניער; בראָקאַט...; פֿון בראָקאַט
broccoli דער בראָקאָלי
brochure די בראָשור, ־ן; דער פּראָספּעקט, ־ן
brogue דער אירלענדישער ‹שאָטישער› אַקצענט
broil בראָטן (אונטערן פֿײַער)
(**in the sun**) בראָטן זיך אױף דער זון
broiler דער בראָטאױװן, ־ס; דער בראָטער, ־ס
broiler chicken די בראָטהון, ...הינער
broke נישט האָבן קײן פּעני; זײַן אָן אַ גראָשן; האָבן לײדיקע קעשענעס
go broke באַנקראָטירן; אָנזעצן; שטעלן זיך
go for broke ריזיקירן מיט אַלץ; שטעלן אַלץ װאַ־באַנק
If it ain't broke, don't fix it! פֿאַר װאָס קריכן מיט אַ געזונטן קאָפּ אין אַ קראַנקן בעט אַרײַן?; אױב סע גײט, לאָז עס געמאַך!
He's completely broke ס'איז (בײַ אים) בראָך מאָרדע
broken צעבראָכן; אײַנגעבראָכן
He's a broken person ער איז אַ צעבראָכענער
speak broken English רעדן אַ צעבראָכן ‹צעקאַליעטשעט› ענגליש
with a broken heart מיט אַ צעבראָכן האַרץ
broken-down צעבראָכן; צעפֿאַלן; קאַליע געװאָרן
broken-hearted מיט אַ צעבראָכן האַרץ; דערשלאָגן פֿון צער [TSAR]
broken home די צעפֿאַלענע ‹צעבראָכענע› משפּחה, ־ות [MIShPÓKhE]
broken record דער אָפּגעדראָשענער פּיזמון [PÍZMEN]
broken sleep דער צעשטערטער שלאָף
broken telephone (game) דער איבערגעריסענער טעלעפֿאָן

broker, *n.* דער מעקלער, ־ס; דער פֿאַקטער, ־ס/פֿאַקטױרים; דער פֿאַרמיטלער, ־ס; דער סרסר, ־ים [SÁRSER, SARSÓRIM]
broker, *v.* אױסהאַנדלען; אױסמעקלערן
brokerage דאָס מעקלערײַ
brokerage fee דאָס מעקלערײַ־געלט
brokerage house די מעקלערײַ, ־ען
bromide דער בראָמיד, ־ן
(**platitude**) דער טראַפֿאַרעט, ־ן; די אױסגעדראָשענע פֿראַזע, ־ס
bromine דער בראָם
bronchial בראָנכיאַל
bronchial pneumonia די בראָנכיאַלע לונגען־אָנצינדונג
bronchial tube דער בראָנכן, ־ס
bronchiole די בראָנכיאָלע, ־ס
bronchitis דער בראָנכיט
bronchoscope דער בראָנכאָסקאָפּ, ־ן
bronchoscopic בראָנכאָסקאָפּיש
bronchoscopy די בראָנכאָסקאָפּיע, ־ס
bronchus דער בראָנכן, ־ס
brontosaurus דער בראָנטאָזאַװער, ־ס
Bronx
the Bronx די בראָנקס
Bronx cheer דער בראָנקסער אױספֿײַף
Bronxite
m./unsp. דער בראָנקסער, –
f. די בראָנקסערין, ־ס
bronze, *adj.* בראָנדזן
bronze, *n.* דאָס בראָנדז
bronze, *v.* אָפּבראָנדזן
bronzed (by the sun) אָפּגעברױנט
Bronze Age די בראָנדזן־תּקופֿה [TKÚFE]
bronze medal דער בראָנדזענער מעדאַל, ־ן
brooch די בראָש, ־ן; די ציטער־נאָדל, ־ען
brood, *n.*
(**of animals**) דער פּליד, ־ן; דאָס זעצל, ־עך
(**of birds**) דער אױסברוט, ־ן; דער װיװאָדעק
brood, *v.*
(**hen**) אױסזיצן; אױסברי̂ען
(**person**) אַרומגײן אָנגעכמורעט; מרה־שחורהן; דומען [MORE-ShKhÓYREN]
brooder דער אָנגעכמורעטער געב'; דער מרה־שחורהניק, ־עס [MORE-ShKhÓYRENIK]
brood hen די קװאָטש(ק)ע, ־ס; די קװאָקע, ־ס
brook, *n.* דאָס װאַסערל, ־עך; דאָס ריטשקעלע, ־ך; דאָס טײַכעלע, ־ך; די ריקע, ־ס
brook, *v.* פֿאַרטראָגן
brook no dissent נישט פֿאַרטראָגן ‹װעלן הערן› קײן נײן
Brooklyn (דאָס) ברוקלין
Brooklynite
m./unsp. דער ברוקלינער, –
f. די ברוקלינערין, ־ס
broom דער בעזעם, ־ער
A new broom sweeps clean אַ נײַער בעזעם קערט גוט ‹ריין/שײן›
broomstick דער בעזעם־שטעקן, ־ס
broom tree דער בעזעמבױם, ...בײמער
broth די יױך, ־ן; דאָס ײַכל, ־עך; די יושקע, ־ס
(**meat**) דער ראָסל, ־ען; די זױע, ־ס
brothel דאָס (פֿרײלעכע) הײזל, ־עך; דאָס שאַנדהױז, ...הײַזער; דער באָרדעל, ־ן; דאָס נפֿקא־בית, ־ן; דאָס בית־זונות, בתּי־... [NÁFKE-BÁYES] [BEYS-ZÓYNES, BÓTE-...]
brotheler דער באָרדעלניק, ־עס

brother דער ברודער, ברידער
(Chr.) דער (אָרדן־)ברודער, ־ברידער
Am I my brother's keeper? השומר אָחי אָנוכי? [HAShÓYMER ÓKhI ONÓYKhI]
Oh, brother! אוי, אַ בראָך!; אוי ווײ!
brotherhood די ברודערשאַפֿט, ־ן
(fraternization) די ברודערשאַפֿט; די פֿאַרברידערונג
brotherhood of nations די פֿעלקער־ברודערשאַפֿט
brother-in-law דער שוואָגער, ־ס
brotherliness די/דאָס ברודערישקייט
brotherly ברודעריש; מעשׂה ברודער [MÁYSE]
brouhaha דער טאַרעראַם, ־ען; די סומאַטאָכע, ־ס
brow
(eyebrow) די ברעם, ־ען
(forehead) דער שטערן, ־ס
browbeat באַאַרבעטן; אײַנשרעקן; אָנשרעקן
browbeat sb. into אײַנשרעקן + אַק׳, + נאָמ׳ זאָל
brown, *adj.* ברוין
brown, *v.* צוברוינען; פֿאַרניטעווע|ן; באַקומען ‹כאַפּן› דעם ניט [NyIT]
brown-bag, *v.* מיטנעמען דעם אייגענעם מיטאָג
brown bear דער ברוינער בער, ־ן
brown bread דאָס שוואַרצברויט
brown-eyed ברוינאויגיק; מיט ברוינע אויגן
brownie דער בראַוני, ־ס; דאָס שאָקאָלאַד־לעקעכל, ־עך
Brownie (scout) די יונגע סקויטקע, ־ס
Browning דער ברוינינג, ־ס
brownish ברוינלעך
brown lung דער ביסינאָז
brownout די פֿאַרברוינונג, ־ען
brown paper דאָס פּאַקפּאַפּיר; דאָס ברוינע פּאַפּיר
brown paper bag דער ברוינער פּאַפּירענער בײַטל, ־ען
brown rice דער/די ברוינע(ר) רײַז
brown sauce דער אײַנברען
Brownshirt דאָס ברוינהעמד, ־ער
brownstone דער ברוינשטיין
(building) דאָס הויז פֿון ברוינשטיין; די/דער ברוינמויער, ־ן
brown sugar דער ברוינער צוקער; דער זאַמדצוקער
brown-tailed moth דאָס גאָלד־באַבעלע, ־ך
browse
(in store) אַרומקוקן זיך (אין)
(book) (אַדורכ)בלעטערן; אַרײַנקוקן אין
browse the web (אַדורכ)בלעטערן די אינטערנעץ; שפּאַצירן איבער דער אינטערנעץ
browse button דער בלעטער־קלאַוויש, ־ן
browser
(person) דער סתם אַרײַנקוקער, ־ס [STAM]
(comp.) דער בלעטערער, ־ס
bruise, *n.* דער סיניק ‹סיניאַק›, ־עס; דער קלאַפּ, קלעפּ
bruise, *v.* צעקלאַפּן; צעקאַליעטשע|ן; צעבײַלן; צעכמאַליע|ן
bruising battle דער שווערער קאַמף, ־ן
bruised צעקלאַפּט; צעקאַליעטשעט
(ego) פֿאַרווונדיקט; באַליידיקט
(fruit) אָנגעקלאַפּט
bruit, *n.* דאָס אַרטעריע־גערויש; דער אַרטעריע־זשום
bruit, *v.* פֿאַרשפּרייטן קלאַנגען
brunch, *n.* דער בראָנטש; דער שפּעטער פֿרישטיק
brunch, *v.* עסן בראָנטש; עסן אַ שפּעטן פֿרישטיק
brunette, *adj.* ברוינהאָריק; ברונעט
brunette, *n.*
m. דער ברונעט, ־ן
f. די ברונעטקע, ־ס
brush, *n.* די באַרשט, בערשט
(hair) דאָס (האָר)בערשטל, ־עך
(paint) דער פּענדזל, ־ען
brush, *v.* בערשט(לע)ן
brush aside אַוועקמאַכן מיט דער האַנט; נישט וועלן הערן
brush aside criticism נישט ווען הערן פֿון קיין קריטיק
brush back (baseball) קריקשטויסן; קריקטרײַבן
brush off (with brush) אָפּבערשט(לע)ן; אָפּטרייסלען
brush off (dismiss) פֿאַרשווײַגן; אַוועקמאַכן מיט דער האַנט
brush off (a person) אָפּפּטרן; אָפּפֿאָרן [ÓPPÁTERN]
brush one's hair בערשטן זיך די האָר
brush past יאָגן זיך פֿאַרבײַ
brush one's teeth פּוצן די ציין
brush a child's teeth פּוצן די ציינדעלעך
brush up against פֿאַרטשעפּע|ן זיך אין
brush up on אויפֿפֿרישן; אָפּפֿרישן (אין זכּרון) [ZIKÓRN]
have a brush with death קוים אַרויס מיטן לעבן
brushback דער קריקשטויס, ־ן; דער קריקטרײַב(־פּיטש)
brush fire די געקוסט־שׂרפֿה, ־ות [SRÉYFE]
brushoff
give sb. the brushoff אָפּפּטרן [ÓPPÁTERN]
She got the brushoff מע האָט זי אָפּגעפּטרט [ÓPGEPÁTERT]
brushstroke דער (פּענדזל)שטריך, ־ן
brushwood דער כוואָראָסט
brusque גראָב(לעך); שאַרף
Brussels (דאָס) בריסל
Brussels sprouts דאָס/די בריסעלער קרויט; די ברוקסעלקע
brutal ברוטאַל; אַכזריותדיק; חייִש [AKhZÓRYESDIK] [KhÁYESh]
brutality די/דאָס ברוטאַלקייט; די/דאָס אַכזריות(דיקייט) [AKhZÓRYES(DIKEYT)]
brutalize ברוטאַליזירן
brutally ברוטאַל; מיט אַכזריות [AKhZÓRYES]
brute, *adj.*
(passion) חייִש [KhÁYESh]
(strength) רוי
brute, *n.*
(beast) די ווילדע חיה, ־ות; די בעסטיע, ־ס [KhÁYE]
(person) דער אַכזר, ־ים [ÁKhZER, AKhZÓRIM]
brute force דער ברוטאַלער כּוח; די/דאָס אַכזריות(דיקייט) [KÓYEKh] [AKhZÓRYES(DIKEYT)]
brutish ברוטאַל; מעשׂה חיה [MÁYSE KhÁYE]
bubble, *n.* די בולבע, ־ס; דאָס בולבעלע, ־ך; דאָס בלעזל, ־עך; דאָס בלעזעלע, ־ך
The bubble burst דער חלום איז אויס; דער באַלאָן האָט געפּלאַצט; ס׳האָט זיך אויסגעלאָזט אַ בוידעם [KhÓLEM]
bubble, *vt./vi.* בולבלען (זיך); בלעזלען (זיך)
bubble over with שפּריצן ‹שפּרודלען› מיט; זײַן מלא־... [MÓLE]
bubble up אויפֿבולבלען; אויפֿבלעזלען
bubble up (*fig.*) באַווײַזן זיך
bubble bath
make a bubble bath צוגרייטן אַ וואַנע מיט זייפֿבלעזלעך ‹זייף־בולבעלעך›
take a bubble bath (אָפּ)באָדן זיך אין זייפֿבלעזלעך ‹זייף־בולבעלעך›
bubble gum די בלעזל־גומע
bubble pipe דאָס בולבל־רערעלע, ־ך
bubble wrap דער בלעזל־פּלאַסטיק
bubbly, *adj.* בולבלדיק; בלעזלדיק
(lively) לעבעדיק; שפּרודלדיק

bubbly, *n.* דער שאַמפּאַניער
bubonic plague [MAGÉYFE] די שוואַרצע ‹בובאָנישע› מגפֿה
buccal מויל...; באַק...
buccaneer דער בוקאַניר, ־ן
Bucharest (דאָס) בוקאַרעשט
buck, *n.*
  (stag) דער הירש, ־ן
  (ram) דער באַראַן, ־עס
  (dollar/*slg.*) דער טאָלער, ־ס; דער דאָלאַר, ...אַרן
  make a fast buck גיך פֿאַרדינען; כאַפּן אַ פֿאַרדינסטל; אָפּלעקן אַ ביינדל
  pass the buck אַרויפֿשאַרן דאָס אַחריות אויף יענעם [AKhRÁYES]
  The buck stops here דאָ איז די לעצטע אינסטאַנץ
buck, *v.*
  (horse) בריק(עוו)ע|ן; שטעלן זיך דיבעם ‹דיבאָם›
  (be obstinate) בריק(עוו)ע|ן זיך
  (oppose) (אַ)קעגנשטעלן זיך
  buck the trend שווימען קעגן דעם שטראָם
  buck up מאַכן זיך האַרץ; נעמען זיך אין די הענט
buckberry דאָס בערן־שוואַרצל, ־עך
bucket דער עמער, ־ס; דער קיבל, ־ען
bucket brigade די עמער־בריגאַדע, ־ס
bucketful דער פֿולער עמער, ־ס
  a bucketful of אַ פֿולער עמער מיט
bucket seat דער געקיילעכטער זיץ, ־ן
buckeye דער פֿערדקאַשטן, ...קאַשטאַנעס/קאַשטענעס
buckle, *n.* דער שנאַל, ־ן; די ספּראָנ(ד)זשקע, ־ס; די פּראַזשקע, ־ס
buckle, *v.*
  vt. **(shoe/belt)** צושנאַלן; פֿאַרשנאַלן
  vi. **(collapse)** איינברעכן; איינפֿאַלן
  buckle down (גוט) אונטערגאַרטלען זיך
  buckle under נאָכגעבן + דאַט'
  buckle up צושנאַלן ‹פֿאַרשנאַלן› די שיצפּאַסן
buckling דער פּיטלינג
buck private דער פּראָסטער זעלנער, ־ס
buckshot דער שרויט; דער שראָט
buck teeth אַרויסגעשטאַרצטע ‹פֿערדישע› ציין
bucktoothed מיט אַרויסגעשטאַרצטע ‹פֿערדישע› ציין
buckwheat, *adj.* רעטשן; גריקן
buckwheat, *n.* די רעטשקע; די גריקע; די טאַטריקע
buckwheat cereal/groats די רעטשענע ‹גריקענע› קאַשע
buckwheat pudding דער גוטמאַן, ־עס
bucolic
  (of peasants) דאָרפֿיש; דאָרפֿס...
  (rustic) דאָרפֿיש; אויף דער נאַטור
bud, *n.* דער קנאָספּ, ־ן; דער בוטאָן, ־ען
  be in bud קנאָספּן זיך; גרייטן זיך בליִען
bud, *v.* קנאָספּן זיך; צעלאָזן זיך
  She's a budding artist זי וואַקסט אַ קינסטלערין; זי שניידט זיך אויף אַ קינסטלערין
Budapest (דאָס) בודאַפּעשט ‹בודאַפּעסט›
Buddha (דער) בודאַ
Buddhism דער בודיזם
Buddhist, *adj.* בודיסטיש
Buddhist, *n.*
  m./unsp. דער בודיסט, ־ן
  f. די בודיסטקע, ־ס
buddy דער גוטער־ברודער, גוטע־ברידער; דער נאַשבראַט, ־עס; דער (ליבער) חבֿר, ־ים [KhÁVER, KhAVÉYRIM]
  They're my buddies מיר זענען אַ חבֿרותא; מיר זענען אַלע גוטע־פֿרײַנד [KhAVRÚSE]
  be buddy-buddy with זײַן נאַשבראַט מיט
  Hey, buddy! דו ברודערקע, דו!
  Listen up, buddy! הער נאָר, ברודערקע!
buddy list [KhAVÉYRIM-REShÍME] די חבֿרים־רשימה, ־ות
budge, *vt./vi.* רירן (זיך) פֿון אָרט; אַ ריר טאָן (זיך) פֿון אָרט
budget, *adj.* ביליק
budget, *n.* דער בודזשעט, ־ן
budget, *v.* (אײַנ)בודזשעטירן
  budget for אַסיגנירן ‹אָפּלייגן› געלטער אויף
budgetary בודזשעט־...
  budgetary limitations בודזשעט־באַגרענעצונגען
  budgetary policy די בודזשעט־פּאָליטיק
budget crisis דער בודזשעט־קריזיס, ־ן
budget cut די בודזשעט־פֿאַרקלענערונג, ־ען
budget deficit דער בודזשעט־דעפֿיציט, ־ן; די/דער בודזשעטלאָך, ...לעכער
budget package דער בודזשעטפּלאַן, ...פּלענער
budget proposal דער בודזשעט־פֿירלייג ‹־פֿאָרלייג›, ־ן; דער פּראָיעקטירטער בודזשעט, ־ן
budget surplus [ÓYDEF] דער בודזשעט־עודף
Buenos Aires (דאָס) בוענאָס־אײַרעס
buff, *adj.*
  (color) געל־ברוין
  (muscular) געמוסקלט; אויסמוסקולירט
buff, *n.*
  (enthusiast) דער ענטוזיאַסט, ־ן; דער ליבהאָבער, ־ס
  (leather) די בופֿלאָקס־לעדער
  in the buff [ÓDEM] אָדם נאַקעט; נאָקעטערהייט
buff, *v.* אָפּפּוצן; פּראַטירן
  buff one's image אַרויסשטעלן זיך פֿאַר אַ לייט
buffalo דער בופֿלאָקס, ־ן
buffalo grass דאָס פּופֿלגראָז; די זובראָווקע
buffer, *n.* דער בופֿער, ־ס
  (chem.) *also* דער בופֿער־צעלאָז, ־ן
buffer, *v.* באַשיצן
buffer zone די בופֿער־זאָנע, ־ס
buffet, *adj.* בופֿעט...
buffet, *n.* דער בופֿעט, ־ן
buffet, *v.* טראַסקעןן; דערלאַנגען טרעסק; שלאָגן (מיט די פֿויסטן)
buffet car דער וואַגאָן־רעסטאָראַן, ־ען
buffet dinner די בופֿעט־וועטשערע, ־ס
buffoon דער לץ, ־ים; דער בוף, ־ן; דער בלאַזן, ־ס; דער קאָמעדיאַנט, ־ן; דער מאַרשעליק, ...לקעס [LETS, LÉYTSIM]
buffoonery די בופֿאָנאַדע
bug, *n.*
  (insect) דער זשוק, ־עס; דאָס זשוקל, ־עך; דאָס זשוקעלע, ־ך; דער קנײַפּער, ־ס
  (comp.) דער (פּראָגראַם־)פֿעלער, ־ן; דער דיבוק, ־ים [DÍBEK, DIBÚKIM]
  (device) דאָס אויערל, ־עך; דאָס אונטערהער־אַפּאַראַטל, ־עך
  (pathogen) דער מיקראָב, ־ן; די באַקטעריע, ־ס; דער ווירוס, ־ן
  catch a bug (get sick) אָננעמען ‹אָנשטעקן› זיך מיט אַ ווירוס ‹באַקטעריע›
  put a bug in sb.'s ear לאָזן אָנצוהערן
bug, *v.*
  (install device) אונטערלייגן אַן אויערל
  (bother) טשעפּע|ן; דולן ‹דרייען› + דאַט' אַ קאָפּ; נודיע|ן; קאָטערן
  Bug off!/Don't bug me! פֿאַרנעמ(ט) ‹פֿאַרטראָג(ט)› זיך פֿון דאַנעט!; טשעפּע(ט) זיך אָפּ!; טראָג(ט) זיך אָפּ!

bug out (leave) (געשווינד) פֿאַרלאָזן; מאַכן פּליטה [PLÉYTE]
Her eyes bugged out די אויגן זענען איר גרויס געוואָרן
bugaboo/bugbear דער שרעקבער, ־ן; די פּודלעע, ־ס
bugger, *v.* (*vlg.*) הינטערן
buggy, *adj.*
(with insects) פֿול מיט זשוקעס
(comp./*slg.*) פֿול מיט פֿעלערן
buggy, *n.* דאָס וועגעלע, ־ך; דער וואָגן, ־ס/וועגענער
bugle, *n.* דער (פֿעלד)טרומייט, ־ן; דער סיגנאַל־האָרן, ...הערנער
(bot.) די שטיינקע
bugle, *v.* בלאָזן אויפֿן (פֿעלד)טרומייט ‹סיגנאַל־האָרן›
bugle call דער טרומייט־סיגנאַל, ־ן; דער טרומייטן־שאַל, ־ן
bugler דער (פֿעלד)טרומייטער, ־ס; דער האָרניסט, ־ן
bug repellant דאָס אָפּטרייַבעכץ, ־ן; דער זשוקלשפּריץ, ־ן
build, *n.* דאָס געשטאַלט, ־ן; דאָס געשטעל, ־ן; די פֿיגור, ־ן
build, *v.*
imp. בויען
pf. אויפֿבויען; אויסבויען
build a case צונויפֿשטעלן אַן אַרגומענט
build a fire צעלייגן אַ פֿייַער
build a road (אַ)דורכלייגן ‹פֿאַרלייגן› אַ וועג
build from scratch בויען פֿון דער הויל ערד אַרויף; בויען אויף ‹פֿון› ס'ניי
build to order בויען צו דער מאָס; בויען לויט דער באַשטעלונג
build up אויפֿבויען
build upon שטיצן זיך אויף; סומך זיין זיך אויף [SÓYMEKh]
builder דער בויער, ־ס
building, *n.* דער בנין, ־ים [BÍNYEN, BINYÓNIM]
(construction) דער אויפֿבוי; דער הויזבוי; דאָס בויען
building block
(foundation) דער גרונטשטיין, ־ער; דער יסוד, ־ות [YESÓD, YESÓYDES]
(toy) דאָס בויקלעצל, ־עך
(*fig.*) דער עיקר־עלעמענט, ־ן [ÍKER]
building inspector דער בנין־אינספּעקטאָר, ...אָרן [BÍNYEN]
building materials דאָס בויוואַרג קאָל; בוי־מאַטעריאַלן
buildings and grounds דער הויז־און־הויף־אָפּטייל, ־ן
building site דער בויפּלאַץ, ...פּלעצער
buildup
(increase) דאָס פֿאַרשטאַרקן; די פֿאַרשטאַרקונג, ־ען
(publicity) דער פּירסום; די פּראָפּאַגאַנדע [PÍRSEM]
buildup of cholesterol דער כאָלעסטעראָל־אָפּזעץ
built, *adj.* **(well-built)** אויסגעסטרויעט; פֿעסט געבויט
built-in, *adj.* אַריינגעבויט; וואַנט...
built-in closet די וואַנטשאַפֿע, ־ס
built-in lock דער בלאַטשלאָס, ...שלעסער
built-up אויפֿגעבויט
Bukhara (די) בוכאַרע
Bukharan, *adj.* בוכאַריש; בוכאַרער אינווי
Bukharan Jew דער בוכאַרישער געב; דער בוכאַרישער ייִד, ־ן
Bukharan, *n.*
m./unsp. דער בוכאַרער, –
f. די בוכאַרערין, ־ס
bulb
(light) דאָס לעמפּל, ־עך
(bot.) די בלומען־ציבעלע, ־ס
bulbous ציבלדיק
bulbous nose די נ(ו)אָניע, ־ס; די קאַרטאָפֿל־נאָז, ־נעזער; די נאָז ווי אַ קאַרטאָפֿל ‹באַרבוליע›
bulb socket דער פּאַטראָן, ־ען
bulb syringe דאָס אויסשטאָפּערל, ־עך; דער אַרויסצי־שפּריץ, ־ן
Bulgaria (די) בולגאַריע
Bulgarian, *adj.* בולגאַריש
Bulgarian Jew דער בולגאַרישער געב; דער בולגאַרישער ייִד, ־ן
Bulgarian, *n.*
m./unsp. דער בולגאַר, ־ן
f. די בולגאַרין ‹בולגאַרקע›, ־ס
(language) דאָס בולגאַריש; די בולגאַרישע שפּראַך
bulge, *n.* דער פּויש, ־ן; דער פּאָנץ, ־ן; דאָס בייַכל, ־עך; דער אויסוווקס, ־ן
bulge, *v.* אַרויסשטאַרצן; (אַרויס)פּוישן זיך; בייַכלען זיך
bulging eyes באָלכוואַטע ‹אַרויסגעשטאַרצטע/אַרויסגעבאַלטע› אויגן; גלאָצאויגן
bulgur wheat דער בולגור
bulimia די בולימיע
bulimic, *adj.* בולימיש
bulimic, *n.*
m./unsp. דער בולימיקער, ־ס
f. די בולימיקערין, ־ס
bulk, *adj.* הורט...
bulk, *n.*
(mass) דאָס רובֿ; די מאַסע; דער פֿאַרנעם [ROV]
(fiber) דאָס גראָבוואַרג
in bulk אין הורט
the bulk of ס'רובֿ; מערסט
bulk, *v.* **(up)** צונעמען וואָג; פֿאַרגרעסערן די מוסקלען
bulkhead דאָס שיידווענטל, ־עך
bulk rate דער הורטאַריף, ־ן
bulky מאַסיוו; פֿאַרנעמיק; מגושמדיק; אומגעלומפּערט [MEGÚShEMDIK]
bull דער בוהייַ, ־עס; דער ביק, ־עס
(*fig./slg.*) *see* **bullshit**
be like a bull in a china shop האָבן צוויי לינקע פֿיס; זיין ווי אַן אָקס מיט פֿאַיאַנץ
take the bull by the horns אָנכאַפּן ‹אָננעמען› דעם אָקס פֿאַר די הערנער
bulldog דער בריטאָן, ־עס; דער בולדאָג, ־ן
bulldoze צעגראָבן (מיט אַ בולדאָזער)
(intimidate/*fig.*) איינשרעקן
bulldozer דער בולדאָזער, ־ס
bulldozer operator דער בולדאָזעריסט, ־ן
bullet, *n.* די קויל, ־ן
(typ.) דער קלעק, ־ן; דאָס פֿעטע פּינטל, ־עך
bullet, *v.* שטעלן אַ קלעק ‹פֿעט פּינטל›
bulletin דער בולעטין, ־ען
bulletin board דער מעלדטאָוול, ־ען; דאָס/די מעלדברעט, ־ער; דאָס מעלדברעטל, ־עך
bulletproof קוילן־באַוואָרנט; קוילנפֿעסט
bulletproof vest דאָס קוילן־באַוואָרנטע וועסטל, ־עך; דער פּאַנצער־זשילעט, ־ן
bullet-resistant קוילן־קעגנשטעליק
bullet-riddled מיט קוילן צעלעכערט
bullet wound די שאָסוווּנד, ־ן
bullfight דער אָקסנפֿעכט
bullfighter דער אָקסן־פֿעכטער, ־ס; דער טאָרעאַדאָר, ־ן; דער מאַטאַדאָר, ־ן
bullfinch דער גימפּל, ־ען; דאָס שנייערל, ־עך
bullfrog די/דער אָקסנפֿראָש, ...פֿרעש

bullheaded [FARÁKShNT] פֿאַרעקשנט; אײַנגעשפּאַרט
be bullheaded [AKShN] זײַן אַן עקשן; פֿאַרעקשנען זיך [FARÁKShENEN]
bullhorn דער מעגאַפֿאָן, ־ען
bullion דאָס מעטאַלגעלט
bullish אָפּטימיסטיש (װעגן דער בערזע)
bull market די ביקן־בערזע, ־ס; די אָפּטימיסטישע בערזע, ־ס
bullock
(young bull) דאָס ביקל, ־עך
(ox) דער אָקס, ־ן; דאָס עקסל, ־עך
bullpen דער װאַרעמשטאַל, ־ן
(pitchers) ‹פּאַרבײַט־װאַרפֿערס־פּיטשערס›
bull's-eye דאָס (ציל)פּינטל, ־עך; דער צילאַפּל, ־ען
hit a bull's-eye טרעפֿן אין אױג ‹פּינטל› אַרײַן
Bullshit!, *int.* בלאָטע!; װײס איך װאָס!
bullshit, *n.*
(dung) דאָס קױשע מיסט
(nonsense/*slg.*) נאַרישקײטן ל"ר; באָבקעס ל"ר; דער קװאַטש; די בלאָטע; די באָבע־מעשׂה; פּיזמונות ל"ר [MÁYSE] [PIZMÓYNES]
bullshit, *v.* (*slg.*) דערציילן נאַרישקײטן ‹באָבע־מעשׂיות›; פֿאַרדרײען די ציין [MÁYSES]
bully, *n.* דער בריטאַן, ־עס; דער אָנשרעקער, ־ס; דער פּריטשעפּע, ־ס
bully, *v.* טשעפּען זיך צו; אָנשרעקן; בריטאַנעװען איבער; איזדיעקעװען זיך איבער; רודפֿן [RÓYDEFN]
bully pulpit די טריבונע, ־ס
bulrush דער טשערעט
bulwark
(wall) דער (שיץ)װאַל, ־ן
(breakwater) דער כװאַליע־ברעכער, ־ס
(*fig.*) די פֿעסטונג, ־ען
bum, *n.* דער (אַרומ)שלעפּער, ־ס; דער מדינה־גײער, ־ס; דער באָמער, ־ס; דער אָרחא־פּרחאניק, ־עס [MEDÍNE] [ORKhEPÓRKhENIK]
bum, *v.* שנאָרען; נעמען בײַ יענעם
bum around אַרומדרײען זיך פּוסט־און־פּאַס; אַרומשלעפּן זיך
bumblebee די זשומזשע, ־ס
bumbler דער פּאַרטאַטש, ־עס; דער לא־יוצלח, ־ס [LOY-YÚTSLEKh]
bummer
have a bummer of a day האָבן אַ שרעקלעכן טאָג
What a bummer! אױ, אַ בראָך!; אַזאַ שאָד!
bump, *n.*
(strike) דער זעץ, ־ן; דער קלאַפּ, קלעפּ; דער שטורך, ־ן
(swelling) דער פּוקל, ־ען; די גוליע, ־ס; דער בײַל, ־ן
bump in the road (*fig.*) דער שטרויכל, ־ען; דער מיכשול, ־ים [MÍKhShL, MIKhShÓYLIM]
bump, *v.* אַ קלאַפּ טאָן (אין)
bump heads קריגן זיך; פּלאָנטערן מיט די הערנער
bump into (strike) אָנשטויסן ‹אָנקלאַפּן/אָנשלאָגן› זיך אין
bump into (meet) צופֿעליק טרעפֿן ‹באַגעגענען›; אָנטרעפֿן זיך מיט; אָנגעגענען
bump off דערהרגע(נע)ן; אָפּפּטרן; אַװעקלייגן; קאַלט מאַכן; אָפּראַמען פֿון װעג [DERHÁRGE(NE)N] [ÓPPÁTERN]
bump up פּראָמאָװירן; העכערן + דאַט' דעם ראַנג
bumper דער אָפּשטױסער, ־ס
(vehicle) *also* דאָס שיצבלעך, ־ן
bumper cars אָנשטױס־אױטאָס
bumper crop דאָס רײַכע ‹שפּעדיקע› גערעטעניש, ־ן [ShÉFEDIKE]
bumper pad דאָס װיג־שיצערל, ־עך
bumper sticker דאָס אױטאָ־קלעפּל, ־עך
bumper-to-bumper traffic דאָס ענג געפּאַקטע געפּאָר
bumpkin דער פּױער, ־ים; דער יאָלד, ־ן; דער כלאָפּ, ־עס
bumpy
(uneven road) צעגריבלט; גריבעדיק; גרודעװאַטע; שטרויכלדיק; מיט טינטערלעך
(bouncy) האָצקעדיק; טראָמאַסיק
It was a bumpy road (*fig.*) ס'איז געװען אַ שװערער װעג
bun די (פּוטער־)בולקע, ־ס
(hair) דער קאָקס, ־ן; דאָס קעקסל, ־עך; דער גרעק, ־ן; דער קוביק, ־עס
buns (buttocks/*slg.*) הינטערחלקלעך [HÍNTERKhÉYLEKLEKh]
bunch, *n.* דאָס בינטל, ־עך; דאָס הײַפֿל, ־עך
bunch of flowers דאָס בינטל בלומען
bunch of friends די חבֿרה; די כאַליאַסטרע; די חבֿרותא [KhÉVRE] [KhAVRÚSE]
bunch of grapes דאָס הענגל טרױבן
bunch of people דאָס הײַפֿל, ־עך; דאָס געזעמל, ־עך
bunch, *v.* **(up)** אײַנזאַמלען זיך
Bundism דער בונדיזם
Bundist, *adj.* בונדיש
Bundist, *n.*
m./unsp. דער בונדיסט, ־ן
f. די בונדיסטקע, ־ס
bundle, *n.* דאָס בינטל, ־עך; דאָס פּעקל, ־עך; דער פּאַק, פּעק
bundle of joy [NÁKhESL] דאָס נחתל, ־עך
bundle of sticks דאָס בינטל צװײַגן ‹פּרוטיעס›; די פֿאַשינע, ־ס
bundle of straw די קוליע, ־ס; דאָס בינטל שטרוי
be a bundle of nerves זײַן אָנגעצױגן װי אַ שטריק; זײַן אַ בינטל ‹קנויל› מיט נערװן; זײַן גאָלע נערװן
make a bundle מאַכן אַ מאַיאָנטיק; שאַרן גאָלד
bundle, *v.* צונױפֿבינדן; אײַנבינדן אין אײנעם; מאַכן פֿון אַלע זאַכן אַ פּעקל
bundle up, *vt./vi.* אָנפּעלצן (זיך); אײַנװיקלען (זיך); אײַנבאַבלען (זיך)
bundle stg./sb. into אַרײַנרוקן ‹אַרײַנשטופּן› אין
bundle off אַרױספּעקלען
Bundt cake דער רינגטאָרט, ־ן
bung, *n.* דער שפּונט, ־ן; דער צאַפּן, ־ס
bung, *v.* פֿאַרשפּונטעװע(ן)
bungalow דאָס בײַדל, ־עך
(*hum./Am.*) דאָס באָנגעלע, ־ך
bungalow colony די בײַדל־קאָלאָניע, ־ס; דער בײַדל־ייִשובֿ, ־ים; דער קאָכאַליין, ־ס [YÍShEV, YIShÚVIM]
bungle פֿאַרפּאַרטאַטשעװע(ן); קאַליע מאַכן; פֿאַרפּושערן
bungled פּאַרטאַטשיש; טאַנדעטנע; פּושעריש
bungler דער פּאַרטאַטש, ־עס; דער קאַטשעלאַפּ, ־עס; דער שוסטערוק, ־עס
bungling, *n.* דאָס פּאַרטאַטשעװען; דאָס פּושערן
bunion דאָס (געשװאָלענע) ביינדל, ־עך
bunk,[1] *n.*
(bed) דאָס באַנקבעטל, ־עך; די שלאָפֿבאַנק, ...בענק; דאָס גאָרן־בעטל, ־עך
(building) דאָס בײַדל, ־עך; דאָס שטיבל, ־עך
bunk,[2] *n.* **(nonsense)** נאַרישקײטן ל"ר
bunk, *v.* שלאָפֿן אין אַ באַנקבעטל
bunkbed *see* **bunk**
bunker, *n.* דער בונקער, ־ס

(hiding place) *also* דער באַהאַלט, ־ן
(coal) *also* דער קױלן־קאַסטן, ־ס
(golf) דאָס זאַמדגריבל, ־עך
bunker, *v.*
(store coal) אײַנבונקערן
(golf) טרעפֿן אין זאַמדגריבל
bunker buster דער בונקער־צעשטערער, ־ס
bunker mentality דער בונקער־פּסיכאָז
bunny דאָס קיניגל, ־עך; דאָס קראָליקל, ־עך
Bunsen burner דער בונזען־ברענער
bunt, *n.* דאָס שטופּקלעפּל, ־עך
bunt, *v.* געבן ‹טאָן› אַ שטופּקלעפּל
bunting[1] **(bird)** די אַמער, ־ס; די ציפּע, ־ס
bunting[2] **(decoration)** דער פֿאָנענשטאָף
buoy, *n.* די בויע, ־ס; דער באַקען, ־ס
put down a buoy פֿאַראַנקערן אַ בויע
buoy, *v.* האַלטן איבערן וואַסער
(*fig.*) שטיצן; אונטערהאַלטן; שטאַרקן
(spirits) אױפֿמונטערן
buoy one's hopes שטאַרקן די האָפֿענונג; שטאַרקן דעם בטחון [BITÓKhN]
buoyancy די/דאָס שווימיקייט
buoyant שווימיק
(spirits) טשאַקע(נ)דיק; אױפֿגעלעבט
burble מורמלען; ריזלען; בורבלען זיך
burbot דער נאַלים, ־ען
burden, *n.* די משׂא, משׂאות; די לאַסט, ־ן; דער/דאָס עול, ־ן; דער יאָך, ־ן; די הכבדה, ־ות [MÁSE, MASÓES] [OL] [HAKhBÓDE]
burden of proof דער/דאָס עול צו דערווײַזן
a burden off one's shoulders אַ שטיין אַראָפּ פֿון האַרצן; אַן עול אַראָפּ פֿון קאָפּ
be a burden to זײַן אַן עול אויף ‹בײַ›; זיצן + דאַט' אויפֿן קאַרק; ליגן + דאַט' אויפֿן האַלדז
burden, *v.* באַלאַסטיקן; באַלאָדן; באַשווערן; פֿאַלן + דאַט' צו לאַסט; זײַן + דאַט' אַן עול; מטריח זײַן [OL] [MATRÍEKh]
burdensome באַלאַסטיקנדיק; צו שווער
burdock די לאָפּעכע
bureau
(chest) דער קאַמאָד, ־ן
(office) דאָס/דער ביוראָ, ־ען; די/דער קאַנטאָר, ־ן
bureaucracy די ביוראָקראַטיע
bureaucrat דער ביוראָקראַט, ־ן; דער קאַנטאָריסט, ־ן
bureaucratese דאָס ביוראָקראַטן־לשון [LOShN]
bureaucratic ביוראָקראַטיש
burette דאָס ביורעטל, ־עך
burgeon, *n.* דער קנאָספּ, ־ן
burgeon, *v.* צעקנאָספּן זיך; צעשפּראָצן זיך
(*fig.*) אױפֿבליִען; צעוואַקסן זיך
burger דער האַמבורגער, ־ס; דער קאָטלעט, ־ן
burgher דער שטאָט־בעל־הבית, ־בעלי־בתּים; דער שטאָטמענטש, שטאָטלײַט [BAL(E)BÓS, BAL(E)BÁTIM]
burglar דער אַרײַנברעכער, ־ס
burglar alarm דער גוואַלדגלאָק, ...גלעקער
burglarize אַרײַנברעכן זיך אין
burglary דער אַרײַנברעך, ־ן
burgle אַרײַנברעכן זיך אין
burial די קבֿורה, ־ות; דאָס מקבר זײַן; דאָס באַהאַלטן; דאָס באַגראָבן; די באַערדיקונג [KVÚRE] [MEKÁBER]
burial ground דער צווינטער, ־ס
(J.) דער/דאָס בית־עולם, ־ס; דער/דאָס בית־עלמין, ־ס; דער/דאָס בית־הקבֿרות, ־ן; די קרקע, ־ות; דאָס גוטע־אָרט ל"י [BEYSÓYLEM] [BEYSÁLMEN] [BEYSAKVÓRES] [KÁRKE, KARKÓES]
burial service די קבֿורה [KVÚRE]
burial society (J.) די חבֿרה־קדישא [KhÉVRE-KEDÍShE]
burka די בורקע, ־ס
burlap דאָס זאַקלײַוונט
burlesque דער בורלעסק
burly געשפּיקעוועט
burly man *also* דער יונג מיט בײנער; דער באָלץ
Burma (די) בירמע
Burmese, *adj.* בירמאַניש
Burmese, *n.*
m./unsp. דער בירמאַנער, –
f. די בירמאַנערין ‹בירמאַנערקע›, ־ס
burn, *n.* די ברענוווּנד, ־ן; די ברענראַנע, ־ס; דער ברען, ־ען; די בריוווּנד, ־ן; דער ברי, ־ען
suffer minor burns לײַדן קלענערע בריוווּנדן ‹ברענוווּנדן›
burn, *v.*
vt./vi. pf. פֿאַרברענען (זיך)
vt./vi. pf. **(cul.)** צוברענען (זיך); פֿאַרברענען (זיך)
vi. imp. **(cul.)** ברענען
vi. **(itch)** בריִען; ברענען; לאָפּטשען
burn a CD אײַנקריצן אַ קאָמפּאַקטל
burn at the stake פֿאַרברענען אויפֿן שײַטער־הויפֿן
burn away אָפּברענען; פֿאַרברענען
burn calories אָפּברענען קאַלאָריעס
burn down אָפּברענען (ביז דער שפּענטע); פֿאַרברענט ווערן; אַוועקגיין מיטן פֿײַער
burn fuel פֿאַרניצן ברענוואַרג
burn one's bridges פֿאַרברענען הינטער זיך אַלע בריקן
burn one's fingers אָפּבריִען זיך
burn out (bulb) איבערברענען
burn out (fire) אויסברענען זיך; דערברענען; אויסלעשן זיך
burn out (*fig.*) אויסמוטשען זיך; אויסלעבן זיך; אויסניצן די לעצטע כּוחות; אויסבײַטלען זיך; אויסשעפּן זיך [KÓYKhES]
burn the midnight oil אַרבעטן ביז שפּעט אין דער נאַכט
burn to the ground אָפּברענען ביזן גרונט
burn up צעברענען זיך; אין גאַנצן פֿאַרברענט ווערן
burn up with fever ברענען ‹פֿײַערן› פֿון היץ
May she burn in hell! זאָל זי ברענען און בראָטן!; אַ פֿײַער זוכט זי!
get burned (by fire) אָפּבריִען זיך; כאַפּן אַ סמאַל
get burned (*fig.*) אַז מע בריט זיך אָפּ מיט הייסן בלאָזט מען אויף קאַלטן
burner דער ברענער, ־ס
burning, *adj.* ברענענדיק; צעפֿלאַמט
burning, *n.* די פֿאַרברענונג, ־ען
burning bush
(bot.) די פֿלאַמיקע ברעסלינע; די ווינעטשע
(bib.) דער סנה [SNE]
burnish אָפּפּאָלירן; אָפּשלײַפֿן
burnisher דער פּאָלירער, ־ס
burnoose דער בורנוס, ־ן
burnout די (עמאָציאָנעלע) אויסשעפּונג
burnt offering דער בראַנדאָפּער, ־ס
burn unit דער ברענוווּנד־אָפּטייל, ־ן
burn victim דער אָפּגעברענטער געב'
burp, *n.* דער גרעפּץ, ־ן
(of child) דאָס גרעפּצעלע, ־ך
burp, *v.*
vt. לאָזן גרעפּצן; אָפּגרעפּצן

vi. imp./pf. (אָפּ)גרעפּצן
vi. **(child)** מאַכן אַ גרעפּצעלע
vi. **(single burp)** געבן אַ גרעפּץ
burr די שטעכלקע, ־ס
burrow, *n.* די נאָרע, ־ס; די קאַנורע, ־ס
burrow, *v.* ריִען (זיך); אײַנגראָבן זיך
burrow into the ground אײַנגראָבן ‹ריִען› זיך אין דער ערד
bursar דער קוועסטאָר, ...אָרן
bursar's office די קוועסטור
bursar's receipt די קוועסטאָרישע קבלה, ־ות [KABÓLE]
bursitis דער בורסיט
burst, *n.*
(explosion) דער שאָס, ־ן; דער אויפֿרײַס; דאָס אויפֿרײַסן; דער בליץ, ־ן
(of water) דער פֿלייץ, ־ן; דער שטראָם, ־ען
burst of acceleration די מיטאַמאָליקע פֿאַרגיכערונג
burst of applause דער שטורעם ‹דונער› פֿון אַפּלאָדיסמענטן
burst of strength דער צופֿלוס פֿון כּוחות [KÓYKhES]
burst of gunfire דאָס (גע)שיסערײַ, ־ען
burst of laughter דער שאָס געלעכטער
burst, *v.*
(come apart) פּלאַצן; צעפּלאַצן זיך; צערײַסן זיך
(explode) אויפֿרײַסן; עקספּלאָדירן
burst in upon אַרײַנרײַסן זיך אין; אַרײַנפֿאַלן צו
burst into flames אָנצינדן זיך; צעפֿלאַמען זיך
burst into song צעזינגען זיך
burst into tears אויסברעכן מיט אַ געוויין; צעוויינען זיך; פֿאַרגיין זיך אין טרערן; צעכליפּע|ן זיך
burst into the public eye פּלוצלינג באַווײַזן ‹פּאָיאַווע|ן› זיך
burst open, *vt./vi.* אויפֿפּראַלן (זיך); צעפּראַלן (זיך)
burst out אויספּלאַצן
burst out laughing אויסשיסן ‹אויספּלאַצן› מיט (אַ) געלעכטער; פֿאַרגיין זיך אין אַ געלעכטער; צעלאַכן זיך
bursting פּלאַצנדיק
be bursting (to urinate) פּלאַצן
to the bursting point צעזעצטערהייט
burstwort דער בראָכניק, ־עס
Burundi (דאָס) בורונדי
Burundian, *adj.* בורונדיש
Burundian, *n.*
m./unsp. דער בורונדיער, –
f. די בורונדיערין, ־ס
bury
(object) באַגראָבן; באַהאַלטן
(person) מקבר זײַן; ברענגען צו קבֿורה; באַהאַלטן; באַגראָבן; באַערדיקן [MEKÁBER] [KVÚRE]
(person/J.) *also* טאָן + דאַט' זײַן ‹איר› רעכט; ברענגען + אַק' צו קבֿר־ישׂראל [KÉYVER-YISRÓEL]
bury one's head in the sand מאַכן זיך תּמעוואַטע ‹כּלא־ידע/נישט־וויסנדיק› [TAMEVÁTE] [KILEYÓDE]
bury oneself in פֿאַרטיפֿן ‹באַגראָבן› זיך אין
buried by snow פֿאַרזונקען ‹באַגראָבן› אין שניי
buried in work זײַן איבערן קאָפּ מיט אַרבעט
bus, *n.* דער אויטאָבוס, ־ן; דער בוס, ־ן
make the bus באַווײַזן ‹כאַפּן› דעם אויטאָבוס
take the bus פֿאָרן מיטן אויטאָבוס
bus, *v.* בוסירן
(a table) אָפּראַמען פֿון טיש
bus in אַרײַנבוסירן
busboy דער אָפּראַמער, ־ס; די פּעשקע, ־ס
bus fare דאָס פֿאָרגעלט אויפֿן אויטאָבוס
bush דער קוסט, ־עס/־ן
bushed אויסגעמאַטערט; אויסגעשעפּט
bushel דער בושל, ־ען; דאָס שעפֿל, ־ען; דער קאָרעץ, –/־עס
bush fire די וואַלד־שׂרפֿה, ־ות [SRÉYFE]
bushy
(bushes) באַוואָקסן מיט קוסטעס
(beard) געדיכט
busily פֿאַרנומענערהייט
business, *adj.* געשעפֿט...; געשעפֿטלעך; מיסחר־...; האַנדל...; קאָמערצ... [MÍSKhER]
business, *n.*
(field) דאָס געשעפֿט, ־ן; דער מיסחר; דאָס סוחרערײַ; דער האַנדל; די געשעפֿטן־וועלט; דאָס געשעפֿט־פֿירערײַ; די האַנדלשאַפֿט; דער ביזנעס [MÍSKhER] [SOKhRERÁY]
(firm) די פֿירמע, ־ס; דאָס געשעפֿט, ־ן; דער ביזנעס
(issue) דער ענין, ־ים; דער עסק, ־ים; די זאַך, ־ן [ÍNYEN, INYÓNIM] [ÉYSEK, ASÓKIM]
business as usual אַלץ ‹אַלדינג› ווי געווען; אַלץ בײַם אַלטן
business before pleasure קיין טאַנץ קומט נישט פֿאַרן עסן
be in business פֿירן ‹טרײַבן› געשעפֿטן
be in the business of עסקן ‹פֿאַרנעמען› זיך מיט [ÉYSEKN]
big business דער גרויסהאַנדל; דער גרויס־מיסחר
do business האַנדלען; פֿירן געשעפֿטן; מיסחרן; טאָרגעווע|ן [MÍSKhERN]
do big business האַנדלען גרויס
get down to business נעמען זיך צו דער אַרבעט; געבן זיך אַ נעם צו דער אַרבעט
go about one's business פֿאַרנעמען זיך מיט די אייגענע ענינים
go out of business צומאַכן ‹שליסן› דאָס געשעפֿט
have no business נישט האָבן דאָס רעכט
mean business רעדן ערנצט
None of your business! נישט דײַן (באָבעס) עסק!; נישט דײַן זאַך!; מיש זיך נישט אין יענעמס געשעפֿטן!
on business צוליב דער אַרבעט; צוליב געשעפֿטן
show that one means business געבן + דאַט' פֿולווער צו שמעקן; רעדן מיט אַ פֿול מויל ציין
take care of business זאָרגן וועגן די געשעפֿטן; פֿאַרנעמען זיך מיט די געשעפֿטן; אָפּטאָן די עסקים
talk business רעדן עסק ‹געשעפֿטן›
business address דער אַרבעט־אַדרעס, ־ן
business administration די געשעפֿט־פֿירונג
business card דאָס וויזיט־קאַרטל, ־עך; דאָס וויזיטל, ־עך
business class דער געשעפֿטקלאַס
business community די געשעפֿטסוועלט
business deal דער געשעפֿט־אָפּמאַך, ־ן
business district דער מיסחר־‹געשעפֿט־›ראַיאָן, ־ען [MÍSKhER]
business hours אַרבעט־שעהען [ShÓEN]
businesslike מעשׂה סוחר; סוחריש [MÁYSE SÓYKhER] [SÓKhRISh]
business lunch דער געשעפֿט־מיטאָג, ־ן
businessman דער סוחר, ־ים; דער געשעפֿטסמאַן, געשעפֿטסלײַט; דער ביזנעסמאַן, ביזנעסלײַט; דער קאָמערסאַנט ־ן; דער בעל־עסק, בעלי־עסקים [SÓYKhER, SÓKhRIM] [BALÉYSEK, BÁLE-ASÓKIM]
business school דער פֿאַקולטעט פֿון געשעפֿט־פֿירונג; דער האַנדל־‹ביזנעס־›פֿאַקולטעט, ־ן
business traveler דער מיסחר־פֿאָרער, ־ס [MÍSKhER]

business trip די געשעפֿטלעכע נסיעה, ־ות; די עסקים־ ‹־מיסחר־›נסיעה, ־ות [MÍSKhER] [ASÓKIM] [NESÍE]
businesswoman די סוחרטע, ־ס; די געשעפֿטספֿרוי, ־ען; די ביזנעספֿרוי, ־ען [SÓYKhERTE]
busk אַרומסטרעטן אין די גאַסן
busker דער גאַסן־אַרטיסט, ־ן
bus lane דער אויטאָבוס־שפּאַליר, ־ן
bus route די אויטאָבוס־רוטע, ־ס; די בוסרוטע, ־ס
bus schedule דער אויטאָבוס־פֿאַרפּלאַן, ...פּלענער
bus station די אויטאָבוס־סטאַנציע, ־ס
bus stop די אויטאָבוס־סטאַנציע, ־ס; דער אויטאָבוס־ אָפּשטעל, ־ן
bust, *adj.*
go bust באַנקראָטירן; אָנזועצן
bust, *n.* דער ביוסט, ־ן
(bosom) *also* דער בוזעם, ־ס
bust, *v.*
(break) צעברעכן
(arrest/*slg.***)** פּאַקן ‹כאַפּן› אויפֿן אָרט
bust one's butt אַוועקלייגן אַלע כּוחות; אָנהאָרעווען זיך ווי אַן אייזל [KÓYKhES]
bust out צעוואַקסן זיך; צעבלײַען זיך; צעשוועמלען זיך
bustard די דראָכווע, ־ס
bustle, *n.*
(clothing) דער טורניר, ־ן; דאָס הינטן־קישעלע, ־ך
(stir) דער טאַרעראַם; דער הו־האַ; דאָס האַוועניש; דאָס שמײַעניש; די סומאַטאָכע
bustle, *v.* **(around)** אַרומהאַווען; אַרומשמײַען; אַרומרודערן
busty *see* **bosomy**
busy, *adj.* פֿאַרנומען
be busy זײַן פֿאַרנומען; נישט האָבן קיין צײַט
be busy as a beehive רודערן ‹הודזשען› ווי אין אַ בינשטאָק
keep sb. busy געבן + דאַט' וואָס צו טאָן; געבן + דאַט' צו שאַפֿן
The line is busy דער טעלעפֿאָן ‹סיגנאַל› איז פֿאַרנומען
busy, *v.* **(oneself)** פֿאַרנעמען זיך; פּאָרען זיך; מתעסק זײַן זיך [MISÁSEK]
busybody דער קאָכלעפֿל, –; דער קיבעצער, ־ס
busy season דער הויכסעזאָן, ־ען; דער ברענסעזאָן, ־ען
busy signal דער פֿאַרנומען־סיגנאַל
busy work די סתּם אַרבעט [STAM]
but, *conj.* אָבער; נאָר; אלא וואָס דען [ÉLE]
but if not אַנישט; אלא נישט; נאָר אַז נישט
but, *prep.* (אַ)חוץ
but fast און שוין
but for ווען נישט
but then איי; פֿון דער אַנדערער זײַט
butane דער בוטאַנ(גאַז)
butcher, *n.* דער קצבֿ, ־ים [KÁTSEF, KATSÓVIM]
(killer/*fig.***)** דער רוצח, ־ים [RETSÉYEKh, RÓTSKhIM]
butcher, *v.*
(prepare meat) צעשנײַדן
(ruin) צעקאַליעטשען; קאַליע מאַכן
(kill) קוילען
butcher block דער יאַטקעקלאָץ, ...קלעצער
butcher knife דער/דאָס שינדמעסער, ־ס
(J.) דער/דאָס קצבֿ־מעסער, ־ס
butcher shop די יאַטקע, ־ס
butchery דאָס קצבֿות [KATSÓVES]
(*fig.***)** די בלוטבאָד; די שחיטה [ShKhÍTE]
butler דער הויז־באַדינער, ־ס

butt, *n.*
(rear end) דער הינטערחלק, ־ים; דער וואַרזאַק [HÍNTERKhEYLEK, ...KhALÓKIM]
(of cigarette) דאָס שטאָפּסל, ־עך
(of rifle) די (ביקס)קאָלבע, ־ס; דער פּריקלאַד, ־ן
He's the butt of jokes מע שפּעט פֿון אים; פֿון אים לאַכט מען אָפּ; ער איז אַ חוזק־אָביעקט [KhÓYZEK]
butt, *v.* בוצקען; שטויסן
butt heads צעבוצקען זיך
butt in אַרײַנשטופּן זיך; אַרײַנמישן זיך; אַרײַנטאַנצן
butt out נישט מישן זיך; אַרויסמישן זיך
butt-dial אָנקלינגען מיטן געזעס
(*hum.***)** אָנקלינגען על־פּי תּחת [ÁLPI TÓKhES]
butter, *n.* די פּוטער
butter, *v.* באַשמירן מיט פּוטער
butter up חנפֿענען + דאַט'; טרײַבן חניפֿות מיט; באַשמירן מיט פּוטער; ווײדלען [KhÁNFENEN] [Kh(A)NÍFES]
know which side one's bread is buttered on וויסן וואָס ס'איז + דאַט' כּדאַי [KEDÁY]
butterball דער פּוּפּלאַק, ־עס; דאָס פּעמפּיקל, ־עך
butterbean דער צוקערבאָב, ־עס; די צוקער־באָבע, ־ס
butter churn די בוּיקע, ־ס
butter cookie דאָס פּוטער־קיכל, ־עך
buttercup דער ראַנונקל, ־ען; דאָס בלענדעניש, ־ן
butter dish די פּוטערניצע, ־ס
buttered (באַשמירט) מיט פּוטער
butterfingers ליימענע הענט
be all butterfingers האָבן ליימענע הענט; זײַן אַ ליימענער גולם [GÓYLEM]
butterfish דער פּוטערפֿיש, –
butterfly, *n.* דאָס פֿלאַטערל, ־עך; דאָס באַבעלע, ־ך; דאָס זומער־פֿייגעלע, ־ך
I have butterflies in my stomach סע ציטערן מיר די קישקעס
have butterflies (thea.) האָבן לאַמפּן־פֿיבער; אַרומגיין פֿאַרצווייפֿלט; קוקן אין לעכל
butterfly, *v.* צעשנײַדן און צעשפּרייטן (ווי אַ פֿלאַטערל)
butterfly fish דער פֿלאַטערל־פֿיש, –
butterfly stroke דער פֿלאַטערל־שווים
swim the butterfly stroke שווימען ווי אַ פֿלאַטערל
butter knife דער/דאָס פּוטער־מעסער, ־ס
buttermilk די מאַסלינקע; די פּוטערמילך ‹פּוטער־מילעך›
butternut דער גראָער נוס, ניס
(tree) דער גראָער נוסנבוים, ...ביימער
butternut squash די קוסע, ־ס
butterscotch
(flavor) דער איריס
(candy) דער פּוטער־קאַראַמעל; די איריסקע, ־ס
buttertree דער פּוטערבוים, ...ביימער
butterwort די פּוטערקע, ־ס
butthead דער בורמילע, ־ס
buttock דאָס הינטערלײַב, ־ער; דער הינטערטייל, ־ן; דער קלוב, ־עס
buttocks דאָס געזעס ל"י; דער הינטערחלק, ־ים; דאָס גראָבע פֿלייש ל"י [HÍNTERKhEYLEK, ...KhALÓKIM]
buttocks (*euph.***)** די מחילה; דער דאָס ל"י [MEKhÍLE]
button, *n.* דאָס קנעפּל, ־עך; דער קנאָפּ, קנעפּ
(political) דער זשעטאָן, ־ען
on the button אַקוראַט; פּינקטלעך
push one's buttons וויסן ווי אויפֿצורעגן
button, *v.*
button up, *vt./vi.* **(fasten)** צושפּיליען (זיך); פֿאַרשפּיליען (זיך); פֿאַרקנעפּלען (זיך)

button up (complete) אַרױספֿאַרטיקן
button one's lip מאַכן אַ שװײַג
buttonbush די קאָפּבלום, ־ען
button-down
(with buttons) אויף קנעפּלעך
(reserved) אײַנגעהאַלטן
buttonflower די קנעפּלבלום, ־ען
buttonhole, *n.* די קנעפּללאָך, ...לעכער; די פּיטעלקע, ־ס
buttonhole, *v.*
(sew) אױסשלײפֿן לעכלעך
(detain) האַלטן ‹אָננעמען› + דאַט' בײַם קנעפּל
button loop די פּיטעלקע, ־ס
buttress, *n.* דער אונטערשפּאַר, ־ן
buttress, *v.* אונטערשפּאַרן
buxom פֿולברוסטיק; הױך־בוזעמדיק; פֿולבלעך; בלוט און מילך
buy, *n.* די (גאָלדענע) מציאה, ־ות [METSÍE]
buy, *v.* קויפֿן
(believe) גלייבן; אָננעמען (פֿאַר אמת) [ÉMES]
buy back צוריקקויפֿן; אָפּקויפֿן
buy into (accept) אָננעמען
buy into (participate) משתתּף זײַן זיך אין; אָנטייל נעמען אין [MIShTÁTEF]
buy off שמירן; אונטערקויפֿן
buy out אױסקױפֿן
buy time געווינען צײַט
buy up אױפֿקױפֿן; אױסקױפֿן
buyback דער קריקקויף, ־ן; דאָס צוריקקויפֿן
buyer דער קונה, ־ים; דער (אײַנ)קױפֿער, ־ס; דער אָפּנעמער, ־ס [KÓYNE, KÓYNIM]
Buyer beware! זאָל זיך דער קונה אױסהיטן!
buyer's market דער קױפֿמאַרק
buyer's option די קױפֿאָפּציע, ־ס
buyer's remorse [KÓYNES] [KhARÓTE] דעם קונהס חרטה
buying and selling דער קויף־פֿאַרקויף
buying power דער קויף־כּוח [KÓYEKh]
buyout דאָס אױסקױפֿן; דער אױסקױף, ־ן
buzz, *n.*
(sound) דער זשום; דאָס זשומערײַ; דאָס זומזערײַ
(excitement) דאָס קאָכעניש; דאָס טומלעניש; דאָס רױשעניש
(rumors) קלאַנגען ל"ר; שמועות ל"ר [ShMÚES]
get a buzz פֿאַרכּוס(י)עט ‹פֿאַרשנאָשקעט› װערן [FARKÓYS(Y)ET]
buzz, *v.* זשומע\|ן; זשוזשע\|ן; זומזע\|ן
buzz in אַרײַנקלינגען
buzz off אָפּטראָגן זיך
buzzard דער קאַניוק, ־עס; דער בוסאַרד, ־ן
buzz cut דער יאָזשיק; די פּאָלקע; די שטעכלער־פֿריזור
get a buzz cut מאַכן זיך אַ יאָזשיק ‹פּאָלקע/שטעכלער־פֿריזור›
buzzer דער זומזער, ־ס
buzz saw די קרײַזזעג, ־ן
buzzword דאָס מאָדישע וואָרט, ווערטער
by, *adv.* פֿאַרבײַ
by and by מיט דער צײַט; שפּעטער
by and large בדרך־כּלל [BEDÉREKh-KLÁL]
by, *prep.*
(according to) לויט
(agent) פֿון; דורך
(by means of) מיט
(near) בײַ; לעבן
(until) ביז; ביזקל
by bus מיטן אויטאָבוס
by oneself (איינער) אַלײן
by the dozen אויפֿן טוץ
by the foot אויפֿן פֿוס
by then ביז דעמאָלט
two by three feet צוויי אויף דרײַ פֿיס
multiply one by four כּפֿלען איינס אויף פֿיר [KÉYFLEN]
Bye(-bye)! אַ גוטן!
go bye-bye (*nurs.*) גיין הײַטע
by-election בײַוואַלן ל"ר
bygone אַמאָליק; פֿאַרגאַנגען
let bygones be bygones וואָס געווען איז געווען; פֿאַרפֿאַלן
bygone years אַמאָליקע יאָרן
bylaw דער סטאַטוט, ־ן
byline די מחבר־שורה, ־ות [MEKhÁBER-ShÚRE]
bypass, *n.*
(elec.) דער שונט, ־ן
(med.) דער בײַפּאַס, ־ן; די בײַפּאַס־אָפּעראַציע, ־ס
(road) דער בײַוועג, ־ן
bypass, *v.* פֿאַרבײַגיין; פֿאַרבײַפֿאָרן; אַרומגיין; אויסמײַדן
(elec.) שונטירן
bypass canal דער רינגקאַנאַל, ־ן
byproduct דער בײַפּראָדוקט, ־ן
byroad דער בײַוועג, ־ן
bystander דער צוקוקער, ־ס; דער בײַשטייער, ־ס
byte דער בײַט, ־ן; דאָס אַכטעלע, ־ך
byway דער בײַוועג, ־ן
byword דער שם־דבֿר, ־ס [ShÉMDOVER]
Byzantine ביזאַנטיש; ביזאַנטיניש
Byzantium (דאָס) ביזאַנץ

C

C
(letter) דער צע, ־ען
(grade/Am.) דער סי, ־ען
(mus.) דער דאָ, ־ען
C flat דאָ בעמאָל
C sharp דאָ דיעז
ca. *see* **circa**
cab, *n.*
(taxi) דער/די טאַקסי, ־ס
(train) דאָס קעלניע־שטיבל, ־עך
(truck) די (שאָפֿער־)קאַבינע, ־ס; דאָס קעלניע־שטיבל, ־עך
(horse) די דראָשקע, ־ס
call a cab באַשטעלן אַ טאַקסי
cab, *v.* פֿאָרן מיט אַ טאַקסי
cabala די קבלה [KABÓLE]
cabalist דער מקובל, ־ים [MEKÚBL, MEKUBÓLIM]
cabaret דער קאַבאַרעט, ־ן; דער קאַבאַרע, ־ען
cabbage דאָס/די קרויט
cabbage soup די קרויטזופּ; די קאַפּוסטע; דער קאַפּושניאַק
cabby/cab driver דער טאַקסי־שאָפֿער, ־ן; דער טאַקסיסט, ־ן
Cabernet (wine) דער קאַבערנע
cabin
(building) דאָס ביידל, ־עך; די כאַטע, ־ס
(pilot) די קאַבינע, ־ס
(ship) די קאַיוט, ־ן/־עס; די קאַיוטע, ־ס; די קאַבינע, ־ס
cabin boy דער קאַיוטע־יונג, ־ען
cabin cruiser די קאַיוטן־שיף, ־ן
cabinet
(furniture) דאָס שאַפֿקעלע, ־ך; דאָס שענקל, ־עך; דער אַלמער, ־ס; דאָס עלמערל, ־עך
(government) די רעגירונג, ־ען; דער קאַבינעט, ־ן
(kitchen) דער געפֿעס־אַלמער, ־ס; דאָס קיך־שאַפֿקעלע, ־ך
cabinetmaker דער סטאָליער, ־ס; דער טעסלער, ־ס; דער טישלער, ־ס
cabinetmaker's shop די סטאָליעריי, ־ען; די טעסלעריי, ־ען; די טישלעריי, ־ען
cabinetmaking דאָס סטאָליעריי; דאָס טעסלעריי; דאָס טישלעריי
cabin pressure די קאַבינע־דריקונג
cable, *adj.* קאַבל...
cable, *n.* דער קאַבל, ־ען; דער קאַנאַט, ־ן
cable, *v.* קאַבלען; טעלעגראַפֿירן; דעפּעשירן; קלאַפּן אַ דעפּעש
cable car דער קאַבל־וואַגאָן, ־ען; די קאַבלבאַן, ־ען
cable dish די קאַבלטאַץ, ־ן
cablegram די קאַבל(אָ)גראַם, ־ען
cable railway דער פֿוניקולער, ־ן; די קאַבלבאַן, ־ען
cable station די קאַבל־סטאַנציע, ־ס
cable TV די קאַבל־טעלעוויזיע
caboose דער לעצטוואַגאָן, ־ען
cabotage דער קאַבאָטאַזש
cabriolet דער קאַבריאָלעט, ־ן
cacao דער קאַקאַאָ
cache, *n.* דער זאַפּאַס, ־ן; דער לאַגער, ־ן; דער פֿאַרבאָרגענער סקלאַד, ־ן; דאָס באַהעלטעניש, ־ן
(comp.) דער זכרון־זאַפּאַס, ־ן [ZIKÓRN]
cache, *v.* אָנזאַפּאַסעווע|ן; פֿאַרשטעקן; פֿאַרבאַהאַלטן
cachet דער ייִחוס; דאָס חשיבֿות; דער פּרעסטיזש; דער אָנזען; דער אַראָמאַט; דער רענאָמע [YÍKhES] [KhShÍVES]

cackle, *n.*
(goose) דער גאָגער, ־ס; דער גאָגאָטשע, ־ס
(hen) דאָס קוואָקען; דאָס קוואָקעניש
cackle, *v.*
(goose) גאָגערן; גאָגאָטשע|ן
(hen) קוואָקע|ן
cacoepy די קאַקאָעפּיע
cacophony די קאַקאָפֿאָניע, ־ס; די קאַצן־מוזיק
cactus דער קאַקטוס, ־ן
cad דער שאַלטיק, ־עס; דער פּראָסטאַק, ־עס; דער חזיר, ־ים [KhÁZER, KhAZÉYRIM]
cadaver דער/דאָס מת, ־ים; דער טויטער גוף, ־ים; דער בר־מינן, ־ס [MES, MÉYSIM] [BÁRMENEN]
caddy
(rack) דאָס געשטעל, ־ן
(tea) די טשייניצע, ־ס
(golf) דער גאָלף־באַדינער, ־ס
cadence די קאַדענץ, ־ן
cadenza די קאַדענץ, ־ן
cadet דער קאַדעט, ־ן
cadge שנאָרע|ן; בעטלען
cadger דער שנאָרער, ־ס; דער בעטלער, ־ס
cadmium דער קאַדמיום
cadre דער קאַדער, ־ס
Caesarean *see* **Cesarean**
caesium *see* **cesium**
caesura די צעזור, ־ן
café דער קאַפֿע, ־ען
café au lait די ווייסע קאַווע
cafeteria די קאַפֿעטעריע, ־ס
caffeinate קאַפֿעיִנירן
caffeinated קאַפֿעיִנירט
caffeine דער קאַפֿעיִן
caftan דער קאַפֿטן, ־ס/קאַפֿטענעס; די קאַפּאָטע, ־ס
cage, *n.* די שטייג, ־ן; דאָס שטייגל, ־עך; די קליאַטקע ‹קליעטקע›, ־ס
cage, *v.* פֿאַרשפּאַרן; איינשטייגלען; אַרייַנזעצן אין שטייג ‹קליאַטקע›
cagey פֿאַרשייט; געוואָרנט; וואַכיק
cahoots
be in cahoots מאַכן ‹זיין› יד־אַחת; צונויפֿרעדן זיך; זיין אַ שותּף אין פֿולע געשעפֿטן; זיין איינפֿאַרשטאַנען [YADÁKhES] [ShÚTEF]
Cain (bib.) קין [KÁYEN]
Cairo (דאָס) קאַיר
caisson
(mil.) דער אַמוניציע־וואָגן, ־ס
(tech.) דער קעסאָן, ־ען
cajole איינטענה|ן מיט; צורעדן; צולאַנטשע|ן זיך צו; אויספּועלן ביי [ÁYNTAYNEN] [ÓYSPÓY(E)LN]
cake דער טאָרט, ־ן; דער קוכן, ־ס; דער לעקעך, ־ער/־ן
cake of soap דאָס שטיקל זייף
want to have one's cake and eat it too וועלן אַז דאָס ציגעלע זאָל זיין גאַנץ און דער וואָלף זאַט; וועלן טאַנצן אויף ביידע חתונות [KhÁSENES]
It's a piece of cake! ס'אַ שפּילעכל ‹קינדערשפּיל/קלייניקייט›!; ס'איז גאָר נישט שווער!
That takes the cake! ס'איז נישט אויסצוהאַלטן!; דאָס דאַרף מען קענען!

cake mix דער טאָרטפּראָשיק, ־עס; דאָס טאָרטגעמיש, ־ן
cakewalk
(dance) דער קעקוואָק
(easy task) דאָס שפּילעכל
calamari דער (געפּרעגלטער) טינטפֿיש
calamitous קאַטאַסטראָפֿאַל
calamity די קאַטאַסטראָפֿע, ־ס; דאָס אומגליק, ־ן; דאָס פּורעניות, ־ן; דאָס משו(ו)לחת, ־ן; דער ויהי, ־ען; דאָס מאַלער, ־ן [PURÓNYES] [MISh(U)LÁKhES] [VAYHÍ]
calcification די פֿאַרקאַל(ע)כונג
calcify פֿאַרקאַל(ע)כט ווערן
calcium דער קאַלציום
calcium carbonate דער קאַלציום־קאַרבאָנאַט
calcium deposits דאָס קאַלציום־געלעגער ל״ר; דער קאַלציום־אָפּזעץ ל״ר
calcium salts קאַלציום־זאַלצן
calculable אויסרעכנעוודיק; קאַלקולירלעך
be calculable לאָזן זיך אויסרעכענען ‹אויסחשבונען/קאַלקולירן› [ÓYSKhÉZhBENEN]
calculate, *v. imp./pf.* (אויס)רעכענען; (אויס)חשבונען; (אויס)קאַלקולירן [ÓYSKhÉZhBENEN]
calculate in one's head רעכענען אויפֿן קאָפּ
calculated to געצילט ‹געצילעוועט› אויף; אויסגערעכנט כּדי צו [KÉDEY]
calculated lie דער אויסגערעכנטער ליגן, ־ס
calculated risk דאָס באַרעכנטע אײַנשטעלעניש, ־ן
calculation די אויסרעכענונג, ־ען; דער חשבון, ־ות; די קאַלקולאַציע, ־ס [KhEZhBM, KhEZhBÓYNES]
calculator דער קאַלקולאַטאָר, ־ס; די רעכן־מאַשין, ־ען; דער רעכענער, ־ס
calculus דער קאַלקולוס
calendar, *adj.* קאַלענדאַריש; קאַלענדאַר־...
calendar, *n.* דער קאַלענדאַר, ־ן
(J.) דער לוח, ־ות [LÚEKh, LÚKhES]
calendar year דאָס קאַלענדאַר־יאָר, ־ן
calends קאַלענדן
calf, *adj.* קעלבעריש; קעלבערן
calf,[1] *n.* **(anat.)** די ליטקע, ־ס; די איקרע, ־ס
calf,[2] *n.* **(zool.)** דאָס קאַלב, קעלבער; דאָס קעלבל, ־עך; דאָס קעלבעלע, ־ך
of a calf קעלבעריש; קעלבערן
calfbone דער הינטערשטער שינביין, ־ער; דער ליטקעביין, ־ער
calf's-foot jelly די פּעטשאַ; דער/די פּעצע
calfskin די/דאָס קעלבערנע לעדער; די/דאָס קאַלבלעדער
caliber דער קאַליבער, ־ס
calibrate (אויס)קאַליברירן
calibration די קאַליברירונג, ־ען
calico, *adj.* ציצן; קאַליקאָ־...; לאַנקאָטן
calico, *n.* דער ציץ; דער קאַליקאָ; דער לאַנקאָט
California (די) קאַליפֿאָרניע
californium דער קאַליפֿאָרניום
calipers דער קראָמצירקל, ־ען; דער שטאַנגצירקל, ־ען
caliph דער כאַליף, ־ן
caliphate דער כאַליפֿאַט, ־ן
calisthenics די קאַליסטעניק ל״ר; די גימנאַסטיק ל״ר; געניטונגען
calix *see* **chalice**
call, *n.*
(shout) דער (אויס)רוף, ־ן
(phone) דער (טעלעפֿאָנישער) קלונג, ־ען
(appeal) דער אויפֿרוף, ־ן
(decision) דער באַשלוס, ־ן
call of duty דאָס חיובֿ־געפֿיל [KhÍEV]
call to arms דער רוף צום קאַמף; דער שלאַכטרוף
be on call דיזשורירן; זײַן כּסדר גרייט [KESÉYDER]
make a call (phone) אָנקלינגען; אָנטעלעפֿאָנירן
make a call (decide) באַשליסן
make a call on (spo.) באַשולדיקן + אַק׳ אין
obey the call of nature טאָן דעם צורך; גיין אויף צורך; גיין אין קלאָזעט; אונטערמאַכן; גיין פֿון מײַנעט/דײַנעט/זײַנעט/אירעט וועגן [TSÓYREKh]
take the call (phone) ענטפֿערן
That's not his call ס׳איז נישט זײַן באַשלוס; נישט ער באַשליסט
There's a call for you עמעצער קלינגט דיר ‹אײַך›
call, *v.*
imp./pf. **(shout)** (אויס)רופֿן
imp./pf. **(phone)** (אָנ)קלינגען + דאַט׳; (אָנ)טעלעפֿאָנירן + דאַט׳
call a foul אויסרופֿן אַ פֿאַול
call a meeting פֿאַררופֿן אַ זיצונג ‹אַן אַסיפֿה› [ASÍFE]
call a strike (baseball) אויסרופֿן אַ סטרײַק
call a strike (labor) דערקלערן ‹מעלדן› אַ שטרײַק
call a walk (basketball) אויסרופֿן טריט
call back (request sb.'s return) צוריקרופֿן
call back (on phone) צוריקקלינגען
call back (for second interview/audition) צוריקרופֿן; פֿאַרבעטן קומען אויף אַ צווייטן אינטערוויו/‹פֿאַרהער›
call for (necessitate) פֿאָדערן
call for (order) הייסן ברענגען; באַשטעלן
call for change מאָנען אַ בײַט; פֿאָדערן אַ נײַעם גאַנג
call for help שרײַען ג(ע)וואַלד
call forth אַרויסרופֿן; אויפֿפֿאָדערן
call in, *vt.* אַרײַנרופֿן
call in, *vi.* אָנקלינגען; אָנטעלעפֿאָנירן
call in a debt אײַנמאָנען אַ חובֿ [KhOYV]
call sb. names זידלען; באַליידיקן; אָנרופֿן מיט פּאַסקודנע נעמען
call off אָפּרופֿן; אַנולירן; בטל מאַכן [BOTL]
call off a wedding אָפּרופֿן די חתונה [KhÁSENE]
call off a wedding (J.) אָפּשיקן די תּנאָים [TNÓYEM]
call on (for aid) ווענדן זיך צו; בעטן הילף פֿון ‹בײַ›
call on (in class) פֿרעגן + אַק׳; שטעלן + דאַט׳ אַ פֿראַגע ‹קשיא› [KÁShE]
call on sb. to recite אַרויסרופֿן + אַק׳ צום פֿאַרהער
call out (yell) אויסרופֿן; אַרויסרופֿן; אויסשרײַען
call out (challenge) אַרויסרופֿן
call out on strikes (baseball) אויסרופֿן אַ סטרײַקאַוט
call over צורופֿן
call sb. for (spo.) באַשולדיקן + אַק׳ אין
call sb. to account מאָנען אחריות בײַ; פֿאָדערן דין־וחשבון פֿון [AKhRÁYES] [DIN-VEKhÉZhBM]
call sb. to the phone אַרויסרופֿן ‹צורופֿן› + אַק׳ צום טעלעפֿאָן
call the shots האָבן די דעה; פֿירן דאָס רעדל; זײַן דער רעדל־פֿירער; זײַן דער בעל־הבית ‹בעל־דעה› [DÉYE] [BAL(E)BÓS] [BALDÉYE]
call to arms אויפֿרופֿן
call to protest אויפֿרופֿן צו(ן) אַ פּראָטעסט
call to say hello קלינגען פֿרעגן וואָס ס׳הערט ‹טוט› זיך; קלינגען געוואָר ‹געוויער› ווערן
call together צונויפֿרופֿן; צוזאַמענרופֿן; פֿאַררופֿן
call up (on phone) אָנקלינגען; אָנטעלעפֿאָנירן
call up (troops) מאָביליזירן; אײַנרופֿן; אויפֿרופֿן
call up to the Torah געבן אַן עליה [ALÍE]

call up from the minors אַרויפֿרופֿן פֿון דער אונטערליגע
call upon (demand) פֿאָדערן
call upon (visit) גיין ‹פֿאָרן› צו גאַסט צו; אַרײַנכאַפּן זיך צו; אַרײַנגיין מיט אַ וויזיט צו
call upon sb. to do stg. פֿאָדערן אַז + נאָמ' זאָל + אינפֿ'
be called (named) רופֿן זיך; הייסן
be called up to the Torah באַקומען אַן עליה
You call that a ...? אויך מיר אַ ...!; אַבי' סע הייסט ...!; אַלץ הייסט ...!
callback (for second interview/audition) דער צוריקרוף, ־ן
call box די טעלעפֿאָן־בודקע, ־ס
call button דאָס רופֿקנעפּל, ־עך
call center די קלינג־צענטראַלע, ־ס
called strike (baseball) דער אויסגערופֿענער סטרײַק
caller
(on phone) דער טעלעפֿאָנירער, ־ס
(visitor) דער גאַסט, געסט
caller ID די אידענטפֿיצירקע
have caller ID קענען זען ווער סע קלינגט
call forwarding דער קלונג־איבערשיק
call girl די באַשטעלטע פּראָסטיטוטקע, ־ס; דאָס לעבמיידל, ־עך
calligrapher דער קאַליגראַף, ־ן
(J.) דער סופֿר, ־ים [SÓYFER, SÓFRIM]
calligraphic קאַליגראַפֿיש
calligraphy די קאַליגראַפֿיע
calling, *n.*
(mission) דאָס שליחות, ־ן; דער ˙באַרוף, ־ן [ShLÍKhES]
(vocation) דער פֿאַך, ־ן; די מלאָכה, ־ות; דער ˙באַרוף, ־ן [MELÓKhE]
calling card
(business card) דאָס וויזיט־קאַרטל, ־עך
(for phone) דאָס טעלעפֿאָניר־קאַרטל, ־עך
call-in program די אָנקלינג־פּראָגראַם, ־ען; די אָנקלינג־אווידיציע, ־ס
callous פֿאַרהאַרטעוועט; האַרט
be callous האָבן אַ שטיינערן האַרץ; האָבן אַ האַרץ פֿון שטיין
callow צניפֿיש; נישט־צײַטיק
call-up דער אויפֿרוף, ־ן; דער אײַנרוף, ־ן; די מאָביליזאַציע, ־ס
callus די מאַזאָליע, ־ס; די אָטשיסקע, ־ס
callused (skin) מאַזאָליעדיק; מאַזאָליעוואַטע
call waiting דער צווייטקלונג־סיגנאַל
calm, *adj.* רויִק; מנוחהדיק; באַרוט; שטיל [MENÚKhEDIK]
calm, *n.* די רו; די/דאָס רויִקייט; די מנוחה; די/דאָס שטילקייט [MENÚKhE]
calm weather דער שטילער וועטער; דיווינט־שטיל
the calm before the storm דער וואָלקן ‹די שטיל› פֿאַרן שטורעם
calm, *v.* באַרויִקן; אײַנשטילן; אײַננעמען
calm down, *vt./vi.* באַרויִקן (זיך)
calm down a child (by playing) פֿאַרשפּילן
calm down a child (by singing) פֿאַרזינגען
calmness די/דאָס רויִקייט; די שטיל
caloric קאַלאָריש
caloric intake דער קאַלאָרישער אײַננעם; דער סכום אַרײַנגענומענע קאַלאָריעס
caloric value די/דער קאַלאָרישע(ר) ווערט
calorie די קאַלאָריע, ־ס
count calories ציילן די קאַלאָריעס
calorimeter דער קאַלאָרימעטער, ־ס
calotte
(skullcap) די יאַרמלקע, ־ס
(archit.) דער קופּאָל, ־ן
calque די קאַלקע, ־ס
calumniate באַרעדן; אויסטראַכטן ‹מאַכן› אַ בילבול אויף; אָנרעדן רכילות אויף; רעדן רישעות אויף; מלשין זײַן אויף [BILBL] [REKhÍLES] [RÍShES] [MALShN]
calumny דאָס באַרעדערײַ; דער בילבול; דאָס רכילות; דאָס רישעות; דאָס מלשינות [BILBL] [REKhÍLES] [RÍShES] [MALShÍNES]
calve קעלבן זיך
Calvinism דער קאַלוויניזם
Calvinist, *adj.* קאַלוויניסטיש
Calvinist, *n.* דער קאַלוויניסט, ־ן
calyx דאָס (בלומען־)בעכערל, ־עך
camaraderie די חבֿרשאַפֿט; די/דאָס חבֿרישקייט [KhÁVERShAFT] [KhÁVERIShKEYT]
cambium די וואָקסשיכט; דער קאַמביום
Cambodia (די) קאַמבאָדיע
Cambodian, *adj.* קאַמבאָדיש
Cambodian, *n.*
m./unsp. דער קאַמבאָדיער, –
f. די קאַמבאָדיערין, ־ס
cambric, *adj.* באַטיסטן
cambric, *n.* דער באַטיסט
camcorder די (ווידעאָ־)פֿילמירקע, ־ס
camel דער קעמל, ־ען
cameo דער קאַמעאָ, ־ס
cameo role דאָס ראָלקעלע, ־ך
camera דער פֿאָטאָאַפּאַראַט, ־ן
(film) דער פֿילמיר־אַפּאַראַט, ־ן
in camera הינטער פֿאַרמאַכטע טירן
cameraman דער פֿילמירער, ־ס
camera-ready פֿאָטאָגרייט
Cameroon (דאָס) קאַמערון
Cameroonian, *adj.* קאַמערוניש
Cameroonian, *n.*
m./unsp. דער קאַמערונער, –
f. די קאַמערונערין, ־ס
camisole די קאַמיזעלקע, ־ס
camouflage, *n.* דער קאַמופֿלאַזש; די פֿאַרמאַסקירונג
camouflage, *v.* קאַמופֿלירן; פֿאַרמאַסקירן
camouflage paint די קאַמופֿליר־פֿאַרב; דער שיצקאָליר
camp,[1] *adj.*
(of a camp) לאַגער...; קעמפּ...
camp,[2] *adj.* **(thea./style)** העט איבערגעטריבן; קעמפּ...
camp,[1] *n.*
(mil.) דער מיליטער־לאַגער, ־ן
(pol.) דער פּאָליטישער צד, צדדים [TSAD, TSDÓDIM]
(summer) די (קינדער־)קאָלאָניע, ־ס; דער לאַגער, ־ן; דער קעמפּ, ־ן
(*fig.*) די מחנה, ־ות [MÁKhNE]
break camp פֿאַרלאָזן דעם לאַגער; לאָזן זיך אין וועג אַרײַן
camp,[2] *n.* **(thea./style)** דער קעמפּ
camp,[1] *v.* **(out)** לאַגערן (זיך); שלאָפֿן ‹לעבן› אין געצעלט
camp,[2] *v.* **(up)** שפּילן קעמפּיש; העט איבערטרײַבן
campaign, *n.* די קאַמפּאַניע, ־ס; די אַקציע, ־ס
on the campaign trail בשעתן קאַמפּאַניעווען [BEShÁSN]
campaign, *v.* קאַמפּאַניעוו|ען; קאַנדידירן
(for issue) פֿירן אַן אַקציע
campaigner דער קאַמפּאַניעווער, ־ס
campanula די גלאָקנבלום, ־ען
camper

(person) דער קעׂמפער, ־ס; דער לאַגערי́סט, ־ן
(vehicle) דער קעׂמפּינג־אוי́טאָ, ־ס
campfire דער שײַ́טער, ־ס; דער לאַ́גער־פֿײַער, ־ן
camphor דער קאַ́מפֿאָר
camping דאָס לאַ́גערן; דאָס לאַגערײַ́; דער קעׂמפּינג
campsite דער לאַ́גערפּלאַץ, ...פּלעצער
campus, *adj.* אוניווערסיטעׂטיש; קאַ́מפּוס...
campus, *n.*
(division) דער אָ́פּצווײַג, ־ן
(facilities/grounds) דער קאַ́מפּוס, ־ן
off-campus housing חוץ־אוניווערסיטעׂטישע דירות ל״ר [DÍRES]
on campus אויפֿן קאַ́מפּוס
on the campuses אין די אוניווערסיטעׂטן
on-campus housing אינטערנאַ́טן ל״ר
campus life דאָס אוניווערסיטעׂטישע לעבן
campy *see* **camp**
can, *n.* די פּו́שקע, ־ס; דאָס קענדל, ־עך; דאָס בלעכל, ־עך; די קאַן, ־ען
(prison/*slg.*) דער חד־גדיא; די קאָ́זע; דער חדר [KhAD-GÁDYE] [KhÉYDER]
can,[1] *v.* (be able) קעׂנען; זײַן פֿעׂיִק צו; זײַן בכּוח ‹ביכולת› צו [BEKÓYEKh] [BIKhÓYLES]
can,[2] *v.* (preserve) קאָנסערווי́רן; אײַ́נבלעכלען
can,[3] *v.* (dismiss) אָ́פּזאָגן פֿון דער אַ́רבעט; פּטור ווערן פֿון [PÓTER]
Can it! מאַכ(ט) אַ שווײַג!; גענו́ג שוין!
Canada (די) קאַנאַ́דע
Canadian, *adj.* קאַנאַ́דיש
Canadian, *n.*
m./unsp. דער קאַנאַ́דער, –
f. די קאַנאַ́דערין, ־ס
canal דער קאַנאַ́ל, ־ן
canapé די קאַנאַ́פּקע, ־ס; די כּזית־שני́טקע, ־ס [KEZÁYES]
canard דער פֿאַ́לשער קלאַנג, ־ען
canary דער קאַנאַ́ריק, ־עס; דאָס קאַנאַ́ריקל, ־עך
(color) געל ווי אַ קאַנאַ́ריק
look like the cat that ate the canary אוי́סזען ווי די פֿרו́מע קאַץ; אָ́נשטעלן אַ ייִראת־שמים־פּנימל [YÍRES-ShOMÁYEM-PÉ(Y)NEML]
canasta די קאַנאַ́סטע
cancan דער קאַנקאַ́ן
cancel אַנולי́רן; בטל מאַכן; אָ́פּרופֿן; אָ́פּשאַפֿן [BOTL]
cancel an order (in restaurant) אַנולי́רן אַ באַשטעׂלונג
cancel an order (mil.) צורי́קציִען אַ באַפֿעׂל
cancel out אוי́סנולן
Class was cancelled מע האָט דעם קלאַס אַנולי́רט ‹בטל געמאַ́כט›
cancellation די אַנולי́רונג, ־ען; דאָס בטל מאַכן [BOTL]
cancellation fee די אַנולי́ר־שטראָף, ־ן
cancer דער ראַק, ־ן
Cancer מזל סרטן; דער ראַק [MAZL SARTN]
cancer of the ... דער ...ראַק
cancer cell דאָס ראַ́ק־קעׂמערל, ־עך
cancerous ראַק...; ראַ́קיק
cancer research די ראַ́קפֿאָרשונג
candelabrum דער קאַנדעלאַ́בער, ־ס
candid(ly) אָ́פֿן־האַ́רציק; אָפֿן
candidacy די קאַנדידאַטו́ר, ־ן
(for a degree) די קאַנדידאַטו́ר אויף אַ דיפּלאָ́ם
candidate, *n.*
m./unsp. דער קאַנדיטאַ́ט, ־ן
f. די קאַנדידאַ́טקע, ־ס
be a candidate for זײַן אַ קאַנדידאַ́ט אויף
candid camera דער באַהאַ́לטענער פֿאָטאָאַפּאַראַ́ט, ־ן
candidiasis דער קאַנדידאָ́ז
candidly *see* **candid**
candied געצו́קערט
candle דאָס ליכטל, ־עך; דאָס ליכט, –
burn the candle at both ends אַ́רבעטן טאָג ווי נאַכט
not hold a candle to נישט קעׂנען זיך פֿאַרגלײַ́כן מיט; נישט קו́מען צו
candlelight די שײַן פֿון די לי́כטלעך
candlelight dinner די וועׂטשערע בײַ געצו́נדענע ליכט
candlelighting (J.) דאָס לי́כטבענטשן; דאָס בענטשן ליכט
candlelight vigil די לי́כטל־שמירה; די לי́כטלוואַך [ShMÍRE]
candlepin די צילי́נדער־קעׂגליע, ־ס
candlepins (game) דאָס צילי́נדער־קעׂגליען
candlesnuffer דער קנוי́טן־שנײַ́צער, ־ס
candlestick דער לײַ́כטער, ־ס
candlewick דער/די קנויט, ־ן; דאָס קנייטל, ־עך
can-do פּאָזיטי́וו
candor די/דאָס אָ́פֿן־האַ́רציקייט; די/דאָס אָ́פֿנקייט
candy דאָס זי́סוואַרג; גוטע־זאַ́כן ל״ר
(single piece) דאָס צו́קערל, ־עך; די צוקעׂרקע, ־ס
It's like taking candy from a baby ס'אַ שפּי́לעכל!
candy bar דאָס צו́קער־ברעׂטעלע‹־טעׂוועלע›, ־ך
candy store די זי́סוואַרגקראָם, ־ען; די צוקעׂרניע, ־ס; די קאָנדיטערײַ́, ־ען
cane, *n.*
(bot.) דער יאַמש; דער ראָר
(for beating) די רוט, רי́טער
(walking) דער שטעקן, ־ס/...קענעס; דער שטאָק, ־ן
(sugar) דער (צו́קער)ראָר
cane, *v.*
(beat) שמײַסן; געבן שמיץ מיט רי́טער
(furniture) פֿלעכטן
cane chair די/דער געפֿלאָ́כטענע(ר) שטול, ־ן; די/דער ראָ́רשטול, ־ן
cane sugar דער ראָ́רצוקער
canine הי́נטיש
canine tooth דער רײַ́סצאָן, ...ציין; דער וואָ́לפֿצאָן, ...ציין; דער אוי́גנצאָן, ...ציין
Canis Major דער גרוי́סער הונט
Canis Minor דער קליי́נער הונט
canister די באַ́נקע, ־ס; די פּו́שקע, ־ס
(mil.) די קאַרטעׂטש
(pressurized container) דער קאַני́סטער, ־ס
canker sore די מוי́לווונד, ־ן; דער גרינד, ־ן; דאָס גרינדל, ־עך
cannabis
(bot.) קאַנאָ́פּליעס ל״ר; דאָס קאַ́נאַביס־געווי́קס
(drug) די מאַריכואַ́נע; דער האַשי́ש
canned ...־קאָנסעׂרוון; קאָנסערווי́רט
canned goods קאָנסעׂרוון
canned laughter דאָס צו́געשטעלטע געלעׂכטער
canned peaches פֿעׂרשקע־קאָנסעׂרוון; קאָנסערווי́רטע פֿעׂרשקעס
cannery די קאָנסעׂרוון־פֿאַבריק, ־ן
cannibal דער קאַניבאַ́ל, ־ן; דער מעׂנטשן־פֿרעׂסער, ־ס
cannibalism דער קאַניבאַלי́זם; דאָס מעׂנטשן־פֿרעסערײַ́
cannibalistic קאַניבאַלי́סטיש
cannibalize קאַניבאַלי́רן
cannon דער האַרמאַ́ט, ־ן
cannonade די קאַנאָנאַ́דע, ־ס; דאָס קאַנאָ́נען־שיסערײַ́, ־ען
cannonball די האַרמאַ́טן־קויל, ־ן

cannon fodder דאָס האַרמאַטן־פֿלייש
canny
(frugal) שפּאָרעוודיק
(shrewd) כיטרע; פֿיפֿיק; פּיקחותדיק; חריפֿותדיק [PÍKKhESDIK] [Kh(A)RÍFESDIK]
canny person דער פּיקח, ־ים; דער פֿיפֿיקער געב׳; דער כיטרער געב׳; דער מענטש מיט אַ נאָז [PIKÉYEKh, PÍKKhIM]
canoe, *n.* דער קאַנו, ־ען
canoe, *v.* פֿאָרן ‹שווימען› מיט אַ קאַנו
canoeist דער קאַנויִסט, ־ן
canola oil דער ראַפּסאייל
canon דער קאַנאָן, ־ען
canonical קאַנאָניש
canonize קאַנאָניזירן; מאַכן פֿאַר אַ הייליקן
can opener דער פּושקע־עפֿענער, ־ס; דער אויפֿבלעכלער, ־ס
canopy דער באַלדאַכין, ־ען; דער איבערדאַך, ...דעכער
canopy bed די/דאָס הימלבעט, ־ן
cant
(hypocrisy) דאָס צבֿיעות [TSVÍES]
(jargon) דער זשאַרגאָן, ־ען
(thieves') דאָס בלאַט־‹הענטשקע־›לשון [LOShN]
(whining) דאָס זיפֿצעניש; דאָס קלאָגעניש
cantaloupe די דינקע, ־ס; דער מעלאָן, ־ען
cantankerous בייז; מחלוקתדיק [MAKhLÓYKESDIK]
cantankerous person דער וואָרטשון, ־ען; דער בייזער געב׳; דער רגזן, ־ים [RAGZN, RAGZÓNIM]
cantata די קאַנטאַטע, ־ס
canteen די קאַנטין, ־ען; די פֿעלדפֿלאַש, ...פֿלעשער
(store) דאָס קרעמל, ־עך; דאָס קלייטל, ־עך; דאָס געוועלבל, ־עך
canter, *n.* דער לייַכטער גאַלאָפּ
canter, *v.* רייַטן אין לייַכטן גאַלאָפּ
cantilena די קאַנטילענע, ־ס
cantilever דער שטאַרצבאַלקן, ־ס
cantilever bridge די שטאַרצבאַלקן־בריק, ־ן
canton דער קאַנטאָן, ־ען; דער קוואַרטאַל, ־ן
cantonment דאָס מיליטער־שטעטל, ־עך
cantor
m./unsp. דער חזן, ־ים [KhAZN, KhAZÓNIM]
f. די חזנטע, ־ס [KhÁZNTE]
cantorial arts דאָס חזנות ל"י [KhAZÓNES]
cantor's wife די חזנטע, ־ס [KhÁZNTE]
canvas די לייוונט, ־ן; די קאַנווע, ־ס
under canvas אין געצעלטן
canvass, *n.*
(polling) דער אויספֿרעג, ־ן; דאָס אַנקעטירן
(solicitation) דאָס ווערבירן שטימען
canvass, *v.*
(poll) אויספֿרעגן; אַנקעטירן
(solicit votes) ווערבירן שטימען
canyon דער קאַניאָן, ־ען; דער שפּאַלטאָל, ־ן
caoutchouc די רייַנע גומע; דער קאַוטשוק
cap, *n.*
(hat) דאָס היטל, ־עך; דאָס היטעלע, ־ך; דער קאַשקעט, ־ן; דאָס מיצל, ־עך/־ען
(cover) דאָס שטערצל, ־עך; דאָס שטערצעלע, ־ך; דער צודעק, ־ן
(dental) דאָס (צאָן)קרוינדל, ־עך; די קאַראָנע, ־ס
(explosive) דער פּיסטאָן, ־ען
(limit) די/דער גרענעץ, ־ן; דער עד־כאַן, ־ען; דער מאַקסימום, ־ס [ADKÁN]
cap and gown די סיום־הלבשה [SÍEM-HALBÓShE]

cap in hand הכנעהדיק; מיט הכנעה [HAKhNÓEDIK] [HAKhNÓE]
put a cap on (hat) אָנטאָן אַ היטל
put a cap on (limit) באַגרענעצן
cap, *v.*
(cover) צודעקן; צושטערצלען
(limit) באַגרענעצן
to cap it off דערצו נאָך
capability די/דאָס מעגלעכקייט, ־ן; די/דאָס פֿעיִקייט, ־ן
capable פֿעיִק; קאָמפּעטענט; קאַפּאַבל
be capable (of doing stg.) קענען; זייַן פֿעיִק אויף; טויגן אויף; מסוגל זייַן צו [MESÚGL]
capacious רחבֿותדיק; גראַמ(יק); אַרייַננעמיק [RÁKhVESDIK]
capacitor דער קאָנדענסאַטאָר, ־ס
capacity
(ability) די/דאָס פֿעיִקייט, ־ן; דאָס יכולת, ־ן; די/דאָס מעגלעכקייט, ־ן [YEKhÓYLES]
(space) דער אַרייַננעם, ־ען; די קאַפּאַציטעט, ־ן
in his capacity as ווי דער ...; אין זייַן אייגנשאַפֿט ווי
to capacity פֿול ביזן אויג
cape[1] **(cloak)** די פּעלערינע, ־ס; די כלאַמידע, ־ס
cape[2] **(geog.)** דער קאַפּ, ־ן
cape buffalo דער קאַפּלענדישער בופֿלאָקס, ־ן
Cape of Good Hope (דער) קאַפּ גוטע האָפֿענונג
caper,[1] *n.* **(bot.)** דער קאַפּער, ־ס
caper,[2] *n.* **(leap)** דער שפּרונג אונטער; דאָס טענצל, ־עך
capers דאָס שטיפֿערייַ ל"י; (משוגענע) שטיק [MEShÚGENE]
caper, *v.* אונטערשפּרינגען; אונטערטאַנצן
capercaillie דער אויערהאָן, ...הענער
capillary, *adj.* קאַפּילאַרן
capillary, *n.* די קאַפּילאַריע, ־ס; דאָס (בלוט)אָדערל, ־עך
capital, *adj.*
(main) הויפּט...; גרויס...
(fin.) קאַפּיטאַל־...
(jur.) טויט...
capital, *n.*
(letter) דער גרויסהאַנטיקער אות, ־יות [OS, ÓYSYES]
(fin.) דער קאַפּיטאַל
capital appreciation דער קאַפּיטאַל־אָנוואַקס
capital city די קרוינשטאָט, ...שטעט; די הויפּטשטאָט, ...שטעט
capital crime דער טויטשטראָף־פֿאַרברעך, ־ן
capital defendant דער אײַנגעקלאָגטער געב׳ אויף טויטשטראָף
capital expenditure די קאַפּיטאַל־הוצאה, ־אות [HOYTSÓE/HETSÓE]
capital gain דער אָנוואַקס, ־ן; דער קאַפּיטאַל־פֿאַרדינסט, ־ן
capital gains tax דער אָנוואַקס־שטייַער, ־ן
capitalism דער קאַפּיטאַליזם
capitalist דער קאַפּיטאַליסט, ־ן
capitalistic קאַפּיטאַליסטיש
capitalization די קאַפּיטאַליזירונג
capitalize
(in writing) שטעלן ‹שרייַבן› מיט גרויסהאַנטיקע אותיות [ÓYSYES]
(fin.) שלאָגן קאַפּיטאַל; קאַפּיטאַליזירן
capitalize on שלאָגן קאַפּיטאַל פֿון; אויסניצן
capital letter דער גרויסהאַנטיקער אות, ־יות [OS, ÓYSYES]
capital punishment די טויטשטראָף
capitation tax דער קאָפּשטייַער, ־ן
Capitol דער קאַפּיטאָל(־בנין) [BÍNYEN]
capitulate אונטערגעבן זיך; קאַפּיטולירן

capitulation די קאַפּיטולאַציע, ־ס; די קאַפּיטולירונג, ־ען
capon דער קאַפּהאָן, ...הענער; דער צוויק, ־עס
cappuccino דער קאַפּוטשינאָ, ־ס
capricious קאַפּריזנע; קאַפּריזיק
be capricious קאַפּריזעווען; פּראַווען קאַפּריזן ‹שטיק›; מאַכן שטיק
capriciousness די/דאָס קאַפּריזנעקייט
Capricorn מזל גדי [MAZL GDI]; די ים־ציג; דער שטיינבאָק [YAM]
caps *see* **capital letter**
capsicum דער פֿעפֿער
capsize איבערקערן זיך
caps lock דער אייבערשטער קאַסטן, ־ס
capstan די הייבראָד, ...רעדער
capsule דער קאַפּסל, ־ען
captain, *n.* דער קאַפּיטאַן, ־ען
captain of industry דער ראָש־האינדוסטריע [RÓSh-HAINDÚSTRYE]
captain, *v.* זײַן דער קאַפּיטאַן פֿון; שטיין בראָש פֿון [B(E)RÓSh]
captaincy די קאַפּיטאַנשאַפֿט; דער ראַנג פֿון קאַפּיטאַן
caption דאָס אונטערקעפּל, ־עך; דאָס (פֿאָטאָ)קעפּל, ־עך
captivate פֿאַרכאַפּן
captivating פֿאַרכאַפּנדיק
captive, *adj.* געפֿאַנגען; אין פּלען; פֿאַרכאַפּט
(*fig.*) פֿאַרכאַפּט
take captive נעמען געפֿאַנגען; נעמען אין פּלען ‹געפֿענקעניש›
captive, *n.* דער געפֿאַנגענער געב'; דער פּלעניק, ־עס; דער פֿאַרכאַפּטער געב'
captive audience דער געפֿאַנגענער עולם, ־ס [ÓYLEM]
captivity דאָס געפֿענקעניש; די געפֿאַנגענשאַפֿט; דער פּלען
captor דער פֿאַרכאַפּער, ־ס
capture, *n.* די פֿאַרכאַפּונג; דאָס פֿאַרכאַפּ
(of person) *also* דער פֿאַנג
(of place) *also* דער איינעם; דאָס איינעמען
capture, *v.* פֿאַרכאַפּן
(person) *also* פֿאַנגען; נעמען אין פּלען
(place) *also* איננעמען
capture the lead פֿאָרויסיאָגן
caput succedaneum דאָס געבוירן־געשווילעכץ
car דער אויטאָ, ־ס; דער אויטאָמאָביל, ־ן; די מאַשין, ־ען
(of train) דער וואַגאָן, ־ען
car accident די אויטאָ־סיבה, ־ות; די אויטאָ־אַוואַריע, ־ס; דאָס אויטאָ־אומגליק, ־ן [SÍBE]
carafe די קאַראַפֿינקע, ־ס; דער קאַראַפֿין ‹גראַפֿין›, ־עז
car alarm דער אויטאָ־אַלאַרעם, ־ס
caramel דער קאַראַמעל, ־ן
caramel candy די קאַר(אַ)מעלקע, ־ס
carapace דער רוקנשילד, ־ן
carat, *n.* דער קאַראַט, ־ן
14-carat gold דאָס פֿערצן־קאַראַטיקע גאָלד
caravan דער קאַראַוואַן, ־ען
camel caravan דער קאַראַוואַן קעמלען
caraway דער קימל
caraway seed דער קימל; דער קימלקערן, ־ער/־ס
carbide דער קאַרביד, ־ן
carbine דער קאַראַבין, ־ען
carbohydrate, *adj.* קאַרבאָהידראַטן־...; קאַרבאָהידראַטיק
carbohydrate, *n.* דער קאַרבאָהידראַט, ־ן; דער קוילן־הידראַט, ־ן
carbohydrate-rich food דאָס קאַרבאָהידראַטיקע עסנוואַרג

carbolic קאַרבאָליש; קאַרבאָל...
carbolic acid דער קאַרבאָל; דאָס קאַרבאָל־זײַערס
car bomb די אויטאָ־באָמבע, ־ס
car bombing דאָס אויטאָ־באָמבירן
carbon דער קוילנשטאָף
carbonate, *n.* דער קאַרבאָנאַט, ־ן
carbonate, *v.* קאַרבאָנירן
carbonated קאַרבאָנירט; מיט בולבעלעך ‹בלעזעלעך›
carbon copy די (שוואַרצ)קאָפּיע, ־ס
carbon dioxide דער קוילנשטאָף־צווייאָקסיד; דאָס קוילן־זײַערס
carbon fiber די קוילן־פֿיברע, ־ס
carbonize פֿאַרקוילן
carbonized פֿאַרקוילט
carbon monoxide דער קוילנשטאָף־אָקסיד; דער טשאַד(גאַז)
carbon monoxide detector די טשאַדשפּירקע, ־ס
carbon monoxide poisoning די/דאָס פֿאַרטשאַדעטקייט; די טשאַד־פֿאַרסמונג [FARSÁMUNG]
carbon paper די קאַלקע, ־ס; דאָס קאָפּיר־פּאַפּיר, ־ן
carbuncle דער קאַרבונקל, ...נקעס
carburetor דער קאַרבורעטאָר, ...אָרן
carcass די נבֿלה, ־ות; די פּגירה, ־ות; דער פּגר, ־ים [NEVÉYLE] [PGÍRE] [PÉYGER, PGÓRIM]
car chase דאָס אויטאָ־יאָגעניש, ־ן
carcinogen דער קאַרצינאָגען, ־ען
carcinogenic קאַרצינאָגעניש; ראַק־אַרויסרופֿנדיק
be carcinogenic קענען אַרויסרופֿן אַ ראַק
car crash *see* **car accident**
card, *n.* דאָס קאַרטל, ־עך
(playing) די קאָרט, ־ן; דאָס קערטל, ־עך
cut the cards אַראָפּנעמען ‹אָפּהייבן› דאָס טעשל קאָרטן
have a card up one's sleeve האָבן אַ רעזערוופּלאַן
He's a real card ער איז אַן אמתער טשודאַק [ÉMESER]
in the cards באַשערט
keep one's cards close to one's chest נישט לאָזן זיך דערקענען
lay one's cards on the table שפּילן מיט אָפֿענע קאָרטן; אויפֿדעקן די קאָרטן; רעדן אָפֿענע דיבורים
play cards שפּילן אין קאָרטן; מאַכן ‹כאַפּן› אַ קערטל
throw up one's cards אויפֿהייבן די הענט; אונטערגעבן זיך
card, *v.* פֿאָדערן די אידענטיפֿיקאַציע בײַ
card in אַרײַנקאַרטלען זיך
card out אַרויסקאַרטלען זיך
cardamom דער קאַרדעמאָן
cardboard, *adj.* קאַרטאָנען; טעקטורן
cardboard, *n.* דער קאַרטאָן; די טעקטור
cardboard box די פּודלע, ־ס; דער קאַרטאָן, ־ען; דאָס קאַרטאָנענע קעסטעלע, ־ך
card-carrying (*fig.*) געטרײַ; איבערגעגעבן
car dealer דער אויטאָ־סוחר, ־ים; דער אויטאָ־הענדלער, ־ס [SÓYKhER, SÓKhRIM]
car dealership דאָס אויטאָ־געשעפֿט, ־ן
card game די/דאָס קאָרטנשפּיל, ־ן
cardholder דער קאַרטל־פֿאַרמאָגער, ־ס
cardiac האַרצ...
cardiac arrest דער האַרצאָפּשטעל; דער האַרצאַטאַק, ־ן
cardiac disease דער האַרצפֿעלער, ־ן; די האַרצקרענק; די/דאָס האַרצקראַנקייט
cardiac patient דער האַרץ־קראַנקער געב'
cardigan דער קאַרדיגאַן, ־ען
cardinal, *adj.* קאַרדינאַל

cardinal, *n.* דער קאַרדינאַל, ־ן

cardinal number די גרונטצאָל, ־ן; די קאַרדינאַל־צאָל, ־ן

cardinal point דער קאַרדינאַלער פּונקט, ־ן

cardinal sin די טויטזינד, –; די שרײַענדיקע זינד, –

card index די קאַרטאָטעק, ־ן

cardiogram די קאַרדיאָגראַם, ־ען

cardiologic קאַרדיאָלאָגיש

cardiologist דער קאַרדיאָלאָג, ־ן

cardiology די קאַרדיאָלאָגיע

cardiopulmonary resuscitation די האַרץ־לונגען־אָפּמינטערונג

perform cardiopulmonary resuscitation אָפּמינטערן האַרץ־און־לונגען

cardiovascular system די האַרץ־בלוט־סיסטעם

card key דאָס שליסל־קאַרטל, ־עך

car door די אויטאָטיר, ־ן

card player דער קאַרטיאָזשניק, ־עס; דער (פֿאַרברענטער) קאָרטן־שפּילער, ־ס; דער קלאָפּער, ־ס

cardsharp דער שענקערניק, ־עס

care, *n.*

(medical) דער אָפּהיט; די השגחה; דער אויפֿזיכט [HAZhGÓKhE/HAShGÓKhE]

(oversight) די השגחה; דער אויפֿזיכט

(watchfulness) די/דאָס אָפּגעהיט(נ)קייט; דאָס זהירות [ZEHÍRES]

(worry) די זאָרג; די דאגה [DÁYGE]

not have a care in the world זײַן אַ פֿרײַער פֿויגל; זײַן אַ מענטש אָן זאָרגן

take care of (a matter) פֿאַרנעמען זיך מיט; אָפּגעבן זיך מיט; ˚דערלײדיקן

take care of (a child) אָפּהיטן; זאָרגן פֿאַר; אַכטיק ‹אַכטונג› געבן אויף; פֿאַרנעמען זיך מיט; צוזען + דאַט'

take care of (a sick person) (אַרומ)גיין אַרום; פּילעווען; באַדינען; וואַרטעווען; אָפּכאָדזען אַרום; צוזען + דאַט'

take care of oneself אויפֿפּאַסן אויף זיך (אַליין); אַכטיק ‹אַכטונג› געבן אויף זיך (אַליין); נעמען זיך אין אַכט

take great care of (sb./stg.) (אָפּ)היטן ווי אָן אויג אין קאָפּ; שאַנעווען

Take care of yourself! היט זיך דאָס געזונט!; היט זיך אָפּ!

Take care! (farewell) זײַ(ט) (מיר) געזונט!

Take care! (warning) היט זיך (די בײנער)!; פּאַוואָליע!

under a doctor's care אונטער אַ דאָקטערס אויפֿזיכט ‹השגחה› [HAZhGÓKhE/HAShGÓKhE]

care, *v.*

(be concerned about) אַרן פּ"ק + אַק'

care about ליב ‹האָלט› האָבן; אין זינען האָבן צום גוטן

care deeply about sb. שטאַרק ליב ‹האָלט› האָבן

care for (love) ליב ‹האָלט› האָבן

care for (med.) (אַרומ)גיין אַרום; פּילעווען; באַדינען; וואַרטעווען; אָפּכאָדזען; צוזען + דאַט'

for all I care פֿון מײַנעט וועגן; פֿון מײַן זײַט

He couldn't care less! ס'הייבט אים נישט אָן צו אַרן!; ער האָט עס אין דער לינקער פּיאַטע!; סע אַרט אים ווי דער פֿאַראַיאָריקער שניי!

I don't care! ס'אַרט מיך נישט!; וואָס אַרט עס מיך!; ס'גייט מיך נישט אָן!; וואָס גייט עס מיך אָן?; מײַן (באָבעס) דאגה! [DÁYGE]

What do I care? *see* **I don't care!**

Who cares about...? וועמער..., וואָס מיר ...?; ס'אַרט נישט קיינעמ(ען); מײַן דאגה?

Who cares that... מאַלע וואָס...?; וועמען גייט עס אָן וואָס ...?

careen אָנבייגן זיך אין ‹אויף› אַ זײַט

career, *n.* די קאַריערע, ־ס

make a career change בײַטן די קאַריערע

career, *v.* פֿאָרן מיט דער פֿולער גיכקייט; פֿליען

career counseling פֿאַר־‹קאַריערע־›קאָנסולטאַציעס ל"ר; די פֿאַר־‹קאַריערע־›באַראַטונג

career diplomat דער פּראָפֿעסיאָנעלער דיפּלאָמאַט, ־ן

career high דער פּערזענלעכער רעקאָרד, ־ן

careerist, *adj.* קאַריעריסטיש

careerist, *n.*

m./unsp. דער קאַריעריסט, ־ן

f. די קאַריעריסטקע ‹קאַריעריסטין›, ־ס

carefree אָן זאָרגן; אָן אַ זאָרג (אויף דער וועלט); פֿרײַ פֿון זאָרגן

careful אָפּגעהיט(ן); געוואָרנט; זאָרגעוודיק; ˚פֿאָרזיכטיק

be careful (of) היטן זיך (פֿון/פֿאַר); אַכטונג ‹אַכטיק› געבן (אויף)

be careful not to ... in the future פֿאַרזאָגן אַ צענטן צו

Be careful! היט זיך!; גיב ‹גיט› אַכטונג ‹אַכטיק›!; פּאַוואָליע!

carefully מיט קאָפּ; פּאַוואָליע

read carefully לייענען מיט קאָפּ; לייענען בפּרטיות [BIFRÓTYES]

caregiver דער אַכטונג־‹אַכטיק־›געבער, ־ס

careless אָפּגעלאָזן; אָפּגעלאָזט; נישט־אָפּגעהיט(ן)

carelessly אָפּגעלאָזנערהײט; אָפּגעלאָזטערהײט; נישט־אָפּגעהיטענערהײט

carelessness די/דאָס אָפּגעלאָזנקייט; די/דאָס נישט־אָפּגעהיט(נ)קייט

care of, *prep.* אויפֿן אַדרעס פֿון

caress, *n.* דער גלעט, ־ן; דער צערטל, ־ען

caress, *v.*

imp. גלעטן; צערטלען; קאָסקען; לאַשטשען; האַלובען

pf. געבן + דאַט' אַ גלעט; אַ גלעט טאָן + אַק'

caressing, *n.* דאָס לאַשטשעניש

caret דאָס דעכל, ־עך

caretaker

(of person) דער אַכטיק־‹אַכטונג־›געבער, ־ס; דער צוזעער, ־ס

(of property) דער סטרוזש, ־ן/־עס; דער אויפֿזעער, ־ס

caretaker government די לעת־עתּה־רעגירונג, ־ען; די דערווײַליקע רעגירונג, ־ען [LESÁTE]

careworn פֿאַרזאָרגט; פֿאַרדאגהט [FARDÁYGET]

carfare דאָס פֿאָרגעלט

cargo דער פֿראַכט; די לאָדונג; דער טראַנספּאָרט

cargo carrier *see* **cargo ship**

cargo hatch דאָס הײבטירל, ־עך

cargo net די געפּעקנעץ, ־ן

cargo plane דער משׂא־עראָפּלאַן ‹־אַוויאָן›, ־ען [MÁSE]

cargo ship די משׂא־שיף, ־ן; די פֿראַכטשיף, ־ן [MÁSE]

cargo terminal דער לאָדוואָקזאַל, ־ן; דער לאָד־טערמינאַל, ־ן

Caribbean, *adj.* קאַראַיִביש

Caribbean Islands קאַראַיִבישע אינדזלען

Caribbean Sea דער קאַראַיִבישער ים [YAM]

caribou דער קאַריבו, ־ען

caricature, *n.* די קאַריקאַטור, ־ן; דער שאַרזש, ־ן

caricature, *v.* קאַריקירן; שאַרזשירן

caricaturist דער קאַריקאַטוריסט, ־ן

caries דער צאָן־קאַריאָז

Carina דער גרונטבאַלקן
caring זאָרגעריש; איבערגעגעבן
carjack פֿאַרכאַפּן דעם אויטאָ
I was carjacked מע האָט מיר פֿאַרכאַפּט דעם אויטאָ
carjacking דער אויטאָ־פֿאַרכאַפּ
carmine דער קאַרמין
carnage די בלוטבאָד; די שחיטה [ShKhÍTE]
carnal יצר־הרעדיק; חושימדיק; גשמיותדיק; סעקסועל [YÉYTSER-HÓREDIK] [GÁShMIESDIK]
carnal knowledge סעקסועלע באַציִונגען ל"ר
carnation דאָס (גאָרטן־)נעגעלע, ־ך; די גוואָזדיקע, ־ס
carnival דער קאַרנאַוואַל, ־ן
Carnival (Chr.) די מאַסלעניצע; די קאַרנאַוואַל־וואָך
carnivore דער פֿלײשפֿרעסער, ־ס
carnivorous פֿלײשפֿרעסער־...; פֿלײשפֿרעסעריש
carnivorous animal די פֿאַרצוק־חיה, ־ות; דער פֿלײשפֿרעסער, ־ס [KhÁYE]
carob דער באָקסער
carol דער קאַראָל, ־ן
carotene דער קאַראָטין
carotid artery די שלאָג־אַרטעריע, ־ס
carousal די הוליאַנקע; דער צעך
carouse הוליע|ן; הולטײַעווע|ן
carousel די קאַרוסעל, ־ן
carp, *n.* דער קאַרפּ, ־ן
carp, *v.* האָבן טענות [TÁYNES]
carpal (האַנט)געלענק...
carpal tunnel syndrome דער סינדראָם פֿונעם געלענק־קאַנאַל
Carpe diem! כאַפּ(ט) אַרײַן!; חיי־שעה איז אויך געלעבט!; כּל־זמן שהנשמה בקרבי [KhAYEShÓ] [KOLZMÁN ShEHANEShÓME BEKÍRBI]
carpenter דער סטאָליער, ־ס; דער סטאָליאַר, סטאָליאַרעס; דער טעסלער, ־ס; דער טישלער, ־ס
carpenter's hammer דער טישלער־האַמער, ־ס
carpenter's workshop די סטאָליערײַ; די סטאָליאַרניע; די טעסלערײַ, ־ען
carpentry דאָס סטאָליערײַ; דאָס טעסלערײַ
carpet, *n.* דער טעפּעך, ־ער; דער קאָבערעץ, ־ן; דער קאָווער, ־ן
call on the carpet אויסרעדן; אַרײַנזאָגן; רופֿן אָפּצוגעבן אַ חשבון [KhEZhBM]
carpet, *v.* באַטעפּעכן; באַדעקן ‹באַלײגן› מיט אַ טעפּעך
(*fig.*) פֿאַרדעקן (מיט); פֿאַרזײען (מיט)
carpet-bomb פֿאַרזײען מיט באָמבעס
carpet-bombing די באָמבע־פֿאַרזײונג
carpeting טעפּעכער ל"ר; די באַטעפּעכונג; דאָס טעפּעכצײַג
carpet steamer דער טעפּעך־פּאַרעניק, ־עס
carpet sweeper דער טעפּעך־קערער, ־ס; די טעפּעכבאַרשט, ...בערשט
car phone דער אויטאָ־טעלעפֿאָן, ־ען
carpool, *n.* די אויטאָ־חבֿרה, ־ות [KhÉVRE]
carpool, *v.* פֿאָרן מיט אַן אויטאָ־חבֿרה; באַטײליקן זיך אין אַן אויטאָ־חבֿרה [KhÉVRE]
carport דער אָפֿענער גאַראַזש, ־ן
car race דער אויטאָ־פֿאַרמעסט, ־ן; דאָס אויטאָ־געלויף, ־ן
car rental דאָס דינגען אַן אויטאָ
car-rental company די אויטאָ־דינגפֿירמע, ־ס
carriage
(baby) דאָס (גאַנג־)וועגעלע, ־ך
(railroad) דער וואַגאָן, ־ען
(vehicle) די קאַרעטע ‹קאַרעטע›, ־ס
(posture) דאָס געשטעל; דער שטעל; די האַלטונג
(of typewriter) די קאַרעטקע, ־ס
carriage driver דער בעל־עגלה, ־ות; דער פֿורמאַן, פֿורלײַט; דער אַנטרײַבער, ־ס [BALEGÓLE]
carrier דער טרעגער, ־ס
(of disease) דער איבערטרעגער ‹פֿאַרשפּרײטער› פֿון קרענק; דער טרעגער, ־ס
(telecommunications) די טעלעקאָמוניקיר־פֿירמע, ־ס
(transporter) דער טראַנספּאָרטירער, ־ס; די טראַנספּאָרט־פֿירמע, ־ס; דער אַריבערפֿירער, ־ס
back carrier דאָס הינטערשטע טרעגערל, ־עך
front carrier דאָס פֿעדערשטע טרעגערל, ־עך; דאָס האַרצזעקל, ־עך
carrier pigeon די פּאָסטטויב, ־ן
carrier wave די טראָגכוואַליע, ־ס
carrion די נבֿלה, ־ות; די פּאַדלע, ־ס [NEVÉYLE]
carrot דער מײער, ־ן; די/דער מער, ־ן
carrot-and-stick approach די פּאָליטיק מיט אַ בײַטש און אַ צוקער־לעקעכל; דער פּסוק מיט אַ שטעקן [PÓSEK]
carry
vt. **(bear)** טראָגן
vt. **(transport)** אַוועקטראָגן; פֿירן
vi. **(sound)** הערן זיך; טראָגן זיך
carry a motion אָננעמען אַ פֿאָרשלאָג ‹פֿירלייג›
carry a show טראָגן אַ פּיעסע
carry a tune זינגען לויט דער גאַמע; זינגען אויפֿן טאָן
carry around אַרומטראָגן (זיך מיט)
carry around a child (אַרומ)טראָגן אַ קינד אויף די הענט
carry away אַוועקטראָגן; פֿאַרטראָגן
carry big האָבן אַ גרויסן בויך
carry forward אַריבערטראָגן דעם חשבון [KhEZhBM]
carry into effect אויספֿירן; (אַ)דורכפֿירן
carry off (succeed) אויספֿירן ‹(אַ)דורכפֿירן› מיט מזל [MAZL]
carry on (continue) ווײַטער (אָנ)גיין (מיט); ממשיך זײַן [MÁMShEKh]
carry on (misbehave) אויפֿפֿירן זיך שלעכט; מאַכן שטיק; שטיפֿן; אָנגעבן
carry on an affair פֿירן אַ (לינקע) ליבע
Carry on! ווי געווען!
carry oneself well האַלטן זיך שיין ‹בעל־הבתיש› [BAL(E)BÁTISh]
carry out (while holding stg.) אַרויסטראָגן
carry out (fulfill) אויספֿירן; (אַ)דורכפֿירן
carry out an order אויספֿילן אַ באַפֿעל; אויספֿאָלגן
carry over אַריבערפֿירן
carry through (אַ)דורכפֿירן
carry to term אויסטראָגן
be carried away (kidnapped) פֿאַרכאַפּט ווערן
He got carried away (*fig.*) ער האָט איבערגעצויגן דאָס שטריקל; ער איז דערגאַנגען צו ווײַט; ער האָט איבערגעכאַפּט די מאָס
He was carried away by (*fig.*) ס'האָט אים מיטגעריסן ‹פֿאַרכאַפּט› + נאָמ'
carry-on luggage דער האַנטבאַגאַזש; דאָס טראָגוואַרג
car seat דאָס געזעס, ־ן; דער זיץ, ־ן
(for child) דאָס (קינד־)זיצעלע, ־ך
carsick
He gets carsick סע ווערט אים נישט־גוט אין אויטאָ
carsickness די/דאָס נישט־גוטקייט אין אויטאָ
cart, *n.* דער וואָגן, ־ס/וועגענער; די פֿור, ־ן
put the cart before the horse כאַפּן די לאָקשן פֿאַר די פֿיש ‹דער יויך›; כאַפּן די פֿיש פֿאַר דער נעץ
cart, *v.* שלעפּן מיט זיך

cart away אַוועקפֿירן
carte blanche די פֿרײַע האַנט; דער קאַרטבלאַנש
cartel דער קאַרטעל, ־ן
cartilage דאָס ווייכביינדל; דער ווייכביין; די כראָמסקע
cartographer דער קאַרטאָגראַף, ־ן
cartographic קאַרטאָגראַפֿיש
cartography די קאַרטאָגראַפֿיע
carton דער קאַרטאָן, ־ען
cartonnage דער קאַרטאָנאַזש
cartoon
 (animated) די אַנימאַציע, ־ס
 (drawing) די קאַריקאַטור, ־ן; דאָס וויצבילד, ־ער; דער קאַרטון, ־ען אַמ׳
cartoonist דער קאַריקאַטוריסט, ־ן; דער קאַרטוניסט, ־ן אַמ׳
cartridge דער פּאַטראָן, ־ען
cartridge belt דער פּאַטראָנען־טאַש, ־ן; דער פּאַטראָנען־גאַרטל, ־ען
cartridge case די (פּאַטראָנען־)הילזע, ־ס
cartridge clip דאָס פּאַטראָנען־רעמל, ־עך
cartwheel דער זײַטיקער קאָזשעליק, ...לקעס; די זײַטיקע קאָזשלקע, ־ס
 do a cartwheel מאַכן אַ זײַטיקן קאָזשעליק
carve (אויס)שניצן
 (meat) (אָנ)שנײַדן; אויפֿשנײַדן; צעשנײַדן
 carve one's initials אײַנשנײַדן ‹אײַנקאַרבן› די ראָשי־תּיבֿות ‹איניציאַלן› [ROShETÉYVES]
 carve out a niche געפֿינען זיך אַ ווינקל ‹אַן אָרט›
 carve up צעטײלן; צעגלידערן
 It's not carved in stone ס׳איז נישט תּורת־משה ‹מסיני›; סע שטייט אין ספֿר־פּראַלניק [TÓYRES-MÓYShE] [MISÍNAY] [SÉYFER]
carving, *n.*
 (art) דאָס שניצערײַ, ־ען; דאָס געשניץ, ־ן
 (in tree) דער אײַנשניט, ־ן; די אײַנקאַרבונג, ־ען
carving board דאָס/די שנײַדברעט, ־ער
carving fork דער טראַנזשיר־גאָפּל, ־ען
carving knife דער/דאָס פֿליישמעסער, ־ס; דער/דאָס טראַנזשיר־מעסער, ־ס
car wash די אויטאָ־וועשערײַ
car wax די אויטאָ־פּאָליטור
car window דאָס/דער אויטאָ־פֿענצטער, –
Casanova דער קאַזאַנאָווע
cascade, *n.* דער קאַסקאַד, ־ן
 (waterfall) דער וואַסערפֿאַל, ־ן
cascade, *v.*
 (hair) אַראָפּפֿאַלן; אַריבערפֿאַלן
 (water) אַראָפּפֿאַלן מיט אַ קאַסקאַד
case,[1] *n.* **(container)**
 (large) דער קאַסטן, ־ס; דאָס קעסטל, ־עך
 (small) דאָס שאַכטל, ־עך; דאָס שאַכטעלע, ־ך; דאָס קעסטעלע, ־ך; דאָס פּודעלע, ־ך; די/דער שייד, ־ן; די/דער פּוטערפֿאַס ‹פּוטערפֿאַס›, ־ן; דער עטוי, ־ען
 (for musical instrument) דער פֿוטליאַר, ־ן; דאָס שיידל, ־עך
 (for tools) דער שטוטיץ, ־ן
 (typ.) דער זעצקאַסטן, ־ס
case,[2] *n.*
 (jur.) דער (יורידישער) ענין, ־ים; דער פֿאַל, ־ן [ÍNYEN, INYÓNIM]
 (ling.) דער בייגפֿאַל, ־ן
 (patient/med.) דער פֿאַל, ־ן; דער קראַנקער געב׳
 (situation) דער פֿאַל, ־ן

Case closed! פֿיקס און פֿאַרטיק!; סוף־פּסוק!; פֿאַרטיק אַן עסק! [SOF-PÓSEK] [ÉYSEK]
a case for war דער אַרגומענט לטובֿת מלחמה [LETÓYVES] [MILKhÓME]
a case in point למשל; אַ שטייגער [LEMÓShL]
as is usually the case ווי דער שטייגער איז
as the case may be ווי סע זאָל נישט זײַן; ווי דער פֿאַל איז; אַזוי צי אַזוי
if that's the case ווי באַלד אַזוי; אויב שוין אַזוי
in any case אין ‹אויף› יעדן פֿאַל; סײַ ווי סײַ; על־כּל־פּנים; בכל־אופֿן; אַוועק־טאָוועק [ALK(O)LPÓNEM] [BEKhÓL-ÓYFN]
in case טאָמער
in case of emergency אין אַ נויט(פֿאַל)
in case stg. should happen טאָמער עפּעס ‹וואָס›
in no case בשום־‹באין־›אופֿן נישט [BEShÚM-⟨BEÉYN-⟩OYFN]
in that case אויב (שוין) אַזוי; הייסט עס; אם־כּן [ÍMKEYN]
make a case for ברענגען אַ שטאַרקע ראיה פֿאַר ‹לטובֿת›; אַרגומענטירן פֿאַר [RÁYE]
on a case-by-case basis פֿון פֿאַל צו פֿאַל; אײנציקווײַז
state one's case אַרויסזאָגן ‹פֿעסטשטעלן› דעם אַרגומענט
that's not the case ס׳איז נישט אַזוי; נישט אַזוי איז עס
case, *v.*
 (pack) פֿאַרפּאַקעווע(ו)ן; אײַנפּאַקעווע(ו)ן
 (inspect) אַרומבדקע(נ)ן; גוט אויספֿאָרשן [ARÚMBÁDKEN]
case history (med.) די געשיכטע פֿון דער קרענק
casein דער קאַסעין; דער קעז־שטאָף
caseload די אָנלאָדונג; דער סכום פֿאַלן
casemate דער קאַזעמאַט, ־ן
casement דאָס/דער פֿליגל־פֿענצטער, –
case study די פּרט־פֿאָרשונג, ־ען [PRAT]
casework די סאָציאַל־אַרבעט
caseworker דער סאָציאַל־אַרבעטער, ־ס
cash, *n.* דאָס/דער מזומן; דאָס קאַסעגעלט; מזומנים ל״ר [MEZÚMEN] [MEZUMÓNIM]
 be out of cash נישט האָבן קיין מזומן ‹געלט›
 cash in hand דאָס געלט אונטערן טיש
 cash on delivery דער נאָכצאָל
 in cash במזומן; פֿאַר מזומן געלט [BIMZÚMEN]
cash, *v. imp./pf.* (אײַנ)קאַסירן
 cash in on *(fig.)* אויסניצן די געלעגנהייט צו; שלאָגן קאַפּיטאַל פֿון
cash advance דער מזומן־אַוואַנס, ־ן [MEZÚMEN]
cash book דאָס קאַסעבוך, ...ביכער
cashbox די קאַסע, ־ס
cash cow דער געלטקוואַל, ־ן; די מעלקעדיקע קו, קי
cash crop דער פּראָדוקט צום פֿאַרקויפֿן; דער פֿאַרקויף־פּראָדוקט, ־ן
cashew דער אַקאַזשו, ־ען
 (tree) דער אַנאַקאַרד, ־ן
cashew butter די אַקאַזשו־שמיר
cash flow דאָס/דער לויפֿיקע(ר) מזומן [MEZÚMEN]
 have cash flow problems זײַן געענגט אין מזומן
cash grant די מזומן־סובווענץ, ־ן [MEZÚMEN]
cashier
 m./unsp. דער קאַסירער, ־ס; דער קאַסיר, ־ן
 f. די קאַסירערשע ‹קאַסירערין›, ־ס
cashier's check דער באַנקטשעק, ־ן
cash machine דער געלט־אויטאָמאַט, ־ן; דער באַנקאָמאַט, ־ן
cashmere, *adj.* פֿון קאַשמיר ‹קאַשמיר›
cashmere, *n.* דער קאַשמיר ‹קאַשמיר›

cash-poor געלטאָרעם
cash prize דער געלטפּריז, ־ן; די געלטפּרעמיע, ־ס
cash register די קאַסע, ־ס
cash shortage [DÓYKhEK] [MEZÚMEN] דער דוחק אין מזומן
cash-strapped געענגט אין געלט
cash value דער/די מזומן־ווערט [MEZÚMEN]
casing דער אײַנהיל, ־ן
casino דער קאַסינאָ, ־ס; דאָס שפּילהויז, ...הײַזער
cask די/דאָס/דער פֿאַס, פֿעסער; דאָס פֿעסל, ־עך; דאָס טונדל, ־עך
casket דאָס שקעטעלע, ־ך
  (J.) דער אָרון, ־ס [ORN]
  (Chr.) די טרונע, ־ס
cassava דער מאַניאָק
casserole
  (cul.) דער קאַסעראָל, ־ן
  (vessel) די קאַסעראָלקע, ־ס; די בראָטפּאַן, ־ען
cassette די טאַשמע, ־ס; דער קאַסעט, ־ן
cassette player דער קאַסעט־‹טאַשמע־›שפּילער, ־ס
cassette recorder די (קאַסעט־)רעקאָרדירקע, ־ס
cassock [GALÓKhIM] דער גלחים־מאַנטל, ־ען; די סוטאַנע, ־ס
cast, *n.*
  (form) דאָס געשטאַלט, ־ן; דער פֿורעם, ־ס
  (mold) דער גוס, ־ן
  (plaster/med.) דער גיפּס, ־ן
  (thea.) דער אַנסאַמבל, ־ען; די טרופּע, ־ס
  put a cast on פֿאַרגיפּסעווע|ן; אָפּגיפּסן
cast, *v.*
  (throw) (פֿאַר)וואַרפֿן
  imp./pf. **(mold)** (אָפּ)גיסן
  (plaster/med.) פֿאַרגיפּסעווע|ן; אָפּגיפּסן
  (thea.) געבן + דאַט' די ראָלע; צעטיילן די ראָלעס
  cast a net פֿאַרוואַרפֿן אַ נעץ
  cast a pall over וואַרפֿן אַ שאָטן אויף; פֿאַרוואָלקענען
  cast a rod פֿאַרוואַרפֿן אַ ווענטקע
  cast a spell on פֿאַרכּישופֿן; אָפּטאָן + דאַט' (אַ) כּישוף [FARKÍShEFN] [KÍShEF]
  cast a vote/ballot אָפּשטימען
  cast about זוכן; פּרווון געפֿינען
  cast an evil eye on געבן + דאַט' אַ גוט־אויג ‹אַן עין־הרע› [EYN(H)ÓRE/ÁYEN-HÓRE]
  cast anchor אַראָפּלאָזן דעם אַנקער; פֿאַראַנקערן זיך
  cast aside אָפּוואַרפֿן אין אַ זײַט; פֿאַרוואַרפֿן
  cast doubt on [SÓFEK] שטעלן + אַק' אונטער אַ ספֿק
  cast lots [GOYRL] וואַרפֿן גורל
  cast off, *vt.* **(reject)** אָפּוואַרפֿן; אַוועקוואַרפֿן
  cast off, *vt.* **(knitting)** פֿאַרנעמען ‹אײַנציִען› די אויגן
  cast off, *vi.* **(ship)** אָפּשיפֿן זיך; אָפּשווימען ‹אָפּגיין› פֿונעם ברעג
  cast on אָנציִען די אויגן
  cast one's lot with טיילן זיך מיט + דאַט' מיטן מזל; משתּתּף זײַן זיך מיט [MAZL] [MIShTÁTEF]
  cast the die (tech.) שטעלן דעם שניט
  cast the die (*fig.*) וואַרפֿן גורל
castanet דער קאַסטאַניעט, ־ן
castaway
  (abandoned) דער פֿאַרוואָרפֿענער געב'; דער פֿאַרשטויסענער געב'
  (shipwrecked) דער שיפֿבראָכיקער געב'
caste די קאַסטע, ־ס
caster דאָס רעדעלע, ־ך
caster sugar דער שיטצוקער

castigate אויסמוסרן; שאַרף קריטיקירן ‹באַשטראָפֿן›; קעסטיקן [ÓYSMÚSERN]
castigation [MÚSER] די שטראָפֿרייד; דער מוסר; די שטראָף
casting, *n.*
  (in mold) דער אָפּגאָס
  (thea.) די ראָלע־צעטיילונג
cast-iron, *adj.* געגאָסן; טשוגונען
cast iron, *n.* דאָס גאָסאײַזן; דער טשוגון
cast-iron pot דער טשוגון, ־עס
castle, *n.* דער שלאָס, שלעסער
  (chess) דער ראָד, ־ן
  build castles in the air בויען שלעסער אין דער לופֿטן; בויען לופֿטשלעסער; לייגן זיך פֿייגעלעך אין בוזעם
castle, *v.* ראָכירן
castling די ראָכאַדע
cast-off, *n.* דאָס אָפּגעוואָרפֿענע; דאָס באַוול
castoreum די ביבערגאַל
castor oil דער ריצנאייל; די קאַסטאָרקע
castrate קאַסטרירן; פֿאַרשניידן; מסרס זײַן [MESÁRES]
castration די קאַסטרירונג; דאָס מסרס זײַן [MESÁRES]
cast steel דאָס גאָסשטאָל
casual צופֿעליק; צומאָליק; אומפֿאָרמעל; טאָג־טעגלעך; אויסגעשפּאַנט
  to the casual observer אויף וויפֿל סע לאָזט זיך דערקענען
casual acquaintance די צופֿעליקע באַקאַנטשאַפֿט
casual clothing די אומפֿאָרמעלע ‹אויסגעשפּאַנטע› קליידונג; טאָג־טעגלעכע מלבושים [MALBÚShIM]
casual Friday דער אומפֿאָרמעלער ‹אויסגעשפּאַנטער› פֿרײַטיק
casually צופֿעליק; אומפֿאָרמעלערהייט; פֿון דער גרינג
casual sex דער סעקס כּלאַחר־יד; דער אַזוי־זיך־סעקס [KILAKhERYÁD]
casual smoker דער צומאָליקער רייכערער, ־ס
casualty דער קרבן, ־ות; די אַבֿדה, ־ות [KORBM, KORBÓNES] [AVÉYDE]
casualty insurance די אומגליק־פֿאַרזיכערונג
casuistic פּילפּולדיק; קאַזויסטיש [PÍLPLDIK]
casuistry דער פּילפּול; די קאַזויסטיק [PILPL]
casus belli דער קאַזוס בעלי
cat די קאַץ, קעץ
  cat's קעציש
  Cat got her tongue [LOShN] זי האָט פֿאַרלוירן דאָס לשון
  let the cat out of the bag אויסלאַמרן; אַרויסלאָזן די קאַץ פֿון זאַק [ÓYSLÉYMERN]
  like cats and dogs ווי צוויי קעץ (אין איין זאַק)
  play cat and mouse שפּילן אין קאַץ־און־מויז
  When the cat's away the mice will play אַז די קאַץ גייט אַוועק שפּילן זיך די מײַז; אַז די קאַץ גייט אַוועק האָבן די מײַז אַ מחיה [MÍKhYE]
cataclysm דער קאַטאַקליזם, ־ען
cataclysmic קאַטאַקליזמיש
catacombs קאַטאַקאָמבעס
catafalque דער קאַטאַפֿאַלק, ־ן
Catalan, *adj.* קאַטאַלאַניש
Catalan, *n.*
  m./unsp. דער קאַטאַלאַנער געב'
  f. די קאַטאַלאַנערין, ־ס
  (language) דאָס קאַטאַלאַניש
catalog, *n.* דער קאַטאַלאָג, ־ן
catalog, *v.* *imp./pf.* (אויס)קאַטאַלאָגירן
Catalonia (די) קאַטאַלאָניע
catalpa די קאַטאַלפּע, ־ס

catalysis דער קאַטאַליז, ־ן
catalyst דער קאַטאַליזאַטאָר, ־ס; דער קאַטאַליסט, ־ן
catalystic קאַטאַליסטיש
catalytic converter דער קאַטאַליזאַטאָר, ־ס
catamaran דער קאַטאַמאַראַן, ־ען
catamenia די מענסטרואַציע
cataplasm די קאַטאַפּלאַזמע, ־ס; די פּריפּאַרקע, ־ס
catapult, *n.* דער קאַטאַפּולט, ־ן; דער שלײַדערער, ־ס
catapult, *vt./vi.* קאַטאַפּולטירן (זיך)
cataract דער קאַטאַראַקט, ־ן
 (med.) *also* די בעלמע, ־ס; דער/די (אויגן)שטאַר, ־ן
catarrh דער קאַטער, ־ס; די קאַטאַר, ־ן; די פֿאַרקילונג, ־ען
catastrophe די קאַטאַסטראָפֿע, ־ס
catastrophic קאַטאַסטראָפֿאַל; קאַטאַסטראָפֿיש
catatonia די קאַטאַטאָניע
catatonic קאַטאַטאָניש
cat burglar דער פֿאַסאַדן־קריכער, ־ס
catcall דער פֿײַף, ־ן
catch, *n.*
 (fish) דער פֿאַנג; די כאַפּונג
 (hook) דער האַטשיק, ־עס; דאָס האַטשיקל, ־עך; דאָס העקעלע, ־ך
 (ball game) דער כאַפּבאַל
 be a good catch זײַן אַ קרן; זײַן אַ באַשערטער געב׳ [KERN]
 It's a catch-22 ס׳איז אַ הין־הער־פּלעט; ס׳איז נישט גוט אַזוי, נישט גוט אַזוי; ס׳איז אַן אומאויסגענגלעכע סיטואַציע
 play catch שפּילן אין כאַפּבאַל; שפּילן אין הין־און־קריק־באַל
 What's the catch? וווּ איז דאָ די פּאַסטקע?
catch, *v.* כאַפּן
 (bus/train/plane) באַווײַזן זיך צו זעצן אויף; נישט פֿאַרשפּעטיקן צו
 catch a ball (אונטער)כאַפּן אַ פּילקע ‹באַלעם›
 catch a cold פֿאַרקילן זיך; אונטערכאַפּן אַ פֿאַרקילונג
 catch a disease אָננעמען ‹אָנשטעקן› זיך מיט; זאַראַזע|ן זיך מיט
 catch as catch can ווי׳ נאָר סע לאָזט זיך
 catch fire אָנצינדן זיך; אָנכאַפּן זיך
 catch hold of אָנכאַפּן זיך אין
 catch in the act (crime) כאַפּן ‹פּאַקן› אויפֿן אָרט; כאַפּן ‹פּאַקן› בײַ דער האַנט; כאַפּן בשעת־מעשה [BEShÁS-MÁYSE]
 catch in the act (sexual) טרעפֿן אין שטײַגער פֿון מאַן־און־ווײַב; כאַפּן בשעת־מעשה
 catch on (realize) אָנכאַפּן; כאַפּן דעם שניט ‹סטרי/גאַנג›
 catch on (become popular) אָננעמען זיך
 catch sight of דערזען
 catch up (with/to) דעריאָגן; אָניאָגן
 get caught on פֿאַרטשעפּע|ן זיך אין
 I was caught cheating מ׳האָט מיך געכאַפּט ‹געפּאַקט› בײַם פֿעלשעווען
 I wouldn't be caught dead ווען מע זאָל מיך הרגענען, וואָלט איך נישט + פּאַרט׳; כאַטש האַק מיך און בראָק מיך, וועל איך נישט + אינפֿ׳ [HÁRGENEN]
 You're going to catch it! וועסט ‹איר וועט› שוין כאַפּן (אַ פּסק)! [PSAK]
catchall, *adj.* אַלץ־אַרומנעמיק
catchall, *n.* דער כל־בו, ־ען [KOLBÓY]
catcher דער כאַפּער, ־ס
catching קלעפּיק; אָננעמעוודיק; אָנשטעק(עווד)יק
catchment area דער באַסיין, ־ען
 (fig.) דער מיקראָראַיאָן, ־ען
catch-up
 play catch-up פּרוּוון זיך דעריאָגן
catchword דאָס קלינגוואָרט, ...ווערטער; דער/די לאָזונג, ־ען
 (typ.) דאָס שלאָגוואָרט, ...ווערטער
catchy געדענקעוודיק
 be catchy לאָזן זיך געדענקען ‹זינגען›
catechesis דער קאַטעכיזיס
catechism דער קאַטעכיזם, ־ען
categorical קאַטעגאָריש
categorization די קאַטעגאָריזאַציע, ־ס
categorize קאַטעגאָריזירן
category די קאַטעגאָריע, ־ס; די בחינה, ־ות [PKhÍNE]
 in a category of its own פֿאַר זיך; באַזונדער; לחוד [LEKhÚD]
catenary curve דער קייטנבויג, ־ן
cater ליווערן; צושטעלן; סאַרווערן
 cater to באַדינען + אַק׳; אַנטקעגנקומען + דאַט׳; נאָכגעבן + דאַט׳
caterer דער (עסן־)ליווראַנט, ־ן; דער סאַרווער, ־ס
catering, *n.* דאָס ליווערן; דאָס סאַרווערײַ
caterpillar דאָס שליערל, ־עך; דער אָפּפֿרעסער, ־ס; די רויפּע, ־ס
 (mech.) די רויפּע, ־ס; דער רויפּן־טראַקטאָר, ־ס
caterwaul שרײַען ‹יאָמערן› ווי די קעץ
caterwauling די קאַצן־מוזיק; דער קאַצן־יאָמער
catfight דאָס קעץ־רײַסעניש, ־ן
catfish דער וועלש, ־ן; דער ים־קאָטער, ־ס; די ים־קאַץ, ־קעץ [YAM]
catharsis
 (med.) דער אָפּפּיר
 (fig.) די נשמה־ריניקונג [NEShÓME]
cathartic, *adj.*
 (med.) אָפּפּיר...
 (fig.) ריניקנדיק
cathartic, *n.* דאָס אָפּפּיר־מיטל, ־ען; דער אָפּפּיר, ־ן
cathedral דער קאַטעדראַל, ־ן; די קאַטעדרע, ־ס; דער טום, ־ען
catheter דער קאַטעטער, ־ס
catheterization דער קאַטעטעריזיר, ־ן
catheterize קאַטעטעריזירן
cathode דער קאַטאָד, ־ן
catholic אַלוועלטלעך
Catholic, *adj.* קאַטויליש
Catholic, *n.*
 m./unsp. דער קאַטויל, ־ן; דער קאַטאָליק, ־ן
 f. די קאַטוילקע ‹קאַטוילין›, ־ס; די קאַטאָליטשקע, ־ס
Catholicism דער קאַטויליציזם; די/דאָס קאַטוילישקייט
catkin דאָס צעפּעלע, ־ך; דאָס אוירינגל, ־עך
catnap דער דרימל ‹דרעמל›, ־ען; דאָס דרעמעלע, ־ך; דער דזשים, ־ען
catnip דער שיכור־קאַצניק [ShíKER]
cat-o'-nine-tails דאָס נײַנקניפּל־בײַטשל, ־עך
CAT scan *see* **CT scan**
cat's cradle עטל־בעטל
catsup דער קעטשאָפּ
cattle בהמות ל״ר; רינדער ל״ר; דאָס פֿיך קאָל׳ [BEHÉYMES]
cattle breeding די פֿיך־האָדוואַניע
cattle car דער פֿיכוואַגאָן, ־ען
cattleman דער פֿיכציִער, ־ס
cattle plague די רינדערפּעסט
cattle prod דער שטעכשטעקן, ־ס
cattle thief דער פֿיך־גנבֿ, ־ים [GÁNEF, GANÓVIM]
catty פֿאַרביסן; בייז; רישעותדיק [RÍShESDIK]
catwalk דאָס בריקל, ־עך

(modeling) דאָס (מאָדעלן־)בריקל, ־עך
Caucasian, *adj.* קאַווקאַזער אינוו'; קאַווקאַזיש
Caucasian, *n.* דער קאַווקאַזער, –
Caucasus (דער) קאַווקאַז
caucus, *n.* די פֿראַקציע, ־ס; דער קאָקוס, ־ן אַמ'
caucus, *v.* אָפּהאַלטן די פֿראַקציע
caught *see* **catch**
caul דאָס הײַבל, ־עך
be born in a caul געבוירן ווערן אין אַ הײַבל
cauldron דער (גרויסער) קעסל, ־ען
cauliflower דער קאַליפֿיאָר, ־ן; דאָס בלומענקרויט
caulk, *n.* דער קיט
caulk, *v.* פֿאַרקיטעווע|ן
causal סיבהדיק; סיבה־...; קויזאַל [SÍBE] [SÍBEDIK]
causality די/דאָס סיבהדיקייט; די קויזאַליטעט [SÍBEDIKEYT]
causation די סיבהדיקע ‹קויזאַלע› פֿאַרבינדונג [SÍBEDIKE]
cause, *n.*
(reason) די סיבה, ־ות; דער גורם, ־ים [SÍBE] [GÓYREM, GÓRMIM]
(principle) די זאַך, ־ן; דער צוועק, ־ן; דער (לעבנס)ציל, ־ן; דער קאַמפֿציל, ־ן
cause and effect די סיבה און דער רעזולטאַט ‹פּועל־יוצא› [PÓY(E)L-YÓYTSE]
a cause for celebration אַ סיבה זיך צו פֿרייען
It's a lost cause שוין פֿאַרפֿאַלן; ס'אַ שפּיל פֿאַרן טײַוול; ס'אַ פֿאַרלוירענע פּאָזיציע
It's for a good cause ס'איז אַ מיצווה [MÍTSVE]
without cause אָן קיין שום סיבה; אָן אַ פֿאַרוואָס און אָן אַ פֿאַרווען; סתּם אַזוי [STAM]
cause, *v.* דערפֿירן צו; גורם זײַן; אַרויסרופֿן; פֿאַרשאַפֿן [GÓYREM]
cause problems (for) פֿאַרשאַפֿן + דאַט' פּראָבלעמען; אָנטאָן + דאַט' צרות [TSÓRES]
caused by צוליב; איבער; מחמת [MÁKhMES]
cause célèbre די באַרימטע מעשׂה [MÁYSE]
caustic עס(ער)יק; בײַסיק; שטעכיק
caustic word דאָס שטעכוואָרט, ...ווערטער
cauterization די אויסברענונג
cauterize אויסברענען; צוברענען
cautery דאָס ברענאײַזן
caution, *n.* די/דאָס גוואָרנטקייט; די/דאָס אָפּגעהיט(נ)קייט; דאָס זהירות; די °פֿאָרזיכטיקייט [ZEHÍRES]
caution, *v.* וואָרענען; פֿאַרזאָגן + דאַט'; מזהיר זײַן [MÁZER]
Caution! היט זיך!; אַכטונג!; אַכטיק!
cautionary note די וואָרענונג, ־ען
cautionary tale די מוסר־השׂכּל־מעשׂה, ־יות [MÚSER-HÁSKL-MÁYSE]
cautious אָפּגעהיט(ן); געהיט; גוואָרנט; °פֿאָרזיכטיק
cavalcade דער קאַוואַלקאַד, ־ן
cavalier, *adj.*
(arrogant) אַראָגאַנט; פֿאַררייסן
(jaunty) מעשׂה קאַוואַליר; כוואַטסקע [MÁYSE]
cavalier, *n.* דער קאַוואַליר, ־ן
(knight) דער ריטער, ־ס
cavalry די קאַוואַלעריע, ־ס; דאָס רײַטערײַ
call in the cavalry אָנווענדן אַלע כּוחות [KÓYKhES]
cavalryman דער קאַוואַלעריסט, ־ן
cave, *n.* די הייל, ־ן
cave, *v.*
(spelunk) קריכן אין היילן
cave in אײַנפֿאַלן
cave in to נאָכגעבן + דאַט'

caveat די אַזהרה, ־ות; די וואָרענונג, ־ען [AZHÓRE]
caveat emptor זאָל זיך דער קונה אויסהיטן [KÓYNE]
cave dweller דער הייל־אײַנוווינער, ־ס
cave-in דער אײַנפֿאַל, ־ן
caveman דער היילמענטש, ־ן
cavern די הייל, ־ן
cavernous פֿול מיט היילן
(hollow) הויל
(cheeks) אײַנגעפֿאַלן
caviar דער קאַוויאַר
cavil, *n.* די יאַבעדע, ־ס; דאָס פּשטל, ־עך; דאָס הינטערשיסעלע, ־ך [PShETL]
cavil, *v.* יאַבעדע(ווע)|ן; פּשטלען זיך; זוכן חסרונותלעך [PShÉTLEN] [KhESRÓYNESLEKh]
caviler דער יאַבעדניק, ־עס; דער חסרונות־זוכער, ־ס [KhESRÓYNES]
caving דאָס קריכן אין היילן
cavity די/דער לאָך, לעכער; דער חלל, ־ס [KhOLEL]
(body) דער גוף־‹קערפּער־›חלל, ־ס
(tooth) דאָס צאָנלעכל, ־עך; די/דער לאָך (אין צאָן); דער ציין־קאַריאַז
cavort אַרומליובקעווע|ן זיך; אַרומהאָפּסלען
caw, *n.* דאָס קראַקע(ווע)ן
caw, *v.* קראַקע(ווע)|ן
cayenne pepper דער קאַיענער ‹רויטער› פֿעפֿער
cc, *n.* **(= carbon copy)** די קאָפּיע
cc, *v.* **(= carbon-copy)** שיקן אַ קאָפּיע
CD *see* **compact disc; certificate**
CE אצ"ר [= די איצטיקע צײַט־רעכענונג]
cease אויפֿהערן
cease and desist אויפֿהערן און אָפּשטיין
cease-fire דער פֿײַער־אָפּשטעל, ־ן; דער דערווײַליקער וואָפֿן־שטילשטאַנד, ־ן; דער ביקסנשווײַג, ־ן
ceaseless(ly) אָנאויפֿהער(ד)יק; אָן אויפֿהער
cecum די בלינדע קישקע, ־ס
cedar, *adj.* צעדער...
cedar, *n.* דער צעדערבוים, ...ביימער
cedar of Lebanon דער לבֿנון־צעדער(בוים) [LEVÓNEN]
cede (to) אָפּטרעטן ‹אָפּגעבן/נאָכגעבן› + דאַט'
cedilla די סעדילע, ־ס
ceiba דער וואַלבוים, ...ביימער
ceiling די סטעליע, ־ס; דער סופֿיט, ־ן; דער באַלקן, ־ס
ceiling fan דער סטעליע־בלאָזער, ־ס; דער סטעליע־ווענטילאַטאָר, ...אָרן
ceiling price דער מאַקסימאַלער פּרײַז, ־ן
celebrant דער בעל־שׂימחה, בעלי־... [BALSÍMKhE, BÁLE-...]
celebrate
vt. **(ceremony)** אָפּריכטן; אָפּהאַלטן
vt. **(extol)** באַזינגען; פֿרייען זיך מיט
vt. **(holiday)** פּראַווע|ן; יום־טובֿן; יובֿלען; °פֿײַערן [YÓNTEVN] [YÓYVLEN]
vt. **(honor)** צוטיילן כּבֿוד + דאַט' [KÓVED]
vi. **(be festive)** משׂמח זײַן זיך [MESAMÉYEKh]
celebrate a birthday פּראַווע|ן אַ געבוירן־טאָג
celebrate a milestone אָפּמערקן אַ מײַלשטיין
celebrated באַרימט; פֿאַרשמט [FARShÉMT]
celebration די שׂימחה; דער יום־טובֿ; די °פֿײַערונג [SÍMKhE] [YÓNTEF/YÓNTEV]
join in the celebration מיטיום־טובֿן; מיטבאַטייליקן זיך אין דער שׂימחה [MÍTYÓNTEVN]
This calls for a celebration! לאָמיר מאַכן אַ לחיים! [LEKhÁYEM]
celebratory יום־טובֿדיק [YÓNTEVDIK]

celebrity
(person) די פּערזענלעכקייט, ־ן; דער גדול, ־ים; דער מפֿורסם, ־ים [GODL, GDÓYLIM] [MEFÚRSEM, MEFURSÓMIM]
(fame) די/דאָס באַרימטקייט; די/דאָס פֿאַרשמטקייט; דער שם [FARShÉMTKEYT] [ShEM]
celeriac די וואָרצל־סעלעריע
celery די סעלעריע; דער צעלניק
celery root די וואָרצל־סעלעריע
celestial הימלו(י)ש; הימל...; איבערערדיש
celestial body דער הימל־קערפּער, ־ס; דער הימלשער קערפּער, ־ס
celestial ocean דער הימלשער אָקעאַן
celiac disease די צעליאַקיע
celibacy דער צעליבאַט; די/דאָס (סעקסועלע) אײַנגעהאַלטנקייט
celibate, *adj.*
be celibate אָפּהאַלטן ‹אײַנהאַלטן› זיך פֿון סעקס
celibate, *n.* דער צעליבאַט, ־ן
cell
(bio.) דאָס קעמערל, ־עך
(prison) די (תּפֿיסה־)קאַמער, ־ן [TFÍSE]
(monastery) דאָס מאָנאַכן־קעמערל, ־עך
(pol.) דאָס קעמערל, ־עך
(battery/elec.) דער עלעמענט, ־ן
(on spreadsheet) דאָס שורה־קעסטעלע, ־ך [ShÚRE]
cellar דער (אונטער)קעלער, ־ן; דער פּאָדוואַל, ־ן
cellblock דער טורמע־פֿליגל, ־ען
cell division די קעמערל־צעטײלונג
cellist דער טשעליסט, ־ן; דער טשעלאָ־שפּילער, ־ס
cell line די קעמערל־ירושה, ־ות [YERÚShE]
cellmate
m. דער תּפֿיסה־ברודער, ־ברידער [TFÍSE]
f. די תּפֿיסה־שוועסטער, –
cell membrane דאָס קעמערל־הײַטל, ־עך
cello דער טשעלאָ, ־ס; דער/די וויאָלאָנטשעל, ־ן
cellophane, *adj.* צעלאָפֿאַן...
cellophane, *n.* דער צעלאָפֿאַן
cellophane tape דער קלעפּ־צעלאָפֿאַן
cell phone די מאָבילקע, ־ס; די צעלקע, ־ס
cell-phone service די מאָבילקע־‹צעלקע־›באַדינונג
cellular
(biol.) קעמערל־...
(phys.) צעלולאַר; צעל...
cellular biology די קעמערל־ביאָלאָגיע
cellular network די צעלנעץ, ־ן; די צעלולאַרע נעץ, ־ן
celluloid, *adj.* צעלולאָידן
celluloid, *n.* דער צעלולאָיד
cellulose דער צעלולאָז
Celsius צעלזיוס; צענטיגראַד
degrees Celsius גראַד צעלזיוס
Celt דער קעלטישער געב'
Celtic, *adj.* קעלטיש
Celtic, *n.* דאָס קעלטיש; די קעלטישע שפּראַך
cement, *adj.* צעמענטן; פֿון צעמענט
cement, *n.* דער צעמענט
cement, *vt./vi.* צעמענטירן (זיך)
(*fig.*) פֿאַרשטאַרקן (זיך); באַפֿעסטיקן (זיך)
cement ties פֿאַרשטאַרקן די באַציִונגען
cement mixer דער בעטאָן־פֿאַרמישער, ־ס
cemetery דער צווינטער, ־ס
(J.) דער/דאָס בית־עולם, ־ס; דער/דאָס בית־עלמין, ־ס; דער/דאָס בית־הקבֿרות, ־ן; דאָס גוט(ע)־אָרט; דאָס הייליק(ע)־אָרט; דאָס בית־החיים, ־ס; דאָס פֿעלד, – [BEYSÓYLEM] [BEYSÁLMEN] [BEYSAKVÓRES] [BEYSAKhÁYEM]
cemetery lot די קרקע, ־ות [KÁRKE, KARKÓES]
censer די קאַדילע, ־ס; די פֿײַערפֿאַן, ־ען; די ווײַרעכפֿאַן, ־ען
censor, *n.*
(agency) די צענזור, ־ן
(person) דער צענזאָר, ...אָרן
censor, *v.* צענזורירן
censorship די צענזור; דאָס צענזורירן
censure, *n.* דער אויסרעד, ־ן; דאָס פּסק־וואָרט, ־ווערטער [PSAK]
censure, *v.* אויסרעדן; אַרויסגעבן ‹אַרויסלאָזן› אַ פּסק־וואָרט [PSAK]
census דער צענזוס, ־ן; די פֿאָלקסצײלונג, ־ען
census worker דער צענזוסניק, ־עס; דער צענזוס־נעמער, ־ס
cent דער סענט, ־ן
centaur דער קענטאַווער, ־ס
Centaurus דער קענטאַווער
centenarian
m./unsp. דער בן־מאה; דער הונדערט־יאָריקער געב' [BEN-MÉYE]
f. די בת־מאה; די הונדערט־יאָריקע, – [BAS-MÉYE]
centenary, *adj.* הונדערט־יאָריק; אַלע הונדערט יאָר
centenary, *n.* דער הונדערט־יאָריקער יובֿל, ־ען; דער צענטענאַר, ־ן [YOYVL]
centennial, *adj.* הונדערט־יאָריק
centennial, *n.* דער הונדערט־יאָריקער יובֿל, ־ען [YOYVL]
center, *adj.* צענטער...
center, *n.* דער מיטן, ־ס; דער צענטער, ־ס; דער מיטלפּונקט, ־ן; דער צענטראַלפּונקט, ־ן
(central location) דער צענטער, ־ס; דער מרכּז [MÉRKEZ]
(basketball position) דער צענטער(־שפּילער), ־ס; דער מיטעלער געב'
center of gravity דער שווערפּונקט, ־ן
be the center of attention זײַן אין צענטער
center, *v.* שטעלן אין צענטער; (אײַנ)צענטרירן
center on קאָנצענטרירן זיך אויף
center-align צענטרירן
...-centered ...־צענטרירט
centerfield דאָס מיטעלע פֿעלד
centerfielder דער מיטל־פֿעלדניק, ־עס
centerfold דאָס צענטערבילד, ־ער
center forward דער צענטער־‹מיטן־›פֿאָרווערד, ־ן
centerpiece דער צענטער־אָרנאַמענט, ־ן
(*fig.*) די הויפּט־אַטראַקציע, ־ס; דאָס שײַנדל, ־עך
center stage די פֿאָדערבינע, ־ס
(*fig.*) דער אויבנאָן
centigrade צענטיגראַד; צעלזיוס
centigram דער צענטיגראַם, ־ען
centimeter דער צענטימעטער, ־ס
centipede דאָס פֿערציק־פֿיסל, ־עך
central צענטראַל; מיטנדיק; מיטל(סט)
(main) הויפּט
Central America (די) צענטראַל־אַמעריקע
central command די צענטראַלע קאָמאַנדשאַפֿט
central cooling די צענטראַל־לופֿטקילונג
central heating די צענטראַל־(באַ)הייצונג
Central Intelligence Agency די צענטראַלע אויסשפּיר־אַגענטור
centrality די/דאָס צענטראַלקייט
centralization די צענטראַליזירונג; די צענטראַליזאַציע

centralize צענטראַליזירן
central nervous system די צענטראַלע נערוון־סיסטעם
central processing unit דער צענטראַלער פּראָצעסירער, ־ס
centrifugal צענטריפֿוגאַל; פֿונצענטריש
centrifugal force דער צענטריפֿוגאַלער כּוח [KÓYEKh]
centrifuge, *n.* די צענטריפֿוגע, ־ס
centrifuge, *v.* צענטריפֿוגירן
centripetal צענטריפּעטאַל; צומצענטריש
centrist, *adj.* צענטריסטיש; צענטער...
centrist, *n.* דער צענטריסט, ־ן
centrist party די צענטער־פּאַרטיי, ־ען
centurion דער צענטוריאָן, ־ען
century דאָס יאָרהונדערט, ־ער
CEO *see* **chief executive officer**
cephalic קאָפּ...
cephalic presentation דאָס גיין מיטן קעפּעלע; די קאָפּ־פּאָזיציע
ceramic, *adj.* קעראַמיש
ceramic, *n.* די קעראַמיק
ceramics די קעראַמיק ל״ין; דאָס טעפּעריי ל״י
cereal
  (grain) די תּבֿואה, ־ות [TVÚE]
  (single grain) די גרויפּ, ־ן
  (dry) גרייַפּ(ע)לעך ל״ר
  (cold) גרייַפּ(ע)לעך ל״ר; דער סיריעל, ־ס אַמ׳
  (hot) די (געקאָכטע) קאַשע, ־ס
cereal box דאָס קעסטל גרייַפּ(ע)לעך
cerebellum דער קליינמאַר(ע)ך
cerebral צערעבראַל; מוח־...; אינטעלעקטועל [MÓYEKh]
cerebral cortex די קאָרע פֿון גרויסן מאַרך; די צערעבראַלע קאָרע
cerebral hemisphere דער צערעבראַלער האַלבקייַלעך
cerebral palsy דער צערעבראַלער פּאַראַליז
cerebral person דער קאָפּמענטש, ־ן; דער אינטעלעקטואַל, ־ן
cerebrovascular accident דער מוח־אַטאַק, ־ן [MÓYEKh]
cerebrum דער גרויסער מוח [MÓYEKh]
ceremonial, *adj.* צערעמאָניאַל; ריטועל
ceremonial, *n.* דער צערעמאָניאַל, ־ן
ceremonial art (Judaica) תּשמישי־קדושה ל״ר [TAShMÍShE-KDÚShE]
ceremonious מיט צערעמאָניע; פֿאָרמעל
  (*pej.*) אָנגעשטעלט; פּאַראַדנע; פּאָמפּעז
ceremony די צערעמאָניע, ־ס
  stand on ceremony (about) צערעמאָניע|ן זיך (מיט)
  without ceremony אָן צערעמאָניעס ‹קונצן›; גאַנץ פּשוט; היימישלעך [PÓShET]
Ceres צערעס
cerise קאַרשן רויט; פֿון ווייַנשל־קאָליר
cerium דער צעריום
certain זיכער; געוויס
  (specific) געוויס
  a certain person אַ געוויסער מענטש; איינער אַ מענטש; פּלוני־אַלמוני [PLÓYNE-ALMÓYNE]
  for certain אויף זיכער ‹געוויס›
  make certain פֿאַרזיכערן
  of a certain age באַטאָגט; אין די יאָרן
certainly אַוודאי; זיכער; געוויס [AVÁDE]
certainty די/דאָס זיכערקייט
certifiable צום באַשטעטיקן
  (psych.) (אָנערקענט ווי) משוגע [MEShÚGE]
certificate דער צערטיפֿיקאַט, ־ן; דער אַטעסטאַט, ־ן; די באַשטעטיקונג, ־ען
certificate of deposit דער טערמיניקער איינלאָג, ־ן
certificate of incorporation דער אינקאָרפּאָריר־צערטיפֿיקאַט, ־ן
certification די אַטעסטירונג, ־ען; די אַטעסטאַציע, ־ס
certification board די אַטעסטיר־קאָמיסיע ‹־קאָלעגיע›, ־ס
certification test דער אַטעסטיר־עקזאַמען, ־ס
certified אַטעסטירט; באַשטעטיקט
certified letter דער איינשרייַבבריוו, –
certified public accountant דער אַטעסטירטער חשבון־פֿירער, ־ס; דער רואה־חשבון, ־ס [KhEZhBM] [RÓYE-KhÉZhBM]
certify אַטעסטירן; באַשטעטיקן; צערטיפֿיצירן
  certify election results באַשטעטיקן ‹אַטעסטירן› די וואַל־רעזולטאַטן
certitude די/דאָס פֿעסטע זיכערקייט ‹איבערגעצייַגטקייט›
cervical העלדזל...; האַלדז...
cervical canal דער העלדזל־קאַנאַל, ־ן
cervical cancer דער ראַק פֿונעם (מוטער־)העלדזל
cervical cap דאָס העלדזל־הייַבל, ־עך; די קאַפּקע, ־ס
cervical dil(at)ation דאָס עפֿענען זיך פֿונעם העלדזל; דער עפֿן־פּעריאָד
cervical lip די מוטערליפּ
cervical mucus דער העלדזלשלייַם
cervical spine די האַלדז־שדרה, ־ות; האַלדזוואַרבלען ל״ר [ShÉDRE]
cervix דאָס (מוטער־)העלדזל, ־עך
Cesarean section דער קייסערשניט, ־ן
  She had a Cesarean section מע האָט איר אָפּגענומען דאָס קינד דורך אַ קייסערשניט; מ׳האָט איר געמאַכט אַ קייסערשניט
cesium דער צעזיום
cessation דער אויפֿהער; דאָס אויפֿהערן
cesspit דער מיסטגרוב, ...גריבער
cesspool דער אָפּגאַנגגרוב, ...גריבער
  (*fig.*) דער מושבֿ [MÓYShEV]
c'est la vie אַזוי גייט דאָס לעבן; אַזוי דרייט זיך דאָס רעדל; וואָס קען מען טאָן?; אַזוי איז עס; אַזוי אי׳דאָס
cf. פֿ״גל [= פֿאַרגלייַכן]
CFO *see* **chief financial officer**
cg צג [= צענטיגראַם]
Chabad, *adj.* חבד־...; חבדער אינוו׳ [KhABÁDER] [KhABÁD]
Chabad, *n.* חב״ד [KhABÁD]
Chabadnik
  m./unsp. דער חבדניק, ־עס [KhABÁDNIK]
  f. די חבדניצע, ־ס [KhABÁDNITSE]
chacun à son gout יעדערער לויט זייַן געשמאַק; ווי בייַ וועמען
chad דאָס טשאַדל, ־עך
chador די טשאַדרע, ־ס
chafe אָנרייַבן
  (from heat/sweat) פּריִען
  (*fig.*) דענערווירט ‹אויפֿגעבראַכט› ווערן; צעהיצן זיך
chafed אָנגעריבן
  (from heat/sweat) אויסגעפּריִעט; צעפּריִעט
chaff די פּלעווע; די פּאָלאָווע; די מעקענע; דאָס פּסולת [PSÓYLES]
  separate the wheat from the chaff אָפּטיילן די פּלעווע פֿונעם ווייץ
chafing dish די פֿייַערקע, ־ס

chagrin, *n.* דאָס עגמת־נפֿש; די גריזאָטע; דער האַרצווייטיק; דער צער [ÁGMES-NÉFESh] [TSAR]
to my chagrin אויף צעפּיקעניש; צו מײַן טיפֿן באַדויערן ‹צער›
chagrin, *v.* פֿאַרשאַפֿן האַרצווייטיק ‹עגמת־נפֿש› [ÁGMES-NÉFESh]
be chagrined האָבן האַרצווייטיק ‹עגמת־נפֿש›
chain, *n.* די קייט, ־ן
put in chains אײַנקייטלען; שליסן ‹שמידן/קאָוועןן› אין קייטן
chain, *v.* צוקייטלען; פֿאַרקייטלען; אײַנקייטלען
chain bridge די קייטנבריק, ־ן
chained dog דער קייטהונט, ...הינט; דער הונט אויף דער קייט
Chained Woman (astr.) די געפֿענטעטע פֿרוי
chained woman (J./rel.) די עגונה, ־ות [AGÚNE]
chain gang צונויפֿגעקייטלטע קרימינאַלניקעס ל״ר
chain letter דער קייטלבריוו, –
chain-link fence דער קייטלפּלויט, ־ן; דער קייטלדיקער פּלויט, ־ן
chain of command די קאָמאַנדיר־קייט, ־ן
chain reaction די געקייטלטע רעאַקציע, ־ס
chainsaw די מאָטאָרזעג, ־ן
chain-smoke רייכערן אָן אויפֿהער
chain-smoker דער פֿאַרברענטער רייכערער, ־ס
be a chain-smoker רייכערן אָן אויפֿהער
chain stitch דער קייטנשטאָך ‹קייטלשטאָך›, ...שטעך
chain store די נעץ קראָמען
chair, *n.* דאָס בענקל, ־עך; די/דער שטול, ־ן
(**acad.**) די קאַטעדרע, ־ס
(**chairmanship**) דער פּאָרזיץ
(**chairperson**) דער פּאָרזיצער, ־ס
take a chair אַוועקזעצן זיך; אַנידערזעצן זיך
take the chair פֿאַרנעמען דעם פּאָרזיץ
chair, *v.* פֿירן דעם פּאָרזיץ (אויף); זײַן דער פּאָרזיצער (פֿון)
chairback דאָס רוקן־ווענטל, ־עך
chaired professor דער קאַטעדראַטיקער, ־ס
chaired professorship די קאַטעדרע, ־ס
chairlift די/דער הייבשטול, ־ן
chairman/chairperson דער פּאָרזיצער, ־ס
chairmanship דער פּאָרזיץ; די פּאָרזיצערשאַפֿט
chairwoman די פּאָרזיצערין, ־ס
chaise-longue דער שעזלאָנג, ־ען
chalet דער שאַלע, ־ען
chalice דער בעכער, ־ס; דער כּוס, ־ות [KOS, KÓYSES]
chalk, *n.* די/דאָס קרייד
piece of chalk דאָס קריידל, ־עך
chalk, *v.* שרײַבן מיט קרייד
chalk up to צורעכענען ‹צושרײַבן› צו
chalkboard דער טאָוול, ־ען
chalky קרייד...; ווי קרייד
challah די חלה, ־ות [KhÁLE]
(**braided**) דער קוילעטש, ־ן
(**round challah on Rosh Hashanah**) די פֿויגל־חלה, ־ות
challenge, *n.* דער אַרויסרוף, ־ן; דער פֿאַרמעסט, ־ן; דער אַרויספֿאָדער, ־ן; דער אַנו, ־ען
(**moral**) דער נסיון, ־ות [NISÓYEN, NISYÓYNES]
accept the challenge אָננעמען דעם אַרויסרוף ‹פֿאַרמעסט›
meet the challenge אָפּרופֿן זיך אויפֿן פֿאַרמעסט
challenge, *v.* אַרויסרופֿן; פֿאַרמעסטן זיך קעגן; אַרויספֿאָדערן
challenge authority קעגנשטעלן זיך דער מאַכט
challenge to a duel אַרויסרופֿן אויף אַ דועל
be challenged in האָבן צרות ‹שוועריקייטן› מיט [TSÓRES]
challenger דער אַרויסרופֿער, ־ס
(**spo.**) דער פּרעטענדענט, ־ן
challenging פֿאַרמעסטעריש; אַרויסרופֿעריש; שווער; האַרב
challenging times שווערע צײַטן
chamber, *n.* דער/דאָס צימער, ־ן; די קאַמער, ־ן; דאָס געמאַך, ־ן; דער חדר, ־ים [KhÉYDER, KhEDÓRIM]
(**of heart**) די (האַרץ)קאַמער, ־ן
(**of parliament**) די קאַמער, ־ן
chamber of commerce די האַנדל(ס)־קאַמער
judge's chambers דעם ריכטערס קאַבינעט
chamber ensemble דער קאַמער־אַנסאַמבל, ־ען
chambermaid דאָס קאַמערמיידל, ־עך; די צימער־באַדינערין, ־ס
chamber music די קאַמער־מוזיק
chamberpot דאָס נאַכטטעפּל, ־עך; דער נאַכטטאָפּ, ...טעפּ
chameleon דער כאַמעלעאָן, ־ען
chametz דער חמץ [KhÓMETS]
become chametz ווערן חמצדיק; נתחמץ ווערן [KhÓMETSDIK] [NISKhÁMETS]
chamfer דער אָלקער, ־ס
chamois, *adj.* זאַמשן ‹זעמשן›; געמזן
chamois, *n.*
(**zool.**) די געמזע, ־ס; די סאַרנע, ־ס
(**leather**) דער זאַמש ‹זעמש›; די געמזע
chamomile די רימעניק; דער רומיאַניק; די ראַמאַשקע
chamomile tea דער/די קאַמילן־טיי
champ דער טשעמפּיאָן, ־ען
champagne דער שאַמפּאַניער, ־ס
champion, *n.* דער טשעמפּיאָן, ־ען; דער מײַסטער, ־ס
(**of cause**) דער קעמפֿער, ־ס; דער פֿאַרטיידיקער, ־ס
champion, *v.* אָננעמען זיך פֿאַר; אָננעמען זיך + פּאָס' קריוודע
championship דער טשעמפּיאָנאַט, ־ן; די מײַסטערשאַפֿט, ־ן
chance, *adj.* צופֿעליק
a chance customer אַ צופֿעליקער קונה [KÓYNE]
a chance discovery אַ טראַפֿיקע ‹צופֿעליקע› אַנטדעקונג; אַן אומגעריכט געפֿינס
chance, *n.*
(**destiny**) דער/דאָס גורל; דאָס מזל [GOYRL] [MAZL]
(**occasion**) די געלעגנהייט, ־ן; דער שאַנס, ־ן; דער טראַף, ־ן
(**probability**) דער שאַנס, ־ן; די/דאָס מעגלעכקייט, ־ן
(**random**) דער צופֿאַל, ־ן; דער טראַף, ־ן
an even chance אפֿשר יאָ, אפֿשר נישט [ÉFShER]
by chance צופֿעליק; על־פּי צופֿאַל ‹טראַף› [ÁLPI]
by any chance אפֿשר
chances are that קער זײַן אַז; אַ סבֿרא אַז; גיכער פֿאַר אַלץ [SVÓRE]
game of chance דאָס גורל־שפּיל, ־ן
have an outside chance האָבן אַ קנאַפּן אויסבליק ‹אויסקוק›
It's the chance of a lifetime! איין מאָל אין לעבן טרעפֿט זיך אַזוינס!; ס'איז אַן איינמאָליקע געלעגנהייט!
law of chance דאָס טראַפֿגעזעץ
no chance בשום־אופֿן נישט; נישטאָ וואָס צו רעדן [BEShÚM-ÓYFN]
stand a chance האָבן די (קלענסטע) מעגלעכקייט
take a chance ריזיקירן; אײַנשטעלן
take a chance on (doing stg.) ווערב + אויף ריזיקע
take no chances נישט ריזיקירן ‹אײַנשטעלן›
chance, *v.*
vt. (**risk**) ריזיקירן; אײַנשטעלן

vi. **(happen)** מאַכן זיך; טרעפֿן
chance upon טרעפֿן צופֿעליק
chancellor
m./unsp. דער קאַנצלער, ־ס
f. די קאַנצלערין, ־ס
chancre דער שאַנקער, ־ס
chancy ריזיקאַליש; נישט־זיכער
chandelier דער קאַנדעלאַבער, ־ס; די לוסטרע, ־ס; דער הענגלײַכטער, ־ס
change, *n.* דער (איבער)בײַט, ־ן; די שינוי, ־ים; די ·ענדערונג, ־ען [ShÍNE, ShINÚIM]
(money returned) דער/די/דאָס רעשט; דער אויסגאָב
(small change) דאָס קלײנגעלט; דאָס מינץ; דער/די/דאָס רעשט
change of clothes דאָס/די פֿרישע װעש; די איבעריקע פּאָר קלײדער
change of currency דער חילוף [KhÍLEF]
for a change אין ‹פֿאַר› אַ נאָװענע
have a change of heart באַרעכענען זיך
make a change מאַכן אַ בײַט; בײַטן
make change אויסבײַטן; צעבײַטן; געבן רעשט
change, *v.*
vt./vi. imp. בײַטן (זיך); אַנדערשן (זיך); ·ענדערן (זיך)
vt./vi. pf. איבערבײַטן (זיך); איבערמאַכן (זיך); איבעראַנדערשן (זיך)
change a bandage איבערבאַנדאַזשירן
change a diaper איבערפּאַקן; איבערװינדלען; איבערװיקלען
change a tire איבערבײַטן אַ רײף
change color מיניע|ן זיך; בײַטן דעם קאָליר
change course בײַטן דעם מאַרשרוט ‹פּלאַן›
change for another train איבערזעצן זיך אויף אַ צװײטער באַן
change from ... to אַריבערגײן פֿון ... אויף
change hands אַריבערגײן פֿון ... צו ...; איבערגײן פֿון האַנט צו האַנט
change into (clothing) איבערטאָן ‹איבערקלײדן› זיך אין
change lanes אַריבערשפּאַלירן; אַריבערפֿאָרן אין אַ צװײטן שפּאַליר
change money אויסבײַטן; צעבײַטן
change one's seat איבערזעצן זיך
change one's ways אויסמענטשלען זיך; װערן אַ לײַט
change out of one's clothes איבערטאָן זיך (די קלײדער)
change over to איבערבײַטן אויף; אַריבערגײן אין
change places with אויסבײַטן זיך (מיט די ערטער)
change seats איבערזעצן זיך
change stg. for the better פֿאַרבעסערן
change the bed/linens אָנציִען ‹איבערציִען› דאָס בעטגעװאַנט; איבערציִען די לײַלעכער
change the way one does business (*fig.*) בײַטן דעם שטײגער
change with the times בײַטן זיך מיט די צײַטן
Let's change the subject לאָמיר רעדן װעגן עפּעס אַנדערש; לאָמיר רעדן פֿון פֿרײלעכערע זאַכן
changeable בײַטעװדיק
change booth די קלײנגעלט־בודקע, ־ס
change of life די מענאָפּויזע; דער איבערגאַנג־פּעריאָד
change of venue דער בײַט אין אָרט; דער שינוי־מקום [ShÍNE-MÓKEM]
changeover דער איבערבײַט, ־ן
changing of the guard דער װאַך־איבערבײַט, ־ן

(*fig.*) דור הולך (ודור באָ) [DOR HÓYLEKh (VEDÓR BO)]
changing pad דאָס װינדל־קישעלע, ־ך
changing room דער גאַרדעראָב, ־ן
changing table דאָס װינדל־טישל, ־עך
channel, *n.* דער קאַנאַל, ־ן
(conduit) דער דורכפֿירװעג, ־ן; די/דער רער, ־ן
(connection/*fig.*) דער צינור, ־ות [TSÍNER, TSINÓYRES]
through the usual channels לויטן אָנגענומענעם שטײגער; מיטן אָנגענומענעם װעג; דורך די געהעריקע אינסטאַנצן; װי סע פֿירט זיך
channel, *v.* צילעװע|ן; קערעװע|ן; װענדן; ריכטעװע|ן
channel sb. אַרײַנלעבן זיך אין
channel-surfing דאָס כּסדרדיקע בײַטן די קאַנאַלן; דאָס בײַטן פֿון אײן קאַנאַל אויפֿן צװײטן [KESÉYDERDIKE]
chant, *n.* דאָס געזאַנג, ־ען
chant, *v.*
(sing) זינגען
chant a slogan כּסדר איבערחזרן ‹אויסרופֿן› אַ לאָזונג [KESÉYDER] [ÍBERKhÁZERN]
chant one's disapproval אויסדריקן + פּאָס' אומצופֿרידנקײט
chant unintelligibly בלעקעכצן; בלעקע|ן
chanteuse די (שלאַגער־)זינגערין, ־ס
Chanukkah דער חנוכּה [KhÁNIKE/KhÁNUKE]
chaos דער כאַאָס; די/דאָס כאַאָטישקײט; דער באַלאַגאַן; דער װירװאַר ‹װירװאַר›; דער תּוהו־ובֿוהו [TOYEVÓYE]
chaotic כאַאָטיש
It was very chaotic ס'האָט זיך געטאָן (שװאַרץ־)חושך [KhÓYShEKh]
chap, *n.* דער בחור, ־ים; דער יאַט, ־ן [BÓKhER, BÓKhERIM/BOKhÚRIM]
chap, *v.* צעפּיקע|ן; צעטרעשטשע|ן; צעפּאַדע(ר)ן
chapel די קאַפּעל, ־ן
(J.) דאָס שולכל ‹שילכל›, ־עך; דאָס שטיבל, ־עך; די קלויז, ־ן; דאָס קלײַזל, ־עך
(Chr.) די קאַפּליצע, ־ס
chaperon, *n.*
m./unsp. דער שאַפּעראָן, ־ען; דער שומר, ־ים; דער באַ(ג)לײטער, ־ס [ShÓYMER, ShÓMRIM]
f. די שומרטע, ־ס; די באַ(ג)לײטערין, ־ס [ShÓYMERTE]
chaperon, *v.* באַשומרן; באַ(ג)לײטן [BAShÓYMERN]
chaplain דער קאַפּלאַן, ־ען
chapped צעפּיקעט; צעטרעשטשעט; צעפּאַדע(ר)ט
chapter דאָס/דער קאַפּיטל, ־עך/־ען
(branch) די פֿיליע, ־ס; דער פֿיליאַל, ־ן
(Bib.) דער פּרק, ־ים [PÉYREK, PRÓKIM]
cite chapter and verse (*fig.*) אָנגעבן דעם פּינקטלעכן מקור [MÓKER]
char, *n.* קוילן ל"ר
char, *v.* פֿאַרקוילן; פֿאַרשרפֿע|ן [FARSÁRFEN]
character
(in story) דער העלד, ־ן; דער פּערסאָנאַזש, ־ן; דער פּאַרשוין, ־ען
(nature) דער כאַראַקטער, ־ס; די טבֿע, ־ס; דער מזג, ־ן [TÉVE] [MÉZEG]
(odd person) דער טשודאַק, ־עס; די מאָדנע בריאה, ־ות; דער פּאַרשוין, ־ען; דער טיפּ, ־ן [BRÍE]
(typ.) דער שריפֿטצײכן, ־ס; דער סימבאָל, ־ן; דער אות, ־יות [OS, ÓYSYES]
in character כאַראַקטעריסטיש; טיפּיש
out of character גאָר נישט כאַראַקטעריסטיש ‹טיפּיש›; גאָר אומגעריכט

What a character! אוי, איז דאָס אַ טשודאַק ‹פֿויגל›!; טאַטע יונה, האָסט אַ סך אַזוינע? [YÓYNE] [SAKh]

character actor דער כאַראַקטער־אַקטיאָר, ־ן

character assassination דאָס באַשמוצן; דאָס פֿאַרשוואַרצן ‹פֿאַרמיאוסן› + דאַט׳ דאָס פּנים [FARMÍESN] [PÓNEM]

character code דער סימבאָלן־קאָד, ־ן

character defect דער כאַראַקטער־דעפֿעקט, ־ן

characteristic, *adj.* כאַראַקטעריסטיש; טיפּיש

characteristic, *n.* דער שטריך, ־ן; די/דאָס אייגנקייט, ־ן; די ׳אייגנשאַפֿט, ־ן

characterization די כאַראַקטעריסטיק, ־עס

characterize כאַראַקטעריזירן

character role די כאַראַקטער־ראָלע, ־ס

character set דער קאָמפּלעט שריפֿטצייכנס

charade דער שאַראַד, ־ן

play charades שפּילן אין שאַראַדן

charcoal, *adj.* קוילנ...

(color) שוואַרץ גראָ

charcoal, *n.* האָלצקוילן ל״ר

(artist's) קוילן ל״ר

(drawing) די קוילן־צייכענונג, ־ען

charcoal burner דער קוילן־ברענער, ־ס

charcoal filter דער קוילן־פֿילטער, ־ס

charcoal fumes דער טשאַד

chard דער בלעטער־בוריק; די באָטשווינע

charge, *n.*

(fee) [HOYTSÓE/HETSÓE] די הוצאה, ־אָות; דער אָפּצאָל, ־ן

(elec.) דער (עלעקטרישער) אָנלאָד, ־ן; די לאָדונג, ־ען

(explosive) די אויפֿרייס־‹דינאַמיט־›לאָדונג

(attack) דער אָנפֿאַל, ־ן; דער שטורעם, ־ס; דער אַטאַק, ־ן

(jur.) דער אָנקלאָג, ־ן; די באַשולדיקונג, ־ען; דער אויפֿוואָרף, ־ן

(supervision) דער אויפֿזע; די השגחה [HAZhGÓKhE/HAShGÓKhE]

(child) דאָס קעסטקינד, ־ער; דער האָדעוואַניק, ־עס

at a small charge פֿאַר אַ קליינעם אָפּצאָל ‹פּרייַז›

be in charge זייַן דער ממונה; אָנפֿירן; זייַן דער דעה־זאָגער; פֿירן דאָס רעדל; שטיין אין (דער) שפּיץ [MEMÚNE] [DÉYE]

drop charges אַנולירן דעם אָנקלאָג

person in charge דער בעל־אַחריות; בעלי־...; דער ממונה, ־ים [BALAKhRÁYES, BÁLE-...] [MEMÚNIM]

No one's in charge אַ שיף אָן אַ קאַפּיטאַן; נישטאָ קיין אַדרעס; אין מלך לבירה [EYN MÉYLEKh LEBÍRE]

press charges אָנקלאָגן

take charge איבערנעמען די ממשלה ‹קאָמאַנדע/ פֿירערשאַפֿט› [MEMShÓLE]

take charge of one's life נעמען זיך אין די הענט אַרייַן; אָנפֿירן מיטן אייגענעם לעבן

charge, *v.*

(a fee) רעכענען

(a device) אָנלאָדן

(attack) אַטאַקירן; שטורעמען; אָנפֿאַלן אויף

charge the ball צולויפֿן צום באַלעם; באַפֿאַלן ‹שטורעמען› דעם באַלעם

charge to sb.'s account פֿאַררעכענען + דאַט׳; צושרייַבן צו + פּאָס׳ חשבון [KhEZhBM]

charge with a responsibility אַרויפֿלייגן אויף + דאַט׳ דאָס אַחריות; אויפֿגעבן + דאַט׳ צו [AKhRÁYES]

charge with באַשולדיקן אין; אָנקלאָגן אין; אויפֿוואַרפֿן + דאַט׳

Charge! אַטאַקירן!; שטורעמען!

chargeable אָנלאָד(עווד)יק

charge account די פֿאַררעכן־קאָנטע, ־ס; די באָרגקאָנטע, ־ס

charge card דאָס קרעדיט־קאַרטל, ־עך

charged אָנגעלאָדן

charged with emotion עמאָציאָנעל אָנגעלאָדן

charged particle דאָס אָנגעלאָדענע טייל(ע)כל, ־עך

charger דער אָנלאָדער, ־ס

charge sheet דער (פּאָליציי־)רייסטער, ־ס

chariot די קאָרעטע ‹קאַרעטע›, ־ס; דער רייַטוואָגן, ־ס

(mil.) דער קאַמפֿוואָגן, ־ס

charisma די כאַריזמע

charismatic כאַריזמאַטיש

charitable

(organization) צדקה־...; וווילטויִק [TSDÓKE]

charitable person *m./unsp.* דער בעל־צדקה, בעלי־...; דער נדבן, ־ים [BALTSDÓKE, BÁLE-...] [NADVN, NADVÓNIM]

charitable person (*f.*) די בעל־צדקהטע, ־ס; די נדבֿנטע, ־ס [BALTSDÓKETE] [NÁDVNTE]

charitable cause די צדקה [TSDÓKE]

charitable deduction די צדקה־שטייַער־הנחה, ־ות [TSDÓKE] [HANÓKhE]

charitable gift דאָס צדקה־געלט [TSDÓKE]

charitable gift annuity דאָס צדקה־יאָרגעלט [TSDÓKE]

charitable giving דאָס געבן ‹טיילן› צדקה [TSDÓKE]

charity

(goodwill) די/דאָס באַרעמהאַרציקייט; דאָס צידקות; רחמים ל״ר [TSÍTKES] [RÁKhMIM]

(philanthropy) די צדקה [TSDÓKE]

(institution) די צדקה־אָרגאַניזאַציע, ־ס

be a charity case לעבן פֿון קיצבֿה; זייַן אויף צדקה [KÍTSVE]

Charity begins at home צו ערשט באַזאָרגט מען זיך אַליין

give to charity געבן צדקה

I'm not a charity case אויף מיר דאַרף מען קיין רחמנות נישט האָבן; סע פֿעלט מיר גאָרנישט [RAKhMÓNES]

charivari דאָס געפּילדער; די קאַקאָפֿאָניע

charlady *see* **charwoman**

charlatan דער שאַרלאַטאַן, ־ען

charlatanic שאַרלאַטאַנסקע

charlatanism די שאַרלאַטאַנסטווע

charley horse דער (פֿוס)קראַמפּ, ־ן; דער אָנגעצויגענער מוסקל

charm, *n.*

(amulet) די קמיע, ־ות; דער אַמולעט, ־ן [KAMÉYE]

(attractiveness) דער שאַרם; דער חן; דער כּישוף [KhEYN] [KÍShEF]

(pendant) דאָס באָמבעלע, ־ך; דאָס באָמבערל, ־עך; דער ברעלאָק, ־עס

feminine charms דער ווייַבערישער כּישוף ‹חן›

go on a charm offensive אויספּועלן ‹איבערצייַגן/ איבערצייַגן› מיט חן און חניפֿה [ÓYSPÓY(E)LN] [Kh(A)NÍFE]

charm, *v.* נושא־חן זייַן ביי; פֿאַרכּישופֿן [NÓYSE-KhÉYN] [FARKÍShEFN]

charm bracelet דער באַהאָנגענער בראַסלעט, ־ן

charmed פֿאַרכּישופֿט [FARKÍShEFT]

Charmed, I'm sure! זייער אייַנגענעם!

lead a charmed life לעבן ‹האָבן› אַ מזלדיק לעבן [MÁZLDIK]

charmer דער פֿאַרכּישופֿער, –; דער באַחנער, –; דער חונף, ־ים [FARKÍShEFER] [BAKhÉYNER] [KhÓYNEF, KhÓNFIM]

charming שאַרמאַנט; חנעוודיק; מלא־חן; באַחנט [KhÉYNEVDIK] [MÓLE-KhÉYN] [BAKhÉYNT]
  be very charming האָבן טויזנט חנען; האָבן דעם זיבעטן חן [KhÉYNEN]
charnel house דער סקלעפּ, ־ן; דער אָסואַר, ־ן
charred פֿאַרקוילט; פֿאַרשרפֿעט [FARSÁRFET]
  charred remains דאָס פֿאַרקוילטע ‹פֿאַרשרפֿעטע› געביין ל״י [FARSÁRFETE]
chart, *n.* די טאַבעלע, ־ס; די דיאַגראַם, ־ען
  (map) די קאַרטע, ־ס; די מאַפּע, ־ס
  (naut.) די ים־קאַרטע‹־מאַפּע›, ־ס [YAM]
  the charts (mus.) דער שלאַגער־פּאַראַד
chart, *v.* דיאַגראַמירן; פֿאַרצייכענען אויף אַ דיאַגראַם; אויספּלאַנירן
  chart a course פּלאַנירן דעם מאַרשרוט; פֿאַרלייגן אַ פּלאַן
charter, *n.*
  (document) דער טשאַרטער, ־ס; די כאַרטיע, ־ס
  (franchise) די קאָנצעסיע, ־ס
charter, *v.*
  (establish) פֿאַרלייגן ‹עטאַבלירן› לויט אַ טשאַרטער
  (lease) דינגען
charter bus דער טשאַרטערבוס, ־ן; דער געדונגענער אויטאָבוס, ־ן
charter flight דער טשאַרטערפֿלי, ־ען
charter school די טשאַרטערשול, ־ן
chartreuse, *adj.* העל גרין
chartreuse, *n.* דער שאַרטרעז
charwoman די ראָמערקע ‹רוימערקע›, ־ס; די באַדינערין, ־ס
chary אָפּגעהיט
  be chary of היטן זיך פֿאַר
chase, *n.* די יאָג, ־ן; דאָס נאָכיאָגעניש, ־ן; דאָס געיעג, ־ן
  give chase to לאָזן זיך (נאָכלויפֿן) נאָך
chase, *v.* נאָכלויפֿן נאָך; יאָגן; נאָכיאָגן זיך נאָך
  chase away אָפּטרייבן; אַוועקטרייבן; (אַ)דורכטרייבן; אַוועקיאָגן; (אַ)דורכיאָגן
chaser [RÓYDEF, RÓDFIM] דער נאָכיאָגער, ־ס; דער רודף, ־ים
  (drink) דער פֿאַרטרינק, ־ען
  (engraver) דער גראַווירער, ־ס
  (tool) דער גווינט־שניידער, ־ס
chasm [THOM] דער תּהום, ־ען; דער אָפּגרונט, ־ן
chassé דער שאַסיי, ־ען
chassis דער שאַסי, ־ען; די רעם, ־ען
chaste [TSNÍESDIK] צניעותדיק; אומשולדיק; ריין
  chaste woman [TSNÚE] די צנועה, ־ות
chasten
  (discipline) [BÓLEK] אָנלערנען; לערנען בלק מיט
  (purify) רייניקן
  be chastened by אָפּלערנען זיך פֿון; באַצאָלן רבי־געלט פֿאַר [RÉBE]
chastise אויסמוסרן; אויסשטראָפֿן; אָנלערנען; קעסטיקן [ÓYSMÚSERN]
chastisement די שטראָף
chastity [TSNÍES] דאָס (סעקסועלע) צניעות
chastity belt [TSNÍES] די צניעות־פּאַס, ־ן
chat, *n.* דער שמועס, ־ן
chat, *v.* כאַפּן אַ שמועס; שמועסן; מאַטלען
  chat up אונטערשפּילן זיך מיט; פֿליאַדרעווע(ו)ן; טשאַדעו(ן)
chateau דער פּאַלאַץ, ...אַצן
chat room די שמועסזאַל, ־ן
chattels [METÁLTELIM] [METÁLTELN] מטלטלים; מטלטלין
chatter, *n.* דאָס געפּלאַפּל; דאָס פּלאַפּלעניש; דער פּלויש; דאָס גראַגעריי; צעשויבערטע רייד ל״ר
chatter, *v.* פּלאַפּלען; פּלוידערן; באַלעבעטשעו(ן); פּלוישן; גראַגערן
  Her teeth are chattering סע קלאַפּט איר אַ צאָן אין אַ צאָן; זי פּויקט מיט די ציין
chatterbox דער פּלאַפּלער, ־ס; דער פּלוידערער, ־ס; דער פּלוידערזאַק, ...זעק; דער יאַבעדניק, ־עס; די באַראַבאַליכע, ־ס
chatty באַרעדעוודיק
chauffeur, *n.* דער שאָפֿער, ־ן
  chauffeur-driven limousine דער לימוזין מיט אַ שאָפֿער
chauffeur, *v.*
  vt. אָפּפֿירן
  vi. שאָפֿירן
chauvinism דער שאָוויניזם
chauvinist, *n.*
  m./unsp. דער שאָוויניסט, ־ן
  f. די שאָוויניסטקע, ־ס
chauvinistic שאָוויניסטיש
cheap [BEZÓL] ביליק; וואָלוול; בזול פּר׳
  (miserly) [KAMTSÓNISh] קאַרג; קמצניש
  (second-rate) טאַנדעט; קנאַפּווערטיק
  be cheap (inexpensive) [ZOL] זיין אַ זול אויף אומפּ׳ + פּ״ק
  Apples are cheap today ס׳איז היינט אַ זול אויף עפּל; עפּל זענען היינט וואָלוול ‹ביליק›
  on the cheap פֿאַר וואָלוול ‹ביליק›; ביליקערהייט
cheapen
  vt. פֿאַרביליקן; פֿאַרוועלוולען
  vi. ביליקער ‹וועלוולער› ווערן
  (make vulgar) [MEZÁLZL] [FARMÍESN] מזלזל זיין; פֿאַרמיאוסן
cheaply ביליקערהייט
  very cheaply [BEKhÓTSE-KhÍNEM] [BEZÓL] בחצי־חינם; האַלב אומזיסט; בזול
cheapness [ZOL] דער זול; די/דאָס ביליקייט
cheap shot דער זעץ אונטערן גאַרטל
cheapskate דער קמצן, ־ים; דער קמצניוק, ־עס; דער חזיר, ־ים [KAMTSN, KAMTSÓNIM] [KAMTSENYÚK] [KhÁZER, KhAZÉYRIM]
cheat, *n.* דער שווינדלער, ־ס; דער שווינדלאַק, ־עס; דער אָפּנאַרער, ־ס; דער פּלוט, ־ן
cheat, *v.*
  vt. **(swindle)** באַשווינדלען; אָפּנאַרן; פּלוטע(ווע)ן; באַרע(ן)
  vt. **(be unfaithful)** זיין אומגעטריי + דאַט׳
  vi. שווינדלען; פֿעלשן; פֿעלשעווע(ן); דרייען
  cheat death [MALEKhAMÓVES] אָפּנאַרן דעם מלאך־המוות
  cheat in cards פֿעלשן אין די קאָרטן
  cheat on an exam אָפּנאַרן; פֿעלשן ‹פֿעלשעווע(ן)› ביי אַן עקזאַמען
  cheat sb. out of stg. אויסנאַרן + אַק׳ ביי + דאַט׳
cheater
  m./unsp. דער פֿעלשער, ־ס
  f. די פֿעלשערטע, ־ס
  Cheaters never prosper! דער וואָס גראָבט אַ גרוב פֿאַר יענעם פֿאַלט אַליין אַריין!; מולירן הייסט פֿאַרלירן!
cheating, *n.* דאָס פֿעלשעווען; די קרוטשקע
cheat sheet די שפּאַרגאַלקע, ־ס
Chechen, *adj.* טשעטשעניש
Chechen, *n.*
  m./unsp. דער טשעטשעניער, –
  f. די טשעטשעניערין, ־ס
Chechnya (די) טשעטשניע
check,[1] *n.*
  (control) דער קאָנטראָל, ־ן

(money) דער טשעק, ־ן
(symbol) דאָס פּײַגעלע, ־ך
(hockey) דער שטויס, ־ן
in check (chess) אין שאַך
checks and balances דער קעגנאַנאַנדיקער קאָנטראָל
keep one's anger in check [KÁAS] אײַנהאַלטן דעם כּעס
keep sb. in check (restrain) האַלטן אין צוויק; אײַנצאַמען
put in check (chess) (אָנ)זאָגן שאַך
check,[2] *n.* **(pattern)** דאָס קעסטעלע, ־ך; דאָס קעסטל, ־עך
check, *v.*
vt. **(control)** קאָנטראָלירן; באַקוקן; איבערקוקן; איבערזעון
vt. **(make check mark)** שטעלן ‹מאַכן› אַ פּײַגעלע (בײַ)
vi. **(be consistent)** שטימען
(hockey) שטויסן
check in רעגיסטרירן זיך; אײַנשרײַבן זיך; מעלדן זיך
check off שטעלן ‹מאַכן› אַ פּײַגעלע
check on stg. זען צי ... איז אין אָרדענונג
check one's baggage אײַנשרײַבן ‹אַוועקגעבן/אָפּגעבן› דעם באַגאַזש; אַוועקגעבן אין ‹אויף› באַגאַזש
check one's coats אַוועקגעבן אין גאַרדעראָב
check one's facts קאָנטראָלירן די פֿאַקטן
check one's gun קאָנטראָלירן די ביקס
check out (inspect) באַקוקן; איבערקוקן
check out (of hotel) אויסשרײַבן זיך
check over איבערקוקן
Check this out! גיב ‹גיט› נאָר אַ קוק!
check through (אַ)דורכקאָנטראָלירן
check up on קאָנטראָלירן; נאָכקוקן
Check! (chess) שאַך!
checkbook דאָס טשעקביכל, ־עך
checkbox דאָס (פּײַגעלע־)קעסטעלע, ־ך
check-cashing store די קאַסירערײַ, ־ען
checked געקעסטלט; געקראַטע(ווע)ט
(phon.) געשלאָסן; געדעקט
checker
(game piece) די דאַמקע, ־ס; דער ציגל, –
(person) דער קאָנטראָלירער, ־ס; דער איבערקוקער, ־ס
checkerboard דאָס/די דאַמקעברעט, ־ער
checkered געקעסטלט; געקראַטע(ווע)ט
He has a checkered past ער האָט אויסגעדינט אַלע עבֿודה־זרות [AVÓYDE-ZÓRES]
checkers דאַמקעס; דער דאַם
play checkers שפּילן אין דאַמקעס
check-in די רעגיסטראַציע; דאָס אײַנשרײַבן זיך
check-in counter דאָס אײַנשרײַב־פֿענצטערל, ־עך; די סטויקע, ־ס
checking account די טשעקקאָנטע, ־ס
check-in time [ShO] די אײַנשרײַב־שעה, ־ען
checklist די קאָנטראָלירקע, ־ס
checkmark דאָס פּײַגעלע, ־ך
checkmate, *n.* דער (שאַכ)מאַט, ־ן
checkmate, *v.* מאַכן + דאַט' שאַכמאַט; מאַכן ‹געבן› + דאַט' מאַט; מאַטן
Checkmate! (שאַכ)מאַט!
checkout דאָס אויסשרײַבן זיך
checkout counter דאָס באַצאָל־פֿענצטערל, ־עך; די סטויקע, ־ס
checkout lane די באַצאָלריי, ־ען
checkout time [ShO] די אויסשרײַב־שעה, ־ען

checkpoint דער קאָנטראָליר־פּונקט, ־ן; די פֿאַרהאַלט־סטאַנציע, ־ס
checkroom דער גאַרדעראָב, ־ן
check stub דאָס בלײַבל, ־עך
checkup
(inspection) דער קאָנטראָל, ־ן
(med.) די (גוף־)באַטראַכטונג, ־ען; די מעדיציניש באַטראַכטונג, ־ען
go for a checkup לאָזן זיך מעדיציניש באַטראַכטן; גיין אויף אַ גוף־באַטראַכטונג
check valve דאָס קאָנטראָל־קראַנטל, ־עך
Cheddar cheese דער טשעדאַרער קעז
cheek, *n.* די באַק, ־ן
(of child) דאָס בעקעלע, ־ך; דאָס בעקל, ־עך
(impudence) די חוצפּה; פֿאַרשטאָכענע אויגן ל"ר [KhÚTSPE]
cheek by jowl זײַט בײַ זײַט; האַנט בײַ האַנט
turn the other cheek אונטערשטעלן די צווייטע באַק
cheek, *v.* **(a pill)** לייגן אונטערן ‹הינטערן› אויער
cheekbone דער באַקביין, ־ער; דער יאַכביין, ־ער
cheekiness [KhÚTSPE] די חוצפּה
cheek-kissing דאָס קושן זיך אין די באַקן
cheeky [KhÚTSPEDIK] חוצפּהדיק; שקאָציש
cheer, *n.*
(gaiety) די/דאָס פֿריילעכקייט; די/דאָס מונטערקייט; די פֿריילעכע שטימונג; די לוסט
(shout) דער הוראַ, ־ען
cheer, *v.*
vt. מונטערן
vi. שרײַען הוראַ
cheer on אָנמוטיקן
cheer up אויפֿמונטערן; פֿאַרגרינגערן + דאַט' דאָס געמיט; אויפֿפֿריילעכן; אויפֿטשוכע(נ)ן
cheerful פֿריילעך; מונטער; לוסטיק; אויפֿגעלייגט
cheerfulness די/דאָס פֿריילעכקייט; די/דאָס מונטערקייט
cheering, *adj.* מוטיקנדיק
cheering, *n.* דאָס שרײַען הוראַ; דאָס הוראַ־געשריי
Cheerio! זײַ(ט) מיר געזונט!
cheerleader
m./unsp. דער הוראַניק, ־עס; דער הוראַ־שרײַער, ־ס
f. די הוראַניצע, ־ס; די הוראַ־שרײַערין, ־ס
cheerleading, *n.* דאָס שרײַען הוראַ
cheerleading squad די הוראַ־קאָמאַנדע, ־ס
cheerless [ÁTSVESDIK] אומעטיק; אָן פֿרייד; עצבֿותדיק
cheerlessness [ÁTSVES] דאָס עצבֿות
Cheers! [LEKhÁYEM] לחיים!
cheery *see* **cheerful**
cheese דער קעז, ־ן
make cheese (spit up) קריקגעבן ‹צוריקגעבן/מאַכן› צוואָרעך
big cheese די גרויסע שישקע; דער גרויסער קנאַקער; דער גאַנצער מאַכער
cheeseburger דער קעזבורגער, ־ס
cheesecake דער קעזקוכן, ־ס; דער קעזטאָרט, ־ן
cheesecloth דאָס קעזזעקל, ־עך
cheese factory די קעזערײַ, ־ען
cheesemaker דער קעזקאָכער, ־ס
cheese melt ... מיט צעלאָזטן קעז
cheese pancake די קעזלאַטקע, ־ס
cheesy ווי קעז
(banal) אויסגעדראָשן; באַנאַל
cheetah דער גייער־לעמפּערט, ־ן; דער געפּאַרד, ־ן
chef דער קוכער, ־ס

chef-d'oeuvre דער שעדעווער, ־ס
chelate כעלאַטיזירן
chelation therapy די כעלאַט־טעראַפּיע
chemical, *adj.* כעמיש
chemical, *n.* די כעמיקאַליע, ־ס
chemicals כעמיקאַליעס; כעמישע שטאָפֿן; דאָס כעמישוואַרג קאָל'
chemical compound די כעמישע פֿאַרבינדונג, ־ען
chemical engineer דער כעמישער אינזשעניר, ־ן
chemical engineering די כעמישע אינזשעניריע; דאָס כעמישע אינזשענירערײַ; די כעמאַטעכניק
chemical equation די כעמישע גלײַכונג, ־ען
chemical formula די כעמישע פֿאָרמל, ־ען
chemical plant די כעמישע פֿאַבריק, ־ן
chemical reaction די כעמישע רעאַקציע, ־ס
chemical symbol די כעמישע באַצייכענונג, ־ען
chemical warhead דאָס כעמישע אויפֿרײַס־קעפּל, ־עך
chemical weapons דאָס כעמישע געווער קאָל'
chemist דער כעמיקער, ־ס
(pharmacist) דער אַפּטייקער, ־ס
chemistry די כעמיע
(between people) דאָס עפּעסל; דאָס פּינטעלע; דער צוצי
There's no chemistry ס'פֿעלט דאָס עפּעסל ‹פּינטעלע›; ס'פֿעלט עפּעס
chemobrain
suffer from chemobrain זײַן פּריטשמעליעט פֿון דער כעמאָטעראַפּיע
chemotherapeutic agent דער כעמאָטעראַפּעווטישער מעדיקאַמענט, ־ן
chemotherapy די כעמאָטעראַפּיע
cherish האַלטן (פֿאַר) טײַער; אָפּהיטן (ווי דאָס אויג אין קאָפּ)
cherished, *adj.* טײַער (געהאַלטן)
Chernivtsi/Chernovtsy *see* **Czernowitz**
cherry, *adj.* קאַרשן
cherry, *n.* די קאַרש, ־ן; דאָס קאַרשל, ־עך; דאָס קאַרשעלע, ־ך
sour cherry דער ווײַנשל, –
the cherry on the cake דאָס לעצטע און בעסטע
cherry brandy דער ווישני(אַ)ק
cherry-pick אויסקלײַבן דאָס סאַמע בעסטע
cherry-picker דער קאַרשן־לייטער, ־ס
cherry red קאַרשן רויט
cherry tomato דאָס קאַרשן־פּאָמידאָרקעלע, ־ך
cherry tree דער קאַרשנבוים, ...ביימער
cherub דער כּרובֿ, ־ים [KRUV]
cherubic כּרובֿיש; ווי אַ מלאך [KRÚVISh] [MÁLEKh]
chervil דער קערוויל
Cheshvan (דער) חשוון [KhEZhVN]
chess דער שאָך ‹שאַך›; דער שאַכמאַט
chessboard דאָס/די שאָכברעט, ־ער
chessman/chess piece די (שאָכ)פֿיגור, ־ן
chess player
m./unsp. דער שאָכשפּילער, ־ס; דער שאַכמאַטיסט, ־ן
f. די שאָכשפּילערין, ־ס; די שאַכמאַטיסטקע, ־ס
chess set דער שאָך, ־ן
chess tournament דער שאָכטורניר, ־ן
chest
(breast) די ברוסט; דער ברוסטקאַסטן, ־ס; דאָס האַרצבערטל, ־עך
(container) דער קופֿערט, ־ן; דער קאַסטן, ־ס
chest of drawers דער קאָמאָד, ־ן
get stg. off one's chest אַראָפּרעדן זיך פֿון האַרצן; אויסלאָדן ‹אויסרעדן זיך› דאָס האַרץ; אַראָפּלאָדן פֿון האַרץ
chest hair ברוסטהאָר ל"ר
chestnut די קעסט, ־ן; דער קאַשטן, קאַשטאַנעס
(tree) דער קעסטנבוים, ...ביימער; דער קאַשט(אַ)נבוים, ...ביימער
chestnut brown קאַשטאַנען ברוין; קאַשטאַנעווע; קאַרע; שאַטען פֿר'
chest pain דער ברוסטווייטיק, ־ן; דער ווייטיק אין ברוסט
chest pass/throw דער ברוסטוואָרף, ־ן
chest-thumping דאָס באַרימערײַ
chest tightness דער דרוק אין ברוסטקאַסטן
chest voice דער ברוסטטאָן; דאָס ברוסט־קול [KOL]
chesty אויסגעבוזעמט
be chesty האָבן הויפֿשלעכע בריסט ‹ברוסטן›
chevron דער שעווראָן, ־ען
chew, *n.* דאָס קײַעכץ
chew, *v.*
imp. קײַען ‹קײַע|ן›
pf. צעקײַען ‹צעקײַע|ן›
chew a hole in (אַ)דורכבײַסן; (אַ)דורכגריזשע|ן
chew one's nails בײַסן ‹קײַען› זיך די נעגל
chew out אויסזידלען; אויסמוסרן [ÓYSMÚSERN]
chew over גוט איבערקלערן
chew the cud מעלה־גירה|ן [MAL(E)GÉYREN]
chew the fat פּלאַפּלען; סתּם רעדן [STAM]
chewing gum די קײַגומע
chewing tobacco דער קײַטאַביק
chewy קײַעוודיק
chibouk דער ליולקע־ציביק, ־עס
chic, *adj.* לעצטמאָדיש; מיט שיק; עלעגאַנט
chic, *n.* דער שיק; די עלעגאַנץ
Chicago (די) שיקאַגע
chicane שיקאַנירן; יאַבעדעווע|ן
chicanery די שיקאַנע; דאָס אָפּנאַרערײַ; דער שווינדל; דאָס דריידל; דאָס רמאָות [RAMÓES]
chick דאָס הינדעלע, ־ך; דאָס פּויקעלע, ־ך; דאָס קורטשיקל, ־עך
(woman/slg.) דאָס שעכטל, ־עך; די יאָלדעווקע, ־ס
newly hatched chick דאָס פֿריש אויסגעפּיקטע הינדעלע ‹פּויקעלע›
Here, chicky, chicky! טשיפּ־טשיפּ!
chicken, *adj.*
(of a chicken) הינדל...; הינער...; הינערן; הינערש; עופֿות־... [ÓYFES]
(cowardly) פּחדליווע [PAKhEDLÍVE]
chicken, *n.* דאָס הינדל, ־עך; די הון, הינער
(coward) דער פּחדן, ־ים [PAKhDN, PAKhDÓNIM]
Don't count your chickens before they've hatched לייג(ט) זיך נישט קיין פֿײגעלעך אין בוזעם; ניי(ט) זיך נישט קיין בײַטל; פּאַטש(ט) זיך נישט אין בײַכעלע ווען פֿישעלע איז נאָך אין טײַכעלע; פֿון דעם בער אין וואַלד זאָל מען די פֿעל נישט פֿאַרקויפֿן
run around like a chicken without a head אַרומלויפֿן ווי אַ געשאָכטענע הון
chicken, *v.* **(out)** מורא באַקומען [MÓYRE]
chicken out of מורא באַקומען און נישט + ווערב
chicken egg דאָס הינערײַ, ־ער
chicken farm די עופֿות־פֿאַרם, ־ען; די הינערפֿאַרם, ־ען [ÓYFES]
chicken fat דאָס/די הינערשמאַלץ; דאָס הינערפֿעטס
chicken feed דאָס הינער־געפֿיטער

(*fig.*) גאָרנישט מיט גאָרנישט; באָבקעס; גראָשנס
chicken-hearted פּחדניש; שרעקעוודיק [PAKhDÓNISh]
chicken liver דאָס לעבערל, ־עך
chickenpox ווינטפּאָקן ל״ר
chicken soup די הינדליויך; די הינערנע ‹הינערשע› יויך
chicken yard דער עופֿות־הויף, ־ן [ÓYFES]
chick flick דער פֿרויען־פֿילם, ־ען
chick lit דער פֿרויען־ראָמאַן, ־ען
chickpea דער נאַהיט, –; דער אַרבעס, –
chicory די ציקאָריע
chide מוסרן; אויסרעדן; זידלען [MÚSERN]
chief, *adj.* הויפּט...; איבער...; ראָש־...
chief, *n.* דער שעף, ־ן; דער הויפּט, ־ן; דער ראָש, ־ים
chief among דער הויפּט ביי ‹צווישן›; דאָס וויכטיקסטע פֿון
chief executive officer דער הויפּט־עקזעקוטיוו, ־ן
chief financial officer דער הויפּט־פֿינאַנץ־דירעקטאָר, ...אָרן
chief justice דער הויפּטריכטער, ־ס
chiefly איבער הויפּט; דער הויפּט; דער עיקר; בעיקר; דערעיקרשט [ÍKER] [BEÍKER] [DERÍKERShT]
chief marshal דער הויפּטמאַרשאַל, ־ן
chief medical officer דער הויפּטדאָקטער, ...טוירים
chief of staff
(**mil.**) דער שעף פֿון גענעראַל־שטאַב
(**pol.**) דער פּערסאָנאַל־שעף, ־ן
chief operating officer דער הויפּט־אויספֿיר־דירעקטאָר, ...אָרן
chieftain דער ראָש־שבֿט, ראָשי־... [ROSh-ShÉYVET, RÓShE-...]
chiffon, *adj.* שיפֿאָנ...
chiffon, *n.* דער שיפֿאָן
chignon דער שיניאָן, ־ען; דער קאָקס, ־ן; דאָס קעקסל, ־עך; דער גרעק, ־ן
chihuahua דער טשיוואַווע־הונט, ־הינט
chilblains ווינטערביילן; פֿראָסטפּליאַמעס; פֿראָסטביילן
child דאָס קינד, ־ער
child's קינדערש
child born of older parents דאָס שפּעטע קינד, ־ער; דאָס בן־זקונימל, ־עך [BEN-SKÚNEML]
Child's play! ס'אַ שפּילעכל ‹קינדערשפּיל›!
as a child (*f.*) מיידלווייז
as a child (*m.*) יינגלווייז
as a child (*unsp.*) קינדווייז; קליינערהייט
be with child טראָגן; זיין טראָגעדיק
children *also* דאָס קליינוואַרג קאָל'; דאָס קינדוואַרג קאָל'
children's book דאָס קינדערביכל, ־עך
child actor דער קינד דער אַקטיאָר, קינדער אַקטיאָרן
childbearing, *adj.* קינדל...; טראָג...
childbearing age קינדל־יאָרן ל״ר; טראָגיאָרן ל״ר
of childbearing age אין די קינדל־יאָרן ‹טראָגיאָרן›
past childbearing age אויסגעקינדלט
childbearing, *n.* דאָס טראָגן
childbed די קימפּעט
lie in childbed ליגן אין קימפּעט
childbed fever די קימפּעטהיץ
childbirth די קימפּעט; דאָס גיין צו קינד; דאָס האָבן; דאָס געבוירן
woman in childbirth די קימפּעטאָרין, ־ס; די געווינערין, ־ס; די יולדת, ־ן [YÓLDES]
childbirth center דער קימפּעט־צענטער, ־ס; דער האָבצענטער, ־ס
childbirth education classes קימפּעטקלאַסן
child care דער קינדאָפּהיט
child-centered קינדער־צענטרירט
child endangerment דאָס שטעלן אַ קינד אין סכּנה [SAKÓNE/SEKÓNE]
child guidance די קינדער־הדרכה [HADRÓKhE]
childhood, *adj.* פֿון די קינדער־יאָרן
childhood, *n.* קינדער־יאָרן ל״ר; די קינדשאַפֿט; די ˙קינדהייט
from childhood פֿון קינדווייז אָן; פֿון די קינדער־יאָרן (אָן)
in childhood קינדווייז; קליינערהייט; אין די קינדער־יאָרן
childhood disease די קינדערקרענק, ־ען; די קינדערשע קרענק, ־ען; די/דאָס קינדער־שלאַפֿקייט, ־ן
childhood friend
m. דער חבֿר פֿון די קינדער־יאָרן [KhÁVER]
f. די חבֿרטע ‹חבֿרטאָרין› פֿון די קינדער־יאָרן [KhÁVERTE] [KhÁVERTORN]
childish קינד(ער)יש
childishness דאָס קינדעריי
child labor די קינדער־אַרבעט; די אַרבעט פֿון קינדער
child laborer דאָס קינד דער אַרבעטער, קינדער אַרבעטערס
childless אָן קינדער; אָנקינדערדיק; אָן אַ קינד
be childless נישט האָבן קיין קינדער
childlike קינדערש
child molestation דאָס טשעפּען זיך צו קינדער; דאָס קינדער־טשעפּען
child molester דער קינדער־טשעפּער, ־ס
child pornography די קינדער־פּאָרנאָגראַפֿיע
child prodigy דער עילוי, ־ים; דאָס וווּנדערקינד, ־ער [ÍLE, ILÚIM]
childproof, *adj.* קינד־באַוואָרנט
childproof, *v.* קינד־באַוואָרענען
child psychologist דער קינדער־פּסיכאָלאָג, ־ן
childrearing דאָס אויפֿכאַווען ‹אויפֿהאָדעווען› קינדער; דער גידול־בנים [GIDL-BÓNIM]
child spacing די/דאָס גערוקטקייט
child support דאָס קינדערגעלט; דער קינדאויסהאַלט
child trafficking דער קינדער־האַנדל
Chile (די) טשילע
Chilean, *adj.* טשילענער אינוו'
Chilean, *n.*
m./unsp. דער טשילענער, –
f. די טשילענערין ‹טשילענערקע›, ־ס
chili
(**pepper**) דאָס שאַרפֿע פֿעפֿערל, ־עך
(**chili con carne**) טשילי מיט פֿלייש
chill, *n.*
(**cold**) די קעלט; דאָס פֿרעסטל, ־עך
(**shiver**) דער ציטער, ־ס
catch a chill פֿאַרקילן זיך
have the chills (cold) כאַפּן דרעשטעס ‹דריזשקעס›; טרייסלען זיך פֿאַר קעלט; כאַפּן אַ ציטער
I have the chills (goosebumps) סע שטעלן זיך מיר די האָר אויפֿן לייב
chill, *v.*
vt. (אַ)דורכקילן; אָפּקילן
vi. אָפּקילן זיך
chill out אויסשפּאַנען זיך; באַרויִקן זיך
chilled געאייזט
chilled to the bone/marrow (אַ)דורכגעפֿרוירן
chilling מוראדיק [MÓYREDIK]
chilly פֿרעסטלדיק; קיל
chime, *n.*
(**instrument**) דער קוראַנט, ־ן; די גלאָקנשפּיל, ־ן
(**sound**) דאָס גלאָקן־קלינגעריי
chime, *v.* קלינגען

chime in צוּבאָמקע|ן; אַרײַנפֿאַלן אין שמועס; צוּקלינגען
chime clock דער זײגער מיט קוראַנטן
chimera
 (illusion) די (ווילדע) אילוזיע, ־ס
 (monster) די כימערע
chimerical כימעריש; פֿאַנטאַסטיש
chimney דער קוימען, ־ס/־עס
 smoke like a chimney רייכערן ווי אַ קוימען; קאָפּטשע|ן
chimneysweep דער קוימען־קערער, ־ס
chimpanzee די שימפּאַנזע, ־ס; דאָס טשימפּעלע, ־ך
chin דאָס בערדל, ־עך; די באָרד, בערד; די גאָמבע ‹געמבע›, ־ס; די מאָרדע, ־ס
 (baby's) דאָס גאָמבעלע ‹געמבעלע›, ־ך; דאָס בערדעלע, ־ך; די מאָרדעשקע, ־ס
 Keep your chin up! לאָז(ט) נישט אַראָפּ די הענט!; נישט געדאגהט, נישט געזאָרגט!; די אויגן צום הימל, די פּיס אויף דער ערד! [GEDÁYGET]
 take (stg.) on the chin אָננעמען + אַק׳ אָן טענות [TÁYNES]
china, *adj.* פּאָרצעלײַען
china, *n.* דאָס פּאָרצעלײַ
China (די) כינע
china clay די פּאָרצעלײַ־ערד; דער קאַאָלין
china closet דער בופֿעט, ־ן; די קרעדענץ, ־ן
China tea דער/די כינעזיש(ער) טיי
chinaware דאָס פּאָרצעלײַוואַרג
chinchilla די טשינטשילע
Chinese, *adj.* כינעזיש
 Chinese Jew דער כינעזישער גענ׳; דער כינעזישער ייִד, ־ן
Chinese, *n.*
 m./unsp. דער כינעזער, ־ס
 f. די כינעזערין, ־ס
 (language) דאָס כינעזיש
chink דער שפּאַלט, ־ן
 chink in one's armor דאָס לעכל אין פּענצער; דער גלעזערנער תּחת; דער שוואַכפּונקט [TÓKhES]
chinrest דאָס פֿידל־קישעלע, ־ך
chintz, *adj.* ציצן
chintz, *n.* דער ציץ
chintzy שרײַיִק; אָן טעם ‹געשמאַק› [TAM]
chin-up
 do chin-ups מאַכן אַרויפֿצי־געניטונגען
chip, *n.*
 (of wood) דאָס שפּענדל, ־עך; דער שפּאָן, שפּענער
 (piece) דאָס ברעקל, ־עך; דאָס שטיקל, ־עך
 (snack) דאָס טשיפּל, ־עך; דאָס טשיפּקעלע, ־ך
 (comp.) דאָס (קאָמפּיוטער־)טשיפּל, ־עך
 He has a chip on his shoulder ער האָט אַ שפּילקע אין דער נשמה; אײביק פֿעלט אים אַ טאָג צו דער וואָך [NEShÓME]
 She's a chip off the old block! דאָס עפּעלע פֿאַלט נישט ווײַט פֿונעם בײמעלע!; גראָטן אין טאַטן ‹אין דער מאַמען›!; אין גאַנצן דער טאַטע ‹די מאַמע›!
 Let the chips fall where they may! זאָל זײַן וואָס ס'עט זײַן!
 when the chips are down אַז סע קומט צום סמיק; אַז ס'איז נישטאָ קיין ברירה; אין אַן עת־צרה [BRÉYRE] [EYS-TSÓRE]
chip, *v.*
 chip away (break off) אָפּברעקלען; אָפּשפּרינגען
 chip away (weaken) פֿאַרשוואַכן
 chip away (progress) פֿאָרן בײסלעכווײַז פֿאָרויס
 chip in צונויפֿלייגן זיך; אויפֿלייגן זיך; געבן צו שטײַער
 chip off אָפּשפּרינגען; אָפּברעקלען; צעפּיקע|ן זיך; צעפּיקעט ווערן
chipboard דאָס/די שפּענדלברעט, ־ער
chipmunk דער טשיפּמאַנק, ־ן; די געפּאַסיקטע וועווערקע, ־ס; דער בורונדוק, ־עס
chipped צעפּיקעט; אָפּגעשפּרונגען
chipper אויפֿגעלעבט; אויפֿגעלייגט; מונטער
chippings
 (stone) דער זשוויר
 (wood) שפּענד(ע)לעך
chiropodist דער פּיסדאָקטער, ...טוירים
chiropody די כיראָפּאָדיע; די פּיסהיילונג
chiropractic די כיראָפּראַקטיק; די שדרה־מאַניפּולירונג [ShÉDRE]
chiropractor דער כיראָפּראַקטיקער, ־ס
chirp, *v.*
 imp. טשיריקע|ן; צווי̇טשערן; צירלען; פּיפּסן
 pf. אַ טשיריקע ‹צווי̇טשער› טאָן
chirping, *n.* דאָס טשיריקען; דאָס געצוויטשער
chisel, *n.* דאָס מייסטל ‹מײַסטל›, ־עך
 (for stone) די זובילע, ־ס; די שטיין־דאָלעטע, ־ס
 (for wood) דער דלאָט, ־ן; די דאָלעטע, ־ס
chisel, *v. imp./pf.* (אויס)ציזעלירן; (אויס)האַקן
chiseled features דאָס געשליפֿענע ‹געטאָקטע› פּנים ל״י [PÓNEM]
chit דאָס צעטעלע, ־ך; דאָס קוויטל, ־עך
chit-chat, *n.* דאָס פּלוידערײַ; דער מאַטל; דאָס רעדערײַ
chit-chat, *v.* פּלוידערן; סתּם רעדן [STAM]
chivalrous ריטער(י)ש
 (fig.) also דזשענטלמעניש
chivalry די ריטערשאַפֿט
 (fig.) די/דאָס ריטער(י)שקייט; די/דאָס גאַלאַנטקייט; די/דאָס דזשענטלמענישקייט
chive דער שטשיפּיער ‹שטשיפּאַר›
 chives *also* ציבעכעס
chlamydia די כלאַמידיע
chlamys די כלאַמידע, ־ס
chloasma די טראַגמאַסקע; די כלאַאַזמע
chloride דער כלאָריד, ־ן
chlorinate כלאָרירן
chlorination די כלאָרירונג
chlorine דער כלאָר
chlorine gas דער כלאָרגאַז
chloroform דער כלאָראָפֿאָרם
chlorophyll דער כלאָראָפֿיל
chockful (of) אָנגעע(ש)פּיקעוועט (מיט); אָנגעשטאָפּט (מיט); מלא־וגדוש (מיט); פֿול ווי אַ מילגרוים (מיט) [MÓLE-VEGÓDESh]
chocoholic דער שאָקאָהאָליקער, ־ס; דער שאָקאָלאַד־תּאווהניק, ־עס [TÁYVENIK]
chocolate, *adj.* שאָקאָלאַדן; שאָקאָלאַד־...
chocolate, *n.* דער שאָקאָלאַד, ־ן
 piece of chocolate די שאָקאָלאַדקע, ־ס
chocolate bar דאָס טעוועלע ‹ברעטעלע› שאָקאָלאַד; די פּליטקע שאָקאָלאַד
chocolate candy די שאָקאָלאַדקע, ־ס
chocolate chip דאָס שאָקאָלאַד־טראָפּקעלע, ־ך
chocolate milk די שאָקאָלאַד־מיל(ע)ך
chocolate wafer די נאַפּאַליטאַנע, ־ס
choice, *adj.* (אָפּ)געקליבן; מהודרדיק; פּרימאַ אינוו׳ [MEHÚDERDIK]
choice, *n.* די ברירה, ־ות; דער אויסקלײַב, ־ן; דער איבערקלײַב, ־ן; די אַלטערנאַטיוו, ־ן [BRÉYRE]

choice of words די פֿאָרמוליִרונג
He has no other choice ס'בלײַבט אים נישט קיין (אַנדער) ברירה ‹אַלטערנאַטיוו› [BRÉYRE]
Jew by choice (*m.*) דער גר, ־ים [GER, GÉYRIM]
Jew by choice (*f.*) די גרטע, ־ס; די גיורת, ־ן [GÉRTE] [GEYÓYRES]
of choice געווינטשן; בילכער
choice morsel דער פֿעטער ביסן
choice words אָפּגעקליבענע ‹געוויגענע› ווערטער
(*iro.*) דאָס כּפֿול־שמונהדיקע זידלערײַ ל״י [KOFL-ShMÓYNEDIKE]
choir דער כאָר, ־ן
choirboy דאָס זינגערל, ־עך; דער כאָריסט, ־ן
(**J.**) דער משורר, ־ים [MEShÓYRER, MEShÓRERIM]
He's no choirboy ער איז נישט קיין נקי־כּפּימ(ניק) [NEKÍ-KEPÁYEM(NIK)]
choirgirl דאָס זינגערל, ־עך; די כאָריסטקע, ־ס
choirmaster דער כאָרמײַסטער, ־ס
choke, *n.* *see* **choke valve**
choke, *v.*
vt./vi. imp. ווארגן (זיך); ווערגן (זיך); שטיקן (זיך)
vt. pf. דערוואָרגן; דערווערגן; דערשטיקן
vi. pf. דערשטיקן זיך; דערוואָרגן זיך; דערווערגן זיך; דערשטיקט ווערן
(**on food/drink**) פֿאַרכלינען זיך; פֿאַרכליסנעווען זיך; ווארגן זיך; שטיקן זיך; קרעקן זיך
(**baseball**) אַרויפֿרוקן די הענט
choke back tears שטיקן זיך מיט טרערן
choke to death, *vt.* דערשטיקן ‹דערוואָרגן› (אויף טויט)
choke to death, *vi.* דערשטיקן ‹דערוואָרגן› זיך (אויף טויט); דערשטיקט ווערן (אויף טויט)
choke up ווארגן ‹שטיקן› זיך מיט טרערן
choke with laughter שטיקן זיך פֿאַר געלעכטער
chokehold די וואָרגקלעם, ־ען
choker
(**necklace**) דער האַלדזבאַנד, ...בענדער; דאָס שנירל, ־עך
(**strangler**) דער דערשטיקער, ־ס; דער דערוואָרגער, ־ס
choke valve די וואָרגקלאַפּע, ־ס
cholent דער טשאָלנט
cholera די כאָלערע ‹כאָלערע›
cholesterol דער כאָלעסטעראָל
high cholesterol דער געהויבענער כאָלעסטעראָל
cholesterol level דער כאָלעסטעראָל־ניוואָ, ־ען
chometz *see* **chametz**
chomp גריזשע(ו)ן; טאָטשע(ו)ן
chomp at the bit (horse) פֿאַרקלעמען דאָס צוימגעביס
chomp at the bit (*fig.*) נישט קענען זיך דערוואַרטן; זײַן אומגעדולדיק
choose, *v. imp./pf.* (אויס)קלײַבן
choose up sides אויסקלײַבן די קאָמאַנדעס ‹מאַנשאַפֿטן›
choosy איבערקלײַבעריש
be choosy איבערקלײַבן
choosy person דער מפֿונק, ־ים [MEFÚNEK, MEFUNÓKIM]
chop, *n.*
(**of axe**) דאָס האַקן
(**of meat**) דער קאָטלעט, ־ן
(**of wave**) די לײַכטע כוואַליע, ־ס
chop, *v. imp./pf.* (צע)האַקן
chop cabbage שאַטקעווען ‹שעטקעווען/צעהאַקן› קרויט
chop down אַראָפּהאַקן
chop fine צעפּיצלען; צעהאַקן אויף קלײנטשיקע שטיקלעך
chop off אָפּהאַקן
chop up צעהאַקן (אויף שטיקלעך)
chop up and mix in אַרײַנהאַקן; אַרײַנבראַקן
chopped צעהאַקט
chopped eggs and onions (אײַנ)געהאַקטע ציבעלעס מיט אײער
chopped herring דער געהאַקטער הערינג; דער קראַצבאַרשט
chopped liver די געהאַקטע לעבער; געהאַקטע לעבערלעך ל״ר
What am I, chopped liver? מײַן נשמה איז אויך נישט קיין ראָזשינקע!; וואָס בין איך, אַ שיפּע ציבעלע?; איך בין אויך אַ קינד בײַ מײַן מאַמען; כ'בין אויך אַ טאַטנס אַ קינד; און איך גיי בײַ דיר ‹אײַך› צו פֿוס? [NEShÓME]
chopped meat דאָס געהאַקטע פֿלייש; דאָס האַקפֿלייש
chopper
(**knife**) דער/דאָס האַקמעסער, ־ס
(**helicopter**) דער העליקאָפּטער, ־ס
(**baseball**) דער אָפּשפּרינגער, ־ס
chopping block דער האַקקלאָץ, ...קלעצער
chopping board דאָס/די האַקברעט, ־ער
choppy
(**water**) אומרויִק
(**winds**) בײַטעוודיק
chop shop די אויטאָ־צענעמערײַ, ־ען
chopstick דאָס עס־שטעקעלע, ־ך
choral כאָר...
chorale דער כאָראַל, ־ן
choral music די כאָרמוזיק
choral singing דאָס כאָרגעזאַנג
chord
(**mus.**) דער אַקאָרד, ־ן
(**geom.**) די כאָרדע, ־ס
chordate, *adj.* כאָרדאַטן־...
chordate, *n.* דער כאָרדאַט, ־ן
chore די עבֿודה ‹עובֿדא›, ־ות [ÚVDE]
choreograph כאָרעאָגראַפֿירן
choreographer דער כאָרעאָגראַף, ־ן
choreographic כאָרעאָגראַפֿיש
choreography די כאָרעאָגראַפֿיע; דאָס געטענץ
chorion דער כאָריאָן
chorionic villus דאָס כאָריאָן־הערעלע, ־ך
chorionic villus sampling דאָס נעמען כאָריאָן־פּרווולעך
chorister
m./unsp. דער כאָריסט, ־ן
f. די כאָריסטקע ‹כאָריסטין›, ־ס
chortle כאַכאָטשע(ו)ן
chorus
(**choir**) דער כאָר, ־ן
(**refrain**) דער צוזינג, ־ען; דער רעפֿרען, ־ען
chorus girl די רעוויו־טענצערין, ־ס
chorus line דער קאָרדעבאַלעט
chosen, *adj.* אויסגעקליבן
chosen few יחידי־סגולה [YEKhÍDE-ZGÚLE]
Chosen People דער/דאָס עם־סגולה [AM-ZGÚLE]
chow, *n.* דאָס עסן
chow, *v.* (**down**) אַרײַנרײַבן
chowder די פֿישזופּ; דער טשאַודער
chow mein דער טשאַומײן
Christ קריסטוס
christen קריסטיקן; באַנאָמענען; געבן + דאַט' אַ נאָמען
(**ship**) באַנאָמענען
Christendom די קריסטנשאַפֿט; די קריסטלעכע וועלט
Christian, *adj.* קריסטלעך

Christian, *n.*
m./unsp. דער קריסט, ־ן
f. די קריסטין, ־ס
Christian Bible די/דער ברית־חדשה; דער נײַער טעסטאַמענט [BRIS-KhADÓShE]
Christianity די/דאָס קריסטלעכקייט; (די) קריסטן ל״ר
Christianize פֿאַרקריסטיקן
Christian name דער (געקריסטיקטער) נאָמען, נעמען
Christmas, *adj.* ניטל...; ניטלדיק
Christmas, *n.* דער ניטל
(*hum./pej.*) דער קראַצמעך
Christmas card דאָס ניטל־קאַרטל, ־עך
Christmas carol די קאָלענדע, ־ס
Christmas Day דער ניטלטאָג
Christmas Eve דער ערבֿ־ניטל [ÉREV]
Christmas present די קאָלענדע, ־ס; די ניטל־מתּנה, ־ות [MATÓNE]
Christmastime דער ניטל־סעזאָן
Christmas tree דער ניטלבוים, ...ביימער; די יאָלקע, ־ס
chromatic כראָמאַטיש
chromatic scale די כראָמאַטישע גאַמע ‹סקאַלע›, ־ס
chromatid דער כראָמאַטיד, ־ן
chromatograph דער כראָמאַטאָגראַף, ־ן
chromatographic כראָמאַטאָגראַפֿיש
chromatography די כראָמאַטאָגראַפֿיע
chromatophore דער כראָמאַטאָפֿאָר, ־ן; דאָס פּיגמענט־קעמערל, ־עך
chrome דער כראָם
chrome leather דער כראָם
chrome-plated באַכראָמט; כראָמירט; כראָמאָווע
chromic acid דאָס כראָמזײַערס
chromium, *adj.* כראָמען
chromium, *n.* דער כראָם
chromium plating די באַכראָמונג
chromosome דער כראָמאָסאָם, ־ען
x-chromosome דער איקס־כראָמאָסאָם, ־ען
y-chromosome דער איגרעק־כראָמאָסאָם, ־ען
sex chromosome דער מין־כראָמאָסאָם, ־ען
chromosphere די כראָמאָספֿער, ־ן
chronic כראָניש
chronically כראָניש; כּסדר [KESÉYDER]
be chronically ill קרענקען; זײַן כראָניש קראַנק
chronic illness די כראָנישע ‹פֿאַרשלעפּטע› קרענק, ־ען
chronic fatigue syndrome דער סינדראָם פֿון כראָנישער מידקייט
chronicle די כראָניק, ־עס; די קראָניקע, ־ס
(Book of) Chronicles (bib.) דבֿרי־הימים [DÍVRE-HAYÓMIM]
chronicles *also* אַנאַלן
chronicle (of J. community) דער פּינקס, ־ים [PÍNKES, PINKÉYSIM/PINKÓSIM]
chronicler דער כראָניקער, ־ס; דער קראָניקער, ־ס
chronologer דער כראָנאָלאָג, ־ן
chronological כראָנאָלאָגיש
chronologically כראָנאָלאָגיש; אין אַ כראָנאָלאָגישן סדר [SÉYDER]
chronology די כראָנאָלאָגיע, ־ס
chronometer דער כראָנאָמעטער, ־ס
chrysalis די לעלע, ־ס; דאָס גולמל, ־עך [GÓYLEML]
chrysanthemum די כריזאַנטעמע, ־ס
chubby פּושיק; זאַפֿטיק; דיקלעך
chubby child דאָס קאַראַפּוזיקל, ־עך; דער קאַראַפּוז, ־ן; דער פּאָפּאַק, ־עס; דער פּעמפּיק, ־עס; דאָס קאַדושקעלע, ־ך; דאָס פּעסעלע, ־ך
chuck,[1] *n.*
(dismissal) דער אָפּזאָג, ־ן
(toss) דער צוואָרף, ־ן
chuck,[2] *n.*
(mech.) דער פּאַטראָן, ־ען
(cut of beef) דער קאַרק
chuck, *v.*
(discard) אַרויסוואַרפֿן; אַוועקוואַרפֿן
(toss) צוואַרפֿן; אַ שמיץ ‹שלײַדער› טאָן
chuck up אויסברעכן
chuckle, *n.* דאָס אונטערשמייכלען
chuckle, *v.* אונטערשמייכלען (זיך); לאַכן צו זיך (אַליין); אונטערלאַכן; לאַכן אין זיך
chug
vt. **(drink)** זשליאָקען|
vi. **(engine)** פּיכקען|; שלעפּן זיך ווײַטער
chum דער חבֿר, ־ים; דער גוטער־ברודער, גוטע־ברידער; דער האַרצפֿרײַנד, ־ [KhÁVER, KhAVÉYRIM]
chummy חבֿריש; קניפּל־בקניפּל [KhÁVERISh] [BEKNÍPL]
chump דער יאָלד, ־ן; דער פֿריץ, ־ן; דער גלאָמפּ, ־ן
chump change באָבקעס ל״ר; אַ שיבוש; גאָרנישט [ShÍBESh]
chunk דאָס/די שטיק, ־ער; דער כמאַל, ־ן
a chunk of אַ שטיק
chunk of bread די פּײַדע, ־ס; די לחמא, ־ס [LÁKhME]
chunk of wood דער/דאָס שײַט, ־ן
chunky שטיקערדיק
(fat) לײַביק; פּוכיק
chuppah די חופּה, ־ות [KhÚPE]
chuppah pole דער/די חופּה־שטאַנג, ־ען [KhÚPE]
church, *adj.* קלויסטעריש; קירכלעך
church, *n.* דער קלויסטער, ־ס
(Eastern Orthodox) די צערקווע, ־ס
(Protestant) די קירך, ־ן
(*pej.*) די תּיפֿלה, ־ות [TÍFLE]
churchgoer
be a churchgoer גיין אין קלויסטער
Church of England די אַנגליקאַנישע קירך
Church of the Nativity דער ניטל־קלויסטער
church tower דער קלויסטער־טורעם, ־ס
churchyard דער קלויסטערהויף, ־ן
(graveyard) דער צווינטער, ־ס
churlish פֿאַרגרעבט; פּראָסט; מגושמדיק; עם־הארציש; פּויערש [MEGÚShEMDIK] [AMERÁTSISh]
churn, *n.* די פּוטערפֿאַס, ...פֿעסער; די מאַסניצע, ־ס
churn, *v.* אויפֿקאַלײַצען|; אויפֿבויטען|
churn butter שלאָגן פּוטער
churn out פֿלאָדיען|; פּראָדוצירן אויף גיך
churn up (*fig.*) אויפֿגראָבן; אַרויסברענגען
chute די/דער גליטשרער, ־ן; דער אַראָפּלאָז, ־ן; דער אַראָפּלאָז־מולטער, ־ס
(parachute) דער פּאַראַשוט, ־ן
chutney דער טשאַטני, ־ס
chutzpah די חוצפּה [KhÚTSPE]
CIA די סי־איי־איי
cicada די ציקאַדע, ־ס
cicero דער ציצעראָ
...cide
(murder) ...מאָרד
(murderer) ...מערדער
cider דער עפּלקוואַס; דער סידער; דער עפּלווײַן

(sweet) דער עפּלזאַפֿט
ciderpress דער עפּלפּרעס
cigar דער ציגאַר, ־ן; דער ציגאַרע, ־ס
cigar box דער פּאָרטציגאַר, ־ן; דאָס ציגאַרן־פּודל ‹־שאַכטל›, ־עך
cigarette דער פּאַפּיראָס, ־ן
cigarette case די פּאַפּיראָסניצע, ־ס; דאָס פּאַפּיראָסן־שײדל, ־עך
cigarette holder דער/די שפּיץ, ־ן; דער פּאַפּיראָסן־האַלטער, ־ס
cigarette lighter דאָס צינדערל, ־עך
cigarette paper דאָס פּאַפּיראָס־‹רייכער־›פּאַפּיר; די ביבולקע
cigar holder דער/די ציגאַרן־שפּיץ, ־ן
ciliary ציליאַר...
ciliary body דאָס ציליאַר־קערפּערל, ־עך
cilium די ציליע, ־ס; די וויִע, ־ס
cimbalom דער צימבל, ־ען
cinch, *n.* דער זאָטל־רימען, ־ס; דער זאָטלפּאַס, ־ן
It's a cinch! ס'איז גאָרנישט!; ס'אַ שפּילעכל!
cinch, *v.* אָנציִען דעם זאָטלפּאַס
cinder די האָלעווע̇שקע, ־ס; דאָס אַש; אויסגעגליטע קוילן ל״ר
cinder block דער בעטאָנבלאָק, ־ן
Cinderella דאָס נאַשנוויי(נ)דל
cinema דער קינאָ, ־ס
cinematic קינעמאַטיש
cinematographer דער קינעמאַטאָגראַף, ־ן
cinematographic קינעמאַטאָגראַפֿיש
cinematography די קינעמאַטאָגראַפֿיע
cineplex דער מולטיקינאָ, ־ס
cinnabar דער צינאָבער ‹צינאָבער›
cinnamon דער צימרינג
cinnamon stick דאָס צימרינג־שטעקעלע, ־ך
cipher דער שיפֿער, ־ס
(numeral) די/דער ציפֿער, ־ן/–
in cipher שיפֿרירט(ערהייט)
circa אַן ערך; בערך [ÉREKh] [BEÉREKh]
circadian rhythm דער גוף־זייגער
circle, *n.* די/דאָס ראָד, רעדער; דער קרײַז, ־ן; דער עיגול, ־ים [IGL, IGÚLIM]
(dancing) דער קאַראַהאָד, ־ן; דער קאָן, ־ען/קענער; דער קרײַז, ־ן
(of people) דאָס רעדל, ־עך; דאָס געזעמל, ־ען; דער קרײַז, ־ן
(social) דער קרײַז, ־ן; די מסיבה, ־ות [MESÍBE]
circle of acquaintances דער קרײַז באַקאַנטע
come full circle צוריקקומען צום אָנהייב; צוריק צו בראשית [BRÉYShES]
form a circle מאַכן אַ ראָד ‹קרײַז›
go around in circles (*fig.*) דרייען זיך אויפֿן קאָריק
immediate circle די נאָענטסטע סבֿיבֿה, ־ות; דער ענגער קרײַז, ־ן [SVÍVE]
run circles around sb. פֿאַרשטעקן + אַק׳ אין אַרבל ‹גאַרטל›; אויסטרייסלען + אַק׳ פֿון אַרבל
run in circles יאָגן זיך אַרום און אַרום
circle, *v.*
vt./vi. imp. רינגלען (זיך)
vt./vi. pf. אַרומרינגלען (זיך); אײַנרינגלען (זיך)
circle the moon אַרומדרייען זיך ‹אַרומאָרביטירן› אַרום דער לבֿנה; אַרומקרײַזן די לבֿנה [LEVÓNE]
circle dance דער קאַראַהאָד, ־ן; דער רינגלטאַנץ, ...טענץ
circuit דער קרײַז, ־ן
(elec.) דער שטראָמקרײַז, ־ן
circuit breaker דער אויטאָמאַטישער אויסשליסער, ־ס
circuit court דאָס קרײַזגעריכט, ־ן
circuitous אַרום־און־אַרום־...
circuitry שטראָמקרײַזן ל״ר
circular, *adj.* קײַלעכ(ד)יק; קרײַז...
circular, *n.* דער צירקולאַר, ־ן; דער צירקולאַר־בריוו, –
circular file דאָס מיסטקעסטל, ־עך
circular knitting דאָס שטריקן אויף אַ קײַלעכ(ד)יקן שפּיזל
circular logic די קרײַזלאָגיק
circular needle דאָס קײַלעכ(ד)יקע שפּיזל, ־עך
circular orbit דער קײַלעך־אָרביט, ־ן
circular saw די קרײַזזעג, ־ן
circulate, *v.*
vt. (send) אַרומשיקן; צירקולירן; פֿאַרשפּרייטן
vt. (money) לאָזן קורסירן
vi. אַרומגיין; אַריבערגיין פֿון האַנט צו האַנט
circulate among the guests אַרומגיין פֿון איין גאַסט צום צווייטן
circulation די צירקולאַציע
(blood) די (בלוט־)צירקולאַציע
(newspaper) דער טיראַזש
circulation department דער פֿאַרשפּרייט־אָפּטייל, ־ן
circulation manager דער פֿאַרשפּרייט־פֿאַרוואַלטער, ־ס
circulatory system די בלוטגעפֿעס־סיסטעם
circumcise באַשנײַדן
(J./ritual) מל(ע) זײַן; מלע|ן; ייִדישן [MÁL(E)] [MÁLEN]
circumcised באַשניטן
(J.) געמל(ע)ט; געייִדישט [GEMÁL(E)T]
circumciser (J.) דער מוהל, ־ים [MÓYEL]
circumcision די (דאָקטער־)באַשנײַדונג, ־ען
(J./institution) די (ברית־)מילה [(BRIS-)MÍLE]
(J./ritual) די מילה
(J./ceremony) דער ברית, ־ן
circumcision knife דער/דאָס מוהל־מעסער, ־ס [MÓYEL]
circumference דער אַרומנעם, ־ען; דער קוילגאַרטל, ־ען; דער היקף, ־ים [HÉKEF, HEKÉYFIM]
circumflex דאָס דעכל, ־עך
circumlocution די פּעריפֿראַזע
circumnavigate אַרומשיפֿן (זיך) (אַרום); אַרומנאַוויגירן (אַרום)
circumnavigation די אַרומשיפֿונג
circumscribe
(encircle) אַרומשרײַבן; אַרומצייכענען; אויסקרײַזן; אָפּעיגולן [ÓPÍGLEN]
(restrict) באַגרענעצן
circumspect געוואָרנט; אָפּגעהיט(ן); זהירותדיק; נישט־דערזאָגנדיק [ZEHÍRESDIK]
circumspection די/דאָס געוואָרנטקייט; די/דאָס אָפּגעהיט(נ)קייט; דאָס זהירות [ZEHÍRES]
circumstance דער אומשטאַנד, ־ן
circumstances *also* דער מעמד ל״י; דער מצבֿ ל״י [MÁYMED] [MÁTSEV]
live in modest circumstances פֿירן אַ באַשיידן לעבן; מאַכן שבת אויף אַ קאָרעסל [ShÁBES]
set of circumstances די קאָניונקטור, ־ן
under no circumstances בשום־אופֿן נישט; אין קיין פֿאַל נישט; אַזאָס(יע)! [BEShÚM-ÓYFN]
under the circumstances אין די אומשטאַנדן
circumstantial
(detailed) פּרטימדיק [PRÓTIMDIK]
(indirect) דרינג...

circumstantial evidence דער אינדי׳ציע־דערווײַז, ־ן; דער דרי׳נגדערווײַז, ־ן
circumvent אַרו׳מגיין (אַרו׳ם); אוי׳סמײַדן
circumvent the law אַרו׳מגיין ‹אוי׳סמײַדן› דאָס געזע׳ץ
circumvention דאָס אוי׳סמײַדן
circus דער צירק, ־ן
circus performer דער צי׳רקאַרטיסט, ־ן
circus trick די צי׳רקקונץ, ־ן
cirrhosis דער ציראָ׳ז
cirrhosis of the liver דער לע׳בער־ציראָז
cirrus cloud דער פֿע׳דער־וואָלקן, ־ס
cistern די ציסטע׳רנע, ־ס
citadel דער ציטאַדע׳ל, ־ן
citation
(commendation) דער שבֿח־אוי׳סדרוק, ־ן [ShVAKh]
(quote) דער ציטאַ׳ט, ־ן
(summons) דער רו׳פֿצעטל, ־ען
cite
(mention) פֿאַררו׳פֿן זיך אויף; דערמאָ׳נען
(quote) ציטי׳רן (פֿון)
citizen דער בי׳רגער, ־ס
citizenry די בי׳רגערשאַפֿט; בי׳רגערס ל״ר
citizenship די בי׳רגערשאַפֿט, ־ן
citric acid דאָס ציטרי׳ן־זײַערס
citron דער ציטראָ׳ן־עפּל, –
(J./ritual) דער אתרוג, ־ים [ÉSREG, ESRÓYGIM]
citrus צי׳טרוס...
citrus fruit די צי׳טרוספֿרוכט, ־ן
city, *adj.* שטאָט...; שטאָ׳טיש
city, *n.* די שטאָט, שטעט
big city די גרוי׳סע שטאָט; דער כּרך [KRAKh]
city boy דער גרוי׳סשטאָטישער ‹גרוי׳סשטעטישער› געב׳
city center דער צע׳נטער שטאָט
city council דער שטאָ׳טראָט, ־ן
city dweller דער שטאָ׳טוווינער, ־ס
city editor דער לאָקאַ׳ל־רעדאַקטאָר, ...אָ׳רן
city girl די גרוי׳סשטאָטישע ‹גרוי׳סשטעטישע›, –
city hall דאָס ראָ׳טהויז; דער מאַגיסטראַ׳ט
Go fight city hall! גיי שרײַ חי־וקיים!; כאַטש לאַד אָן דעם סטראַ׳זשניק! [KhÁY-VEKÁYEM]
city life דאָס שטאָ׳טישע לעבן
city planner דער שטאָ׳ט־פּלאַני׳רער, ־ס
cityscape דער שטאָ׳טישער פּייסאַ׳זש, ־ן
city-state די שטאָ׳טישע מלוכה, ־ות [MELÚKhE]
city university דער שטאָ׳טישער אוניווערסיטע׳ט, ־ן
City University of New York דער ניו־יאָ׳רקער שטאָ׳טישער אוניווערסיטע׳ט
citywide גאַ׳נצשטאָטיש; אי׳בער דער גאַ׳נצער שטאָט
civic בי׳רגער...; שטאָט...; געזע׳לשאַפֿטלעך
civic awareness די/דאָס געזע׳לשאַפֿטלעכע וווּ׳סיקייט
civic duty דער בי׳רגער־חובֿ [KhOYV]
civic pride דער בי׳רגערשטאָלץ
civics דער בי׳רגער־לימוד ל״י [LÍMED]
civil
(civic) בי׳רגער...
(civilian) ציווי׳ל...
(polite) מע׳נטשלעך; איידל; הע׳פֿלעך; (ב)נימוסדיק [(BE)NÍMESDIK]
civil aviation די ציווי׳לע אַוויאַ׳ציע
civil defense דער ציווי׳לשוץ
civil disobedience דער ציווי׳לער קע׳גנשטעל
civil engineer דער ציווי׳ל־אינזשעני׳ר, ־ן; דער בוי׳־אינזשעני׳ר, ־ן
civil engineering דאָס ציווי׳ל־אינזשענירײַ; די ציווי׳ל־אינזשעני׳ריע; די בוי׳טעכניק
civilian, *adj.* ציווי׳ל
civilian, *n.* דער ציווילי׳סט, ־ן
civilian casualties ציווי׳לע קרבנות ‹אַבֿדות› [KORBÓNES] [AVÉYDES]
civilian dress דער ציווי׳ל
civility דער נימוס; די/דאָס בנימוסדיקייט [NÍMES] [BENÍMESDIKEYT]
civilization די ציוויליזאַ׳ציע, ־ס
civilize ציוויליזי׳רן
civilized ציוויליזי׳רט; קולטו׳ר...
civilized person דער ציוויליזי׳רטער געב׳; דער קולטו׳רמענטש, ־ן
civil law דער ציווי׳ל־קאָדע׳קס
civil libertarian דער בי׳רגער־פֿרײַהייטיסט, ־ן
civil liberties בי׳רגער־פֿרײַ׳הייטן
civil marriage דאָס ציווי׳לע חתונה־האָבן [KhÁSENE]
(for Jews) די חתונה אָן חופּה־וקידושין [KhÁSENE] [KhÚPE-VEK(I)DÚShN]
civil right(s) דאָס בי׳רגעררעכט ל״י
civil rights movement די באַווע׳גונג פֿאַר בי׳רגעררעכט
civil servant דער ציווי׳ל־באַאַ׳מטער געב׳
civil service [MELÚKhE] דאָס ציווי׳לדינסט; די מלוכה־דינסט
civil service system די ציווי׳לע די׳נסטסיסטעם
civil suit דער ציווי׳ל־פּראָצע׳ס, ־ן
civil union די ציווי׳לע פּאַ׳רטנערשאַפֿט, ־ן
civil war די/דער בי׳רגערקריג, ־ן; די בי׳רגער־מלחמה, ־ות [MILKhÓME]
civvies [MALBÚShIM] ציווי׳לע מלבושים; די ציווי׳ל־קליי׳דונג ל״י
clad, *adj.* אָ׳נגעטאָן; געקליי׳דט
(with metal) פּלאַטי׳רט
clad, *v.* אָ׳נטאָן; קליידן
(with metal) פּלאַטי׳רן
claim, *n.*
(of ownership) די פּרעטע׳נזיע, ־ס; די חזקה, ־ות [KhAZÓKE]
(insurance) די תּבֿיעה, ־ות [TVÍE]
(jur.) די תּבֿיעה, ־ות; די טענה, ־ות; די מאָ׳נונג, ־ען; די פֿאָ׳דערונג, ־ען [TÁYNE]
(statement) די דעקלאַראַ׳ציע, ־ס; די באַשטע׳טיקונג, ־ען
lay claim to פּרעטענדי׳רן אויף
make a false claim פֿאַלש טענה|ן [TÁYNEN]
claim, *v.*
vt. **(demand)** פֿאָ׳דערן; פּרעטענדי׳רן אויף
vt. **(take)** אָ׳פּנעמען
vi. **(jur.)** טענה|ן; דרי׳נגען [TÁYNEN]
claim responsibility [AKhRÁYES] אָ׳ננעמען דאָס אַחריות
claim the mantle האַלטן זיך פֿאַרן יורש [YÓYRESh]
claimant דער תּובֿע, ־ים; דער פּרעטענדע׳נט, ־ן [TOYVÉYE, TÓYVIM]
claims adjuster דער שאָ׳דן־‹היזק־›אוי׳ספֿאָרשער, ־ס [HÉZEK]
claims court דאָס תּבֿיעה־געריכט [TVÍE]
clairvoyance דאָס העלזעערײַ; דאָס טבֿיע(ו)ת־עין [TVÍES-ÁYEN]
clairvoyant, *adj.* הע׳לזעעריש
clairvoyant, *n.* דער הע׳לזעער, ־ס
clam, *n.* דער קלאַם, ־ען
clam, *v.* **(up)** אַנטשווײַגן ‹פֿאַרשטו׳מט› ווערן; נישט מאַכן קיין פּיפּס
clamber (up) דראַ׳פּע|ן זיך; (אַרוי׳פֿ)קלע׳טערן
clam chowder דער קלאַ׳מטשאַ׳ודער

clammy פֿײַכט און קאַלט; קלעפּיק
clamor, *n.* דער טומל; דאָס געפּילדער; דאָס געשרײַ; דער ליאַרעם
clamor, *v.* טומלען; פּילדערן; שרײַען; ליאַרעמען
clamor for טומלדיק פֿאָדערן
clamp, *n.* די קלעם, ־ען; דאָס קלעם־אײַזנדל, ־עך; דער סקאָבעל, ־ס; דער אורוואַנט, ־ן
clamp, *v.* אײַנקלעמען
clamp down on פֿאַרפֿירן אַ קאַמף קעגן; פֿאַרשווײַגן; דערדריקן
clampdown דאָס פֿאַרשווײַגעניש, ־ן
clan דער קלאַן, ־ען; דער שבֿט, ־ים; דער שטאַם, ־ען [ShÉYVET, ShVÓTIM]
clandestine בסודיק; בשתיקהדיק; קאָנספּיראַטיוו [BESÓDIK] [BIShTÍKEDIK]
clang, *n.* דאָס קלינגלען; דאָס גרילצן
clang, *v.* קלינגלען; גרילצן
clank, *n.* דאָס געקלאַנג
clannish קלײַזלדיק
clap,[1] *n.* דער פּאַטש, פּעטש; דער פּליעסק, ־ן
clap of thunder דער דונערקנאַל, ־ן
clap,[2] *n.*
the clap (gonorrhea/*slg.*) דער טריפּער; דער פֿײַפֿער; די שפּאַנישע ‹פֿראַנצײזישע› קרענק
clap, *v.* פּאַטשן (בראַוואָ); אַפּלאָדירן; פּליעסקע\|ן מיט די הענט
(single clap) אַ פּאַטש טאָן מיט די הענט
(*nurs.*) פּאַטשי־פּאַטשי; טאָסי־טאָסי
clapboard דער הילצערנער פּאַנעל, ־ן
clapper
(applauder) דער אַפּלאָדירער, ־ס
(rattle) דאָס קלאַפּערל, ־עך; דער גראַגער, ־ס
(tongue of bell) דאָס קלעפּל, ־עך
clapping דאָס געפּאַטשערײַ; דאָס פּליעסקערײַ
claptrap דער/דאָס שטות; פּוסטע רייד ל"ר
claque קלאַקערס ל"ר; בראַוואָ־פּאַטשערס ל"ר
claret, *adj.* **(color)** ווײַן רויט; באָרדאָ...
claret, *n.* **(wine)** דער קלאַרעט; דער באָרדאָ
clarification די אויפֿקלערונג, ־ען; די אויסקלאָרונג, ־ען
clarified butter די געפּרעגלטע פּוטער
clarify געבן צו פֿאַרשטיין; אויפֿקלערן; אויסקלאָרן; קלאָר מאַכן
(butter) פּרעגלען
clarinet דער קלאַרנעט, ־ן
clarinetist דער קלאַרנעטיסט, ־ן; דער קלאַרנעט־שפּילער, ־ס
clarion דער קלאַריאָן, ־ען
clarion call דער קול־קורא, ־ס [KOLKÓYRE]
clarity די/דאָס קלאָרקייט
clash, *n.* דאָס געשלעג, ־ן; דער צונויפֿשטויס, ־ן
(sound) דאָס טראַסקען; דאָס גרילצן
clash of opinions דאָס/דער חילוקי־דעות, ־ן/–; דער סיכסוך, ־ים [KhILÚKE-DÉYES] [SÍKhSEKh, SIKhSÚKhIM]
clash, *v.* שלאָגן זיך; צונויפֿשטויסן זיך
(sound) טראַסקע\|ן; גרילצן
(opinions) האָבן אַ חילוקי־דעות [KhILÚKE-DÉYES]
clasp, *n.* די קליאַמרע, ־ס; דער קלאַמער, ־ן
(of necklace) דאָס פֿאַרשפּיליעכץ, ־ער
(embrace) דער אַרומנעם
clasp, *v.* אײַנקלאַמערן; פֿאַרשפּיליע\|ן
(embrace) קלאַמערן זיך אין; אַרומנעמען
(object) אָנכאַפּן; אָננעמען
clasp onto אָנכאַפּן זיך אין
clasp to one's breast טוליע\|ן צו זיך

clasp envelope דער קליאַמרע־קאָנווערט, ־ן
class, *n.* דער קלאַס, ־ן
(subject of study) דער קורס, ־ן; דער לימוד, ־ים [LÍMED. LIMÚDIM]
(level) דער קלאַס, ־ן
(category) דער סאָרט, ־ן; די קאַטעגאָריע, ־ס
(standing) דער גראַד, ־ן; דער ראַנג, ־ען
be a class act/have class זײַן ערשטקלאַסיק
by next class ביז דער קומעדיקער ‹נאָענטסטער› לעקציע
come to class קומען אין קלאַס אַרײַן; קומען אויף די לימודים
graduating class דער אַרויסלאָז, ־ן
in a class of its own אַ יחיד־במינו; אײנע(ר) אויף דער וועלט [YÓKhED-BEMÍNE]
classes *also* לימודים
take classes at לערנען זיך אין; שטודירן אין
First day of classes is on Monday די לימודים הייבן זיך אָן מאָנטיק; דער ערשטער קלאַס קומט פֿאָר מאָנטיק
class, *v.* קלאַסירן; קלאַסיפֿיצירן
class-action lawsuit דאָס קאָלעקטיווע לאָדעניש, ־ן
class-conscious קלאַסן־באַוווּסטזיניק
class consciousness די/דאָס קלאַסן־באַוווּסטזיניקייט
class distinction דער חילוק צווישן קלאַסן [KhÍLEK]
classic, *adj.* קלאַסיש
classic, *n.* די קלאַסיק
the classics (authors) די קלאַסיקערס
the classics (literature) די קלאַסישע ווערק
the classics (philology) די קלאַסישע פֿילאָלאָגיע ל"י; די קלאַסישע שפּראַכן
classical קלאַסיש
classical music די קלאַסישע מוזיק
classical scholar דער קלאַסישער פֿילאָלאָג, ־ן
classic artist דער אַלטמײַסטער, ־ס
classicism דער קלאַסיציזם
classicist דער קלאַסיציסט, ־ן
classicistic קלאַסיציסטיש
classification די קלאַסיפֿיקאַציע, ־ס
classification system די קלאַסיפֿיציר־סיסטעם, ־ען
classified advertisements קלײנע אַנאָנסן ל"ר
classified information די קלאַס(יפֿיצ)ירטע אינפֿאָרמאַציע
classified material מלוכישע סודות ל"ר [MELÚKhIShE] [SÓYDES]
classify קלאַסירן; קלאַסיפֿיצירן; קאַטעגאָריזירן; רובריקירן
(as confidential) פֿאַרסעקרעטעווע\|ן
classless society די געזעלשאַפֿט אָן קלאַסן
classmate
m./unsp. דער מיטסטודענט, ־ן; דער מיטתּלמיד, ־ים; דער קלאַס־חבֿר, ־ים [MÍTTALMED, MÍTTALMÍDIM] [KhÁVER, KhAVÉYRIM]
f. די מיטסטודענטקע, ־ס; די מיטתּלמידה, ־ות; די קלאַס־חבֿרטע, ־ס [MÍTTALMÍDE] [KhÁVERTE]
classroom דער קלאַס(צימער), ־ן; דער קלאַסזאַל, ־ן
classroom facilities קלאַסצימערן
classroom instruction דער קלאַס־לימוד [LÍMED]
classroom overcrowding די/דאָס איבערגעפּאַקטקייט אין די קלאַסן
class size די גרייס פֿון די קלאַסן
class struggle דאָס קלאַסן־געראַנגל; דער קלאַסנקאַמף
classwork די אַרבעט אין קלאַס; די לימודישע אַרבעט
classy ערשטקלאַסיק; מאָדיש; עלעגאַנט
clatter, *n.* דער בראַזג; דער טראַסק; דער טומל
clatter, *v.*

imp. בראַזגע|ן; טראַסקע|ן; קאַלעקאָטשע|ן זיך; קלאַפּערן; טומלען
pf. געבן אַ בראַזג ‹טראַסק›; אַ טראַסק ‹בראַזג› טאָן; אָנמאַכן אַ טומל
clause
(gram.) דער טייל זאַץ
(section) דער פּונקט, ־ן; דער פּאַראַגראַף, ־ן
main clause דער הויפּטזאַץ, ־ן
claustrophobia די קלויסטראָפֿאָביע
claustrophobic, *adj.* קלויסטראָפֿאָביש
claustrophobic, *n.* דער קלויסטראָפֿאָביקער, –
clavicle דער שליסלביין, ־ער
claw, *n.* דער קרעל, ־ן
(tech.) דאָס קלעמערל, ־עך; דער קנייפּער, ־ס
(of lobster) דאָס קלעמערל, ־עך
claw, *v.* צעדראַפּע|ן; צעקראַצן
claw at קלאַמערן זיך אין
claw back צוריקנעמען
claw hammer דער טישלער־האַמער, ־ס
clay, *adj.* ליימען
clay, *n.* דאָס/די ליים
clayey/clayish ליימיק
clay soil די ליימערד; דער ליימבאָדן
clean, *adj.* ריין; ציכטיק; זויבער
come clean [MÓYDE] אויפֿדעקן די קאָרטן; מודה זײַן
make a clean start אָנהייבן פֿון ‹אויף› ס׳נײַ
clean, *v.*
imp. רייניקן; פּוצן
pf. אויסרייניקן; אָפּרייניקן; אָפּפּוצן
(tidy up) אויפֿראַמען; צוראַמען ‹צוראָמען/צורוימען›
clean house אויפֿראַמען די שטוב
clean house (*fig.*) מאַכן אַ טשיסטקע ‹רעמאָנט›; בודק־חמץ זײַן [BÓYDEK-KhÓMETS]
clean off אָפּרייניקן; אָפּפּוצן
clean one's ears (אויס)רייניקן זיך די אויערן
clean out אויסרייניקן
clean out (of money/*fig.*) גוט אָפּפּוצן; אָפּרייניקן; אויסליידיקן בײַ + דאַט׳ די קעשענע; אָפּדאַצן
clean up אויפֿראַמען; צוראַמען ‹צוראָמען/צורוימען›; אָפּרייניקן
clean up (baseball) קלאַפּן דער פֿערטער
clean up one's act נעמען זיך אין די הענט אַרײַן
Clean up! ראַמ(ט) אויף ‹צו›!
Clean your face! [PÉ(Y)NEML] וואַש זיך אָפּ דאָס פּנימל!
clean-cut ציכטיק; זויבער
cleaner(s) די פּוצערײַ, ־ען
take to the cleaners צוטראָגן ‹צופֿירן› צום פּוצער
take to the cleaners (*fig.*) גוט אָפּפּוצן; אָפּרייניקן
cleaning, *n.* די רייניקונג
cleaning rod דער שאָמפּאַל, ־ן
cleaning woman די ראַמערקע ‹רוימערקע/ראָמערין›, ־ס
cleanliness די/דאָס ריינקייט; די/דאָס ריינטלעכקייט; די/דאָס ציכטיקייט
cleanse אויסרייניקן; אויסוואַשן
cleanser דאָס רייניק־מיטל, ־ען
clean-shaven אָפּגעגאָלט
cleansing cream דער/די קאָלדקרעם
cleansing tissue דאָס ווישפּאַפּירל, ־עך
cleanup דאָס אויפֿראַמען; דאָס צוראַמען; דער אָפּרייניק, ־ן; די אָפּרייניקונג, ־ען
(environmental) די (אָפּ)רייניקונג, ־ען
(*fig.*) די אָפּרייניקונג; די באַזײַטיקונג
cleanup crew די רייניק־קאָמאַנדע, ־ס

clear, *adj.*
(distinct) קלאָר; דײַטלעך
(explicit) באַשיידלעך
(liquids) ריין; לויטער
(obvious) קלאָר (ווי דער טאָג); בולט; בפֿירוש; באַשײַמפּערלעך [BÓYLET] [BEFÉYRESh]
(sky) לויטער; קלאָר; אומפֿאַרוואָלקנט
(transparent) קלאָר; דורכזעיִק
(of obstacles) פֿרײַ; ריין
clear and present danger די תּיכּפֿדיקע סכּנה, ־ות [TÉYKEFDIKE] [SAKÓNE/SEKÓNE]
keep clear נישט פֿאַרשטעלן; האַלטן פֿרײַ ‹ווײַט› פֿון
make clear קלאָר געבן צו פֿאַרשטיין
make oneself clear רעדן מיט באַקציינער
stay clear of אויסמײַדן; ווײַכן פֿון
The road is clear דער וועג איז פֿרײַ
clear, *n.*
in the clear (of suspicion) [KhShAD] באַפֿרײַט פֿון חשד
in the clear (of debt) [KhÓYVES] אַרויס פֿון די חובֿות
clear, *v.*
vt. **(by censor)** (אַ)דורכלאָזן
vt. **(delete)** אָפּרייניקן; אָפּמעקן
vt. **(of charges)** ריינוואַשן; אָפּשולדיקן
vt. **(clean up)** אָפּרייניקן; אויסרייניקן; אָפּראַמען; אויסראַמען
vi. **(of check)** אַדורכ(גיין)
clear away אַוועקראַמען; אָפּראַמען; אָפּליידיקן
clear mines אָפּרייניקן פֿון מינעס
clear one's calendar באַפֿרײַען זיך די צײַט
clear out, *vt.* אויסרייניקן; אויסליידיקן
clear out, *vi.* פֿאַרשווינדן ווערן; אַנטרונען ווערן; אָפּציִען
clear the way אָפּראַמען פֿון וועג; אָפּליידיקן דעם פּלאַץ
Clear the way! מאַכט אַ וואַרע!
clear up, *vt.* **(explain)** געבן צו פֿאַרשטיין; אויפֿקלערן; אויסקלאָרן
clear up, *vi.* **(weather)** אויסלײַטערן זיך
clearance
(permission) [REShÚS] דער רשות; דאָס/די דערלויבעניש
(removal) דער אָפּראַם; די אָפּראַמונג; דער אויסראַם; די אויסראַמונג
(security) די זיכערקייט־אויטאָריזאַציע, ־ס; דער געטרויבריוו, –
(space) דער פֿרײַפּלאַץ
low clearance דער באַגרענעצטער פֿרײַפּלאַץ
clearance sale דער אויספֿאַרקויף, ־ן
clear-cut (קליפּ און) קלאָר; אָפּגעגעניגלט
clear-cutting דאָס אויסהאַקן; די אויסהאַקונג
clear-eyed רעאַליסטיש; מיט קלאָרע ‹אָפֿענע› אויגן
clear-headed [SEYKhL] מיט אַ קלאָרן קאָפּ; מיט שׂכל
clearing, *n.* די (וואַלד)לאָנקע, ־ס; די פּאָליאַנע, ־ס
clearinghouse דער אויסבײַט־צענטער, ־ס
(bankers') דער אָנווייז־ביוראָ, ־ען
clear key דער אויסמעק־קלאַוויש, ־ן
clearly קלאָר; דײַטלעך
speak clearly רעדן קלאָר (און דײַטלעך); רעדן קליפּ און קלאָר; רעדן מיטן פֿולן מויל; רעדן ווערטער
cleat דער (שאַרפֿער) שפּיץ, ־ן
(tech.) די לײַסט, ־ן
cleavage
(of breasts) דער צווישנבריסט; דער בריסטנשפּאַלט
(of breasts/*hum.*) [MAZL] דאָס (גאַנצע) דאַבערע־מזל
(geol.) דער שפּאַלט, ־ן
(splitting) די צעשפּאַלטונג

cleave, *v.*
vt./vi. **(split)** שפּאַלטן (זיך)
vi. **(adhere)** צוקלעפּן זיך; צושטיין צו
cleaver דער/דאָס האַקמעסער, ־ס
cleavers (bot.) די אינדישע עלעוואָסינע
clef דער (נאָטן־)שליסל, ־ען
cleft, *adj.* געשפּאָלטן
cleft, *n.* דער שפּאַלט, ־ן
cleft lip די האָזנליפּ, ־ן; די געשפּאָלטענע ליפּ, ־ן
cleft palate דער געשפּאָלטענער גומען, ־ס
clematis קלעמאַטיס
clemency די באַגנעדיקונג; דער חסד [KhÉSED]
ask for clemency בעטן חסד ‹באַגנעדיקונג›
grant clemency to באַגנעדיקן + אַק'
clemency petition די חסד־בקשה, ־ות [KhÉSED] [BAKÓShE]
clemency petitioner דער חסד־בעטער, ־ס [KhÉSED]
clementine די קלעמענטינע, ־ס
clench
clench one's fists (צו)בײַלן ‹צונויפֿדריקן› די פֿויסטן
clench one's teeth פֿאַרקוועטשן ‹פֿאַר(שטשעמען/ צונויפֿדריקן› די ציין; פֿאַרבײַסן די ציין ‹ליפּן›
with clenched fists מיט געבײַלטע ‹צונויפֿגעדריקטע› פֿויסטן
with clenched teeth מיט צונויפֿגעדריקטע ‹פֿאַרשטשעמטע› ציין
clerestory דער ליכטגאָרן, ־ס
clergy דער קלער
(J.) כּלי־קודש [KLE-KÓYDESh]
clergyman דער קלעריקער, ־ס; דער גײַסטלעכער געב'
clergywoman די קלעריקערין, ־ס; די גײַסטלעכע, –
cleric *see* **clergyman**
clerical
(religious) קלעריקאַל; גײַסטלעך
(secretarial) ביוראָ...
clerical error דער שרײַב־טעות, ־ן [TÓES]
clerk, *n.*
(office/*m./unsp.*) דער ביוראַליסט, ־ן; דער ביוראָ־ אָנגעשטעלטער געב'
(office/*f.*) די ביוראַליסטקע, ־ס; די ביוראָ־אָנגעשטעלטע, –
(jur.) דעם ריכטערס געהילף, ־ן
clerk, *v.* **(for)** דינען (בײַ)
clerk of the court דער געריכט־שרײַבער, ־ס
clerkship דאָס ריכטערדינסט
clever קלוג; שׂכלדיק; געשײַט [SÉYKhLDIK]
clever person (*m./unsp.*) דער פּיקח, ־ים; דער חכם, ־ים; דער קלוגער געב'; דער מענטש מיט שׂכל [PIKÉYEKh, PÍKKhIM] [KhÓKhEM, KhAKhÓMIM] [SEYKhL]
clever person (*f.*) די פּיקחטע, ־ס; די חכמת, ־ן; די חכמתטע, ־ס [PIKÉYEKhTE] [KhAKhÉYMES] [KhAKhÉYMESTE]
clever person (*iro.*) דער חכם־עתּיק; דער חכם־בלילה; דער קאָפּשטיק [KhOKhEMÁTIK] [KhÓKhEM-BALÁYLE]
cleverly קלוגערהייט
cleverness די קלוגשאַפֿט; דאָס פּיקחות; די חכמה [PÍKKhES] [KhÓKhME]
cliché דער קלישע, ־ען; דער שאַבלאָן, ־ען; דער טראַפֿאַרעט, ־ן
clichéd שאַבלאָניק; אויסגעדראָשן; אָפּגעריבן
click, *n.* דער קנאַק, ־ן
(with tongue) דאָס צמאָקען
(ling.) דער קלעפּקלאַנג, ־ען

at the click of a button מע דאַרף נאָר געבן אַ קוועטש
click, *v.*
vt. **(sound)** אַ קנאַק טאָן (מיט); געבן אַ קנאַק (מיט)
vt. **(comp.)** געבן ‹טאָן› אַ קוועטש
vi. **(with tongue)** אַ צמאָק טאָן
vi. **(suddenly make sense)** קלאָר ווערן
We really clicked מיר זענען זיך געפֿעלן אויפֿן אָרט
client, *adj.* קליענטן־...
client, *n.* [KÓYNE, KÓYNIM] דער קליענט, ־ן; דער קונה, ־ים
clientele [KÓYNIMShAFT] די קליענטור; די קונימשאַפֿט
cliff דער פֿעלדז, ־ן; די סקאַלע, ־ס; דער אָפּהאַנג, ־ען
(steep) דער אַראָפּהאַנג, ־ען
cliff dweller דער פֿעלדז־אײַנוווינער, ־ס
cliff dwelling די פֿעלדזוווינונג, ־ען
cliffhanger דער אָטעם־פֿאַרכאַפּער, ־ס
cliff's edge דער אַראָפּהאַנג, ־ען
climacteric די מענאָפּויזע; דער איבערגאַנג
climactic קלימאַקטיש
climate דער קלימאַט, ־ן; דער קלימאַט, ...אַטן
climate change דער קלימאַטן־בײַט, ־ן
climate control דער קלימאַט־רעגולירער, ־ס
climax, *n.* דער קלימאַקס, ־ן; דער שפּיץ, ־ן; דער הויכפּונקט, ־ן; דער קולמינירפּונקט, ־ן; דער סאַמע ברען
(sexual) דער שפּיץ, ־ן; דער אָרגאַזם, ־ען
climax, *v.* דערגרייכן דעם שפּיץ ‹קלימאַקס›
(sexually) דערגרייכן ‹האָבן› אַן אָרגאַזם; קומען צום שפּיץ
climb, *n.* דער באַרגאַרויף, ־ן
(av.) דער אויפֿהייב, ־ן
climb, *v.* קריכן; דראַפּעו|ן זיך; קלעטערן
(av.) (אויפֿ)הייבן זיך
climb a mountain אַרויפֿקריכן ‹אַרויפֿקלעטערן› אויף אַ באַרג
climb down אַראָפּקריכן; אַראָפּדראַפּעו|ן זיך פֿון; אַראָפּקלעטערן
climb onto אַרויפֿקריכן אויף; (אַרויפֿ)דראַפּעו|ן זיך אויף
climb the social ladder אַרויפֿאַרבעטן זיך; קריכן אין די הויכע פֿענצטער
climb the walls קריכן ‹קלעטערן› אויף די (גלײַכע) ווענט; משוגע ווערן [MEShÚGE]
climb up אַרויפֿקריכן; (אַרויפֿ)דראַפּעו|ן זיך (אויף); אַרויפֿקלעטערן
climber
(bot.) דער קריכער, ־ס; דאָס קלעטער־געוויקס, ־ן
(mountain) דער בערגקריכער, ־ס; דער אַלפּיניסט, ־ן; דער קלעטערניק, ־עס
(social) דער אַריוויסט, ־ן; דער דורכקריכער, ־ס; דער קאַריעריסט, ־ן
climbing, *n.* **(mountain)** דאָס בערגקריכן; דער בערגספּאָרט; דער אַלפּיניזם
climbing bars דראַפּע־דרענגלעך
clinch, *n.* דער פֿאַרקלעמער, ־ס
clinch, *v.* פֿאַרקלעמען
(a deal) שליסן; צוקלאַפּן
(an argument) פֿאַרענטפֿערן
(spo.) פֿאַרזיכערן זיך מיט
clincher דער שפּיץ, ־ן
cling, *v.*
(dress) קלעפּן זיך; אַרומכאַפּן
cling to (person) טוליע|ן ‹צוטשעפּעו|ן/קלעפּן› זיך צו; אָנהאַלטן ‹קלאַמערן/אײַנעסן› זיך אין
cling to the hope קלאַמערן זיך אין דער האָפֿענונג
cling for dear life (to) אָנהאַלטן זיך מיט די לעצטע כּוחות (אין) [KÓYKhES]

clingy *see* **cling to**
clinic די קלי́ניק, ־עס; די אַמבולאַטאָריע, ־ס
clinical קלי́ניש
clinical death דער קלי́נישער טויט
clinical psychology די קלי́נישע פּסיכאָלאָגיע
clinical record דער קלי́נישער ‹מעדיצי́נישער› רעקאָרד, ־ן
clinical trial דער קלי́נישער או́יספּרווו, ־ן
clinician דער קלי́ניקער, ־ס
clink טשאָקען|; קלי́נגען
clink glasses טשאָקען| מיט די גלעזלעך; קלי́נגען מיט די בעכערס
clip, *n.* דער קלאַמער, ־ן; דאָס קלעמערל, ־עך
clip, *v.*
(fasten) צו́קלאַמערן; צו́פֿעסטיקן
imp./pf. **(cut)** (או́יס)שערן; (או́יס)שנײַדן
clip one's nails אָפּשערן ‹או́נטערשערן› זיך די נעגל
clip sb.'s wings אָפּהאַקן + דאַט' די פֿליגל
clipboard דאָס קלעמברעטל, ־עך
clip-clop, *n.* דאָס צאָקען פֿון טלאָען
clip-on אויף צוצוטשעפּען
clipper (ship) דער גי́כזעגלער, ־ס; דער קלי́פּער, ־ס
clippers דאָס שערל, ־עך; די שער, ־ן
clipping דאָס או́יסשניטל, ־עך; דער או́יסשניט, ־ן; דער או́יסשער, ־ן
clippings (nail) אָפּגעשוירענע נעגל
clique די קלי́קע, ־ס; דאָס קלײַזל, ־עך; דאָס קניפּל, ־עך; די כנופֿיא, ־ות [KNÚFYE]
cliquish קלי́קיש; קלײַ́זלדיק
clitic דאָס קלי́טיקל, ־עך
clitoral קליטאָר...
clitoral glans דאָס קליטאָר־קעפּל
clitoral orgasm דער קליטאָר־אָרגאַזם, ־ען
clitoridectomy די דעקליטאָריזי́רונג
clitoris דער קליטאָר, ־ן; די מו́טער־‹פֿרוי́ען־›אָדער, ־ס
(*hum.*) דאָס קנעפּעלע, ־ך; די קי́צלקע, ־ס
cloak, *n.* דער מאַנטל, ־ען; דער צודעק, ־ן
(*fig.*) דער צודעק, ־ן; דאָס געהי́ל; די מאַסקע, ־ס
under cloak of darkness אין געהי́ל פֿון פֿי́נצטערניש
cloak, *v.* פֿאַרהי́לן; פֿאַרדעקן
cloak-and-dagger שפּיאָנאַזש־...
cloakroom דער גאַרדעראָב, ־ן
clobber צעממיתן; צעהרגע|(נע)ן; צענהרגן; טרײַ́בערן [TSEMÉYMESN] [TSEHÁRGE(NE)N] [TSENÉREKN]
clock, *n.* דער זײגער, ־ס
clock, *v.* אָפּזײ́גערן
clock in אײַ́נזײגערן זיך
clock out או́יסזײגערן זיך
clock face דער/דאָס צי́פֿערבלאַט, ...בלעטער
clock hour די זײ́גער־שעה, ־ען [ShO]
clock tower דער זײ́גער־טו́רעם, ־ס
clockwise זײ́גערדיק; מיטן ‹לויטן› זײגער; זײ́גערווײַלעכץ
clockwork דער אָנצי־מעכאַניזם, ־ען; דאָס געווערק, ־ן
be like clockwork קלאַפּן ווי אַ זײגער; זײַן אַקוראַט
clod
(of earth) דאָס/די שטיק ערד; די גרו́דע, ־ס; דער שראָל, ־ן
(fool) דער שוטה, שוטים; דער נאַר, נאַראָנים [ShÓYTE, ShÓYTIM]
clog, *n.* **(shoe)** די קלו́מפּע, ־ס
clog, *v.* פֿאַרשטאָפּן; פֿאַרקאָרקעווע|ן; פֿאַרלייגן
cloister, *n.* דער מאָנאַסטי́ר, ־ן
cloister, *v.* אָפּזונדערן
cloistered אָפּגעזונדערט
live a cloistered life לעבן אָפּגעזונדערט; זײַן אַ פּרוש; פֿראַווע|ן פּרישות [PÓRESh] [PRÍShES]
clone, *n.* דער קלאָן, ־ען
clone, *v.* קלאָני́רן
cloning, *adj.* קלאָני́ר...
cloning, *n.* דאָס קלאָני́רן; די קלאָני́רונג
close, *adj.* נאָענט
close at hand או́נטער דער האַנט; האַרט דערבײַ
close game/race דער פֿאַרמעסט גלײַך אויף גלײַך
close to one another געדי́כט; נאָענט איינס דעם ‹צום› צווייטן
close to one's heart נאָענט צום האַרצן
close to the vest באַהאַלטן
at close range פֿון גאָר נאָענט
be on close terms with sb. זײַן מיט + דאַט' אויף דו
become close to דערנע(ע)נטערן זיך צו
become close to (*hum.*) ווערן כאַוועּר־לאַפּ מיט; ווערן גאַנצע מחותּנים מיט; ווערן אַ גאַנצער שמעלקע מיט [MEKhUTÓNIM]
in close quarters ענג; געדי́כט
pay close attention גוט אײַנהערן זיך; אײַ́נהערן זיך מיט קאָפּ
I had a close call! כ'בין קוים־קוים אַרו́יס מיטן לעבן; כ'האָב שיִער נישט + פּאַרט'; שיִער נישט אָפּגעקומען!; קוים ניצול געוואָרן!; כּמעט אין די קישקעס אַרײַן! [NITSL] [KIMÁT]
close, *adv.*
close by (גאָר) נאָענט; דערלעבן; פֿאַזע לעבן
close to (near) נאָענט צו; האַרט בײַ
close to (nearly) כּמעט [KIMÁT]
close up פֿון דער נאָענט
close, *n.* דער סוף, ־ן; דער או́יסלאָז, ־ן [SOF]
close, *vt./vi.* פֿאַרמאַכן (זיך); צו́מאַכן (זיך); שליסן (זיך)
(account/books) שליסן
close a deal שליסן אַן אָפּמאַך
close down, *vt./vi.* פֿאַרמאַכן (זיך); צו́מאַכן (זיך); שליסן (זיך)
close in on דערנע(ע)נטערן זיך צו; לייגן זיך אַלץ נע(ע)נטער צו
close on the mortgage (אָפּ)שליסן די היפּאָטעק
close out ליקווידי́רן; שליסן
close the door פֿאַרמאַכן ‹צו́מאַכן› די טיר
close the meeting שליסן די זי́צונג
close up, *vi.* **(of wound)** פֿאַרצי́ען זיך
close up shop פֿאַרמאַכן דאָס קרעמל
close combat דאָס נאָענט־געשלעג, ־ן
close-cropped קורץ געשוירן ‹געשני́טן›
closed געשלאָסן; פֿאַרמאַכט
(syllable) געשלאָסן; געדעקט
closed captioning דער או́נטערקעפּל־שריפֿט
closed circuit דער געשלאָסענער שטראָם
closed-circuit TV די געשלאָסענע טעלעוויזיע
closed course דער פֿאַרמאַכטער קורס, ־ן
closed-door trial דער מישפּט הי́נטער פֿאַרמאַכטע טירן [MÍShPET]
closed-end fund דער געשלאָסענער פֿאָנד, ־ן
close-fitting ענג או́יסגעפּאַסט
be close-fitting (שטײַף) אַרו́מכאַפּן
close-knit געאײ́ניקט; או́יסגעקניפּט
closer, *adv.* נע(ע)נטער
bring closer דערנע(ע)נטערן
come closer דערנע(ע)נטערן זיך
closer, *n.* דער שלאָסוואַרפֿער, ־ס; דער שלאָספּיטשער, ־ס

close reading דאָס לייענען וואָרט נאָך וואָרט

closet, *adj.* שאַפֿע...

(hidden) באַהאַלטן

closet, *n.* די שאַפֿע, ־ס; די שאַנק, שענק; דער אַלמער, ־ס

come out of the closet אַרויסאַנטפּלעקן זיך; לאָזן זיך דערקענען

in the closet (clothing) אין (דער) שאַפֿע

in the closet (*fig.*) באַהאַלטן

closeted פֿאַרדעקט; באַהאַלטן

be closeted together פֿירן אַ שמועס אונטער פֿיר אויגן

close-up, *adj.* נאָענט...

close-up, *n.* דאָס נאָענטבילד, ־ער

close vote די כּמעט גלײַכע אָפּשטימונג, ־ען [KIMÁT]

closing, *n.* דער סוף, ־ן; דער אויסלאָז, ־ן [SOF]

(mortgage) דאָס אָפּשליסן; די אָפּשליסונג

Closing time is 2:00 מע פֿאַרמאַכט צוויי אַ זייגער

closing argument די אויסלאָז־‹אויספֿיר›־רעדע, ־ס

closure

(end) דער סוף; דאָס פֿאַרענדיקן; די שליסונג [SOF]

(of road) דער פֿאַרצאַם, ־ען; דאָס פֿאַרמאַכן דעם וועג

(psych.) די מנוחת־הנפֿש; די קאָפּ־מנוחה [MENÚKhES-HANÉFESh] [MENÚKhE]

clot, *n.* דער בלוטקלומפּ, ־ן; דער בלוטגליווער, ־ס; דער טראָמב, ־ן; דאָס שטיק בלוט, שטיקער בלוט

clot, *v.*

vt. קלומפּירן

vi. קלומפּירן זיך; אַנטשטאַנען ווערן; פֿאַרבאַקן ווערן

clot buster דער טראָמב־צענעמער‹־צעלאָזער›, ־ס

cloth, *adj.* געוואַנטן; שטאָפֿן; צײַגן; טוכן

cloth, *n.* דאָס געוואַנט, ־ן/געווענדער; דער שטאָף, ־ן; דאָס צײַג, ־ן; די סחורה, ־ות; דאָס טוך, ־ן [SKhÓYRE]

(piece of cloth) דאָס טיכל, ־עך

man of the cloth דער גײַסטלעכער געב'

cloth diaper דאָס געוואַנטענע ווינדעלע ‹וויקעלע›, ־ך

clothe (באַ)קליידן; אָנטאָן

clothes קליידער; בגדים; מלבושים; דאָס אָנטאָן ל"י [BEGÓDIM] [MALBÚShIM]

(for laundry) דאָס וועש ל"י; דאָס גרעט ל"י

in one's clothes אָנגעטאָן; אין אָנטאָן; אין די קליידער

clothes basket דער וועשקויש, ־ן; דער גרעטקויש, ־ן

clothes closet די קליידער־שאַפֿע, ־ס; דער קליידער־אַלמער, ־ס

clothes hanger דער הענגער, ־ס

clotheshorse דאָס וועשגעשטעל, ־ן; דאָס גרעטגעשטעל, ־ן

clothesline דער וועשטשטריק, –; דער גרעט־שטריק, –

clothespin די שראַגע, ־ס; דער וועשקלאַמער, ־ן; דער גרעטקלאַמער, ־ן; דאָס העלצל, ־עך

clothing [HALBÓShE] די קליידונג; דאָס אָנטועכץ; די הלבשה

clothing brush דאָס קליידער־בערשטל, ־עך

clothing industry די באַקלייד־אינדוסטריע

cloud, *n.* די כמאַרע, ־ס; דער וואָלקן, ־ס

cloud of dust דער/דאָס וואָלקן שטויב

Every cloud has a silver lining בײַ יעדן אומגליק איז אויך פֿאַראַן גליק; גאָט שיקט די רפֿואה פֿאַר דער מכּה [REFÚE] [MÁKE]

on cloud nine אין זיבעטן הימל

She has her head in the clouds זי שוועבט אין די וואָלקנס; דער קאָפּ איז איר אין די עליונות [ELYÓYNES]

under a cloud [KhÓShED] [KhShAD] חשוד; אונטער אַ חשד

cloud, *v.*

vt. וואַרפֿן אַ שאָטן אויף; פֿאַרשאָטענען; פֿאַרנעפּלען

vi. פֿאַרכמאַרען זיך; פֿאַרוואָלקענען זיך

(*fig.*) מוטנע מאַכן

cloud over וואָלקענען; פֿאַרכמאַרעט ‹פֿאַרוואָלקנט› ווערן

The sky clouded over *also* כמאַרעס האָבן פֿאַרצויגן ‹באַדעקט› דעם הימל

cloud up פֿאַרכמאַרען זיך; פֿאַרכמאַרעט ווערן

cloudburst דער וואָלקנריס, ־ן; דער וואָלקנבראַך, ־ן; דער פּלוצעמדיקער גאָס רעגן

cloud chamber די וואָלקן־קאַמער, ־ן; די ווילסאָן־קאַמער, ־ן

cloud-covered פֿאַרכמאַרעט; פֿאַרוואָלקנט

cloudless אָן קיין איין ‹שום› כמאַרע אין הימל

cloudy פֿאַרכמאַרעט; פֿאַרכמורעט; כמאַרנע; פֿאַרוואָלקנט; וואָלקנדיק

(liquid) מוטנע

clout [KÓYEKh] [HAShPÓE] [DÉYE] דער כּוח; די השפּעה; די דעה

clove[1] **(of garlic)** דאָס ציינדל, ־עך

clove[2] **(spice)** דאָס נעגעלע, ־ך

cloven געשפּאָלטן

cloven hoof די געשפּאָלטענע טלאַ, ־ען

clover די קאָנעשינע; דער קלעווער

be in clover לעבן ווי גאָט אין אַדעס ‹פֿראַנקרײַך›; זײַן אין די פֿעדערן

clover honey דער קאָנעשינע־האָניק

cloverleaf דער/דאָס קלעווערבלאַט, ...בלעטער

(junction) דער קלעווערבלאַט־קנופּ, ־ן

clown, *n.* דער פּאַיאַץ, ־ן; דער קלאָון, ־ען; דער לץ, ־ים; דער האַצמאַך; דער בלאַזן, ־ס [LETS, LÉYTSIM]

clown, *v.* **(around)** [LÉTSEVEN] פּאַיאַצעווע|ן; לצעווע|ן

cloy איבערזעטיקן

cloying לאַקרעצדיק; איבערגעטריבן

club, *n.* דער קלוב, ־ן

(cultural/social) דאָס קרײַזל, ־עך

(stick) דער שטעקן, ־ס/...קענעס; דער פֿלאָקן, ־ס; די פֿאַלקע, ־ס; דאָס גניטל, ־עך/־ען; די בולאַווע, ־ס

Join the club! (*iro.*) [MÁYSE] מײַן מעשׂה!

club, *v.*

vt. צעשלאָגן ‹דערלאַנגען› מיט אַ שטעקן ‹פֿלאָקן›

vi. פֿאַרברענגען אין נאַכטלאָקאַלן

clubfoot, *adj.* קלומפּפֿוסיק

clubfoot, *n.* דער קלומפּפֿוס

club-hop אַרומשלעפּן זיך פֿון איין נאַכטלאָקאַל אין צווייטן

clubhouse דאָס קלובהײַזל, ־עך

clubs (cards) דער שפּאַג; דער צלם; דאָס אייכל; דער טרעף [TSÉYLEM]

cluck, *n.* דער קוואָטשקע, ־ס

cluck, *v.* קוואָטשקע|ן

clucking, *adj.* קוואָקענדיק

clucking, *n.* דאָס קוואָטשקען; דאָס קוואָקעניש

clue, *n.* דער סליד, ־ן; דער שליסל, ־ען; דער אָנווונק, ־ען; דער (פֿיר)פֿאָדעם, ...פֿעדעם

I don't have a clue כ'האָב נישט אָן צו וויסן; כ'זאָל אַזוי וויסן פֿון שלעכטס

clue, *v.* **(in)** אינפֿאָרמירן; לאָזן וויסן

clueless [AMERÁTSISh] עם־הארציש

He's clueless ער אָריענטירט זיך אין גאַנצן נישט; ער האָט נישט קיין ברעקל ‹פּיצל› פֿאַרשטאַנד; ער איז אַן עם־הארץ [AMÓRETS]

clump, *n.* די גרודע, ־ס; די קרידע, ־ס; דער קלומפּ, ־ן

clump, *v.*

(cluster) צונויפֿקלעפּן זיך שטיקערווײַז

(walk) אָנטרעטן שווער

clumsiness די/דאָס אומגעלומפּערטקייט

clumsy אומגעלומפּערט; לעפּיש; ליימען; באַכמאַטנע

be clumsy האָבן ליימענע הענט; זײַן אַ ליימענער גולם; זײַן אַ קלאָץ ‹צלאַפּ›; האָבן צוויי לינקע פֿיס [GÓYLEM]
clunker די טאַראַדײַקע, ־ס; די אַלטע טראַנטע, ־ס
cluster, *n.* דער הויפֿן, ־ס; דער קנויל, ־ן
(of people) דאָס געזעמל, ־עך; דאָס הײַפֿל, ־עך; דאָס רעדל, ־עך; דער עולם, ־ס; די גרופּ(ק)ע, ־ס [ÓYLEM]
cluster, *vt./vi.* **(together)** גרופּירן (זיך); הײַפֿלען (זיך); קאָנצענטרירן (זיך)
cluster bomb די קנוילבאָמבע, ־ס
clutch, *n.*
(grasp) דער אָנכאַפּ, ־ן
(mech.) די קופּלונג, ־ען
(pedal) דער קופּלונג־פּעדאַל, ־ן
engage the clutch אײַנקופּלען
in the clutches of בײַ + דאַט' אין די הענט ‹נעגל›
clutch, *v.*
(a person) אָנכאַפּן (זיך אין)
(in one's hand) פֿאַרקוועטשן
clutch at straws אָנכאַפּן זיך אין אַ שטרוי
clutch bag דער האַנטבײַטל, ־ען
clutch hitter דער שפּאַנונג־קלאַפּער, ־ס
clutch player דער שפּאַנונג־שפּילער, ־ס
clutter, *n.* די אומאָרדענונג; דאָס איבערקערעניש; דער באַלאַגאַן; דאָס אָנגעשטופּ; דער/דאָס הקדש [HÉGDESh]
in a clutter אָנגעוואָרפֿן
clutter, *v.* אָנמאַכן אַן איבערקערעניש; אָנוואַרפֿן (ווי אין אַ הקדש) [HÉGDESh]
cm צמ [= צענטימעטער]
c/o אאַ"פֿ [= אויפֿן אַדרעס פֿון]
co... מיט...; קאָ...
coach, *n.*
(spo.) דער (הויפּט־)טרענירער, ־ס
(tutor) דער אײַנקנעלער, ־ס; דער אײַנלערנער, ־ס; דער רעפּעטיטאָר, ...אָרן
(bus) דער אויטאָבוס, ־ן
(carriage) די קאָטש, ־ן; די קאַרעטע ‹קאַרעטע›, ־ס; דער וואָגן, ־ס/װעגענער
(railroad) דער זיצוואַגאָן, ־ען
coach, *v.*
(spo.) טרענירן
(tutor) אײַנקנעלן מיט; אײַנלערנען מיט
coachbox די קעלניע, ־ס; די קאָזלע, ־ס
coach class דער טוריסטן־קלאַס
coachman דער בעל־עגלה, ־ות; דער פֿורמאַן, ־עס/פֿורלײַט; דער אָנטרײַבער, ־ס; דער קוטשער, ־ס [BALEGÓLE]
coagulate קאָאַגולירן; פֿאַרגליווערט ווערן; צונויפֿקנוילן זיך; פֿאַרבאַקן ווערן; אַנטשטאַנען ווערן
coagulation די קאָאַגולירונג
coal, *adj.* קוילן...
coal, *n.* קוילן ל"ר
carry coals to Newcastle פֿירן שטרוי קיין מצרים [MITSRÁYEM]
live coals הייסע ‹גליענדיקע› קוילן
coal barge די קוילנשיף, ־ן
coal black שוואַרץ ווי קויל
coal cellar דער קוילנסקלאַד; דער בונקער, ־ס
coal dust דער/דאָס קוילנשטויב
coalesce צונויפֿגיסן זיך; צונויפֿפֿאַלן זיך; פֿאַראייניקן זיך
coalescing, *n.* דער צונויפֿגאָס; דער צונויפֿפֿאַל
coalface דער אויסהאַק־באַציִרק, ־ן; דער זאַבוי, ־ען
at the coalface אויפֿן אָרט; אויף דער פֿאָדערשטער פּאָזיציע
coal gas דער קוילנגאַז
coalition די קאָאַליציע, ־ס
coalition-building דאָס שאַפֿן קאָאַליציעס
coal mine די קוילנגרוב, ...גריבער; די קוילן־שאַכטע, ־ס
coal miner דער קוילן־גרעבער, ־ס
coal mining דאָס גראָבן קוילן
coalpit די קוילנגרוב, ־ן/...גריבער
coal tar די שטיינקוילן־סמאָלע
coal tit דאָס טענען־בלאָערל, ־עך
coal tongs דער פֿײַערצוואַנג, ־ען
coarse שאָרסטיק; שאָרסטקע; גראָב; פּראָסט; נישט־גלאַטיק; רוי
(rude) גראָב; פּראָסט
coarse speech גראָבע רייד ‹ווערטער›
coarsen שאָרסטיק ווערן; גראָב ‹פֿאַרגרעבט› ווערן
coarseness די/דאָס גראָבקייט; די/דאָס רויקייט
coast, *n.* דער ברעג, ־ן; דער באָרטן, ־ס
The coast is clear נישטאָ קיין סכּנה; דער וועג איז אָפֿן [SAKÓNE/SEKÓNE]
coast, *v.*
(naut.) שווימען לענג־אויס דעם ברעג
(automobile) ראָדעווע|ן; פֿאָרן מיטן אימפּעט אַליין
(fig.) גרינג (אַ)דורכמאַכן
coast along מיטפֿליסן מיטן שטראָם
coastal בײַמברעגיק; ברעג...; קאַבאָטאַזש־...
coastal navigation די קאַבאָטאַזש־שיפֿונג
coastal shipping דער קאַבאָטאַזש
coaster דאָס אונטערטעצל, ־עך; דאָס אונטערלאָגל, ־עך
coast guard די ברעגוואַך
coastguardsman דער ברעגוועכטער, ־ס
coastline די ברעגליניע, ־ס; דער (בײַמברעגיקער) ים־פּאַס, ־ן [YAM]
coat, *n.* דער מאַנטל, ־ען
(child's) דאָס מאַנטעלע ‹מענטעלע›, ־ך
(of paint) דער שיכט, ־ן
coat of arms דער הערב, ־ן; די ציפֿרע, ־ס
coat of mail דאָס פּאַנצערהעמד, ־ער
coat of many colors דאָס געפּאַסיקטע העמדל, ־עך; דאָס כּתונת־פּסים [KETÓYNES-PÁSIM]
coat, *v.*
(with paint) באַפֿאַרבן
(cul.) באַשמירן; באַדעקן
My tongue is coated די צונג איז מיר באַלייגט ‹באַדעקט›
coat hanger/rack דער (מאַנטל־)הענגער, ־ס
coating דער באַדעק, ־ן
coating of ice דער אײַזדעק; די אײַזפֿלאַך
coat rack דער (מאַנטל־)הענגער, ־ס
coatroom דער גאַרדעראָב, ־ן
coatroom attendant
m. דער גאַרדעראָבניק, ־עס; דער גאַרדעראָב־היטער, ־ס
f. די גאַרדעראָבניצע, ־ס; די גאַרדעראָב־היטערין, ־ס
coattail די פּאָלע, ־ס
ride on sb.'s coattails אָנהאַלטן זיך אין + פּאָס' פּאָלעס; מיטשלעפּן זיך מיט + דאַט'
coauthor, *n.* דער מיטמחבר, ־ים [MÍTMEKhÁBER, ...MEKhÁBRIM]
coauthor, *vt.* מיטשרײַבן; שרײַבן בשותּפֿות; שרײַבן אין איינעם [BEShÚTFES]
coax צורעדן; אײַנרעדן; פּרוּוון פּועלן בײַ [PÓY(E)LN]
cob דער קאַטשן, קאַטשענעס
cobalt דער קאָבאַלט
cobble, *n.* דער ברוקשטיין, ־ער
cobble, *v.*

vt. **(with stones)** ברוקירן
vi. **(shoes)** זײַן אַ שוסטער; פֿאַרנעמען זיך מיט שוסטערײַ
cobble together צונויפֿשטוקעווע|ן; צונויפֿקלאַפּן
cobbler
(shoemaker) דער שוסטער, ־ס; דער לאַטוטניק, ־עס
(cul.) די טײַגבאַדעקטע פֿרוכט
cobblestone דער ברוקשטיין, ־ער
cobra די קאָברע, ־ס
cobweb דאָס שפּינוועב(ס); די פּאַוועטינע, ־ס; אלול־פֿעדעם ל״ר [ÉLEL]
cocaine דער קאָקאַיִן
cocaine addict דער קאָקאַיִן־אַדיקט, ־ן; דער קאָקאַיִן־פֿרעסער, ־ס
cocaine addiction דער קאָקאַיִניזם; די קאָקאַיִן־אַדיקציע
co-captain דער מיטקאַפּיטאַן, ־ען
coccygeal עקביינ...
coccyx דער עקביין, ־ער
cochineal די קאָשעניל
(dye) די קאָשעניל־פֿאַרב
cochlea דער אויערשנעק, ־ן; די קאָכלע, ־ס
cochlear implant דער אַרײַנגעפֿלאַנצטער אויערשנעק, ־ן
cock, *n.*
(rooster) דער האָן, הענער
(penis/*vlg.***)** די קעקע, ־ס; דער שמאָק, שמעק; דאָס שמעקל, ־עך; דער פּאָץ, פּעץ; דאָס פּעצל, ־עך
cock, *v.*
cock a pistol אָנציִען ‹אָנשטעלן› דאָס צינגל
cock one's head אָנשפּיצן די אויערן
cocked position שיסגרייט; גרייט צו שיסן
cockade די קאָקאַרדע, ־ס
Cock-a-doodle-doo! קוקעריקו!
cockamamie לעכערלעך; פֿון פֿינגער אויסגעזויגן; נאַר צום לאַכן
cock-and-bull
What a cock-and-bull story! אַ נעכטיקער טאָג!; נישט געשטויגן נישט געפֿלויגן!; אויפֿן הימל אַ יאַריד!; אַ פּיזמון! [PÍZMEN]
cockatoo דער קאַקאַדו, ־ען
cock crow דער האָנענקריי, ־ען
cocked hat דאָס דרײַשפּיציקע היטל, ־עך
cockerel דאָס הענדעלע, ־ך; דאָס האָנעכל, ־עך
cockeyed
(crooked) קרום
(cross-eyed) שיקלדיק; קאָסאָקע
(foolish) נאַרישעוואַטע; אַבסורדיש; לעכערלעך
cockfight דאָס הענער־געשלעג ‹־פֿאַרמעסט›, ־ן
cockle דער קאָקל, ־ען
warm the cockles of one's heart דערוואַרעמען + דאַט׳ דאָס האַרץ; שטאַרק דערפֿרייען
cockney, *adj.* קאָקני־...
cockney, *n.* דער קאָקני, ־ס
cockpit די פֿליִער־קאַבינע, ־ס; דער פֿליִערזיץ, ־ן
cockpit flight recorder די פֿלי־רעקאָרדירקע, ־ס
cockroach דער טאַראַקאַן, ־עס; דער פּרײַס, ־ן
cocksure *see* **cocky**
cocktail דער קאָקטייל, ־ן
cocktail dress דאָס קאָקטייל־קליידל, ־עך
cocktail hour די קאָקטייל־‹לחיים־›שעה, ־ען [LEKhÁYEM] [ShO]
cocktail party דאָס קאָקטייל־‹לחיים־›קערמעשל, ־עך [LEKhÁYEM]
cocktail shaker דער קאָקטייל־צעקלויצער, ־ס
cocky גרויסהאַלטעריש; איבערזיכער בײַ זיך; פֿאַרריסן
cocoa דער קאַקאַאָ
cocoa butter דאָס קאַקאַאָ־פֿעטס
co-conspirator דער מיטקאָנספּיראַטאָר, ...אָרן
coconut דער קאָקאָסנוס, ...ניס
coconut milk די קאָקאָסמילך ‹קאָקאָס־מילעך›
coconut oil דער קאָקאָסאייל; דער קאָקאָסנוס־אייל ‹־בוימל›
coconut palm די קאָקאָס־פּאַלמע, ־ס
cocoon, *n.* דער קאָקאָן, ־עס
cocoon, *v.* אײַנוויקלען אין אַ קאָקאָן
(*fig.***)** אָפּזונדערן זיך
cocotte די קאָקאָטע, ־ס
cod דער שטאָקפֿיש, –; דער דאָרש, ־ן
COD דער נאָכצאָל
send COD שיקן אויף נאָכצאָל
coda די קאָדע, ־ס
(conclusion) *also* דער סוף, ־ן; דער אויסלאַז, ־ן [SOF]
(musical sign) דאָס (מוזיק־)שווענצל, ־עך
coddle באַלעווע|ן; פּעסטע|ן; פּאַנקעווע|ן
code, *n.* דער קאָד, ־ן; דער שיפֿער, ־ס
(jur.) דער קאָדעקס, ־ן
(comp.) אינסטרוקציעס ל״ר
code, *v.* קאָדירן; שיפֿרירן
codebreaker דער דעשיפֿרירער, ־ס
coded שיפֿרירט; קאָדירט
codeine דער קאָדעיִן
code name דער קריפּטאָנים, ־ען
code of conduct דער אויפֿפֿיר־קאָדעקס
code of honor דער ערן־קאָדעקס, ־ן
code of silence די שווײַג־שבֿועה [ShVÚE]
co-dependency די/דאָס צווישנגעווענדטקייט
co-dependent צווישנגעווענדט
code-sharing דאָס קאָד־שותּפֿות [ShÚTFES]
code-switching דער שפּראַך־אַריבערפֿיר
do code-switching אַריבערפֿירן איין שפּראַך אויף אַ צווייטער
code word דער פּאַראָל, ־ן; דער וואָרטצייכן, ־ס
codger דער בר־נש, ־ן [BARNÁSh]
codification די קאָדיפֿיקאַציע, ־ס
codify קאָדיפֿיצירן
cod-liver oil דער פֿישטראַן
coed, *adj.* געמישט; בײדמיניק; ייִנגלעך און מיידלעך אין איינעם; קאָעדוקאַציע־...
go coed אָנהייבן צולאָזן פֿרויען ‹מענער›
coed, *n.* די סטודענטקע, ־ס
coed school די בײדמיניקע ‹געמישטע› שול, ־ן
coeducation די קאָעדוקאַציע
coeducational *see* **coed**
coefficient דער קאָעפֿיציענט, ־ן
coerce נייטן; צווינגען
coercion דאָס נייטן; די נייטונג; דער צוואַנג; דאָס צווינגען
coercive נייטנדיק; צווינגענדיק; צוואַנג...
coercive measures צוואַנגמיטלען
coexist קאָעקסיסטירן; לעבן צוזאַמען; לעבן זײַט בײַ זײַט
coexistence די קאָעקסיסטענץ; דאָס צוזאַמענלעבן
peaceful coexistence די פֿרידלעכע קאָעקסיסטענץ
coffee די קאַווע, ־ס
coffee bar דער קאַפֿע, ־ען
coffee bean דאָס קאַווע־בעבל, ־עך
coffee break דער קאַווע־איבעררײַס, ־ן; די קאַווע־הפֿסקה, ־ות [HAFSÓKE]
coffee cake דער קאַווע־קוכן, ־ס; דער לעקעך, ־ער
coffee cup דאָס קאַווע־טעפּל, ־עך
coffee filter דער קאַווע־פֿילטער, ־ס

coffee grinder דאָס קאַווע־מילכל, ־עך
coffee grounds דער קאַווע־אָפּזעץ; די זשור
coffeehouse דער קאַפֿע, ־ען; די קאַוויאַרניע, ־ס; דאָס קאַוועהויז, ...הײַזער
coffeemaker דער קאַווע־קאָכער, ־ס; דער קאַוועניק, ־עס
coffee mug דער קאַווע־קופּל, ־ען
coffee pot דער קאַוועניק, ־עס
coffee spoon דאָס קאַווע־לעפֿעלע, ־ך
coffee table דאָס קאַווע־טישל, ־עך
coffer דער געלטקאַסטן, ־ס; דער סייף, ־ן; די קאַסע, ־ס
coffin דער קאַסטן, ־ס/...טענעס
(J.) דער אָרון, ־ות [ORN, ARÓYNES]
(Chr.) די טרונע, ־ס
cofounder דער מיטפֿאַרלייגער, ־ס; דער מיטגרינדער, ־ס
cog דער צאָן, ציינער
cogency דער איבערצײַג־כּוח [KÓYEKh]
cogent איבערצײַג(עווד)יק
cogged באַציינדלט
cogitate (upon) אַרײַנטראַכטן זיך (אין)
cognac דער קאָניאַק, ־ן
cognate, *adj.* קאָגנאַטיש
cognate, *n.* דער קאָגנאַט, ־ן; דער ענטפּערער, ־ס
cognition די/דאָס באַנעמיקייט; די הבֿנה [HAVÓNE]
cognitive באַנעמ...; באַנעמיק; קאָגניטיוו
cognitive dissonance די קאָגניטיווע ‹באַנעמיקע› דיסאָנאַנץ
cognitive impairment דער קאָגניטיווער פֿעלער, ־ן; דער באַנעם־פֿעלער, ־ן
cognitive linguistics די קאָגניטיווע לינגוויסטיק ל״י
cognizance די/דאָס וויסיקייט
take cognizance of אָנערקענען אַז
cognizant וויסיק; באַוווּסטזיניק
cognoscenti מומחים; קענערס [MÚMKhIM]
cogwheel די ציינראָד, ...רעדער
cohabit לעבן אין איינעם (ווי מאַן און ווײַב)
cohabitation דאָס צוזאַמענלעבן
cohere בינדן זיך
coherence די/דאָס בינדיקייט; די האַפּט; דער צונויפֿהאַלט
coherent, *adj.* שׂכלדיק; בינדיק; קניפּיק; טאָלקיק; קאָנסעקווענט [SÉYKhLDIK]
be coherent לייגן זיך אויפֿן שׂכל; קלעפּן זיך [SEYKhL]
cohesion די/דאָס (מיט)האַפּטיקייט; די האַפּט; דער צונויפֿהאַלט
cohesive האַפּטיק; צוזאַמענגעהעפֿט
cohort די קאָהאָרטע, ־ס
(group) *also* דער קאָלעקטיוו, ־ן; די גרופּע, ־ס
(associate) דער שותּף, ־ים; דער קאָמפּאַניאָן, ־ען [ShÚTEF, ShÚTFIM]
coiffeur דער פֿריזערער, ־ס
coiffure די פֿריזור, ־ן
coil, *n.*
(elec.) די שפּול, ־ן
(pipe) די/דער שלאַנגענרער, ־ן
(rope) דאָס בייגל שטריק
(spring) די שפּרינגפֿעדער, ־ן
(stg. wound) די שפּול, ־ן; די פּעטליע, ־ס; דער ספּיראַל, ־ן
coil, *v.*
vt. אויפֿשפּולן
vi. שלענגלען זיך
coil up, *vt./vi.* אויפֿדרייען (זיך)
coin, *n.* די מטבע, ־ות; דער קליינגער, ־ס [MATBÉYE]
coin, *v.*
imp./pf. **(mint)** (אויס)שלאָגן געלט; (אויס)מינצן; (אויס)קלאַפּן
(ling.) שאַפֿן ‹פֿורעמען/צוטראַכטן/אויסמינצן› אַ וואָרט
coinage (ling.) די ווערטער־שאַפֿונג ‹־פֿורעמונג›, ־ען; דער נעאָלאָגיזם, ־ען
new coinage די נײַ־פֿורעמונג, ־ען; די נײַשאַפֿונג, ־ען
coincide צונויפֿפֿאַלן זיך; צוזאַמענפֿאַלן זיך; צונויפֿטרעפֿן זיך; צוזאַמענטרעפֿן זיך
coincidence דער צופֿאַל, ־ן; דער צונויפֿטראַף, ־ן; דער צוזאַמענפֿאַל, ־ן; דער מיקרה, ־ים [MÍKRE, MÍKRIM]
What a happy coincidence! סאַראַ מזלדיקער טראַף! [MÁZLDIKER]
coincidental צופֿעליק
coincidentally צופֿעליק; על־פּי טראַף ‹צופֿאַל› [ÁLPI]
coin-operated מינצ...
coinsurance די מיטפֿאַרזיכערונג
coinsurer דער מיטפֿאַרזיכערער, ־ס
coital קאָיִטוס־...
coitus דער קאָיִטוס; די ביאה [BÍE]
coitus interruptus דער איבערגעריסענער קאָיִטוס; דער איבעררײַס
coke, *n.*
(charcoal) דער קאָקס
(cocaine) דער קאָקאַיִן
coke, *v.* קאָקסירן (זיך)
coking די קאָקסירונג
colander דער דורכשלאַק, ־ן
cold, *adj.* קאַלט
get cold feet קריגן קאַלטע פּיס
I'm cold ס'איז מיר קאַלט; מיר איז קאַלט
in cold blood אין קאַלטן בלוט; מיט אײַז אין די אָדערן
cold, *adv.*
It leaves me cold סע כאַפּט ‹נעמט› מיך נישט
The trail went cold דער שפּור איז אויסגערונען
play a role cold אַרויפֿגיין אויפֿן גאַנצן זיכער
cold, *n.* די קעלט
(med.) די פֿאַרקילונג, ־ען
be left out in the cold בלײַבן אַן אויסגעשלאָסענער געב׳; בלײַבן פֿון דרויסן
catch a cold פֿאַרקילן זיך; צוקילן זיך
catch a bad cold (שטאַרק) פֿאַרקילן זיך
extreme cold דער פֿראָסט; די קרירה [KRÍRE]
have a bad cold זײַן שטאַרק פֿאַרקילט; (האַלטן אין איין) היסן און ניסן
have a chest cold האָבן אַ פֿאַרלייגט האַרץ
have a chest cold (of child) האָבן אַ פֿאַרלייגט הערצעלע
head cold דער קאַטער, ־ס
cold-blooded קאַלט(בלוטיק)
cold-blooded murderer דער קאַלטער גזלן, ־ים [GÁZLEN, GAZLÓNIM]
cold comfort די קנאַפּע טרייסט
cold cream דער/די קאָלדקרעם
cold cup דאָס קאַלטטעפּל, ־עך
cold cuts דער אויפֿשניט קאָל׳
cold fish (*fig.*) דער קאַלטער לונג־און־לעבער
cold front דער קאַלטער לופֿטפֿראָנט
cold-hearted אָנהאַרציק; קאַלטהאַרציק
be cold-hearted נישט האָבן קיין האַרץ
coldness די/דאָס קאַלטקייט
cold reason דער ניכטערער שׂכל [SEYKhL]
cold snap דער פּלוצעם קאַלטער וועטער
cold sore די מוילראַנע, ־ס; די מוילוווּנד, ־ן

cold spell די קעלט
cold steel דאָס קאַלטע געווע́ר
cold storage דער קאַלטער לאַגער
cold sweat אַנגסטן ל״ר; דער קאַלטער שווייס
He broke into a cold sweat אַנגסטן האָבן אים באַשלאָגן; ס'איז אים באַפֿאַלן אַ קאַלטער שווייס; ס'האָט אים באַשלאָגן ‹באַגאָסן› אַ קאַלטער שווייס
cold war די קאַלטע מלחמה, ־ות [MILKhÓME]
cold weather די קעלט; קעלטן ל״ר
co-lead אָנפֿי́רן אין אײנעם
colectomy די קאָלעקטאָמיע, ־ס; דאָס או́יסשנײַדן די קי́שקע
coleslaw דער קרוי́טסאַלאַ́ט
colic קאָלי́קן ל״ר; דאָס (בויך־)גרי́מעניש; דאָס שנײַ́דעניש
colicky
be colicky לײַדן פֿון קאָלי́קן
Coliseum דער קאָליסײ́
colitis דער קאָלי́ט
collaborate מי́טאַרבעטן; צוזאַ́מענאַרבעטן
(pol.) קאָלאַבאָרי́רן
collaboration די מי́טאַרבעט; די צוזאַ́מענאַרבעט
(pol.) די קאָלאַבאָראַ́ציע
collaborative
do collaborative work מי́טאַרבעטן; צוזאַ́מענאַרבעטן
collaborator דער מי́טאַרבעטער, ־ס
(pol.) דער יד־אַחתניק, ־עס; דער קאָלאַבאָראַ́טאָר, ...אָ́רן [YADÁKhESNIK]
collage דער קאָלאַ́זש, ־ן; דאָס געקלע́פּ, ־ן
collapse, *n.* דער אײַ́נבראָך, ־ן; דער אײַ́נפֿאַל, ־ן
collapse, *v.*
vt. צונױ́פֿלייגן; צוזאַ́מענלייגן; אײַ́נוואַרפֿן
vi. אײַ́נפֿאַלן; אײַ́נברעכן זיך; אַװע́קפֿאַלן
(psych.) אײַ́נברעכן זיך; ווערן אוי́ס מענטש
collapsed lung די אײַ́נגעפֿאַלענע לונג, ־ען
collapsible צונױ́פֿלייג־...
It's collapsible מע קען עס צונױ́פֿלייגן
collapsible stroller דאָס צונױ́פֿלייג־װע́געלע, ־ך
collar, *n.* דער קאָ́לנער, ־ס/קע́לנער; דער קראַגן, ־ס
(dog) די האַ́לדזקייט, ־ן
get hot under the collar ווערן אוי́פֿגערעגט ‹אוי́פֿגעבראַכט›; קאָכן אומפּ׳ + דאַט׳/פּ״ק אונטערן לע́פֿעלע
collar, *v.* כאַפּן ‹פּאַקן› בײַם קאָ́לנער
collarbone דער שלי́סלביין, ־ער
collar button די שפּאָ́נקע, ־ס
collard greens דאָס בלע́טערקרויט ל״י
collate קאָלאַציאָני́רן
(compare) *also* פּרטימדיק ‹קרי́טיש› פֿאַרגלײַכן [PRÓTIMDIK]
(typ.) *also* צונױ́פֿנעמען
collateral, *adj.* בײַ...; זײַ́טיק; או́מדירעקט
collateral, *n.* דאָס ערבֿות(־געלט) [ÓRVES/ARÉYVES]
put up as collateral אײַ́נלייגן אויף ערבֿות
collateral damage דער בײַ́שאָדן, ־ס; דער זײַ́טיקער שאָדן; זײַ́טיקע ‹או́מדירעקטע› קרבנות ל״ר [KORBÓNES]
collateral loan דער ערבֿות־קרעדי́ט [ÓRVES/ARÉYVES]
collation דאָס קאָלאַציאָני́רן
(meal) די קאָלאַ́ציע, ־ס; דער לײַ́כטער מאָלצײַט, ־ן
colleague
m./unsp. דער קאָלע́גע, ־ס; דער מי́טאַרבעטער, ־ס
f. די קאָלע́גין, ־ס; די מי́טאַרבעטערין, ־ס
collect, *n.* דאָס טאָ́גגעבעט, ־ן
collect, *v.*
imp. זאַ́מלען; קלײַבן
pf. צונױ́פֿזאַמלען; אוי́פֿזאַמלען; צונױ́פֿקלײַבן; אוי́פֿקלײַבן
(money due) אָ́פּמאָנען; אוי́פֿמאָנען; אײַ́נמאָנען
collect oneself נע́מען זיך אין די הענט (אַרײַ́ן); קו́מען צו́ זיך
collect call
make a collect call to אָ́נקלינגען + דאַט׳ אויף + פּאָס׳ חשבון [KhEZhBM]
collected (צונױ́פֿ)געזאַ́מלט; (צונױ́פֿ)געקלי́בן
collected works געזאַ́מלטע ווערק
collectible, *n.*
be a collectible זײַן ווערט צו זאַ́מלען ‹קלײַבן›
collectibles דאָס זאַ́מלוואַרג קאָל׳
collection די זאַ́מלונג, ־ען; די קאָלע́קציע, ־ס; דער צונױ́פֿנעם, ־ען
collection agency די אײַ́נמאָן־אַגענטו́ר, ־ן
collection box די (צדקה־)פּו́שקע, ־ס; דאָס צדקהלע, ־ך [TSDÓKE] [TSDÓKELE]
collection plate דער זאַ́מל־טע́לער, ־ס
collective, *adj.* קאָלעקטי́וו
collective sense of responsibility דאָס קאָלעקטי́ווע אַחריות־געפֿי́ל [AKhRÁYES]
collective, *n.* דער קאָלעקטי́וו, ־ן
collective bargaining די קאָלעקטי́ווע פֿאַרהאַ́נדלונג
collective bargaining unit די קאָלעקטי́ווע פֿאַרהאַ́נדל־גרו́פּע, ־ס
collective farm דער קאָלווי́רט, ־ן; דער קאָלכאָ́ז, ־ן
collective farmer
m./unsp. דער קאָלווי́רטניק, ־עס; דער קאָלכאָ́זניק, ־עס
f. די קאָלווי́רטניצע, ־ס; די קאָלכאָ́זניצע, ־ס
collectively בציבור; קאָלעקטי́וו [BETSÍBER]
collective noun דער קאָלעקטי́ווער סובסטאַנטי́וו, ־ן
collectivization די קאָלעקטיוויזאַ́ציע
collectivize קאָלעקטיוו(יז)י́רן
collector דער זאַ́מלער, ־ס
(of payments) דער אײַ́נמאָנער, ־ס; דער אינקאַסע́נט, ־ן
collector's item דאָס יקר־המציאות, ־ן [YEKÁR-HAMTSÍES]
college, *adj.* אוניווערסיטע́טיש; אוניווערסיטע́ט־...; קאַ́לעדזש...
college, *n.* דער קאַ́לעדזש, ־ן; דער אוניווערסיטע́ט, ־ן
be college-bound ריכטן זיך שטודי́רן אין אוניווערסיטע́ט
college bowl דאָס פֿרע́גגעשלעג, ־ן; דער פֿרע́גפֿאַרמעסט, ־ן
college degree דער אוניווערסיטע́טישער דיפּלאָ́ם, ־ען; דער קאַ́לעדזש־דיפּלאָ́ם, ־ען
college education די אוניווערסיטע́טישע ‹הע́כערע› בי́לדונג; די קאַ́לעדזש־דערצי́ונג
college entrance exam דער צו́לאָז־עקזאַ́מען, ־ס
College Entrance Examination Board די קאָלע́גיע פֿאַר צו́לאָז־עקזאַ́מענס
college graduate
m./unsp. דער אוניווערסיטע́ט־גראַדוי́רטער געב׳
f. די אוניווערסיטע́ט־גראַדוי́רטע, –
college-level אויף אַן אוניווערסיטע́טישער מדרגה [MADRÉYGE]
college-ruled שמאָל געלי́ניעט ‹געווי́רעט›
college studies אוניווערסיטע́טישע לימו́דים
college-trained אַקאַדע́מיש געשו́לט
collegiate קאַ́לעדזש...; אוניווערסיטע́טיש
collide צונױ́פֿשטויסן זיך; צוזאַ́מענשטויסן זיך
collie דער (שאָטלענדישער) שאָ́פֿהונט, ...הינט
collier
(person) דער קוי́לן־אַרבעטער, ־ס
(vessel) די קוי́לנשיף, ־ן
colliery די קוי́לן־שאַכטע, ־ס

collision דער צוזאַמענשטויס, ־ן; דער צונויפֿשטויס, ־ן
be on a collision course גיין אויף אַ צונויפֿשטויס־דרך; פֿירן אַ צונויפֿשטויס־פּאָליטיק [DÉREKh]
collision insurance די צונויפֿשטויס־פֿאַרזיכערונג ‹־סטראַכירונג›
collocate פּאָרן זיך מיט; קאָלאָקירן מיט
collocation די קאָלאָקאַציע, ־ס
collocutor דער שמועס־שותּף, ־ים [ShÚTEF, ShÚTFIM]
collodion דער קאָלאָדיום
colloid דער קאָלאָיִד, ־ן
colloidal קאָלאָיִדאַל; קאָלאָיִד־...
colloidal solution די קאָלאָיִד־צעלאָזונג, ־ען
colloquial שמועס...; שמועסדיק; שמועסשפּראַכיק
colloquialism דער שמועסשפּראַכיקער אויסדרוק, ־ן; דער אויסדרוק פֿון דער שמועסשפּראַך
colloquial language די שמועסשפּראַך
colloquium דער קאָלאָקוויום, ־ס
colloquy דער (דורכ)שמועס, ־ן; דער דיאַלאָג, ־ן
collude צונויפֿרעדן זיך
collusion דער צונויפֿרעד
collywobbles
I have the collywobbles סע ציטערן מיר די קישקעס
Coloccians (Chr./bib.) קאָלאָסער
Cologne (דאָס) קעלן
cologne דער אָדעקאָלאָן; דאָס קעלניש; דאָס קעלנישע וואַסער
Colombia (די) קאָלומביע
Colombian, *adj.* קאָלומביאַניש
Colombian, *n.*
m./unsp. דער קאָלומביאַנער, –
f. די קאָלומביאַנערין, ־ס
colon
(anat.) די גראָבע קישקע, ־ס
(typ.) דאָס צווייפּינטל, ־עך
colon cancer דער ראַק פֿון דער גראָבער קישקע
colonel דער קאָלאָנעל, ־ן; דער פּאָלקאָווניק, ־עס
colonial, *adj.* קאָלאָניאַל
(Am.) *also* פֿון די (דרייַצן) קאָלאָניעס
colonial, *n.* דער קאָלאָניע־אייַנוווינער, ־ס
colonialism דער קאָלאָניאַליזם
colonialist, *adj.* קאָלאָניאַליסטיש
colonialist, *n.* דער קאָלאָניאַליסט, ־ן
colonist
m./unsp. דער קאָלאָניסט, ־ן
f. די קאָלאָניסטקע, ־ס
colonization די קאָלאָניזאַציע, ־ס
colonization project דער קאָלאָניזיר־פּראָיעקט, ־ן
colonize קאָלאָניזירן
colonnade די קאָלאָנאַדע, ־ס
colonnaded באַזײַלט; קאָלאָנען־...
colonoscopy די קאָלאָנאָסקאָפּיע, ־ס
colony [YÍShEV, YIShÚVIM] די קאָלאָניע, ־ס; דער ייִשובֿ, ־ים
color, *n.* דער קאָליר, ־ן; די פֿאַרב, ־ן
color of one's hair דער האָרקאָליר
color of one's skin דער הויטקאָליר
local color דער קאָלאָריט
lose color (fade) אָפּקריכן
show one's true colors ווײַזן דעם אמתן קאָליר; אַרויסשטעלן דאָס חזיר־פּיסל [ÉMESN] [KhÁZER]
with flying colors מיט גרויס הצלחה [HATSLÓKhE]
color, *v.*
(draw) אויסקאָלירן; אויספֿאַרבן; אויסמאָלן
(give color) אָפּפֿאַרבן; באַפֿאַרבן
color one's hair, *imp./pf.* (איבער)פֿאַרבן זיך די האָר
Colorado (דאָס) קאָלאָראַדאָ ‹קאָלאָראַדע›
coloration די באַפֿאַרבונג
coloratura די קאָלאָראַטור; דאָס געלענק
sing coloratura קאָלאָראַטורעווען; ציקלען זיך; זינגען קאָלאָראַטור
coloratura soprano דער קאָלאָראַטור־סאָפּראַן, ־ען
color-blind קאָלירן־בלינד
color-blindness די/דאָס קאָלירן־בלינדקייט; דער דאַלטאָניזם
color-code קאָדקאָלירן
color-coded קאָדקאָלירט
colored קאָלירט; געפֿאַרבט; בונט
colored marker דער קאָלירטער מאַרקירער, ־ס
colorfast פֿאַרבפֿעסט
color film דער קאָלירפֿילם, ־ען; דער קאָלירטער פֿילם, ־ען
colorful (סך־)קאָליריק; (פֿיל)פֿאַרביק; פֿיסטרע [SAKh]
coloring
(action) די אויסקאָלירונג; די באַפֿאַרבונג
(dye) די פֿאַרב, ־ן
coloring book די/דער פֿאַרבהעפֿט, ־ן
colorless אָנקאָליריק; אָן קאָליר; בלאַס
color scheme די פֿאַרבן־סכעמע, ־ס
color TV די קאָלירטע טעלעוויזיע
colossal קאָלאָסאַל; ג(ע)וואַלדיק; ריזיק
colossus דער גוג־מגוג [GÓG-MEGÓG]
colostomy די קאָלאָסטאָמיע, ־ס
colostrum די ערבֿ־מילך; דער קאָלאָסטרום; די מאָלאָזיווע [ÉREV]
(bovine) די קרעקענע
colt דער לאָשיק, ־עס
coltish שפּילעוודיק
Columba די טויב
columbarium דער קאָלומבאַריום, ־ס
Columbia University דער קאָלאָמביע־‹קאָלומביע־› אוניווערסיטעט
columbine דער קאָלומבין
column
(archit.) די קאָלאָנע, ־ס; דער זײַל, ־ן
(mil.) די קאָלאָנע, ־ס
(newspaper) די רובריק, ־ן; די קאָלומנע, ־ס
(figures in table) דער סלופּיק, ־עס; די קאָלאָנקע, ־ס; די רובריק, ־ן
(typ.) [ÓMED, AMÚDIM] דער שפּאַלט, ־ן; דער עמוד, ־ים
columnist דער קאָלומניסט, ־ן
coma די קאָמע, ־ס; דער קאָמאַטאָזער מצבֿ [MÁTSEV]
be in a coma זײַן ‹ליגן› אין אַ קאָמע; זײַן אין אַ קאָמאַטאָזן מצבֿ
comatose קאָמאַטאָז
comb, *n.*
(for hair) דאָס קעמל, ־עך; דאָס קעמעלע, ־ך
(of wave) דער שפּיץ, ־ן; דער קאַם, ־ען
(rooster's) דער קאַם, ־ען
(weaving) דער וועבערקאַם, ־ען
comb, *v.* קעמען; קאַמען
comb sb.'s hair, *vt. imp./pf.* (צו)קעמען + דאַט' די האָר; (פֿאַר)קעמען ‹(פֿאַר)קאַמען› + דאַט' די האָר
comb one's hair, *vi. imp./pf.* (צו)קעמען ‹(פֿאַר)קעמען/(פֿאַר)קאַמען› זיך די האָר
comb out אויסקעמען
comb through (אַ)דורכקעמען
combat, *n.* די שלאַכט, ־ן; דער קאַמף, ־ן
combat, *v.* באַקעמפֿן; קעמפֿן קעגן; קריגן אויף

combatant דער קאָמבאַטאַ́נט, ־ן; דער קריגער, ־ס; דער קעמפֿער, ־ס
combat forces שלאַ́כט־כּוחות [KÓYKhES]
combat gear דאָס שלאַ́כטגעצײַג
combative קעמפֿעריש; קריגעריש; קאַמפֿלוסטיק
combative person דער קריגערישער פּאַרשוין, ־ען; דער בעל־מחלוקות, בעלי־... [BALMAKhLÓYKES, BÁLE-...]
combat mission דאָס שלאַ́כט־שליחות, ־ן; די שלאַ́כטאַקציע, ־ס [ShLÍKhES]
combat personnel שלאַכטטרופּן ל״ר
combat preparation דאָס צוגרייטן זיך צו דער שלאַכט
combat-ready שלאַ́כטגרייט
combat soldier דער פֿראָ́נטקעמפֿער, ־ס
combination די קאָמבינאַ́ציע, ־ס; דער צוזאַ́מענשטעל, ־ן
combination lock דער קאָמבינאַ́ציע־שלאָס, ־שלעסער
combine, *n.* דער קאָמבײַ́ן, ־ען
combine, *vt./vi.* קאָמבינירן (זיך); צוזאַ́מענשטעלן (זיך); פֿאַרבינדן (זיך); צונויפֿהעפֿטן (זיך); פֿאַראייניקן (זיך); צונויפֿזעצן (זיך)
combined, *adj.* קאָמבינירט; צונויפֿגעזעצט; צונויפֿגעבונדן
combine harvester דער קאָמבײַ́ן, ־ען
comb jelly די קאַ́ם־מעדוזע, ־ס
combo די קאָמבינאַ́ציע, ־ס
(musical group) די קאַפּעליע, ־ס
combustible אָנצינדעוודיק; ברענ(עווד)יק
combustion די (פֿאַר)ברענונג; דאָס (פֿאַר)ברענען
combustion engine דער פֿאַרברען־מאָטאָר, ־ן
come, *n.* **(ejaculate/***slg.***)** דער זאַפּט; די זוזע
come, *v.* קומען
(ejaculate/*slg.***)** אָפּשפּריצן; אָפּלויפֿן; ענדיקן
come a long way (distance) אָפּפֿאָרן אַ גרויסן מהלך [MEHÁLEKh]
come a long way (*fig.***)** זיך אַ גרויסן רוק טאָן פֿאָרויס; שטאַרק פּראָגרעסירן
come about געשען; פּאַסירן; צו שטאַנד קומען
come across, *vt.* אָנשטויסן זיך אין; אָנטרעפֿן אויף; אָנגעגענען
come across, *vi.* [RÓYShEM] מאַכן דעם רושם ‹אײַ́נדרוק›
come after (afterwards) נאָ́כקומען נאָך
come after (search) אַרויסקומען נאָך; זוכן
Come again? וואָס האָסטו ‹האָט איר› געזאָגט?; נאָך אַ מאָל?
come along מיטקומען
come and gone געווען, געשען און נישטאָ מער; צוגעקומען און אָפּגעקומען
come apart צעפֿאַלן זיך
come around (arrive) צוקומען; אונטערקומען
come around (reconsider) באַרעכענען זיך; קומען צום שׂכל; לאָזן זיך איבערצײַגן ‹איבערצײַ́גן/צורעדן› [SEYKhL]
come around (regain consciousness) קומען צו זיך
come away with (the impression) האָבן דעם רושם
come back (return) צוריקקומען; קריקקומען; אומקערן זיך
come back (spo.) דעריאָגן זיך; אויסגלײַכן זיך
come between אָנמאַכן אַ ברוגז צווישן; צעשטערן דעם שלום־בית בײַ [BRÓYGES] [ShÓLEM-BÁYES]
come by, *vt.* **(receive)** באַקומען; קריגן
come by, *vi.* **(visit)** קומען צו גאַסט; אַרײַ́נכאַפּן זיך; צוקומען
come clean מודה זײַן זיך [MÓYDE]
come close צוקומען; דערנע(ע)נטערן זיך
come close (spo.) שיִער נישט געווינען
come down (descend) אַראָפּקומען; אַראָפּלאָזן זיך
come down (fall) פֿאַלן
come down in the world ווערן אַ יורד; פֿאַלן; אָפּקומען; יורד זײַן [YÓYRED]
come down on אָנפֿאַלן אויף
come down through generations איבערגיין פֿון דור צו דור [DOR]
come down with (get sick) קראַנק ווערן אויף; באַקומען
come down with a cold פֿאַרקילן זיך
come for קומען נאָך
come forward אַרויסטרעטן; מעלדן זיך
come forward as a witness אַרויסטרעטן ווי אַן עדות [ÉYDES]
come from (geog.) שטאַמען פֿון
come from (stem) שטאַמען פֿון; וואַקסן פֿון; נעמען זיך פֿון
come in אַרײַנקומען
Come in! קומ(ט) אַרײַן!; אַרײַן!
come into money ירשענען אַ מאַיאָנטיק ‹מטמון›; אַרײַנפֿאַלן אין אַ שמאַלצגרוב [YÁRShENEN] [MÁTMEN]
come into one's own ווערן אַ מענטש פֿאַר זיך; ווערן אַ לײַט
come into the world קומען אויף דער וועלט
come of age ווערן גרויס; ווערן אַ דערוואַקסענער געב'; צײַטיק ווערן
come off (detach) אָפּקלעפּן זיך
come off (take place) צו שטאַנד קומען
come off as (appear) אויסזען ווי; האָבן אַ פּנים פֿון [PÓNEM]
come on strong פֿירן זיך אַגרעסיוו
come on to אָנהייבן זיך מיט; צושטיין צו; אַ טשעפּע טאָן + אַק'
Come on! (disbelief) וואָס רעדסטו ‹רעדט איר›?; הער(ט) שוין אויף!; גיי(ט) שוין, גיי(ט)!; פֿעטער, מע קען אײַך!
Come on! (impatience) נו (זשע)!; נו שוין!; אַנו!; אויף גיך!
come out ahead איבערשטײַגן
come out even (with) אָניאָגן; אויסגלײַכן זיך (מיט)
come out for שטיצן
come out with (blurt) אַרויספּלאַצן מיט; אַרויסכאַפּן זיך מיט
come out with (invent) אויסטראַכטן; אויסקלערן
come to (after fainting) קומען צו זיך
come to a head קומען צום שפּיץ; צושפּיצן זיך; דערגיין אַזש ביז אַ קריטישן מאָמענט
come to grips with שלום מאַכן מיט [ShÓLEM]
come to light קלאָר ווערן; אויסקלאָרן זיך; אַרויסווײַזן זיך
come to love ליב באַקומען ‹קריגן›
come to one's senses קומען צום שׂכל; אויסניכטערן זיך
come to see אײַנזען
come to think of it בעצם; נאָך אַלעמען; צוריק גערעדט [BEÉTSEM]
come to understand נעמען ‹אָנהייבן› פֿאַרשטיין
come up (ascend) אַרויפֿקומען
come up (in conversation) קומען צו רייד
come up (occur) אונטערקומען; מאַכן זיך; צו שטאַנד קומען
come up against אָנשטויסן ‹אָנשלאָגן› זיך אין
come up for air אָפּכאַפּן דעם אָטעם
come up with an idea דערטראַכטן זיך צו(ן) אַן אײַנפֿאַל; פֿאַלן אויף אַ המצאה [HAMTSÓE]

come very hard to sb. אָנקומען + דאַט' זײַער שווער; אָנקומען + דאַט' מיט גרינע וועלטן; אָנקומען + דאַט' ווי קריעת־ים־סוף [KRÍES-YÁMSUF]
come what may וואָס סע זאָל נישט זײַן
Coming! איך קום שוין!
He came out on top ער האָט מצליח געווען; ער האָט אויסגעפֿירט זײַנס [MATSLÍEKh]
He had it coming ס'איז אים געקומען; ער האָט עס כשר פֿאַרדינט [KÓShER]
It came to me ס'איז מיר אײַנגעפֿאַלן; כ'האָב זיך געכאַפּט
It'll come to me איכ'ל זיך נאָך דערמאָנען
It's come to this צו דעם איז עס דערגאַנגען; אַזוי ווײַט זענען מיר געפֿאַלן
Let's take it as it comes זאָל זײַן ווי עס איז
not know whether one is coming or going זײַן אין גאַנצן צעמישט; מבֿולבל ווערן [MEVÚLBL]
when it comes to אַז סע גייט אין
comeback, *adj.*
He's a real comeback kid דער העלד האָט זיך אומגעקערט
It was a comeback victory מ'האָט דעריאָגט און געוווּנען
comeback, *n.*
Great comeback! (retort) גוט געענטפֿערט ‹דערלאַנגט›!
Great comeback! (spo.) אויסערגעוויינ(ט)לעך דעריאָגט!; שוין איין מאָל דעריאָגט!
make a comeback דעריאָגן זיך; אויסגלײַכן זיך
comedian דער קאָמיקער, ־ס
cheap comedian דער קאָמעדיאַנט, ־ן
comedienne די קאָמיקערין, ־ס
comedy די קאָמעדיע, ־ס
It's a comedy of errors אוי, איז דאָס אַ קאָמעדיע!; נישטאָ וווער סע זאָל לאַכן!
comedy show די קאָמעדיע־פּראָגראַם, ־ען
comely שיין; צוציִיק
come-on, *n.*
give sb. the come-on אָנהייבן זיך מיט; צושטיין צו
comet דער קאָמעט, ־ן
cometarium דער קאָמעטאַר, ־ן
comet head דער קאָפּ פֿון קאָמעט
cometological קאָמעטאָלאָגיש
cometologist דער קאָמעטאָלאָג, ־ן
cometology די קאָמעטאָלאָגיע
comet tail דער בעזעם ‹עק› פֿון קאָמעט
comeuppance
He got his comeuppance ער האָט באַקומען ווי ער האָט כשר פֿאַרדינט; ער האָט באַקומען דאָס זײַניקע [KÓShER]
comfort, *n.* די/דאָס באַקוועמ(לעכ)קייט, ־ן; דער קאָמפֿאָרט, ־ן; דער וווילטאָג; די הרחבֿה; דאָס רחבֿות [HARKhÓVE] [RÁKhVES]
(consolation) די טרייסט; די נחמה [NEKhÓME]
take comfort in טרייסטן זיך מיט
comfort, *v.* טרייסטן; מנחם זײַן [MENÁKhEM]
(the bereaved/J.) מנחם־אָבֿל זײַן [MENÁKhEM-ÓVL]
comfortable
(physically) (זײַער) באַקוועם; רחבֿותדיק; מיט אַלע באַקוועמ(לעכ)קייטן [RÁKhVESDIK]
(financially) בעל־הבתּיש [BAL(E)BÁTISh]
(sufficient) גענוג(נד)יק
lead a comfortable life לעבן אין רחבֿות ‹קאָמפֿאָרט›; פֿירן אַ בעל־הבתּיש לעבן [RÁKhVES]
make oneself comfortable מאַכן זיך באַקוועם ‹היימיש›; צעלייגן זיך
comfortably באַקוועם; בהרחבֿה [BEHARKhÓVE]
comforter דער פֿרייערנע, ־ס; די דאָכענע, ־ס; די (געשטעפּטע) קאָלד(ע)רע
comforting טרייסטנדיק
comfort station דער עפֿנטלעכער קלאָזעט, ־ן
comfort woman די רעגימענט־דאַמע, ־ס
comfort zone די באַקוועמע ‹היימלעכע› סבֿיבֿה [SVÍVE]
comic, *adj.* קאָמיש
comic, *n.* דער קאָמיקער, ־ס
comical קאָמיש; צום לאַכן
comic book דאָס קאָמיקס־ביכל, ־עך
comic opera די קאָמישע אָפּערע, ־ס; דער אָפּערע־בוף, ־ן
comic relief די קאָמישע אָפּשפּאַנונג
comics קאָמיקס; בילדערשטרײַפֿן
comic strip דער בילדערשטרײַף, ־ן
coming, *adj.* **(future)** קומעדיק; צוקונפֿטיק
coming, *n.* דער אָנקום, ־ען
coming of the Messiah די ביאת־הגואל [BÍES-HAGÓYEL]
comings and goings דער אַהין־און־צוריק; דער אַהין־און־קריק; דער אַרײַן־און־אַרויס
coming-out party די דעביוטאַנטקע־מסיבה, ־ות [MESÍBE]
comma די קאָמע, ־ס; דער בײַשטראַך, ־ן
command, *n.*
(order) דער באַפֿעל, ־ן; די קאָמאַנדע, ־ס
(mil.) די קאָמאַנדע, ־ס; די אָנפֿירערשאַפֿט
at my command אויף מײַן באַפֿעל
be in command of קאָמאַנדירן מיט
have a command of זײַן בקי אין; זײַן אַ קענער פֿון; גוט קענען; באַהערשן [BÓKE]
take command of איבערנעמען די לייצעס ‹פֿירערשאַפֿט›
command, *v.*
(order) באַפֿעלן; הייסן; (אָפּ)געבן ‹אַרויסלאָזן› אַ קאָמאַנדע
(mil.) אָנפֿירן מיט; קאָמאַנדירן מיט
commandant
m./unsp. דער קאָמענדאַנט, ־ן
f. די קאָמענדאַנטקע, ־ס
command center דער קאָמאַנדיר־צענטער, ־ס
commandeer רעקווירירן; צונעמען; צואייגענען
commander
m./unsp. דער קאָמאַנדיר, ־ן; דער קאָמענדאַנט, ־ן
f. די קאָמאַנדירשע, ־ס; די קאָמענדאַנטקע, ־ס
commander-in-chief דער הויפּט־‹שעף־›קאָמאַנדיר, ־ן
commanding
(dominant) דאָמינירנדיק
(impressive) אימפּאָזאַנט; רושמדיק; סאָליד [RÓYShEMDIK]
commanding officer דער קאָמאַנדיר, ־ן
commanding tone דער באַפֿעלערישער טאָן, טענער
command key דער באַפֿעל־קלאַוויש, ־ן
commandment דאָס געבאָט, –; די מיצווה, ־ות [MÍTSVE]
the Ten Commandments די צען געבאָט; די עשׂרת־הדיברות [ASÉRES-HADÍBRES]
commando דער קאָמאַנדאָ, ־ס; דער דעסאַנטלער, ־ס
command performance די אויפֿפֿירונג באַשטעלט פֿון מלכות [MÁLKhES]
command post דער קאָמאַנדיר־פּונקט, ־ן
commemorate אָפּמערקן; באַצײכענען דעם אָנדענק פֿון
commemoration דאָס אָפּמערקן; די אָפּמערקונג; דאָס באַצײכענען דעם אָנדענק
commemorative געדענק...; אָנדענק...

commence אָנהייבן

commencement דער אָנהייב, ־ן

(graduation) דער סיום, ־ס; די גראַדויִרונג, ־ען [SÍEM]

commencement address די סיום־רעדע, ־ס [SÍEM]

commencement exercises די סיום־צערעמאָניע, ־ס [SÍEM]

commencement week די סיום־וואָך, ־ן [SÍEM]

commend (פֿאַר)לויבן; נאָכזאָגן + דאַט' אַ שבֿח [ShVAKh]

(entrust) פֿאַרטרויען

(recommend) רעקאָמענדירן

commendable לויבווערדיק

commendation דער שבֿח, ־ים [ShVAKh, ShVÓKhIM]

commensurate אָנגעמאָסטן; פּראָפּאָרציאָנעל; מיטמעסטלעך

be commensurate with שטימען מיט; זײַן אָנגעמאָסטן אויף

comment, *n.* דער קאָמענטאַר, ־ן; די באַמערקונג, ־ען; דער באַמערק, ־ן

be a comment on אָנווײַזן אויף

have no comment נישט האָבן וואָס צו באַמערקן ‹זאָגן›

Keep your comments to yourself! אָן קאָמענטאַרן!

make no comment אָפּשווײַגן

No comment נישטאָ קיין קאָמענטאַרן; קאָמענטאַרן זענען דאָ איבעריק

comment, *v.* **(on)** קאָמענטירן (וועגן); אַרויסזאָגן אַ מיינונג (וועגן); מאַכן באַמערקונגען (וועגן)

commentary דער קאָמענטאַר, ־ן

(J./Bib.) דער פּירוש, ־ים; דער ביאור, ־ים [PÉYRESh, PEYRÚShIM] [BÍER, BIÚRIM]

write a commentary (J./Bib.) מפֿרש זײַן; אָנשרײַבן אַ פּירוש [MEFÁRESh] [PÉYRESh]

commentator דער קאָמענטאַטאָר, ...אָרן; דער קאָמענטירער, ־ס

(J./Bib.) דער מפֿרש, ־ים [MEFÁRESh, MEFÓRShIM]

commerce דער מיסחר; דער קאָמערץ; דער האַנדל [MÍSKhER]

commercial, *adj.* קאָמערציעל; קאָמערצ...; געשעפֿטלעך; געשעפֿט...; מיסחר־...; האַנדל(ס)... [MÍSKhER]

commercial, *n.* די רעקלאַמע, ־ס; דער אַנאָנס, ־ן

commercial art די קאָמערציעלע קונסט

commercial artist דער קאָמערציעלער קינסטלער, ־ס

commercial aviation די געשעפֿטלעכע אַוויאַציע; די קאָמערץ־‹האַנדל־›אַוויאַציע

commercialism דער קאָמערציאַליזם

commercialization די קאָמערציאַליזירונג; די/דאָס פֿאַרמיסחרטקייט [FARMÍSKhERTKEYT]

commercialize קאָמערציאַליזירן; פֿאַרמיסחרן [FARMÍSKhERN]

commercialized קאָמערציאַליזירט; פֿאַרמיסחרט [FARMÍSKhERT]

commercial ship די האַנדל־‹מיסחר־›שיף, ־ן [MÍSKhER]

commercial vehicle

(bus) דער אויטאָבוס, ־ן

(truck) דער משׂא־אויטאָ, ־ס [MÁSE]

commie דער רויטער גענב'; דער לינקער גענב'

commingle צונויפֿמישן

commiserate מיטפֿילן; מיטלײַדן

commiseration דאָס מיטגעפֿיל; די מיטלייד

commissar דער קאָמיסאַר, ־ן

commissariat דער קאָמיסאַריאַט, ־ן

commissary די מיליטערישע קראָם, ־ען

commissary officer דער אינטענדאַנט, ־ן

commission, *n.* די קאָמיסיע, ־ס

(fee) *also* דאָס קאָמיסיע־געלט

(mil.) דער אָפֿיצירישער ראַנג, ־ען

(work order) די באַשטעלונג, ־ען

be in commission פֿונקציאָנירן נאָרמאַל ‹גוט›

on commission אויף קאָמיסיע

out of commission קאַליע; צעבראָכן; פֿאַרפֿאַלן

put out of commission דעקאָמיסיאָנירן

commission, *v.*

(mil.) באַשטימען פֿאַר אַן אָפֿיציר

(order) באַשטעלן בײַ; אָפּגעבן + דאַט' אויף קאָמיסיע

(ship) שטעלן אין דינסט

commissioned officer דער אָפֿיציר, ־ן

commissioner

m./unsp. דער קאָמיסיאָנער, ־ן; דער קאָמיסאַר, ־ן; דער פּקיד, ־ים [PÓKED, PKÍDIM]

f. די קאָמיסיאָנערשע, ־ס; די קאָמיסאַרשע, ־ס

commit

(perpetrate) אָפּטאָן; באַגיין

(entrust) איבערגעבן

(confine) איבערגעבן (אין פּסיכיאַטרישן שפּיטאָל)

(imprison) אַרײַנזעצן

commit a crime אָפּטאָן ‹באַגיין› אַ פֿאַרברעכן

commit adultery מחלל־זיווג זײַן; נואפֿן; פֿירן אַ לינקע ליבע [MEKhÁLEL-ZÍVEG] [NÓYEFN]

commit an error טועה זײַן זיך [TÓYE]

commit arson אונטערצינדן

commit arson (*hum.*) מאַכן בורא־מאורי־האש [BÓYRE-MEÓYRE-HOÉYSh]

commit a sin אָפּטאָן ‹באַגיין› אַן עבֿירה; פֿאַרזינדיקן זיך [AVÉYRE]

commit for trial שטעלן צום געריכט

commit murder אָפּטאָן ‹באַגיין› אַ מאָרד

commit oneself איבערגעבן זיך; נעמען אויף זיך (דאָס אַחריות); מתחייבֿ זײַן זיך [AKhRÁYES] [MISKhÁYEV]

commit to memory פֿאַרגעדענקען

commit to paper פֿאַרשרײַבן

commit to sb. בינדן זיך מיט; מתחייבֿ זײַן זיך + דאַט'; באַהעפֿטן זיך מיט

commitment דאָס התחייבֿות, ־ן; די בינדונג, ־ען; די/דאָס איבערגעגעבנקייט [HISKhÁYVES]

make a commitment *see* **commit onself; commit to sb.**

commitment ceremony די בינד־צערעמאָניע, ־ס

committed איבערגעגעבן; געטרײַ

They're in a committed relationship זיי זענען געטרײַ ‹איבערגעגעבן› איינס ס'אַנדערע

committee

(appointed/elected) די קאָמיסיע, ־ס

(voluntary/temporary) דער קאָמיטעט, ־ן

(board) דער קאָמיטעט, ־ן; די פֿאַרוואַלטונג, ־ען

commodity די סחורה, ־ות; דער (האַנדל־)אַרטיקל, ־ען [SKhÓYRE]

commodity broker דער סחורה־מעקלער, ־ס [SKhÓYRE]

commodity trading דער סחורה־האַנדל [SKhÓYRE]

commodore דער קאָמאָדאָר, ־ן

common

(joint) (ב)שותּפֿותדיק; שותּפֿיש; אַלגעמיין [(BE)ShÚTFESDIK] [ShÚTFISh]

(usual) געוויינ(ט)לעך; פֿון אַ גאַנץ יאָר

(low) פּראָסט; געמיין

for the common good לטובֿת־הכּלל [LETÓYVES-HAKLÁL]

in common בשותּפֿות [BEShÚTFES]

It's common knowledge ס'איז נישט קיין סוד; אַלע ווייסן דאָס; ס'איז אַ סוד פֿאַר גאַנץ בראָד [SOD]
It's common practice אַזוי פֿירט זיך
make common cause מאַכן יד־אַחת; סאָלידאַריזירן זיך; שליסן ‹שלאָגן› בלאַט [YADÁKhES]
common area דאָס בשותּפֿותדיקע אָרט, ערטער [BEShÚTFESDIKE]
common cold די פֿאַרקילונג; דער קאַטער, ־ס; דאָס פֿאַרקילעכץ, ־ן
common decency די/דאָס מענטשלעכקייט
Common Era די איצטיקע צײַט־רעכענונג
common folk דער המון־עם; דאָס פֿאָלק [HAMOYNÁM]
(J.) *also* עמך [ÁMKhO]
common fraction די פּשוטע בראָכצאָל, ־ן [PÓShETE]
common grave דער ברידער־קבֿר, ־ים [KÉYVER, KVÓRIM]
common ground דער צד־השווה [TSAD-HAShÓVE]
common-law, *adj.* שטײַגעררעכטיק
common law, *n.* דאָס שטײַגעררעכט; דאָס מינהג־רעכט [MÍNEG]
commonly בדרך־כּלל; געווײנ(ט)לעך [BEDÉREKh-KLÁL]
Common Market דער אַלגעמײנער מאַרק
common multiple דער שותּפֿישער כּפֿלער, ־ס [ShÚTFIShER KÉYFLER]
common noun דער כּלל־סובסטאַנטיוו, ־ן [KLAL]
commonplace געווײנ(ט)לעך; וואָכעדיק; טאָג־טעגלעך
(trite) קאַזיאָנע; סקאַרבאָווע; באַנאַל; אויסגעדראָשן
common-sense, *adj.* שׂכלדיק [SÉYKhLDIK]
common sense, *n.* דער שׂכל־הישר; דער געזונטער ‹גלײַכער› שׂכל [SÉYKhL-HAYÓShER] [SEYKhL]
common stock ד געווײנ(ט)לעכע אַקציע, ־ס
common time דער פֿירפֿערטל־טאַקט
commonwealth דער פֿאַרבאַנד, ־ן; די געזעלשאַפֿט, ־ן
Commonwealth of Australia דער אויסטראַלישער פֿאַרבאַנד
Commonwealth of Nations די קאָמאָנוועלט
commotion דאָס גערודער, ־ס; די סומאַטאָכע, ־ס; דער אויפֿרודער, ־ן; דער אויפֿריר, ־ן
communal כּלל־...; געזעלשאַפֿטלעך; קאָמונאַל; קהלש [KLAL] [KÓOLSh]
communal sing דאָס געזאַנג בציבור; דאָס זינגערײַ, ־ען [BETSÍBER]
commune, *n.* די קאָמונע, ־ס
commune, *v.* (אינטים) קאָמוניקירן; אײניקן זיך
communicable אָננעמעוודיק; קלעפּיק; אָנשטעק(עווד)יק
communicant דער קאָמוניקאַנט, ־ן
communicate, *v.*
vt. איבערגעבן; מודיע זײַן; קאָמוניקירן; לאָזן וויסן; אָנזאָגן [MEDÍE/MOYDÍE]
vi. קאָמוניקירן זיך; פֿאַרבינדן זיך; צונויפֿרעדן זיך; פֿאַרשטענדיקן זיך
communication די קאָמוניקאַציע, ־ס
(message) די ידיעה, ־ות; דער קאָמוניקאַט, ־ן [YEDÍE]
communications די קאָמוניקאַציע ל"ר
means of communication דאָס קאָמוניקיר־מיטל, ־ען
communications grid/network די קאָמוניקיר־נעץ, ־ן
communications satellite דער קאָמוניקיר־סאַטעליט, ־ן
communicative קאָמוניקאַטיוו
(sociable) חבֿרותאדיק; געזעליק; צוגעלאָזן ‹צוגעלאָזט› [KhAVRÚSEDIK]
communion די אײניקונג
Communion די קאָמוניע; די אײכאַריסטיע
Communion bread דאָס הייליקע ברויט; דאָס אַלטאַרברויט
Communion supper די אײכאַריסטישע ‹הייליקע› וועטשערע
communiqué דער קאָמוניקאַט, ־ן
communism דער קאָמוניזם
communist, *adj.* קאָמוניסטיש
communist, *n.*
m./unsp. דער קאָמוניסט, ־ן
f. די קאָמוניסטקע, ־ס
community דער ציבור, ־ס; דער קיבוץ, ־ים; די קהילה, ־ות [TSÍBER] [KÍBETS, KIBÚTSIM] [KEHÍLE]
(rel./J.) די עדה, ־ות; די קהילה, ־ות [ÉYDE]
community at large דער ברייטער עולם; דער כּלל [ÓYLEM] [KLAL]
members of a J. community דאָס/דער קהל קאָל' [KÓOL]
organized J. community די קהילה, ־ות
sense of community דאָס קהילה־געפֿיל
community activist דער כּלל־טוער, ־ס [KLAL]
community center דער קאָמונאַלער צענטער, ־ס; דער קהילה־צענטער, ־ס [KEHÍLE]
community college דער אונטערקאָלעדזש, ־ן; דער פֿאָלקסקאָלעדזש, ־ן
community relations כּלל־באַציִונגען [KLAL]
community service די אַרבעט לטובֿת־הכּלל; די געזעלשאַפֿטלעכע אַרבעט [LETÓYVES-HAKLÁL]
(as penalty) די אָבליגאַטאָרישע אַרבעט
commutation די שטראָף־מילדערונג
commute, *n.* דאָס (צו)פֿאָרן צו דער אַרבעט
(have a long commute) דאַרפֿן לאַנג פֿאָרן (צו דער אַרבעט)
commute, *v.*
vt. **(jur.)** פֿאַרמילדערן; לינדערן
vt. **(math.)** קאָמוטירן
vi. **(travel)** פֿאָרן (אין שטאָט אַרײַן) צו דער אַרבעט; זײַן אַ צופֿאָרער
commuter, *adj.* בײַשטאָטיש; בײַשטאָט...; צופֿאָר...
commuter, *n.* דער בײַשטאָטישער געב'; דער צופֿאָרער, ־ס
commuter line די בײַשטאָטישע ליניע, ־ס
commuter student דער טאָגסטודענט, ־ן; דער צופֿאָר־סטודענט, ־ן
commuter tax דער צופֿאָרער־שטײַער, ־ן
commuter train די בײַשטאָטישע באַן, ־ען; די צופֿאָרבאַן, ־ען
commuting, *adj.* בײַשטאָטיש; צופֿאָר...
commuting, *n.* דאָס צופֿאָרן
comorbidity די באַ(ג)לייטנדיקע קרענק, ־ען
compact, *adj.* קאָמפּאַקט; סאָליד; געדיכט; צונויפֿגעדריקט
compact, *n.*
(agreement) דער אָפּמאַך, ־ן; דער הסכּם, ־ס [HÉSKEM]
(powder case) די פּודערניצע, ־ס
(car) דער קאָמפּאַקט־אויטאָ, ־ס
(metallurgy) דער קאָמפּאַקטער ‹צונויפֿגעפּרעסטער› פּודער
compact disc דאָס קאָמפּאַקטל, ־עך; דער קאָמפּאַקטדיסק, ־ן
compact-disc burner דער קאָמפּאַקטל־אײַנקריצער, ־ס
compact-disc player דער קאָמפּאַקטל־שפּילער, ־ס
compactness די/דאָס קאָמפּאַקטקייט; די/דאָס סאָלידקייט
compactor דער קאָמפּרעסאָר, ־ס
companion דער באַ(ג)לייטער, ־ס; דער קאָמפּאַניאָן, ־ען; דער פּאַרטנער, ־ס
companionable גוט־פֿרײַנדלעך; צוגעלאָזן
companion-in-arms דער שלאַכטברודער, ...ברידער

companionship די געזעלשאַפֿט
company
(bus.) די פֿירמע, ־ס
(mil.) די ראָטע, ־ס
(social) די געזעלשאַפֿט; די קאָמפּאַניע
(visitors) געסט ל״ר
Company is coming סע קומען געסט
company policy is... די פֿירמע פֿירט זיך אַז ...; די פֿירמע איז זיך נוהג צו ... [NÓYEG]
and company און שותּפֿים [ShÚTFIM]
male company די מענער־געזעלשאַפֿט
female company די ווײַבער־‹פֿרויען›־געזעלשאַפֿט
in his company אין זײַן בײַזײַן; בשעת ער איז בײַגעווען [BEShÁS]
keep company with חבֿרן זיך מיט; פֿאַרברענגען מיט; האָבן צו טאָן מיט [KhÁVERN]
part company with אָפּשיידן זיך פֿון; געזעגענען זיך מיט
company commander דער ראָטע־קאָמאַנדיר, ־ן
comparable פֿאַרגלײַכלעך; פֿאַרגלײַכעוודיק
comparative, *adj.*
(comparing) פֿאַרגלײַכ...; פֿאַרגלײַכיק; קאָמפּאַראַטיוו
(relative) לפֿי־ערכדיק; רעלאַטיוו [LEFI-ÉREKhDIK]
comparative, *n.* דער קאָמפּאַראַטיוו, ־ן
comparative linguistics די פֿאַרגלײַכיקע לינגוויסטיק ל״י
comparative literature די פֿאַרגלײַכיקע ליטעראַטור (־וויסנשאַפֿט)
comparatively speaking רעלאַטיוו גערעדט; לפֿי־ערך [LEFIÉREKh]
compare, *n.*
beyond compare נישט צום פֿאַרגלײַכן; אָן אַ פֿאַרגלײַך; איינע(ר) אין דער וועלט
compare, *v.* **(to)**
vt. פֿאַרגלײַכן (מיט); צוגלײַכן (צו)
vi. פֿאַרגלײַכן זיך (מיט); צוגלײַכן זיך (צו)
compare oneself with (פֿאַר)גלײַכן זיך מיט
compared to אין פֿאַרגלײַך מיט; אַ(נט)קעגן; לגבי [LEGÁBE]
That's comparing apples and oranges ס'איז אַ ווײַטער כאַפּ; ס'איז אַ פֿאַרגלײַך ווי בוידעם און ציבעלעס
comparison דער פֿאַרגלײַך, ־ן
in comparison with אין פֿאַרגלײַך מיט
There's no comparison נישטאָ קיין פֿאַרגלײַך; נישטאָ וואָס צו פֿאַרגלײַכן; נישטאָ זײַנס ‹אירס› גלײַכן
comparison of adjectives די שטאַפּלונג, ־ען
comparison-shop פֿאַרגלײַכן פּרײַזן
compartment
(subdivision) דער אָפּטייל, ־ן
(railroad) דער קופּע, ־ען
(luggage) דער באַגאַזש־האַלטער, ־ס
compartmentalize צעקעסטלען (אין קאָפּ); צעגלידערן (אין קאָפּ)
compass דער קאָמפּאַס, ־ן; דער בוסאָל, ־ן
measure with a compass צירקלען
compasses (pair) דער צירקל, ־ען
compassion די מיטלייד; דאָס מיטגעפֿיל; דאָס/דער רחמנות [RAKhMÓNES]
compassion for living things דער צער־בעלי־חיים [TSÁR-BALEKhÁYEM]
show compassion for פֿילן מיטלייד ‹מיטגעפֿיל› מיט; אַרויסווײַזן + דאַט' אַ וואָרעם האַרץ
compassionate מיטפֿיליק; מיטלײַדנדיק; רחמנותדיק [RAKhMÓNESDIK]
compassionate conservatism דער רחמנותדיקער קאָנסערוואַטיזם [RAKhMÓNESDIKER]
compassionate leave דער אורלויב צוליב משפּחה־אומשטאַנדן [MIShPÓKhE]
compatibility די/דאָס אויסקומיקייט
compatible
(comp.) צוגעפּאַסט
be compatible (interact well) אויסקומען; שטימען; גוט פּאָרן זיך
be compatible (romantically) זײַן אַ גלײַכער שידוך; זײַן צוגעפּאַסט איינס צום צווייטן [ShÍDEKh]
compatriot דער קאָמפּאַטריאָט, ־ן; דער לאַנדסמאַן, לאַנדסלײַט
compel נייטן; צווינגען; צודריקן צו דער וואַנט
compelling (argument) איבערצײַג(עווד)יק
compendious בקיצורדיק; אַרײַננעמיק [BEKÍTSERDIK]
compendium דער קאָמפּענדיום, ־ס; דער קיצור, ־ים [KÍTSER, KITSÚRIM]
compensate קאָמפּענסירן; פֿאַרגיטיקן; אָפּדינען + דאַט'; משווה זײַן [MÁShVE]
compensation
(recompense) די קאָמפּענסאַציע, ־ס; די פֿאַרגיטיקונג, ־ען
(pay) דאָס געצאָלטס; דער לוין
compensation fund דער קאָמפּענסיר־פֿאָנד, ־ן
compensatory damages דאָס שאָדנגעלט; דאָס פֿאַרגיטיק־געלט
compete (against) פֿאַרמעסטן זיך (מיט/קעגן); קאָנקורירן (מיט)
competence/competency די קאָמפּעטענץ; די/דאָס פֿעיִקייט; די בריהשאַפֿט [BÉRYEShAFT]
competent קאָמפּעטענט; פֿעיִק
competent person *also* די/דער בריה, ־ות [BÉRYE]
competition
(rivalry) די קאָנקורענץ
(spo.) דער פֿאַרמעסט, ־ן; דער קאָנקורס, ־ן
be in competition with קאָנקורירן מיט
competitive פֿאַרמעסטעריש; קאָנקוריר־...; קאָנקורס...
competitive examination דער קאָנקורס־עקזאַמען, ־ס
competitiveness די/דאָס פֿאַרמעסטערישקייט
competitive rates קאָנקוריר־פּרײַזן
competitive spirit דער קאָנקוריר־גײַסט
competitor דער פֿאַרמעסטלער, ־ס; דער קאָנקורענט, ־ן
compilation די זאַמלונג, ־ען; די קאָמפּילאַציע, ־ס; דער אויפֿקלײַב, ־ן; דער צונויפֿנעם, ־ען
compile צונויפֿזאַמלען; צונויפֿשטעלן; קאָמפּילירן; אויפֿקלײַבן; צונויפֿנעמען; מחבר זײַן [MEKhÁBER]
compiler דער צונויפֿשטעלער, ־ס; דער קאָמפּילאַטאָר, ...אָרן
complacency די/דאָס מה־רעשיקייט; די/דאָס צופֿרידנקייט מיט זיך אַליין [MARÁShIKEYT]
complacent צופֿרידן מיט זיך; מה־רעשיק [MARÁShIK]
complain (about) באַקלאָגן זיך (אויף/וועגן); האָבן טענות (וועגן) [TÁYNES]
I can't complain! קיין מעשׂה נישטו!; נישט צו פֿאַרזינדיקן!; ברוך־השם! [MÁYSE] [BOR(E)KhAShÉM]
complainant דער אַנקלאַגער, ־ס; דער בעל־טענה, בעלי־טענות [BALTÁYNE, BÁLE-TÁYNES]
complainer דער פֿישטשער, ־ס; דער וויינער, ־ס
complaint [TÁYNE] [TARÚME] די טענה, ־ות; די תּרעומה, ־ות
complaisant ליבלעך; געפֿעליק; דינסטגרייט; נאָכגיביק
complement, *n.*
(math.) דער דערגאַנץ־ווינקל, ־ען
(supplement) דער צוגאָב, ־ן; דער דערגאַנץ, ־ן; די דערגאַנצונג, ־ען

(crew) דער עקיפּאַזש
(gram.) דער קאָמפּלעמענט, ־ן
a full complement of אַ פֿולער קאָמפּלעט ‹באַשטאַנד›
complement, *v.* [MEMÁLE] דערגאַנצן; אויספֿילן; ממלא זײַן
complementary דערגאַנציק
complete, *adj.* גאַנץ; פֿולשטענדיק; פֿולקום; שלמותדיק; דערגאַנצט [ShLÉYMESDIK]
complete, *v.* פֿאַרענדיקן; אַרויסענדיקן; דערגאַנצן; אויספֿאַרטיקן
completed action (gram.) די פֿאַרענדיקטע ‹(אָפּ)געטוענע› טוּונג, ־ען
completely אין גאַנצן; פֿולשטענדיק; גאָר; בשלמות; פֿאַר פֿול [BIShLÉYMES]
completeness [ShLÉYMES] די/דאָס גאַנצקייט; דאָס שלמות
completion די פֿאַרענדיקונג; דאָס פֿאַרענדיקן
complex, *adj.* קאָמפּליצירט; האַרב
(tech./math.) [SAKh] קאָמפּלעקס; סך־טייליק; פֿילטייליק
complex, *n.*
(building) דער הײַזערבלאָק, ־ן
(psych.) דער קאָמפּלעקס, ־ן
(system) דאָס געשלידער
complexion [PÓNEM] דער קאָליר (פֿון פּנים); די צערע
put a different complexion on שטעלן + אַק' אין אַ נײַ ‹פֿריש› ליכט
complexity די/דאָס קאָמפּליצירטקייט
complex sentence דער צונויפֿגעזעצטער זאַץ, ־ן
compliance (with) דאָס אויספֿאָלגן + אַק'; די אויספֿאָלגונג (פֿון); די/דאָס געהאָרכיקייט (צו); דער הסכּם (מיט) [HÉSKEM]
in compliance with [BEHÉSKEM] בהסכּם מיט
compliant פֿאָלגעוודיק; געהאָרכיק
complicate קאָמפּליצירן; פֿאַרוויקלען
complicated קאָמפּליצירט; פֿאַרוויקלט; פֿאַרפּלאָנטערט
complication די קאָמפּליקאַציע, ־ס
complicit מיטשולדיק; מיטבאַטייליקט; פֿאַרמישט
complicity די מיטשולד
compliment, *n.* דער קאָמפּלימענט, ־ן; דער שבֿח, ־ים [ShVAKh, ShVÓKhIM]
compliment, *v.* מאַכן ‹געבן› + דאַט' אַ קאָמפּלימענט; נאָכזאָגן + דאַט' אַ שבֿח [ShVAKh]
Give her my compliments! גיב ‹גיט› איר איבער אַ גרוס פֿון מיר!
complimentary
(flattering) (זייער) גינציק; לויבנדיק
(free) [BEKhÍNEM] אומזיסט; בחינמדיק; במתּנה [BEMATÓNE]
be complimentary *see* **compliment**
complimentary ticket דער אומזיסטער בילעט, ־ן; דער בחינם־בילעט, ־ן; דאָס אומזיסטל, ־עך; דער בילעט במתּנה [BEKhÍNEM] [BEMATÓNE]
comply (with) אויספֿאָלגן + אַק'; נאָכקומען + דאַט'
component דער קאָמפּאָנענט, ־ן; דער באַשטייטייל, ־ן
comport (אײַנ)שטימען
comport oneself אויפֿפֿירן זיך; האַלטן זיך
compose
(letter/essay) צונויפֿשטעלן; אָנשרײַבן
imp./pf. **(mus.)** (אויס)קאָמפּאָנירן
imp./pf. **(typ.)** (אויס)זעצן
compose oneself באַרויִקן זיך; נעמען זיך אין די הענט (אַרײַן); האַלטן זיך; ˙באַהערשן זיך
compose one's thoughts קאָנצענטרירן די געדאַנקען
be composed of באַשטיין אין ‹פֿון›; אַרומנעמען; כּולל זײַן [KÓYLEL]
composed (calm) רויִק
composer
m./unsp. דער קאָמפּאָזיטאָר, ...אָרן; דער קאָמפּאָניסט, ־ן
f. די קאָמפּאָזיטאָרשע, ־ס; די קאָמפּאָניסטקע, ־ס
composing room די זעצערײַ, ־ען
composing stick דער ווינקלהאָק, ־ן
composite, *adj.* צונויפֿגעזעצט; צונויפֿגעשטעלט; געגלידערט; פֿילטייליק
(bot.) קײשלבלומיק
(math.) טײלעוודיק
composite, *n.*
(bot.) דאָס קײשלבלומיקע געוויקס, ־ן
(mixture) דאָס געמיש, ־ן
composite material דער פֿאַרבינדשטאָף
composite number די טײלעוודיקע צאָל, ־ן
composition
(makeup) דער צונויפֿשטעל; דער באַשטאַנד
(written) די קאָמפּאָזיציע, ־ס; די (שריפֿטלעכע) אַרבעט, ־ן; דער חיבור, ־ים [KhÍBER, KhIBÚRIM]
(mus.) די קאָמפּאָזיציע, ־ס
(typ.) דאָס זעצערײַ; דער/דאָס זאַץ
compositor דער זעצער, ־ס; דער בחור־הזעצער, ־ס [BÓKhER-HAZÉTSER]
compost, *n.* דער קאָמפּאָסט
compost, *v.* קאָמפּאָסטירן
compost pile דער הויפֿן קאָמפּאָסט; דאָס קאָמפּאָסט־בערגעלע, ־ך
composure די/דאָס רויִקייט; דער סטאַטיק; די/דאָס באַהערשטקייט
keep one's composure האַלטן זיך רויִק; אײַנהאַלטן זיך
lose one's composure פֿאַרלירן זיך; פֿאַרלירן די שליטה איבער זיך; פֿאַרלירן די רו [ShLÍTE]
regain one's composure באַרויִקן זיך; ווידער נעמען זיך אין די הענט (אַרײַן)
compote דער קאָמפּאָט, ־ן
compound, *adj.* צונויפֿגעהאָפֿטן; צונויפֿגעשטעלט
compound, *n.*
(mixture) דאָס געמיש, ־ן; דער פּרעפּאַראַט, ־ן
(chem.) די פֿאַרבינדונג, ־ען
(buildings) [BINYÓNIM] דער (בנינים־)קאָמפּלעקס, ־ן
(enclosure) דער באַפֿעסטיקטער קאָמפּלעקס, ־ן; דאָס געהעפֿט, ־ן
compound, *v.*
(mix) אויסמישן; צונויפֿמישן
(worsen) פֿאַרערגערן; פֿאַרשווערערן; פֿאַרגרעסערן
compound fracture דער קאָמפּליצירטער ‹אָפֿענער› בראָך, ־ן
compound interest דער פּראָצענט אויף פּראָצענט
compound noun דער סובסטאַנטיווישער צונויפֿהעפֿט, ־ן
compound word דער צונויפֿהעפֿט, ־ן
comprehend פֿאַרשטיין; באַנעמען; משׂיג זײַן; תּופֿס זײַן; ˙באַגרײַפֿן [MÁSEG] [TÓYFES]
comprehensible באַנעמעוודיק
be comprehensible לאָזן זיך גרינג פֿאַרשטיין ‹באַנעמען›
comprehension דאָס פֿאַרשטיין; דער באַנעם; די השׂגה; דאָס פֿאַרשטענדעניש [HASÓGE]
comprehensive אַרומנעמיק; כּוללדיק; אויסשעפּיק; פֿולשטענדיק [KÓYLELDIK]
comprehensive examination
(acad.) [KÓYLELDIKER] דער כּוללדיקער עקזאַמען, ־ס
(med.) די אַרומנעמיקע גוף־באַטראַכטונג, ־ען
compress, *n.* דער קאָמפּרעס, ־ן

compress, *v.* צונויפֿקוועטשן; צוזאַמענקוועטשן; צונויפֿפּרעסן; צונויפֿדריקן; קאָמפּרימירן
  compress a file צונויפֿקוועטשן ‹קאָמפּרימירן› אַ טעקע
compressed gas דער געפּרעסטער גאַז, ־ן
compression דאָס צונויפֿקוועטשן; דאָס צונויפֿדריקן; דאָס קאָמפּרימירן
compression stockings טעראַפּעווטישע עלאַסטישע זאָקן
compressor דער קאָמפּרעסאָר, ־ס
comprise כּולל זײַן; אַרײַננעמען; אַרומנעמען; אײַנשליסן; פֿאַרשטעלן מיט זיך [KÓYLEL]
compromise, *n.* די פּשרה, ־ות; דער קאָמפּראָמיס, ־ן [PShÓRE]
compromise, *v.*
  vt. [SAKÓNE/SEKÓNE] קאָמפּראָמעטירן; שטעלן אין סכּנה
  vi. מאַכן אַ פּשרה ‹קאָמפּראָמיס›; אײַנגיין אויף אַ פּשרה; גיין אויף פּשרות [PShÓRE] [PShÓRES]
comp ticket *see* **complimentary ticket**
comptroller דער קאָנטראָליר, ־ן; דער קאָנטראָליאָר, ־ן
compulsion די קאָמפּולסיע, ־ס; דער צוואַנג; דער אונס [ÓYNES]
  under compulsion [BEÓYNES] באונס; געניט; געצווונגען
compulsive קאָמפּולסיוו; מוז...
compulsive eater דער קאָמפּולסיווער עסער, ־ס
compulsive shopper דער קאָמפּולסיווער אײַנקויפֿער, ־ס
compulsory מוז...; אָבליגאַטאָריש; הכרחדיק [HÉKhREKhDIK/HEKhRÉYEKhDIK]
compulsory education די אָבליגאַטאָרישע בילדונג
compulsory service דאָס מוזדינסט
compulsory subject דער מוז־לימוד, ־ים [LÍMED, LIMÚDIM]
compunction דאָס שולדגעפֿיל, ־ן; דער איבערקלער, ־ן; דער חרטה־פּײַן; דער צופּ בײַם געוויסן [KhARÓTE]
  He has no compunction ער טראַכט ‹קלערט› נישט איבער; ער האָט נישט קיין חרטה; סע צופּט אים נישט בײַם געוויסן
computation די צונויפֿרעכענונג, ־ען; די אויסרעכענונג, ־ען; דאָס אויסרעכענען
computational
  (computer) קאָמפּיוטער־...
  (math.) רעכנ...
computational linguistics די קאָמפּיוטער־לינגוויסטיק ל״י
compute צונויפֿרעכענען; אויסרעכענען; באַרעכענען
computer דער קאָמפּיוטער, ־ס
computer-assisted מיט דער הילף פֿון אַ קאָמפּיוטער
computer game די/דאָס קאָמפּיוטער־שפּיל, ־ן
computer-generated קאָמפּיוטער־פּראָדוצירט ‹־געשאַפֿן/־גענערירט›
computerization דאָס קאָמפּיוטעריזירן; די קאָמפּיוטעריזירונג
computerize קאָמפּיוטעריזירן
computer-literate
  be computer-literate וויסן ווי זיך צו באַגיין מיט אַ קאָמפּיוטער
computer model דער קאָמפּיוטער־מאָדעל, ־ן
computer peripheral דער פּעריפֿערישער מכשיר, ־ים [MÁKhShER, MAKhShÍRIM]
computer program דאָס פּראָגראַמוואַרג
computer programmer דער (קאָמפּיוטער־)פּראָגראַמירער, ־ס
computer science דאָס קאָמפּיוטערײַ; די קאָמפּיוטער־וויסנשאַפֿט
computer scientist דער קאָמפּיוטער־וויסנשאַפֿטלער, ־ס
computer supplies דאָס קאָמפּיוטערוואַרג קאָל׳

computing, *n.*
  (computer) דאָס קאָמפּיוטערײַ
  (math.) [KhÉZhBENEN] דאָס אויסרעכענען; דאָס חשבונען
comrade דער חבֿר, ־ים; דער גוטער־ברודער, גוטע־ברידער [KhÁVER, KhAVÉYRIM]
  (pol./Sov.) דער חבֿר, ־ים; דער טאָוואַרישטש, ־ן
comrade-in-arms דער מיטקעמפֿער, ־ס; דער שלאַכט־חבֿר, ־ים; דער וואָפֿן־ברודער, ־ברידער [KhÁVER, KhAVÉYRIM]
comradeship די חבֿרשאַפֿט; די גוט־ברודערשאַפֿט [KhÁVERShAFT]
con, *adv.* אַ(נט)קעגן
con,[1] *n.* **(drawback)** דער חסרון, ־ות/־ים; דער מינוס, ־ן [KhESÓRN, KhESRÓYNES/KhESRÓYNIM]
con,[2] *n.* **(convict)** דער אַרעסטאַנט, ־ן; דער קרימינאַלניק, ־עס; דער תּפֿיסהניק, ־עס [TFÍSENIK]
con, *v.* באַשווינדלען; אָפּשווינדלען; אָפּפֿריצעווע(ו)ן; אָפּנאַרן
con artist דער (באַ)שווינדלער, ־ס; דער בלאַטער חבֿרה־מאַן, ־לײַט; דער קונצן־מאַכער, ־ס [KhEVRE]
concatenate, *adj.* (צונויפֿ)געקייטלט; צונויפֿגעבונדן
concatenate, *v.* (צונויפֿ)קייטלען; צונויפֿבינדן
concatenation דאָס צונויפֿקייטלען
concave קאָנקאַוו; אײַנגעפּוקלט
concavity די/דאָס קאָנקאַווקייט; די/דאָס אײַנגעפּוקלטקייט
conceal
  imp. באַהאַלטן; טײַע(ו)ן
  pf. אויסבאַהאַלטן; פֿאַרבאַהאַלטן; פֿאַרהוילן; פֿאַרשטעקן; פֿאַרבאָרגן; פֿאַרטײַע(ו)ן
concealed באַהאַלטן; פֿאַרהוילן; פֿאַרבאָרגן; פֿאַרטײַעט
concealment
  (act) דאָס פֿאַרבאַהאַלטן; דאָס אויסבאַהאַלטן
  (place) דאָס באַהעלטעניש, ־ן; דאָס פֿאַרבאָרגעניש, ־ן
concede
  (admit error) [MÓYDE] מודה זײַן; אָנערקענען
  (admit defeat) אונטערגעבן זיך; קאַפּיטולירן
  concede an election נאָכגעבן ‹אָפּטרעטן› אין די וואַלן
conceit די גאווה; די/דאָס פֿאַרריסנקייט; דאָס גדלות; דאָס גרויסהאַלטערײַ; דאָס אײַנרעדעניש; דאָס אײַנגלייבעניש [GÁYVE] [GÁDLES]
conceited פֿאַרריסן (בײַ זיך); גרויס בײַ זיך; גרויסהאַלטעריש; גאוותדיק; גדלותדיק; אײַנגערעדט; אײַנגעגלייבט אין זיך [GÁYVEDIK] [GÁDLESDIK]
  conceited person (*m./unsp.*) דער בעל־גאווהניק, ־עס; דער גדלן, ־ים; דער פֿאַרריסענער געב׳ [BALGÁYVENIK] [GÁDLEN, GADLÓNIM]
  conceited person (*f.*) די בעל־גאווהניצע, ־ס; די גדלנטע, ־ס [BALGÁYVENITSE] [GÁDLENTE]
conceivable מעגלעך
  It's hardly conceivable מע קען זיך קוים אויסמאָלן ‹פֿאַרשטעלן›
conceivably ס׳איז גאַנץ מעגלעך אַז; מע קען זיך אויסמאָלן אַז; ס׳קען געמאָלט זײַן אַז; (ס׳איז) אַ סבֿרא אַז [SVÓRE]
conceive
  (understand) [MÁSEG] באַנעמען; פֿאַרשטיין; משׂיג זײַן
  (become pregnant) פֿאַרגיין אין טראָגן; טראָגעדיק ווערן; פֿאַרשוועגערן
  (think up) פֿאַרטראַכטן; פֿאַרקלערן
concentrate, *n.* דער קאָנצענטראַט, ־ן
concentrate, *v.*
  vt. קאָנצענטרירן; פֿאַרגעדיכטערן
  concentrate, *vi.* **(on)** קאָנצענטרירן זיך (אויף); צולייגן קאָפּ ‹מוח› (צו) [MÓYEKh]
  concentrate one's energy קאָנצענטרירן דעם (גאַנצן) כּוח [KÓYEKh]

concentration די קאָנצענטראַציע
  area of concentration דער קאָנצענטריר, ־ן; די קאָנצענטרירונג, ־ען
  take a concentration in אַרײַנקאָנצענטרירן זיך אין
concentration camp דער קאָנצענטראַציע־לאַגער, ־ן; דער קאַצעט, ־ן
concentration-camp inmate דער קאַצעטניק, ־עס; דער קאַצעטלער, ־ס
concentric קאָנצענטריש
concentric circle דער קאָנצענטרישער קרײַז, ־ן
concept די השׂגה, ־ות; דער באַגריף, ־ן; די פֿאָרשטעלונג, ־ען; דער קאָנצעפּט, ־ן [HASÓGE]
conception
  (idea) דער באַנעם, ־ען; די פֿאָרשטעלונג, ־ען; די קאָנצעפּציע, ־ס
  (pregnancy) דאָס פֿאַרגײן אין טראָגן; די פֿאַרשווענגערונג
conceptual באַגריפֿן־...; קאָנצעפּטועל
conceptual change דער באַגריפֿן־בײַט, ־ן
conceptual framework דאָס באַגריפֿן־גערעם, ־ען
conceptualize משׂיג זײַן; שאַפֿן אַ באַגריף פֿון; קאָנצעפּטואַליזירן [MÁSEG]
conceptus די פּרוכט, ־ן; דער עמבריאָן, ־ען
concern, *n.*
  (affair) דער עסק, ־ים; דער ענין, ־ים; דער אינטערעס, ־ן; די זאַך, ־ן [ÉYSEK, ASÓKIM] [ÍNYEN, INYÓNIM]
  (firm) די פֿירמע, ־ס; דער קאָנצערן, ־ען
  (worry) די דאגה, ־ות; די זאָרג, ־ן [DÁYGE]
  lack of concern דער גלײַכגילט
concern, *v.*
  (pertain to) זײַן שייך + דאַט'; האָבן אַ שײַכות צו; זײַן נוגע + דאַט'; האָבן צו (טאָן מיט) [ShÁYEKh] [ShÁYKhES] [NEGÉYE]
  (worry) באַאומרויִקן; פֿאַרשאַפֿן יסורים; נישט לאָזן רוען; אַרן + אַק'; אָנגיין + אַק'/דאַט' [YESÚRIM]
  It doesn't concern him ס'איז נישט זײַן דאגה ‹עסק›; ס'האָט נישט מיט אים צו טאָן [DÁYGE] [ÉYSEK]
  concern oneself פֿאַרנעמען זיך; אָפּגעבן זיך; זאָרגן זיך
  to whom it may concern צום נוגע־בדבֿר [NEGÉYE-BEDÓVER]
concerned פֿאַרדאגהט; פֿאַרזאָרגט [FARDÁYGET]
  as far as ... is concerned וואָס שייך + דאַט' [ShÁYEKh]
  be concerned with פֿאַרנעמען זיך מיט
concerned party דער נוגע־בדבֿר, ־ס [NEGÉYE-BEDÓVER]
concerning בנוגע; וואָס שייך; מכּוח; וועגן; אַ(נט)קעגן [BENEGÉYE] [ShÁYEKh] [MEKÓYEKh]
concert דער קאָנצערט, ־ן
  give a concert קאָנצערטירן; (אָפּ)געבן ‹מאַכן› קאָנצערט
  in concert אין אײנעם; בשותּפֿות [BEShÚTFES]
  in concert (mus.) פֿאַר אַן עולם [ÓYLEM]
  work in concert with צוזאַמענאַרבעטן מיט
concerted בשותּפֿותדיק; קאָאָרדינירט [BEShÚTFESDIK]
  make a concerted effort to ווערב + מיט בשותּפֿותדיקע כּוחות [BEShÚTFESDIKE] [KÓYKhES]
concert-goer דער קאָנצערט־גייער, ־ס
concert hall דער קאָנצערטזאַל, ־ן
concertina די קאָנצערטינע, ־ס
concertmaster דער קאָנצערט־מײַסטער, ־ס
concerto דער קאָנצערט, ־ן; דער קאָנטשערטאָ, ־ס
concession
  (compromise) די הנחה, ־ות [HANÓKhE]
  (conceding) דאָס נאָכגעבעניש, ־ן
  (franchise) די קאָנצעסיע, ־ס
concession speech די אָפּטרעט־רעדע, ־ס
concession stand די קאָנצעסיע, ־ס
concessive קאָנצעסיוו; נאָכגיביק
concessive clause דער קאָנצעסיוו־זאַץ, ־ן
conch די קאָנכע, ־ס
  (seashell) *also* דאָס ים־שיסעלע, ־ך; די מושל, ־ען [YAM]
concierge דער קאָנסיערזש, ־ן
conciliate באַרויִקן; אײַננעמען; שלום מאַכן; אויסגלײַכן; מפֿייס זײַן [ShÓLEM] [MEFÁYES]
conciliation דער אויסגלײַך, ־ן
conciliator דער אויסגלײַכער, ־ס; דער שלום־מאַכער, ־ס; דער פֿאַרמיטלער, ־ס; דער פּשרן, ־ים; דער רודף־שלומניק, ־עס [ShÓLEM] [PÁShREN, PAShRÓNIM] [RÓYDEF-ShÓLEMNIK]
conciliatory פּשרניש; פֿאַרמיטלענדיק [PAShRÓNISh]
concise תּמציתדיק; צימצומדיק; געפּרעסט; קיצורדיק; קורץ און שאַרף [TÁMTSESDIK] [TSÍMTSEMDIK] [KÍTSERDIK]
concisely קורץ און שאַרף; אין קורצן; בקיצור [BEKÍTSER]
conciseness דער צימצום [TSÍMTSEM]
conclave דער קאָנקלאַוו, ־ן
conclude, *v.*
  vt./vi. **(complete)** פֿאַרענדיקן (זיך); אויסלאָזן (זיך); שליסן (זיך)
  vi. **(infer)** קומען צום אויספֿיר; אַרויסדרינגען; ברענגען צום געדראַנג; קומען צו אַ מסקנא ‹גמר›; אויסברײַען [MASKÓNE] [GMAR]
  conclude an agreement שליסן אַן אָפּמאַך
concluding סוף־...; שליס... [SOF]
concluding clause דער אויב־אַזוי־זאַץ, ־ן
concluding remarks שליסווערטער
conclusion
  (end) דער סוף, ־ן; דער אויסלאָז, ־ן; דער גמר, ־ן; די שליסונג, ־ען [SOF] [GMAR]
  (inference) דער אויספֿיר, ־ן; די מסקנא, ־ות; דאָס געדראַנג, ־ען; דער אויסברײַ, ־ען [MASKÓNE]
  come to the conclusion אויספֿירן
  in conclusion לסוף; צום סוף [LESÓF]
  jump to conclusions מאַכן אַ כאַפּיקן אויספֿיר; באַשליסן צו האַסטיק ‹גיך›
conclusive דערווײַזיק; איבערצײַג(עווד)יק; אומאָפּפֿרעגלעך; באַשטימיק; מכריעדיק [MAKhRÍEDIK]
  conclusive evidence אומאָפּפֿרעגלעכע ‹איבערצײַג(עווד)יקע› ראַיות ל"ר [RÁYES]
conclusively לעצטגילטיק; אומאָפּפֿרעגלעך
concoct פֿאַרמישן; פֿאַרקאָכן; צונויפֿמישן
  (an excuse) אויסטראַכטן; אויסזויגן פֿון פֿינגער
concoction דאָס געמיש, ־ן; דאָס פֿאַרמישעכץ, ־ן
  (drink) דאָס געברײַ, ־ען
concomitant מיטבאַ(ג)לייטנדיק; געפּאָרט
concord
  (agreement) די הסכּמה; די אײַנשטימונג [HASKÓME]
  (ling.) די מיטשטימונג
  (mus.) די/דאָס האַרמאָנישקייט
concordance די קאָנקאָרדאַנץ, ־ן
  in concordance with בהסכּם מיט [BEHÉSKEM]
concourse
  (crowd) די מאַסע, ־ס/מאַסן; דאָס געדראַנג, ־ען
  (flow) דער צונויפֿפֿלייץ, ־ן
  (open space) דאָס פֿאַרזאַמל־אָרט, ...ערטער
concrete, *adj.*
  (definite) קאָנקרעט; ממשותדיק [MAMÓShESDIK]
  (of concrete) בעטאָנען; בעטאָנ...
concrete, *n.* דער בעטאָן
concrete mixer דער בעטאָן־(פֿאַר)מישער, ־ס

concrete-reinforced בעטאָנירט

concrete slab די בעטאָנענע פּליטע, ־ס

concrete finisher דער בעטאָנשטשיק, ־עס

concretize קאָנקרעטיזירן

concubine די פּ(י)לגש, ־ים; דאָס קעפּסווײַב, ־ער [PILÉGESh, PILÁKShIM]

concur מסכּים זײַן [MÁSKEM]

(coincide) צונויפֿפֿאַלן זיך

concurrence דער הסכּם [HÉSKEM]

(coincidence) דער צונויפֿפֿאַל, ־ן; דער צונויפֿטראַף, ־ן

concurrent(ly) אײַנצײַטיק

concussion די אויפֿטרייסלונג, ־ען

(med.) די מוח־‹מאַרך־›צעטרייסלונג, ־ען [MÓYEKh]

condemn

(reject) (פֿאַר)בראַקירן; אָפּשאַצן לגנאַי; אָפּוואַרפֿן; אָפּפּסקענען; פּסלען [LIGNÁY] [ÓPPÁSKENEN] [PÁSLEN]

(jur.) פֿאַרמישפּטן; פֿאַראורטלען [FARMÍShPETN]

(a building) פּסלען; (פֿאַר)בראַקירן

condemnation

(censure) דער גנאַי־אָפּשאַץ, ־ן [GNAY]

(jur.) דער פֿאַרמישפּט, ־ן; די פֿאַרמישפּטונג, ־ען; די פֿאַראורטלונג, ־ען [FARMÍShPET] [FARMÍShPETUNG]

(of building) די פֿאַרבראַקירונג, ־ען

condemned

(building) פֿאַרבראַקירט

(person) דער פֿאַרמישפּטער געב׳ צום טויט [FARMÍShPETER]

condensation די קאָנדענסאַציע, ־ס

condense קאָנדענסירן; פֿאַרגעדיכטערן

condensed milk די קאָנדענסירטע מי(ל)(ע)ך

condensor דער קאָנדענסאַטאָר, ־ס

condescend קוקן פֿון אויבן אַראָפּ

condescending(ly) פֿון אויבן אַראָפּ

speak in a condescending tone רעדן פֿון אויבן אַראָפּ

condescending smile דער שמאָך, ־ן

condescension דאָס קוקן פֿון אויבן אַראָפּ; דער פֿונאויבנאַראָפּ

condiment דער געווירצסאָס, ־ן; דאָס געווירץ, ־ן; די פּריפּראַווע, ־ס

condition

(qualification) דער תּנאַי, תּנאָים; דער באַדינג, ־ען; די באַדינגונג, ־ען [TNAY, TNÓYEM]

(med.) די קרענק, ־ען; דער מיחוש, ־ן [MÉYKhESh, MEYKhÚShIM]

(state) דער מצבֿ; דער צושטאַנד [MÁTSEV]

have a heart condition האָבן צו טאָן מיטן האַרץ

on the condition בתּנאַי; על־תּנאַי; מיטן תּנאַי ‹באַדינג› [BITNÁY] [ALTNÁY]

set of conditions תּנאָים ל״ר; דאָס געתּנאַי [GETNÁY]

under no condition בשום־אופֿן נישט [BEShÚM-ÓYFN]

condition, *v.*

(adapt) אײַנגעוווינען ‹אײַנגעוויינען›; צופּאַסן

(qualify) אײַנבאַדינגען; שטעלן אַ תּנאַי [TNAY]

(render fit) אײַנגעניטן

conditional, *adj.* באַדינגיק; בתּנאַייִק; תּנאַי־...; באַדינג... [BITNÁYIK] [TNAY]

conditional, *n.* דער באַדינג־‹תּנאַי־›מאָדוס, ־ן [TNAY]

conditional clause דער באַדינגזאַץ, ־ן; דער תּנאַי־זאַץ, ־ן [TNAY]

conditional divorce דער תּנאַי־גט, ־ן [TNÁY-GET]

conditioned אײַנגעניט; באַדינגט; תּנאַי־... [TNAY]

conditioned reflex דער אײַנגעניטער ‹באַדינגטער› רעפֿלעקס, ־ן; דער תּנאַי־רעפֿלעקס, ־ן [TNAY]

conditioner דער קאָנדיציאָנער, ־ן

condo *see* **condominium**

condolence די מיטלייד; דאָס מיטגעפֿיל; די טרייסט

pay a condolence call (J.) מנחם־אָבֿל זײַן [MENÁKhEM-ÓVL]

express one's condolences אויסדריקן מיטגעפֿיל ‹מיטלייד›

send one's condolences שיקן אַ טרייסט

letter of condolence דער קאָנדאָלענץ־בריוו, –; דער טרייסטבריוו, –

condom דער קאָנדאָם, ־ען; די מענער־גומע, ־ס; דער פּרעזערוואַטיוו, ־ן

condominium דער קאָנדאָמיניום, ־ס

condone מוחל זײַן; פֿאַרקוקן; קוקן דורך די פֿינגער אויף; פֿאַרגעבן [MOYKhL]

condor דער קאָנדאָר, ־ן

conducive גינציק

be conducive to זײַן גינציק פֿאַר; באַגינציקן

conduct, *n.* דער אויפֿפֿיר, ־ן; די אויפֿפֿירונג; די האַלטונג; די הנהגה [HANHÓGE]

(management) די אָנפֿירונג; די דורכפֿירונג

good conduct דער לײַטישער ‹גוטער› אויפֿפֿיר

poor conduct דער אומלײַטישער ‹שלעכטער› אויפֿפֿיר

conduct, *v.*

(elec./sound) (אַ)דורכפֿירן

(lead) אָנפֿירן (מיט)

(mus.) דיריגירן

conduct a seminar אָנפֿירן (מיט) אַ סעמינאַר

conduct oneself (אויפֿ)פֿירן זיך; נוהג זײַן זיך [NÓYEG]

conduction די דורכפֿירונג

conductive דורכפֿירעוודיק

conductivity די/דאָס דורכפֿירעוודיקייט

conductor

(elec./sound) דער דורכפֿירער, ־ס

(mus.) דער דיריגענט, ־ן

(train) דער קאָנדוקטאָר, ...אָרן

be a good conductor (elec.) גוט (אַ)דורכפֿירן

conduit דער קאָנדויט, ־ן; די/דער איזאָליר־רער, ־ן

cone דער קאָנוס, ־ן

(ice-cream) דאָס (וואַפֿליע־)קאָנוסל, ־עך

(pine) די שישקע, ־ס

confabulate שמועסן; כאַפּן אַ שמועס

(psych.) קאָנפֿאַבולירן

confabulation דער שמועס, ־ן; דאָס שמועסן

(psych.) די קאָנפֿאַבולירונג, ־ען

confection דאָס זיסוואַרג; דאָס צוקערוואַרג; דער קאָנפֿע(ק)ט, ־ן

confectioner דער קאָנדיטער, ־ס; דער צוקערניק, ־עס

confectioner's sugar דער/דאָס צוקערשטויב; דער מעלצוקער

confectionery די קאָנדיטערײַ, ־ען

confederacy די קאָנפֿעדעראַציע, ־ס

confederate, *adj.* קאָנפֿעדעראַטיש

confederate, *n.* דער קאָנפֿעדעראַט, ־ן; דער שותּף, ־ים [ShÚTEF, ShÚTFIM]

(accomplice) דער מיטשולדיקער געב׳; דער מיטפֿאַרברעכער, ־ס

confederate, *v.* קאָנפֿעדערירן

confederation די קאָנפֿעדעראַציע, ־ס

confer

vt. **(bestow)** אויסטיילן; פֿאַרטיילן; צוטיילן; באַטיילן מיט

vi. **(advise)** מישבֿ זײַן זיך; האַלטן זיך אַן עצה; באַראָטן זיך [MEYÁShEV] [ÉYTSE]

confer a degree (on) צוֹטיילן + דאַט' אַ דיפּלאָם
conference
(convention) די קאָנפֿערענץ, ־ן
(meeting) די זיצונג, ־ען; די באַראָטונג, ־ען
in conference אויף אַ זיצונג
conference call דער בציבור־קלונג, ־ען [BETSÍBER]
conference room דער קאָנפֿערענץ־זאַל, ־ן; דער זיצונג־צימער, ־ן; דער זיצונגזאַל, ־ן
conferment דאָס אויסטיילן
confess מודה זײַן זיך; מתוודה זײַן זיך; אַרויסזאָגן דעם אמת [MÓYDE] [MISVÁDE] [ÉMES]
(J./rel.) זאָגן ווידוי [VÍDE]
confess one's sins מתוודה זײַן זיך אין די זינד
confessed, *adj.* אָנערקענט; אָפֿן
confession דאָס מודה זײַן זיך; דער מודה, ־ס [MÓYDE]
confession of sin (J.) די ווידוי, ־ים [VÍDE, VIDÚIM]
confession of sin (Chr.) די קאָנפֿעסיע, ־ס; די ווידוי, ־ים
give a full confession מודה־ומתוודה זײַן זיך [MÓYDE-UMISVÁDE]
prayer of confession (on Yom Kippur) דער על־חטא [ALKhÉT]
confessional, *n.* דער קאָנפֿעסיאָנאַל, ־ן; די קאָנפֿעסיאָנאַל־בודקע, ־ס
confessor
(J./confessing person) דער בעל־ווידוי, בעלי־... [BALVÍDE, BÁLE-...]
(Chr./confessing person) דער קאָנפֿעסירער, ־ס
(priest) דער קאָנפֿעסיע־אויסהערער, ־ס
confetti האָפּן; קאָנפֿעטי
confidant דער בעל־סוד, בעלי־סודות; דער פֿאַרטרויטער געב' [BALSÓD, BÁLE-SÓYDES]
confide פֿאַרטרויען; פֿאַרגלײַבן
confide a secret to פֿאַרטרויען ‹פֿאַרגלײַבן› + דאַט' אַ סוד [SOD]
confide in פֿאַרטרויען ‹פֿאַרגלײַבן› זיך + דאַט'; פֿאַרטרויען ‹אויסרעדן› זיך פֿאַר
confidence (in) דער צוטרוי (צו); דער בטחון (אין); דער גלויבן (אין); די אמונה (אין); דאָס נאמנות (אין) [BITÓKhN] [EMÚNE] [NEMÓNES]
in confidence בסוד; אונטער פֿיר אויגן [BESÓD]
in strict confidence בסוד־סודות [BESÓD-SÓYDES]
confidence-building measure דאָס צוטרוי־מיטל, ־ען
confident זיכער; בטוח; איבערגעצײַגט [BETÚEKh]
confidential בסודיק; קאָנפֿידענציעל [BESÓDIK]
confidentiality די/דאָס בסודיקייט; די/דאָס קאָנפֿידענציעלקייט [BESÓDIKEYT]
confidentiality agreement דער צוטרוי־אָפּמאַך, ־ן
confidentially בסוד; אונטער פֿיר אויגן; צווישן אונדז גערעדט; צווישן אונדז זאָל עס בלײַבן אַז [BESÓD]
confidently מיט צוטרוי צו זיך; מיט בטחון [BITÓKhN]
configuration די קאָנפֿיגוראַציע, ־ס; דער אויסשטעל, ־ן
configure, *vt./vi.* קאָנפֿיגורירן (זיך); אויסשטעלן (זיך)
confine באַגרענעצן; אײַנשפּאַרן; פֿאַרשפּאַרן; צובינדן
be confined to bed מוזן ליגן ‹בלײַבן› אין בעט
be confined to quarters זיצן ‹זײַן› אין הויזאַרעסט
confine, *n.*
within the confines of אין די רעמען ‹גרענעצן› פֿון
confinement די פֿאַרשפּאַרונג, ־ען; דאָס זײַן פֿאַרשפּאַרט; די תּפֿיסה; דאָס געפֿענקעניש [TFÍSE]
(obst.) די קימפּעט
confirm באַשטעטיקן; באַאמתן; באַיאָען [BAÉMESN]
confirmation די באַשטעטיקונג, ־ען; די באַאמתונג, ־ען [BAÉMESUNG]
Confirmation (rel.) די קאָנפֿירמאַציע, ־ס
confirmed איבערגעצײַגט
confirmed bachelor דער אַלטער בחור אויף אײביק [BÓKhER]
confirmed atheist דער איבערגעצײַגטער אַטעיִסט, ־ן
confiscate קאָנפֿיסקירן; צונעמען
(assets) אָפּשרײַבן
confiscation די קאָנפֿיסקאַציע, ־ס; די קאָנפֿיסקירונג, ־ען
conflagration דער בראַנד, ־ן; די שׂרפֿה, ־ות [SRÉYFE]
conflate, *v.* פֿאַראײניקן; צונויפֿגיסן; צונויפֿשמעלצן
conflation די פֿאַראײניקונג, ־ען; דער צונויפֿגאָס, ־ן
conflict, *n.* דער קאָנפֿליקט, ־ן; דער סיכסוך, ־ים; די סתּירה, ־ות; דער צונויפֿשטויס, ־ן; דער צוזאַמענשטויס, ־ן; דאָס געראַנגל, ־ען [SÍKhSEKh, SIKhSÚKhIM] [STÍRE]
come into conflict קומען אין קאָנפֿליקט
conflict of ideas דער אידעען־קאָנפֿליקט, ־ן
conflict of interest דער אינטערעסן־קאָנפֿליקט, ־ן; די אינטערעסן־סתּירה, ־ות
conflict, *v.* סותר זײַן זיך; זײַן אין סתּירה; האָבן אַ קאָנפֿליקט ‹צוזאַמענשטויס/סתּירה› [SÓYSER] [STÍRE]
be conflicted פֿילן זיך געריסן; פֿילן אַ קאָנפֿליקט
conflicting סתּירותדיק; סתּירהדיק [STÍRE(S)DIK]
conflict resolution דאָס אויסגלײַכן ‹פֿאַרענטפֿערן› קאָנפֿליקטן
confluence דער צונויפֿגאָס, ־ן; דער צונויפֿפֿלוס, ־ן
conform (to) צופּאַסן זיך צו; מיטהאַלטן מיט
(hum./pej.) מיטטאַנצן מיט
conformism דער קאָנפֿאָרמיזם
conformist, *adj.* קאָנפֿאָרמיסטיש
conformist, *n.* דער קאָנפֿאָרמיסט, ־ן
conformity דער קאָנפֿאָרמיזם; די מיטהאַלטונג; דאָס מיטהאַלטערײַ
be in conformity with זײַן בהסכּם מיט; שטימען מיט [BEHÉSKEM]
confound צעטומלען; צעמישן
Confound it! אין דר'ערד אַרײַן!; צום טײַוול!; כאַפּט עס דער גוטער־יאָר!
confrère דער קאָלעגע, ־ס
confront קאָנפֿראָנטירן; שטעלן זיך פּנים־אל־פּנים ‹אויג אויף אויג› מיט [PÓNEM-EL-PÓNEM]
be confronted with שטיין פֿאַר; שטיין פּנים־אל־פּנים מיט
confrontation די קאָנפֿראָנטאַציע, ־ס
confrontational קאָנפֿראָנטירנדיק; קריגעריש; מחלוקתדיק [MAKhLÓYKESDIK]
Confucian, *adj.* קאָנפֿוציאַניש
Confucian, *n.*
m./unsp. דער קאָנפֿוציאַנער, –
f. די קאָנפֿוציאַנערין, ־ס
Confucius קאָנפֿוציוס
confuse צעטומלען; פֿאַרמישן; צעמישן; מבֿלבל זײַן; פֿאַרדרייען + דאַט' דעם קאָפּ [MEVÁLBL]
confused צעמישט; פֿאַרמישט; צעטומלט
become confused צעמישט ‹פֿאַרמישט/צעטומלט› ווערן; צעמישן זיך; מבֿולבל ווערן [MEVÚLBL]
get things confused פֿאַרפּלאָנטערן זיך; פֿאַרבײַטן די יוצרות; אויסמישן קאָשע מיט מאָן [YÓTSRES]
confusion די בהלה; די צעמישונג; דער פּלאָנטער; די מישענינע; דער באַלאַגאַן; דער כאַאָס; דער ווירוואַר ‹ווירוואַר› [BEHÓLE]
be in confusion *also* גיין כאַדאָראַם ‹כאַדאָראַם›
confutation די אָפּלייקענונג
confute אָפּלייקענען; אָפּפֿרעגן; אָפּשפּאַרן
conga דער קאָנגאַטאַנץ

con game דער שווינדל; דאָס גענאַרערײַ

congeal פֿאַרגלי׳ווערט ווערן; זעצן זיך; שטעלן זיך

congenial סימפּאַ׳טיש; ליב; צום האַרצן

congenital געבױ׳רן־...

congenital defect דער געבױ׳רן־מום, ־ים; דער געבױ׳רן־פֿע׳לער, ־ן

congenital liar דער געבױ׳רענער לי׳גנער, ־ס

conger דער ים־ווע׳נגער, ־ס [YAM]

congest פֿאַרשטאָ׳פּן; פֿאַרפּראָ׳פּן; אָ׳נשטאָפּן

congested פֿאַרשטאָ׳פּט; פֿאַרפּראָ׳פּט; אָ׳נגעשטאָפּט

congestion דאָס שטו׳פּעניש; דאָס געדראַ׳נג; דאָס געע׳נג; די/דאָס פֿאַרפּראָ׳פּטקייט

(traffic) דאָס פֿאָ׳רגעענג; דאָס פֿאָ׳רגעדראַנג; די/דאָס פֿאַרפּראָ׳פּטקייט

(nasal) די פֿאַרלײ׳גטע נאָז

(lungs/med.) אָ׳נגעשטאָפּטע ‹פֿאַרלײ׳גטע› לו׳נגען

conglomerate, *n.* דער קאָנגלאָמעראַ׳ט, ־ן

conglomerate, *v.* קאָנגלאָמערי׳רן

conglomeration די קאָנגלאָמעראַ׳ציע, ־ס

congratulate אָ׳פּגעבן + דאַט׳ מזל־טובֿ; גראַטולי׳רן; אָ׳נווינטש(עווע)ן + דאַט׳; צו׳ווינטש(עווע)ן + דאַט׳ [MÁZLTOV]

congratulate oneself געבן זיך אַ קניפּ אין בעקל; פּאַטשן זיך אין בײַכל

congratulation דער מזל־טובֿ, ־ן; די ווי׳נטשעוואַניע, ־ס [MÁZLTOV]

Congratulations!, *int.*

(on an accomplishment) יישר־כּוח!; מזל־טובֿ! [YÁShER-KÓYEKh/ShKÓYEKh]

(on news of engagement) (זאָל זײַן) אין אַ מזלדיקער ‹גו׳טער› שעה! [MÁZLDIKER] [ShO]

(on news of a pregnancy) (זאָל זײַן) אין אַ מזלדיקער ‹גו׳טער› שעה!; זאָל זײַן מיט מזל!; טראָג(ט) געזו׳נט און האָב ‹האָט› געזו׳נט!; זאָלסט ‹איר זאָלט› געזו׳נט טראָגן און גרינג האָבן! [MAZL]

(on news of birth) מזל־טובֿ!; זאָלסט ‹איר זאָלט› דערלע׳בן אַ סך נחת!; זאָלסט ‹איר זאָלט› דערלע׳בן אים/זי צו פֿירן צו דער חופּה!; צו תּורה, חופּה און מעשׂים־טובֿים! [SAKh] [NÁKhES] [TÓYRE] [KhÚPE] [MÁYSIM-TÓYVIM]

Congratulations are in order! מע מעג + דאַט׳ שוין אָ׳פּגעבן מזל־טובֿ!; סע קומט + דאַט׳ אַ מזל־טובֿ!

congratulatory גראַטולי׳רנדיק; גראַטולי׳ר־...; באַגרי׳ס...

congregant דער מתפּלל, ־ים; דער מי׳טגליד פֿון דער קהילה ‹עדה› [MISPÁLEL] [KEHÍLE] [ÉYDE]

congregate צונױ׳פֿזאַמלען זיך; פֿאַרזאַ׳מלען זיך; צוזאַ׳מענקומען זיך; אױ׳פֿקלײַבן זיך; צונױ׳פֿקלײַבן זיך

congregation די פֿאַרזאַ׳מלונג, ־ען; דער עולם, ־ס [ÓYLEM]

(J./trad.) די עדה, ־ות; די קהילה, ־ות [ÉYDE] [KEHÍLE]

(J./Reform/Am.) די קאָנגרעגאַ׳ציע, ־ס

congress, *adj.* קאָנגרע׳ס...

congress, *n.* דער קאָנגרע׳ס, ־ן

US Congress דער קאָנגרע׳ס

congressional קאָנגרע׳ס...

congressional hearing דער קאָנגרע׳ס־פֿאַרהע׳ר, ־ן

congressional investigation דער קאָנגרע׳ס־אױ׳ספֿאָרש, ־ן; די קאָנגרע׳ס־אױ׳ספֿאָרשונג, ־ען

Congressional Medal of Honor דער כּבֿוד־מעדאַ׳ל פֿון קאָנגרע׳ס [KÓVED]

congressman דער קאָנגרע׳סמאַן, קאָנגרע׳סלײַט

congresswoman די קאָנגרע׳ספֿרוי, ־ען

congruence די מי׳טשטימונג, ־ען

(math.) די קאָנגרוע׳נץ

congruent מי׳טשטימיק

(math.) קאָנגרוע׳נט; דע׳קיק

congruity די מי׳טשטימונג

conical קאָ׳נוסדיק; קאָ׳ניש

conifer דער נאָ׳דלבוים, ...ביימער

coniferous נאָדל...

conjecture, *n.* די השערה, ־ות; די סבֿרא, ־ות [HAShÓRE] [SVÓRE]

conjecture, *v.* משער זײַן זיך; אַרױ׳סזאָגן אַ השערה [MEShÁER] [HAShÓRE]

conjoin פֿאַרבי׳נדן; פֿאַראײ׳ניקן

(ling.) קאָניונקטי׳רן

conjoined twins דער סיאַ׳מער ‹צונױ׳פֿגעוואָקסענער› צווי׳לינג, ־ען/־ער

conjugal חתונה־...; מאַן־און־ווײַ׳ב־... [KhÁSENE]

fulfill a husband's conjugal duties טאָן דעם ‹דער› ווײַב איר רעכט

fulfill a wife's conjugal duties טאָן דעם מאַן זײַן רעכט

conjugal bed דאָס/די חתונה־בעט, ־ן [KhÁSENE]

conjugal visit דער מאַן־און־ווײַ׳ב־וויזי׳ט, ־ן

conjugate קאָניוגי׳רן; בייגן

conjugation די קאָניוגאַ׳ציע, ־ס

conjunction

(logic) דער פֿאַרבו׳נד, ־ן; די פֿאַרבי׳נדונג, ־ען; דער קשר, ־ים [KÉShER, KShÓRIM]

(ling.) די קאָניו׳נקציע, ־ס; דאָס בי׳נדוואָרט, ...ווערטער

(astr.) די קאָניו׳נקציע, ־ס

in conjunction צוזאַ׳מען; בשותּפֿות; אין אײ׳נעם ‹פֿאַרבו׳נד› [BEShÚTFES]

conjunctiva דאָס בי׳נדהײַטל, ־עך

conjunctivitis דער קאָניונקטיווי׳ט

conjuncture די קאָניונקטו׳ר, ־ן; דער צונױ׳פֿפֿאַל פֿון או׳משטאַנדן

conjure אָ׳נטאָן ‹מאַכן› כּישוף; באַשווע׳רן; משביע זײַן [KÍShEF] [MAShBÍE]

conjure up אַפּע׳רכּישופֿן; אַרױ׳סרופֿן [AFÉRKÍShEFN]

conjurer דער כּישוף־מאַ׳כער, ־ס [KÍShEF]

conk געבן אַ זעץ אין קאָפּ

conk out (fail) קאַ׳ליע ווערן

conk out (fall asleep) באַלד אײַ׳נשלאָפֿן

connect, *v.*

vt. פֿאַרבי׳נדן; פֿאַרקני׳פּן; צו׳לאָנטשע(ו)ן

vi. פֿאַרבי׳נדן זיך; צו׳לאָנטשע(ו)ן זיך

vi. (*fig.*) אָ׳נבינדן אַ שײַכות [ShÁYKhES]

connect the dots צונױ׳פֿפּינטלען; צי׳ען אַ לי׳ניע; דערגאַ׳נצן לויט די סימנים [SIMÓNIM]

be connected with זײַן פֿאַרבו׳נדן מיט; אָ׳נקערן זיך מיט; האָבן אַ שײַכות מיט

Connecticut (דאָס) קאָנע׳טיקאָט

connecting door די פֿאַרבי׳נדטיר, ־ן

connecting flight דער פֿאַרבי׳נדפֿלי, ־ען

connecting rod דער טרײַ׳בשטאַנג, ־ען; דער וואַ׳קלשטאַנג, ־ען

connection די פֿאַרבי׳נדונג, ־ען

(logical) *also* דאָס שײַכות, ־ן; די פֿאַרקני׳פּונג, ־ען; דאָס אָ׳נקערעניש, ־ן; דער קשר, ־ים; די/דאָס סמיכות־הפּרשה [ShÁYKhES] [KÉShER, KShÓRIM] [SMÍKhES-HAPÁRShE]

in connection with אין שײַכות ‹פֿאַרבי׳נדונג› מיט

in this connection אין שײַכות מיט דעם

What's the connection? (said in annoyance) וואָס איז דאָ פֿאַר אַ שײַכות?; ווי קומט הודו אין באָד אַרײַ׳ן?; וואָס פֿאַר אַ סמיכות־הפּרשה? [ShÁYKhES] [HÓYDE]

have connections וויסן ווו אַ טיר עפֿנט זיך; האָבן קאַ׳נטשאַפּט אין די הױ׳כע פֿע׳נצטער; האָבן פּראָטע׳קציע;

האָבן אַ צד אין טיש; זײַן אַ חשובֿ בײַ נאַטשאַלסטווע
[TSAD] [KhÓShEV]
connective, *adj.* בינד...
connective, *n.* דאָס פֿאַרבינדוואָרט, ...ווערטער
connective tissue דאָס בינדגעוועב
connectivity די/דאָס פֿאַרבינד(עווד)יקייט
conniption דער היסטערישער אַטאַק, ־ן
He had conniptions ס'איז אים באַפֿאַלן אַ היסטערישער אַטאַק; ס'האָבן זיך אים געוואָרפֿן הענט און פֿיס
connivance דאָס אינטריגערײַ
connive
(overlook) קוקן דורך די פֿינגער (אויף)
(conspire) אינטריגירן; אָנטערפֿירן; מאַכן הינטערשיסעלעך
connoisseur (of)
m./unsp. דער מבֿין (אויף); דער קענער (אויף); דער מומחה (אין); דער בקי (אין)
[MEYVN] [MÚMKhE] [BÓKE]
f. די מבֿינטע (אויף); די קענערין ‹קענערקע› (אויף); די מומחהטע (אין)
[MÉYVNTE] [MÚMKhETE]
be a connoisseur of *also* פֿאַרשטײַן זיך אויף
connotation די קאָנאָטאַציע, ־ס; דער בײַטײַטש, ־ן; דער מיטבאַטײַט, ־ן
connote קאָנאָטירן; האָבן אַ בײַטײַטש פֿון; אָנווינקען אויף
connubial *see* **conjugal**
conquer
vt. **(a people)** אָפּהאַלטן אַ נצחון איבער; ˙באַזיגן
[NITSÓKhN]
vt. **(land)** אײַננעמען; פֿאַרכאַפּן
vt. **(overcome/*fig.*)** בײַקומען; גובֿר זײַן; מנצח זײַן איבער; ˙באַהערשן
[GÓYVER] [MENATSÉYEKh]
vi. מנצח זײַן; ˙זיגן
conqueror דער אײַננעמער, ־ס; דער פֿאַרכאַפּער, ־ס; דער בעל־נצחון, ־ס/בעלי־נצחונות; דער ˙זיגער, ־ס
[BALNITSÓKhN, BÁLE-NITSKhÓYNES]
conquest דער נצחון, ־ות; דער אײַננעם, ־ען; דאָס אײַננעמען; דער ˙זיג, ־ן
[NITSÓKhN, NITSKhÓYNES]
consanguinity די בלוט־קרובֿישאַפֿט [KRÓYVEShAFT]
conscience דאָס געוויסן; דאָס יאַנדעס
He has a guilty conscience דאָס שולדגעפֿיל פּלאָגט אים; סע צופּט אים בײַם געוויסן; סע ליגט אים אויפֿן געוויסן
I have a clean conscience ס'איז מיר ריין אויפֿן האַרצן; כ'האָב אַ ריין געוויסן
in good conscience מיט אַ ריין האַרץ ‹געוויסן›
conscientious געוויסנדיק
conscientious objector דער געוויסנדיקער נײנזאָגער, ־ס
conscious בײַם באַוווּסטזײַן; באַוווּסטזיניק; וויסיק; באַזיניקט
make a conscious effort באַמיִען זיך באַוווּסטזיניק ‹וויסיק›; אָנטאָן זיך אַ באַוווּסטזיניקן ‹וויסיקן› כּוח
[KÓYEKh]
be conscious of וויסן וויל אַז; זײַן וויסיק פֿון; זײַן אינפֿאָרמירט וועגן
consciousness דאָס באַוווּסטזײַן; די/דאָס וויסיקייט; די/דאָס באַזיניקטקייט
be in and out of consciousness קומען פֿון צײַט צו צײַט צום באַוווּסטזײַן
It raised my consciousness ס'האָט מיר געעפֿנט די אויגן; כ'האָב דערקענט נײַע אמתן
[ÉMESN]
lose consciousness פֿאַרלירן דאָס באַוווּסטזײַן
conscript, *n.* דער נײַער רעקרוט ‹סאָלדאַט›, ־ן
conscript, *v.* נעמען (אין מיליטער); מאָביליזירן אין דער אַרמיי
conscription די נעמונג; דאָס מוזדינסט; די מאָביליזאַציע
(in Czarist Russia) דער פּריזיוו
consecrate (אײַנ)הייליקן; מקדש זײַן; קאָנסעקרירן
[MEKÁDESh]
consecration די קאָנסעקראַציע, ־ס; די אײַנהייליקונג, ־ען
consecutive כּסדרדיק; נאָכאַנאַנדיק; הינטעראַנאַנדיק
[KESÉYDERDIK]
three consecutive games דרײַ שפּילן כּסדר ‹נאָך אַנאַנד›
[KESÉYDER]
consecutively כּסדר; (איינס) נאָך אַנאַנד; הינטער אַנאַנד; איינס נאָכן אַנדערן
[KESÉYDER]
consecutive word order דער רעזולטאַט־סדר [SÉYDER]
consensual וויליק; בהסכּמדיק [BEHÉSKEMDIK]
consensual sex דער וויליקער סעקס ‹תּשמיש› [TÁShMESh]
consensus דער הסכּם־כּולם; אַלעמענס צושטים
[HÉSKEM-KÚLEM]
by general consensus בהסכּם־כּולם; מיט אַלעמענס צושטים
[BEHÉSKEM-KÚLEM]
consensus-building דאָס אויספּועלן אַ הסכּם
[ÓYSPOY(E)LN] [HÉSKEM]
consent, *n.* די הסכּמה; די אײַנשטימונג; דער צושטים
[HASKÓME]
consent, *v.* אײַנשטימען; באַשטיין; מסכּים זײַן; צושטימען
[MÁSKEM]
consent to אײַנשטימען אויף; באַשטיין אויף; מסכּים זײַן אויף ‹צו›; צושטימען צו
consent to everything פּאַטאַקעווע|ן
consenting partners אײַנשטימיקע ‹וויליקע› פּאַרטנערס
consent decree דער הסכּם־פּסק, ־ן [HÉSKEM-PSAK]
consent form דער הסכּמה־‹באַשטיי־›פֿאָרמולאַר, ־ן
[HASKÓME]
consequence דער פּועל־יוצא, ־ס; די קאָנסעקווענץ, ־ן; דער רעזולטאַט, ־ן; דער אַרויסקום, ־ען
[PÓY(E)L-YÓYTSE]
as a consequence ווי אַ רעזולטאַט ‹פּועל־יוצא›
be of little consequence שפּילן אַ קנאַפּע ראָלע; נישט זײַן וויכטיק
take the consequences לײַדן די קאָנסעקווענצן
consequential גאָר וויכטיק
(resulting) במילאדיק [BEMÉYLEDIK]
consequently במילא; דעריבער; הייסט עס; לכן; בכן
[BEMÉYLE] [LOKhN] [BEKhÉ(Y)N]
conservation די קאָנסערווירונג; דער אויפֿהיט; די אײַנהיטונג
conservation of energy די ענערגיע־אײַנהיטונג
conservation of nature דער נאַטור־אויפֿהיט
conservation biologist דער אויפֿהיט־ביאָלאָג, ־ן
conservation biology די אויפֿהיט־ביאָלאָגיע
conservationist דער נאַטור־אויפֿהיטער‹־שיצער›, ־ס
conservatism דער קאָנסערוואַטיזם
conservative, *adj.* קאָנסערוואַטיוו
(estimate) באַשײַדן
conservative, *n.* דער קאָנסערוואַטיווער געב'; דער קאָנסערוואַטאָר, ...אָרן
Conservative Jew דער קאָנסערוואַטיווער ייִד, ־ן
Conservative Judaism די/דאָס קאָנסערוואַטיווע ייִדישקייט
conservatively קאָנסערוואַטיוו; אויף אַ קאָנסערוואַטיוון אופֿן [OYFN]
Conservative Party די קאָנסערוואַטיווע פּאַרטיי
conservatory
(greenhouse) דאָס וואַרעמהויז, ...הײַזער; די אָראַנזשעריע, ־ס
(mus.) די קאָנסערוואַטאָריע, ־ס
conserve, *v.* קאָנסערווירן; שפּאָרן; אויפֿהיטן; אײַנהיטן; זשאַלעווע|ן

(fruit) קאָנסערווירן; אײַנמאַכן
conserves דאָס אײַנגעמאַכטס ל״י
consider, *v.*
vt. **(think)** באַטראַכטן; באַרעכענען; באַקלערן; דורכקלערן; איבערקלערן; נעמען אין באַטראַכט ‹אַכט›
vt. **(deem)** האַלטן ‹פֿאַררעכענען› פֿאַר
vi. **(think)** באַטראַכטן זיך; באַרעכענען זיך; באַקלערן זיך; צולייגן קאָפּ; מישבֿ זײַן זיך; ייִשובֿן זיך [MEYÁShEV] [YÍShEVN]
considerable היפּש; וואַגיק; נישקשהדיק; וואַזשנע; באַטײַטיק [NIShKÓShEDIK]
a considerable amount אַ היפּש ‹שיין/שפּאַר› ביסל
considerably היפּש; נישקשהדיק [NIShKÓShEDIK]
considerate אײַנזעעריש; זאָרגעוודיק
considerately מיט אײַנזעעניש ‹חסד› [KhÉSED]
consideration
(attention) דאָס אײַנזעעניש; די אַכט; דער באַטראַכט; די אינאַכטנעמונג
(reason) דער מאָטיוו, ־ן; דער טעם, ־ים [TAM, TÁYMIM]
(recompense) די באַלוינונג, ־ען
(thought) די באַטראַכטונג, ־ען; דאָס באַטראַכטן
It's under consideration מע קלערט עס איבער; מע קלערט דערוועגן
My first consideration is my family פֿריִער פֿאַר אַלץ זאָרג איך וועגן דער משפּחה [MIShPÓKhE]
on further consideration אַז מ'האָט עס ווײַטער באַטראַכט
out of consideration for אויס אײַנזעעניש ‹דרך־ארץ› פֿאַר [DERKhÉRETS]
show consideration for האָבן אײַנזעעניש מיט
take into consideration האַלטן ‹נעמען› אין אַכט ‹באַטראַכט›
considered באַטראַכט; באַקלערט; באַרעכנט
all things considered נעמענדיק אַלץ אין באַטראַכט; בסך־הכּל [BESAKhÁKL]
be considered as פֿאַררעכנט ווערן ווי; רעכענען זיך פֿאַר; גילטן פֿאַר
be considered for זײַן אַ קאַנדידאַט אויף
considered opinion די באַקלערטע ‹באַטראַכטע› מיינונג, ־ען
considering אַז מע האָט אין זינען; אַז מע נעמט אין באַטראַכט ‹אַכט›; קוקנדיק אויף
consign
(deliver) איבערשיקן; איבערגעבן
(entrust) פֿאַרטרויען
(relegate) פֿאַרשטעקן; פֿאַרוואַרפֿן
consign to oblivion אויסמעקן פֿון זכּרון; נישט וועלן מער דערמאָנען [ZIKÓRN]
consignee דער אָפּנעמער, ־ס
consigner דער איבערשיקער, ־ס
consignment די שיקונג, ־ען; די קאָנסיגנאַציע; די פּאַרטיע סחורה [SKhÓYRE]
consist (of) באַשטיין (פֿון/אין); אַרומנעמען; כּולל זײַן; אײַנשליסן; צונויפֿשטעלן זיך (פֿון) [KÓYLEL]
consistency די/דאָס געדיכטקייט, ־ן; די טעקסטור, ־ן
(coherence) די/דאָס אויסגעהאַלטנקייט; די/דאָס אויסהאַלטעוודיקייט; די קאָנסעקווענץ
consistent אויסגעהאַלטן; אויסהאַלטעוודיק; קאָנסעקווענט
consistent with בהסכּם מיט [BEHÉSKEM]
consistently אויסגעהאַלטן; נישט אַנדערש ווי
consistory די קאָנסיסטאָריע, ־ס
consolation די טרייסט, ־ן; די נחמה, ־ות [NEKhÓME]
consolation prize דער טרײסטפּריז, ־ן; די טרײסטפּרעמיע, ־ס
console, *n.* דער קאָנסאָל, ־ן
console, *v.* טרייסטן; ברענגען + דאַט' אַ נחמה; מנחם זײַן [NEKhÓME] [MENÁKhEM]
consolidate קאָנסאָלידירן; צונויפֿגלידערן
consolidate debt קאָנסאָלידירן די חובֿות [KhÓYVES]
consolidation די קאָנסאָלידירונג; דאָס צונויפֿגלידערן
consommé די יויך, ־ן; דער קאָנסאָמע, ־ען
consonance דער צוזאַמענקלאַנג
consonant, *adj.* **(with)** בהסכּם (מיט) [BEHÉSKEM]
consonant, *n.* דער קאָנסאָנאַנט, ־ן
consonant cluster די קאָנסאָנאַנטן־גרופּע, ־ס
consonant shift דער קאָנסאָנאַנטן־רוק, ־ן
consort, *n.*
m. דער (מלכּהס) מאַן, מענער; דער קאָנסאָרט, ־ן [MÁLKES]
f. דעם מלכס ווײַב, ־ער; דאָס ווײַב, ־ער [MÉYLEKhS]
(ship) די באַ(ג)לייטשיף, ־ן
consort, *v.* **(with)** חבֿרן זיך מיט; האָבן צו טאָן מיט [KhÁVERN]
consortium דער קאָנסאָרציום, ־ס; דער צונויף, ־ן
conspicuous בולט אויפֿן אויג; אָנזעעוודיק; ניכּרדיק; אויגן־רײַסיק; אויסגעטײַלט [BÓYLET] [NÍKERDIK]
be conspicuous וואַרפֿן זיך אין די אויגן; אויסטיילן זיך; אָנזען זיך בולט
He was conspicuous by his absence מע האָט דערקענט אַז ער פֿעלט; ס'איז אַלעמען געווען קלאָר אַז ער פֿעלט
conspicuous consumption דאָס באַרימערישע קויפֿערײַ
conspicuously אויף אַ בולטן אופֿן [BÓYLETN] [OYFN]
conspiracy די קאָנספּיראַציע, ־ס; די פֿאַרשווערונג, ־ען; דער פֿאַרהוילענער הסכּם, ־ס; דער יד־אחת [HÉSKEM] [YADÁKhES]
conspiracy of silence דער פֿאַרשווײַג־הסכּם, ־ס
conspiracy to defraud די קנוניא, ־ות [KNÚNYE]
conspiracy theory די קאָנספּיריר־טעאָריע, ־ס
conspirator
m./unsp. דער קאָנספּיראַטאָר, ...אָרן; דער פֿאַרשווערער, ־ס; דער יד־אחתניק, ־עס [YADÁKhESNIK]
f. די קאָנספּיראַטאָרשע, ־ס; די פֿאַרשווערערין, ־ס; די יד־אחתניצע, ־ס [YADÁKhESNITSE]
conspiratorial פֿאַרקאָנספּירירט; פֿאַרשווערעריש
conspire קאָנספּירירן; פֿאַרשווערן זיך; צונויפֿרעדן זיך; מאַכן יד־אחת; שליסן בלאַט [YADÁKhES]
constable דער קאָנסטאַבל, ־ען; דער דעסיאַטניק, ־עס
constancy די/דאָס שטענדיקייט
constant, *adj.* כּסדרדיק; שטענדיק [KESÉYDERDIK]
(math./phys.) קאָנסטאַנט; שטענדיק
constant, *n.* דער קאָנסטאַנט, ־ן; די קאָנסטאַנטע גרייס, ־ן
constantly כּסדר; שטענדיק; תּמיד [KESÉYDER] [TÓMED]
constellation דאָס געשטערן, ־ס; דאָס שטערנבילד, ־ער; די קאָנסטעלאַציע, ־ס; דאָס (שטערן־)מזל, ־ות [MAZL, MAZÓLES]
consternation די קאָנסטערנאַציע; דער פֿאַרדראַס; דער פֿאַרדראַסיקער חידוש [KhÍDESh]
to her consternation ס'איז איר געווען אַ פֿאַרדראַסיקער חידוש וואָס
constipate פֿאַרהאַלטן; פֿאַרשטאָפּן
constipated האַרטלײַביק; פֿאַרהאַלטן; פֿאַרשטאָפּט
be constipated האָבן אַ האַרטן מאָגן ‹לײַב›; לײַדן פֿון עצירות [ATSÍRES]
be constipated (of child) האָבן אַ האַרט מעגעלע

constipation די פֿאַרהאַלטונג; דער האַרטער מאָגן; דאָס האַרטע לײַב; דאָס עצירות; די פֿאַרשטאָפּונג [ATSÍRES]
constituency די װײלערשאַפֿט, ־ן
play to one's constituency שפּילן פֿאַר דער אײגענער גאַליאָרקע
constituent, *adj.* ...אײנצל
(voting) ...װײלער
constituent, *n.* דער באַשטײטײל, ־ן
(voter) דער װײלער, ־ס
constituent assembly די קאָנסטיטואַנטע, ־ס; די גרונדונג־פֿאַרזאַמלונג, ־ען
constitute
vt. **(appoint)** באַשטימען
vt. **(set up)** צונױפֿשטעלן; קאָנסטיטוירן; שאַפֿן; מיסד זײַן [MEYÁSED]
vi. **(amount to)** זײַן גלײַך אויף; פֿאָרשטעלן מיט זיך
constitution
(anat.) דער גוף־‹קערפּער›־געבוי
(jur.) די קאָנסטיטוציע, ־ס
by constitution בטבֿע; פֿון דער נאַטור [BETÉVE]
constitutional, *adj.* קאָנסטיטוציאָנעל
constitutional, *n.* דער געזונט־שפּאַציר, ־ן
constrain
(force) נייטן; צווינגען
(restrict) אײַנהאַלטן; אָפּהאַלטן
constraint
(force) דער צוואַנג; די/דאָס געצוווּנגענקייט
(restriction) די/דאָס אײַנגעהאַלטנקייט; דער אָפּהאַלט, ־ן
constrict צונױפֿציִען; אײַנציִען; אײַנשמעלערן
constricted צונױפֿגעצויגן; אײַנגעצויגן
constriction די צונױפֿציִונג, ־ען; די אײַנציִונג, ־ען; דאָס צונױפֿציִען
constrictor muscle דער אײַנצי־מוסקל, ־ען
construct, *n.* די השגה, ־ות; די קאָנצעפּציע, ־ס; דער פֿאַרטראַכט, ־ן [HASÓGE]
(construction) די קאָנסטרוקציע, ־ס; דער אויסבוי, ־ען
construct, *v. imp./pf.* אויסבויען; (אויס)בויען; (אויס)קאָנסטרויִרן
construction
(of buildings) דער אויפֿבוי; דאָס בויערײַ; די בוי־אינדוסטריע
(structure) דאָס געבײַ, ־ען; די סטרוקטור, ־ן
(gram.) די קאָנסטרוקציע, ־ס
It's under construction מע האַלט עס אין בויען
construction company די בויפֿירמע, ־ס
construction material דאָס בױװאַרג
construction paper דאָס מאָל־און־שער־פּאַפּיר
construction shoes אַרבעטשיך
construction site דער בויפּלאַץ, ...פּלעצער
construction work די בויאַרבעט
construction worker דער בויאַרבעטער, ־ס
constructive קאָנסטרוקטיוו
constructive criticism די געזונטע ‹קאָנסטרוקטיווע› קריטיק
construe אויסטײַטשן
consul דער קאָנסול, ־ן
consular ...קאָנסול
consulate דער קאָנסולאַט, ־ן
consul general דער גענעראַל־קאָנסול, ־ן
consult, *n. see* **consultation**
consult, *v.*
vt. **(ask advice)** האַלטן זיך אַן עצה מיט; פֿרעגן אַן עצה בײַ; מישבֿ זײַן זיך מיט; שואל־עצה זײַן זיך מיט [ÉYTSE] [MEYÁShEV] [ShÓYEL-ÉYTSE]
vt. **(refer to)** אַרײַנקוקן אין; נאָכזוכן אין
vi. אַרבעטן װי אַ קאָנסולטאַנט
consultant, *n.* דער קאָנסולטאַנט, ־ן; דער בעל־יועץ, בעלי־יועצים; דער עצה־געבער, ־ס [BALYÓYETS, BÁLE-YÓYETSIM] [ÉYTSE]
consultant fee דער קאָנסולטיר־אָפּצאָל, ־ן
consultation די קאָנסולטאַציע, ־ס; די עצה־האַלטונג, ־ען; די באַראָטונג, ־ען; דער יישובֿ־הדעת [ÉYTSE] [YÍShEV-HADÁAS]
consultation room די קאָנסולטאָריע, ־ס; דער באַראָט־צימער, ־ן
consulting, *adj.* ...־קאָנסולטיר
consulting, *n.*
work in consulting אַרבעטן װי אַ קאָנסולטאַנט
consulting firm די קאָנסולטיר־פֿירמע, ־ס
consulting service דאָס קאָנסולטיר־דינסט
consume
(goods) פֿאַרניצן; קאָנסומירן
(use up) פֿאַרניצן; אויסניצן
(devour) אויפֿעסן; אויפֿפֿרעסן; פֿאַרצערן
(destroy) פֿאַרשלינגען
be consumed by love פֿאַרצערט װערן פֿון ליבע
consumer דער קאָנסומענט, ־ן
consumer confidence דער צוטרוי בײַם קאָנסומענט
consumer fraud דער קאָנסומענטן־שווינדל
consumer goods דאָס קאָנסומענטנװאַרג קאָל׳
consumerism דער קאָנסומענטיזם
consumer price index דער קאָנסומענטן־פּרײַזאינדעקס
Consumer Product Safety Commission די קאָמיסיע צו באַוואָרענען קאָנסומענטן־פּראָדוקטן
consummate, *adj.* פּערפֿעקט; שלמותדיק; פֿולקום [ShLÉYMESDIK]
consummate, *v.* (אַ)דורכפֿירן; דערפֿילן; מקיים זײַן; רעאַליזירן; צו שטאַנד ברענגען [MEKÁYEM]
be consummated מקוים װערן; צו שטאַנד קומען [MEKÚYEM]
(a marriage) באַהעפֿטן זיך צום ערשטן מאָל
consummation די דערפֿילונג; דאָס מקיים זײַן; די רעאַליזירונג [MEKÁYEM]
(of marriage) די ערשטע באַהעפֿטונג
consumption
(fuel) דער פֿאַרניץ פֿון ברענװאַרג; דאָס פֿאַרניצן ברענװאַרג
(of goods) דער פֿאַרניץ; די קאָנסומפּציע
(med.) די דער; די סוכאָטע; די אויסצערונג; דער לונגען־פֿעלער
consumptive, *adj.* געדעריק; דעריש; טשעכאָטנע; סוכאָטנע
consumptive, *n.* דער געדעריקער געב׳; דער דערישער געב׳; דער סוכאָטניק, ־עס
contact, *n.* דער אָנריר; דער באַריר; דער קאָנטאַקט
(connection) דער קאָנטאַקט, ־ן; די פֿאַרבינדונג, ־ען; דער באַריר, ־ן
be in contact זײַן אין קאָנטאַקט; שטיין אין פֿאַרבינדונג
come in contact with קומען אין באַריר ‹קאָנטאַקט› מיט
make contact (communicate) פֿאַרבינדן זיך; שטעלן זיך אין פֿאַרבינדונג
make contact (baseball) טרעפֿן די פּילקע
contact, *v.* פֿאַרבינדן זיך מיט; שטעלן זיך אין פֿאַרבינדונג מיט; קאָנטאַקטירן
contact information קאָאָרדינאַטן ל״ר

contact lens דאָס קאָנטאַקטל, ־עך; די קאָנטאַקטלינדז, ־ן
contact list די קאָאָרדינאַטן־רשימה, ־ות [RESHÍME]
contact person דער קאָנטאַקט, ־ן
contact sports דער באַריר־ספּאָרט ל״י
contagion די/דאָס קלעפּיקייט; די/דאָס אָנשטעקיקייט
contagious קלעפּיק; אָנשטעק(עווד)יק
It's contagious מע קען זיך אָננעמען ‹אָנשטעקן/זאַראַזען›
contagious disease די זאַראַזע, ־ס; די קלעפּיקע ‹אָנשטעק(עווד)יקע› קרענק, ־ען
contain אַרײַננעמען; כּולל זײַן; האַלטן; האָבן אין זיך [KÓYLEL]
(restrict) אײַנהאַלטן; צוריקהאַלטן; אײַנצאַמען
contain one's laughter אײַנהאַלטן דאָס געלעכטער
This box contains books אין דעם קעסטל ליגן ביכער
contained אײַנגעהאַלטן
container
(carton) דער קאַרטאָן, ־ען; דאָס קאַרטאָן־קעסטל, ־עך
(food) די כּלי, ־ם; דער האַלטער, ־ס; דאָס געפֿעס, ־ן; די פּוסדערקע, ־ס [KÉYLE, KÉYLIM]
(shipping) דער קאָנטײנער, ־ס
container ship די משׂא־‹קאָנטײנער־›שיף, ־ן [MÁSE]
containment דאָס אײַנהאַלטן; דאָס צוריקהאַלטן; דער אײַנהאַלט
(pol.) דער אײַנצאַם
contaminant דאָס פֿאַרפֿעסטעכץ, ־ער; דער קאָנטאַמינאַנט, ־ן
contaminate פֿאַראומרייניקן; קאָנטאַמינירן
(J./ritual) טרייף מאַכן
(morally) מטמא זײַן [METÁME]
contaminated פֿאַראומרייניקט; קאָנטאַמינירט
(J.) טמא ‹טרייף› (געוואָרן) [TÓME]
contamination די קאָנטאַמינאַציע, ־ס; די פֿאַראומרייניקונג, ־ען
contemplate
vt. **(think)** באַטראַכטן; באַקלערן; אַרײַנקלערן ‹אַרײַנטראַכטן› זיך אין
vt. **(plan)** קלערן צו; בדעה האָבן צו; קלײַבן זיך + אינפֿ׳ [BEDÉYE]
vi. (אַרײַן)קלערן
contemplation דער אַרײַנקלער; דאָס אַרײַנקלערן זיך; דאָס קלערן
contemplative אין זיך פֿאַרטיפֿט; פֿאַרקלערט
contemporaneous אײַנצײַטיק
contemporary, *adj.*
(at the time) דעמאָלטיק; זײַנצײַטיק; מיטצײַטיש
(modern) הײַנטצײַטיק; הײַנטיק; מאָדערן
contemporary, *n.*
m./unsp. דער מיטצײַטלער, ־ס; דער בן־דור; בני־...; דער צײַט־חבֿר, ־ים [BEN-DÓR, BNEY-...] [KhÁVER, KAVÉYRIM]
f. די מיטצײַטלערין, ־ס; די צײַט־חבֿרטע, ־ס [KhÁVERTE]
He's my contemporary *also* מיר זענען פֿון איין עלטער ‹דור›; מיר זענען אין איינע יאָרן [DOR]
contempt דער ביטול [BITL]
contempt of court דער אומדרך־ארץ ‹ביטול› צום געריכט [ÚMDERKhÉRETS] [BITL]
be beneath contempt נישט ווערט זײַן אַפֿילו קיין ביטול [AFÍLE]
hold in contempt אַראָפּקוקן אויף; באַציִען זיך מיט ביטול צו; קוקן מיט ביטול אויף; פֿײַפֿן אויף; האָבן + אַק׳ אין דער אַדמה ‹לינקער פּיאַטע›; האָבן + אַק׳ אין דר׳ערד [ADÓME]

contemptible מנוּוולדיק; פֿאַסקודנע; ניבֿזהדיק [MENÚVLDIK] [NÍVZEDIK]
contemptible person (*m./unsp.*) דער מנוּוול, ־ים; דער פֿאַסקודניאַק, ־עס; דער ניבֿזה, ־ים [MENÚVL, MENUVÓLIM] [NÍVZE, NÍVZIM]
contemptible person (*f.*) די מנוּוולטע, ־ס; די פֿאַסקודניאַטשקע, ־ס [MENÚVLTE]
contemptuous ביטולדיק [BÍTLDIK]
contemptuously פֿון אויבן אַראָפּ; מיט ביטול [BITL]
contend האַלטן; טענה|ן [TÁYNEN]
(compete) פֿאַרמעסטן זיך; קאָנקורירן
(struggle) ראַנגלען זיך
contender דער פּרעטענדענט, ־ן; דער קאָנקורענט, ־ן
content, *adj.* צופֿרידן; באַפֿרידיקט; מרוצה [MERÚTSE]
be content to באַנוגענען זיך מיט
content,[1] *n.* **(subject matter)** דער תּוכן, ־ס; דער אינהאַלט, ־ן [TOYKhN]
content,[2] *n.* **(satisfaction)** די/דאָס צופֿרידנקייט
to one's heart's content וויפֿל סע גלוסט זיך (נאָר); וויפֿל ס׳האַרץ גלוסט
content, *v.* **(oneself)** באַפֿרידיקן זיך; באַנוגענען זיך
content-based תּוכן־אָריענטירט [TOYKhN]
contention די טענה, ־ות; די מיינונג, ־ען; דער אַרגומענט, ־ן [TÁYNE]
(struggle) דאָס געראַנגל, ־ען; דער פֿאַרמעסט, ־ן
contentious קריגעריש; נצחניש [NATSKhÓNISh]
contentment די/דאָס צופֿרידנקייט; די באַפֿרידיקונג
contents דער אינהאַלט; אַלץ וואָס געפֿינט זיך אינעווייניק
(table of contents) דער תּוכן ל״י; דאָס תּוכן־בלעטל, ־עך; דער אינהאַלט ל״י; דער אינהאַלט־צעטל, ־ען [TOYKhN]
contest, *n.* דער פֿאַרמעסט, ־ן; דער קאָנקורס, ־ן
contest of wills די קריג צווישן צוויי בערג
no contest (jur.) דאָס נישט אַקעגנשטעלן זיך
no contest (spo.) קיין פֿאַרמעסט נישט
contest, *v.* אָפּפֿרעגן; חולק זײַן אויף [KhÓYLEK]
contest a will אָפּפֿרעגן אַ צוואה [TSAVÓE]
contest an election אָפּפֿרעגן די וואַל־רעזולטאַטן
contestant
m./unsp. דער קאָנקורענט, ־ן; דער קאָנקורסאַנט, ־ן; דער פֿאַרמעסטלער, ־ס
f. די קאָנקורענטקע, ־ס; די קאָנקורסאַנטקע, ־ס; די פֿאַרמעסטלערין, ־ס
context דער קאָנטעקסט, ־ן
in context פֿונעם קאָנטעקסט
out of context מחוץ קאָנטעקסט; אָפּגעריסענערהייט [MEKhÚTSN]
contiguity דער צוריר; די/דאָס נישט־איבערגעריסנקייט
contiguous צוגערירט; נישט־איבערגעריסן
be contiguous with גרענעצן זיך מיט
continence דאָס קענען זיך אײַנהאַלטן
continent, *adj.*
be continent of bowel קענען אײַנהאַלטן דעם מאָגן
be continent of urine קענען אײַנהאַלטן דעם אורין
continent, *n.* דער קאָנטינענט, ־ן; דער וועלטטייל, ־ן
continental קאָנטינענטאַל
continental breakfast דער לײַכטער פֿרישטיק
contingency דער פֿאַל, ־ן; די/דאָס מעגלעכקייט, ־ן; דער טאָמער, ־ס
for every contingency טאָמער וואָס; אויף וואָסער אומגליק סע זאָל זיך נישט מאַכן; על כּל צרה שלא־תּבֿוא [AL KOL TSÓRE ShELÓY-SÓVOY]
for (budgetary) contingencies אויף אײַנפֿאַל; אויפֿן טאָמער

contingency fee דער טאָמער־אָפּצאָל, ־ן; דער היזק־אַדעראָף, ־ן [HÉZEK]
contingency fund דער טאָמערפֿאָנד, ־ן; דער עווענטועל־פֿאָנד, ־ן
contingency plan דער טאָמערפּלאַן, ...פּלענער; דער פּלאַן אויף נישט צו דאַרפֿן
contingent, *adj.* אָפּהענגיק; עווענטועל
  contingent upon אָפּהענגיק אין ‹פֿון›; געווענדט אין
contingent, *n.* דער קאָנטינגענט, ־ן; די פּאַרטיע, ־ס
continual כּסדרדיק; שטענדיק [KESÉYDERDIK]
continually כּסדר; רק; אָן אויפֿהער [KESÉYDER] [RAK]
  She yells continually זי שרייַט כּסדר; רק זי שרייַט; זי האַלט אין איין שרייַען
continuance דער אָפּלייג, ־ן; דאָס אָפּלייגן
continuation דער המשך, ־ים [HÉMShEKh, HEMShÉYKhIM]
continue
  vt. ממשיך זייַן; ווייַטער אָנגיין מיט; ווייַטער פֿירן [MÁMShEKh]
  vi. געדויערן; ציִען זיך; אָנהאַלטן
  Continue! ווייַטער!
  continue to ווייַטער + ווערב
  to be continued (דער) המשך קומט [HÉMShEKh]
continuing education די שפּעטערדיקע בילדונג
continuing resolution די דערווייַליקע בודזשעט־רעזאָלוציע, ־ס
continuity די/דאָס המשכדיקייט; די קאָנטינויִטעט [HÉMShEKhDIKEYT]
continuous כּסדרדיק; אָנאויפֿהעריק; המשכדיק [KESÉYDERDIK] [HÉMShEKhDIK]
continuously כּסדר; אָן אויפֿהער [KESÉYDER]
continuum די/דאָס נאָכאַנאַנדיקייט
contort, *vt./vi.* צעקאָרטשע|ן (זיך); אויסקרימען (זיך)
contortion די אויסקרימונג, ־ען
contortionist דער גומענער מענטש, ־ן
contour דער קאָנטור, ־ן
contour flying דאָס קאָנטור־פֿליִען
contour map די קאָנטור־מאַפּע, ־ס
contraband דער קאָנטראַבאַנד; די שמוגל־סחורה; די רויזיקע; די ליִנקע סחורה [SKhÓYRE]
contrabass דער קאָנטראַבאַס, ־ן
contraception די טראָגפֿאַרהיטונג
contraceptive, *adj.* טראָגפֿאַרהיט־...
contraceptive, *n.* דער טראָגפֿאַרהיטער, ־ס
  contraceptive pill די טראָגפֿאַרהיט־פּיל, ־ן
contract, *n.* דער קאָנטראַקט, ־ן; דער אָפּמאַך, ־ן; דער הסכּם, ־ס [HÉSKEM]
contract, *v.*
  vt. **(disease)** אָננעמען ‹אָנשטעקן› זיך מיט; באַקומען; קריגן
  vt./vi. **(shrink)** אייַנציִען (זיך); צונויפֿציִען (זיך)
  contract with מאַכן אַ קאָנטראַקט מיט; קאָנטראַקטירן מיט; באַשטעלן בייַ
contracting party דער קאָנטראַהענט, ־ן
contraction דער צונויפֿצי, ־ען
  (muscle) *also* דער אויפֿצי, ־ען
  (uterine) דער (היב)מוטער־צונויפֿצי, ־ען
  (ling.) *also* דער צונויפֿוואַקס, ־ן
contract killing דער באַשטעלטער מאָרד, ־ן
contractor דער קאָנטראַקטאָר, ...אָרן; דער אונטערנעמער, ־ס; דער ליוועראַנט, ־ן
  (building) דער בוי־קאָנטראַקטאָר, ...אָרן; דער בוי־אונטערנעמער, ־ס
  (muscle) דער צונויפֿצי־מוסקל, ־ען
contractual קאָנטראַקט...; אָפּמאַכ...
  on a contractual basis אויף אָפּמאַך־יסודות; לויט אַן אָפּמאַך [YESÓYDES]
contradict
  (facts) נישט שטימען מיט; אָפּפֿרעגן; סותר זייַן; זייַן אין סתּירה מיט [SÓYSER] [STÍRE]
  (verbally) רעדן אַ(נט)קעגן
  contradict oneself סותר זייַן זיך (אַליין)
contradiction די סתּירה, ־ות; דער ווידעראַנאַנד, ־ן [STÍRE]
  contradiction in terms די בפֿירושע ‹לאָגישע› סתּירה [BEFÉYRESHE]
contradictory סתּירותדיק [STÍRESDIK]
contradistinction די אַ(נט)קעגנשטעלונג, ־ען
  in contradistinction to אַ(נט)קעגן
contrail די פּאַרעשפּור, ־ן
contraindicated אומרעקאָמענדירט; קעגנגעוויזן; נישט צו(ם) פֿאַרשרייַבן
contraindication די קעגנווייַזונג, ־ען; די/דאָס אומרעקאָמענדירטקייט, ־ן
contralto דער קאָנטראַלט, ־ן
contraption די מאַכערייַקע, ־ס; דער דזשימדזשיק, ־עס; דאָס זאַכעלע, ־ך
contrarian, *adj.* איפּכא־מסתּבראדיק; קאַפּויערדיק; פֿאַרקערט [ÍPKhE-MISTÁBREDIK]
contrarian, *n.* דער איפּכא־מסתּבראניק, ־עס; דער משה־קאַפּויער; דער מאָטל־פֿאַרקערט [ÍPKhE-MISTÁBRENIK] [MÓYShE]
contrary, *adj.* היפּוכדיק; פֿאַרקערט [HÉYPEKhDIK]
  (willful) פֿאַרעקשנט [FARÁKShNT]
  contrary to להיפּוך צו [LEHÉYPEKh]
  contrary to all expectations קעגן אַלע וואַרטונגען ‹האָפֿענונגען›
contrary, *n.* דער היפּוך, ־ים/הפֿכים; דאָס פֿאַרקערטע [HÉYPEKh, HIPÚKhIM/HAFÓKhIM]
  on the contrary אַדרבא; להיפּוך; (פּונקט) פֿאַרקערט [ÁDERABE] [LEHÉYPEKh]
  quite the contrary פּונקט ‹גראָד› פֿאַרקערט
contrast, *n.* דער קאָנטראַסט, ־ן; דער היפּוך, ־ים/הפֿכים; דער קעגנאַנאַנד, ־ן [HÉYPEKh, HIPÚKhIM/HAFÓKhIM]
  in contrast to אין קאָנטראַסט צו ‹מיט›; אין פֿאַרגלייַך מיט
contrast, *v.*
  vt. אַ(נט)קעגנשטעלן; שטעלן אין קאָנטראַסט; מאַכן אַ קאָנטראַסט (צווישן); קאָנטראַסטירן
  vi. שטיין אין קאָנטראַסט
contrastive קאָנטראַסטיוו
contrastive stress דער קאָנטראַסט־אַקצענט, ־ן
contravene עובֿר זייַן אויף [ÓYVER]
contravention דאָס עובֿר זייַן [ÓYVER]
  be in contravention of עובֿר זייַן אויף
contretemps
  (unfortunate event) דאָס שטיקעלע אומגליק
  (awkward situation) די פֿאַרלעגנהייט, ־ן
  (minor dispute) דאָס/דער חילוקי־דעות, ־/־ן [KhILÚKE-DÉYES]
contribute
  (assist with) צוטראָגן; אונטערשטעלן אַ פּלייצע
  (financially) מנדבֿ זייַן; בייַשטייַערן; באַשטייַערן זיך (מיט); געבן צו שטייַער [MENÁDEV]
  (participate) מיטאַרבעטן
contributing editor דער בייַרעדאַקטאָר, ...אָרן
contribution
  (assistance) דער צושטייַער, ־ס

(donation) *also* דער בײַשטײַער, ־ס; די נדבֿה, ־ות [NEDÓVE]

contributor

(donor) דער בײַשטײַערער, ־ס; דער געלטגעבער, ־ס; דער מנדבֿ, ־ים [MENÁDEV, MENÁDVIM]

(to publication) דער מיטאַרבעטער, ־ס

contributory מיטווירקנדיק

contrite

be contrite חרטה האָבן; פֿילן חרטה [KhARÓTE]

contrition די חרטה, ־ות [KhARÓTE]

contrivance די המצאה, המצאות; דאָס שרײַפֿעלע, ־ך [HAMTSÓE]

contrive פֿאַרטראַכטן; אויסטראַכטן; פֿאַרקלערן; אויסקאָמבינירן

contrived געקינצלט; געמאַכט; אויסגעקליגלט; אומעכט

control, *n.* [ShLÍTE] דער קאָנטראָל; די דיריגירונג; די שליטה

(security) דער קאָנטראָל, ־ן

(restraint) די אײַנצאַמונג

(steering) די קערעווונג, ־ען

be in control קאָנטראָלירן; האַלטן די לייצעס; פֿירן דאָס רעדל

bring under control אײַנצאַמען; נעמען אונטערן קאָנטראָל

gain control (of) איבערנעמען; איבערנעמען די שליטה (איבער); באַקומען די איבערהאַנט (איבער)

lose control (of) פֿאַרלירן דעם קאָנטראָל (איבער); פֿאַרלירן די שליטה (איבער)

lose control of oneself פֿאַרלירן זיך

out of control נישט־געצאַמט; אומבאַהערשט

take control איבערנעמען דאָס רעדל; איבערנעמען די לייצעס

under control בשלום; כּשורה; אין אָרדענונג [BEShÓLEM] [K(E)ShÚRE]

controls דער קאָנטראָל ל״ר

be at the controls (*fig.*) אָנפֿירן; זיצן בײַם רעדל; זײַן דער בעל־הבית; אָנהאַלטן די לייצעס [BAL(E)BÓS]

be a control freak מוזן אַלץ קאָנטראָלירן; האָבן אַ באַדערפֿעניש צו באַלעבאַטעווען ‹קאָמאַנדעווען›

control, *v.*

(check) קאָנטראָלירן; רעגולירן

(have power) זײַן דער בעל־הבית פֿון; האָבן שליטה איבער; קאָנטראָלירן; געוועלטיקן איבער; דיריגירן מיט [BAL(E)BÓS] [ShLÍTE]

(steer) קערעוו|ען; פֿירן

control traffic רעגולירן דעם פֿאַרקער ‹דאָס געפֿאָר›

control group די קאָנטראָל־גרופּע, ־ס

control key דער קאָנטראָל־קלאַוויש, ־ן

controlled רעגולירט; קאָנטראָלירט

controlled burn די רעגולירטע שׂרפֿה [SRÉYFE]

controlled experiment דער קאָנטראָלפּרוּוו, ־ן

controlled substance דער רעגולירטער נאַרקאָטיק, ־ן

controller דער קאָנטראָליר, ־ן; דער קאָנטראָליאָר, ־ן

controlling, *adj.* **(person)** קאָמאַנדירנדיק

controlling interest די שליטה־שטים, ־ען [ShLÍTE]

have a controlling interest פֿאַרמאָגן די שליטה־שטים

control panel דאָס/די קאָנטראָלברעט, ־ער

control tower דער קאָנטראָל־טורעם, ־ס

controversial קאָנטראָווערסיעל; מחלוקתדיק; פּלוגתּאדיק [MAKhLÓYKESDIK] [PLÚKTEDIK]

controversy די קאָנטראָווערסיע, ־ס; דאָס/דער חילוקי־דעות, ־ן; דאָס מחלוקת, ־ן; דער סיכסוך, ־ים; דער וויכּוח, ־ים; די פּלוגתּא, ־ות [KhILÚKE-DÉYES] [MAKhLÓYKES] [SÍKhSEKh, SIKhSÚKhIM] [VIKÚEKh, VIKÚKhIM] [PLÚKTE]

contusion די קאָנטוזיע, ־ס

conundrum דאָס רעטעניש, ־ן; די דילעמע, ־ס

convalesce קאָנוואַלעסצירן; קומען צו זיך; גענעזן ווערן; צוריקקומען צו די כּוחות; פֿאַרריכטן זיך [KÓYKhES]

convalescence די קאָנוואַלעסצענץ, ־ן; דאָס קומען צו זיך; די גענעזונג; דאָס גענעזן ווערן

convalescent, *adj.* גענעזנדיק; גענעז...

convalescent, *n.* דער קאָנוואַלעסצענט, ־ן; דער גענעזער, ־ס

convalescent home די גענעזהיים, ־ען; די סאַנאַטאָריע, ־ס

convection די קאָנוועקציע

convector דער קאָנוועקטאָר, ־ס

convene

vt. צונויפֿרופֿן; פֿאַררופֿן; אײַנרופֿן; פֿאַרזאַמלען; צונויפֿברענגען

vi. צונויפֿקומען זיך; צונויפֿנעמען זיך; פֿאַרזאַמלען זיך; צונויפֿפֿאָרן זיך

convene a meeting פֿאַררופֿן אַ זיצונג

convenience די/דאָס באַקוועמ(לעכ)קייט, ־ן; דער קאָמפֿאָרט, ־ן

at your convenience ווען ס'וועט דיר ‹אײַך› נאָר זײַן באַקוועם; ווען ‹ווי› נאָר וועסט ‹איר וועט› קענען

with all the conveniences מיט אַלע באַקוועמלעכקייטן

convenience food גרייטע עסנס ל״ר

convenience store דאָס שפּעטקרעמל, ־עך; דאָס גאַנץ־מעת־לעתיקע קרעמל, ־עך [MESLÉSIKE]

convenient באַקוועם

convent דער קאָנווענט, ־ן; דער מאָנאַשקע־מאָנאַסטיר, ־ן

enter a convent ווערן אַ מאָנאַשקע

convention

(conference) דער צוזאַמענפֿאָר, ־ן

(agreement) די קאָנווענץ, ־ן; דער הסכּם, ־ס; דער אָפּמאַך, ־ן [HÉSKEM]

(custom) די פֿירונג, ־ען; דער פֿיר, ־ן; די/דאָס אָנגענומענקייט, ־ן

conventional געוויינ(ט)לעך; אָנגענומען; אָפּגעמאַכט; קאָנווענציאָנעל

conventional weapons דאָס קאָנווענציאָנעלע געווער קאָל׳

conventional wisdom די אָנגענומענע מיינונג

converge צונויפֿקומען זיך

(people) *also* צונויפֿזאַמלען זיך

(rivers) *also* צוזאַמענשטראָמען זיך

(math.) דערנע(ע)נטערן זיך צו(ן) אַ גרענעץ

convergence דער צונויפֿפֿלוס, ־ען; דאָס צונויפֿקומען זיך

conversant (with) באַהאַוונט ‹קאָמפּעטענט› (אין)

conversation דער שמועס, ־ן; דער איבעררעד, ־ן; די קאָנווערסאַציע, ־ס

have a conversation כאַפּן אַ שמועס

strike up a conversation פֿאַרפֿירן אַ שמועס

conversational שמועס...; שמועסדיק

conversationalist דער מיטשמועסער, ־ס

good conversationalist דער אינטערעסאַנטער מיטשמועסער, ־ס

conversation course דער שמועסקורס, ־ן

conversation piece

(hist.) דאָס זשאַנערבילד, ־ער

(*fig.*) די שמועס־טעמע, ־ס; דער שמועס־אָביעקט, ־ן

converse, *adj.* פֿאַרקערט; היפּוכדיק [HÉYPEKhDIK]

converse, *n.* דער היפּוך; דאָס פֿאַרקערטע [HÉYPEKh]

converse, *v.* שמועסן

conversely פֿאַרקערט; להיפּוך; פֿון דער אַנדערער זײַט [LEHÉYPEKh]

conversion

(change) דער איבערבײַט, ־ן; דער איבערמאַך, ־ן; די פֿאַרוואַנדלונג, ־ען

(of money) דער געלטאויסבײַט; דער חילוף [KhÍLEF]
(of one's faith) דער גלויבנבײַט, ־ן
(from Judaism to Christianity) די שמד [ShMAD]
(from Christianity to Judaism) דער גיור; דאָס גרות [GÍER] [GÉYRES]

convert, *n.*
(from Judaism to Christianity/*m.***)** דער משומד, ־ים [MEShÚMED, MEShUMÓDIM]
(from Judaism to Christianity/*f.***)** די משומדת, ־ן; די משומדתטע, ־ס [MEShUMÉDES(TE)]
(from Christianity to Judaism/*m.***)** דער גר, ־ים [GER, GÉYRIM]
(from Christianity to Judaism/*f.***)** די גרטע, ־ס; די גיורת, ־ן [GÉRTE] [GEYÓYRES]

convert, *v.*
convert (to), *vt.* **(change)** איבערמאַכן (אויף); איבערבײַטן (אויף); טראַנספֿאָרמירן (אויף); ˚פֿאַרוואַנדלען (אין)
convert (to), *vi.* **(change)** מגולגל ווערן (אין); איבערבײַטן זיך (אויף); טראַנספֿאָרמירט ווערן (אויף); ˚פֿאַרוואַנדלען זיך (אין) [MEGÚLGL]
(money) אויסבײַטן
vt./vi. **(from Christianity to Judaism)** מגייר זײַן (זיך) [MEGÁYER]
vt. **(from Judaism to Christianity)** אָפּשמדן [ÓPShMADN]
vi. **(from Judaism to Christianity)** (אָפּ)שמדן זיך; באַקערן זיך; אויסבײַטן דאָס רענדל
converter (elec.) דער אומפֿאָרמער, ־ס
convertible, *adj.* איבערבײַטעוודיק; קאָנווערטירלעך
be convertible קאָנווערטירן זיך
convertible, *n.* דער קאַבריאָלעט, ־ן; די קאָנווערטירקע, ־ס
convex קאָנוועקס; אויסגעפּוקלט
convexity די/דאָס קאָנוועקסקייט; די/דאָס אויסגעפּוקלטקייט
convexo-concave קאָנוועקס־קאָנקאַוו
convey
(communicate) איבערגעבן; באַפֿעלן
(transport) אַריבערפֿירן; טראַנספּאָרטירן
conveyance
(communication) דאָס קאָמוניקיר־מיטל, ־ען
(transport) דאָס טראַנספּאָרט־מיטל, ־ען
conveyor דער קאָנווייער, ־ס
conveyor belt דער קאָנווייער, ־ס; די קאָנווייער־לענטע, ־ס
convict, *n.* דער אַרעסטאַנט, ־ן; דער קרימינאַלניק, ־עס; דער תּפֿיסהניק, ־עס [TFÍSENIK]
convict, *v.* פֿאַרמישפּטן; געפֿינען (פֿאַר) שולדיק [FARMÍShPETN]
conviction
(firm belief) די איבערצײַגונג, ־ען; די/דאָס איבערגעצײַגטקייט
(religious belief) דער פֿעסטער גלויבן; די אמונה־שלמה [EMÚNE-ShLÉYME]
(jur.) דאָס פֿאַרמישפּטן; די פֿאַרמישפּטונג, ־ען [FARMÍShPETN] [FARMÍShPETUNG]
not carry much conviction נישט איבערצײַגן/איבערצײַגן
convince
convince of איבערצײַגן/איבערצײַגן + אַק' אין
convince sb. (to do stg.) איבערצײַגן/איבערצײַגן + אַק', אַז + נאָמ' זאָל ...; אײַנרעדן + דאַט', אַז + נאָמ' זאָל ...; פּועלן בײַ + דאַט', אַז + נאָמ' זאָל ... [PÓY(E)LN]
convincing איבערצײַג(עווד)יק
make a convincing case גוט איבערצײַגן/איבערצײַגן; ברענגען קלאָרע ראַיות [RÁYES]
convincing argument דער איבערצײַג(עווד)יקער אַרגומענט, ־ן
convincingly אויף אַן איבערצײַג(עווד)יקן אופֿן [OYFN]
convivial גוט־פֿרײַנדלעך; חבֿרותאדיק; לעבנספֿריידיק [KhAVRÚSEDIK]
convocation די קאָנוואָקאַציע, ־ס
(act of convoking) דאָס צונויפֿרופֿן; דאָס פֿאַררופֿן
convoke פֿאַררופֿן; צונויפֿרופֿן
convoluted פֿאַרוויקלט; פֿאַרפּלאָנטערט; פֿאַרדרייט
convolution דער וויקל, ־ען
(of brain) דער מאַרכקנייטש, ־ן
convolvulus דאָס שלענדערל, ־עך
convoy, *n.* דער קאָנוווי, ־ען
convoy, *v.* קאָנווויִרן
convulse קאָרטשע|ן זיך; וואַרפֿן זיך
be convulsed in pain קאָרטשע|ן זיך פֿאַר ווייטיק
convulse with laughter קאַטשע|ן זיך פֿאַר געלעכטער
convulsion די קאָנוווּלסיע, ־ס; דאָס וואַרפֿעניש, ־ן
have convulsions ספּאַזמירן; פֿאַרגיין זיך; האָבן קאָנוווּלסיעס
convulsive קאָנוווּלסיוו
coo, *n.* דאָס וואָרקען; דער טשעבעטשע, ־ס; דאָס טאָרקלען; דאָס טערקלען
coo, *v.* וואָרקע|ן; טשעבעטשע|ן; טאָרקלען; טערקלען
(fig.) וואָרקע|ן ווי די טײַבעלעך
COO *see* **chief operating officer**
cook, *n.*
m. דער קוכער, ־ס
f. די קעכין, ־ס; די קעכנע, ־ס
be a good cook קענען גוט קאָכן
Too many cooks spoil the broth אַז דרײַ קאָכן איז פֿאַרזאַלצן די זופּ; אַ סך בעלי־בתּים, ווייניק מזל־ברכה; בײַ אַ סך ניאַנקעס ווערט דאָס קינד דערשטיקט [SAKh] [BALEBÁTIM] [MAZL-BRÓKhE]
chief cook and bottlewasher דער כּל־בוניק, ־עס [KOLBÓYNIK]
cook, *v.*
imp. קאָכן
pf. אָפּקאָכן; אויסקאָכן
cook the books פֿעלשן די חשבונות [KhEZhBÓYNES]
cook up אָנקאָכן; קעכנעווע|ן
cook up *(fig.)* פֿאַרקאָכן; אויסקלערן
What's cooking? וואָס טוט ‹הערט› זיך?
cookbook דאָס קאָכבוך, ...ביכער; דאָס קאָכביכל, ־עך
cooked food דאָס געקעכטס, ־ן
cookery די קיך; דאָס קאָכן
cookie דאָס קיכל, ־עך; דאָס קיכעלע, ־ך; דאָס לעקעכל, ־עך
(comp.) דער קוקי, ־ס
That's the way the cookie crumbles אַזוי פֿירט זיך די וועלט; אַזוי גייט עס; זה דרכּו של עולם [ZE DÁRKOY ShEL ÓYLEM]
cookie-cutter, *adj.* *(fig.)* פֿון איין שניט
cookie-cutter, *n.* די קיכל־פֿאָרמלקע, ־ס
cookie jar די קיכלניצע, ־ס
cookie sheet דאָס (קיכל)בלעך, ־ן; דער בעקן, ־ס; דאָס בעקעלע, ־ך
cooking דאָס קאָכן
cooking oil דער (קאָכ)בוימל
cooking spray דער שפּריצבוימל
cookout דאָס פֿעלדוואַרמעס; דער באַרבעקיו, ־ען
cookware דאָס קאָכוואַרג

cool, *adj.* קיל; לופֿטיק
  cool as a cucumber רויִק; געלאַסן; קאַלטבלוטיק
  Cool! ג(ע)וואַלדיק!; אויסערגעוויינ(ט)לעך!
  a cool million אַ גלאַטער מיליאָן
cool, *n.*
  keep one's cool האַלטן דעם קאָפּ; נישט כאַפּן; נישט לאָזן זיך אויפֿרעגן; זײַן ניכטער ‹אויסגערעכנט›
cool, *v.*
  vt./vi. imp./pf. (אָפּ)קילן (זיך)
  cool down, *vt.* **(chill)** לאָזן אָפּקילן
  cool down, *vt./vi.* **(muscles)** (לאָזן) אָפּקילן
  cool down, *vi.* **(chill)** אָפּקילן זיך
  cool down, *vi.* **(calm)** באַרויִקן זיך; קילן זיך
  Cool it! באַרויִק(ט) זיך!; האַלט זיך!; שאַ(ט)!
  cool off אָפּקילן זיך
  cool one's heels לאַנג וואַרטן
  let sb. cool his heels לאָזן + אַק' לאַנג וואַרטן
coolant דאָס קילמיטל, ־ען
cooler דער קילער, ־ס; דאָס קילקעסטל, ־עך
cool-headed רויִק; ניכטער
cooling-off period דער אָפּקיל־פּעריאָד, ־ן
cooling system די קילונג
cool-mist humidifier דער קיל־באַפֿײַכטער, ־ס
coolness די/דאָס קילקייט
coop, *n.*
  (chicken) די הינערשטאַל, ־ן; דער קאַטוך, ־עס/־ן; דער קורניק, ־עס; דאָס עופֿות־שטיבל, ־עך [ÓYFES]
  (pigeon) דער טויבנשלאַק, ...שלעק; דאָס טויבן־שטיבל, ־עך
co-op, *n.* דער קאָאָפּ, ־ן; די קאָאָפּעראַטיווע דירה, ־ות [DÍRE]
coop, *v.* **(up)** פֿאַרשפּאַרן
  feel cooped-up פֿילן זיך ווי פֿאַרשפּאַרט
cooper דער באָנדער, ־ס
cooperate קאָאָפּערירן; מיטאַרבעטן; צוזאַמענאַרבעטן
cooperation די קאָאָפּעראַציע; די מיטאַרבעט; די צוזאַמענאַרבעט
cooperative, *adj.* גרייט מיטצואַרבעטן; קאָאָפּעראַטיוו
cooperative, *n.* דער קאָאָפּעראַטיוו, ־ן
coopt קאָאָפּטירן
coordinate, *adj.* קאָאָרדינירט
coordinate, *n.* דער קאָאָרדינאַט, ־ן
  coordinates (clothing) קליידער צום קאָמבינירן
coordinate, *v.* קאָאָרדינירן
coordinated קאָאָרדינירט
  coordinated effort קאָאָרדינירטע באַמיִונגען ל"ר
coordination די קאָאָרדינירונג; די קאָאָרדינאַציע
coordinator
  m./unsp. דער קאָאָרדינאַטאָר, ...אָרן
  f. די קאָאָרדינאַטאָרשע, ־ס
cooties לײַז
co-own פֿאַרמאָגן אין איינעם
co-owner דער מיטפֿאַרמאָגער, ־ס; דער מיטבעל־הבית, מיטבעלי־בתּים [MÍTBAL(E)BÓS, MITBAL(E)BÁTIM]
cop, *n.* דער פּאָליציאַנט, ־ן
cop, *v.*
  cop a feel כאַפּן אַ קיצל; כאַפּן ‹טאָן/געבן› אַ טאַפּ
  cop a plea אויסדינגען אַ שולדאָפּמאַך
  cop out אַרויסדרייען זיך
copay(ment) די מיטצאָלונג, ־ען
cope געבן זיך אַן עצה; ספּראַווע|ן זיך; (אויס)מיטלען זיך [ÉYTSE]
Copenhagen (דאָס) קאָפּענהאַגן
copernicium דער קאָפּערניקיום
copier די קאָפּירקע, ־ס; די קאָפּיר־מאַשין, ־ען
copilot דער מיטפּילאָט, ־ן; דער צווייטער פּילאָט, ־ן
copious אַ שלל ‹ים› מיט [YAM] [ShLAL]
  take copious notes פֿאַרשרײַבן זיך אַ ים מיט נאָטיצן ‹באַמערקן›
copout
  What a copout! זיך גוט אַרויסגעדרייט!; אַ פֿולער תּירוץ!; אַ תּירוץ פֿאַר די בענטשליכט! [TÉRETS]
copper, *adj.* קופּערן
copper, *n.* דאָס קופּער
copper plate די קופּער־פּלאַטע, ־ס
copper-plated באַקופּערט
coppersmith דער קופּערשמיד, ־ן
copper sulfate דער קופּער־סולפֿאַט; דאָס קופּער־וואַסער
copperware דאָס קופּערוואַרג
coppice/copse דאָס געקוסט; דאָס קוסט־געדיכטעניש
copra די קאָפּרע
copter דער העליקאָפּטער, ־ס
copula דער בינדער, ־ס; דער בינדווערב, ־ן
copulate פּאָרן זיך
  (animals) *also* קאָפּולירן
  (humans) *also* באַהעפֿטן זיך
copulation דאָס פּאָרן זיך; די פּאָרונג
  (animals) *also* די קאָפּולירונג
  (humans) *also* די באַהעפֿטונג
copulative verb דער בינדער, ־ס; דער בינדווערב, ־ן
copy, *n.*
  (photocopy) די (פֿאָטאָ)קאָפּיע, ־ס
  (of book) דער עקזעמפּלאַר, ־ן
  (of document) די אָפּשריפֿט, ־ן
copy, *v. imp./pf.* (אָפּ)קאָפּירן
  (rewrite) איבערשרײַבן
  (imitate) נאָכמאַכן; קאָפּירן
  copy down פֿאַרשרײַבן
  copy out אַרויסקאָפּירן; אַרויסשרײַבן
copybook די העפֿט, ־ן
copycat דאָס מאַלפּעלע, ־ך; די מאַלפּע, ־ס
  be a copycat נאָכמאַלפּעווע|ן
copycat killing דער נאָכגעמאַכטער מאָרד
copy machine *see* **copier**
copyright, *n.* דאָס דרוקרעכט
copyright, *v.* באַקומען דאָס דרוקרעכט
copyright infringement דאָס עובֿר זײַן אויפֿן דרוקרעכט [ÓYVER]
copywriter דער טעקסטשרײַבער, ־ס; דער רעקלאַמיסט, ־ן
coquetry די קאָקעטעריע; דער פֿלירט; חנדלעך ל"ר; דאָס קאָקעטערײַ; דאָס קאָקעטעווען [KhÉYNDLEKh]
coquette די קאָקעטקע, ־ס
coquettish קאָקעטיש
coral, *adj.* קאָראַלן־...; קאָראַל...
coral, *n.* דער קאָראַל, ־ן
  (piece of coral) די קרעל, ־ן
coral bean דער קאָראַלן־בוים, ־ביימער
coral berry די שניי־יאַגדע, ־ס
coral reef דער קאָראַלריף, ־ן
coral root דער קרעלן־וואָרצל
corbel דער קראָגשטיין, ־ער
cord דער/די שטריק, –
  (elec.) *also* דער/די שנור, ־ן/שניר
  (of wood) דער קלאַפֿטער, –
  (string) דאָס שטריקל, ־עך; דער שפּאַגאַט, ־ן
cordia קאָרדיע
cordial, *adj.* האַרציק
cordial, *n.* דער פֿרוכטליקער, ־ן; די נאַליווקע, ־ס

cordially האַרציק
cordite דער קאָרדיט
cordless אָנשנוריק
cordless telephone דער אָנשנוריקער טעלעפֿאָן, ־ען
cordon, *n.* דער קאָרדאָן, ־ען
cordon, *v.* **(off)** אָפּקאָרדאָנירן; אײַנקאָרדאָנירן; שאַפֿן אַ קאָרדאָן אַרום
cordon bleu דער מײַסטער־קאָכער, ־ס; דער ערשטקלאַסיקער קאָכער, ־ס
corduroy, *adj.* שטרוקסן
  corduroy pants שטרוקסענע הויזן
corduroy, *n.* דאָס שטרוקס
core, *adj.* תּוכיק; קערנ... [TÓKhIK]
core, *n.* [TOKh] דער תּוך; דער קערן; דער יאָדער; דאָס האַרץ
  (of cabbage) דער קאַטשן
  (of fruit) דאָס האַרץ; דער קערן; דער קאַטשן
  (essence) דער עצם [ÉTSEM]
  to the core דורך און דורך; ביזן גרונט
core, *v.* אויסשנײַדן דאָס האַרץ; אויסשנײַדן דעם קערן ‹קאַטשן›; אויסהוילן; אויסיאָדערן
core course דער יאָדערקורס, ־ן; דער גרונטקורס, ־ן
coregent דער מיטרעגענט, ־ן
core group דער קאָדער, ־ס
coreligionist דער מיטגלייביקער געב׳
Corfu, *adj.* קאָרעפֿירער
Corfu, *n.* (דאָס) קאָרעפֿיר
coriander (bot.) דער פֿעלד־גליאַנדער
coriander leaf דאָס גליאַנדער־בלעטל, ־עך
coriander seed דאָס גליאַנדער־קערל, ־עך
Corinthians (Chr./bib.) קאָרינטער
cork, *adj.* קאָריק...; פּראָפּנ...
cork, *n.* דער פּראָפּן, ־ס; דער קאָריק, קאָרקעס; דער שפּונט, ־ן
cork, *v.* פֿאַרקאָרקעווע|ן
corkscrew דער פּראָפּן־‹קאָרקן־›ציִער, ־ס
cormorant דער קאָרמאָראַן, ־ען
corn, *adj.* קוקורוזע־...; פֿון קוקורוזע; פּאַפּשוי...; פּאַפּשויען
corn,[1] *n.* **(vegetable)** די קוקורוזע; דער פּאַפּשוי
  (*fig.*) די באַנאַליטעט
  corn on the cob די פּשעניטשקע, ־ס; דער קאַטשן קוקורוזע; דער (פּאַפּשוי אויפֿן) קאַטשן
corn,[2] *n.* **(on foot)** די מאָזאָליע, ־ס; דאָס הינעראויג, ־ן; די אָטשיסקע, ־ס
  step on sb.'s corns אָנטרעטן + דאַט׳ אויף די הינעראויגן
corn, *v.* אײַנזאַלצן; אײַנפּעקלען
corn bread דאָס קוקורוזע־ברויט; דאָס פּאַפּשויברויט
corn cake דער מאַלײַ, ־עס
corn chip דאָס קוקורוזע־‹פּאַפּשוי־›טשיפּל, ־עך; דאָס קוקורוזע־‹פּאַפּשוי־›טשיפּקעלע, ־ך
corncockle דער טויבן־קאָרן; דער קוקיל
cornea דאָס האָרן־הײַטל, ־עך; די קאָרנעע, ־ס
corneal קאָרנעאַל
corned געפּעקלט
corned beef דאָס פּעקלפֿלייש
corned-beef hash דאָס געהאַקטע פּעקלפֿלייש
corner, *n.*
  (angle) דער עק, ־ן; דער ווינקל, ־ען
  (street) דער ראָג, ־ן; דער עק גאַס
  corner of E. 3rd St. and 2nd Ave. איסט דריטע גאַס ראָג צווייטע עוועניו
  corner of the eye דער אויגן־ווינקל, ־ען
  around the corner נאָכן ‹הינטערן› ראָג; הינטערן עק גאַס
  in all corners of the world אין אַלע עקן וועלט
  from all four corners of the earth פֿון אַרבע־פּינות־העולם; פֿון אַלע שיבֿעה־ימים; פֿון אַלע ווינקעלעך פֿון דער ערד [ÁRBE-PÍNES-HOÓYLEM] [ShÍVE-YÁMIM]
  I have him in my corner כ׳האָב אים אויף מײַן צד; ער איז בײַ מיר אין די הענט [TSAD]
  in a tight corner אין אַ קלעם; אין אַ שווערן מצבֿ [MÁTSEV]
  It's just around the corner (*fig.*) סע שטייט הינטער דער וואַנט; סע קומט אָט־אָט; סע קלאַפּט אין די טירן
corner, *v.* אַרײַנטרײַבן ‹פֿאַרשטופּן› אין אַ ווינקל
cornerback דער ווינקלבעק, ־ן
corner house דאָס עקהויז, ...הײַזער; דאָס ראָגהויז, ...הײַזער; דאָס הויז אויפֿן עק גאַס
corner kick דער עקשטויס, ־ן
corner office דער ווינקל־קאַבינעט, ־ן
corner room דער ווינקל־צימער, ־ן
cornerstone דער ווינקלשטיין, ער; דער גרונטשטיין, ־ער; דער עקשטיין, ־ער
cornet דער קאָרנעט, ־ן
cornfield דאָס קוקורוזע־פֿעלד, ־ער; דאָס פּאַפּשויפֿעלד, ־ער
corn flakes פּאַפּשויעלעך; פּאַפּשוי־שנײַעלעך
cornflower דאָס (בלאָע) קאָרן־שוועסטערל, ־עך
cornice דער קאַרניז, ־ן; דער גזימס, ־ן
corn meal די/דאָס קוקורוזע־מעל; די/דאָס פּאַפּשוימעל
cornmeal mush די מאַמעליגע
corn muffin דער קוקורוזע־‹פּאַפּשוי־›מאָפֿין, ־ס
corn oil דער קוקורוזע־‹פּאַפּשוי־›אייל־‹בוימל›
cornstarch דער קוקורוזע־‹פּאַפּשוי־›קראָכמ(אַ)ל
corn syrup דער קוקורוזע־‹פּאַפּשוי־›סירעפּ
cornucopia די שפֿע [ShÉFE]
  (myth.) דער שפֿע־האָרן
corn whiskey דער קוקורוזע־בראָנפֿן־‹שנאַפּס›
corny באַנאַל; האַמעטנע; פֿויל; איבעריק סענטימענטאַל; אויסגעדראָשן
  corny joke דער פֿוילער ‹האַמעטנער› וויץ, ־ן
corollary דער (לאָגישער) אויספֿיר, ־ן
corona די קרוין, ־ען; די קאָראָנע, ־ס
Corona Borealis די צפֿון־קרוין [TSOFN]
coronal, *n.*
  (crown) די קרוין, ־ען
  (wreath) דער קראַנץ, קרענץ
coronary, *adj.* האַרצ...
coronary, *n.*
  have a coronary האָבן אַ האַרצאַטאַק
  have a coronary (*fig.*) שיִער נישט פּלאַצן
coronary artery די האַרץ־אַרטעריע, ־ס
coronary care unit דער אינטענסיווער אָפּטייל פֿאַר האַרצקראַנקע
coronary vein די/דער האַרצאָדער, ־ן
coronation די קרייִנונג, ־ען; די קאָראָנאַציע, ־ס
coroner דער טויטפֿאַרשער, ־ס; דער קאָראָנער, ־ס
coronet די קליינע קרוין, ־ען
corporal, *adj.* גוף־...; קערפּערלעך; לײַב...
corporal, *n.* דער קאַפּראַל, ־ן; דער קאָרפּאָראַל, ־ן
corporal punishment די לײַבשטראָף; דאָס שלאָגן
corporate קאָרפּאָראַטיוו; קאָרפּ...
corporate body די יורידישע פּערזאָן, ־ען; די קערפּערשאַפֿט, ־ן
corporate bond די קאָרפּ(אָראַציע)־אָבליגאַציע, ־ס
corporate culture די קאָרפּקולטור; די קאָרפּאָראַטיווע קולטור
corporate raider דער פֿירמעס־אויפֿקויפֿער, ־ס

corporate sponsor דער קאָרפּאָראַטיװער שטיצער, ־ס
corporation די קאָרפּאָראַציע, ־ס
corporeal גופֿיק; קערפּערלעך
corps דער קאָרפּוס, ־ן
corps de ballet דער קאָרדעבאַלעט
corpse [MES, MÉYSIM] דער/דאָס מת, ־ים; דער בר־מינן, ־ס [BÁRMENEN]
Corps of Engineers דאָס אינזשעניר־מיליטער
corpulence די/דאָס באַלײַבטקייט
corpulent באַלײַבט; (שװער)לײַביק
corpulent person דער בעל־גוף, בעלי־גופֿים; דער באַלײַבטער געב' [BALGÚF, BÁLE-GÚFIM]
corpus דער קאָרפּוס, ־ן
(fin.) דער קרן [KERN]
corpus albicans דאָס װײַס־גופֿל
corpuscle דאָס קערפּערל, ־עך
corpus delicti קאָרפּוס דעליקטי
(*hum.*) קאָרפּוס דאָ ליגט ער
corpus luteum דאָס געל־גופֿל
corral, *n.* דער זאַגאָן, ־ען
corral, *v.* אַרײַנטרײַבן אין זאַגאָן
correct, *adj.*
(fact) ריכטיק; קאָרעקט
(person) גערעכט
correct, *v.*
(stg.) פֿאַרריכטן; מתקן זײַן [MESÁKN]
(sb.) אויסבעסערן
(typ.) קאָריגירן ‹קאָרעגירן›; אויסבעסערן
stand corrected [TÓES] אָנערקענען דעם אײגענעם טעות
correction
(of person) די אויסבעסערונג, ־ען
(typ.) דער תּיקון־טעות; דאָס קאָריגירן [TIKN-TÓES]
(fin.) די קאָרעקציע, ־ס
correctional facility די תּפֿיסה, ־ות; דער אויסבעסער־אַנשטאַלט, ־ן [TFÍSE]
correctional system די תּפֿיסה־‹אויסבעסער־›סיסטעם, ־ען [TFÍSE]
correction fluid דאָס װײַסעכץ, ־ער; דאָס פֿאַרריכטעכץ, ־ער
corrections officer דער תּפֿיסה־באַאַמטער געב' [TFÍSE]
corrective lens דאָס פֿאַרריכט־גלעזל, ־עך
corrective surgery די כירורגיע ‹אָפּעראַציע› צו פֿאַרריכטן
correlate, *n.* דער קאָרעלאַט, ־ן
correlate, *v.* אײַנשטימען; באַצױגן זיך איינס מיטן אַנדערן; קאָרעלירן
correlation די אײַנשטימונג, ־ען; דאָס מיטשײַכות, ־ן; די/דאָס קאָרעלירטקייט, ־ן [MÍTShÁYKhES]
correlative, *adj.* קאָרעלאַטיװ
correlative, *n.* דער קאָרעלאַט, ־ן
correspond שטימען
(by mail) (אַ)דורכשרײַבן זיך; איבערשרײַבן זיך; קאָרעספּאָנדירן
correspond to שטימען מיט; ענטפֿערן + דאַט'; דעקן זיך מיט
correspondence
(mail) די קאָרעספּאָנדענץ; דער בריװואויסבײַט, ־ן
(relationship) די מיטשטימונג, ־ען
maintain a correspondence אָנהאַלטן אַ קאָרעספּאָנדענץ
correspondence course דער קורס דורך דער פּאָסט
correspondent
m./unsp. דער קאָרעספּאָנדענט, ־ן
f. די קאָרעספּאָנדענטקע, ־ס
corresponding [ShÁYEKhDIK] שײַכדיק; ענטפֿערדיק
corresponding item דער אַ(נט)קעג(ע)נער, ־ס
corresponding secretary
m./unsp. דער קאָרעספּאָנדיר־סעקרעטאַר, ־ן
f. די קאָרעספּאָנדיר־סעקרעטאַרשע, ־ס
corridor דער קאָרידאָר, ־ן
corridors of power הויכע פֿענצטער
corroborate באַשטעטיקן; באַקרעפֿטיקן
corroboration די באַשטעטיקונג, ־ען; די באַקרעפֿטיקונג, ־ען
corrode
vt. צעעסן; צעפֿרעסן
vi. צעעסן ‹צעפֿרעסן› װערן; זשאַװערן
corrosion די/דאָס צעעסנקייט; די/דאָס צעפֿרעסנקייט; דער זשאַװער; די קאָראָזיע
corrosive, *adj.* צעפֿרעס...
corrosive, *n.* דער צעפֿרעסער, ־ס; דאָס צעפֿרעס־מיטל, ־ען
corrugated
(metal) גאָפֿרירט
(paper) געכװאַליעט
corrupt, *adj.* קאָרומפּירט; פֿאַרדאָרבן; קאָרופּט
become corrupt *also* [NISKhÁMETS] נתחמץ װערן
corrupt, *v.* קאָרומפּירן; פֿאַרדאַרבן
corruption די קאָרופּציע; די פֿאַרדאַרבונג
corsage דער קאָרסאַזש, ־ן
corset דער גאָרסעט ‹קאָרסעט›, ־ן; דאָס שנירלײַבל, ־עך
plaster corset דער גיפּסקאָרסעט, ־ן; דער גיפּסענער קאָרסעט, ־ן
Corsica (די) קאָרסיקע
cortege דער קאָרטעזש, ־ן; די צערעמאָניאַלע פּראָצעסיע, ־ס
(funeral) [LEVÁYE] די לװיה־פּראָצעסיע, ־ס
cortex די קאָרע, ־ס
cortisone דער קאָרטיזאָן
corvette דער קאָרװעט, ־ן
Corvus די קראָ
cos דער רוימישער סאַלאַט
cosecant דער קאָסעקאַנט, ־ן
cosign [MÍTKhÁSMENEN] מיטחתמע|נען
cosignatory דער מיטחתום, ־ים [MÍTKhOSEM, MÍTKhSÚMIM]
cosignature [MÍTKhSIME] די מיטחתימה, ־ות
cosigned [MÍTGEKhÁSMET] מיטגעחתמעט
cosine דער קאָסינוס, ־ן
cosmetic, *adj.* קאָסמעטיש
cosmetic, *n.* די קאָסמעטיק
cosmetics די קאָסמעטיק ל"יו; דאָס קאָסמעטיקװאַרג קאָל'
cosmetician
m./unsp. דער קאָסמעטיקער, ־ס
f. די קאָסמעטיקערין, ־ס
cosmetics bag דאָס טואַלעט־‹קאָסמעטיק־›בײַטעלע, ־ך
cosmic קאָסמיש
cosmic dust דער/דאָס קאָסמישע(ר) שטויב
cosmic ray דער קאָסמישער שטראַל, ־ן
cosmography די קאָסמאָגראַפֿיע
cosmologist דער קאָסמאָלאָג, ־ן
cosmology די קאָסמאָלאָגיע
cosmometry די קאָסמאָמעטריע
cosmonaut דער קאָסמאָנויט, ־ן
cosmopolitan, *adj.* קאָסמאָפּאָליטיש
cosmopolitan, *n.* דער קאָסמאָפּאָליט, ־ן
cosmos דער קאָסמאָס; דער װעלטאַל
cosponsor, *n.* דער מיטפּאַטראָן, ־ען; דער מיטשטיצער, ־ס
cosponsor, *v.* מיטשטיצן

Cossack, *adj.* קאַזאַקיש
Cossack, *n.*
m./unsp. דער קאַזאַק, ...אַקן
f. די קאַזאַטשקע, ־ס
cosset, *v. imp./pf.* (צו)באַלעווען|; (צו)פּיעשטשען|
cost, *n.* קאָסטן ל״ר; הוצאָות ל״ר; דער/דאָס קרן; דער אײַנקויפּפּרײַז, ־ן [HOYTSÓES/HETSÓES] [KERN]
at all costs וויפֿל סע זאָל נישט אָפּקאָסטן; פֿאַר יעדן פּרײַז; די וועלט מעג אונטערגיין
at cost פֿאַרן קרן; צום אײַנקויפּפּרײַז [KERN]
at the cost of אויפֿן חשבון פֿון [KhEZhBM]
below cost אונטערן קרן
cost of living די לעבנס־הוצאה [HOYTSÓE/HETSÓE]
cost-of-living index דער אינדעקס פֿון לעבנס־הוצאָות
cost of production פּראָדוציר־הוצאָות ל״ר
sell below cost אַראָפּהאַנדלען
That's the cost of doing business קיין זאַך איז נישט אומזיסט
cost, *v.*
imp. קאָסטן
pf. אָפּקאָסטן; באַטרעפֿן
cost a lot (אָפּ)קאָסטן אַ סך; קאָסטן טײַער [SAKh]
cost a fortune/cost an arm and a leg (אָפּ)קאָסטן אַ מאַיאָנטיק ‹פֿאַרמעגן›
cost dearly קאָסטן טײַער
How much does it cost? וויפֿל קאָסט (עס)?; וויפֿל רעכנט ‹ווילט› איר דערפֿאַר?
costar, *n.* דער צווייטער אַקטיאָר, ־ן
costar, *v.* מיטשפּילן מיטן ערשטן אַקטיאָר; שפּילן די ראָלע פֿונעם צווייטן אַקטיאָר
Costa Rica (די) קאָסטאַריקע
Costa Rican, *adj.* קאָסטאַריקאַניש
Costa Rican, *n.*
m./unsp. דער קאָסטאַריקאַנער, –
f. די קאָסטאַריקאַנערין, ־ס
cost-benefit analysis דער כּדאַייִקייט־אַנאַליז, ־ן [KEDÁYIKEYT]
cost-cutting דאָס פֿאַרקלענערן די הוצאָות [HOYTSÓES/HETSÓES]
cost-cutting measures מיטלען אויף צו פֿאַרקלענערן די הוצאָות [HOYTSÓES/HETSÓES]
cost-effective לוינעוודיק; הוצאה־כּדאַייִק [HOYTSÓE-/HETSÓE-KEDÁYIK]
be cost-effective לוינען זיך; כּדאַי זײַן די הוצאה [KEDÁY]
costly טײַער; קאָסטיק
cost overrun איבערהוצאָות ל״ר [ÍBERHOYTSÓES, ...HETSÓES]
cost price דער קאָסטפּרײַז, ־ן
cost-prohibitive העט צו טײַער
costume דער קאָסטיום, ־ען; דאָס אָנטועכץ, ־ן
costume ball דער מאַסקאַראַד, ־ן
costume design דער קאָסטיום־דיזײַן ‹־פּראָיעקט›
costume designer דער קאָסטיום־דיזײַנער ‹־צייכענער›, ־ס; דער קאָסטיום־פּראָיעקטאַנט, ־ן
costume jewelry די בייזשוטעריע
costume piece די פּיעסע מיט היסטאָרישע קאָסטיומען
costumier דער קאָסטיומער, ־ן
cot דאָס (באַנק)בעטל, ־עך; דאָס פֿעלדבעטל, ־עך
cotangent דער קאָטאַנגענס, ־ן
coterie דאָס (אָפּגעשלאָסענע) קרײַזל, ־עך
cottage די כאַטע, ־ס; דאָס שטיבעלע, ־ך; די הײַזקע, ־ס
cottage cheese דער צוואַרעך
cottage-cheese fritters די מנישקע; די מאַנשקע
cottage industry דאָס היימישע געשעפֿט, ־ן
cotter pin דער שפּלינט, ־ן
cotton, *adj.* באַ(נ)וועלן; באַ(נ)וול...
cotton, *n.* דער באַ(נ)וול
cotton ball דאָס וואַטע־באַלעכל, ־עך
cotton belt באַ(נ)וול־פֿעלדער ל״ר
cotton candy די צוקער־וואַטע; דער צוקער־באַ(נ)וול
cotton gin דער באַ(נ)וול־דרעשער, ־ס
cotton grass דאָס וואָלגראָז
cotton mill די באַ(נ)וול־שפּינערײַ, ־ען
cotton sedge דאָס וואָלגראָז
cottonseed oil דער באַ(נ)וולאייל
cotton spinning די באַ(נ)וול־שפּינונג
cotton swab דאָס וואַטקעלע, ־ך; דער אויער־‹וואַטע־› שטעכער, ־ס
cottonweed די ווילדוואָל
cottonwood די טאָפּאָליע, ־ס
cotton wool די וואַטע
cotyledon דער זוימענקנאָספּ, ־ן
couch, *n.* די סאָפֿע, ־ס; די קאַנאַפּע, ־ס; די קושעטקע, ־ס
couch, *v.* פֿאָרמולירן; אויסדריקן
couch grass דער קריכוויץ; דער קריכיקער פּירײ
couch potato דער סאָפֿע־קווּעטשער, ־ס
cougar דער קוגואַר, ־ן
cough, *n.* דער הוסט, ־ן; דער היס, ־ן
(of child) דאָס הוסטעלע, ־ך; דאָס היסעלע, ־ך
dry cough דער טרוקענער הוסט ‹היס›, ־ן
have a light cough הוסטלען
wet cough דער שליימהוסט
cough, *v.* הוסטן; היסן
(engine) טראַכקען|
cough blood הוסטן ‹היסן› מיט בלוט
cough up אָפּהוסטן ‹אָפּהיסן› מיט; אויסכראַקען|
cough up money אויסקראַצן געלט; אַרויסקומען מיט געלט
cough drop דאָס הוסט־‹היס־›צוקערל, ־עך; דאָס הוסט־‹היס־›פּאַסטילקע, ־ס
coughing, *n.* דאָס הוסטן; דאָס היסן
I had a coughing fit כ׳האָב זיך פֿאַרהוסט ‹פֿאַרהיסט›; ס׳איז מיר באַפֿאַלן אַ הוסטעניש ‹היסעניש›
cough syrup דער הוסטסירעפּ ‹היססירעפּ›, ־ן; דאָס הוסטמיטל ‹היסמיטל›, ־ען
could
I could have sworn that ... כ׳וואָלט געשווירן אַז
I could use a ... ס׳גלוסט זיך מיר אַ; ס׳וואָלט מיר גוט געווען אַ ...
It could use a ס׳וואָלט דאָ צו ניץ געקומען אַ + נאָמ׳
She could have told me! זי האָט מיר באַדאַרפֿט צו זאָגן!; זי האָט מיר געמעגט (אָנ)זאָגן!
Coulda-woulda-shoulda! העטעך־פֿעטעך!; געקענט, געוואָלט, געזאָלט – נו מילא!
coulomb דער קולאָן, ־ען
council דער ראַט, ־ן; די קאָלעגיע, ־ס
Council of Deans דער דעקאַנען־ראַט, ־ן
Council on Religious Affairs דער ראַט פֿאַר רעליגיעזע ענינים [INYÓNIM]
councilman דער ראַטמאַן, ...מענער/ראַטלײַט
councilwoman די ראַטפֿרוי, ־ען
counsel, *n.*
(advice) די עצה, ־ות [ÉYTSE]
(attorney/*m.*) דער אַדוואָקאַט, ־ן
(attorney/*f.*) די אַדוואָקאַטקע ‹אַדוואָקאַטין›, ־ס
counsel for the defense דער פֿאַרטיידיק־אַדוואָקאַט, ־ן

counsel for the prosecution דער פּראָקוראָר, ־ן
counsel, *v.* עצה‖ן + דאַט'; ראָטן + דאַט' [ÉYTSEN]
counsel general דער גענעראַל־אַדוואָקאַט, ־ן
counseling
(professional) קאָנסולטאַציעס ל"ר; די פּראָפֿעסיאָנעלע עצה ‹באַראָטונג› [ÉYTSE]
(psych.) די (פּסיכאָ)טעראַפּיע
go for counseling (professional) גיין אויף קאָנסולטאַציעס; זוכן אַ פּראָפֿעסיאָנעלע עצה
go for counseling (psych.) גיין אויף (פּסיכאָ)טעראַפּיע
counseling service דאָס קאָנסולטיר־‹טעראַפּיע־›דינסט
counselor
(advisor) דער עצה־געבער, ־ס; דער בעל־יועץ, בעלי־יועצים [ÉYTSE] [BALYÓYETS, BÁLE-YÓYETSIM]
(camp) דער אויפֿפּאַסער, ־ס
(attorney/*m./unsp.*) דער אַדוואָקאַט, ־ן
(attorney/*f.*) די אַדוואָקאַטקע ‹אַדוואָקאַטין›, ־ס
count,[1] *n.*
(number) די ציילונג; דער חשבון; די רעכענונג [KhEZhBM]
(countdown) דער אָפּצייל, ־ן
(of indictment) דער קלאָגפּונקט, ־ן
keep count האַלטן דעם חשבון
lose count פֿאַרלירן דעם חשבון
count,[2] *n.* **(nobleman)** דער גראַף, ־ן
count, *v.*
vt. imp./pf. **(numbers)** (איבער)ציילן
vt. **(include)** אַרייַננעמען; אַרייַנרעכענען
vi. **(be included)** רעכענען זיך; גילטן
(be important) האָבן אַ באַטרעף; זייַן וויכטיק
count against צורעכענען + דאַט' לגנאַי [LIGNÁY]
count among פֿאַררעכענען צווישן
count by twos ציילן צו צוויי; אָפּציילן ‹אויסציילן/איבערציילן› אין צווייען
count down אָפּציילן; אַוועקציילן
count for פֿאַררעכנט ווערן ווי
count for nothing נישט גילטן; נישט אַרייַנגיין אין חשבון [KhEZhBM]
count heads אויסציילן
Count me in! רעכנ(ט) ‹נעמ(ט)› מיך אַרייַן!; איך בין אַ בעלן!; איך גיי מיט! [BALN]
Count me out! מע קען זיך באַגיין אָן מיר!; רעכנ(ט) ‹נעמ(ט)› מיך נישט אַרייַן!
count off/out אויסציילן; אָפּציילן
count on (depend) פֿאַרלאָזן זיך אויף; בויען אויף
count on (expect) דופֿע‖ן אויף; ריכטן זיך אויף
count out (exclude) אַרויסלאָזן פֿון חשבון; אויסשליסן
count towards צורעכענען צו
count up צונויפֿציילן; צונויפֿרעכענען
count up to (אָפּ)ציילן ביז
Count your blessings! גם זו לטובֿה!; מע מעג זאָגן אַ דאַנק!; זינדיק(ט) נישט!; ס'האָט געקענט זייַן נאָך ערגער!; מעגסט ‹איר מעגט› בענטשן גומל! [GÁM ZU LETÓYVE] [GOYML]
Don't count on it! זייַ(ט) נישט אַזוי זיכער דערמיט; לייג(ט) זיך נישט קיין פֿייגעלעך אין בוזעם!; בוי(ט) נישט קיין שלעסער אין דער לופֿטן!
That doesn't count! דאָס גילט נישט!; דאָס רעכנט זיך נישט!; דאָס קומט נישט אין באַטראַכט; דאָס שפּילט נישט קיין ראָלע!
and counting און ווייַטער
countable צייל(עווד)יק
countdown דער אָפּצייל, ־ן
countenance, *n.* דאָס פּנים, ־ער; דער אויסדרוק אויפֿן פּנים; די מינע, ־ס; די צורה, ־ות; דאָס געזיכט, ־ן [PÓNEM, PÉNEMER] [TSÚRE]
countenance, *v.*
(support) שטיצן; אָנמוטיקן; פּראָטעזשירן
(tolerate) פֿאַרטראָגן; טאָלערירן; סובֿל זייַן; צוזען שווייַגנדיק [SOYVL]
counter, *adv.* להיפּוך [LEHÉYPEKh]
run counter to זייַן אין סתּירה מיט; גיין להיפּוך צו [STÍRE] [LEHÉYPEKh]
counter, *n.*
(device) דער ציילער, ־ס
(kitchen) דער קיכטיש, ־ן; דער קאָכטיש, ־ן
(shop/store) די צאָלבאַנק, ...בענק; די סטויקע, ־ס; דער לאָדנטיש, ־ן; דער טאָמבאַנק, ...בענק
over the counter (pharm.) אָן אַ רעצעפּט
over the counter (legitimate) אָפֿן; כּשר [KÓShER]
under the counter אויף בלאַט; אונטערן טיש
counter..., *prep.* קאָנטער...; (אַ)קעגנ...
counter, *v.* אָפּענטפֿערן (אויף); שטעלן זיך אַ(נט)קעגן + דאַט'
counteract אַקעגנווירקן
counterargument דער קעגנאַרגומענט, ־ן
counterattack, *n.* דער קאָנטעראַטאַק, ־ן
counterattack, *v.* צוריקשלאָגן; דורכפֿירן אַ קאָנטעראַטאַק
counterbalance, *n.* די קעגנוואָג
counterbalance, *v.* אַקעגנוועגן; קעגנבאַלאַנסירן
counterclockwise קעגנזייגערדיק; אומזייגערדיק; קעגן זייגער
counterculture די קעגנקולטור, ־ן
counterespionage דער קאָנטעראויסשפּיר
counterexample דער/דאָס משל אויף פֿאַרקערט [MOShL]
counterfeit, *adj.* פֿאַלש געמינצט; נאָכגעמאַכט; געמלאָכהט [GEMLÓKhET]
counterfeit, *v.* פֿאַלש מינצן; פֿעלשן געלט; נאָכמאַכן; מלאָכה|(נע)ן [M(E)LÓKhE(NE)N]
counterfeiter דער פֿאַלשמינצער, ־ס; דער געלטפֿעלשער, ־ס
counterfeiting די פֿאַלשמינצונג; דאָס פֿאַלשמינצערייַ; די געלטפֿעלשונג
counterinsurgency די קעגנמרידה, ־ות [KÉGNMERÍDE]
counterintelligence דער קאָנטעראויסשפּיר
counterintuitive קעגנאינטויִטיוו; קעגנשׂכלדיק; אומלאָגיש; קעגן דעם שׂכל [KÉGNSÉYKhLDIK] [SEYKhL]
countermeasure דאָס קעגנמיטל, ־ען
counteroffensive די קאָנטעראָפֿענסיווע, ־ס
counteroffer דער קעגנאָנבאָט, ־ן
counterpart דער כּנגד, ־ים; דער אַנטקעגנער, ־ס; דער קעגנטייל, ־ן [KENÉGED, KENÉGDIM]
counterplan דער קעגנפּלאַן, ...פּלענער
counterpoint דער קאָנטראַפּונקט
counterproductive קעגנפּראָדוקטיוו
counterproposal דער קעגנאָנבאָט, ־ן; דער קעגנפֿירלייג, ־ן
counterrevolution די קאָנטעררעוואָלוציע, ־ס
counterrevolutionary, *adj.* קאָנטעררעוואָלוציאָנעריש
counterrevolutionary, *n.* דער קאָנטעררעוואָלוציאָנער, ־ן
countersign קעגנחתמע|נען [KÉGNKhÁSMENEN]
countersignature די קעגנחתימה, ־ות [KÉGNKhSÍME]
countertenor דער קאָנטרעטענאָר, ־ן
counterterrorism דער קאָנטערטעראָריזם
counterthrust דער קעגנקלאַפּ, ...קלעפּ
counterweight די קעגנוואָג, ־ן
countess די גראַפֿיניע, ־ס

counting rhyme דאָס אױסצײלעניש, ־ן
countless אָן אַ צאָל; אָנצאָליק; אומצײליק; אָן אַ שיעור; נישט איבערצוצײלן [ShÍER]
count noun דער צײליקער סובסטאַנטיװ, ־ן
country, *adj.* דאָרפֿיש; דאָרפֿס...
country, *n.*
(geog.) דאָס לאַנד, לענדער; די מדינה, ־ות [MEDÍNE]
(rural) דאָס דאָרף, דערפֿער
country of origin דאָס אָפּשטאַמלאַנד, ...לענדער
in the country אויף דאַטשע; אויפֿן דאָרף ‹לאַנד›; אויף דער פּראָװינץ
country boy דאָס דאָרפֿישע ײנגל, ־עך; דאָס דאָרפֿסײנגל, ־עך
country club דער דאַטשעקלוב, ־ן; דער הינטערשטאָטישער קלוב, ־ן
country estate דאָס דאַטשעגוט, ...גיטער
country girl דאָס דאָרפֿישע מײדל, ־עך; דאָס דאָרפֿסמײדל, ־עך
countryman דער לאַנדסמאַן, לאַנדסלײַט
(rural) דער דאָרפֿסמאַן, דאָרפֿסלײַט
country music די קאַנטרי־‹קאַנטרי־›מוזיק
country road דער דאָרפֿישער װעג, ־ן; דער שליאַך, ־ן
countryside דאָס דאָרף; דאָס לאַנד
countrywoman די לאַנדספֿרױ, ־ען
(rural) די דאָרפֿספֿרױ, ־ען
county דער קרײַז, ־ן; די קאַונטי, ־ס; די גראַפֿנשאַפֿט
Another county heard from! אָט האָסטו די צװײטע טעג יום־טובֿ! [YÓNTEF/YÓNTEV]
county court דאָס קרײַזגעריכט, ־ן
county seat די קרײַזשטאָט, ...שטעט
coup
(takeover) דאָס איבערקערעניש, ־ן
(triumph) דאָס אומגעריכטע געװינס, ־ן; דער גרױסער נצחון, ־ות [NITSÓKhN, NITSKhóYNES]
coup de grace דער טױטקלאַפּ, ...קלעפּ
coup d'état דער פּוטש, ־ן; דאָס איבערקערעניש, ־ן
coupé דער קופּײ ‹קופּע›, ־ען
couple, *n.* די/דאָס פּאָר, ־ן/–
(married) דאָס פּאָרפֿאָלק, ־ן/...פֿעלקער
(unmarried) דאָס פּאָרל, ־עך
a couple of אַ פּאָר
couple, *v.*
(people) צונױפֿפּאָרן
(mech.) צונױפֿקײטלען
couples therapy [ShÓLEM-BÁYES] די שלום־בית־טעראַפּיע
couplet דער קופּלעט, ־ן
coupling
(sexual) דאָס פּאָרן זיך; דאָס פּאַראײניקן זיך; די באַהעפֿטונג
(mech.) די קופּלונג, ־ען; די צונױפֿקײטלונג, ־ען
coupon דער קופּאָן, ־ען
courage דער קוראַזש; די/דאָס באַהאַרצטקײט; דאָס אײַנשטעלעניש; דער ׳מוט
have the courage of one's convictions זײַן אַן אומר־װעושה; טאָן װאָס סע דיקטירט דאָס געװיסן; גײן מיטן אמת [ÓYMER-VEÓYSE] [ÉMES]
lose one's courage פֿאַרלירן דעם קוראַזש; נישט האָבן דאָס האַרץ; אַראָפּפֿאַלן בײַ זיך
take courage שטאַרקן זיך; אָננעמען זיך מיט האַרץ; מאַכן זיך האַרץ
courageous באַהאַרצט; העלדיש; בראַװ; ׳מוטיק
courier דער קוריער, ...ערן; דער משולח, ־ים; דער ידיעות־ברענגער, ־ס [MEShÚLEKh, MEShULÓKhIM] [YEDÍES]

course, *n.*
(duration) דער גאַנג; דער לױף
(acad.) דער קורס, ־ן; דער לימוד, ־ים [LÍMED, LIMÚDIM]
(golf) דער גאָלפֿפּלאַץ, ...פּלעצער
(of meal) דער גאַנג, געַנג; דאָס געריכט(ס), ־ן
(race) דער קורס, ־ן
(trajectory) די טראַיעקטאָריע, ־ס
as a matter of course ממילא [MIMÉYLE]
be off course אָפּטרעטן פֿון װעג ‹ציל›
be on course זײַן ‹גײן› אױפֿן ריכטיקן דרך ‹װעג› [DÉREKh]
give a course לײענען ‹געבן› אַ קורס
in due course צו דער רעכטער צײַט
in the course of במשך (פֿון) [BEMÉShEKh]
in the course of time מיט דער צײַט
of course אַװדאי; פֿאַרשטײט זיך; זיכער; געװיס; געװײנ(ט)לעך [AVÁDE]
Of course! אַװדאי!; װאָדען!; פֿאַרשטײט זיך!; זיכער!; געװיס!; געװײנ(ט)לעך!; אַ שאלה! [AVÁDE] [ShÁYLE]
take a course (in) הערן אַ קורס (פֿון); הערן לעקציעס (פֿון)
course, *v.* פֿליסן; שטראָמען
course catalog דער קורסן־װײַזער, ־ס
course description די קורס־באַשרײַבונג, ־ען
course evaluation דער קורסאָפּשאַץ, ־ן
course load די צאָל קורסן; דער סכום קורסן
course offerings קורסן
coursework די קורסאַרבעט
court, *adj.*
(jur.) געריכט...; געריכטיק
(royal) הױפֿיש; הױפֿ...
court, *n.*
(jur.) דאָס געריכט, ־ן
(J./rel.) דאָס בית־דין, ־ס [BEZ(D)N]
(royal) דער קיניגלעכער הױף, ־ן
(spo.) דער פּלאַץ, פּלעצער
(yard) דער הױף, ־ן
court of appeals דאָס אַפּעליר־געריכט, ־ן
court of inquiry דאָס אױספֿאָרש־געריכט, ־ן
court of last resort די העכטע אינסטאַנץ
court of law דאָס געריכט, ־ן
go to court גײן ‹װענדן זיך/לאָדן› אין געריכט
hold court פֿירן שטאַט; זיצן אױפֿן בענקל
lower court דאָס נידעריקע געריכט, ־ן; די נידעריקע אינסטאַנץ, ־ן
take to court לאָדן ‹נעמען› אין געריכט
court, *v.* שאַרן זיך צו; האָפֿירן; האַװירן; אַרומפּאַדען| אַרום; אוכאַזשעװע| נאָך; שדכנען ‹פּוצן› זיך צו; שפּילן אַ ליבע מיט [ShÁTKhENEN]
court disaster שפּילן זיך מיט פֿײַער; קריכן אין פֿײַער; פֿליען װי אַ קאָמאַר אין פֿײַער
court appearance דאָס באַװײַזן זיך אין געריכט
court clerk דער געריכט־שרײַבער, ־ס
courteous אײדל; העפֿלעך; בנימוסדיק [BENÍMESDIK]
courtesan די קורטיזאַנ(ק)ע, ־ס
courtesy די/דאָס אײדלקײט; די/דאָס העפֿלעכקײט; דער נימוס [NÍMES]
as a courtesy לשם אײדלקײט ‹העפֿלעכקײט/נימוס›; װי אַ פֿרײַנדלעכער זשעסט [LEShÉM]
by courtesy of אַ דאַנק + דאַט׳
have the courtesy to זײַן אַ מענטש און
courtesy light דער פּלאַפֿאָן, ־ען; דאָס אינעװײניקסטע לעמפּל, ־עך

courthouse דאָס גערי́כטהויז, ...הײַ́זער
courtier
m./unsp. דער הוי́פֿמאַן, הוי́פֿלײַט
f. די הוי́פֿדאַמע, ־ס
court interpreter דער גערי́כט־אי́בערזעצער, ־ס
courtly הײ́פֿיש
court-martial, *n.* דאָס קרי́גסגעריכט, ־ן
court-martial, *v.* שטעלן פֿאַר אַ קרי́גסגעריכט
court order דער גערי́כט־באַפֿע́ל, ־ן; דאָס גערי́כט־געהײ́ס, ־ן
court-ordered באַפֿוי́לן פֿון גערי́כט
court papers גערי́כט־אַקטן
court plaster דער ע́נגלישער פֿלאָ́סטער
court reporter דער גערי́כט־פּראָטאָקאָלי́סט, ־ן
courtroom דער גערי́כטזאַל, ־ן
courtship די האַווי́רונג; דאָס האָפֿי́רן; דאָס אוכאַ́זשעווען
court translator דער גערי́כט־אי́בערזעצער, ־ס
courtyard דער הויף, ־ן
couscous דער קוסקו́ס
cousin דאָס (גע)שוועסטערקי́נד, ־ער
m. also דער קוזי́ן, ־ען
f. also די קוזי́נ(ק)ע, ־ס
first cousin דאָס (לײַ́בלעכע) (גע)שוועסטערקי́נד, ־ער
second cousin דאָס גלי́ד־(גע)שוועסטערקי́נד, ־ער
third cousin דאָס גלי́ד־גלי́ד־(גע)שוועסטערקי́נד, ־ער
cove דאָס בו́כטעלע, ־ך; דער ים־בו́זעם, ־ס [YAM]
covenant דער בונד, ־ן; דער אָ́פּמאַך, ־ן
the Covenant (J./bib.) דער ברית [BRIS]
cover, *n.* דאָס דעקל, ־עך; דער (צו)דעק, ־ן
(of pot) דאָס דעקל, ־עך; די פּאָ́קרישקע, ־ס; דאָס שטערצל, ־עך
(of book) דער טאָוול, ־ען
(of magazine) די הי́לע, ־ס
from cover to cover פֿון טאָוול ביז טאָוול; מדאָ́שקע־לדאָ́שקע ‹מדע́סקע־לדע́סקע/מדאָ́סקע־לדאָ́סקע› [MEDÓShKE-LEDÓShKE/MEDÉSKE-LEDÉSKE/MEDÓSKE-LEDÓSKE]
take cover באַהאַ́לטן זיך
under cover of darkness אין געהי́ל פֿו́נעם פֿי́נצטערניש ‹חושך› [KhÓYShEKh]
under separate cover אין אַ באַזו́נדערן קאָנווע́רט
cover, *v.* צו́דעקן; פֿאַרדע́קן
(with blanket) *also* אײַ́נדעקן
(with liquid) באַגי́סן; פֿאַרגי́סן
(with soil/snow) פֿאַרשי́טן
(distance by car) אײַ́נפֿאָרן; אָ́פּפֿאָרן
(distance on foot) אײַ́נגיין; אָ́פּגיין
(insure) דעקן; באַוואָ́רענען
(course material) דעקן
cover one's expenses דעקן ‹אוי́סשלאָגן› די הוצאָות [HOYTSÓES/HETSÓES]
cover for (cover up) פֿאַרדע́קן
cover for (substitute) ממלא־מקום זײַן [MEMÁLE-MÓKEM]
cover one's ass היטן זיך דעם רוקן
cover one's bases דעקן אַלע מע́גלעכקייטן
cover the news דעקן די נײַ́עס
cover up (cover) פֿאַרדע́קן
cover up (conceal) פֿאַרדע́קן; פֿאַרטו́שן; פֿאַרשלײַ́ערן
coverage די דע́קונג
(insurance) *also* די/דאָס געדע́קטקייט
(media) *also* דאָס דעקן
coveralls דער קאָמבינעזאָ́ן, ־ען

cover art די טאָ́וולקונסט; די הי́לעקונסט
cover charge דער גענעראַ́לער אָ́פּצאָל
covered באַדע́קט
(veiled) פֿאַרצוי́גן; פֿאַרשלײַ́ערט
(insured) געדע́קט; באַוואָ́רנט
covered in blood פֿאַרגאָ́סן מיט בלוט
covered with grass באַגראָ́זט; באַדע́קט מיט גראָז
be covered by/with זײַן באַדע́קט מיט; אי́בערציִען זיך מיט
covered wagon די בויד, ־ן
covering, *n.* **(layer)** דער שיכט, ־ן
covering physician דער דיזשורי́רנדיקער דאָ́קטער, ...טוי́רים; דער פֿאַרטרע́ט־‹דיזשו́ר־›דאָ́קטער, ...טוי́רים
be the covering physician דיזשורי́רן
coverlet דער אי́בערדעק, ־ן
cover letter דער באַ(ג)לײ́טבריוו, –
covert באַהאַ́לטן; פֿאַרטײַ́עט
covert operation די באַהאַ́לטענע ‹פֿאַרטײַ́עטע› אָ́קציע, ־ס
give a covert glance כאַפּן אַ קוק בגנבֿה [BIGNÉYVE]
covertly באַהאַ́לטענערהײ́ט; בסוד; בגנבֿה; שטי́לערהײ́ט [BESÓD] [BIGNÉYVE]
cover-up, *n.* דער סוד־פֿאַרדע́ק, ־ן; די פֿאַרטו́שונג, ־ען; די פֿאַרשלײַ́ערונג, ־ען [SOD]
covet גלוסטן נאָך; באַגע́רן; להוט זײַן נאָך [LÓET/LÓER]
(envy) מקנא זײַן + אַק׳/דאַט׳ [MEKÁNE]
coveted באַגע́רט
cow, *n.* די קו, קי; די בהמה, ־ות [BEHÉYME]
have a cow אַרוי́סגיין פֿון די כּלים; שטאַרק אוי́פֿרעגן זיך [KÉYLIM]
until the cows come home פֿון איצט ביז אי́בער אַ יאָר; ווען אין הימל וועט זײַן אַ יאַריד; ביז משיח וועט קו́מען [MEShÍEKh]
cow's קי́יִש; קי́ען
cow, *v.* אײַ́נשרעקן
coward דער פּחדן, ־ים; דער שרע́קעוודיקער געב׳; דער טרוס, ־ן/־עס; דער טכויר, ־ן; דער שטרוי́ענער קאָזאַ́ק, ...אַ́קן [PAKhDN, PAKhDÓNIM]
cowardice דאָס פּחדנות; די/דאָס שרע́קעוודיקייט [PAKhDÓNES]
cowardly פּחדניש; שרע́קעוודיק [PAKhDÓNISh]
cowberry די ברו́סניצע, ־ס; די באָ́רעפּקע, ־ס
cowboy דער קאָ́ובוי, ־ס; דער פֿי́כטרײַבער, ־ס
play cowboys and Indians שפּילן אין אינדיאַ́נער
cowed אײַ́נגעשראָקן
have a cowed look אוי́סזען אײַ́נגעשראָקן
cower אײַ́נקאָרטשע|ן זיך; אײַ́נשרומפּן זיך
cowherd דער קי́פּאַסטעך, ־ער
cowhide דער יוכט
cowl דער קאַ́פּטער, ־ס; די קאַפּטו́ר, ־ן
cow lily וואַ́סער־קרי́געלעך ל״ר
cowling דער אײ́בערדעק, ־ן; דער קאַפּאָ́ט, ־ן
cowl neck דער געפֿאַ́לדעוועטער קאָ́לנער, ־ס
coworker
m./unsp. דער קאָלע́גע, ־ס; דער מי́טאַרבעטער, ־ס
f. די קאָלע́גין, ־ס; די מי́טאַרבעטערין, ־ס
cowpea די לו́ביע, ־ס
cowpox קו́פּאָקן ל״ר
cowriter דער מי́טשרײַבער, ־ס; דער מיטמחבר, ־ים [MÍTMEKhÁBER, MÍTMEKhÁBRIM]
cowshed די/דער קו́שטאַל, ־ן
cowslip

(**kingcup**) דאָס (זומפּ־)בלענדעניש, ־ן
(**primrose**) דער פּרימל, ־ען; די שליסלבלום, ־ען
cow's milk די קיִענע מיל(ע)ך
coy [LEPÓNEM] [KLÓYMERShT] לפּנים ‹כּלומרשט› שעמעוודיק
be coy לאָזן זיך בעטן; מאַכן זיך שעמעוודיק
coyote דער פּריריִעוואָלף, ...וועלף
coziness די/דאָס געמיטלעכקייט; די/דאָס היימלעכקייט
cozy, *adj.* געמיטלעך; היימלעך; היימיש; שטוביק; באַקוועם
cozy, *n.* דאָס וואַרעמל, ־עך
cozy, *v.* (**up**) צונורע|ן זיך; לאַשטשע|ן זיך
CPA *see* **certified public accountant**
CPR *see* **cardiopulmonary resuscitation**
crab, *n.* דער קראַב, ־ן
(**person**/*fig.*) דער וואָרטשון, ־עס/־ען; דער מרוק, ־עס
the Crab [MAZL SÁRTN] מזל סרטן; דער ראַק
crabs (*slg.*) *see* **crab louse**
crab, *v.* כאַפּן קראַבן
crabapple [ERTSISRÓ(E)L] דאָס ארץ־ישׂראל־עפּעלע, ־ך
crabby וואָרטשעדיק; מרוקעדיק
crabgrass דאָס פֿינגערגראָז
crab louse די פּילצלויז, ...לייז; די מענדעוועשקע, ־ס; די מאַלדעוועשקע, ־ס
crack, *n.* דער שפּאַלט, ־ן; דאָס שפּעלטל, ־עך; די שפּאַרונע, ־ס; די שפּאַרע, ־ס; דער טרעשטש, ־עס; דער פּוק, ־עס
(**sound**) דער טראַסק, ־ן/טרעסק
(**joke**) [KhÓKhME] די חכמה, ־ות; דער וויץ, ־ן
(**cocaine**) דער קראַק(־קאָקאַין)
at the crack of dawn פֿאַר טאָג ‹פֿרי›; קאַיאָר; גאָר באַגינען; מיטן קריי פֿון האָן
crack of thunder דער דונערקנאַל, ־ן
have a crack at געבן ‹טאָן› אַ פּרווו און + אינפֿ׳
crack, *v.*
vt. imp./pf. (צע)שפּאַלטן; (צע)קנאַקן; (צע)טרעשטשע|ן
vi. pf. צעשפּאָלטן זיך; צעקנאַקן זיך; צעפּלאַצן זיך; צעשפּאָלטן ווערן; צעטרעשטשעט ווערן
vi. (**of voice**) (פֿאַר)ברעכן זיך
crack a joke [KhÓKhME] דערציילן אַ חכמה ‹וויץ›
crack a safe אויפֿברעכן אַ סייף ‹קאַסע›
crack an egg אָנקלאַפּן ‹צעשפּאָלטן› אַן איי
crack down (on) נעמען זיך (צו); שטרענגער פֿאָדערן (אַז); וויַזן ווער ס'איז דער בעל־הבית [BAL(E)BÓS]
crack one's knuckles אויסקנאַקן (זיך) די פֿינגער
crack seeds קנאַקן קערלעך
crack the case פֿאַרענטפֿערן דעם (קרימינעלן) ענין [ÍNYEN]
crack the whip אַ קנאַק טאָן מיט דער בייטש
crack up (become insane) משוגע ווערן; ווערן אויס מענטש [MEShÚGE]
crack up (laughter) אויסשיסן אין ‹מיט› אַ געלעכטער; צעזעצט ווערן לאַכנדיק
not all it's cracked up to be נישט דאָס וואָס מ'האָט זיך געריכט
get cracking נעמען זיך (שוין) צו דער אַרבעט
crack addiction די קראַקאָמאַניע
crackdown דאָס דערשטיקן; דאָס צעדריקן; די דערשטיקונג
cracked צעשפּאָלטן
cracked wheat דער געפּוקעטער ווייץ
cracker דאָס פּלעצל, ־עך; דאָס פּלעצעלע, ־ך; דער ביסקוויט, ־ן
crackerjack אַזוינס און אַזעלכס; ערשטקלאַסיק
crackers (*fig.*) [MEShÚGE] משוגע; צעדרייט
crackhead דער קראַקאָמאַן, ־ען

crackle, *n.* דאָס געקנאַק; דאָס כראָשטשען
crackle, *v.* קנאַקן; קנאַקלען; כראָשטשע|ן
cracklings גריוון; גריבענעס
crackpot [MEShÚGENER] דער צעדרייטער ‹משוגענער› קאָפּ
cradle, *n.* דאָס וויגעלע, ־ך; דאָס וויגל, ־עך; די וויג, ־ן
cradle of civilization דאָס וויגעלע פֿון דער ציוויליזאַציע
from cradle to grave פֿון געבוירן ביז פֿאַרלוירן; פֿון וויג ביז אין קבֿר אַריַין [KÉYVER]
cradle, *v.* צודריקן צום האַרצן; איַינוויגן; איַינלוליע|ן
cradle cap [EYFL] עופֿל־שיבן ל״ר
cradlesong דאָס וויגליד, ־ער
craft, *n.*
(**trade**) [MELÓKhE] די מלאָכה, ־ות
(**skill**) די געניטשאַפֿט
(**ship**) דאָס שיפֿל, ־עך; די שיף, ־ן
craft, *v.* אויסאַרבעטן
craftiness די/דאָס כיטרעקייט; די/דאָס געביפֿטקייט
craftsman דער בעל־מלאָכה, ־ות; דער פֿאַכמאַן, פֿאַכלייַט [BALMELÓKhE]
craftsmanship
(**quality**) די אויסאַרבעטונג
(**skill**) די מייַסטערשאַפֿט
crafty כיטרע; פֿיפֿיק; איבערגעשפּיצט; געביפֿט; געשלייַט; געריבן
crag דער פֿעלדז, ־ן; די סקאַלע, ־ס
craggy פֿעלדזיק
crake די זומפּהון, ...הינער
Cracow (די) קראָקע
cram אָנשטאָפּן; אָנפּראָפּן; אָנפּאַקן; אַריַינפּאַקן; אָנזעצן
(**for exam**) זובערווע|ן (אויף אַן עקזאַמען)
crammed אָנגעשטאָפּט; אָנגעפּראָפּט; אַריַינגעפּאַקט; אָנגעזעצט
cramp, *n.* דער קראַמפּ, ־ן; דער קראַם, ־ען; דער קאָרטש, ־ן
(**leg**) דער קראַמפּ ‹קראַם/קאָרטש› אין פֿוס
(**stomach**) דאָס שניַידעניש, ־ן; דאָס גרימעניש, ־ן
(**menstrual**) (מענסטרויִר־)קראַמפּן
have cramps ליַידן קראַמפּן ‹קראַמען›
cramp, *v.*
vt. imp./pf. (צונויפֿ)קראַמפּן
vi. ליַידן קראַמפּן ‹קראַמען›
cramp sb.'s style נישט לאָזן + אק׳ צעשפּריַיטן די פֿליגל; שטיין + דאט׳ אין וועג
cramped ענג
(**handwriting**) אומליַינעוודיק
cramp iron דער אורוואַנט, ־ן; דער סקאָב(ע)ל, ־ס
cranberry די זשורעכלינע ‹זשע(רע)כלינע›, ־ס
cranberry juice דער זשורעכלינע־זאַפֿט
cranberry sauce דער זשורעכלינע־סאָס
crane, *n.*
(**mech.**) דער (הייב)קראַן, ־ען; די הייבמאַשין, ־ען
(**zool.**) דער זשוראַוו, ־ן; דער בושל, ־ען
crane, *v.*
crane one's neck אויסציִען ‹אויסשטרעקן› דעם האַלדז
crane operator דער קראַן־מאַשיניסט, ־ן; דער קראַנפֿירער, ־ס
cranial שאַרבן...
cranial cavity [KhÓLEL] דער שאַרבן־חלל, ־ס
craniotomy די קראַניאָטאָמיע, ־ס
cranium דער קאָפּביין, ־ער; דער קראַניום, ־ס
crank, *n.* די קאָרבע, ־ס; דאָס (אָנצי־)הענטל, ־עך
(**grumbler**) דער וואָרטשון, ־ען
(**oddball**) דער טשודאַק, ־עס; דער שאַלעמויז, ־ן
crank, *v.*

crank out (מעכאַניש) אַרױסאַרבעטן
crank up אָנדרייען; אָנצינען
crankshaft דער קרומוואַלץ, ־ן; דער קניוואַל, ־ן
cranky קווענטש(עד)יק; לאַמצעס־דריי־צעמדיק
be cranky קווענטשן זיך; וואָרטשען; בורטשען
cranny די שפּאַרע, ־ס; די שפּאַרונע, ־ס
crap, *n.*
(nonsense) נאַרישקייטן ל״ר; באָבקעס ל״ר; דאָס שטותערײַ
(stg. of poor quality) די טאַנדעטנע ‹געשלאָגענע›
סחורה; דאָס מיסט [SKhÓYRE]
(excrement/*slg./vlg.***)** דאָס דרעק
beat the crap out of שמעטערן
crap, *v.* **(slg/***vlg.***)** קאַקן
crappy פּאַסקודנע
craps די/דאָס וועריפּלשפּיל
shoot craps שפּילן אין וועריפּל; שיסן ביינדעלעך
crapshoot (*fig.***)** די טראַפּזאַך; די גאָטזאַך; די מזל־זאַך [MAZL]
crapshooter דער וועריפּלשפּילער, ־ס
crash, *adj.* פֿאַרגיכערט; גיכ...; בליצ...
crash, *n.* די אַוואַריע, ־ס; דער קראַך, ־ן; דער צונױפֿשטויס, ־ן
(sound) דער קראַך, ־ן; דאָס געקראַך; דער טראַסק, ־ן/טרעסק
(fin.) דער בערזעקראַך, ־ן
crash, *v.* **(into)** אַרײַנקראַכן ‹אַרײַנפֿאָרן› (אין); צונױפֿשטויסן זיך (מיט)
(comp.) קאַליע ווערן; פֿאַרהאַקן זיך
(plane) אַראָפּקראַכן
crash a party אַרײַנפֿאַלן (אין אַ שימחה) אומפֿאַרבעטענערהייט; אַרײַנפֿאַלן ווי אַ נאַר אויף אַ חתונה [SÍMKhE] [KhÁSENE]
Crash! טראַסק!; טראַך!
crash barrier דער שיצבאַריער, ־ן
crash course דער בליצקורס, ־ן; דער פֿאַרגיכערטער קורס, ־ן
crash diet די בליץ־דיעטע, ־ס
crash helmet דער שיצקיווער, ־ס; די שיצקאַסקע, ־ס
crash-land קראַכלאַנדן; מאַכן אַן אַוואַריע־לאַנדונג
crash landing די קראַכלאַנדונג, ־ען; די אַוואַריע־לאַנדונג, ־ען
crash pad דער שיצקישן, ־ס
(*fig.***)** דער/דאָס נאַכטלעגער, ־ס
crashproof קראַך־באַוואָרנט
crash site דאָס קראַכאָרט, ...ערטער
crash test דער קראַכפּרוּוו, ־ן
crass פּראָסט; גראָב; מגושמדיק [MEGÚShEMDIK]
crate דער קאַסטן, ־ס
crater דער קראַטער, ־ס
(of bomb) די גרוב, גריבער
Crater (astr.) דער בעכער
cravat דער קראַוואַט, ־ן
crave
imp. באַגערן; דאַרשטן נאָך; גלוסטן זיך אומפּ׳ + דאַט׳/פֿ״ק נאָך; גאַרן נאָך; לעכצן נאָך; רײַסן זיך צו; האָבן שטאַרק חשק צו [KhÉYShEK]
pf. פֿאַרגלוסטן זיך אומפּ׳ + דאַט׳/פֿ״ק; פֿאַרוועלן זיך אומפּ׳ + דאַט׳/פֿ״ק
craven פּחדניש; שרעקעוודיק [PAKhDÓNISh]
craving, *n.* [KhÉYShEK] דער חשק; דער באַגער; דער דאָרשט
I have a sudden craving for an apple ס׳האָט זיך מיר (פּלוצעם) פֿאַרגלוסט ‹פֿאַרוואָלט› אַן עפּל
cravings פּאַסטעמקעס
craw די וואָליע, ־ס

stick in one's craw שטיין + דאַט׳ ווי אַ ביין אין האַלדז
crawfish *see* **crayfish**
crawl, *n.* דאָס קריכן
(swim stroke) דער קלאַפּטער
swim the crawl לייגן קלאַפּטער
crawl, *v.* קריכן; פּויזען
crawl into אַרײַנקריכן אין; פֿאַרקריכן אין
crawl on all fours קריכן אויף אַלע פֿיר
crawl up צוקריכן
crawler
(earthworm) דער רעגן־וואָרעם, ־ווערעם
(sycophant) דער קריכער, ־ס; דער חניפֿהניק, ־עס [Kh(A)NÍFENIK]
(tractor) דער רופּן־טראַקטאָר, ...אָרן
crawlers (clothing) קריך־הייזעלעך; שפּילהויזן
crawling, *n.* דאָס קריכן
crayfish דער ראַק, ־עס
crayon דאָס קריידל, ־עך
crayon box דאָס קריידל־קעסטל, ־עך
craze [MEShUGÁS] דאָס משוגעת, ־ן; דער שגעון, ־ען/־ות [ShIGÓEN, ShIGÓNEN/ShIGÓYNES]
the latest craze דאָס נײַסטע משוגעת; די נײַסטע מאָדע
crazed
be crazed with fear פֿון שרעק שיער נישט אַראָפּ(גיין) פֿון זינען
craziness [MEShUGÁS] [ShIGÓEN] דאָס משוגעת; דער שגעון
crazy משוגע; חסר־דעה; מטורף; גערירט אויפֿן אייבערשטן קעסטל [MEShÚGE] [KhÓSER-DÉYE] [METÚREF]
be crazy about sb. [KhÁLEShN] אויסגיין ‹חלשן› נאָך
buy like crazy [MÁTSE] צעכאַפּן ווי מצה־וואַסער
crazy person דער משוגענער געב׳; דער חסר־דעהניק, ־עס; דער מטורף, ־ים [MEShÚGENER] [KhÓSER-DÉYENIK] [METÚREF, METURÓFIM]
go crazy משוגע ‹ווילד› ווערן; אַראָפּגיין פֿון זינען; ווערן אויס מענטש
He got a crazy idea ס׳איז אים אַרײַן אַ שגעון; ס׳איז אויף אים אָנגעקומען אַ משוגעת; ער האָט זיך אַרײַנגענומען אין קאָפּ [ShIGÓEN] [MEShUGÁS]
just plain crazy פֿריש, געזונט און משוגע
like crazy ווי אַ משוגענער געב׳; ווי אַ פֿאַרסמטע מויז; ווי כײַקל אויפֿן יאַריד [FARSÁMTE]
crazyquilt (*fig.***)** דער מיש־מאַש
creak, *n.* דער סקריפּ, ־ן
creak, *v.* סקריפּען
creaking, *n.* דאָס סקריפּען
cream, *n.*
(sweet) דער שמאַנט
(heavy) דער פֿעטער שמאַנט
(light) דער מאָגערער שמאַנט
(skin) דער/די קרעם, ־ען
cream of rice די רײַזקאַשע
cream of tartar די קרימעטאַרטע; דער גערייניקטער ווײַנשטיין
cream of wheat די מאַנע־קאַשע
the cream of the crop דאָס אייבערשטע פֿון שטייסל; די סאָמע סמעטענע; דער סאָמע צימעס; דאָס סולת [SÓYLES]
cream, *v.*
(a cake) באַשמירן מיט קרעם
(make sauce) אונטערשלאָגן
(purée) מאַכן אַ פּיורע פֿון
(skim) אָפּשוימען ‹אָפּשאָמען›; אָפּשעפּן; אָפּצינען
(defeat) דערלאַנגען + דאַט׳ אַ מפּלה ‹קלאַפּ›; צעקלאַפּן; צעשלאָגן; מאַכן צו נישט [MAPÓLE]

cream off אַראָפּנעמען דאָס אײבערשטע פֿון שטײסל
cream cake דער קרעמטאָרט, ־ן; דער שמאַנטקוכן, ־ס
cream cheese דער שמירקעז
cream-colored קרעמיק; קרעמ...
creamed corn דער קוקורוזע־‹פּאַפּשוי־›פּיורע
creamed spinach דער שפּינאַט־פּיורע
creamer
(device) דער מילך־סעפּאַראַטאָר, ־ס
(jug) דאָס מילכקריגל, ־עך; די קרעמניצע, ־ס
(liquid) דער שמאַנט, ־ן
(powder) דער מילכפּראָשיק, ־עס
nondairy creamer דער פּאַרעווער מילכפּראָשיק, ־עס
creamery די מילכיקערײַ, ־ען
cream puff דאָס קרעמבלעזל, ־עך
cream soda די וואַניל־סאָדע
creamy קרעמיק
crease, *n.* דער קנייטש, ־ן
(on face) *also* דער רונצל, ־ען
crease, *v.* צעקנייטשן; צעקנוידערן; רונצלען
create (באַ)שאַפֿן
creatio ex nihilo יש־מאַין [YESh-MEÁYEN]
creation די שאַפֿונג, ־ען
the Creation די יצירה; דער וועלטבאַשאַף [YETSÍRE]
the six days of Creation ששת־ימי־בראשית [ShÉYShES-YEMÉY-BRÉYShES]
creationism דער קרעאַציאָניזם
creationist, *adj.* קרעאַציאָניסטיש
creationist, *n.* דער קרעאַציאָניסט, ־ן
creative שאַפֿעריש; שעפֿעריש
creative accounting דאָס המצאהדיקע חשבון־פֿירערײַ [HAMTSÓEDIKE] [KhEZhBM]
creative writing דאָס שאַפֿערישע ‹שעפֿערישע› שרײַבן; דאָס שײנשרײַבן
creativity די/דאָס שאַפֿערישקייט; די/דאָס שעפֿערישקייט
creator דער באַשאַפֿער, ־ס; דער בעל־מחדש, בעלי־... [BALMEKhÁDESh, BÁLE-...]
the Creator דער באַשעפֿער; דער בורא־עולם; דער בורא־שמים־וארץ [BÓYRE-ÓYLEM] [BÓYRE-ShOMÁYEM-VOÓRETS]
creature דאָס באַשעפֿעניש, ־ן; דאָס/דער נפֿש, ־ות; די בריאה, ־ות/ברואים; דער בעל־חי, בעלי־חיים [NÉFESh, NEFÁShES] [BRÍE, BRÚIM] [BALKhÁY, BÁLE-KhÁYEM]
creature of habit דער בעל־טבֿע, בעלי־...; דער טבֿעניק, ־עס [BALTÉVE, BÁLE-...] [TÉVENIK]
creature comforts באַקוועמלעכקייטן
crèche (Chr.) די ניטל־סצענע
credence די אמונה; דאָס גלייבן [EMÚNE]
gain credence (האַלטן אין) אָננעמען זיך
give credence to לאָזן גלייבן ‹געטרויען›; האָבן אמונה אין
credence table דער קרעדענצטיש, ־ן
credentials קוואַליפֿיקאַציעס; קרעדענציאַלן
(document) דער דאָקומענט, ־ן; דער מאַנדאַט, ־ן
credentials committee די מאַנדאַטן־קאָמיסיע, ־ס
credenza ד קרעדענץ, ־ן
credibility די/דאָס באַגלייבטקייט
credibility gap דער צוטרוי־קריזיס
credible גלייבלעך; איבערצײַג(עווד)יק
credible evidence איבערצײַג(עווד)יקע ראיות ל"ר [RÁYES]
credible threat די גלייבלעכע סכּנה, ־ות [SAKÓNE/SEKÓNE]
credit, *n.*
(econ.) דער קרעדיט; די באָרג
(acad.) דער (קורס)פּונקט, ־ן
(recognition) די אָנערקענונג
credits (film) אָנערקענונגען; אָנערקענדלעך
3-credit course דער דרײַפּונקטיקער קורס, ־ן
be a credit to פֿאַרשאַפֿן + דאַט׳ נחת [NÁKhES]
earn credits פֿאַרדינען פּונקטן
get credit (acad.) פֿאַרדינען ‹באַקומען/קריגן› פּונקטן
get credit (recognition) אָנערקענט ווערן
give credit for (on exam) פֿאַררעכענען
give credit to (recognize) אָנערקענען
give partial credit (on exam) פֿאַררעכענען צום טייל
have good credit האָבן קרעדיט
not want to take credit נישט לאָזן זיך דאַנקען
on credit [KhEZhBM] אויף קרעדיט ‹באָרג/חשבון/קאָנטע›
take credit for פֿאַרכאַפּן די אָנערקענונג פֿאַר
to sb.'s credit דאַט׳ + לשבֿח; עס קומט + דאַט׳ אַ לויב וואָס [LIShVÁKh]
credit, *v.*
(econ.) פֿאַררעכענען; קרעדיטירן; פֿאַרשרײַבן אין הכנסה [HAKhNÓSE]
(recognize) [ShVAKh] אָפּגעבן + דאַט׳ אַ שבֿח; אָנערקענען
credit toward a degree פֿאַררעכענען אויף אַ דיפּלאָם
creditable לויבווערדיק
credit card דאָס קרעדיט־קאַרטל, ־עך
credit-card fraud דער קרעדיט־קאַרטל־שווינדל
credit course דער פּונקטנקורס, ־ן
credit crunch דער פֿאַרקנאַפּטער ‹פֿאַרענגטער› קרעדיט
credit history דער קרעדיט־רעקאָרד, ־ן
credit limit דער קרעדיט־מאַקסימום, ־ס
credit line די קרעדיט־ליניע, ־ס
credit load דער פּונקטן־סכום; דער סכום פּונקטן
creditor
m./unsp. דער קרעדיטאָר, ...אָרן
f. די קרעדיטאָרשע, ־ס
credit rating די/דאָס קרעדיט־פֿעיִקייט, ־ן
credit union דער קרעדיט־פֿאַראיין, ־ען
creditworthiness די/דאָס קרעדיט־פֿעיִקייט
creditworthy קרעדיט־פֿעיִק
credo [ÁNI-MÁYMEN] דער אַני־מאמין, ־ס; דער קרעדאָ, ־ס
credulity די/דאָס לײַכטגלייביקייט; די/דאָס גרינגגלייביקייט
It strains credulity עס גלייבט זיך קוים
credulous לײַכטגלייביק; גרינגגלייביק
creed דער קרעדאָ, ־ס; דער גלויבן, ־ס
(J.) [EMÚNE] די אמונה, ־ות; דער אַני־מאמין, ־ס [ÁNI-MÁYMEN]
(non-J.) [NEMÓNE] די נאמנה, ־ות
creek דאָס טײַכל, ־עך; די ריטשקע, ־ס
up a creek [TSÓRES] אויף גרויסע ‹געהאַקטע› צרות
creep, *n.*
(geol.) דער (ערד־)אַראָפּרוק, ־ן
(person) דער פּאַסקודניאַק, ־עס; דער קריכער, ־ס; דער נישט־צום־האַרצן; די פֿאַרדאַרבענע נשמה, ־ות; די מאָדנע בריאה, ־ות [NEShÓME] [BRÍE]
It gave me the creeps ס׳האָבן זיך מיר געשטעלט די האָר קאַפּויער; ס׳האָט מיר אָנגעמאַכט אַ סקרוך איבערן לײַב
creep, *v.*
(person/animal) קריכן; פּויזע(ן)
(plant) פֿלעכטן זיך; וויקלען זיך; קריכן
(time) ציִען זיך
creep in אַרײַנקריכן
creep up behind פֿאַרגנבֿע(נע)ן זיך הינטער [FARGÁNVE(NE)N]
creep up (time) אָנרוקן זיך

creeper
  (bird) דער בוֹימלויפֿער, ־ס
  (person/thing) דער קריכער, ־ס; דער קריכנדיקער געב׳
  (bot.) די בתולה־בלום, ־ען [PSÚLE]
creeping קריכ(נד)יק
creepy אוֹמהיימלעך
creepy-crawly דאָס זשוקל, ־עך; דער קריכנדיקער געב׳
cremate קרעמירן; פֿאַרברענען
cremation די קרעמאַציע; די פֿאַרברענונג
crematorium די קרעמאַטאָריע, ־ס
crème caramel דער קאַראַמעל־קרעם
crème de la crème פּני ל״ר; די סאַמע סמעטענע; דער סאַמע סולת ‹סענץ›; דאָס סאַמע אײבערשטע פֿון שטייסל [PNEY] [SÓYLES]
Creole, *adj.* קרעאָליש
Creole, *n.*
  m./unsp. דער קרעאָל, ־ן
  f. די קרעאָלקע ‹קרעאָלין›, ־ן
  (language) דאָס קרעאָליש
creosote, *n.* דער קרעאָזאָט
creosote, *v.* קרעאָזאָטירן
crepe
  (fabric) דער קרעפּ
  (cul.) די בלינצע, ־ס
  cheese crepe די שאַלטענאָסע, ־ס; די קעזבלינצע, ־ס
crepe de Chine דער קרעפּדעשין
crepe paper דאָס קרעפּפּאַפּיר
crescendo דער קרעשטשענדאָ
crescent
  (moon) דער מולד; די האַלבע לבֿנה [MÓYLED] [LEVÓNE]
  (pastry) דער ראָגאַל, ־עס
crest, *n.*
  (top) דער קאַם, ־ען; דער שפּיץ, ־ן
  (coat of arms) דער הערב, ־ן
crest, *v.* דערגרייכן דעם שפּיץ
crestfallen דערשלאָגן; געפֿאַלן (ביי זיך); מיט אַן אַראָפּגעלאָזטער נאָז
cretin דער קרעטין, ־ען
  (slg./pej.) דער אידיאָט, ־ן; דער שוטה בן פּיקהאָלץ [ShÓYTE]
cretinism דער קרעטיניזם
crevasse דער גלעטשערשפּאַלט, ־ן
crevice דער פֿעלדזנשפּאַלט, ־ן; די שפּאַרונע, ־ס; די שפּאַרע, ־ס; דער שלונד, ־ן
crew די קאָמאַנדע, ־ס; דער עקיפּאַזש, ־ן; די מאַנשאַפֿט, ־ן
  (social group) די חבֿרה, ־ות [KhÉVRE]
crew cut דער יאָזשיק; די פּאָלקע; די שטעכלער־פֿריזור
  get a crew cut מאַכן זיך אַ יאָזשיק ‹פּאָלקע/שטעכלער־פֿריזור›
crewmember דער עקיפּאַזשניק, ־עס; דער עקיפּאַזש־חבֿר, ־ים [KhÁVER, KhAVÉYRIM]
crib, *n.* דאָס (פֿרענטש)בעטל, ־עך; דאָס בעטעלע, ־ך; די וויג, ־ן
crib, *v.* ניצן אַ שפּאַרגאַלקע; איבערשרייבן; קאָפּירן
cribbage דער קריבעדזש
crib bumper דאָס וויג־שיצערל, ־עך
crib death דער עופֿל־טויט [EYFL]
crib hammock דער וויגהאַמאַק, ־ן
crib mattress דאָס וויג־מאַטראַצל, ־עך
crib sheet
  (exam) די שפּאַרגאַלקע, ־ס; דאָס אונטערזאָג־צעטעלע, ־ך
  (linen) דאָס (וויג־)ליילעכל, ־עך
crick דער קראַמפּ, ־ן; דער קאָרטש, ־עס
cricket[1] **(spo.)** דער קריקעט
cricket[2] **(zool.)** די גריל, ־ן; דער טשירקון, ־עס
cricketer דער קריקעטיסט, ־ן; דער קריקעט־שפּילער, ־ס
cricket match דער קריקעטמאַטש, ־ן
cri de coeur דאָס וויי־געשריי, ־ען; דאָס יאָמער־געשריי, ־ען
crier דער אויסרופֿער, ־ס; דער אויסשרייער, ־ס
crime, *adj. see* **criminal**
crime, *n.* דאָס פֿאַרברעכערײַ
  (single act) דאָס פֿאַרברעכן, ־ס; דער פֿאַרברעך, ־ן
Crimea (דער) קרים
crimebuster דער באַנדע־צעשטערער, ־ס
crime family די אונטערוועלט־משפּחה, ־ות [MIShPÓKhE]
crime rate די/דאָס פֿאַרברעכיקייט; די צאָל פֿאַרברעכנס
crime scene דאָס פֿאַרברעכאָרט, ...ערטער
crime wave די פֿאַרברעך־כוואַליע, ־ס
criminal, *adj.* פֿאַרברעכ...; פֿאַרברעכעריש; פֿאַרברעכיק; קרימינעל; קרימינאַל־...
  (abhorrent) מיאוס; שענדלעך [MÍES]
criminal, *n.* דער קרימינאַלניק, ־עס; דער פֿאַרברעכער, ־ס
criminal charges קרימינעלע באַשולדיקונגען
criminal code דער קרימינאַל־קאָדעקס, ־ן; דער קרימינעלער קאָדעקס, ־ן
criminal court דאָס קרימינאַל־‹פֿאַרברעך־›געריכט, ־ן
criminalist דער קרימינאַליסט, ־ן
criminalistics די קרימינאַליסטיק ל״י
criminality די/דאָס קרימינעלקייט; די קרימינאַליטעט
criminalization דאָס קרימאַנאַליזירן; די קרימינאַליזירונג
criminalize קרימינאַליזירן
criminal justice די קרימינאַל־יוסטיץ
criminal mischief דער פֿאַרברעכיקער שאָדן
criminal offense דער קרימינאַל־פֿאַרברעך, ־ן
criminal possession דאָס קרימינעלע פֿאַרמאָגן
criminal prosecution דאָס שטעלן צום קרימינעלן משפּט [MÍShPET]
criminal record די/דאָס געמישפּטקייט; די פֿאַרברעך־געשיכטע, ־ס [GEMÍShPETKEYT]
criminological קרימינאָלאָגיש
criminologist דער קרימינאָלאָג, ־ן
criminology די קרימינאָלאָגיע
crimp, *n.* דער שטער, ־ן
  put a crimp in *(fig.)* שטערן; האַמעווע|ן
crimp, *v.*
  (fabric/metal) גאָפֿרירן
  (hair) פֿאַרקרײַזלען; אָנדולירן
  (pastry) לײַכט צוזאַמענדריקן; אײַנקאַרבירן
crimped
  (fabric/metal) גאָפֿרירט
  (hair) פֿאַרקרײַזלט; אָנדולירט
  (pastry) אײַנקאַרבירט
crimson, *adj.* פּאָמסן; פּאָנסן; פּורפּעלן; פּערפּעלן
crimson, *n.* דער פּאָמס ‹פּאָנס›; דער פּורפּל ‹פּערפּל›; דער קאַרמאָזין
cringe ציטערן; אָפּפּראַלן; צוריקפּראַלן
crinkle צעקנייטשן; צעמיאַטשע|ן
crinoline די קרינעלינע, ־ס
cripple, *n.* דער בעל־מום, בעלי־מומים; דער/די קאַליקע, ־ס; דער לאָמער געב׳; דער קריפּל, ־ען [BALMÚM, BÁLE-MÚMIM]
cripple, *v.* פֿאַרקריפּלען; צעלאָמען; צעקאַליעטשע|ן; פֿאַרמומען; מאַכן פֿאַר אַ קאַליקע
crippled פֿאַרקריפּלט; צעקאַליעטשעט
crippling פֿאַרקריפּלענדיק
crisis דער קריזיס, ־ן; דער סטיס

crisis in confidence דער צוטרױ־קריזיס
crisis counseling די קריזיס־טעראַפּיע
crisis management דאָס ספּראַוועןזיך מיט אַ קריזיס
crisp קרישלדיק; קרוכלע; קרוכיק; מערביק
(weather) פֿריש
crisping iron די קרײַז־שער, ־ן
crispy *see* **crisp**
crisscross איבערשנײַדן
(fabric) אַריבערלייגן
crisscross the country אױספֿאָרן דאָס לאַנד אין דער לענג און אין דער ברייט
criterion די קריטעריע, ־ס; די מאָס, ־ן; דער פּרוּװשטיין, ־ער
critic דער קריטיקער, ־ס
be one's own worst critic זײַן אויף זיך דער בעסטער ‹שטאַרקסטער› מבֿין; זײַן אויף זיך דער גרעסטער גזלן [MEYVN] [GÁZLEN]
critical קריטיש
be critical of זײַן קריטיש פֿון ‹וועגן›; האָבן טענות צו [TÁYNES]
She's in critical condition זי ליגט אין אַ קריטישן מצבֿ; סע האַלט מיט איר שמאָל [MÁTSEV]
critical juncture דער קריטישער צײַטפּונקט ‹מאָמענט›, ־ן
critically קריטיש; אויף אַ קריטישן אופֿן [OYFN]
critically acclaimed שטאַרק געלויבט; וואַרעם אױפֿגענומען
critically wounded קריטיש פֿאַרוווּנדיקט
critical mass די קריטישע מאַסע, ־ס
critical thinking דאָס טראַכטן אַנאַליטיש ‹קריטיש›
criticism די קריטיק
take criticism אָננעמען קריטיק
criticize קריטיקירן; זאָגן אַ קריטיש וואָרט; אױסוואַרפֿן; נעמען אויפֿן צימבל; געפֿינען חסרונות בײַ [KhESRÓYNES]
criticize strongly אַראָפּרײַסן; שטאַרק קריטיקירן; צעקריטיקירן; צענעמען אויף געפֿעלעך
critique, *n.* די קריטיק; דער קריטישער אַנאַליז, ־ן; די רעצענזיע, ־ס; דער אָפּשאַץ, ־ן; די אָפּשאַצונג, ־ען
critique, *v.* זאָגן מבֿינות אויף; קריטיקירן; רעצענזירן [MEVÍNES]
critter *see* **creature**
croak, *n.*
(of bird) דאָס קראַקען
(of frog) דאָס קוואַקען
(of person) דאָס כריפּען; דאָס כריפּעניש
croak, *v.*
(bird) קראַקע|ן
(frog) קוואַקע|ן
(person) כריפּע|ן; זײַן הײזעריק
(die/*slg.*) פּגרן [PÉYGERN]
Croatia (די) קראָאַטיע; (די) כאָרוואַטיע
Croatian, *adj.* קראָאַטיש; כאָרוואַטיש
Croatian Jew דער קראָאַטישער געב'; דער כאָרוואַטישער געב'; דער קראָאַטישער ‹כאָרוואַטישער› ייִד, ־ן
Croatian, *n.*
m./unsp. דער קראָאַט, ־ן; דער כאָרוואַט, ־ן
f. די קראָאַטקע, ־ס; די כאָרוואַטקע, ־ס
(language) דאָס קראָאַטיש; דאָס כאָרוואַטיש; די קראָאַטישע ‹כאָרוואַטישע› שפּראַך
crochet, *v. imp./pf.* (אָנ)העקלען
crocheted געהעקלט
crochet hook/needle דאָס העקל, ־עך
crocheting דאָס העקלען
crock
(jar) דער ליימענער קרוג, ־ן/קריג
(pottery chip) דאָס שערבל, ־עך; דאָס שערבעלע, ־ך
It's a crock! ס'איז אַ באָבע־מעשׂה ‹ליגן›!; ס'איז בלאָטע! [MÁYSE]
crockery, *adj.* פֿאַיאַנצן
crockery, *n.* דאָס ליימוואַרג; דער פֿאַיאַנץ; דאָס פֿאַיאַנץ־געפֿעס; דאָס פֿאַיאַנצוואַרג
crockpot דער טשאָלנטטאָפּ, ...טעפּ
crocodile דער קראָקאָדיל, ־ן
crocodile tears ציבעלע־‹קראָקאָדיל־›טרערן
cry crocodile tears וויינען מיט ציבעלע־‹קראָקאָדיל־› טרערן
crocus דער קראָקוס; דער זאַפֿרען
Crohn's disease די קראָן־קרענק
croissant דער ראָגאַל, ־עס; די ראָגאַלקע, ־ס; דער קיפּל, ־ען; דער קרואַסאַן, ־ען
crony דער גוטער־ברודער, גוטע־ברידער; דער גוטער חבֿר, ־ים [KhÁVER, KhAVÉYRIM]
cronyism דער קראָניזם
crook, *n.*
(thief) דער זשוליק, ־עס; דער שווינדלער, ־ס; דער כלאַמידניק, ־עס; דער ממזרוק, ־עס [MAMZERÚK]
(hook) דער האָקן, ־ס; דער קרוק, ־עס
crook of the arm דאָס עלנבויגן־גריבל, ־עך
crook, *v.* (אײַנ)בייגן
crooked קרום; פֿאַרקרימט; אױסגעקרימט; אױסגעבויגן
(dishonest) אומערלעך; קרום; פֿאַלש; שווינדלעריש
crooked ways קרומע גענג ‹שטיק›
croon שטילערהייט זינגען (פֿאַר זיך)
crooner דער קרונער, ־ס
crop, *n.*
(plant) פּראָדוקטן ל"ר; קולטור־געוויקסן ל"ר
(harvest) דער געראָט, ־ן; דאָס גערעטעניש, ־ן; דער שניט, ־ן
(bird's) די וואָליע, ־ס
crop, *v.* אַרומשנײַדן; אַרומשערן
crop up באַווײַזן זיך; יאַווע|ן זיך; געבן זיך אַ באַווײַז; אונטערקומען
crop duster דער פֿעלד־באַשטויבער, ־ס
crop rotation דער זײ־איבערבײַט
croquet דער קראָקעט
croquette דער קראָקעט, ־ן
cross, *adj.* **(at)** ברוגז (אויף); אין כּעס (אויף) [BRÓYGES] [KÁAS]
cross, *n.* [TSÉYLEM, TSLÓMIM] דער צלם, ־ים; דער ˙קרייץ, ־ן
a cross between אַ היבריד ‹געמיש› פֿון
cross, *v.*
vt. **(intersect)** איבערשנײַדן
vt. **(street)** אַריבערגיין
vi. איבערשנײַדן זיך
cross off/out אױסשטרײַכ(לע)ן; אױסמעקן; (אַ)דורכמעקן
cross one's arms פֿאַרלייגן די הענט
cross one's legs פֿאַרלייגן אַ פֿוס איבער ‹אויף› אַ פֿוס
cross oneself, *imp./pf.* (איבער)צלמען זיך [(ÍBER)TSÉYLEMEN]
cross sb.'s path איבערשנײַדן + דאַט' דעם וועג; קומען + דאַט' אין וועג אַרײַן
cross the line (*fig.*) פֿאַרגיין ‹פֿאַרקריכן› צו ווײַט; אַראָפּגיין פֿון דרך(־הישר) [DÉREKh(-HAYÓShER)]
crossbar
(archit.) דער קווערבאַלקן, ־ס; די באַנט(ענ)ע, ־ס
(of balance) דער (וואָג)שטאַנג, ־ען
(spo.) דער טורניק, ־עס

crossbeam דער קווערבאַלקן, ־ס
crossbearer דער צלם־טרעגער, ־ס [TSÉYLEM]
crossbill דער צלם־שנאָבל, ־ען [TSÉYLEM]
cross-border איבערגרענעצדיק
crossbow דער אַרבאַלעסט, ־ן
crossbreed, *n.* דער קרייצלינג, ־ען; דער היבריד, ־ן
crossbreed, *v.* צונויפֿקרייצן
cross-check, *n.* די איבערקאָנטראָלירונג, ־ען
(hockey) דער שטויס אין דער ברייט
cross-check, *v.* איבערקאָנטראָלירן; ווידער קאָנטראָלירן
(hockey) שטויסן אין דער ברייט
cross country (spo.) דער קראָס
cross-country skiing דער פֿעלדסקי
cross-country trip [NESÍE] די איבערלאַנדישע נסיעה, ־ות
cross-cultural צווישנקולטורן־...
crosscurrent דער קעגנשטראָם, ־ען
crosscut saw די שראָטזעג, ־ן
cross-dress, *v.* טראַוועסטירן; גיין אין מענער־‹פֿרויען־› קליידונג; אָנטאָן ‹קליידן› זיך ווי אַ מאַן ‹פֿרוי›
cross-dresser
m./unsp. דער טראַוועסטירער, ־ס
f. די טראַוועסטירקע, ־ס
cross-dressing דאָס טראַוועסטירן
cross-examination דער דורכפֿאַרהער, ־ן
cross-examine (אַ)דורכפֿאַרהערן
cross-eyed קאַסאָקע; שיקלדיק
be cross-eyed זײַן קאַסאָקע; שיקלען מיט די אויגן
cross-fertilization די אַנאַנד־באַפֿרוכפּערונג
(*fig.*) די אַנאַנד־באַרײַכערונג
cross-fertilize אַנאַנד־באַפֿרוכפּערן
crossfire דער קרייצפֿײַער, ־ן
crosshairs דער אָנציל, ־ן
have sb. in one's crosshairs אָנצילעווע|ן אויף
crosshatch אויסשטריכלען
crossing
(pedestrian) דער (פֿוסגייער־)אַריבערגאַנג, ־ען
(vehicle) דער אַריבערפֿאָר, ־ן
(sea passage) די איבערשיפֿונג
crossing guard דער אַריבערגאַנג־היטער, ־ס
cross-legged
sit cross-legged זיצן טערקיש; זיצן ווי אַ טערק
cross-list אויסרעכענען אויף עטלעכע בערזעס
cross-listing די אַנאַנד־אויסרעכענונג, ־ען
crosspiece דער קווערשטאַנג, ־ען; די שפּעהע, ־ס; דער באַפֿעסטקרייץ, ־ן
cross-pollination די אַנאַנד־באַשטויבונג
cross-purposes
be at cross-purposes האָבן קאַפּויערדיקע צילן
talk at cross-purposes רעדן (קאַ)פּידרעד
cross-reference, *n.* דער אָפּשיק, ־ן
cross-reference, *v.* אָפּשיקן צו
cross-referenced אָפּשיק...
crossroads דער שיידוועג, ־ן; דער שנײַדוועג, ־ן
at the crossroads אויפֿן שיידוועג
cross section דער קווערשניט, ־ן
(of population) דער פּראָפֿיל, ־ן
cross-stitch דער צלם־שטאָך, ־שטעך [TSÉYLEM]
cross street די קווערגאַס, ־ן
crosstown, *adj.* דורכשטאָטיש; דורכשטאָט...
crosstown bus דער דורכשטאָטישער אויטאָבוס, ־ן
crosstown, *adv.* אויף דער צווייטער זײַט שטאָט
cross-ventilate (אַ)דורכווענטילירן
cross-ventilation די דורכווענטילאַציע

crosswalk דער אַריבערגאַנג, ־ען
crosswind דער זײַטווינט, ־ן
crosswise אין דער ברייט ‹קווער›
crossword puzzle דאָס קעסטל־רעטעניש, ־ן
crotch דער קראָק, ־ן
crotchety person דער וואָרטשון, ־עס; דער בורטשער, ־ס
crotch strap דער קראָקרימען, ־ס
crouch, *v.* הויערן; זיצן אײַנגעבויגן; זיצן ציפּקעס ‹טשיפּקעס›; זיצן אויף די קאָרטעטשקעס
crouch down אײַנבייגן זיך; צוזעצן זיך (אויף די קאָרטעטשקעס)
croup דער קרופּ
croupier דער קרופּיע, ־ען
crouton דאָס קרוטאָנדל, ־עך
crow, *n.* די וואָראָנע, ־ס; די קראָ, ־ען; דער ראָב, ־ן
as the crow flies מיטן פֿויגלוועג; מיט דער לופֿטליניע
crow, *v.* קרייען
crow over באַרימען זיך וועגן ‹איבער›
crowbar דער/דאָס ברעכאײַזן, ־ס; דער ברעכשטאַנג, ־ען; דער לאָם, ־ען; דער שאַבער, ־ס
crowd, *n.* דער עולם, ־ס; די מאַסע, ־ס/מאַסן; דאָס געזעמל, ־עך [ÓYLEM]
be a crowd-pleaser באַפֿרידיקן עולם־גולם [ÓYLEM-GÓYLEM]
crowd, *v.*
vt. שטופּן; אַרײַנשטופּן זיך אין; ענג מאַכן
vi. שטופּן זיך
crowd around אַרומזאַמלען זיך; אַרומשטופּן זיך
crowd out אַרויסשטופּן
crowded אָנגעפּאַקט; פֿול געפּאַקט; ענג; אָנגעשלאָגן
very crowded קאָפּ אויף קאָפּ; קעפּ אויף קעפּ; געפּאַקט ווי די הערינג
crowdsourcing דער קראַודסאָרסינג
crown, *n.* די קרוין, ־ען
(dental) דאָס (צאָן)קריינדל, ־עך; די קאָראָנע, ־ס
(of head) דער שפּיץ קאָפּ
(of hat) דער דעניק, דענקעס
wear the crown טראָגן די קרוין; זיצן אויפֿן טראָן
crown, *v.*
vt. imp./pf. **(royal)** (באַ)קרייגען
vi. **(at birth)** באַווײַזן זיך
crowning achievement די קרוין; דאָס קרוינווערק
crowning glory דער סאַמע שפּיץ; דאָס סאַמע בעסטע
crowning, *n.*
(royal) די קריינונג, ־ען
(at birth) דאָס באַווײַזן זיך
crown jewel דאָס שוואַרצאַפּל פֿון אויג; דאָס אויג אין קאָפּ
crown jewels דאָס קעניגלעכע צירונג קאָל׳
crown prince דער טראָן־יורש, ־ים [YÓYRESh, YÓRShIM]
crown princess די טראָן־יורשטע, ־ס [YÓYREShTE]
crow's-feet אויגן־קנייטשעלעך
crow's nest די קראָענעסט, ־ן
crucial קריטיש; קנופּיק
crucial question די קריטישע פֿראַגע, ־ס
crucian דער קאָרעס, ־ן
crucible
(tool) דער (שמעלצ)טיגל, ־ען
(ordeal) דער נסיון, ־ות; דער אויספּרווו, ־ן; דער טעסט, ־ן [NISÓYEN, NISYÓYNES]
crucible steel דאָס טיגלשטאָל
crucifer
(bot.) דער צלם־בלומיקער געב׳ [TSÉYLEM]
(Chr.) דער צלם־טרעגער, ־ס

cruciferous צלם־בלומיק [TSÉYLEM]
crucifix דער צלם, ־ים; דער קרוציפֿיקס, ־ן [TSÉYLEM, TSLÓMIM]
crucifixion די קרײַציקונג, ־ען
crucify קרײַציקן; צושלאָגן צום צלם ‹קרייץ› [TSÉYLEM]
crude
  (raw) רוי; נישט־ראַפֿינירט; אומגעשליפֿן
  (crass) פּראָסט; גראָב; אומאײדל; מגושמדיק [MEGÚShEMDIK]
crude iron דאָס רויאײַזן
crude oil דער (נישט־ראַפֿינירטער) נאַפֿט
crudités צערעפּטלטע גרינסן
crudity די/דאָס פּראָסטקייט; די/דאָס גראָבקייט
cruel רישעותדיק; רוצחיש; אַכזריותדיק [RÍShESDIK] [RÓTSKhISh] [AKhZÓRYESDIK]
  cruel and unusual punishment די אַכזריותדיקע שטראָף [AKhZÓRYESDIKE]
  cruel person (*m./unsp.*) דער רוצח, ־ים; דער אַכזר, ־ים [RETSÉYEKh, RÓTSKhIM] [ÁKhZER, AKhZÓRIM]
  cruel person (*f.*) די רוצחטע, ־ס; די אַכזרטע, ־ס [RETSÉYEKhTE] [ÁKhZERTE]
cruelty [RÍShES] [AKhZÓRYES] דאָס רישעות; דאָס אַכזריות
cruet דאָס עסיק־‹בוימל־›פֿלעשעלע, ־ך
cruise, *n.* דער קרייס, ־ן; דער קרוז, ־ן; די טוריסטישע שיף־נסיעה, ־ות [NESÍE]
  go on a cruise קרייסירן
cruise, *v.*
  (ship) (אַרומ)קרייסירן
  (vehicle) קורסירן; אַרומפֿאָרן
  (airplane) פֿליִען מיט דער געווינ(ט)לעכער פֿליגיכקייט
  (*fig.*) אַרומזוכן
cruise control דער טעמפּאָמאַט, ־ן
cruise missile דער קרייסיר־ראַקעט, ־ן
cruiser/cruise ship דער קרייסער, ־ס
cruller דער קרולער, ־ס
crumb דאָס קרישל, ־עך; די קרישקע, ־ס; דאָס קרישקעלע, ־ך; דאָס ברעקל, ־עך; דאָס ברעקעלע, ־ך
  crumbs (*fig.*) שיריים; איבערבלײַבעכצער [ShIRÁYEM]
  Throw me a crumb! האָב ‹האָט› גאָט אין האַרצן!
crumble
  vt. imp./pf. (צע)ברעקלען; (צע)בראָקן; (צע)קרישלען
  vi. imp./pf. (צע)ברעקלען זיך; (צע)קרישלען זיך; צעפֿאַלן זיך; (צע)שיטן זיך
  crumble stg. into a liquid (אַרײַנ)בראָקן
crumbly קרישלדיק; ברעקלדיק; מערביק; סיפּקע
crummy נעבעכדיק; פּאַסקודנע; מיאוס [MÍES]
crumple צעקוועטשן; צעקנייטשן; צעמיאַטשע|ן; צעקנוידערן
crunch, *n.* דער כראָמטשע, ־ס; דאָס כראָמטשען; דאָס קנאַקן
  (critical moment) דער קריטישער מאָמענט, ־ן
  in a crunch אין אַן עת־צרה; אין אַ קריטישן מאָמענט; ווען ס'האַלט שמאָל [EYS-TSÓRE]
  do abdominal crunches מאַכן בויך־געניטונגען
crunch, *v.* כראָמטשע|ן; קנאַקן
  crunch the numbers אַנאַליזירן די ציפֿערן
  crunch underfoot צעטרעטן
crunchy כראָמטשעדיק; קנאַקעדיק
crusade, *n.* דער קרײַצפֿאָר, ־ן; דער קרײַצקריג, ־ן; דער קרײַצצוג, ־ן
  (*fig.*) דער שווערער ‹האַרטער› קאַמף, ־ן
crusade, *v.* פֿירן אַ שווערן ‹האַרטן› קאַמף; ראַנגלען זיך
crusader דער קרײַצפֿאָרער, ־ס; דער צלם־טרעגער, ־ס [TSÉYLEM]
  (*fig.*) דער קעמפֿער, ־ס
crush, *n.*
  (crowd) דאָס שטופּעניש; די ענגשאַפֿט; דאָס געדריק; דאָס (דער)שטיקעניש; דאָס ערד־טרעטעניש
  (romantic) דאָס פֿאַרליבעניש, ־ן; דאָס פֿאַרקאָכעניש, ־ן
  have a crush on זײַן די כּפּרה פֿאַר; זײַן פֿאַרקאָכט אין; זײַן פֿאַרליבט ‹פֿאַרליאַפּעט› איבער די אויערן אין [KAPÓRE]
crush, *v.*
  (grind) צערײַבן; צעמאָלן; צעמורשטן; צעשטויבן; (צע)שטויסן
  (squeeze) צעקוועטשן; צעדריקן
  (defeat) צעקלאַפּן; צעשמעטערן; מאַכן צו נישט
  crush to death צעקוועטשן ‹צעדריקן› אויף טויט
  crush underfoot צעטרעטן
crushed צעקוועטשט; צעמאָלן; געשטויסן; צעברעקלט
  crushed ice דאָס געשטויסענע ‹צעברעקלטע› אײַז; אײַזברעקלעך ל"ר
crusher דער דרויבלער, ־ס; די דרויבל־מאַשין, ־ען
crushing צעשמעטערנדיק
  suffer a crushing defeat לײַדן אַ גרויסע ‹צעשמעטערנדיקע› מפּלה [MAPÓLE]
crust, *n.*
  (of bread) די סקאָר(ינק)ע, ־ס
  (of earth) די ערדקאָרע; דאָס ערדהײַטל
  (pastry) דער פֿאַרבאַק; דאָס פֿאַרבאַקענע טייג
crust, *v.*
  (pastry) פֿאַרבאַקן זיך פֿון אויבן
  (*fig.*) פֿאַרבאַקן ‹פֿאַרבאַקט› ווערן
crustacean, *adj.* ראַק...
crustacean, *n.* דער ראַק, ־עס
crusty
  (bread) טרײַגע; באַדעקט מיט אַ סקאָר(ינק)ע
  (bad-tempered) בייזלעך; גאַליק
  crusty end of bread דער ראָזשיק, ־עס
crutch די קוליע, ־ס
  (*fig.*) דער אָנשפּאַר, ־ן
crux דער עיקר, ־ים; דער תּמצית, ־ים [ÍKER, ÍKRIM] [TÁMTSES, TAMTSÉYSIM]
  crux of the matter דער עיקר־המעשׂה; דער תּמצית ‹תּוך› פֿון דער זאַך [ÍKER-HAMÁYSE] [TOKh]
cry, *n.* דאָס געשריי, ־ען; דער רוף, ־ן; דער ג(ע)וואַלד, ־ן; קולות ל"ר [KÓYLES]
  It's a far cry (from) ס'איז נאָך אַ ווײַטער מהלך (פֿון); ס'איז ווײַט נישט + נאָמ'; דאָס איז שוין אין גאַנצן אַנדערש פֿון [MEHÁLEKh]
  loud cry דאָס אויסגעשריי, ־ען
  have a good cry גוט אויסוויינען זיך
  It was a cry for attention ער ‹זי› האָט געוואָלט מע זאָל זיך אויף אים ‹איר› אומקוקן
cry, *v.* וויינען; פּלאַנכע|ן
  cry for help שרײַען ג(ע)וואַלד ‹קאַראַול›; שרײַען נאָך הילף; רופֿן צו הילף
  cry one's eyes/heart out אויסוויינען זיך די אויגן; וויינען אַ ביטער געוויין; וויינען ווי אַ קלאָגמוטער
  cry out אויסשרײַען; געבן ‹טאָן› אַ געשריי; אויסרופֿן
  cry out against שרײַען ג(ע)וואַלד וועגן; מתרה זײַן פֿאַר [MÁSRE]
  cry out for (demand) רופֿן צו
  cry over וויינען צוליב
  cry wolf שלאָגן אַ פֿאַלשן אַלאַרעם
crybaby דער וויינער, ס; דאָס וויינערל, ־עך; דער פּישטשער, ־ס; די קלאָגמוטער, ־ס
crying, *adj.* וויינענדיק; שרײַענדיק

There's a crying need for — מע דאַרף נייטיק + אַק'
It's a crying shame — ס'איז אַ חרפּה און אַ בושה [KhÁRPE] [BÚShE]
crying, *n.* — דאָס געוויין; דאָס וויינען; די בכיה [BÉKhYE]
crypt — די קריפּטע, ־ס; דער סקליעפּ, ־ן/־עס
cryptanalysis — דער קריפּטאָאַנאַליז
cryptanalyst — דער קריפּטאָאַנאַליטיקער, ־ס
cryptic
(coded) — (פֿאַר)שיפֿרירט
(obscure) — קריפּטיש; רעטענעשדיק
cryptographer — דער קריפּטאָגראַף, ־ן
cryptographic — קריפּטאָגראַפֿיש
cryptography — די קריפּטאָגראַפֿיע
cryptonym — דער קריפּטאָנים, ־ען
crystal, *adj.* — קריסטאַלן; קרישטאָלן
crystal, *n.*
(chem.) — דער קריסטאַל, ־ן
(cut glass) — דער קרישטאָל
crystal ball — דער קרישטאָלענער קיילעך, ־ער
I don't have a crystal ball — גיי(ט) זיי(ט) אַ נבֿיא [NÓVI]
crystal clear — קרישטאָל ריין; קלאָר ווי וואַסער
crystal-gazing — די קריסטאַלאָמאַנטיע; דאָס פֿאַרקוקן זיך אין מאָרגן אַריין
crystalline — קריסטאַליש
crystallite — דער קריסטאַליט, ־ן
crystallization — די קריסטאַליזאַציע
crystallize, *v. imp./pf.* — (אויס)קריסטאַליזירן זיך; שטעלן זיך
become crystallized (of fruit) — פֿאַרצוקערן זיך; געצוקערט ווערן
crystallography — די קריסטאַלאָגראַפֿיע
crystalware — דאָס קרישטאָלוואַרג; דאָס קרישטאָל־געפֿעס
C-section — דער קייסערשניט, ־ן
CT scan — די קאָמפּיוטער־טאָמאָגראַפֿיע, ־ס; דער קאַטסקאַן, ־ס
cub — דאָס חיהלע, ־ך [KhÁYELE]
(bear) — דאָס בערעלע, ־ך
(fox) — דאָס פֿיקסל, ־עך; דאָס פֿיקסעלע, ־ך
(lion) — דאָס לייבעלע, ־ך
(tiger) — דאָס טיגערל, ־עך
(wolf) — דאָס וועלפֿעלע, ־ך
Cuba — (דאָס) קובאַ
Cuban, *adj.* — קובאַנער אינוו'
Cuban Jew — דער קובאַנישער געב'; דער קובאַנישער ייִד, ־ן
Cuban, *n.*
m./unsp. — דער קובאַנער, –
f. — די קובאַנערקע ‹קובאַנערין›, ־ס
cubby(hole) — דאָס אַלקערל, ־עך
cube, *n.* — דער קוב, ־ן
(alg.) *also* — די דריטע מדרגה [MADRÉYGE]
cube, *v.*
(cul.) — צעשניידן אויף קאָסקעלעך ‹קוביקלעך›
(alg.) — קובירן; דערהייבן אין דער דריטער מדרגה [MADRÉYGE]
cubeb — די קובעבע
cubic — קוביש; קוביק...
cubic capacity — די קובאַטור
cubic centimeter — דער קוביק־צענטימעטער, ־ס; דער קובישער צענטימעטער, ־ס
cubic foot — דער קוביקפֿוס; דער קובישער פֿוס
cubic inch — די קוביקצאָל; די קובישע צאָל
cubicle — דער אַלקער, ־ס
cubic root — דער קוביק־וואָרצל, ־ען; דער קובישער ‹דריטער› וואָרצל, ־ען
cubism — דער קוביזם
cubist, *adj.* — קוביסטיש
cubist, *n.* — דער קוביסט, ־ן
cub scout — דער יונגער סקויט, ־ן
cuckold, *n.* — דער אַרבלניק, ־עס; דער אָפּגענאַרטער געב'
cuckold, *vt.* — אויסטרענען + דאַט' אַן אַרבל; באַאַרבלען; זיין + דאַט' אומגעטריי
cuckolded — באַאַרבלט
cuckoo, *adj.* — צעדרייט; משוגע [MEShÚGE]
cuckoo, *n.* — די קוקאַווקע, ־ס; די זאַזוליע, ־ס
Cuckoo!, *int.* — קו־קו!
cuckoo clock — דער קוקו־זייגער, ־ס
cucumber — די אוגערקע, ־ס
cucumber salad — די מאַזריע; די אוגערקע־סאַלאַט
cuddle, *n.* — דאָס אַרומנעמען; דאָס צוטוליען זיך
cuddle, *v.* — צוטוליע|ן (צו)
cuddle up (to) — צוטוליע|ן זיך (צו); איינטוליע|ן זיך (אין); צונורע|ן זיך (צו)
cuddle toy — דאָס טוליע־שפּילעכל, ־עך
cuddly — טוליעוודיק; פּוכיק
cudgel — די דובינע, ־ס; דאָס גניטל, ־עך
cue, *n.*
(hint) — דער אָנווונק, ־ען; דאָס אָנצוהערעניש, ־ן
(thea.) — די רעפּליק, ־ן; די רעפּליק, ־עס
take one's cue (*fig.*) — אָפּלערנען זיך
cue, *v.*
(hint) — אָנווינקען; געבן אָנצוהערן
(thea.) — סופֿלירן; אונטערזאָגן
cue ball — די קויל, ־ן; דאָס ביליאַרדל, ־עך; דער ביליאַרדבאַל, ־ן
cue stick — דאָס ביליאַרד־שטעקל, ־עך; דער ביליאַרד־שטעקן, ־ס
cuff, *n.*
(handcuff) — דאָס (האַנט)קייטל, ־עך
(sleeve/trouser) — דער מאַנזשעט, ־ן; דער מאַנקעט, ־ן
off the cuff — אימפּראָוויזירטערהייט; פֿון אַרבל אַרויס
on the cuff — אויף באָרג
cuff, *v.*
(handcuff) — איינקייטלען + דאַט' די הענט
(strike) — געבן + דאַט' אַ טראַסק ‹פּראַסק›
cuff link — די ספּינקע, ־ס; די שפּאָנקע, ־ס; די זאַפּינקע, ־ס
cuisine — די קיך; מאכלים ל"ר [MAYKhÓLIM]
cul-de-sac — דאָס בלינדע געסל, ־עך; דאָס זאַקגעסל, ־עך
culinary — קולינאַריש; קאָכ...
culinary art — די קאָכקונסט
cull — אָפּנעמען; אָפּקלייבן
culminate — קולמינירן; דערגיין; אויסלאָזן זיך
culmination — דער קולמיניר־פּונקט, ־ן; די קולמינירונג, ־ען; דער הויכפּונקט, ־ן; דער שפּיץ, ־ן
culottes — קולאָטן
culpability — די שולד
culpable — שולדיק
culprit — דער שולדיקער געב'; דער באַשולדיקטער געב'
cult — דער קולט, ־ן
cult of personality — דער פּערזאָנען־קולט, ־ן
cult figure — די קולטפּערזאָן, ־ען
cultivate — קולטיווירן
(agr.) *also* — האָדעווע|ן
(soil) *also* — באַאַרבעטן
(zool.) — כאָווע|ן
cultivation — די קולטיוואַציע

(agr.) *also* דאָס קולטיווירן; די האָדעוואַניע
(of donors) דאָס מקרבֿ זײַן [MEKÁREV]
(of soil) דאָס באַאַרבעטן; דאָס קולטיווירן
cultivator דער קולטיוואַטאָר, ־ס
cultural קולטור...; קולטורעל
cultural clash דער קולטור־צונויפֿשטויס, ־ן
cultural desert דער קולטורעלער מידבר [MÍDBER]
cultural life דאָס קולטור־לעבן
culture, *n.* די קולטור, ־ן
culture, *v.* קולטיווירן
cultured קולטורעל; אויף אַ הויכן קולטור־ניוואָ
(pearl) קולטיווירט
culture medium דאָס קינסטלעכע נערוואַרג
culture shock דער קולטורשאָק
culvert דער ריוו, ־ן; די רינ(וו)ע, ־ס
cum, *n.* (*slg.*) דער זאַפֿט; די זויע
cum, *prep.* אין אײנעם מיט
cumbersome באַשוועריק; אומגעלומפּערט
cumin דער קמיניק
black cumin די טשערניטשקע
cumin seed דאָס קמיניק־קערעלע, ־ך
cum laude מיט אויסצייכענונג; קום לאַודע
cummerbund דער טאַליע־גאַרטל, ־ען
cumulative אָנגעזאַמלט
cumulus דער געהויפֿנטער וואָלקן, ־ס
cuneiform די פֿלעקלשריפֿט
cunnilingus דער קונילינגוס; דער צונגענסעקס
cunning, *adj.* כיטרע; פֿיפֿיק; איבערגעשפּיצט; (אַ)דורכגעטריבן; ממזריש [MÁMZERISh]
cunning, *n.* די/דאָס כיטרעקייט; די/דאָס פֿיפֿיקייט
cunt (*vlg.*) די פּירגע, ־ס; די שמאַנדע, ־ס
cup, *n.* דאָס טעפּל, ־עך; דאָס גלעזל, ־עך; דאָס שעלעכל, ־עך
(goblet) דער בעכער, ־ס; דער כּוס, ־ות [KOS, KÓYSES]
(of bra) דער בעכער, ־ס
(of acorn) דאָס שיסעלע, ־ך
(trophy) דער בעכער, ־ס
cup holder דער טעפּל־האַלטער, ־ס
have a cup of coffee טרינקען אַ טעפּל ‹טעפּעלע› קאַווע
have a cup of tea טרינקען אַ טעפּל ‹גלעזל/גלעזעלע› טיי
hot cup דאָס הייסטעפּל, ־עך
in one's cups אונטערן גלעזל
My cup runneth over מײַן כּוס לויפֿט אַריבער
not my cup of tea נישט מײַן געשמאַק; נישט פֿאַר מיר
cup, *v.* אײַנבעכערן
cupboard די/דער שאַנק, שענק; די שאַפֿע, ־ס
cupboard love די אײגננוציקע ליבע
wall cupboard די וואַנטשאַפֿע, ־ס
cupcake דער שאָלקוכן, ־ס; דאָס טעפּל־טערטל, ־עך
cupful דאָס פֿולע טעפּל, ־עך
a cupful of אַ פֿול טעפּל מיט
Cupid קופּיד; קופּידאָן
Cupid's bow דער קופּיד־בויגן
cupid's dart (bot.) דאָס ציגן־אייערל
cupola דער קופּאָל, ־ן
cupping דאָס שטעלן באַנקעס
cupping glass די באַנקע, ־ס
cup-size(d) די גרייס פֿון אַ טעפּל
cur דער הויפֿהונט, ...הינט
(*fig.*) דער מנוול, ־ים; דער פּאַסקודניאַק, ־עס; דער פֿאַרדאַרבענער גנבֿ; דער הונט מיט אויערן [MENÚVL, MENUVÓLIM]
curable היילעוודיק
curare די קוראַרע

curate, *n.* דער קוראַט, ־ן
curate, *v.* דינען ווי דער קוראַטאָר פֿון
curative, *adj.* הייל...; היילנדיק
curative powers דער הייל־כּוח ל״י; דער כּוח אויסצוהיילן [KÓYEKh]
curative, *n.* דאָס היילמיטל, ־ען
curator
m./unsp. דער קוראַטאָר, ...אָרן
f. די קוראַטאָרשע, ־ס
curb, *n.*
(restraint) דאָס צײַמל, ־עך
(sidewalk) די טראָטואַרשוועל ‹טרעטאַרשוועל›, ־ן; דער קאַנטשטיין, ־ער; דער ראַנד פֿון טראָטואַר
curb, *v.* אײַנצאַמען; אײַנהאַלטן
curb one's dog אײַנצאַמען דעם הונט; נישט לאָזן דעם הונט אָנמאַכן אויפֿן טראָטואַר
curbside, *adj.* אויפֿן ‹ביים› ראַנד פֿון טראָטואַר
curbside, *n.* דער ראַנד פֿון טראָטואַר
curd דער צוואָרעך; דער ווײַכער קעז
curdle
(blood) אַנטשטאָנען ‹פֿאַרבאַקן/פֿאַרגליווערט› ווערן
(milk) גערונען ‹אַנטשטאַנען› ווערן
It made my blood curdle ס'האָט מיך (אַ)דורכגענומען ביזן מאַרך פֿון די ביינער
curdled milk די גערונענע מיל(ע)ך
cure, *n.* די רפֿואה, ־ות; די קוראַציע, ־ס; דאָס היילמיטל, ־ען; די (אויס)היילונג, ־ען [REFÚE]
cure, *v.*
imp./pf. **(disease)** (אויס)היילן
imp./pf. **(person)** (אויס)היילן; (אויס)קורירן
(cul.) אײַנזאַלצן; אײַנפּעקלען; אויסרייכערן; קורירן
be cured (אויס)היילן זיך; אויסגעהיילט ווערן; האָבן אַ רפֿואה־שלמה [REFÚE-ShLÉYME]
be hard to cure נישט לאָזן זיך היילן; זײַן שווער־היילעוודיק
cure-all דאָס היילאַלץ, ־ן; די פּאַנאַצעע, ־ס
curettage דער אויסשאָב, ־ן; די אויסשאָבונג, ־ען
perform curettage מאַכן אַן אויסשאָבונג
curfew די פּאָליציי־‹בלאָקיר־›שעה, ־ען; דער בלאָקיר, ־ן; די לעצטע שעה [ShO]
curio דאָס טשיקאַוועסל, ־עך
curiosity די/דאָס נײַגעריקייט; דער נײַגער
(stg. interesting) דאָס טשיקאַוועס, ־ן; דער קוריאָז, ־ן; די בײַזאַך, ־ן
Curiosity killed the cat אַז מע קריכט אין ענגע לעכער פֿאַלט מען אַרײַן
out of curiosity אויף טשיקאַוועס
curious נײַגעריק
(interesting) טשיקאַווע; אינטערעסאַנט
I'm curious about ס'אינטערעסירט מיך; כ'בין אַ בעלן צו וויסן; כ'וואָלט געוואָלט ‹וועלן› וויסן [BALN]
curiously נײַגעריקערהייט
curiously enough ווי מאָדנע דאָס זאָל נישט זײַן ‹אויסזען›
curium דער קיריום
curl, *n.* דאָס קוטשערל, ־עך; דאָס קרײַזל ‹גרײַזל›, ־עך; דער לאָק, ־ן; דאָס לעקעלע, ־ך
(of smoke) דער קרויז, ־ן
curl, *v.*
vt. imp./pf. **(hair)** (פֿאַר)קרײַזלען ‹(פֿאַר)גרײַזלען›; קאַרבירן
vi. **(smoke)** קנוילן זיך
curl one's lip אַרויסווײַזן ביטול [BITL]

curl up (coil) צונויפֿוויקלען זיך; צונויפֿדרייען זיך; פֿאַרקרײַזלען זיך
curl up (*fig.*) אײַננורע|ן זיך
curl up into a ball צונויפֿקנײַלן זיך
It made my hair curl אַזש די האָר האָבן זיך מיר געשטעלט; ס'האָט אויף מיר אָנגעוואָרפֿן אַ גרויל
curler דאָס קאַרבירל, ־עך; דער קרײַזלער ‹גרײַזלער›, ־ס; דער קרײַזל־אַפּאַראַט, ־ן
curling, *n.* **(spo.)** דער קערלינג
curling iron/tongs די פּלויקע, ־ס; דאָס האָרצוואַנגל, ־עך
curly קוטשעראַוו; געקרײַזלט ‹געגרײַזלט›; געלאָקט
curmudgeon דער וואָרטשון, ־עך; דער שווערער מענטש, ־ן
currant דאָס ווײַמפּערל, ־עך; די פּאָרעטשקע, ־ס
currency
(cash) מזומנים ל״ר [MEZUMÓNIM]
(foreign) די וואַלוטע, ־ס; דעוויזן ל״ר
(system) די וואַלוטע־סיסטעם, ־ען
(acceptance) די/דאָס קראַנטקייט; די/דאָס גייִקייט
gain currency אָננעמען זיך
currency exchange דער וואַלוטע־אויסבײַט
current, *adj.* איצטיק; גייִק; קראַנט; לויפֿיק; הײַנטיק
be current אָנגיין
current thinking is that לויט איצטיקע ‹הײַנטיקע› השגות; לויטן הײַנטיקן געדאַנקען־גאַנג [HASÓGES]
current, *n.* דער שטראָם, ־ען
current affairs לויפֿיקע ענינים [INYÓNIM]
current events אַקטואַליטעטן; לויפֿיקע געשעענישן
currently איצט; אין ‹ביים› איצטיקן מאָמענט
curriculum די לערן־פּראָגראַם, ־ען; דער קוריקולום, ־ס
curriculum development דאָס פֿונאַנדערבויען די לערן־פּראָגראַם
curriculum material דאָס לערנוואַרג; דער לערן־מאַטעריאַל
curriculum requirements פּראָגראַם־פֿאָדערונגען
curriculum vitae דער קוריקולום וויטע, ־ס; די ביאָגראַפֿישע ראָשי־פּרקים [RÓShE-PRÓKIM]
curried מיט קאַרי פֿאַרפּראַוועט
curry, *n.* דער קאַרי, ־ס
curry, *v.* פֿאַרפּראַווע|ן מיט קאַרי
curry favor with צוחנפֿע|(נע)ן ‹אונטערלעקן› זיך צו [TSÚKhÁNFE(NE)N]
curry powder דער קאַרי־פּראָשיק
curse, *n.* [KLÓLE] די קללה, ־ות; דאָס זידלוואָרט, ...ווערטער
put a curse on פֿאַרשעלטן; פֿאַרשילטן
curse, *v.*
vt. imp. שעלטן ‹שילטן›; זידלען
vt. pf. פֿאַרשעלטן ‹פֿאַרשילטן›; אויסזידלען; אויסשיגעצן
vi. שעלטן (זיך); שילטן (זיך)
curse constantly קללה|ן [KLÓLEN]
curse out אויסלאָזן די תּוכחה אויף; אויסגיסן די באָד אויף; באַשיטן + אַק' מיט טויטע קללות; פֿאַרשעלטן + פּאָס' געבײן [TÓYKhEKhE] [KLÓLES]
cursed פֿאַרשאָלטן
cursed with פֿאַרשאָלטן ‹באַשטראָפֿט› מיט
curse word די קללה, ־ות; דאָס זידלוואָרט, ...ווערטער [KLÓLE]
cursing, *n.* דאָס געשעלטערײַ; דאָס שעלטן; די שעלטונג
intense cursing טויטע קללות; קללות־נימרצות [KLÓLES-NIMRÓTSES]
cursive, *adj.* האַנט־געשריבן; געשריבן מיט דער האַנט
cursive, *n.* [KSAVYÁD] די האַנטשריפֿט, ־ן; דער/דאָס כּתבֿ־יד
(manuscript) דער/דאָס כּתבֿ־יד, ־ן; דער מאַנוסקריפּט, ־ן
cursor דער לויפֿער, ־ס

cursory אויבנאויפֿיק; לויפֿיק; אײַליק; שלעגיש
curt קורץ און שאַרף
curtail פֿאַרקירצן; אונטערשנײַדן; פֿאַרקלענערן; מקצר זײַן [MEKÁTSER]
curtain, *n.* דער פֿירהאַנג ‹פֿאָרהאַנג›, ־ען; דאָס פֿירהענגל, ־עך; די פֿיר(ה)אַנקע, ־ס; דער גאַרדין, ־ען
(thea.) דער פֿירהאַנג ‹פֿאָרהאַנג›, ־ען
raise the curtain on אויפֿהייבן דעם פֿירהאַנג ‹פֿאָרהאַנג› איבער
He took four curtain calls מ'האָט אים אַרויסגערופֿן פֿיר מאָל
It's curtains for him ס'איז אַן עק צו זײַנע יאָרן; דאָס איז שוין זײַן סוף [SOF]
curtain, *v.* **(off)** פֿאַרהענגען; אָפּזונדערן ‹אָפּשיידן› מיט אַ פֿירהאַנג
curtain-raiser דער אויפֿצי, ־ען; דאָס פֿאָרשפּיל, ־ן
curtain rod דער קאַרניז, ־ן; דער שטאַנג, ־ען
curtsy, *n.* דער רעוועראַנס, ־ן; דאָס קניקסל, ־עך
curtsy, *v.* מאַכן אַ רעוועראַנס ‹קניקסל›; קניקסלען זיך
curvaceous געשטאַלטיק
be curvaceous האָבן אַ שיין געבויגן געשטאַלט
curvature די/דאָס קרומקייט; די/דאָס אויסגעקרימטקייט; די אויסקרימונג, ־ען
curvature of the spine די שדרה־אויסקרימונג [ShÉDRE]
curve, *n.* דער בויגן, ־ס
(anat.) דער אויסבייג, ־ן
(in road) דער אויסבייג, ־ן; דער (ווענג)בייג, ־ן; דער אויסדריי; דער אויסקרים, ־ען
(math.) די קרומע, ־ס
be ahead of the curve האַלטן פֿאָרויס
be behind the curve זײַן הינטערשטעליק
grade on a curve שטעלן צייכנס לויט אַ קרומע
curve, *vt./vi. imp./pf.* (אויס)בייגן (זיך)
curve ball דער בייגוואָרף, ־ן; דער בייגפּיטש, ־ן
curved געבויגן; קרום
curvy געבויגן
cushion, *n.* דער (שטול)קישן, ־ס; דער יאַשיק, ־עס
(protective) דער קישן, ־ס; דאָס קישעלע, ־ך
(financial) דער (פֿינאַנציעלער) אָנשפּאַר, ־ן
cushion, *v.* אויסבעטן; ווייכער מאַכן
cushioned אויסגעבעטן
cushy גאַר באַקוועם
cushy job דאָס וואַרעמע ערטעלע
cusp
(moment) דער קריטישער מאָמענט, ־ן
(of tooth) דער שפּיץ צאָן
(math.) דער שפּיצפּונקט, ־ן
cusp of the moon דער שפּיץ לבֿנה [LEVÓNE]
on the cusp אויפֿן ‹אויף דער› שוועל
cuspidor דאָס שפּײַקעסטל, ־עך
cuss זידלען זיך
custard דער קאַסטאַרד
custodial אַפּוטרופּס־...; השגחה־... [APETRÓPES] [HAZhGÓKhE/HAShGÓKhE]
custodial account די אַפּוטרופּס־קאָנטע, ־ס
custodian
(caretaker) דער ממונה, ־ים; דער אויפֿזעער, ־ס; דער משגיח, ־ים; דער היטער, ־ס [MEMÚNE, MEMÚNIM] [MAZhGÍEKh, MAZhGÍKhIM]
(of child) דער אַפּוטרופּס, ־ים; דער אויפֿזעער, ־ס [APETRÓPES, APETRÓPSIM]
(of building) דער הויף־אויפֿזעער, ־ס; דער הויפֿוועכטער, ־ס

custody
(arrest) דער אַרעסט
(of child) די השגחה ‹איפּזיכט› איבער אַ קינד; די קינדער־השגחה [HAZhGÓKhE/HAShGÓKhE]
have custody of האָבן די השגחה אויף ‹איבער›; זײַן דער אַפּוטרופּס איבער [APETRÓPES]
take into custody אַרעסטירן; שטעלן אונטער אַרעסט
custody dispute דאָס ראַנגלען זיך איבערן השגחה־רעכט
custody rights דאָס השגחה־רעכט ל״י
custom דער מינהג, ־ים; די פּירונג, ־ען; דער אײַנפֿיר, ־ן; דאָס פּירעכץ, ־ן; דער שטייגער, ־ס; דאָס רגילות, ־ן [MÍNEG, MINHÓGIM] [REGÍLES]
It's our custom אַזוי פֿירט זיך בײַ אונדז; אַזוי איז בײַ אונדז דער מינהג ‹שטייגער›
customarily געוויינ(ט)לעך; בטבֿע; בדרך־כּלל [BETÉVE] [BEDÉREKh-KLÁL]
customary געוויינ(ט)לעך; אָנגענומען; רגילדיק [RÓGLDIK]
as customary ווי דער שטייגער איז; ווי סע פֿירט זיך
customer
m./unsp. דער קונה, ־ים; דער קויפֿער, ־ס; דער קליענט, ־ן [KÓYNE, KÓYNIM]
f. די קונהטע, ־ס; די קויפֿערין, ־ס; די קליענטקע, ־ס [KÓYNETE]
The customer is always right דער קונה איז תּמיד גערעכט [TÓMED]
customers קונים; די קונימשאַפֿט קאָל' [KÓYNIMShAFT]
customer relations באַציִונגען מיט קונים; דאָס באַגיין זיך מיט קונים [KÓYNIM]
customer service די קונים־באַדינונג [KÓYNIM]
customhouse דער צאָלאַמט, ־ן
customize צופּאַסן (צום קונה); אינדיווידואַליזירן [KÓYNE]
customized אינדיווידואַליזירט; צוגעפּאַסט (צום קונה) [KÓYNE]
custom-made באַשטעלט; געמאַכט ‹אויסגעאַרבעט› לויט דער באַשטעלונג
customs דער צאָל(אַמט) ל״י; דער צאָלקאָנטראָל ל״י; דער גרענעץ־אָפּצאָל ל״י
go through customs (אַ)דורכגיין דעם צאָלאַמט ‹צאָלקאָנטראָל›
customs agent דער צאָלאַגענט, ־ן
customs clearance דער צאָל־סילוק [SÍLEK]
customs declaration די צאָל־דעקלאַראַציע, ־ס
cut, *n.*
(opening) דער (אײַנ)שניט, ־ן
(on body) דער שניט, ־ן; די שניטווונד, ־ן
(of meat) דער חלק, ־ים; דאָס/די שטיק, ־ער; דאָס שטיקל, ־עך [KhÉYLEK, KhALÓKIM]
(budget) די פֿאַרקלענערונג, ־ען; די רעדוצירונג, ־ען; די רעדוקציע, ־ס; די פֿאַרקנאַפּונג, ־ען
(share) דער חלק, ־ים
(style) דער (דורכ)שניט; דער פֿאַסאָן
be a cut above the rest שטיין מיט אַ קאָפּ העכער
cut, *v.*
(with scissors) שערן; שנײַדן
imp. (with knife) שנײַדן
pf. (with knife) אָפּשנײַדן; צעשנײַדן
(chop) אָפּהאַקן
(budget) פֿאַרקלענערן; שנײַדן
(prices) אַראָפּלאָזן
(tailor) צושנײַדן
cut a record רעקאָרדירן
cut a wide swath (of land) (אַ)דורכשנײַדן אַ ברייטן וועג ‹וואַלדשטעג›
cut a wide swath (*fig.*) אַרויסשטעלן זיך; באַווײַזן זיך; אויסשפּײַנען זיך
cut across פֿאַרשנײַדן
cut and paste שנײַדן און קלעפּן
cut class (אַ)דורכלאָזן די לעקציע
cut corners פֿאַרקוקן קלייניקייטן; צויאָגן און אָפּכאַפּן; אַרבעטן אַבי אויף אָפּצוקומען
cut down (tree) אונטערהאַקן
cut down (kill) דערהרגע(נע)ן [DERHÁRGE(NE)N]
cut down (belittle) פֿאַרמינערן; מאַכן צו קלייניגעלט
cut down (reduce) פֿאַרקלענערן; רעדוצירן; אַראָפּלאָזן פֿון
cut in (while speaking) איבערשלאָגן ‹איבעררהאַקן› די רייד
cut in (while dancing) איבערנעמען דעם טאַנץ
cut in (cul.) אַרײַנשנײַדן
cut in half איבערשנײַדן; צעשנײַדן אויף האַלב ‹צוויי›; צעשנײַדן אויף דער העלפֿט
cut into pieces צעשנײַדן; צעקאַרדאַשע|ן
cut into many small pieces צעשנײַדן אויף שטיקלעך ‹פּיצלעך›; צעפּיצלען
cut into the line אַרײַנגנבֿע|(נע)ן זיך אין דער ריי ‹טשערע› [ARÁYNGÁNVE(NE)N]
cut it (be capable) (קענען) באַווײַזן; זײַן מסוגל [MESÚGL]
Cut it out! הער(ט) שוין אויף!; לאָז(ט) שוין צו רו!; גענוג שוין!
cut jobs פֿאַרקלענערן דעם פּערסאָנאַל; שנײַדן פּאָזיציעס
Cut me some slack! האָב ‹האָט› גאָט אין האַרצן!
cut off (amputate) אָפּשנײַדן; אַמפּוטירן
cut off (communication) איבעררײַסן די פֿאַרבינדונג ‹קאָמוניקאַציע›
cut off (electricity) אויסשליסן; אָפּשטעלן
cut off (separate) אָפּשנײַדן; אָפּזונדערן
cut off (while driving) אָפּשנײַדן ‹פֿאַרהאַקן› + דאַט' דעם וועג
cut off (while talking) איבעררהאַקן ‹איבערשלאָגן› די רייד
cut one's hair (אָפּ)שערן זיך (די האָר)
cut one's losses אַראָפּשלינגען דעם היזק און גיין ווײַטער; אָפּהאַקן זיך פֿון עסק [HÉZEK] [ÉYSEK]
cut one's teeth on אויסלערנען זיך אויף ‹בײַ›
cut oneself צעשנײַדן זיך
cut open אויפֿשנײַדן
cut out (leave) פּלוצלינג אַוועקגיין
cut screws גווינטעווע|ן; אויסשנײַדן שרויפֿן מיט אַ שנײַדאײַזן ‹שנײַדבאַקן›
cut short [SOF] איבעררהאַקן; איבעררײַסן; מאַכן אַ סוף צו
cut the cheese (*slg.*) געבן אַ פֿאַרץ
cut the cord אָפּשנײַדן דעם נאָפּלשנור
cut the engine פֿאַרדרייען דעם מאָטאָר
cut the mustard באַווײַזן; טויגן
cut to the chase נישט לאַנג ברײַען; נישט דרייען מיט דער צונג
cut up צעשנײַדן
He's cutting a tooth סע שנײַדט זיך בײַ אים אַ ציינדעלע; סע גייט אים אַ ציינדל
It cuts both ways ס'איז אַ שטעקן מיט צוויי עקן
cut-and-dried פֿיקס און פֿאַרטיק
cut-and-paste job די צונויפֿגעשטוקעוועטע אַרבעט
cutaneous הויט...
cutaway
(clothing) די וויזיטקע, ־ס
(model) דער מאָדעל אין אַספּעקט

cutback די רעדוציִרונג, ־ען; די פֿאַרקנאַפּונג, ־ען; די רעדוקציע, ־ס

cute חנעוודיק; באַחנט; זיס; באַטעמט [KhÉYNEVDIK] [BAKhÉYNT] [BATÁMT]

  be very cute האָבן טויזנט חנען [KhÉYNEN]

  make a cute face מאַכן חנדעלעך ‹פּיִסקעלעך/ סיִגעלעך› [KhÉYNDELEKh]

  be cute (shrewd) קליִגלען זיך

cutesy צוקער זיס

cut-glass, *adj.* קרישטאָלן; פֿון געשליִפֿן גלאָז

cut glass, *n.* דער קרישטאָל

cuticle דאָס הײַטעלע, ־ך

cutlass דער/דאָס אַבאָרדיִר־מעסער, ־ס

cutlery

  (knives) דאָס מעסערוואַרג

  (tableware) גאָפּל־לעפֿל־מעסער ל״ר

cutlet דער קאָטלעט, ־ן

cutoff

  (date) דער (לעצטער) טערמיִן, ־ען

  (of electricity) דאָס אויסשליסן ‹אָפּשטעלן› די עלעקטרע

  cutoffs אונטערגעשניטענע הויזן

cutoff man דער צווישנכאַפּער, ־ס

cutoff switch דער אויטאָמאַטישער אויסשליסער, ־ס

cutout דער אויסשניט, ־ן; די אויסשנײַד־פֿיגור, ־ן

cut-rate [HANÓKhE] הנחה־...; ביליק; אויף אַ רעדוציִרטן פּרײַז

cutter[1] **(ship)** דער קאַטער, ־ס

cutter[2] **(tailor)**

  m./unsp. דער צושנײַדער, ־ס

  f. די צושנײַדערין, ־ס

cutthroat, *adj.* אומברחמנותדיק; רוצחיש [ÚMBERAKhMÓNESDIK] [RÓTSKhISh]

cutthroat, *n.* דער רוצח, ־ים; דער גאָרגל־שנײַדער, ־ס; דער קוילער, ־ס [RETSÉYEKh, RÓTSKhIM]

cutting, *adj.* שנײַדיק

  cutting remark דאָס שטעכווערטל, ־עך; דער בײַסיקער באַמערק, ־ן

cutting, *n.*

  (of plant) דאָס אָפּצווײַגל, ־עך

  (editing) דער מאָנטאַזש

cutting board דאָס/די שנײַדברעט, ־ער; דאָס שנײַדברעטל, ־עך; דער קרײַזשיק, ־עס

cutting edge, *adj.* אַוואַנגאַרדיש

  cutting-edge technology די אַוואַנגאַרדישע טעכנאָלאָגיע

cutting edge, *n.*

  (of knife) די שאַרף, ־ן

  (*fig.*) דער אַוואַנגאַרד

  at the cutting edge בײַם אַוואַנגאַרד; בײַם שפּיץ פּראָגרעס

cutting room דער מאָנטאַזש־צימער, ־ן

cuttlefish דער טינטפֿיש; די סעפּיע

cutup [LETS, LÉYTSIM] דער לץ, ־ים; דער קונדס, ־ים [KÚNDES, KUNDÉYSIM]

cyanic acid דאָס ציאַן־זײַערס

cyanide דער ציאַניד

cyanosis דער ציאַנאָז

cyanotic ציאַנאָטיש; אַספּיקטיש

cyanotype דער ציאַנאָטיפּ, ־ן

cyber... קיבער...

cyberattack דער קיבעראַטאַק, ־ן

cyberdefense די קיבערבאַשיצונג

cybernetics די קיבערנעטיק ל״י

cybersecurity די/דאָס קיבערזיכערקייט

cyberspace דער קיבערעטער

cyberterrorism דער קיבערטעראָריזם

cyberwarfare [KÍBERMILKhÓME] די קיבערמלחמה

cyborg דער קיבאָרג, ־ן; דער ביאָנישער גבֿ׳

cyclamate דער ציקלאַמאַט, ־ן

cyclamen די גאַלוכקע, ־ס

cycle, *n.* דער ציקל, ־ען

  cycles per second דער הערץ

cycle, *v.* ציקלען; (אַ)דורכציקלען

  (bicycle) פֿאָרן מיט אַ וועלאָסיפּעד ‹ראָווער/ביציקל›; ביציקלירן

cyclical ציקליש; לויט ציקלען

cyclist דער וועלאָסיפּעדיסט, ־ן; דער ראָווערי̇סט, ־ן; דער ביציקליסט, ־ן

cyclometer דער ציקלאָמעטער, ־ס

cyclone דער ציקלאָן, ־ען

cyclonic ציקלאָניש

cyclops דער ציקלאָפּ, ־ן

cyclotron דער ציקלאָטראָן, ־ען

cygnet דער יונגער שוואַן, ־ען

Cygnus דער שוואַן

cylinder דער צילינדער, ־ס

  four-cylinder פֿיר־צילינדער־...

cylindrical צילינדריש

cymbal די טאַץ, ־ן; די דזשימדזשע, ־ס; דער קלאַפּטעלער, –

cynic דער ציניקער, ־ס

cynical ציניש

cynically [OYFN] ציניש; אויף אַ צינישן אופֿן

cynicism דער ציניזם

cynosure דער לײַכטשטערן

cypress דער ציפּרעס, ־ן; דער קיפּאַריס, ־ן

cypress pine דער סאַנדאַראַק־בוים, ־ביימער

Cypriot, *adj.* קיפּריש

Cypriot, *n.*

  m./unsp. דער קיפּריאָט, ־ן; דער קפֿריסינער, – [KAFRÍSENER]

  f. די קיפּריאָטקע ‹קיפּריאָטין›, ־ס; די קפֿריסינערין, ־ס [KAFRÍSENERN]

Cypriot wine [YÁYEN-KAFRÍSN] דער יין־קפֿריסין

Cyprus [KAFRÍSN] (דער) קיפּראָס; (דאָס) קפֿריסין

cyrilla דער געלפּרוכטניק

Cyrillic קיריליש

cyst דער ציסט, ־ן

cystic ציסטיש

cystic fibrosis דער ציסטישער פֿיבראָז

cystitis דער פּענכער־אָנצינד; דער ציסטיט

cystocele דער פּענכערבראָך, ־ן

cystoma די ציסטאָמע, ־ס

cystoscopy די ציסטאָסקאָפּיע, ־ס

cytological ציטאָלאָגיש

cytologist דער ציטאָלאָג, ־ן

cytology די ציטאָלאָגיע

cytolysis דער ציטאָליז; דער קעמערל־צעפֿאַל

czar דער קיסער, קייסאָרים/קיסרים; דער צאַר, ־ן

czarina די קייסערינע, ־ס; די צאַרינע, ־ס

czarist צאַריש

Czech, *adj.* טשעכיש

  the Czech Republic די טשעכישע רעפּובליק

  Czech Jew דער טשעכישער גבֿ׳; דער טשעכישער ייִד, ־ן

Czech, *n.*

  m./unsp. דער טשעך, ־ן

  f. די טשעכקע ‹טשעכין›, ־ס

(language)	דאָס טשעכיש
Czechoslovakia	(דאָס) טשעכאָסלאָוואַקײַ
Czernowitz	(דאָס) טשערנעוויץ

D

D
(letter) דער דע, ־ען
(grade/Am.) דער די, ־ען
(mus.) דער רע, ־ען
D flat רע בעמאָל
D sharp רע דיעז
3-D דרײַ־דימענסיעדיק
dab, *n.* דער שמיר, ־ן
dab, *v.* אַ שמיר טאָן; אָננעצן
dabble (in) אַמאַטאָרעווען (אין); שפּילן זיך (מיט); מאַדזגען (אין)
dabbler דער אַמאַטאָר, ־ן; דער דילעטאַנט, ־ן; דער מאַדזגער, ־ס
dace דער ווײַספֿיש, –; די פּלאָט(יטש)קע, ־ס
dacha די דאַטשע, ־ס
dachshund די טאַקסע, ־ס
dactyl דער דאַקטיל, ־ן
dactylic דאַקטיליש
dad דער טאַטע, ־ס; דער פֿאָטער, ־ס
daddy דער טאַטעשי, ־ס; דער טאַטעליו; דער פּאַפּע, ־ס; טאַטי אַמ'
the daddy of them all דער סאַמע גרעסטער געב'
daddy longlegs דאָס לאַנגפֿיסעלע, ־ך
dado דער צאָקאָל, ־ן
daffodil דער געלער נאַרציס, ־ן
daft צעדרייט; גערירט אויפֿן אײבערשטן קעסטל
dagger דער/דאָס שטעכמעסער, ־ס; דער שטילעט, ־ן; דער קינזשאַל, ־ן
at daggers with אויף מעסערס ‹מעסערשטעד› מיט
look daggers at שטעכן + אַק' מיט די אויגן; צוואַרפֿן + דאַט' אַ בייזן בליק
dahlia די דאַליע, ־ס; די געאָרגינע, ־ס; דער געאָרגין, ־ען
daily, *adj.* טעגלעך
(routine) טאָג־טעגלעך; וואָכעדיק
daily, *adv.* טאָג־אײַן טאָג־אויס; טאָג פֿאַר טאָג
daily, *n.* די טאָגצײַטונג, ־ען
daily bread דאָס טאָג־טעגלעכע (שטיקל) ברויט; די פּרנסה; די חיונה [PARNÓSE] [KhEYÚNE/KhAYÚNE]
daily dozen טאָג־טעגלעכע געניטונגען
daintiness די/דאָס דעליקאַטקייט
dainty, *adj.* דעליקאַט; דראָבנע; צאַרט; אײדל; ראַפֿינירט
dainty, *n.* דער דעליקאַטעס, ־ן
dainties *also* מעדנים [MAYDÁNIM]
dairy, *adj.* מיל(ע)כיק
dairy, *n.* די מילכ(יק)ערײַ, ־ען; די מילכיקקראָם, ־ען
dairy cattle דאָס מיל(ע)כפֿיך; מעלקעדיקע קי
dairy-free פֿאַרעווע; אָן מיל(ע)כיקס
dairymaid די מעלקערין, ־ס; די מילכיקערין, ־ס
dairyman דער מילכיקער, ־ס; דער מילכהענדלער, ־ס; דער שווייצער, ־ס; דער פֿאַכטער, ־ס
dairy products דאָס מיל(ע)כיקס קאָל'; דאָס מיל(ע)כוואַרג קאָל'
dais דער אויבנאָן־טיש, ־ן; די טריבונע, ־ס
daisy די מאַרגעריטקע, ־ס
be pushing up the daisies ליגן אין דר'ערד (און באַקן בייגל)
daisy chain די בלומענקייט, ־ן
dalai lama דער דאַלײַ־לאַמע, ־ס
dale דאָס טאָל(ע)כל, ־עך
dalliance דער פֿלירט; דאָס פֿלירטעווען; די קאָקעטעריע
dally
(dawdle) זאַמען זיך; מאַרודיען; נוזשלען; באַלעמוטשען
(flirt) פֿלירטעווען; קאָקעטעווען
Dalmatian דער דאַלמאַטינער הונט, הינט
dam, *n.* די דאַמבע, ־ס; די טאַמע, ־ס; די גרעבליע, ־ס
dam, *v.* טאַמעווען
dam up אײַנטאַמעווען; פֿאַרהאַטיען; איבערצאַמען מיט אַ דאַמבע
damage, *n.* דער שאָדן, ־ס; די/דאָס באַשעדיקטקייט; דער היזק, ־ות [HÉZEK, HEZÉYKES]
cause damage (צו)שעדיקן; קאַליע מאַכן; אָנמאַכן היזק
claim damages פֿאָדערן שאָדנגעלט
do considerable damage היפּש צעשעדיקן; אָנמאַכן אַ היפּשן שאָדן
damages (jur.) דאָס פֿאַרגיטיק־געלט ל"י; דאָס שאָדנגעלט ל"י
damage, *v.* באַשעדיקן; צעשעדיקן; אָנמאַכן היזק; ברענגען שאָדן; קאַליע מאַכן [HÉZEK]
damage control דאָס אײַנצאַמען ‹באַגרענעצן› דעם היזק [HÉZEK]
damaged, *adj.* געשעדיקט; קאַליע (געוואָרן)
damaged goods די געשעדיקטע ‹געשלאָגענע› סחורה ל"י; די קאַליע געוואָרענע סחורה ל"י [SKhÓYRE]
damaging שעדלעך; אומגעזונט
(information) קאָמפּראָמעטירנדיק
be damaging (to sb.) שאַטן + דאַט'
be damaging to one's health שאַטן צום געזונט
Damascus (דאָס) דמשק [DAMÉSEK]
Damascus steel דאָס דמשק־שטאָל [DAMÉSEK]
damask, *adj.* דאַמאַסקן
damask, *n.* דער דאַמאַסק
damask rose די קאַזאַנליקישע רויז, ־ן
dame די דאַמע, ־ס; די פֿרוי, ־ען
(*slg.*) דאָס שעכטל, ־עך
(*hum.*) די וואַבעריע, ־ס
damn, *n.*
I don't give a damn! אויף דעם פֿײַף איך!; ס'אַרט מיך ווי דער פֿאַראײַאָריקער שניי!; ס'איז נישט מײַן (באָבעס) דאגה! [DÁYGE]
not be worth a damn ווערט זײַן אַ שישקע פּולווער
damn, *v. imp./pf.* (פֿאַר)שעלטן; (פֿאַר)שילטן
Damn her! אַ רוח אין איר טאַטנס טאַטן אַרײַן!; כאַפּט זי דער רוח!; אַ קלאָג צו(ן) איר! [RÚEKh]
Damn it! אין דר'ערד אַרײַן (מיט דעם)!; צו(ן) אַל די גוטע־יאָר ‹שוואַרצע־יאָר›!; צו(ן) אַל די רוחות!; צום טײַוול!; פֿאַרשאָלטן זאָל עס ווערן! [RÚKhES]
damnation די פֿאַראורטלונג; די אײביקע שטראָף
damned פֿאַרשאָלטן
be damned פֿאַרשאָלטן ווערן
... be damned! אַ קלאָג צו ...!
damned good מסוכן גוט [MESÚKN]
Damned if you do, damned if you don't! וואָס מע זאָל נישט טאָן איז נישט גוט!; אַזוי צי אַזוי איז (סײַ ווי) פֿאַרפֿאַלן!
damned smart [RÚKhES] קלוג מיט רוחות; ממזריש קלוג [MÁMZERISh]
damned tired מסוכן ‹שרעקלעך› מיד; אין גאַנצן אויסגעשעפּט

He's a damned fool ער איז אַן אָפּגעריסענער נאַר; ער איז אַ שוטה און אַ נאַר [ShÓYTE]
I'll be damned! וואָס זאָגסטו ‹זאָגט איר›!; וואָס רעדסטו ‹רעדט איר›!; אַזוי (גאָר)!; טאָקע!
I'll be damned if I know! ווייס דער רוח!; אָסור צי איך ווייס! [RÚEKh] [ÓSER]
know damned well גאַנץ גוט וויסן
Not a damned thing we can do! פֿאַרפֿאַלן!; נישטאָ קיין עצה דערפֿאַר! [ÉYTSE]
the damned די פֿאַרשאָלטענע
try one's damnedest [KÓYKhES] פּרווון מיט אַלע כּוחות
damnfool, *adj.* [ShOYTEVÁTE] שוטהוואַטע
damp, *adj.* פֿײַכט; ווילגאָטנע; נאַסלעך; וואָכקע
damp, *v.* **(down)** פֿאַרדעמפּן; דערשטיקן
damp course די הידראָאיזאָלאַציע
dampen באַפֿײַכטן; אײַנפֿײַכטן; פֿאַרנעצן
dampen expectations אָפּקילן ‹צודשעון› די האָפֿענונג
damper
(mech.) דער פֿאַרדומפּער, ־ס
(oven) די יושקע, ־ס
put a damper on אָפּקילן דעם ברען ‹חשק›; פֿאַרשטערן די שׂימחה [KhÉYShEK] [SÍMKhE]
dampness די/דאָס פֿײַכטקייט
damsel דאָס מיידל, ־עך
damson די טערנעסליפּקע, ־ס
dance, *n.* דער טאַנץ, טענץ
(Hasidic) דער ריקוד, ־ים; דאָס ריקודל, ־עך [RÍKED, RIKÚDIM] [RÍKEDL]
dance of death דער טויטנטאַנץ; דער דאַנס־מאַקאַבער
slow dance דער געלאַסענער טאַנץ, טענץ
dance, *v.* טאַנצן
vt. imp./pf. (אויס)טאַנצן
vi. pf. אויסטאַנצן זיך; אָנטאַנצן זיך
dance a short while אַ טאַנץ טאָן; גיין אַ טאַנץ ‹טענצל›
dance with abandon [HÉFKERDIK] טאַנצן הפֿקרדיק
Shall we dance? וועמ'ער ‹וועלן מיר› טאַנצן?; איך פֿאַרבעט דיך ‹אײַך› צום טאַנצן
dance band די טאַנץ־קאַפּעליע, ־ס
dance floor דער טאַנצפּלאַץ, ...פּלעצער
dance hall דער טאַנצזאַל, ־ן
dance instructor דער טאַנצמײַסטער, ־ס; דער טאַנצלערער, ־ס
dancer
m./unsp. דער טענצער, ־ס
f. די טענצערין ‹טענצערקע›, ־ס
dancing, *n.* דאָס טאַנצן
dancing partner דער (טאַנצ)פּאַרטנער, ־ס; דער מיטטענצער, ־ס
m. also דער קאַוואַליר, ־ן
dandelion דאָס לופּטל, ־עך; דאָס בלעזערל, ־עך
dandelion chain דאָס לופּטל־‹בלעזערל־›קײטל, ־עך
dander [KhÁYE] דער/דאָס חיה־שטויב; דער חיה־פּאָרעך
get one's dander up ווערן אין כּעס; אָנצינדן זיך; פֿאַרלירן די געדולד [KÁAS]
get sb.'s dander up אַרײַנברענגען אין כּעס
dandle האָצקען; מאַכן הוידאַ
dandruff (קאָפּ)שופּן ל״ר
dandy, *adj.* ערשטקלאַסיק; אויסגעצייכנט
dandy, *n.* דער פֿראַנט, ־ן; דער פֿאַצעט, ־ן; דער שטשאָגעל, ־ן/־ס; דער עלעגאַנט, ־ן
be a dandy (אויס)פֿראַנטעווען זיך
Dane
m./unsp. דער דענער, –
f. די דענערקע ‹דענערין›, ־ס
danger [SAKÓNE/SEKÓNE] די סכּנה, ־ות; די ·געפֿאַר, ־ן
be in danger (of) שטיין ‹זײַן› אין סכּנה ‹צו/פֿון› [SAKÓNE/SEKÓNE]
in case of danger אין אַ נויט(פֿאַל); אין פֿאַל פֿון אַ סכּנה; טאָמער טרעפֿט אַ נויטפֿאַל ‹סכּנה›; אין אַן עת־צרה [EYS-TSÓRE]
out of danger [MEKhÚTS] מחוץ ‹אַרויס פֿון› סכּנה
put in danger שטעלן אין סכּנה
great danger [SAKÓNES-NEFÓShES] דאָס סכּנות־נפֿשות
dangerous געפֿערלעך; סכּנהדיק; מסוכּן [SAKÓNEDIK/SEKÓNEDIK] [MESÚKN]
dangerously [MESÚKN] געפֿערלעך; מסוכּן
dangerously ill געפֿערלעך ‹מסוכּן› קראַנק
dangle, *v.*
vt. לאָזן אַראָפּהענגען ‹באָמבלען›
vi. אַראָפּהענגען; באָמבלען זיך
dangle stg. in front of sb. מאַניען + אַק' מיט + דאַט'
dangle earring דאָס הענגל־אויערינגל, ־עך
Danish, *adj.* דעניש
Danish Jew דער דענישער גבֿ'; דער דענישער ייִד, ־ן
Danish, *n.* **(language)** דאָס דעניש; די דענישע שפּראַך
danish, *n.* **(pastry)** דאָס דעלקל, ־עך; דאָס דעלקעלע, ־ך
dank פֿײַכט; ווילגאָטנע
Danube די טונע; דער דונײַ
dapper כוואַטיש; כוואַטסקע; עלעגאַנט
dappled געפֿלעקט; געשפּרענקלט
dare, *n.* דער אַרויסרוף, ־ן
dare, *v.*
vt. אַרויסרופֿן; אַרויספֿאָדערן; שטיין אַ(נט)קעגן
vi. דערוועגן זיך; אײַנשטעלן זיך; אונטערשטעלן זיך; האָבן די חוצפּה ‹העזה›; מעכטיקן זיך [KhÚTSPE] [HÓZE]
I dare say that ס'איז אַ סבֿרא אַז; סע קען גרײַלעך ‹גוט› זײַן אַז [SVÓRE]
I dare you אַנו!
Don't you dare! זאָלסט ‹איר זאָלט› זיך (חלילה) נישט דערוועגן!; אַזאָס(יע)! [KhOLÍLE]
Don't you dare! (to child) ניו־ניו־ניו!; אײַ־ניו־ניו!
How dare she ...? ווי דערוועגט זי זיך?; ווי קומט זי צו ...?
daredevil, *adj.* אײַנשטעלעריש
daredevil, *n.* דער (אײַנ)שטעלער, ־ס; דער דעסבראַט, ־ן
daresay רעכענען; מיינען
daring, *adj.* דערוועגט; העלדיש; דרייסט; אײַנשטעלעריש; ·מוטיק
daring, *n.* די/דאָס העלדישקייט; די/דאָס דרייסטקייט; די/דאָס אײַנשטעלערישקייט; דער ·מוט
dark, *adj.*
(color) טונקל
(no light) פֿינצטער
extremely dark שטאָק פֿינצטער
darkest night שטאָק נאַכט
dark humor [TLÍE] דער תּליה־הומאָר
dark, *n.* די פֿינצטער; דאָס פֿינצטערניש
after dark ווען ס'איז שוין פֿינצטער
in the dark אין דער פֿינצטער
be in the dark (*fig.*) טאַפּן אין דער פֿינצטער; טאַפּן אַ וואַנט
keep sb. in the dark נישט אינפֿאָרמירן; לאָזן אומאינפֿאָרמירט
Dark Ages די טונקעלע תּקופֿה; דער פֿריִער מיטל־עלטער [TKÚFE]
dark dealings דער שאַכער־מאַכער ל״י
darken פֿאַרטונקלען; פֿאַרפֿינצטערן

dark-haired טונקל־האָריק; שוואַרץ(האָריק)
darkly (*fig.*) מיסטעריעזערהייט
dark matter די טונקעלע מאַטעריע
dark meat דער הינטערחלק; די אונטערטייל [HÍNTERKhEYLEK]
darkness דאָס פֿינצטערניש; דער חושך [KhÓYShEKh]
extreme darkness דאָס שטאָק־פֿינצטערניש; דער חושך־מצרים; דאָס חשכות [KhÓYShEKh-MITSRÁYEM] [KhÁShKhES]
under cover of darkness באַשיצט פֿון דער פֿינצטערניש
darkroom די טונקל־קאַמער, ־ן
darling, *adj.* טײַער; ליב; באַליבט; גאָלדן; בריליאַנטן
darling, *n.* דער ליבלינג, ־ען; דער טײַערינקער *געב׳*; דאָס (שטיק) גאָלד; די ליובע, ־ס
my darling (to baby) קוטרוצעלע; קוציפּעריקל; פּוציפּאַק; קעצעלע; שעפּעלע; מלאכל [MÁLEKhL]
my darling (to lover) ליובעניו; ליובעליו; האַרצעניו; נשמהניו; סערצע(ניו); לעבן מײַנס; קעצעלע; מײַן גאָלד [NEShÓMENYU]
My darling Sima! סימע־לעבן!
darmstadtium דער דאַרמשטאַטיום
darn, *n.* די פֿאַרצירעוועטע לאָך, לעכער; די צירע, ־ס
darn, *v. imp./pf.* (פֿאַר)צירעווע|ן; (פֿאַר)צערעווע|ן; (פֿאַר)מערעזשע|ן
darned *see* **damned**
darning, *n.* דאָס צירעווען; די צירעוואַניע; די מערעזשע
darning needle די צירעווע־‹מערעזשע־›נאָדל, ־ען
dart, *n.*
(missile) דאָס (וואַרפֿ)שפּיזל, ־עך
(sewing) דער אײַנלאָז, ־ן
play darts שפּילן אין (וואַרפֿ)שפּיזלעך
make a dart towards אַ לאָף ‹לויף› טאָן צו
dart, *v.*
dart away אַוועקיאָגן זיך
dart out (run) אַרויספֿליִען
dart out (tongue) אַ שנעל טאָן מיט דער צונג
dartboard דאָס/די שפּיזלברעט, ־ער
dart gun די שפּיזלביקס, ־ן
dash, *n.*
(punctuation) דער טירע, ־ען
(run) דער לאָף, ־ן
(small amount) דער/דאָס שטויב, ־ן
make a dash for אַ לאָף טאָן צו; אַ לאָז טאָן זיך צו
a dash of salt אַ שטויב זאַלץ; זאַלץ אויפֿן שפּיץ מעסער
It was a mad dash מ׳איז געלאָפֿן העלנדעם־פּענדעם; מ׳איז געפֿלויגן איבער האַלדז און קאָפּ
dash, *v.*
vt. **(throw)** שלײַדערן
vt. **(shatter)** צעשמעטערן; צעברעקלען; צעדרוזגע|ן; צעברעכן אויף פּיץ־פּיצלעך
vi. **(run)** אַ לאָף ‹לאָז/ריס/יאָג› טאָן זיך
dash away/off אַוועקיאָגן זיך
dash off a letter טאָן ‹געבן› אַ שרײַב אָן אַ בריוו
dash one's hopes צעשמעטערן ‹קאַליע מאַכן› אַלע האָפֿענונגען
dashboard דאָס/די קאָנטראָלברעט, ־ער; דאָס/די שפּריצברעט, ־ער
dashing
(dapper) כוואַטסקע; כוואַטיש
(horse) צעפּלאָשעט
dastardly
(base) געמײן
(cowardly) פּחדניש [PAKhDÓNISh]

DAT *see* **digital audio tape**
data דאַטן *ל״ר*; געגעבענע *ל״ר*
personal data פּערזענלעכע דאַטן
databank די דאַטנבאַנק, ...בענק
database די דאַטן־באַזע, ־ס
data field דאָס (דאַטן)פֿעלד, ־ער
data model דער דאַטן־מאָדעל, ־ן
data processing די דאַטן־באַאַרבעטונג ‹־פּראָצעסירונג›
data processor דער דאַטן־פּראָצעסירער, ־ס
data retrieval דער דאַטן־אַרויסבאַקום
data structure די דאַטן־סטרוקטור
date,[1] *n.*
(day) די דאַטע, ־ס
(meeting) די טרעפֿונג, ־ען; דאָס באַגעגעניש, ־ן; די זעונג, ־ען
(romantic) די ראַנדקע, ־ס; דער ראַנדעוווּ, ־ען
bring up to date דערהײַנטיקן
date of birth די געבוירן־דאַטע, ־ס
out of date פֿאַרעלטערט
go out of date אַרויסגיין פֿון דער מאָדע; פֿאַרעלטערט ווערן
go out on a date אַרויסגיין; ראַנדקעווע|ן זיך; (גיין) פֿאַרברענגען
He's my date איך ראַנדקעווע ‹טרעף› זיך מיט אים
to date ביז אַהער ‹הײַנט›; עד־היום [AD(H)ÁYEM]
up to date דערהײַנטיקט; אַזשור; דערפֿירט ביז הײַנט
What's today's date? דער וויפֿלטער איז הײַנט?; וואָס איז די הײַנטיקע דאַטע?
date,[2] *n.* **(fruit)** דער/די טייטל, ־ען
date, *v.*
(romantic) (אַרויס)גיין (מיט); ראַנדקעווע|ן זיך (מיט)
(write date) דאַטירן; אויפֿשרײַבן די דאַטע
date back to שטאַמען העט פֿון; ציִען זיך נאָך פֿון
They've been dating for months זיי גייען ‹ראַנדקעווען זיך› שוין חדשים לאַנג [KhADÓShIM]
dated
(with date) דאַטירט
(out of fashion) אַלטמאָדיש; פֿאַרעלטערט
date line (geog.) די/דער אינטערנאַציאָנאַלע(ר) צײַטגרענעץ
dateline (typ.) דער דאַטע־אָנווײַז, ־ן
date palm דער טייטלבוים, ...ביימער
date rape דער ראַנדקע־גו(ע)וואַלד ‹־אונס› [ÓYNES]
date stamp, *n.* דער דאַטיר־‹דאַטע־›שטעמפּל, ־ען
date-stamp, *v.* אָנשטעמפּלען די דאַטע
dating, *n.* דאָס ראַנדקעווען; דאָס גיין אויף ראַנדקעס
dating service די ראַנדקע־באַדינונג, ־ען; דער שדכנות־ביוראָ, ־ען [ShADKhÓNES]
dating site דאָס ראַנדקע־‹שדכנות־›וועבזײַטל, ־עך [ShADKhÓNES]
dative, *adj.* דאַטיוו...
dative, *n.* דער דאַטיוו, ־ן
dative of interest דער נוגע־דאַטיוו [NEGÉYE]
dative of person דער פּערזאָן־דאַטיוו
datum דער דאַט, ־ן
daub באַשמירן; פּאַטשקע|ן; שמירגעווע|ן
daughter די טאָכטער, טעכטער
the daughter of (J.) בת־... [BAS]
daughter-in-law די שנור, ־ן/שניר
daughter-in-law's father דער מחותּן, ־ים [MEKhÚTN, MEKhUTÓNIM/MAKhETÓNIM]
daughter-in-law's mother די מחותּנתטע, ־ס [MEKhUTÉNESTE/MAKh(E)TÉNESTE]
daunt אָפּמוטיקן; אָפּשרעקן

daunting אָפּמוטיקנדיק; אָפּשרעקנדיק

dauntless נישט אָפּצושרעקן; באַהאַרצט; אומדערשראָקן; אָן מורא [MÓYRE]

daw די האַלקע, ־ס; די דױלע, ־ס

dawdle באַלעמוטשע|ן; פּוסטעפּאַסעווע|ן; מאַרודיע|ן; קאַלופּע|ן זיך; נוזשלען

dawdler דער באַלעמוט, ־ן; דער מאַרודניק, ־עס; דער קריכער, ־ס

dawdling, *adj.* מאַרודנע; קריכעוואַטע

dawn, *n.* דער קאַיאָר, ־ן; דער שאַרי, ־ען; דער באַגינען, ־ס; דער פֿאַרטאָג, ־ן

(*fig.*) [BRÉYShES] דער בראשית, ־ן; דער (פֿריסטער) אָנהייב

at dawn קאַיאָר; באַגינען; פֿאַר טאָג; כּעלות־השחר [KAALÓYS-HAShÁKhER]

from dawn to dusk פֿון פֿרי ביז שפּעט; פֿון באַגינען ביז די זון פֿאַרגייט

dawn, *v.* טאָגן; שאַריען ‹שאַרייען› (אויף טאָג); ווערן טאָג

It dawned on me כ'האָב זיך געכאַפּט; ס'איז מיר אײַנגעפֿאַלן; ס'האָט בײַ מיר אויפֿגעבליצט אַ געדאַנק

day דער טאָג, טעג

(24 hours) דער מעת־לעת, ־ן [MESLÉS]

all day אַ גאַנצן טאָג

all day and all night אַ גאַנצן מעת־לעת; סײַ בײַ טאָג (און) סײַ בײַ נאַכט; אַ גאַנצן טאָג און אַ גאַנצע נאַכט

all day long אַ גאַנצן טאָג לאַנג; אַ גאַנצינקן טאָג; אַ גאַנצן קײַלעכ(ד)יקן טאָג

any day now הײַנט־מאָרגן; אַ ליאַדע טאָג

by day בײַ טאָג

carry the day מנצח זײַן; געווינען; אויספֿירן [MENATSÉYEKh]

day after day טאָג־אײַן טאָג־אויס; טאָג נאָך טאָג

day and night יום־ולילה; יומם־ולילה; טאָג און ‹ווי› נאַכט [YOM-VELÁYLE] [YÓYMEM-VELÁYLE]

day by day טאָג פֿאַר ‹נאָך› טאָג

day in, day out טאָג־אײַן טאָג־אויס

every day יעדן טאָג; אַלע טאָג

for days on end גאַנצע(נע) טעג

from day one פֿונעם סאַמע ערשטן טאָג אָן

from this day on פֿון הײַנט אָן (און ווײַטער)

He's seen better days ער איז שוין אַן אָפּגעקומענער

in this day and age בײַם הײַנטיקן טאָג; די׳ טעג

in those days אין יענע טעג ‹צײַטן›

Let's call it a day! זאָל שוין זײַן גענוג אויף הײַנט!; לאָמיר שוין ענדיקן אויף הײַנט!

make one's day פֿאַרשאַפֿן + דאַט' פֿרייד; דערפֿרייען + דאַט' דאָס האַרץ

one day (in the future) (נאָך) אַ מאָל; ס'וועט קומען דער טאָג ווען

one day (in the past) איין מאָל; אַ מאָל

one day (in telling story) איין מאָל; אין איין שיינעם טאָג

one of these days ס'וועט נאָך קומען אַ טאָג ווען; די׳ טעג

some day אַ מאָל

That'll be the day! נאָך שבת דינסטיק!; ווען אין הימל וועט זײַן אַ יאַריד [ShÁBES]

the day before ערבֿ [ÉREV]

the other day אַנומלט(ן); מיט עטלעכע טעג צוריק

to the day פּונקט דעם טאָג

Today's not my day סע גייט מיר הײַנט עפּעס נישט; סע גייט מיר הײַנט מיט דער פּוטער אַראָפּ

We don't have all day דער טאָג שטייט נישט; די וועלט שטייט נישט אויף אַן אָרט; וואָס שלעפּט זיך עס דאָ?

She made my day! זי האָט מיר פֿאַרשאַפֿן ‹צוגעטראָגן› אַ גוטן טאָג!; זי האָט מיר דערפֿרייט ‹דערקוויקט› די נשמה! [NEShÓME]

daybed דאָס/די טאָגבעט, ־ן; דער בעטדיוואַן, בעטן־דיוואַנען

daybreak דער אָנבראָך ‹שפּראָץ› אויף טאָג

at daybreak מיטן קריי פֿון האָן; מיטן טאָג גלײַך; כּעלות־השחר [KAALÓYS-HAShÁKhER]

day camp דער טאָגלאַגער, ־ן

day care די טאָגהיים

day-care center די טאָגהיים, ־ען

daydream, *n.* דער וואָר־חלום, ־ות; דער חלום אויף דער וואָר [KhÓLEM, KhALÓYMES]

daydreams *also* הוריות [HÓYRIES]

daydream, *v.* חלומען אויף דער וואָר; טראַכטן הוריות; פֿאַנטאַזירן [KhÓLEMEN] [HÓYRIES]

daydreamer (*fig.*) דער צעטראָגענער מלאך [MÁLEKh]

day job די אַרבעט בײַ טאָג; די בײַטאָגיקע אַרבעט

day laborer דער טאָגאַרבעטער, ־ס

daylight דאָס טאָגליכט; די טאָגשײַן; העלער טאָג

beat the living daylights out of אָנשלאָגן ‹אָנברעכן› + דאַט' די בײַנער

daylight saving time דער זומער־זייגער

in broad daylight אין מיטן העלן טאָג

It's still daylight ס'איז נאָך ליכטיק

scare the living daylights out of איבערשרעקן + אַק' אויף טויט

see daylight (*fig.*) דערזען דאָס ליכט; פֿאַרשטיין

There's no daylight between them בײַ זיי איז נישטאָ קיין שום חילוקי־דעות [KhILÚKE-DÉYES]

daylong גאַנצטאָגיק; אַ גאַנצן טאָג פּר'

Day of Atonement דער יום־כּיפּור [YONKÍPER/YOMKÍPER]

day off דער פֿרײַער טאָג, טעג

take a few days off נעמען זיך עטלעכע פֿרײַע טעג

day shift דער טאָגשיכט, ־ן

daytime, *adj.* בײַטאָגיק

daytime, *n.* דער בײַטאָג, ־ן

in the daytime בײַ טאָג; ווען סע שײַנט די זון

day-to-day טאָג־טעגלעך; פֿון טאָג צו טאָג פּר'

day trip דער איינטאָגיקער אַרויספֿאָר, ־ן

daze, *n.* דער הינערפּלעט, ־ן

in a daze *see* **dazed**

daze, *v.* פֿריטשמעליען; פֿאַרדולן; פֿאַרטויבן; פֿאַרגלושע|ן; באַרעשן [BARÁShN]

dazed פֿריטשמעליעט; פֿאַרטשאַדעט; פֿאַרטומאַנעט; פֿאַרזאַמעראָטשעט; פֿאַרטויבט; ווי אַ נעכטיקער

dazzle, *n.* דער בלענד

dazzle, *v. imp./pf.* (פֿאַר)בלענדן

dazzling בלענדיק

D-day דער טאָג פֿון דער נאָרמאַנדער אינוואַזיע

de... אָפּ...; דע...

deacon דער דיאַקאָן, ־ען; דער דיאַק, ־ן

deaconess די דיאַקאָניצע, ־ס; די דיאַקאָנין, ־ס

deactivate דעאַקטיווירן

dead, *adj.* טויט; געשטאָרבן; שוין נישטאָ (אויף דער וועלט)

be dead to the world שלאָפֿן ווי געפּגרט ‹געשטאָרבן› [GEPÉYGERT]

dead as a doornail טויט ווי אַ שטיין; טויט ווי צען מאָל געשטאָרבן

Dead men tell no tales פֿון קבֿר דערציילט מען נישט קיין סודות; טויטע הינט בײַסן נישט [KÉYVER] [SÓYDES]

dead on arrival טויט־געבוירן; אָנגעקומען טויט

drop dead אַוועקפֿאַלן אַ טויטער געב'; אײַננעמען אַ טויט ‹פּגירה/מיתה› [PGÍRE] [MÍSE]
Drop dead! ווער(ט) געהרגעט!; גיי(ט) (מיר) אין דר'ערד אַרײַן! [GEHÁRGET]
go dead קאַליע ווערן; אויסלעשן זיך; נישט אַרבעטן
more dead than alive נישט טויט נישט לעבעדיק
Over my dead body! נישט בײַ מײַן לעבן!
play dead מאַכן זיך געפּגרט
dead, *adv.*
be dead last זײַן דער סאַמע לעצטער געב'
be dead wrong האָבן אַ טעות־גמור; פֿאַרזען אין גאַנצן [TÓES-GÓMER]
dead, *n.*
the dead מתים; טויטע [MÉYSIM]
in the dead of night טיף אין דער נאַכט; אין דער פֿינצטערניש פֿון דער נאַכט; בחצי־הלילה [BAKhTSÍ-HALÁYLE]
in the dead of winter אין די סאַמע ווינטערקעלטן; טיף אין דער ווינטערדיקער קעלט
deadbeat, *adj.* **(exhausted)** שרעקלעך ‹טויט› מיד; אויסגעשעפּט
deadbeat, *n.* דער פּוסטעפּאַסניק, ־עס; דער לײדיק־גײער, ־ס
deadbeat dad דער טאַטע דער נישט־צאָלער, טאַטעס נישט־צאָלערס
dead body
(animal) די נבֿלה, ־ות [NEVÉYLE]
(human) דער/דאָס מת, ־ים; דער בר־מינן, ־ס [MES, MÉYSIM] [BÁRMENEN]
dead center דער סאַמע מיט ‹צענטער›
(mech.) דער טויטער פּונקט, ־ן
dead drunk טויט שיכור; שיכּור (ווי) לוט [ShÍKER] [LOT]
dead duck דער פֿאַרפֿאַלענער געב'
deaden אָפּטייטן; אָפּטעמפּן
dead end דער טעמפּער ‹טויטער› ווינקל, ־ען
come to a dead end אַרײַן אין אַ טעמפּן ווינקל; בלײַבן אָן אַן אויסוועג
dead-end job דער פּאַסטן אָן אַ מאָרגן
dead-end street דאָס בלינדע געסל, ־עך; די בלינדע גאַס, ־ן; דאָס זאַקגעסל, ־עך
dead file עובֿר־זמניקע ל"ר [ÓYVER-ZMÁNIKE]
dead heat דער רעמי', ־ען
dead key דער טויטער קלאַוויש, ־ן; דער טויטקלאַוויש, ־ן
dead letter דער אומצושטעליקער בריוו, –
deadline דער טערמין, ־ען
make the deadline באַווײַזן דעם טערמין
deadlock, *n.* די פֿאַרהאַקונג, ־ען; די פֿאַרגליווערונג, ־ען; די/דאָס אומבאַוועגלעכקייט; דער נישט־אַהין־נישט־אַהער
deadlock, *v.* פֿאַרהאַקן זיך
deadlocked פֿאַרהאַקט; אין אַ טעמפּן ווינקל
become deadlocked פֿאַרהאַקן זיך
dead loss דער רײַנער היזק [HÉZEK]
deadly טויטברענגיק; טויט...; אויף טויט; סכנות־נפֿשותדיק [SAKÓNES-NEFÓShESDIK]
deadly force דער הרגע־כּוח [HÁRGE-KÓYEKh]
deadly mistake דער טעות אויף טויט [TÓES]
deadly poison דער סם־המוות [SAM(-H)AMÓVES]
deadly nightshade די בעלאַדאָנע; די משוגע־קאַרש [MEShÚGE]
deadly sin די טויט־עבֿירה, ־ות [AVÉYRE]
dead money דאָס מתים־געלט [MÉYSIM]
dead-on פּראַנטאַל; אַקוראַט
deadpan מיט אַ שטיינערנ(עם) פּנים; אָן קיין שום אויסדרוק (אויפֿן פּנים) [PÓNEM]

dead ringer
He's a dead ringer for his father ער איז דער טאַטע אויסן אויג; ער איז דער טאַטע, סע זאָל פֿעלן אַ האָר
Dead Sea דער ים־המלח [YAM-HAMÉLEKh]
Dead Sea Scrolls מגילות פֿון ים־המלח; קומראַן־מגילות [MEGÍLES] [YAM-HAMÉLEKh]
dead tired טויט מיד; צעבראָכן
dead weight די דריקנדיקע משׂא [MÁSE]
deadwood דער טרוקנוואַלד
be deadwood (*fig.*) זײַן אַלט האָלץ; זײַן אָן אַ נוץ
deaf, *adj.* טויב
be deaf to צומאַכן די אויערן צו
deaf as a doorpost טויב ווי די וואַנט
deaf person דער טויבער געב'
deaf, *n.*
the deaf טויבע
deafen פֿאַרטויבן; פֿאַרהילכן; פֿאַרגלושע|ן
deafening פֿאַרטויבנדיק; אויער־רײַסיק
a deafening silence אַ שטילקייט ‹שווײַגן› וואָס שרײַט צו די הימלען; אַ פֿאַרטויבנדיקע שטילקייט
deaf-mute, *adj.* טויב־שטום
deaf-mute, *n.* דער טויב־שטומער געב'
deafness די/דאָס טויבקייט
deal, *n.* דער אָפּמאַך, ־ן; דאָס געשעפֿט, ־ן; די פֿאַרהאַנדלונג, ־ען; דער משׂא־(ו)מתּן, ־ס [MASEMÁTN]
a good deal (bargain) די מציאה, ־ות [METSÍE]
a good deal of אַ היפּש ‹שיין› ביסל
a great deal (bargain) די גאָלדענע מציאה, ־ות
a great deal of אַ שלל ‹ים› מיט; אַ גוזמא; גאַנצ(ענ)ע הויפֿנס מיט [ShLAL] [YAM] [GÚZME]
Big deal! מה־רעש?; אויך מיר אַ נײַ(ע)ס!; אַ טײַערע מציאה!; נאָך וואָס דער טאַרעראַם?; נו, איז וואָס? [MARÁSh]
He got a raw deal מ'האָט אים באַעוולט; מ'האָט אים שלעכט באַהאַנדלט [BAÁVLT]
It's a deal! אָפּגעמאַכט!
It's no big deal ס'איז גאָרנישט; מ'האָט שוין אַזעלכס געזען; אַ קנאַפּע דאגה [DÁYGE]
make a big deal out of מאַכן אַ בראָטן ‹צימעס› פֿון; מאַכן מחזקות מיט [MAKhZÓKES]
make a deal שליסן אַן אָפּמאַך; אָפּרעדן; שליסן געשעפֿטן
The deal is off! אויס געשעפֿט ‹מחותּנים›!; אויס כּלה, ווידער אַ מויד!; אויס! [MEKhUTÓNIM/MAKhETÓNIM] [KÁLE]
deal, *v.*
(cards) געבן ‹אויסטיילן› קאָרטן; נתנען [NÁSENEN]
deal a blow to אונטערהאַקן; זײַן אַ קלאַפּ פֿאַר
deal in (bus.) האַנדלען מיט
deal in (cards) געבן ‹אויסטיילן› + דאַט' קאָרטן
deal with (bus.) האָבן צו טאָן מיט; (פֿאַר)האַנדלען מיט; פֿירן געשעפֿטן מיט
deal with (get even) אָפּרעכענען זיך מיט
deal with (handle) באַהאַנדלען; באַגיין זיך מיט; שאַפֿן זיך מיט
deal with (manage) געבן זיך אַן עצה מיט [ÉYTSE]
deal with (struggle) ראַנגלען זיך מיט; האָבן צו טאָן מיט
dealer דער פֿאַרקויפֿער, ־ס; דער סוחר, סוחרים; דער הענדלער, ־ס [SÓYKhER, SÓKhRIM]
(of cards) דער (קאָרטן־)געבער, ־ס
dealership די אויטאָמאָביל־הענדלערײַ, ־ען
dealings געשעפֿטן; עסקים; מחזקות; דער האַנדל ל"י; דער מגע־(ו)משׂא ל"י; פֿאַרהאַנדלונגען [ASÓKIM] [MAKhZÓKES] [MAGEMÁSE]

dealmaker דער אָפּמאַך־‹געשעפֿטן־›שליסער, ־ס
(dishonest) דער מאַכער, ־ס; דער דרייער, ־ס; דער שוויצער, ־ס
dealmaking דאָס פֿאַרהאַנדלען; דאָס אויספּועלן אַן אָפּמאַך; דאָס שליסן געשעפֿטן [ÓYSPÓY(E)LN]
(dishonest) דאָס מאַכן אויסגעלינקטע ‹לינקע› געשעפֿטן; דאָס שאַכער־מאַכערײַ
dean דער דעקאַן, ־ען
dean of students דער סטודענטן־דעקאַן, ־ען
dean of the faculty דער לערער־דעקאַן, ־ען
deanship דער דעקאַנאַט, ־ן
dean's list דעם דעקאַנס אָנערקען־רשימה [REShÍME]
make the dean's list אָנערקענט ווערן פֿונעם דעקאַן
dean's office דער דעקאַנאַט
dear, *adj.*
(beloved) טײַער; ליב; האַרצעדיק
(expensive) טײַער
my dear Moyshe משה־לעבן)
Dear (in letter) ליבער געב'; טײַערער געב'
dear to one's heart אײַנגעבאַקן אין האַרצן
be very dear to זײַן דאָס לעבן בײַ
hold stg. dear האַלטן (פֿאַר) טײַער
dear, *int.*
Oh dear! אוי־ווײ!
Dear me! ווײ איז מיר!
dear, *n.* דער טײַערער געב'
Be a dear (please) זײַ(ט) אַזוי גוט
dearly שטאַרק; זײער
dearness די/דאָס טײַערקייט
dearth דער דוחק; דער אויספֿעל [DÓYKhEK]
a dearth of אַ דוחק אין; אַן אויספֿעל פֿון; אַ יקרות אויף [YÁKRES]
death דער טויט; די פּטירה [PTÍRE]
(animal) די פּגירה, ־ות; דאָס פּגרן [PGÍRE] [PÉYGERN]
(mass death) דער אומקום
(single case) דער טויטפֿאַל, ־ן
be at death's door זײַן אויפֿן שוועל פֿון טויט ‹קבֿר›; גוססן [KÉYVER] [GÓYSESN]
catch one's death of cold גאָר שטאַרק פֿאַרקילן זיך
death by hanging די תּליה; די טויטשטראָף דורך הענגען [TLÍE]
have a death wish אײַנשטעלן זיך כּסדר דאָס לעבן [KESÉYDER]
I'm sick to death of her ס'ווערט מיר שוין נישט־גוט פֿון איר; זי קריכט מיר שוין פֿון האַלדז
put to death קעפּן; טייטן; אויספֿירן טויטשטראָף
She'll be the death of me זי וועט מיך אַוועקהרגענען; זי וועט מיך טאָן צום טויט [AVÉKHÁRGENEN]
to death אויף טויט
death agony די גסיסה [KSÍSE]
deathbed דאָס טויטנבעט
be on one's deathbed גוססן; האַלטן בײַ דער גסיסה; פֿאָכען|ן מיט דער נשמה; ליגן ‹זײַן› אויפֿן טויטנבעט; האַלטן בײַם שטאַרבן [GÓYSESN] [KSÍSE] [NEShÓME]
deathblow דער טויטקלאַפּ, ...קלעפּ
death camp דער אומברענג־לאַגער, ־ן; דער טויטלאַגער, ־ן
death certificate דער טויטצעטל, ־ען; דער טויט־צערטיפֿיקאַט, ־ן
death knell דער טויטנגלאָק, ־ן/...גלעקער
deathless אומשטאַרביק
deathly, *adj.* טויט; שרעקלעך
deathly, *adv.* טויט; מסוכּן [MESÚKN]
deathly ill טויט ‹מסוכּן› קראַנק
death march דער טויטנמאַרש, ־ן
death penalty די טויטשטראָף
death rate די/דאָס שטאַרביקייט
death row די טויטקאַמער, ־ן
be on death row זײַן אַ בן־מוות; וואַרטן אויף טויטשטראָף [BEN-MÓVES]
death-row inmate דער פֿאַרמישפּטער געב' אויף טויט; דער חייבֿ־מיתהניק, ־עס [FARMÍShPETER] [KhÁYEV-MÍSENIK]
death squad די טויט־קאָמאַנדע, ־ס
death tax דער ירושה־שטײַער, ־ן [YERÚShE]
death threat דער טויט־סטראַשוניק, ...נקעס; די טויט־וואָרענונג, ־ען
death throe די גסיסה־קאָנוווּלסיע, ־ס [KSÍSE]
death toll די צאָל דערהרגעטע ‹טויטע/אומגעקומענע› [DERHÁRGETE]
death trap דאָס טויט־געפֿערלעכע אָרט, ערטער
death warrant דער טויטאורטייל, ־ן
death wish דער טויטבאַגער; דער טויטאינסטינקט
debacle דער פֿיאַסקאָ, ־ס; די קאַטאַסטראָפֿע, ־ס
debar נישט צולאָזן; אויסשליסן
debase
(person) מזלזל זײַן; מבֿייש זײַן; ˙דערנידעריקן [MEZÁLZL] [MEVÁYESh]
(value) אַראָפּלאָזן; פֿאַרקלענערן
debasement דער זילזול; די ˙דערנידעריקונג [ZILZL]
debatable מוטל־בספֿק; אונטער אַ פֿרעגצייכן; נישט אָן ספֿק; אָפֿן [MUTL-BESÓFEK] [SÓFEK]
It's debatable סע בלײַבט אַ ספֿק; סע בלײַבט אַן אָפֿענע פֿראַגע; תּיקו [TÉYKU/TÉYKE]
debate, *n.* די דעבאַטע, ־ס; דער וויכּוח, ־ים [VIKÚEKh, VIKÚKhIM]
debate, *v.*
vt. דיסקוטירן; דעבאַטירן
vi. מתווכּח זײַן זיך; שפּאַרן זיך [MISVAKÉYEKh]
debate to death אויסמעלקן אַן ענין ביזן סוף [ÍNYEN] [SOF]
debate club דער דעבאַטיר־קלוב, ־ן; די וויכּוח־חבֿרה, ־ות [VIKÚEKh-KhÉVRE]
debauched הולטײַיש; אויסגעלאַסן
debauchee
m./unsp. דער נואף, ־ים; דער הולטײַ, ־עס; דער גענאַמניק, ־עס [NÓYEF]
f. די נואפֿטע, ־ס; די הולטײַקע, ־ס [NÓYEFTE]
debauchery דער ניאוף; די/דאָס אויסגעלאַסנקייט; די הולטײַסטווע; דאָס פּריצות; דער זנות; דער דעבאָש [NÍEF] [PRÍTSES] [ZNUS]
debenture דער וועקסל, ־ען; דער שטר־חובֿ, ־ות [ShTAR-KhÓYV]
debilitate אָפּשוואַכן; צונעמען בײַ + דאַט' די כּוחות [KÓYKhES]
debilitated אָפּגעשוואַכט; אָן כּוחות [KÓYKhES]
debilitating אָפּשוואַכ(נד)יק
debility די/דאָס אָפּגעשוואַכטקייט
debit, *n.* דער דעבעט, ־ן
debit, *v.* אַראָפּרעכענען; דעבעטירן
debit card דאָס דעבעט־קאַרטל, ־עך
debonair גאַלאַנט; עלעגאַנט
debone אויסביינערן
debrief אויספֿרעגן
debriefing דאָס אויספֿרעגן; די אויספֿרעגונג, ־ען
debris דאָס מיסט; דער רים
(wreckage) דאָס ברעך; דאָס בויברעך
debt דער חובֿ, ־ות [KhOYV]
bad debt פֿאַרלוירענע ‹פֿאַרפֿאַלענע› חובֿות ל"ר [KhÓYVES]

be in debt הָאבן חובֿות

be in sb.'s debt קומען + דאַט' אַ טובֿה ‹חובֿ› [TÓYVE]

go/run into debt פֿאַרבאָרגן זיך; אַרײַנלאָזן זיך ‹אַרײַנקריכן› אין חובֿות

out of debt ריין פֿון חובֿות; אויסגעצאָלט אַלע חובֿות

debt ceiling די חובֿות־סטעליע, ־ס [KhÓYVES]

debt collector דער חובֿות־אויפֿמאָנער, ־ס [KhÓYVES]

debtor דער בעל־חובֿ, בעלי־חובֿות; דער לווה, ־ים [BALKhÓYV, BÁLE-KhÓYVES] [LÓYVE, LÓYVIM]

debt relief דאָס פֿאַרגרינגערן ‹פֿאַרלײַכטערן› דעם חובֿ [KhOYV]

debt-ridden באַוואָרפֿן מיט חובֿות; אײַנגעזונקען ‹פֿאַרטרונקען/פֿאַרבאָדן› אין חובֿות [KhÓYVES]

debug אויספֿעלערן; באַפֿרײַען פֿון פֿעלערן

debunk אָפּוואַרפֿן; אָפּלײקענען; אָפּפֿרעגן; אויפֿדעקן

debut, *n.* דער דעביוט, ־ן

make one's debut דעביוטירן

debut, *v.* דעביוטירן

debutante די דעביוטאַנטקע, ־ס

debutante ball דער דעביוטאַנטקע־באַל, ־בעלער

decade דער יאָרצענדליק ‹יאָרצענדלינג›, ־ער

decadence די דעקאַדענץ; די/דאָס געפֿאַלנקייט; די/דאָס צעפֿאַלנקייט; די ירידה [YERÍDE]

decadent דעקאַדענט; געפֿאַלן; יורדיק [YÓYREDIK]

decaffeinate דעקאַפֿעיִנירן

decaffeinated coffee די דעקאַפֿעיִנירטע קאַווע, ־ס

decaffeination די דעקאַפֿעיִנירונג

decagon דער צענעק, ־ן; דער דעקאַגאָן, ־ען

decal דאָס קלעפּבילד, ־ער; די קלעפּמאַרקע, ־ס

Decalogue די צען געבאָט ל"ר; די עשׂרת־הדיברות ל"ר [ASÉRES-HADÍBRES]

decamp לאָזן זיך אין וועג אַרײַן; מאַכן פֿיס

decant אָפּגיסן; אַריבערגיסן

decanter די קאַראַפֿינקע ‹גראַפֿינקע›, ־ס; דער קאַראַפֿין ‹גראַפֿין›, ־ען

decapitate קעפּן; (אַר)אָפּהאַקן דעם קאָפּ

decapitation די קעפּונג

decarbonize דעקאַרבאָנ(יז)ירן

decathlon דער דעקאַטלאָן, ־ען; דער צענפֿאַרמעסט, ־ן

decay, *n.* דער צעפֿאַל; די/דאָס צעפֿאַלנקייט; די (צע)פֿוילונג

fall into decay נעמען פֿוילן

decay, *v.* צעפֿאַלן זיך; (פֿאַר)פֿוילן; פֿאַרפֿוילט ווערן

decayed matter דער פֿוילשטאָף

deceased געשטאָרבן

deceased person (*m./unsp.*) דער געשטאָרבענער גבע'; דער ניפֿטר, ־ים [NÍFTER, NIFTÓRIM]

deceased person (*f.*) די געשטאָרבענע, –; די ניפֿטרת, ־ן [NIFTÉRES]

decedent דער געשטאָרבענער גבע'

deceit דאָס אָפּנאַרערײַ; דער אָפּנאַר; דאָס גענאַרערײַ

deceitful אָפּנאַרעריש; ליגנעריש; פֿאַלש

deceitfulness די/דאָס ליגנערישקייט; די/דאָס פֿאַלשקייט; דאָס רמאָות [RAMÓES]

deceive (אָפּ)נאַרן; גיין הינטן אַרום; אַרויסשטעלן צום נאַר; מולירן; האָבן דאָס גענאַר פֿון

I was deceived כ'בין אַרײַנגעפֿאַלן; מ'האָט מיך אָפּגענאַרט; מ'האָט מיך געפֿירט אין באָד ‹חדר› אַרײַן [KhÉYDER]

deceiver דער אָפּנאַרער, ־ס; דער רמאַי, רמאָים [RÁMAY, RAMÓYEM]

decelerate

vt. פֿאַרפּאַמעלעכן די גיכקייט

vi. פֿאַרפּאַמעלעכן זיך

deceleration דאָס פֿאַרפּאַמעלעכן זיך

December (דער) דעצעמבער

decency די/דאָס לײַטישקייט; די/דאָס אָרנטלעכקייט; די/דאָס מענטשלעכקייט

decent לײַטיש; אָרנטלעך; מענטשלעך; מענטשיש

Is she decent? (clothed) איז זי אָנגעטאָן?; איז זי סאַלאָן־פֿעיִק?

decentralization די דעצענטראַליזירונג

decentralize, *vt./vi.* דעצענטראַליזירן (זיך)

decentralized דעצענטראַליזירט

deception דאָס אָפּנאַרערײַ; דער אָפּנאַר; דאָס גענאַרערײַ; דאָס רמאָות; דער שווינדל, ־ען [RAMÓES]

deceptive אָפּנאַרעריש; פֿאַרפֿירעריש

decertification דאָס צוריקציִען די אַטעסטירונג

decertify דעאַטעסטירן

decibel דער דעציבעל, ־ן

decibel level די דעציבעלן־צאָל, ־ן

decide באַשליסן; באַשטימען; דעצידירן; אָננעמען אַ באַשלוס; גומר זײַן [GÓYMER]

(jur.) פּסקענען ‹פּסקע|נען› [PÁSKENEN - PASKN/PÁSKE]

(settle) מכריע זײַן [MAKhRÍE]

decide on באַשליסן; אויסקלײַבן

It was decided that ס'איז געבליבן אַז; מ'האָט באַשלאָסן אַז

decided, *adj.* בפֿירוש; אָנספֿקדיק; קלאָר [BEFÉYRESh] [ÓNSÓFEKDIK]

decidedly בפֿירוש; דורכויס; אָן קיין שום ספֿק ‹פֿראַגע› [BEFÉYRESh] [SÓFEK]

decider *see* **deciding game/match; decision-maker**

deciding מכריעדיק; דעצידירנדיק; באַשטימענדיק; דעצידיר־... [MAKhRÍEDIK]

deciding game/match דער מכריעדיקער פּונקט ‹מאַטש›, ־ן; דער דעצידיר־פּונקט ‹־מאַטש›, ־ן [MAKhRÍEDIKER]

deciding vote די מכריעדיקע שטים, ־ען [MAKhRÍEDIKE]

deciduous בלעטער־...; בלעטערדיק

deciduous tooth דער מילכצאָן, ...ציין; דער דערווײַליקער צאָן, ציין

deciduous tree דער בלעטערבוים, ...ביימער

deciliter דער דעציליטער, ־ס

decimal, *adj.* דעצימאַל; געצענטלט

decimal, *n.* דער דעצימאַל, ־ן; די געצענטלטע בראָכצאָל, ־ן

decimalize אַריבערפֿירן אויף דער דעצימאַל־סיסטעם

decimal point דער (דעצימאַל־)פּונקט, ־ן; די קאָמע, ־ס

decimal system די דעצימאַל־סיסטעם

decimate דעצימירן; צענטיקן; פֿאַרטיליקן

decimation דאָס דעצימירן; די פֿאַרטיליקונג; די דעצימירונג

decimeter דער דעצימעטער, ־ס

decipher דעשיפֿרירן; פֿונאַנדערשיפֿרירן

decipherable צום דעשיפֿרירן

be decipherable לאָזן זיך דעשיפֿרירן

decision דער באַשלוס, ־ן; די החלטה, ־ות; דער גמר, ־ן [HAKhLÓTE] [GMAR]

(jur.) דער פּסק, ־ים/־ן; די פּסקענונג, ־ען; די החלטה, ־ות [PSAK, PSÓKIM] [PÁSKENUNG]

decision-maker דער באַשליסער, ־ס

decision-making דאָס אָננעמען אַ באַשלוס; דאָס באַשליסן

decision tree דער החלטה־בוים, ־ביימער [HAKhLÓTE]

decisive באַשטימ(ענד)יק; מכריעדיק; גורלדיק [MAKhRÍEDIK] [GÓYRLDIK]

be decisive מכריע זײַן [MAKhRÍE]

decisively באַשטימט; קאַטעגאָריש

deck, *n.*

(of cards) דאָס טעשל, ־עך; דאָס פּעשל, ־עך; דער פּאַש, ־ן; די טאַליע, ־ס; דער קאָרטן־ש"ס [ShAS]

(porch) די וועראַנדע, ־ס
(ship) דער דעק, ־ן
be on deck (baseball) קלאַפּן דער קומעדיקער
clear the decks מאַכן זיך גרייט
stack the deck (שווינדלעריש) אויסלייגן די קאָרטן
deck, *v.* **(out)** באַדעקן; באַצירן
deck cabin די דעק־קאַבינע, ־ס
deck chair די ליגשטול, ־ן; דער שעזלאָנג, ־ען
deckhand דער דעק־‹שיף־›אַרבעטער, ־ס
deck tennis דער רינגטעניס
declaim דעקלאַמירן
(inveigh) שטאַרק פּראָטעסטירן; אַראָפּרײַסן
declaration [HOYDÓE] די דעקלאַראַציע, ־ס; די הודעה, ־ות
declaration of war די מלחמה־דעקלאַראַציע; די קריגסמעלדונג, ־ען [MILKhÓME]
Declaration of Independence די אומאָפּהענגיקייט־דעקלאַראַציע
declarative דעקלאַראַטיוו
declare דעקלאַרירן; פּראָקלאַמירן; מעלדן; מודיע זײַן [MEDÍE/MOYDÍE]
(for tax purposes) דעקלאַרירן
declare one's candidacy for אַרויסשטעלן זיך פֿאַר
declare one's love for דעקלאַרירן זיך + דאַט' אין ליבע
declare openly מוסר־מודעה זײַן; עפֿנטלעך מעלדן [MÓYSER-MOYDÓE]
declare war (on) מעלדן ‹דעקלאַרירן› מלחמה + דאַט' [MILKhÓME]
declassified [SOD] דעקלאַסיפֿיצירט; אויס סוד
declassify [SOD] דעקלאַסיפֿיצירן; מאַכן פֿאַר אויס סוד
declension די בייגונג, ־ען; די דעקלינאַציע, ־ס
declination
(magnetic) די נאָדל־אָפּווײַכונג
(refusal) דאָס אָפּזאָגן זיך; דער אָפּזאָג, ־ן
decline, *n.* [YERÍDE] דער באַרגאַראָפּ; די ירידה; די צעפֿוילונג
(slope) דער באַרגאַראָפּ, ־ן; דער שיפּוע, ־ים [ShIPÚE, ShIPÚIM]
be in decline גיין באַרג־אַראָפּ; זײַן אין אַ ירידה; פֿאַלן; זײַן צעפֿוילט [YERÍDE]
decline, *v.*
vt. **(refuse)** אָפּזאָגן זיך פֿון
vt. **(gram.)** בייגן; דעקלינירן
vi. **(decrease)** פֿאַרקלענערן זיך; פֿאַרמינערן זיך; פֿאַלן
vi. **(deteriorate)** גיין באַרג־אַראָפּ; פֿאַרערגערן זיך
vi. **(health)** פֿאַרערגערן זיך; ערגער ווערן
vi. **(institution)** אונטערגיין
vi. **(refuse)** אָפּזאָגן זיך (צו)
vi. **(strength)** פֿאַלן
in one's declining years אויף דער עלטער
declivity [ShIPÚE, ShIPÚIM] דער שיפּוע, ־ים
decode דעקאָדירן; דעשיפֿרירן; פֿונאַנדערשיפֿרירן
decoder דער דעקאָדירער, ־ס; דער דעשיפֿרירער, ־ס
décolletage דער דעקאָלט, ־ן; דער דעקאָלטע, ־ען
décolleté (אויס)דעקאָלטירט; אויסגעבלייזט; אויסגעשניטן
decolonization די דעקאָלאָניזאַציע
decolonize דעקאָלאָניזירן
decommission דעקאָמיסיאָנירן
decommissioned דעקאָמיסיאָנירט
decompensate דעקאָמפּענסירן
decompensation די דעקאָמפּענסאַציע
decompose
vt. צעלייגן
vi. **(decay)** צעפֿאַלן ‹צעפֿוילן› זיך
vi. **(separate into)** צעלייגן זיך (אויף)

decomposition
(decay) דער צעפֿאַל; די צעפֿוילונג
(separation) די צעלייגונג
decompress אָפּקאָמפּרימירן; נאָכלאָזן די דריקונג
(relax/*fig.*) אויסשפּאַנען ‹אָפּשפּאַנען› זיך
decompression די אָפּקאָמפּרימירונג
(relaxation/*fig.*) די אָפּשפּאַנונג
decompression chamber די אָפּקאָמפּרימיר־קאַמער, ־ן
decongestant דאָס אויפֿשטאָפּ־מיטל, ־ען
deconstruct צעגלידערן; דעקאָנסטרויִרן
deconstruction די צעגלידערונג; דאָס צעגלידערן; די דעקאָנסטרוקציע
decontaminate דעקאָנטאַמינירן; דעגאַזירן; דיסאינפֿעקטירן
decontamination דאָס דעקאָנטאַמינירן; די דעקאָנטאַמינירונג; די דיסאינפֿעקטירונג
décor די דעקאָראַציע; די דעקאָרירונג; די אויסשטאַטונג
decorate באַצירן; באַפּוצן; דעקאָרירן
(award) באַלוינען (מיט)
(with medal) מעדאַלירן
decorated באַצירט; באַפּוצט; דעקאָרירט
(with medals) באַמעדאַלירט; באַדעקט מיט מעדאַלן
decoration די דעקאָראַציע, ־ס; די באַצירונג, ־ען; די באַפּוצונג, ־ען; דער הידור, ־ים [HÍDER, HIDÚRIM]
(medal) דער מעדאַל, ־ן
decorative דעקאָראַטיוו; ציר...; פּוצ...
decorative tile די צירקאַכל, ־ען; די פּוצקאַכל, ־ען; די דעקאָראַטיווע קאַכל, ־ען
decorator דער דעקאָראַטאָר, ...אָרן
decorous לײַטיש
decorum דער דרך־ארץ; דאָס תּרבות; דער דעקאָרום [DERKhÉRETS] [TÁRBES]
decoupage דער דעקופּאַזש; דאָס אויסשנײַדן
decouple אָפּקייטלען
decoupling די אָפּקייטלונג
decoy, *n.*
(bird) דער ציפֿויגל, ...פֿייגל
(lure) דאָס פֿאַרנאַרעכץ, ־ן; די צישפּײַז; די לאָקערשפּײַז; דער מאַקעט, ־ן; דער כויד, ־ן
decoy, *v.* פֿאַרנאַרן
decrease, *n.* די פֿאַרמינערונג, ־ען; די פֿאַרקלענערונג, ־ען; דער אָפּקום, ־ען
be on the decrease פֿאַלן; ווערן אַלץ קלענער ‹ווייניקער›
decrease, *v.*
vt. פֿאַרקלענערן; פֿאַרמינערן
vi. פֿאַרקלענערן זיך; פֿאַרמינערן זיך; אָפּקומען
decree, *n.* די גזירה, ־ות; די פֿאַראָרדענונג, ־ען; דער דעקרעט, ־ן [GZÉYRE]
decree, *v.* [GÓYZER] גוזר זײַן; פֿאַראָרדענען; דעקרעטירן
be decreed [NÍGZER] ניגזר ‹פֿאַראָרדנט› ווערן
decrepit צעפֿאַלן; אָפּגעלעבט; שקראַבעדיק
become decrepit אָפּלעבן; (אַראָפּ)פֿאַלן פֿון דער מדרגה [MADRÉYGE]
decrepit building [KhÚRVE] די חורבה, ־ות
decrepitude די/דאָס חרובֿדיקייט; די/דאָס צעפֿאַלנקייט [KhÓREVDIKEYT]
decrescendo דעקרעשטשענדאָ
decriminalize דעקרימינאַליזירן; מאַכן פֿאַר אויס פֿאַרברעכן
decry אַראָפּרײַסן; פּראָטעסטירן
decrypt דעשיפֿרירן
dedicate
(book) דעדיקירן; °ווידמע(נ)ען
(building) [MEKhÁNEKh] דעדיקירן; מחנך זײַן

(consecrate) הײליקן; מחנך זײַן
dedicate oneself to אָפּגעבן ‹איבערגעבן› זיך + דאַט'
dedicated איבערגעגעבן; געטרײַ
(single-purpose) באַשטימט; אײנצוועקיק
dedication
(book) די דעדיקאַציע, ־ס; דער לכּבֿוד, ־ן; די ווידמונג, ־ען [LIKhVÓYD]
(building) די דעדיקאַציע, ־ס; דער חינוך [KhÍNEKh]
(consecration) די הײליקונג, ־ען; דער חינוך
(of new house) דער חנוכּת־הבית [KhANÚKES-HABÁYES]
(to a cause) די/דאָס איבערגעגעבנקייט; די געטרײַשאַפֿט
deduce (אַרױס)דרינגען; אָפּלערנען; מאַכן אַן אױספֿיר
deduct אַראָפּרעכענען
(from taxes) אַראָפּרעכענען פֿון די שטײַערן
deductible, *adj.*
It's deductible מע קען עס אַראָפּרעכענען
deductible, *n.* דאָס אַראָפּגערעכנטע (געלט)
deduction
(conclusion) די אַרױסדרינגונג, ־ען; דער אױספֿיר, ־ן
(reasoning process) די דעדוקציע
(tax) די אַראָפּרעכענונג, ־ען
take a deduction אַראָפּרעכענען פֿון די שטײַערן
deductive דעדוקטיוו
deductive reasoning די דעדוקציע
deed
(act) די טוונג, ־ען; דער אַקט, ־ן
(document) דער (פֿאַרמעלער) אַקט, ־ן; דער (גרונט־)שטר, ־ים [ShTAR, ShTÓRIM]
deeds מעשים [MÁYSIM]
good deed די מיצווה, ־ות [MÍTSVE]
good deeds *also* מעשים־טובֿים [MÁYSIM-TÓYVIM]
do a good deed טאָן ‹פֿאַרדינען› אַ מיצווה
do a great deed טאָן אַ ג(ע)וואַלדיקע מיצווה; אײַנקויפֿן זיך עולם־הבא [ÓYLEM-HÁBE]
No good deed goes unpunished ס'גוטע פֿערד שלאָגט מען; מע טאָר נישט זײַן קיין גוטער
deem האַלטן פֿאַר
deep, *adj./adv.* טיף
(voice) טיף
deep blue טונקל בלאָ
deep down אין טיפֿן האַרצן
go deep (baseball) קלאַפּן ‹וואַרפֿן› ווײַט
play deep (baseball) שפּילן ווײַט
run deep זײַן טיף
stand twenty deep שטײן אין צוואַנציק ‹צוואָנציק› רײען
deep, *n.* די טיף, ־ן
the deep דער ים [YAM]
deep-dish טיף געבאַקן
deepen פֿאַרטיפֿערן
deep end דאָס טיפֿע וואַסער
He went off the deep end ער איז אַראָפּ פֿון די רעלסן; ער האָט זיך פֿאַרלוירן
deep-freeze, *n.* די קרירה־פֿרירקע, ־ס [KRÍRE]
deep-freeze, *v.* טיף פֿאַרפֿרירן ‹אײַנפֿרירן›
deep-fry (אָפּ)פּרעגלען אין אַ טאָפּ פֿעטס
deeply שטאַרק; טיף; זײער
deepness די/דאָס טיפֿקייט; די טיף
deep-rooted טיף אײַנגעוואָרצלט
deep-sea אָקעאַניש; טיף־וואַסערדיק; אין טיפֿעניש פֿון ים [YAM]
deep-sea diver דער ים־טונקער, ־ס [YAM]
deep-seated אײַנגעגראָבן; טיף אײַנגעפֿונדעוועט; טיפֿגרײכיק
deep-set טיף אײַנגעזעצט
deep space דער טיפֿער קאָסמאָס
deep vein thrombosis דער טיף־אָדערדיקער טראָמבאָז
deer דער הירש ‹הערש›, ־ן; די סאַרנע, ־ס
deer crossing דער הירשן־אַריבערגאַנג, ־ען
deerskin די/דאָס הירשן־לעדער
deescalate אײַנשטילן; אײַנהאַלטן; פֿאַרקלענערן
deescalation דאָס אײַנשטילן; דאָס אײַנהאַלטן; די פֿאַרקלענערונג
deface פֿאַרפֿאַטשקע(ו)ן; צעשעדיקן; קאַליע מאַכן
defacement דאָס פֿאַרפֿאַטשקען; די צעשעדיקונג; דאָס קאַליע מאַכן
de facto פֿאַקטיש; דע פֿאַקטאָ
defamation די דעפֿאַמאַציע; די באַשמוצונג; דער בילבול; זילזולים ל"ר [BILBL]
defamatory באַשמוצעריש; בילבולדיק [BÍLBLDIK]
defame באַשמוצן; מאַכן אַ בילבול אויף; מאַכן מיט דער בלאָטע צו גלײַך; דעפֿאַמירן [BILBL]
defang מאַכן אומשעדלעך
defat אָפּפֿעטסן; אָפּפֿעטיקן
defatted אָפּגעפֿעטסט; אָפּגעפֿעטיקט
default, *adj.* עצם; גרונט... [ÉTSEM]
default, *n.*
(econ.) די נישט־צאָלונג, ־ען; דאָס נישט־צאָלן
by default דורך פֿעליקייט; דורכן נישט־יאָווען זיך פֿון
in default of נישט האָבנדיק
default, *v.* **(on)** נישט אויסצאָלן + אַק'; נישט אויספֿירן ‹נאָכקומען› + אַק'
defaulter דער נישט־צאָלער, ־ס
default setting די עצם פֿיקסירונג ‹אײַנשטעלונג›, ־ען [ÉTSEM]
defeat, *n.* די מפּלה, ־ות; דער אָפּשניט, ־ן [MAPÓLE]
suffer a disgraceful defeat האָבן ‹באַקומען› המנס מפּלה [HÓMENS]
defeat, *v.*
(mil.) דערלאַנגען + דאַט' אַ מפּלה; צעקלאַפּן; צעשלאָגן; בײַקומען; אָפּהאַלטן אַ נצחון איבער; °באַזיגן [MAPÓLE] [NITSÓKhN]
(spo.) געווינען בײַ
defeated
be defeated (mil.) לײַדן ‹אײַננעמען› אַ מפּלה; האָבן די מפּלה [MAPÓLE]
be defeated (spo.) פֿאַרשפּילן
defeatism דער דעפֿעטיזם; די מפּלה־שטימונג [MAPÓLE]
defeatist, *adj.* דעפֿעטיסטיש; מפּלה־... [MAPÓLE]
defeatist, *n.* דער דעפֿעטיסט, ־ן; דער מפּלהניק, ־עס [MAPÓLENIK]
defecate אויסמאַכן זיך; האָבן דעם מאָגן
(nurs.) מאַכן (נומער) צוויי; מאַכן אַ באָביק; מאַכן קאַקי
(rel./lnd.) גײן אויף נקיות־גדולות; גײן גדולים [NEKÍES-GEDÓYLES] [GEDÓYLIM]
defecation דאָס אויסמאַכן זיך; די דעפֿעקאַציע
defect, *n.* דער פֿעלער, ־ן
(flaw) *also* דער חסרון, ־ות/־ים; דער מום, ־ים; די פּגימה, ־ות; דער פּגם, ־ים [KhESÓRN, KhESRÓYNES/KhESRÓYNIM] [PGÍME] [PGAM, PGÓMIM]
(mech.) *also* דער דעפֿעקט, ־ן
defect, *v.* אַריבערגײן צום קעג(ע)נער ‹צווייטן צד›; אַריבערלויפֿן; דעזערטירן; אויסבײַטן דאָס רענדל [TSAD]
defection דאָס אַריבערגײן; דאָס דעזערטירן; די דעזערטירונג, ־ען
defective דעפֿעקטיוו; חסרדיק; פֿעלערדיק; פּגימהדיק; בראַקאָוונע [KhÓSERDIK] [PGÍMEDIK]
defector דער אַריבערלויפֿער, ־ס; דער דעזערטיר, ־ן

defend פֿאַרטיידיקן
(protect) באַשיצן
defend a dissertation פֿאַרטיידיקן אַ דיסערטאַציע
defend oneself (verbally) פֿאַרטיידיקן זיך
defend oneself (physically) ווערן זיך
defendant דער (אָנ)געקלאָגטער געב'; דער איינגעקלאָגטער געב'
(in civil case) *also* [NÍTBE, NITBÓYEM] דער ניתבע, ־ים
(in criminal case) *also* [NITN, NITÓNIM] דער ניטען, ־ים
defender דער פֿאַרטיידיקער, ־ס
(advocate) דער מליץ, ־ים; דער מליץ־יושר, ־ס [MÉYLETS, MELÍTSIM] [MÉYLETS-YÓYShER]
(spo.) *also* דער היטער, ־ס; דער שיצער, ־ס
defenestrate אַרויסוואַרפֿן פֿון פֿענצטער
defenestration דאָס אַרויסוואַרפֿן פֿון פֿענצטער
defense די פֿאַרטיידיקונג
(mil.) *also* די באַשיצונג; דער שיץ
(of dissertation) די פֿאַרטיידיקונג
(spo.) היטערס ל"ר; פֿאַרטיידיקערס ל"ר; שיצערס ל"ר
come to the defense of אָננעמען זיך פֿאַר; אָננעמען זיך + פּאָס' קריוודע
Defense! (spo.) היט זיי!; שיצן!
play defense היטן; פֿאַרטיידיקן; שיצן
defense attorney דער פֿאַרטיידיק־אַדוואָקאַט, ־ן; דער סניגור, ־ס [SANÉYGER]
defense budget דער שיצבודזשעט, ־ן
defense contractor דער שיץ־קאָנטראַקטאָר, ...אָרן
defense forces שיץ־‹פֿאַרטיידיק־›כוחות ל"ר [KÓYKhES]
defense industry די שיץ־אינדוסטריע
defenseless אומבאַשיצט; אָן אַ שיץ
defense mechanism דער באַשיץ־מעכאַניזם, ־ען
defensible פֿאַרטיידעוודיק
defensive, *adj.* דעפֿענסיוו; פֿאַרטיידיק־...; שיצעריש; (באַ)שיצ...
assume a defensive position פֿאַרנעמען אַ שיץ־פּאָזיציע
be on the defensive end היטן; פֿאַרטיידיקן; שיצן
on the defensive end ווי אַ היטער ‹פֿאַרטיידיקער/שיצער›
get defensive פּרוּוון זיך פֿאַרענטפֿערן; ווערן דעפֿענסיוו
be defensive זיין גרייט זיך צו פֿאַרטיידיקן; צו פֿיל פֿאַרענטפֿערן זיך; זיין דעפֿענסיוו
defensive, *n.* די דעפֿענסיווע
defensive driving דאָס אָפּגעהיט(ענ)ע שאָפֿירן
defensive fire דער/דאָס באַראַזש־פֿייער
defensively שיצעריש; דעפֿענסיוו
defensive rocket דער באַשיץ־ראַקעט, ־ן
defensive weapons דאָס שיצגעווער קאָל'
defer אָפּלייגן (אויף)
defer to sb. אָפּטרעטן + דאַט'
defer a decision אָפּלייגן דעם באַשלוס
He was deferred מע האָט אים אָפּגעלייגט דעם באַשלוס
I defer to him איך טרעט אים אָפּ; זאָל מיינס איבערגיין
deference [DERKhÉRETS] דער דרך־ארץ; דער רעספּעקט
in deference to אויס ‹מתּוך› דרך־ארץ צו; אויף ... קוקנדיק [MITÓKh]
deferential [DERKhÉRETS] מיט דרך־ארץ ‹רעספּעקט›
deferment/deferral דער אָפּלייג, ־ן; דאָס אָפּלייגן; די פֿאַרלענגערונג פֿונעם טערמין
deferred אָפּגעלייגט
deferred payment די אָפּגעלייגטע צאָלונג, ־ען
deferred sentence דער שטראָף־אָפּלייג, ־ן

defiance דער צולהכעיס; דאָס סטירדעס ‹סטערדעס› [TSELÓKhES]
in defiance of אויף צו להכעיס + דאַט'; נישט־געקוקט אויף + דאַט' [LÓKhES]
defiant צולהכעיסדיק; סטירדיש ‹סטערדיש› [TSELÓKhESDIK]
be defiant אַ(נט)קעגנשטעלן זיך; קוקן דעם הונט אין די אויגן
defiant person (*m./unsp.*) דער בעל־סטירדע, ־ס; דער צולהכעיסניק, ־עס [BAL] [TSELÓKhESNIK]
defiant person (*f.*) די צולהכעיסניצע, ־ס [TSELÓKhESNITSE]
defiantly מיט סטירדעס; דרייסט; אַרויסרופֿעריש
defibrillate דעפֿיברילירן
defibrillator דער דעפֿיברילאַטאָר, ־ס
deficiency דער דוחק; דער אויספֿעל; די/דאָס פֿעליקייט [DÓYKhEK]
(defect) די/דאָס שוואַכקייט, ־ן
deficient קנאַפּ; נישט־גענוגיק; פֿעלנדיק
(defective) דעפֿעקטיוו; שוואַך
deficit דער דעפֿיציט, ־ן
deficit reduction דאָס מינערן ‹פֿאַרקלענערן› דעם דעפֿיציט
defile, *n.* דער דעפֿילע, ־ען; דער ענגפּאַס, ־ן; דער באַרגשפּאַלט, ־ן
defile, *v.* באַשמוצן; פֿאַראומרייניקן
(J.) [METÁME] מטמא זיין
defiled באַשמוצט
(J.) [TÓME] טמא
define דעפֿינירן
(determine) באַשטימען
(delineate) אָפּצייכענען; אַרויסהייבן
clearly defined שאַרף; קלאָר אָפּגעצייכנט
defining feature דער קענצייכן, ־ס; דער סימן־מובֿהק, סימנים־מובֿהקים [SÍMEN-MÚVEK, SIMÓNIM-MUVÓKIM]
defining moment דער גורלדיקער מאָמענט, ־ן [GÓYRLDIKER]
definite באַשטימט; זיכער; קאָנקרעט
definite article דער געוויסיקער אַרטיקל, ־ען
definitely [SÓFEK] (אויף) זיכער; געוויס; אָן שום ספֿק
definition די דעפֿיניציע, ־ס
by definition [DÁFKE] לויט דער דעפֿיניציע; דווקא
definitive דעפֿיניטיוו; לעצטגילטיק
deflate
vt. **(balloon)** אויספּאָמפּע|ן; אַרויסלאָזן די לופֿט פֿון
vt. **(myth)** אָפּוואַרפֿן; אָפּלייקענען; אויפֿדעקן
vi. **(balloon)** אויסבלאָזן זיך
deflation (econ.) די דעפֿלאַציע
deflationary דעפֿלאַציע־...
deflect אָפּקערן; אָפּנייגן
deflection דער אָפּנייג; די אָפּנייגונג
deflorate אָפּגעצוויטעט
deflower אָפּבתולה|ן; אָפּמיידלען; צונעמען דאָס בתולות פֿון [ÓPPSULEN] [PSÚLES]
defog אָפּנעפּלען; פֿונאַנדערנעפּלען
defogger דער אָפּנעפּלער, ־ס
defoliant דאָס אָפּבלעטער־מיטל, ־ען
defoliate אָפּבלעטערן
defoliation דאָס אָפּבלעטערן; די אָפּבלעטערונג
deforest אָפּוועלדערן; אויסהאַקן דעם וואַלד
deforestation דאָס אָפּוועלדערן
deform דעפֿאָרמירן; פֿאַרקרימען
deformed דעפֿאָרמירט; פֿאַרקרימט; געמומט; קרום

deformity די דעפֿאָרמאַציע, ־ס; דער מום, ־ים
defraud אויסנאַרן; באַשווינדלען; באַגזלען [BAGÁZLEN]
defray דעקן
  defray the cost דעקן די הוצאָות [HOYTSÓES/HETSÓES]
  defray sb.'s expenses דעקן + דאַט' די הוצאָות
defrock מאַכן פֿאַר אויס גלח; באַפֿרײַען פֿון דער פּריסטערשאַפֿט [GÁLEKh]
defrocked אויס געוואָרן
defrost
  (food) לאָזן אויסטײַען ‹אָפּגיין›; לאָזן זיך צעטאָפּען
  (freezer) אָפּלאָזן ‹אויסטײַען/צעשמעלצן› דאָס אײַז
deft בריהש; פֿלינק; געניט; ˙געשיקט [BÉRYESh]
  be deft האָבן גאָלדענע ‹גילדענע/גרינגע› הענט
deftly בריהש; פֿלינק [BÉRYESh]
deftness די/דאָס בריהשקייט; די/דאָס פֿלינקייט [BÉRYEShKEYT]
defunct אונטערגעגאַנגען; אויס געוואָרן
defuse דעמאָנטירן
  (*fig.*) אײַנשטילן
defuser דער דעמאָנטירער, ־ס
defy גיין שטיין צו להכעיס אַ(נט)קעגן; ווידערשפּעניקן קעגן; גיין אויף סטירדעס קעגן; נישט פֿאָלגן [LÓKhES]
  It defies comprehension סע לאָזט זיך נישט באַנעמען; ס'איז נישט צו(ם) באַנעמען
  It defies decription סע לאָזט זיך נישט באַשרײַבן; ס'איז נישט צו(ם) באַשרײַבן
degas דעגאַזירן
degeneracy די/דאָס דעגענעריטקייט; די/דאָס פֿאַרדאָרבנקייט
degenerate, *adj.* דעגענערירט; פֿאַרדאָרבן
degenerate, *n.* דער דעגענעראַט, ־ן
degenerate, *v.* דעגענערירן; צעפֿאַלן זיך
degeneration די דעגענעראַציע
  (ling.) די פּעיאָראַטיווירונג
degenerative דעגענעראַטיוו; צעפֿאַל(עווד)יק
degenerative arthritis דער דעגענעראַטיווער ‹צעפֿאַליקער› אַרטריט
degradation די דעגראַדאַציע, ־ס; דער ביוש; די ˙דערנידעריקונג, ־ען [BÍESh]
degrade דעגראַדירן; מבֿייש זײַן; מבֿזה זײַן; ˙דערנידעריקן [MEVÁYESh] [MEVÁZE]
  be degrading זײַן אַ בושה [BÚShE]
degraded דעגראַדירט; מבֿוזה(דיק) [MEVÚZE(DIK)]
degree
  (acad.) דער דיפּלאָם, ־ען
  (level) די מדרגה, ־ות; דער שטאַפּל, ־ען; דער ניוואָ, ־ען [MADRÉYGE]
  (math.) דער גראַד, ־ן
  by degrees בהדרגה; צו ביסלעך; ביסלעכווײַז [BEHADRÓGE]
  to a degree עפּעס; אַ ביסל
  to some degree אין אַ געוויסער מאָס; ווי נישט איז
  to the highest degree אויפֿן העכסטן שטייגער
  to the nth degree (העט) ביז גאָר
degree-holder דער דיפּלאָמירטער געב'
dehumanization דאָס דעגראַדירן; דאָס מאַכן פֿאַר אוממענטש
dehumanize דעגראַדירן; מאַכן פֿאַר אוממענטש; אויסמעקן דעם צלם־אלוקים [TSÉYLEM-ELOYKÍM]
dehumidification די לופֿט־טריקענונג
dehumidifier דער לופֿט־טריקענער, ־ס; דער (לופֿט־)אָפּפֿײַכטער, ־ס
dehumidify טריקענען ‹אָפּפֿײַכטן› די לופֿט
dehydrate דעהידרירן
dehydration די דעהידרירונג
deice אָפּאײַזן; צעשמעלצן ‹אָפּטאָן› דאָס אײַז
deicer דאָס אָפּאײַז־מיטל, ־ען; די אָפּאײַז־צעפּירונג, ־ען
deification די פֿאַרגעטערונג
deify פֿאַרגעטערן; מאַכן פֿאַר אַ גאָט
deign אַראָפּלאָזן זיך; באַווייליקן
Deimos דיימאָס
deindustrialization די דעאינדוסטריאַליזאַציע
deindustrialize דעאינדוסטריאַליזירן
deindustrialized דעאינדוסטריאַליזירט
deity דער גאָט, געטער; די גאָטהייט, ־ן; דער אָפּגאָט, ...געטער
déja vu דאָס שוין־געזען; דער עודך; דער דייזשאַווו [ÓYDEKhO]
dejected דערשלאָגן; דעפּרימירט; געפֿאַלן בײַ זיך; פֿאַראומערט; פֿאַרחושכט [FARKhÓYShEKhT]
  I feel so dejected ס'איז מיר אַזוי קאַלעמוטנע ‹אומעטיק›; איך בין אַזוי דערשלאָגן; ס'איז מיר אָנגעזאָליעט אויפֿן האַרצן
dejection די/דאָס דערשלאָגנקייט; די/דאָס געפֿאַלנקייט; דער אומער
de jure דע יורע
Delaware (דאָס) דעלאַווער
delay, *n.* דער אָפּלייג, ־ן; דאָס אָפּלייגעניש, ־ן; דער אָפּהאַלט, ־ן
  without delay אומגעזאַמט; אָן אָפּצולייגן; אָן אָפּהאַלט
delay, *v.* אָפּלייגן; אָפּהאַלטן; פֿאַרהאַלטן; פֿאַרציִען
delayed אָפּגעלייגט; אָפּגעהאַלטן; פֿאַרהאַלטן
  be delayed פֿאַרהאַלטן זיך; פֿאַרזאַמען זיך; פֿאַרשפּעטיקן זיך
  be delayed in traffic פֿאַרשפּעטיקן זיך צוליבן געפֿאָר ‹פֿאַרקער/טראַפֿיק›
delayed-action (bomb) מיט אַ שפּעטערן אויפֿרײַס
delayed reaction די אָפּגעלייגטע רעאַקציע, ־ס
delaying tactic(s) די פֿאַרשלעפּ־טאַקטיק
delectable באַטעמט; פֿאַרן קייסער צו שטעלן [BATÁMT]
  (*fig.*) מחיהדיק [MEKhÁYEDIK]
  stg. delectable דאָס/דער מאכל־מאכלים [MÁYKhL-MAYKhÓLIM]
delectation די הנאה; דאָס/דער פֿאַרגעניגן; די מחיה [HANÓE] [MEKhÁYE]
delegacy די דעלעגאַציע, ־ס
delegate, *n.*
  m./unsp. דער דעלעגאַט, ־ן
  f. די דעלעגאַטקע, ־ס
delegate, *v.* דעלעגירן; באַפֿולמאַכטיקן
  delegate responsibility דעלעגירן דאָס אַחריות [AKhRÁYES]
delegation די דעלעגאַציע, ־ס; די דעפּוטאַציע, ־ס
delegitimization די דעליגיטימירונג; דאָס צונעמען די באַרעכטיקונג
delegitimize דעליגיטימירן; צונעמען די באַרעכטיקונג
delete אויסמעקן; אָפּמעקן; אָפּווישן
delete key דער אויסמעק־קלאַוויש, ־ן
deleterious פֿאַרדאַרבעריש; שעדיקדיק; שעדלעך
deletion די אויסמעקונג, ־ען; די אָפּמעקונג, ־ען
deli *see* **delicatessen**
deliberate, *adj.*
  (intentional) (ב)כּיוונדיק; אויסגערעכנט [(BE)KÍVNDIK]
  (slow) באַזאַכט; נישט־געאײַלט
  (considered) מיושבֿדיק; באַזאַכט [MEYÚShEVDIK]
deliberate, *v.* איבערקלערן; איבערטראַכטן; מיישבֿ זײַן זיך; יישובֿן זיך [MEYÁShEV] [YÍShEVN]

deliberately בכּיוון; במזיד [BEKÍVN] [BEMÉYZED]
deliberation די באַטראַכטונג, ־ען; דער יישובֿ־הדעת; דער מוח־קנייטש; די שקלא־וטריא, ־ס [YÍShEV-HADÁAS] [MÓYEKh] [ShÁKLE-VETÁRYE]
delicacy
 (physical) די/דאָס דעליקאַטקייט; די/דאָס איידלקייט
 (tactical) די/דאָס קיצלדיקייט; די/דאָס דעליקאַטקייט
 (cul.) דער דעליקאַטעס, ־ן; דער מאַרצעפּאַן, ־עס; דער שפּעציאַל, ־ן; דער/דאָס מאכל־מאכלים [MÁYKhL-MAYKhÓLIM]
 delicacies *also* מטעמים; פּאַטראַאַוועס [MATÁMIM]
delicate דעליקאַט; איידל; צאַרט
delicately אויף אַ דעליקאַטן ‹איידעלן› אופֿן [OYFN]
delicatessen די וווּרשטעריַי, ־ען; דער דעליקאַטעסן, ־ס
 (delicacies) דעליקאַטעסן ל״ר
delicious געשמאַק; באַטעמט; מלא־טעם; מאכלדיק; מחיהדיק [BATÁMT] [MOLE-TÁM] [MÁYKhLDIK] [MEKhÁYEDIK]
 be delicious (of food) האָבן דעם זיבעטן טעם [TÁM]
 be delicious (of person) האָבן דעם זיבעטן חן [KhEYN]
 stg. delicious אַ מאכל [MAYKhL]
 delicious taste דער טעם־גן־עדן [TAM-GANÉYDN]
delight, *n.* דאָס/דער פֿאַרגעניגן, ־ס; די מחיה, ־ות; די פֿרייד, ־ן; די דערקוויקונג, ־ען; דער תּענוג, ־ים; דער/דאָס חיות; די הנאה, ־ות [MEKhÁYE] [TÁYNEG, TAYNÚGIM] [KhÍES] [HANÓE]
delight, *v.* דערקוויקן; דערפֿרייען; הנאה טאָן + דאַט׳ [HANÓE]
 delight in מחיה זיַין זיך מיט; קוויקן זיך מיט; אָנטייען ‹אָנטייַען› פֿון; אָנקווען פֿון; לעקן די פֿינגער פֿון; באַלעקן זיך מיט; צאַצקען זיך מיט; שמעלצן זיך אין; חיותן זיך מיט [MEKhÁYE] [KhÍESN]
delighted דערפֿרייט; מלא־שׂימחה [MÓLE-SÍMKhE]
 be delighted at/with (דער)פֿרייען זיך מיט; מחיה זיַין זיך מיט; חיותן זיך מיט [MEKhÁYE] [KhÍESN]
 I'd be delighted מיטן גרעסטן פֿאַרגעניגן ‹כּבֿוד› [KÓVED]
delightful מחיהדיק; גאָר חנעוודיק; מחיה־נפֿשותדיק [MEKhÁYEDIK] [KhÉYNEVDIK] [MEKhÁYE-NEFÓShESDIK]
 be delightful זיַין אַ מחיה; האָבן דעם זיבעטן חן [MEKhÁYE] [KhÉYN]
deli meat דער (אויפֿ)שניט; דאָס געפּעקלטע פֿלייש
delimit צעגרענעצן; אַרומגרענעצן
delineate אָפּמאַרקירן; אָפּצייכענען; אויסskיצירן; באַשריַיבן
delineation די אָפּמאַרקירונג; די אָפּצייכענונג; די באַשריַיבונג
delinquency
 (criminal) דאָס געזעץ־ברעכעריַי
 (overdue) די/דאָס איבערפֿעליקייט
delinquent, *adj.*
 (criminal) געזעץ־ברעכעריש
 (overdue) איבערפֿעליק
delinquent, *n.* דער געזעץ־ברעכער, ־ס
delirious צעפֿיבערט
 be delirious with fever רעדן פֿון היץ
 be delirious with excitement זיַין אין גאַנצן אַ פֿאַרטראָגענער
delirium דער פֿיבער; די היץ; דער טירוף; דער דעליר(יום) [TÍREF]
delirium tremens דער שיכּרות־פֿיבער; דעליריום טרעמענס [ShÍKRES]
delist אויסשטריַיכן פֿון דער נאָטירונג
deliver צושטעלן; ליוורן; דערלאַנגען
 (service) באַדינען מיט
 (baseball) צוּוואַרפֿן
 (distribute) צעפֿירן
 (liberate) באַפֿריַיען; אויסלייזן
 (surrender) איבערגעבן
 deliver a baby (by clinician) אָפּנעמען אַ קינד
 deliver a baby (by mother) האָבן ‹געבוירן› אַ קינד; געלעגן ווערן
 deliver a speech האַלטן אַ רעדע ‹דרשה› [DRÓShE]
 deliver a speech (*iro.*) אַוועקלייגן אַ רעדע; אָנדרשענען [ÓNDÁRShENEN]
 deliver an attack אַטאַקירן; מאַכן אַן אָנפֿאַל
 deliver mail צעפֿירן ‹צושטעלן/אויסטראָגן› די פּאָסט
 deliver the goods (*fig.*) אויספֿאָלגן דאָס צוגעזאָגטע
 Do you deliver? שטעלט איר צו?
 be delivered of a child געלעגן ווערן
deliverable צושטעל(עווד)יק
deliverables דער (צוגעשטעלטער) פּראָדוקט ל״י
deliverance די גאולה [GEÚLE]
delivery דער צושטעל, ־ן; די צושטעלונג, ־ען
 (speech) דער אופֿן רעדן; דער רעדשטייגער [OYFN]
 (spo.) דער וואַרפֿבאַוועג; דער פּיטשבאַוועג
 delivery of baby (by clinician) דער אָפּנעם; דאָס אָפּנעמען דאָס קינד
 delivery of baby (by mother) דאָס האָבן; דאָס געבערן; די קימפּעט
 difficult delivery דאָס שווערע האָבן; די שווערע קימפּעט
 easy delivery דאָס גרינגע ‹לייַכטע› האָבן; די גרינגע קימפּעט
 May you have an easy delivery! זאָלסט ‹איר זאָלט› עס גרינג איבערקומען!; זאָל זיַין אין אַ גוטער שעה!; אַ גרינג האָבן! [ShO]
 take delivery of אָפּנעמען
deliveryman דער צושטעלער, ־ס
delivery room דער אָפּנעמזאַל, ־ן; דער האָבזאַל, ־ן; דער קימפּעט־צימער, ־ן
delivery truck דער צושטעל־אויטאָ, ־ס
deliverywoman די צושטעלערקע, ־ס
dell דאָס (וואַלד)טאָלכל, ־עך
delouse
 imp. לויזן
 pf. אָפּלויזן; אויסלייַזן
delta די דעלטע, ־ס
deltoid, *adj.* דעלטאָיִד
deltoid, *n.* דער דעלטע־מוסקל, ־ען
delude, *v.* אָפּנאַרן; פֿאַרפֿירן; פֿאַרבלענדן
 delude oneself אָפּנאַרן זיך אַליין; איַינרעדן זיך (אַ קינד אין בויך); נייען זיך אַ בייַטל
deluge, *n.* דער מבול, ־ס; די פֿאַרפֿלייצונג, ־ען [MABL]
deluge, *v.* פֿאַרפֿלייצן
 be deluged (by) פֿאַרפֿלייצט ווערן (מיט)
delusion די דעלוזיע, ־ס; דאָס בלענדעניש, ־ן; די פֿאַרבלענדונג, ־ען; דאָס איַינרעדעניש, ־ן; דאָס אויסדוכטעניש, ־ן
 delusions of grandeur דאָס גרויסקייט־משוגעת [MEShUGÁS]
delusional דעלוזיאָנעל
 be delusional האָבן דעלוזיעס
delusive/delusory דעלוזאָריש; פֿאַרפֿירעריש
deluxe לוקסוסדיק; לוקסוס...; דע־לוקס־...
delve (into) אַריַינטיפֿן ‹פֿאַרטיפֿן› זיך (אין); אַריַינדרינגען (אין); חוקר זיַין + אַק׳; אויספֿאָרשן + אַק׳ [KhÓYKER]
demagnetize דעמאַגנעטיזירן
demagogic דעמאַגאָגיש
demagogue דער דעמאַגאָג, ־ן

demagogy די דעמאַגאָגיע

demand, *n.* דער פֿאַרלאַנג, ־ען; די פֿאָדערונג, ־ען; דער באַדאַרף, ־ן

(econ.) דער נאָכפֿרעג

by popular demand אויפֿן פֿאַרלאַנג פֿונעם ברייטן עולם [ÓYLEM]

It's in demand מע פֿאָדערט עס; פֿאַראַן אַ גרויסער נאָכפֿרעג אויף דעם; מע פֿרעגט זיך נאָך אויף דעם

make demands (on) שטעלן + דאַט׳ פֿאָדערונגען

on demand לויט דער באַשטעלונג ‹פֿאָדערונג›; לויטן פֿאַרלאַנג

demand, *v.* פֿאַרלאַנגען; פֿאָדערן

(need) באַדאַרפֿן

demand one's due (from) מאָנען (ביי)

demand a great deal שטעלן הויכע פֿאָדערונגען; מאָנען אַ סך [SAKh]

demand feeding דאָס האָדעווען ‹קאָרמען/זייגן› ווען נאָר דאָס קינד מאָנט

demanding מאָנעריש; פֿאָדערעווודיק

be demanding זײַן אַ גרויסער באַדאַרפֿער

demarcate דעמאַרקירן; אָפּמאַרקירן; אָפּגרענעצן

demarcation דער דעמאַרק, ־ן

demarcation line די דעמאַרק־ליניע, ־ס

demean מבֿייש זײַן; באַליידיקן; צו נישט מאַכן; ˙דערנידעריקן [MEVÁYESh]

demean oneself אַראָפּלאָזן זיך; ˙דערנידעריקן זיך

be demeaning זײַן אַ באַליידיקונג ‹בושה› [BÚShE]

demeanor דער אויפֿפֿיר; די אויפֿפֿירונג

demented מטורפֿדיק; נישט בײַם זינען; נישט בײַ די רעיונות ‹געדאַנקען› [METÚREDFIK] [RAYÓYNES]

dementia די דעמענציע

demerara (sugar) דער ברוינער ראָרצוקער

demerit דער פֿעלער, ־ן; דער פֿלעק, ־ן; דער פּגם, ־ים [PGAM, PGÓMIM]

demi... דעמי...; האַלב...; חצי־... [KhÓTSE]

demigod דער האַלבגאָט, ...געטער

demijohn דער גאָנשער, ־ס

demilitarization דאָס דעמיליטאַריזירן; די דעמיליטאַריזאַציע

demilitarize דעמיליטאַריזירן

demilitarized דעמיליטאַריזירט

demimonde די האַלבוועלט; דער דעמימאָנד

demine אָפּרייניקן פֿון מינעס

demise די פּטירה; דער טויט [PTÍRE]

(fig.) די ירידה; דער סוף [YERÍDE] [SOF]

demitasse דאָס קאַוועלע, ־ך; דאָס טעפּעלע, ־ך

demo, *adj.* [DÚGME] מוסטער...; דוגמא־...; דעמאָנסטריר־...

demo, *n.* דער דעמאָנסטריר־‹מוסטער־›מאָדעל, ־ן

demobilization דאָס דעמאָביליזירן; די דעמאָביליזאַציע

demobilize, *vt./vi.* דעמאָביליזירן (זיך)

democracy די דעמאָקראַטיע, ־ס

democrat דער דעמאָקראַט, ־ן

Democrat

m./unsp. דער דעמאָקראַט, ־ן

f. די דעמאָקראַטקע, ־ס

democratic דעמאָקראַטיש

democratically דעמאָקראַטיש; אויף אַ דעמאָקראַטישן אופֿן [OYFN]

Democratic Party די דעמאָקראַטישע פּאַרטיי

democratization די דעמאָקראַטיזאַציע

democratize דעמאָקראַטיזירן

demographer דער דעמאָגראַף, ־ן

demographic דעמאָגראַפֿיש

demographics די דעמאָגראַפֿיק ל״י

demography די דעמאָגראַפֿיע, ־ס

demolish דעמאָלירן; צענעמען; אַראָפּרײַסן; צעוואַלגערן; צעשטערן

demolition די דעמאָלירונג; דאָס אַראָפּרײַסן

demolition bomb די דעמאָליר־‹צעשטער־›באָמבע, ־ס

demon דער שד, ־ים; דער טײַוול, טײַוולאָנים; דער דעמאָן, ־ען; דער נישט־גוטער געב׳ [ShED, ShÉYDIM]

be a demon for שטאַרק מקפּיד זײַן אויף [MÁKPED]

like a demon ווי אַ מזיק [MÁZEK]

minor demon דער לאַפּיטוט, ־ן

demonetize מאַכן פֿאַר אויס געלט

demonic טײַוולאָניש; דעמאָניש

demonization די דעמאָניזירונג, ־ען

demonize דעמאָניזירן; מאַכן פֿאַר אַ טײַוול

demonology די דעמאָנאָלאָגיע, ־ס

demonstrable דערווײַזלעך; קלאָר; באַשײַמפּערלעך

demonstrably בפֿירוש [BEFÉYRESh]

demonstrate דעמאָנסטרירן

(present) *also* באַווײַזן

(protest) *also* מאַניפֿעסטירן

demonstration די דעמאָנסטראַציע, ־ס

(presentation) *also* דער באַווײַז, ־ן

(protest) *also* די מאַניפֿעסטאַציע, ־ס

demonstration lesson די מוסטער־‹באַווײַז־›לעקציע, ־ס

demonstration project דער דוגמא־‹מוסטער־› פּראָיעקט, ־ן [DÚGME]

demonstration sport דער דעמאָנסטריר־ספּאָרט

demonstrative, *adj.* דעמאָנסטראַטיוו

(gram.) אָנווײַזיק

demonstrative, *n.* דאָס אָנווײַזוואָרט, ...ווערטער

demonstrative pronoun דער אָנווײַזיקער פּראָנאָם, ־ען

demonstrator דער דעמאָנסטרירער, ־ס

(presenter) *also* דער באַווײַזער, ־ס

(protester) *also* דער דעמאָנסטראַנט, ־ן; דער מאַניפֿעסטאַנט, ־ן

demoralization די דעמאָראַליזירונג; די/דאָס אָפּגעמוטיקטקייט

demoralize דעמאָראַליזירן; אָפּמוטיקן; אַראָפּשלאָגן פֿון מוט

demo tape די מוסטער־טאַשמע, ־ס

demote איבערפֿירן אויף אַ נידעריקערער פּאָזיציע; דעגראַדירן; פֿאַרקלענערן די מדרגה [MADRÉYGE]

Demotic דעמאָטיש

demotic פּשוט־פֿאָלקיש; פֿאָלקסטימלעך [PÓShET]

demotion די דעגראַדאַציע, ־ס; די דעגראַדירונג, ־ען

demur, *n.* דער אײַנווענד, ־ן

demur, *v.* **(at)** אײַנווענדן (קעגן); אַרויסטרעטן (קעגן); פּראָטעסטירן (קעגן)

demure באַשיידן; עניוותדיק; אײַנגעהאַלטן; שטיל [ANÍVESDIK]

demystify אויפֿקלערן; באַלײַכטן

den

(lair) די קאַנורע, ־ס; די נאָרע, ־ס; די בערנלאָך, ...לעכער; די בערלאָגע, ־ס

(room/Am.) דער דען, ־ען

den of iniquity דער מקום־הטומאה [MÓKEM-HATÚME]

den of thieves די מערת־פּריצים; די רויבערהייל, ־ן [MEÓRES-PRÍTSIM]

denationalization די דענאַציאָנאַליזירונג; די פּריוואַטיזירונג

denationalize דענאַציאָנאַליזירן; פּריוואַטיזירן

denaturant דער דענאַטוראַנט, ־ן

denaturation די דענאַטורירונג

denature דענאַטורירן

denatured דענאַטוריִרט
denatured alcohol דער דענאַטוראַט, ־ן
dendrite דער דענדריט, ־ן
dendritic cell דאָס דענדריטישע קעמערל, ־עך
denial די נעגאַציע, ־ס; די אָפּלייקענונג, ־ען; די הכחשה, ־ות [HAKKhÓShE]
  (psych.) דאָס לייקענען; דאָס פֿאַרנײַנען
  denial of service דער באַדין־אָפּשטעל; דאָס אָפּשטעלן די באַדינונג
  be in denial זײַן אין אַ לייקן־מצבֿ; לייקענען [MÁTSEV]
  state of denial דער לייקן־מצבֿ
denier דער אָפּלייקענער, ־ס
denigrate אַראָפּמאַכן; פֿאַרמיאוסן; פֿאַרשוואַרצן + דאַט' דאָס פּנים [FARMÍESN] [PÓNEM]
denigration דער אַראָפּמאַך; די פֿאַרמיאוסונג [FARMÍESUNG]
denim, *adj.* דענים...; דזשינס...
denim, *n.* דער דענים; דאָס דזשינסגעוואַנט
denims דענים־הויזן; דזשינסהויזן
denim shirt דאָס דענימהעמד, ־ער; דאָס דזשינסהעמד, ־ער
denizen דער אײַנוווינער, ־ס; דער תּושבֿ, ־ים [TÓYShEV, TÓYShVIM/TOYShÓVIM]
Denmark (דאָס) דענמאַרק
denomination
  (currency) די דענאָמינאַציע, ־ס
  (designation) די באַצייכענונג, ־ען
  (rel.) די נאמנה, ־ות [NEMÓNE]
denominational נאמנה־...; סעקטאַנטיש [NEMÓNE]
denominator דער טײַטער, ־ס
  least common denominator דער מינדסטער ‹קלענסטער› שותּפֿישער טײַטער, ־ס [ShÚTFIShER]
denotation דער באַטײַט, ־ן
denote באַטײַטן; זײַן דער טײַטש; הייסן
dénouement דער אויסלאָז
denounce
  (betray) (פֿאַר)מסרן [(FAR)MÁSERN]
  (condemn) אַראָפּרײַסן; פֿאַרשעלטן; פֿאַרשילטן; אָפּגיסן מיט זאַט
denouncer דער מסור, מוסרים; דער מסירהניק, ־עס; דער זאַגטער, ־ס [MÓSER, MÓSRIM] [MESÍRENIK]
dense געדיכט
  (*fig.*) טעמפּ; נישט־דערבאַקן
denseness (*fig.*) די/דאָס טעמפּקייט
density די/דאָס געדיכטקייט
dent, *n.* דער קאַרב, ־ן; דער אײַנשניט, ־ן; דער פּגם, ־ים [PGAM, PGÓMIM]
  make a dent (progress) זײַן (שוין) אויף אַ וועג
  make a dent in (affect) באַווירקן; משפּיע זײַן אויף [MAShPÍE]
  make a dent in (reduce) אײַנרײַסן אַ לעכל אין
dent, *v.* אײַנקאַרבן
dental ציינ...; צאָנ...
  (ling.) דענטאַל
dental care דאָס אָפּהיטן די ציין; די דענטיסטישע השגחה ‹היגיענע› [HAZhGÓKhE/HAShGÓKhE]
dental clinic די צײַנקליניק, ־עס; די צײַן־אַמבולאַטאָריע, ־ס
dental floss דער צײַנפֿאָדעם; דער צאָנפֿאָדעם
dental hygienist
  m./unsp. דער צײַן־היגיעניקער, ־ס
  f. די צײַן־היגיעניקערין, ־ס
dental implant דער אַרײַנגעפֿלאַנצטער ‹אײַנגעפֿלאַנצטער› צאָן, ציין; דער צאָנאײַנפֿלאַנץ, ־ן
dental school דער צײַנדאָקטערישער פֿאַקולטעט, ־ן
  go to dental school לערנען זיך אויף צײַנדאָקטער ‹דענטיסט›
dental technician דער צײַן־טעכניקער, ־ס
dentate געצײַנדלט
dentifrice די צײַנפּאַסטע; דער צײַנפּודער
dentin דער דענטין; דער צאָנביין
dentist
  m./unsp. דער צײַנדאָקטער, ...טוירים; דער דענטיסט, ־ן
  f. די צײַנדאָקטערשע, ־ס; די דענטיסטקע, ־ס
dentistry דאָס צײַנדאָקטערײַ; דאָס דענטיסטערײַ
dentrify דענטריפֿיצירן
denture adhesive דאָס צײַנקלעפּעכץ
dentures דאָס געביס ל"י; אַרײַנגעשטעלטע ‹געמאַכטע› ציין; דער (ציין)פּראָטעז, ־ן
  lower dentures דאָס אונטערשטע געביס
  upper dentures דאָס אייבערשטע געביס
denude אויסבלייזן
denuded אויסגעבלייזט
denunciation די מסירה, ־ות; די יאַבעדע, ־ס; די דענונציאַציע, ־ס; דער אַראָפּרײַס, ־ן; די פֿאַרשעלטונג ‹פֿאַרשילטונג›, ־ען [MESÍRE]
deny (פֿאַר)לייקענען; אָפּלייקענען
  (refuse) אָפּזאָגן + דאַט'
  deny access נישט צולאָזן
  deny completely לייקענען שטיין־און־ביין
  There's no denying that מע קען ‹טאָר› נישט לייקענען אַז
deodorant דער אָפּשמוכטער, ־ס; דער דעאָדאָראַנט, ־ן
deodorize אָפּשמוכטן; דעאָדאָריזירן
deorbit, *n.* דער דעאָרביטיר, ־ן
deorbit, *v.* דעאָרביטירן
depart
  (by foot) אַוועקגיין; אַרויסגיין
  (by plane) אַוועקפֿליִען; אָפּפֿליִען; אַרויספֿליִען
  (by vehicle) אַוועקפֿאָרן; אָפּפֿאָרן; אַרויספֿאָרן
  (deviate) ווײַכן; אָפּקערן; אָפּנייגן
  depart this life/world אַוועקגיין פֿון דער וועלט
departed, *adj.* פֿאַרגאַנגען; פֿאַרלוירן
  (dead) געשטאָרבן
  the departed (*m./unsp.*) דער ניפֿטר, ־ים; דער געשטאָרבענער געב' [NÍFTER, NIFTÓRIM]
  the departed (*f.*) די ניפֿטרת, ־ן; די געשטאָרבענע, – [NIFTÉRES]
department דער אָפּטייל, ־ן; די אָפּטיילונג, ־ען; דאָס/דער ביוראָ, ־ען; די ביורע, ־ס
  (government) דער דעפּאַרטעמענט, ־ן; דער מיניסטעריום, ־ס
departmental אָפּטייל...
departmental evaluation די אָפּשאַצונג מצדן אָפּטייל [MITSÁDN]
departmentalization די אײַנטיילונג אויף אָפּטיילן
departmentalize אײַנטיילן אויף אָפּטיילן
Department of Defense דער שיץ־דעפּאַרטעמענט
department store דאָס כּל־בו־געשעפֿט, ־ן; די אוניווערסאַל־קראָם, ־ען [KOLBÓY]
departure
  (by foot) דאָס אַוועקגיין
  (by plane) דער אָפּפֿלי, ־ען; דאָס אָפּפֿליִען
  (by vehicle) דער אַוועקפֿאָר, ־ן; דער אָפּפֿאָר, ־ן
departure lounge דער אָפּפֿלי־וואַרטזאַל, ־ן
depend פֿאַרלאָזן זיך
  depend on (be contingent on) ווענדן זיך אין; אָפּהענגען פֿון ‹אין›; זײַן אָפּהענגיק פֿון ‹אין›

depend on (rely on) פֿאַרלאָזן זיך אויף

depend on ... for אָנקומען צו ... נאָך

depending on געווענדט ‹אָפּהענגיק› אין

It depends סע ווענדט זיך; ווי אַ מאָל; ווי בײַ איינעם; סע ווענדט זיך וווּ דער חמור שטייט; ווי ווער [KhÁMER]

dependability די/דאָס פֿאַרלאָזלעכקייט

dependable פֿאַרלאָזלעך; סאָליד; ראַיעל

dependence (on) די/דאָס אָפּהענגיקייט (אין/פֿון); די/דאָס אָנגעוויזנקייט (אויף)

dependency

(dependence) די/דאָס אָפּהענגיקייט

(territory) די אָפּהענגיקע קאָלאָניע ‹טעריטאָריע›, ־ס

(addiction) די אַדיקציע, ־ס

dependency culture די קולטור פֿון אָפּהענגיקייט

dependent, *adj.* **(on)** אָפּהענגיק (פֿון/אין); אויסגעשטעלט (אויף); אָנגעוויזן (אויף)

dependent, *n.* דער שפּײַזלינג, ־ען; דער קעסטניק, ־עס; דער אָפּהענגיקער געב'; דער מענטש אויף אויסהאַלט

dependent clause דער בײַזאַץ, ־ן

dependent variable דער אָפּהענגיקער וואַריאַבל, ־ען

depict באַשרײַבן; אויסמאָלן; אָפּמשלען [ÓPMOShLEN]

depiction די באַשרײַבונג, ־ען; די אָפּמשלונג, ־ען [ÓPMOShLUNG]

depilatory, *adj.* האָרצופֿעריש

depilatory, *n.* דער האָרצופֿער, ־ס

deplane אַראָפּגיין פֿון אַוויאָן ‹עראָפּלאַן›

deplete אויסשעפּן

depleted אויסגעשעפּט

depletion דער אויסשעפּ, ־ן; די אויסשעפּונג, ־ען

deplorable באַדויערלעך; נעבעכדיק; באַקלאָגלעך; צום באַקלאָגן

deplore באַדויערן; באַקלאָגן; באַוויינען

deploy פֿונאַנדערשטעלן; צעשטעלן; צעוויקלען

deployment דער פֿונאַנדערשטעל, ־ן; דאָס פֿונאַנדערשטעלן; די צעשטעלונג; דער אַרויסמאַרש; דער אַרויסטריט

depopulate שטאַרק פֿאַרקלענערן די באַפֿעלקערונג; אויסליידיקן פֿון אײַנוווינערס

deport דעפּאָרטירן; פֿאַרשיקן; אַרויסשיקן פֿון לאַנד

deportation די דעפּאָרטירונג, ־ען; די אַרויסשיקונג, ־ען

deportee דער דעפּאָרטירטער געב'; דער אַרויסגעשיקטער געב' פֿון לאַנד

deportment די האַלטונג; דער שטעל; דער הילוך [HÍLEKh]

depose אַראָפּזעצן; באַזײַטיקן; מעבֿיר זײַן [MÁYVER]

vt. **(jur.)** פֿאַרהערן דעם ‹די› עדות [ÉYDES]

vi. **(jur.)** זאָגן עדות

deposit, *n.*

(bank) דער דעפּאָזיט, ־ן; דער אײַנצאָל, ־ן; דער אײַנלאַג, ־ן; דער דעפּאָניר, ־ן; דער פּקדון, ־ות [PIKÓDN, PIKDÓYNES]

(down payment) דער (נ)אַדרויף, ־ן; דער אײַנלאַג, ־ן

(layer) דאָס געלעגער, ־ס; דער פּלאַסט, ־ן; די לאַגערונג, ־ען

(payment) דער אײַנצאָל, ־ן

make a deposit דעפּאָנירן

deposit, *v.*

(funds) דעפּאָנירן; אײַנצאָלן; אײַנלייגן

(put down) אַוועקלייגן; אַוועקשטעלן

deposition דאָס עדות־זאָגן פֿאַרן משפּט; די דעפּאָזיציע, ־ס [ÉYDES] [MÍShPET]

depositor דער דעפּאָנירער, ־ס; דער דעפּאָנענט, ־ן; דער אײַנצאָלער, ־ס

depository דער סקלאַד, ־ן; דער מאַגאַזין, ־ען

deposit slip דער דעפּאָניר־צעטל, ־ען

depot

(mil.) דער לאַגער, ־ן

(station) דער וואָקזאַל, ־ן; די סטאַנציע, ־ס

(warehouse) דער מאַגאַזין, ־ען; דער סקלאַד, ־ן

deprave פֿאַרדאַרבן; קאַליע מאַכן

depraved פֿאַרדאָרבן

depravity די/דאָס פֿאַרדאָרבנקייט

deprecate מאַכן צו קליינגעלט ‹גאָרנישט›; אַראָפּרײַסן; מבֿטל מאַכן [MEVÁTL]

deprecating אַראָפּרײַסעריש; ביטולדיק [BÍTLDIK]

deprecation דאָס אַראָפּרײַסן; דאָס מבֿטל מאַכן [MEVÁTL]

deprecatory אַראָפּרײַסעריש; ביטולדיק [BÍTLDIK]

depreciate

vt. דעוואַלווירן; אָפּווערט(יק)ן

vi. דעוואַלווירט ‹אָפּגעווערטיקט› ווערן

depreciation די דעוואַלוואַציע, ־ס; די אָפּווערט(יק)ונג

depredation די פֿאַרוויסטונג

depress

(econ.) אַראָפּדריקן; אַראָפּזעצן די פּרײַזן

(physically) אַראָפּקוועטשן; אַראָפּדריקן

(emotionally) דעפּרימירן; דערשלאָגן

depressed

(econ.) עקאָנאָמיש געדריקט ‹געפֿאַלן›

(emotionally) דעפּרימירט; דערשלאָגן; געפֿאַלן; פֿאַרקלעמט; פֿאַרחושכט; געבראָכן בײַ זיך [FARKhÓYShEKhT]

depressed area דער ירידה־ראַיאָן, ־ען [YERÍDE]

depressing דערשלאָגנדיק; דעפּרימירנדיק

depression

(econ.) די דעפּרעסיע, ־ס

(hole) די פֿאַרטיפֿונג, ־ען; די דאָלענע, ־ס; דער אײַנדריק, ־ן; דער אײַנקוועטש, ־ן

(psych.) די דעפּרעסיע; די/דאָס דערשלאָגנקייט

major depression די אמתע דעפּרעסיע; די מרה־שחורה [ÉMESE] [MOREShKhÓYRE]

depressive דעפּרעסיוו

depressurization דער דריקונג־אָפּלאָז

depressurize אָפּלאָזן די דריקונג

deprivation דער אָפּנעם; דער צונעם; די באַרויבונג, ־ען; דאָס אָפּקומעניש, ־ן

deprivation of freedom דער פֿרײַהייט־אָפּנעם; דאָס אָפּנעמען די פֿרײַהייט

deprivation of rights דאָס אָפּנעמען ‹צונעמען/ באַרויבן› די רעכט; דער אָפּנעם פֿון רעכט

deprive sb. (of) צונעמען + אַק' בײַ; באַרויבן + אַק' פֿון

deprive of sleep באַרויבן + אַק' פֿון שלאָף

deprive of food אָפּרײַסן + דאַט' פֿון מויל

deprived (*fig.*) באַעוולט [BAÁVLT]

depth די טיף, ־ן; די/דאָס טיפֿקייט, ־ן; דאָס טיפֿעניש, ־ן

be out of one's depth פֿאַרלירן דעם באָדן (אונטער די פֿיס)

in depth אין דער טיף; אין דער לענג און אין דער ברייט; באַריכות [BARÍKhES]

in the depths of אין די טיפֿענישן פֿון

depth charge די טיפֿבאָמבע, ־ס

deputation די דעפּוטאַציע, ־ס; די דעלעגאַציע, ־ס

deputize באַשטימען פֿאַר אַ ממלא־מקום ‹פֿאַרטרעטער› [MEMÁLE-MÓKEM]

deputy, *adj.* וויצע...; אונטער...; במקום־... [BÍMKEM]

deputy, *n.* דער ממלא־מקום, ־ס; דער פֿאַרטרעטער, ־ס; דער דעפּוטאַט, ־ן [MEMÁLE-MÓKEM]

deracinate אויסוואָרצלען; אַרויסרײַסן מיטן וואָרצל

deracination דאָס אויסוואָרצלען; דאָס אַרויסרײַסן מיטן וואָרצל

derail
vt. אַראָפּלאָזן ‹אַראָפּפֿירן› פֿון די רעלסן; אַראָפּרעלסן
vi. אַראָפּפֿאָרן פֿון די רעלסן; אַראָפּרעלסן
derailment די אַראָפּרעלסונג, ־ען
derange רירן פֿון זינען
deranged [METÚREF(DIK)] גערירט (פֿון זינען); מטורף(דיק)
derangement [TÍREF] דער טירוף
derby
(competition) דאָס פֿערדגעיעג, ־ן
(hat) דער האַרטער קאַפּעליטש ‹קאַפּעליוש›, ־ן
deregulate דערעגולירן
deregulation דאָס דערעגולירן; די דערעגולירונג
derelict, *adj.* [HÉFKER] הפֿקר־...
derelict, *n.* [HÉFKER] דער הפֿקר־מענטש, ־ן
dereliction די/דאָס אָפּגעלאָזנקייט
dereliction of duty דאָס נישט אויספֿאָלגן ‹אויספֿירן› אַ חיובֿ [KhÍEV]
deride אָפּלאַכן פֿון; חוזק מאַכן פֿון; אויסחוזקן; אָפּשפּעטן פֿון; אויסלאַכן + אַק׳ [KhÓYZEK] [ÓYSKhÓYZEKN]
de rigueur
It's de rigueur ס׳איז אַ מוז(זאַך); מע מוז עס טאָן
derision [KhÓYZEK] דער חוזק; דאָס געשפּעט; דער שפּאָט
derisive [KhÓYZEK] חוזק־...; אָפּלאַכעריש; אָשפּעטנדיק
derisory לעכערלעך
derivation דער אָפּשטאַם, ־ען
(gram.) די דעריווירונג, ־ען; די דעריוואַציע, ־ס
derivative, *adj.* דעריווירט; דעריוואַטיוו; נישט־אָריגינעל
derivative, *n.* דער דעריוואַט, ־ן
(gram.) *also* דער אויסוווקס, ן
(math.) דער דעריוואַטיוו, ־ן; די דעריווירטע פֿונקציע, ־ס
derive אַרויסדרינגען; אַרויספֿירן; אַרויסקריגן; אַרויסבאַקומען
(gram.) דעריווירן; פֿורעמען
(math.) דעריווירן
be derived (originate) שטאַמען; נעמען זיך; וואַקסן
derive pleasure [NÁKhES] שעפּן ‹קלייַבן› נחת
derived function די דעריווירטע פֿונקציע, ־ס
dermatitis די הויט־אָנצינדונג; דער דערמאַטיט
dermatologic דערמאַטאָלאָגיש; הויט...
dermatologist דער דערמאַטאָלאָג, ־ן; דער הויטדאָקטער, ...טוירים
dermatology די דערמאַטאָלאָגיע
derogate
(belittle) אַוועקמאַכן מיט דער האַנט; מבֿטל מאַכן [MEVÁTL]
(detract) פֿאַרמינערן
derogation דאָס גנאַי־וואָרט, ־ווערטער
derogatory גנאַי־...; באַליידיקנדיק; אומכּבֿודיק; זילזולדיק [ÚMKÓVEDIK] [ZÍLZLDIK]
derrick דער (הייב)קראַן, ־ען; דער דעריקקראַן, ־ען
(over oil well) דער בויער־טורעם, ־ס
derrière דער הינטערחלק, ־ים [HÍNTERKhEYLEK, ...KhALÓKIM]
derring-do [GVÚRE] די אייַנשטעלערישע גבֿורה ‹בראַווקייט›
dervish דער דערוויש, ־ן
desalinate דעסאַלינירן; אַרויסציִען דאָס זאַלץ
desalination די דעסאַלינירונג
descend אַראָפּגיין; אַראָפּנידערן; אַראָפּלאָזן זיך
descend upon (en masse) אַרייַנפֿאַלן צו; אַרייַנשטעלן זיך צו; אַראָפּלאָזן זיך אויף
be descended from (אָפּ)שטאַמען פֿון
descending slope דער באַרגאַראָפּ, ־ן
in descending order of importance אויסגעסדרט לויט דער וויכטיקייט [ÓYSGESÁDERT]
descendant דער אָפּשטאַמיקער געב׳; דער אָפּשטאַמלינג, ־ען; דער אָפּשטאַמלער, ־ס; דאָס אייניקל, ־עך
descendants *also* קינדסקינדער
descent
(by foot) דער אַראָפּגאַנג, ־ען; דער אַראָפּלאָז, ־ן
(by plane) די אַראָפּנידערונג, ־ען; דער אַראָפּלאָז, ־ן
(by vehicle) דער אַראָפּפֿאָר, ־ן
(lineage) [YÍKhES] דער אָפּשטאַם; דער ייִחוס
describe [ÓPMOShLEN] אויסמאָלן; באַשרייַבן; אָפּמשלען
description די באַשרייַבונג, ־ען; די אָפּמשלונג, ־ען [ÓPMOShLUNG]
descriptive באַשרייַב(נד)יק; דעסקריפּטיוו
descriptive adjective דער אָפּמשל־אַדיעקטיוו, ־ן [ÓPMOShL]
desecrate פֿאַרשוועכן; פֿאַראומווערדיקן; פֿאַראומהייליקן; מחלל זייַן [MEKhÁLEL]
desecrate God's name מחלל־שם זייַן [MEKhÁLEL-ShÉM]
desecrate the Sabbath מחלל־שבת זייַן [MEKhÁLEL-ShÁBES]
desecration דער חילול־הקודש; די פֿאַרשוועכונג, ־ען; די פֿאַראומווערדיקונג, ־ען [KhÍLEL-HAKÓYDESh]
desecration of God's name דער חילול־השם [KhÍLEL-HAShÉM]
desecration of the Sabbath דער חילול־שבת [KhÍLEL-ShÁBES]
desegregate דעסעגרעגירן
desegregation די דעסעגרעגאַציע
deselect דעאַקטיווירן
deselect all אַנולירן אַלע פֿייגעלעד; אַלץ דעאַקטיווירן
desensitize פֿאַרטעמפּן ‹פֿאַרקלענערן› די שפּירעוודיקייט
desert, *adj.* [MÍDBERDIK] [MÍDBER-...] מידברדיק; מידבר־...
desert, *n.* [MÍDBER, MIDBÓRYES] די/דער מידבר, ־יות
desert, *v.* פֿאַרלאָזן; איבערלאָזן
(mil.) דעזערטירן
deserted פֿאַרלאָזט; פֿאַרלאָזן; וויסט; פּוסט
deserted house דאָס פֿאַרלאָזטע הויז, הייַזער; די פּוסטקע, ־ס
deserted wife (J.) [AGÚNE] די עגונה, ־ות
deserter דער דעזערטיר, ־ן; דער האָז, ־ן
desertion דאָס פֿאַרלאָזן; די אַוועקוואַרפֿונג; דאָס אַוועקוואַרפֿן; די הפֿקר־לאָזונג; דאָס לאָזן אויף הפֿקר [HÉFKER]
(mil.) די דעזערטירונג, ־ען; דאָס דעזערטירערייַ
desert island דער אומבאַוווינטער אינדזל, ־ען
deserve (כּשר) פֿאַרדינען; זייַן ווערט; קומען אומפּ׳ + דאַט׳/פּ״ק [KÓShER]
He deserves it סע קומט אים; ער איז עס ווערט; ער האָט עס (כּשר) פֿאַרדינט; ער האָט באַקומען דאָס זייַניקע
He got what he deserved (*iro.*) *also* דער הונט איז ווערט דעם שטעקן
deserving
be deserving (of) האָבן פֿאַרדינט; זייַן ראָוי (צו); זייַן ווערט + אַק׳/אַז [RÓE]
desiccant דאָס אויסטריקן־מיטל, ־ען
desiccate אויסטריקענען
desiccated אויסגעטריקנט; געטריקנט
become desiccated אויסגעטריקנט ווערן
desiccation די אויסטריקענונג; דאָס אויסטריקענען
desideratum דאָס געווונטשענע
design, *n.*

(arrangement) דער אױסשטעל, ־ן
(graphic) די צײכענונג, ־ען; דער דיזײַן, ־ען
(pattern) דער אוזער, ־ס; דער אוזאָר, ־ן; דער דעסן, ־ס; דער מוסטער, ־ן
(project) דער פּלאַן, פּלענער; דער פּראָיעקט, ־ן
have designs on די װאַרפֿן אַן אויג אויף; שאַרפֿן (זיך) ציין אויף

design, *v.*
imp./pf. **(plan)** (אױס)פּלאַנירן; (אױס)פּלאַנעװע(ן); (אױס)רעכענען; (אױס)פּראָיעקטירן
imp./pf. **(pattern)** (אָנ)צײכענען; (פֿאַר)קלערן
be designed for אױספּלאַנירט ‹געצילעװעט› אױף
design a set מאַכן ‹אױסשטעלן› די בינע
designed to אױסגערעכנט ‹געצילעװעט› צו
poorly designed נישט גוט (אָ)דורכגעטראַכט; שלעכט אױספּלאַנירט

designate, *n.* דער באַשטימטער געב'
designate, *v.*
(appoint) באַשטימען; דעזיגנירן
(indicate) באַצײכענען
(name) באַנאָמענען; געבן אַ נאָמען
designated באַשטימט
designated driver דער ניכטערער ‹באַשטימטער› שאָפֿער, ־ן
designation
(appointment) די באַשטימונג, ־ען; די דעזיגנירונג, ־ען
(indication) די באַצײכענונג, ־ען
(name) די באַנאָמענונג, ־ען; דער אָנרוף, ־ן
designer, *adj.* דיזײַנער־...
designer, *n.* דער (מוסטער־)צײכענער, ־ס; דער דיזײַנער, ־ס; דער קאָנסטרוקטאָר, ...אָרן; דער פּראָיעקטאַנט, ־ן
designer clothing דיזײַנער־קלײדער ל"ר
designer label די דיזײַנער־מאַרקע, ־ס
desirability די/דאָס געװוּנטשנקייט
desirable געװוּנטשן; אָנגעלייגט
(attractive) צוציִיק; צוציִענדיק; באַגערעריק
it's desirable that ס'װאָלט גוט געװען אַז ‹װען›; ס'װאָלט געװען געװוּנטשן אַז ‹װען›
desire, *n.* דער פֿאַרלאַנג, ־ען; דער חשק; דער אַפּעטיט, ־ן; דאָס װעלעכץ, ־ער; דאָס װעלעניש, ־ן; דער װעלער, ־ס [KhÉYShEK]
(sexual) דער באַגער, ־ן; דער חשק; די תאװה, ־ות; דער יצר־הרע, ־ס; דאָס גלוסטעניש, ־ן; די תשוקה, ־ות [TÁYVE] [YÉYTSER-HÓRE] [TShÚKE]
I had a sudden desire for ס'האָט זיך מיר פּלוצעם פֿאַרגלוסט ‹פֿאַרװאָלט›

desire, *v.*
imp. האָבן חשק צו; באַגערן; גלוסטן זיך אומפּ' + דאַט'/פּ"ק; שטאַרק װעלן [KhÉYShEK]
pf. פֿאַרװעלן ‹פֿאַרגלוסטן› זיך אומפּ' + דאַט'/פּ"ק; באַקומען ‹קריגן› חשק צו [KhÉYShEK]
as desired װי געװוּנטשן
It leaves much to be desired װאָס סע פֿעלט מעג צוקומען; ס'װאָלט געמעגט זײַן אַ סך בעסער [SAKh]
desired געװוּנטשן
desirous
be desirous of דאַרשטן נאָך
desist (from) אָפּהאַלטן זיך (פֿון); אָפּלאָזן + אַק'; אָפּשטײן (פֿון)
desk דער שרײַבטיש, ־ן
desk blotter דער טישקלעקער, ־ס
desk calendar דער טיש־קאַלענדאַר, ־ן
desk clerk דער (האָטעל־)אױפֿנעמער, ־ס; דער פּאָרטיע, ־ען
desk clock דער טישזײגער, ־ס
desk duty דאָס שרײַבטיש־דינסט
desk lamp דאָס טישלעמפּל, ־עך
desktop די טישפּלאַך, ־ן
(comp.) דער טיש־קאָמפּיוטער, ־ס
desktop publishing דאָס קאָמפּיוטער־פֿאַרלעגערײַ
desolate, *adj.*
(person) אומעטיק; טרױעריק; פֿאַרחושכט; אָן האָפֿענונג [FARKhÓYShEKhT]
(place) װיסט; פֿאַרלאָזן; פֿאַרװיסט; עלנט
desolate, *v.* פֿאַרװיסטן
desolate(d), *adj.* פֿאַרװיסט
desolation די/דאָס װיסטקייט
(action) די פֿאַרװיסטונג
despair, *n.* דער יאוש; די פֿאַרצװײפֿלונג; די/דאָס אָפּהענטיקייט [YÍESh/YÉYESh]
despair, *v.* **(of)** מיאש זײַן זיך (אין); זײַן אין יאוש (װעגן); מתיאש זײַן זיך (פֿון) [MEYÁESh] [YÍESh/YÉYESh] [MISYÁESh]
despairing פֿאַריִאושט; אָפּהענטיק [FARYÍEShT]
desperado דער דעספּעראַדאָ, ־ס; דער דעסבראַט, ־ן; דער באַנדיט, ־ן
desperate פֿאַריִאושט; פֿאַרצװײפֿלט; אָן האָפֿענונג [FARYÍEShT]
be desperate זײַן פֿאַריִאושט ‹פֿאַרצװײפֿלט›; זײַן אָן האָפֿענונג; קריכן אױף די גלײַכע װענט
be desperate for אױסגײן נאָך; מוזן האָבן
desperately פֿאַריִאושט [FARYÍEShT]
(very) שרעקלעך; שטאַרק
desperation דער יאוש; די פֿאַרצװײפֿלונג [YÍESh/YÉYESh]
in (sheer) desperation אױס יאוש; אין (פֿולן) יאוש
despicable מנוװלדיק; פּאַסקודנע; ניבֿזהדיק [MENÚVLDIK] [NÍVZEDIK]
despicable person
m./unsp. דער מנוװל, ־ים; דער פּאַסקודניאַק, ־עס; דער ניבֿזה, ־ים [MENÚVL, MENUVÓLIM] [NÍVZE, NÍVZIM]
despicable person (*f.*) די מנוװלטע, ־ס; די מנוװלת, ־ן; די פּאַסקודניאַטשקע, ־ס [MENÚVLTE] [MENUVÉLES]
despise נישט קענען פֿאַרטראָגן; פֿײַנט האָבן; קוקן מיט ביטול אױף [BITL]
despised פֿאַרהאַסט
He's despised by her זי קען אים נישט פֿאַרטראָגן; ער איז איר נימאס [NÍMES]
despite נישט־געקוקט אױף; נישט קוקנדיק אױף
despite oneself איבער ג(ע)װאַלד; קעגן דעם אײגענעם װילן; בעל־כּרחו [BALKÓRKhE]
despoil צעראַבעװע(ן)
despondence די/דאָס דערשלאָגנקייט; די/דאָס פֿאַראומערטקייט
despondent דערשלאָגן; פֿאַראומערט; געפֿאַלן בײַ זיך; פֿאַרצאָגט; שװערמוטיק
despot דער דעספּאָט, ־ן; דער מלך־בכּיפּה [MÉYLEKh-BEKÍPE]
despotic דעספּאָטיש
despotism דער דעספּאָטיזם
dessert דער דעסערט, ־ן; דאָס נאָכעריכט, ־ן; דאָס פֿאַרבײַסן, ־ס
for dessert צום דעסערט
dessert dish די קאָמפּאָטניצע, ־ס; דאָס קאָמפּאָט־‹דעסערט־›טעלערל, ־עך
dessert spoon דאָס (דעסערט־)לעפֿעלע, ־ך
dessert wine דער דעסערטװײַן, ־ען
destabilization די דעסטאַביליזירונג; דאָס דעסטאַביליזירן
destabilize דעסטאַביליזירן

destination דער פֿאַרציל, ־ן; דער פֿליציל, ־ן; דאָס צילאָרט, ...ערטער; דער וווּהין, ־ען
(purpose) די באַשטימונג, ־ען; דער צוועק, ־ן; דער ציל, ־ן
(of mail) דער באַשטימטער אַדרעס, ־ן
destine באַשטימען (אין פֿאָרויס)
destined באַשערט; באַגורלט [BAGÓYRLT]
destiny דער/דאָס גורל, ־ות [GOYRL, GOYRÓLES]
destitute שטאַרק פֿאַראָרעמט; אומבאַמיטלט; בדלות; בדיל־הדל [BEDÁLES] [BEDILADÁL]
be destitute נישט האָבן קיין העמד אויפֿן לײַב; זײַן אַ ביטערער אָרעמאַן
become destitute בלײַבן אין איין העמד; פֿאַרלירן די הויזן; אָפּקומען; ווערן בדיל־הדל
destitution דער דלות [DÁLES]
destroy חרובֿ מאַכן; צעשטערן; פֿאַרטיליקן; פֿאַרלענדן [KhÓREV]
destroyer
(person) דער משחית, ־ים; דער פֿאַרטיליקער, ־ס; דער מערדער, ־ס [MÁShKhES, MAShKhÍSIM]
(ship) די צעשטערשיף, ־ן; דער צעשטערער, ־ס; דער דעסטרויער, ־ס
destructible אײַנברעכיק
be destructible לאָזן זיך צעשטערן ‹אײַנברעכן›
destruction דער חורבן; די צעשטערונג; די פֿאַרטיליקונג [KhURBM]
destructive צעשטעריש; משחיתדיק; שעדלעך; צעשטער... [MÁShKhESDIK]
destructive force דער צעשטער־כּוח [KÓYEKh]
desultory
(weak) שוואַך; האַלבמויליק
(unfocused) אומגעבונדן; צעפֿאָרן
detach אָפּטשעפּען; אָפּשיידן; אָפּטיילן; אָפּקניפּן; אַראָפּנעמען; אויסשיילן
(mil.) אָפּקאָמאַנדירן
detachable אָפּטייל(עווד)יק; אָפּטשעפּ(עווד)יק; אָפּרײַס...
detached אָפּגעטשעפּעט; אָפּגעטיילט
(indifferent) גלײַכגילטיק; קיל; אײַנגעהאַלטן
(unbiased) אָנפּניותדיק [ÓNPNÍESDIK]
detachment
(act) די אָפּטיילונג, ־ען; דאָס אָפּטיילן; דאָס אָפּטשעפּען
(state) די/דאָס אָפּגעטיילטקייט
(indifference) דער גלײַכגילט; די/דאָס קילקייט
(mil.) דער אָפּטייל, ־ן; די אָפּקאָמאַנדירונג, ־ען
detail, *n.* דער פּרט, ־ים; דער דעטאַל, ־ן; די פּי(ש)טשעווקע, ־ס [PRAT, PRÓTIM]
(mil.) די קאָמאַנדע, ־ס
down to the last detail מיט אַלע קלײַפּערלעך ‹פּי(ש)טשעווקעס›; ווי אויף אַ טעלער
go into detail אַרײַנלאָזן זיך אין די פּרטים
in detail פּרטימדיק; בפּרוטרוט; בפּרטיות [PRÓTIMDIK] [BIFRÓYTRET] [BIFRÓTIES]
detail, *v.* דעטאַל(יז)ירן; צעפּרטלען [TSEPRÁTLEN]
(mil.) אָפּקאָמאַנדירן
detailed דעטאַל(יז)ירט; פּרטימדיק [PRÓTIMDIK]
detain פֿאַרהאַלטן
detainee דער פֿאַרהאַלטענער געב'
detect דערקענען; דערפֿילן; דערשנאַפּן; דערקענען; אָפּשפּירן
(by hearing) דערהערן
(by sight) דערזען
(by smell) דערשמעקן; דערשנאַפּן
(by taste) דערפֿילן
(by touch) דערטאַפּן
detectable אָפּשפּיריק; דערקענעוודיק; צו(ם) דערקענען

detection דער אָפּשפּיר; דאָס אָפּשפּירן
detective דער דעטעקטיוו, ־ן
detective agency דער דעטעקטיוון־ביוראָ, ־ען
detective novel דער דעטעקטיוו־‹קרימינאַל־›ראָמאַן, ־ען
detective work די דעטעקטיוו־אַרבעט
detector די שפּירקע, ־ס; דאָס אָפּשפּיר־מיטל, ־ען; דער דעטעקטאָר, ־ס
détente דער דעטאַנט
detention דער פֿאַרהאַלט; די פֿאַרהאַלטונג; דער אַרעסט
(in school) דאָס פֿאַרהאַלטן נאָך די לעקציעס
detention center דער פֿאַרהאַלט־צענטער, ־ס
deter אָפּהאַלטן; אָפּשרעקן
detergent דאָס לויגוואַרג; דאָס רייניק־מיטל, ־ען
(laundry) די/דאָס וועשזייף
deteriorate פֿאַרערגערן זיך
(decay) צעפֿאַלן זיך
deterioration די פֿאַרערגערונג
(decay) דער צעפֿאַל; די צעפֿאַלונג
determinant, *adj.* מכריעדיק [MAKhRÍEDIK]
determinant, *n.* דער מכריעדיקער פֿאַקטאָר, ...אָרן [MAKhRÍEDIKER]
(math./bio.) דער דעטערמינאַנט, ־ן
determinate באַשטימט; באַגרענעצט
determination די/דאָס פֿעסטקייט; די/דאָס אײַנגעעקשנטקייט [ÁYNGEÁKShNTKEYT]
(decision) די באַשטימונג, ־ען; די החלטה, ־ות [HAKhLÓTE]
make a determination באַשטימען; מחליט זײַן [MÁKhLET]
determine
vt. פֿעסטשטעלן; באַשטימען
vi. באַשליסן ‹אָפּמאַכן› בײַ זיך
be a determining factor (in) מכריע זײַן (אויף) [MAKhRÍE]
determined פֿעסט; אײַנגעעקשנט; צילוויסיק [ÁYNGEÁKShNT]
determiner (gram.) דער דעטערמינאַטיוו, ־ן
determinism דער דעטערמיניזם
determinist דער דעטערמיניסט, ־ן
deterministic דעטערמיניסטיש
deterrance דער אָפּהאַלט־‹אָפּשרעק־›כּוח [KÓYEKh]
deterrent דער אָפּהאַלט, ־ן; דער אָפּשרעק, ־ן; דאָס אָפּהאַלט־‹אָפּשרעק־›מיטל, ־ען
detest פֿײַנט האָבן תּכלית־שינאה [TÁKhLES-SÍNE]
detestable פּאַסקודנע; מיאוס; מיגלדיק [MIES]
detestation דער מיגל; דאָס ווידערגעפֿיל
detested פֿאַרהאַסט
dethrone אַראָפּזעצן פֿון טראָן ‹כּסא־המלכות› [KÍSE-HAMÁLKhES]
dethronement דאָס אַראָפּזעצן פֿון טראָן
detonate דעטאָנירן; אויפֿרײַסן
detonation דאָס דעטאָנירן; די דעטאָנאַציע; דאָס אויפֿרײַסן
detonator דער דעטאָנאַטאָר, ־ס; דער צינדער, ־ס; דער אויפֿרײַסער, ־ס
detour, *n.* דער אָנלייגוועג, ־ן; דער דעטור(וועג), ־ן; דער הינטערוועג, ־ן; דער אומקרײַז, ־ן
make a detour *see* **detour,** *v.*
detour, *v.*
vt. דעטורירן
vi. דעטורירן זיך; אָנלייגן ‹אויפֿלייגן› וועג; פֿאָרן ‹גיין› מיט אַן אָנלייגוועג; פֿאָרן ‹גיין› דורך הינטערוועגן
detox, *n.* די אָפּניכטערונג; דאָס אָפּניכטערן
(program) די אָפּניכטער־פּראָגראַם
go into detox לאָזן זיך אָפּניכטערן

detox, *v.* אָפּניכטערן

detoxification דאָס באַפֿרײַען פֿון סם; די דעטאָקסיפֿיצירונג [SAM]

detoxify באַפֿרײַען פֿון סם; דעטאָקסיפֿיצירן [SAM]

detract (from) מינערן + אַק'; אָפּציִען (פֿון)

detractor דער אַראָפּרײַסער, ־ס; דער בעל־מבטל, בעלי־... [BALMEVÁTL, BÁLE-...]

detrain

vt. אויסלאָדן

vi. אַרויסזעצן זיך

detriment [RÓE] דער שטער, ־ן; דער שאָדן, ־ס; די רעה, ־ות

to the detriment of דאַט' + לרעה; צו + פּאָס' שאָדן [LERÓE]

without detriment to נישט שאַטנדיק + אַק'; אָן שאָדן פֿאַר

detrimental שעדלעך; היזקדיק [HÉZEKDIK]

be detrimental to אויסגיין צום שלעכטן; דאַט' + זײַן לרעה; זײַן צו + פּאָס' שאָדן [LERÓE]

detritus דאָס מיסט; דער אָפּפֿאַל

de trop איבעריק

deuce

(cards) דאָס צווייטל, ־עך; די צוויי, ־ען

(tennis) [KhEZhBM] דער דיוס, ־ן; דער גלײַכער חשבון

What the deuce... ? וואָס, צו(ן) אַל די רוחות, ...? [RÚKhES]

a deuce of a headache אַ שרעקלעכער קאָפּווייטיק

Deuteronomy (bib.) [(SÉYFER) DVÓRIM] (ספֿר) דבֿרים

Deutschmark דער דײַטשער מאַרק, ־ן

devaluate דעוואַלויִרן

devaluation די דעוואַלואַציע, ־ס

devalue פֿאַרווערטלעכן; אַראָפּלאָזן די ווערט

devalued פֿאַרווערטלעכט; אָפּגעקומען אין ווערט

devastate חרובֿ מאַכן; מחריבֿ זײַן; צעשטערן; פֿאַרוויסטן [KhÓREV] [MÁKhREV]

be devastated (financially) בלײַבן נקי; נישט האָבן קיין גראָשן בײַ דער נשמה [NÓKI] [NEShÓME]

be devastated (mil.) חרובֿ ווערן

be devastated (psych.) זײַן צעבראָכן; חרובֿ ווערן

devastate completely מאַכן אַ תּל־עולם פֿון; אָפּווישן; צעגראָמירן; פֿאַרווישן [TEL-ÓYLEM]

devastating חרובֿ־מאַכנדיק; צעשטערנדיק; צעשמעטערנדיק [KhÓREV]

devastation דער חורבן; די צעשטערונג; די פֿאַרוויסטונג [KhURBM]

(action) דאָס חרובֿ מאַכן; דאָס צעשטערן; דאָס פֿאַרוויסטן [KhÓREV]

devein (אויס)טרײַבערן; אויסאָדערן

develop

vt./vi. אַנטוויקלען (זיך); פֿונאַנדעראַרבעטן (זיך); פֿונאַנדערבויען (זיך)

vt. **(phot.)** אַרויסרופֿן; אַנטוויקלען

vt. **(an illness)** מאַכן זיך אומפּ' + דאַט'/פּ"ק

develop an idea אַנטוויקלען ‹פֿאַרטיפֿערן› אַ געדאַנק

She developed lung cancer ס'האָט זיך איר געמאַכט אַ לונגענראַק

developed אַנטוויקלט

developer דער פֿונאַנדערבויער, ־ס

(phot.) דער אַנטוויקלער, ־ס

developing country דאָס זיך אַנטוויקלענדיקע לאַנד, ־לענדער

development די אַנטוויקלונג, ־ען

(construction) דאָס פֿונאַנדערבויען; דער פֿונאַנדערבוי

(dwellings) דער הײַזערבלאָק, ־ן

(fundraising) דאָס געלטשאַפֿערײַ; דער פֿונאַנדערבוי

(physio.) די פֿיזישע פֿורעמונג ‹אַנטוויקלונג›

(pol.) דער פּאָליטישער גאַנג, געגנג; די פּאָליטישע אַנטוויקלונג, ־ען

There was a negative development ס'האָט זיך געמאַכט אַ מיכשול [MIKhShL]

developmental אַנטוויקל־...

developmental disability דער אַנטוויקל־מום, ־ים; די/דאָס צוריקגעשטאַנענקייט

developmental linguistics די אַנטוויקל־לינגוויסטיק ל"י

developmentally

be developmentally disabled האָבן אַן אַנטוויקל־מום; זײַן צוריקגעשטאַנען

developmental process דער אַנטוויקל־פּראָצעס; דער פּראָצעס פֿון אַנטוויקלונג

developmental psychologist דער אַנטוויקל(ונג)־פּסיכאָלאָג, ־ן

developmental psychology די אַנטוויקל(ונג)־פּסיכאָלאָגיע

development officer דער געלטשאַפֿער, ־ס; דער פֿונאַנדערבוי־דירעקטאָר, ...אָרן

deviant, *adj.* אָפּווײַכיק

deviant, *n.* דער פֿערווערט, ־ן; דער פֿאַרדאָרבענער געב'

deviate אָפּווײַכן; אָפּנייגן זיך

deviation דער אָפּווײַך, ־ן; דער אָפּנייג, ־ן

deviationist, *adj.* אָפּנייגלעריש

deviationist, *n.* דער אָפּנייגלער, ־ס

device דאָס מיטל, ־ען; דער אַפּאַראַט, ־ן; דער מכשיר, ־ים [MÁKhShER, MAKhShÍRIM]

leave to one's own devices איבערלאָזן אַליין; (איבער)לאָזן אויפֿן אײגענעם באַראָט

devil, *n.* דער טײַוול, ־ען/טײַוואָלים/טײַוולאָנים; דער שׂטן; דער שד, ־ים; דער רוח, ־ות; דער נישט־גוטער געב' [SOTN] [ShED, ShÉYDIM] [RÚEKh, RÚKhES]

a devil of a ... אַ האַרבער געב' ...; אַ שווערער געב' ...

be faced with a devil's choice דאַרפֿן אויסקלײַבן צווישן האַמער און קאָוואַדלע; דאַרפֿן אויסקלײַבן צווישן צוויי פֿײַערן

between the devil and the deep blue sea צווישן האַמער און קאָוואַדלע; צווישן צוויי פֿײַערן

little devil (child) דער מזיק, ־ים; דער באַנדיט, ־ן; דער שאָלטיק, ־עס; דער שאָדן־ווינקל, ־ען [MÁZEK, MAZÍKIM]

May the devil take him! זאָל אים נעמען דער שוואַרץ־יאָר!; גיין זאָל ער צום טײַוול!; כאַפּט אים דער וואַטן־‹וואַטל־›מאַכער!; אַ רוח אין אים!; אַ מהומה אויף אים! [MEHÚME]

play devil's advocate שפּילן דעם קטיגור; אָננעמען דעם צד פֿונעם קעג(ע)נער [KATÉYGER] [TSAD]

Poor devil! נעבעך!; אַ רחמנות (נעבעך) אויף אים ‹איר›! [RAKhMÓNES]

Speak of the devil! מע זאָל נאָר דערמאָנען משיחן!; אַז מע רעדט פֿונעם מלאך קומט דער גלח! [MEShÍEKhN] [MÁLEKh] [GÁLEKh]

The devil is in the details די צרה ליגט אין די פּרטים; אַרויספֿירן דאַרף מען מן הכּוח אל הפּועל [TSÓRE] [PRÓTIM] [MIN HAKÓYEKh EL HAPÓYEL]

the Devil דער שׂטן; די סיטרא־אַחרא; דער שוואַרץ־יאָר; דער גוטער־יאָר; דער ס"ם [SÍTRE-ÁKhRE] [SÁM(EKh-MÉM)]

There'll be the devil to pay! אוי, וועט ‹וועלן› זײַן צרות!; ס'וועט + דאַט' קאָסטן טײַער! [TSÓRES]

What a handsome devil! ער איז שיין ווי יוסף הצדיק; ער איז שיין ווי אַ גראַף!; אַ קראַסאַוועץ!; אַ שײנהייט! [YÓYSEF HATSÁDIK]
What the devil ...? װאָס, צום) אַל די שװאַרצע־יאָר, ...?
You have to give the devil his due מע מוז + דאַט' נאָכגעבן; מע טאָר עס + דאַט' נישט לײקענען
devil, *v.* פּילן; פֿאַרשירן
deviled געפּילט; פֿאַרשירט
deviled eggs פֿאַרשירטע ‹פֿאַרפּראַװעטע› אײער
devilish טײַװליש; טײַװלאָניש; טײַװאָליש; רוחיש [RÚKhISh]
devil-may-care הפֿקרדיק [HÉFKERDIK]
devilment דאָס קונדסערײַ; דאָס שטיפֿערײַ [KUNDESERÁY]
devil's dung די חלבנה; דאָס טײַװלסקויט; דער אָלונט [KhÉLBNE]
Devil's Island דער טײַװל־אינדזל
devil's ivy דער גילדענער סקינדאַפּסוס
devious [MÁMZER(I)Sh] כּיטרע; דרײדלדיק; ממזר(י)ש; קרום
(route) געדרײדלט; געשלענגלט; אָפּגענייגט; אַרומװעגיק
by a devious route אויף אַן אומװעג
by devious means אויף אַ כּיטרען אופֿן; הינטערװײַלעכץ [OYFN]
deviousness די/דאָס כּיטרעקייט
(route) דער אומװעג, ־ן
devise אויסטראַכטן; אויסקלערן; צוטראַכטן; אויסאַרבעטן; אויסקאָמבינירן
devoicing די (פֿאַר)אומשטימיקונג
devoid (of) פֿרײַ (פֿון); אָן (קיין) שום
devolution
(bio.) די דעגענעראַציע
(pol.) דאָס איבערגעבן די מאַכט
(decentralization) די דעצענטראַליזירונג
devolve
vt. **(decentralize)** דעצענטראַליזירן
vt. **(duty/power)** איבערגעבן; דעלעגירן; איבערטראָגן
vi. **(be inherited)** איבערגיין
vi. **(bio.)** דעגענערירן; צעפֿאַלן זיך
vi. **(duty/power)** צופֿאַלן + דאַט'
devote אָפּגעבן; אַרײַנלייגן
devote one's energy to אַרײַנלייגן די כּוחות אין; קאָנצענטרירן די כּוחות אויף [KÓYKhES]
devote one's full attention to אַרײַנלייגן דעם גאַנצן קאָפּ אין
devote oneself (to) איבערגעבן זיך + דאַט'; אָפּגעבן זיך + דאַט'; עוסק זײַן זיך (מיט); מתעסק זײַן זיך (מיט) [ÓYSEK] [MISÁSEK]
devote resources to אַרײַנלייגן געלטער אין
devoted איבערגעגעבן; געטרײַ; פֿאַרברענט; הייס
devotee דער אָנהענגער, ־ס; דער חסיד, ־ים [KhÓSID, KhSÍDIM]
devotion די/דאָס איבערגעגעבנקייט; די געטרײַשאַפֿט
great devotion דאָס מסירת־נפֿש; די/דאָס מיט־לײַב־און־לעבן איבערגעגעבנקייט [MESÍRES-NÉFESh]
devour
imp. פֿרעסן; שלינגען
pf. אויפֿפֿרעסן; אײַנשלינגען; פֿאַרשלינגען; פֿאַרצוקן; פֿאַרצערן
devour a book פֿאַרשלינגען אַ בוך
devour books שלינגען ביכער
devout פֿרום
(blindly) פֿאַרפֿרומט
devoutly פֿרום(ערהייט); מיט דבֿקות [DVÉYKES]
devoutly religious טיף פֿרום
devoutness די/דאָס פֿרומקייט
dew די ראָסע; דער טוי

dewdrop דער טויטראָפּן, ־ס; דער טראָפּן טוי
dewlap דאָס אונטערהענגעכץ
(of person) דאָס צװייטע בערדל
deworm אויסװערעמען
dewy ראָסיק; טויִק
dewy-eyed נאַיִװ; תּמימותדיק [TMÍMESDIK]
dexterity די בריהשאַפֿט; דאָס מהירות; די/דאָס פֿלינקייט; די ״געשיקטקייט [BÉRYEShAFT] [MEHÍRES]
dexterous בריהש; פֿלינק; ״געשיקט [BÉRYESh]
dextrose דער דעקסטראָז
diabetes די צוקערקרענק; דער צוקער; דער דיאַבעט
diabetic, *adj.* צוקערקראַנק; דיאַבעטיש
diabetic, *n.* דער צוקערקראַנקער געב'; דער דיאַבעטיקער, ־ס
diabetic medication דאָס אַנטידיאַבעטישע מיטל, ־ען
diabolical טײַװלאָניש; טײַװליש; טײַװאָליש; רוחיש [RÚKhISh]
diacetate דער דיאַצעטאַט, ־ן
diachronic דיאַכראָניש
diachrony די דיאַכראָניע, ־ס
diacritical mark דער דיאַקריטישער צייכן, ־ס; דאָס דיאַקריטל, ־עך
diadem דער דיאַדעם, ־ען; די קרוין, ־ען; דער כּתר־מלכות [KÉSER-MÁLKhES]
diagnose שטעלן + דאַט' אַ דיאַגנאָז; דיאַגנאָזירן
diagnosis דער דיאַגנאָז, ־ן
diagnostic דיאַגנאָסטיש
diagnostician דער דיאַגנאָסטיקער, ־ס
diagnostics די דיאַגנאָסטיק ל"י
diagnostic test דער דיאַגנאָסטישער טעסט, ־ן
diagonal, *adj.* דיאַגאָנאַל; אַלכסונדיק [ALÁKhSNDIK]
diagonal, *n.* דער דיאַגאָנאַל, ־ן; דער אַלכסון, ־ס [ALÁKhSN]
diagonally דיאַגאָנאַל; באַלכסון; אין אַלכסון [BALÁKhSN] [ALÁKhSN]
diagram, *n.* די דיאַגראַם, ־ען; דאָס געמעל, ־ן; די סכעמע, ־ס
diagram, *v.* דיאַגראַמירן; סכעמאַטיזירן
diagrammatic דיאַגראַמאַטיש
dial, *n.*
(clock face) דער/דאָס ציפֿערבלאַט, ...בלעטער
(phone) דאָס רעדל, ־עך
(radio/TV) דער קאָנטראָלקנאָפּ, ...קנעפּ
(sundial) דער זונזייגער, ־ס
dial, *v.* (אָנ)רעדלען; אָנדרייען
dial in/up אָנקלינגען + דאַט'; אָנטעלעפֿאָנירן + דאַט'
dialect דער דיאַלעקט, ־ן
dialectal דיאַלעקטיש; דיאַלעקטאַל
dialectalism דער דיאַלעקטאַליזם
dialectic(s) די דיאַלעקטיק ל"י
dialectological דיאַלעקטאָלאָגיש
dialectologist דער דיאַלעקטאָלאָג, ־ן; דער דיאַלעקטן־פֿאָרשער, ־ס
dialectology די דיאַלעקטאָלאָגיע
dialogue, *n.* דער דיאַלאָג, ־ן
dialogue, *v.* אָנהאַלטן ‹פֿירן› אַ דיאַלאָג
dialogue box דאָס דיאַלאָג־פֿענצטערל, ־עך
dial phone דער רעדל־טעלעפֿאָן, ־ען
dial tone דער רעדלטאָן, ...טענער
dial-up (connection) די טעלעפֿאָן־פֿאַרבינדונג, ־ען
dialysis דער דיאַליז
dialysis machine די דיאַליז־מאַשין, ־ען
dialyze דיאַליזירן
diameter דער דיאַמעטער, ־ס
diametric(ally) דיאַמעטריש
diametrically opposed (to) דיאַמעטריש אַנט)קעגן + דאַט'

diamond, *adj.* דימענטן; דימענט־...
diamond, *n.* דער דימענ(נ)ט, ־ן; דער בריליאַנט, ־ן; דער באַרליאַנט, ־ן
  (shape) דער ראָמב, ־ן
  (baseball) דער (בייסבאָל)ראָמב, ־ן
  (cards) דער לעקעך; דער שעל; דער קאַראָ
diamond brooch די דימענט־בראָש, ־ן
diamond cutter דער דימענט־<בריליאַנטן־>שלייפֿער, ־ס; דער בריליאַנטשיק, ־עס
diamond dealer דער דימענט־הענדלער, ־ס
Diamond Exchange די דימענט־בערזע
diamond jubilee די דימענטענע חתונה [KhÁSENE]
diamond necklace די דימענטענע האַלדזבאַנד, ...בענדער
diamond ring דאָס פֿינגערל מיט בריליאַנטן <מיט אַ בריליאַנט>
diaper, *n.* דאָס ווינדעלע, ־ך; דאָס ווינדל, ־עך; דאָס וויקעלע, ־ך
  change a diaper איבערפּאַקן; איבערוויקלען; איבערווינדלען; באַלייגן
  have a dirty diaper האָבן אַ פּעקל; האָבן אַן אָנגעמאַכט ווינדעלע
  in the diaper area אונטן; אונטער די ווינדעלעך
  remove a diaper אויסוויקלען; אויסווינדלען; אויספּאַקן
diaper, *v.* איבערפּאַקן; איבערוויקלען; איבערווינדלען; באַלייגן
diaper bag דער ווינדלזאַק, ...זעק
diaper changing station די ווינדל־סטאַנציע, ־ס
diaper cover דער ווינדל־צודעק, ־ן
diapering pad דאָס ווינדל־קישעלע, ־ך
diaper pail דער ווינדל־עמער, ־ס
diaper pin די ווינדל־שפּילקע, ־ס; די (נ)אַגראַפּקע, ־ס
diaper rash דער ווינדל־אויסשיט, ־ן
diaper-rash ointment די ווינדלזאַלב, ־ן
diaper service דאָס ווינדלדינסט
diaper wipe דאָס (אונטער)ווישערל, ־עך
diaphanous דורכזעעוודיק; דורכזעיִק
diaphoneme דער דיאַפֿאָנעם, ־ען
diaphragm
  (anat.) די דיאַפֿראַגמע, ־ס; דער קופּאָל, ־ן
  (birth control) די דיאַפֿראַגמע, ־ס
diarist דער טאָגבוך־שרײַבער, ־ס
diarrhea דער לויזער מאָגן; דאָס לויפֿעניש; דער שילשול; דאָס לאַקסירעכץ; דאָס לויזע לײַב [ShILShL]
  have diarrhea האָבן <לײַדן אויף> שילשול
  have diarrhea (child) האָבן אַ לויז מעגעלע
  verbal diarrhea דאָס גיסן מיט רייד; דער מבול מיט ווערטער; דער שילשול־פּה [MABL] [ShILShLPÉ]
diarrheal משלשלדיק [MEShÁLShLDIK]
diary דאָס טאָגבוך, ...ביכער
diaspora דאָס/דער גלות; תּפֿוצות ל״ר; די צעשפּרייטונג [GÓLES] [TFÚTSES]
diastase דער דיאַסטאַז
diastole די דיאַסטאָל, ־ן
diastolic דיאַסטאָליש
diathesis דער דיאַטעז, ־ן
diatonic scale די דיאַטאָנישע גאַמע, ־ס
diatribe דאָס זידלערײַ, ־ען; דאָס מענה־לשון; דער גידוף, ־ים [MÁYNE-LOShN] [GÍDEF, GIDÚFIM]
dibble, *n.* די (פֿאַר)זעצנאָל, ־ן
dibble, *v.*
  (plant) (פֿאַר)זעצן; פֿאַרפֿלאַנצן
  (hole) גראָבן <מאַכן> אַ לאָך
dibs
  have dibs האָבן די בכורה; באַקומען כּהן; כאַפּן די ערשטע עליה [PKhÓYRE] [KÓYEN] [ALÍE]
dice, *n.* ווערפֿל(עך); בײַנדלעך; טאָפּלשטיינער
  no dice נישטאָ; פֿאַרפֿאַלן; אויס
  throw dice וואַרפֿן בײַנדלעך
dice, *v.* צעשנײַדן אויף קאָסקעלעך <קוביקלעך>
  dice with death שפּילן זיך מיטן טויט
dicey נישט־זיכער; ריזיקאַליש
dichotomy די דיכאָטאָמיע, ־ס; די (צע)צווייונג, ־ען
dick, *n.* **(penis/*slg.*)** דער פּאָמפּ; דאָס פּעמפּל, ־עך; די קעקע, ־ס; דער שוואַנץ, שווענץ
dickens *see* **devil**
Dickensian ווי פֿון אַ דיקענס־ראָמאַן אַרויס
dickhead (*slg.*) דער שוואַנץ, שווענץ
dicky די העלדזקע, ־ס; די מאַנישקע, ־ס; דאָס פֿאָרהעמדל, ־עך
dicotyledon דער צווייזוימען־קנאָספּ, ־ן
dictaphone די דיקטיר־מאַשין, ־ען; דער דיקטאַפֿאָן, ־ען
dictate, *n.* דער באַפֿעל, ־ן; דער דיקטאַט, ־ן
dictate, *v.* דיקטירן
  (order) *also* הייסן; באַפֿעלן; זאָגן דעות [DÉYES]
dictation דער דיקטאַט, ־ן; דאָס דיקטירן
dictator דער דיקטאַטאָר, ...אָרן
dictatorial דיקטאַטאָריש
dictatorship די דיקטאַטור, ־ן
diction די דיקציע, ־ס
dictionary דאָס ווערטערבוך, ...ביכער
dictum דער זאָג, ־ן; דאָס ווערטל, ־עך; דער דיקטום, ־ס
didactic דידאַקטיש
diddle
  (masturbate) קיצלען
  (swindle) אָפּפֿריצעווען; אָפּשווינדלען
  (waste time) פּטרן <צערײַבן> צײַט [PÁTERN]
die, *n.*
  (one of a pair of dice) דער ווערפֿל, –/־עך; דער טאָפּלשטיין, ־ער
  (cutting) די מאַטריץ, ־ן
  (stamping) דער שטאַמפּ, ־ן
  The die is cast דער <דאָס> גורל איז שוין באַשערט [GOYRL]
die, *v.* [NÍFTER] שטאַרבן; ניפֿטר ווערן; פֿעלן זיך; גיין אַ גאַנג
  (animal) פּגרן [PÉYGERN]
  (blossom) פֿאַרבליִען; פֿאַרצוויטע(ווע)ן
  (flower) אָפּשטאַרבן
  be dying האַלטן בײַם שטאַרבן <אויסגיין>; גוססן [GÓYSESN]
  be dying for [KhÁLEShN] אויסגיין <שטאַרבן/חלשן> נאָך
  die a hero's death שטאַרבן (מיט) אַ העלדנטויט
  die a violent death אײַנּנעמען אַ מיתה־משונה; נישט שטאַרבן מיטן אייגענעם טויט [MÍSE-MEShÚNE]
  die an easy death שטאַרבן מיט אַ גרינגן טויט
  die down אײַנשטילן זיך; לייגן זיך; אָפּשטאַרבן
  die of שטאַרבן פֿון; אַוועקפֿאַלן אויף
  die off אָפּשטאַרבן
  die out אויסשטאַרבן
  die suddenly אַוועקשטאַרבן
  die young שטאַרבן יונגערהייט <פֿאַר דער צײַט>; שטאַרבן מיט אַ יונגן טויט
die-cast, *v.* (אויס)גיסן
die-casting דאָס (אויס)גיסן
diehard, *adj.* עקשנותדיק; פֿאַרברענט [AKShÓNESDIK]
diehard, *n.* דער (פֿאַרברענטער) עקשן, ־ים; דער האַרטנעקיקער געב׳ [AKShN, AKShÓNIM]

diemaker דער שטאַ́נצן־מאַכער, ־ס; דער שני́טמאַכער, ־ס
diemaking דאָס שטאַ́נצן־מאַכערײַ; דאָס שני́טמאַכערײַ
die plate דער/דאָס שטאַ́נצאײַזן, ־ס; דער/דאָס שנײַ́דאײַזן, ־ס
dieresis דער דיאַרע́ז
diesel, *adj.* די́זל...
diesel, *n.* דער דיזל, ־ען
diesel engine דער די́זל־מאָטאָר, ־ן
diesel oil דער דיזל; דאָס די́זל־ברע́נוואַרג
diestock די שנײַ́דקלובקע, ־ס; דער שנײַ́דשליסל, ־ען
diet, *adj.* דיעטע́טיש
diet, *n.* די דיע́טע, ־ס
  be on a diet האַלטן דיע́טע; זײַן אויף (אַ) דיע́טע; צערן זיך
  be on a crash diet מאַכן אַ בלי́ץ־דיע́טע
  be on a strict diet האַלטן שטרענג דיע́טע
  change in diet דער דיע́טע־בײַט, ־ן; דער בײַט אין דער דיע́טע
  change one's diet בײַטן די דיע́טע
diet, *v.* האַלטן דיע́טע; זײַן אויף אַ דיע́טע; צערן זיך
dietary דיע́טע־...
dietary laws (J.) דאָס כּשרות ל״ר; דיני־כּשרות [KÁShRES] [DÍNE-KÁShRES]
dietary supplement דער דיע́טע־צוגאָב, ־ן
dieter
  be a dieter האַלטן כּסדר דיע́טע [KESÉYDER]
dietetic דיעטע́טיש; דיע́טע־...; דיע́ט...
dietetics די דיאַטע́טיק ל״י
dietitian
  m./unsp. דער דיעטע́טיקער, ־ס
  f. די דיעטע́טיקערין, ־ס
diet soda די דיעטע́טישע סאָ́דע, ־ס
differ (from) אונטערשיידן זיך (פֿון); זײַן אַ́נדערש (מיט)
  (in opinion) זײַן מחולק (מיט); פֿונאַ́נדערגיין זיך (מיט) [MEKhÚLEK]
difference דער חילוק, ־ים; דער אונטערשייד, ־ן; די דיפֿערע́נץ, ־ן; די נפֿקא־מינה, ־ות [KhÍLEK, KhILÚKIM] [NÁFKEMINE]
  difference of opinion דאָס/דער חילוקי־דעות, ־ן/–; די פּלוגתּא, ־ות [KhILÚKE-DÉYES] [PLÚKTE]
  differences חילוקי־דעות, ־ן/–
  have a difference of opinion האָבן אַ חילוקי־דעות; מחולק זײַן זיך [MEKhÚLEK]
  make a difference האָבן אַ השפּעה ‹ווי́רקונג› [HAShPÓE]
  make all the difference שטאַרק אוי́סמאַכן
  pay the difference באַצאָלן די דיפֿערע́נץ
  split the difference אײַ́נגיין אויף אַ קאָמפּראָמי́ס; אײַ́נגיין אויף דער מי́טלסטער ציפֿער
  tell the difference דערקע́נען דעם חילוק
  What difference does it make? וואָס מאַכט עס אויס?; וואָס איז דער חילוק?; וואָס איז די נפֿקא־מינה?
different, *adj.* פֿאַרשיידן ‹פֿאַרשי́דן›; אַ́נדער
  different strokes for different folks ווי בײַ וועמען
different, *adv.* אַ́נדערש
differential, *adj.* דיפֿערענציע́ל
differential, *n.* דער דיפֿערענציאַ́ל, ־ן
differential calculus דער דיפֿערענציע́לער קאַ́לקולוס; די דיפֿערענציאַ́ל־רע́כענונג
differential diagnosis דער דיפֿערענציע́לער דיאַגנאָ́ז, ־ן
differentiate דיפֿערענצי́רן; אונטערשיידן; דערקע́נען דעם אונטערשייד ‹חילוק›; פֿונאַ́נדערשיידן; מבֿחין זײַן [KhÍLEK] [MAFKhN]
  (math.) דיפֿערענצי́רן
differentiation די דיפֿערענצי́רונג, ־ען; די אונטערשיידונג, ־ען; די צעצווײַ́גונג, ־ען
  (math.) די דיפֿערענצי́רונג
differently אַ́נדערש
differing אַ́נדערשדיק
difficult שווער; האַרב; ני́שט־גרי́נג
  be difficult (person) זײַן אַ שווע́רער מענטש ‹פֿאַסאַזשי́ר›; אָנמאַכן שווע́ריקייטן
  be difficult (thing/situation) זײַן שווער; אָנקומען + דאַט' שווער
  difficult child דאָס שווע́רע קינד, ־ער
  difficult to understand קשה; שווער צו פֿאַרשטיי́ן ‹באַנע́מען› [KÓShE]
  It was extremely difficult ס'איז געווע́ן קוים מיט צרות; ס'איז געווע́ן ווי קריעת־ים־סוף [TSÓRES] [KRÍES-YÁMSUF]
  It's too difficult for him ס'איז אי́בער זײַ́נע כּוחות; סע קומט אים אָן צו שווער [KÓYKhES]
difficulty די/דאָס שווע́ריקייט, ־ן; די מניעה, ־ות; דער שטער, ־ן [MENÍE]
  be in difficulty זײַן אויף צרות [TSÓRES]
  I'm having difficulty סע קומט מיר אָן שווער; סע קומט מיר נישט אָן גרינג
  with great difficulty קוים מיט צרות; מיט גרי́נע ווע́רעם
diffidence די/דאָס שע́מעוודיקייט; די/דאָס או́מזיכערקייט בײַ זיך
diffident שע́מעוודיק; או́מזיכער בײַ זיך
diffraction די דיפֿראַ́קציע
diffuse, *adj.* צעשווו́מען; צעשפּרײ́ט; דיפֿוזי́רט; מטושטש [METÚShTESh]
diffuse, *v.* צעגי́סן; צעשפּרײ́טן; פֿאַרשפּרײ́טן; דיפֿוזי́רן
diffused (light) דיפֿוזי́רט; צעשפּרײ́ט
diffusion די צעשפּרײ́טונג, ־ען; די צעגי́סונג, ־ען; די דיפֿו́זיע, ־ס
dig, *n.*
  (archeological) די אוי́סגראָבונג, ־ען
  (criticism) דער שטאָך, ־ן
  give sb. a dig in the ribs געבן + דאַט' אַ שטויס אין די ריפּן
  make a dig at געבן + דאַט' אַ שטאָך; מאַכן אַ שפּי́ציקן באַמע́רק וועגן
dig, *v. imp./pf.* (אוי́ס)גראָבן
  dig in (eat) נע́מען זיך צו דער אַכילה; אַרײַ́נרײַבן; רײַבן ‹קײַ́ען› אויף בײ́דע באַקן [AKhÍLE]
  dig in (work hard) האָ́רעוועןן
  dig oneself out of a hole אַרוי́סדרייען ‹אַרוי́סדראַפּעןן› זיך פֿון אַ צרה [TSÓRE]
  dig out, *vt./vi.* אַרוי́סגראָבן (זיך)
  dig up אוי́סגראָבן; אוי́פֿגראָבן; אוי́פֿקאָפּעןן
  dig up dirt (*fig.*) זוכן צו באַשמוצן; זוכן אוי́סצוגיסן פּאַמוי́ניצעס אויף
digest, *n.* דער קיצור, ־ים [KÍTSER, KITSÚRIM]
digest, *v.* פֿאַרדײ́עןן; פֿאַרדײַ́עןן
digestibility די/דאָס פֿאַרדײ́עוודיקייט
digestible פֿאַרדײ́עוודיק; צום פֿאַרדײ́ען
  It's digestible מע קען עס פֿאַרדײ́ען; ס'לאָזט זיך פֿאַרדײ́ען; ס'איז צום פֿאַרדײ́ען
digestion די פֿאַרדײ́ונג; די פֿאַרדײַ́ונג
digestive פֿאַרדײ́...; פֿאַרדײַ...
digestive juice דער פֿאַרדײ́זאַפֿט, ־ן
digestive system די פֿאַרדײ́־סיסטע́ם
digestive tract דער פֿאַרדײ́־קאַנאַל; דער פֿאַרדײ́טראַקט
digger דער אוי́סגראָבער, ־ס

digit די/דער ציפֿער, ־ן/–
(finger) דער פֿינגער, –
digital דיגיטאַליש; דיגיטאַל־...
digital audio tape די דיגיטאַלישע אױדיאָטאַשמע, ־ס
digital clock דער דיגיטאַלישער זײגער, ־ס
digital devices דיגיטאַלישע מכשירים; דאָס דיגיטאַלוואַרג קאָל׳ [MAKhShÍRIM]
digital exam דער באַקוק ‹באַטאַפּ› מיטן פֿינגער
digitalize דיגיטאַליזירן
digital photography דאָס דיגיטאַלישע פֿאָטאָגראַפֿירן
digital recording די דיגיטאַלישע רעקאָרדירונג, ־ען
digital video recorder דער דיגיטאַלישער ווידעאָ־רעקאָרדירער, ־ס
digitize *see* **digitalize**
diglossia די/דאָס צווײשפּראַכיקייט
diglossic צווײשפּראַכיק; צווײשפּראַכן־...
dignified געהויבן; ווערדיק; חשיבֿותדיק; סטאַטעטשנע; בכּבֿודיק [KhShÍVESDIK] [BEKÓVEDIK]
dignify צוטײלן + דאַט׳ כּבֿוד; אויסצײכענען [KÓVED]
I won't dignify that with an answer דאָס איז (מיר) נישט ווערט קיין ענטפֿער; כ׳וועל דאָס נישט באַווערטיקן ‹אָנערקענען› מיט אַן ענטפֿער
dignitary דער דיגניטאַר, ־ן; דער חשובֿ, ־ים; דער מכובד, ־ים [KhÓShEV, KhShÚVIM] [MEKhÚBED, MEKhUBÓDIM]
dignity די ווערדע; דער כּבֿוד; דאָס חשיבֿות [KÓVED] [KhShÍVES]
It's beneath his dignity סע שטײט אים נישט אָן; ס׳איז אים נישט (געגנוג) בכּבֿודיק [BEKÓVEDIK]
digraph דאָס צוויי־אות, ־יות [OS, ÓYSYES]
digress אָפּטרעטן ‹אָפּווײַכן› פֿון דער טעמע; פֿאַררעדן זיך; אַוועק ‹פֿאַרפֿאָרן› אין אַ זײַט
(*hum.*) פֿאַרפֿאָרן העט קיין בויבעריק; פֿאַרקריכן קיין האָצעפּלאָץ
digression דער אָפּווײַך, ־ן; די אָפּטרעטונג, ־ען; דער אָנאַזײַט, ־ן; די דיגרעסיע, ־ס
digs די קוואַרטיר ל״י
Dijon mustard דער דיזשאָנער זענעפֿט
dijonnaise דער דיזשאָנער מאַיאָנעז
dike די דאַמבע, ־ס; די גרעבליע, ־ס
dilatation *see* **dilation**
(obst.) דער צעצי, ־ען
dilapidated צעפֿאַלן; אײַנגעפֿאַלן; חרובֿ; צעטאָטשעט [KhÓREV]
dilapidated building די חורבֿה, ־ות; די מפּולת, ־ן [KhÚRVE] [MAPÓYLES]
dilapidation די/דאָס צעפֿאַלנקייט; די/דאָס חרובֿדיקייט [KhÓREVDIKEYT]
dilate
vt. פֿאַרגרעסערן; דילאַטירן; צעשפּרײטן
vi. פֿאַרגרעסערן זיך; גרעסער ‹ברײטער› ווערן; דילאַטירן זיך
dilated פֿאַרגרעסערט; דילאַטירט
dilation דער צעשפּרײט, ־ן; די דילאַטירונג, ־ען
dilatory אָפּלײגעריש; פּאַוואָליע
dilemma די דילעמע, ־ס; די קלעם, ־ען
be faced with a dilemma שטײן פֿאַר אַ דילעמע; זײַן אין אַ קלעם
dilettante, *adj.* אַמאַטאָריש; דילעטאַנטיש
dilettante, *n.* דער אַמאַטאָר, ־ן; דער דילעטאַנט, ־ן
diligence די התמדה; דער פֿלײַס [HASMÓDE]
diligent מתמידיש; פֿלײַסיק [MASMÍDISh]
diligent student (*m./unsp.*) דער מתמיד, ־ים; דער פֿלײַסיקער סטודענט, ־ן [MÁSMED, MASMÍDIM]
diligent student (*f.*) די מתמידה, ־ות; די פֿלײַסיקע סטודענטקע, ־ס [MASMÍDE]
diligently פֿלײַסיק; געשמאַק; מיט התמדה [HASMÓDE]
dill דער קריפּ; דער קראָפּ; דער קאָפּער(יק)
dill seed דאָס קריפּקערל, ־עך
dill weed דאָס קריפּגראָז
dilly-dally באַלעמוטשע|ן; מאַרודיע|ן; (פֿאַר)הײַע|ן זיך; נוזשלען; מאַכן מחזקות; מאַכן (לאַנגע) שהיות [MAKhZÓKES] [ShÍES]
dilute צעפֿירן; פֿאַרוואַסערן
diluted צעפֿירט; פֿאַרוואַסערט; אונטערגעשמדט [ÚNTERGEShMÁT]
dilution די צעפֿירונג; די פֿאַרוואַסערונג
dim, *adj.* פֿינצטערלעך; טונקל; אומקלאָר
take a dim view of קוקן קרום ‹סקעפּטיש› אויף
dim, *v.* פֿאַרטונקלען; אָפּטונקלען
dim the lights אײַנפֿינצטערן; פֿאַרטונקלען די ליכט
Our hopes were dimmed מיר זענען פֿאַרבליבן ווי אָן אַ האָפֿענונג
dime דער דײַם, ־ען; דאָס צענעלע, ־ך
be a dime a dozen זײַן ביליק ווי באָרשט; וואַלגערן זיך אין די גאַסן
not worth a dime ווערט אַ גראָשן; גאָרנישט ווערט; שווה־פּרוטה [ShÓVE-PRÚTE]
dime novel דער שונדראָמאַן, ־ען; דער קאָפּיקע־ראָמאַן, ־ען
dimension די דימענסיע, ־ס; די אויסמעסטונג, ־ען; דאָס געמעסט, ־ן
dimensional דימענסיעדיק
diminish, *vt./vi.* פֿאַרקלענערן (זיך); פֿאַרמינערן (זיך)
diminished פֿאַרקלענערט; פֿאַרמינערט
diminished fifth די פֿאַרקלענערטע ‹פֿאַרמינערטע› קווינטע
diminished fourth די פֿאַרקלענערטע ‹פֿאַרמינערטע› קוואַרטע
diminishing returns פֿאַלנדיקע רווחים [REVÓKhIM]
diminuendo דימינועדאָ
diminution די פֿאַרקלענערונג; די פֿאַרמינערונג
diminutive, *adj.* פּיצינק; מיניאַטור
(ling.) פֿאַרקלענער־...; דימינוטיוו־...
diminutive, *n.* דער דימינוטיוו, ־ן
second diminutive די צערטל־פֿאָרמע, ־ס; דער אימינוטיוו, ־ן
dimmer דער פֿאַרטונקלער, ־ס; דער רעאָסטאַט, ־ן
dimness די/דאָס טונקלקייט; די/דאָס אומקלאָרקייט
dimple דאָס חן־גריבעלע, ־ך [KhEYN]
dimwit דער טיפּש, ־ים, ־ס; דער יאָלד, ־ן; דער נישט־דערבאַקענער געב׳ [TÍPESh, TÍPShIM]
dimwitted יאָלדעוואַטע; נישט־דערבאַקן
din דער טומל; דער ליאַרעם; דאָס געפּילדער; דאָס גערימפּל; דער האַרמידער; דער הוק; דער רעש [RASh]
dine עסן וועטשערע ‹אָונטברויט›
dine on עסן
dine out עסן אין אַ רעסטאָראַן
diner
(person) דער עסער, ־ס
(restaurant) דער דײַנער, ־ס
dinette דער עסאַלקער, ־ס; דאָס קיכל, ־עך
ding, *v.* אײַנקאַרבן
ding-dong, *int.* קלינג־קלאַנג; בים־באָם
ding-dong, *n.* (fool) דער פּושטשאַק, ־עס; דער נאַר, נאַראָנים
dinghy דאָס (רודער)שיפֿל, ־עך; די שליופּקע, ־ס
dinginess די/דאָס פֿאַרשמוציקטקייט
dingo דער דינגאָ, ־ס; דער דינגאָהונט, ...הינט

dingy פֿאַרשמוציקט; הקדשדיק; אָפּגעלאָזן [HÉGDEShDIK]
dining car דער וואַגאָן־רעסטאָראַן, ־ען
dining room דער עסצימער, ־ן; די עסשטוב, ...שטיבער
dining table דער עסטיש, ־ן
dinner די וועטשערע, ־ס; דאָס אָוונטברויט; דאָס וואַר(ע)מעס, ־ן; דער הויפּט־מאָלצײַט, ־ן
  have dinner עסן וועטשערע ‹אָוונטברויט›
  make dinner צוגרייטן וועטשערע ‹אָוונטברויט›
dinner jacket דער סמאָקינג, ־ען; דער טאַקסידאָ, ־ס
dinner party די יום־טובֿדיקע וועטשערע, ־ס [YÓNTEVDIKE]
dinner service/set דער טישסערוויז, ־ן
dinner wagon די סערוואַנטקע, ־ס
dinnerware דאָס טעלערוואַרג
dinosaur דער דינאָזאַווער, ־ס
dint
  by dint of מיט דער הילף פֿון; דורך; פֿאַר לויטער
diocesan דיאָצעזן־...
diocese דער דיאָצעז, ־ן; די בישקופּשאַפֿט, ־ן
diode דער דיאָד, ־ן
Diogenes דיאָגענעס
Dionaea דיאָנע
Dionysus דיאָניסעס
diorama די דיאָראַמע, ־ס
dioxide דיאָקסיד; צווייאָקסיד
dioxin דער דיאָקסין
dip, *n.*
  (av.) דער טונק, ־ען
  (decrease) דער אַראָפּלאָז, ־ן; די פֿאַרקלענערונג, ־ען
  (depression) די פֿאַרטיפֿונג, ־ען; דער אײַנדריק, ־ן; דער אײַנקוועטש, ־ן
  (dunk) דער אײַנטונק, ־ען
  (sauce) דער (טונק)סאָס, ־ן
dip, *v.*
  imp. טונקען
  pf. אײַנטונקען; געבן אַ טונק אײַן
  dip below אַראָפּלאָזן זיך אונטער
  dip into (sauce) אײַנטונקען אין
  dip into one's savings אַרויסנעמען פֿונעם קניפּל
  dip in (cul./*hum.*) פֿאַרפֿאָרן מיט דער האַנט אין
diphtheria דער דיפֿטעריט; די אַסכּרה [ÁSKERE]
diphthong דער דיפֿטאָנג, ־ען
diplococcal דיפּלאָקאָקן־...
diplococcus דער דיפּלאָקאָק, ־ן
diploma דער דיפּלאָם, ־ען
diplomacy די דיפּלאָמאַטיע
diplomat דער דיפּלאָמאַט, ־ן
diplomatic דיפּלאָמאַטיש
diplomatically אויף אַ דיפּלאָמאַטישן אופֿן [OYFN]
diplomatic bag די דיפּלאָמאַטן־פּאָסט
diplomatic corps דער דיפּלאָמאַטישער קאָרפּוס
diplomatic immunity די דיפּלאָמאַטישע אימוניטעט
diplomatic note די נאָטע, ־ס
dipper
  (zool.) דער וואַסער־אַמסטל, ־ען
  (ladle) דער שעפּלעפֿל, –
dipsomania די דיפּסאָמאַניע
dipstick דאָס טונקשטעקל, ־עך
dipswitch דער צוויי־פּאָזיציעדיקער אויסשליסער, ־ס
dire ביטער; גרויליק; שרעקלעך; עקסטרעם
  be in dire straits זײַן אין אַ ווייסטן ‹קלאָגעדיקן› מצבֿ; האָבן געהאַקטע ‹געבראָטענע› צרות; האָבן צרות־צרורות; זײַן אין אַ קלעם ‹שעת־הדחק› [MÁTSEV] [TSÓRES] [TSÓRES-TSRÚRES] [ShAS-HATKhÁK]

direct, *adj.* דירעקט; גלײַך; אומפֿאַרמיטלט
  (forthright) אָפֿן; דירעקט
direct, *v.*
  (instruct) ווײַזן + דאַט' דעם וועג
  (lead) אָנפֿירן (מיט)
  (order) הייסן; פֿאַרזאָגן + דאַט'; אָנזאָגן
  (thea.) רעזשיסירן
  direct one's attention ווענדן זיך
  direct traffic רעגולירן דאָס געפֿאָר; רעגולירן דעם פֿאַרקער ‹טראַפֿיק›
  as directed ווי אָנגעגעבן ‹געהייסן›
direct address די דירעקטע ווענדונג, ־ען
direct broadcast די דירעקטע אוידיציע, ־ס
direct current דער גלײַכשטראָם
direct deposit דער דירעקטער אײַנצאָל, ־ן
direct dialing דאָס קלינגען דירעקט
directed readings דאָס לייענען אונטער הדרכה [HADRÓKhE]
direct flight דער דירעקטער פֿלי, ־ען
direct hit דאָס דירעקטע טרעפֿן (אין ציל)
  make a direct hit דירעקט טרעפֿן; טרעפֿן אין פּינטל ‹ציל› אַרײַן
  take a direct hit דירעקט געטראָפֿן ווערן
direction
  (instruction) די אינסטרוקציע, ־ס; די אָנווײַזונג, ־ען; די הדרכה [HADRÓKhE]
  (leadership) דער אָנפֿיר; דאָס אָנפֿירן; די אָנפֿירונג; די פֿירערשאַפֿט
  (thea.) די רעזשי
  (way) די ריכטונג, ־ען; די זײַט, ־ן
  directions for use באַניץ־אינסטרוקציעס
  ask for directions נאָכפֿרעגן זיך נאָך אינסטרוקציעס
  from all directions פֿון אַלע זײַטן ‹ריכטונגען›
  have a good sense of direction גוט אָריענטירן זיך
  look in the direction of קוקן צו ‹אויף›
  directions אינסטרוקציעס
directional, *adj.* ריכטונגס...
directional, *n.* דער קערעוועס־סיגנאַל, ־ן; דאָס סיגנאַל־לעמפּל, ־עך
direction finder דער פּעלענגאַטאָר, ־ס
directive די אָנווײַזונג, ־ען; דער אָנווײַז, ־ן; די דירעקטיוו, ־ן
directly
  (immediately) גלײַך; שוין; די מינוט; תּיכּף(־ומיד) [TÉYKEF(-UMEYÁD)]
  directly ahead גלײַך וועגס
  be directly responsible טראָגן דאָס דירעקטע אַחריות [AKhRÁYES]
direct mail די מאַסנפּאָסט
directness די/דאָס גלײַכקייט; די/דאָס דירעקטקייט
direct object דער דירעקטער אָביעקט, ־ן
director דער דירעקטאָר, ...אָרן
  (thea.) דער רעזשיסאָר, ־ן
directorate
  (agency) דער דירעקטאָראַט, ־ן
  (body of directors) די דירעקטאָרנשאַפֿט
director general דער גענעראַל־דירעקטאָר, ...אָרן
directorial דירעקטאָרן־...
directorship די דירעקטאָרנשאַפֿט, ־ן; די דירעקציע, ־ס
directory דאָס אַדרעסן־בוך, ־ביכער
  (telephone) דאָס טעלעפֿאָן־בוך, ־ביכער
  (comp.) דער קאַטאַלאָג, ־ן; די פּאַפּקע־‹תּוכן־›רשימה, ־ות [TOYKhN] [REShÍME]
  (manual) דער וועגווײַזער, ־ס; דאָס האַנטבוך, ...ביכער

directory assistance די טעלעפֿאָן־אינפֿאָרמאַציע
directory service דאָס זוכדינסט
direct speech די דירעקטע רייד ל"ר
direct tax דער דירעקטער שטײַער, ־ן
dirge דאָס קלאָגליד, ־ער
dirigible דער דיריזשאַבל, ־עז; דער צעפּעלין, ־ען
dirt דאָס שמוץ; דער ברוד; דאָס/דער קויט; די בלאָטע
(soil) די ערד
(gossip) דאָס רכילות; דאָס לשון־הרע [REKhÍLES] [LOShN-HÓRE]
(obscenity) די/דאָס גראָבקייט; די/דאָס מיאוסקייט [MÍESKEYT]
eat dirt לאָזן זיך באַלײדיקן
treat sb. like dirt באַצײַען זיך מיט ביטול צו; שלעכט באַהאַנדלען [BITL]
be treated like dirt נישט האָבן בײַ קײנעם קיין שום ווערט
dirt-cheap ביליק ווי באַרשט; האַלב אומזיסט; בחצי־חינם; שפּאָט ביליק [BEKhÓTSE-KhÍNEM]
dirt farmer דער קלײנפּאַרמער, ־ס
dirt poor אָרעם ווי די נאַכט
be dirt poor *also* האָבן וואַסער אויף קאַשע
dirt road דער גרונטוועג, ־ן; דער שליאַך, ־ן
dirty, *adj.* שמוציק; ברודיק; קויטיק; פֿאַרשמירט; אײַנגעריכטן; פֿאַרסאַרגעט; פֿאַרשמאָדערט
(obscene) גראָב; פּעט; מיאוס [MÍES]
have a dirty mind האָבן נישט קיין ריינע מחשבֿות; זינדיקן במחשבֿה; האָבן מיאוסע געדאַנקען [MAKhShÓVES] [BEMAKhShÓVE] [MÍESE]
dirty old man דער אַלטער בעל־עבֿירהניק ‹מה־יעשׂהניק›, ־עס [BALAVÉYRENIK] [MAYÁYSENIK]
play dirty שפּילן גראָב
dirty, *v.* פֿאַרשמוצ(יק)ן; פֿאַרברודיקן; פֿאַרקויטיקן; פֿאַרשמירן; אײַנריכטן; פֿאַרשמאָדערן; פֿאַרמורזשעווע|ן
dirty joke דער שמאַלציקער ‹פּעטער/גראָבער› וויץ, ־ן
dirty language מיאוסע ‹גראָבע› רייד ל"ר; דער ניבול־פּה [MÍESE] [NIBLPÉ]
dirty laundry די/דאָס שמוציקע ‹קויטיקע› וועש; דאָס שמוציקע ‹קויטיקע› גרעט
dirty look דער בײזער ‹ברוגזער› בליק ‹קוק›, ־ן [BRÓYGESER]
give sb. a dirty look קוקן פֿון אונטער די ברעמען אויף; אָנקוקן + אַק' מיט אַ בייזן ‹ברוגזן› בליק [BRÓYGESN]
dirty money דאָס בלוטיקע ‹אומריינע› געלט
dirty mouth דער ווערעמדיקער פּיסק, ־עס; דאָס מיאוסע מויל, מײַלער [MÍESE]
dirty player דער גראָבשפּילער, ־ס
dirty politics די שפּיצל־פּאָליטיק ל"י; די פֿאַלשע ‹שמוציקע› פּאָליטיק ל"י
play dirty politics פֿירן אַ שפּיצל־פּאָליטיק ‹פֿאַלשע פּאָליטיק›
dirty word דאָס מיאוסע וואָרט, ווערטער; דער ניבול־פּה [MÍESE] [NIBLPÉ]
dirty work די שמוציקע אַרבעט
dis *see* **disrespect**
disability די/דאָס אינוואַלידי(יש)קייט; די/דאָס אַרבעט־אומפֿעיִקייט
be on disability קריגן ‹באַקומען› אַן אינוואַלידן־פּענסיע
disability insurance די אינוואַלידן־פּענסיע; די פֿאַרזיכערונג פֿאַר אַרבעט־אומפֿעיִקע
disable
(mech.) קאַליע מאַכן; אַ תּל מאַכן; מאַכן אומניצלעך [TEL]
(person) מאַכן פֿאַר אַן אינוואַליד; מאַכן פֿאַר אַ קאַליקע; פֿאַרקריפּלען; מאַכן פֿאַר אַרבעט־אומפֿעיִק
disabled, *adj.*
(mech.) קאַליע געוואָרן
disabled person דער אַרבעט־אומפֿעיִקער געב'; דער (אַרבעטס־)אינוואַליד, ־ן
the disabled אינוואַלידן; אַרבעט־אומפֿעיִקע
disabuse sb. (of) באַפֿרײַען + אַק' (פֿון); אַרויסשלאָגן + דאַט' פֿון קאָפּ
disabuse oneself of באַפֿרײַען זיך פֿון; אַרויסשלאָגן זיך + אַק' פֿון קאָפּ; אויסניכטערן זיך פֿון
disadvantage, *n.* דער חסרון, ־ות/־ים; דער מינוס, ־ן; דער שטער, ־ן [KhESÓRN, KhESRÓYNES/KhESRÓYNIM]
be at a disadvantage זײַן אין אַן אומגינציקן מצבֿ [MÁTSEV]
put at a disadvantage שטעלן אין אַן אומגינציקן מצבֿ
disadvantage, *v.* באַעוולען [BAÁVLEN]
the disadvantaged באַעוולטע [BAÁVLTE]
disadvantageous אומגינציק
disaffected אומצופֿרידן; אָפּגעפֿרעמדט
disaffection די/דאָס אומצופֿרידנקייט; די אָפּפֿרעמדונג
disagree נישט מסכּים זײַן; נישט אײַנשטימען; זײַן מחולק; פֿונאַנדערגיין זיך [MÁSKEM] [MEKhÚLEK]
agree to disagree מסכּים זײַן אַז מ'איז נישט מסכּים
disagreeable אומסימפּאַטיש; פּריקרע; אומאײַנגענעם
disagreement דער אומהסכּם, ־ס; דאָס/דער חילוקי־דעות, ־ן/־; די/דאָס מײנונג־פֿאַרשידנקייט, ־ן; די פּלוגתּא, ־ות [ÚMHÉSKEM] [KhILÚKE-DÉYES] [PLÚKTE]
have a disagreement האָבן אַ חילוקי־דעות
disallow נישט אָנערקענען
disappear פֿאַרשווינדן ווערן; פֿאַרפֿאַלן ווערן; נעלם ווערן; אַנטרונען ווערן; נישט ווערן; אַוועקקומען; נישט סטײַען; פֿאַרשווינדן [NÉL(E)M]
disappearance דאָס פֿאַרפֿאַלן ‹נעלם/פֿאַרשווונדן/אַנטרונען› ווערן; די פֿאַרשווינדונג [NÉL(E)M]
disappoint אָפּנאַרן; אַנטוישן; מיאש זײַן [MEYÁESh]
disappointed (אָפּ)גענאַרט; אַנטוישט
be disappointed (in/by) גענאַרן זיך (אין); אָפּנאַרן זיך (אין); אַנטוישן זיך (אין); מיאש זײַן זיך (פֿון) [MEYÁESh]
disappointing אַנטוישנדיק
How disappointing! סאַראַ ‹אַזאַ› אַנטוישונג!
disappointment די אַנטוישונג, ־ען; די גענאַרונג; די/דאָס אָפּגענאַרטקייט; דער ייִאוש [YÍESh/YÉYESh]
disapprobation דער (שאַרפֿער) אומהסכּם; די דיסאַפּראָבאַציע [ÚMHÉSKEM]
disapproval די דיסאַפּראָבאַציע; דער אומהסכּם; דאָס נישט־האַלטן; די פֿאַרבראַקירונג [ÚMHÉSKEM]
give sb. a look of disapproval אָנקוקן + אַק' מיט אומחן; וואַרפֿן + דאַט' אַ בליק פֿול מיט אומחן [ÚMKhEYN]
disapprove (of) נישט האַלטן (פֿון); דיסאַפּראָבירן + אַק'; פֿאַרבראַקירן + אַק'; אָפּוואַרפֿן + אַק'
disapproving נעגאַטיוו
disapprovingly אויף אַ נעגאַטיוון אופֿן [OYFN]
disarm
vt. אָפּוואָפֿענען; הייסן אַוועקלייגן דאָס געווער
vi. אָפּוואָפֿענען זיך; אַוועקלייגן דאָס געווער
disarming smile דער פֿאַרכּישופֿנדיקער שמייכל, ־ען [FARKÍShEFNDIKER]
disarmament די אָפּוואָפֿענונג
disarray דער באַלאַגאַן; דאָס איבערקערעניש; די אומאָרדענונג; דער מושבֿ [MÓYShEV]
be in disarray זײַן אָנגעוואָרפֿן; זײַן אַ באַלאַגאַן; זײַן אַן איבערקערעניש

disassemble דעמאָנטירן; צענעמען
disassembly דער דעמאָנטאַזש
disaster דאָס אומגליק, ־ן; דער בראָך, ־ן; די קאַטאַסטראָפֿע, ־ס
It's a disaster! אוי, אַ בראָך!; אַ דונער האָט מיך געטראָפֿן!
disaster film דער קאַטאַסטראָפֿע־פֿילם, ־ען
disastrous קאַטאַסטראָפֿאַל
be disastrous זײַן אַן אומגליק; זײַן אַ קאַטאַסטראָפֿע; זײַן אַ בראָך
disavow דעזאַוווּירן; לײקענען; אָפּזאָגן זיך פֿון
disavowal די דעזאַוווּירונג, ־ען; די אָפּלײקענונג, ־ען; דאָס אָפּזאָגן זיך
disband
vt. צעלאָזן; פֿונאַנדערלאָזן
vi. צעגיין זיך; פֿונאַנדערגיין זיך
disbar מאַכן פֿאַר אויס אַדוואָקאַט; אָפּנעמען בײַ + דאַט' דאָס רעכט צו זײַן אַן אַדוואָקאַט
disbelief דער אומגלויבן; די/דאָס אומגלייביקייט
in disbelief נישט גלייבנדיק; אומגלייביק
disbelieve נישט גלייבן
disbeliever דער אומגלייביקער געב'; דער כּופֿר, ־ים [KÓYFER, KÓFRIM]
disburse אויסצאָלן
disbursement דער אויסצאָל, ־ן; די אויסצאָלונג, ־ען
disc *see* **disk**
discard, *v.* אַוועקוואַרפֿן; אַרויסוואַרפֿן; מפֿקיר זײַן [MÁFKER]
(cards) אויסוואַרפֿן; אָפּוואַרפֿן
discards דאָס אַוועקגעוואָרפֿענע קאָל'
disc brake דער דיסקן־טאָרמאַז, ־ן
discern באַמערקן; דערקענען; דערזען
discernible באַמערק(עווד)יק; צום באַמערקן
barely discernible קוים־קוים צו באַמערקן
discerning שאַרף; שאַרפֿזעיִק; מבֿינותדיק; פּיקחיש [MEVÍNESDIK] [PÍKKhISh]
discernment די/דאָס שאַרפֿקייט; דאָס פּיקחות; דער איבערקלײַב [PÍKKhES]
discharge, *n.*
(dismissal) דער אָפּזאָג, ־ן; דאָס אָפּזאָגן
(from gun) דער (אויס)שאָס, ־ן
(from hospital) דאָס אויסשרײַבן פֿון שפּיטאָל
(liquid) דער אויסגאָס, ־ן
(mil.) דאָס באַפֿרײַען פֿון מיליטער־דינסט; די דעמאָביליזאַציע
(physio.) דער אויסשייד, ־ן
There's discharge from the wound די וווּנד נעצט
discharge, *v.*
(dismiss) אָפּזאָגן
(duties) אויספֿירן
(from hospital) אויסשרײַבן ‹אַרויסלאָזן› פֿון שפּיטאָל
(gun) אויסשיסן (פֿון); אויסקנאַקן (פֿון)
(mil.) באַפֿרײַען (פֿון מיליטער־דינסט)
(physio.) אויסשיידן זיך
be discharged (mil.) באַפֿרײַט ווערן; גיין אין ציוויל
discharge papers
(med.) אויסשרײַב־דאָקומענטן
(mil.) באַפֿרײַ־‹דעמאָביליזיר־›דאָקומענטן
disciple
m./unsp. דער תּלמיד, ־ים [TÁLMED, TALMÍDIM]
f. די תּלמידה, ־ות [TALMÍDE]
be sb.'s disciple *also* גיין אין חדר בײַ [KhÉYDER]
disciplinarian דער בעל־דיסציפּלין, בעלי־...; דער שטרענגער געב' [BAL-..., BÁLE-...]
disciplinary דיסציפּלין־...; דיסציפּלינאַר
disciplinary action די דיסציפּלינאַרע שטראָף
disciplinary barracks די דיסציפּלינאַרע קאַזאַרמע ל"י
disciplinary hearing דער דיסציפּלין־פֿאַרהער, ־ן
discipline, *n.*
(behavioral) די דיסציפּלין
(field) דאָס פֿעלד, ־ער; דער תּחום, ־ען/־ים
(physical) די קאָנטשיק־דיסציפּלין
maintain discipline האַלטן דיסציפּלין
discipline, *v.* דיסציפּלינירן; באַשטראָפֿן
disciplined דיסציפּלינירט
disc jockey דער דיסקזשאָקי, ־ען
disclaim (פֿאַר)לײקענען
disclaimer די הכחשה, ־ות; די אָפּלײקענונג, ־ען [HAKKhÓShE]
product disclaimer דער אַחריות־אָפּזאַג, ־ן [AKhRÁYES]
disclose אויסזאָגן; אויפֿדעקן; אַנטפּלעקן; מגלה זײַן [MEGÁLE]
disclosure די אַנטפּלעקונג, ־ען; די אויפֿדעקונג, ־ען; די רעוועלאַציע, ־ס
disco דער דיסקאָ, ־ס
discography די דיסקאָגראַפֿיע
discolor אָפּבליאַקעווע|ן; אָפּבליאַקירן
discoloration די/דאָס אָפּגעבליאַקעוועטקייט
discolored אָפּגעבליאַקעוועט; אָפּבליאַקירט
discomfit *see* **disconcert**
discomfort די/דאָס אומבאַקוועמקייט, ־ן
disconcert צעמישן; אַרײַנברענגען אין פֿאַרלוירנקייט; שטאַרק פֿאַרשעמען; באַאומרויִקן
be disconcerting באַאומרויִקן
disconcerted צעמישט; פֿאַרלוירן; פֿאַרשעמט; באַאומרויִקט
disconnect, *n.* דער ריס, ־ן
disconnect, *v.* איבעררײַסן; איבערהאַקן; אָפּבינדן; אויסשליסן; אָפּטיילן
disconnected איבערגעריסן; איבערגעהאַקט; אָפּגעבונדן
(speech) אומגעבונדענע ‹געפּלאָנטערטע› רייד
We got disconnected מ'האָט אונדז איבערגעריסן די פֿאַרבינדונג
disconsolate אומטרייסטלעך; אומגעטרייסט
discontent די/דאָס אומצופֿרידנקייט
discontented אומצופֿרידן
discontinuation דער אָפּשטעל; דאָס אָפּשטעלן
discontinue
vt. אָפּשטעלן; איבעררײַסן; מאַכן אַ סוף צו [SOF]
vi. אויפֿהערן
discontinued אַראָפּ פֿון פּראָדוקציע
discontinuity דער ריס, ־ן; די הפֿסקה, ־ות [HAFSÓKE]
discontinuous איבעררײַסיק
discord דאָס אומאַחדות; דאָס קריגערײַ; דאָס מחלוקת [ÚMÁKhDES] [MAKhLÓYKES]
(mus.) דער דיסאָנאַנס
discordant מחולקדיק; קריגעריש [MEKhÚLEKDIK]
(mus.) דיסאָנאַנט
discothèque די דיסקאָטעק, ־ן
discount, *n.* די הנחה, ־ות; דער ראַבאַט, ־ן [HANÓKhE]
at a discount מיט אַ הנחה; מיט ראַבאַט
discount, *v.* אַראָפּלאָזן פֿון פּרײַז; דיסקאָנטירן
discount store די ראַבאַטקראָם, ־ען
discount ticket דער הנחה־בילעט, ־ן [HANÓKhE]
discourage (from) אָפּמוטיקן (פֿון); אָפּשלאָגן + דאַט' דעם חשק (צו) [KhÉYShEK]
discourage sb. אָפּמוטיקן; שווער מאַכן + דאַט' דאָס האַרץ; לייגן + דאַט' שטײנער אויפֿן האַרצן
(advise against) אָפּרעדן פֿון
discouraged אָפּגעמוטיקט; אָפּהענטיק

become discouraged אָפּלאָזן זיך
discouragement
(act) די אָפּמוטיקונג
(state) די/דאָס אָפּגעמוטיקטקייט; די/דאָס אָפּהענטיקייט
discouraging אָפּמוטיקנדיק
be discouraging *see* **discourage**
discourse, *n.*
(exposition) די אָפּהאַנדלונג, ־ען
(verbal exchange) רייד ל"ר; דער שמועס, ־ן; די דיסקוּסיע, ־ס
raise the level of discourse העכערן דעם ניוואָ פֿון דער דיסקוּסיע
discourse, *v.* פֿירן אַ שמועס; דיסקוטירן; האַלטן אַ רעדע
discourteous אומהעפֿלעך; אומאיידל
discourtesy די/דאָס אומהעפֿלעכקייט; די/דאָס אומאיידלקייט
discover
(find) אַנטדעקן; אויפֿדעקן; געפֿינען
(find out) אויסגעפֿינען; כאַפּן זיך; געוווירווערן
discoverer דער אַנטדעקער, ־ס; דער אויסגעפֿינער, ־ס
discovery די אַנטדעקונג, ־ען; דאָס אויסגעפֿינס, ־ן; די אויפֿדעקונג, ־ען
(jur.) די אויפֿדעקונג
discredit, *n.* די חרפּה; דער שם־רע [KhÁRPE] [ShÉMRA]
It's to his discredit ס'איז אים אַ חרפּה; סע דיסקרעדיטירט ‹קאָמפּראָמעטירט› אים
discredit, *v.* דיסקרעדיטירן; צושרײַבן לגנאַי; קאָמפּראָמעטירן; פֿאַרמיאוסן [LIGNÁY] [FARMÍESN]
discreet דיסקרעט; טאַקטיש
discreetly אויף אַ דיסקרעטן ‹טאַקטישן› אופֿן; שטיל(ינק)ערהייט [OYFN]
discrepancy די סתּירה, ־ות [STÍRE]
discrepant סתּירותדיק; נישט־אויסגעשטימט [STÍRESDIK]
discrete אָפּגעזונדערט; אָפּגעטיילט
discretion דאָס אײַנזען; די/דאָס דיסקרעטקייט; דער שׂכל־הישר; די פֿרײַע האַנט [SEYKhL-HAYÓShER]
at her discretion לויט איר אײַנזען; נאָך איר אײַנזען נאָך
leave to one's discretion איבערלאָזן אויף + פּאָס' אײַנזען; געבן + דאַט' אַ פֿרײַע האַנט
discretionary לויטן אײַנזען
discretionary fund דער פֿאָנד לויטן אײַנזען
discretionary spending הוצאָות לויטן אײַנזען [HOYTSÓES/HETSÓES]
discriminate דיסקרימינירן
(distinguish) אונטערשיידן; מבֿחין זײַן; דערקענען דעם אונטערשייד [MÁFKhN]
discrimination די דיסקרימינאַציע
(distinction) דאָס אונטערשיידן; דער איבערקלײַב
discriminatory דיסקרימינאַטאָריש; באַעוולענדיק אַטר' [BAÁVLENDIK]
discursive דיסקורסיוו
be discursive (rambling) שפּרינגען פֿון איין טעמע צו דער צווייטער
discus דער דיסקוס, ־ן
discuss דיסקוטירן; אַרומרעדן; איבערשמועסן
discussant
m./unsp. דער דיסקוטאַנט, ־ן
f. די דיסקוטאַנטקע ‹דיסקוטאַנטין›, ־ס
discussion די דיסקוסיע, ־ס; דער אַרומרעד, ־ן; דער איבערשמועס, ־ן; די שקלא־וטריא, ־ס [ShÁKLE-VETÁRYE]
It's under discussion מע האַלט עס אין דיסקוטירן; מע רעדט עס אַרום
join a discussion נעמען אַ וואָרט

discus throw דאָס דיסקוס־וואַרפֿן
discus thrower דער דיסקוס־וואַרפֿער, ־ס
disdain, *n.* דער ביטול [BITL]
hold in disdain באַציִען זיך מיט ביטול צו
disdain, *v.* קוקן מיט ביטול אויף [BITL]
disdainful ביטולדיק [BÍTLDIK]
be disdainful of קוקן מיט ביטול אויף [BITL]
disdainfully מיט ביטול [BÍTL]
disease די קרענק, ־ען; די/דאָס שלאַפֿקייט, ־ן; די/דאָס חלאַת, ־ן; די קראַנקייט, ־ן [KhALÁS]
diseased קראַנק
disembark
vt. אַרויסזעצן
vi. אַראָפּ(גיין) פֿון דער שיף; אויסשיפֿן זיך; אַרויסזעצן זיך
disembarkation די לאַנדונג, ־ען; דאָס אַראָפּגיין פֿון דער שיף; דאָס אויסשיפֿן זיך
disembodied אָן אַ גוף
disembowel אַרויסלאָזן די קישקעס ‹געדערעם›
disempower אָפּכּוחן; אויסכּוחן; צונעמען די כּוחות [ÓPKÓYEKhN] [ÓYSKÓYEKhN] [KÓYKhES]
disenchanted אַנטוישט; אָפּגענאַרט; אויסגעטשוכעט; אויסגעניכטערט
disenchantment די אַנטוישונג; די אויסניכטערונג
disenfranchise אָפּנעמען דאָס שטימרעכט
disenfranchised אָן שטימרעכט
disengage, *vt./vi.* דיסאַנגאַזשירן (זיך); אָפּאַנגאַזשירן (זיך); באַפֿרײַען (זיך)
(mil.) אָפּרײַסן זיך (פֿונעם שונא) [SÓYNE]
disengagement די אָפּאַנגאַזשירונג, ־ען
disentangle אָפּפּלאָנטערן; צעדרײבלען
(*fig.*) אויספּלאָנטערן; אויפֿפּלאָנטערן; אַרויסקריכן
disentangle oneself (*fig.*) באַפֿרײַען זיך; אָפּטשעפּען זיך; אַרויסקריכן
disentanglement די צעדרײבלונג; די באַפֿרײַונג
disequilibrium די אומגלײַכוואָג
disfavor דער אומחן; דער אומחסד; די אומג(ע)נאָד [ÚMKhEYN] [ÚMKhESED]
He fell into disfavor מ'האָט געוואָרפֿן אויף אים אַן אומחן
disfigure צערעפּען; צעמומען; צעקאַליעטשען; פֿאַרמיאוסן [FARMÍESN]
disfigurement די/דאָס צעמומטקייט; די/דאָס צעקאַליעטשעטקייט
disgorge אויסשפּײַען; אַרויסוואַרפֿן פֿון זיך
disgrace, *n.* דער בזיון; די בושה; די חרפּה; דער אומכּבֿוד; די שאַנד; די קאָמפּראָמעטאַציע [BIZÓYEN] [BÚShE] [KhÁRPE] [ÚMKOVED]
in disgrace בחרפּה; מיט בזיונות [BEKhÁRPE] [BIZYÓYNES]
What a disgrace! אַ חרפּה און אַ בושה!; אַזאַ בזיון!
disgrace, *v.* פֿאַרשעמען; שטעלן צו שאַנד; מבֿזה זײַן; מבֿייש זײַן; קאָמפּראָמעטירן [MEVÁZE] [MEVÁYESh]
disgrace oneself בלאַמירן זיך; מאַכן זיך צו שאַנד
be disgraced ווערן צו שאַנד און צו שפּאָט
disgraceful שענדלעך
disgracefully אויף אַ שענדלעכן אופֿן [OYFN]
disgruntled אָנגעברוגזט; אומצופֿרידן [ÓNGEBRÓYGEST]
disguise, *n.* די פֿאַרשטעלונג, ־ען; דער פֿאַרשטעל־קאָסטיום, ־ען; די פֿאַרקליידונג, ־ען
in disguise פֿאַרשטעלט(ערהייט); פֿאַרמאַסקירט(ערהייט)
disguise, *v.* פֿאַרשטעלן; פֿאַרמאַסקירן; פֿאַרקליידן
disguise oneself (as) פֿאַרשטעלן זיך (פֿאַר)
disguised פֿאַרשטעלט; פֿאַרמאַסקירט

disgust, *n.* דער מיגל; דאָס ווידערגעפֿיל; דער ˙עקל
walk out in disgust אַרויסגיין ווי אַ סימן פֿון פּראָטעסט [SÍMEN]
disgust, *v.* מיגלען + דאַט'; האַדיע‖ן; ברידזשע‖ן; מיאוס־ומאָוס ווערן + דאַט'; ˙עקלען + דאַט' [MÍES-UMÓES]
disgusted פֿול מיט מיגל
I'm disgusted with the city די שטאָט איז מיר שוין מיאוס ‹נימאס› געוואָרן; ס'איז מיר שוין נישט־גוט פֿון דער שטאָט [MÍES] [NÍMES]
disgusting מיגלדיק; (מיאוס־ו)מאָוס פּר'; חלשותדיק; דערווידערדיק; פּאַסקודנע; האַדקע [(MÍES-U)MÓES] [KhALÓShESDIK]
That's disgusting! פֿע!; (אַ) חלשות! [KhALÓShES]
dish, *n.* די שיסל, ־ען; דער טעלער, –/־ס; די כּלי, ־ם [KÉYLE, KÉYLIM]
(food) דער/דאָס מאכל, ־ים; דאָס געריכט, ־ן; די פּאָטראַווע, ־ס [MAYKhL, MAYKhÓLIM]
dishes דאָס געפֿעס קאָל'; דאָס געשיר קאָל'; כּלים
She's a real dish! אַ מויד ווי אַ צימעס!; איי, איז זי געשמאַק!
dish, *v.* **(out)** סערווירן; אויסטיילן
He can dish it out, but he can't take it יענעם לערנען שׂכל איז ער אַ גאַנצער בעלן; ער קען יעדערן אַרײַנזאָגן, אָבער אים קיינער נישט [SEYKhL] [BALN]
disharmony די דיסהאַרמאָניע
dishcloth דער/דאָס געפֿעס־האַנטעך, ־ער; די סצירקע, ־ס; די האַנטשערקע, ־ס; דאָס געפֿעס־טיכל, ־עך; די פּילקע, ־ס
dishearten אָפּמוטיקן; פֿאַרצאָגן
disheartened אָפּגעמוטיקט; פֿאַרצאָגט
disheartening אָפּמוטיקנדיק
dishevel צעשויבערן; צעקאָשמע(ר)ן; צעפּאַטלען
dishevelled צעשויבערט; צעקאָשמע(ר)ט; צעפּאַטלט
(clothing) צעכראַסטעט; צערעפּעט
dishonest אומערלעך; אומאָרנטלעך
dishonesty די/דאָס אומערלעכקייט; די/דאָס אומאָרנטלעכקייט
dishonor, *n.* דער אומכּבֿוד [ÚMKOVED]
dishonor, *v.* טאָן + דאַט' אַן אומכּבֿוד; פֿאַרשוועכן; שענדן; מבֿזה זײַן [ÚMKOVED] [MEVÁZE]
dishonorable אומבכּבֿודיק; שענדלעך; מבֿוזהדיק [ÚMBEKÓVEDIK] [MEVÚZEDIK]
dishonorable discharge די אומבכּבֿודיקע באַפֿרײַונג ‹דעמאָביליזירונג› [ÚMBEKÓVEDIKE]
dishpan די (געפֿעס־)שיסל, ־ען
dishpan hands צעפּיקעטע ‹צעפּאַדעטע› הענט
dish rack די כּלים־‹טריקן־›שאַטקע, ־ס; דאָס טעלער־‹טריקן־›געשטעל, ־ן [KÉYLIM]
dishrag/dishtowel *see* **dishcloth**
dishwasher דער כּלים־‹געפֿעס־›וואַשער, ־ס [KÉYLIM]
dishwashing soap די/דאָס כּלים־זייף; די/דאָס געפֿעסזייף [KÉYLIM]
dishwater דאָס געפֿעס־וואַסער
disillusion צונעמען בײַ + דאַט' די אילוזיע; גענאַרן; צעשטערן + דאַט' די אילוזיע ‹חלומות/האָפֿענונגען›; מיאש זײַן [KhALÓYMES] [MEYÁESh]
disillusioned גענאַרט
be/become disillusioned גענאַרן זיך; מיאש זײַן זיך [MEYÁESh]
disillusionment די גענאַרונג; צערונענע חלומות ל"ר [KhALÓYMES]
disincentive דער אומאינצענטיוו, ־ן; דער נעגאַטיווער סטימול, ־ן
disinclination די/דאָס נישט־גענייגטקייט; די/דאָס נישט־גערנדיקייט
disinclined
I'm disinclined to כ'האָב נישט קיין חשק צו; כ'בין נישט גענייגט צו; כ'בין נישט גערן צו; אָסור צי איך וויל [KhÉYShEK] [ÓSER]
disinfect דיסאינפֿיצירן
disinfectant, *adj.* דיסאינפֿיציר־...
disinfectant, *n.* דאָס דיסאינפֿיציר־מיטל, ־ען; דאָס דיסאינפֿיצירעכץ, ־ן
disinfection די דיסאינפֿעקציע; דאָס דיסאינפֿיצירן
disinform דיסאינפֿאָרמירן
disinformation די דיסאינפֿאָרמאַציע
disingenuous פֿאַרפֿירעריש; אָפּנאַרעריש
disinherit מעבֿיר־נחלה זײַן; אָפּזאָגן פֿון ירושה־רעכט [MÁYVER-NÁKhLE] [YERÚShE]
disinheritance דאָס אָפּזאָגן פֿון ירושה־רעכט [YERÚShE]
disintegrate צעפֿאַלן זיך
disintegration דער צעפֿאַל; דאָס צעפֿאַלן זיך; די צעפֿאַלונג
disinter אַרויסגראָבן (פֿון קבֿר); אויפֿקאָפּע‖ן [KÉYVER]
disinterest די/דאָס אָנפּניותדיקייט; די/דאָס אומאייגננוציקייט [ÓNPNÍESDIKEYT]
with disinterest אָן אייגענעם אינטערעס
disinterested אָנפּניותדיק; אומאייגננוציק [ÓNPNÍESDIK]
be disinterested נישט זײַן קיין נוגע־בדבֿר; נישט האָבן קיין פּניה; זײַן אָביעקטיוו [NEGÉYE-BEDÓVER] [PNÍE]
disinterment דאָס אַרויסגראָבן (פֿון קבֿר) [KÉYVER]
disinvite צוריקציִען די פֿאַרבעטונג
disjointed צעפֿאָרן; אומגעבונדן; געפּלאָנטערט
be disjointed (speech) נישט קלעפּן זיך אַ וואָרט צו אַ וואָרט
with disjointed movements מיט צעוואָרפֿענע גלידער
disjunctive, *adj.* דיסיונקטיוו
disjunctive, *n.* דאָס דיסיונקטיווע בינדוואָרט, ...ווערטער
disjuncture דער צווישנשייד, ־ן
disk
(anat.) דער רוקנדיסק, ־ן
(comp.) דער דיסק, ־ן; דאָס דיסקל, ־עך
slip a disk אײַנרײַסן אַ רוקנדיסק
disk crash דער דיסקקראַך, ־ן
disk drive דער דיסק־לייענער, ־ס
diskette דער ווייכער דיסק, ־ן; דער בייגעוודיסק, ־ן
disk formatting דאָס אויספֿאָרמאַטירן ‹צוגרייטן› אַ דיסק
dislike, *n.* די אַנטיפּאַטיע; דאָס ווידערגעפֿיל
take a dislike to וואַרפֿן אַן אומחן אויף; פֿײַנט באַקומען ‹קריגן› [ÚMKhEYN]
dislike, *v.* נישט ליב ‹האַלט› האָבן; האָבן אַן אַנטיפּאַטיע צו; פֿײַנט האָבן
dislocate דיסלאָקירן
(med.) *also* אויסוועכנען; אויסלינקען
dislocated shoulder דער דיסלאָקירטער ‹אויסגעלונקענער› אַקסל, ־ען
dislocation די דיסלאָקירונג, ־ען
(med.) *also* דער אויסלונק ‹אויסלינק›, ־ען; די וועכנע, ־ס
dislodge אַרויסטרײַבן; אַרויסשטויסן; דעלאָזשירן
disloyal אומגעטרײַ; נישט־געטרײַ
disloyalty די/דאָס אומגעטרײַקייט
dismal וויסט; קלאָגעדיק; נעבעכדיק; פֿאַראומערט; טרויעריק
dismantle צענעמען; דעמאָנטירן
dismantling דער דעמאָנטאַזש
dismay, *n.* דער פֿאַרדראָסיקער חידוש; די/דאָס אָפּהענטיקייט; די/דאָס פֿאַרלוירנקייט; די צערודערונג; דער פּחד [KhÍDESh] [PÁKhED]

to his dismay ס'איז אים (געווען) אַ פֿאַרדראָסיקער חידוש וואָס
dismay, *v.* אַרײַנברענגען אין אַ פֿאַרדראָסיקן חידוש; צערודערן; אָפּהענטיק מאַכן [KhÍDESh]
She was dismayed ס'איז איר געווען אַ פֿאַרדראָס און אַ חידוש; ס'האָט זי צערודערט
dismember צעגלידערן
dismemberment די צעגלידערונג; דאָס צעגלידערן
dismiss אָפּלאָזן; לאָזן ‹הײסן› גיין; אָפּפּאַרטיקן
(from position) אָפּזאָגן (פֿון דער שטעלע); באַפֿרײַען (פֿון דער אַרבעט); באַזײַטיקן; אָפּשאַפֿן
(reject) אָפּוואַרפֿן
dismiss a class פֿונאַנדערלאָזן; צעלאָזן; באַפֿרײַען
dismiss out of hand תּיכּף אָפּוואַרפֿן [TÉYKEF]
dismiss with prejudice אָפּוואַרפֿן אויף שטענדיק
dismiss without prejudice אָפּוואַרפֿן אויף דערווײַל
Class dismissed! צעגייט זיך!; איר זענט פֿרײַ!
dismissal
(from class) די באַפֿרײַונג, ־ען
(from position) דער אָפּזאָג, ־ן; דער אָפּשאַף, ־ן; די באַפֿרײַונג, ־ען; די באַזײַטיקונג, ־ען
dismissive מבֿטלדיק; ביטולדיק [MEVÁTLDIK] [BÍTLDIK]
be dismissive (of) מבֿטל זײַן + אַק' [MEVÁTL]
dismount, *n.* **(gymnastics)** דער שפּרינג אַראָפּ
dismount, *v.* אָפּזיצן ‹אַראָפּגיין/אַראָפּקריכן› פֿון פֿערד
disobedience די/דאָס אומפֿאָלגעוודיקייט
disobedient אומפֿאָלגעוודיק; נישט־פֿאָלגעוודיק
disobey נישט פֿאָלגן; הערן ווי די קאַץ ‹דעם קאָטער›
disorder דער אומסדר; די אומאָרדענונג [ÚMSEYDER]
(civil) אומרוען ל"ר
(med.) די (צע)שטערונג, ־ען; דער פֿעלער, ־ן
be in disorder זײַן אין אומאָרדענונג; נישט האָבן קיין שום סדר [SÉYDER]
disordered צעוואָרפֿן; כאַאָטיש
(mentally) גײַסטיק געשטערט
disorderly אָן קיין שום סדר ‹אָרדענונג›; צעוואָרפֿן [SÉYDER]
disorderly conduct דאָס שטערן די (געזעלשאַפֿטלעכע) רו; דער אומלײַטישער אויפֿפֿיר
disorganization די אומאָרגאַניזירונג; די דיסאָרגאַניזירונג
disorganized אומאָרגאַניזירט; צעפֿאָרן; דיסאָרגאַניזירט
disorient צעמישן; אַראָפּשלאָגן + דאַט' פֿון וועג; דיסאָריענטירן
disorientation די דיסאָריענטירונג
disoriented דיסאָריענטירט
be disoriented *also* נישט אָריענטירן זיך; זײַן צעמישט ‹פֿריטשמעליעט›; זײַן ווי נישט קיין היגער געב'
disown מעבֿיר־נחלה זײַן; אָפּזאָגן פֿון ירושה־רעכט; אויסמעקן פֿון דער ירושה [MÁYVER-NÁKhLE] [YERÚShE]
(repudiate) פֿאַרלייקענען; אָפּזאָגן זיך פֿון
disparage אַוועקמאַכן מיט דער האַנט; אָפּפֿאָרן; מבֿטל מאַכן; צו נישט מאַכן; מזלזל זײַן [MEVÁTL] [MEZÁLZL]
disparagement דאָס אַוועקמאַכן מיט דער האַנט; דער ביטול; דער חילול־הכּבֿוד; דער זילזול [BITL] [KhÍLEL-HAKÓVED] [ZILZL]
disparaging ביטולדיק; זילזולדיק [BÍTLDIK] [ZÍLZLDIK]
disparate פֿאַרשיידן־מיניק
disparity די/דאָס נישט־גלײַכקייט
dispassionate אומפּאַרטײיִש; אָביעקטיוו; אומצדדימדיק [ÚMTSDÓDIMDIK]
dispassionately אויף אַן אומפּאַרטײיִשן ‹אָביעקטיוון/אומצדדימדיקן› אופֿן [OYFN] [ÚMTSDÓDIMDIKN]
dispatch, *n.*
(mil./press) דער באַריכט, ־ן; דער ראַפּאָרט, ־ן
(wire) די דעפּעש, ־ן
with dispatch פּראָמפּט; באַלד
dispatch, *v.* דעפּעשירן; אַרויסשיקן; אַוועקשיקן; אָפּשיקן
(goods) אויפֿלייגן
(kill) טייטן; מאַכן אַ סוף צו [SOF]
dispatcher דער דיספּאַטשער, ־ס
dispatch rider דער ידיעות־טרעגער, ־ס [YEDÍES]
dispel צעטרײַבן; צעווייע|ן
(rumor) מאַכן אַ סוף צו [SOF]
dispensable לאַוו־דווקא־... [LAVDÁFKE]
It's dispensable מע דאַרף עס לאַוו־דווקא האָבן; מע קען זיך באַגיין אָן דעם
dispensary דער דיספּאַנסער, ־ן; די אַפּטייק, ־ן
dispensation די דיספּענסאַציע, ־ס
(J.) דער היתּר, ־ים [HÉTER, HETÉYRIM]
dispense אויסטיילן; צעגעבן
(pharm.) צוגרייטן (לויטן רעצעפּט)
dispense justice (jur.) מישפּטן [MÍShPETN]
dispense justice (*fig.*) אויסמעסטן ‹אָנברעכן› די ביינער; אָנשלאָגן
dispense with אויסקומען אָן; באַגיין זיך אָן
dispenser דער צעגעבער, ־ס
dispersal *see* **dispersion**
disperse
vt. **(crowd)** צעטרײַבן; צעיאָגן
vt. **(phys.)** צעשטויבן; צעווייע|ן; צעשפּרייטן
vi. צעגיין זיך; צעווייעט ווערן
dispersion
(of crowd) דאָס צעטרײַבן; דאָס צעגיין זיך
(phys.) די צעשטויבונג; די צעשפּרייטונג; די דיספּערסיע
Dispersion דאָס/דער גלות [GÓLES]
dispirited דערשלאָגן; מיט אונטערגעהאַקטע פֿליגל
dispiriting דערשלאָגנדיק אַטר'
displace פֿאַררוקן; פֿאַרשטויסן; אַרויסשטופּן; פֿאַרנעמען + פּאָס' אָרט
displaced person דער די־פּי, ־ען/־ס; דער פֿאַרוואָגלטער געב'
displaced person's camp דער די־פּי־לאַגער, ־ן
displacement דער פֿאַררוק, ־ן; דער פֿאַרשטויס, ־ן; דער אַרויסשטופּ, ־ן
(of water) דער וואַסער־אַרויסשטויס
display, *n.* דער אַרויסווײַז, ־ן
(exhibit) דער אויסשטעל, ־ן; די אויסשטעלונג, ־ען; דער אויסלאַג, ־ן
for display אויף אויסלאַג ‹אויסצושטעלן›; צום באַווײַזן
on display אויסגעשטעלט; אויסגעלייגט
display, *v.* אַרויסווײַזן
(in exhibit) אויסשטעלן; אויסלייגן; באַווײַזן
display case דער/דאָס אויסשטעל־פֿענצטער, –; דאָס/דער ווײַזפֿענצטער, –; די וויטרינע, ־ס
displease אומצופֿרידן שטעלן ‹מאַכן›; אַרויסרופֿן אומצופֿרידנקייט בײַ
displeasure די/דאָס אומצופֿרידנקייט
disposable, *adj.* אַוועקוואַרפֿיק; אַוועקוואַרף־...
It's disposable מע קען עס אַוועקוואַרפֿן
disposable, *n.* דאָס איינמאָליקל, ־עך
disposable diaper דאָס אַוועקוואַרף־ווינדעלע, ־ך
disposable income די הכנסה אויף אויסצוגעבן [HAKhNÓSE]
disposal
(of garbage) דאָס אַוועקוואַרפֿן; דאָס אַרויסוואַרפֿן; די באַזײַטיקונג, ־ען
(of goods) דאָס אָפּזעצן; די רעאַליזאַציע
at sb.'s disposal צו + פּאָס' דיספּאָזיציע

have at one's disposal האָבן אין רשות; דיספּאָנירן מיט [REShÚS]

dispose (of)

(arrange) אײַנאָרדענען; אױסשטעלן; דיספּאָנירן

(bomb) אָפּפּטרן [ÓPPÁTERN]

(discard) פּטור װערן פֿון; אַװעקװאַרפֿן; אַרױסװאַרפֿן [PÓTER]

(goods) אָפּזעצן

dispose of a matter אױספֿירן אַן ענין; אַראָפּנעמען אַן ענין פֿון טיש ‹סדר־היום› [ÍNYEN] [SÉYDER-HAYÓM]

disposed נוטה; גענײגט [NÓYTE]

disposition

(arrangement) דאָס אײַנאָרדענען; די דיספּאָנירונג

(nature/mood) דער טעמפּעראַמענט, ־ן; די נאַטור, ־ן; דאָס געמיט, ־ער; דער מזג, ־ן; די דיספּאָזיציע, ־ס [MÉZEG]

(inclination) די נטיה, ־ות; די נײגונג, ־ען [NETÍE]

dispossess אַרױסזעצן; פֿאַרטרײַבן; אָפּאײגענען

the dispossessed *also* יורדים [YÓRDIM]

dispossession דער אַרױסזעץ

(exorcism) די באַשװערונג, ־ען; די השבעה, ־ות [HAShBÓE]

disproportion די דיספּראָפּאָרציע, ־ס

disproportionate(ly) אומפּראָפּאָרציאָנעל

disprove אָפּפֿרעגן

disputable אָפּפֿרעגלעך

be disputable לאָזן זיך אָפּפֿרעגן

disputation דער װיכּוח, ־ים; דער דיספּוט, ־ן [VIKÚEKh, VIKÚKhIM]

disputatious נצחניש; נצחנותדיק [NATSKhÓNISh] [NATSKhÓNESDIK]

be disputatious ליב האָבן צו פֿירן אַ װיכּוח; ליב האָבן זיך צו שפּאַרן [VIKÚEKh]

disputatiousness דאָס נצחנות [NATSKhÓNES]

dispute, *n.* דאָס מחלוקת, ־ן; דער דיספּוט, ־ן; די פּאָלעמיק, ־עס; דער װיכּוח, ־ים; דער סיכסוך, ־ים; דאָס/דער חילוקי־דעות, ־ן/–; דאָס שפּאַרעניש, ־ן; די פּלוגתּא, ־ות [MAKhLÓYKES] [VIKÚEKh, VIKÚKhIM] [SÍKhSEKh, SIKhSÚKhIM] [KhILÚKE-DÉYES] [PLÚKTE]

It's in dispute ס'איז אַ חילוקי־דעות; מע שפּאַרט ‹אַמפּערט› זיך איבער דעם

dispute, *v.*

vt. אָפּפֿרעגן; שפּאַרן זיך װעגן ‹איבער›

vi. מתװכּח זײַן זיך; פֿירן אַ װיכּוח; פּאָלעמיזירן [MISVAKÉYEKh] [VIKÚEKh]

disputed אָפּגעפֿרעגט; מחלוקתדיק [MAKhLÓYKESDIK]

disputed point דער סלע־המחלוקת, ־ן [SÉLE-HAMAKhLÓYKES]

dispute resolution דאָס אױסגלײַכן ‹פֿאַרענטפֿערן› חילוקי־דעות [KhILÚKE-DÉYES]

disqualification די דיסקװאַליפֿיצירונג; דאָס דיסקװאַליפֿיצירן

disqualified דיסקװאַליפֿיצירט

She was disqualified מ'האָט זי דיסקװאַליפֿיצירט

disqualify דיסקװאַליפֿיצירן

disquiet, *n.* דער/די אומרו, ־ען

disquiet, *v.* באַאומרויִקן

disquieting באַאומרויִקנדיק; פּחדימדיק [PKhÓDIMDIK]

disquisition די (לענגערע) אָפּהאַנדלונג, ־ען; די דיסערטאַציע, ־ס

disregard, *n.* **(for)** דאָס נישט־רעכענען זיך (מיט); דער ביטול (צו) [BITL]

in disregard of נישט קוקנדיק אויף; נישט רעכענענדיק זיך מיט; נישט נעמענדיק אין אַכט + אַק'

disregard, *v.* נישט קוקן אויף; נישט רעכענען זיך מיט; נישט נעמען אין אַכט; איגנאָרירן

disrepair די/דאָס קאַליעדיקייט; די/דאָס צעבראָכנקייט

in disrepair קאַליע; צעבראָכן

disreputable אומחשובֿ; אומלײַטיש; פֿאַרנאַנט; שענדלעך [ÚMKhOShEV]

be disreputable האָבן אַ שלעכטן שם; האָבן אַ שם־רע [ShÉM] [ShÉMRA]

disrepute דער שלעכטער ‹מיאוסער› שם; די שאַנד [MÍESER] [ShEM]

fall into disrepute באַקומען ‹קריגן› אַ שם־רע; פֿאַרלירן דעם גוטן נאָמען [ShÉMRA]

disrespect, *n.* דער אומדרך־ארץ; די אומבאַצײַונג; דער חילול־הכּבֿוד; דאָס פּחיתות־הכּבֿוד [ÚMDERKhÉRETS] [KhÍLEL-HAKÓVED] [PKhÍSES-HAKÓVED]

disrespect, *v.* נישט אַרױסװײַזן קיין דרך־ארץ פֿאַר [DERKhÉRETS]

disrespectful אומדרך־ארצדיק [ÚMDERKhÉRETSDIK]

disrespectfully מיט אומדרך־ארץ [ÚMDERKhÉRETS]

disrobe אױסטאָן זיך

disrupt (צע)שטערן; פֿאַרשטערן

disruption דער שטער; דאָס צעשטערן

disruptive (צע)שטעריש

dissatisfaction די/דאָס אומצופֿרידנקייט

dissatisfied אומצופֿרידן; אומבאַפֿרידיקט; נישט־באַפֿרידיקט

dissatisfied by/with אומצופֿרידן מיט

dissect צעגלידערן; פֿונאַנדערשנײַדן

(*fig.*) צעגלידערן; צעפּיצלען; צענעמען; אַנאַליזירן

dissection דאָס צעגלידערן; די צעגלידערונג, ־ען; די דיסעקציע, ־ס

dissemble צבֿועטשען; פֿאַרשטעלן זיך [TSVU(Y)ÁTShEN]

disseminate פֿאַרשפּרייטן

dissemination דאָס פֿאַרשפּרייטן; די פֿאַרשפּרייטונג

dissension דאָס/דער חילוקי־דעות [KhILÚKE-DÉYES]

dissent, *n.* די נײנזאָגונג; דער ניין, ־ען

dissent, *v.* **(from)** זאָגן + דאַט' ניין; זײַן מחולק (מיט) [MEKhÚLEK]

dissenting opinion די מינאָריטעטן־מײנונג, ־ען

dissenting vote די קעגנשטים, ־ען

dissenter דער נײנזאָגער, ־ס

dissertation די דיסערטאַציע, ־ס; די דאָקטער־אַרבעט, ־ן

dissertation proposal דער דיסערטאַציע־קאָנספּעקט, ־ן

sb. writing a dissertation (*m./unsp.*) דער דיסערטאַנט, ־ן

sb. writing a dissertation (*f.*) די דיסערטאַנטקע, ־ס

disservice די רעה, ־ות [RÓE]

do a disservice to באַװולען; טאָן + דאַט' אַ רעה; טאָן + דאַט' אַ בערישע טובֿה [BAÁVLEN] [TÓYVE]

dissident, *adj.* דיסידענטיש; אָפּטריניק; אַנדערש־טראַכטנדיק; מחולקדיק [MEKhÚLEKDIK]

dissident, *n.* דער דיסידענט, ־ן; דער אַנדערש־טראַכטער, ־ס; דער חולק, ־ים [KhÓYLEK, KhÓLKIM]

dissimilar נישט־ענלעך; אומענלעך; אַנדערש

dissimilarity/dissimilitude די/דאָס אומענלעכקייט; די/דאָס אַנדערשקייט, ־ן

dissimulate פֿאַרשטעלן זיך

dissimulation די פֿאַרשטעלונג

dissipate

vt. **(disperse)** צעשפּרייטן; צעװײ|ען

vt. **(squander)** צעטרענצלען; פֿאַרטאַכלעװע|ן

vi. צערינען; צערונען װערן; צעװײעט װערן

dissipated צערונען (געװאָרן)

dissipation
 (debauchery) די הולטײַסטווע
 (dispersal) די צערינונג
 (squandering) די צעטרענצלונג
dissociate דיסאָציִירן; אָפּשיידן; צעשיידן
 dissociate oneself דיסאָציִירן זיך
dissociation די דיסאָציִאַציע, ־ס
dissolute הולטײַיש; אױסגעלאַסן; אױסגעלאַזן
 lead a dissolute life הולטײַעווען
dissoluteness די הולטײַסטווע; די/דאָס אױסגעלאַסנקייט
dissolution
 (annulment) די אַנולירונג
 (dissolving) די צעלאָזונג
 (termination) די פֿונאַנדערלאָזונג; דאָס פֿונאַנדערלאָזן
dissolve פֿונאַנדערלאָזן
 vt. **(phys.)** צעלאָזן; צעפּירן
 vi. **(phys.)** צעלאָזן זיך
 dissolve into tears באַוואַשן זיך מיט טרערן; פֿאַרגיין זיך אין אַ געוויין; צעווייַנען זיך
dissonance די דיסאָנאַנץ, ־ן
dissonant דיסאָנירנדיק; אומהאַרמאָניש
dissuade אָפּרעדן; אָפּשלאָגן
dissuasion דאָס אָפּרעדן; דאָס אָפּשלאָגן
distaff די פּראַלקע, ־ס; די פּראָסליצע, ־ס; די קודעלניע, ־ס
 (*fig.*) דער עזרת־נשים [ÉZRES-NÓShIM]
distance, *n.* די דיסטאַנץ; די/דאָס ווײַטקייט; דער מהלך [MEHÁLEKh]
 (remoteness) דער ווײַטער מהלך; דער מהלך־רבֿ; דער מרחק, ־ים [RÁV] [MÉRKhEK, MERKhÁKIM]
 (reserve) די/דאָס אײַנגעהאַלטנקייט
 at a distance from ווײַט פֿון
 at a distance of one mile (מיט) אַ מייל די ווײַט
 from a distance פֿון דער ווײַטנ(ס)
 go the distance דערגיין ‹אױסהאַלטן› ביזן סוף [SOF]
 in the distance אין דער ווײַט(ן); ווײַט (אַוועק)
 keep at a distance האַלטן פֿון דער ווײַטנס; אַוועקהאַלטן
 keep one's distance האַלטן זיך פֿון דער ווײַטנס; האַלטן דיסטאַנץ
distance, *v.* דערווײַטערן
 distance oneself דערווײַטערן זיך; אָפּגרענעצן זיך; אָפּקערן זיך; אַוועקדרייען זיך; מרחק זײַן זיך [MERÁKhEK]
distance runner דער ווײַטלויפֿער, ־ס
distant ווײַט
 (reserved) אײַנגעהאַלטן
 distant lands מרחקים; ווײַט(ע) לענדער [MERKhÁKIM]
 the distant past דער ווײַטער אַמאָל
 distant relative דער ווײַטער קרובֿ, ־ים [KÓREV, KRÓYVIM]
 distant relatives *also* שטיקלעך פֿרײַנטלעך
distantly אין דער ווײַטנס
 be distantly related זײַן אַ ווײַטער קרובֿ [KÓREV]
 (*hum.*) דער שני־שבשלישי; פֿערדס פֿוס פּאָדקעוועס אַן אײניקל [ShÉYNI-ShEBEShLÍShI]
distaste דער דערווידער; דער אומטעם [ÚMTAM]
distasteful דערווידערדיק; אומאײַנגענעם; דערווידער פּר׳
distemper
 (illness) דאָס הינטישע קדחת [KADÓKhES]
 (paint) די טעמפּעראַ־פֿאַרב
distend צעציִען; אָנבלאָזן; אױפֿבלאָזן
distension די/דאָס צעציִוגנקייט; די/דאָס אױפֿגעבלאָזנקייט
distill דיסטילירן
 distill liquor דיסטילירן; טרײַבן בראָנפֿן
distillate דער דיסטילאַט, ־ן
distillation די דיסטילאַציע
distilled water דאָס דיסטילירטע וואַסער
distiller דער דיסטילירער, ־ס; דער בראָנפֿן־טרײַבער; דער ברענער, ־ס
distillery די דיסטילעריע, ־ס; די ברענערײַ, ־ען
distilling, *n.* דאָס בראָנפֿן־טרײַבערײַ
distinct קלאָר; בולט; דײַטלעך [BÓYLET]
 (separate) באַזונדער
distinction
 (difference) דער חילוק, ־ים; דער אונטערשייד, ־ן; דער הבֿדל, ־ים [KhÍLEK, KhILÚKIM] [HEVDL, HEVDÉYLIM]
 (act of distinguishing) דאָס דיפֿערענצירן
 (excellence) די אױסצייכענונג, ־ען
 achieve distinction עולה־לגדולה זײַן [ÓYLE-LIG(E)DÚLE]
 have the distinction of being אױסצײַכענען זיך מיט דעם וואָס
 make a distinction מאַכן אַן אונטערשייד; אונטערשיידן
distinctive אױסטייליק; אָפּשיידיק
 be distinctive אױסטיילן זיך
 distinctive feature דער קענצייכן, ־ס; דער סימן־מובֿהק [SÍMEN-MÚVEK]
distinctly בפֿירוש [BEFÉYRESh]
 sense distinctly פֿילן בחוש [BEKhÚSh]
distinguish אונטערשיידן; פֿונאַנדערשיידן
 distinguish oneself (by) אױסטיילן זיך (מיט); אױסצײַכענען זיך (מיט); אונטערשיידן זיך (מיט); פֿונאַנדערטיילן זיך (מיט)
distinguishable צום אונטערשיידן ‹פֿונאַנדערשיידן›
distinguished חשובֿ; אָנגעזען; בכּבֿודיק; מכובד [KhÓShEV] [BEKÓVEDIK] [MEKhÚBED]
 be distinguished for אױסטיילן זיך מיט
 distinguished scholar (J.) דער מופֿלג, ־ים [MÚFLEG, MUFLÓGIM]
 distinguished service דאָס דינסט מיט אױסצייכענונג
 highly distinguished man דער מושלם, ־ים [MÚShLEM, MUShLÓMIM]
 highly distinguished woman די מושלמת, ־ן [MUShLÉMES]
distort פֿאַרקרימען; פֿאַרדרייען; צעדרייען
distortion די פֿאַרקרימונג, ־ען; דער פֿאַרקרים, ־ען; די פֿאַרדרייונג
distract אָפּציִען ‹אָפּווענדן/אַוועקציִען› + פֿאַס׳ אױפֿמערק; אָפּציִען + פֿאַס׳ אינטערעס; פֿאַרשלאָגן + דאַט׳ די רעיונות ‹געדאַנקען›; צעמישן; פֿאַררעדן + דאַט׳ די ציין ‹ציינער›; אַוועקרײַסן; איבערשלאָגן [RAYÓYNES]
 (entertain) פֿאַרווײַלן; פֿאַרשפּילן
distracted צעטראָגן; צעפֿלויגן
distraction
 (inattention) די/דאָס צעטראָגנקייט; דער אומאױפֿמערק; דער היסח־הדעת [HÉSEKh-HADÁAS]
 (entertainment) די פֿאַרווײַלונג, ־ען
 to distraction ביז משוגע צו ווערן [MEShÚGE]
distractor דער אָפּציִער, ־ס
distraught צעחושט; צעטרייסלט; צעטרײַטלט
 be distraught שיִער (נישט) פֿון זינען אַראָפּ; זײַן אױסער זיך; זײַן ווי נישט קיין היגער; אַרומגיין אָן אַ קאָפּ
distress, *n.* די צערודערונג; די צרה; די נויט [TSÓRE]
 in distress אויף צרות; אין אַ נויט ‹קלעם›; צערודערט; פֿאַרענגט [TSÓRES]
distress, *v.* מצער זײַן; פֿאַרשאַפֿן + דאַט׳ ליידן ‹צרות›; שווער מאַכן + דאַט׳ דאָס האַרץ [METSÁER] [TSÓRES]
distressed פֿאַרקלעמט; צעקלעמט

distressed area דער נויטראיאָן, ־ען
distressing צעקלעמענדיק; פּחדימדיק [PKhÓDIMDIK]
distress signal דער ג(ע)וואַלדרוף, ־ן; דער נויטסיגנאַל, ־ן
distribute אויסטיילן; פֿאַרטיילן; פֿאַרשפּרייטן
(by vehicle) צעפֿירן
distribution די אויסטיילונג, ־ען; די פֿאַרטיילונג, ־ען; די פֿאַרשפּרייטונג, ־ען; דער פֿאַרשפּרייט, ־ן
distribution list די צעשיק־רשימה, ־ות [REShÍME]
distribution requirements פֿאַרטייל־פֿאָדערונגען
distributive דיסטריבוטיוו
distributor
(bus.) דער הורטאָוניק, ־עס; דער הורטהענדלער, ־ס
(mech.) דער צינד־פֿאַרטיילער, ־ס
district דער ראַיאָן, ־ען; דער דיסטריקט, ־ן
district attorney דער פּראָקוראָר, ־ן
district attorney's office די פּראָקוראַטור
district court דאָס ראַיאָן־געריכט, ־ן; דאָס קרייַזגעריכט, ־ן
distrust, *n.* דער אומצוטרוי
distrust, *v.* נישט געטרויען + דאַט'
distrustful אומצוטרויִלעך
be distrustful of נישט געטרויען + דאַט'
disturb
(order) (צע)שטערן + דאַט'
(emotionally) באַאומרויִקן; צערודערן; רופּען
disturb the peace שטערן די (געזעלשאַפֿטלעכע) רו
disturbance די שטערונג, ־ען
disturbances אומרוען
I don't want to cause a disturbance איך וויל קיינעם נישט באַאומרויִקן
disturbed
(psych.) גייַסטיק געשטערט ‹גערירט›
(upset) צערודערט; באַאומרויִקט
I was disturbed by the news די בשורה האָט מיך צערודערט ‹באַאומרויִקט› [PSÚRE]
disturbing באַאומרויִקנדיק
disunite
vt. שפּאַלטן
vi. שפּאַלטן זיך (אין צווייען); צעפֿאַלן זיך
disunity דאָס אומאחדות; די צעשפּאַלטונג; די צעשפּליטערונג; די/דאָס אומאייניקייט [ÚMAKhDES]
disuse, *n.*
(lack of use) דאָס נישט באַניצן ‹אויסניצן›
(neglect) די/דאָס אָפּגעלאָזנקייט
fall into disuse מער נישט געניצט ווערן; אַרויסגיין פֿון באַניץ
disused אַרויס פֿון באַניץ
disyllabic צווייטראַפֿיק
disyllable דער צווייטראַף, ־ן
ditch, *n.* דער גראָבן, ־ס; די קאַנאַווע, ־ס; דער ראָוו, ־ן; דער שאַנץ, ־ן
ditch, *v.* פּטור ווערן פֿון; אַוועקוואַרפֿן [PÓTER]
ditchwater דאָס אָפּגעשטאַנענע וואַסער
dither באַלעמוטשען|; קווענקלען זיך
in a dither אין גאַנצן אויפֿגערעגט ‹צערודערט›
ditto, *adv.* דאָס ‹דעס(ט)› גלייַכן; ווי פֿריִער
Ditto! איך אויך!
Ditto to you! גם־אַתּם!; דיר ‹אייַך› אויך! [GAMÁTEM]
ditto, *n.* דאָס זעלב(יק)ע (ווי פֿריִער)
ditto marks איבערחזרלעך; איבערחזר־צייכנס [ÍBERKhÁZERLEKh] [ÍBERKhAZER]
ditty די בומקע, ־ס; דאָס לידעלע, ־ך
diurese טרייַבן אורין; סטימולירן דעם אורין־אָפּטרייַב
diuresis די אורין־טרייַבונג; דער דיורעז
diuretic, *adj.* אורין־טרייַביק
diuretic, *n.* דאָס אורין־טרייַביקע מיטל, ־ען
diurnal בייַטאָגיק; טאָג...
diva די דיוואַ, ־ס
divan דער דיוואַן, ־ען
divan bed דער בעטדיוואַן, בעטן־דיוואַנען
dive, *n.*
(into water) די נורקע, ־ס; דער קאָפּנשפּרונג, ־ען
(submersion) די טוקונג, ־ען
(seedy bar) דער ראַצקעלער, ־ן
dive, *v.*
(be submerged) אונטערטונקען זיך; אונטערטוקן זיך
(into water) מאַכן אַ נורקע ‹קאָפּנשפּרונג›; אַרייַנשפּרינגען דעם קאָפּ פֿאָרויס
(jump down) שפּרינגען דעם קאָפּ פֿאָרויס; אַראָפּשפּרינגען
dive out of the way אָפּשפּרינגען; אַוועקשפּרינגען
dive-bomb פּיקירן
dive-bombing דאָס פּיקירן
diver
(into water) דער נורקער, ־ס
(underwater) דער טונקער, ־ס
diverge פֿונאַנדערגיין זיך; צעגיין זיך; צעצווייַגן זיך; אָפּווייַכן; צעגאָפּלען זיך
(ling.) צעגאָפּלען זיך
(math.) אָפּווייַכן (איינס פֿונעם אַנדערן)
divergence דאָס פֿונאַנדערגיין זיך; דער פֿונאַנדערגאַנג; די דיווערגענץ, ־ן; דער אָפּווייַך, ־ן
(ling.) די צעגאָפּלונג, ־ען; די צעצווייַגונג, ־ען
(math.) די דיווערגענץ, ־ן; די אָפּווייַכונג, ־ען
divergence of opinion דאָס/דער חילוקי־דעות [KhILÚKE-DÉYES]
divergent אָפּווייַכנדיק; צעצווייַגט; צעגאָפּלט
diverse כּלערלייִק; אַלערלייִק; פֿאַרשיידן(־מיניק); פֿילמיניק; פֿאַרשיידנדיק [KÓLERLÉIK]
diversification די דיווערסיפֿיקאַציע, ־ס
diversified דיווערסיפֿיצירט
diversify, *vt./vi.* אויסברייטערן (זיך); דיווערסיפֿיצירן (זיך)
diversify into new products אויסברייטערן ‹דיווערסיפֿיצירן› זיך מיט נייַע פּראָדוקטן
diversion דער אָפּווענד, ־ן
(of stream) די אָפּלענקונג, ־ען
(amusement) די פֿאַרווייַלונג, ־ען; דער צייַטפֿאַרטרייַב, ־ן; דער צייַטפֿאַרברענג, ־ען
(mil.) דער אָפּצי, ־ען; די דיווערסיע, ־ס
diversionary אָפּווענד־...; אָפּצי־...
diversionary agent דער דיווערסאַנט, ־ן
diversionary tactic די אָפּווענד־אַקציע, ־ס; דער אָפּצי־מאַנעווער, ־ס
diversity די/דאָס פֿאַרשיידן־מיניקייט; די/דאָס פֿאַרשיידנקייט; די/דאָס פֿילמיניקייט
divert אָפּווענדן; אָפּציִען
(amuse) פֿאַרווייַלן
(attention) אָפּציִען ‹אַוועקציִען/אָפּווענדן› + פּאָס' אויפֿמערק
(change course) אַוועקפֿירן; אַוועקקערעווען|; אָפּלענקען; פֿירן אין אַן אַנדער ריכטונג ‹זייַט›
(mil.) אָפּציִען
divert (a child) by playing פֿאַרשפּילן
divert (a child) by singing פֿאַרזינגען
divertissement דער דיווערטיסמענט, ־ן
divest באַרויבן; אָפּנעמען
(fin.) דיוועסטירן; אָפּזאָגן זיך פֿון אַן אינוועסטיציע
divest sb. of אָפּנעמען + אַק' בייַ

divestiture/divestment די דיוועסטירונג, ־ען
divide, *n.* דער צעטייל, ־ן; די צעטיילונג, ־ען
  (*fig.*) דער פֿונאַנדערגאַנג; די שיידליניע, ־ס
  (watershed) דער וואַסערשייד, ־ן
  cross the great divide אַוועקפֿאָרן אויף יענער וועלט; אַריבערטרעטן די שוועל (צווישן לעבן און טויט)
  on both sides of the divide פֿון ביידע זײַטן
  racial divide דער ראַסנריס
  the great divide between דער אָפּגרונט ‹תּהום› [THOM] צווישן
divide, *v.*
  vt./vi. imp. טיילן (זיך); שפּאַלטן (זיך)
  vt./vi. pf. צעטיילן (זיך); אײַנטיילן (זיך); צעשיידן (זיך)
  (cells) צעטיילן זיך
  divide and conquer/rule צעטיילן און געוועלטיקן
  divide (by) טיילן (אויף); חילוקן (אויף); פֿאַרקלענערן (אויף/אין) [KhÍLEKN]
  divide in half צעהאַלבן; האַלבירן; צעטיילן אויף צווייען ‹האַלב›
  divide among one another צעטיילן זיך מיט
  divide into groups צעטיילן זיך אויף גרופּעס
  be divided into זײַן צעטיילט אויף; טיילן זיך אויף
divided צעטיילט; צעשפּאַלטן
  (jury) געשפּאַלטן; צעטיילט
divided highway דער טאָפּל־שאָסיי, ־ען
dividend דער דיווידענד, ־ן
  (math.) *also* [KhÍLEK] די חילוק־צאָל, ־ן; די טיילצאָל, ־ן
  pay dividends אויסצאָלן דיווידענדן ‹רווחים› [REVÓKhIM]
divider
  (page) דאָס צווישנזײַטל, ־עך
  (wall) [MEKhÍTSE] דאָס צווישנווענטל, ־עך; די מחיצה, ־ות
dividing line די שיידליניע, ־ס; די צעטייל־ליניע, ־ס
divination דאָס פֿאָרויסזאָגן; דאָס טרעפֿן; דאָס וואָרזאָגערײַ
divine, *adj.* געטלעך; גאָטס
  the Divine די/דאָס געטלעכקייט
divine, *n.* דער גײַסטלעכער געב׳; דער טעאָלאָג, ־ן
divine, *v.* פֿאָרויסזאָגן; טרעפֿן; אָנשטויסן זיך אויף
divine grace די געטלעכע גו(ע)נאָד
divine justice דער צדק [TSÉDEK]
Divine Presence (J.) די שכינה [ShKhÍNE]
diviner דער פֿאָרויסזאָגער, ־ס; דער טרעפֿער, ־ס
divine right דאָס געטלעכע רעכט
divine service דאָס גאָטסדינסט
Divine Will די השגחה [HAZhGÓKhE/HAShGÓKhE]
diving, *adj.*
  (jumping) נורקע...
  (submersion) טונק...
diving, *n.*
  (jumping) דאָס נורקען
  (submersion) דאָס טונקערײַ
diving board דאָס/די שפּרינגברעט, ־ער; די שפּרינגלקע, ־ס
diving gear דאָס טונקוואַרג
diving suit דער טונקקאָסטיום, ־ען
divinity
  (deity) די גאָטהייט, ־ן
  (godliness) די/דאָס געטלעכקייט
  (theology) די טעאָלאָגיע
divisible טייל(עווד)יק
  be divisible by טיילן זיך אויף; לאָזן זיך טיילן אויף
division דער אָפּטייל, ־ן
  (branch) *also* די פֿיליע, ־ס
  (dividing) די צעטיילונג, ־ען; די אײַנטיילונג, ־ען; דאָס צעטיילן
  (math.) די (צע)טיילונג; דער חילוק [KhÍLEK]
  (mil.) די דיוויזיע, ־ס
  long division די אויסגעשריבענע טיילונג
  short division די קירצערע טיילונג
division of labor די אַרבעט־צעטיילונג; דאָס צעטיילן די אַרבעט
division sign דער חילוק־צייכן, ־ס; דער טיילצייכן, ־ס [KhÍLEK]
divisive שפּאַלטעריש
  be divisive זײַען שפּאַלטונגען ‹קריגערײַ›; אַרויסרופֿן חילוקי־דעות [KhILÚKE-DÉYES]
divisiveness די/דאָס שפּאַלטערישקייט
divisor דער טיילער, ־ס; דער דיוויזאָר, ־ס
  greatest common divisor דער גרעסטער שותּפֿישער טיילער, ־ס [ShÚTFIShER]
divorce, *n.* דער גט, ־ן [GET]
  be in divorce proceedings האַלטן אין מיטן גטן זיך [GETN]
divorce, *v.* גטן זיך מיט; אָפּגטן [ÓPGETN] [GETN]
divorce court דאָס גט־געריכט, ־ן [GET]
divorced געגט [GEGÉT]
  get divorced גטן זיך [GETN]
divorcé דער געגטער געב׳; דער גרוש, ־ים [GEGÉTER] [GÓRESh, GRÚShIM]
divorcée די געגטע, ־; די גרושה, ־ות [GEGÉTE] [GRÚShE]
divorce lawyer דער גט־אַדוואָקאַט, ־ן [GET]
divorce rate דער פּראָצענט געגטע [GEGÉTE]
divot (דאָס שטיקל) פֿאַרגראָזיקטע ערד
divulge אויסזאָגן; אויפֿגעבן; מגלה זײַן [MEGÁLE]
divvy up צעטיילן
DIY *see* **do-it-yourself**
dizziness דער קאָפּשווינדל; דאָס קאָפּ־מישעניש
dizzy (קאָפּ)שווינדלדיק
  be dizzy שווינדלען אומפּ׳ + דאַט׳/פּ״ק דער קאָפּ; דרייען ‹מישן› זיך אומפּ׳ + דאַט׳/פּ״ק דער קאָפּ
  He's feeling dizzy סע שווינדלט אים דער קאָפּ; סע דרייט ‹מישט› זיך אים דער קאָפּ
  have a dizzy spell פֿאַרדרייען זיך אומפּ׳ + דאַט׳/פּ״ק דער קאָפּ; פֿאַרשווינדלען אומפּ׳ + דאַט׳/פּ״ק אין קאָפּ
  She had a dizzy spell ס׳האָט זיך איר פֿאַרדרייט דער קאָפּ; ס׳האָט איר פֿאַרשווינדלט ‹געמישט› אין קאָפּ
dizzying (קאָפּ)שווינדלדיק; טאַמלדיק
DJ *see* **disc jockey**
DMZ *see* **demilitarized zone**
DNA דער דע־ען־אַ; דער די־ען־איי; דער ירושה־שיפֿער [YERÚShE]
DNA fingerprint דער גענעטישער פֿינגערדרוק, ־ן
DNA match דער גענעטיש גלײַכער געב׳
DNA profile דער גענעטישער פּראָפֿיל, ־ן; דער די־ען־איי־פּראָפֿיל, ־ן
DNA sequencing דאָס אויסשטעלן ‹אײַנסדרן› דעם די־ען־איי [ÁYNSÁDERN]
do,[1] *n.*
  do's and don'ts כּללים [KLÓLIM]
  do's and don'ts (J.) מיצוות־עשה־ולא־תעשה [MÍTSVES-ASÉY-VELÓYSAYSE/-ÉSE-VELÓYSESE]
  (hairdo) די פֿריזור, ־ן
do,[2] *n.* **(mus.)** דער דאָ, ־ען
do, *v.* טאָן; מאַכן
  (suffice in quality) טויגן
  (suffice in quantity) קלעקן; סטײַע|ן

do away with (get rid of) פּטור ווערן פֿון; אָפּשאַפֿן [PÓTER]
do away with (kill) אַוועקהרגע|(נע)ן; אַוועקפּטרן [AVÉKHÁRGE(NE)N] [AVÉKPÁTERN]
do by oneself אַליין טאָן
do in (kill) דערהרגע|(נע)ן; מאַכן אַ סוף צו; אַוועקקלייגן; אַוועקפּטרן; מאַכן + דאַט׳ דעם טויט; פּלומפּלען [DERHÁRGE(NE)N] [SOF]
do in (ruin) מאַכן אַ תּל פֿון [TEL]
do or die קעמפֿן אָדער אונטערגיין; רויט אָדער טויט
do out צורוימען; צוראַמען; אויסקערן
do out of אָפּפֿרײַצוווע|ן; אָפּשווינדלען
do over (repeat) איבערחזרן [ÍBERKhÁZERN]
do over (spo.) איבערשפּילן; טאָן ‹שפּילן› נאָך אַ מאָל
Do (it) over! נאָך אַ מאָל!
do stg. about אונטערנעמען זיך עפּעס צו טאָן וועגן
do to (harm) טאָן + דאַט׳; שאַטן + דאַט׳
do up (fasten) צומאַכן
do up (lace) צובינדן די שוכבענדלעך; פֿאַרשנורעווע|ן
do well/be doing well גיין אומפּ׳ + דאַט׳/פּ״ק גוט
do without באַגיין זיך אָן
Don't! הער(ט) אויף!; זאָלסט ‹איר זאָלט› זיך נישט דערוועגן!; ניטע!; ניו־ניו־ניו!
have to do with האָבן צו (טאָן מיט); האָבן אַ שײַכות מיט [ShÁYKhES]
How are you doing? ווי גייט עס דיר ‹אײַך›?
How do you do? וואָס מאַכסטו ‹מאַכט איר›?
It just isn't done נישט אַזוי טוט מען; נישט אַזוי פֿירט זיך (בײַ לײַטן); דאָס איז נישט קיין דרך [DÉREKh]
make do with באַגיין זיך מיט
make do without באַגיין זיך אָן
No sooner said than done! געזאָגט און געטאָן!; אומר־ועושה! [ÓYMER-VEÓYSE]
say "I do" זאָגן יאָ
say "I do" (J.) זאָגן דעם הרי־את [HÁREY-ÁT]
She's doing well סע גייט איר גוט; זי פֿילט זיך גוט
That does it! (completion) פֿאַרטיק!; געמאַכט!
That does it! (impatience) עד־כאן!; מער קען איך שוין נישט אויסהאַלטן! [ADKÁN]
That just won't do דאָס וועט פּשוט נישט טויגן [PÓShET]
That will do דאָס וועט טויגן ‹קלעקן›
That will do! גענוג שוין!
We'll have to make do מע וועט זיך דאַרפֿן אַן עצה געבן; מע וועט זיך דאַרפֿן באַגיין; אַז מע קען נישט אַריבער, מוז מען אַרונטער [ÉYTSE]
What can I do for you? מיט וואָס קען איך דיר ‹אײַך› דינען?
What's done is done (שוין) פֿאַרפֿאַלן
What's to be done? וואָס (זשע) טוט מען?
doable דורכפֿירלעך
be doable לאָזן זיך טאָן; זײַן (אַ)דורכצופֿירן ‹דורכפֿירלעך›
DOB *see* date of birth
Doberman דער דאָבערמאַן־פּינטשער, ־ס
docent דער דאָצענט, ־ן
docile נאָכגיביק; פֿאָלגעוודיק; האָרכיק
docility די/דאָס נאָכגיביקייט; די/דאָס פֿאָלגעוודיקייט
dock, *n.* דער דאָק, ־ן
(jur.) די שולדבאַנק, ...בענק
dock, *v.*
vt. **(deduct payment)** אַראָפּרעכענען פֿונעם געצאָלט ‹לוין›
vt. **(punish)** באַשטראָפֿן
vt./vi. **(vessel)** צודאָקן (זיך)
be in the dock זיצן אויף דער שולדבאַנק
docket
(dossier) די פּאַפּקע, ־ס
(jur.) דער פּראָצעסן־רעגיסטער, ־ס
(label) דער צעטל, ־ען
docking fee דאָס אָנקערגעלט
dockworker דער שיפֿלאָדער, ־ס; דער דאָק־‹פּאָרט־›אַרבעטער, ־ס
dockyard די ווערף פֿאַר שיפֿן־רעמאָנט
doctor
(med.) דער דאָקטער, ...טוירים
(med./traditional/J.) דער רופֿא, ־ים; דער פֿעלדשער, ־ס [RÓYFE, RÓYFIM]
(PhD) דער דאָקטאָר, ...אָרן
Doctor of Medicine (degree) דער דאָקטאָראַט אין מעדיצין
Doctor of Philosophy (degree) דער דאָקטאָראַט (אין פֿילאָסאָפֿיע)
doctor's דאָקטערש
(MD title) דאָקטער; דאָקטאָר
(PhD title) דאָקטאָר
Just what the doctor ordered! געטראָפֿן אין פּינטל אַרײַן!
doctor, *v.* באַהאַנדלען; היילן; קורירן; דאָקטערן
(cul.) צומישן; פֿאַרפּראַווע|ן; צופּראַווע|ן
(falsify) פֿעלשעווע|ן; דאָקטערן
doctoral דאָקטאָראַט־...
doctoral candidate
m./unsp. דער דאָקטאָראַנט, ־ן
f. די דאָקטאָראַנטקע, ־ס
doctorate דער דאָקטאָראַט, ־ן; דער דאָקטאָר־טיטל, ־ען
Doctors Without Borders דאָקטוירים איבער אַלע גרענעצן
doctrinaire, *adj.* דאָגמאַטיש
doctrinaire, *n.* דער דאָגמאַטיקער, ־ס; דער דאָקטרינער, ־ן
doctrinal דאָקטרינעל; פֿון דאָקטרין
doctrine די דאָקטרין, ־ען; די שיטה, ־ות [ShÍTE]
doctrinism דאָס דאָקטרינערײַ
docudrama די דאָקודראַמע, ־ס
document, *n.* דער דאָקומענט, ־ן
document, *v.* (פֿאַר)דאָקומענטירן
documentalist דער דאָקומענטאַליסט, ־ן
documentarian דער דאָקומענטאַרן־רעזשיסאָר, ־ן
documentary, *adj.* דאָקומענטאַל; שריפֿטלעך
documentary, *n.* דער דאָקומענטאַר, ־ן; דער דאָקומענטאַלער פֿילם, ־ען
documentary evidence שריפֿטלעכע דערווײַזן; ראיות בכּתבֿ [RÁYES] [BIKSÁV]
documentation די דאָקומענטאַציע
document feeder דער אַרײַנגעבער, ־ס
dodder וואַקלען זיך; וואַקעווע|ן זיך
doddering אָפּגעלעבט; חרובֿ [KhÓREV]
dodecaphonic דאָדעקאַפֿאָניש
dodge, *n.* דער אַרויסדריי, ־ען
dodge, *v.* אַרויסדרייען זיך פֿון; אויסמײַדן
dodgeball דער אויסמײַדבאַל
dodger דער אַרויסדרייער, ־ס
dodgy (tricky) כיטרע; נישט אין גאַנצן כּשר [KÓShER]
dodo
(zool.) דער דאָדאָ־פֿויגל, ־פֿייגל
(fool) דער יאָלד, ־ן; דער נישט איבעריק קלוגער געב׳
doe די סאַרנע, ־ס; די הינד, ־ן; די הירשיכע, ־ס
doelike הינדיש; צאַרט

doer דער טוער, ־ס; דער אויספֿירער, ־ס
doff אויסטאָן; אַראָפּציִען (פֿון זיך)
dog, *n.* דער הונט, הינט
(*pej.*) דער כּלב, ־ים [KÉLEV, KLÓVIM]
a dog in the manger אַ הונט אויף היי
dog's הינטיש
go to the dogs גיין צו גרונט; קאַליע ווערן
lead a dog's life פֿירן אַ הינטיש לעבן
let sleeping dogs lie נישט זוכן זיך צרות [TSÓRES]
like a dog with a bone ווי אַ הונט מיט אַ ביין
not have a dog's chance נישט האָבן קיין שום מעגלעכקייט
set a dog on אָנרייצן אַ הונט אויף
work like a dog האָרעווען ווי אַ הונט
dog, *v.*
(pursue) נאָכיאָגן
(harass) [RÓYDEFN] רודף זײַן; פּײַניקן; דערגיין + דאַט' די יאָרן
dog biscuit דער הונטביסקוויט, ־ן
dogcatcher דער הינטשלעגער, ־ס; דער היצעל, ־עס/היצלעס
dog collar דער האַלדזרימען, ־ס
dog days הינטטעג; אויגוסט־היצן
dog-eared אָפּגעטראָגן; צעקנאָדערט
(page) מיט פֿאַרבויגענע ווינקלען
dog-eat-dog world אַ וועלט ווו איינער פֿרעסט דעם צווייטן
dogfight דאָס (הינטישע) געשלעגערײַ, ־ען
(mil.) דאָס אַוויאַציע־געפֿעכט
dog food דאָס הינטישע עסן; דאָס עסנוואַרג פֿאַר הינט
dogged [FARÁKShNT] פֿאַרעקשנט; אײַנגעשפּאַרט; פֿאַרביסן
doggerel דער גראַם־שטראַם; דער שטראַם־גראַם
doggy דאָס הינטעלע, ־ך
doggy bag [ShIRÁYEM] דער שיריים־בײַטל, ־ען
doghouse דאָס הונטבײַדל, ־עך; די בוד(ק)ע, ־ס
be in the doghouse זײַן אויף גרויס(ענ)ע צרות; זײַן אין אומגענאָד [TSÓRES]
doglike הינטיש; ווי אַ הונט
dogma די דאָגמע, ־ס
dogmatic דאָגמאַטיש
dogmatically [OYFN] דאָגמאַטיש; אויף אַ דאָגמאַטישן אופֿן
dogmatism דער דאָגמאַטיזם; די/דאָס דאָגמאַטישקייט
dogmatist דער דאָגמאַטיקער, ־ס
dogmatize דאָגמאַטיזירן
do-gooder דער בעל־טובֿה, בעלי־טובֿות; דער גוטסטוער, ־ס [BALTÓYVE, BÁLE-TÓYVES]
dog rose די דאָרנרויז, ־ן
dog run דער הונטפֿאַרמעסט, ־ן
dog-sitter דער הינטהיטער, ־ס
dog tag דאָס הינטישע אידענטיפֿיצירל, ־עך
(mil.) דאָס אידענטיפֿיצירל, ־עך; דאָס אידענטיפֿיציר־בלעכל, ־עך
dog-tired מיד ווי אַ הונט
dogtooth violet די לילקע, ־ס
dogtrot דער לײַכטער טליס, ־ן
dogwalker
He's a dogwalker ער נעמט הינט שפּאַצירן
dogwatch די האַלבוואַך
dogwood דער דרענבוים, ...ביימער
doily די שפּיצן־סערוועטקע, ־ס; דאָס שפּיצן־טישטעכל, ־עך
doing, *n.* דאָס טאָן
It's not my doing נישט איך בין שולדיק; נישט איך האָב עס געטאָן; מײַנע הענט האָבן נישט פֿאַרגאָסן דאָס דאָזיקע בלוט
That's his doing דאָס איז זײַן (שטיקל) אַרבעט; דאָס איז ער שולדיק; דאָס האָט ער געטאָן
doings [MÁYSIM] מעשׂים; טוונגען
do-it-yourself, *adj.* ...אַליינ
do-it-yourselfer דער אַליין־טוער, ־ס
dolce דאָלטשע
doldrums די שטילע לופֿטזאָנע
be in the doldrums אַרומגיין אַ פֿאַראומערטער גערב'; אָנציִען אויף זיך די מרה־שחורה [MOREShKhÓYRE]
dole, *n.* [KÍTSVE] די קיצבֿה; דאָס לאַסקאַווע ברויט
be on the dole נעמען קיצבֿה; אָנקומען צו קיצבֿה
dole, *v.* **(out)** פֿאַרטיילן; אויסטיילן; צעטיילן; צעגעבן
doleful טרויעריק; אומעטיק
doline די דאָלענע, ־ס
doll, *n.* די ליאַלקע, ־ס; די טאַק, ־ן; דאָס טעקל, ־עך; דאָס טעקעלע, ־ך
She's a doll! אײַ, איז זי אַ (שטיק) גאָלד!
doll, *v.* **(up)**
doll oneself up אָנטאָן ‹אויספּוצן› זיך ווי אַ ליאַלקע
dollar דער דאָלאַר, ...אָרן
dollar bill דער דאָלאַר, ...אָרן; דער טאָלער, ־ס
dollar plant דער/דאָס יאַריקע זילבערבלאַט
dollar sign דער דאָלאַר־צייכן, ־ס
dollhouse דאָס ליאַלקעהויז, ...הײַזער; דאָס טאָק־הײַזעלע, ־ך
dollop די (געזונטע) פּאַרציע, ־ס
dolly
(cart) דאָס האַנט־וועגעלע, ־ך
(doll) דאָס ליאַלקעלע, ־ך; דאָס טעקעלע, ־ך
dolomite דער דאָלאָמיט
dolphin דער דעלפֿין, ־ען
dolt דער שוטה, ־ים; דער טיפּש, ־ים; די באַנדע, ־ס; דער באַמאַז, ־ן [ShÓYTE, ShÓYTIM] [TÍPESh, TÍPShIM]
doltish [ShOYTEVÁTE] שוטהוואַטע
domain דאָס פֿעלד, ־ער; דער תּחום, ־ען/־ים; דער שטח, ־ים; די ספֿערע, ־ס; דאָס געגבֿול, ־ן; דאָס געמאַרק, ־ן [ShÉTEKh, ShTÓKhIM]
(rule) [MEMShÓLE] די ממשלה; דער רשות; די הערשאַפֿט [REShÚS]
(comp.) דער שטח, ־ים
in his domain אין זײַן רשות
domain name [ShÉTEKh] דער שטח־נאָמען, ־נעמען
dome דער קופּאָל, ־ן
domed קופּאָל...; מיט קופּאָלן באַדעקט
domestic, *adj.*
(home) שטוב...; שטוביק
(tamed) שטוביק
(within country) אינלענדיש; אינעווייניקסט; היגלענדיש
domestic, *n.*
m./unsp. דער שטוב־באַדינער, ־ס
f. די שטוב־באַדינערין, ־ס; די דינסט, ־ן
domestic animal [KhÁYE] די שטוב־חיה, ־ות
domestic appliance דער שטוב־אַפּאַראַט, ־ן; דער שטוב־מכשיר, ־ים [MÁKhShER, MAKhShÍRIM]
domesticate (פֿאַר)שטוביקן; אײַנשטוביקן; פֿאַרהיימישן
domesticated פֿאַרשטוביקט; אײַנגעשטוביקט; פֿאַרהיימישט
domestication די שטוביקונג; די פֿאַרהיימישונג
domestic drama [MIShPÓKhE] די משפּחה־דראַמע, ־ס
domestic flight דער אינלענדישער פֿלי, ־ען
domesticity דאָס משפּחה־לעבן; דאָס היימישע לעבן [MIShPÓKhE]
domestic partner דער (שטוב)פּאַרטנער, ־ס; דער מיטוווינער, ־ס

domestic science דאָס שטוב־פּירעכץ; די/דאָס בעל־הבתּישקייט [BAL(E)BÁTIShKEYT]
domestic spying דער אינלענדישער שפּיאָנאַזש
domestic tranquility דער/דאָס שלום־בית [ShÓLEM-BÁYES]
domestic transportation דער לאַנדישער טראַנספּאָרט
domestic violence ג(ע)וואַלד־מעשׂים קעגן די אייגענע [MÁYSIM]
domicile דאָס/דער וווינאָרט, ...ערטער
dominance די איבערהאַנט; די שליטה; די/דאָס דאָמינאַנטקייט [ShLÍTE]
dominant, *adj.* דאָמינירנדיק; דאָמינאַנט; הערשנדיק
(biol.) דאָמינאַנט
dominant, *n.* דער דאָמינאַנט
dominant chord דער דאָמינאַנט־אַקאָרד, ־ן
dominate דאָמינירן; געוועלטיקן; ׳הערשן איבער
domination די דאָמינירונג; די געוועלטיקונג; דאָס דאָמינירן; דאָס געוועלטיקן
dominatrix די הערשערין, ־ס
domineer דאָמינירן; געוועלטיקן; שפּילן דעם האַר
domineer over טיראַניזירן; שאַפֿן זיך (מיט)
domineering טיראַניש; הערשעריש
Dominican, *adj.* דאָמיניקאַנער אינוו׳
Dominican, *n.*
m./unsp. דער דאָמיניקאַנער, –
f. די דאָמיניקאַנערין, ־ס
Dominican Republic (די) דאָמיניקאַנער רעפּובליק
dominion
(realm) די דאָמיניע, ־ס
(sovereignty) די ממשלה [MEMShÓLE]
have dominion over געוועלטיקן איבער
domino (tile) דער דאָמינאָ ‹דאָמינע›, ־ס; דער שטיין, ־ער
play dominoes שפּילן אין דאָמינאָ ‹דאָמינע›
domino effect דער דאָמינאָ־עפֿעקט
don, *n.* **(Mafia)** דער מאַפֿיע־קאָפּ, ־קעפּ
don, *v.* אָנטאָן; אַריבערציִען (אויף זיך)
donate בײַשטײַערן; שענקען; מנדב זײַן [MENÁDEV]
donation דער בײַשטײַער, ־ס; די מתּנה, ־ות; די נדבֿה, ־ות [MATÓNE] [NEDÓVE]
done, *adj.* אָפּגעטאָן; געמאַכט
Done! (Agreed!) אָפּגערעדט!; מסכּים! [MÁSKEM]
I'm done for ס׳איז אויס מיט מיר; כ׳בין געבאַרעט; כ׳בין אַן אָפּגעקאַטעוועטער ‹פֿאַרפֿאַלענער›; כ׳בין פֿאַרבײַ
It's a done deal ס׳איז שוין לאַחר־המעשׂה; ס׳איז שוין פֿאַרפֿאַלן [LEÁKhER-HAMÁYSE]
The food's done דאָס עסן איז שוין גרייט ‹פֿאַרטיק›
Don Juan דער דאָן־זשואַן, ־ען
donkey דער אייזל, ־ען
(for) donkey's years שוין לאַנגע יאָרן
donnybrook די סומאַטאָכע, ־ס; דאָס אַלגעמיינע געשלעג, ־ן
donor דער מנדבֿ, ־ים; דער בײַשטײַערער, ־ס; דער געלטגעבער, ־ס [MENÁDEV, MENÁDVIM]
(med.) דער געבער, ־ס; דער דאָנאָר, ־ס
generous donor דער נדבֿן, ־ים [NADVN, NADVÓNIM]
donor card דאָס דאָנאָר־קאַרטל, ־עך
donor egg דאָס געשאָנקענע אייעלע, ־ך
donor organ דער געשאָנקענער אָרגאַן, ־ען
donor tissue דאָס געשאָנקענע געוועב, ־ן
Don Quixote דער דאָן־קיכאָט, ־ן
donut *see* **doughnut**
doodad די טשאַטשקע, ־ס; דער דזשימדזשיק, ־עס; די מאַכערײַקע, ־ס
doodle, *n.* דער קאַראַקול
(penis/*slg./vlg.***)** דאָס שווענצל, ־עך
doodle, *v.* צייכענען צעטראָגענערהייט; בלײַערן
doom, *n.*
(ill fate) דער/דאָס ביטער(ע)ר גורל; די דאָליע [GOYRL]
(ruin) דער אונטערגאַנג
doom and gloom דער טיפֿער פּעסימיזם
doom, *v.* פֿאַרמישפּטן; פֿאַראורטלען [FARMÍShPETN]
He's doomed to fail אים איז באַשערט (אַ)דורכצופֿאַלן
doomed אויסגעשטעלט ‹פֿאַראורטלט› אויף אומקום; פֿאַרפֿאַלן
doomsayer דער אַפּאָקאַליפּטיקער, ־ס; דער אונטערגאַנגיסט, ־ן; דער נבֿיא פֿון אונטערגאַנג [NÓVI]
(*fig.*) דער מרה־שחורהניק, ־עס [MOREShKhÓYRENIK]
doomsday דער יום־הדין [YOM-HADÍN]
from now until doomsday לעולם־ועד; אויף אייביק [LEÓYLEM-VÓED]
door די טיר, ־ן
answer the door עפֿענען די טיר
close the door on/to אויסשליסן די מעגלעכקייט פֿון + אינפֿ׳
four-door car דער פֿירטיריקער אויטאָ, ־ס
get the door (for) עפֿענען + דאַט׳ די טיר
go door to door גיין פֿון הויז צו הויז; גיין פֿון טיר צו טיר
lay the blame at sb.'s door אַרויפֿלייגן אויף + דאַט׳ די שולד
leave the door open for לאָזן + דאַט׳ אָפֿן די טיר
show sb. the door ווײַזן + דאַט׳ די טיר; געבן + דאַט׳ דעם וועג; משלח זײַן [MEShALÉYEKh]
doorbell דאָס (טיר)גלעקל, ־עך
doorframe די פּוטרינע, ־ס; דער קוואַטיר, ־ן; דער אושאַק, ־עס
door handle דאָס טירהענטל, ־עך; די קליאַמקע, ־ס
doorjamb דאָס בײַשטידל, ־עך; דער אושאַק, ־עס
doorknob די קליאַמקע, ־ס
doorknocker דאָס טירקלעפּל, ־עך; דאָס טיר־קלעפּערל, ־עך
door lock דער טירשלאָס, ...שלעסער
doorman דער שווייצאַר, ־ן; דער טירהיטער, ־ס; דער פּאָרטיע, ־ען; דער טויער־היטער ‹־וועכטער›, ־ס
doormat דער טרעטער, ־ס; דאָס טרעטערל, ־עך; דאָס קאָבערעצל, ־עך
(*fig.*) דער פֿאַנטאָפּל־מאַן, ־מענער; די שמאַטע, ־ס
doorpost דאָס בײַשטידל, ־עך; דער אושאַק, ־עס
doorstep די/דער שוועל, ־ן
doorstop
(spring) די טיר־ספּרוזשינע, ־ס
(wedge) די טירפּראָפּקע, ־ס
door-to-door פֿון טיר צו טיר
door-to-door service די באַדינונג פֿון טיר צו טיר
doorway די טיר, ־ן
do-over
It's a do-over! נאָך אַ מאָל!
doozy
a doozy of a ... שוין איין מאָל אַ ...
dope, *n.*
(absorbent) דאָס זאַפּעכץ, ־ן
(drug/*slg.***)** דאָס פֿאַרטויבעכץ; די נאַרקאָטיק
(fool/*slg.***)** דער טיפּש, ־ים; דער שוטה, ־ים; דער נאַר, נאַראָנים [TÍPESh, TÍPShIM] [ShÓYTE, ShÓYTIM]
(information/*slg.***)** די אינעווייניקסטע אינפֿאָרמאַציע
(lubricant) דאָס שמירעכץ, ־ן
(varnish) דער (אַראָ)לאַק, ־ן
dope, *v.* **(up)** נאַרקאָטיזירן; פֿאַרטויבן; אָנשטאָפּן מיט מעדיקאַמענטן

doped-up נאַרקאָטיזירט; פֿאַרטוּמבט; אָנגעשטאָפּט
dopey נאַרישעוואַטע
doppelgänger דער טאָפּל, ־ען; דער צווײַטלינג, ־ען
Dorado (astr.) די שווערד
Dorian mode די דאָרישע גאַמע
dorm, *n.* דער אינטערנאַט, ־ן
 dorm resident דער אינטערנאַטניק, ־עס
dorm, *v.* וווינען אין אַן אינטערנאַט
dormancy די/דאָס אומאַקטיווקייט
dormant
 (account) אומאַקטיוו
 (volcano) שלאָפֿעדיק; אויסגעלאָשן
dormer דאָס דאַכפֿענצטערל, ־עך
dormitory דער אינטערנאַט, ־ן
dormouse די שלאָפֿמויז, ...מײַז
dorsal דאָרסאַל; רוקנ...
dorsum
 (anat.) דער רוקן, ־ס; די פּלייצע, ־ס
 (ling.) דער צונגרוקן, ־ס
dosage די דאָזע, ־ס; די דאָזירונג, ־ען
dose, *n.* די דאָזע, ־ס
 decrease the dose פֿאַרקלענערן די דאָזע
 increase the dose פֿאַרגרעסערן די דאָזע
dose, *v.* דאָזירן; באַשטימען די דאָזע
dosimeter דער דאָזע־מעסטער, ־ס
dossier דער דאָסיע, ־ען; די פּאַפּקע, ־ס
dot, *n.* דאָס פּינטל, ־עך
 on the dot אָט־אָט־אָט; פּינקטלעך צו דער מינוט ‹צײַט›
dot, *v.*
 (with many dots) באַפּינטלען; פּונקטירן
 (with single dot) שטעלן ‹מאַכן› אַ פּינטל
 dot the i's and cross the t's מקפּיד זײַן; מדקדק זײַן [MÁKPED] [MEDÁKDEK]
dotage די/דאָס סעניִלקייט; די/דאָס עובֿר־בטלדיקייט [ÓYVER-BÓTLDIKEYT]
dotard דער שטורמאַק, ־עס; דער עובֿר־בטל, ־ס [ÓYVER-BÓTL]
dotcom די אינטערנעץ־פֿירמע, ־ס
dote, *v.* **(on)** ליב האָבן + אַק׳ דאָס חיות (מיט דער נשמה) [KhÍES] [NEShÓME]
dot-matrix printer דער פּינטל־אָפּדרוקער, ־ס
dotted
 (dashed) פּונקטירט
 (flecked) באַפּינטלט
dotted line דער פּונקטיר, ־ן; די פּונקטיר־ליניע, ־ס
 sign on the dotted line *(fig.)* אָפֿיציעל צושטימען
 tear along the dotted line אָפּרײַסן אויפֿן פּונקטיר
dotting דער פּונקטיר
dotty עקסצענטריש; טשודאַקעוואַטע
double, *adj.* טאָפּל; צווייענדיק; צווייִק
 do double duty אַרבעטן פֿאַר צוויי; אַרײַנלייגן טאָפּעלע מי ‹צײַט›
 It's a double bill/feature מע ווײַזט צוויי פֿילמען (איינער נאָך אַנאַנד)
 have a double major האָבן צוויי הויפּט־לימודים
double, *adv.* אין צווייען ‹טאָפּעלן›
 see double זען אַלץ געטאָפּלט; האָבן אַ טאָפּעלע ראיה [RÍE]
double, *n.* דער טאָפּל, ־ען; דער טאָפּלינג, ־ען; דער צווייטלינג, ־ען
 (baseball) דער צווייקלאַפּ, ...קלעפּ
 (duplicate) דער דובלעט, ־ן
 hit a double שלאָגן אַ צווייקלאַפּ

 On the double! שוין!; תיכף־ומיד!; געשווינד! [TÉYKEF-UMIYÁD]
double, *vt./vi.* פֿאַרטאָפּלען (זיך); דובלירן (זיך)
 double as דינען אין צווייען ווי
 double back אויסדרייען ‹אויסקערעווע|ן› זיך און גיין צוריק
 double down (in cards) פֿאַרטאָפּלען
 double down (one's efforts) פֿאַרשטאַרקן די כּוחות [KÓYKhES]
 double over אײַנקאָרטשע|ן זיך
 double up מאַכן ‹טאָן› אין צווייען
double agent דער טאָפּל־אַגענט, ־ן; דער טאָפּל־שפּיאָן, ־ען
double-barreled צווייעריק
double-barreled gun די צווייעריקע ביקס, ־ן; די טאָפּלביקס, ־ן
double bass דער קאָנטראַבאַס, ־ן
double bed דאָס/די טאָפּלבעט, ־ן; דאָס/די פּאָרפֿאָלקבעט, ־ן
double bind די אומפֿאַרענטפֿערלעכע דילעמע, ־ס
double-blind טאָפּלבלינד־...
double bluff דער טאָפּעלער בלאָף, ־ן
double-breasted צווייריייִק; צווייבאַרטיק
double-check, *n.* דער איבערקאָנטראָל, ־ן; דער טאָפּעלער קאָנטראָל, ־ן
double-check, *v.* איבערקאָנטראָלירן; צום צווייטן מאָל קאָנטראָלירן
double chin דער גאָדער, ־ס
double-click, *n.* דער טאָפּלקוועטש, ־ן
double-click, *v.* טאָן ‹געבן› אַ טאָפּלקוועטש
double-cross, *n.* דאָס אָפּשווינדלעניש; די בגידה; דער ּפֿאַרראַט, ־ן [BGÍDE]
double-cross, *v.* אָפּשווינדלען; אָפּפֿריצעווע|ן; בוגד זײַן; ּפֿאַרראַטן [BÓYGED]
double-crosser דער אָפּשווינדלער, ־ס; דער בוגד, ־ים; דער ּפֿאַררעטער, ־ס [BÓYGED, BÓGDIM]
double date, *n.* די טאָפּעלע ראַנדקע, ־ס
double-date, *v.* אַרויסגיין אויף אַ טאָפּעלער ראַנדקע
double-dealing, *adj.* צוויי־פּנימדיק; פֿאַלש [PÓNEMDIK/PÉNEMDIK]
double-dealing, *n.* די/דאָס צוויי־פּנימדיקייט; דאָס רמאָות; די/דאָס פֿאַלשקייט [PÓNEMDIKEYT/PÉNEMDIKEYT] [RAMÓES]
double-decker צוויי־גאָרנדיק
double-decker bus דער צוויי־גאָרנדיקער אויטאָבוס, ־ן
double-digit צוויי־ציפֿערדיק
double Dutch
 (ling.) דאָס קוידריש; דאָס קוידערוועלש; דאָס תּרגום־לשון [TÁRGEM]
 play double Dutch שפּרינגען מיט צוויי שטריקן
double-edged
 (knife) צווישאַרפֿיק; מיט צוויי שאַרפֿן
 (meaning) מיט צוויי טײַטשן; צווייטײַטשיק
 It's a double-edged sword ס'איז אַ שטעקן מיט צוויי עקן
double entendre די/דאָס צווייטײַטשיקייט, ־ן; די/דאָס טאָפּל־טײַטשיקייט, ־ן; דאָס טאָפּעלע אָנצוהערעניש, ־ן
double-entry bookkeeping די טאָפּעלע בוכהאַלטעריע
double exposure די טאָפּל־באַלײַכטונג
double glazing טאָפּל־פֿענצטער ל״ר
doubleheader דער טאָפּלמאַטש, ־ן
double-hung window דער/דאָס טאָפּל־פֿענצטער, –
double infinitive דער טאָפּעלער אינפֿיניטיוו, ־ן

double jeopardy דאָס צוויי מאָל פּראָקוריִרט ווערן פֿאַרן זעלבן פֿאַרברעך

double-jointed אויסערגעוויינ(ט)לעך בייגעוודיק

double life דאָס טאָפּעלע ‹צוויי־פּנימדיקע› לעבן [PÓNEMDIKE/PÉNEMDIKE]

double meaning דער צווייִיקער ‹טאָפּעלער› טײַטש, ־ן

double negative די איבערגעחזרטע נעגאַציע, ־ס [ÍBERGEKhÁZERTE]

double occupancy (מיט) צוויי אין אַ צימער

double-paned window דער/דאָס טאָפּל־פֿענצטער, –

double-park פּאַרקירן אין דער צווייטער ריי

double pay דער טאָפּללוין

double play דער טאָפּעלער אַוט, ־ן

double-ply צווייִשיכטיק; צווייפֿאַכיק

double pneumonia די צווייזײַטיקע לונגען־אָנצינדונג ‹־פֿאַרצינדונג›

double-quick נאָך גיכער; זייער גיך

double room דער טאָפּל־צימער, ־ן; דער צימער פֿאַר צווייען

doubles (tennis) דער פּאָרנמאַטש

play doubles שפּילן פּאָרווײַז

double-sided טאָפּל־זײַטיק

double-space, *v.* שרײַבן ‹וואָרטירן/טיפּירן› אַ שורה איבער אַ שורה [ShÚRE]

double-spaced אַ שורה איבער אַ שורה; מיט אַ צווייִיקן אינטערוואַל [ShÚRE]

double standard דער טאָפּעלער סטאַנדאַרד, ־ן; די טאָפּעלע מאָראַל, ־ן

double stroller דאָס טאָפּל־וועגעלע, ־ך; דאָס טאָפּל־שפּאַציר(ער)ל, ־עך

doublet דער דובלעט, ־ן

double take די טאָפּעלע רעאַקציע

She did a double take זי האָט אַזש צוויי מאָל רעאַגירט; זי האָט רעאַגירט נישט איין מאָל, נאָר גאַנצע צוויי

double talk טאָפּל־צונגיקע ‹צווייטײַטשיקע› רייד ל״ר

double thread דער צווייגענגיקער גווינט

double time

(mil.) צוויי מאָל די גיכקייט

(mus.) דער צווייקלאַפּטאַקט; דער צווייפֿערטל־טאַקט

(pay) דער טאָפּללוין

double-track צוויי־קאָליִעדיק; צווייִרעלסיק

double vision די טאָפּעלע ראיה [RÍE]

double whammy דער טאָפּלטראַסק, ־ן/...טרעסק; דער טאָפּלקלאַפּ, ...קלעפּ

doubloon דער דובלאָן, ־ען

doubly צוויי מאָל (אַזוי פֿיל)

doubt, *n.* דער ספֿק, ־ות [SÓFEK, SFÉYKES]

cast doubt on וואַרפֿן אַ שאָטן ‹ספֿק› אויף [SÓFEK]

in doubt אין ספֿק; מוטל־בספֿק [MÚTL-BESÓFEK]

no doubt/without a doubt זיכער; געוויס; בלי־ספֿק; אָן קיין שום ספֿק [B(E)LÍ-SÓFEK]

doubt, *v.* האָבן אַ ספֿק; זײַן אין ספֿק; ספֿקן; מסופּק זײַן [SÓFEK] [SÓFEKN] [MESÚPEK]

doubter דער סקעפּטיקער, ־ס; דער בעל־ספֿק, בעלי־... [BALSÓFEK, BÁLE-...]

doubtful ספֿקדיק; מסופּקדיק; מוטל־בספֿק [SÓFEKDIK] [MESÚPEKDIK] [MÚTL-BESÓFEK]

be doubtful about האָבן אַ ספֿק צי [SÓFEK]

doubtfully מיט אַ ספֿק [SÓFEK]

doubtless אָן (קיין) שום ספֿק; זיכער; געוויס [SÓFEK]

douche, *n.* דער איריגאַטאָר, ־ס; דער שפּריצער, ־ס

douche, *v.* אויסשווענקען זיך (אינעווייניק)

dough דאָס טייג

(money/*slg.*) דער פּאַדעם; ממתּקים ל״ר; קליינגערס ל״ר; מעות ל״ר [MAMTÁKIM] [MÓES]

dough ball דאָס טייגל, ־עך

doughnut די פּאָנטשקע, ־ס; דער דאָנאַט, ־ס

dough scraper דער/דאָס טייגמעסער, ־ס

doughy טייגיק; ווייך

dour זויער; פֿאַרביסן; שטרענג

douse פֿאַרלעשן; באַגיסן

dove די טויב, ־ן; דאָס טײַבל, ־עך

(pol./*fig.*) דער שלומניק, ־עס [ShÓLEMNIK]

dove of peace די שלום־טויב, ־ן [ShÓLEM]

dovecote דער טויבנשלאַק, ־ן

dove-gray גראָ ווי אַ טויב

dovetail, *v.* **(with)** אַרײַנפּאַסן זיך ‹צו/מיט›; דערגאַנצן (איינס ס'אַנדערע); שטימען (מיט)

dovetail, *n.* **(joint)** דער שוועלבל־עק, ־ן; דער שלאָס, שלעסער

dowager די אַריסטאָקראַטישע אַלמנה, ־ות; די עלטערע גבֿירהטע ‹גבֿיר(ינ)טע›, ־ס [ALMÓNE] [G(E)VÍRETE/G(E)VÍR(N)TE]

dowdy שלומפּערדיק; טראַנטעוואַטע; אָן שום געשמאַק

dowel דער שטיפֿט, ־ן

down,[1] *adj.* **(depressed)** דערשלאָגן

on a down note צום באַדויערן ‹צער› [TSAR]

down,[2] *adj.* **(downy)** פּוכן

down comforter דאָס/די איבערבעט, ־ן; די פּערענע, ־ס; די פּוכענע קאָלדרע, ־ס; די דאָכענע, ־ס

down jacket דאָס פּוכענע רעקל, ־עך

down vest דאָס פּוכענע וועסטל, ־עך; די פּוכענע וועסט, ־ן

down, *adv.* אַראָפּ

be down and out נישט האָבן קיין העמד אויפֿן לײַב; זײַן בדיל־הדל; זײַן אַ בלויטיקער אָרעמאַן [BEDILADÁL]

be down to האַלטן אַזש ביז

be down to one's last cent האַלטן (אַזש) בײַם לעצטן סענט

come down with קראַנק ווערן אויף

down but not out געכאַפּט אַ קלאַפּ, אָבער נישט קיין מפּלה; אַ געמוטשעטע לעבן, אָבער מע לעבט [MAPÓLE]

down there (in genital area/*euph.*) דאָרט אונטן

down to ביז

down to the wire ביז דער סאַמע לעצטער מינוט

Down with ...! נידער ‹אַראָפּ› מיט ...!

get down to business נעמען זיך צו דער אַרבעט; צוקומען צום עסק [ÉYSEK]

Get down! אַראָפּ!; אַרונטער!

go down (downstairs) אַראָפּגיין

go down (temperature) פֿאַלן

nothing down אָן קיין (נ)אַדרויף; אָן האַנטגעלט

The computer's down דער קאָמפּיוטער איז קאַליע (געוואָרן)

two men down צוויי געפֿאַלן ‹געשלאָגן›

down, *n.* דער פּוך

down, *prep.* אַראָפּ־...; ...־אַראָפּ; אַראָפּ מיט

down the river טײַך־אַראָפּ; אַראָפּ־טײַך; אַראָפּ מיטן טײַך

down the road ווײַטער אויפֿן וועג

down the road (*fig.*) שפּעטער; מיט דער צײַט

down, *v.*

(drink) אַראָפּשלינגען; אײַנשלינגען

(airplane) אַראָפּשיסן

down-and-dirty

(hands-on) פּראַקטיש

(unscrupulous) אָנפּרינציפּנדיק; אָן פּרינציפּן ‹סקרופּלען›

downbeat, *adj.* דעפּרימירט; פּעסימיסטיש

downbeat, *n.* דער טאַקט, ־ן
downbow דער שטריך אַראָפּ
downcast דערשלאָגן; דעפּרימירט; שווערמוטיק
with downcast eyes מיט אַראָפּגעלאָזטע אויגן
downed (airplane) אַראָפּגעשאָסן
downer
(drug) דאָס באַרויִק־מיטל, ־ען
(person) די ביטערע ציבעלע, ־ס; די פּלאָג, ־ן; די זאַנודע, ־ס
be a downer (experience) באמת דערשלאָגן [BÉEMES]
be on a downer זײַן אין אַ דעפּרעסיע
downfall די ירידה, ־ות; דער אונטערגאַנג, ־ען; די מפּלה [YERÍDE] [MAPÓLE]
downgrade, *n.*
(reduction) די רעדוצירונג, ־ען
(slope) דער באַרגאַראָפּ, ־ן
downgrade, *v.* רעדוצירן; אַראָפּזעצן
downhearted מיט אַ שווער האַרץ; דערשלאָגן; געפֿאַלן בײַ זיך
downhill, *adv.* באַרג־אַראָפּ; אַראָפּ־באַרג
go downhill (*fig.*) גיין באַרג־אַראָפּ; פֿאַלן ‹גיין› מטה־מטה [MÁTE-MÓTE]
downhill skiing דער באַרגסקי־ספּאָרט
download, *n.* דער אַראָפּלאָד, ־ן
download, *v.* אַראָפּלאָדן
downloadable אַראָפּלאָדעוודיק
downmarket ביליק; פֿאַרן מאַסנמאַרק
down payment דער (נ)אַדרויף, ־ן; דאָס האַנטגעלט
downplay מינימיזירן; מאַכן צו גאָרנישט
downpour דער שלאַקסרעגן, ־ס; דער שלאַקס, ־ן; דער פּליוך, ־ן; דער גאָסרעגן, ־ס; דער מבול, ־ען [MABL]
downright, *adj.* בפּירוש; ־שב... [BEFÉYRESh] [ShÉBE]
a downright lie דער ליגן־שבליגנס; דער בפּירושער ליגן [ShEBELÍGNS] [BEFÉYREShER]
downright, *adv.*
a downright mean person דער רשע־מרושע; דער הונט מיט אויערן [RÓShE-MERÚShE]
downriver טײַך־אַראָפּ; אַראָפּ־טײַך; אַראָפּ מיטן טײַך
downside דער חסרון, ־ות/־ים [KhESÓRN, KhESRÓYNES/KhESRÓYNIM]
downsize פֿאַרקלענערן; רעדוצירן
downsize staff פֿאַרקלענערן דעם פּערסאָנאַל
downstage, *n.* די פֿאָדערבינע; די אַוואַנסצענע
downstairs, *adj.* אונטערשט
downstairs, *adv.*
(direction) אַראָפּ (מיט די טרעפּ); טרעפּ־אַראָפּ
(location) אונטן
downstairs, *n.* דער אונטן; דער נידעריקער גאָרן
downstream, *adj.* אַראָפּשטראָם־...
downstream, *adv.* שטראָם־אַראָפּ; אַראָפּ ‹מיטן› שטראָם; אַראָפּ־שטראָם
Down syndrome דער דאַון־סינדראָם
downtime דאָס ליידיקשטיין; די קאַליעצײַט
down-to-earth פּראַקטיש; תּכליתדיק [TÁKhLESDIK]
She's down-to-earth זי שטייט מיט ביידע פֿיס אויף דער ערד
downtown, *adv.* אין (צענטער) שטאָט; אַראָפּ־שטאָט; דאַונטאַון
downtown, *n.* דער שטאָטצענטער; דער צענטער שטאָט; דער דאַונטאַון
downtrodden אונטערגעדריקט; אונטערגעיאָכט
downturn די ירידה, ־ות [YERÍDE]
down under (די) אויסטראַליע; (דאָס) ניי־זעלאַנד

downward, *adj.* פֿאַלנדיק
downward(s), *adv.* אַראָפּ צו (צו); ˙אַרונטער
downward spiral דער אומפֿאַרמײַדלעכער באַרגאַראָפּ, ־ן
downwind מיטן ווינט; אַראָפּ־ווינט
downy פּוכיק; מאָכקע
dowry דער נדן, ־ס; די נדוניא, ־ס [NADN] [NEDÚNYE]
doyen דער עלטסטער געב'; דער דעקאַן, ־ען
doyenne די עלטסטע, –; די דעקאַנין, ־ס
doze דרימלען; דרעמלען
doze off אײַנדרימלען ‹אײַנדרעמלען›; אַנטדרימלט ‹אַנטדרעמלט› ווערן
dozen דער/דאָס טוץ, ־ן
two dozen eggs צוויי טוץ אייער
half a dozen bagels אַ האַלבער טוץ בייגל
dozens of צענדליקער
DPT shot די דע־פּע־טע־אינזשעקציע, ־ס; די דע־פּע־טע־אײַנשפּריצונג, ־ען
Dr. ד"ר [= דאָקטער/דאָקטאָר]
drab, *adj.* איינטאָניק; גראָ(לעך); סומנע
drab, *n.* דאָס גראָ־ברוינע וואָלנס
drabness די/דאָס איינטאָניקייט; די/דאָס גראָ(לעכ)קייט
draconian דראַקאָניש; אומברחמנותדיק [ÚMBERAKhMÓNESDIK]
draft, *adj.* אויפֿשוואַרצ...; אויף שוואַרץ ‹רוי›
draft legislation דער געזעץ־אָנוואַרף
in draft form אויף שוואַרץ ‹רוי›
draft, *n.*
(air) דער צוג, ־ן; די צוגלופֿט, ־ן; דער צוגווינט, ־ן; דאָס ווינטל, ־עך
(drink) דער זשליאַק, ־ן; דער טרונק, ־ען
(mil.) די נעמונג; די מאָביליזאַציע
(money) די טראַטע, ־ס; דער טראַסירטער וועקסל, ־ען
(plan) די סקיצע, ־ס; דער פּלאַן, פּלענער
(preliminary sketch) דער אויפֿשוואַרץ, ־ן; די שוואַרצשריפֿט, ־ן; דער אָנוואַרף, ־ן; דער רוי־עקזעמפּלאַר, ־ן; דער נוסח, ־אות [NÚSEKh, NUSKhÓES]
on draft פֿון דער פֿאַס; פֿונעם פֿעסל
the first draft דער ערשטער אָנוואַרף, ־ן; דער ערשטער נוסח, ־אות
draft, *v.*
(mil.) נעמען ‹רופֿן› אין מיליטער; נעמען דינען; אײַנוואַרבירן אין מיליטער־דינסט; מאָביליזירן
(outline) אָנוואַרפֿן; אָנצייכענען
draft legislation אָנוואַרפֿן אַ געזעץ
draft age דער מיליטער־‹פּריזיוו־›עלטער; דער דינסטעלטער
draft animal די שלעפּ־חיה, ־ות [KhÁYE]
draft beer דאָס ביר פֿון דער פֿאַס ‹פֿונעם פֿעסל›
draft board די נעם־‹מאָביליזיר־›קאָלעגיע, ־ס; דער מיליטער־אַמט, ־ן
draft card דאָס נעמונג־קאַרטל, ־עך; דער מאָביליזיר־צעטל, ־ען
draft dodger דער מיליטער־מײַדער, ־ס
be a draft dodger אַרויסדרייען זיך פֿון מיליטער־דינסט; אויסמײַדן מיליטער־דינסט
draftee דער גענומענער געב'; דער מאָביליזירטער געב'
drafting, *n.* דאָס (טעכנישע) צייכ(ע)נערײַ
drafting board דאָס/די צייכנברעט, ־ער; דער צייכן־טאָוול, ־ען
draftsman דער צייכענער, ־ס
draftsmanship דאָס (טעכנישע) צייכ(ע)נערײַ
drafty צוגיק; ווינטלדיק
It's drafty סע בלאָזט פֿון ערגעץ אַ צוג(ווינט) ‹ווינטל›
drag, *n.*

(on cigarette) דער צי, ־ען
(phys.) די שלעפּקראַפֿט
be a drag on אַראָפּשלעפּן; פֿאַלן + דאַט׳ צו לאַסט
in drag טראַוועסטירט; אין פֿרויען־קליידונג ‹־קליידער›; אין דרעג
take a drag on פֿאַרציִען; פּאַפּ(ק)ע|ן
the main drag די הויפּטגאַס
drag, *v.*
vt. (צו)שלעפּן; טאַרכענען; טאַסקע|ן; דזשוויגע|ן
vt. **(comp.)** צושלעפּן
vi. נאָכשלעפּן זיך
drag and drop צושלעפּן און לאָזן שטיין
drag away/off אַוועקשלעפּן; אָפּשלעפּן; פֿאַרשלעפּן
drag in אַרײַנציִען; אַרײַנשלעפּן
drag into the argument אַרײַנשלעפּן אינעם קריגערײַ ‹מחלוקת› [MAKhLÓYKES]
drag on ציִען זיך (אָן אַ סוף) [SOF]
drag one's feet ציִען ‹שלעפּן› די פֿיס; באַלעמוטשע|ן; קריכן; טאַלאַפּ(ק)ע|ן
drag out אָפּציִען; אויסציִען (אין דער לענג און אין דער ברייט)
drag sb. down (discourage) אָפּמוטיקן
drag sb. down with oneself אַראָפּציִען + אַק׳ מיט זיך אַליין
drag up אויפֿגראָבן
He was dragged down by scandal דער סקאַנדאַל האָט אים דערפֿירט צו ירידה [YERÍDE]
dragnet די שלעפּנעץ, ־ן; דער וואַליק, ־עס
dragon דער דראַקאָן, ־ען; די פֿליִענדיקע שלאַנג, ־ען; דער פּיפּערנאָטער, ־ס; דער לינדן־וואָרעם, ־ווערעם
dragonfly די ליבעלע, ־ס
dragoon, *n.* דער דראַגונער, ־ס
dragoon, *v.* נייטן ‹צווינגען› בכוח [BEKÓYEKh]
drag queen די דרעג־מלכה, ־ות [MÁLKE]
drain, *n.*
(depletion) דער אָפּפֿליס; דער פֿאַרניץ
(onus) דער/דאָס עול, ־ן [OL]
(sink) דער אָפּצי, ־ען; דער אָפּרין, ־ען
go down the drain (*fig.*) גיין לאיבוד; גיין אין ניוועץ [LEÍBED]
pour down the drain אויסגיסן אין אָפּגאָס
pour money down the drain פֿאַרברענען ‹צעטרענצלען/פּטרן› געלט [PÁTERN]
drain, *v.*
vt. **(energy)** פֿאַרניצן
vt. **(liquid)** לאָזן אָפּרינען; אָפּצאַפּן; אָפּציִען; אָפּטריפֿן; אויסליידיקן
vt. **(wet land)** אָפּציִען ‹אָפּפֿירן› וואַסער; אָפּוואַסערן
vi. **(liquid)** אָפּרינען; אָפּצאַפּן זיך; אָפּפֿליסן
(let) drain away/off לאָזן אָפּרינען; אָפּטריפֿן
drainage דער דרענאַזש
(of wet land) די אָפּוואַסערונג
drainage ditch דער אָפּגאַנגראָוו, ־ן
drainboard/drainer דאָס/די אָפּרינברעט, ־ער
drainpipe די/דער אָפּפֿליסרער, ־ן; די/דער דרענאַזשרער, ־ן
drain stopper דער אָפּצי־פּראָפּן, ־ס
draisine די דרעזינע, ־ס
drake דער קאָטשער, ־ס
dram די דראַכמע, ־ס
drama די דראַמע, ־ס
drama club דער דראַמקרײַז, ־ן
drama critic דער טעאַטער־קריטיקער, ־ס
dramatic דראַמאַטיש
dramatically דראַמאַטיש; אויף אַ דראַמאַטישן אופֿן [OYFN]
dramatically different ראַדיקאַל אַנדערש
dramatic reading די דראַמאַטישע פֿירלייענונג, ־ען
dramatis personae (ווירקנדיקע) פּערזאָנען
dramatist דער דראַמאַטורג, ־ן
dramatization די דראַמאַטיזירונג, ־ען
dramatize
(adapt) אינסצענ(יז)ירן
(perform) דראַמאַטיזירן
dramaturgy די דראַמאַטורגיע
drape, *n.* דער גאַרדין, ־ען; דער פֿירהאַנג ‹פֿאָרהאַנג›, ־ען
drape, *v.* דראַפּירן (מיט)
draper דער שניט־סוחר, ־ים; דער שניטקרעמער, ־ס; דער געווענטער [SÓYKhER, SÓKhRIM]
drapery
(cloth) דאָס טוך; דער שטאָף
(curtain) דער דראַפּיר; די דראַפּירונג; די דראַפּעריע; פֿירהאַנגען ‹פֿאָרהאַנגען› ל״ר
drastic דראַסטיש
drastically דראַסטיש; אויף אַ דראַסטישן אופֿן; ראַדיקאַל; שאַרף; שטאַרק [OYFN]
go drastically wrong גיין שטאַרק באַרג־אַראָפּ
Drat! אײַנגעזונקען זאָל עס ווערן!; אין דר׳ערד אַרײַן!
draught *see* **draft**
draughts דאַמקעס
draw, *n.*
(attraction) דער צוצי
(pull) דער צי, ־ען
(tie game) דער רעמי, ־ען
draw, *v.*
vt. imp./pf. **(pull)** (צו)ציִען; (צו)שלעפּן
vt. **(blood)** צאַפּן
vt. **(liquid)** שעפּן
vt. **(curtains)** פֿאַרציִען (מיט)
vt./vi. **(sketch)** ריסעווע|ן; מאָלן; צייכענען
draw a blank נישט קענען זיך דערמאָנען; פּלוצעם פֿאַרגעסן
draw a check אויסשטעלן אַ טשעק
draw a circle באַרינגלען
draw a comparison פֿאַרגלײַכן
draw a conclusion אויספֿירן; קומען צו דער מסקנא [MASKÓNE]
draw a crowd צוציִען אַן עולם [ÓYLEM]
draw a distinction מאַכן אַן אונטערשייד; אונטערשיידן
draw a gun אַרויסציִען ‹אַרויסכאַפּן› אַ רעוואָלווער; כאַפּן זיך צום רעוואָלווער
draw aside אָפּפֿירן ‹אַוועקנעמען› אין אַ זײַט
draw away אָפּציִען
draw back, *vt./vi.* צוריקציִען (זיך)
draw down אויסניצן ביסלעכווײַז
draw even with אויסגלײַכן זיך מיט
draw into אַרײַנציִען אין
draw in/up (train) צופֿאָרן ‹אָנקומען/אַרײַנפֿאָרן› אין דער סטאַנציע
draw in one's breath אײַנציִען דעם אָטעם
draw lots ציִען גורל ‹קניפּלעך›
draw near דערנענטערן זיך
draw on שעפּן פֿון; פֿאַררופֿן זיך אויף
draw oneself up אויסציִען זיך (ווי אַ דראָנג ‹זעלנער›)
draw out (bring out) אַרויסציִען
draw out (prolong) אויסציִען; צעציִען
draw the words out of שלעפּן ‹ציִען› + דאַט׳ פֿאַר דער צונג

draw up (chair) צוּרוקן

draw up (contract) אָנשרײַבן; פֿאָרמולירן; צונויפֿשטעלן

draw wages אָפּנעמען שכירות [SKhÍRES]

be drawn towards ציִען אומפּ׳ + אַק׳/פּ״ק צו; זײַן צוגעצויגן צו

with drawn weapon מיט גרייט(ן) געווער

drawback דער חסרון, ־ות/־ים; דער מינוס, ־ן; דער אָפּהאַלט, ־ן; דער שטער, ־ן [KhESÓRN, KhESRÓYNES/KhESRÓYNIM]

drawbridge די הייבבריק, ־ן; די פֿונאַנדערנעם־בריק, ־ן

drawer דער/דאָס שופֿלאָד, ־ן/...לעדער; דאָס טישקעסטל, ־עך

drawers (underwear) גאַטקעס; אונטערהויזן; תּחתּונים [TAKhTÓYNIM]

drawing, *n.*

(action) דאָס ריסעווען; דאָס צייכענען

(lottery) די ציִונג, ־ען

(sketch) די צייכענונג, ־ען

drawing board דאָס/די צייכנברעט, ־ער; דער צייכן־טאַוול, ־ען

back to the drawing board אויס כּלה, ווידער אַ מויד [KÁLE]

drawing pen די רייספֿעדער, ־ן

drawing room דער גאַסטצימער, ־ן

drawl, *n.*

speak with a drawl אויסציִען די ווערטער

drawl, *v.* (אויס)ציִען די ווערטער

drawn אָפּגעצערט; אויסגעמוטשעט

drawn-out פֿאַרשלעפּט; אויסגעצויגן; פֿאַרצויגן

It became drawn-out ס׳האָט זיך פֿאַרצויגן; ס׳איז געוואָרן אַ פֿאַרשלעפּטע קרענק

drawplate דער/דאָס ציאײַזן, ־ס

drawstring דאָס ציבענדל, ־עך

dray דער וואָגן, ־ס/וועגענער; די בינדיוגע, ־ס

drayman דער בעל־עגלה, ־ות; דער בינדיוזשניק, ־עס [BALEGÓLE]

dread, *n.* דער פּחד; די אימה; די פּאַרכט; די מורא; דער/די שרעק [PÁKhED] [ÉYME] [MÓYRE]

dread, *v.* שרעקן זיך פֿאַר; ציטערן פֿאַר

dreaded אימהדיק; מוראדיק; שרעקלעך [ÉYMEDIK] [MÓYREDIK]

dreadful שרעקלעך; שוידערלעך; אימהדיק; מאוימדיק; מוראדיק [ÉYMEDIK] [M(E)ÚYEMDIK] [MÓYREDIK]

dreadfully שרעקלעך; שוידערלעך

dreadlocks געקניפּטע צעפּלעך; האָרשטריקלעך

dream, *n.* דער חלום, ־ות [KhÓLEM, KhALÓYMES]

(longing) *also* דער טרוים, ־ען; די פֿאַנטאַזיע, ־ס

a dream come true דער מקוים געוואָרענער חלום [MEKÚYEM]

bad dream דער קאָשמאַר, ־ן; דער בייזער חלום, ־ות

go like a dream גיין ווי אַ וואַסער

He's the man of her dreams ער איז איר אויסגעחלומטער מאַן [ÓYSGEKhÓLEMTER]

In your dreams! ווען אין הימל וועט זײַן אַ יאַריד!

She had a dream about ... ס׳האָט זיך איר געחלומט + נאָמ׳; ס׳איז איר געקומען צו חלום + נאָמ׳ [GEKhÓLEMT]

Sweet dreams! שלאָפֿ(ט) געזונט!

dream, *v.* חלומען [KhÓLEMEN]

(long) *also* טרוימען; פֿאַנטאַזירן

dream away פֿאַרבערענגען מיט די חלומות [KhALÓYMES]

dream up אויסקלערן; אויסטראַכטן

He must have dreamt it ס׳האָט זיך אים זיכער געחלומט [GEKhÓLEMT]

I dreamed of her זי איז מיר געקומען צו חלום; זי האָט זיך מיר געחלומט; כ׳האָב געחלומט וועגן ‹פֿון› איר [KhÓLEM]

dreamer דער בעל־חלומות, בעלי־...; דער טרוימער, ־ס; דער שטערן־קוקער, ־ס; דער פֿאַנטאַזיאָר, ־ן [BALKhALÓYMES, BÁLE-...]

dreamless אָנחלומותדיק; אָן חלומות [ÓNKhALÓYMESDIK] [KhALÓYMES]

dreamlike ווי אין אַ חלום [KhÓLEM]

dream team די גילדענע קאָמאַנדע, ־ס

dream world די דמיון־וועלט; די אויסגעטראַכטע ‹אויסגעקלערטע› וועלט [DÍMYEN]

dreamy פֿאַרחלומט [FARKhÓLEMT]

dreary כמאַרנע; מוטנע; ׳טריב

dredge, *n.* **(net)** די שלעפּנעץ, ־ן

dredge, *v.* אָפּשלאַמען; אויפֿגראָבן (מיט אַן ערדשעפּער)

dredge up (*fig.*) אויסגראָבן; אויפֿגראָבן

dredger

(boat) דאָס גרונטזויג־שיפֿל, ־עך

(machine) דער ערדשעפּער, ־ס; די ערדשעפּ־מאַשין, ־ען

dredging, *n.* דאָס אויפֿגראָבן; דאָס אויסגראָבן

dregs דער אָפּזעץ ל״י; דער אָפּפֿאַל ל״י; די הושטשע ל״י

dregs of society דאָס פּסולת פֿון דער געזעלשאַפֿט [PSÓYLES]

drench (אַ)דורכווייקן; אויסווייקן

drenched (אַ)דורכגעווייקט; אויסגעווייקט; אויסגעטונקען

dress, *adj.* עלעגאַנט; פֿאַרמעל; יום־טובֿדיק; שבתדיק [YÓNTEVDIK] [ShÁBESDIK]

dress, *n.*

(clothing) קליידער ל״ר; בגדים ל״ר; מלבושים ל״ר [BEGÓDIM] [MALBÚShIM]

(girl's) דאָס קליידעלע, ־ך

(woman's) דאָס קלייד, ־ער

dress, *v.*

vt./vi. **(clothe)** אָנטאָן (זיך)

vt. **(fish/fowl)** צוגרייטן צום קאָכן ‹באַקן›

vt. **(salad)** גאַרנירן; פֿאַרצירן; באַפּוצן

vt. **(wound)** איבערבינדן; (פֿאַר)באַנדאַזשירן

dress down (berate) געבן + דאַט׳ אַ פֿאַרציע; אויסזידלען; געבן + דאַט׳ דעם רעכטן פּסק; אויסשייגעצן; אָנרײַבן + דאַט׳ אַ מאָרדע [PSAK]

dress down (clothes) אָנטאָן זיך אין אָפּגעשפּאַנטע ‹אומפֿאַרמעלע› קליידער

dress up אויספּוצן זיך; אויסקליידן זיך; אויסשטראָצלען זיך

dressage דאָס אײַנרייטן; דאָס אויסרייטן; די דרעסירונג

dress circle דער בעלעטאַזש

dress coat דער פֿראַק, ־ן

dress code הלבשה־כּללים ל״ר [HALBÓShE-KLÓLIM]

dressed אָנגעטאָן

be dressed in זײַן אָנגעטאָן אין; גיין אין

dressed to kill/to the nines אויסגעשטרויעט; אויסגעפּוצט אין עסיק און אין האָניק

get dressed אָנטאָן זיך

dressed up אויסגעפּוצט; שיין ‹עלעגאַנט› אָנגעטאָן

dresser[1] **(furniture)** דער קאָמאָד, ־ן

dresser[2] **(thea.)** דער קאָסטיומער, ־ן

dressing

(sauce) דער סאָס, ־ן

(wound) דער באַנדאַזש, ־ן; דער קאָמפּרעס, ־ן

(soil) די באַמיסטיקונג

dressing-down די פֿאַרציע; די אויסזידלונג

give a dressing-down to געבן + דאַט׳ אַ פֿאַרציע ‹גאַב›; אויסזידלען; געבן + דאַט׳ דעם רעכטן פּסק [PSAK]

dressing gown דער שלאָפֿראָק, ־ן; דער פּעניואַר, ־ן

dressing room דער גאַרדעראָב־‹אָנטו־›צימער, ־ן
dressing table דאָס טואַלעט־טישל, ־עך
dressmaker
m./unsp. דער פֿרויען־‹דאַמען־›שנײַדער, ־ס
f. די פֿרויען־‹דאַמען־›שנײַדערקע, ־ס; די נײטאָרין, ־ס
dressmaking דאָס פֿרויען־‹דאַמען־›שנײַדערײַ
dress rehearsal די גענעראַל־פּראָבע, ־ס
dress shirt דאָס פֿאַרמעלע ‹שבתדיקע› העמד, ־ער; דאָס פֿראַקהעמד, ־ער [ShÁBESDIKE]
dress suit דער אָוונט־אָנצוג, ־ן; דער אָוונט־קאָסטיום, ־ען
dress uniform דער פּאַראַד־‹גאַלאַ־›אוניפֿאָר(ע)ם, ...רמען
dressy עלעגאַנט; מאָדיש
drib
in dribs and drabs טראָפּנווײַז; ברעקלווײַז; צו ביסלעך
dribble, *n.* די סלינע
(basketball) דאָס באַלעמען
dribble, *v.* סלינע|ן
(basketball) באַלעמען
dried געטריקנט
(food) *also* דאַר
dried fruit די באַקאַלײ; דאָס געטריקנטע אויפּס; געטריקנטע פֿרוכטן ל״ר
dried-up אײַנגעטריקנט; אויסגעטריקנט; אײַנגעדאַרט
drift, *n.*
(flow) דער לויף; דער גאַנג
(naut.) דער דרייף, ־ן
(snow) דער פֿאַרשנײ, ־ען; דאָס אָנגעשנײ, ־ען; די שנײקופּע, ־ס; די שנײהורבע, ־ס
catch one's drift כאַפּן (דעם שניט); פֿאַרשטיין; באַנעמען
drift, *v.*
(naut.) דרייפֿן; טראָגן זיך
(wander) גיין נע־ונד; וואַנדערן [NAVENÁD]
The snow drifted ס'האָבן זיך אָנגעטראָגן שנײקופּעס ‹שנײהורבעס›
drifter דער אומטרײַבער, ־ס; דער נע־ונדניק, ־עס; דער אָרחא־פּרחאניק, עס [NAVENÁDNIK] [ORKhEPÓRKhENIK]
drift ice דאָס טרײַבאײַז
drifting mine די טרײַבמינע, ־ס
drift net די טרײַבנעץ, ־ן
driftwood דאָס טרײַבהאָלץ; דאָס שווימגעהילץ
drill,[1] *n.* **(mech.)** דער עקבער, ־ס; דער בויער, ־ס; דער דרעל ‹דריל›, ־ן
(dental) דער עקבער, ־ס; די בויער־מאַשין, ־ען
drill,[2] *n.* **(training)** דער מושטיר, ־ן; די מושטרע, ־ס
know the drill וויסן וואָס און ווען
drill,[1] *v.* **(mech.)**
vt. imp. עקבערן; בויערן; דרעלעווע|ן
vt. pf. (אַ)דורכעקבערן; אויסעקבערן; (אַ)דורכבויערן; אויסבויערן; (אַ)דורכדרעלעווע|ן; אויסדרעלעווע|ן
vt. **(dental)** אויסעקבערן; אויסבויערן
drill for oil בויערן נאָך נאַפֿט; זוכן נאַפֿט
drill,[2] *v.*
vt. **(acad.)** אײַנלערנען ‹אײַנחזרן/קנעלן› מיט [ÁYNKhÁZERN]
vt./vi. **(mil.)** מושטרעווע|ן (זיך); מושט(ר)ירן (זיך)
drill into one's head אַרײַנהאַקן + דאַט' אין קאָפּ; אַרײַנטאָלקעווע|ן + דאַט' אין מוח [MÓYEKh]
drill ammunition די טרעניר־אַמוניציע
drill bit דער בויער־אײַזן, ־ס
drilling rig דער בויער־טורעם, ־ס
drill press די בויער־מאַשין, ־ען
drill sergeant דער מושטיר־סאַרזשאַנט, ־ן
drily טרוקן

drink, *n.* דאָס געטראַנק, ־ען
(act) דער טרונק, ־ען
(alcoholic) די כּוס(י)ע, ־ס; דאָס שנעפּסל, ־עך; דאָס גלעזעלע (משקה) [KÓYS(Y)E] [MÁShKE]
a drink of water אַ טרונק וואַסער
Drinks are on me! איך שטעל לחיים!; על חשבון הגבֿיר! [LEKhÁYEM] [AL KhÉZhBM HAG(E)VÍR]
go out for a drink גיין טרינקען ‹כאַפּן/מאַכן› אַ שנעפּסל
have a drink מאַכן אַ לחיים ‹כּוס(י)ע/שנעפּסל›
drink, *v.* טרינקען
(be an alcoholic) שיכּורן; זויפֿן [ShíKERN]
drink in אײַנאָטעמען; אײַנזויגן אין זיך; פֿאַרכאַפּט ווערן פֿון
drink like a fish שטאַרק שיכּורן
drink under the table קענען אַרײַנגיסן מער פֿון
drink to טרינקען לחיים צו; טרינקען אַ כּוס ‹כּוס(י)ע› פֿאַר; צוטרינקען + דאַט' [LEKhÁYEM] [KOS] [KÓYS(Y)E]
drink up אויסטרינקען
have too much to drink אָנשיכּורן זיך; איבערכאַפּן די מאָס [ÓNShíKERN]
Would you like something to drink? ווילסט ‹ווילט איר› עפּעס טרינקען?
have a drinking problem טרינקען איבער דער מאָס; שיכּורן [ShíKERN]
drinkable צו(ם) טרינקען
drinker דער טרינקער, ־ס
(alcoholic/*m./unsp.*) דער שיכּור, ־ים; דער שיכּורניק, ־עס [ShíKER, ShIKÚRIM] [ShIKÓRNIK]
(alcoholic/*f.*) די שיכּורטע, ־ס; די שיכּורניצע, ־ס [ShíKERTE] [ShIKÓRNITSE]
drinking, *n.* **(alcohol)** דאָס שיכּורן [ShíKERN]
drinking age דער טרינקעלטער
drinking companion דער חבֿר צום גלעזל; דער מיטטרינקער, ־ס [KhÁVER]
drinking cup דאָס טרינקטעפּל, ־עך
drinking fountain דער וואַסער־פֿאָנטאַן, ־ען; די/דער טרינקרער, ־ן
drinking song דאָס טרינקליד, ־ער; דאָס טישליד, ־ער
drinking straw דער טרינקשטרוי, ־ען
drinking water דאָס טרינקוואַסער
drip, *n.* דאָס קאַפּען; דאָס טריפֿן
(med.) די קאַפּעניצע, ־ס
(person/*slg.*) דער נודניק, ־עס; דער קלעק, ־ן
drip, *v.* קאַפּען; טריפֿן; דריפּע|ן
dripping wet פּיטש נאַס; (אַ)דורכגענעצט; נאַס דורך און דורך
drip-dry, *adj.* תּמיד געפּרעסט [TÓMED]
be drip-dry זײַן תּמיד געפּרעסט; אויסטריקנענע זיך אָן קנייטשן
drip irrigation די טריף־באַוואַסערונג
dripping, *n.*
(drops) דאָס קאַפּען; דאָס טריפֿן
(fat) דאָס/די שמאַלץ
drive, *n.*
(campaign) די קאַמפּאַניע, ־ס; די אַקציע, ־ס
(comp.) דער דיסק, ־ן; דער דיסק־לייענער, ־ס
(energy) דער כּוח; דער טרײַב, ־ן [KÓYEKh]
(excursion) דער פֿאָר, ־ן; די יאַזדע, ־ס
(mech.) דער אָנטרײַב
(psych.) דער יצר, ־ים; דער טרײַב, ־ן [YÉYTSER, YETSÓRIM]
(sexual) דער (סעקסועלער) יצר, ־ים
go for a drive אַרומפֿאָרן; (אַ)דורכפֿאָרן זיך
drive, *v.*

vt. **(vehicle)** פֿירן; שאָפֿירן
vt. **(urge)** (אָנ)טרײַבן
vi. **(in vehicle)** פֿאָרן
drive at מײנען; זײַן אויסן; וועלן דערגיין
drive away, *vt.* **(chase)** פֿאַריאָגן; פֿאַרטרײַבן
drive away/off, *vi.* **(in vehicle)** אַוועקפֿאָרן; אָפּפֿאָרן
drive back, *vt.* **(crowd)** אָפּהאַלטן; אָפּטרײַבן
drive back, *vi.* **(in vehicle)** צוריקפֿאָרן; קריקפֿאָרן
drive down, *vt.* **(prices)** אַראָפּשרויפֿן
drive home, *vt.* **(person)** אַהיימפֿירן
drive home, *vi.* **(in vehicle)** אַהיימפֿאָרן
drive in a run (baseball) אַרײַנקלאַפּן
drive in, *vt.* **(a nail)** אַרײַנקלאַפּן
drive in, *vi.* **(in vehicle)** אַרײַנפֿאָרן
drive off, *vt.* **(disperse)** פֿאַרטרײַבן
drive off, *vi.* **(drive away)** אָפּפֿאָרן
drive off, *vi.* **(in different directions)** צעפֿאָרן זיך
drive out, *vt.* **(chase)** פֿאַריאָגן; פֿאַרטרײַבן; אַרויסיאָגן; אַרויסטרײַבן
drive out, *vi.* **(in vehicle)** אַרויספֿאָרן
drive a point home גרונטיק קלאָר מאַכן
drive sb. crazy טרײַבן + אַק' צו משוגעת; מאַכן + אַק' (דול און) משוגע [MEShUGÁS] [MEShÚGE]
drive sb. to (a place) (צו)פֿירן
drive sb. to (do stg.) טרײַבן ‹ברענגען› צו
drive sb. up the wall משוגע מאַכן + אַק'; טרײַבן + אַק' צו משוגעת
drive to desperation אַרײַנברענגען אין ייִאוש ‹פֿאַרצווייפֿלונג›; דערפֿירן ביז ייִאוש ‹פֿאַרצווייפֿלונג› [YÍESh/YÉYESh]
drive up, *vt.* **(prices)** אַרויפֿשרויפֿן
drive up, *vi.* **(a hill)** אַרויפֿפֿאָרן
drive up, *vi.* **(approach)** צופֿאָרן; פֿאַרפֿאָרן
He's driven סע זיצט אין אים אַ שד ‹רוח›; ער פֿאָרט אויף אַלע רעדלען [ShED] [RÚEKh]
driven by (powered) געטריבן פֿון
drive-in movie דער אײַנפֿאָר־קינאָ, ־ס
drivel דאָס שטותערײַ; דער אומזינען
driver
(mech.) די טרײַבראָד, ...רעדער
(person/*m./unsp.***)** דער שאָפֿער, ־ן; דער אויטאָמאָביליסט, ־ן
(person/*f.***)** די שאָפֿערשע, ־ס; די אויטאָמאָביליסטקע, ־ס
driver's ed דער שאָפֿירקורס
driver-side door די שאָפֿערטיר, ־ן
driver's license די (שאָפֿיר־)ליצענץ, ־ן; דאָס שאָפֿיר־בלעטל, ־עך
driver's permit דאָס/די שאָפֿיר־דערלויבעניש, ־ן
driver's seat דער שאָפֿירזיץ, ־ן
be in the driver's seat (*fig.***)** פֿירן דאָס רעדל; האַלטן די לייצעס; זיצן אויפֿן ברעטל ‹פֿערד›
drive shaft דער אָנטריב־מעכאַניזם, ־ען
driveway דער (אויטאָ־)אַרײַנפֿאָר, ־ן
driving, *adj.*
(mech.) טרײַב...
(chauffeuring) שאָפֿיר...
driving, *n.* דאָס שאָפֿירן
driving under the influence דאָס שאָפֿירן שיכורערהייט ‹אונטערן גלעזל› [ShíKERERHÉYT]
driving belt דער טרײַברימען, ־ס
driving directions פֿאָר־אינסטרוקציעס
driving force דער טרײַב־כּוח; די טרײַבקראַפֿט [KÓYEKh]
driving instructor דער שאָפֿיר־לערער, ־ס
driving lesson די שאָפֿיר־לעקציע, ־ס
driving rain דער גאָסרעגן, ־ס; דער שלאַק(ס)רעגן, ־ס; דער כליאַפּ, ־ן; דער פּליוכרעגן, ־ס
driving school די שאָפֿירשול, ־ן
driving snow דער טרײַבשניי; די זאַווערוכע
driving test דער שאָפֿירטעסט, ־ן
drizzle, *n.* דער שפּריירעגן, ־ס; דאָס שפּריצרעגעלע, ־ך; דאָס (דריבנע) רעגנדל, ־עך
drizzle, *v.*
vt. לאָזן טריפֿן
vi. קאַפּע(ן); שפּרייען; מראַקע(ן)
drizzle in אַרײַנקאַפּע(ן); אַרײַנרינען
It's drizzling סע קאַפּעט ‹מראַקעט›; סע גייט אַ (דריבנע) רעגנדל
droll קאָמיש; אַמוזאַנט; שפּאַסיק; טשיקאַווע
drollery דער לײַכטער הומאָר; דער שפּאַס
dromedary דער דראָמעדאַר, ־ן; דער איין־הויקערדיקער קעמל, ־ען
drone,[1] *n.* **(av.)** דער דראָן, ־ען
(bee) *also* דער טרײַטל, ־ען; די וואַסערבין, ־ען; די ערבין, ־ען
(craft) *also* דער אָנפּילאָטיקער עראָפּלאַן, ־ען
(loafer) דער טונעיאַדעץ, ...דצעס; דער פּאַראַזיט, ־ן
drone,[2] *n.* **(sound)** דאָס זשומען; דאָס זשוזשען; דאָס זשומערײַ
drone, *v.* זשומע(ן); זשוזשע(ן); הודיע(ן)
drone on האַלטן אין איין פֿאָנפֿען; רעדן מאָנאָטאָניש
drool, *n.* די סלינע
drool, *v.* סלינע(ן); גאַווערן; פֿאַרסלינע(ן) זיך
droop, *n.*
(of eyelids) שווערע לעדלעך
walk with a droop גיין אײַנגעבויגן
droop, *v.* אַראָפּהענגען
(flower) אַראָפּבייגן זיך
droopy אַראָפּהענגענדיק
drop, *n.*
(fall) דער זונק, ־ען; דער פֿאַל אַראָפּ
(incline) דער אַראָפּהאַנג, ־ען
(of liquid) דער טראָפּן, ־ס; דער קאַפּ, ־ן
(reduction) די פֿאַרקלענערונג, ־ען; די פֿאַרקנאַפּונג, ־ען
drop by drop קאַפּנווײַז; קאַפּ נאָך קאַפּ; אַ טראָפּעלע פֿאַר אַ מאָל
a drop in the bucket/ocean אַ טראָפּן ‹שפּײַ› אין ים; אַ גאָרנישטל [YAM]
at the drop of a hat תּיכּף־ומיד; ווי נאָר עפּעס [TÉYKEF-UMEYÁD]
to the last drop ביזן שפּונט; ביזן לעצטן טראָפּן
drop, *v.*
vt. לאָזן פֿאַלן; אָפּלאָזן
vi. פֿאַלן
be dropped (ling.) אַוועקפֿאַלן
drop a course אָפּלאָזן אַ קורס; צוריקציִען זיך פֿון אַ קורס
drop a hint געבן אָנצוהערן
drop sb. אַוועקוואַרפֿן
drop a stitch אָפּלאָזן אַן אייגל
drop back/behind אָפּשטיין; זײַן הינטערשטעליק
drop in/by (on) צוכאַפּן ‹אַריבערכאַפּן/אַרײַנכאַפּן› זיך (צו); אָפּטרעטן בײַ ‹צו/אין›; אַרײַנשמעקן (צו/אין)
drop stg. into אַרײַנוואַרפֿן אין
drop like flies פֿאַלן ווי (די) פֿליגן
drop off, *vt.* **(leave)** אָפּלאָזן
drop off, *vi.* **(decrease)** פֿאַלן; זינקען
drop off to sleep אַנטשלאָפֿן ווערן; אײַנשלאָפֿן

drop one's head אַראָפּלאָזן דעם קאָפּ
drop one's opposition [TSAD] נאָכגעבן (דעם צווייטן צד)
drop out אַרויספֿאַלן; אָפּפֿאַלן
drop out of school אַוועקגיין ‹אַרויספֿאַלן› פֿון דער שול; פֿאַרלאָזן די שול
drop the ball אַרויסלאָזן דעם באַלעם פֿון די הענט
drop the ball (*fig.*) אָפּטאָן אַ פֿעלער
drop-dead gorgeous ווונדערלעך שיין, כאָטש נעמ(ט) און חלש(ט) אַוועק [KhÁLESh(T)]
drop-down menu דער אַראָפּצי־מעניו, ־ען
use the drop-down menu אַראָפּציִען דעם מעניו
drop-leaf די קליאַפּע, ־ס; דער פֿליגל, –
drop-leaf table דער פֿליגלטיש, ־ן
droplet דאָס קאַפּעלע, ־ך; די קאַפּעטשקע, ־ס; דאָס טראָפּקעלע, ־ך; דאָס טראָפּל, ־עך
dropout דער אַרויסגעפֿאַלענער געב׳; דער אַרויספֿאַלער, ־ס
dropout rate די/דאָס אַרויספֿאַליקייט, ־ן
dropper די פּיפּעטקע, ־ס; דער פּיפּעט, ־ן
droppings דאָס שטאַלמיסט קאָל׳; די (שטאַל־)צואה קאָל׳; דער קאַל קאָל׳ [TSÓYE]
dropsy די וואַסערקרענק
dross דאָס מיסט; דאָס פּסולת [PSÓYLES]
drought די טריקעניש, ־ן; די פּ(אָ)סעכע, ־ס
drought emergency די טריקעניש־סכּנה, ־ות [SAKÓNE/SEKÓNE]
drought warning די טריקעניש־וואָרענונג, ־ען
drove די סטאַדע, ־ס; דער הורט, ־ן
in droves מאַסנווײַז
drover דער הורטטרײַבער, ־ס; דער פֿיכטרײַבער, ־ס
drown
vt. pf. דערטרענקען; דערטרינקען
vi. imp. טרענקען ‹טרינקען› זיך
vi. pf. דערטרענקען זיך; דערטרונקען ‹דערטראָנקען› ווערן
drown out איבערליאַרעמען; אַריבערשרײַען; פֿאַרטומלען; פֿאַרהילכן; פֿאַרטויבן; פֿאַרקלינגען
be drowning in שווימען אין; זײַן איבערן קאָפּ מיט; פֿאַרפֿאַלן ווערן אונטער
drown one's sorrows [TSÓRES] פֿאַרטרינקען די צרות
drowning, *n.* דאָס דערטראָנקען ווערן; די דערטרענקונג, ־ען
drowse דרימלען; דרעמלען
drowsily פֿאַרשלאָפֿענערהייט
drowsiness די/דאָס שלעפֿעריקייט; די/דאָס פֿאַרשלאָפֿנקייט
drowsy שלעפֿעריק; פֿאַרשלאָפֿן
drub צעשלאָגן; אָנהרגע(נע)ן; אָנברעכן די ביינער [ÓNHÁRGE(NE)N]
drubbing
receive a drubbing (beating) כאַפּן קלעפּ; צעשלאָגן ווערן
receive a drubbing (defeat) האָבן ‹אײַננעמען› אַ מפּלה [MAPÓLE]
drudge, *n.*
m./unsp. דער האָרעפּאַשניק, ־עס
f. די האָרעפּאַשניצע, ־ס
drudge, *v.* ציִען ‹שלעפּן› די ליאַמ(ק)ע; האָרעווע|ן; פּראַצעווע|ן; פּלאָגן זיך; מאַטערן זיך
drudgery די האָרעוואַניע; די פּראַצע(וואַניע); דאָס מאַטערניש; די נודנע אַרבעט
drug, *n.* דער מעדיקאַמענט, ־ן; די מעדיצין, ־ען; די רפֿואה, ־ות [REFÚE]
(narcotic) דער נאַרקאָטיק, ־ן; דאָס פֿאַרטויבעכץ, ־ן
drugs (*slg.*) (יענע) בשׂמים [PSÓMIM]
do drugs נאַרקאָטעווע|ן
drug, *v.* נאַרקאָטיזירן; פֿאַרטויבן

drug abuse די נאַרקאָמאַניע; דאָס נאַרקאָטעווען
drug addict
m./unsp. דער נאַרקאָטיקער, ־ס; דער נאַרקאָמאַן, ־ען; דער בשׂמים־שיכּור, ־ים [PSÓMIM-ShÍKER, ShIKÚRIM]
f. די נאַרקאָטיקערין, ־ס; די נאַרקאָמאַנקע, ־ס
drug-addicted נאַרקאָמאַניש
drug addiction די נאַרקאָמאַניע, ־ס
drug cartel דער נאַרקאָקאַרטעל, ־ן
drug courier דער נאַרקאָקוריער, ...ערן
drug dealer דער נאַרקאָטיק־הענדלער, ־ס
Drug Enforcement Administration די אַנטינאַרקאָ־אַגענטור
drug-free באַפֿרײַט פֿון נאַרקאָטיק; נאַרקאָטיק־פֿרײַ
drugged נאַרקאָטיזירט; פֿאַרטויבט
druggist
m./unsp. דער אַפּטייקער, ־ס
f. די אַפּטייקערין, ־ס
drug lord דער נאַרקאָבאַראָן, ־ען
drug resistance די/דאָס אויסהאַלטעוודיקייט אַ(נט)קעגן מעדיקאַמענטן
drug-resistant
be drug-resistant אויסהאַלטן אַ(נט)קעגן מעדיקאַמענטן
drug ring די נאַרקאָבאַנדע, ־ס
drugstore די אַפּטייק, ־ן
drug test דער נאַרקאָטיק־קאָנטראָל
drug trafficker דער נאַרקאָשמוגלער, ־ס
drug trafficking דאָס נאַרקאָשמוגלערײַ
drum, *n.* די פּויק, ־ן; דאָס פּײַקל, ־עך; דער באַראַבאַן, ־ען
(child's) דאָס פּײַקעלע, ־ך
(tech.) דער צילינדער, ־ס; דער באַראַבאַן, ־ען
drum, *v.* פּויקן; פּײַקלען; קלאַפּן אין פּויק; באַראַבאַנעווע|ן; דרומלען
drum into one's head אַרײַנהאַקן + דאַט׳ אין קאָפּ
drum one's fingers on the table דרומלען ‹פּויקן› אין טיש
drum up וועקן; אַרויסרופֿן
drumbeat דאָס געפּויקערײַ; דער פּערקוסיוו־טאַקט
drumfire דאָס האָגלדיקע פֿײַער
drum major דער טאַמבור־מאַיאָר, ־ן
drum majorette די טאַמבור־מאַיאָרעטקע, ־ס
drummer דער פּײַקלער, ־ס; דער פּויקער, ־ס; דער באַראַבאַנשטשיק, ־עס
drumming דאָס פּײַקלען; דאָס פּויקן; דאָס באַראַבאַנעווען
drum roll דאָס פּויקן־(גע)ווירבל, ־ען; דאָס געפּויקערײַ
drumstick
(cul.) די פּאָלקע ‹פּולקע›, ־ס
(mus.) דאָס פּויקשטעקל, ־עך
drunk, *adj.* שיכּור [ShÍKER]
drunk as a skunk שיכּור ווי לוט [LOT]
get drunk אָנשיכּורן זיך; שיכּור ווערן; אָנטרינקען זיך; מאַכן גאַלקעס [ÓNShÍKERN]
get sb. drunk אָנשיכּורן; אָנטרינקען
drunk on שיכּור מיט
slightly drunk בגילופֿין; אונטערן גלעזל [BEGILÚFN]
drunk, *n.*
m./unsp. דער שיכּור, ־ים; דער שיכּורניק, ־עס; דער שנאַפּסער, ־ס; דער פּיאַניצע, ־ס [ShÍKER, ShIKÚRIM] [ShIKÓRNIK]
f. די שיכּורטע, ־ס; די שיכּורניצע, ־ס [ShÍKERTE] [ShIKÓRNITSE]
drunkard *see* **drunk**
drunk driving [ShÍKERERHÉYT] דאָס שאָפֿירן שיכּורערהייט

run a drunk-driving campaign פֿירן אַ קאַמפּאַניע קעגן שאַפֿירן שיכורערהייט
drunken שיכור [ShÍKER]
drunkenly שיכורערהייט [ShÍKERERHÉYT]
drunkenness דאָס שיכּרות [ShÍKRES]
dry, *adj.* טרוקן
(food) געטריקנט; דאַר
dry as a bone טרוקן ווי ביין
dry behind the ears געניט; גוט באַהאַוונט; געפּרוּווט
dry, *v.*
vt. imp./pf. (אויס)טריקענען
vt./vi. imp./pf. **(with towel)** (אָפּ)ווישן (זיך); (אָפּ)טריקענען (זיך)
dry one's eyes אָפּווישן די טרערן
dry out, *vt./vi.* אויסטריקענען (זיך)
dry the dishes אָפּווישן דאָס געפֿעס ‹געשיר›; אָפּווישן די כּלים [KÉYLIM]
dry up אויסטריקענען זיך; איינגעטריקנט ‹אויסגעטריקנט› ווערן; איינגעדאַרט ווערן
dry up (disappear) אויסרינען
dry up (cease lactating) פֿאַרלירן די מילך
dry birth דאָס טרוקענע האָבן
dry bread דאָס טרוקענע ‹פֿאַרדאַרטע/פֿאַרטריקנטע/ פֿיסנע› ברויט
dry cell דער טרוקן־עלעמענט, ־ן
dry-clean פּוצן; כעמיש רייניקן
dry cleaner
(person) דער פּוצער, ־ס
(store) די פּוצעריי, ־ען
dry-cleaning דאָס פּוצן; די כעמישע רייניקונג
drydock דער טרוקענער דאָק, ־ן
dryer דער טריקענער, ־ס; דער טריקן־אַפּאַראַט, ־ן; די טריקן־מאַשין, ־ען
dryer sheet דאָס טריקן־בלעטל, ־עך
dry-eyed מיט טרוקענע אויגן
dry goods די שניט־סחורה [SKhÓYRE]
dry-goods merchant דער שניט־סוחר, ־ים; דער שניטקרעמער, ־ס [SÓYKhER, SÓKhRIM]
dry-goods store די שניטקראָם, ־ען
dry ice דאָס טרוקענע אײַז
drying oven דער טריקן־אויוון, ־ס
drying rack דאָס גרעטעגעשטעל, ־ן; דאָס וועשגעשטעל, ־ן
dry land די יבשה; די טריקעניש [YABÓShE]
dry law דאָס אַנטיאַלקאָהאָל־געזעץ; דאָס טרוקענע געזעץ
dry measure די שיטמאָס, ־ן
dryness די/דאָס טרוקנקייט
dry nurse די ניאַניע, ־ס
dry rot דאָס (טרוקענע) פֿוילעכץ
dry run די פּראָבע, ־ס; דער אויספּרוּוו אויף טרוקן
drywall דאָס/די גיפּסברעט, ־ער
DTs *see* **delirium tremens**
have the DTs לײַדן שיכּרות־פֿיבער [ShÍKRES]
dual טאָפּל; צווייענדיק; צווייִק; מיט צוויי; צוויי...
dual-airbag מיט צווייזײַטיקע לופֿטקישנס
dual-income מיט צוויי הכנסות [HAKhNÓSES]
dualism דער דואַליזם
dualistic דואַליסטיש
duality די דואַליטעט, ־ן
dual loyalty די צווייענדיקע געטרײַשאַפֿט, ־ן
dual-mirror צוויי־שפּיגלדיק; מיט צוויי שפּיגלען
dual-purpose מיט צוויי צוועקן
dub, *v.*
(film) דובלירן; אונטעררעדן; סאָנאָריזירן; באַקלאַנגיקן
(nickname) אָנרופֿן; געבן + דאַט' אַ צונעמעניש
(title) באַטיטלען
dubious
(questionable) ספֿקדיק; אומזיכער; דאָסיק; מסופּקדיק [SÓFEKDIK] [MESÚPEKDIK]
(suspicious) חשוד; חשדימדיק [KhÓShED] [KhShÓDIMDIK]
I'm dubious כ'בין מסופּק [MESÚPEK]
It's dubious ס'איז אַ ספֿק [SÓFEK]
dubiously מיט חשד [KhShAD]
Dublin (דאָס) דובלין
dubnium דער דובניום
ducal פֿירשטנ...; הערצאָג...
duchess די פֿירשטין, ־ס; די הערצאָגין, ־ס; די דוכּסה, ־ות [DÚKSE]
duchy די פֿירשטנשאַפֿט, ־ן; די הערצאָגשאַפֿט, ־ן
duck, *adj.* קאַטש(ק)ן
duck, *n.* די קאַטשקע, ־ס; דאָס ענטל, ־עך
like a duck to water ווי אַ פֿיש אין ים; אין + פּאַס' עלעמענט [YAM]
like water off a duck's back אָן (צו האָבן) קיין שום ווירקונג
play duck and drake מאַכן קאַטשקעלעך
duck's קאַטש(ק)ן
duck, *v.*
(a blow/shot) אויסמײַדן; אַרויסדרייען זיך פֿון
(responsibility) אַרויסדרייען זיך פֿון
(under water) אונטערטוקן זיך; אַרונטערלאָזן זיך אונטערן וואַסער
duck and cover אַראָפּ און אַרונטער
duck down אײַנבייגן דעם קאָפּ
duck out of אַרויסדרייען זיך פֿון
Duck! אַראָפּ!
duckbill די שנאָבל־חיה, ־ות [KhÁYE]
duck egg דאָס קאַטשענע איי, ־ער
duck-footed
be duck-footed האָבן אַרויסגעדרייטע פֿיס; האָבן פֿיס ווי אַ מרכא־טיפּחא [MÉRKhE-TÍPKhE]
duckling דאָס קאַטשקעלע, ־ך; דאָס ענטעלע, ־ך
duck meat דאָס קאַטשענע פֿלייש; דאָס קאַטשקעפֿלייש; דאָס ענטלפֿלייש
duckpond דער קאַטשקעסטאַוו, ־ן
duck sauce דער כינעזישער טונקסאָס
duck soup די קאַטשענע יויך
be duck soup זײַן אַ שפּילעכל ‹קינדערשפּיל›
ducky דאָס קאַטשקעלע, ־ך
duct דער קאַנאַל, ־ן
duct tape די מעטאַלענע קלעפּטאַשמע
dud
(explosive) דער נישט־אויפֿגעריסענער גראַנאַט, ־ן
(failure) דער דורכפֿאַל, ־ן
(unsuccessful person) דער שלימזל, ־ען; דער לא־יוצלח, ־ס; דער גאָרנישט, ־ן [ShLIMÁZL] [LOY-YÚTSLEKh]
dude דער גוטער־ברודער, גוטע־ברידער
(dandy) דער פֿראַנט, ־ן; דער פֿאַצעט, ־ן
dude ranch דער טוריסטן־ראַנטש, ־ן
duds דאָס אָנטועכץ ל"ין; קליידער
due, *adj.*
(appropriate) געהעריק
(payable) פֿעליק
(scheduled) טערמיניק
be due for release זאָלן ‹דאַרפֿן› אַרויסקומען
be due ריכטן זיך (אין קימפּעט אַרײַן); דאַרפֿן געלעגן ווערן; קומען אויף דער צײַט

be due by (deadline) מוזן זײַן גרייט ביז
be past due פֿאַרשפּעטיקן זיך; זײַן פֿאַרשפּעטיקט
I'm due $20 סע קומט מיר צוואַנציק דאָלאַר
in due time צו דער רעכטער צײַט
The book is due today מע דאַרף שוין הײַנט אָפּגעבן דאָס ביכל; הײַנט ווערט געפֿאָדערט דאָס ביכל; הײַנט איז מען שולדיק דאָס ביכל
with all due respect מיטן גרעסטן ‹גאַנצן› דרך־ארץ [DERKhÉRETS]
due, *adv.* פּונקט; דירעקט; גלײַך
due north פּונקט ‹דירעקט› אויף צפֿון [TSOFN]
due to צוליב; איבער; מחמת [MÁKhMES]
due, *n.* דער חובֿ; דאָס רעכט [KhOYV]
dues דער אָפּצאָל ל״י
give sb. his due אָפּשאַצן + אַק׳ ווי געהעריק; געבן + דאַט׳ וואָס סע קומט אים
She got her due ס'איז איר געקומען; סע קומט איר; זי האָט זיך עס פֿאַרדינט
due date דער (לעצטער) טערמין, ־ען; די לעצטע דאַטע, ־ס
When's her due date? ווען ריכט זי זיך (אין קימפּעט אַרײַן)?; ווען דאַרף זי געלעגן ווערן?; ווען קומט זי אויף דער צײַט?
duel, *n.* דער דועל, ־ן
duel, *v.* דועלירן זיך
duelist דער דועלאַנט, ־ן
due process דער געהעריקער יורידישער פּראָצעס
duet דער דועט, ־ן
duffel bag דער טאָרבעזאַק, ...זעק; דער וועגלאַנטעך, ־ן; דער דאַפֿל, ־ען
dugout
(canoe) דער אײַנבוים־קאַנו, ־ען
(shelter) דער בלינדאַזש, ־ן; די זעמליאַנקע, ־ס; דער גראָבן, ־ס; דער אויסגראָב, ־ן
(baseball) דער דאָגאַוט, ־ס
duke, *n.* דער פֿירשט, ־ן; דער הערצאָג, ־ן; דער דוכס, ־ים [DÚKES, DÚKSIM]
duke, *v.*
duke it out האָבן אַ פֿויסטגעפֿעכט
duke it out (*fig.*) אויסטענה|ן זיך [ÓYSTAYNEN]
dulcet ווויל־קלינגע(וו)דיק; מעלאָדיש
dulcimer דער צימבל, ־ען
dull, *adj.*
(blunt) טעמפּ
(boring) נודנע; סקוטשנע
(color) מאַט; אויסגעווייקט
(stupid) נאַריש; פֿויערש
dull as dishwater נודנע ביזן טויט; שטאַרק נודנע
dull, *v.* אָפּטעמפּן
dullard דער שוטה, ־ים; דער טעמפּער קאָפּ, קעפּ [ShÓYTE, ShÓYTIM]
dullness די/דאָס טעמפּקייט
dull-witted האַרטקעפּיק; טעמפּ(קעפּיק)
be dull-witted האָבן אַ טעמפּן קאָפּ
duly ווי ס'קער צו זײַן; ווי געהעריק; אויף אַ געהעריקן אופֿן; צו דער רעכטער צײַט; בײַ צײַטנס [OYFN]
Duma די דומע
dumb, *adj.*
(mute) שטום
(unintelligent) נאַריש; טעמפּ
be struck dumb פֿאַרלירן דאָס לשון; בלײַבן אָן לשון [LOShN]
dumb, *v.* **(down)** שטאַרק פֿאַרגרינגערן; פֿאַרעם־הארצעווע|ן [FARAMERÁTSEVEN]
dumbbell, *n.*
(person) *see* **dummy**
(weight) די האַנטעל, ־ן
dumbfound פֿלעפֿן
dumbfounded געפֿלעפֿט
I was dumbfounded כ'בין געבליבן געפֿלעפֿט ‹אָן לשון› [LOShN]
dumb luck דאָס אומגעריכטע מזל ‹גליק› [MAZL]
dumbness די/דאָס טעמפּקייט
dumbstruck
be dumbstruck בלײַבן אָן לשון [LOShN]
dumbwaiter
(elevator) דער קיכליפֿט, ־ן; די הענגווינדע, ־ס
(table) דער משרת־טיש, ־ן [MEShÓRES]
dumdum bullet די דום־דום־קויל, ־ן
dummy
(person) דער גלאָמפּ, ־ן; דער באַלוואַן, ־עס; דער לעקיש, ־ן; דער גולם, ־ים/־ס [GÓYLEM, GOYLÓMIM]
(tailor's) דער מאַנעקען, ־ען; דער באַלוואַן, ־עס
(puppet) די שטומע ליאַלקע ‹ליאַליע›, ־ס
(target) דער גולם, ־ים/־ס
(typ./tech.) דער מאַקעט, ־ן
dummy pill די צוקערפּיל, ־ן
dummy run די פּראָבע, ־ס
dump, *n.* דער מיסטוואַרף, ־ן; דער מיסטפּלאַץ, ...פּלעצער
What a dump! סאַראַ לאָך!
dump, *v.* אָנוואַרפֿן; אַוועקוואַרפֿן; אָפּוואַרפֿן; אַראָפּוואַלגערן; אויסשיטן
dump sb. אָפּלאָזן; אַוועקוואַרפֿן
dump stocks וואַרפֿן אַקציעס אויפֿן מאַרק
I got dumped ער ‹זי› האָט מיך אָפּגעלאָזט ‹אַוועקגעוואָרפֿן›
dumping ground דער מיסטהויפֿן, ־ס
dumpling דאָס קניידל, ־עך; דאָס טייגל, ־עך; די קליוסקע, ־ס; דער פֿאַלירטשיק, ־עס
(cheese/potato) דער וואַרעניק, ־עס; דער פּיראָג, ־ן; דער קניש, ־עס
(meat) דאָס קרעפּל, ־עך; דער (פֿלייש)פּיראָג, ־ן; דער קניש, ־עס
dumps
(down) in the dumps דערשלאָגן; שלעכט געשטימט; פֿאַראומערט; ווי אונטער דער וואַנט
dumpster דער מיסט־קאָנטיינער, ־ס
dump truck דער אויסשיט־אויטאָ, ־ס
dumpy געפּאַקט; יאָדערדיק
(run-down) צעקראָכן
dun, *adj.* גראָ ברוין
dun, *v.* אויפֿמאָנענען
dunce דער טעמבלניק, ־עס; דער טיפּש, ־ים; דער נאַר, נאַראָנים [TÍPESh, TÍPShIM]
dunce cap דאָס נאַרן־מיצל ‹־קאַפּל›, ־עך
dunce chair די אייזלבאַנק, ...בענק
dune די דיונע, ־ס
dung דאָס מיסט; באָבקעס ל״ר; גאָמלקעס ל״ר; דער גנוי
(cow's) דאָס קוישע מיסט
dungarees דזשינסהויזן
dung beetle דער מיסטזשוק, ־עס
dungeon דער קאַרצער, ־ס; די טעמניצע, ־ס; דער/די גרובֿ, גריבער
dunghill דער סמעטניק, ־עס; דאָס מיסטבערגל, ־עך; די קופּע, ־ס
dunk, *n.* דער אײַנטונק, ־ען; דאָס אײַנטונקען (זיך)
dunk, *vt./vi.* אײַנטונקען (זיך)

dunking דאָס אונטערטוקן; דאָס אונטערטונקען
give sb. a dunking אונטערטוקן; אונטערטונקען
dunner דער מאָנער, ־ס
dunning letter דער מאָנבריוו, –
duo די פּאָר, ־ן
(mus.) דער דועט, ־ן
duodenal דואָדענום־...
duodenum די צוועלפֿפֿינגער־קישקע, ־ס; דער דואָדענום, ־ס
duologue דער דואָלאָג, ־ן
dupe, *n.* דאָס נעבעכל, ־עך; דער כלאָפּ, ־עס; דער יאָלד, ־ן; דער פֿרײַער, ־ס
dupe, *v.* אָפּנאַרן; אָפּפֿריצעווע|ן; אָפּפֿרײַערן; אָנהענגען + דאַט' אַ לונג־און־לעבער אויף דער נאָז; אַרויפֿפֿירן אויפֿן גליטש; אָנזייפֿן; אָפּכויכע|ן; אַרײַנשלײערן; נעמען אויף דער האָצקע; אײַנרעדן + דאַט' אַ קינד ‹קאַץ› אין בויך
duple time דער צווייקלאַפּטאַקט
duplex, *adj.* דופּלעקס־...; צווייגאָרנדיק
duplex, *n.* די צוויי־גאָרנדיקע דירה, ־ות; די דופּלעקס־דירה, ־ות [DÍRE]
duplicate, *n.* דער דופּליקאַט, ־ן; די קאָפּיע, ־ס
in duplicate אין צווייען; אין צוויי קאָפּיעס ‹עקזעמפּלאַרן›
duplicate, *vt./vi.* דופּליקירן (זיך)
duplication די דופּליקאַציע, ־ס
duplicator די קאָפּירקע, ־ס; די קאָפּיר־מאַשין, ־ען
duplicitous [PÓNEMDIK/PÉNEMDIK] צוויי־פּנימדיק; פֿאַלש
duplicity די/דאָס צוויי־פּנימדיקייט; די/דאָס פֿאַלשקייט [PÓNEMDIKEYT/PÉNEMDIKEYT]
durability די/דאָס אויסהאַלט(עווד)יקייט; דאָס געווער
durable אויסהאַלט(עווד)יק; פֿעסט; געדײַיִק; געווערִיק
durable goods דאָס געדויערוואַרג קאָל'; די אויסהאַלטעוודיקע סחורה ל"י [SKhÓYRE]
durable power of attorney די געדײַיִקע פֿולמאַכט
duraluminum דער דוראַלומיניום
duramen דער האָלצמאַרך
duration דער (צײַט־)געדויער; דער משך; די צײַטלענג; דאָס געווער [MÉShEKh]
of long duration לאַנג־(גע)דויערדיק
duress די נייטונג; דער צוואַנג
under duress גענייטערהייט; געצוווּנגענערהייט; בעל־כּרחודיק [BALKÓRKhEDIK]
during [BEShÁS] בשעת; בעת; במשך (פֿון); אין משך פֿון [BEYS] [BEMÉShEKh] [MÉShEKh]
(J. holiday/Sabbath) אום
during the Sabbath [ShÁBES] אום שבת
durum wheat דער האַרטער ווייץ; דער דורומווייץ
dusk דער/דאָס בין־השמשות; דער פֿאַרנאַכט [BEYNAShMÓShES]
at dusk פֿאַר נאַכט
dusky [BEYNAShMÓShESDIK] בין־השמשותדיק; פֿינצטערלעך
dust, *n.* דער/דאָס שטויב; דער פּאָרעך; דער קורזש
beat the dust out of אויסקלאַפּן
bite the dust זײַן אַ פֿאַרשפּילטער געב'
dust and ashes דאָס אַש־און־פּאָרעך; דער עפֿר־ואפֿר [ÓFER-VOÉYFER]
gather dust פֿאַרשטויבט ווערן
leave sb. in the dust איבערלאָזן העט פֿון הינטן
make the dust fly טאָן מיט גרויס ברען
shake the dust off one's feet אַרויסגיין מיט אַ זעץ אין טיר
throw dust in sb.'s eyes שיטן + דאַט' זאַמד אין די אויגן; פֿאַרפֿירן + אַק'
turn to dust צעשיטן זיך
when the dust settles אַז ס'וועט זיך אײַנרויִקן
dust, *v.* אָפּשטויבן
(sprinkle with) באַשטויבן מיט
dust off אָפּשטויבן; אָפּווישן
dustbowl [ShÉTEKh] דער טרוקן־שטח
dust broom די מיטעלקע, ־ס
dust brush די קערבאַרשט, ...בערשט
dust bunny דאָס מײַזעלע, ־ך
dust cover די (שמוץ)הילע, ־ס; די סופּערהילע, ־ס
dust-covered באַדעקט מיט שטויב; אין שטויב
be dust-covered *also* שטויבן זיך
duster דער פֿלעדערוויש, ־ן
dusting, *n.* דאָס אָפּווישן דעם שטויב
(cul.) דאָס באַשטויבן
do the dusting אָפּווישן דעם שטויב
give stg. a dusting געבן אַ שטויב אָפּ
dusting of snow דער דינינקער שיכט שניי
dust mask דער רעספּיראַטאָר, ־ס; די שיצמאַסקע, ־ס
dustpan דאָס שײַפֿעלע, ־ך; די לאָפּעטקע, ־ס
dust particle דאָס שטײַבעלע, ־ך
dustup די פּאָלעמיק, ־עס; דער הו־האַ, ־ען; די סומאַטאָכע, ־ס
dusty שטויביק; פֿאַרשטויבט; פֿאַרקורזשעט
Dutch האָלענדיש
Dutch Jew דער האָלענדישער געב'; דער האָלענדישער ייִד, ־ן
go Dutch צונויפֿלייגן זיך; צאָלן יעדער איינער פֿאַר זיך
Dutch auction די פֿאַרקערטע ליציטאַציע, ־ס
Dutch elm דער האָלענדישער קנופּבוים
Dutchman דער האָלענדער, –
Dutch oven דער בעלגישער טאָפּ
Dutchwoman די האָלענדערקע, ־ס
dutiable (אָפּ)צאָל...; אָפּצאָלעוודיק
Those goods are dutiable די סחורה פֿאָדערט אַן אָפּצאָל; אויף דער סחורה קומט צאָל [SKhÓYRE]
dutiful [HAKhNÓEDIK] געהאָרכיק; פֿאָלגעוודיק; הכנעהדיק
dutifully [HAKhNÓE] געהאָרכיק; פֿאָלגעוודיק; מיט הכנעה
duty [KhOYV] [KhÍEV] דער חובֿ; דער חיובֿ; די/דאָס שולדיקייט
(shift) דער דיזשור
(tariff) דער צאָל; דער אָפּצאָל
be off duty נישט דיזשורירן
be on duty דיזשורירן
do one's duty [YÓYTSE] יוצא זײַן
duties [KhIÚVIM] חיובֿים
military duty דער מיליטער־חיובֿ
off duty פֿרײַ פֿון דיזשור; נישט־דיזשורירנדיק
on duty אויף דיזשור
duty-bound [MEKhÚYEV] מחויבֿ
duty-free פֿרײַ פֿון (אָפּ)צאָל; צאָלפֿרײַ; אָפּצאָלפֿרײַ
duty-free shop די צאָלפֿרײַע קראָם, ־ען
duty officer דער דיזשור־אָפֿיציר, ־ן
duumvirate דער דוומוויראַט, ־ן
duvet די געשטעפּטע קאָלדרע, ־ס
DVD דער דע־ווע־דע, ־ען; דער די־ווי־די, ־ען
DVD player דער דע־ווע־דע־שפּילער, ־ס
DVR *see* **digital video recorder**
dwarf, *n.* דאָס שרעטל, ־עך; דאָס שרעטעלע, ־ך; דער מאָנץ, ־ן; דער צווערג, ־ן; דער קאַרדופּל, ־ס
(person) דער קאַרליק, ־עס; דער ליליפּוט, ־ן
dwarf, *v.* פֿאַרשאָטענען; שטעלן אין שאָטן; זײַן אַ ריז אַ(נט)קעגן
dwarfish קאַרליק...; ליליפּוטן־...
dwell וווינען

dwell on אָפּשטעלן זיך (באַריכות) אויף; לאַנג קלערן ‹רעדן› וועגן; צעשפּרייטן זיך וועגן [BARÍKhES]
dweller דער (אײַנ)וווינער, ־ס; דער תּושבֿ, ־ים [TÓYShEV, TÓYShVIM/TOYShÓVIM]
dwelling די וווינונג, ־ען; דאָס געהיי, ־ען
dwindle אײַנשרומפּן; אײַנגעשרומפּן ‹קלענער› ווערן
  dwindle away (lose weight) אויסגעמאָגערט ‹אויסגעצערט› ווערן
dybbuk דער דיבוק, ־ים [DÍBEK, DIBÚKIM]
dye, *n.* די פֿאַרב, ־ן; דער צופֿאַרב, ־ן
dye, *v.*
  imp. פֿאַרבן
  pf. אָפּפֿאַרבן; צופֿאַרבן
dyed-in-the-wool דורך־און־דורך; עכט
dyer דער פֿאַרבער, ־ס
dyestuff דער פֿאַרבשטאָף
dying, *adj.* שטאַרבנדיק; גוססדיק [GÓYSESDIK]
  dying person דער גוסס, ־ים; דער שטאַרבנדיקער געב׳ [GÓYSES]
  until one's dying day ביז דער (סאַמע) לעצטער שעה [ShO]
  one's dying wish די לעצטע בקשה [BAKÓShE]
dying, *n.* דאָס שטאַרבן; דאָס ניפֿטר ווערן [NÍFTER]
dyke (*slg.*) די לעסביאַנקע, ־ס; די לעסבערקע, ־ס
dynamic, *adj.* דינאַמיש
  dynamic person דער ברען
dynamic, *n.* די דינאַמיק
dynamically אויף אַ דינאַמישן אופֿן [OYFN]
dynamics די דינאַמיק ל״י
dynamism דער דינאַמיזם
dynamite, *n.* דער דינאַמיט
dynamite, *v.* אויפֿרײַסן מיט דינאַמיט
dynamo דער דינאַמאָ, ־ס; די דינאַמאָ־מאַשין, ־ען
dynastic דינאַסטיש
dynasty די דינאַסטיע, ־ס
dyne די דינע, ־ס
dysentery די דיסענטעריע
dysfunction די דיספֿונקציע, ־ס
dysfunctional דיספֿונקציאָנעל
dysfunctionality די/דאָס דיספֿונקציאָנעלקייט
dyslexia די דיסלעקסיע
dyslexic דיסלעקסיש
dysmenorrhea די ווייטיקדיקע צײַט; די דיסמענאָרעע
dyspepsia די דיספּעפּסיע; די צעשטערטע פֿאַרדײַונג
dyspeptic דיספּעפּטיש
  (*fig.*) אָנגעכמורעט
dysphemism דער דיספֿעמיזם, ־ען; דאָס נאַקעטוואָרט, ווערטער...
dysprosium דער דיספּראָסיום
dystocia דאָס שווערע האָבן
dystonia די דיסטאָניע
dystopia די דיסטאָפּיע
dystrophy די דיסטראָפֿיע, ־ס
Dzhudezmo, *adj.* דזשודעזמיש
Dzhudezmo, *n.* די דזשודעזמע

E

E
(letter) דער ע, ־ען
(mus.) דער מי, ־ען
E flat מי בעמאָל
E sharp מי דיעֶז
each יעֶדער געב׳; איטלעך; יעֶטווידער
each and every ממש יעֶדער געב׳ [MÁMESh]
each one יעֶדער אײנער געב׳; יעֶדערער געב׳; איטלעכער
each other אײנס ס׳אַנדערע; אײנער דעם אַנדערן געב׳
among each other צווישן זיך ‹אַנאַנד›
get $10 each קריגן ‹באַקומען› יעֶדערער צו צען דאָלאַר
to each his own ווי בײַ װעמען; ווי ס׳געפֿעֶלט; יעֶדער לויט זײַן געשמאַק
upon each other אײנס אויפֿן אַנדערן; אײנער אויפֿן אַנדערן געב׳
eager להוט פר׳; נײַגעריק [LÓET/LÓER]
be eager to האָבן חשק צו; זײַן אַ בעלן צו; זײַן נײַגעריק ‹להוט› צו; זײער ‹שטאַרק› װעלן [KhÉYShEK] [BALN]
be eager to please שטאַרק באַמיִען זיך + דאַט׳ צו געפֿעֶלן
eagerly מיט חשק [KhÉYShEK]
eagerness דער חשק; דאָס בעלנות; דאָס להוט זײַן נאָך [KhÉYShEK] [BALÓNES] [LÓET/LÓER]
eagle דער אָדלער, ־ס
eagle eye דער אָדלערבליק; דאָס שאַרפֿע אויג
eagle-eyed שאַרפֿזעיִק
be eagle-eyed האָבן אַ שאַרף אויג
eagle owl דער פֿילין, ־ען; דער אוהו, ־ס
eagless די אָדלעריכע, ־ס
eaglestone דער שטעֶרנשיס
eaglet דאָס אָדלערל, ־עך
ear דער/דאָס אויער, ־ן
(child's) דאָס אויערל, ־עך
(hearing) דאָס געהעֶר
(of corn) די פּשעֶניטשקע, ־ס; די זאַנג ‹דאָס זאַנגל› קוקורוזע; דער קאַטשן, קאַטשענעס
be all ears אויפֿשטעלן די אויערן; אָנשטעלן מויל און אויערן
be coming out of one's ears קריכן + דאַט׳ פֿון האַלדז
up to one's ears in איבערן קאָפּ מיט; ביז איבער די אויערן מיט
by ear (mus.) לויטן געהעֶר; נאָכן געהעֶר נאָך
have a good ear האָבן אַ גוט(ן) אויער; האָבן אַ גוט געהעֶר; האָבן אַן אויער פֿאַר מוזיק
have an ear to the ground וויסן וואָס סע טוט זיך; האַלטן אַ פֿינגער אויפֿן דפֿק [DÉYFEK]
have sb.'s ear האָבן אַ טיר צו; זײַן אַ חשובֿ בײַ [KhÓShEV]
in the ear אין ‹אויפֿן› אויער
It went in one ear and out the other ס׳איז מיר אין אײן אויער אַרײַן און פֿון צווייטן אַרויס
to my ear לויט מײַן חוש
smile from ear to ear צעשמײכלען זיך ווי די זון נאָך אַ רעגן
up to one's ears ביז איבער די אויערן
earache דער אויער־ווייטיק, ־ן
I have an earache דער אויער טוט מיר וויי; סע טוט מיר וויי דער ‹אין› אויער
earbud דאָס העֶרערל, ־עך
eardrum דאָס פּויקהײַטל, ־עך
earflaps (אויער־)לעֶפּלעך; אויערן
earful דער/דאָס פֿולע(ר) אויער
get an earful (of) גוט אָנהערן זיך (מיט)
ear fungus דאָס אויער־שוועמל, ־עך
earl דער גראַף, ־ן
earlaps *see* **earflaps**
earldom די גראַפֿנשאַפֿט, ־ן
earlier פֿריִער
no earlier than נישט פֿריִער פֿאַר ‹פֿון›
earliest פֿריסט
at your earliest convenience בײַ דער עֶרשטער געלעֶגנהייט; ווען דו וועסט ‹איר וועט› נאָר קעֶנען
tomorrow at the earliest מאָרגן צום פֿריסטן; נישט פֿריִער פֿאַר מאָרגן
earlobe דאָס אויער־לעפּל, ־עך
early, *adj.* פֿריִיק; פֿרי
in one's early thirties אין די פֿריִע ‹עֶרשטע› דרײַסיקער
The early bird catches the worm ווער ס׳קומט פֿריִער, דעֶר מאָלט פֿריִער
early, *adv.* פֿרי
as early as נאָך; שוין; אַזש
early on אין אָנהייב; תּחילת; צו ערשט [TKhÍLES]
get up early פֿרי אויפֿשטיין
early action (acad.) דאָס אָנגעבן פֿרי אָן אַ חיובֿ [KhÍEV]
early admission (acad.) דאָס אָננעמען פֿרי
apply early admission אָנגעבן מע זאָל פֿרי אָנגענומען ווערן
early bird דער קאַיאָרניק, ־עס
early-childhood, *adj.* פֿרי־קינדערש; אין די פֿריִע קינדער־יאָרן
early childhood, *n.* די פֿריִיקע ‹פֿריסטע› קינדער־יאָרן ל״ר
from early childhood פֿון קלײנערהייט ‹קלײנווײַז/פּיצלווײַז› אָן
in early childhood קלײנערהייט; קלײנווײַז; פּיצלווײַז
early decision (acad.) דאָס אָנגעבן פֿרי מיט אַ חיובֿ [KhÍEV]
early detection דאָס פֿרי דערכאַפּן; דער פֿריִיקער אָפּשפּיר
early labor דאָס פֿריִיקע גיין צו קינד; דאָס גיין פֿרי צו קינד; די עֶרשטע ווייען
early man דער אָדם קדמון [ÓDEM KÁDMEN]
early-onset פֿריִיק; אין דער עֶרשטער סטאַדיע
early release דאָס פֿרי באַפֿרײַען
early retirement דאָס פֿרי אַרויסגיין אויף פּעֶנסיע
early-stage פֿריִיק; אין דער עֶרשטער סטאַדיע
early-warning system די פֿריִיקע וואָרן־סיסטעֶם, ־ען
earmark, *n.*
(of animal) די קלײמע, ־ס
(pol.) אַסיגנירטע פֿאָנדן ל״ר
earmark, *v.*
(an animal) קלײמעווע|ן
(pol.) אַסיגנירן; באַשטימען
earmuff די אויער־מופֿקע, ־ס; דאָס אויער־דעקל, ־עך
earn פֿאַרדינען
earned run דער פֿאַרדינטער פּונקט, ־ן
earned-run average דער דורכשניט פֿאַרדינטע פּונקטן
earnest ערנצט
in earnest (גאַנץ) ערנצט; אויף אַן אמת [ÉMES]
be in earnest מײנען ערנצט; מײנען אויף אַן אמת
earnestness דער ערנצט; די/דאָס עֶרנצטקייט
earning power די/דאָס פֿאַרדין־מעֶגלעכקייט

earnings דאָס פֿאַרדינסט ל״ץ; פֿאַרדינסטן; רווחים; די הכנסה ל״ץ [REVÓKhIM] [HAKhNÓSE]
ear-nose-and-throat doctor דער האַלדז־נאָז־אויערן־דאָקטער, ...טוירים
earphone דער הערער, ־ס
earpiece
  (of glasses) די האַלאָבליע, ־ס
  (speaker) דאָס הערערל, ־עך
ear-piercing, *adj. see* **ear-splitting**
ear-piercing, *n.* דאָס לעכערן די אויערן
earplug די אויער־פֿראָפּקע, ־ס
earring דאָס אוירינגל, ־עך
  (large) דער אויערינג, ־ען
earshot די הערדיסטאַנץ
  within earshot גענוג נאָענט צו הערן
ear-splitting פֿאַרטויב(נד)יק; אויער־שפּאַלטנדיק
earth, *n.* די ערד
  the planet Earth *also* דער ערדקײַלעך; די ערדקויל
earthbound ערדיש; צוגעשמידט צו דער ערד
earthen ערדן; לײמען
  earthen floor דער ערדענער ‹לײמענער› דיל, ־ן
earthenware, *adj.* פֿאַיאַנצ...; פֿאַיאַנצן; ערדן
earthenware, *n.* דער פֿאַיאַנץ; דאָס פֿאַיאַנצוואַרג קאָל׳; ערדענע כּלים ל״ר [KÉYLIM]
earthling דער ערדישער געב׳
earthly ערדיש; פֿון דער ערד
  for no earthly reason אָן קיין שום זינען; אָן אַ פֿאַרוואָס און אָן אַ פֿאַרוואָס
earthly pleasures דער/די עולם־הזה ל״ץ [ÓYLEM-HÁZE]
earthmover דער ערדגראָבער, ־ס
earthnut דער/די ערדנוס, ...ניס
earthquake דאָס ערד־ציטערניש, ־ן
earth science די ערד־ווּיסנשאַפֿט
earth-shattering מרעיש־עולמדיק [MÁRESh-ÓYLEMDIK]
earthstar דאָס שטערן־שוועמל, ־עך
earthwork דער ערדוואַל; די ערדוואַנט
earthworm דער ערדוואָרעם, ...ווערעם; דער רעגן־וואָרעם, ־ווערעם
earthy
  (of earth) ערדיש
  (humor) גראָבלעך; גשמיותדיק [GÁShMIESDIK]
earworm די אויערפּעסט
ease, *n.* די/דאָס גרינגקייט; די/דאָס לײַכטקייט; די הרחבֿה [HARKhÓVE]
  at ease היימלעך; אומקרעמפּירט; געמיטלעך; בהרחבֿה [BEHARKhÓVE]
  At ease! (mil.) געמאַך!; לײַכט שטיין!; פֿרײַ!
  be at ease זײַן אומפּ + דאַט׳/פֿ״ק היימלעך ‹באַקוועם›
  put at ease מאַכן + דאַט׳ היימלעך; באַרויִקן
  ease of use די/דאָס גרינגקייט בײַם ניצן
  with ease גרינגערהייט
ease, *v.* פֿאַרגרינגערן; פֿאַרלײַכטערן
  ease tensions אָפּלאָזן די שפּאַנונג
  ease up נאָכלאָזן; אָפּלאָזן
  Ease up! לאָז(ט) (שוין) צו רו!
easel דאָס (בילד)געשטעל, ־ן; דאָס/די מאָלברעט, ־ער
easier גרינגער; לײַכטער
  Easier said than done סע רעדט זיך גרינג; נישט אַזוי גרינג טוט זיך ווי סע רעדט זיך; גרינג צו זאָגן, שווער צו טראָגן
easily גרינגערהייט; אָן קיין שוועריקייטן
east, *adj.* מיזרח...; מיזרחדיק [MÍZREKh] [MÍZREKhDIK]
east, *adv.* **(of)** אויף מיזרח פֿון [MÍZREKh]
east, *n.* דער מיזרח [MÍZREKh]
East Asia (די) מיזרח־אַזיע [MÍZREKh]
eastbound אויף מיזרח [MÍZREKh]
Easter די פּאַסכע; דער קייסעד
eastern מיזרח־...; מיזרחדיק [MÍZREKh] [MÍZREKhDIK]
easterner דער מיזרחדיקער געב׳ [MÍZREKhDIKER]
Eastern Hemisphere די מיזרח־העמיספֿער; דער מיזרחדיקער האַלבקײַלעך [MÍZREKh] [MÍZREKhDIKER]
easternmost עקסט ‹סאַמע› מיזרחדיק [MÍZREKhDIK]
eastern wind דער מיזרח־ווינט [MÍZREKh]
eastward אויף מיזרח (צו) [MÍZREKh]
easy לײַכט; גרינג
  easy A דער שפּילעכל־קורס, ־ן
  Easy as ABC/pie! קמץ אַלף אָ!; ס׳איז אַ שפּילעכל!; ווי אַ האָר פֿון מילך!; גרינגער קען שוין נישט זײַן! [KÓMETS ÁLEF]
  Easy does it! פּאַוואָליע!; היט זיך!
  get off easy (נאָך) גוט אָפּקומען; אָפּקומען מיט אַ קליינער שטראָף
  go easy on (be lenient) שאַנעווען + אַק׳; רחמנות האָבן אויף; האָבן אײַנזעעניש מיט; נישט אָנמאַכן + דאַט׳ קיין צרות [RAKhMÓNES] [TSÓRES]
  go easy on (moderate) היטן זיך מיט; ווערב + מיט חסד ‹רחמים› [KhÉSED] [RÁKhMIM]
  make it easy for פֿאַרגרינגערן + דאַט׳; נישט לייגן + דאַט׳ קיין שטיינער אין וועג
  take it easy (relax) אויסשפּאַנען זיך; נישט איבעראַרבעטן זיך; מאַכן זיך גרינג דאָס לעבן
  Take it easy! (Relax!) באַרויִק(ט) זיך!; שפּאַנ(ט) זיך אויס!; כאַפּ(ט) נישט!; ס׳ברענט נישט!
  Take it easy! (Good-bye!) אַ גוטן!
easy chair דער פֿאָטעל, ־ן
easygoing רויִק; אויסגעשפּאַנט; געלאַסן; לאַגאָדנע; מהיכא־תּיתדיק [MEKhTÉYSEDIK]
  easygoing person (*m./unsp.*) דער מהיכא־תּיתניק, ־עס; דער נוח־לבריות [MEKhTÉYSENIK] [NÓYEKh-LEBRÍES]
  easygoing person (*f.*) די מהיכא־תּיתניצע, ־ס [MEKhTÉYSENITSE]
easy-to-use גרינג־ניצעוודיק; גרינג צו באַניצן
eat עסן
  (*nurs.*) האַמאַ; האַמײַ; האַמעניו; האַם־האַם; פּאַפּאַ
  eat away at (finances) אויפֿפֿרעסן
  eat away at (rust) זשאַווערן; אויסעסן; אויפֿפֿרעסן
  eat heartily עסן געשמאַק; עסן מיט אַפּעטיט
  eat in עסן אין דער היים
  eat one's fill אָנעסן זיך; עסן צו זאַט; עסן צו (דער) זעט
  eat one's head off עסן ‹פֿרעסן› צעזעצטערהייט
  eat one's words חרטה האָבן [KhARÓTE]
  eat out עסן אין אַ רעסטאָראַן
  eat sb. out of house and home עסן ווי היישעריקן
  eat up אויפֿעסן
  She's eating for two זי עסט ווי פֿאַר צווייען
  without having eaten אומגעגעסן; אויפֿן ניכטערן מאָגן; אָן צו האָבן געגעסן
eater דער עסער, ־ס
  be a good eater גוט עסן
  be a poor eater שלעכט עסן; זײַן אַ קליינער עסער
eatery די עסערײַ, ־ען; דער עסלאָקאַל, ־ן
eating, *n.* דאָס עסן
  (*hum./pej.*) די אַכילה [AKhÍLE]
eating contest דער פֿרעספֿאַרמעסט, ־ן; די פֿרעסאַרניע, ־ס
eating disorder די עסן־שטערונג

eau de Cologne דער אָדעקאָלאָן; דאָס קעלניש(ע) וואַסער
eaves רינוועס
eavesdrop אונטערהערן זיך
eavesdropper דער אונטערהערער, ־ס
ebb, *n.* דער אָפּפֿלײץ, ־ן
(*fig.*) דער באַראַראָפּ; די ירידה [YERÍDE]
ebb, *v.* אָפּפֿליסן
ebb away (*fig.*) גײן באַרג־אַראָפּ; שוואַכער ווערן; אויסגײן
ebb and flow דער אָפּפֿלײץ און אָנפֿלײץ ‹צופֿלײץ›
(*fig.*) דער אַרויף־און־אַראָפּ, ־ן; דער אַהין־און־אַהער, ־ן
ebola די עבאָלאַ־קרענק
Ebonics די עבאָניק ל"י
ebonite דער עבאָניט
ebony דאָס עבנהאָלץ
e-book דאָס עלעקטראָנישע ביכל, ־עך
ebullience דאָס התלהבֿות; דער ברען [HISLÁYVES]
ebullient פֿול מיט התלהבֿות ‹ברען›; שפּרודלדיק [HISLÁYVES]
eccentric, *adj.* עקסצענטריש; טשודנע
eccentric, *n.* דער עקסצענטריקער, ־ס; דער טשודאַק, ־עס; די טשודנע ‹מאָדנע› בריאה, ־ות [BRÍE]
eccentricity די/דאָס עקסצענטרישקייט
Ecclesiastes (ספֿר) קהלת [(SÉYFER) KOYHÉLES]
ecclesiastic, *adj.* קלויסטער...; קלויסטעריש; קירכלעך
ecclesiastic, *n.* דער גײַסטלעכער געב'
ecclesiastical court דאָס קלויסטער־געריכט, ־ן
echelon, *n.* דער עשעלאָן, ־ען
echelon, *v.* עשעלאָנירן
echidna די עכידנע, ־ס
echo, *n.* דער עכאָ, ־ס; דאָס ווידערקול, ־ות; דער אָפּקלאַנג, ־ען [VÍDERKOL, ...KOYLES]
echo, *v.*
vt. נאָכזאָגן
vi. אָפּהילכן; אָפּקלינגען
éclair דער עקלער, ־ן
eclampsia די עקלאַמפּסיע
eclectic, *adj.* עקלעקטיש
eclectic, *n.* דער עקלעקטיקער, ־ס
eclecticism די עקלעקטיק; דער עקלעקטיזם
eclipse, *n.* די ליקוי, ־ים; דער עקליפּס, ־ן [LÍKE, LIKÚIM]
eclipse, *v.* פֿאַרשאָטענען; פֿאַרשטעלן; פֿאַרטונקלען
ecliptic, *adj.* עקליפּטיש
ecliptic, *n.* די עקליפּטיק
ecocide די סבֿיבֿה־‹נאַטור־›צעשטערונג [SVÍVE]
eco-friendly סבֿיבֿה־חבֿריש ‹־היטעריש› [SVÍVE] [KhÁVERISh]
ecological עקאָלאָגיש
ecologist דער עקאָלאָג, ־ן
ecology די עקאָלאָגיע, ־ס
e-commerce דער עלעקטראָנישער מיסחר [MÍSKhER]
economic עקאָנאָמיש
economical עקאָנאָמיש; שפּאָרעוודיק
economics די עקאָנאָמיק ל"י
economic stimulus דער עקאָנאָמיע־סטימול, ־ן
economic stimulus package דער עקאָנאָמיע־סטימול־פּראָיעקט, ־ן
economist דער עקאָנאָמיסט, ־ן
economize שפּאָרן; אײַנבערענגען; זשאַלעווע|ן; קאַרגן; מקמץ זײַן [MEKÁMETS]
economy די עקאָנאָמיע, ־ס
(saving) דער אײַנבערענג; די/דאָס אויסגערעכנטקייט; די/דאָס (אײַנ)שפּאָרעוודיקייט
economy class דער טוריסטן־קלאַס
economy size די שפּאָרגרייס
ecosystem די עקאָסיסטעם, ־ען
ecotourism דער עקאָטוריזם
ecstasy דער עקסטאַז; דאָס התלהבֿות [HISLÁYVES]
(J./mystical) דאָס דבֿקות [DVÉYKES]
ecstatic עקסטאַטיש; התלהבֿותדיק [HISLÁYVESDIK]
ectoblast/ectoderm די עקטאָדערמע
...ectomy דאָס אויסשנײַדן ‹אַראָפּנעמען› ...; די ...עקטאָמיע, ־ס
ectopic עקטאָפּיש
ectopic pregnancy דאָס עקטאָפּישע טראָגן; דאָס טראָגן מחוץ (דער הײבמוטער) [MEKhÚTS]
Ecuador (דאָס) עקוואַדאָר
Ecuadorian, *adj.* עקוואַדאָריאַניש
Ecuadorian, *n.*
m./unsp. דער עקוואַדאָריאַנער, –
f. די עקוואַדאָריאַנערין, ־ס
ecumenical עקומעניש
ecumenism דער עקומעניזם
ecumenist דער עקומעניקער, ־ס
eczema די עקזעמע; דער עקזעם
Edam cheese דער עדאַמער קעז; דער האָל(ענ)דער קעז
eddy דערווירבל, ־ען; דער/די קעסלגרוב, ...גריבער
eddy current דער ווירבלשטראָם, ־ען
edelweiss די אײדלווײס
edema דאָס געשווילעכץ, ־ן/־ער; די וואַסערקרענק; די וואַסערזאַק
Eden דער/דאָס גן־עדן [GANÉYDN/GENÉYDEM]
edge, *n.* דער ראַנד, ־ן; דער עק, ־ן; דער/די קאַנט, ־ן; דער/די זוים, ־ען; דער ברעג, ־ן/־עס
(blade) די שאַרף, ־ן
around the edges בײַ די ראַנדן ‹עקן/קאַנטן›
have an edge האָבן דעם יתרון; האָבן די אײבערהאַנט [YÍSREN]
on edge דענערווירט; נערוועז; אָנגעשפּאַנט
on the edge of אויפֿן ראַנד פֿון; בײַם עק
take the edge off אָפּטעמפּן; ווייכער מאַכן
edge, *v.*
(sewing) אַרומנייען; באַברעמען; באַזעצן; אַרומליאַמעווע|ן
edge away אַוועקשאַרן זיך; אַוועקשלײַכן זיך; אָפּרוקן זיך
edge closer צורוקן זיך; צוזײַטלען זיך
edgewise
I couldn't get a word in edgewise כ'האָב נישט באַוויזן אַרויסצורעדן אַ וואָרט; כ'האָב נישט געקענט אַרײַנכאַפּן ‹אַרײַנשטעלן› אַ וואָרט
edging דער באַזאַץ
edgy
(nervous) נערוועז; אָנגעשפּאַנט
(trendy) נאָוואַטאָריש; בײַם אַוואַנגאַרד
edible עסעוודיק; צום עסן
It's edible מע קען עס עסן; סע לאָזט זיך עסן; מע וועט זיך דערפֿון נישט פֿאַרסמען [FARSÁMEN]
edict דער עדיקט, ־ן; די פֿאַראָרדענונג, ־ען; די גזירה, ־ות [GZÉYRE]
edification דער מוסר; די מוסר־לעקציע; די באַלערנונג [MÚSER]
edifice דאָס געבײַ, ־ען; דער בנין, ־ים; דאָס געמאַך, ־ן [BÍNYEN, BINYÓNIM]
edify זאָגן מוסר; באַלערנען [MÚSER]
edifying באַלערעוודיק; באַלערנדיק
edit רעדאַקטירן
edit distance די בײַטדיסטאַנץ

edition די אויפֿלאַגע, ־ס; די אויסגאַבע, ־ס; דער אַרויסקום, ־ען; דער דרוק, ־ן; די עדיציע, ־ס

editor

m./unsp. דער רעדאַקטאָר, ...אָרן

f. די רעדאַקטאָרשע, ־ס

editorial, *adj.* רעדאַקציאָנעל; רעדאַקציע־...

editorial, *n.* דער עדיטאָריאַל, ־ן; דער רעדאַקציע־אַרטיקל, ־ען

editorial board די רעדאַקציע, ־ס; די רעדקאָלעגיע, ־ס

editorialize טענדענציעז אויסדריקן אַ מיינונג

editorial office די רעדאַקציע

editorial staff די רעדאַקציע; דער רעדאַקציע־פּערסאָנאַל

editor-in-chief דער שעף־רעדאַקטאָר, ...אָרן

educable דערציִעוודיק

educate דערציִען; אויפֿציִען; מחנך זײַן; ˙בילדן [MEKhÁNEKh]

(train/for special purpose) אויסשולן

educated, *adj.* דערצויגן; אויפֿגעצויגן; אויסגעשולט; ˙געבילדעט

educated guess די באַגרינדעטע השערה, ־ות [HAShÓRE]

education די דערציִונג; די בילדונג

(J./trad.) דער חינוך [KhÍNEKh]

(pedagogy) די פּעדאַגאָגיק

(training) די אויסבילדונג; די אויסשולונג

educational פּעדאַגאָגיש; בילדונג...; דערציִעריש

for educational purposes לשם דערציִונג [LEShÉM]

educational consultant דער פּעדאַגאָגישער קאָנסולטאַנט, ־ן

educational goal דער בילדונגציל, ־ן; דער פּעדאַגאָגישער ציל, ־ן

educationalist דער פּעדאַגאָגיק־ספּעציאַליסט, ־ן

educational level דער בילדונג־ניוואָ, ־ען

educational methods פּעדאַגאָגישע מעטאָדן

educational policy די בילדונג־פּאָליטיק

educator דער פּעדאַגאָג, ־ן; דער דערציִער, ־ס

Eeew! פֿע!

eel דער ווענגער, ־ס; דער אָלפֿיש, –

Eeny-meeny-miny-mo ענגע, בענגע, סטופּע, סטענגע

eerie אומהיימלעך; מאָדנע; פֿריקרע

eerieness די/דאָס אומהיימלעכקייט

efface אָפּווישן; פֿאַרווישן; אָפּמעקן; פֿאַרמעקן; אויסמעקן

effacement

(obliteration) דאָס אָפּווישן; די אָפּווישונג; די אָפּמעקונג

(obst.) די קורציִונג

effect, *n.* דער עפֿעקט, ־ן; די ווירקונג, ־ען; די פּעולה, ־ות [PÚLE]

effects (belongings) דאָס האָב־און־גוטס קאָל'; חפֿצים; מאַנאַטקעס [KhFÉYTSIM]

be in effect גילטן; חל זײַן [KhAL]

have an effect ווירקן; האָבן אַ ווירקונג; אויסווירקן זיך; אָפּרופֿן זיך

in effect פֿאַקטיש; אין תּוך אַרײַן [TOKh]

remain in effect נאָך אַלץ גילטן; בלײַבן חל

take effect גילטיק ווערן; נעמען ווירקן; אַרײַנגיין אין קראַפֿט

to good effect מיט אַ גוטער ווירקונג ‹פּעולה›

to that effect אין דעם ערך [ÉREKh]

to the effect that מיטן אינהאַלט אַז

with no effect אָן קיין שום ווירקונג ‹פּעולה›

effect, *v.* (באַ)ווירקן; (אַ)דורכפֿירן; אויספֿירן

effective עפֿעקטיוו; ווירקעוודיק; אויפֿטויִק; פּעולהדיק [PÚLEDIK]

(valid) גילטיק

effective January 1 פֿונעם ערשטן יאַנואַר אָן

effectively עפֿעקטיוו(ערהייט)

(in essence) למעשׂה; פֿאַקטיש [LEMÁYSE]

effectiveness די/דאָס עפֿעקטיווקייט; די/דאָס ווירקעוודיקייט; די/דאָס אויפֿטויִקייט; די/דאָס פּעולהדיקייט [PÚLEDIKEYT]

effectual *see* **effective**

effeminate פֿאַרווײַבערט; ווײַבעריש; פֿאַרצערטלט

effervesce שוימען; בלעזלען זיך; מוסירן; ברויזן

effervescent שוימיק; בלעזלדיק; ברויזיק; שפּרודלדיק

effete אָפּגעשוואַכט; אָפּגעניצט

efficacious עפֿעקטיוו

be efficacious ווירקן; זײַן עפֿעקטיוו; פּועלן [PÓY(E)LN]

efficacy די/דאָס ווירקעוודיקייט; די/דאָס עפֿעקטיווקייט

efficiency די/דאָס עפֿעקטיווקייט

(econ.) די/דאָס שפּאָרעוודיקייט; די/דאָס לוינעוודיקייט

(phys.) דער קאָעפֿיציענט פֿון נוצלעכער ווירקונג

efficiency expert דער מומחה אין עפֿעקטיווע מיטלען [MÚMKhE]

efficient עפֿעקטיוו; אויפֿטויִק; פֿעיִק; שפּאָרעוודיק

efficient person (*m.*) דער בריה, ־ות [BÉRYE]

efficient person (*f.*) די בריה, ־ות; די בריהטע, ־ס [BÉRYETE]

effigy די שמאַטע־פֿיגור, ־ן

in effigy ווי אַ שמאַטע־פֿיגור

efflorescence די צעבליִונג

efflorescent צעבליט; צעצוויטעט

effluent, *adj.* אַרויסשטראָמענדיק

effluent, *n.* דער אַרויסשטראָם, ־ען; דער אַרויסגאָס, ־ן

effort די מי; די באַמיִונג; די טירחה; דער אָנשטרענג; די אָנשטרענגונג [TÍRKhE]

make an effort אָנשטרענגען זיך; אָנטאָן זיך אַ כּוח; באַמיִען זיך; מטריח זײַן זיך [KÓYEKh] [MATRÍEKh]

make every effort אָנווענדן אַלע כּוחות; לייגן זיך אין דער לענג און אין דער ברייט [KÓYKhES]

put all one's effort into אַרײַנלייגן זיך אין

effortless אָן קיין שום אָנשטרענג(ונג)

effrontery די חוצפּה; די העזה [KhÚTSPE] [HÓZE]

effuse, *vt./vi.* אויסגיסן (זיך)

(med.) נעצן; רינען

effusion דער אויסגאָס, ־ן

(med.) די נעצונג; די רינונג

(*fig.*) דער האַרצאויסגאָס; דאָס השתּפּכות(־הנפֿש) [HIShTÁPKhES(-HANÉFESh)]

effusive

(med.) נעצנדיק; רינענדיק

(*fig.*) נישט־אײַנגעהאַלטן; אומגעצוימט; עקספּאַנסיוו

e.g. למשל; אַ שטייגער; לדוגמא; ˙צום בײַשפּיל [LEMÓShL] [LEDÚGME]

egalitarian, *adj.* עגאַליטאַריש; גלײַכרעכטיק

egalitarian, *n.* דער עגאַליטאַריער, ־ס; דער גלײַכרעכטיקער געב'

egalitarianism דער עגאַליטאַריזם

egg, *n.* דאָס איי, ־ער

(ovum) דאָס אייעכל, ־עך; דאָס אייעלע, ־ך

bad egg דער זשוליק, ־עס; דער הפֿקר־יונג [HÉFKER]

have egg on one's face פֿאַרשעמט ווערן פֿאַר לײַטן

put all one's eggs in one basket אַרײַנלייגן ‹אַרײַנטאָן› דעם גאַנצן קעז אין איין וואַרעניק ‹קניש›

egg, *v.* **(on)** אָנרייצן; אָנמוטיקן

egg-and-spoon race דער אייערלויף

egg bagel דער אייער־בייגל, –

egg barley פֿאַרפֿל ‹פֿאַרפֿעלעך› ל"ר

eggbeater דער אייער־קלאַפּער, ־ס

egg cell דאָס אײעלע, ־ך; דאָס אײ־קעמערל, ־עך
egg cream דער עג־קרים
egg cup דער אײער־בעכער, ־ס
egg drops טרײַפֿלעך
egg drop soup די זופּ מיט טרײַפֿלעך
egghead דער שפּיצקאָפּ, ...קעפּ; דער קאָפּמענטש, ־ן; דער בעל־מוח, בעלי־מוחות [BALMÓYEKh, BÁLE-MÓYKhES]
egg kichel דאָס אײער־קיכל, ־עך
egg matzo די אײער־מצה, ־ות [MÁTSE]
eggnog [MÁShKE] די אײער־משקה, ־ות; דער גאָגל־מאָגל, ־ען
egg noodles אײער־לאָקשן; לאָקשן אויף אײער
eggplant, *adj.* פּאַטלעזשאַנען־...
eggplant, *n.* דער פּאַטלעזשאַן, ־עס; די אײערפֿרוכט, ־ן; די אָבערזשינע, ־ס
eggplant parmigiana דער פּאַטלעזשאַן (אויף/מיט) פּאַרמעזאַן
egg roll די כינעזישע בלינצע, ־ס
egg salad דער אײער־סאַלאַט, ־ן
egg-shaped אײפֿאָרמיק; אײפֿאָרעמדיק
eggshell דאָס/די שאָלעכץ, ־ן/־ער
walk on eggshells גײן אויף אײער; אַרומגײן אויף די ציפּקעס ‹שפּיץ פֿינגער›
egg slicer דער אײער־צערעפּטלער, ־ס
egg whisk דער אײער־קלאַפּער, ־ס
egg white דאָס װײַסל, ־עך
egg yolk דאָס געל(ע)כל, ־עך
ego [ONÓYKhI] דער עגאָ, ־ס; דער איך, ־ן; דער אָנוכי
(*iro.*) דאָס איכעלע, ־ך
ego boost די (עגאָ־)מוטיקונג
egocentric עגאָצענטריש
egocentrism דער עגאָצענטריזם
egocentrist דער עגאָצענטריקער, ־ס
egoism דער עגאָיִזם; דער עגאָטיזם; דער איכיזם
egoist דער עגאָיִסט, ־ן; דער איכיסט, ־ן
egoistic עגאָיִסטיש; איכיסטיש
egomania די עגאָמאַניע
egomaniac, *adj.* עגאָמאַניש
egomaniac, *n.* דער עגאָמאַן, ־ען
egotism *see* **egoism**
egotist *see* **egoist**
ego trip דאָס עגאָ־הײבעניש, ־ן; דאָס גרײסעניש, ־ן
egregious (הימל־)שרײַענדיק; שרײַיִק; רײַסיק
egress דער אַרויסגאַנג, ־ען; דער װעג אַרויס
egressive אַרויסיק
egret די (װײַסע) צאַפּליע, ־ס; די װײַסע עגרעט, ־ן
Egypt, *n.* [MITSRÁYEM] (דאָס) מצרים
Egyptian, *adj.* [MÍTSRISh] מיצריש
Egyptian Jew דער מיצרישער געב׳; דער מיצרישער ייִד, ־ן [MÍTSRIShER]
Egyptian, *n.*
m./unsp. [MÍTSRI] דער מיצרי, ־ם
f. [MÍTSRIS, MÍTSRIES] די מיצרית, מיצריות
Egyptological עגיפּטאָלאָגיש
Egyptologist דער עגיפּטאָלאָג, ־ן
Egyptology די עגיפּטאָלאָגיע
Eh? האַ?; הע?
eider די אײַדערגאַנדז, ...גענדז; דאָס אײַדער־ענטל, ־עך
eiderdown דער אײַדערפּוך
Eiffel Tower דער אײפֿל־טורעם
eight, *n.*
(digit) די אַכט
(cards) [KhÉSER] די אַכט, ־ן; דאָס אַכטל, ־עך; דער חיתער
eight, *num.* אַכט
eighteen אַכצן
eighteenth אַכצעט; אַכצנט
eighth
(fraction) דאָס אַכטל, ־עך
(mus.) די אָקטאַווע, ־ס
eighth note די אַכטל־נאָטע, ־נאָטן
eighties
be in one's eighties זײַן אַן אַכציקער; זײַן אין די אַכציקער (יאָרן)
in the eighties (era) אין די אַכציקער יאָרן
eightieth אַכציקסט
eight o'clock אַכט אַ זײגער; אַכט(ע)
eighty אַכציק
eighty-odd עטלעכע און אַכציק; אַן אַכציק
einsteinium דער אײַנשטײניום
either, *adj.*
Either one is fine בײדע זענען גוט; ס'איז אַלץ אײנס
either ... or אָדער ... אָדער
either-or choice [BRÉYRE] די אָדער־אָדער־ברירה, ־ות
Either or! אָדער־אָדער!; אָדער אַזױ אָדער אַזױ!
either way אַזױ צי אַזױ; אַזױ אָדער אַנדערש
either, *adv.* **(also not)** אויך נישט
I don't want it either כ'וויל עס אויך נישט
ejaculate, *n.* דער אָפּשפּריץ, ־ן; די שיכבֿת־זרע [ShÍKhVES-ZÉRE]
ejaculate, *v.* [ZÉRE] אָפּשפּריצן; אָפּלאָזן זרע ‹דעם זוימען›
ejaculation דער אָפּשפּריץ; די אָפּשפּריצונג
ejaculatory duct [ZÉRE] דער זרע־‹זוימען›־וואַרפֿער, ־ס
eject
vt. **(a person)** אַרויסוואַרפֿן
vt. **(an object)** אַרויסוואַרפֿן; אַרויסשטויסן
vt. **(a disk)** אַרויסשיסן
vi. **(a person)** קאַטאַפּולטירן זיך; אַרויסוואַרפֿן זיך
ejection דאָס אַרויסוואַרפֿן; דער אַרויסוואַרף; דער אַרויסשטויס
ejection seat דער שלײַדערזיץ, ־ן
ejector דער אַרויסשטויסער, ־ס
eke out דערגאַנצן; אויספּילן
eke out a living פֿאַרדינען װאַסער אויף קאַשע ‹מצה›; אויסשלאָגן זיך דאָס ביסעלע פּרנסה; פֿאַרדינען דאָס בידנע שטיקל ברויט [MÁTSE] [PARNÓSE]
eke out a miserable existence פֿירן אַ קלאָגעדיק ‹נעבעכדיק› לעבן
EKG *see* **electrocardiogram**
elaborate, *adj.* פֿונאַנדערגעאַרבעט; קאָמפּליצירט; פֿאַרוויקלט; אויסגעקליגלט
elaborate, *v.* פֿונאַנדעראַרבעטן; אויסאַרבעטן; אַנטוויקלען
elaborate on אָנגעבן ‹אַרײַנלאָזן זיך אין› פּרטים װעגן [PRÓTIM]
élan [HISLÁYVES] דאָס התלהבֿות; דער/דאָס פֿײַער; דער ברען
eland דער עלאַן, ־ען
elapse פֿאַרבײַגײן
elastic, *adj.* עלאַסטיש; פֿעדער(ד)יק; גיביק; ציִעוודיק
elastic, *n.* די גומעלאַסטיק
elastic band די גומקע, ־ס
elasticity די/דאָס עלאַסטישקייט; די/דאָס פֿעדער(ד)יקייט; די/דאָס גיביקייט
elate באַגײַסטערן; שטעלן אין אַ געהויבענער שטימונג
elated מלא־שימחה; באַגײַסטערט; אין אַ געהויבענער שטימונג [MÓLE-SÍMKhE]
elation די/דאָס באַגײַסטערטקייט; דאָס התרוממות־הרוח [HISRÓYMEMES-HARÚEKh]
elbow, *n.* דער עלנבויגן, ־ס

at one's elbow אונטער דער האַנט
elbow, *v.* אַ שטורך טאָן מיטן עלנבויגן
elbow one's way in אַרײַנשטופּן זיך מיט די עלנבויגנס
elbow grease די שווערע האָרעוואַניע
elbow joint דאָס עלנבויגן־געלענק, ־ען
elbow pad דאָס עלנבויגן־קישעלע, ־ך
elbow room דאָס אָרט צו מאַנעווירן; די פֿרײַהייט
elder, *adj.* עלטער
elder, *n.* דער עלטערער גע‫ב׳
(bot.) די בוזינע; דער באָז
He's my elder ער איז עלטער פֿון מיר
elderberry דאָס באָזבערל, ־עך; די באָזיאַגדע, ־ס; די בוזינע־יאַגדע, ־ס
elder care דאָס אָפּהיטן זקנים; דער טיפּול־זקנים [SKÉYNIM] [TÍPL-SKÉYNIM]
elderly, *adj.* עלטער; באַיאָרט; באַטאָגט; אין די יאָרן
the elderly עלטערע לײַט; זקנים [SKÉYNIM]
elderly man דער זקן, ־ים [ZOKN, SKÉYNIM]
elderly woman די זקנה, ־ות [SKÉYNE]
eldest עלטסט
...-elect, *adj.* אויסגעקליבן; ˙אויסגעוויילט
elect, *v.* אויסקלײַבן; ˙אויס(דער)ווײלן
(decide) באַשליסן; באַשטימען
He was elected מ'האָט אים אויסגעקליבן
elected אויסגעקליבן
election וואַלן ל״ר
(act) דאָס אויסקלײַבן; דאָס אויסגעקליבן ווערן
elections וואַלן ל״ר
election commission די וואַל־קאָמיסיע, ־ס
Election Day דער וואַלטאָג
electioneering די וואַל־אַגיטאַציע
election official דער וואַל־באַאַמטער גע‫ב׳
election returns וואַל־רעזולטאַטן; וואַל־באַריכטן
elective
(optional) מעג...; ברירה־...; ברירהדיק [BRÉYRE] [BRÉYREDIK]
(via elections) וואַל...
elective course דער מעג־לימוד, ־ים [LÍMED, LIMÚDIM]
elective surgery די ברירה־אָפּעראַציע, ־ס [BRÉYRE]
elector דער ווײלער, ־ס; דער עלעקטאָר, ...אָרן
electoral וואַל(נ)־...; עלעקטאָרן־...
electoral college די עלעקטאָרן־קאָלעגיע, ־ס
electoral defeat די וואַל־מפּלה, ־ות [MAPÓLE]
electoral process די וואַלן־פּראָצעדור
electoral reform די וואַלן־רעפֿאָרעם, ...רמען
electoral roll די ווײלער־רשימה, ־ות; די ווײלער־ליסטע, ־ס [RESHÍME]
electoral victory דער וואַל־נצחון, ־ות [NITSÓKhN, NITSKhÓYNES]
electoral vote די עלעקטאָרן־שטים, ־ען
electorate די ווײלערשאַפֿט
electric(al) עלעקטריש; עלעקטראָ...; עלעקטר(י)ע־...
electrical appliance דער עלעקטרישער מכשיר, ־ים; דער עלעקטרישער אַפּאַראַט, ־ן [MÁKhShER, MAKhShÍRIM]
electrical engineer דער עלעקטרישער אינזשעניר, ־ן; דער עלעקטראָטעכניקער, ־ס
electrical engineering דאָס עלעקטרישע אינזשענירערײַ; די עלעקטרישע אינזשעניריע; די עלעקטראָטעכניק
electrical grid די עלעקטר(י)ע־נעץ, ־ן
electrical tape די איזאָליר־לענטע‹־טאַשמע›
electric bill דער עלעקטר(י)ע־חשבון, ־ות [KhEZhBM, KhEZhBÓYNES]
electric blanket די עלעקטרישע קאָלדרע, ־ס
electric car דער עלעקטרישער אויטאָ, ־ס; דער עלעקטראָמאָביל, ־ן
electric chair די/דער טויטשטול, ־ן; די/דער עלעקטרישע(ר) שטול, ־ן
electric current דער עלעקטרישער שטראָם, ־ען
electric eye דאָס עלעקטרישע אויג, ־ן
electric fence דער עלעקטרישער פּלויט, ־ן
electric guitar די עלעקטרישע גיטאַר, ־ן
electrician דער עלעקטריקער, ־ס
electricity די עלעקטר(י)ע; די עלעקטריציטעט
electric motor דער עלעקטראָמאָטאָר, ־ן
electric power די עלעקטר(י)ע; די עלעקטרישע ענערגיע ‹קראַפֿט›
electric razor דער/דאָס עלעקטרישע(ר) גאָלמעסער, ־ס
electric shock דער עלעקטרישער שאָק, ־ן
electric train דער עלעקטראָצוג, ־ן; די עלעקטרישע באַן, ־ען
electric wire דער/דאָס עלעקטרישע(ר) דראָט, ־ן
electrification די עלעקטריזירונג; די עלעקטריפֿיצירונג
electrify עלעקטריזירן; עלעקטריפֿיצירן
(excite/*fig.*) עלעקטריזירן; שטאַרק באַגײַסטערן
electrocardiogram דער עלעקטראָקאַרדיאָגראַם, ־ען
electrocute עלעקטרירן (אויף טויט); געבן + דאַט׳ די עלעקטרישע שטול
electrocution די עלעקטרירונג (אויף טויט); די עלעקטראָקוציע, ־ס
electrode דער עלעקטראָד, ־ן
electrodynamic עלעקטראָדינאַמיש
electrologist דער עלעקטראָלאָג, ־ן
electrolysis דער עלעקטראָליז
electrolyze עלעקטראָליזירן
electromagnetic עלעקטראָמאַגנעטיש
electromyogram די עלעקטראָמיאָגראַם, ־ען
electromyography די עלעקטראָמיאָגראַפֿיע
electron דער עלעקטראָן, ־ען
electron beam דער עלעקטראָנען־שטראַל, ־ן
electronic עלעקטראָניש; עלעקטראָנען־...
electronic appliances עלעקטראָנישע אַפּאַראַטן ‹מכשירים› [MAKhShÍRIM]
electronic tolling system די עלעקטראָנישע אָפּצאָל־סיסטעם
electronic mail די בליצפּאָסט; די עלעקטראָנישע פּאָסט
electronic monitoring דער עלעקטראָנישער קאָנטראָל
electronics די עלעקטראָניק ל״י
electron microscope דער עלעקטראָנען־מיקראָסקאָפּ, ־ן
electroshock therapy די עלעקטראָשאָק־טעראַפּיע
electrostatic עלעקטראָסטאַטיש
electrostatic field דאָס עלעקטראָסטאַטישע פֿעלד, ־ער
elegance די עלעגאַנץ
elegant עלעגאַנט; מאָדיש
elegiac עלעגיש
elegy די עלעגיע, ־ס
element דער עלעמענט, ־ן
There's an element of truth to that אין דעם שטעקט אַ שטיק ‹ברעקעלע› אמת [ÉMES]
in one's element ווי אַ פֿיש אין וואַסער; אין + פּאָס׳ עלעמענט ‹סטיכיע›
out of one's element נישט אין + פּאָס׳ עלעמענט ‹סטיכיע›
the elements (basics) יסודות [YESÓYDES]
the elements (nature) דער אומוועטער; די סטיכיע
elemental
(chem.) עלעמענטן־...

(nature) סטיכיש
elementary עלעמענטאַר; אָנהייבער־...
elementary course דער קורס פֿאַר אָנהייבערס; דער עלעמענטאַר־‹אָנהייבער־›קורס, ־ן
elementary Yiddish ייִדיש פֿאַר אָנהייבערס
elementary particle דאָס עלעמענטאַרע טײלעכל, ־עך
elementary school די פֿאָלקשול, ־ן; די עלעמענטאַר־שול, ־ן; די גרונטשול, ־ן
elephant
m./unsp. דער העלפֿאַנד, ־ן
f. די העלפֿאַנדיכע, ־ס
baby elephant דאָס העלפֿאַנדל, ־עך
elephantiasis דער עלעפֿאַנטיאַז; די העלפֿאַנדקרענק
elephantine ווי אַ העלפֿאַנד; מאַסיוו; אומגעלומפּערט
elevate אויפֿהייבן
(exalt) דערהייבן
(increase) העכערן
elevated הויך; געהעכערט
(raised/exalted) געהויבן
elevated blood pressure די הויכע בלוטדריקונג; דער הויכער בלוטדרוק
elevated cholesterol דער הויכער כאָלעסטעראָל
elevated train די אייבערבאַן, ־ען; די לופֿטבאַן, ־ען
elevation
(altitude) די הייך, ־ן
(lifting) דאָס אויפֿהייבן
elevator דער ליפֿט, ־ן
elevator building דער בנין מיט אַ ליפֿט [BÍNYEN]
elevator operator דער ליפֿטניק, ־עס; דער ליפֿטיאָר, ־ן
elevator shaft די ליפֿט־שאַכטע, ־ס
eleven עלו(ע)ף
eleven o'clock עלו(ע)ף אַ זייגער; עלעווע
eleventh, *adj.* עלו(ע)פֿט
at the eleventh hour (ממש) אין דער לעצטער רגע; אַ מינוט פֿאַר לײכטבענטשן [MÁMESh] [RÉGE]
eleventh, *n.* דאָס עלו(ע)פֿטל, ־עך
elf דער עלף, ־ן; דאָס שרעטל, ־עך
(child/*fig.*) דער מזיק, ־ים [MÁZEK, MAZÍKIM]
elfin עלפֿיש; שרעטלדיק
(*fig.*) קליין־חנעוודיק [KhÉYNEVDIK]
elflock דער קאָלטן, ־ס/...טענעס
elicit אַרויסרופֿן; אַרויסקריגן; אַרויסבאַקומען; אויפֿברענגען
eligibility די/דאָס ראָויִדיקייט [RÓEDIKEYT]
eligibility requirement דער גרונטבאַדינג, ־ען; דער גרונט־תּנאַי, ־תּנאָים [TNAY, TNÓYEM]
eligible פּאַסיק; ראָוי; מסוגל [RÓE] [MESÚGL]
be eligible for זײַן ראָוי צו; האָבן דאָס רעכט אויף
of eligible age צו די ריכטיקע יאָרן; צו דער ריכטיקער צײַט
He's an eligible bachelor ער פּאַסט פֿאַר אַ חתן [KhOSN]
Elijah (bib.) אליהו הנבֿיא [ELYÓHU HANÓVI/ELYENÓVE]
eliminate עלימינירן; אָפּשאַפֿן; באַזײַטיקן; אויסשליסן
eliminate one's bowels אויסמאַכן זיך; האָבן דעם מאָגן; גיין אונטער זיך; לאָזן די צואה [TSÓYE]
elimination די עלימינירונג; די באַזײַטיקונג; דאָס אויסשליסן
elimination of bowels דאָס אויסמאַכן זיך; דאָס גיין אונטער זיך; דאָס לאָזן די צואה [TSÓYE]
by process of elimination דורך עלימינירן ‹אויסשליסן›
elision די קלאַנג־השמטה; דאָס דורכלאָזן אַ קלאַנג [HAShMÓTE]
elite, *adj.* עליטיש
elite, *n.* דער עליט, ־ן; די פּני ל״ר; די סמעטענע ל״י [PNEY]
elitism דער עליטיזם

elitist, *adj.* עליטיסטיש
elitist, *n.* דער עליטיסט, ־ן
elixir דאָס רפֿואה־געטראַנק, ־ען; דער עליקסיר, ־ן; דאָס היילמיטל, ־ען [REFÚE]
elk
(moose) דער לאָס, ־ן
(wapiti) דער איידעלער הירש, ־ן
ell די אייל, ־ן
ellipse דער עליפּס, ־ן
ellipsis
(ling.) דער עליפּס(יס), ־ן; דאָס דורכלאָזן אַ וואָרט; די השמטה [HAShMÓTE]
(symbol) דאָס דרײַפּינטל, ־עך; דרײַ פּינטעלעך ל״ר
elliptical עליפּטיש
elliptical construction די בקיצור־פֿאָרמע, ־ס; די עליפּטישע פֿאָרמע, ־ס [BEKÍTSER]
elliptical trainer דער עליפּטישער טרענירער, ־ס
elm דער קנופּבוים, ...ביימער
elocution די רעדקונסט; די עלאָקוציע
elongate פֿאַרלענגערן; אויסציִען
elongation די פֿאַרלענגערונג; די אויסציִונג
elope מאַכן אַ חתונה־פּליטה; אַנטלויפֿן (און שטעלן אַ חופּה) [KhÁSENE-PLÉYTE] [KhÚPE]
elopement די חתונה־פּליטה [KhÁSENE-PLÉYTE]
eloquence די עלאָקווענץ; דער כּוח־הדיבור [KÓYEKh-HADÍBER]
eloquent עלאָקווענט
be eloquent האָבן אַ געשליפֿענע צונג; רעדן עלאָקווענט
El Salvador (דאָס) סאַלוואַדאָר
else
(otherwise) אַנישט
(other) אַנדערש
or else אַנישט; אַזױסט; אלא נישט [ÉLE]
Or else! אַנישט וועסטו ‹וועט איר› שוין כאַפּן!
someone else אַן אַנדערער; אַ צווייטער
someone else's יענעמס; אַ צווייטנס
something else עפּעס אַנדערש(ס)
somewhere else אַנדערש ווו; ערגעץ אַנדערש
What else? וואָס נאָך?
elsewhere אַנדערש ווו; ערגעץ אַנדערש
elucidate אויסקלאָרן; באַלײַכטן; קלאָר מאַכן
elucidation די אויסקלאָרונג
elude אַרויסגליטשן ‹אַרויסדרייען› זיך פֿון; אויסמײַדן
Elul (דער) אלול [ÉLEL]
elusive גליטשיק
(thief) שווער צו כאַפּן ‹פּאַקן› [GÁNEF]
(goal) שווער צו דערגרייכן
be elusive (quality) נישט לאָזן זיך באַשרײַבן ‹אויפֿכאַפּן›
be elusive (thought) אַרויסגליטשן זיך פֿון קאָפּ
emaciate אָפּצערן; אויסמאָגערן
emaciated אָפּגעצערט; אויסגעצערט; אויסגעמאָגערט; אויסגעדאַרט; פֿאַרמאָרעט; דאַר און קוואַר; אַראָפּ פֿון פּנים [PONEM]
e-mail, *n.*
(letter) דער בליצבריוו, ־; דאָס בליצבריוול, ־עך
(system) די בליצפּאָסט
e-mail address דער בליצאַדרעס, ־ן; דער בליצפּאָסט־אַדרעס, ־ן
e-mail, *v.* שיקן בליצפּאָסט
(single letter) שיקן אַ בליצבריוו
emanate
(originate) שטאַמען; אַרויסקומען; וואַקסן
(emission) אַרויסשטראַלן; אַרויסשטראָמען

emanation די אַרױסשטראַלונג; די אַרױסשטראָמונג; די עמאַנאַציע

emancipate עמאַנציפּירן; באַפֿרײַען; שטעלן מיט לײַטן גלײַך

emancipated עמאַנציפּירט; באַפֿרײַט

be emancipated עמאַנציפּירן זיך; באַפֿרײַען זיך; װערן מיט לײַטן גלײַך

emancipation די עמאַנציפּירונג; די באַפֿרײַונג

(of slaves) די שקלאַפֿן־באַפֿרײַונג

(of women) די פֿרױען־באַפֿרײַונג

Emancipation Proclamation די עמאַנציפּאַציע־פּראָקלאַמאַציע

emancipator דער עמאַנציפּאַטאָר, ...אָרן

emasculate

(castrate) קאַסטרירן; מסרס זײַן [MESÁRES]

(*fig.*) אָפּשװאַכן + דאַט' די מענלעכקייט

embalm (אײַנ)באַלזאַמירן

embalmer דער (אײַנ)באַלזאַמירער, ־ס

embankment דער/די ברעגמױער, ־ן; דער אָנשיט, ־ן; דער אַרומשיט, ־ן

embargo, *n.* דער עמבאַרגאָ, ־ס

embargo, *v.* אַרױפֿלייגן אַן עמבאַרגאָ; עמבאַרגירן

embark באַרטירן

(plane) *also* אַרײַנזעצן זיך אין עראָפּלאַן

(ship) *also* אײַנשיפֿן זיך; אַרױפֿגײן אױף דער שיף

embark on (a project) אַרײַנלאָזן זיך אין

embark on (a trip) אַרױסלאָזן זיך אױף

embarkation דאָס באַרטירן

embarrass פֿאַרשעמען; מבֿייש זײַן; זשעניִרן; שטעלן אין אַ פֿאַרלעגנהייט; קאָמפּראָמעטירן [MEVÁYESh]

(financially) שטעלן בדלות [BEDÁLES]

embarrassed פֿאַרשעמט

(financially) בדלות [BEDÁLES]

feel embarrassed שעמען זיך; זשעניִרן זיך

embarrassing פּריקרע; מבֿיישדיק; ניט־אָנגענעם [MEVÁYEShDIK]

embarrassment

(act) דאָס פֿאַרשעמען

(state) דאָס פֿאַרשעמט װערן; די פֿאַרלעגנהייט; די קאָמפּראָמעטאַציע

He's an embarrassment מע מעג זיך מיט אים שעמען

suffer embarrassment האָבן ‹לײַדן› בזיונות [BIZYÓYNES]

an embarrassment of riches אַ ים מיט ברירות; אָן אַ שיעור ברירות [YAM] [BRÉYRES] [ShÍER]

embassy די אַמבאַסאַדע, ־ס

embattled

(mil.) באַלאַגערט; קאַמפֿגרייט; קעמפֿנדיק

(*fig.*) פֿאַרסיכסוכט; אײַנגעקעגנערט [FARSÍKhSEKhT]

embed

vt. **(enclose snugly)** אײַנבעטן; אײַננעסטיקן

vt./vi. **(fix)** פֿאַרפֿעסטיקן (זיך); אײַנפֿעסטיקן (זיך); אײַנפֿיקסירן (זיך); אײַנגראָבן (זיך)

vi. **(of journalist)** אײַנבעטן זיך; אײַננעסטיקן זיך

embedded אײַנגעבעט; אײַנגענעסטיקט

embellish פֿאַרפּוצן; פֿאַרצירן; צופּוצן; פֿאַרשענערן

(mus.) ציִקלען זיך; פֿאַרצירן

embellishment

(adornment) די פֿאַרפּוצונג, ־ען; די פֿאַרצירונג, ־ען

(mus.) די פֿאַרצירונג, ־ען

ember די האָלעװעשקע, ־ס

embers *also* טלייִענדיקע קױלן; דער פּריסיק ל״ר; דער זשאַר ל״ר; לעצטע פֿונקען

embezzle אױסנייזן; אונטערשלאָגן; פֿאַרשװינדלען; אַראָפּלקחענען [ARÓPLÁKKhENEN]

embezzlement די אױסנייזונג; דאָס אונטערשלאָגן; דאָס פֿאַרשװינדלען

embezzler

m./unsp. דער אױסנייזער, ־ס

f. די אױסנייזערקע, ־ס

embitter פֿאַרביטערן (+ דאַט' דאָס האַרץ)

embittered פֿאַרביטערט

embittered person די פֿאַרביטערטע נשמה, ־ות; די קיסליצע, ־ס [NEShÓME]

emblem די עמבלעם, ־ען

emblematic עמבלעמאַטיש; כאַראַקטעריסטיש

embodiment די פֿאַרקערפּערונג; די פֿאַרגופֿונג

embody פֿאַרקערפּערן; פֿאַרגופֿן; כולל זײַן [KÓYLEL]

embolden צומוטערן; (אונטער)מוטיקן; צוגעבן + דאַט' מוט

emboldened by (אונטער)געמוטיקט פֿון

embolism די עמבאָליע, ־ס

emboss אַמבאָסירן

embrace, *n.* דער אַרומנעם, ־ען; דאָס אַרומנעמען זיך; די האַלדזונג

embrace, *vt.* אַרומנעמען; פֿאַלן + דאַט' אױפֿן האַלדז; אַרומכאַפּן; האַלדזן

embrace one another אַרומנעמען זיך; אַרומכאַפּן זיך; האַלדזן זיך

(*fig.*) אַרומנעמען; אַרײַננעמען

embraceable אַרומנעמ(עװד)יק

embrasure די אַמבראַזור, ־ן; די שיסלאָך, ...לעכער

embroider אױסהאַפֿטן ‹אױסהעפֿטן›; אױסנייען; שטיקן

embroidered אױסגעהאַפֿט; אױסגעהאָפֿטן; אױסגענייט; געשטיקט

embroidery דאָס אױסנייעכץ; דאָס אױסגענייִ; די אױסהאַפֿטונג; דאָס געהאַפֿט; דאָס שטיקערײַ

embroidery needle די סידעלקע, ־ס

embroil אַרײַנשלעפּן; אַרײַנפּלאָנטערן; פֿאַרמישן

embryo דער עובר, ־ס; דער עמבריאָן, ־ען [ÚBER]

embryonic עמבריאָניש; עמבריאָ־...

embryonic cell דאָס עמבריאָ־קעמערל, ־עך

embryonic stem cell דאָס עמבריאָ־שטאַם־קעמערל, ־עך

embryo transfer דאָס אַריבערפֿירן דעם עובר ‹עמבריאָן› [ÚBER]

emcee, *n.* דער קאָנפֿעראַנסיע, ־ען; דער פּראָגראַם־אָנפֿירער, ־ס; דער מסדר, ־ים [MESÁDER, MESÁDRIM]

emcee, *v.* זײַן דער קאָנפֿעראַנסיע ‹פּראָגראַם־אָנפֿירער› פֿון

emend פֿאַרריכטן; אױסבעסערן; קאָריגירן ‹קאָרעגירן›

emendation דער תּיקון־טעות, ־ן; די פֿאַרריכטונג, ־ען; די אױסבעסערונג, ־ען [TIKN-TÓES]

emerald, *adj.* שמאַראַק גרין

emerald, *n.* דער שמאַראַק, ־ן

emerge אױפֿקומען; אַרױסקומען; אַרױפֿשװימען; באַװײַזן זיך; אַרױסשײלן זיך; אױסשײלן זיך

emergence דער אױפֿקום; דאָס אַרױסקומען; דאָס באַװײַזן זיך

emergency, *adj.* נױט(פֿאַל)...; פּיקוח־(נפֿש־)...; ג(ע)װאַלד... [PIKÚEKh(-NÉFESh)]

emergency, *n.* דער נױטפֿאַל, ־ן; דער פּיקוח־נפֿש; דער נױט־מצבֿ; די עת־צרה [PIKÚEKh-NÉFESh] [MÁTSEV] [EYS-TSÓRE]

emergency brake דער נױטטאָרמאַז, ־ן

emergency door די גװאַלדטיר, ־ן

emergency exit דער גװאַלד־אַרױסגאַנג, ־ען

emergency kit דאָס נױטרענצל, ־עך; דאָס נױטזעקל, ־עך

emergency landing די מוזלאַנדונג, ־ען; די נױטלאַנדונג, ־ען

emergency light דאָס גוואַלדליכט; דאָס נױטליכט
emergency medical technician דער נױטפֿאַל־‹פּיקוח־נפֿש־›טעכניקער, ־ס [PIKÚEKh-NÉFESh]
emergency phone דער גוואַלד־‹נױט־›טעלעפֿאָן, ־ען
emergency repair דער גענײטיקער ‹דרינגלעכער› רעמאָנט
emergency room דער פּיקוח־נפֿש־זאַל־‹אָפּטײל›, ־ן; דער נױטזאַל, ־ן [PIKÚEKh-NÉFESh]
emergency row גוואַלדזיצן ל״ר
emergency slide דער גוואַלדגליטש, ־ן
emergency surgery די נױט־אָפּעראַציע, ־ס
emergent *see* **emerging**
emerging אױפֿקומ(ענד)יק; אַרױסקומ(ענד)יק; אַרױפֿשווימענדיק; זיך אַנטוויקלענדיק
emerging market דער אױפֿקומענדיקער מאַרק, מערק/־ן
emerging nation דאָס זיך אַנטוויקלענדיקע לאַנד, לענדער
emeritus עמעריטירט; אױף ‹אין› עמעריטור
emery דאָס שמערגל
emery board דאָס (שמערגל־)פֿײַלעכל, ־עך
emery paper דאָס גלאָזפּאַפּיר; דאָס שמערגל־פּאַפּיר
emesis דאָס ברעכן; דאָס מײקעניש
emesis basin דאָס ברעך־שיסעלע, ־ך
emetic, *adj.* ברעכ...
emetic, *n.* דאָס ברעכמיטל, ־ען
emigrant, *adj.* עמיגראַנטיש
emigrant, *n.* דער עמיגראַנט, ־ן
emigrate עמיגרירן; אױסוואַנדערן
emigration די עמיגראַציע; די אױסוואַנדערונג
émigré דער עמיגראַנט, ־ן
eminence דער/דאָס אָנזען; דאָס חשיבֿות [KhShÍVES]
eminent
(remarkable) אױסערגעווײנ(ט)לעך; גלענצנדיק
(prominent) אָנגעזען; חשובֿ; באַקאַנט; באַוווּסט [KhÓShEV]
eminent domain דער מלוכה־רשות [MELÚKhE-REShÚS]
eminently גרײַלעך; אױסערגעווײנ(ט)לעך
emir דער עמיר, ־ן
emirate דער עמיראַט, ־ן
emissary דער שליח, ־ים; דער עמיסאַר, ־ן [ShELÍEKh, ShLÍKhIM]
emission
(of light) די אױסשטראַלונג
(of gas/heat) די עמיסיע, ־ס; דער אַרױסלאָז
(fumes) דער אױסקנאַלגאַז; די עמיסיע
(physio.) דער אַרױסלאָז; דער זאָמענשטראָם
emit
vt. אַרױסלאָזן; אַרױסגעבן
vi. אױסשטראַלן
emoji דער עמאָדזשי, ־ס
emollient, *adj.* פֿאַרווײכער־...
emollient, *n.* דאָס פֿאַרווײכער־מיטל, ־ען
emolument
(salary) די הכנסה; שׂכירות ל״ר [HAKhNÓSE] [SKhÍRES]
(fee) דער האָנאָראַר, ־ן
emoticon דאָס געפֿיל־בילדל, ־עך
emotion די עמאָציע, ־ס; דאָס געפֿיל, ־ן
emotional עמאָציאָנעל; געפֿיליק
emotionalism דער עמאָציאָנאַליזם
emotionless אָן קײן עמאָציע ‹געפֿיל›
emotive פֿול מיט געפֿיל; עמאָציאָנעל (געפֿאַרבט)
be emotive אַרױסרופֿן עמאָציע ‹געפֿילן›
emotive power דער עמאָציאָנעלער כּוח [KÓYEKh]
emotive verb דער געפֿילוווערב, ־ן

empathic עמפּאַטיש
empathize מיטפֿילן
empathy די עמפּאַטיע
emperor דער קײסער, קײסאָרים; דער אימפּעראַטאָר, ...אָרן
emphasis דער טראָפּ, ־; דער עמפֿאַז, ־ן; דער אַרױסהײב, ־ן; די אַרױסהײבונג, ־ען
lay emphasis on אַרױסהײבן; אונטערשטרײַכן; שטעלן דעם טראָפּ אױף; ˚באַטאָנען
emphasize שטעלן דעם טראָפּ אױף; אַרױסהײבן; אונטערשטרײַכן
emphatic עמפֿאַטיש; אַרױסהײביק
He gave an emphatic no ער האָט געזאָגט לאו מיט אַן אַלף [LOY] [ÁLEF]
emphatic word order דער עמפֿאַטישער ווערטער־סדר [SÉYDER]
emphysema דער (לונגען־)עמפֿיזעם
empire די אימפּעריע, ־ס
Empire State דער שטאַט ניו־יאָרק
empire waist די אַמפּיר־טאַליע
empirical עמפּיריש
emplacement (mil.) דער פֿײַערפּונקט, ־ן
employ
(hire) אָנשטעלן; באַשעפֿטיקן; צונעמען
(use) (באַ)ניצן; אָנווענדן
employability די/דאָס אַרבעט־פֿעיִקייט
employable אַרבעט־פֿעיִק
employee דער אָנגעשטעלטער געב׳; דער אַרבעט־נעמער, ־ס
employee contribution דעם אָנגעשטעלטנס צושטײַער, ־ס
employer
m./unsp. דער אַרבעט־געבער, ־ס; דער באַשעפֿטיקער, ־ס
f. די אַרבעט־געבערין, ־ס; די באַשעפֿטיקערין, ־ס
employer contribution דעם אַרבעט־געבערס צושטײַער, ־ס
employment די אַרבעט; די באַשעפֿטיקונג
employment agency די אַרבעט־אַגענטור, ־ן; די זאָרגבאַנק, ...בענק
employment discrimination די אַרבעט־דיסקרימינאַציע‹־באַעוולונג› [BAÁVLUNG]
emporium דער עמפּאָריום, ־ס; דער האַנדל־צענטער, ־ס
empower באַכּוחן; געבן + דאַט׳ רשות; באַפֿולמאַכטיקן [BAKÓYEKhN] [REShÚS]
empowerment דאָס באַכּוחן; די באַפֿולמאַכטיקונג [BAKÓYEKhN]
empress די קײסעריִנע, ־ס; די אימפּעראַטאָרשע, ־ס
emptiness די/דאָס לײדיקײט; די/דאָס פּוסטקײט
empty, *adj.* לײדיק; פּוסט
on an empty stomach אױפֿן ניכטערן מאָגן ‹האַרצן›
empty, *v.* אױסלײדיקן
vt. **(pour)** אױסגיסן
vi. **(river)** אַרײַנגיסן זיך
empty one's breast (by nursing) אױסזײגן
empty one's breast (by pumping) אױספּלומפּן; אױספּלומפּעווע|ן
empty-handed מיט לײדיקע הענט; מיט לײדיקן
go away empty-handed אַוועקגײן מיט לײדיקן ‹גאָרנישט/לײדיקע הענט›; אַוועקגײן מיט דעם מיט וואָס מ׳איז געקומען
empty-headed צעטראָגן; צעפֿלויגן
empty-headed person דער צעטראָגענער געב׳; דער צעפֿלויגענער געב׳; דער פּוסטשאַק, ־עס
empty promise דער בלויזער צוזאָג, ־ן
empyema דער אָנלויף מיט מאַטעריע; די עמפּיִעמע, ־ס
emu דער עמו, ־ס

emulate נאָכטאָן + דאַט'; נאָכגיין + אַק'/דאַט'
emulation דאָס נאָכטאָן; דאָס נאָכגיין
emulsifier דאָס עמולסיר־מיטל, ־ען; דער עמולסיפֿיציר־ער, ־ס
emulsify עמולס(יפֿיצ)ירן
emulsion די עמולסיע, ־ס
enable געבן ‹צושטעלן› + דאַט' אַ מעגלעכקייט; דערמעגלעכן
enact
(**make law**) איינפֿירן ‹אָננעמען› אַ געזעץ
(**thea.**) אויפֿפֿירן; (אויס)שפּילן
enactment
(**legislation**) דאָס איינפֿירן ‹אָננעמען› אַ געזעץ; די געזעץ־וועדונג, ־ען
(**thea.**) די אויפֿפֿירונג, ־ען; דאָס (אויס)שפּילן
enamel, *adj.* עמאַל...
enamel, *n.* דער עמאַל, ־ן
(**nail**) דער נעגל־לאַקיר, ־ן
enamel, *v.* עמאַלירן
enameler דער עמאַלירער, ־ס
enamelled עמאַלירט
enamel paint דער עמאַללאַק
enamelware דאָס עמאַלירטע געפֿעס; דאָס עמאַלוואַרג קאָל'
enamor פֿאַרכּישופֿן [FARKÍShEFN]
enamored of [FARKÍShEFT] פֿאַרכּישופֿט ‹פֿאַרכאַפּט› פֿון
en bloc ווי אַ גאַנצקייט
encamp לאַגערן (זיך)
encampment דער לאַגער, ־ן
encapsulate איינקאַפּסלען; איינשליסן אין אַ קאַפּסל
(*fig.*) זײַן דער תּמצית פֿון; פֿאַרקערפּערן [TÁMTSES]
encase איינקעסטלען; אין גאַנצן אַרומנעמען; אַרומהילן
encased by אַרומגעהילט מיט; אַרומגענומען פֿון
encasing די אַרומהילונג, ־ען
Enceladus (דער) ענצעלאַדוס
encephalitis דער ענצעפֿאַליט
enchain שליסן ‹שמידן› אין קייטן
enchant פֿאַרכּישופֿן [FARKÍShEFN]
enchanted forest דער פֿאַרכּישופֿטער וואַלד, וועלדער [FARKÍShEFTER]
enchanter [KÍShEF] דער כּישוף־מאַכער, ־ס; דער מכשף, ־ים [MEKhÁShEF, MEKhÁShFIM]
enchanting [FARKÍShEFNDIK] פֿאַרכּישופֿנדיק; פֿאַרכאַפּנדיק
(*fig.*) *also* [MÓLE-KhÉYN] מלא־חן פּר'
enchantment
(**act**) [FARKÍShEFUNG] די פֿאַרכּישופֿונג
(**state**) [FARKÍShEFTKEYT] די/דאָס פֿאַרכּישופֿטקייט
enchantress די כּישוף־מאַכערין, ־ס; די מכשפֿה, ־ות [KÍShEF] [MAKhShÉYFE]
enchilada די ענטשילאַדע, ־ס
encipher *see* **encrypt**
encircle אַרומרינגלען; אַרומקרייזן
encirclement די אַרומרינגלונג, ־ען; די אַרומקרייזונג, ־ען
enclave דער ענקלאַוו, ־ן
enclitic, *adj.* ענקליטיש
enclitic, *n.* די ענקליטיק, ־ן
enclose
(**surround**) אַרומצאַמען; אַרומצוימען; אָפּצאַמען
(**insert**) בײַלייגן; צולייגן
enclosed
(**surrounded**) אַרומגעצאַמט; אַרומגעצוימט; אָפּגעצאַמט
(**inserted**) בײַגעלייגט; צוגעלייגט
enclosure
(**area**) די אָפּצאַמונג, ־ען; דער אַרומגעצאַמטער שטח, ־ים [ShÉTEKh, ShTÓKhIM]
(**mailing**) דער בײַלייג, ־ן; דער צולאַג, ־ן

encode *see* **encrypt**
encomium דאָס לויבגעזאַנג, ־ען; דער פּאַנעגיריק, ־עס
encompass אַרומכאַפּן; אַרײַננעמען; כּולל זײַן [KÓYLEL]
encore דער ביס, ־ן
Encore! ביס!
for an encore אויף ביס
encounter, *n.* די טרעפֿונג, ־ען; דאָס (צופֿעליקע) באַגעגעניש, ־ן; דער צונויפֿטרעף, ־ן
encounter, *v.* טרעפֿן (זיך מיט); באַגעגענען (זיך מיט); אָנטרעפֿן; אָנגעגענען
encourage (אָנ)מוטיקן; (אויפֿ)מונטערן; צוגעבן + דאַט' האָפֿענונג ‹°מוט›; °דערמוטיקן
encouraged (אָנ)געמוטיקט; (אויפֿ)געמונטערט
encouragement די מוטיקונג; די (אויפֿ)מונטערונג
encouraging מוטיקנדיק; מונטערנדיק
encroach (on) אַרײַנדרינגען (אין); אַרײַנשטופּן זיך (אין); פֿאַרכאַפּן + אַק'; מסיג־גבֿול זײַן + דאַט' [MÁSEG-GVÚL]
encroachment די אַרײַנדרינגונג, ־ען; די אַרײַנשטופּונג, ־ען; דאָס הסגת־גבֿול [HASÓGES-GVÚL]
encrust אינקרוסטירן
encrustation די אינקרוסטירונג, ־ען
encrypt קאָדירן; (איינ)שיפֿרירן; פֿאַרשיפֿרירן
encryption די קאָדירונג; די שיפֿרירונג; דאָס קאָדירן; דאָס שיפֿרירן
encryption device דער שיפֿריר־אַפּאַראַט, ־ן
encryption software דאָס שיפֿרירוואַרג קאָל'
encumber באַלאַסטיקן; באַלאָדן; באַשווערן; מכביד זײַן [MÁKhBED]
encumbrance די באַלאַסטיקונג, ־ען; די שווערע משׂא, משׂאות; די הכבדה, ־ות [HAKhBÓDE] [MÁSE, MASÓES]
encyclopedia די ענציקלאָפּעדיע, ־ס
encyclopedic ענציקלאָפּעדיש
end, *n.* דער סוף, ־ן [SOF]
(**goal**) דער צוועק, ־ן
(**of loaf**) דאָס שפּיצל, ־עך; דער (אָ)קרײַטשיק, ־עס; דער קרײַעץ, קרײַ(ע)צעס
(**of rope/string**) דאָס ענדעלע, ־ך
End of discussion! שוין!; פֿאַרטיק!; סוף פּסוק!; אַ סוף, אַן עק! [PÓSEK]
end of the line (rail) די סוף־סטאַנציע, ־ס; די לעצטע סטאַנציע, ־ס
end of the line (*fig.*) דער סאַמע סוף
end to end פֿון איין עק ביזן צווייטן
an end in itself לשמה [LIShMÓ]
at the end of the day (*fig.*) די אונטערשטע שורה; אין לעצטן סך־הכּל [ShÚRE] [SAKhÁKL]
at the very end צום סאַמע סוף; אויף דער (גוטער) לעצט
It's not the end of the world ס'איז נישט עק וועלט; די וועלט גייט (נאָך) נישט אונטער
come to an end קומען צון) אַ סוף; ענדיקן זיך; שליסן זיך
in the end צום סוף; לסוף; סוף־כּל־סוף [LESÓF] [SOFKLSÓF]
make ends meet אויסקומען
on end (endless) אָן אַ סוף ‹עק›; נאָך אַנאַנד
on end (upright) שטייענדיק; ווערטיקאַל
put an end to מאַכן אַ סוף צו
There's no end to it סע נעמט נישט קיין סוף; ס'איז אַ מעשׂה אָן אַ סוף ‹שיעור› [MÁYSE] [ShÍER]
to that end מיט אָט דעם ציל ‹צוועק›
to the bitter end ביזן ביטערן סוף; ביז לעצט; ביזן לעצטן
the end of time דער סוף־כּל־הדורות [SÓF-KOL-HADÓYRES]
to the end of time אויף אַלע אייביקייטן

to the ends of the Earth אַוווּ די וועלט האָט נאָר אַן עק

with no end אָן אויפֿהער; אָן אַ סוף; אָן אַן עק

I'll never hear the end of it כ'וועל נאָך לאַנג וועגן דעם הערן

end, *v.*

vt. (פֿאַר)ענדיקן; מאַכן אַ סוף צו; שליסן [SOF]

vi. (פֿאַר)ענדיקן זיך; אויסלאָזן זיך; שליסן זיך

end in/with ענדיקן (זיך) מיט

end it all מאַכן אַ סוף צו זיך

end poorly ענדיקן זיך מיט געוויין; שלעכט אָפּשנײַדן

end up (as) בלײַבן (בײַם סוף)

end up in פֿאַרבלײַבן מיט ‹אין›; בלײַבן צום סוף מיט ‹אין›

She'll end up ... דער סוף וועט זײַן, אַז זי וועט ...

endanger שטעלן אין (אַ) סכּנה [SAKÓNE/SEKÓNE]

endanger the welfare of שטעלן + אַק' אין (אַ) סכּנה

endangered אין אַ סכּנה [SAKÓNE/SEKÓNE]

endangered language די שפּראַך אין אַ סכּנה

endangered species דער זגאַל אין אַ סכּנה; דער געסטראַשעטער זגאַל

endangerment דאָס שטעלן אין (אַ) סכּנה [SAKÓNE/SEKÓNE]

endear מאַכן ‹ווערן› באַליבט

endear oneself to מאַכן זיך ‹ווערן› באַליבט בײַ; געפֿינען חן בײַ; צערטלען זיך צו [KhEYN]

endearing חנעוודיק; צוציִק [KhÉYNEVDIK]

(gram.) פֿאַרצויגן; צערטל...

endearment די/דאָס צערטלעכקייט, ־ן; די/דאָס ליבלעכקייט, ־ן

term of endearment דאָס ליבוואָרט, ...ווערטער

endeavor, *n.* די אונטערנעמונג, ־ען; די שטרעבונג, ־ען; דער פּרוּוו, ־ן

endeavor, *v.* אונטערנעמען זיך; באַמיִען זיך; סטאַרע|ן זיך; שטרעבן; געבן אַ פּרוּוו

endemic ענדעמיש

endgame (chess) דער ענדשפּיל, ־ן

end goal דער עיקר־ציל, ־ן [ÍKER]

ending דער סוף, ־ן; דער אויסלאָז, ־ן [SOF]

(gram.) דער אויסלאָז, ־ן; די ענדונג, ־ען

endive דער אינדיוו, ־ן; די (עס־)ציקאָריע

endless אָנסופֿיק; אָן אַ סוף; אָן אַן עק; אָן אויפֿהער [ÓNSÓFIK] [SOF]

endocentric אײַנשליסיק

endocrine ענדאָקריניש; ענדאָקרינאַל

endocrine gland די ענדאָקרינישע דריז ‹גיל›, ־ן

endocrinologic(al) ענדאָקרינאָלאָגיש

endocrinologist דער ענדאָקרינאָלאָג, ־ן

endocrinology די ענדאָקרינאָלאָגיע

endoderm די ענדאָדערמע

end-of-life, *adj.* סוף־לעבן־...; בײַם סוף לעבן [SOF]

end-of-life care דער אָפּהיט בײַם סוף לעבן [SOF]

end-of-season, *adj.* סוף־סעזאָן־... [SOF]

endometrial ענדאָמעטריש

endometrium דער ענדאָמעטריום

endoplasm די ענדאָפּלאַזמע

endorphin דער ענדאָרפֿין, ־ען

endorse אינדאָרסירן

(support) *also* שטיצן

(a check) *also* זשירירן; אונטערשרײַבן

endorsement די אינדאָרסירונג, ־ען; די זשירע, ־ס

(support) *also* די שטיץ, ־ן

endorser

supporter דער אינדאָרסירער, ־ס; דער שטיצער, ־ס

(of check) דער אינדאָרסאַנט, ־ן; דער זשיראַנט, ־ן

endoscope דער ענדאָסקאָפּ, ־ן

endoscopic ענדאָסקאָפּיש

endoscopy די ענדאָסקאָפּיע, ־ס

endosperm די ענדאָספּערמע, ־ס

endothermic ענדאָטערמיש

endow באַשענקען; באַגאָבן

endow a chair אײַנשטעלן אַ קאַטעדרע

endowed chair/professorship די עולמות־קאַטעדרע, ־ס [ÓYLEMES]

endowment עולמות ל"ר; די באַגאָבונג, ־ען [ÓYLEMES]

endowment fund דער עולמות־פֿאָנד, ־ן [ÓYLEMES]

end product דער גרייטער פּראָדוקט, ־ן; דער סוף־פּראָדוקט, ־ן [SOF]

end rhyme דער סוף־גראַם, ־ען [SOF]

endstage, *adj.* סוף־סטאַדיע־...; אין דער לעצטער סטאַדיע [SOF]

endstage, *n.* די לעצטע סטאַדיע, ־ס

end stress דער סוף־טראָפּיקער אַקצענט, ־ן; דער קוועטש אויפֿן לעצטן טראַף [SOF]

end table דאָס עקטישל, ־עך

endurable צום פֿאַרטראָגן; אויסצוהאַלטן

endurance דער אויסהאַלט־כּוח; דער כּוח אויסצוהאַלטן; די/דאָס אויסהאַלטעוודיקייט; די/דאָס פֿאַרליטנקייט [KÓYEKh]

endurance test די אויסהאַלט־פּראָבע, ־ס

endure

vt. **(bear)** אויסהאַלטן; פֿאַרטראָגן; אויסשטיין; איבערטראָגן; לײַדן; אַריבערטראָגן; סובֿל זײַן [SOYVL]

vt. **(undergo)** (אַ)דורכמאַכן; אויסשטיין; לײַדן

vi. **(last)** אויסהאַלטן; געדויערן; באַשטיין; געדײַען; געווערן

not to be endured נישט אויסצוהאַלטן; נישט צו(ם) פֿאַרטראָגן

enduring געדויערדיק

end user דער (לעצטגילטיקער) קאָנסומענט, ־ן

end zone די הינטערזאָנע, ־ס

enema די קאַנע, ־ס; דער קליסטיר, ־ן

give sb. an enema מאַכן + דאַט' אַ קאַנע ‹קליסטיר›

have an enema מאַכן זיך אַ קאַנע ‹קליסטיר›

enemy דער שונא, ־ים; דער פֿײַנד, – [SÓYNE, SÓNIM]

enemy of the Jews דער שונא־ישׂראל, שונאי־...; דער צורר־ישׂראל; דער צורר־היהודים; דער המן, ־ס [SÓYNE-YISRÓEL, SÓYNE-...] [TSÓYRER-YISRÓEL] [TSÓYRER-HAYEHÚDIM] [HÓMEN]

be one's own worst enemy זײַן דער גרעסטער שונא זיך אַליין

enemy combatant דער פֿײַנדלעכער קאָמבאַטאַנט, ־ן

energetic ענערגיש; אַקטיוו

energize ענערג(יז)ירן; באַכּוחן; אַקטיווירן [BAKÓYEKhN]

energy די ענערגיע, ־ס; דער כּוח, ־ות; די קראַפֿט, ־ן [KÓYEKh, KÓYKhES]

I don't have the energy כ'האָב נישט קיין כּוח

energy crisis דער ענערגיע־קריזיס, ־ן

energy efficiency די/דאָס ענערגיע־שפּאָר(עווד)יקייט ‹־עפֿעקטיווקייט›

energy-efficient ענערגיע־שפּאָר(עווד)יק ‹־עפֿעקטיוו›

energy industry די ענערגיע־אינדוסטריע

energy-saving ענערגיע־שפּאָר(עווד)יק

enervate אָפּשוואַכן; אָפּנעמען די כּוחות [KÓYKhES]

e-newsletter דאָס עלעקטראָנישע פֿליבלעטל, ־עך; דאָס בליצבלעטל, ־עך

enfant terrible דער אַנפֿאַן טעריבל

enfeeble אָפּשוואַכן

enfilade די אַנפֿילאַדע, ־ס

enfold אײַנהילן; אַרומנעמען
enforce (אַ)דורכפֿירן
enforceable (אַ)דורכפֿיר(עווד)יק; (אַ)דורכפֿירלעך
enforcement דער (אַ)דורכפֿיר, ־ן; די (אַ)דורכפֿירונג, ־ען
enforcement agency די (אַ)דורכפֿיר־אַגענטור, ־ן
engage
  (hire) אַנגאַזשירן; אָנשטעלן; נעמען זיך
  (gears) לאָזן אין גאַנג
  engage in באַשעפֿטיקן ‹פֿאַרנעמען› זיך מיט; באַטייליקן זיך אין; עוסק זײַן אין [ÓYSEK]
  engage in battle פֿירן אַ שלאַכט; אַרײַנטרעטן אין שלאַכט
  engage sb. in conversation אַרײַנציִען + אַק׳ אין שמועס; פֿאַרפֿירן אַ שמועס מיט + דאַט׳
  engage in sex פֿאַרקערן זיך סעקסועל
engaged פֿאַרקנסט [FARKNÁST]
  be/become engaged (of couple) זײַן ‹ווערן› חתן־כּלה [KhOSN-KÁLE]
  be/become engaged (of man) זײַן ‹ווערן› אַ חתן [KhOSN]
  be/become engaged (of woman) זײַן ‹ווערן› אַ כּלה [KÁLE]
engagement
  (betrothal/act) די פֿאַרקנסונג, ־ען [FARKNÁSUNG]
  (betrothal/state) די חתן־כּלהשאַפֿט [KhOSN-KÁLEShAFT]
  (appointment) די באַשטעלונג, ־ען
  break the engagement אָפּגעבן דאָס רינגל ‹פֿינגערל›; ווערן אויס חתן־כּלה [KhOSN-KÁLE]
  break the engagement (J.) אָפּשיקן ‹צערײַסן› די תּנאָים; אָפּלאָזן דעם שידוך [TNÓYEM] [ShÍDEKh]
engagement contract (J.) תּנאָים ל״ר [TNÓYEM]
engagement party דער קנס־מאָל, ־ן [KNAS]
  (J.) *also* תּנאָים ל״ר; דאָס וואָרט [TNÓYEM]
engagement ring דאָס כּלה־‹פֿאַרקנס־›פֿינגערל, ־עך [KÁLE] [FARKNÁS]
engaging באַחנט, צוציִיק; שאַרמאַנט [BAKhÉYNT]
engender אַרויסרופֿן
engine דער מאָטאָר, ־ן
  (locomotive) דער לאָקאָמאָטיוו, ־ן
engineer, *n.*
  (professional/*m./unsp.*) דער אינזשעניר, ־ן
  (professional/*f.*) די אינזשענירשע, ־ס
  (railroad) דער מאַשיניסט, ־ן; דער לאָקאָמאָטיוו־פֿירער, ־ס
engineer, *v.* (אויס)אינזשענירן; קאָנסטרויִרן; (אַ)דורכפֿירן; אויספֿירן
  engineer change (אַ)דורכפֿירן אַ בײַט
engineering, *n.*
  (field) דאָס אינזשענירערײַ; די אינזשעניריע; די טעכניק
  (modification) דער איבערמאַך
engineering school דער פֿאַקולטעט פֿאַר אינזשעניריע
engine fitter דער מאָנטירער, ־ס; דער מאָנטאַזשניק, ־עס
engine oil דער מאַשינאייל, ־ן
engine room דער מאַשינען־אָפּטייל, ־ן
England (דאָס) ענגלאַנד
English, *adj.* ענגליש
English, *n.*
  the English ענגלענדער
  (language) דאָס ענגליש
English-language, *adj.* (אויף) ענגליש
Englishman דער ענגלענדער, –
English muffin דער ענגלישער מאַפֿין, ־ס
English-speaking ענגליש־שפּראַכיק
Englishwoman די ענגלענדערין, ־ס
engorged אָנגעשוואָלן
  became engorged אָנשפּאַרן; צעשפּאַרט ווערן; אָנגעשוואָלן ווערן
engrave
  imp. גראַווירן; קריצן
  pf. אויסגראַווירן; אײַנגראַווירן; אויסקריצן
engraved אויסגראַווירט; אײַנגראַווירט; אויסגעקריצט
engraver דער גראַווירער, ־ס
(of headstone) דער שטיינקריצער, ־ס; דער מצבֿה־קריצער, ־ס [MATSÉYVE]
engraving
  (art) די גראַוויר־קונסט; די גראַווירונג
  (object) די גראַוויור, ־ן
engross פֿאַרכאַפּן; (אין גאַנצן) פֿאַרנעמען
engrossed פֿאַרכאַפּט; פֿאַרטאָן; פֿאַרטיפֿט; פֿאַרזונקען; אַרײַנגעטאָן
  become engrossed פֿאַרטאָן זיך; פֿאַרטיפֿן זיך; פֿאַרזינקען זיך
engrossing פֿאַרכאַפּנדיק
engulf אַרומכאַפּן; פֿאַרשלינגען; אײַנשלינגען
  engulfed by אַרומגעכאַפּט מיט; פֿאַרשלונגען פֿון
enhance פֿאַרשטאַרקן; העכערן; פֿאַרגרעסערן; הייבן
enhancement די פֿאַרשטאַרקונג, ־ען; די פֿאַרגרעסערונג, ־ען; דאָס פֿאַרגרעסערן
enharmonic scale די ענהאַרמאָנישע גאַמע, ־ס
enigma דאָס רעטעניש, ־ן; די עניגמע, ־ס; די חידה, ־ות [KhÍDE]
enigmatic רעטענישדיק; פֿול מיט רעטעניש; עניגמאַטיש
enjoin פֿאַראָרדענען ‹פֿאַרווערן› (דורכן געריכט)
enjoy הנאה האָבן פֿון; נהנה זײַן פֿון; שעפּן ‹האָבן› פֿאַרגעניגן פֿון; מחיה זײַן זיך מיט [HANÓE] [NÉ(E)NE] [MEKhÁYE]
  (benefit from) געניסן פֿון
  (like to) ליב האָבן
  enjoy a comfortable lead האַלטן היפּשלעך פֿאָרויס; פֿאַרמאָגן אַ בעל־הבתּישן פֿאָר [BAL(E)BÁTIShN]
  enjoy life לעבן אַ (גוטן) טאָג; הנאה האָבן פֿונעם לעבן
  enjoy oneself הנאה האָבן; גוט פֿאַרברענגען
  enjoy privileges זײַן פּריווילעגירט
enjoyable הנאהדיק; מחיהדיק [HANÓEDIK] [MEKhÁYEDIK]
enjoyment די הנאה; דאָס הנאה האָבן; דער תּענוג; דאָס/דער נחת; דאָס/דער פֿאַרגעניגן [HANÓE] [TÁYNEG] [NÁKhES]
enlarge פֿאַרגרעסערן; אויסברייטערן
  enlarge upon פֿונאַנדעראַרבעטן
enlarged פֿאַרגרעסערט; אויסגעברייטערט
enlargement די פֿאַרגרעסערונג, ־ען; דאָס פֿאַרגרעסערן
  (phot.) דער פֿאַרגרעסער, ־ן
enlarger דער פֿאַרגרעסערער, ־ס
enlighten אויפֿקלערן
enlightenment די אויפֿקלערונג; דאָס אויפֿקלערן
  the Enlightenment די השׂכּלה [HASKÓLE]
enlist
  vt. (פֿאַר)ווערבירן; אַרײַנציִען
  vi. אַרײַנטרעטן אין דער אַרמיי; פֿאַרשרײַבן ‹אַרײַנגעבן› זיך ווי אַ זעלנער ‹סאָלדאַט›
enlisted soldier דער סתּם סאָלדאַט, ־ן [STAM]
enlistment די ווערבירונג; די פֿאַרשרײַבונג; דאָס פֿאַרשרײַבן זיך
enliven אויפֿלעבן; אויפֿמונטערן
en masse מאַסנווײַז; אַלע ‹אַלץ› אין אײנעם
enmesh פֿאַרפּלאָנטערן
  (*fig.*) פֿאַרמישן; אַרײַנמישן
  enmesh oneself פֿאַרמישט ווערן

enmeshed פֿאַרפֿלאָנטערט; פֿאַרמישט
enmity די פֿײַנדשאַפֿט; די שינאה [SÍNE]
ennoble פֿאַראײדלען; מאַכן נאָבעלער; דערהײבן
ennui די נודאָטע; די/דאָס לאַנגווײליקייט
enormity די/דאָס אומגעהײַערקייט; די/דאָס ריזיקייט
enormous אומגעהײַער; ריזיק; אין־לשער פֿר' [EYN-LEShÁER]
enough גענוג
as if that weren't enough טאָמער איז דאָס ווייניק; לא־די (אַז/וואָס) [LOY-DÁY]
be enough (sufficient) קלעקן; סטײַען; סטאַרטשען; זײַן גענוג
have enough of (too much) נימאס ווערן אומפּ' + דאַט'/פּ"ק פֿון; זײַן אומפּ' + דאַט'/פּ"ק איבער דער טבֿע [NÍMES] [TÉVE]
be barely enough קלעקן אויף אַ צאָן; קוים קלעקן
more than enough איבער גענוג; מער ווי גענוג; די־והותר [DÁY-VEHÓYSER]
not enough קאַרג; נישט גענוג
not enough that ווייניק וואָס ...
She can't get enough of reading זי קען זיך זאַט נישט אָנלייענען
That's enough! שוין!; גענוג!; יוצא!; באַסטאַ! [YÓYTSE]
en passant פֿאַרבײַגײענדיק; דרך־אַגבֿ(דיק) [DÉREKh-ÁGEV(DIK)]
enplane אַרײַנזעצן זיך (אין עראָפּלאַן)
enrage דערצערענען; אַרויסברענגען פֿון די כּלים; אַרײַנברענגען אין כּעס; דעררגזענען; אויפֿברענגען [KÉYLIM] [KÁAS] [DERRÁGZENEN]
enraged אויפֿגעבראַכט; מלא־כּעס [MÓLE-KÁAS]
enrich באַרײַכערן
(strengthen) פֿאַרשטאַרקן
enriched, *adj.* באַרײַכערט; פֿאַרשטאַרקט
enriched uranium דער באַרײַכערטער אוראַניום
enrichment די באַרײַכערונג; דאָס באַרײַכערן
enrichment material דאָס באַרײַכערוואַרג קאָל'
enroll, *vt./vi.* פֿאַרשרײַבן (זיך)
vi. **(in a course)** פֿאַרשרײַבן זיך (אויף)
vi. **(in an organization)** פֿאַרשרײַבן זיך (אין)
enrollee
(acad./*m./unsp.*) דער קורסאַנט, ־ן; דער קורסיסט, ־ן
(acad./*f.*) די קורסאַנטקע, ־ס; די קורסיסטקע, ־ס
enrollment די רעגיסטראַציע
(number) די צאָל סטודענטן
Enrollment has risen די צאָל סטודענטן איז געוואַקסן
ensconce
ensconce oneself in an armchair באַקוועם אײַנגלידערן ‹אײַנזעצן/אַראָפּלאָזן› זיך אין פֿאָטעל
safely ensconced [BEShÓLEM] גוט ‹בשלום› אײַנגעאָרדנט
ensemble דער אַנסאַמבל, ־ען
enshrine פֿאַרהייליקן
be enshrined פֿאַרהייליקט ווערן
enshroud
(corpse) אָנטאָן + דאַט' תּכריכים [TAKhRÍKhIM]
(*fig.*) פֿאַרהילן; אײַנהילן
ensign
(flag) די פֿאָן, ־ען/פֿענער
(officer) דער אונטערלייטענאַנט, ־ן
ensilage די סילאַזירונג; די סילאָסירונג; די קעלטערונג
enslave פֿאַרשקלאַפֿן
enslaved פֿאַרשקלאַפֿט
enslavement די/דאָס פֿאַרשקלאַפֿטקייט
ensnare אײַנפֿאַסטקעווען; אַרײַננאַרן
ensue קומען ווײַטער
ensuing ווײַטערדיק
ensure פֿאַרזיכערן; באַוואָרענען
entail ברענגען מיט זיך; פֿאָדערן
entangle פֿאַרטשעפּען; פֿאַרוויקלען; פֿאַרפֿלאָנטערן
become entangled פֿאַרטשעפּען ‹פֿאַרוויקלען/ פֿאַרפֿלאָנטערן› זיך
entanglement דאָס פֿאַרוויקלעניש, ־ן; די פֿאַרפֿלאָנטערונג, ־ען; די/דאָס פֿאַרפֿלאָנטערטקייט, ־ן
entente דער אַנטאַנט; דער אָפּמאַך, ־ן; דער הסכּם, ־ס [HÉSKEM]
enter
vt. **(record)** פֿאַרשרײַבן; אַרײַנשרײַבן
vt./vi. **(enroll/sign up)** פֿאַרשרײַבן (זיך) אין
vi. **(go in)** אַרײַנגיין (אין); אַרײַנקומען (אין)
enter an organization אַרײַנטרעטן ‹אָנקומען› אין
enter into a ledger פֿאַרשרײַבן; בוכן; אַרײַנשרײַבן
enter into a race פֿאַרשרײַבן זיך אויף אַ פֿאַרמעסט
enter (stage direction) אַרײַן
entering student
m./unsp. דער נײַער סטודענט, ־ן
f. די נײַע סטודענטקע, ־ס
enteritis די קישקע־אָנצינדונג; דער ענטעריט
enter key דער אַרײַן־קלאַוויש, ־ן
enterprise דער פּירנעס, ־ען; די פּירנעמונג, ־ען; די אונטערנעמונג, ־ען; דער עסק, ־ים [ÉYSEK, ASÓKIM]
enterprising פּירנעמעריש; אונטערנעמעריש
entertain פֿאַרווײַלן; משׂמח זײַן; אַמוזירן [MESAMÉYEKh]
entertain the idea שפּילן זיך מיטן געדאַנק
entertainer דער פֿאַרווײַלער, ־ס; דער אונטערהאַלטער, ־ס
(J./wedding) דער בדחן, ־ים; דער מאַרשעליק, ...לקעס [BATKhN, BATKhÓNIM]
entertaining פֿאַרווײַלעריש
entertainment
(amusement) די פֿאַרווײַלונג, ־ען
(performance) די פֿאָרשטעלונג, ־ען
enthrall פֿאַרכאַפּן
enthralled פֿאַרכאַפּט
enthrone אינטראָנ(יז)ירן; באַזעצן אויפֿן טראָן
enthronement די אינטראָנ(יז)ירונג
enthused באַגײַסטערט
be enthused שטאַרק נתפּעל ‹באַגײַסטערט› ווערן [NISPÓEL]
enthusiasm דער ענטוזיאַזם; דאָס התפּעלות; דאָס התלהבֿות; די באַגײַסטערונג [HISPÁYLES] [HISLÁYVES]
lose one's enthusiasm for אָפּקילן זיך צו
enthusiast
m./unsp. דער ענטוזיאַסט, ־ן
f. די ענטוזיאַסטקע, ־ס
enthusiastic ענטוזיאַסטיש; באַגײַסטערט
enthusiastically ענטוזיאַסטיש; מיט ענטוזיאַזם
‹ברען/חשק› [KhÉYShEK]
entice צוגעבן + דאַט' חשק; צוציִען; ווײַזן + דאַט' אַ לעקעכל; פֿאַרנאַדיען; פֿאַרנאַרן; אַרײַננאַרן [KhÉYShEK]
enticement דאָס לעקעכל, ־עך; דאָס פֿאַרנאַרעכץ, ־ן; די לאָקערשפּײַז
entire גאַנץ; גאָר; פֿולשטענדיק; פֿולקום
entirely אין גאַנצן; פֿולשטענדיק; לגמרי; כּולו; אַבסאָלוט [LEGÁMRE] [KÚLE]
entirety די/דאָס גאַנצקייט
in its entirety אין גאַנצן; ווי אַ גאַנצקייט; פֿון אָנהייב ביזן סוף [SOF]
entitle באַרעכטיקן
entitled באַרעכטיקט

He's entitled to ער איז באַרעכטיקט אויף; ער איז ווערט + אַק'; סע קומט אים + נאָמ'
entitlement די/דאָס באַרעכטיקטקייט
He has a sense of entitlement ער האַלט אַז סע קומט אים
entity דער יש, ־ן; די ענטיטעט, ־ן [YESh]
entomb איינקבֿרן; באַגראָבן [ÁYNKÉYVERN]
entomological ענטאָמאָלאָגיש
entomologist דער ענטאָמאָלאָג, ־ן
entomology די ענטאָמאָלאָגיע
entourage דער אַנטוראַזש, ־ן; די סוויטע, ־ס
entr'acte דער אַנטראַקט, ־ן; די צווישנשפּיל, ־ן
entrails פּאַטרעכעס; דאָס/דער אינגעווייד, –/־ן; בעבעכעס
entrance, *n.* דער אַרייַנגאַנג, ־ען; דער טויער, ־ן
(for vehicle) דער אַרייַנפֿאָר, ־ן
entrance, *v.* פֿאַרכּישופֿן [FARKÍShEFN]
entranced פֿאַרכּישופֿט [FARKÍShEFT]
entrance examination דער צולאָז־‹איַנטריט›־עקזאַמען, ־ס
entrance fee דער אייַנטריט־אָפּצאָל, ־ן
entrance lane דער אַרייַן־שפּאַליר, ־ן
entrant דער באַטייליקטער גּעב'; דער נייַער גּעב'
entrap אייַנפּאַסטקעווען; פֿאַרנאַרן; אַרייַננאַרן
be entrapped אַרייַנפֿאַלן
entrapment דאָס אייַנפּאַסטקעווען; דאָס פֿאַרנאַרן; דאָס אַרייַננאַרן
entreat בעטן זיך בייַ; בעטן + אַק' תּחנונים [TAKhNÚNIM]
entreaty דאָס געבעט, ־ן; תּחנונים ל"ר [TAKhNÚNIM]
entrecote דער אַנטרעקאָט, ־ן
entrée
(admission) דאָס דריסת־הרגל; דער צוטריט [DRÍSES-HORÉGL]
(cul.) דער הויפּטגאַנג, ...געגנג; דאָס הויפּטגעריכט, ־ן; דאָס/דער הויפּט־מאכל, ־ים [MAYKhL, MAYKhÓLIM]
entrée du jour דער/דאָס מאכל פֿון טאָג
entrench, *vt./vi.* פֿאַרגראָבן (זיך) אין שוצגראָבנס ‹טראַנשעען›
entrenched (*fig.*) פֿאַרפֿעסטיקט; פֿאַרוואָרצלט; אייַנגעוואָרצלט
deeply entrenched idea די טיף פֿאַרוואָרצלטע השגה, ־ות [HASÓGE]
entrenchment (mil.) דער אָקאָפּ, ־עס/־ן; די אַקאָפּע, ־ס; דער שוצגראָבן, ־ס
entrepreneur דער פֿירנעמער, ־ס; דער אונטערנעמער, ־ס; דער בעל־עסק, בעלי־עסקים [BALÉYSEK, BÁLE-ASÓKIM]
entrepreneurial פֿירנעמעריש; אונטערנעמעריש
entrepreneurship די/דאָס אונטערנעמערישקייט
entresol דער אַנטרעסאָל, ־ן
entropic ענטראָפּיש
entropy די ענטראָפּיע, ־ס
entrust (to) אָנגעטרויען + דאַט'; פֿאַרטרויען + דאַט'; איבערענטפֿערן + דאַט'
entry
(into room) דער אַרייַנקום; דאָס אַרייַנקומען; דאָס אַרייַנגיין
(in ledger) דער פֿאַרשרייַב, ־ן; די פּאָזיציע, ־ס
(in dictionary) דער איינס, ־ן
(into organization) דער אַרייַנטרעט ‹איַנטריט›
entry-level אָנהייב...
entry-level position די אָנהייב־שטעלע, ־ס; דער אָנהייב־פּאָסטן, ־ס
entry-level salary דאָס אָנהייב־געצאָלט(ס); אָנהייב־שׂכירות ל"ר [SKhÍRES]
entry permit דאָס רשות אַרייַנצוקומען [REShÚS]
entry point דער אַרייַנפּונקט, ־ן
Entry prohibited! נישט אַרייַנגיין!; אַרייַנגאַנג פֿאַרווערט!
entry visa די וויזע אויף אַרייַנצוקומען (אין לאַנד)
entryway דער אַרייַנגאַנג, ־ען
entry word דאָס זוכוואָרט, ...ווערטער; דאָס נעסטוואָרט, ...ווערטער
entwine צונויפֿבינדן; אַרומפֿלעכטן
enumerate אויסרעכענען; איבעררעכענען; מאַכן אַ צעטל פֿון
enumeration די אויסרעכענונג, ־ען; די איבעררעכענונג, ־ען
enumerator דער צענזוסניק, ־עס; דער צענזוס־נעמער, ־ס; דער ציילער, ־ס
enunciate (קלאָר) אַרויסרעדן
(policy) פֿאָרמולירן
enunciation די דיקציע; דער אַרויסרעד; דער חיתוך־הדיבור [KhÍTEKh-HADÍBER]
(of policy) די פֿאָרמולירונג, ־ען
envelop אַרומנעמען; אייַנהילן
envelope דער קאָנווערט, ־ן
enviable (אויף) מקנא צו זייַן [MEKÁNE]
envious נישט־פֿאַרגינעריש
be envious (of) מקנא זייַן + דאַט'
enviously מיט קינאה [KÍNE]
environment די סבֿיבֿה, ־ות [SVÍVE]
(social) *also* דער אַרום, ־ען; דער אַרומזיד, ־ן
(ling.) די שכנישאַפֿט [ShKhÉYNIShAFT]
environmental סבֿיבֿה־... [SVÍVE]
environmental engineer דער סבֿיבֿה־אינזשעניר, ־ן [SVÍVE]
environmental engineering די סבֿיבֿה־אינזשעניריע ‹־טעכניק› [SVÍVE]
environmental health דאָס סבֿיבֿה־געזונט [SVÍVE]
environmentalism דער סבֿיבֿיזם; די שמירת־האַדמה [SVIVÍZM] [ShMÍRES-HAADÓME]
environmentalist דער סבֿיבֿיסט, ־ן; דער שומר־האַדמה [SVIVÍST] [ShÓYMER-HAADÓME]
environmentally responsible סבֿיבֿה־אַחריותדיק [SVÍVE-AKhRÁYESDIK]
environmental planning די סבֿיבֿה־פּלאַנירונג [SVÍVE]
environmental protection דער סבֿיבֿה־אָפּהיט ‹־שיץ› [SVÍVE]
Environmental Protection Agency די אַגענטור פֿאַר סבֿיבֿה־אָפּהיט ‹־שיץ› [SVÍVE]
environmental scientist דער סבֿיבֿה־פֿאָרשער, ־ס; דער סבֿיבֿאָלאָג, ־ן [SVÍVE] [SVIVOLÓG]
environmental studies די סבֿיבֿה־וויסנשאַפֿט; די סבֿיבֿאָלאָגיע [SVÍVE] [SVIVOLÓGYE]
environs די/דער געגנט ל"ין; דער אַרום ל"ין; די סבֿיבֿה ל"ין; די שכונה ל"ין [SVÍVE] [ShKhÚNE]
and its environs און דער אַרום(יקער געגנט)
envisage/envision אויספֿאַנטאַזירן; אויסמאָלן זיך; פֿאָרשטעלן זיך
envoy
(diplomat) דער געשיקטער גּעב'
(messenger) דער שליח, ־ים [ShELÍEKh, ShLÍKhIM]
envy, *n.* די קינאה; דאָס נישט־פֿאַרגינערייַ [KÍNE]
She's the envy of all אַלע זענען איר מקנא [MEKÁNE]
envy, *v.* מקנא זייַן + דאַט'; נישט פֿאַרגינען + דאַט'
enzyme דער ענזים, ־ען
eon די/דאָס אייביקייט, ־ן
epaulet דער עפּאָלעט, ־ן; די שליפֿע, ־ס
epenthesis דער סוואַראַבהאַקטי; דער עפּענטעזע

epenthetic vowel דער סוואַראַבהאַקטי־וואָקאַל, ־ן; דער עפּענטעטישער וואָקאַל, ־ן
ephemera דאָס קורצלעביקע ל״י; דאָס פֿאַרגייִקע ל״י
ephemeral עפֿעמעריש; קורצלעביק
stg. ephemeral *also* דער קקיון־דיונה, ־ס [KIKÓYEN-DEYÓYNE]
Ephesians (Chr./bib.) עפֿעזער
epic, *adj.* עפּיש
epic, *n.* דער עפּאָס, ־ן; די עפּאָפּעע, ־ס
epicenter דער עפּיצענטער, ־ס
epic poet דער עפּיקער, ־ס
epicure דער עפּיקור, ־ן
(connoisseur) *also* דער פֿײַנשמעקער, ־ס; דער מפֿונק, ־ים; דער גאַסטראָנאָם, ־ען [MEFÚNEK, MEFUNÓKIM]
(hedonist) *also* דער עפּיקורעער, –; דער בעל־תּאווהניק, ־עס; דער עולם־הזהניק, ־עס; דער סענסואַליסט, ־ן [BALTÁYVENIK] [ÓYLEM-HÁZENIK]
epicurean עפּיקורעיִש
epicycle דער עפּיציקל, ־ען
epidemic, *adj.* עפּידעמיש; מגפֿהדיק [MAGÉYFEDIK]
epidemic, *n.* די עפּידעמיע, ־ס; דער אונטערגראַנג, ־ען; די מגפֿה, ־ות [MAGÉYFE]
epidemiological עפּידעמיאָלאָגיש
epidemiologist דער עפּידעמיאָלאָג, ־ן
epidemiology די עפּידעמיאָלאָגיע
epidermis די אײבערהויט; די עפּידערמיס
epidural עפּידוריש
epidural block דער עפּידורישער בלאָק
epigastrium דאָס האַרצגריבל, ־עך; דער אײבערמאָגן, ־ס
epiglottis דאָס שטימדעקל, ־עך; דער עפּיגלאָטיס, ־ן
epigram די עפּיגראַם, ־ען
epigrammatic עפּיגראַמאַטיש
epigraph דער עפּיגראַף, ־ן
epilation דאָס אָפּהאָרן; די עפּילאַציע
epilepsy די עפּילעפּסיע; די פּאַליקע; דער חולי־נופֿלים; די ניכפּה [KhÓYLI-NÓFLIM] [NÍKhPE]
epileptic, *adj.* עפּילעפּטיש
epileptic, *n.* דער עפּילעפּטיקער, ־ס; דער פּאַליקער געב׳; דער חולה־נופֿל, חולים־נופֿלים [KhÓYLE-NÓYFL, KhÓYLIM-NÓFLIM]
epileptic fit דער עפּילעפּטישער אָנפֿאַל ‹אַטאַק›, ־ן
epilogue דער עפּילאָג, ־ן
epiphanous [MISGÁLESDIK] אַנטפּלעקעוודיק; מתגלותדיק
epiphany [HISGÁLES] די אַנטפּלעקונג, ־ען; דאָס התגלות, ־ן
Epiphany (Chr.) די עפּיפֿאַניע
episcopal בישקופּיש
Episcopalian, *adj.* עפּיסקאָפּאַליש
Episcopalian, *n.* דער עפּיסקאָפּאַליער, –
episiotomy די עפּיסיאָטאָמיע, ־ס
episode דער עפּיזאָד, ־ן
(incident) *also* די פּאַסירונג, ־ען; דאָס פֿאַרלויפֿעניש, ־ן
episodic עפּיזאָדיש
episodic novel דער ראָמאַן אין עפּיזאָדן
episteme די עפּיסטעמע
epistemic עפּיסטעמיש
epistemological עפּיסטעמאָלאָגיש
epistemology די עפּיסטעמאָלאָגיע
epistolary עפּיסטאָלאַריש; אין בריוופֿאָרעם
epitaph דער עפּיטאַף, ־ן
epithelium דער עפּיטעל
epithesis דער עפּיטעז, ־ן
epithet דער עפּיטעט, ־ן
(slur) דאָס זידלוואָרט, ...ווערטער

epitome דער תּמצית; די אותו־זאַך; די פֿאַרקערפּערונג [TÁMTSES] [ÓYSE]
epitomize זײַן דער תּמצית פֿון; זײַן די אותו־זאַך פֿון; פֿאַרקערפּערן [TÁMTSES] [ÓYSE]
epoch די עפּאָכע, ־ס
epochal עפּאָכאַל; עפּאָכעדיק
epoch-making עפּאָכעדיק; עפּאָכע־מאַכנדיק
eponym דער עפּאָנים, ־ען
eponymous עפּאָנימיש
epopee די עפּאָפּעע, ־ס
epoxy דער עפּאָקסיד־רעזין
Epsom salt די/דאָס ענגלישע זאַלץ; די/דאָס ביטערזאַלץ
equal, *adj.* גלײַך; גלײַכמאָסיק
equal to (math.) גלײַך אויף ‹מיט›
be equal to גלײַכן זיך מיט
be equal to (a task) קענען באַהײבן; קענען זיך אונטערנעמען; מסוגל זײַן צו [MESÚGL]
in equal parts גלײַך אויף גלײַך
on equal terms מיט גלײַכע תּנאָים [TNÓYEM]
put on an equal footing שטעלן מיט לײַטן גלײַך
equal, *n.* דער גלײַכער געב׳; דאָס גלײַכן
be the equal of קענען זיך גלײַכן צו
have no equal/be without equal נישט האָבן קיין גלײַכן צו זיך
She's not my equal זי איז נישט מײַנס גלײַכן; זי קען זיך מיט מיר נישט גלײַכן
equal, *v.* זײַן גלײַך צו ‹מיט›
equal out אַנטקעגנוועגן
equality די/דאָס גלײַכקייט
equality before the law די/דאָס יורידישע גלײַכרעכטיקייט
equality of rights די/דאָס גלײַכרעכטיקייט
equalization די אויסגלײַכונג, ־ען
equalization fund דער אויסגלײַכפֿאָנד, ־ן
equalize אויסגלײַכן
equalize pressure אויסגלײַכן די דריקונג
equalizer דער אויסגלײַכער, ־ס
equally גלײַך אויף גלײַך; אויף אַ גלײַכן אופֿן; פּונקט אַזוי [OYFN]
split equally צעטײלן גלײַך אויף גלײַך
equal-opportunity, *adj.*
... is an equal-opportunity employer בײַ ... האָט יעדער גלײַכע מעגלעכקייטן
equal opportunity, *n.* גלײַכע מעגלעכקייטן ל״ר; מעגלעכקייטן מיט לײַטן גלײַך
equal pay גלײַכע שׂכירות ל״ר [SKhÍRES]
equal rights גלײַכע רעכט ל״ר; די גלײַך־באַרעכטיקונג
have equal rights האָבן גלײַכע רעכט; זײַן גלײַך־באַרעכטיקט
equal sign דער גלײַכצייכן, ־ס
equanimity די/דאָס רויִקייט; דער יישובֿ־הדעת [YÍShEV-HADÁAS]
equate (with) (צונויפֿ)גלײַכן (צו)
equation די גלײַכונג, ־ען
equator [KAV-HAMÁShVE] דער עקוואַטאָר; דער קוו־המשווה
equatorial עקוואַטאָריאַל
equestrian, *adj.* רײַט...
equestrian, *n.* דער (טורניר־)רײַטער, ־ס
equestrianism די רײַטקונסט
equiangular גראַד־ווינקלדיק
equidistant גלײַך־‹גראַד־›דיסטאַנציק; גלײַך־מהלכדיק [MEHÁLEKhDIK]
equilateral גלײַכזײַטיק

equilibrium די גלײַכוואָג
equine פֿערד...; פֿערדיש
equinox די גלײַכנאַכט, ...נעכט
equip אויסריכטן; אויסשטאַטן; אויסשטאַפֿירן; עקיפּירן; פֿאַרזאָרגן
  (mil.) אָנוואָפֿענען; באַוואָפֿענען
equipage
  (carriage) דער עקיפּאַזש; די פֿערד־און־קאַרעטע; דער פֿערד־און־וואָגן
  (mil.) די עקיפּירונג
equipment דער אויסריכט; די אויסריכטונג; די אויסשטאַטונג
  equipment trouble צרות מיט דער מאַשינעריע [TSÓRES]
equipped (to) אויסגעשטאַט (אויף); גרייט (אויף)
equitable יושרדיק [YÓYShERDIK]
equity
  (capital) דער בעלות־קאַפּיטאַל [BÁALES]
  (fairness) דער יושר; דער צדק [YÓYShER] [TSÉDEK]
equity fund דער אַקציעפֿאָנד, ־ן
equivalence די/דער גלײַכווערט, ־ן; די/דאָס גלײַכווערטיקייט; די עקוויוואַלענץ, ־ן
equivalency diploma דער עקסטערן־‹גלײַכווערט־› דיפּלאָם, ־ען
equivalent, *adj.* גלײַכווערטיק; עקוויוואַלענט
equivalent, *n.* דער עקוויוואַלענט, ־ן
  (ling.) דער אַדעקוואַט, ־ן
  be the equivalent to/of האָבן אַ גלײַכע ווערט מיט; זײַן גלײַך צו; געשטיין פֿאַר
equivocal צווייטײַטשיק
equivocate דרייען ‹פּלאָנטערן› מיט דער צונג; רעדן צווייטײַטשיק
equivocation הינטערשיסעלעך ל״ר; די/דאָס צווייטײַטשיקייט
  without equivocation אָן מאַניפֿאָרגעס
equivocator דער וואָרט־פֿאַרדרייער, ־ס
Equuleus דער לאָשיק
era די תּקופֿה, ־ות; די עפּאָכע, ־ס; די ערע, ־ס; די צײַט(־רעכענונג) [TKÚFE]
  a new era (*fig.*) אַ נײַ בלעטל
eradicate אויסוואָרצלען; אויסראָטן; אויסקאָרעניי|ען; עוקר־מן־השורש זײַן [ÓYKER-MIN-HAShÓYRESh]
eradication דאָס אויסוואָרצלען; די אויסוואָרצלונג, ־ען; די אויסראָטונג, ־ען
erasable אָפּמעקעוודיק
erase אָפּמעקן; אויסמעקן
eraser דער מעקער, ־ס
erasure
  (act) דאָס אָפּמעקן; דאָס אויסמעקן
  (result) דאָס אָפּגעמעקטע; דאָס אויסגעמעקטע
erbium דער ערביום
erect, *adj.*
  (stiff) אויפֿגעשטעלט
  (straight) גלײַך; גראָד; אויפֿגעהאָדערט
  become erect (penis) שטעלן זיך
  be erect (penis) שטיין
  with head erect מיט אַן אויפֿגעהויבענעם קאָפּ
erect, *v.* אויפֿבויען; אויפֿשטעלן
erectile dysfunction דער שוואַכער כּוח־גבֿרא; דאָס נישט־קענען [KÓYEKh-GÁVRE]
erection
  (building) דאָס אויפֿשטעלן
  (sexual) די ערעקציע, ־ס; דאָס אויפֿשטעלן זיך; דער קישוי־אבֿר [KÍShE-ÉYVER]
  He got an erection ס'האָט זיך בײַ אים אויפֿגעשטעלט
erectness די/דאָס גלײַכקייט; די/דאָס גראָדקייט
erector
  (anat.) דער אויפֿריכט־מוסקל, ־ען
  (builder) דער ערעקטאָר, ־ס; דער אויפֿבויער, ־ס; דער אויפֿשטעלער, ־ס
erg דער ערג, ־ן
ergo הייסט עס; דעריבער
ergonomic(ally) ערגאָנאָמיש
  ergonomically correct ערגאָנאָמיש קאָרעקט
ergonomics די ערגאָנאָמיק ל״י
Eritrea (דאָס) עריטרעע
Eritrean, *adj.* עריטרעיִש
Eritrean, *n.*
  m./unsp. דער עריטרעער, –
  f. די עריטרעערין, ־ס
ermine דער האַרמל, ־ען; דאָס האַרמעלע, ־ך
erne דער ים־אָדלער, ־ס [YAM]
erode
  vt. **(corrode)** צעפֿרעסן; אָפּרײַבן
  vt. **(wear away)** אָפּרײַבן; אָפּשווענקען; אונטערשווענקען
  vi. **(corrode)** צעפֿרעסן ווערן
  vi. **(diminish)** אַוועקפֿאַלן
erogenous עראָגעניש
erogenous zone דאָס עראָגענישע אָרט, ערטער
Eros עראָס
erosion די צעפֿרעסונג; די אָפּשווענקונג; די אונטערשווענקונג; די עראָזיע
erosive צעפֿרעסעריש; אָפּרײַבעריש; אָפּשווענקעריש; עראָזיוו
erotic עראָטיש; גלוסטשאַפֿיק
erotica די עראָטיקאַ
eroticism די עראָטיק
erotomania די עראָטאָמאַניע
erotomaniac דער עראָטאָמאַן, ־ען
err טועה זײַן זיך; האָבן אַ טעות [TÓYE] [TÓES]
  err on the safe side גיין דעם זיכערן גאַנג
  to err is human טעות לעולם חוזר; בײַ יעדערן קען זיך טרעפֿן אַ טעות; מ'איז נישט מער ווי אַ מענטש [TÓES LEÓYLEM KhÓYZER]
errand דער גאַנג, גענג
  run an errand גיין אַ גאַנג
  run errands for זײַן אַ שיקײַנגל בײַ
errand boy דאָס שיקײַנגל, ־עך
errant בלאָנדזשענדיק; טעותדיק [TÓESDIK]
errata *see* **erratum**
erratic עראַטיש; אומאויסגעהאַלטן; אומרעגולער
erratum דער טעות־הדפֿוס, ־ן; דער תּיקון־טעות [TÓES-HATFÚS] [TIKN-TÓES]
erroneous טעותדיק; פֿאַלש [TÓESDIK]
erroneously על־פּי טעות [ÁLPI TÓES]
error דער/דאָס טעות, ־ן/־ים; דער פֿעלער, ־ן; דער גרײַז, ־ן [TÓES, TEÚSIM]
  be in error האָבן אַ טעות; לעבן אין טעות
  arithmetic error דער טעות אין חשבון [KhEZhBM]
  full of errors שטאַרק פֿאַרגרײַזט; פֿול מיט גרײַזן ‹טעותן›; גאָלע טעותן [TÓESN]
  make an error in judgment האָבן אַ טעות אין חשבון
error analysis דער טעות־אַנאַליז, ־ן [TÓES]
error log דאָס טעות־בלעטל, ־עך [TÓES]
error-prone נוטה־לטעות [NÓYTE-LETÓES]
error rate די/דאָס טעותדיקייט [TÓESDIKEYT]
ersatz ערזאַצ...
ersatz coffee די ערזאַץ־קאַווע
erstwhile אַמאָליק
erudite געלערנט; וויל־קענעוודיק

erudite person דער געלערנטער גבֿ; דער ערודיט, ־ן
erudition די ערודיציע; די/דאָס געלערנטקייט
(J.) דאָס לומדות [LÓMDES]
erupt
(blister) אויפֿרײַסן; אַרויסשלאָגן
(gunfire) אויסקנאַלן; אויסשיסן
(rash) אויסשיטן זיך
(teeth) (אַ)דורכשנײַדן זיך; אַרויסשפּראָצן
(volcano) אויסברעכן; אַרויסשפּײַען; אויפֿרײַסן; אַרויספּלאַצן
erupt in flames צעפֿלאַמען זיך; צעפֿלאַקערן זיך
eruption
(into flames) די צעפֿלאַמונג, ־ען
(on skin) דער אויסשיט, ־ן; דער אויסשלאָג, ־ן
(volcano) דער (ווולקאַן־)אויסבראָך, ־ן; די אויפֿרײַסונג, ־ען; די אַרויספּלאַצונג, ־ען
erysipelas די רויז; די בעשעכע
erythroblastosis דער עריטראָבלאַסטאָז
erythrocyte דער עריטראָציט, ־ן
escalate
vt. אַרויפֿלייטערן; פֿאַרשאַרפֿן; שטאַרקער מאַכן
vi. אַרויפֿלייטערן זיך; אויפֿגעבלאָזן ‹פֿאַרשטאַרקט/ פֿאַרשאַרפֿט› ווערן
escalation די עסקאַלאַציע; די אַרויפֿלייטערונג; די פֿאַרשטאַרקונג; די פֿאַרשאַרפֿונג
(of war) די קריגס־עסקאַלאַציע
escalator װיקלטרעפּ ל״ר; דער עסקאַלאַטאָר, ...אָרן; שלעפּטרעפּ ל״ר
the down escalator די װיקלטרעפּ אַראָפּ (צו)
the up escalator די װיקלטרעפּ אַרויף (צו)
escapade די (אײַנשטעלערישע) אַוואַנטורע, ־ס; די עסקאַפּאַדע, ־ס
escape, *n.* [PLÉYTE] דער אַנטלויף; דאָס אַנטלויפֿן; די פּליטה
(of gas) דער אַרויסלאָז; דער רין
make one's escape לאָזן זיך אַנטלויפֿן; כאַפּן די פּיס אויף די פּלייצעס און אַנטלויפֿן
escape, *v.* אַנטלויפֿן
(be saved) ניצול װערן; ראַטעווען זיך [NITSL]
(avoid) אַרויסדרייען זיך פֿון
(from prison) אַנטלויפֿן פֿון תּפֿיסה; אַרויסרײַסן זיך אויף דער פֿרײַ [TFÍSE]
(*hum.*) מאַכן פּליטה; פּליטהווען; מאַכן (אַ) ויבֿרח [PLÉYTE] [PLÉYTEVEN] [VAYÍVREKh]
(leak) (אַרויס)רינען
escape from reality אַנטלויפֿן פֿון דער װאָר
escape with one's life אַנטלויפֿן מיטן לעבן
barely escape קוים געראַטעוועט װערן; קוים ניצול װערן
You can't escape the conclusion מע קען נישט אויסמײַדן דעם אויספֿיר
attempted escape דער פּרוּוו צו אַנטלויפֿן
escape clause דער פּטור־תּנאַי, ־תּנאָים [PÓTER-TNAY, -TNÓYEM]
escapee דער פּליט, ־ים; דער אַנטלאָפֿענער גבֿ; דער אַנטרונענער גבֿ [PÓLET, PLÉYTIM]
escape hatch די נויטלוקע, ־ס
escape key דער אַרויס־קלאַוויש, ־ן
escape mechanism דער אַנטלויף־מעכאַניזם, ־ען
escape route דער אַנטלויפֿוועג, ־ן
escape valve די זיכער־קלאַפּע, ־ס
escapism דאָס אַנטלויפֿן פֿון דער װאָר; דער עסקאַפּיזם
escapist, *adj.* אומרעאַליסטיש
escapist, *n.* דער אַנטלויפֿער פֿון דער װאָר
escargot דער (עסוודיקער) שנעק, ־ן/־עס
escarole דער עסקאַראָל
eschatological עסכאַטאָלאָגיש
eschatologist דער עסכאַטאָלאָג, ־ן
eschatology די עסכאַטאָלאָגיע
eschew אָפּשטיין פֿון; אויסמײַדן; האַלטן זיך פֿון דער װײַטנס פֿון; װײַכן פֿון
escort, *n.* דער באַ(ג)לייטער, ־ס; דער אונטערפֿירער, ־ס; דער עסקאָרט, ־ן
(mil.) דער קאָנוואָירער, ־ס
escort, *v.* באַ(ג)לייטן; אונטערפֿירן; עסקאָרטירן
(mil.) קאָנוואָירן
escort out אַרויסבאַ(ג)לייטן
escort agency די עסקאָרט־אַגענטור, ־ן
escrow דער אײַנלאָג, ־ן
keep in escrow האַלטן אײַנגעלייגט; האַלטן אין אײַנלאָג
put in escrow אײַנלייגן (בײַ אַ דריטן צד) [TSAD]
escrow account די אײַנלאָג־קאָנטע, ־ס
Eskimo, *adj.* עסקימאָסיש
Eskimo, *n.*
m./unsp. דער עסקימאָס, ־ן
f. די עסקימאָסקע ‹עסקימאָסין›, ־ס
esophageal שפּײַזרער...
esophagitis די שפּײַזרער־אָנצינדונג
esophagus [VÉYShET] די/דער שפּײַזרער, ־ן; דער װשט, ־ן
esoteric עסאָטעריש
ESP *see* **extrasensory perception**
especially ספּעציעל; באַזונדערש; איבער הויפּט; דער עיקר; דערעיקרשט [ÍKER] [DERÍKERShT]
Esperanto דאָס עספּעראַנטאָ
espionage דער שפּיאָנאַזש; דאָס שפּיאָנירן
esplanade דער עספּלאַנאַד, ־ן
espousal (of) דאָס שטיצן + אַק׳; דאָס אָננעמען + אַק׳
espouse שטיצן; אָננעמען
espressivo עקספּרעסיוו
espresso די עספּרעסאָ־קאַווע
esprit דער עספּרי; דער גײַסט
esprit de corps דער קאָרפּוסגײַסט
espy דערשנאַפּן; אויסשפּירן; דערבליקן
esquire דער (ע)סקווײַער, ־ס
essay, *n.* דער/די עסיי, ־ען
(attempt) דער פּרוּוו, ־ן
essay, *v.* מאַכן אַ פּרוּוו; אַ פּרוּוו טאָן; פּרובירן
essayist
m./unsp. דער עסייִסט, ־ן
f. די עסייִסטקע, ־ס
essay question דער חיבור־פֿראַגע, ־ן; די עסיי־פֿראַגע, ־ס [KhÍBER]
essence
(extract) דער (ע)סענץ
(nature) דער תּמצית; דער קערן; דער (סאַמע) עיקר; דער מהות; דער תּוך [TÁMTSES] [ÍKER] [MEHÚS] [TOKh]
(tea) דער טיי(ע)סענץ
in essence אין תּוך אַרײַן ‹גערעדט›; בעיקר; דער עיקר [BEÍKER]
essential
(intrinsic) תּוכיק; מהות(ד)יק; עיקרדיק; תּמציתדיק [TÓKhIK] [MEHÚS(D)IK] [ÍKERDIK] [TÁMTSESDIK]
(vital) לעבנס־נייטיק; קיומדיק [KÍEMDIK]
essentially [TOKh] [BEÍKER] אין תּוך אַרײַן ‹גערעדט›; בעיקר
establish
(determine) פֿעסטשטעלן; דערגיין

(found) פֿאַרלייגן; אַוועקשטעלן; אויפֿשטעלן; איינפֿונדעווע(ן); שאַפֿן; עטאַבלירן; איינשטעלן; מיסד זײַן; גרינדן [MEYÁSED]

(introduce) איינפֿירן

establish a relationship אָנקניפּן באַציִונגען

establish the facts פֿעסטשטעלן די פֿאַקטן

established (איינ)געשטעלט; איינגעפֿונדעוועט

establishment

(founded body) דער אַנשטאַלט, ־ן; די אינסטיטוציע, ־ס; דער מוסד, ־ות [MÓYSED, MÓYSDES]

(founding) דאָס אויפֿשטעלן; דאָס פֿאַרלייגן

the Establishment די מאה־דעה; די תּקיפֿשאַפֿט; דער עסטאַבלישמענט אַמ' [MÉYE-DÉYE] [TÁKEFShAFT]

estate

(legacy) דער עזבֿון, ־ות; די ירושה, ־ות [IZÓVN, IZVÓYNES] [YERÚShE]

(possessions) דאָס פֿאַרמעגן, ־ס

(property) דאָס גוט, גיטער; די פּאָסעסיע, ־ס; דער מאַיאָנטיק, ...טקעס; די נחלה, נחלאָות [NÁKhLE, NAKhLÓES]

estate planning די ירושה־פּלאַנירונג [YERÚShE]

estate tax דער ירושה־שטײַער, ־ן [YERÚShE]

esteem, *n.* דער דרך־ארץ; דער כּבֿוד; דער רעספּעקט [DERKhÉRETS] [KÓVED]

hold sb. in high esteem האָבן גרויס דרך־ארץ פֿאַר; לייגן גרויס כּבֿוד אויף; שטאַרק רעספּעקטירן + אַק'

be held in great esteem by זײַן אַ חשובֿ בײַ [KhÓShEV]

esteem, *v.* האָבן דרך־ארץ פֿאַר; רעספּעקטירן [DERKhÉRETS]

esteemed בכּבֿודיק; חשובֿ [BEKÓVEDIK] [KhÓShEV]

ester דער עסטער, ־ס

Esther

Queen Esther אסתּר־המלכּה [ÉSTER-HAMÁLKE]

(Book of) Esther (bib.) (די) מגילת־אסתּר [MEGÍLES-ÉSTER]

esthete דער עסטעט, ־ן

esthetic, *adj.* עסטעטיש

esthetic, *n.* די עסטעטיק

esthetically עסטעטיש

esthetics די עסטעטיק ל"ר

estimable חשובֿ [KhÓShEV]

be estimable ווערט זײַן דעם כּבֿוד [KÓVED]

estimate, *n.* די (אָפּ)שאַצונג, ־ען; דער אָפּשאַץ, ־ן

estimate, *v.* (אָפּ)שאַצן; מאַכן אַ סמעטע (אויף)

estimated געשאַצט; שאַציק; אָפּשאַצ...; בערכדיק [BEÉREKhDIK]

estimated tax דער געשאַצטער שטײַער, ־ן

estimated time of arrival די געשאַצטע ‹בערכדיקע› אָנקומצײַט [BEÉREKhDIKE]

estimation

(opinion) די מיינונג, ־ען; די אָפּשאַצונג, ־ען

(value) די איינשאַצונג, ־ען; די/דער ערכדיקע(ר) ווערט [ÉREKhDIKE(R)]

in my estimation לויט מײַן מיינונג ‹אָפּשאַץ›; אין מײַנע אויגן; לפֿי־דעתּי [LEFIDÁTI]

Estonia (דאָס) עסטלאַנד

Estonian, *adj.* עסטיש

Estonian Jew דער עסטאָנישער געב'; דער עסטאָנישער ייִד, ־ן

Estonian, *n.*

m./unsp. דער עסט, ־ן; דער עסטאָנער, –

f. די עסטין, ־ס; די עסטאָנערין ‹עסטאָנקע›, ־ס

(language) דאָס עסטיש; דאָס עסטאָניש

estrange אָפּפֿרעמדן; פֿאַרפֿרעמדן; דערווײַטערן

estranged אָפּגעפֿרעמדט; פֿאַרפֿרעמדט; דערווײַטערט

become estranged אָפּפֿרעמדן ‹פֿאַרפֿרעמדן› זיך

They're estranged זיי האָבן זיך אָפּגעפֿרעמדט איינס פֿונעם צווייטן

estrangement די אָפּפֿרעמדונג; די/דאָס פֿאַרפֿרעמדקייט; דאָס אָפּפֿרעמדן זיך

estrogen דער עסטראָגען, ־ען

estuary די לעפֿצונג, ־ען; דער לימאַן, ־ען

ETA *see* estimated time of arrival

et al און אַנדערע [א"אַ]

et cetera (etc.) און אַזוי ווײַטער [אאַז"וו]; וכדומה [וכ']; וכולי [וכו'] [UKhDÓYME] [VEKhÚLE]

etch אויסעצן; ראַדירן; אויסקריצן; אויסגראַווירן

It's not etched in stone ס'איז נישט תּורת־משה ‹מן־השמים/מסיני› [TÓYRES-MÓYShE] [MINAShOMÁYEM] [MISÍNAY]

etching די אויסעצונג, ־ען; דער ראַדיר, ־ן; דאָס ראַדירן

eternal אייביק; שטענדיק; לעולם־עולמים [LEÓYLEM-ÓYLEMIM]

eternal flame (J.) דער נר־תּמיד, ־ן [NEYRTÓMED]

eternally אויף אייביק ‹שטענדיק›

eternity די/דאָס אייביקייט; דער נצח [NÉTSEKh]

ether דער עטער

ethereal עטער...; עטעריש; הימליש

ethernet די עטערנעץ

ethical עטיש

ethically עטיש (גערעדט); אויף אַן עטישן אופֿן [OYFN]

ethicist דער עטיקער, ־ס

ethics די עטיק ל"ר

ethics committee די עטיק־קאָמיסיע, ־ס

Ethiopia (די) עטיאָפּיע

(hist./bib.) דאָס כּוש [KUSh]

Ethiopian, *adj.* עטיאָפּיש

Ethiopian, *n.*

m./unsp. דער עטיאָפּיער, –

f. די עטיאָפּיערין, ־ס

ethnic עטניש; פֿאָלקיש; נאַציאָנאַל

ethnic cleansing די עטנישע ‹פֿאָלקישע› רייניקונג

ethnic group די נאַציאָנאַליטעט, ־ן; דאָס פֿאָלק, פֿעלקער

ethnicity די/דאָס עטנישקייט; די/דאָס פֿאָלקישקייט

ethnic studies מינאָריטעטישע ‹עטנישע› לימודים

ethnographer דער עטנאָגראַף, ־ן

ethnographic עטנאָגראַפֿיש

ethnography די עטנאָגראַפֿיע, ־ס

ethnological עטנאָלאָגיש

ethnologist דער עטנאָלאָג, ־ן

ethnology די עטנאָלאָגיע

ethnomusicological עטנאָמוזיקאָלאָגיש

ethnomusicologist דער עטנאָמוזיקאָלאָג, ־ן

ethnomusicology די עטנאָמוזיקאָלאָגיע

ethos דער עטאָס

ethylene דער עטילען

etiology די עטיאָלאָגיע, ־ס

etiquette דער עטיקעט

etrog דער אתרוג, ־ים [ÉSREG, ESRÓYGIM]

etude דער עטיוד, ־ן

etymological עטימאָלאָגיש

etymologist דער עטימאָלאָג, ־ן

etymology די עטימאָלאָגיע, ־ס

etymon דער עטימאָן, ־ען; דער אָבֿ, ־ות [OV]

eucalyptus דער עקאַליפּטוס, ־ן; דער (איי)קאַליפּט, ־ן

eucalyptus oil דער אייקאַליפּטן־אייל

Eucharist די אייכאַריסטיע
Euclid אייקלידעס
Euclidean geometry די אייקלידישע געאָמעטריע
eugenic אייגעניש
eugenicist דער אייגעניקער, ־ס
eugenics די אייגעניק ל״ר
eulogize
  (praise) אויסלויבן
  (at funeral) מספּיד זײַן; מאַכן אַ הספּד אויף; באַהספּדן [MÁSPED] [HÉSPED] [BAHÉSPEDN]
eulogizer (at funeral) דער מספּיד, ־ים [MÁSPED, MASPÍDIM]
eulogy
  (praise) דאָס לויבגעזאַנג, ־ען
  (at funeral) דער הספּד, ־ים [HÉSPED, HESPÉYDIM]
eunuch דער סריס, ־ים; דער אײַנוך, ־ן [SÓRES, S(E)RÍSIM]
euphemism דער אייפֿעמיזם, ־ען; דאָס לשון־נקיה; די נישט־דערזאָגונג, ־ען [LOShN-NEKÍE]
euphemistic אייפֿעמיסטיש
euphemistic language דאָס לשון־נקיה [LOShN-NEKÍE]
euphonic אייפֿאָניש; וווּל־קלינגעוודיק
euphony די אייפֿאָניע; דער וווּלקלאַנג
euphoria די אייפֿאָריע
euphoric פֿול מיט אייפֿאָריע
Eurasia (די) אייראַזיע
Eureka! עוריקאַ; אָט איז עס!; (כ׳האָב עס) געפֿונען!
euro דער אײראָ, ־ס
Eurocentrism דער אייראָצענטריזם
Eurocentrist דער אייראָצענטריסט, ־ן
Euroland דאָס אײראָלאַנד
Europe (די) אייראָפּע
European, *adj.* אייראָפּעיִש
European, *n.*
  m./unsp. דער אייראָפּעער, –
  f. די אייראָפּעערין, ־ס
European Union דער אייראָפּעיִשער פֿאַרבאַנד
europium דער אייראָפּיום
Eustachian tube די/דער אייסטאַכיוס־רער, ־ן
euthanasia די אייטאַנאַזיע; דער רחמנות־‹חסד־›מאָרד, ־ן [RAKhMÓNES] [KhÉSED]
euthanize אייטאַניזירן; אײַנשלעפֿערן (אויף טויט)
eutrophic אייטראָפֿיש
eutrophication די אייטראָפֿיקאַציע
evacuant דאָס אָפּפֿיר־מיטל, ־ען
evacuate, *vt./vi.* עוואַקויִרן (זיך)
  vt. **(liquid)** אַרויסצײַען; אָפּצײַען
evacuation די עוואַקויִרונג, ־ען; די עוואַקואַציע, ־ס; דאָס עוואַקויִרן
evacuation plan דער עוואַקויִר־פּלאַן, ־פּלענער
evacuation slide דער עוואַקויִר־גליטש, ־ן
evacuator דער עוואַקויִרער, ־ס
evacuee דער עוואַקויִרטער געב׳
evade (בכּיוון) אויסמײַדן; אַרויסדרייען זיך פֿון [BEKÍVN]
  evade taxes אויסמײַדן דאָס צאָלן שטײַערן
evaluate אָפּשאַצן
evaluation דער אָפּשאַץ, ־ן; די אָפּשאַצונג, ־ען
  for sb.'s evaluation אויף + פּאָס׳ מבֿינות [MEVÍNES]
evaluation form דער אָפּשאַץ־בויגן, ־ס
evaluator דער אָפּשאַצער, ־ס
evanesce נעלם ווערן; פֿאַרשווינדן ווערן; נישט ווערן [NÉL(E)M]
evanescence דאָס נעלם ‹פֿאַרשווינדן› ווערן [NÉL(E)M]
evanescent נעלם־ווערנדיק [NÉL(E)M]
  (fleeting) פֿאַרגייִיק

evangelical, *adj.* עוואַנגעליש
evangelical, *n.* דער עוואַנגעליקער, –
evangelism דער עוואַנגעליזם
evangelist דער עוואַנגעליסט, ־ן
evangelize פּרידיקן די עוואַנגעליע; עוואַנגעליזירן
evaporate אויספּאַרעןן זיך; אויסוועפּן זיך; אויסדאַמפּן זיך
evaporated אויסגעפּאַרעט; אויסגעוועפּט; אויסגעדאַמפּט
evaporated milk די אויסגעפּאַרעטע מיל(ע)ך
evaporation די אויספּאַרונג; די אויסוועפּונג; דאָס אויספּאַרען ‹אויסוועפּן› זיך
evasion די (בכּיוונדיקע) אויסמײַדונג; דער אַרויסדריי, ־ען; דאָס אַרויסדרייען זיך [BEKÍVNDIKE]
evasive אַרויסדרייעריש; אויסמײַד(נד)יק
  be evasive אַרויסדרייען זיך (פֿון אַן ענטפֿער)
  evasive person דער דרייער, ־ס
evasive action דער אויסמײַד־מאַנעוור, ־ס
eve דער אָוונט, ־ן
  eve of דער ערבֿ־... [ÉREV]
  Sabbath eve ערבֿ־שבת [ÉREV-ShÁBES]
Eve (bib.) (די מוטער) חוה [KhÁVE]
even, *adj.*
  (equal) גלײַך; גלײַכמאָסיק
  (number) גראָד
  (level/smooth) גלאַט
  be even with sb. זײַן קוויט מיט
  get even with אָפּרעכענען זיך מיט; נוקם זײַן זיך אין; אויספּראַווען זיך מיט [NÓYKEM]
  an even dollar פּונקט אַ דאָלאַר
even, *adv.* אַפֿילו; צו מאָל [AFÍLE]
  even as פּונקט ווען; אַפֿילו ווען ‹אַז›; אין דער רגע וואָס [RÉGE]
  even if אַפֿילו ווען ‹אַז›
  even less נאָך ווייניקער
  even more נאָך מער
  even now אַפֿילו איצט
  even so דאָך; פֿונדעסטוועגן; פֿאָרט
  even so (*rel./lnd.*) אַף־על־פּי־(כן) [AFALPÍ(-KÉYN)]
  even then אַפֿילו דעמאָלט; אי דאָס
  even though כאָטש; הגם [HAGÁM]
even, *v.* **(off/out)** אויסגלײַכן; פֿאַרגלײַכן
even-handed גערעכט(יק); יושרדיק; אומצדדימדיק [YÓYShERDIK] [UMTSDÓDIMDIK]
evening דער אָוונט, ־ן; דער אויפֿדערנאַכט, ־ן; דער פֿאַרנאַכט, ־ן
  in the evening אין אָוונט; אויף דער נאַכט
  toward evening פֿאַר נאַכט; פֿאַרנאַכטלעך; צו אָוונט צו
evening dress
  (men) דער פֿראַק, ־ן
  (women) דאָס אָוונטקלייד, ־ער
evening gown דאָס אָוונטקלייד, ־ער; דאָס באַלקלייד, ־ער
evening paper דער/דאָס אָוונטבלאַט, ...בלעטער; די אָוונט־צײַטונג, ־ען
evening primrose דאָס נאַכטליכטל
evening star דער (נ)אָוונט־שטערן
evenly גלײַך אויף גלײַך; אויף אַ גלײַכן אופֿן [OYFN]
even-numbered גראָדצאָליק
evensong דאָס אָוונט־געבעט
event
  (happening) דאָס געשעעניש, ־ן; די פּאַסירונג, ־ען; דאָס פֿאַרלויפֿעניש, ־ן
  (program) די אונטערנעמונג, ־ען; די פּראָגראַם, ־ען
  (med.) דער פֿאַל, ־ן; דער טראַף, ־ן
  in any event אויף יעדן פֿאַל; וואָס סע זאָל זיך נישט מאַכן

  in either event אַזוי צי אַזוי
  in that event אויב אַזוי; אם־כּן [ÍMKEYN]
  in the event of אין פֿאַל פֿון; טאָמער מאַכט זיך (אַ)
  in the event that טאָמער (מאַכט זיך אַז)
even-tempered מיושבֿדיק; געלאַסן [MEYÚShEVDIK]
eventful פֿול מיט געשעענישן; וואָגיק
event planner דער אונטערנעמונג־פּלאַנירער, ־ס
event planning דאָס פּלאַנירן אונטערנעמונגען
eventual סוף־כּל־סופֿיק; שפּעטערדיק [SOFKLSÓFIK]
eventuality דער טאָמער, ־ן; די/דאָס מעגלעכקייט, ־ן
eventually מיט דער צײַט; סוף־כּל־סוף [SOFKLSÓF]
ever
  (always) תּמיד; שטענדיק; אַלע מאָל [TÓMED]
  (at all) בכלל [BIKhLÁL]
  ever since פֿון זינט
  ever since then פֿון דעמאָלט אָן; זינט דעמאָלט
  ever smaller וואָס אַ מאָל קלענער; אַלץ קלענער
  ever so זייער; גאָר
  the best I've ever seen ס'בעסטע וואָס כ'האָב ווענס ‹אַ מאָל› געזען
evergreen, *adj.* אײביק גרין
evergreen, *n.* דער/דאָס אייביקגרין, ־ען
everlasting אײביק
evermore אויף אײביק; לעולם־ועד [LEÓYLEM-VÓED]
every (אַ)יעדער; אַלע; אילע; איטלעכער; יעטווידער
  every day (*acc.* **of time)** יעדן טאָג; אַלע טאָג
  every last one ביזן לעצטן
  every night יעדע נאַכט; אַלע נאַכט
  every now and then/every so often פֿון צײַט צו צײַט; פֿון מאָל צו מאָל
  every time יעדעס מאָל; אַלע ‹אילע› מאָל
  with every day פֿון טאָג צו טאָג; מיט יעדן טאָג
everybody *see* **everyone**
everyday טאָג־טעגלעד; וואָכעדיק
everyday life דאָס טאָג־טעגלעכע לעבן; דאָס לעבן טאָג־אײַן טאָג־אויס; דאָס בכל־יומיקע לעבן [BEKhÓL-YÓMIKE]
everyone אַלע; אַיעדער; יעדערער; יעדער איינער; איטלעכער; יעטווידער
everything אַלץ; אילץ; אַלצדינג
  You can't have everything! אַלץ אין איינעם איז נישטאָ בײַ קיינעם!
everywhere אומעטום
evict אַרויסוואַרפֿן; אַרויסזעצן; אַרויסשטעלן מיט האַק און פּאַק; עקסמיטירן; דעלאָזשירן
eviction דאָס אַרויסזעצן; דער אַרויסזעץ, ־ן; די עקסמיסיע, ־ס
eviction notice דאָס עקסמיסיע־‹דעלאָזשיר־/אַרויסזעץ־› קוויטל, ־עך
evidence, *n.* באַווײַזן ל״ר; ראַיות ל״ר [RÁYES]
  (piece of evidence) דער באַווײַז, ־ן; די ראַיה, ־ות [RÁYE]
  in evidence בולט; קלאָר [BÓYLET]
  give evidence עדות זאָגן [ÉYDES]
  on the evidence אויפֿן סמך פֿון די ראַיות; געשטיצט אויף די באַווײַזן [SMAKh]
evidence, *v.* אַרויסווײַזן
evident קלאָר; באַשײַמפּערלעך; בולט [BÓYLET]
  be evident אָנזען זיך; זײַן בולט ‹קלאָר›
evidently זעט ‹ווײַזט› אויס אַז
evil, *adj.* בייז; שלעכט
evil, *n.* דאָס בייזס; דאָס שלעכטס
evildoer דער רשע, ־ים [RÓShE, REShÓYEM]
evil eye דער עין־הרע; דאָס גוט־אויג; דאָס בייז־אויג [EYN(H)ÓRE/ÁYEN-HÓRE]
evil genius דער חכם־לגנאַי, חכמים־... [KhÓKhEM-LIGNÁY, KhAKhÓMIM-...]
evil inclination דער יצר־הרע [YÉYTSER-HÓRE]
evil-minded בייזוויליק; מיט בייזע מחשבֿות [MAKhShÓVES]
evil-smelling עיפּושדיק [ÍPEShDIK]
evince אַרויסווײַזן
eviscerate
  (disembowel) אויסשנײַדן ‹אַרויסציִען› די געדערעם
  (fig.) אַרויסנעמען דעם תּמצית פֿון; אַ תּל מאַכן פֿון [TÁMTSES] [TEL]
evisceration
  (disembowelment) דאָס אויסשנײַדן ‹אַרויסציִען› די געדערעם
evocation דאָס אַרויסרופֿן
evocative וועקנדיק
  be evocative of דערמאָנען אין; אַרויסרופֿן זכרונות ‹געפֿילן› פֿון [ZIKhRÓYNES]
evoke אַרויסרופֿן; אויפֿברענגען; וועקן; אויפֿלעבן ‹אויפֿשטעלן› אין זכּרון [ZIKÓRN]
evolution די עוואָלוציע, ־ס; די אַנטוויקלונג, ־ען
  (math.) דער עוואָלוט, ־ן
evolutionary עוואָלויִר־...; עוואָלוציאָנער; אַנטוויקל־...
evolutionary process דער עוואָלוציאָנערער פּראָצעס, ־ן; דער עוואָלויִר־פּראָצעס, ־ן
evolutionary psychology די עוואָלויִר־פּסיכאָלאָגיע
evolutionary theory די עוואָלויִר־טעאָריע
evolve
  vt. אַנטוויקלען; אויסאַרבעטן
  vt. **(chem.)** אויסשיידן; אַרויסגעבן פֿון זיך
  vi. אַנטוויקלען זיך; עוואָלויִרן; אויסשיילן זיך
ewe די שאָף, –; דער שעפּס, ־ן
ewer דער קרוג, ־ן/קריג
ex..., *adj.* געוועזן; אַמאָליק; עקס...
ex, *n.* דער עקס, ־ן; דער געוועזענער גועב׳; דער אַמאָליקער גועב׳
  (hum.) דער מי־שהיה [MIShEHÓYE]
ex, *vt.* **(out)** אויסקראַצן; אויסשטרײַכן
exacerbate פֿאַרשאַרפֿן; פֿאַרערגערן; פֿאַרביטערן
exacerbation די פֿאַרשאַרפֿונג; די פֿאַרערגערונג
exact, *adj.* פּינקטלעך; גענוי; אַקוראַט; עקזאַקט
exact, *v.*
  (demand) (אויפֿ)פֿאָדערן; אויפֿמאָנען
  (extort) אויפֿמאָנען; אַרויספּרעסן; אויספּרעסן; אַרויסקריגן; רײַסן אַ פּאַס
exact change דאָס גענויע ‹אַקוראַטע› קליינגעלט
exacting (demanding) שטרענג; פֿאָדער(עוו)דיק; קפּדניש [KAPDÓNISh]
  be exacting זײַן אַ מחמיר ‹קפּדן›; שטרענג פֿאָדערן [MÁKhMER] [KAPDN]
  exacting question די האַרבע קשיא, ־ות [KÁShE]
exaction די זאַקוציע
exactitude די/דאָס פּינקטלעכקייט; די/דאָס גענויקייט
exactly פּונקט; גענוי; אַקוראַט; ביז אַ האָר
  exactly the opposite פּונקט ‹אַקוראַט› פֿאַרקערט; פּונקט דער היפּוך [HÉYPEKh]
  not exactly נישט אין גאַנצן
exactness די/דאָס אַקוראַטקייט; די/דאָס פּינקטלעכקייט
exact science די פּינקטלעכע וויסנשאַפֿט, ־ן
exaggerate מגזם זײַן; איבערטרײַבן; איבערזאַלצן [MEGÁZEM]
exaggeration די גוזמא, ־ס/גוזמאָות; דאָס איבערטרײַבן [GÚZME, GUZMÓES]
  without exaggeration בלי־גוזמא [B(E)LÍ-GÚZME]

exalt הייבן אין הימל אַרײַן; דערהייבן; לויבן און רימען; הייכן און קריינען; עקזאַלטירן
exaltation דאָס התרוממות; דאָס התלהבֿות; די דערהייבונג; די עקזאַלטאַציע [HISRÓYMEMES] [HISLÁYVES]
exalted געהויבן; דערהויבן; עקזאַלטירט
examination דער עקזאַמען, ־ס
  (med.) די גוף־באַטראַכטונג, ־ען; די מעדיצינישע באַטראַכטונג, ־ען; דער גוף־באַקוק, ־ן
  (investigation) דער דורכקוק, ־ן; די דורכקאָנטראָלירונג, ־ען; די אויספֿאָרשונג, ־ען
  give/hold an examination (in) געבן עקזאַמען (אויף)
  pass an examination (in) אויסהאַלטן (אַן) עקזאַמען (אויף)
  take an examination (in) האַלטן עקזאַמען (אויף); באַלייגן ‹אָפּגעבן› אַן עקזאַמען (אויף)
examination board די עקזאַמעניר־קאָמיסיע, ־ס
examination booklet די עקזאַמעניר־העפֿט, ־ן
examination period די עקזאַמעניר־צייט, ־ן
examination room (med.) דער באַקוק־צימער, ־ן
examine, *v.*
  (acad.) עקזאַמענירן
  (med.) באַטראַכטן; באַזוכן; באַקוקן
  (investigate) (אַ)דורכקוקן; (אַ)דורכקאָנטראָלירן; אויספֿאָרשן
examinee דער עקזאַמענירטער געב'
examiner דער עקזאַמענירער, ־ס
example דער/דאָס משל, ־ים; די דוגמא, ־ות/דוגמאָות; דער ˚בײַשפּיל, ־ן; דאָס געמעל, ־ן [MOShL, MEShÓLIM] [DÚGME, DÚGMES/DUGMÓES]
  for example למשל; אַ שטייגער; לדוגמא; ˚צום בײַשפּיל [LEMÓShL] [LEDÚGME]
  lead by example זײַן אַ מורה־דרך [MÓYRE-DÉREKh]
  make an example of באַשטראָפֿן + אַק' ווי אַ משל
  set an example דינען ווי אַ משל ‹מוסטער›
exasperate אויפֿקאָכן; אויפֿרייצן; דענערווירן; צערייצן; דערבייזערן; דערגיין + דאַט' די יאָרן
exasperated אויפֿגעקאָכט; אויפֿגערייצט; דענערווירט
exasperation די אויפֿרייצונג; די דענערווירונג
excavate אויסגראָבן
excavation
  (site) די אויסגראָבונג, ־ען
  (act) דאָס אויסגראָבן
excavator דער עקסקאַוואַטאָר, ...אָרן; די גראָבמאַשין, ־ען
exceed אַריבערשטייגן; זײַן העכער ‹בעסער/גרעסער› פֿון
exceedingly שטאַרק; ביז גאָר; אויסערגעוויינ(ט)לעך
excel (at) אויסצייכענען זיך (מיט)
excellence די/דאָס אויסגעצייכנטקייט
Excellency די עקסצעלענץ, ־ן
excellent אויסגעצייכנט; גלענצנדיק; קאַפֿריסנדיק [KAFRÍSNDIK]
except (for), *prep.* (אַ)חוץ; ˚אויסער
  except that נאָר ‹אלא› וואָס [ÉLE]
except, *v.* מאַכן אַן אויסנעם מיט; נישט אַרײַנרעכענען; אויסשליסן
excepting (אַ)חוץ; מיטן אויסנעם פֿון
exception דער יוצא־מן־הכּלל, ־ן; דער אויסנעם, ־ען [YÓYTSE-MINAKLÁL]
  make an exception מאַכן אַן אויסנעם
  take exception to האָבן (איינצווענדן) קעגן
  The exception proves the rule דער יוצא־מן־הכּלל באַשטעטיקט דעם כּלל [KLÁL]
  with the exception of (אַ)חוץ
  without exception אָן (קיין שום) אויסנעם

exceptionable
  be exceptionable אַרויסרופֿן אַן איינווענד
exceptional אויסערגעוויינ(ט)לעך; אויסנעמיק; יוצא־דופֿנדיק [YÓYTSE-DÓYFNDIK]
  exceptional person/thing דער יוצא־דופֿן, ־ס; דער ראַר, ־ן [YÓYTSE-DÓYFN]
excerpt, *n.* דער אויסצוג, ־ן
excerpt, *v.* עקסצערפּירן; מאַכן אַן אויסצוג פֿון
excess, *adj.* איבעריק; איבערמאָסיק; איבער...
excess, *n.* דער עודף; די איבערמאָס [ÓYDEF]
  an excess of אַן עודף פֿון; העט צו פֿיל
  in excess of מער ווי; איבער; העכער; איבער גענוג
  to excess איבער דער מאָס; מיט אַ שמיץ אַריבער
excess baggage דאָס איבערגעוויכט
excess credits דער פּונקטן־עודף [ÓYDEF]
excessive איבערגענוגיק; איבערגעטריבן; עודפֿדיק [ÓYDEFDIK]
excessive force דער איבערגעטריבענער כּוח [KÓYEKh]
exchange, *n.* דער אויסבײַט, ־ן
  (econ.) די בערזע, ־ס
  (telephone) די צענטראַלע, ־ס
  exchange of gunfire דאָס קעגנאַנאַנדיקע שיסערײַ; די איבערשיסונג, ־ען
  exchange of ideas דער געדאַנקען־אויסבײַט, ־ן
  exchange of letters דער בריוואויסבײַט, ־ן
  in exchange for ווי אַן אויסבײַט אויף
exchange, *v.* אויסבײַטן זיך מיט
  exchange blows דערלאַנגען זיך (איינס דעם אַנדערן) קלעפּ
  exchange ideas אויסבײַטן זיך מיט די געדאַנקען
  exchange letters איבערשרײַבן זיך; (אַ)דורכשרײַבן זיך; פֿירן אַ קאָרעספּאָנדענץ
  exchange telephone numbers געבן זיך (איינס דעם אַנדערן) די טעלעפֿאָן־נומערן
  exchange visits זײַן צו גאַסט איינער בײַם אַנדערן
  exchange words צעווערטלען ‹(אַ)דורכווערטלען› זיך
exchange rate דער קורס, ־ן
Exchequer די מלוכה־קאַסע [MELÚKhE]
excise אויסשנײַדן
excise tax דער אַקציז(־שטײַער), ־ן
excision די אויסשנײַדונג, ־ען; דאָס אויסשנײַדן; דער אויסשניט, ־ן
excitability די/דאָס היציקייט; די/דאָס אויפֿרעגעוודיקייט
excitable היציק; אויפֿרעגעוודיק
  excitable person דער היצקאָפּ, ...קעפּ; דאָס שוועבעלע, ־ך
excitation
  (elec.) די אָנרעגונג
  (emotional) די אַנטוועקונג; די אָנרעגונג
excite, *v.*
  (anger) אויפֿרייצן; אויפֿרעגן; אויפֿקאָכן
  (elec.) אָנרעגן
  (emotionally) אַנטוועקן; אָנרעגן
  (nerve) (אָנ)רייצן; צערייצן
  (sexually) צעוועקן; אויפֿרייצן; אַנטוועקן; אויפֿפֿלאַמען; אָנצינדן
  excite one's interest פֿאַרכאַפּן ‹אָנכאַפּן/אויפֿוועקן› דעם אינטערעס; נעמען; באַגײַסטערן
excited
  (angry) אויפֿגערייצט; אויפֿגערעגט; אויפֿגעקאָכט
  (joyful) אויפֿגעהײַטערט; מלא־גדולה; מלא־שׂימחה [MÓLE-G(E)DÚLE] [MÓLE-SÍMKhE]

(sexually) צעווע́קט; אויפֿגערייצט; אַנטוווע́קט; אויפֿגעפֿלאַמט; אויפֿגעהיצט
excitement
(joy) די גדולה; די שׂימחה [G(E)DÚLE] [SÍMKhE]
(turmoil) די אויפֿרעגונג; די/דאָס אויפֿגערעגטקייט; דער אויפֿריר; דער אויפֿברויז; דער קאָך
exciter (elec.) דער אָנרעגער, ־ס
exciting
(joyful) פֿאַרכאַפּנדיק; באַגײַסטערנדיק; אויפֿהײַטערנדיק; גוט־פֿאַרברע́נגעריש
(sexually) צעווע́קנדיק; אויפֿרייצנדיק; אויפֿפֿלאַמענדיק; אויפֿהיצנדיק
(suspenseful) שפּאַנענדיק
exclaim אויסרופֿן; אויסשרײַען
exclamation דער אויסרוף, ־ן; דער אויסגעשריי, ־ען
exclamation mark דער אויסרוף־צייכן, ־ס
exclamatory אויסרופֿ...
exclude אויסשליסן
excluding אויסשליסנדיק; נישט אַרײַנרעכענענדיק
exclusion די אויסשליסונג, ־ען; דאָס אויסשליסן
to the exclusion of (אַ)חוץ; אויסשליסנדיק
exclusive, *adj.*
(excluding) אויסשליס(נד)יק; אויסשליסלעך
(wealthy) נגידיש; עקסקלוסיוו; פֿון די הוי́כע פֿע́נצטער [NEGÍDISh]
exclusive of נישט אַרײַנגערעכנט
exclusive, *n.* דער עקסקלוסי́ווער אינטערוויו́, ־ען; דער עקסקלוסי́ווער באַרי́כט, ־ן
exclusively אויסשליסלעך; בלויז; נאָר; לוי́טער
exclusiveness די/דאָס עקסקלוסי́ווקייט; די/דאָס אויסגעשלאָסנקייט
excommunicate עקסקאָמוניקי́רן
(J.) (אַרײַנ)לייגן אין חרם; מחרים זײַן; אַרײַנלייגן אין די דרײַ פֿי́נטעלעך [KhÉYREM] [MÁKhREM]
excommunicated person דער מוחרם, ־ים [MÚKhREM, MUKhRÓMIM]
excommunication די עקסקאָמוניקאַ́ציע
(J.) דער חרם [KhÉYREM]
excoriate
(skin) אויספּרי́ע|ן
(criticize) אויסזידלען
excoriated (skin) אויסגעפּרי́עט
excrement [TSÓYE] די צואה; דער קאַל; עקסקרעמע́נטן ל״ר
(*nurs.*) קאַ́קי ‹קאַ́קו/קאַ́קאַ›
(*vlg.*) דאָס דרעק
excrescence דער אָנוווּקס, ־ן; דער אי́בערביין, ־ער
excrete אויסשיידן; אַרויסגעבן
excretion די אויסשיידונג; דאָס אויסשיידן; דאָס אַרויסגעבן
excruciating שרע́קלעך; פּײַנלעך
be in excruciating pain האָבן פּײַנלעכע ‹שרע́קלעכע/מוראדיקע› ווייטיקן [MÓYREDIKE]
in excruciating detail ביז צום קלע́נסטן ‹מינדסטן› פּרט [PRAT]
exculpate דערקלע́רן (פֿאַר) אוּמשולדיק; ריי́נוואַשן; באַפֿרײַען פֿון שולד
excursion דער אַרויספֿאָר, ־ן; די עקסקו́רסיע, ־ס
go on an excursion אַרויספֿאָרן
excusable
It's excusable מע קען עס (נאָך) מוחל זײַן [MOYKhL]
excuse, *n.* דער תּירוץ, ־ים; דער אויסרעד, ־ן; דער פֿאַרע́נטפֿער, ־ס [TÉRETS, TERÚTSIM]
make excuses זוכן (זיך) תּירוצים; פֿאַרע́נטפֿערן זיך
make excuses for sb. פֿאַרע́נטפֿערן + אַק׳; אויסקויפֿן + אַק׳ פֿון שולד
What an excuse! הער(ט) אַ תּירוץ!; ס׳איז יע́נער תּירוץ!; אַ תּירוץ פֿאַר די בע́נטשליכט!
excuse, *v.* מוחל זײַן; ˙אַנטשו́לדיקן [MOYKhL]
Excuse me! זײַ(ט) מיר מוחל!; ˙אַנטשו́לדיק(ט) (מיר)!
excuse oneself אָפּבעטן זיך
excused
be excused אָפּבעטן זיך
execrable מיאוס; אָפּשטויסנדיק; מי́גלדיק [MÍES]
execute
(carry out) (אַ)דו́רכפֿירן; אויספֿירן
(kill) אויספֿירן טוי́טשטראָף; מקיים זײַן דעם פּסק אויף; עקזעקוטי́רן; קעפּן [MEKÁYEM] [PSAK]
execute a program (comp.) אויספֿירן; (אַ)דו́רכפֿירן; לאָזן אין גאַנג
execute a sentence מקיים־פּסק זײַן [MEKÁYEM-PSÁK]
execute by hanging אויפֿהענגען
execute by shooting דערשי́סן; צו́שטעלן צום ווענטל
execution
(carrying out) די אויספֿירונג, ־ען; די דו́רכפֿירונג, ־ען
(death) די עקזעקו́ציע, ־ס; די קע́פּונג, ־ען
executioner דער תּלין, ־ים; דער קאַט, ־ן; דער הע́נקער, ־ס [TÁLYEN, TALYÓNIM]
executive, *adj.* אויספֿיר...; עקזעקוטי́וו־...
executive, *n.* דער אויספֿיר־‹עקזעקוטי́וו־›דירע́קטאָר, ...אָ́רן
executive board דער אויספֿיר־‹עקזעקוטי́וו־›קאָמיטע́ט, ־ן
executive branch/power די אויספֿירמאַכט
executive privilege דער עקזעקוטי́וו־רשות [REShÚS]
executive producer דער אויספֿיר־פּראָדוצי́רער, ־ס
executor דער צוואה־דו́רכפֿירער, ־ס; דער עקזעקו́טאָר, ...אָ́רן [TSAVÓE]
exegesis די עקסעגע́זע
exemplar דער מו́סטער, ־ן; די דוגמא, ־ות/דוגמאָות [DÚGME, DÚGMES/DUGMÓES]
exemplary מו́סטער...; מו́סטערדיק
exemplify די́נען ווי אַ מו́סטער ‹משל› [MOShL]
exempt, *adj.* פּטור; באַפֿרײַט; פֿרײַ [PÓTER]
exempt, *v.* באַפֿרײַען
exemption די באַפֿרײַונג, ־ען
exercise, *n.* די (גימנאַ́סטישע) געני́טונג, ־ען; די גימנאַ́סטיק
(mil.) דער מאַנע́ווער, ־ס
exercise in futility די אַרויסגעוואָרפֿענע אַרבעט; די ברכה־לבֿטלה [BRÓKhE-LEVATÓLE]
exercise, *v.* מאַכן געני́טונגען; געני́טן זיך
exercise patience אַרויסווײַזן ‹האָבן› געדו́לד; זײַן געדו́לדיק
exercise the right אויסניצן דאָס רעכט
get exercised (about) אויפֿרעגן זיך (צוליב)
exercise book די געני́טונג־העפֿט, ־ן
exercise machine די געני́טונג־מאַשי́ן, ־ען
exercise physiologist דער געני́טונג־פֿיזיאָלאָ́ג, ־ן
exercise physiology די געני́טונג־פֿיזיאָלאָ́גיע
exert
(influence/pressure) דריקן; אָנווענדן; לאָזן פֿילן
(authority) אויסניצן; אָנווענדן
exert oneself אָנטאָן זיך אַ כּוח; אָנשטרענגען זיך [KÓYEKh]
exert pressure on (*iro.*) געבן + דאַט׳ צו שמעקן
exertion דער אָנשטרענג, ־ען; די אָנשטרענגונג, ־ען
exfoliant דער עקספֿאָליאַ́נט, ־ן
exfoliate, *vt./vi.* (אָפּ)שיילן (זיך)
ex gratia מיט חסד [KhÉSED]

exhalation דאָס אויסאָטעמען ‹אויסעטעמען›; די אויסאָטעמונג
exhale אויסאָטעמען ‹אויסעטעמען›; אַרויסאָטעמען ‹אַרויסעטעמען›
exhaust, *n.* דער אויסקנאַלגאַז; דער אַרויסשטויס־גאַז; דער אַרויסגאַז
exhaust, *v.* אויסמאַטערן; אויסשעפּן; אויסמוטשע|ן; אַרויסציִען בײַ + דאַט׳ דעם קליאַק פֿון די בײנער
exhaust all avenues אויספּרוּוון אַלע מיטלען
exhausted אויסגעמאַטערט; אויסגעשעפּט; אויסגעמוטשעט; אָן כּוחות [KÓYKhES]
be exhausted פֿאַלן פֿון די פֿיס; בלײַבן אָן כּוחות
exhaust hood דער אָפּציִער, ־ס
exhausting אויסמאַטערנדיק; אויסשעפּנדיק; אויסמוטשענדיק
exhaustion
(process) די אויסשעפּונג; די אויסמאַטערונג
(state) די/דאָס אויסגעמאַטערטקייט; די/דאָס אויסגעשעפּטקייט; די/דאָס אויסגעמוטשעטקייט
exhaustive אויסשעפּיק; פֿולשטענדיק; כּוללדיק [KÓYLELDIK]
exhaust pipe די/דער אויסקנאַלרער, ־ן
exhaust system די אויסקנאַל־סיסטעם, ־ען
exhibit, *n.* די אויסשטעלונג, ־ען
exhibit, *v.*
(at exhibition) אויסשטעלן
(manifest) אַרויסווײַזן
stg. exhibited דער עקספּאָנאַט, ־ן
exhibition די אויסשטעלונג, ־ען
on exhibition אויסגעשטעלט
exhibition game דער נישט־גילטיקער מאַטש, ־ן
exhibition hall דער אויסשטעלזאַל, ־ן; די גאַלעריע, ־ס
exhibitionism דער עקסהיביציאָניזם
exhibitionist דער עקסהיביציאָניסט, ־ן
exhibitionistic עקסהיביציאָניסטיש
exhibitor דער אויסשטעלער, ־ס; דער עקספּאָנענט, ־ן
exhilarate אויפֿהײַטערן; אָנטאָן + דאַט׳ גרויס פֿרייד
exhilarating אויפֿהײַטערנדיק
It's exhilarating! מע ווערט אַזש פֿאַרשיכּורט דערפֿון! [FARShÍKERT]
exhort צורעדן; אײַנטענה|ן מיט; צושטיין צו; דוחק זײַן; מתרה זײַן [ÁYNTAYNEN] [DÓYKhEK] [MÁSRE]
exhumation דאָס אויסגראָבן ‹אַרויסגראָבן› פֿון קבֿר; די עקסהומאַציע, ־ס [KÉYVER]
exhume אויסגראָבן ‹אַרויסגראָבן› פֿון קבֿר; אַרויסרײַסן; עקסהומירן [KÉYVER]
ex-husband דער געוועזענער ‹אַמאָליקער› מאַן, ־ען; דער אימערמאַן, ־ען
exigency דאָס דרינגלעכע באַדערפֿעניש, ־ן; די נויט, ־ן; דער נויטפֿאַל, ־ן
exigent דרינגעוודיק; פֿאָדערעוודיק
exile, *n.*
(person) דער פֿאַרשיקטער גאַב׳; דער גולה, גולים [GÓYLE, GÓYLIM]
(state) דער/דאָס גלות [GÓLES]
be in exile אָפּריכטן גלות
exile, *v.* פֿאַרשיקן; פֿאַרטרײַבן אין גלות [GÓLES]
exiled, *adj.* פֿאַרשיקט
exist עקסיסטירן; זײַן בנימצא; זײַן (פֿאַראַן) [BENÍMTSE]
existence די עקסיסטענץ; דאָס זײַן
in existence בנימצא; פֿאַראַן [BENÍMTSE]
come into existence אויפֿקומען; אויסוואַקסן; שאַפֿן זיך; ניצמח ווערן [NÍTSMEKh]

existent פֿאַראַן; עקסיסטירנדיק
existential עקסיסטענציעל; עקסיסטיר־...; קיום־... [KÍEM]
existential crisis דער קיום־קריזיס [KÍEM]
existentialism דער עקסיסטענציאַליזם
existentialist, *adj.* עקסיסטענציאַליסטיש
existentialist, *n.* דער עקסיסטענציאַליסט, ־ן
existing
(being) עקסיסטירנדיק
(current) איצטיק; הײַנטיק
exit, *n.* דער אַרויסגאַנג, ־ען; דער אַרויס, ־ן
(on highway) דער אַרויספֿאָר, ־ן
exit, *v.*
vt. אַרויסגיין ‹אַרויספֿאָרן› פֿון
vi. אַרויסגיין; אַרויספֿאָרן
exit the stage פֿאַרלאָזן די בינע
exit stage (stage direction) אָפּ
exit door די אַרויסטיר, ־ן; דער אַרויסגאַנג, ־ען
exit lane דער אַרויס־שפּאַליר, ־ן
exit poll דער אויספֿרעג נאָכן (אָפּ)שטימען
exit ramp די אַרויספֿאָר־ראַמפּע, ־ס
exit sign דער/די אַרויסגאַנג־‹אַרויספֿאָר־›שילד, ־ן
exit strategy די אַרויס(גאַנג)־סטראַטעגיע, ־ס
exit visa די אַרויספֿאָר־וויזע, ־ס; די וויזע אויף אַרויסצופֿאָרן (פֿון לאַנד)
ex-lover
(man) דער געוועזענער ‹אַמאָליקער› געליבטער גאַב׳
(woman) די געוועזענע ‹אַמאָליקע› געליבטע, –
exodus די אויסוואַנדערונג, ־ען; די יציאה, ־ות [YETSÍE]
the Exodus (דער) יציאת־מצרים [YETSÍES-MITSRÁYEM]
(Book of) Exodus (bib.) (ספֿר) שמות [(SÉYFER) ShMOYS]
ex officio עקס אָפֿיציאָ; אַמטיק
exogen דער עקסאָגען, ־ען
exogenous עקסאָגעניש
exonerate דערקלערן (פֿאַר) אומשולדיק; ריינוואַשן; באַפֿרײַען פֿון שולד
exoneration די ריינוואַשונג; דאָס ריינוואַשן
exophthalmic גלאָצאויגיק; מיט אַרויסגעשטאַרצטע אויגן
exophthalmos די/דאָס גלאָצאויגיקייט
exorbitant אומגעהײַער; איבער דער מאָס; איבערמאָסיק
exorcise אַרויסטרײַבן אַ דיבוק ‹קליפּה/טײַוול/שד› (פֿון); באַשווערן; משביע זײַן [DÍBEK] [KLÍPE] [ShED] [MAShBÍE]
exorcism די באַשווערונג, ־ען; די השבעה, ־ות [HAShBÓE]
exorcist דער באַשווערער, ־ס; דער קליפּות־‹דיבוקים־›אַרויסטרײַבער, ־ס [KLÍPES] [DIBÚKIM]
exothermal/exothermic עקזאָטערמיש
exothermy די עקזאָטערמיע
exotic עקזאָטיש
exoticism די/דאָס עקזאָטישקייט
expand, *vt./vi.* פֿאַרברייטערן (זיך); אויסברייטערן (זיך); אויסשפּרייטן (זיך)
expand on אַרײַנלאָזן זיך אין פּרטים וועגן [PRÓTIM]
expandability די/דאָס אויסברייטעוודיקייט
expandable אויסברייטעוודיק; אויסצי...
expandable table דער אויסצי־טיש, ־ן
expanded אויסגעברייטערט
expanse דער אויסשפּרייט, ־ן
expansion די עקספּאַנסיע, ־ס; די אויסברייטערונג, ־ען; די פֿאַרברייטערונג, ־ען; די צעלייגונג, ־ען
expansionism דער עקספּאַנסיאָניזם
expansionist, *adj.* עקספּאַנסיאָניסטיש
expansionist, *n.* דער עקספּאַנסיאָניסט, ־ן
expansive

(comprehensive) [KÓYLELDIK] ברייט; כּוללדיק
(communicative) באַרעדעוודיק; אָפֿן־האַרציק
ex parte איינזײַטיק
expatiate [BARÍKhES] רעדן באַריכות
expatriate, *adj.* עקספּאַטרײַירט
expatriate, *n.* דער עקספּאַטרײַירטער געב'
be an expatriate *also* לעבן אין אויסלאַנד
expatriate, *v.* עקספּאַטרײַירן
expect ריכטן זיך אויף; רעכענען אויף; אַרויסקוקן אויף; דערוואַרטן
expect of ריכטן זיך פֿון
expect a baby/be expecting טראָגן; שוועגערן
It's expected that מע ריכט זיך אַז
One would expect that מע וואָלט זיך געמעגט ריכטן אַז; בײַ לײַטן...
What did you expect? וואָדען?; אַ נאָווינע!
When is she expecting? ווען וועט זי געלעגן ווערן?; ווען ריכט זי זיך (אין קימפּעט)?
expectancy דאָס ריכטן זיך
expectant וואַרטנדיק; פֿול מיט וואַרטונג ‹דערוואַרטונג›
(pregnant) [MUBÉRES] טראָגעדיק; שוועגערדיק; מעוברת
expectant father דער קומעדיקער טאַטע, ־ס
expectant mother דאָס טראָגעדיקע ווײַבל, ־עך; די טראָגעדיקע פֿרוי, ־ען; די מעוברת, ־ן [MUBÉRES]
expectation דער אַרויסקוק, ־ן; די וואַרטונג, ־ען; די האָפֿ(ענ)ונג, ־ען; די דערוואַרטונג, ־ען
be beyond all expectations אַריבערשטײַגן אַלע האָפֿענונגען
Don't get your expectations too high ניי(ט) זיך נישט קיין בײַטל; לייג(ט) זיך נישט קיין פֿײַגעלעך אין בוזעם
have high expectations שטעלן הויכע פֿאָדערונגען; מאָנען אַ סך [SAKh]
in expectation of וואַרטנדיק אויף; ריכטנדיק זיך אויף
expected return (econ.) דער פֿאָרויסגעזאָגטער רווח [RÉVEKh]
expectorant דאָס אויסהוסט־‹אויסהיס־›מיטל, ־ען
expectorate אויסכראַקען; אויסהוסטן; אויסהיסן
expediency די/דאָס תּכליתדיקייט; די/דאָס פּראַגמאַטישקייט [TÁKhLESDIKEYT]
expedient, *adj.* תּכליתדיק; פּראַגמאַטיש; לוינעוודיק; צוועקמאָסיק [TÁKhLESDIK]
be expedient לוינען זיך
expedient, *n.* די תּחבולה, ־ות; דאָס נויטמיטל, ־ען; דער פֿאָרטל, ־ען [TAKhBÚLE]
expedite [MEZÁREZ] אונטעריאָגן; צואײַלן; מזרז זײַן
expedition די עקספּעדיציע, ־ס
expeditionary עקספּעדיציע־...
expeditionary force [KÓYKhES] עקספּעדיציע־כּוחות ל"ר
expeditious(ly) אײַליק; געשווינד; פּראָמפּט
expel אַרויסשטופּן
(object) *also* אַרויסשטויסן
(person) *also* אַרויסשיקן; אַרויסשטעלן
(student) עקסמאַטריקולירן; אַרויסוואַרפֿן
expel air *see* **exhale**
expend [PÁTERN] אויסגעבן; אויסניצן; פּטרן
expendable
He's expendable מע קען זיך באַגיין אָן אים; ער איז אָן איבעריקער
It's expendable מע קען זיך באַגיין אָן דעם
expenditure
(of money) [HOYTSÓE/HETSÓE] די הוצאה, הוצאָות
(of energy) דער פֿאַרניץ
expense, *n.* [HOYTSÓE/HETSÓE] די הוצאה, הוצאָות
at the expense of [KhEZhBM] אויפֿן חשבון פֿון
no expense spared אָן צו זשאַלעווען
all expenses paid הוצאָות געדעקט אין גאַנצן; על חשבון הגבֿיר [HOYTSÓES/HETSÓES] [AL KhEZhBM HAG(E)VÍR]
expense account דער הוצאָות־פֿאָנד, ־ן [HOYTSÓES/HETSÓES]
expense budget דער הוצאָות־בודזשעט, ־ן [HOYTSÓES/HETSÓES]
expensive טײַער; קאָסט(עווד)יק
very expensive [YÁKRES] בראַנד ‹יקרות› טײַער
have expensive taste ליב האָבן טײַערע זאַכן; האָבן אַ קאָסטיקן גוסט ‹געשמאַק›
experience, *n.*
(event) די איבערלעבונג, ־ען; דאָס געפּרווו, ־ן
(knowledge) די פּראַקטיק; די דערפֿאַרונג
by/from experience פֿון דער (אייגענער) פּראַקטיק
have experience האָבן פּראַקטיק
experience, *v.*
imp./pf. **(sensation)** (דער)פֿילן; (דער)שפּירן
(situation) איבערלעבן; (אַ)דורכמאַכן
experience a loss אָנווערן אַ נאָענטן קרובֿ ‹חבֿר› [KÓREV] [KhÁVER]
experience symptoms of (דער)שפּירן ‹(דער)פֿילן› די סימפּטאָמען פֿון
experienced גענייט; גוט באַהאַוונט; געפּרוווט
experiencer דער איבערלעבער, ־ס
experiential געפּרוויק; פֿון דער פּראַקטיק
experiment, *n.* דער עקספּערימענט, ־ן
experiment, *v.* עקספּערימענטירן; מאַכן עקספּערימענטן
experimental עקספּערימענטאַל; עקספּערימענטיר־...; פּרווו...
experimental research די עקספּערימענטאַלע פֿאָרשונג
experimentation די עקספּערימענטירונג; דאָס עקספּערימענטירן
experimenter דער עקספּערימענטירער, ־ס
expert, *adj.* עקספּערטן־...; פֿון אַן עקספּערט; פֿון עקספּערטן; מבֿיניש [MEVÍNISh]
expert, *n.* דער מומחה, ־ים; דער עקספּערט, ־ן; דער מבֿין, ־ים; דער בקי, בקיאים; דער פֿאַכמאַן, פֿאַכלײַט; דער קענער, ־ס [MÚMKhE, MÚMKhIM] [MEYVN, MEVÍNIM] [BÓKE, BEKÍIM]
expert advice [MEVÍNIShE] [ÉYTSE] די מבֿינישע עצה, ־ות
expertise די פּראַקטיק; דאָס מבֿינות; דאָס מומחיות; די עקספּערטיז(ע) [MEVÍNES] [MÚMKhYES]
expertly [MÚMKhEDIK] מומחהדיק; מײַסטעריש; פֿאַכמעניש
expert opinion דאָס מבֿינות; דער חוות־דעת, ־ן [MEVÍNES] [KhÁVES-DÁAS]
give an expert opinion מבֿינות זאָגן
expiate מכפּר זײַן; אויסקויפֿן (פֿון שולד); פֿאַרגיטיקן [MEKhÁPER]
expiation (for) [KAPÓRE] די כּפּרה (אויף)
expiration
(dying) דאָס אויסגיין
(exhalation) דאָס אויסאָטעמען; די אויסאָטעמונג
expiration date דער אויסגאַנג, ־ען; די דאַטע ביז ווען ... וועט אויסגיין
expire אויסגיין
(die) *also* [NEShÓME] שטאַרבן; אויסהויכן די נשמה
(exhale) אויסאָטעמען; אויסעטעמען
(of subscription) *also* אָפּלויפֿן; אויסלאָזן זיך
explain [MÁSBER] געבן צו פֿאַרשטיין; דערקלערן; מסביר זײַן
explain away [TÉRETS] אונטעררוקן אַ תּירוץ
how else to explain ווי נאָך קען מען געבן צו פֿאַרשטיין

have a lot of explaining to do דאַרפֿן צושטעלן ‹זיך אָנגרייטן› אַ גוטן תּירוץ
explanation
(clarification) דער אויסטײַטש, ־ן; די אויסטײַטשונג, ־ען; די דערקלערונג, ־ען; די הסברה, ־ות [HASBÓRE]
(excuse) דער תּירוץ, ־ים; דער פֿאַרענטפֿער, ־ס; די פֿאַרענטפֿערונג, ־ען; דאָס פֿאַרענטפֿערן זיך [TÉRETS, TERÚTSIM]
There is only one explanation נישט אַנדערש (ווי); דער אײנציקער תּירוץ מוז זײַן (אַז)
explanatory אויסטײַטש...; דערקלער...
expletive, *n.* **(oath)** דאָס זידלוואָרט, ...ווערטער; די קללה, ־ות [KLÓLE]
expletive subject (ling.) דער פֿיקטיווער סוביעקט, ־ן
explicable דערקלערלעך; צום דערקלערן
be explicable לאָזן זיך דערקלערן
explicate אויפֿקלערן; דערקלערן
explicit [BEFÉYRESh] בפֿירוש; דײַטלעך; קלאָר; אויסדריקלעך
(material) אומפֿאַרשטעלט
explicitly מיטן פֿולן מויל; דײַטלעך; קלאָר
speak explicitly רעדן קלאָרע דיבורים; רעדן ווערטער
explode, *v.* עקספּלאָדירן
vt./vi. **(bomb)** *also* אויפֿרײַסן
vi. **(temper)** *also* אַרויסגיין פֿון די כּלים; אַרויספּלאַצן [KÉYLIM]
exploit, *v.* עקספּלואַטירן; אויסניצן
exploit, *n.* די אַוואַנטורע, ־ס
heroic exploits העלדישע מעשׂים; די/דאָס העלדישקייט [MÁYSIM]
sexual exploits [MÁYSIMLEKh] סעקס־מעשׂימלעך
exploitation די עקספּלואַטאַציע, ־ס
exploitative אויסניצעריש; עקספּלואַטיר־...
(investigation) די אויספֿאָרשונג, ־ען
(expedition) די עקספּלאָראַציע, ־ס
exploratory (אויס)פֿאָרש...; פּרוּוו...
exploratory campaign די אויספֿאָרש־קאַמפּאַניע, ־ס
exploratory surgery די אויספֿאָרש־אָפּעראַציע, ־ס
exploratory talks פּרוּוו־שמועסן
exploratory trip די פֿאָרש־נסיעה, ־ות [NESÍE]
explore
(investigate) (אויס)פֿאָרשן
(travel) אַרומפֿאָרן; עקספּלאָרירן
explorer דער פֿאָרשער, ־ס; דער פֿאָרשפֿאָרער, ־ס; דער עקספּעדיציאָנער, ־ן
explosion דער אויפֿרײַס, ־ן
explosive, *adj.* אויפֿרײַס...; אויפֿרײַסיק
(*fig.*) היציק; אויפֿברויזיק; צינדיק
explosive(s), *n.* דאָס אויפֿרײַסוואַרג קאָל'; דער אויפֿרײַס־מאַטעריאַל
explosive belt דער אויפֿרײַס־פּאַסיק, ־עס
explosive device דער אויפֿרײַס־מעכאַניזם, ־ען
explosiveness די/דאָס אויפֿרײַסיקייט
explosive power די אויפֿרײַסקראַפֿט; דער אויפֿרײַס־כּוח [KÓYEKh]
expo *see* **exposition**
exponent דער עקספּאָנענט, ־ן
exponential עקספּאָנענציעל; כּפֿל־כּפֿלימדיק [KÉYFL-KEFLÁYEMDIK]
exponential growth דאָס צוואַקסן ‹פֿאַרמערן/פֿאַרגרעסערן› זיך כּפֿל־כּפֿלים [KÉYFL-KEFLÁYEM]
exponentiate אויפֿהייבן ‹דערהייבן› אין גראַד ‹מדרגה› [MADRÉYGE]
exponentiation דאָס אויפֿהייבן ‹דערהייבן› אין גראַד ‹מדרגה›; די גראַד־‹מדרגה־›דערהײבונג [MADRÉYGE]
export, *n.* דער עקספּאָרט, ־ן; דער אַרויספֿיר, ־ן
for export אויף עקספּאָרט; צום עקספּאָרטירן
export, *v.* עקספּאָרטירן; אַרויספֿירן
exported עקספּאָרט...; עקספּאָרטירט
exported goods דאָס עקספּאָרטוואַרג קאָל'; עקספּאָרט־אַרטיקלען
exporter דער עקספּאָרטירער, ־ס
exposé, *n.* דער עקספּאָזע, ־ען; די אויפֿדעקונג, ־ען
expose, *v.*
(to risk/elements) אויסשטעלן (אויף)
(phot.) באַלײַכטן
(undress) אַנטבלויזן; אויפֿדעקן; אָפּדעקן
expose a nerve אַנטבלויזן אַ נערוו
expose a secret [SOD] אויסזאָגן אַ סוד
expose oneself אַנטבלויזן זיך; אָפּדעקן די שאַנד
expose sb. [ÉMES] אויסזאָגן ‹אַנטפּלעקן› דעם אמת וועגן
expose the front (mil.) אָפּדעקן ‹אַנטבלויזן› דעם פֿראָנט
exposed
(place) אָפֿן
(wire) נאַקעט; הויל
(nerve) אַנטבלויזט
exposed to the wind אויסגעשטעלט אויפֿן ווינט
exposition די עקספּאָזיציע, ־ס
expository דערקלעריש
expository prose [TÁKhLES] די תּכלית־פּראָזע
ex post facto עקס פּאָסט פֿאַקטאָ; לאַחר־המעשׂה; שוין נאָך אַלעמען [LEÁKhER-HAMÁYSE]
expostulate [ÁYNTAYNEN] אײַנטענה|ן; פּראָטעסטירן
exposure
(to risk/elements) די/דאָס אויסגעשטעלטקייט
(phot.) דער באַלײַכט, ־ן
(state of undress) די/דאָס אָפּגעדעקטקייט; די/דאָס אַנטבלויזטקייט; די/דאָס נאַקעטקייט
die from exposure פֿאַרפֿרוירן ווערן
get exposure באַווײַזן זיך (אָפֿטער); לאָזן זיך (אָפֿטער) אָנזען
have a southern exposure אַרויסקוקן אויף דרום [DÓREM]
exposure meter דער עקספּאָנאָמעטער, ־ס
exposure therapy די טראַוומע־טעראַפּיע
exposure time (phot.) די באַלײַכטצײַט, ־ן
expound (on) אַרויסלייגן; עקספּאָנירן; מבֿאר זײַן; געבן צו פֿאַרשטיין; צעלייגן אויף טעלערלעך [MEVÁER]
express, *adj.*
(speedy) עקספּרעס...
(clear) [BEFÉYRESh] קלאָר; בפֿירוש
for this express purpose אייגנס מיט דעם צוועק; מיט דעם בפֿירושן צוועק [BEFÉYREShN]
his express words [BEFÉYREShE] זײַנע בפֿירושע ווערטער
express, *n.* די עקספּרעסבאַן, ־ען; דער עקספּרעס, ־ן
express, *v.*
(idea) אויסדריקן; אַרויסזאָגן
(push) אַרויסשטופּן
(squeeze out) אַרויסקוועטשן; אַרויספּרעסן
(milk) אָפּצײַען
express oneself אויסדריקן זיך; אַרויסזאָגן זיך; געפֿינען צונג; געבן לשון [LOShN]
express x in terms of y אויסדריקן איקס דורכן איגרעק
express bus דער עקספּרעס־אויטאָבוס, ־ן; דער עקספּרעסבוס, ־ן

express delivery דער עקספּרעס־צושטעל
expressed אױסגעדריקט; אַרױסגעזאָגט
 be expressed (of idea) קומען צום אױסדרוק
expression דער אױסדרוק, ־ן
 (facial) די מינע, ־ס; דער אױסדרוק אױפֿן פּנים [PÓNEM]
 (manifestation) *also* דער אַרױס(באַ)װײַז, ־ן
 (of idea) *also* דאָס אױסדריקן
 (of milk) דאָס אָפּציִען די מילך
expressionism דער עקספּרעסיאָניזם
expressionist דער עקספּרעסיאָניסט, ־ן
expressionistic עקספּרעסיאָניסטיש
expressionless אָן אױסדרוק; לײַמיק
expressive אױסדריק(עװד)יק; אױסדריקלעך
expressive aphasia די אױסדריק־אַפֿאַזיע
expressly בפֿירוש; אײַגנס [BEFÉYRESh]
expressway דער עקספּרעס־שאָסײ, ־ען; דער אױטאָסטראַד, ־ן
expropriate עקספּראָפּריִירן
expropriation די עקספּראָפּריִרונג; די עקספּראָפּריאַציע
expropriator דער עקספּראָפּריאַטאָר, ...אָרן
expulsion
 (from country) די אַרױסטרײַבונג, ־ען; די פֿאַרטרײַבונג, ־ען; דער גירוש, ־ים [GÉYRESh, GEYRÚShIM]
 (from school) דאָס עקסמאַטריקולירן; דאָס אַרױסװאַרפֿן
 the Expulsion (J./hist.) (דער) גירוש שפּאַניע
 expulsion of air די אַרױסאָטעמונג; די אַרױסעטעמונג
expunge אױסשטרײַכן; אָפּװישן
expurgate אַרױסשנײַדן; אַרױסרעדאַקטירן
expurgation דאָס אַרױסרעדאַקטירן
exquisite מהודרדיק; צאַצקעדיק; קעסטלעך; אױסגעזוכט; לעילא־ולעילאדיק; פֿײַנסט [MEHÚDERDIK] [LÉYLE-ULÉYLEDIK]
 stg. exquisite דער אַנטיק, ־ן; אַזױנס און אַזעלכס
 exquisite pain שפּיצשאַרפֿע װײטיקן ל״ר
extant עקסיסטירנדיק; נאָך פֿאַראַן; נאָך צו געפֿינען
extemporaneous עקספּראָמפּט; אימפּראָװיזירט
extemporize רעדן עקספּראָמפּט; דערלאַנגען ‹שיטן› אַרבל־פּראָזע; אימפּראָװיזירן
extend פֿאַרלענגערן
 (width) פֿאַרברײטערן
 extend the deadline פֿאַרלענגערן ‹אָפּלײגן› דעם טערמין
 extend a welcome באַגריסן; מקבל־פּנים זײַן; אױפֿנעמען [MEKÁBL-PÓNEM]
 extend a hearty welcome האַרציק באַגריסן ‹אױפֿנעמען›
 extend credit קרעדיטירן
 extend for a week פֿאַרלענגערן אױף אַ װאָך
 extend one's condolences אױסדריקן מיטװײטיק ‹מיטלײד›; אױסדריקן אַ נחמה ‹טרײסט› [NEKhÓME]
 extend one's hand (to) אױסשטרעקן ‹דערלאַנגען› + דאַט' די האַנט
extendable
 be extendable לאָזן זיך פֿאַרלענגערן ‹פֿאַרברײטערן›
extended
 (lengthened) פֿאַרלענגערט
 (somewhat long) לענגער
extended family די פֿאַרצװײַגטע ‹ברײטע› משפּחה, ־ות [MIShPÓKhE]
extended-release/-wear לאַנג־(גע)דױערדיק
extension, *n.* די פֿאַרלענגערונג, ־ען
 (phone line) די ליניע, ־ס; דער לאָקאַל, ־ן
extension board דאָס/די אױסציברעט, ־ער
extension cord דער/די פֿאַרלענגער־שנור, ־ן
extension course דער מחוץ־קורס, ־ן; דער אָפֿענער קורס, ־ן [MEKhÚTS]
extension ladder דער אױסצי־לײטער, ־ס
extension phone דער בײַאַפּאַראַט, ־ן; דער צוגאָב־טעלעפֿאָן, ־ען
extensive ברײט; עקסטענסיװ
extensively (at length) באַריכות [BARÍKhES]
extensor muscle דער שטרעקמוסקל, ־ען; דער שטרעקער, ־ס
extent די מאָס; דער פֿאַרנעם; די גרײס
 to a certain extent ביז אַ געװיסער מאָס
 to a great extent היפּש; אין אַ גרױסער מאָס
 to the extent of $200 אין סכום פֿון 200 ד; ביז 200 ד
 to the extent permitted by law אױף װי װײַט דאָס געזעץ באַװיליקט ‹דערלױבט›
 to such an extent אױף אַזױ װײַט
extenuate לינדערן
extenuating לינדער־...; לינדערנדיק
extenuating circumstances לינדער־אומשטאַנדן
exterior, *adj.* דרױסנדיק; אױס(נ)װײניקסט
exterior, *n.*
 (outside) דער דרױסן, ־ס; די דרױסנזײַט, ־ן; דער אױס(נ)װײניק, ־ן
 (appearance) דער אױסזען
exterior angle דער דרױסנדיקער ‹אױס(נ)װײניקסטער› װינקל, ־ען
exterminate פֿאַרטיליקן; אױסראָטן; פֿאַרשנײַדן
exterminated פֿאַרטיליקט; אױסגעראָטן; פֿאַרשניטן
extermination די פֿאַרטיליקונג; די אױסראָטונג; די פֿאַרשנײַדונג
extermination camp דער טױטלאַגער, ־ן; דער אומברענג־לאַגער, ־ן
exterminator דער שרצים־טרײַבער, ־ס [ShRÓTSIM]
external (פֿון)דרױסנדיק; אױס(נ)װײניקסט; חוצ...(ד)יק
 for external use פֿאַרן דרױסנדיקן באַניץ
externality דאָס חיצוניות [KhITSÓYNIES]
externally פֿון דרױסן; אױס(נ)װײניק
extinct אױסגעשטאָרבן
 (volcano) אױסגעלאָשן; פֿאַרלאָשן
 become extinct אױסשטאַרבן
extinction דער אױסשטאַרב; דאָס אױסשטאַרבן
extinguish אױסלעשן; פֿאַרלעשן
extinguisher דער לעש־אַפּאַראַט, ־ן; דער פֿלאַמלעשער, ־ס
extirpate אױסװאָרצלען; עוקר־מן־השורש זײַן [ÓYKER-MIN-HAShÓYRESh]
extirpator דער אױסװאָרצלער, ־ס
 farm implement דער עקסטירפּאַטאָר, ־ס
extol ליבן; גרײסן
extort, *v.* **(from)** אױספּרעסן (פֿון); אַרױספּרעסן (פֿון); רײַסן אַ פּאַס (בײַ)
extortion דאָס אױספּרעסערײַ; דאָס אױספּרעסן; די אױספּרעסונג
extortioner דער אױספּרעסער, ־ס; דער בלוטזױגער, ־ס; דער הױטשינדער, ־ס
extortion money דאָס אױספּרעסגעלט
extra, *adj.* איבעריק; עקסטער; עקסטרע
extra... מחוץ; חוצ...יק; איבער...יק [MEKhÚTS]
 go the extra mile אָנװענדן אַלע כּוחות; שטאַרק באַמיִען זיך [KÓYKhES]
 That'll cost extra פֿאַר דעם װעט מען דאַרפֿן צוצאָלן
extra, *n.*
 (accessory) דער צוגאָב, ־ן
 (edition) די ספּעציעלע אױסגאַבע, ־ס

(thea.) דער סטאַטיסט, ־ן
extra base hit דער צוגאָב־בײַסקלאַפּ, ...קלעפּ
extra charge דער צוצאָל, ־ן; דער עודף, ־ן [ÓYDEF]
extract, *n.* דער עקסטראַקט, ־ן
(excerpt) דער אויסצוג, ־ן
extract, *v.* אַרויסציִען
(mineral) אַרויסבאַקומען
(tooth) *also* (אַרויס)רײַסן
extraction
(chem./pharm.) דער עקסטראַקט, ־ן
(dental procedure) דאָס אַרויסציִען ‹רײַסן› אַ צאָן
(lineage) דער אָפּשטאַם, ־ען
(tooth) דער אַרויסגעצויגענער ‹אַרויסגעריסענער› צאָן, ציין/צײנער
extractor דער אַרויסציִער, ־ס
extractor fan דער אָפּצי־ווענטילאַטאָר, ...אָרן
extracurricular מחוץ דער פּראָגראַם; חוצפּראָגראַמיק [MEKhÚTS]
extradite אויסליווערן
extradition די אויסליווערונג, ־ען; דאָס אויסליווערן
extradition hearing דער אויסליווער־פֿאַרהער, ־ן
extralingual חוצלינגוויסטיש; חוצשפּראַכיק
extramarital מחוץ דעם זיווג [MEKhÚTS] [ZÍVEG]
have an extramarital affair מחלל־זיווג זײַן; פֿירן אַ לינקע ליבע [MEKhÁLEL-ZÍVEG]
extramural מחוץ די (אוניווערסיטעטישע) ווענט; חוצאוניווערסיטעטיש [MEKhÚTS]
extraneous איבעריק; זײַטיק; נישט־שייכדיק [ShÁYEKhDIK]
extraordinary אויסערגעוויינ(ט)לעך; אויסער ווי געוויינ(ט)לעך; אומגעוויינ(ט)לעך; חוץ־לדרך־הטבֿע; יוצא־דופֿנדיק [KhÚTS-LEDÉREKh-HATÉVE] [YÓYTSE-DÓYFNDIK]
extrapolate אַרויסבאַקומען; אַרויסדרינגען; עקסטראַפּאָלירן
extrapolation דער אַרויסדרונג, ־ען; דאָס אַרויסדרינגען; די עקסטראַפּאָלירונג, ־ען
extrasensory איבערחושימדיק; חוצחושיק
extrasensory perception די איבערחושימדיקע ‹חוצחושיקע› מערקונג
extrasolar מחוץ דער זונסיסטעם [MEKhÚTS]
extraterrestrial, *adj.* חוצפּלאַנעטיש; אויסערערדיש
extraterrestrial, *n.* דער אויסערערדישער געב'; די אויסערערדישע בריאה, ־ות/ברואים; דער חוצפּלאַנעטישער געב' [BRÍE, BRÚIM]
extrauterine pregnancy דאָס טראָגן מחוץ (דער הייבמוטער); דאָס עקטאָפּישע טראָגן [MEKhÚTS]
extravagance דאָס פּזרנות; די עקסטראַוואַגאַנץ, ־ן [PAZRÓNES]
(exaggeration) די/דאָס גוזמאדיקייט [GÚZMEDIKEYT]
extravagant עקסטראַוואַגאַנט; פּזרניש; אויסברענגעריש [PAZRÓNISh]
extravaganza די עקסטראַוואַגאַנץ, ־ן
extreme, *adj.* עקסטרעם; עקסטרעם; העכסט
become extreme אַרײַנפֿאַלן אין עקסטרעמקייט
take extreme measures אָננעמען עקסטרעמע (מאָס)מיטלען
with extreme hatred בתּכלית־השׂינאה; תּכלית־שׂינאה [BETÁKhLES-HASÍNE] [TÁKhLES-SÍNE]
extreme, *n.* די/דער עקסטרעם, ־ען; די/דאָס עקסטרעמקייט, ־ן; די/דאָס עקסטקייט, ־ן
extremes of temperature עקסטרעמע טעמפּעראַטורן
go from one extreme to another אַריבערגיין פֿון איין עק ביזן צווייטן
go to extremes ניצן עקסטרעמע מיטלען
in the extreme עקסט; העכסט
extremely עקסט; גאָר־גאָר; ביז גאָר
extreme poverty די/דאָס עקסטע אָרעמקייט
extreme sport דער עקסטרעמער ‹עקסטער› ספּאָרט, ־ן
extreme unction די לעצטע בוימלונג
extremism דער עקסטרעמיזם
extremist, *adj.* עקסטרעמיסטיש; פֿאַנאַטיש
extremist, *n.* דער עקסטרעמיסט, ־ן; דער פֿאַנאַטיקער, ־ס
extremity
(anat.) דאָס/דער ענדגליד, ־ער
(difficulty) דער דחק [TKhAK]
(extremeness) די/דאָס עקסטרעמקייט, ־ן; די/דאָס עקסטקייט, ־ן
(furthest point) דער עק, ־ן; דער ברעג, ־ן
extremities (anat.) *also* הענט און פֿיס
extricate אַרויסראַטעווע|ן; אַרויסציִען; (אַרויס)באַפֿרײַען; אַרויסהעלפֿן
extricate oneself אַרויסקריכן; אַרויסראַטעווע|ן זיך; אַרויסבאַפֿרײַען זיך
extricate oneself (*fig.*) אַרויסדרייען זיך; אַרויספּלאָנטערן זיך
extrinsic דרויסנדיק; ווירקנדיק פֿון דרויסן
extrovert דער עקסטראָווערט, ־ן
extroverted עקסטראָווערט
be extroverted זײַן (אַן) עקסטראָווערט
extrude
vt. אַרויסשטויסן
vt. **(tech.)** אויספּרעסן; אויסשטאַמפּעווע|ן
vi. אַרויסשפּאַרן זיך; אַרויסשטאַרצן
extrusion דער אַרויסשטאַרץ, ־ן
exuberance
(enthusiasm) דער ברען; דאָס התלהבֿות [HISLÁYVES]
(abundance) די שפֿע [ShÉFE]
exuberant
(enthusiastic) פֿול מיט לעבן ‹ברען›; התלהבֿותדיק [HISLÁYVESDIK]
(abundant) שפֿעדיק [ShÉFEDIK]
exudate דער אויסשייד, ־ן; דאָס אויסטריפֿעכץ
exude אויסשיידן; אַרויסגעבן פֿון זיך
She exudes ... סע שטראַלט ‹שטראָמט› פֿון איר אַרויס ... ...
exult (in) יובלען (אין); (אָנ)קוועלן (פֿון); שפּיגלען זיך (אין); שטאָלצירן (מיט)
exultant יובלענדיק
exultation דער יובל; דאָס געיובל; די גדולה; די צהלה [G(E)DÚLE] [TSOHÓLE]
ex-wife דאָס/די געוועזענע ‹אַמאָליקע› ווײַב, ־ער; דאָס/די אימערווײַב, ־ער
eye, *n.* דאָס אויג, ־ן
(of child) דאָס אייגעלע, ־ך
(of needle) דאָס לעכל, ־עך; דאָס אויערל, ־עך
(of storm) דאָס אויג; דער (סאַמע) צענטער
an eye for an eye אַן אויג פֿאַר אַן אויג; עין תּחת עין [ÁYEN TÁKhES ÁYEN]
have eyes for האָבן אויגן פֿאַר; האָבן חשק צו; עסן מיט די אויגן [KhÉYShEK]
be all eyes קוקן מיט אַלע אויגן
before one's very eyes ממש פֿאַר די אויגן [MÁMESh]
catch sb.'s eye כאַפּן + פּאָס' בליק
have a fine eye for detail האָבן אַ שאַרף אויג; אויפֿכאַפּן אַלע פּרטים [PRÓTIM]
have an eye for האָבן אַן אויג פֿאַר

have an eye to [BEDÉYE] בדעה האָבן צו; האָבן בכּוונה [BEKAVÓNE]
have eyes in the back of one's head האָבן די אויגן אין קאָפּ ‹הינטן›
in the eyes of the law יורידיש; לויטן געזעץ
in the public eye באַקאַנט
keep a close eye on האַלטן אויף + דאַט' אַן אויג; גוט אָפּהיטן
keep an eye out האַלטן אָפֿן די אויגן; נאָכקוקן
keep one's eyes on the prize האָבן אין זינען דאָס געווינס
lay/set eyes on דערזען
make eyes at מאַכן + דאַט' אייגעלעך
right under my eyes גלייך פֿון אונטער די אויגן
see eye to eye זײַן בדעה־אַחת; זײַן בײַ דער זעלביקער מיינונג; פֿאַרשטיין זיך איינס ס'צווייטע [BEDÉYE-ÁKhES]
through the eyes of פֿון + פּאָס' קוקווינקל; בײַ + דאַט' אין די אויגן

eye, *v.* אָנקוקן
eye one another אָנמעסטן זיך איינס ס'אַנדערע; באַטראַכטן איינס ס'אַנדערע פֿון אויבן אַראָפּ; באַטראַכטן איינס ס'אַנדערע אין דער לענג און אין דער ברייט

eyeball, *n.* דער אויגן־עפּל, –
eyeball to eyeball [PÓNEM-EL-PÓNEM] פּנים־אל־פּנים

eyeball, *v.* גוט באַקוקן ‹אָנקוקן/איבערקוקן›

eye bank די אויגנבאַנק, ...בענק

eyebrow די ברעם, ־ען
raise one's eyebrows הייבן די ברעמען
raise eyebrows [KhÍDESh] אַרויסרופֿן חידוש

eyebrow pencil דער ברעמען־בלײַער, ־ס; דער ברעמען־פֿאַרבשטיפֿט, ־ן

eye-catching [BÓYLET] צוציִק; בולט
be eye-catching *also* וואַרפֿן זיך אין די אויגן

eye contact דער אויגן־קאָנטאַקט
make eye contact כאַפּן זיך מיט די בליקן
make eye contact with כאַפּן + פּאָס' בליק; קאָנטאַקטירן + אַק' מיט די אויגן

eye crust די אויגן־פּוטער; דאָס אויגנזאַמד

eyecup דאָס אויגן־בעכערל‹־גלעזל›, ־עך

eye doctor דער אויגן־דאָקטער, ...טוירים

eyedrop דער אויגן־טראָפּן, ־ס

eyedropper די אויגן־פּיפּעטקע, ־ס

eyeful (of) דאָס פֿולע אויג (מיט)
get an eyeful of (זאַט) אָנקוקן זיך מיט

eyeglass *see* **eyecup**

eyeglasses ברילן

eyeglass frames ברילן־רעמלעך

eyelash די וויע, ־ס

eyelet דאָס אייגל, ־עך; דאָס ווײַבל, ־עך; די קאָלקע, ־ס

eye-level
at eye-level אויג אויף אויג; ביז צום אויג

eyelid דאָס אויגן־לעדל‹־דעקל/־לעפּל›, ־עך

eyeliner דער אויגן־בלײַער, ־ס; דער אויגן־פֿאַרבשטיפֿט, ־ן

eye-opener
It was an eye-opener for me ס'איז מיר דערפֿון ליכטיק געוואָרן אין די אויגן; ס'האָט מיר געעפֿנט די אויגן; ס'איז מיר געווען אַ חידוש [KhÍDESh]

eye pressure די אויגן־דריקונג

eyeshadow דער אויגן־פּודער; די אויגנפֿאַרב

eyeshot דאָס זעפֿעלד
within eyeshot אין זעפֿעלד; צו(ם) זען מיט די אויגן

eyesight די ראיה [RÍE]

eye socket די אויגנהייל, ־ן; די אויגנגרוב, ...גריבער; דער אויגנשפּאַלט, ־ן; די/דער אויגנלאָך, ...לעכער

eyesore דער דאָרן ‹די בעלמע› אין אויג; דאָס פֿאַרזעעניש, ־ן

eye strain דאָס אָנשטרענגען זיך די אויגן

eyetooth דער אויגנצאָן, ...ציין

eyewash דאָס אויגן־וואַסער

eyewear דאָס ברילנוואַרג

eyewitness דער עד־ראיה, עדי־...; דער אויגן־עדות, – [ÉYD-RÍE, ÉYDE-...] [ÉYDES]
be an eyewitness זען מיט די אייגענע אויגן; זײַן אַ לעבעדיקער עדות [ÉYDES]

eyewitness account [GVÍES-ÉYDES] דער גבֿית־עדות, ־ן
give an eyewitness account אָפּגעבן אַ גבֿית־עדות [GVÍES-ÉYDES]

Ezekiel (bib.) [YEKhÉSKL] יחזקאל
(Book of) Ezekiel (bib.) [SÉYFER] (ספֿר) יחזקאל

F

F
(letter) דער עף, ־ן
(grade/Am.) דער עף, ־ן
(mus.) דער פֿאַ, ־ען
F flat פֿאַ בעמאָל
F sharp פֿאַ דיעז
FAA *see* **Federal Aviation Administration**
fable דער/דאָס משל, ־ים [MOShL, MEShÓLIM]
(untruth) די באָבע־מעשׂה, ־יות; דער פּיזמון, ־ים/־ות [MÁYSE] [PÍZMEN, PIZMÓYNIM/PIZMÓYNES]
fabled לעגענדאַריש; פֿאַרשמט [FARShÉMT]
fabric, *adj.* צײַגן; פֿון צײַג; געוואַנטן
fabric, *n.* דאָס צײַג ל״ץ; די (שניט־)סחורה, ־ות; דאָס געוואַנט, ־ן/געוואַנדער; דער שטאָף, ־ן; דער מאַטעריאַל, ־ן; די ׳וואָרע, ־ס [SKhÓYRE]
(*fig.*) די סטרוקטור, ־ן; די סיסטעם, ־ען
fabricate פֿאַבריצירן; אויספֿאַרטיקן; אויסאַרבעטן
(a lie) אויסטראַכטן; אויסקלערן; אויסזויגן פֿון פֿינגער
fabrication דאָס פֿאַבריצירן; די פֿאַבריקאַציע
(of a lie) דאָס אויסטראַכטעניש, ־ן; דער ליגן, ־ס; די פֿיקציע, ־ס
fabric paint די טעקסטילפֿאַרב, ־ן
fabric shop די שניטקראָם, ־ען
fabric softener דאָס פֿאַרווייכער־מיטל, ־ען
fabulist דער בעל־משלים, בעלי־...; דער משלים־שרײַבער, ־ס [BALMEShÓLIM, BÁLE-...]
fabulous
(mythical) פֿאַנטאַסטיש
(wonderful) אויסערגעוויינ(ט)לעך; װוּנדערלעך; פּלא־והפּלא פּר׳ [PÉ(Y)LE-VEHÁFLE]
façade דער פֿאַסאַד, ־ן
face, *n.* דאָס פּנים, ־ער; די צורה, ־ות; דאָס ׳געזיכט, ־ער [PÓNEM, PÉNEMER] [TSÚRE]
(of child) דאָס פּנימל, ־עך; די מאָרדעטשקע, ־ס [PÉ(Y)NEML, -EKh]
(*pej.*) דער פּרצוף, ־ים [PÁRTSEF, PARTSÚFIM]
(of building) דער פֿאַסאַד, ־ן; דער דרויסן
(of mountain) דער פֿאָרבאַרג
(grimace) די העוויה, ־ות; דער פּיסק, ־עס [HAVÁYE]
get in one's face שטעלן זיך + דאַט׳ אין פּנים
He has a face only a mother could love בײַ אַ מאַמע(ן) איז נישטאָ קיין מיאוס קינד; אויף אַן אייגן קינד זעענען עלטערן בלינד [MÍES]
in the face of נישט־געקוקט אויף; אין אָנבליק פֿון
In your face! נאַ(ט)!; אין פּנים אַרײַן!; אַזאַ(ס)(יע)!
make faces מאַכן העוויות ‹פּנימער/פּיסקעס/סיגעלעך›; קרימען זיך [HAVÁYES]
make a sour face האָבן אַ זויער פּנים; פֿאַרקרימען זיך
on the face of it אין פֿלוג; בײַם ערשטן בליק; לכאורה [LIKhÓYRE]
put on one's face שמירן ‹פֿאַרבן› זיך דאָס פּנים
say to sb.'s face זאָגן + דאַט׳ אין פּנים אַרײַן; זאָגן + דאַט׳ בפֿירוש; זאָגן + דאַט׳ מיט באַקציינער [BEFÉYRESh]
show one's face באַווײַזן זיך
face, *v.* שטיין מיטן פּנים צו; שטיין פֿאַר ‹אַ(נט)קעגן›; קוקן + דאַט׳ אין פּנים [PÓNEM]
face sb. down אָנוואַרפֿן אַ פּחד אויף + דאַט׳ מיטן בליק [PÁKhED]
face charges (of) שטיין פֿאַר אַ באַשולדיקט (אין); ווערן באַשולדיקונג פֿון
face north קוקן (מיטן פּנים) אויף צפֿון; קוקן צפֿונדיק [TSOFN] [TSÓFNDIK]
face reality/face the facts קוקן די פֿאַקטן אין פּנים אַרײַן; קוקן דעם אמת אין די אויגן אַרײַן [ÉMES]
face up to קוקן + דאַט׳ אין די אויגן אַרײַן; שטעלן זיך פּנים־אל־פּנים מיט; שטעלן זיך אויג אויף אויג מיט [PÓNEM-EL-PÓNEM]
be faced with שטיין פֿאַר + דאַט׳; זײַן + אַק׳ פֿאַר די אויגן
Let's face it צווישן אונדז גערעדט; מע דאַרף קוקן דעם אמת אין פּנים אַרײַן [ÉMES]
Right face! קער(ט) זיך רעכטס!
Facebook, *n.* (דער) פֿייסבוק
Facebook, *v.* אויפֿזוכן + אַק׳ אויף פֿייסבוק; שיקן + דאַט׳ אַ בריוול אויף פֿייסבוק
face-down, *adv.* מיטן פּנים אַראָפּ; ראַקעם [PÓNEM]
faceless אַנאָנים
facelift דער פּנים־אונטערצי [PÓNEM]
facelift (*fig.*) די פֿאַרשענערונג, ־ען; די באַנײַונג, ־ען
She got a facelift מ׳האָט איר אונטערגעצויגן דאָס פּנים; זי האָט זיך געלאָזט אונטערציִען דאָס פּנים
get a facelift (*fig.*) באַקומען ‹קריגן› אַ נײַ אויסזען ‹פּנים›
face mask די שיצמאַסקע, ־ס
face-off די קאָנפֿראָנטאַציע, ־ס
(hockey) דער פּנים־אל־פּנים, ־ס [PÓNEM-EL-PÓNEM]
face-recognition technology דאָס פּנים־דערקענען [PÓNEM]
face-saving measure די טאַקטיק וואָס שאַנעוועט ‹היט אָפּ› דעם כּבֿוד [KÓVED]
face shot דער פֿאָטאָפּאָרטרעט, ־ן
facet דער אַספּעקט, ־ן; די זײַט, ־ן
(of diamond) דער שליף, ־ן
facetious שפּאַסיק; וויצלעריש; קאַטאָוועסדיק; שאַרפֿזיניק
face-to-face, *adj.* פּנים־אל־פּנים־...; פּנים־אל־פּנימדיק [PÓNEM-EL-PÓNEM(DIK)]
face to face, *adv.* פּנים־אל־פּנים; אויג אויף אויג [PÓNEM-EL-PÓNEM]
face towel דער/דאָס פּנים־האַנטעך, ־ער; דער האַנטעך צום פּנים [PÓNEM]
face-up מיטן פּנים אַרויף; נאַזנדיק [PÓNEM]
face value די/דער נאָמינאַל־ווערט
take at face value אָננעמען פֿאַר גוט געלט
facial, *adj.* פּנים־... [PÓNEM]
facial, *n.* די פּנים־באַהאַנדלונג [PÓNEM]
facial cream דער/די פּנים־קרעם, ־ען [PÓNEM]
facial features די פֿיזיאָגנאָמיע ל״ץ; דער קלסתּר־פּנים ל״ץ [KLASTER-PÓNEM]
facial mask די פּנים־מאַסקע [PÓNEM]
facial massage דער פּנים־מאַסאַזש, ־ן [PÓNEM]
facial tissue דאָס ווישפּאַפּירל, ־עך; דאָס פּאַפּיר־טיכל, ־עך; דאָס שווייספּאַפּירל, ־עך
facile גרינג; לײַכט
(superficial) אויבנאויפֿיק
facilitate פֿאַרגרינגערן; פֿאַרלײַכטערן
facilitator דער פֿאַרמיטלער, ־ס
facilities באַקוועמ(לעכ)קייטן; אויסריכטונגען; מיטלען

use the facilities (toilet) גיין אין וואַשצימער ‹אָפּטרעט›; ניצן דעם וואַשצימער; גיין פֿון מײַנעט/דײַנעט/זײַנעט/אירעט... וועגן
use the facilities (toilet/*hum.*) גיין וו דער קייסער גייט צו פֿוס
facility
(ease) די/דאָס גרינגקייט; דאָס מהירות; די/דאָס פֿרײַקייט [MEHÍRES]
(institution) די אינסטיטוציע, ־ס
(structure) דער בנין, ־ים [BÍNYEN, BINYÓNIM]
(installation) די אינסטאַלאַציע, ־ס; די אײַנאָרדענונג, ־ען
facing, *adj.* קעגנאיבערדיק
facing pages די צעעפֿנטע זײַט ל״י
on the facing page אויפֿן קעגנאיבערדיקן זײַטל; אויפֿן זײַטל אַ(נט)קעגן
facing, *n.* דער באַדעק, ־ן
facsimile, *adj.* רעפּראָדוצירט; דופּליקירט
facsimile, *n.* די פֿאַקסימילע, ־ס
(fax) די טעלעקאָפּיע, ־ס; דער פֿאַקס, ־ן
in facsimile פֿאַקסימילירט
facsimile machine די טעלעקאָפּירקע, ־ס; די פֿאַקסמאַשין, ־ען
fact דער פֿאַקט, ־ן
after the fact לאַחר־המעשׂה; בדיעבֿד [LEÁKhER-HAMÁYSE] [BEDIÉVED]
after the fact (*hum.*) אויף צו מאָרגנס נאָך דער חופּה [KhÚPE]
fact of life דער לעבנספֿאַקט, ־ן
facts of life סעקסועלע פֿאַקטן
facts and figures [PRÓTIM] פּינקטלעכע ‹גענויע› פּרטים
facts on the ground פֿאַקטן אויף דר'ערד; ממשותדיקע פֿאַקטן [MAMÓShESDIKE]
in fact פֿאַקטיש; למעשׂה; בפֿועל־ממש; וואָס אַן אמת [LEMÁYSE] [BEPÓYEL-MÁMESh] [ÉMES]
the fact of the matter is פֿאַקטיש; דער אמת איז
the fact remains (that) דאָס בײַט נישט דעם פֿאַקט (וואָס)
the fact that דאָס וואָס
fact checker דער פֿאַקטן־קאָנטראָלירער, ־ס
fact-checking דער פֿאַקטן־קאָנטראָל
fact-finder דער פֿאַקטן־פֿאָרשער, ־ס
fact-finding, *n.* דאָס אויספֿאָרשן די פֿאַקטן
fact-finding commission די קאָמיסיע אויסצופֿאָרשן די פֿאַקטן
faction
(group) די פֿראַקציע, ־ס; דער צד, צדדים; די כּיתּה, ־ות; די (פּאַרטיי־)גרופּע, ־ס; די סעקטע, ־ס [TSAD, TSDÓDIM] [KÍTE]
(strife) דאָס מחלוקת, ־ן; דאָס רײַסערײַ, ־ען [MAKhLÓYKES]
factional פֿראַקציאָנעל; קלײַזלדיק
factionalism דער פֿראַקציאָנאַליזם
factitious [GEMLÓKhET] געמאַכט; געקינצלט; געמלאָכהט
factive clause דער פֿאַקטזאַץ, ־ן
factive verb דער פֿאַקטווערב, ־ן
factoid [KMOY] דער כּמו־פֿאַקט, ־ן
factor, *n.* דער פֿאַקטאָר, ...אָרן; די סיבה, ־ות; דער גורם, ־ים; דער מאָמענט, ־ן [SÍBE] [GÓYREM, GÓRMIM]
(math.) [KÉYFLER] דער כּפֿלער, ־ס; דער פֿאַקטאָר, ...אָרן
(agent) דער מעקלער, ־ס; דער פֿאַקטער, ־ס/פֿאַקטוירים
factor, *v.*
(math.) [KÉYFLERS] צעגלידערן (אויף כּפֿלערס)
factor into אַרײַנרעכענען; צורעכענען
factorize *see* **factor**
factory די פֿאַבריק, ־ן; דער זאַוואָד, ־ן
factotum דער לײַבמענטש, ־ן; דער כּל־בוניק, ־עס; דער משרת אויף אַלצדינג [KOLBÓYNIK] [MEShÓRES]
(*iro.*) [ShÁMES] דער שאַלאַטן־שמש
fact sheet דער פֿאַקטן־בויגן, ־ס
factual פֿאַקטנדיק; פֿאַקטיש
factual error דער פֿאַקטישער טעות, ־ן; דער פֿאַקטן־טעות, ־ן [TÓES]
faculty
(ability) [YEKhÓYLES] די/דאָס פֿעיִקייט, ־ן; דאָס יכולת, ־ן
(division) דער פֿאַקולטעט, ־ן
(personnel) די לערערשאַפֿט; די פּראָפֿעסאָרנשאַפֿט; לערערס ל״ר; דער פּעדאַגאָגישער פּערסאָנאַל
Faculty of Medicine דער מעדיצינישער פֿאַקולטעט
join the faculty of ווערן אַ לערער ‹פּראָפֿעסאָר› אין
faculties (mental) גײַסטיקע פֿעיִקייטן
faculty advisor דער (אַקאַדעמישער) בעל־יועץ, בעלי־יועצים [BALYÓYETS, BÁLE-YÓYETSIM]
faculty board דער פּעדאַגאָגישער ראַט, ־ן
faculty committee דער לערער־קאָמיטעט, ־ן
faculty member
m./unsp. דער לערער, ־ס; דער פּראָפֿעסאָר, ...אָרן
f. די לערערקע ‹לערערין›, ־ס; די פּראָפֿעסאָרשע, ־ס
faculty position דער לערער־פּאָסטן, ־ס
faculty tenure די לערער(י)שע חזקה; דאָס פּאָסטנרעכט [KhAZÓKE]
fad דאָס נײַסטע משוגעת, ־ן; די נײַסטע ‹לעצטע› מאָדע, ־ס [MEShUGÁS]
fade
(color) אָפּבליאַקעווען; אָפּבל(י)אַקירן; אָפּקריכן; פֿאַרפֿאַלבן
(flower) פֿאַרוויאַנען; פֿאַרוועלקן; פֿאַרבליִען
(light) (אָפּ)טונקלען
(sound) פֿאַרטויבט ‹פֿאַרדומפּט› ווערן; אָפּגעשוואַכט ווערן
fade away אויסלעשן זיך; צאַנקען; אויסגיין; אָפּגעשוואַכט ווערן; אַוועקפֿאַלן
fade in אויפֿבלענדן
fade into the past פֿאַרגעסן ‹אָפּגעשוואַכט› ווערן; אַוועקפֿאַלן
fade out אָפּבלענדן
My memory is fading דער זכּרון ווערט מיר פֿאַרטונקלט; כ'פֿאַרגעס צו ביסלעך [ZIKÓRN]
faded אָפּגעבליאַקעוועט; אָפּבל(י)אַקירט; אָפּגעקראָכן
fade-resistant
It's fade-resistant ס'וועט נישט אָפּבליאַקעווען ‹אָפּבלאַקירן›; דער קאָליר וועט נישט אָפּקריכן
faggot
(wood) דאָס בינטל (טרוקענע) צווײַגלעך; די פֿאַשינע, ־ס
(homosexual/*slg./pej.*) דאָס פֿײַגעלע, ־ך
Fahrenheit פֿאַרנהײַט
fail, *n.*
without fail נישט אַנדערש (ווי); אויף געוויס ‹זיכער›; למען־השם; ˙אומבאַדינגט [LEMANAShÉM]
fail, *v.*
vt. **(a course)** (אַ)דורכפֿאַלן (אין); פֿאַרטראַסקען
vt. **(an exam)** (אַ)דורכפֿאַלן (בײַ)
vt. **(a student)** לאָזן פֿאַלן; (אַ)דורכוואַרפֿן; לאָזן אַדורכפֿאַלן
vt. **(neglect)** פֿאַרפֿעלן; נישט באַווײַזן
vt. **(of one's strength)** פֿאַרלאָזן
vi. **(an exam)** (אַ)דורכפֿאַלן; פֿליִען (בײַ אַן עקזאַמען)
vi. **(econ.)** באַנקראָטירן; אָנזעצן

vi. **(mech.)** אײַנברעכן זיך; קאַליע װערן

vi. **(not succeed)** (אַ)דורכפֿאַלן; נישט אײַנגעבן זיך אומפּ׳ + דאַט׳/פֿ״ק; נישט גראָטן אומפּ׳ + דאַט׳/פֿ״ק; נישט גײן אומפּ׳ + דאַט׳/פֿ״ק

failing grade דער דורכפֿאַל־צײכן, ־ס

fail miserably (אַ)דורכפֿאַלן מיט אַ קנאַק; האָבן ‹כאַפּן› אַ מיאוסע מפּלה [MÍESE] [MAPÓLE]

fail one's children (אַ)דורכפֿאַלן װי אַ טאַטע ‹מאַמע›

fail to see פּשוט נישט קענען פֿאַרשטײן; זײַן אומפּ׳ + דאַט׳/פֿ״ק קשה [PÓShET] [KÓShE]

fail to try נישט פּרוּװן

in failing health אָפּגעשוואַכט; אָפּגעשלאַפֿט; נישט־געזונט

Words fail me כ׳האָב נישט קײן װערטער (אין מויל)

failed (אַ)דורכגעפֿאַלן; נישט־געראָטן; נישט־אײַנגעגעבן

failing, *n.* דער חסרון, ־ות/־ים; די פּגימה, ־ות; דער פֿעלער, ־ן [KhESÓRN, KhESRÓYNES/KhESRÓYNIM] [PGÍME]

failing, *prep.*

failing that װען ‹טאָמער/אויב› נישט; אַז ס׳איז נישטאָ (קײן בעסערס)

fail-safe באַװאָרנט; פֿאַרזיכערט; פֿאַרלאָזלעך; געפּרוּװט פֿון פֿײַער

failure דער דורכפֿאַל, ־ן; די מפּלה, ־ות [MAPÓLE]

(person) דער לא־יוצלח, ־ס; דער שלימזל, ־ען [LOY-YÚTSLEKh] [ShLIMÁZL]

(physio.) דער (אײַנ)בראָך, ־ן; דער פֿעלער, ־ן

(econ.) דער באַנקראָט, ־ן

feel like a failure פֿילן ‹האַלטן› זיך פֿאַר אַ שלימזל

faint, *adj.* שװאַך; שלאַף; פֿאַרשמאַכט; אָן כּוחות [KÓYKhES]

I have a faint recollection (that) סע באַמבלט זיך מיר אין קאָפּ (אַז); איך דערמאָן זיך עפּעס (אַז)

not for the faint of heart נישט פֿאַר בעל־פּחדנס [BALPÁKhDNS]

Your voice is very faint קױם װאָס מע הערט דיך ‹אײַך›

I haven't the faintest idea כ׳הײב נישט אָן צו װיסן; פֿרעג(ט) מיך בחרם; זאָל איך אַזױ װיסן פֿון שלעכטס; שיס(ט) מיך, כ׳װײס נישט [BEKhÉYREM]

faint, *n.* דאָס חלשות [KhALÓShES]

faint, *v.*

imp. חלשן [KhÁLEShN]

pf. (אַװעק)חלשן; פֿאַלן (אין) חלשות; אַװעקפֿאַלן [KhALÓShES]

faint-hearted פּחדליװע [PAKhEDLÍVE]

be faint-hearted זײַן פּחדליװע ‹ציטערדיק›; זײַן אַ בעל־פּחדן [BALPÁKhDN]

fainting, *n.* דאָס חלשן; דאָס חלשות [KhÁLEShN] [KhALÓShES]

faintness די/דאָס שװאַכקײט; די חולשה [KhÚLShE]

fair, *adj.*

(equitable) יושרדיק; גערעכט(יק); אָרנטלעך [YÓYShERDIK]

(light) בלאָנד; העל; ליכטיק

(pretty) שײן; חנװודיק [KhÉYNEVDIK]

(so-so) אַזױ זיך; נישקשה(דיק) [NIShKÓShE(DIK)]

(weather) שײן; לױטער; גוט

a fair amount of אַ שפּאַר ‹היפּש/שײן› ביסל

Fair enough! נו, גוט!; זאָל זײַן אַזױ!

Fair's fair! װאָס איז רעכט איז רעכט!; יושר הײסט יושר! [YÓYShER]

have a fair shot האָבן אַ גוטע ‹אָפּענע› געלעגנהײט

It's not fair! װוּ איז יושר?; ס׳איז נישט יושרדיק!

the fair sex דער שײנער מין; פֿרױען ל״ר

fair, *adv.*

fair and square כּשר־װיושר [KÓShER-VEYÓShER]

fair, *n.* דער יאַריד, ־ן; דער מאַרק, מערק/־ן; דער טאָרג, ־עס

fair game (target) דער באַרעכטיקטער ציל

fairgrounds דער יאַרידפּלאַץ, ...פּלעצער

fair-haired בלאָנד; בלאָנדהאָריק

Fair Labor Association דער פֿאַרבאַנד פֿאַר יושרדיקע אַרבעט־באַדינג(ונג)ען [YÓYShERDIKE]

fairly

(justly) מיט יושר; אויף אַ יושרדיקן אופֿן [YÓYShER] [YÓYShERDIKN]

(considerably) גאַנץ; היפּשלעך; נישקשה(דיק) [NIShKÓShE(DIK)]

fair-market value די גלײַכע מאַרקװערט

fair-minded יושרדיק; אָביעקטיװ [YÓYShERDIK]

fair-minded person דער בעל־יושר, בעלי־... [BALYÓYShER, BÁLE-...]

fairness דער יושר; די/דאָס יושרדיקײט; די/דאָס גערעכטיקײט [YÓYShER] [YÓYShERDIKEYT]

in all fairness על־פּי יושר [ÁLPI]

in fairness to אױס גערעכטיקײט ‹יושר› צו

fairness doctrine דער גלײַך־אױף־גלײַך־פּרינציפּ, ־ן; דער יושר־פּרינציפּ, ־ן [YÓYShER]

fair play די/דאָס גוט־ספּאָרטישקײט; דאָס ישרנות; די/דאָס גערעכטיקײט [YAShRÓNES]

fair-weather friend דער חבֿר אין גוטע צײַטן; דער פֿרײַנד צו טרינקען בראָנפֿן און עסן טשאָלנט [KhÁVER]

fairy די פֿעע, ־ס; דאָס פֿעעלע, ־ך

fairy godmother דער גוטער מלאך, מלאָכים; די גוטע פֿעע, ־ס [MÁLEKh, MALÓKhIM]

fairyland (דאָס) פֿעענלאַנד; (דאָס) ערגעצלאַנד; (דאָס) כּישוף־לאַנד [KÍShEF]

fairy tale דאָס (קינדער־)מעשהלע, ־ך; די באָבע־מעשה, ־יות; די בײַקע, ־ס [MÁYSELE] [MÁYSE]

fait accompli דער געשעענער פֿאַקט; דער פֿעט־אַקאָמפּלי

faith דער גלױבן, ־ס; די אמונה, ־ות; דער בטחון [EMÚNE] [BITÓKhN]

have faith גלײבן

have faith in גלײבן אין; האָבן צוטרױ אין

in bad faith אומערלעך; אומאָרנטלעך; מיט שלעכטע ‹פֿאַרפֿירערישע› כּװנות [KAVÓNES]

in good faith אויף נאמנות; בנאמנות; ערלעך; אָרנטלעך; מיט גוטע כּװנות [NEMÓNES] [BENEMÓNES]

keep faith (with) בלײַבן געטרײַ + דאַט׳

man of faith דער גלײביקער געב׳; דער בעל־בטחון, בעלי־... [BALBITÓKhN, BÁLE-...]

on faith אויף נאמנות; בנאמנות; פֿאַר אַ רעכטן אמת [ÉMES]

with complete faith באמונה־שלמה [BEEMÚNE-ShLÉYME]

faith-based רעליגיעז; רעליגיע־... [EMÚNE]

faithful

(believing) גלײביק; פֿרום

(loyal) געטרײַ; איבערגעגעבן

the faithful גלײביקע; מאמינים; בעלי־אמונה [MAYMÍNIM] [BÁLE-EMÚNE]

faith healer דער גלױבן־הײלער, ־ס; דער בעל־שם, בעלי־שמות [BALShÉM, BALEShÉM/BÁLE-ShÉYMES]

faith healing די גלױבן־הײלונג

faithless אומגלײביק; אָן גלױבן ‹בטחון/אמונה› [BITÓKhN] [EMÚNE]

(unfaithful) אומגעטרײַ; פֿאַלש

fake, *adj.* פֿאַלש; געמאַכט; צופֿלײַסנדיק; אָפּגענאַרט; פּוסט

fake, *n.*

(imitation) די פֿעלשונג, ־ען; דער פֿאַלסיפֿיקאַט, ־ן; די נאָכמאַכונג, ־ען; דער זיוף, ־ים [ZÍEF, ZIÚFIM]

(imposter) דער שאַרלאַטאַן, ־ען; דער פֿעלשער, ־ס
fake, *v.*
vt. **(simulate)** סימולירן
vt. **(forge)** פֿעלשן; אונטערמאַכן
vi. מאַכן זיך; מאַכן אַן ‹דעם› אָנשטעל פֿון
fake an illness מאַכן זיך פֿאַר קראַנק
fake an orgasm סימולירן אַן אָרגאַזם
fake pleasantries אָנשטעלן העפֿלעכקייט ‹פֿרײַנדלעכקייט›
faked, *adj.* געמאַכט; סימולירט; גענאַרט
fakery די פֿעלשונג; דאָס אָפּנאַרערײַ
fakir דער פֿאַקיר, ־ן
falafel דער פֿאַלאַפֿל
falcon דער פֿאַלק, ־ן
falconer
(breeder) דער פֿאַלקן־האָדעווער, ־ס
(hunter) דער פֿאַלקנער, ־ס
Falconidae פֿאַלקאַנידן ל"ר
falconry דאָס פֿאַלקנערײַ
fall, *adj.* האַרבסט...; האַרבסטיק; אָסיענדיק
fall, *n.*
(autumn) דער האַרבסט; דער אָסיען
(downfall) די מפּלה, ־ות; די ירידה, ־ות; דער אונטערגאַנג, ־ען [MAPÓLE] [YERÍDE]
(tumble) דאָס פֿאַלן; דער פֿאַל, ־ן
have a bad fall שווער פֿאַלן
have several falls פֿאַלן עטלעכע מאָל
head for a fall אויסשטעלן זיך אויף אַן אומגליק
take the fall זײַן דאָס כּפּרה־הינדל; זײַן דער שעיר־לעזאזל [KAPÓRE] [SÓER-LAZÓZL]
fall, *v. imp./pf.* (אומ)פֿאַלן
(night) צופֿאַלן
(date) אויסקומען; אויספֿאַלן
fall apart (break up) צעפֿאַלן זיך; צעשיטן זיך
fall apart (psych.) אײַנברעכן זיך; ווערן אויס מענטש
fall back אָפּגיין; צוריקציִען זיך; אָפּציִען
fall behind (physically) אָפּשטיין; בלײַבן פֿון הינטן
fall behind (academically) אָפּשטיין; בלײַבן הינטערשטעליק
fall down אַראָפּפֿאַלן; אַנידערפֿאַלן
fall for it אַרײַנפֿאַלן; לאָזן זיך כאַפּן אויף דער ווענטקע
fall for one another געפֿינען זיך איינס דאָס אַנדערע; פֿאַרליבן זיך
fall ill קראַנק ווערן
fall in (mil.) שטעלן זיך אין די רייען; אויסשורה|ן זיך [ÓYSShUREN]
fall in battle פֿאַלן (אויף טויט); פֿאַלן אין שלאַכט; פֿאַלן אויפֿן פֿעלד
fall in step מאַרשירן צום טאַקט
fall in with פֿאַרחבֿרן זיך מיט; איזניוכע|ן זיך מיט [FARKhÁVERN]
fall into enemy hands אַרײַנפֿאַלן אין פּלען; אַרײַנפֿאַלן דעם שונא אין די הענט אַרײַן [SÓYNE]
fall into place (become clear) קלאָר ווערן
fall into place (work out) אויספּרעסן זיך
fall off (decrease) אָפּפֿאַלן; אָפּקומען
fall off (fall down) אַראָפּפֿאַלן
fall on deaf ears פֿאַלן אויף טויבע אויערן; גיין אין איין אויער אַרײַן און פֿון צווייטן אַרויס
fall out (argue) צעקריגן זיך; פֿאַרקריגן זיך; רײַסן זיך
fall out (hair) אויסקריכן; אויספֿאַלן
fall out (mil.) אַרויסטרעטן פֿון די רייען
fall short כאַפּן קורץ
fall short of נישט דערגרייכן; נישט באַווײַזן
fall short of expectations נישט דערגרייכן ‹באַווײַזן› דעם ציל; נישט דערגרייכן דאָס געוווּנטשענע
fall silent אַנטשוויגן ווערן; פֿאַרשטומט ווערן
fall through (fail) (אַ)דורכפֿאַלן; האָבן אַ שלעכטן סוף [SOF]
fall under (be categorized) פֿאַררעכנט ווערן ווי; אַרונטערגיין אונטער
fall within זײַן ‹געפֿינען זיך› אינעם תּחום פֿון
We fell short of food דאָס עסן האָט (פֿאַר) אונדז נישט געקלעקט
fallacious
(deceptive) אָפּנאַרעריש; פֿאַרפֿירעריש
(wrong) פֿאַלש (געדרונגען)
fallacy דאָס פֿאַלשגעדראַנג, ־ען; דאָס פֿאַרפֿירעניש, ־ן
fallback די צווייטע ברירה, ־ות [BRÉYRE]
fallen געפֿאַלן
the fallen די געפֿאַלענע
fallen arches דער פּלאַטשפֿוס ל"י
fallen-rock zone די שטיינברעך־זאָנע, ־ס
fall guy דאָס כּפּרה־הינדל; דער שעיר־לעזאזל [KAPÓRE] [SÓER-LAZÓZL]
fallibility די/דאָס טועהוודיקייט; די/דאָס טועותדיקייט [TÓYEVDIKEYT] [TÓESDIKEYT]
fallible טועהוודיק; טועותדיק [TÓYEVDIK] [TÓESDIK]
falling-out דער ברוגז; דאָס מחלוקת; דאָס צעקריגעניש [BRÓYGES] [MAKhLÓYKES]
They had a falling-out זיי האָבן זיך צעקריגט ‹פֿאַרקריגט›; זיי פֿירן אַ מחלוקת
falling star דער פֿאַלנדיקער שטערן, –; דער פֿאַלשטערן, –
fall-off (decrease) די פֿאַרקלענערונג, ־ען; דער אָפּקום, ־ען
Fallopian tube דאָס אייטרייַבל, ־עך; דער אייער־פֿירער, ־ס
fallout
(nuclear) דער/דאָס (אָפּ)שטויב
(result) דער (נישט־געוווּנטשענער) אַרויסקום; קאָנסעקווענצן ל"ר
fallow פּוסט
lie fallow גיין אין ניווען; פּוסטעווע|ן
fallow deer דער דאַמהירש, ־ן
fallow land דאָס ניוועצפֿעלד; די ברוכערד
(J./rel.) דאָס שמיטה־פֿעלד [ShMÍTE]
falls (waterfalls) דער וואַסערפֿאַל, ־ן
fall semester דער האַרבסט־זמן [ZMAN]
false פֿאַלש; געמאַכט; געקינצלט
(disloyal) אומגעטרײַ
false accusation דער בילבול, ־ים; די פֿאַלשע באַשולדיקונג, ־ען; דער פֿאַלשער אָנקלאַג, ־ן [BILBL, BILBÚLIM]
false alarm דער פֿאַלשער ‹אומזיסטער/בלינדער› אַלאַרעם, ־ס
false arrest דער אומלעגאַלער ‹אומגעזעצלעכער› אַרעסט, ־ן
false bottom דער טאָפּעלער דנאָ, ־ען
falsehood דער ליגן, ־ס; דער שקר, ־ים; דער כּזב, ־ים [ShÉKER, ShKÓRIM] [KÉZEV/KÓZEV, KZÓVIM]
total falsehood דער ריינער ליגן; דער שווא־ושקר [ShAVEShÉKER]
false imprisonment די אומלעגאַלע ‹אומגעזעצלעכע› תּפֿיסה [TFÍSE]
false labor פֿאַלשע ווייען
false move דער פֿאַלשער טראָט; דער טראָט מיטן לינקן פֿוס
false report דער לינקער ‹פֿאַלשער› ראַפּאָרט ‹באַריכט›, ־ן
false start דער נישט־געראָטענער סטאַרט, ־ן
false teeth דאָס געביס ל"י; אַרײַנגעשטעלטע ‹געמאַכטע› ציין; דער (ציין)פּראָטעז, ־ן

falsetto דער פֿאַלצעט; דאָס בײַקול; דאָס בײַקולכל; דער פֿיסטל [BÁYKOL] [BÁYKÉL(E)KhL]

false witness דער פֿאַלשער עדות, – [ÉYDES]

falsies ברוסט־קישעלעך

falsification די פֿאַלסיפֿיצירונג, ־ען; די פֿעלשונג, ־ען; דער זיוף, ־ים [ZÍEF, ZIÚFIM]

falsify פֿאַלסיפֿיצירן; פֿעלשעווען|; פֿעלשן

falsity די/דאָס פֿאַלשקייט, ־ן; דער אומאמת, ־ן [ÚMÉMES]

falter וואַקלען זיך; אַ וואַקל טאָן זיך

(stammer) פֿלאָנטערן ‹דרייען› מיט דער צונג; פֿאַרהיקען| זיך

faltering וואַקלענדיק

fame די/דאָס באַרימטקייט; דער שם [ShEM]

fame and fortune שם און עשירות [AShÍRES]

famed פֿאַרשמט; באַרימט [FARShÉMT]

familial משפּחה־...; ירושה־... [MIShPÓKhE] [YERÚShE]

familial dysautonomia די משפּחה־דיסאויטאָנאָמיע [MIShPÓKhE]

familiar קענטלעך; באַקאַנט

(intimate) היימיש; היימלעך; נאָענט; צוגעלאָזט; פֿאַמיליער

be on familiar terms with זײַן מיט + דאַט׳ אויף דו

be on very familiar terms with זײַן פֿאַניבראַט מיט; זײַן קוצעניו־מוצעניו מיט; זײַן אַן אײַנגענער געב׳ בײַ

familiarity די באַקאַנטשאַפֿט; די/דאָס צוגעלאָזטקייט; די/דאָס היימישקייט; די/דאָס פֿאַמיליערקייט

Familiarity breeds contempt גוט־ברודערשאַפֿט ברענגט ביטול; צו פֿיל היימישקייט ברענגט אומכּבֿוד [BITL] [ÚMKOVED]

familiarize באַקענען

familiarize oneself באַקענען זיך

family, *n.* די משפּחה, ־ות; די פֿאַמיליע, ־ס; דאָס (הויז)געזינד, ־ער [MIShPÓKhE]

be in the family way טראָגן; שוואַנגערן

be of good family האָבן ייִחוס; זײַן אַ מיוחס; שטאַמען פֿון אַ בעל־הבתּישער משפּחה [YÍKhES] [MEYÚKhES] [BAL(E)BÁTIShER]

one-family house דאָס איין־משפּחהדיקע הויז, הײַזער; דאָס הויז פֿאַר איין משפּחה [MIShPÓKhEDIKE]

run in the family גיין בירושה [BEYERÚShE]

family doctor דער משפּחה־דאָקטער, ...טוירים [MIShPÓKhE]

family feud דאָס משפּחה־מחלוקת, ־ן [MIShPÓKhE-MAKhLÓYKES]

family friend דער הויזפֿרײַנד, –; דער פֿרײַנד פֿון ‹בײַ› דער משפּחה [MIShPÓKhE]

family leave דער משפּחה־אורלויב [MIShPÓKhE]

family man דער בעל־משפּחה, בעלי־... [BALMIShPÓKhE, BÁLE-...]

family member דער בן־בית, בני־...; דאָס משפּחה־גליד, ־ער [BENBÁYES, BNEY-...] [MIShPÓKhE]

family members *also* דאָס בני־בית קאָל׳

family name די פֿאַמיליע, ־ס; דער פֿאַמיליע־‹משפּחה־› נאָמען, ־נעמען [MIShPÓKhE]

family planning די משפּחה־פּלאַנירונג [MIShPÓKhE]

family purity (J.) די טהרת־המשפּחה [TÁARES-HAMIShPÓKhE]

family ties משפּחה־באַציִונגען [MIShPÓKhE]

family tree דער ייִחוס־בריוו; די ייִחוס־קייט, ־ן; דער משפּחה־בוים, ־ביימער [YÍKhES] [MIShPÓKhE]

famine דער הונגער

famish אויסהונגערן; אויסמאַרען|

famished טויט הונגעריק; פֿאַרהונגערט; אויסגעהונגערט; אויסגעמאַרעט

famous פֿאַרשמט; באַוווּסט; באַרימט; מפֿורסם פּר׳ [FARShÉMT] [MEFÚRSEM]

be famous for זײַן פֿאַרשמט פֿאַר ‹מיט›; שמען ווי ‹פֿאַר/מיט›; זײַן באַרימט פֿאַר ‹מיט› [ShÉMEN]

famously

(well-known) ווײַט באַקאַנט ‹באַרימט›

(splendidly) אויסגעצייכנט; גלענצנדיק

as he famously said אין זײַנע באַרימטע ווערטער

fan,[1] *n.*

(electric) דער ווענטילאַטאָר, ...אָרן; דער בלאָזער, ־ס

(manual) דער פֿאָכער, ־ס

fan,[2] *n.* **(admirer)** דער אָנהענגער, ־ס; דער חסיד, ־ים; דער פּאַטריאָט, ־ן [KhÓSID, KhSÍDIM]

He is one of my fans ער איז מײַנער אַ פּאַטריאָט ‹חסיד/אָנהענגער›

fan, *v.* פֿאָכען|

fan oneself פֿאָכען| זיך

fan out צעשפּרייטן זיך

fan the flames צעפֿאָכען| ‹צעבלאָזן› די פֿלאַמען

fan appreciation day דער פּאַטריאָטן־יום־טובֿ [YÓNTEF/YÓNTEV]

fanatic, *adj.* פֿאַנאַטיש; פֿאַרקאָכט; קנאַיִש [KANOÍSh]

fanatic, *n.* דער פֿאַנאַטיקער, ־ס; דער קנאַי, ־ם [KANÓI]

fanaticism דער פֿאַנאַטיזם; דאָס קנאָות [KANÓES]

fan belt דער ווענטילאַטאָר־פּאַס, ־ן

fan blade דער ווענטילאַטאָר־פֿליגל, ־ען

fancier, *n.* דער ליבהאָבער, ־ס

fan club די חסידאַרניע, ־ס; די אָנהענגערס ל״ר [KhASIDÁRNYE]

fancy, *adj.* געצאַצקעט; עלעגאַנט; אויסגעפּוצט (אין עסיק און אין האָניק)

make a fancy pass (spo.) קונציק צוּוואַרפֿן

fancy, *n.*

(imagination) די פֿאַנטאַזיע, ־ס

(whim) דער קאַפּריז, ־ן

He caught her fancy זי האָט אויף אים געוואָרפֿן אַן אויג; ער האָט איר פֿאַליובעט

He took a fancy to her ער האָט זי ליב ‹האָלט› געקריגן ‹געקראָגן›

passing fancy דאָס פֿאַרוועלעניש, ־ן; דאָס געגועימל [GAGUÍML]

fancy, *v.*

(desire) גלוסטן זיך אומפּ׳ + דאַט׳/פֿ״ק; געפֿעלן + דאַט׳/פֿ״ק

(imagine) אויסמאָלן זיך; פֿאָרשטעלן זיך; אויספֿאַנטאַזירן

Fancy that! שטעל(ט) זיך (נאָר) פֿאָר!; ווי געפֿעלט דיר ‹אײַך› דאָס?

fancy dress

(formalwear) פֿאָרמעלע ‹עלעגאַנטע› קליידער ל״ר

(masquerade) דער מאַסקאַראַד־קאָסטיום, ־ען

fancy-dress ball דער מאַסקנבאַל, ...בעלער

fancy-free אָן אַ זאָרג אויף דער וועלט

fancy goods דאָס מתּנהוואַרג קאָל׳; שײַנדלעך [MATÓNEVARG]

fancywork די פֿײַנע האַנטאַרבעט; דאָס אויסנייעכץ

fandango דער פֿאַנדאַנגאָ

fanfare דער פֿאַנפֿאַר, ־ן

(*fig.*) דער פּאַראַד

with great fanfare מיט גרויס פּאַראַד; מיטן גאַנצן קנאַק; פּאַראַדנע

fang דער רײַסצאָן, ...ציין

(poisonous) דאָס גיפֿט־געפֿעלע, ־ך

fanlight דער/דאָס פֿאָכער־פֿענצטער, –

fan mail בריוו פֿון די אָנהענגערס ‹חסידים/פּאַטריאָטן› [KhSÍDIM]
fanny דער הינטן; דער הינטערחלק, ־ים [HÍNTERKhEYLEK, ...KhALÓKIM]
fanny pack דער טאָליע־טײַסטער, ־ס; דאָס פּאַסיק־פּעקל, ־עך
fantail די פֿאַװעטויב, ־ן
fantasia די פֿאַנטאַזיע, ־ס
fantasist דער פֿאַנטאַזיאָר, ־ן; דער בעל־דמיון, בעלי־דמיונות; דער פֿאַנטאַסט, ־ן [BALDÍMYEN, BÁLE-DIMYÓYNES]
fantasize פֿאַנטאַזירן; חלומען; הימלעװען|; אַרומשװעבן אין די װאָלקנס [KhÓLEMEN]
fantastic פֿאַנטאַסטיש; װוּנדערלעך
fantasy די פֿאַנטאַזיע, ־ס; דאָס אײַנרעדעניש, ־ן; די דאַכטונג, ־ען
  (literary genre) די פֿאַנטאַזיע; די פֿאַנטאַסטיק
  idle fantasies פּוסטע חלומות [KhALÓYMES]
  It's pure fantasy ס'איז הולע ‹ריינע› פֿאַנטאַזיע; לא היה ולא נבֿרא [LOY HÓYE VELÓY NÍVRE]
fantasy film דער פֿאַנטאַזיע־‹פֿאַנטאַסטיק־›פֿילם, ־ען
FAQs [ShÁYLES-(U)TShÚVES] שו"ת [= שאלות־(ו)תשובֿות]
far, *adj.* װײַט
  far distance דער גרויסער ‹װײַטער› מהלך [MEHÁLEKh]
  in the far distance גאַנץ װײַט אַװעק; העט אין דער װײַטנס
  on the far side of אויף דער צװײטער זײַט
far, *adv.*
  (distant) װײַט; העט(־העט); אויף מרחקים; איבער די הרי־חושך [MERKhÁKIM] [HÓRE-KhÓYShEKh]
  (much) אַ סך [SAKh]
  as far as ביז; אויף אַזוי פֿיל
  be as far as האַלטן בײַ
  as far as ... is concerned װאָס שײך ... [ShÁYEKh]
  as far as I know אויף װיפֿל איך װייס; װוּדליק איך װייס
  as far as the eye can see װי װײַט דאָס אויג קען זען ‹כאַפּן›
  as far back as העט מיט ... צוריק
  by far the best דער װײַט בעסטער געב'; העט דער בעסטער געב'
  far along in pregnancy אין די הויכע חדשים; אויף דער צײַט [KhADÓShIM]
  far and away װײַט; העט
  far and near אומעטום; װײַט און נאָענט
  far and wide אומעטום; װײַט און ברייט
  far away װײַט אַװעק; אין װײַטע מרחקים
  far better אַ סך בעסער; היפּש ‹העט› בעסער
  far from home פֿאַרװאָגלט; װײַט פֿון דער היים
  far from it דװקא ‹בכלל› נישט; װײַט נישט אַזוי; װײַט דערפֿון [DÁFKE] [BIKhLÁL]
  far gone (intoxicated) פֿאַרשיכורט; טויט שיכור [FARShÍKERT] [ShÍKER]
  far gone (in love) פֿאַרליאַפּעט ביז איבער די אויערן
  far gone (ruined) פֿאַרפֿאַלן; אין די לעצטע סטאַדיעס
  go too far איבערציִען דאָס שטריקל; איבערבייגן דעם שטעקן
  So far so good! הלוואי װײַטער (נישט ערגער)!; ערגער זאָל נישט זײַן!; נישט צו(ם) פֿאַרזינדיקן! [(H)ALEVÁY]
faraway (העט) װײַט; פֿאַרװאָרפֿן; אָפּגעלעגן
faraway place די װײַט, ־ן; מרחקים ל"ר [MERKhÁKIM]
farce [KhÓYZEK] דער חוזק; דער פֿאַרס, ־ן; די בופֿאָנאַדע, ־ס
farcical חוזקדיק; פֿאַרסיש; אַפּלאַכעריש; לעכערלעך; אַבסורדיש [KhÓYZEKDIK]
fare, *n.*
  (on trains/buses) דאָס פֿאָרגעלט; דער אָפּצאָל
  (person) דער פּאַסאַזשיר, ־ן
  (food) דאָס עסן
  have the fare האָבן אויף אַן אויטאָבוס ‹אַ באַן›; האָבן אויף פֿאָרגעלט
  How much is the fare? װיפֿל איז דער אָפּצאָל?; װיפֿל קאָסט דאָס פֿאָרן?
fare, *v.* (אָפּ)גײן; אָפּשנײַדן
  She fared well ס'איז איר גוט (אָפּ)געגאַנגען; זי האָט גוט אָפּגעשניטן
Far East דער װײַטער מיזרח [MÍZREKh]
fare card דאָס פֿאָרקאַרטל, ־עך
fare increase די העכערונג אינעם פֿאָרגעלט
farewell, *n.* דער זײַ־געזונט, ־ן; דער פֿאָר־געזונט, ־ן; די געזעגענונג, ־ען
  Farewell! זײַ(ט) (מיר) געזונט!
  make one's farewells געזעגענען זיך
farewell concert דער געזעגן־קאָנצערט, ־ן
farewell gift די געזעגן־מתּנה, ־ות; דאָס לעצ(ט)געלט [MATÓNE]
farewell kiss דער געזעגן־קוש, ־ן
farewell party דער צאתכם־לשלום(־אָוונט); דער געזעגן־אָוונט [TSÉYSKhE-LEShÓLEM]
farewell speech די געזעגן־רעדע, ־ס
farfel פֿאַרפֿל ל"ר; זאַטשערקעס ל"ר
far-fetched געמאַטערט; אויסגעקליגלט; אויסגעחקירהט [ÓYSGEKhKÍRET]
  far-fetched idea די בויך־סבֿרא, ־ות; דער אויסגעקליגלטער ‹געמאַטערטער› אײַנפֿאַל, ־ן; די אייבערהסבֿרה, ־ות [SVÓRE] [ÉYBERHASBÓRE]
far-flung װײַט פֿאַרװאָרפֿן
farina די מאַנע; די פֿאַרינע
farm, *n.* די פֿאַרם, ־ען; די פֿערמע, ־ס; דער פֿאָלװאַרק, ־עס
farm, *v.* באַאַרבעטן ‹קולטיװירן› די ערד; זײַן אַ פֿאַרמער
  farm out (distribute) צעגעבן; אויסטיילן
  farm out (baseball) שיקן אין דער אונטערליגע
farmer דער פֿאַרמער, ־ס; דער פֿערמער, ־ס; דער ערדאַרבעטער, ־ס; דער פּויער, ־ים
farmer cheese דער װאַריקקעז; דער װײַסער קעז
farmhand דער באַטראַק, ־עס; דער פֿאַראַביק, ...בקעס
  work as a farmhand באַטראַקעװען|; זײַן אַ באַטראַק ‹פֿאַראַביק›
farmhouse דאָס פֿאַרמהויז, ...הײַזער; דער כוטער, ־ס
farming דאָס פֿאַרמערײַ; די ערדאַרבעט
farmworker *see* **farmhand**
farmyard דער פֿאַרמהויף, ־ן; דאָס געהעפֿט, ־ן
far-off װײַט
Far-out! ג(ע)װאַלדיק!
far-out יוצא־דופֿנדיק; אַװאַנגאַרדיש [YÓYTSE-DÓYFNIK]
far-reaching װײַטגרייכ(נד)יק; װײַט־פֿירנדיק; ברייט
Farsi דאָס פֿאַרסיש; דאָס פֿערסיש; די פֿערסישע שפּראַך
farsighted
  (vision) װײַטזעיִק; װײַט־ראיהדיק [RÍEDIK]
  (prudent) װײַטזעיִק; װײַט־בליקעריש; אויסגערעכנט
  be farsighted (vision) האָבן אַ װײַטע ראיה [RÍE]
fart, *n.* דער פֿאַרץ, פֿערץ; די נפֿיחה, ־ות; דער אַװיר [NEFÍKhE] [ÁVER]
  (of child) דאָס פֿערצעלע, ־ך
fart, *v.* [ÓYSNEFÍKhEN] פֿאַרצן; לאָזן לופֿט; אויסנפֿיחה|ן זיך
  (of child) מאַכן ‹לאָזן› אַ פֿערצעלע
farther, *adj.* װײַטער(דיק)
farther, *adv.* װײַטער
farthest (סאַמע) װײַטסט

farthing דער פֿאַרטינג, ־ען
(*fig.*) די פּרוטה, ־ות; דער גראָשן, ־ס; דער שיבוש, ־ים [PRÚTE] [ShÍBESh, ShIBÚShIM]
fascia
(anat.) דאָס מוסקל־בינטל; די פֿאַסציע
(color) פֿאַרבפֿאַסן ל״ר
fascicle דאָס בינטל, ־עך
fascinate פֿאַרכאַפּן; פֿאַסצינירן; פֿאַרכּישופֿן; באַכּישופֿן [FARKÍShEFN] [BAKÍShEFN]
fascinating פֿאַרכאַפּנדיק
fascination די/דאָס פֿאַרכאַפּטקייט; די/דאָס פֿאַסצינירטקייט; די פֿאַסצינירונג
fascine די פֿאַשינע, ־ס
fascism דער פֿאַשיזם
fascist, *adj.* פֿאַשיסטיש
fascist, *n.* דער פֿאַשיסט, ־ן
fashion, *adj.* מאָדע...
fashion, *n.* די מאָדע, ־ס; דער שניט, ־ן; דער פֿאַסאָן, ־ען
(manner) דער אופֿן, ־ים [OYFN, OYFÁNIM]
after a fashion ווי נישט איז
after the fashion of לויטן ‹אײנעם› סטיל פֿון
come into fashion אַרײַנגיין אין דער מאָדע
go out of fashion אַרויסגיין פֿון דער מאָדע; ווערן אויס מאָדע
in fashion אין דער מאָדע; מאָדיש; אין פֿאַסאָן
fashion, *v.* (אויס)פֿורעמען; געשטאַלטיקן
fashionable מאָדיש; נײַמאָדיש; לעצטמאָדיש; הײַנטמאָדיש; אין דער מאָדע
fashion capital דער מאָדע־צענטער, ־ס
fashion clothing מאָדישע קליידער ל״ר; די פֿאַסאָן־קליידונג; פֿאַסאָן־קליידער ל״ר
fashion-conscious
be fashion-conscious אָריענטירן זיך אויף דער מאָדע; נאָכטאַנצן דער נײַסטער מאָדע
fashion design דער מאָדע־דיזײַן; די מאָדע־פּראָיעקציע
fashion house די מאָדע־פֿירמע, ־ס; דאָס מאָדעסהויז, ...הײַזער
fashion magazine דער מאָדע־זשורנאַל, ־ן
fashion show די מאָדע־אויסשטעלונג, ־ען; די מאָדע־דעמאָנסטרירונג, ־ען
fast, *adj.* גיך; ׳שנעל
(firmly fastened) פֿעסט
(loyal) געטרײַ
(promiscuous) אויסגעלאַסן; צעלאָזן
be on a fast track זײַן ‹גיין› אויפֿן קירצסטן וועג
fast and furious איינס נאָך ס׳אַנדערע; גיך נאָך אַנאַנד
pull a fast one (on) אָפּטאָן + דאַט׳ אַ שפּיצל; פֿירן + אַק׳ אין באָד אַרײַן
fast, *adv.* גיך; געשווינד; ׳שנעל
be fast asleep שלאָפֿן טיף ‹שטאַרק/פֿעסט/געשמאַק›
Not so fast! יאָג(ט) ‹כאַפּ(ט)› נישט!; נישט אַזוי גיך!; וואַרט צו (אַ מינוט)!
The clock is fast דער זייגער לויפֿט
fast, *n.* דער תּענית, ־ים [TÓNES, TANÉYSIM]
eat before a fast פֿאַרפֿאַסטן
break a fast אָפּפֿאַסטן
fast, *v.* פֿאַסטן
fast-acting
be fast-acting ווירקן גיך
fastball דער גיכפּיטש, ־ן
fastbreak דער בליצשאַנס, ־ן
fast day דער תּענית, ־ים [TÓNES, TANÉYSIM]
fasten פֿאַרפֿעסטיקן; צופֿעסטיקן
fasten a button צושפּיליען ‹פֿאַרשפּיליען› אַ קנעפּל
fasten a lock צוריגלען
fasten one's seatbelt אײַנשנאַלן ‹צוגאַרטלען› (זיך) דעם שיצפּאַס
fasten with a hook צוהעקלען
fastener דאָס פֿאַרשפּיליעכץ, ־ן
(buckle) דער שנאַל, ־ן
(hook) דאָס העקל, ־עך
(snap) די קנאָפּקע, ־ס
fast food די גיכשפּײַז, ־ן
fast-food restaurant די גיך־עסערײַ, ־ען; דער גיכשפּײַז־לאָקאַל, ־ן
fast-forward, *v.* דרייען ‹וויקלען› גיך אויף פֿאָרויס
fast-forward button דאָס גיכפֿאָרויס־קנעפּל, ־עך
fastidious איבערקלײַבעריש; מפֿונקדיק; קפּדניש [MEFÚNEKDIK] [KAPDÓNISh]
be fastidious איבערקלײַבן; מקפּיד זײַן; זײַן אַ מפֿונק [MÁKPED] [MEFÚNEK]
fastidious person (*m./unsp.*) דער קפּדן, ־ים; דער מפֿונק, ־ים; דער איבערקלײַבער, ־ס; דער איסטניס, ־ן [KAPDN, KAPDÓNIM] [MEFÚNEK, MEFUNÓKIM]
fastidious person (*f.*) די קפּדנטע, ־ס; די מפֿוניצע, ־ס; די איבערקלײַבערקע, ־ס [KÁPDNTE] [MEFÚNITSE]
fast-paced
be fast-paced גיין מיט אַ גיכן טעמפּ; אַנטוויקלען זיך גיך
fast-spreading
It was a fast-spreading fire די שׂרפֿה האָט זיך גיך פֿאַרשפּרייט [SRÉYFE]
fast-talk אײַנשאַנצן; פּליעטשע|ן; אָנרעדן + דאַט׳ אַ פֿויגל; באַרע|ן
fast track, *n.* דער קירצסטער ‹דירעקטסטער› וועג
fast-track, *v.* שטעלן אויפֿן קירצסטן ‹דירעקטסטן› וועג
fat, *adj.*
(overweight) דיק; גראָב; פֿעטלײַביק; פֿעט
(thick) גראָב; דיק
(lucrative) פֿעט
(of land) פֿרוכטיק; פֿעט
Fat chance! ווען אין הימל וועט זײַן אַ יאַריד!; ווען דער מאַנדל־שטעקן וועט בליִען!
fat, *n.* דאָס פֿעטס; דאָס/די שמאַלץ
Fatah דער פֿאַטאַך
fatal טויט...
(mistake/*fig.***)** פֿאַטאַל; גורלדיק [GÓYRLDIK]
fatal blast דער טויטאויפֿרייס, ־ן
fatal disease די טויטקרענק, ־ען
fatal shooting די דערשיסונג (אויף טויט); דאָס דערשיסן
fatalism דער פֿאַטאַליזם
fatalist דער פֿאַטאַליסט, ־ן
fatalistic פֿאַטאַליסטיש
fatality די/דאָס פֿאַטאַלקייט
(single case) דער טויטפֿאַל, ־ן
(victim) דער אומגעקומענער געב׳; דער געשטאָרבענער געב׳
fatally (אויף) טויט
fatally ill טויט קראַנק; נוטה־למות [NÓYTE-LÓMES]
fatally shot דערשאָסן (אויף טויט)
fatally stabbed דערשטאָכן (אויף טויט)
fatally wounded פֿאַרוווּנדיקט אויף טויט
fat cat דער גראָבער בויך, גראָבע בײַכער
fat cell דאָס פֿעטס־קעמערל, ־עך
fate דער/דאָס גורל; די דאָליע; דאָס מזל; דאָס באַשערטע; דער חלק; די הימלזאַך [GOYRL] [MAZL] [KhÉYLEK]
a fate worse than death אַ גורל וואָס איז ערגער ‹ביטערער› פֿונעם טויט

fated באַשערט
fatedness די/דאָס באַשערטקייט
fateful גורלדיק; באַשערט [GÓYRLDIK]
fat-free אָנפֿעטיק; אָן פֿעטס
fathead דער באַלוואַן; דער טעמפּער מוח ‹קאָפּ›; דער פֿאַרשטאָפּטער קאָפּ [MÓYEKh]
father, *n.* דער טאַטע, ־ס; דער פֿאָטער, ־ס
 (*aff.*) דער טאַטעשי; פּאַפּאַ
 (*aff.*/**Am.**) טאַטי
 father of many children דער בעל־מטופּל, בעלי־... [BALMETÚPL, BÁLE-...]
father, *v.* זײַן דער טאַטע ‹פֿאָטער› פֿון; האָבן
father figure די פֿאָטער־פֿיגור, ־ן; דער גײַסטיקער טאַטע, ־ס
fatherhood די טאַטעשאַפֿט; די פֿאָטערשאַפֿט
father-in-law דער שווער, ־ן
fatherland דאָס היימלאַנד; דאָס פֿאָטערלאַנד
fatherless אָן אַ טאַטן; אַ יתום ‹יתומה› נאָכן טאַטן [YÓSEM] [YESÓYME]
fatherly טאַטיש; פֿאָטער(י)ש; פֿאָטערלעך
 fatherly love די פֿאָטערלעכע ליבשאַפֿט
Father's Day דער פֿאָטער(ס)טאָג
fathom, *n.* דער קלאַפֿטער, –
fathom, *v.*
 (**naut.**) אויסמעסטן די טיף
 (*fig.*) דערגרונטעווען + אַק׳/זיך צו; באַנעמען; מסיג זײַן [MÁSEG]
fathometer דער עכאָלאָט, ־ן
fathomless אָן אַ דנאָ; נישט אויסצומעסטן; נישט צו(ם) באַנעמען
fatigue, *n.* די/דאָס מידקייט; די/דאָס פֿאַרמאַטערטקייט
 (**task/mil.**) דער נאַריאַד; דאָס (מיליטערישע) אַרבעטדינסט
 (**tech.**) די/דאָס אָפּגעניצטקייט
fatigue, *v.* פֿאַרמאַטערן; אויסמאַטערן; אויסמידן; אײַנמידן; פֿאַרמידן
fatigued פֿאַרמאַטערט; אויסגעמאַטערט; אויסגעמידט; פֿאַרמידט
 (**tech.**) אָפּגעניצט
fatigue duty דער נאַריאַד, ־ן
fatigues די (מיליטערישע) אַרבעט־קליידונג ל״י
fatness די/דאָס דיקייט; די/דאָס גראָבקייט; די/דאָס פֿעטקייט
 (**of land**) די/דאָס פּרוכטיקייט
fatso דער פֿעמפּיק, ־עס; דער פּענצעק, ־עס; דער בעל־בשׂר, בעלי־בשׂרס; דאָס פֿעסל, ־עך [BALBÓSER, BAL(E)-BÓSERS]
fatten אויספּאַשען|
 It's fattening פֿון דעם ווערט מען פֿעט; סע מאַכט פֿעט; מע נעמט דערפֿון צו וואָג; מע לייגט דערפֿון אָן וואָג
fattiness די/דאָס שמאַלציקייט; די/דאָס פֿעטיקייט
fattish פֿעטלעך
Fat Tuesday די מאַסלעניצע
fatty, *adj.* שמאַלציק; פֿעט(יק); אָנגעפֿעטעסט
fatty, *n.* *see* **fatso**
fatty acid דאָס פֿעטסזײַערס
fatty foods דאָס געשמילץ קאָל׳
fatty meats פֿעט(יק)ע פֿליישן
fatuous נאַרישעוואַטע; טיפּשדיק [TÍPEShDIK]
fatwa דער פֿאַטוואַ, ־ס
faucet דער קראַן, ־ען; דער קראַנט, ־ן
fault, *n.*
 (**guilt**) די שולד
 (**defect**) דער חסרון, ־ות/־ים; די פּגימה, ־ות; דער פּגם, ־ים; דער פֿעלער, ־ן [KhESÓRN, KhESRÓYNES/KhESRÓYNIM] [PGÍME] [PGAM, PGÓMIM]
 (**geol.**) דער שפּאַלט, ־ן; דער שיכטנבראָך, ־ן
 be at fault זײַן שולדיק; זײַן דער שולדיקער געב׳
 find fault with זוכן חסרונות ‹עוולות› אויף; טשעפּען| זיך צו; קיפּלען אויף [ÁVLES]
 to a fault ביז גאָר; איבער דער מאָס; צו
 Whose fault is it? ווער איז דאָ שולדיק?; ווער איז שולדיק אין דעם?
fault, *v.* אויסזעצן; געפֿינען חסרונות ‹חסרונים› בײַ [KhESÓRN, KhESRÓYNES/KhESRÓYNIM]
faultless אָן אַ פּגם ‹פֿלעק›; שלמותדיק [PGAM] [ShLÉYMESDIK]
fault line די שפּאַלטליניע, ־ס
faulty דעפֿעקטיוו; פֿעלערדיק; קאַליע; פּגימהדיק [PGÍMEDIK]
 be faulty האָבן אַ פֿעלער; זײַן דעפֿעקטיוו ‹פֿעלערדיק/קאַליע›; (אונטער)הינקען
fauna די פֿאַונע; די בעלי־חיים(־וועלט) [BÁLE-KhÁYEM]
faux פֿאַלש...; כּמו־...; נאָכגעמאַכט [KMOY]
faux pas דער פֿאַלשער טראָט, טריט; דער אויסגליטש, ־ן
fava bean דער (רוסישער) באָב, ־עס
favor, *n.*
 (**service**) די טובֿה, ־ות; די צוליבזאַך, ־ן [TÓYVE]
 (**grace**) דער חסד, ־ים; די ג(ע)נאָד, ־ן; די/דאָס לײַטזעליקייט [KhÉSED, KhSÓDIM]
 (**gift**) דאָס מתּנהלע פֿאַר די געסט [MATÓNELE]
 ask a favor of בעטן אַ טובֿה בײַ; אָנקומען צו + פּאָס׳ לאַסקע
 do a favor for טאָן + דאַט׳ אַ טובֿה; טאָן + דאַט׳ צו ליב
 Don't do me any favors! מוחל טובֿות!; טו(ט) מיר נישט קיין טובֿות!; רופֿ(ט) מיך נישט פֿעטער און קוש(ט) מיר נישט די מומע! [MÓYKhL] [TÓYVES]
 find favor with נושׂא־חן זײַן בײַ; געפֿינען חן בײַ; אויסנעמען בײַ [NÓYSE-KhÉYN] [KhEYN]
 fall out of sb.'s favor ווערן אויס יאַ־טעבע־דאָם בײַ; אָנווערן + פּאָס׳ ג(ע)נאָד
 in favor of (benefitting) לטובֿת + דאַט׳ [LETÓYVES]
 in favor of (to one's advantage) דאַט׳ + לטובֿה [LETÓYVE]
 be in favor of זײַן פֿאַר; סימפּאַטיזירן מיט
 return the favor (good deed) אָפּדינען (די טובֿה)
 return the favor (take revenge) רעוואַנשירן זיך
 rule in favor of פּסקענען ‹פּסקע|נען› לטובֿת [PÁSKENEN - PASKN/PÁSKE]
favor, *v.*
 (**luck/weather**) זײַן גינציק פֿאַר; צושפּילן + דאַט׳
 (**prefer**) פֿאַוואָריזירן; האָבן ‹אַרויסווײַזן› אַ פּרעפֿערענץ פֿאַר; נושׂא־פּנים זײַן [NÓYSE-PÓNEM]
 (**support**) זײַן פֿאַר; שטיצן; האַלטן מיט; סימפּאַטיזירן מיט
 favor sb. with באַשענקען + דאַט׳ מיט; מזכּה זײַן + אַק׳ מיט [MEZÁKE]
favorable גינציק; גוטגינציק; פּאָזיטיוו
favorably צו(ם) גוטן; צו גוטנס
 speak favorably of sb. דערמאָנען + אַק׳ צום גוטן; רעדן צום גוטן וועגן + דאַט׳; מלמד־זכות זײַן אויף + דאַט׳ [MELÁMED-SKhÚS]
favored באַליבט
favorite, *adj.* באַליבט(סט)
favorite, *n.* דער ליבלינג, ־ען; דער באַליבטער געב׳; דער בן־יקיר, ־ס; דער פֿאַוואָריט, ־ן [BENYÁKER]
 favorites (comp.) די אָפּגעקליבענע ‹באַליבטע› אַדרעסן
 play favorites אַרויסווײַזן פֿאַוואָריטיזם

favorite son (pol.) דער אָרטיקער שפּיצן־קאַנדידאַט, ־ן
favoritism [MASEPÓNEM] דער פֿאַוואָריטיזם; דער משׂא־פּנים
fawn, *n.* דאָס הערשעלע ‹הירשעלע›, ־ך
fawn, *v.* **(on/over)** לאַשטשען זיך (צו); צוחנפֿע(נע)ן זיך (צו); טרעלן + אַק׳ [TSÚKhÁNFE(NE)N]
fawn lily די לילקע, ־ס
fax, *n.* די טעלעקאָפּיע, ־ס; דער פֿאַקס, ־ן
fax, *v.* טעלעקאָפּירן; פֿאַקסירן; פֿאַקסן
fax machine די טעלעקאָפּירקע, ־ס; די פֿאַקסמאַשין, ־ען
fax number דער טעלעקאָפּיר־נומער, ־ן; דער פֿאַקסנומער, ־ן
faze צעשרויפֿן; שטערן
FBI דער עף־בי־איַי
FBI agent דער עף־בי־איַי־אַגענט, ־ן; דער עף־בי־איַיניק, ־עס
fear, *n.* דער/די שרעק, ־ן; די מורא, ־ס; דער פּחד, ־ים [MÓYRE] [PÁKhED, PKhÓDIM]
for fear אויס ‹פֿאַר› מורא; מחמת ‹צוליב› דער מורא [MÁKhMES]
No fear! נישט געזאָרגט!
fear of death די מורא פֿאַרן טויט
fear of flying די מורא פֿאַר פֿליִען; די פֿליִפֿאָביע
fear of God דער יִראת־שמים [YÍRES-ShOMÁYEM]
fear of heights די מורא פֿאַר הייכן; די אַקראָפֿאָביע
there are fears that מע זאָרגט זיך אַז
fear, *v.* שרעקן זיך פֿאַר; מורא האָבן פֿאַר ‹פֿון› [MÓYRE]
fear the worst ריכטן זיך אויפֿן (סאַמע) ערגסטן
have nothing to fear but fear itself מורא האָבן נאָר פֿאַר דער מורא אַליין
feared וואָס וואַרפֿט אָן אַ מורא ‹פּחד/שרעק› [MÓYRE] [PÁKhED]
fearful מוראוודיק; שרעקעוודיק; פּחדליווע; דערשראָקן [MÓYREVDIK] [PAKhEDLÍVE]
(frightening) מוראדיק; שרעקלעך; פּחדימדיק; מאוימדיק [MÓYREDIK] [PKhÓDIMDIK] [MEÚYEMDIK]
fearless אומדערשראָקן; דרייסט
fearlessness די/דאָס דרייסטקייט
fearmonger דער פּאַניק־פֿאַרשפּרייטער, ־ס
fearmongering דאָס פֿאַרשפּרייטן אַ פּאַניק
fearsome
be fearsome [PÁKhED] [MÓYRE] ‹מורא› אָנוואַרפֿן אַ פּחד
feasibility די/דאָס דורכפֿירלעכקייט
feasible דורכפֿירלעך; אויספֿירלעך; באַהייבלעך
It's feasible סע לאָזט זיך (אַ)דורכפֿירן ‹באַהייבן/טאָן/מאַכן›; מע קען עס טאָן
feast, *n.* די סעודה, ־ות [SÚDE]
Feast of Booths/Tabernacles דער סוכּות [SÚKES]
feast, *v.* [YÓNTEVDIKE] [SÚDE] עסן אַ יום־טובֿדיקע סעודה
(stuff oneself/*iro.*) רייַבן אַ סעודה
feast on אָנזעטיקן זיך מיט
feast one's eyes on נישט קענען זיך זאַט אָנקוקן אויף + דאַט׳; הנאה האָבן קוקנדיק אויף + דאַט׳; אויפֿעסן + אַק׳ מיט די אויגן; קוקן און קוועלן אויף + דאַט׳ [HANÓE]
feat דער אויפֿטו, ־ען; די קונץ, ־ן; די גבֿורה, ־ות [GVÚRE]
feats (of courage) (העלדישע) מעשׂים [MÁYSIM]
What a feat of endurance! אַזאַ(ן) אויסדויער!
feather, *n.* די פֿעדער, ־ן
in fine feather אין פֿולן גלאַנץ; אין פֿולער פּראַכט
feather in one's cap דער פֿערזענלעכער נצחון ‹אויפֿטו› [NITSÓKhN]
light as a feather גרינג ‹לייַכט› ווי אַ פֿעדערל
You could have knocked me over with a feather כ׳בין געבליבן אַ געליימטער גענ׳
feather, *v.* באַדעקן ‹באַפּוצן/באַצירן› מיט פֿעדערן
feather one's nest באַרייַכערן זיך; אָנשטאָפּן זיך די קעשענעס
featherbed, *n.* די (פּוך־)פֿערענע, ־ס; דאָס/די איבערבעט, ־ן; די פּוכענע קאָלד(ע)רע, ־ס
featherbed, *v.* באַלעווען; צעפּיעשטשען
featherbedding דאָס אומנייטיק אָנשטעלן
featherbrained אומבאַטראַכט; ־לייַכטזיניק
feather duster די ווישפֿעדער, ־ן
feathered באַפֿעדערט; מיט פֿעדערן; פֿעדערן־...
featherless אָנפֿעדערדיק; אָן פֿעדערן; נישט־באַפֿעדערט
featherweight, *adj.* פֿעדערוואָגיק
(*fig.*) לייַכט ווי אַ פֿעדערל
featherweight, *n.* דער פֿעדערוואָגיקער גענ׳
feathery באַפֿעדערט
(*fig.*) לייַכט ווי אַ פֿעדערל
feature, *n.*
(trait) דער שטריך, ־ן; די/דאָס אייגנקייט, ־ן; די כאַראַקטעריסטיק, ־עס
(attraction) די אַטראַקציע, ־ס; דער שלאָגנומער, ־ן; דער הויפּטנומער, ־ן
distinguishing feature דער קענצייכן, ־ס; דער סימן־מובֿהק [SÍMEN-MÚVEK]
feature, *v.*
vt. אַרויסשטעלן אויבן אָן; אַפֿערשטעלן; אַרויסהייבן
vi. פֿיגורירן
featuring (starring) מיט + דאַט׳ אין דער הויפּטראָלע
feature analysis דער כאַראַקטעריסטיק־‹שטריכן־› אַנאַליז, ־ן
feature article דער ספּעציעלער אַרטיקל, ־ען; דער פֿעליעטאָן, ־ען
feature film דער הויפּטפֿילם, ־ען
febrile פֿיבערדיק
be febrile פֿיבערן; האָבן היץ
February (דער) פֿעברואַר
fecal [TSÓYE] ...צואה־
feces [TSÓYE] די צואה ל״ר; עקסקרעמענטן
feckless
(inept) אומבאַהאָלפֿן; אומפֿעיִק
(irresponsible) נישט־אָפּגעהיט; אומאַחריותדיק; הפֿקרדיק [ÚMAKhRÁYESDIK] [HÉFKERDIK]
fecund פֿרוכפּערדיק; פֿרוכטיק; שפֿעדיק; פּראָדוקטיוו; פֿעט [ShÉFEDIK]
Fed, *n.* *see* **FBI agent; Federal Reserve Bank**
federal [MELÚKhISh] פֿעדעראַל; מלוכיש; מלוכה־... [MELÚKhE]
Federal Aviation Administration די פֿעדעראַלע אַוויאַציע־אַדמיניסטראַציע
Federal Bureau of Investigation די פֿעדעראַלע אויספֿאָרש־אַגענטור
federal employee דער מלוכה־אָנגעשטעלטער גענ׳ [MELÚKhE]
federal funds [MELÚKhIShE] מלוכישע געלטער
federal government די פֿעדעראַלע רעגירונג, ־ען
federalism דער פֿעדעראַליזם
federalist, *adj.* פֿעדעראַליסטיש
federalist, *n.* דער פֿעדעראַליסט, ־ן
federalization די פֿעדעראַליזירונג
federalize פֿעדעראַליזירן; נאַציאָנאַליזירן
federally [MELÚKhISh] [MELÚKhE] מלוכיש; פֿון דער מלוכה
Federal Reserve Bank די צענטראַלע מלוכה־באַנק [MELÚKhE]
federal workforce [MELÚKhE] דער מלוכה־פּערסאָנאַל
federation די פֿעדעראַציע, ־ס; דער פֿאַרבאַנד, ־ן

fed up
I'm fed up with ס'איז מיר (שוין) נישט־גוט פֿון; איך בין שוין זאַט פֿון; עס ווערט מיר שוין נימאס + נאָמ'; סע קריכט מיר שוין פֿון האַלדז + נאָמ' [NÍMES]
fee דער אָפּצאָל, ־ן
fee-based על־פּי ‹לויטן› אָפּצאָל [ÁLPI]
feeble [KÓYEKh] שוואַכ(לעך); שלאַף; אָן כּוח; שוואַכינק אטר'
feeble-minded שוואַכקעפּיק; שוואַכזיניק
feed, *n.*
(animal) דאָס (גע)פֿיטער; די קאָרמע
(audio) דער קלאַנגשטראָם, ־ען
(video) דערווידעאָ־שטראָם, ־ען
feed, *v.*
(breastfeed) *see* **breastfeed; nurse**
vt. imp. **(person)** געבן עסן + דאַט'; שפּײַזן; האָדעווע|ן; קאָרמע|(נע)ן; צערן
vt. pf. **(person)** אָנהאָדעווע|ן; אָנקאָרמע|(נע)ן; באַשפּײַזן; אָנפּויזשע|ן
vt. **(animal)** פֿאַשע|ן; פֿיטערן
vt. **(mech.)** אַרײַנגעבן; אַרײַנטאָן
vi. **(animal)** פֿיטערן זיך; פֿאַשע|ן זיך; דערנערן זיך
vi. **(child)** האָדעווע|ן זיך; עסן
vi. **(into river)** אַרײַנשטראָמען; אַרײַנפֿליסן
feed a child (*nurs.*) געבן האַמ(עניו) ‹אַמאַם/ניאַם־ניאַם›
The child is feeding well דאָס קינד האָדעוועט זיך ‹עסט› גוט; דאָס קינד איז אַ גוטער עסער
The baby is feeding poorly דאָס עופֿעלע איז פֿויל בײַם זייגן; דאָס עופֿעלע איז אַ פֿוילער זייגער [ÉYFELE]
feed information צושטעלן אינפֿאָרמאַציע; אינפֿאָרמירן
feed on דערנערן זיך פֿון ‹מיט›
feedback
(evaluation) דער אָפּרוף, ־ן; דער (קריק)אָפּשאַץ, ־ן; דער קריקפֿלייץ, ־ן
(noise) [RASh] דער פֿידבעק; דער רעקאָרדיר־רעש
give positive feedback אָפּרופֿן זיך פּאָזיטיוו; געבן אַ פּאָזיטיוון אָפּשאַץ
feeder
(elec.) דער צופֿירער, ־ס
(river) דער בײַטײַך, ־ן
(of food) דער האָדעווער, ־ס
feeder road דער צופֿירוועג, ־ן
feeding, *n.* דאָס האָדעווען; דאָס קאָרמע(נע)ן; דאָס געבן דעם קינד עסן
after the last feeding נאָכן לעצטן מאָל אָנהאָדעווען ‹אָנקאָרמע|(נע)ן›
give a full feeding קאָרמע|(נע)ן צו דער זעט; אָנזייגן
feeding frenzy דאָס פֿרעסערײַ; דאָס פֿרעסעניש
be in a feeding frenzy (*fig.*) רײַסן זיך
feeding schedule דער האָדעווע־פּלאַן, ־פּלענער; דער קאָרמעפּלאַן, ...פּלענער
feeding tube דאָס שפּײַזרערל, ־עך
feel, *n.*
(of fabric) דאָס געטאַפּ
(perception) די (דער)שפּירונג
(sense of touch) דער טאַפּ־חוש; דער חוש־המישוש [HAMÍShESh]
get the feel for קומען אויפֿן טעם פֿון; קריגן אַ געפֿיל פֿאַר [TAM]
get the feel of (habituate) צוגעווינען ‹צוגעוווינען› זיך צו
get the feel of (touch) אַ טאַפּ טאָן; דערפֿילן
have a feel for האָבן אַ חוש צו ‹פֿאַר›
feel, *v.*
vt. **(touch)** (אָנ)טאַפּן; דערטאַפּן; אָנרירן
vt. **(sense)** פֿילן; דערשפּירן
vi. **(health/emotions)** פֿילן זיך
vi. **(believe)** האַלטן; מיינען; גלייבן
feel around אַרומטאַפּן
feel as if דאַכטן זיך אומפּ' + דאַט'/פֿ"ק אַז
feel for מיטפֿילן מיט; האָבן מיטלייד מיט; האָבן רחמנות אויף [RAKhMÓNES]
Feel free! שעמ(ט) זיך נישט!; ווי דאָס האַרץ גלוסט!
feel funny (sick) פֿילן זיך עפּעס נישט מיט אַלעמען
feel funny about האָבן אַ מאָדנע געפֿיל וועגן
feel good about זײַן צופֿרידן מיט; האָבן הנאה פֿון [HANÓE]
feel life (obst.) פֿילן ס'פּיצעלע; דערפֿילן ווי ס'רירט זיך
feel one's way טאַפּן בלינדערהייט; טאַפּן מיט די פֿינגער; טאַפּן אין דער פֿינצטער
feel out [DÉYFEK] געבן אַ טאַפּ אין וואָגן; טאַפּן דעם דפֿק
feel up (אויס)טאַפּן; באַטאַפּן; גלעט(יק)ן; ליובע|ן זיך; לאַשטשע|ן; קאַשקע|ן
feel up to זײַן בכוח צו; גלוסטן זיך צו אומפּ' + דאַט'/פֿ"ק; האָבן חשק צו [BEKÓYEKh] [KhÉYShEK]
feel well פֿילן זיך גוט ‹געזונט›; זײַן בקוו־הבריאות [BEKÁV-HABRÍES]
How does she feel about it? וואָס זאָגט זי דערצו?; ווי מיינט זי?
I don't feel like it ס'גלוסט ‹ס'ווילט› זיך מיר נישט; כ'האָב נישט קיין חשק דערצו
I feel cold/hot/warm ס'איז מיר קאַלט/הייס/וואַרעם; מיר איז קאַלט/הייס/וואַרעם
I feel for you איך פֿיל מיט מיט דיר
I feel good (physically) איך פֿיל זיך געזונט
I feel good (emotionally) ס'איז מיר גוט (אויפֿן האַרצן)
I feel like eating סע גלוסט זיך מיר צו עסן; מיר ווילט זיך עסן; ס'ווילט זיך מיר עסן
I feel sad ס'איז מיר שווער ‹אומעטיק/קאַלעמוטנע› אויפֿן האַרצן
I feel that ... מיר דאַכט זיך אַז ...
I know how you feel כ'פֿיל דײַן טעם ‹מורא/בראָך›; כ'פֿיל מיט מיט דיר [MÓYRE]
not feel like oneself פֿילן זיך נישט מיט אַלעמען
feeler דער פֿילאַרגאַן, ־ען; דאָס טאַפּערל, ־עך
put out feelers [DÉYFEK] טאַפּן דעם דפֿק (בײַ)
feel-good, *adj.* אויפֿמונטערנדיק
feeling
(emotion) דאָס געפֿיל, ־ן
(sensation) דער חוש, ־ים
(sense of touch) [KhUSh-HAMÍShESh] דער חוש־המישוש
feeling of confidence דאָס בטחון־געפֿיל, ־ן; דאָס זײַן זיכער בײַ זיך [BITÓKhN]
get a feeling for קריגן אַ געפֿיל פֿאַר
get the feeling that האָבן דאָס געפֿיל אַז
have a feeling for [MEYVN] זײַן אַ מבֿין אויף
the feeling is mutual דאָס אייגענע בײַ מיר; דאָס זעלבע פֿון מײַן זײַט
with feeling מיט האַרץ (און געפֿיל); מיט עמאָציע
feign מאַכן זיך (ווי); מאַכן אַן אָנשטעל (פֿון/אַז); סימולירן
feign ignorance (of) מאַכן זיך כּלא־ידע ‹נישט־וויסנדיק› (וועגן); קוקן דורך די פֿינגער (אויף) [KILEYÓDE]
feign innocence מאַכן זיך תּמעוואַטע; מאַכן זיך ווי קיין מאָל גאָרנישט [TAMEVÁTE]
feigned געמאַכט; צופֿלײַסנדיק; כּלומרשטיק; קלאָמפּערשטיק [KLÓYMERShTIK]

feint, *n.* די פֿינטע, ־ס; די אָפּווענד־מאַנעווורע, ־ס; דער אָפּווענד, ־ן
feint, *v.* פֿינטירן
feisty ענערגיש; פֿול מיט ברען ‹לעבן›; לעבעדיק
feldspar דער פֿעלדשפּאַט, ־ן
felicitation די ווינטשעוואַניע, ־ס; די באַגריסונג, ־ען; די גראַטולירונג, ־ען; דער ווונטש, ־ן
felicitous
(opportune) פּאַסיק; טרעפֿלעך; אויפֿן אָרט
(successful) געראָטן
felicity (happiness) דאָס (העכסטע) גליק
fell, *n.* די פֿעל, ־ן
fell, *v.* אַראָפּהאַקן; אונטערהאַקן; אומוואַלגערן
He was felled by a bullet ס'האָט אים אַוועקגעלייגט אַ קויל
fellah דער פֿעלאַך, ־ן
fellatio דער תּשמיש־הפּה; דער פֿעלאַציאָ; דער צונגענסעקס [TÁShMESh-HAPÉ]
fellow, *adj.* מיט...
my fellow New Yorker מײַן ניו־יאָרקער לאַנדסמאַן ‹בן־עיר› [BENÍR]
fellow, *n.* דער יונג, ־ען; דער יונגער־מאַן, יונגע־לײַט; דער חבֿרה־מאַן, ־לײַט [KhÉVRE]
(acad.) דער חבֿר, ־ים; דער פּאָרש־סטיפּענדיאַנט, ־ן [KhÓVER]
(member of a society) דער חבֿר, ־ים
fellow citizen דער מיטבירגער, ־ס
fellow countryman דער לאַנדסמאַן, לאַנדסלײַט; דער בן־עיר, בני־... [BENÍR, BNEY-ÍR]
fellow countrywoman די לאַנדספֿרוי, ־ען
fellow feeling דאָס מיטגעפֿיל
fellowship
(friendship) די חבֿרשאַפֿט; די גוט־ברודערשאַפֿט [KhÁVERShAFT]
(acad.) די חבֿרשאַפֿט, ־ן; די (פֿאָרש־)סטיפּענדיע, ־ס [KhÓVERShAFT]
fellow traveler דער מיטפֿאָרער, ־ס
(*fig.*) דער מיטלויפֿער, ־ס; דער קאַמעראַד, ־ן
fellow worker דער מיטאַרבעטער, ־ס
felon דער שווער־פֿאַרברעכער, ־ס
felonious שווער־פֿאַרברעכעריש
felony, *adj.* שווער־פֿאַרברעכעריש
felony, *n.* דער שווערער פֿאַרברעך, ־ן
felony assault דער פֿאַרברעכערישער אָנפֿאַל, ־ן
felt, *adj.* פֿילצן; פֿילצ...; פֿילשטן; פֿילשט...
felt, *n.* דאָס פֿילץ; דער פֿילשט
felt boots וואַליקעס; פֿילשטן
felt cloth דאָס פֿילצטוך
felt hat דער פֿילצהוט, ...היט; דער פֿילשטהוט, ...היט
felt-tip pen די פֿילצפֿען, ־ען; דער מאַרקירער, ־ס
female, *adj.* ווײַבלעך
female, *n.* די פֿרוי, ־ען; די אישה, נשים; די נקבֿה, ־ות [ÍShE, NÓShIM] [NEKÉYVE]
(zool.) די זי, ־ען; די נקבֿה, ־ות
female circumcision די מיידל־באַשנײַדונג, ־ען
female friend די חבֿרטע, ־ס; די חבֿרטאָרין, ־ס [KhÁVERTE] [KhÁVERTORN]
feminine, *adj.* ווײַבער(י)ש; פֿרויִש; פֿעמינין; ווײַבלעך; פֿרויענ...
(gram.) לשון־נקבֿה; ווײַבלעך [LOShN-NEKÉYVE]
feminine, *n.* דאָס לשון־נקבֿה; דער ווײַבלעכער מין [LOShN-NEKÉYVE]
feminine hygiene products דאָס פֿרויען־היגיענעוואַרג קאָל'
femininity די/דאָס ווײַבער(י)שקייט; די/דאָס פֿרויִשקייט; די/דאָס פֿעמינינקייט; די/דאָס ווײַבלעכקייט
feminism דער פֿעמיניזם
feminist, *adj.* פֿעמיניסטיש
feminist, *n.*
m./unsp. דער פֿעמיניסט, ־ן
f. די פֿעמיניסטקע, ־ס
femme fatale דער מענער־פֿרעסער, ־ס; די יצר־הרעניצע, ־ס [YÉYTSER-HÓRENITSE]
femoral דיכ...
femur דער דיכביין, ־ער
fence,[1] *n.* **(barrier)** דער פּלויט, ־ן; דער פּאַרקן, ־ס; דער/די צאַם ‹צוים›, ־ען
sit on the fence/be a fence-sitter נישט קענען באַשליסן אַהין־אַהער; וואַקלען זיך צווישן צוויי פּאָזיציעס ‹מיינונגען›; זיצן אויף צוויי שטולן
fence,[2] *n.* **(middleman)** דער פּאַסער, ־ס; דער שאַפֿער, ־ס; דער באַכניאַזש, ־ן; דער מאַרוויכער, ־ס
fence,[1] *v.* **(build fence)**
fence in אײַנצאַמען ‹אײַנצוימען›; פֿאַרצאַמען; אַרומצאַמען; אַרומגרענעצן
fence off אָפּצאַמען; אָפּצוימען
fence,[2] *v.* **(sell illegal goods)** פּאַשן; האַנדלען מיט חמץ [KhÓMETS]
fence,[3] *v.* **(spo.)** פֿעכטן (זיך)
fenced goods די באַכנ(י)ע; דער/דאָס חמץ [KhÓMETS]
fenced-in area דער אָפּצאַם, ־ען
fence-mending דאָס צוריק אײַנאָרדענען גוטע באַציִונגען
fencer (spo.) דער פֿעכטער, ־ס
fencing (spo.) דאָס געפֿעכט; דאָס פֿעכטערײַ
fencing mask די פֿעכטמאַסקע, ־ס
fend
fend for oneself געבן זיך אַן עצה; (אַליין) באַשטיין דאָס (אייגענע) שטעטל [ÉYTSE]
fend off אָפּשטויסן; צוריקשטויסן
fender דאָס שיצבלעך, ־ן; דער בלאָטע־פֿליגל, ־ען
fender-bender דער קליינער אויטאָ־שאָדן, ־ס
fennel דער פֿענכל; דאָס קימלגראָז
fennel flower די טשערניטשקע; די ניגעלע
fennel seed די טשערניטשקע
fenugreek די כילבע; דער פֿעניגרעקום
feral ווילד; פֿאַרווילדעוועט
ferment, *n.* די יערונג; די יוירונג; דאָס יוירן; די ברויזונג; דער פֿערמענט
ferment, *v.* (אויפֿ)יוירן; (אויפֿ)יערן; (אויפֿ)ברויזן; פֿערמענטירן
fermentation די יערונג; די יוירונג; דאָס יוירן; די פֿערמענטאַציע
fermium דער פֿערמיום
fern דער/דאָס פֿעדערבלאַט, ...בלעטער; דאָס פֿעדערגראָז
ferocious רציחהדיק; אַכזריותדיק; בלוטדאָרשטיק [RETSÍKhEDIK] [AKhZÓRYESDIK]
ferocity די רציחה; דאָס אַכזריות; דער בלוטדאָרשט [RETSÍKhE] [AKhZÓRYES]
ferret, *n.* דער טכויר, ־ן
ferret, *v.* **(out)** אויסניוכען; אויסשפּירן; אויסוואָנכע(ן); אויסשמעקן
ferric אײַזן־דרײַ־...
ferric oxide דער אײַזן־דרײַ־אָקסיד
ferric sulfate דער אײַזן־דרײַ־סולפֿאַט
ferric sulfide דער אײַזן־דרײַ־סולפֿיד
Ferris wheel די פֿעריס־ראָד, ־רעדער

ferrous אײַזן־צווײ־...
ferrous salt די אײַזנזאַלץ, ־ן
ferrous sulfate דער אײַזן־צווײ־סולפֿאַט
ferrous sulfide דער אײַזן־צווײ־סולפֿיד
ferry, *n.* דער פּ(אַ)ראָם, ־ען
ferry, *v.* אַריבערשיפֿן; אַריבערפֿירן
ferry landing די (פּראָם)טראַטווע, ־ס
ferryman דער פּ(אַ)ראָמער, ־ס; דער פּאַראָמשטשיק, ־עס; דער אַריבערפֿירער, ־ס
fertile פֿרוכפּערדיק; פֿרוכטיק; פֿעט; גיביק
fertile earth די פֿרוכפּערדיקע ‹פֿעטע› ערד
fertile period די פֿרוכפּערצײַט, ־ן; דער פֿרוכפּער־פּעריאָד, ־ן
fertility די/דאָס פֿרוכפּערדיקייט; די/דאָס פֿרוכטיקייט; די/דאָס גיביקייט
fertility clinic די פֿרוכפּער־קליניק, ־עס
fertility doctor דער פֿרוכפּער־דאָקטער, ...טוירים
fertility drug דאָס פֿרוכפּער־מיטל, ־ען
fertility rate די/דאָס געבוירטיקייט
fertilization
(bio.) די באַפֿרוכפּערונג
(of soil) די באַמיסטיקונג; די באַגיטיקונג; די פֿערטיליזאַציע
fertilize
vt. **(bio.)** באַפֿרוכפּערן
vt. **(soil)** באַמיסטיקן; אָפּמיסטיקן; פֿעטיקן; באַגיטיקן; פֿערטיליזירן
vi. באַפֿרוכפּערט ווערן
fertilized egg דאָס באַפֿרוכפּערטע אײעלע, ־ך
fertilizer דאָס באַמיסטעכץ; דאָס קונסטמיסט; דער פֿערטיליזאַטאָר
fervent הייס; פֿאַרברענט; התלהבֿותדיק; פּאַטעטיש [HISLÁYVESDIK]
fervid גליִק הייס; ברענענדיק
(*fig.*) פֿאַרברענט
fervor די היץ; דער ברען; דאָס התלהבֿות; דער פּאַטאָס; די כּוונה [HISLÁYVES] [KAVÓNE]
fess up (*slg.*) זאָגן דעם אמת אין די אויגן [ÉMES]
fester, *n.* די יאַטערונג, ־ען; די אײטערונג, ־ען; דאָס געשוויר, ־ן
fester, *v.* יאַטערן; אײטערן; פֿוילן
festering resentment דער יאַטערנדיקער ברוגז ‹כּעס/פֿאַרדראָס› [BRÓYGES] [KÁAS]
festering wound די אײטערדיקע ‹יאַטערנדיקע› וווּנד, ־ן
festival דער פֿעסטיוואַל, ־ן
(J.) דער יום־טובֿ, ־ים [YÓNTEF/YÓNTEV, YONTÓYVIM]
(non-J.) די חגא, ־ות/חגאָות [KhÓGE, KhÓGES/KhAGOÉS]
festive יום־טובֿדיק; שבתדיק [YÓNTEVDIK] [ShÁBESDIK]
festivity
(festival) דער יום־טובֿ, ־ים; די פֿײַערונג, ־ען [YÓNTEF/YÓNTEV, YONTÓYVIM]
(merriment) די שׂימחה; די הילולא; די/דאָס פֿרײלעכקייט [SÍMKhE] [HILÚLE]
festoon, *n.* די גירלאַנדע, ־ס; דער פֿעסטאָן, ־ען
festoon, *v.* באַהענגען (מיט גירלאַנדעס)
Festschrift דאָס יובֿל־בוך, ־ביכער [YOYVL]
fetal וולד־... [VLAD]
in a fetal position אײַנגעקאָרטשעט ווי אַ וולד
fetal death דער וולד־טויט; דעם וולדס טויט [VLATS]
fetal distress וולד־צרות ל״ר; די וולד־נויט [VLÁT-TSÓRES]
fetal head דעם וולדס קעפּעלע, ־ך
fetal heart rate דעם וולדס האַרצגיכקייט
fetal life דעם וולדס לעבן
fetal membrane דאָס וולד־זעקל‹־הײַטל›, ־עך
fetal monitor די וולד־נאָכשפּירקע, ־ס
fetal sex test דער וולד־מין־טעסט, ־ן
fetch (צו)ברענגען; אָפּנעמען
fetching מלא־חן; באַחנט; שאַרמאַנט [MÓLE-KhÉYN] [BAKhÉYNT]
fete, *n.* די גרויסע שׂימחה, ־ות; דער יום־טובֿ, ־ים [SÍMKhE] [YÓNTEF/YÓNTEV, YONTÓYVIM]
fete, *v.* מאַכן אַ יום־טובֿ לכּבֿוד [YÓNTEF/YÓNTEV] [LEKÓVED]
fetid פֿאַרשטונקען; עיפּושדיק [ÍPEShDIK]
fetish דער פֿעטיש, ־ן
fetishism דער פֿעטישיזם
fetishist דער פֿעטישיסט, ־ן
fetishistic פֿעטישיסטיש
fetter, *n.* די פּענטע, ־ס
fetters *also* קייטן
fetter, *v.* פּענטע\|ן; (פֿאַר)קאָווע\|ן
fettered by געפּענטעט פֿון
fettle
in fine fettle אין בעסטער ‹אויסגעצייכנטער› פֿאָרעם; גוט אויפֿגעלייגט
fetus דער וולד, ־ן [VLAD]
feud, *n.* דאָס (בלוט־)מחלוקת, ־ן; דער (בלוט־)סיכסוך, ־ים; די פֿײַנדשאַפֿט, ־ן [MAKhLÓYKES] [SÍKhSEKh, SIKhSÚKhIM]
feud, *v.* זײַן צווישן זיך פֿײַנד ‹שׂונאים› [SÓNIM]
feudal פֿעאָדאַל
feudalism דער פֿעאָדאַליזם
feudalistic פֿעאָדאַליסטיש
feuilleton דער פֿעליעטאָן, ־ען
fever די היץ; דער פֿיבער; די הויכע טעמפּעראַטור
(sickness) די היצקרענק; די היציקע קרענק; דאָס קדחת [KADÓKhES]
have a fever האָבן היץ ‹פֿיבער›; פֿיבערן; ברענען
fevered/feverish היציק; פֿיבערדיק
be feverish פֿיבערן
few ווייניק אינוו׳; ווינציק אינוו׳; קנאַפּ אינוו׳; געציילט
a few עטלעכע; אַ פּאָר; אַ ביסל
few and far between שיטער; זעלטן
the few די געציילטע; דער מיעוט ל״י [MÍET]
fewer than ווייניקער פֿון ‹פֿאַר/אײדער› + דאַט׳; ווייניקער ווי + נאָמ׳
the fewer the better וואָס ווייניקער ‹קנאַפּער› אַלץ בעסער
fez די פֿעסקע, ־ס; דער פֿעז, ־ן
fiancé דער חתן, ־ים [KhOSN, KhASÁNIM]
fiancée די כּלה, ־ות [KÁLE]
fiasco דער פֿיאַסקאָ, ־ס
fiat דער גזר, ־ן; די גזירה, ־ות; דער יהי, ־ס [GZAR] [GZÉYRE] [YEHÍ]
by fiat על־פּי גזר ‹גזירה›; לויט דער גזירה [ÁLPI]
fiat money דאָס פּאַפּירגעלט ‹פּאַפּירענע געלט› אָן דעקונג
fib, *n.* די בײַקע, ־ס; דאָס ליגנדל, ־עך
fib, *v.* בײַקע\|ן; זאָגן (אַ) ליגנדל
fibber דער ליגנער, ־ס
fiber די פֿיברע, ־ס; דער (פֿלאַנצ)פֿאָדעם, (...)פֿעדעם
(dietary) די פֿיברע
fiberglass דאָס פֿיברעגלאָז; גלאָזפֿעדעם ל״ר
fiberoptic פֿיברע־אָפּטיש
fiberoptics די פֿיברע־אָפּטיק ל״י
fibrillate פֿיברילירן
fibrillation די פֿיברילאַציע, ־ס
fibroid, *adj.* פֿיבראָיד־...
fibroid, *n.* דער פֿיבראָיד, ־ן
fibroma די פֿיבראָמע, ־ס

fibromyalgia די פֿיבראָמיאַלגיע
fibrosis דער פֿיבראָז, ־ן
fibrous פֿיברעדיק
fibula דער הינטערשטער שינביין, ־ער; דער ליטקעביין, ־ער
fiche דער מיקראָפֿיש, ־ן
fickle פֿליאַדערדיק; בײַטעוודיק; נישט־אויסגעהאַלטן; קאַפּריזיק; קאַפּריזנע
fickle person דער קאַפּריזנער געב׳; דאָס איבערגעדרייטע שלעסל
fickleness די/דאָס פֿליאַדערדיקייט; די/דאָס קאַפּריזנעקייט
fiction די בעלעטריסטיק; די שײנע ליטעראַטור
(lie) די פֿיקציע, ־ס; דער ליגן, ־ס; די אויסגעטראַכטע מעשׂה [MÁYSE]
fictional אויסגעטראַכט; אויסגעקלערט
fictionalize בעלעטריזירן
fictionalized בעלעטריזירט
fiction writer
m./unsp. דער בעלעטריסט, ־ן
f. די בעלעטריסטין, ־ן
fictitious אויסגעטראַכט; אויסגעקלערט; פֿיקטיוו
fiddle, *n.* דער/די פֿידל, ־ען
first fiddle דער/די ערשטע(ר) פֿידל
second fiddle דער/די צווייטע(ר) פֿידל
play second fiddle שפּילן דעם צווייטן פֿידל; זײַן פֿאַרשאָטנט
fiddle, *v.* פֿידלען; סמיקע|ן; שפּילן אויפֿן פֿידל
fiddle away, *vt.* **(waste)** צעפּטרן; צעטרענצלען [TSEPÁTERN]
fiddle away, *vi.* **(fiddle a long time)** אַװעקפֿידלען
fiddle with אַרומשפּילן זיך מיט; פּאָר(ק)ע|ן זיך מיט; נישט אַרויסלאָזן פֿון די הענט
fiddle-faddle דער קוואַטש; נאַרישקייטן ל״ר
fiddler דער פֿידלער, ־ס; דער פֿידל־שפּילער, ־ס
Fiddlesticks! (הולע) נאַרישקייטן!; שטותים!; ווייס איך וואָס! [ShTÚSIM]
fidelity
(loyalty) די געטרײַשאַפֿט; דאָס נאמנות; די/דאָס איבערגעגעבנקייט [NEMÓNES]
(marital) די זיווג־געטרײַשאַפֿט; די געטרײַשאַפֿט צום מאַן <ווײַב> [ZÍVEG]
fidget נישט קענען אײַנזיצן (רויִק); זיצן ווי אויף שפּילקעס; נישט האָבן קיין זיצפֿלייש; נישט קענען זיך געפֿינען קיין אָרט
fidgety
be fidgety *see* **fidget**
fidgety child דער אומרו, ־ען; דער אומראַס, ־ן
fidgety person דער/די אומלויף, ־ן; דער אומראַס, ־ן
fiduciary, *adj.* נאמנות־... [NEMÓNES]
fiduciary, *n.* דער נאמן, ־ים [NÉMEN, NEMÓNIM]
fiduciary responsibility דאָס נאמנות־אַחריות [NEMÓNES-AKhRÁYES]
fief דער פֿעאָד, ־ן
fiefdom דער פֿעאָדאַל־גוט, ־גיטער; די נחלה, נחלאָות [NÁKhLE, NAKhLÓES]
field, *adj.* פֿעלד...
field, *n.* דאָס פֿעלד, ־ער
(area of interest) דאָס פֿעלד, ־ער; דער תּחום, ־ען/־ים; הילכות + נאָמ׳; דאָס געגבּול, ־ן; דאָס געביט, ־ן [HÍLKhES]
(profession) די בראַנזשע, ־ס
field of force דאָס עלעקטראָמאַגנעטישע פֿעלד, ־ער
field of study דאָס פֿעלד, ־ער; דער שטח, ־ים [ShÉTEKh, ShTÓKhIM]
field of vision דאָס זעפֿעלד, ־ער; דער זעקרײַז, ־ן; דער אויגנגרייד, ־ן
be in the field (baseball) כאַפּן; זײַן אַ פֿעלדניק
have a field day לאָזן זיך וווילגיין; לעקן (זיך) די פֿינגער
field, *v.*
field calls ענטפֿערן אויף קלונגען
field questions ענטפֿערן אויף פֿראַגעס (פֿון עולם) [ÓYLEM]
(spo.) כאַפּן (און וואַרפֿן)
field a candidate לאָזן קאַנדידירן
field commander דער פֿעלד־קאָמאַנדיר, ־ן
field dressing דער נויטבאַנדאַזש, ־ן
fielder (baseball) דער פֿעלדניק, ־עס
field events שפּרינג־ און וואַרף־שפּילן
field exercises פֿעלד־מאַנעוורס
field forces דאָס פֿעלד־מיליטער קאָל׳
field glasses דער בינאָקל, ־ען; דער שפּאַקטיוו, ־ן
field hand דער פֿעלדאַרבעטער, ־ס
field hockey דער פֿעלדהאָקי; דער פֿעלדהאָקיי
field hospital דער/דאָס פֿעלדשפּיטאָל, ־ן/שפּיטעלער
field marshal דער פֿעלדמאַרשאַל, ־ן
field mouse דאָס פֿעלדמויז, ...מײַז
field radio דער פֿעלדראַדיאָ, ־ס
field recording די פֿעלד־רעקאָרדירונג, ־ען
field research די פֿעלדפֿאָרשונג
field station די פֿעלדסטאַנציע, ־ס
field trip די עקסקורסיע, ־ס; דער אַרויספֿאָר, ־ן
fieldwork
(agr.) די פֿעלדאַרבעט
(research) די פֿעלדפֿאָרשונג
fieldworker דער פֿעלדפֿאָרשער, ־ס
fiend
(demon) דער טײַוול, טײַוואָנים/טײַוואָלים; דער שׂטן; דער שד, ־ים; דער נישט־גוטער געב׳ [SOTN] [ShED, ShÉYDIM]
(evil person) דער רשע, ־ים [RÓShE, REShÓYEM]
(fanatic) דער פֿאַנאַטיקער, ־ס
fiendish
(demonic) טײַוולאָניש; טײַוואָליש
(cunning) כיטרע; טײַוולאָניש
fierce רציחהדיק; אַכזריותדיק; צאָרנדיק; שאַרף; ביסטרע [RETSÍKhEDIK] [AKhZÓRYESDIK]
fiercely שאַרף; בייז; ווילד
fiercely loyal געטרײַ אויפֿן לעבן; געטרײַ ביזן טויט
fierceness די רציחה; דאָס אַכזריות [RETSÍKhE] [AKhZÓRYES]
fiery ברענענדיק; פֿײַערדיק
(flushed) פֿאַרפֿלאַמט; פֿאַררייטלט
(passionate) פּאַטעטיש; פֿײַערדיק
(temperament) פֿײַערדיק; היציק
have a fiery temper זײַן אַ היצקאָפּ
fiery red צונטער רויט
a fiery sunset אַ פֿײַערדיקער זונפֿאַרגאַנג
fife די דודע, ־ס
fifteen פֿופֿצן
fifteenth פֿופֿצעט; פֿופֿצנט
fifth, *adj.* פֿינ(נ)פֿט
fifth, *n.*
(fraction) דאָס פֿינ(נ)פֿטל, ־עך; דער פֿינפֿט־חלק, ־ים [KhÉYLEK, KhALÓKIM]
(mus.) די קווינטע, ־ס
fifth column די פֿינ(נ)פֿטע קאָלאָנע
fifth wheel די פֿינפֿטע ראָד צום וואָגן
fiftieth פֿופֿציקסט
fifty פֿופֿציק
fifty-fifty האַלב אויף האַלב; גלײַך אויף גלײַך

be in one's fifties זײַן אין די פֿופֿציקער (יאָרן); זײַן אַ פֿופֿציקער
in the fifties (era) אין די פֿופֿציקער יאָרן
fifty-dollar bill דער פֿופֿציקער, ־ס
fifty-odd עטלעכע און פֿופֿציק; אַ פֿופֿציק
fifty-yard line די פֿופֿציקער־ליניע
fig, *adj.* פֿײַגן...
fig, *n.* די פֿײַג, ־ן
I don't care a fig! כ'האָב עס אין דר'ערד!; ס'אַרט מיך ווי דער פֿאַראַיאָריקער שניי!
fight, *n.* דאָס געשלעג, ־ן; דער קאַמף, ־ן
(verbal) דאָס קריגערײַ, ־ען; די/דאָס מחלוקת, ־ן [MAKhLÓYKES]
get into a fight צעשלאָגן זיך; אַרײַנלאָזן זיך אין אַ געשלעג
put up a fight אַקעגנשטעלן זיך; ווערן זיך
It was a fight to the finish ס'איז געווען אַ קאַמף ביזן ביטערן סוף; מ'האָט אויסגעשפּילט אַ שווערע שלאַכט [SOF]
fight, *v.*
vt. באַקעמפֿן
vi. שלאָגן זיך (מיט); קעמפֿן (מיט)
vi. **(verbal)** צעקריגן זיך; צעווערטלען זיך; פֿירן אַ פּלוגתּא [PLÚGTE]
vi. **(mil.)** קעמפֿן (קעגן)
fight back אָפּשלאָגן זיך; אָפּגעבן גלײַך אויף גלײַך; געשטיין קעגן
fight fire with fire אָפּענטפֿערן פֿײַער מיט פֿײַער
fight for קעמפֿן פֿאַר; שלאָגן זיך פֿאַר
fight off אָפּקלאַפּן; אָפּשלאָגן
fight out *see* **fight to the finish**
fight the good fight שלאָגן זיך קעגן שלעכטס; ראַנגלען זיך פֿאַר גערעכטיקייט
fighter
(soldier/*fig.***)** דער קעמפֿער, ־ס
(boxer) דער באָקסער, ־ס
fighter aircraft די שלאַכט־‹קאַמף־›אַוויאַציע
fighter jet דער שלאַכט־‹קאַמף־›עראָפּלאַן, ־ען; דער פֿאַרניכטלער, ־ס
fighter pilot דער קאַמפֿפּילאָט, ־ן
fighter squadron דער קעמפֿער־עסקאַדראָן, ־ען
fighting, *adj.* קעמפֿ...; קעמפֿנדיק
He has a fighting chance ער האָט אַ שאַנס אַז ער וועט זיך נאָר באַמיִען
fighting spirit דער קאַמפֿגײַסט
fighting strength קעמף־כּוחות ל״ר
fighting, *n.* געשלעגן ל״ר; דאָס שלאָגן זיך
fig leaf דער/דאָס פֿײַגנבלאַט, ...בלעטער
figment דער אויסקלער, ־ן; דער צוטראַכט, ־ן
figment of one's imagination דאָס אויסדאַכטעניש, ־ן; די (ווילדע) פֿאַנטאַזיע, ־ס
fig tree דער פֿײַגנבוים, ...ביימער; דער פֿיקוס, ־ן
figurative(ly) פֿיגוראַטיוו; פֿיגוראַל
figuratively speaking פֿיגוראַטיוו ‹מעטאַפֿאָריש› גערעדט; בדרך־משל [BEDÉREKh-MÓShL]
figure, *n.* די פֿיגור, ־ן
(alg.) די/דער ציפֿער, ־ן/–
(person) *also* די פּערזענלעכקייט, ־ן; די פּערזאָן, ־ען; דאָס געשטאַלט, ־ן
(physique) *also* די טאַליע, ־ס; דאָס געשטאַלט, ־ן
figure of ridicule די חוזק־פֿיגור [KhÓYZEK]
figure of speech די רעדפֿיגור, ־ן; די רעטאָרישע פֿיגור, ־ן; די סטילפֿיגור, ־ן
It's just a figure of speech סע רעדט זיך נאָר אַזוי
keep one's figure אָפּהיטן די פֿיגור; האַלטן פֿיגור
figure, *v.*
vt. **(math.)** רעכענען; חשבונען [KhÉZhBENEN]
vi. **(appear)** פֿיגורירן
figure out אויספּלאָנטערן; אויסרעכענען; פֿונאַנדערקלײַבן זיך (אין); דערגיין דעם שׂכל (פֿון) [SEYKhL]
It doesn't figure דער חשבון שטימט נישט; סע לייגט זיך נישט אויפֿן שׂכל [KhEZhBM]
That figures! נו, וואָדען?
figure eight די אַכט, ־ן; די אַכטפֿיגור, ־ן
figurehead די שיפֿפֿיגור, ־ן
(*fig.***)** די פּאַפּקע, ־ס; די מאַריאָנעטקע, ־ס; דער מלך־לפּנים; די אונטערגעשטעלטע פּערזאָן, ־ען [MÉYLEKh-LEPÓNEM]
figurehead government די מאַריאָנעטן־רעגירונג, ־ען
figure skater
m./unsp. דער פֿיגוריסט, ־ן; דער פֿיגור־גליטשער, ־ס
f. די פֿיגוריסטקע, ־ס; די פֿיגור־גליטשערין, ־ס
figure skating די פֿיגור־גליטשונג
figurine די סטאַטועטקע, ־ס; דאָס סטאַטועטקעלע, ־ך
figwort דער בראָנוואָרצל
Fiji (דאָס) פֿידזשי
Fijian, *adj.* פֿידזשיאַנער אינוו׳; פֿידזשיאַניש
Fijian, *n.*
m./unsp. דער פֿידזשיאַנער, –
f. די פֿידזשיאַנערין, ־ס
(language) די פֿידזשיאַנישע שפּראַך
filament
(thread) דער פֿאָדעם, פֿעדעם
(bot.) דער שטויבפֿאָדעם, ...פֿעדעם
(elec.) דער גליפֿאָדעם, ...פֿעדעם; דאָס גלידרעטל, ־עך
filbert דאָס וואַלדניסל, ־עך; דער האָזננוס, ...ניס; דאָס האָזניסל, ־עך; דאָס האָזנע ניסל, ־עך
filch צולקחנען; צוגנבֿע(נע)ן [TSÚLÁKhENEN] [TSÚGÁNVE(NE)N]
file,[1] *n.*
(record) די טעקע, ־ס; דער דאָסיע, ־ען
(comp.) די טעקע, ־ס
on file אין אַרכיוו; אונטער די אַקטן
file,[2] *n.* **(tool)** די פֿײַל, ־ן
file,[3] *n.* **(row)** די שורה, ־ות; די ריי, ־ען [ShÚRE]
file,[1] *v.*
(records) אײַנסדרן; אויסענצלען [ÁYNSÁDERN]
(submit) אײַנגעבן; דערלאַנגען; אַרײַנטראָגן; אַרײַנשיקן
file a claim דערלאַנגען אַ תּבֿיעה [TVÍE]
file a complaint (with) אײַנגעבן + דאַט׳ אַ טענה; אײַנקלאָגן (בײַ) [TÁYNE]
file a lawsuit אײַנגעבן אין געריכט; פֿאַרפֿירן אַ פּראָצעס; לאָדן צום געריכט; גיין זיך לאָדן
file a motion אײַנגעבן אַ פֿירלייג
file away אויסענצלען; אַרכיווירן; צולייגן צו די אַקטן
file for bankruptcy (protection) אײַנגעבן אויף באַנקראָט(־באַשיץ)
file for divorce אײַנגעבן אויף אַ גט [GET]
file suit *see* **file a lawsuit**
file taxes דערלאַנגען די שטײַער־דעקלאַראַציע
file,[2] *v.* **(with tool)** פֿײַלן (זיך)
file one's nails פֿײַלן זיך די נעגל
file,[3] *v.* **(march in line)** גיין שורותוויַז ‹רייענווײַז› [ShÚRESVAYZ]
file cabinet די קאַרטאָטעק, ־ן; דער רעגיסטראַטאָר, ־ס; דאָס אַקטן־שענקל, ־עך
file clerk דער רעגיסטראַטאָר, ־ס; דער קאַרטאָטעקער, ־ס
file folder די פּאַפּקע, ־ס
file menu דער טעקע־מעניו, ־ען

file name דער טעקע־נאָמען, ־נעמען
file transfer דאָס אַריבערפֿירן די טעקע
filial פֿון אַ זון ‹טאָכטער/קינד›
filial duty דער חובֿ פֿון אַ קינד ‹זון/טאָכטער› [KhOYV]
filibuster, *n.* דער פֿיליבוסטער, ־ס; די אָבסטרוקציע, ־ס; די אָפּשלעפּ־טאַקטיק, ־עס
filibuster, *v.* פֿיליבוסטערן; אָבסטרויִרן; אָנווענדן אַן אָפּשלעפּ־טאַקטיק
filigree די דראָטאַרבעט; די פֿיליגראַן־אַרבעט
filing, *n.* דאָס אײַנסדרן; דאָס אויסענצלען [ÁYNSÁDERN]
filing deadline דער אײַנגעב־טערמין, ־ען
filings דאָס פֿײַלעכץ קאָל׳
Filipino, *adj.* פֿיליפּינער אינוו׳
Filipino, *n.*
m./unsp. דער פֿיליפּינער, –
f. די פֿיליפּינערין ‹פֿיליפּינערקע›, ־ס
fill, *n.*
eat one's fill עסן צו זאַט; עסן צו דער זעט; אָנזעטיקן זיך
have one's fill of ... זײַן זאַט מיט; אָנ... זיך מיט
to one's fill צו זאַט; צו (דער) זעט
fill, *v.*
vt./vi. imp./pf. (אָנ)פֿילן (זיך)
(with dry material) אָנשיטן
(with liquid) אָנגיסן
(with spackle) שפּאַכליעווע|ן
fill a prescription אויספֿילן אַ רעצעפּט
fill a role פֿאַרנעמען אַ ראָלע
fill a slot אויספֿילן אַ בלויז
fill a tooth לייגן אַ פּלאָמבע; פּלאָמבירן
fill a void אויספֿילן אַ בלויז
fill in/out (a form) אויסשטעלן; אויספֿילן; פֿאַרפֿולן
fill in (update) אינפֿאָרמירן
fill in for [MEMÁLE-MÓKEM] ממלא־מקום זײַן; פֿאַרטרעטן
fill the gap דערגאַנצן דעם בלויז
fill up אָנפֿילן; אָנגיסן; אָננעמען
fill up the time (with) פֿאַרטרײַבן די צײַט (מיט)
fill up with gasoline אָננעמען ‹אָנגיסן/אָנפֿילן› מיט בענזין; אָנבענזינעווע|ן
Fill'er up! גיס(ט) אָן פֿול!
filled אָנגעפֿילט; אָנגעשטאָפּט; אָנגעפּראָפּט; אָנגעשלאָגן
filler
(filling) דאָס שטאָפּעכץ, ־ן; דאָס אָנפֿילעכץ, ־ן; די פֿילונג, ־ען
(spackle) די שפּאַכליאָווקע
(verbal) די אַרבל־פּראָזע; דער פֿילער, ־ס
filler cap דאָס בענזין־דעקל, ־עך
fillet, *n.* דער פֿילע, ־ען
fillet, *v.* צוגרייטן פֿילען פֿון
filling, *adj.* זעטיק; שטאָפּיק
filling, *n.*
(cul.) דאָס (גע)פֿילעכץ, ־ן
(dental) די פּלאָמבע, ־ס
filling station די בענזין־סטאַנציע, ־ס
fillip, *n.* דער שנעל, ־ן; דער טוץ
fillip, *v.* שנעלן; אַ שנעל ‹טוץ› טאָן
filly די יונגע שקאַפּע, ־ס
film, *adj.* פֿילמ...
film, *n.* דער פֿילם, ־ען; דער פֿילעם, ־ס
(membrane) דאָס הײַטל, ־עך
(layer) דער שיכט, ־ן
film, *v.* פֿילמירן; דרייען אַ פֿילם
film industry די פֿילם־אינדוסטריע
filmmaker דער פֿילם־רעזשיסאָר, ־ן; דער פֿילם־פּראָדוצירער, ־ס
filmographer דער פֿילמאָגראַף, ־ן
filmographic פֿילמאָגראַפֿיש
filmography די פֿילמאָגראַפֿיע
film star דער קינאָ־שטערן, –
film strip די פֿילמלענטע, ־ס; די קינאָ־לענטע, ־ס
film studio די קינאָ־סטודיע, ־ס
filmy הײַטלדיק; פֿאַרלאָפֿן (מיט אַ הײַטל)
filter, *n.* דער פֿילטער, ־ס; דער פֿילטרירער, ־ס; דער דורכזײַער, ־ס
filter, *vt./vi.* פֿילטרירן (זיך); איבערזײַען (זיך); (אַ)דורכזײַען (זיך)
filter out, *vt.* אויספֿילטרירן; אַרויספֿילטרירן
filter basket דאָס העלטערל, ־עך
filter paper דאָס פֿילטריר־פּאַפּיר, ־ן
filter-tipped מיט אַ פֿילטער
filth דאָס שמוץ; דער ברוד; דאָס/דער קויט; דאָס מיסט; די בלאָטע; דאָס אומריינס; דאָס/די חזירײַ [KhAZERÁY]
filthy שמוציק; ברודיק; קויטיק; מיסטיק; בלאָטיק
filthy place דער הקדש, ־ים; דער מושבֿ; דער חזיר־שטאַל, ־ן [HÉGDESh, HEGDÉYShIM] [MÓYShEV] [KhÁZER]
filthy rich אָנגעשטאָפּט (מיט געלט)
filtration די פֿילטרירונג
filtration plant די פֿילט(ריר)ערײַ, ־ען; די פֿילטריר־סטאַנציע, ־ס
filtration system די פֿילטריר־סיסטעם, ־ען
fimbria (אייערנעסט־)פֿרענדזלעך
fin די פֿלוספֿעדער, ־ן
final, *adj.* לעצט; צולעצטיק; סוף־... [SOF]
(definitive) לעצטגילטיק; דעפֿיניטיוו ˙ענדגילטיק
in final position (ling.) ...־אויס; אויפֿן לעצטן אָרט
This is not the final chapter מע האַלט נאָך ווײַט פֿון סוף; מע האַלט נאָך נישט בײַם סוף
final resting place די אייביקע רו; דאָס לעצטע רואָרט
final status negotiations פֿאַרהאַנדלונגען וועגן דעם לעצטגילטיקן סטאַטוס ‹אויסגלײַך›
final, *n.* **(spo.)** דער פֿינאַל, ־ן
final arbiter/authority דער פּוסק־אַחרון, ־ס [PÓYSEK-ÁKhREN]
final draft דער ריין־עקזעמפּלאַר, ־ן
finale דער פֿינאַל, ־ן
final exam דער סוף־(זמן־)עקזאַמען, ־ס [SOF(-ZMAN)]
final game דער סוף־מאַטש, ־ן [SOF]
final grade דער סיום־צייכן, ־ס; דער סוף־‹יאָר־›צייכן, ־ס [SÍEM] [SOF]
final heat (spo.) דער פֿינאַל, ־ן
finalist דער פֿינאַליסט, ־ן
finality די/דאָס לעצטגילטיקייט
finalize דערברענגען ‹דערפֿירן› ביזן סוף; סוף־כּל־סוף באַשטימען [SOF] [SOFKLSÓF]
final journey דער לעצטער וועג
finally לסוף; צום סוף; סוף־כּל־סוף; אויף דער (גוטער) לעצט [SOF] [SOFKLSÓF]
Final Solution די ענדגילטיקע לייזונג
finals week די סוף־עקזאַמען־וואָך [SOF]
finance, *n.* פֿינאַנצן ל״ר; די פֿינאַנץ־ווירטשאַפֿט
finances פֿינאַנצן
world of finance דאָס פֿינאַנצערײַ
finance, *v.* פֿינאַנצירן; געבן געלט אויף
financial פֿינאַנצ...; פֿינאַנציעל; געלט...
financial advisor דער פֿינאַנציעלער בעל־יועץ, בעלי־יועצים [BALYÓYETS, BÁLE-YÓYETSIM]

financial aid די (פֿינאַנציעלע) שטיץ
financial analyst דער פֿינאַנצן־אַנאַליטיקער, ־ס
financial collapse דער פֿינאַנציעלער אײַנבראָך ‹צונויפֿבראָך›, ־ן
financial difficulties געלט־שוועריקייטן; פֿינאַנציעלע שוועריקייטן; געלט־צרות; די בלאָטע ל״י [TSÓRES]
financial district דער פֿינאַנץ־דיסטריקט, ־ן
financial instrument דער פֿינאַנץ־אינסטרומענט, ־ן; דער פֿינאַנץ־שטר, ־ים [ShTAR, ShTÓRIM]
financial market דער פֿינאַנציעלער מאַרק, מערק/־ן
financial planner דער פֿינאַנץ־פּלאַנירער, ־ס
financial report דער פֿינאַנץ־באַריכט, ־ן
financial secretary דער פֿינאַנץ־סעקרעטאַר, ־ן
financial statement דער פֿינאַנץ־באַריכט, ־ן
financier דער פֿינאַנציסט, ־ן; דער פֿינאַנצירער, ־ס
financing, *n.*
(act) דאָס פֿינאַנצירן
(funds) פֿינאַנצן ל״ר; פֿאָנדן ל״ר
finback whale דער פֿלוספֿעדער־וואַלפֿיש, ־ן
finch דער פֿינק, ־ען; דער טשיזש(ל)יק, ־עס; דער זיאַבליק, ־עס
find, *n.* דאָס געפֿינס, ־ן; די מציאה, ־ות [METSÍE]
What a find! אַ גאָלדענע מציאה!; אַן אמת געפֿינס! [ÉMES]
find, *v.* געפֿינען; אָפּזוכן
(determine) קאָנסטאַטירן
(discover) אַנטדעקן; אויסגעפֿינען
(encounter) אָנטרעפֿן אויף; טרעפֿן; דערטאַפּן
find against פּסקענען ‹פּסקע|נען› קעגן [PÁSKENEN - PASKN/PÁSKE]
find and replace זוכן און פֿאַרבײַטן
find for פּסקענען ‹פּסקע|נען› לטובֿת [LETÓYVES]
find one's way דערגיין; דערשלאָגן זיך
find one's way back געפֿינען דעם צוריקוועגס
find oneself דערקענען זיך אַליין
find oneself thinking טראַכטן מיט אַ מאָל
find out דערוויסן זיך; דערגיין; אויסגעפֿינען
find out the hard way באַצאָלן רבי־געלט [RÉBE]
find sb. guilty פּסקענען ‹פּסקע|נען› אַז + נאָמ׳ איז שולדיק
find sb. not guilty פּסקענען ‹פּסקע|נען› אַז + נאָמ׳ איז אומשולדיק
I find her pretty בײַ מיר איז זי שיין
I found it hard (to do) ס׳איז מיר געווען ‹אָנגעקומען› שווער
find sb. out דערקענען + אַק׳; אַנטדעקן + אַק׳; אויפֿדעקן + אַק׳; מגלה זײַן + אַק׳ [MEGÁLE]
finder
(person) דער געפֿינער, ־ס; דער אַנטדעקער, ־ס
(phot./comp.) דער זוכער, ־ס
Finders keepers losers weepers! ווער סע געפֿינט, דער געווינט!
finder's fee דעם מעקלערס קאָמיסיע
fin-de-siècle פֿונעם סוף נײַנצעטן יאָרהונדערט [SOF]
finding
(discovery) דאָס אויסגעפֿינס, ־ן; די אַנטדעקונג, ־ען
(conclusion) דער אויספֿיר, ־ן; די דערגייונג, ־ען; דער דערגיי, ־ען
(determination) דער פּסק, ־ן/־ים; דער באַשלוס, ־ן [PSAK, PSÓKIM]
fine, *adj.* דעליקאַט; פֿײַן; איידל; ראַפֿינירט
(delicate) דעליקאַט; פֿײַן; איידל; ראַפֿינירט
(pleasant) פֿײַן
(slender) דין; דינינק אַטר׳; שלאַנק
(of texture) דראָבנע; דריבנע
(superior) פֿײַן; אויסנעמיק
Everything's fine! ס׳איז אַלץ אין אָרדענונג!; אַלץ גייט ווי געשמירט!
Fine! (in agreement) גוט!
Fine! (reluctantly) מילא, זאָל זײַן אַזוי! [MÉYLE]
fine, *n.* די געלטשטראָף, ־ן; דער שטראַף, ־ן; דער קנס, ־ים; די קאָרע, ־ס [KNAS, KNÓSIM]
pay a fine (באַ)צאָלן קנס ‹קאָרע›; באַצאָלן אַ שטראַף
fine, *v.* שטראָפֿירן; קנסן; קאָרען; אַרויפֿלייגן אַ געלטשטראָף [KÁNSEN]
fine arts שיינע קונסטן
fine-grained
(cereal) צעמאָלן דין
(fabric) דעליקאַט געוועבט
fine line דער דינער ‹סובטילער› חילוק [KhÍLEK]
walk a fine line היטן זיך
fine motor skills די/דאָס האַנט־פֿעיִקייט ל״י
fine print די פּיצלשריפֿט; דריבנע אותיותלעך ‹אותיעלעך› ל״ר [ÓYSYE(S)LEKh]
finery דער פּוץ
dressed in finery אויסגעפּוצט; אויסגעסטרויעט
finesse, *n.* די/דאָס פֿײַנקייט; די/דאָס ראַפֿינירטקייט; די/דאָס געשליפֿנקייט
with finesse בריהש; קונציק; כיטרע [BÉRYESh]
finesse, *v.*
finesse a question אַרומגיין ‹אָפּקערן› אַ קיצלדיקע פֿראַגע
fine-tooth comb דאָס געדיכטע קעמל, ־עך
go over with a fine-tooth comb (אַ)דורכאַקערן; קאָנטראָלירן ביז אויף אַ האָר
fine-tune אויסשטימען
fine-tuned אויסגעשטימט
finger, *n.* דער פֿינגער, –
give sb. the finger ווײַזן + דאַט׳ אַ פֿײַג
have a finger in the pie האָבן אַ האַנט אינעם ענין; האָבן אַ האַנט אין דער זאַך; האָבן אַ פֿוס אין טשאָלנט [ÍNYEN]
keep one's finger on the pulse אָפּהיטן דעם דפֿק; האַלטן דאָס אויער צום דרך [DÉYFEK]
She won't lift a finger זי וועט קיין פֿינגער נישט צולייגן; זי וועט נישט אַרײַנטאָן אַ פֿינגער אין קאַלט וואַסער
finger, *v.*
(touch) אַ טאַפּ טאָן; פֿינגערן
(accuse) באַשולדיקן; מסרן; טײַטלען אויף [MÁSERN]
fingerbowl דער פֿינגער־בעכער, ־ס
finger foods פֿינגער־עסנס ‹־מאכלים› [MAYKhÓLIM]
fingering (mus.) די פֿינגער־טעכניק
fingernail דער נאָגל, נעגל
(of child) דאָס נעגעלע, ־ך
finger paint די פֿינגערפֿאַרב, ־ן
finger-painting דאָס מאָלן מיט די פֿינגער
finger-pointing דאָס באַשולדיקן; דאָס טײַטלען אויף יענעם
fingerprint, *n.* דער פֿינגערדרוק, ־ן; דער פֿינגער־צייכן, ־ס
fingerprint, *v.* אָפּדרוקן + דאַט׳ די פֿינגער
fingerprint recognition דאָס פֿינגערדרוק־דערקענען
fingerstall די פֿינגערשייד, ־ן
fingertip דער שפּיץ פֿינגער
have at one's fingertips האָבן צו דער האַנט; קענען אויף די (שפּיץ) פֿינגער
finicky איבערקלײַבעריש; מפֿונקיש [MEFUNÓKISh]
finis דער סוף [SOF]
finish, *n.* דער סוף, ־ן [SOF]
(spo.) דער פֿיניש, ־ן
(surface) דער פּאָליר, ־ן

with a glossy finish גלאַנציק
with a matte finish מאַט
finish, *vt./vi. imp./pf.* (פֿאַר)ענדיקן (זיך)
(apply final treatment to) אויספֿאַרטיקן
(leather/cloth) וואַלקן; וואַלקעווע|ן
finish cooking אָפּקאָכן
finish eating אָפּעסן
finish first זײַן דער געווינער; אָנקומען ‹ענדיקן› דער ערשטער גבֿ'
finish off (kill) (פֿאַר)ענדיקן; מאַכן אַ סוף צו; אָפּראַמען פֿון וועג [SOF]
finish reading אָפּלייענען; דערלייענען (ביזן סוף)
finish up (task) אַרויסענדיקן; אָפּפֿאַרטיקן
finish working אָפּאַרבעטן
finished פֿאַרענדיקט; געענדיקט; פֿאַרטיק
I'm finished with him איך וויל פֿון אים מער נישט וויסן
finishing school דער מיידל־פֿאַנסיאָנאַט, ־ן
finish line דער פֿיניש, ־ן
finite באַגרענעצט; ענדלעך
(ling.) פֿיניט
finiteness די/דאָס באַגרענעצטקייט; די/דאָס ענדלעכקייט
finite verb דער פּערזאָניקער ווערב, ־ן
finitude *see* **finiteness**
fink, *n.* דער מסורניק, ־עס [MÓSERNIK]
fink, *v.* **(on)** מסרן + אַק'/אויף; אויסגעבן [MÁSERN]
Finland (דאָס) פֿינלאַנד
Finn
m./unsp. דער פֿינלענדער, –
f. די פֿינלענדערין, ־ס
Finnish, *adj.* פֿיניש
Finnish Jew דער פֿינישער גבֿ'; דער פֿינישער ייִד, ־ן
fir די יאָדלע, ־ס; דער סכך־בוים, ...ביימער [SKhAKh]
fir cone די שישקע, ־ס
fire, *n.* דאָס/דער פֿײַער, ־ן
(blaze) די שׂרפֿה, ־ות [SRÉYFE]
(mil.) דאָס (שיס)פֿײַער
be on fire ברענען; שׂרפֿע|(נע)ן [SARFE(NE)N]
breathe fire שפּײַען מיט פֿײַער
build a fire לייגן אַ פֿײַער
catch fire אָנצינדן זיך; אָנכאַפּן זיך
come under (heavy) fire באַשאָסן ווערן (פֿון אַלע זײַטן)
come under fire (*fig.*) קריטיקירט ווערן פֿון אַלעמען
fire and brimstone פּעך און שוועבל
Fire! (stg. is burning) סע ברענט!
go through fire and water (אַ)דורכגיין דורך פֿײַער און דורך וואַסער
play with fire קריכן אין פֿײַער
set fire to אונטערצינדן + אַק'; אָנצינדן + אַק'
set on fire אָנצינדן; אונטערצינדן; אונטערלייגן פֿײַער
set on fire (*hum.*) מאַכן בורא־מאורי־האש [BÓYRE-MEÓYRE-HOÉYSh]
fire, *v.*
(a gun) אויסשיסן (פֿון)
(dismiss) אָפּזאָגן ‹אָפּשאַפֿן/באַפֿרײַען› פֿון דער אַרבעט
fire a shell אַרויסלאָזן אַ האַרמאַטן־קויל
fire a shot אויסקנאַקן; אויסשיסן
fire a volley געבן אַ זאַלפּ; זאַלפּירן; אויסשיסן מיט אַ זאַלפּ
fire back צוריקשיסן
fire continuously באַשיסן
fire questions (at) באַשיטן ‹באַוואַרפֿן/באַהאָגלען› + אַק' מיט פֿראַגעס
fire up באַגײַסטערן
fire upon באַשיסן

Fire! (shoot) פֿײַער!; שיס(ט)!
You're fired! אָפּגעזאָגט!; אויס!
all fired up באַגײַסטערט; פֿײַער און פֿלאַם; פֿלאַם־פֿײַער
fire alarm דער שׂרפֿה־אַלאַרעם‹־מעלדער›, ־ס; די שׂרפֿה־טרעוואָגע, ־ס [SRÉYFE]
fire-alarm box דאָס שׂרפֿה־קעסטל, ־עך [SRÉYFE]
fire ant די פֿײַער־מערעטשקע‹־מוראַשקע›, ־ס
firearms דאָס שיסגעווער קאָל'; דאָס פֿײַער־געווער קאָל'; דאָס הייסע געווער קאָל'
fireball די פֿײַערקויל, ־ן
fireboat דאָס לעשיפֿל, ־עך
firebomb, *n.* די פֿײַער־באָמבע, ־ס
firebomb, *v.* פֿײַער־באָמבאַרדירן
firebrand דער פֿלאַם פֿײַער; דאָס שטיק פֿײַער
fire-breathing פֿײַערדיק
firebrick דער פֿײַערפֿעסטער ציגל, –
fire brigade די לעש־קאָמאַנדע, ־ס; די פֿײַער־לעשער־קאָמאַנדע, ־ס
firebug דער אונטערצינדער, ־ס; דער פּיראָמאַן, ־ען
fire code שׂרפֿה־תּקנות ל"ר [SRÉYFE-TAKÓNES]
firecracker דאָס פֿײַערווערקל, ־עך; דאָס קנאַק־פֿײַערל, ־עך
firedamp דער מינערײַ־גאַז; דער גרובנגאַז
fire department די פֿײַער־בריגאַדע‹־קאָמאַנדע›, ־ס
fire drill די שׂרפֿה־טרענירונג, ־ען [SRÉYFE]
fire-eater דער פֿײַער־פֿרעסער, ־ס
fire engine דער לעשאויטאָ, ־ס
fire escape פֿײַערטרעפּ ל"ר; די/דער פֿײַער־לייטער, ־ס
fire extinguisher דער לעש־אַפּאַראַט, ־ן; דער לעששפּריץ, ־ן
firefight דאָס (איבער)שיסערײַ, ־ען; די איבערשיסונג, ־ען
firefighter דער פֿײַער־לעשער, ־ס
firefly דאָס גליערל, ־עך; דאָס גלימערל, ־עך; דער גליוואָרעם, ...ווערעם; דאָס לײַכט־באַבעלע, ־ך
fire hazard די סכּנה פֿון שׂרפֿה [SAKÓNE/SEKÓNE] [SRÉYFE]
fire hook דער פֿײַער־האָקן, ־ס; די קאָטשערע, ־ס
firehouse דאָס לעשהויז, ...הײַזער; די פֿײַער־(לעשער־)סטאַנציע, ־ס
fire hydrant דער לעשפּלומפּ, ־ן; דער הידראַנט, ־ן
fire insurance די שׂרפֿה־פֿאַרזיכערונג‹־סטראַכירונג› [SRÉYFE]
fireman דער פֿײַער־לעשער, ־ס
fireplace דער קאַמין, ־ען
firepower דער שיס־‹פֿײַער־›כּוח [KÓYEKh]
fireproof, *adj.* פֿײַער־באַוואָרנט; פֿײַערפֿעסט
fireproof, *v.* פֿײַער־באַוואָרענען; באַוואָרענען קעגן פֿײַער
fire-retardant, *adj.* פֿלאַם־פֿאַרהאַלטיק
fire retardant, *n.* דער פֿלאַם־פֿאַרהאַלטער, ־ס
fireroom די הייצקאַמער, ־ן
fire sale דער שׂרפֿה־אויספֿאַרקויף, ־ן [SRÉYFE]
fireside, *adj.* (*fig.*) היימיש
fireside, *adv.* לעבן קאַמין; בײַם פֿײַער
fireside, *n.* דער היימפֿײַער, ־ן; דער היימבראַנד, ־ן
(*fig.*) די (אייגענע) היים
fire station *see* **firehouse**
firestorm דער פֿײַער־שטורעם, ־ס
(*fig.*) דער אויפֿברויז, ־ן
fire support די שיסשטיץ
fire tongs די פֿײַערצוואַנג, ־ען
fire tower דער פֿײַער־לעשער־טורעם, ־ס
firetruck דער לעשאויטאָ, ־ס
firewall דאָס שיצווענטל, ־עך; די/דער פֿײַער־מויער, ־ן; די פֿײַערוואַנט, ...ווענט
firewood דאָס ברענהאָלץ; דאָס קלאָפּטערהאָלץ

fireworks פֿײַערווערק
firing line די שיסליניע, ־ס
firing pin דער שלאָגבאָלט, ־ן
firing range דאָס שיספֿעלד, ־ער; דער שיספּלאַץ, ...פּלעצער
firing squad די שיס־קאָמאַנדע, ־ס
firm, *adj.* פֿעסט
hold firm (to) געטרײַ זײַן + דאַט׳; אָנהאַלטן זיך פֿעסט (אין); בלײַבן סטאַביל
firm, *n.* די פֿירמע, ־ס
firm, *v.* **(up)** פֿעסטשטעלן; באַשטעטיקן
firm up one's muscles שטאַרקן זיך די מוסקלען
firmament דער אויסשפּרייט, ־ן; דער פֿירמאַמענט, ־ן; די געוועלבונג, ־ען; דער הימל, ־ען
firmly פֿעסט; שטאָל־און־אײַזן
speak firmly רעדן מיט באַקצײַנער; רעדן ברחל בתּך הקטנה [BERÓKhL BÍTKhO HAKTÁNE]
firmness די/דאָס פֿעסטקייט
first, *adj.* ערשט
at first glance אויפֿן ערשטן קוק ‹בליק›
be a first offender אָפּטאָן ‹באַגיין› אַ פֿאַרברעכן צום ערשטן מאָל
be first זײַן דער ערשטער געב׳
first things first על ראשון ראשון [AL RIShN RIShN]
in first place אויפֿן ערשטן אָרט
be in first place זײַן אויפֿן ערשטן אָרט; זײַן דער ערשטער געב׳
in the first place ערשטנס; ראשית־כּל [RÉYShES-KOL]
take first place פֿאַרנעמען דאָס ערשטע אָרט
the first ... that comes along דער ערשטער־בעסטער געב׳
first, *adv.*
come in first (event) אָנקומען ‹ענדיקן› דער ערשטער געב׳
come first (priority) האָבן די בכורה ‹פּריאָריטעט› [PKhÓYRE]
first and foremost צום אַלעם ערשטן; ועל־כּולם; אין דער (סאַמע) ערשטער ריי [VEÁL-KÚLEM]
first come first served כּל הקודם זכה; ווער סע קומט פֿריִער באַקומט פֿריִער [KOL HAKÓYDEM ZÓKhE]
first of all ערשטנס; קודם־כּל; ראשית־כּל; פֿריִער פֿון אַלץ; צום (אַלעם) ערשטן [KÓYDEM-KOL] [RÉYShES-KOL]
first, *n.* [KhÍDESh, KhIDÚShIM] דאָס נײַס, ־ן; דער חידוש, ־ים
at first (צו(ם) ערשט; צום ערשטן; בײַם אָנהייב; תּחילת; לכתּחילה; אָנהייבס [TKhÍLES] [LEKhATKhÍLE]
from first to last פֿון אָנהייב ביזן סוף [SOF]
from the first פֿון סאַמע אָנהייב; באַלד (פֿון אָנהייב)
This is a first דאָס זע ‹הער› איך צום ערשטן מאָל; ס׳ערשטע וואָס איך הער; סאַראַ חידוש ‹נײַס›
first aid די ערשטע ‹גיכע› הילף
first-aid kit דאָס ערשטע־הילף־קעסטל, ־עך
first-aid station די ערשטע־הילף־סטאַנציע, ־ס
first base די ערשטע באַזע; דער ערשטער בייס
not get to first base נישט באַווײַזן שוין בײַם אָנהייב; באַלד נישט טויגן
firstborn ערשט־געבוירן; ערשט; עלטסט
firstborn child דאָס ערשטע ‹ערשט־געבוירענע› קינד, ־ער; דאָס עלטסטע, –; דער ערשטלינג, ־ען
firstborn daughter די בכורטע, ־ס; די עלטסטע ‹ערשטע› טאָכטער, טעכטער [PKhÓRTE]
firstborn son דער בכור, ־ים; דער עלטסטער ‹ערשטער› זון, זין [PKhOR, PKhÓYRIM]
first-class, *adj.* ערשטקלאַסיק
first class, *n.* דער ערשטער קלאַס
first-class lounge דער וואַרטזאַל פֿאַרן ערשטן קלאַס
first cousin דאָס (לײַבלעכע) (גע)שוועסטערקינד, ־ער
first-degree ערשט...; פֿון ערשטן גראַד
first-degree burn די ברענוווּנד ‹בריוווּנד› פֿון ערשטן גראַד
first-degree manslaughter די טייטונג פֿון ערשטן גראַד
first-degree murder דער מאָרד פֿון ערשטן גראַד; דער ערשטמאָרד; דער אויספּלאַנירטער מאָרד
first edition די ערשטע אויפֿלאַגע, ־ס; דער ערשטער דרוק, ־ן; דער ערשטער אַרויסקום, ־ען
first-ever סאַמע ערשט
first-floor, *adj.* אויפֿן ערשטן גאָרן
first floor, *n.* דער ערשטער גאָרן ‹°שטאָק›
first fruits ביכּורים [BIKÚRIM]
first-generation פֿון ערשטן דור [DOR]
first grade דער ערשטער קלאַס
firsthand פֿון דער ערשטער האַנט
first lady די ערשטע דאַמע; דעם פּרעזידענטס פֿרוי ‹ווײַב›
(*fig.*) די אָנגעזעענסטע פֿון אַלע
first lieutenant דער אייבערלייטענאַנט, ־ן
first-line ערשטיק; גרונטיק
firstlings *see* **first fruits**
first mate דער אייבערשטורמאַן, ...שטורלײַט
first-name, *adj.*
be on a first-name basis זײַן אויף דו; דוצן
first name, *n.* דער (אייגענער/ערשטער) נאָמען, נעמען
call sb. by his/her first name אָנרופֿן + אַק׳ בײַם אייגענעם ‹ערשטן› נאָמען
first person (ling.) די ערשטע פּערזאָן, ־ען
first-rate ערשטקלאַסיק; פּרימאַ אינווו׳
first refusal דאָס אָפּזאָגרעכט
first-time ערשטמאָליק
first tooth דאָס ערשטע ציינדל, ־עך
first-year ערשטיאָריק
fiscal פֿינאַנצ...
fiscal management די פֿינאַנץ־אָנפֿירונג
fiscal responsibility דאָס פֿינאַנץ־אַחריות [AKhRÁYES]
fiscal takeover דער פֿינאַנץ־אײַנשלינג, ־ען
fiscal year דאָס שטײַעריאָר, ־ן
fish, *n.* דער פֿיש, –
big fish (*fig.*) דער העכט; די (גרויסע) שישקע
be a big fish in a small pond זײַן דער העכט אין אַ סאַזשלקע
fish and chips פֿיש מיט געפּרעגלטע קאַרטאָפֿל
have bigger fish to fry האָבן וויכטיקערע עסקים [ASÓKIM]
He's like a fish out of water ער איז ווי אַ פֿיש אויף דער יבשה [YABÓShE]
neither fish nor fowl נישט פֿליישיק נישט מילכיק; ני־בע־ני־מע(־ני־קוקעריקו)
fish, *v.* כאַפּן פֿיש; פֿישן
fish for compliments זוכן זיך קאָמפּלימענטן
fish out אַרויספֿישן; אַרויסציִען
fish ball *see* **fishcake**
fishbone דאָס (פֿיש)ביינדל, ־עך
fish broth די פֿישיויך
fishcake דער פֿישקאָטלעט, ־ן; דאָס פֿישקניידל, ־עך
fish dealer דער פֿיליער, ־ס; דער פֿישהענדלער, ־ס
fisherman דער פֿישער, ־ס
fisherwoman די פֿישערקע, ־ס
fishery
(hatchery) די פֿישערײַ, ־ען
(industry) דאָס פֿישערײַ
fish farm די פֿישפֿאַרם, ־ען

fish farmer דער פֿישפֿאַרמער, ־ס; דער פֿישציִער, ־ס
fish farming די פֿיש־האָדעוואַניע; די פֿישציִונג
fish glue הויזנבלאָזן ל״ר
fishhook דאָס פֿישהעקל, ־עך
fishing
(spo.) דאָס כאַפּן פֿיש; דער פֿישפֿאַנג
(industry) *see* **fishery**
go fishing גיין כאַפּן פֿיש
fishing boat דאָס פֿישערשיפֿל, ־עך
fishing gear *see* **fishing tackle**
fishing grounds דער פֿישער־שטח [ShÉTEKh]
fishing rights דאָס פֿישעררעכט ל״י
fishing rod די ווענטקע, ־ס
fishing season דער פֿישפֿאַנג־סעזאָן
fishing tackle דאָס פֿישער־געצײַג
fish jelly די געזעצטע ‹געגליווערטע› פֿישיויך
fish knife דער/דאָס פֿישמעסער, ־ס
fishmarket די פֿישקראָם, ־ען; דער פֿישמאַרק, ...מערק/־ן
fishmonger דער פֿיליער, ־ס; דער פֿישהענדלער, ־ס; דער פֿיש־סוחר, ־ים [SÓYKhER, SÓKhRIM]
fishnet די פֿיש(ער)נעץ, ־ן; דער וואַליק, ־עס
fish oil דער טראָן; דער פֿישאייל
fishpond די סאַזשלקע, ־ס
fish scale די שופּ, ־ן
fish stick דאָס פֿיששניצל ‹פֿיששניטל›, ־עך
fishtail, *n.* דער פֿישעק, ־ן
fishtail, *v.* דרייען דעם עק ווי בײַ אַ פֿיש
fish tank דער אַקוואַריום, ־ס
fishy
(of fish) פֿיש(עד)יק; פֿיש...
(suspicious) נישט־גלאַט(יק); גליטשיק; דאָסיק; חשוד [KhÓShED]
fissile שפּאַלט(עוו)יק
fission די שפּאַלטונג
fissionable שפּאַלט(עוו)יק
fission bomb די שפּאַלטבאָמבע, ־ס
fission threshold די/דער שפּאַלטשוועל, ־ן
fissure דער שפּאַלט, ־ן
fist די פּויסט, ־ן; דער קוליק, ־עס
(of baby) דאָס פּויסטעלע, ־ך; דאָס קוליקל, ־עך
fistfight/fisticuffs דאָס פּויסטן־געשלעג, ־ן
fistula דער פֿיסטל, ־ען
fit, *adj.*
(healthy) געזונט
(in good shape) אין גוטער פֿאָרעם
(suitable) פּאַסיק; צוגעפּאַסט; טויג(עוו)יק; פֿעיִק; מסוגל; ראָוי [MESÚGL] [RÓE]
fit as a fiddle בקוו־הבריאות; געזונט ווי אַן אײַזן; אין בעסטן געזונט; בײַ אַלע כּוחות [BEKÁV-HABRÍES] [KÓYKhES]
be fit for טויגן צו; אויסטויגן זיך צו
fit for a king כּיד־המלך; מלכותדיק; פֿאַרן קייסער צו שטעלן [KEYÁD-HAMÉYLEKh] [MÁLKhESDIK]
He was fit to be tied ער איז געבליבן געפּלעפֿט ‹אָן לשון› [LOShN]
fit to kill מלא־כּעס [MÓLE-KÁAS]
fit to print ראָוי־לדפֿוס; דרוקפֿעיִק; פּאַסיק צום דרוקן [RÓE-LATFÚS]
fit to stand trial מסוגל ‹ראָוי› צום מישפּט [MÍShPET]
see fit to האַלטן פֿאַר ריכטיק ‹פּאַסיק› אַז
fit, *n.*
(mech.) די פּוגע, ־ס
(seizure) דער אָנפֿאַל, ־ן
be a good fit (clothing) פּאַס(ט)ן; ליגן גלאַט
be a good fit (compatible) זײַן אַ פּאָר ‹שידוך/זיווג› [ShÍDEKh] [ZÍVEG]
be a loose fit פּאַס(ט)ן ‹זײַן› לויז; אָפּשטיין
be a perfect fit פּאַס(ט)ן נעט
be a tight fit זײַן ענג (אויסגעפּאַסט); קוים־קוים פּאַס(ט)ן
have a fit (med.) לײַדן ‹האָבן› אַן אָנפֿאַל; ספּאַזמירן
have a fit of anger אַרויסגיין פֿון די כּלים ‹האַלאַבליעס›; ווערן אויסער זיך [KÉYLIM]
have a fit of laughter פֿאַרגיין זיך אין געלעכטער; קאַטשע|ן זיך פֿאַר געלעכטער; פּלאַצן פֿון געלעכטער
in fits and starts ווען נישט ווען; פֿון צײַט צו צײַט; קוידערווײַלעך
throw a fit האָבן אַ טראַנץ; קריגן דעם פּיפּיטש; אַרויספּלאַצן; אַרויסגיין פֿון די כּלים
fit, *v.*
vt. **(adjust)** צופּאַס(ט)ן; אַרײַנפּאַס(ט)ן
vt. **(be suitable for)** פּאַס(ט)ן זיך מיט; פּאַס(ט)ן + דאַט׳; צושטיין (צו); פּאָרן זיך מיט
vi. **(be suitable)** פּאַס(ט)ן (זיך)
vi. **(clothing)** פּאַס(ט)ן + דאַט׳; ליגן גלאַט (אויף)
fit sb. in (schedule) געפֿינען צײַט פֿאַר
fit stg. in (schedule) געפֿינען צײַט אויף
fit in (social) אַרײַנפּאַס(ט)ן זיך
fit in with (be consistent) (אײַנ)שטימען מיט
fit the bill זײַן פּונקט אָנגעמאָסטן ‹צוגעשניטן›; זײַן אַקוראַט וואָס מע זוכט
if the shoe fits אויב ס׳איז ניחא; ווער סע פֿילט זיך, דער מיינט זיך [NÍKhE]
fitful אומרויִק
fitness דאָס געזונט
(suitability) די/דאָס טויג(עוו)יקייט
fitness center דער גימנאַסטיק־‹געניטונג־›קלוב, ־ן
fitted אויסגעפּאַסט; (צו)געפּאַסט; צוגעשטאַנען; צו דער מאָס
fitted sheet דער (צו)געפּאַסטער לײַלעך, ־ער; דער איבערצי־לײַלעך, ־ער
fitter
(clothing) דער שנײַדער, ־ס
(mech.) דער מאָנטאַזשניק, ־עס; דער מאָנטיאָר, ־ן; דער אַרמאַטורשטשיק, ־עס
fitting, *adj.* פּאַסיק
It's fitting that סע פּאַסט אַז; סע געשיקט זיך אַז
fitting, *n.*
(clothing) דאָס (אָנ)מעסטן
(elec.) די אַרמאַטור, ־ן; די עלעקטראָאינסטאַלאַציע, ־ס
(mech.) די אינסטאַלאַציע
fittings (furniture) די מעבלירונג ל״י
fitting room דאָס/דער אָנמעסט־צימער, ־ן
five, *n.*
(digit) די פֿינ(ע)ף, ־ן
(cards) דאָס פֿינפֿטל, ־עך; די פֿינ(ע)ף, ־ן
five, *num.* פֿינ(ע)ף
five-dollar bill דאָס פֿינפֿערל ‹פֿינעווער(ל)›, ־עך
fivefold פֿינפֿפֿאַכיק ‹פֿינעף־פֿאַכיק›
five o'clock פֿינ(ע)ף אַ זייגער; פֿינעווע
fiver *see* **five-dollar bill**
five-star פֿינ(ע)ף־שטערנדיק; מיט פֿינ(ע)ף שטערנדלעך
five-year plan דער פֿינ(ע)ף־יאָר־פּלאַן, ־פּלענער
fix, *n.*
(remedy) דאָס מיטל, ־ען
(bad situation) די קלעם, ־ען; די פֿאַרלעגנהייט, ־ן
(of narcotic) דער שפּריץ, ־ן; די דאָזע, ־ס

be in a fix זײַן אין אַ קלעם ‹פֿאַרלעגנהייט›; אַרײַנפֿאַלן ‹ליגן› אין קוואַס; ליגן אין פּעקל
daily fix of caffeine די טעגלעכע דאָזע קאַפֿעין
fix, *v.* פֿאַרריכטן; צו רעכט מאַכן
(arrange) אַראַנזשירן; באַשטימען
(bribe) פֿאַררײַבן
(chem.) פֿיקסירן
(secure) פֿיקסירן; פֿאַרפֿעסטיקן
(neuter a male animal) מסרס זײַן; מעקרן; כּאַראַשטשעווען [MESÁRES] [MEÁKERN]
(neuter a female animal) סטעריליזירן; אַרויסנעמען די אייערנעסט
(trick) אָפּטאָן + דאַט'
fix a date באַשטימען ‹אָפּשטעלן› אַ דאַטע; קובֿע זײַן [KOYVÉYE]
fix one's stare אָנשטעלן די אויגן; אײַנגראָבן זיך מיט די אויגן
fix sb.'s wagon אָנלערנען + אַק'
fix up (refurbish) אײַנאָרדענען; באַנײַען; רעמאָנטירן; רענאָווירן
fix up sb. (on date) צונויפֿפֿירן; צונויפֿפּאָרן
fix up with (provide) צושטעלן
fixable פֿאַרריכטלעך; צו(ם) פֿאַרריכטן
fixated פֿיקסירט
be fixated on האָבן אַ פֿיקסירונג אויף; האָבן אַן אָבסעסיע מיט; זײַן פֿיקסירט אויף
fixation די פֿיקסירונג, ־ען
(psych.) *also* די אָבסעסיע, ־ס
fixative דאָס פֿיקסיר־מיטל, ־ען
fixed, *adj.*
(repaired) פֿאַרריכט; צו רעכט געמאַכט
(stationary) פֿעסט; פֿאַרפֿעסטיקט; פֿיקסירט
(invariable) פֿעסט; פֿיקסירט; געזעצט; געשטעלט
fixed annuity די פֿיקסירטע רענטע, ־ס; דאָס פֿיקסירטע יאָרגעלט
fixed cost די פֿיקסירטע ‹פֿעסטע› הוצאה, הוצאות [HOYTSÓE/HETSÓE]
fixed income די פֿיקסירטע ‹פֿעסטע› הכנסה [HAKhNÓSE]
fixed price דער פֿיקסירטער ‹פֿעסטער/געשטעלטער› פּרײַז, ־ן
fixed-rate אויף אַ פֿיקסירטן קורס
fixed star דער פֿיקסשטערן, –; דער פֿעסטשטערן, –
fixed target דער פֿיקסירטער ציל, ־ן
fixed word order דער באַשטימטער ‹פֿיקסירטער› ווערטער־סדר [SÉYDER]
fixer
(preservative) דאָס פֿיקסיר־מיטל, ־ען
(repairer) דער מײַנסטער, ־ס; דער פֿאַרריכטער, ־ס
(big shot) דער מאַכער, ־ס
fixture
(elec.) די לעמפּל־אַרמאַטור, ־ן
(fitting) די אַרמאַטור, ־ן
(stg. permanent) דער אײַנשטעל, ־ן; די בתמידות־זאַך, ־ן; דער שטענדיקער געב' [BITMÍDES]
fixtures (*fig.*) דאָס געשלידער קאָל'
fizz, *n.* דער מוסיר; דאָס צישען; דאָס צישערײַ
lose its fizz אויסבלעזלען זיך; אויסוועפּן זיך
fizz, *v.* מוסירן; בלעזלען (זיך); שפּרודלען; שומען
(wine) שפּילן
fizzle (out) אויסוועפּן זיך; אויסרינען; פּלאַצן; אויסלאָזן זיך אַ בוידעם ‹טײַך›
fizzy שומענדיק
fjord דער פֿיאָרד, ־ן

flab דאָס שלאַבערפֿלייש; דאָס ווייכע לײַב
flabbergasted פֿריטשמעליעט; צעדולט
be flabbergasted *also* בלײַבן אָן לשון; נישט האָבן קיין ווערטער; ניבֿהל־ונשתּומם ווערן [LOShN] [NIVL-VENIShTÓYMEM]
flabby שלאַבעריק; ווייכלײַביק; פֿאַלב
flaccid אָפּגעשלאַפֿט; שלאַבעריק
flag, *n.* די פֿאָן, ־ען/פֿענער
flag, *v.*
vt. **(identify)** אַרויסהייבן; אָנווײַזן אויף
vi. **(decline)** גיין באַרג־אַראָפּ
flag down הייסן אָפּשטעלן זיך
flag-bearer דער פֿאָנען־טרעגער, ־ס
flag-draped באַהאָנגען מיט אַ פֿאָן; אײַנגעוויקלט אין אַ פֿאָן
flagellate, *n.* דער בײַטשל־בעל־חי, ־בעלי־חיים [BALKhÁY, BÁLE-KhÁYEM]
flagellate, *v.* שמײַסן; בײַטשלען; בײַטשן; קאַטעווען
flagellation דאָס שמײַסן; דאָס קאַטעווען
flagellum דאָס בײַטשל, ־עך; דאָס עקל, ־עך; דאָס עקעלע, ־ך
flagman
(railroad) דער פֿענדלער, ־ס; דער פֿלעגער, ־ס
(mil.) דער פֿלאַגמאַן, ...מענער; דער קאָמאַנדיר, ־ן
flagmaster דער פֿענדלער, ־ס
flagpole דער פֿאָנענמאַסט, ־ן
flagrant שרײַיִק; רײַסיק; אויגן־שטעכ(עד)יק; הימל־שרײַענדיק
flagship די פֿלאַגשיף, ־ן; די קאָמאַנדע־שיף, ־ן
flagstaff *see* **flagpole**
flail, *n.* דער ציפּ, ־עס; דער דרעשעשטעקן, ־ס; דאָס דרעשעשטענגל, ־עך
flail, *v.*
vt. **(thresh)** דרעשן
vi. **(with arms)** מאַכן ווילד מיט די הענט
flair
(knack) דער חוש, ־ים; דער טאַלאַנט, ־ן
(style) דער אייגענער סטיל
flak די זעניט־אַרטילעריע
give sb. flak גוט אַרײַנזאָגן + דאַט'; באַפֿאַלן + אַק'; וואַרפֿן שטיינער אויף + דאַט'
flake, *n.* די שופּ, ־ן
(of snow/cereal) דאָס שנייעלע, ־ך
(small piece) דאָס שטיקעלע, ־ך; דאָס שופּל, ־עך
(oddball) דער טשודאַק, ־עס
flake, *v.* אָפּשופּן זיך; ברעקלען זיך; שיילן זיך
flake off אָפּשופּן זיך; אָפּברעקלען זיך; אָפּשיילן זיך
flak jacket דאָס פֿאַנצערהעמד, ־ער
flaky
(cul.) בלעטער(ד)יק
(odd) טשודאַקיש; מאָדנעוואַטע
flaky pastry דאָס בלעטערטייג
flamboyance די/דאָס אויסגעפּײַנטקייט
flamboyant אויסגעפּוצט; אויסגעפּײַנ(ער)ט; שרײַיִק
flame, *n.* דער פֿלאַם, ־ען; די פֿײַערצונג, ־ען
in flames אין פֿלאַמען; צעפֿלאַמט
flame, *v.* פֿלאַמען; ברענען
flame up אויפֿפֿלאַמען; צעפֿלאַמען
flameproof *see* **fireproof**
flame-retardant *see* **fire-retardant**
flamethrower דער פֿײַער־‹פֿלאַמען›־וואַרפֿער, ־ס
flaming פֿלאַמ(ענד)יק; ברענענדיק
flamingo דער פֿלאַמינגאָ, ־ס
flammable אויפֿפֿלאַמיק; ברענעוודיק; אָנצינדלעך; פֿײַער־געפֿערלעך
flammable material דאָס ברענעכץ

flan (custard) דער קאַראַמעל־קרעם
flange דער רענדיסק, ־ן
flank, *n.*
(anat.) דער פֿלאַנק, ־ען
(of animal) די באָקע, ־ס
(mil.) דער פֿלאַנג, ־ען; דער פֿליגל, ־ען; די זײַט, ־ן
flank, *v.* פֿלאַנקירן
flanked by פֿלאַנקירט פֿון
flanken די שפּאָנדרע; פֿלאַנקען ל״ר
flank guard די זײַט־באַוואָכונג, ־ען
flanking maneuver דער פֿלאַנגקלאַפּ; דער פֿלאַנגאַטאַק
flannel, *adj.* פֿלאַנעלן; פֿלאַנעל...
flannel, *n.* דער פֿלאַנעל
flannelette די בײַקע, ־ס
flap, *n.*
(cover) דאָס צודעקל, ־עך; די קלאַפּע, ־ס
(leaf) דער/דאָס בלאַט, בלעטער
flap, *v.* פֿלאַטערן
flap one's wings פֿלאַטערן (מיט די פֿליגל)
flapper (hist.) דאָס פֿלאַמפּלעצל, ־עך
flare, *n.*
(signal) דער שײַנראַקעט, ־ן; דער סיגנאַל־ראַקעט, ־ן; דער שײַנסיגנאַל, ־ן
(of fire) דאָס אויפֿפֿלאַקערן
(of light) דער אויפֿבליץ, ־ן
flare, *v.* **(up)** צעפֿלאַקערן זיך; אויפֿפֿלאַקערן; אויפֿפֿלאַמען; צעפֿלאַמען זיך; אויפֿשײַנען
flare-up
(of flame) די צעפֿלאַקערונג, ־ען; דער אויפֿפֿלאַקער, ־ס
(of anger) דער אויפֿברויז, ־ן
(of epidemic) דער אויסבראָך, ־ן
flash, *n.*
(of light) דער בליץ, ־ן
(of memory) די פּלוצעמדיקע דערמאָנונג, ־ען
flash in the pan דער קורצער סוקצעס, ־ן
all flash and no dash אַ סך בליץ, ווייניק היץ [SAKh]
in a flash כהרף־עין; אין איין אויגנבליק [KEREF-ÁYEN]
flash, *v.*
vt. (light) בליצן; בלינצלען; שײַנען
vi. (display oneself) אַנטבלייזן זיך; ווײַזן זיך
vi. imp./pf. (light) (אויפֿ)בליצן; (אויפֿ)שײַנען
flash sb. a look אַ וואָרף טאָן + דאַט׳ אַ בליק
flash one's headlights בליצן מיט די פֿאָנאַרן
flashback דער פֿלעשבעק, ־ן
flashbulb דאָס בליצלעמפּל, ־עך
flash card דאָס בליצקאַרטל, ־עך; דאָס ווײַזקאַרטל, ־עך
flash drive דער שליסלדיסק, ־ן
flasher
(device) דער בליצלער, ־ס
(person) דער אַנטבלייזער, ־ס; דער עקסהיביציאָניסט, ־ן
flashgun דער בליצער, ־ס
flashlight די באַטעריקע, ־ס; דאָס לאַמטערל, ־עך
flashpoint דער צינדפּונקט, ־ן
flashy בליציק; בלענדיק; שרײַיִק; רײַסיק; באַפּליטערט
flask
(chem.) די קאָלבע, ־ס
(bottle) דער פֿלאַקאָן, ־ען; דער בוטל, ־ען; די בוטילקע, ־ס
flat, *adj.* פֿלאַך; פֿלאַטשיק
(beer/soda) אויסגעוועפּט
be flat on one's back (in bed) ליגן קראַנקערהייט אין בעט
be flat on one's back (*fig.*) זײַן אומבאַהאָלפֿן
fall flat (fail) (אַ)דורכפֿאַלן; נישט גראָטן ‹אויסנעמען›; נישט אײַנגעבן זיך; אײַננעמען אַ מפּלה [MAPÓLE]
fall flat on one's face פֿאַלן מיטן פּנים אַראָפּ [PÓNEM]
fall flat on one's face (*fig.*) אַרײַנפֿאַלן; שלעכט אָפּשנײַדן; (אַ)דורכפֿאַלן
flat as a pancake פֿלאַך ווי אַ פֿליאָנדרע ‹לאָקשנברעט›
flat sales דאָס שוואַכע לייזעכץ ל״י
flat, *adv.*
be flat broke נישט האָבן קיין געלט ‹גראָשן› אין קעשענע
flat on the ground פֿלאַזעם
flat out (bluntly) דירעקט; אָפֿן
flat out (totally) אין גאַנצן
go flat אויסבלעזלען זיך; אויסוועפּן זיך
in four minutes flat אין פּונקט פֿיר מינוט (אַרום)
sing flat זינגען אַראָפּ פֿון טאָן; נישט דערגרייכן; דעטאָנירן
flat, *n.*
(apartment) די דירה, ־ות [DÍRE]
(mus.) דער בעמאָל
flatbed דער פֿלאַטפֿאָרמע־אויטאָ, ־ס
flat-bottomed boat דאָס פֿלאַכשיפֿל, ־עך
flatcar דער פֿלאַטפֿאָרמע־וואַגאָן, ־ען
flat-chested פֿלאַכברוסטיק; קלײנברוסטיק
be flat-chested *also* האָבן פֿלאַכע ‹קלײנע› בריסט ‹ברוסטן›
flat-chested woman *also* די פּינד(י)ע, ־ס
flat fee דער אײנהייטלעכער פּרײַז ‹אָפּצאָל›, ־ן
flat feet פֿלאַטשפֿיס
flatfish די קאַמבעלע, ־ס
flatfooted פֿלאַטשפֿיסיק; פֿלאַכפֿיסיק
be flatfooted האָבן פֿלאַטשפֿיס; האָבן פֿלאַכע פֿיס
flatiron דאָס פּרעסל, ־עך; דער פּרעס, ־ן
flatly קאַטעגאָריש; לחלוטין [LAKhLÚTN]
flatness די/דאָס פֿלאַכקייט
flat-panel TV דער פֿלאַכפּאַנעל־טעלעוויזאָר, ...אָרן
flats (shoes) שיך אָן אָפּצאַסן
flat-screen TV דער פֿלאַכעקראַן־טעלעוויזאָר, ...אָרן
flatten צעפּלעטשן; פֿלאַטשיק מאַכן
flatten out, *vt./vi.* אויספּלאַטשיקן (זיך)
flatter חנפֿע(נע)ן; חנפֿע(נע)ן זיך צו; אונטערלעקן זיך; קריכן + דאַט׳ אין די אויגן [KhÁNFE(NE)N]
be flattering (clothing) פּאַסן + דאַט׳; קלײדן + דאַט׳
flatter oneself געבן זיך אַ קניפּ אין בעקל
flatterer
m./unsp. דער חניפֿהניק, ־עס; דער חנפֿן, ־ים; דער חונף, ־ים; דער אונטערלעקער, ־ס; דער טרעלער, ־ס; דער טעלער־לעקער, ־ס [Kh(A)NÍFENIK] [KhANFN, KhANFÓNIM] [KhÓYNEF, KhÓNFIM]
f. די חניפֿהניצע, ־ס; די חונפֿטע, ־ס; די אונטערלעקערקע, ־ס; די טרעלערקע, ־ס; די טעלער־לעקערקע, ־ס [Kh(A)NÍFENITSE] [KhÓYNEFTE]
flattery די חניפֿה; דאָס (אונטער)לעקערײַ [Kh(A)NÍFE]
Flattery will get you nowhere מיט חניפֿה פֿירט מען גאָרנישט אויס
flat tire דער פֿאַנטשער, ־ס; די/דער געפּלאַצטע(ר) רייף, ־ן
flatulence די נפֿיחה; דאָס לאָזן לופֿט [NEFÍKhE]
(*fig.*) די/דאָס אויפֿגעבלאָזנקייט; די/דאָס פּרעטענציעזקייט
flatulent נפֿיחהדיק [NEFÍKhEDIK]
(*fig.*) אויפֿגעבלאָזן; פּרעטענציעז
flatus די נפֿיחה [NEFÍKhE]
flatware גאָפּל־לעפֿל ל״ר; דאָס מעסערוואַרג; דאָס טישגעשיר
flaunt באַווײַזן ‹בלאָזן/באַרימען/אויסשטעלן/אויסטראַנצלען› זיך מיט; פּאַראַדירן מיט; שטעכן די אויגן מיט

If you've got it, flaunt it! זאָלן אַלע זען און מקנא זײַן! [MEKÁNE]

flautist דער פֿלייטיסט, ־ן; דער פֿלײטשפּילער, ־ס

flavonoid דער פֿלאַוואָנאָיִד, ־ן

flavor, *n.* דער טעם, ־ען; דער אַראָמאַט, ־ן [TAM]

flavor, *v.* צוריכטן; צופּראַווע|ן; פֿאַרפּראַווע|ן; צוגעבן (אַ) טעם; באַטעמען [BATÁMEN] [TAM]

vanilla-flavored מיט אַ טעם פֿון וואַניל

flavored tea די/דער צוגעריכטע(ר) טיי, ־ען

flavorful מיט אַ (גוטן) טעם; אַראָמאַטיש [TAM]

flavoring די באַטעמונג, ־ען [BATÁMUNG]

flavorless אָן אַ טעם; אומבאַטעמט [ÚMBATÁMT] [TAM]

flaw דער פּגם, ־ים; דער חסרון, ־ות/־ים; דער פֿעלער, ־ן [PGAM, PGÓMIM] [KhESÓRN, KhESRÓYNES/KhESRÓYNIM]

flawed דורכגעלעכערט; טעותדיק [TÓESDIK]

He has flawed judgment דער שׂכל הינקט בײַ אים אונטער [SEYKhL]

flawed logic דאָס פֿאַלשגעדראַנג

flawless אָן אַ פּגם ‹טעות› [PGAM] [TÓES]

flax דער פֿלאַקס; דער לײַן

flaxen פֿלאַקסן

flaxen hair פֿלאַקסענע האָר ל״ר; פֿלאַקס בלאָנדע האָר ל״ר

flax lily די פֿלאַקסליליע

flaxseed דער לײַנזוימען; דער פֿלאַקסזוימען

flaxseed oil דער לײַנזוימען־אײל‹־בוימל›

flay שינדן + דאַט׳ די הויט; באַרײַסן; פּאַסעווע|ן

flea די/דער פֿלוי, פֿליי

flea bite דער ביס פֿון אַ פֿלוי

flea-bitten פֿון פֿליי צעביסן

flea market דער פֿלײמאַרק, ...מערק; דער וואַנצנמאַרק, ...מערק

fleck, *n.* דער פֿלעק, ־ן

(flake) דאָס שטיקעלע, ־ך; דאָס שטײבעלע, ־ך

fleck, *v. imp./pf.* (באַ)פֿלעקן

fledgling, *adj.* אפֿרוח־...; אומגעניט [EFRÓYEKh]

fledgling, *n.* דער אפֿרוח, ־ים; דאָס אפֿרוחל, ־עך; דער אומגעניטער געב׳ [EFRÓYEKh, EFRÓYKhIM] [EFRÓYEKhL]

flee אַנטלויפֿן (פֿון); פֿלוצעם פֿאַרלאָזן; עוקר זײַן (פֿון); אַנטרינען (פֿון) [ÓYKER]

(*hum.*) מאַכן פּליטה; נעמען די פֿיס אויף די פּלײצעס; מאַכן (אַ) ויבֿרח [PLÉYTE] [VAYÍVREKh]

flee one's country פֿאַרלאָזן דאָס פֿאָטערלאַנד ‹אײגענע לאַנד›

fleece, *adj.* וואָליק; ווייך

fleece, *n.* די פֿעל, ־ן; די (שאָפֿן)וואָל

(fabric) די געוועבטע וואָל

(jacket) דער געוועבטער פּעלץ

fleece, *v.* (אָפּ)שערן

(defraud) באַרײַסן; אויסבײַטלען; שינדן + דאַט׳ די הויט; רײַסן ‹שינדן› + דאַט׳ אַ פּאַס; מעלקן; אָפּדאַצן; רײַסן שטיקער פֿון

fleecer דער שינדער, ־ס

fleet דער פֿלאָט, ־ן

(of vehicles) דער פּאַרק, ־ן

fleetfooted פֿלינק

fleeting פֿאַרבײַפֿליִיק; פֿאַרבײַיִק; איבערפֿלי־...

fleeting smile דער איבערפֿלי־שמייכל, ־ען; דער פֿאַרבײַלויפֿיקער שמייכל, ־ען

flesh, *adj.* **(color)** לײַבקאָליריק; פֿון לײַבקאָליר

flesh, *n.* דאָס פֿלייש; דער גוף; דאָס לײַב

(meat) דאָס פֿלייש

(skin) די הויט

(of fruit) דאָס ווייכע

(color) דער לײַבקאָליר

(matter) דער חומר [KhÓYMER]

in the flesh לעבעדיקערהייט; בכבֿודו־ובעצמו [BIKhVÓYDE-UVEÁTSME]

flesh and blood בלוט און פֿלייש

flesh trade דער האַנדל מיט לעבעדיקער סחורה [SKhÓYRE]

flesh wound די פֿליישוווּנד, ־ן; די לײַבוווּנד, ־ן

fleshy פֿליישיק; געפּאַקט; בעל־גופֿיק [BALGÚFIK]

flex בייגן

flex one's feet אײַנבייגן די פֿיס

flex one's muscles אָנשפּאַנען ‹אָנציִען/אײַנקאָרטשע|ן› די מוסקלען

flex one's muscles (*fig.*) באַווײַזן זיך מיטן אײגענעם כּוח [KÓYEKh]

flexibility די/דאָס בײג(עווד)יקייט

flexible בײג(עווד)יק

flexion די בײגונג, ־ען

flextime די גליטשצײַט; בײגעוודיקע אַרבעט־שעהען ל״ר [ShÓEN]

flick, *n.*

(with finger) דער טוץ; דער שנעל, ־ן

(film) דער פֿילם, ־ען

a flick of the wrist אַ גיכער דריי מיטן געלענק

flick, *v.*

(with finger) געבן אַ שנעל; אָפּפֿליקן (מיטן פֿינגער)

(a whip) אַ שמײַס ‹פֿיצקע› טאָן

(a cigarette) אָפּשפּרענקלען דאָס אַש

(tongue) אַ שנעל טאָן מיט דער צונג

flick the switch אַ קנאַק טאָן דעם ‹מיטן› אויסשליסער

flicker, *n.* דער צאַנק, ־ען

flicker, *v.* צאַנקען

flier *see* **flyer**

flight

(airplane) דער פֿלי, ־ען

(escape) דאָס אַנטלויפֿן; דער אַנטלויף, ־ן; די פּליטה [PLÉYTE]

(of stairs) דער גאָרן, ־ס; טרעפּ ל״ר; דער טרעפּצווישן, ־ס

be in full flight האַלטן אין רעכטן אַנטלויפֿן; מאַכן פּליטה; שטעלן פֿיס

flight of fancy דער פֿלי פֿון דער פֿאַנטאַזיע

Have a good flight! פֿלי(ט) געזונט און קום(ט) געזונט!

He's a flight risk ער קער נאָך אַנטלויפֿן; ער קער נישט ווערן

in flight אין דער לופֿטן; אין פֿלי

take flight (plane) אָפּפֿליִען

take flight (escape) אַנטלויפֿן; מאַכן פּליטה

flight attendant

m. דער סטואַרד, ־ן

f. די סטואַרדקע, ־ס

flight conditions פֿלי־באַדינגונגען; פֿלי־אומשטאַנדן

flight control דער פֿליקאָנטראָל, ־ן

flight controller דער פֿלי־קאָנטראָליר‹־קאָנטראָליאָר›, ־ן

flight crew דער פֿלי־עקיפּאַזש, ־ן; די פֿלי־קאָמאַנדע, ־ס; דער פֿלי־פּערסאָנאַל

flight deck די פֿליִער־קאַבינע, ־ס

flight engineer דער פֿלי־אינזשעניר, ־ן; דער באָרט־מעכאַניקער, ־ס

flight instructor דער אַוויאָן־אינסטרוקטאָר, ...אָרן; דער פֿליִלערער, ־ס

flight manifest די פֿלי־‹פּאַסאַזשירן־›רשימה, ־ות [REShÍME]

flight monitor די פֿלי־אינפֿאָרמירקע, ־ס

flight number דער פֿלינומער, ־ן

flight path דער פֿליִוועג, ־ן; די לופֿטטראַסע, ־ס
flight recorder דער פֿליִדאַטן־רעקאָרדירער, ־ס
flight schedule דער פֿליִפּלאַן, ...פּלענער
flight school די פֿליִערשול, ־ן
flight simulator דער פֿליִ־סימולירער, ־ס
flight suit דער פֿליִ־קאָמבינעזאָן, ־ען
flighty צעפֿלויגן; צעטראָגן; לופֿטיק
flimflam, *n.* דער שווינדל; דאָס אָפּנאַרערײַ
flimflam, *v.* באַשווינדלען; אָפּנאַרן
flimflammer דער שווינדלער, ־ס; דער אָפּנאַרער, ־ס
flimsy נישט־פֿעסט; וואַקלדיק; שוואַך; נישטיק
  What a flimsy excuse! אָט דאָס הייסט אַ וואַכער ‹פֿולער› תּירוץ!; אַ תּירוץ פֿאַר די בענטשליכט! [TÉRETS]
flinch אַ צאַפּל ‹ציטער› טאָן; אָפּשפּרינגען; צוריקפּראַלן
fling, *n.* די ליובקע, ־ס; דאָס געגועימל, ־עך [GAGUÍML]
  have a fling אָפּכאַפּן אַ ליובקע
fling, *v.* אַ שמיץ ‹וואָרף› טאָן; שלײַדערן
  fling down אַראָפּשלײַדערן; אַנידערוואַרפֿן
  fling oneself on וואַרפֿן זיך + דאַט' אויפֿן האַלדז; אַ וואָרף טאָן זיך צו
flint דער פֿײַערשטיין; דער קיזלשטיין; דער קרעמען, ־ס/־עס
flintlock דער אָנצינדשלאָס, ...שלעסער
flinty שטרענג; האַרט
flip, *n.* די קאָזשלקע, ־ס; דער קאָזשעליק, ...לקעס
  do a flip איבערקוליען זיך; מאַכן אַ קאָזשלקע ‹קאָזשעליק›
  do a backwards flip איבערקוליען זיך אויף צוריק; מאַכן אַ קאָזשלקע ‹קאָזשעליק› אויף צוריק
  the flip side דאָס פֿאַרקערטע; די פֿאַרקערטע ‹אַנדערע/צווייטע› זײַט
flip, *vt./vi.* איבערקערן (זיך); איבערדרייען (זיך)
  flip a coin/flip for it וואַרפֿן גורל [GOYRL]
  flip one's lid אַרויסגיין פֿון די כּלים ‹האַלאַבליעס› [KÉYLIM]
  flip over איבערקערן ‹איבערדרייען› זיך
  flip through (אַ)דורכבלעטערן
flip-flop, *n.*
  (shoe) דער פֿינגערשוך, ...שיך
  (zigzag) דער הין־און־קריק, ־ן
flip-flop, *v.* הין־און־קריקעווען
flippant פֿאַרשײַט; פֿאַרשאַרט
flipper
  (fish) דער רודערפֿוס, ...פֿיס
  (rubber) דאָס פֿוסרודערל, ־עך; די (גומענע) פֿלעטווע, ־ס
flirt, *n.*
  (flirtation) דער פֿלירט
  m. דער קאָקעט, ־ן; דער חנדלער, ־ס [KhÉYNDLER]
  f. די קאָקעטקע, ־ס; די חנדלערקע, ־ס [KhÉYNDLERKE]
flirt, *v.* **(with)** קאָקעטעווען (מיט); קאָקעטירן (מיט); פֿלירטעווען (מיט); חנדלען זיך (צו); שפּילן אַ ליבע מיט [KhÉYNDLEN]
flirtation דאָס (אַרומ)פֿלירטעווען; דער פֿלירט, ־ן
  have a brief flirtation כאַפּן אַ פֿלירט
flirtatious קאָקעטיש; פֿלירטעוודיק; פֿלירטיש; חנדלדיק [KhÉYNDLDIK]
flit (אומ)פֿלאַטערן ‹אומפֿליִען› אַהין און אַהער
float, *n.*
  (in water) דאָס שווימערל, ־עך
  (parade) דער פּאַראַד־וואָגן, ־ס
  (soda) דער פֿלאָוט, ־ס
float, *v.*
  vt. **(in water)** לאָזן שווימען
  vi. **(in water)** שווימען; טראָגן ‹האַלטן› זיך אויפֿן וואַסער
  vi. **(in air)** שוועבן (אין דער לופֿטן)
  float an idea אַרויסלאָזן ‹לאָזן קורסירן› אַ געדאַנק
  float capital לאָזן שוועבן דעם קאַפּיטאַל
floating שווימ...; שוועבנדיק
floating currency די שוועבנדיקע וואַלוטע
floating dock דער שווימדאָק, ־ן
floating hospital דער/דאָס שווימשפּיטאָל, ־ן/שפּיטעלער
floating kidney די וואַנדערניר, ־ן
floating mine די שווימְמינע, ־ס
floating toy דאָס שווים־שפּילעכל, ־עך
flock, *n.*
  (of birds) די טשאַטע, ־ס; די סטײַע, ־ס
  (of cattle) די טשערעדע, ־ס; די סטאַדע, ־ס
  (of people) דער עולם, ־ס; דאָס געזעמל, ־עך; דער המון, ־ים/־ען [ÓYLEM] [HAMÓYN]
  (of faithful) די קאָנגרעגאַציע, ־ס
flock, *v.* צונויפֿלויפֿן זיך; צונויפֿפֿליִען זיך; צושטראָמען
floe די (אײַז)קריע, ־ס
flog קאַטעווען; דערלאַנגען + דאַט' שמיץ ‹מלקות›; שמײַסן; קנוטעווען; פֿאַסעווען; פֿיצקען [MÁLKES]
flogging דאָס קאַטעווען; דאָס דערלאַנגען מלקות; דאָס פֿאַסעווען [MÁLKES]
flood, *n.* די פֿאַרפֿליצונג, ־ען; דער מבול, ־ס; דאָס געוויסער, ־ס [MABL]
  flood of tears דער ים מיט טרערן [YAM]
flood, *v.* פֿאַרפֿלייצן; פֿאַרטרינקען; פֿאַרטרענקען; פֿאַרשווענקען
floodgate דער שליוז, ־ן; די סטאַווידלע, ־ס
  open the floodgates עפֿענען די שליוזן
  open the floodgates (*fig.*) עפֿענען טיר און טויער
floodlight דאָס פֿלייצליכט
flood plain דער פֿאַרפֿלייצפּליין, ־ען
flood warning די פֿאַרפֿלייץ־וואָרענונג, ־ען
floodwater דאָס פֿלייצוואַסער
floor, *n.* די פּאַדלאָגע ‹פּאָדלעגע›, ־ס; דער/די דיל, ־ן; דער פּאָל, ־ן
  (of ocean) דער דנאָ ‹באָדעם/באָדן› פֿון ים; דער ים־דנאָ; דער דעק, ־ן [YAM]
  (story) דער גאָרן, ־ס; דער עטאַזש, ־ן; דער ˙שטאָק, –
  (parliamentary) דאָס וואָרט
  ask for the floor בעטן אַ וואָרט
  give the floor to געבן + דאַט' דאָס וואָרט
  have the floor האָבן דאָס וואָרט; שטיין בײַם עמוד [ÓMED]
  take the floor נעמען דאָס ‹אַ› וואָרט
floor, *v.*
  (lay down floor) לייגן אַ פּאַדלאָגע ‹פּאָדלעגע/דיל›
  (knock down) אומוואַרפֿן פֿון די פֿיס
  (silence) פֿריטשמעליען; אַוועקלייגן (אויף די לאָפּעטקעס)
  floor the pedal שטאַרק אָנטרעטן אויפֿן גאַזפּעדאַל ‹אַקצעלעראַטאָר›
floorboard דאָס/די דילברעט, ־ער
floorcloth די דילרעדנע, ־ס
floor counselor
  m./unsp. דער גאָרן־אויפֿפּאַסער, ־ס
  f. די גאָרן־אויפֿפּאַסערקע, ־ס
flooring דער/די דיל, ־ן; דער דילבאַדעק; דילברעטער ל"ר
floor lamp דער שטייִלאָמפּ, ־ן
floor show די קאַבאַרע(ט)־פֿאָרשטעלונג, ־ען
floor wax דער פּאָלוואַקס; דער דילוואַקס
floozy די מופֿקרת, ־ן; די שליוכע, ־ס [MUFKÉRES]
flop, *n.* דער דורכפֿאַל, ־ן
flop, *v.* **(down)** אַ פֿליִד טאָן זיך; געבן אַ פּאַל
  (fail) (אַ)דורכפֿאַלן; אויסלאָזן זיך אַ בוידעם
  (thea.) פֿאַלן ווי שטרוי; (אַ)דורכפֿאַלן; נישט אויסנעמען

(hang) נאָכבאָמבלען זיך; אַראָפּהענגען
floppy, *adj.* בײַגעוודיק; ווייך; שוואַך
(ears) פֿלאַטערדיק; אַראָפּהענגענדיק
floppy, *n.* דער ווייכער דיסק, ־ן; דער בײַגעוודיסק, ־ן
flora די פֿלאָרע; די געוויקסן־וועלט
floral בלומענ...; קווייטנ...; פֿון בלומען
floral arrangement דער קווייטנציר; דער בלומענציר
Florence (דאָס) פֿלאָרענץ
floret דאָס בלומעלע, ־ך
florid
(flowery) מליצהדיק; בלומיק [MELÍTSEDIK]
(ruddy) רויט(באַקיק)
Florida (די) פֿלאָרידע
florist דער קווייטניק, ־עס; דער בלומען־הענדלער, ־ס
florist shop דאָס בלומען־געשעפֿט, ־ן
floss, *n.*
(dental) דער צײנפֿאָדעם; דער צאָנפֿאָדעם
(embroidery) דער אויסנײ־פֿאָדעם
floss, *v.* אויספֿאָדעמען ‹אָפּפֿאָדעמען› די ציין
flotation דאָס שווימען
flotation ring דער שווימרינג, ־ען; דער שווימבייגל, –
flotilla די פֿלאָטיליע, ־ס
flotsam דאָס ים־בראָכוואַרג [YAM]
flotsam and jetsam דאָס איבערבלײַבעכץ; רעשטלעך ל״ר
flounce, *n.*
(ruffle) די שליאַרע, ־ס
with a flounce מיט אַ וואָרף
flounce, *v.*
(ruffle) באַזעצן מיט אַ שליאַרע
flounce out אַ וואָרף טאָן זיך אַרויס
flounder, *n.* די פֿלאָנדערקע, ־ס; די קאָמבעלע, ־ס
flounder, *v.* צאַפּלען זיך; וואַרפֿן זיך; פּאָרפּלען זיך
(*fig.*) ספּאָטיקע|ן זיך; שטאָמפּערן
flour, *adj.* מעל...; פֿון מעל
flour, *n.* דאָס/די מעל
flour, *v.* באַשיטן ‹באַשפּרענקלען› מיט מעל; פֿאַרמעליקן
flourish, *n.* דער צוק, ־ן; דאָס דריידעלע, ־ך
with a flourish דעמאָנסטראַטיוו
in full flourish אין פֿולן בלי
write with a flourish שרײַבן מיט אַ צוק ‹דריידעלע›
flourish, *v.* בליִען
begin to flourish אויפֿבליִען; צעבליִען זיך
flourishing, *adj.* בלי...; בליִענדיק
flourishing, *n.* דער אויפֿבלי; די בליִונג
flourless אָנמעליק
floury באַמעלט; פֿאַרמעלט
flout באַציִען זיך מיט ביטול צו; אָפּשפּעטן פֿון; נישט רעכענען זיך מיט; פֿײַפֿן אויף; נישט פֿאָלגן [BITL]
flow, *n.* דער שטראָם, ־ען; דער (אָנ)פֿליץ, ־ן; דאָס פֿליסן; דער גאָס, ־ן; דאָס גיסן זיך
(tide) דער צופֿליץ, ־ן
go against the flow שווימען ‹גיין› קעגן שטראָם
go with the flow שווימען ‹גיין› מיטן שטראָם
flow, *v.* שטראָמען; פֿליצן; פֿליסן; לויפֿן; גיסן זיך
flow into אַרײַנגיסן זיך אין
flow out of אַרויסגיסן זיך פֿון
the land flowing with milk and honey דאָס לאַנד וואָס פֿליסט מיט מיל(ע)ך און האָניק
flow chart דאָס פּראָצעס־געמעל, ־ן
flower, *n.* די בלום, ־ען; דער קווייט, ־ן
in flower אין בלי; צעבליט; צעצוויטעט
flower, *v.* בליִען; צוויטע|ן
flower arrangement די בלומען־קאָמפּאָזיציע, ־ס

flower bed די בלומענבייט, ־ן
flowered געבלומלט; באַבלומט
flowering, *n.* דער צעבלי
flowering dogwood דער צוויטיקער דרען
flowering plant דאָס בלומיקע געוויקס, ־ן
flowerpot דער בלומענטאָפּ, ...טעפּ; די וואַזאָנע, ־ס; דער וואַזאָן, ־ען
flowery (style) באַבלומט; געבלומלט; מליצהדיק [MELÍTSEDIK]
flowery language *also* די מליצה, ־ות [MELÍTSE]
flu די אינפֿלוענציע; די גריפּע; די פֿלענציע
flub, *n.* דער (גראָבער) פֿעלער, ־ן
(thea.) די בולבע, ־ס
flub, *v.* אָפּטאָן אַ פֿעלער; פֿאַרפּוישערן
(thea.) בולבעווע|ן; כאַפּן אַ בולבע
fluctuate וואַקלען זיך; האַלטן זיך אין איין בײַטן; פֿלוקטויִרן
fluctuation דאָס וואַקלעניש, ־ן; דאָס וואַקלען זיך; די פֿלוקטויִרונג, ־ען
flue די יושקע, ־ס
fluency די/דאָס פֿרײַקייט; די/דאָס פֿליסיקייט; די/דאָס (גוט)קענטשאַפֿט
fluency required מע דאַרף קענען פֿרײַ ‹פֿליסיק/גלאַטיק› רעדן
fluent פֿרײַ; פֿליסיק; גלאַטיק
be fluent in Yiddish פֿרײַ ‹פֿליסיק/גלאַטיק› רעדן ייִדיש; רעדן ייִדיש ווי אַ וואַסער
fluff, *n.* דער (ווייכער) פּוך
(*fig.*) די/דאָס נאַרישקייט, ־ן
fluff, *v.* **(up)** אויפֿפּוישן; אויפֿשלאָגן
fluffy פּוכיק ‹פּוכקע›; מיט פּוך באַדעקט; ווילנע
(cake) לופֿטיק
fluid, *adj.* פֿליס(עווד)יק; גיסיק
fluid, *n.* די/דאָס פֿליסיקייט, ־ן; די/דאָס גיסיקייט, ־ן
fluids *also* דאָס גיסוואַרג קאָל׳
fluid feeder דער זאַפּטזויגער, ־ס
fluid feeding די זאַפּטזויגונג
fluid intake דער אײַננעם פֿון פֿליסיקייטן
fluidity די/דאָס פֿליס(עווד)יקייט
fluid mechanics די הידראָמעכאַניק ל״ײ; די הידרויליק ל״ײ
fluid ounce די פֿליסיקאונץ, ־ן
fluke[1] (stroke of luck) דער גליקלעכער טראַף, ־ן; דאָס ריינע מזל [MAZL]
fluke[2] (zool.)
(flounder) די פֿלאָנדערקע, ־ס
(parasite) די טרעמאַטאָדע, ־ס
flukey
(lucky) מזלדיק [MÁZLDIK]
(unstable) בײַטעוודיק
be flukey (lucky) זײַן אַ מזל־זאַך; אָפּהענגען אין מזל [MAZL]
flummox מבֿלבל זײַן; צעמישן; צעטומלען; סקאָנפֿוזיע|ן [MEVÁLBL]
be flummoxed מבֿולבל ‹צעמישט/צעטומלט› ווערן; סקאָנפֿוזיע|ן זיך [MEVÚLBL]
flunk *see* **fail**
He flunked out מ'האָט אים געהייסן גיין
flunky דער לאַקיי, ־ען
fluoresce פֿלואָרעסצירן
fluorescence די פֿלואָרעסצענץ
fluorescent פֿלואָרעסצענטן־...
fluorescent lamp די פֿלואָרעסצירקע, ־ס
fluorescent light דאָס פֿלואָרעסצענטן־ליכט
fluoridate פֿלואָרידירן

fluoridation דאָס פֿלואָרידירן; די פֿלואָרידירונג
fluoride דער פֿלואָריד, ־ן
fluoride toothpaste די פֿלואָר־ציינפּאַסטע, ־ס
fluorine דער פֿלואָר
fluoroscopy די פֿלואָראָסקאָפּיע, ־ס
flurry
(snow) דער שניייווייע, ־ן
(wind) דער ווינטשטויס, ־ן; דער ווייע, ־ן; דער אויפֿבלאָז, ־ן
There was a flurry of activity ס'האָט זיך פֿלוצעם געטאָן ‹געקאָכט›
flush, *adj.*
(even) גלײַך; גלאַט
(wealthy) אָנגעפּאַקט; אָנגעלאָדן; אָנגעשטאָפּט; זעטיק (מיט געלט)
flush with מלא־...; פֿול מיט [MÓLE]
flush, *n.*
(of toilet) דאָס אַראָפּלאָזן
(of color) דער בלוטשטויס, ־ן; דאָס פֿאַררייטלען זיך
(cards) דער רומל; דער פֿלאָש
in the flush of victory פֿון גרויס נצחון־שיכּרות [NITSÓKhN-ShÍKRES]
flush, *v.*
vt. **(clean)** אויסוואַשן; אויסשווענקען; (אַ)דורכשווענקען
vt. **(flood)** פֿלייצן
vi. **(with color)** פֿאַררייטלען זיך
flush a toilet אַראָפּלאָזן דאָס וואַסער
flushed פֿאַרפֿלאַמט; פֿאַררייטלט; רויט אין פּנים [PÓNEM]
flu shot דער גריפּע־איינשפּריץ, ־ן; די גריפּע־אינייעקציע, ־ס
fluster אויפֿרודערן; באַאומרויִקן
flustered פֿאַרלוירן; אויפֿגערודערט; באַאומרויִקט
be flustered פֿאַרלירן זיך; אויפֿגערודערט ‹באַאומרויִקט› ווערן
flute
(mus.) די פֿלייט, ־ן
(glass) דער באָקאַל, ־ן
fluted געקנוואַליעט; גאָפֿרירט
flutist דער פֿלייטיסט, ־ן; דער פֿלייטשפּילער, ־ס
flutter, *n.* דער פֿלאַטער; דער פֿאָך; דער פֿאָכע; דאָס ציטערניש
flutter, *v.*
vt. לאָזן פֿלאַטערן; פֿלאַטערן מיט; מאַכן מיט; פֿאָכע(ן) מיט
vi. פֿלאַטערן; ציטערן; צאַפּלען; פֿאָכען; פֿלאָשע(ן)
flutter about (*fig.*) אַרומהאַווע(ן); אַרומשמײַע(ן); יאָגן זיך אַהין און אַהער
fluttering, *n.* דאָס געפֿלאַטער; דאָס צאַפּלעניש
fluvial טײַכ...
flux דער שטראָם; דער פֿליס
(tech.) דאָס שמעלצמיטל, ־ען
be in flux האַלטן זיך אין (איין) בײַטן
fly,[1] *n.* **(insect)** די פֿליג, ־ן
be a fly on the wall זײַן אַ מײַזעלע; זײַן דער רואה־ואינו־נראה [RÓYE-VEÉYNE-NÍRE]
fly in the ointment דער לעפֿל דזשעגעכץ אין אַ פֿעסל האָניק
fly,[2] *n.* **(flying)** דער פֿלי, ־ען
(zipper) דער קראַק, ־ן; דער פֿאַרטישיק, ־עס; דאָס קרעמל, ־עך
on the fly ספּאָנטאַן; אין פֿלי
fly, *v.*
vt. פּילאָטירן (מיט); פֿירן
vi. פֿליִען
fly in the face of סותר זײַן; נעשט רעכענען זיך מיט; שטיין להכעיס אַ(נט)קעגן [SÓYSER] [LEHÁKhES]
fly off the handle אַרײַנ(פֿאַלן) אין אַ רציחה; אָנכאַפּן זיך; אַרויסגיין פֿון די כּלים ‹האַלאַבליעס›; ווערן אַ צעקאָכטער געב'; קריגן די פֿלאַץ; צעבושעווע(ן) זיך; צעווילדעווע(ן) זיך [RETSÍKhE] [KÉYLIM]
fly off the shelves פֿאַרקויפֿן זיך ‹צעכאַפּט ווערן› ווי מצה־וואַסער [MÁTSE]
fly sb. to צאָלן + פּאַס' פֿלי־הוצאָות קיין [HOYTSÓES/HETSÓES]
fly the coop אַנטלויפֿן; צעפֿליִען זיך; מאַכן ויבֿרח ‹פּליטה› [VAYÍVREKh] [PLÉYTE]
fly the flag לאָזן פֿלאַטערן די פֿאָן; באַווײַזן די פֿאָן
It just won't fly ס'וועט פּשוט נישט גיין; ס'וועט זיך גאָר נישט באַקומען [PÓShET]
fly agaric דאָס פֿליגן־שוועמל, ־עך; דער רויטער מאַכעמאָר
fly ball דער פֿליקלאַפּ, ...קלעפּ; דער פֿליער, ־ס
flyby דער פֿאַרבײַפֿלי, ־ען; דער פֿליפֿאַרבײַ, ־ען
fly-by-night אומפֿאַרלאָזלעך; אָנפּרינציפּנדיק
flycatcher דער פֿליגן־כאַפּער, ־ס
flyer
(paper) דאָס פֿליבלעטל, ־עך
(pilot) דער פּילאָט, ־ן; דער אַוויאַטאָר, ...אָרן; דער פֿליער, ־ס
fly-fishing דאָס כאַפּן פֿיש מיט כּמו־פֿליגן [KMOY]
flying, *adj.* פֿלי...; פֿליִענדיק
get off to a flying start אָנהייבן מיטן רעכטן פֿוס
flying, *n.* דאָס פֿליִען; דאָס פֿליערײַ; די אַוויאַציע
flying dragon/lizard די פֿליִענדיקע יאַשטשערקע, ־ס
flying fish דער פֿליפֿיש, –
flying saucer דאָס פֿלי־טעלערל, ־עך
flying school די פֿליערשול, ־ן
flying time די פֿליצײַט; פֿלי־שעהען ל"ר [ShÓEN]
flying trapeze דער פֿליטראַפּעז, ־ן
flyleaf דער פֿאָרזאַץ, ־ן
fly nut די פֿליגל־מוטערקע, ־ס
flyout (baseball) דער פֿליאַוט, ־ן
flyover דער אַריבערפֿלי, ־ען; דער לופֿטפּאַראַד, ־ן
flypaper דאָס פֿליגן־פּאַפּיר
fly spray דער פֿליגנשפּריץ, ־ן
flyswatter דער פֿליגן־קלאַפּער, ־ס
flyweight דער פֿליגן־וואָגיקער געב'
flywheel די/דאָס שווונגראַד, ...רעדער; די/דאָס אימפּעטראַד, ...רעדער
FM radio דער עף־עם־ראַדיאָ
foal דער לאָשיק, ־עס; דאָס לאָשיקל, ־עך
foam, *adj.* שוימ...
foam, *n.* דער שוים, ־ען; די פּינע, ־ס
foam, *v.* שוימען; פּינע(ן)
foam at the mouth (*fig.*) שוימען אַזש פֿון כּעס; רעדן ‹שרײַען› מיט שוים אויף די ליפּן [KÁAS]
foam insulation דאָס שוים־איזאָלירוואַרג
foam-rubber, *adj.* שוימגומען
foam rubber, *n.* די שוימגומע
foamy שוימיק
fob, *n.* דאָס זייגער־קייטל, ־עך
fob, *v.* **(off on)** אונטערררוקן + דאַט'; אַרײַנרוקן + דאַט'; אַרײַנשטופּן + דאַט'
focal פֿאָקאַל; צענטראַל
focal distance/length דער פֿאָקוס־אָפּשטאַנד; די פֿאָקאַלע דיסטאַנץ
focal point דער פֿאָקוס, ־ן
focus, *n.* דער פֿאָקוס, ־ן
focus of a dispute דער סלע־המחלוקת, ־ן [SÉLE-HAMAKhLÓYKES]

bring into focus (camera) איַינפֿאָקוסירן
bring into focus (*fig.*) קלאָר מאַכן; אויפֿקלערן
in focus אין פֿאָקוס; פֿאָקוסירט
focus, *vt./vi.* קאָנצענטרירן (זיך); פֿאָקוסירן (זיך)
focused קאָנצענטרירט; פֿאָקוסירט
be focused קאָנצענטרירן ‹פֿאָקוסירן› זיך
focus group די אַנקעטע־גרופּע, ־ס
fodder דאָס געפֿיטער; די קאָרמע; די פֿאַשע; דער פּאַפּאַס; דער פֿוראַזש
foe דער שונא, ־ים; דער פֿײַנד, ־; דער צורר, ־ים [SÓYNE, SÓNIM] [TSÓYRER, TSÓRERIM]
fog, *n.* דער טומאַן, ־ען; דער נעפּל, ־ען
fog of war דער שלאַכטטומאַן, ־ען
as if in a fog ווי אין חלום; ווי אין אַ נעפּל [KhÓLEM]
fog, *v.* **(up)**
vt. פֿאַרנעפּלען
vi. פֿאַרנעפּלען זיך; פֿאַרנעפּלט ווערן
fogbound אין נעפּל פֿאַרהילט
foggy נעפּלדיק; פֿאַרנעפּלט
become foggy נעפּלען זיך; פֿאַרנעפּלט ווערן
I don't have the foggiest idea/notion כ'הייב נישט אָן צו וויסן; פֿרעג מיך בחרם; זאָל איך אַזוי וויסן פֿון שלעכטס; מע זאָל מיך הענגען און שיסן וויס איך אויך נישט [BEKhÉYREM]
foghorn דער נעפּלהאָרן, ...הערנער
fog light דאָס נעפּל־לעמפּל, ־עך
foible די/דאָס שוואַכקייט, ־ן; דער חסרון, ־ות/־ים [KhESÓRN, KhESRÓYNES/KhESRÓYNIM]
foil, *n.*
(metal sheet) די פֿאָלגע, ־ס; דער לייש, ־ן
(tinfoil) דאָס זילבער־פּאַפּיר; די פֿאָלגע
(sword) די ראַפּיר, ־ן; די/דער פֿעכטשפּיז, ־ן
(character) דער קאָנטראַסט, ־ן; די קאָנטראַסט־פֿיגור, ־ן
cover with aluminum foil באַדעקן מיט זילבער־פּאַפּיר; אײַנוויקלען אין זילבער־פּאַפּיר; אויסלייגן
foil, *v.* פֿאַרשטערן; נישט דערלאָזן צו; קאַליע מאַכן; צעשטערן; צענישטן; צו נישט מאַכן
Foiled again! ווידער פֿאַרשטערט!
foist
(insert fraudulently) אַרײַנרוקן
(pass off as genuine) אונטעררוקן; פֿאַרשלײַערן
foist stg. on sb. אָנהענגען + אַק' + דאַט'
folate דער פֿאָלאַט, ־ן
fold, *n.* דער/די פֿאַלד, ־ן; דער/די פֿאַלב, ־ן; דער פֿאַלץ, ־ן; דער קנייטש, ־ן; די סקלאַדקע, ־ס
fold, *v.*
vt./vi. **(bend into folds)** צונויפֿלייגן (זיך)
vt. imp. **(crease)** קנייטשן; פֿעלבלען
vt. pf. **(crease)** אײַנקנייטשן; צונויפֿקנייטשן; אײַנבייגן
vi. **(close down)** אײַנגיין
vi. **(cede an argument)** אָפּטרעטן
fold in two צונויפֿלייגן ‹אײַנבייגן› אין צווייען
fold one's arms פֿאַרלייגן די הענט
fold the laundry צונויפֿלייגן דאָס ‹די› וועש
fold up צונויפֿלייגן
sit with legs folded זיצן טערקיש
...fold ...פֿאַכיק
folder די פּאַפּקע, ־ס
folding צונויפֿלייג...; צעלייג...; אײַנלייג...
folding bed דאָס צונויפֿלייג־‹צעלייג־›בעטל, ־עך; דאָס/די ראָקבעט, ־ן
folding chair דאָס צונויפֿלייג־בענקל, ־עך
folding door די פֿליגלטיר, ־ן; די אײַנלייגטיר, ־ן
folding machine די פֿאַלצמאַשין, ־ען
folding screen דאָס שפּאַנישע ווענטל, ־עך
folding table דאָס צונויפֿלייג־טישל, ־עך
foliage דאָס בלעטערוואַרג; דאָס געבלעטער; דאָס געוועקס
folic acid דאָס פֿאָליש־‹בלעטער־›זײַערס
folio
(book) דער פֿאָליאַנט, ־ן
(page) דער/דאָס פֿאָליאָבלאַט, ...בלעטער
(page of Talmud) דער דף, ־ן/־ים/דפים; דער/דאָס בלאַט, בלעטער [DAF, DÁPIM]
folk, *adj.* פֿאָלק(ס)...
folk, *n.* דאָס פֿאָלק
folks לײַטן; די אייגענע
his folks זײַנע אייגענע ‹נאָענטע›; זײַנע טאַטע־מאַמע
folk beliefs פֿאָלקגלייבעכצן; פֿאָלק־אײַנגלייבענישן
folkdance דער פֿאָלק(ס)טאַנץ, ...טענץ
folkdancing דאָס טאַנצן פֿאָלק(ס)טענץ
folk etymology די פֿאָלק(ס)־עטימאָלאָגיע, ־ס
folklore דער פֿאָלקלאָר
folklorist דער פֿאָלקלאָריסט, ־ן; דער פֿאָלקלאָר־פֿאָרשער, ־ס
folkloristics די פֿאָלקלאָריסטיק ל"י
folk medicine די באָבסקע רפֿואה, ־ות; די פֿאָלק־רפֿואה, ־ות; די פֿאָלק־מעדיצין [REFÚE]
folk music די פֿאָלק(ס)מוזיק
folksiness די/דאָס פּשוט־פֿאָלקישקייט; די/דאָס היימישקייט [PÓShET]
folksinger דער פֿאָלקסזינגער, ־ס
folksong דאָס פֿאָלקסליד, ־ער
folksy פּשוט־פֿאָלקיש; היימיש [PÓShET]
folktale די פֿאָלקס־מעשׂה, ־יות [MÁYSE]
follicle דער פֿאָליקל, ־ען
form follicles פֿאָליקולירן
follicle-stimulating hormone דער פֿאָליקל־סטימולירהאָרמאָן
follicular פֿאָליקל־...
follow נאָכגיין; ־נאָכפֿאָלגן
(in sequence) נאָכקומען
(in vehicle) נאָכפֿאָרן
(on foot) נאָכגיין
(comprehend) מיטהאַלטן (מיט)
as follows אַזוי; אויף אַזאַ אופֿן; אָט ווי אַזוי; בזה־הלשון [OYFN] [BEZÉ-HALÓShN]
follow in sb.'s footsteps/wake נאָכגיין + דאַט' פֿוסטריט; נאָכגיין נאָך; גיין אין + פּאָס' וועגן; גיין מיט + פּאָס' גאַנג
follow instructions (אויס)פֿאָלגן די אינסטרוקציעס
follow one's instincts פֿאַרלאָזן זיך אויפֿן אייגענעם אינסטינקט; פֿאָלגן דעם אייגענעם חוש
follow one's lead טאָן ווי יענער (טוט); נאָכטאָן + דאַט'; אָפּנעמען אַ משל פֿון [MOShL]
follow the money נאָכשפּירן די געלטער
follow sb. on Facebook אַבאָנירן + אַק'
follow through דערפֿירן ‹אויספֿירן› ביזן סוף [SOF]
follow up נאָכגיין; ווײַטער באַהאַנדלען ‹באַטראַכטן/אויספֿאָרשן›
follow up with one's doctor האַלטן זיך ווײַטער אָן עצה מיטן דאָקטער [ÉYTSE]
It follows that פֿון דעם איז געדרונגען; היוצא מזה; און ממילא [HAYÓYTSE MIZÉ] [MIMÉYLE]
follower דער אָנהענגער, ־ס; דער נאָכגייער, ־ס; דער מיטהאַלטער, ־ס; דער חסיד, ־ים [KhÓSID, KhSÍDIM]
following, *adj.* ווײַטערדיק; קומעדיק
the following די ווײַטערדיקע געב'; אָט וואָסער(ע)

in the following words בזה־הלשון [BEZÉ-HALÓShN]
following, *n.* די נאָכפֿאָלגערשאַפֿט
have a large following *also* האָבן אַ סך חסידים [SAKh] [KhSÍDIM]
follow-the-leader (game) און אַז דער רבי גייט [RÉBE]
follow-through דאָס דערפֿירן ‹אויספֿירן› ביזן סוף [SOF]
(baseball) דער נאָכקלאַפּ
follow-up, *adj.* נאָכגיי...; ווײַטערדיק; נאָכדעמ...; נאָכדעמדיק
follow-up, *n.* דער נאָכגיי; דאָס ווײַטערדיקע; דער נאָכדעם
follow-up care דער נאָכדעמדיקער אָפּהיט; די ווײַטערדיקע היילונג
follow-up letter דער נאָכדעמבריוו, –
follow-up question די ווײַטערדיקע פֿראַגע, ־ס
follow-up study די נאָכגיי־שטודיע, ־ס
follow-up visit דער נאָכדעם־וויזיט, ־ן; דער ווײַטערדיקער וויזיט, ־ן
folly דאָס שטותערײַ, ־ען; די/דאָס נאַרישקייט, ־ן
It was sheer folly! געוועזן ריינע ‹גאָלע› נאַרישקייטן!; געוועזן ריין ‹גאָלע› שטותערײַ!
foment אונטערהעצן; אויפֿרודערן
(med.) לייגן פּריפּאַרקעס
fomentation די אונטערהעצונג
fond
(look/smile) צערטלעך; ליבלעך; ליב
fond dreams אומזיסטע חלומות [KhALÓYMES]
fond memories וואַרעמע זכרונות [ZIKhRÓYNES]
grow fond of ליב באַקומען ‹קריגן›
I'm fond of her כ'האָב זי ליב ‹האָלט›; זי איז מיר צום האַרצן; זי איז מיר ליב ‹ניחא›; כ'האָב צו(ן) איר אַ וואַרעם געפֿיל [NÍKhE]
fondle גלעטן; צערטלען; ליובען; קעטשקען; קאָשקען; טאַפּן; לאַשטשען; פּעסטען; האַלובען
fondling דאָס גלעטן; דאָס צערטלען; דאָס ליובקען; דאָס לאַשטשעניש
(*hum.*) (דאָס) קוצעניו־מוצעניו
fondly מיט ליבשאַפֿט ‹וואַרעמקייט›; וואַרעם; ליבלעך
fondness די/דאָס וואַרעמקייט; די ליבשאַפֿט; די/דאָס צערטלעכקייט
fondue דער פֿאָנדיו
font[1]
(Chr./receptacle) דער קריסטיק־בעקן, ־ס
(*fig.*) דער קוואַל, ־ן
font[2] **(type)** דער (דרוק)שריפֿט, ־ן
fontanelle דאָס ווייעכל, ־עך; דער שאַרבנבלייז, ־ן; דער פֿאָנטאַנעל, ־ן
anterior fontanelle דאָס פֿעדערשטע ווייעכל; דער גרויסער שאַרבנבלייז
posterior fontanelle דאָס הינטערשטע ווייעכל; דער קליינער שאַרבנבלייז
font editor די שריפֿטשאַף־פּראָגראַם, ־ען; דער שריפֿטשאַפֿער, ־ס
font size די שריפֿטגרייס, ־ן; די גרייס שריפֿט
food דאָס עסן; דאָס עסנוואַרג; די שפּײַז; דאָס שפּײַזוואַרג; די נערונג; די צערונג; לעבנס־מיטלען ל״ר
(dish) דער/דאָס מאכל, ־ים [MAYKhL, MAYKhÓLIM]
(*hum.*) די אכילה [AKhÍLE]
food and drink שפּײַז און געטראַנקען; דאָס עסן־און־טרינקען ל״ר
food for thought די גײַסטיקע שפּײַז
Food and Drug Administration די שפּײַז־און מעדיקאַמענטן־אַגענטור
food-borne illness *see* **food poisoning**
food chain די קאָרמעקייט
food coloring די שפּײַזפֿאַרב, ־ן
food critic דער רעסטאָראַן־קריטיקער, ־ס
foodie דער גורמאַנד, ־ן
food mill דאָס שפּײַזמילכל, ־עך
food poisoning די מאָגן־פֿאַרסמונג [FARSÁMUNG]
food processor דער שפּײַז־פּראַצעסירער‹־צעפּיצלער›, ־ס
food pyramid דער שפּײַז־פּיראַמיד, ־ן
food-service worker דער שפּײַז־אַרבעטער, ־ס
food stamp די שפּײַזמאַרקע, ־ס
foodstuff דאָס עסנוואַרג; שפּײַזפּראָדוקטן ל״ר
food supply די אַפּראָוויזאַציע; די שפּײַז־פֿאַרזאָרגונג
fool, *n.* דער נאַר, נאַראָנים; דער שוטה, ־ים; דער טיפּש, ־ים; דאָס יעקל, ־עך; די בהמה, ־ות; דער יקנה"ז; דאָס פֿערד, –; דער שמויס, ־ן; דער לעמישיק, ־עס; דער שמיגער, ־ס; דער וואַריאַט, ־ן [ShÓYTE, ShÓYTIM] [TÍPESh, TÍPShIM] [BEHÉYME] [YAKNEHÓZ]
He's no fool ער לאָזט זיך נישט אָפּנאַרן; ער איז נישט קיין מלופֿן־קינד [MELÚPM]
make a fool of שטעלן + אַק' צום נאַר; האָבן דאָס גענאַר פֿון + דאַט'; פֿירן + אַק' בײַ דער נאָז; מאַכן אַ קאָטער אויס + דאַט'; אָנהענגען + דאַט' אַ לונג־און־לעבער אונטער דער נאָז
make a fool of oneself באַנאַרישן זיך; מאַכן זיך נאַריש
play the fool מאַכן זיך תמעוואַטע ‹נישט־וויסנדיק/ כּלא־ידע› [TAMEVÁTE] [KILEYÓDE]
live in a fool's paradise לעבן מיט אילוזיעס; לעבן אין אַ לאַנד פֿון חלומות [KhALÓYMES]
fool, *v.*
imp./pf. (אָרײַנ)נאַרן
fool around (have fun) אַרומשפּילן זיך
fool around (waste time) פּאַטשקען זיך; פֿאָרען זיך
fool around (sexually) ליובעווען זיך; אָפּלעקן אַ ביינדל
foolery די/דאָס שטותערײַ; די/דאָס קונדסערײַ [KUNDESERÁY]
foolhardy אומבאַדאַכט; ריזיקאַנטיש; ריזיקאַליש; הפֿקרדיק [HÉFKERDIK]
foolish נאַריש; נאַרישוואַטע; שוטהוואַטע; שוואַנצוואַטע; תמעוואַטע [ShOYTEVÁTE] [TAMEVÁTE]
foolish child דאָס נאַרעלע; דאָס קעלבעלע
foolishness *see* **folly**
foolproof אַבסאָלוט באַוואָרנט; טעות־באַוואָרנט [TÓES]
fool's errand די ברכה־לבטלה; די אַרויסגעוואָרפֿענע טירחה [BRÓKhE-LEVATÓLE] [TÍRKhE]
go on a fool's errand גיין נאָך אַ סוכּה־שער [SÚKE]
fool's gold דאָס קעציש גאָלד
foot, *n.* דער פֿוס, פֿיס
(of child) דאָס פֿיסעלע, ־ך
(measurement) דער פֿוס, –
(of mountain/bed) דער צופֿוסנס
at the foot of צופֿוסנס פֿון
get off on the right foot אַרויסטרעטן ‹אָנהייבן› מיטן רעכטן פֿוס
get off on the wrong foot שלעכט ‹לינק› אָנהייבן; שרײַבן קרום די ערשטע שורה [ShÚRE]
have a foot in both worlds טאַנצן אויף צוויי חתונות [KhÁSENES]
have a foot in the door האָבן אַ פֿוס אין טיר
get back on one's feet (economically) שטעלן זיך צוריק אויף די פֿיס
be back on one's feet (healthy) שוין אַרומגיין; שטיין (אויף די פֿיס)
fall at sb.'s feet פֿאַלן צו + פּאָס' פֿיס
have both feet on the ground שטיין מיט צוויי פֿיס אויף דער ערד

My foot! !פֿוסטע מעשׂיות!; דרעקל(ט) עס דער באָבען!; באָבע־מעשׂיות [MÁYSES]
on foot צו פֿוס
put one's foot down אַוועקשטעלן אַ ‹דעם› פֿוס; אײַנשפּאַרן זיך
put one's foot in one's mouth אַרײַנפֿאַלן (מיט אַ זאָג); אַרײַנפֿאַלן מיטן מויל
set foot in אַרײַנטרעטן אין; אַרײַנשטעלן אַ פֿוס אין; אַריבערטרעטן די שוועל פֿון
set foot on באַטרעטן
She has one foot in the grave זי איז מיט איין פֿוס אין קבֿר; זי האָט אַ פֿוס אין שטוב, אַ פֿוס אין גרוב; זי פֿאָכעט מיט דער נשמה [KÉYVER] [NEShÓME]
foot, *v.*
foot it מאַרשירן
foot the bill באַצאָלן (דעם חשבון); אויסשטיין די הוצאָות [KhEZhBM] [HOYTSÓES/HETSÓES]
footage
(film) דער מעטראַזש
(measurement) די לענג אין פֿיס
(news) רעפּאָרטאַזש־פֿראַגמענטן ל״ר
foot-and-mouth disease די מויל־און־טלאָען־קרענק
football (Am.) דער פֿוטבאָל, ־ן
football player (Am.) דער פֿוטבאָליסט, ־ן; דער פֿוטבאָל־שפּילער, ־ס
footbath די פֿוסוואַנע, ־ס
footboard
(on bed) דער צופֿוסנס
(on carriage) דאָס טרעפּל, ־עך
foot brake דער פֿוסטאָרמאַז, ־ן
footbridge די קלאַטקע, ־ס; די פֿוסגייער־בריק, ־ן
footer דער אונטערטעקסט, ־ן; דאָס אונטנדל, ־עך
footfall *see* **footstep**
footgear דאָס שוכוואַרג
foothills פֿאָרבערג; די פֿאָרבערג־געגנט ל״י
foothold דער אײַנגרונט, ־ן; דער אָנהאַלט, ־ן; דער שטיצפּונקט, ־ן
(mil.) דער פלאַצדאַרם, ־ען
gain a foothold געפֿינען ‹קריגן› אַן אײַנגרונט
establish a foothold אײַנגרונטעווע|ן זיך
footing דער יסוד; דער אָנשפּאַר [YESÓD]
find one's footing דערפֿילן דעם באָדן (אונטער די פֿיס); דערפֿילן די פֿיס אונטער זיך
lose one's footing פֿאַרלירן דעם באָדן (אונטער די פֿיס); וואַקלען זיך
(put) on an equal footing (שטעלן) מיט לײַטן גלײַך
footlights די ראַמפּע ל״י; פֿוסליכט ל״ר
footling, *adj.* אומוויכטיק; טריוויאַל
footling, *n.* דאָס פּיסל־אונטערשטל
footloose פֿרײַ; אומגעצווונגען; אָן קיין דאגות [DÁYGES]
footman דער (ליוורײ־)לאַקײ, ־ען
foot march דער צופֿוסמאַרש, ־ן; דער מאַרש צו פֿוס
footnote, *n.* די הערה, ־ות [HEÓRE]
footnote, *v.* צוגעבן הערות; פֿאַרנאָטירן מיט הערות [HEÓRES]
footnoted (פֿאַרנאָטירט) מיט הערות [HEÓRES]
footnote number דאָס הערה־ציפֿערל, ־עך [HEÓRE]
footpath די סטעזשקע, ־ס; די סטע(ט)שקע, ־ס
footprint דער פֿוסדרוק, ־ן; דער טריט־סימן, ־ים; די/דער (פֿוס)שפּור, ־ן [SÍMEN, SIMÓNIM]
foot soldier דער פֿוססאָלדאַט, ־ן; דער פֿוסגייער, ־ס; דער אינפֿאַנטעריסט, ־ן
footsore מיט צעווייטיקטע ‹אָנגעווייטיקטע› פֿיס
footstep דער טראָט, טריט
footstool דאָס פֿוסבענקל, ־עך; דאָס פֿוסבענקעלע, ־ך
footwear שיך ל״ר; דאָס שוכוואַרג
fop דער פֿאַצעט, ־ן; דער פֿראַנט, ־ן; דער עלעגאַנט, ־ן; דער שטשאָגעל, ־ס/־ן
for, *conj.* ווארן; ווײַל
for, *prep.* פֿאַר
(purpose) אויף; צו; נאָך
(duration) אויף
(destination) אין; קיין
(on behalf of) פֿאַר; לטובֿת; פֿאַר ‹פֿון› + פּאָס' וועגן [LETÓYVES]
(price) פֿאַר
(because of) צוליב; מחמת [MÁKhMES]
(to retrieve) נאָך
forage, *n.*
(fodder) דאָס געפֿיטער
(search) דער פֿוראַזש
forage, *v.* פֿיטערן; פֿוראַזשירן; זוכן עסן
forage cap די פֿוראַזשקע, ־ס
foramen magnum דער גרויסער שאַרבנבלייז
foraminifera פֿאָראַמיניפֿערן
foray, *n.*
(attack) דער (רויבערישער) אָנפֿאַל, ־ן; דאָס אַרײַנרײַסן זיך; דער אַרײַנרײַס, ־ן
(attempt) דער ערשטמאָליקער פּרוּוו, ־ן
foray, *v.* (אַ)דורכפֿירן אַ רויבערישן אָנפֿאַל; אַרײַנרײַסן זיך
forbear אָפּהאַלטן פֿון; אײַנהאַלטן זיך פֿון
forbearance די/דאָס געדולד; דאָס סבֿלנות [SAVLÓNES]
forbid פֿאַרווערן
(J./rel.) אַסרן [ÁSERN]
forbidden פֿאַרווערט
(J./rel.) אָסור [ÓSER]
be forbidden to נישט טאָרן
forbidden fruit דער עץ־הדעת; די פֿאַרווערטע פֿרוכט, ־ן [ÉYTS-HADÁAS]
forbidden love די פֿאַרווערטע ליבע
forbidding אָפּשרעקנדיק; מאוימדיק [MEÚYEMDIK]
force, *n.* דער כּוח, ־ות; די קראַפֿט, ־ן [KÓYEKh, KÓYKhES]
(violence) די ג(ע)וואַלד
be in force (law) גילטן; זײַן אין קראַפֿט
by force מיט ‹איבער› ג(ע)וואַלד; בגוואַלד; מיט בייזן; אויף ס'כּוח; מיט כּוח; באונס [BIGVÁLD] [BEÓYNES]
come into force אַרײַנגיין אין קראַפֿט; גילטיק ווערן; אָנהייבן גילטן; חל ווערן [KhAL]
force of gravity די שווערקראַפֿט
force of impact דער טרעף־כּוח, ־ות
force of law די געזעצקראַפֿט
force of nature די נאַטורקראַפֿט, ־ן; נאַטור־כּוחות ל״ר
forces (mil.) דאָס מיליטער קאָל'; מיליטער־טיילן; כּוחות
join forces פֿאַראייניקן די כּוחות ‹קראַפֿטן›
have the force of law פֿאַרמאָגן ‹האָבן› די קראַפֿט פֿון אַ געזעץ; גילטן ווי אַ געזעץ
force, *v.* נייטן; צווינגען
force a lock אויפֿברעכן אַ שלאָס
force an issue פֿאַרסירן אַן ענין [ÍNYEN]
force back צוריקטרײַבן
force down food אַראָפּשלינגען מיט שוועריקייטן
force sb.'s hand צודריקן + אַק' צו דער וואַנט; נייטן
force oneself to אָנטאָן זיך אַ נויט ‹כּוח› און [KÓYEKh]
force out אַרויסשטויסן
force upon אָנוואַרפֿן אויף; אַרויפֿנייטן ‹אַרויפֿצווינגען› אויף

forced, *adj.* גענייט; צוואַנג...; געצוווּנגען; געמאַטערט; ג(ע)וואַלד...
be forced (to) מוזן; זײַן גענייט ‹געצוווּנגען› (צו)
a forced smile אַ געמאַטערטער ‹אָנגעשטרענגטער/ אויסגעצוווּנגענער› שמייכל
forced labor די צוואַנגאַרבעט
forced march דער ג(ע)וואַלדמאַרש, ־ן; דער צוואַנגמאַרש, ־ן; דער פֿאַרסירטער מאַרש, ־ן
force-feed
(animal) שטאָפּן; פּראַפּן
(person) האָדעווען מיט כּוח ‹אויף ס'כּוח/מיט ג(ע)וואַלד› [KÓYEKh] [BIGVÁLD]
force field דאָס עלעקטראָמאַגנעטישע פֿעלד, ־ער
forceful כּוחדיק; שטאַרק; קרעפֿטיק [KÓYEKhDIK]
forceps דאָס צווענגל, ־עך
forceps delivery דאָס אָפּנעמען מיט אַ צווענגל
forcible געצוווּנגען; ג(ע)וואַלד...
forcibly געצוווּנגענערהייט; בגוואַלד; אויף ס'כּוח [BIGVÁLD] [KÓYEKh]
(*hum.*) בגראַנדע [BIGRÁNDE]
ford, *n.* דער בראָד, ־ן; דער טײַכדורכגאַנג, ־ען; דער איבערפֿאָר, ־ן
ford, *v.* (אַ)דורכבראָדיע|ן; אַריבערגיין (איבערן טײַך)
fore, *adj.* פֿעדערשט; פֿאָדערשט; פֿעדער...; פֿאָדער...
fore, *n.* דער פֿעדער־חלק, ־ים; די/דער פֿאָדערטייל, ־ן [KhÉYLEK, KhALÓKIM]
to the fore אַפֿיר; אַפֿער; פֿאָרויס
come to the fore באַווײַזן זיך; אַרויסטרעטן
forearm, *n.* דער פֿאָדעראָרעם, ־ס
forearm, *v.* באַוואָפֿענען אין פֿאָרויס
forebears אָבֿות; עלטער־עלטערן [ÓVES]
forebode פֿאָרויסזאָגן; אָנזאָגן
foreboding, *adj.* פּחדימדיק [PKhÓDIMDIK]
foreboding, *n.* דאָס פֿאָרגעפֿיל; די אָנונג, ־ען
I have a foreboding that דאָס האַרץ זאָגט מיר אַז
forecast, *n.* דער פּראָגנאָז, ־ן; דער פֿאָרויסזאָג, ־ן
(weather) דער וועטער־פּראָגנאָז; דאָס וועטער־נבֿיאות [NEVÍES]
forecast, *v.* פּראָגנאָזירן; פֿאָרויסזאָגן
forecaster דער פֿאָרויסזאָגער, ־ס
(weather) דער וועטער־נבֿיא [NÓVI]
forecastle די פֿאָדערשיף, ־ן; דער אייבערשטער פֿאָדערדעק, ־ן
forecheck, *n.* דער פֿאָרויסשטויס, ־ן
forecheck, *v.* פֿאָרויסשטויסן
foreclose
(rule out) אויסשליסן (אין פֿאָרויס)
(on a house) סעקוועסטרירן; קאַסירן
foreclosure די סעקוועסטרירונג, ־ען; די קאַסירונג, ־ען
forefathers אָבֿות; עלטער־עלטערן [ÓVES]
our forefathers אונדזערע אָבֿות־אָבֿותינו [ÓVES-AVOYSÉYNU]
forefinger דער ווײַזפֿינגער, –; דער טײַטפֿינגער, –; דער אינדעקס־פֿינגער, –
forefront די פֿעדערשטע ‹פֿאָדערשטע› פּאָזיציע; די ערשטע ריי; דער סאַמע פֿאָרנט; דער שפּיץ
at the forefront אין דער ערשטער ‹פֿעדערשטער/ פֿאָדערשטער› ריי; אין סאַמע פֿאָרנט; אויפֿן שפּיץ
foregoing אויבן געזאָגט ‹דערמאָנט›
the foregoing דאָס אויבן געזאָגטע ‹דערמאָנטע›
foregone פֿון פֿריִער באַשלאָסן ‹באַשטימט›
It's a foregone conclusion ס'איז שוין פֿון פֿריִער באַשלאָסן ‹באַשטימט› געוואָרן

foreground דער פֿאָדערגרונט, ־ן; דער פֿאָדערפּלאַן, ...פּלענער; דער ערשטער פּלאַן, פּלענער
forehand די פֿעדערהאַנט; דער פֿעדערפֿיר, ־ן
play forehand קלאַפּן ‹שיסן› מיט דער פֿעדערהאַנט
forehead דער שטערן, ־ס
foreign פֿרעמדלענדיש; אויסלענדיש; פֿרעמד־פֿעלקערדיק
(language) פֿרעמד; אויסלענדיש
(alien) פֿרעמד
foreign affairs די אויסלאַנד־פּאָליטיק
foreign aid די שטיץ פֿאַר אויסלאַנד
foreign body דער פֿרעמדקערפּער, ־ס; דער פֿרעמדער שטאָף, ־ן
foreign correspondent
m./unsp. דער אויסלענדישער קאָרעספּאָנדענט, ־ן
f. די אויסלענדישע קאָרעספּאָנדענטקע, ־ס
foreign countries דאָס אויסלאַנד ל"י
foreign currency דעוויזן ל"ר; די וואַלוטע, ־ס
foreigner
m./unsp. דער אויסלענדער, –
f. די אויסלענדערין, ־ס
foreign exchange *see* **foreign currency**
foreign land דאָס אויסלאַנד; די פֿרעמד
foreign language די פֿרעמדע שפּראַך, ־ן; דאָס פֿרעמדע לשון, ־ות [LOShN, LEShÓYNES]
foreign legion דער פֿרעמדן־לעגיאָן
foreign legionnaire דער פֿרעמדן־לעגיאָנער, ־ן
foreign minister דער אויסלאַנד־מיניסטער, ...אָרן
foreign policy די אויסלאַנד־פּאָליטיק
foreign secretary דער אויסלאַנד־סעקרעטאַר, ־ן
foreign service דאָס דיפּלאָמאַטישע דינסט
foreign trade דער אויסלענדישער האַנדל
foreknowledge דאָס וויסן פֿון פֿריִער
forelady *see* **forewoman**
forelock דער טשוב, ־ן; די טשופּרינע, ־ס
foreman
(in factory) דער אויפֿזעער, ־ס; דער אַרבעט־אָנפֿירער, ־ס; דער פֿאָרמאַן, פֿאָרלײַט אַמ'
(of jury) דער פֿירשפּרעכער, ־ס
foremilk די ערשטע מיל(ע)ך; דער קאָלאָסטרום; די מאָלאָזיווע
foremost, *adj.* וויכטיקסט; פֿירנדיק; הויפּט...
foremost, *adv.* אויפֿן ערשטן אָרט; אין דער ערשטער ריי
forename דער (ערשטער) נאָמען, נעמען
forenoon דער פֿאָרמיטאָג, ־ן
in the forenoon פֿאַר מיטאָג
forensic פֿאָרענסיש; געריכט־...
(debate/*arch.***)** רעטאָריש
forensic evidence פֿאָרענסישע ראיות ל"ר [RÁYES]
forensic medicine די געריכט־מעדיצין
forensic science/forensics די קרימינאַליסטיק ל"י
foreordain באַשערן
foreordained באַשערט
forepart די/דער פֿאָדערטייל, ־ן
foreplay דאָס גלעטעניש; דאָס צערטלעניש; דאָס גלעטן ‹צערטלען› זיך; דאָס פֿאָדערלאַשטשען זיך
engage in foreplay גלעטן זיך; צערטלען זיך
forerunner דער פֿירגייער, ־ס; דער פֿאָרויסגייער, ־ס
foresee פֿאָרויסזען; זען ‹וויסן› אין פֿאָרויס; זען בנבֿואה [BENEVÚE]
foreseeable פֿאָרויסזעעוודיק; צום פֿאָרויסזען
for the foreseeable future אויף וויפֿל מע קען פֿאָרויסזען; אין דער נאָענטער צוקונפֿט

foreshadow אָנווינקען אויף; אָנזאָגן אין פֿאָרויס; אָנשאָטענען; זײַן אַ סימן פֿון [SÍMEN]
foreshadowing דאָס אָנווינקען; דאָס אָנזאָגן אין פֿאָרויס
foreshorten פֿאַרקירצן
foresight די/דאָס פֿאָרויסזעעוודיקייט; די/דאָס אויסגערעכנטקייט; די/דאָס באַקלעריקייט
have foresight פֿאָרויסזען; זײַן אויסגערעכנט
foreskin די ערלה, ־ות [ÓRLE]
forest, *n.* דער וואַלד, וועלדער
forest, *v.* באַוואַלד(יק)ן; פֿאַרזעצן ביימער
forestall פֿאַרהיטן; פֿאַרלויפֿן + דאַט' דעם וועג
forested באַוואַלדיקט
forester דער וועלדערער, ־ס; דער וואַלד־אויפֿזעער, ־ס; דער ליעסניק, ־עס
forest fire די וואַלד־שׂרפֿה, ־ות [SRÉYFE]
forestry דאָס וועלדערײַ
foretaste אַ לעק און אַ שמעק
foretell פֿאָרויסזאָגן; נבֿיאות זאָגן [NEVÍES]
forethought די/דאָס אויסגערעכנטקייט; די/דאָס באַקלעריקייט
forever אויף אײביק ‹שטענדיק›
be forever doing stg. שטענדיק + ווערב
forever and a day אַ יאָר מיט אַ מיטוואָך
forever and ever לעולם־ועד; אויף אַלע אײביקייטן [LEÓYLEM-VÓED]
It takes forever סע געדויערט אײביק
forewarn וואָרענען אין פֿאָרויס; געבן אַפֿריער צו וויסן
forewarned געוואָרנט (אין פֿאָרויס)
Forewarned is forearmed זיכער איז פֿאַרזיכערט; מיט אָפֿענע אויגן פֿאַלט מען נישט אַרײַן
forewarning די וואָרענונג, ־ען; די התראה, ־ות [HASRÓE]
forewoman
(in factory) די אויפֿזעערין, ־ס; די אַרבעט־אָנפֿירערין, ־ס
(of jury) די פֿירשפּרעכערין, ־ס
foreword די הקדמה, ־ות; דאָס אַרײַנפֿיר־וואָרט, ־ווערטער; דאָס וואָרט פֿריער [HAGDÓME]
forfeit, *n.* דער אָנווער, ־ן; דער פֿאַנט, ־ן
forfeit, *v.* מוותּר זײַן אויף [MEVÁTER]
(spo.) אָנווערן (דעם מאַטש); פֿאַרשפּילן דורך פֿעליקייט
forfeiture דער אָנווער, ־ן; דאָס פֿאַרשפּילן
forge, *n.*
(smithy) די קוזניע, ־ס; די שמידערײַ, ־ען
(furnace) דער שמידאויוון, ־ס
forge,[1] *v.*
imp./pf. (metal) (אויס)שמידן; (אויס)קאָווע|ן
(falsify) פֿאַלסיפֿיצירן; פֿעלשן; פֿאַלשעווע|ן; נאָכמאַכן; אונטערמאַכן
forge,[2] *v.* (ahead) אַ רוק ‹שטויס› טאָן זיך פֿאָרויס; אַרויסרײַסן זיך פֿאָרויס
forged געפֿעלשט; געפֿאַלשעוועט; נאָכגעמאַכט; פֿאַלש
forger דער (געלט)פֿעלשער, ־ס; דער פֿאַלסיפֿיקאַטאָר, ...אָרן
forgery
(act) דאָס פֿעלשן; דאָס נאָכמאַכן; דער זיוף [ZÍEF]
(stg. forged) די פֿעלשונג, ־ען; די נאָכמאַכונג, ־ען; די פֿאַלסיפֿיקאַציע, ־ס; דער פֿאַלסיפֿיקאַט, ־ן; דער זיוף, ־ים [ZIÚFIM]
forget פֿאַרגעסן
forget about פֿאַרגעסן אין
Forget it! נישקשה!; גאָרנישט!; איז נישט!; נישט וויכטיק! [NIShKÓShE]
I completely forget! ס'איז מיר אין גאַנצן אַרויס פֿון זינען ‹קאָפּ›!
forgetful פֿאַרגעסלעך; פֿאַרגעסעוודיק
be forgetful האָבן אַ שוואַכן ‹קורצן/קעצישן› זכּרון [ZIKÓRN]
forgetful person דער פֿאַרגעסער, ־ס; דער פֿאַרגעסעוודיקער געב'; דער/די זאַבודקע, ־ס
forgetfulness די/דאָס פֿאַרגעסעוודיקייט; די/דאָס פֿאַרגעסלעכקייט; די שיכּחה [ShÍKKhE]
forget-me-not דאָס געדענקמירל, ־עך; דאָס פֿאַרגעסנישטל, ־עך
forgettable צו(ם) פֿאַרגעסן
be forgettable לאָזן זיך (גרינג) פֿאַרגעסן
forging hammer דער שמידהאַמער, ־ס
forgive מוחל זײַן + דאַט'/אַק'; שענקען; ˙פֿאַרגעבן [MOYKhL]
forgive the debt מוחל זײַן דעם חובֿ; מוותּר זײַן אויפֿן חובֿ [KhOYV] [MEVÁTER]
be forgiven (J./rel.) אויסגעלייזט ווערן פֿון חטא; קריגן סליחה ‹מחילה› [KhET] [SLÍKhE] [MEKhÍLE]
All is forgiven מיר זענען דיר ‹אײַך› אַלץ מוחל
forgiveness די מחילה [MEKhÍLE]
(of debt) דאָס מוחל זײַן דעם חובֿ; דאָס מוותּר זײַן אויפֿן חובֿ [MOYKhL] [MEVÁTER]
forgiving פֿאַרגיביק; מרחמדיק; גרויסהאַרציק [MERÁKhEMDIK]
forgo אָפּזאָגן זיך פֿון; אָפּקומען אָן; מוותּר זײַן אויף [MEVÁTER]
fork, *n.* דער גאָפּל, ־ען
(in road) דער שיידוועג, ־ן; די צעגאָפּלונג, ־ען; די צעצווײַגונג, ־ען
(pitchfork) די ווידלע, ־ס; דער היי־גאָפּל, ־ען
fork, *v.*
vt. (food) אָנשטעכן אויף אַ גאָפּל
vt. (hay) אַרויפֿלאָדן היי מיט אַ גאָפּל; אָנשטעכן היי אויף אַ גאָפּל
vi. (road) צעצווײַגן זיך; צעגאָפּלען זיך
fork over soil אַקערן
fork over (*fig.*) דערלאַנגען; (צו)עפֿענען דעם בײַטל
forked צעצווײַגט; צעגאָפּלט
(lightning) זיגזאַגיש
speak with forked tongue רעדן צוויי־טײַטשיק
forklift דער גאָפּל־הייבער, ־ס
forlorn פֿאַרלאָזן; עלנט; פֿאַראומערט; אָן (שום) האָפֿענונג
forlorn hope די פֿאַרלוירענע האָפֿענונג
form, *n.* די פֿאָרעם, פֿאָרמען
(document) דער פֿאָרמולאַר, ־ן; דער פֿאָרמולאַר־בויגן, ־ס
(figure) *also* דאָס געשטאַלט, ־ן
(gram.) די פֿאָרמע, ־ס
It's bad form נישט אַזוי פֿירט זיך
form, *v.*
vt./vi. imp. פֿורעמען (זיך); פֿאָרמירן (זיך)
vt./vi. pf. אויספֿורעמען (זיך); אויספֿאָרמירן (זיך)
formal, *adj.*
(official/ceremonial) פֿאָרמעל
(pertaining to form) פֿאָרמאַל
formal, *n.*
(gown) דאָס אָוונטקלייד, ־ער
(event) די אָפֿיציעלע ‹פֿאָרמעלע› וועטשערע, ־ס; דער אָפֿיציעלער ‹פֿאָרמעלער› אויפֿנעם, ־ען
formal attire די פֿאָרמעלע הלבשה ‹קליידונג› [HALBÓShE]
formaldehyde דער פֿאָרמאַלדעהיד
formal education די שולבילדונג
formalin דער פֿאָרמאַלין
formalism דער פֿאָרמאַליזם
formalist, *adj.* פֿאָרמאַליסטיש
formalist, *n.* דער פֿאָרמאַליסט, ־ן
formality די פֿאָרמאַליטעט, ־ן; די/דאָס פֿאָרמעלקייט, ־ן

as a formality [YÓYTSE] [LEPÓNEM] פֿון יוצא וועגן; לפנים

formalization די פֿאָרמאַליזירונג, ־ען

formalize פֿאָרמאַליזירן

formally [OYFN] פֿאָרמעל; אויף אַ פֿאָרמעלן אופֿן

formant דער פֿאָרמאַנט, ־ן

format, *n.* דער פֿאָרמאַט, ־ן; די פֿאָרמאַטירונג, ־ען

format, *v. imp./pf.* (אויס)פֿאָרמאַטירן

formation

(act of forming) די פֿורעמונג; די פֿאָרמירונג

(thing formed) די פֿאָרמאַציע, ־ס

(geol.) די (באַרג־)פֿאָרמאַציע, ־ס

(mil.) די פֿאָרמאַציע, ־ס; די פֿאַראײניקונג, ־ען

(of organization) די פֿאָרמירונג, ־ען; דאָס פֿאָרמירן

(shaping) די פֿורעמונג, ־ען

in formation [ShÚRE] אויסגעסטרויעט; אין שורה ‹סטרוי›

formative, *adj.* פֿאָרמאַטיוו; אויספֿורעמדיק; פֿורעמ...

formative years פֿאָרמאַטיווע יאָרן

formative, *n.* דער פֿאָרמאַטיוו, ־ן

formatted (אויס)פֿאָרמאַטירט

formatting די פֿאָרמאַטירונג

former געוועזן; געוועזט; פֿריִערדיק; אויס געוואָרן; אַמאָליק

formerly געוועזט; פֿריִער; אַ מאָל

formerly known as פֿריִער באַקאַנט ווי; אַמאָליק

form-fitting ענג אויסגעפּאַסט; אָנגעצויגן

formic acid דאָס מוראַשקע־זײַערס; דאָס פֿאָרמיש־זײַערס; דער מערעטשקע־ספּירט

formidable סכּנותדיק; מוראדיק; שרעקלעך; ג(ע)וואַלדיק [S(E)KÓNESDIK] [MÓYREDIK]

formless אָנפֿאָרעמדיק

form letter דער סטאַנדאַרדבריוו, –; דער פֿאָרמולאַר, ־ן

formula

(math./chem.) די פֿאָרמל, ־ען; די פֿאָרמולע, ־ס

(infant) די מילכפֿאָרמל, ־ען; די קינסטלעכע מילך(ע)ך

(recipe) דער רעצעפּט, ־ן

give formula קאָרמע(נע)ן מיט מילכפֿאָרמל; געבן דאָס פֿלעשל

make formula מאַכן ‹צוגרייטן/אויסמישן› דאָס פֿלעשל

formulaic לויט דער פֿאָרמל

formulary די פֿאָרמאַקאָפּײע

formulate פֿאָרמולירן

formulation די פֿאָרמולירונג, ־ען

Fornax דער אויוון

fornicate [NÓYEFN] [MEZÁNE] נואפֿן; מזנה זײַן; מנאף זײַן [MENÁEF]

fornication דער ניאוף; דאָס זנות; דאָס מזנה זײַן; דאָס נואפֿן [NÍEF] [ZNUS] [MEZÁNE] [NÓYEFN]

fornicator דער קורוווניק, ־עס

for-profit, *adj.* [RÉVEKh] רווח־...; פּראָפֿיטיק

for-profit, *n.* די רווח־אָרגאַניזאַציע, ־ס; די פּראָפֿיטיקע אָרגאַניזאַציע, ־ס [RÉVEKh]

forsake פֿאַרלאָזן; אַוועקוואַרפֿן; איבערלאָזן אויף הפֿקר ‹גאָטס באַראָט›; מפֿקיר זײַן [HÉFKER] [MÁFKER]

forswear פֿאַרשווערן זיך נישט צו; אָפּזאָגן זיך פֿון

forsythia דאָס גאָלדגלעקל, ־עך

fort דער פֿאָרט, ־ן

forte

(mus.) פֿאָרטע

(strong suit) דער פֿאָרט, ־ן; די שטאַרקע זײַט; דער קאָניאָק, ־עס

forth אַרויס

and so forth און אַזוי ווײַטער

go forth אַרויסגיין; גיין פֿאָרויס

forthcoming

(approaching) [BEKÓREVDIK] קומעדיק; בקרובֿדיק

(candid) דירעקט; אָפֿן

(available) צום באַקומען ‹קריגן›

forthright פֿעסט; דירעקט; אָפֿן

forthwith [TÉYKEF(-UMIYÁD)] שוין; תּיכּף(־ומיד)

fortieth פֿערציקסט

fortification די באַפֿעסטיקונג, ־ען; די פֿאַרשטאַרקונג, ־ען; די פֿאָרטיפֿיקאַציע, ־ס

fortified באַפֿעסטיקט; פֿאַרשטאַרקט; פֿאָרטיפֿיצירט

fortify באַפֿעסטיקן; פֿאַרשטאַרקן; פֿאָרטיפֿיצירן

fortissimo פֿאָרטיסימאָ

fortitude די גבֿורה; דער גײַסטיקער כּוח; די/דאָס פֿעסטקייט [GVÚRE] [KÓYEKh]

fortnight צוויי וואָכן ל״ר; פֿערצן טעג ל״ר

fortnightly צוויי־וואָכיק; אַלע צוויי וואָכן

fortress די פֿעסטונג, ־ען

fortuitous צופֿעליק; שלעגיש

fortuitously צופֿעליק; דורך אַ צופֿאַל; על־פּי מיקרה [ÁLPI MÍKRE]

fortunate [MÁZLDIK] מזלדיק

fortunate person דער בר־מזל, ־ס; דער מזלדיקער געב׳ [BARMÁZL] [MÁZLDIKER]

fortunately צום גליק

fortune

(luck) [MAZL] דאָס מזל; דאָס גליק

(wealth) דער מאַיאָנטיק, ...טקעס; דער פֿאַרמעגן; דאָס עשירות [AShÍRES]

(large fortune/*hum.*) [(A)PÓYTIKE] די (אַ)פּותיקי, ־ות

Fortune is smiling on her דאָס מזל גליקט איר

good fortune [MARÓKhE] דאָס מזל; די גוטע מערכה

have one's fortune told לאָזן זיך פֿאָרויסזאָגן דאָס מזל

make a fortune פֿאַרדינען ‹מאַכן› אַ פֿאַרמעגן

tell sb.'s fortune לייגן ‹וואַרפֿן› קאָרטן; טרעפֿן

fortune cookie [MAZL] דאָס מזל־קיכעלע, ־ך

fortune hunter דער אַוואַנטוריסט, ־ן

fortuneteller

m./unsp. דער קאָרטן־וואַרפֿער, ־ס; דער טרעפֿער, ־ס; דער וואָרזאָגער, ־ס

f. די קאָרטן־וואַרפֿערין, ־ס; די טרעפֿערקע, ־ס; די וואָרזאָגערין, ־ס

fortunetelling דאָס לייגן ‹וואַרפֿן› קאָרטן; דאָס טרעפֿערײַ

forty פֿערציק

be in one's forties זײַן אין די פֿערציקער (יאָרן); זײַן אַ פֿערציקער

in the forties (era) אין די פֿערציקער יאָרן

forty-odd עטלעכע און פֿערציק; אַ פֿערציק

forum דער פֿאָרום, ־ס

forward, *adj.* פֿעדערשט; פֿאָדערשט

(advanced) פּראָגרעסיוו

(impudent) [KhÚTSPEDIK] חוצפּהדיק; עזותדיק [ÁZESDIK]

forward, *adv.* פֿאָרויס

going forward [LEHÁBE] אויף להבא

forward, *n.* דער פֿעדערשטער געב׳; דער פֿאָרוואַרד, ־ן

forward, *v.* איבערשיקן; נאָכשיקן; שיקן ווײַטער

forward button דאָס פֿאָרויס־קנעפּל, ־עך

forwarding address דער איבערשיק־אַדרעס, ־ן

forward-looking [PÓNEM] מיטן פּנים צו דער צוקונפֿט

fossil דער פֿאָסיל, ־ן

fossil fuel דאָס פֿאָסילן־ברענוואַרג

fossilization די פֿאָסיליזירונג

fossilize פֿאָסיליזירט ווערן

foster, *adj.* אויפֿצי...; קעסט...

foster, *v.*
(cultivate) קולטיווירן; מוטיקן; סטימולירן
(nurture) האָדעווע|ן; כאָווע|ן
foster brother דער אויפֿצי־ברודער, ־ברידער; דער מילכברודער, ...ברידער
foster care דער אויפֿצי
foster-care agency די אויפֿצי־אַגענטור, ־ן
foster child דאָס אויפֿציקינד, ־ער; דאָס אויפֿצאָרטל, ־עך; דאָס קעסטקינד, ־ער
foster father דער אויפֿציִער, ־ס; דער אויפֿצי־טאַטע, ־ס; דער קעסטפֿאָטער, ־ס
foster mother די אויפֿציִערין, ־ס; די אויפֿצי־מאַמע, ־ס; די קעסטמוטער, ־ס
foster parent דער אויפֿציִער, ־ס; דער קעסטגעבער, ־ס
foster parents *also* קעסט־עלטערן
foster sister – די אויפֿצי־שוועסטער, –; די מילכשוועסטער, –
foul, *adj.*
(revolting) פּאַסקודנע; מיגלדיק; מיאוס; אָפּשטויסנדיק; עיפּושדיק; פֿאַרדומפּן [MÍES] [ÍPEShDIK]
(spo.) פֿאַול...
(weather) מיאוס; פּאַסקודנע
foul, *n.* דער פֿאַול, ־ן
foul, *v.*
(dirty) באַשמוצן; איינשמוצן; פֿאַראומרייניקן
(spo.) קלאַפּן פֿאַול; פֿאַולירן
foul out (spo.) קלאַפּן אַ פֿאַולאַוט; אַרויספֿאַולירן
foul up קאַליע מאַכן; פֿאַרטאַטשעווע|ן; פֿאַרקאָכן אַ קאַשע
foul ball דער פֿאַולקלאַפּ, ...קלעפּ
foul language דער ניבול־פּה; מיאוסע ‹ווולגאַרע/גראָבע/ פּראָסטע› רייד ל״ר [NIBLPÉ] [MÍESE]
foulmouthed פּיסקאַטע; ניבול־פּהיק [NIBLPÉIK]
foul-mouthed person (*m./unsp.*) דער ניבול־פּהניק, ־עס; דער מאַרק־ייִד, ־ן [NIBLPÉNIK]
foul-mouthed person (*f.*) די ניבול־פּהניצע, ־ס; די מאַרק־ייִדענע, ־ס [NIBLPÉNITSE]
foul play (jur.) דער אומנאַטירלעכער טויט; דער ג(ע)וואַלדטויט
foul tip דאָס פֿאַולקלעפּל, ־עך
foul-up דער גראָבער פֿעלער, ־ן
found, *v.* פֿאַרלייגן; עטאַבלירן; אַוועקשטעלן; מיסד זײַן; °גרינדן [MEYÁSED]
founded on אויפֿן יסוד פֿון [YESÓD]
foundation
(basis) דער יסוד, ־ות; דער גרונט, ־ן; דער סמך, ־ן; די באַזע, ־ס [YESÓD, YESÓYDES] [SMAKh]
(building) דער פֿונדאַמענט, ־ן
(cream) דער/די גרונטקרעם
(endowed organization) די פֿונדאַציע, ־ס
lay the foundation of פֿאַרלייגן דעם יסוד פֿון; גרונטפֿעסטיקן
without any foundation אָן קיין שום גרונט ‹סמך›
foundation course דער גרונטקורס, ־ן
foundation stone דער ווינקלשטיין, ־ער; דער גרונטשטיין, ־ער
founder, *n.* דער פֿאַרלייגער, ־ס; דער מיסד, ־ים; דער גרונטלייגער, ־ס; דער °גרינדער, ־ס [MEYÁSED, MEYÁZDIM]
founder, *v.*
(of ship) אונטערגיין; זינקען; גיין צו(ם) גרונט
(*fig.*) צעפֿאַלן זיך; (אַ)דורכפֿאַלן; גיין צו(ם) גרונט
founding דאָס פֿאַרלייגן; די עטאַבלירונג; דאָס מיסד זײַן; די °גרינדונג [MEYÁSED]
foundling דאָס אונטערגעוואָרפֿענע קינד, ־ער; דער אונטערוואַרפֿלינג, ־ען; דאָס געפֿינדל, ־עך
foundling hospital דאָס געפֿינדל־הויז, ־הײַזער
foundry די גיסערײַ, ־ען; די גיסאַרניע, ־ס; די רודניע, ־ס
fount דער קוואַל, ־ן; דער מקור, ־ים [MÓKER, MEKÓYRIM]
fount of knowledge דער קוואַל פֿון וויסן
fountain דער פֿאָנטאַן, ־ען
(drinking) דער וואַסער־פֿאָנטאַן, ־ען; די/דער טרינקרער, ־ן
fountainhead דער מקור, ־ים; דער קדמון־קוואַל, ־ן [MÓKER, MEKÓYRIM] [KÁDMEN]
fountain pen די קוואַלפֿען, ־ען; די קוואַלפֿעדער, ־ס
four, *n.*
(digit) די פֿיר, ־ן
(cards) דאָס פֿערטל, ־עך; די פֿיר, ־ן
four, *num.* פֿיר
on all fours אויף אַלע פֿיר; ראַ(טש)קעם
four-door פֿירטיריק; מיט פֿיר טירן
fourfold פֿירפֿאַכיק
fourfooted פֿירפֿיסיק
four-leaf clover די פֿירבלאַטיקע קאָנעשינע
four-letter word דאָס זידלוואָרט ...ווערטער; דאָס מיאוסע וואָרט, ווערטער [MÍESE]
four o'clock פֿיר אַ זייגער; פֿירע
(bot.) דאָס גוט־עלעפֿל, ־עך
four-ply פֿירפֿעדעמדיק
four-poster דאָס/די הימלבעט, ־ן
foursome דער פֿירלינג, ־ען
foursquare קוואַדראַטיק; פֿירעקיק
(forthright/*fig.*) פֿעסט
four-star פֿיר־שטערנדיק; מיט פֿיר שטערנדלעך
fourteen פֿערצן
fourteenth פֿערצעט; פֿערצנט
fourth, *adj.* פֿערט
(fraction) דאָס פֿערטל, ־עך
(mus.) די קוואַרטע, ־ס
the fourth of July דער פֿערטער יולי
fourth-class mail די פּעקלפּאָסט
fourth dimension די פֿערטע דימענסיע; די צײַט
fourth estate די פּרעסע
four-wheel drive דער פֿיררעדער־אָנטרײַב
four-wheeled פֿיר־רעדערדיק; פֿיררעדיק
fowl דאָס עוף; עופֿות ל״ר [OF] [ÓYFES]
fox דער פֿוקס, ־ן/פֿיקס
foxglove (bot.) דער פֿינגעריק, ־עס
foxhole די/דער פֿוקס(נ)לאָך, ...לעכער
foxhound דער פֿוקסהונט, ...הינט
fox hunt דאָס פֿוקסגעיעג
foxtail דער פֿוקסן־עק, ־ן
fox terrier דער פֿאָקסטעריער, ־ן
foxtrot, *n.* דער פֿאָקסטראָט
foxtrot, *v.* טאַנצן דעם פֿאָקסטראָט
foxy
(sly) כיטרע; פֿיפֿיק; ממזריש [MÁMZERISh]
(sexy) רייצנדיק; יצר־הרעדיק [YÉYTSER-HÓREDIK]
foyer דער פֿאָיע, ־ען; דאָס פֿירהויז, ...הײַזער
fracas דאָס געריסערײַ; דאָס געקריגערײַ; די סומאַטאָכע; דער סקאַנדאַל
frack הידראָליש צעשפּאַלטן
fracking די הידראָלישע צעשפּאַלטונג
fraction
(math.) די בראָכצאָל, ־ן; די/דאָס תּשבורת, ־ן [TIShBÓYRES]
(chem.) די פֿראַקציע, ־ס; דער אויסשייד, ־ן

(small part) דער בראָכטייל, ־ן; דער קלײנטשיקער חלק, ־ים [KhÉYLEK, KhALÓKIM]
by a fraction of an inch מיט אַ האָר
fractional
(math.) בראָכצאָליק
(chem.) פֿראַקציאָנירט
(insignificant) בראָכטײליק; אומבאַטײַטיק; קלײנינק אַטר׳
fractional distillation די פֿראַקציאָנירטע דיסטילירונג
fractional part דער בראָכטייל, ־ן
fractionate פֿראַקציאָנירן
fractious
(quarrelsome) [MAKhLÓYKESDIK] מחלוקתדיק
(unruly) ווידערשפּעניק; קאַפּריזנע
fracture, *n.* דער בראָך, ־ן
fracture, *v.* (צע)ברעכן
fracture a bone ברעכן אַ ביין
fragile דעליקאַט; ברעכ(עווד)יק
fragility די/דאָס דעליקאַטקייט; די/דאָס ברעכ(עווד)יקייט
fragment, *n.* דער פֿראַגמענט, ־ן
fragment, *v.*
vt. פֿראַגמענטירן; צעברעכן
vi. פֿראַגמענטירט ‹צעבראָכן› ווערן; צעפֿאַלן זיך
fragmentary פֿראַגמענטאַריש
fragmentation די פֿראַגמענטירונג; די צעשפּליטערונג
fragmentation bomb די שפּליטער־באָמבע, ־ס
fragmented פֿראַגמענטירט
fragrance דער ריח־ניחוח; דאָס/דער (וווּל)גערוך, ־ן [RÉYEKh-NIKhÓYEKh]
fragrant (וווּל־)שמעקעדיק; ריח־ניחוחדיק [RÉYEKh-NIKhÓYEKhDIK]
frail שוואַך; שוואַכינק אַטר׳; קוואָלע; ברעכיק
frailty די/דאָס שוואַכקייט
(illness) [MÉYKhESh, MEYKhÚShIM] דער מיחוש, ־ן/־ים
frame, *n.* די רעם, ־ען; די ראָם, ־ען; דאָס רעמל, ־עך
(of glasses) דאָס רעמל, ־עך
frame of mind די שטימונג; דאָס געמיט
frame of reference די שײַכות־רעם‹־סיסטעם›, ־ען; דאָס געווענדליק, ־ן [ShÁYKhES]
frame, *v.*
(a picture) אײַנרעמ(ל)ען; באַרעמלען
(falsely incriminate) [BILBL] מאַכן אַ בילבול אויף
(an idea) פֿאָרמולירן
frame saw דאָס לאָבזעגל, ־עך
frame-up [BILBL, BILBÚLIM] דער בילבול, ־ים
framework דאָס גערעם, ־ען
within the framework of אין גערעם פֿון
franc דער פֿראַנק, ־ען
France (דאָס) פֿראַנקרײַך
franchise די קאָנצעסיע, ־ס
(pol.) דאָס שטימרעכט
francium דער פֿראַנציום
frank, *adj.* אָפֿן(־האַרציק); אָפֿנטלעך; דירעקט
frank, *n.* דאָס וווּרשטל, ־עך
frank, *v.* פֿראַנקירן
Frankfurt (דאָס) פֿראַנקפֿורט
frankfurter דאָס וווּרשטל, ־עך
frankincense
(resin) דער ווײַרעכניק, ־עס
(incense) דער ווײַרעך
frankly [BEPÉ-MÓLE] אָפֿן; דירעקט; בפה־מלא; בגילוי [BEGÍLE]
(*emph.*) [ÉMES] דעם אמת געזאָגט; אָפֿן גערעדט

frankness די/דאָס אָפֿן־האַרציקייט; די/דאָס אָפֿנקייט; די/דאָס דירעקטקייט
frantic [METÚREFDIK] אויסער זיך; מטורפֿדיק; פּאַניש; ווילד
be in a frantic hurry שרעקלעך אײַלן זיך
fraternal ברודעריש; פֿראַטערנאַל
fraternal twin דער האַלבער צווילינג־ברודער, ־ברידער; די האַלבע צווילינג־שוועסטער, –
fraternal twins דער האַלבער צווילינג; דאָס האַלבע ‹צווילינג› פּאָרל
fraternity די ברודערשאַפֿט, ־ן
fraternity house דאָס ברודערשאַפֿט־הויז, ...הײַזער
fraternization די (פֿאַר)ברידערונג; די פֿראַטערניזאַציע
(mil.) די פֿראַטערניזאַציע
fraternize ברידערן זיך; פֿראַטערניזירן
(mil.) פֿראַטערניזירן
fratricidal ברודערמערדעריש; שוועסטערמערדעריש
fratricide דער ברודערמאָרד; דער שוועסטערמאָרד
(murderer) דער ברודערמערדער, ־ס; דער שוועסטערמערדער, ־ס
fraud דער שווינדל, ־ען; די בליאַגע, ־ס; דאָס אָפּנאַרערײַ, ־ען; דאָס רמאָות [RAMÓES]
(person) דער שווינדלער, ־ס; דער שווינדלאַק, ־עס
fraudulent [RAMÓISh] שווינדלעריש; אָפּנאַרעריש; רמאיש
fraught
be fraught with danger זײַן געבונדן ‹פֿול› מיט סכּנה; טראָגן אין ‹מיט› זיך סכּנה [SAKÓNE/SEKÓNE]
be fraught with meaning זײַן פֿול מיט באַטײַט
fray, *n.* דאָס געשלעג, ־ן
fray, *v.* אויספֿראַנדזן; אויספֿרענדזלען; אָפּניצן זיך; אָפּגעטראָגן ווערן
frazzle אויסמאַטערן; אויסמוטשע|ן; אויסשעפּן
freak, *adj.* *see* **freakish**
freak, *n.* דאָס פּאַרזעניש, ־ן; דאָס מאָנקאַלב, ...קעלבער; די בריאה־משונה, בריאות־משונות; גאָטס געזעגנס [BRÍE-MEShÚNE, BRÍES-MEShÚNES]
(enthusiast) דער פֿאַנאַטיקער, ־ס; דער ענטוזיאַסט, ־ן
freak, *v.*
freak out, *vt.* (scare) גוט איבערשרעקן
freak out, *vi.* (go crazy) משוגע ‹צעדרייט› ווערן [MEShÚGE]
freak out, *vi.* (panic) אַרײַנגיין אין אַ פּאַניק
freakish משונהדיק; מאָדנע; גראָטעסק; איבערנאַטירלעך [MEShÚNEDIK]
freak show די ווײַזונג פֿון פּאַרזעענישן
freaky *see* **freakish**
freckle דאָס זון־‹זומער־›שפּרענקעלע, ־ך
freckles *also* קלײַען
freckled געשפּרענקלט; מיט זון־שפּרענקעלעך ‹קלײַען›
...free אָן...(ד)יק; ...־פֿרײַ
free, *adj.*
(liberated) פֿרײַ; אויף דער פֿרײַ
(at no cost) אומזיסט; בחינמדיק; בחינם פּר׳ [BEKhÍNEMDIK] [BEKhÍNEM]
Feel free to go מעגסט ‹איר מעגט› רויִק אַוועק; מעגסט ‹איר מעגט› געזונטערהייט אַוועק
free and clear [KhÓYVES] אָן קיין שום חובֿות
free and easy אומגעצוווּנגען; אויסגעשפּאַנט
free as a bird ווי אַ פֿויגל אויף דער פֿרײַ; פֿראַנק און פֿרײַ
free from [PÓTER] ריין ‹פּטור› פֿון
free of charge אומזיסט; אָן געצאָלטס; בחינם
for free אומזיסט; בחינם
go free באַפֿרײַט ווערן
have a free hand האָבן אַ פֿרײַע האַנט

make free with וואַרפֿן זיך מיט
set free באַפֿרײַען
free, *adv.* פֿרײַ; אומזי́סט; בחינם [BEKhÍNEM]
free, *v.* באַפֿרײַען; אַרוי́סלאָזן
free agent דער פֿרײַער אַגע́נט, ־ן
(*fig.*) דער פֿרײַער פֿויגל
He's a free agent ער איז אַ פֿרײַער אַגע́נט; ער איז אַלײן דער בעל־הבית איבער זיך [BAL(E)BÓS]
freebie דאָס אומזי́סטל, ־עך
free city (hist.) די פֿרײַשטאָט, ...שטעט
freedom די פֿרײַהייט, ־ן; די פֿרײַקייט, ־ן
freedom of assembly די פֿאַרזאַמל־פֿרײַהייט
freedom of movement די באַווע́גונג־פֿרײַהייט
freedom of religion די גלויבן־פֿרײַהייט; די רעליגיע́זע פֿרײַהייט
freedom of speech די רע́דפֿרײַהייט; די פֿרײַהייט פֿון וואָרט; דאָס קע́נען פֿרײַ רעדן
freedom of the press די פּרע́סע־פֿרײַהייט
have the freedom of the floor קע́נען פֿרײַ קריכן
in freedom אויף דער פֿרײַ
freedom fighter דער קע́מפֿער פֿאַר פֿרײַהייט
free enterprise דאָס פֿרײַ־פֿירנעמערײַ
free-for-all
(chaos) דער הפֿקר; די הפֿקר־וועלט; די גראַ́טשקע [HÉFKER]
(fight) דאָס אַלגעמיינע געשלע́ג, ־ן; דאָס געראַ́נגל, ־ען
freehand (אָ́נגעשריבן) מיט דער האַנט
freehold דער פֿרײַער ע́רדפֿאַרמאָג
freeholder
(hist.) דער פֿרײַער ע́רדפֿאַרמאָגער, ־ס
(pol./*m.*/*unsp.*) דער (קאַ́ונטי־)ראָ́טמאַן, ...מענער/ראָ́טלײַט
(pol./*f.*) די (קאַ́ונטי־)ראָ́טפֿרוי, ־ען
freelance, *adj.* פֿאַ́רזיכדיק; פֿאַ́ר זיך פּר׳
freelance, *v.* אַ́רבעטן פֿאַ́ר זיך
freelancer דער פֿאַ́רזיכניק, ־עס; דער אַ́רבעטער פֿאַ́ר זיך
freeloader דער שנאָ́רער, ־ס; דער קע́סטניק, ־עס; דער טראָ́מבעניק, ־עס; דער בו́לקע־פֿרע́סער, ־ס; דער אומזי́סטער פֿרע́סער, ־ס
be a freeloader *also* שנאָ́רע|ן; זײַן אַן אײ́דעם אויף קעסט; לעבן אויף יע́נעמס חשבון [KhEZhBM]
free love די פֿרײַע ליבע
freely פֿרײַ
(openly) אָפֿן
(willingly) פֿו́נעם אײגענעם ווילן
spend freely וואַרפֿן זיך מיט געלט
freeman דער (פֿרײַער) בי́רגער, ־ס; דער פֿרײַער געב׳
free market דער פֿרײַער האַנדל
freemason דער פֿרײַמײַער, ־ס; דער מאַסאָן, ־ען
freemasonry דאָס פֿרײַמײַערײַ
free pass דער אומזי́סטער אַרײַנטרעט
free-range פֿרײַ פּאַשענדיק
(chickens) פֿרײַ פּי́קנדיק
free speech פֿרײַע רייד ל״ר
freestanding או́מאָפּהענגיק; באַזו́נדער
freestyle, *n.* דער פֿרײַער סטיל; די אימפּראָוויזאַציע
swim freestyle לייגן קלאַ́פּטער
freestyle, *v.* אימפּראָוויזי́רן
freethinker דער פֿרײַדענקער, ־ס
free verse פֿרײַע פֿערזן ל״ר
freeware דאָס בחינםוואַרג [BEKhÍNEMVARG]
freeway דער אויטאָסטראַ́ד, ־ן; דער פֿרײַשטראָז, ־ן
freewheeling הפֿקרדיק [HÉFKERDIK]
free will דער פֿרײַער ווילן
freeze, *n.* דער פֿראָסט, פֿרעסט
(of funds) די אײַנפֿרירונג; דאָס אײַנפֿרירן
freeze, *v.*
vt. פֿאַרפֿרי́רן; אײַנפֿרירן
vi. פֿאַרפֿרוי́רן ווערן
(*fig.*) ווי פֿאַרגלי́ווערט ווערן; בלײַבן ווי פֿאַרשטאַ́רט
(comp.) פֿאַרגלי́ווערט ווערן
(funds/wages) אײַנפֿרירן; פֿאַרבראָני́רן
freeze out אוי́סשליסן
freeze taxes אײַנפֿרירן די שטײַערן
freeze to death פֿאַרפֿרוי́רן ווערן
freeze up פֿאַרגלי́ווערט ווערן
freezer די פֿרי́רקע, ־ס; דער פֿרי́רקאַסטן, ־ס
freezer bag דער פֿרי́רבײַטל, ־ען
freezing אײַז קאַלט
It's freezing ס'איז אײַז קאַלט; ס'איז אַ פֿראָסט
freezing point דער פֿרי́רפּונקט, ־ן
freezing weather דער פֿראָסט; די קרירה [KRÍRE]
freight די משׂא; דער פֿראַכט [MÁSE]
freightage
(freight) דער פֿראַכט
(fee) דאָס פֿראַ́כטגעלט
freight car דער משׂא־וואַגאָן, ־ען; דער פֿראַ́כטוואַגאָן, ־ען [MÁSE]
freight elevator דער משׂא־ליפֿט, ־ן; דער פֿראַ́כטליפֿט, ־ן; דער הי́בער, ־ס; די הי́במאַשין, ־ען [MÁSE]
freighter די משׂא־שיף, ־ן; די פֿראַ́כטשיף, ־ן [MÁSE]
freight train די משׂא־באַן, ־ען; דער פֿראַ́כטצוג, ־ן [MÁSE]
French, *adj.* פֿראַנצײ́זיש
French Jew דער פֿראַנצײ́זישער געב׳; דער פֿראַנצײ́זישער ייִד, ־ן
French, *n.*
(language) דאָס פֿראַנצײ́ז(יש)
the French פֿראַנצוי́זן ל״ר
French bean די גרי́נע פֿאַסאָליע, ־ס
French bread דער באַגע́ט, ־ן
French dressing דער פֿראַנצײ́זישער סאַלאַ́טסאָס
French fries פֿרי́טלעך
French horn דער וואַ́לדהאָרן, ...הערנער
French kiss, *n.* דער פּאַרי́זער קוש, ־ן; דער צו́נגענקוש, ־ן
French-kiss, *v.* פּאַרי́זעווע|ן
Frenchman דער פֿראַנצוי́ז, ־ן
French toast דאָס געפֿרי́שטע ‹געפּרע́גלטע› ברויט; די געפֿרי́שטע ‹געפּרע́גלטע› חלה [KhÁLE]
French window דאָס/דער פֿלי́גל־פֿע́נצטער, –
Frenchwoman די פֿראַנצוי́זין ‹פֿראַנצוי́זקע›, ־ס
frenetic מטורפֿדיק; טירופֿדיק; באַנו́מען; משוגע [METÚREFDIK] [TÍREFDIK] [MEShÚGE]
frenulum/frenum דאָס צי́נגל־הײַטל, ־עך
frenzied *see* **frenetic**
frenzy דער טירוף; די/דאָס מטורפֿדיקייט; די/דאָס צעווי́לדעוועטקייט [TÍREF] [METÚREFDIKEYT]
in a frenzy ווי אַ מטורף; אין ווי́לדער אוי́פֿרעגונג [METÚREF]
be in a frenzy *also* אַרו́מלויפֿן ווי אַ געשאָ́כטענע הון
go into a frenzy צעווי́לדעווע|ן זיך; צעבו́שעווע|ן זיך
frequency די/דאָס אָ́פֿטקייט, ־ן
(phys.) די פֿרעקווע́נץ, ־ן
frequent, *adj.* אָפֿט; אָ́פֿטלעך
frequent, *v.* זײַן אַן (אָ́פֿטער) אײַנגייער אין ‹בײַ›; אָפֿט אַרײַ́נגיין אין

frequent flyer דער אָפֿטער פֿליִער, ־ס; דער אָפֿט־פֿליִענדיקער געב׳
frequent-flyer miles אָנגעזאַמלטע ‹אָנגעקליבענע› פֿלימײַלן
frequently אָפֿט (מאָל); אָפֿטלעך; אַלע ‹יעדן› מאָנטיק און דאָנערשטיק
fresco דאָס פֿרעסקאָ־מאָלערײַ
fresh
  (new) פֿריש; נײַ; צאַפּלדיק
  (impudent) חוצפּהדיק; עזותדיק; שײגעצדיק [KhÚTSPEDIK] [ÁZESDIK]
  be fresh (impudent) זײַן אַ שײגעץ; האָבן חוצפּה [KhÚTSPE]
  fresh out of college נאָר וואָס אַרויס פֿון קאַלעדזש ‹אוניווערסיטעט›; נאָר וואָס גראַדויִרט
  They're fresh out of tomatoes מע האָט נאָר וואָס אויסֿפֿאַרקויפֿט אַלע פּאָמידאָרן
  make a fresh start אָנהייבן אויף ‹פֿון› ס׳נײַ
  out in the fresh air אויף דער פֿרישער לופֿט
  fresh arrival דער נײַ־געקומענער געב׳
freshen, *vt./vi.* דערפֿרישן (זיך); אָפּפֿרישן (זיך); אויפֿפֿרישן (זיך)
freshener דער (לופֿט־)אָפּפֿרישער, ־ס
freshman, *adj.* ערשטיאָרלער־...; אין ערשטן יאָר
freshman, *n.* דער ערשטיאָרלער, ־ס
  be a freshman זײַן אַן ערשטיאָרלער; זײַן אין ערשטן יאָר
  freshman course דער ערשטיאָרלער־קורס, ־ן
  freshman year דאָס ערשטע יאָר
freshness די/דאָס פֿרישקייט; די/דאָס נײַקייט
freshwater, *adj.* זיס־‹פֿריש־›וואַסערדיק
fresh water, *n.* דאָס זיסע ‹פֿרישע› וואַסער
fret, *n.* דער לאַד, ־ן
fret, *v.*
  vt. **(eat away)** אָפּרײַבן; אויפֿפֿרעסן; צעפֿרעסן
  vi. **(worry)** גריזשע||ן זיך; אויפֿעסן זיך; אויפֿרעגן זיך; באַאומרויִקן זיך
fretful אויפֿגערעגט; נערוועיִש; קוועטשעדיק
fretsaw די לאָבזעג, ־ן
Freudian, *adj.* פֿרוידיאַניש
Freudian, *n.* דער פֿרוידיאַנער, –
Freudian slip די פֿעלונג, ־ען; דער פֿרוידיאַנישער רעד־טעות, ־ן [TÓES]
friable קרישלדיק; ברעכ(עווד)יק; ברעקלדיק
friar דער בעטלער־מאָנאַך, ־ן
fricassee דער פֿריקאַסע, ־ען
fricative, *adj.* רײַביק; רײַב...
fricative, *n.* דער רײַבקלאַנג, ־ען
friction די פֿריקציע; די רײַבונג
  (conflict) רײַבונגען ל״ר
  (phys.) די שלעפּקראַפֿט
friction tape די איזאָליר־לענטע
Friday, *adj.* פֿרײַטיק...; פֿרײַטיקדיק; ערבֿ־שבתדיק [ÉREV-ShÁBESDIK]
Friday, *n.* (דער) פֿרײַטיק, ־ן; (דער) ערבֿ־שבת, ־ן [ÉREV-ShÁBES]
  on Friday פֿרײַטיק; ערבֿ־שבת
  Friday's פֿרײַטיקדיק; ערבֿ־שבתדיק [ÉREV-ShÁBESDIK]
fridge דער פֿרידזשידער, ־ן
fried (אָפּ)געפּרעגלט
fried egg דאָס שפּיגלאיי, ־ער; דאָס געפּרעגלטע איי, ־ער
fried food דאָס אָפּגעפּרעגלטס; דאָס געפּרעגלעכץ, ־ער
friend, *n.*
דער חבֿר, ־ים; דער פֿרײַנד, –; דער גוטער־פֿרײַנד, גוטע־פֿרײַנד [KhÁVER, KhAVÉYRIM] *m./unsp.*
  f. די חבֿרטע, ־ס; די חבֿרטאָרין, ־ס; די פֿרײַנדינע, ־ס [KhÁVERTE] [KhÁVERTORN]
  be friends חבֿרן זיך; זײַן גוט־חבֿר ‹גוטע־פֿרײַנד›; זײַן באַפֿרײַנדט [KhÁVERN]
  be close friends זײַן נאָענטע גוטע־פֿרײַנד; זײַן כאַווער־לאַפּ
  become friends פֿאַרחבֿרן זיך; שליסן אַ חבֿרשאַפֿט; באַפֿרײַנדן זיך [FARKhÁVERN] [KhÁVERShAFT]
  friends in high places גוטע־פֿרײַנד אין די הויכע עשעלאָנען; פּראָטעקציע ל״י
  friend of the Jews דער אוהבֿ־ישׂראל, אוהבֿי־... [ÓYEV-YISRÓEL, ÓYEVE-...]
  true friend (*m./unsp.***)** דער געטרײַער חבֿר, ־ים; דער אוהבֿ־נאמן, אוהבֿים־נאמנים [KhÁVER, KhAVÉYRIM] [ÓYEV-NÉMEN, ÓYAVIM-NEMÓNIM]
  true friend (*f.***)** די געטרײַע חבֿרטע, ־ס [KhÁVERTE]
friend, *v.* צוגעבן ווי אַ חבֿר [KhÁVER]
friendless אָן חבֿרים ‹(גוטע־)פֿרײַנד› [KhAVÉYRIM]
  be friendless נישט האָבן קיין (איין) חבֿר; זײַן אָן פֿרײַנד (און גוטע־פֿרײַנד); זײַן אײנער אַליין [KhÁVER]
friendliness די/דאָס חבֿרישקייט; די/דאָס פֿרײַנדלעכקייט [KhÁVERIShKEYT]
friendly חבֿריש; פֿרײַנדלעך [KhÁVERISh]
  be on friendly terms with האָבן גוטע באַציִונגען מיט; זײַן אויפֿגעטראָגן מיט
  friendly advice די עצה פֿון אַ גוטן־פֿרײַנד [ÉYTSE]
friendship די חבֿרשאַפֿט, ־ן; די (גוט־)פֿרײַנדשאַפֿט, ־ן; די גוט־ברודערשאַפֿט, ־ן [KhÁVERShAFT]
frieze דער פֿריז, ־ן
frigate דער פֿרעגאַט, ־ן
fright דער (איבער)שרעק, ־ן; דער דערשרעק, ־ן; די אימה, ־ות [ÉYME]
  get a fright גוט איבערשרעקן זיך
  look a fright אויסזען שרעקלעך
frighten איבערשרעקן; דערשרעקן; אָנשרעקן
  frighten away אָפּשרעקן; צעספּוזשע||ן
frightened איבערגעשראָקן; דערשראָקן; צעשראָקן
  be frightened of שרעקן זיך פֿאַר; מורא האָבן פֿון ‹פֿאַר› [MÓYRE]
  become frightened איבערשרעקן זיך
  She was extremely frightened זי האָט זיך גוט שטאַרק איבערגעשראָקן; טויטאַנגסטן זענען זי באַפֿאַלן
frightening שרעקעדיק; דערשרעקנדיק; שרעקלעך; מוראדיק; אימהדיק [MÓYREDIK] [ÉYMEDIK]
frightful שרעקלעך; גרויליק; שרעקעדיק; מוראדיק [MÓYREDIK]
frigid פֿריר(נד)יק; קרירהדיק; אײַז ‹ביטער› קאַלט [KRÍREDIK]
  (*fig.***)** קיל; אָפּשטויסנדיק
  (sexually) פֿריגיד; קאַלט ווי אַ זשאַבע
  frigid woman (*hum.***)** די קאַלטע קוזניע
frigidity די/דאָס פֿריריקייט; די/דאָס קרירהדיקייט [KRÍREDIKEYT]
  (sexual) די/דאָס פֿריגידקייט; די/דאָס פֿרויען־קאַלטקייט
frigid zone די קאַלטע זאָנע, ־ס; דער קאַלטער גאַרטל, ־ען
frikkadel די פֿריקאַדעל, ־ן; די פֿריקאַדעלקע, ־ס
frill דאָס קרײַזל, ־עך; די קריסקע, ־ס; די שליאַרע, ־ס
  no frills אָן פֿליטערלעך
frilly געקרײַזלט; מיט שליאַרעס
fringe, *adj.* מאַרגינאַל; ראַנד...; פּעריפֿעריש
fringe, *n.*
  (periphery) דער ראַנד; די פּעריפֿעריע

(thread) דער/די צויט, ־ן; דער פֿראַנדז, ־ן/פֿרענדז; דאָס פֿרענדזעלע, ־ך

fringes (J.) ציצית [TSÍTSES]

fringe, *v.* אַרומזיימען

fringe benefit דער בײַבענעפֿיט, ־ן; דאָס צומגעצאָלטס, ־ן

fringe element די ראַנדגרופּע, ־ס; עקסטרעמיסטן ל״ר

Frisbee דאָס פֿלי־טעלערל, ־עך

frisk באַזוכן; באַטאַפּן

frisky זשוואַווע; לעבעדיק

(sexually) צעחשקט; צעוועקט [TSEKhÉYShEKT]

fritter, *n.* דאָס באַבעלע, ־ך; די פֿאַמפּושקע, ־ס; די פֿריטקע, ־ס

fritter, *v.* **(away)** אָפּפּטרן; צעטרענצלען; פֿאַרתּכלעווע\|ן [ÓPPÁTERN] [FARTÁKhLEVEN]

frivolity דאָס קלות; דאָס קלות־דעת; די גרינגע דעה; דאָס קלות־ראָש; די ״לײַכטזיניקייט [KÁLES] [DÁAS] [DÉYE]

frivolous

(silly) פֿליאַדערדיק; גרינג־דעהדיק; ״לײַכטזיניק [DÉYEDIK]

(trivial) פּוסט; נישטיק

be frivolous האָבן אַ גרינגע דעה; זײַן גרינג אויף דער דעה [DÉYE]

frivolous person דער פֿליאַדער, ־ס; דער לופֿטיקער מענטש, ־ן

frizz, *n.* (ענג) געקרײַזלטע האָר

frizz, *v.* (ענג) קרײַזלען

frizzy (ענג) געקרײַזלט

fro

to and fro (אַ)הין און אַהער; אַהין־אַהער; (אַ)הין און צוריק ‹קריק›

frock דאָס קלייד, ־ער; דאָס קליידל, ־עך

frock coat דער סורדוט, ־ן

frog די זשאַבע, ־ס; די פֿראָש, פֿרעש

have a frog in one's throat זײַן הייזעריק

froggy דאָס זשאַבקעלע, ־ך

frogman דער וואַסער־טוקער, ־ס; דער זשאַבעניק, ־עס

frogspawn דער זשאַבערויג

frolic, *n.* די/דאָס לוסטיקייט; די/דאָס פֿריילעכקייט; דאָס שטיפֿערײַ, ־ען

frolic, *v.* לוסטיק ‹פֿריילעך› מאַכן זיך; שטיפֿן; קונדסעווע\|ן [KUNDÉYSEVEN]

from פֿון

from ... to ... פֿון ... ביז ...

from now on פֿון איצטער(ט) אָן

from the beginning פֿון (סאַמע) אָנהייב

from then on פֿון דעמאָלט אָן

frond דער/דאָס פֿעדערגראָז־בלאַט, ־בלעטער

front, *adj.* פֿעדערשט; פֿאָדערשט; פֿאָרנטיק

front, *n.* דער פֿאָרנט, ־ן; דער פֿראָנט, ־ן

(meteor.) דער לופֿטפֿראָנט, ־ן

(mil.) דער פֿראָנט, ־ן

(organization) דער פֿאַסאַד, ־ן

in front (פֿון) פֿאָרנט

in front of פֿאַר

put on a front מאַכן אַן אָנשטעל

front, *v.*

(cover) קאַמופֿלירן

(face) שטיין פֿאַר ‹אַ(נט)קעגן›

frontage דער פֿאַסאַד, ־ן

frontal attack דער פֿראָנטאַלער אַטאַק, ־ן

frontal bone דער שטערנביין, ־ער

front axle די פֿעדערשטע ‹פֿאָדערשטע› אַקס, ־ן

front door די פֿעדערשטע ‹פֿאָדערשטע› טיר, ־ן

frontier

(boundary) די/דער גרענעץ, ־ן

(region) דאָס גרענעצלאַנד

frontier justice די אייגן־יוסטיץ; דער אייגן־משפּט [MÍShPET]

frontiersman דער גרענעץ־אײַנוווינער, ־ס

frontispiece דאָס טיטלבילד, ־ער

front line דער קאַמפֿפֿראָנט, ־ן

front page די ערשטע זײַט, ־ן; דאָס ערשטע זײַטל, ־עך

front pocket די פֿעדערשטע ‹פֿאָדערשטע› קעשענע, ־ס

frontrunner דער לידער, ־ס

front seat דער פֿעדערשטער ‹פֿאָדערשטער› זיץ, ־ן; דאָס אָרט פֿון פֿאָרנט

front steps פֿירטרעפּ; פֿאָדערטרעפּ

front-wheel drive דער פֿעדערשטער אָנטרײַב

frost, *n.* דער פֿראָסט, פֿרעסט

(hoarfrost) דער טויפֿראָסט; דאָס געפֿריר; דאָס זילבער־פֿרעסטל

(on window) די אײַזבלום, ־ען; די פֿראָסטבלום, ־ען

frost, *v.*

(a cake) אָפּגלאַזן אַ טאָרט

(glass) מאַטירן

frostbite דער פֿראָסטבײַל; דער פֿראָסטביס

His fingers got frostbite ס'זענען אים אָפּגעפֿרוירן געוואָרן די פֿינגער

frostbitten אָפּגעפֿרוירן

frost-covered אָנגעפֿראָסטיקט; פֿאַרפֿראָסטיקט

frosted glass דאָס מילכגלאָז; דאָס מאַטגלאָז

frosting די (צוקער־)גלאַזור

frosty אײַז קאַלט; אײַזיק; פֿראָסטיק

(welcome/look) קאַלט

froth, *n.* דאָס ברויזעכץ; דער שוים; די פּינע

(salivary) די סמאַהע

(fig.) פּוסטע רייד ל״ר

froth, *v.* ברויזן; שוימען

frothy שוימיק

frown, *n.* דאָס קרומע פּנים, ־ער; אָנגעכמורעטע ברעמען ל״ר [PÓNEM, PÉNEMER]

frown, *v.* צונויפֿציִען ‹אָנכמורע\|ן› די ברעמען; קרימען זיך; מאַכן אַ קרום פּנים [PÓNEM]

frown upon קוקן קרום אויף; נישט האַלטן פֿון

frozen פֿאַרפֿרוירן; אײַזיק

be frozen stiff זײַן פֿאַרשטאַרט; זײַן אַ שטיק אײַז

fructify ברענגען ‹געבן› פֿרוכט

fructose דער פֿרוקטאָז

frugal שפּאָרעוודיק; אויסגערעכנט; צימצומדיק [TSÍMTSEMDIK]

frugality די/דאָס שפּאָרעוודיקייט; די/דאָס אויסגערעכנטקייט; דער צימצום [TSÍMTSEM]

fruit, *adj.* אויפּס...; פֿרוכט...

fruit, *n.* דאָס אויפּס קאָל; די פֿרוכט, ־ן; די פּרי, פּרות [PÉYRE, PÉYRES]

fruit of one's loins דאָס לײַבלעכע קינד

fruitcake דער פֿרוכטקוכן, ־ס; דער ענגלישער קוכן

(person) דער צעדרייטער געב׳; דער טשודאַק, ־עס

fruit cocktail דאָס געמישטע אויפּס

fruiterer דער פֿרוכטהענדלער, ־ס

fruitful פֿרוכטיק; פֿרוכפּערדיק

fruition

come to fruition מקוים ווערן [MEKÚYEM]

fruitless אומזיסט; אָנפֿרוכטיק

(barren) אָנפֿרוכטיק; אומפֿרוכטיק

fruit pudding דער צימעס, ־ן; דער קאָמפּאָט, ־ן

fruit salad דער פֿרוכטסאַלאַט, ־ן

fruit stand די פֿרוכטשטעל, ־ן
fruit tree דער פֿרוכטבוים, ...ביימער
fruity פֿרוכטנ...; פֿון פֿרוכט
frumpy אַלטמאָדיש געקלייַדט
frustrate פֿרוסטרירן
(thwart) פֿאַרשטערן; קאַליע מאַכן; נישט לאָזן אויספֿירן
frustrated פֿרוסטרירט
frustrating פֿרוסטרירנדיק
frustration
(act of annoying) די פֿרוסטרירונג, ־ען
(state of annoyance) די/דאָס פֿרוסטרירטקייט
(thwarting) די פֿאַרשטערונג
fry
imp. פּרעגלען; פּראַזשע|ן
pf. צופּרעגלען; אָפּפּרעגלען
frying pan דאָס פֿענדל, ־עך; די פֿאַן, ־ען; די סקאָווראָדע ‹סקאָווערדע›, ־ס; די פּאַטעלניע, ־ס
from the frying pan into the fire אַרויס פֿון וואַסער און אַרײַן אין פֿײַער
fuchsia דאָס פֿוקסל; די פֿוקסיע
fuck, *n.* (*slg./vlg.*) דער טרען
(Am.) דאָס יענצן
I don't give a flying fuck! כ'האָב עס טיף־טײַער אין דר'ערד!
know fuck all קענען אַ פֿײַג
She's a good fuck אײַ, קען זי אַ טרען ‹באַרע› טאָן
What the fuck does he want? וואָס וויל ער, צו(ן) אַל די שוואַרצע־יאָר?
fuck, *v.* (*slg./vlg.*) טרענען; טליקע|ן; שטופּן; באַרע|ן; שמונצן; שלאָגן אײער
(Am.) יענצן
fuck around (*slg./vlg.*) אַרומבאַרע|ן; אַרומטרענען
Fuck it! (*slg./vlg.*) אין דר'ערד אַרײַן!; כאַפּט עס דער וואַטן־מאַכער!; צו(ן) אַל די שוואַרצע־יאָר!
Fuck off! (*slg./vlg.*) פֿאַרנעמ(ט) ‹פֿאַרטראָג(ט)› זיך פֿון דאַנעט!
fuck over (*slg./vlg.*) אויסבאַרע|ן; אויסיענצן אַמ'
fuck up, *vt.* (*slg./vlg.*) אָנדאַסן; פֿאַרטאַטשעווע|ן
fuck up, *vi.* (*slg./vlg.*) גוט אַרײַנפֿאַלן; פֿאַרפֿושערן; אָפּטאָן אַ ווילדן פֿעלער
Fuck you! (*slg./vlg.*) [TÓKhES] קוש(ט) מיר אין תּחת!
fucker (annoying pest/*pej./vlg.*) דער/די זלידנע, ־ס; די וואַנץ, ־ן
fucking, *adj.* (*slg./vlg.*)
He's a fucking idiot [ShÓYTE] ער איז אַ שוטה און אַ נאַר
I'm fucking tired [MESÚKN] איך בין מסוכּן מיד
That is fucking good! סע צעגייט זיך אין אַלע גלידער!
fucking, *n.* (*slg./vlg.*) דער טרען; דאָס טרענען
fuckup
(mistake/*slg./vlg.*) דער ווילדער ‹נאַרישער› פֿעלער, ־ן
(person/*slg./vlg.*) דער פֿאַרטאַטש, ־עס; דער לא־יוצלח, ־ס [LOY-YÚTSLEKh]
fuddle [MEVÁLBL] צעטומלען; מבֿלבל זײַן
fuddy-duddy דער אַלט־פֿעטערישער געב'
fudge, *n.* דער פֿאַדזש
fudge, *v.*
(dodge) אַרומגיין; אַרויסדרייען זיך פֿון
(falsify) פֿאַלשעווע|ן
fuel, *n.* דאָס ברענוואַרג
(liquid) דאָס גיסיקע ‹פֿליסיקע› ברענוואַרג
(solid) דאָס האַרטע ברענוואַרג
(heating) דאָס הייצוואַרג
fuel, *v.* אָנגיסן ברענוואַרג ‹בענזין›
(a car) אָנפֿילן מיט בענזין
fuel a controversy [MAKhLÓYKES] אָנצינדן אַ מחלוקת
fuel cell דאָס הייץ־קעמערל, ־עך
fuel pump דער בענזינפּלומפּ, ־ן
fuel tank דער בענזין־רעזערוואַר, ־ן
fugitive, *adj.* אַנטלאָפֿן
fugitive, *n.* דער אַנטלאָפֿענער געב'; דער בורח, ־ים [BOYRÉYEKh, BÓRKhIM]
fugue די פֿוגע, ־ס
...ful ... פֿול (מיט)
a boxful of cereal אַ קעסטל (פֿול מיט) גרײַפּ(ע)לעך; אַ פֿול קעסטל מיט גרײַפּ(ע)לעך
fulcrum דער שטיצפּונקט, ־ן; דער אָנשפּאַר(פּונקט), ־ן
fulfill דערפֿילן; מקיים זײַן; אויספֿילן; אויספֿאָלגן; נאָכקומען; (אַ)דורכפֿירן [MEKÁYEM]
(psych.) באַפֿרידיקן; צופֿרידן שטעלן
fulfill the language requirement נאָכקומען די שפּראַך־פֿאָדערונג
fulfill a mandate (אַ)דורכפֿירן אַ מאַנדאַט ‹פֿאָדערונג›
fulfilled
(psych.) באַפֿרידיקט
be fulfilled (hope/dream) [MEKÚYEM] מקוים ווערן
fulfilling באַפֿרידיקנדיק
(completion) די דערפֿילונג; די אויספֿאָלגונג
fulfillment
(psych.) די באַפֿרידיקונג; די צופֿרידן־שטעלונג; די סאַטיספֿאַקציע
(completion) די דערפֿילונג; די אויספֿאָלגונג
full (of) [MÓLE] פֿול (מיט); מלא־...
(satiated) זאַט
be full of (engrossed) טראַכטן ‹רעדן› אַ גאַנצן טאָג רק וועגן [RAK]
be full of it רעדן פּוסטע רייד ‹דיבורים›
be full of oneself האָבן נאַר זיך אין זינען; זײַן אַן עגאָיסט
full in the face [PÓNEM] דירעקט אין פּנים אַרײַן
full to the brim פֿול ווי אַן אויג
in full אין גאַנצן
in full agreement [HÉSKEM] אין פֿולן הסכּם
in full bloom אין רעכטן ‹פֿולן› בלי; צעצוויטעט
know full well וויסן זייער וויל
pay in full באַצאָלן אין גאַנצן
to the full אין דער פֿולער מאָס; אין גאַנצן
fullback
(football/Am.) דער פֿולבעק, ־ן
(soccer) דער פֿאַרטיידיקער, ־ס
full-blooded פֿולבלוטיק; ריין
full-blown אין פֿולן ‹רעכטן› בלי
full-bodied שטאַרק
full-bosomed הויך־בוזעמדיק
full-dress uniform דער פּאַראַד־מונדיר; די פּאַראַד־‹גאַלאַ־›אוניפֿאָר(ע)ם
full-face portrait דער אַנפֿאַס־פּאָרטרעט, ־ן
full-figured ברייט; זאַפֿטיק; אויסגעפּאַשעט
full-fledged
(of bird) אין גאַנצן באַפֿעדערט
(of person) פֿולווערטיק; פֿול־באַרעכטיקט
full-grown אויסגעוואַקסן; דערוואַקסן
full house
(cards) דאָס פֿולע הויז
(thea.) די אויספֿאַרקויפֿטע פֿאָרשטעלונג
full-length
(coat) לאַנג (ביז צו דער ערד); אין דער גאַנצער לענג
(film) פֿול־מעטראַזשיק

(portrait) אין דער גאַנצער לענג
full moon די פֿולע ‹גאַנצע› לבֿנה, ־ות [LEVÓNE]
fullness די/דאָס פֿולקייט; די/דאָס גאַנצקייט
(satiation) די/דאָס זאַטקייט
full-on טאָטאַל; אין גאַנצן
full-page גאַנצזײַטיק
full professor דער פֿולער פּראָפֿעסאָר, ...אָרן
full-scale אויפֿן גאַנצן מאַשטאַב
full-size אין דער פֿולער גרייס
full-term
(baby) אויסגעטראָגן
(course) גאַנץ־זמניק [ZMÁNIK]
full-time פֿולצײַטיק; גאַנצטאָגיק
fully אין גאַנצן; גאָר; פֿאַר פֿול
fulminate דונערן; פֿײַערן
fulsome
(excessive) איבערגעטריבן; איבער דער מאָס
(unctuous) חניפֿהדיק; בוימלדיק [Kh(A)NÍFEDIK]
fumble פּאָרקע|ן זיך; באָברע|ן זיך
fumble for words פּלאָנטערן מיט דער צונג
fumble in one's pockets נישטערן אין די קעשענעס
fumble in the dark טאַפּן אין דער פֿינצטער; טאַפּן די ווענט
fumble the ball לאָזן פֿאַלן דעם באַלעם
fume, *v.*
(emit smoke) רייכערן
(rage) ברענען פֿאַר כּעס; קאָכן זיך; זײַן אויפֿגעבראַכט [KÁAS]
fumes אויסדאַמפּן; גאַזן; די אויסדאַמפּונג ל״י
fumigate אויסרייכערן
fumigation די אויסרייכערונג
fun די הנאה [HANÓE]
for the fun of it סתּם אַזוי; אויף קאַטאָוועס [STAM]
have fun הנאה האָבן; גוט פֿאַרברענגען; (פֿאַר)ווײַלן זיך; שטיפֿן
Have fun! פֿאַרברענג(ט) גוט!
have fun with צאַצקע|ן ‹שפּילן› זיך מיט
in fun אויף קאַטאָוועס
make fun of (poke fun) טרײַבן קאַטאָוועס ‹לצנות/שפּאַס› מיט; מאַכן פֿודעלע פֿון; מאַכן אַ קאָטער אויס [LETSÓNES]
make fun of (mock) אויסלאַכן + אַק׳; אָפּשפּעטן ‹אָפּחוזקן› פֿון; מאַכן ‹פֿירן› טורעס פֿון [ÓPKhÓYZEKN]
Sounds like fun! סע קלינגט גוט!
function, *n.* די פֿונקציע, ־ס
(math.) די פֿונקציע, ־ס
(purpose) דער ציל, ־ן
(reception) דער אויפֿנעם, ־ען; דאָס/דער קבלת־פּנים [KABÓLES-PÓNEM]
(role) די ראָלע, ־ס; די עובֿדה ‹עובֿדא›, ־ות [ÚVDE]
be a function of אָפּהענגען אין ‹פֿון›
function, *v.* פֿונקציאָנירן; גיין; אַרבעטן
function as דינען ווי
functional פֿונקציאָנעל
be functional פֿונקציאָנירן; גיין; אַרבעטן
functionalism דער פֿונקציאָנאַליזם
functionary דער באַאַמטער געב׳; דער פֿונקציאָנאַר, ־ן
function theory די טעאָריע פֿון פֿונקציעס
fund, *n.* דער פֿאָנד, ־ן
funds *also* געלטער; דאָס געלט קאָל׳
vast funds קאַסע־קאַסאָעס (געלט); אַ פֿאַרמעגנס (מיט געלט)
fund, *v.* פֿינאַנצירן; אויסהאַלטן
funded by פֿינאַנצירט ‹אויסגעהאַלטן› פֿון
fundamental עיקר־...; עצם־...; יסודותדיק; פֿונדאַמענטאַל; גרונטיק; גרונט... [ÍKER] [ÉTSEM] [YESÓYDESDIK]
fundamentalism דער פֿונדאַמענטאַליזם
fundamentalist, *adj.* פֿונדאַמענטאַליסטיש
fundamentalist, *n.* דער פֿונדאַמענטאַליסט, ־ן
fundamentally בעצם; אין תּוך ‹גרונט› [BEÉTSEM] [TOKh]
fundamentals יסודות [YESÓYDES]
funding, *n.* די פֿינאַנצירונג; דאָס פֿינאַנצירן
fundraiser
(event) דער בענעפֿיט, ־ן; די געלטאַקציע, ־ס
(person) דער געלטשאַפֿער, ־ס; דער געלטזאַמלער, ־ס
fundraising דאָס געלטשאַפֿערײַ; דאָס שאַפֿן ‹זאַמלען› געלט ‹פֿאָנדן›
funeral די לוויה, ־ות [LEVÁYE]
funeral carriage די עגלה, ־ות; דער טויטן־וואָגן, ־ס [AGÓLE]
funeral director דער לוויה־אונטערנעמער, ־ס; דער לוויהר, ־ס [LEVÁYE] [LEVÁYER]
funeral home/parlor דער לוויה־זאַל, ־ן [LEVÁYE]
funeral march דער טרויערמאַרש, ־ן
funereal טרויער...; לוויהדיק; לוויהש [LEVÁYEDIK] [LEVÁYESh]
fungal פֿונגוס...; שוואָמיק
fungal infection די פֿונגוס־אינפֿעקציע, ־ס
fungicide דער פֿונגיציד, ־ן
fungus דער פֿונגוס, ־ן; דאָס שוועמל־געוויקס, ־ן
(mold) דער שימל
funicular railway דער פֿוניקוליאָר, ־ן
funk[1] **(mus.)** די פֿאָנקמוזיק
funk[2] **(odor)** דער עיפּוש; דאָס געשטאַנק [ÍPESh]
funk[3] **(psych.)** די מרה־שחורה [MOREShKhÓYRE]
in a funk פֿאַרמרה־שחורהט [FARMÓREShKhÓYRET]
funky[1] **(mus.)** פֿאָנקי
funky[2] **(odorous)** עיפּושדיק; פֿאַרשטונקען [ÍPEShDIK]
fun-loving לעבנס־פֿריידיק; לעבעדיק
funnel, *n.* די לייקע, ־ס; דער לעיק, ־עס; דאָס קריינדל, ־עך
funnel, *v.* גיסן דורך אַ לייקע ‹קריינדל›
(funds/energies) קאָנצענטרירן
funnily אויף אַ קאָמישן ‹מאָדנעם› אופֿן [OYFN]
funnily enough ווי מאָדנע דאָס זאָל נישט זײַן ‹קלינגען›
funny קאָמיש; צום לאַכן; אַמוזאַנט; אַמוזירנדיק; שפּאַסיק; וויציק
(odd) מאָדנע; משונה(דיק) [MEShÚNE(DIK)]
It would be funny if it weren't so sad נישטאָ ווער סע זאָל לאַכן
What's so funny? וואָס איז דאָ אַזוי קאָמיש?; וואָס איז דאָ צום לאַכן?; וואָס איז די שׂימחה? [SÍMKhE]
funny bone דער עלנביין; דער עלנבויגן־ביין
funny business דער נישט־כּשרער ‹נישט־גלאַטיקער› ענין; פֿוילע שטיק ל״ר [KÓShERER] [ÍNYEN]
fur, *n.* דער פעלץ; די פֿעל; האָר ל״ר
(coat) דער פעלץ, ־ן; דער פֿוטער, ־ס
fur collar דער פעלצקראַגן, ־ס
furs דאָס פֿוטערוואַרג קאָל׳; דאָס רויכוואַרג קאָל׳
make the fur fly אָנמאַכן אַ בהלה ‹טומל›; אויפֿהייבן אַ טאַרעראַם [BEHÓLE]
fur, *v.* אַרומאַרבעטן מיט פֿוטער
furbish, *v. imp./pf.* (אָפּ)פּאָלירן
fur coat דער פעלץ, ־ן; דער פֿוטער, ־ס; דער פֿוטערנער מאַנטל, ־ען
fur hat דאָס פעלצהיטל, ־עך; דאָס פֿוטער־היטל, ־עך

furious צעקאָכט; אויפֿגעקאָכט; אָנגעצונדן; אויסער זיך (פֿאַר כּעס); צאָרנדיק; ווילד; מלא־כּעס; מלא־רציחה; מלא־חמה [KÁAS] [MÓLE-KÁAS] [RETSÍKhE] [KhÉYME]

be furious at *also* צערענען אויף

become furious אַרײַנגײן אין רציחה ‹רוגזה›; צעקאָכן זיך; דערצערענען זיך; צעבײזערן זיך [RÚGZE]

furiously צעקאָכטערהייט

(*fig.*) ווילדערהייט; ווי אַ דיבוק ‹שד› [DÍBEK] [ShED]

furl צונויפֿוויקלען; אויפֿראָלן

furlong די אַכטלמײַל, ־ן

furlough, *n.* דער אורלויב, ־ן

go on furlough גײן אויף אורלויב

unpaid furlough דער נישט־באַצאָלטער אורלויב

furlough, *v.*

(grant leave) אַרויסלאָזן ‹אָפּלאָזן› אויף אורלויב

(lay off) אָפּלאָזן

furnace דער אויוון, ־ס; די (ה)רובע, ־ס

furnish

(outfit) (אויס)מעבלירן

(supply sb. with stg.) צושטעלן + דאַט׳ + אַק׳; פֿאַרזאָרגן + אַק׳ מיט; צושאַנצן דאַט׳ + אַק׳

furnished (אויס)מעבלירט

furnishings דאָס מעבל ל״ר; די מעבלירונג ל״י

furniture דאָס מעבל

furniture polish די מעבל־פּאָליטור

furor

(anger) דער צאָרן; די רציחה; די רוגזה; דער כּעס [RETSÍKhE] [RÚGZE] [KÁAS]

(uproar) די סומאַטאָכע, ־ס; דער ויצעקו [VAY(I)TSÁKU]

furrier דער פֿוטער־הענדלער, ־ס; דער פֿעלצהענדלער, ־ס; דער קירזשנער, ־ס; דער שטרײַכער, ־ס

furrow, *n.*

(in soil) די בראָזדע, ־ס; די גאַרע, ־ס

(on skin) דער קנייטש, ־ן; דער רונצל, ־ען

furrow, *v.* בראָזנעווע|ן; אַקערן

furrow one's brow קנייטשן דעם שטערן

furrowed brow דער געקנייטשטער שטערן, ־ס

furry פֿעלציק; פֿעלכלדיק; פֿעלכיק; פֿוכיק

further, *adj.* ווײַטערדיק

further, *adv.* ווײַטער

further, *v.* פּראָטעזשירן; (אונטער)שטיצן; (מיט)העלפֿן + דאַט׳

furtherance די/דער שטיץ; די אונטערשטיצונג

in furtherance of כּדי אונטערצושטיצן ‹צו שטיצן› [KEDÉY]

furthermore דערצו (נאָך); נאָך מער; (אַ)חוץ דעם; ווײַטער; אי דאָס; אויך

furthest (סאַמע) ווײַטסט

furtive גנבֿיש; בשתּיקהדיק [GANÉYVISh] [BIShTÍKEDIK]

furtively בגנבֿה; בשתּיקה [BIGNÉYVE] [BIShTÍKE]

fur trader דער רויכוואַרגער, ־ס; דער פֿוטערוואַרגער, ־ס; דער פֿוטער־הענדלער, ־ס

fury די רציחה; דער צאָרן [RETSÍKhE]

fuse, *n.* דער קאָריק, קאָרקעס; די זיכערונג, ־ען

(bomb) דער/די ברענקנויט, ־ן; דער/די צינדשנור, ־ן

have a short fuse זײַן אַ כּעסן; גיך אונטערצינדן זיך; גרינג אַרײַנפֿאַלן אין אַ כּעס [KAYSN] [KÁAS]

The fuse blew די זיכערונג האָט (אַ)דורכגעברענט ‹איבערגעברענט›

fuse, *vt./vi.* צונויפֿשמעלצן (זיך); צונויפֿגיסן (זיך)

fuse box דאָס קאָריק־קעסטל, ־עך

fuselage דער (עראָפּלאַן־)קאָרפּוס, ־ן; דער גוף, ־ים; דער טול, ־ן

fusion דאָס (צונויפֿ)שמעלצן; דער צונויפֿשמעלץ, ־ן; די צונויפֿשמעלצונג, ־ען

fusion bomb די שמעלצבאָמבע, ־ס

fusion cuisine די שמעלצקיך

fusion language די שמעלצשפּראַך, ־ן

fuss, *n.* דער צימעס; דער טאַרעראַם

make a big fuss over מאַכן אַ גאַנצן צימעס פֿון; מאַכן אַ גרויסע גדולה איבער; טאַרעראַמעווע|ן איבער [G(E)DÚLE]

What's all the fuss? וואָס איז דער גאַנצער צימעס ‹טאַרעראַם/שלש־סעודות›?; וואָס טומלט מען אַזוי? [ShALEShÚDES]

fuss, *v.* **(over)** אַרומטאַנצן (אַרום); אַרומפּאַדע|ן (אַרום); פּאָרע|ן זיך (מיט); צערעמאָניע|ן זיך (מיט)

fussy [MEFÚNEKDIK] איבערקלײַבעריש; קאַפּריזנע; מפֿונקדיק

fussy person דער מפֿונק, ־ים; דער איבערקלײַבער, ־ס [MEFÚNEK, MEFUNÓKIM]

fustian, *adj.* באַרכן

fustian, *n.* דער באַרכאַן; דער בומאַזײַ

fusty פֿאַרשימלט; אַלטמאָדיש

futile אומזיסט(יק); אַרויסגעוואָרפֿן; געפּטערט; פּוסט [GEPÁTERT]

futility די/דאָס אומזיסט(י)קייט; די/דאָס אַרויסגעוואָרפֿנקייט; די/דאָס פּוסטקייט

future, *adj.* [LEHÁBEDIK] צוקונפֿטיק; קומעדיק; להבאדיק

future, *n.* די צוקונפֿט, ־ן; דער עתיד; די/דאָס קומעדיקייט [ÓSED]

in the future אויף להבא ‹ווײַטער›; אין דער צוקונפֿט [LEHÁBE]

future perfect דער פֿריִער־עתיד [ÓSED]

futures (contract) דער זמן־קאָנטראַקט, ־ן [ZMAN]

futures market דער זמן־מאַרק, ...מערק/־ן [ZMAN]

futures trading דער האַנדל אין זמן־קאָנטראַקטן [ZMAN]

future tense דער עתיד; די קומעדיקע צײַט [ÓSED]

futurism דער פֿוטוריזם

futurist דער פֿוטוריסט, ־ן

futuristic פֿוטוריסטיש

futurology די פֿוטוראָלאָגיע

fuzz דער פּוך; די באַרווע

fuzzy פּוכיק ‹פּוכקע›; האָריק; באַרוועדיק

(*fig.*) אומקלאָר; מטושטש; צעשוווּמען; פֿאַרווישט [METÚShTESh]

FYI זײַ(ט) וויסן אַז; זאָלסט ‹איר זאָלט› וויסן זײַן אַז; למען־ידעו [LEMÁN-YÉYDU/YÉYDE]

G

G
(letter) דער גע, ־ען
(mus.) דער סאָל, ־ן
G flat סאָל בעמאָל
G sharp סאָל דיעֶז
g ג [= גראַם]
gab, *n.* דאָס פּלוידעריַי; דער מאָטל; הוילע רייד ל״ר
(person) דער פּלוידערזאַק, ...זעק; דאָס שרויפֿן־צינגל, ־עך
have the gift of gab האָבן דעם כּוח־הדיבור; האָבן אַ טאַלאַנט צו(ם) רעדן; האָבן אַ מויל ‹צונג› אויף שרויפֿן; האָבן אַ גלאַטע צונג [KÓYEKh-HADÍBER]
gab, *v.* פּלוידערן; מאָטלען; באַלאַקע\|ן; כאַפּן אַ מאָטל; טרייַבן אַ מעשׂה [MÁYSE]
gabardine, *adj.* גאַבאַרדינען
gabardine, *n.* דער גאַבאַרדין, ־ען
gabble, *n.* דאָס גראַגעריַי
gabble, *v.* גראַגערן
gable דער דאַכשפּיץ, ־ן
gad, *int.*
By gad! גאָטעניו!; טאַטע־פֿאָטער!
gad, *v.* **(around)** אַרומגיין ליידיק
gadabout דער נישט־איַינזיצער, ־ס; דער אומרויִקער געב׳; דער אומראַס, ־ן
gadfly די בייַספֿליג, ־ן; די פֿערדפֿליג, ־ן
(person) דאָס צוטשעפּעניש, ־ן; דאָס אָנשיקעניש, ־ן
gadget די מאַכערייַקע, ־ס; די טשאַטשקע, ־ס; די המצאה, המצאָות; דער דזשימדזשיק, ־עס [HAMTSÓE]
gadgetry מאַכערייַקעס ל״ר; דאָס המצאהוואַרג; דאָס דזשימדזשיקוואַרג [HAMTSÓEVARG]
gadolinium דער גאַדאָליניום
Gaelic, *adj.* געליש
Gaelic, *n.* דאָס געליש
gaffe דער אויסגליטש, ־ן; דער פֿעלער, ־ן
gaffer דער הויפּט־בינע־באַלייַכטער, ־ס
gag, *n.*
(muzzle) דאָס פֿאַרשטאָפּל, ־עך; דער מויל־פֿאַרשטאָפּער, ־ס; דאָס שפּרייַזל, ־עך; דער קניפּיק, ־עס
(joke) די חכמה, ־ות; דאָס שפּיצל, ־עך; דער שפּאַס, ־ן [KhÓKhME]
Put a gag on it! שווייַג(ט) שוין!
gag, *v.*
vt. פֿאַרשטאָפּן ‹פֿאַרקלעפּן/פֿאַרשפּרייַזלען› + דאַט׳ דאָס מויל
vi. וואַרגן זיך; קרעקן זיך; פֿאַרכליניע\|ן זיך
gag on וואַרגן ‹קרעקן/פֿאַרכליניע\|ן› זיך מיט
gaga משוגע; אַראָפּ פֿון די רעלסן [MEShÚGE]
gaggle, *n.* די טשאַטע, ־ס
gaggle of geese די טשאַטע גענדז
gaggle, *v.* גאָנערן; גאָגאָטשע\|ן
gag order דער שווייַגבאַפֿעל, ־ן
gag writer דער וויצן־‹־חכמות־›שרייַבער, ־ס [KhÓKhMES]
gaiety די/דאָס פֿריילעכקייט; די/דאָס לוסטיקייט; די שׂימחה [SÍMKhE]
gaillardia די גייַלאַרדיע
gaily פֿריילעכ(ערהייט); לוסטיק
gain, *n.*
(increase) דער (צו)וווּקס; דער אָנוווּקס; דער צוקום
(profit) דער רווח, ־ים; דאָס געווינס, ־ן; דער פּראָפֿיט, ־ן [RÉVEKh, REVÓKhIM]
(progress) דער דערגרייך, ־ן; דער פּראָגרעס
(elec.) די פֿאַרשטאַרקונג
gain, *v.*
(increase) וואַקסן
(win) געווינען
gain a victory over אָפּהאַלטן אַ נצחון איבער; אויספֿירן בייַ [NITSÓKhN]
gain by האָבן עפּעס פֿון; געניסן פֿון; מרוויח זייַן פֿון; האָבן אַ נוצן פֿון [MARVÍEKh]
gain ground אַ רוק טאָן זיך פֿאָרויס; דעריאָגן; אָניאָגן
gain in the polls וואַקסן ‹שטאַרקן זיך› אין די אַנקעטעס ‹אויספֿרעגן›
gain on אָניאָגן; דערנע(ע)נטערן זיך צו
gain the upper hand באַקומען די איבערהאַנט
gain time (prolong) געווינען צייַט
gain time (of watch) לויפֿן; גיין גיך
gain weight אָנלייגן ‹צונעמען› וואָג; אָנצערן זיך; צוקומען אין וואָג אומפּ׳ + דאַט׳/פֿ״ק
Nothing can be gained from it פֿון דעם קען גאָרנישט נישט אַרויסקומען
gainful רווחדיק; צאָלנדיק [RÉVEKhDIK]
gainfully
be gainfully employed אַרבעטן און פֿאַרדינען
gainsay
(deny) אָפּלייקענען
(oppose) איבערשפּאַרן + אַק׳; (אַ)קעגנשטעלן זיך קעגן
gait דער גאַנג; דער הילוך [HÍLEKh]
gaiter די געטרע, ־ס; דער קאַמאַש, ־ן; דער שטיוועלעט, ־ן
gal *see* **girl**
gala, *adj.* גאַלאַ־...; יום־טובֿדיק [YÓNTEVDIK]
gala celebration דער גאַלאַ־יום־טובֿ, ־ים; די גאַלאַ־פֿייַערונג, ־ען [YÓNTEF/YÓNTEV, YONTÓYVIM]
galactic גאַלאַקטיש
galactorrhea דער מילכאויסגאָס
galangal דער גאַלגאַן, ־עס
Galatians (Chr./bib.) גאַלאַטער
galaxy די גאַלאַקסיע, ־ס; די גאַלאַקטיק, ־עס
Galaxy (astr.) דער מילכוועג
gale די בורע, ־ס; דער שטורעמווינט, ־ן; דער ים־שטאָרעם, ־ס [YAM]
galena/galenite דער בלייַגלאַנץ; דער גאַלעניט
Galilee דער גליל [GÓLIL/GALÍL]
Sea of Galilee דער (ים־)כּנרת [(YAM-)KINÉRES]
gall, *n.*
(bile) די גאַל; די/דאָס ביטערקייט
(*fig.*) די חוצפּה; דאָס עזות; דאָס יאַנדעס; די העזה [KhÚTSPE] [ÁZES] [HÓZE]
have a lot of gall (*m./unsp.*) זייַן אַ חוצפּהניק ‹אַן עזות־פּנים› [KhÚTSPENIK] [ÁZES-PÓNEM]
have a lot of gall (*f.*) זייַן אַ חוצפּהניצע ‹אַן עזות־פּנימטע› [KhÚTSPENITSE] [ÁZES-PÓNEMTE]
gall, *v.* אויפֿקאָכן; צערייצן; פֿאַרדריסן + אַק׳/דאַט׳; דערגיין + דאַט׳ די יאָרן; דענערווירן; יאַדע\|ן
gallant, *adj.* גאַלאַנט; כוואַטיש; ריטעריש; קאַוואַלעריש; דזשענטלמעניש
gallant, *n.* דער גאַלאַנט, ־ן; דער גאַלאַנטאָן, ־ען; דער קאַוואַלער, ־ן
gallantry די/דאָס גאַלאַנטקייט; די/דאָס ריטערישקייט
gallbladder דער גאַלפּענכער, ־ס; דאָס גאַלזעקל, ־עך; די גאַל, ־ן

galleon דער גאַלעאָן, ־ען
gallery די גאַלעריע, ־ס
  (art) די קונסט־‹בילדער־›גאַלעריע, ־ס
  (thea.) די גאַליאַרקע, ־ס
  play to the gallery שפּילן פֿאַר עולם־גולם [ÓYLEM-GÓYLEM]
galley
  (ship) די גאַליע, ־ס
  (ship's kitchen) דער קאַמבוז, ־ן; די קיך, ־ן
  (typ.) די גראַנקע, ־ס; די שופֿלע, ־ס; דאָס קאָרעקטור־זייַטל, ־עך
galley slave דער גאַליעשקלאַף, ־ן
Gallic גאַליש
Gallicism דער גאַליציזם, ־ען
galling פֿאַרדראָסיק
gallium דער גאַליום
gallivant אַרומשליאָנדרעווע\|ן; אַרומשלעפּן זיך
gallon דער גאַלאָן, ־ען
galloon דער גאַלון, ־ען; דאָס געליינדל, ־עך; דער פּאַזומענט, ־ן
gallop, *n.* דער גאַלאָפּ, ־ן
  at a gallop שוואַלאַם; גאַלאָפּ
  in full gallop אין פֿולן גאַלאָפּ
gallop, *v.* גאַלאָפּירן; רייַטן גאַלאָפּ
  gallop through (אַ)דורכגאַלאָפּירן; (אַ)דורכפֿליִען
  galloping inflation די גאַלאָפּירנדיקע אינפֿלאַציע
gallows די תּליה, ־ות [TLÍE]
gallows humor דער תּליה־הומאָר [TLÍE]
gallstone דער גאַלשטיין, ־ער
galore לרובֿ; ווי האָלץ; הויפֿנווייַז; בשפֿע; אָן אַ שיעור [LERÓV] [BEShÉFE] [ShÍER]
galosh דער קאַלאָש, ־ן
galumph, *n.* דער לעפּישער גאַנג
galumph, *v.* גיין לעפּיש
galvanic גאַלוואַניש
galvanization די גאַלוואַניזירונג
galvanize גאַלוואַניזירן
  (*fig.*) דערוועקן; אָנציִען
galvanometer דער גאַלוואַנאָמעטער, ־ס
gambit דער גאַמביט, ־ן
  (ploy) דאָס דריידל, עך; דאָס שפּיצל, ־עך
gamble, *n.* די ריזיקע, ־ס; דאָס אייַנשטעלעניש, ־ן; דער אייַנשטעל, ־ן
  take a gamble ריזיקירן; אייַנשטעלן; גיין אויף ריזיקע
gamble, *v.* שפּילן אין אַזאַרט(שפּילן); שפּילן פֿאַר געלט
  gamble away פֿאַרשפּילן (אין קאָרטן); אָנווערן אין שפּיל
  gamble on ריזיקירן ‹אייַנשטעלן› מיט
gambler דער אַזאַרטניק, ־עס; דער אַזאַרטשפּילער, ־ס; דער ריזיקאַנט, ־ן; דער קאָרטיאָזשניק, ־עס; דער גראַטש, ־ן/־עס
gambling, *adj.* ...אַזאַרט
gambling, *n.* די/דאָס אַזאַרטשפּיל; דער אַזאַרט
gambling house דאָס שפּילנהויז, ...הייַזער; די שפּילאַרניע, ־ס; די קאָרטאָווניע, ־ס
gambol אַרומשפּרינגען; אַרומטאַנצן; טיאָפּקעו\|ן
game, *adj.* גרייט
game, *n.* די/דאָס שפּיל, ־ן
  (spo.) דער מאַטש, ־ן; די/דאָס שפּיל, ־ן
  (zool.) דאָס געווילד
  be off one's game נישט זייַן אין גוטער פֿאָרעם
  beat sb. at his own game שלאָגן + אַק' מיט זייַן אייגן געווער
  first game back דער ערשטער מאַטש נאָכן אומקערן זיך
  game of chance די/דאָס גורל־שפּיל, ־ן [GOYRL]
  game of chess די/דאָס שאָכשפּיל ‹שאַכשפּיל›
Game! מאַטש!
  get into the game אַרייַנ(טרעטן) אין קאָן
  give the game away אויסגעבן דעם סוד [SOD]
  Good game! גוט געשפּילט!
  It's the only game in town איין זכר אין מאָסק(ע)וועּ; נישטאָ קיין ברירה [ZÓKhER] [BRÉYRE]
  make game of חוזק מאַכן פֿון [KhÓYZEK]
  play games with שפּילן זיך מיט
  play the game שפּילן לויט די כּללים [KLÓLIM]
  The game is up! די שפּיל איז אויס!; מע קען דיך, פֿעטער!
  throw a game בכּיוון פֿאַרשפּילן [BEKÍVN]
  Two can play at that game ווי דו ‹איר› מיר, אַזוי איך דיר ‹אייַך›
  games דאָס שפּילוואַרג קאָל'; שפּילן
game, *v.*
  (gamble) שפּילן פֿאַר געלט
  game the system פֿאַרבייגן די כּללים [KLÓLIM]
gamekeeper דער געיעג־אויפֿזעער, ־ס
gamely מיט זיכערקייט; האָפֿערדיק
game plan דער טאַקטישער פּלאַן, פּלענער
game point דער דעצידיר־פּונקט, ־ן; דער מכריעדיקער פּונקט, ־ן [MAKhRÍEDIKER]
gamer דער שפּילער, ־ס; דער אַזאַרטניק, ־עס; דער אַזאַרטשפּילער, ־ס
game reserve דער געווילד־רעזערוואַט, ־ן
game show די/דאָס טעלעשפּיל, ־ן
gamesmanship דאָס קונצן־מאַכערייַ
gamester דער אַזאַרטשפּילער, ־ס; דער קאָרטיאָזשניק, ־עס
gamete די גאַמעטע, ־ס; דאָס ירושה־קעמערל, ־עך [YERÚShE]
game theory די שפּיל־טעאָריע
gametophyte דער גאַמעטאָפֿיט, ־ן
game warden דער געיעג־אויפֿזעער, ־ס
gamin דער גאַסניונג, ־ען
gaming דאָס שפּילן אין אַזאַרט; דאָס אַזאַרט־שפּילן
gaming industry די אַזאַרט־אינדוסטריע
gamma די גאַמע
gamma ray דער גאַמעשטראַל, ־ן
gammon די (געריייכערטע) שינקע
gamut די גאַמע, ־ס
  run the gamut דעקן ‹אַרייַננעמען› די גאַנצע גאַמע
gander דער גאַנ(ש)ער, ־ס; דער גענדזער, ־ס
gang, *n.*
  (criminal) די באַנדע, ־ס; די כּנופֿיה, ־ות; די שײַקע, ־ס; דאָס געזינדל, ־עך [KNÚFYE]
  (friends) די כאַליאַסטרע, ־ס; די כאָפּטע, ־ס; די חבֿרה, ־ות; די חבֿרייא, ־ות; די חבֿרותא, ־ות; די כּנופֿיה, ־ות [KhÉVRE] [KhEVRÁYE] [KhAVRÚSE]
gang, *v.*
  gang up צונויפֿרעדן זיך; אָפּרעדן צווישן זיך; פֿאַרלייגן אַ פּלאַן
  gang up on (אין איינעם) אָנפֿאַלן אויף; (אין איינעם) אָנזעצן זיך אויף
gangbang *see* **gang-rape**
gangbuster דער באַנדע־צעשטערער, ־ס
  like gangbusters מיט גרויס אימפּעט
gangland די אונטערוועלט
gangling לאַנג ‹הויך› ווי אַ דראָנג; ווי אַ לאַנגער לאָקש
ganglion די גאַנגליע, ־ס; דאָס נערוון־קניפּל, ־עך
gangplank דאָס שטיגל, ־עך; דער טראַפּ, ־ן; דער לאַנדונגשטעג, ־ן
gang-rape, *n.* דאָס מאנס זייַן באַנדעווייַז; די באַנדע־פֿאַרג(ע)וואַלדיקונג [MEÁNES]

gang-rape, *v.* מאנס זייַן באַ́נדעווייַז [MEÁNES]

gang-related פֿאַרבו́נדן מיט אַ באַ́נדע ‹שייַ́קע›; באַ́נדע...

gangrene די גאַנגרע́ן; די (קאַ́לטע) בראַנד

gangrenous גאַנגרעני́רט

become gangrenous גאַנגרי́רן

gangster דער גע́נגסטער, ־ס; דער באַנדי́ט, ־ן

gangway

(passage) דער דו́רכגאַנג, ־ען

(step) דאָס שטיגל, ־עך

Gangway! מאַכט אַ וואַ́רע!

gantlet *see* **gauntlet**

gantry

(rail) דאָס סיגנאַ́ל־בריקל, ־עך

(scaffold) די רישטאָוואַ́ניע, ־ס

(for barrel) דאָס פֿע́סל־געשטע́ל, ־ן

(for crane) דער פּאָרטאַ́ל, ־ן

gap די שפּאַרו́נע, ־ס; דער איַ́ינרייַס, ־ן; דער שרונט, ־ן; דער בלויז, ־ן [KhÓLEL]

(in time) דער בלויז, ־ן; די הפֿסקה, ־ות; דער אי́בעררייַס, ־ן [HAFSÓKE]

gape, *n.* דער גלאָץ, ־ן

gape, *v.* **(at)** גלאָצן (אויף); גאַפֿן (אויף); גאַ́פּ(י)ע|ן (אויף); קוקן ווי אויף אַ בייז־וווּ́נדער (אויף)

(*hum.*) כאַפּן פֿליגן

gaping ברייט אָפֿן; ברייט און טיף

gap-toothed מיט בלויזן צווישן די ציין

garage דער (פּאַרקי́ר־)גאַראַ́זש, ־ן

(repair) דער אוי́טאָ־וואַרשטאַ́ט, ־ן

garb דער/דאָס לבֿוש, ־ים; די קליי́דונג; די הלבשה [LEVÚSh] [HALBÓShE]

garbage דאָס מיסט; דער אָ́פּפֿאַל

garbage in, garbage out מיסט אַרייַ́ן, מיסט אַרו́יס; אַז מע לייגט אַרייַ́ן קרענק נעמט מען אַרו́יס קדחת [KADÓKhES]

garbage bag דער מי́סטבייַטל, ־ען; דער מי́סטזאַק, ...זעק

garbage basket דאָס מי́סטקיישל, ־עך; דער מי́סטקויש, ־ן

garbage can דער מי́סטקאַסטן, ־ס; דאָס מי́סטקעסטל, ־עך

garbage chute דער מי́סט־אַראָ́פּלאָז, ־ן

garbage collection דער מי́סטאָפּפֿיר; דאָס אַרו́יספֿירן ‹אַווע́קפֿירן› דאָס מיסט

garbage collector דער מי́סטלער, ־ס; דער מי́סטפֿירער, ־ס; דער מי́סטשלעפּער, ־ס

garbage compactor דער מי́סט־קאָמפּרע́סאָר, ־ס

garbage disposal (unit) דער מי́סטשלינגער, ־ס

garbage dump דער מי́סטוואָרף, ־ן; דער מי́סטפּלאַץ, ...פּלעצער; דער סמע́טניק, ־עס

garbage man *see* **garbage collector**

garbage truck דער מי́סטאויטאָ, ־ס

garbanzo דער נאַהי́ט, –; דער אַ́רבעס, –

garble פֿאַרפּלאָ́נטערן; פֿאַרדריי́ען

garden, *n.* דער גאָרטן, ־ס/גע́רטנער

(park) דער פּאַרק, ־ן

garden, *v.* פֿירן אַ גאָרטן; אַ́רבעטן אין גאָרטן; גע́רטנערן

garden café דער גאָ́רטן־קאַפֿע́, ־ען

garden cress גאָ́רטנקרעס

gardener

m./unsp. דער גע́רטנער, ־ס; דער גערטעני́רער, ־ס

f. די גע́רטנערין, ־ס; די גערטעני́רערין, ־ס

garden house די אַלטאַ́נ(ק)ע, ־ס

gardenia די גאַרדע́ניע, ־ס

gardening דאָס גערטנערייַ́

Garden of Eden דער/דאָס גן־עדן [GANÉYDN/GENÉYDEM]

garden party דאָס גאָ́רטן־קע́רמעשל, ־עך; די גאָ́רטן־מסיבה, ־ות [MESÍBE]

garden shears די גאָ́רטנשער

garden-variety סתּם; געוויי́נ(ט)לעך [STAM]

gargantuan רי́ז(עד)יק; גיגאַ́נטיש; אומגעהייַ́ער; הויך ווי עוג־מלך־הבשן [O(Y)G-MÉYLEKh-HABÓShN]

gargle, *n.* דאָס שווע́נקען; דאָס גאָ́רגלעניש

(rinse) דאָס שווע́נקעכץ, ־ן

gargle, *v. imp./pf.* (אוי́ס)שווע́נקען זיך (דעם גאָרגל); (אוי́ס)גאָ́רגלען זיך (דעם האַלדז)

gargoyle די גאַרגאָ́לע, ־ס; דער וואַ́סער־שנאָבל ‹־שפּייַ́ער›, ־ס

garish שרייַ́יִק; שרייַ́ענדיק; רייַסיק

garland, *n.* די גירלאַ́נדע, ־ס; דער קראַנץ, ־ן/קרענץ

garland, *v.* באַקראַ́נצן

garlic דער קנאָבל, –

garlic bagel דער קנאָ́בל־בייגל, –

garlic bread דאָס געקנאָ́בלטע ברויט

garlic bulb דאָס הייפּטל קנאָבל, היי́פּטלעך ...

garlic clove דאָס ציינדל קנאָבל, ציי́נדלעך ...

garlic knot דאָס קנאָ́בל־קניפּל, ־עך

garlic press די קנאָ́בלניצע, ־ס

garment דאָס/דער מלבוש, ־ים; דער בגד, ־ים [MÁLBESh, MALBÚShIM] [BÉGED, B(E)GÓDIM]

garments *also* קליי́דער

garment bag דאָס קליי́דער־זעקל, ־עך

garment industry די באַקליי́ד־אינדו́סטריע

garner, *n.* דער שפּייַ́כלער, ־ס

garner, *v.* אָ́נזאַמלען

garner praise אָ́נזאַמלען ‹פֿאַרדי́נען› זיך שבֿחים [ShVÓKhIM]

garner support אָ́נזאַמלען זיך אָ́נהענגערס ‹חסידים› [KhSÍDIM]

garnet

(color) גראַנאַ́טאָווע; פֿון מי́לגרוים־קאָלי́ר

(mineral) דער גראַנאַ́ט, ־ן; דער גאַ́רנעט, ־ן

garnish, *n.* דער גאַרני́ר, ־ן

garnish, *v.* באַפּו́צן; באַצי́רן; צו́פּוצן

(food) גאַרני́רן

(furnish) באַזאָ́רגן (מיט)

garnish wages פֿאַרהאַ́לטן די שׂכירות [SKhÍRES]

garnishment די באַפּו́צונג, ־ען

(wages) די שׂכירות־פֿאַרהאַ́לטונג [SKhÍRES]

garret דאָס בוי́דעמשטיבל, ־עך; דער בוי́דעם, ־ס/ביי́דעמער; דאָס מאַנסאַ́רדע־שטיבל, ־עך

garrison, *n.* דער גאַרניזאָ́ן, ־ען

garrison, *v.* גאַרניזאָני́רן; באַזע́צן

garrison cap די פּילאָ́טקע, ־ס

garrison duty דאָס גאַרניזאָ́ן־דינסט

garrulity די/דאָס באַרע́דעוודיקייט

garrulous באַרע́דעוודיק

garter די פּאָ́דישקע, ־ס; דאָס זאָ́קן־בענדל ‹זאָ́קבענדל›, ־עך

in garter stitch רע́כטס־רע́כטס געשטרי́קט

garter belt פּאָ́דישקעס ל"ר; זאָ́קן־שע́לקעס ל"ר

gas, *adj.* גאַז...

gas, *n.* דער גאַז, ־ן

(gasoline) דער בענזי́ן, ־ען; דער גאַזאָלי́ן, ־ען

have gas זייַן אָ́נגעבלאָזן ‹אוי́פֿגעשטויסן›

gas, *v.* פֿאַרגאַ́זן; איַ́ינגאַזן

gas up אָ́נגיסן מיט בענזי́ן

gasbag דער פּלוי́דערזאַק, ...זעק; דער פּלאַ́פּלער, ־ס

gas buildup דער אָ́נגעזאַמלטער גאַז

(med.) די אָ́נבלאָזונג, ־ען; דער אוי́פֿשטויס, ־ן

gas burner די גאַ́ז־פֿייַ́ערקע, ־ס

gas cap דאָס בענזין־דעקל, ־עך

gas chamber די גאַזקאַמער, ־ן

gas cylinder דער גאַזבאַלאָן, ־ען

gaseous גאַז(עווד)יק; גאַזפֿאָרמיק

gas filter דער בענזין־פֿילטער, ־ס

gas-fired גאַז...; אויף גאַז

gas furnace דער גאַזאויוון, ־ס; דער גאַזהייצער, ־ס

gas gangrene די גאַזגאַנגרען

gas generator דער גאַז־גענעראַטאָר, ...אָרן

gas grill די גאַז־רעשאָטקע, ־ס

gas gun דער גאַז־שיסער, ־ס

gas guzzler דער בענזין־זשליאָקער, ־ס

gash, *n.* דער טיפֿער שניט, ־ן

gash, *v.* איינשנײַדן; אַ שאַרפֿן שניט טאָן

gas heat די גאַזהייצונג; די גאַז־באַהייצונג

gasholder דער גאַזאָמעטער, ־ס

gasification די גאַזיפֿיצירונג

gasify גאַזיפֿיצירן

gas jet דער גאַזפֿלאַם, ־ען

gasket דער צווישנלאַג, ־ן; דער צווישנשיכט, ־ן

gas lamp דער גאַזלאַמפּ, ־ן

gaslight די גאַז־באַלײַכטונג

gas lighter דער גאַז־אָנצינדער, ־ס

(for cigarettes) דאָס גאַז־צינדערל, ־עך

gas line די/דער גאַזרער, ־ן

gas main די/דער הויפּטגאַזרער, ־ן

gas mask די גאַזמאַסקע, ־ס

gas meter דער גאַזציילער, ־ס

gas mileage דער בענזין־פֿאַרניץ

gasoline דער בענזין; דער גאַזאָלין

gasoline engine דער בענזין־‹גאַזאָלין›־מאָטאָר, ־ן

gasoline gauge דער בענזין־‹גאַזאָלין›־מעסטער, ־ס; דער גאַזמעסטער, ־ס

gasoline-powered בענזין־‹גאַזאָלין›־געטריבן; בענזין־‹גאַזאָלין›־באַכּוחט [BAKÓYEKhT]

gasoline pump דער בענזינפּלומפּ, ־ן

gasometer דער גאַזאָמעטער, ־ס

gas oven דער גאַזאויוון, ־ס; דער אויוון אויף גאַז

gasp, *n.* דער (טיפֿער) אָטעמצי, ־ען

at the last gasp (before death) בײַם גוססן [GÓYSESN]

at the last gasp (*fig.*) ווען סע האַלט שוין שמאָל

gasp, *v.* סאַפּע(ו)ן ‹סאָפּע(ו)ן›; קײַכן; דעכע(ו)ן; שווער אָטעמען; דישע(ו)ן זיך; פֿאַרכאַפּן דעם אָטעם אומפּ׳ + דאַט׳/פּ״ק

He gasped for breath ער האָט זיך פֿאַרסאַפּעט ‹פֿאַרקײַכט›; ס׳האָט אים פֿאַרכאַפּט דעם אָטעם

gasp with laughter קײַכן פֿאַר געלעכטער; קוים שלינגען לופֿט

gas pedal דער גאַזפּעדאַל, ־ן; דער/דאָס גאַזטרעטל, ־ען/־עך

gas pipeline די/דער גאַזרער, ־ן; די גאַזרער־ליניע, ־ס

gasproof גאַזפֿעסט; קעגנגאַזיש

gassing

(of area) די אָנגאַזירונג; דאָס אָנגאַזירן

(of people) דאָס פֿאַרגאַזן; די אײַנגאַזונג

gas station די בענזין־סטאַנציע, ־ס

gas station attendant דער בענזין־באַדינער, ־ס

gas stove די גאַזפּליטע, ־ס; דער גאַזאויוון, ־ס; די גאַזקיך, ־ן

gas supply די גאַז־פֿאַרזאָרגונג

gassy פֿול מיט גאַז

gas tank דער בענזין־רעזערוואַר, ־ן

gastric מאָגנ...

gastric banding די מאָגן־אײַנגאַרטלונג

gastric juice דער מאָגנזאַפֿט, ־ן; דער פֿאַרדײַזאַפֿט, ־ן

gastric ulcer דער מאָגן־אולצער, ־ס; דאָס מאָגן־געשוויר, ־ן

gastritis דער גאַסטריט; די מאָגן־אָנצינדונג

gastroenteritis דער גאַסטראָענטעריט

gastroenterologist דער גאַסטראָענטעראָלאָג, ־ן; דער מאָגן־דאָקטער, ...טוירים

gastroenterology די גאַסטראָענטעראָלאָגיע

gastronome דער גאַסטראָנאָם, ־ען; דער פֿײַנשמעקער, ־ס; דער גורמאַנד, ־ן

gastronomic גאַסטראָנאָמיש

gastronomy די גאַסטראָנאָמיע; די תּורת־אכילה [TÓYRES-AKhÍLE]

gastroscopy די גאַסטראָסקאָפּיע, ־ס

gas turbine די גאַזטורבין, ־ען

gas welding די גאַז־שווייסונג; די שווייסונג אויף גאַז

gasworks די גאַזאָווניע, ־ס

gate דער טויער, ־ן

gateau דער (געפֿילטער) קוכן, ־ס

gate-crash אַרײַנפֿאַלן אומפֿאַרבעטענערהייט

gate-crasher דער אומפֿאַרבעטענער גאַסט, געסט

gated געשלאָסן

gated community די/דער געשלאָסענע(ר) געגנט, ־ן

gatekeeper דער טויער־היטער ‹־וועכטער›, ־ס; דער טויערמאַן, טויערלײַט

gatepost דער טויערסלופּ, ־עס

between you, me and the gatepost צווישן אונדז גערעדט; אונטער פֿיר אויגן

gateway דער טויער, ־ן; דער אַרײַנפֿאָר, ־ן; דער צוטריט, ־ן

gather, *n.* דער/די פֿאַלב, ־ן; דער/די פֿאַלד, ־ן; דאָס פֿעלבל, ־עך

gather, *v.*

vt. **(people)** צונויפֿרופֿן; פֿאַרזאַמלען; צונויפֿקלײַבן

vt. **(scattered things)** צונויפֿנעמען

vt. **(harvest)** אַראָפּנעמען

vt. **(sewing)** צונויפֿפֿאַלדעווע(ו)ן

vt. **(conclude)** (אַרויס)דרינגען

vt. **(understand)** פֿאַרשטיין; רעכענען

vi. **(people)** פֿאַרזאַמלען זיך; צונויפֿזאַמלען זיך; אויפֿזאַמלען זיך; צונויפֿקלײַבן זיך; צונויפֿשפּאַרן זיך

vi. **(dust)** אָפּזעצן זיך

vi. **(clouds)** אָנזאַמלען זיך

as far as I can gather אויף וויפֿל איך פֿאַרשטיי

gather support געווינען שטיץ

gather strength שטאַרקער ווערן

gathering, *n.*

(group) דער עולם, ־ס; דאָס געזעמל, ־עך; דאָס קרענצל, ־עך [ÓYLEM]

(assembly) די פֿאַרזאַמלונג, ־ען; דער צוזאַמענקום, ־ען; דער צונויפֿקום, ־ס; דער צוזאַמענטרעף, ־ן; די אַסיפֿה, ־ות [ASÍFE]

(social event) [MESÍBE] די מסיבה, ־ות; דער צוזאַמען, ־ס

(collecting) דאָס (צונויפֿ)זאַמלען

gator דער אַליגאַטאָר, ־ס

gauche פּראָסט; אָן טעם [TAM]

Gaucher's disease די גאָשיי־קרענק

gaucho דער גאַוטשאָ, ־ס

gaudiness די/דאָס שרײַיִקייט; די/דאָס רײַסיקייט

gaudy שרײַיִק; רײַסיק; אויסגעפּײנט; באַפּליטערט; בונט(פֿאַרביק)

gauge, *n.*

(instrument) דער מעסט־אַפּאַראַט, ־ן; דער מעסטער, ־ס

(thickness) דער אָפּשטאַנד, ־ן; די מאָס, ־ן

12-gauge gun דער צוועלפֿמאָסיקער האַרמאַט, ־ן

gauge, *v. imp./pf.* (אָפּ)מעסטן; (אָפּ)שאַצן

Gaul
(region) (די) גאַליע
(person) דער גאַליער, –
gaunt אויסגעדאַרט; אויסגעדייוועט; אָפּגעצערט
gauntlet[1] **(glove)** די הענטשקע, ־ס
take up the gauntlet אָננעמען דעם אַרויסרוף
throw down the gauntlet וואַרפֿן + דאַט' די הענטשקע צו די פֿיס; אַרויסרופֿן
gauntlet[2] **(line)** דער שמיצגאַנג, ־ען; דער בושה־וועג, ־ן [BÚShE]
make sb. run the gauntlet טרײַבן דורך סטרוי; טרײַבן קאַסטרוי
run the gauntlet גיין דורך סטרוי; גיין קאַסטרוי
gauntness די/דאָס אויסגעדאַרטקייט; די/דאָס אויסגעדייוועטקייט
gauze די גאַזע, ־ס; די מערלע ‹מאַרלע›, ־ס
gauze pad דאָס גאַזע־קישעלע, ־ך
gauzy דורכזעיִק; ווי דורך אַ וואַל
gavel דאָס העמערל, ־עך
gavotte די גאַוואָט, ־ן
gawk (at) אָנגלאָצן + אַק; אויסגלאָצן ‹אויסשטעלן› אַ פּאָר אויגן (אויף)
gawky אומגעלומפּערט; לעפּיש; נישט־זגראַבנע
gay, *adj.*
(happy) פֿריילעך; לוסטיק
(homosexual) האָמאָסעקסואַליסטיש; האָמאָסעקסועל; זעלבמיניק; גיי פּר'
He's gay ער איז אַ האָמאָסעקסואַליסט; ער איז גיי
She's gay זי איז אַ לעסבערקע ‹לעסביאַנקע›; זי איז גיי
gay and straight סײַ האָמאָ סײַ העטעראָ
gay bar דער האָמאָסעקסואַליסטן־באַר, ־ן; דער גייבאַר, ־ן
gay bashing דאָס אָנפֿאַלן אויף האָמאָסעקסואַליסטן
gay couple דאָס זעלבמיניקע פּאָרפֿאָלק, ...פֿעלקער
gay marriage די זעלבמיניקע חתונה, ־ות [KhÁSENE]
gay sex דער מענערסעקס; דער האָמאָסעקסועלער סעקס
Gaza City די שטאָט עזה; די עזה־שטאָט [ÁZE]
Gaza Strip דער עזה־‹לאַנד›פּאַס [ÁZE]
gaze, *n.* דער בליק, ־ן
set one's gaze on אָנשטעלן די אויגן אויף
gaze, *v.* **(at)** אָנקוקן + אַק; אָנבליקן + אַק; נישט אַראָפּנעמען די אויגן (פֿון)
gazebo דאָס גאָרטן־בײַדל, ־עך; די אַלטאַנ(ק)ע, ־ס
gazelle די גאַזעל, ־ן
gazette דער גאַזעט, ־ן; די צײַטונג, ־ען
gazetteer[1] **(encyclopedia)** דער געאָגראַפֿישער לעקסיקאָן, ־ען
gazetteer[2] **(journalist)** דער גאַזעטניק, ־עס
G-clef דער פֿידל־שליסל
GDP *see* **gross domestic product**
gear, *n.*
(equipment) דאָס געצײַג; דער אויסריכט; דאָס ...וואַרג
(tools) כּלים [KÉYLIM]
(automobile) דער גאַנג, געננג
in gear (driving) אין גאַנג
in gear (*fig.*) אין גאַנג; אין דער אַרבעט
get in gear נעמען זיך צו דער אַרבעט
gear, *v.*
gear down, *vt./vi.* (פֿאַר)פּאַמעלעכן (זיך)
gear down to half speed (פֿאַר)פּאַמעלעכן אויף האַלבער גיכקייט
gear to צופּאַסן צו; צילעווע|ן אויף
gear up for גרייטן זיך אויף ‹צו›
geared (to) צוגעפּאַסט (צו); געצילעוועט (אויף)
gear belt דער טרײַברימען, ־ס
gearbox דאָס געטרײַב; די טראַנסמיסיע, ־ס
gear position די גאַנג־פּאָזיציע, ־ס
gearshift דאָס גאַנגשטעקל, ־עך; דער גאַנגהייבער, ־ס
gear wheel דאָס ציינראָד, ...רעדער
GED *see* **general equivalency diploma**
Gee!, *int.*
(negative) אוי־ווײ!
(positive) איי!
Gee whiz! וואָס הער איך?; וואָס איך הער?; או־וואַ!
geek דער קאָמפּיוטערניק, ־עס; דער מתמיד, ־ים [MÁSMED, MASMÍDIM]
gee-whiz technology די חידוש־חידושי־טעכנאָלאָגיע [KhÍDESh-KhIDÚShE]
geezer דער אַלטער בר־נש, ־ן; דער אַלטיטשקער געב'; דער אַלטינקער געב' [BARNÁSh]
gefilte fish געפֿילטע פֿיש ל"ר
Geiger counter גײַגערס צייל־אַפּאַראַט
geisha די גיישאַ, ־ס
gel, *n.* דער זשעלע, ־ען; דער גליווער, ־ס
gel, *v.* פֿאַרגליווערט ווערן; זעצן זיך
(develop rapport) פֿאַרשטיין זיך
(plan/idea) אויספֿורעמען זיך
gel one's hair באַשמירן (די האָר) מיט האָרזשעלע
gelatine דער זשעלאַטין
gelatinous
(of jelly) זשעלאַטין־...
(like jelly) גליווערדיק
geld כאַראַשטשעווע|ן; מסרס זײַן [MESÁRES]
gelding דער מערין, ־עס
gelignite דער געליגניט; דער זשעלאַטין־דינאַמיט
gem, *n.* דער איידלשטיין, ־ער; דער אבֿן־טובֿ, אבֿנים־טובֿות; דער טײַערער שטיין, ־ער; דער שײַנדלינג, ־ען [ÉVNTOV, AVÓNIM-TÓYVES]
He's a gem! ר'איז אַ פּערל ‹בריליאַנט›!; סאָראַ דימענטענער מענטש!; ר'איז אַן אבֿן־טובֿ!
Gemara די גמרא [G(E)MÓRE]
geminate, *n.* דער געמינאַט, ־ן; דער טאָפּל־קאָנסאָנאַנט, ־ן
geminate, *v.* פֿאַרטאָפּלען
gemination די געמינאַציע, ־ס
Gemini מזל תּאומים; דער צווילינג [MAZL TÓYMIM]
gendarme דער זשאַנדאַר, ־ן; דער פּאָליציאַנט, ־ן
gender דער/דאָס מין, ־ים
(gram.) דער (גראַמאַטישער) מין, ־ים
gender gap דער ער־זי־חילוק; דער חילוק צווישן די מינים [KhÍLEK]
gender-neutral מין־נייטראַל; אָן שום חילוק אין מין [KhÍLEK]
(gram.) מין־נייטראַל
gender reassignment דער מין־בײַט
gender studies מינים־לימודים
gene די גענע, ־ס; דער גען, ־ען
genealogical גענעאַלאָגיש; לויטן אָפּשטאַם
genealogical tree דער משפּחה־בוים, ־ביימער; די ייִחוס־קייט, ־ן; דער גענעאַלאָגישער בוים, ביימער [MIShPÓKhE] [YÍKhES]
genealogist דער גענעאַלאָג, ־ן
genealogy די גענעאַלאָגיע, ־ס; די ייִחוס־פֿאָרשונג, ־ען [YÍKhES]
gene combination די גענען־קאָמבינאַציע, ־ס
gene pool דער גענענפּול, ־ן; דאָס גענען־געמיש, ־ן
general, *adj.* כּלל־...; אַלגעמיין [KLAL]
(with titles) גענעראַל־...

as a general rule/in general בכלל; בדרך־כּלל; אין אַלגעמיין [BIKhLÁL] [BEDÉREKh-KLÁL]
it's general knowledge that אַלע ווייסן אַז; כּידוע [KEYEDÚE]
general, *n.* דער גענעראַל, ־ן
General Accounting Office דער כּלל־חשבון־ביוראָ [KLAL-KhÉZhBM]
general anesthesia די טאָטאַלע אַנעסטעזיע
General Assembly די גענעראַל־אַסאַמבלעע (פֿון די פֿאַראייניקטע פֿעלקער)
general audience דער אַלגעמיינער עולם, ־ס; דער אַלערליי־עולם, ־ס [ÓYLEM]
general aviation די פּריוואַטע אַוויאַציע
general delivery דער פּאָסטרעסטאַנט
general education די כּלל־דערציִונג‹־בילדונג›; די אַלגעמיינע דערציִונג ‹בילדונג› [KLAL]
general elections כּלל־וואַלן; אַלגעמיינע וואַלן [KLAL]
general equivalency diploma דער עקסטערן־‹גלייַכוווערט־›דיפּלאָם, ־ען
general headquarters דער גענעראַל־שטאַב, ־ן
generalissimo דער גענעראַליסימוס, ־ן
generalist דער מענטש מיט אַ ברייטן וויסן
(doctor) דער משפּחה־דאָקטער, ...טוירים [MIShPÓKhE]
generality די/דאָס אַלגעמיינקייט, ־ן
talk in generalities רעדן גאַנץ אַלגעמיין; שיטן מיט אַלגעמיינקייטן
generalization די גענעראַליזירונג, ־ען; די גענעראַליזאַציע, ־ס; די פֿאַראַלגעמיינערונג
generalize גענעראַליזירן; פֿאַראַלגעמיינערן
generally בכלל; בדרך־כּלל; אין אַלגעמיין [BIKhLÁL] [BEDÉREKh-KLÁL]
generally accepted אַלגעמיין אָנגענומען
generally speaking אין אַלגעמיין (גערעדט); בדרך־כּלל
general manager דער גענעראַל־דירעקטאָר, ...אָרן
general meeting די כּלל־זיצונג, ־ען [KLAL]
general post office דער הויפּט־פּאָסטאַמט, ־ן
general practitioner דער משפּחה־דאָקטער, ...טוירים [MIShPÓKhE]
general public דער ברייטער עולם [ÓYLEM]
general-purpose מיט פֿאַרשידענע צוועקן; כּלל־... [KLAL]
general staff דער גענעראַל־שטאַב, ־ן
general strike דער אַלגעמיינער שטרייַק, ־ן; דער גענעראַל־שטרייַק, ־ן
generate גענערירן; פּראָדוצירן; אַרויסגעבן
generating plant די עלעקטראָסטאַנציע, ־ס; די עלעקטריַי, ־ען; די קראַפֿטסטאַנציע, ־ס
generation
(lineage) דער/דאָס דור, ־ות [DOR, DÓYRES]
(production) די גענערירונג; די פּראָדוצירונג
for generations דורות לאַנג
generational דורות־... [DÓYRES]
generational shift דער דורות־איבעררוק, ־ן [DÓYRES]
generation gap דער דורות־ריס, ־ן [DÓYRES]
Generation X דער/דאָס דור איקס [DOR]
Generation X-er דער בן־דור־איקס [BENDÓR]
Generation Y דער/דאָס דור איגרעק [DOR]
Generation Y-er דער בן־דור־איגרעק [BENDÓR]
generator דער גענעראַטאָר, ...אָרן; דער דינאַמאָ, ־ס
generic גענעריש
generically אויף אַ גענערישן אופֿן [OYFN]
generic drug דער גענערישער מעדיקאַמענט, ־ן
generosity די/דאָס ברייטהאַרציקייט; די ברייטע ‹אָפֿענע› האַנט; דאָס נדבֿנות; דאָס וותּרנות [NADVÓNES] [VATRÓNES]
generous ברייט; ברייטהאַרציק; ברייטהאַנטיק; ברייטגיביק; פֿרייַגיביק; וותּרניש [VATRÓNISh]
be generous געבן מיט אַ ברייטער ‹אָפֿענער/פֿרייַער› האַנט
generous person (*m./unsp.*) דער ברייטהאַרציקער געב'; דער וותּרן, ־ים [VÁTREN, VATRÓNIM]
generous person (*f.*) די וותּרנטע, ־ס [VÁTRENTE]
generously ביד־רחבֿה; מיט אַ ברייטער ‹אָפֿענער/פֿרייַער› האַנט [BEYÁD-REKhÓVE]
genesis דער בראשית, ־ן; דער אָנהייב, ־ן; דער באַגינען, ־ס [BRÉYShES]
(Book of) Genesis (bib.) (ספֿר) בראשית [SÉYFER]
gene splicing דאָס צונויפֿפּעדעמען ‹צונויפֿשטוקעווען› געֶנעס
genetic גענעטיש; געֶנענ...; ירושה־... [YERÚShE]
genetically גענעטיש
genetically modified גענעטיש מאָדיפֿיצירט ‹געביטן›
genetic blueprint די ירושה־סכעמע, ־ס; די גענעטישע סכעמע, ־ס [YERÚShE]
genetic code דער גענעטישער קאָד, ־ן; דער ירושה־שיפֿער, ־ס [YERÚShE]
genetic counseling גענעטישע קאָנסולטאַציעס ל"ר
genetic defect דער גענעטישער מום, ־ים
genetic disorder דער גענעטישער פֿעלער, ־ן
genetic engineering די גענעטישע אינזשעניריע
genetic inheritance די/דאָס ירושהדיקייט [YERÚShEDIKEYT]
geneticist דער גענעטיקער, ־ס
genetic material דאָס געֶנענוואַרג; דער גענעטישער שטאָף
genetic modification די גענעטישע מאָדיפֿיצירונג, ־ען
genetics די גענעטיק ל"י
genetic testing דאָס גענעטישע טעסטירן
genetic trait דער גענעטישער שטריך, ־ן
Geneva (די) זשענעווע
Geneva Convention די זשענעווער קאָנווענץ
genial צוגעלאָזן; פֿרייַנדלעך; גוטמוטיק; סימפּאַטיש
geniality די/דאָס צוגעלאָזנקייט; די/דאָס סימפּאַטישקייט
genie דער דזשיני, ־ס
genital, *adj.* געניטאַל; געשלעכט...
genital, *n.* דער געניטאַל, ־ן; דער געשלעכט־אָרגאַן, ־ען; דאָס געשלעכטגליד, ־ער; די ערווה, ־ות [ÉRVE]
in the genital area בייַ די געניטאַלן
in the genital area (*euph.*) דאָרטן; דאָרט אונטן
genital cutting דאָס באַשנייַדן די געניטאַלן
genital herpes דער געשלעכט־העֶרפּעס
genitalia געניטאַלן; געשלעכט־אָרגאַנען
(*lit.*) דער מקום־התּורף [MÓKEM-HATÓYREF]
genital lips ווייַבערשע ליפּן
genital play דאָס שפּילן זיך מיט די געניטאַלן
genitive, *adj.* געניטיוו
genitive, *n.* דער געניטיוו, ־ן; דער פּאָסעסיוו, ־ן
genius דער זשעני, ־ען; דער גאָון, גאונים [GÓEN, GEÓYNIM]
(ability) די געניאַליטעט; דער זשעני; דאָס גאונות [GEÓYNES]
child genius דער עילוי, ־ים; דער עילוישער קאָפּ, קעפּ; דאָס שאַרפֿע קעפּל, ־עך [ÍLE, ILÚIM] [ÍLIShER]
have a genius for האָבן אַ באַזונדערן טאַלאַנט צו
Genoa (די) יאַנעווע; (די) געֶנוע
Genoan, *adj.* יאַנעווער; געֶנוער
Genoan, *n.* דער יאַנעווער, –; דער געֶנוער, –
genocidal גענאָצידיש
genocide דער גענאָציד, ־ן; דער פֿעלקערמאָרד, ־ן
genome דער גענאָם, ־ען
genomic גענאָמיש
genomics די גענאָמיק ל"י

genre דער זשאַנער, ־ס
genteel גוט ‹ווױל› דערצױגן; ראַפֿינירט; אײדל
gentian די גענציאַנע
gentile, *adj.* נישט־ייִדיש; גױיִש
the gentile nations די אומות־העולם [ÚMES-HOÓYLEM]
gentile, *n.*
m./unsp. דער נישט־ייִד, ־ן; דער גוי, ־ים
f. די נישט־ייִדישע, –; די גויע, ־ס
the gentiles (*pej.*) די גױיִם; ס׳גױיִעס
gentile boy דער שײגעץ, שקצים [ShÉYGETS, ShKÓTSIM]
gentile girl די שיקסע, ־ס
gentility די/דאָס אײדלקייט; די/דאָס ראַפֿינירטקייט
gentle צאַרט; צערטלעך; ווייך; לינד; מילד; אײדל; זײַדן
gentle cycle דער דעליקאַטער ציקל
gentle hint דאָס פֿײַנע ‹אײדעלע› אָנצוהערעניש, ־ן
gentle person דער אײדעלער געב׳; די שטילע טויב
gentleman דער דזשענטלמען, ...ער/דזשענטללײַט; דער הער, ־ן
(noble) דער אַדלמאַן, אַדללײַט
a gentleman and a scholar אַ מענטש צו גאָט און צו לײַט; תּורה, סחורה און געפּוצטע שטיוול [TÓYRE] [SKhÓYRE]
gentleman's agreement דער דזשענטלמענישער הסכּם, ־ס [HÉSKEM]
Gentlemen! חשובֿע פֿרײַנד! [KhÓShEVE]
Gentlemen! (J.) רבותי! [RABÓYSAY]
gentleness די/דאָס צאַרטקייט; די/דאָס ווייכקייט; די/דאָס לינדקייט; די/דאָס מילדקייט; די/דאָס אײדלקייט
gentlewoman די דאַמע, ־ס
(noble) די אַדלפֿרוי, ־ען
gently צאַרט; אײדל; ווייך
gently used קוים געניצט; כּמעט (ווי) ניי [KIMÁT]
gentrification די פֿאַרגבֿירישונג; די אױפֿריכטונג; דאָס אויפֿריכטן; די גענטריפֿיצירונג [FARG(E)VÍRIShUNG]
gentrified פֿאַרגבֿירישט; גענטריפֿיצירט [FARG(E)VÍRIShT]
gentrify פֿאַרגבֿירישן; גענטריפֿיצירן [FARG(E)VÍRIShN]
gentry דער אַדל; די אַדלשאַפֿט; אַדללײַט ל״ר
genuflect בייגן די קני; קניִען; פֿאַלן כּורעים [KÓYRIM]
genuflection די קניבייגונג; די קניִונג
genuine אמת(דיק); עכט; אויטענטיש; וואָרצלדיק; קוואַליק; אָריגינאַל־... [ÉMES(DIK)]
(sincere) אויפֿריכטיק
a genuine diamond אַ דימענט פֿון דימענטלאַנד
The genuine article! דער ריכטיקער ‹עכטער› ...!
genuinely באמת [BEÉMES]
genus דער מין, ־ים; דער גענוס, ־ן
geocentric געאָצענטריש
geochemical געאָכעמיש
geochemist דער געאָכעמיקער, ־ס
geochemistry די געאָכעמיע
geode דער געאָד, ־ן
geodesic געאָדעזיש
geodesy די געאָדעזיע
geographer דער געאָגראַף, ־ן
geographic געאָגראַפֿיש
geographic north דער געאָגראַפֿישער צפֿון [TSOFN]
geography די געאָגראַפֿיע; די ערד־באַשרײַבונג
geologic(al) געאָלאָגיש
geologist דער געאָלאָג, ־ן
geology די געאָלאָגיע
geometer דער געאָמעטער, ־ס
geometric(al) געאָמעטריש
geometric mean דער געאָמעטרישער דורכשניט
geometric progression די געאָמעטרישע פּראָגרעסיע, ־ס
geometry די געאָמעטריע
geophysical געאָפֿיזיש
geophysicist דער געאָפֿיזיקער, ־ס
geophysics די געאָפֿיזיק ל״י
geopolitics די געאָפּאָליטיק ל״י
Georgia
(in Caucasia) (די) גרוזיע
(in US) (די) דזשאָרדזשיע
Georgian, *adj.* **(in Caucasia)** גרוזיניש
Georgian Jew דער גרוזינישער געב׳; דער גרוזינישער ייִד, ־ן
Georgian, *n.* **(in Caucasia)**
m./unsp. דער גרוזינער, –
f. די גרוזינערקע ‹גרוזינערין›, ־ס
(language) דאָס גרוזיניש; די גרוזינישע שפּראַך
geothermal געאָטערמיש
geranium דער געראַניום, ־ס; די געראַניע, ־ס
gerbil דער זשערביל, ־ן
geriatric געריאַטריש; עלטער...
geriatrician דער געריאַטריקער, ־ס; דער עלטער־ספּעציאַליסט, ־ן
geriatrics די געריאַטריק ל״י
germ, *n.* די גערמע, ־ס
(microorganism) דער מיקראָב, ־ן
(bot./*fig.*) דער עמבריאָן, ־ען
German, *adj.* דײַטש(יש)
(pertaining to Germany) דײַטשלענדיש
German Jew דער דײַטש(יש)ער געב׳; דער דײַטש(יש)ער ייִד, ־ן; דער יעקע, ־ס
German, *n.*
m./unsp. דער דײַטש, ־ן
f. די דײַטשקע, ־ס
(language) דאָס דײַטש(יש); די דײַטש(יש)ע שפּראַך
germander דער גאַמאַנדער
Germanic גערמאַניש
Germanic language די גערמאַנישע שפּראַך, ־ן
Germanics די גערמאַניסטיק ל״י
germanism דער גערמאַניזם, ־ען
Germanism (ling.) דער דײַטשמעריזם, ־ען
germanium דער גערמאַניום
German measles די קעשוליע; די רויטע זאַך
German shepherd דער דײַטשישער שאָפּהונט, ...הינט
Germany (דאָס) דײַטשלאַנד
germ cell דאָס פֿאַרמער־קעמערל, ־עך
germicidal גערמיציד־...
germicide דער גערמיציד, ־ן
germinate (אַ)דורכשפּראָצן; (אַ)דורכוואַקסן; (אַ)דורכצוויטע|ן
germination דער קערן־‹זריעה־›דורכשפּראָץ, ־ן; דאָס דורכשפּראָצן [ZRÍE]
germ warfare די/דער מיקראָבן־קריג
gerontological געראָנטאָלאָגיש
gerontologist דער געראָנטאָלאָג, ־ן
gerontology די געראָנטאָלאָגיע
gerrymander גערימאַנדרעווע|ן
gerrymandering די גערימאַנדריע
gerund, *adj.* גערונדיוו
gerund, *n.* דער גערונד, ־ן; דער ערשטער פּאַרטיציפּ, ־ן
Gestapo די געסטאַפּאָ
gestate, *v.* טראָגן; שוועגערן
gestation דאָס טראָגן; דאָס שוועגערן
during gestation בשעתן טראָגן ‹שוועגערן› [BEShÁSN]
gestational age דער טראָגעלטער

gestational diabetes די טראָג־צוקערקרענק; דער טראָג־דיאַבעט

gesticulate מאַכן העוויות ‹תּנועות›; מאַכן ‹פֿאָכע\|ן› מיט די הענט; זשעסטיקולירן [HAVÁYES] [TNÚES]

gesticulation די זשעסטיקולירונג, ־ען; די זשעסטיקולאַציע, ־ס

gesture, *n.* דער זשעסט, ־ן; די תּנועה, ־ות; די העוויה, ־ות [TNÚE] [HAVÁYE]

gesture of approval דער זשעסט פֿון הסכּמה; דער צושטימזשעסט [HASKÓME]

gesture of defiance דער זשעסט פֿון סטירדעס

make a nice gesture ווייַזן (פֿאַר לייַטן) אַ פֿייַנעם ‹שיינעם› זשעסט

gesture, *v.* מאַכן אַ זשעסט; מאַכן העוויות ‹תּנועות› [HAVÁYES] [TNÚES]

Gesundheit! צו(ם) געזונט!

get

(obtain) נעמען; פֿאַרשאַפֿן

(receive) קריגן; באַקומען

(become) ווערן

(understand) פֿאַרשטיין; כאַפּן

Don't let it get you down! לאָז(ט) זיך נישט דערשלאָגן

get across, *vt.* **(an idea)** קלאָר איבערגעבן ‹קאָמוניקירן›; קלאָר געבן צו פֿאַרשטיין

get across, *vi.* **(cross)** אַריבערגיין; אַריבערפֿאָרן; אַריבערקריגן זיך

get ahead (progress) פֿאָרן פֿאָרויס; פּראָגרעסירן

get ahead (work one's way up) אַרויפֿאַרבעטן זיך

get ahead of oneself איבערכאַפּן די מאָס; כאַפּן די פֿיש פֿאַר דער נעץ

get along with אויסקומען מיט; לעבן בשלום ‹בשלווה› מיט [BEShÓLEM] [BEShÁLVE]

get along without באַגיין זיך אָן; געבן זיך אַן עצה אָן [ÉYTSE]

get around (evade) אויסמייַדן; אַרומגיין אַרום

get around (overcome) בייַקומען; ספּראַווע\|ן זיך מיט; געבן זיך אַן עצה אָן

get around to נעמען זיך צו; דערקלייַבן זיך צו

get around to doing stg. (*hum.*) אויסקראַצן זיך; אויסקוועטשן זיך

get at (reach) דערגרייכן; צוקומען צו

get away (escape) אַנטלויפֿן; אַנטרונען ווערן; מאַכן פּליטה; ראַטעווע\|ן זיך [PLÉYTE]

get away (free oneself) אַרויסכאַפּן זיך; באַפֿרייַען זיך

get away from it all אַנטלויפֿן פֿון אַלע צרות [TSÓRES]

get away with (avoid work) אָפּקומען מיט; יוצא זייַן מיט [YÓYTSE]

get away with it (escape punishment) אָפּקומען (אָן אַ שטראָף)

get back, *vt.* **(have returned)** צוריקקריגן; צוריקבאַקומען

get back, *vi.* **(return)** אומקערן זיך; צוריקקומען

get back at נוקם זייַן זיך אין; אָפּרעכענען זיך מיט [NÓYKEM]

get behind בלייַבן הינטערשטעליק

get by אויסקומען; ספּראַווע\|ן זיך; (אויס)מיטלען זיך; באַשטיין

get down, *vt.* **(swallow)** אַראָפּשלינגען

get down, *vt.* **(take down)** אַראָפּנעמען

get down, *vi.* **(descend)** אַראָפּקומען; אַראָפּלאָזן זיך; אַראָפּקריכן

get down to נעמען זיך צו

get hold of oneself נעמען זיך אין די הענט אַרייַן

get into (a car) אַרייַנזעצן זיך אין

get in on משתּתּף זייַן זיך אין; באַטייליקן זיך אין [MIShTÁTEF]

get into (a program) אַרייַנבאַקומען ‹אַרייַנקריגן› זיך אין; אָנגענומען ווערן אין

get it (be punished) כאַפּן (אַ פּסק); באַשטראָפֿט ווערן [PSAK]

get it (comprehend) כאַפּן דעם סטרי

get it over and done with פּטור ווערן פֿון; אַרויסענדיקן מיט [PÓTER]

get it together צונויפֿנעמען זיך; אָרגאַניזירן זיך

get it up (have an erection) קענען

get off (bicycle/horse) אַראָפּקריכן ‹אַראָפּגיין› פֿון

get off (bus/train) אַראָפּגיין ‹אַרויסטרעטן/אַראָפּטרעטן› פֿון; אַרויסזעצן זיך פֿון

get off easy אָפּקומען מיט אַ קליינער שטראָף

get off the road אַראָפּפֿאָרן ‹אַראָפּשלאָגן זיך› פֿון וועג; אָפּקערן זיך פֿון וועג אַראָפּ

get on (bicycle/horse) אַרויפֿזעצן זיך אויף

get on (bus/train) אַרייַנזעצן זיך אין

get on in years זייַן שוין אין די יאָרן

get on without באַגיין זיך אָן

get one's way אויספֿירן

get out, *vt.* אַרויסנעמען; אַרויסקריגן

get out, *vi.* אַרויסגיין

Get out! אַרויס!; אַרויס מיט דיר ‹אייַך›!; פֿאַרנעמ(ט) זיך פֿון דאַנעט!; טראָג(ט) זיך אָפּ!; שאַר(ט) זיך אָפּ!

get out from under stg. אַפּערקריכן (פֿון); ווידער זען דאָס ליכט

get out of (avoid) אויסמייַדן

Get out of my way! אַוועק פֿון מיר!

get over (climb) אַריבערקריכן (איבער)

get over (recover) קומען צו זיך פֿון; געזונט ‹גענעזן› ווערן פֿון

get over (a romance) פֿאַרגעסן + אַק'

get past (overcome) בייַקומען; גובֿר זייַן [GÓYVER]

get through (finish) אַרויסענדיקן; פֿאַרטיק ווערן מיט

get through (on phone) דערקלינגען זיך

get through (physically) (אַ)דורכגיין; (אַ)דורכפֿאָרן

get to know באַקענען זיך מיט

get under אַרונטערקריכן (אונטער)

get up and about קומען צו זיך; קומען צו די כּוחות; שטעלן זיך אויף די פֿיס [KÓYKhES]

get up to דערגיין ביז

get up (from chair) אויפֿשטעלן זיך; אויפֿהייבן זיך

get up (from sleep) אויפֿשטיין

Get well soon! אַ רפֿואה־שלמה! [REFÚE-ShLÉYME]

get with it גיין אין טראָט מיט דער מאָדע

have got האָבן

have got to דאַרפֿן; מוזן

He just doesn't get it! סע קריכט אים נישט אין קאָפּ אַרייַן!; דער קאָפּ באַנעמט נישט!; ער פֿאַרשטייט פּשוט נישט! [PÓShET]

He's not getting any (sex/*slg.*) (די פֿרוי) האָט פֿאַרפֿלאָכטן אַ קוילעטש

I don't know what got into me! דער נאַר האָט מיך געשטופּט; דער רוח האָט מיך געשטויסן ‹געטראָגן› [RÚEKh]

I hope she gets it good! אַ סיבה איר אין פּנים! [SÍBE] [PÓNEM]

I'm getting there איך האַלט שוין אָט־אָט דערבײַ

not get along with נישט אויסקומען מיט; זייַן קידער־ווידער מיט

not get anywhere נישט רוקן זיך פֿאָרויס
tell sb. where to get off גראָב ‹אומגעריכט› אָפּשטויסן
What is he getting at? אַ(נט)קעגן וואָס זאָגט ער עס?
You've got me there! פֿרעג(ט) מיך עפּעס גרינגערס!
getaway דאָס אַנטלויפֿן; דער אַנטלויף
(vacation) דאָס וואַקאַציעלע, ־ך
getaway car [PLÉYTE] דער פּליטה־‹אַנטלויף›־אויטאָ, ־ס
getaway driver דער פּליטה־‹אַנטלויף›־שאָפֿער, ־ן
make a clean getaway אַנטלויפֿן אָן אַ שפּור ‹זכר›
[ZÉYKhER]
make one's getaway מאַכן פּליטה; כאַפּן די פֿיס אויף די פּלייצעס
get-out-the-vote drive דאָס מאָביליזירן די וויילערס
get-rich-quick scheme דאָס עשירות־פֿאַרבלענדעניש, ־ן
[AShÍRES]
get-together דאָס טרעפֿעניש, ־ן; דער צונויפֿטרעף, ־ן; דער צוזאַמען, ־ס; די מסיבה, ־ות [MESÍBE]
get-up [HALBÓShE] די הלבשה; די קליידונג
get-up-and-go די איניציאַטיוו; די אַמביציע
get-well card דאָס רפֿואה־שלמה־קאַרטל, ־עך; דאָס רפֿואה־שלמהלע, ־ך [REFÚE-ShLÉYME] [ShLÉYMELE]
geyser דער גייזער, ־ס
Ghana (די) גאַנע
Ghanaian, *n.* גאַנייִש
Ghanaian, *n.*
m./unsp. דער גאַנייִער, –
f. די גאַנייִערין, ־ס
ghastly
(appearance) טויט בלאַס; מאַקאַבריש; בלייך ווי אַ מת
[MES]
(terrifying) שוידערלעך; גרויליק; אָפּשרעקעוודיק
ghee די געפּרעגלטע פּוטער
gherkin די עסיק־אוגערקע, ־ס; די קאַרנישאָנקע, ־ס; דאָס אוגערקעלע, ־ך
ghetto די געטאָ, ־ס
ghetto wall די געטאָוואַנט, ...ווענט
ghost, *n.* דער שד, ־ים; דער רוח, ־ות; דער נישט־גוטער געב׳; דער/דאָס מת, ־ים; דער גייַסט, ־ער [ShED, ShÉYDIM] [RÚEKh, RÚKhES] [MES, MÉYSIM]
give up the ghost אויסהויכן דעם לעצטן אָטעם; אויסהויכן די נשמה; גיין אַ גאַנג; אָנלייגן מיטן קאָפּ; אָפּזאָגן די עטלעכע גילדן [NEShÓME]
not have a ghost of a chance נישט האָבן אַפֿילו דעם קלענסטן שאַנס [AFÍLE]
ghost, *v.* זייַן דער הינטערשרייַבער
ghostly [ShÉYDIM] שדים־...; מתים־...; שדיש; ווי אַ שד [MÉYSIM] [ShÉDISh] [ShED]
ghost story [ShÉYDIM-MÁYSE] די שדים־מעשׂה
ghost town דאָס פֿאַרלאָזטע שטעטל, ־עך
ghost word דאָס לא־היה־וואָרט, ־ווערטער; דאָס שדים־וואָרט, ־ווערטער [LOY-HÓYE] [ShÉYDIM]
ghostwrite זייַן דער הינטערשרייַבער (פֿון)
ghostwriter דער הינטערשרייַבער, ־ס
ghoul [MÉYSIM] דער מתים־פֿרעסער, ־ס
ghoulish [ShÉYDIMDIK] גרויליק; שוידערלעך; שדימדיק
GI דער (אַמעריקאַנער) זעלנער, ־ס; דער (אַמעריקאַנער) סאָלדאַט, ־ן
giant, *adj.* ריזיק; ריזן...
giant steps ריזנטריט
giant, *n.* דער ריז, ־ן; דער גיגאַנט, ־ן; דער גוג־מגוג
[GÓGMEGOG]
giant fennel דער געווערצלינג
giant panda די פּאַנדע, ־ס
giant reed [YAM] דער מיטל־ים־אַרונדאָ
gibber רעדן קוידריש
gibberish דאָס קוידריש; דאָס תּרגום־לשון; דאָס אָץ־קוצץ־לשון; דאָס געפּרעפּל; דאָס פּלאַפּלערייַ; דער איקס־מיקס־דריקס; דאָס טאָטעריש [TÁRGEM-LOShN]
[OTSKÓYTSETS-LOShN]
gibbon דער גיבאָן, ־ען
gibbous האַרבאַטע
gibe, *n.* דער חוזק; דאָס אָפּלאַכערייַ, ־ען; דער שפּאָט, ־ן; דער שטאָך, ־ן [KhÓYZEK]
gibe, *v.* [KhÓYZEK] אָפּלאַכן; חוזק מאַכן
GI Bill דאָס געזעץ פֿאַר דער אויסשולונג פֿון וועטעראַנען
giblets דאָס דרויב קאָל׳; דראָביסקעס
Gibraltar (דער) גיבראַלטאַר
giddiness די/דאָס פֿליאַדערדיקייט; די/דאָס צעפֿלויגנקייט
(med.) דער קאָפּשווינדל
giddy פֿליאַדערדיק; צעפֿלויגן; פֿאַרטאָמלט
(med.) (קאָפּ)שווינדלדיק
Giddyup! וויאָ!; הײַדאַ!
gift, *n.* די מתּנה, ־ות; דאָס געשאַנק ‹געשענק›, ־ען; דער פּרעזענט, ־ן; די גאָב, ־ן [MATÓNE]
(talent) [KÍShREN, KIShRÓYNES] דער כּישרון, ־ות
gift of God גאָטס גאָב
have a gift for האָבן אַ טאַלאַנט ‹כּישרון› צו
Don't look a gift horse in the mouth אַ געשאָנקען פֿערד קוקט מען נישט אין מויל ‹די ציין›
He thinks he's God's gift to women ער מיינט אַז אַלע פֿרויען חלומען נאָר וועגן אים [KhÓLEMEN]
gift, *v.* שענקען במתּנה; געבן (פֿאַר) אַ מתּנה; באַשענקען [BEMATÓNE] [MATÓNE]
gift card [MATÓNE] דאָס מתּנה־קאַרטל, ־עך
gift certificate [MATÓNE] דער מתּנה־צערטיפֿיקאַט, ־ן
gifted [KÍShRENDIK] טאַלאַנטירט; כּישרונדיק; באַשאָנקען
be gifted in [KÍShREN] האָבן אַ טאַלאַנט ‹כּישרון› צו
gifted with באַשאָנקען מיט
gift shop דאָס סוווניר־געשעפֿט, ־ן; די מתּנות־קראָם, ־ען
[MATÓNES]
gift subscription דער געשאָנקענער אַבאָנעמענט, ־ן; דער מתּנה־אַבאָנעמענט, ־ן [MATÓNE]
gift tax [MATÓNE] דער מתּנה־שטייַער, ־ן
gift-wrap, *n.* דאָס וויקל־פּאַפּיר; דאָס מתּנה־פּאַקוואַרג
[MATÓNE]
gift-wrap, *v.* [MATÓNE] אייַנפּאַקן ‹אייַנוויקלען› אַ מתּנה
gig דער אָנגאַזשמאַנט, ־ן; דער אַנגאַזשמאַ, ־ען
gigabyte דער גיגאַבייַט, ־ן
gigahertz דער גיגאַהערץ, ־ן
gigantic ריזיק; ריזנדיק; ריזן...; גיגאַנטיש; אומגעהייַער
giggle, *n.* דאָס כיכיקען
She had the giggles ס׳האָט זי אָנגעכאַפּט אַ כיכיקעניש ‹כיכעניש›
(do stg.) for a giggle אויף ‹אין› אַ געלעכטער
giggle, *v.* כיכיקע|ן; כיכע|ן; אַ כיכיקע טאָן
giggling, *n.* דאָס כיכיקעניש; דאָס כיכעניש
gigolo דער זשיגאָלאָ, ־ס; דער געדונגענער פּאַרטנער, ־ס
gild, *v.* באַגילדן; אָפּגילטן; אָפּגילדעווע|ן
(with gold leaf) (באַ)גילדן
gild the lily אומזיסט פֿאַרשענערן
gilded באַגילדט; אָפּ(געגילט)
gilding די באַגילטונג
gill די זשאַבערע, ־ס
gilt דאָס באַגילטעכץ
gilt-edged מיט גאָלד באַברעמט
(*fig.*) פֿון דער העכסטער קוואַליטעט

gimlet, *n.* דער ע֟קבער, ־ס
gimlet, *v.* ע֟קבערן; דרע֟לעווען||
gimmick דאָס (אײַבער)שפּיצל, ־עך; די קונץ, ־ן; דאָס דריידל, ־עך
(gadget) דער דזשי֟מדזשיק, ־עס; די מאַכערײַ֟קע, ־ס
gimmickry דרײ֟דעלעך ל״ר
gimmicky שפּי֟צלדיק
gimp[1] **(fiber)** שע֟כפּעדעס ל״ר; דער שעד
gimp[2] **(cripple)** דער הי֟נקעדיקער געב׳; דער לאָ֟מער געב׳
gin
(beverage) דער דזשין
(machine) דער (באַ֟וול־)דרע֟שער, ־ס
gin and tonic דער דזשינטאָ֟ניק
ginger, *adj.* אי֟נגבער...; אי֟מבער...
(color) רוי֟טלעך
ginger, *n.* דער אי֟נגבער; דער אי֟מבער
ginger ale דאָס אי֟נגבער־‹אי֟מבער›־וואַסער
ginger beer דאָס אי֟נגבערביר; דאָס אי֟מבערביר
gingerbread דער אי֟נגבער־‹אי֟מבער›־קוכן; דער אי֟נגבער־‹קאָרן־›לעקעך; דער פֿע֟פֿער־קוכן
gingerbread cookie דאָס אי֟נגבער־‹אי֟מבער›־קיכל, ־עך; דאָס אי֟נגבערל ‹אי֟מבערל›, ־עך
gingerly (אָפּ)געהי֟ט; געוואָ֟רנט; מיט זהירות [ZEHÍRES]
ginger wine דער אי֟נגבערווײַן; דער אי֟מבערווײַן
gingiva יאַ֟סלעס
gingivitis דער גינגיווי֟ט; דאָס יאַ֟סלע־געשווי֟לעכץ ‹־אָנצינדונג›
gingko (biloba) דער/דאָס פֿאָ֟כערבלאַט
ginseng דער זשען־זשע֟ן
giraffe דער זשיראַ֟ף, ־ן
girandole דער זשיראַנדאָ֟ל, ־ן
(fireworks) זשיראַנדאָ֟ל־פֿײַ֟ערווערק ל״ר; רונדאַרו֟מיקע פֿײַ֟ערווערק ל״ר
gird, *vt./vi. imp./pf.* (אַרו֟מ)גאַ֟רטלען (זיך)
gird one's loins אָ֟נגורטן די לענדן; אַרו֟מגאַרטלען זיך
gird oneself או֟נטערגאַרטלען זיך; צו֟גרייטן זיך
girder דער באַלקן, ־ס; דער זאַ֟מיט; די סטאַלאָוואָ֟ניע, ־ס
girdle, *n.* דאָס גאָ֟רסע֟דל, ־עך; דער גאַ֟רטל, ־ען
girl דאָס/די מיידל, ־עך
big girl די מויד, ־ן/מיידן
little girl דאָס מײ֟דעלע, ־ך
as a girl מײ֟דלוויַיז
be girl-crazy זײַן פֿאַרקאָ֟כט אין מײ֟דלעך; חלשן נאָך ווײַ֟בער [KhÁLEShN]
girl Friday די געטרײַ֟ע (או֟נטער)הע֟לפֿערין ‹באַדי֟נערין›, ־ס; די רע֟כטע האַנט
girlfriend
(platonic) די חבֿרטע, ־ס; די חבֿרטאָרין, ־ס; די פֿרײַ֟נדינע, ־ס [KhÁVERTE] [KhÁVERTORN]
(romantic) דאָס/די מיידל, ־עך; די חבֿרטע, ־ס; די געלי֟בטע, –
girlhood די מײ֟דלשאַפֿט
in one's girlhood מײ֟דלוויַיז
girlie magazine דער קי֟צל־זשורנאַ֟ל, ־ן
girlish מײ֟דלש
girl scout די סקאַו֟טקע, ־ס
girth דער אַרו֟מנעם, ־ען; דער אַרו֟מכאַפּ, ־ן
(strap) דער זאָ֟טלפּאַס, ־ן; דער זאָ֟טל־רי֟מען, ־ס
gist דער תּמצית [TÁMTSES]
give, *n.* די/דאָס ע֟לאַסטישקייט; די/דאָס פֿע֟דער(ד)יקייט
give and take דאָס טרעפֿן ‹גיין› אויפֿן האַלבן וועג; דאָס גיין אויף קאָמפּראָמי֟סן; דאָס געבן און נע֟מען
give, *v.* געבן

(gift) שע֟נקען
(hand) דערלאַ֟נגען
give as good as one gets באַצאָ֟לן מיט דער אײַ֟גענער מטבע; אָ֟פּצאָלן מידה כּנגד מידה [MATBÉYE] [MÍDE KENÉGED MÍDE]
give away אַווע֟קגעבן; אַווע֟קשענקען
give away (in marriage) או֟יסגעבן; חתונה מאַכן; נע֟מען או֟נטערפֿי֟רנס [KhÁSENE]
give back (repay) אָ֟פּצאָלן; אָ֟פּגעבן
give back (return) אָ֟פּגעבן; צורי֟קגעבן; או֟מקערן
give in (compromise) נאָ֟כגעבן
give in (surrender) או֟נטערגעבן זיך; נאָ֟כגעבן; אַראָ֟פּלאָזן די הענט
give in to entreaty לאָזן זיך אײַ֟נבעטן
give it one's all מוסר־נפֿש זײַן זיך; אַרײַ֟נטאָן זיך (בלבֿ־ונפֿש); אַרײַ֟נלייגן דעם טאַטן מיט דער מאַ֟מען [MÓYSER-NÉFESh] [BELÉV-VENÉFESh]
give it to sb. (rebuke) דערלאַ֟נגען + דאַט׳; געבן + דאַט׳; מאַכן + דאַט׳ אַ מי־שבירך ‹באַגראָ֟ב›; אַרײַ֟נזאָגן + דאַט׳ אין דער זי֟בעטער ריפּ [MIShEBÉYREKh]
give off אַרו֟יסגעבן; אַרו֟יסלאָזן
give oneself away אַרו֟יסגעבן זיך; פֿאַררא֟טן זיך
give oneself to אָ֟פּגעבן זיך + דאַט׳
give of oneself to אין גאַנצן אָ֟פּגעבן זיך + דאַט׳
give oneself up (to) או֟נטערגעבן זיך + דאַט׳; אי֟בערע֟נטפֿערן זיך (צו)
give out, *vt.* **(distribute)** צעטיי֟לן; צעגע֟בן
give out, *vt.* **(emit)** אַרו֟יסגעבן; אַרו֟יסלאָזן
give out, *vi.* **(fail)** אײַ֟נברעכן זיך; אײַ֟נפֿאַלן; קאַ֟ליע ווערן
give over (devote) אָ֟פּגעבן
give over (hand over) אי֟בערגעבן; דערלאַ֟נגען
give up, *vt.* **(relinquish)** אָ֟פּלאָזן; מוותּר זײַן אויף [MEVÁTER]
give up, *vi.* **(lose heart)** או֟נטערגעבן זיך; אַראָ֟פּפֿאַלן בײַ זיך
give up, *vi.* **(surrender)** או֟נטערגעבן זיך; או֟פֿהייבן די הענט; קאַפּיטולי֟רן
give up for lost מיאש זײַן זיך אין; אָ֟פּזאָגן אַ קדיש נאָך [MEYÁESh] [KÁDESh]
give up on אָ֟פּלאָזן זיך פֿון; געבן אַ שפּײַ אויף
give way (collapse) אײַ֟נברעכן זיך; צונו֟יפֿפֿאַלן; אײַ֟נפֿאַלן
give way to (yield) נאָ֟כגעבן + דאַט׳; אָ֟פּטרעטן + דאַט׳
I'll give you that דאָס וועל איך דיר ‹אײַך› נאָ֟כגעבן
I'm given to understand מ׳האָט מיר געגע֟בן צו פֿאַרשטיין
What gives? וואָס טוט זיך?; וואָס איז געשע֟ן?
giveaway דאָס או֟מזי֟סטל, ־עך
giveaway price די ווי֟לדע מציאה, ־ות [METSÍE]
The expression on her face was a giveaway דער או֟יסדרוק אויף איר פּנים האָט זי באַלד או֟יסגעגעבן [PÓNEM]
giveback דאָס אָ֟פּצאָלן ‹אָ֟פּגעבן› בענעפֿי֟טן
given, *adj.* געגע֟בן; געווי֟ס; באַשטי֟מט
(prone) גענײ֟גט
be given to stg. זײַן גענײ֟גט צו; האָבן אַ טבֿע צו; גרינג + ווערב [TÉVE]
given, *conj.*
given that היות (ווי); לאָמיר אָ֟ננעמען אַז; נע֟מענדיק אין אַכט אַז; אַז מע נעמט אין אַכט [HEYÓYS]
given the circumstances אַז מע נעמט אין אַכט די או֟משטאַנדן
given time, I can אַז מע גיט מיר געני֟ג צײַט קען איך
given, *n.* דאָס געגע֟בענע

It's a given ס׳פֿאַרשטײט זיך פֿון זיך אַלײן
given name דער (ערשטער) נאָמען, נעמען; דער אײגן־נאָמען, ־נעמען; דער רופֿנאָמען, ...נעמען
give or take מער־װײניקער; מער אָדער װײניקער; פֿיל־װײניקער; פּלוס אָדער מינוס
giver דער געבער, ־ס; דער מנדבֿ, ־ים [MENÁDEV, MENÁDVIM]
giving, *adj.* ברײטהאַרציק
giving, *n.* דאָס שענקען; דאָס מנדבֿ זײַן [MENÁDEV]
gizmo די מאַכערײַקע, ־ס; די טשאַטשקע, ־ס; דער שמײ־דרײ
gizzard דער מוסקל־מאָגן, ־ס; דער פּופּיק, ־עס/פּופּקעס
It's sticking in my gizzard ס׳איז נישט אַראָפּצושלינגען; סע ליגט מיר שװער אין מאָגן
glabella דאָס גלאַטיקל, ־עך
glacé באַצוקערט
glacial אײַז...
at a glacial pace װי געפֿרוירן; װי אַ שנעק; גאָר פּאַמעלעך
glacial epoch/period דער אײַזפּעריאָד
glacier דער גלעטשער, ־ס
glad צופֿרידן
you'll be glad to know װעסט ‹איר װעט› זיך פֿרײען צו װיסן
I'd be glad to do it כ׳בין גערן עס צו טאָן; כ׳װעל עס גערן טאָן
gladden דערפֿרײען; פֿאַרשאַפֿן + דאַט׳ פֿרײד; הנאה טאָן + דאַט׳ [HANÓE]
glade די װאַלדלאָנקע, ־ס; די פּאָליאַנע, ־ס; דער לאַן, ־ען
glad hand, *n.* דער ברײטער ברוך־הבא, ־ס [BOR(E)KhÁBE]
glad-hand, *v.* אָפּגעבן + דאַט׳ אַ ברײטן ברוך־הבא [BOR(E)KhÁBE]
gladiator דער גלאַדיאַטאָר, ...אָרן
gladiolus דער גלאַדיאָל, ־ן; די שװערדנבלום, ־ען
gladly מיט פֿאַרגעניגן; גערן
gladness די פֿרײד; די שׂימחה [SÍMKhE]
glamor דער בלישטש; דער גלאַנץ; דאָס בלענדעכץ; דער שאַרם
glamor girl דאָס בלישטשמײדל, ־עך
glamorous בלישטש שײן; שאַרמאַנט
glance, *n.* דער בליק, ־ן; דער קוק, ־ן
at a glance מיט אײן בליק; באַלד
at first glance אין פֿלוג; אױפֿן ערשטן קוק ‹בליק›; אױפֿן אָנבליק; לכאורה [LIKhÓYRE]
exchange glances איבערקוקן זיך
glance, *v.* **(at)** אַ קוק טאָן ‹געבן› אױף; כאַפּן אַ קוק (אױף); כאַפּן ‹װאַרפֿן› אַ בליק (אױף)
glance off אָפּפּראַלן (זיך); אָפּשפּרינגען
gland די גיל, ־ן; די דריז, ־ן; דאָס דריזל, ־עך
glandular גיל...; דריזנ...; דריזנדיק
glans clitoridis דאָס קליטאָר־קעפּל
glans penis דאָס קעפּל; דער אײכל
glare, *n.* דאָס בלענדעניש, ־ן
(hostile) דער בײזער ‹צאָרנדיקער› בליק, ־ן
in the glare of the spotlight פֿאַר אַלעמען אין די אױגן
glare, *v.* **(at)** אױסשטאַרצן די אױגן (אױף); װאַרפֿן אַ בײזן בליק (אױף)
glare-free אָנבלענדיק; נישט־בלענדיק
glaring בלענד(נד)יק; אױגן־רײַסיק; שרײַענדיק; שטאַרצנדיק; בולט [BÓYLET]
glasnost די גלאַסנאָסט
glass, *adj.* גלעזערן
People who live in glass houses shouldn't throw stones װער סע װאַרפֿט אױף יענעם שטײנער קריגט צוריק אין די אײגענע בײנער
glass, *n.* דאָס גלאָז
(drinking) דאָס/די גלאָז, גלעזער; דאָס גלעזל, ־עך
a glass of tea אַ גלעזל טײ
breaking the glass (at J. wedding) דאָס צעברעכן דאָס גלאָז
glassblower דער גלאָזבלאָזער, ־ס
glassblowing דאָס בלאָזן גלאָז
glass ceiling די גלעזערנע סטעליע, ־ס
glass cutter דער גלאָז־שלײַפֿער, ־ס
glassed-in אַרומגעגלעזט
glasses ברילן
glass fiber גלאָזפֿעדעם ל״ר
glassful (of) דאָס פֿולע גלאָז (מיט)
glass harmonica די גלאָז־האַרמאָניקע, ־ס
glass holder דער גלאָזהאַלטער, ־ס
glasshouse דאָס װאַרעמהױז, ...הײַזער
glass putty דער גלעזערקיט
glassware דאָס גלאָזװאַרג
glass wool די גלאָזװאַטע
glassworks די גלעזערײַ, ־ען; די (גלאָז)הוטע, ־ס; די גלאָזאַרניע, ־ס
glasswort דאָס זאַלצל
glassy (eyes) פֿאַרגלעזערט; פֿאַרגלײזט
glatt kosher גלאַט כּשר [KÓShER]
Glauber's salt די/דאָס גלױבערזאַלץ
glaucoma די גלאַוקאָמע
glaze, *n.*
(ceramic) דאָס גלײזעכץ; די פּאָליװע
(cul.) די (צוקער־)גלאַזור, ־ן
(tech.) די גלאַזור; דער גלאַנץ; די פּאָליטור
glaze, *v.*
(ceramics) אָנגלײזן; גלאַזירן
(cul.) אָפּגלאָזן; אָפּגלאַזירן
(with glass) באַגלאָזן; אָנגלאָזן; אַרײַנשטעלן שױבן אין
have one's eyes glaze over פֿאַרגלײזן די אױגן
glazed, *adj.*
(cul.) אָפּגעגלאָזט; אָפּגלאַזירט
(ceramics) אָנגעגלײזט; פּאָליװענע
(with glass) באַגלאָזט
(eyes) פֿאַרגלײזט; פֿאַרגלעזערט
glazier דער גלעזער, ־ס
glazing, *n.* **(process)** דאָס גלעזערײַ
gleam, *n.* דער גלאַנץ; די שײַן; די פֿונק; דער שטראַל
gleam of hope דער שטראַל האָפֿענונג; די פֿונק האָפֿענונג
gleam, *v.* גלאַנצן; בלאַנקען; שימערירן; שטראַלן; פֿינקלען; פֿעכלען
gleaming גלאַנצנדיק; בלאַנקענדיק; פֿינקלדיק
glean אײַנזאַמלען; צונױפֿקלײַבן; אױפֿקלײַבן
glean facts ביסלעכװײַז אָנזאַמלען ‹צונױפֿנעמען› ברעקלעך פֿאַקטן
gleanings (harvest) רעשטלעך; דער לקט ל״י [LÉKET]
(*fig.*) פֿראַגמענטן (פֿון) ידיעות [YEDÍES]
glee די שׂימחה; די צהלה; די פֿרײד [SÍMKhE] [TSOHÓLE]
(malicious) די שאָדנפֿרײד
full of glee פֿול מיט פֿרײד; שטאַרק באַגײַסטערט
shout with glee שרײַען פֿאַר פֿרײד
glee club דער געזאַנגקלוב, ־ן; דער געזאַנג־פֿאַראײן, ־ען
gleeful מלא־פֿרײד; מלא־שׂימחה [MÓLE] [SÍMKhE]
glen דער לענגטאָל, ־ן; די דאָלענע, ־ס
glial cell דאָס גליִע־קעמערל, ־עך
glib געשליפֿן; גלאַט
be glib האָבן אַ געשליפֿן ‹גלאַט› צינגל
glibly גלאַטערהײט

glide, *n.* די גליטשונג
(phon.) דער האַלבוואָקאַל, ־ן
glide, *v.* גליטשן זיך
(in a glider) פּלאַנערן; שוועבן
glider דער פּלאַנער, ־ס; דער שוועבער, ־ס
glider pilot דער פּלאַנעריסט, ־ן
gliding, *n.* דער פּלאַנעריזם
glimmer, *n.* דער שטראַל, ־ן; דער גלימער
glimmer of hope *see* **gleam of hope**
glimmer, *v.* שימערירן; שימערן; גלימערן
glimpse, *n.* דער אײַנבליק, ־ן; דער (גיכער) בליק, ־ן
a glimpse into אַן אײַנבליק אין
glimpse, *v.* אײַנבליקן; כאַפּן אַ (גיכן) בליק אויף; דערזען
glint, *n.* דער בלישטש, ־ן; דער אָפּגלאַנץ, ־ן; דער שימער, ־ס
glint, *v.* בלישטשען; אָפּגלאַנצן; שימערירן
glissando דער גליסאַנדאָ, ־ס
glisten גלאַנצן; פּערלען; שימערירן
glitch דער פּעלער, ־ן; דער מיכשול, ־ים [MIKhShL, MIKhShÓYLIM]
glitter, *n.*
(luster) דער פֿינקל; דער בלישטש
(decoration) גלאַנץ־שפּרענקעלעך ל״ר
glitter, *v.* גלאַנצן; גלימצערן; פֿינקלען; בלישטשען; מיניען זיך
All that glitters isn't gold נישט אַלץ וואָס גלאַנצט איז גאָלד
glitterati בלישטשענדיקע לײַט
glittering גלאַנצנדיק; פֿינקלדיק; בלישטשענדיק
glitz דער בלישטש
glitzy בלישטשענדיק
gloat האָבן שאָדנפֿרייד; שיטן + דאַט׳ זאַלץ אויף די ווונדן
global גלאָבאַל; וועלטיש; וועלט(ס)...
globalization די גלאָבאַליזאַציע
globalize גלאָבאַליזירן
global market דער וועלטמאַרק, ...מערק/־ן
global positioning system די גלאָבאַלע לאָקיר־סיסטעם, ־ען
global warming די וועלט־דערוואַרעמונג; די גלאָבאַלע דערוואַרעמונג
globe דער קײַלעך, ־ער; די קויל, ־ן
(world) דער גלאָבוס, ־ן; דער ערדקײַלעך; די ערדקויל
globe artichoke דער אַרטישאָק, ־ן
globetrotter דער וועלט(ס)פֿאָרער, ־ס
globular פֿון קײַלעכלעך
(spherical) ספֿעריש; קײַלעכ(ד)יק
globule דאָס קײַלעכל, ־עך; דער טראָפּן, ־ס
(of fat) דאָס אויג, ־ן
glockenspiel די גלאָקנשפּיל, ־ן
glom אָנכאַפּן; צוטשעפּען זיך
gloom, *n.* דאָס פֿינצטערניש; דער חושך; די מראַקע, ־ס [KhÓYShEKh]
(*fig.*) די/דאָס פֿאַראומערטקייט; דער אומעט; די מרה־שחורה [MOREShKhÓYRE]
gloomy טונקל; פֿינצטער; חושכדיק [KhÓYShEKhDIK]
(*fig.*) פֿאַראומערט; סומנע; אָנגעכמורעט; פֿאַרמרה־שחורהט [FARMÓREShKhÓYRET]
gloomy person דער פֿאַראומערטער געב׳; דער כמוראַק, ־עס
glorification די גלאָריפֿיצירונג
glorify גלאָריפֿיצירן; פֿאַרפּראַכטיקן; רימען און לויבן; הייכן און קרײנען
She's just a glorified secretary זי איז אין תּוך אַרײַן נאָר אַ סעקרעטאַרשע [TOKh]
glorious גלאָריעדיק; פּראַכטיק; גלענצנדיק; הדרתדיק [HÁDRESDIK]
glory, *n.* די גלאָריע; דער גלאַנץ, ־ן; דער כּבֿוד [KÓVED]
at the height of glory אין די פֿעדערן
in all his glory אין זײַן גאַנצער פּראַכט; בכבֿודו־ובֿעצמו [BIKhVÓYDE-UVEÁTSME]
glory, *v.* **(in)** געניסן (פֿון); זעטיקן זיך (מיט); זײַן פֿאַרשיכּורט (פֿון) [FARShÍKERT]
glory hole
(trench/*slg.*) דער אָקאָפּ, ־עס
(sexual/*slg.*) די מחיהדיקע לאָך, לעכער [MEKhÁYEDIKE]
gloss,[1] *n.* **(shine)** דער גלאַנץ
gloss,[2] *n.* **(ling.)** דער אָפּטײַטש, ־ן; דאָס טײַטשוואָרט, ...ווערטער; די גלאָסע, ־ס
gloss,[1] *v.* **(make shiny)** אָפּגלאַנצן; אַרויפֿפֿירן אַ גלאַנץ אויף
gloss over (cover up) פֿאַרשווײַגן
gloss over (skim over) כאַפּיק + ווערב
gloss,[2] *v.* **(ling.)** אָפּטײַטשן; גלאָסירן
glossary דער גלאָסאַר, ־ן
glossy גלאַנציק; גלאַנצ...; בלאַנק
glossy magazine דער גלאַנציקער זשורנאַל, ־ן
glossy paper דאָס גלאַנצפּאַפּיר
glottal שטימשפּאַלט...; גאָרגל...
glottal stop דער שטימשפּאַלט־אויפֿרײַס, ־ן
glottis דער שטימשפּאַלט
glove, *n.* די הענטשקע, ־ס
fit like a glove זײַן ווי אָנגעמאָסטן; פּאַסן ווי אַ הענטשקע
glove, *v.*
(baseball) כאַפּן מיט דער הענטשקע
(cover) אײַנהילן
(frisk) באַטאַפּן; באַזוכן
glove compartment דאָס הענטשקע־לעדל, ־עך; די כּל־בוקע, ־ס [KOLBÓYKE]
gloved באַהענטשקעט
glow, *n.* די פֿײַערשײַן; דער (רויט)גלי; די גלימערונג
glow, *v.* גליִען; טליִען (זיך); גלימען; לײַכטן
Her face is glowing סע שײַנט ‹לײַכט› אַרויס פֿון איר פּנים [PÓNEM]
glower בוירען ‹עקבערן› מיט די אויגן
glowing גליִענדיק; טליִענדיק; לײַכטנדיק
(*fig.*) לויבנדיק
glowingly מיט לויב ‹שבֿחים› [ShVÓKhIM]
glowworm דער גליוואָרעם, ...ווערעם; דאָס גליווערעמל, ־עך
glucose דער גלוקאָז; דער טרויבן־צוקער
glucose intolerance דאָס נישט־טאָלערירן קיין גלוקאָז
glue, *n.* דער קליי; דער פּאַפּ; דאָס קלעפּעכץ
glue, *v.* **(to)** אָנקלעפּן (אין); צוקלעפּן (צו)
glued אָנגעקלעפּט; צוגעקלעפּט
be glued to (*fig.*) נישט קענען זיך אָוועקרײַסן ‹אָפּרײַסן› פֿון
gluey קלייִק; קלעפּיק
glum אָנגעכמורעט; פֿאַרמרה־שחורהט [FARMÓREShKhÓYRET]
glut, *n.* דער עודף; די איבערמאָס [ÓYDEF]
glut, *v.* פֿאַרפֿלייצן; איבערזעטיקן
gluten דער גלוטן; דער קליישטאָף
gluteus דער זיצמוסקל, ־ען
gluteus maximus דער גרויסער זיצמוסקל, ־ען
glutinous גלוטנדיק; קלייִק
glutted פֿאַרפֿלייצט; איבערגעזעטיקט
glutton דער פֿרעסער, ־ס; דער אַרײַנעסער, ־ס; דער טרײפֿענער ‹געשמדטער› האַלדז; דער אַכלן, ־ים; דער

שלינגער, ־ס; דער פֿוצער, ־ס [GEShMÁTER]
[ÁKhLEN, AKhLÓNIM]
be a glutton for punishment זוכן זיך צרות ‹גליקן›
[TSÓRES]
glutton and drunkard דער זולל־וסובֿא, ־ס; דער זולל־
וסובֿאניק, ־עס [ZÓYLEL-VESÓYVE(NIK)]
gluttonous פֿרעסעריש
gluttony דאָס פֿרעסן; דאָס אָנפֿרעסן זיך; דאָס פֿרעסערײַ;
די זלילה [ZELÍLE]
glycerine דער גליצערין
glycogen דער גליקאָגען
glycol דער גליקאָל
GMT *see* **Greenwich Mean Time**
gnarl דער סוק, ־עס; דער סענק, ־עס
gnarled סוק(ווו)אַטע; סענקוואַטע
(hands) אויסגעקרימט
gnash, *v.*
gnash one's teeth (פֿאַר)קריצן ‹שטשירע|ן/
סקריטשע|ן› מיט די ציין
gnat די/דער מוק, ־ן; דאָס בײַספֿליגעלע, ־ך
gnaw גריזשע|ן; כראָמטשע|ן
(ache) נויע|ן; נאָגן
(worry) נאָגן; טאָטשע|ן; יאַדע|ן
gnaw one's nails בײַסן די נעגל
gnawing pain דער נויענדיקער ‹נאָגנדיקער› ווייטיק, ־ן
gnocchi קליסקעס
gnome דער גנאָם, ־ען; דאָס שרעטל, ־עך; דער צווערג, ־ן;
דער קאַרדופֿל, ־ס
gnomon דער שאָטן־ווײַזער, ־ס
GNP *see* **gross national product**
gnu דער גנו, ־ס; דער גנוס, ־ן
go, *n.*
be on the go זײַן שטענדיק פֿאַרנומען; נישט אָפּרוען זיך
from the word go פֿון סאַמע אָנהייב; פֿון אָנהייב אָן
full of go פֿול מיט ברען
have a go at געבן ‹טאָן› אַ פּרוו
make a go of פּרוון מצליח זײַן [MATSLÍEKh]
go, *v.* גיין
(by foot) גיין
(by plane) פֿליען
(by vehicle) פֿאָרן
(die) שטאַרבן; אויסגיין; פֿעלן זיך
(function) גיין; פֿונקציאָנירן
as ... goes אַז מע רעדט שוין (פֿון) ...
be going to (intend) קלײַבן זיך + אינפֿ׳; בדעה האָבן צו;
פּלאַנירן צו [BEDÉYE]
be plenty (of stg.) to go around סטײַע|ן ‹קלעקן›
פֿאַר אַלעמען
enough to go around גענוג אויף צו קלעקן
get going (begin) נעמען זיך צו דער אַרבעט; אָנהייבן
get going (depart) נעמען זיך אין וועג אַרײַן; געבן זיך אַ
ריר; אַרויספּראַווע|ן זיך
get sb. going אויפֿרעגן
Let's get going! נו, געגאַנגען!
go a long way (succeed) מצליח זײַן; האָבן הצלחה
[MATSLÍEKh] [HATSLÓKhE]
go a long way towards סטײַע|ן ‹קלעקן› ביז
go about (set to work at) (אונטער)נעמען זיך צו
go across (by foot) אַריבערגיין
go across (by vehicle) אַריבערפֿאָרן
go after (behind) גיין נאָך
go after (chase) נאָכיאָגן זיך נאָך
go after (quest) זוכן; סטאַרע|ן זיך צו דערגרייכן

go against (oppose) אַרויסטרעטן קעגן
go against (contradict) זײַן אין סתּירה מיט [STÍRE]
go against (violate) ברעכן; עובֿר זײַן אויף [ÓYVER]
go along with מסכּים זײַן מיט [MÁSKEM]
go around (circle) אַרומגיין אַרום
go around (rumor) פֿאַרשפּרייטן זיך; גיין פֿון מויל צו
מויל
go around with אַרומדרייען ‹אַרומשלעפּן› זיך מיט
go around with (a thought/feeling) אַרומטראָגן
זיך מיט
go away (disappear) פֿאַרשווינדן ‹נעלם› ווערן
[NÉL(E)M]
go away (leave) אַוועקגיין; אַוועקפֿאָרן
go away (pain) איבערגיין
Go away! אַוועק פֿון דאַנען!; פֿאַרטראָג(ט) זיך פֿון דאַנען!;
טראָג(ט) זיך אָפּ!
go back צוריקגיין; אומקערן זיך
go by (pass) פֿאַרבײַגיין
go by (be called) הייסן
go by (of time) פֿאַרגיין
go by bus פֿאָרן מיטן אויטאָבוס
go by car פֿאָרן מיטן אויטאָ
go by train פֿאָרן מיט דער באַן
go by the rules פֿירן זיך לויט די כּללים [KLÓLIM]
go down (descend) אַראָפּגיין; אַרונטערגיין
go down (diminish) פֿאַלן; פֿאַרמינערן זיך;
פֿאַרקלענערט ווערן
go down (malfunction) קאַליע ווערן; נישט
פֿונקציאָנירן
go down (sink) אונטערגיין
go down well געראָטן; אויסנעמען; מצליח זײַן
go far ווײַט דערגרייכן ‹אָנשפּאַרן›; מצליח זײַן
go for (try for) פּרוון דערגרייכן
go for (undertake) אונטערנעמען זיך
go in(to) אַרײַנגיין (אין)
go in for פֿאַרנעמען זיך מיט; באַטייליקן ‹אַרײַנלאָזן›
זיך אין
go it alone גיין דעם אייגענעם וועג; מאַכן שבת פֿאַר זיך
[ShÁBES]
go nowhere fast טיאָפּקע|ן אויף אַן אָרט; לויפֿן און לויפֿן
און נישט רירן זיך פֿון אָרט
go off (go away) אַוועקגיין
go off (of bell) צעקלינגען זיך
go off (of gun) אויסשיסן
go on (continue) ווײַטער גיין; ממשיך זײַן [MÁMShEKh]
go on (take place) (אָפּ)טאָן זיך
go on about רעדן אָן אַ סוף וועגן [SOF]
go on for (last) ציִען זיך; געדויערן
go on to (higher level) אַריבער אין ‹אויף›
Go on! (continue) נו, ווײַטער!
Go on! (dismissive) גיי(ט) שוין, גיי(ט)!
Go on! (challenging) אַנו!
go out (exit) אַרויסגיין
go out (flame) אויסגיין
go out (on a date) ראַנדקעווע|ן; גיין פֿאַרברענגען;
אַרויסגיין
go out for a meal גיין עסן
go out of one's way (by car) אָנלייגן וועג; (ווײַט)
אַראָפּפֿאָרן פֿון וועג
go out of one's way (*fig.*) מטריח זײַן זיך; שטאַרק
באַמיִען זיך; אויסלייגן זיך אין דער לענג און אין דער ברייט
[MATRÍEKh]
go over (cross) אַריבערגיין

go over (review) [ÍBERKhÁZERN] איבערחזרן; איבערגיין
go over (succeed) מצליח זײַן; אױסנעמען
Go slow! פּאַוואָליע!; יאָג(ט) זיך נישט!
go so far that פֿאַרגײן אַזױ װײַט אַז
go some way גײן אַ שטיקל װעג(ס)
go through, *vt.* **(corridor)** (אַ)דורכגײן
go through, *vt.* **(experience)** איבערלעבן; (אַ)דורכלעבן
go through, *vi.* **(of phone call)** (אַ)דורכגײן
go through with (stg.) [SOF] דערפֿירן ביזן סוף
Go to it! טו(ט) עס שױן!; באַװײַז װאָס דו קענסט; באַװײַזט װאָס איר קענט!
go too far (*fig.*) דערגײן צו װײַט; איבעררײַסן דאָס שטריקל; איבערכאַפּן די מאָס; אַריבערטרעטן די גרענעץ
go towards (direction) גײן אין ‹קײן/צו›
go under (below) אַרונטערגײן אונטער
go under (fail) אונטערגײן
go up (fly) (אױפֿ)הײבן זיך
go up (increase/rise) אַרױפֿגײן
go up to (approach) צוגײן צו
go with מיטגײן מיט
go without באַגײן זיך אָן
Going, going, gone! (auction) צום ערשטן, צום צװײטן, צום דריטן מאָל – פֿאַרקױפֿט!
Going, going, gone! (baseball) סע פֿליט, פֿליט, פֿאַרפֿלױגן!
go towards (count) פֿאַררעכנט װערן פֿאַר אַ חלק פֿון [KhÉYLEK]
How do you go about getting tickets? װי נעמט מען בילעטן?
I could go for [BALN] כ'בין אַ בעלן אױף ‹צו›
Keep going! גײ(ט) װײַטער!
That goes for me too! איך אױך!
the best thing going איבער הױפּט דאָס בעסטע
to go (take out) אױף מיטצונעמען ‹אַהײמצונעמען›
goad, *n.* דער שטעכשטעקן, ־ס; דער געװײן־אײַזן, ־ס
goad, *v.* אונטערטרײַבן; אונטערהעצן
go-ahead [HASKÓME] די הסכּמה
get the go-ahead באַקומען ‹קריגן› די הסכּמה
goal דער ציל, ־ן
(point) דער פּונקט, ־ן; דער גאָל, ־ן
(soccer) דער טױער, ־ן
goalie/goalkeeper דער טױערניק, ־עס; דער טױערמענטש, ־ן; דער טױערמאַן, טױערלײַט
goal kick דער פֿרײַער שאָס, ־ן
goal line די טױער־ליניע, ־ס
goal-oriented תּכליתדיק; ציל־געװענדט; צילשטרעביק [TÁKhLESDIK]
goal post דער טױערסלופּ, ־עס
goaltender *see* **goalkeeper**
goat, *n.* דער צאַפּ, ־עס; דער (ציגנ)באָק, ...בעק
(male)
(female) די ציג, ־ן; די קאָזע, ־ס
(kid) דאָס ציגעלע, ־ך
goatee דאָס ציגן־‹קאָזע־/צאַפּן־›בערדל, ־עך
goateed (באַבערדלט) מיט אַ ציגן־‹קאָזע־/צאַפּן־›בערדל
goat grass דאָס ציגנגראָז
goatherd דער ציגן־פּאַסטעך, ־ער
goatsbeard (bot.) די ציגנבאָרד
goatskin די/דאָס ציגן־לעדער; די ציגנפֿעל
(container) דער לאָגל, ־ען
goat's milk די ציגנמילך ‹ציגן־מילעך›; די ציגענע מיל(ע)ך
gob (of spit) דער שפּײַ, ־ען

gobble, *v.*
(sound) האָלדערן
gobble up אײַנשלינגען; אױפֿפֿרעסן; פֿאַרשלינגען; אַרײַנרײַבן; אַרײַנבראָקן
gobble up (*fig.*) פֿאַרשלינגען
gobbledygook דאָס אָץ־קוצץ־לשון; סתּם רײד; נאַרישקײטן ל״ר; דאָס פּלאַפּלערײַ [OTSKÓYTSETS-LOShN] [STAM]
gobbler דער פֿרעסער, ־ס; דער אַרײַנעסער, ־ס
go-between דער פֿאַרמיטלער, ־ס; דער בורר, ־ים [BÓYRER, BÓRERIM]
goblet דער כּוס, ־ות; דער בעכער, ־ס; דער באָקאַל, ־ן [KOS, KÓYSES]
goblin דער דאָמאָװניק, ־עס; דער דאָמאָװיק, ־עס; דער קאָבאָלד, ־ן
god דער גאָט, געטער
God (J.) גאָט (ברוך־הוא); דער אײבערשטער; דער רבונו־של־עולם; דער אַלמעכטיקער; (דער) השם־יתברך [BORKhÚ] [REBÓYNE-ShELÓYLEM] [HAShÉM-YISBÓREKh]
by God איך שװער דיר ‹אײַך›
God forbid! חלילה(־וחס)!; חס־וחלילה!; חס־ושלום!; זאָל גאָט אָפּהיטן!; אָסור! [KhOLÍLE(-VEKhÁS)] [KhÁS-VEKhOLÍLE] [KhÁS-VEShÓLEM] [ÓSER]
God help him! דער אײבערשטער זאָל אים בײַשטײן!
God helps those who help themselves אַז דער מענטש היט זיך היט אים גאָט אױך; װי מע נעמט זיך פֿיר, אַזױ העלפֿט גאָט
God (only) knows [MIDÉYE] גאָט אַלײן װײסט; מי־יודע
God knows how much/many מי־יודע װיפֿל
God willing! אם־ירצה־השם!; אַז גאָט װעט װעלן! [IM-YÍRTS(E)-HAShÉM/MÍRT(SE)ShEM]
God's kingdom גאָטס מלוכה ‹ערד›; מלכות־שמים [MELÚKhE] [MÁLKhES-ShOMÁYEM]
God's truth [ÉMES] דער רײנער אמת; די רײנע װאָרעט
My God! גאָטעניו!; גאָט אין הימל!; אײַ־אײַ!
Thank God! דאַנקען גאָט!; גאָט צו דאַנקען!; ברוך־השם!; געלױבט צו גאָט!; אַ לױב דעם אײבערשטן! [BOR(E)KhAShÉM]
godchild דאָס ˈטױפֿקינד, ־ער
goddamn (*slg./vlg.*) פֿאַרשאָלטן
Goddammit! אין דר'ערד אַרײַן!; צון אַל די רוחות ‹שװאַרצע־יאָר›! [RÚKhES]
goddaughter די ˈטױפֿטאָכטער, ...טעכטער
goddess די געטין, ־ס
(*hum./pej.*) די גאָטיכע, ־ס
blind goddess (of justice) די בלינדע געטין
godfather
(J.) דער קװאַטער, ־ס
(Chr.) דער ˈטױפֿפֿאָטער, ־ס
(Mafia leader) [ROSh-HAMÁFYE] דער ראָש־המאַפֿיע
God-fearing ירא־שמימדיק; גאָטספֿאָרכטיק [YÓRE-ShOMÁYEMDIK]
God-fearing person דער ירא־שמים, יראי־...; דער גאָטספֿאָרכטיקער געב' [YÓRE-ShOMÁYEM, YÍRE-...]
God-forsaken גאָט־פֿאַרלאָזן
God-forsaken place דער גאָט־פֿאַרלאָזענער ‹פֿאַרװאָרפֿענער› װינקל, ־ען; די/דער העק, ־ן; דאָס אױסרײַסעניש, ־ן; די כאַנדריקעװע, ־ס
godless אומגלײביק; ˈגאָטלאָז(יק)
godlike װי אַ גאָט
godliness [YÍRES-ShOMÁYEM] דאָס יִראת־שמים
godly ירא־שמימדיק; גאָטספֿאָרכטיק; הײליק [YÓRE-ShOMÁYEMDIK]

godmother
  (J.) די קוואַטערין, ־ס
  (Chr.) די ˙טויפֿמוטער, ־ס
godsend (די) גאָטס גאָב; די ברכה; די מתּנה פֿון הימל [BRÓKhE] [MATÓNE]
godson דער ˙טויפֿזון, ...זין
Godspeed! פֿאָר(ט) געזונט און קום(ט) געזונט!; זאָלסט ‹איר זאָלט› האָבן אַ גליקלעכע נסיעה! [NESÍE]
gofer דאָס שיקייִנגל, ־עך; דער לויפֿער, ־ס
go-getter דער קנאַקער, ־ס; דער אונטערנעמער, ־ס; דער נישט־פֿוילער געב׳
goggle-eyed מיט אויסגעגלאָצטע אויגן
goggles
  (protective) שיצברילן
  (swimming) וואַסער־ברילן; שווימברילן
  (wind) ווינטברילן
gogol-mogol דער גאָגל־מאָגל, ־ען
going, *adj.*
  going concern דאָס בנימצאדיקע געשעפֿט, ־ן [BENÍMTSEDIKE]
  going rate דער געוויינ(ט)לעכער פּרייַז, ־ן
going, *n.* דאָס גייִן
  It's slow going סע קריכט; סע שלעפּט ‹ציט› זיך
  when the going gets tough אין אַן עת־צרה [EYS-TSÓRE]
  The going was rough ס׳איז גאָר שווער געווען; ס׳איז געווען נאָר מי און מאַטערניש
  There's no going back נישטאָ קיין וועג אויף צוריק
  while the going's good כּל־זמן ס׳איז נאָך מעגלעך; כּל־זמן מע קען נאָך [KOLZMÁN]
going-away party דער צאתך־לשלום(־אָוונט); דער געזעגן־אָוונט [TSÉYSKhE-LEShÓLEM]
going-away present דאָס לעצ(ט)געלט; די געזעגן־מתּנה, ־ות [MATÓNE]
going-over
  (beating) דער פּסק; מכּות ל״ר [PSAK] [MÁKES]
  (inspection) די בדיקה [BDÍKE]
goings-on געשעענישן; מעשׂים [MÁYSIM]
goiter דער גוידער; דער קראָפּ
gold, *adj.* גאָלדן; גילדן
gold, *n.* דאָס גאָלד
  fine gold דאָס גינגאָלד
  of fine gold גינגאָלדן
gold bar דער/די גאָלדשטאַנג, ־ען
gold coin דאָס רענדל, ־עך; די גאָלדענע מטבע, ־ות [MATBÉYE]
gold digger דער גאָלדזוכער, ־ס; דער גאָלדגרעבער, ־ס
  (*fig./pej.*) דער אוצרות־זוכער, ־ס; דער געלטגייַציקער געב׳ [ÓYTSRES]
gold dust דאָס גאָלדזאַמד
golden גאָלדן; גילדן
Golden Age די גאָלדענע תּקופֿה [TKÚFE]
golden age (of life) די גאָלדענע יאָרן
golden eagle דער שטיינאָדלער, ־ס; דער בערקוט, ־ן
golden eardrops (bot.) דאָס געלע אויערינגל
Golden Fleece די גאָלדענע וואָל
golden hands גאָלדענע ‹געבענטשטע› הענט
golden handshake די גאָלדענע פּענסיע
golden mean דער גאָלדענער מיטן ‹מיטלוועג›
golden plover דער גאָלדרעגן־פּייַפֿער, ־ס
golden pothos דער גילדענער סקינדאַפּסוס
golden raintree דער זייפֿבוים, ...ביימער
goldenrod דאָס גינגאָלדעלע, ־ך
golden rule דער גאָלדענער כּלל [KLAL]
golden syrup די געלע פּאַטיקע
golden tuft דער גילדענער אַליסום
golden wedding די גאָלדענע חתונה [KhÁSENE]
goldfern דאָס נאַקעטל
goldfinch דער גאָלדפֿינק, ־ען; דער טשיזש(ל)יק, ־עס
goldfish דער גאָלדפֿיש, ־ן
Goldfish (astr.) דער גאָלדפֿיש
Goldilocks (מערעלע־)גאָלדהערעלע
gold leaf דאָס בלעטלגאָלד; דער/דאָס גאָלדבלאַט; דאָס לייגגאָלד
gold medal דער גאָלדענער מעדאַל, ־ן
gold mine די גאָלדגרוב, ־ן
  (*fig.*) די שמאַלצגרוב, ־ן
gold moss דער בייַסיקער זאַמדפֿעפֿער
gold-plated באַגילדט; געגילט; באַצויגן מיט גאָלד
gold plating דאָס באַגילטעכץ; די באַגילטונג
gold poppy דאָס מאַנרענדל, ־עך
gold reserves גאָלד־רעזערוון
gold rush דער גאָלדפֿיבער; דאָס גאָלדגעיעג
goldsmith דער גאָלדשמיד, ־ן
gold standard דער גאָלדסטאַנדאַרד
  (excellence) דער בחיר [PKhIR]
gold-tipped מיט גאָלד באַשפּיצט
golf, *n.* דער גאָלף
golf, *v.* שפּילן אין גאָלף
golf ball דאָס גאָלף־באַלעכל, ־עך
golf cart דאָס גאָלף־וועגעלע, ־ך
golf club דער גאָלפֿשטעקן, ־ס
golf course/links דאָס גאָלפֿפֿעלד, ־ער; דער גאָלפֿפּלאַץ, ...פּלעצער
golfer דער גאָלפֿשפּילער, ־ס
golfing דאָס שפּילן אין גאָלף
Goliath (bib.) גלית [GÓLYES]
golly
  by golly איך שווער דיר ‹אייַך›
  Golly! אוי־וואַ!; אָוואַ!
Gomorrah (די) עמורה [AMÓYRE]
gonad דער גאָנאַד, ־ן
gondola די גאָנדאָלע, ־ס
gondolier דער גאָנדאָלער, ־ן
gone אַוועק; נישטאָ
  (dead) *also* געשטאָרבן
  (past) פֿאַרבייַ
goner
  He's a goner ער איז שוין אַ פֿאַרבייַיִקער; ער איז שוין פֿאַרבייַ; ס׳איז שוין אויס מיט אים; ער איז אַ נוטה־למות [NÓYTE-LÓMES]
gong דער גאָנג, ־ען
goniometry די גאָניאָמעטריע
gonococcus דער גאָנאָקאָק, ־ן
gonorrhea די גאָנאָרעע; דער טריפּער; דער פֿייַפֿער
goo דער שליים
good, *adj.* גוט; פֿייַן; וווּל
  (successful) געראָטן
  (valid) גילטיק
  all kinds of good things פֿון אַל דאָס גוטס; (מ)כּל־טובֿ [(MI)KÓL-TÚV]
  as good as (practically) כּמעט (ווי); שיִער נישט; פּאַקטיש [KIMÁT]
  as good as (equivalent to) נישט ווייניקער פֿון; אַ גלייַכער יחסן מיט [YAKhSN]

as good as can be בעסער קען גאָר נישט זײַן; ווײל ווי די וועלט
as good as dead שיִער נישט טויט
as good as new כּמעט ווי נײַ
be good (function well) טויגן
be good at טויגן אויף ‹צו›; זײַן פֿעיִק אויף; זײַן אַ בריה אויף [BÉRYE]
be good for nothing טויגן אויף כּפּרות ‹צרות›; טויגן אין דר'ערד; טויגן אויפֿן פֿײַער [KAPÓRES] [TSÓRES]
be no good (function poorly) נישט טויגן
Good afternoon! גוט־עלעף!; גאָט העלף!
good and ... גוט ...; שטאַרק ...
good as gold גוט ווי (אַ שטיק) גאָלד
Good comeback! (repartee) גוט אַרײַנגעזאָגט ‹געענטפֿערט›!
Good comeback! (spo.) גוט דעריאָגט!
Good day! אַ גוטן (טאָג)!
Good evening! (אַ) גוטן־אָוונט!
Good evening (on Friday/J.) גוט־שבת! [ShÁBES]
Good evening (on Saturday/J.) גוט־וואָך!; (אַ) גוטע וואָך!
Good for you! (compliment) זאָל דיר ‹אײַך› ווויל באַקומען!; בראַוואָ!; יישר־כּוח!; גוט געטאָן! [YÁShER-KÓYEKh/ShKÓYEKh]
Good for you! (serves you right) אַ מיצווה אויף דיר ‹אײַך›! [MÍTSVE]
Good job! יישר־כּוח!; גוט געמאַכט!
Good morning! (greeting) (אַ) גוט־מאָרגן!
Good morning! (to waking person) *also* אַ גוטער אויפֿשטאַנד (אויף דיר/אײַך)!
Good night! (אַ) גוטע נאַכט!; שלאָף(ט) געזונט!
Good pass! (spo.) גוט צוגעוואָרפֿן ‹צוגעקלאַפּט›!
Good play! (spo.) גוט געשפּילט!
Good shot! גוט געשאָסן!
Good thing that ... גוט וואָס ...
Have a good one! האָב ‹האָט› מיר אַ גוטן (תּמיד)!; האָב ‹האָט› מיר און זײַ ‹זײַט› מיר! [TÓMED]
It's as good as it's going to get בעסער וועט שוין נישט זײַן
It's good for you ס'איז געזונט; ס'איז אַ סגולה צום געזונט; ס'וועט דיר ‹אײַך› ווויל באַקומען; ס'קומט צו דערפֿון געזונט [SGÚLE]
It's too good to be true נישט צו(ם) גלייבן!; ס'גלייבט זיך קוים!
Let the good times roll! חי־געלעבט! [KhAY]
not too good נישט אַזוי אײַ־אײַ־אײַ; נישט פֿויגלדיק; נישט פֿאָדעריק
She's good with children זי ווייסט ווי זיך צו באַגיין מיט קינדער
She's good with her hands זי האָט גאָלדענע הענט
That's very good of him זײַער שיין פֿון זײַן זײַט
the good things in life פֿאַרגעניגנס; גוטיקייטן (פֿון לעבן)
What's it good for? (צו) וואָס טויג עס?; צו וואָס דאַרף מען עס?

good, *adv.* גוט
good and גוט (שטאַרק)
make good (compensate) גוט מאַכן; קאָמפּענסירן; באַצאָלן; מתקן זײַן [MESÁKN]
make good (become rich) נתעשר ווערן; אַרײַנגיין אין די פֿעדערן [NISÁShER]
make good on a promise/on one's word האַלטן וואָרט

good, *n.* דאָס גוטע; דאָס גוטס; די טובֿה [TÓYVE]

A lot of good that'll do you! אַ גדולה אויף דער באָבע(ן)! [G(E)DÚLE]
be up to no good פֿאַרפֿירן וועלטן ‹מעשׂים›; פֿאַרטראַכטן עפּעס מיאוס ‹שלעכטס›; מאַכן הינטערשיסעלעך [MÁYSIM] [MÍES]
do good העלפֿן; טאָן מעשׂים־טובֿים [TÓYVIM]
do sb. good העלפֿן + דאַט׳; זײַן + דאַט׳ צום געזונט
for good אויף אײביק; לעולם־ועד; לדורות [LEÓYLEM-VÓED] [LEDÓYRES]
for the good of לטובֿת [LETÓYVES]
for my/your/his/her own good פֿון מײַנעט/ דײַנעט/זײַנעט/איִרעט וועגן; פֿון מײַן/דײַן/זײַן/איר אײגענער טובֿה וועגן [TÓYVE]
Is it any good? סע טויג (דען)?
It won't do any good ס'וועט גאָר נישט העלפֿן
No good will come of it קיין גוטס וועט דערפֿון נישט אַרויס(קומען)
the public good דער טובֿת־הכּלל [TÓYVES-HAKLÁL]

Good Book (Chr.) די ביבל; די/דער ברית־חדשה [BRÍS-KhADÓShE]

Good-bye! זײַ(ט) (מיר) געזונט!; אַ גוטן!; אַ גוטן תּמיד! [TÓMED]

good deeds מיצוות; מעשׂים־טובֿים [MÍTSVES] [MÁYSIM-TÓYVIM]

good-for-nothing דער גאָרנישט, ־ן; דער לא־יוצלח, ־ס; דער למך, ־ס; דער קאַטשעלאָפּ, ־עס; די פּאַקראַקע, ־ס; די פליאַגע, ־ס; דער באָדיונג, ־ען; דער שמויגער, ־ס; דער/די פּליאַסקעדריגע, ־ס; די ברכה־לבֿטלה; דער פּאַרשוק, ־עס; די פּוסטע כּלי, ־ם [LOY-YÚTSLEKh] [LÉMEKh] [BRÓKhE-LEVATÓLE] [KÉYLE, KÉYLIM]

Good Friday דער הײליקער ‹שטילער› פֿרײַטיק

good-hearted גוטהאַרציק
good-hearted person דער גוטהאַרציקער געב׳; דער לבֿ־טובֿ; דער מזג־טובֿ; די/דאָס זײַד [LÉFTOV] [MÉZEKTOV]

good humor די גוטע שטימונג

goodies דאָס נאַשערײַ קאָל׳; דאָס נאַשוואַרג קאָל׳; דאָס לעקערײַ קאָל׳; גוטע־זאַכן

good-looking שיין
He's good-looking ער איז אַ שיינער ‹קראַסאַוועץ/ בילדפֿאַרשוין›
She's good-looking זי איז אַ שיינע ‹קראַסאַוויצע/יפֿת־תּואר› [YÉFAS-TÓYER]

goodly היפּש; שיין

good-natured גוטמוטיק; צוגעלאָזן; סימפּאַטיש
good-natured person דער גוטמוטיקער ‹סימפּאַטישער/צוגעלאָזענער› מענטש, ־ן; דער מזג־טובֿ; דער מענטש אָן אַ גאַל [MÉZEKTOV]

good-naturedly אין גוטן מוט; גוטמוטיק

good-neighborly גוט־שכניש [ShKhÉYNISh]

goodness די/דאָס גוטסקייט
for goodness sake למען־השם; ווי גאָט איז דיר ‹אײַך› ליב [LEMANAShÉM]
Goodness gracious! גאָטעניו (ליבער)!; ג(ע)וואַלד געשריגן!; וואַלדינקעס!; טאַטעלעך!; מאַמעלעך!
My goodness! אײַ־אײַ!; גאָט אין הימל!
Thank goodness! דאַנקען גאָט!; גאָט צו דאַנקען!; ברוך־השם!; אַ לויב דעם אײבערשטן! [BOR(E)KhAShÉM]

good-night kiss דער קוש גוטע־נאַכט

goods די סחורה ל״י [SKhÓYRE]
goods and services סחורה און באַדינונג

good-sized גרויס; היפּש

goodwill דער חסד; דער גוטער ווילן; די/דאָס גוטהאַרציקייט; די/דאָס לײַטזעליקייט [KhÉSED]

Goody! אײַ גוט!

goody bag דאָס נאַש־בײַטעלע, ־ך

goody-goody דער איבערגוטער גנעב'

gooey שלײַמיק; קלײיִק; קלעפ(עד)יק

goof, *n.*

(mistake) דער/דאָס טעות, ־ן/־ים; דער פֿאַרזען [TÓES, TEÚSIM]

(foolish person) דער טיפש, ־ים; דער שוטה, ־ים [TÍPESh, TÍPShIM] [ShÓYTE, ShÓYTIM]

goof, *v.*

goof off פראַווע|ן פֿוילע שטיק; אַרומגײן ליידיק; נישט אַרבעטן ערנצט

goof up פֿאַרפֿוש(ער)|ן; קאַליע מאַכן; גוט אַרײַנפֿאַלן

goofball [TÍPESh, TÍPShIM] דער טיפש, ־ים; דער שוטה, ־ים [ShÓYTE, ShÓYTIM]

goof-off

be a goof-off פראַווע|ן פֿוילע שטיק

goofy [ShOYTEVÁTE] נאַרישעוואַטע; שוטהוואַטע

Google, *n.* (דער) גוגל

google, *v.* אויסזוכן אויף גוגל; גוגלען

Google search די גוגל־זוכונג, ־ען; דאָס גוגל־זוכעניש, ־ן

goon

(thug) דער געדונגענער באַנדיט, ־ן; דער געדונגענער גזלן, ־ים [GÁZLEN, GAZLÓNIM]

(fool) [TÍPESh, TÍPShIM] דער טיפש, ־ים

goose, *adj.* גענדזן

goose, *n.* די גאַנדז, גענדז

(baby goose) דאָס גענדזעלע, ־ך

(cul.) דאָס גענדזנס; דאָס גענדזנפֿלייש

Our goose is cooked! אײַ, זענען מיר אויף צרות! [TSÓRES]

Silly goose! נאַריש קעלבל וואָס דו ביסט!

goose, *v.* אַ קלאַפּ ‹שטורך› טאָן אין הינטן

gooseberry דער אַגרעס, –

goosebumps די גענדזענע הויט ל"י

I got goosebumps ס'האָבן זיך מיר געשטעלט די האָר אויפֿן לײַב; מײַן הויט האָט זיך גענומען גענדזלען

goose fat דאָס/די גענדזנשמאַלץ; דאָס/די (גענדזענע) שמאַלץ

gooseflesh *see* **goose bumps**

goosefoot (bot.) די גענדזן־לאַפּקע, ־ס; גענדזנפֿיס ל"ר

goose grass די אינדישע עלעווסינע

goose pimples *see* **goosebumps**

goose step, *n.* דער גענדזנמאַרש

goose-step, *v.* מאַרשירן מיט גענדזנטריט

GOP די רעפּובליקאַנער פּאַרטײ

gopher דער סוסליק, ־עס; די זיסלמויז, ...מײַז

gopher wood דאָס פּימסנהאָלץ

Gordian knot דער גאָרדישער קנופּ

gore,[1] *n.* **(blood)** דאָס פֿאַרבאַקענע ‹געראָנענע› בלוט

gore,[2] *n.*

(cloth) דאָס צוויקל, ־עך

(land) דאָס דרײַעקיקע שטיק לאַנד

gore,[1] *v.* **(pierce)** (אַ)דורכלעכערן; (אַ)דורכבויערן; אויפֿשפּיזן

gore,[2] *v.* **(cloth)** אַרײַננייען אַ קלין

gorge, *n.* דער באַרגשפּאַלט, ־ן

gorge, *v.* **(on)** אָנפֿרעסן ‹אָנשטאָפּן/איבערעסן› זיך (מיט)

gorge oneself פֿרעסן; אָנפֿרעסן זיך; איבערעסן זיך

gorgeous פּרעכטיק ‹וווּנדער/בילד› שיין; הידורדיק [HÍDERDIK]

Gorgon (myth.) דער גאָרגאָן, ־ען

gorgon (mean woman) [MARShÁS] די מרשעת, ־ן

gorgonzola די גאָרגאָנזאָלע

gorilla די גאָרילע, ־ס

gormandize פֿרעסן

gorse דער גונסטער

gory פֿאַרבלוטיקט; באַדעקט ‹פֿול› מיט בלוט; בלוטיק

(movie) בלוטיק

Gosh! אוי־וואַ!; אָוואַ!

gosling דאָס גענדזעלע, ־ך

gospel [PSÚRE] די בשורה; די עוואַנגעליע; דער נײַער אָנזאָג

gospel music די גאָספּעל־מוזיק

gospel truth

(Chr.) די עוואַנגעליע

(*fig.*/J.) [TÓYRES-MÓYShE] תּורת־משה

It's not the Gospel truth ס'איז נישט תּורת־משה; סע שטייט אין ספֿר־פּראַלניק [SÉYFER]

gossamer [ÉLEL] אלול־פֿעדעם ל"ר; ארץ־ישׂראל־פֿעדעם ל"ר [ÉRETS-YISRÓEL]

gossip, *n.* דאָס רכילות; דאָס באַרעדערײַ; דאָס לשון־הרע [REKhÍLES] [LOShN-HÓRE]

(person) *see* **gossipmonger**

(piece of gossip) די פּליאָטקע, ־ס

become the subject of gossip אַרײַנפֿאַלן צו לײַטן אין די מײַלער; אַרײַנפֿאַלן אין לײַטישע מײַלער; קומען אויף + פּאָס' צונג

gossip, *v.* **(about)** טרײַבן רכילות (אויף); פּליאָטקעווע|ן (וועגן); מאָטלען (וועגן); באַרעדן + אַק'; רעדן לשון־הרע (אויף) [REKhÍLES] [LOShN-HÓRE]

gossip columnist דער פּליאָטקע־זשורנאַליסט, ־ן; דער פּליאָטקיסט, ־ן

gossiper/gossipmonger

m./unsp. דער רכילות־טרײַבער, ־ס; דער רכילותניק, ־עס; דער לשון־הרעניק, ־עס; דער פּליאָטקעניק, ־עס; דער פּליאָטקע־מאַכער, ־ס; דער קיפּלער, ־ס [REKhÍLES] [REKhÍLESNIK] [LOShN-HÓRENIK]

f. די רכילותניצע, ־ס; די לשון־הרעניצע, ־ס; די פּליאָטקעניצע, ־ס; די פּליאָטקע־מאַכערין, ־ס; די קיפּלערין, ־ס; די יענטע, ־ס [REKhÍLESNITSE] [LOShN-HÓRENITSE]

got *see* **get**

Goth דער גאָטער, –

Gothic גאָטיש

gouache דער גואַש; די וואַסערפֿאַרב

Gouda cheese דער גאָודער קעז

gouge, *n.* די האָלבקײַלעכ(ד)יקע דאָלעטע, ־ס

gouge, *v.* דלובע|ן; קאַלופּע|ן

(extort) אויספּרעסן

(swindle) אָפּנאַרן; באַשווינדלען

gouge out אויסדלובע|ן; אויסקאַלופּע|ן

gouger דער יקרן, ־ים; דער אויספּרעסער, ־ס [YÁKREN, YAKRÓNIM]

goulash דער גולאַש, ־ן

gourd דער קערביס, ־ן

gourmand

(eater) דער אַכלן, ־ים; דער אַרײַנעסער, ־ס; דער פֿרעסער, ־ס [ÁKhLEN, AKhLÓNIM]

(gourmet) דער גורמאַנד, ־ן

gourmet דער גאַסטראָנאָם, ־ען; דער פֿײַנשמעקער, ־ס; דער גורמאַנד, ־ן; דער גורמע, ־ען

gourmet chef דער גורמע־קוכער, ־ס

gout די פּאָדאַגרע

goutweed דער ציגנפֿוס

govern, *v.* רעגירן (מיט); אָנפֿירן (מיט); פֿאַרוואַלטן (מיט); זײַן אין דער רעגירונג

(define) באַשטימען

governance דער אָנפֿיר; דער רעגיר; דאָס פֿירעכץ; די הערשאַפֿט; די ממשלה [MEMShÓLE]
governess די גוווערנאַנטקע, ־ס; די ניאַניע, ־ס; די באָנע, ־ס
governing body דער פֿאַרוואַלט־אָרגאַן, ־ען; די אָנפֿירערשאַפֿט, ־ן
governing party די רעגירנדיקע פּאַרטיי, ־ען; די הערשפּאַרטיי, ־ען
government די רעגירונג, ־ען; די ממשלה, ־ות [MEMShÓLE]
  government in exile די גלות־רעגירונג‹־ממשלה› [GÓLES]
governmental רעגירונג־...; מלוכה־... [MELÚKhE]
governor דער גובערנאַטאָר, ...אָרן
governor-elect דער אויסגעקליבענער ‹אויסגעווייילטער› גובערנאַטאָר, ...אָרן
governor general דער גענעראַל־גובערנאַטאָר, ...אָרן; דער פּלאַצהאַלטער, ־ס
governorship די גובערנאַטור, ־ן; דאָס זײַן דער גובערנאַטאָר
gown דאָס באַלקלייד, ־ער; דאָס אָוונטקלייד, ־ער
  (surgical) דער כירורגישער כאַלאַט, ־ן
GP *see* **general practitioner**
GPS די דזשי־פּי־עס; די מאַרשרוטניצע, ־ס
Graafian follicle דאָס גראַאַפֿס פּענכערל
grab, *n.* דער פֿאַרכאַפּ, ־ן
  grab for power דאָס פֿאַרכאַפּן די מאַכט
  It's up for grabs כּל הקודם זוכה; ווער סע וויל קען עס האָבן ‹נעמען› [KÓL HAKÓYDEM ZÓKhE]
  make a grab at sb./stg. פּרוּוון כאַפּן
grab, *v.* (אָנ)כאַפּן
  (take possession of) פֿאַרכאַפּן
  grab power פֿאַרכאַפּן די מאַכט
  grab the lead פֿאָרויסיאָגן
  Grab it while you can! כאַפּ(ט) אויס!
grab bag דאָס מתּנות־זעקל, ־עך [MATÓNES]
grace, *n.* דער חסד; די ג(ע)נאָד; די/דאָס לײַטזעליקייט [KhÉSED]
  (poise) די/דאָס גראַציעזקייט; די גראַציע
  graces *also* די לאַסקע ל״ר
  by the grace of God מיט גאָטס ג(ע)נאָד ‹חסד›
  fall from grace אָנווערן דעם אייגענעם כּבֿוד [KÓVED]
  have the grace to זײַן אַזוי גוט און
  say grace (before meal/Chr.) זאָגן אַ תּפֿילה פֿאַרן עסן [TFÍLE]
  say grace (after meal/J.) בענטשן
  seek the good graces of אָנקומען צו + פּאָס׳ לאַסקע
  social graces נימוסים
grace, *v.* באַשיינען
graceful גראַציעז; מלא־חן [MÓLE-KhÉYN]
gracefully גראַציעז(ערהייט); מיט חן [KhEYN]
gracefulness די/דאָס גראַציעזקייט; די גראַציע
graceless אומגעלומפּערט; אומהעפֿלעך; אָן חן [KhEYN]
grace note דער פֿאָרשלאָג, ־ן
grace period דער לגאָטע־פּעריאָד, ־ן
Graces (myth.) דרײַ גראַציעס
gracious גנעדיק; חסדימדיק; לײַטזעליק; בנעימותדיק [KhSÓDIMDIK] [BENEÍMESDIK]
  (elegant) קולטיווירט; עלעגאַנט
graciously מיט ג(ע)נאָד; בנעימות [BENEÍMES]
graciousness די/דאָס גנעדיקייט
grad
  m./unsp. דער גראַדואַנט, ־ן
  f. די גראַדואַנטקע, ־ס
gradation די גראַדירונג, ־ען; די גראַדאַציע, ־ס; די הדרגה, ־ות; דאָס געשטאַפּל, ־ען [HADRÓGE]
grade, *n.*
  (degree) דער גראַד, ־ן
  (class year) דער קלאַס, ־ן; די מדרגה, ־ות; דאָס שוליאָר, ־ן [MADRÉYGE]
  (quality) די קוואַליטעט; דאָס איכות [ÉYKhES]
  (score) דער צייכן, ־ס
  end-of-year grade דער סיום־צייכן, ־ס; דער סוף־יאָר־צייכן, ־ס [SÍEM] [SOF]
  get good grades באַקומען ‹קריגן› לײַטישע ‹גוטע› צייכנס
  give a grade to שטעלן + דאַט׳ אַ צייכן
  make the grade אויסהאַלטן דעם עקזאַמען; באַווײַזן
grade, *v.*
  (exams) שטעלן + דאַט׳ צייכנס
  (goods) קלאַסיפֿיצירן; אײַנגראַדירן; פֿונאַנדערסאָרטירן; אויססאָרטירן
grade book דער קלאַסן־זשורנאַל, ־ן
grade crossing דער אײַזנבאַן־אַריבערפֿאָר, ־ן
graded readings דאָס בהדרגהדיקע לייענוואַרג קאָל׳ [BEHADRÓGEDIKE]
graded road דער גראַדירטער וועג, ־ן; דער גרונטוועג, ־ן
grade inflation די צייכן־פֿלאַציע
grade-point average דער פּונקטן־דורכשניט; דער דורכשניט לויט פּונקטן
...-grader
  (student/*m.*) דער ...־קלאַסניק, ־עס
  (student/*f.*) די ...־קלאַסניצע, ־ס
  third-grader (*m.*) דער דריטקלאַסניק, ־עס; דאָס ייִנגל אין דריטן יאָר ‹קלאַס›
  third-grader (*f.*) די דריטקלאַסניצע, ־ס; דאָס מיידל אין דריטן יאָר ‹קלאַס›
grader
  (of exam) דער צייכן־שטעלער, ־ס
  (mech.) דער גריידער, ־ס
  be an easy grader זײַן אַ מיאַכקע־‹פּוכקע־›לבֿבֿות [LEVÓVES]
  be a hard grader זײַן אַ שטרענגער צייכן־שטעלער
grade school די עלעמענטאַר־שול, ־ן; די פֿאָלק(ס)שול, ־ן
grade sheet דער צייכן־באַריכט, ־ן
gradient דער באַרגאַראָפּ, ־ן; דער שיפּוע, ־ים [ShIPÚE, ShIPÚIM]
grading, *n.* דאָס שטעלן צייכנס
grading system די אָפּשאַץ־‹צייכן־›סיסטעם, ־ען
gradual בהדרגהדיק [BEHADRÓGEDIK]
gradually ביסלעכווײַז; בהדרגה [BEHADRÓGE]
graduate, *adj.* גראַדויִר־...
graduate, *n.*
  m./unsp. דער גראַדואַנט, ־ן; דער געענדיקטער געב׳; דער אַביטוריענט, ־ן; דער אַבסאָלווענט, ־ן
  f. די גראַדואַנטקע, ־ס; די געענדיקטע געב׳; די אַביטוריענטקע, ־ס; די אַבסאָלווענטקע, ־ס
  be a graduate of זײַן אַ געענדיקטע(ר) פֿון; זײַן אַן אַבסאָלווענט(קע) פֿון; האָבן גראַדויִרט פֿון; זײַן דיפּלאָמירט פֿון
graduate, *v.* גראַדויִרן
  (calibrate) גראַדירן
  graduate from (פֿאַר)ענדיקן + אַק׳; גראַדויִרן פֿון
  graduate from law school ענדיקן אויף אַדוואָקאַט
  graduate from medical school ענדיקן אויף דאָקטער
  graduate with honors ענדיקן ‹גראַדויִרן› מיט אַן אויסצייכענונג
graduated cylinder דאָס מאָסגלעזל, ־עך; דאָס מענזורל, ־עך
graduate faculty די גראַדויִר־שול־פּראָפֿעסאָרנשאַפֿט

Graduate Record Examination דער צולאַז־עקזאַמען אין גראַדויִר־שול ‹איבערשול›
graduate school די גראַדויִר־שול, ־ן; די איבערשול, ־ן
graduate student
m./unsp. דער אַספּיראַנט, ־ן; דער גראַדויִר־סטודענט, ־ן
f. די אַספּיראַנטקע, ־ס; די גראַדויִר־סטודענטקע, ־ס
graduate study די אַספּיראַנטור
graduating class דער אַרויסלאַז, ־ן; דער גראַדויִר־קלאַס, ־ן
graduation די גראַדויִרונג, ־ען
(marking) די טײלונג, ־ען
graduation exercises די גראַדויִרונג, ־ען; דער סיום, ־ס; די סיום־צערעמאָניע, ־ס [SÍEM]
graduation requirements גראַדויִר־פֿאָדערונגען
graduation thesis די דיפּלאָם־אַרבעט, ־ן
graffiti גראַפֿיטי ל״ר; דאָס וואַנט־מאָלערײַ
graffiti artist דער גראַפֿיטי־מאָלער‹־קינסטלער›, ־ס
graft,[1] *n.*
(bot.) דער שטשעפּ, ־ן
(med.) דער איבערפֿלאַנץ, ־ן
graft,[2] *n.* **(bribe)** דער כאַבאַר; דער באַקשיש; דער שוחד [ShÓYKhED]
graft, *v.*
(bot.) (צו)שטשעפּע(ן); אײַנאײַגלען
(med.) איבערפֿלאַנצן
graham cracker דאָס גרעמקיכל, ־עך; דאָס גרעמפּלעצל, ־עך
graham flour דאָס/די גרעממעל
grain
(cereal grass) די תּבֿואה, ־ות [TVÚE]
(measure) דער גראַן, ־ען
(single) דאָס קערנדל, ־עך; דאָס קערל, ־עך; דאָס גרײַפּל, ־עך
(tiny amount) דער שמץ; דער לעק [ShÉMETS]
(of wood) דאָס געוועב; די/דער אָדער; דער סלוי, ־עס
a grain of truth אַ קערנדל ‹ברעקעלע› אמת [ÉMES]
against the grain קעגן סלוי; קעגן דער טבֿע [TÉVE]
take with a grain of salt אָננעמען מיט אַ לעק זאַלץ; צוגיין מיט שׂכל [SEYKhL]
grains דאָס זאַנגוואַרג קאָל׳; תּבֿואה־פּראָדוקטן
grain alcohol די סיוווכע
grain dealer דער תּבֿואה־סוחר, ־ים [TVÚE-SÓYKhER, -SÓKhRIM]
grain elevator דער תּבֿואה־עלעוואַטאָר, ־ס [TVÚE]
grainy
(food) גרײַפּלדיק
(phot.) אומשאַרף; נישט־שאַרף
gram דער גראַם, ־ען
gram atom דער גראַמאַטאָם, ־ען
grammar די גראַמאַטיק, ־עס
(J.) דער דיקדוק, ־ים [DÍKDEK, DIKDÚKIM]
grammarian דער גראַמאַטיקער, ־ס
(J.) דער בעל־דיקדוק, בעלי־... [BALDÍKDEK, BÁLE-...]
grammar school די עלעמענטאַר־שול, ־ן; די פֿאָלק(ס)שול, ־ן
grammatical גראַמאַטיש
grammatical form די (גראַמאַטישע) פֿאָרמע, ־ס
grammatically גראַמאַטיש
gramophone דער פֿאָנאָגראַף, ־ן; דער גראַמאָפֿאָן, ־ען
grampus דער גראַמפּוס, ־ן
granadilla די לײדנבלום, ־ען
granary דער (תּבֿואה־)שפּײַכלער, ־ס; דער תּבֿואה־שײַער, ־ן; דער אַמבאַר, ־ן [TVÚE]

grand, *adj.* גרויס; געהויבן; דערהויבן; גראַנדיעז; אימפּאַזאַנט; פּרעכטיק; גרויס...
grand, *n.* (*slg.*) דער טויזנטער
grandchild דאָס אײניקל, ־עך
granddaughter דאָס אײניקל, ־עך
grand duke דער גרויספֿירשט, ־ן
grandee דער שׂררה, ־ות/־ים; דער גרויסער פּריץ, ־ים [SRÓRE, SRÓRES/SRÓRIM] [PÓRETS, PRÍTSIM]
grandeur די/דאָס גרויסקייט; די/דאָס דערהויבנקייט; די פּראַכט; די גדולה [G(E)DÚLE]
grandfather דער זײדע, ־ס
grandfather clock דער (גרויסער) שטײזייגער, ־ס
grand finale דער גרויסער פֿינאַל, ־ן
grandiloquence די/דאָס מליצהדיקייט; מליצהדיקע רייד ל״ר; די באָמבאַסטיק [MELÍTSEDIKEYT] [MELÍTSEDIKE]
grandiloquent מליצהדיק; באָמבאַסטיש [MELÍTSEDIK]
grandiose גראַנדיעז; באָמבאַסטיש; אָנגעבלאָזן
grandiosity די/דאָס גראַנדיעזקייט
grand jury די גרויסזשורי, ־ען
grand larceny די גרויס־גנבֿה [GANÉYVE/G(E)NÉYVE]
grandly גראַנדיעז(ערהייט)
grandma די באָבעשי; די באָבעניו; די באָבע
grand mal די שווערע עפּילעפּסיע ‹קרענק›
grand mal seizure דער שווערער עפּילעפּטישער אָנפֿאַל
grandmaster דער גרויסמײַסטער, ־ס
grandmother די באָבע, ־ס
grand opening דער דעביוט, ־ן; די (יום־טובֿדיקע) עפֿענונג, ־ען [YÓNTEVDIKE]
grand opera די גראַנד־אָפּערע
grandpa דער זײדעשי; דער זײדעניו; דער זײדע
grandparent דער זײדע, ־ס; די באָבע, ־ס
grandparents זיידע־באָבע; באָבע־זײדע
grandparenting דאָס זײַן זיידע־באָבע ‹באָבע־זײדע›
grand piano דער פֿאָרטעפּיאַן, ־ען; דער ראָיאַל, ־ן
grand prize דאָס גרויסע געווינס
grandson דאָס/דער אײניקל, ־עך
grandstand, *n.* די (הויפּט־)טריבונע, ־ס
grandstand, *v.* שפּילן פֿאַר דער גאַליאָרקע; געבן זיך אַ שטעל אַוועק
grandstanding דאָס שפּילן פֿאַר דער גאַליאָרקע
grand tour דער גרויסער טור
give sb. the grand tour וויַיזן + דאַט׳ אַלע קלײניקייטן; אַרומפֿירן + אַק׳ אין אַלע ווינקעלעך
grange די פֿאַרם, ־ען; די פֿערמע, ־ס
granite דער גראַניט(שטיין)
granny *see* **grandma**
granny glasses באָבסקעברילן
granola די גראַנאָלע
granola bar דאָס ברעטעלע ‹טעוועלע› גראַנאָלע; די פּליטקע גראַנאָלע
grant, *n.*
(allowance) די באַוויליקונג, ־ען
(subsidy) די סובווענץ, ־ן; דער שטיץ, ־ן; דער שענקבריוו, –
(acad.) די סטיפּענדיע, ־ס
government grant די מלוכה־סובווענץ, ־ן [MELÚKhE]
matching grant דאָס אַקעגנגעלט
startup grant די אָנהייב־סובווענץ, ־ן
training grant די אויסשול־סובווענץ, ־ן
write a grant אָנגעבן אויף אַ סובווענץ; אָנשרײַבן אַן אַפּליקאַציע נאָך אַ סובווענץ
grant, *v.*
(give) געבן; באַוויליקן
(allow) געבן + דאַט׳ רשות; דערלויבן + דאַט׳ [REShÚS]

grant a degree (to an individual) צוטײלן אַ דיפּלאָם
grant a request אויספּילן ‹באַפֿרידיקן› אַ בקשה [BAKÓShE]
grant a waiver (for) שענקען אַ וויתּור (אויף) [VÍTER]
grant degrees (to a group) אויסטײלן דיפּלאָמען
grant sb. permission געבן + דאַט׳ רשות ‹דערלויבעניש›
grant administrator דער סובווענץ־פֿאַרוואַלטער, ־ס; דער סובווענץ־אַדמיניסטראַטאָר, ...אָרן
granted, *adv.*
granted that זאָל זײַן אַז; לאָמיר אַפֿילו זאָגן אַז [AFÍLE]
take sb. for granted נישט אָפּשאַצן + אַק׳ ווי געהעריק
take stg. for granted נעמען אויף פֿעוונע ‹זיכער›; אָננעמען פֿאַר דערוויזן; אָננעמען פֿאַר אַ רעכטן אמת; פֿאַרלאָזן זיך אויף דעם אַז [ÉMES]
grant letter דער שענקבריוו, –; דער שטיצבריוו, –
grant proposal דער סובווענץ־פֿירלייג, ־ן
grantwriting דאָס אָנגעבן אויף אַ סובווענץ
granular גרײַפּל...
granulate גראַנולירן
granulated גראַנולירט; גרײַפּל...
granulated sugar דער מעלעץ; דער זאַמדצוקער; די מאַנטשקע; דער גראַנולירטער צוקער
granule דאָס גרײַפּעלע, ־ך; דאָס גרײַפּל, ־עך
grape די (ווײַנ)טרויב, ־ן; דאָס טרײַבעלע, ־ך
grapefruit דער גרייפּפֿרו(כ)ט, ־ן
grape hyacinth דער טרויבן־היאַצינט
grape juice דער טרויבנזאַפֿט
grapeshot די קאַרטעטש
grape sugar דער טרויבן־צוקער; דער דעקסטראָז
grape tomato דאָס טרויבן־פּאָמידאָרקעלע, ־ך
grapevine דער ווײַנשטאָק, ־ן
(rumor mill) די פּאַנטאָפֿל־פּאָסט
(rumor mill/J./*iro.*) די ייִדישע פּאָסט ‹פּאַטשט›
through the grapevine מפה־לפה; פֿון מויל צו מויל; (געהערט) פֿון אַ שני־בשלישי [MIPÉ-LEPÉ] [ShÉYNE-BEShLÍShI]
graph, *n.* די דיאַגראַם, ־ען; דער גראַפֿיק, ־ן
graph, *v.* אויסמאָלן דיאַגראַמאַטיש
grapheme דער גראַפֿעם, ־ען
graphemics די גראַפֿעמיק ל״י
graphic, *adj.*
(descriptive) קלאָר; שלאָגיק; בילדעריש; בולט [BÓYLET]
(design) גראַפֿיש; בילדערדיק; מאָלעריש
graphic, *n.* דאָס בילדל, ־עך; דאָס בילד, ־ער
graphic art די גראַפֿיק
graphic design דער גראַפֿישער דיזײַן
graphic designer דער גראַפֿיקער, ־ס; דער גראַפֿישער דיזײַנער, ־ס
graphics די גראַפֿיק ל״י; דאָס בילדוואַרג קאָל׳
graphite דער גראַפֿיט
graphology די גראַפֿאָלאָגיע
graph paper דאָס מילימעטער־פּאַפּיר; דאָס געקעסטלטע פּאַפּיר
grapple (with) ראַנגלען זיך (מיט); מאַטערן זיך (מיט/איבער)
grappling iron דער האָקן, ־ס
grasp, *n.* דער אָנכאַפּ, ־ן
(understanding) די תּפֿיסה; דער פֿאַרשטאַנד; דער באַנעם; די השגה [TFÍSE] [HASÓGE]
have a grasp of באַנעמען; משיג זײַן [MÁSEG]
It's beyond his grasp ער קען עס נישט באַנעמען ‹משיג זײַן›; ס'איז איבער זײַן השגה
grasp, *v.* אָנכאַפּן (פֿאַר); אָנכאַפּן זיך (אין)
(understand) תּופֿס זײַן; באַנעמען; משיג זײַן; באַהײַבן [TÓYFES] [MÁSEG]
grasp at straws אָנכאַפּן זיך אין אַ שטרוי ‹שטרויעלע›
grass דאָס גראָז, ־ן
The grass is always greener אײנעם דאַכט זיך אַז בײַם צווייטן לײַכט זיך; יענעמס גראָז איז גרינער
grass-covered גראָזיק; מיט גראָז באַדעקט
grasshopper דאָס שפּרינגערל, ־עך; דער (גראָז)שפּרינגער, ־ס; די גראָזגריל, ־ן
grassland גראָזפּליינען ל״ר
grass pink דאָס ראָזעכל, ־עך
grassroots, *adj.* פֿאָלק...; פֿון אונטן אַרויף
grassroots, *n.* דאָס פֿאָלק ל״י
grassroots movement די פֿאָלק־באַוועגונג, ־ען; די באַוועגונג פֿון אונטן אַרויף
grass tree דער גראָזבוים, ...ביימער
grass widow די שטרויענע ‹לעבעדיקע› אַלמנה, ־ות [ALMÓNE]
grassy גראָזיק; גראָז...
grate, *n.* די גראַטע, ־ס; די קראַטע, ־ס
grate, *v.*
vt. **(cheese)** אָנרײַבן
vt. **(vegetable)** צערײַבן
vi. **(chalk)** גרילצן; סקריפּע|ן; רומפּלען
grated cheese דער אָנגעריבענער קעז
grate on one's ears גרילצן + דאַט׳ אין די אויערן; רײַסן + דאַט׳ דעם אויער
grate on one's nerves גיין ‹קריכן› + דאַט׳ אויף די נערוון
grateful פֿול מיט דאַנק; דאַנקגרייט; ˚דאַנקבאַר
be (very) grateful (to) קומען + דאַט׳ אַ (גרויסן) דאַנק
gratefully מיט דאַנק
grater דער רײַבאײַזן, ־ס; דאָס רײַבאײַזל, ־עך
gratification די באַפֿרידיקונג; די צופֿרידן־שטעלונג
gratify דערפֿרייען; באַפֿרידיקן; צופֿרידן שטעלן; הנאה טאָן + דאַט׳ [HANÓE]
be gratified (דער)פֿרייען זיך איבער
gratifying דערפֿרייענדיק; באַפֿרידיקנדיק
grating, *adj.* גרילצ(נד)יק; סקריפּעדיק; סקריטשעדיק
grating, *n.* גראַטעס ל״ר
gratis אומזיסט; בחינם [BEKhÍNEM]
gratitude דער דאַנק; די דאַנקשאַפֿט; די הכּרת־טובֿה [HAKÓRES-TÓYVE]
gratuitous איבעריק; אומזיסט; אומנייטיק
gratuitously סתּם אַזוי; אומזיסט; אָן קיין שום סיבה; אָן אַ פֿאַרוואָס און אָן אַ פֿאַרווען [STAM] [SÍBE]
gratuity דאָס טרינקגעלט
grave, *adj.* גאָר ‹טיף› ערנצט; שווער
grave, *n.* דער/דאָס קבֿר, ־ים; דער/די גרוב, גריבער [KÉYVER, KVÓRIM]
at the open grave בײַם פֿרישן קבֿר
grave accent דער גראַוויס, ־ן
gravedigger דער באַגראָבער, ־ס; דער קבֿרן, ־ים; דער קבֿרותניק, ־עס; דער קבֿרות־מאַן, ־לײַט [KÁBREN, KABRÓNIM] [KVÓRESNIK] [KVÓRES]
(J.) *also* דער קבֿרות־ייִד, ־ן
gravel, *n.* דער זשוויר
gravel, *v.* באַשיטן מיט זשוויר
gravelly
(of gravel) פֿול (באַשאָטן) מיט זשוויר
(of voice) קראַצעדיק; הייזעריק
gravely שטאַרק; ערנצט; שווער
gravely ill שטאַרק ‹חרובֿ/מסוכּן› קראַנק; נוטה־למות [KhÓREV] [MESÚKN] [NÓYTE-LÓMES]

gravely ill person *also* דער חולה־מסוכן; דער שכיבֿ־מרע [KhÓYLE-MESÚKN] [ShKhÍVMERA]

gravestone די מצבֿה, ־ות [MATSÉYVE]

graveyard דער/דאָס בית־הקבֿרות, ־ן; דאָס פֿעלד [BEYSAKVÓRES]

graveyard shift דער חצות־שיכט, ־ן; דער נאַכטשיכט, ־ן [KhTSOS]

gravitas [KhShÍVES] [MAMÓShES] דאָס חשיבֿות; דאָס ממשות

gravitate גראַוויטירן; ציִען זיך; צוגעצויגן ווערן

gravitation די גראַוויטאַציע; דער צוצי־כּוח [KÓYEKh]

gravity די שווערקראַפֿט

  (earnestness) די/דאָס ערנצטקייט

  (importance/*fig.*) די וואָג

gravure די גראַווויר

gravy די (בראָט)יויך; דער ראָסל; די זױזע; דער סאָס

gravy boat דער סאָסניק, ־עס; דאָס סאָסמעסטל, ־עך

gravy train די שמאַלצגרוב; דער רײַכער פֿעטער

gray גראָ; גרוי

  It's a gray area ס'איז אומקלאָר

gray-haired גראָהאָריק; מיט גראָע האָר; באַשנײַט

grayish גראָלעך

gray matter דער גראָער סובסטאַנץ

graze,[1] *v.* **(cattle)** פּאַשען זיך; פֿיטערן זיך

graze,[2] *v.* **(touch)** (קוים) אָנרירן ‹פֿאַרטשעפּען›

GRE *see* **Graduate Record Examination**

grease, *n.* דאָס פֿעטס; דאָס/די שמאַלץ; דאָס שמירעכץ; דער שמיראײַל

grease, *v.* (אָנ)שמירן; באַשמירן; אויסשמירן

  grease sb.'s palm (אונטער)שמירן

  grease the pan באַשמירן די פּאַטעלניע ‹סקאָווערדע/פֿאַן› מיט פֿעטס

greased באַשמירט

  like greased lightning (גיך) ווי אַ בליץ

greasy פֿעט; אָנגעפֿעטסט; שמאַלציק; פֿאַרשמאַלצן; פֿאַרשמאַלצעוועט

  (soiled) פֿאַרפֿעטסט; פֿאַראײַלעצט

greasy spoon די כאַרטשעווניע, ־ס; די פּרעסאַרניע, ־ס; דער קאַבאַק, ־עס

great, *adj.* (גאָר) גרויס

  (eminent) חשובֿ; באַקאַנט [KhÓShEV]

  (fantastic) אויסגעצייכנט; וווּנדערלעך; ג(ע)וואַלדיק

  (important) וויכטיק; באַטײַטיק

  (powerful) מעכטיק

  a great deal of גאָר ‹זייער› אַ סך [SAKh]

  a great many גאָר ‹זייער› אַ סך; אַ גרויסע צאָל

  be great at זײַן אַ גרויסע בריה אויף ‹אין/בײַ›; זײַן גאָר פֿעיִק צו [BÉRYE]

  great big גאָר גרויס; ריז(עד)יק

  Great pass! שוין איין מאָל צוגעוואָרפֿן ‹צוגעקלאַפּט›!

  Great play! שוין איין מאָל געשפּילט!

  Great shot! שוין איין מאָל געשאָסן!

  It was great! ס'איז געווען אַזוינס און אַזעלעכס!; ס'איז געווען ג(ע)וואַלדיק!

  Oh, great! (*iro.*) אוי, אַ בראָך!; ס'איז מיר גוט!

  the greatest possible דער מאַקסימום; דער סאַמע גרעסטער

  What's so great about it? וואָס איז די גדולה? [G(E)DÚLE]

great, *n.* דער גרויסער געבֿ; דער קלאַסיקער, ־ס

great-aunt די עלטער־מומע, ־ס

Great Bear דער גרויסער בער

Great Britain (די) גרויס־בריטאַניע

greatcoat די דעליע, ־ס; דער באַלאַכאָן, ־עס

Great Dane דער גרויסער דענישער הונט, הינט; דער דײַטשישער דאָג, ־ן

Greater ... (city) גרויס...

Greater New York גרויס־ניו־יאָרק

great-grandchild דאָס אורא(י)ניקל, ־עך

great-granddaughter דאָס אוראײניקל, ־עך

great-grandfather דער עלטער־זיידע, ־ס

great-grandmother די עלטער־באָבע, ־ס

great-grandson דאָס/דער אוראײניקל, ־עך

great-great-grandchild דאָס אוראוראײניקל, ־עך

great-great-grandfather דער עלטער־עלטער־זיידע, ־ס

great-great-grandmother די עלטער־עלטער־באָבע, ־ס

Great Lakes גרויסע אָזערעס

great-looking וווּנדערלעך שיין; שיין ווי די זיבן זונען

greatly זייער; שטאַרק

great-nephew דער אורפּלימעניק, ־עס; דעם פּלימעניקס ‹דער פּלימעניצעס› זון, זין

greatness די/דאָס גרויסקייט; די/דאָס וויכטיקייט

great-niece די אורפּלימעניצע, ־ס; דעם פּלימעניקס ‹דער פּלימעניצעס› טאָכטער, טעכטער

Great Society די גרויסע געזעלשאַפֿט

great-uncle דער עלטער־פֿעטער, ־ס

Great War די ערשטע וועלט־מלחמה [MILKhÓME]

grebe דער ים־טוקער, ־ס [YAM]

Grecian גרעקיש

Grecian laurel דער (גרעקישער) לאָבערבוים, ...ביימער

Greece (דאָס) גריכנלאַנד; (דאָס) גרעקנלאַנג

greed די/דאָס זשעדנעקייט; די האַבזוכטעניש; די/דאָס גײַציקייט; די ˙גיריקייט

greedy זשעדנע; פֿרעסעריש; כאַפּעריש; גײַציק; ˙גיריק

  greedy for להוט אויף ‹נאָך› [LÓET/LÓER]

  be greedy *also* האָבן גרויסע אויגן

Greek, *adj.* גריכיש; גרעקיש

  Greek Jew דער גריכישער געבֿ; דער גרעקישער געבֿ; דער גריכישער ‹גרעקישער› ייִד, ־ן

Greek, *n.*

  m./unsp. דער גריך, ־ן; דער גרעק, ־ן

  f. די גריכין, ־ס; די גרעקין, ־ס

  (language) דאָס גריכיש ‹גרעקיש›; די גריכישע ‹גרעקישע› שפּראַך

  It's all Greek to me ס'איז תּרגום־לשון ‹טערקיש› [TÁRGEM-LOShN]

Greek olives זיטונעס

Greek Orthodox פּראַוואָסלאַווגע

Greek salad דער גריכישער ‹גרעקישער› סאַלאַט

green, *adj.* גרין

  (innocent) *also* אומשולדיק; נאַיִוו

  green with envy גרין פֿון קינאה [KÍNE]

  have a green thumb זײַן אַ פֿעיִקער גערטנער

  I'm seeing green ס'איז מיר נישט־גוט; ס'איז מיר זויער אין מאָגן

green, *n.* דאָס גרין, ־ען

  (small park) דאָס סעדל, ־עך

  (golf) די גאָלפֿפּלאַנקע, ־ס; די צילפּלאַץ, ־ן

greenback דער דאָלאַר, ...אָרן

green bean די סטרוטשקע, ־ס; דאָס לאָפּעטקעלע, ־ך; דער סטרוטשעבאָב, ־עס

green belt דער גרינגאַרטל, ־ען

Green Beret דאָס גרין־בערעטל, ־עך

greenbrier די (ליפּשיץ־)פּעריִלע

green card דאָס גרינע קאַרטל, ־עך

green energy די גרינע ענערגיע

greenery דאָס גרינוואַרג

green-eyed monster די קינאה [KÍNE]
greenfelt די וואַשעריע
greenfly די בלאַטלויז, ...לײַז
green gram די מונגלינדז, ־ן
greengrocer דער גרינסקרעמער, ־ס; דער גרינוואַרג־קרעמער‹־הענדלער›, ־ס
greengrocery די גרינסקראָם, ־ען; דאָס גרינסן־געשעפֿט, ־ן; דאָס פּרות־געוועלב, ־ן [PÉYRES]
greenhorn דער גרינער גבֿ; דאָס נעוויקל, ־עך
(Am.) דער גרינהאָרן, ־ס
greenhouse די אָראַנזשעריע, ־ס; דאָס וואַרעמהויז, ...הײַזער
greenhouse effect דער אָראַנזשעריע־עפֿעקט
greenhouse gases אָראַנזשעריע־גאַזן
greenish גרינ(ב)לעך
greenkeeper דער גערטענירער, ־ס
Greenland (דאָס) גרענלאַנד; (דאָס) גרינלאַנד
green light דאָס גרינע ליכט; דער פֿאַרסיגנאַל
get the green light באַקומען ‹קריגן› די הסכּמה [HASKÓME]
give sb. the green light געבן + דאַט' די הסכּמה
Green Party די גרינע פּאַרטיי; די גרינע ל״ר
green pea דאָס גרינע אַרבעסל, ־עך
green pepper דער גרינער פֿעפֿער, ־ס; דאָס גרינע פֿעפֿערל, ־עך
green room דאָס קינסטלער־צימערל, ־עך
greens דאָס גאָרטנוואַרג קאָל; דאָס גרינוואַרג קאָל; גרינסן
green salad דער שאַלאַטן־סאַלאַט, ־ן
greens fee דער גאָלפֿאָפּצאָל
greensward די פֿאַרגראָזיקטע ערד
green tea די/דער גרינ(ע)(ר) טיי
Greenwich Mean Time די קאָאָרדינירטע וועלטצײַט
Greenwich Meridian דער גריניטש־מערידיאַן
greet באַגריסן; באַגריסן זיך מיט; ווי(ט)(עוו)ע|ן זיך מיט
greet one another באַגריסן זיך; ווי(ט)(עוו)ע|ן זיך
greet sb. with a handshake געבן ‹אָפּשטעקן› + דאַט' שלום־עליכם [ShÓLEM-ALÉYKhEM]
greet sb. enthusiastically אונטערטראָגן + דאַט' דעם גוט־מאָרגן
greeting די באַגריסונג, ־ען; דער ג(ע)רוס, ־ן
greeting card דאָס גריסקאַרטל, ־עך; דאָס באַגריס־קאַרטל, ־עך
gregarious געזעלשאַפֿטלעך; חבֿרותאדיק; סטאַדעדיק [KhAVRÚSEDIK]
Gregorian גרעגאָריאַניש
Gregorian calendar דער גרעגאָריאַנישער קאַלענדאַר
Gregorian chant דער גרעגאָריאַנישער כאָראַל
gremlin דער קאָבאָלד, ־ן; דער שד, ־ים [ShED, ShÉYDIM]
grenade דער גראַנאַט, ־ן
grenade launcher דער גראַנאַטן־וואַרפֿער‹־שלײַדערער›, ־ס
grenadier דער גרענאַדיר, ־ן
grenadine דער גרענאַדין
grevillea דער זײַדאַק
greyhound דער כאַרט ‹כאָרט›, ־ן
grid די (פֿעלד)נעץ, ־ן; דאָס געפֿלעכט, ־ן
griddle דאָס פֿלאַכע פֿענדל, ־עך; די פּליטקע, ־ס
griddle cake דאָס פֿלאַמפּלעצל, ־עך
gridiron
(cul.) די בראָט־רעשאָטקע, ־ס
(football) דאָס שפּילפֿעלד, ־ער
gridlock דער פֿאַרשטאָפּטער ‹פֿאַרפּראָפּטער› פֿאַרקער; דער גרידלאַק

grief דער צער; דער טיפֿער אומעט ‹טרויער›; דאָס עגמת־נפֿש [TSAR] [ÁGMES-NÉFESh]
cause sb. grief שווער מאַכן + דאַט' דאָס האַרץ
come to grief קומען צו שאָדן
grief-stricken פֿאַרצערט; פֿאַראומערט [FARTSÁRT]
grievance די טענה, ־ות [TÁYNE]
(injustice) די קריווּדע, ־ס; די עוולה, ־ות; די קירץ, ־ן [ÁVLE]
have a grievance against האָבן טענות צו [TÁYNES]
grieve (for) טרויערן (נאָך); באַוויינען + אַק'
grieving, *adj.* פֿאַרטרויערט; פֿאַרקלעמט
grieving, *n.* דאָס טרויערן
grievous
(heinous) נבֿלהדיק; שווער [NEVÓLEDIK]
(painful) ביטער; שווער; אָנגעווייטיקט
(injustice) שרײַיִק
griffon דער גריף, ־ן
griffon vulture דער גאַנדזיגײַער, ־ס; דער ווײַסקעפּיקער גריף, ־ן
grill, *n.* די בראָט־רעשאָטקע, ־ס
grill, *v.* (צו)בראָטן אויף דער רעשאָטקע; זשאַרע|ן
(interrogate) נעמען אויפֿן צימבל ‹פֿאַרהער›
grille די גראַטע, ־ס
grilled cheese sandwich די געבראָטענע ‹געפּרעגלטע› קעז־שניטקע, ־ס
grim ביטער; שרעקלעך; גרויליק; פֿינצטער
grim humor דער תּליה־הומאָר [TLÍE]
grim truth דער גרויליקער אמת [ÉMES]
grimace, *n.* דער גרימאַס, ־ן; דער פּיסק, ־עס; די העוויה, ־ות; די סיגע, ־ס; די תּנועה, ־ות [HAVÁYE] [TNÚE]
grimace, *v.* מאַכן גרימאַסן ‹העוויות/תּנועות/סיגעלעך› [HAVÁYES] [TNÚES]
grimace with pain קאָרטשע|ן זיך (פֿאַר ווייטיק)
grime דאָס טיף אײַנגעזאַפּטע שמוץ
Grim Reaper דער מלאך־המוות [MALEKhAMÓVES]
grimy טיף פֿאַרשמוציקט
grin, *n.* דער ברייטער שמייכל, ־ען; דער שמאָך, ־ן; דאָס שפּאָט־שמייכעלע, ־ך
grin, *v.* ברייט שמייכלען; שמאָכן; אַ שמאָך טאָן; לאַכן מיט ציין
grin and bear it איבערטראָגן מיט אַ שמייכל; מאַכן אַ גוטע מינע צום בייזן שפּיל
grind, *n.* דאָס אָפּקומעניש, ־ן
grind, *v.*
imp. מאָלן
pf. צעמאָלן; איבערמאָלן; צערײַבן; צעשטויסן; שלײַפֿן
(meat) איבערמאָלן; (אַ)דורכלאָזן דורכן פֿליישמילכל
grinding poverty די/דאָס ביטערע אָרעמקייט; דער ביטערער דלות [DÁLES]
grinding work די שווערע ‹ביטערע› האָרעוואַניע; די עבֿודת־פּרך [AVÓYDES-PÉREKh]
grind one's teeth קריצן מיט די ציין
grind out (produce) פּראָדוצירן אַ סך [SAKh]
grind to a halt אָפּשטעלן זיך מיט אַ גרילץ; פֿאַרסטאָמפּעווע|ן זיך
grinder דער צעמאָלער, ־ס; דאָס מילכל, ־עך
(for sharpening) דער שלײַפֿער, ־ס; די שלײַפֿמאַשין, ־ען
grinding wheel דאָס שלײַפֿרעדל, ־עך
grindstone דער מילשטיין, ־ער; דער שלײַפֿשטיין, ־ער
put one's nose to the grindstone שווער האָרעווע|ן
grip, *n.* דער פֿעסטער אָנהאַלט ‹אָנכאַפּ›, ־ן
(handle) דאָס הענטל, ־עך
come to grips with the truth קוקן דעם אמת אין פּנים אַרײַן [ÉMES] [PÓNEM]

get a grip on oneself נעמען זיך אין די הענט אַרײַן; האַלטן זיך
have a grip on power זיצן אויפֿן זאַטל; האָבן די שליטה; זײַן דער מאַכטהאַלטער [ShLÍTE]
in the grip of fear אין די הענט פֿון מורא; אין איין מורא [MÓYRE]
lose one's grip אָנווערן ‹פֿאַרלירן› דעם אָנהאַלט
lose one's grip (*fig.*) פֿאַרלירן זיך
grip, *v.* פֿעסט אָנהאַלטן ‹צוהאַלטן› זיך (אין)
gripe, *n.* תּרעומות ל״ר; די טענה, ־ות [TARÚMES] [TÁYNE]
(med.) דאָס בויך־גרימעניש; קאָליקן ל״ר
gripe, *v.* האָבן תּרעומות ‹טענות› [TARÚMES] [TÁYNES]
grippe די גריפּע; די אינפֿלוענציע; די פֿלוענציע
gripping פֿאַרכאַפּנדיק; שפּאַנענדיק
grisly שוידערלעך; שרעקלעך
grist קערנער ‹תּבֿואה› צום צעמאָלן [TVÚE]
It's grist for the mill סע גיט רווח; סע קען ברענגען אַ נוצן [RÉVEKh]
gristle די כראָמשקע ‹כראָמסקע›
grit, *n.* זעמדעלעך ל״ר; דאָס זאַמד
(resolve) די/דאָס פֿעסטקייט; דער כּוח אויסצוהאַלטן; די אַנטשלאָסנקייט [KÓYEKh]
grit, *v.*
grit one's teeth פֿאַרדריקן ‹צונויפֿדריקן/פֿאַרקריצן› מיט די ציין
grits די גריץ; די קאַשע
gritty זעמדלדיק
(resolute) פֿעסט בײַ זיך; דרייסט; באַהאַרצט
grizzle, *v.* גראָען זיך; ווערן (גרייז) גראָ
grizzled גראָהאָריק; מיט גראָע האָר; באַשנייט
grizzly bear דער גראָער בער, ־ן
groan, *n.* דער קרעכץ, ־ן
groan, *v.* קרעכצן; געבן ‹אַרויסלאָזן› אַ קרעכץ; יענטשע|ן
groats גרויפּן
(buckwheat) די רעטשענע ‹גריקענע› קאַשע
grocer דער שפּײַזקרעמער, ־ס; דער באַקאַלײניק, ־עס
groceries דאָס שפּײַזוואַרג קאָל׳; די באַקאַלײ קאָל׳
grocery די שפּײַזקראָם, ־ען; די באַקאַלײ־קראָם, ־ען; די בשׂמים־קראָם, ־ען [PSÓMIM]
grocery bag דער שפּײַזוואַרג־בײַטל, ־ען; דער שפּײַזוואַרג־טוט, ־ן
grocery bill דער שפּײַז־חשבון, ־ות [KhEZhBM, KhEZhBÓYNES]
grocery cart דאָס (אײַנ)קויף־וועגעלע, ־ך
grocery list די (אײַנ)קויף־רשימה, ־ות [REShÍME]
grocery shopping דאָס (אײַנ)קויפֿן שפּײַזוואַרג
grogginess די/דאָס פֿאַרשלאָפֿנקייט
groggy פֿאַרשלאָפֿן
groin דער דיך, ־ן; דער (דיכ)ווינקל, ־ען
I pulled my groin כ׳האָב איבערגעצויגן אַ מוסקל אין דיכווינקל
gromwell שטיינזוימען ל״ר
groom, *n.* דער חתן, ־ים [KhOSN, KhASÁNIM]
(stable) דער שטאַלדינער, ־ס; דער קאָניוך, ־עס
groom, *v.*
(horses) פּוצן
groom oneself פּוצן זיך
groom sb. for צוגרייטן + אַק׳ צו ‹אויף›
groomed (appearance) (אונטער)געפּוצט
groove, *n.* די פֿאַרטיפֿונג, ־ען; די רינע, ־ס; די גאַרע, ־ס; די נוט, ־ן
in the groove (*fig.*) אינעם רוטין
get stuck in a groove פֿאַרקריכן אין אַ לאָך; אַרײַנפֿאָרן אין אַ בלאָטע
groove, *v.* נוטעווע|ן
grope, *n.* דער (באַ)טאַפּ, ־ן
grope, *v.* (באַ)טאַפּן; קריכן מיט די הענט; מאַצע|ן
grope about אַרומטאַפּן
grope for words זוכן די ווערטער
grope in the dark טאַפּן ‹נישטערן› אין דער פֿינצטער
grosbeak דער קערן־בײַסער, ־ס
gross, *adj.*
(disgusting) מיגלדיק; חלשותדיק [KhALÓShESDIK]
(obscene) גראָב; פּראָסט
(total) ברוטאָ...
(flagrant) שרײַיִק
gross error דער שווערער ‹שרײַיִקער› פֿעלער, ־ן
gross, *n.* די ברוטאָ־הכנסה [HAKhNÓSE]
(measurement) דער גראָס, –
gross, *v.* פֿאַרדינען אַ ברוטאָ־הכנסה פֿון [HAKhNÓSE]
gross out שטאַרק אָפּשטויסן; מיגלען + דאַט׳; שלאָגן + דאַט׳ צום האַרצן; אַרויסרופֿן בײַ + דאַט׳ אַ מיגל
gross domestic product די אינלענדישע ברוטאָ־פּראָדוקציע
gross income די ברוטאָ־הכנסה [HAKhNÓSE]
gross motor skills די/דאָס בריטע ריר־פֿעיִקייט ל״י
gross national product די לאַנדישע ברוטאָ־פּראָדוקציע
gross revenue דער ברוטאָ־רווח [RÉVEKh]
grotesque גראָטעסק
grotesquely אויף אַ גראָטעסקן אופֿן [OYFN]
grotto די גראָטע, ־ס; דער גראָט, ־ן
grouch, *n.* דער (אַלטער) וואָרטשון, ־ען; דער בורטשער, ־ס
grouch, *v.* וואָרטשע|ן; בורטשע|ן
grouchy וואָרטשענדיק; בורטשענדיק
ground,[1] *adj.* **(crushed)** צעמאָלן; געמאָלן; צעשטויסן
ground,[2] *adj.* **(earth)** ערד...; באָדנ...
ground, *n.* די ערד; דער באָדן; דער גרונט
above ground איבער דער ערד
below ground אונטער דער ערד
from the ground up פֿון סאַמע דנאָ אָן; פֿון אונטן אַרויף צו
get off the ground (*fig.*) זײַן אויף אַ וועג; געבן זיך אַ ריר
give ground (to) נאָכגעבן + דאַט׳
go to ground אויסבאַהאַלטן זיך
on safe ground אויפֿן זיכערן גרונט ‹באָדן›
on the ground (earth) אויף דער ערד
on the ground (existing) אויפֿן אָרט; פֿאַראַן; עקסיסטירנדיק
ground, *v.*
(argument) פֿאַרגרונטיקן
(elec.) פֿאַרערדיקן
(instruct) לערנען די יסודות [YESÓYDES]
(plane) צוערדיקן; נישט לאָזן פֿליִען
(punish) באַשטראָפֿן מיט הויזאַרעסט; נישט לאָזן גיין הוליען ‹פֿאַרברענגען›
I've been grounded מ׳האָט מיך באַשטראָפֿט מיט הויזאַרעסט; איך טאָר נישט גיין הוליען ‹פֿאַרברענגען›
The plane was grounded מ׳האָט צוגעערדיקט דעם עראָפּלאַן; מ׳האָט נישט געלאָזט פֿליִען דעם עראָפּלאַן
ground ball
(batted) דער קײַקלקלאַפּ, ...קלעפּ
(thrown) דער קײַקלוואָרף, ־ן
groundbreaking, *adj.* נאָוואַטאָריש; וועגווײַזיק
groundbreaking, *n.* די ערשטע לאָפּעטע ערד

Today is the groundbreaking הײַנט וועט מען אויפֿגראָבן די ערשטע לאָפּעטע ערד
ground campaign די לאַנדאַקציע, ־ס
ground cherry די ווינטערקאַרש
ground control דער באָדן־קאָנטראָל
ground crew דער באָדן־פּערסאָנאַל ‹־עקיפּאַזש›
grounder *see* **ground ball**
ground fire דאָס זעניט־‹לאַנד־›שיסערײַ
ground floor דער פּאַרטער, ־ן; דער גרונטגאָרן, ־ס
get in on the ground floor בײַזײַן ‹אַרײַנקומען› בײַם סאַמע אָנהייב
groundhog דער אַמעריקאַנער פֿײַפֿער, ־ס; דער מערמל ‹מורמל›, ־ען; דער בײַבאַק, ־עס
grounding, *n.*
(elec.) די פֿאַרערדיקונג
(preparation) די צוגרייטונג
(knowledge) דער גרונטוויסן
(of plane) די צוערדיקונג
groundless אָן אַ יסוד ‹גרונד›; אומזיסט [YESÓD]
groundling דאָס גרינדל, ־עך; דער וויון, ־עס
ground meat דאָס האַקפֿלייש; דאָס געמאָלענע ‹צעמאָלענע› פֿלייש
groundnut די גליציניע
ground pepper דער שטויבפֿעפֿער; דער געמאָלענער פֿעפֿער
ground rules גרונט־כּללים [KLÓLIM]
grounds[1]
(physical) דאָס פֿעלד; דער קאַמפּוס, ־ן
(pretext) דער פּיתחון־פּה [PISKhN-PÉ]
(reason) דער גרונד; דער טעם, ־ים; די סיבה, ־ות; דער פֿאַרוואָס, ־ן [TAM, TÁYMIM] [SÍBE]
grounds for dismissal דער גרונד ‹די סיבה› אָפּצוזאָגן
grounds for divorce דער גרונד ‹די סיבה› פֿאַר אַ גט [GET]
on grounds of אויפֿן סמך פֿון; צוליב [SMAKh]
on grounds of health צוליב געזונט־סיבות [SÍBES]
on political grounds צוליב פּאָליטישע סיבות
on the grounds that צוליב; מחמת [MÁKhMES]
grounds[2] **(sediment)** דער אָפּזאַץ ל״י
groundsel דאָס זקנדל [ZOKNDL]
ground shipping די יבשה־עקספּעדיציע [YABÓShE]
groundskeeper דער הויפֿטגערטנער, ־ס
ground speed די/דאָס גיכקייט איבער דער ערד
groundswell די פֿאָלקכוואַליע, ־ס
ground transportation דער יבשה־טראַנספּאָרט [YABÓShE]
ground troops דאָס יבשה־מיליטער קאָל; יבשה־כּוחות [YABÓShE] [KÓYKhES]
groundwater דאָס גרונטוואַסער
groundwork דער פֿונדאַמענט; דער יסוד [YESÓD]
lay the groundwork לייגן דעם פֿונדאַמענט ‹יסוד›
ground zero דער אויפֿרייַספּונקט; דער נולפּונקט; דאָס אומגליקאָרט
(beginning/*fig.*) דער בראשית; דער סאַמע אָנהייב [BRÉYShES]
group, *adj.* ציבור־...; בציבור(דיק); גרופּע...; צוזאַמענ... [TSÍBER] [BETSÍBER(DIK)]
group, *n.* די גרופּע, ־ס; דער ציבור, ־ס; דער קיבוץ, ־ים [TSÍBER] [KÍBETS, KIBÚTSIM]
group of friends די חבֿרה, ־ות; די חבֿרײַא, ־ות; די חבֿרותא, ־ות [KhÉVRE] [KhEVRÁYE] [KhAVRÚSE]
(in) a group of four זאַלבע פֿערט
(in) a group of three זאַלבע דריט
in groups גרופּעסווײַז
small group דאָס רעדל, ־עך; דאָס גרופּקעלע, ־ך; דאָס קרענצל, ־עך
group, *v.* (אויס)גרופּירן; אײַנטיילן אויף גרופּעס; אויסשטעלן; אויסלייגן; צעלייגן
group dynamics די גרופּע־דינאַמיק ל״י
groupie
m./unsp. דער בלינדער חסיד, ־ים; דאָס נאָכשלעפּל, ־עך [KhÓSID, KhSÍDIM]
f. די בלינדע חסידה, ־ות [KhSÍDE]
grouping די גרופּירונג, ־ען
group practice די ציבור־פּראַקטיק [TSÍBER]
group session די ציבור־סעסיע, ־ס [TSÍBER]
group sex דער סעקס בציבור [BETSÍBER]
group therapy די בציבור־טעראַפּיע; די טעראַפּיע בציבור [BETSÍBER]
grouse, *n.* די וואַלדהון, ...הינער
grouse, *v.* גרעמפּלען; באַקלאָגן זיך; האָבן טענות [TÁYNES]
grout, *n.* די (בוי)וואַפּנע
grout, *v.* איבערציִען מיט (בוי)וואַפּנע
grove דער סאָד, סעדער; דאָס וועלדל, ־עך
grovel (before) קריכן אויף אַלע פֿיר (פֿאַר); זײַן אַ ניכנע + דאַט׳; קריכן + דאַט׳ אונטער די נעגל; זינגען מה־יפֿית (פֿאַר) [MAYÓFES]
groveller דער קריכער, ־ס
grow וואַקסן
vt. **(chickens)** האָדעווע|ן; כאָווע|ן
vt. **(plants)** קולטיווירן; האָדעווע|ן
vi. **(become)** ווערן
vi. **(sprout)** אַרויסלאָזן קנאָספּן; אַרויסקנאָספּן
grow apart דערווײַטערן זיך איינס פֿונעם צווייטן
grow back צוריקוואַקסן; אָפּוואַקסן
grow from/out of שטאַמען ‹אַרויסשפּראָצן› פֿון
grow larger צעוואַקסן זיך
grow old עלטערן זיך
grow the economy סטימולירן די עקאָנאָמיע
grow up אויסוואַקסן; אויפֿוואַקסן
Grow up! זײַ אַ מענטש!; זײַ נישט קיין קינד!
grow used to צוגעוווינען ‹צוגעוווינען› זיך צו
He grows on you מיט דער צײַט געפֿעלט ער אַלץ מער און מער
He's growing ער וואַקסט; ער גייט אין די יאָרן
let one's beard grow פֿאַרלאָזן זיך אַ באָרד
let one's hair grow פֿאַרלאָזן זיך די האָר
She'll grow up to be a ... זי וועט זײַן ‹ווערן› אַ ...; זי וואַקסט אַ ...; ס׳וועט פֿון איר זײַן ‹ווערן/אויסוואַקסן› אַ ...
grower דער קולטיווירער, ־ס; דער האָדעווער, ־ס
growing וואַקסנדיק
growing pains דער וווקסווייטיק
(*fig.*) אויסוואַקס־צרות [TSÓRES]
(from parent's view/*fig.*) דער צער (פֿון) גידול־בנים [TSAR] [GIDL-BÓNIM]
growl, *n.* דער וואָרטש, ־ן; דער ברום, ־ען
growl, *v.* וואָרטשען; ברומען; קנורע|ן
growling, *n.* דאָס וואָרטשען; דאָס געברום
grown-up, *adj.* דערוואַקסן; אין די יאָרן
grown-up, *n.*
m./unsp. דער גרויסער געב׳; דער דערוואַקסענער געב׳
f. די גרויסע, ־; די דערוואַקסענע, –
grown-ups and children גרויסע און קליינע; גרויס און קליין
growth דער וווקס

(bot.) דאָס געוויקס; די וואַקסונג; דער צוּוואַקס; דער צוּוווּקס
(econ.) דער צוּוואַקס; דער צוּוווּקס
(in quantity) די פֿאַרמערונג
(human) דער וווּקס; דאָס וואַקסן
(pathology) דער אָנוווּקס, ־ן
growth fund דער וווּקספֿאָנד, ־ן
growth medium דאָס קינסטלעכע נערוואַרג
growth potential דער וווּקס־פּאָטענציאַל
growth rate די/דאָס וואַקסיקייט
growth spurt דאָס אויפֿשיסן
go though a growth spurt אויפֿשיסן
growth stock די וואַקסאַקציע, ־ס
groyne דער כוואַליע־ברעכער, ־ס
grub, *n.*
(food) די אַכילה; דער פּרעס; די צידה [AKhÍLE] [TSÉYDE]
(larva) די מאַד, ־ן; די לאַרווע, ־ס
grub, *v.* אויסגראָבן; אויסקאָרטשעווע|ן; זוכן אונטער דר'ערד
grubby
(grimy) פֿאַרשמוציקט
(infested) וווערעמדיק
grudge די טענה, ־ות; דער פֿאַראיבל, ־ען; די קריוודע, ־ס; דאָס נישט־פֿאַרגינען [TÁYNE]
bear a grudge (against) האָבן ‹טראָגן› אַ האַרץ (אויף); טראָגן אַ שינאה (אויף); אַרומטראָגן זיך מיט אַ קריוודע (קעגן); האָבן פֿאַראיבל (אויף) [SÍNE]
grudging אומגערן; האַלבמוויליק; קאַרגלעך
grudgingly אָן חשק; אומגערן [KhÉYShEK]
gruel דער קאַליש; דער פּענצעק; די שיטערע ‹לויזע› קאַשע
gruelling אויסמאַטערנדיק; אויסצערנדיק
gruesome גרויליק; שוידערלעך; מאַקאַבריש
gruff בייזלעך; ברוגזלעך; רוגזאדיק; גאַליק [BRÓYGESLEKh] [RÚGZEDIK]
(hoarse) הייזעריק
gruffness די רוגזה [RÚGZE]
grumble, *n.* דער וואָרטש, ־ן
grumble, *v.* בורטשע|ן; וואָרטשע|ן; מרוקע|ן; באַסעווע|ן; קנורע|ן
My stomach's grumbling סע בורטשעט מיר אין בויך; סע בורטשעט מיר דער מאָגן
grumbler דער וואָרטשון, ־עס; דער מרוק, ־עס; דער בורטשאַדלע, ־ס; דער קנור, ־ן
grumbling דאָס בורטשעריי
grump דער מרוק, ־עס
grumpiness דער ברוגז; די/דאָס בייזקייט [BRÓYGES]
grumpy בייז; מחלוקתדיק; ברוגז [MAKhLÓYKESDIK] [BRÓYGES]
grunt, *n.* דער גרונץ, ־ן; דער כרוק, ־ן/־עס
(mil.) דער פּעכאָטניק, ־עס
grunt, *v.* גרונצן; כרוקע|ן; יוטשע|ן
(person) בורטשע|ן; וואָרטשע|ן
Gruyère cheese דער גרויערער קעז
G-string דאָס לענדן־בענדל, ־עך
G-suit דער שווערקייט־קאָסטיום, ־ען
guacamole די גואַקאַמאָלע
Guam (דאָס) גוואַם
guano דער גואַנאָ; די (ים־)פֿייגל־צואה [YAM] [TSÓYE]
guarantee, *n.* די גאַראַנטיע, ־ס; דאָס ערבֿות [ÓRVES/ARÉYVES]
give a money-back guarantee גאַראַנטירן אומקערן דאָס גאַנצע געלט; צוריקנעמען ‹אָפּנעמען› מיט אַ שמייכל
guarantee, *v.* גאַראַנטירן; ערבֿ זיין; ערבֿן זיך; קאַווירן [ÓREV] [ÓREVN]

guaranteed גאַראַנטירט
guarantor דער גאַראַנט, ־ן; דער גאַראַנטיע־געבער, ־ס; דער ערבֿ, ־ים [ÓREV, ÓRVIM/ARÉYVIM]
guard, *n.* דער שומר, ־ים; דער וועכטער, ־ס; דער היטער, ־ס; דער וואַכמאַן, וואַכלייט [ShÓYMER, ShÓMRIM]
(spo.) דער היטער, ־ס
(watch) די וואַך; דער קאַראַול; די שמירה [ShMÍRE]
guard of honor די ערנוואַך; די כּבֿוד־וואַך [KÓVED]
be off one's guard נישט היטן זיך; נישט זיין גרייט
be on one's guard היטן זיך; זיין אויף דער וואַך; שטיין אויפֿן פּאָסטן
keep one's guard up האַלטן אָפֿן די אויגן; היטן זיך כּסדר [KESÉYDER]
let one's guard down פֿאַרלאָזן זיך אויף יושר; פֿאַרגעסן זיך אויסצוהיטן [YÓYShER]
off guard אומגעריכט; פּלוצעם
guard, *v.* וואַכן; היטן; שטיין אויף דער וואַך; וועכטעווע|ן; גיין אויף קאַראַול; שטיין אויף שמירה [ShMÍRE]
(spo.) היטן
guard against היטן זיך פֿאַר ‹קעגן›
guard dog דער וואַכהונט, ...הינט
guard duty דאָס וואַכדינסט
be on guard duty זיין אויף דער וואַך; שטיין אויפֿן פּאָסטן
guarded געהיט; געזיכערט; באַוואַכט
(statement) נישט־דערזאָגנדיק
closely guarded secret דער שטרענג געהיטער סוד, ־ות [SOD, SÓYDES]
in guarded condition אין אַ ציטערדיקן מצבֿ [MÁTSEV]
guardhouse דאָס וואַכשטיבל, ־עך; דער קאַראַול, ־ן; די קאַראַולקע, ־ס
guardian דער אַפּוטרופּס, ־ים; דער אַפּעקון, ־עס [APETRÓPES, APETRÓPSIM]
m. דער קעסטפֿאָטער, ־ס
f. די קעסטמוטער, ־ס
guardian angel דער מלאך־המושיע; דער שר, ־ים; דער גוטער מלאך; דער שיץ־מלאך [MÁLEKh-HAMOYShÍE] [SAR]
guardianship דאָס/די אַפּוטרופּסות [APETRÓPSES]
guard post דער (וואַכ)פּיקעט, ־ן
guardrail דער פּאַרענטש, ־ן
guardsman דער לאַנדוועכטער, ־ס
Guatemala (די) גוואַטעמאַלע
Guatemalan, *adj.* גוואַטעמאַליש
Guatemalan, *n.*
m./unsp. דער גוואַטעמאַלער, –
f. די גוואַטעמאַלערין, ־ס–
guava די גויאַווע, ־ס
guayacan דאָס גוואַיאַקהאָלץ
gubernatorial גובערנאַטאָריש
of the governor דעם גובערנאַטאָרס
gudgeon דאָס זאַמדפֿישל, ־עך
guerrilla, *adj.* פּאַרטיזאַניש; פּאַרטיזאַנער־...; גערילע־...
guerrilla, *n.* דער פּאַרטיזאַנער, –; דער גערילע, ־ס
guerrilla warfare די פּאַרטיזאַנער־‹גערילע־›קריג
guess, *n.* דער טרעף, ־ן; די השערה, ־ות; דאָס אַריינטרעפֿן [HAShÓRE]
my guess is that איך בין (זיך) משער אַז [MEShÁER]
take a guess (אָפּ)טרעפֿן
take a wild guess טרעפֿן אין הימל ‹דער וועלט› אַריין
guess, *v.* טרעפֿן; אָנשטויסן זיך אין ‹אויף›
Guess who? אַנו טרעפֿ(ט) ווער?; טרעפֿ(ט) אַקאָרשט!
I guess so אַזוי דאַכט זיך מיר
I guess you're right ביסט ‹איר זענט› טאַקע גערעכט
keep sb. guessing לאָזן + אַק' טרעפֿן

guessing game דער טרעפֿפֿאַרמעסט, ־ן
guesstimate די השערה; די אומבאַשטעטיקטע שאַצונג [HAShÓRE]
guesswork דאָס טרעפֿעניש; דאָס טרעפֿעריַי
find the answer by guesswork טרעפֿן דעם ענטפֿער
take the guesswork out of נישט איבערלאָזן אויף טראַף
guest [ÓYREKh, ÓRKhIM] דער גאַסט, געסט; דער אורח, ־ים
Be my guest! אַדרבא!; מהיכא־תּיתי!; פֿאַר וואָס נישט? [ÁDERABE] [MEKh(E)TÉYSE]
make a guest appearance אויפֿטרעטן ווי אַ גאַסט; גאַסטראָלירן
guest artist דער גאַסטאַרטיסט, ־ן; דער גאַסטראָליאָר, ־ן; דער גאַסטראָליסט, ־ן
guesthouse דער פּאַנסיאָן, ־ען
guest list דער/דאָס געסטצעטל, ־ען; די רשימה געסט [REShÍME]
guest room די געסטשטוב, ...שטיבער
guest speaker דער גאַסטרעדנער, ־ס
guest star דער גאַסטקינסטלער, ־ס; דער גאַסטשטערן, –
be a guest star גאַסטראָלירן
guest worker דער גאַסט־אַרבעטער, ־ס
guffaw, *n.* דאָס כאָכאָטשען; דער שאַס געלעכטער
guffaw, *v.* כאָכאָטשע|ן; אויסשיסן (מיט) אַ געלעכטער
guidance
(control/mech.) די קערעוונג; די פֿירשאַפֿט
(support) [HADRÓKhE] די הדרכה
guidance counselor דער שול־מדריך, ־ים [MÁDREKh, MADRÍKhIM]
guidance system די גידיר־סיסטעם, ־ען
guide, *n.*
(book) דער וועגווייַזער, ־ס
(person) *also* דער פֿירער, ־ס; דער מדריך, ־ים [MÁDREKh, MADRÍKhIM]
guide, *v.* [MÁDREKh] פֿירן; מדריך זיַין
(tech./av.) (טעלע)גידירן; קערעווע|ן
guidebook דער וועגווייַזער, ־ס; דאָס פֿירער־ביכל, ־עך
guided
(supervised) [HADRÓKhE] אונטער הדרכה
(tech.) (טעלע)גידירט
be guided by לאָזן זיך פֿירן פֿון
guided missile דער טעלעגידירטער מיסל, ־ען
guide dog דער באַ(ג)לייטהונט, ...הינט
guided research [HADRÓKhE] די פֿאָרשונג אונטער הדרכה
guided tour דער טוריסטן־טור, ־ן; דער געפֿירטער טור, ־ן
guideline די דירעקטיוו, ־ן
guiding light דער מורה־דרך; דער לייַכטזייַל [MÓYRE-DÉREKh]
guiding principle דער פֿירנדיקער פּרינציפּ, ־ן
guiding star דער לייַכטשטערן; דער עמוד־(ה)אש [ÁMED-(HO)ÉYSh]
guild, *n.* די גילדיע, ־ס; דער צעך, ־ן/־עס
guilder דער גולדן, ־ס
guile די/דאָס כיטרעקייט; די/דאָס פֿאַרשפּיצטקייט; דאָס צביעות [TSVÍES]
guileless [TMÍMESDIK] תּמימותדיק
guillemot די לומע, ־ס
guillotine, *n.* די גיליאָטין, ־ען
guillotine, *v.* גיליאָטינירן
guilt די שולד; די/דאָס שולדיקייט
guilt by association די אַסאָציאַטיווע שולד; די שולד דורך אינסינואַציע
guilt-ridden פֿול מיט שולדגעפֿילן
be guilt-ridden פֿילן זיך טיף פֿאַרשולדיקט; אַרומטראָגן זיך מיטן קין־צייכן [KÁYEN]
guilt trip דאָס טיפֿע שולדגעפֿיל; דער שולדשטיין, ־ער
lay a guilt trip on מאַכן + אַק׳ פֿילן שולדיק; אַרויסרופֿן בייַ + דאַט׳ אַ שולדגעפֿיל
guilty [KhÁYEV] שולדיק; חייבֿ
guilty as sin [SÓFEK] געוויס שולדיק; אָן שום ספֿק שולדיק
guilty by association שולדיק דורך אינסינואַציע
feel guilty פֿילן זיך שולדיק
guilty feeling דאָס שולדגעפֿיל, ־ן
guilty party דער שולדיקער געב׳
guilty plea דער שולדענטפֿער, ־ס
guilty verdict דער שולדווערדיקט, ־ן
not guilty אומשולדיק
guilty pleasures [ÓYLEM-HÁZE] דער/די עולם־הזה ל״י
Guinea (די) גווינע
guinea (coin) די גיני, ־ס
guinea fowl די פּערלהון, ...הינער
guinea pig דאָס ים־חזירל, ־חזירימלעך [YÁM-KhÁZERL, -KhAZÉYRIMLEKh]
(fig.) דאָס פּרוּוו־קיניגל, ־עך
use sb. as a guinea pig לערנען זיך שערן אויף יענעמס באָרד
guipure דער גיפּיור
guise
(appearance) דער אָנבליק, ־ן; דאָס אויסזען
(pretense) דער אָנשטעל, ־ן; די מאַסקע, ־ס
under the guise of פֿאַרשטעלט ווי ‹פֿאַר›; אונטער דער מאַסקע פֿון
guitar די גיטאַר, ־ן; די גיטאַרע, ־ס
guitar player דער גיטאַריסט, ־ן; דער גיטאַר־שפּילער, ־ס
guitar string די גיטאַר־סטרונע, ־ס
gulag דער גולאַג, ־ן
gulch דער יאַר, ־ן; די °שלוכט, ־ן
gulf דער אייַנגאָס, ־ן
Gulf Stream דער גאָלפֿשטראָם
Gulf War [MILKhÓME] די גאָלף־מלחמה
gulfweed דאָס גאָלפֿגראָז
gull די מעווע, ־ס
gullet די שלונג, ־ען; דאָס שפּייַזרערל, ־עך; דער גאָרגל, ־ען; דאָס גערגעלע, ־ך; דער ווּשט, ־ן [VÉYShET]
gullibility די/דאָס גרינגגלייביקייט; די/דאָס לייַכטגלייביקייט
gullible גרינגגלייביק; לייַכטגלייביק
gully די (אָפּפֿלוס־)רינע, ־ס
gulp, *n.*
(of drink) דער זשליאַק, ־ן
(of food) דער שלונג, ־ען; דאָס שלינגען
in one gulp מיט איין שלונג; מיט אַ מאָל
gulp, *v.* אַ שלונג טאָן
(drink) זשליאָקעו|ן
(food) (אייַנ)שלינגען; אַרייַנרייַבן; פּוצן
gulp air שלינגען די לופֿט
gulp back אייַנהאַלטן
gum,[1] *n.* **(substance)**
(chewing) די קייַגומע
(rubber) די גומע; דער גומי
gum,[2] *n.* **(mouth)** די יאַסלע, ־ס; דאָס צייַנפֿלייש
gum, *vt./vi.* צונויפֿקלעפּן (זיך); צונויפֿקלייען (זיך)
gum food קייַען מיט די יאַסלעס
gum up פֿאַרסטאָמפּעו(ווע)|ן
gum arabic די גומעראַביקע; די מאַסטיק(ע); די גומי־אַראַביק
gumbo (okra) די באַמיע

gum disease די יאַסלעקרענק
gumdrop דאָס גומע־צוקערל, ־עך
gum elastic די גומעלאַסטיק
gummed, *adj.* קלעפּ...
gummed paper דאָס קלעפּפּאַפּיר
gummy bear דאָס גומע־בערעלע, ־ך
gumption די/דאָס המצאהדיקייט; די/דאָס אײַנפֿאַלערישקייט [HAMTSÓEDIKEYT]
gumshoe, *n.*
 (detective) דער נאָכשפּירער, ־ס; דער דעטעקטיוו, ־ן
 (overshoe) דער קאַלאָש, ־ן
gumshoe, *v.* שלײַכן זיך
gum tree דער אייקאַליפּט, ־ן
gun, *n.* דער פּיסטויל, ־ן; דער רעוואָלווער, ־ס
 (rifle) די ביקס, ־ן
 (cannon) דער האַרמאַט, ־ן; דער קאַנאָן, ־ען
gun, *v.*
 (take aim) צילעווע|ן
 gun down דערשיסן; צעשיסן
 gun for שטיצן
 gun the engines אָנגיכן דעם מאָטאָר
gun barrel די ביקסלויפֿ, ־ס; די/דער ביקסרער, ־ן
gun belt דער רעוואָלווער־גאַרטל, ־ען; דער געווער־פּאַסיק, ־עס
gunboat דאָס האַרמאַטן־שיפֿל, ־עך
gunboat diplomacy די אײַנשרעק־‹קאַנאָנערקעס־› פּאָליטיק
gun carriage דער לאַפֿעט, ־ן
gun control דער געווער־קאָנטראָל
gun-control advocate דער שטיצער פֿון געווער־קאָנטראָל
gun crew די האַרמאַט־קאָמאַנדע, ־ס; דער האַרמאַט־עקיפּאַזש, ־ן
gunfight דאָס שיסערײַ, ־ען; די איבערשיסונג, ־ען
gunfire דאָס שיסערײַ; דאָס שיסן
 (artillery) דער/דאָס אַרטילעריע־פֿײַער
gung-ho שטאַרק ענטוזיאַסטיש; פֿאַנאַטיש
gunk דאָס/דער קויט; דאָס שמוץ
gun license די געווער־ליצענץ, ־ן
gun lobby די געווער־שתּדלנימשאַפֿט; דער געווער־לאָבי [ShTADLÓNIMShAFT]
gunman דער שיסער, ־ס
gunner דער האַרמאַטלער, ־ס; דער אַרטילעריסט, ־ן; דער שיסער, ־ס
gun owner דער געווער־פֿאַרמאָגער, ־ס
gun ownership די געווער־פֿאַרמאָגערשאַפֿט
gunpoint
 at gunpoint (סטראַשענדיק) מיט געווער
 hold at gunpoint סטראַשע|ן מיט געווער
gunpowder דער פּולווער
gunrunner דער געווער־שמוגלער, ־ס
gunrunning דאָס שמוגלען געווער
gun salute דער סאַלוטקנאַל, ־ן; דער קאַנאָן־סאַלוט, ־ן
gunship דאָס האַרמאַטן־שיפֿל, ־עך; די קאַנאָנערקע, ־ס
 (helicopter) דער שיס־העליקאָפּטער, ־ס
gun shop די געווערקראָם, ־ען
gunshot דער שאָס, ־ן
 gunshot victim דער געשאָסענער געב׳
 gunshot wound די קוילוווּנד, ־ן; די שיסווּנד, ־ן
gun-shy
 be gun-shy מורא האָבן פֿאַר אַ שאָס [MÓYRE]
 (*fig.*) נערוועז; נערוועזיש; אומרויִק
gunsight דער וויזיר, ־ן; דאָס צילערל, ־עך; דער אָנציל, ־ן
gunslinger דער (געניטער) שיסער, ־ס
gunsmoke דער פּולווערריך
gun-toting באַוואָפֿנט
 be gun-toting אַרומטראָגן זיך מיט געווער
gunwale דער פּלאַנשיר, ־ן
gurgle, *v.*
 (infant) טשעבעטשע|ן
 (water) ריזלען; בולקען; בולבע|ן
gurney דאָס טראָגבעטל, ־עך; דאָס פֿאָרבעטל, ־עך
guru דער גורו, ־ס
 (*fig.*) דער מבֿין, ־ים; דער מומחה, ־ים [MEYVN, MEVÍNIM] [MÚMKhE, MÚMKhIM]
gush, *n.* דער אַרויסשטראָם, ־ען; דער אַרויספּלייץ, ־ן
gush, *v.* אַרויסשטראָמען; פּלייצן; גיסן זיך; זעצן; פֿליוכע|ן
 (with emotion) אויסגיסן די געפֿילן; אויסדריקן זיך איבער דער מאָס
gushing, *n.* **(with emotion)** דאָס השתּפּכות־הנפֿש [HIShTÁPKhES-HANÉFESh]
gusset, *n.* **(in garment)** דאָס צוויקל, ־עך; די לאַסקע, ־ס
gust דער ווינטשטויס, ־ן; דער ווינטבראַך, ־ן; דער פֿלאַש, ־ן
gustatory טעם־... [TAM]
gusto דער טשאַק
 with gusto מיט פֿאַרגעניגן ‹ברען›; געשמאַק; טשאַקענדיק
gusty ווינטיק; שטורמיש
gut(s), *n.* קישקעס ל״ר; דאָס/דער אינגעווייד, –/־ן; געדערעם ל״ר
 (courage/*slg.*) ביצים; דער קוראַזש ל״י [BÉYTSIM]
 hate sb.'s guts נישט קענען פֿאַרטראָגן; פֿײַנט האָבן בתּכלית־השׂינאה [BETÁKhLES-HASÍNE]
 spill one's guts to אויסגיסן דאָס האַרץ פֿאַר
 work one's guts out אויסהאָרעווע|ן זיך
gut, *v.* אויסהוילן
 (*fig.*) אויסליידיקן
 gutted by fire אין גאַנצן אָפּגעברענט ‹אויסגעברענט›
gut course דער שפּילעכל־קורס, ־ן
gut feeling/instinct די אינטויציע
 I have a gut feeling דאָס האַרץ זאָגט מיר
gutless טרוסיש; פּחדניש [PAKhDÓNISh]
 gutless person דער טרוס, ־ן/־עס; דער פּחדן, ־ים [PAKhDN, PAKhDÓNIM]
gut reaction די אינסטינקטיווע רעאַקציע, ־ס
gutsy בראַוו; קוראַזשירט
gutter די קאַנאַווע, ־ס; דער רינשטאָק, ־ן
 (*fig.*) די פֿינצטערע ‹שמוציקע› גאַס
 (roof) די רינווע, ־ס
 (bowling) דאָס גריבל, ־עך
gutterball דער גריבלוואָרף, ־ן
 throw a gutterball וואַרפֿן אין גריבל אַרײַן
gutter language דער ניבול־פּה [NIBLPÉ]
gutter press דער/דאָס בולוואַרבלאַט, ...בלעטער; די געלע פּרעסע; די שמוצפּרעסע
guttersnipe דער גאַסניונג, ־ען
guttural געגאַרגלט; גאַרגל...
guttural sound דער געגאַרגלטער קלאַנג, ־ען
guy דער יונג, ־ען; דער חבֿרה־מאַן, ־לײַט; דער בחור, ־ים; דער יאַט, ־ן [KhÉVRE] [BÓKhER, BÓKhERIM/BOKhÚRIM]
 Hey, guys! נו, חבֿרה!
 It's a guy thing נאָר אַ מאַנצביל קען עס פֿאַרשטיין
 the little guy דער סתּם מענטש; דער מענטש אויף דער גאַס; דער פּשוטער בשׂר־ודם [STAM] [PÓShETER] [BÓSERVEDÓM]
Guyana (די) גאַיאַנע
guy rope דער/די געצעלט־שנור, ־ן
guzzle זשליאָקע|ן; שלינגען; זויפֿן; כליאַבע|ן; כליעפּטשע|ן

guzzler דער זשליאָקער, ־ס; דער שיכּור, ־ים; דער פֿוצער, ־ס [ShÍKER, ShIKÚRIM]
gym דער גימנאַסטיק־זאַל, ־ן
  (class subject) די אַטלעטיק; די גימנאַסטיק; די פֿיזקולטור
  (sports) *see* **gymnasium**
gymnasium דער ספּאָרטזאַל, ־ן; דער גימנאַסטישער זאַל, ־ן; דער טרענירזאַל, ־ן
  (European high school) די גימנאַזיע, ־ס
gymnast דער גימנאַסט, ־ן; דער גימנאַסטיקער, ־ס
gymnastic גימנאַסטיש
gymnastics די גימנאַסטיק ל״י
gymnosperm דאָס דעקזוימיקע געוויקס, ־ן; דער גימנאָספּערם, ־ען
gym shoe דער ספּאָרטשוך, ...שיך; דער גימנאַסטישער שוך, שיך
gynecological גינעקאָלאָגיש
gynecologist דער גינעקאָלאָג, ־ן; דער פֿרויען־דאָקטער, ...טוירים
gynecology די גינעקאָלאָגיע

gyp, *n.* (*slg./pej.*) דער שווינדלער, ־ס; דער מאַשעניק, ־עס
gyp, *v.* (*slg./pej.*) באַשווינדלען; מאַשענעווע|ן
gypsum דער גיפּס
Gypsy, *adj.* ציגײַנער־...; ציגײַנעריש
Gypsy, *n.*
  m./unsp. דער ציגײַנער, –
  f. די ציגײַנערין ‹ציגײַנערקע/ציגײַנערטע›, ־ס
Gypsy cab דער אומאָפֿיציעלער טאַקסי, ־ס; דער פּריוואַטניק, ־עס
Gypsy camp דער ציגײַנער־לאַגער, ־ן
Gypsy music די ציגײַנער־מוזיק
gyrate
  (oscillate) וואַקלען זיך
  (revolve) דרייען זיך אַרום;ווירבלען; וויגן זיך; קרײַזן זיך
  gyrate one's hips וויגן מיט די היפּטן
gyration דאָס געדריי; די קרײַז־באַוועגונג
gyro (sandwich) דער גיראָ, ־ס
gyrocompass דער גיראָקאָמפּאַס, ־ן
gyroscope דער גיראָסקאָפּ, ־ן

H

H דער האַ, ־ען
Ha! (surprise) זע(ט) נאָר, זע(ט)!
Habakkuk (bib.) חבֿקוק [KhÁVKUK]
habeas corpus דער האַבעאַס־קאָרפּוס
haberdasher דער גאַלאַנטעריע־הענדלער‹־קרעמער›, ־ס
haberdashery די גאַלאַנטעריע, ־ס
habit
  (routine) די טבֿע, ־ס; די געוווינטשאַפֿט ‹געווויינטשאַפֿט›, ־ן; די מידה, ־ות; דער הרגל, ־ים; דאָס רגילות [TÉVE] [MÍDE] [HERGL, HERGÉYLIM] [REGÍLES]
  (nun's) דער מאָנאַשקע־ראָק
  be in the habit of האָבן אַ טבֿע (צו)
  get into the habit צוגעווינען ‹צוגעוויינען› זיך; איינגעווינען ‹איינגעוויינען› זיך; געוווינט ווערן; אַרײַן אין דער געוווינטשאַפֿט
  break the habit אָפּגעווינען ‹אָפּגעוויינען› זיך; אַראָפּ פֿון דער געוווינטשאַפֿט
  Old habits die hard אַלטע טבֿעס טרעטן נישט אָפּ; שווער זיך אָפּצוגעווינען ‹אָפּצוגעוויינען› [TÉVES]
  out of habit לויט דער טבֿע ‹געווויינטשאַפֿט›
habitable באַוווינעוודיק
habitat דער האַביטאַט, ־ן; די (נאַטירלעכע) סבֿיבֿה, ־ות; דער ווין, ־ען [SVÍVE]
habitation
  (dwelling) די וווינונג, ־ען
  (occupancy) דאָס באַוווינען
habit-forming צוגעוויניק ‹צוגעוויייניק›
  It can be habit-forming מע קען זיך צו דעם לײַכט צוגעווינען
habitual בטבֿעדיק; רגילותדיק; געוויינ(ט)לעך [BETÉVEDIK] [REGÍLESDIK]
habitually בטבֿע; געוויינ(ט)לעך [BETÉVE]
habitual past דער בטבֿעדיקער ‹געוויינ(ט)לעכער› עבֿר [BETÉVEDIKER] [ÓVER]
habituate צוגעווינען ‹צוגעוויינען›
habitué דער (אָפּטער) אַרײַנגייער, ־ס; דער אײַנגייער, ־ס
hack, *n.*
  (tool) די האַק, העק
  (notch) דער אײַנשניט, ־ן; דער קאַרב, ־ן; דער שטשערב, ־ן/־עס
  (taxi driver) דער טאַקסי־שאָפֿער, ־ן; דער טאַקסיסט, ־ן
  (writer) דער טינטלער, ־ס; דער שרײַבון, ־עס; דער פּאַטשקון, ־עס
hack, *v.*
  vt. **(meat)** (צע)האַקן
  vi. **(cough)** הוסטן ‹היסן› מיט אַ טרוקענעם הוסט ‹היס›; האַקן האָלץ
  hack down אַראָפּהאַקן
  hack into (comp.) אַרײַנדרינגען ‹אַרײַנהאַקן› אין
  hack through (אַ)דורכהאַקן; (אַ)דורכשנײַדן
  He can't hack it ער קען זיך קיין עצה נישט געבן [ÉYTSE]
  hacking cough דער טרוקענער הוסט ‹היס›
hacker דער אַרײַנדרינגער, ־ס; דער אַרײַנהאַקער, ־ס
hack lawyer דער ווינקל־אַדוואָקאַט, ־ן
hackle, *n.* די נאַקן־פֿעדער, ־ן
  get one's hackles up ווערן אויפֿגעבראַכט
  raise sb.'s hackles רייצן; אויפֿברענגען; אַרײַנברענגען אין כּעס [KÁAS]
hackney די געדונגענע קאַרעטע, ־ס
hackneyed אויסגעדראָשן; אָפּגעדראָשן; קאַזיאָנע; שאַבלאָניק; סקאַרבאָווע; באַנאַל
hacksaw די מעטאַלזעג, ־ן
hackwork דאָס טינטלערײַ
haddock דער שעלפֿיש, –
Hades דער/די שאול־תּחתּיה; דאָס גיהנום [ShO(Y)L-TAKhTÍE] [G(EH)ÉNEM]
hafnium דער האַפֿניום
haft דאָס הענטל, ־עך
Haftarah די הפֿטורה, ־ות [HAFTÓYRE]
hag די (שלעכטע) באָבעצע, ־ס; די באַבע, ־ס; די מכשפֿה, ־ות; די אַלטע שקורע, ־ס [MAKhShÉYFE]
Hagar (bib.) הגר [HÓGER]
Haggadah די הגדה, ־ות [HAGÓDE]
Haggai (bib.) חגי [KhÁGE]
haggard אויסגעדייוועט; אויסגעצערט; אויסגעדאַרט; דאַר און קוואַר; אַראָפּ פֿון פּנים [PÓNEM]
haggis דער געפּילטער מאָגן
haggle דינגען זיך
Hagiographa (ספֿר) כּתובֿים [(SÉYFER) KSÚVIM]
hagiographer דער האַגיאָגראַף, ־ן
hagiographic האַגיאָגראַפֿיש
hagiography די האַגיאָגראַפֿיע; צדיקים־ביאָגראַפֿיעס ל"ר [TSADÍKIM]
Hague
  the Hague (דאָס) האַג
Ha-ha! כאַ־כאַ!
  (contempt) הע־הע!
Haifa (די) חיפֿה [KhÉYFE]
haiku דער הײַקו, ־ס
hail, *n.* דער האָגל, ־ען
  hail of bullets דער האָגל (פֿון) קוילן
hail,[1] *v.*
  (precipitation) האָגלען (מיט)
  (*fig.*) באַהאָגלען ‹באַוואַרפֿן› מיט
  It's hailing ס'האָגלט; סע שיט אַ האָגל
hail,[2] *v.*
  (praise) באַלויבן
  (welcome) באַגריסן
  hail a taxi צורופֿן אַ טאַקסי
  hail from שטאַמען ‹קומען› פֿון; ציִען דעם ייִחוס פֿון [YÍKhES]
hail-fellow-well-met גוט־ברודעריש
hailstone דער האָגלשטיין, ־ער; דער האָגל־קערן, ־ער/־ס
hailstorm דער שטאַרקער האָגל
hair האָר ל"ר
  (child's) הערעלעך ל"ר
  (single strand) דאָס הערעלע, ־ך; די האָר, –
  let one's hair down צעלאָזן די האָר
  let one's hair down (*fig.*) אויסשפּאַנען זיך
hairball דאָס האָר־קנײַלעכל, ־עך
hair bow דאָס באַנטיקל, ־עך
hairbrush דאָס האָרבערשטל, ־עך; דאָס קאָפּ(נ)בערשטל, ־עך
haircap moss דער גאָלדענער צאָפּ; דער קוקומאָך
hairclip *see* **hairpin**
hair coloring *see* **hair dye**
haircut
  get a haircut אָפּשערן זיך

give a haircut to אָפּשערן + אַק'; אָפּשערן + דאַט' די האָר
hairdo די פֿריזור, ־ן; דער פּאַרקאַם, ־ען
hairdresser
m./unsp. דער פֿריזירער, ־ס; דער פֿריזער, ־ן
f. די פֿריזירערין, ־ס
hairdryer דער האָר־טריקענער, ־ס
hair dye די האָרפֿאַרב, ־ן
hair gel דער האָרזשעלע, ־ען; די פֿיקסאַטור, ־ן
hairgrass די אַירע
hairless אָנהאָריק; אָן האָר
hairline די האָרליניע, ־ס
hairline fracture דער פֿאָדעמבראָך, ־ן
hairnet די סיטקע, ־ס; די שאַטקע; די האָרנעץ
hairpin די האָרשפּילקע, ־ס
hairpin turn דער שאַרפֿער קער, ־ן; די שאַרפֿע ווענדונג, ־ען
hair-raising שוידערלעך
It's hair-raising סע שטעלן זיך דערפֿון די האָר (קאַפּויער)
hair removal דאָס אויסהאָרן; דאָס אָפּהאָרן
hair root דער האָרוואָרצל, ־ען
hair salon דער פֿריזיר־סאַלאָן, ־ען; די פֿריזירערײַ, ־ען
hairsbreadth
be within a hairsbreadth of שטיין אויפֿן ראַנד פֿון
by a hairsbreadth מיט אַ האָר
hairsplitter דער בעל־פּילפּול, בעלי־...; דער האָרשפּאַלטער, ־ס [BALPÍLPL, BÁLE-...]
hairsplitting, *adj.* פּילפּולדיק; האָרשפּאַלטיק [PÍLPLDIK]
hairsplitting, *n.* דער פּילפּול [PILPL]
hairspray דאָס האָרשפּריצעכץ, ־ן
hairstyle די פֿריזור, ־ן
hairstyling דאָס פֿריזירערײַ
hairstylist *see* **hairdresser**
hair transplant דאָס איבערפֿלאַנצן האָר
hair-trigger (*fig.*) היציק; ספּילשליווע
have a hair-trigger temper זײַן אַ היצקאָפּ
hairy האָריק; באַהאָר(יק)ט; באַוואַקסן; רויכיק
Haiti (דאָס) האַיִטי
Haitian, *adj.* האַיִטיש
Haitian, *n.*
m./unsp. דער האַיִטער, –
f. די האַיִטערין, ־ס
hajj דער כאַדזש, ־ן; דאָס עולה־רגל זײַן קיין מעקאַ [ÓYLE-RÉGL]
hake דער (זילבערנער) כעק
Halacha די הלכה, ־ות [HALÓKhE]
Halachic הלכיש [HALÓKhISh]
halal, *adj.* כאַלאַל...
halal meat דאָס כאַלאַלפֿלייש
halcyon שטיל; רויִק
halcyon days רויִקע טעג
hale געזונט; שטאַרק
hale and hearty געזונט און מונטער
half, *adj.* האַלב
half a dozen דער האַלבער טוץ
half, *adv.* האַלב
go half and half טיילן זיך אויף (דער) העלפֿט; טיילן זיך האַלב אויף האַלב
half as much האַלב דערפֿון; אַ העלפֿט דערפֿון
half as much again אָנדער(ט)האַלבן מאָל אַזוי פֿיל
half past eleven האַלב צוועל(ע)ף ‹צוועלעווע›; האַלב נאָך על(ע)ף
half past one האַלב צוויי(ע); האַלב נאָך איינס
half past ten האַלב על(ע)ף ‹עלעווע›; האַלב נאָך צען
half past two האַלב דרײַ(ע); האַלב נאָך צוויי

not half as bad נישט ווי מע האָט מורא געהאַט; בכלל נישט אַזוי שלעכט [MÓYRE] [BIKhLÁL]
half, *n.* די העלפֿט, ־ן; די האַלב, ־ן
by half צו; איבעריק
(do stg.) by halves אָן איבעריקן חשק [KhÉYShEK]
half the battle אַ גוטער אָנהייב
in half אויף האַלב; אין דער העלפֿט
one and a half אָנדער(ט)האַלבן
three and a half פֿערט האַלבן; דרײַ (מיט/און) אַ האַלב
two and a half דריט האַלבן; צוויי (מיט/און) אַ האַלב
Two halves make a whole פֿון צוויי האַלבן ‹העלפֿטן› האָט מען אַ גאַנצס
You don't know the half of it! דאָס איז נאָך גאָרנישט!
half-assed טאַנדעטנע; שוסטעריש
do a half-assed job טאָן אַ האַלבע ‹טאַנדעטנע/שוסטערישע› אַרבעט
halfback דער האַלבבעק, ־ן; דער צווישנשפּילער, ־ס
half-baked נישט־דערבאַקן; נישט־(אַ)דורכגעטראַכט
half-boot די באָטינקע, ־ס
half-breed, *adj.* פֿון געמישטן שטאַם; האַלב־ראַסעווע
half-breed, *n.* דער מישלינג, ־ען
half brother דער שטיפֿברודער פֿון איין טאַטן ‹מאַמען›
half-fare דער האַלבפּרײַז, ־ן
at half-fare פֿאַרן האַלבן פּרײַז
half-finished האַלב פֿאַרענדיקט
half-finished work די האַלבע אַרבעט
half-finished product דער האַלב־פֿאַבריקאַט, ־ן
half-hearted(ly) האַלבמויליק; פֿויל
half-hour די האַלבע שעה, ־ען [ShO]
on the half-hour צו דער האַלבער שעה
half-hourly אַלע ‹יעדע› האַלבע שעה [ShO]
half-life די האַלבצײַט
half-mast די אַראָפּגעלאָזטע פֿאָן
at half-mast האַלב אַראָפּ(געלאָזט)
half-measure דאָס האַלבמיטל, ־ען; דער פּאַליאַטיוו, ־ן
half-moon די האַלבע לבֿנה, ־ות [LEVÓNE]
half note די האַלבע נאָטע, נאָטן
half page די האַלבע זײַט, ־ן
half-page ad די האַלבזײַטיקע רעקלאַמע, ־ס; די רעקלאַמע אויף אַ האַלבער זײַט
half-pint דאָס קוואַטירל, ־עך; דער האַלבער פּינט ‹פּײַנט›
half sister די שטיפֿשוועסטער פֿון איין טאַטן ‹מאַמען›
half-smile דער האַלבער שמייכל, ־ען
He smiled a half-smile ער האָט געגעבן אַ האַלבן ‹אומזיכערן› שמייכל; ס'האָט אים געשמייכלט אַ וואַנצע
half-time די האַלבצײַט
half-title דער/דאָס שמוצבלאַט, ...בלעטער
half tone דער האַלבער טאָן, טענער
half-truth דער האַלבער אמת, ־ן [ÉMES]
halfway אויפֿן ‹ביז› האַלבן וועג
She's already halfway through זי איז שוין דערגאַנגען ביז אַ העלפֿט
halfway house
(inn) די אַכסניא אויף אַ האַלבן וועג [AKhSÁNYE]
(residence) דאָס איבערגאַנג־הויז, ...הײַזער
half-wit דער טיפּש, ־ים; דער טעמבלניק, ־עס; דער שוואַכער קאָפּ, קעפּ [TÍPESh, TÍPShIM]
half-witted תּמעוואַטע; שוואַכקעפּיק [TAMEVÁTE]
halibut דער האַליבוט, ־ן
halitosis דער (פֿולער) מויל־ריח [RÉYEKh]
She has halitosis סע פֿילט זיך איר פֿון מויל
hall
(corridor) דער קאָרידאָר, ־ן

(large room) דער זאַל, ־ן
(vestibule) דאָס פֿירהויז, ...הײַזער; דער פֿאָדערצימער, ־ן; דער פֿאָרצימער, ־ן
hallelujah [HALELÚYO, HALELÚYES] די הללויה, ־ות/־ס
Hallelujah! געלויבט איז גאָט!; אַ לויב דעם אייבערשטן!
Halleys' comet האַליס קאָמעט
hallmark דער קענצייכן, ־ס; די כאַראַקטעריסטיק, ־עס
(on gold/silver) די קליימע, ־ס; די פּראָבע, ־ס
hall of fame [KÓVED] די כּבֿוד־גאַלעריע, ־ס
hall of famer דער (אַרײַנגענומענער) אין דער כּבֿוד־גאַלעריע [KÓVED]
hallow [MEKÁDESh] הייליקן; מקדש זײַן
hallowed הייליק; געהייליקט
Halloween דער האַלאָווין
hallucinate האַלוצינירן
hallucination די האַלוצינאַציע, ־ס
(visual) דאָס זעעניש, ־ן
(auditory) דאָס הערעניש, ־ן
hallucinogen דער האַלוצינאָגען, ־ען; דאָס האַלוצינירעכץ, ־ן
hallucinogenic האַלוצינאָגעניש
be hallucinogenic אַרויסרופֿן האַלוצינאַציעס
hallway דער קאָרידאָר, ־ן
halo דער ליכטרינג, ־ען; די ליכטקרוין, ־ען; דער אָרעאָל, ־ן
halogen דער האַלאָגען
halogen lamp דער האַלאָגען־לאָמפּ, ־ן
halophyte דאָס זאַלצגעוויקס, ־ן
halt, *n.* דער אָפּשטעל, ־ן
call a halt to אָפּשטעלן
come to a halt אָפּשטעלן זיך; בלײַבן שטיין
halt, *v.*
vt. אָפּשטעלן
vi. אָפּשטעלן זיך; בלײַבן שטיין
Halt! שטיי(ט)!; סטאָפּ!; האַלט!
halter
(animal's headgear) דער אָבראָט, ־ן
(blouse) די האַלטער־בלוזקע, ־ס
halting הינקעדיק; ספּאָטיקענדיק; אומזיכער
halutz
m./unsp. [KhÓLETS/KhALÚTS, KhALÚTSIM] דער חלוץ, ־ים
f. [KhALÚTSE] די חלוצה, ־ות
halvah די כאַלווע ‹כאַלוואַ›
halve האַלבירן; צעהאַלבן; צעטיילן אויף דער העלפֿט ‹האַלב›
halyard דער פֿאַל, ־ן; דער צובינד־רימען, ־ס
ham,[1] *n.* **(meat)** די שינקע, ־ס
ham,[2] *n.*
(radio) דער ראַדיאָ־אַמאַטאָר, ־ן
(thea.) דער קוליסן־רײַסער, ־ס
ham, *v.* **(up)** רײַסן קוליסן; איבערשפּילן; דראַמאַטעווע|ן; ברעכן בענקלעך
Haman (bib.) [HÓMEN HARÓShE] המן הרשע
hamantash [HÓMEN] דער המן־טאַש, ־ן
Hamas דער כאַמאַס
hamburger דער האַמבורגער, ־ס; דער (געהאַקטער) קאָטלעט, ־ן
hamburger bun די האַמבורגער־בולקע, ־ס
ham-fisted לעפּיש
be ham-fisted *also* האָבן ליימענע הענט
hamlet דאָס דערפֿל, ־עך; דאָס דערפֿעלע, ־ך; דער כוטער, ־ס
hammer, *n.* דער האַמער, ־ס; דאָס העמערל, ־עך
hammer, *v.* האַמערן; שלאָגן; קלאַפּן
(nail) אַרײַנקלאַפּן; אַרײַנשלאָגן
(molten metal) (אויס)שמידן
(criticize) שאַרף ‹שטאַרק› קריטיקירן; צעקריטיקירן
hammer home אַרײַנהאַקן; אַרײַנשלאָגן; אַרײַנקלאַפּן
hammer into sb.'s head אַרײַנקלאַפּן ‹אַרײַנהאַקן/ אײַנדויבע|ן› + דאַט' אין קאָפּ אַרײַן
with hammer and tongs מיט טראַסק און טאַרעראַם
a real hammering אַ שווערער קלאַפּ
hammer and sickle דער סערפּ און האַמער
hammer dulcimer דער צימבל, ־ען
hammerer דער האַמערער, ־; דער האַמער־קלאַפּער, ־ס
hammerhead דער האַמערקאָפּ, ...קעפּ
hammer throw דער האַמערוואָרף
hammertoe דער פֿאַרהויבענער ‹אײַנגעקאָרטשעטער› פֿוספֿינגער, ־
hammock דער האַמאַק, ־ן/־עס; דאָס הענגבעטל, ־עך; דאָס/די שפּאַנבעט, ־ן; דאָס שפּאַנבעטל, ־עך
hamper, *n.* דער וועשקויש, ־ן; דער וועשקיבער, ־ס
hamper, *v.* שטערן; האַמעווע|ן
hampered by געשטערט ‹געהאַמעוועט› פֿון
ham radio דער אַמאַטאָרן־ראַדיאָ, ־ס
hamster דער האַמסטער, ־ס
hamstring, *n.* דער קניפֿלאַקס, ־ן
hamstring, *v.* צעשנײַדן דעם קניפֿלאַקס; פֿאַרקריפּלען
(*fig.*) שטערן; פּענטע|ן; אונטערהאַקן + דאַט' די פֿליגל
hand, *n.* די האַנט, הענט
(child's) דאָס הענטעלע, ־ך
(expert) דער מבֿין, ־ים; דער קענער, ־ס; דער מומחה, ־ים [MEYVN, MEVÍNIM] [MÚMKhE, MÚMKhIM]
(measure) [TÉFEKh, TFÓKhIM] דער טפֿח, ־ים
(paw/*pej.*) [YAD, YODÁYEM] די יד, ־ים
at first hand פֿון דער ערשטער האַנט; דירעקט
at hand בײַ ‹צו› דער האַנט
at the hands of פֿון + פּאָס' הענט
have been dealt a bad hand (cards) אויסנעמען ‹האָבן› שרגא [ShÁRGE]
by hand [BEYODÁYEM] מיט דער האַנט; בידים
by the hand בײַ ‹פֿאַר› דער האַנט
from hand to hand פֿון האַנט צו האַנט; מיד־ליד [MIYÁD-LEYÁD]
get one's hands on דערטאַפּן; דערשנאַפּן
get out of hand ווילד ‹צעווילדעוועט› ווערן
give sb. a hand (applaud) אַפּלאָדירן + דאַט'/אַק'; פּאַטשן + דאַט' בראַוואָ
go hand in hand זײַן געקניפּט און געבונדן; זײַן איינס
hand in glove קניפּל־בקניפּל; האַנט און הענטשקע [BEKNÍPL]
hand in hand האַנט בײַ האַנט
hand of cards די האַנט קאָרטן
hand of God דער אצבע־אלקים; גאָטס פֿינגער [ÉTSBE-ELOKÍM]
Hands off! נישט אָנרירן!; אַוועק מיט די הענט!; אַראָפּ די הענט
Hands up! אַרויף מיט די הענט!; הענט אַרויף!; הענט אין דער הייך!
have a hand in האָבן אַ חלק ‹האַנט/יד› אין; זײַן אַ צד אין [KhÉYLEK] [YAD] [TSAD]
have one's hands full (of) זײַן באַלאָדן (מיט); האָבן אַ פֿולן טאָפּ (מיט)
He can't keep his hands to himself ער קען זיך נישט אײַנהאַלטן די הענט
in God's hands בײַ גאָט אין די הענט
in hand אין דער האַנט
in the hands of בײַ + דאַט' אין די הענט
It's off my hands [PÓTER] איך בין שוין פּטור דערפֿון
lay a hand on גרעבן + דאַט' מיט דער האַנט

lay hands on אײַנשאַפֿן (זיך); אַרױפֿלײגן אַ האַנט אױף
live from hand to mouth לעבן פֿון אַ גראַשן פֿאַר אַ מאָל; לעבן מיט גאָרנישט; עסן פֿון אַרבל; לעבן פֿון הײַנט אױף מאָרגן; לעבן פֿון טעפּל אין מױל; אָפּקומען מיט שהי־פּהי [ShÍE-PÍE]
on hand (nearby) צו ‹בײַ/אונטער› דער האַנט; דערבײַ
on hand (cash) אין דער קאַסע; אױפֿן לאַגער
on one hand פֿון אײן זײַט
on the other hand צוריק גערעדט ‹געשמועסט›; פֿון דער אַנדערער ‹צװײטער› זײַט; אַ(נט)קעגן זשע; װידער
One hand washes the other אײן האַנט װאַשט די צװײטע ‹אַנדערע›; איך פֿאַר דיר און דו פֿאַר מיר
out of one's hands (שױן) נישט בײַ + פּאָס' אין די הענט; נישט אין + פּאָס' הענט
show one's hand אױפֿדעקן די קאָרטן
sit on one's hands (not take action) נישט אַרײַנטאָן קײן פֿינגער אין קאַלט װאַסער; זיצן אױף די הענט
sit on one's hands (not applaud) נישט אַפּלאַדירן
throw up one's hands אױפֿהײבן די הענט; אונטערגעבן זיך
with one's hands up מיט אױפֿגעהױבענע הענט
hand, *v.*
hand down (bequeath) איבערגעבן בירושה; אָפּשרײַבן [BEYERÚShE]
hand down a verdict אַרױסטראָגן אַ פּסק [PSAK]
hand in דערלאַנגען; אַרײַנגעבן; אַרײַנטראָגן
hand it to (give credit) שענקען; אָנערקענען
hand out אױסטײלן; צעטײלן; פֿאַרטײלן
hand over (to) אָפּגעבן + דאַט'; דערלאַנגען + דאַט'
hand over (property) איבערגעבן; דערלאַנגען
Hand it over! גיב ‹גיט› עס אַהער!
hand to דערלאַנגען
hand up an indictment אײַנשולדיקן
handbag דער טאַש, ־ן; דער (האַנט)בײַטל, ־ען
handball דער האַנטבאַל
(ball) דער האַנטבאַל, ־ן; דער האַנטבאַלעם, ־ס
handbill דאָס פֿליבלעטל, ־עך
handbook דאָס האַנטביכל, ־עך
handbrake דער האַנטטאָרמאָז, ־ן
handcar די דרעזינע, ־ס
handcart דאָס האַנט־װעגעלע, ־ך
hand cream דער/די האַנטקרעם, ־ען
handcuff, *n.* דאָס (האַנט)קײטל, ־עך
handcuff, *v.* אײַנקײטלען + דאַט' די הענט
hand-deliver (to) (אָפּ)געבן + דאַט' אין די הענט אַרײַן
handful די זשמעניע, ־ס; דער הױפֿן, ־ס
a handful of stg. אַ (פֿולע) זשמעניע מיט
a handful of people אַ הײַפֿל ‹הײַפֿעלע› מענטשן
He's quite a handful! אײַ, איז דאָס אַ מזיק ‹רוח›! [MÁZEK] [RÚEKh]
hand grenade דער האַנטגראַנאַט, ־ן
handgun דער פּיסטױל, ־ן; דער פּיסטאָלעט, ־ן
handheld האַנט...
handheld device דער האַנט־מכשיר, ־ים; דער האַנט־קאָמפּיוטער, ־ס [MÁKhShER, MAKhShÍRIM]
hand-holding
(reassurance) די באַרויִקונג
(romantic) דאָס האַלטן זיך בײַ ‹פֿאַר› די הענט
handicap, *n.* דער (פֿיזישער) פֿעלער, ־ן; דער מום, ־ים
(obstacle) דער שטער, ־ן; דער מכשול, ־ים; דער עיכּובֿ, ־ים [MIKhShL, MIKhShÓYLIM] [ÍKEV, IKÚVIM]
(spo.) דער האַנדיקאַפּ, ־ן
give sb. a handicap געבן + דאַט' פֿאָר
handicap, *v.* שטערן; צוריקהאַלטן; האַמעװען
handicapped פֿיזיש געמינערט; מומיק; אינװאַלידיש; מיט אַ מום
be handicapped האָבן באַװעג־שװעריקײטן; זײַן פֿיזיש געמינערט; האָבן אַ מום
be handicapped by זײַן געהאַמעװעט פֿון; לײַדן פֿון
handicapped person דער פֿיזיש געמינערטער געב'; דער אינװאַליד, ־ן; דער בעל־מום, בעלי־מומים [BALMÚM, BÁLE-MÚMIM]
handicapped-accessible צוטריטלעך (פֿאַר פֿיזיש געמינערטע)
handicapped parking פּאַרקירערטער פֿאַר פֿיזיש געמינערטע
handicraft די מלאכה; די (הײמישע) האַנטאַרבעט [MELÓKhE]
handily גרינג; אױף אַ גרינגן אופֿן [OYFN]
handiwork די מלאכה; די (האַנט)אַרבעט [MELÓKhE]
hand job (*slg./vlg.*) דער האַנטסעקס; דער תּשמיש־היד [TÁShMESh-HAYÁD]
give sb. a hand job געבן + דאַט' מיט דער האַנט; געבן + דאַט' האַנטסעקס
handkerchief דאָס (נאָז)טיכל, ־עך
handle, *n.* דאָס הענטל, ־עך; דער טראָניק, ־עס
(doorknob) די קליאַמקע, ־ס
(nickname) דאָס צונעמעניש, ־ן
(of basket/jug) דער/דאָס אױער, ־ן; דאָס אױערל, ־עך
have a handle on פֿאַרשטײן; באַנעמען
handle, *v.* האַלטן אין די הענט; טשעפּען
(manage) געבן זיך אַן עצה מיט; באַגײן זיך מיט; אָפּגעבן זיך מיט; באַהאַנדלען; צוגײן צו [ÉYTSE]
handle oneself אױפֿפֿירן זיך
Handle with care! היט זיך!; ס'איז ברעכיק!
handlebar moustache אַרױפֿגעדרײטע װאָנצעס ל"ר
handlebars הענטלעך
handler
(publicity) דער פּירסום־אַגענט, ־ן [PÍRSEM]
(spy) דער באַהאַנדלער, ־ס
hand luggage דער האַנטבאַגאַזש; דאָס האַנטגעפּעק
handmade געמאַכט מיט דער האַנט
handmaiden די שיפֿחה, ־ות; די משרתטע, ־ס [ShÍFKhE] [MEShÓRESTE]
hand-me-down, *adj.* (שױן) גענױצט
hand-me-downs (שױן) גענױצטע קלײדער ‹מלבושים› [MALBÚShIM]
hand mill די האַנטמיל, ־ן; די זשאָרנע, ־ס
handout, *n.*
(charity) די קיצבה; דאָס בעטלברױט; די נדבֿה, ־ות [KÍTSVE] [NEDÓVE]
(paper) דאָס בלעטל, ־עך
handpicked געקליבן מיט דער האַנט; אַלײן ‹ספּעציעל› אױסגעקליבן
handrail די פּאַרענטשע, ־ס; דער פּאַרענטש, ־ן; דאָס געלענדער, ־ס
hands-down לײַכט; גרינג; אָן קײן שום שװעריקײטן ‹מי›
(without question) אָן שום ספֿק [SÓFEK]
handset דאָס טרײַבל, ־עך
hand-sewn אױפֿגענײט מיט דער האַנט
hands-free אָנהענטיק
hands-free device דער אָנהענטיקער מכשיר, ־ים [MÁKhShER, MAKhShÍRIM]
handshake די האַנטדריקונג, ־ען
(agreement) דער תּקיעת־כּף, ־ן [TKÍES-KÁF]
hands-off פּאַסיװ

be hands-off נישט אַרײַנמישן זיך
hands-off policy די נישט־אַרײַנמיש־פּאָליטיק
handsome שיין (ווי יוסף הצדיק); הדרת־פּנימדיק
[YÓYSEF HATSÁDIK] [HÁDRES-PÓNEMDIK]
handsome man דער שײנער גוב'; דער קראַסאַוועץ, ...ווצעס; דער הדרת־פּנים, ־ער
[HÁDRES-PÓNEM, -PÉNEMER]
handsomely (generously) ברייטהאַרציק
hands-on פּראַקטיש; (אינטער)אַקטיוו; דירעקט
handstand
do a handstand שטיין אויף די הענט
hand-to-hand combat די אײנס־אויף־אײנס־שלאַכט
handwheel די/דאָס שוונגראַד, ...רעדער
handwringing דאָס (פֿאַר)ברעכן די הענט
handwriting דער/דאָס כּתב; די האַנטשריפֿט [KSAV]
(manuscript) דער כּתבֿ־יד, ־ן; דער מאַנוסקריפּט, ־ן
[KSAVYÁD]
handwriting on the wall וואָרנווערטער אויף דער וואַנט
handwritten האַנט־געשריבן; געשריבן מיט דער האַנט; בכּתבֿ
[BIKSÁV]
handy
(available) צו דער האַנט; האַנטיק
(practical) פּראַקטיש; באַקוועם
come in handy קומען צו ניץ
handyman דער כּל־בוניק, ־עס; דער הויזמײַנסטער, ־ס
[KOLBÓYNIK]
hang, *n.*
get the hang of it פֿאַרשטיין; כאַפּן (דעם שניט)
hang, *v.*
imp. הענגען
pf. אויפֿהענגען
(execute) (אויפֿ)הענגען
hang around אַרומדרייען זיך; אַרומשלעפּן זיך; אַרומשלײַאַנדערן
hang back צוריקהאַלטן זיך; זײַן אומבאַשלאָסן
hang by a hair הענגען אויף אַ האָר; הימלען
hang in אויסהאַלטן; נישט אונטערגעבן זיך; האָבן געדולד
hang in the balance הענגען אויף אַ האָר; הענגען אויף משקולת
[MIShKÓYLES]
Hang in there! האַלט זיך, ברודער!; נישט לאָזן זיך!; גיב ‹גיט› זיך נישט אונטער!; נישט אַראָפּלאָזן די הענט!
hang on (to) אָנהאַלטן זיך (אין); אָנהענגען זיך (אין)
hang on (wait) צוואַרטן
hang one's head אַראָפּלאָזן די נאָז; אַראָפּלאָזן דעם קאָפּ (פֿאַר בושה)
[BÚShE]
hang out, *vt.* **(laundry/flag/notice)** אַרויסהענגען
hang out, *vi.* **(with)** פֿאַרברענגען (מיט); סקאַמפּאַניע|ן זיך (מיט); אַרומדרייען ‹אַרומשלעפּן› זיך (מיט); רײַבן זיך (צווישן)
hang sb. out to dry איבערלאָזן + אַק' אויף הפֿקר ‹גאַטס באַראַט›
[HÉFKER]
hang together שטיין צוזאַמען; האַלטן זיך אין אײנעם
hang tough זײַן שטאַרק בײַ זיך
hang up (phone) אַוועקלייגן דאָס טרייבל
hang up on אַוועקלייגן + דאַט' דאָס טרייבל; איבעררײַסן דעם (טעלעפֿאָניש) שמועס מיט
let it all hang out נישט האַלטן קיין סודות [SÓYDES]
I got hung up on ס'האָט מיך פֿאַרטשעפּעט + נאָמ'
hangar דער האַנגאַר, ־ן
hangdog, *adj.* שולדיק; אויסגעמוסערט [ÓYSGEMUSERT]
hangdog, *n.* דער מנוול, ־ים; דער פּאַסקודניאַק, ־עס
[MENÚVL, MENUVÓLIM]
hanger דער הענגער, ־ס
hanger-on דער אָנהענגער, ־ס; דער חסיד, ־ים; דער נאָכשלעפּער, ־ס
[KhÓSID, KhSÍDIM]
hang glider דער הענגפֿליִער, ־ס
hang gliding דאָס הענגפֿליִען
hanging, *adj.* הענגל...; הענג...; הענגלדיק
hanging, *n.* די תּליה; דאָס אויפֿהענגען [TLÍE]
(execution) דער הענגאַקט, ־ן
death by hanging די תּליה
hangman דער תּלין, ־ים; דער הענקער, ־ס
[TÁLYEN, TALYÓNIM]
hangnail די זאַניטעצע, ־ס
hangout דאָס פֿאַרברענגאָרט, ...ערטער; דער אָפּלאַג, ־ן; דאָס אָפּלאַגאָרט, ...ערטער
hangover דער קאַצן־יאָמער; די פּאָכמעליע; דער אויפֿצומאָרגנס
hang tag דער (הענג)צעטל, ־ען
hang-up דער קאָמפּלעקס, ־ן; די שפּילקע אין דער נשמה
[NEShÓME]
hank דער קנויל, ־ן
hanker לעכצן; דאַרשטן
hankering די לעכצונג; דער דאַרשט
hanky *see* **handkerchief**
hanky-panky
(sexual) דאָס קוצעניו־מוצעניו; די איוועקע־פּיוועקע
(shady) דער האָקוס־פּאָקוס; דער שאַכער־מאַכער; שטיק ל"ר
hansom די צווײ־רעדעריקע דראָשקע, ־ס
Hanukkah דער חנוכּה [KhÁNIKE/KhÁNUKE]
haphazard צופֿעליק; אומסיסטעמאַטיש
haphazardly כאַפּ־לאַפּ; אויף טראַף
hapless אומגליקלעך; שלימזלדיק [ShLIMÁZLDIK]
happen געשען; פּאַסירן; טרעפֿן זיך
Anything can happen! אַ קשיא אויף אַ מעשׂה!
[KÁShE] [MÁYSE]
as if nothing had happened ווי קיין מאָל גאָרנישט
He happened to see me ס'איז אים אויסגעקומען מיך צו זען; ער האָט מיך גראַד דערזען
happen to sb. געשען + דאַט'/מיט; פּאַסירן (מיט); טרעפֿן + אַק'; טרעפֿן זיך מיט; פֿאַרלאָפֿן זיך מיט
happen upon אָנטרעפֿן אויף; צופֿעליק באַגעגענען
It happens סע מאַכט ‹טרעפֿט› זיך
It happens to be true סע מאַכט זיך אַז ס'איז אמת; צופֿעליק איז עס אמת
[ÉMES]
It just so happens סע מאַכט זיך פּונקט
Sometimes I happen to forget אַ מאָל טרעפֿט ‹מאַכט› זיך אַז איך פֿאַרגעס
Things are happening! סע טוט זיך אויף טיש און אויף בענק!; סע טוט זיך (מעשׂים)!
[MÁYSIM]
This isn't happening! סע גלייבט זיך נישט!; איך גלייב נישט!
happening, *n.* דאָס געשעעניש, ־ן
happenstance דער צופֿאַל, ־ן
happily
(with happiness) גליקלעכ(ערהייט); אין פֿרייד
(fortunately) צום גליק
(willingly) מיט (גרויס) פֿאַרגעניגן
live happily ever after (אָפּ)לעבן לאַנגע גליקלעכע ‹מזלדיקע› יאָרן
[MÁZLDIKE]
happiness דאָס גליק; די פֿרייד
happy גליקלעך; פֿריילעך; פֿריידיק
be happy (that) פֿריִען זיך (מיט/אַז); מחיה זײַן זיך מיט/וואָס
[MEKhÁYE]
happy is he who וואויל איז דעם וואָס

happy ending דער גוטער סוף [SOF]
happy-go-lucky אומבאַזאָרגט; אָן זאָרגן
happy hour די לחיים־שעה [LEKhÁYEM-ShO]
happy medium דער גאָלדענער מיטן
harakiri האַראַקירי
harangue, *n.* די תּוכחה, ־ות; ווילדע קללות ל״ר [TÓYKhEKhE] [KLÓLES]
harangue, *v.* אויסגיסן די תּוכחה אויף; דערגיין + דאַט׳ די יאָרן; אויסלאָזן די יוכע צו [TÓYKhEKhE]
harass שיקאַנירן; פּלאָגן; טשעפּען|ן זיך צו; באַלעסטיקן; רודפֿן; עדערן; מאַרען|ן [RÓYDEFN]
harassment די שיקאַנע; דאָס פּלאָגן; דאָס רודפֿן; די באַלעסטיקונג [RÓYDEFN]
harbinger דער אָנזאָגער, ־ס; דער מבֿשׂר, ־ים [MEVÁSER, MEVÁSRIM]
harbor, *n.* דער האַוון, ־ס; דער פּאָרט, ־ן
harbor, *v.*
  (criminal) געבן + דאַט׳ אַן אָרט; (אויס)באַהאַלטן
  (hope) האָבן (טיף) אין האַרצן
  harbor ill will to טראָגן אַ האַרץ אויף; אויסן זײַן שלעכטס + דאַט׳
harbor seal די פּאָקע, ־ס
hard
  (difficult) שווער; האַרב
  (texture) האַרט; גראָב
  be hard at it האָרעווען|ען; שווער אַרבעטן
  be hard on sb. רײַסן שטיקער פֿון
  give sb. a hard time אָנטאָן + דאַט׳ צרות [TSÓRES]
  hard of hearing שווער אויפֿן אויער; טויבלעך
  hard to get זעלטן; נישט צו(ם) געפֿינען
  hard to understand קשה; שווער צו פֿאַרשטיין ‹באַנעמען› [KÓShE]
  hard up אין אַ קלעם; אויף צרות
  be hard up for money זײַן געענגט (אין געלט); זײַן אויף געלט־צרות; שטאַרק נייטיקן זיך אין געלט
  He fell on hard times דאָס רעדל האָט זיך אים איבערגעדרייט; ער האָט געהאַט קאַלט און וואַרעם; ער איז געוואָרן אַ יורד [YÓYRED]
  She had a hard time with it ס׳איז איר אָנגעקומען שווער
  too hard צו שווער; איבער די כּוחות [KÓYKhES]
  take a hard look גוט באַטראַכטן ‹אָנקוקן›
  try hard שטאַרק פּרובירן; אָנטאָן זיך אַ כּוח [KÓYEKh]
hard-and-fast פֿעסט; שטרענג
  It's a hard-and-fast rule ס׳איז אַ פֿעסטער ‹שטרענגער› כּלל; ס׳איז תּורת משה מסיני [KLAL] [TOYRES MÓYShE MISÍNAY]
hardball דער האַרטבאַל, ־ן; דער בייסבאַל, ־ן
  play hardball (*fig.*) פֿירן זיך ביד־חזקה ‹לויטן מידת־הדין› [BEYÁD-KhAZÓKE] [MÍDES-HADÍN]
hard-boiled האַרט
  be hard-boiled (*fig.*) זײַן אַ האַרטער נוס; זײַן אַ שווערער קונה; זײַן אַ פֿאַרהאַרטעוועטער גבֿ׳ [KÓYNE]
hard-charging אַגרעסיוו
hard copy דער אָריגינאַל, ־ן; די פּאַפּירענע קאָפּיע, ־ס
hard-core
  (difficult) שווער; ביטער
  (loyal) געטרײַ; פֿאַרביסן; מיט לײַב און לעבן איבערגעגעבן
  hard-core pornography די שווערע פּאָרנאָגראַפֿיע
  hard-core poverty דער שווערער ‹ביטערער› דלות [DÁLES]
hardcover, *adj.* באַטאָוולט; מיט האַרטע טאָוולען
hardcover, *n.* דאָס באַטאָוולטע בוך, ביכער; דאָס בוך מיט האַרטע טאָוולען
hard currency די אויסבײַטעוודיקע וואַלוטע
hard data קלאָרע פֿאַקטן ל״ר
hard drinker דער שיכּורניק, ־עס; דער זויפֿער, ־ס [ShIKÓRNIK]
hard drive/disk דער האַרטער דיסק, ־ן
hard-earned שווער פֿאַרדינט ‹פֿאַרהאָרעוועט›
harden
  vt. פֿאַרהאַרטעווע|ן; פֿאַרגליווערן
  vi. פֿאַרהאַרטעוועט ‹פֿאַרגליווערט› ווערן
  harden one's heart (to) פֿאַרהאַרטעווע|ן ‹פֿאַרשטאָקן› דאָס האַרץ (קעגן)
hardened פֿאַרהאַרטעוועט; פֿאַרשטאָקט
  (*fig.*) פֿאַרביסן; פֿאַרבײטערט
hardening, *n.* די פֿאַרהאַרטונג; די האַרט
hard feelings
  have hard feelings (against) טראָגן ‹האָבן› אַ האַרץ (אויף)
  There are no hard feelings נישטאָ קיין פֿאַראיבל ‹פֿאַרדראָס›; מיר בלײַבן די זעלב(יק)ע גוטע־פֿרײַנד
hard-fought אײַנגעשפּאַרט; פֿאַרביסן; שווער אויסגעקעמפֿט ‹אויסגעפּועלט› [ÓYSGEPÓY(E)LT]
hardgrass דאָס העלדישע גאָרטנגראָז
hard hat
  (helmet) די בויקאַסקע, ־ס; דער שיצקיווער, ־ס
  (worker) דער בויאַרבעטער, ־ס
hard-headed
  (pragmatic) פּראַגמאַטיש; ניכטער
  (stubborn) אײַנגעגעסן; אײַנגעשפּאַרט; פֿאַרעקשנט [FARÁKShNT]
hardhearted פֿאַרשטאָקט; האַרט; האַרטהאַרציק
  be hardhearted האָבן אַ פֿאַרשטאָקט ‹שטיינערן› האַרץ; זײַן אָן אַ האַרץ
hardiness די/דאָס אויסהאַלטעוודיקייט
hard labor די עבֿודת־פּרך; די קאַטאָרגע; די קאַטאָרזשנע אַרבעט; די שטראָפֿאַרבעט [AVÓYDES-PÉREKh]
hard-line, *adj.* האַרטליניק; אומפּשרהדיק; אומבייגעוודיק [ÚMPShÓREDIK]
hard line, *n.* די האַרטע ליניע
  take a hard line on *also* צוגיין אומפּשרהדיק צו [ÚMPShÓREDIK]
hard-liner דער האַרטליניקער גבֿ׳; דער אומפּשרהדיקער גבֿ׳; דער אומבייגעוודיקער גבֿ׳ [ÚMPShÓREDIKER]
  be a hard-liner *also* נישט אײַנגיין אויף קיין פּשרות [PShÓRES]
hard luck דאָס שווערע מזל [MAZL]
hardly קוים; קאָם; כּמעט (ווי) נישט [KIMÁT]
  hardly any כּמעט גאָרנישט
  hardly ever כּמעט (ווי) קיין מאָל נישט; גאָר זעלטן
hardness די/דאָס האַרטקייט
hard-nosed *see* **hardheaded**
hard nut דער האַרטער נוס, ניס
hard-on
  He had a hard-on ס׳האָט זיך בײַ אים אויפֿגעשטעלט
hard palate דער האַרטער גומען
hard-pressed (for) געענגט (אין)
hardship דאָס אָפּקומעניש, ־ן; די/דאָס שווערקייט, ־ן; די נויט; דאָס מאַטערניש, ־ן; צרות ל״ר; די הכבדה, ־ות [TSÓRES] [HAKhBÓDE]
hardtack דער שיפֿביסקוויט, ־ן; די גאַלעט, ־ן; דאָס קומיסברויט
hard truth דער ריינער ‹ביטערער/גאָלער› אמת, ־ן [ÉMES]

hardware
  (tools) דאָס אײַזנוואַרג
  (comp.) דאָס מאַשי̟נוואַרג; די מאַשינע̟ריע
hardware store די אײַזנקראָם, ־ען
hard-wired פֿאַרפֿע̟סטיקט; (פֿעסט) אײַנגעדראָטעוועט
  (*fig.*) אײַנגעבוירן
hardwood דאָס האַרטע האָלץ
hard work די האָרעוואַ̟ניע
hard worker
  m./unsp. דער האָרעפּאַ̟שניק, ־עס; דער שווע̟רער אַ̟רבעטער, ־ס
  f. די האָרעפּאַ̟שניצע, ־ס; די שווע̟רע אַ̟רבעטערין ‹אַ̟רבעטאָרין›, ־ס
hard-working שווע̟ר־האָ̟רעווענדיק‹־אַ̟רבעטנדיק›
hardy שטאַרק; געזו̟נט (ווי אַ פּוי̟ער); פֿאַרהאַ̟רטעוועט
  (plant) פֿראָ̟סטפֿעסט
hare דער האָז, ־ן; דאָס הע̟זעלע, ־ך
harebrained או̟מבאַקלערט; או̟מבאַטראַכט; ווילד; נאַ̟ריש
haredi, *adj.* חרדיש [KhARÉYDISh]
haredi, *n.* דער חרד, ־ים; דער חרדישער געב׳ [KhÓRED, KhARÉYDIM] [KhARÉYDIShER]
harelip די האָ̟זנליפּ, ־ן; די געשפּאָ̟לטענע ליפּ, ־ן
harem דער האַ̟רעם, ־ס
hare's-tail (bot.) דאָס אָוואַ̟לע האָ̟זווײַנדל
hark האָרכן; גוט אײַ̟נהערן זיך
  (evoke) דערמאָ̟נען אין
harlequin דער (ה)אַרלעקי̟ן, ־ען
harlot די זונה, ־ות; די גאַ̟סנפֿרוי, ־ען; דער טליק, ־עס; די שליו̟כע, ־ס [ZÓYNE]
harm, *n.* דער שאָדן; דאָס בייז; דאָס שלעכטס; די רעה; דאָס גוט־אוי̟ג; דאָס בייז־אוי̟ג [RÓE]
  in harm's way אין אַ סכּנה [SAKÓNE/SEKÓNE]
  mean no harm (to) נישט וועלן + אַק׳ באַעוולען ‹קרי̟וודען› [BAÁVLEN]
  out of harm's way ווײַט פֿון סכּנה
  There's no harm in trying סע קען נישט שאַטן (צו פּרוּוון)
harm, *v.* (פֿאַר)שאַ̟טן + דאַט׳; טאָן + דאַט׳ אַ לייד; טאָן + דאַט׳ בייזס; ברע̟נגען + דאַט׳ שאָדן; שע̟דיקן
  not harm a hair on sb.'s head נישט קרי̟מען + דאַט׳ אַ האָר
harmful שע̟דלעך; שאַ̟טיק; או̟מגעזונט
harmless או̟משע̟דלעך; אָן שאָדן ‹בייז›; או̟מגעפֿע̟רלעך
  be harmless (animal) נישט קע̟נען (פֿאַר)שאַ̟טן
  be harmless (person) נישט טשע̟פּע|ן ‹אָ̟נרירן› קיין פֿליג אויף דער וואַנט
  harmless joke דער לײַ̟כטער ‹או̟משולדיקער› וויץ, ־ן; דער וויץ נישט אויף צו באַלײ̟דיקן
harmonic האַרמאָ̟ניש
harmonica די האַרמאָ̟ניקע, ־ס; דאָס האַרמאָ̟ניקל, ־עך; די (מוי̟ל־)האַרמאָ̟שקע, ־ס
harmonious האַרמאָ̟ניש
harmonium די פֿי̟ס־האַרמאָ̟ניע, ־ס
harmonization
  (agreement) די האַרמאָנ(יז)י̟רונג
  (mus.) די האַרמאָניזאַ̟ציע, ־ס
harmonize
  (agree) האַרמאָנ(יז)י̟רן; אוי̟סשטימען; זײַן אין אײַ̟נקלאַנג
  (mus.) האַרמאָניזי̟רן
harmony די האַרמאָ̟ניע, ־ס
  (marital) דער/דאָס שלום־בית [ShÓLEM-BÁYES]
harm reduction די שאָ̟דן־פֿאַרקלע̟נערונג
harness, *n.* דאָס געשפּאַ̟ן, ־ען
  (for baby) דאָס געשפּאַ̟נדל, ־עך
harness, *v. imp./pf.* (אײַ̟נ)שפּאַ̟נען
haroseth דאָס חרוסת [Kh(A)RÓYSES]
harp, *n.* די/דער האַרף, ־ן
harp, *v.* **(on)** איבערחזרן + אַק׳ נאָך אַ מאָל און וי̟דער אַ מאָל; האַלטן אין איין רעדן (וועגן) [ÍBERKhÁZERN]
harpist דער האַרפּי̟סט, ־ן; דער האַ̟רפֿשפּילער, ־ס
harpoon, *n.* דער האַרפּו̟ן, ־ען
harpoon, *v.* האַרפּוני̟רן
harp seal די גרענלע̟נדישע פֿאָ̟קע, ־ס
harpsichord דער האַרפּסיכאָ̟רד, ־ן
harpsichordist דער האַרפּסיכאָרדי̟סט, ־ן
harpy די האַ̟רפּיע, ־ס
  (shrew) *also* די מרשעת, ־ן; די מכשפֿה, ־ות [MARShÁS] [MAKhShÉYFE]
harridan די זשמי̟ע, ־ס; די כּלבֿטע, ־ס; די אַ̟לטע מכשפֿה, ־ות; די זרש [KLÁFTE] [MAKhShÉYFE] [ZÉRESh]
harried געפּלאָ̟גט; געמו̟טשעט; פֿאַרטרודט [FARTÓRET]
harrier
  (bird) דער בוסאַ̟ר, ־ן
  (dog) דער יאָ̟גהונט, ...הינט
harrow, *n.* די ב(אָ)ראָ̟נע, ־ס
harrow, *v.* (אָפּ)בראָ̟נעווע|ן; פֿאַרוואָלאָ̟טשע|ן
harrowing האַ̟רץ־רײַ̟סנדיק; שרע̟קלעך
harry מו̟טשע|ן; פּלאָגן; מאַ̟טערן; דערגײ̟ן + דאַט׳ די יאָרן
harsh שטרענג; האַרב; שווער; בײַ̟סיק; שאַרף; רוי
  (sound) גרי̟לצ(עד)יק; שאַרף
  (winter) שאַרף; שווער
harshness די/דאָס שטרע̟נגקייט; די/דאָס האַ̟רבקייט; די/דאָס רוי̟קייט
hart דער הירש, ־ן
hart's-tongue (bot.) די הי̟רשצונג
harum-scarum הפֿקרדיק; קלותדיק [HÉFKERDIK] [KÁLESDIK]
harvest, *n.* דער שניט, ־ן; דאָס גערע̟טעניש, ־ן; די האַ̟רבסטונג, ־ען
  good harvest דאָס (רײַ̟כע/שפֿעדיקע) גערע̟טעניש, ־ן [ShÉFEDIKE]
harvest, *v.* שנײַדן; אַראָ̟פּנעמען; האַ̟רבסטן
harvester די שני̟טמאַשין, ־ען; דער שני̟טער, ־ס; דער קאָמבײַ̟ן, ־ען
harvest moon די פֿו̟לע האַ̟רבסט־לבֿנה [LEVÓNE]
harvest time די שני̟טצײַט
has-been דער אָ̟פּגעפֿאָרענער געב׳; דער אוי̟סגעשפּילטער געב׳
hash, *n.*
  (meat) דאָס האַ̟קפֿלייש
  (minced food) דאָס צעהאַ̟קטע
  (symbol) דער נו̟מער־צייכן, ־ס
  (mess) דער פּלאָ̟נטער; דער מיש־מאַ̟ש
  make a hash of צעפּלאָ̟נטערן; מאַכן אַ מיש־מאַ̟ש פֿון
hash, *v.* צעהאַ̟קן אויף פּי̟צלעך ‹שטי̟קלעך›
  hash out צעלײ̟גן ‹צענע̟מען› אויף פּרטים; גוט אַרו̟מרעדן [PRÓTIM]
hashish דער האַשי̟ש
hash tag דער כּע̟שטעג, ־ן; דער נו̟מער־צייכן, ־ס
Hasid
  m./unsp. דער חסיד, ־ים [KhÓSID, KhSÍDIM]
  f. די חסידה, ־ות; די חסידתטע, ־ס [KhSÍDE] [KhSÍDESTE]
Hasidic חסידיש [KhSÍDISh]
Hasidism דאָס חסידות; דער חסידיזם [KhSÍDES] [Kh(A)SIDÍZM]
Haskalah די השׂכּלה; די אוי̟פֿקלערונג [HASKÓLE]
Hasmoneans חשמונאָים [KhAShMENÓYEM]

hassium דער האַסיום
hassle, *n.* דאָס קאָפּ־דרייִעניש, ־ן; דער קלאַפּאָט, ־ן
hassle, *v.* טשעפּען\| זיך צו; דערקוטשען\|
hassle-free אָן קיין קאָפּ־דרייִעניש
hassock דער קניִקישן, ־ס
hastate שפּיזיק; שטעכיק
haste דאָס אײַלעניש; דאָס כאַפּעניש; דאָס געאײַל; דאָס יאָגעניש; דער חפּזון [KhIPÓZN]
Haste makes waste פֿון אײַלעניש קומט קיין גוטס נישט אַרויס; לויף נישט גיך, וועסטו נישט צערײַסן די שיך
in haste אין ‹פֿון› גרויס אײַלעניש; אין דער גיך; בחפּזון [BEKhIPÓZN]
make haste (צו)אײַלן זיך; (צו)יאָגן זיך
hasten
vt. צואײַלן; אונטעריאָגן
vi. (צו)אײַלן זיך
hastily אויף (דער) גיך; אײַליק; אויף איין פֿוס; על־רגל־אַחת; האַסטיק [AL-REGL-ÁKhES]
hasty אײַליק; צוגעאײַלט; האַסטיק; כאַפּיק; געכאַפּט
be hasty כאַפּן
Don't be hasty! כאַפּ(ט) נישט (די לאָקשן)!
hasty conclusion דער כאַפּיקער אויספֿיר, ־ן
hat דער הוט, היט; דאָס היטל, ־עך
(derby) דער קאַפּעליטש ‹קאַפּעליוש›, ־ן; דער פֿילצהוט, ...היט
hat in hand הכנעהדיק [HAKhNÓEDIK]
Hats off to ...! (אַ) יישר־כּוח + דאַט'! [YÁShER-KÓYEKh/ShKÓYEKh]
keep under one's hat האַלטן בסוד; מאַכן אַ שווײַג וועגן [BESÓD]
pass the hat זאַמלען ‹קלײַבן› נדבֿות [NEDÓVES]
take one's hat off to לויבן אין טאָג אַרײַן
talk through one's hat רעדן (ווי) פֿון אַ פּוסטער פֿאַס; רעדן נאַרישקייטן; זויגן פֿון פֿינגער
throw one's hat in the ring אַרויסשטעלן ‹אַרויסרוקן› די קאַנדידאַטור
hatch,[1] *n.*
(opening) די לוקע, ־ס
(lid) דאָס לעדל, ־עך
(ship) די פֿאַלטיר, ־ן
down the hatch אין גאַרגל אַרײַן
hatch,[2] *n.* **(etching)** די שטריכירונג
hatch,[3] *n.* **(brood)** דער אויסברי
hatch,[1] *v.* **(breed)**
vt. אויסוואַרעמען; אויסבריִען; אויסזיצן; אויספֿירן
vi. אויספּיקען\| ‹אויספּיקן› זיך; אויסבריִען זיך
hatch a plan אויסקלערן ‹אויסאַרבעטן› אַ פּלאַן
hatch,[2] *v.* **(etch)** שטריכירן; שטרײַכן
hatchback דער כעטשבעק, ־ן
hatcheck דער גאַרדעראָב, ־ן
hatchery דער אינקובאַטאָר, ־ס; די ברימאַשין, ־ען
hatchet די האַק, העק; דאָס העקל, ־עך
bury the hatchet באַגראָבן די קריגסהאַק; מאַכן שלום [ShÓLEM]
do a hatchet job מיאוס אָנפּאַלן; אָפּטאָן אַ מיאוס שטיקל אַרבעט [MÍES]
hatchetman דער געדונגענער ‹באַשטעלטער› מערדער, ־ס
(fig.) דער אָפּפּאַרטיקער, ־ס
hatchway *see* **hatch**
hate, *n.* די שׂינאה; די פֿײַנטשאַפֿט; דער האַס [SÍNE]
hate, *v.* פֿײַנט האָבן; האַסן
hate intensely פֿײַנט האָבן ווי אַ שפּין; נישט קענען פֿאַרטראָגן; נישט לאָזן אויף די אויגן; נישט קענען אָנקוקן; פֿײַנט האָבן בתּכלית־השׂינאה [BETÁKhLES-HASÍNE]
come to hate פֿײַנט קריגן ‹באַקומען›
hate crime דאָס שׂינאה־פֿאַרברעכן, ־ס [SÍNE]
hate-crime victim דער קרבן פֿון אַ שׂינאה־פֿאַרברעכן [KORBM] [SÍNE]
hateful מלא־שׂינאה; פֿול מיט שׂינאה [MÓLE-SÍNE]
(hated) פֿאַרהאַסט; מאָוס פּר' + דאַט' [FARHÁST] [MÓES]
hatemonger דער שׂינאה־פֿאַרשפּרייטער, ־ס [SÍNE]
hate speech שׂינאה־רייד ל"ר [SÍNE]
hatless אין הוילן ‹גאָלן› קאָפּ; מיט אַן אָפּגעדעקטן קאָפּ; מיטן בלויזן קאָפּ; בגילוי־ראָש [BEGÍLE-ROSh]
hatred *see* **hate**
hatstand דער הוטשטענדער, ־ס
hatter דער קירזשנער, ־ס; דער היטל־מאַכער, ־ס
haughtiness די גאווה; דאָס גדלות; די/דאָס פֿאַרריסנקייט; דאָס גרויסהאַלטערײַ [GÁYVE] [GÁDLES]
haughty גאוותדיק; גדלותדיק; פֿאַרריסן; גרויס בײַ זיך; גרויסהאַלטעריש [GÁYVEDIK] [GÁDLESDIK]
haughty person (*m./unsp.*) דער בעל־גאווה, ־ס; דער בעל־גאוותניק, ־עס; דער גרויסהאַלטער, ־ס [BALGÁYVE] [BALGÁYVENIK]
haughty person (*f.*) די בעל־גאוותטע, ־ס; די בעל־גאוותניצע, ־ס; די גרויסהאַלטערקע, ־ס [BALGÁYVETE] [BALGÁYVENITSE]
haul, *n.*
(long journey) דער מהלך; דער לאַנגער וועג [MEHÁLEKh]
(stolen goods) דאָס רויב
(of fish) דער פֿאַנג; דאָס געפֿאַנג
for the long haul אויף אַ לאַנגער ‹לענגערער› צײַט
It was a long haul ס'האָט זיך לאַנג געצויגן
haul, *v.* ציִען; פֿירן; שלעפּן
haul off אַוועקפֿירן; אַוועקשלעפּן
haulage דאָס אַוועקפֿירן; דאָס אַריבערפֿירן; דער טראַנספּאָרט
hauler דער אַוועקפֿירער, ־ס
haunch די לענד, ־ן; דער קלוב, ־עס
haunches *also* באַקעס
sit on one's haunches זיצן אויף די קאָרטעטשקעס
haunt, *n.* דאָס באַליבטע אָרט, ערטער
haunt, *v.* אומגיין אין
(fig.) נישט לאָזן רוען; נישט אָפּלאָזן; נישט געבן + דאַט' קיין מנוחה; פּלאָגן; נאָגן; נויען\| [MENÚKhE]
I'm haunted by memories די זכרונות לאָזן מיך נישט רוען; די זכרונות פּלאָגן מיך [ZIKhRÓYNES]
haunted
(obsessed) באַנומען
(perturbed) באַאומרויִקט
(by ghost) שדים־... [ShÉYDIM]
haunted house דאָס שדים־הויז, ־הײַזער [ShÉYDIM]
haunting
(doubt) נאָגנדיק; נויענדיק
(melody) אַרײַנדרינגענדיק; אומפֿאַרגעסלעך
hausen די בעלוגע, ־ס; דער שטער, ־ן
haustorium דאָס זויג־וואָרצעלע, ־ך
haute couture די גאָר עלעגאַנטסטע מאָדעס ל"ר
haute cuisine די ראַפֿינירטע קיך
hauteur *see* **haughtiness**
haut relief *see* **high relief**
have האָבן
(eat) (אָפּ)עסן
(drink) (אויס)טרינקען

Have a seat! זעצ(ט) זיך אַוועק!; זיצ(ט)!

have a test done לאָזן זיך מאַכן אַ טעסט; מאַכן זיך אַ טעסט

Have an apple! נאַ דיר ‹נאַט אײַך› אַן עפּל!

have got האָבן

have (got) to דאַרפֿן; מוזן

have it in for טראָגן ‹האָבן› אַ האַרץ אויף; האָבן צו

have it out רעדן קלאָרע דיבורים

have on טראָגן; גיין אין; זײַן אָנגעטאָן אין; האָבן אויף זיך

have sb. over פֿאַרבעטן + אַק׳ צו זיך

have stg. against האָבן (עפּעס) צו ‹קעגן›

not have to נישט דאַרפֿן ‹מוזן›; פֿאַרשפּאָרן צו

have what it takes קענען די מלאָכה ‹תּורה›; קענען ווי ס׳קער צו זײַן; האָבן וואָס מע דאַרף; זײַן בכּוח [MELÓKhE] [TÓYRE] [BEKÓYEKh]

Having said that... פֿונדעסטוועגן

I wouldn't have it any other way אַנדערש וואָלט איך (אַפֿילו) נישט געוואָלט [AFÍLE]

I'll have you know זאָלסט ‹איר זאָלט› וויסן זײַן

Thanks for having us! אַ דאַנק פֿאַרן פֿאַרבעטן (אונדז)!; אַ דאַנק פֿאַר(ן) מכבד זײַן [MEKhÁBED]

You can have it! (said impolitely) מוחל־טובֿות!; נישט פֿאַר מיר!; וואַרג(ט) זיך דערמיט! [MÓYKhL-TÓYVES]

I've been had! מ׳האָט מיר פֿאַרקויפֿט אַ קאַץ אין זאַק!; כ׳בין געבליבן דער נאַר!

I've had it! ס׳געדולד האָט מיר שוין געפּלאַצט!; דאָס וואַסער גרייכט שוין ביז אַהער!

not to be had נישטאָ צו באַקומען ‹קריגן›; נישטאָ אויף קיין רפֿואה [REFÚE]

haven

(refuge) דער מקום־מיקלט; דער האַרבעריק, ־ן; דער אַזיל, ־ן [MÓKEM-MÍKLET]

(harbor) דער האַוון, ־ס; דער פּאָרט, ־ן

have-nots אָרעמע־לײַט; נישט־פֿאַרמאָגערס; אומפֿאַרמעגלעכע

haversack דער אָקסלזאַק, ...זעק

haves עשירים; פֿאַרמאָגערס; פֿאַרמעגלעכע; בעלי־קעשענע [AShÍRIM] [BÁLE]

havoc [KhURBM] דער חורבן; דער תּל; דאָס איבערקערעניש [TEL]

play havoc (with) אָנמאַכן אַן איבערקערעניש (אין); אָנמאַכן אַ חורבן (אין); אַ תּל מאַכן (פֿון); ברענגען ‹אָנטאָן› + דאַט׳ היזק [HÉZEK]

Hawaii (דאָס) האַוואַי

hawk, *n.* דער פֿאַלק, ־ן

(pol.) [MILKhÓME] דער מלחמה־שפּאַרבער, ־ס

hawk, *v.*

hawk one's wares רעקלאַמירן די אײגענע סחורה [SKhÓYRE]

hawk up אויסכראַקע|ן

hawkbit דער לעמפּערטצאָן

hawker דער וועגהענדלער, ־ס; דער פּעדלער, ־ס; דער מקום־גייער, ־ס [MÓKEM]

hawk-eyed

(eyesight) [RÍE] מיט אַ שאַרפֿער ראיה

(vigilant) וואַכיק

hawkish שפּאַרבער...

be hawkish [MILKhÓME] זײַן אַ (מלחמה־)שפּאַרבער

hawk's beard (bot.) דאָס ניסנדל

hawkweed דאָס יאַסטערל

hawthorn דער ווײַסדאָרן; דער שפּיצדאָרן

hay, *n.* דאָס היי

make hay אויסניצן די געלעגנהייט; פּראָפֿיטירן

hay, *v.* שנײַדן דאָס היי

haycock די קאָפּנע היי

hay fever דער הייפֿיבער; דער הייקאַטער; דאָס מײַאָווע קדחת [KADÓKhES]

hayfork דער הייגאָפּל, ־ען; די ווידלע, ־ס

haying דער היישניט

hay-loader דער היי־אָנלאָדער, ־ס

hayloft דער הייבוידעם, ־ס/...ביידעמער

hay press דער הייפּרעס, ־ן; דער פּאַקפּרעס, ־ן

haystack דער סטויג, ־ן; די סטערטע, ־ס; די סקירדע, ־ס

haywire, *adj.*

go haywire צעשרויפֿט ‹משוגע› ווערן; פֿאַרלירן זיך; אַרויסגיין פֿון די האַלאָבליעס [MEShÚGE]

haywire, *n.* דער/דאָס בינדדראָט

hazard, *n.* [SAKÓNE/SEKÓNE] די סכּנה, ־ות; די ריזיקע, ־ס

hazard, *v.* ריזיקירן מיט; דערוועגן זיך

hazard a guess דערוועגן זיך צו טרעפֿן

hazard insurance די סכּנה־פֿאַרזיכערונג‹־סטראַכירונג› [SAKÓNE/SEKÓNE]

hazard lights וואָרנלאָמפּן

hazardous סכּנהדיק; מסוכּן; געפֿערלעך; ריזיקאַליש [SAKÓNEDIK/SEKÓNEDIK] [MESÚKN]

be hazardous to one's health שאַטן + דאַט׳ צום געזונט; פֿאַרשאַטן + דאַט׳

hazardous material דאָס מסוכּנוואַרג; סכּנהדיקע מאַטעריאַלן ל״ר [MESÚKNVARG] [SAKÓNEDIKE/SEKÓNEDIKE]

haze, *n.* דער נעפּל־שלייער, ־ס; דער נעפּל, ־ען; דער טומאַן, ־ען

in a haze of alcohol פֿון שנאַפּס ‹ווײַן› פֿאַרנעפּלט

haze, *v.* מאַטערן; פּלאָגן; געבן + דאַט׳ פֿעפֿער צו שמעקן

haze over פֿאַרנעפּלט ווערן

hazel (color) נוס ברוין

hazel grouse די וואַלדהון, ...הינער

hazelnut דאָס וואַלדניסל, ־עך; דער האָזננוס, ...ניס; דאָס האָזניסל, ־עך; דאָס האָזענע ניסל, ־עך

haziness די/דאָס פֿאַרנעפּלטקייט

hazmat suit דער שיצקאָסטיום, ־ען

hazy נעפּלדיק; טומאַניק; פֿאַרנעפּלט

H-bomb די הידראָגען־‹וואַסערשטאָף־›באָמבע, ־ס

HDL דער האַ־דע־על; דער אייטש־די־על

he ער

he said, she said געזאָגט־(און־)געזאַגט; ויאמר־ותּאמר [VAYÓYMER-VATÓYMER]

he who says דער וואָס זאָגט

head, *adj.* קאָפּ...

(main) הויפּט...; אייבער...

head, *n.* דער קאָפּ, קעפּ

(of child) דאָס קעפּל, ־עך; דאָס קעפּעלע, ־ך

(leader) דער פֿירער, ־ס; דער אָנפֿירער, ־ס; דער הויפּט, ־ן; דער שעף, ־ן

(of vegetable) דאָס הייפּטל, ־עך; דאָס קעפּל, ־עך

at the head (of) [B(E)RÓSh] בראָש (פֿון); אויבן אָן (פֿון)

at the head of the table אויבן אָן פֿון טיש

be head and shoulders above sb. זײַן מיט עטלעכע ‹גאַנצע› קעפּ העכער פֿון; האָבן + אַק׳ אין וועסטל־קעשענע

bring to a head צושפּיצן; דערפֿירן ביז צו(ן) אַ קריטישן מאָמענט

come to a head צושפּיצן זיך; דערגיין ביז צו(ן) אַ קריטישן מאָמענט

fall head over heels in love פֿאַרליבן זיך איבער די אויערן; פֿאַרפֿרעגלען זיך אין

from head to foot/toe פֿון קאָפּ ביז די פֿיס
get out of one's head אַרויסטרייבן ‹אַרויסשלאָגן› זיך פֿון קאָפּ
go over one's head אָנקומען צו(ן) אַ העכערער אינסטאַנץ
go to one's head (alcohol) אַ זעץ טאָן + דאַט' אין קאָפּ אַרײַן
have a head for זײַן פֿעיִק צו ‹אין›
head of cabbage דאָס הייפּטל קרויט
head of cattle [BEHÉYME] די בהמה; דאָס שטיקל בהמה
head of hair דער קאָפּ האָר; די שעוועליור
head of household דער בעל־הבית, בעלי־בתּים; דער הויפּט ‹עלטסטער› אין דער משפּחה [BAL(E)BÓS, BAL(E)BÁTIM] [MIShPÓKhE]
head of state [MELÚKhE] דער מלוכה־ראָש, ־ים
head of the bed דער צוקאָפּנס
head of the table דער אויבנאָן, ־ען
head over heels in love פֿאַרליבט ביז איבער די אויערן; משוגע ‹מסוכן› פֿאַרליבט [MEShÚGE] [MESÚKN]
heads or tails קאָפּ צי שלאַק ‹אָדלער›; קאָפּ־שלאַק
make heads or tails of דערגײן אַ טאָלק פֿון
It's way over his head ס'איז אים העט איבערן קאָפּ
keep one's head נישט פֿאַרלירן דעם קאָפּ
off one's head משוגע; צעדרייט
per head [NÉFESh] אויף אַ נפֿש ‹קאָפּ›; אויף יעדן איינעם
put one's heads together צוזאַמענליגן אַלעמענס שׂכל; (אַ)דורכרעדן אין איינעם [SEYKhL]
She can't wrap her head around it זי קען עס נישט אַרומנעמען מיטן מוח ‹שׂכל›; דאָס פּאַטויפּעט זיך איר נישט אין קאָפּ [MÓYEKh]
Success went to his head די הצלחה האָט אים דעם קאָפּ פֿאַרדרייט [HATSLÓKhE]

head, *v.*
vt. **(lead)** שטיין בראָש פֿון; שטיין אין (דער) שפּיץ פֿון; שטיין אויבן אָן פֿון; אָנפֿירן (מיט) [B(E)RÓSh]
vi. **(leave)** אַוועקלאָזן זיך; לאָזן זיך (גיין)
head sb. off פֿאַרלויפֿן + דאַט' דעם וועג; איבערכאַפּן
head stg. off אָפּווענדן; אָפּלענקען; נישט דערלאָזן צו
head over to אַרײַנכאַפּן זיך אין ‹צו›
head south [DÓREM] אַוועקלאָזן זיך אויף דרום
head south (*fig.*) גיין באַרג־אַראָפּ; פֿאַרלירן די מדרגה ‹דעם שטאַפּל› [MADRÉYGE]

headache דער קאָפּווייטיק, ־ן
(*fig.*) צרות ל"ר; דאָס קאָפּ־דרייעניש, ־ן; דאָס אָנשיקעניש, ־ן [TSÓRES]
He has a headache דער קאָפּ טוט אים וויי; סע טוט אים וויי דער קאָפּ; ער האָט (אַ) קאָפּווייטיק
headband די האָרבאַנדע, ־ס; דאָס איבערל, ־עך
headboard דער צוקאָפּנס
headcount
take a headcount איבערציילן
head covering דער קאָפּצודעק, ־ן
headdress דער קאָפּצודעק, ־ן; דער קאָפּבאַפּוץ, ־ן; די קאָפּקע, ־ס
header
(mech.) דער קעפּל־שנײַדער, ־ס
(typ.) דאָס אויבנדל, ־עך
headfirst
(dive) מיטן קאָפּ אַראָפּ
(rush) פֿײַל פֿון בויגן; סטראָם־האַלאַווע; הענדעם־פּענדעם
headgear (orthodontic) דער געביס־אַפּאַראַט
head honcho דער הויפּטקנאַקער, ־ס; די גרויסע שישקע; דער סאַמע גלאַוונער גוב'
headhunter דער קאָפּיעגער, ־ס
(recruiter) דער דירעקטאָרן־זוכער, ־ס
heading דער קאָפּ, קעפּ; דאָס קעפּל, ־עך; די רובריק, ־ן
headless אָן אַ קאָפּ
head lice קאָפּלײַז; האָרלײַז
headlight דער פֿאָנאַר, ־ן; דער (אויטאָ־)פֿאַרע, ־ס
headline, *n.* דאָס קעפּל, ־עך; די קאָפּן־שורה, ־ות; דער קאָפּ, קעפּ [ShÚRE]
hit the headlines אַרײַנפֿאַלן אויפֿן ערשטן זײַטל
headline, *v.*
(journalism) באַקעפּלען
(thea.) פֿאַרנעמען ‹האָבן› די הויפּטראָלע
headline type דער קעפּלשריפֿט
headlong *see* **headfirst**
headmaster דער שול־דירעקטאָר, ...אָרן; דער רעקטאָר, ...אָרן
headmistress די שול־דירעקטאָרשע, ־ס; די רעקטאָרשע, ־ס
head-on פֿראָנטאַל
deal head-on with רעדן אָפֿענע דיבורים וועגן; נישט פֿאַנפֿען וועגן
head-on collision דער פֿראָנטאַלער קראַך ‹צונויפֿשטויס›, ־ן
headphones (קאָפּ)הערערס
headquarters די הויפּטקוואַרטיר, ־ן; די צענטראַלע, ־ס
(mil.) די שטאַבסקוואַרטיר, ־ן; דער שטאַב, ־ן; די איבערקאָמאַנדע
headrest דער קאָפּאָנשפּאַר, ־ן
headroom די אינעווייניקסטע הייך
headset דאָס הערטרײַבל, ־עך; דער (קאָפּ)הערער, ־ס
headshot די פֿאָטאָגראַפֿיע פֿון קאָפּ
headshrinker דער פּסיכיאַטער, ־ס
head start דער פֿאָרויס, ־ן; דער פֿריִער אָנהייב, ־ן
get a head start האָבן אַ פֿאָרויס; האָבן ‹באַקומען› אַ פֿריִען סטאַרט ‹אָנהייב›; באַקומען אַ שטויס אין פֿאָרויס; האָבן דעם יתרון [YÍSREN]
headstrong עקשנותדיק; עקשניש; אײַנגעשפּאַרט; האַרטנעקיק; פֿאַרשטאָקט; קשה־עורפֿדיק [AKShÓNESDIK] [AKShÓNISh] [KShEY-ÓYREFDIK]
heads-up
give sb. a heads-up וואָרענען + אַק'; לאָזן + אַק'/דאַט' וויסן; געבן + דאַט' צו וויסן
head tax דער קאָפּשטײַער, ־ן; דער שטימשטײַער, ־ן
head voice דער קאָפּטאָן; די קאָפּשטים
head waiter דער הויפּטסאַרווער, ־ס; דער איבערסאַרווער, ־ס
headwaters אויסקוואַלן (פֿון טײַך)
headway
(av.) די באַוועגונג ‹גיכקייט› פֿאָרויס
(between vehicles) דער אינטערוואַל, ־ן; דער צווישן, ־ס
make headway (*fig.*) פּראָגרעסירן; רוקן זיך פֿון אָרט; אַ רוק טאָן זיך פֿאָרויס
headwind דער פֿראָנטאַלער ווינט, ־ן
headword דאָס זוכוואָרט, ...ווערטער
heady (פֿאַר)שיכּורנדיק; שטאַרק משכּרדיק [(FAR)ShÍKERNDIK] [MEShÁKERDIK]
(*fig.*) אויפֿהייטערנדיק; אויפֿרודערנדיק; קאָפּשווינדלדיק
heal
vt./vi. imp. **(of disease)** היילן (זיך)
vt./vi. pf. **(of disease)** אויסהיילן (זיך)
vi. **(of wound)** פֿאַרציִען זיך; פֿאַרהיילן זיך
She's all healed זי האָט זיך שוין אין גאַנצן אויסגעהיילט
healer דער היילער, ־ס; דער זנאַכער, ־ס; דער רפֿואהניק, ־עס [REFÚENIK]
healing, *adj.* היילעוודיק; הייל...

healing, *n.* די היילונג; דאָס היילן זיך
healing power דער כּוח־הרפֿואה; די היילקראַפֿט [KÓYEKh-HAREFÚE]
healing service (J.) דער רפֿואה־שלמה־מנין [REFÚE-ShLÉYME-MÍNYEN]
healing spring דער היילקוואַל, ־ן
health דאָס געזונט; דאָס בריאות [BRÍES]
be in bad health זײַן אַ נישט־געזונטער גבֿ'; זײַן נישט־געזונט
be in good health זײַן געזונט
drink to sb.'s health (אויס)טרינקען לחיים פֿאַר [LEKhÁYEM]
in great health בקוו־הבריאות [BEKÁV-HABRÍES]
To your health! לחיים!
health care דער געזונט־אָפּהיט; די געזונט־השגחה [HAZhGÓKhE/HAShGÓKhE]
health-care professional דער געזונט־פּראָפֿעסיאָנאַל, ־ן
health-care provider דער געזונט־באַזאָרגער ‹־צושטעלער›, ־ס; דער געזונט־פּראָפֿעסיאָנאַל, ־ן
health-care proxy
(document) די הרשאה ‹דער רשות› אויסצופֿירן געזונט־באַשלוסן [HARShÓE] [REShÚS]
(person) דער פֿאַרטרעטער ‹בעל־הרשאה› אויסצופֿירן געזונט־באַשלוסן [BAL-HARShÓE]
health-care worker דער געזונט־אַרבעטער, ־ס
health club דער געניטונג־קלוב, ־ן
health food דאָס געזונטוואַרג; געזונטע שפּײַזן ‹עסנס› ל"ר
health-food store די געזונטשפּײַז־קראָם, ־ען; די געזונטערײַ, ־ען
healthful געזונט
health hazard די סכּנה פֿאַרן געזונט [SAKÓNE/SEKÓNE]
health insurance די געזונט־פֿאַרזיכערונג‹־סטראַכירונג›
health maintenance organization די פֿירמע פֿאַרן קאָאָרדינירטן געזונט־אָפּהיט
health sciences געזונט־וויסנשאַפֿטן
health services די געזונט־באַדינונג ל"י
health spa דער געזונטספּאַ, ־ען; דער געזונט־רעזאָרט, ־ן
healthy געזונט
heap, *n.* די קופּע, ־ס; דער באַרג, בערג; דער הויפֿן, ־ס; דער קויפּ, ־ן; די הורבע, ־ס; די קוטשע, ־ס; די קוגע, ־ס; דער בורט, ־ן
a heap of trouble (*hum.*) סיפּקע צרות [TSÓRES]
heaps of אָן אַ שיעור; אַ באַרג מיט [ShÍER]
heap, *v.* אָנשיטן; אָנהויפֿן; אָנהויפֿענען; אָנוואַלגערן; אָנוואַרפֿן; אָנקויפּן; אָנוואַליע|ן; אָנהורבע|ן
heap insults on אויספּאַטשן; מזלזל זײַן; וואַרפֿן שמוץ אויף [MEZÁLZL]
heap praise on לויבן + אַק' אין הימל ‹טאָג› אַרײַן
heaping מיט אַ שמיצל (אַריבער); מיט אַ ווערעד
hear, *v. imp./pf.* (דער)הערן
hear out אויסהערן
Can you hear me? מע הערט מיך?
Hear that? הערסט ‹הערט› אַ מעשׂה?; שטעל(ט) זיך פֿאָר! [MÁYSE]
Hear, hear! גוט געזאָגט!; מסכּים! [MÁSKEM]
She won't hear of it זי וויל גאָר נישט הערן דערפֿון
We'll be hearing more of him מע וועט שוין וועגן אים הערן
hearing
(auditory) דאָס געהער; די שמיעה [ShMÍE]
(jur.) דער אויסהער, ־ן; דער פֿאַרהער, ־ן
sense of hearing דער הער־חוש; דער חוש־השמיעה [KhÚSh-HAShMÍE]
He got a fair hearing מ'האָט אויסגעהערט אַלע זײַנע טענות [TÁYNES]
hearing aid דאָס הער־אַפּאַראַטל, ־עך; דאָס הערערל, ־עך; דאָס דערהערל, ־עך
hearing-impaired שוועֶרהעריק; שמיעה־שוואַך [ShMÍE]
be hearing-impaired האָבן אַ שוואַכע שמיעה; זײַן שמיעה־שוואַך ‹שווערהעריק›; האָבן אַ הער־מום ‹הערפֿעלער›
hearing loss די אָפּגעשוואַכטע שמיעה; דאָס אָפּגעשוואַכטע געהער [ShMÍE]
hearing test דער הערטעסט, ־ן
hearken האָרכן
hearsay יענעמס רייד; געזאָגט־געזאָגט; זאָגעכצער און זאָגעכצער; דאָס גלימל; קלאַנגען ל"ר
hearsay evidence געהערטע ראיות ל"ר [RÁYES]
hearse דער לוויה־אויטאָ, ־ס; די עגלה, ־ות; דאָס קעטשל, ־עך [LEVÁYE] [AGÓLE]
heart, *adj.* האַרץ...
heart, *n.* דאָס האַרץ, הערצער
after my own heart לויט מײַן געשמאַק
at heart טיף אין האַרצן; אין דער אמתן [ÉMESN]
become dear to one's heart אַרײַנקריכן + דאַט' אין האַרצן
by heart פֿון ‹אויף› אויס(נ)ווייניק; אויפֿן קאָפּ
come from the heart קומען פֿון האַרצן
do one's heart good דערפֿרייען + דאַט' די נשמה [NEShÓME]
eat one's heart out אויפֿעסן זיך (אַ לעבעדיקן); אָפּעסן זיך דאָס האַרץ
find it in one's heart to געפֿינען אין זיך דעם כּוח צו [KÓYEKh]
from the bottom of my heart פֿון טיפֿן האַרצן
give one's heart to פֿאַרליבן זיך אין
have a heart רחמנות האָבן; דערבאַרעמען זיך; האָבן גאָט אין האַרצן [RAKhMÓNES]
have a heart of gold האָבן אַ גאָלדן האַרץ
have a heart of stone האָבן אַ שטיינערן האַרץ
have one's heart in the right place האָבן אַ גוט האַרץ; האָבן גוטע כּוונות [KAVÓNES]
have one's heart set on לעכצן נאָך; פֿאַרקוואַפּע|ן זיך אויף; שטרעבן מיטן גאַנצן האַרצן צו
heart and soul בלבֿ־ונפֿש; מיטן גאַנצן האַרצן [BELÉV-VONÉFESh]
hearts (cards) דאָס האַרץ; דאָס רויט(ס)
His heart sank ס'איז בײַ אים אײַנגעפֿאַלן דאָס האַרץ
I had my heart in my mouth ס'האָט מיר געציטערט דאָס האַרץ; די נשמה איז מיר אַרויסגעפֿאַלן [NEShÓME]
in one's heart of hearts טיף אין האַרצן; אין די טיפֿענישן פֿון האַרצן; אונטערן שטערצל
in the heart of אין סאַמע מיטן
lose heart פֿאַרלירן דעם קוראַזש ‹מוט›; נעמען זיך צום האַרצן; אַראָפּפֿאַלן בײַ זיך
My heart goes out to her ס'איז מיר (נעבעך) אַ רחמנות אויף איר; איך פֿיל מיט מיט איר
not have the heart to נישט האָבן דאָס האַרץ צו
set one's heart on פֿאַרקוואַפּע|ן ‹פֿאַרלייגן› זיך אויף; וואַרפֿן אַן אויג אויף
take heart מאַכן זיך האַרץ; אָננעמען זיך מיט קוראַזש; מענטשן זיך
take to heart נעמען זיך צום האַרצן
the heart of the matter דער עיקר־הענין; דער תּמצית ‹תּוך› פֿון דער זאַך [ÍKER-HAÍNYEN] [TÁMTSES] [TOKh]
to one's heart's content וויפֿל דאָס האַרץ גלוסט

with all one's heart בלבֿ־ונפֿש; מיטן ‹פֿון› גאַנצן האַרצן
heartache דאָס עגמת־נפֿש; דער האַרצווייטיק [ÁGMES-NÉFESh]
heart attack דער האַרצאַטאַק, ־ן; דער האַרצאַנפֿאַל, ־ן
heartbeat דאָס האַרץ־קלאַפּעניש, ־ן; דער פּולס, ־ן; דער דפֿק, ־ן [DÉYFEK]
(single beat) דער האַרצקלאַפּ, ...קלעפּ
heartbreak דאָס האַרץ־ברעכעניש; דאָס קלעמעניש; דער ריס אין האַרצן
It caused heartbreak for her ס'האָט איר אַזש צעבראָכן ‹געקלעמט› דאָס האַרץ
heartbreaker
She's a heartbreaker זי פֿאַנגט אַלעמענס האַרץ
heartbreaking האַרץ־רײַסנדיק
be heartbreaking רײַסן בײַם האַרצן; זײַן אַ (ביטער) רחמנות [RAKhMÓNES]
heartbroken צעבראָכן; פֿאַרצערט; דערשלאָגן פֿון צער ‹יסורים›; מיט אַ צעבראָכן האַרץ [TSAR] [YESÚRIM]
heartburn דאָס ברענעניש אונטערן האַרצן ‹לעפֿעלע›
She has heartburn ס'ברענט איר אונטערן האַרצן ‹לעפֿעלע›
heart chamber די האַרצקאַמער, ־ן
heart condition דער האַרצפֿעלער, ־ן
have a heart condition האָבן צו טאָן מיטן האַרץ; האָבן צרות מיטן האַרץ [TSÓRES]
heart disease די האַרצקרענק; די/דאָס האַרצקראַנקייט; דער האַרצפֿעלער
hearten אויפֿמונטערן; באַגײַסטערן
heartening אויפֿמונטערנדיק; באַגײַסטערנדיק
heart failure דער האַרצבראַך
She had heart failure זי האָט געליטן פֿון אַ האַרצבראַך; דאָס האַרץ האָט איר נישט געדינט
heartfelt אויפֿריכטיק; אמתדיק; ריינהאַרציק; האַרציק; פֿון (גאַנצן) האַרצן [ÉMESDIK]
hearth דער קאַמין, ־ען; דער הײמפֿײַער, ־ן; דער הײמבראַנד, ־ן
(fig.) די היים
hearth brush די פֿאַמעלע, ־ס
heartily געשמאַק; האַרציק; שטאַרק
eat heartily עסן מיט אַ גרויסן אַפּעטיט
heartland דאָס האַרץ
in the heartland אין האַרץ
heartless אָן אַ האַרץ; אָן רחמנות; אומברחמנותדיק; נישט־אײַנזעעוודיק [RAKhMÓNES] [ÚMBERAKhMÓNESDIK]
be heartless נישט האָבן גאָט אין האַרצן; האָבן אַ האַרץ פֿון אַ טאָטער; האָבן אַ האַרץ ווי אַ שטיין
heart rate דער האַרצטעמפּ; די/דאָס האַרציגיכקייט
heartrending *see* **heartbreaking**
heartseed דער האַרצזוימען
heart-shaped האַרצפֿאָרמיק; האַרץ־פֿאָרעמדיק
heartsick שווער אויפֿן האַרצן
She's heartsick ס'איז איר שווער אויפֿן האַרצן; זי האָט האַרצווייטיק
heartstrings טיפֿסטע געפֿילן
tug at sb.'s heartstrings ציִען + דאַט׳ בײַם האַרצן
heartthrob דער האַרצן־פֿרעסער, ־ס
He's a heartthrob אַלע זענען פֿאַרקאָכט אין אים; אַלע זענען נאָך אים די כפּרה [KAPÓRE]
heart-to-heart talk דער אינטימער שמועס, ־ן
heartwarming רירנדיק
It was heartwarming ס'האָט דערוואַרעמט ‹דערפֿריייט› דאָס האַרץ; ס'איז דערפֿון געוואָרן וואַרעם אין אַלע גלידער
heartwood דער האָלצמאַרך; דאָס קערנהאָלץ

heartwrenching *see* **heartbreaking**
hearty
(strong) געזונט; פֿעסט; שטאַרק
(from the heart) האַרציק
(laughter) האַרציק
(meal) געזונט
a hearty welcome אַ האַרציקער ברוך־הבא [BOR(E)KhÁBE]
heat, *n.* די היץ; די/דאָס וואַרעמקייט; די וואַרעם
(weather) די היץ
(extreme weather) די חמימה, ־ות; היצן ל״ר; די ברענענדיקע היץ [KhMÍME]
(animal) די/דאָס צעפֿלאַמטקייט
(excitement) די היץ; דער ברען
(spo.) דער טור, ־ן
in heat צעפֿלאַמט
in the heat of אין סאַמע ברען פֿון
keep the heat on sb. כּסדר דריקן אויף [KESÉYDER]
when the heat is on ווען די דריקונג ‹שפּאַנונג› איז גרויס
heat, *v.*
vt. **(house)** (אָנ)הייצן; באַהייצן
vt. **(water/food)** אָנוואַרעמען
heat up, *vt./vi.* אָנוואַרעמען (זיך)
heat up, *vi.* *(fig.)* פֿאַרשטאַרקן זיך; אויפֿזידן
heat advisory די היץ־וואָרענונג, ־ען
heated באַהייצט; אָנגעוואַרעמט; געהייצט
(fig.) צעהיצט; היציק
heated argument די היציקע ‹צעהיצטע› מחלוקת, ־ן [MAKhLÓYKES]
heater דער הייצער, ־ס; דער הייץ־אַפּאַראַט, ־ן
heat exhaustion די היץ־אויסשעפּונג
heath
(bot.) די עריקע
(moor) דער פּוסטבאָדן; דער ווערעסק
heathen דער געצן־דינער, ־ס; עכּו״ם ל״ר [ÁKUM/ÁKEM]
heather סטעפּנהאָר ל״ר; דער ווערעסק
heat index דער היצאינדעקס; דער היץ־חשבון [KhEZhBM]
heating, *n.* די (באַ)הייצונג
heating fuel דאָס הייצוואַרג
heating oil דער הייצנאַפֿט
heating pad דאָס וואַרעם־קישעלע, ־ך
heating system די באַהייץ־סיסטעם, ־ען
heatproof היץ־באַוואָרנט
heat rash דער היצאויסשיט
heat-seeking היץ־זוכנדיק
heat sensor דער היצסענסאָר, ־ן
heatshield דער היצשיץ, ־ן
heatstroke דער היצשלאַק
heatwave היצן ל״ר; די היצכוואַליע, ־ס
heave, *n.* דער שלײַדער, ־ס; דער שמיץ, ־ן; דער וואָרף, ־ן
(of waves) דאָס כוואַליען; דאָס געוויג
heave, *v.*
vt. **(drag)** שלעפּן
vt. **(lift)** הייבן
vt. **(throw)** געבן אַ שלײַדער ‹שמיץ/וואָרף›
vi. **(rise and fall)** כוואַליע|ן זיך
vi. **(retch)** פּרוּוון אויסברעכן; מייקענען
heave a sigh אָפּזיפֿצן; געבן ‹אַרויסלאָזן› אַ טיפֿן זיץ
Heave ho! אַלע אין איינעם!
heaven דער הימל, ־ען; דער/דאָס גן־עדן; דער עולם־העליון [GANÉYDN/GENÉYDEM] [ÓYLEM-HOÉLYEN]
For Heaven's sake! ג(ע)וואַלד געשריגן!; ווי גאָט איז דיר ‹אײַך› ליב!; גאָט אין הימל!

Good heavens! גאָטעניו!; גאָט אין הימל!; ג(ע)וואַלדינקעס; מאַמעלעך!

Heaven forbid! (חס־ו)חלילה!; חס־ושלום!; זאָל גאָט אָפּהיטן! [(KhÁS-VE)KhOLÍLE] [KhÁS-VEShÓLEM]

heaven on earth דער גן־עדן־התּחתּון; דער ערדישער גן־עדן [GANÉYDN(-HATÁKhTN)]

Heaven help us! גאָט ‹דער אײבערשטער› זאָל אונדז שומר־ומציל זײַן! [ShÓYMER-UMÁTSL]

a match made in heaven אַ זיווג מן־השמים [ZÍVEG MINAShOMÁYEM]

move heaven and earth אײַנרײַסן ‹אײַנלייגן› די וועלט; אײַנלייגן וועלטן

Thank Heaven! דאַנקען גאָט!; גאָט צו דאַנקען!; ברוך־השם!; אַ לויב דעם אײבערשטן! [BOR(E)KhAShÉM]

to high heaven ביזן זיבעטן הימל (אַרײַן)

heavenly הימלדיק; הימל(י)ש; גן־עדנדיק [GANÉYDNDIK]

(*fig.*) וווּנדערלעך; וווּנדער שיין; מחיהדיק [MEKhÁYEDIK]

heavenly bodies הימל־קערפּערס

heaven-sent פֿון הימל (צו)געשיקט; באַשערט

heavenward צום הימל צו

heaviness די/דאָס שווערקייט; די/דאָס וואָגיקייט

heavy שווער

(blow) *also* שטאַרק

(obese) גרויסלײַביק; שווערלײַביק; דיק

(traffic) גרויס; געדיכט

a heavy sea שטאַרקע כוואַליעס ל"ר

be a heavy smoker שווער ‹שטאַרק› רייכערן

be a heavy drinker שיכּורן; זשליאָקע|ן ‹גיסן/טרינקען› ווי וואַסער [ShÍKERN]

heavy snowfall דער געדיכטער שניי

receive a heavy blow אַרײַנכאַפּן ‹קריגן› אין דער זיבעטער ריפּ

under heavy guard אונטער שטרענגער וואַך

with a heavy heart מיט אַ שווער געמיט ‹האַרץ›

heavy artillery די שווערע אַרטילעריע

heavy breathing דאָס שווערע אָטעמען

heavy-duty איבערמעכטיק

heavy equipment שווערע מכשירים ל"ר [MAKhShÍRIM]

heavy-handed אומגעלומפּערט; לעפּיש

(harsh) האַרב

heavy-hearted שווער־געמיטיק; פֿאַרקלעמט

be heavy-hearted קלעמען זיך; האָבן אַ שווער געמיט ‹האַרץ›

heavy industry די שווערע אינדוסטריע; די גרויס־אינדוסטריע

heavy metal דער שווער־מעטאַלענער עלעמענט, ־ן

(mus.) דער מעטאַלראָק

heavyset פֿעסט געבויט; יאָדערדיק

heavy water דאָס שווערע וואַסער

heavyweight, *adj.* שווערוואָגיק

heavyweight, *n.* דער שווערוואָגיקער געב'

(*fig.*) דער בעל־השפּעה, בעלי־...; די וויכטיקע ‹אָנגעזעענע› פֿיגור, ־ן [BAL-HAShPÓE, BÁLE-...]

Hebraic לשון־קודשדיק [LOShN-KÓYDEShDIK]

Hebraism דאָס לשון־קודש־שטאַמיקע וואָרט, ווערטער; דאָס לשון־קודש־וואָרט, ־ווערטער [LOShN-KÓYDESh]

Hebrew, *adj.* העברעיִש; עבֿריתיש [IVRÍTISh]

Hebrew, *n.*

(biblical/traditional language) דאָס לשון־קודש [LOShN-KÓYDESh]

(modern language) דאָס העברעיִש; דאָס עבֿרית [IVRÍT]

(person) דער עבֿרי, ־ם; דער העברעער, ־ס [ÍVRI]

Hebrews *also* ייִדן

Hebrew-Aramaic, *adj.* לשון־קודש־... [LOShN-KÓYDESh]

Hebrew-Aramaic, *n.* דאָס לשון־קודש [LOShN-KÓYDESh]

Hebrew characters דער אַלף־בית ל"י; ייִדישע אותיות [ÁLEFBEYS] [ÓYSYES]

Hebrew school דער תּלמוד־תּורה, ־ות [TALMETÓYRE]

Hebron (דאָס) חבֿרון [KhÉVREN]

heck

Oh, heck! אַ רוח זאָל עס נעמען! [RÚEKh]

What the heck! נו, זאָל שוין זײַן אַזוי!

just for the heck of it סתּם ‹גלאַט› אַזוי [STAM]

heckle אויספֿײַפֿן; העצן; מאַכן צווישנרופֿן; איבערשלאָגן די רייד

heckler דער אויספֿײַפֿער, ־ס; דער צווישנרופֿער, ־ס

heckling דאָס אויספֿײַפֿעניש; דאָס אויספֿײַפֿערײַ; דער צווישנרוף

hectare דער העקטאַר, ־ן

hectic פֿיבערדיק; מהומהדיק [MEHÚMEDIK]

hectograph דער העקטאָגראַף, ־ן

hector אָנשרעקן; טיראַניזירן

hedge, *n.*

(fence) דער לעבעדיקער פּלויט, ־ן; דער/די קוסטצוים, ־ען; דער געוויקסן־פּלויט, ־ן; דער אײַנצאַם, ־ען

(avoidance) דער אויסמײַד, ־ן

as a hedge against inflation ווי אַ באַוואָרעניש קעגן אינפֿלאַציע

hedge, *v.* סטאַרע|ן זיך אַרויסצודרייען; רעדן מיט אַ האַלב מויל; אויסמײַדן אַ דירעקטן ענטפֿער

hedge in אײַנצאַמען

hedge one's bets (fin.) באַוואָרענען ‹פֿאַרזיכערן› דורך קעגנדעקן

hedge one's bets (*fig.*) באַוואָרענען זיך פֿון ביידע ‹אַלע› מעגלעכקייטן

hedge fund דער העדזשפֿאָנד, ־ן

hedgehog דער שטעכל־חזיר, ־ים; דער שטעכלער, ־ס; דער נאָדלער, ־ס [KhÁZER, KhAZÉYRIM]

hedgehog cactus דער שופֿר־קאַקטוס [ShÓYFER]

hedge hyssop דער גאָטסגנאָד

hedge mustard די רפֿואה־טודרע [REFÚE]

hedge parsley דער פּעטרישניק

hedgerow *see* **hedge**

hedonism דער העדאָניזם

hedonist דער העדאָניסט, ־ן

hedonistic העדאָניסטיש; פֿאַרגעניגן־זוכעריש

hedonistic person (*m./unsp.*) דער בעל־תּאווהניק, ־עס; דער פֿאַרגעניגן־זוכער, ־ס [BALTÁYVENIK]

hedonistic person (*f.*) די בעל־תּאווהניצע, ־ס [BALTÁYVENITSE]

heed רעכענען זיך מיט; לייגן אַכט אויף

heed one's advice פֿאָלגן + פּאָס' עצה [ÉYTSE]

heedless הפֿקרדיק [HÉFKERDIK]

heedless of אָן זיך צו רעכענען מיט; אָן צו לייגן אַכט אויף

heel, *n.*

(of foot) די פּיאַטע, ־ס

(of shoe) דער אַפּצאַס, ־ן; דער קאָריק, קאָרקעס; דער קנעכל, –

(of loaf) דער קרײַעץ, קרײַצעס; דאָס שפּיצל, ־עך

(contemptible person) דער שאָלטיק, ־עס; דער גראָביאַן, ־ען/־עס

dig in one's heels אײַנעקשנען זיך; פֿאַרעקשנען זיך; אײַנשפּאַרן זיך; נישט רירן זיך פֿון אָרט [ÁYNÁKShENEN] [FARÁKShENEN]

down at the heels אָפּגעפּאָרן; אָפּגעכוימלט; אָפּגעריסן־אָפּגעשליסן

on the heels of — האַרט ‹באַלד› נאָך
take to one's heels — אַנטלויפֿן; כאַפּן ‹נעמען› די פֿיס אויף די פּליִיצעס; מאַכן פּליטה [PLÉYTE]
heel,[1] *v.*
vt. **(shoe)** — לייגן ‹צוקלעפּן› אַ בלעטל אויפֿן אַפּצאַס
vi. **(sit)** — זיצן אויף די פּיאַטעס
Heel! — בײַ די פֿיס!
heel,[2] *v.* **(incline)** — נייגן זיך אויף אַ זײַט
heft — די משׂא; די וואָג; די/דאָס שווערקייט [MÁSE]
hefty
(considerable) — היפּש
(heavy) — שווערלײַביק; גראָב; דיק
(strong) — שטאַרק; געזונט; מעכטיק
hegemonism — דער העגעמאָניזם
hegemony — די העגעמאָניע
heifer — די טעליצע, ־ס
height
(elevation) — די הייך, ־ן
(high point) — די הויכעניש, ־ן
(of person) — דער וווּקס, ־ן
at a height of — אויף אַ הייך פֿון
at the height of — אין סאַמע ברען פֿון
height of fashion — די העכסטע מאָדע
height of folly — דאָס סאַמע טיפּשות; דאָס טיפּשות אַליין [TÍPShES]
heights — הייכן; הויכענישן
six feet in height — זעקס פֿוס די הייך; זעקס פֿוס הויך
heighten — פֿאַרשטאַרקן; פֿאַרגרעסערן
heinous — גרויליק; רישעותדיק; נבֿלהדיק [RÍShESDIK] [NEVÓLEDIK]
heinous act — די נבֿלה, ־ות [NEVÓLE]
heir — דער יורש, ־ים [YÓYRESh, YÓRShIM]
be heir to — זײַן דער יורש פֿון; ירשע‎|(נע)ן [YÁRShE(NE)N]
heir to the throne — דער טראָן־יורש, ־ים
(male/J.) — דער קדיש, ־ים [KÁDESh, KADÉYShIM]
heir apparent — דער געזעצלעכער יורש, ־ים [YÓYRESh, YÓRShIM]
heiress — די יורשטע, ־ס [YÓYREShTE]
heirloom — די (טײַערע) ירושה־זאַך, ־ן [YERÚShE]
heir presumptive — דער תּנאַי־יורש, ־ים [TNÁY-YÓYRESh, ...-YÓRShIM]
(J./Hasidic/rabbinic) — דער/די ינוקא [YENÚKE]
heist — די רויבערײַ, ־ען; דער רויבאָנפֿאַל, ־ן; די גזלה, ־ות [GZÉYLE]
helical — העליקאַל; ספּיראַליש
helicopter — דער העליקאָפּטער, ־ס
helicopter gunship — דער שיס־העליקאָפּטער, ־ס
heliocentric — העליאָצענטריש
heliology — די העליאָלאָגיע
heliometer — דער העליאָמעטער, ־ס
helioscope — דער העליאָסקאָפּ, ־ן
heliosphere — די העליאָספֿער, ־ן
heliotrope — דער העליאָטראָפּ, ־ן
helipad — די העליקאָפּטער־פּלאַטפֿאָרמע, ־ס
heliport — דער העליפּאָרט, ־ן
helium, *adj.* — העליום־...
helium, *n.* — דער העליום
helium balloon — דער העליום־באַלאָן, ־ען
helix — דער העליקס, ־ן; דער ספּיראַל, ־ן
hell — דער/דאָס גיהנום, ־ס [G(EH)ÉNEM]
a hell of a ... — אַ ג(ע)וואַלדיקער גענ' ...; שוין איין מאָל אַ ...
a hell of a lot — אַ גוזמא; אַ היפּש ביסל [GÚZME]
a hell of a mess — אַ קאַשמאַרישער ‹שרעקלעכער› באַלאַגאַן
All hell broke loose — ס'האָט זיך געטאָן (שוואַרץ־)חושך [KhÓYShEKh]
come hell or high water — וואָס סע זאָל נישט זײַן ‹קומען›; דורך פֿײַער און (דורך) וואַסער; מעג די וועלט זיך איבערקערן; מעג דונערן און בליצן
for the hell of it — סתּם ‹גלאַט› אַזוי [STAM]
Go to hell! — גיי(ט) אין דר'ערד אַרײַן מיט דיר ‹אײַך›!; אין דער אדמה (אַרײַן) [ADÓME]
like hell — ווי אַ שד; מיטן גאַנצן כּוח [ShED] [KÓYEKh]
Like hell he will! — נישט בײַ מאַטיען!; נישט דערלעבן וועט ער עס!; ער וועט לאַנג וואַרטן!
There will be hell to pay! — אוי, וועלן זײַן גרויסע צרות! [TSÓRES]
To hell with him! — גיין זאָל ער מיטן קאָפּ אין דר'ערד!; אין דר'ערד אַרײַן מיט אים!; כאַפּט אים דער רוח!; נעמען זאָל אים דער שוואַרץ־יאָר!; זאָל ער גיין אין דער אדמה אַרײַן!; זאָל ער גיין צו(ן) אַל די שוואַרצע־יאָר! [RÚEKh] [ADÓME]
To hell with it! — צו(ן) אַל די שוואַרצע־יאָר!; פֿאַרברענט ‹נישט־געדאַכט› זאָל עס ווערן!
What the hell happened? — וואָס טוט זיך דאָ, צו(ן) אַל די שוואַרצע־יאָר?
when hell freezes over — ווען אין הימל וועט זײַן אַ יאַריד; עד־סוף־כּל־הדורות [AD-SÓF-KOLADÓYRES]
hellbent (on) — פֿעסט באַשלאָסן (צו)
hellcat — די מרשעת, ־ן; די מכשפֿה, ־ות [MARShÁS] [MAKhShÉYFE]
hellebore — דער ניסוואָרצל
Hellenism — דער העלעניזם
Hellenist — דער העלעניסט, ־ן
Hellenistic — העלעניסטיש
hellish — העליש; ווי אין גיהנום; מוראדיק; שרעקלעך [G(EH)ÉNEM] [MÓYREDIK]
hello
(in the morning) — גוט־מאָרגן!
(in the afternoon) — גאָט העלף!; גוט־על(ע)ף!
(in the evening) — גוטן־אָוונט!
(in person) — שלום־עליכם! [ShÓLEM-ALÉYKhEM]
(on the phone) — האַלאָ!
(on the Sabbath) — (אַ) גוט־שבת! [ShÁBES]
(on holidays) — גוט־יום־טובֿ! [YÓNTEF/YÓNTEV]
helm — דער רודער, ־ס; די קערמע, ־ס; דער העלם, ־ען
at the helm — בײַם רודער
take over the helm (*fig.*) — נעמען די לייצעס ‹פֿירערשאַפֿט› אין די הענט
helmet — דער קיווער, ־ס; די קאַסקע, ־ס; דער העלם, ־ען
helmeted — באַקיווערט; באַקאַסקעט
helmsman — דער רודערער, ־ס; דער שטורמאַן, ...מענער
Help!, *int.* — ג(ע)וואַלד!; ראַטעוועט!
(J./in mortal danger) — שמע־ישׂראל! [ShMA-YISRÓEL]
help, *n.* — די הילף
be of help — קומען + דאַט' צו הילף; זײַן באַהילפֿיק + דאַט'
Help is on the way! — מע קומט שוין העלפֿן!; אָט־אָט קומט די ישועה! [YEShÚE]
help, *v.* — העלפֿן + דאַט'
help out — (אַרויס)העלפֿן + דאַט'; קומען + דאַט' צו הילף
Nothing will help — ס'וועט גאָר נישט העלפֿן; ס'וועט העלפֿן ווי אַ טויטן באַנקעס
She can't help herself — זי קען זיך נישט אײַנהאַלטן
So help me God! — אויף מײַן נאמנות! [NEMÓNES]
It can't be helped — מע קען גאָרנישט (נישט) טאָן; וואָס קען מען טאָן?

helper דער (אונטער)העלפֿער, ־ס; דער געהילף, ־ן
helpful בײַהילפֿיק; (אויס)העלפֿיק; נוציק
be helpful (אַרויס)העלפֿן; אויסהעלפֿן; צודינען; גרייט צו העלפֿן
helping, *adj.* העלפֿ...
give a helping hand (אַרויס)העלפֿן; אויסציִען אַ הילפֿיקע האַנט
helping, *n.* די פּאָרציע, ־ס
helping verb דער העלפֿוואָרב, ־ן
helpless אומבאַהאָלפֿן; אָפּהענטיק; *הילפֿלאָז
be helpless with laughter קוים קענען אײַנהאַלטן דאָס געלעכטער
helpless person דער אומבאַהאָלפֿענער געב'; די אומבאַהאָלפֿענע בריאה, ־ות; דאָס נעבעכל, ־עך [BRÍE]
helplessly אומבאַהאָלפֿענערהייט
helpmate/helpmeet
m. דער לעבנס־באַגלייטער, ־ס
f. דער עזר־כּנגדו; די לעבנס־באַגלייטערין, ־ס [ÉYZER-KENÉGDE]
help wanted מע זוכט; עס ווערט געזוכט
help-wanted ad די זוך־רעקלאַמע, ־ס
Helsinki (דאָס) העלסינקי
helter-skelter, *adv.* ווער וווהין; ווי אַ פֿאַרסמטע מויז; אין אַלע זײַטן; כאַפּ־לאַפּ; שור־בור; בחפּזון [FARSÁMTE] [BEKhIPÓZN]
helter-skelter, *n.* די סומאַטאָכע, ־ס
helve דאָס הענטל, ־עך; די שטיל, ־ן
helzel דאָס (געפֿילטע) העלדזל, ־עך
hem, *n.* דער/די זוים, ־ען
hem, *v.* אַרומזוימען; פֿאַרזוימען
hem and haw דרײען מיט דער צונג; רעדן ‹ענטפֿערן› מיט אַ האַלב מויל; קוועטשן זיך
hem in (*fig.*) באַרינגלען; אײַנרינגלען; אײַנצאַמען
hem up פֿאַרזוימען ‹פֿאַרזוימען›; מאַכן מיט אַ זוים קירצער
hematological העמאַטאָלאָגיש
hematologist דער העמאַטאָלאָג, ־ן
hematology די העמאַטאָלאָגיע
hemiparesis דער העמיפּאַרעז
hemiplegia די העמיפּלעגיע
hemiplegic דער העמיפּלעגיקער, ־ס
hemisphere די העמיספֿער, ־ן; דער האַלבקײַלעך, ־ער; די האַלבקויל, ־ן
hemlock די צוגע
hemodialysis דער העמאָדיאַליז
hemoglobin דער העמאָגלאָבין
hemophilia די העמאָפֿיליע
hemophiliac, *adj.* העמאָפֿיליש
hemophiliac, *n.* דער העמאָפֿיליקער, ־ס
hemorrhage, *n.* דער בלוטאויסגאָס, ־ן
hemorrhage, *v.* בלוטיקן אָן אויפֿהער; שטאַרק בלוטיקן
hemorrhoids מערידן; העמאָרידן
(*hum.*) די/דער גילדערנע(ר) אָדער; די ייִדישע קרענק
hemp קאַנאָפּליעס ל"ר; דער האַנעף; די פּאַקוליע, ־ס
hemp nettle דער הולצאָן
hempseed די סימיע
hempseed oil דער קאַנאָפּליע־אייל־‹בוימל›; דער סימיעאייל
hen די הון, הינער; דאָס הינדל, ־עך
henbane דאָס שגעון־גראָז [ShIGÓEN]
hence
(from here) פֿון דאַנעט
(therefore) דעריבער; על־כּן [ÁLKEYN/ALKN]
henceforth פֿון איצט(ערט) אָן (און ווײַטער)
henchman דער לאַקיי, ־ען
henchmen *also* יוצר־משרתים [YÓYTSER-MEShÓRSIM]
henhouse די הינערשטאַל, ־ן; דער קאַטוך, ־עס/־ן
henna, *n.*
(bot.) די קלאָרע ציפּערבלום
(dye) די חינה [KhÍNE]
henna, *v.* (אָפּ)פֿאַרבן מיט חינה [KhÍNE]
henpecked
be henpecked by ליגן ‹זײַן› אונטער די פּאַנטאָפֿל בײַ
henpecked man דער פּאַנטאָפֿל־מאַן, ־מענער; דאָס מענדעלע, ־ך
hepatica דאָס לעבערבלימל, ־עך
hepatitis די לעבער־אָנצינדונג‹־פֿאַרצינדונג›; דער העפּאַטיט
hepatological העפּאַטאָלאָגיש
hepatologist דער העפּאַטאָלאָג, ־ן
hepatology די העפּאַטאָלאָגיע
heptagon דער העפּטאַגאָן, ־ען; דער זיבנעק, ־ן
heptagonal העפּטאַגאָנאַל; זיבנעק(עכ)יק
her, *adj.* איר
her, *pron.*
accus. זי
dat. איר
herald, *n.* דער שטאַפֿעט, ־ן; דער העראָלד, ־ן; דער אָנזאָגער, ־ס; דער מבשׂר, ־ים [MEVÁSER, MEVÁSRIM]
herald, *v.* אָנזאָגן; מבשׂר(־בשורה) זײַן; זײַן אַן אָנזאָג פֿון [MEVÁSER(-PSÚRE)]
heraldry די העראַלדיק
herb דאָס קרײַטעכץ, ־ער
herbaceous קרײַטעכדיק
herbal קרײַטעכץ־...; גרווירצן־...
herbal medicine דאָס היילן מיט קרײַטעכצער; די פֿיטאָטעראַפּיע
herbal remedy די קרײַטעכץ־רפֿואה, ־ות [REFÚE]
herbal tea די/דער געווירצן־טיי, ־ען; די/דער בלומענטיי, ־ען
herbarium דער הערבאַריום, ־ס
herbicidal הערביציד־...
herbicide דער הערביציד, ־ן
herbivore דער גרוויקסן־פֿרעסער, ־ס
herbivorous גרוויקסן־פֿרעסעריש
herb mercury דאָס יאַריקע קוועקזילבער
herculean שמשון־הגיבורדיק; אײַזערן; איבערמענטשלעך [ShÍMShN-HAGÍBERDIK]
herculean strength די אײַזערנע גבֿורה; די ריזנקראַפֿט [GVÚRE]
Hercules הערקול
Hercules' club (bot.) דער צײַנווייטיק־שטעכניק
herd, *n.* די טשערעדע, ־ס; די סטאַדע, ־ס; דער הערט, ־ן
herd of horses דער טאַבון, ־ען/־עס; די סטאַדע פֿערד
off like a herd of turtles אַוועק ווי אַ טשערעדע טשערעפּאַכעס
herd, *v.*
vt. טרײַבן די טשערעדע ‹סטאַדע›
vi. פּאַשען
herd instinct דער סטאַדע־אינסטינקט
herd-like ווי שאָף; ווי אַ טשערעדע ‹סטאַדע›
herdsman דער טשערעדניק, ־עס; דער טשאַבאַן, ־ען; דער פּאַסטעך, ־ער
here דאָ
(in this geographic area) דאָ־הי; הי
(hither) אַהער; אַהער צו (צו)
(while pointing) אָט (אַ דאָ)
(while giving) נאַ (דיר); נאַט (אײַך)

here and there דאָ און דאָרט; ווו ניִשט ווו; ערטערווײַז
Here goes! הײַדאַ!
Here we go again! ט'אַסטו ווידער!; ט'אַסטו די צווייטע טעג יום־טובֿ! [YÓNTEF/YÓNTEV]
here's to [LEKhÁYEM] לאָמיר טרינקען לחיים פֿאַר
here, there and everywhere אומעטום; וווּ נאָר די וועלט האָט אַן עק
neither here nor there נישט אַהין (און) נישט אַהער
hereabouts דאָ נישט ווײַט; דאָ אין געגנט; דאָ ערגעץ
hereafter, *adv.* פֿון איצט(ערט) אָן; אין דער צוקונפֿט; (אויף) להבא [LEHÁBE]
hereafter, *n.* (דער) עולם־הבא; יענע וועלט; די אמתע וועלט [ÓYLEM-HÁBE] [ÉMESE]
hereby דערמיט
hereditary [YERÚShE] ירושה־...; (ב)ירושהדיק; גערשנט [(BE)YERÚShEDIK] [GEYÁRShNT]
be hereditary [BEYERÚShE] איבערגיין בירושה
hereditary disease די ירושה־קרענק, ־ען; דער משפחה־פֿעלער, ־ן [YERÚShE] [MIShPÓKhE]
heredity [YERÚShEDIKEYT] די/דאָס ירושהדיקייט
by heredity [BEYERÚShE] בירושה
herein דערין; אָט אָ דאָ
hereinafter דאָ ווײַטער
hereof דערפֿון
heresy [KEFÍRE] די הערעזיע; די כּפֿירה
(J.) [APIKÓRSES] דאָס אַפּיקורסות
heretic דער הערעטיקער, ־ס; דער כּופֿר, ־ים [KÓYFER, KÓFRIM]
(J.) דער אַפּיקורס, ־ים; דער מין, ־ים [APIKÓYRES, APIKÓRSIM]
heretical הערעטיש
(J.) [APIKÓRSISh] אַפּיקורסיש
heretical thought [APIKÓRSES] דאָס שטיק אַפּיקורסות
hereto דערצו
heretofore ביז אַהער ‹איצט›
hereupon דערויף; באַלד דערנאָך
herewith דערמיט; מיט דעם
heritage [YERÚShE] [IZÓVN] די ירושה; דער עזבֿון
(spiritual) *also* [KÍNYEN] דער קנין
hermaphrodite דער הערמאַפֿראָדיט, ־ן; דער אַנדרוגינוס, ־ן; דער טומטום, ־ס [ANDRÓYG(E)NES] [TÚMTEM]
hermeneutical הערמענעווטיש; אויסטײַטש־...
hermeneutics די הערמענעווטיק ל"י
hermetically הערמעטיש
hermetically sealed הערמעטיש פֿאַרמאַכט
hermit דער נזיר, ־ים; דער מתבודד, ־ים; דער בעזלאָדניק, ־עס [NÓZER, NEZÍRIM] [MISBÓYDED]
hermitage [HISBÓYDEDES] דאָס התבודדות־שטיבל, ־עך
Hermon
Mount Hermon [KhÉRMEN] דער חרמון
hernia [ShÉVER] דער ווינקלבראָך, ־ן; די קילע, ־ס; דער שבֿר
give oneself a hernia אונטעררײַסן זיך; אײַנרײַסן זיך
I got a hernia כ'האָב זיך אונטערגעריסן ‹אײַנגעריסן›; ס'האָט זיך (בײַ) מיר געמאַכט אַ ווינקלבראָך ‹קילע/שבֿר›
herniate אײַנרײַסן
herniated אײַנגעריסן; אונטערגעריסן
I herniated a disk ס'האָט זיך מיר אײַנגעריסן אַ רוקנדיסק
hernia truss דער בראָכגאַרטל, ־ען
hero
m./unsp. [GÍBER, GIBÓYRIM] דער העלד, ־ן; דער גיבור, ־ים
f. [GÍBERTE] די העלדין, ־ס; די גיבורטע, ־ס

heroic העלדיש; העראָיש; גיבוריש; גבֿורהדיק [GIBÓYRISh/GÍBERISh] [GVÚREDIK]
heroic deeds [MÁYSIM] העלדישע מעשׂים
heroically [OYFN] העלדיש; העראָיש; אויף אַ העלדישן אופֿן
heroics
(heroism) די העראָיִק ל"י
(verse) די עפּישע פּאָעזיע
heroin דער העראָין
heroine [GÍBERTE] די העלדין, ־ס; די גיבורטע, ־ס
heroism דער העראָיזם; די/דאָס העלדישקייט; די גבֿורה [GVÚRE]
display heroism [MÁYSIM] באַווײַזן העלדישע מעשׂים
heron די צאַפּליע, ־ס; דער רעגער, ־ס
hero sandwich די העראָ־שניטקע, ־ס
hero worship דער העלדנקולט
herpes דער הערפּעס
herpes zoster די גאַרטלרויז
herpetic הערפּעטיש
herpetological הערפּעטאָלאָגיש
herpetologist דער הערפּעטאָלאָג, ־ן
herpetology די הערפּעטאָלאָגיע
herring דער הערינג, ־ען/–
herring salad דער הערינג־סאַלאַט
hers איר(יק)ער געב'
a book of hers אירס אַ ביכל
herself זיך (אַליין)
by herself אײנע אַליין
she herself [GÚFE] זי אַליין ‹גופֿא›
She's not herself זי איז נישט מיט אַלעמען
hertz דער הערץ, –/־ן
Heshvan [KhEZhVN] (דער) חשוון
hesitancy *see* **hesitation**
hesitant קווענקלדיק; וואַקלדיק; אומבאַשלאָסן; אומפֿעסט
hesitate קווענקלען זיך; וואַקלען זיך; שלאָגן ‹ראַנגלען› זיך מיט דער דעה; ברעקלען זיך; יישובֿן זיך [DÉYE] [YÍShEVN]
hesitation דאָס קווענקלעניש; דאָס וואַקלעניש; דער איבערקלער; דער שיקול־הדעת [ShIKL-HADÁAS]
Hesperus (דער) העספּערוס
hessian
(cloth) די יוטע
(mercenary) דער געדונגענער סאָלדאַט, ־ן
Hessian boots באָטפֿאָרטן
Hessian fly די העסענער פֿליג, ־ן
heterodox העטעראָדאָקסיש
heterodoxy די העטעראָדאָקסיע, ־ס
heterogeneity די/דאָס העטעראָגענישקייט; די/דאָס אויסגעמישטקייט
heterogeneous העטעראָגעניש; אויסגעמישט; פֿאַרשידנאַרטיק
heteronym דער העטעראָנים, ־ען
heteronymous העטעראָנימיש
heterophobia די העטעראָפֿאָביע
heterophobic העטעראָפֿאָביש
heterosexual, *adj.* העטעראָסעקסואַליסטיש; העטעראָסעקסועל
heterosexual, *n.*
m. דער העטעראָסעקסואַליסט, ־ן; דער העטעראָסעקסועלער געב'
f. די העטעראָסעקסואַליסטקע, ־ס, –
heterosexuality די העטעראָסעקסואַליטעט
heterosexual sex דער זכר־נקבֿה־סעקס; דער ער־זי־סעקס; דער העטעראָסעקסועלער סעקס [ZÓKhER-NEKÉYVE]
heterotroph דער העטעראָטראָף, ־ן

heterotrophic העטעראָטראָפֿיש; פֿרעמדשפּײַזיק
hetman דער (קאָזאַקן־)העטמאַן, ־עס
heuristic הײריסטיש
heuristics די הײריסטיק ל״י
hew
imp./pf. **(stone)** (אויס)האַקן
imp./pf. **(trees)** (אויס)האַקן; (אויס)טעסע|ן
hew to קאָנפֿאָרמירן מיט; האַלטן זיך בײַ; מיטהאַלטן מיט; נישט אָפּטרעטן פֿון
hexagon דער העקסאַגאָן, ־ען; דער זעקסעק, ־ן
hexagonal העקסאַגאָנאַל; זעקסעק(עכ)יק
hexagram די העקסאַגראַם, ־ען
hexameter דער העקסאַמעטער, ־ס
Hey! הײ!
heyday דער אויפֿבלי; די בליצײַט; בלי־יאָרן ל״ר
Hezbollah די כעזבאָלאַ
hi *see* **hello**
hiatal hernia דער היאַטוסבראָך, ־ן
hiatus
(anat./ling.) דער היאַטוס, ־ן
(break from work) די הפֿסקה, ־ות; דער איבעררײַס, ־ן [HAFSÓKE]
(gap) דער בלויז, ־ן
hibernate (איבער)ווינטערן; איבערשלאָפֿן דעם ווינטער
hibernation די (איבער)ווינטערונג; דער ווינטערשלאָף
hibiscus דער היביסקוס
hiccup, *n.* דער שלוקערץ, ־ן
hiccup, *v.* שלוקערצן; שלוקעכצן
(once) געבן ‹טאָן› אַ שלוקערץ
hick דער פּויער, ־ים; דער זשלאָב, ־עס; דער העקמענטש, ־ן
hick town די העק, ־ן; דער פֿאַרוואָרפֿענער ווינקל, ־ען
hickey דער תּאווה־ביס, ־ן; דער זײַגקוש, ־ן [TÁYVE]
hickory, *adj.* פֿון היקאָרי
hickory, *n.* דער היקאָרי
hidden (פֿאַר)באַהאַלטן; פֿאַרבאָרגן; פֿאַרטײַעט; פֿאַרשטעקט
hidden agenda פֿאַרטײַעטע ‹פֿאַרבאָרגענע› צילן ל״ר; הינטערקוליסן ל״ר
hide, *n.* די פֿעל, ־ן
neither hide nor hair נישט קיין סלעד ‹זכר› [ZÉYKhER]
hide, *v.*
vt. באַהאַלטן; פֿאַרבאָרגן; פֿאַרטײַע|ן; פֿאַרשטעקן
vi. באַהאַלטן זיך; פֿאַרבאָרגן זיך
hide one's hand פֿאַרשטעלן די קאָרטן
hide out באַהאַלטן זיך
hide-and-seek באַהעלטערלעך; קאַמער־קאַמער(־הויז)
play hide-and-seek שפּילן זיך אין באַהעלטערלעך; שפּילן אין קאַמער־קאַמער־הויז
hideaway *see* **hideout**
hideous מיאוס ווי די נאַכט; מיאוס־ומאוס; שרעקלעך; גרויליק; שוידערלעך [MÍES] [MÍES-UMÓES]
hideout דאָס באַהעלטעניש, ־ן
(in WWII ghetto) די מאַלינע, ־ס
hiding[1] **(concealment)**
be in hiding באַהאַלטן זיך
go into hiding אויסבאַהאַלטן זיך
come out of hiding אַרויסקריכן
hiding[2] **(beating)**
give sb. a hiding גוט אָנשלאָגן + דאַט׳ די בײנער
hiding place דאָס באַהעלטעניש, ־ן; דאָס פֿאַרבאָרגעניש, ־ן; דער פֿאַרטײַ, ־ען
hierarchical היעראַרכיש
hierarchy די היעראַרכיע, ־ס
hieroglyph *see* **hieroglyphic**

hieroglyphic, *adj.* היעראָגליפֿיש
hieroglyphic, *n.* דער היעראָגליף, ־ן
hieroglyphics די היעראָגליפֿיק ל״י
hi-fi הײַ־פֿײַ; הויכגעטרײַ
high, *adj.* הויך
(dose) גרויס; שטאַרק
(in pitch) געהעכערט
(lofty) געהויבן
(on drugs) מבֿושׂם; פֿאַרבשׂמט; באַרוישט [MEVÚSEM] [FARBÓSEMT]
(well-placed) וויכטיק
be in high spirits זײַן גוט אויפֿגעלייגט
be on one's high horse האַלטן זיך גרויס; בלאָזן פֿון זיך; פֿאַרריסן די נאָז; האָבן פֿליי אין דער נאָז
get high (on) מבֿושׂם ווערן (פֿון); אָנרייכערן זיך (מיט) [MEVÚSEM]
high and dry (boat) אַרויסגעוואָרפֿן אויפֿן ברעג
high and dry (*fig.*) פֿאַרלאָזן; אומבאַהאָלפֿן
high and mighty אַראָגאַנט; פֿאַרריסן
It's high time ס׳איז (שוין) די העכסטע צײַט; שוין לאַנג צײַט געווען
live in high style פֿירן זיך מיט טראַסק; פֿאָנעווע|ן
six feet high זעקס פֿוס הויך; זעקס פֿוס די הייך
high, *adv.* הויך
high up אויבן הויך; העט אויבן
high up on the agenda העט אויבן אויפֿן סדר־היום [SÉYDER-HAYÓM]
search high and low זוכן אין יעדן ווינקל; זוכן מיט ליכט; זוכן אומעטום
high, *n.*
(high point) דער הויכפּונקט, ־ן; דער שפּיץ, ־ן
be on a high פֿליִען אין דער הייך; זײַן אויפֿגעהײַטערט
on high אין הימל
reach a new high דערגרייכן נײַע הייכן
sit on high זיצן אויבן אָן; זיצן בײַם אויבנאָן; פֿירן דאָס רעדל
high-... סך־...; הויכ... [SAKh]
high alert די/דאָס שאַרפֿע גרייטקייט
high-altitude הויכ...
high beam דער ווײַטפֿאָנאַר, ־ן
highborn אַדלדיק
highbrow אינטעלעקטועל; אינטעליגענטיש
highchair די קאָרמעשטול, ־ן; דאָס עסטישעלע, ־ך
highchair tray די קאָרמעטאַץ, ־ן
high-class ערשטקלאַסיק; ערשטראַנגיק; פֿון דער העכסטער ‹בעסטער› קוואַליטעט
high comedy די קאָמעדיע פֿון הויכן סטיל
high-definition בילד שאַרף
high-density (שטאַרק) געדיכט
high-density lipoprotein דער געדיכטער ליפּאָפּראָטעין
high-efficiency מיט אַ הויכער עפֿעקטיווקייט
high-end סאָפֿיסטיצירט; ראַפֿינירט; פֿון אַ הויכער קוואַליטעט
high-energy
(phys.) הויך־ענערגיעדיק; וואָס פּועלט אַ סך ענערגיע [PÓY(E)LT]
high-energy child דער מזיק, ־ים; דאָס זײער אַקטיוו קינד, ־ער [MÁZEK, MAZÍKIM]
higher העכער
higher education די העכערע בילדונג
higher-ups קאָפּנקעפּ; (גרויסע) שישקעס
highest העכסט
highest possible מאַקסימאַל; סאַמע גרעסט ‹העכסט›
high explosives דאָס שטאַרקע אויפֿרײַסוואַרג קאָל׳

highfalutin באַמבאַסטיש; אָנגעבלאָזן; הויך־קלינגענדיק

high fashion די העכסטע מאָדע

high-fat פֿול מיט פֿעטס; שטאַרק פֿעט

high-fiber הויך־פֿיברעדיק; מיט אַ סך פֿיברע [SAKh]

high-fidelity הויכגעטריַי

high-five, *n.* דער גאַנצער יד [YAD]

high-five, *v.* באַגריסן מיט אַלע פֿינ(ע)ף; באַגריסן מיטן יד אין דער הייך [YAD]

high-flying הויכפֿליִיק; שטאַרק אַמביציעז

high frequency די הויכע פֿרעקווענץ, ־ן

high-grade פֿון אַ הויכער קוואַליטעט

high ground די הייכעניש, ־ן

(*fig.*) די מאָראַלישע איבערהאַנט

high-handed איַיגנוויליק; תּקיפֿותדיק [TKÍFESDIK]

high heels הויכע קנאַפּל ‹אַפּצאַסן› ל״ר; (שיך מיט) קלעצלעך

High Holidays ימים־נוראָים [YÓMIM-NERÓYEM]

high hopes גרויסע האָפֿענונגען

high-income גרויס־הכנסהדיק; מיט אַ גרויסער הכנסה [HAKhNÓSEDIK] [HAKhNÓSE]

high-income groups דער איבערשטאַנד ל״י

high jump דער הויכשפּרונג, ־ען

highlands דאָס הויכלאַנד ל״י

high-level הויך; הויכראַנגיק; פֿון אַ הויכן ראַנג; אויף אַ הויכן ניוואָ

high life דאָס לוקסוסדיקע לעבן

live the high life פֿירן אַ לוקסוסדיק לעבן; לעבן אַ גוטן טאָג; לעבן אויף אַ ברייטן פֿוס; פֿירן זיך מיט טראַסק; פֿירן (אַ גרויסן) שטאַט

highlight, *n.* דער הויכפּונקט, ־ן; דער שפּיץ, ־ן; דער צימעס

(in hair) די פּאַסמע, ־ס

highlight, *v.* אַרויסהייבן; אונטערשטרייַכן

(with marker) אַרויסהייבן; מאַרקירן

highlight one's hair מאַכן ‹אָפּבלייכן› זיך פּאַסמעס אין די האָר

highlighter (pen) דער טעקסט־מאַרקירער, ־ס

highly הויך; העכסט; (גאָר) שטאַרק

speak highly of לויבן

highly placed הויך געשטעלט

high-maintenance

be high-maintenance (mech.) פֿאָדערן אַ סך באַדינונג [SAKh]

be high-maintenance (person) פֿאָדערן אַ סך אויפֿמערק; זייַן אַ שווערער פּאַסאַזשיר

high-minded גרויסהאַרציק; איידלמוטיק; פֿריַיגייסטיק

highness די/דאָס הויכקייט

your Highness (*m.*) אַדוני מלך; זייַן ‹איַיער› מאַיעסטעט; זייַן עקסעלענץ [ADÓYNI MÉYLEKh]

your Highness (*f.*) איר ‹איַיער› מאַיעסטעט; איר עקסעלענץ

high noon דער סאַמער האַלבער טאָג

high-octane סך־אָקטאַניק [SAKh]

high-pitched קוויטש(עד)יק; הויך

high-pitched voice דאָס אייבערקול [ÉYBERKOL]

high point דער הויכפּונקט, ־ן; דער שפּיץ, ־ן

(*fig.*) *also* דער גלאַנצפּונקט, ־ן

high-powered שטאַרק באַכוחט [BAKÓYEKhT]

(*fig.*) השפּעהדיק; מעכטיק [HAShPÓEDIK]

high-pressure הויך־דריקעדיק; מיט אַ סך דריקונג [SAKh]

high-pressure salesman דער כּוכע, ־ס

high-pressure salesmanship דאָס כּוכעריַי

high-priced שטאַרק טיַיער; יקרותדיק; קאָסטיק [YÁKRESDIK]

high priest דער הויפּטפּריסטער, ־ס

(J.) דער כּהן־גדול, כּהנים־גדולים [KOYEN-GÓDL, KOYÁNIM-GDÓYLIM]

high-priority איַיליק; פֿון דער העכסטער פּריאָריטעט

high-profile שטאַרק אָנגעזען; פּראָמינענט; ברייט־אָנזעעוודיק

high-protein סך־פּראָטעיִניק; פֿול מיט פּראָטעין [SAKh]

high-quality פֿון אַ הויכער קוואַליטעט; פֿון איכות; פֿון אַ הויכן ניוואָ [ÉYKhES]

high-ranking הויכראַנגיק; הויך געשטעלט; הויך־מדרגהדיק [MADRÉYGEDIK]

high relief דער אָרעליעף

high-resolution בילד שאַרף

highrise bed דאָס הייבבעטל, ־עך; דאָס אונטערבעטל, ־עך

high-rise building דער הויכער ‹סך־גאָרנדיקער› בנין, ־ים [SAKh] [BÍNYEN, BINYÓNIM]

high-risk, *adj.* שטאַרק איַינגעשטעלט; מיט אַ הויכער ריזיקע

high risk, *n.* די הויכע ריזיקע, ־ס

at high risk *see* **high-risk,** *adj.*

high road דער דרך־הישר [DÉREKh-YAYÓShER]

take the high road גיין מיטן דרך־הישר

high roller דער לעביונג, ־ען; דער הולטיַי, ־עס

high school די מיטלשול, ־ן

high-school diploma דער מיטלשול־דיפּלאָם, ־ען

high-school education די מיטלשול־בילדונג

high-school student

m./unsp. דער מיטלשול־סטודענט, ־ן

f. ד מיטלשול־סטודענטקע, ־ס

high seas דער אָפֿענער ים ל״י [YAM]

on the high seas אויפֿן אָפֿענעם ים; אויפֿן בלויעם פֿון ים

high season דער הויכסעזאָן

high society די הויכע קרייַזן ‹פֿענצטער› ל״ר; די הויכע געזעלשאַפֿט

high-sounding קנאַקעדיק; מליצהדיק [MELÍTSEDIK]

high-speed עקסט ‹גאָר› גיך; מיט דער פֿולער גיכקייט

high-spirited לעבנס־פֿריידיק; מונטער; לעבעדיק

high-strung שטאַרק אָנגעצויגן (ווי אַ סטרונע); נערוועז; נערוועזיש; איבערשפּירעוודיק

high style *see* **high life**

hightail (it) אַנטלויפֿן; נעמען די פֿיס אויף די פּלייצעס; מאַכן אַ ויבֿרח [VAYÍVREKh]

high-tech הויך־טעכנאָלאָגיש; מיט הויכער ‹אַוואַנסירטער› טעכנאָלאָגיע

high-tension (elec.) הויך־וואָלטאַזשיק; פֿון ‹מיט› אַ הויכער שפּאַנונג

high tide דער צופֿלייץ

high treason די בגידה־במלכות; דער מלוכה־פֿאַרראַט [BGÍDE-BEMÁLKhES] [MELÚKhE]

high-velocity מיט אַ גרויסער גיכקייט

high-voltage, *adj.* הויכוואָלטאַזשיק

high voltage, *n.* דער הויכוואָלטאַזש

high-water mark דער הויכוואַסער־צייכן, ־ס

(*fig.*) דער הויכפּונקט, ־ן; דער שפּיץ, ־ן

highway דער שאָסיי, ־ען; דער טראַקט, ־ן

highway driving דאָס פֿאָרן אויפֿן שאָסיי

highwayman דער פֿעלד־‹וואַלד־›גזלן, ־ים; דער הייַדאַמאַק, ־עס [GÁZLEN, GAZLÓNIM]

highway patrol די שאָסיי־פּאָליציי

highway robbery דאָס וועג־רויבעריַי; די גזלה (אין מיטן העלן טאָג) [GZÉYLE]

high-yield הויך־הכנסהדיק; הויך־פּראָדוקטיוו [HAKhNÓSEDIK]

hijab דער כידזשאַב, ־ן

hijack פֿאַרכאַפּן אַן אויטאָ ‹עראָפּלאַן›

hijacker דער אויטאָ־‹עראָפּלאַן›־פֿאַרכאַפּער, ־ס
hijacking דער אויטאָ־‹עראָפּלאַן›־פֿאַרכאַפּ; די פֿאַרכאַפּונג
hike, *n.* דער לענגערער שפּאַציר, ־ן; דער אַרויסשפּאַציר, ־ן; די וואַנדערונג, ־ען
Take a hike! טראָג(ט) זיך אָפּ (פֿון דאַנען)!
price hike דער אַרויפֿשרויף, ־ן
hike, *v.* שפּאַצירן; מאַכן אַ לענגערן שפּאַציר; וואַנדערן
(prices) אַרויפֿשרויפֿן; אויפֿשלאָגן; העכערן
hiker דער שפּאַצירער, ־ס; דער גייער, ־ס; דער וואַנדערער, ־ס
hiking
go hiking מאַכן ‹גיין אויף› אַ לענגערן שפּאַציר
hiking trail די שפּאַציר־סטעז(ט)שקע, ־ס
hilarious אויף צו האַלטן זיך ביַי די זיַיטן; הילולאדיק [HILÚLEDIK]
stg. hilarious *also* דער טעאַטער
hilarity די רוישיקע שׂימחה; די צהלה; די הילולא; די חוכא־וטלולא [SÍMKhE] [TSOHÓLE] [HILÚLE] [KhÚKhE-(U)TLÚLE]
(laughter) דאָס געלעכטער
hill דער בערגל, ־עך; דאָס בערגעלע, ־ך; דער קויפּ, ־ן; דער היגל, ־ען
hilly געבערגלט; בערגלדיק
hilt די שטיל, ־ן; דאָס הענטל, ־עך; דער טראַניק, ־עס
to the hilt אין גאַנצן; ביז גאָר; ביז איבער די אויערן
him אים
himself זיך (אַליין)
by himself איינער אַליין
he himself ער אַליין ‹גופֿא› [GÚFE]
He's not himself ער איז נישט מיט אַלעמען
hind, *adj.* הינטערשט; הינטער...
hind, *n.* די הינד, ־ן
hinder שטערן + דאַט'; שטעלן + דאַט' מניעות; לייגן + דאַט' שטיינער אין וועג [MENÍE]
Hindi דאָס הינדי(ש); די הינדי־שפּראַך
hind leg דער הינטערשטער פֿוס, פֿיס; דאָס הינטערשטע פֿיסל, ־עך
hindmost (סאַמע) הינטערשט
hindquarters דער הינטערחלק, ־ים; דער זאַדיק, ־עס/זאַדקעס [HÍNTERKhEYLEK, ...KhALÓKIM]
hindrance דער שטער, ־ן; דאָס שטערעניש, ־ן; די מניעה, ־ות; דער מיכשול, ־ים; דער שטיין אין וועג; דער עיכּובֿ, ־ים [MENÍE] [MIKhShL, MIKhShÓYLIM] [ÍKUV, IKÚVIM]
hindsight דער קוק אויף צוריק; די חכמה לאַחר־המעשׂה; דער שׂכל וואָס קומט מיט דער ציַיט [KhÓKhME] [LEÁKhER-HAMÁYSE] [SEYKhL]
Hindsight is 20/20 לאַחר־המעשׂה ‹אויף צו מאָרגנס› איז יעדערער אַ חכם [KhÓKhEM]
in/with hindsight קוקנדיק אויף צוריק; בדיעבֿד [BEDIÉVED]
Hindu, *adj.* הינדויִש
Hindu, *n.*
m./unsp. דער הינדוס, ־ן
f. די הינדוסקע ‹הינדוסין›, ־ס
Hinduism דער הינדויִזם
Hindustan (דאָס) הינדוסטאַן
Hindustani, *adj.* הינדוסטאַניש
Hindustani, *n.* דער הינדוסטאַנער אינוו'
hinge, *n.* די זאַווייסע ‹זאַוויסע›, ־ס; דער שאַרניר, ־ן
hinge, *v.* **(on)** ווענדן זיך (אין); הענגען (אויף); אָפּהענגען (פֿון)
hint, *n.* דאָס אָנצוהערעניש, ־ן; דער רמז, ־ים; דער (אָנ)ווונק, ־ען; דאָס אָנגעבל, ־עך [RÉMEZ, REMÓZIM]
take a hint פֿאַרשטיין אַ רמז; כאַפּן דעם ווונק; פֿאַרשטיין אויפֿן ווונק
hint, *v.* **(at)** געבן אָנצוהערן (אַז); מרמז זיַין (אויף); אָנווינקען (אויף) [MERÁMEZ]
hinterland דאָס הינטערלאַנד
hip די היפּט, ־ן; דער קלוב, ־עס; די לענד, ־ן
hips *also* באָקעס
hipbone דער היפּטביין, ־ער
hip-hop דער היפּהאָפּ
hiphuggers היפּטהויזן
hippie דער היפּי, ־ס
hippo *see* **hippopotamus**
Hippocratic oath היפּאָקראַטעסעס שבֿועה [ShVÚE]
hippopotamus דער היפּאָפּאָטאַם, ־ען
hip replacement דער היפּטפֿאַרביַיט, ־ן
hire, *n.* דער אָנגעשטעלטער געב'
for hire צום דינגען ‹באַשטעלן›; אויף ניצגעלט ‹פּראָקאַט›
hire, *v.* אָנשטעלן; אָננעמען; צונעמען; (אָנ)דינגען; נעמען אויף פּראָקאַט; באַשטעלן
hire and fire אָנשטעלן און אָפּזאָגן
hire out פֿאַרדינגען
hired gun דער געדונגענער ‹באַשטעלטער› מערדער, ־ס
hiree דער אָנגעשטעלטער געב'
hiring freeze
There was a hiring freeze מ'האָט אויפֿגעהערט אָנשטעלן (ניַיע אַרבעטערס)
hirsute האָריק; באַהאָרט; באַוואַקסן
his זיַין; זיַינ(יק)ער געב'
a shirt of his זיַינס אַ העמד
Hispanic, *adj.* לאַטיַין־אַמעריקאַניש
Hispanic, *n.*
m./unsp. דער לאַטיַינער, –
f. די לאַטיַינערין, –
hiss, *n.* דאָס צישען; דער סיקע, ־ס
hiss, *v.* צישע|ן; שיפּע|ן; סיקע|ן; זידן
(audience) אויספֿיַיפֿן
(ling.) שיפּע|ן
hissing, *adj.* שיפּעדיק
hissing, *n.* דאָס צישען; דאָס שיפּען; דאָס סיקען; דאָס זידן
(of audience) דאָס אויספֿיַיפֿעריַי
(ling.) די/דאָס שיפּעדיקייט
histamine דער היסטאַמין, ־ען
histogram די היסטאָגראַם, ־ען
histological היסטאָלאָגיש
histologist דער היסטאָלאָג, ־ן
histology די היסטאָלאָגיע
historian דער היסטאָריקער, ־ס
historic(al) היסטאָריש
historicity די/דאָס היסטאָרישקייט
history די געשיכטע, ־ס; די היסטאָריע, ־ס
He's history ער איז אַן אויסגעשפּילטע קאָרט; ער איז אַן אָפּגעשלאָגענע הושענה [HOYShÁNE]
make history אַריַינגיין אין דער געשיכטע ‹היסטאָריע›
histrionic היסטריאָניש; טעאַטראַליש
histrionics די היסטריאָניק ל"י
(thea.) די/דאָס טעאַטראַלישקייט
(melodramatics/*fig.*) דאָס מאַכן אַ טראַגעדיע ‹דראַמע› אין פֿיר אַקטן; דאָס פּראַווען טעאַטראַלישע שטיק
hit, *n.* דער קלאַפּ, קלעפּ; דער זעץ, ־ן; דער שלאָג, שלעג
(baseball) דער (באַזע)קלאַפּ, קלעפּ
(comp.) דער טראָף, ־ן
(dose of a drug/*slg.*) דער שפּריץ (אַריַין)
(murder) דער מאָרד

(success) דער שלאַגער, ־ס; דער סוקצעס, ־ן; די באָמבע, ־ס

be a hit (with) אויסנעמען (ביי); אָנרייסן (ביי)

take a direct hit דירעקט געטראָפֿן ווערן

the hit parade דער שלאַגער־פּאַראַד

hit, *v.*

imp. שלאָגן; דערלאַנגען קלעפּ

pf. דערלאַנגען ‹געבן/טאָן› אַ קלאַפּ ‹זעץ›

be hit (mil.) איבערגעפֿאַלן ווערן; געטראָפֿן ווערן

be hit (wounded) געטראָפֿן ‹געראַניעט› ווערן

hit (oneself) against, *vt./vi.* אָנשלאָגן (זיך) אין

hit home שלאָגן צווישן די אויגן; טרעפֿן אין דער גרגרת אַרייַן [GARGÉRES]

hit it off with sb. נושׂא־חן זייַן ביי; גוט אויסקומען מיט; גוט פֿאַרשטיין זיך (איינס ס'אַנדערע) [NOYSE-KhÉYN]

hit or miss אויף טראַף; צופֿעליק

hit the ground צופֿאַלן צו דער ערד

Hit the ground! צו דר'ערד!

hit the ground running אָנהייבן מיטן רעכטן פֿוס

hit sb. in the stomach אַ זעץ טאָן + דאַט' אין בויך; טרעפֿן + דאַט' אין בויך

hit the road לאָזן זיך אין וועג אַרייַן

hit the roof אַרויסגיין פֿון די כלים [KÉYLIM]

hit the sack לייגן זיך אין בעט אַרייַן

hit the target טרעפֿן אין ציל

hit upon אָנטרעפֿן אויף; פֿאַלן אויף

hit-and-run דער שאַפֿער־אַנטלויף

hit-and-run driver דער אַנטלאָפֿענער שאַפֿער, ־ן

hitch, *n.* די האָקע, ־ס; די מניעה, ־ות; דער שטער, ־ן

(hindrance) [MENÍE]

(knot) דער קנופּ, ־ן

without a hitch גלאַט(יק); אָן קיין שוועריקייטן

hitch, *v.*

(attach) צובינדן; צושפּעַנ|ען; צולאָנטשע|ן

(horse) איינשפּאַנען

(tug) געבן אַ ציִ; אַ ציִ טאָן

get hitched חתונה האָבן [KhÁSENE]

hitch a ride *see* hitchhike

hitch up (pants) אונטערהייבן

hitchhike אונטערפֿאָרן; כאַפּן אַ טרעמפּ; פֿאָרן מיט אַ געלעגנהייט; לאָזן זיך מיטנעמען

hitchhiker דער אונטערפֿאָרער, ־ס; דער איבערכאַפּ־פֿאָרער, ־ס; דער טרעמפּיסט, ־ן

hither אַהער; אַהער צו (צו)

hither and thither אַהין און אַהער; אַהין און קריק ‹צוריק›

hitherto ביז איצט ‹אַהער›; עד־היום; לעת־עתּה [AD(H)ÁYEM] [LESÁTE]

hit list די מאָרד־רשימה, ־ות [REShÍME]

hit man דער געדונגענער ‹באַשטעלטער› מערדער, ־ס

hit song דאָס שלאַגערליד, ־ער

HIV דער האַ־אי־ווע־ווירוס; דער אייטש־איי־ווי־ווירוס

hive דער בינשטאָק, ־ן

be a hive of activity רודערן ‹הודזשע|ן› ווי אין אַ בינשטאָק

hives (med.) די קראָפּיווניצע ל״י; דער בריִעכצשיט ל״י

HIV-positive אָנגעשטעקט מיט האַ־אי־ווע ‹אייטש־איי־ווי›

hoard, *n.* דער זאַפּאַס, ־ן

(of treasure/money) דער אוצר, ־ות; דער מטמון, ־ים; די מאַטניע [ÓYTSER, ÓYTSRES] [MÁTMEN, MATMÓYNIM]

hoard, *v.* אָנקלייבן; אָנזאַמלען

(supplies) *also* אָנזאַפּאַסעווע|ן

(money) *also* אָנשפּאָרן; (אויפֿ)מטמונען [(ÚF)MÁTMENEN]

hoarder דער (נעוראָטישער) אָנשפּאָרער, ־ס

(of money) *also* דער מטמוניק, ־עס [MÁTMENIK]

hoarfrost דאָס זילבער־פֿרעסטל; דער פֿראָסטטוי; דאָס געפֿריר

hoarhound די שאַנדרע־באַנדרע

hoarse הייזעריק

speak in a hoarse voice כריפּען; רעדן הייזעריק

talk oneself hoarse רעדן ביזן הייזעריק ווערן

hoarseness די/דאָס הייזעריקייט

hoary גרייַז גראָ

hoax, *n.* דער שווינדל, ־ען; דאָס אָפּנאַרערייַ, ־ען; דער אָפּנאַר, ־ן; דער בלאָף, ־ן; די מיסטיפֿיקאַציע, ־ס; די קנוניא, ־ות [KNÚNYE]

hoax, *v.* אָפּנאַרן; נעמען אויף זיכער; מיסטיפֿיצירן

hoaxer דער שווינדלער, ־ס; דער מיסטיפֿיקאַטאָר, ...אָרן

hob

(ferret) דער טכויר, ־ן

(peg) דאָס פּלעקל, ־עך

(tool) די שנעקן־פֿרעזע, ־ס

hobbit דער האָביט, ־ס

hobble

vt. (horse) פּענטע|ן

vt. (*fig.*) האַמעווע|ן; שטרויכלען

vi. (אונטער)הינקע|ן; קוליע|ן; דרעפּטשע|ן

hobblebush די אָלכעבלאַטיקע קאַלינע

hobby דער צייַטפֿאַרברענג, ־ען; דער צייַטפֿאַרטרייַב, ־ן; דאָס פֿערדל, ־עך

hobby horse דאָס (שפּיל־)פֿערדעלע, ־ך

hobgoblin דער דאַמאָװיק, ־עס; דער דאָמאָוויק, ־עס

hobnail דער (גרויסער) שוכטשוואָק, שוכטשוועקעס

hobnail boots באַשלאָגענע שטיוול

hobnob קאָמפּאַנירן זיך; קאָמפּאַנייע|ן; פֿירן קאָמפּאַניע

hobo דער בראָדיאַגע, ־ס; דער (אַרום)שלעפּער, ־ס; דער אָרחא־פּרחאניק, ־עס [ORKhEPÓRKhENIK]

Hobson's choice די ברירה אָן אַ ברירה [BRÉYRE]

hock,[1] *n.* (joint) דאָס שפּרינגגעלענק, ־ען

hock,[2] *n.* (debt)

be in hock האָבן טיפֿע חובֿות [KhÓYVES]

hock, *v.* פֿאַרזעצן; פֿאַרמשכּונען [FARMÁShKENEN]

hockey דער האָקי; דער האָקיי

hockey player דער האָקייִסט, ־ן; דער האָקי־‹האָקיי־›שפּילער, ־ס

hockey puck דאָס האָקי־‹האָקיי־›דיסקל, ־עך

hockey stick דער האָקישטאַק ‹האָקיישטאָק›, ־ן; דער האָקי־‹האָקיי־›שטעקן, ־ס

hocus-pocus דער האָקוס־פּאָקוס; דער כּישוף; דאָס כּישוף־מאַכערייַ [KÍShEF]

hod דאָס טראָגקעסטל, ־עך; דער קויל־עמער, ־ס

hodgepodge דער מיש־מאַש; די מישענינע; דער שור־בור; דאָס/דער אָנגעוואָרף

Hodgkin's lymphoma די האָדזשקין־לימפֿאָמע

hoe, *n.* די סאַפּע, ־ס; די מאַטיקע ‹מאָטיקע›, ־ס

hoe, *v.* סאַפּעווע|ן; (אַרום)סאַפּע|ן; מאַטיקעווע|ן

hog, *n.* דער חזיר, ־ים [KhÁZER, KhAZÉYRIM]

Might as well go the whole hog אַז מע עסט חזיר זאָל שוין רינען איבער דער באָרד

hog, *v.* (be greedy) אויסכאַפּן; פֿאַרכאַפּן; אַרייַננעמען צו זיך אין די הענט אַרייַן

hog fennel דאָס פֿערד־פֿענכל

hoggish חזיריש [KhÁZERISh]

hogtie בינדן ווי אַ חזיר [KhÁZER]

(*fig.*) בינדן + דאַט' די הענט

Hogwash! נאַרישקייטן!; שטותים!; סע הייבט זיך נישט אָן און לאָזט זיך נישט אויס!
ho-hum סקאַרבאָווע; נודנע
hoi polloi דער המון; עולם־גולם; די הױשטשע [HAMÓYN] [ÓYLEM-GÓYLEM]
hoist, *n.* דער הייבער, ־ס; דער אַרױפֿציִער, ־ס
hoist, *v.* אַרױפֿציִען
hoist the flag אַרױפֿציִען די פֿאָן
hoist the sails (אָנ)זעגלען די שיף; אָנציִען די זעגלען; אױפֿזעגלען
hoity-toity גדלותדיק; פֿאַררײסן [GÁDLESDIK]
hokum דער אומזינען
hold,[1] *n.*
(grasp) דער אָנהאַלט, ־ן
(influence) די השפּעה [HAShPÓE]
(wrestling) דאָס פֿאַרכאַפּן
be on hold (האַלטן אין) וואַרטן
get hold of דערגרײכן; פּאַקן
get hold of oneself נעמען זיך אין די הענט (אַרײַן)
have a hold over sb. האַלטן + אַק' אין די הענט; האַלטן די לײַצעס איבער + דאַט'
on hold (delayed) אָפּגעלייגט
put on hold (delay) אָפּלייגן
put on hold (phone) הייסן (צו)וואַרטן
take hold of (grasp) אָנכאַפּן; נעמען אין די הענט (אַרײַן)
take hold (take root) אײַנפֿונדעווע|ן ‹אײַנפֿעסטיקן› זיך
hold,[2] *n.* **(cargo)** דער טריום, ־ען; די פֿראַכטקאַמער, ־ן
hold, *v.* האַלטן
(territory) פֿאַרמאָגן
(romantically) אַרומנעמען; צודריקן צו זיך
be held back (acad.) מוזן בלײַבן אויף נאָך אַ יאָר
be left holding the bag בלײַבן מיט אַ נאָז
Don't hold your breath! ס'האַלט נאָך ווײַט נישט דערבײַ!; ניי(ט) זיך נישט קיין בײַטל!; פֿאַרלאָז(ט) זיך נישט אויף גליקן!
He can really hold his liquor ער קען אױסטרינקען אַ ירדן [YARDN]
He can't hold his liquor ער ווערט שיכור פֿון אַ בולקע; ער קען נישט פֿאַרטראָגן קיין משקה [ShÍKER] [MÁShKE]
be held by (of baby) זײַן בײַ + דאַט' אויף די הענט
He wants to be held ער וויל אויף די הענט; ער וויל מע זאָל אים האַלטן
hold a baby נעמען אַ פּיצל אויף די הענט
hold a degree האָבן אַ דיפּלאָם
hold a meeting אָפּהאַלטן אַ זיצונג
hold a party פּראַווע|ן אַ שימחה [SÍMKhE]
hold back (acad.) לאָזן בלײַבן אויף נאָך אַ יאָר
hold back (resist) אָפּהאַלטן זיך פֿון; נישט צולאָזן
hold back (restrain) אײַנהאַלטן
hold back (speech) נישט דערזאָגן; פֿאַרשווײַגן
hold down (hold) אײַנהאַלטן
hold down (oppress) באַדריקן; אונטערדריקן
Hold everything! וואַרט צו אַ מינוט!
hold forth דרשענען ‹דרשע|נען›; האַלטן דרשות; ברײטע|ן קנעלן [DÁRShENEN - DARShN/DÁRShE] [DRÓShES]
hold off אָפּהאַלטן
hold off on אָפּהאַלטן זיך פֿון
hold on (wait) צוּוואַרטן אַ מינוט
Hold on tight! האַלט זיך גוט צו!
hold onto אָנהאַלטן זיך אין; צוהאַלטן זיך צו
hold one's breath אײַנהאַלטן דעם אָטעם
hold one's feet to the fire סטראַשע|ן מיט כּוח [KÓYEKh]
hold one's fire נישט שיסן
hold one's head high גיין מיט אַ געהױבענעם קאָפּ
hold out (resist) אױסשטיין; האַלטן זיך
hold out hope אָנהאַלטן זיך אין דער האָפֿענונג
hold out one's hand אויסציִען ‹אױסשטרעקן› די האַנט
hold over (delay) אָפּלייגן
hold responsible האַלטן ‹רעכענען› פֿאַר שולדיק ‹חייבֿ›; צוציִען צו אַחריות [KhÁYEV] [AKhRÁYES]
hold the line (on phone) האַלטן דאָס טרײַבל; וואַרטן
hold the line on נישט אַלץ באַוויליקן; שטעלן + דאַט' אַ גרענעץ
hold (the opinion) that זײַן בײַ ‹מיט› דער מיינונג אַז
hold true of זײַן אמת וועגן; זײַן חל אויף [ÉMES] [KhAL]
hold up, *vt.* **(obstruct)** פֿאַרהאַלטן
hold up, *vt.* **(display)** אַרױסשטעלן; באַווײַזן
hold up, *vt.* **(rob)** באַגנבֿע|(נע)ן; באַראַבעווע|ן; באַרױבן [BAGÁNVE(NE)N]
hold up, *vt.* **(support)** אונטערשפּאַרן; אונטערהאַלטן; אױפֿהאַלטן
hold up, *vi.* **(cope)** ספּראַווע|ן זיך; האַלטן זיך; געבן זיך אַן עצה [ÉYTSE]
hold up one's end of the bargain האַלטן וואָרט; אויספֿירן דאָס וואָס מע האָט צוגעזאָגט
Hold your horses! וואַרט צו אַ רגע!; האָב ‹האָט› צײַט!; וואָס יאָגסטו ‹יאָגט איר› זיך? [RÉGE]
not hold water אונטערהינקען; נישט האָבן קיין האַפֿט; נישט אויסהאַלטן די קריטיק
holder דער האַלטער, ־ס
holding, *n.*
(jur.) דער געריכט־באַשלוס, ־ן
holdings דאָס אײגנס ל"ר; דאָס האָב־און־גוטס ל"ר; דער פֿאַרמאָג ל"י
holding cell די פֿאַרשפּאַר־קאַמער, ־ן
holding company די דאַכפֿירמע, ־ס
holding pattern די וואַרטזאָנע, ־ס
holding pen דער זאַגאָן, ־ען
holdout דער אָפּנייגער, ־ס
holdover
be a holdover איבערבלײַבן
holdup
(delay) דער אָפּהאַלט, ־ן
(robbery) דער רױבאָנפֿאַל, ־ן; דער רױבערישער איבערפֿאַל, ־ן
hole, *n.* די/דער לאָך, לעכער
(small hole) דאָס לעכל, ־עך; דאָס לעכעלע, ־ך
(golf) דאָס גריבל, ־עך
full of holes לעכערדיק; פֿול מיט לעכער
get a hole (wear out) אויסרײַבן אַ לאָך
I need it like a hole in the head איך דאַרף עס ווי אַ האָגן־װײטיק; איך דאַרף עס ווי אַ לאָך אין קאָפּ; איך דאַרף עס אויף תּישעה־נײַנציק כּפּרות [TÍShE] [KAPÓRES]
get a hole in one דערלאַנגען אין גריבל מיט איין שאָס
make a hole in אײַנלעכלען
make a hole (golf) אַרײַנגריבלען
win the hole (golf) פֿאַרגריבלען
hole, *v.* אײַנלעכלען
hole up פֿאַרקרײכן; אָפּזונדערן זיך; פֿאַרשפּאַרן זיך; פֿאַרשטעקן זיך
hole-in-the-wall דאָס ווינקל־געשעפֿט, ־ן; דאָס קרעמעלע, ־ך
hole punch דער לעכלער, ־ס
holiday, *n.* דער יום־טובֿ, ־ים [YÓNTEF/YÓNTEV, YONTÓYVIM]

(national) דער נאַציאָנאַלער ‹מלוכישער/ציווילער› יום־טובֿ, ־ים [MELÚKhIShER]
(J.) דער יום־טובֿ, ־ים
(Chr.) [KhÓGE, KhÓGES/KhAGÓES] די חגא, ־ות/ חגאָות
on holiday אויף וואַקאַציע
holiday, *v.* זײַן אויף וואַקאַציע
holier-than-thou [TSVU(Y)ÁKISh] צבֿועקיש
He acts holier-than-thou ער האָט אַ באָבע אין ארץ־ישׂראל; ער איז אַ צדיק פֿון צדיקים־לאַנד; ער איז פֿאַפּסלעכער פֿונעם פּויפּס [ÉRETS-YISRÓEL/ERTSISRÓ(E)L] [TSÁDEK] [TSADÍKIM]
holier-than-thou person דער/די וצדקתך, ־ס; דער צבֿועק, ־עס [VÉYTSITKOSKhE] [TSVU(Y)ÁK]
holiness די/דאָס הײליקייט
Your Holiness זײַן הײליקייט
holistic האָליסטיש
Holland (דאָס) האָלאַנד
holler
imp. שרײַען
pf. (shout once) געבן ‹טאָן› אַ געשריי
hollow, *adj.* [KhÓLELDIK] הויל; פּוסט; ליידיק; חללדיק
hollow, *n.*
(in ground) די פּאַרטיפֿונג, ־ען
(in tree) דער אויסהויל, ־ן; די/דער לאָך, לעכער
(of hand) די הוילע האַנט
(emptiness) די/דאָס פּוסטקייט; די פּוסט; דער חלל, ־ס [KhÓLEL]
hollow, *v.* (out) אויסהוילן; הויל מאַכן
hollow-cheeked מיט אײַנגעפֿאַלענע באַקן
hollowed-out אויסגעהוילט
hollow-eyed מיט אײַנגעגראָבענע אויגן
holly שאַרפֿבלעטער ל״ר
hollyhock דער רויזן־אַלטיי
holmium דער האָלמיום
holocaust דער חורבן, ־ות; די שחיטה; די פּאַרטיליקונג; דער אומקום [KhURBM, KhURBÓNES] [ShKhÍTE]
(sacrifice/hist.) [KORBM-ÓYLE] דער קרבן־עולה
the Holocaust דער (דריטער) חורבן
Holocaust denier [KhURBM] דער חורבן־פֿאַרלייקענער, ־ס
Holocaust survivor
m./unsp. דער חורבן־געליטענער געב'; דער שארית־הפּליטהניק, ־עס [KhURBM] [ShÉYRES-HAPLÉYTENIK]
f. [ShÉYRES-HAPLÉYTENITSE] די שארית־הפּליטהניצע, ־ס
Holocaust survivors *also* די שארית־הפּליטה קאָל' [ShÉYRES-HAPLÉYTE]
hologram די האָלאָגראַם, ־ען
holograph דער האָלאָגראַף, ־ן
holster די קאַבורע, ־ס; דאָס רעוואָלווער־שײדל, ־עך; דער פּיסטאָלעטן־טאַש, ־ן
holy הײליק
stg. holy די/דאָס הײליקייט, ־ן; דער דבֿר־שבקדושה, דבֿרים־... [DÓVER-ShEBIKDÚShE, DVÓRIM-...]
the Holy of Holies דער קדשי־קדשים [KÓDShE, KODÓShIM]
the Holy See דער הײליקער שטול
Holy Ark
(bib.) [ORN-HABRÍS] דער אָרון־הברית; דער משכן [MIShKN]
(in synagogue) [ORN-KÓYDESh] דער אָרון־קודש, ־ן
holy bramble [SNE] סנה־מאַלענעס
holy day דער געהײליקטער טאָג, טעג
Holy Father דער הײליקער פֿאָטער; דער פּויפּס
Holy Ghost דער רוח־הקודש; דער הײליקער גײַסט [RÚEKh-HAKÓYDESh]
Holy Grail דער הײליקער בעכער
Holy Land דאָס ארץ־הקודש; דאָס הײליקע לאַנד; (דאָס) ארץ־ישׂראל [ÉRETS-HAKÓYDESh] [ÉRETS-YISRÓEL/ERTSISRÓ(E)L]
Holy smoke! וואָס איך הער!; גאָטעניו!
Holy Spirit *see* **Holy Ghost**
holy terror דער שווערער ‹אײַנגעגעסענער› מענטש, ־ן
(of child) דאָס שאַדנווינקעלע, ־ך; דער מזיק, ־ים; דער שאַלטיק, ־עס [MÁZEK, MAZÍKIM]
Holy Thursday דער הײליקער ‹גרינער› דאָנערשטיק
holy water דאָס געבענטשטע ‹הײליקע› וואַסער
Holy Week די ליידנוואָך; די הײליקע וואָך
Holy Writ הײליקע שריפֿטן ל״ר; די ביבל
homage [KÓVED] דער כּבֿוד; די אַכפּערונג
pay homage to אָפּגעבן + דאַט' כּבֿוד; אָפּגעבן + דאַט' אַ דאַנק און אַ לויב; אַכפּערן
home, *adj.* היימ...; היימיש; שטוב...; שטוביק; אינדערהיים־...
(spo.) אָרטיק; בײַ זיך
be on home ground פֿילן זיך ווי אין דער היים
home, *adv.* אַהיים
drive home (emphasize) אַרײַנהאַמערן
go home אַהיימגיין; אַהיימפֿאָרן
home, *n.* די היים, ־ען; די שטוב, שטיבער
at home (בײַ זיך) אין דער היים; (בײַ זיך) אין שטוב; בײַ זיך
away from home ווײַט פֿון דער היים; אין דער פֿרעמד
come to feel at home אײַנלעבן זיך; אײַנאײַגענען זיך
feel at home פֿילן זיך היימיש
in one's own home בײַ זיך אין דער היים
just like home היימיש
leave home אַוועקגיין ‹אַוועקפֿאָרן› פֿון דער היים
make oneself at home מאַכן זיך היימיש; זײַן ווי בײַ זיך אין דער היים; אײַנהיימישן זיך
make sb. feel at home אײַנהיימישן
strike home טרעפֿן אין פּינטל (אַרײַן)
home, *v.*
home in on אַרײַנצילעווען ‹אַרײַנטרעפֿן› אין
home appliances שטוב־אַפּאַראַטן
home attendant
m./unsp. דער פּערזענלעכער (היים־)באַדינער, ־ס
f. די פּערזענלעכע (היים־)באַדינערין, ־ס
home-baked היימיש (געבאַקן)
home base די הויפּטקוואַרטיר
(baseball) די קלאַפּבאַזע; דער קלאַפּבייס
home birth דאָס האָבן ‹געבוירן› אין דער היים
homebody
m./unsp. דער היימזיצער, ־ס; דער שטובזיצער, ־ס; דער היימבלײַבער, ־ס; דער יושבֿ־אוהל, יושבֿי־... [YÓYShEV-ÓYEL, YÓShVE-...]
f. די היימזיצערין ‹היימזיצערקע›, ־ס; די שטובזיצערין, ־ס; די היימבלײַבערין, ־ס
homebound פֿאַרשפּאַרט אין דער היים
home brew די ברײַע; דאָס היימישע ביר
home care דער אָפּהיט אין דער היים
homecoming דער צוריקקער אַהיים
home-cooked היימיש (געקאָכט)
home delivery דאָס צושטעלן אַהיים
home economics דאָס שטוב־פֿירערײַ ל״ין; די/דאָס בעל־הבתישקייט ל״י [BAL(E)BÁTIShKEYT]
home game דער מאַטש בײַ זיך
homegrown אייגן; היימיש; פֿון אייגענעם גאָרטן
home health aide

m./unsp. דער געזונט־באַדינער אין דער היים
f. די געזונט־באַדינערין אין דער היים
home heating oil דער שטויביקער הייצנאַפּט
home improvement דער שטובֿרעמאָנט
home insurance די הויז־פֿאַרזיכערונג ‹־סטראַכירונג›
homeland דאָס היימלאַנד
homeland security דאָס לאַנד־באַוואָרעניש; די/דאָס לאַנד־זיכערקייט
homeless אָנהיימיק; ˙היימלאָז(יק)
be homeless זײַן אָן אַ היים; זײַן אָן אַ דאַך איבערן קאָפּ; זײַן נע־ונד; זײַן ‹לעבן› אויף דער גאַס; וואַלגערן זיך [NAVENÁD]
homeless person דער אָנהיימיקער גענ׳; דער נע־ונדניק, ־עס; דער ˙היימלאָז(יק)ער גענ׳ [NAVENÁDNIK]
homelessness די/דאָס אָנהיימיקייט; די/דאָס ˙היימלאָזיקייט
homeless shelter דער אַרבעריק פֿאַר אָנהיימיקע ‹˙היימלאָז(יק)ע›
home life דאָס משפּחה־לעבן [MIShPÓKhE]
homelike היימלעך
homely נישט איבעריק שיין; גאַנץ געוויינ(ט)לעך
homemade היימיש
homemaker
m. דער שטובֿפֿירער, ־ס; דער בעל־הבית, בעלי־בתּים [BAL(E)BÓS, BAL(E)BÁTIM]
f. די שטובֿפֿירערין, ־ס; די בעל־הביתטע, ־ס [BAL(E)BÓSTE]
home movie דער היימישער פֿילם, ־ען; דער משפּחה־פֿילם, ־ען [MIShPÓKhE]
home office דער ביוראָ אין דער היים
Home Office (Britain) דער אינלאַנד־מיניסטעריום
homeopath דער האָמעאָפּאַט, ־ן
homeopathic האָמעאָפּאַטיש
homeopathy די האָמעאָפּאַטיע
homeowner דער בעל־הבית, בעלי־בתּים; דער הויז־פֿאַרמאָגער, ־ס; דער ˙אייגנטימער, ־ס [BAL(E)BÓS, BAL(E)BÁTIM]
homeownership דאָס פֿאַרמאָגן אַ הויז
homepage דאָס היימזײַטל, ־עך
home plate *see* **home base**
home port דער היימפּאָרט, ־ן
home record דער געווינ־דורכשניט בײַ זיך
home remedy די היימישע ‹באָבסקע› רפֿואה, ־ות [REFÚE]
home rule די אויטאָנאָמיע; די אַליין־רעגירונג
home run/homer דער קײַלעכקלאַפּ, ...קלעפּ
hit a home run שלאָגן אַ קײַלעכקלאַפּ; קלאַפּן אַהיים
home-school לערנען אין דער היים
be home-schooled זײַן אַ תּלמיד אין דער היים [TÁLMED]
home-schooled student דער אינדערהיים־תּלמיד, ־ים [TÁLMED, TALMÍDIM]
home-schooling דאָס לערנען (זיך) אין דער היים
home season דער סעזאָן בײַ זיך
homesick פֿאַרבענקט
be homesick בענקען אַהיים
become homesick פֿאַרבענקען אַהיים
homesickness דאָס בענקעניש; דער היימווי
homespun היימיש (געוועבט); פּשוט [PÓShET]
homestead דער היימפּלאַץ, ...פּלעצער
homestretch דער לעצטער מהלך [MEHÁLEKh]
be in the homestretch האַלטן אָט־אָט בײַם סוף ‹ענדיקן› [SOF]
home team די היגע; די אָרטיקע מאַנשאַפֿט ‹קאָמאַנדע›
hometown דאָס געבוירן־שטעטל, ־עך; די געבוירן־שטאָט, ...שטעט

home truth דער ביטערער אמת, ־ן [ÉMES]
homeward אַהיים (צו)
homeward bound אונטער וועג(נ)ס אַהיים; אויפֿן וועג אַהיים
homework לעקציעס ל״ר; די היימאַרבעט
do one's homework מאַכן ‹צוגרייטן› די לעקציעס; מאַכן די היימאַרבעט
do one's homework (*fig.*) גוט צוגרייטן זיך
homework assignment דער (היים)פֿאַרגעב, ־ן; דער פֿאַרגעב אַהיים
homey היימיש
homicidal (מענטשן־)מערדעריש
homicide דער (מענטשן)מאָרד, ־ן
be a homicide זײַן דער קרבן פֿון אַ מאָרד [KORBM]
homing device דער צילוויַיזער, ־ס
homing pigeon די פּאָסטטויב, ־ן
hominy די מאַמעליגע
homoerotic האָמאָעראָטיש
homoeroticism די האָמאָעראָטיק; די/דאָס האָמאָעראָטישקייט
homogeneity די/דאָס האָמאָגענישקייט; די/דאָס גלײַך־מיניקייט
homogeneous האָמאָגעניש; גלײַך־מיניק; פֿונעם זעלבן מין
homogenize האָמאָגעניזירן
homogenized האָמאָגעניזירט
homograph דער האָמאָגראַף, ־ן
homomorph דער האָמאָמאָרף, ־ן
homonym דער האָמאָנים, ־ען
homonymous האָמאָנימיש
homonymy די האָמאָנימיע
homophobe דער האָמאָפֿאָביקער, ־ס
homophobia די האָמאָפֿאָביע
homophobic האָמאָפֿאָביש
homophone דער האָמאָפֿאָן, ־ען; דער גלײַכקלאַנג, ־ען
homophonic האָמאָפֿאָניש; גלײַכקלאַנגיק
homophony די האָמאָפֿאָניע
Homo sapiens דער האָמאָ סאַפּיענס
homosexual, *adj.* האָמאָסעקסואַליסטיש; האָמאָסעקסועל
homosexual, *n.*
m. דער האָמאָסעקסואַליסט, ־ן; דער האָמאָסעקסועלער גענ׳
f. די האָמאָסעקסואַליסטקע, ־ס; די לעסבערקע, ־ס
homosexuality די האָמאָסעקסואַליטעט
homozygote די האָמאָזיגאָטע, ־ס
homunculus דאָס מענטשעלע, ־ך; דער ליליפּוט, ־ן
honcho דער קנאַקער, ־ס; די (גרויסע) שישקע, ־ס
Honduran, *adj.* האָנדורער אינוו׳
Honduran, *n.*
m./unsp. דער האָנדורער, –
f. די האָנדורערין, ־ס
Honduras (דאָס) האָנדוראַס
hone, *n.* דער שאַרפֿשטיין, ־ער; דער שלײַפֿשטיין, ־ער
hone, *v.* אָנשאַרפֿן; אײַנשאַרפֿן; אָנשלײַפֿן
honest אָרנטלעך; ערלעך; ראַיעל
have honest dealings (פֿאַר)האַנדלען ערלעך ‹אָרנטלעך/באמנות›; שפּילן מיט אָפֿענע קאָרטן [BENEMÓNES]
honest mistake דער אומשולדיקער טעות, ־ן; דער טעות־בשוגג [TÓES] [BEShÓYGEG]
honest person דער אָרנטלעכער גענ׳; דער ערלעכער גענ׳; דער ישרן, ־ים [YÁShREN, YAShRÓNIM]
make an honest woman of חתונה האָבן מיט [KhÁSENE]

the honest truth דער רײנער אמת [ÉMES]
to be honest דעם אמת געזאָגט; למען־האמת [LEMÁN-HOÉMES]
honest broker דער אָרנטלעכער פֿאַרמיטלער, ־ס
honestly אָרנטלעך; ערלעך; בנאמנות [BENEMÓNES]
honest-to-God, *adj.* עכט; ריין
honest-to-God truth דער רײנער אמת; די רײנע וואָרעט [ÉMES]
honest to God, *adv.* איך שווער דיר ‹אײַך›
honesty די/דאָס אָרנטלעכקייט; די/דאָס ערלעכקייט; דאָס ישרנות [YAShRÓNES]
(bot.) דער/דאָס זילבערבלאַט, ...בלעטער
honey דער האָניק
(*aff./app.*) טײַערע(ר); זיסינקע(ר); קעצעלע; הערצעלע; שעפֿעלע
honey ant די האָניק־מערעטשקע‹־מוראַשקע›, ־ס
honeybee די האָניקבין, ־ען
honeybush די האָניקבלום, ־ען
honey cake דער האָניק־לעקעך, ־ער
honeycomb, *n.* האָניקשויבן ל״ר; האָניקשײַבלעך ל״ר; דער סטעלניק, ־עס; דאָס פּלעצל (האָניק)
honeycomb, *v.* (אַ)דורכלעכערן (ווי האָניקשויבן)
honeydew די צעסאַרקע, ־ס
honeyed האָניקדיק
honey locust דער גליעדיטש
honeymoon, *n.* די קושוואָך, ־ן; דער האָניק־חודש, ־חדשים [KhÓYDESh, KhADÓShIM]
honeymoon, *v.* פֿאַרברענגען די קושוואָך ‹דעם האָניק־חודש› [KhÓYDESh]
honeymooner דער קושוואָכניק, ־עס; דער פֿריש חתונה־געהאַטער געב׳ [KhÁSENE]
honeypot די האָניקניצע, ־ס
honeysuckle דער/דאָס ציגנבלאַט, ...בלעטער
honeywort די וואַקסבלום, ־ען
Hong Kong (דאָס) האָנגקאָנג
honk, *n.*
(goose) דער גאַ־גאַ־גאַ
(auto) דאָס טרובען
honk, *v.*
(goose) גאַגאַטשע|ן; שנאַטערן; שרײַען
(auto) טרובע|ן (אין טרומייטער); הודזשע|ן; טרומייטערן
Honk, honk! (auto) טרו, טרו!
honor, *n.* דער כּבֿוד [KÓVED]
do the honors צוטיילן די כּיבודים [KIBÚDIM]
have the honor (of) האָבן דעם כּבֿוד (צו/פֿון); האָבן די זכיה צו; זוכה זײַן (צו) [SKhÍE] [ZÓYKhE]
in honor of לכּבֿוד [LEKÓVED]
place of honor די שפּיגלוואַנט
seat of honor דער אויבנאָן, ־ען
sense of honor (*iro./hum.*) דער האָנער
upon one's honor אויף נאמנות; אויף + פּאָס׳ ערנוואָרט [NEMÓNES]
your Honor אײַער כּבֿוד
honor, *v.*
(person) אָפּגעבן + דאַט׳ כּבֿוד; האַלטן + אַק׳ בכּבֿוד [KÓVED] [BEKÓVED]
(agreement/request) אויספֿילן; דערפֿילן
honor sb. with מכבד זײַן + אַק׳ מיט [MEKhÁBED]
honor sb.'s memory אָפּגעבן כּבֿוד דעם אָנדענק פֿון
honoring one's father דער כּיבוד־אָבֿ‹־אַבֿ› [KÍBED-ÓV/ÁV]
honoring one's mother דער כּיבוד־אם [KÍBED-ÉYM]
honoring one's parents דער כּיבוד־אָבֿ־ואם [KÍBED-ÓV-VOÉYM]
honorable בכּבֿודיק; חשובֿ; ערנהאַפֿטיק; ערנ... [BEKÓVEDIK] [KhÓShEV]
give honorable mention (to) דערמאָנען + אַק׳ לשבֿח ‹צום גוטן› [LIShVÁKh]
honorable discharge די בכּבֿודיקע באַפֿרײַונג ‹דעמאָבּיליזירונג› [BEKÓVEDIKE]
honorably בכּבֿוד(יק) [BEKÓVED(IK)]
honorarium דער האָנאָראַר, ־ן
honorary כּבֿוד־...; ערנ... [KÓVED]
honorary degree דער כּבֿוד־‹ערן־›דיפּלאָם, ־ען [KÓVED]
honorary member דער ערן־מיטגליד, ־ער
honor code דער כּבֿוד־קאָדעקס, ־ן [KÓVED]
honoree דער בעל־כּבֿוד, בעלי־... [BALKÓVED, BÁLE-...]
honor guard די ערנוואַך, ־ן; די כּבֿוד־וואַך, ־ן [KÓVED]
honorific דאָס כּבֿוד־וואָרט, ...ווערטער; דער טיטל, ־ען [KÓVED]
honor roll דער אויבנאָן־רעגיסטער, ־ס
honors course דער אויבנאָן־קורס, ־ן
honor society די אויבנאָן־געזעלשאַפֿט, ־ן [KÓVED]
honors program די אויבנאָן־פּראָגראַם, ־ען
honors student
m./unsp. דער אויבנאָן־סטודענט, ־ן
f. די אויבנאָן־סטודענטקע, ־ס
honor system די אויף־נאמנות־סיסטעם, ־ען [NEMÓNES]
hooch דער היימישער בראָנפֿן; דער סאַמאָגאָן
hood
(clothing) די הויב, ־ן; דער באַשליק, ־עס; דער קאַפּטער, ־ס; דער קאַפּישאָן, ־ען
(of stove) דער אָפּציער, ־ס
(of vehicle) דער מאָטאָרדעק, ־ן; דער קאַפּאָט, ־ן
hooded, *adj.* באַקאַפּטערט; קאַפּטער־...
(eyes) מיט שווערע לעדלעך
hooded towel דער קאַפּטער־‹הײַבל־›האַנטעך, ־ער
hoodie דאָס קאַפּטער־רעקל, ־עך
hoodlum דער בויאַן, ־עס; דער כוליגאַן, ־עס
hoodwink אָפּנאַרן; פֿאַרפֿירן; אַרײַננאַרן אין זאַק; אַרײַנשלייערן; אײַנרעדן + דאַט׳ אַ קינד ‹קאַץ› אין בויך
She was hoodwinked מ׳האָט זי פֿאַרפֿירט ‹אָפּגענאַרט›
hooey נאַרישקייטן ל״ר; בלאָטע; שטותערײַ
hoof די טלאַ, ־ען; די קאָפּעטע, ־ס
hoof-and-mouth disease די מויל־און־טלאָען־קרענק
hoofbeat דאָס קלאַפּן פֿון קאָפּעטעס
hoofed טלאָעדיק
hoo-ha דער הו־האַ; די מהומה [MEHÚME]
hook, *n.* דער האָקן ‹האַקן›, ־ס; דער האַק, ־ן/־עס; דער קרוק, ־עס
(fastener) דער האָקל, ־ען; דאָס האָקנדל, ־עך; דער האַטשיק, ־עס; דאָס מענדל, ־עך
(crochet) דאָס העקל, ־עך
hook, line and sinker אין גאַנצן; בכּל־מכּל־כּל [BÁKL-MIKL-KÓL]
by hook or by crook אַזוי צי אַזוי; אויב נישט מיט גוטן איז מיט בייזן; מיט כּשרע צי מיט טרייפֿע מיטלען [KÓShERE]
off the hook באַפֿרײַט
get sb. off the hook באַפֿרײַען
The phone is off the hook דאָס טרײַבל האָט מען אַראָפּגענומען
hook and eye דאָס מענעלע און ווײַבעלע; מענדל און ווײַבל
hook, *v.*
(a fish) כאַפּן אויפֿן האָקן

(crochet) אָנהעקלען
(catch) פֿאַרטשעפּען (אין); פֿאַרהעקלען (אין)
(dress) פֿאַרשפּיליען
hook onto אָנהעקלען אין
hook up, *vt.* **(elec.)** אײַנשליסן; פֿאַרבינדן
hook up, *vt./vi.* **(connect)** פֿאַרבינדן (זיך)
hook sb. up to an IV אָנהענגען + דאַט' אַן אינטראַװענישע אינפֿוזיע
hookah די נאַרגילע, ־ס; דער קאַליאַן, ־ען; די װאַסער־פּיפּקע, ־ס
hook-and-ladder truck דער לײטער־אױטאָ, ־ס
hooked
(crooked) קרום; האַטשיקעװאַטע
hooked on (captivated) פֿאַרכאַפּט פֿון; אַרײַנגעטאָן בלבֿ־ונפֿש אין; משוגע פֿאַר [BELÉV-VONÉFESh] [MEShÚGE]
get hooked on drugs אַרײַנלאָזן זיך אין נאַרקאָטיק
hooker די קורװע, ־ס; די גאַסנפּרוי, ־ען; די פּראָסטיטוטקע, ־ס; די זונה, ־ות [ZÓYNE]
hook nose די אָדלערנאָז; די האָרבאַטע ‹הױקערדיקע› נאָז
hook shot דער האָקשאָס, ־ן
hookup
(elec.) די אײַנשליסונג, ־ען; דער אָנקניפּ, ־ן; די פֿאַרבינדונג, ־ען
(social) דער פֿאַרבינד, ־ן; די פֿאַרבינדונג, ־ען
hooky
play hooky אָפּציִען פֿון שול; (אַ)דורכלאָזן
hooligan דער כוליגאַן, ־עס; דער לאַפּאַצאַן, ־עס
be a hooligan כוליגאַנעװען
hooliganism דער כוליגאַניזם
hoop די/דער רײף, ־ן
hoopla דער טאַרעראַם
hoop skirt די קרינעלינע, ־ס
Hooray! *see* **Hurrah!**
hoot, *n.*
(owl) דער שרײַ, ־ען
(of train) דער פֿײַף, ־ן
be a hoot זײַן היסטעריש קאָמיש
I don't give a hoot! כ'האָב עס אין דר'ערד!; כ'שפּײַ (זיך) אױס אױף דעם!; ס'ליגט מיר אין דער לינקער פּיאַטע!
hoot, *v.*
(owl) שרײַען
(train) פֿײַפֿן
(shout) מאַכן קולות [KÓYLES]
(jeer) אולוליוקען; טיוקען
hoot with laughter אױסשיסן אַ געלעכטער
hootenanny דאָס זינגערײַ, ־ען
hop, *n.* דער האָפּקע, ־ס
be a hop, skip and a jump זײַן אַ קאַצנשפּרונג
hop, *v.* אונטערשפּרינגען; האָפּקען; האָפּסלען; שפּרינגען אױף אײן פֿוס
hop over to צוכאַפּן זיך צו
hope, *n.* די האָפֿ(ענ)ונג, ־ען; דער אױסקוק, ־ן
It's beyond hope שױן נישטאָ קײן האָפֿענונג
Don't give up hope! זײַ(ט) זיך נישט מיאש!; האָב ‹האָט› אמונה!; האַלט זיך!; זאָג נישט קײן מאָל אַז דו גײסט דעם לעצטן װעג! [MEYÁESh] [EMÚNE]
have great hopes for לײגן גרױסע האָפֿענונגען אױף
His hopes were dashed ס'האָט אים צעשמעטערט ‹קאַליע געמאַכט› אַלע האָפֿענונגען; ס'האָט אים איבערגעלאָזט מיט אַ נאָז
Hope springs eternal! אַז מע לעבט האָט מען (אַ) האָפֿענונג!

in the hope that מיט דער האָפֿענונג אַז; האָפֿנדיק אַז
not have a hope of נישט האָבן קײן מעגלעכקײט צו; נישט קענען באַװײַזן צו
hope, *v.* **(for)** האָפֿן (אױף/אַז)
hope against hope האָפֿן װען ס'איז מער נישטאָ אױף װאָס צו האָפֿן
hope for the best לעבן מיט האָפֿענונג ‹בטחון› [BITÓKhN]
hope chest דער נדן־קאַסטן, ־ס [NADN]
hoped-for אױסגעהאָפֿט
hopeful, *adj.* פֿול מיט האָפֿענונג
be hopeful (situation) צוגעבן האָפֿענונג; צוזאָגן
hopeful, *n.*
m./unsp. דער אַספּיראַנט, ־ן
f. די אַספּיראַנטקע ‹אַספּיראַנטין›, ־ס
hopefully לאָמיר האָפֿן אַז; הלװאַי זאָל; °האָפֿנטלעך [(H)ALEVÁY]
hopeless אָן האָפֿענונג; פֿאַרפֿאַלן; אָן אַן אױסקוק
hopeless at נישט אין שטאַנד צו; נישט פֿעיִק צו
It's hopeless! נישטאָ מער קײן האָפֿענונג!; פֿאַרפֿאַלן!; מע קען שױן מער נישט האָפֿן!; אין תּיקװה! [EYN TÍKVE]
hopeless romantic דער פֿאַרפֿאַלענער ראָמאַנטיקער, ־ס
hop hornbeam דער אָסטרעבױם, ...בײמער
hoplite דער האָפּליט, ־ן
hopper
(car) דער אָנשיט־װאַגאָן, ־ען
(coal) דער קױלן־קאַסטן, ־ס; דער בונקער, ־ס
(insect) דאָס שפּרינגערל, ־עך
(person) דער אונטערשפּרינגער, ־ס
in the hopper אין גאַנג
hopping mad אױסער זיך פֿאַר כּעס [KÁAS]
be hopping mad *also* ברענען ‹שפּרינגען› אַזש פֿאַר כּעס
hops (bot.) האָפּן
hopscotch קלאַסן ל"ר
play hopscotch שפּילן אין קלאַסן
hora די האָרע, ־ס
horde די האָרדע, ־ס; די שאַר, ־עס/־ן
horizon דער האָריזאָנט, ־ן
on the horizon אױפֿן האָריזאָנט
horizontal האָריזאָנטאַל
horizontal bar דער טורניק, ־עס
horizontally האָריזאָנטאַל
hormonal האָרמאָנ...
hormone דער האָרמאָן, ־ען
hormone replacement דער האָרמאָן־פֿאַרבײַט
hormone-replacement therapy די טעראַפּיע צו פֿאַרבײַטן די האָרמאָנען
horn, *adj.* האָרן
horn, *n.*
(zool.) דער האָרן, הערנער
(mus.) דער (װאַלד)האָרן, הערנער
(cul.) דער ראָגאַל, ־עס
(car) די טרובע, ־ס; דער טרומײטער, ־ס; דער טרומײט, ־ן
(loudspeaker) דער הילכער, ־ס
hornbeam דער האַרנבױם, ...בײמער
hornbill דער שופֿר־שנאָבל, ־ען [ShÓYFER]
horned באַהערנערט; הערנערדיק; האָרנ...
hornet די פֿערדבין, ־ען
hornet's nest *(fig.)* די װעספּננעסט; די גרוב מיט עקדישן
horn of plenty
(bot.) דאָס מלאך־המװתל [MALKhAMÓVESL]
(cornucopia) דער שפֿע־האָרן [ShÉFE]
horn poppy דער האָרנמאָן

horn-rimmed glasses האָרן־ברילן
hornwort דער/דאָס האָרנבלאַט, ...בלעטער
horny
(calloused) מיט מאַזאָליעס; מאַזאָליעדיק
(made of horn) האָרנ...
(sexually) אויפֿגעהיצט; צעוועקט; אויפֿגעפֿלאַמט; צעחשקט [TSEKhÉYShEKT]
be horny (sexually/*slg.*) *also* האָבן אַ פֿולע פֿלאַש
Horologium דער זייגער
horoscope דער האָראָסקאָפּ, ־ן
cast sb.'s horoscope שטעלן + דאַט׳ דעם האָראָסקאָפּ
horrible/horrendous שרעקלעך; גרויליק; שוידערלעך; מוראדיק; אימהדיק [MÓYREDIK] [ÉYMEDIK]
say horrible things about אויסרעדן אָסור־לדבר אויף [ÓSER-LEDÁBER]
horrid פֿאַסקודנע; מיִגלדיק; שרעקלעך
horrific מוראדיק; שרעקלעך; גרויליק [MÓYREDIK]
It was horrific *also* ס'האָט אַזש אָנגעוואָרפֿן אַ מורא ‹שרעק› [MÓYRE]
horrify אָנוואַרפֿן אַ מורא ‹שרעק/גרויל› אויף [MÓYRE]
horror דער שוידער, ־ס; דער גרויל, ־ן; די/דאָס שוידערלעכקייט, ־ן; די אימה [ÉYME]
He was horror-struck ס'האָט אים אַזש אָנגעכאַפּט אַ גרויל
horrors of war גרוילן פֿון דער מלחמה [MILKhÓME]
horror movie דער שוידערפֿילם, ־ען
horror story די שוידער־מעשׂה, ־יות [MÁYSE]
hors d'oeuvre דער צובײַס, ־ן; די פֿאָרשפּײַז, ־ן; דאָס פֿאָרגעריכט(ס), ־ן; די כּזית־שניטקע, ־ס [KEZÁYES]
horse, *n.* דאָס פֿערד, –
(vaulting) דאָס גימנאַסטיק־פֿערד, –; דאָס (שפּרינג)פֿערד, –
eat like a horse עסן ‹פֿרעסן› ווי אַ פֿערד
from the horse's mouth פֿון רעכטן צאַפּן; פֿונעם בעל־דבֿר אַליין [BALDÓVER]
horse's פֿערדיש
It's a horse of a different color דאָס איז שוין גאָר אַן אַנדער מעשׂה [MÁYSE]
work like a horse האָרעווען| ווי אַ פֿערד
horse, *v.* **(around)** זיך נאַריש מאַכן
horse and buggy דער פֿערד־און־וואָגן
horseback
on horseback רײַטנדיק; אויפֿן פֿערד; אויף אַ פֿערד
horseback rider
m. דער רײַטער, ־ס
f. די רײַטערין ‹רײַטערקע›, ־ס
horsebean דאָס פֿערדישע בעבל, ־עך
horse chestnut דער פֿערדקאַשטן
horse collar דער כאָמעט, ־ן
horse doctor דער פֿערדדאָקטער, ...דאָקטוירים; דער קאָנאָוואַל, ־ן/־עס; דער וועטערינאַר, ־ן
horse-drawn פֿון אַ פֿערד געצויגן ‹געשלעפּט›
horse farm די פֿערדפֿאַרם, ־ען
horsefly די פֿערדפֿליג, ־ן; די פֿערדישע פֿליג, ־ן
horse gentian דער פֿיבער־וואָרצל
horsehair פֿערדנהאָר ל"ר; די סטרונע, ־ס
horselaugh דאָס הירזשען; דאָס כאָכאָטשען
horseman דער רײַטער, ־ס
horsemeat דאָס פֿערד(נ)פֿלייש
horseplay דאָס טומלעניש; דאָס ווילדע שפּילן זיך
horsepower דער פֿערד(ן)־כּוח; די פֿערד(נ)קראַפֿט [KÓYEKh]
horse purslane דער דרײַניק
horse race דער פֿערדפֿאַרמעסט, ־ן; דאָס פֿערדגעיעג, ־ן
horse racing פֿערדפֿאַרמעסטן ל"ר
horseradish דער כריין
horseradish tree די מאָרינגע
horseshoe, *n.* די פּאָטקעווע, ־ס
(metal disk) די (גומענע) פּאָטקעווע, ־ס
horseshoes (game) דאָס פּאָטקעווע־וואַרפֿן
horseshoe, *v.* (אונטער)קאָווע|ן; (אונטער)שמידן
horsetail (bot.) דאָס שלײַפֿגראָז; די קײַטלרוט
horse thief דער פֿערד־גנבֿ, ־גנבֿים [GÁNEF, GANÓVIM]
horse trader דער פֿערדהענדלער, ־ס
horse trading דער פֿערדהאַנדל
(pol./*fig.*) דער איך־דיר־און־דו־מיר
horseweed די קאַנאַדער פֿלײַפֿעדער
horsewhip, *n.* די רײַטבײַטש, ־ן
horsewhip, *v.* אָנשמײַסן; אָנפּיצקעון|; (אויס)בײַטשלען
horsewoman די רײַטערין ‹רײַטערקע›, ־ס
horsey דאָס פֿערדעלע, ־ך; דאָס פֿערדל, ־עך; דאָס לאָשיקל, ־עך
play horsey שפּילן אין פֿערד(ע)לעך
horticultural גאָרטנ...; בלומענ...
horticulture דאָס (בלומען־)גערטנערײַ; די בלומען־האָדעוואַניע
horticulturist דער בלומען־גערטנער, ־ס
hosanna דאָס לויבגעזאַנג, ־ען
(J.) די הושענא, ־ות [HOYShÁYNE/(HE)ShÁYNE]
hose,[1] *n.* **(garden)** די קישקע, ־ס; דער שלאַנג, ־ען; דער וואַסערשפּריץ, ־ן
hose,[2] *n.* **(socks)** זאָקן ל"ר; שטרימפּ ל"ר
hose, *v.* באַשפּריצן ‹באַגיסן› מיט אַ קישקע
Hosea (bib.) הושע [HOYShÉYE]
Hoshana Rabbah די הושענא־רבה [(HOY)ShÁNE-RÁBE]
hosiery דאָס זאָקנוואַרג
hospice די האָספּיץ, ־ן
hospice services די האָספּיץ־באַדינונג ל"י
hospitable גאַסטפֿרײַנדלעך; מכניס־אורחדיק [MÁKhNES-ÓYREKhDIK]
hospitable person (*m./unsp.*) דער גאַסטפֿרײַנדלעכער געב׳; דער מכניס־אורח, מכניסי־אורחים [MÁKhNES-ÓYREKh, MÁKhNISE-ÓRKhIM]
hospitable person (*f.*) די מכניס־אורחטע, ־ס [MÁKhNES-ÓYREKhTE]
hospital, *adj.* שפּיטאָל...; שפּיטאָליש
hospital stay דאָס (אָפּ)זײַן אין שפּיטאָל
hospital, *n.* דער/דאָס שפּיטאָל, ־ן/שפּיטעלער
hospitality די/דאָס גאַסטפֿרײַנדלעכקייט; דאָס הכנסת־אורחים [HAKhNÓSES-ÓRKhIM]
Thank you for your hospitality *also* אַ דאַנק פֿאַר(ן) מכבד זײַן [MEKhÁBED]
hospitalization די אײַנשפּיטאָלונג, ־ען; די שפּיטאָליזירונג, ־ען; דאָס פֿאַרשרײַבן ווערן אין שפּיטאָל
hospitalize אײַנשפּיטאָלן; שפּיטאָליזירן; פֿאַרשרײַבן אין שפּיטאָל אַרײַן
hospital ship די שפּיטאָלשיף, ־ן
host, *n.*
(in one's home) דער גאַסטגעבער, ־ס; דער מכניס־אורח, מכניסי־אורחים; דער בעל־הבית, בעלי־בתּים [MÁKhNES-ÓYREKh, MÁKhNISE-ÓRKhIM] [BAL(E)BÓS, BAL(E)BÁTIM]
(emcee) דער קאָנפֿעראַנסיע, ־ען; דער אָנפֿירער, ־ס
(TV/radio) דער (אווידיציע־)אָנפֿירער, ־ס
Host (Chr.) די האָסטיע; די אָבלאַט(ק)ע, ־ס
a host of אַ שלל מיט; אַ גוזמא; אַן אַ שיעור; אַ מחנה [ShLAL] [GÚZME] [ShÍER] [MÁKhNE]

play host to sb. אויפֿנעמען + אַק'
host, *v.*
(in one's home) [MEKhÁBED] מכבד זײַן; אויפֿנעמען
(program/event) אָנפֿירן (מיט); (אַ)דורכפֿירן
hostage
m./unsp. דער ערבֿניק, ־עס; דער לעבעדיקער משכּון, ־ות [ÓREVNIK] [MASHKN, MASHKÓNES]
f. [ÓREVNITSE] די ערבֿניצע, ־ס
hostage to פֿאַרשקלאַפֿט צו
hold sb. hostage האַלטן + אַק' פֿאַר אַן ערבֿניק; האַלטן + אַק' פֿאַר אַ לעבעדיקן משכּון
take sb. hostage נעמען + אַק' פֿאַר אַן ערבֿניק; נעמען + אַק' פֿאַר אַ לעבעדיקן משכּון
host cell דאָס אויפֿנעם־קעמערל, ־עך
host computer דער הויפּט־קאָמפּיוטער, ־ס
host country דאָס אויפֿנעמלאַנד, ...לענדער
hostel [AKhSÁNYE] די אַכסניא, ־ות
hostess, *n.* די גאַסטגעבערין, ־ס; די מכניס־אורחטע, ־ס; די בעל־הביתטע, ־ס [MÁKhNES-ÓYREKhTE] [BAL(E)BÓSTE]
hostile [SÓYNES] ... פֿײַנדלעך; קעג(ע)נעריש; דעם שונאס
(adverse) אומגינציק
hostile conditions אומגינציקע באַדינגונגען
hostile fire [SÓYNES] דעם שונאס קוילן
hostile look [SÍNE] דער בליק פֿול מיט שׂינאה
hostile to sb. פֿײַנדלעך אין דער באַציִונג צו
hostile takeover דער קעג(ע)נערישער איבערנעם, ־ען
hostile witness [ÉYDES] – דער קעג(ע)נערישער עדות,
hostility די/דאָס פֿײַנדלעכקייט; די פֿײַנדשאַפֿט; די שׂינאה [SÍNE]
hostilities (mil.) [MILKhÓME] מלחמה־אַקציעס
hot, *adj.* הייס
(spicy) שאַרף
(illegal) [GELÁKKhNT] געלקחנט; געגנבֿעט; בלינד [GEGÁNVET]
(sexy) [YÉYTSER-HÓREDIK] רײצנדיק; יצר־הרעדיק
be in hot water [TSÓRES] זײַן אויף (גרויסע) צרות
hot and bothered (upset) אויפֿגערעגט; אויפֿגערודערט
hot and bothered/heavy (aroused) צעחשקט; צעפֿלאַמט; צעוועקט [TSEKhÉYShEKT]
hot news די סאַמע פֿרישסטע נײַעס; פֿריש געבאַקענע נײַעס
hot on the trail באַלד נאָך (די פֿרישע שפּורן)
not so hot ‹נישט אַזוי איי־איי־איי ‹וואָזשנע
put in the hot seat נעמען אויפֿן צימבל; נעמען אויף דער האַצקע ‹ווענטקע›
She got hot (aroused) ס'איז איר אָנגעקומען אַ חשק; איר לײַדנשאַפֿט האָט זיך איר צעשפּילט [KhÉYShEK]
the hottest game in town דאָס לעצטע וואָרט
too hot to handle צו געפֿערלעך ‹קאָנטראָווערסיעל›
He's hot! ער איז דער יצר־הרע אַליין!; דער יצר־הרע איז בײַ אים אויף!; איי, איז דאָס אַ זכר! [YÉYTSER-HÓRE] [ZÓKhER]
She's hot! איי, איז דאָס אַ לילית!; זי איז דער יצר־הרע אַליין! [LÍLIS]
hot, *n.*
have the hots for ברענען נאָך; קאָכן זיך אין
hot air
(heated air) די הייסע לופֿט
(*fig.*) פּוסטע רייד ל"ר; סתּם דיבורים ל"ר; סתּם גערעדט ‹געבעבעט›; דאָס פּלוידערײַ [STAM]
hot-air balloon דער לופֿטבאַלאָן, ־ען
hotbed
(agr.) די מיסטבייט; דער פּאַרניק, ־עס
(*fig.*) דער קאָכקעסל, ־ען; די נעסט, ־ן

hot-blooded הייסבלוטיק
hot button [ÍNYEN, INYÓNIM] דער הייסער ענין, ־ים
It's a hot button ס'קאָכט מיט דעם ענין
hotcake די לאַטקע, ־ס
It went like hotcakes מ'האָט עס צעכאַפּט ווי מצה־וואַסער [MÁTSE]
hot cereal די (געקאָכטע) קאַשע
hot chocolate דער קאַקאַאָ
hot cup דאָס איזאָלירטע טעפּל, ־עך
hot dog דאָס ווורשטל, ־עך
hot-dog bun די ווורשטל־בולקע, ־ס
hot-dog stand די ווורשטלשטעל, ־ן
hot-dog vendor דער ווורשטל־הענדלער‹־פֿאַרקויפֿער›, ־ס
hotel דער האָטעל, ־ן
hotelier/hotelkeeper דער האָטעליער, ־ן
hot flash דער בלוטזעץ; די היצכוואַליע, ־ס
hotfoot, *adv.* פֿײַל אויסן בויגן
hotfoot, *v.* **(it)** פֿליִען פֿײַל אויסן בויגן; כאַפּן די פֿיס אויף די פּלייצעס
hot fudge דער הייסער פֿאַדזש
hothead דער היצקאָפּ, ...קעפּ; דאָס שוועבעלע, ־ך; דער גראַטש, ־ן/־עס
hothouse דאָס וואַרעמהויז, ...הײַזער; די ספּעקטע, ־ס; די אָראַנזשעריע, ־ס
hotline די גוואַלדליניע, ־ס; די רויטע ליניע, ־ס
hot plate די (עלעקטרישע) פּליטע, ־ס
hot potato
(*fig.*) דער קאָכעדיקער ענין; דאָס שוועבעלע וואָס קען אונטערצינדן אַ שׂרפֿה [ÍNYEN] [SRÉYFE]
(game) סע בריט
hotshot דער מײַסטער, ־ס; דער מײַסטערקאָפּ, ...קעפּ; דער מומחה, ־ים [MÚMKhE, MÚMKhIM]
(*hum.*) דער קנאַקער, ־ס; דער צעלייגער, ־ס
hot spell די היץ, ־ן
hot spot
(phys.) דער הייסער פּונקט, ־ן
(pol.) דער קאָכקעסל, ־ען
(social) דער נאַכטלאָקאַל, ־ן
hot spring דאָס וואַרעמבאַד, ...בעדער
hot stuff אַזוינס און אַזעלעכס
hot-tempered [RAGZÓNISh] רגזניש; היציק
hot-tempered person (*m./unsp.*) דער רגזן, ־ים; דער היציקער געב' [RAGZN, RAGZÓNIM]
hot-tempered person (*f.*) די רגזנטע, ־ס [RÁGZNTE]
Hottentot fig די פֿײַגנבלום, ־ען
hot tub די הייסע באַד, בעדער
hot-water bottle די וואַרעמפֿלאַש, ...פֿלעשער
hot weather די היץ, ־ן
hound, *n.* דער יעגערהונט, ...הינט; דער שפּורהונט, ...הינט
hound, *v.* דערגיין + דאַט' די יאָרן; רודפֿן; שטיין + דאַט' איבערן קאָרק [RÓYDEFN]
hound's-tongue (bot.) דער שוואַרצוואָרצל
...-hour, *adj.* [ShÓIK] [ShÓEDIK] שעיק; שעהעדיק
hour, *n.* [ShO] די שעה, ־ען
at all hours [MESLÉS] אַ גאַנצן מעת־לעת; טאָג ווי נאַכט
every hour [ShÓENVAYZ] אַלע ‹יעדע› שעה; שעהענווײַז
every hour on the hour אַלע שעה צו דער שעה
for hours (at a time) (גאַנצע) שעהען לאַנג; שעהענווײַז [ShÓEN]
on the hour צו דער שעה
hourglass דאָס זאַמדגלאָז; דער זאַמדזייגער; דאָס שעהען־גלאָז [ShÓEN]

hourglass figure די פֿיגור ווי אַ זאַמדגלאָז
hour hand דער שעהען־ווײַזער, ־ס; דער קלײנער ‹קורצער› ווײַזער, ־ס [ShÓEN]
hourlong פֿון אַ גאַנצער שעה; אַ שעה די לענג [ShO]
hourly
 (by the hour) לויט דער שעה; לויט די שעהען [ShO] [ShÓEN]
 (every hour) אַלע ‹יעדע› שעה; שעהענווײַז [ShÓENVAYZ]
 hourly wage דאָס געצאָלטס לויט די שעהען
house, *n.* דאָס הויז, הײַזער; די שטוב, שטיבער
 around the house אין שטוב; אין דער היים
 at my house בײַ מיר (אין דער היים); בײַ מיר אין שטוב
 go to a friend's house גיין צו(ן) אַ חבֿר ‹חבֿרטע› אַהײם [KhÁVER] [KhÁVERTE]
 keep house פֿירן די שטוב ‹בעל־הבתּישקייט› [BAL(E)BÁTIShKEYT]
 on the house על־חשבון־הגבֿיר; אומזיסט; אויפֿן חשבון פֿונעם בעל־הבית [AL-KhÉZhBM-HAG(E)VÍR] [KhEZhBM] [BAL(E)BÓS]
 play house שפּילן זיך אין טאַטע־מאַמע
 set up house אײַנשטעלן אַ שטוב
house, *v.* אײַנקוואַרטירן; באַהויזן
house arrest דער שטובאַרעסט
houseboat די וווינשיף, ־ן
housebound *see* **homebound**
housebreak
 (burgle) אַרײַנברעכן; אַרײַנרײַסן זיך
 (housetrain) אײַנשטוביקן
housebreaker דער אַרײַנברעכער, ־ס
housebreaking דער אַרײַנברעך, ־ן; דאָס אַרײַנברעכן
housebroken אײַנגעשטוביקט
house call דער (מעדיצינישער) שטובוויזיט, ־ן
housecoat דער שלאָפֿראָק, ...רעק; דער (שטוב)כאַלאַט, ־ן
housefly די שטוביקע פֿליג, ־ן
houseful (of) די פֿולע שטוב (מיט)
household דאָס (הויז)געזינד, ־ער; דאָס בני־בית; די/דאָס בעל־הבתּישקייט, ־ן [BNEYBÁYES] [BAL(E)BÁTIShKEYT]
 member of the household דער שטובמענטש, ־ן; דער בן־בית, בני־... [BENBÁYES, BNEY-...]
household furniture דאָס כּלי־בית ל״ר; דאָס הויזראַט [KLEBÁYES]
household goods שטובזאַכן; די/דאָס בעל־הבתּישקייט ל״י [BAL(E)BÁTIShKEYT]
household name דער שם־דבֿר, ־ס [ShÉMDOVER]
househusband דער שטובפֿירער, ־ס; דער בעל־הבית, בעלי־בתּים [BAL(E)BÓS, BAL(E)BÁTIM]
housekeeper
 (manager) די בעל־הביתטע, ־ס; די שטובפֿירערין, ־ס [BAL(E)BÓSTE]
 (worker) די שטוב־אַרבעטערין, ־ס
 efficient housekeeper די בריה, ־ות; די ווערטאַנעס, ־ן [BÉRYE]
 inefficient housekeeper די באַלעבאַנדע, ־ס
housekeeping דאָס פֿירן די שטוב; דאָס שטוב־פֿירערײַ
houseleek דאָס חײַ־עולמל [KhAYÓYLEML]
houselights זאַלליכט
housemaid די שטובדינסט, ־ן
housemate
 m./unsp. דער מיטוווינער, ־ס
 f. די מיטוווינערין, ־ס
house of cards דאָס קאָרטן־שטיבל, ־עך
House of Commons דער קאָמאָנס; דאָס אונטערהויז
House of Lords דאָס לאָרדנהויז; דאָס אייבערהויז
house of mirrors דער שפּיגל־לאַבירינט
House of Representatives דאָס רעפּרעזענטאַנטן־הויז
house of worship
 (J.) דער/דאָס בית־תּפֿילה, בתּי־תּפֿילה; דאָס בית־הכּנסת, בתּי־כּנסיות; די שיל, ־ן [BEYSTFÍLE, BÓTE-...] [BEYSAKNÉSES, BÓTE-KNÉSYES]
 (non-J.) דאָס געבעטהויז, ...הײַזער
house pet די שטוב־חיה, ־ות [KhÁYE]
house plant דאָס שטובגעוויקס, ־ן
housesit היטן אַ הויז
housesitter דער הויזהיטער, ־ס
house-sitting דאָס היטן אַ הויז
house-to-house פֿון טיר צו טיר; פֿון הויז צו הויז
housetrain *see* **housebreak**
housetrained *see* **housebroken**
housewares דאָס כּלי־בית קאָל; שטובזאַכן [KLEBÁYES]
housewarming דער חנוכּת־הבית [KhANÚKES-HABÁYES]
housewife די בעל־הביתטע, ־ס [BAL(E)BÓSTE]
 be a housewife זײַן אַ בעל־הביתטע; פֿירן די/דאָס בעל־הבתּישקייט [BAL(E)BÁTIShKEYT]
housework די/דאָס בעל־הבתּישקייט; די הויזאַרבעט [BAL(E)BÁTIShKEYT]
 do housework פֿירן די/דאָס בעל־הבתּישקייט; אַרבעטן בײַ דער בעל־הבתּישקייט
housing, *adj.* וווינ...; הײַזער־...; דירות־... [DÍRES]
 housing complex דער הײַזערבלאָק, ־ן
 housing conditions וווין־באַדינגונגען
 housing project דער וווינקאָמפּלעקס, ־ן; דער הײַזער־מאַסיוו, ־ן
 housing unit דער וווינאייניס, ־ן; די דירה, ־ות [DÍRE]
housing, *n.* די באַהויזונג; וווינונגען ל״ר; דירות ל״ר
 (mil.) די קאַזאַרמע, ־ס
hovel די חורבֿה, ־ות; די/דער לאָך, לעכער; די מפּולת, ־ן [KhÚRVE] [MAPÓYLES]
hover הויערן; (אַרום)שוועבן
hovercraft די הויערשיף, ־ן
how
 (in what way) ווי (אַזוי); ווי אַרום(ערט)
 (by what means) וויערנאַך
 And how! און ווי נאָך!; און נאָך ווי!; נאָך אַ מין!
 How about ...? (און) וואָס איז מיט ‹מכּוח› ...? [MEKÓYEKh]
 How about a cup of tea? אפֿשר זאָלן מיר טרינקען אַ גלעזעלע טיי? [ÉFShER]
 How about that?/How do you like that! ווי געפֿעלט דיר ‹אײַך› דאָס?; ביסט ‹איר זענט› אַ מבֿין? [MEYVN]
 How are you?/How've you been? וואָס הערט זיך (גוטס)?; וואָס מאַכסטו ‹מאַכט איר›?
 How come? וואָס הייסט?; ווי קומט עס?; סטײַטש?; וואָס עפּעס?; היתּכן?; ווי קען דאָס זײַן? [HAYITÓKhN]
 How so? ווי אַזוי?; למשל? [LEMÓShL]
 How's that? (Pardon?) וואָס?
 How's that for ...? ווי געפֿעלט דיר ‹אײַך› אַזאַ ...?
howdah דער העלפֿאַנטזיץ, ־ן
Howdy! שלום־עליכם!; האַ, וואָס מאַכט מען? [ShÓLEM-ALÉYKhEM]
however
 adv. ווי (אַזוי)
 conj. פֿון דעסט וועגן; אָבער; נישמער
 however much וויפֿל נאָר
howitzer די הויביצע, ־ס
howl, *n.* דאָס געוווי; דער וווי, ־ען; דאָס רעווען

(human) דער גו(ע)וואַלד, ־ן; די יללה, ־ות [YELÓLE]
howl, *v.*
(animal) וווֹ(ע)ן; היַילן; ברומען
(wind) וווֹ(ע)ן
(baby) קוויטשע(ן; קריַיסן; מאַכן גו(ע)וואַלדן ‹יללות›; רײַסן זיך [YELÓLES]
howler (mistake) דער נאַרישער פֿעלער ‹לאַפּסוס›, ־ן
howler monkey די שריַימאַלפּע, ־ס; דער שריַיער, ־ס
howling
(wailing) יללהדיק; ווויענדיק [YELÓLEDIK]
(huge) גו(ע)וואַלדיק; קאָלאָסאַל
howsoever ווי סע זאָל נישט זיַין
how-to book דאָס אָנווייז־ביכל, ־עך
html דער האַ־טע־עם־עַל; דער אייטש־טי־עם־עַל
hub
(of wheel) דאָס (ראָד)קלעצל, ־עך; די בוקשע, ־ס; דער קאָפּ, קעפּ
(comp.) דער נעצקנופּ, ־ן; דער קניפּפּונקט, ־ן
(transportation) דער קנופּ, ־ן/קניפּ; דער פֿאַרבינדפּונקט, ־ן; דער מיטלפּונקט, ־ן
hubbub דאָס געטומל; דאָס געפּילדער; דער הו־האַ; די סומאַטאָכע
hubby *see* **husband**
hubcap דאָס ראָדקעפּל, ־עך
hubris די/דאָס פֿאַרריסנקייט; די גאווה; דאָס גדלות [GÁYVE] [GÁDLES]
huckleberry דאָס שוואַרצל, ־עך; די טשערניצע, ־ס
huckster [MÓKEM] דאָס קרעמערל, ־עך; דער מקום־גייער, ־ס
huddle, *n.* דאָס רעדל, ־עך; דאָס הײַפל, ־עך; דאָס קרענצל, ־עך
huddle, *v.* צונויפֿנעמען זיך אין אַ רעדל
huddle together קלאַמערן‹טוליען› זיך איינס אין אַנדערן; צונויפֿקאַרטשע(ן זיך
hue,[1] *n.* **(shade)** די שאַטירונג, ־ען; דער בײַקאָליר, ־ן; דער באַפֿאַרב, ־ן; די באַפֿאַרבונג, ־ען
hue,[2] *n.* **(shout)**
hue and cry דער גו(ע)וואַלד; דער גאַנצער טאַרעראַם; דאָס טומלעניש; דער ויצעקו [VAY(I)TSÁKU]
huff, *n.* דער רוגז [RÓYGES]
in a huff אָנגעדרודלט; ברוגז; אָנגעבלאָזן [BRÓYGES]
leave in a huff אַוועקגיין ברוגז ‹אָנגעדרודלט›; אַוועקגיין מיט אַ זעץ אין דער טיר
huff, *v.* בלאָזן
huff and puff פּכינ(נ)קען; שווער אָטעמען; סאָפּע(ן
huffy ברוגז [BRÓYGES]
hug, *n.* דער אַרומנעם, ־ען; די (אַרומ)האַלדזונג, ־ען
give a hug אַרומנעמען; געבן אַ נעם ‹כאַפּ› אַרום
hugs and kisses (at end of letter) מיט אַ סך קושן [SAKh]
hug, *vt./vi.* אַרומנעמען (זיך); אַרומכאַפּן (זיך); אַרומהאַלדזן (זיך)
hug the ground ליגן צוגעפּלעטשט; צופּלעטשן זיך צו דר'ערד
huge ריז(עד)יק; קאָלאָסאַל; גו(ע)וואַלדיק (גרויס)
huggable
She's so huggable נאָר מע וויל זי אַרומנעמען
hula hoop די/דער הולאַרייף, ־ן
hulk
(massive person) דער בעל־גוף, בעלי־גופֿים; דער מאַסיווער גוב'; דער מגושמדיקער גוב' [BALGÚF, BÁLE-GÚFIM] [MEGÚShEMDIKER]
(clumsy person) דער ליימענער גולם, ־ים/־ס; דער קלאָץ, קלעצער; דער אומגעלומפּערטער גוב' [GÓYLEM, GOYLÓMIM]
(ruin) די חורבֿה, ־ות [KhÚRVE]
hulking מאַסיוו; מגושמדיק [MEGÚShEMDIK]
hull, *n.*
(of nut) דאָס/די שאָלעכץ, ־ן/־ער
(of ship) דער קאָרפּוס, ־ן
hull, *v. imp./pf.* (צע)קנאַקן
hullabaloo דער טאַרעראַם; די מהומה; דער ליאַרעם; דאָס געפּילדער; דאָס גערודער; דער הו־האַ [MEHÚME]
hum, *n.*
(insect) דער זשוזש; דאָס זשוזשען; דער זשום; דאָס זשומען
(mech.) דאָס גערויש
(of voices) דאָס געמורמל
hum, *v.*
(insect) זשוזשע(ן; זשומ(זש)ע(ן; הודזשע(ן; הודיע(ן; ברומען
(mech.) רוישן
(person) ניגונען; ברומבלען; אונטערזינגען; זינגען שטילערהייט (פֿאַר זיך) [NÍGENEN]
hum along צובאָמקע(ן; אונטערבאָמקען
human, *adj.* מענטשיש; מענטשן...
(humane) מענטשלעך
human error דער מענטשישער טעות; דער טעות פֿון אַ מענטש(ן) [TÓES]
human experience דער גאַנג פֿון מענטשלעכן לעבן
human flesh דאָס מענטשנפֿלייש
human, *n.* דער מענטש, ־ן; דאָס מענטשנקינד, ־ער; דער בן־אָדם, בני־...; דער בר־נש, – [BENÓDEM, BNEY-...] [BARNÁSh]
human chain די מענטשנקייט, ־ן
humane מענטשלעך; הומאַניש; הומאַן
humaneness די/דאָס מענטשלעכקייט
human genome דער מענטשן־גענאָם, ־ען
Human Genome Project דער פּראָיעקט צו דערגיין דעם מענטשן־גענאָם
humanism דער הומאַניזם
humanist דער הומאַניסט, ־ן
humanistic הומאַניסטיש
humanitarian, *adj.* הומאַניטאַר(יש)
humanitarian, *n.* דער הומאַניסט, ־ן; דער מענטשנפֿריַינד, –; דער פֿילאַנטראָפּ, ־ן
humanities די הומאַניסטיק ל"י
humanity
(humaneness) די/דאָס מענטשלעכקייט; די הומאַניטעט
(humankind) די מענטשהייט; די מענטשנשאַפֿט
humanize פֿאַרמענטשלעכן
humankind די מענטשהייט; די מענטשנשאַפֿט
humanly
not humanly possible איבער די מענטשלעכע כּוחות [KÓYKhES]
human nature די מענטשלעכע נאַטור ‹טבֿע› [TÉVE]
humanoid, *adj.* הומאַנאָידיש
humanoid, *n.* דער הומאַנאָיד, ־ן
human race דער מענטשלעכער מין; דער מענטשן־מין
human resources
(personnel) מענטשן־רעסורסן; דער פּערסאָנאַל קאָל'
(department) דער פּערסאָנאַל־אָפּטייל, ־ן
human rights דאָס מענטשנרעכט ל"י
human-rights abuses דאָס עובֿר זײַן אויף מענטשנרעכט [ÓYVER]
humble, *adj.*
(modest) עניוותדיק; באַשיידן [ANÍVESDIK]

(lowly) שפֿל(דיק); פּראָסט [ShÓFL(DIK)]
(servile) הכנעהדיק [HAKhNÓEDIK]
eat humble pie מיט הכנעה זיך פֿאַרענטפֿערן [HAKhNÓE]
humble person (*m./unsp.*) דער ענו, ־ים; דער באַשיי̆דענער געב' [ÓNEV, ANÓVIM]
humble person (*f.*) די ענווטע, ־ס; די באַשיי̆דענע, – [ÓNEFTE]
in my humble opinion לפֿי עניות דעתּי; לויט מײַן באַשיי̆דענער מיינונג; לויט מײַן נאַרישן שׂכל [LEFÍ ANÍES DÁTI] [SEYKhL]
your humble servant אני־הקטן [ANÍ-HAKÓTN]
humble, *v.* אַראָפּזעצן + פֿאַס' האָנער; מבֿייש זײַן; שטעלן אין ביוש; ˚דערנידעריקן [MEVÁYESh] [BÍESh]
humble oneself אַוועקליגן דעם האָנער; מכניע זײַן זיך [MAKhNÍE]
humbug דער הומבוג; די בליאַגע; דאָס שקרנות; דאָס שווינדלערײַ [ShAKRÓNES]
Humbug! פּוסטע ריידן!; באָבקעס!; אַ נעכטיקער טאָג!; נישט געשטויגן, נישט געפֿלויגן!; ס'הייבט זיך נישט אָן און לאָזט זיך נישט אויס!
humdinger
a humdinger of a אַן אויסערגעוויינ(ט)לעכער געב' ...
humdrum נודנע; לאַנגווײַליק; סקוטשנע; מאָנאָטאָן; וואָכעדיק; אויסגעדראָשן
humerus דער איבעראָרעם־ביין
humid פֿײַכט; פּאַרנע; דעמפּיק
humidifier דער באַפֿײַכטער, ־ס
humidify באַפֿײַכטן
humidity די/דאָס פֿײַכטקייט
humiliate גוט פֿאַרשעמען; פֿאַרשעמען אין טיפֿן ‹ווײַטן› האַלדז אַרײַן; פֿאַרשוואַרצן + דאַט' דאָס פּנים; שטעלן אין ביוש; מבֿייש זײַן; מזלזל זײַן; מאַכן ‹פֿירן› טורעס פֿון [PÓNEM] [BÍESh] [MEVÁYESh] [MEZÁLZL]
humiliate oneself שוואַרצן זיך (אַליין) דאָס פּנים; טיף פֿאַרשעמען זיך
humiliated פֿאַרשפֿלט; מבֿויש; טיף פֿאַרשעמט; ווי אָפּגעשמיסן [FARShÓFLT] [MEVÚYESh]
humiliation די בושה, ־ות; די חרפּה, ־ות; דער ביוש; דער זילזול, ־ים; דאָס פּחיתות־הכּבֿוד [BÚShE] [KhÁRPE] [BÍESh] [ZILZL, ZILZÚLIM] [PKhÍSES-HAKÓVED]
humility דאָס עניוות; דאָס שיפֿלות; די הכנעה; די ענווה [ANÍVES] [ShÍFLES] [HAKhNÓE] [ANÓVE]
hummingbird די קאָליברי, ־ס
hummus דער כומוס
humor, *n.* דער הומאָר
out of humor שלעכט אויפֿגעלייגט ‹געשטימט›; אין אַ שלעכטער שטימונג
sense of humor דער (חוש פֿון) הומאָר
She has a good sense of humor זי האָט אַ גוטן (חוש פֿון) הומאָר; זי האָט הומאָר
humor, *v.* פֿאַרגינען + דאַט'; דערגאָדזשע|ן; צו ליב טאָן + דאַט'
humorist דער הומאָריסט, ־ן
humorous
(book/person) הומאָריסטיש
(remark) שפּאַסיק; קאַטאָוועסדיק
humorous play/story די הומאָרעסקע, ־ס
hump דער האָרב, ־ן; דער הויקער, ־ס
He's over the hump ער איז שוין אַריבער דעם באַרג; ס'ערגסטע איז אים שוין אַריבער; ס'ערגסטע איז ער שוין איבערגעקומען
humpback(ed) *see* **hunchback(ed)**
humpback salmon די גאָרבושע, ־ס
humpback whale דער האָרבאָטער וואַלפֿיש, ־ן

Humph! הם!
humus
(bot.) דער הומוס; דאָס פֿוילעכץ
(cul.) *see* **hummus**
Hun דער הון, ־ען
hunch, *n.* דער חשד, ־ים; די השערה, ־ות [KhShAD, KhShÓDIM] [HAShÓRE]
She had a hunch זי האָט געהאַט אַ חשד; זי האָט זיך משער געווען; דאָס האַרץ האָט איר געזאָגט [MEShÁER]
hunch, *v.* **(over)** איבערבייגן זיך; פֿאַרהויקערן זיך
hunchback
m./unsp. דער הויקער, ־ס; דער האַרבאַטש, ־עס; דער האָרבון, ־עס; דער האָרבאָטער געב'
f. די הויקערטע, ־ס; די האָרבאַטע, –
hunchbacked אײַנגעהויקערט; הויקערדיק; אײַנגעהאָרבט; האָרבאַטע
hunched-over איבערגעבויגן; פֿאַרהויקערט
hundred, *n.* דער הונדערט, ־ער; די מאה, ־ות [MÉYE]
a hundred הונדערט
hundreds (of) הונדערטער
one hundred הונדערט
hundred, *num.* הונדערט
hundred-dollar bill דער הונדערטער, ־ס/–
hundredfold
a hundredfold הונדערט מאָל אַזוי פֿיל
hundredth הונדערטסט
Hundred Years' War די הונדערט־יאָריקע מלחמה [MILKhÓME]
Hungarian, *adj.* אונגעריש
Hungarian Jew דער אונגערישער געב'; דער אונגערישער ייִד, ־ן
Hungarian, *n.*
m./unsp. דער אונגער, ־ן
f. די אונגערין ‹אונגערקע›, ־ס
(language) דאָס אונגעריש
Hungarian loanword דער מאַדיאַריזם, ־ען
Hungary (דאָס) אונגערן
hunger דער הונגער
hunger strike דער הונגערשטרײַק, ־ן
hung jury די פֿאַרהאַקטע זשורי, ־ען
hung over
be hung over לײַדן פֿונעם קאַצן־יאָמער
hungrily מיט אַ גרויסן ‹וואָלפֿישן› אַפּעטיט
hungry הונגעריק
be hungry זײַן הונגעריק; הונגערן אומפּ'/פּ"ק + אַק'
go hungry הונגערן
hungry as a bear הונגעריק ווי נאָך אַ תּענית; הונגעריק ווי אַ בער ‹וואָלף› [TÓNES]
I'm terribly hungry כ'בין שטאַרק הונגעריק; כ'שטאַרב ‹כ'גיי אויס› פֿון הונגער; מיר חלשט דאָס האַרץ [KhÁLEShT]
hunk
(of bread) די פּײַדע, ־ס; די לוסטע, ־ס; די לחמא, ־ס [LÁKhME]
What a hunk! אײַ, איז דאָס אַ זכר ‹כוואַט›! סאַראַ מאַנספּאַרשוין ‹קראַסאַווער›!; אײַן זכר אין מאָסקווע! [ZÓKhER]
hunker (down) אײַנגראָבן זיך; פֿאַרבאַהאַלטן זיך; אײַנפֿעסטיקן זיך
hunky-dory ווי ס'קער צו זײַן; אין אָרדענונג
hunt, *n.*
(animal) דאָס געיעג, ־ן
(criminal) דער אויסשפּיר
hunt, *v.*

(an animal) גיין אויף געיעג (נאָך)
(seek) זוכן
hunt around for אַרומזוכן
hunt down יאָגן און דעריאָגן; אויסשפּירן
hunt up געפֿינען; אויסזוכן
hunter דער יעגער, ־ס
hunting, *n.* דאָס געיעג; דאָס (גע)יעגערײַ
go hunting גיין אויף געיעג
go hunting for *see* **hunt**
hunting dog דער געיעגהונט, ...הינט
hunting ground דער געיעג־שטח [ShÉTEKh]
hunting gun די יעגערביקס, ־ן
hunting lodge דאָס יעגער־שטיבל, ־עך
hunting season דער געיעג־סעזאָן
huntsman דער יעגער, ־ס
hurdle, *n.* דער באַריער, ־ן
(*fig.*) די מניעה, ־ות; דער מיכשול, ־ים; דער אָפּהאַלט, ־ן [MENÍE] [MIKhShL, MIKhShÓYLIM]
hurdle, *v.* איבערשפּרינגען
hurdle race דער באַריערן־לויף
hurdy-gurdy די קאַטערינקע, ־ס
hurl שלײַדערן; וואַרפֿן; וואַליען; זרקען [ZÁRKEN/ZÁRGEN]
hurl insults at שיטן פעך און שוועבל אויף
hurly-burly די מהומה; דער האַרמידער; די סומאַטאָכע [MEHÚME]
Hurrah!/Hurray! הוראַ!
Hip, hip, hurrah! הוראַ, הוראַ, הוראַ!
hurricane דער הוראַגאַן, ־ען
hurried געאײַלט; אײַליק; געכאַפּט; האַסטיק
hurriedly אין אײַלעניש; האַסטיק; בחפּזון [BEKhIPÓZN]
hurry, *n.* דאָס אײַלעניש; דאָס כאַפּעניש; דאָס יאָגעניש; דאָס געאײַל
be in a hurry אײַלן זיך; יאָגן זיך; נישט האָבן קיין צײַט
do stg. in a hurry אָפּכאַפּן
She's in a big hurry זי יאָגט זיך שטאַרק ‹שרעקלעך›; זי איז שטאַרק פֿאַרטרודט; די הויט ברענט אויף איר [FARTÓRET]
What's your hurry? וואָס איז בײַ דיר ‹אײַך› דאָס יאָגעניש?; וואָס האָסטו ‹האָט איר› עפּעס קיין צײַט נישט?; וווּ ברענט?
hurry, *v.*
hurry away/off אַוועקאײַלן זיך
hurry (up), *vt.* אונטעריאָגן; אונטערטרײַבן; צואײַלן; אונטעראײַלן
hurry (up), *vi.* יאָגן זיך; צואײַלן זיך; מקדים זײַן זיך [MÁKDEM]
hurry through (an action) אָפּכאַפּן
hurry through one's prayers אָפּכאַפּן ‹אָפּקלאַפּן› דאָס דאַווענען
Hurry up! גיב ‹גיט› זיך אַ ריר ‹שאָקל›!; שאָקל אַ פֿוס!; נו, שוין!
hurt, *adj.*
(wounded) צעקלאַפּט; צעמזיקט [TSEMÁZEKT]
(offended) באַלײדיקט; געקרענקט; אָנגעשטויסן; געטראָפֿן
hurt, *n.* דער ווייטיק, ־ן; דער שמאַרץ, ־ן
hurt, *v.*
vt. **(injure)** צעקלאַפּן; (באַ)שעדיקן; שאַטן
vt. **(offend)** טרעפֿן; ווי טאָן + דאַט׳; אָנרירן; באַלײדיקן; פֿאַרדריסן + דאַט׳; פּוגע זײַן [POYGÉYE]
vi. **(be painful)** ווי טאָן + דאַט׳
I was hurt כ׳האָב זיך צעקלאַפּט
I felt hurt כ׳האָב זיך געפֿילט געטראָפֿן
get hurt צעקלאַפּן זיך; צעמזיקט ווערן [TSEMÁZEKT]

Nobody got hurt קיינער האָט זיך נישט צעקלאַפּט; ס׳איז קיינעם קיין שלעכטס נישט געשען
hurt oneself צעקלאַפּן זיך
Her finger hurts סע טוט איר ווי דער פֿינגער; דער פֿינגער טוט איר ווי
hurt one's finger צעקלאַפּן זיך דעם פֿינגער
It can't hurt סע קען נישט שאַטן
She wouldn't hurt a fly זי טשעפּעט אַפֿילו נישט קיין פֿליג אויף דער וואַנט [AFÍLE]
He's hurting ער לײַדט (נעבעך)
hurtful באַלײדיקנדיק
hurtle
hurtle down אַראָפּקוליען זיך; אַראָפּקאַטשען זיך; אַראָפּקײַקלען זיך; אַראָפּרעדערן
hurtle past (אַ)דורכפֿליִען; (אַ)דורכלויפֿן
husband, *n.* דער מאַן, ־ען/מענער
my husband מײַן מאַן; מײַנער
my husband (*iro.*) מײַן מלך; מײַן טאַמעראַסטע; מײַן קידוש־מאַכער [MÉYLEKh] [KÍDESh]
husband, *v.* שפּאָרן; זשאַלעווען
husbandry די ערדאַרבעט
Hush!, *int.* שאַ!; שאַ־שאַ!
hush, *n.* דאָס געשוויג; די/דאָס שטילקייט
A hush fell over the crowd דער עולם איז פֿאַרשטומט געוואָרן [ÓYLEM]
hush, *v.* אײַנשטילן
hush up, *vt.* **(keep secret)** פֿאַרשוויגן; פֿאַררײַבן
hush up, *vi.* **(keep quiet)** אַנטשוויגן ווערן
Hushabye! ליו־ליו!
hush-hush בסוד; בשתּיקה [BESÓD] [BIShTÍKE]
hushing, *adj.* **(ling.)** שיפּעדיק
hushing, *n.* **(ling.)** די/דאָס שיפּעדיקייט
hush money דאָס שווײַגגעלט; דער חורש; דאָס שוחד־געלט; דאָס לא־יחרץ(־געלט); די נתינה [KhÓYRESh/KhÉYRESh] [ShÓYKhED] [LOY-YÉKhRETS] [NESÍNE]
hush puppies (cul.) קוקורוזע־קאַטלעטן
husk דאָס/די שאָלעכץ, ־ן/־ער; די שאָל, ־ן
husky, *adj.*
(burly) קרעפּקע; געשפּיקעוועט; פֿעסט געבויט; געזונט
(voice) הײזעריק
husky young man דער יונג מיט בײנער
husky, *n.* דער עסקימאָסישער הונט, הינט
hussar דער הוסאַר, ־ן
hussy די צעלאָזענע, ־; די פֿאַרשײַטע, ־; די אויסגעלאַסענע, ־
hustings די וואַל־קאַמפּאַניע; דאָס קאַמפּאַניעווען
hustle, *n.* דאָס האַוועניש; דאָס געדרענג; דאָס שטופּעניש; די מהומה [MEHÚME]
hustle and bustle דער טראַסק; דער קאָך
hustle, *v.*
vt. **(swindle)** שווינדלען; דרייען
vi. **(rush)** (אַרומ)האַווען; אײַלן זיך; יאָגן זיך
hustler
(swindler) דער שווינצער, ־ס; דער שווינדלער, ־ס; דער חבֿרה־מאַן, ־לײַט [KhÉVRE]
(male prostitute) דער זשיגאַלאָ, ־ס
(pimp) דער אַלפֿאָנס, ־ן; דער סוטענער, ־ס
hut די הײַזקע, ־ס; די כאַטע, ־ס; די כאַלופּע, ־ס; דאָס שטיבל, ־עך
hutch (rabbit) דאָס קראָליק־שטײַגל, ־עך
Huzzah! *see* **Hurrah!**
hyacinth דער היאַצינט, ־ן
Hyades היאַדן

hybrid, *adj.* היברי׳ד...; מיש...
hybrid, *n.* דער היברי׳ד, ־ן; דער מישלינג, ־ען
hybrid car דער היברי׳ד־אויטאָ, ־ס
hybridization די היברידיזי׳רונג; די מישונג
hybridize היברידיזי׳רן; מישן
hydra די הידרע, ־ס
hydrangea די האָרטענזיע, ־ס
hydrant דער לעשפּלומפּ, ־ן; דער הידראַנט, ־ן
hydrate, *n.* דער הידראַט, ־ן
hydrate, *v.* הידרי׳רן
hydration די הידרי׳רונג
hydraulic הידראוי׳ליש
hydraulic brake דער הידראוי׳לישער טאָרמאַז, ־ן
hydraulic fracturing די הידראוי׳לישע צעשפּאַלטונג
hydraulic lift דער הידראוי׳לישער הייבער, ־ס; די הידראוי׳לישע הייבמאַשין, ־ען
hydraulics די הידראוי׳ליק ל״י
hydrocarbon דער קוילן־וואַסערשטאָף
hydrocele דער וואַסער־כּיס, ־ים [KIS]
hydrocephalic מיט אַ וואַסערקאָפּ
hydrocephalus דער וואַסערקאָפּ
hydrochloric acid דאָס הידראָכלאָר־זײַערס; דער כלאָר־וואַסערשטאָף
hydrodynamic הידראָדינאַמיש
hydrodynamics די הידראָדינאַמיק ל״י
hydroelectric הידראָעלעקטריש
hydroelectricity די הידראָעלעקטר(י)ע
hydrogen דער הידראָגען; דער וואַסערשטאָף
hydrogenate הידראָגעני׳רן
hydrogenated הידראָגעני׳רט
hydrogen bomb די הידראָגען־‹וואַסערשטאָף־›באָמבע, ־ס
hydrogen chloride *see* **hydrochloric acid**
hydrogen peroxide דער וואַסערשטאָף־סופּעראָקסי׳ד
hydrogen sulfide דער וואַסערשטאָף־סולפי׳ד
hydrolysis דער הידראָלי׳ז
hydromechanics די הידראָמעכאַניק ל״י
hydrophobia די הידראָפאָביע; דער/די וואַסערשרעק
hydrophyte דאָס וואַסער־געוויקס, ־ן
hydroplane, *n.*
  (airplane) דער הידראָפּלאַן, ־ען
  (boat) דער גליסער, ־ס
hydroplane, *v.* אויסגליטשן זיך אויפן וואַסער־שפּיגל
hydroponic הידראָפּאָניש; קולטיווי׳רט אין וואַסער
hydroponics די הידראָפּאָניק ל״י; די וואַסער־קולטיווי׳רונג ל״י
hydrostatic הידראָסטאַטיש
hydrostatics די הידראָסטאַטיק ל״י
hydrotherapy די הידראָטעראַפּיע; די וואַסער־היילונג
hydroxide דער הידראָקסי׳ד, ־ן
hydroxyl דער הידראָקסי׳ל, ־ן
hyena די hיענע, ־ס
hygiene די היגיענע
hygienic(ally) היגיעניש
hygrometer דער היגראָמעטער, ־ס
hygroscope דער היגראָסקאָפּ, ־ן
hygroscopic היגראָסקאָפּיש
hymen דאָס בתולים־‹צניעות־›הײַטל, ־עך; בתולים ל״ר [PSÚLIM] [TSNÍES]
hymenoptera הײַטל־פֿליגלדיקע
hymn דער הימען, ־ס; די הימנע, ־ס; דאָס לויבגעזאַנג, ־ען
  (J.) דער מיזמור, ־ים; דער פּיוט, ־ים [MÍZMER, MIZMÓYRIM] [PÍET, PIÚTIM]
  (Chr.) דאָס קלויסטערליד, ־ער
hymnal
  (J.) דער פּיוט־ספֿר, ־ים [PÍET-SÉYFER, -SFÓRIM]
  (Chr.) דאָס געזאַנגבוך, ...ביכער
hype, *n.* דער איבערגעטריבענער ‹רעשיקער› פּירסום; די מויל־מלאָכה [RÁShIKER] [PÍRSEM] [MELÓKhE]
hype, *v.* צעפּויקן; צעטרומייטערן; מגזם זײַן; איבערטרײַבן [MEGÁZEM]
hyped-up גוזמאדיק; איבערגעטריבן [GÚZMEDIK]
hyperactive היפּעראַקטיוו
hyperactivity די/דאָס היפּעראַקטיוויקייט
hyperbola די היפּערבאָל, ־ן
hyperbole די גוזמא, ־ות/גוזמאָות; דער היפּערבל, ־ען [GÚZME, GUZMÓES]
hyperbolic גוזמאדיק; היפּערבאָליש [GÚZMEDIK]
hypercorrect היפּערקאָרעקט
hypercorrection די/דאָס היפּערקאָרעקטקייט
hypercritical איבעריק ‹צו שטרענג› קריטיש
hyperglycemia די היפּערגליקעמיע; דער הויכער בלוטצוקער
Hyperion היפּעריאָן
hyperlink, *n.* די (היפּער)פֿאַרבינדונג, ־ען
hyperlink, *v.* מאַכן אַ (היפּער)פֿאַרבינדונג
hypersensitive היפּערסענסיטיוו; היפּערשפּירעוודיק; איבערחושימדיק; קוואַלע
hypertension די הויכע בלוטדריקונג; דער הויכער בלוטדרוק
hypertext דער היפּערטעקסט
hyperthermia די היפּערטערמיע
hyperthermic היפּערטערמיש
hyperthyroid היפּערטירעאָטיש
hyperthyroidism דער היפּערטירעאָז
hypertonia די היפּערטאָניע
hypertonic היפּערטאָניש; איבערגעשפּאַנט
hypertrophic היפּערטראָפֿיש
hypertrophied היפּערטראָפֿי׳רט
hypertrophy די היפּערטראָפֿיע
hyperventilate היפּערווענטילי׳רן
hypha די היפֿע, ־ס; דער שוועמל־פֿאָדעם, ־פֿעדעם
hyphen דער מקף, ־ן; דער בינדשטראָך, ־ן [MÁKEF]
hyphenate באַהעפֿטן; שרײַבן מיט אַ מקף [MÁKEF]
hyphenated באַהאָפֿטן; מיט אַ מקף [MÁKEF]
  hyphenated course דער קייטלקורס, ־ן
  hyphenated name די באַהאָפֿטענע פֿאַמיליע, ־ס
hypnosis דער היפּנאָז
hypnotherapy די היפּנאָטעראַפּיע
hypnotic היפּנאָטיש
hypnotist דער היפּנאָטיזירער, ־ס
hypnotization די היפּנאָטיזי׳רונג
hypnotize, *v. imp./pf.* (פֿאַר)היפּנאָטיזי׳רן
hypnotized פֿאַרהיפּנאָטיזי׳רט
hypochondria די היפּאָכאָנדריע
hypochondriac, *adj.* היפּאָכאָנדריש
hypochondriac, *n.*
  m./unsp. דער היפּאָכאָנדריקער, ־ס
  f. די היפּאָכאָנדריקערין, ־ס
hypocoristic, *adj.* פֿאַרצויגן
hypocoristic, *n.* די היפּאָקאָריסטיק
hypocrisy די/דאָס היפּאָקרי׳טישקייט; די היפּאָקרי׳טסטווע; דאָס צביעות; די צבֿועצטווע; די/דאָס פֿאַלשקייט [TSVÍES] [TSVU(Y)ÁTSTVE]
hypocrite דער היפּאָקרי׳ט, ־ן; דער צבֿועק, ־עס; דער צדיק אין פּעלץ [TSVU(Y)ÁK] [TSÁDEK]
hypocritical היפּאָקרי׳טיש; צוויי־פּנימדיק; צבֿיעותדיק; צבֿועקיש; פֿאַלש [PÓNEMDIK/PÉNEMDIK] [TSVÍESDIK] [TSVU(Y)ÁKISh]
hypodermic היפּאָדערמיש; אונטערהויטיק

hypodermic needle דער היפּאָדערמישער שפּריץ, ־ן
hypogalactia די היפּאָגאַלאַקטיע; דער מילך־דוחק [DÓYKhEK]
hypoglycemia די היפּאָגליקעמיע; דער נידעריקער בלוטצוקער
hypogynous אונטערפּעסטלדיק
hypogyny די/דאָס אונטערפּעסטלדיקייט
hyponym דער היפּאָנים, ־ען
hyponymous היפּאָנימיש
hypostatic היפּאָסטאַטיש
hypotaxia די היפּאָטאַקסיע
hypotaxic היפּאָטאַקסיש
hypotension די נידעריקע בלוטדריקונג; דער נידעריקער בלוטדרוק
hypotenuse די היפּאָטענוז, ־ן
hypothermia די היפּאָטערמיע
hypothermic היפּאָטערמיש
hypothesis די השערה, ־ות; דער היפּאָטעז, ־ן; די סבֿרא, ־ות [HAShÓRE] [SVÓRE]
hypothesize משער זײַן זיך; בויען השערות [MEShÁER] [HAShÓRES]
hypothetical היפּאָטעטיש
hypothetically היפּאָטעטיש (גערעדט)
hypothyroid היפּאָטירעאָטיש
hypothyroidism דער היפּאָטירעאָז
hypoxia די היפּאָקסיע
hyssop דער אזובֿ [ÉZEV]
hysterectomy דאָס אויסשנײַדן די הייבמוטער
  I had a hysterectomy מ'האָט מיר אויסגעשניטן די הייבמוטער
hysteria די היסטעריע, ־ס
hysterical היסטעריש
  hysterical person (*m./unsp.*) דער היסטעריקער, ־ס
  hysterical person (*f.*) די היסטעריקערין, ־ס
hysterically היסטעריש
  hysterically funny היסטעריש קאָמיש
hysterics די היסטעריק, ־עס; די היסטעריע, ־ס
  be in hysterics (psych.) האָבן די היסטעריק
  be in hysterics (*fig.*) קאַטשען זיך ‹פּלאַצן› פֿאַר געלעכטער
  go into hysterics אַרײַנפֿאַלן אין אַ היסטעריק

I

I (letter) דער אי, ־ען
I, *pron.* איך
iamb דער יאַמב, ־ן
iambic יאַמביש
iambic pentameter דער יאַמבישער פּענטאַמעטער, ־ס
Iapetu יאַפּעטוס
Iberian איבעריש
Iberian Peninsula דער איבערישער האַלבאינדזל
ibex דער איבעקס, ־ן
ibid. דאָרט; דאָרטן (גופֿא); אויפֿן זעלבן אָרט [GÚFE]
ibis דער איביס, ־ן
...ible ...עוודיק; ...(ד)יק; ...לעך
ICBM דער אינטערקאָנטינענטאַל־ראַקעט, ־ן
ice, *adj.* אײַז...
ice, *n.* דאָס אײַז
  break the ice ברעכן דאָס אײַז; אויסשפּאַנען (זיך)
  cut no ice (with) גאָר נישט קענען פּועלן (בײַ); נישט האָבן קיין השפּעה (אויף) [HAShPÓE] [PÓY(E)LN]
  keep on ice האַלטן פֿאַרפֿרוירן; האַלטן אויף אײַז
  put on ice שטעלן אויף אײַז
  put on ice (*fig.***)** אָפּלייגן
ice, *v.*
  (a cake) גלאַזירן
  (apply ice to) צולייגן אײַז (צו/אויף)
  (cool down) אָפּקילן
  ice over/up פֿאַראײַז(יק)ט ווערן; באַדעקט ווערן מיט אײַז
Ice Age די אײַז־תּקופֿה; דער אײַזפּעריאָד [TKÚFE]
iceberg דער אײַזבאַרג, ...בערג
iceberg lettuce דער אײַזבאַרג־סאַלאַט; אײַזבאַרג־שאַלאַטן ל״ר
ice-blue אײַז בלאָ
iceboat (spo.) דער אײַזיאַכט, ־ן
icebound פֿאַראײַזיקט; אײַנגעשלאָסן פֿון אײַז
icebox דער אײַזקאַסטן, ־ס
icebreaker
  (boat) דער אײַז־שפּאַלטער, ־ס; דער אײַזברעכער, ־ס
  (game) די/דאָס אויסשפּאַנשפּיל, ־ן; דער אויסשפּאַנער, ־ס
ice bucket דער אײַזעמער, ־ס; דער עמער אײַז
icecap דער אײַזדעק, ־ן
ice capades דער אײַזרעוויו ל״י
ice-cold אײַז קאַלט
ice cream דער אײַזקרעם; די מאַראָזשענע; ליאָדעס ל״ר
ice-cream cake דער אײַזקרעם־טאָרט, ־ן
ice-cream cone דאָס אײַזקרעם־קאָנוסל, ־עך
ice-cream parlor די אײַזקרעמערײַ, ־ען; דער אײַזקרעם־סאַלאָן, ־ען
ice-cream soda די אײַזקרעם־סאָדע, ־ס
ice-cream truck דער אײַזקרעם־אויטאָ, ־ס
ice crystal די אײַזבלום, ־ען
ice cube דאָס אײַז־קוביקל, ־עך
iced
  (cold) אײַז...
  (with icing) גלאַזירט; באַצוקערט
ice dance דער אײַזטאַנץ, ...טענץ
ice dancer
  m./unsp. דער אײַזטענצער, ־ס
  f. די אײַזטענצערין, ־ס
ice dancing דאָס טאַנצן אויפֿן אײַז; טענץ אויפֿן אײַז
iced coffee די אײַזקאַווע
iced tea די אײַזטיי
ice floe דער אײַזגאַנג, ...גענג; די (אײַז)קריִע, ־ס
ice formation די פֿאַראײַזיקונג
ice hockey דער אײַזהאָקי; דער אײַזהאָקיי
ice hole די/דער אײַזלאָך, ...לעכער; די פּאָלאָנקע, ־ס
Iceland (דאָס) איסלאַנד
Icelander
  m./unsp. דער איסלענדער, –
  f. די איסלענדערין, ־ס
Icelandic, *adj.* איסלענדיש
Icelandic, *n.* **(language)** דאָס איסלענדיש
Iceland moss דער איסלענדישער מאָך
iceman דער אײַזטרעגער, ־ס; דער אײַזהענדלער, ־ס
ice pack דאָס אײַזפּעקל, ־עך
ice pick די אײַזנאָל, ־ן; דער אײַזטשוואָק, ...טשוועקעס
ice pop דאָס אײַז־לעקערל, ־עך
ices דאָס פֿאַרפֿרוירנס קאָל׳
ice skate, *n.* דער גליטששוך, ...שיך; דער גליטשער, ־ס
ice-skate, *v.* גליטשן זיך אויפֿן אײַז; גיין אויפֿן גליטש
ice skater דער גליטשלער, ־ס
ice skating דאָס גליטשן זיך (אויפֿן אײַז); דאָס גיין אויפֿן גליטש
icetray דאָס אײַזטעצל, ־עך
ice water דאָס אײַזוואַסער
ichthyological איכטיאָלאָגיש
ichthyologist דער איכטיאָלאָג, ־ן
ichthyology די איכטיאָלאָגיע
ichthyosaurus דער איכטיאָזאַווער, ־ס
icicle דאָס אײַזצעפּל, ־עך; דער אײַזצאַפּן, ־ס; דאָס (אײַז)ליכטל, ־עך; די טריפּלקע, ־ס; דאָס סטרעמפּל, ־עך; די סטראָמפּליע, ־ס; די סאָסולקע, ־ס
icily קאַלט(ערהייט)
icing די באַצוקערונג; די (צוקער־)גלאַזור; דאָס באַזיסעכץ, ־ן
  the icing on the cake דאָס לעצטע און בעסטע; דאָס בעסטע לעקעכל
icon די איקאָנע, ־ס
  (comp.) דאָס בילדל, ־עך
  (cultural) דאָס העלדנבילד, ־ער; די קולטור־איקאָנע, ־ס
iconic איקאָניש
iconoclast דער איקאָנאָקלאַסט, ־ן; דער צוימען־‹געטער־›ברעכער, ־ס; דער פּורץ־גדר, ־ס [PÓYRETS-GÉDER]
iconoclastic איקאָנאָקלאַסטיש; צוימען־‹געטער־›ברעכעריש; פּורץ־גדרדיק [PÓYRETS-GÉDERDIK]
iconography די איקאָנאָגראַפֿיע
iconostasis דער איקאָנאָסטאַז
icy פֿאַראײַז(יק)ט; אײַזיק
  (very cold) אײַז קאַלט
  icy conditions די/דאָס פֿאַראײַזטקייט
  icy patch דער גליטשאינדזל, ־ען
  icy road דער פֿאַראײַזטער ‹אײַזיקער› וועג, ־ן
id דער איד
ID *see* **identification; identity**
Idaho (דאָס) אײַדאַהאָ
idea דער געדאַנק, ־ען; די אידעע, ־ס; די השגה, ־ות; די אָנונג, ־ען [HASÓGE]
  (notion) דער אײַנפֿאַל, ־ן
  get the idea כאַפּן דעם שניט; פֿאַרשטיין; באַנעמען
  get the wrong idea נישט ריכטיק פֿאַרשטיין; אויסטײַטשן אויף פֿאַרקערט

great idea דער גאָלדענער ‹געניאַלער› אײַנפֿאַל, ־ן; די המצאה, המצאות [HAMTSÓE]
I don't have the slightest idea כ'הייב נישט אָן צו וויסן; כ'ווייס נישט פֿון קיין פּיתרון און קיין חלום; פֿרעג(ט) מיך בחרם [PÍSREN] [KhÓLEM] [BEKhÉYREM]
I had the idea to ס'איז מיר געפֿאַלן אויפֿן שׂכל ‹געדאַנק› צו [SEYKhL]
Is that her idea of ...? (אָט) דאָס הייסט בײַ איר ...?
It wouldn't be a bad idea if ס'וואָלט נישט געשאַט ווען ‹אַז›; ס'וואָלט געווען אַ סבֿרא אַז [SVÓRE]
not a bad idea נישט קיין שלעכטער אײַנפֿאַל
That gives me an idea מיר פֿאַלט עפּעס אײַן
That's an idea! סאַראַ גוטער אײַנפֿאַל!; דאָס איז אַ שׂכל!
That's the idea! אָט אַזוי!
The idea! וואָס (עפּעס) פּלוצעם?
the very idea of דער אײַנפֿאַל אַליין צו
Where did he get that idea? ווי פֿאַלט אים דאָס אײַן?; ווי קומט עס אים אויפֿן זינען?; ווי האָט ער זיך דאָס אַרײַנגענומען אין קאָפּ?
You have no idea! וואָס ווייסטו ‹ווייסט איר›?; קענסט ‹איר קענט› זיך אַפֿילו נישט פֿאָרשטעלן ‹אויסמאָלן›! [AFÍLE]
ideal, *adj.* אידעאַל
ideal, *n.* דער אידעאַל, ־ן
idealism דער אידעאַליזם
idealist דער אידעאַליסט, ־ן
idealistic אידעאַליסטיש
idealization די אידעאַליזאַציע, ־ס; די אידעאַליזירונג, ־ען
idealize אידעאַליזירן
ideally אידעאַל; צום בעסטן
idée fixe דאָס אײַנרעדעניש, ־ן; דאָס באַנעמעניש, ־ן; די מאַנקאַליע, ־ס; די אידעע־פֿיקס, ־ן
idem דאָס זעלביקע; הנ"ל [HANÁL]
identical אידענטיש; אַלצאײַן; אַלצאײַנסיש; נעמלעך
identical to אידענטיש מיט
identical twin דער גאַנצער צווילינג־ברודער, ־ברידער; די גאַנצע צווילינג־שוועסטער, –
identical twins דער גאַנצער צווילינג; דאָס גאַנצע ‹אײנאײיקע› פּאָרל
identifiable צום דערקענען ‹אידענטיפֿיצירן›
be identifiable לאָזן זיך אידענטיפֿיצירן ‹דערקענען›
identification די אידענטיפֿיקאַציע; דאָס אידענטיפֿיצירן
(document) די לעגיטימאַציע
identification card דאָס אידענטיפֿיציר־קאַרטל, ־עך; דאָס אידענטיטעט־קאַרטל, ־עך; דאָס אידענטיטעטל, ־עך
identification papers די לעגיטימאַציע ל"ר
identify אידענטיפֿיצירן; דערקענען
identify oneself אידענטיפֿיצירן זיך; (אויס)לעגיטימירן זיך
identify sb. *also* לעגיטימירן
identify with אידענטיפֿיצירן זיך מיט; סאָלידאַריזירן זיך מיט
identikit דער פֿאַטאָראָבאָט
identity די אידענטיטעט, ־ן
(sameness) די/דאָס אידענטישקייט, ־ן; די/דאָס זעלביקייט, ־ן
reclaim one's identity אָפּזוכן דעם אייגענעם איך; אָפּפֿרישן דעם ייִחוס־עצמו [YÍKhES-ÁTSMOY]
reveal one's identity (to) געבן זיך + דאַט' צו דערקענען; באַקענען זיך (צו)
identity card *see* **identification card**
identity crisis דער אידענטיטעט־קריזיס
identity papers *see* **identification papers**
identity theft די אידענטיטעט־גנבֿה [GANÉYVE/G(E)NÉYVE]
ideogram די אידעאָגראַם, ־ען
ideograph דער בילדער־צייכן, ־ס; דער אידעאָגראַף, ־ן
ideological אידעאָלאָגיש; אידעיִש
ideologist/ideologue דער אידעאָלאָג, ־ן
ideology די אידעאָלאָגיע, ־ס; דער איזם, ־ען
ides אידעס
the Ides of March די אידעס פֿון מאַרץ
id est דאָס הייסט
IDF דער צה"ל; די ישׂראל־אַרמיי; ישׂראל־כּוחות ל"ר [TSAHÁL] [YISRÓEL] [KÓYKhES]
idiocy דער אידיאָטיזם, ־ען; די/דאָס אידיאָטישקייט, ־ן; דאָס טיפּשות [TÍPShES]
idiolect דער אידיאָלעקט, ־ן; דאָס יחידישע לשון [YEKhÍDIShE] [LOShN]
idiolectal אידיאָלעקטיש
idiom דער אידיאָם, ־ען
idiomatic אידיאָמאַטיש
idiomatically אויף אַן אידיאָמאַטישן אופֿן [OYFN]
idiosyncrasy די אידיאָסינקראַזיע, ־ס
idiosyncratic אידיאָסינקראַטיש
idiot דער אידיאָט, ־ן; דאָס פֿלאַטשיקע קעפּל, ־עך; דער חמור, ־ים; דער זנבֿ, ־ים [KhÁMER/KhAMÓY(E)R, KhAMÓYRIM] [ZÓNEV, ZNÓVIM]
He's a total idiot ער איז אַן אָפּגעריסענער נאַר; ער איז אַ בהמה בצורת אָדם ‹פֿערד›; גיב אים שטרוי צו קײַען [BEHÉYME BETSÚRES ÓDEM]
It's idiot-proof אַפֿילו אַ נאַר קען עס טאָן [AFÍLE]
You idiot! שטיק נאַר וואָס דו ביסט ‹איר זענט›!; נאַר אײנער!
idiot box דער טעלעוויזאָר
idiotic אידיאָטיש
idiotically אידיאָטיש; מעשׂה ‹ווי אַן› אידיאָט [MÁYSE]
idiot savant דער גאון־גולם, ־ים/־ס [GÓEN-GÓYLEM, -GOYLÓMIM]
idle, *adj.*
(futile) אַרויסגעוואָרפֿן; אומזיסט; פּוסט
(unoccupied) לײדיק; פּוסט־און־פּאַס; שלינג־און־שלאַנג; בטלניש [BATLÓNISh]
be idle (machine) שטיין לײדיק
be idle (person) זיצן מיט לײדיקע הענט; אַרומגיין פּוסט־און־פּאַס ‹שלינג־און־שלאַנג›; פּוסטעפּאַסעווע|ן
idle gossip דבֿרים־בטלים ל"ר; פּוסטע פּליאַטקעס ל"ר [DVÓRIM-B(E)TÉYLIM]
idle talk פּוסטע רייד ל"ר; די כאַנדראַניע
It's just an idle threat מע סטראַשעט די גענדז; ס'איז אַ פּוסטער סטראַשוניק
idle, *v.*
(engine) אַרבעטן פּוסט; לויפֿן לײדיק
idle away the time פּוסטעפּאַסעווע|ן; פּטרן ‹צערײַבן› די צײַט [PÁTERN]
idleness דאָס שטיין לײדיק; דאָס פּוסטעפּאַסעווען; דאָס לײדיק־גייערײַ
idler
m./unsp. דער לײדיק־גייער, ־ס; דער פּוסטעפּאַסניק, ־עס; דער בטלן, ־ים; דער באָדיונג, ־ען; דער פּוליאַק, ־עס; דער סוויטש, ־ן; דער מצה־בעקער, ־ס [BÁTLEN, BATLÓNIM] [MÁTSE]
f. די לײדיק־גייערין, ־ס; די פּוסטעפּאַסניצע, ־ס; די פּוליאַטשקע, ־ס
idling, *n.* **(mech.)** דער פּוסטער גאַנג
idly פּוסט־און־פּאַס; לײדיק; פּויל

sit idly by זיצן מיט פֿאַרלייגטע הענט
idol דער געץ, ־ן; די געטשקע, ־ס; דער אָפּגאָט, ...געטער
(*fig.*) דער אידעאַל, ־ן
idol worship די עבֿודה־זרה, ־ס/־ות; דאָס געצן־דינערײַ [AVÓYDE-ZÓRE]
idolatrous עבֿודה־זרהדיק; געצן־דינעריש [AVÓYDE-ZÓREDIK]
idolatry די עבֿודה־זרה, ־ס/־ות; דאָס געצנדינסט; דאָס געצן־דינערײַ [AVÓYDE-ZÓRE]
idolization די פֿאַרגעטערונג
idolize פֿאַרגעטערן; קוקן + דאַט' אין די אויגן
(*iro.*) מאַכן פֿון + דאַט' אַ געטשקע
idyll די אידיליע, ־ס
idyllic אידיליש
i.e. ד"ה [= דאָס הייסט]
if, *conj.* אויב; אַז; ווען; טאָמער
(whether) צי
as if עלעהײַ
if and when ווען און ווי סע מאַכט זיך (אַז); ווען סע זאָל קומען די צײַט
if any אויב בכלל [BIKhLÁL]
If anyone should ask ... אַז עמעצער זאָל פֿרעגן ...
if anything אויב שוין יאָ
if at all/if ever אויב בכלל; אויב אַפֿילו דאָס [AFÍLE]
If I were you ... איך אויף דײַן ‹אײַער› אָרט װאָלט ...
If it isn't ...! זע(ט) נאָר ווער ס'איז דאָ!; סקאָצל קומט!
If it weren't for ... ווען נישט ...
if need be אויב ‹אַז› מע דאַרף; טאָמער וואָס
if not אַנישט
if not for ווען נישט
if only הלוואַי [(H)ALEVÁY]
if so אויב (שוין) אַזוי; אם־כּן [ÍMKEYN]
If so, what? און אַז יאָ, איז וואָס?
if, *n.* דער תּנאַי, תּנאָים; דער באַדינג, ־ען [TNAY, TNÓYEM]
no ifs, ands or buts בלי קונץ ובלי דריי; אָן טענות ‹תּנאָים› [B(E)LI] [UB(E)LÍ] [TÁYNES]
if-clause דער אויב־זאַץ, ־ן; דער תּנאַי־זאַץ, ־ן [TNAY]
iffy אפֿשר־טאָמער; נישט־זיכער [ÉFShER]
igloo דער איגלו, ־ס
igneous פֿײַערדיק
igneous rock דער פֿײַערשטיין, ־ער
ignite אָנצינדן
igniter דער אָנצינדער, ־ס
igniter fuse די צינדשנור, ־ן
ignition די צינדונג; דער אָנצונד; דאָס אָנצינדן
ignition key דער צינדשליסל, ־ען/–
ignition system די אָנצינד־סיסטעם, ־ען
ignoble אומחשובֿ; אומבכּבֿודיק; אומווערדיק; געמיין; שפֿל; שענדלעך [ÚMKhÓShEV] [ÚMBEKÓVEDIK] [ShOFL]
ignominious מיאוס; שענדלעך; בזיונדיק; בושהדיק [MÍES] [BIZÓYENDIK] [BÚShEDIK]
come to an ignominious end האָבן אַ מיאוסן סוף; קריגן אַ מיאוסן פּסק [MÍESN] [SOF] [PSAK]
ignominy דער בזיון; די בושה; די חרפּה [BIZÓYEN] [BÚShE] [KhÁRPE]
ignoramus דער עם־האָרץ, עמי־הארצים; דער גראָבער־יונג, גראָבע־יונגען; דער חמור, ־ים [AMÓRETS, AMERÁTSIM] [KhÁMER/KhAMÓY(E)R, KhAMÓYRIM]
ignorance דאָס עם־הארצות; דאָס נישט־וויסן; דער אומוויסן; דאָס אומקענטעניש; די/דאָס פּוסטקעפּיקייט [AMERÁTSES]
Ignorance is bliss וואָס מע ווייסט נישט קען נישט שאַטן; ווײַל איז דעם וואָס ווייסט גאָרנישט

ignorant, *adj.* עם־האַרציש; נישט־וויסנדיק; אומוויסנדיק; פּוסטקעפּיק; פֿאַרגרעבט [AMERÁTSISh]
be ignorant נישט וויסן פֿון גאָרנישט
ignorant, *n.* דער עם־האָרץ, עמי־הארצים; דער תּם, ־ען; דער שאינו־יודע־לשאול, ־ס [AMÓRETS, AMERÁTSIM] [TAM] [ShEÉYNE-YEDÉYE-LÍShOYL]
ignore איגנאָרירן; פֿאַרזען; מאַכן זיך כּלא־ידע ‹נישט־וויסנדיק/תּמעוואַטע›; הערן + אַק' ווי די קאַץ [KILEYÓDE] [TAMEVÁTE]
iguana די איגואַנע, ־ס; דער לעגוואַן, ־ען
iguanodon דער איגואַנאָדאָן, ־ען
ileostomy די אילעאָסטאָמיע, ־ס
ileum דער אילעום, ־ס; די קורצע גראָבע ‹דיקע› קישקע
ilk דער טיפּ, ־ן; דער מין, ־ים; דער זגאַל, ־ן
of his/her ilk פֿון זײַן ‹איר› מין; פֿון זײַנס ‹אירס› גלײַכן
of that ilk פֿון (אָט) דעם מין
ill, *adj.* קראַנק; נישט־געזונט; שלאַף; פֿאַרשלאָפֿט
due to ill health צוליב געזונט־סיבות [SÍBES]
fall/be taken ill קראַנק ‹שלאַף/פֿאַרשלאָפֿט› ווערן; פֿאַרקרענקען
feel ill זײַן נישט מיט אַלעמען; פֿילן זיך נישט גוט
ill fate דאָס ביטערע מזל; דאָס שוואַרץ־מזל [MAZL]
ill feeling דאָס בייזע בלוט
ill health די/דאָס קרענקלעכקייט
No ill feelings! שוין פֿאַרגעסן!
put to ill use ניצן לרעה ‹לגנאַי›; ניצן צום בייזן ‹שלעכטן› [LERÓE] [LIGNÁY]

ill, *adv.*
It ill becomes you סע פּאַסט דיר ‹אײַך› נישט
he can ill afford ער קען זיך נישט פֿאַרגינען
She's ill at ease ס'איז איר אומבאַקוועם; זי פֿילט זיך געענגט ‹געקלעמט/אומרויִק›; זי קרעמפּירט זיך; ס'איז איר איבער דער טבֿע [TÉVE]
ill, *n.* דאָס שלעכטס; דאָס בייזס; די רעה [RÓE]
for good or for ill צום גוטן אָדער צום שלעכטן
speak ill of רעדן שלעכטס אויף; נאָכרעדן אויף
wish sb. ill וועלן + פּאָס' רעה
ill-advised נישט־קלוג; אומבאַזיניקט
ill-boding שלעכט־‹בייז־›סימנדיק [SÍMENDIK]
ill-bred אומדערצויגן; שלעכט דערצויגן; גראָב
ill-conceived שלעכט (אַ)דורכגעטראַכט ‹(אַ)דורכגעקלערט›; נישט גוט (אַ)דורכגעקלערט
ill-considered נישט־באַטראַכט; אומבאַטראַכט; אומבאַרעכנט
ill-defined נישט גוט באַשטימט; נישט־קלאָר
ill-disposed אומפֿרײַנדלעך; בייזוויליק
illegal אומלעגאַל; נישט־לעגיטים; בלאַט
illegal alien
m./unsp. דער אומלעגאַלער אימיגראַנט, ־ן
f. די אומלעגאַלע אימיגראַנטקע, ־ס
illegality די/דאָס אומגעזעצלעכקייט; די/דאָס אומלעגאַלקייט
illegally אויף אַן אומלעגאַלן אופֿן; אויף בלאַט [OYFN]
illegibility די/דאָס אומלייענעוודיקייט
illegible אומלייענעוודיק; נישט איבערצולייענען
It's illegible מע קען עס נישט איבערלייענען; ס'איז נישט איבערצולייענען; ס'איז קאָטשערעס מיט לאָפּעטעס
illegitimacy
(bastardy) די/דאָס אומלעגיטימקייט
(illegality) די/דאָס אומגעזעצלעכקייט
illegitimate נישט־לעגיטים; אומלעגיטים; אומגעזעצלעך

illegitimate child דאָס אומלעגיטימע ‹אומגעזעצלעכע/אָנקידושינדיקע› קינד, ־ער; דער בענקאַרט, ־עס [ÓNKDÚShNDIKE]
(J./rel./*pej./m./unsp.***)** דער ממזר, ־ים [MÁMZER, MAMZÉYRIM]
(J./rel./*pej./f.***)** די ממזרטע, ־ס; די ממזרת, ־ן [MÁMZERTE] [MAMZÉYRES]
ill-equipped שלעכט אויסגעריכט ‹אויסגעשטאַט›
He was ill-equipped for the job ער האָט זיך נישט גוט צוגעגרייט אויף אַזאַ אַרבעט
ill-famed פֿאַרנאַנט; מיט אַ שלעכטן נאָמען ‹שם› [ShEM]
ill-fated שוואַרץ־מזלדיק; אוממזלדיק; שלעכט־גורלדיק [(ÚM)MÁZLDIK] [GÓYRLDIK]
ill-favored נישט־שיין; מיאוס [MÍES]
ill-founded שוואַך פֿאַרגרונטיקט; אויף אַ נישט־גוטן יסוד ‹גרונט› [YESÓD]
ill-gotten בלאָט; נישט־כּשר; טריף [KÓShER]
ill-humored שלעכט אויפֿגעליגט
illiberal אומטאָלעראַנט; שמאָלקעפּיק
illicit אומלעגאַל; אומדערלויבט; שאָטנדיק
ill-informed שלעכט אינפֿאָרמירט
Illinois (דאָס) אילינוי
illiteracy די/דאָס אַנאַלפֿאַבעטישקייט; די/דאָס אומשריפֿטיקייט; דער אַנאַלפֿאַבעטיזם
(J.) די/דאָס אומעבֿרידיקייט [ÚMÍVREDIKEYT]
illiterate, *adj.* אַנאַלפֿאַבעטיש; אומשריפֿטיק
(J.) אומעבֿרידיק [ÚMÍVREDIK]
illiterate, *n.* דער אַנאַלפֿאַבעט, ־ן
(J.) דער אומעבֿרידיקער געב׳ [ÚMÍVREDIKER]
functional illiterate דער פּראַקטישער אַנאַלפֿאַבעט, ־ן
ill-judged נישט־באַטראַכט; נישט־קלוג
ill-mannered אומהעפֿלעך; גראָב; מיט גראָבע מאַנירן
ill-natured בייז; שלעכט
illness די קרענק, ־ען; די/דאָס שלאַפֿקייט, ־ן; די/דאָס חלאַת, ־ן; די מחלה, ־ות; די קראַנקייט, ־ן [KhALÁS] [MÁKhLE]
illogical אומלאָגיש
illogicality די/דאָס אומלאָגישקייט
illogically אויף אַן אומלאָגישן אופֿן [OYFN]
ill-prepared שלעכט צוגעגרייט
ill-tempered בורטשענדיק; וואָרטשענדיק
be ill-tempered זיין אַ בורטשער ‹וואָרטשון/רגזן› [RAGZN]
ill-timed נישט־פּאַסיק; אומפּאַסיק; אומצייטיק; נישט צו דער צייט
be ill-timed *also* אַריינפֿאַלן ווי אַ יוון אין סוכּה [YOVN] [SÚKE]
ill-treat שלעכט באַציִען זיך צו
illuminate באַלייכטן; באַשיינען; אילומינירן
(*fig.*) אויפֿקלערן; קלאָר מאַכן
illuminate a text באַצירן אַ טעקסט
illuminated אויפֿגעלויכטן
illumination די אילומינאַציע; די באַלייכטונג
illusion די אילוזיע, ־ס; דאָס פֿאַרבלענדעניש, ־ן; דאָס אויסדאַכטעניש, ־ן; דאָס אָפּדוכטעניש, ־ן; דער אָפּדוכט, ־ן; דער דאַכט־זיך, ־ן
be under the illusion נאַרן זיך
she has the illusion that סע דאַכט זיך איר אַז
have no illusions נישט לאָזן זיך פֿאַרפֿירן; נישט זיין געגנאַרט ביי זיך
illusionist דער אילוזיאָניסט, ־ן
illusive אילוזאָריש
illusory דמיונדיק; אילוזאָריש; געדוכט; אָפּדוכטיק [DÍMYENDIK]

illustrate אילוסטרירן
(use an example) אָפּמשלען; געבן אַ מוסטער ‹דוגמא› פֿון; באַווייַזן [ÓPMÓShLEN] [DÚGME]
(explain) געבן צו פֿאַרשטיין; דערקלערן
illustrated (magazine) אילוסטרירט
illustration די אילוסטראַציע, ־ס; דאָס געמעל, ־ן
(example) דער/דאָס משל, ־ים; די דוגמא, ־ות/דוגמאָות [MOShL, MEShÓLIM] [DÚGME, DÚGMES/DUGMÓES]
by way of illustration ווי אַ משל ‹דוגמא/מוסטער›
illustrative אילוסטריר־...; אילוסטראַטיוו
illustrator דער אילוסטראַטאָר, ־ס
illustrious באַרימט; באַוווּסט; חשובֿ; אָנגעזען; גערימט; לויכנדיק [KhÓShEV]
ill will די/דאָס פֿיינדלעכקייט; דאָס בייזע בלוט
IM *see* **instant message**
image, *n.* דאָס בילד, ־ער; דאָס/די געשטאַלט, ־ן
(poetic) דער אימאַזש, ־ן; דאָס בילד, ־ער
(reflection) דאָס אָפּבילד, ־ער; די אָפּשפּיגלונג, ־ען
(reputation) דער שם; די רעפּוטאַציע [ShEM]
the public image דאָס עפֿנטלעכע פּנים [PÓNEM]
image, *v.*
(reflect) אָפּשפּיגלען
(tech.) שאַפֿן אַ בילד פֿון
imagery דאָס בילדוואַרג; די בילדשאַפֿט; די מעטאַפֿאָריק
imaginable
It's the best imaginable ס׳איז דאָס בעסטע וואָס מע קען זיך נאָר פֿאָרשטעלן; קיין בעסערס קען מען זיך נישט פֿאָרשטעלן
imaginary אויסגעטראַכט; אויסגעקלערט; געדאַכט; געדוכט
(math.) אימאַגינער; געדוכט
imaginary friend דער אויסגעקלערטער ‹אויסגעטראַכטער› חבֿר, ־ים [KhÁVER, KhAVÉYRIM]
imaginary line די געדאַכטע ליניע, ־ס
imagination די פֿאַנטאַזיע; דער (כּוח־ה)דמיון; כּוח־המדמה; די דאַכטונג [(KÓYEKh-HA)DÍMYEN] [KÓYEKh-HAMEDÁME]
catch one's imagination פֿאַרכאַפּן ‹פֿאַנגען› + דאַט׳ די פֿאַנטאַזיע
imaginative פֿול מיט פֿאַנטאַזיע; דמיונדיק; פֿאַנטאַזיעדיק [DÍMYENDIK]
imagine אויסמאָלן זיך; פֿאָרשטעלן זיך
(suppose) רעכענען
Imagine that! שטעל(ט) זיך פֿאָר!; מאָל(ט) זיך אויס!
Just imagine my surprise! שטעל(ט) זיך נאָר פֿאָר מיין איבעראַשונג!
imaging דאָס אימאַזשירן
imaging satellite דער אימאַזשיר־סאַטעליט, ־ן
imam דער אימאַם, ־ען
imbalance דער אומבאַלאַנס, ־ן
imbecile, *adj.* אימבעציליש; שוואַכזיניק; שוואַכקעפּיק
imbecile, *n.* דער אימבעציל, ־ן; די סטופּע, ־ס; דער פּרא־אָדם, ־ס [PEREÓDEM]
imbecility די/דאָס אימבעצילישקייט
imbibe טרינקען; אָנטרינקען זיך; כּוס(י)ע(נע)ן [KÓYS(Y)E(NE)N]
imbroglio דאָס פֿאַרוויקלעניש, ־ן; די פֿאַרפּלאָנטערונג, ־ען; דער פּלאָנטער, ־ס
imbue אָנזאַפּן; (אַ)דורכזאַפּן; איינזאַפּן
(*fig.*) (אַ)דורכדרינגען
imbued with איינגעזאַפּט ‹(אַ)דורכגעדרונגען› מיט
IMF *see* **International Monetary Fund**
imitate נאָכמאַכן; נאָכטאָן; איבערקרימען; אימיטירן
(*pej.*) נאָכטאַנצן

imitation, *adj.* נאָכגעמאַכט; קונסט...; כּמו־...; בוטאַפֿאָריש [KMOY]

imitation, *n.* דער נאָכמאַך; די נאָכמאַכונג, ־ען; דער נאָכגיי; דער נאָכטו; דאָס נאָכגעמאַכטס, ־ן; די אימיטאַציע, ־ס

imitation leather די/דאָס כּמו־לעדער; די/דאָס קונסטלעדער [KMOY]

imitative נאָכטויִק

imitator דער נאָכמאַכער, ־ס; דער נאָכטוער, ־ס; דער אימיטאַטאָר, ־ס

immaculate אומבאַפֿלעקט; בתּוליש; ריין ווי ריין קען נאָר זײַן; אָן פּליאַמעס ‹פּגימות› [PSÚLISh] [PGÍMES]

immaculate conception די אומבאַפֿלעקטע פֿאַרשווענגערונג

immanence די אימאַנענץ

immanent אימאַנענט; עצמדיק [ÉTSEMDIK]

immaterial נישט־וויכטיק; אומבאַטרעפֿיק

(phil.) אוממאַטעריעל

be immaterial נישט שפּילן קיין (שום) ראָלע

immature

(childish) קינד(ער)יש; נישט־דערוואַקסן

(not fully formed) אומצײַטיק; נישט־אַנטוויקלט; נישט־דערגאַנגען

immaturity די/דאָס קינדישקייט; די/דאָס אומדערוואַקסנקייט; די/דאָס אומצײַטיקייט

immeasurable אומאויסמעסטלעך; נישט אויסצומעסטן

immeasurably אין־לשער; אָן אַן ערך; אָן אַ מאָס ‹שיעור› [ÉYN-LEShÁER] [ÉREKh] [ShÍER]

immediacy

(closeness) די/דאָס דערבײַיִקייט

(directness) די/דאָס אומפֿאַרמיטלטקייט; די/דאָס דירעקטקייט

(instancy) די/דאָס דרינגעוודיקייט; די/דאָס תּיכּפֿדיקייט; די/דאָס באַלדיקייט [TÉYKEFDIKEYT]

immediate, *adj.*

(close by) דערבײַיִק

(direct) אומפֿאַרמיטלט; דירעקט

(instant) תּיכּפֿדיק; באַלדיק [TÉYKEFDIK]

(urgent) דרינגעוודיק; אײַליק

immediate family די נאָענטסטע קרובֿים ל״ר; דער משפּחה־‹פֿאַמיליע›־קרײַז [KRÓYVIM] [MIShPÓKhE]

immediately גלײַך; שוין; תּיכּף(־ומיד); אומגעזאַמט; אויף דער רגע; תּוך־כּדי־דיבור [TÉYKEF(-UMIYÁD)] [RÉGE] [TÓKh-KEDEYDÍBER]

immemorial

from time immemorial פֿון קדמונים (אָן); זינט ‹פֿון› דור־דורות; פֿון אײביק אָן; פֿון אײביקע צײַטן; פֿון אַבֿרהם אָבֿינוס צײַטן (אָן); פֿון ווער ווייסט ווען; פֿון זינט די וועלט איז אַ וועלט געוואָרן [KADMÓYNIM] [DOR-DÓYRES] [AVRÓM OVÍNUS]

from time immemorial (*hum.*) פֿון מלך סאָבעצקיס צײַטן [MÉYLEKh]

immense ג(ע)וואַלדיק גרויס; ריז(עד)יק; קאָלאָסאַל; אין־לשער פּר׳ [EYN-LEShÁER]

immensely זייער־זייער; גאָר שטאַרק; ג(ע)וואַלדיק; ביז גאָר

immensity די/דאָס ריז(עד)יקייט

immerse

vt./vi. אײַנטונקען (זיך)

immersed in (*fig.*) פֿאַרטיפֿט אין

immerse oneself in (*fig.*) פֿאַרטיפֿן זיך אין; אַרײַנטאָן זיך אין; איבערגעבן זיך + דאַט׳

immerse oneself (J./ritual bath) טובֿלען זיך; (אונטער)טוקן זיך; (אונטער)טונקען זיך [TÓYVLEN]

immersion דאָס אײַנטונקען זיך; דער אײַנטונק, ־ען

(*fig.*) דאָס פֿאַרטיפֿן זיך

(J./ritual) די טבֿילה [TVÍLE]

immersion blender דער שטעקל־מישער, ־ס

immersion heater דער זיד־אַפּאַראַט, ־ן

immigrant, *adj.* אימיגראַנטיש

immigrant, *n.*

m./unsp. דער אימיגראַנט, ־ן; דער אײַנוואַנדערער, ־ס

f. די אימיגראַנטקע, ־ס

(to Israel) דער עולה, ־ים [ÓYLE, ÓYLIM]

immigrate אימיגרירן; אײַנוואַנדערן; אַרײַנוואַנדערן; איבערוואַנדערן

(to Israel) עולה זײַן [ÓYLE]

immigration די אימיגראַציע, ־ס; די אײַנוואַנדערונג; די איבערוואַנדערונג

(to Israel) די עליה [ALIÁ]

immigration control דער גרענעץ־קאָנטראָל

immigration policy די אימיגריר־‹אײַנוואַנדער›־פּאָליטיק

imminence די/דאָס אימינענטקייט; די/דאָס אומפֿאַרמײַדלעכקייט; די/דאָס נאָענטקייט

imminent אימינענט; אָט־אָטיק; נאָענט

be imminent אָנרוקן זיך; האַלטן אָט־אָט בײַ

imminent danger די נאָענטע סכּנה, ־ות; די סכּנה וואָס רוקט זיך אָן [SAKÓNE/SEKÓNE]

imminent abortion די מפּיל־סכּנה, ־ות [MÁPL]

imminently אָט־אָט; אַיעדע רגע [RÉGE]

immobile אומבאַוועגלעך; נישט־רירעוודיק

be immobile נישט קענען זיך רירן

immobility די/דאָס אומבאַוועגלעכקייט; די/דאָס נישט־רירעוודיקייט

immobilization דאָס מאַכן אומבאַוועגלעך

(with a cast) דאָס פֿאַרגיפּסעווען

immobilize מאַכן אומבאַוועגלעך

(with a cast) פֿאַרגיפּסעווען

immoderate(ly) (העט) איבער דער מאָס; אָן אַ מאָס

immodest נישט־צניעותדיק [TSNÍESDIK]

immodestly אויף אַ נישט־צניעותדיקן אופֿן [TSNÍESDIKN] [OYFN]

immolate ברענגען + אַק׳ פֿאַר אַ קרבן [KORBM]

immolate oneself ברענגען זיך פֿאַר אַ קרבן

immolation דער קרבן־אַקט; די אימאָלאַציע; דאָס ברענגען + אַק׳ פֿאַר אַ קרבן [KORBM]

immoral אוממאָראַליש; אומעטיש

immorality די/דאָס אוממאָראַלישקייט

immorally אויף אַן אוממאָראַלישן אופֿן [OYFN]

immortal אומשטאַרביק; אײביק

immortality די/דאָס אומשטאַרביקייט; דאָס לעבן אײביק

immortality of the soul דאָס השארת־הנפֿש [HAShÓRES-HANÉFESh]

immortalize פֿאַראײביקן

immortelle דער אימאָרטעל, ־ן

immovable אומבאַוועגלעך; פֿעסט

immune (to) אימון (קעגן)

immune from באַוואָרנט ‹באַשיצט› קעגן

immune system די אימון־סיסטעם, ־ען

immunity די אימוניטעט, ־ן

(jur.) דאָס אימוניטעט־רעכט

immunization די אימוניזאַציע, ־ס

immunize אימוניזירן

immunodeficiency די פֿאַרקנאַפּטע אימוניטעט

immunodeficient אימון־פֿאַרקנאַפּט

immunological אימונאָלאָגיש

immunologist דער אימונאָלאָג, ־ן

immunology די אימונאָלאָגיע

immure פֿאַרמויערן
(cloister/imprison) אַרײַנזעצן; אײַנזעצן; פֿאַרשפּאַרן
immure oneself פֿאַרשפּאַרן זיך; פֿאַרשליסן זיך
immutable אומבײַטעוודיק; נישט איבערצומאַכן; נישט צו(ם) אַנדערשן
imp דער מזיק, ־ים [MÁZEK, MAZÍKIM]
(child) *also* דער קונדס, ־ים; דער ווײַסער־חבֿרהניק, ווײַסע־חבֿרהניקעס; דער שטיפֿער, ־ס [KÚNDES, KUNDÉYSIM] [KhÉVRENIK]
(devil) *also* דאָס שדל, שדימלעך [ShEDL, ShÉYDIMLEKh]
impact, *n.* **(physical)** דער פּראַל, ־ן; דער אָנשטויס, ־ן; דער טרעף־כּוח; דער (אַרײַן)טרעף, ־ן [KÓYEKh]
(*fig.*) די ווירקונג, ־ען; די השפּעה, ־ות [HAShPÓE]
have an impact on ווירקן אויף; האָבן אַ השפּעה אויף
on impact מיט אַן אײַנציקן פּראַל ‹קנאַק›
impact, *v.* ווירקן; האָבן אַ השפּעה [HAShPÓE]
impact printer דער קלאַפּ־אָפּדרוקער, ־ס
impair פֿאַרשעדיקן; פֿאַרערגערן; קאַליע מאַכן
impaired פֿאַרשעדיקט
He has impaired judgment דער שׂכל הינקט בײַ אים אונטער [SEYKhL]
impairment די פֿאַרשעדיקונג, ־ען; די פֿאַרערגערונג, ־ען
impala די אימפּאַלע, ־ס
impale (אַ)דורכשטעכן; (אַרויפֿ)זעצן אויף דער פּאַליע
impalpable נישט אָנצוטאַפּן; נישט־ממשותדיק [MAMÓShESDIK]
impanel אײַנשליסן אין דער רשימה אײַנגעשווירענע; אײַנזעצן ווי אײַנגעשווירענע [REShÍME]
impart איבערגעבן; אָנזאָגן
impartial אומצדדימדיק; אָן פּניות; אומפּניהדיק; אָביעקטיוו [ÚMTSDÓDIMDIK] [PNÍES] [UMPNÍEDIK]
impartiality די/דאָס אומפּאַרטייִשקייט; די/דאָס אומצדדימדיקייט [ÚMTSDÓDIMDIKEYT]
impartially אָן פּניות; אָביעקטיווערהייט [PNÍES]
impassable נישט (אַ)דורכצופֿאָרן
(by foot) נישט (אַ)דורכצוגיין
impasse דער אימפּאַס, ־ן
(in road) *also* די בלינדע גאַס, ־ן; דער וועג נישט (אַ)דורכצופֿאָרן ‹(אַ)דורכצוגיין›
(deadlock) *also* די פֿאַרהאַקונג, ־ען; דער פֿאַרהאַק, ־ן; דער נישט־אַהין־נישט־אַהער
reach an impasse פֿאַרהאַקן זיך; בלײַבן שטעקן
impassioned פֿלאַם־פֿײַערדיק; לײַדנשאַפֿטלעך
impassive אומפֿילעוודיק
impassively אָן געפֿיל; אָן אויסדרוק אויפֿן פּנים [PÓNEM]
impatience דאָס/די אומגעדולד; די/דאָס אומגעדולדיקייט; דאָס אומסבֿלנות [ÚMSAVLÓNES]
impatiens דער אימפּאַציענס
impatient אומגעדולדיק; אומסבֿלניש [ÚMSAVLÓNISh]
be impatient נישט האָבן קיין געדולד; נישט קענען אײַנזיצן; זיצן אויף שפּילקעס; שפּרינגען פֿון דער הויט
be impatient (for) נישט קענען זיך דערוואַרטן (אויף/ביז)
be impatient with נישט האָבן קיין געדולד צו
impatiently אָן געדולד; אומגעדולדיק
impeach אײַנשולדיקן; אימפּיטשן
impeachment די אײַנשולדיקונג, ־ען; דער אימפּיטשמענט; דאָס אימפּיטשן
impeachment hearing דער אײַנשולדיק־‹אימפּיטש־› פֿאַרהער, ־ן
impeccable שפּיגל ריין; אָן קיין שום פֿלעק; אומאָפּפֿרעגלעך
impecunious אָרעם; אָן אַ גראָשן בײַ דער נשמה; נקי [NEShÓME] [NÓKI]
impedance דער אימפּעדאַנס

impede שטערן; פֿאַרשוועריקן; שווער מאַכן; פֿאַרהאַלטן; אָפּהאַלטן; פֿאַרשפּאַרן דעם וועג; שטרויכלען; מעכּבֿ זײַן [MEÁKEV]
impediment דער שטער, ־ן; די מניעה, ־ות; דער אָפּהאַלט, ־ן; דער עיכּובֿ, ־ים [MENÍE] [ÍKEV, IKÚVIM]
speech impediment דער רעדפֿעלער, ־ן; דער רעד־מום, ־ים
have a speech impediment *also* זײַן אַ כּבֿד־פּה [KVATPÉ]
impel שטויסן (פֿאָרויס); צויאָגן; טרײַבן
He was impelled by ס'האָט אים געטריבן + נאָמ'
impend אָנרוקן זיך
the impending strike דער שטרײַק וואָס רוקט זיך אָן; דער שטרײַק וואָס אָט־אָט ברעכט ער אויס
impenetrable נישט (אַ)דורכצודרינגען
impenitent
be impenitent נישט חרטה האָבן; נישט תּשובֿה טאָן [KhARÓTE] [TShÚVE]
imperative, *adj.* נייטיק
it's imperative that מע מוז; ס'איז נייטיק אַז; ס'איז אַ מוז אַז
imperative, *n.* דער אימפּעראַטיוו, ־ן; דער מוז, ־ן; די מוזזאַך, ־ן
(gram.) דער אימפּעראַטיוו, ־ן; דער באַפֿעל־מאָדוס, ־ן
imperceptible אומבאַמערקלעך
imperceptibly נישט צו(ם) באַמערקן
imperfect פֿעלערדיק; פּגימהדיק; נישט־שלימותדיק; דעפֿעקטיוו [PGÍMEDIK] [ShLÉYMESDIK]
imperfection דער פֿעלער, ־ן; דער פּגם, ־ים; די פּגימה, ־ות; דער דעפֿעקט, ־ן [PGAM, PGÓMIM] [PGÍME]
imperfective, *adj.* נישט־פֿערפֿעקטיוו; אומפֿערפֿעקטיוו
imperfective, *n.* דער אומפֿערפֿעקטיוו, ־ן
imperfectly [OYFN] אויף אַ פֿעלערדיקן אופֿן; נישט אין גאַנצן
imperial, *adj.* קייסעריש; אימפּעראַטאָריש; אימפּעריאַל; דעם קייסערס
imperial, *n.* דער אימפּעריאַל, ־ן
imperial eagle דער קעניג־אָדלער, ־ס
imperialism דער אימפּעריאַליזם
imperialist דער אימפּעריאַליסט, ־ן
imperialistic אימפּעריאַליסטיש
imperially מעשׂה ‹ווי אַ› קייסער [MÁYSE]
imperil שטעלן אין סכּנה [SAKÓNE/SEKÓNE]
imperious תּקיפֿותדיק; באַפֿעלעריש; הערשעריש; טיראַניש; הערשוויליק [TKÍFESDIK]
imperishable אומפֿאַרגייִק; אומפֿאַרגענגלעך; אומפֿאַרלענדלעך
impermanence די אומפּערמאַנענץ
impermanent אומפּערמאַנענט
impermeable וואַסער־באַוואָרנט; וואַסערפֿעסט
(*fig.*) נישט (אַ)דורכצודרינגען
impermissable נישט־דערלאָזלעך; נישט־דערלויבט
impersonal אומפּערזענלעך; קאַלט
impersonally אויף אַן אומפּערזענלעכן אופֿן [OYFN]
impersonal pronoun דער אומפּערזענלעכער פּראָנאָם, ־ען
impersonal verb דער אומפּערזענלעכער ווערב, ־ן
impersonate פֿאַרשטעלן זיך פֿאַר ‹ווי›; נאָכמאַכן + דאַט'; אימפּערסאָנירן; אויסגעבן זיך פֿאַר; אָנגעבן זיך פֿאַר
impersonation די אימפּערסאָנאַציע, ־ס
impersonator דער אימפּערסאָנאַטאָר, ־ס; דער פֿאַרשטעלטער געב'; דער אימיטאַטאָר, ־ס
female impersonator דער פֿרויען־אימפּערסאָנאַטאָר, ־ס
impertinence *see* **impudence**
impertinent *see* **impudent**

imperturbable נישט אויפֿצורעגן; רויִק
be imperturbable נישט לאָזן זיך אויפֿרעגן
impervious אומדורכדרינגלעך
be impervious to נישט (אַ)דורכלאָזן + אַק'
impetigo עופּל־פֿרישטשיקלעך ל"ר [EYFL]
impetuosity די/דאָס האַסטיקייט; די/דאָס אימפּעטיקייט; די/דאָס אימפּולסיוויקייט
impetuous האַסטיק; אימפּעטיק
(nature) היציק; הײַסבלוטיק; אימפּולסיוו
be impetuous האָבן הייס בלוט
highly impetuous person *also* דער היצקאָפּ, ...קעפּ
impetuously אויף אַ האַסטיקן ‹אימפּעטיקן› אופֿן [OYFN]
impetus דער אימפּעט; דער שטויס; דער שטופּ
impiety דער חילול־(ה)קודש; די/דאָס °גאָטלאָזיקייט [KhíLEL-(HA)KÓYDESh]
impinge
(influence) אויסווירקן זיך; האָבן אַ גרויסע ‹שטאַרקע› השפּעה [HAShPÓE]
(limit) באַגרענעצן
impinge on a nerve דריקן אויף אַ נערוו
impinge on the rights of מסיג־גבֿול זײַן + דאַט'; טרעטן מיט די פֿיס אויף + פּאָס' רעכט [MASEG-GVÚL]
impingement
(influence) די אויסווירקונג, ־ען
(nerve) די נערוודריקונג, ־ען
impious
(godless) אומגלייביק; °גאָטלאָז(יק)
(irreverant) אומדרך־ארצדיק [ÚMDERKhÉRETSDIK]
(J.) אַפּיקורסיש; אָן יִראת־שמים [APIKÓRSISh] [YÍRES-ShOMÁYEM]
impious Jew דער אַפּיקורס, ־ים [APIKÓYRES, APIKÓRSIM]
impious thought (J.) דאָס שטיק אַפּיקורסות [APIKÓRSES]
impiously אָן יִראת־שמים [YÍRES-ShOMÁYEM]
impish ווי אַ שדל; שטיפֿעריש [ShEDL]
implacable אומפּשרהדיק; אומדערבאַרעמדיק; נישט־פֿאַרגיביק [ÚMPShÓREDIK]
implant, *n.* דער אײַנפֿלאַנץ, ־ן; דער אַרײַנפֿלאַנץ, ־ן
implant, *v.*
vt. אַרײַנפֿלאַנצן; אײַנפֿלאַנצן; פֿאַרפֿלאַנצן
vi. אײַנפֿלאַנצן זיך; אָננעמען זיך
implantable אײַנפֿלאַנצ(עווד)יק
implantation דער אײַנפֿלאַנץ, ־ן; דאָס אײַנפֿלאַנצן (זיך)
implausible אומגלייבלעך; נישט צו(ם) גלייבן
implement, *n.* דער מכשיר, ־ים [MÁKhShER, MAKhShíRIM]
implements *also* דאָס געצײַג קאָל'
implement, *v.* (אַ)דורכפֿירן; אויספֿירן; אײַנפֿירן
implementation די דורכפֿירונג; דאָס אײַנפֿירן; די אײַנפֿירונג
implicate אַרײַנציִען; פֿאַרמישן; פֿאַרוויקלען; וואַרפֿן אַ חשד ‹חשש› אויף; אײַנוויקן [KhShAD] [KhShASh]
implicated פֿאַרמישט; פֿאַרוויקלט
implication
(involvement) די פֿאַרמישונג
(suggestion) די אימפּליקאַציע, ־ס; דאָס אָנצוהערעניש, ־ן; די משמע, ־ס [MÁShME]
by implication אומדירעקט; ברמז; נישט דערזאָגנדיק [BERÉMEZ]
in all its implications מיט אַלע קאָנסעקווענצן
implicit נישט־דערזאָגט; אומדירעקט
(unquestioning) אַבסאָלוט; פֿול(שטענדיק)
implicitly ברמז; נישט־דערזאָגטערהייט [BERÉMEZ]
implied געמיינט; נישט־דערזאָגט
be implied (from) זײַן צו דרינגען (פֿון)
It was implied דאָס האָט מען געמיינט; מ'האָט עס נישט דערזאָגט
implode אײַנרײַסן זיך; אײַנפֿאַלן
implore בעטן זיך בײַ; בעטן + אַק' תּחנונים; בעטן רחמים בײַ; באַשווערן [TAKhNÚNIM] [RÁKhMIM]
implosion דער אײַנרײַס, ־ן
implosive, *adj.* אײַנרײַסיק
implosive, *n.* **(ling.)** דער אײַנרײַסיקער קלאַנג, ־ען
imply געבן אָנצוהערן; מיינען; מרמז זײַן [MERÁMEZ]
impolite אומהעפֿלעך; אומדערצויגן; אומאיידל
impolitely אויף אַן אומהעפֿלעכן ‹אומאיידעלן› אופֿן [OYFN]
impoliteness די/דאָס אומהעפֿלעכקייט; די/דאָס אומאיידלקייט
impolitic נישט־באַטראַכט
imponderabilia אימפּאָנדעראַביליען
imponderable נישט אָפּצושאַצן; אָנוואָגיק
import, *n.*
(goods) דער אימפּאָרט, ־ן; דער אַרײַנפֿיר
(significance) די/דאָס וויכטיקייט; דער באַטײַט
import, *v.* אימפּאָרטירן; אַרײַנפֿירן
importance די/דאָס וויכטיקייט; דאָס חשיבֿות; דער באַטרעף; די וואָג; די/דאָס וואָגיקייט [KhShíVES]
attach importance to לייגן גרויס וואָג ‹אַכט› אויף; האַלטן + אַק' פֿאַר וויכטיק
be full of one's own importance זײַן פֿול מיטן אייגענעם חשיבֿות; האַלטן פֿון זיך אַ וועלט [KhShíVES]
be of importance האָבן אַ באַטרעף
be of no importance (to) נישט שפּילן קיין ראָלע (בײַ)
important וויכטיק; וואָגיק; חשובֿ [KhÓShEV]
important person דער אָנגעזעענער געב'; דער חשובֿ, ־ים [KhÓShEV, KhShÚVIM]
It's important that he come ס'איז וויכטיק אַז ער זאָל קומען
The issue isn't important to me דער ענין איז מיר נישט וויכטיק [ÍNYEN]
It's very important to her ס'איז איר שטאַרק וויכטיק; סע גייט איר אין לעבן
importantly
figure importantly in שפּילן אַ וויכטיקע ‹באַטײַטיקע› ראָלע אין
more importantly נאָך וויכטיקער
importation דער אימפּאָרט; דאָס אימפּאָרטירן
imported אימפּאָרטירט; אימפּאָרט...
imported goods אימפּאָרט־סחורות; דאָס אימפּאָרטוואַרג קאָל' [SKhÓYRES]
importer דער אימפּאָרטירער, ־ס
importunate אײַנגעגעסן; צושטייִק; דערקוטשיק
importune צושטיין צו; אָנזעצן זיך אויף; דערקוטשע(נ)ען; טאַרכע(נ)ען; פֿאַלן + דאַט' צו לאַסט; אײַנבעטן זיך בײַ
importunity די/דאָס אײַנגעגעסנקייט
impose
(conditions) אַרויפֿניטן; אַרויפֿצווינגען
(levy) אַרויפֿלייגן
impose a ban on פֿאַרווערן + אַק'; אַרויפֿלייגן אַן איסור ‹אַ פֿאַרווער› אויף [ÍSER]
impose on מטריח זײַן + אַק' [MATRÍEKh]
imposing אימפּאָזאַנט
be imposing פֿאַרכאַפּן דאָס אויג
imposition די טירחה, ־ות; דאָס אָנזעצעניש, ־ן [TÍRKhE]
(of tax) דאָס אַרויפֿלייגן אַ שטײַער
impossibility די/דאָס אוממעגלעכקייט
impossible, *adj.* אוממעגלעך; אוממיגלעך

He's impossible ס'איז נישט אויסצוהאַלטן פֿון אים; ער איז נישט צו(ם) פֿאַרטראָגן

be impossible (unimaginable) נישט קענען געמאָלט זײַן

it's impossible to... גיי(ט) פֿאַרשטיי(ט) ווי...; ס'איז נישט צו...; מע קען נישט...

impossible, *n.* דאָס אוממעגלעכע; דאָס טעלערל פֿון הימל

attempt the impossible שלאָגן זיך קאָפּ אין וואַנט; קריכן אויף די גלײַכע ווענט

do the impossible צונויפֿפֿירן ‹צונויפֿברענגען› אַ וואַנט מיט אַ וואַנט; מאַכן פֿון שניי גאָמלקעס

impossibly אוממעגלעך; נישט אויסצומאָלן

impossibly difficult אוממעגלעך שווער

imposter דער שאַרלאַטאַן, ־ען; דער רמאַי, רמאָים; דער שווינדלער, ־ס [RÁMAY, RAMÓYEM]

impotence

(sexual) די אימפּאָטענץ; די/דאָס מענערשוואַכקייט

(*fig.*) די/דאָס אומבאַהאָלפֿנקייט; די/דאָס שוואַכקייט

impotent

(sexually) אימפּאָטענט; שוואַך־מענעריש; מענערשוואַך

(*fig.*) אומבאַהאָלפֿן; שוואַך; אָן כּוח [KÓYEKh]

be impotent (sexually) *also* נישט האָבן קיין כּוח־גבֿרא; נישט קענען [KÓYEKh-GÁVRE]

impound פֿאַרשפּאַרן; קאָנפֿיסקירן

impoverish פֿאַראָרעמען; בדלות שטעלן [BEDÁLES]

impoverished פֿאַראָרעמט

impoverished person דער פֿאַראָרעמטער געב'; דער יורד, ־ים [YÓYRED, YÓRDIM]

impoverishment די/דאָס פֿאַראָרעמטקייט; די ירידה [YERÍDE]

impracticable נישט (אַ)דורכצופֿירן

be impracticable נישט לאָזן זיך (אַ)דורכפֿירן

impractical אומפּראַקטיש; בטלניש [BATLÓNISh]

impractical person דער אומפּראַקטישער געב'; דער בטלן, ־ים [BÁTLEN, BATLÓNIM]

impracticality די/דאָס אומפּראַקטישקייט; דאָס בטלנות [BATLÓNES]

imprecation די קללה, ־ות [KLÓLE]

imprecise אומפּרעציז; אומפּינקטלעך

imprecisely אויף נישט קיין פּרעציזן ‹פּינקטלעכן› אופֿן [OYFN]

imprecision די/דאָס אומפּרעציזקייט

impregnable אומאײַננעמ(עווד)יק; נישט אײַנצונעמען

impregnate טראָגע(וו)דיק ‹מעוברת› מאַכן [M(E)UBÉRES]

(saturate) אימפּרעגנירן

impresario דער אימפּרעסאַריאָ, ־ס

impress, *v.* מאַכן אַ רושם ‹אַן אײַנדרוק› אויף; אימפּאָנירן + דאַט'; באַרושמען [RÓYShEM] [BARÓYShEMEN]

impress upon אַרײַנפֿירן + דאַט' אויפֿן געדאַנק; אַרײַנגעבן + דאַט' אַ געדאַנק

be impressed (by) נתפּעל ווערן (פֿון); באַרושמט ‹אימפּאָנירט› ווערן (פֿון) [NISPÓEL] [BARÓYShEMT]

impression

(imitation) די נאָכמאַכונג, ־ען

(imprint) דער אָפּדרוק, ־ן

(impact) דער רושם, ־ס; דער אײַנדרוק, ־ן [RÓYShEM]

(indentation) דער אײַנדרוק, ־ן

(tracks) דער אָפּדרוק פֿון רעדער ‹פֿוס־טריט›; סימנים ל"ר; דער סליד, ־עס [SIMÓNIM]

do an impression of נאָכמאַכן

give the impression that מאַכן דעם רושם אַז

make a good impression מאַכן אַ גוטן רושם ‹אײַנדרוק›

make an impression (on) מאַכן אַ רושם ‹אַן אײַנדרוק› (אויף); אימפּאָנירן + דאַט'; לייגן אַ חותם (אויף) [KhÓYSEM]

I was under the impression that כ'בין געווען אונטערן רושם ‹אײַנדרוק› אַז; כ'האָב פֿאַרשטאַנען אַז

impressionable מושפּעדיק; באַרושמדיק [MÚShPEDIK] [BARÓYShEMDIK]

impressionism דער אימפּרעסיאָניזם

impressionist דער אימפּרעסיאָניסט, ־ן

impressionistic אימפּרעסיאָניסטיש

impressive רושמדיק; אימפּאָזאַנט; (גאַנץ) היפּש [RÓYShEMDIK]

imprimatur די אימפּרימאַטור, ־ן

put one's imprimatur on לייגן דעם חותם אויף [KhÓYSEM]

imprint, *n.* דער אָפּדרוק, ־ן; דער חותם, ־ס [KhÓYSEM]

(publisher's) דער אימפּרעזום, ־ס

leave one's imprint לאָזן אַ צייכן ‹שפּור›

imprint, *v.* אָנדריקן סימנים; לייגן אַ חותם [SIMÓNIM] [KhÓYSEM]

imprinted on one's memory אײַנגעקריצט אין זכּרון [ZIKÓRN]

imprison אײַנזעצן ‹אַרײַנזעצן/פֿאַרשפּאַרן› אין תּפֿיסה [TFÍSE]

imprisonment די תּפֿיסה; דאָס זיצן (אין תּפֿיסה ‹טורמע/קרימינאַל›); דאָס געפֿענקעניש [TFÍSE]

false imprisonment דאָס אומגעזעצלעכע ‹אומגערעכטע› געפֿענקעניש

improbability דאָס אוממשמעותדיקייט, ־ן [ÚMMASShMÓESDIKEYT]

improbable אוממשמעותדיק; אומגלייבלעך [ÚMMASShMÓESDIK]

It's improbable סע לייגט זיך נישט אויפֿן שׂכל; ס'איז נישט קיין סבֿרא; סע געשיקט זיך נישט; קוים וואָס סע גלייבט זיך [SEYKhL] [SVÓRE]

impromptu, *adj./adv.* ספּאָנטאַן; אימפּראָוויזירט

impromptu, *n.* דער אימפּראָמפּטו

improper אומלײַטיש; נישט־פּאַסיק; אומפּאַסיק

improper fraction די אומעכטע בראָכצאָל, ־ן

improperly נישט ווי ס'קער צו זײַן; אומלײַטיש; אומאיידל

impropriety די/דאָס אומלײַטישקייט

improv comedy די אימפּראָוויזירטע קאָמעדיע

improve

vt. פֿאַרבעסערן; אויסבעסערן; מתקן זײַן [MESÁKN]

vi. פֿאַרבעסערן זיך

vi. **(health)** בעסערן זיך

improve on פֿאַרבעסערן

improved, *adj.* פֿאַרבעסערט; אויסגעבעסערט

improvement די פֿאַרבעסערונג, ־ען; די אויסבעסערונג, ־ען; דער תּיקון, ־ים [TIKN, TIKÚNIM]

There's room for improvement בעסער האָט קיין שיעור נישט; מע קען (זיך) נאָך ווײַטער פֿאַרבעסערן [ShÍER]

(in one's health) די בעסערונג, ־ען

improvident נישט־אויסגערעכנט; אויסברענגעריש

improvisation די אימפּראָוויזאַציע, ־ס; דער אַרבל־אויפֿטו, ־ען; די אַרבל־פּראָזע; די אייגענע פּראָזע; דער עקספּראָמפּט, ־ן

improvisational אימפּראָוויזיר־...; אימפּראָוויזאַטאָריש

improvise אימפּראָוויזירן; שיטן (ווי) פֿון אַרבל

improvised אימפּראָוויזירט

imprudence די/דאָס אומבאַדאַכטקייט

imprudent אומבאַדאַכט; נישט־באַרעכנט; אומבאַקלערט; קלותדיק [KÁLESDIK]

impudence די חוצפה; דאָס עזות; די/דאָס אומפֿאַרשעמטקייט; פֿאַרשטאָכענע אויגן ל"ר [KhÚTSPE] [ÁZES]
impudent חוצפהדיק; עזותדיק; אומפֿאַרשעמט; שייגעצדיק [KhÚTSPEDIK] [ÁZESDIK]
impudent person (*m.*) דער חוצפהניק, ־עס; דער חצוף, ־ים; דער עזותניק, ־עס; דער עזות־פּנים, ־ער; דער שייגעץ, שקצים [KhÚTSPENIK] [KhÓTSEF, Kh(A)TSÚFIM] [ÁZES-NIK] [ÁZES-PÓNEM, -PÉNEMER] [ShKÓTSIM]
impudent person (*f.*) די חוצפהניצע, ־עס; די חצופֿה, ־ות; די עזותניצע, ־ס [KhÚTSPENITSE] [Kh(A)TSÚFE] [ÁZESNITSE]
impudently מיט חוצפה [KhÚTSPE]
impugn אַרויסרופֿן אַ חשד [KhShAD]
impulse דער אימפּולס, ־ן; דער שטויס, ־ן
on impulse *see* **impulsively**
impulse buying דאָס קויפֿן אָן אַ חשבון; דאָס קויפֿן ספּאָנטאַנערהייט [KhEZhBM]
impulsion דער (אינעווייניקסטער) סטימול ‹שטויס›, ־ן
impulsive אימפּולסיוו; היציק; ספּאָנטאַן
impulsively ספּאָנטאַנערהייט; נישט־באַטראַכטערהייט; אימפּולסיווערהייט; אויף דער (הייסער) מינוט
impulsiveness די/דאָס אימפּולסיווקייט
impunity די/דאָס אומבאַשטראָפֿטקייט; די פֿרייַהייט פֿון שטראָף
with impunity אומבאַשטראָפֿט; פֿריי פֿון שטראָף; אָן מורא פֿאַר שטראָף [MÓYRE]
impure אומריין; נישט־ריין
(chem.) מיט אַ צומיש
(J./rel.) טמא [TÓME]
(thought) אומריין
impurity די/דאָס אומריינקייט; דאָס אומריינס
(chem.) דער צומיש, ־ן; די פֿאַראומרייניקונג, ־ען
(J.) די טומאה [TÚME]
imputation
(accusation) די באַשולדיקונג, ־ען
(attribution) די צושרייַבונג, ־ען; די אַטריבוציע, ־ס
impute זאָגן אויף יענעם; צושרייַבן; אַטריבוטירן
in, *adv.* אַרייַן
be in (popular) זייַן די נייַסטע ‹לעצטע› מאָדע; זייַן פּאָפּולער ‹מאָדיש›
be in for (expect) קענען זיך ריכטן אויף
be in for (in jail) זיצן צוליב
be in for it שווין זיצן אין אַ קלעם
be in on זייַן אַ שותּף צו [ShÚTEF]
be in with גוט אויסקומען מיט; זייַן פֿאַניבראַט מיט
go in for פֿאַרנעמען זיך מיט
have it in for טראָגן אַ האַרץ אויף; האָבן פֿאַראיבל אויף
in, *n.*
have an in האָבן אַ פֿוס אין טשאַלנט ‹קוגל›
know the ins and outs וויסן ווו איין און ווו אויס
in, *prep.* אין
(a language) אויף
in an hour (from now) אין אַ שעה אַרום [ShO]
in an hour (from a point in the past) מיט אַ שעה שפּעטער
in and out אַרייַן און אַרויס; אַט געווען, שוין נישטאָ
in doing so אַזוי אַרום
in Spanish אויף שפּאַניש
in itself אַליין; גופֿא [GÚFE]
in that דערמיט ‹מיט דעם› וואָס
one in eight איינער גבֿ' פֿון אַכט
inability דאָס נישט־קענען; די אומפֿעיִקייט
in absentia הינטעראויגיק; הינטער די אויגן; אָן + פּאַס' בייַזיין; בשעת ... איז נישט געווען [BEShÁS]
inaccessibility דאָס נישט קענען צוקומען ‹דערגרייכן›
inaccessible נישט צו(ם) דערגרייכן; נישט צוצוקומען; אומצוטריטלעך; אומגרייכלעך
inaccuracy די/דאָס אומפּינקטלעכקייט; די/דאָס פֿאַרגרייַזטקייט
inaccurate אומאַקוראַט; אומפּינקטלעך
inaccurately אויף אַן אומאַקוראַטן ‹אומפּינקטלעכן/ פֿאַרגרייַזטן› אופֿן [OYFN]
inaction דאָס גאָרנישט טאָן
inactivate טאָמעווען|ן; אָפּשטעלן; בטל מאַכן [BOTL]
inactive נישט־אַקטיוו; אומאַקטיוו
inactivity די/דאָס אומאַקטיווקייט
inadequacy די נישט־גענוגשאַפֿט; דער דוחק; די/דאָס אומאַדעקוואַטקייט; דאָס פֿעלן [DÓYKhEK]
inadequate נישט־גענוגיק; אומאַדעקוואַט
inadequately נישט גענוג
inadmissible נישט־דערלאָזלעך
inadvertent נישט־ווילנדיק; אומגערן; נישט־בכּיוונדיק [BEKÍVNDIK]
inadvertently נישט־ווילנדיק; אומגערן; נישט בכּיוון [BEKÍVN]
inadvisable נישט־שׂכלדיק; נישט־רעקאָמענדירט [SÉYKhLDIK]
inalienable אומאָפּנעמלעך
in-and-out (sex/*slg.*) דאָס ליבן זיך אויף דער גיך
inane נאַריש; טעמפּ; פּוסט; אומזיניק
inanimate אומבאַלעבט
inanity די/דאָס נאַרישקייט; דאָס טיפּשות; דער אומזינען; דער/דאָס שטות [TÍPShES]
inapplicable נישט־אָנווענדלעך; נישט אָנצווענדן; נישט שייך [ShÁYEKh]
inappropriate נישט־פּאַסיק; אומפּאַסיק; נישט אויפֿן אָרט
be totally inappropriate פּאַסן ווי לאָקרעץ צו פּלעצל; פּאַסן ווי אַ חזיר אַ זאָטל; קליידן ווי דעם הונט אַן אַרבע־כּנפֿות [KhÁZER] [ÁRBE-KÁNFES]
inarticulate נישט קלאָר אויסגעדריקט
be inarticulate נישט קענען זיך גוט אויסדריקן; נישט רעדן קלאָר ‹דייַטלעך›
inartistic אומקינסטלעריש
inasmuch as אַזוי ווי; היות (ווי) [HEYÓYS]
inattention דער אומאויפֿמערק; די אומאַכט; דער היסח־הדעת [HÉSEKh-HADÁAS]
inattentive
be inattentive (to) נישט אייַנהערן זיך (צו); נישט צולייגן קאָפּ (צו); נישט לייגן קיין אַכט (אויף)
inaudibility די/דאָס נישט־דערהערעוודיקייט
inaudible נישט צו(ם) דערהערן; נישט־דערהערעוודיק
inaugural אייַנשווער...; אַרייַנטרעט־...; אָנהייב...; ערשט
inaugural address די אייַנשווער־רעדע, ־ס; די ערשטע רעדע, ־ס
inaugurate אייַנשווערן; אינויגורירן
(building) מחנך זייַן [MEKhÁNEKh]
(initiate) אָנהייבן
inauguration די אייַנשווערונג, ־ען; די אינויגוראַציע, ־ס
(of building) דער חנוכּת־הבית [KhANÚKES-HABÁYES]
inauspicious נישט־מזלדיק; שלימזלדיק; שלעכט־סימנדיק [MÁZLDIK] [ShLIMÁZLDIK] [SÍMENDIK]
inauspiciously צום שלעכטן
inauthentic אומאויטענטיש; אומעכט
in-between אין צווישן
inboard אינבאָרטיק

inborn איַינגעבוירן; ירושהדיק [YERÚShEDIK]

inbound אַריַינ...; אָנקומענדיק

inbound flight דער אַריַינפֿלי, ־ען

inbound train די אַריַינבאַן, ־ען

inbox די אַריַינפּאָסט; אָנגעקומענע פּאַפּירן ‹דאָקומענטן› ל״ר

(comp.) די אַריַינפּאָסט; דאָס פּאָסטקעסטל

inbred (innate) איַינגעבוירן; טיף איַינגעוואָרצלט; דור־דורותדיק [DOR-DÓYRESDIK]

inbreeding די קרובֿישע האָדעוואַניע [KRÓYVIShE]

Inca, *n.* דער אינקאַ, ־ס

incalculable נישט אויסצורעכענען; אומבאַרעכנ(ד)לעך; אין־לשער פּר׳; אָן אַ שיעור ‹צאָל› [EYN-LEShÁER] [ShÍER]

Incan, *adj.* אינקער אינוו׳

incandescence דער וויַיסגלי

incandescent (וויַיס)גליִיק

incandescent lamp דער גליִלאָמפּ, ־ן

incandescent light דאָס גליִליכט

incantation דער שפּראָך, ־ן; דאָס (כּישוף־)אָפּשפּרעכעניש, ־ן; דאָס (כּישוף־)זאָגעכץ, ־ן/־ער [KÍShEF]

incapability די/דאָס אומפֿעיִקייט; די/דאָס אוממסוגלדיקייט [ÚMMESÚGLDIKEYT]

incapable אומפֿעיִק; אוממסוגלדיק [ÚMMESÚGLDIK]

be incapable of נישט טויגן פֿאַר ‹אויף›; נישט זיַין בכּוח ‹פֿעיִק/ביכולת/מסוגל› צו; נישט זיַין אין שטאַנד צו [BEKÓYEKh] [BIKhÓYLES] [MESÚGL]

incapacitate צונעמען די קראַפֿט ביַי; אומכּוחן; מאַכן פֿאַר אַרבעט־אומפֿעיִק [ÚMKÓYEKhN]

incapacitated אָן כּוחות; אַרבעט־אומפֿעיִק [KÓYKhES]

incapacity די/דאָס אומפֿעיִקייט; דאָס נישט זיַין בכּוח ‹פֿעיִק/מסוגל› [BEKÓYEKh] [MESÚGL]

(for work) די/דאָס אַרבעט־אומפֿעיִקייט

incarcerate איַינזעצן; איַינשפּאַרן ‹פֿאַרשפּאַרן› אין תּפֿיסה [TFÍSE]

incarceration דאָס געפֿענקעניש; די תּפֿיסה; דאָס זיצן (אין תּפֿיסה) [TFÍSE]

incarnate, *adj.* פֿאַרקערפּערט; פֿערזאָניפֿיצירט; פֿאַרליַיבט

the devil incarnate דער טיַיוול ‹שטן› אַליין; דער טיַיוול אין מענטשן־געשטאַלט; דער מלאך־חבלה [SOTN] [MÁLEKh-KhABÓLE]

incarnate, *v.* פֿאַרקערפּערן; פֿערזאָניפֿיצירן; פֿאַרליַיב(יק)ן

incarnation דער גילגול, ־ים; די פֿאַרגופֿונג, ־ען; די פֿאַרקערפּערונג, ־ען [GILGL, GILGÚLIM]

in a previous incarnation אין אַ פֿריִערדיקן גילגול

incautious נישט־אָפּגעהיט

incendiary צינדנדיק; צינד...; העצעריש; פֿיַערדיק; שׂרפֿהדיק [SRÉYFEDIK]

incendiary bomb די צינדבאָמבע, ־ס

incendiary speech *see* **inflammatory speech**

incense, *n.* דער וויַירעך

incense, *v.* דערצערענען; דערכּעסן; אַרויסברענגען פֿון די כּלים [DERKÁASN] [KÉYLIM]

incense cedar דער וויַירעך־צעדער

incensed דערצערנט; דערכּעסט; אויפֿגעבראַכט; מלא־רציחה [DERKÁAST] [MÓLE-RETSÍKhE]

incentive דער אינצענטיוו, ־ן; דער סטימול, ־ן; דער אָנרייץ, ־ן; דער/דאָס געווויִן־איַיזן, ־ס

incentive pay דער מאַטעריעלער סטימול

inception דער אָנהייב, ־ן

from the inception פֿון (סאַמע) אָנהייב

incertitude די/דאָס אומזיכערקייט

incessant אָנאויפֿהער(ד)יק

incessantly אָן אויפֿהער

incest דער אינצעסט; דער גילוי־עריות [GÍLE-ARÓYES]

incestuous אינצעסטיק; אינצעסטיש; גילוי־עריותדיק [GÍLE-ARÓYESDIK]

inch, *n.* דער צאָל, ־ן/ –

be an inch away זיַין מיט אַ האָר אָפּגערוקט ‹אָפּגעשיידט›; זיַין אָט־אָט

every inch אין גאַנצן

inch by inch צאָל נאָך צאָל; אַ ביסל מיט אַ ביסל; צו ביסלעך; ביסלעכוויַיז

miss stg. by inches שיִער נישט טרעפֿן

not budge an inch בשום־אופֿן נישט נאָכגעבן [BEShÚM-ÓYFN]

two-inch צוויי־צאָליק; צוויי־צעליק

inch, *v.*

inch away אָפּרוקן זיך צו ביסלעך

inch toward דערנענטערן ‹דעררוקן/אָנרוקן› זיך צו ביסלעך

inchoate אינכאָאַטיוו

inchworm דער אינטשוואָרעם, ...ווערעם

incidence

(occurrence) דער פֿאַל, ־ן; דער פֿירקום, ־ען; די פֿאַסירונג, ־ען

(rate) די צאָל פֿאַלן

in the incidence of rain טאָמער וועט רעגענען; אַז ס׳וועט רעגענען

incident, *adj.* **(to)** שייך (צו); פֿאַרבונדן (מיט) [ShÁYEKh]

incident, *n.* דער פֿאַל, ־ן; דער אינצידענט, ־ן

incidental צופֿעליק; זיַיטיק; ביַי...; אַגבֿדיק [ÁGEVDIK]

incidental to פֿאַרבונדן מיט

incidental expenses ביַיהוצאָות; קליין־הוצאָות [HOYTSÓES/HETSÓES]

incidentally אין איין וועגס; (דרך־)אַגבֿ; אַגבֿ־אורחא; כּלאַחר־יד; מחשבֿותן [(DÉREKh-)ÁGEV] [AGEV-ÚRKhE] [KILAKhERYÁD] [MAKhShÓVESN]

incidental music די באַ(ג)לייט־מוזיק; די אינצידענטאַלע מוזיק

incinerate אינצינערירן; פֿאַרברענען אויף אַש

incineration די אינצינעראַציע; דאָס פֿאַרברענען; דאָס מבֿער זיַין [MEVÁER]

incinerator דער אינצינעראַטאָר, ...אָרן; דער מיסט־פֿאַרברענער, ־ס; דער צעאַשער, ־ס

incipient זיך אָנרוקנדיק

incise איַינשניַידן; אויסשניצן

incision דער איַינשניט, ־ן; די אינציזיע, ־ס

incisive (איַינ)שניַידיק; שאַרף; צודערזאַכיק

incisor דער שניַידצאָן, ...ציין; דער ביַיסצאָן, ...ציין; דאָס ביַיסערל, ־עך

incite (against) אָנהעצן (קעגן); אָנרייצן (אויף); אויפֿרייצן (קעגן); אויפֿהעצן (קעגן); אָנרעדן (צו)

incite to rebellion אויפֿהעצן צו אַ מרידה; אויפֿבונטעווע|ן [MERÍDE]

incite to riot אויפֿרייצן

incitement די העצע, ־ס; די אויפֿהעצונג, ־ען; די אויפֿרייצונג, ־ען

incivility די/דאָס אומהעפֿלעכקייט; די/דאָס אומדרך־ארצדיקייט; די/דאָס גראָבקייט; די/דאָס פּראָסטקייט [ÚMDERKhÉRETSDIKEYT]

inclement אומגינציק; פֿאַסקודנע; רוי

due to inclement weather צוליב אומגינציקן ‹פֿאַסקודנעם› וועטער

inclination

(astr.) דער נייגווינקל, ־ען

(slant) דער שיפּוע, ־ים [ShIPÚE, ShIPÚIM]

(tendency) די נײגונג, ־ען; די נטיה, ־ות; די טענדענץ, ־ן [NETÍE]

incline, *n.* דער שיפּוע, ־ים; דער אָננייג, ־ן; דער באַרגאַרויף, ־ן [ShIPÚE, ShIPÚIM]

incline, *v.* אָנבייגן; אײַנבייגן

inclined

(sloping) משופּע(דיק) [MEShÚPE(DIK)]

(tending to) נוטה; גענייגט [NÓYTE]

include אַרײַננעמען; כּולל זײַן; אײַנשליסן; אַרײַנרעכענען; צורעכענען (צו); מצרף זײַן (צו) [KÓYLEL] [METSÁREF]

be included in אַרײַנגערעכנט ווערן אין; אַרײַנגיין אין; אַרונטערגיין אונטער; ניכלל זײַן אין [NÍKhLEL]

including אַרײַנרעכענענדיק; אַרײַננעמענדיק; אײַנשליסנדיק; בתוכם [BESÓYKhEM]

inclusion דאָס אַרײַננעמען; דאָס כּולל זײַן; דאָס מצרף זײַן; דאָס אײַנשליסן [KÓYLEL] [METSÁREF]

inclusive אײַנשליסיק; אַרײַנגערעכנט; אַרײַננעמיק

inclusive of אַרײַנגערעכנט

inclusive pronoun דער אויסשעפּיקער פּראָנאָם, ־ען

incognito אינקאָגניטאָ

be incognito אינקאָגנ(יט)ירן

incoherence די/דאָס אומגעבונדנקייט; די/דאָס אומלאָגישקייט; די/דאָס צעפּאָרנקייט

(speech) *also* געפּלאָנטערטע רייד ל״ר

incoherent אומגעבונדן; אומלאָגיש; צעפּאָרן

She's incoherent זי רעדט מיט געפּלאָנטערע רייד; סע קלעפּט זיך בײַ איר נישט אַ וואָרט צו(ן) אַ וואָרט

income די הכנסה, ־ות [HAKhNÓSE]

income on the side די צוגאָב־פּרנסה; די זײַטיקע פּרנסה; דער צושפּרינג צו דער פּרנסה [PARNÓSE]

income bracket דער הכנסה־קלאַס, ־ן [HAKhNÓSE]

income tax דער הכנסה־שטײַער, ־ן [HAKhNÓSE]

income tax return די שטײַער־דעקלאַראַציע, ־ס

incoming אַרײַנ...; נײַ

incoming call דער אַרײַנקלונג, ־ען

incoming class דער אַרײַנקום־קלאַס, ־ן; דער נײַער קלאַס, ־ן

incoming flights אָנפֿליִענדיקע ‹אָנקומענדיקע› עראָפּלאַנען

incoming tide דער צופֿלאָס, ־ן

incommunicado אינקאָמוניקאַדאָ

incomparable נישט צו(ם) פֿאַרגלײַכן; אומפֿאַרגלײַכלעך

be incomparable נישט קענען זיך גלייַכן

incomparably אומפֿאַרגלײַכלעך; ווײַט

incompatibility די/דאָס נישט־צוגעפּאַסטקייט; די/דאָס נישט־אויסקומיקייט

incompatible נישט־צוגעפּאַסט; נישט־אויסקומיק; נישט־אויסשטימלעך

(comp.) נישט־צוגעפּאַסט

be incompatible (of people) נישט אויסקומען (איינס מיטן צווייטן); נישט זײַן קיין פּאָר

be incompatible (of things) נישט פּאָרן ‹בינדן› זיך (איינס מיטן צווייטן)

incompetence די אומקאָמפּעטענץ; די/דאָס אומפֿעיִקייט

incompetent, *adj.* אומקאָמפּעטענט; נישט־פֿעיִק; אומפֿעיִק

incompetent person דער פּושטשאַק, ־עס; דער פֿאַרטאַטש, ־ן; דער כאַלעמײזניק, ־עס

incomplete, *adj.* נישט־דערענדיקט; נישט־פֿאַרענדיקט; נישט־דערגאַנגען; אומפֿולשטענדיק

incomplete, *n.* דער נישט־דערענדיקטער קורס, ־ן

incompletely נישט־דער...; נישט אין גאַנצן

incomprehensibility די/דאָס אומפֿאַרשטענדלעכקייט

incomprehensible אומפֿאַרשטענדלעך; נישט צו(ם) פֿאַרשטיין ‹באַנעמען›; נישט משׂיג צו זײַן; נישט פֿאַרן מענטשלעכן פֿאַרשטאַנד [MÁSEG]

incomprehension דאָס נישט־פֿאַרשטיין; דאָס נישט־באַנעמען

inconceivable אומבאַנעמלעך

It's inconceivable סע קומט אַפֿילו נישט אויפֿן געדאַנק; ס'איז נישט צו(ם) באַנעמען [AFÍLE]

inconclusive אומפֿעסט; תּיקודיק; נישט־איבערצײַג(עווד)יק [TÉYKEDIK]

The discussion was inconclusive די דיסקוסיע האָט אין ערגעץ נישט דערפֿירט

The experiment was inconclusive דער עקספּערימענט האָט נישט געגעבן קיין קלאָרע רעזולטאַטן

inconclusive evidence נישט־איבערצײַג(עווד)יקע ראַיות [RÁYES]

incongruity די סתּירה, ־ות; די/דאָס נישט־אויסגעשטימטקייט [STÍRE]

incongruous נישט־צוגעפּאַסט

be incongruous נישט שטימען; זײַן נישט אויפֿן אָרט; פּאַסן ווי אַ פּאַטש צו גוט־שבת [ShÁBES]

inconquerable נישט אײַנצונעמען; נישט מנצח צו זײַן; ˙אומבאַזיגלעך [MENATSÉYEKh]

inconsequential אומוויכטיק

be inconsequential נישט האָבן קיין ווערדע ‹באַטײַט›

inconsiderable אומבאַטײַטיק

not inconsiderable ממשותדיק; היפּש; (גאַנץ) באַטײַטיק [MAMÓShESDIK]

inconsiderate אָן אײַנזעעניש

be inconsiderate to נישט רעכענען זיך מיט; נישט האָבן קיין אײַנזעעניש פֿאַר

inconsistency די/דאָס נישט־אויסגעהאַלטנקייט; די אומקאָנסעקווענץ, ־ן

inconsistent נישט־אויסגעהאַלטן; אומקאָנסעקווענט

inconsolable אומטרייסטלעך; אומטרייסטיק

She was inconsolable מ'האָט זי נישט געקענט טרייסטן; זי האָט זיך נישט געלאָזט טרייסטן

inconsolably נישט צו(ם) טרייסטן

cry inconsolably וויינען און נישט לאָזן זיך טרייסטן

inconspicuous אומבאַמערקלעך; נישט־אָנזעעוודיק; אומבולט [ÚMBÓYLET]

be inconspicuous נישט אָנזען זיך; נישט וואַרפֿן זיך אין די אויגן

inconspicuously אומבאַמערקלעך; אָן זיך אָנצוזען

inconstancy די/דאָס בײַטעוודיקייט

inconstant בײַטעוודיק; קאַפּריזיק; נישט־פֿאַרלאָזלעך

(math.) אומקאָנסטאַנט

incontestable אומאָפּפֿרעגלעך; נישט אָפּצופֿרעגן; נישט אָפּצוּווענדן

incontinence דאָס נישט קענען זיך אײַנהאַלטן

incontinent

be incontinent of bladder נישט קענען אײַנהאַלטן דעם אורין; באַנעצן זיך; זײַן אָן בלאָזקאָנטראָל

be incontinent of bowel נישט קענען אײַנהאַלטן דעם מאָגן; מאַכן אונטער זיך; זײַן אָן קישקע־קאָנטראָל

incontrovertible אומאָפּפֿרעגלעך; בלי־ספֿקדיק; כּפֿול־שמונהדיק [BELÍ-SÓFEKDIK] [KOFL-ShMÓYNEDIK]

inconvenience די/דאָס אומבאַקוועמ(לעכ)קייט, ־ן; דער שטער, ־ן; די הכבדה, ־ות [HAKhBÓDE]

inconvenient אומבאַקוועם

inconveniently אומבאַקוועמערהייט

incorporate אײַנגלידערן; אײַנקערפּערן; אײַנלײַבן

vt./vi. **(bus.)** אינקאָרפּאָרירן (זיך)

be incorporated (bus.) אינקאָרפּאָריִרט ווערן
incorporated אײַנגעגלידערט; אײַנגעקערפּערט; אײַנגעלײַבט; אינקאָרפּאָריִרט
incorporation די אײַנקערפּערונג; די אײַנגלידערונג; דאָס אײַנקערפּערן; דאָס אײַנגלידערן
(bus.) דאָס אינקאָרפּאָריִרן (זיך)
incorporeal נישט־קערפּערלעך; אָנגופֿיק
incorrect נישט־ריכטיק; פֿאַלש; פֿאַרגרײַזט; אומקאָרעקט; טעותדיק [TÓESDIK]
be incorrect (of person) נישט זײַן גערעכט; האָבן אַ טעות [TÓES]
incorrectly נישט־ריכטיק
incorrigible נישט אויסצובעסערן; אומפֿאַרבעסערלעך; פֿאַרפֿאַלן; אָן אַ סגולה [ZGÚLE]
incorruptible נישט־אונטערקויפֿלעך; נקי־כּפּימדיק; ערלעך ביז גאָר [NEKÍ-KAPÁYEMDIK]
be incorruptible נישט לאָזן זיך אונטערקויפֿן; זײַן אַ נקי־כּפּימ(ניק) [NEKÍ-KAPÁYEM(NIK)]
increase, *n.* די העכערונג, ־ען; דער (צו)וווּקס, ־ן; דער אָנוואַקס, ־ן; דער צוקום, ־ען
be on the increase וואַקסן; פֿאַרגרעסערן זיך
increase, *v.*
vt. פֿאַרגרעסערן; העכערן
vi. פֿאַרגרעסערן זיך; (אָנ)וואַקסן; צוּוואַקסן
(reproduce) (פֿאַר)מערן זיך; פֿרוכפּערן זיך
increasing וואַקסנדיק
increasingly וואָס מער(ער); אַלץ מער(ער)
incredibility די/דאָס אומגלייבלעכקייט
incredible אומגלייבלעך; נישט צו(ם) גלייבן
incredible stories טויזנט און איין נאַכט
That's incredible! נישט צו(ם) גלייבן!; גאָטס נסים! [NÍSIM]
incredulity די/דאָס אומגלייביקייט; דער סקעפּטיציזם
incredulous אומגלייביק; סקעפּטיש
be incredulous נישט גלייבן; נישט געטרויען
increment דער אינקרעמענט, ־ן
(in salary) די הוספֿה, ־ות; די העכערונג, ־ען [HOYSÓFE/HESÓFE]
(math.) דער אינקרעמענט, ־ן; דער צוּוווּקס, ־ן
by increments טראָט בײַ טראָט
incremental אינקרעמענטאַל
incriminate אינקרימיניִרן; שולדיקן
incriminating אינקרימינאַטאָריש; אינקרימיניִרנדיק; שולדשאַפֿיק
(evidence) אינקרימינאַטאָריש
incrimination די אינקרימינאַציע; די באַשולדיקונג
incriminatory *see* **incriminating**
incubate
vt. **(baby)** אינקוביִרן
vt. **(eggs)** אויסזיצן; אויסבריִען; אויסוואַרעמען
vt./vi. **(idea)** אויסבריִען (זיך); אויסוואַרעמען (זיך)
vi. **(disease)** אַנטוויקלען זיך; מאַכן זיך
vi. **(eggs)** אויסבריִען זיך; אויסוואַרעמען זיך
incubation די אינקובאַציע; דאָס אינקוביִרן
incubation period דער אינקובאַציע־פּעריאָד, ־ן; די אַנטוויקל־צײַט, ־ן
incubator דער אינקובאַטאָר, ...אָרן
incubus דער אינקוב, ־ן
inculcate אײַנפּלאַנצן; אײַנלערנען
(induce sentiment) אַרויסרופֿן
incumbency
(duty) דער חיובֿ, ־ים [KhÍEV, KhIÚVIM]
(holding office) די אַמטירונג; דאָס אַמטירן
(tenure) די אַמטירצײַט; די קאַדענץ
incumbent, *adj.*
(holding office) אַמטירנדיק
It's incumbent upon him to ער איז מחויבֿ צו; ס'איז אויף אים מוטל צו [MEKhÚYEV]
incumbent, *n.* דער אַמטירנדיקער געב'; דער איצטהאַלטער, ־ס
incunabulum דער אינקונאַבל, ־ען
incur ברענגען אויף זיך; אַרויסרופֿן; אַרויפֿשלעפּן אויף זיך
(anger) אַרויסרופֿן; ברענגען אויף זיך [KÁAS]
incur a debt from פֿאַרשולדיקן זיך אַ(נט)קעגן + דאַט'
incur debt אַרײַנקריכן ‹פֿאַרקריכן› אין חובֿות; אָנזאַמלען ‹אָנמאַכן› חובֿות [KhÓYVES]
incurable נישט־הײלעוודיק; אומהײלעוודיק; אומאויסהײלעוודיק
(*fig.*) אומפֿאַרבעסערלעך; פֿאַרפֿאַלן
It's incurable נישטאָ (דערויף) קיין רפֿואה [REFÚE]
incurable romantic דער פֿאַרפֿאַלענער ראָמאַנטיקער, ־ס
incursion דער אַרײַנמאַרש, ־ן
indebted פֿאַרחובֿעט; פֿאַרחובֿט [FARKhÓYVET] [FARKhÓYFT]
be indebted to sb. for stg. האָבן + דאַט' צו פֿאַרדאַנקען + אַק'; קומען + דאַט' אַ חובֿ פֿאַר [KhOYV]
indebtedness די/דאָס בעל־חובֿיקייט; די/דאָס חיובֿדיקייט [BALKhÓYVIKEYT] [KhÍEVDIKEYT]
indecency די/דאָס אומלײַטישקייט
indecent נישט־לײַטיש; אומלײַטיש; נישט־צניעותדיק; ˚נישט־אָנשטענדיק [TSNÍESDIK]
indecent exposure דאָס אומלײַטיש אויפֿדעקן זיך
indecipherable נישט צו(ם) דעשיפֿריִרן; נישט איבערצוליִענען; נישט־דערלייענעוודיק
indecision דאָס קווענקלעניש; די/דאָס אומבאַשלאָסנקייט
indecisive קווענקלדיק; אומבאַשלאָסן
indecisiveness *see* **indecision**
indecorous אומלײַטיש; אומאײדל; ˚נישט־אָנשטענדיק
indeed טאַקע (באמת); באמת; כלעבן; אַוודאי; פֿאַקטיש; למעשׂה; פֿאַר וואָר [BEÉMES] [AVÁDE] [LEMÁYSE]
Yes, indeed! נו, אַוודאי!
indefatigable אומפֿאַרמאַטערלעך
indefensible אומבאַשיצלעך; נישט צו(ם) באַשיצן
(argument) נישט צו(ם) פֿאַרטיידיקן; אָן אַ גרונט
indefinable אומבאַשטימיק
be indefinable נישט לאָזן זיך באַשטימען
indefinite אומבאַשטימט
(gram.) אומגעוויסיק
indefinite article דער אומגעוויסיקער אַרטיקל, ־ען
indefinitely אָן אַ סוף; אָן אַן עק; אויף אַן אומבאַשטימטער צײַט [SOF]
indefinite pronoun דער אומגעוויסיקער פּראָנאָם, ־ען
indelible אומאָפּמעקלעך; אומאָפּווישלעך; נישט אָפּצומעקן ‹אָפּצווווישן›
indelible ink דער/די אומאָפּמעקלעכע(ר) ‹אײביקע(ר)› טינט
indelicacy די/דאָס גראָבקייט; די/דאָס אומטאַקטישקייט
indelicate גראָב; אומטאַקטיש; אומאײדל
indemnify
(compensate) פֿאַרגיטיקן; קאָמפּענסיִרן
(insure) פֿאַרזיכערן
indemnity דאָס היזק־‹פֿאַרגיטיק־›געלט; די פֿאַרגיטיקונג [HÉZEK]
indent, *n.* דער אײַנרוק, ־ן
indent, *v.*
(nick) אײַנצײַנדלען; אײַנקאַרבן
(typ.) אײַנרוקן; אָפּרוקן

indentation
(nick) די אײַנצײַנדלונג, ־ען
(typ.) דער אײַנרוק, ־ן
independence די/דאָס אומאָפּהענגיקייט; די/דאָס פֿאַרזיכ(ד)יקייט; די/דאָס זעלבשטענדיקייט
Independence Day דער אומאָפּהענגיקייט־טאָג
(Israeli) דער יום־העצמאות [YÓM-HAATSMAÚT]
independent, *adj.* אומאָפּהענגיק; פֿאַרזיכ(ד)יק; זעלבשטענדיק
of independent means מיט אַן אײגענעם פֿאַרמעגן
independent, *n.* דער אומאָפּהענגיקער געב'; דער זעלבשטענדיקער געב'
(pol.) דער אומאָפּהענגיקער געב'
independent clause דער הויפּטזאַץ, ־ן
independent living דירות מיט באַדינונג (פֿאַר עלטערע לײַט) [DÍRES]
independently אומאָפּהענגיק; פֿאַר זיך
be independently wealthy אויסהאַלטן זיך פֿון אײגענע מיטלען
independently of אומאָפּהענגיק פֿון
live independently לעבן פֿאַר זיך
independent study דאָס לערנען פֿאַר זיך; דאָס אַלײן־לערנען
independent variable דער אומאָפּהענגיקער וואַריאַבל, ־ען
indepth אין דער טיף; גרינטלעך
in-depth view דער אײַנבליק, ־ן
indescribable נישט צו(ם) באַשרײַבן; אומבאַשרײַבלעך; נישט אויסצומאָלן; נישט צו(ם) דערציילן
indestructible נישט צו(ם) צעשטערן; נישט אײַנצוברעכן
indeterminable אומבאַשטימיק; נישט צו(ם) באַשטימען
indeterminate אומבאַשטימט; אומקלאָר
index, *n.* דער זוכצעטל, ־ען
(math./econ.) דער אינדעקס, ־ן
index, *v.* אינדעקסירן
indexation די אינדעקסירונג, ־ען
index card דאָס אינדעקס־קאַרטל, ־עך; דאָס זוכקאַרטל, ־עך
3 x 5 index card דאָס דרײַ־אויף־פֿינעוול, ־עך
index finger דער טײַטפֿינגער, –; דער ווײַזפֿינגער, –; דער אינדעקס־פֿינגער, –
index-linked אינדעקס־פֿאַרבונדן
India (די) אינדיע
(bib.) (דאָס) הודו [HÓYDE]
India ink דער/די אינדישע(ר) ‹כינעזישע(ר)› טינט; דער טוש, ־ן

Indian, *adj.*
(native American) אינדיאַניש
(Asian) אינדיש
Indian Jew דער אינדישער געב'; דער אינדישער ייִד, ־ן
Indian, *n.*
(native American/*m./unsp.***)** דער אינדיאַנער, –
(native American/*f.***)** די אינדיאַנערקע ‹אינדיאַנערין›, ־ס
(Asian/*m./unsp.***)** דער אינדיער, –
(Asian/*f.***)** די אינדיערקע ‹אינדיערין›, ־ס
in Indian file שורותווײַז; אײנס נאָך אײנס; אין אַ געזנדזענער רײ [ShÚRESVAYZ]
Indiana (דאָס) אינדיאַנאַ
Indian chief (game) נאָכטוערלעך ל"ר
Indian corn די (פֿעלד־)קוקורוזע; דער פּאַפּשוי
Indian currant די רויטלעכע שניי־יאַגדע, ־ס
Indian fig די (סתּם) סאַברע; דער אינדישער פֿײַגנבוים [STAM]
Indian giver (*off.*)
be an Indian giver געבן מיט איין האַנט און אָפּנעמען מיט דער צווייטער
Indian lettuce די מאָנציע
Indian Ocean דער אינדישער אָקעאַן
Indian pipe (bot.) דאָס רוחותל [RÚKhESL]
Indian summer דער חשוון־זומער; דער שפּעטזומער; דער ווײַבערשער זומער [KhEZhVN]
India rubber די גומע
indicate אָנווײַזן
indication די אָנווײַזונג, ־ען; דער אָנווײַז, ־ן; דער סימן, ־ים; דער צייכן, ־ס [SÍMEN, SIMÓNIM]
indicative, *adj.* אָנווײַזיק
be indicative of אָנווײַזן אויף ‹אַז›; זײַן אַ סימן פֿון ‹אַז› [SÍMEN]
indicative, *n.* דער אינדיקאַטיוו, ־ן; דער פֿאַקטישער ‹דירעקטער› מאָדוס, ־ן
indicator דער אָנווײַזער, ־ס; דער אינדיקאַטאָר, ־ס
indict (for) אײַנקלאָגן (אין); באַשולדיקן (אין)
indictable אײַנקלאָגעוודיק
indictment די אײַנקלאָגונג, ־ען; דער באַשולדיק־אַקט, ־ן
bill of indictment דער שולדאַקט, ־ן; דער שולדאויספֿיר, ־ן
indie movie דער אַלײן־פּראָדוצירטער פֿילם, ־ען
Indies (די) אינדיע
East Indies (די) אינדיע
West Indies (די) מערבֿ־אינדיע; מערבֿ־אינדישע אינדזלען [MÁYREV]
indifference דער גלײַכגילט; די/דאָס אַלצאײנסיקייט; דער אומאינטערעס
indifferent גלײַכגילטיק; אומבאַרירט
indifferent person דער גלײַכגילטיקער געב'; דער קאַלטער מלאך [MÁLEKh]
indifferent person (*hum.*) דער קאַלטער לונג־און־לעבער
She's indifferent ס'איז איר אַלץ אײנס
indigence די/דאָס אָרעמקייט
indigenous אײַנגעבוירן; אָרט־געבוירטיק; הי־געוואַקסן; עלטסט־געזעסן
indigent (זײער) אָרעם; אומבאַמיטלט; נויט־באַדערפֿטיק
the indigent די אָרעמשאַפֿט; אָרעמע־לײַט
indigestible אומפֿאַרדײַלעך ‹אומפֿאַרדײַלעך›; נישט צו(ם) פֿאַרדײַען ‹פֿאַרדײַען›
indigestion די נישט־פֿאַרדײַונג; די אומפֿאַרדײַונג; דער בויכוויייטיק
I have indigestion כ'האָב זיך פֿאַרדאָרבן דעם מאָגן; דער בויך טוט מיר וויי
indignant אויפֿגעטראָגן; אויפֿגעקאָכט
indignantly אויפֿגעטראָגענערהייט
indignation די/דאָס אויפֿגעטראָגנקייט; די/דאָס אויפֿגעקאָכטקייט; דער בייזער
indignity דער בזיון, ־ות; דער אומכּבֿוד; די/דאָס אומווערדיקייט [BIZÓYEN, BIZYÓYNES] [ÚMKOVED]
indigo, *adj.* אינדעד בלאָ
indigo, *n.* דער אינדעד
(dye) *also* דער/די אינדיגאָ
indirect אומדירעקט; פֿאַרמיטלט
indirectly אומדירעקט; אויף אַן אומדירעקטן אופֿן; מן־הצד [OYFN] [MINATSÁD]
indirect object דער אומדירעקטער אָביעקט, ־ן
indirect speech אומדירעקטע רייד ל"ר
indiscernible נישט צו(ם) באַמערקן
indiscreet אומדיסקרעט; אומטאַקטיש; אומבאַקלערט
indiscreetly אָן טאַקט

indiscretion די/דאָס אומדיסקרעטקייט, ־ן; די/דאָס אומבאַקלערטקייט, ־ן; די אומבאַקלערטע טוּונג, ־ען; דער אַרויסכאַפּ, ־ן
  youthful indiscretions חטאת־נעורים; יוגנטזינד [KhÁTES-NEÚRIM]
indiscriminate בלינד; אומקריטיש; נישט־איבערגעקלערט
indiscriminately בלינדערהייט; אָן אַן איבערקלער ‹איבערקלייַב›
indispensable (אַבסאָלוט) נייטיק
  It's indispensable מע קען זיך אָן דעם נישט באַגיין; ס'איז נייטיק ווי דאָס לעבן
  not indispensable לאַוו־דווקא־... [LAV-DÁFKE]
  She's indispensable מע קען זיך אָן איר נישט באַגיין
indisposed נישט מיט אַלעמען; נישט בייַם בעסטן געזונט; אומגעזונט; נישט בקוו־הבריאות [BEKÁV-HABRÍES]
  be indisposed to נישט האָבן קיין חשק צו [KhÉYShEK]
indisposition
  (illness) דאָס זייַן נישט־געזונט; דאָס זייַן נישט מיט אַלעמען
  (unwillingness) דער אומווילן; דער אומחשק [ÚMKhEYShEK]
indisputable אומאָפּפרעגלעך; נישט אָפּצופרעגן; אָנספקדיק; נישט צו(ם) פאַרלייקענען [ÓNSÓFEKDIK]
indisputable truth דער קלאָרער אמת; דער קיימא־לן [ÉMES] [KÁYMELON]
indisputably אָן (קיין) שום ספק [SÓFEK]
indistinct אומקלאָר; מטושטש; מוטנע [METÚShTESh]
indistinguishable נישט אונטערצושיידן ‹פונאַנדערצושיידן›
  The two are indistinguishable ס'איז נישט אונטערצושיידן ‹פונאַנדערצושיידן› צווישן די ביידע; זיי זענען ווי צוויי טראָפּנס וואַסער
indium דער אינדיום
individual, *adj.* אינדיווידועל; איינציק; יחידיש [YEKhíDISh]
individual, *n.* דער יחיד, ־ים; דער אינדיוויד, ־ן; דער אינדיווידוּום, ־ס [YÓKhED, YEKhíDIM]
individualism דער אינדיווידואַליזם
individualist דער אינדיווידואַליסט, ־ן
individualistic אינדיווידואַליסטיש
individuality די/דאָס יחידישקייט; די/דאָס אינדיווידועלקייט [YEKhíDIShKEYT]
individualize אינדיווידואַליזירן; צופּאַסן
individualized study די צוגעפּאַסטע שטודיר־‹לערן־› פּראָגראַם, ־ען
individually איינציקווייַז; באַזונדער
individual retirement account די יחידישע פּענסיע־קאָנטע [YEKhíDIShE]
indivisible אומצעטייל(עווד)יק; אומטייליק; נישט צו(ם) צעטיילן
Indochina (די) אינדאָכינע
indoctrinate אינדאָקטרינירן
indoctrination די אינדאָקטרינירונג
Indo-European אינדאָאייראָפּעיִש
indolence די/דאָס פוילקייט; דאָס פוילן זיך
indolent פויל; פוסטעפּאַסנע
  (med.) אינדאָלענט
indomitable נישט איינצונעמען ‹בייַצוקומען›; נישט גובֿר ‹מנצח› צו זייַן; נישט צו(ם) באַקעמפן [GÓYVER] [MENATSÉYEKh]
Indonesia (די) אינדאָנעזיע
Indonesian, *adj.* אינדאָנעזיש
Indonesian, *n.*
  m./unsp. דער אינדאָנעזער, –
  f. די אינדאָנעזערין, ־ס
indoor, *adj.* שטוביק; שטוב...

indoor game די/דאָס שטובשפּיל, ־ן
indoor plant דער וואַזאָן, ־ען; די וואַזאָנע, ־ס
indoors, *adv.* אין שטוב; אינעווייניק; דרינען
indubitable אָנספקדיק; אומספקדיק [ÓNSÓFEKDIK] [ÚMSÓFEKDIK]
indubitably אָן קיין (שום) ספק [SÓFEK]
induce
  (cause) אַרויסרופן; גורם זייַן [GÓYREM]
  (convince) צורעדן; (אויס)פּועלן בייַ [(ÓYS)PÓY(E)LN]
  induce an abortion, *vt.* אַרויסרופן אַן אַבאָרט
  induce an abortion, *vi.* (*slg.*) קאַליע מאַכן זיך
  induce labor אַרויסרופן ווייען
induced abortion דער אַרויסגערופענער אַבאָרט, ־ן
induced labor אַרויסגערופענע ווייען ל"ר
inducement דאָס לעקעכל, ־עך; דער סטימול, ־ן; דער אָנרייץ, ־ן
  (bribe) דער אונטערקויף
induct
  (into club) אַרייַנפירן
  (into office) אינסטאַלירן
  (mil.) אייַנזעלנערן; אייַנרוקן
induction די אינדוקציע
  (mil.) די אייַנזעלנערונג
  (of labor) דאָס אַרויסרופן ווייען
induction coil די אינדוקציע־שפּול, ־ן
inductive אינדוקטיוו
inductive reasoning די אינדוקטיווע לאָגיק; דער אינדוקטיווער געדאַנקען־גאַנג
indulge
  vt. נאָכגעבן + דאַט'; פּיעשטשען; (צו)באַלעווען; פּאַטאַקעווען + דאַט'
  vi. נאָכגעבן זיך (די תאוות); פּעסטען ‹פּיעשטשען› זיך [TÁYVES]
  indulge in פאַרגינען זיך + אַק'; קוויקן זיך מיט; דערלויבן זיך + אַק'
  indulge oneself פּעסטען ‹פּיעשטשען› זיך
indulgence דאָס אייַנזעעניש; די/דאָס ווייכקייט; דאָס מידת־הרחמים [MÍDES-HORÁKhMIM]
  (act of indulging) דאָס נאָכגעבן; דאָס פּאַטאַקעווען
  (Chr.) די אינדולגענץ, ־ן
  (stg. indulged in) דער תענוג, ־ים; דער גענוס, ־ן; דער לוקסוס, ־ן [TÁYNEG, TAYNÚGIM]
  beg sb.'s indulgence בעטן אייַנזעעניש בייַ + דאַט'
indulgent אייַנזעעריש; נאָכגיביק
Indus (astr.) דער אינדיאַנער
industrial, *adj.* אינדוסטריעל; אינדוסטריע־...; פאַבריק...
industrial, *n.* די אינדוסטריע־אַקציע, ־ס
industrial accident דאָס אומגליק בייַ דער אַרבעט
industrial espionage דער אינדוסטריעלער שפּיאָנאַזש
industrialism דער אינדוסטריאַליזם
industrialist דער אינדוסטריאַליסט, ־ן; דער אינדוסטריעלער געב'
industrialization די אינדוסטריאַליזירונג
industrialize אינדוסטריאַליזירן
industrialized אינדוסטריאַליזירט
industrial park דער אינדוסטריעלער פּאַרק, ־ן
Industrial Revolution די אינדוסטריעלע רעוואָלוציע
industrious פלייסיק; מתמידיש; התמדהדיק [MASMÍDISh] [HASMÓDEDIK]
industrious person
  m./unsp. דער פלייסיקער געב'; דער מתמיד, ־ים [MÁSMED, MASMÍDIM]
  f. די מתמידה, ־ות [MASMÍDE]

industry די אינדוסטריע, ־ס
(industriousness) דער פֿלײַס; די התמדה [HASMÓDE]
inebriated שיכּור [ShÍKER]
inedible נישט עסעוודיק; נישט צום עסן
It's inedible מע קען עס נישט עסן; ס'איז נישט צום עסן; סע לאָזט זיך נישט עסן
ineffable נישט אַרויסצוזאָגן; נישט צו ברענגען אויף די ליפּן
ineffective אומעפֿעקטיוו; אומווירקעוודיק; בטלניש [BATLÓNISh]
ineffectiveness די/דאָס אומעפֿעקטיווקייט; די/דאָס אומווירקעוודיקייט; דאָס בטלנות [BATLÓNES]
ineffectual אומעפֿעקטיוו; אומווירקעוודיק
inefficiency די/דאָס אומעפֿעקטיווקייט, ־ן
inefficient אומעפֿעקטיוו; אומפּראָדוקטיוו
inefficiently אויף אַן אומעפֿעקטיוון אופֿן [OYFN]
inelegant אומעלעגאַנט; אָן געשמאַק
ineligibility דאָס נישט זײַן ראוי [RÓE]
ineligible (for) נישט ראוי (צו); נישט־פּאַסיק (אויף/צו) [RÓE]
ineluctable באַשערט; אומפֿאַרמײַדלעך
inept אומפּעיִק; אומבאַהאָלפֿן; בטלניש [BATLÓNISh]
be inept נישט קענען; זײַן אַ פֿאַרטאַטש; זײַן אַ לינקער שטיוול
ineptitude דאָס נישט קענען; די/דאָס אומפּעיִקייט
inequality די/דאָס אומגלײַכקייט, ־ן
inequitable אומיושרדיק [ÚMYÓYShERDIK]
inequity דער אומיושר [ÚMYÓYShER]
inert אינערט; אומבאַטײַטעוודיק; אומריִרעוודיק
(gas) איידל; אינערט
inertia די אינערציע; די/דאָס אומבאַטײַטעוודיקייט
inescapable נישט צו(ם) פֿאַרמײַדן ‹פֿאַרלײַקענען›; נישט אָפּצופֿרעגן
inessential אומנייטיק; איבעריק
inestimable אומאָפּשאַצלעך; נישט אָפּצושאַצן
inevitability די/דאָס אומפֿאַרמײַדלעכקייט; די/דאָס באַשערטקייט
inevitable אומפֿאַרמײַדלעך; באַשערט
It was inevitable ס'איז געווען נישט צו(ם) פֿאַרמײַדן; ס'איז געווען באַשערט; ס'האָט געמוזט געשען
the inevitable דאָס אומפֿאַרמײַדלעכע
inevitably אומפֿאַרמײַדלעך
as inevitably happens ווי סע טרעפֿט זיך תּמיד ‹שטענדיק› [TÓMED]
inexact אומפּינקטלעך
inexactitude די/דאָס אומפּינקטלעכקייט
inexcusable נישט מוחל צו זײַן [MOYKhL]
inexcusable error אַ טעות נישט מוחל צו זײַן [TÓES] [MOYKhL]
inexhaustible אומאויסשעפּלעך
inexorable אומפֿאַרמײַדלעך; אומבייגעוודיק; אומברחמנותדיק [ÚMBERAKhMÓNESDIK]
inexpediency די/דאָס אומתּכליתדיקייט [ÚMTÁKhLESDIKEYT]
inexpedient אומתּכליתדיק [ÚMTÁKhLESDIK]
inexpensive ביליק; וואָלוול; נישט־טײַער
inexperience די/דאָס אומגעניטקייט
inexperienced אומגעניט; מיט ווייניק פּראַקטיק; גרין
inexpert אומעקספּערטיש; אומפּעיִק
inexplicable/inexplicably נישט צו(ם) באַנעמען ‹פֿאַרשטיין›
My wallet inexplicably disappeared נישט צו(ם) פֿאַרשטיין ווי דער טײַסטער איז מיר פֿאַרפֿאַלן געוואָרן
inexpressible נישט אויסצודריקן
inexpressive אומאויסדריקלעך
inextinguishable אומאויסלעשלעך; נישט אויסצולעשן
in extremis
in extremis (in need) אין אַ גרויסער נויט; אין אַ שווערן ‹ערנצטן› מצבֿ [MÁTSEV]
be in extremis (dying) גוססן; האַלטן בײַם שטאַרבן [GÓYSESN]
inextricable אומצערײַסלעך; נישט איבערצורײַסן
(*fig.*) אָן אַן אויסוועג; נישט אַרויסצודרייען זיך
infallibility די/דאָס אומפֿעליקייט; די/דאָס אָנטעותדיקייט [ÓNTÓESDIKEYT]
infallible אומפֿעליק; אָנטעותדיק; אומטעותדיק [ÓNTÓESDIK] [ÚMTÓESDIK]
infamous פֿאַרנאַנט; שענדלעך; פֿאַררופֿן; נבֿלהדיק; טרויעריק באַרימט; באַוווּסט צום שלעכטן; אינפֿאַם [NEVÓLEDIK]
infamy די נבֿלה; די אינפֿאַמיע [NEVÓLE]
He will live in infamy ער וועט קיין מאָל נישט פֿאַרגעסן ווערן
infancy די עופֿלשאַפֿט; דער זייגפּעריאָד; די פּיצלצײַט [ÉYFLShAFT]
in its infancy אין סאַמע אָנהייב; אין דער אָנהייב־סטאַדיע
in one's infancy עופֿלווײַז; אין די גאָר פֿריסטע חדשים [ÉYFLVAYZ] [KhADÓShIM]
infant, *adj.* עופֿל־... [EYFL]
infant, *n.* דאָס עופֿעלע, ־ך; דאָס זייגקינד, ־ער; דאָס וויקלקינד, ־ער; דאָס פּיצל, ־עך; דאָס פּיצעלע, ־ך [ÉYFELE]
infant carrier דאָס האַנט־טרעגערל, ־עך
infanticide דער עופֿל־מאָרד; דער קינדערמאָרד [EYFL]
(murderer) דער עופֿל־מערדער, ־ס; דער קינדערמערדער, ־ס
infantile
(of infants) קינדער...; קינדיש
(childish) קינד(ער)יש; אינפֿאַנטיל
infantile disease די קינדערקרענק, ־ען
infantile paralysis דער קינדער־פּאַראַליז; דער פּאָליאָ(מיעליט)
infantilism דער אינפֿאַנטיליזם
infant morbidity די/דאָס עופֿל־קרענק(עווד)יקייט [EYFL]
infant mortality די/דאָס עופֿל־שטאַרביקייט [EYFL]
infantry די אינפֿאַנטעריע; די פּעכאָטע
infantryman דער אינפֿאַנטעריסט, ־ן; דער פּעכאָטניק, ־עס
infant seat דאָס (עופֿל־)זיצעלע, ־ך [EYFL]
infatuated פֿאַרקאָכט; פֿאַרליאַפּעט
be infatuated with זײַן פֿאַרקאָכט אין ‹מיט›; קאָכ(ן) זיך אין; זײַן פֿאַרליאַפּעט אין
infatuation די/דאָס פֿאַרקאָכטקייט; די פֿאַרבלענדונג, ־ען; דאָס קעלבערנע התפּעלות [HISPÁYLES]
infeasible נישט (אַ)דורכצופֿירן ‹אויסצופֿירן›; אומבאַהייבלעך
infect אינפֿעקטירן; אָנשטעקן
infected אינפֿעקטירט; אָנגעשטעקט; אײַטערדיק; יאַטערדיק
become infected אָנרײַסן; אָננעמען זיך; אינפֿעקטירט ווערן; אָנשטעקן זיך
infection די אינפֿעקציע, ־ס; דער אָנרײַס, ־ן; די אָנשטעקונג, ־ען
infectious קלעפּיק; אינפֿעקטיוו; אָנשטעק(עווד)יק; אָננעמעוודיק
(laughter) מיטרײַסנדיק
infectious disease די קלעפּיקע ‹אינפֿעקטיווע› קרענק, ־ען; די אינפֿעקציע־קרענק, ־ען
infectious disease specialist דער אינפֿעקטאָלאָג, ־ן; דער ספּעציאַליסט אויף ‹פֿון› אינפֿעקטיווע קרענק
infer אַרויסדרינגען; אָפּלערנען; אויספֿירן
inference דער אויספֿיר, ־ן; דאָס געדראַנג, ־ען; די מסקנא, ־ות; דער דרינגדערווײַז, ־ן [MASKÓNE]

by inference מע קען דערפֿון (אַרויס)דרינגען אַז
inferior, *adj.* שפֿלדיק; מינערווערטיק; נידעריק; דערונטערדיק [ShÓFLDIK]
be inferior to אָפּשטיין פֿון; נישט קענען זיך גלײַכן מיט
inferior goods דאָס באָוול
inferior, *n.* דער אונטער, ־ס
inferiority דאָס שיפֿלות; די/דאָס מינער(ווערטי)קייט [ShÍFLES]
inferiority complex דער שיפֿלות־קאָמפּלעקס [ShÍFLES]
infernal העליש; גיהנומדיק; אינפֿערנאַל; פֿאַרשאָלטן [G(EH)ÉNEMDIK]
inferno דאָס/דער גיהנום, ־ס; דאָס העלישע פֿײַער; דער אינפֿערנאָ [G(EH)ÉNEM]
(conflagration) דער בראַנד, ־ן; די שרעקלעכע שׂרפֿה, ־ות [SRÉYFE]
infertile, *adj.* אומפּרוכפּערדיק; אומפּרוכטיק
be infertile נישט קענען האָבן קיין קינדער
infertile man דער עקר, ־ים [ÓKER, AKÓRIM]
infertile woman די עקרה, ־ות [AKÓRE]
infertility די/דאָס אומפּרוכפּערדיקייט; די/דאָס אומפּרוכטיקייט; דאָס נישט קענען האָבן קיין קינדער
m. די עקרשאַפֿט [ÓKERShAFT]
f. די עקרהשאַפֿט [AKÓREShAFT]
infest פֿאַרפּעסטיקן; פֿאַרשרצן; פֿאַרפֿלייצן [FARShÉRETSN]
infestation די פֿאַרשרצונג; די פֿאַרפֿלייצונג [FARShÉRETSUNG]
infested פֿאַרפּעסטיקט; פֿאַרשרצט; פֿאַרפֿלייצט [FARShÉRETST]
(with lice) פֿאַרלויזט; פֿאַרלײַזיקט
(with mice) פֿאַרמויזט; פֿאַרמײַזיקט
infidel דער כּופֿר, ־ים; דער אומגלייביקער גאָב׳ [KÓYFER, KÓFRIM]
infidelity דער חילול־הזיווג; די נישט־געטרײַשאַפֿט [KhÍLEL-HAZÍVEG]
infield דאָס נאָענטפֿעלד, ־ער
infielder דער נאָענטפֿעלדניק, ־עס
infighting דאָס אינעווייניקסטע ראַנגלעניש; דאָס אַרומרײַסן זיך
infiltrate, *n.* דער אינפֿילטראַט, ־ן
infiltrate, *v.*
(person) אַרײַנגנבֿע(נע)ן זיך (אין); אינפֿילטרירן זיך (אין); אַרײַנדרינגען (אין) [ARÁYNGÁNVE(NE)N]
(substance) אַרײַנזאַפּן זיך; אינפֿילטרירן זיך
infiltration דער אַרײַנדרינג, ־ען; די אינפֿילטרירונג, ־ען
infiltrator דער אַרײַנדרינגלער, ־ס; דער אינפֿילטראַנט, ־ן
infinite אָנסופֿיק; אין־סופֿיק; אומענדיק [ÓNSOFIK] [EYNSÓFIK/ÉYNSOFIK]
infinitely אָן אַ שיעור; העט־העט [ShÍER]
infinitesimal, *adj.* אינפֿיניטעסימאַל; אומענדיק קליין
infinitesimal, *n.* די אינפֿיניטעסימאַלע גרייס
infinitive דער אינפֿיניטיוו, ־ן; דער אומבאַשטימטער מאָדוס, ־ן
infinitude די אומבאַגרענעצטע צאָל ‹מאָס›, ־ן
infinity דער אין־סוף; די/דאָס אומענדיקייט [EYNSÓF/ÉYNSOF]
infirm שוואַך; נישט־געזונט; אָן כּוחות; שלאַף [KÓYKhES]
infirm person דער נישט־געזונטער גאָב׳; דער שוואַכער גאָב׳; דער אָפּגעשוואַכטער גאָב׳
infirmary די אַמבולאַטאָריע, ־ס; דער קליניק, ־עס
infirmity די/דאָס שוואַכקייט, ־ן; די/דאָס שלאַפֿקייט, ־ן
infirmity of purpose די/דאָס ווילן־שוואַכקייט
infix דער אינפֿיקס, ־ן

in flagrante delicto בשעת־מעשׂה; בײַ ‹בעת› דער מעשׂה; אין פֿלאַגראַנטי [BESHÁS-MÁYSE] [BEYS]
inflame, *vt./vi.* אָנצינדן (זיך)
vt. (*fig.*) אויפֿהעצן; אונטערהעצן; אָנצינדן
inflamed פֿאַרצונדן; אָנגעצונדן
(*fig.*) אויפֿגעהעצט; אָנגעצונדן
inflammable אויפֿפֿלאַמיק; ברענעוודיק; אָנצינדלעך; פֿײַער־געפֿערלעך
inflammation די פֿאַרצינדונג, ־ען; דער אָנצינד, ־ן; די אָנצינדונג, ־ען
inflammatory פֿאַרצינדעריש; אָנצינדעריש
inflammatory speech העצערישע ‹אויפֿהעציקע› רייד ל״ר
inflatable אויפֿבלאַז...; אָנבלאַז...
inflatable toy דאָס אויפֿבלאַז־שפּילכל, ־עך
inflate אויפֿבלאָזן; אָנבלאָזן; אָנלופֿטן
inflated אויפֿגעבלאָזן; אָנגעבלאָזן
have an inflated ego האָבן אַן אָנגעבלאָזענעם ‹אויפֿגעבלאָזענעם› עגאָ; זײַן אַ גרויסהאַלטער
inflation
(distention) די אויפֿבלאָזונג
(econ.) די אינפֿלאַציע
inflationary אינפֿלאַציע־...; אינפֿלאַציאָנאַר
inflect
(gram.) בייגן; פֿלעקסירן
(voice) מאָדולירן
inflection
(curve) דער אויסבייג, ־ן; די בייגונג, ־ען
(gram.) די פֿלעקסיע, ־ס; די בייגונג, ־ען
(voice) די אינטאָנאַציע, ־ס; דער שטימבייג, ־ן; די מאָדולאַציע, ־ס
inflexibility די/דאָס אומבייגעוודיקייט
inflexible אומבייגעוודיק; אומפּשרותדיק [ÚMPShÓRESDIK]
inflict
(blows) דערלאַנגען (קלעפּ)
(damage) שעדיקן; אָנטאָן שאָדן
(pain) גורם זײַן ‹אַרויסרופֿן/פֿאַרשאַפֿן› ווייטיק [GÓYREM]
(punishment) אַרויפֿלייגן
infliction
(of blows) דאָס דערלאַנגען (קלעפּ)
(of damage) די שעדיקונג
(of pain) דאָס גורם זײַן ‹אַרויסרופֿן/פֿאַרשאַפֿן› ווייטיק [GÓYREM]
in-flight, *adj./adv.* פֿלי...; פֿליענדיקערהייט; בשעתן פֿליען [BEShÁSN]
inflow דער אָנפֿלייץ, ־ן; דער אַרײַנשטראָם, ־ען
influence, *n.* די השפּעה, ־ות; די ווירקונג, ־ען [HAShPÓE]
(power) די שליטה; די דעה [ShLÍTE] [DÉYE]
(pull) די פּראָטעקציע; דער צד אין טיש [TSAD]
exercise influence אַרויסווײַזן אַ השפּעה
have an influence (on a person) האָבן אַ השפּעה (אויף); משפּיע זײַן (אויף) [MAShPÍE]
have an influence (in/on a matter) האָבן אַ דעה (אין/בײַ)
under the influence אונטערן גלעזל; שיכּור [ShÍKER]
influence, *v.* האָבן אַ השפּעה אויף; משפּיע זײַן אויף; באַווירקן [HAShPÓE] [MAShPÍE]
be influenced by באַווירקט ווערן פֿון; מושפּע ווערן פֿון [MÚShPE]
influence peddler דער השפּעה־‹פּראָטעקציע־›הענדלער, ־ס; דער מאַכער, ־ס [HAShPÓE]
influence peddling דער השפּעה־האַנדל; דאָס פּראָטעקציערײַ [HAShPÓE]

influential [HAShPÓEDIK] השפּעהדיק; משפּיעדיק [MAShPÍEDIK]

be influential זײַן אַ בעל־השפּעה; האָבן אַ דעה [BALHAShPÓE] [DÉYE]

influential person (*m./unsp.*) דער בעל־השפּעה, בעלי־...; דער בעל־דעה, בעלי־דעות; דער תּקיף, ־ים [BALHAShPÓE, BÁLE-...] [BALDÉYE, BÁLE-DÉYES] [TÁKEF, T(A)KÍFIM]

influential person (*f.*) די בעל־השפּעהטע, ־ס [BALHAShPÓETE]

influenza די אינפֿלוענציע; די גריפּע; די פֿלענציע

influx דער אַרײַנשטראָם; דער צושטראָם; דער אָנפֿלייץ

info די אינפֿאָרמאַציע

infomercial די אינפֿאָרעקלאַמע, ־ס

inform, *v.* **(notify)** אינפֿאָרמירן; לאָזן וויסן; געבן + דאַט' צו וויסן; צו וויסן טאָן דאַט'; אָנזאָגן + דאַט'; מודיע זײַן + דאַט' [MEDÍE]

inform on/against (אײַנ)מסרן; מלשין זײַן אויף; יאַבעדע(ווע)|ן [(ÁYN)MÁSERN] [MALShN]

informal אומפֿאָרמעל; היימיש; אומאָפֿיציעל

informality די/דאָס אומפֿאָרמעלקייט

informally אומפֿאָרמעל; אויף אַן אומפֿאָרמעלן ‹היימישן› אופֿן [OYFN]

informal speech די שמועסשפּראַך

informant

m./unsp. דער אינפֿאָרמאַנט, ־ן; דער אינפֿאָרמאַטאָר, ...אָרן; דער אינפֿאָרמירער, ־ס

f. די אינפֿאָרמאַנטקע, ־ס

information [YEDÍE] די אינפֿאָרמאַציע; די ידיעה, ־ות

for your information זײַ(ט) וויסן אַז; זאָלסט ‹איר זאָלט› וויסן זײַן אַז; למען־ידעו [LEMÁN-YÉYDU/YÉYDE]

Information Age [TKÚFE] די אינפֿאָרמאַציע־תּקופֿה

informational אינפֿאָרמאַטיוו; אינפֿאָרמיר־...

information center דער אינפֿאָרמיר־צענטער, ־ס

information desk דער אינפֿאָרמיר־טיש, ־ן

information packet דאָס אינפֿאָרמיר־‹פּרטים־›פּעקל, ־עך [PRÓTIM]

information retrieval דער דאַטן־אַרויסבאַקום

information science די אינפֿאָרמאַטיק

information technology די אינפֿאָרמאַציע־טעכנאָלאָגיע

informative אינפֿאָרמאַטיוו; באַלערנדיק

informed אינפֿאָרמירט

keep sb. informed האַלטן + אַק' אין קורס

informed consent [HASKÓME] די אינפֿאָרמירטע הסכּמה

informed guess [HAShÓRE] די באַגרינדעטע השערה, ־ות

informer דער מסור, מוסרים; דער אויסגעבער, ־ס; דער יאַבעדניק, ־עס; דער זאָגטער, ־ס; דער שפּיצל, ־עך [MÓSER, MÓSRIM]

infraction [ÓYVER] דאָס איבערשפּרײַזל, ־עך; דאָס עובֿר זײַן

infra dig [BEKÓVEDIK] נישט בכּבֿודיק

infrahuman אונטערמענטשיש

infrared אינפֿראַרויט

infrastructure די אינפֿראַסטרוקטור, ־ן

infrequency די/דאָס נישט־אָפֿטקייט

infrequent נישט־אָפֿט; זעלטן

infrequently נישט אָפֿט; זעלטן ווען

infringe (on) אַריבערטרעטן די גרענעץ (פֿון); ברעכן; פּורץ־גדר זײַן (אויף) [PÓYRETS-GÉDER]

infringe on sb.'s privacy פֿאַרקריכן ‹אַרײַנקריכן› אין + פּאָס' פּריוואַטן לעבן; אַריבערגיין אין רשות־היחיד [REShÚS-HAYÓKhED]

infringement דאָס אַריבערטרעטן די גרענעץ; דאָס הסגת־גבֿול [HASÓGES-GVÚL]

infuriate דערצערענען; דערגרגזנען; צעיושע|ן; אַרויסברענגען פֿון די כּלים; אַרײַנברענגען אין רציחה [DERRÁGZENEN] [KÉYLIM] [RETSÍKhE]

be infuriated זײַן מלא־כּעס; אַרײַנפֿאַלן ‹אַרײַנטרײַבן זיך› אין רציחה [MÓLE-KÁAS]

be infuriating *see* **infuriate**

infuse אַרײַנגיסן; אַרײַנגעבן

(with herbs) אײַנווייקן

infused with excitement מלא־גדולה [MÓLE-G(E)DÚLE]

infusion די אינפֿוזיע, ־ס

(of tea) דער (ע)סענץ

infusoria אינפֿוזאָריע

ingenious [HAMTSÓEDIK] גניאַל; אײַנפֿאַלעריש; המצאהדיק; קונציק; קינצלעך

ingenious idea דער גניאַלער אײַנפֿאַל, ־ן; די המצאה, המצאות; דאָס קאָפּשטיק, – [HAMTSÓE]

ingeniously [OYFN] גניאַל; אויף אַ גניאַלן אופֿן

ingénue די אינזשעניו ‹אינזשעניו›, ־ען

ingenuity די/דאָס המצאהדיקייט; די/דאָס קינצלעכקייט; דאָס חריפֿות [HAMTSÓEDIKEYT] [Kh(A)RÍFES]

ingenuous [TMÍMESDIK] תּמימותדיק; אָן קונצן; נאַיוו

ingest אײַננעמען; אײַנשלינגען

ingestion דאָס אײַננעמען; דאָס אײַנשלינגען

inglorious שענדלעך

ingot דער צאַנקען, ־ס; די מעטאַל־שטאַבע, ־ס

gold ingot די גאָלדשטאַבע, ־ס

ingrain אײַנוואָרצלען

ingrained אײַנגעוואָרצלט; אײַנגעפֿליישט

ingrate [KÓFE-TÓYVENIK] דער כּפֿוי־טובֿהניק, ־עס

She's an ingrate זי ווייסט נישט ווי צו זאָגן אַ דאַנק; זי ווייסט נישט ווי אָפּצושאַצן

ingratiate (oneself to) אונטערחנפֿע|(נע)ן זיך (צו); צולאַנטשע|ן זיך (צו); פּרווון געפֿעלן + דאַט' [ÚNTERKhÁNFENEN]

ingratiating [Kh(A)NÍFEDIK] חניפֿהדיק

ingratiating person (*m./unsp.*) דער חניפֿהניק, ־עס [Kh(A)NÍFENIK]

ingratiating person (*f.*) די חניפֿהניצע, ־ס [Kh(A)NÍFENITSE]

ingratitude דער אומדאַנק

ingredient דער אינגרעדיענט, ־ן; דער באַשטאַנטייל, ־ן

ingress דער אַרײַנגאַנג; דער צוטריט

ingressive אַרײַניק

in-group די קליקע, ־ס

ingrown אַרײַנגעוואַקסן

ingrown toenail דער אַרײַנגעוואַקסענער (פֿוס)נאָגל

inguinal ווינקל...

inguinal hernia דער ווינקלבראַך, ־ן

inhabit באַוווינען

inhabitable (באַ)וווינעוודיק

be inhabitable טויגן צום (באַ)וווינען; זײַן באַוווינעוודיק

inhabitant

m./unsp. דער אײַנוווינער, ־ס; דער תּושבֿ, ־ים [TÓYShEV, TÓYShVIM/TOYShÓVIM]

f. [TÓYShEFTE] די אײַנוווינערין, ־ס; די תּושבֿטע, ־ס

inhalant דאָס אינהאַליר־מיטל, ־ען

inhalation, *adj.* אײַנאָטעמס־...; אײַנעטעמס־...

inhalation, *n.* דאָס אײַנאָטעמען ‹אײַנעטעמען›; די אײַנאָטעמונג

inhalation anesthesia די אײַנאָטעמס־אַנעסטעזיע ‹־אײַנשלעפֿערונג›

inhale אײַנאָטעמען ‹אײַנעטעמען›; אינהאַלירן

(while smoking) פֿאַרציִען
inhaler דער אינהאַלאַטאָר, ־ס
inharmonious אומהאַרמאָניש
inhere (in) געהערן (+ דאַט'/צו); זײַן אַ טייל (פֿון)
inherent [TÓKhIK] [ÉTSEMDIK] אײַנגעבוירן; תּוכיק; עצמדיק
be inherent in [GÚFE] שטעקן אין ... גופֿא
inherently [TOKh] אין תּוך; בעצם; בטבֿע; לויט דער נאַטור [BEÉTSEM] [BETÉVE]
inherit [YÁRShENEN] ירשענען; ירשע|ן; באַקומען בירושה [YÁRShEN] [BEYERÚShE]
(*fig.*) [BEKABÓLE] איבערנעמען בקבלה
inheritable [YÁRShEVDIK] ירשעוודיק
inheritance [YERÚShE] די ירושה, ־ות; די נחלה, נחלאָות [NÁKhLE, NAKhLÓES]
by inheritance [BEYERÚShE] בירושה
inherited, *adj.* [GEYÁRShNT] געירשנט; געירשעט [GEYÁRShET]
inhibit [MEÁKEV] האַמעווען; אײַנהאַלטן; פּענטע|ן; מעכּבֿ זײַן
inhibited אײַנגעהאַלטן; געהאַמעוועט; געפּענטעט
inhibition די אינהיביציע, ־ס; דער אײַנהאַלט, ־ן; די צאַמונג, ־ען; דער עיכּובֿ, ־ים [ÍKEV, IKÚVIM]
inhibitor דער פֿאַרהאַלטער, ־ס; דער פֿאַרטעמפּער, ־ס; דער אָפּטעמפּער, ־ס
in-home אינדערהײם־...; אין דער הײם פּאָסטפּ'
inhospitable (person) אומגאַסטפֿרײַנדלעך
be inhospitable (of person) נישט זײַן קיין מכניס־אורח [MÁKhNES-ÓYREKh]
be inhospitable (of place) האַרב
in-house אינעווייניקסט; אויפֿן אָרט
inhuman אוממענטשלעך
(savage) [AKhZÓRYESDIK] אַכזריותדיק
inhumane אומהומאַניש; אוממענטשלעך; אַכזריותדיק [AKhZÓRYESDIK]
inhumanity די/דאָס אוממענטשלעכקייט; דאָס אַכזריות [AKhZÓRYES]
inimical פֿײַנדלעך; שעדלעך
inimitable אומפֿאַרגלײַכלעך; אוניקאַל
iniquitous (מאָראַליש) שלעכט
iniquity דאָס (מאָראַלישע) שלעכטס
(injustice) דאָס אומרעכט
initial, *adj.* ערשט(מאָליק); אָנהייב...; תּחילתדיק [TKhÍLESDIK]
initial attempt דער ערשטער פּרוּוו, ־ן
initial, *n.* דער איניציאַל, ־ן
initials *also* [ROShETÉYVES] ראָשי־תּיבֿות
initial, *v.* שטעלן די איניציאַלן ‹ראָשי־תּיבֿות›; חתמע(נע)ן ‹אונטערשרײַבן› מיט ראָשי־תּיבֿות [ROShETÉYVES] [KhÁSME(NE)N]
initialize איניציאַליזירן
initialization די איניציאַליזירונג
initially לכתּחילה; אין אָנהייב; אָנהייבס; תּחילת [LEKhATKhÍLE] [TKhÍLES]
initial position (gram.) וואָרט־אײַן
initial rhyme דער אָנהייבגראַם, ־ען
initiate, *n.* דער אָנהייבער, ־ס; דער נײַ־אַרײַנגעפֿירטער געב'
initiate, *v.* איניציִירן; אָנהייבן; אײַנפֿירן
(person) אַרײַנפֿירן; אויסלערנען + דאַט' די יסודות [YESÓYDES]
initiation דער אָנהייב, ־ן; די אײַנפֿירונג, ־ען; דאָס אײַנפֿירן; די התחלה, ־ות [HASKhÓLE]
(ceremony) די אַרײַנפֿירונג, ־ען
initiative די איניציאַטיוו, ־ן
full of initiative אונטערנעמעריש
on one's own initiative אויף דער אייגענער איניציאַטיוו
show initiative אַרויסווײַזן איניציאַטיוו
take the initiative נעמען (אויף זיך) די איניציאַטיוו; מאַכן דעם ערשטן טראָט
inject אײַנשפּריצן
inject new life into אַרײַנאָטעמען אַ נײַע נשמה אין [NEShÓME]
injectable אײַנשפּריצעוודיק
be injectable לאָזן זיך אײַנשפּריצן
injection די אײַנשפּריצונג, ־ען; די אינייעקציע, ־ס; די אינזשעקציע, ־ס
(*slg.*) דער שטאָך, ־ן
give an injection מאַכן + דאַט' אַן אײַנשפּריצונג ‹אינייעקציע/אינזשעקציע›; שטעלן + דאַט' אַ נאָדל
in-joke *see* **inside joke**
injudicious נישט־שׂכלדיק; נישט־קלוג; נישט־אויסגערעכנט [SÉYKhLDIK]
injunction דער פֿאַרווער, ־ן; דאָס (געריכט־)געהייס, ־ן; די פֿאַראָרדענונג (דורכן געריכט); די אינייונקציע, ־ס
issue an injunction פֿאַראָרדענען דורכן געריכט
injure שאַטן; פֿאַרווּנדיקן; (גע)ראַנירן; צעקאַליִעטשע|ן
injured, *adj.* פֿאַרווּנדיקט; (גע)ראַנירט
be injured *also* [GENÍZEKT] געניזוקט ‹ניזוק› ווערן [NÍZEK]
the injured פֿאַרווּנדיקטע
injured party [TSAD, TSDÓDIM] דער געליטענער צד, צדדים
injurious [NÍZEKDIK] שעדלעך; ניזוקדיק
be injurious to one's health שאַטן צום געזונט
injury דער שאָדן, ־ס; די וווּנד, ־ן; די ראַנע, ־ס; דער נהרג; די ניזוקונג, ־ען [NÉREK] [NÍZEKUNG]
injustice דער אומיושר; די/דאָס אומגערעכטיקייט; דאָס אומרעכט [ÚMYÓYShER]
(wrong) [ÁVLE] די עוולה, ־ות; די קריוודע, ־ס; די קירץ
ink, *n.* דער/די טינט, ־ן
(printer's) די דרוקפֿאַרב; דער/די דרוקטינט
ink, *v.* אָנשרײַבן; אָנטינטן
in-kind exchange [KhÍLEF] דער חילוף
inkjet printer דער טינטשפּריץ־אָפּדרוקער, ־ס
inkling די מינדסטע ידיעה ‹השׂגה›; דער רמז; דאָס אָנצוהערעניש; די אָנונג [YEDÍE] [HASÓGE] [RÉMEZ]
inkpad דאָס שטעמפּל־קישעלע, ־ך
inkspot דער קלעק, ־ן
inkwell דער טינטער, ־ס
inky באַשמירט מיט טינט
(black) טינטיק
inlaid אינקרוסטירט
inlaid floor דער פּאַרקעט
inland, *adj.* אינלענדיש
inland, *adv.* אין לאַנד (אַרײַן)
in-laws [MEKhUTÓNIM/MAKhETÓNIM] מחותּנים
inlay, *n.* די אינקרוסטאַציע, ־ס
inlay, *v.* אינקרוסטירן
inlet
(geog.) די לעפֿצונג, ־ען; דער אײַנגאַס, ־ן; די בוכטע, ־ס
(opening) דער אַרײַנלאָז, ־ן
inlet pipe די/דער אַרײַנלאָז־רער, ־ן
inlet valve דער אַרײַנלאָז־ווענטיל, ־ן
in loco parentis במקום ‹אַנשטאָט› טאַטע־מאַמע [BÍMKEM]
inmate
(concentration camp) דער קאַצעטלער, ־ס; דער לאַגערניק, ־עס
(mental hospital) דער פּאַציענט, ־ן

(prison) דער תּפֿיסהניק, ־עס; דער אַרעסטאַנט, ־ן; דער זיצער, ־ס; דער קרימינאַלניק, ־עס [TFÍSENIK]

inn די אַכסניא, ־ות; דאָס אײַנפֿאָרהויז, ...הײַזער; דער אײַנפֿאָר, ־ן; די קרעטשמע, ־ס; דאָס גאַסטהויז, ...הײַזער; דער האַרבעריק, ־ן [AKhSÁNYE]

innards דאָס/דער אינגעווייד, ־/־ן

innate אײַנגעבוירן; מיטגעבוירן

inner אינעווייניקסט

inner circle דער אינעווייניקסטער ‹ענגער› קרייז, ־ן

inner city, *n.* אָרעמע געגנטן ל״ר

inner-city, *adj.* פֿון די אָרעמע געגנטן

inner ear דער/דאָס אינעווייניקסט(ער) אויער, ־ן

innermost איניקסט; (סאַמע) אינעווייניקסט

inner self דער אמתער איך [ÉMESER]

innersole די אַרײַנלייג־זויל, ־ן

inner tube דער פּעטיוו, ־ן

inning דאָס ניינטל, ־עך

bottom of the first inning די אונטערשטע ‹צווייטע› העלפֿט פֿונעם ניינטל

extra inning דאָס צוגאָב־ניינטל, ־עך

top of the eighth inning די אייבערשטע ‹ערשטע› העלפֿט פֿונעם ניינטל

innings pitched געוואָרפֿענע ניינטלעך

innkeeper דער קרעטשמער, ־ס; דער בעל־אַכסניא, בעלי־אַכסניות; דער גאַסטהײַזער, ־ס [BÁLAKhSÁNYE, BÁLE-AKhSÁNYES]

innocence די אומשולד; די/דאָס ריינקייט; די/דאָס אומשולדיקייט

(naivety) *also* דאָס תּמימות [TMÍMES]

innocent, *adj.* אומשולדיק; ריין

(naive) *also* תּמימותדיק [TMÍMESDIK]

be totally innocent זײַן גאָט די נשמה שולדיק [NEShÓME]

You're innocent until proven guilty כּל־זמן מ׳איז נישט שולדיק, איז מען אומשולדיק [KOLZMÁN]

innocent, *n.* דער אומשולדיקער געב׳; דער ריינער געב׳ [NEShÓME]

innocent bystander דער אומשולדיקער צוקוקער, ־ס

innocently אומשולדיק(ערהייט)

innocently enough גאַנץ אומשולדיק(ערהייט)

innocuous אומשעדלעך; אומגעפֿערלעך

innocuous joke דער לײַכטער וויץ, ־ן; דער וויץ נישט אויף צו(ם) באַליידיקן

innovate [MEKhÁDESh] מחדש זײַן; (פֿריש) אײַנפֿירן; אינאָווירן

innovation די אינאָוואַציע, ־ס; דער חידוש, ־ים [KhÍDESh, KhIDÚShIM]

innovative נאָוואַטאָריש; מחדשדיק; וועגווײַזיק [MEKhÁDEShDIK]

innovator דער אינאָוואַטאָר, ־ס; דער בעל־מחדש, בעלי־... [BALMEKhÁDESh, BÁLE-...]

innuendo דער אינוענדאָ, ־ס; די אינסינואַציע, ־ס; דער בילבול, ־ים; דער געהערטער רמז, ־ים; דער רמז (לגנאַי) [BILBL, BILBÚLIM] [RÉMEZ, REMÓZIM] [LIGNÁY]

innumerable נישט איבערצוציילן; אָנצאָליק; אומציילִיק; אומגעציילט; אָן אַ צאָל

innumeracy דאָס נישט קענען רעכענען

innumerate

be innumerate נישט קענען רעכענען

inoculate אינאָקולירן

(plants) אײַנאייגלען

inoculate against smallpox שטעלן פּאָקן

inoculation די אינאָקולירונג, ־ען; דאָס אינאָקולירן

inoffensive אומשעדלעך; אומגעפֿערלעך

inoperable אומאָפּערירלעך

inoperative אומנוציק

be inoperative נישט פֿונקציאָנירן

inopportune אומפּאַסיק; נישט צו דער צײַט

inordinate אין־לשער; אָן אַ שיעור; אומגעהײַער [ÉYN-LEShÁER] [ShÍER]

inorganic אומאָרגאַניש

inorganic chemistry די אומאָרגאַנישע כעמיע

inpatient, *adj.* (אין)שפּיטאָליק; (אין)שפּיטאָל־...

inpatient, *n.* דער שפּיטאָל־פּאַציענט, ־ן; דער שפּיטאָל־חולה, ־ים [KhÓYLE, KhÓYLIM]

input, *n.*

(comp.) דאָס אַרײַנוואַרג

(elec.) דער אַרײַנקאָנטאַקט, ־ן

(contribution) דער צושטײַער

get input from באַקומען עצות ‹פֿירלייגן› פֿון [ÉYTSES]

input, *v.* אַרײַנגעבן; אַרײַנטאָן

inquest דער אינקוועסט, ־ן; דער טויטאויספֿאָרש, ־ן; די געריכט־אויספֿאָרשונג, ־ען

inquietude דער/די אומרו

inquiline דער אינקווילין, ־ען

inquire (of) פֿרעגן (+ אַק׳/בײַ); אָנפֿרעגן זיך (בײַ)

inquire after נאָכפֿרעגן זיך בײַ + דאַט׳ אויף

inquire into אויספֿאָרשן + אַק׳

inquirer דער פֿראַגע־‹קשיא־›שטעלער, ־ס [KÁShE]

inquiring פֿרעגנדיק; פֿאָרשנדיק

inquiry

(investigation) דער אויספֿרעג, ־ן; די אויספֿאָרשונג, ־ען

(question) דער אָנפֿרעג, ־ן

hold an inquiry אויספֿאָרשן; (אַ)דורכפֿירן אַן אויספֿאָרשונג

make inquiries נאָכפֿרעגן זיך; אָנפֿרעגן זיך; אויספֿאָרשן

inquisition די אויספֿאָרשונג, ־ען

the Inquisition די אינקוויזיציע

inquisitive נײַגעריק; פֿרעגעריש

be inquisitive אַרויסווײַזן נײַגער; וועלן וויסן; גערן זײַן וויסן

inquisitive person (*m./unsp.*) דער פֿרעגער, ־ס

inquisitive person (*f.*) די פֿרעגערקע, ־ס

inquisitiveness דער נײַגער

inquisitor דער אינקוויזיטאָר, ...אָרן

inquisitorial אינקוויזיטאָריש

inroad

make inroads (mil.) אַרײַנדרינגען

make inroads (progress) זײַן (שוין) אויף אַ וועג

inrush דער צושטראָם; דער אָנפֿלייץ

insalubrious אומגעזונט

be insalubrious קענען שאַטן צום געזונט

insane משוגע; אַראָפּ פֿון קלאָרן רעיון; נישט בײַם זינען; חסר־דעה; מטורף; גײַסטיק ‹פּסיכיש› קראַנק [MEShÚGE] [RÁYEN] [KhÓSER-DÉYE/KhSARDÉYE] [METÚREF]

go insane משוגע ‹ווילד› ווערן; אַראָפּגיין פֿון זינען; ווערן אויס מענטש

insane person דער משוגענער געב׳; דער חסר־דעהניק, ־עס [KhÓSER-DÉYENIK/KhSARDÉYENIK]

the insane משוגעים [MEShUGÓYEM]

insane asylum דאָס משוגעים־הויז, ־הײַזער; דער שפּיטאָל פֿאַר גײַסטיק ‹פּסיכיש› קראַנקע [MEShUGÓYEM]

insanely משוגענערווײַז [MEShÚGENERVAYZ]

insanely jealous ווילד אײַפֿערזיכטיק

insanitary אומסאַניטאַריש; אומהיגיעניש

insanity דאָס משוגעת; דער שגעון [MEShUGÁS] [ShIGÓEN]

insanity defense די משוגעת־פֿאַרטיידיקונג [MEShUGÁS]

insatiable אומאָנזעטלעך; נישט־געזעטיקט

be insatiable נישט קענען זיך אָנזעטיקן; נישט קענען כאַפּן די זעט; האָבן אַ קישקע אָן אַ דנאָ
inscribe אַרײַנשרײַבן
(engrave) אײַנקריצן; אײַנקראַצן
(math.) אַרומשרײַבן; אַרײַנשרײַבן
inscription די אויפֿשריפֿט, ־ן; די אײַנשריפֿט, ־ן; דאָס אײַנגעשריפֿטס, ־ן
(in book) די דעדיקאַציע, ־ס
inscrutable נישט צו(ם) באַנעמען ‹פֿאַרשטיין›
insect דער אינסעקט, ־ן
insecticide דער אינסעקטיציד, ־ן; דער אינסעקטן־טײטער, ־ס
insectivore דער אינסעקטן־פֿרעסער, ־ס
insectivorous אינסעקטן־פֿרעסעריש
insect repellent דאָס אָפּטרײַבעכץ, ־ן; דער זשוקלשפּריץ, ־ן
insecure אומזיכער; נישט־זיכער
feel insecure זײַן אומזיכער בײַ זיך
insecurity די/דאָס אומזיכערקייט
inseminate אײַנזוימ(ענ)ען; באַפֿרוכפּערן
insemination די אײַנזוימ(ענ)ונג, ־ען; די באַפֿרוכפּערונג
insensate אומפֿיליק
insensibility די/דאָס אומפֿיליקייט
(unconsciousness) דאָס אומבאַוווּסטזײַן
insensible אומפֿיליק
(imperceptible) אומבאַמערקלעך; נישט צו(ם) באַמערקן
(unconscious) נישט בײַם באַוווּסטזײַן
insensitive אומסענסיטיוו; אומשפּירעוודיק; נישט־סענסיטיוו
insensitivity די/דאָס אומסענסיטיווקייט
inseparable אומצענעמיק; אומאָפּטײלעוודיק; נישט אָפּצוטײלן; נישט צו(ם) צענעמען
(gram.) נישט־צעטײלעוודיק
(people) אומצעשײדלעך; צוגעקנעפּלט; צוגעשפּיליעט
insert, *n.*
(in mailing) דער צולאָג, ־ן
(in magazine) די בײַלאַגע, ־ס
insert, *v.* אַרײַנלייגן; בײַלייגן; אַרײַנשטעלן; אײַנזעצן; אַרײַנזעצן; אַרײַנרוקן
(a key) אַרײַנרוקן
(in envelope) צולייגן; בײַלייגן
insertion דאָס אַרײַנלייגן; דאָס אַרײַנשטעלן; דאָס אַרײַנזעצן; דאָס אַרײַנרוקן
insertion point דער אַרײַנשטעל־פּונקט, ־ן
inservice course דער דערגאַנצקורס, ־ן
inset, *n.*
(insert) דער אַרײַנלאָג, ־ן
(of map) די קלײנע מאַפּע, ־ס
(sewing) דער אײַנזעץ, ־ן; דאָס אײַנזעצל, ־עך
(typ.) דער אַרײַנקלעפּ, ־ן; די אַרײַנקלעפּונג, ־ען
inset, *v.*
(sewing) אײַנזעצן
(typ.) אַרײַנקלעפּן; אַרײַנקלייען
inshore בײַבערעגיק
inside, *adj.* אינעווייניקסט
(information) *also* דירעקט
inside, *adv.* אינעווייניק
inside out (clothing) אויף דער לינקער זײַט
know inside out קענען ווי אַ מיזמור; קענען פֿון אויסנווייניק [MÍZMER]
inside, *n.* דער אינעווייניק
(of clothing) די לינקע זײַט
insides דער אינעווייניק ל״ר
inside, *prep.* (אינעווייניק) אין
inside an hour אין נישט מער ווי אַ שעה [ShO]

inside forward דער האַלבצענטער־פֿאָרוואַרד, ־ן
inside job די אינעווייניקסטע גנבֿה, ־ות [G(E)NÉYVE]
It was an inside job דאָס האָט אָפּגעטאָן אַן אײגענער ‹אינעווייניקסטער›
inside joke דער פּריוואַטער ‹אינעווייניקסטער› וויץ, ־ן
inside man *see* **insider**
inside pitch דער נאָענטפּיטש, ־ן
insider דער אײגענער געב׳; דער אינעווייניקסטער געב׳; דער בן־בית, בני־בית [BENBÁYES, BNEY...]
insider trading דער האַנדל דורך אינעווייניקסטע
inside story הינטערקוליסן ל״ר
inside track דער אינעווייניקסטער שפּאַליר, ־ן
have the inside track (*fig.*) האָבן דעם אַוואַנטאַזש ‹יתרון›; שטיין בײַ דער שיסל [YÍSREN]
insidious פֿאַרפֿירעריש; שלײַכנדיק; לאָקערנדיק
insidiously אויף אַ פֿאַרפֿירערישן אופֿן [OYFN]
insight דאָס פֿאַרשטענדעניש, ־ן; דער אַרײַנבליק, ־ן; דאָס חריפֿות [Kh(A)RÍFES]
gain insight קריגן ‹באַקומען› אַן אַרײַנבליק
insignia דער אָפּצייכן, ־ס; די אינסיגניע, ־ס
insignificance די/דאָס נישטיקייט; די/דאָס אומבאַטײַטיקייט
insignificant נישטיק; אומבאַטײַטיק; אומוויכטיק; גאָרנישטיק; טפֿלדיק [TÓFLDIK]
insincere פֿאַלש; נישט־אויפֿריכטיק
insincerely פֿאַלשערהייט; אויף אַ נישט־אויפֿריכטיקן אופֿן [OYFN]
insincerity די/דאָס פֿאַלשקייט; דאָס צבֿיעות [TSVÍES]
insinuate [MERÁMEZ] אינסינויִרן; געבן אָנצוהערן; מרמז זײַן
insinuate oneself into אַרײַננאַדיען ‹אײַננאַדזשען› זיך אין
insinuation די אינסינואַציע, ־ס; דאָס אָנצוהערעניש, ־ן; דער שטאָך, ־ן
insipid לאָקרעצדיק; וואַסערדיק; אומבאַטעמט; נישט־געשמאַק; אומאינטערעסאַנט [ÚMBATÁMT]
stg. insipid דאָס לאָקרעץ־פֿלעצל, ־עך
insist (on) אײַנשפּאַרן זיך (אַז); שטאַרק טענה|ן (אַז); בלײַבן בײַ + דאַט׳; ˈבאַשטיין (אויף) [TÁYNEN]
if she insists אויב זי וועט זיך דווקא אײַנשפּאַרן; אויב זי וועט זיך שטאַרק דינגען [DÁFKE]
insistence די/דאָס אײַנגעשפּאַרטקייט
insistent אײַנגעשפּאַרט; צושטייק
in situ אויפֿן אָרט
insofar as אויף וויפֿל
insole
(innersole) די אַרײַנלייג־זויל, ־ן
(of shoe) די אינעווייניקסטע זויל, ־ן
insolence דאָס עזות; די חוצפּה [ÁZES] [KhÚTSPE]
insolent עזותדיק; חוצפּהדיק; שקאָציש [ÁZESDIK] [KhÚTSPEDIK]
insolent person (*m./unsp.*) דער עזותניק, ־עס; דער חוצפּהניק, ־עס; דער עזות־פּנים, ־ער; דער שײגעץ, שקצים [ÁZESNIK] [KhÚTSPENIK] [ÁZES-PÓNEM, -PÉNEMER] [ShÉYGETS, ShKÓTSIM]
insolent person (*f.*) די עזותניצע, ־ס; די חוצפּהניצע, ־ס; דאָס עזות־פּנים, ־ער [ÁZESNITSE] [KhÚTSPENITSE]
insoluble אומצעלאָזלעך
(problem) אומפֿאַרענטפֿערלעך; אומבאַשײדלעך; נישט צו(ם) פֿאַרענטפֿערן ‹באַשײדן›
insolvency די/דאָס אומצאָלפֿעיִקייט
insolvent אומצאָלפֿעיִק
insomnia דער אומשלאָף; די אינסאָמניע; די ˈשלאָפֿלאָזיקייט
I have insomnia כ׳לײַד פֿון ‹אויף› אומשלאָף ‹אינסאָמניע›

insomniac דער אינסאָמניאַק, ־עס
insomuch as אויף אַזוי פֿיל אַז
insouciance דאָס זײַן אָן זאָרגן ‹דאגות› [DÁYGES]
insouciant אָן זאָרגן ‹דאגות› [DÁYGES]
inspect איבערקוקן; (אַ)דורכקוקן; אינספּעקטירן; בודק זײַן [BÓYDEK]
(J./ritual) בודק זײַן
inspection די אינספּעקציע, ־ס; דער איבערקוק, ־ן; דער דורכקוק, ־ן; דער אָנקוק, ־ן; דער אַרומקוק, ־ן; די בדיקה, ־ות [BDÍKE]
(J./ritual) די בדיקה, ־ות
inspector
m./unsp. דער אינספּעקטאָר, ...אָרן; דער רעוויזאָר, ־ן
f. די אינספּעקטאָרשע, ־ס; די רעוויזאָרשע, ־ס
(of J. dietary laws) דער משגיח, ־ים [MAZhGÍEKh, MAZhGÍKhIM]
inspectorate די אינספּעקציע, ־ס
inspector general דער גענעראַל־אינספּעקטאָר, ...אָרן
inspiration
(breathing) דאָס אײַנאָטעמען ‹אײַנעטעמען›; די אײַנאָטעמונג
(*fig.*) די אינספּיראַציע, ־ס; דער רוח־הקודש [RÚEKh-HAKÓYDESh]
draw one's inspiration ציִען (די) יניקה; אינספּירירן זיך [YENÍKE]
inspirational אינספּירירנדיק; באַגײַסטעריש
inspire אינספּירירן; באַגײַסטערן
I was inspired by כ׳האָב זיך אינספּירירט פֿון
The book was inspired by a real event אַן אמת(דיק) געשעעניש איז געווען די אינספּיראַציע פֿאַרן בוך [ÉMES(DIK)]
inspired (brilliant) געניאַל
politically inspired פּאָליטיש מאָטיווירט
inspiring אינספּירירנדיק; באַגײַסטערנדיק
instability די/דאָס אומסטאַביליקייט
install אינסטאַלירן
(a person) *also* אַרײַנפֿירן
(comp.) *also* אַרײַנלאָדן
(mech.) *also* אײַנשטעלן; אַרײַנשטעלן; (אײַנ)מאָנטירן; פֿאַרמאָנטירן
install oneself אײַנאָרדענען זיך
installation
(ceremony) די אינסטאַלירונג, ־ען
(comp.) די אינסטאַלאַציע; דאָס אַרײַנלאָדן
(facility) די אינסטאַלאַציע, ־ס
(mech.) די אײַנמאָנטירונג, ־ען; די אינסטאַלירונג, ־ען
installation program די אינסטאַליר־פּראָגראַם, ־ען
installer דער אינסטאַלירער, ־ס
installment
(chapter) דער חלק, ־ים; דער קאַפּיטל, ־ען; דער המשך, ־ים [KhÉYLEK, KhALÓKIM] [HÉMShEKh, HEMShÉYKhIM]
(payment) די ראַטע, ־ס; די אָפּצאָלונג, ־ען
in installments ראַטעסווײַז
pay in installments אויסצאָלן (ראַטעסווײַז)
installment plan דער אויסצאָלפּלאַן, ...פּלענער; די ראַטעסווײַזע אויסצאָלונג, ־ען
on an installment plan אויף אויסצוצאָלן ‹אויסצאָל›
instance דער פֿאַל, ־ן
(example) דער/דאָס משל, ־ים; דער אויפֿווײַז, ־ן; דער בײַשפּיל, ־ן [MOShL, MEShÓLIM]
at the instance of לויט דער בקשה פֿון [BAKÓShE]
for instance אַ שטייגער; למשל; עלעהיי; צום בײַשפּיל [LEMÓShL]
in that instance אין אַזאַ פֿאַל
in the first instance אין ערשטן פֿאַל; ראשית־כּל; אין דער ערשטער ריי [RÉYShES-KOL]
instant, *adj.* תּיכּף־...; גיכ...; תּיכּפֿדיק; מאָמענטאַל [TÉYKEF] [TÉYKEFDIK]
instant, *n.* די רגע, ־ס; דער אויגנבליק, ־ן; דער מאָמענט, ־ן; דער הרף־עין, ־ס [RÉGE] [HÉREF-ÁYEN]
Come here this instant! קום תּיכּף אַהער!; קום אַהער די מינוט! [TÉYKEF]
in an instant אין איין הרף־עין ‹אויגנבליק›; שוין
not for an instant אויף קיין רגע נישט; בכלל נישט [BIKhLÁL]
instantaneous הרף־עינדיק; אויגנבליקלעך [HÉREF-ÁYENDIK]
instantaneously אין איין הרף־עין; אין דער רגע [HÉREF-ÁYEN] [RÉGE]
instant coffee די תּיכּף־קאַווע; די גיכקאַווע [TÉYKEF]
instant gratification די תּיכּף־באַפֿרידיקונג [TÉYKEF]
instantly תּיכּף(־ומיד); כּהרף־עין; תּוך־כּדי־דיבור [TÉYKEF(-UMIYÁD)] [KÉREF-ÁYEN] [TÓKh-KEDEYDÍBER]
instant message, *n.* דער איי־עם, ־ען
instant message, *v.* איי־עמעווען; שיקן אַן איי־עם
instant messaging דאָס איי־עמעווען; דאָס שיקן אַן איי־עם
instant messenger די איי־עם־פּראָגראַם, ־ען
instant replay דער תּיכּף־ווידערווײַז, ־ן [TÉYKEF]
instead, *adv.* אַנשטאָט ‹שטאָטס› דעם
instead, *prep.* **(of)** אַנשטאָט; שטאָטס; אויפֿן אָרט פֿון
instep דער פֿוסבויגן, ־ס; דער פֿוסבאַלקן, ־ס
instep kick דער אינגאַנגקלאַפּ, ...קלעפּ
instigate אויפֿהעצן; אונטערהעצן; אינסטיגירן; ברויען
(new idea/reform) אײַנפֿירן; איניציִירן
instigation די אונטערהעצונג; די אינסטיגירונג
(of new idea/reform) די אײַנפֿירונג; די איניציִירונג
instigator דער אונטערהעצער, ־ס; דער אויפֿהעצער, ־ס
instill אַרײַנגעבן; אײַנפֿלאַנצן
instillation די אײַנפֿלאַנצונג
instinct דער אינסטינקט, ־ן; דער חוש, ־ים
instinctive(ly) אינסטינקטיוו
institute, *n.* דער אינסטיטוט, ־ן
institute, *v.* אײַנפֿירן; אײַנשטעלן; שאַפֿן; אינסטיטויִרן
institution די אינסטיטוציע, ־ס; דער אַנשטאַלט, ־ן
institution of higher learning די העכערע לערן־אינסטיטוציע, ־ס
institutional אינסטיטוציאָנעל; אינסטיטוציע־...
institutional grant די אינסטיטוציע־סובווענץ, ־ן
institutionalize פֿאַרשרײַבן ‹אַרײַננעמען/אַרײַנגעבן› אין אַן אינסטיטוציע ‹אַנשטאַלט›
instruct
(direct) אָנווײַזן + דאַט׳; הייסן; פֿאַרזאָגן
(teach) (אויס)לערנען; אינסטרויִרן
instruction
(directive) די אינסטרוקציע, ־ס; די אָנווײַזונג, ־ען
(teaching) דאָס לערנען; דער לימוד [LÍMED]
instructional לערנ...
instructional staff דער לערן־פּערסאָנאַל
instruction manual דאָס האַנטביכל, ־עך
instructive באַלערעוודיק; באַלערנדיק; אינסטרוקטיוו; מוסר־השׂכּלדיק [MÚSER-HÁSKLDIK]
instructor
m./unsp. דער אינסטרוקטאָר, ...אָרן; דער לערער, ־ס; דער דאָצענט, ־ן
f. די אינסטרוקטאָרשע, ־ס; די לערערין ‹לערערקע›, ־ס

instrument דער מכשיר, ־ים; די כּלי, ־ם [MÁKhShER, MAKhShÍRIM] [KÉYLE, KÉYLIM]
(mus.) דער אינסטרומענט, ־ן
instrumental (mus.) אינסטרומענטאַל; אינסטרומענט־...
be instrumental (in) שפּילן אַ ממשותדיקע ראָלע (בײַ/אין); צושטעלן אַ פּלײצע צו; צודינען בײַ [MAMÓShESDIKE]
instrumental case (gram.) דער אינסטרומענטאַל, ־ן
instrumentalist
m./unsp. דער אינסטרומענטאַליסט, ־ן
f. די אינסטרומענטאַליסטקע, ־ס
instrumentation די אינסטרומענטאַציע
instrument panel דאָס/די קאָנטראָלברעט, ־ער
insubordinate ווידערשפּעניק
insubordination די/דאָס ווידערשפּעניקייט; דאָס נישט אונטערוואַרפֿן זיך
insubstantial אוממַמשותדיק; אומרעאַל; אילוזאָריש; געדוכט [ÚMMAMÓShESDIK]
insufferable נישט אויסצוהאַלטן; נישט צו(ם) פֿאַרטראָגן
insufficiency די/דאָס נישט־גענוגיקייט; די/דאָס קנאַפּקייט; דער דוחק [DÓYKhEK]
insufficient נישט־גענוגיק; קנאַפּ
be insufficient נישט קלעקן; נישט סטײַען ‹סטאַרטשען›
have insufficient funds נישט האָבן קיין דעקונג; נישט האָבן גענוג געלט
insufficiently נישט גענוג; קנאַפּ
insular ווינקלדיק; אינדזלדיק; אָפּגעזונדערט
insularity די/דאָס ווינקלדיקייט; די/דאָס אינדזלדיקייט; די/דאָס אָפּגעזונדערטקייט
insulate איזאָלירן
insulating איזאָליר־...; איזאָליריק
insulating material דאָס איזאָלירוואַרג
insulating tape די איזאָליר־לענטע‹־טאַשמע›
insulation די איזאָלאַציע
insulator דער איזאָלאַטאָר, ־ס
insulin דער אינסולין
insult, *n.* די באַליידיקונג, ־ען
add insult to injury שיטן זאַלץ אויף די וווּנדן; מוסיף זײַן חטא על פּשע [MÓYSEF] [KhET AL PÉShE]
insult to one's honor דאָס פּחיתות־הכּבֿוד [PKhÍSES-HAKÓVED]
to add insult to injury [TSÓRES] צו(ן) אַלע צרות (נאָך)
insult, *v.* באַליידיקן
insulted באַליידיקט
insulting באַליידיקנדיק
How insulting! אַזאַ ‹סאַראַ› באַליידיקונג!
insuperable [GÓYVER] נישט גובֿר צו זײַן; נישט בײַצוקומען
insupportable אומבאַגרינדלעך; נישט אויסצוהאַלטן
insurance, *adj.* פֿאַרזיכער־...; סטראַכיר־...; אַסעקוריר־...
insurance, *n.* די פֿאַרזיכערונג; די סטראַכירונג; די אַסעקוראַציע
take out insurance פֿאַרזיכערן זיך; סטראַכירן זיך
insurance agent/broker דער פֿאַרזיכער־‹סטראַכיר־/אַסעקוריר־›אַגענט, ־ן
insurance company די פֿאַרזיכער־‹סטראַכיר־›פֿירמע, ־ס; די אַסעקוראַציע, ־ס
insurance fraud דער פֿאַרזיכער־‹סטראַכיר־›שווינדל
insurance payment די פֿאַרזיכער־‹סטראַכיר־›צאָלונג, ־ען
insurance policy דער פּאָליס, ־ן
insure פֿאַרזיכערן; (פֿאַר)סטראַכירן; אַסעקורירן
insured פֿאַרזיכערט; פֿאַרסטראַכירט; אַסעקורירט
insurer דער פֿאַרזיכערער, ־ס; דער סטראַכירער, ־ס; דער אַסעקוראַנט, ־ן

insurgency [MERÍDE] דער אויפֿשטאַנד, ־ן; די מרידה, ־ות
insurgent דער אויפֿשטאַנדלער, ־ס; דער מורד, ־ים; דער אינסורגענט, ־ן [MÓYRED, MÓRDIM]
insurmountable נישט בײַצוקומען; נישט גובֿר צו זײַן [GÓYVER]
insurrection דער אויפֿשטאַנד, ־ן; די מרידה, ־ות; די אינסורעקציע, ־ס [MERÍDE]
intact [BIShLÉYMESDIK] גאַנץ; בשלמותדיק
intaglio די אינטאַליע, ־ס
intake
(of air) דער אָטעמצי
(of food) דאָס אײַננעמען שפּײַז
do an intake אויפֿנעמען אינפֿאָרמאַציע
intake center דער אויפֿנעם־צענטער, ־ס
intangibility די/דאָס אוממאַטעריעלקייט
intangible אוממאַטעריעל; נישט אָנצוטאַפּן ‹אָנצוכאַפּן›; אוממַמשותדיק [ÚMMAMÓShESDIK]
(assets) אוממאַטעריעל
integer די גאַנצצאָל, ־ן; די גאַנצע צאָל, ־ן
integral, *adj.* [ÍKERDIK] עיקרדיק; אינטעגראַל
(math.) אינטעגראַל
integral, *n.* דער אינטעגראַל, ־ן
integral calculus די אינטעגראַלע רעכענונג
integrate, *vt./vi.* אינטעגרירן (זיך); אײַנגלידערן (זיך); אײַנהיימישן (זיך); אײַנלייבן (זיך)
integrated circuit די אינטעגראַלע סכעמע, ־ס; דער אינטעגראַלער שטראָמקרײַז, ־ן
integration די אינטעגראַציע; די אינטעגרירונג
integrity
(completeness) דאָס שלמות; די/דאָס גאַנצקייט [ShLÉYMES]
(honesty) די/דאָס ערלעכקייט; די/דאָס אָרנטלעכקייט; דאָס ישרנות [YAShRÓNES]
man of integrity [ÍSh-MEHÉYMEN] דער איש־מהימן
integument דאָס (דרויסנדיקע) הײַטל, ־עך
intel *see* **intelligence**
intellect [SEYKhL] דער אינטעלעקט, ־ן; דער שׂכל
intellectual, *adj.* אינטעלעקטועל; אינטעליגענטיש; גײַסטיק
intellectual growth דער אינטעלעקטועלער וווּקס
intellectual, *n.* דער אינטעליגענט, ־ן; דער קאָפּמענטש, ־ן; דער אינטעלעקטואַל, ־ן; דער אינטעלעקט, ־ן
intellectually [SEYKhL] אינטעלעקטועל; מיטן שׂכל
intellectual powers אינטעלעקטועלע פֿעיִקייטן
intellectual property דאָס אינטעלעקטועלע גוטס ‹אייגנס›; דער אינטעלעקטועלער רכוש [REKhÚSh]
intellectual property rights דאָס רעכט אָפּצוהיטן אינטעלעקטועל אייגנס
intelligence [SEYKhL] די אינטעליגענץ; דער שׂכל
(mil.) דער אויסשפּיר
(information) די אויסשפּיר־אינפֿאָרמאַציע
intelligence agency דאָס אויסשפּירדינסט
intelligence community די אויסשפּירוועלט
intelligence failure דער אויסשפּיר־דורכפֿאַל
intelligence-gathering דאָס זאַמלען אויסשפּיר־ידיעות ‹־אינפֿאָרמאַציע› [YEDÍES]
intelligence quotient דער אינטעליגענץ־וויפֿלער, ־ס
intelligence test דער אינטעליגענץ־טעסט, ־ן
intelligent [BARDÁASDIK] אינטעליגענט; בר־דעתדיק
intelligently [OYFN] אויף אַן אינטעליגענטן אופֿן
intelligentsia די אינטעליגענץ
intelligibility די/דאָס פֿאַרשטענדלעכקייט; די/דאָס קלאָרקייט
intelligible פֿאַרשטענדלעך; קלאָר; צום פֿאַרשטיין

intemperate עקסטרעם
(person) אוממאָסיק; נישט־מאָסיק; נישט־אײַנגעהאַלטן
intend בדעה האָבן; קלײַבן זיך; האָבן אין זינען; אויסן זײַן; האָבן בכּוונה; מכוון זײַן [BEDÉYE] [BEKAVÓNE] [MEKhÁVN]
intended for געמײנט פֿאַר; געציל(עוו)ט אויף
It was intended to be sent מ'האָט עס געזאָלט שיקן
intended, *adj.*
(intentional) בכּיוונדיק [BEKÍVNDIK]
(planned) (פֿאַר)פּלאַנירט
intended victim דער אויסגעקוקטער ‹געצילעוועטער› קרבן, ־ות [KORBM, KORBÓNES]
intended, *n.* דער באַשערטער געב'
intense אינטענסיוו; אָנגעשטרענגט; אָנגעשפּאַנט
intensely אינטענסיוו; שטאַרק
intensifier דאָס פֿאַרשטאַרקוואָרט, ...ווערטער
intensify
vt./vi. פֿאַרשטאַרקן (זיך); פֿאַרשאַרפֿן (זיך)
vi. also שטאַרקער ‹גרעסער› ווערן
intensity די/דאָס אינטענסיוקייט; די/דאָס שטאַרקייט
intensive אינטענסיוו
intensive care דער אינטענסיווער אָפּהיט
intensive-care unit דער אינטענסיווער אָפּטייל, ־ן; די אינטענסיוועק, ־ס
intent, *adj.*
be intent on שטרעבן צו; קאָנצענטרירן זיך אויף
intent, *n.* די כּוונה, ־ות; דער מיין, ־ען [KAVÓNE]
for all intents and purposes פּראַקטיש גערעדט; למעשׂה [LEMÁYSE]
intention די כּוונה, ־ות; דער כּיוון, ־ס; דער מיין, ־ען [KAVÓNE] [KIVN]
with the intention of מיטן צוועק ‹כּיוון› צו
intentional (ב)כּיוונדיק [(BE)KÍVNDIK]
intentionally בכּיוון; מיט אַ כּיוון; אומיסטן; אומישנע; ווילנדיק; אויף צופֿלײַסנס; עקסטרע; במזיד [BEKÍVN] [KIVN] [BEMÉYZED]
intently קאָנצענטרירט
inter... צווישנ...; צווישנ...יש; צווישנ...דיק
inter, *v.* מקבר זײַן; באַגראָבן; באַהאַלטן; באַערדיקן [MEKÁBER]
interact האָבן אַ צווישנקאָנטאַקט; האָבן אַן אינטעראַקציע
interaction דער צווישנקאָנטאַקט, ־ן; די אינטעראַקציע, ־ס
interactive צווישנאַקטיוו; אינטעראַקטיוו
interactivity די/דאָס אינטעראַקטיוקייט
inter alia צווישן אַנדערע ‹אַנדערן›
intercede (on behalf of) מיִען זיך (פֿאַר); אײַנשטעלן זיך (פֿאַר); פֿאַרוואָרפֿן אַ גוט וואָרט (פֿאַר); משתּדל זײַן זיך (פֿאַר); שתּדלנען זיך (פֿאַר) [MEShTÁDL] [ShTÁDLENEN]
intercept איבערכאַפּן; אונטערשלאָגן
interception דער איבערכאַפּ, ־ן
interceptor (plane) דער אינטערצעפּטאָר, ־ס; דער איבערכאַפּ־אַוויאָן, ־ען
intercession דאָס השתּדלות; דאָס שתּדלנות [HIShTÁDLES] [ShTADLÓNES]
intercessor דער שתּדלן, ־ים; דער מליץ־יושר, ־ס [ShTÁDLEN, ShTADLÓNIM] [MÉYLETS-YÓYShER]
interchange, *n.* דער אויסבײַט, ־ן
interchange of ideas דער געדאַנקען־אויסבײַט, ־ן
interchange, *v.* אויסבײַטן ‹פֿאַרבײַטן› זיך מיט; איבערבײַטן; איבערשטעלן
interchangeable אויסבײַטעוודיק
be easily interchangeable לאָזן זיך גרינג אויסבײַטן
intercity צווישנשטאָטיש
intercollegiate צווישנקאָלעדזש־...; צווישנאוניווערסיטעטיש

intercom דער אינעווייניקסטער קאָמוניקירער, ־ס; די אינטערקאָם־סיסטעם, ־ען
intercommunication די אינטערקאָמוניקאַציע; די צווישנקאָמוניקאַציע
interconnect, *vt./vi.* פֿאַרבינדן (זיך) איינס מיטן אַנדערן
interconnected פֿאַרבונדן מיט אַנאַנד; געקניפּט און געבונדן
intercontintental צווישנקאָנטינענטאַל
intercourse דער פֿאַרקער
(sexual) דער סעקסועלער ‹געשלעכטיקער› פֿאַרקער; דער תּשמיש(־המיטה); די ביאה [TÁShMESh(-HAMÍTE)] [BÍE]
(social) דער פֿאַרקער; באַציונגען ל"ר
have sexual intercourse (with) האָבן (סעקסועלע) באַציונגען (מיט); משמש(־המיטה) זײַן; באַשלאָפֿן + אַק'; באַהעפֿטן זיך (מיט) [MEShÁMESh(-HAMÍTE)]
interdenominational צווישנאמונהדיק [TSVÍShNEMÚNEDIK]
interdepartmental צווישנאָפּטייליק
interdependence די/דאָס צווישנאָפּהענגיקייט; די/דאָס פֿאַרפֿלאָכטנקייט
interdependent צווישנאָפּהענגיק; אָפּהענגיק איינס אינעם צווייטן; פֿאַרפֿלאָכטן
interdialectal צווישנדיאַלעקטיש
interdict אסרן; פֿאַרווערן [ÁSERN]
interdiction דער איסור, ־ים; דער פֿאַרווער, ־ן; דער ˙פֿאַרבאָט, ־ן [ÍSER, ISÚRIM]
interdisciplinary צווישנפֿעלדיק
interest, *n.* דער אינטערעס, ־ן
(eagerness) דאָס בעלנות (אויף) [BALÓNES]
(on account) דער פּראָצענט; צינדזן ל"ר
(on a loan) דער פּראָצענט; די ריבית; רווחים ל"ר [RÍBES] [REVÓKhIM]
be in one's interest זײַן + דאַט' לטובֿה [LETÓYVE]
be of interest to זײַן + דאַט' אינטערעסאַנט; (פֿאַר)אינטערעסירן + אַק'
catch/draw sb.'s interest פֿאַראינטערעסירן + אַק'; אַרויסרופֿן (דעם) אינטערעס בײַ
in the interest(s) of time כּדי אײַנצושפּאָרן צײַט; מיטן זײַגער אין זינען [KEDÉY]
lose interest in פֿאַרלירן דעם אינטערעס צו
take an interest in (פֿאַר)אינטערעסירן זיך מיט ‹אין›; אַרויסווײַזן אַן אינטערעס צו
(repay) with interest מיט פּראָצענט
interest, *v.* (פֿאַר)אינטערעסירן
interested (פֿאַר)אינטערעסירט
be interested in פֿאַראינטערעסירן זיך מיט
I'm interested in that book כ'בין אַ בעלן אויף דעם ביכל; דאָס ביכל אינטערעסירט מיך; דאָס ביכל איז מיר אינטערעסאַנט [BALN]
She's interested in knowing about it זי וואָלט געוואָלט וויסן וועגן דעם; זי איז טשיקאַווע צו וויסן וועגן דעם
interested party דער נוגע־בדבר, ־ס [NEGÉYE-BEDÓVER]
interest-free אָנפּראָצענטיק; אָן פּראָצענט ‹צינדזן›
interest-free loan *also* דאָס/דער גמילות־חסד, ־ים [GMÍLES-KhÉSED, -Kh(A)SÓDIM]
interest group די אינטערעסן־גרופּע, ־ס
interesting(ly) אינטערעסאַנט; טשיקאַווע
interestingly enough (טאַקע) אינטערעסאַנט וואָס
interest rate דער צינדזנקורס, ־ן
interethnic צווישנפֿעלקערדיק
interface, *n.* די צווישנפֿלאַך, ־ן; דער באַריר(פּונקט), ־ן
(comp.) דער (ניצער־)צווישנבינד
interface, *v.* קומען אין באַריר

(comp.) האָבן אַ צווישנבינד
interfaith, *adj.* צווישנאמונהדיק; צווישנרעליגיעז [TSVÍShNEMÚNEDIK]
interfaith marriage די געמישטע חתונה, ־ות [KhÁSENE]
interfere (in) (אַרײַנ)מישן זיך (אין); אַרײַנשטעקן די נאָז (אין); אינטערפֿערירן (אין)
interfere with שטערן + דאַט׳
interference דער אַרײַנמיש, ־ן; דאָס אַרײַנמישן זיך; די אַרײַנמישונג, ־ען
(radio/TV) שטערונגען ל״ר; די אינטערפֿערענץ
run interference צוגרייטן דעם וועג
interferon דער אינטערפֿעראָן
intergalactic צווישנגאַלאַקטיש
intergenerational צווישנדורותדיק [TSVÍShNDÓYRESDIK]
intergovernmental צווישנרעגירונגדיק
interim, *adj.* צווישנצײַטיק; דערווײַליק; אַמטירנדיק; צווישנ...
interim agreement דער דערווײַליקער הסכם, ־ס; דער צווישנאָפּמאַך, ־ן [HÉSKEM]
interim, *n.* די צווישנצײַט
in the interim אין דער צווישנצײַט; דערווײַל; בינו־לבינו [BÉYNE-LEBÉYNE]
interior, *adj.* אינעווייניקסט
interior, *n.* דער אינעווייניק; דער אינטעריער, ־ן
(land) דאָס אינלאַנד
interior angle דער אינעווייניקסטער ווינקל, ־ען
interior decorating/design דער צימער־דיזײַן ‹־פּראָיעקט›
interior decorator/designer דער צימער־דיזײַנער, ־ס; דער צימער־פּראָיעקטאַנט, ־ן; דער צימער־דעקאָראַטאָר, ...אָרן
interject אַרײַנוואַרפֿן ‹אַרײַנשטעלן› אַ וואָרט; אויסרופֿן
interjection דאָס אויסרופֿוואָרט, ...ווערטער; די אינטעריעקציע, ־ס
interlace פֿאַרפֿלעכטן; צונויפֿפֿלעכטן
interlace one's fingers צונויפֿפֿלעכטן די פֿינגער
interleaf דער אינטערלאַג, ־ן
interlink, *vt./vi.* פֿאַרבינדן ‹אָנקניפּן› (זיך) איינס אינעם אַנדערן
interlinked פֿאַרבונדן איינס מיטן אַנדערן; געקניפּט און געבונדן
interlock, *vt./vi.* צונויפֿשליסן (זיך)
interlocking block דאָס צונויפֿשליס־קלעצל, ־עך
interlocutor דער מיטשמועסער, ־ס
interloper דער אַרײַנדרינגלער, ־ס
(meddler) דער קאָכלעפֿל, –; דער אַרײַנמישער, ־ס
interlude די צווישנשפּיל, ־ן; דער אינטערלוד, ־ן
intermarriage די געמישטע חתונה, ־ות [KhÁSENE]
intermarry חתונה האָבן מחוץ דער גרופּע; חתונה האָבן מיט אַ נישט־אייגענעם [KhÁSENE] [MEKhÚTS]
intermediary, *adj.* צווישנדיק; צווישנ...
intermediary, *n.* דער פֿאַרמיטלער, ־ס
intermediate, *adj.*
(interim) צווישנדיק; דערווײַליק; צווישנ...
(level) מיטנדיק; מיטל; אויף דער מיטעלער מדרגה [MADRÉYGE]
intermediate course דער מיטנדיקער ‹מיטעלער› קורס, ־ן; דער קורס פֿאַר מיטנדיקע
intermediate stage די צווישנסטאַדיע, ־ס
intermediate, *n.* דער מיטנדיקער געב׳
interment די קבֿורה; די באַערדיקונג [KVÚRE]
intermezzo דער אינטערמעצאָ, ־ס
interminable אָנסופֿיק; לאַנג ווי דער (יידישער) גלות; (אַ מעשׂה) אָן אַ סוף [ÓNSÓFIK] [GÓLES] [MÁYSE] [SOF]
interminably (גאַר) אָן אַ סוף [SOF]
intermingle אויסמישן זיך
intermission די הפֿסקה, ־ות; דער איבעררײַס, ־ן; דער אַנטראַקט, ־ן [HAFSÓKE]
intermittent פּעריאָדיש; צומאָליק; איבעררײַסיק
intermittently פּעריאָדיש; צו מאָל; אַלע ווײַלע
intern, *n.* דער סטאַזשניק, ־עס; דער אינטערן, ־ען; דער פּראַקטיקאַנט, ־ן
intern, *v.*
vt. **(in jail)** אינטערנירן; אײַנזעצן; פֿאַרשפּאַרן [TFÍSE]
vi. **(train)** מאַכן אַ סטאַזש; סטאַזשירן
internal אינעווייניקסט
internal affairs אינעווייניקסטע ענינים [INYÓNIM]
internal affairs of state די אינלאַנד־פּאָליטיק
internal bleeding דער אינעווייניקסטער בלוטאויסגאָס; דאָס בלוטיקן אינעווייניק; דאָס אינעווייניקסטע בלוטיקן
He's suffering from internal bleeding סע בלוטיקט בײַ אים אינעווייניק
internal combustion די אינעווייניקסטע פֿאַרברענונג
internalization דאָס פֿאַראינעווייניקן
internalize פֿאַראינעווייניקן; אַרײַננעמען זיך אין האַרצן
internally
(anat.) אין גוף; אינעווייניק; אינטערנאַל
(within a group) כּלפּי־פּנים [KLAPE-PNÍM]
internal medicine די אינעווייניקסטע ‹אינטערנאַלע› מעדיצין
Internal Revenue Service דער מלוכישער שטײַעראַמט [MELÚKhIShER]
international, *adj.* אינטערנאַציאָנאַל
international, *n.* דער אינטערנאַציאָנאַל, ־ן
International Criminal Court דאָס אינטערנאַציאָנאַלע קרימינעלע געריכט
International Date Line די אינטערנאַציאָנאַלע צײַטגרענעץ
Internationale דער אינטערנאַציאָנאַל
internationalism דער אינטערנאַציאָנאַליזם, ־ען
internationalist דער אינטערנאַציאָנאַליסט, ־ן
internationalistic אינטערנאַציאָנאַליסטיש
internationalization די אינטערנאַציאָנאַליזירונג
internationalize אינטערנאַציאָנאַליזירן
internationally איבער גאָר דער וועלט; איבער דער גאַנצער וועלט
International Monetary Fund דער אינטערנאַציאָנאַלער וואַלוטע־פֿאָנד
International Phonetic Alphabet דער אינטערנאַציאָנאַלער פֿאָנעטישער אַלפֿאַבעט
International Workers Order דער אינטערנאַציאָנאַלער אַרבעטער־אָרדן; דער אָרדן
internecine מערדעריש; אינעווייניקסט
internecine battle דאָס מערדערישע ‹אינעווייניקסטע› געראַנגל; דאָס אויסהרגע|(נע)ן איינס דאָס אַנדערע [ÓYSHÁRGE(NE)N]
internee דער אינטערנירטער געב׳; דער פֿאַרשפּאַרטער געב׳
internet, *adj.* אינטערנעץ־...; נעצ...
internet, *n.* די אינטערנעץ; די נעץ
on the internet אויף דער אינטערנעץ
internet access דער צוטריט צו דער אינטערנעץ
internet banking דאָס אינטערנעץ־באַנק(יר)ערײַ
internet service provider דער אינטערנעץ־צושטעלער, ־ס
internist דער אינטערניסט, ־ן; דער דאָקטער פֿון אינעווייניקסטער ‹אינטערנאַלער› מעדיצין

internment די אינטערנירונג; דאָס אינטערנירן; דאָס פֿאַרשפּאַרן

internment camp דער אינטערניר־לאַגער, ־ן

internship דער סטאַזש, ־ן; די סטאַזשירונג, ־ען; דער פּראַקטיקום, ־ס

do an internship (אַ)דורכמאַכן אַ סטאַזש ‹פּראַקטיקום›; סטאַזשירן; זײַן אויף סטאַזשירונג

interoceanic צווישנאָקעאַניש

interpersonal צווישנמענטשלעך; צווישן מענטשן

interplanetary צווישנפּלאַנעטאַריש

interplay דאָס געשפּיל; דער צווישנקאָנטאַקט

Interpol דער אינטערפּאָל

interpolate אינטערפּאָלירן

interpolation די אינטערפּאָלירונג, ־ען; די אינטערפּאָלאַציע, ־ס

interpose

(physically) אַרײַנשטעלן אין צווישן

(verbally) אַרײַנמישן זיך (מיט אַ וואָרט); פֿאַרמיטלען

interposition די אינטערפּאָזיציע, ־ס

interpret

imp. אינטערפּרעטירן

imp. **(J.)** לערנען פּשט פֿון [PShAT]

pf. אויסטײַטשן; אײַנטײַטשן; פֿאַרטײַטשן; אַרײַנטײַטשן

(dream) אויסטײַטשן ‹באַשיידן› אַ חלום; פּותר זײַן אַ חלום; פּותר־חלום זײַן [KhÓLEM] [PÓYSER]

interpretation דער אויסטײַטש, ־ן; די אויסטײַטשונג, ־ען; דער באַשייד, ־ן; די אינטערפּרעטאַציע, ־ס; די פֿאַרטײַטשונג, ־ען; דער פּירוש, ־ים [PÉYRESh, PERÚShIM]

interpreter דער פֿאַרטײַטשער, ־ס; דער איבערזעצער, ־ס

(of song) דער אויסטײַטשער, ־ס

(of dreams) דער פּותר־חלום; דער חלומות־באַשיידער, ־ס [PÓYSER-KhÓLEM] [KhALÓYMES]

interpretive אויסטײַטש...

interracial צווישנראַסנדיק; צווישן ראַסעס

interregnum דער אינטעררעגנום, ־ס

interrelate אויסבינדן זיך; האָבן אַ שײַכות [ShÁYKhES]

interrelated אויסגעבונדן; צווישנשײַכותדיק; פֿאַרקניפּט; געקניפּט און געבונדן; אַנאַנד געבונדן [TSVÍShNShÁYKhESDIK]

interrelation די/דאָס אויסגעבונדנקייט, ־ן; די צווישנבאַציונג, ־ען; דאָס צווישנשײַכות, ־ן [TSVÍShNShÁYKhES]

interrogate אויספֿרעגן; שטעלן אויפֿן פֿאַרהער

interrogation דער אויספֿרעג, ־ן; די אויספֿרעגונג, ־ען; דער פֿאַרהער, ־ן

interrogation mark דער פֿרעגצייכן, ־ס

interrogative, *adj.* פֿרעג...

interrogative, *n.* דאָס פֿרעגוואָרט, ...ווערטער

interrogative adjective דער פֿרעג־אַדיעקטיוו, ־ן

interrogative pronoun דער פֿרעגפּראָנאָם, ־ען

interrogative sentence דער פֿרעגזאַץ, ־ן

interrogator דער אויספֿרעגער, ־ס; דער פֿאַרהערער, ־ס

interrupt איבעררײַסן; איבערהאַקן; איבערשלאָגן; אָפּהאַקן; איבערשלאָגן + דאַט' די רייד; אַרײַנפֿאַלן + דאַט' אין די רייד

I hate being interrupted איך פֿאַרטראָג נישט ווען מע שלאָגט מיר איבער די רייד

interruption דער איבעררײַס, ־ן

I hate interruptions when I'm working איך פֿאַרטראָג נישט ווען מע שלאָגט ‹האַקט› מיך איבער אין מיטן דער אַרבעט

intersect איבערשנײַדן זיך

intersection דער איבערשנייד, ־ן

(in road) דער שנײַדוועג, ־ן; דער ראָג, ־ן

(math.) דער (איבער)שנײַדפּונקט, ־ן

intersession דער בין־הזמנים [BEYNAZMÁNIM]

intersperse (אַ)דורכוואַרפֿן; (אַ)דורכמישן; אַרײַנפֿלעכטן

interstate צווישנשטאַטיש

interstellar צווישנשטערנדיק

interstice

(space) דאָס צווישנאָרט, ...ערטער; די שפּאַרונע, ־ס

(time) די צווישנצײַט, ־ן; דער צײַט־משך [MÉShEKh]

intertwine, *vt./vi.* צונויפֿפֿלעכטן (זיך); (אַ)דורכפֿלעכטן (זיך)

intertwined צונויפֿגעפֿלאָכטן; (אַ)דורכגעפֿלאָכטן

interval דער אינטערוואַל, ־ן

(space) *also* דער מהלך, ־ן; דער אָפּרוק, ־ן; דער אָפּשטאַנד, ־ן; דער צווישן, ־ס [MEHÁLEKh]

(time) *also* די צווישנצײַט, ־ן

at intervals פֿון צײַט צו צײַט

at intervals of מיט אינטערוואַלן פֿון

intervene אַרײַנמישן זיך; אינטערווענירן

(on behalf of) משתדל זײַן זיך פֿאַר; פֿאַרמיטלען צווישן [MIShTÁDL]

(to make peace) אַרײַנלייגן זיך אין שלום פֿאַר [ShÓLEM]

intervening צווישנווײַליק

intervention דער אַרײַנמיש, ־ן; די אַרײַנמישונג, ־ען; די אינטערווענץ, ־ן; דאָס שתּדלנות [ShTADLÓNES]

(med.) די אינטערווענץ, ־ן

divine intervention די השגחה־פּרטית [HAZhGÓKhE-PRÓTES]

interventionism דער אינטערווענציאָניזם

interventionist, *adj.* אינטערווענציאָניסטיש

interventionist, *n.* דער אינטערווענציאָניסט, ־ן

interview, *n.* דער אינטערוויו, ־ען

interview, *v.* אינטערוויוירן

interviewee דער אינטערוויוירטער געב'

interviewer דער אינטערוויוירער, ־ס

interweave אַרײַנפֿלעכטן; צונויפֿפֿלעכטן

intestate אָן אַ צוואה [TSAVÓE]

intestinal געדערעם־...; קישקע...

intestinal disease די געדערעם־קרענק, ־ען

intestinal parasites מאָגן־ווערעם; בויכווערעם

intestine די קישקע, ־ס

intestines *also* געדערעם

intifada די אינטיפֿאַדע, ־ס

intimacy די/דאָס אינטימקייט; די/דאָס נאָענטקייט

intimacies אינטימע באַציונגען

intimate, *adj.* אינטים; (גאָר) נאָענט; היימיש; אויסגעבונדן

(romantically) אינטים

be intimate with ליבן זיך מיט

be on intimate terms with זײַן כּל־ולך מיט; זײַן היימיש ‹נאָענט› מיט [KÓLVELOKh]

have intimate knowledge of וויסן אַלע (אינטימע) פּרטים וועגן [PRÓTIM]

intimate, *n.* דער נאָענטער געב'; דער האַרצפֿרײַנד, –; דער ידיד־נאמן, ידידים־נאמנים; דער מקורב, ־ים; דער לײַבמענטש, ־ן [YEDÍD-NÉMEN, YEDÍDIM-NEMÓNIM] [MEKÚREV, MEKURÓVIM]

intimate, *v.* געבן אָנצוהערן; רעדן זײַטיק; אָנווינקען; מרמז זײַן [MERÁMEZ]

intimately אינטים; אויף אַן אינטימען אופֿן [OYFN]

intimately connected ענג פֿאַרבונדן; פֿון איין שטעטל

intimates (clothing) דאָס אונטערוועש קאָל'; דאָס אינטימוואַרג קאָל'

intimation דאָס אָנצוהערעניש, ־ן; דער רמז, ־ים; דער אָנווונק, ־ען [RÉMEZ, REMÓZIM]

intimidate אײַנשרעקן; אָנשרעקן; אָנוואַרפֿן אַ שרעק אויף

intimidation דאָס אײַנשרעקן; דאָס אָנשרעקן

into אין (... אַרײַן)

two into eight is four אַכט צעטײלט אויף צװײ איז פֿיר

be into (involved) זײַן אַרײַנגעטאָן אין

translate into Yiddish איבערזעצן אויף ייִדיש

intolerable נישט אויסצוהאַלטן; נישט צו(ם) פֿאַרטראָגן; נישט סובֿל צו זײַן; נישט אַריבערצוטראָגן [SOYVL]

intolerance די אומטאָלעראַנץ

intolerant אומטאָלעראַנט

intonation די אינטאָנאַציע, ־ס

(J./liturgical) דער נוסח, ־אָות [NÚSEKh, NUSKhÓES]

intone אינטאָנירן

intoxicant דאָס פֿאַרשיכּור־מיטל, ־ען [FARShíKER]

intoxicate פֿאַרשיכּורן; אָנשיכּורן [FARShíKERN] [ÓNShíKERN]

(*fig.*) פֿאַרשיכּורן; באַטױבן

intoxicated פֿאַרשיכּורט; אָנגעשיכּורט; שיכּור; אָנגעטרונקען [FARShíKERT] [ÓNGEShíKERT] [ShíKER]

(*fig.*) פֿאַרשיכּורט; באַטױבט

intoxication די/דאָס פֿאַרשיכּורטקייט [FARShíKERTKEYT]

(poisoning) די אינטאָקסיקאַציע; די פֿאַרסמונג [FARSÁMUNG]

intra... אינטראַ...; אין ...

intractable

(illness) שווער־הײלעוודיק

(pain) נישט אויסצוהאַלטן ‹בײַצוקומען›

(problem) נישט צו(ם) פֿאַרענטפֿערן ‹באַשײדן›; אײַנגעפּעסטיקט

(stubborn) פֿאַרעקשנט; האַרטנעקיק [FARÁKShNT]

intramural צווישן די (אוניווערסיטעטישע) ווענט; אין־אוניווערסיטעטיש; אין־בנין־... [BÍNYEN]

intramuscular אין די מוסקלען (גופֿא) [GÚFE]

intranet די אינטראַנעץ

intransigence די/דאָס אומבײגעוודיקייט; די/דאָס נישט־נאָכגיביקייט; די/דאָס פֿאַרביסנקייט

intransigent אומבײגעוודיק; נישט־נאָכגיביק; פֿאַרביסן; אײַנגעשפּאַרט; אײַנגעעקשנט; אומפּשרותדיק [ÁYNGEÁKShNT] [ÚMPShÓRESDIK]

be intransigent *also* נישט גיין אויף קיין קאָמפּראָמיסן

intransitive אומטראַנסיטיוו

intransitive verb דער אומטראַנסיטיווער ווערב, ־ן

intrapersonal אין זיך אַלײן

intrauterine אין דער הײבמוטער

intrauterine device דאָס אינעווייניקסטע ספּיראַלעכל, ־עך; דאָס אינעווייניקסטל, ־עך

intravenous, *adj.* אינטראַוועניש; אין דער ווענע אַרײַן

intravenous infusion די אינטראַוועניש אינפֿוזיע, ־ס; די אינפֿוזיע אין דער וועגע אַרײַן

intravenous line דאָס אינטראַוועניש רערל ‹טרײַבל›, ־עך

intrepid בראַוו; אָנמוראַדיק; אומדערשראָקן [ÓNMÓYREDIK]

intricacy די/דאָס פֿאַרפּלאָנטערטקייט

intricacies פּי(ש)טשעווקעס

intricate פֿאַרפּלאָנטן; פֿאַרוויקלט; קאָמפּליצירט; פֿאַרפּלאָנטערט

intrigue, *n.* די אינטריגע, ־ס

(scheme) *also* הינטערשפּיצלעך ל״ר; הינטערגענג ל״ר; די מאַכינאַציע, ־ס

intrigue, *v.*

(fascinate) פֿאַרכאַפּן; פֿאַרכּישופֿן [FARKÍShEFN]

(scheme) (פֿאַר)אינטריגירן; פֿירן אינטריגעס

be intriguing פֿאַרכאַפּן (דעם אינטערעס)

intrigued (by) פֿאַרכאַפּט (פֿון); פֿאַרכּישופֿט (פֿון) [FARKÍShEFT]

intrinsic עצמדיק; תּוכיק; אימאַנענט; מהות(ד)יק [ÉTSEMDIK] [TÓKhIK] [MEHÚS(D)IK]

intrinsically בעצם; אין זיך [BEÉTSEM]

intrinsic value די/דער עצם ווערט, ־ן [ÉTSEM]

intro *see* **introduction**

introduce

(social) באַקענען מיט; פֿאָרשטעלן; פֿירשטעלן

(start) אײַנפֿירן

I introduced them to each other כ׳האָב זיי באַקענט (איינס מיטן צווייטן)

introduce a bill אַרײַנטראָגן אַ געזעץ־פּראָיעקט

introduction

(in book) די הקדמה, ־ות; דער אַרײַנפֿיר, ־ן [HAGDÓME]

(social) דאָס באַקענען; דאָס פֿאָרשטעלן; דאָס פֿירשטעלן

He needs no introduction אים דאַרף מען נישט פֿאָרשטעלן

introductory אַרײַנפֿיר־...

introductory course דער אַרײַנפֿיר־קורס, ־ן

introductory remarks אַרײַנפֿיר־ווערטער

introspection די אינטראָספּעקציע; דער חשבון־הנפֿש; דער אַלײן־אַנאַליז [KhEZhBM-HANÉFESh]

introspectionism דער אינטראָספּעקטיוויזם

introspective אינטראָספּעקטיוו; אינזיכדיק; פּנימיותדיק [PNÍMIESDIK]

Introspectivism דער אינזיכיזם

Introspectivist (writer) דער אינזיכיסט, ־ן

introversion די אינטראָווערסיע

introvert דער אינטראָווערט, ־ן; דער פֿאַרמאַכטער געב׳ אין זיך

introverted אײַנגעקערעוועט; פֿאַרמאַכט אין זיך; אינטראָווערטירט

be introverted זײַן (אַן) אינטראָווערט

intrude

(disturb) שטערן + דאַט׳

(by force) אַרײַנדרינגען; אַרײַנרײַסן זיך

Am I intruding? איך שטער דיר ‹אײַך›?

intruder דער אַרײַנדרינגער, ־ס; דער שטערער, ־ס

There's an intruder in the house ס׳האָט זיך עמעצער צו(ן) אונדז אַרײַנגעריסן

intrusion דער אַרײַנדרינג, ־ען; דער שטער, ־ן

intrusive אַרײַנדרינגעריש; שטערעריש

be intrusive (to) שטערן + דאַט׳; אַרײַנקריכן (צו); מישן זיך (אין)

intrusiveness די/דאָס שטערערישקייט; דאָס מישן זיך

intuit וויסן אינטויִטיוו; וויסן לויט דער אינטויִציע; אינטויִרן

intuition די אינטויִציע, ־ס

intuitive(ly) אינטויִטיוו

be an intuitive person זײַן אַ מענטש מיט אַ נאָז

intuitiveness די/דאָס אינטויִטיווקייט

Inuit, *adj.* אינויִטיש; עסקימאָסיש

Inuit, *n.*

m./unsp. דער אינויִט, ־ן; דער עסקימאָס, ־ן

f. די אינויִטקע, ־ס; די עסקימאָסקע, ־ס

inundate פֿאַרפֿלײצן; פֿאַרטרינקען

I was inundated with מע האָט מיך פֿאַרפֿלײצט ‹פֿאַרטרונקען› מיט

inundation די פֿאַרפֿלײצונג, ־ען; דער מבול, ־ען [MABL]

inure צוגעוווינען ‹צוגעוויינען›; פֿאַרהאַרטעווע|ן

become inured to צוגעוווינען ‹צוגעוויינען› זיך צו; פֿאַרהאַרטעוועט ווערן קעגן

inure to sb.'s benefit גילטיק ווערן לטובֿת + דאַט' [LETÓYVES]

in utero אין דער היבמוטער; ביי דער מאַמען אין בויך

invade באַפֿאַלן; אַריינרייסן זיך אין; אינוואַדירן

invader דער באַפֿאַלער, ־ס; דער אַריינדרינגער, ־ס; דער אינוואַדירער, ־ס

invalid, *adj.*

(not valid) פּסול; בטל; נישט־גילטיק; אומגילטיק [POSL] [BOTL]

(sick) אינוואַלידיש

become invalid פּסול ‹בטל› ווערן

invalid, *n.* דער אינוואַליד, ־ן; דער קראַנקער געב'; דער בעל־מום, בעלי־מומים; דער קאַליקע, ־ס [BALMÚM, BÁLE-MÚMIM]

become an invalid ווערן אַן אינוואַליד

invalidate פּסלען; בטל מאַכן; מאַכן אומגילטיק [PÁSLEN] [BOTL]

invalidation [PÁSLEN] [BOTL] דאָס פּסלען; דאָס בטל מאַכן

invalidity די/דאָס אומגילטיקייט

invaluable נישט אָפּצושאַצן; אָן אַ שאַץ

invariable, *adj.* אומבייַטעוודיק; פֿעסט; שטענדיק

invariable, *n.* דער קאָנסטאַנט, ־ן

invariably שטענדיק; תּמיד; אָן אויסנעם; נישט אַנדערש ווי [TÓMED]

invariance די/דאָס אומבייַטעוודיקייט

invariant דער אינוואַריאַנט, ־ן

invasion די אינוואַזיע, ־ס; דער אַרייַנדרינג, ־ען

invasion of sb.'s privacy דער אַרייַנרייס אין + פּאָס' פּריוואַטן לעבן

invasive אַרייַנ...; אַרייַנדרינגעוודיק

be invasive אַרייַנדרינגען

invasive cancer דער אַרייַנדרינגעוודיקער ראַק, ־ן

invasive surgery די אַרייַנדרינג־אָפּעראַציע ‹־כירורגיע›, ־ס

invective דאָס זידלעריַי, ־ען; דאָס זידלוואָרט, ...ווערטער; חרמות ל"ר; דאָס מענה־לשון [Kh(A)RÓMES] [MÁYNE-LOShN]

inveigh (against) פֿייַערן (קעגן); היציק פּראָטעסטירן (קעגן)

inveigle אַרייַנציִען; פֿאַרפֿירן; פֿאַרנאַרן

invent אויסטראַכטן; אויסקלערן; פֿאַרטראַכטן; אויסגעפֿינען

(a story) אויסזויגן פֿון פֿינגער ‹אַרבל›

invented אויסגעטראַכט; אויסגעקלערט

invention דאָס אויסגעפֿינס, ־ן; דער אויסגעפֿין, ־ען; דער צוטראַכט, ־ן; דער צוקלער, ־ן; די דערפֿינדונג, ־ען

(made-up story) דאָס אויסטראַכטעניש, ־ן

(mus.) די אינווענציע, ־ס; די אינווענץ, ־ן

inventive אויסגעפֿינעריש; דמיונדיק; המצאהדיק [DÍMYENDIK] [HAMTSÓEDIK]

inventive person דער בעל־המצאה, בעלי־המצאות [BALHAMTSÓE, BÁLE-HAMTSÓES]

inventiveness די/דאָס אויסגעפֿינערישקייט; די/דאָס המצאהדיקייט [HAMTSÓEDIKEYT]

inventor דער פֿאַרטראַכטער, ־ס; דער אויסגעפֿינער, ־ס

inventory, *n.* דער אינווענטאַר, ־ן

take inventory מאַכן ‹נעמען› אינווענטאַר

inventory, *v.* אינווענטאַריזירן

inverse, *adj.* פֿאַרקערט; אומגעקערט

in inverse proportion to אומגעקערט פּראָפּאָרציאָנעל + דאַט'

inverse, *n.* דער היפּוך, ־ים/הפֿכים; דאָס פֿאַרקערטע; דאָס אומגעקערטע [HÉYPEKh, HIPÚKhIM/HAFÓKhIM]

inversely פֿאַרקערט; קאַפּויער

inversion די אינווערסיע, ־ס

invert איבערדרייען; איבערשטעלן; איבערקערן; מהפּך זייַן; שטעלן ‹מאַכן› קאַפּויער [MEHÁPEKh]

invertase דער אינווערטאַז

invertebrate, *adj.* אָנשדרהדיק [ÓNShÉDREDIK]

invertebrate, *n.* די אָנשדרהדיקע חיה, ־ות [ÓNShÉDREDIKE] [KhÁYE]

inverted פֿאַרקערט

inverted commas גענדזן־פֿיסלעך

inverted snobbery דער פֿאַרקערטער סנאָביזם

invert sugar דער אינווערטיקער ‹אינווערטירטער› צוקער

invest

(energy) אַרייַנלייגן כּוח [KÓYEKh]

(money) אינוועסטירן; אַרייַנלייגן געלט

(time) אַרייַנלייגן צייַט

invest in (acquire) אייַנשאַפֿן זיך

invest sb. with (empower) אינוועסטירן + דאַט'; באַפֿולמאַכטיקן

invest sb. with (a quality) צושרייַבן + דאַט'

investigate

imp. פֿאָרשן

pf. אויספֿאָרשן; נאָכפֿאָרשן; חוקר־ודורש זייַן [KhÓYKER-VEDÓYRESh]

investigation דער אויספֿאָרש, ־ן; די אויספֿאָרשונג, ־ען; די חקירה־ודרישה, חקירות־ודרישות [Kh(A)KÍRE-(VE)DRÍShE]

It's under investigation מע האַלט עס אין פֿאָרשן

investigative (אויס)פֿאָרש...

investigative journalism דער אויספֿאָרש־זשורנאַליזם

investigative reporter דער אויספֿאָרש־רעפּאָרטער, ־ס

investigator דער אויספֿאָרשער, ־ס

investing, *n.* די אינוועסטירונג; דאָס אינוועסטירן

investiture די אינוועסטיטור, ־ן

investment

(act) די אינוועסטירונג

(funds) די אינוועסטיציע, ־ס; דער אויסלאָג, ־ן; דער/דאָס קרן [KERN]

investment banker דער אינוועסטיר־באַנקיר, ־ן

investment property דאָס אינוועסטיר־אייגנס

investor דער אינוועסטירער, ־ס; דער אינוועסטיטאָר, ־ס

inveterate טיף פֿאַרוואָרצלט ‹אייַנגעוואָרצלט›; לאַנגאָניק

invidious אומאייַנגענעם; אומיושרדיק; אומגערעכט; מיאוס; קינאהדיק [ÚMYÓYShERDIK] [MÍES] [KÍNEDIK]

invigorate שטאַרקן; אָפּפֿרישן; אויפֿמינטערן; דערקוויקן; דערפֿרישן

invigorating דערפֿרישנדיק; דערקוויקנדיק

invincible נישט גובֿר ‹מנצח› צו זייַן; נישט צום צעשלאָגן [GÓYVER] [MENATSÉYEKh]

inviolability די/דאָס אומבאַרירלעכקייט

inviolable אומבאַרירלעך

inviolable law [KhÓK-VELÓY-YÁVER] דער חוק־ולא־יעבֿר

inviolate אומבאַרירט; אומבאַשעדיקט

invisibility די/דאָס אומזעעוודיקייט; די/דאָס אומזעיִקייט

invisible אומ(אָנ)זעעוודיק; אומזעיִק; אינו־ניראהדיק [ÉYNE-NÍREDIK]

It's invisible מע קען עס נישט זען

invisible person דער (רואה־ו)אינו־ניראה; דער אומזעעוודיקער געב' [(RÓYE-VE)ÉYNE-NÍRE]

invisible ink דער/די אומזעעוודיק(ע)(ר) טינט

invisible tape די אומזעעוודיקע טאַשמע

invitation די פֿאַרבעטונג, ־ען

at his invitation אויף זייַן פֿאַרבעטונג

invite, *n.* די פֿאַרבעטונג, ־ען

invite, *v.* **(to)** פֿאַרבעטן (אויף)

invite questions בעטן (מע זאָל) שטעלן פֿראַגעס

invitee דער פֿאַרבעטענער געב׳

inviting צוציִענדיק; צוציִעוודיק

in vitro מחוץ דעם גוף [MEKhÚTS]

in vitro fertilization די פּרוביִרל־באַפֿרוכפּערונג; די באַפֿרוכפּערונג מחוץ דעם גוף [MEKhÚTS]

in vivo אינעם גוף

in vivo fertilization די מאַמע־באַפֿרוכפּערונג; די באַפֿרוכפּערונג אינעם גוף

invocation

(prayer) תּחנונים ל״ר; דאָס געבעט [TAKhNÚNIM]

(summons) דער אַרויסרוף, ־ן

invoice, *n.* די פֿאַקטור, ־ן; דער (סחורה־)חשבון, ־ות [(SKhÓYRE-)KhEZhBM, (...-)KhEZhBÓYNES]

invoice, *v.* שיקן אַ פֿאַקטור ‹חשבון› [KhEZhBM]

invoke

(appeal) רופֿן + אַק׳ צו הילף; אַפּעליִרן צו; ווענדן זיך צו

(conjure) באַשווערן; אַרויסרופֿן

(refer to) פֿאַררופֿן זיך אויף; עדותן זיך מיט; דערמאָנען אין [ÉYDESN]

involuntarily [BEShÓYGEG] נישט־ווילנדיק; אומגערן; בשוגג

involuntary נישט־פֿרײַוויליק; אומגערנדיק; געניִט; געצוווּנגען; שוגגדיק [ShÓYGEGDIK]

involuntary manslaughter [ShÓYGEG] די שוגג־טייטונג

involuntary muscle דער אומוויליקער מוסקל, ־ען

involution די פֿאַרפֿלאָנטערונג; די פֿאַרוויקלונג

(math./ling.) די אינוואָלוציע, ־ס

(med.) די אײַנשרומפּונג; די פֿאַרשמעלערונג

involve, *v.* האָבן צו טאָן מיט; אָנרירן + אַק׳; זײַן נוגע + דאַט׳/אַק׳; האָבן אַ שײַכות מיט; זײַן פֿאַרבונדן מיט; גיין ‹שטעקן› אין [NEGÉYE] [ShÁYKhES]

be involved in (stg. negative) זײַן פֿאַרמישט מיט

be involved with sb. (romantically) פֿירן אַ ליבע מיט עמעצן; האָבן עמעצן

get involved (active) אַרײַנלאָזן זיך; לאָזן זיך אַרײַנציִען ‹אַנגאַזשירן›

get involved (romantically) פֿאַרפֿירן ‹אָנהייבן פֿירן› אַ ליבע; ראָמאַנטיש אַנגאַזשירן זיך

involve in אַרײַנציִען (אין); אַנגאַזשירן (צו/אין)

involved

(complex) קאָמפּליצירט; פֿאַרוויקלט

(concerned) [ShÁYEKhDIK] שייכדיק; פֿאַרבונדן

(engaged) באַטייליקט; אַנגאַזשירט

involved party [NEGÉYE-BEDÓVER] דער נוגע־בדבֿר, ־ס

involvement די/דאָס אַרײַנגעצויגנקייט; די/דאָס אַרײַנגעפֿלאָכטנקייט; די/דאָס אַנגאַזשירטקייט; די אַנגאַזשירונג

(in stg. negative) די/דאָס פֿאַרמישטקייט; דאָס זײַן פֿאַרמישט

invulnerability די/דאָס אומפֿאַרוווּנדלעכקייט; די/דאָס אומצעשטערלעכקייט

invulnerable אומפֿאַרוווּנדלעך; אומצעשטערלעך; שיס־באַוואָרנט

inward, *adj.* אינעווייניקסט; אינזיכדיק

inward, *adv.* אין זיך; אין ... אַרײַן

inward breath דער אײַנאָטעם, ־ס; דער אָטעם אײַן

inwardly אין זיך

inwardness [PNÍMIES] די/דאָס אינזיכדיקייט; דאָס פּנימיות

in-your-face סטירדיש; העזהדיק; אין פּנים אַרײַן [HÓZEDIK] [PÓNEM]

iodide דער יאָדיד, ־ן

iodine דער יאָד

iodization די יאָדיזירונג; דאָס יאָדיזירן

iodize יאָדיזירן

iodoform דער יאָדאָפֿאָרם

ion דער יאָן, ־ען

Ionian mode די יאָנישע גאַמע

Ionic יאָניש

ionic יאָניש

ionization די יאָניזאַציע, ־ס

ionize יאָניזירן

ionizer דער יאָניזאַטאָר, ־ס

ionosphere די יאָנאָספֿער

iota דער שמץ; דאָס ברעקעלע; דער קוצו־של־יוד [ShÉMETS] [KÚTSE-ShELYÚD]

not one iota אויף קיין האָר נישט

IOU דער וועקסל, ־ען; דער מגיע־צעטל, ־ען; דאָס כּמועלע, ־ך [MAGÍE] [KMÓYELE]

Iowa (דאָס) אײַאָוואַ

IPA *see* **International Phonetic Alphabet**

IP address דער איי־פּי־אַדרעס, ־ן

ipso facto [GÚFE] מיט דעם פֿאַקט גופֿא; איפּסאָ פֿאַקטאָ

IQ *see* **intelligence quotient**

IRA *see* **individual retirement account; Irish Republican Army**

Iran (דאָס) איראַן

Iranian, *adj.* איראַניש

Iranian Jew דער איראַנישער געב׳; דער איראַנישער ייִד, ־ן

Iranian, *n.*

m./unsp. דער איראַנער, –

f. די איראַנערין, ־ס

Iraq (דאָס) איראַק

Iraqi, *adj.* איראַקיש

Iraqi Jew דער איראַקישער געב׳; דער איראַקישער ייִד, ־ן

Iraqi, *n.*

m./unsp. דער איראַקער, –

f. די איראַקערין, ־ס

irascibility די/דאָס ספּילשליוועקייט; די/דאָס היציקייט

irascible ספּילשליווע; היציק

be irascible ווערן גיך אויפֿגעקאָכט; גיך אָנצינדן זיך

irascible person (*m./unsp.*) דער כּעסן, ־ים; דער היצקאָפּ, ...קעפּ [KAYSN, KAYSÓNIM]

irascible person (*f.*) [KÁYSNTE] די כּעסנטע, ־ס

irate דערצערנט; צעכּעסט; דערגרזנט; אָנגעצונדן [TSEKÁAST] [DERRÁGZNT]

ire [KÁAS] [YIRGÓZN] דער צאָרן; דער כּעס; דער ירגזון

draw sb.'s ire אַרײַנברענגען + אַק׳ אין כּעס

Ireland (דאָס) אירלאַנד

iridescence די/דאָס שימעריקייט; די איריזאַציע

iridescent מיניעדיק; רעגן־בויגנדיק; שימערנדיק; מיניאָנע

iridium דער אירידיום

iris דער איריס, ־ן

(eye) *also* דאָס רעגן־בויגן־הײַטל, ־עך

Irish, *adj.* איריש; אירלענדיש

Irish Jew דער אירלענדישער געב׳; דער אירלענדישער ייִד, ־ן

Irish Gaelic דאָס אירישע געליש

Irishman דער אירלענדער, –

Irish moss דער אירלענדישער מאָך

Irish Republican Army די אירלענדישע רעפּובליקאַנער אַרמיי

Irish whisky דער אירלענדישער וויסקי

Irishwoman די אירלענדערקע ‹אירלענדערין›, ־ס

irk פֿאַרדריסן + אַק׳/דאַט׳; דערעסן + דאַט׳; דענערווירן; אויפֿברענגען; דערקוטשע|ן; ליגן + דאַט׳ אויף דער נשמה [NEShÓME]

irksome פֿאַרדראָסיק; דענערווירנדיק; דערקוטשענדיק; זלידנע

iron, *adj.* אײַזערן
with an iron fist מיט אַן אײַזערנער האַנט; ביד־חזקה [BEYÁD-KhAZÓKE]
iron, *n.* דאָס אײַזן
(appliance) דאָס פּרעסל, ־עך; דער פּרעסאײַזן, ־ס; דער ביגל־אײַזן, ־ס
have too many irons in the fire פֿאַרנעמען זיך מיט צו פֿיל מיט אַ מאָל
put in irons שליסן ‹שמידן› אין קייטן
strike while the iron is hot שמידן ‹קלאַפּן› דאָס אײַזן כּל־זמן ס'איז הייס [KOLZMÁN]
iron, *v.*
imp. פּרעסן; ביגלען
pf. אויספּרעסן; צופּרעסן; אויסביגלען
iron out (clothing) אויספּרעסן; אויסביגלען
iron out (a problem) אויסגלײַכן; פֿאַרגלעטן
iron out differences פֿאַרגלעטן ‹אויסגלײַכן› די חילוקי־דעות [KhILÚKE-DÉYES]
Iron Age די אײַזנצײַט
iron bar דער אײַזן, ־ס/אײַזנעס; דאָס שטאַבאײַזן, ־ס
ironclad, *adj.* געפּאַנצערט
(*fig.*) אײַזן שטאַרק
ironclad, *n.* די געקאָװעטע שיף, ־ן
Iron Cross דער אײַזערנער קרייץ
Iron Curtain דער אײַזערנער פֿירהאַנג ‹פֿאָרהאַנג›
iron gray אײַזן גראָ
ironic איראָניש
ironically די איראָניע ליגט אין דעם װאָס
ironing, *n.* דאָס פּרעסן
do the ironing (אויס)פּרעסן די קליידער
ironing board דאָס פּרעסטישל, ־עך; דאָס/די ביגלברעט, ־ער
iron lung די אײַזערנע לונג, ־ען
iron ore דאָס אײַזנאַרץ
ironstone דער אײַזנשטיין
iron sulfate דער אײַזן־צװיי־סולפֿאַט
iron sulfide דער אײַזן־צװיי־סולפֿיד
ironworks די אײַזן־פֿאַבריק, ־ן; די האַמאַרניע, ־ס
irony די איראָניע, ־ס; דאָס געשפּעט
irony of fate די איראָניע פֿון גורל [GOYRL]
Iroquois, *adj.* איראָקעזיש
Iroquois, *n.*
m./unsp. דער איראָקעז, ־ן
f. די איראָקעזין, ־ס
irradiate באַשטראַלן; (אַ)דורכשטראַלן
be irradiated באַשטראַלט װערן
irradiation די באַשטראַלונג
irrational אומראַציאָנעל
irrationality די/דאָס אומראַציאָנעלקייט
irrationally אויף אַן אומראַציאָנעלן אופֿן [OYFN]
irrational number די/דער אומראַציאָנעלע(ר) ציפֿער, ־ן/–
irreconcilable אומפּשרהדיק [ÚMPShÓREDIK]
be irreconcilable נישט לאָזן זיך אויסגלײַכן
irreconcilable differences חילוקי־דעות װאָס לאָזן זיך נישט אויסגלײַכן [KhILÚKE-DÉYES]
irredeemable נישט אויסצובעסערן; פֿאַרפֿאַלן
be irredeemable (fin.) נישט לאָזן זיך אויסלייזן ‹אויסקויפֿן›
irrefutable נישט אָפּצופֿרעגן ‹אָפּצװוענדן/אָפּצולייקענען›; אומאָפּפֿרעגלעך
irregular, *adj.* אומרעגולער
(surface) נישט־גלאַט
(unusual) אומגעװײנ(ט)לעך

irregular, *n.* דער אומרעגולערער סאָלדאַט, ־ן
irregular army דאָס אומרעגולערע מיליטער
irregularity די/דאָס אומרעגולערקייט
(constipation) דער האַרטער מאָגן; דאָס עצירות [ATSÍRES]
(violation of rule) די אומרעגולערע פֿירונג, ־ען
irregular verb דער אומרעגולערער װערב, ־ן
irrelevance די/דאָס אומרעלעװאַנטקייט; די/דאָס נישט־שייכדיקייט [ShÁYEKhDIKEYT]
irrelevant אומרעלעװאַנט; נישט שייך; נישט צו דער זאַך [ShÁYEKh]
That's totally irrelevant! װי קומט הודו אין באַד אַרײַן?; איינס מיטן דריטן איז נישט קיין מחותּן!; סע קלעפּט זיך װי אַן אַרבעס צו דער װאַנט!; װאָס האָט שמיטה צו טאָן מיטן באַרג סיני? [HÓYDE] [MEKhÚTN] [ShMÍTE] [SÍNAY]
irreligious אומרעליגיעז
irreparable נישט צו(ם) פֿאַרריכטן; נישט צו רעכט צו מאַכן
irreparable damage דער שאָדן װאָס מע קען שוין נישט פֿאַרריכטן
irreplaceable נישט־פֿאַרבײַטעװדיק; אומפֿאַרבײַטלעך; נישט צו(ם) פֿאַרבײַטן
He's irreplaceable נישטאָ קיין צװייטער װי ער
irrepressible נישט אײַנצוהאַלטן
irreproachable אויסגעצייכנט; אָן אַ פֿלעק ‹פּגם› [PGAM]
irresistible נישט אַ(נט)קעגנצושטעלן זיך; נישט בײַצושטיין; נישט גובֿר צו זײַן [GÓYVER]
irresolute קװענקלדיק; אומבאַשלאָסן; אומפֿעסט בײַ זיך
be irresolute נישט קענען באַשליסן; קװענקלען זיך
irresolutely מיט קװענקלעניש
irrespective (of) נישט־געקוקט אויף; אומאָפּהענגיק פֿון
irresponsibility דאָס אומאַחריות; דאָס קלות [ÚMAKhRÁYES] [KÁLES]
irresponsible אומאַחריותדיק; אומפֿאַרלאָזלעך; קלותדיק [ÚMAKhRÁYESDIK] [KÁLESDIK]
irretrieveable נישט צוריקצובורענגען
It's irretrieveable *also* מע קען עס נישט צוריקברענגען
irreverence דער אומדרך־ארץ [ÚMDERKhÉRETS]
irreverent אומדרך־ארצדיק [ÚMDERKhÉRETSDIK]
irreverently אָן דרך־ארץ [DERKhÉRETS]
irreversible אומצוריקקערלעך; נישט־איבערקערלעך; נישט צו פֿאַרקערעװען אויף קריק
irrevocable אומאָפּרופֿלעך; אומאָפּשרײַלעך; נישט צוריקצוציִען; בלי־חרטהדיק [B(E)LÍ-KhARÓTEDIK]
irrevocably בלי־חרטה [B(E)LÍ-KhARÓTE]
irrigate באַװאַסערן; איריגירן
(med.) איריגירן
irrigation, *n.* די באַװאַסערונג; די איריגאַציע
(med.) די איריגאַציע
irrigation canal דער באַװאַסער־‹איריגיר־›קאַנאַל, ־ן
irritability דאָס װערן גרינג אויפֿגעבראַכט ‹נערװעז›; די/דאָס נערװעזקייט
irritable נערװעז; נערװעיִש; הייס־געבאָדן
be irritable דענערװירן זיך; װערן גרינג אויפֿגעבראַכט
irritable bowel syndrome די צערײַצטע קישקע
irritant, *adj.* אויפֿרייצ...
irritant, *n.* דער אויפֿרייצער, ־ס; דאָס אָנרייצעכץ, ־ן; דער איריטאַנט, ־ן
irritate
(annoy) איריטירן; אויפֿרעגן; אויפֿברענגען; דענערװירן; יאָדען
(med.) איריטירן; צערײַצן; שטעכן
irritated

(annoyed) איריטירט; אויפֿגערעגט; אויפֿגעבראַכט; דענערוווירט
Her eyes are irritated די אויגן זײַנען איר איריטירט געוואָרן
My skin is irritated די הויט האָט זיך מיר צערײַצט
irritating דענערווירנדיק
irritation די אויפֿרעגונג, ־ען; די/דאָס איריטירטקייט; די/דאָס גערײַצטקייט; די רײַצונג
(skin) די/דאָס צערײַצטקייט; דער צערײַץ
IRS *see* **Internal Revenue Service**
Isaac (bib.) יצחק אָבֿינו [YÍTSKhOK OVÍNU]
Isaiah (bib.) ישעיה(ו) הנבֿיא [YEShÁYE/YEShAYÓHU HANÓVI]
ischemia די איסכעמיע; דער פֿאַרקנאַפּטער בלוטצושטעל
ischemic איסכעמיש; בלוטפֿאַרקנאַפּט
ischium דער זיצביין
...ish
(approximately) אַרום
(somewhat) ...לעך
ISIL *see* **Islamic State**
isinglass דער פֿישקליי
(mica) דער גלימערשטיין
ISIS *see* **Islamic State**
Islam דער איסלאַם
Islamic איסלאַמיש
Islamic State די איסלאַמישע מדינה [MEDÍNE]
Islamism דער איסלאַמיזם
Islamist, *adj.* איסלאַמיסטיש
Islamist, *n.*
(scholar) דער ספּעציאַליסט ‹מומחה› אין איסלאַמישע שטודיעס [MÚMKhE]
(supporter) דער איסלאַמיקער, ־ס; דער איסלאַמיסט, ־ן
island דער אינדזל, ־ען; די ווײַספּע, ־ס
(in road) דער שטראָזאינדזל, ־ען
(in kitchen) דער קיכאינדזל, ־ען
No man is an island דער יחיד איז נישט קיין אינדזל [YÓKhED]
islander דער אינדזל־אײַנוווינער, ־ס; דער אינדזליאַנער, ־ס
isle דער אינדזל, ־ען
islet דער קליי(ני)נק)ער אינדזל, ־ען; דאָס אינדזעלע, ־ך; די קעמפּע, ־ס; די ווײַספּע, ־ס
ism דער איזם, ־ען
isobar דער איזאָבאַר, ־ן
isocracy די איזאָקראַטיע
isocratic איזאָקראַטיש
isogamete דער איזאָגאַמעט, ־ן
isogloss דער איסאָגלאָס, ־ן
isolate איזאָלירן; אָפּזונדערן
isolated איזאָלירט; אָפּגעזונדערט; אָפּגעשניטן
(lonely) עלנט; פֿאַרלאָזט; אַלײניק; אײנער אַליין גענ׳
an isolated case אַן איין־אײַנציקער ‹איזאָלירטער› פֿאַל
isolation
(act) די איזאָלירונג; די איזאָלאַציע
(state) די/דאָס איזאָלירטקייט; די אָפּזונדערונג
in isolation (med./prison) איזאָלירט (קעגן/פֿון)
in isolation (social) אָפּגעזונדערט; אַליין
isolation cell דאָס איזאָליר־קעמערל, ־עך; דער איזאָלאַטאָר, ־ס; די איזאָלאַטקע, ־ס
isolationism דער איזאָלאַציאָניזם
isolationist, *adj.* איזאָלאַציאָניסטיש
isolationist, *n.* דער איזאָלאַציאָניסט, ־ן
isolation unit די איזאָלירקע, ־ס; דער איזאָלאַטאָר, ־ס
isolette דאָס אינקובאַטערל, ־עך
isometric איזאָמעטריש
isometric exercises איזאָמעטרישע געניטונגען
isometrics די איזאָמעטריק ל״י
isomorphism דער איזאָמאָרפֿיזם, ־ען
isosceles גלײַך־אַקסלדיק
isosceles triangle דער גלײַך־אַקסלדיקער דרײַעק, ־ן
isotherm דער איזאָטערם, ־ען
isotope דער איזאָטאָפּ, ־ן
ISP *see* **internet service provider**
Israel
(land/bib.) (דאָס) ארץ־ישׂראל; (דאָס) ישׂראל [ÉRETS-YISRÓEL/ERTSISRÓ(E)L] [YISRÓEL]
(state) (די) מדינת־ישׂראל [MEDÍNES-YISRÓEL]
children of Israel בני־ישׂראל [BNEY-YISRÓEL]
people of Israel דער עם־ישׂראל; דאָס ייִדישע פֿאָלק; דאָס פֿאָלק ישׂראל [ÁM-YISRÓEL]
Israeli, *adj.* ישׂראלדיק; ישׂראליש [YISRÓELDIK] [YISRÉYLISh]
Israeli, *n.*
m./unsp. דער ישׂראלדיקער גענ׳; דער ישׂראלי, ־ם [YISRÓELDIKER] [YISREÉYLI]
f. די ישׂראלדיקע גענ׳; די ישׂראלית, ישׂראליות [YISRÓELDIKE] [YISREÉYLIS, YISREÉYLIES]
Israelite, *adj.* פֿון די בני־ישׂראל [BNEY-YISRÓEL]
Israelite, *n.* דער בן־ישׂראל, בני־... [BEN-YISRÓEL, BNEY-...]
issue, *n.*
(disputed point) דער אַמפּערפּונקט, ־ן; דער קאַמפּפּונקט, ־ן; די פּלוגתּא, ־ות; דאָס מחלוקת, ־ן [PLÚKTE] [MAKhLÓYKES]
(matter/problem) דער ענין, ־ים; די פּראָבלעם, ־ען; די פֿראַגע, ־ס [ÍNYEN, INYÓNIM]
(offspring) דער נאָכוווּקס; דער נאָכקום; די זרע; קינדער ל״ר [ZÉRE]
(periodical) דער נומער, ־ן
(stock/bond) דער אַרויסלאָז, ־ן
date of issue די אַרויסלאָז־דאַטע, ־ס
die without issue שטאַרבן אָן יורשים ‹קינדער› [YÓRShIM]
It's still at issue ס'איז אַ פֿראַגע וואָס מע דאַרף נאָך אַרומרעדן ‹באַהאַנדלען›
make an issue of מאַכן אַ גאַנצן טאַרעראַם איבער; מאַכן אַ צימעס פֿון
take issue זײַן מחולק; אַמפּערן זיך; נישט מסכּים זײַן [MEKhÚLEK] [MÁSKEM]
issue, *v.*
(distribute) פֿאַרטײלן; צעטײלן
(originate) שטאַמען
(publication) אַרויסגעבן
(stock) אַרויסלאָזן
issue a decision אַרויסלאָזן אַ החלטה ‹באַשלוס› [HAKhLÓTE]
issue a judgment אַרויסטראָגן אַ פּסק [PSAK]
issue a receipt קוויטירן; קוויטעווע|ן
issue debt אַרויסלאָזן חובֿות [KhÓYVES]
issue forth אַרויסקומען; אַרויסוואַקסן; אַרויסשפּראָצן
issue ad די טעמאַטישע רעקלאַמע, ־ס
Istanbul (דאָס) סטאַמבול
isthmus דער איסטמאָס ‹איסטמוס›, ־ן; די איסטמע, ־ס; דער לאַנדפּאַס, ־ן
IT *see* **information technology**
it, *n.*
(player) דער שפּילניק, ־עס
(neutered animal) דער עס

it, *pron.* סע; ס'; עס

It looks like/as if זעט אויס ווי ‹אַז›

It's been a week since I saw him שוין אַ וואָך (לאַנג) זינט כ'האָב אים געזען

It's hot ס'איז הייס

It's me דאָס בין איך

It's raining סע רעגנט; סע גייט אַ רעגן

It's six o'clock ס'איז זעקס אַ זייגער

not feel with it פֿילן זיך נישט מיט אַלעמען

That's it! (correct guess) אָ!; דאָס איז עס!

That's it! (impatience) גענוג שוין!

Who is it? (at door) ווער איז (דאָ)?

Italian, *adj.* איטאַליעניש

Italian Jew דער איטאַליענישער געב'; דער איטאַליענישער ייִד, ־ן

Italian, *n.*

m./unsp. דער איטאַליענער, –

f. די איטאַליענערקע ‹איטאַליענערין›, ־ס

(language) דאָס איטאַליעניש

Italian bread דער שטריצל

italic קורסיוו

in italic letters קורסיוו

italicize שטעלן ‹שרייַבן/דרוקן› אין קורסיוו

italics דער קורסיוו ל"י

italics added מייַן קורסיוו

Italy (די) איטאַליע

itch, *n.* דאָס בייַסעניש, ־ן; דאָס בייַסעכץ, ־ן

itch, *v.* בייַסן אומפּ' + אַק'

He's itching to (do stg.) ער לעכצט ‹חלשט› צו; ער גייט אויס צו; סע גענדזלט זיך אים צו [KhÁLEShT]

He's itching for a fight ער זוכט זיך צרות; ער רייַסט זיך אין געשלעג; סע שטעכט אים דער האָבער; סע בייַסן אים די הענט [TSÓRES]

It itches סע בייַסט (מיך)

My finger itches סע בייַסט מיך דער פֿינגער

itchiness דאָס בייַסעניש

itchy

be itchy בייַסן

My finger is itchy סע בייַסט מיך דער פֿינגער

have itchy fingers (*fig.*) האָבן קלעפּ(עד)יקע פֿינגער

She has itchy feet (*fig.*) סע גלוסט זיך איר אַרומצופֿאָרן; זי האָט חשק אַרומצופֿאָרן [KhÉYShEK]

item דאָס/די שטיק, ־ער; די זאַך, ־ן

(entry in log) די פּאָזיציע, ־ס; דער איינס, ־ן

(on program/agenda) דער פּונקט, ־ן; דער ענין, ־ים [ÍNYEN, INYÓNIM]

(unit) דער איינס, ־ן

item by item פּונקט נאָך פּונקט

news item דאָס נייַעס, –

They're an item זיי זענען אַ פּאָר; זיי שפּילן אַ ליבע

itemize אויסרעכענען; איבעררעכענען; צעצענצלען; צעפּרטלען; צונויפֿשטעלן אַ צעטל פֿון [TSEPRÁTLEN]

iterative איטעראַטיוו; איבערחזריש [ÍBERKhÁZERISh]

iterativity די/דאָס איטעראַטיווקייט

itinerant וואַנדערנדיק

itinerary דער פֿאָרפּלאַן ‹פֿליפּלאַן›, ...פּלענער; דער מאַרשרוט, ־ן

its זייַן; איר

itself

(reflexive) זיך (אַליין)

(*emph.*) אַליין; גופֿא [GÚFE]

by itself פֿון זיך אַליין

in itself אַליין פֿאַר זיך; עצם [ÉTSEM]

the argument itself די עצם טענה [TÁYNE]

to itself צו זיך (אַליין)

itsy-bitsy פּיצינק אַטר'; פּיצינונק אַטר'; פּיצ(ק)עלע אַטר'

IUD *see* **intrauterine device**

IV *see* **intravenous**

Ivan the Terrible איוואַן דער רוצח [RETSÉYEKh]

ivied פֿאַרוואַקסן מיט פּליושטש

ivory, *adj.* העלפֿאַנדביינערן; פֿון העלפֿאַנדביין

ivory, *n.* דער העלפֿאַנדביין

Ivory Coast דער העלפֿאַנדביין־באָרטן

ivory tower דער העלפֿאַנדביין־טורעם; אַקאַדעמישע הייכן ל"ר

ivy דער פּליושטש ‹בליושטש›; דער ווילדער ווייַן; קלעטער־בלעטער ל"ר

Ivy League college דער גילדענע־פּאָן־אוניווערסיטעט, ־ן

IWO *see* **International Workers Order**

Iyar (דער) אייר [ÍER]

J

J דער יאָט, ־ן
jab, *n.*
  (with needle) דער שטאָך, ־ן
  (with stick/elbow) דער שטורך, ־ן; דער טיק, ־ן; דער טאָרע, ־ס
jab, *v.*
  imp. **(with needle)** שטעכן
  pf. **(with needle)** געבן ‹טאָן› אַ שטאָך
  imp. **(with stick/elbow)** טאָרע|ן; טיקע|ן
  pf. **(with stick/elbow)** געבן + דאַט' אַ שטורך ‹טיק/טאָרע›
  jabbing pain דער שטעכיקער ווייטיק, ־ן
jabber, *n.* דאָס פּלאַפּלערײַ; דאָס געפּלאַפּל; דער פּלויש; די צעשויבערטע רייד
jabber, *v.* פּלאַפּלען; באַלעבעטשע|ן; בעבע|ן; פּרעפּלען; מאָטלען; פּלוישן
jabberwocky דאָס נאַרישע געפּרעפּל; דער אומזינען
jacaranda די יאַקאַראַנדע
jack, *n.*
  (cards) דער פּויער, ־ים; דער יונקער, ־ס; דער אונטער, ־ס; דער וואַלעט, ־ן; דאָס ייִנגל, ־עך
  (telephone) דער טעלעפֿאָן־שטעפּסל, ־ען; דער טעלעפֿאָן־קאָנטאַקט, ־ן
  (tire) דער דאָמקראַט, ־ן; דער אונטערהייבער, ־ס
  every man jack אַלע אָן אויסנעם; יעדער איינער
jack, *v.*
  jack off (*slg./vlg.*) אָפּשפּריצן; אויסרײַבן זיך
  jack up (car) אונטערהייבן (מיטן דאָמקראַט)
  jack up (price) אַרויפֿשרויפֿן (דעם פּרײַז)
jackal דער שאַקאַל, ־ן
jackass דער אייזל, ־ען
  You jackass! דו יאָלד ‹בהמה/פֿערד/שוטה› איינער! [BEHÉYME] [ShÓYTE]
jackdaw די האַלקע, ־ס; די דוילע, ־ס
jacket דאָס רעקל, ־עך; דער זשאַקעט, ־ן; דער פּידזשאַק, ־ן
  (men's) *also* די מאַרינאַרקע, ־ס
  (women's) *also* דאָס זשאַקעטל, ־עך; די/דער יאַק, ־ן/־עס; די קאָפּטע, ־ס
  (child's) דאָס רעקעלע, ־ך; דאָס מ(אַר)ינאַרקעלע, ־ך
  (of suit) דאָס רעקל, ־עך; די מאַרינאַרקע, ־ס
  (of book) די הילע, ־ס; דאָס העמדל, ־עך
jacket potatoes קאַרטאָפֿל אין די שאָלן ‹מונדירן/העמדלעך›; בולבעס אין די פֿעלצלעך
Jack Frost דער פֿעטער שניִער ‹שניאור›
jackfruit די אינדישע ברויטפֿרוכט
  (tree) דער אינדישער ברויטבוים
jackhammer דער אָפּקלאַפּ־‹לופֿטדרוק־›האַמער, ־ס
jack-in-the-box דאָס אַרויסשפּרינגערל, ־עך; דאָס ייִנגל־שפּרינגל, ־עך
jack-in-the-pulpit די אַריזעמע, ־ס
jackknife, *n.* דאָס שפּרינג־מעסערל, ־עך
jackknife, *v.* איבערבייגן ‹צונויפֿלייגן› זיך אין צווייען
  (of truck) שטעלן זיך אין דער קווער
jackknifed, *adj.* איבערגעבויגן ‹צונויפֿגעלייגט› אין צווייען
jackknife dive דער העכטשפּרונג, ־ען
jack of all trades דער כּל־בוניק, ־עס; דער בריה ‹מומחה› אויף אַלצדינג [KOLBÓYNIK] [BÉRYE] [MÚMKhE]
  (iro.) דער שאַלאַטן־שמש [ShÁMES]
  be a jack of all trades *also* האָבן גאָלדענע הענט
jack of all trades, master of none אַ סך מלאָכות און ווייניק ברכות [SAKh] [MELÓKhES] [BRÓKhES]
jack-o'-lantern די באַניע־לאַמטערנע, ־ס
jackpot דאָס גרויסע געווינס, ־ן
  hit the jackpot אויסשפּילן ‹ציִען/געווינען› דאָס גרויסע געווינס; אַרויסציִען דאָס ריכטיקע קוויטל
jackrabbit דער אַמעריקאַנער האָז, ־ן
jacks (game) טשייכן; סטרולקעס
jack shit (*slg./vlg.*)
  know jack shit וויסן ‹קענען› אַ פֿײַג
Jacob (bib.) יעקבֿ אָבֿינו [YÁNKEV OVÍNU]
Jacob's rod (bot.) די אַספֿאָדעלינע
jacuzzi דער דזשאַקוזי, ־ס
jade, *adj.*
  (of jade) פֿון גרינשטיין
  (color) ווי גרינשטיין
jade,[1] *n.* **(stone)** דער גרינשטיין, ־ער; דאָס גרינשטיינדל, ־עך
jade,[2] *n.* **(mare)** די קליאַטשע, ־ס; די שקאַפּע, ־ס
jaded
  (overindulged) איבערגעזעטיקט
  (wearied) אויסגעשעפּט; אויסגעמאַטערט; אויסגעמוטשעט
Jaffa (דאָס) יפֿו [YÁFE]
Jaffa orange דער יפֿור מאַראַנץ, ־ן [YÁFER]
jag דער שטשערב, ־עס; דער צאַקן, ־ס; דער קאַרב, ־ן
jagged שטשערבאַטע; ציינדלדיק; צאַקיק; געצאַק(נ)ט
jaggery דער דזשאַגערי
jaguar דער יאַגואַר, ־ן
jail, *n.* די תּפֿיסה, ־ות; די טורמע, ־ס; דער קרימינאַל, ־ן [TFÍSE]
jail, *v.* [TFÍSE] אײַנזעצן ‹פֿאַרשפּאַרן/אײַנשפּאַרן› אין תּפֿיסה
jailbird דער תּפֿיסהניק, ־עס; דער קרימינאַלניק, ־עס [TFÍSENIK]
jailbreak דאָס אַנטלויפֿן פֿון תּפֿיסה [TFÍSE]
jailer דער שליסלער, ־ס; דער תּפֿסן, ־ים; דער טורמע־‹תּפֿיסה־›אויפֿזעער, ־ס [TAFSN, TAFSÓNIM] [TFÍSE]
Jain, *adj.* דזשאַין־...
Jain, *n.* דער דזשאַין־גלייביקער געב'; דער דזשאַיניסט, ־ן
Jainism דער דזשאַיניזם
jalap די יאַלאַפּע
jalapeño דער כאַלאַפּעניאָ, ־ס
jalopy די קאַטערינקע, ־ס; די טאַרעדײַקע, ־ס
jalousie זשאַלוזן ל״ר; די שטאָרע, ־ס
jam, *n.* דאָס אײַנגעמאַכטס; די וואַרעניע, ־ס
  (difficulty) די קלעם, ־ען; די צרה, ־ות [TSÓRE]
  in a jam אין אַ קלעם ‹צרה/בלאָטע›
  lead into a jam אַרײַנפֿירן אין אַ בלאָטע ‹זומפּ›
jam, *v.*
  vt. **(make stick)** פֿאַרהאַקן
  vi. **(get stuck)** פֿאַרהאַקן זיך; בלײַבן שטעקן
  vi. **(mus.)** שפּילן אין דער וועלט אַרײַן; מאַכן אַ דזשעמסעסיע
  jam in אַרײַנשטאָפּן
  jam one's finger פֿאַרקלעמען זיך דעם פֿינגער
  jam the radio פֿאַרשטערן ‹פֿאַרהאַקן› די טראַנסמיסיע
Jamaica (די) יאַמײַקע
Jamaican, *adj.* יאַמײַקער
Jamaican, *n.*
  m./unsp. דער יאַמײַקער, –

f. די יאַמײַקערין, ־ס
jamb דאָס בײַשטידל, ־עך; דער אושאַק, ־עס
jamboree די הילולא, ־ות; דער פֿאַרווײַל־אָוונט, ־ן [HILÚLE]
James (Chr./bib.) יעקבֿ [YÁNKEV]
jammed פֿאַרהאַקט; פֿאַרשטאָפּט
jamming (radio) די (טראַנסמיסיע־)פֿאַרשטערונג
jam-packed אָנגעפּאַקט; אָנגעפּראָפּט; אָנגעפּיקעוועט; קאָפּ אויף קאָפּ; פֿול ביזן אויג; אַ שפּילקע נישט (אַ)דורכצוּוואַרפֿן
jam session די/דאָס קומשפּיל, ־ן; די דזשעמסעסיע, ־ס
jangle, *v.* קלימפּערן
  jangle the nerves באַאומרויִקן
jangling, *n.* דאָס קלימפּערײַ
janitor דער סטראָזש, סטרעזשער; דער סטרוזש, ־ן/־עס; דער (הויף)קערער, ־ס
January (דער) יאַנואַר
Japan (דאָס) יאַפּאַן
Japanese, *adj.* יאַפּאַניש
  Japanese Jew דער יאַפּאַנישער געב'; דער יאַפּאַנישער ייִד, ־ן
Japanese, *n.*
  m./unsp. דער יאַפּאַנער, –
  f. די יאַפּאַנערקע ‹יאַפּאַנערין›, ־ס
  (language) דאָס יאַפּאַניש
Japanese creeper די בתולה־בלום, ־ען [PSÚLE]
Japanese lantern דער כינעזישער פֿאָנאַר, ־ן
Japanese millet די פּאַיזע
jape, *v.*
  vt. חוזק מאַכן פֿון; אָפּלאַכן פֿון [KhÓYZEK]
  vi. וויצלען זיך; חכמה|ן זיך [KhÓKhMEN]
jar, *n.* דער סלוי, ־עס; דער סלויִק, ־עס
jar,[1] *v.* (put into jar) אײַנסלויע|ן
jar,[2] *v.*
  vt. **(shock)** צעטרייסלען
  vi. **(sound)** רײַסן + דאַט' די אויערן; גרילצן + דאַט' אין די אויערן
  jar with זײַן אין סתירה מיט; סותר זײַן + אַק' [STÍRE] [SÓYSER]
jarful (of) דער פֿולער סלוי (מיט)
jargon דער זשאַרגאָן, ־ען; דאָס פֿאַך־לשון, ־ות [LOShN, LEShÓYNES]
jarring (sound) גרילציק
jasmine דער יאַסמין
jasper דער יאָשפּיז; די יאַשמע
jaundice די געלע זאַך ‹זעד›
jaundiced
  be jaundiced (med.) האָבן די געלע זאַך ‹זעד›
  (envious) קינאהדיק; נישט־פֿאַרגינעריש [KÍNEDIK]
jaunty כוואַטיש; כוואַטסקע; זשוואַווע
javelin די וואַרפֿשפּיז, ־ן
jaw דער באָרדביין, ־ער; דער קײַער, ־ס; די קינבאַק, ־ן
  (*slg.*) די מאָרדע, ־ס
jawbone דער קינביין, ־ער
jawbreaker
  It's a jawbreaker מע ברעכט די ציין ‹צונג› איבער דעם
jaw-dropping שטוינענדיק; פֿלעפֿנדיק
jay די סויקע, ־ס; די אייכלראַב, ־ן; דער אייכל, ־ען
jaywalker
  be a jaywalker הפֿקרדיק אַריבערגיין די גאַס [HÉFKERDIK]
jaywalking דאָס הפֿקרדיקע אַריבערגיין די גאַס [HÉFKERDIKE]
jazz, *n.* דער דזשעז
  and all that jazz און דאָס גלײַכן

jazz, *v.* (up) פֿאַרדזשעזן
  (*fig.*) אויפֿלעבן
jazz band די דזשעז־קאַפּעליע, ־ס
jazzy דזשעזיש
jealous אײַפֿערזיכטיק; קינאהדיק [KÍNEDIK]
  be jealous of מקנא זײַן + דאַט'; זײַן אײַפֿערזיכטיק אויף [MEKÁNE]
  become jealous of צעאײַפֿערן זיך אויף; נעמען מקנא זײַן + דאַט'; מתקנא זײַן זיך אין [MISKÁNE]
jealousy די אײַפֿערזוכט; די קינאה [KÍNE]
  (romantic) די אײַפֿערזוכט
jeans דזשינס(הויזן)
jeans skirt דאָס דזשינסקליידל, ־עך
jeep דער דזשיפּ, ־ן
jeer, *n.* דאָס שפּאָטוואָרט, ...ווערטער
jeer, *v.* (at) אָפּשפּעטן פֿון; חוזק מאַכן פֿון; העצקע|ן; איזדיעקעווע|ן זיך איבער [KhÓYZEK]
Jehovah דער שם־המפֿורש; דער שם־הוויה [ShÉM-HAMFÓYRESh] [ShÉM-HAVÁYE]
Jehovah's Witness גאָטס עדות, – [ÉYDES]
jejunum די לאַנגע דינע קישקע
jell, *v.* פֿאַרגליווערן זיך; זעצן זיך; שטעלן זיך; אײַנגליווערן; פֿאַרקילן
  (*fig.*) אויסקריסטאַליזירן זיך; קלאָר ‹פֿעסט› ווערן
jellied געגליווערט
jellied calves' feet דער/די פּעצע; די פּטשאַ; די פֿוסנאָגע; דרעליעס
Jello דער דזשעלאָ
jelly דער גליווער, ־ס; דער זשעלע, ־ען; דער גאַלאַרעט, ־ן
  (fruit) דאָס אײַנגעמאַכטס
jelly bean די זשעלאַטינקע, ־ס
jellyfish די מעדוזע, ־ס; דער גליווערפֿיש, –
jelly-like גליווערדיק
jelly roll דער רולעט מיט אײַנגעמאַכטס
jeopardize שטעלן אין (אַ) סכּנה [SAKÓNE/SEKÓNE]
jeopardy די סכּנה, ־ות [SAKÓNE/SEKÓNE]
  be in jeopardy שטיין אין ‹פֿאַר› אַ סכּנה; הימלען
jerboa דער שפּרינגהאָז, ־ן
jeremiad די קינה, ־ות; דאָס קלאָגליד, ־ער [KÍNE]
Jeremiah (bib.) ירמיהו [YIRMIÓHU/YÍRMIE]
(Book of) Jeremiah (bib.) (ספֿר) ירמיהו [SÉYFER]
jerk, *n.*
  (motion) דער צי, ־ען; דער שלעפּ, ־ן; דער צאַפּל, ־ען; דער וואָרף, ־ן
  (person) דער פּאַסקודניאַק, ־עס; דער שמענדריק, ־עס; דער שוואַנץ, שווענץ
jerk, *v.* אַ צי ‹שלעפּ/צאַפּל› טאָן; אַ וואָרף טאָן זיך מיט
  jerk around אָפּנאַרן; מאַניפּולירן
  jerk off (*slg./vlg.*) אָפּשפּריצן
jerkin די וועסטל־קאַפּטע, ־ס
jerkwater פֿאַרוואָרפֿן; אָפּגעלעגן; אין אַ העק; אין אויסרײַסעניש
jerky, *adj.* צאַפּלדיק; דריגעדיק
jerky, *n.* דאָס דאַרפֿלייש
jerry-built כאַפּ־לאַפּ ‹טאַנדעט› געבויט
jersey דער דזשערזי־סוועטער, ־ס
Jerusalem (דאָס) ירושלים [YERUShOLÁYEM]
  go to Jerusalem (J./rel.) עולה־רגל זײַן [ÓYLE-RÉGL]
  going to Jerusalem (game) אַ שפּאַציר קיין ירושלים; מיר פֿאָרן קיין וואַרשע
Jerusalem artichoke די ערדבאַר, ־ן
Jerusalem cucumber די עסיק־אוגערקע, ־ס
Jerusalemite דער ירושלמי, ־ם [YERUShÁLMI]

Jerusalem sage דער פּלאָמיס
Jerusalem thorn די שטעכיקע פּאַרקינסאָניע
jest, *n.* דער וויץ, ־ן; די הלצה, ־ות; דער/דאָס קאַטאָוועס, ־ן; דער שפּאַס, ־ן [HALÓTSE]
in jest אויף קאַטאָוועס; אויף אַ געלעכטער; אין שפּאַס
jest, *v.* וויצלען זיך; טרײַבן קאַטאָוועס ‹לצנות›; שפּאַסן [LETSÓNES]
jester דער וויצלער, ־ס; דער לץ, ־ים; דער קאָמעדיאַנט, ־ן; דער שפּאַסמאַכער, ־ס [LETS, LÉYTSIM]
(at a J. wedding) דער בדחן, ־ים; דער מאַרשעליק, ...לקעס [BATKhN, BATKhÓNIM]
Jesuit, *adj.* יעזויִטיש
Jesuit, *n.* דער יעזויִט, ־ן
Jesus יעזוס; ישו [YÉYShU/YÍShU]
(iro.) אותו־איש; יאָשקע־פּאַנדרע; יאָסעלע פּאַנדריק; דער טאַליע [ÓYSE-ÍSh]
Jesus of Nazareth יעזוס; ישו הנוצרי; דער נוצרי [YÉYShU/YÍShU HANÓYTSRI] [NÓYTSRI]
jet, *adj.* ...דזשעט
jet,[1] *n.*
(engine) דער דזשעט, ־ן; דער רעאַקטיוו־מאָטאָר, ־ן
(airplane) דער דזשעט, ־ן; דער דזשעט־(אַ)עראָפּלאַן, ־ען; דער רעאַקטיוו, ־ן
(flow) דער שפּריץ, ־ן; דער וואַסערשטראַל, ־ן; דער שטראָם, ־ען
(spout) דאָס נעזל, ־עך
jet,[2] *n.* **(coal)** דער גאַגאַט
jet, *v.*
(fly) פֿליִען אויף ‹מיט› אַ דזשעט; דזשעטן; דזשעטעווע|ן
(spout) אַרויסשפּריצן
jet around אַרומדזשעטעווע|ן; אויספֿליִען אַ וועלט
jet black פּעך ‹קוילן/גאַגאַט› שוואַרץ
jet bridge דער דזשעטעוועג, ־ן
jet lag די/דאָס פֿליִמידקייט; די/דאָס מידקייט נאָכן פֿליִען
jet-lagged
be jet-lagged לײַדן (פֿון) פֿליִמידקייט; זײַן פֿליִמיד
jet-powered דזשעט־געטריבן
jet propulsion דער דזשעטאָנטרײַב
jetsam דאָס ים־וואַרפֿוואַרג קאָל' [YAM]
jet set דזשעטסעטניקעס ל"ר
jet stream דער שטראָלשטראָם, ־ען
jettison [PÓTER] אַראָפּוואַרפֿן; אַרויסוואַרפֿן; פּטור ווערן פֿון
jetty דער האַוון, ־ס; דער צושטייפּונקט, ־ן
jetway דער דזשעטעוועג, ־ן
Jew, *n.*
m./unsp. דער ייִד, ־ן; דער בן־ישׂראל, בני־ישׂראל [BENYISRÓEL, BNEY-...]
f. די ייִדישקע, ־ס; די ייִדישע טאָכטער, טעכטער; דאָס ייִדיש־קינד, ייִדישע־קינדער
f. **(elderly/old-fashioned)** די ייִדענע, ־ס
fellow Jews אַחינו־בני־ישׂראל; אַנשי־שלומנו; משלנו; דאָס עמך קאָל' [AKhÉYNU-BNEY-YISRÓEL] [ÁNShE-ShLOMÉYNU] [MIShELÓNU] [ÁMKhO]
Jew-baiter דער המן, ־ס [HÓMEN]
Jew-baiting די אַנטיסעמיטישע אַגיטאַציע
jewel דער בריליאַנט, ־ן; דער באַרליאַנט, ־ן; דער איידלשטיין, ־ער; דער אבֿן־טובֿ, אבֿנים־טובֿות [ÉVNTOV, AVÓNIM-TÓYVES]
a jewel of a person דער בריליאַנט, ־ן; דער באַרליאַנט, ־ן
jeweler דער יוּוועליר, ־ן; דער יוּוועלירער, ־ס
jewelry דאָס צירונג
jewelry box דאָס צירונג־שאַכטל‹־שקעטל/־קעסטל›, ־עך
jewelry store דאָס יוּוועליר־געשעפֿט, ־ן; דאָס צירונג־געוועלב‹־געשעפֿט›, ־ן
Jewess *see* **Jew**
Jew-hater דער שונא־ישׂראל, שונאי־...; דער אַנטיסעמיט, ־ן; דער ייִדן־פֿײַנד, –; דער המן, ־ס; דער צורר־היהודים [SÓYNE-YISRÓEL, SÓYNE-...] [HÓMEN] [TSÓYRER-HAYEHÚDIM]
Jewish ייִדיש
in the Jewish manner (trad.) ייִדישלעך
in the Jewish world אויף דער ייִדישער גאַס; בײַ ייִדן
the Jewish people דאָס ייִדישע פֿאָלק; דער כּלל־ישׂראל; די כּנסת־ישׂראל [KLÁL-YISRÓEL] [KNÉSES-YISRÓEL]
Jewish Agency [SOKhNÚT] די ייִדישע אַגענטור; דער סוכנות
Jewish Autonomous Region די ייִדישע אויטאָנאָמע געגנט
Jewish Labor Bund דער ייִדישער אַרבעטער־בונד
Jewish Labor Committee דער ייִדישער אַרבעטער־קאָמיטעט
Jewishness די/דאָס ייִדישקייט
Jewish Telegraphic Agency די ייִדישע טעלעגראַפֿישע אַגענטור
Jewry ייִדן ל"ר; דאָס ייִדנטום
Jew's harp דער בראָמײַזער, ־ס
Jezebel (bib.) [IZÉV(E)L] איזבֿל
(fig.) [NÁFKE] די אויסגעלאַסענע, –; די נפֿקא, ־ות
jib (of crane) דער הייבשטאַנג, ־ען
jibe, *v.* שטימען
The numbers don't jibe די ציפֿערן שטימען נישט
jiffy
in a jiffy [TÉYKEF] [RÉGE] תּיכּף; גלײַך; אין איין רגע
jig, *n.*
(dance) דער דזשיג; דאָס טענצל, ־עך
(mech.) דער שאַבלאָן, ־ען; דאָס מאָנטאַזש־געשטעל, ־ן
(lure) דאָס לאָקערל, ־עך; דאָס פֿאַרנאַרעכץ
dance a jig טאַנצן אַ דזשיג; גיין אַ טענצל
The jig is up די ‹דאָס› שפּיל איז אויס
jiggle, *vt./vi.* (זיך) שאָקלען (זיך); טרייסלען (זיך); וואַקלען
jigsaw די לאָבזעג, ־ן
jigsaw puzzle דאָס בילד־‹געזעג־›רעטעניש, ־ן
jihad [MILKhÓME] דער דזשיהאַד, ־ן; די הייליקע מלחמה
jihadist דער דזשיהאַדיסט, ־ן
jilt לאָזן זיצן; אַוועקשטעלן; אַוועקוואַרפֿן
jilted אַוועקגעשטעלט; אַוועקגעוואָרפֿן
jimmy, *n.* דער שאַבער, ־ס; דער/דאָס ברעכאײַזן, ־ס; דער לאָם, ־ען
jimmy, *v.* שאַבערן; אויפֿרײַסן מיט אַ שאַבער
jimsonweed דער סטראַמאָניום
jingle, *n.* דאָס (צו)זינגל, ־עך; דאָס קלימפּער־לידל, ־עך
jingle, *v.*
vt. קלימפּערן מיט; לאָזן קלינגלען ‹גלעקלען›
vi. קלימפּערן; קלינגלען; גלעקלען
jingoism דער דזשינגאָיזם; דער הוראַ־פּאַטריאָטיזם
jingoist דער דזשינגאָיסט, ־ן; דער הוראַ־פּאַטריאָט, ־ן
jinx, *n.* דער עין־הרע; די נעהאָרע; דאָס גוט־‹בייז־›אויג [EYN(H)ÓRE/ÁYEN-HÓRE]
jinx, *v.* ברענגען ‹געבן› אַן עין־הרע ‹נעהאָרע/גוט־אויג/בייז־אויג› [EYN(H)ÓRE/ÁYEN-HÓRE]
I don't want to jinx myself כ'האָב מורא פֿאַר אַ גוט־אויג ‹אַן עין־הרע› [MÓYRE]
jitney דאָס אויטאָבוסל, ־עך
jitterbug דער דזשיטערבאַג(־טאַנץ)
jitters דאָס האַרץ־קלאַפּעניש ל"י; די טרעמע ל"י

have the jitters האָבן האַרץ־קלאַפּעניש; האָבן פֿלאַטערלעך אין בויך
jittery נערוועז; נערווע׳זיש
jive, *v.*
vt. **(mislead)** פֿירן אין באָד אַרײַן
vi. **(talk nonsense)** פּלוידערן; רעדן נאַרישקייטן
jive, *n.* דער קוואַטש; נאַרישקייטן ל״ר
Don't give me that jive! הער(ט) שוין אויף צו רעדן נאַרישקייטן!; גענוג שוין מיט דעם קוואַטש!
jizz, *n.* (*slg.*) דער זאַפּט; די זוזע
job, *n.* די אַרבעט, ־ן
(position) *also* די שטעלע, ־ס; דער פּאָסטן, ־ס; די פּאָזיציע, ־ס
(task) *also* [ÚVDE] די עבֿודה ‹עוּבֿדא›, ־ות; דאָס טועכץ, ־ן
(piece of work) *also* דאָס שטיק אַרבעט
A job well done! יישר־כּוח!; גוט געמאַכט! [YÁShER-KÓYEKh/ShKÓYEKh]
be out of a job נישט האָבן קיין אַרבעט ‹שטעלע›; זײַן אַרבעטסלאָז
be up to the job קענען די מלאָכה ‹בראַנזשע›; זײַן פֿעיק; זײַן אַ בריה [MELÓKhE] [BÉRYE]
do a bad job פֿאַרטאַטשעווע|ן; קאַליע מאַכן
do a good job גוט מאַכן; טאָן ווי ס׳באַדאַרף צו זײַן
do a job on מאַכן אַ תּל פֿון [TEL]
find a job געפֿינען אַרבעט; געפֿינען אַ שטעלע ‹פּאָסטן›
hold down a job אָנהאַלטן אַ שטעלע; נישט פֿאַרלירן די אַרבעט
It was quite a job ס׳איז אָנגעקומען גוט שווער
It's not my job ס׳איז נישט מײַן עסק [ÉYSEK]
Just doing my job כ׳טו נאָר דאָס מײַניקע
just the job פּונקט דאָס וואָס מע דאַרף
on the job בײַ דער אַרבעט
take a job as אָננעמען ‹אונטערנעמען זיך› אַן אַרבעט ווי; אָנדינגען זיך פֿאַר
Job (bib.) איובֿ [ÍEV]
(Book of) Job (bib.) (ספֿר) איובֿ [SÉYFER]
jobber דער שטיקאַרבעטער, ־ס; דער פֿאַקטער, ־ס/פֿאַקטוירים
Job Corps דער תּכלית־קאָרפּוס [TÁKhLES]
job creation דאָס שאַפֿן שטעלעס
job description די שטעלע־‹פּאָסטן־/פּאָזיציע־› באַשרײַבונג, ־ען
job-hopping דאָס שפּרינגען פֿון איין שטעלע אויף אַ צווייטער
job hunter דער שטעלע־‹אַרבעט־/פּרנסה־›זוכער, ־ס [PARNÓSE]
job-hunting דאָס זוכן אַרבעט ‹פּרנסה›; דאָס זוכן אַ שטעלע ‹פּאָסטן/פּאָזיציע› [PARNÓSE]
job interview דער שטעלע־אינטערוויו, ־ען; דער אינטערוויו אויפֿן פּאָסטן
jobless אָן אַרבעט; אַרבעטסלאָז
joblessness דאָס זײַן אָן אַרבעט; דאָס נישט האָבן קיין אַרבעט; די/דאָס אַרבעטסלאָזיקייט
job market דער אַרבעטמאַרק
job-sharing דאָס שטעלע־שותּפֿות [ShÚTFES]
jock (athlete) דער אַטלעט, ־ן; דער ספּאָרטלער, ־ס
jockey, *n.* דער זשאָקיי, ־ען
jockey, *v.*
(manipulate) מאַנעווריר|ן; לאַוויר|ן; מאַניפּוליר|ן
(trick) אָפּנאַרן; אָפּשווינדלען; אָפּפֿריצעווע|ן
jockey for position רײַבן זיך אויף אַ פּאָסטן; שפּאַרן זיך צום עמוד [ÓMED]
jockstrap דער (אַטלעטישער) קראָקרימען, ־ס; דאָס מענער־בענדל, ־עך

jocose וויצלעריש; שפּאַסיק
jocular וויציק; שפּאַסיק; חכמהדיק [KhÓKhMEDIK]
jocularity די/דאָס וויציקייט; דער לײַכטער הומאָר
jocund לוסטיק; פֿרײלעך
jocundity די/דאָס לוסטיקייט; די/דאָס פֿריילעכקייט
jodhpurs רײַטהויזן ל״ר; גאַליפֿע(־הויזן) ל״ר
Joel (bib.) יואל [YÓYEL]
Joe Public דער סתּם מענטש [STAM]
(J.) דער ייִד פֿון אַ גאַנץ יאָר
joe-pye weed די אייפּאַטאָריע
jog, *n.* דער לויפֿל, ־ען
go for a jog כאַפּן ‹טאָן› אַ לויפֿל; גיין לויפֿלען
jog, *v.* לויפֿלען
jog one's memory פּרווון זיך דערמאָנען; נישטערן אין זכּרון; אָפּפֿרישן דעם זכּרון [ZIKÓRN]
jogger דער לויפֿלער, ־ס
jogging דאָס לויפֿלען
jogging suit דער לויפֿל־קאָסטיום, ־ען
john (*slg.*)
(toilet) דער נוזשניק, ־עס; דער אָפּטרעט, ־ן
(prostitute's client) דער גאַסט, געסט
John (Chr./bib.) יוחנן [YÓYKhENEN]
John Doe פּלוני־אַלמוני [PLÓYNE-ALMÓYNE]
johnny (condom/*slg.*) דער פֿאַריזער, –
Johnny-come-lately דער נײַ־צוגעקומענער געב׳
He's a Johnny-come-lately *also* ער קומט אַלע מאָל צום גרייטן
Johnson grass די אַרם־סאָרגע [ARÁM]
joie de vivre די לעבנספֿרייד; די פֿרייד אין לעבן
join, *n.* די פֿאַרבינדונג, ־ען
join, *v.*
vt. **(an organization)** אַרײַנטרעטן אין; ווערן אַ מיטגליד אין; צושטיין צו; משתּתּף זײַן זיך אין; אָנשליסן זיך אין [MIShTÁTEF]
vt. **(connect)** פֿאַרבינדן; באַהעפֿטן; פֿאַראייניקן
vi. **(connect)** פֿאַרבינדן זיך; באַהעפֿטן זיך; פֿאַראייניקן זיך; מצטרף זײַן זיך [MITSTÁREF]
vi. **(rivers)** צונויפֿגיסן זיך
vi. **(roads)** טרעפֿן זיך
join for dinner מיטקומען ‹מיטגיין› אויף וועטשערע
join forces פֿאַראייניקן זיך; פֿאַראייניקן די כּוחות [KÓYKhES]
join hands געבן זיך די הענט
join in (an activity) מיט... מיט
join in laughter מיטלאַכן מיט
join in play מיטשפּילן אין איינעם
join in singing with מיטזינגען מיט
join the battle אַרײַנטרעטן אין שלאַכט
join together, *vt./vi.* פֿאַראייניקן (זיך)
join up (mil.) פֿאַרשרײַבן זיך ווי ‹פֿאַר› אַ זעלנער ‹סאָלדאַט›
join up with טרעפֿן זיך מיט
May I join you? מעג איך מיטזיצן ‹מיטעסן/מיטגיין› מיט דיר ‹אײַך›?
joiner דער טישלער, ־ס; דער סטאָליער, ־ס
joinery דאָס טישלערײַ
(factory) די טישלערײַ, ־ען
joint, *adj.* (ב)שותּפֿותדיק; שותּפֿיש; אינאיינעמדיק; צוזאַמענדיק; מיט... [(BE)ShÚTFESDIK] [ShÚTFISh]
hold joint citizenship זײַן אַ בירגער סײַ פֿון ... סײַ פֿון ...
joint, *n.*
(anat.) דאָס געלענק, ־ען

(mech.) דער שאַרניר, ־ן; דער שלאָס, שלעסער; די שליסונג, ־ען; די פֿוגע, ־ס
(business/*slg.*) די קנײַפּיע, ־ס
(marijuana/*slg.*) דאָס צינגעלע, ־ך; דאָס פּיפּטל, ־עך
joint pain דאָס ברעכעניש, ־ן
out of joint (anat.) דיסלאָקירט; אױסגעלענקט
out of joint (upset) אױפֿגערעגט; אױפֿגערודערט
joint account די בשותּפֿותדיקע (באַנק)קאָנטע, ־ס [BEShÚTFESDIKE]
Joint Chiefs of Staff פֿאַראײניקטע שטאַבשעפֿן
joint custody די שותּפֿישע קינדער־השגחה [ShÚTFIShE] [HAZhGÓKhE/HAShGÓKhE]
joint degree דער בשותּפֿותדיקער דיפּלאָם, ־ען [BEShÚTFESDIKER]
jointly בשותּפֿות; אין אײנעם; צוזאַמען [BEShÚTFES]
joint replacement דער געלענק־פֿאַרבײַט, ־ן
joint venture די בשותּפֿותדיקע אונטערנעמונג, ־ען [BEShÚTFESDIKE]
joist דער (קווער)באַלקן, ־ס; דער זאַמיט
joke, *n.* דער וויץ, ־ן; די חכמה, ־ות; דער שפּאַס, ־ן [KhÓKhME]
as a joke אויף קאַטאָוועס; אויף ‹אין› אַ געלעכטער; אין אַ שפּאַס
It's no joke! אָן קאַטאָוועס!; יענע חכמה!; נישטאָ וואָס ס'זאָל לאַכן!; ס'איז נישט קאָמיש!
get the joke פֿאַרשטײן ‹כאַפּן› דעם וויץ
tell a joke דערצײלן אַ וויץ
joke, *v.* **(around)** וויצלען זיך; חכמהן זיך; ווערטלען זיך; שפּאַסן [KhÓKhMEN]
joker
(cards) דאָס נישטל, ־עך
(clown) דער וויצלער, ־ס; דער וויצלינג, ־ען; דער קאַטאָוועס־טרײַבער, ־ס; דער האָצמאַך
the joker in the pack די אומגעריכטע צרה [TSÓRE]
joking דאָס געשפּאַס, ־ן
joking aside (דאָס) געלעכטער אין אַ זײַט; טאַקע אָן קאַטאָוועס
You must be joking! מאַכסט ‹איר מאַכט› אַ וויץ!; טרײַבסט ‹איר טרײַבט› קאַטאָוועס!; דו שפּאַסט ‹איר שפּאַסט›!
jokingly אויף קאַטאָוועס; אין אַ שפּאַס
jolly לאַכעדיק; פֿריילעך; (גוט) אױפֿגעלײגט; לוסטיק
Jolly Roger די פּיראַטן־פֿאָן
jolt, *n.* דער שטויס, ־ן; דער שטורך, ־ן; דער וואָרף, ־ן
jolt, *v.*
imp. טרעסען; טרײסלען; שטויסן; טראָמאַסען; (אַ)רודערן
pf. אַ טרייסל ‹טרעסע/שטויס/וואָרף›
(*fig.*) אױפֿטרייסלען
Jonah (bib.) יונה הנבֿיא [YÓYNE HANÓVI]
jonquil דער זשאָנקיל
Jordan (דאָס) ירדן [YARDN]
Jordanian, *adj.* ירדניש [YARDÉYNISh]
Jordanian, *n.*
m./unsp. דער ירדנער, – [YARDÉYNER]
f. די ירדנערין, ־ס [YARDÉYNERN]
Jordan River דער (טײַך) ירדן [YARDN]
Joseph (bib.) יוסף הצדיק [YÓYSEF HATSÁDIK]
Joseph's coat (bot.) דער קאָלירעקער אַמאַראַנט
josh
vt. רייצן זיך מיט; טרײַבן שפּאַס מיט
vi. אונטערשפּאַסן
Joshua (bib.) יהושע [YE(HOY)ShÚE]
(Book of) Joshua (bib.) (ספֿר) יהושע [SÉYFER]
Joshua tree דער יהושע־בוים [YE(HOY)ShÚE]

jostle, *n.* דאָס שטופּעניש; דאָס שטיקעניש; דאָס געדראַנג
jostle, *v.*
vt./vi. imp. שטופּן (זיך); שטויסן (זיך); שטורכען (זיך); בוצקען (זיך)
vt. pf. אַ שטופּ ‹שטויס/שטורך› טאָן
jostle for פֿאַרמעסטן ‹ראַנגלען› זיך אויף
jot, *n.* דער שמץ; דאָס ברעקל [ShÉMETS]
jot, *v.* **(down)** פֿאַרצײכענען; פֿאַרנאָטירן; פֿאַרשרײַבן
jotting דאָס נאָטיצל, ־עך
joule דער דזשאַול, ־ן
journal
(diary) דאָס טאָגבוך, ...ביכער; דאָס טאָגביכל, ־עך
(publication) דער זשורנאַל, ־ן
journalese דאָס גאַזעטסקע לשון; דער צײַטונג־זשאַרגאָן [LOShN]
journalism די זשורנאַליסטיק; דער זשורנאַליזם
(pol./educ.) די פּובליציסטיק
journalist
m./unsp. דער זשורנאַליסט, ־ן
f. די זשורנאַליסטקע ‹זשורנאַליסטין›, ־ס
journalistic זשורנאַליסטיש
journey, *n.* די נסיעה, ־ות; דער וועג, ־ן; די ר״ײַזע, ־ס [NESÍE]
journey, *v.* פֿאָרן
journeyman דער (אַרבעט־)געזעל, ־ן; דער פּועל, ־ים; דער טשעליאַדניק, ־עס [PÓYEL, POYÁLIM]
joust, *n.* דער טורניר, ־ן
joust, *v.*
(compete) קאָנקורירן (אין אַ טורניר)
(struggle) קעמפֿן; ראַנגלען זיך
jousting די/דאָס טורנירשפּיל
Jove יופּיטער
by Jove! (surprise) וואָס איך הער!
by Jove (oath) איך שווער דיר ‹אײַך›
jovial *see* **jolly**
jowl דער אונטערקײַער, ־ס; די קינבאַק, ־ן
joy די פֿרייד; די שׂימחה; דאָס/דער נחת; דער נחת־רוח; דאָס/דער פֿאַרגעניגן, ־ס [SÍMKhE] [NÁKhES] [NÁKhES-RÚEKh]
joy and jubilation דער שׂשׂון־ושׂימחה [SÓSN-VESÍMKhE]
full of joy מלא־שׂימחה [MÓLE-SÍMKhE]
joyful מלא־שׂימחה‹־פֿרייד›; פֿריידיק [MÓLE-SÍMKhE]
joyfulness די שׂימחה; די/דאָס פֿריידיקייט [SÍMKhE]
joyless אָן פֿריידן
joyous פֿריידיק; צעפֿרײלעכט; (שׂשׂון־ו)שׂימחהדיק [(SÓSN-VE)SÍMKhEDIK]
joyously בשׂימחה [BESÍMKhE]
joyride דער הפֿקר־פֿאָר, ־ן [HÉFKER]
joystick דאָס קאָנטראָל־שטעקל, ־עך
JTA די יט״אַ
jubilant יובלענדיק; שטראַלנדיק; איבערגליקלעך
jubilation דאָס געיובל; די צהלה [TSOHÓLE]
jubilee דער יובילײ, ־ען; דער יובֿל, ־ען [YOYVL]
Judah (bib.) יהודה [YEHÚDE]
Judaic ייִדיש; יודאַיִסטיש
Judaica די יודאַיִקאַ
Judaic studies ייִדישע ‹יודאַיִסטישע› לימודים
Judaism די/דאָס ייִדישקייט; דאָס יהדות [YÁADES]
Judaize אײַנייִדישן
Judas (*fig.*) דער בוגד, ־ים; דער ״פֿאַררעטער, ־ס [BÓYGED, BÓGDIM]
Judas tree די וואַלדקרוין
Jude (Chr./bib.) יהודה [YEHÚDE]
Judeo-... ייִדיש־...; יודעאָ־...

Judeo-Arabic דאָס יאַהודיש
Judeo-Aramaic דאָס אַרמיש [ARÁMISh]
Judeo-Christian יודעאָ־‹ייִדיש־›קריסטלעך
Judeo-French דאָס צרפֿתיש [TSORFÁSISh]
Judeo-Greek דאָס יווניש [YEVÓNISh]
Judeo-Italian דאָס איטאַלקיש
Judeo-Persian דאָס פֿאַרסיש
Judeo-Spanish, *adj.* דזשודעזמיש
Judeo-Spanish, *n.* דאָס דזשודעזמע; דאָס לאַדינאָ
judge, *n.* דער ריכטער, ־ס
(J./rabbinic) דער דיין, ־ים [DÁYEN, DAYÓNIM]
(spo.) דער שופֿט, ־ים [ShÓYFET, ShÓFTIM]
be a good judge of character זײַן אַ מבֿין אויף אַ מענטש [MEYVN]
You be the judge! זאָג דו ‹זאָגט איר› אַליין!
judge, *v.*
(jur.) מישפּטן [MÍShPETN]
(decide) פּסקענען ‹פּסקע|נען› [PÁSKENEN - PASKN/PÁSKE]
judging from לויט; וועדליק; לפֿי [LEFÍ]
Don't judge a book by its cover דאָס פּנים קען פֿאַרפֿירן; אַל תּסתּכּל בקנקן [PÓNEM] [AL TISTÁKL BEKÁNKN]
Judges (bib.) שופֿטים [ShÓFTIM]
(Book of) Judges (bib.) (ספֿר) שופֿטים [SÉYFER]
judgeship דער ריכטעראַמט, ־ן
judgment
(assessment) די אָפּשאַצונג, ־ען; דער אָפּשאַץ, ־ן
(award) די צופּסקענונג, ־ען [TSÚPÁSKENUNG]
(jur.) דער אורטל, ־ען; דער פּסק, ־ן/־ים; דער פּסק־דין, ־ים [PSAK, PSÓKIM] [PSAKDÍN]
against one's better judgment נישט (אין גאַנצן) לויטן שׂכל־הישר [SÉYKhL-HAYÓShER]
good judgment דער פֿאַרשטאַנד; די/דאָס מיושבֿדיקייט [MEYÚShEVDIKEYT]
have poor judgment נישט קלערן מיט שׂכל [SEYKhL]
of good judgment פֿאַרשטאַנדיק
pass judgment (evaluate) אָפּשאַצן; זאָגן מבֿינות [MEVÍNES]
pass judgment (jur.) פּסקענען ‹פּסקע|נען›; אורטלען [PÁSKENEN - PASKN/PÁSKE]
person with good judgment דער בר־דעת, ־ן [BARDÁ(A)S]
the Last Judgment דער יום־הדין [YOM-HADÍN]
sit in judgment (jur.) אָפּהאַלטן דעם מישפּט ‹פּראָצעס› [MÍShPET]
sit in judgment of (*fig.*) מישפּטן + אַק' [MÍShPETN]
judgmental קריטיש
be judgmental זײַן קריטיש; קוקן מיט פֿאָראורטל
judgment call דער (אייגענער) אָפּשאַץ, ־ן
Judgment Day דער יום־הדין [YOM-HADÍN]
judicature ריכטערס ל"ר; די געריכט־אײַנאָרדענונג
judicial געריכטיק; געריכט...; ריכטער...; יוסטיצ...
judicial branch די געריכטיקע מאַכט
judicial matter דער געריכט־ענין, ־ים [ÍNYEN, INYÓNIM]
judicial robe דער ריכטערראָק, ־ן
judiciary, *adj.* געריכטיק; געריכט...
judiciary, *n.* די געריכטיקע מאַכט
Judiciary Committee די געריכט־קאָמיסיע
judicious אויסגערעכנט; שׂכלדיק; באַקלעריק [SÉYKhLDIK]
judo דער דזשודאָ
jug דער קרוג, קריג; דאָס קריגל, ־עך; דער לאַדיש, ־עס/־ן
jugful (of) דער פֿולער קרוג (מיט)
juggernaut דער צעשמעטער־כּוח [KÓYEKh]
the military juggernaut דער מיליטער־אַפּאַראַט
juggle זשאָנגלירן (מיט)
(*fig.*) ראַנגלען זיך אײַנצײַטיק מיט
juggler
m./unsp. דער זשאָנגליר, ־ן; דער זשאָנגליאָר, ־ן
f. די זשאָנגלירקע, ־ס; די זשאָנגליאָרקע, ־ס
jugular האַלדז...; נאַקנ...
go for the jugular אָנכאַפּן + דאַט' בײַם גאָרגל; אַ וואָרף טאָן זיך אויף + דאַט'
jugular vein די האַלדזווענע, ־ס; די/דער נאַקן־אָדער, ־ן
juice, *n.* דער זאַפֿט, ־ן; דער סאָק, ־ן
juice, *v.* אויסזאַפֿטן
juicer דער זאַפֿטקוועטשער, ־ס; דער זאַפֿטפּרעס, ־ן
juiciness די/דאָס זאַפֿטיקייט
juicy זאַפֿטיק; סאָקיק; ווײַניק
juicy morsel דער פֿעטער ביסן, ־ס
jujitsu דער דזשודזשיצו
jujube די יויובע
jukebox דער שפּילקאַסטן, ־ס
julep דער זשולעפּ
July (דער) יולי
jumble, *n.* דאָס/דער אָנגעוואָרף, ־ן; דער אָנוואַלגער; דער מיש־מאַש, ־ן; דער פּלאָנטער, ־ס
jumble, *v.* **(up)** צעפּלאָנטערן; פֿאַרפּלאָנטערן; פֿאַרפּוטע|ן
jumbo דזשאָמבאָ...; ריזנ...
jump, *n.* דער שפּרונג, ־ען
be one jump ahead האַלטן מיט איין טראָט ווײַטער
get a jump on פֿעדערן זיך; אָנהייבן גאָר פֿרי מיט ‹בײַ›
jump, *v.* שפּרינגען
jump ahead (leap) פֿאָרויסשפּרינגען
jump ahead (*fig.*) אַריבערשטײַגן
jump at כאַפּן זיך צו; אָנכאַפּן זיך אין; אַ נעם ‹לאָז› טאָן זיך צו
jump at the opportunity אָנכאַפּן זיך אין דער געלעגנהייט; אַרײַנכאַפּן
jump bail ברעכן די קויציע
jump down sb.'s throat אָנפֿאַלן אויף; אַרײַנפֿאָרן + דאַט' מיט אַ פּאַמוֹניצע; שטאַרק קריטיקירן
jump for joy שפּרינגען ‹טאַנצן› פֿאַר פֿרייד
jump in אַרײַנשפּרינגען
jump into a conversation אַרײַנשפּרינגען ‹אַרײַנפֿאַלן/אַרײַנטאַנצן› אין אַ שמועס
jump into bed אַרײַנשפּרינגען אין בעט אַרײַן
jump off אָפּשפּרינגען
jump on the bandwagon אַרויפֿכאַפּן זיך אויפֿן וואָגן; מיטטאַנצן; מיטלויפֿן
jump on the horse אויפֿזיצן אויפֿן פֿערד
jump out אַרויסשפּרינגען
jump rope שפּרינגען מיט אַ שטריק ‹שנור›
jump ship אַראָפּשפּרינגען פֿון שיף
jump ship (*fig.*) פֿאַרלאָזן
jump the curb אַרויפֿפֿאָרן אויפֿן טראָטואַר
jump the line אַרײַנגנבֿע|(נע)ן זיך אין דער ריי [ARÁYNGÁNVE(NE)N]
jump the tracks אַראָפּ(פֿאָרן) פֿון די רעלסן
jump up אויפֿשפּרינגען
Don't jump the gun! כאַפּ(ט) נישט די לאָקשן פֿאַר די פֿיש!; כאַפּ(ט) נישט די פֿיש פֿאַר דער נעץ!; כאַפּ(ט) נישט!
jump ball דער אויפֿשפּרונג, ־ען; דער שפּרינגקלאַפּ, ...קלעפּ
jumper
(dress) דאָס טרעגער־קליידל, ־עך
(exerciser) דאָס שפּרינגערל, ־עך

jumper cable דער נויטקאַבל, ־ען
jumpiness די/דאָס נערוועזקייט; די/דאָס אומרויִקייט
jumping jacks שפּרינגלקעס
  do jumping jacks מאַכן שפּרינגלקעס
jumping-off point דער אָנהייבפּונקט, ־ן
jump pass דער שפּרינגוואָרף, ־ן
jump rope דער שפּרינגשטריק, –; דער שפּרינגשנור, ־ן
jump shot דער שפּרינגשאָס, ־ן
jump-start געבן אַ לאַד אונטער די באַטעריע
  (*fig.*) סטימולירן; אויפֿלעבן
jumpsuit
  (worksuit) דער קאָמבינעזאָן, ־ען
  (child's) שפּרינגקעס ל״ר
jumpy נערוועז; נערוועזיש; אומרויִק
  be jumpy *also* נישט קענען אײַנזיצן; זיצן אויף שפּילקעס
junction דער קנופּ, ־ן
  (road) דער וועגקנופּ, ־ן
  (train) דער קנופּ, ־ן; די קנופּסטאַנציע, ־ס
juncture דער העפֿט(פּונקט), ־ן; דער צײַטפּונקט, ־ן; די העפֿטונג, ־ען
  at this juncture אין איצטיקן מאָמענט; ווי סע האַלט איצט
June (דער) יוני
jungle דער דזשאָנגל ‹דזשונגל›, ־ען
jungle gym די קריכלקע, ־ס
junior, *adj.*
  (lower) נידעריקער; אונטער...
  (younger) ייִנגער
  junior year דאָס דריטע יאָר
junior, *n.*
  (student) דער דריטיאָרלער, ־ס
  (title) יוניאָר
  be a junior (acad.) זײַן אַ דריטיאָרלער; זײַן אין דריטן יאָר
  She's my junior by 4 years זי איז מיט פֿיר יאָר ייִנגער פֿון ‹פֿאַר› מיר
junior college דער אונטערקאָלעדזש, ־ן; דער צוויי־יאָריקער קאָלעדזש, ־ן
junior faculty די ייִנגערע לערערשאַפֿט
junior high school די אונטערמיטלשול, ־ן
junior varsity team די אונטערספּאָרטמאַנשאַפֿט, ־ן
juniper דער יאַלאָוועץ
junk, *n.*
  (garbage) דער אָפּפֿאַל
  (cheap goods) דער כלאַם; דאָס באָוול; דער ראַמש; דער יוקס
junk, *v.* אַוועקוואַרפֿן (דעם כלאַם); אַרויסוואַרפֿן (אויפֿן מיסט)
junk bond די ספּעקוליר־אָבליגאַציע, ־ס
junk dealer דער אַלטוואַרגער, ־ס; דער אַלטוואַרג־הענדלער ‹־פֿעדלער›, ־ס; דער טענדלער, ־ס
junket, *n.*
  (dessert) דער זויערער מילכדעסערט
  (feast) די סעודה, ־ות; דער באַנקעט, ־ן [SÚDE]
  (trip) די לוסטרײַזע אויפֿן מלוכישן חשבון [MELÚKhIShN] [KhEZhBM]
junket, *v.* [SÚDEVEN] [SÚDES] סעודהווע|ן; פֿראַווע|ן סעודות
junk food דאָס חזירײַ [KhAZERÁY]
junkie דער נאַרקאָמאַן, ־ען; דער נאַרקאָטיקער, ־ס
  (*fig.*) דער פֿאַנאַטיקער, ־ס
junk mail די מיסטפּאָסט; דאָס פּאָסטעכץ
junk pile דער מיסטהויפֿן, ־ס
junta די כונטע, ־ס
Jupiter (דער) יופּיטער

Jupiter's-beard (bot.) יופּיטערס באָרד
juridical יורידיש
juried געמישפּט מיט אַ זשורי [GEMÍShPET]
jurisdiction די יוריסדיקציע, ־ס; דער רשות, ־ן; דער יורידישער תּחום, ־ען/־ים [REShÚS]
jurisprudence די יורי; די יוריספּרודענץ; די יוריסטיק
jurist
  m./unsp. דער יוריסט, ־ן; דער יורידישער מומחה, ־ים [MÚMKhE, MÚMKhIM]
  f. די יוריסטין ‹יוריסטקע›, ־ס
juror דער זשוריסט, ־ן; דער (אײַנ)געשוווירענער געב׳
jury דער/די זשורי, ־ען; געשוווירענע ל״ר; דאָס געריכט פֿון געשוווירענע
  jury of one's peers דער/די זשורי פֿון גלײַכע
  The jury is still out (jur.) דער/די זשורי האָט נאָך נישט באַשלאָסן
  The jury is still out (*fig.*) קיין קלאָרער ענטפֿער איז נאָך נישטאָ
jury box די זשוריבאַנק, ...בענק
jury duty דאָס זשורידינסט
  on jury duty אין זשורידינסט
jury selection דאָס אויסקלײַבן אַ זשורי
  jury selection bias דער פֿאָראורטל בײַם אויסקלײַבן אַ זשורי
just, *adj.* יושרדיק; גערעכט; מיט ‹על־פּי› יושר [YÓYShERDIK] [ÁLPI] [YÓYShER]
  just war די מלחמת־צדק; די גערעכטיקטע מלחמה, ־ות [MILKhÉMES-TSÉDEK] [MILKhÓME]
  He got his just deserts ער האָט באַקומען דאָס וואָס ער האָט כּשר פֿאַרדינט; ער האָט באַקומען דאָס זײַניקע [KÓShER]
  the just גערעכטע ל״ר; צדיקים ל״ר [TSADÍKIM]
just, *adv.*
  (barely) קוים(־קוים)
  (exactly) פּונקט
  (only) נאָר; בלויז; רק [RAK]
  just about כּמעט; שיִער נישט [KIMÁT]
  just as פּונקט ווי
  just as ..., so ... פּונקט ווי ..., אַזוי אויך ...
  just in case טאָמער (מאַכט זיך) עפּעס; טאָמער פֿאַרט; טאָמער וואָס; אַ קשיא אויף אַ מעשה [KÁShE] [MÁYSE]
  just like that סתּם ‹גלאַט› אַזוי [STAM]
  just now אָט ערשט; ערשט אָ; נאָר וואָס; אָקערשט; גראָד איצט
  just so פּונקט אַזוי
  just the same פֿונדעסטוועגן; דאָך
  Just a moment! וואַרט צו אַ סעקונדע ‹רגע›! [RÉGE]
  Just show me! אַנו, ווײַז(ט) מיר!
  He just doesn't get it! ער פֿאַרשטייט פּשוט נישט!; גיי רעד צו דער וואַנט ‹צום לאָמפּ›! [PÓShET]
justice
  (fairness) דער יושר; די/דאָס גערעכטיקייט [YÓYShER]
  (judge) דער ריכטער, ־ס
  (system) די יוסטיץ
  justice of the peace דער שלום־‹פֿרידנס־›ריכטער, ־ס; דער וויט, ־עס [ShÓLEM]
  bring to justice איבערגעבן צום געריכט; ברענגען צום מישפּט [MÍShPET]
  do justice to באַגיין זיך מיט יושר מיט; אָפּשאַצן ווי געהעריק; אָפּשאַצן + אַק׳ מיט יושר; יוצא זײַן לגבי [YÓYTSE] [LEGÁBE]
Justice Department דער יוסטיץ־מיניסטעריום ‹־דעפּאַרטעמענט›

justifiable באַרעכטיקט
justification
(reason) דער תּירוץ, ־ים; דער פֿאַרענטפֿער, ־ס; די פֿאַרענטפֿערונג, ־ען [TÉRETS, TERÚTSIM]
(of action) די באַרעכטיקונג, ־ען; די באַגרינדונג, ־ען; דער זכות, ־ן/־ים [SKhUS]
(vindication) די רעכטפֿאַרטיקונג
(typ.) די שורה־אויסגלייַכונג [ShÚRE]
justify
(give reason) באַרעכטיקן; באַגרינדן; מצדיק זייַן [MÁTSDEK]
(vindicate) רעכטפֿאַרטיקן; כשרן [KÁShERN]
justify oneself פֿאַרענטפֿערן זיך; זאָגן אַ תּירוץ; מתנצל זייַן זיך [TÉRETS] [MISNÁTSL]
The ends don't justify the means דער ציל כּשרט נישט די מיטלען [KÁShERT]
(typ.) [ShÚRES] אויסגלייַכן די שורות אויף לינקס ‹רעכטס›

justly מיט רעכט
and justly so און (טאָקע) מיט רעכט
jut, *n.* דער אַרויסשטאַרץ, ־ן
jut, *v.* **(out)** אַרויסשטאַרצן; אַרויסשטעקן; אַרויסקוקן
jute די יוטע
juvenile, *adj.* יוגנט...; יוגנטלעך; קינדער...
juvenile, *n.* דער יוגנטלעכער געב׳; דער דערוואַקסלינג, ־ען
Juvenile Court דאָס יוגנט־געריכט
juvenile delinquency דאָס יוגנטלעכע געזעץ־ברעכערייַ
juvenile delinquent דער יוגנטלעכער געזעץ־ברעכער, ־ס; דער יוגנטלעכער עבֿריין, ־ים [AVÁRYEN, AVARYÓNIM]
juvenile diabetes די יוגנט־צוקערקרענק; דער יוגנט־דיאַבעט
juxtapose אַ(נט)קעגנשטעלן
juxtaposition דער אַ(נט)קעגנשטעל, ־ן; די אַ(נט)קעגנשטעלונג, ־ען; דאָס שטעלן איינס לעבן צווייטן

K

K דער קאַ, ־ען
kabbalah די קבלה [KABÓLE]
kabbalist דער מקובל, ־ים [MEKÚBL, MEKUBÓLIM]
Kaddish דער/דאָס קדיש, ־ים [KÁDESh, KADÉYShIM]
recite the Kaddish זאָגן קדיש
kaffir bread דאָס קאַפֿערברויט
kaffir lily דאָס קאַפֿערל
kaffiyeh די קופֿיִע, ־ס
kaftan דער קאַפֿטן, ־ס/קאַפֿטענעס; די קאַפּאָטע, ־ס
Kaiser דער קייסער, ־ס
kaiser roll די קײַזערקע, ־ס
Kalashnikov דער קאַלאַשניקאָוו, ־ן
kale דאָס בלעטערקרויט
kaleidoscope דער קאַליידאָסקאָפּ, ־ן
kaleidoscopic קאַליידאָסקאָפּיש
kamikaze, *adj.* קאַמיקאַזע־...
kamikaze, *n.* דער קאַמיקאַזע, ־ס
kangaroo דער קענגורו, ־ען
kangaroo court דער פּאַראָדיע־פּראָצעס, ־ן
Kansas (דאָס) קאַנזאַס
kaolin די פּאָרצעלײַ־ערד; דער קאַאָלין
kapo דער קאַפּאָ, ־ס
kaput אויס
go kaput קאַליע ווערן
Karaite דער קאַראַימער, –; דער קראָי, ־ם [KRÓI]
karakul, *adj.* קאַראַקולן
karakul, *n.* דער קאַראַקול
karaoke די קאַראַאָקע
karat דער קאַראַט, ־ן
18-karat אַכצן־קאַראַטיק
karate די קאַראַטע
karma די קאַרמע
karmic קאַרמיש
kasha די רעטשענע ‹גריקענע› קאַשע
kasha varnishkes די קאַשע מיט וואַרניטשקעס
kasher, *v.* כשרן; כשר מאַכן [KÁShERN] [KÓShER]
kashering pot דער כשר־טאָפּ, ־טעפּ [KÁShER]
Kashmir (דאָס) קאַשמיר
Kashmiri, *adj.* קאַשמירער אינוו'
Kashmiri, *n.*
m./unsp. דער קאַשמירער, –
f. די קאַשמירקע ‹קאַשמירין›, ־ס
(language) דאָס קאַשמיריש
kashrut דאָס כשרות [KÁShRES]
Katyusha די קאַטיושע, ־ס
Kaunas (די) קאָוונע
kayak, *n.* דער קאַיאַק, ־ן
kayak, *v.* פֿאָרן ‹שווימען› מיט אַ קאַיאַק
kayaker דער קאַיאַקיסט, ־ן
Kazakh, *adj.* קאַזאַכיש
Kazakh, *n.*
m./unsp. דער קאַזאַד, ־ן
f. די קאַזאַכקע ‹קאַזאַכין›, ־ס
(language) דאָס קאַזאַכיש; די קאַזאַכיקע שפּראַך
Kazakhstan (דאָס) קאַזאַכסטאַן
kebab דער קאַבאַב, ־ן
keel, *n.* דער קיל, ־ן
on an even keel פֿעסט; סטאַביל; באַלאַנסירט
keel, *v.* **(over)**
(capsize) איבערקערן זיך
(faint) אַוועקחלשן [AVÉKKhÁLEShN]
keen, *adj.*
(eager) זשעדנע; אײַפֿער(ד)יק; להוט [LÓET/LÓER]
(sharp) שאַרף; חריפֿותדיק [Kh(A)RÍFESDIK]
be keen on זײַן להוט נאָך; זײַן גערן צו
have a keen mind האָבן אַ שאַרפֿן מוח ‹קאָפּ›; האָבן אַ גאונישן קאָפּ [MÓYEKh] [GEÓYNIShN]
not be keen on נישט האָבן קיין גרויסן חשק צו; נישט זײַן גערן צו [KhÉYShEK]
have a keen eye האָבן אַ שאַרף אויג; האָבן אַ טבֿיעות־עין [TVÍES-ÁYEN]
keen, *v.* קלאָגן; באַוויינען; יעלה|ן; מאַכן יללות [YÁYLEN] [YELÓLES]
keenly שאַרף; אינטענסיוו
keenness
(eagerness) די/דאָס זשעדנעקייט; די/דאָס אײַפֿער(ד)יקייט
(sharpness) די/דאָס שאַרפֿקייט; דאָס חריפֿות; די/דאָס אינטענסיווקייט [Kh(A)RÍFES]
keep, *n.* די פּרנסה; די מחיה; מזונות ל"ר; דאָס ברויט [PARNÓSE] [MÍKhYE] [MEZÓYNES]
It's yours for keeps ס'איז דײַנס ‹אײַערס› אויף אייביק; דאָס דאַרפֿסטו ‹דאַרפֿט איר› באַהאַלטן
He's playing for keeps ער שפּילט ערנצט
keep, *v.*
vt. **(maintain)** האַלטן; אַוועקלייגן
vt. **(retain)** לאָזן בײַ זיך
vt. **(detain)** פֿאַרהאַלטן; אָפּהאַלטן
vt. **(raise animals)** האָדעווע|ן; ציִען
vi. **(stay fresh)** האַלטן זיך; אויפֿהיטן זיך; בלײַבן פֿריש
vi. **(do continually)** האַלטן אין איין; נישט אויפֿהערן צו
keep after אונטערטרײַבן; אונטעריאָגן
keep at it נישט אָפּלאָזן; נישט אָפּטרעטן
keep away, *vt./vi.* האַלטן (זיך) וואָס ווײַטער פֿון; האַלטן (זיך) פֿון דער ווײַטן פֿון; צוריקהאַלטן (זיך) פֿון
keep away, *vi.* *also* ווײַכן פֿון
keep back צוריקהאַלטן
keep down, *vt.* **(prices)** נישט אַרויפֿלאָזן; האַלטן נידעריק
keep down, *vt.* **(oppress)** דערשטיקן; ˙אונטערדריקן
keep down, *vi.* **(stay down)** בלײַבן ליגן ‹אונטן›; נישט אויפֿשטעלן זיך
keep from, *vt.* **(protect)** באַשיצן
keep from, *vt.* **(hide)** באַהאַלטן פֿון; האַלטן אַ סוד פֿון [SOD]
keep from, *vi.* **(restrain oneself)** אײַנהאַלטן ‹אָפּהאַלטן› זיך פֿון
keep going ממשיך זײַן; ווײַטער + ווערב [MÁMShEKh]
keep in נישט אַרויסלאָזן; האַלטן אינעווייניק
keep off, *vt.* נישט אַרויפֿלאָזן; נישט צולאָזן
keep off, *vi.* נישט אַרויפֿגיין (אויף)
keep off the grass נישט טרעטן אויפֿן גראָז; נישט באַטרעטן דאָס גראָז
keep on האַלטן אין איין; נישט אויפֿהערן צו
keep on about נודיע|ן וועגן
keep out, *vt.* נישט אַרײַנלאָזן ‹צולאָזן›
keep out, *vi.* נישט אַרײַנגיין
Keep right! האַלט זיך (אויף) רעכטס!
keep to האַלטן זיך בײַ

keep to oneself, *vt.* **(a secret)** האַלטן בסוד [BESÓD]
keep to oneself, *vi.* **(aloof)** אָפּשטיין; האַלטן זיך אָפּגעזונדערט; בלײַבן אַלײן
keep up, *vt.* **(high)** האַלטן הויך; נישט אַראָפּלאָזן
keep up, *vt.* **(awake)** נישט לאָזן (אײַנ)שלאָפֿן
keep up, *vt.* **(maintain)** אויפֿהאַלטן; אָנהאַלטן
keep up, *vi.* **(stay even)** האַלטן שריט; מיטהאַלטן; האַלטן גלײַך; אָנהאַלטן ‹נאָכהאַלטן› דעם גאַנג
Keep up the good work! ווײַטער מיטן רעכטן פֿוס!; וואָס ווײַטער אַלץ בעסער!
keep up with the Joneses נאָכטאַנצן די שכנים; מיטהאַלטן מיט + דאַט'; לעבן נישט ערגער ווי בײַ יענעם [ShKhÉYNIM]
keep well (healthy) בלײַבן ‹זײַן› געזונט
keeper דער שומר, ־ים; דער היטער, ־ס [ShÓYMER, ShÓMRIM]
Am I my brother's keeper? השומר אָחי אָנוכי?; צי בין איך דען מײַן ברודערס היטער? [HAShÓYMER ÓKhI ONÓYKhI]
Will it keep? קען עס צוואַרטן?
keeping, *n.*
in keeping with בהסכם מיט [BEHÉSKEM]
be out of keeping with נישט שטימען מיט; נישט זײַן בהסכם מיט
keepsake דאָס אָנדענקל, ־עך; דער אָנדענק, ־ען; דער סווועניר, ־ן
kefir דער קעפֿיר
keg דאָס פֿעסל, ־עך; דאָס פֿעסעלע, ־ך; דאָס טונדל, ־עך
keg of beer דאָס בירפֿעסל, ־עך; דאָס פֿעסל ‹פֿעסעלע› ביר
keg party די ביר־שׂימחה, ־ות [SÍMKhE]
kei apple דער קאַפֿער־עפּל
kelp לאַמינאַריע; ברוינע אַלגעס ל״ר
kelvin (דער גראַד) קעלווין
ken
(perception) די תּפֿיסה; דער באַנעם [TFÍSE]
(range of vision) דער זעקרײַז; דער האָריזאָנט
beyond one's ken נישט צו(ם) באַנעמען; איבער + פּאָס' פֿאַרשטאַנד
kennel די הינטאַרניע, ־ס; די פּסאַרניע, ־ס
Kentucky (דאָס) קענטאָקי
Kentucky bluegrass דער לאָנקע־מיאַטליק
Kenya (די) קעניע
Kenyan, *adj.* קעניאַניש
Kenyan, *n.*
m./unsp. דער קעניאַנער, –
f. די קעניאַנערין ‹קעניאַנערקע›, ־ס
kept, *adj.*
a kept woman די מעטרעסע, ־ס; די פּלגש, ־ים; די קורטיזאַנקע, ־ס [PILÉGESh, PILÁKShIM]
keratosis די קעראַטאָז, ־ן
kerchief דאָס (קאָפּ)טיכל, ־עך; דאָס קאָפּן־טיכל, ־עך; די פֿאַטשײלע, ־ס
Kerchoo! אַפּטשי!; אַפּטשו!; אַכטשי!; טשכי!
kerfuffle די מהומה, ־ות; די סומאַטאָכע, ־ס [MEHÚME]
kernel די זערנע, ־ס; דער קערן, ־ס; דאָס קערנדל, ־עך; דער/די יאָדער, ־ן; דאָס יאָדערל, ־עך
(fig.) דער תּמצית; דער תּוך [TÁMTSES] [TOKh]
kernel of corn דאָס פּאַפּשויעלע, ־ך; דאָס קוקורוזע־קערעלע, ־ך
There's not a kernel of truth in that נישטאָ אין דעם קיין ברעקעלע אמת [ÉMES]
kerosene דער קעראָסין; דער נאַפֿט
Kerplunk! פּליוך!
go kerplunk געבן ‹מאַכן/טאָן› אַ פּליוך ‹זעץ/טראַסק›
kestrel דער טורעמפֿאַלק, ־ן
ketchup דער קעטשאָפּ
kettle
(boiler) דער קעסל, ־ען
(tea) דער טשײַניק, ־עס
A fine kettle of fish! אַ שיינע מעשׂה!; די ריכטיקע קאַשע פֿאַרקאָכט! [MÁYSE]
kettledrum די קעסלפּויק, ־ן
ketubah די כּתובה, ־ות [KSÚBE]
key, *adj.* עיקר־...; הויפּט...; תּוכיק [ÍKER] [TÓKhIK]
key, *n.* דער שליסל, –
(comp./piano) דער קלאַוויש, ־ן
(mus.) *also* די טאָנאַציע, ־ס
key, *v.*
key in אַרײַנטאָן; אַרײַנטיפּירן; אַרײַנקלאַפּן; אַרײַנוואָרטירן
all keyed up אין גאַנצן אויפֿגעשרויפּט ‹אויפֿגערודערט›
keyboard, *n.* די קלאַוויאַטור, ־ן; דאָס געשליסל, ־ען
keyboard, *v.* *see* **key in**
keyboardist דער קלאַוויאַטור־שפּילער, ־ס
keyboard layout די קלאַוויאַטור, ־ן; דער קלאַוויאַטור־אויסשטעל, ־ן
key card דאָס שליסל־קאַרטל, ־עך
key chain דאָס שליסל־קייטל, ־עך
keyhole די/דער שליסללאָך, ...לעכער; דאָס שלאָסשפּעלטל, ־עך
key money דער נאַדרויף, ־ן
keynote דער שליסלטאָן, ...טענער
keynote address די הויפּטרעדע, ־ס; די עיקר־רעדע, ־ס [ÍKER]
keynote speaker דער הויפּטרעדנער, ־ס; דער עיקר־רעדנער, ־ס [ÍKER]
keypad דער ציפֿער־פּאַנעל, ־ן
key position די שליסל־פּאָזיציע, ־ס
keypunch, *n.* דער לעכלער, ־ס
keypunch, *v.* לעכלען
keypunch card דאָס לעכל־קאַרטל, ־עך
key ring דער שליסלרינג, ־ען
key signature די טאָן־צײכענונג, ־ען
keystone דער שליסלשטיין, ־ער
(*fig.*) דער ווינקלשטיין, ־ער; דער יסוד, ־ות [YESÓD, YESÓYDES]
keystroke דער קלאַפּ מיטן קלאַוויש
keyword דאָס זוכוואָרט, ...ווערטער; דאָס שליסלוואָרט, ...ווערטער
kg קג [= קילאָגראַם]
KGB דער קאַ־גע־בע
khaki, *adj.* כאַקי...
khaki, *n.* דער כאַקי
(color) דער כאַקי־קאָליר
khalif דער כאַליף, ־ן
khalifate דער כאַליפֿאַט, ־ן
khan דער כאַן, ־ען
kHz דער קילאָהערץ, –
kibbutz דער קיבוץ, ־ים [KIBÚTS, KIBUTSÍM]
kibitz קיבעצן
kibitzer דער קיבעצער, ־ס
kibitzing דער קיבעץ
kibosh
put the kibosh on מאַכן אַ סוף צו [SOF]
kick, *n.* דער בריקע, ־ס; דער קאָפּע, ־ס; דער דריגע, ־ס
get a kick out of שטאַרק הנאה האָבן פֿון; אָנקוועלן פֿון [HANÓE]

get one's kicks האָבן פֿאַרגעניגן
just for kicks פֿון (ש)וווילטאָג ‹פֿאַרגעניגן› וועגן; סתּם אַזױ [STAM]
kick in the teeth דער פּאַטש אין פּנים [PÓNEM]
kick in the butt דער יאָטקעקלאַץ; דער גוטער זעץ פֿון הינטן
on a kick פֿאַרכאַפּט
kick, *v.* בריקע(ווע)ן; בריקענען; קאָפּען; דריגען
(once) געבן ‹טאָן› אַ בריקע ‹קאָפּע/דריגע›
(ball) אָפּקלאַפּן; אָפּקאָפּע|ן
(addiction) גובֿר זײַן; באַקעמפֿן [GÓYVER]
get kicked in the groin כאַפּן אין ווינקל ‹דיך› אַרײַן
kick around (abuse) קרום באַהאַנדלען
kick around an idea שפּילן זיך מיטן געדאַנק
kick ass, *vt.* **(beat/***slg.***)** אָנשלאָגן אַ הינטן; גוט צעקלאַפּן; הרגע|(נע)ן [HÁRGE(NE)N]
kick ass, *vi.* **(be impressive/***slg.***)** זײַן ג(ע)וואַלדיק
kick in, *vt.* **(contribute)** צו שטײַער געבן
kick in, *vi.* **(start to work)** נעמען פֿונקציאָנירן
kick off a campaign אָנהייבן אַ קאַמפּאַניע
kick oneself חרטה האָבן; רײַסן פֿון זיך שטיקער [KhARÓTE]
kick out אַרויסוואַרפֿן
kick the bucket אויסציִען די פֿיס ‹פּאַדקעוועס›; מאַכן אַ שטאַרב; אָפּגעבן די קאַפּאָטע; פֿאַרלייגן מיטן קאָפּ; קראַפּירן
kick the habit אָפּגעווויינען ‹אָפּגעוויינען› זיך
kick up one's heels משמח זײַן זיך; לוסטיק ‹פֿריילעך› מאַכן זיך [MESAMÉYEKh]
kick upstairs העכערן פֿון יוצא וועגן [YÓYTSE]
kicking and screaming מיט ג(ע)וואַלד; אויף ס'כּוח; אונטער גרויס פּראָטעסט [KÓYEKh]
kickback דער קריקבאַקשיש; דער קריקכאַבאַר
kickball דער בריק(ע)באָל
kicker דער שטויסער, ־ס
That's the kicker אָט דאָ ליגט דער הונט באַגראָבן
kickoff, *n.*
(beginning) דער אָנהייב, ־ן
(spo.) דער אָנהייבשטויס, ־ן
kickstand דאָס שטײשטעקל, ־עך
kid, *n.*
(child) דאָס קינד, ־ער; דאָס קליינע, –; דער צוציק, ־עס
(goat) דאָס ציגעלע ‹ציקעלע›, ־ך; דאָס קאָזעלע, ־ך
It's kid stuff! ס'אַ קינדערשפּיל ‹שפּילעכל›!; ס'איז גאָר פּשוט! [PÓShET]
new kid on the block דער גרינער געב'; דער צוגעקומענער געב'
kid, *v.*
vt. **(make a joke)** וויצלען זיך
vi. **(give birth/goats)** (אָפּ)ציקלען זיך
kid around אַרומוויצלען זיך; טרײַבן קאַטאָוועס; חכמה|ן זיך [KhÓKhMEN]
I'm not kidding אָן קאַטאָוועס; איך מיין עס (גאַנץ) ערנצט
No kidding? טאַקע?; וואָס רעדסטו ‹רעדט איר›?
Whom is he kidding? וועמען נאַרט ער (דאָ) אָפּ?; בײַ וועמען האָט ער דאָס געגנאַרט?
You're kidding! טרײַבסט ‹איר טרײַבט› קאַטאָוועס!; מאַכסט ‹איר מאַכט› אַ שפּאַס ‹וויץ›!
kid brother דאָס ברודערל, ־עך; דער יינגערער ברודער, ברידער
kidder דער וויצלער, ־ס; דער קאַטאָוועסניק, ־עס; דער לץ, ־ים [LETS, LÉYTSIM]
kiddie porn די קינדער־פּאָרנאָגראַפֿיע
kiddush דער קידוש [KÍDESh]
make kiddush מאַכן קידוש
make a kiddush פּראַווע|ן אַ קידוש
kiddush cup דער קידוש־בעכער, ־ס; דער קידוש־כּוס, ־ות [KÍDESh] [KOS, KÓYS(Y)ES]
kiddush wine דער קידוש־ווײַן [KÍDESh]
kidnap פֿאַרכאַפּן; אַוועקכאַפּן; קידנעפּן
kidnapper דער (קינד)כאַפּער, ־ס; דער מענטשן־רויבער, ־ס; דער קידנעפּער, ־ס
kidnapping די (קינד)כאַפּונג, ־ען; דאָס כאַפּערײַ, ־ען; די קידנעפּונג, ־ען
kidney די ניר, ־ן
kidney bean דאָס רויטע בעבל, ־עך; די באָבע, ־ס
kidney disease די נירנקרענק
kidney machine די דיאַליז־מאַשין, ־ען
kidney stone דאָס נירן־שטיינדל, ־עך
kid sister דאָס שוועסטערל, ־עך; די יינגערע שוועסטער, –
Kiev (דאָס) קיִעוו
kike (*slg./pej./vlg.***)** דער זשיד, ־ן
kill, *n.*
(animal) דער פֿאַנג; דאָס געפֿאַנג
(murder) דער מאָרד
be in at the kill זײַן דערבײַ בײַם אָפּשיסן
move in for the kill צושלײַכן זיך צום פֿאַנג
kill, *v.* (דער)הרגע|(נע)ן; אַוועקהרגע|(נע)ן; אומברענגען; אַוועקלייגן (קאַלט); קאַלט מאַכן [(DER)HÁRGE(NE)N] [AVÉKHÁRGE(NE)N]
(engine) פֿאַרדריען; אויסלעשן
(pain) שטילן
(proposal) באַגראָבן
(rumor) מאַכן אַ סוף צו [SOF]
kill off אויסהרגע|(נע)ן; אויסראָטן [ÓYSHÁRGE(NE)N]
kill oneself נעמען זיך דאָס לעבן; אָנטאָן זיך אַ מעשׂה [MÁYSE]
kill oneself working מאַכן זיך דעם טויט; מאַרדעווע|ן זיך
kill time פֿאַרטרײַבן ‹(אַ)דורכשטופּן› די צײַט
It wouldn't kill him to come ער איז נישט קיין חולה צו קומען [KhÓYLE]
My feet are killing me סע ברעכן מיר די פֿיס; די פֿיס טוען מיר שרעקלעך ‹שטאַרק› וויי
killer דער רוצח, ־ים; דער מערדער, ־ס [RETSÉYEKh, RÓTSKhIM]
It's a killer (difficult) ס'איז שרעקלעך ‹גאָר› שווער
killer cancer דער טויטראַק; דער סכּנות־נפֿשותדיקער ראַק [SAKÓNES-NEFÓShESDIKER]
killer whale די אָרקע, ־ס
killing, *n.* די הריגה, ־ות; דער מאָרד, ־ן [HARÍGE]
make a killing פּאַקן ‹מאַכן› אַ פּותיקי; מאַכן אַ פֿאַרמעגן; שאַרן געלט [PÓYTIKE]
killing fields די שחיטה־ערד [ShKhÍTE]
killing machine די טייטמאַשין, ־ען
killjoy די ביטערע ציבעלע, ־ס; דער פֿרייד־‹פֿאַרגעניגן›־פֿאַרשטערער, ־ס; דער מרוק, ־עס; דער קנור, ־ן
Don't be a killjoy! פֿאַרשטער(ט) נישט יענעמס די פֿרייד ‹שׂימחה›! [SÍMKhE]
kill ratio די/דאָס טייטקייט, ־ן
kiln דער ברענאויוון, ־ס
kilo דער קילאָ, ־ס
kilobyte דער קילאָבײַט, ־ן
kilogram דער קילאָגראַם, ־ען; דער קילאָ, ־ס
kilohertz דער קילאָהערץ, –
kiloliter דער קילאָליטער, ־ס

kilometer דער קילאָמעטער, ־ס
kilowatt דער קילאָוואַט, ־ן
kilt דער קילט, ־ן; דאָס שאָטישע קליידל, ־עך
kilter
  out of kilter נישט ווי ס'קער צו זײַן; נישט אין אָרדענונג; אַרויס פֿון די האַלאַבאָליעס
kimono דער קימאָנאָ, ־ס
kin [MIShPÓKhE] [KRÓYVIM] משפּחה; קרובֿים ל״ר; אײגענע ל״ר
kind, *adj.* ליב(לעך); סימפּאַטיש; פֿרײַנדלעך; האַרצ(עד)יק; צוגעלאָזן; זײַדן
kind, *n.* דער מין, ־ים; דער סאָרט, ־ן; דער זגאַל, ־ן; דער טיפּ, ־ן
  a hundred kinds of הונדערטערלײ
  a kind of אַ מין ‹סאָרט›
  a kind of book אַזאַ מין ביכל; אַ ביכל אַזאַ
  all kinds of אַלערלײ; כּלערלײ; כּל־המינים; כּל־מיני [KÓLERLÉY] [KOL(H)AMÍNIM] [KOLMÍNE]
  pay in kind צאָלן מיט שווה־כּסף ‹נאַטור/פּראָדוקטן› [ShÓVE-KÉSEF]
  payment in kind דער שווה־כּסף
  It's nothing of the kind! ס'הייבט זיך גאָר נישט אָן!
  kind of אַ ביסל; עפּעס; מער־ווייניקער; אין אַ געוויסער מאָס
  my/your/his/her kind מײַנס/דײַנס/זײַנס/אירס גלײַכן
  of a kind פֿון איין מין
  of the same kind פֿון זעלבן ‹איין› מין ‹סאָרט›
  this kind of אַזאַ; אַזאַ מין ‹סאָרט›
  what kind of וואָסער; וואָסער מין ‹סאָרט›; וואָס פֿאַר אַ
kindergarten דער קינדער־גאָרטן, ־גערטנער; די פֿרעבלשול, ־ן
kindergarten child דאָס קינדער־גאָרטן־קינד, ־ער; דאָס קינדער־גאָרטעלע, ־ך
kindergarten teacher
  m./unsp. דער קינדער־גאָרטן־לערער, ־ס
  f. די קינדער־גאָרטן־לערערין, ־ס
kindhearted גוטהאַרציק; ליבהאַרציק; לבֿ־טובֿיק; דימענטיק; זײַדן [LEFTÓVIK]
  kindhearted person דער גוטהאַרציקער געב'; דער לבֿ־טובֿ; דער מזג־טובֿ; דער דימענטענער ‹זײַדענער› מענטש; די/דאָס זײַד [LÉFTOV] [MÉZEKTOV]
kindle, *vt./vi.* (אָנ)צינדן (זיך)
kindling דער קין; דאָס קינ(ד)עלע; דאָס צינדהאָלץ; פּרוטיעס ל״ר
kindly, *adj.* ליב; איידל; סימפּאַטיש; פֿרײַנדלעך
kindly, *adv.*
  take kindly to sb. פֿילן אַ סימפּאַטיע צו; אָננעמען; אויפֿנעמען
  take kindly to stg. אָננעמען פֿאַר ליב; מקבל־באַהבֿה זײַן [MEKÁBL-BE(AH)ÁVE/BEÁHAVE]
  would you kindly [MOYKhL] זײַט אַזוי גוט; זײַט זשע מוחל
kindness די/דאָס גוטהאַרציקייט; די/דאָס ליבהאַרציקייט; די/דאָס גוטסקייט; די/דאָס פֿרײַנדלעכקייט
  (act) די גוטסקייט, ־ן; די טובֿה, ־ות [TÓYVE]
  depend on the kindness of אָנקומען צו + פּאָס' לאַסקע; זײַן אויסגעשטעלט אויף + פּאָס' טובֿות [TÓYVES]
  kill with kindness דערוואָרגן מיט ליבשאַפֿט ‹גוטסקייט›
kindred, *adj.* [KRÓYVISh] אייגן; קרובֿיש
  He's a kindred spirit ער איז אַן אייגענער; ער איז פֿון זעלב(יק)ן שניט
kindred, *n.* *see* **kin**
kinematic קינעמאַטיש
kinematics די קינעמאַטיק ל״י
kinetic קינעטיש
kinetic energy די קינעטישע ענערגיע
kinetics די קינעטיק ל״י
kinfolk [KRÓYVIM] [MIShPÓKhE] קרובֿים; משפּחה; אײגענע
king דער מלך, ־ים; דער קיניג ‹קעניג›, ־ן; דער/דאָס מלכות [MÉYLEKh, MLÓKhIM] [MÁLKhES]
  (chess/cards) דער מלך, ־ים; דער קיניג ‹קעניג›, ־ן
  (Book of) Kings (bib.) [SÉYFER] (ספֿר) מלכים
  king of hearts דער מלך רויטס ‹האַרץ›
kingbolt די דרייאַקס, ־ן
king cobra [MÁLKhES] די מלכות־קאָברע, ־ס
King David [DÓVID HAMÉYLEKh] דוד המלך
kingdom [MÁLKhES] דאָס מלכות, ־ן; דאָס קיניגרײַך, ־ן
kingfisher דער אײַזפֿויגל, ...פֿייגל; דער זימאַראָדיק, ־עס
kingly [MÁLKhESDIK] מלכותדיק; קיניגלעך; מעשׂה מלך [MÁYSE MÉYLEKh]
kingmaker [MLÓKhIM] דער מלכים־מאַכער, ־ס
king palm [ATSÍLES] די אַצילות־פּאַלמע, ־ס
kingpin
  (bowling) די צענטער־קעגליע, ־ס
  (automobile) די דרייאַקס, ־ן
  (person) דער גרויסער מאַכער ‹קנאַקער›, ־ס
king prawn [MOYShL] דאָס מושל־ראַקל, ־עך
King's English דאָס צכטיקע ענגליש
King's evidence [ÉYDES] דער קרוין־עדות
kingship [MÁLKhES] דאָס מלכות; די קיניגשאַפֿט
king-size דעם קיניגס מאָס; די סאַמע גרעסטע גרייס ‹מאָס›
King Solomon [ShLÓYME HAMÉYLEKh] שלמה המלך
king's ransom די ג(ע)וואַלדיקע סומע; דער מאַיאָנטיק, ...טקעס
kink, *n.* דער (פֿאַר)דריי, ־ען
  (in hair) דער ענגער לאָק, ־ן
  (in rope) דער קנופּ, ־ן
  (flaw) דער פֿעלער, ־ן; דער פּגם, ־ים; דער דעפֿעקט, ־ן [PGAM, PGÓMIM]
  (peculiarity) דער שגעון, ־ען/־ות [ShIGÓEN, ShIGÓNEN/ShIGÓYNES]
kink, *v.* פֿאַרדרייען זיך
kinked פֿאַרדרייט; פֿאַרפּלאָנטערט
kinky
  (hair) ענג געלאָקט ‹געקרײַזלט›
  (peculiar) טשודנע; קודריש
kinship [KRÓYVEShAFT] די קרובֿישאַפֿט
kinsman דער (לײַבלעכער) קרובֿ, ־ים; דער שאר־בשׂר [KÓREV, KRÓYVIM] [ShEYR-BÓSER]
kinswoman [KRÓYVE] די (לײַבלעכע) קרובֿה, ־ות
kiosk דער קיאָסק, ־ן
kippah די יאַרמלקע, ־ס; דאָס קאַפּל, ־עך
kipper דער קיפּער־הערינג; דער גערייכערטער הערינג
kirby cucumber דאָס אוגערקעלע, ־ך; די זײַער־אוגערקע, ־ס
kirsch דאָס קירשוואַסער
Kishinev (דאָס) קעשענעוו
kishka (cul.) די געפֿילטע קישקע, ־ס
Kislev [KÍSLEV] (דער) כּיסלו
kismet [GOYRL] דער קיסמעט; דער/דאָס גורל
kiss, *n.* דער קוש, ־ן
  blow sb. a kiss צוּוואַרפֿן + דאַט' אַ לופֿטקוש
  cover with kisses צעקושן; אויסקושן
  give sb. a kiss אַ קוש געבן + דאַט'; אַ קוש טאָן + אַק'
  good-night kiss דער קוש גוטע נאַכט
  kiss of death דער טויטנקוש
  kiss of life דאָס געבן צו אָטעמען פֿון מויל צו מויל
  wet kiss דער טשמאָק, ־ן; די סמאָטשקע, ־ס
kiss, *v.*

vt. imp. קושן
vt. pf. געבן אַ קוש + דאַט'; אַ קוש טאָן + אַק'
vi. imp./pf. (צע)קושן זיך
(*nurs.*) קישיַ
kiss all over אויסקושן
kiss and make it better אַ קוש טאָן סע זאָל מער נישט ווי טאָן
kiss and make up איבערבעטן זיך
kiss away the tears אויסקושן די טרערן
kiss good-bye צעקושן זיך בײַם געזעגענען זיך
Kiss my ass! (*slg./vlg.***)** קוש מיר אין תּחת ‹אָחור›! [ÓKhER]
kiss one another קושן זיך
kiss sb.'s ass (*slg.***)** קושן + דאַט' אין תּחת; אונטערלעקן זיך (צו) [TÓKhES]
kiss sb.'s hand קושן + דאַט' די האַנט
kiss up *see* **kiss ass**
She has the kissing bug נאָר ‹רק› זי וויל זיך קושן; זי וויל זיך נאָר ‹רק› קושן [RAK]
kissable נאָר צום קושן
kissel דער קיסעל; די קוואַשע
kisser
(person) דער קושער, ־ס
(mouth/*slg.***)** [PÁRTSEF, דער פּיסק, ־עס; דער פּרצוף, ־ים PARTSÚFIM]
kissing, *n.* דאָס קושן זיך
kissing cousins שטיקלעך פֿרײַנטלעך
kissing disease (*slg.***)** דער מאָנאָנוקלעאָז
kiss-off letter דער זײַ־מיר־און־האָב־מיר־בריוו
kit[1] (equipment) דאָס געצײַג; דער עטוי, ־ען; דער קאָמפּלעקט, ־ן; דער שטוטיץ, ־ן; כּלים ל"ר [KÉYLIM]
the whole kit and kaboodle הכּל־בכּל(־מכּל) [HAKL-BÁKL(-MÍKL)]
kit[2] (fox) דאָס פֿיקסעלע, ־ך
kitbag דער פֿעלדטאַש, ־ן; דער קיטבעג, ־ן
kitchen די קיך, ־ן
everything but the kitchen sink הימל און ערד און סטרוטשעבאָב
kitchen cabinet דער געפֿעס־אַלמער, ־ס; די קיכשאַפֿע, ־ס
kitchenette די קליינע קיך, ־ן; דער קאָכווינקל, ־ען; דאָס קיכל, ־עך
kitchen privileges דאָס דערלויבעניש אין קיך אַרײַן
kitchen shears די קיכשער ל"י
kitchen table דער קיכטיש, ־ן
kitchenware דאָס קיכוואַרג; קיך־מכשירים ל"ר [MAKhShÍRIM]
kite די פֿלישלאַנג, ־ען; די פּאַפּירענע שלאַנג, ־ען
Go fly a kite! פֿאַרטראָג(ט) זיך פֿון דאַנען!; גיי(ט) מיר אין ויאמר! [VAYÓYMER]
kith and kin קינד־און־קײַט; קרובֿים ‹פֿרײַנט› און גוטע־פֿרײַנד [KRÓYVIM]
kitsch דער קיטש
kitschy קיטשיק; ביליק; שונדאָווע
Kitshy-koo! שו־שו־שו!
kitten, *n.* דאָס קעצל, ־עך; דאָס קעצעלע, ־ך; די קאָטינקע, ־ס
kitten, *v.* קעצלען זיך; קאָציע\|ן זיך
kittenish שפּילעוודיק (ווי אַ קעצעלע)
(woman/*fig.***)** קאָקעטיש
kitty
(kitten) *see* **kitten**
(fund) דאָס קאָרטנגעלט
Here, kitty! קיץ־קיץ־קיץ!
kitty litter דער קאַצנזשוויר; דער (קאַצן־)אונטערשיט
kiwi דער קיווי, ־ס; די קיוויפֿרוכט, ־ן
kl קל [= קילאָליטער]
Klansman דער קו־קלוקס־קלעניק, ־עס
kleptocracy די קלעפּטאָקראַטיע; די גניבֿאָקראַטיע [GENÉYVOKRÁTYE]
kleptocrat דער קלעפּטאָקראַט, ־ן; דער גניבֿאָקראַט, ־ן [GENÉYVOKRÁT]
kleptocratic קלעפּטאָקראַטיש
kleptomania די קלעפּטאָמאַניע
kleptomaniac דער קלעפּטאָמאַן, ־ען
klutz [GÓYLEM, GOYLÓMIM] דער ליימענער גולם, ־ים/־ס
be a klutz האָבן צוויי לינקע פֿיס; האָבן ליימענע הענט; זײַן אַ ליימענער גולם
km קמ [= קילאָמעטער]
knack דער טאַלאַנט, ־ן; דער כּישרון, ־ות; דאָס געלענק, ־ען; די/דאָס פֿעיִקייט, ־ן [KÍShREN, KIShRÓYNES]
get the knack of אויפֿכאַפּן + אַק'; כאַפּן דעם שניט פֿון
have a knack for האָבן אַ טאַלאַנט ‹פֿעיִקייט› צו; זײַן אַ מזיק אויף [MÁZEK]
knapsack דער רוקזאַק, ...זעק
knave
(cards) דער פּויער, ־ים; דער וואַלעט, ־ן; דאָס יִינגל, ־עך
(scoundrel) דער זשוליק, ־עס; דער שווינדלער, ־ס; דער פּאַסקודניאַק, ־עס
knavery דער שווינדל
knead
imp. קנעטן
pf. אויסקנעטן; פֿאַרקנעטן
knead well (אַ)דורכאַרבעטן; גוט אויסקנעטן
kneading machine די קנעטמאַשין, ־ען
kneading trough די (קנעט)דייזשע, ־ס; די מולטער, ־ס/מילטער
knee דער קני, –
(child's) דאָס קניעלע, ־ך
bounce sb. on one's knees האָצקע\|ן + אַק' אויף די קני
bring to one's knees אונטעריאָכן
go down on one's knees פֿאַלן צו די פֿיס; קניִען
knee breeches קניהויזן
kneecap דאָס קנידעקל, ־עך; דאָס קני־שיסעלע, ־ך
knee-deep ביז די קני
be knee-deep in debt האָבן גרויסע חובֿות; זײַן פֿאַרזונקען אין חובֿות [KhÓYVES]
knee-high ביז די קני
knee-jerk, *adj.* אינסטינקטיוו; אויטאָמאַטיש; רעפֿלעקס...
knee-jerk, *n.* דער קני־רעפֿלעקס
knee-jerk reaction דער אינסטינקטיווער אָפּרוף, ־ן; די אויטאָמאַטישע רעאַקציע, ־ס
knee joint דאָס קניגעלענק, ־ען
kneel קניִען; שטיין אויף די קני
kneel down פֿאַלן צו די פֿיס; שטעלן זיך אויף די קני
(during certain J. prayers) פֿאַלן כּורעים [KÓYRIM]
knee-length ביז די קני
knee pad דאָס קני־קישעלע, ־ך
knee replacement דער קניפֿאַרבײַט, ־ען
knee socks קניזאָקן; הויכע שקאַרפּעטקעס
knell, *n.* דאָס קלינגען פֿון גלאָק; דאָס טרויער־געקלאַנג; דער טויטנגלאָק, ־ן/...גלעקער
knell, *v.* קלינגען
Knesset דער כּנסת [KNÉSET]
knickerbockers קניהויזן
knickers קניהויזן; אַריבערגעוואָרפֿענע הויזן
(underpants) מײַטקעס

knick-knacks טשאַטשקעלעך; שמאָנצעס
knife, *n.* דער/דאָס מעסער, ־ס
be like a knife through butter גיין ווי אויף פּוטער
go under the knife גיין אונטערן מעסער
stick the knife in sb. אַרײַנשטעכן + דאַט' אַ מעסער
twist the knife in sb. (*fig.*) שיטן + דאַט' זאַלץ אויף די ווונדן
knife, *v.* (צע)שטעכן (מיט אַ מעסער)
knife-edge די מעסערשאַרף, ־ן
knife wound די מעסערווונד, ־ן
knight, *n.* דער ריטער, ־ס
(chess) דאָס פֿערדל, ־עך; דער שפּרינגער, ־ס
knight in shining armor דער גיבור, ־ים; דער באַשיצער, ־ס; דער אויסלייזער, ־ס [GÍBER, GIBÚRIM]
knight, *v.* מאַכן פֿאַר אַ ריטער
knight-at-arms דער באַוואָפֿנטער ריטער, ־ס
knight-errant דער וואַנדער־ריטער, ־ס
knighthood די ריטערשאַפֿט
knightly ריטעריש
knish דער קניש, ־עס
knit, *n.* דאָס/דער געשטריקטע(ר) מלבוש, ־ים [MÁLBESh, MALBÚShIM]
knit, *v. imp./pf.* (אויס)שטריקן
knit one's brows אָנכמורען|ן די ברעמען; (פֿאַר)קנייטשן דעם שטערן
knit three, purl two דרײַ רעכטס, צוויי לינקס
knit together צונויפֿשטריקן
knit stitch דער שטריקשטאָך
knitter דער שטריקער, ־ס
knitting, *n.* דאָס שטריקן; דאָס שטריקערײַ
do one's knitting שטריקן
knitting in the round דאָס שטריקן אויף אַ קײַלעכיקן שפּיזל
knitting factory די טריקאָטאַזש־פֿאַבריק, ־ן
knitting needle די שטריקנאָדל, ־ען; דאָס שפּיזל, ־עך; דאָס פּרענטל, ־עך
knitwear דאָס שטריקוואַרג; דער טריקאָטאַזש
knob די קליאַמקע, ־ס
(of cane) די גאָלקע, ־ס; די סקיפּקע, ־ס
(on radio) דער קנאָפּ, קנעפּ
knobby שישקעוואַטע
knock, *n.* דער קלאַפּ, קלעפּ; דער קלאַפּ אין טיר
hear a knock at the door הערן אַ קלאַפּ אין טיר; הערן ווי מע קלאַפּט אין טיר
knock, *v.*
imp. קלאַפּן
pf. אָנקלאַפּן (אין); געבן ‹טאָן› אַ קלאַפּ
(make fun of) חוזק מאַכן פֿון; אָפּלאַכן פֿון; אַוועקמאַכן מיט דער האַנט [KhÓYZEK]
knock about אַרומדרייען זיך
knock around an idea אַרומרעדן ‹אַרומשמועסן› אַ געדאַנק
knock back (a drink) אַרײַנגיסן (אין גאָרגל); האַקן אַ כּוס(י)ע; כליאָבע|ן; כליעפּטשען [KÓYS(Y)E]
knock down אַראָפּשלאָגן; אַראָפּקלאַפּן; אַנידערוואַרפֿן; אומוואַרפֿן
knock into one's head אַרײַנהאַקן אין קאָפּ אַרײַן
knock off (hit) אַראָפּזעצן; אָפּשלאָגן
knock off (kill) אַוועקלייגן; מאַכן אַ סוף צו; פּלומפּלען [SOF]
Knock it off! גענוג שוין!
knock off work איבערלאָזן די אַרבעט אויף אַ צווייט מאָל
knock on the door געבן ‹טאָן› אַ קלאַפּ אין טיר

Knock on wood! קיין עין־הרע (נישט)! [KEYNÉYN(EH)ÓRE]
knock oneself out אַרויסשלאָגן זיך פֿון די כּוחות [KÓYKhES]
knock out (boxing) אַוועקלייגן מיט אַ נאָקאַוט; דערלאַנגען + דאַט' אַ נאָקאַוט; נאָקאַוטירן
knock out (destroy) צעשטערן; קאַליע מאַכן
knock out (put to sleep) אײַנשלעפֿערן
knock out (a tooth) אויסזעצן
knock over איבערקערן
knock up (beat up) אָנהרגע|(נע)ן; צעממיתן; אָנשלאָגן; צעשלאָגן [ÓNHÁRGE(NE)N] [TSEMÉYMESN]
knock up (impregnate) מאַכן ‹צושטעלן› + דאַט' אַ בײַכל ‹פּעקל›; פֿאַריאַטלען
knockdown (boxing) דער נאָקדאַון, ־ס
knocker דאָס קלאַפּערל, ־עך; דאָס קלעפּל, ־עך
knockers (breasts/*slg.*) בולקעלעך; בירגאָלן
knock-kneed
be knock-kneed האָבן איקספֿיס; האָבן אַרײַנגעבויגענע קני
knockoff די נאָכגעמאַכטע זאַך, ־ן
knockout
(boxing) דער נאָקאַוט, ־ן
(beauty) די קראַסאַוויצע, ־ס; די שיינהייט, ־ן; די יפֿת־תּואר, ־ס; די יפֿיפֿיה, ־ות [YEFASTÓYER] [YEFÉYF(Y)E]
(handsome man) דער קראַסאַוועץ, ...ווצעס; דער הדרת־פּנים, ־ער [HÁDRES-PÓNEM, -PÉNEMER]
knoll דער קויפּ, ־ן; דאָס בערגעלע, ־ך; די בערטע, ־ס
knot, *n.*
(hair/rope) דער קנופּ, ־ן; דאָס קניפּל, ־עך
(wood) דער סוק, ־עס; דער סענק, ־עס
(naut.) די ים־מײַל, ־ן [YAM]
tie a knot מאַכן אַ קנופּ; פֿאַרבינדן
tie the knot חתונה האָבן [KhÁSENE]
tie the knot (J.) גיין צו דער חופּה; זאָגן דעם הרי־אַת [KhÚPE] [HÁREY-ÁT]
knot, *v.* פֿאַרקניפּן
knothole דאָס סענקלעכל, ־עך
knotty
(hair) פֿאַרקניפּט; פֿאַרפּלאָנטערט
(wood) סוקעוואַטע; סענקעוואַטע
a knotty problem אַ קניפּלדיקער ענין, ־ים [ÍNYEN, INYÓNIM]
knotweed די גריקע
knout די נאַגײַקע, ־ס; דער קנוט, ־ן
know, *n.*
be in the know (about) זײַן אינפֿאָרמירט (וועגן); זײַן אין קורס (פֿון); וויסן וווּ ס'האַלט (מיט)
know, *v.* וויסן
(person) קענען; זײַן באַקאַנט מיט
(subject/skills) קענען
(recognize) דערקענען
(have sex with/bib.) דערקענען
as everyone knows ווי אַלע ווייסן (שוין); כּידוע [KEYEDÚE]
God only knows דאָס ווייסט נאָר גאָט אַליין; מי־יודע [MI-YEDÉYE/MIDÉYE]
How should I know? פֿון וואַנען זאָל איך וויסן?; זאָל איך אַזוי וויסן פֿון שלעכטס ‹מײַנע צרות›! [TSÓRES]
know a thing or two (about) (אויס)קענען זיך (אויף)
know by name דערקענען לויטן נאָמען
know by sight דערקענען

know fairly well קענען נישקשה; גאַנץ גוט קענען [NIShKÓShE]
know for certain וויסן אויף זיכער; זײַן זיכער אַז ‹פֿון›
know nothing גאָרנישט קענען; קענען אַ מכּה [MÁKE]
know of זײַן באַקאַנט מיט
know one's business קענען די (אייגענע) מלאָכה [MELÓKhE]
know one's way around וויסן וווּ אײַן און וווּ אויס; אָריענטירן זיך
know the way זײַן קלאָר אין וועג; קענען דעם וועג ווי די אייגענע צען פֿינגער
know well (person) גוט קענען
know well (subject) (זייער) גוט קענען; זײַן אַ מבֿין אויף; זײַן אַ מומחה אין [MEYVN] [MÚMKhE]
know what's what אויסקענען זיך; וויסן וואָס הײַנט און וואָס מאָרגן
know ye זײַט וויסן; איר זאָלט וויסן זײַן
let sb. know לאָזן + אַק׳ וויסן; געבן + דאַט׳ צו וויסן; אָנזאָגן + דאַט׳
Mother knows best די מאַמע ווייסט צום בעסטן
not know the first thing about stg. נישט אָנהייבן צו וויסן וועגן (עפּעס); נישט וויסן מיט וואָס מע עסט עס
not that I know of נישט אויף וויפֿל איך ווייס; נישט וועדליק איך ווייס
there's no knowing מע קען נישט וויסן
Whattaya know! דאָס גאָר!; הערסט אַ מעשׂה! [MÁYSE]
you know פֿאַרשטייסט ‹איר פֿאַרשטייט› דאָך
You never know! מע קען גאָר נישט וויסן!; אַ קשיא אויף אַ מעשׂה! [KÁShE]
know-how דאָס פּראַקטישע וויסן; דאָס קענטעניש; דאָס ידענות [YADÓNES]
knowing, *adj.*
a knowing look אַ קוקעלע; יענער קוק; אַ בליק פֿול מיט פֿאַרשטאַנד
knowing, *n.*
there's no knowing מע קען גאָר נישט וויסן
knowingly וויסנדיק; באַוווּסטזיניק; ביודעים; בכּיוון [BEYÓYDIM] [BEKÍVN]
know-it-all, *adj.* אַלצווייסעריש
know-it-all, *n.*
m./unsp. דער אַלצווייסער, ־ס; דער בעסער־ווייסער, ־ס; דער יודע־הכּל; דער איבערחכם [YEDÉYE-HÁKL] [ÉYBERKhÓKhEM, ...KhAKhÓMIM]
f. די אַלצווייסערקע ‹אַלצווייסערין›, ־ס; די בעסער־ווייסערקע, ־ס; די חכמתטע, ־ס [KhAKhÉYMESTE]
knowledge דאָס וויסן
(mastery) דאָס קענטעניש
(in a given field) די קענטשאַפֿט, ־ן; די ידיעה, ־ות [YEDÍE]
have some knowledge of (subject) קענען צו ביסלעך
thorough knowledge דאָס גרונטיקע ‹טיפֿע› קענטעניש
to my knowledge אויף וויפֿל איך ווייס; וועדליק איך ווייס
with full knowledge מיט אַלעמענס וויסן; ביודעים [BEYÓYDIM]
without my knowledge אָן מײַן וויסן
knowledgeable (about) באַהאַוונט (אין); אינפֿאָרמירט (וועגן); אויסגעקענטן (אין)
knowledgeable person (*m./unsp.*) דער קענער, ־ס; דער ידען, ־ים [YADN, YADÓNIM]
knowledgeable person (*f.*) די קענערין ‹קענערקע›, ־ס; די ידענטע, ־ס [YÁDNTE]
known, *adj.* באַקאַנט; באַוווּסט; ידוע [YEDÚE]
as is known [KEYEDÚE] ווי באַקאַנט; ווי מע ווייסט; כּידוע
He's known as מע קען אים שוין ווי; ער איז שוין באַקאַנט פֿאַר ‹ווי›
for all I know אויף וויפֿל איך ווייס; וועדליק מיר איז באַוווּסט; וואָס ווייס איך, נאַר
he's been known to מע ווייסט שוין ‹גוט› אַז ער
it's a known fact that ס׳איז (אַלעמען) באַקאַנט אַז
It's a known quantity מע ווייסט שוין; אַלע ווייסן שוין
known to do stg. באַקאַנט פֿאַר(ן)
known to sb. באַקאַנט + דאַט׳
let it be known זאָלן אַלע וויסן זײַן; למען־ידעו [LEMAN-YÉYDE]
make known לאָזן וויסן; אָנזאָגן; מפֿרסם זײַן [MEFÁRSEM]
make oneself known לאָזן זיך אָנזעגן; נישט פֿראַוווען קיין עניוות [ANÍVES]
widely known מפֿורסם; ברייט באַקאַנט ‹באַוווּסט› [MEFÚRSEM]
know-nothing דער ווייסטער עם־האָרץ, עמי־הארצים; די פּוסטע כּלי, ־ם; דער פּושטשאַק, ־עס; דער חכם פֿון דער מה־נשתּנה [AMÓRETS, AMERÁTSIM] [KÉYLE, KÉYLIM] [KhÓKhEM] [MA-NIShTÁNE]
knuckle, *n.* דאָס קנעכל, ־עך
knuckle, *v.*
knuckle down נעמען זיך צו דער אַרבעט
knuckle under נאָכגעבן; אונטערוואַרפֿן זיך
knuckle duster דער קאַסטעט, ־ן
knucklehead דער יאָלד, ־ן; דער שוטה, ־ים; דער שוטה בן פּיקהאָלץ [ShÓYTE, ShÓYTIM] [BEN]
KO *see* **knockout**
koala די קאָאַלע, ־ס; דאָס זעקל־בערעלע, ־ך
kohl די סורמע; דער קאַיאַל
kohlrabi קילעריבן; קאָלראַבי
kolkhoz דער קאָלווירט, ־ן; דער קאָלכאָז, ־ן
Kol Nidre (דער) כּל־נדרי [KOLNÍDRE]
kook דער צעדרייטער גײַב; דער צעטומלטער קאָפּ, קעפּ
kooky צעדרייט
kopeck די קאָפּעקע, ־ס
Koran דער קאָראַן
Koranic קאָראַניש
Korea (די) קאָרעע
Korean, *adj.* קאָרעיִש
Korean, *n.*
m./unsp. דער קאָרעער, –
f. די קאָרעערין ‹קאָרעערקע›, ־ס
(language) דאָס קאָרעיִש; די קאָרעיִשע שפּראַך
kosher, *adj.* כּשר [KÓShER]
keep kosher האַלטן כּשר
kosher for Passover [KÓShER-LEPÉYSEKh] כּשר־לפּסח
kosher, *v.* כּשרן; כּשר מאַכן [KÁShERN] [KÓShER]
kosher food דאָס כּשרע עסן; דאָס כּשרות [KÓShERE] [KÁShRES]
kosher salt די/דאָס גראָבע זאַלץ
kowtow (to) קריכן + דאַט׳ אונטער די נעגל; פֿאַלן כּורעים פֿאַר; בוקן זיך מיט הכנעה צו [KÓYRIM] [HAKhNÓE]
kraal דער קראַל, ־ן
krameria די ראַטאַניע
kraut דאָס זויערקרויט
Kremlin דער קרעמל
kreplach קרעפּלעך; פּעלמעניעס
kreutzer [TSÉYLEMER] דער צלמער, –; דער גרײַצער, –/־ס
krona
(Czech) די קראָן, ־ען
(Scandinavian) די קראָנע, ־ס
Krugerrand דער קרוגערראַנד, –

krypton דער קריפּטאָן
kryptonite דער קריפּטאָניט
kudos [ShVÓKhIM] די אָנערקענונג ל״ן; שבֿחים; לויבווערטער
Kudos! [YÁShER-KÓYEKh/ShKÓYEKh] יישר־כּוח!
kugel דער קוגל, ־ען
Ku Klux Klan דער קו־קלוקס־קלען
kulak דער קולאַק, ־עס; דער בעל־גוף, בעלי־גופֿים [BALGÚF, BÁLE-GÚFIM]
Kulturkampf דער קולטורקאַמף
kummel דער קימל
kummis דער קומיס; די אייזלמילך
kumquat דער קוּנקוואַט, ־ן
kung fu דער קונג־פֿו
Kurd, *n.*
m./unsp. דער קורד, ־ן
f. די קורדקע ‹קורדין›, ־ס
Kurdish, *adj.* קורדיש
Kurdish, *n.* דאָס קורדיש; די קורדישע שפּראַך
Kurdistan (דאָס) קורדיסטאַן
Kuwait (דאָס) קווייט
Kuwaiti, *adj.* קווייטיש
Kuwaiti, *n.*
m./unsp. דער קווייטער, –
f. די קווייטערין, ־ס
kvass דער קוואַס
kvass maker דער קוואַסניק, ־עס
kvetch, *n.*
(complaint) די טענה, ־ות; תּרעומות ל״ר [TÁYNE] [TARÚMES]
(person) דער פּישטשער, ־ס; דער קוועטשעדיקער גענב׳; די אומצופֿרידענע בריאה, ־ות; די קלאָגמוטער, ־ס [BRÍE]
kvetch, *v.* [TÁYNES] קוועטשן זיך; קלאָגן זיך; האָבן טענות
kw קוו [= קילאָוואַט]
Kyrgyz, *adj.* קירגיזיש
Kyrgyz, *n.*
m./unsp. דער קירגיז, ־ן
f. די קירגיזקע ‹קירגיזין›, ־ס
(language) דאָס קירגיזיש; די קירגיזישע שפּראַך
Kyrgyzstan (דאָס) קירגיזסטאַן

L

L דער על, ־ן
la (mus.) דער לאַ, ־ען
lab די לאַבאָראַטאָריע, ־ס
label, *n.*
(brand) די פֿירמע, ־ס; די מאַרקע, ־ס
(tag) דער צעטל, ־ען; דער עטיקעט, ־ן; דער יאַרליק, ־ן/־עס
label, *v.* באַצעטלען; צוקלעפּן ‹צונייען› אַ צעטל צו
(categorize/*fig.*) באַצייכענען; באַנאָמענען
labia געניטאַלע ליפּן ל״ר
labial ליפּנ...; ליפּ(נד)יק
labialize לאַביאַליזירן
labia majora גרויסע (געניטאַלע) ליפּן; דרויסנדיקע ליפּן
labia minora קליינע (געניטאַלע) ליפּן
labor, *n.*
(work) די האָרעוואַניע; די פּראַצע; די שווערע אַרבעט; די מי
(workforce) *see* **labor force**
(unskilled) די שוואַרצאַרבעט
(obst.) די קימפּעט; דאָס גיין צו קינד
as a labor of love לשמה; לשם־שמים; אויס ליבשאַפֿט צו דער זאַך [LIShMÓ] [LEShÉM-ShOMÁYEM]
be in labor גיין צו קינד; האָבן די ווייען; ליגן אין קימפּעט
go into labor באַקומען ‹קריגן› די ווייען
have a difficult labor שווער האָבן; שווער גיין צו קינד; האָבן אַ שווערע קימפּעט; זײַן אַ שווערע האָבערין
woman in labor די האָבערין, ־ס
labor, *v.* האָרעווען; פּראַצעווען; שווער אַרבעטן
labor under the assumption that תּמיד גיין מיטן גאַנג אַז [TÓMED]
laboratory, *adj.* לאַבאָראַטאָריש; לאַבאָראַטאָריע־...
laboratory, *n.* די לאַבאָראַטאָריע, ־ס
laboratory course דער לאַבאָראַטאָריע־קורס, ־ן
laboratory worker
m./unsp. דער לאַבאָראַנט, ־ן
f. די לאַבאָראַנטקע ‹לאַבאָראַנטין›, ־ס
labor camp דער אַרבעט־לאַגער, ־ן
labor contract דער אַרבעט־קאָנטראַקט ‹־אָפּמאַך›, ־ן
Labor Day דער אַרבעטער־טאָג
labored
(breathing) געמאַטערט; שווער; פֿאַרשווערט
(style) (אויס)געמלאָכהט; אויסגעקינצלט; האַמעטנע [(ÓYS)GEMLÓKhET]
laborer דער אַרבעטער, ־ס; דער אַרבעטאָרער, ־ס
(unskilled) דער שוואַרצאַרבעטער, ־ס; דער שוואַרצאַרבעטאָרער, ־ס
labor force די אַרבעטערשאַפֿט; אַרבעטערס ל״ר; אַרבעטער־כּוחות ל״ר [KÓYKhES]
labor-intensive מי־אַרײַננעמיק
be labor-intensive פֿאָדערן אַ סך מי ‹האָרעוואַניע› [SAKh]
laborious
(difficult) מאַטערדיק; האַרב; פֿאָדערנדיק אַ סך מי
(diligent) פֿלײַסיק; שווער־האָרעוועדיק
labor market דער אַרבעטער־מאַרק
labor pains די ווייען; חבֿלי־לידה [KhÉVLE-LÉYDE]
Labor Party די אַרבעטער־פּאַרטיי
labor relations אַרבעטער־באַציִונגען
labor room דער קימפּעטזאַל, ־ן
labor union דער פֿאַראיין, ־ען; די יוניאָן, ־ס; דער פֿאַכפֿאַרבאַנד, ־ן; דער סינדיקאַט, ־ן

Labrador retriever דער לאַבראַדאָר־זוכהונט, ...הינט
Labrador tea דאָס גרינלענדישע שיכּור־גראָז [ShÍKER]
laburnum דער גאָלדרעגן
labyrinth דער לאַבירינט, ־ן
(*fig.*) *also* די בלאָנדזשערײַ, ־ען; דאָס געפּלאָנטער
labyrinthine פֿאַרפּלאָנטערט; נישט אַרויסצוקריכן
lace, *adj.* שפּיצנ...; פֿון ‹מיט› שפּיצן
lace, *n.*
(fabric) שפּיצן ל״ר; די קרוזשעווע
(shoe) דאָס שוכבענדל, ־עך; די שנורעוואַדלע, ־ס; דאָס שנירל, ־עך
lace, *v. imp./pf.* (פֿאַר)שנורעווע|ן
lace into אָנפֿאַלן אויף; אַרויפֿוואַרפֿן זיך אויף
lace up צובינדן די שוכבענדלעך ‹שנורעוואַדלעס›; פֿאַרשנורעווע|ן; צונויפֿשנורעווע|ן
lace with (flavor) צופּראַווע|ן מיט
lace collar דער שפּיצן־קאָלנער, ־ס
lacemaker
m./unsp. דער שפּיצן־מאַכער, ־ס; דער שמוקלער, ־ס
f. די שפּיצן־מאַכערין, ־ס; די שמוקלערקע, ־ס
lacemaking דאָס שמוקלערײַ
lacerate אײַנרײַסן; צערײַסן; מאַכן אַ גוואַלדריס
laceration דער אײַנרײַס, ־ן
Lacerta די יאַשטשערקע
lachrymal טרערנ...
lachrymose פֿאַרטרערט; פֿאַרוויינט
lack, *n.* **(of)** דער דוחק (אין); דאָס (אויס)פֿעלן (פֿון) [DÓYKhEK]
for lack of צוליבן ‹איבערן› דוחק אין; צוליבן אויספֿעלן פֿון
lack, *v.* (אויס)פֿעלן אומפּ׳ + דאַט׳/פֿ״ק; אָפּגיין אומפּ׳ + דאַט׳/פֿ״ק
She lacks for nothing סע פֿעלט איר גאָרנישט (אויס)
What do you lack? וואָס פֿעלט דיר ‹אײַך› (אויס)? וואָס גייט דיר ‹אײַך› אָפּ?
be lacking (stg.) (אויס)פֿעלן + דאַט׳/בײַ
He lacks confidence סע פֿעלט אים דער זיך־צוטרוי ‹צוטרוי אין זיך›
lackadaisical שמאַכטיק; גלײַכגילטיק; אַפּאַטיש
lackey דער לאַקיי, ־ען
lackluster מאַט; מאַטעווע; אָן גלאַנץ ‹לעבן›
laconic לאַקאָניש
lacquer, *n.* דער לאַקיר, ־ן; דער לאַק
lacquer, *v.* לאַקירן
lacquered, *adj.* לאַקירט
lacquer tree דאָס סם־האָלץ [SAM]
lacrimal gland די טרערנדריז, ־ן; די טרערנגיל, ־ן
lacrimal sac דאָס טרערן־זעקל, ־עך
lacrosse דער לאַקראָס
lactarius דאָס מילכשוועמל, ־עך
lactase דער לאַקטאַז
lactate, *n.* דער לאַקטאַט, ־ן
lactate, *v.* אַרויסגעבן מילך
She's starting to lactate סע הייבט בײַ איר אָן צו רינען די מילך
lactation די מילך־אויסשיידונג; דער מילכאויסשייד
lactation consultant די זייג־קאָנסולטאַנטקע, ־ס
lactic מיל(ע)כ...
lactic acid דאָס מילכזײַערס
lactic acidosis דער לאַקטאַט־אַצידאָז
lactiferous duct דאָס מילך־קאַנאַלעכל, ־עך

lactose דער לאַקטאָז; דער מילכצוקער
be lactose-intolerant נישט קענען פֿאַרטראָגן קיין לאַקטאָז
lactose intolerance דאָס נישט־פֿאַרטראָגן קיין לאַקטאָז
lacuna דער לאַקון, ־ען; דער בלויז, ־ן
lacy מיט ‹פֿון› שפּיצן
lad דער יונג, ־ען; דאָס יינגל, ־עך; דער יאַט, ־ן
ladder דער לייטער, ־ס
ladder truck דער לייטער־אויטאָ, ־ס
laden באַלאָדן; אָנגעלאָדן
la-di-da צירלעך־מאַנירלעך
ladies', *adj.* פֿרויענ...; דאַמענ...; דאַמסקע
ladies' auxiliary דער פֿרויען־קאָמיטעט, ־ן; די פֿרויען־גוואַרדיע, ־ס
ladies' man דער ווײַבערניק, ־עס; דער מיידלניק, ־עס; דער חנדלער, ־ס [KhÉYNDLER]
ladies' room דער פֿרויען־וואַשצימער, ־ן
ladies' wear די פֿרויען־קליידונג; פֿרויען־קליידער ל״ר
lading די משׂא; דער פֿראַכט [MÁSE]
Ladino, *adj.* דזשודעזמיש
Ladino, *n.* דאָס דזשודעזמו; דאָס לאַדינאָ
ladle, *n.* דער שעפּלעפֿל, –; די סאָפּע, ־ס; דער פּאָלאָניק, ־עס; די קאָכליע, ־ס
ladle, *v. imp./pf.* (אָנ)שעפּן
ladle out צעגיסן; פֿונאַנדערגיסן
ladle out advice צעטיילן ‹צעגעבן› עצות אויף לינקס און אויף רעכטס [ÉYTSES]
lady די פֿרוי, ־ען; די דאַמע, ־ס/־ן
(aristocratic) די האַרינטע, ־ס; די פּריצה, ־ות; די פּריצטע, ־ס [PRÍTSE]
Ladies! מײַנע דאַמען!
Ladies and Gentlemen! חשובֿע ‹טײַערע› פֿרײַנד!; מײַנע הערן און דאַמען!; רבותי! [KhÓShEVE] [RABÓYSAY]
lady of the night די פּראָסטיטוטקע, ־ס; די זונה, ־ות [ZÓYNE]
little old lady די אַלטיטשקע, –; די זקנה, ־ות [SKÉYNE]
ladybird/ladybug דאָס משה־רבנוס קיעלע ‹פֿערדעלע›, ־ך; דאָס קיעלע, ־ך; דאָס מלך־משיחל, ־עך [MÓYShE-RABÉYNES] [MÉYLEKh-MEShÍEKhL]
lady fern דאָס ווײַבערשע שטריפּנגראָז
ladyfinger
(cake) דאָס פּישקאָטל, ־עך
(okra) די באַמיע
lady friend די חבֿרטע, ־ס; די פֿרײַנדינע, ־ס [KhÁVERTE]
lady-in-waiting די הויפֿדאַמע, ־ס; די (הויף)פֿרײַלין, ־ס
ladykiller דער האַרצן־פֿרעסער, ־ס; דער ווײַבערשער ליבלינג, ־ען; דער ווײַבערניק, ־עס; דער דאָן־זשואַן, ־ען
ladylike דאַמיש; ראַפֿינירט; איידל
lady's boot די באָטינקע, ־ס
lady-slipper (bot.) ווענוסעס מעשטל
lady's mantle (bot.) דער פֿרויען־מאַנטל
lady's thumb (bot.) די גריקע
lady's tresses (bot.) ספּיראַנטעס
lag, *n.* דאָס אָפּשטיין; דער אָפּשטײַ; דער אָפּהאַלט
lag, *v.*
lag behind (development) זײַן ‹בלײַבן› הינטערשטעליק (אַקעגן); אָפּשטיין (פֿון)
lag behind (person) נאָכשלעפּן זיך (נאָך); שלײַען זיך (נאָך)
Lag b'Omer דער ל״ג־בעומר [LEGBÓYMER/LAG-BEÓYMER]
lager דאָס לאַגערביר; דער אייל

laggard דער נאָכשלעפּער, ־ס; דער בײַבאַק, ־עס; דער/די קווײַלע, ־ס; דער ליימענער גולם, ־ים/־ס [GÓYLEM, GOYLÓMIM]
lagoon דער לאַגון, ־ען
lag time די צווישנצײַט; די וואַרטצײַט
laid-back געלאַסן; לאַגאָדנע; אויסגעשפּאַנט
lair די נאָרע, ־ס
laird דער פּריץ, ־ים; דער ערד־פֿאַרמאָגער, ־ס [PÓRETS, PRÍTSIM]
laissez faire דאָס נישט אַרײַנמישן זיך; דאָס לאָזן געמאַך; דער לעסיי פֿער
have a laissez-faire approach נישט אַרײַנמישן זיך; לאָזן געמאַך
laity לאַיקערס ל״ר
(masses) דער הדיוט, ־ים; דאָס פֿאָלק; מענטשן פֿון אַ גאַנץ יאָר [HÉDYET, HEDYÓYTIM]
lake די אָזערע, ־ס
lam
be on the lam זײַן אַן אַנטלאָפֿענער
lamb, *n.* די לאַם, לעמער; דאָס לעמעלע, ־ך; דאָס שעפּעלע, ־ך; דאָס שעפּסעלע, ־ך
(cul.) דאָס שעפּסנס; דאָס שעפּסנפֿלייש
like a lamb אַן טענות ‹תּרעומות› [TÁYNES] [TARÚMES]
Lamb of God (Chr.) גאָטס לעמעלע; דער אַגנוס דעי
lamb, *v.* שעפּסלען זיך; האָבן שעפּעלעך
lambaste אויסזידלען
lamb chop דער שעפּסן־קאָטלעט, ־ן; דאָס שעפּסן־ריפּל, ־עך
lambkill (bot.) די שמאָלבלאַט־קאַלמיע
lambskin, *adj.* שמוישן
lambskin, *n.* דער שמויש ‹שמויס›
lamb's-quarters (bot.) די ווײַסע גענדזן־לאַפּקע
lame, *adj.* לאָם; קרום; הינקעדיק
lame excuse דער פּוסטער ‹פֿולער› תּירוץ, ־ים; דער תּירוץ פֿאַר די בענטשליכט [TÉRETS, TERÚTSIM]
lame, *v.* מאַכן פֿאַר אַ קאַליקע; צעקאַליעטשען
lame-duck, *adj.* כּמעט אויסגעדינט [KIMÁT]
lameness די/דאָס הינקעדיקייט
lament, *n.* דאָס געוויין, ־ען; דאָס וויגעשריי, ־ען; דאָס יאָמער־געשריי, ־ען; די קלאָג, ־ן; די יללה, ־ות [YALÓLE]
(poem) דאָס קלאָגליד, ־ער
lament, *v.* באַוויינען; (באַ)קלאָגן; יאָמערן; מקונן זײַן; יענקען [MEKÓYNEN]
lament over באַוויינען
lamentable קלאָגעדיק; פֿאַרדראָסיק; באַדויערלעך; צרהדיק [TSÓREDIK]
lamentation דאָס באַוויינעניש; דער יאָמער, ־ן; דאָס געיאָמער; די לאַמענטאַציע, ־ס
(Book of) Lamentations (bib.) (מגילת־)איכה [(MEGÍLES-)ÉYKhE]
lamenter דער באַוויינער, ־ס; דער מקונן, ־ים [MEKÓYNEN, MEKÓNENIM]
laminate, *v. imp./pf.* (אויס)לאַמינירן
laminated (אויס)לאַמינירט
lamination די לאַמינירונג; דאָס לאַמינירן
lamp דער לאָמפּ, ־ן
lamplight די לאָמפּנשײַן
lamplighter דער לאַמטערניק, ־עס
lampoon, *n.* דער פּאַשק(ע)וויל ‹פּאַסקוויל›, ־ן; דער לאַמפּון, ־ען
lampoon, *v.* אָנשרײַבן אַ פּאַשק(ע)וויל; פּאַשק(ע)ווילירן
lamppost דער לאַמטערן־סלופּ, ־עס
lamprey די לאַמפּרעטע, ־ס; דער נײַנאויג, ־ן
lampshade דער אַבאַזשור, ־ן

lance, *n.* די פּיקע, ־ס; די שפּיז, ־ן
lance, *v.* אויפֿהאַקן; אויפֿשנײַדן מיט אַ לאַנצעט
(mil.) (אַ)דורכשטעכן מיט אַ פּיקע ‹שפּיז›
lance corporal דער לאַנסקאַפּראַל, ־ן; דער לאַנס־קאַרפּאַראַל, ־ן
lancer דער אולאַן, ־ען/־ער
lancet דער לאַנצעט, ־ן; דער שנאַפּער, ־ס
lancetfish דאָס לאַנצעט־פֿישל, ־עך
land, *adj.* יבשה־...; לאַנד... [YABÓShE]
land, *n.*
(country) דאָס לאַנד, לענדער
(not sea) די יבשה; די טריקעניש [YABÓShE]
(ground) די ערד
by land אויף דער יבשה
in the land of the living אין עולם־הזה; צווישן די לעבעדיקע [ÓYLEM-HÁZE]
land for peace שטחים פֿאַר שלום [ShTÓKhIM] [ShÓLEM]
Land ho! (מע זעט די) יבשה!
land, *v.*
vt./vi. **(plane)** לאַנדן; אַראָפּלאַזן (זיך)
vi. **(troops)** אַרויסזעצן זיך; מאַכן אַ דעסאַנט
land a job געפֿינען אַרבעט; געפֿינען אַ שטעלע ‹פּאָסטן›
land a part באַקומען ‹קריגן› אַ ראָלע
land a punch געבן אַ זעץ
land up in (סוף־כּל־סוף) אָנקומען אין; דערשלאָגן זיך צו [SOFKLSÓF]
landau דער לאַנדאָ, ־ען
landaulet דער לאַנדאָלעט, ־ן
land-based יבשה־... [YABÓShE]
landed ערד־פֿאַרמאָגנדיק
landfall
make landfall דערגרייכן די יבשה; דערזען דעם ברעג [YABÓShE]
landfill דער מיסטפּלאַץ, ...פּלעצער; דאָס מיסטפֿעלד, ־ער
land grab דאָס פֿאַרכאַפּן יענעמס לאַנד; דער לאַנדפֿאַרכאַפּ
landholder *see* **landowner**
landing
(plane) די לאַנדונג, ־ען; דער אַראָפּלאַז, ־ן
(ship) די לאַנדונג, ־ען
(troops) דער דעסאַנט, ־ן
(on stairs) האַלבע טרעפּ ל"ר; די (טרעפּ־)פּלאַטפֿאָרמע, ־ס
have a soft landing (אַ)דורכמאַכן אַ גלאַטיקע ‹געמאָסטענע› לאַנדונג
make a safe landing לאַנדן מיט מזל [MAZL]
landing craft די דעסאַנטשיף, ־ן
landing dock דער צושטייפּונקט, ־ן
landing field דער לאַנדונגפּלאַץ, ...פּלעצער
landing force דער דעסאַנט
landing gear דער לאַנדונג־שאַסי; די לאַנדונג־טריבע
landing party דער דעסאַנט
member of a landing party דער דעסאַנטניק, ־עס; דער דעסאַנטלער, ־ס
landing strip דאָס/דער לאַנדאַרט, ...ערטער; דער לאַנדונגפּאַס, ־ן; דער אַראָפּלאַז־פּאַס, ־ן
landlady די בעל־הביתטע, ־ס [BAL(E)BÓSTE]
(Am.) די לענדלערקע, ־ס
landless אָן ערד
landline די פֿעסטע ליניע, ־ס
landlocked מיט יבשה אַרומגערינגלט [YABÓShE]
landlord דער בעל־הבית, בעלי־בתּים [BAL(E)BÓS, BAL(E)BÁTIM]
(Am.) דער לענדלער, ־ס
landlubber דער יבשה־מאַטראָס, ־ן [YABÓShE]

landmark דער אָריענטיר, ־ן; דער מערקפּונקט, ־ן
(milestone) דערווענדפּונקט, ־ן; דער מײַלנשטיין, ־ער
landmark building דער היסטאָריש באַשטימטער בנין, ־ים [BÍNYEN, BINYÓNIM]
landmark decision דער היסטאָרישער פּסק, ־ים [PSAK, PSÓKIM]
landmass דאָס פֿעסטלאַנד; די יבשה [YABÓShE]
landmine די יבשה־מינע, ־ס [YABÓShE]
landowner דער ערד־‹לאַנד־›פֿאַרמאָגער, ־ס; דער פּריץ, ־ים; דער °ערדבאַזיצער, ־ס [PÓRETS, PRÍTSIM]
landownership די ערד־‹לאַנד־›פֿאַרמאָגערשאַפֿט; דער °ערדבאַזיץ
landscape, *n.*
(picture) דאָס פּייסאַזשבילד, ־ער
(view) דער/די לאַנדשאַפֿט, ־ן; דער פּייסאַזש, ־ן
landscape, *v.* פּייסאַזשירן
landscape artist דער פּייסאַזשיסט, ־ן; דער פּייסאַזשן־‹לאַנדשאַפֿט־›מאָלער, ־ס
landscape gardening דאָס לאַנדשאַפֿט־גערטנערײַ; דאָס פּייסאַזשירן
landscaper דער פּייסאַזשניק, ־עס
landslide דער ערדגליטש, ־ן; דער ערד־אַראָפּרוק, ־ן
a landslide victory אַ ג(ע)וואַלדיקער ‹קאַטעגאָרישער› נצחון [NITSÓKhN]
win by a landslide געווינען גרויס
landstrip דער לאַנדפּאַס, ־ן
land surveyor דער ערדמעסטער, ־ס
land swap דער שטח־אויסבײַט, ־ן [ShÉTEKh]
lane
(highway) דער שפּאַליר, ־ן; דער פֿאָרוועג, ־ן
(path) דער שטעג, ־ן; די סטע(ז)שקע, ־ס
(bowling) דער (קעגל־)שפּאַליר, ־ן
3-lane highway דער דרײַ־שפּאַליריקער שאָסיי, ־ען
change lanes אַריבערשפּאַליר(ע)ווען
life in the fast lane דאָס פֿײַערדיקע לעבן
lane marker דער שפּאַליר־אָנווײַז, ־ן
language, *adj.* שפּראַכיק; שפּראַכ(נ)...; לשון־... [LOShN]
language, *n.* די שפּראַך, ־ן; דאָס לשון, ־ות [LOShN, LEShÓYNES]
strong language האַרבע רייד ל"ר
foul language דער ניבול־פּה; קללות ל"ר; מיאוסע ווערטער ל"ר [NIBLPÉ] [KLÓLES] [MÍESE]
language of instruction די לערנשפּראַך; דאָס לערן־לשון
language acquisition דאָס אויסלערנען זיך אַ שפּראַך
language arts די שפּראַך; דאָס לשון [LOShN]
language awareness די שפּראַכוויסיקייט
language barrier דער שפּראַכן־באַריער, ־ן
language development די שפּראַך־אַנטוויקלונג; דער שפּראַך־אַנטוויקל
language engineering דער שפּראַך־איבערמאַך
language lab די שפּראַך־‹לשון־›לאַבאַראַטאָריע, ־ס [LOShN]
language maintenance דער שפּראַכאָנהאַלט
language policy די שפּראַך־פּאָליטיק
language repertoire דער שפּראַכפֿאַרמאָג
language requirement די שפּראַך־פֿאָדערונג, ־ען
language shift דער שפּראַך־איבעררוק, ־ן
language skills דאָס שפּראַך־קענטעניש, ־ן
language standardization די שפּראַך־נאָרמירונג
languid שמאַכטיק; שלאַף; אָפּגעשלאַפֿט
languish שמאַכטן; מוטשע(ן) זיך; אָפּקומען
(of project) ציִען זיך
languish for אויסגיין ‹לעכצן› נאָך

languishing פֿאַרשמאַכט
languor די שמאַכט; די/דאָס שלאַפֿקייט; די/דאָס שוואַכקייט; די/דאָס פֿאַרחלומטקייט [FARKhÓLEMTKEYT]
languorous שמאַכטיק; שוואַך; שלאַף; פֿאַרחלומט [FARKhÓLEMT]
lanky (אומגעלומפּערט) לאַנג; הויך און דאַר
lanky man (*hum.*) דער לאַנגער דראָנג; דער דאַרער דראַנדזשאַק
lanolin דער לאַנאָלין
lantana די לאַנטאַנע
lantern דער לאַמטערן, ־ס; די לאַמטער, ־ן; די לײַכטאַרניע, ־ס
Chinese lantern דער לאַמפּיאָן, ־ען
lanthanum דער לאַנטאַנום
lanugo עופֿל־האָר ל"ר [EYFL]
lanyard דאָס שטריקל, ־עך
Laos (דאָס) לאַאָס
Laotian, *adj.* לאַאָסיש
Laotian, *n.*
m./unsp. דער לאַאָסער, –
f. די לאַאָסערין, ־ס
lap, *n.* דער/די שויס, ־ן; דער פֿאָדעליק
(of garment) די פּאָלע, ־ס
(spo.) די לענג, –
(of journey) דער עטאַפּ, ־ן
in the lap of luxury אין לוקסוס ‹ווױלטאָג›
in the lap of the gods בײַ גאָט אין די הענט
hold on one's lap האַלטן אויפֿן פֿאָדעליק; האַלטן אויפֿן שויס
take on one's lap נעמען אויפֿן פֿאָדעליק; נעמען אויפֿן שויס
lap, *v.*
(in race) דעריאָגן מיט אַ לענג
(lick) לעקן
(of waves) פּליושקע|ן
lap up אָנזעטיקן זיך מיט
laparoscope דער לאַפּאַראָסקאָפּ, ־ן
laparoscopic לאַפּאַראָסקאָפּיש
laparoscopy די לאַפּאַראָסקאָפּיע, ־ס
lapbelt דער שויספּאַס, ־ן; דער שויס־שיצפּאַס, ־ן
lap dance דאָס שויסטענצל, ־עך
lap dancer די שויסטענצערין, ־ס
lapdog דאָס שויסהינטל, ־עך
lapel דער לאַץ, ־ן; די קליאַפּע, ־ס; דער לאַפּ, ־ן
lapis lazuli דער אַזוריט; דער לאַזורשטיין
lapse, *n.* דער לאַפּסוס, ־ן; דער אויסגליטש, ־ן
lapse in time די צווישנצײַט; דער צײַט־משך [MÉShEKh]
lapse of memory דער לאַפּסוס אין זכּרון; די פֿאַרטונקלונג פֿונעם זכּרון [ZIKÓRN]
lapse, *v.*
(time) אויסגיין; אויסלויפֿן
(morally) אַראָפּגיין פֿון דרך ‹וועג› [DÉREKh]
lapse into אַרײַנפֿאַלן אין
lapse into bad habits אַרײַנפֿאַלן אין מיאוסע טבֿעס [MÍESE] [TÉVES]
laptop דער שויס־קאָמפּיוטער, ־ס
lapwing דער קיבעץ, ־ן
larceny די גנבֿה [GANÉYVE/G(E)NÉYVE]
larch דער רויטבוים, ...ביימער; די בלעטערניצע, ־ס
lard, *n.* דאָס/די חזיר־פֿעטס‹־שמאַלץ›; די סאַדלע; די סלאָנינע [KhÁZER]
lard, *v.* (*fig.*) אָנשפּיקעווע|ן; אָנפּילן
larder די שפּײַזקאַמער, ־ן; די קלאַדאָווקע, ־ס

large, *adj.* גרויס
as large as life אין דער פֿולער לעבנסגרייס
larger than life שטאַרק אימפּאָזאַנט
large, *n.*
at large (in general) בכלל; אין אַלגעמיין; אין גאַנצן; גענומען; ווי אַ גאַנצקייט; ברייט אַטר׳ [BIKhLÁL]
at large (on the loose) אויף דער פֿרײַ
at-large delegate דער נישט־געבונדענער דעלעגאַט, ־ן; דער כּלל־דעלעגאַט, ־ן [KLAL]
large-cap firm די פֿירמע מיט אַ גרויסער קאַפּיטאַליזאַציע
large intestine די גראָבע קישקע, ־ס; דיקע געדערעם ל"ר
largely צום גרויסן טייל; אין אַ גרויסער מאָס; על־פּי רובֿ [ÁLPI RÓV]
large-print מיט גרויסע אותיות [ÓYSYES]
large-scale אויף אַ גרויסן מאַשטאַב; גרויס־פֿאַרנעמיק
large-screen TV דער גרויס־עקראַניקער טעלעוויזאָר, ...אָרן
largesse דאָס פּזרנות; די/דאָס ברייטהאַרציקייט [PAZRÓNES]
largo לאַרגאָ
lariat דער לאַסאָ, ־ס
lark[1] **(zool.)** דער לאַרך, ־ן; דאָס טרילערל, ־עך
rise with the lark אויפֿשטיין מיט די הינער
lark[2] **(prank)** דאָס שטיפֿערײַ; די/דאָס קונדסערײַ; דער שפּאַס, ־ן [KUNDESERÁY]
on a lark סתּם אַזוי [STAM]
larkspur דער זשיוועקיסט
larva די לאַרווע, ־ס; די מאַד, ־ן; דאָס שליערל, ־עך
larval לאַרווע...
larvicide דער לאַרוויציד, ־ן
laryngitis דער לאַרינגיט
larynx דער גאָרגל, ־ען; דער גאָרגלקאָפּ, ...קעפּ; דער שטימגאָרגאָן, ־ען; דער לאַרינגס, ־ן
lasagna די לאַזאַניע
lascivious תּאווהדיק; גלוסטשאַפֿיק [TÁYVEDIK]
laser, *adj.* לאַזער...
laser, *n.* דער לאַזער, ־ס
laser beam דער לאַזערשטראַל, ־ן
laser-guided לאַזער־גידירט
laser printer דער לאַזער־אָפּדרוקער, ־ס
laser surgery די לאַזער־אָפּעראַציע‹־כירורגיע›
laserwort דער לאַזערניק, ־עס
lash,[1] *n.* **(eye)** די וויִע, ־ס
lash,[2] *n.*
(whip) די בײַטש, ־ן
(whip stroke) דער שמיץ, –
lashes שמיץ; מלקות [MÁLKES]
lash, *v.*
(bind) צובינדן
(whip) שמײַסן; קאַטעווע|ן; פֿײַצקע|ן; בײַטשלען
lash out at אַרויספֿאַרן זיך אויף; אָנפֿאַלן אויף; אויסזידלען; געבן + דאַט׳ אַ פּסק [PSAK]
lashing, *n.*
(scolding) דאָס זידלערײַ; דער פּסק; די פּאָרציע [PSAK]
(whipping) דאָס שמײַסן; שמיץ ל"ר
get a lashing (scolding) קריגן (אַ פּאָרציע); קריגן אַ פּסק
get a lashing (whipping) כאַפּן שמיץ
lass די מויד, ־ן/מיידן; דאָס מיידל, ־עך; די יאַטיכע, ־ס
lasso דער לאַסאָ, ־ס; דער אַרקאַן, ־ען
last, *adj.*
(final) לעצט
(previous) פֿריִערדיק; פֿאַרגאַנגען; יענע
at last סוף־כּל־סוף [SOFKLSÓF]
at the last minute אין דער לעצטער מינוט ‹רגע› [RÉGE]

(come) in last place (אָנקומען) אויפֿן לעצטן אָרט
for the last time צום לעצטן מאָל
get last licks שפּילן דער לעצטער
last but not least אַחרון אַחרון חבֿיבֿ; צום לעצטן און צום בעסטן [ÁKhREN ÁKhREN KhÓVEV]
Last Tuesday was the deadline דער פֿאַראַכטטאָגן ‹דער פֿאַרגאַנגענער› דינסטיק איז געווען דער טערמין
Last Tuesday she came (*accus. of time*) פֿאַראַכטטאָגן ‹דעם פֿאַרגאַנגענעם› דינסטיק איז זי געקומען
last week יענע וואָך; די פֿאַרגאַנגענע וואָך; פֿאַראַכטטאָגן
last week's פֿאַראַכטטאָגיק
last year פֿאַר אַ יאָרן; דאָס פֿאַרגאַנגענע יאָר
last year's פֿאַראַיאָריק
the last time דאָס לעצטע מאָל
When was the last time that she ... ווען האָט זי ס'לעצטע מאָל ...?

last, *adv.* צו לעצט; צום סוף [SOF]
last,[1] *n.* (cobbler's) דער קאַפּול, ־עס
last,[2] *n.* (end) דער סוף [SOF]
at last סוף־כּל־סוף [SOFKLSÓF]
at long last סוף־כּל־סוף; קוים מיט צרות [TSÓRES]
hear the last of מער נישט הערן פֿון
last of the cake דאָס לעצטע שטיקל טאָרט
see the last of מער נישט זען; פּטור ווערן פֿון [PÓTER]
to the last ביזן (סאַמע) סוף

last, *v.*
(continue) געדויערן; אָנהאַלטן; (אָנ)גיין; ציִען זיך; איבערלעבן
(suffice) קלעקן; סטײַען
He won't last the winter ער וועט נישט איבערלעבן דעם ווינטער
last a long time/forever ציִען זיך; נישט נעמען ‹האָבן› קיין סוף; זײַן לאַנג ווי דער גלות [SOF] [GÓLES]
last a short time לאַנג נישט אָנהאַלטן; געדויערן פֿון אסתּר־תּענית ביז פּורים [ÉSTER-TÓNES]
last for געדויערן; אָנהאַלטן

last-ditch סאַמע לעצט
It was a last-ditch effort ס'איז געווען דער סאַמע לעצטער פּרוּוו

last hurrah דער לעצטער קנאַק ‹אויפֿשפּראַץ›
lasting, *adj.* (פֿאַר)בלײַביק; געדויערדיק; געדײַיִק
lasting relationship די געדויערדיקע באַציִונג, ־ען
make a lasting impression אײַנקריצן זיך (טיף) אין זכּרון [ZIKÓRN]

Last Judgment דער יום־הדין [YOM-HADÍN]
lastly לסוף; צום סוף; צו לעצט [LESÓF] [SOF]
last-minute לעצטמינוטיק; לעצט־רגעדיק; אין דער סאַמע לעצטער מינוט ‹רגע› [RÉGEDIK] [RÉGE]
last name די פֿאַמיליע, ־ס; דער פֿאַמיליע־‹משפּחה־›נאָמען, ־נעמען [MIShPÓKhE]
last rites/sacrament די לעצטע בוימלונג
Last Supper די לעצטע וועטשערע
last word
(in argument) דאָס לעצטע וואָרט
(in fashion) די סאַמע לעצטע ‹נײַסטע› מאָדע

latch, *n.* דער (פֿאַר)רוקער, ־ס; דער ריגל, ־ען
latch, *v.* פֿאַרריגלען; צוריגלען
latch onto אָנטשעפּען זיך אין; צוטשעפּען זיך צו; אָנהענגען זיך אויף
latch onto (with teeth) אײַנבײַסן זיך אין

latchkey דער הויזשליסל, –
latchkey child דאָס שליסלקינד, ־ער

late, *adj.* שפּעט(יק)
(belated) פֿאַרשפּעטיקט
(deceased/*unsp.*) געשטאָרבן
(deceased/*m.*) עליו־השלום פּר' [OLEVAShÓLEM]
(deceased/*f.*) עליה־השלום פּר' [OLEHAShÓLEM]
be a late bloomer אַנטוויקלען ‹צעבליִען› זיך שפּעט
file a late application שפּעט אײַנגעבן אַן אַפּליקאַציע
in one's late 90's אין די טיפֿע נײַנציקער
my late father דער טאַטע עליו־השלום

late, *adv.* שפּעט
arrive/be late for פֿאַרשפּעטיקן (צו/אויף)
arrive too late אָנקומען נאָך אַלעמען; קומען צו עלינו ‹אויסשפּײַעניש›; קומען נאָך נעילה [OLÉYNU] [NÍLE]
as late as ערשט
be late פֿאַרשפּעטיקן זיך
be late by 2 minutes פֿאַרשפּעטיקן אויף צוויי מינוט
better late than never בעסער שפּעטער איידער גאָרנישט
of late לעצטנס; ערשט נישט לאַנג; די לעצטע טעג ‹צײַט›
She was late with her period ס'האָט זיך בײַ איר פֿאַרשפּעטיקט (מיט דער צײַט)
Too late! פֿאַרפֿאַלן!

late-blooming plant דער האַרבסטקוויט, ־ן; דער שפּעטצוויט
latecomer דער שפּעט געקומענער געב'; דער פֿאַרשפּעטיקטער געב'
late fee דאָס פֿאַרשפּעטיק־געלט
lately לעצטנס; ערשט נישט לאַנג צוריק
until lately ביז דאָ נישט לאַנג; ביז לעצטנס
lateness די פֿאַרשפּעטיקונג
lateness of the hour די שפּעטע שעה [ShO]
late-night שפּעט בײַ נאַכט; שפּעט־בײַנאַכטיק
in the late-night hours שפּעט ‹טיף› אין דער נאַכט אַרײַן; צו חצות [KhTSOS]
latent (פֿאַר)באַהאַלטן; פֿאַרבאָרגן; לאַטענט
later, *adj.* שפּעטערדיק
later, *adv.* שפּעטער; אין ... אַרום; מיט ... שפּעטער
later on שפּעטער
six days later מיט זעקס טעג שפּעטער
lateral זײַט(נ)...; זײַט(נד)יק
latest שפּעטסט
(newest) (סאַמע) נײַסט
at the latest צום שפּעטסטן; נישט שפּעטער (ווי)
latex דער לאַטעקס
(bot.) דער מילכזאַפֿט
latex glove די לאַטעקס־הענטשקע, ־ס
lath די דראַנצע, ־ס; די דראַנקע, ־ס; דאָס לײַסטל, ־עך
lathe די טאָקאַרניע, ־ס; די טאָק, ־ן; די דרייבאַנק, ...בענק
lather, *n.* מולינעס ‹מידלענעס› ל"ר
get into a lather אויפֿקאָכן זיך; אויפֿגעזאָטן ווערן
lather, *vt./vi.* אָנזייפֿן (זיך)
Latin, *adj.* לאַטײַניש; ליטײַניש
Latin, *n.* [GÁLKhES] דאָס לאַטײַן; דאָס ליטײַן; דאָס גלחות
Latina די לאַטײַנערין, ־ס
Latin alphabet/script דאָס גלחות; דער לאַטײַנישער אַלפֿאַבעט ‹שריפֿט› [GÁLKhES]
Latin America (די) לאַטײַן־אַמעריקע
Latin American, *adj.* לאַטײַן־אַמעריקאַניש
Latin American, *n.* *see* Latino/Latina
Latino דער לאַטײַנער, –
latish שפּעטלעך
latitude די ברייט, ־ן
(*fig.*) די פֿרײַהייט; די/דאָס ביִיגעוודיקייט

line of latitude די ברייטליניע, ־ס; דער פּאַראַלעל־קרייַז, ־ן
latitudinal ברייט...; אינדערברייטיק
latrine דער אָפּטריט, ־ן; די לאַטרינע, ־ס
latter לעצטער געב׳; צווייטער געב׳
latter-day הייַנטיק; מאָדערן
lattice די רעשאָטקע, ־ס; דאָס געפֿלעכט, ־ן; דאָס געגראַט, ־ן
latticework די רעשאָטקע
Latvia (דאָס) לעטלאַנד; (די) לאַטוויע
Latvian, *adj.* לעטיש; לאָטוויש
  Latvian Jew דער לעטישער געב׳; דער לעטישער ייִד, ־ן
Latvian, *n.*
  m./unsp. דער לעט, ־ן; דער לאָטוויש, ־ן
  f. די לעטין, ־ס
  (language) דאָס לעטיש; דאָס לאָטוויש
laud לויבן (און רימען)
laudable צום לויבן; לויבעוודיק
laudanum דער לאַודאַנום; די אָפּיום־טינקטור
laudatory לויב...
laudatory words לויבווערטער; ווערטער לשבֿח [LIShVÁKh]
laugh, *n.* דאָס געלעכטער; דאָס לאַכן
  for laughs אויף ‹אין› אַ געלעכטער
  have a good laugh גוט אָנלאַכן זיך; לאַכן אויף אַלע ציין
  have the last laugh לאַכן דער לעצטער געב׳
  What a laugh! אוי, אַ געלעכטער!; אוי, איז דאָס קאָמיש!
  What a laugh! (*iro.*) אַ ביטער געלעכטער!
laugh, *v.* לאַכן
  laugh a bitter laugh ביטער לאַכן
  laugh all the way to the bank לאַכן דאָס געלעכטער פֿון גבֿירים [GVÍRIM]
  laugh at (sb.) אָפּלאַכן פֿון
  laugh away פֿאַרטרייַבן מיט געלעכטער; אויסלאַכן זיך פֿון
  Laugh away! לאַכ(ט), לאַכ(ט)!
  laugh off אויסלאַכן זיך פֿון
  laugh on the wrong side of one's mouth לאַכן מיט יאַשטשערקעס ‹גרינע ווערעם›
  laugh out loud צעלאַכן זיך
  laugh out of town אויסלאַכן
  laugh through tears לאַכן פֿאַר צרות; לאַכן מיט יאַשטשערקעס ‹גרינע ווערעם› [TSÓRES]
  He who laughs last laughs best לאַכן וועט דער וואָס ס'וועט לאַכן דער לעצטער
laughable (נאַר) צום לאַכן
laughing, *n.* דאָס געלעכטער
laughing gas דער לאַכגאַז
laughingstock די חוזק־פֿיגור, ־ן; דאָס געלעכטער, ־ס [KhÓYZEK]
  be the/a laughingstock זייַן אויף חוזק; זייַן אויף ‹צו› לייַטיש געלעכטער
  become the/a laughingstock ווערן אויף ‹צו› לייַטיש געלעכטער
  make a laughingstock of מאַכן לייַטיש געלעכטער פֿון
laughter דאָס געלעכטער
  split one's sides with laughter האַלטן זיך בייַ די זייַטן (פֿון געלעכטער); שטיקן זיך פֿאַר געלעכטער; צעזעצט ווערן לאַכנדיק
laughter lines לאַכקנייטשן; לאַכקנייטשעלעך
launch,[1] *n.*
  (beginning) דאָס לאַנצירן; דאָס איניציִירן
  (rocket) דער אַרויספֿשאָס, ־ן; דער אַרויסשיק, ־ן
launch,[2] *n.* **(boat)** דער קאַטער, ־ס; דער באַרקאַס, ־ן; די מאָטאָרשיף, ־ן
launch, *v.* לאַנצירן
  (begin) *also* איניציִירן
  (rocket) *also* אַרויספֿשיסן; אַרויסשיקן
  (ship) *also* אַראָפּלאָזן אויפֿן וואַסער
  launch an offensive לאַנצירן אַן אָפֿענסיווע
  launch into song צעזינגען זיך
launch crew דער לאַנציר־עקיפּאַזש, ־ן
launcher דער ראַקעט־לאַנצירער ‹אַרויספֿשיסער›, ־ס; דער וואַרפֿלער, ־ס
launching, *n.* דער לאַנציר, ־ן; דער אַרויספֿשאָס, ־ן
launch(ing) pad די (לאַנציר־)פּלאַטפֿאָרמע, ־ס; דער לאַנציר, ־ן; דער אַרויספֿשיס־פּונקט, ־ן
launder, *v. imp./pf.* (אויס)וואַשן
  launder money וואַשן געלט; כּשרן טרייפֿענע געלטער [KÁShERN]
laundress די וועש(ער)ין, ־ס
laundromat די (אויטאָמאַטישע) וועשערייַ, ־ען
laundry
  (dirty items) דאָס/די שמוציקע וועש; דאָס גרעט; דאָס שמוציקע געוועש
  (washed items) דאָס/די ריינע וועש; דאָס ריינע גרעט ‹געוועש›
  (place) די וועשערייַ, ־ען
  do the laundry (אויס)וואַשן דאָס/די וועש ‹דאָס גרעט›; מאַכן אַ געוועש
laundry bag דאָס וועשזעקל, ־עך; דאָס גרעטזעקל, ־עך
laundry basket דער וועשקויש, ־ן; דער וועשקאָרב, ...קערב
laundry detergent די/דאָס וועשזייף
laundry list די לאַנגע רשימה, ־ות [REShÍME]
laundry room דער געוועש־צימער, ־ן; דער וועשצימער, ־ן
laureate דער לאַוורעאַט, ־ן
laurel דער לאָ(ר)בערבוים, ...ביימער; דער אָבערבוים, ...ביימער
  rest on one's laurels רוען אויף די לאָרבערן ‹לאָרבערקרענץ›
laurel wreath דער לאָרבערקראַנץ, ...קרענץ
lava די לאַווע
lavatory דער וואַשצימער, ־ן
lavender
  (bot.) דאָס לאַווענדל; די לאַווענדע
  (color) לאַווענדלש
laver (J.) דאָס האַנטפֿאַס, ...פֿעסער
lavish, *adj.* פּזרניש; טשאַקענדיק; לוקסוסדיק; רייַך [PAZRÓNISh]
  be lavish with וואַרפֿן זיך מיט; שיטן מיט
lavish, *v.* באַשיטן ‹באַשערן› מיט
  lavish praise on באַשיטן + אַק׳ מיט לויבווערטער
lavishly פּזרניש; כּיד־המלך [PAZRÓNISh] [KEYÁD-HAMÉYLEKh]
lavishness דאָס פּזרנות; דער טשאַק [PAZRÓNES]
law, *adj.* יורידיש; יורי...
law, *n.* דאָס געזעץ, ־ן
  (J.) דער דין, ־ים; דער חוק, ־ים [KhOK, KhÚKIM]
  (field) די יורי; די יוריספּרודענץ
  (profession) די אַדוואָקאַטור
  law and order די געזעצלעכע ‹גערעכטע› אָרדענונג
  according to the law לויטן געזעץ
  according to Jewish law על־פּי ‹לויטן› דין [ÁLPI DIN]
  be at law with לאָדן ‹פּראָצעסירן› זיך מיט
  before the law יורידיש; לויטן געזעץ
  take the law into one's hands נעמען דאָס געזעץ אין די אייגענע הענט
law-abiding
  be law-abiding אָפּהיטן ‹פֿאָלגן› די געזעצן
lawbreaker דער געזעץ־ברעכער, ־ס

law enforcement דאָס געזעץ־היטערײַ ‹־דורכפֿירערײַ›
law-enforcement official דער געזעץ־היטער ‹־דורכפֿירער›, ־ס
law firm די אַדוואָקאַטן־‹יורי־›פֿירמע, ־ס
lawful געזעצלעך
 (J.) על־פּי ‹לויטן› דין [ÁLPI]
lawless אומגעזעצלעך; הפֿקרדיק; הפֿקר פּר׳ [HÉFKERDIK] [HÉFKER]
lawlessness די/דאָס אומגעזעצלעכקייט; דער הפֿקר [HÉFKER]
lawmaker דער געזעץ־געבער, ־ס
lawn די לאָנקע, ־ס; דער גראָזאָרטן, ...גערטנער
lawnmower דער גראָז־שנײַדער, ־ס
lawn party די גאָרטן־שימחה, ־ות [SÍMKhE]
lawn tennis דער לאָנטעניס
law of chance דאָס טראַפֿגעזעץ
law of constant proportion דאָס געזעץ פֿון קאָנסטאַנטע וואָג־פּראָפּאָרציעס
law of diminishing returns דאָס געזעץ פֿון פֿאַלנדיקע רווחים [REVÓKhIM]
law of nature דער חוק, ־ים; דאָס נאַטור־געזעץ, ־ן; דאָס געזעץ פֿון דער נאַטור [KhOK, KhÚKIM]
law of the jungle דער קיום פֿון די שטאַרקסטע ‹געזונטסטע›; דער לית־דין־ולית־דיין [KÍEM] [LES-DÍN-VELÉS-DÁYEN]
law of the land דאָס מלוכה־געזעץ [MELÚKhE]
lawrencium דער לאָרענציום
law school דער יורידישער פֿאַקולטעט, ־ן; די יוריׄשול, ־ן; דער יורי־פֿאַקולטעט, ־ן
lawsuit דאָס לאָדעניש, ־ן; דער פּראָצעס, ־ן
 (J.) דער/די דין־תּורה, ־ות [DINTÓYRE]
 be involved in a lawsuit (against) מישפּטן זיך (מיט); לאָדן זיך (מיט) [MÍShPETN]
lawyer, *n.*
 m./unsp. דער אַדוואָקאַט, ־ן
 f. די אַדוואָקאַטקע ‹אַדוואָקאַטין›, ־ס
lawyer, *v.* **(up)** צונעמען אַן אַדוואָקאַט
lax לויז; נישט־אָנגעצויגן; אָפּגעלאָזן; נאָכגעלאָזט
 be lax in לאָזן + אַק׳ גיין; מקיל זײַן בײַ [MEYKL]
laxative, *adj.* אָפּפֿיר...; לאַקסיר...
laxative, *n.* דאָס אָפּפֿיר־‹לאַקסיר־›מיטל, ־ען; דאָס אָפּפֿירעכץ, ־ן; די אָפּפֿירונג, ־ען
 (chocolate) דער אָפּפֿיר־שאָקאָלאַד, ־ן
lay, *adj.*
 (not clerical) לאַיִש
 (not professional) נישט־פּראָפֿעסיאָנעל
lay, *n.*
 be a great lay (*slg.*) זײַן אַ קנאַק אין בעט
 lay of the land דער אַלגעמיינער מצבֿ [MÁTSEV]
lay, *v.*
 (eggs) לייגן
 (sexually/*slg./vlg.***)** ליגן מיט; טערכע(נע)ן; געבן + דאַט׳ אַ ווין
 be laid up ליגן אַ קראַנקער גבֿ׳; נישט קענען אַראָפּ פֿון בעט; זײַן צוגעשמידט צום בעט
 get laid (*slg./vlg.*) כאַפּן אַ ווין; אַרײַנכאַפּן אַ (גוטן) טרען
 lay aside אַוועקלייגן אין ‹אָן› אַ זײַט
 lay away אָפּלייגן; פֿאַראיבעריקן
 lay down אַוועקלייגן; אַנידערלייגן
 lay down arms אַוועקלייגן ‹אָפּגעבן› דאָס געווער
 lay down one's life אָפּגעבן דאָס לעבן
 lay down the law פֿאַרמולירן ‹אײַנפֿירן› דאָס געזעץ
 lay down the law (*fig.*) ווײַזן ווער ס׳איז דער בעל־הבית [BAL(E)BÓS]
 lay it on thick מגזם זײַן; איבערטרײַבן [MEGÁZEM]
 lay off (employee) אַראָפּנעמען פֿון דער אַרבעט; אָפּלאָזן
 lay off (leave alone) לאָזן צו רו; אָפּלאָזן
 lay open צעעפֿענען
 lay out (arrange) אויסשטעלן; צעשטעלן; צעלייגן
 lay out (detail) אַרויסשטעלן ‹באַווײַזן› פּרטימדיק [PRÓTIMDIK]
 lay out (money) אויסלייגן
 lay out (typ.) ברעכן די זײַטן
 She was laid off מ׳האָט זי אַראָפּגענומען פֿון דער אַרבעט
layabout דער בטלן, ־ים; דער לײדיק־גייער, ־ס [BÁTLEN, BATLÓNIM]
layaway
 buy on layaway קויפֿן אויף אויסצוצאָלן
layer, *n.* דער שיכט, ־ן; דער פּלאַסט, ־ן; די וואַרשט, ־ן; דער לאַג, ־ן
 (of eggs) די קוואָ(טש)קע, ־ס; די לייגערקע, ־ס; די פּרוכפּערדיקע הון, הינער
 layer of fat דער פֿעטסשיכט, ־ן
 in layers שיכטנווײַז
layer, *v.* אָנשיכטן; אָנשיכטעווע|ן
 layer up אָנטאָן עטלעכע שיכטן קליידער
layer cake דער שיכטנטאָרט, ־ן; דער געפֿילטער טאָרט, ־ן
layette דער עופֿל־אויסריכט [EYFL]
layman
 (nonclerical) דער לאַיִקער, ־ס
 (nonprofessional) דער הדיוט, ־ים; דער מענטש פֿון אַ גאַנץ יאָר [HÉDYET, HEDYÓYTIM]
 in layman's terms פּראָסט און פּשוט; ווי דאָס פֿאָלק רעדט [PÓShET]
layoff דאָס (דערווײַליקע) אַראָפּנעמען פֿון דער אַרבעט
layout דער צעשטעל, ־ן
 (typ.) דער אויסשטעל, ־ן; געבראָכענע זײַטן ל״ר
layover דאָס איבערוואַרטן
layperson *see* **layman**
laze, *v.* **(around)** פֿוליאַקעווע|ן; אַרומגיין לײדיק
laziness די/דאָס פֿולקייט
lazy פֿויל
 be lazy פֿולן זיך; זײַן אַ פֿוליאַק; פֿולעצן
 be a bit lazy אונטערפֿולן זיך
 Stop being so lazy! זײַ(ט) נישט קיין פֿוליאַק!; אַז מ׳איז פֿויל האָט מען נישט אין מויל!
lazybones
 m. דער פֿולער גבֿ׳; דער פֿוליאַק, ־עס; דער מצה־בעקער, ־ס [MÁTSE]
 f. די פֿולע, ־; די פֿולערקע, ־ס; די פֿוליאַטשקע, ־ס
 She's a real lazybones בײַ איר ליגן די הענט אין קימפּעט
lb(s) פֿ׳ [= פֿונט]
LDL דער על־דע־על; דער על־די־על
lead,[1] *adj.* **(chem.)** בלײַען
lead,[2] *adj.* **(main)** הויפּט...; עיקר־... [ÍKER]
lead,[1] *n.* דאָס בלײַ
 (for pencil) דער שטיפֿט, ־ן
 (typ.) די אונטערליניע, ־ס
lead,[2] *n.*
 (clue) דער רמז, ־ים; דער סליד, ־עס [RÉMEZ, REMÓZIM]
 (elec.) דער/דאָס דראָט, ־ן; דער קאַבל, ־ען
 (spo.) די פֿאָרהאַנט; דער פֿאָר; דער פֿאָרויס
 (thea.) די הויפּטראָלע, ־ס; דער ערשטער אַקטיאָר, ־ן
 have a ten-point lead זײַן פֿאָרויס מיט צען פּונקטן

have a commanding lead האַלטן ווײַט ‹אַבסאָלוט/בפֿירוש› פֿאָרויס [BEFÉYRESh]
have the lead (over) האָבן פֿאָר(האַנט) (אַקעגן); זײַן פֿאָרויס (פֿון); האַלטן אין געווינען (בײַ)
in the lead פֿאָרויס
take the lead (spo.) נעמען (זיך) פֿאָר; פֿאַרנעמען דאָס ערשטע אָרט; פֿאָרויסיאָגן
take the lead (*fig.*) נעמען די איניציאַטיוו; שטעלן זיך בראָש [B(E)RÓSh]
lead, *v.* פֿירן; אָנפֿירן מיט
lead aside אָפּפֿירן (אין אַ זײַט)
lead by זײַן פֿאָרויס מיט; (האַלטן אין) געווינען מיט
lead by the hand פֿירן פֿאַר דער האַנט
lead by the nose (אַרומ)פֿירן פֿאַר ‹בײַ› דער נאָז
lead off with אָנהייבן מיט
lead on פֿאַרפֿירן; אָפּנאַרן
lead the league זײַן פֿאָרויס ‹דער ערשטער› אין דער ליגע
lead the way פֿירן דעם וועג; גיין אַפֿריִער; גיין פֿאָרויס
lead to דערפֿירן צו; אַרויסרופֿן
lead to believe געבן צו פֿאַרשטיין
lead to the right פֿירן אויף רעכטס
One thing led to another פֿון איינס איז אין אַנדערן אַרײַן
leaded בלײַיִק
leaded gasoline דער בלײַיִקער בענזין, ־ען
leaden בלײַען; בלײַ גראָ
leaden skies בלײַענע הימלען
leader דער (אָנ)פֿירער, ־ס; דער מנהיג, ־ים [MÁNEG, MANHÍGIM]
(activist) דער טוער, ־ס
(of movement) דער קאָריפֿיי, ־ען; דער אָנפֿירער, ־ס
(of J. community) דער ראָש־הקהל, ראָשי־... [ROShAKÓOL, ROShEKÓOL]
Leader (in US Congress) דער לידער, ־ס
leaderless אָן אַ פֿירער
leadership די (אָנ)פֿירערשאַפֿט; די אָנפֿירונג; די הנהגה [HANHÓGE]
show leadership אַרויסווײַזן פֿירערשאַפֿט
lead-free אָן בלײַ
lead-in דער אַרײַנפֿיר, ־ן
leading, *adj.* פֿירנדיק; וויכטיקסט; הויפּט...
leading economic indicator דער וויכטיקסטער עקאָנאָמישער אָנווייַזער, ־ס
leading, *n.* דער אָפּשטאַנד, ־ן
leading-edge, *adj.* סאַמע ערשט; אַוואַנגאַרד־...
leading edge, *n.* דער אַוואַנגאַרד; די סאַמע ערשטע פּאָזיציע
leading figure די שפּיצפֿיגור, ־ן
leading lady די ערשטע אַקטריסע, ־ס; די הויפּטראָליסטקע, ־ס; די פּרימאַדאָנע, ־ס
leading man דער ערשטער אַקטיאָר, ־ן; דער ערשטער ליבהאָבער, ־ס; דער הויפּטראָליסט, ־ן
leading question דער סוגערירטער פֿרעג, ־ן; די אָנטײַט־פֿראַגע, ־ס
leading role די הויפּטראָלע, ־ס
play the leading role שפּילן די הויפּטראָלע
leadplant די גראָע אַמאָרפֿע, ־ס
lead poisoning די בלײַ־פֿאַרסמונג [FARSÁMUNG]
lead story דער הויפּט־אַרטיקל, ־ען
lead time די צײַט אויף (זיך) צוצוגרייטן
lead-up (to) די צוגרייטונג (אויף)
lead vocalist
m./unsp. דער הויפּטזינגער, ־ס
f. די הויפּטזינגערין, ־ס

leaf, *n.* דער/דאָס בלאַט, בלעטער; דאָס בלעטל, ־עך
(of table) דער/דאָס אויסציבלאַט, ...בלעטער; דאָס/די אײַנזעצברעט, ־ער; דער פֿליגל, –
take a leaf out of sb.'s book אָפּלערנען (זיך) אַ משל פֿון [MOShL]
leaf, *v.* **(through)** (אַ)דורכבלעטערן; איבערמישן
leaf beet דער בלעטער־בוריק, ־עס; די באָטשווינע
leaf blower דער בלעטער־בלאָזער, ־ס
leafless אָנבלעטערדיק; אָן בלעטער
leaflet דאָס (פֿלי)בלעטל, ־עך
leafy בלעטערדיק
leafy greens דאָס בלעטער־גרינוואַרג קאָל׳
league[1] די ליגע, ־ס; דער בונד, ־ן
be in league with זײַן בחבֿרותא ‹יד־אַחת› מיט [BEKhAVRÚSE] [YADÁKhES]
It's out of my league ס'איז איבער מײַנע כּוחות [KÓYKhES]
league[2] **(measurement)** דרײַ מײַל
League of Nations די פֿעלקער־ליגע
Leah (bib.) לאה (אמנו); די מוטער לאה [LÉYE (IMÉYNU)]
leak, *n.* דער רין, ־ען; די/דער רינלאָך, ...לעכער; דער רינשפּאַלט, ־ן; דער לעכץ, ־ן
leak, *v.* רינען; טריפֿן; נעצן; קאַפּע|ן
leak out אַרויסרינען
leak out completely אויסרינען
leakage דאָס (אַרויס)רינען
leaky צעלעכצט; לעכערדיק
be leaky רינען (כּסדר) [KESÉYDER]
lean, *adj.* דין; דאַר; מאָגער
(meat) מאָגער
lean times דאָס שווערע ‹קנאַפּע› גערעטעניש ל״י
lean, *v.* **(against/on)**
vt. אָנשפּאַרן (אין); אָנלענען (אין)
vi. אָנשפּאַרן זיך (אין); אָנלענען זיך (אין)
(incline) בייגן זיך
(tend to) נוטה זײַן זיך [NÓYTE]
lean back אָנשפּאַרן ‹אָנלענען› זיך אויף צוריק
lean on (*fig.*) דריקן אויף
lean over איבערבייגן זיך
lean over backwards לייגן זיך אין דער לענג און אין דער ברעט
lean towards (an opinion) נוטה זײַן זיך צו
leaning, *n.* די נטיה, ־ות; די נייגונג, ־ען [NETÍE]
have a leaning towards האָבן אַ נטיה צו; זײַן גענייגט צו
Leaning Tower of Pisa דער קרומער טורעם אין פּיזע
leanness די/דאָס מאָגערקייט; די/דאָס דאַרקייט
lean-to דער סאַרײַ, ־ען
leap, *n.* דער שפּרונג, ־ען
a great leap forward דער גרויסער שפּרונג פֿאָרויס
by leaps and bounds שפּרונגענווײַז
grow by leaps and bounds וואַקסן ווי אויף הייוון; וואַקסן ווי שוועמלעך נאָך אַ רעגן
take a leap of faith אָננעמען פֿאַר אַ רעכטן אמת [ÉMES]
leap, *v.* שפּרינגען
leap at the chance אָנכאַפּן זיך אין דער געלעגנהייט
leap for joy שפּרינגען פֿאַר פֿרייד
leap into אַרײַנשפּרינגען אין
leap out אַרויסשפּרינגען
leap over איבערשפּרינגען; אַריבערשפּרינגען
leap to one's feet אויפֿשפּרינגען פֿונעם אָרט
leap up אויפֿשפּרינגען
leapfrog, *v.* אַריבערשפּרינגען; איבערשפּרינגען
play leapfrog שפּילן אין שפּרינגערלעך; שפּרינגען זשאַבקע

leap year דאָס עיבור־יאָר, ־ן [ÍBER]
learn, *v. imp./pf.* (אױס)לערנען זיך
(find out) דערוויסן זיך; געוויר(ע)ר ווערן; אויסגעפֿינען; הערן; דערגיין
learn from לערנען זיך פֿון; נאַשן פֿון
learn from experience לערנען זיך פֿון דער (אייגענער) פּראַקטיק
learn of דערוויסן זיך וועגן
learn one's lesson אָפּלערנען זיך (אַ משל) [MOShL]
learn the hard way באַצאָלן רבי־געלט [RÉBE]
learn thoroughly אויסלערנען זיך גרונטיק; אײַנשטודירן; אײַנקנעלן
What can we learn from this? וואָס לערנען מיר אַרויס פֿון דעם?; וואָס לאָזט עס אונדז (צו) הערן?
learned (וויל־)געלערנט; וויל־קענעוודיק
(J.) לומדיש [LÓMDISh]
be learned (J.) זײַן אַ יודע־ספֿר; קענען זיך אין די שוואַרצע פּינטעלעך [YEDÉYE-SÉYFER]
learned person דער געלערנטער גבֿ; דער קענער, ־ס; דער וויל־קענעוודיקער גבֿ
learned man (J.) דער למדן, ־ים; דער מלומד, ־ים; דער תּלמיד־חכם, תּלמידי־חכמים [LAMDN, LAMDÓNIM] [MELÚMED, MELUMÓDIM] [TÁLMED-KhÓKhEM, TALMÍDE-KhAKhÓKhIM]
learned woman (J.) די מלומדת, ־ן [MELUMÉDES]
learner דער לערנער, ־ס; דער תּלמיד, ־ים [TÁLMED, TALMÍDIM]
be a quick learner אויסלערנען זיך גיך
learning, *adj.* לערנ...
have a learning disability לערנען זיך שווער; האָבן אַ לערן־מום; האָבן לערן־אומפֿעיִקייטן
learning, *n.* דאָס לערנען; דאָס וויסן
(J.) [TÓYRE] [LÓMDES] דאָס לערנען תּורה; דאָס לומדות
learning curve די לערן־קרומע, ־ס
have a high learning curve (אויס)לערנען זיך פּאַמעלעך
lease, *n.* דער דינגאָפּמאַך, ־ן
(leasing) דאָס דינגען; די דינגונג
(of land) די אַרענדע, ־ס; די פּאַכט, ־ן
She got a new lease on life זי האָט אויפֿגעלעבט ווי מע וואָלט אין איר אַרײַנגעזעצט אַ נײַע נשמה [NEShÓME]
lease, *v.*
(land/by lessee) דינגען; נעמען אין ‹אויף› אַרענדע; אַרענדירן
(land/by lessor) פֿאַרדינגען; אָפּגעבן אין אַרענדע; פֿאַראַרענדירן
(car) דינגען
leased פֿאַרדונגען; אַרענדירט
leaseholder
(of car) דער דינגער, ־ס
(of land) דער פּאַכטער, ־ס; דער (אַ)רענדאַר, ־ן
leash, *n.* די (שפּאַציר)קייט, ־ן; דער (הונט)רימען, ־ס; דאָס שטריקל, ־עך; די פּעטליע, ־ס
keep on a short leash (*fig.*) אײַנצאַמען; אײַנהאַלטן
leash, *v.* האַלטן אויף אַ קייט; אָנקייטן
least, *adj.* מינדסט; קלענסט; מינימאַל
least, *adv.* צום ווינציקסטן ‹ווייניקסטן›; מינימאַל
at (the very) least כאָטש(בע); לכל־הפּחות; (ווי אַ מינימום; צום ווינציקסטן ‹ווייניקסטן›; ווינציקסטנס ‹ווייניקסטנס› [LEKhÓLAPÓKhES]
least of all ווייניקער פֿון אַלץ ‹אַלעמען›
not in the least לחלוטין נישט; אויף אַ האָר נישט [LAKhLÚTN]
to say the least איידל ‹מילד› גערעדט
To say the least! און ווי נאָך!
leather, *adj.* לעדערן
leather, *n.* די/דאָס לעדער
leatherleaf די כאַמעדאַפֿנע, ־ס
leatherwood דאָס לעדערהאָלץ
leathery ווי לעדער
leave, *n.*
(time off) דער אורלויב, ־ן
(permission) דאָס/די דערלויבעניש
leave of absence דער אורלויב, ־ן
by your leave מיט אײַער רשות ‹דערלויבעניש› [RESHÚS]
on leave אויף אורלויב
put in for leave בעטן אורלויב
take leave (of) געזעגענען זיך (מיט)
take one's leave (to) נעמען זיך רשות (צו)
take leave of one's senses אַראָפּגיין פֿון זינען; פֿאַרלירן דעם קאָפּ
leave, *v.*
vt. פֿאַרלאָזן; איבערלאָזן; אַוועקגיין ‹אַוועקפֿאָרן› פֿון
vi. אַוועקגיין; אַוועקפֿאָרן
(with one's baggage) אַוועקפּעקלען זיך
(an organization) אַרויסטרעטן פֿון
leave alone (not bother) אָפּלאָזן; לאָזן צו רו; לאָזן געמאַך
leave alone (solitary) (איבער)לאָזן אַליין
leave back לאָזן בלײַבן אויף נאָך אַ יאָר
be left back מוזן בלײַבן אויף נאָך אַ יאָר; מוזן רעפּעטירן
leave behind איבערלאָזן
leave sb. cold נישט רירן ‹נעמען›; נישט מאַכן קיין רושם אויף [RÓYShEM]
leave for אַוועקפֿאָרן קיין ‹אין›
leave sb. for dead איבערלאָזן + אַק׳, מיינענדיק אַז + נאָמ׳ איז טויט
leave in the lurch לאָזן אויף הפֿקר; לאָזן אין אַ קלעם [HÉFKER]
leave it to איבערלאָזן צו; פֿאַרלאָזן זיך אויף
Leave me alone! לאָז(ט) מיך (שוין) צו רו!; לאָז(ט) מיך (שוין) אָפּ!
leave off, *vt.* **(omit)** אַרויסלאָזן
leave off, *vi.* **(cease)** אויפֿהערן
leave out אַרויסלאָזן; אויסלאָזן
be left out בלײַבן אויסן; שטיין פֿון דרויסן
leave to one's fate (איבער)לאָזן אויף גאָטס באַראָט
leave up to פֿאַרלאָזן זיך אויף
Let's leave it at that! זאָל שוין בלײַבן בײַ דעם!
leave well enough alone לאָזן צו רו
leaven, *n.* די ראָשטשינע; דאָס זויערטייג; דאָס זויערעכץ
(J.) דער/דאָס חמץ [KhÓMETS]
leaven, *v.* (פֿאַר)ראָשטשינע|ן; זײַערן
leavened פֿאַרראָשטשינעט; געזײַערט
(J.) חמצדיק [KhÓMETSDIK]
leavened bread (J.) דער/דאָס חמץ [KhÓMETS]
leave-taking די געזעגענונג; דאָס געזעגענען זיך
Lebanese, *adj.* לבֿנונש [LEVÓNENSh]
Lebanese, *n.*
m./unsp. דער לבֿנונער, – [LEVÓNENER]
f. די לבֿנונערין, ־ס [LEVÓNENERN]
Lebanon (דאָס) לבֿנון [LEVÓNEN]
lecher דער נואף, ־ים [NÓYEF]
lecherous ניאופֿדיק [NÍEFDIK]
lechery דער ניאוף [NÍEF]
lectern דער שטענדער, ־ס; דאָס לעקטאַר־טישל, ־עך
lecture, *n.* די לעקציע, ־ס

(scholarly) דער רעפֿעראַט, ־ן
lecture, *v.* האַלטן אַ לעקציע; לייענען ‹האַלטן› לעקציעס
(scholarly) האַלטן אַ רעפֿעראַט; רעפֿערירן
(upbraid) זאָגן + דאַט' מוסר; אויסרעדן; מוסרן; לערנען + דאַט' שׂכל [MÚSER] [MÚSERN] [SEYKhL]
Don't lecture me! זאָג(ט) מיר נישט קיין מוסר!
lecture period די לעקציע־שעה, ־ען [ShO]
lecturer
(instructor/*m./unsp.*) דער לעקטאָר, ...אָרן; דער דאָצענט, ־ן
(instructor/*f.*) די לעקטאָרין, ־ס
(speaker/*m./unsp.*) דער רעפֿערענט, ־ן; דער רעדנער, ־ס; דער לעקטאָר, ...אָרן; דער פּרעלעגענט, ־ן
(speaker/*f.*) די רעפֿערענטקע, ־ס; די רעדנערין, ־ס; די לעקטאָרין, ־ס; די פּרעלעגענטין, ־ס
lecture series דער ציקל לעקציעס; די סעריע לעקציעס
lectureship די לעקטאָרשאַפֿט, ־ן; די דאָצענטור, ־ן
LED דער ליכטדיאָד, ־ן
...-led (אָנ)געפֿירט פֿון; אונטער + פּאָס' פֿירערשאַפֿט ‹הדרכה› [HADRÓKhE]
ledge
(mountain) דער פֿעלדזנראַנד, ־ן
(archit.) דער גזימס, ־ן
(window) דאָס/די פֿענצטערברעט, ־ער; דאָס פֿענצטערברעטל, ־עך
ledger דאָס (קאָנטע)בוך, ...ביכער; דאָס הויפּטבוך, ...ביכער; דאָס רעכנבוך, ...ביכער
ledger line די הילפֿליניע, ־ס
ledum דאָס שיכור־גראָז [ShÍKER]
lee די נישט־ווינטיקע זײַט, ־ן
leech די פּיאַווקע, ־ס
(med.) די מעדיצינישע פּיאַווקע, ־ס; די בלוטציערקע, ־ס
(*fig.*) דער בלוטזויגער, ־ס; דער פּאַראַזיט, ־ן
leek די פּאָרע־ציבעלע, ־ס; דער פּראַזש, ־עס
leer (at) קוקן (אויף + דאַט') מיט תּאווה ‹גלוסט›; עסן + אַק' מיט די אויגן [TÁYVE]
leery
be leery of קוקן מיט חשד אויף [KhShAD]
lees דער אָפּזעץ
leeward מיטן ווינט
leeway
(ship) דער דרייף
(*fig.*) די אויסקערברייט; די פֿרײַהייט
left,[1] *adj.* **(position)** לינק
left,[2] *adj.* **(remaining)** פֿאַרבליבן
There's nothing left ס'איז גאָרנישט נישט פֿאַרבליבן
left, *adv.*
Left face! (קערט זיך) לינקס!
left of center אויף לינקס פֿונעם צענטער
left, right and center פֿון אַלע זײַטן; אומעטום
left, *n.*
make a left פֿאַרנעמען ‹פֿאַרקערעווען/דרייען› זיך אויף לינקס
the Left די לינקע ל"ר; דער לינקער פֿליגל
the far Left די עקסט ‹עקסטרעם› לינקע
left-click אַ קוועטש טאָן אויף לינקס
left hand די לינקע האַנט, הענט
left-handed געלינקט; לינקהאַנטיק
left-handed compliment דער לינקער קאָמפּלימענט, ־ן; דער שטאָך־קאָמפּלימענט, ־ן
leftist, *adj.* לינק (געשטימט); פֿון לינקן צד [TSAD]
leftist, *n.* דער לינקער געב'; דער לינקאַטש, ־עס
left-leaning לינק געשטימט; לינקלעך
leftover נעכטיק; איבערגעבליבן; פֿאַרבליבן
leftovers שיריים; דאָס נעכטיקע עסן; שפּײַזרעשטלעך [ShIRÁYEM]
leftwards אויף לינקס
left-wing *see* **leftist**
lefty
(left-handed) דער געלינקטער געב'; דער לינקהאַנטיקער געב'
(pol.) דער לינקער געב'
leg דער פֿוס, פֿיס
(child's) דאָס פֿיסעלע, ־ך
(of pants) דער הויז, ־ן; די קאָלאָשע, ־ס
(of furniture) דאָס פֿיסל, ־עך
(of a trip) דער עטאַפּ, ־ן; דער אָפּשניט, ־ן
(of a triangle) דער קאַטעט, ־ן
bad leg דער קראַנקער פֿוס
be on one's last legs גוססן; האַלטן בײַם שטאַרבן; האַלטן שמאָל מיט אומפּ' + דאַט'/פּ"ק; זײַן קרובֿ־למיתה [GÓYSESN] [KÓREV-LEMÍSE]
be on one's last legs (*fig.*) גיין אַ גאַנג; בלײַבן אָן כּוחות [KÓYKhES]
give sb. a leg up געבן + דאַט' אַ דריסת־הרגל [DRÍSES-HORÉGL]
not have a leg to stand on נישט האָבן אויף וואָס זיך צו שטיצן
legacy די ירושה, ־ות; דער עזבֿון, ־ות; דער לעגאַט, ־ן [YERÚShE] [IZÓVN, IZVÓYNES]
legal
(lawful) לעגאַל; געזעצלעך
(jur.) יורידיש; רעכטיק; רעכטלעך; געזעציק
(J.) על־פּי דין ‹הלכה› [ÁLPI] [HALÓKhE]
(completely legal) כּשר־וישר; דורכויס געזעצלעך [KÓShER-VEYÓShER]
legal studies די יוריספּרודענץ
take legal action פֿאַרקלאָגן אין געריכט; אײַנגעבן אַ תּבֿיעה [TVÍE]
legal advice לעגאַלע עצות ל"ר [ÉYTSES]
legal aid די (אומזיסטע) יורידישע הילף
legal counsel דער אַדוואָקאַט, ־ן
legal entity דער יורידישער יש [YESh]
legal fiction די לעגאַלע פֿיקציע, ־ס
legalistic לעגאַליסטיש
legality די/דאָס געזעצלעכקייט
legalization די לעגאַליזירונג; די לעגאַליזאַציע
legalize לעגאַליזירן
legalized gambling דער לעגאַליזירטער אַזאַרט
legally לעגאַל; לויטן געזעץ
legal opinion דער יורידישער אויספּיר, ־ן
legal pad דער לאַנגער בלאָקנאָט, ־ן
legal procedure די געריכט־פֿירונג
legal scholar דער יוריסט, ־ן
legal secretary
m./unsp. דער יורי־סעקרעטאַר, ־ן
f. די יורי־סעקרעטאַרשע, ־ס
legal-size paper דאָס לאַנגפּאַפּיר
legal tender דאָס גילטיקע געלט
be legal tender זײַן עובֿר־לסוחר [ÓYVER-LESÓYKhER]
legate דער לעגאַט, ־ן
legatee
m./unsp. דער יורש, ־ים [YÓYRESh, YÓRShIM]
f. די יורשטע, ־ס [YÓYREShTE]
legation די לעגאַציע, ־ס
legato לעגאַטאָ

legend די לעגענדע, ־ס; די מסורה, ־ות; די אַגדה, ־ות [MESÓYRE] [AGÓDE]
  (person) די לעגענדאַר(יש)ע פּערזענלעכקייט, ־ן
  (of map) דער שליסל, ־ען
  legend has it that מע דערציילט אַז; סע שטייט אין דער לעגענדע ‹אַגדה› אַז
  She was a legend in her time זי איז בײַם לעבן געווען ‹געוואָרן› לעגענדאַריש
legendary לעגענדאַר(יש)
legerdemain די שוואַרצקונסט; דער האָקוס־פּאָקוס
leggings אָניטשעס; וואַליקעס; וויקלערס; וויקלשנורן
  (boot) (הויכע) קאַמאַשן; געטערס
leggy לאַנגפֿוסיק; מיט לאַנגע פֿיס
legibility די/דאָס לייענוודיקייט; דאָס לאָזן זיך לייענען
legible ליינוודיק; צום (איבער)לייענען
legion דער לעגיאָן, ־ען
legionnaire דער לעגיאָנער, ־ן
Legionnaires' disease די לעגיאָנערן־קרענק
Legion of Honor דער ערן־לעגיאָן
legislate אַרויסגעבן געזעצן; לעגיסלירן
legislation די געזעץ־געבונג; די לעגיסלאַציע
legislative געזעץ־געבעריש; לעגיסלאַטיוו
legislative body די געזעץ־געבערישע קערפּערשאַפֿט, ־ן
legislative branch די לעגיסלאַטיווע ‹געזעץ־געבערישע› מאַכט
legislator דער געזעץ־געבער, ־ס; דער לעגיסלאַטאָר, ...אָרן; דער מחוקק, ־ים [MEKhÓYKEK, MEKhÓKEKIM]
legislature די לעגיסלאַטור, ־ן; די געזעץ־געבערײַ, ־ען
legit *see* **legitimate**
legitimacy די/דאָס געזעצלעכקייט
legitimate, *adj.* לעגיטים; געזעצלעך; כשר [KÓShER]
legitimate, *v.* לעגיטימירן
legitimize לעגיטימירן
legless אָן אַ פֿוס; אָנפֿיסיק
legroom פּלאַץ ‹אָרט› פֿאַר די פֿיס
legumes קיטניות; שויטנדיקע געוויקסן [KÍTNIES]
leg warmers אָניטשעס; וואַליקעס
legwork די פֿאָרשערישע ‹דעטעקטיווישע› האָרעוואַניע
leisure, *adj.* אָפּשפּאַן...
leisure, *n.* די אָפּשפּאַנצײַט; די פֿרײַע צײַט; די פֿרײַצײַט
  at your leisure אַז וועסט ‹איר וועט› האָבן צײַט; ווען ס׳וועט דיר ‹אײַך› זײַן באַקוועם; בײַ אַ געלעגנהייט [ShO]
leisure activity די אָפּשפּאַן־אַקטיוויטעט, ־ן
leisurely געלאַסן; נישט געאײַלט ‹געכאַפּט›; רויִק
leitmotif דער לייטמאָטיוו, ־ן
lemma די לעמע, ־ס
lemming דער לעמינג, ־עס
lemon, *adj.* לימענע־...; ציטרינ...
  (color) ציטרין ‹לימענע› געל; געל ווי אַ לימענע
lemon, *n.* די לימענע, ־ס; דער ציטרין, ־ען
  (stg. defective) די טאַרעדעײַקע, ־ס
lemonade דער לימענאַד ‹לימאָנאַד›, ־ן
lemongrass דאָס קעמלהיי
lemon juice דער לימענע־זאַפּט; דער ציטרינזאַפּט
lemon squeezer דער לימענע־אויסקוועטשער, ־ס
lemon tree דער ציטרינען־בוים, ...ביימער
lemon verbena די ציטרין־ליפּיע
lemur דער מאַקי, ־ס; דער לעמור, ־ן
lend (to) (אַנט)לײַען + דאַט׳; אויסלייַען + דאַט׳; פֿאַרלײַען + דאַט׳; אַוועקלײַען + דאַט׳; (אויס)באָרגן + דאַט׳
  lend a hand צולייגן אַ האַנט ‹פּלייצע›; אונטערשטעלן אַ פּלייצע ‹אַן אַקסל›
  lend an ear to אויסהערן + אַק׳; צולייגן אַן אויער צו + דאַט׳
  lend itself to לאָזן זיך; געבן זיך אויף; פּאַסן זיך צו; זײַן מסוגל צו [MESÚGL]
lender דער אויסלײַער, ־ס; דער אויסבאָרגער, ־ס; דער בעל־הלוואה, בעלי־הלוואָות; דער מלווה, ־ים [BALHALVÓE, BÁLE-HALVÓES] [MÁLVE, MÁLVIM]
lending library די לײַ־ביבליאָטעק, ־ן
length די לענג, ־ען
  (distance) *also* דער מהלך, ־ן [MEHÁLEKh]
  (duration) די לענג
  at length (for a long time) באַריכות [BARÍKhES]
  at length (finally) מיט דער צײַט; סוף־כּל־סוף [SOFKLSÓF]
  go to great lengths שטאַרק באַמִיען זיך; אָנטאָן זיך אַ כּוח; קלאַפּאָטשעןן זיך; רײַסן זיך [KÓYEKh]
  length of service דער סטאַזש, ־ן; דער דינסטדויער
  speak at length אויסצִיען די רייד; (לאַנג) ברײַטען; מאריך זײַן [MÁYREKh]
  the length and breadth די לענג און די ברייט
  three yards in length דרײַ יאַרד די לענג
lengthen
  vt. פֿאַרלענגערן; אויסציִען; לענגער מאַכן
  vi. פֿאַרלענגערן זיך; אויסציִען זיך; לענגער ווערן
lengthwise אין דער לענג
lengthy (זייער/גאָר) לאַנג; אויסגעצויגן
leniency די/דאָס מילדקייט
lenient מילד; וויך; לאַגאָדנע; מקילדיק [MÉYKLDIK]
  (in applying a law) מקיל זײַן [MEYKL]
  be lenient towards sb. מטיבֿ זײַן מיט [MÉYTEV]
lens
  (of eye) די (אויגן)לינדז, ־ן
  (of camera) דער אָביעקטיוו, ־ן
  (of glasses) דאָס גלעזל, ־עך; דאָס שײַבל, ־עך
Lent די פֿאַסטצײַט
lentil די לינדז, ־ן
lentil soup די לינדזנזופּ
lento לענטאָ
Leo מזל אַריה; דער לייב [MAZL ÁRYE]
leonine לייבנ...
leopard דער לעמפּערט, ־ן
leotard דער טריקאָ, ־ען; דער גוף־בגד, ־ים [BÉGED, BGÓDIM]
leper דער מצורע, ־ים; דער קרעציקער געב׳ [METSÓYRE, METSOYRÓYEM]
lepiota דאָס שערעם־שוועמל, ־עך
leprechaun דאָס שדל, ־עך; דער גנאָם, ־ען [ShEDL]
leprosy די צרעת; די קרעץ [TSORÁAS]
leprous קרעציק
lesbian, *adj.* לעסביש
  lesbian love די לעסבישע ליבע
  lesbian sex דער פֿרויענסעקס; דער לעסבישער סעקס
lesbian, *n.* די לעסבערקע, ־ס; די לעסביאַנקע, ־ס
lesbianism די/דאָס לעסבישקייט
lese majesty
  (against ruler) דאָס פּחיתות־המלך [PKhíSES-HAMÉYLEKh]
  (dignity) דאָס פּחיתות־הכּבֿוד [PKhíSES-HAKÓVED]
lesion די וווּנד, ־ן; די (גוף־)צעשעדיקונג, ־ען
  (skin) דער גרינד, ־ן; די וווּנד, ־ן
lespedeza די לעספּעדעצע, ־ס
...less אָנ...; אָן אַ; אָנ...(ד)יק
less ווייניקער; ווינציקער; קנאַפּער; מינער

(minus) מינוס

less and less אַלץ ווייניקער (און ווייניקער); וואָס אַ מאָל ווייניקער ‹ווינציקער›

less is more קלענער דער עולם, גרעסער די שימחה; וואָס ווייניקער איז געזינטער [ÓYLEM] [SÍMKhE]

less so than נאָך ווייניקער ווי

in less than no time איידער וואָס ווען; אין איין כהרף־עין [KÉREF-ÁYEN]

no less ווער רעדט נאָך

no less than נישט ווייניקער ווי ‹פֿון/פֿאַר›; אַ קיימא־לן פֿון [KÁYMELON]

the less ..., the less וואָס ווייניקער ... אַלץ ווייניקער

lessee

(of estate) דער פּאַסעסאָר, ־ס

(farmer) דער (אַ)רענדאַר, ־ן

(renter) דער דינגער, ־ס

lessen, *vt./vi.* פֿאַרקלענערן (זיך); פֿאַרמינערן (זיך)

lesser ווייניקער; ווינציקער; קלענער

the lesser of דער קלענערער צווישן

the lesser of two evils דאָס בעסטע פֿון די עשר־מכּות [ÉSER-MÁKES]

to a lesser extent אין אַ קלענערער מאָס

lesson די לעקציע, ־ס

(class period) די (לערן־)שעה, ־ען [ShO]

(J./trad./Talmud) דער שיעור, ־ים [ShÍER, ShIÚRIM]

(unit of study) די לעקציע, ־ס; דער לערנאיינס, ־ן

(example) די אָנלערנונג, ־ען; דאָס אָנלערעניש, ־ן

learn a lesson (*fig.*) אָפּלערנען זיך

Let that be a lesson to her! זי מעג זיך דערפֿון עפּעס אָפּלערנען!

lesson plan דער לערנפּלאַן, ...פּלענער

lessor דער פֿאַרדינגער, ־ס

lest כּדי ... נישט [KEDÉY]

lest we forget כּדי מע זאָל נישט פֿאַרגעסן

let, *v.*

(permit) לאָזן

(lease) פֿאַרדינגען

let alone שוין אָפּגערעדט; ווער רעדט נאָך; אַפּשיטא שוין; לא־כּל־שכּן [APShÍTE] [LOY-KÓLSh(E)KEN]

let down (lower) אַראָפּלאָזן

let down (disappoint) אַנטוישן; מיאש זיין [MEYÁESh]

let go (from job) אָפּזאָגן; אַראָפּנעמען ‹באַפֿרייען› פֿון דער אַרבעט

let go (release) אָפּלאָזן; אַרויסלאָזן; באַפֿרייען

Let him/her (do stg.) זאָל ער/זי

let in אַריינלאָזן

let it go at that אָפּלאָזן דעם ענין [ÍNYEN]

Let me! לאָז(ט) מיך!

Let me go! לאָז(ט) מיך אָפּ!

Let me try! לאָמיך פּרוּוון!

let oneself go (neglect) אָפּלאָזן זיך; נאָכלאָזן זיך

let oneself go (have a good time) לאָזן זיך וווילגיין

let oneself in for אַריינלאָזן זיך אין

let out אַרויסלאָזן

let sb. have it געבן + דאַט; צענעמען + אַק' אויף פּיץ־פּיצלעך; אַריינזאָגן + דאַט' אין דער זיבעטער ריפּ

let sb. in on a secret אויסזאָגן + דאַט' אַ סוד [SOD]

let sb. know לאָזן וויסן + אַק'; געבן + דאַט' צו וויסן; צו וויסן טאָן + דאַט'

let (sb.) through (אַ)דורכלאָזן; מאַכן אַ וואַרע

let up (rain) נאָכלאָזן

let us (let's) לאָמיר

let us (permit) לאָז(ט) אונדז

Let's see לאָמיר זען

to let צו(ם) פֿאַרדינגען

let-down

(disappointment) די אַנטוישונג, ־ען; דער דורכפֿאַל, ־ן

(reflex) דער מילך־אַרויס־רעפֿלעקס

lethal טויטברענגיק; טויט־געפֿערלעך; הרגעוודיק [HÁRGEVDIK]

lethal injection די איינשפּריצונג אויף טויט

lethality די/דאָס טויטברענגיקייט; די/דאָס הרגעוודיקייט [HÁRGEVDIKEYT]

lethal poison דער סם־המוות [SAM(-H)AMÓVES]

lethal weapon(s) דאָס טויטברענגיקע ‹הרגעוודיקע› געווער קאָל' [HÁRGEVDIKE]

lethargic לעטאַרגיש; פֿאַרשלאָפֿן

be lethargic זיין ‹ליגן› אין הינערפּלעט

lethargy די לעטאַרגיע; דער הינערפּלעט

letter

(alphabet) דער/דאָס אות, ־יות [OS, ÓYSYES]

(mail) דער בריוו, –

friendly letter דאָס ידידי־בריוול, ־עך [YEDÍDI]

Hebrew letters (*fig.*) די שוואַרצע פּינטעלעך

letter for letter/to the letter אות־באות [ÓS-BEÓS]

letters (literature) די ליטעראַטור

letter-writing campaign די בריוו־קאַמפּאַניע, ־ס; די בריוואַקציע, ־ס

man of letters דער ליטעראַט, ־ן

letter bomb דער אויפֿרייסבריוו, –; דער אויפֿרייס־קאָנווערט, ־ן

letter box דאָס פּאָסטקעסטל, ־עך

letter carrier דער בריוון־טרעגער, ־ס; דער בריווטרעגער, ־ס; דער פּאָטשטאַליאָן, ־עס

lettered

(learned) געלערנט; אָנגעלייענט

(object) באַצייכנט מיט אותיות [ÓYSYES]

lettered in gold (באַצייכנט) מיט גאָלדענע אותיות

letterhead דער בריוובלאַנק, ־ען; דער (פֿירמע)בלאַנק, ־ען

lettering אותיות ל״ר; די אויפֿשריפֿט [ÓYSYES]

letter of acceptance דער אָננעמבריוו, –

I got a letter of acceptance כ'האָב באַקומען אַ בריוו אַז מ'האָט מיך אָנגענומען

letter of accreditation דער באַגלייבבריוו, –; דער אַקרעדיטיר־בריוו, –

letter of credit דער אַקרעדיטיוו, ־ן; דער קרעדיטבריוו, –

letter of indemnity דער גאַראַנטיע־בריוו, –

letter of recommendation דער רעקאָמענדיר־בריוו, –

letter opener דער בריוו־עפֿענער, ־ס; דער/דאָס פּאַפּיר־מעסער, ־ס

letter-perfect אות־באות [ÓS-BEÓS]

letter-size paper דאָס סטאַנדאַרד־פּאַפּיר

letter tray דאָס בריוון־טעצל, ־עך

lettuce שאַלאַטן ל״ר; דער (בלעטער־)סאַלאַט

leucothoe דער גלעקלקניק, ־עס

leukemia די לייקעמיע

leukocyte דער לייקאָציט, ־ן

leukorrhea די לייקאָרע

levee דער אָנשיט, ־ן; די/דער ברעגמויער, ־ן; דער שיצוואַל, ־ן

level, *adj.* גלייך

a level teaspoon of salt דאָס גלייכע לעפֿעלע (מיט) זאַלץ

do one's level best טאָן אַל דאָס בעסטע ‹מעגלעכע›

level, *adv.* **(with)** אויף איין הייך (מיט); גלייך (מיט)

level, *n.* די מדרגה, ־ות; דער ניוואָ, ־ען; דער שטאַפּל, ־ען [MADRÉYGE]

on a level (with) אויף איין הייך (מיט); גלייך (מיט)

(tool) די וואַסערוואָג, ־ן
(of liquid) דאָס געהייב, ־ן
on the level אָרנטלעך; אָפֿן־האַרציק; ערנצט
take to a new level שטעלן אויף אַ נײַער מדרגה
level, *v.*
(even out) אויסגלײַכן; ניוועלירן
(aim) ציִלעווע|ן ‹ווענדן› אויף
(raze) מאַכן גלײַך מיט דער ערד; חרובֿ־ונחרבֿ מאַכן [KhÓREV-VENÉKhREV]
level an accusation at באַשולדיקן
level off אויסגלײַכן זיך
level the playing field צושטעלן גלײַכע קאָנקורירן־באַדינגען
level with רעדן אָפֿענע דיבורים מיט
level crossing דער אײַזנבאַן־אַריבערפֿאָר, ־ן
level-headed ניכטער; מיט גראָדן שׂכל; מיט קלאָרן פֿאַרשטאַנד [SEYKhL]
level-headed person דער בעל־שׂכל, בעלי־...; דער ניכטערער געב׳ [BALSÉYKhL, BÁLE-...]
leveling דער אויסגלײַך; דאָס אויסגלײַכן; דאָס ניוועלירן; די ניוועלירונג
level rod דאָס ניוועליר־לײַסטל, ־עך
lever דער הייבער, ־ס; די הייבלקע, ־ס; דער ליוווער, ־ס
leverage, *n.* דער הייב־כּוח [KÓYEKh]
(fig.) די השפּעה; דער (פּועל־)כּוח; דאָס דריקמיטל, ־ען [HAShPÓE] [PÓY(E)L]
leverage, *v.* אויסניצן
leveraged buyout דער אויסקויף מיט געבאָרגט געלט
leviathan דער לוויתן [LEVYÓSN]
levitate
vt. לאָזן שוועבן (אין דער לופֿטן)
vi. שוועבן (אין דער לופֿטן)
levitation דאָס שוועבן (אין דער לופֿטן)
Levite דער לוי, ־ים [LÉYVI, LEVÍIM]
Leviticus (bib.) (ספֿר) ויקרא [(SÉYFER) VAYÍKRO]
levity דאָס קלות־ראָש; די לײַכטזיניקייט [KÁLES-RÓSh]
levy, *n.* די שטײַער־אויפֿמאָנונג, ־ען; די נתינה, ־ות [NESÍNE]
levy, *v.*
levy a tax אויפֿמאָנען ‹אַרויפֿלייגן› אַ שטײַער
levy war פֿירן מלחמה [MILKhÓME]
lewd פּראָסט; אויסגעלאַסן
(joke) פֿעפֿערדיק; שמאַלציק; פֿעט; גראָב
lewdness די/דאָס פּראָסטקייט; די/דאָס אויסגעלאַסנקייט
lexeme דער לעקסעם, ־ען
lexical לעקסיש; לעקסיקאַליש
lexical gap דער לעקסישער בלויז, ־ן
lexicographer דער לעקסיקאָגראַף, ־ן
lexicographic לעקסיקאָגראַפֿיש
lexicography די לעקסיקאָגראַפֿיע
lexicological לעקסיקאָלאָגיש
lexicologist דער לעקסיקאָלאָג, ־ן
lexicology די לעקסיקאָלאָגיע
lexicon
(book) דער לעקסיקאָן, ־ען
(vocabulary) די לעקסיק; דער ווערטער־אוצר [ÓYTSER]
lexis די לעקסיק; דער ווערטער־אוצר [ÓYTSER]
liability
(bookkeeping) דער פּאַסיוו, ־ן
(burden) דער/דאָס עול, ־ן [OL]
(debt) דער חובֿ, ־ות [KhÓYV]
(handicap) דער מינוס, ־ן
(likelihood) די/דאָס מעגלעכקייט
(responsibility) דאָס אַחריות; די/דאָס מחויבֿדיקייט; דאָס התחייבֿות, ־ן [AKhRÁYES] [MEKhÚYEVDIKEYT] [HISKhÁYVES]
liability insurance די אַחריות־פֿאַרזיכערונג‹־סטראַכירונג› [AKhRÁYES]
liable
liable to עלול ‹מסוגל› צו [ÓLEL] [MESÚGL]
be liable for טראָגן דאָס אַחריות פֿאַר; זײַן חייבֿ צו; זײַן מחויבֿ אויף [AKhRÁYES] [KhÁYEV] [MEKhÚYEV]
hold liable האַלטן פֿאַר מחויבֿ
liaise אײַנשטעלן אַ פֿאַרבינדונג; פֿאַרבינדן זיך
liaison
(connection) די פֿאַרבינדונג, ־ען
(person) דער פֿאַרבינדלער, ־ס
(mil.) דער פֿאַרבינד
(sexual) די אַפֿערע, ־ס; דער ראָמאַן, ־ען; אינטימע באַציונגען ל״ר
liaison officer דער פֿאַרבינדלער, ־ס
liana די ליאַנע, ־ס
liar
m./unsp. דער ליגנער, ־ס; דער שקרן, ־ים; דער כּזבֿן, ־ים [ShÁKREN, ShAKRÓNIM] [KAZVN, KAZVÓNIM]
f. די ליגנערטע, ־ס; די שקרנטע, ־ס; די כּזבֿנטע, ־ס [ShÁKRENTE] [KÁZVNTE]
big fat liar (*hum.*) דעם דובֿר־שקרימס אַן אייניקל; הליגנער־הגדול־והנורא [DÓYVER-ShKÓRIMS] [HALÍGNER-HAGÓDL-VEHANÓYRE]
libation
(drink) די משקה, משקאָות [MÁShKE, MAShKÓES]
(sacrifice) דער געטראַנק־אָפּפֿער; דער קרבן נסך [KORBM NÉSEKh]
libel, *n.* דאָס געדרוקטע מלשינות; דאָס מלשינות בכּתבֿ [MALShÍNES] [BIKSÁV]
libel, *v.* מלשין זײַן בכּתבֿ [MALShN] [BIKSÁV]
libelous מלשינותדיק [MALShÍNESDIK]
liberal, *adj.* ברייטהאַרציק; ברייט; מיט אַ ברייטער האַנט
(pol.) ליבעראַל
liberal, *n.* דער ליבעראַל, ־ן
liberal arts כּלל־לימודים [KLÁL]
liberal arts college דער כּלל־קאָלעדזש, ־ן [KLAL]
liberal arts education די כּלל־בילדונג [KLAL]
liberal arts program די פּראָגראַם פֿון כּלל־לימודים [KLÁL]
liberalism דער ליבעראַליזם
liberalist, *n.* דער ליבעראַליסט, ־ן
liberalistic ליבעראַליסטיש
liberalize ליבעראַליזירן
Liberal Party די ליבעראַלע פּאַרטיי
liberal profession די פֿרײַע פּראָפֿעסיע, ־ס
liberate באַפֿרײַען
liberated באַפֿרײַט
liberation די באַפֿרײַונג; די לייז
liberator דער באַפֿרײַער, ־ס
Liberia (די) ליבעריע
Liberian, *adj.* ליבעריש
Liberian, *n.*
m./unsp. דער ליבעריער, –
f. די ליבעריערין, ־ס
libertarian דער ליבערטאַריער, –
libertarianism דער ליבערטאַריאַניזם
libertine, *n.*
(freethinker) דער פֿרײַדענקער, ־ס

(dissolute person) דער ליבערטיניסט, ־ן; דער אויסגעלאַסענער געב׳; דער מופֿקר, ־ים; דער הולטײַ, ־עס; דער הוליאַקע, ־ס; דער שאַרלאַטאַן, ־עו; דער קל, ־ים [MÚFKER, MUFKÓRIM] [KAL]
liberty די פֿרײַהייט, ־ן; די פֿרײַ
at liberty פֿרײַ; אויף דער פֿרײַ ‹לייז›
take the liberty of נעמען זיך רשות צו; דערלויבן ‹פֿאַרגינען› זיך צו [REShÚS]
take liberties with דערלויבן זיך; צו פֿיל פֿאַרגינען זיך
libidinal ליבידאָ־...; תּאווה־... [TÁYVE]
libidinous תּאוויש; תּאווהדיק [TÁYVISh] [TÁYVEDIK]
libido דער ליבידאָ; דאָס תּאווה־געפֿיל [TÁYVE]
Libra מזל מאָזנים; די וואָג(שאָל) [MAZL MOZNÁYEM]
librarian
m./unsp. דער ביבליאָטעקער, ־ס; דער ביבליאָטעקאַר, ־ן
f. די ביבליאָטעקערין, ־ס; די ביבליאָטעקאַרשע, ־ס
librarianship דאָס ביבליאָטעקערײַ
library די ביבליאָטעק, ־ן
Library of Congress די קאָנגרעס־ביבליאָטעק
library science די ביבליאָטעק־װיסנשאַפֿט; דאָס ביבליאָטעקערײַ
librettist דער ליברעטיסט, ־ן
libretto דער ליברעטאָ, ־ס
Libya (די) ליביע
Libyan, *adj.* ליביש; ליביער אינװ׳
Libyan, *n.*
m./unsp. דער ליביער, –
f. די ליביערין, ־ס
lice *see* **louse**
license, *n.* די ליצענץ, ־ן; דאָס בלעטל, ־עך
license, *v.* אַרויסגעבן + דאַט׳ אַ ליצענץ ‹בלעטל›
licensed ליצענצירט
be licensed האָבן אַ ליצענץ ‹בלעטל›
licensee דער בעל־ליצענץ, בעלי־...; דער ליצענץ־נעמער, ־ס [BÁL, BÁLE]
license plate דער ליצענצשילד, ־ן; דאָס אויטאָ־שילדל, ־עך
licenser דער ליצענץ־געבער, ־ס
licentious אויסגעלאַסן; הולטײַיש; הפֿקרדיק; מופֿקרדיק; שאַרלאַטאַנסקע [HÉFKERDIK] [MÚFKERDIK]
lichen דער לישײַ, ־ען/־עס
lichi *see* **lychee**
lick, *n.* דער לעק, ־ן
have last licks שפּילן ‹אַרײַנכאַפּן› דער לעצטער
give stg. a lick of paint צופֿאַרבן; (אַ ביסל) אונטערפֿאַרבן
not do a lick of work נישט אַרײַנטאָן אַ האַנט אין קאַלט וואַסער
not have a lick of sense נישט האָבן קיין בר־דעת שׂכל [SEYKhL]
lick, *v.*
imp. לעקן
pf. אָפּלעקן; אויסלעקן; געבן אַ לעק; אַ לעק טאָן
lick one's chops (באַ)לעקן די פֿינגער; באַלעקן זיך
lick one's fingers (at) באַלעקן זיך (די פֿינגער) (מיט)
lick one's lips באַלעקן זיך (די ליפּן)
lick one's wounds אויסלעקן די וווּנדן
lick sb.'s boots לעקן + דאַט׳ די שטיוול; אונטערלעקן
lick the dust לעקן דעם שטויב
lick up (flatter) אונטערלעקן זיך
lick the plate clean אויסלעקן דעם טעלער
If you can't lick 'em, join 'em אויב מע קען נישט אַריבער, מוז מען אַרונטער
licking, *n.* קלעפּ ל״ר; שמיץ ל״ר
get a licking קריגן ‹באַקומען› קלעפּ ‹שמיץ›
give a licking to געבן קלעפּ ‹שמיץ›; אָנברעכן + דאַט׳ די ביינער
licorice דער לאַקרעץ
(bot.) דער לאַקרעץ; דאָס זיסהאָלץ
lid דאָס דעקל, ־עך; דער דעק, ־ן; דאָס לעדל, ־עך
(eye) דאָס לעדל, ־עך; דאָס לעפּל, ־עך
(of pot) דאָס דעקל, ־עך; דאָס שטערצל, ־עך; די פּאָקרישקע, ־ס
keep a lid on אײַנהאַלטן; אײַנצאַמען
Put a lid on it! האַלט שוין ס׳מויל!; גענוג שוין!
take the lid off אויפֿדעקן
lie,[1] *n.* **(falsehood)** דער ליגן, ־ס/ליגנס; די/דער ליגנט, ־ן; דער שקר, ־ים; דער כּזב, ־ים [ShÉKER, ShKÓRIM] [KÉZEV/KÓZEV, KZÓVIM]
give the lie to אויפֿדעקן דעם ליגן פֿון; אָפּפֿרעגן
give sb. the lie וואַרפֿן + דאַט׳ דעם ליגן אין פּנים אַרײַן [PÓNEM]
It's all lies! סאַמע ‹הוילע/גאָלע› ליגנס ‹ליגנס›!
spread lies אָנבראָקן ‹פֿאַרשפּרייטן› ליגנס
tell a lie זאָגן אַ ליגן; לײַגן
tell many lies האַקן ליגנס ‹שקרים›; בראָקן ליגנס
total lie דער שקר־וכּזב, שקרים־וכּזבֿים; דער שווא־ושקר; דער ליגן פֿון ליגנס־לאַנד [ShÉKER-VEKÓZEV, ShKÓRIM-UKhZÓVIM] [ShAVEShÉKER]
lie,[2] *n.* **(position)** דאָס געלעג
lie,[1] *v.* **(tell a lie)** זאָגן אַ ליגן; ליגן זאָגן; לײַגן; ליגנערן; משקר זײַן [MEShÁKER]
lie through one's teeth לײַגן ווי אַ הונט; באַקן ליגן אַזוי ווי בייגל
lie,[2] *v.* **(be horizontal)** ליגן
lie around וואַלגערן זיך
lie down אַוועקלייגן זיך; אַנידערלייגן זיך
lie down for a while צולייגן זיך
lie in wait (for) אָפּפּאַסן + אַק׳; לאַקערן (נאָך/אויף)
lie low ליגן אײַנגעלייגט
lie still אײַנליגן
lie detector דער פּאָליגראַף, ־ן
lie-detector test דער פּאָליגראַפֿישער טעסט, ־ן
subject sb. to a lie-detector test פּאָליגראַפֿירן
take a lie-detector test לאָזן זיך פּאָליגראַפֿירן
liege דער וואַסאַל, ־ן
lien דער אַרעסט; די סעקוועסטרירונג
put a lien on אַרויפֿלייגן אַן אַרעסט אויף; סעקוועסטרירן
lieu
in lieu of אַנשטאָט; שטאַטס; אויפֿן אָרט פֿון; בימקום [BÍMKEM]
lieutenant דער לייטענאַנט, ־ן
lieutenant colonel דער אונטערקאָלאָנעל, ־ן; דער אונטערפּאָלקאָווניק, ־עס
lieutenant general דער גענעראַל־לייטענאַנט, ־ן
lieutenant governor דער וויצעגובערנאַטאָר, ...אָרן
life דאָס לעבן, ־ס
all his life אַלע זײַנע יאָרן; זײַן גאַנץ לעבן; דאָס גאַנצע לעבן זײַנס; כּל־ימיו [KOL-YÓMEV]
all my life אַלע מײַנע יאָרן; מײַן גאַנץ לעבן; דאָס גאַנצע לעבן מײַנס; כּל־ימי [KOL-YÓMAY]
come to life אויפֿלעבן; ווערן פֿון טויט לעבעדיק
for dear life מיטן גאַנצן לעבן
for life אויפֿן גאַנצן לעבן
For the life of me I can't remember כאָטש נעם מיר אַראָפּ דעם קאָפּ (געדענק איך נישט)
get through life אויסלעבן (זיך) די יאָרן

have a long life האָבן אַריכות־ימים; מאריך־ימים זײַן; זײַן זאַט מיט יאָרן [ARÍKhES-YÓMIM] [MÁYREKh-YÓMIM]
life and death לעבן און טויט
life's journey דער לעבנסוועג, ־ן
live life to the fullest לעבן און לײַבן
live the life of Riley לעבן ווי גאָט אין אַדעס ‹פֿראַנקרײַך›; לעבן ווי אין גן־עדן [GANÉYDN/GENÉYDEM]
lose one's life אומקומען
Not on your life! נישט בײַ מײַן לעבן!; בשום־אופֿן נישט! [BEShÚM-ÓYFN]
risk life and limb אײַנשטעלן דאָס לעבן (און געזונט); נעמען די נשמה אין די ציין; קריכן אויף משקולות [NEShÓME] [MIShKÓYLES]
take one's own life נעמען זיך דאָס לעבן; אָנטאָן זיך אַ מעשׂה [MÁYSE]
take sb.'s life דערהרגע(נע)ן; אומברענגען; גורם זײַן + פּאָס' טויט [DERHÁRGE(NE)N] [GÓYREM]
That's life! אַזוי איז דאָס לעבן!; אַזוי גייט עס!
upon my life כ'זאָל אַזוי לעבן!
life-affirming לעבן־באַיאָענדיק; לעבנליב
life-and-death decision דער פּיקוח־נפֿש־באַשלוס, ־ן; דער באַשלוס פֿון לעבן און טויט [PIKÚEKh-NÉFESh]
life-and-death struggle דאָס געראַנגל אויף לעבן און טויט
life belt דער ראַטיר־פּאַס, ־ן; דער ראַטיר־גאַרטל, ־ען
lifeblood דאָס דם־החיים; דאָס לעבנסבלוט [DAM-HAKhÁYEM]
lifeboat דאָס ראַטיר־שיפֿל, ־עך
lifebuoy דער ראַטירינג, ־ען
life cycle דער לעבנס־ציקל, ־ען; דער גאַנג פֿון לעבן
life expectancy דער אַריכות־ימים־פּראָגנאָז; דאָס באַרעכנטע אַריכות־ימים [ARÍKhES-YÓMIM]
life experience די לעבנס־פּראַקטיק ‹חכמה› [KhÓKhME]
life force דער לעבנס־כּוח [KÓYEKh]
lifeguard דער ראַטירער, ־ס
life history די לעבנס־געשיכטע, ־ס
life imprisonment די אײביקע תּפֿיסה ‹טורמע›; די תּפֿיסה אויפֿן לעבן [TFÍSE]
sentenced to life imprisonment פֿאַרמישפּט אויף אײביקער תּפֿיסה ‹טורמע› [FARMÍShPET]
life insurance די לעבנס־פֿאַרזיכערונג
life jacket דאָס ראַטיר־וועסטל, ־עך
lifeless אָן לעבן
lifelike ווי לעבעדיק; נאַטירלעך; נאַטור־געטרײַ
lifeline דער/די ראַטירשטריק, –
(palmistry) די לעבנס־ליניע; דער קוו־החיים [KAV-HAKhÁYEM]
lifelong לעבנסלאַנג; לעבנס...; אַ לעבן לאַנג; דאָס גאַנצע לעבן
life partner
m. דער לעבנס־באַ(ג)לייטער, ־ס; דער פּאַרטנער אויפֿן לעבן
f. די לעבנס־באַ(ג)לייטערין, ־ס; די פּאַרטנערין אויפֿן לעבן; דער עזר־כּנגדו [ÉYZER-KENÉGDE]
life preserver דער ראַטירינג, ־ען
lifer דער אײביקער ‹לעבנסלאַנגער› תּפֿיסהניק, ־עס; דער פֿאַרמישפּטער געב' אויף אײביקער תּפֿיסה ‹טורמע› [TFÍSENIK] [FARMÍShPETER] [TFÍSE]
life raft דער ראַטירפּליט, ־ן
lifesaver דער ראַטירער, ־ס
(ring) דער ראַטירינג, ־ען
You're a lifesaver! האָסט ‹איר האָט› מיר געראַטעוועט דאָס לעבן!
life sentence *see* **life imprisonment**
life-size פֿון נאַטירלעכער ‹פֿולער› גרייס; אין לעבנסגרייס
lifespan דער לעבנס־געדויער
lifestyle דער לעבנסטיל; דער שטייגער לעבן
life support דער לעבן־דערהאַלטער
She's on life support מע דערהאַלט זי בײַם לעבן (מיט אַן אָטעם־מאַשין)
life-threatening סכּנות־נפֿשותדיק; לעבנס־געפֿערלעך [SAKÓNES-NEFÓShESDIK]
lifetime, *adj.* אויפֿן גאַנצן לעבן; לעבנ(ס)...
lifetime, *n.* דאָס לעבן, ־ס; דער לעבנסוועג, ־ן
during my lifetime בײַ ‹פֿאַר› מײַן לעבן
once in a lifetime איין מאָל אין לעבן
lifetime achievement award די אויסצייכענונג פֿאַרן לעבנסווערק
lifework די לעבנס־אַרבעט; דאָס לעבנסווערק
lift, *n.*
(mech.) דער הייבער, ־ס; די הייבמאַשין, ־ען
(power) דער הייב־כּוח; די הייבקראַפֿט [KÓYEKh]
(av.) דער אויפֿהייב־כּוח
get a lift געפֿינען ‹כאַפּן› אַ געלעגנהייט ‹טרעמפּ›
give sb. a lift אונטערפֿירן + אַק'; געבן + דאַט' אַ געלעגנהייט
give sb. a lift (*fig.*) אויפֿמונטערן; מאַכן + דאַט' האַרץ
lift, *v.*
vt./vi. imp. **(raise)** הייבן (זיך)
vt./vi. pf. **(raise)** אויפֿהייבן (זיך)
(pick up) אונטערהייבן; אויפֿהייבן
(remove) אַראָפּנעמען; אַנולירן; בטל מאַכן [BOTL]
lift a ban אַראָפּנעמען ‹אַנולירן› דעם פֿאַרווער ‹איסור›; בטל מאַכן דעם פֿאַרווער ‹איסור› [ÍSER]
lift a curfew אַראָפּנעמען ‹אַנולירן› די בלאָקיר־שעה [ShO]
lift off (plane) אָפּפֿליִען
lift off (rocket) אַרויפֿשיסן
lift bridge די הייבבריק, ־ן
lifting, *n.* דער (אונטער)הייב; דאָס (אונטער)הייבן
(weights) דאָס הייבן געוויכטן
liftoff
(plane) דער אָפּפֿלי, ־ען
(rocket) דער אַרויפֿשאָס, ־ן
ligament דאָס געבינד, ־ן; דער ליגאַמענט, ־ן; די געלענקבאַנד, ...בענדער
ligation די איבערבינדונג
ligature די ליגאַטור, ־ן
light,[1] *adj.*
(not dark) ליכטיק
(color) העל; ליכטיק
light coffee די ווײַסע קאַווע
light,[2] *adj.*
(not heavy) לײַכט; גרינג
(not fattening) *see* **low-calorie; low-fat**
(punishment) גרינג; מילד
eat a light breakfast (אָפּ)עסן אַ לײַכטן ‹גרינגן› פֿרישטיק
light, *adv.*
make light of אַוועקמאַכן מיט דער האַנט; אַוועקקוקן פֿון
light, *n.* דאָס ליכט; די שײַן
(lamp) דער לאָמפּ, ־ן
(for cigarette) פֿײַער
cast light on באַלײַכטן; באַשײַנען
cast light on (*fig.*) אויפֿקלערן
in light of אין שײַן פֿון; מחמת ‹איבער› דעם וואָס [MÁKhMES]
in the light אין דער ליכטיק; אין ליכט
light of day דאָס טאָגליכט; די טאָגשײַן; די ליכטיקע שײַן
light of truth דאָס ליכט פֿון אמת [ÉMES]

see the light (*fig.*) קומען צום שׂכל [SEYKhL]
see the light at the end of the tunnel האַלטן ‹גיין/זײַן› אויף אַ לאַד
see the light of day דערזען די ליכטיקע שײַן
Lights out! אויסגעלאָשן!; לעש(ט) אויס!
The lights are on ס'ברענען די לאָמפּן; ס'לײַכט זיך
light, *v.*
light a fire אָנצינדן אַ פֿײַער
light a fire under (*fig.*) אונטערטרײַבן + אַק'
light the Hanukkah candles (אָנ)צינדן די חנוכּה־ליכטלעך [KhÁNIKE]
light the Shabbos candles בענטשן (די שבת־)ליכט [ShÁBES]
light up, *vt.* **(cigarette)** פֿאַררייכערן
light up, *vt.* **(with light)** באַלײַכטן
light up, *vi.* **(with light)** אויפֿלײַכטן; אויפֿשײַנען
light bulb דאָס לעמפּל, ־עך
light-emitting diode דער ליכטדיאָד, ־ן
lighten[1] **(color)**
vt. העלער ‹ליכטיקער› מאַכן
vi. העלער ‹ליכטיקער› ווערן
lighten[2] **(weight)**
vt. פֿאַרלײַכטערן; פֿאַרגרינגערן; לײַכטער ‹גרינגער› מאַכן
vi. לײַכטער ‹גרינגער› ווערן
lighten up אויסשפּאַנען זיך
lightening, *n.* דער אַראָפּלאָז (פֿון דער הייבמוטער)
lighter דאָס צינדערל, ־עך; דער אָנצינדער, ־ס
lighter fluid די/דאָס צינד־פֿליסיקייט
light-fingered
be light-fingered האָבן קלעפּעדיקע ‹לעפּקע› פֿינגער
light fixture די לעמפּל־אַרמאַטור, ־ן
light-footed לײַכטפֿיסיק
lightheaded
I feel lightheaded סע דרייט זיך מיר דער קאָפּ; סע שווינדלט מיר פֿאַר די אויגן
lighthearted אָן זאָרגן; פֿרײַ פֿון זאָרגן
I feel lighthearted ס'איז מיר גרינג אויפֿן האַרצן
lighthouse דער לײַכטטורעם, ־ס
light industry די קליין־אינדוסטריע; די לײַכטע אינדוסטריע
lighting, *n.*
(elec.) די באַלײַכטונג
(thea.) עלעקטרישע עפֿעקטן ל"ר
lighting designer דער בינע־באַלײַכטער, ־ס; דער עלעקטראָטעכניקער, ־ס
light meat דער בייליק
light meter דער עקספּאָנאָמעטער, ־ס
lightness די/דאָס לײַכטקייט; די/דאָס גרינגקייט
lightning דער בליץ, ־ן
like lightning/with lightning speed בליץ גיך; גיך ווי אַ בליץ
lightning rod דער בליץ־אָפּפֿירער, ־ס
lightship די לײַכטשיף, ־ן
lightweight, *adj.* לײַכטוואָגיק
(*fig.*) *also* נישט־ערנצט; אויבנאויפֿיק
lightweight, *n.* דער לײַכטוואָגיקער געב'
(*fig.*) *also* דער נישט־ערנצטער געב'
light year דאָס ליכטיאָר, ־ן; דאָס שײַניאָר, ־ן
ligneous האָלצ...
lignite דער ליגניט; ברוינע קוילן ל"ר
lignum vitae דער גוואַיאַקבוים, ...ביימער
(wood) דאָס גוואַיאַקהאָלץ
like, *adj.* ענלעך; גלײַך
be of like minds טראַכטן ענלעך; דאַוו(ע)נען פֿונעם זעלבן סידור [SÍDER]
just like פּונקט ווי; ... אויסן אויג
nothing like נישט צו(ם) פֿאַרגלײַכן מיט
as like as ממש ווי; ווי צוויי טראָפּנס וואַסער [MÁMESh]
like, *adv.*
(as) like as not גאַנץ מעגלעך
like, *n.*
and the like און דאָס גלײַכן
likes and dislikes סימפּאַטיעס און אַנטיפּאַטיעס
the likes of us אַזעלכע ווי מיר
like attracts like ענלעכע ציען צו זיך צו ענלעכע
like, *prep.* (אַזוי) ווי; מעשׂה; כּאילו [MÁYSE] [KEÍLE]
sound like קלינגען ווי
I feel like eating מיר ווילט זיך עסן; סע גלוסט זיך עסן
like that אָט אַזוי; אָט ווי
What's he like? וואָסער מין מענטש איז ער?
like, *v.*
(person) געפֿעלן פּ"ק + דאַט'; ליב זײַן פּ"ק + דאַט'; זײַן + דאַט' צום האַרצן
(activity) ליב האָבן; האַלט האָבן; הנאה האָבן פֿון [HANÓE]
(comp./Facebook) לײַקן; שטעלן אַ לײַק (בײַ)
like it or not צי מע וויל יאָ צי מע וויל נישט
come to like ליב קריגן ‹באַקומען›; האַלט קריגן
How do you like that? ווי געפֿעלט דיר ‹אײַך› דאָס?; הערסט ‹איר הערט› אַ מעשׂה?; נו, שטעל(ט) זיך פֿאָר! [MÁYSE]
I'd like to כ'וואָלט וועלן ‹געוואָלט›
if you like אויב דו ווילסט ‹איר ווילט›
likeable ליב; סימפּאַטיש; צוגעלאָזן
likelihood די/דאָס מעגלעכקייט
in all likelihood כּמעט זיכער [KIMÁT]
There's a likelihood that (ס'איז) אַ סבֿרא אַז; (ס'איז) מעגלעך אַז [SVÓRE]
likely
A likely excuse! אַ תּירוץ פֿאַר די בענטשליכט!; ס'איז יענער תּירוץ! [TÉRETS]
A likely story! אַ באָבע־מעשׂה!; פּונקט! [MÁYSE]
as likely as not גאַנץ מעגלעך
be likely to קערן + אינפֿ'
She's likely to come today זי קער הײַנט קומען; מע מעג רעכענען ‹זיך ריכטן› אַז זי קומט הײַנט
It's less likely סע לייגט זיך ווייניקער אויפֿן שׂכל [SEYKhL]
It's likely that סע קען גרינג געמאָלט זײַן אַז; סע לייגט זיך אויפֿן שׂכל אַז; מסתּם ‹מסתּמא›; ס'איז אַ סבֿרא אַז; סע שיקט זיך אַז [MISTÁM] [MISTÁME] [SVÓRE]
It's likely to snow סע שמעקט מיט שניי
more than likely גאָר מעגלעך
it's not likely ס'איז אַ (גרויסער) ספֿק [SÓFEK]
like-minded
be like-minded טראַכטן ענלעך; זײַן אידייען־חבֿרים ‹מיטדענקערס› [KhAVÉYRIM]
liken (צו)גלײַכן
likeness די/דאָס ענלעכקייט; דאָס בילד; דאָס/די געשטאַלט, ־ן
likewise דאָס אייגענע; דאָס ‹דעס(ט)› גלײַכן; פּונקט אַזוי
Likewise! (Same to you!) גם־אַתּם!; דאָס אייגענע בײַ דיר ‹אײַך› צו הערן! [GAMÁTEM]
liking, *n.* דער גוסט, ־ן
have a liking for האָבן אַ גוסט פֿאַר; ליב ‹האַלט› האָבן
It's not to my liking ס'איז מיר נישט צום האַרצן; ס'איז נישט נאָך מײַן האַרצן; ס'איז נישט נאָך מײַן גוסט נאָך

take a liking to ליב באַקומען ‹קריגן›; האָלט קריגן
lilac דער בעז; דער מײַ
(color) לילאַ; לילאָווע
Lilith לילית [LÍLES]
lilliputian, *adj.* ליליפוטן־...; קאַרליק...
lilliputian, *n.* דער ליליפוט, ־ן; דער קאַרליק, ־עס
lilt, *n.* דער מונטערער ‹זינגענדיקער› ריטעם
lilt, *v.* רעדן מיט אַ מונטערן ‹זינגענדיקן› ריטעם
lilting gait דער וויגנדיקער גאַנג
lily די ליליע, ־ס
lily-livered פחדניש [PAKhDÓNISh]
lily-of-the-valley דאָס מײַ־כוסעלע, ־ך; דאָס מײַגלעקל, ־עך; די מײַבלום, ־ען [KÓYSELE]
lily-white שניי ווײַס
lima bean די פֿאַסאָליע, ־ס; די צוקער־באָבע, ־ס; דער צוקערבאָב, ־עס
limb [ÉYVER, ÉYVRIM] דער אבֿר, ־ים; דאָס (ענד)גליד, ־ער
be out on a limb בלײַבן אויסגעשטעלט; זײַן אין אַ סכּנה [SAKÓNE/SEKÓNE]
go out on a limb ריזיקירן; אײַנשטעלן
tear sb. limb from limb צערײַסן אויף שטיקער ‹שטיק־שטיקלעך/פּיץ־פּיצלעך›; דורס זײַן [DÓYRES]
limber, *adj.* בייג(עווד)יק
limber, *v.* **(up)** מאַכן צוגרייט־געניטונגען
limbo דער כּף־הקלע [KAFAKÁL(E)/KAFAKÉLE]
be in limbo וואַלגערן זיך אין כּף־הקלע; הענגען אין דער לופֿטן
play the limbo שפּילן אין לימבאָ
Limburger cheese דער לימבורגער קעז
lime[1] **(fruit)** די גרינע לימענע, ־ס; דער לײַם, ־ען אַמ׳
lime[2] **(mineral)** דער קאַל(ע)ך
slaked lime דער (אָפּ)געלאָשענער קאַל(ע)ך; די וואַפּנע
lime juice דער לײַמזאַפֿט
limekiln דער קאַלכאויוון, ־ס
limelight די/דאָס ראַמפּעליכט
(*fig.*) דער צענטער (פֿון אויפֿמערק)
avoid the limelight האַלטן זיך אין שאָטן
be in the limelight שטיין אין צענטער; ווײַזן זיך פֿאַר אַלעמען אין די אויגן
limerick דער לימעריק, ־ס
limestone דער קאַל(ע)כשטיין
limewater דאָס קאַלכוואַסער
liminal שוועל...
limit, *n.* [GVUL] די/דער גרענעץ, ־ן; דער גבֿול, ־ן
(math.) דער לימיט, ־ן
It's off limits מע טאָר נישט צוקומען
set limits באַגרענעצן; (אַוועק)שטעלן אַ גרענעץ; מצמצם זײַן [METSÁMTSEM]
That's the limit! שוין גענוג!; דאָס איז שוין צו פֿיל!; עד־כּאַן! [AD-KÁN]
There's a limit to everything! אַלץ האָט אַ גרענעץ ‹שיעור›! [ShÍER]
There's no limit to his stupidity זײַן נאַרישקייט האָט נישט קיין שיעור
upper limit דער מאַקסימום, ־ס
within limits מיט אַ שיעור ‹גרענעץ›
within limits of אין די גרענעצן פֿון
within the limits of possibility אויף וויפֿל סע לאָזט זיך; אויף וויפֿל ס׳איז נאָר מעגלעך
without limit אומבאַגרענעצט; אָן אַ שיעור ‹גרענעץ›
limit, *v.* באַגרענעצן
limitation די באַגרענעצונג, ־ען; דער גדר, ־ים [GÉDER, GDÓRIM]
limited באַגרענעצט
limited edition די קליין־טיראַזשיקע אויסגאַבע, ־ס
limited liability [AKhRÁYES] דאָס באַגרענעצטע אַחריות
limited liability company די פֿירמע מיט אַ באַגרענעצטן אַחריות
limitless אומבאַגרענעצט; אָן אַ גרענעץ; אָן גרענעצן
limn [ÓPMOShLEN] אויסמאָלן; באַשרײַבן; אָפּמשלען
limousine דער לימוזין, ־ען
limp, *adj.* שלאַבעריק; שלאַף; אָפּגעשלאַפֿט; אָנכּוחדיק; אָן כּוח [ÓNKÓYEKhDIK] [KÓYEKh]
limp, *n.* דאָס הינקען
have a limp (נאָכ)הינקען
have a slight limp אונטערהינקען
limp, *v.* הינקען; קוליע\|ן; דרעפּטשע\|ן
limping הינקעדיק
limpet דער מאָלוסק, ־ן; די שאָל, ־ן
limpid קלאָר; דורכזעעוודיק
linchpin דער אַקספּלאָקן, ־ס
(*fig.*) דער (שטיצ)זײַל, ־ן; דער שטיצפּונקט
He's the linchpin of the whole organization ער איז דער זײַל פֿון דער אָרגאַניזאַציע; מיט אים שטייט און פֿאַלט די גאַנצע אָרגאַניזאַציע
linden די ליפּע, ־ס; דער לינדנבוים, ...ביימער
line, *n.* די ליניע, ־ס
(cue) די רעפּליק, ־עס; די רעפּליק, ־ן
(queue) די ריי, ־ען; די שורה, ־ות; די ש(ע)רענגע, ־ס [ShÚRE]
(genetic) די גזע, ־ס [GÉZE]
(in text) די שורה, ־ות
(rope) דער/די שטריק, –
(telephone) די ליניע, ־ס
(train) די (באַן)ליניע, ־ס
a full line (of) אַ גאַנצע ריי (מיט); אַ גאַנצער אַסאָרטימענט (מיט)
be in line for ריכטן זיך אויף; וואַרטן אויף
be in line with שטימען מיט
be in the line of fire געפֿינען זיך אין דער שיסליניע
be on the line שטיין אין קאָן; זײַן אויסגעשטעלט אויף סכּנה [SAKÓNE/SEKÓNE]
be out of line (impertinent) אויפֿפֿירן זיך חוצפּהדיק [KhÚTSPEDIK]
be out of line (inconsistent) נישט שטימען
down the line שפּעטער
draw the line שטעלן די גרענעץ
in line אין דער ריי
in line with כּפֿי; ווערדליק; לויט [K(E)FÍ]
in the line of duty דינסטלעך; אין גאַנג פֿון דינסט
lay it on the line (state) רעדן אָפֿענע דיבורים; אַרויסלייגן אויפֿן טיש
lay/put on the line (risk) ריזיקירן מיט; אײַנשטעלן
line by line שורותווײַז [ShÚRESVAYZ]
line of business/work די בראַנזשע, ־ס
line of defense די פֿאַרטיידיק־ליניע, ־ס; די שיצליניע, ־ס
line of first defense די פֿאָדערשטע שיצליניע, ־ס
line of inquiry די פֿאַרהער־‹אויספֿאָרש־›טעמע, ־ס
line of sight די זעליניע, ־ס
lines of communication קאָמוניקיר־ליניעס; קאָמוניקאַציעס
put on the line (phone) געבן + דאַט׳ דאָס טרײַבל
The line is busy דער טעלעפֿאָן איז פֿאַרנומען; מע רעדט אויפֿן טעלעפֿאָן
the line of least resistance דער גרינגסטער וועג
the official line די אָפֿיציעלע שטעלונג

three-line verse די דרײַ־שורותדיקע סטראָפֿע, ־ס [ShÚRESDIKE]

line, *v.*
(cover) באַדעקן; באַלייגן; באַשלאָגן
(a garment) אונטערשלאָגן
(paper) (אויס)ווירע|ן; (אויס)ווירעווע|ן; (אויס)לינירן; (אויס)ליניע|ן
line one's pockets נייען זיך אַ קעשענע; אָנשטאָפּן זיך די קעשענעס; רײַך ‹נתעשר› ווערן [NISÁShER]
line the street שטיין לענג־אויס דער גאַס; שטיין אויסגעשטעלט אויף דער גאַס
line up, *vt.* **(acquire)** אײַנשאַפֿן זיך; אײַנהאַנדלען זיך
line up, *vt./vi.* **(in order)** אויסשטעלן (זיך) (אין אַ ריי); אויסשורה|ן (זיך) [ÓYSShUREN]
lineage דער ייִחוס [YÍKhES]
lineal לינעאַל
lineal descendant דער דירעקטער יורש, ־ים [YÓYRESh, YÓRShIM]
linear לינעאַר
linear equation די לינעאַרע גלײַכונג, ־ען
linebacker דער ליניע־שטיצער, ־ס
line ball דער ליניעבאַל, ־ן
lined
(garment) אונטערגעשלאָגן
(paper/notebook) געווירע(ווע)ט; לינירט; געליניעט
(skin) געליניעט
line drawing די פֿעדער־צייכענונג, ־ען
line drive דער בליצקלאַפּ, ...קלעפּ
line height דער אינטערוואַל, ־ן
line item דער בודזשעטאיינס, ־ן
line-item veto דער איינצל־וועטאָ, ־ס
linen, *adj.* לײַוונטן; לײַנען; וועבעלן
linen, *n.* די/דאָס לײַוונט; דאָס לײַנען; דאָס וועבל
linens דאָס ווײַסצײַג קאָל׳; דאָס וועשצײַג קאָל׳
linen basket דער וועשקויש, ־ן; דער וועשקאָרב, ...קערב
liner[1] **(covering)** דער אײַנלאָג, ־ן
liner[2] **(ship)** דער לײַנער, ־ס; די פּאַסאַזשיר־שיף, ־ן
liner note דער באַלייט־באַמערק, ־ן
linesman דער ליניע־שופֿט, ־ים; דער ליניעניק, ־עס [ShÓYFET, ShÓFTIM]

lineup
(police) די דערקען־שורה, ־ות [ShÚRE]
(baseball) דער קלאַפּ־סדר [SÉYDER]
line wrap דער שורה־שלענגל [ShÚRE]
linger זאַמען זיך; הינ(י)ע|ן; הײַע|ן (זיך)
lingerie דאָס דאַמענוועש; דאָס פֿרויען־אונטערוועש
lingering נאָך פֿאַרבלײַבנדיק; אָנהאַלט(עווד)יק
He gave me a lingering look ער האָט מיך לאַנג אָנגעקוקט
lingo דער (פֿאַך)זשאַרגאָן, ־ען
lingonberry די ברוסניצע, ־ס
lingua franca [LOShN, LEShÓYNES] דאָס פֿאַרבינד־לשון, ־ות
lingual צונג...
linguist דער לינגוויסט, ־ן
linguistic לינגוויסטיש; שפּראַכיק; שפּראַכ...
linguistic material דאָס שפּראַכוואַרג
linguistic research די שפּראַכפֿאָרשונג
linguistics די לינגוויסטיק ל״י; די שפּראַך־וויסנשאַפֿט ל״י
liniment דאָס אײַנרײַבעכץ, ־ן
lining דער אונטערשלאַק, ...שלעק; דער אונטערלאָג, ־ן; די פֿוטרעוואַניע

link, *n.*
(connection) די פֿאַרבינדונג, ־ען; דאָס צווישנדל, ־עך
(in chain) דאָס רינגל, ־עך; דער רונג, ־ען; דער רינג, ־ען
(romantic) די ראָמאַנטישע ‹אינטימע› פֿאַרבינדונג, ־ען
(comp.) די פֿאַרבינדונג, ־ען; דער לינק, ־ס
link, *vt./vi.* פֿאַרבינדן (זיך); אָנקניפּן (זיך); (פֿאַר)קייטלען (זיך)
vt./vi. **(comp.)** פֿאַרבינדן (זיך)
link up (physically) פֿאַרבינדן (זיך); פֿאַראייניקן (זיך); קייטלען (זיך); צורינגלען (זיך)
link up (socially) טרעפֿן זיך; באַקענען זיך; אָנקניפּן אַ פֿאַרבינדונג
linkage די פֿאַרבינדונג, ־ען; די פֿאַרקניפּונג, ־ען
linked פֿאַרבונדן; אָנגעקניפּט; פֿאַרפֿלאָכטן
links (golf) דער גאָלפֿפּלאַץ ל״י
link sausage דער געקייטלטער קאָלבאַס
linkup די צונויפֿשליסונג; דער צונויפֿשלאָס, ־ן
linnet דאָס הענפֿל, ־עך
linoleum דער לינאָליי, ־ען
linotype דער לינאָטיפּ, ־ן
linotypist דער לינאָטיפּ־זעצער, ־ס; דער לינאָטיפּיסט, ־ן
linseed דער לײַנזוימען
linseed oil דער לײַנזוימען־אייל‹־בוימל›
lint די קאָרפּע, ־ס; דער פֿליטוך
lintel די/דער אייבערשוועל, ־ן; דאָס אייבערשטידל, ־עך
lion דער לייב, ־ן
in the lion's den בײַם רוח אין די ציין; אין דעם שונאס בערנלאָך [RÚEKh] [SÓYNES]
go into the lion's den קריכן צום לייב אין פּיסק אַרײַן
the lion's share דער לייבנטייל; דער גרעסטער חלק; דער רובֿ־מנין־ורובֿ־בנין [KhÉYLEK] [ROV-MÍNYEN-VERÓV-BÍNYEN]
lioness די לייביכע, ־ס
lionhearted בראַוו; באַהאַרצט
lionize מאַכן פֿאַר אַ העלד; טראָגן אויף די הענט; האַלטן מיט גרויס אָפּשײַ
lion tamer דער לייבן־אײַנצוימער, ־ס
lip די ליפּ, ־ן; די לעפֿץ, ־ן
lipase דער ליפּאַז
lip gloss דער ליפּנגלאַנץ
lipid, *adj.* ליפּידן־...
lipid, *n.* דער ליפּיד, ־ן
lip line דער ליפּקנייטש; דאָס ליפּקנייטשעלע
lipoprotein דער ליפּאָפּראָטעין, ־ען
liposuction דער פֿעטס־אַרויסצי; דער פֿעטסאויסזויג
lip-read (אָפּ)לייענען פֿון די ליפּן
lip service דאָס ליפּנדינסט; דער ליפּנצינדז; דער מוילזשעסט
pay lip service אָנערקענען נאָר מיטן מויל; צאָלן ליפּנצינדז
lipstick די ליפּן־פּאָמאַדע; די ליפּנפֿאַרב; דאָס (ליפּן־)רייטל; די שמינקע
lip-sync סינכראָנירן מיט די ליפּן
liquefaction דאָס פֿליסיק ווערן
liquefy
vt. מאַכן פֿליסיק; צעשמעלצן
vi. פֿליסיק ווערן
liqueur דער ליקער, ־ן; די נאַליווקע
liquid, *adj.* פֿליסיק; גיסיק
(econ.) ליקוויד...
liquid, *n.* די/דאָס פֿליסיקייט, ־ן
liquidate
(convert to cash) ליקווידירן; מאַכן צו געלט; רעאַליזירן
(debt) סילוקן [SÍLEKN]

(murder) ליקווידירן; דערהרגע(נע)ן; אָפּראַמען פֿון וועג [DERHÁRGE(NE)N]
liquidation די ליקווידירונג; דאָס ליקווידירן
liquidator דער ליקווידאַטאָר, ...אָרן
liquid diet די טרינק־דיעטע, ־ס
liquid foods גיסיקע עסנס
liquidity די ליקווידיטעט
liquid soap די פֿליסיקע זייף, ־ן
liquor דער בראַנפֿן, ־ס; דער שנאַפּס, ־ן; די משקה, משקאות; דער אַלקאָהאָל, ־ן; דער יין־שׂרף; דער יש [MÁShKE, MAShKÓES] [YÁYEN-SÓREF] [YASh]
liquor store דאָס ווײַנגעשעפֿט, ־ן; דער ווײַנהאַנדל, ־ען
lira די לירע, ־ס
Lisbon (דאָס) ליסבאָן
lisp, *n.*
  have a lisp רעדן מיטן צינגל; זײַן אַ שעפּעליאָווער גענ׳
lisp, *v.* שעפּעליאָווע|ן; רעדן שעפּעליאָווע ‹מיטן צינגל›
lissome (שלאַנק און) בייגעוודיק; רירעוודיק; פֿלינק
list,[1] *n.* **(compilation)** די רשימה, ־ות; די ליסטע, ־ס; דער לייסטער, ־ס; דער רייסטער, ־ס [REShÍME]
list,[2] *n.* **(tilt)** דער (זײַט)אָנגייג, ־ן; דאָס אָנבייגן זיך אין אַ זײַט
list,[1] *v.*
  vt. **(itemize)** אויסרעכענען; מאַכן אַ צעטל ‹רשימה› פֿון [REShÍME]
  vt. **(on stock exchange)** נאָטירן (אויף דער בערזע)
  vt. **(register)** רעגיסטרירן; אײַנשרײַבן
  be listed פֿיגורירן; זײַן פֿאַרשריבן; אויסגערעכנט ווערן
list,[2] *v.* **(tilt)** נייגן זיך אין אַ זײַט
listen, *v.* הערן; צוהערן זיך; אײַנהערן זיך
  listen in אונטערשטעלן אַן אויער; אונטערהערן זיך
  Listen up! הערט זיך צו ‹איין›!; הערט אויס!
  He wouldn't listen ער האָט נישט געוואָלט הערן; ער איז נישט געווען גרייט צו הערן
  listen closely אָנשטעלן די אויערן; אָנשטעלן מויל און אויערן
listener דער צוהערער, ־ס
  She's a good listener זי הערט זיך גוט צו ‹איין›; זי הערט זיך צו ‹איין› מיט קאָפּ
listening device דאָס אונטערהערל, ־עך
listening post דער אײַנהער־פּאָסטן, ־ס
listless שוואַך; אָפּגעשלאַפֿט; שמאַכטיק; לעטאַרגיש
  (apathetic) אַפּאַטיש; גלײַכגילטיק
list price דער קאַטאַלאָג־פּרײַז, ־ן; דער אָנגעגעבענער פּרײַז, ־ן
listserv(e) די (עלעקטראָנישע) צעשיק־רשימה, ־ות [REShÍME]
litany דער פּיזמון, ־ות/־ים; די ליטאַניע, ־ס [PÍZMEN, PIZMÓYNES/PIZMÓYNIM]
  (pej.) דאָס געבלעקעכץ
liter דער ליטער, ־ס
literacy די/דאָס עבֿרידיקייט; די/דאָס שרײַבט־קענעוודיקייט; די/דאָס שרײַפֿטיקייט; דאָס קענען לייענען [ÍVREDIKEYT]
literal אות־באותיק; ווערטערלעך; פּשט־פּשוט [ÓS-BEÓSIK] [PShAT-PÓShET]
  literal meaning דער פּשט, ־ים/ ־ן; דער פּשוטער טײַטש ‹מיין› [PShAT, PShÓTIM] [PÓShETER]
literally ממש; אות־באות; ווערטערלעך; כּפּשוטו; פּשוטו־כּמשמעו [MÁMESh] [ÓS-BEÓS] [KEPShÚTE] [PShÚTE-KEMAShMÓE]
literary ליטעראַריש; ליטעראַטור־...
literary critic דער ליטעראַטור־קריטיקער, ־ס
literary editor דער ליטעראַרישער רעדאַקטאָר, ...אָרן
literary historian דער ליטעראַטור־היסטאָריקער, ־ס
literary language די ליטעראַרישע שפּראַך, ־ן; די ליטעראַטור־שפּראַך, ־ן
literate עבֿרידיק; שרײַפֿטיק; לייען־‹שרײַב־›קענעוודיק [ÍVREDIK]
  be literate קענען לייענען ‹שרײַבן›
  be barely literate קוים קענען לייענען ‹שרײַבן›
literati ליטעראַטן
literature די ליטעראַטור, ־ן
litharge דער בלײַגלעט; דאָס בלײַאַש
lithe בייגעוודיק; גראַציעז
lithium דער ליטיום
lithograph, *n.* די ליטאָגראַפֿיע, ־ס
lithograph, *v.* ליטאָגראַפֿירן
lithographer דער ליטאָגראַף, ־ן
lithographic ליטאָגראַפֿיש
lithography די ליטאָגראַפֿיע
Lithuania (די) ליטע
Lithuanian, *adj.* ליטוויש
  Lithuanian Jew (*m.*) דער ליטוואַק, ־עס/ליטוואַקעס; דער ליטוויק, ־עס
  Lithuanian Jew (*f.*) די ליטווישקע ‹ליטוואַטשקע›, ־ס
Lithuanian, *n.*
  m./unsp. דער ליטווינער, –
  f. די ליטווינערין, ־ס
  (language) דאָס ליטוויש
litigant דער בעל־דין; בעלי־דינים; דער בעל־מישפּט, בעלי־... [BALDÍN, BÁLE-DÍNIM] [BALMÍShPET, BÁLE-...]
litigate לאָדן (זיך); פּראָצעסירן זיך
litigator דער גערייכט־לאָדער, ־ס
litigious לאָדעריש; נוטה זיך צו לאָדן [NÓYTE]
litmus דער לאַקמוס
litmus paper דאָס לאַקמוס־פּאַפּיר
litmus test דער לאַקמוסטעסט
litter, *n.*
  (garbage) דאָס מיסט; צעוואָרפֿענע פּאַפּירן ל״ר
  (brood) דער פּליד, ־ן
  (stretcher) דאָס טראָגבעטל, ־עך
litter, *v.* פֿאַרמיסטיקן; אָנמיסטיקן; אָנוואַרפֿן; צעוואָרפֿן פּאַפּירן
  littered with אָנגעוואָרפֿן מיט
  littering prohibited מע טאָר נישט אָנוואַרפֿן ‹אָנמיסטיקן›
litter box דאָס אונטערשיט־קעסטל, ־עך
litterbug דער (מיסט־)אָנוואַרפֿער, ־ס
little, *adj.* קליין
  no little נישט ווייניק
  a little bit אַ קליין ביסל ‹ביסעלע›
  make little of מאַכן זיך גאָרנישט פֿון
  the little bit of דאָס ביסל ‹ביסעלע›; דער קאַפּ; דער עוקץ [ÓYKETS]
  too little too late צו שפּעט און צו ווייניק
little, *adv.* ווייניק ‹ווינציק› (וואָס); קאַרג
  a little אַ ביסל ‹ביסעלע›
  little by little צו ביסלעך; ביסלעכווײַז
  little did she know זי האָט גאָר נישט געוווּסט
  little or nothing כּמעט ווי גאָרנישט [KIMÁT]
Little Bear/Dipper דער קליינער בער
little finger דער קליינער ‹מינדסטער› פֿינגער, –; דער מיזיניק, ־עס
little ones קינדערלעך; קליינע; דאָס קליינוואַרג קאָל׳
little people קאַרליקעס; ליליפּוטן
littoral בײַמברעגיק; ברעג...
liturgical ליטורגיש

liturgy די ליטורגיע, ־ס; די ליטורגיק
livable וווינעוודיק
  be livable טויגן צום (באַ)וווינען; זײַן וווינעוודיק
live, *adj.* לעבעדיק
  (broadcast) דירעקט (פֿונעם אָרט)
  (elec.) שטראָם־פֿירנדיק
  (performance) פֿאַר אַן עולם [ÓYLEM]
  a real live אַן אמתדיקער געב'; ממש אַ [ÉMESDIKER] [MÁMESh]
  live audience דער לעבעדיקער עולם [ÓYLEM]
  live broadcast די דירעקטע טראַנסמיסיע, ־ס
live, *v.*
  (exist) לעבן
  (dwell) וווינען
  He lived up to my expectations כ'האָב זיך אין אים נישט געטאַרט
  I live for baseball מײַן גאַנץ לעבן איז בייסבאָל
  live and learn מכּל מלמדי השׂכּלתּי; אײביק לעבן, אײביק לערנען [MIKÓL MELÁMDEY HISKÁLTI]
  live and let live לעבן און לאָזן לעבן
  live at וווינען אויף
  live by oneself וווינען (איינער) אַליין
  live down פֿאַרגלעטן; אויסקויפֿן זיך; איבערקומען
  live it up לעבן אַ גוטן טאָג; לאָזן זיך וווילגיין; גולייַע|ן (זיך)
  live long האָבן אַריכות־ימים; אַרײַנלעבן; דערלעבן ביז טיפֿער עלטער [ARÍKhES-YÓMIM]
  live off לעבן פֿון; ציִען פּרנסה ‹חיונה› פֿון [PARNÓSE] [KhEYÚNE/KhAYÚNE]
  live off sb. לעבן אויף + פּאָס' חשבון [KhEZhBM]
  live off the fat of the land באָדן זיך אין אַלעם גוטן ‹אַל דאָס גוטס›; האָבן הטיבֿ־ומיטבֿ [HÉYTEV-UMÉYTEV]
  live off the land לעבן פֿון דער ערד
  live on air נישט האָבן צום לעבן
  live on one's own וווינען פֿאַר זיך
  live out (reside elsewhere) לעבן אַנדערש ווו
  live out (to the end) אויסלעבן
  live peacefully together הויזן אין איינעם; לעבן בשלום [BEShÓLEM]
  live through איבערלעבן; (אַ)דורכלעבן
  live to see דערלעבן צו זען; זוכה זײַן צו [ZÓYKhE]
  live together וווינען אין איינעם
  live up to אויסהאַלטן; נישט אַנטוישן
  live with (tolerate) אויסהאַלטן; פֿאַרטראָגן
  live with oneself אויסהאַלטן פֿון זיך אַליין
  She'll live to regret it זי וועט נאָך חרטה האָבן; ס'וועט איר נאָך באַנג טאָן; ס'וועט איר נאָך פֿאַרדריסן; זי וועט זיך נאָך שלאָגן על־חטא [KhARÓTE] [ALKhÉT]
lived-in אײַנגעזעסן
live fire exercises מאַנעווערס מיט פֿײַער־געווער
live-in, *adj.*
  They have a live-in nanny בײַ זיי וווינט אַ ניאַנקע
  my live-in lover (*m.*) מײַן געליבטער וואָס ער וווינט מיט מיר
  my live-in lover (*f.*) מײַן געליבטע וואָס זי וווינט מיט מיר
livelihood די פּרנסה; די חיונה; די יניקה; די מחיה; דאָס שטיקל ברויט [PARNÓSE] [KhEYÚNE/KhAYÚNE] [YENÍKE] [MÍKhYE]
liveliness די/דאָס לעבעדיקייט; די/דאָס מונטערקייט
livelong
  all the livelong day אַ גאַנצן לעבעדיקן טאָג; אַ גאַנץ גייענדיקן טאָג; דעם גאַנצן טאָג לאַנג
lively לעבעדיק; אויפֿגעלעבט; באַלעבט; מונטער; זשוואַווע
liven (up) אויפֿלעבן

liver די לעבער, ־ס
liver spot דער עלטערפֿלעק, ־ן
liverwort דער לעבערמאָך
liverwurst דער לעבערוווּרשט
livery די ליווריע, ־ס
livery cab דער באַשטעלטער טאַקסי, ־ס
livery stable די/דער ליווריע־שטאַל, ־ן
livestock דאָס פֿיך; דער לעבעדיקער אינווענטאַר
live wire דער/דאָס שטראָם־פֿירנדיקע(ר) דראָט, ־ן
  (*fig.*) דער ענערגישער געב'; דער רירעוודיקער געב'; דער זשוואַווער געב'
livid מלא־כּעס; אויסער זיך; אויפֿגעקאָכט [MÓLE-KÁAS]
  (ashen) בלאַס ווי די וואַנט
  (discolored) ברוין און בלאָ; פּורפּל גראָ
living, *adj.* לעבעדיק
  the living לעבעדיקע
  every living soul יעדער איינער
  not a living soul קיין לעבעדיקער נפֿש; קיין מוטערמענטש [NÉFESh]
living, *n.* דאָס לעבן
  (livelihood) *also* דאָס ברויט; די פּרנסה; די חיונה [PARNÓSE] [KhEYÚNE/KhAYÚNE]
  make a living פֿאַרדינען ברויט; האָבן ‹ציִען› פּרנסה ‹חיונה›; האָבן פֿון וואָס צו לעבן; האָבן + פּאָס' אויסקומעניש
  make a good living גוט פֿאַרדינען; האָבן ברויט מיט אַ מעסער; האָבן פּרנסה בשפֿע [BEShÉFE]
living conditions וווין־באַדינג(ונג)ען
living expenses לעבנ(ס)־הוצאָות [HOYTSÓES/HETSÓES]
living room דער גאַסטצימער, ־ן; דער וווינצימער, ־ן; די מיטלשטוב, ־ן
living trust דער טרעסט בײַם לעבן
living wage דער לעבנס־מינימום
living will די געזונט־צוואה, צוואָות [TSAVÓE]
lizard די יאַשטשערקע, ־ס
llama די לאַמע, ־ס
lo
  Lo and behold! זע(ט)!; זע(ט) נאָר!
load, *n.* די משׂא, משׂאָות; די לאַסט, ־ן [MÁSE, MASÓES]
  a load of אַ באַרג מיט
  Get a load of this! גיב ‹גיט› נאָר אַ קוק!; הער(ט) זיך נאָר אײַן!
  load of laundry דאָס געוועש, ־ן
  load of wood דער ברעם, ־ען
  loads of אַ באַרג מיט; אַ גוזמא [GÚZME]
  take a load off one's feet אַוועקזעצן זיך; אַנידערזעצן זיך
  take a load off one's mind/chest אַראָפּנעמען אַן עול פֿון קאָפּ ‹האַרצן› [OL]
  That's a load of crap! בלאָטע!; ווייס איך וואָס!
load, *v.*
  imp./pf. (אָנ)לאָדן; (אָנ)לאָדעווע|ן; (אָנ)גרוזע(ווע)|ן
  pf. also אויפֿלאָדן; באַלאָדן
  (a gun) אָנלאָדן
  (comp.) אַרײַנלאָדן
loaded אָנגעלאָדן; פֿול געלאָדנ(ט)
  (gun) אָנגעלאָדן
  be loaded (wealthy) האָבן פֿולע קעשענעס מיט געלט; שווימען אין געלט
  loaded dice פֿאַלשע ווערפֿל
  loaded question די שטרויכל־פֿראַגע, ־ס
loader דער (אָנ)לאָדער, ־ס
  (comp.) די לאָדפּראָגראַם, ־ען
  (of gun) דער (האַרמאַטן־)לאָדער, ־ן

loading dock דער (אָנלאָד)דאָק, ־ן
loaf, *n.* דער לאַבן, ־ס; דאָס לעבל, ־עך; דאָס ברויט, ־ן; דאָס ברייטל, ־עך
(of sugar) דאָס היטל, ־עך
round loaf (of bread) דער קוקל, ־עך; די פּאַליאַניצע, ־ס
Half a loaf is better than none (ס'איז) בעסער ווי גאָרנישט
cut loaf דאָס אויפֿגעשניטענע ברויט
loaf, *v.* **(around)** (אַרומ)גיין ליידיק; פּוסטעפּאַסעווע|ן; דרייען זיך אויפֿן קאָריק
loafer
m./unsp. דער פּוסטעפּאַסניק, ־עס; דער ליידיק־גייער, ־ס; דער באָדיונג, ־ען; דער סוויטש, ־ן
f. די פּוסטעפּאַסניצע, ־ס; די ליידיק־גייערין, ־ס
(shoe) דער פּאַנטאָפֿל, –; דער לאָופֿער, ־ס
loaf pan דער (טיפֿער) ברויטבעקן, ־ס
loam די ליימערד
loamy ליימיק
loan, *n.* די הלוואה, הלוואָות [HALVÓE]
(stg. lent) די אַנטלייַונג, ־ען; דער אַנטליי, ־ען
on loan אויף באָרג; בהלוואה [BEHALVÓE]
take out a loan נעמען אַ הלוואה
(interest-free/J.) דאָס/דער גמילות־חסד, ־ים [GMÍLES-KhÉSED, -KhSÓDIM]
loan, *v. imp./pf.* (אויס)לייַען
loan guarantee די ליי־גאַראַנטיע, ־ס
loan insurance די הלוואה־פֿאַרזיכערונג [HALVÓE]
loan shark דער פּראָצענטניק, ־עס; דער וואָכערער, ־ס
loan translation די קאַלקע, ־ס; דער איבערזעץ לויטן פּשט [PShAT]
loanword דאָס לייַוואָרט, ...ווערטער; דאָס פֿרעמדוואָרט, ...ווערטער
loath
He is loath to ער האָט אין גאַנצן נישט קיין חשק צו; סע ווילט זיך אים שטאַרק נישט [KhÉYShEK]
loathe פֿײַנט האָבן ווי אַ שפּין; פֿײַנט האָבן תּכלית־שׂינאה ‹בתּכלית־השׂינאה›; מיגלען ‹מיאוסן/האַדיע|ן/ברידזע|ן› זיך פֿון ‹פֿאַר› [TÁKhLES-SÍNE] [BETÁKhLES-HASÍNE] [MÍESN]
loathsome מיאוס; פּאַסקודנע; מיגלדיק; האַדקע; דערווידערדיק [MÍES]
lob אַרויפֿוואַרפֿן ‹אַרויפֿקלאַפּן› אין דער הייך
lobby, *n.* דער פֿאָיע, ־ען; דאָס פֿירהויז, ...הײַזער; דער וועסטיבול, ־ן
(pol.) די שתּדלנות־גרופּע, ־ס; די שתּדלנימשאַפֿט; קולואַרן ל"ר; דער לאָבי, ־ס [ShTADLÓNES] [ShTADLÓNIMShAFT]
lobby, *v.* משתּדל זײַן זיך; שתּדלענען זיך [MIShTÁDL] [ShTÁDLENEN]
lobbyist
m./unsp. דער שתּדלן, ־ים; דער קולואַריסט, ־ן [ShTÁDLEN, ShTADLÓNIM]
f. די שתּדלנטע, ־ס [ShTÁDLENTE]
lobe דער/די טייל; דער חלק, ־ים [KhÉYLEK, KhALÓKIM]
(of ear) דאָס (אויער־)לעפּל, ־עך
lobelia די לאָבעליע, ־ס
loblolly bay די פֿינעף־בלאַטיקע גאָרדאָניע
lobotomy די לאָבאָטאָמיע, ־ס
lobster דער (ה)אָמאַר, ־ן; דער לאָבסטער, ־ס
local, *adj.* אָרטיק; לאָקאַל
(in this area) דאָיִק; היג
(in that area) דאָרטיק
(train/bus) לאָקאַל
local, *n.*
(inhabitant) דער (היגער) תּושבֿ, ־ים; דער היגער געב' [TÓYShEV, TÓYShVIM/TOYShÓVIM]
(train) די לאָקאַלע באַן, ־ען
local anesthesia די לאָקאַלע אַנעסטעזיע
local call דער נאָענטקלונג, ־ען; דער לאָקאַלער קלונג, ־ען
local color דער קאָלאָריט
local custom דער העקפּיר, ־ן; די אָרטיקע פֿירונג, ־ען
local dialect דאָס רעדעניש, ־ן; דאָס היג־לשון, ־ות; דער אָרטיקער דיאַלעקט, ־ן [LOShN, LEShÓYNES]
locale דער לאָקאַל, ־ן; דאָס אָרט, ערטער; דער פּלאַץ, פּלעצער
local government די אָרטיקע רעגירונג, ־ען
localism דער לאָקאַליזם, ־ען; דאָס העקוואָרט, ...ווערטער
locality דאָס אָרט, ערטער; דער/דאָס מקום, ־ות [MÓKEM, MEKÓYMES]
localize, *vt./vi.* לאָקאַליזירן (זיך)
locally אין געגנט; (דאָ) נישט ווייַט
local time די אָרטיקע שעה, ־ען [ShO]
locate געפֿינען; לאָקירן
(position) פּלאַצירן; לייגן; שטעלן
be located in געפֿינען זיך אין; ליגן אין; שטיין אין
I located it כ'האָב עס געפֿונען; ס'האָט זיך אָפּגעזוכט
location
(act) דאָס געפֿינען; די פּלאַצירונג; די לאָקירונג
(position) דער פּלאַץ, פּלעצער; דאָס אָרט, ערטער; דאָס געפֿינאָרט, ...ערטער; דער פּלאַציר, ־ן; די פּאָזיציע, ־ס
on location אויפֿן אָרט
lochia דער קימפּעט־אויסשייד
lochia alba דער ווייַסער קימפּעט־אויסשייד
lochia rubra דער רויטער קימפּעט־אויסשייד
lochia serosa דער ראָזעווער קימפּעט־אויסשייד
lock,[1] *n.*
(on door) דער שלאָס, שלעסער
(canal) דער שליוז, ־ן
lock, stock and barrel הכּל־בכּלן(־מכּל); בכּל־מכּל־כּל [HAKL-BÁKL(-MÍKL)] [BAKL-MIKL-KÓYL]
under lock and key פֿאַרשלאָסן אויף זיבן שלעסער
lock,[2] *n.* **(of hair)** די לאָק, ־ן; די פּאַטלע, ־ס
lock, *v.* פֿאַרשליסן
lock away *see* **lock up**
lock horns צעבוצקע|ן זיך
lock in פֿאַרשליסן; אייַנשליסן; פֿאַרשפּאַרן
lock in a rate פֿאַרפֿיקסירן אַ צינדזנקורס
lock oneself in פֿאַרשליסן זיך
lock onto a target אָנכאַפּן דעם ציל
lock out פֿאַרשליסן די טיר און נישט אַרייַנלאָזן
lock out (worker) לאָקאַוטירן
lock up (prisoner) אַרייַנזעצן ‹פֿאַרשפּאַרן› אין תּפֿיסה [TFÍSE]
lock up (valuables) פֿאַרשליסן
get oneself locked in (*fig.*) מתחייבֿ זײַן זיך; צובינדן זיך [MISKhÁYEV]
lockbox די פֿייַער־קאַסע, ־ס; דער סייף, ־ן
locker דאָס אַלקערל, ־עך; דאָס שענקל, ־עך
locker room דער גאַרדעראָב, ־ן
locket דער אויבל, ־ען; דאָס אייבעלע, ־ך; דאָס הערצעלע, ־ך; דער מעדאַליאָן, ־ען
locking mechanism דער שליס־מעכאַניזם, ־ען
lockjaw דער קינבאַק־קראַמפּ; דער טעטאַנוס
lock nut די קאָנטער־מוטערקע, ־ס
lockout דער לאָקאַוט, ־ן
locksmith דער שלאָסער, ־ס; דער שליסער, ...סאַרעס
lockstep
be in lockstep גיין אין טראָט; נאָכגיין צום טאַקט

lockstitch דער שטעפּשטאָך, ...שטעך
lockup די תּפֿיסה, ־ות; דער קרימינאַל, ־ן; די טורמע, ־ס [TFÍSE]
loco[1]
  (bot.) דער אַסטראַגאַל
  (crazy/*slg.***)** משוגע; אַראָפּ פֿון זינען; דול [MEShÚGE]
loco[2] **(mus.)** לאָקאָ
locomotion די לאָקאָמאָציע; די באַוועגונג פֿאָרויס
locomotive, *adj.* לאָקאָמאָטיוו(ן)־...
locomotive, *n.* דער לאָקאָמאָטיוו, ־ן
locum דער ממלא־מקום, ־ס [MEMÁLE-MÓKEM]
locus דער צענטער, ־ס; דער לאָקוס, ־ן
locust דער היישעריק, ־ן
  (bot.) די ראַבּיניע, ־ס
location דער אויסדרוק, ־ן; דער זאָג, ־ן; דער שטייגער רעדן
lode דער/די (צווייג)אָדער, ־ן
lodestar דער לייכטשטערן, –
lodestone דער מאַגנעט־אײַזנשטיין
  (*fig.***)** דער מאַגנעט, ־ן
lodge, *n.*
  (porter's rooms) דאָס וועכטער־שטיבל‹־הײַזל›, ־עך
  (hunting) דאָס יעגער־שטיבל, ־עך; דאָס פֿעלדשטיבל, ־עך
  (masonic) די לאָזשע, ־ס
  (inn) די אַכסניא, ־ות [AKhSÁNYE]
lodge, *v.*
  vt. **(stick)** פֿאַרשטעקן
  vt. **(submit)** ברענגען; דערלאַנגען
  vi. **(get stuck)** שטעקן בלײַבן
  vi. **(stay)** אײַנשטיין
  lodge a complaint ברענגען ‹דערלאַנגען› אַן אָנקלאַג; קומען מיט אַ טענה [TÁYNE]
  lodge in one's mind בלײַבן + דאַט' אין זכּרון [ZIKÓRN]
  get lodged in שטעקן בלײַבן אין
lodger דער קוואַרטיראַנט, ־ן
lodging(s) די קוואַרטיר, ־ן; די סטאַנציע
  lodging for the night דער/דאָס נאַכטלעגער
lodging house דער פּאַנסיאָן, ־ען
Lodz (דאָס) לאָדזש
loft, *n.* די בוידעמשטוב, ...שטיבער; דאָס בוידעמשטיבל, ־עך
loft, *v.* אַרויפֿשיסן
loft apartment די לאָפֿט־דירה, ־ות [DÍRE]
lofty געהויבן; דערהויבן; (גאָר) הויך
log,[1] *n.* **(wood)** דער קלאָץ, קלעצער; דער/דאָס שײַט, ־ן; די בערווענע, ־ס; דאָס שאַקעלע, ־ך
log,[2] *n.* **(naut.)** דער שיפֿזשורנאַל, ־ן; דער ים־זשורנאַל, ־ן [YAM]
  keep a log פֿירן אַ זשורנאַל ‹רעקאָרד›
log,[1] *v.* **(wood)** האַקן האָלץ
log,[2] *v.* **(record)** פֿאַרשרײַבן אין לאָגהעפֿט
  (travelled distance) אָנלאַגן
  log in/on (to) אַרײַנשרײַבן זיך (אין); אַרײַנלאָגירן (אין)
  log off/out (of) אַרויסשרײַבן זיך (פֿון); אַרויסלאָגירן (פֿון)
loganberry די לאָגאַן־יאַגדע, ־ס
logarithm דער לאָגאַריטם, ־ען
logarithmic לאָגאַריטמיש
logbook די לאָגהעפֿט, ־ן; דאָס לאָגבוך, ...ביכער; דער אַמטזשורנאַל, ־ן
log cabin דאָס שטיבעלע פֿון קלעצער ‹בערווענעס›
logger דער האָלצהעקער, ־ס
loggerhead
  be at loggerheads with זײַן מיט + דאַט' אויף מעסערשטעך; זײַן מיט + דאַט' קידער־ווידער
logging געהילץ־פֿאַרגרייטונגען ל"ר; די וואַלדהאַקונג

logic די לאָגיק
logical לאָגיש
logically לאָגיש (גערעדט); לויטן ‹על־פּי› שׂכל [ÁLPI] [SEYKhL]
logicboard דאָס יסוד־ברעטל, ־עך; דאָס גרונטברעטל, ־עך [YESÓD]
logician דער לאָגיקער, ־ס
login דער אַרײַנשרײַב־‹אַרײַנלאָג־›נאָמען, ־נעמען
logistic(al) לאָגיסטיש
logistics די לאָגיסטיק ל"י
logjam די פּראָפּקע, ־ס; די פֿאַרשטאָפּונג, ־ען; דער פֿאַרהאַק, ־ן; דער נישט־אַהין־נישט־אַהער
logo דער לאָגאָ, ־ס; די (פֿירמע־)עמבלעם, ־ען
logogram/logograph די לאָגאָגראַם, ־ען
logon דער אַרײַנשרײַב־‹אַרײַנלאָג־›נאָמען, ־נעמען
logorrhea דאָס גיסן מיט רייד; דער שלל רייד; דער מבול (מיט) ווערטער [ShLAL] [MABL]
logrolling איין האַנט וואַשט די צווייטע
loin די לענד, ־ן
  loins (*fig.***)** דער/די שויס ל"י
loincloth דאָס לענדנטוך, ...טיכער; דאָס בושה־טיכל, ־עך [BÚShE]
loins קרײַזשעס
loiter אַרומגיין פּוסטעפּאַס; אַרומדרייען זיך; אַרומשלענדערן זיך
loiterer דער פּוסטעפּאַסניק, ־עס
loll
  (hang) אַרויסהענגען
  (recline) צעלייגן זיך; זיצן אָנגעלענט
lollipop דאָס לעקערל, ־עך; דאָס נאַטשל, ־עך
London (דאָס) לאָנדאָן
London broil דער ענגלישער בּיפֿסטייק
lone איינציק; איין־(און־)איינציק
loneliness די עלנט; די/דאָס עלנטקייט; דאָס איינזײַן; די/דאָס איינזײַנקייט
lonely עלנט; סמוטנע; ˚איינזאַם
loner דער אַליין־גייער, ־ס; דער אַליינער, ־ס
lonesome עלנט; אומעטיק
lone wolf דער אַליינער, ־ס
long, *adj.* לאַנג
  (drawn-out) אויסגעצויגן
  as long as my foot די לענג ‹גרייס› פֿון מײַן פֿוס
  at long last סוף־כּל־סוף [SOFKLSÓF]
  be long in the tooth זײַן שוין העט אין די יאָרן; זײַן גאָר אַלט
  for a long time now שוין לאַנג; פֿון לאַנג (אָן)
  four feet long פֿיר פֿוס די לענג; פֿיר פֿוס לאַנג
  go a long way (succeed) מצליח זײַן; האָבן הצלחה [MATSLÍEKh] [HATSLÓKhE]
  go a long way (suffice) לאַנג סטײַען ‹קלעקן›
  have a long face *see* **long-faced**
  in the long run סוף־כּל־סוף
  long on געבענטשט מיט
long, *adv.* (שוין) לאַנג
  as long as (conditional) אַבי; מיטן תּנאַי אַז [TNAY]
  as long as (temporal) כּל־זמן; אַזוי לאַנג ווי; ווי לאַנג; ביז וואַנען [KOLZMÁN]
  He's not long for this world ער איז שוין מער אויף יענער וועלט ווי אויף דער וועלט
  How long has he been waiting? ווי לאַנג וואַרט ער שוין?
  I won't be long איך קום שוין באַלד צוריק

long ago לאַנג צוריק; מיט יאָרן צוריק; אין אַמאָליקע צײַטן ‹טעג›
long before לאַנג פֿאַר ‹איידער›
Long live ...! (לאַנג) לעבן זאָל ...!
Long live America! לעבן זאָל קאָלומבוס!
not for long נישט אויף לאַנג
So long! אַ גוטן!; זײַ(ט) מיר געזונט!; צום זען זיך (אין גיכן)!
think long and hard געבן אַ גוטן טראַכט ‹קלער›
long, *n.*
(ling.) דער לאַנגער וואָקאַל, ־ן
(Morse code) דער לאַנגער קלאַנג, ־ען
the long and the short of it קורץ פֿון דער זאַך; קורץ און גוט; דער עצם תּוך [ÉTSEM] [TOKh]
long, *v.* **(for)** (שטאַרק) בענקען (נאָך); ציִען אומפּ׳ + אַק/פּ״ק (צו)
He longs for her ער בענקט (שטאַרק) נאָך איר; סע ציט אים צו(ן) איר
long-anticipated שוין (פֿון) לאַנג אויסגעקוקט
longboat דער באַרקאַס, ־ן
long-distance, *adj.* ווײַט...; ווײַט־דיסטאַנציק‹־מהלכדיק› [MEHÁLEKhDIK]
long-distance, *adv.* פֿון דער ווײַטנס
long-distance call דער ווײַטקלונג, ־ען
long-drawn-out העט אויסגעצויגן
longed-for אויסגעבענקט; אויסגעגלוסט; גלוסטיק
longer לענגער
any/no longer שוין נישט; מער נישט
no longer with us שוין מער נישטאָ
longest לענגסט
at the longest צום לענגסטן
long-established אריכות־ימימדיק [ARÍKhES-YÓMIMDIK]
longevity דאָס אריכות־ימים [ARÍKhES-YÓMIM]
long-faced מיט אַן אַראָפּגעלאָזטער נאָז
be long-faced האָבן אַן אַראָפּגעלאָזטע נאָז; האָבן אַן אויסגעצויגן פּנים [PÓNEM]
long-haired לאַנגהאָריק
longhand דער נאָרמאַל־כּתבֿ [KSAV]
in longhand (אָנגעשריבן) מיט דער האַנט
longing דאָס בענקעניש, ־ן; די בענקשאַפֿט, ־ן
longish לענגלעך; לענגער
longitude די (געאָגראַפֿישע) לענג, ־ען
line of longitude דער מערידיאַן, ־ען; די לענגליניע, ־ס
longitudinal לענג...; אינדערלענגיק
longitudinal lie דאָס געליג אין דער לענג
longitudinally אין דער לענג
long johns לאַנגע גאַטקעס
long jump דער ווײַטשפּרונג
long-lasting (לאַנג־)געדויערדיק; לאַנגקלעקיק; דורותדיק [DÓYRESDIK]
long-lived לאַנגלעביק; אריכות־ימימדיק [ARÍKhES-YÓMIMDIK]
long-lost שוין לאַנג פֿאַרלוירן ‹פֿאַרפֿאַלן›
long-playing לאַנגשפּיליק; לאַנג־שפּילנדיק
long-range
(plan) לאַנג־משכדיק‹־טערמיניק›; ווײַטגרייכיק [MÉShEKhDIK]
(weapon) ווײַטגרייכיק; ווײַט־מהלכדיק‹־צילנדיק›; ווײַט... [MEHÁLEKhDIK]
long-range missile דער ווײַטראַקעט, ־ן; דער ווײַטגרייכיקער ראַקעט, ־ן
long-running לאַנג־געדויערדיק; לאַנגיאָריק
longshoreman דער שיפֿלאָדער, ־ס; דער האַוון‹־פּאָרט־› אַרבעטער, ־ס
long shot דער קאָנפֿער ‹נישטיקער› שאַנס
long-sighted ווײַט־זעעוודיק; מיט אַ ווײַטער ‹שאַרפֿער› ראיה [RÍE]
long-sleeved לאַנג־אַרבלדיק; מיט לאַנגע אַרבל
longstanding לאַנגאָנ(עד)יק; לאַנגסטיק; לאַנגיאָריק; אַלט־געזעסן
long-stemmed לאַנגשטאַמיק
long-suffering פֿאַרשמאַכט
long-term לאַנגטערמיניק; לאַנג־משכדיק; געדויערדיק [MÉShEKhDIK]
long-term care דער לאַנג־טערמיניקער (געזונט־)אָפּהיט
long-term care insurance די לאַנג־טערמיניקע (געזונט־)פֿאַרזיכערונג
long-term memory דער געדויערדיקער זכּרון [ZIKÓRN]
longtime *see* **longstanding**
long-winded לאַנגווײַליק; באריכותדיק; נודנע [BARÍKhESDIK]
be long-winded רעדן באריכות; האָבן אַ טבֿע מאריך צו זײַן; נישט וויסן ווען אויפֿצוהערן [BARÍKhES] [TÉVE] [MÁYREKh]
loo דער קלאָזעט, ־ן
loofah די ליופֿע, ־ס
look, *n.* דער קוק, ־ן; דער בליק, ־ן
(facial expression) די מינע, ־ס
by the look of it ווי סע זעט אויס
get a good look at גוט אָנקוקן; גוט אײַנקוקן זיך אין
Have a look at that! זע(ט) נאָר, זע(ט)!
I don't like the look of it סע געפֿעלט מיר גאָר נישט
look, *v.* **(at)** קוקן (אויף); בליקן (אויף); אָנקוקן + אַק׳
(appear) אויסזען
He looks his age מע זעט ווי אַלט ער איז; די יאָרן זײַנע נאַרן נישט אָפּ
It looks like rain סע שמעקט מיט רעגן; אָט־אָט וועט רעגענען
Just look at him! (*iro.*) אָדם אַ מענטש, קאַטשקע רוק ‹דריי› זיך! [ÓDEM]
keep looking for אויסקוקן זיך די אויגן נאָך
look after פֿאַרנעמען זיך מיט; זאָרגן וועגן; אַכטונג געבן אויף; צוזען + דאַט׳
look ahead (to) אַרויסקוקן (אויף)
look around אַרומקוקן זיך; אומקוקן זיך
look as if אויסזען ווי ‹עלעהיי›
look away אַוועקקוקן; אָפּקערן זיך; אָפּדרייען דעם קאָפּ
look back קוקן אויף צוריק
look back on דערמאָנען זיך אין
Look before you leap! פֿריִער וועגן, דערנאָך זיך דערוועגן!; בעסער צען מאָל מעסטן און איין מאָל אָפּשנײַדן (איידער פֿאַרקערט)!
look down אַראָפּקוקן
look down on אַראָפּקוקן אויף; קוקן מיט ביטול אויף [BITL]
look for זוכן + אַק׳
look for trouble זוכן זיך (צרות) [TSÓRES]
look forward to אַרויסקוקן אויף
look good אויסזען שיין ‹גוט›
Look here! הער(ט) זיך אײַן!
look in on אַרײַנכאַפּן זיך צו; גיין צו גאַסט צו; אָפּשטאַטן אַ וויזיט בײַ
look into (research) אויספֿאָרשן; גוט באַטראַכטן; חוקר זײַן [KhÓYKER]
look into (view) אַרײַנקוקן אין
look like אויסזען ווי; זײַן ענלעך צו ‹אויף›; האָבן אַ פּנים פֿון [PÓNEM]

look on צוזען; צוקוקן זיך (צו)
look one's best אויסזען צום בעסטן
look out for (beware) היטן זיך פֿאַר
look out for (care for) אַכטיק ‹אַכטונג› געבן אויף
look out for oneself אַכטיק ‹אַכטונג› געבן אויף זיך
look out on אַרויסקוקן אויף
look out only for oneself קלערן נאָר וועגן זיך אַליין; האָבן נאָר זיך (אַליין) אין זינען
Look out! היט זיך!; גיב ‹גיט› אַכטיק ‹אַכטונג›!
look over איבערקוקן; באַקוקן; אַרומקוקן; געבן ‹טאָן› אַ קוק איבער
look sb. in the eye קוקן + דאַט' אין די אויגן
look sb. over באַקוקן
look the other way מאַכן זיך נישט ווייסנדיק; בכּיוון פֿאַרקוקן [BEKÍVN]
look through (אַ)דורכקוקן
look to (rely on) פֿאַרלאָזן זיך אויף; בויען אויף
look up, *vt.* **(search)** אויפֿזוכן; אויסזוכן
look up, *vi.* **(improve)** פֿאַרבעסערן זיך; בעסער ווערן
look up, *vi.* **(with eyes)** אַרויפֿקוקן צו ‹אויף›
look sb. up and down געבן + דאַט' אַ מעסט אָפּ מיטן אויג; באַקוקן + אַק' פֿון קאָפּ ביז די פֿיס
look up to אַרויפֿקוקן צו; האָבן דרך־ארץ ‹אָפּשײַ› פֿאַר [DERKhÉRETS]
Look who's here! סקאַצל קומט!; זע(ט) נאָר ווער ס'איז דאָ!; וועמען איך זע!
Look who's talking! זע(ט) נאָר ווער סע רעדט!
not much to look at נישט איבעריק שיין
take a look at געבן ‹כאַפּן› אַ קוק אויף; אַ קוק טאָן אויף
lookalike דער טאָפּלינג, ־ען; דער צווילינג, ־ען
looker דער צוקוקער, ־ס; דער צוזעער, ־ס
(handsome man) דער קראַסאַוועץ, ...ווצעס; דער בילדפּאַרשוין, ־ען
(beautiful woman) די קראַסאַוויצע, ־ס; די יפֿיפֿיה, ־ות; די יפֿת־תּואר, ־ס; די שיינהייט, ־ן [YEFÉYF(Y)E] [YEFASTÓYER]
looking glass דער שפּיגל, ־ען
lookout
(sentry) דער וועכטער, ־ס; דער שומר, ־ים [ShÓYMER, ShÓMRIM]
(view) דער אַרויסבליק, ־ן; דער אָבסערוואַר־פּונקט, ־ן
be on the lookout for טשאַטעווען| אויף; זײַן אָנגעשפּיצט אויף; האָבן אַן אויג אויף; לוגן אויף
maintain a sharp lookout קוקן מיט אויגן
looks, *n.* דער אויסזע ל״ר; דאָס אויסזען; דאָס פּנים ל״י; די מראה ל״י [PÓNEM] [MÁRE]
have good looks זײַן אַ שיינער גער'; האָבן אַ שיין פּנים
look-see
have a look-see כאַפּן אַ קוק ‹בליק›
loom, *n.* די וועבשטול, ־ן
loom, *v.*
(come into view) (דער)זען זיך
(impend) אָנרוקן זיך; הענגען איבער; האַלטן אומפּ' + פּ״ק אַט־אַט בײַ
loom large שפּילן אַ גרויסע ראָלע; אָננעמען אַ גרויסן ‹וויכטיקן› פּאַרנעם
loon דער טוקער, ־ס
(lunatic/*fig.*) דער צעדרייטער גער'; דער משוגענער גער' [MEShÚGENER]
loony צעדרייט; משוגע; נישט קיין היגער גער' [MEShÚGE]
loony bin דאָס משוגעים־הויז, ־הײַזער [MEShUGÓYEM]
loop, *n.* דער שלייף, ־ן; די פּעטליע, ־ס
be in the loop זײַן אַן אינעווייניקסטער גער'
be out of the loop שטיין פֿון דרויסן
be thrown for a loop בלײַבן שטיין ווי אַן אָפּגעגאָסענער; זײַן געפּלעפֿט
loop, *v.* מאַכן אַ פּעטליע ‹שלייף›
loophole
(mil.) די (שיס)לאָך, ...לעכער; די אַמבראַזור, ־ן
(*fig.*) דאָס (לעגאַלע) שפּעלטל, ־עך; דאָס שפּאַרונקעלע, ־ך; דאָס געזעץ־לעכל, ־עך
loose, *adj.* לויז
(dog) אָפּגעקייטלט
(promiscuous) אויסגעלאַסן
(weak) שוואַך; וואַקלדיק
be at loose ends (bored) נישט האָבן וואָס צו טאָן
be at loose ends (upset) נישט וויסן וווּ זיך אַהינצוטאָן
come loose לויז ווערן
cut loose, *vt.* אָפּטיילן; באַפֿרײַען
cut loose, *vi.* **(*fig.*)** אויסשפּאַנען זיך
let loose, *vt.* אַרויסלאָזן; באַפֿרײַען
let loose, *vi.* צע... זיך
let one's hair loose צעלאָזן די האָר
tie up loose ends (fabric) אָפּשנײַדן די צוויטן
tie up loose ends (*fig.*) אָפּפּאַרטיקן (די קליינע פּרטימלעך) [PRÓTIMLEKh]
loose, *n.*
on the loose אויף דער פֿרײַ
loose bowels דער לויזער מאָגן; דער שילשול [ShILShL]
loose cannon דער ווילדער ביק
loose change דאָס קליינגעלט; מטבעות ל״ר [MATBÉYES]
looseleaf binder די/דער רינגלהעפֿט, ־ן; די/דער קלעמהעפֿט, ־ן
looseleaf paper דאָס רינגל־פּאַפּיר
loose-limbed ביגעווודיק
loose lips די לויזע צונג ל״ן; דער לויזער פּיסק ל״י
loosen לויז מאַכן; אָפּלאָזן; נאָכלאָזן; אָפּשפּאַנען
loosen the reins אָפּלאָזן די לייצעס
loosen up (relax) אויסשפּאַנען זיך; אָפּשפּאַנען זיך
loosen up (spo.) צוגרייטן זיך
loosestrife די ליסימאַכיע
loose woman די אויסגעלאַסענע, ־ע; די מופֿקרת, ־ן; די חצופֿה, ־ות; די ווירזשוטקע, ־ס; די אומלויף, ־ן [MUFKÉRES] [Kh(A)TSÚFE]
loot, *n.* דאָס (זאַק)רויב; די גזלה [GZÉYLE]
loot, *v. imp./pf.* (צע)ראַבעווען|; (צע)ראַבירן; (אַוועק)גזלען [GÁZLEN]
looter דער צעראַבירער, ־ס
lop (off) אָפּהאַקן
lope, *n.* דער אונטערשפּרינגענדיקער לויף
lope, *v.* לויפֿן אונטערשפּרינגענדיק; גיין מיט אַ ברייטן גאַנג
lopsided קרום; איינזײַטיק
loquacious באַרעדעוודיק
loquacity די/דאָס באַרעדעוודיקייט
loquat די אַסקעדיניע, ־ס; די מושמורע, ־ס
lord,[1] *n.* **(nobleman)** דער האַר, ־ן; דער לאָרד, ־ן; דער שׂררה, ־ות/־ים; דער פּריץ, ־ים [SRÓRE, SRÓRES/SRÓRIM] [PÓRETS, PRÍTSIM]
Lord Chancellor דער לאָרד־קאַנצלער, ־ס
my lord אַדוני (פּריץ) [ADÓYNI]
Lord,[2] *n.* **(God)** דער איבערשטער; הקדוש־ברוך־הוא; דער רבונו־של־עולם; השם־יתברך [HAKÓDESh-BÓRKhU] [REBÓYNE-ShEL-ÓYLEM] [HAShÉM-YISBÓREKh]
the good Lord זײַן ליבער נאָמען
Good Lord! גאָטעניו!; טאַטע־פֿאָטער!; גאָט איינער!

lord, *v.* **(it over)** באַלעבאַטעווען (איבער/מיט); פּריצעווען (איבער/מיט)
lordly פּריציש [PRÍTSISh]
lords-and-ladies (bot.) דער געפֿלעקטער אַהרנס שטעקן [ARNS]
lordship די האַרשאַפֿט, ־ן
Your lordship אַדוני פּריץ; זײַן ליכטיקייט [ADÓYNI PÓRETS]
lore דאָס וויסן; דאָס קענטעניש, ־ן; דאָס ווײסעכץ, ־ער
local lore דאָס קאַנט־קענטעניש
lorgnette דער לאָרנעט, ־ן
lorry דער משא־אויטאָ, ־ס [MÁSE]
lose
vt. **(game/bet)** פֿאַרשפּילן
vt. **(stg./loved one)** פֿאַרלירן; אָנווערן
vi. פֿאַרשפּילן
have nothing to lose נישט האָבן וואָס צו פֿאַרלירן
I lost my voice ס'דינט מיר נישט די שטים; כ'האָב פֿאַרלוירן דאָס קול ‹די שטים› [KOL]
lose a baby מפּלען; פֿאַרלירן אַ קינד [MÁPLEN]
lose by one point פֿאַרשפּילן מיט איין פּונקט
lose face שוואַרצן זיך דאָס פּנים [PÓNEM]
lose faith פֿאַרלירן די אמונה ‹האָפֿענונג›; פֿאַרלירן דעם בטחון [EMÚNE] [BITÓKhN]
lose gracefully פֿאַרשפּילן מיט ווערדע
lose ground [YÍSREN] פֿאַרלירן גרונט; פֿאַרלירן דעם יתרון
lose money צוליגן ‹דערלייגן› געלט; פֿאַרלירן פֿון קעשענע
lose one's bowels באַמאַכן זיך
lose one's edge פֿאַרלירן דעם יתרון; פֿאַרלירן די איבערהאַנט
lose one's focus פֿאַרלירן די קאָנצענטראַציע
lose one's hair אויסקריכן אומפּ׳ + דאַט׳/פּ״ק די האָר
lose one's way פֿאַרבלאָנדזשען (זיך)
lose oneself in פֿאַרלירן זיך אין
lose time (of person) פֿאַרלירן צײַט
lose time (of watch) קריכן; אָפּשטיין; גיין אײַנגעהאַלטן
lose weight פֿאַרלירן ‹אָפּנעמען› וואָג; פֿאַרלירן לײַב; אָפּפֿאַלן; אָפּצערן זיך
be losing האַלטן אין פֿאַרשפּילן; זײַן הינטערשטעליק
loser דער פֿאַרשפּילער, ־ס
(failure) דער לא־יוצלח, ־ס; דער שלימזל, ־ען/־ס; דאָס נעבעכל, ־עך [LOY-YÚTSLEKh] [ShLIMÁZL]
losing, *adj.*
fight a losing battle קעמפֿן אויף אַ פֿאַרלוירענער פּאָזיציע
It's a losing battle (*fig.*) ס'איז שוין פֿאַרפֿאַלן; ס'איז שוין נישטאָ קיין האָפֿענונג
losing candidate דער פֿאַרשפּילער, ־ס
losing streak דער פֿאַרשפּיל־נאָכאַנאַנד, ־ן; די סעריע מפּלות [MAPÓLES]
be on a losing streak האַלטן אין איין פֿאַרשפּילן
loss
(of stg./loved one) די אַבֿדה, ־ות; דער אָנווער, ־ן [AVÉYDE]
(fin.) דער היזק, ־ות [HÉZEK, HEZÉYKES]
(harm/damage) דער שאָדן, ־ס/שאָדנס; דער הפֿסד, ־ים [HÉFSED, HEFSÉYDIM]
be at a loss זײַן צעמישט ‹מבֿולבל/צעטומלט›; זײַן אַ פֿאַרלוירענער געב׳ [MEVÚLBL]
be at a loss for words בלײַבן אָן לשון [LOShN]
It's a total loss (ס'איז) אין גאַנצן פֿאַרפֿאַלן; ס'איז אַלץ פֿאַרלוירן
sell at a loss פֿאַרקויפֿן פֿאַר גראָשנס ‹אַ שיבוש›; פֿאַרקויפֿן אונטערן קרן [KERN] [ShÍBESh]
I'm sorry for your loss (upon news of a death) לאָמיר אָפּגעהיט זײַן פֿון צער; זאָלסט ‹איר זאָלט› מער נישט וויסן פֿון קיין צער [TSAR]
lost, *adj.*
(object) פֿאַרלוירן; פֿאַרפֿאַלן
(person/animal) פֿאַרבלאָנדזשעט
get lost (object) פֿאַרלירן גיין; פֿאַרפֿאַלן ווערן
get lost (person/animal) פֿאַרבלאָנדזשען זיך; פֿאַרלירן דעם וועג
Get lost! פֿאַרטראָג(ט) ‹פֿאַרנעמ(ט)› זיך פֿון דאַנען!; מאַכ(ט) אָפּצי!; נעמ(ט) ס'פּעקל!; ישקני! [YIShOKÉYNI]
give (stg.) up for lost פֿאַררעכענען + אַק׳ פֿאַר (שוין) פֿאַרפֿאַלן; מיאש זײַן זיך אין [MEYÁESh]
It's a lost cause ס'איז שוין פֿאַרפֿאַלן ‹פֿאַרשפּילט›
It was lost on him ער האָט עס בכלל נישט פֿאַרשטאַנען [BIKhLÁL]
lost in the mail פֿאַרפֿאַלן ערגעץ אין דער פּאָסט
lost in thought פֿאַרזונקען ‹פֿאַרטיפֿט› אין מחשבֿות ‹געדאַנקען› [MAKhShÓVES]
totally lost (of object) ווי אין וואַסער אַרײַן
lost-and-found דער אָפּזוך(־ביוראָ)
lot
(fate) דער/דאָס גורל; די דאָליע; די מערכה; דאָס מזל [GOYRL] [MARÓKhE] [MAZL]
(of land) דער ערד־חלק, ־ים; די נחלה, נחלאָות [KhÉYLEK, KhALÓKIM] [NÁKhLE, NAKhLÓES]
(building) דער בויפּלאַץ, ...פּלעצער; דער פּאַרצעל, ־ן
(of goods) די פּאַרטיע, ־ס
a lot (of) אַ סך ‹גוזמא/פֿולע/מאַסע›; אַ שלל ‹וועלט› מיט; כּמה [SAKh] [GÚZME] [ShLAL] [KÁME]
draw/throw lots וואַרפֿן גורל
fall to the lot of צופֿאַלן + דאַט׳
lots of אַ סך
lots and lots (of) אָן אַ שיעור; גאַר־גאַר ‹זייער־זייער› אַ סך [ShÍER]
That's the lot מער איז (שוין) נישטאָ
the lot אַלץ; דאָס גאַנצע
lothario דער דאָן־זשואַן, ־ען; דער לאָוועלאַס, ־ן
lotion דאָס שמירעכץ, ־ן; דאָס אײַנרײַבעכץ, ־ן; די וואַשונג, ־ען
lottery די לאָטעריע, ־ס; די לאָטערײ, ־ען
lottery drawing די לאָטעריע־‹לאָטערײ־›ציִונג, ־ען; דער געווינסן־טיראַזש, ־ן
lottery ticket דער לאָטעריע־צעטל‹־בילעט›, ־ן
lotto די/דאָס לאָטאָשפּיל, ־ן; דער לאָטאָ, ־ען; דער לאָטאָ, ־ס; די טשוקינע
lotus דער לאָטאָס
louche דעקאַדענט; צעפֿוילט
loud [RÁShIK] הויך; טומלדיק; רעשיק; הילכיק; שרײַיק
(flashy) שרײַיק; רײַסיק
loudly [KOL] [BEKÓL-RÁM] הויך אויף אַ קול; בקול־רם
loudmouth דער שרײַער, ־ס; די שרײַמאַלפּע, ־ס; דער טומלער, ־ס
loudmouthed שרײַיק; פּיסקאַטע
be loudmouthed זײַן אַ פּיסקאַטער געב׳; האָבן אַ גרויסן פּיסק
loudspeaker דער הילכער, ־ס; דער הויכרעדער, ־ס
Lou Gehrig's disease די לו געריג־קרענק
Louisiana (די) לויזיאַנע
lounge, *n.* דער רוצימער, ־ן; דער סאַלאָן, ־ען
(airport) דער וואַרטזאַל, ־ן

lounge, *v.* **(around)** אָפּשפּאַנען זיך; שליאָנדערן; אַרומשליאָנדערן זיך; אַרומדרייען זיך (לײדיק)
lounge car דער סאַלאָן־וואַגאָן, ־ען
lounger דער בטלן, ־ים; דער לײדיק־גײער, ־ס; דער פּוסטעפּאַסניק, ־עס [BÁTLEN, BATLÓNIM]
loungewear אָפּשפּאַן־קלײדער ל״ר
loupe די לופּע, ־ס; דאָס פֿאַרגרעסער־גלאָז, ...גלעזער
louse
(zool.) די לויז, לײַז
(person) דער פּאַסקודניאַק, ־עס; דער מנוול, ־ים [MENÚVL, MENUVÓLIM]
lousewort דאָס לויזגראָז
lousy
(bad) פּאַסקודנע
(with lice) פֿאַרלײַזיקט; לײַזיק
be lousy with money שווימען אין געלט
feel lousy נישט פֿילן זיך גוט; זײַן נישט מיט אַלעמען; זײַן לא־עליכמדיק [LOY-ALÉYKhEMDIK]
lout דער באַלוואַן, ־עס; דער גראָבער קאָפּ, קעפּ; דער גראָביאַן, ־ען/־עס; דער כאַם, ־ען; דער כלאָפּ, ־עס; דער באַכמאַט, ־עס; דער בורדיוק, ־עס; דאָס שאָקעלע, ־ך; דער שײגאַץ, ־ן
loutish גראָב(קעפּיק)
lovable ליבעוודיק; ווויל; חנעוודיק [KhÉYNEVDIK]
lovage דער ליוביסטיק
love,[1] *n.*
(platonic) די ליבשאַפֿט, ־ן
(maternal) די מאַמע־‹מוטער־›ליבשאַפֿט; דער מאַמעס ‹מוטערס› ליבשאַפֿט
(romantic/erotic) די ליבע, ־ס
(divine) די אַהבֿה [Á(H)AVE]
bear love for טראָגן (אין האַרץ) אַ ליבע פֿאַר
be in love (with) זײַן פֿאַרליבט ‹אײַנגעליבט› (אין)
be madly in love with אויסגיין נאָך; קאָכע|ן זיך אין; זײַן די כּפּרה פֿאַר ‹נאָך›; זײַן משוגע פֿאַרליבט ‹פֿאַרליאַפּעט› אין [KAPÓRE] [MEShÚGE]
couple in love דאָס פֿאַרליבטע פּאָרל, ־עך
fall in love with פֿאַרליבן ‹אײַנליבן› זיך אין
fall out of love אויסליבן זיך; אויפֿהערן ליב האָבן; אויסניכטערן זיך
for the love of לשם [LEShÉM]
For the love of God! גאָטעניו!; גאָ(ט)וואָלד געשריגן!
It was love at first sight כ'האָב זיך פֿאַרליבט אין דער ערשטער רגע; ס'איז געווען אַ ליבע פֿונעם ערשטן בליק; ס'איז געווען אַ בליצליבע [RÉGE]
Love is blind די ליבע איז בלינד; בײַ אַ פֿאַרליבטן זעט אַפֿילו אַ קאַטשקע אויס ווי אַ מלאך [AFÍLE] [MÁLEKh]
make love to ליבן זיך מיט; ליובע|ן זיך מיט; שלאָפֿן מיט; באַשלאָפֿן + אַק׳
my love (to a man) מײַן טײַער(ינק)ער ‹ליב(ינק)ער/ליובעניו›
my love (to a woman) מײַן טײַער(ינק)ע ‹ליב(ינק)ע/ליובעניו›
not to be had for love or money נישט צו(ם) באַקומען פֿאַר קיין שום געלט
(do stg.) out of love אויס ‹צוליב/פֿון› ליבע
send one's love שיקן + דאַט׳ אַ וואַרעמען גרוס; לאָזן + אַק׳ וואַרעם גריסן
There's no love lost between them זיי קענען זיך נישט פֿאַרטראָגן; זיי זענען זיך שונאים (איינס ס'אַנדערע) [SÓNIM]
love,[2] *n.* **(tennis)** נול; נישטל
The score is three-love דער חשבון איז דרײַ־נול ‹־נישטל› [KhEZhBM]

love, *v.* ליב האָבן; האַלט האָבן
I love chicken כ'האָב ליב הינדל(פֿלייש) ‹עוף/הון› [OF]
I love you כ'האָב דיך ליב ‹האָלט›
I'd love a סע גלוסט זיך מיר אַ
I'd love to כ'וואָלט זייער וועלן ‹געוואָלט›
I'd love to! מיטן גרעסטן פֿאַרגעניגן!
love one another ליב האָבן זיך (איינס ס'אַנדערע)
Love your neighbor as yourself ואָהבֿת לרעך כּמוך; זאָלסט ליב האָבן דײַן חבֿר (אַזוי) ווי זיך אַליין [VEOHÁVTO LEREYÁKhO KOMÓYKhO] [KhÁVER]
love affair די ליבע, ־ס; די אַפֿערע, ־ס; דער ראָמאַן, ־ען
have a love affair פֿירן ‹שפּילן› אַ ליבע
start a love affair פֿאַרפֿירן אַ ליבע; אַרײַנלאָזן זיך אין אַ ליבע
lovebird דאָס ליבעכל, ־עך
(*fig.*) דאָס טײַבעלע, ־ך; די ליובעניו
act like lovebirds עסן זיך פֿון די פּיסקעלעך; וואָרקע|ן ווי די טײַבעלעך
lovebite דער זױגקוש, ־ן; דער תּאווה־ביס, ־ן [TÁYVE]
love child דאָס אומגעזעצלעכע ‹אָנקידושינדיקע› קינד, ־ער [ÓNKDÚShNDIKE]
lovegrass דאָס ליבשאַפֿטגראָז
love handle דער שמאַלצגאַרטל; די באַליע אַרום דער טאַליע; דאָס שמאַלץ אונטערן האַרצן
love-hate relationship די ליבע־שינאה [SÍNE]
love-in-a-mist (bot.) די דמשׂקער ניגעלע [DAMÉSEKER]
loveless אָן ליבע ‹ליבשאַפֿט›
love letter דער ליבעבריוו, –; דאָס ליבעבריוול, ־עך
love-lies-bleeding (bot.) דער רויטער אַמאַראַנט
love life דאָס אינטימע לעבן; דאָס ליבע־לעבן
lovelorn ליבעקראַנק
be lovelorn אויסגיין ‹לעכצן› נאָך ליבע
lovely שיין; ליבלעך; אָנגענעם; אײַנגענעם
lovemaking דאָס ליבן זיך
love match דער ליבע־שידוך, ־ים [ShÍDEKh, ShIDÚKhIM]
love nest דאָס (ליבע־)קאַנאַריקל, ־עך
love potion דאָס ליבע־געטראַנק, ־ען; דער ליבעטרונק, ־ען; ליבע־טראָפּנס ל״ר
lover
(romantic/*m.*) דער געליבטער געב׳; דער קאָכאַנ(טש)יק, ־עס; דער ליובאָווניק, ־עס
(romantic/*f.*) די געליבטע, –; די קאָכאַנקע, ־ס; די ליובאָווניצע, ־ס
(of arts) דער ליבהאָבער, ־ס; דער מוקיר, ־ים [MÓYKER, MOYKÍRIM]
be a great lover וויסן ווי זיך צו ליבן; זײַן אַ געניטע(ר) געליבטע(ר); זײַן אַ קנאַק אין בעט
be lovers זײַן (זיך) געליבטע
take a lover פֿאַרפֿירן אַ ליבע; אָנהייבן אַן אַפֿערע
loveseat די סאָפֿקע, ־ס; דאָס סאָפֿקעלע, ־ך; די קושעטקע, ־ס
love set דער נישטלגאַנג
lovesick ליבעקראַנק
be lovesick אויסגיין ‹לעכצן› נאָך ליבע
love song דאָס ליבעליד, ־ער; דאָס ליבע־געזאַנג, ־ען
lovestruck פֿאַרליבט ביז איבער די אויערן
love triangle די ליבע זאַלבע דריט; די (ליבע־)טרויקע, ־ס
lovey-dovey קוצעניו־מוצעניו
loving ליבעוודיק; ליבנדיק
loving-kindness דער חסד; דאָס רחמים [KhÉSED] [RÁKhMIM]
lovingly מיט ליבשאַפֿט
low-... מיט ווייניק ‹ווינציק›; קנאַפּ; ...קנאַפּ

low, *adj.*
 (not high) נידעריק
 (common) פּראָסט; געמיין
 (depressed) דערשלאָגן; געפֿאַלן
 be low on האָבן ווייניק ‹ווינציק/קנאַפּ›
 We're low on gas ס'איז אונדז געבליבן ווייניק ‹ווינציק› בענזין; מיר האָבן ווייניק ‹ווינציק› בענזין
low, *n.* דער נידערפּונקט, ־ן; דער נידעריקסטער פּונקט, ־ן
low, *v.* מו(ר)קען
low back pain דער ווייטיק אין די קרייזשעס
 I have low back pain די קרייזשעס טוען מיר וויי
low-beam headlight דער (נאָענט־)פֿאָנאַר, ־ן
lowborn פֿון נידעריקן אָפּשטאַם
lowbrow, *adj.* נישט־ראַפֿינירט; נישט־געבילדעט; פּראָסט
lowbrow, *n.* דער נישט־ראַפֿינירטער געב'; דער נישט־געבילדעטער געב'
low-calorie מיט ווייניק קאַלאָריעס
low-carbohydrate מיט ווייניק קאַרבאָהידראַטן
low-class פֿונעם נידעריקן קלאַס
 (crude) פּראָסט; געמיין; גראָב
low comedy די פּראָסטע קאָמעדיע
low-cost וואָלוול; ביליק
low-cut
 (pants) נידעריק צוגעשניטן
 (neckline) טיף אויסגעשניטן; דעקאָלטירט; אויסגעבלייזט
low-density שיטער; לייכטוואָגיק
low-density lipoprotein דער שיטערער ליפּאָפּראָטעין
lowdown דער גאַנצער אמת [ÉMES]
 get the lowdown דערוויסן זיך אַלץ וואָס אונטערן נאָגל איז; דערוויסן זיך דעם גאַנצן אמת
low-end ביליק
lower, *adj.* נידעריקער; אונטערשט; אונטער...
lower, *v.* אַראָפּלאָזן; פֿאַרקלענערן; אַראָפּנידערן
 lower one's expectations ריכטן זיך אויף ווייניקער; פֿאַרקלענערן די האָפֿענונגען ‹וואַרטונגען›
 lower oneself (morally) אַראָפּלאָזן זיך; ·דערנידעריקן זיך
 lower oneself (physically) אַראָפּלאָזן זיך
 lower the volume מאַכן שטילער
lower back קרייזשעס ל"ר; דער אונטערשטער רוקן
lower-case, *adj.* קליינהאַנטיק; קליין־אותיותדיק [ÓYSYESDIK]
lower case, *n.* קליינהאַנטיקע אותיות ל"ר [ÓYSYES]
 in lower case מיט קליינהאַנטיקע אותיות
lower-class, *adj.* פֿונעם נידעריקן קלאַס; נחות־דרגאדיק [(NE)KhÓS-DÁRGEDIK]
lower class, *n.* דער נידעריקער קלאַס, ־ן
lower deck
 (bridge) די אונטערשטע בריק
 (ship) דער אונטערשטער (שיפֿ)דעק
Lower East Side די איסט־סייד
lower house (of parliament) דאָס אונטערהויז
Lower Manhattan (דאָס) אונטערמאַנהעטן
lowermost סאַמע אונטערשט ‹נידעריקסט›
lower-than-expected אומגעריכט נידעריק
lowest נידעריקסט; אונטערשט
low-fat ווייניק־פֿעטיק; מיט ווייניק פֿעטס
low-flying נידעריק פֿליענדיק
low frequency די נידעריקע פֿרעקווענץ, ־ן
low gear דער ערשטער גאַנג
low-grade פֿון אַ נידעריקער קוואַליטעט
low-grade temperature די קאַפּעטשקע היץ; דאָס ביסעלע היץ
low-income קנאַפּ־פֿאַרדינענדיק; מיט ווייניק פּרנסה [PARNÓSE]
low-income groups דער אונטערשטאַנד ל"י
low-income housing הייזער ‹דירות› פֿאַרן אונטערשטאַנד; אונטערשטאַנד־דירות [DÍRES]
low-key איינגעהאַלטן; באַשיידן
lowland דאָס נידערלאַנד; די נידער; דאָס פֿלאַכלאַנד
low-level נידעריק; פֿון אַ נידעריקן ראַנג; אויף אַ נידעריקן ניוואָ
lowlife דער מנוול, ־ים; דער פּאַסקודניאַק, ־עס; דער ניבֿזה, ניבֿזים [MENÚVL, MENUVÓLIM] [NÍVZE, NÍVZIM]
lowly [ShOFL] נידעריק; פּראָסט; געמיין; שפֿל; נחות־דרגאדיק [(NE)KhÓS-DÁRGEDIK]
low-lying ביידערערדיק
low-maintenance
 be low-maintenance (mech.) נישט פֿאָדערן קיין סך באַדינונג [SAKh]
 be low-maintenance (person) נישט פֿאָדערן קיין סך אויפֿמערק; זיין אַ גרינגער פּאַסאַזשיר
low-minded פּראָסט; גראָב
low-necked אויסגעשניטן; דעקאָלטירט; מיט אַ טיפֿן אויסשניט ‹דעקאָלט›
lowness די/דאָס נידעריקייט
low-paid ווייניק באַלוינט ‹באַצאָלט›
low-pitched נידעריק; פֿון אַ נידעריקן טאָן
low-rent ביליק; צווייטקלאַסיק
low-salt מיט ווייניק זאַלץ; זאַלצקנאַפּ
low season דער נידעריקער סעזאָן
low-starch מיט ווייניק קראָכמ(אַ)ל
low-tech מיט פּשוטער ‹פּרימיטיווער› טעכנאָלאָגיע [PÓShETER]
low tide דער אָפּפֿלייץ; דאָס פֿלאַכוואַסער
low-vision מיט אַ נידעריקער ‹קנאַפּער› ראיה [RÍE]
low-voltage קנאַפּ־וואָלטאַזשיק
lox דער גערייכערטער לאַקס
loyal געטריי; איבערגעגעבן; לאָיאַל
loyalist דער לאָיאַליסט, ־ן; דער געטרייער געב'
loyally געטריי(ערהייט)
loyalty די געטרייִשאַפֿט; די לאָיאַליטעט; די/דאָס לאָיאַלקייט
loyalty oath די נאמנות־שבֿועה, ־ות [NEMÓNES-ShVÚE]
lozenge די (האַלדז־)פּאַסטילקע, ־ס
LSD די על־עס־די
Lubavitch (דאָס) ליובאַוויטש
Lubavitcher Hasid דער ליובאַוויטשער חסיד, ליובאַוויטשער חסידים [KhÓSID, KhSÍDIM]
Lubavitcher Rebbe דער ליובאַוויטשער רבי, ־ס [RÉBE]
lubber דער נישט־געניטער מאַטראָס, ־ן
 (*fig.*) דער גולם, ־ים/־ס; דער למך, ־ס [GÓYLEM, GOYLÓMIM] [LÉMEKh]
Lublin (דאָס) לובלין
lubricant דאָס שמירעכץ, ־ן; דער שמיראייל, ־ן
lubricate
 imp. שמירן; איילן
 pf. איינשמירן; אָנשמירן; איינאיילן; אָנאיילן
 (vaginally) באַזאַפֿטיקן
lubricating oil דער שמיראייל, ־ן
lubrication די שמירונג; די פֿאַראיילונג
 (vaginal) די באַזאַפֿטיקונג
lubricious גליטשיק
 (lewd) [Kh(A)TSÚFISh] אויסגעלאַסן; חצופֿיש
lucid דורכזעיִק; דורכזעעוודיק; לייכטיק; דורכבליקלעך; קלאָר
 have a lucid mind זיין ביי די קלאָרע געדאַנקען; זיין ביים קלאָרן שׂכל [SEYKhL]

lucidity די/דאָס דורכזעיִקייט; די דאָס/דורכזעעוודיקייט; די/דאָס קלאָרקייט
Lucifer לוציפֿער
luck, *n.* דאָס מזל; דער/דאָס גורל; דער חלק [MAZL] [GOYRL] [KhÉYLEK]
as luck would have it ס'האָט זיך פּונקט געמאַכט אַז; אויף + פּאָס' (דאָברע־)מזל
bad luck [ShLIMÁZL] דאָס שלימזל; דאָס מזל פֿון אַ דראָנג
be in luck/have good luck האָבן מזל; באַגליקן
be out of luck נישט האָבן קיין מזל
down on one's luck [TSÓRES] נעבעך אויף צרות; געפֿאַלן
good luck דאָס (דאָברע־)מזל; דאָס גליק
Good luck!/I wish you luck! זאָל זײַן מיט מזל ‹גליק›!; אין אַ מזלדיקער שעה!; זאָל זײַן מיטן רעכטן פֿוס! [MÁZLDIKER] [ShO]
Just my luck! נאָך דאָס האָט מיר געפֿעלט!; מײַן שלימזל!
No such luck! הלוואַי! [(H)ALEVÁY]
push one's luck (אויס)פּרוּוון דאָס מזל ‹גליק›
terrible luck [ShLÍM-ShLIMÁZL] דאָס שלים־שלימזל
try one's luck אַ פּרוּוו טאָן דאָס מזל
luck, *v.* **(out)** האָבן מזל [MAZL]
luckily צום גליק
luckily for אויף + פּאָס' מזל [MAZL]
luckless [ShLIMÁZLDIK] [MAZL] שלימזלדיק; אָן מזל
lucky מזלדיק [MÁZLDIK]
be lucky האָבן מזל; זוכה־בגורל זײַן [MAZL] [ZÓYKhE-BEGÓYRL]
be lucky at cards האָבן מזל אין שפּיל
be lucky enough to האָבן דאָס גרויסע מזל ‹גליק› וואָס
be lucky in love האָבן מזל אין ליבע
it was lucky that (נאָך) אַ גליק וואָס
I should be so lucky! (הלוואַי) אויף מיר געזאָגט געוואָרן! [(H)ALEVÁY]
I was lucky כ'האָב געהאַט מזל; ס'האָט מיר צוגעשפּילט דאָס (דאָברע־)מזל; כ'האָב זוכה־בגורל געווען
Lucky devil! איי־איי, האָט ער מזל!; ווײַ, איז ער אַ בר־מזל! [BARMÁZL]
Who's the lucky man? ווער איז דער גליקלעכער ‹מזלדיקער›?
lucky break [MAZL] דאָס מזל; דער מזלדיקער טראַף [MÁZLDIKER]
get a lucky break זײַן אַ בר־מזל; אַרויסציִען דאָס ריכטיקע קוויטל [BARMÁZL]
lucky person דער באַגליקטער געב'; דער בר־מזל, ־ס; דער מוצלח, ־ים [MÚTSLEKh, MUTSLÓKhIM]
lucrative [RÉVEKhDIK] רווחדיק; מיט גרויס רווח; פֿעט [RÉVEKh]
lucre [MAMTÁKIM] ממתקים ל"ר; קלינגערס ל"ר
ludicrous [KhÓYZEKDIK] אַבסורדיש; לעכערלעך; חוזקדיק
It's ludicrous! [KhÓYZEK] ס'אַן אַבסורד!; ס'אַ חוזק!
lug, *n.*
(tech.) די ריף־מוטערקע, ־ס
(person) [MEGÚShEM] דער מגושם, ־ס
(projection) דער אויער, ־ן; דאָס אויערל, ־עך
lug, *v.* טאַסקע|ן; טאַרכענען; דזשווּיגע|ן
luge דער לוזש
(sled) דער לוזש, ־ן
luggage דער באַגאַזש; דאָס געפּעק; וואַליזקעס ל"ר; טשעמאָדאַנעס ל"ר
luggage rack דער באַגאַזש־האַלטער, ־ס; די באַגאַזש־פּאָליצע, ־ס
luggage tag דער באַגאַזש־צעטל, ־ען
lug nut די ראָד־מוטערקע, ־ס
lugubrious טרויעריק; אומעטיק; קלאָגעדיק; פֿאַרמרה־שחורהט; נעבעכדיק [FARMÓREShKhÓYRET]
Luke (bib./Chr.) לוקאַס
lukewarm לעבלעך
(indifferent) גלײַכגילטיק
lull, *n.* דער אײַנשטיל, ־ן; די שטילע צײַט, ־ן
(in wind) די ווינט־שטיל; דער שטילער וועטער
lull, *v.*
(to sleep) אײַנליוליע|ן; פֿאַרוויגן; אײַנוויגן; צוּוויגן; פֿאַרשלעפֿ(ער)ן
(fears) באַרויִקן; באַזײַטיקן
lullaby דאָס וויגליד, ־ער; דאָס שלאָפֿליד, ־ער
lumbago דער לומבאַגאָ; דער ווייטיק אין די קריזשעס
suffer from lumbago פֿאַלן אויף די קריזשעס; לײַדן פֿון לומבאַגאָ ‹די קריזשעס›
lumbar גאַרטל...
lumbar puncture דער גאַרטל־אײַנשטאָך, ־ן
lumbar spine גאַרטל־וואָרבלען ל"ר; די גאַרטל־כוליע, ־ס
lumber, *n.* דאָס געהילץ; דאָס האָלצוואַרג
lumber, *v.* גיין מיט אַ לעפּישן גאַנג
lumberjack דער האָלצהעקער, ־ס
lumberman דער וואַלד־סוחר, ־ים; דער וואַלדהענדלער, ־ס [SÓYKhER, SÓKhRIM]
lumber mill די זעגמיל, ־ן
lumberyard דער האָלצסקלאַד, ־ן
lumen דער לומען, ־ס
(anat.) *also* [KhÓLEL] דער חלל, ־ס
(phys.) *also* דער ליכטאיינס, ־ן
luminary
(light) דער לײַכטזײַל, ־ן
(celebrity) די ליכטיקע פֿיגור, ־ן; די באַרימטע פּערזענלעכקייט, ־ן
luminescence די ליומינעסצענץ
luminescent ליומינעסצענט
luminosity די/דאָס לײַכטיקייט
luminous לײַכט(נד)יק; בלישטשענדיק
lump, *n.*
(clod) דער קנויל, ־ן; די הרודע, ־ס; די קאָמע, ־ס; דאָס שיקסל, ־עך; די פּײַדע, ־ס
(swelling) די גוליע, ־ס; דער בײַל, ־ן; דער גוז, ־ן; די שישקע, ־ס
(of sugar) דאָס שטיקל, ־עך
(person) דער באַלוואַן, ־עס; דער גולם, ־ים/־ס; דער טעמפּער קאָפּ, קעפּ [GÓYLEM, GOYLÓMIM]
I got a lump in my throat ס'האָט זיך מיר געשטעלט אַ קנויל ‹קנײַל(ע)כל› אין האַלדז
two lumps of sugar צוויי שטיקלעך צוקער
take one's lumps [RÉBE] באַצאָלן רבי־געלט
lump, *v.* **(together)** אויסמישן; צונויפֿמישן
lumpectomy דער גוליע־אויסשניט, ־ן
She had a lumpectomy מ'האָט איר אויסגעשניטן אַ גוליע (פֿון ברוסט)
lumpenproletariat דער לומפּן־פּראָלעטאַריאַט
lumpish טעמפּ
lump sugar דער שטיקצוקער
lump sum די אַהאָל־סומע, ־ס; די אײנמאָליקע אויסצאָלונג, ־ען
lumpy הרודעדיק; גוליעדיק; קנויליק; מיט שיקסלעך
lunacy דער לונאַטיזם; דאָס משוגעת; דער טירוף; דער שיגעון [MEShUGÁS] [TÍREF] [ShIGÓEN]
lunar [LEVÓNE] לבֿנה־...
lunar caustic דער לאַפּיס

lunar eclipse די ליקוי־לבֿנה, ־ס; דער לבֿנה־עקליפּס, ־ן [LÍKE-LEVÓNE]
lunar month דער לבֿנה־חודש, ־חדשים [LEVÓNE-KhÓYDESh, -KhADÓShIM]
lunar rover [LEVÓNE] דער לבֿנה־וואָגן, ־ס; דער לונאָכאָד, ־ן
lunar surface [LEVÓNE] די לבֿנה־אייבערפֿלאַך
lunatic, *adj.* [MEShÚGE] לונאַטיש; משוגע; מטורפֿדיק [METÚREFDIK]
lunatic, *n.* דער משוגענער געב׳; דער מטורף, ־ים [MEShÚGENER] [METÚREF, METURÓFIM]
lunatic asylum דאָס משוגעים־הויז, ־הײַזער; דער משוגעים־אַזיל, ־ן [MEShUGÓYEM]
lunatic fringe דאָס הײַפֿעלע פֿאַנאַטיקערס; די ראַנדגרופּע
lunch, *n.* דער מיטאָג, ־ן; דאָס אָנבײַסן, ־ס
  have lunch עסן מיטאָג ‹אָנבײַסן›
  make lunch צוגרייטן ‹אָפּקאָכן› מיטאָג
  out to lunch געגאַנגען עסן
  be out to lunch (*fig.*) נישט וויסן וואָס סע טוט זיך; זיך אין גאַנצן נישט אָריענטירן
lunch, *v.* עסן מיטאָג ‹אָנבײַסן›
lunchbox דאָס מיטאָג־קעסטל, ־עך
luncheon דער (פֿאַרמעלער) מיטאָג, ־ן
luncheonette דער לאָנטשאָנעט, ־ן; דאָס רעסטאָראַנדל, ־עך
lunchtime [ShO] די מיטאָגצײַט; די מיטאָג־שעה
lung די לונג, ־ען
lung cancer דער לונגענראַק
lunge, *n.* דער שטויס, ־ן
  (fencing) דער אויספֿאַל, ־ן
lunge, *v.* שטויסן; אַ לאָז ‹ריס› טאָן זיך פֿאָרויס
  (fencing) מאַכן אַן אויספֿאַל
lungwort די לונגענבלום, ־ען
lunula [LEVÓNELE] דאָס לבֿנהלע, ־ך
lupine וועלפֿיש
  (bot.) דער לובין
Lupus (astr.) דער וואָלף
lupus (med.) דער לופּוס
lurch, *n.*
  leave sb. in the lurch לאָזן + אַק׳ אין אַ קלעם; לאָזן + אַק׳ הענגען
lurch, *v.* [ShÍKER] גיין ווי אַ שיכּור; טאַמלען
  (ship) אָנייגן זיך (אין אַ זײַט)
lure, *n.*
  (bait) די צושפּײַז; די לאָקערשפּײַז; דאָס אָפּנאַרל, ־עך; דאָס לאָקערל, ־עך
  (decoy) דער כויד, ־ן; דאָס פֿאַרנאַרעכץ, ־ן; דאָס לאָקערל, ־עך
  (*fig.*) דאָס פֿאַרנאַרעכץ, ־ן; דאָס לעקעכל, ־עך; דער צין־(כּוח); דאָס מאַניעניש, ־ן; דער יצר־הרע [KÓYEKh] [YÉYTSER-HÓRE]
lure, *v.*
  (attract) צוציִען; פֿאַרמאַניע|ן; פֿאַרנאַדיע|ן
  (trick) אַרײַננאַרן; פֿאַרנאַרן
  lure into a trap פֿאַרנאַרן ‹אַרײַננאַרן› אין אַ פּאַסטקע
  lure out אַרויסנאַרן
lurid גרויליק; סענסאַציאָנעל
lurk לאָקערן; טשאַטעווע|ן; לוגן
  lurk in one's mind ליגן בײַ + דאַט׳ אין האַרצן
luscious זאַפֿטיק; געשמאַק; מעדנימדיק; טעם־גן־עדן; מלא־טעם [MAYDÁNIMDIK] [TAM-GANÉYDN] [MOLE-TÁM]
  (*fig.*) חושימדיק; רײצנדיק; סענסועל
lush, *adj.* [ShÉFEDIK] זאַפֿטיק; שפֿעדיק; רײַך
lush, *n.*
  m./unsp. דער שיכּורניק, ־עס; דער שנאַפּסער, ־ס; דער פּיאַניצע, ־ס [ShIKÓRNIK]
  f. [ShIKÓRNITSE] די שיכּורניצע, ־ס
lust, *n.* די תּאווה; די תּשוקה; די גלוסטונג; דאָס גלוסטעניש; דער באַגער; דער יצר־הרע; דער וועלער [TÁYVE] [TShÚKE] [YÉYTSER-HÓRE]
lust, *v.* **(after)** גלוסטן (נאָך/צו)
  lust after money האָבעווע|ן; האָבונעווע|ן
luster דער גלאַנץ; דער בליאַסק; דער לו(י)סטער; דער שליף
lustful [MÓLE-TÁYVE] מלא־תּאווה
  lustful man דער בעל־תּאווה, בעלי־תּאוות; דער בעל־תּאווהניק, ־עס [BALTÁYVE, BÁLE-TÁYVES] [BALTÁYVENIK]
  lustful woman [BALTÁYVENITSE] די בעל־תּאווהניצע, ־ס
lustrous גלאַנצנדיק; בליאַסקענדיק
lusty געזונט; לעבעדיק; פֿול מיט לעבן (און געזונט)
lutanist דער לוטניסט, ־ן; דער לוטניע־שפּילער, ־ס
lute די לוטניע, ־ס
luteal phase די געלע פֿאַזע
luteinizing hormone דער לוטעיִניר־האָרמאָן
lutetium דער לוטעציום
Lutheran, *adj.* לוטעראַניש
Lutheran, *n.*
  m./unsp. דער לוטעראַנער, –
  f. די לוטעראַנערין ‹לוטעראַנערקע›, ־ס
lutist *see* **lutanist**
luxuriance [ShÉFE] די שפֿע; די/דאָס רײַכקייט
luxuriant [ShÉFEDIK] שפֿעדיק; געדיכט; רײַך
luxuriate באָדן זיך אין ווילטאַג; פֿראַזשעווע|ן זיך; לעבן אין תּענוג [TÁYNEG]
luxurious לוקסוסדיק
luxury, *adj.* לוקסוס...
luxury, *n.* דער לוקסוס; דער ווילטאָג; מותרות ל״ר [MÓYSRES]
  (ostentation/*pej.***)** דער שווילטאָג
luxury hotel דער לוקסוס־האָטעל, ־ן
lyceum דער ליצײ, ־ען
lychee דער ליטשי, ־ס
  (tree) דער ליטשיבוים, ...ביימער
lycoperdon דאָס רעגן־שוועמל, ־עך
Lydian mode די לידישע גאַמע
lye דער לויג
lying, *adj.* ליגנעריש
lying, *adv.*
  lying down פֿלאַזעם
  not take stg. lying down נישט לאָזן זיך שפּײַען אין דער קאַשע
lying, *n.* דאָס ליגן זאָגן; דאָס לייגן
Lyme disease די לײַמער קרענק
lymph די לימפֿע; דאָס בלוטוואַסער
lymphatic לימפֿאַטיש; לימפֿ...
lymphatic tissue דאָס לימפֿגעוועב
lymph gland/node די לימפֿדריז, ־ן; די לימפֿאַטישע דריז, ־ן; די לימפֿגיל, ־ן
lymphocyte דער לימפֿאָציט, ־ן
lymphoma די לימפֿאָמע, ־ס
lynch לינטשן
lynch mob די לינטשבאַנדע, ־ס
lyncher דער לינטשער, ־ס
lynching די לינטשונג, ־ען; דאָס לינטשערײַ, ־ען
lynch law דאָס לינטשגעזעץ; די לינטשיוסטיץ
lynx דער לוקס, ־ן
lynx-eyed

be lynx-eyed האָבן אַ שאַ́רפֿע ראיה [RÍE]
lyonia די ליאָ́ניע, ־ס
Lyra די לי́רע
lyre די לי́רע, ־ס
lyrical לי́ריש
lyricism דער ליריצי́זם
lyricist דער לי́ריקער, ־ס; דער טע́קסטשרײַבער, ־ס
lyric poetry די לי́ריק
lyrics דער לי́ד(ער)טעקסט ל״י
lyrist דער לי́רניק, ־עס; דער לי́רע־שפּי́לער, ־ס

M

M דער עם, ־ען
m (meter) מ [= מעטער]
ma'am מאַדאַם; פֿרוי
Maariv דער מעריבֿ [MÁYREV]
macabre מאַקאַבריש; שוידערלעך; גרויליק
macaco דער מאַקאַקאָ, ־ס
macadam ברוקיר־שטיינדלעך ל״ר
macadamia די מאַקאַדאַמיע, ־ס
macaroni מאַקאַראָנען ל״ר; מאַקאַראָני ל״ר
mac(aroni) and cheese מאַקאַראָנען־מיט־קעז
macaronic, *adj.* מאַקאַראָניש
macaronic, *n.* די מאַקאַראָניק; די/דאָס געמישטע שפּראַכיקייט
macaroon דאָס מאַקעראָנדל, ־עך
macaw די אַראַ, ־ס
Maccabean דער מכּבייער, – [MAKABÉYER]
Maccabee דער מכּבי, ־ם; דער מכּבייער, – [MAKÁBI] [MAKABÉYER]
Maccabees *also* חשמונאָים [KhAShMENÓYEM]
Maccabi games די מכּביה, ־ות [MAKABÍE]
mace
(rod) די הערשעררוט, ־ן
(spice) דער מושקאַטבליט; דער מושקעטצוויט
Macedonia די מאַקעדאָניע
Macedonian מאַקעדאָניש
macerate אויסווייקן; צעווייקן
Mach דער מאַך
Mach number די מאַכצאָל
machete דער/דאָס מאַטשעטע־מעסער, ־ס
Machiavellian מאַקיאַוועליש
machination די מאַכינאַציע, ־ס; די אינטריגע, ־ס
machinations *also* הינטערשיסעלעך
machinator דער אינטריגאַנט, ־ן
machine די מאַשין, ־ען
machine code דער מאַשינען־קאָד
machine gun, *n.* דער קוילן־וואַרפֿער, ־ס; דער פּולעמיאָט, ־ן; די מאַשינביקס, ־ן
machine-gun, *v.* באַשיסן מיט אַ קוילן־וואַרפֿער ‹פּולעמיאָט/מאַשינביקס›; פּולעמיאָטעווע|ן
machine gunner דער קוילן־וואַרפֿלער, ־ס
machine-made מאַשינאָווע; מיט אַ מאַשין געמאַכט
machinery די מאַשינעריע
machine shop די מאַשינערײַ, ־ען
machine tool דער ווערקשטעל, ־ן
machine-washable
It's machine-washable מע קען עס וואַשן אין דער וואַש(מאַשין)
machinist דער מאַשיניסט, ־ן
machismo דער מאַטשיזם
macho מאַטשאָ...; מענעריש
Macintosh
(apple) דער מעקינטאָש־עפּל, –
(computer) דער מעקינטאָש־קאָמפּיוטער, ־ס
mackerel דער מאַק(אַ)רעל, ־ן; די סקומבריע, ־ס
mackintosh דער רעגן־מאַנטל, ־ען
macramé דער מאַקראַמע
macro דער מאַקראָ, ־ס
macrobiotic מאַקראָביאָטיש
macrobiotics די מאַקראָביאָטיק ל״י
macrocosm דער מאַקראָקאָסמאָס
macrocosmic מאַקראָקאָסמיש
macroeconomics די מאַקראָעקאָנאָמיק ל״י
macron דער רפֿה, ־ס [RÓFE]
macular degeneration די מאַקולע־דעגענעראַציע
mad
(angry) אין כּעס [KÁAS]
(crazy) משוגע; מטורף; אַראָפּ פֿון זינען [MEShÚGE] [METÚREF]
be mad about (desire) אויסגיין נאָך; קאָכע|ן זיך אין; זײַן די כּפּרה פֿאַר ‹נאָך›; ליב האָבן ביז משוגעת [KAPÓRE] [MEShUGÁS]
drive sb. mad משוגע מאַכן; טרײַבן ביז משוגעת
go mad משוגע ווערן; אַראָפּגיין פֿון זינען
like mad ווי אַ ווילדער ‹משוגענער›; משוגענערווײַז [MEShÚGENER] [MEShÚGENERVAYZ]
mad as a hatter משוגע אויף טויט; ווילד משוגע
mad rush די (ווילדע) מהומה [MEHÚME]
really mad at גוט ‹שטאַרק› אין כּעס אויף
make a mad dash לויפֿן ווי אַ ווינט ‹וויכער›; כאַפּן די פֿיס אויף די פּלייצעס
Madagascar (דאָס) מאַדאַגאַסקאַר
madam מאַדאַם; פֿרוי
(of brothel) די באָרדעלניצע, ־ס; די באַנדערשניצע, ־ס; די מומע, ־ס; די מאַטקע, ־ס
madcap, *adj.* היצקעפּיק; קאַפּריזנע
madcap, *n.* דער היצקאָפּ, ...קעפּ; דער ווײַסער־חבֿרהניק, ווײַסע־חבֿרהניקעס [KhÉVRENIK]
madcap humor דער נאַרישער ‹היציקער› הומאָר
madcap scheme דער ווילדער ‹משוגענער› פּלאַן, פּלענער [MEShÚGENER]
mad cow disease דאָס קו־משוגעת [MEShUGÁS]
madden
(infuriate) אַרויסברענגען פֿון די כּלים; אויפֿרעגן [KÉYLIM]
(make insane) משוגע מאַכן [MEShÚGE]
maddening (infuriating) אויפֿרעגנדיק
be maddening *see* **madden**
madder (bot.) כאַנעפּויעס ל״ר
made, *adj.*
Madeira wine דער מאַדײרע־ווײַן; די מאַדײרע
mademoiselle די מאַמזעל, ־ן; די פֿרײַלין, ־ס
made-to-measure (צוגעשניטן) לויט דער מאָס
made-to-order אויף באַשטעלונג; צום באַשטעלן
made-up
(cosmetic) פֿאַרשמינקעוועט; אָנגערייטלט
(invented) אויסגעטראַכט; אויסגעקלערט; אויסגעזויגן פֿון פֿינגער
madhouse דאָס משוגעים־הויז, ־הײַזער [MEShUGÓYEM]
madly משוגענערווײַז [MEShÚGENERVAYZ]
madman דער משוגענער געב׳; דער חסר־דעהניק, ־עס; דער מטורף, ־ים; דער וואַריאַט, ־ן [MEShÚGENER] [KhÓSER-DÉYENIK] [METÚREF, METURÓFIM]
like a madman משוגענערווײַז [MEShÚGENERVAYZ]
madness דער שגעון; דאָס משוגעת [ShIGÓEN] [MEShUGÁS]
Madonna די מאַדאָנע
madrepora דער מאַדרעפּאָרן־קאָראַל
Madrid (דאָס) מאַדריד
madrigal דער מאַדריגאַל, ־ן
madrone דער פּאָזעמקע־בוים, ־ביימער

madwoman די משוגענע, –; די חסר־דעהניצע, ־ס; די מטורפֿת, ־ן [MEShÚGENE] [KhÓSER-DÉYENITSE] [METURÉFES]
maelstrom
(whirlpool) דער וואַסער־ווירבל, ־ען; דער קעסלגרוב, ...גריבער
(turmoil/*fig.*) דער ווירבל, ־ען; די מהומה, ־ות [MEHÚME]
maestro דער מאַעסטראָ, ־ס
Mafia די מאַפֿיע
Mafioso דער מאַפֿיאָנער, ־ן; דער מאַפֿיע־מענטש, ־ן
magazine דער זשורנאַל, ־ן
(mil.) דער מאַגאַזין, ־ען; דער קאַסטן, ־ס
Magen David דער מגן־דוד, ־ן/־ס [MOGN-DÓVED]
magenta פּורפּור רויט
maggot די מאָד, ־ן
maggoty פֿאַרמאָדעוועט; פֿאַרפּלײַצט מיט מאָדן; ווערעמדיק
Magi
the Magi די חכמים [KhAKhÓMIM]
magic, *adj.* כּישוף־...; כּישופֿדיק; מאַגיש [KÍShEF] [KÍShEFDIK]
have the magic touch האָבן כּישוף־פֿינגער ‹גאָלדענע פֿינגער› [KÍShEF]
magic, *n.* דער כּישוף; די מאַגיע [KÍShEF]
do magic טאָן כּישוף; כּישופֿן [KÍShEFN]
like magic ווי דורך ‹מיט› אַ כּישוף
magical *see* **magic**
magically מעשׂה כּישוף; ווי דורך אַ כּישוף [MÁYSE] [KÍShEF]
magic carpet דער כּישוף־טעפּעך, ־ער; דער פֿליטעפּעך, ־ער [KÍShEF]
magician דער כּישוף־‹קונצן›מאַכער, ־ס; דער מאַגיקער, ־ס; דער מכשף, ־ים [KÍShEF] [MEKhÁShEF, MEKhÁShFIM]
magic lantern דער כּישוף־לאַמטערן, ־ס [KÍShEF]
magic marker דער מאַרקירער, ־ס
magic ring דאָס ווינטש־פֿינגערל, ־עך
magic wand דאָס כּישוף־שטעקעלע, ־ך; דאָס ווינטש־שטעקעלע, ־ך [KÍShEF]
magic word דאָס כּישוף־וואָרט, ־ווערטער; דער (כּישוף־)שפּראָך, ־ן [KÍShEF]
magistrate דער מאַגיסטראַט, ־ן; דער אָרטיקער ריכטער, ־ס
(justice of the peace) דער שלום־ריכטער, ־ס [ShÓLEM]
magistrate's court דאָס אָרטיקע געריכט, ־ן
magma די מאַגמע
Magna Carta די מאַגנאַ כאַרטאַ ‹קאַרטאַ›
magna cum laude מיט גרויסער אויסצייכענונג; מאַגנאַ קום לאַודע
magnanimity די/דאָס גרויסהאַרציקייט; די/דאָס ברייטהאַרציקייט; די/דאָס הויכהאַרציקייט
magnanimous גרויסהאַרציק; ברייטהאַרציק; הויכהאַרציק
magnate דער מאַגנאַט, ־ן
magnesia די מאַגנעזיע
magnesium דער מאַגנעזיום
magnet דער מאַגנעט, ־ן
magnetic מאַגנעטיש
magnetically מאַגנעטיש; ווי אַ מאַגנעט
magnetic compass דער מאַגנעטישער קאָמפּאַס, ־ן; דער בוסאָל, ־ן
magnetic disk די מאַגנעט־פּלאַטע, ־ס
magnetic field דאָס מאַגנעטישע פֿעלד, ־ער
magnetic needle די מאַגנעטישע נאָדל, ־ען
magnetic north דער מאַגנעטישער צפֿון [TSOFN]
magnetic pole דער מאַגנעטישער פּאָלוס, ־ן
magnetic resonance imaging די טאָמאָגראַפֿיע דורך מאַגנעטישער רעזאָנאַנץ
magnetic tape די מאַגנעטישע טאַשמע, ־ס
magnetism דער מאַגנעטיזם; די צוציקראַפֿט
magnetite דער מאַגנעטיט
magnetize מאַגנעטיזירן
be magnetized מאַגנעטיזירט ווערן
magneto די מאַגנעטאָ, ־ס
magnetograph דער מאַגנעטאָגראַף, ־ן
magnetometer דער מאַגנעטאָמעטער, ־ס
magnificat דער מאַגניפֿיקאַט, ־ן
magnification די פֿאַרגרעסערונג, ־ען
magnificence די פּראַכט; דער גלאַנץ
magnificent פּראַכטיק; פּרעכטיק; גלענצנדיק; גראַנדיעז
magnifier *see* **magnifying glass**
magnify פֿאַרגרעסערן
magnifying glass דאָס פֿאַרגרעסער־גלאָז, ־גלעזער; די לופּע, ־ס
magniloquence די/דאָס הויך־קלינגענדיקייט; די/דאָס באָמבאַסטישקייט
magniloquent הויך־קלינגענדיק; באָמבאַסטיש
magnitude די גרייס, ־ן; דער פֿאַרנעם, ־ען
of the first magnitude פֿון ערשטראַנגיקער וויכטיקייט; פֿון ערשטער גרייס
magnolia די מאַגנאָליע, ־ס
magnolia vine די לימענע־יאַגדע, ־ס; דער לימאָניק
magnum opus דער שעדעווער, ־ס; דאָס מייסטערווערק, –
magpie די סאָראָקע ‹סאַראָקע›, ־ס
Magyar, *adj.* מאַדיאַריש; אונגעריש
Magyar, *n.*
m./unsp. דער מאַדיאַר, ־ן; דער אונגער, ־ן
f. די מאַדיאַרקע, ־ס; די אונגערין, ־ס
maharajah דער מאַהאַראַדזשאַ, ־ס
maharani די מאַהאַראַני, ־ס
mahatma מאַהאַטמאַ
mah-jongg דער מאַזשאָנג
mahogany, *adj.* מאַהאָנען; פֿון מאַהאָן; מאַהאָנעווע
mahogany, *n.* דער מאַהאָן
mahout דער העלפֿאַנד־טרײַבער, ־ס
maid די (שטוב)דינסט, ־ן; די מויד, ־ן/מיידן; דאָס דינסטמיידל, ־עך
maiden, *adj.*
(virgin) מיידלש; בתולה־... [PSÚLE]
(first) ערשט(יק)
maiden, *n.* דאָס מיידל, ־עך; די מויד, ־ן/מיידן; די בתולה, ־ות [PSÚLE]
maidenhair (bot.) פֿרויענהאָר
maidenhead
(hymen) דאָס בתולים־הײַטל, ־עך [PSÚLIM]
(virginity) די בתולהשאַפֿט [PSÚLEShAFT]
maidenhood די (מיידלשע) אומשולד; די מיידלשאַפֿט
maidenlike באַשיידן; ווי סע פּאַסט פֿאַר אַ מיידל
maiden name דער מיידל־נאָמען; דער מיידלשער נאָמען
Her maiden name was פֿון דער היים האָט זי געהייסן; איר מיידל־נאָמען ‹מיידלשער נאָמען› איז געווען; מיידלוויז האָט זי געהייסן
maiden speech די דעביוטיר־רעדע, ־ס
maiden voyage די ערשטע נסיעה, ־ות [NESÍE]
maid of honor די כּלה־באַ(ג)לייטערין, ־ס [KÁLE]
maidservant די דינסטמויד, ־ן/...מיידן; דאָס דינסטמיידל, ־עך
mail,[1] *n.* **(post)** די פּאָסט
It's in the mail מ'האָט עס שוין אַרויסגעשיקט; ס'איז שוין אויפֿן וועג
mail,[2] *n.* **(armor)** דער רינגען־פּאַנצער, ־ס

mail, *v.* שיקן מיט דער פּאָסט; אַרויסשיקן; אַוועקשיקן; אָפּשיקן; באַלייגן
(in bulk) עקספּעדירן; צעשיקן
mailbag דאָס פּאָסטזעקל, ־עך
mailboat די פּאָסטשיף, ־ן
mail bomb די פּאָסטבאָמבע, ־ס; די בריוובאָמבע, ־ס
mailbox דאָס פּאָסטקעסטל, ־עך; דאָס בריווקעסטל, ־עך; דער בריווקאַסטן, ־ס
mail carrier דער בריוון־טרעגער, ־ס; דער בריווטרעגער, ־ס
mail delivery דער פּאָסטצושטעל; דאָס צושטעלן די פּאָסט
mailer
(brochure) די שיקבראָשור, ־ן
(container) דער שיקקאַרטאָן, ־ען
(person) דער אַרויסשיקער, ־ס; דער אָפּשיקער, ־ס
mail fraud דער פּאָסטשווינדל
mail-in ballot דער שטימצעטל דורך דער פּאָסט
mailing, *adj.* פּאָסט...
mailing, *n.* די (פּאָסט־)צעשיקונג, ־ען; דאָס צעשיקן די פּאָסט
mailing address דער פּאָסטאַדרעס, ־ן
mailing company די עקספּעדיציע, ־ס; דער עקספּעדיטאָר, ...אָרן
mailing label דער פּאָסטצעטל, ־ען
mailing list די פּאָסט־רשימה, ־ות; די פּאָסטליסטע, ־ס [RESHÍME]
(comp.) די בליצפּאָסט־רשימה, ־ות
mailman דער בריוון־טרעגער, ־ס; דער בריווטרעגער, ־ס
mail merge דאָס צונויפֿגיסן ‹צוזאַמענגיסן› בריוודאַטן
mail-merge program די פּראָגראַם צונויפֿגיסן בריוודאַטן
mail-order, *adj.* באַשטעל...; דורך דער פּאָסט
mail-order, *v.* באַשטעלן דורך דער פּאָסט
mail order, *n.* די פּאָסט־באַשטעלונג, ־ען
mail-order bride די באַשטעלטע כּלה, ־ות [KÁLE]
mail-order catalog דער באַשטעל־קאַטאַלאָג, ־ן
mail server דער פּאָסט־באַדינער, ־ס
mail service די פּאָסט־באַדינונג
mail sorting דער פּאָסטסאָרטיר; דאָס אויססאָרטירן די פּאָסט
mail-sorting machine די פּאָסטסאָרטירקע, ־ס
mail train דער פּאָסטצוג, ־ן
maim צעקאַליעטשע|ן; מאַכן + אַק' פֿאַר אַ קאַליקע; צענהרגן; צעמזיקן [TSENÉREKN] [TSEMÁZEKN]
main, *adj.* הויפּט; עיקר־... [ÍKER]
main, *n.* די/דער הויפּטרער, ־ן; דער מאַגיסטראַל, ־ן
in the main על־פּי רובֿ; מערסטנס; מיינסטנס; בעיקר [ÁLPI ROV] [BEÍKER]
the main thing דער עיקר; די הויפּטזאַך [ÍKER]
main attraction דאָס שפּיינדל, ־עך; די ראַזשינקע, ־ס; דער רייץ, ־ן
main clause דער הויפּטזאַץ, ־ן
main drag די הויפּטגאַס, ־ן
Maine (דאָס) מיין
mainframe דער הויפּט־קאָמפּיוטער, ־ס
mainland דאָס קערנלאַנד; דאָס (יאַדער)לאַנד; דער קאָנטינענט; די יבשה [YABÓShE]
mainland China די קאָנטינענטאַלע כינע
main line, *n.* די הויפּט־באַנליניע, ־ס
mainline, *v.* אַרײַנשפּריצן אין די אָדערן אַרײַן
mainly בעיקר; דערעיקרשט; דער הויפּט [BEÍKER] [DERÍKERShT]
mainmast דער הויפּטמאַסט, ־ן
main road דער הויפּטוועג, ־ן; דער דרך־המלך [DÉREKh-HAMÉYLEKh]
mainsail דער הויפּטזעגל, ־ען
mainspring די טרײַבקראַפֿט
(of clock) די האָר, ־; די טרײַבפֿעדער, ־ן; דער שפּער, ־ן
mainstay דער הויפּטזײַל, ־ן; די הויפּטשטיץ, ־ן
mainstream, *adj.* כּלל־...; הויפּט... [KLAL]
mainstream, *n.* דער הויפּטשטראָם; דער כּלל־וועג [KLAL]
outside the mainstream מחוץ־למחנה [MEKhÚTS-LAMÁKhNE]
mainstream, *v.* אינטעגרירן ‹אײַנגלידערן› אין די געוויינ(ט)לעכע לימודים
main street די הויפּטגאַס, ־ן
maintain האַלטן
(contend) האַלטן; טענה|ן [TÁYNEN]
(keep up) אויפֿהאַלטן; אָנהאַלטן; דערהאַלטן
(provide for) אויסהאַלטן
(mech./tech.) אויפֿהאַלטן; אונטערהאַלטן; באַדינען
maintain a friendship אָנהאַלטן אַ חבֿרשאַפֿט [KhÁVERShAFT]
maintain the lead (in polls) אָנהאַלטן דעם עודף (אין די אַנקעטעס) [ÓYDEF]
maintain the lead (spo.) אָנהאַלטן דעם פֿאָרויס
maintain one's innocence האַלטן זיך בײַ דער אייגענער אומשולד; טענה|ן אַז מ'איז אומשולדיק
maintain speed אָנהאַלטן די גיכקייט
maintenance
(mech./tech.) די (טעכנישע) באַדינונג; די אויפֿהאַלטונג; דאָס אויפֿהאַלטן
(financial) דער אויסהאַלט; די אויסהאַלטונג
(alimony) אַלימענטן ל"ר
It's maintenance-free מע דאַרף עס נישט באַדינען ‹אויפֿהאַלטן›
maintenance worker דער אויפֿהאַלט־טעכניקער, ־ס
main verb דער הויפּטווערב, ־ן
maître d' דער הויפּטסאַרווער, ־ס
maize דער מאַיִס; די (פֿעלד־)קוקורוזע; דער פּאַפּשוי
majestic(ally) מאַיעסטעטיש
majesty די/דער מאַיעסטעט, ־ן
major, *adj.* הויפּט...; עיקר־...; גרעסער; וויכטיקסט [ÍKER]
(mus.) מאַזשאָר
major,[1] *n.*
(acad.) דער הויפּט־לימוד, ־ים [LÍMED, LIMÚDIM]
(mus.) דער מאַזשאָר; דער דור
declare one's major אָנגעבן דעם הויפּט־לימוד
major,[2] *n.* **(mil.)** דער מאַיאָר, ־ן
major, *v.* **(in)** האָבן + אַק' פֿאַר אַ הויפּט־לימוד [LÍMED]
I'm majoring in chemistry כ'האָב כעמיע פֿאַר אַ הויפּט־לימוד; מײַן הויפּט־לימוד איז כעמיע
major chord דער מאַזשאָר־אַקאָרד, ־ן; דער דוראַקאָרד, ־ן
major-domo דער מאַרשאַל, ־ן
majorette די מאַיאָרעטקע, ־ס
major general דער גענעראַל־מאַיאָר, ־ן
majority די מאַיאָריטעט, ־ן; דאָס רובֿ; דער רבים, ־ס [ROV] [RÁBIM]
(age) די/דאָס פֿוליעריקייט
be in the majority פֿאַרנעמען די מאַיאָריטעט
Majority rules מע מוז באַשטימען לויטן רובֿ; אַחרי רבים להטות [ÁKhREY RÁBIM LEHÁTOYS/LEHÁTES]
Majority rules (*iro.*) אַז צוויי זאָגן שיכּור לייגט מען זיך שלאָפֿן [ShÍKER]
overwhelming majority דער רובֿ־מנין־ורובֿ־בנין [ROV-MÍNYEN-VERÓV-BÍNYEN]
two-thirds majority די צוויי־דריטלדיקע מאַיאָריטעט
majority leader (US Congress) דער מאַיאָריטעט־(אָנ)פֿירער, ־ס

majority opinion די מאַיאָריטעט־מיינונג, ־ען
majority party די מאַיאָריטעט־פּאַרטיי, ־ען
majority verdict דער רבים־פּסק, ־ן [RÁBIM-PSAK]
major league די איבערליגע, ־ס
major leaguer דער שפּילער אין דער איבערליגע
major scale די מאַזשאָר־גאַמע, ־ס
major second די גרויסע סעקונדע, ־ס
major seventh די גרויסע סעפּטימע, ־ס
major sixth די גרויסע סעקסטע, ־ס
major third די גרויסע טערצע, ־ס
make,[1] *n.* (brand) די מאַרקע, ־ס; דער פֿאַבריקאַט, ־ן
make,[2] *n.* (ambition)
  be on the make (economically) צילן גוט צו פֿאַרדינען; זוכן גרויסע גליקן
  be on the make (sexually/*f.*) זוכן זיך אַ ליובאָווניק ‹געליבטן›
  be on the make (sexually/*m.*) זוכן זיך אַ ליובאָווניצע ‹געליבטע›
make, *v.* מאַכן; טאָן
  (a deadline) באַוויזן
  (a fire) צעלייגן
  (a speech) האַלטן
  (defecate/*nurs./slg.*) מאַכן (נומער) צוויי; מאַכן קאַקי
  (money) פֿאַרדינען
  (sew) (אויפֿ)נייען
  be made up of כּולל זיין; באַשטיין פֿון ‹אין›; אַרומנעמען [KÓYLEL]
  He made me come late צוליב אים האָב איך זיך פֿאַרשפּעטיקט
  He ran but didn't make it ער איז נישט דערלאָפֿן
  It's made for you ס'איז ווי צוגעשניטן ‹אָנגעמאָסטן› פֿאַר דיר ‹אייך›
  made for one another ווי געשאַפֿן איינס פֿאַרן צווייטן
  make a lot of money שאַרן געלד; גוט פֿאַרדינען
  make after נאָכיאָגן; נאָכלויפֿן; לאָזן זיך נאָך
  make as if מאַכן זיך אַז ‹ווי›; מאַכן זיך עלעהיי ‹כּאילו› [KEÍLE]
  make as if to מאַכן דעם אָנשטעל אַז; טאָן עלעהיי ‹כּאילו›
  make away אַנטרינען; אַנטלויפֿן
  make away with צוגנבֿ|ענען; אַראָפּלקחענען [TSÚGÁNVENEN] [ARÓPLÁKKhENEN]
  make do יוצא זיין מיט; אָפּקומען מיט; ספּראַוו|ען זיך מיט [YÓYTSE]
  make for (head for) לאָזן זיך צו ‹אין/קיין›
  make for (result in) דערפֿירן צו
  make in one's pants באַמאַכן זיך; באַדאָסן זיך; אָנמאַכן פֿולע הויזן
  make it (be on time) באַוויזן
  make it (succeed) מצליח זיין; באַגליקן [MATSLÍEKh]
  make it up to sb. אָפּדינען + דאַט'
  make little of מאַכן צו קליינגעלט ‹(גאָר)נישט›; אַוועקמאַכן מיט דער האַנט
  make of פֿאַרשטיין פֿון; באַנעמען + אַק'
  make off אַנטלויפֿן; אָפּטראָגן זיך
  make out, *vt.* (decipher) דעשיפֿרירן
  make out, *vt.* (discern) באַמערקן; דערזען; דערקענען
  make out, *vi.* (fare) גיין אומפּ' + דאַט'/פּ"ק; מאַכן
  make out, *vi.* (sexually) קושן זיך; צערטלען זיך; ליובע|ן זיך; ליובטשע|ן זיך; קאָסקע|ן זיך; לאַשטשע|ן זיך; האַלובע|ן זיך
  make out a check אויסשרייבן ‹אויסשטעלן› אַ טשעק
  make oneself out to be מאַכן זיך פֿאַר ‹אַז/ווי›; מאַכן דעם אָנשטעל פֿון ‹אַז›
make over איבערמאַכן; רעמאָנטירן
make sb. do stg. נייטן; צווינגען
make sb./stg. into מאַכן פֿון + דאַט + נאָמ'; איבערגעשטאַלטיקן + אַק' אויף
make the light באַוויזן ‹פֿאַרכאַפּן› דאָס ליכט
make the train כאַפּן ‹באַוויזן› די באַן
make towards לאָזן זיך צו ‹אין›
make up, *vt.* (catch up) דעריאָגן
make up, *vt.* (constitute) פֿאָרשטעלן מיט זיך + אַק'
make up, *vt.* (list) צונויפֿשטעלן
make up, *vt.* (think up) אויסטראַכטן; אויסקלערן
make up, *vt./vi.* (thea.) (אויס)גרימירן (זיך)
make up, *vi.* (reconcile) איבערבעטן זיך
make up for קאָמפּענסירן פֿאַר; פֿאַרגיטיקן; מכפּר זיין [MEKhÁPER]
make up for lost time דעריאָגן; אָניאָגן
make up one's face שמינקען זיך; אָנרייטלען זיך; אָנרוזשן זיך
one and two make three איינס און צוויי איז גלייך דריי
She has it made זי האָט הצלחה ‹מזל›; ס'גייט איר דורך טיר און טויער [HATSLÓKhE] [MAZL]
She made me promise כ'האָב איר געמוזט צוזאָגן
show sb. what one is made of געבן + דאַט' פּולווער צו שמעקן
You'll make it! וועסט ‹איר וועט› נאָך איבערלעבן ‹איבערשטופּן›!; וועסט ‹איר וועט› זיך נישט אונטערדרייסן!; וועסט ‹איר וועט› נישט מפּיל זיין! [MAPL]
make-believe דער אָנשטעל; די פֿאַנטאַזיע; דער צופֿלייסנס
  play make-believe שפּילן עלעהיי
make-believe world די אויסגעקלערטע ‹אויסגעטראַכטע› וועלט, ־ן; די פֿאַנטאַזיע־וועלט, ־ן
makeover דער איבערמאַך, ־ן; דער רעמאָנט, ־ן
  get a makeover (building) רעמאָנטירט ‹איבערגעמאַכט› ווערן
  get a makeover (person) פֿאַרשענערן זיך; איבערמאַכן זיך דאָס פּנים [PÓNEM]
maker דער פֿאַבריקאַנט, ־ן; דער מאַכער, ־ס
  the Maker דער באַשעפֿער; דער בורא [BÓYRE]
  meet one's Maker קומען צו גאָט; אַוועקגיין פֿון דער וועלט; אַוועקגיין אַ באַרוועסער צו גאָט; אַריבערפּעקלען זיך אויף יענער וועלט
makeshift, *adj.* דערווייליק; נויט...; אימפּראָוויזירט
makeshift, *n.* די נויטזאַך, ־ן; די נויט־עצה, ־ות [ÉYTSE]
makeup, *n.*
  (composition) דער צונויפֿשטעל; די סטרוקטור; דער באַשטאַנד
  (cosmetic) די קאָסמעטיק; די שמינקע
  (thea.) דער גרים
  apply makeup (to cheeks) שמינקען|ען זיך; פֿאַרשמינקעווע|ן זיך; אָנרייטלען; אָנרוזשן
  apply makeup (to eyes) פֿאַרבן ‹מאַכן› זיך די אויגן
  apply makeup (to lips) שמירן ‹שמינקע|ן› זיך די ליפּן; מאַכן ‹צושמירן› די ליפּן
makeup artist דער גרימירער, ־ס
makeup bag דאָס טואַלעט־‹קאָסמעטיק־›בייטעלע, ־ך
makeup class דער דעריאָגקלאַס, ־ן
makeup exam דער דעריאָג־עקזאַמען, ־ס
making, *n.* דאָס מאַכן; דאָס פֿאַבריצירן
  be in the making זיין אין אויוון ‹גאַנג›; זיין אין דער נאָדל; האַלטן אין ווערן; מאַכן זיך
  have the makings of שניידן זיך אויף; קערן ווערן
  It's of his own making דאָס איז זיין (אייגן) שטיקל אַרבעט

making out דאָס ליִבעניש; דאָס צערטלעניש; דאָס קושעניש
Malachi (bib.) מלאָכי [MALÓKhI]
malachite דער מאַלאַכיט
maladjusted נישט גוט אויסבאַלאַנסירט
be maladjusted *also* נישט קענען זיך קיין עצה געבן [ÉYTSE]
maladroit אומפֿעיִק; אומטאַקטיש
malady די מחלה, ־ות; די קרענק, ־ען [MÁKhLE]
Malaga (wine) די מאַלאַגע
malaise די/דאָס שוואַכקייט; דער מיחוש; די חולשה [MÉYKhESh] [KhÚLShE]
malapropism דער מאַלאַפּראָפּיזם, ־ען
malaria די מאַלאַריע
malarial מאַלאַריע־...
malaria mosquito דער מאַלאַריע־קאָמאַר ‹־מאָסקיט›, ־ן
Malay, *adj.* מאַלײַיש
Malay, *n.*
m./unsp. דער מאַלײַער, –
f. די מאַלײַערין, ־ס
(language) דאָס מאַלײַיש; די מאַלײַישע שפּראַך
Malaya (די) מאַלײַע
Malaysia (די) מאַלײַזיע
Malaysian, *adj.* מאַלײַזיש
Malaysian, *n.*
m./unsp. דער מאַלײַזיער, –
f. די מאַלײַזיערין, ־ס
(language) דאָס מאַלײַזיש
malcontent, *adj.* אומצופֿרידן
malcontent, *n.* דער אומצופֿרידענער געב׳; די אומצופֿרידענע בריאה, ־ות [BRÍE]
male, *adj.* מענער...; מענלעך
male, *n.* [ZÓKhER, SKhÓRIM] דער זכר, ־ים; דער מאַנצביל, ־ן
(zool.) דער ער, ־ן
male chauvinism דער מענער־שאָוויניזם
male chauvinist דער מענער־שאָוויניסט, ־ן
malediction די קללה, ־ות [KLÓLE]
male-dominated דאָמינירט פֿון מענער ‹מאַנספּאַרשוינען›
malefactor דער פֿאַרברעכער, ־ס; דער בעל־עוולה, בעלי־עוולות [BALÁVLE, BÁLE-ÁVLES]
male fern דער ווערעם־פּאַפּערעט
maleficent שעדלעך
malevolence די/דאָס בייזוויליקייט; דאָס רישעות [RÍShES]
malevolent בייזוויליק
be malevolent *also* זײַן אַ רשע [RÓShE]
malfeasance דאָס שלעכטס טאָן; די מעשה־רע, מעשים־רעים [MAYSERÁ, MÁYSIM-RÓYEM]
malformation די שלעכט־אויספֿורעמונג, ־ען
malformed שלעכט אויסגעפֿורעמט
malfunction, *n.* די/דאָס קאַליעדיקייט
There's a malfunction עפּעס איז קאַליע (געוואָרן)
malfunction, *v.* נישט (גוט) פֿונקציאָנירן ‹אַרבעטן›; קאַליע ווערן
malic acid דאָס עפּל־‹מאַליק־›זײַערס
malice די/דאָס בייזקייט; דאָס רישעות [RÍShES]
bear malice (against) טראָגן אַ שינאה (אויף) [SÍNE]
with malice aforethought מיט בייזע ‹בייזוויליקע› כּוונות; בזדון [KAVÓNES] [BEZÓDN]
malicious בייז; רישעותדיק; שלעכט [RÍShESDIK]
malicious person (*m./unsp.*) דער רשע, ־ים [RÓShE, REShÓYEM]
malicious person (*f.*) די מרשעת, ־ן; די רשעטע, ־ס [MARShÁS] [ROShÉYTE/RÓShETE]
maliciously בייזערהייט; בזדון [BEZÓDN]
malign, *adj.* בייזוויליק; שעדלעך
malign, *v.* פֿאַרבילבולען; באַפֿלעקן + פּאָס׳ נאָמען; טרײַבן רכילות אויף; רעדן לשון־הרע אויף [FARBÍLBLEN] [REKhÍLES] [LOShN-HÓRE]
malignancy די/דאָס בייז־מיניקייט; דער בייזוווקס, ־ן
malignant בייז־מיניק; בייזוווקסיק
malignant tumor דער בייז־מיניקער אָנוווקס ‹טומאָר›, ־ן; דער בייזוווקס, ־ן
malinger סימולירן אַ קרענק; מאַכן זיך אַז מ׳איז קראַנק
malingerer דער סימולאַנט, ־ן
mall דער אײַנקויף־‹האַנדל(ס)־›צענטער, ־ס
mallard דאָס ווילדענטל, ־עך
malleability די/דאָס קנעטיקייט; די/דאָס שמידיקייט
malleable קנעטיק; שמיד(עווד)יק; נאָכגיביק
mallet די דאָבניע, ־ס; דאָס (הילצערנע) העמערל, ־עך
(spo.) דאָס קלאַפּהעלצל, ־עך
mallow די מאַלווע, ־ס; דער קאַלאַטשיק, ־עס
malmsey די מאַלוואַזיע
malnourished שלעכט געשפּײַזט ‹דערנערט›; נישט־דערשפּײַזט
malnutrition די/דאָס נישט־דערשפּײַזטקייט
malodorous עיפּושדיק; שטינקע(נ)דיק; אַווירדיק [ÍPEShDIK] [ÁVERDIK]
malpractice דער קרום־באַהאַנדל; די קרום־באַהאַנדלונג
malpractice insurance די פֿאַרזיכערונג ‹סטראַכירונג› פֿאַר קרום־באַהאַנדל
malpractice suit דער פּראָצעס מכּוח קרום־באַהאַנדל [MEKÓYEKh]
malt, *n.* דאָס מאַלץ
malt, *v.* מאַלצן; מעלצן
Malta (די) מאַלטע
maltase דער מאַלטאַז
malted milk די מאַלצ(נ)מילך
Maltese, *adj.* מאַלטעזיש
Maltese, *n.*
m./unsp. דער מאַלטעזער, –
f. די מאַלטעזערין, ־ס
(language) דאָס מאַלטעזיש
Maltese cross דער מאַלטעזישער צלם [TSÉYLEM]
(bot.) דאָס פֿלאַקערל, ־עך
malt house די מעלצערײַ, ־ען; דאָס מעלצהויז, ...הײַזער
maltose דער מאַלטאָז; דער האָבער־צוקער
maltreat שלעכט באַהאַנדלען
maltreatment די שלעכטע באַהאַנדלונג
maltster דער מעלצער, ־ס
malt sugar דער האָבער־צוקער
mama די מאַמעשי; די מאַמעליו; די מאַמע
mama's boy דער מאַמעס זינדעלע, ־ך; דער מאַמעס בן־יקירל, ־עך; דער מאַמעס־פֿאַרטעכניק, ־עס [BENYÁKERL]
mamba דער מאַמבאַ, ־ס
mambo דער מאַמבאָ, ־ס
mameluke דער מאַמעלוק, ־ן
mammal דער זויגער, ־ס; די זויג־חיה, ־ות [KhÁYE]
mammalian זויגער...; זויג...
mammary מיל(ע)כ...; בריסט...
mammary gland דער מילכגיל, ־ן; דאָס מילכדריזל, ־עך
mammogram די מאַמאָגראַם, ־ען
mammography די מאַמאָגראַפֿיע
mammon [ÉYGL-HAZÓHEV] דער עגל־הזהבֿ; דער מאַמאָניזם
mammoth, *adj.* קאָלאָסאַל; מאַסיוו; ריזיק
mammoth, *n.* דער מאַמאָנט, ־ן
man, *n.* דער מאַן, מענער; דער מאַנצביל, ־ן/מאַנסלײַט; דער מאַנספּאַרשוין, ־ען/מאַנסלײַט

(human) דער מענטש, ־ן; דער בר־נש, ־ן; דער בשׂר־ודם, ־ס; דער ילוד־אישה [BARNÁSh] [BÓSERVEDÓM] [YÉLUD-ÍShE]
as one man ווי איין מענטש; מיט געשלאָסענע הענט
make a man of מאַכן פֿון ... אַ לײַט
man about town (playboy) דער לעבױנג, ־ען; דער הוליאַקע, ־ס
man about town (worldly) דער וועלטסמענטש, ־ן
man of one's dreams דער אויסגעחלומטער מאַן [ÓYSGEKhÓLEMTER]
man of one's word דער וואָרטסמאַן, וואָרטסלײַט
man of the world דער וועלטסמענטש, ־ן
man on the street דער מענטש אויף דער גאַס; דער פּשוטער בשׂר־ודם; דער פּראָסטער חי־וקים; דער ייִד פֿון אַ גאַנץ יאָר [PÓShETER] [BOSERVEDÓM] [KhÁY-VEKÁYEM]
three-man team די דרײַ־פּערזאָניקע ‹דרײַ־אירעדיקע› מאַנשאַפֿט, ־ן
to a man ביז איינעם; אַלע אָן אויסנעם
man, *v.* באַמענטשן; עקיפּירן; פֿאַרנעמען די פּאָזיציע בײַ
man oneself שטאַרקן זיך
Man the lifeboats! צוגרייטן די ראַטיר־שיפֿלעך!
manacle, *n.* דאָס האַנטקייטל, ־עך
manacle, *v.* שמידן אין האַנטקייטלעך
manage
(direct) זײַן דער אַדמיניסטראַטאָר ‹פֿאַרוואַלטער› פֿון; אָנפֿירן (מיט)
(cope with) ספּראַווען זיך מיט; געבן זיך אַן עצה מיט; (אויס)מיטלען זיך מיט; באַהייבן [ÉYTSE]
I can't manage another bite כ'קען שוין מער נישט עסן
manage to באַוויזן צו; אײַנגעבן זיך אומפּ׳ + דאַט׳/פּ״ק צו
manage by oneself באַשטיין + פּאָס׳ שטעטל
manage to get into אַרײַנקריגן זיך אין
manage without באַגיין זיך אָן
manageable
He's no longer manageable מע קען זיך מיט אים מער קיין עצה נישט געבן [ÉYTSE]
managed care דער קאָאָרדינירטער געזונט־אָפּהיט
management
(direction) די אַדמיניסטראַציע; די פֿאַרוואַלטונג; די אָנפֿירונג; די דירעקציע
(staff) די פֿאַרוואַלטונג; די פֿאַרוואַלטערשאַפֿט
(coping) דאָס ספּראַווען זיך
management consultant דער אַדמיניסטריר־קאָנסולטאַנט, ־ן
management fee דאָס אַדמיניסטריר־געלט
manager, דער געשעפֿט(ס)־פֿירער, ־ס; דער אַדמיניסטראַטאָר, ...אָרן; דער פֿאַרוואַלטער, ־ס; דער אָנפֿירער, ־ס
(thea.) דער אימפּרעסאַריאָ, ־ס
managerial אַדמיניסטראַטיוו; פֿאַרוואַלטעריש
managing board דער דירעקטאָריום, ־ס; די פֿאַרוואַלטונג, ־ען
managing director דער גענעראַל־דירעקטאָר, ...אָרן
managing editor דער רעדאַקציע־סעקרעטאַר, ־ן
man-at-arms דער שווער־באַוואָפֿנטער רײַטער, ־ס
manchineel די סם־מאַנצינעלע [SAM]
mandarin, *adj.* מאַנדאַרינען־...
mandarin, *n.* דער מאַנדאַרין, ־ען
(tree) *also* דער מאַנדאַרינען־בוים, ־ביימער
mandate, *n.* דער מאַנדאַט, ־ן; דער באַפֿעל, ־ן; די פֿאָדערונג, ־ען
mandate, *v.* באַפֿעלן; פֿאָדערן
mandated געפֿאָדערט; מוז...; פֿאָדער...
mandatory מוז...; אָבליגאַטאָריש
mandelbrot דאָס מאַנדלברייטל
mandible דער אונטערשטער קײַער, ־ס
mandolin די מאַנדאָלין, ־ען
mandrake ליבעפּעלעך ל״ר; פּײַפּלעך ל״ר
mandrill דער מאַנדריל, ־ן
mane די גריווע, ־ס
man-eater דער קאַניבאַל, ־ן; דער מענטשן־פֿרעסער, ־ס
(woman/*slg.*) דער מענער־פֿרעסער, ־ס
man-eating מענטשן־פֿרעסעריש
maneuver, *n.*
(mil.) דער מאַנעווער, ־ס; די מאַנעווּרירונג, ־ען
(pol.) דאָס דריידל, ־עך; די מאַנעוורע, ־ס
have room to maneuver האָבן וווּ צו מאַנעווּרירן
maneuver, *v.* מאַנעווּרירן; לאַווירן; דרייען זיך
maneuverable מאַנעווּרירעוודיק; מאַנעווּרירלעך
man Friday דער געטרײַער (אונטער)העלפֿער ‹באַדינער›; די רעכטע האַנט
manganese דער מאַנגאַן
mange קרעץ ל״ר
mangelwurzel דער פֿיטער־בוריק
manger דער זשאָלעב, ־עס
mangetout דער צוקער־אַרבעס, –
mangle, *n.* דער רובליק, ־עס; דער מאַ(נ)גל, ־ען
mangle, *v.* צעקאַליעטשען
(laundry) מאַ(נ)גלען
mango דער מאַנגאָ, ־ס
(tree) דער מאַנגאָבוים, ...ביימער
mangosteen דער מאַנגוסטאַן־בוים, ־ביימער
mangrove דער וואָרצלבוים, ...ביימער
mangy קרעציק
(*fig.*) אָפּגעקראַכן; אָפּגעכוימלט
manhandle באַגיין זיך גראָב מיט
Manhattan (דאָס) מאַנהעטן
Manhattanite דער מאַנהעטענער, –
manhole די/דער קריכלאָך, ...לעכער; די/דער קאַנאַליזאַציע־לאָך, ־לעכער
manhole cover דאָס קריכלאָך־דעקל, ־עך
manhood די/דאָס מאַנצבילשקייט; די מענערשאַפֿט; דאָס זכרות [ZÁKhRES]
(maturity) מענער־יאָרן
(penis/*euph.*) דער אבֿר [ÉYVER]
man-hour דער מענטשן־שעה, ־ען [ShO]
manhunt די מענטשן־זוכונג, ־ען; די אָבלאַווע, ־ס
mania [ShIGÓEN, ShIGÓYNES] די מאַניע, ־ס; דער שגעון, ־ות
maniac דער מאַניאַק, ־ן
maniacal מאַניאַקאַליש; ווי אַ מאַניאַק
manic מאַניש
manic-depression די מאַנישע דעפּרעסיע
manic-depressive, *adj.* מאַניש־דעפּרעסיוו
manic-depressive, *n.* דער מאַניש־דעפּרעסיווער געב׳
Manichaean, *adj.* מאַניכעיִש
Manichaean, *n.* דער מאַניכעער, –
Manichaeism דער מאַניכעיִזם
manicotti מאַניקאָטי
manicure, *n.* דער מאַניקיר, ־ן; דער מאַניקור, ־ן
get a manicure לאָזן זיך מאַניק(ור)ירן ‹מאַניקירעווען›
manicure, *v.* מאַניק(ור)ירן; מאַניקירעווען
manicurist
m./unsp. דער מאַניקוריסט, ־ן
f. די מאַניקוריסטקע, ־ס
manifest, *adj.* באַשײַמפּערלעך; בפֿירושדיק; קלאָר; אָפֿנוואָר [BEFÉYREShDIK]
manifest, *n.* דער פּראָכטבריוו, –; דער לאָדלייסטער, ־ס

manifest, *v.* אַרויסווײַזן
manifest itself אַנטפּלעקן זיך; אַרויסווײַזן זיך; לאָזן זיך דערקענען
manifestation די מאַניפֿעסטירונג, ־ען; דער אַרויסווײַז, ־ן; די אַרויסווײַזונג, ־ען
manifest destiny דאָס געטלעכע שליחות [ShLÍKhES]
manifesto דער מאַניפֿעסט, ־ן
manifold, *adj.* פֿילפֿאַכיק; פֿאַרשיידן־מיניק
manifold, *n.*
(mech.) דער (אויסקנאַל־)קאָלעקטאָר, ...אָרן
(omasum) די קניהע, ־ס; דאָס ביכל, ־עך
manila די מאַנילע
manila envelope דער מאַנילע־קאָנווערט, ־ן
manila paper די מאַנילע; דאָס מאַנילע־פּאַפּיר
manioc דער מאַניאָק
manipulate מאַניפּולירן (מיט די הענט)
manipulation די מאַניפּולירונג (מיט די הענט)
manipulative מאַניפּולאַטיוו; מאַניפּולירנדיק
be manipulative מאַניפּולירן; ציִען שטריקלעך; זײַן אַ דרייער
manipulator דער מאַניפּולירער, ־ס
mankind די מענטשהייט; די מענטשנשאַפֿט; דער מענטש
manlike ענלעך אויף אַ מאַן; מענער(י)ש
manliness די/דאָס מאַנצבילשקייט; די/דאָס מענערישקייט; דאָס גבֿורות [GÁVRES]
manly מאַנצבילש; מענער(י)ש; מענלעך; גבֿריש; גבֿורותדיק [GVÁRISh] [GÁVRESDIK]
man-made קינסטלעך (געמאַכט)
manna דער מן [MAN]
manna from heaven דער מן פֿון הימל
mannagrass דאָס מן־גראָז [MAN]
manned עקיפּירט; באַזעצט; באַמענטשט; פּילאָטירט
Manned and ready! באַזעצט און גרייט!
manned flight דער פּילאָטירטער פֿלי, ־ען
mannequin דער מאַנעקען, ־ען; דער באַלוואַן, ־עס
manner דער שטייגער, ־ס; דער אופֿן, ־ים; דער גאַנג, גענג [OYFN, OYFÁNIM]
all manner of כּל־המינים; אַלערליי; כּלערליי [KOL(H)AMÍNIM] [KÓLERLÉY]
manner of speaking דער רעדשטייגער; דער רעדסטיל
in a manner of speaking סע רעדט זיך נאָר אַזוי; אַזוי צו זאָגן
manners מאַנירן; נימוסים; דאָס תּרבות ל״י [TÁRBES]
mind one's manners פֿירן זיך העפֿלעך
mannered מאַנירלעך
mannerism דער מאַנעריזם, ־ען; די פּאַסטעמקע, ־ס; די טבֿע, ־ס [TÉVE]
man of letters דער ליטעראַט, ־ן
man-of-war די קריגשיף, ־ן
manometer דער מאַנאָמעטער, ־ס
manor דאָס לאַנדהויז, ...הײַזער; דער מאַיאָנטיק, ...טקעס; דאָס גוט, גיטער
manpower דער אַרבעט־‹מענטשן›־כּוח; די מענטשנקראַפֿט; די מענטשנשאַפֿט; דער פּערסאָנאַל [KÓYEKh]
manqué פֿאַרפֿאַלן
He's a writer manqué ער איז אַ פֿאַרפֿאַלענער שרײַבער
mansard די מאַנסאַרדע, ־ס; דאָס בוידעמשטיבל, ־עך
manservant דער משרת, ־ים; דער באַדינער, ־ס [MEShÓRES, MEShÓRSIM]
mansion [G(E)VÍRIShE] דאָס גבֿירישע ‹פּריצישע› הויז, הײַזער
manslaughter די טייטונג
mantelpiece דער קאַמינגזימס, ־ן
mantilla דער מאַנטיל, ־ן; די/דער לאַנגשאַל, ־ן
mantis דאָס מאָנאַשקעלע, ־ך
mantle
(cloak) די פּעלערינע, ־ס; דער מאַנטיע, ־ען
(cover) דער צודעק, ־ן
wear the mantle פֿירן זיך ווי דער יורש [YÓYRESh]
man-to-man ווי איין מאַנצביל מיט אַ צווייטן
mantra די מאַנטרע, ־ס; דאָס קלינגוואָרט, ...ווערטער
manual, *adj.* האַנט...; מיט דער האַנט
manual, *n.* דאָס האַנטביכל, ־עך; דאָס אינסטרוקציע־ביכל, ־עך
manual control דער האַנטקאָנטראָל, ־ן
manual labor די האַנטאַרבעט; די פֿיזישע אַרבעט
manual laborer דער האַנטאַרבעטער, ־ס; דער פֿיזישער אַרבעטער, ־ס
manually מיט דער האַנט; בידים [BEYODÁYEM]
manual transmission די האַנט־טראַנסמיסיע
manufacture, *n.* דאָס פֿאַבריצירן; די פֿאַבריקאַציע; די אויסאַרבעטונג; דאָס פּראָדוצירן
manufacture, *v.* פֿאַבריצירן; אויסאַרבעטן; פּראָדוצירן
manufactured product דער פֿאַבריקאַט, ־ן; דער אויסגעאַרבעטער ‹פֿאַבריצירטער› פּראָדוקט, ־ן
manufacturer דער פֿאַבריקאַנט, ־ן; דער פּראָדוצירער, ־ס
manufacturing די פֿאַבריקאַציע
manure דאָס (שטאַל)מיסט
manuscript דער מאַנוסקריפּט, ־ן; דער כּתבֿ־יד, ־ן [KSAVYÁD]
Manx cat די מאַנקסער קאַץ, קעץ
many אַ סך; אַ פֿולע [SAKh]
a good many אַ היפּש ‹שפּאַר› ביסל
a great many גאָר ‹זייער› אַ סך
as many as נישט ווייניקער פֿון ‹ווי›; אַזש
have had one too many זײַן פֿאַרכּוס(י)עט; האָבן אַ כּוס(י)ע אין קאָפּ [FARKÓYS(Y)ET] [KÓYS(Y)E]
how many וויפֿל; ווי פֿיל
in so many words וואָרט פֿאַר וואָרט; דירעקט
many a אַ סך
many a time/many's the time שוין אַ סך מאָל; נישט איין מאָל
many times over כּפֿל־כּפֿלים [KÉYFL-KEFLÁYEM]
not in so many words אומדירעקט
not many נישט קיין סך
one too many שוין צו פֿיל
so many אַזוי פֿיל; אַזאַ סך
too many צו פֿיל
way too many העט צו פֿיל
many-colored פֿילפֿאַרביק
manyplies די קניהע, ־ס; דאָס ביכל, ־עך
manyseed דאָס סך־זריעהלע, ־ך [SAKhZRÍELE]
many-sided פֿילזײַטיק
manzanita די בערן־יאַגדע, ־ס
Maoism דער מאַאָיזם
Maoist, *adj.* מאַאָיסטיש
Maoist, *n.* דער מאַאָיסט, ־ן
map, *n.* די מאַפּע, ־ס; די קאַרטע, ־ס
off the map (*fig.*) אָפּגעלעגן; פֿאַרגעסן
put on the map שטעלן אויף דער מאַפּע
map, *v.* אָנמאַפּעווע|ן; פֿאַרצייכענען אויף אַ מאַפּע; אויסמאַרקירן
map out אויספּלאַנירן
maple, *adj.* קליאָנ(ענ)...
maple, *n.* דער קליאָן, ־ען; דער נעזבוים, ...ביימער
maple leaf דער/דאָס קליאָנענבלאַט, ...בלעטער
maple sugar דער קליאָנצוקער

maple syrup דער קליאַנסירעפּ, ־ן
mapmaker דער קאַרטאָגראַף, ־ן
maquette דער מאַקעט, ־ן
mar פֿאַרשטערן; קאַליע מאַכן; צעשעדיקן; פֿאַרשטערן
marabou דער מאַראַבו, ־ען
maraca דער מאַראַקאַ, ־ס; דאָס קלאַפּערל, ־עך
maraschino דער מאַראַסקינאָ
maraschino cherry די מאַראַסקינאָ־קאַרש, ־ן
marathon דער מאַראַטאָן, ־ען
marathon runner דער מאַראַטאָנער, ־ס
maraud מאַראָדירן
marauder דער מאַראָדער, ־ן; דער מאַראָדירער, ־ס
marauding דאָס מאַראָדערײַ
marble, *adj.* מירמלען; מאַרמערן; פֿון מירמלשטיין ‹מאַרמער›
marble, *n.*
(stone) דער מירמלשטיין; דער מאַרמער
(ball) דאָס רעשל ‹רעסל›, ־עך; דאָס ביקל, ־עך
have all one's marbles זײַן בײַם (פֿולן) זינען; זײַן בײַ די קלאָרע געדאַנקען
lose one's marbles אַראָפּגיין פֿון זינען; אַראָפּגיין פֿון די געדאַנקען; משוגע ווערן [MEShÚGE]
marble, *v.* מירמלען; מאַרמאָרירן; מירמלעווע|ן
marble cake דער געמירמלטער קוכן, ־ס
marbled געמירמלט; מאַרמאָרירט
marble paper דאָס מירמל־פּאַפּיר
marcasite דער מאַרקאַזיט
March, *n.* (דער) מאַרץ
march, *n.* דער מאַרש, ־ן
on the march אין מאַרשוועג ‹מאַרשגאַנג›
march, *v.* מאַרשירן
march in single file מאַרשירן איינס נאָך איינס; מאַרשירן איינס נאָכן אַנדערן
march past דעפֿילירן
march to one's own drummer פּראַווע|ן ‹מאַכן› שבת פֿאַר זיך; האָבן אַן אייגענעם שולחן־ערוך [ShÁBES] [ShULKhN-ÓREKh]
marcher דער מאַרשירער, ־ס
marching, *n.* דאָס מאַרשירן
marching orders דער מאַרשבאַפֿעל ל״י
(job dismissal) דער שפּאַציר־צעטל ל״י
marchioness די מאַרקיזע, ־ס
Mardi Gras דער מאַרדי־גראַ; דער קאַרנאַוואַל; די מאַסלעניצע
mare די קליאַטשע, ־ס; די שקאַפּע, ־ס; די קאָבילע, ־ס
mare's nest
(hoax) דער שווינדל; די אילוזיע
(muddle) די סומאַטאָכע; דער פּלאָנטער
mare's-tail (bot.) דאָס פֿערד־עקל, ־עך
margarine דער מאַרגאַרין
margarita דער מאַרגאַריטאַ, ־ס
margin
(border) דער ראַנד, ־ן
(econ.) דער רווח [RÉVEKh]
(extra amount) דער עודף [ÓYDEF]
(typ.) דער ראַנד, ־ן; דער גליון, ־ות [GÍLYEN/GILÓYEN, GILYÓYNES]
a margin of אַ חילוק פֿון [KhÍLEK]
in the margin אויף די ראַנדן
margin of error דער טעות־פֿאַקטאָר, ...אָרן [TÓES]
margin of safety דער זיכערקייט־פֿאַקטאָר, ...אָרן
margin of victory דער געווין־עודף
win by a large margin געווינען גרויס; געווינען מיט אַ היפּשן עודף
win by a narrow margin קוים־קוים געווינען
marginal ראַנדיק; ראַנד...; מאַרגינאַל; גרענעצ...
marginal case דער גרענעצפֿאַל, ־ן
marginal cost די מאַרגינאַלע הוצאה, ־אָות [HOYTSÓE/HETSÓE]
marginal group די ראַנדגרופּע, ־ס
marginalia ראַנד־באַמערקונגען; ראַנדנאָטיצן
marginalization דאָס פֿאַרווינקלען; די פֿאַרראַנדיקונג; די מאַרגינאַליזירונג
marginalize פֿאַרווינקלען; פֿאַרראַנדיקן; מאַרגינאַליזירן
marginally אַ ביסל; קנאַפּ; מינימאַל
marginal notes ראַנד־באַמערקונגען; ראַנדנאָטיצן
marigold די סאַמעטקע, ־ס
marijuana די מאַריכואַנע; דער האַשיש
marimba די מאַרימבע, ־ס
marina די מאַרינע, ־ס; דער יאַכטבאַסיין, ־ען
marinade דער מאַרינאַד ‹מאַרינאַט›, ־ן
marinate, *v. imp./pf.* (אײַנ)מאַרינירן
marine, *adj.* ים־... [YAM]
marine, *n.* דער מאַרינער, ־ס; דער ים־סאָלדאַט, ־ן [YAM]
Tell it to the marines! דערציי(ל)(ט) עס דער באָבע(ן)!; גיי(ט) דערציי(ל)(ט) דאָס דעם גובערנאַטאָר!
marine biologist דער ים־ביאָלאָג, ־ן [YAM]
marine biology די ים־ביאָלאָגיע [YAM]
Marine Corps דער מאַרינער־קאָרפּוס
mariner דער ים־מאַן, ־לײַט [YAM]
marine wildlife ים־בעלי־חיים ל״ר [YAM-BÁLE-KhÁYEM]
marionette די מאַריאָנעטקע, ־ס; די דראָטליאַלקע, ־ס
mariposa דאָס יפֿיפֿיהלע, ־ך; די מאַריפּאָזע, ־ס [YEFÉYF(Y)ELE]
marital חתונה־...; זיווג־...; מאַן־און־ווײַב־...
marital aid דאָס (עראָטישע) שפּיל(ע)כל, ־עך; דאָס סעקסועלע העלפֿמיטל, ־ען
marital bliss דאָס גליקלעכע צוזאַמענלעבן
marital duties דער זיווג־חוב [ZÍVEG-KhOYV]
marital status דער מאַן־און־ווײַב־סטאַטוס; דער חתונה־מעמד; דער ציווילשטאַנד [KhÁSENE-MÁYMED]
maritime ים־... [YAM]
maritime law דאָס ים־רעכט [YAM]
marjoram דער מייראַן; דער מאַיאָראַן
Mark (bib./Chr.) מאַרקוס
mark, *n.*
(sign) דער סימן, ־ים; דער צייכן, ־ס; דאָס צייכנדל, ־עך [SÍMEN, SIMÓNIM]
(target) דער ציל, ־ן
(grade) דער צייכן, ־ס
be an easy mark זײַן אַ געליימטער טערק
hit the mark (אַרײַנ)טרעפֿן אין פֿינטל; טרעפֿן אין קאַרב אַרײַן
leave one's mark מאַכן אַ רושם; לייגן אַ חותם; מאַכן אַ נאָמען פֿאַר זיך; לאָזן הינטער זיך אַ סימן ‹שפּור› [RÓYShEM] [KhÓYSEM]
mark of shame דער שאַנדצייכן, ־ס; דער קין־צייכן, ־ס [KÁYEN]
off the mark אומאַקוראַט; אומפּינקטלעך; ווײַט פֿון טרעפֿפּונקט ‹פּינטל›
On your mark, get set, go! איינס, צוויי, דרײַ!
over the mark מער ווי מע (באַ)דאַרף
the mark of a good writer דער סימן פֿון אַ גוטן שרײַבער
up to the mark אויף דער געהעריקער הייך ‹מדרגה› [MADRÉYGE]

mark, *v.* פֿאַרצײַכענען; אָפּצײַכענען; באַצײַכענען; אױסמאַרקירן
(an event) אָפּמערקן; אָפּריכטן
(exams) שטעלן צייכנס (אויף)
mark down (write) פֿאַרשרײַבן; פֿאַרצײַכענען
mark down the price פֿאַרקלענערן ‹אַראָפּלאָזן› פֿון פּרײַז ‹מקח› [MÉKEKh]
Mark my words! פֿאַרגעדענק(ט) מײַנע װערטער!; װעסט ‹איר װעט› שױן געדענקען מײַנע װערטער!
mark off (check off) שטעלן אַ פֿײגעלע
mark off (delineate) אָפּטײלן; אָפּצאַמען; אָפּצײַכענען; אָפּגרענעצן; אױסמאַרקירן
mark time מאַרשירן אױפֿן אָרט
mark up the price אױפֿשלאָגן דעם פּרײַז ‹מקח›
mark up (with writing) פֿאַרצײַכענען; אָנפּאַטשקען||; באַשרײַבן
markdown די הנחה, ־ות [HANÓKhE]
marked
(distinct) בולט; קלאָר; קענטיק [BÓYLET]
(with sign) אָנגעצייכנט; באַסימנט [BASÍMENT]
marked by באַצײַכנט מיט ‹דורך›
marked card די געצײַכנטע ‹געפֿינטלטע/געשטאָכענע› קאָרט, ־ן
marked gender דער באַצײַכנטער מין
He's a marked man ס'וואַרט אויף אים אַ מיאוסער סוף [MÍESER] [SOF]
markedly שטאַרק; גאָר; בפֿירוש [BEFÉYRESh]
marker
(pen) דער מאַרקירער, ־ס
(of exam) דער צײַכן־שטעלער, ־ס
(of location) דער אָנװײַזער, ־ס
market, *n.* דער מאַרק, מערק/־ן
(fair) *also* דער יאַריד, ־ן; דער טאָרג, ־עס
(fin.) *also* דער אָפּזעצמאַרק, ...מערק/־ן
corner the market האַלטן דעם מאַרק בײַ די לײצעס; האָבן די שליטה איבערן מאַרק [ShLÍTE]
find a market for אָפּזעצן
go to market גײן אױפֿן יאַריד
on the market אױפֿן מאַרק; צום פֿאַרקױפֿן
on the open market אױפֿן פֿרײַען מאַרק
play the market שפּילן אױף דער בערזע
put on the market לאָזן אין פֿאַרקױף
market, *v.* אָפּזעצן; פֿאַרהאַנדלען; פֿאַרקױפֿן
marketable פֿאַרקױפֿ(עװד)יק
be marketable לאָזן זיך פֿאַרקױפֿן
market day דער מאַרקטאָג, ...טעג; דער יאַרידטאָג, ...טעג
market economy די מאַרק־עקאָנאָמיע
marketeer דער פֿאַרקױפֿער, ־ס; דער הענדלער, ־ס
market forces מאַרק־כּוחות [KÓYKhES]
marketing, *n.* דאָס אָפּזעצערײַ; דאָס פֿאַרקױפֿן; דער מאַרקעטינג
do one's marketing גײן אײַנקױפֿן
marketplace דער מאַרק, ...מערק/־ן; דער מאַרקפּלאַץ, ...פּלעצער
market price דער מאַרקפּרײַז, ־ן; דער באַטרעפֿפּרײַז, ־ן
market research די מאַרקפֿאָרשונג
market researcher דער מאַרקפֿאָרשער, ־ס
market share דער מאַרק־חלק [KhÉYLEK]
market square *see* **marketplace**
market value די/דער מאַרקװערט
marking, *n.* [SÍMEN, SIMÓNIM] דער סימן, ־ים; דער צײכן, ־ס
marking nut [ZIKÓRN] דער זכרון־בױם, ־בײמער
marksman דער (ציל)שיסער, ־ס; דער טרעפֿשיסער, ־ס

marksmanship די שיסקונסט
markup די אַרױפֿרעכענונג, ־ען; דער צוצאָל, ־ן
marlin דער שפּיזפֿיש, ־ן
marmalade דער מאַרמעלאַד, ־ן
marmoreal מירמלען; מאַרמערן; פֿון מאַרמער ‹מירמלשטײן›
marmoset [YAM] די ים־קאַץ, ־קעץ; די מאַרטישקע, ־ס
marmot דער מערמל, ־ען; דער פֿײַפֿער, ־ס
maroon, *adj.* קעסט ברױן
maroon, *v.*
(abandon) [HÉFKER] פֿאַרלאָזן; איבערלאָזן אױף הפֿקר
(on island) אױסזעצן אױף אַן אינדזל
marooned (*fig.*) אָפּגעשניטן (פֿון דער דרױסנדיקער װעלט)
marque די מאַרקע, ־ס
marquee דער מאַרקיז, ־ן
(tent) דאָס געצעלט, ־ן
marquetry די אינטאַרסיע
marquis דער מאַרקיז, ־ן
marquise די מאַרקיזע, ־ס
Marrano דער מאַראַן, ־ען; דער אָנוס, אַנוסים [ÓNES, ANÚSIM]
marriage [KhÁSENE] די חתונה, ־ות
(matrimony) דאָס מאַן־און־װײַב־לעבן; דאָס זיװוג־לעבן; די זיװוגשאַפֿט; די פֿאַרפֿאָלקשאַפֿט [ZÍVEG] [ZÍVEGShAFT]
(*pej./hum.*) די חתונ(ה)קע, ־ס; די כּאַסל(י)ערע, ־ס [KhÁS(E)NKE]
marriage of convenience דער געלט־שידוך, ־ים; די פֿיקטיװע חתונה [ShÍDEKh, ShIDÚKhIM] [KhÁSENE]
marriageable [RÓE LEKhÚPE] ראָוי לחופּה
be marriageable זײַן ראָוי לחופּה; שטײן אין שידוכים
be marriageable (*hum./iro.*) מעגן שױן הערן (קלעזמער) שפּילן
He is of marriageable age ער איז שױן אַ חתן־בחור [KhÓSN-BÓKhER]
She is of marriageable age זי איז שױן אַ כּלה־מױד; זי איז שױן צו לײַטן; זי איז שױן אַ בוגרת [KÁLE] [BÓGRES]
marriage broker
m./unsp. [ShATKhN, ShATKhÓNIM] דער שדכן, ־ים
f. [ShÁTKhNTE] די שדכנטע, ־ס
marriage bureau [ShATKhÓNES] דער שדכנות־ביוראָ, ־ען
marriage ceremony [KhÁSENE] די חתונה־צערעמאָניע, ־ס
(J.) די חופּה
perform the marriage ceremony (אָ)דורכפֿירן די חתונה
perform the marriage ceremony (J.) מסדר־קידושין זײַן [MESÁDER-K(I)DÚShN]
marriage certificate [KhÁSENE] חתונה־פּאַפּירן ל"ר
marriage contract (J.) [KSÚBE] די כּתובה, ־ות
marriage counseling די שלום־בית־טעראַפּיע [ShÓLEM-BÁYES]
marriage equality די/דאָס גלײַכקײט פֿון אַלע חתונות [KhÁSENES]
marriage license [KhÁSENE] דער חתונה־דערלױב, ־ן
marriage-minded
be marriage-minded װעלן חתונה האָבן; האָבן אין זינען חתונה האָבן [KhÁSENE]
married, *adj.* [KhÁSENE] חתונה־געהאַט; מאַן־און־װײַב־...
be married זײַן מאַן־און־װײַב; זײַן אַ פֿאַרפֿאָלק
get married חתונה האָבן; נעמען זיך
get married (J.) *also* [KhÚPE] שטעלן אַ חופּה
married man דער באַװײַבטער גבֿ'; דער חתונה־געהאַטער גבֿ'
married woman די באַמאַנטע, –; די חתונה־געהאַטע, –
married, *n.*

young marrieds דאָס יונגע פּאָרפֿאָלק ל״י
married couple דאָס פּאָרפֿאָלק, ־ן/...פֿעלקער
married life דאָס מאַן־און־ווײַב־לעבן; די זיווגשאַפֿט; די פּאָרפֿאָלקשאַפֿט [ZÍVEGShAFT]
marrow דער מאַר(ע)ך; דער קליאַק
marrowbone דער מאַר(ע)כביין, ־ער
marry חתונה האָבן מיט ‹פֿאַר›; נעמען [KhÁSENE]
(J.) *also* שטעלן אַ חופּה (מיט) [KhÚPE]
marry off אויסגעבן; חתונה מאַכן
marry out חתונה האָבן מיט אַ דרויסנדיקן ‹פֿרעמדן›
not be the marrying kind נישט טויגן אויף חתונה צו האָבן; נישט זײַן קיין בעלן אויף חתונה צו האָבן [BALN]
Will you marry me? (to man) ביסט גרייט צו זײַן מײַן חתן?; וועסט זײַן מײַן חתן? [KhOSN]
Will you marry me? (to woman) ביסט גרייט צו זײַן מײַן כּלה?; וועסט זײַן מײַן כּלה? [KÁLE]
Mars דער מאַרס
on Mars אויף ‹אויפֿן› מאַרס
Marsala דער מאַרסאַלאַ
Marseillaise
the Marseillaise די מאַרסעליעזע
Marseilles (דאָס) מאַרסײ
marsh דער זומפּ, ־ן; די בלאָטע, ־ס
marshal, *n.* דער מאַרשאַל, ־ן
marshal, *v.* צונויפֿזאַמלען; פֿאַרגרייטן; מאָביליזירן
marshalling yard די צונויפֿשטעל־סטאַנציע, ־ס
marshcress די ראַריפּע, ־ס
marsh gas דער זומפּגאַז, ־ן
marshland דאָס זומפּלאַנד
marshmallow דאָס שניי־קישעלע, ־ך
(bot.) די/דער ברוסטטײ
marsh marigold דאָס בלענדעניש, ־ן
marshy זומפּיק
marsupial, *adj.* בײַטלדיק
marsupial, *n.* די בײַטל־חיה, ־ות; די בײַטלדיקע חיה, ־ות [KhÁYE]
marten דער מאַרדער, ־ס
marten fur דער מאַרדער(־פֿוטער), ־ס
martial קריגס...; מלחמה־... [MILKhÓME]
martial arts דער קאַמפֿספּאָרט ל״י
martial law דאָס קריגסרעכט
martial music די מיליטערישע מוזיק
Martian, *adj.* מאַרסיש
Martian, *n.* דער מאַרסיאַנער, –; דער מאַרס־אײַנוווינער, ־ס
martin די (ברעג)שוואַלב, ־ן
martinet דער שטרענגער בעל־דיסציפּלין, בעלי־... [BAL-..., BÁLE-...]
He's a real martinet ער פֿירט אַ שטרענגן רעגימענט
martini דער מאַרטיני, ־ס
martyr, *n.* דער מאַרטירער, ־ס
(J.) דער קדוש, ־ים [KÓDESh, KDÓYShIM]
be a martyr to אויסהאַלטן גרויסע צרות ‹שוועריקייטן› צוליב [TSÓRES]
martyr, *v.* מאַכן פֿאַר אַ מאַרטירער
martyrdom די מאַרטירערשאַפֿט
(J.) דער קידוש־השם [KÍDESh-HAShÉM]
martyrological מאַרטיראָלאָגיש
martyrologist דער מאַרטיראָלאָג, ־ן
martyrology די מאַרטיראָלאָגיע
martyr's death דער מאַרטירער־טויט
die a martyr's death שטאַרבן אַ מאַרטירער
die a martyr's death (J.) אומקומען על־קידוש־השם [AL-KÍDESh-HAShÉM]

marvel, *n.* די פּלא, פּלאָים; דער וווּנדער, ־ס; די בײַזאַך, ־ן; דער/דאָס מופֿת, ־ים [PÉ(Y)LE, PLÓYEM] [MÓYFES, MÓFSIM]
a marvel of אַ וווּנדער פֿון
marvel, *v.* **(at)** באַוווּנדערן + אַק; וווּנדערן ‹חידושן› זיך (אויף) [KhÍDEShN]
marvelous וווּנדערלעך
Marxism דער מאַרקסיזם
Marxist, *adj.* מאַרקסיסטיש
Marxist, *n.* דער מאַרקסיסט, ־ן
Maryland (דאָס) מערילאַנד
marzipan דער מאַרצעפּאַן, ־עס
mascara דער מאַסקאַראַ
mascot דער מאַסקאָט, ־ן
(talisman) דאָס מזלע, ־ך; די קמיע, ־ות; דער טאַליסמאַן, ־ען [MÁZELE] [KAMÉYE]
masculine, *adj.* מאַנצבילש; מאַנצב(י)לדיק; מענער(י)ש; מענלעך
(gram.) מאַסקולין; לשון־זכר; מענלעך [LOShN-ZÓKhER]
masculine, *n.* דער מאַסקולין; דאָס לשון־זכר [LOShN-ZÓKhER]
masculinity די/דאָס מענער(י)שקייט; דאָס זכרות; די/דאָס מענלעכקייט [ZÁKhRES]
maser דער מאַזער, ־ס
mash, *n.* (*fig.*) דער מיש־מאַש, ־ן
(cattle food) די מישענקע
mash, *v.* צעקוועטשן
mashed food דאָס צעקוועטשטע ‹צעריבענע› עסנוואַרג
mashed potatoes די קאַרטאָפֿל־קאַשע ל״י; די קאַשע־בולבע ל״י
mashie (golf) דער קורצקלאַפּער, ־ס
mask, *n.* די מאַסקע, ־ס
mask, *v.* פֿאַרמאַסקירן; (פֿאַר)באַהאַלטן
masked, *adj.* פֿאַרמאַסקירט; פֿאַרשטעלט
masked ball דער מאַסקנבאַל, ...בעלער
masking tape די פֿאַרדעק־לענטע, ־ס
masochism דער מאַזאָכיזם
masochist דער מאַזאָכיסט, ־ן
masochistic מאַזאָכיסטיש
mason דער מויערער, ־ס; דער מוליער, ־ס
(freemason) דער פֿרײַמייער, ־ס; דער מאַסאָן, ־ען
masonic פֿרײַמייעריש; מאַסאָניש
masonic order דער פֿרײַמייערישער ‹מאַסאָנישער› אָרדן, ־ס
masonry די שטיין־מויערונג; דאָס געמויער
masquerade, *n.* דער מאַסקאַראַד, ־ן
masquerade, *v.* מאַסקירן זיך; גיין מאַסקירט; פֿאַרשטעלן זיך
masquerade as אויסגעבן זיך פֿאַר
masquerade ball דער מאַסקאַראַד, ־ן; דער מאַסקנבאַל, ...בעלער
mass, *adj.* מאַסן...
Mass, *n.* די מעסע, ־ס
mass, *n.* די מאַסע, ־ס/מאַסן
It has mass appeal סע געפֿעלט דעם עולם [ÓYLEM]
the masses דער המון(־עם); (דער) עולם־גולם [HAMÓYN(-ÁM)] [GÓYLEM]
The masses are (a bunch of) asses דער עולם איז אַ גולם
mass, *vt./vi.* קאָנצענטרירן (זיך); מאַסירן (זיך)
Massachusetts (דאָס) מאַסאַטשוסעטס
massacre, *n.* די שחיטה, ־ות; די בלוטבאַד, ־ן; די הריגה, ־ות [ShKhÍTE] [HARÍGE]
massacre, *v.* אויסהרגע|(נע)ן [ÓYSHÁRGE(NE)N]

massage, *n.* דער מאַסאַזש, ־ן
  get a massage לאָזן זיך מאַס(אַזש)ירן
massage, *v.* מאַס(אַזש)ירן
  massage sb.'s ego חנפֿע|(נע)ן + דאַט׳ [KhÁNFE(NE)N]
  massage the numbers מאַניפּולירן די ציפֿערן
massage parlor דער מאַסאַזש־סאַלאָן, ־ען
massage therapy די מאַסאַזש־‹מאַסיר־›טעראַפּיע
mass communication די מאַסן־קאָמוניקאַציע
mass cult דער מאַסנקולט, ־ן
mass demonstration די מאַסן־דעמאָנסטראַציע, ־ס
mass destruction די מאַסן־פֿאַרטיליקונג
masseur דער מאַסאַזשיסט, ־ן; דער מאַסירער, ־ס
masseuse די מאַסאַזשיסטקע, ־ס; די מאַסירערין, ־ס
mass gender דער סובסטאַנץ־מין
mass grave דער ברידער־קבֿר, ־ים [KÉYVER, KVÓRIM]
mass hysteria די מאַסן־היסטעריע; דאָס מאַסן־משוגעת [MEShUGÁS]
massif דער (באַרג)מאַסיוו, ־ן
massive מאַסיוו; ריז(עד)יק
  massive heart attack דער מאַסיווער האַרצאַטאַק, ־ן
massively גאָר שטאַרק; מאַסיוו
mass mailing דער מאַסן־צעשיק, ־ן
mass market דער מאַסנמאַרק; דער פּאָפּולערער מאַרק
mass-market appeal דער מאַסן־צוצי
mass media די מאַסן־מעדיום ל״ר
mass murder דער מאַסנמאָרד, ־ן
mass murderer דער מאַסנמערדער, ־ס
mass noun דער זאַמל־‹סובסטאַנץ־›סובסטאַנטיוו, ־ן
mass-produce פּראָדוצירן אויף אַ גרויסן מאַשטאַב
mass production די גרויס־פּראָדוקציע
mass psychology די המון־פּסיכאָלאָגיע [HAMÓYN]
mass surrender דאָס אונטערגעבן זיך מאַסנווײַז
mass transit דער אַלגעמיינער טראַנספּאָרט
mast,[1] *n.* **(on ship)** דער מאַסט, ־ן; דער מאַסטבוים, ...ביימער; דער זעגלבוים, ...ביימער
mast,[2] *n.* **(fruit)** די פֿרוכטקאָרמע
mastectomy דאָס אַראָפּנעמען די ברוסט; די מאַסטעקטאָמיע, ־ס
  double mastectomy דאָס אַראָפּנעמען בײדע בריסט; די צווייִקע ‹טאָפּעלע› מאַסטעקטאָמיע
master, *adj.* הויפּט; אָריגינעל; גרונט...; מײַסטעריש
master,[1] *n.*
  (expert) דער מומחה, ־ים; דער בקי, בקיאים; דער מײַסטער, ־ס [MÚMKhE, MÚMKhIM] [BÓKE, BEKÍIM]
  (owner) דער בעל־הבית, בעלי־בתּים [BAL(E)BÓS, BAL(E)BÁTIM]
  be one's own master זײַן דער אייגענער בעל־הבית; האַלטן זיך אין די אייגענע הענט
master,[2] *n.* **(acad.)** דער מאַגיסטער, ־ס
master, *v.*
  (become expert) גוט אויסלערנען זיך; ווערן (שטאַרק) בקי אין [BÓKE]
  (control) באַקומען די שליטה ‹איבערהאַנט› איבער; בײַקומען; באַגוועלטיקן [ShLÍTE]
master bedroom דער הויפּט־שלאָפֿצימער, ־ן; דער פֿאָרפֿאָלקישער צימער, ־ן
master copy די גרונטקאָפּיע, ־ס; דער אָריגינאַל, ־ן
master craftsman דער מײַסטער, ־ס
masterful מײַסטער(י)ש
master key דער איבערשליסל, ־ען
masterly מײַסטער(י)ש
mastermind דער גרויסער ‹פֿירנדיקער› קאָפּ, קעפּ
  the mastermind of דער קאָפּ הינטער

mastermind, *v.* מיט קאָפּ אויספּלאַנירן (און אַדורכפֿירן)
Master of Arts דער מאַגיסטער פֿון קונסטן
Master of Business Administration דער מאַגיסטער פֿון געשעפֿט־פֿירונג
master of ceremonies דער קאָנפֿעראַנסיע, ־ען
Master of Philosophy דער מאַגיסטער פֿון פֿילאָסאָפֿיע
Master of Science דער מאַגיסטער פֿון וויסנשאַפֿט
masterpiece דאָס מײַסטערווערק, ־; דער שעדעווער, ־ס
master plan דער אַלגעמיינער פּלאַן, פּלענער
master's degree דער מאַגיסטער־דיפּלאָם, ־ען
master's-degree candidate דער מאַגיסטראַנט, ־ן; דער מאַגיסטער־אַספּיראַנט, ־ן
master's thesis די מאַגיסטער־אַרבעט, ־ן; דער מאַגיסטער־טעזיס, ־ן
masterstroke דער געניאַלער גאַנג, גענג
master suite דאָס הויפּט־געצימער
master switch דער הויפּט־אויסשליסער, ־ס
master tape די גרונטטאַשמע, ־ס; דער אָריגינאַל, ־ן
masterwork דאָס מײַסטערווערק, ־; דער שעדעווער, ־ס
masterwort דער מײַסטער־וואָרצל, ־ען
mastery (of) די מײַסטערשאַפֿט (אין); דאָס קענטעניש (אין); דאָס בקיאות (אין) [BEKÍES]
masthead
  (of ship) דער פֿאָנען־מאַסטבוים, ...ביימער
  (in newspaper) דער רעדאַקטיר־ווינקל, ־ען; דאָס רעדאַקציע־קעסטל, ־עך
  (title) די קאָפּן־שורה, ־ות; דער קאָפּ, קעפּ [ShÚRE]
mastic די מאַסטיק(ע)
masticate קײַען; קײַ|ען
mastication דאָס קײַען
mastiff דער דאָג, ־ן
mastitis דער ברוסטאָנצינד; דער מאַסטיט
mastodon דער מאַסטאָדאָנט, ־ן; דער מאַסטאָדאָן, ־ען
mastoid bone דער שלייפֿן־אויסוווקס, ־ן
masturbate אָנאַנירן
  (*vlg.*) רײַבן זיך
masturbation דער אָנאַניזם; דאָס אָנאַנירן; די אָנאַניע; דער תּשמיש־היד; די מעשׂה־אונן [TÁShMESh-HAYÁD] [MÁYSE-ÓYNEN]
masturbator דער אָנאַניסט, ־ן; דער מוציא־זרע־לבטלה [MÓYTSE-ZÉRE-LEVATÓLE]
masturbatory אָנאַניסטיש; אָנאַניר־...
mat, *n.*
  (doormat) דאָס טרעטערל, ־עך; די מאַטע, ־ס; די ראַגאָזשע, ־ס; דאָס קאָברעצל, ־עך; די צינאָווקע, ־ס
  (protective pad) די מאַטע, ־ס
  (tangle) דער פּלאָנטער, ־ס; דער קאָלטן, ־ס/...טענעס
mat, *v.*
  vt. פֿאַרפּלאָנטערן
  vi. פֿאַרפּלאָנטערט ווערן
matador דער מאַטאַדאָר, ־ן
match,[1] *n.*
  (igniter) דאָס שוועבעלע, ־ך; די זאַפּלקע, ־ס
  light a match אָנרײַבן ‹אָנצינדן› אַ שוועבעלע
match,[2] *n.*
  (spo.) דער מאַטש, ־ן
  (for marriage) דער זיווג, ־ים; דער שידוך, ־ים [ZÍVEG, ZIVÚGIM] [ShÍDEKh, ShIDÚKhIM]
  meet his match געפֿינען זײַנס גלײַכן
  propose a match for sb. רעדן ‹אָנשלאָגן› + דאַט׳ אַ שידוך
  Match! געווונען!

He's no match for me ער קען זיך מיט מיר נישט פֿאַרמעסטן ‹פֿאַרגלײַכן›; ער איז נישט מײַנס גלײַכן
They're a perfect match זיי זענען אַ זיווג מן־השמים [ZÍVEG MINAShOMÁYEM]
match, *v.*
vt. **(equal)** גלײַכן זיך מיט
vt. **(fit)** צופּאַסן; צונויפֿפּאַסן; צוקלײַבן
vt. **(a couple)** צונויפֿשדכנען; צונויפֿפֿירן; צונויפֿפּאָרן [TSUNÓYFShÁTKhENEN]
vi. **(fit)** פּאַסן זיך (צו); זײַן צוגעפּאַסט (צו); שטימען (מיט); פּאָרן זיך (מיט)
I'll match you any time וויפֿל ווערסט ‹איר ווערט› געבן, וועל איך אַקעגנשטעלן
matchbox דאָס קעסטעלע שוועבעלעך ‹זאַפּלקעס›
matched צוגעפּאַסט
matchless נישטאָ קיין גלײַכן; אָן קיין פֿאַרגלײַך
matchmaker
m. דער שדכן, ־ים [ShATKhN, ShATKhÓNIM]
f. די שדכנטע, ־ס [ShÁTKhNTE]
matchmaker's fee דאָס שדכנות(־געלט) [ShATKhÓNES]
matchmaking דאָס שדכנות [ShATKhÓNES]
match play (golf) דער גריבל־פֿאַרמעסט, ־ן
match point דער מכריעדיקער פּונקט, ־ן; דער דעצידיר־פּונקט, ־ן [MAKhRÍEDIKER]
matchstick דאָס שוועבעלע, ־ך; די זאַפּלקע, ־ס
mate, *n.*
(pair) די פּאָר, ־ן
(spouse) דער זיווג, ־ים; דער בן־זוג, בני־... [ZÍVEG, ZIVÚGIM] [BENZÚG, BNEYZÚG]
(zool./*m.*) דער ער, ־ן
(zool./*f.*) די זי, ־ען
(assistant) דער (אונטער)העלפֿער, ־ס; דער געהילף, ־ן
look for a mate זוכן אַ שידוך [ShÍDEKh]
mate, *v.* פּאָרן זיך; באַהעפֿטן זיך
(of animals) פּאַליעווע(ן); באַלופֿן; אָפּלויפֿן; יאָגן זיך; צולאָזן
maté די מאַטע, ־ס
material, *adj.* מאַטעריעל
(jur.) דערוויַיז...
(relevant) רעלעוואַנט; שייך [ShÁYEKh]
(significant) וואַגיק; באַטײַטיק
be material to שייך זײַן + דאַט'/צו
material, *n.* דער מאַטעריאַל, ־ן
(fabric) דער שטאָף, ־ן; די סחורה, ־ות; דאָס געוואַנט, ־ן/געוואַנטן [SKhÓYRE]
(substance) *also* דער חומר; דאָס ...וואַרג; דאָס ...עכץ [KhÓYMER]
materialism דער מאַטעריאַליזם
materialist דער מאַטעריאַליסט, ־ן
materialistic מאַטעריאַליסטיש
materialization די מאַטעריאַליזירונג; די פֿאַרגופֿונג; די פֿאַרקערפּערונג; דאָס התגשמות [HISGÁShMES]
materialize
vt. **(realize)** מקיים זײַן; רעאַליזירן [MEKÁYEM]
vi. **(be realized)** מקוים ווערן; צו שטאַנד קומען; רעאַליזירט ווערן [MEKÚYEM]
vi. **(appear)** באַווײַזן זיך; יאַווע(ן) זיך
vi. **(take physical form)** מאַטעריאַליזירן זיך; פֿאַרגופֿן זיך; פֿאַרלײַבן זיך; פֿאַרפֿליישן זיך; פֿאַרקערפּערן זיך
material possessions דאָס מאַטעריעלע האָב־און־גוטס; דער מאַטעריעלער פֿאַרמאָג קאָל'
material witness דער זאַך־‹דערווײַז›־עדות; דער עדות־למעשׂה [ÉYDES] [LEMÁYSE]

matériel דאָס געווער; די (מיליטערישע) אויסריכטונג
maternal
(family) מאַמע...; מוטער...; פֿון דער מאַמעס ‹מוטערס› צד [TSAD]
(motherly) מאַמעדיק; מוטעריש; מאַמיש
maternal grandparents זיידע־באָבע פֿון דער מאַמעס צד [TSAD]
maternally ווי אַ מאַמע
maternity, *adj.* טראָג...; שוואַנגער...; קימפּעט...; מעוברת־... [M(E)UBÉRES]
maternity, *n.* די מאַמעשאַפֿט; די מוטערשאַפֿט
maternity center דער קימפּעט־צענטער, ־ס
maternity clothes טראָגקליידער; שוואַנגערקליידער
maternity dress דאָס טראָגקלייד, ־ער; דאָס שוואַנגערקלייד, ־ער
maternity home/hospital דאָס קימפּעטהויז, ...הײַזער
maternity leave דער קימפּעט־אורלויב
maternity ward די קימפּעט־פּאַלאַטע, ־ס
matgrass דאָס שאַרפֿגראָז
math די מאַטעמאַטיק
mathematical מאַטעמאַטיש
mathematical error דער טעות אין חשבון; דער רעכן־טעות [TÓES] [KhEZhBM]
mathematically מאַטעמאַטיש; אויף אַ מאַטעמאַטישן אופֿן [OYFN]
mathematician דער מאַטעמאַטיקער, ־ס
mathematics די מאַטעמאַטיק ל"י
matin דאָס פֿרימאָרגן־געבעט, ־ן
matinée די נאָכמיטאָג־פֿאָרשטעלונג, ־ען; דער מאַטינע, ־ען
mating, *n.* דאָס פּאָרן זיך; די פּאָרונג; די באַלופֿונג; די אָפּלויפֿונג
mating ritual דער פּאָרנטאַנץ
mating season די אָפּלויפֿצײַט; די צײַט פֿון אָפּלויפֿן
matjes herring דער מאַטיעס־הערינג; דער אוליקער הערינג
matriarch די מאַטריאַרך, ־ן
Matriarchs (bib.) די אמהות [ÍMES/IMÓES]
matriarchal מאַטריאַרכאַליש
matriarchy דער מאַטריאַרכאַט, ־ן
matricide דער מוטערמאָרד
(murderer) דער מוטערמערדער, ־ס
matriculate, *vt./vi.* מאַטריקולירן (זיך)
matriculated student דער מאַטריקולאַנט, ־ן
matriculation די (אי)מאַטריקולירונג
matrilineal פֿון דער מאַמעס צד ‹אָפּשטאַם› [TSAD]
matrilineal descent דער אָפּשטאַם פֿון דער מאַמעס צד [TSAD]
(J.) דאָס ייִד־זײַן פֿון דער מאַמעס צד ‹אָפּשטאַם›
matrimonial חתונה־...; זיווג־... [KhÁSENE] [ZÍVEG]
matrimony
(marriage) דאָס מאַן־און־ווײַב־לעבן; דאָס זיווג־לעבן; די זיווגשאַפֿט; די פֿאַרפּאָרלקשאַפֿט [ZÍVEG] [ZÍVEGShAFT]
(wedding) די חתונה [KhÁSENE]
matrimony vine (bot.) דער סתם באָקסדאָרן [STAM]
matrix דער מאַטריץ, ־ן
(bio.) *also* דער נערבאָדן
(typ.) *also* די מאַטריצע, ־ס
matron די מאַטראָנע, ־ס
matron of honor די חתונה־געהאַטע כּלה־באַ(ג)לייטערין, ־ס [KhÁSENE] [KÁLE]
matronly מוטעריש
(*fig.*) געזעצט; ווי אַ בכּבֿודיקע פֿרוי [BEKÓVEDIKE]
matte מאַט
matted פֿאַרפּלאָנטערט; פֿאַרקאַלטנט

matter, *n.*
(issue) דער ענין, ־ים; דער/דאָס עסק, ־ים; די זאַך, ־ן [ÍNYEN, INYÓNIM] [ÉYSEK, ASÓKIM]
(phys.) די מאַטעריע; דער שטאָף; דער חומר [KhÓYMER]
(*iro.*) דאָס זאַכעניש, ־ן
a matter of אַ פֿראַגע פֿון; אַן ענין פֿון; אַ ...זאַך
a matter of life and death (אַן ענין פֿון) פּיקוח־נפֿש; אַ פֿראַגע פֿון לעבן און טויט; אַ לעבנס־פֿראַגע [PIKÚEKh-NÉFESh]
as a matter of fact פֿאַקטיש
be a matter of גיין אין; האַנדלען זיך וועגן; האָבן צו טאָן מיט
be a matter of fact זײַן אַ פֿאַקט
be a matter of life and death for sb. גיין + דאַט' אין לעבן
for that matter אַז מע רעדט שוין וועגן דעם
in a matter of minutes איינס און צוויי
in matters of אין הילכות ...; אין ...־ענינים [HÍLKhES]
in the matter of בנוגע; וואָס שייך [BENEGÉYE] [ShÁYEKh]
It's no laughing matter ס'איז (גאָר) נישט צום לאַכן
It's only a matter of time אויב נישט הײַנט איז מאָרגן; ס'וועט זיכער געשען
matter of opinion די מיינונגזאַך
matter of taste די געשמאַקזאַך
No matter! נישקשה!; נישט וויכטיק!; אַלץ איינס! [NIShKÓShE]
no matter how bad ווי שלעכט סע זאָל נישט זײַן
no matter how it happened ווי סע זאָל נישט האָבן געשען
no matter if אַלץ איינס צי; סע שפּילט נישט קיין ראָלע וואָס ‹צי›
no matter what וואָס נאָר ס'זאָל נישט זײַן; וואָס נאָר ס'זאָל זיך מאַכן; אַפֿילו דער שידוך זאָל אָפּגיין; אָווע־טאָווע [AFÍLE] [ShÍDEKh]
no matter who was there ווער סע זאָל דאָרט נישט האָבן געווען
there's stg. the matter עפּעס איז נישט אין אָרדענונג
to make matters worse טאָמער איז דאָס וויניק; טאָמער איז קאַרג געווען; צו(ן) אַלע צרות [TSÓRES]
What's the matter? וואָס איז (דער מער)?; וואָס איז געשען?
What's the matter with ...? וואָס איז מיט ...?; וואָס טוט זיך מיט ...?
What's the matter with you? וואָס איז מיט דיר ‹אײַך›?; וואָס טוט זיך מיט דיר ‹אײַך›?; גאָט איז מיט דיר ‹אײַך›!
matter, *v.* **(to)** אויסמאַכן + דאַט'; אָנגיין + אַק'/דאַט'
It doesn't matter whether סע מאַכט נישט אויס צי; סע שפּילט נישט קיין ראָלע צי; ס'איז נישט וויכטיק צי
matter-of-fact דרך־אגבֿדיק; זאַכלעך [DÉREKh-ÁGEVDIK]
Matthew (bib./Chr.) מתּיא [MÁTYE]
matting די מאַטע
rush matting די קאַמיש(ן)־מאַטע
mattock דאָס/דער גראָבאײַזן, ־ס; די סטריהע, ־ס
mattress דער מאַטראַץ, ־ן
maturation די צײַטיקונג
mature, *adj.* דערוואַקסן; צײַטיק; ־רײַף
mature, *v.* צײַטיק ווערן; אויסוואַקסן; (אויס)צײַטיקן זיך
The bond is due to mature this year די אָבליגאַציע וועט הײַיאָר פֿעליק ווערן; די אָבליגאַציע וועט הײַיאָר אָנהייבן אויסצאָלן
maturely דערוואַקסענערהייט; מעשׂה דערוואַקסענער ‹גרויסער› געב' [MÁYSE]
maturity די/דאָס צײַטיקייט; די/דאָס דערוואַקסנקייט
(econ.) דער אויסצאָל־טערמין, ־ען
matutinal פֿרימאָרגנדיק; אינדערפֿרײַיק; פֿרימאָרגן־...
matzo די מצה, ־ות [MÁTSE]
matzo bakery די מצה־בעקערײַ, ־ען; דער פּאָדריאַד, ־ן [MÁTSE]
matzo ball דאָס (מצה־)קניידל, ־עך [MÁTSE]
matzo brei די געפּרישטע ‹געפּרעגלטע› מצה; די מצה־ברײַ [MÁTSE]
matzo cracker דאָס מצה־פּלעצל, ־עך [MÁTSE]
matzo farfel מצה־פֿאַרפֿל ל"ר [MÁTSE]
matzo meal דאָס/די מצה־מעל [MÁTSE]
matzo meal pancake דאָס כרעמזל, ־עך; דאָס קוזל, ־עך
matzo perforator דאָס (מצה־)רעדל, ־עך [MÁTSE]
maudlin צעוויקט פֿון געפֿילן; איבעריק סענטימענטאַל
maul (צע)רײַסן אויף שטיקער; צעפֿליקן; צעמזיקן [TSEMÁZEKN]
maunder
(in speaking) רעדן געפּלאָנטערטע רייד; רעדן ווי אַ שיכּור [ShÍKER]
(in walking) אַרומדרייען זיך ווי אין חלום [KhÓLEM]
He's just maundering *also* די רייד קלעפּן זיך בײַ אים ווי אַרבעס צו דער וואַנט
Maundy Thursday דער גרינער ‹הייליקער› דאָנערשטיק
mausoleum דער מאַוזאָליי, ־ען
mauve מאַלווע ‹ראָזלעך› לילאַ
maven דער מבֿין, ־ים; דער קענער, ־ס [MEYVN, MEVÍNIM]
maverick דער אַליין־גייער, ־ס
be a maverick גיין דעם אייגענעם וועג; זײַן אַן אַליין־גייער
maw
(abyss) דער תּהום, ־ען [THOM]
(animal) דער פּיסק, ־עס
mawkish פֿריקרע זיסלעך; (זיס) לאַקרעצדיק; זיסינק אַטר'
mawkishness דאָס השתּפּכות; די/דאָס (פֿריקרע) זיסלעכקייט; דער האַרץ־איבערגאָס [HIShTÁPKhES]
max, *n.* דער מאַקסימום, ־ס
to the max מאַקסימאַל; ביזן לעצטן טראָפּן
max, *v.* **(out)** אויסשעפּן (ביזן סוף) [SOF]
maxim די סענטענץ, ־ן; דאָס וואָרוואָרט, ...ווערטער
maximal מאַקסימאַל
maximalism דער מאַקסימאַליזם
maximalist דער מאַקסימאַליסט, ־ן
maximalistic מאַקסימאַליסטיש
maximization די מאַקסימירונג
maximize מאַקסימירן
maximum, *adj.* מאַקסימאַל
maximum, *n.* דער מאַקסימום, ־ס
maximum-security prison די מאַקסימאַל פֿאַרזיכערטע תּפֿיסה, ־ות [TFÍSE]
maximum weight די מאַקסימאַלע וואָג
May, *adj.* מײַ...; מײַאָווע
May, *n.* (דער) מײַ
of May מײַ...; מײַאָווע
may, *v.*
(be permitted) מעגן
(probably) קער זײַן; קען זײַן אַז; ס'קען געמאָלט זײַן אַז; ס'איז גאַנץ מעגלעך אַז
may not (must not) נישט טאָרן
May I ...? מעג איך ...?
be that as it may אַזוי צי אַזוי; זאָל זײַן וואָס ס'וועט זײַן

I may as well go שווין כּדאַי צו גיין; שווין בעסער אַז איך זאָל גיין [KEDÁY]
May apple דער מײַ־עפּל, –
maybe אפֿשר [ÉFShER]
maybug דער מײַזשוק, ־עס
May Day דער ערשטער מײַ
mayday דער נויטסיגנאַל, ־ן
mayflower דאָס ליגיקע לאָבערל, ־עך
mayhem
(maiming) דאָס צעממיתן; דאָס צעקאַליעטשען [TSEMÉYMESN]
(chaos) דאָס איבערקערעניש; דער כאַאָס; דער ווירוואַר
mayonnaise דער מאַיאָנעז
mayor דער בירגער־מײַסטער, ־ס; דער מיאָר, ־ס אַמ'; דער ראָש־עירון, ־ס [RESHÉYRN]
mayoral בירגער־מײַסטער־...; מיאָר...
mayoralty דער בירגער־מײַסטער־אַמט, ־ן
maypole דער מײַבוים, ...ביימער
mayweed דער ראָמיאַניק
maze דער לאַבירינט, ־ן; די בלאָנדזשערײַ, ־ען
mazurka די מאַזורקע, ־ס
MC *see* **master of ceremonies**
McCarthyism דער מאַקאַרטיזם
McCoy
the real McCoy אַ ריכטיקער געב' ...; אַן עכטער געב' ...
MD דער מעדיצינישער דאָקטער, ...טוירים
me מיך אַק'; מיר דאַט'
It's me! דאָס בין איך!
mea culpa חטאתי; איך בין שולדיק; כ'האָב געזינדיקט [KhOTÓSI]
mead דער מעד
meadow די לאָנקע, ־ס; די טאָלעקע, ־ס; דער לאָן, ־ען
meadow beauty פּאהקעלעך ל"ר [PÉYKELEKh]
meadow fescue די לאָן־האָבערניצע
meadow rue דער טאַליקטרום
meadow saffron די ליכטבלום, ־ען
meadowsweet די שפּירבלום; די פֿיליפּענדולע
meager קנאַפּ; קאַרג(לעך); פּיסנע
meagerness די/דאָס קנאַפּקייט
meal, *n.* דער מאָלצײַט, ־ן
(flour) דאָס/די מעל
have a good meal גוט עסן
make a meal out of מאַכן פֿון ... אַ גאַנצן מאָלצײַט
make a meal of (*fig.*) מאַכן אַ צימעס פֿון; פֿאַרקאָמפּליצירן
square meal דער זאָטער מאָלצײַט, ־ן
meal plan דער מאָלצײַט־אַבאָנעמענט, ־ן
meal ticket דער עסן־בילעט, ־ן; דאָס שפּײַזקאַרטל, ־עך; דער טאַלאָן
He's my meal ticket אַ דאַנק אים האָב איך צו עסן
mealtime די צײַט צו(ם) עסן
mealworm דער מעלוואָרעם, ...ווערעם
mealy מעליק
mealy-mouthed נישט־אויפֿריכטיק; גלאַטצונגיק; מיט (די) זיסע ריידעלעך
mean,[1] *adj.* **(average)** דורכשניטלעך
mean,[2] *adj.*
(cruel) בייז; שלעכט; רישעותדיק [RÍShESDIK]
(lowly) וואָכעדיק; געמיין
(shabby) דלותדיק; נעבעכדיק [DÁLESDIK]
(vile) הינטיש; פּאַרשיווע
(excellent) אויסער ווי געוויינ(ט)לעך; אַזוינס און אַזעלכעס
have a mean streak זײַן אַ שטיקל רשע [RÓShE]

It's no mean feat! ס'גייט נישט צו פֿוס!; פֿאָלג מיך אַ גאַנג!
mean, *n.* דער דורכשניט, ־ן
mean, *v.*
(denote) באַטײַטן; זײַן (דער) טײַטש; מיינען; הייסן
(have value) האָבן אַ ווערט; זײַן וויכטיק
(intend) בדעה האָבן; אויסן זײַן [BEDÉYE]
mean a lot to זײַן + דאַט' חשובֿ ‹טײַער› [KhÓShEV]
mean well האָבן גוטע ‹די בעסטע› כּוונות; האָבן אין זינען יענעמס טובֿה [KAVÓNES] [TÓYVE]
meant to be באַשערט
They're meant for each other זיי זענען ווי באַשערט (איינס ס'אַנדערע)
What do you mean? (inquiry) וואָס מיינסטו ‹מיינט איר›?; וואָס הייסט?
What do you mean? (in anger) וואָס?; אַזוי?; וואָס הייסט?
meander, *n.* דער מעאַנדער, ־ס; דאָס (טײַך־)געשלענגל, ־עך
meander, *v.* שלענגלען זיך; מעאַנדערן; שלענדערן זיך
meaning דער באַטײַט, ־ן; דער/די טײַטש, ־ן; דער מיין; דער זינען; דער טעם, ־ים [TAM, TÁYMIM]
find meaning in געפֿינען אַ מיין ‹טעם› אין
give meaning to צוגעבן + דאַט' אַ באַטײַט ‹חשיבֿות/ווערט› [KhShÍVES]
take on new meaning באַקומען אַ פֿרישן מיין ‹באַטײַט›
meaningful באַטײַטיק; ווערטיק; וויכטיק
meaningfully פֿול מיט באַטײַט
meaningless אָן אַ זינען ‹טעם/צוועק›; אָנזינענדיק [TAM]
meanness די/דאָס בייזקייט; דאָס רישעות; די/דאָס געמיינקייט [RÍShES]
means דאָס מיטל, ־ען; די תּחבולה, ־ות [TAKhBÚLE]
by all means אַוודאי; זיכער; אַדרבא־ואַדרבא [AVÁDE] [ÁDERABE-VEÁDERABE]
by any means ווי סע זאָל זיך נישט לאָזן; אויף וואָסער אופֿן [OYFN]
by means of דורך
by no means זיכער ‹אַוודאי› נישט; בשום־אופֿן נישט; פֿאַר ‹אויף› קיין פֿאַל נישט [BEShÚM-ÓYFN]
by some means or another אָדער אַזוי אָדער אַזוי ‹אַנדערש›
by what means ווי אַזוי; וויערנאָך
live beyond one's means לעבן נישט נאָך די מיטלען ‹מעגלעכקייטן›; לעבן נישט נאָך דער קעשענע
live within one's means לעבן נאָך די מיטלען ‹מעגלעכקייטן›; לעבן נאָך דער קעשענע
man of means דער פֿאַרמעגלעכער געב'; דער בעל־הבתּישער געב'; דער נגיד, ־ים; דער עושר, עשירים [BAL(E)BÁTIShER] [NÓGED, NEGÍDIM] [ÓYShER, AShÍRIM]
means of expression אויסדריק־מיטלען ל"ר
means to an end מיטלען צום ציל
woman of means די פֿאַרמעגלעכע, –; די בעל־הבתּישע, –; די נגידיתטע, ־ס [BAL(E)BÁTIShE] [NEGÍDESTE]
mean-spirited רישעותדיק; בייזוויליק [RÍShESDIK]
means test דער הכנסה־קאָנטראָל [HAKhNÓSE]
meantime/meanwhile דערווײַל; אין דער צווישנצײַט; בינו־לבינו; לעת־עתּה [BÉYNE-LEBÉYNE] [LESÁTE]
measles מאָזלען
catch the measles אָננעמען ‹אָנשטעקן› זיך מיט די מאָזלען; פֿאַרקילן די מאָזלען
have the measles, *v. imp.* מאָזלען; זײַן קראַנק אויף די מאָזלען
have the measles, *v. pf.* (אַ)דורכמאָזלען; אָפּמאָזלען
measly נעבעכדיק; בידנע; מיזערנע

measurable מעסטעוודיק; צום מעסטן
measure, *n.*
  (device) דער מעסטער, ־ס; דאָס מעסטל, ־עך
  (quantity) די מאָס, ־ן
  (mus.) דער טאַקט, ־ן
  (action) דאָס (מאָס)מיטל, ־ען
  beyond measure אָן אַ שיעור [ShÍER]
  for good measure ליתר־בטחון; (צו) דערצו נאָך [LEYÉSER-BITÓKhN]
  in great measure גרײַלעך; צום גרויסן טייל
  in some measure אין אַ געוויסער מאָס; צום טייל
  made to measure לויט דער מאָס ‹באַשטעלונג›; געמאַכט אויף מאָס; אָנגעמאָסטן
  take the measure of אָפּמבֿינען; אָפּשאַצן [ÓPMÉYVENEN]
  take measures אָננעמען (מאָס)מיטלען; טאָן מיטל
measure, *v.* מעסטן
  pf. **(a room)** אויסמעסטן
  pf. **(length)** אָפּמעסטן; (אויס)מעסטן; (אָפּ)נעמען אַ מאָס
  measure against פֿאַרגלײַכן מיט
  measure up (to) באַפֿרידיקן + אַק'; שטימען מיט + דאַט'
  measure up to expectations שטימען מיט די וואַרטונגען
measured געמאָסטן; געמעסיקט
  in a measured voice מיט אַ געמאָסטן קול [KOL]
measureless אָן אַ מאָס
measurement די מעסטונג, ־ען; די מאָס, ־ן
  take sb.'s measurements אַראָפּנעמען + דאַט' אַ מאָס
measuring cup דאָס מעסט־טעפּעלע, ־ך
measuring spoon דער מעסטלעפֿל, –
measuring tape די מעסטלענטע, ־ס; די מעסטשנור, ־ן
meat דאָס פֿלייש
  (substance/*fig.*) דער תּוך; דער תּמצית; דאָס ממשות [TOKh] [TÁMTSES] [MAMÓShES]
meatball דאָס קײַלעכל, ־עך; דאָס פֿליישקניידל, ־עך; די פֿליישהאַלקע, ־ס; דאָס קלאָפּסעלע, ־ך; די פֿריקאַדעלקע, ־ס
meat grinder דאָס פֿליישמילכל, ־עך; די מאַשינקע, ־ס
meathead (*slg.*) דאָס שטיק פֿלייש מיט צווי אויגן
meatless אָן פֿלייש
meatloaf דער קלאָפּס, ־ן
meat market דער פֿליישמאַרק, ...מערק/־ן
meat-packing plant דער פֿלייש־קאָמבינאַט, ־ן
meat pie דער פּאַשטעט, ־ן; דער (פֿלייש)פּיראָג, ־ן
meat products דאָס פֿליישיקס קאָל'; דאָס פֿליישוואַרג קאָל'; פֿליישפּראָדוקטן
meaty פֿליישיק
  (substantive/*fig.*) תּוכיק; מיט אַ רײַכן אינהאַלט [TÓKhIK]
Mecca (דאָס) מעקאַ
mechanic דער מעכאַניקער, ־ס; דער מײַנסטער, ־ס
mechanical מעכאַניש
mechanical engineer דער מאַשין־אינזשעניר, ־ן
mechanical engineering דאָס מאַשין־אינזשענירערײַ; די מאַשין־אינזשעניריע; דער מאַשינבוי
mechanically מעכאַניש; אויף אַ מעכאַנישן אופֿן [OYFN]
mechanics די מעכאַניק ל"י
mechanism דאָס געווערק, ־ן; דער מעכאַניזם, ־ען
mechanistic מעכאַניסטיש
mechanization די מעכאַניזירונג; די מאַשיניזירונג
mechanize מעכאַניזירן; מאַשיניזירן
meconium דער עופֿל־טינוף; דאָס קינדערפּעך [ÉYFL-TÍNEF]
medal דער מעדאַל, ־ן; דער מעדאַליאָן, ־ען; דער אָרדן, ־ס
medalist
  m./unsp. דער מעדאַליסט, ־ן
  f. די מעדאַליסטקע ‹מעדאַליסטין›, ־ס
medallion דער אויבל, ־ען; דאָס אײַבעלע, ־ך; דאָס הערצעלע, ־ך; דער מעדאַליאָן, ־ען
medallion cab דער רעגיסטרירטער טאַקסי, ־ס
medal play דער קלאַפּפּאַרמעסט, ־ן
meddle (אַרײַנ)מישן זיך; שטעקן זיך; קריכן; זײַן אַ קאָכלעפֿל
meddler דער קאָכלעפֿל, –; די קאָכליע, ־ס
meddlesome
  be meddlesome זײַן אַ קאָכלעפֿל; מישן זיך; אַרײַנשטעקן די נאָז
meddling, *n.* דאָס אַרײַנמישן זיך; דאָס זײַן אַ קאָכלעפֿל
medevac, *n.* די מעדעוואַקואַציע
medevac, *v.* מעדעוואַקוירן
media די מעדיע ל"י; דער מאַסן־מעדיום ל"י
medial מיטל; מעדיאַל
  (ling.) וואָרט־אינעק; מעדיאַל
median, *adj.* מיטל...; מעדיאַנ...
median, *n.* דער מיטלפּונקט, ־ן; דער מעדיאַן, ־ען; דער מעדיאַנפּונקט, ־ן
median income די מיטעלע הכנסה [HAKhNÓSE]
median line די מיטל־ליניע, ־ס
median strip דער שטראָז־צעטיילער, ־ס
media player דער מעדיע־שפּילער, ־ס
mediate פֿאַרמיטלען; אַרײַנלייגן זיך אין שלום [ShÓLEM]
mediation די פֿאַרמיטלונג; דאָס פֿאַרמיטלען; דאָס השתּדלות; דאָס פּשרות; דאָס פּשרנות [HIShTÁDLES] [PÁShRES] [PAShRÓNES]
mediator דער פֿאַרמיטלער, ־ס; דער שליש, ־ים; דער פּשרן, ־ים; דער שתּדלן, ־ים [ShÓLESh, ShLÍShIM] [PÁShREN, PAShRÓNIM] [ShTÁDLEN, ShTADLÓNIM]
medic
  (doctor) דער מעדיקער, ־ס
  (paramedic) דער פּאַראַמעדיקער, ־ס
Medicaid דער מעדיקייד; דער מעדפּאַרזאָרג פֿאַר אָרעמע־לײַט
medical, *adj.* מעדיציניש; מעד...
  for medical purposes פֿון רפֿואה וועגן [REFÚE]
medical, *n.* די מעדיצינישע באַטראַכונג, ־ען
medical board די (שטאַטישע) דאָקטוירים־קאָלעגיע, ־ס
medical care די מעדיצינישע השגחה ‹היילונג›; דער מעדיצינישער אָפּהיט ‹אויפֿזע› [HAZhGÓKhE/HAShGÓKhE]
medical community די מעדיצינישע וועלט; די דאָקטוירים־וועלט
medical device דער מעדיצינישער מכשיר, ־ים [MÁKhShER, MAKhShÍRIM]
medical director דער מעדיצינישער דירעקטאָר, ...אָרן; דער מעדדירעקטאָר, ...אָרן
medical examination די מעדיצינישע (גוף־)באַטראַכונג, ־ען
medical examiner דער פּאַלמעסער, ־ס; דער בעל־פּאַלמעס, בעלי־... [BÁL, BALE]
medical expenses מעדיצינישע הוצאָות [HOYTSÓES/HETSÓES]
medical history די מעדיצינישע היסטאָריע ‹געשיכטע›, ־ס
medically מעדיציניש (גערעדט)
medical malpractice דער מעדיצינישער קרום־באַהאַנדל
medical record דער קלינישער ‹מעדיצינישער› רעקאָרד, ־ן
medical school דער מעדיצינישער פֿאַקולטעט, ־ן; די מעדיצינישע שול, ־ן
medical supplies מעדיקאַמענטן; מעדמיטלען
medical team די מעדיצינישע קאָמאַנדע, ־ס
medicament דער מעדיקאַמענט, ־ן; דאָס מיטל, ־ען

Medicare דער מעדיקער; דער מעדפֿאַרזאָרג פֿאַר עלטערע לײַט
medicate, *v.*
(give medicine) אײַנגעבן אַ מעדיקאַמענט ‹רפֿואה› [REFÚE]
(sedate) אײַנגעבן אַ באַרויִק־מיטל
medicate oneself אײַננעמען אַ מעדיקאַמענט ‹רפֿואה›
medicated מעדיציניש; הייל...
medication
(act) דאָס אײַנגעבן אַ מעדיקאַמענט ‹רפֿואה› [REFÚE]
(drug) דער מעדיקאַמענט, ־ן; די רפֿואה, ־ות; די מעדיצין, ־ען
be on medication אײַננעמען אַ מעדיקאַמענט ‹רפֿואה/מעדיצין›
medicinal הייל...; רפֿואה־...; רפֿואהדיק; מעדיציניש [REFÚE] [REFÚEDIK]
medicine
(medication) דער מעדיקאַמענט, ־ן; די רפֿואה, ־ות; די מעדיצין, ־ען [REFÚE]
(profession) די מעדיצין
give sb. medicine אײַנגעבן + דאַט' אַ מעדיקאַמענט ‹רפֿואה/מעדיצין›
give sb. a taste of one's own medicine באַצאָלן + דאַט' מיט דער אײגענער מטבע; באַצאָלן + דאַט' מידה כּנגד מידה [MATBÉYE] [MÍDE KENÉGED MÍDE]
take medicine אײַננעמען אַ מעדיקאַמענט ‹רפֿואה/מעדיצין›
medicine ball דער גימנאַסטיק־באַלעם, ־ס
medicine cabinet/chest דאָס אַפּטײקל, ־עך; דאָס מעדיקאַמענטן־‹רפֿואות־›שענקל, ־עך [REFÚES]
medicine dropper די פּיפּעטקע, ־ס
medicine man דער היילער, ־ס; דער מעדיצין־מאַן, ־מענער
medick די אַלפֿע; די אַלפֿאַלפֿע
medieval מיטל־עלטעריש
medieval history די מיטל־עלטערישע געשיכטע ‹היסטאָריע›
mediocre מיטלמאָסיק; נישט פֿאָדעריק
mediocrity די/דאָס מיטלמאָסיקייט
meditate מעדיטירן
(reflect) קאָנטעמפּלירן; קלערן; מהרהר זײַן; טראַכטן הוריות [MEHÁRHER] [HÓYRIES]
meditation די מעדיטאַציע
(reflection) דאָס (איבער)קלערן; דאָס התבוננות; הירהורים ל"ר [HISBÓYNENES]
meditation room דער מעדיטיר־צימער, ־ן
meditative מעדיטיר־...
(in thought) פֿאַרטראַכט; פֿאַרקלערט; פֿאַרזונקען אין מחשבֿות [MAKhShÓVES]
Mediterranean, *adj.* מיטלענדיש
Mediterranean grass דאָס מיטל־ים־גראָז [YAM]
Mediterranean palm דער דריבנער כאַמעראָפּס
Mediterranean Sea דער מיטלענדישער ים [YAM]
(bib./*lit.*) דער ים־הגדול [YAM-HAGÓDL]
medium, *adj.* מיטל
(size) מיטל(מאָסיק)
medium rare מיטל נישט־דערבראָטן
medium well מיטל געבראָטן
medium, *n.* דער מעדיום, ־ס
(bio.) דער נערבאָדן
(means) דאָס מיטל, ־ען
(person) דער מעדיום, ־ס
strike a happy medium געפֿינען דעם גאָלדענעם מיטלוועג
through the medium of דורך
medium-range מיטל־גרייכיק; מיטל...
medium-range missile דער מיטל־ראַקעט, ־ן; דער מיטל־גרייכיקער ראַקעט, ־ן
medium-sized פֿון מיטעלער גרייס ‹מאָס›
mediumwave מיטל־כוואַליעדיק
medlar דער מיספּלבוים, ...ביימער
medley דאָס געמיש, ־ן; דער מיש־מאַש, ־ן; די מישעניצע, ־ס
(mus.) די פּאָפּורי, ־ען
medulla דער רוקנמאַרך
medulla oblongata דער פֿאַרלענגערטער מוח [MÓYEKh]
Medusa (די) מעדוזע
Medusa's head (bot.) דאָס לאַנגזאַנגיקע האָרגראָז
meek (שטיל־)הכנעהדיק; ניכנעדיק; אָן טענות ‹תּרעומות› [HAKhNÓEDIK] [TÁYNES] [TARÚMES]
meek person דער ניכנע, ־ים; דער ענוו, ־ים [NÍKhNE, NIKhNÓYEM] [ÓNEV, ANÓVIM]
meekness די/דאָס ניכנעקייט; די הכנעה [HAKhNÓE]
meerschaum דער מערשאָם
meet, *adj.* פּאַסיק
meet, *n.* דער פֿאַרמעסט, ־ן; דער קאָנקורס, ־ן; דער מאַטש, ־ן
meet, *v.* טרעפֿן; טרעפֿן זיך (מיט); באַגעגענען זיך (מיט)
(introduce to) באַקענען מיט
(encounter) באַגעגענען; אָנטרעפֿן
(pick up at station) אָפּוואַרטן
(unexpectedly) אָנגעגענען
have one's eyes meet טרעפֿן זיך מיט די בליקן
Have we met? מיר קענען זיך?; האָט מען אונדז באַקענט?; האָבן מיר זיך שוין באַקענט?
make ends meet אויסקומען; מיטלען זיך
meet expectations שטימען מיט די וואַרטונגען
meet half way אַקעגנקומען ‹באַגעגענען› אויפֿן האַלבן וועג
meet one's obligations אויספֿילן די התחייבֿותן [HISKhÁYVESN]
meet sb.'s eye טרעפֿן זיך מיט די בליקן
meet the demand נאָכקומען די פֿאָדערונג
meet (up) with טרעפֿן ‹באַגעגענען› זיך מיט
Pleased to meet you! זייער אײַנגענעם (זיך צו באַקענען)!; ס'פֿרייט מיך זיך צו באַקענען!
The project met with success דער פּראָיעקט האָט מצליח געווען; דער פּראָיעקט האָט זיך אײַנגעגעבן; דער פּראָיעקט איז געראָטן [MATSLÍEKh]
meeting די זיצונג, ־ען
(informal gathering) דער צוזאַמענטרעף, ־ן
call a meeting פֿאַררופֿן אַ זיצונג
mass meeting די מאַסן־פֿאַרזאַמלונג, ־ען; דער מיטינג, ־ען
meeting of the minds דער הסכּם־כּולם [HÉSKEM-KÚLEM]
meeting place/point דאָס טרעפֿאָרט, ...ערטער; דער טרעפֿפּונקט, ־ן
me-first attitude דער צום־ערשטן־קום־איך; דער שלי־שלי [ShELÍ-ShELÍ]
mega... מעגאַ...
megablast דער מעגאַאויפֿרייס, ־ן
megabucks אַ ים מיט געלט; אַ מיליאָן דאָלאַר [YAM]
megabyte דער מעגאַבײַט, ־ן
megacycle/megahertz דער מעגאַהערץ, ־ן
megalith דער מעגאַליט, ־ן
megalithic מעגאַליטיש
megalomania די מעגאַלאָמאַניע; דאָס גרויסקייט־משוגעת; די גרויסקייט־מאַניע [MEShUGÁS]
megalomaniac, *adj.* מעגאַלאָמאַניש

megalomaniac, *n.* דער מעגאַלאָמאַן, ־ען
megalopolis דער גרויס־כּרך, ־ן; דער כּרך־גדול [KRAKh] [GÓDL]
megaphone דער מעגאַפֿאָן, ־ען
megastar דער גרויסער שטערן, –
megaton די מעגאַטאָן, ־ען
Megillah (די) מגילת־אסתּר; די מגילה [MEGÍLES-ÉSTER] [MEGÍLE]
megillah די מגילה, ־ות [MEGÍLE]
  the whole megillah די גאַנצע ‹לאַנגע› מגילה
meiosis דער מעיאָז
meiotic מעיאָטיש
meitnerium דער מײַטנעריום
melancholia די מעלאַנכאָליע; די מרה־שחורה [MOREShKhÓYRE]
melancholic/melancholy, *adj.* מעלאַנכאָליש; פֿאַרמרה־שחורהט; מרה־שחורהדיק [FARMÓREShKhÓYRET] [MOREShKhÓYREDIK]
melancholy, *n.* דער אומעט; דאָס עצבֿות; די מעלאַנכאָליע; די מרה־שחורה [ÁTSVES] [MOREShKhÓYRE]
mélange דער מיש־מאַש, ־ן; דאָס געמיש, ־ן
melanoma די מעלאַנאָמע, ־ס
melba די מעלבע
Melba toast דאָס מעלבאַ־סעכערל
meld, *n.* דער צונויפֿגאָס, ־ן
meld, *vt./vi.* צונויפֿגיסן (זיך)
melee די האַנטשלאַכט, ־ן; דאָס געשלעגערײַ, ־ען
  (verbal) דאָס געטומל; די סומאַטאָכע; קולות ל"ר
melic דאָס האָניקגראָז
mellifluous האָניק זיס; מתיקותדיק [MESÍKESDIK]
mellow, *adj.*
  (fruit) אויסגעצײַטיקט; צײַטיק; פֿאַרטיק
  (mood) אויסגעשפּאַנט
  (soft) ווייך
  (voice) זעגפֿטיק; מילד; סאַמעטיק
  (wine) אויסגעצײַטיקט
mellow, *v.*
  vt. **(ripen)** אויסצײַטיקן; לאָזן צײַטיקן
  vi. **(relax)** אויסשפּאַנען זיך; מילדער ווערן
melocoton דער גוטעס־פֿערשניק
melodic מעלאָדיש
melodious שיין־קלינגעוודיק; מיט אַ שיינעם ניגון [NIGN]
melodrama די מעלאָדראַמע, ־ס
melodramatic מעלאָדראַמאַטיש
melody די מעלאָדיע, ־ס; דער מאָטיוו, ־ן; דער ניגון, ־ים [NIGN, NIGÚNIM]
melon דער מעלאָן, ־ען; די דינקע, ־ס; די דיניע, ־ס
melon cactus דער קײַלעך־קאַקטוס
melt, *n.* דאָס געשמעלץ, ־ן
melt, *v.*
  vt. צעלאָזן; צעטאָפּען; צעשמעלצן
  vi. צעלאָזן זיך; צעטאָפּען זיך; צעגיין (זיך); צעשמעלצן זיך; צעשמאָלצן ווערן
  melt away צעגיין זיך; צעגאַנגען ווערן; צעשמאָלצן ווערן
  melt down *see* **melt**
  melt in one's mouth צעגיין (זיך) אין מויל
meltable שמעלצעוודיק
meltdown דער צעשמעלץ, ־ן; דאָס צעשמעלצן זיך
  (of business) דער צוזאַמענבראָך, ־ן
  have a meltdown (of person) קריגן דעם פּיפּיטש; קידען זיך; וואַרפֿן זיך
melting point דער שמעלצפּונקט, ־ן
melting pot דער שמעלצטאָפּ, ...טעפּ

member
  m./unsp. דער מיטגליד, ־ער; דער מיטגלידער, ־ס; דער חבֿר, ־ים [KhÁVER, KhAVÉYRIM]
  f. די מיטגלידערין, ־ס; די חבֿרטע, ־ס [KhÁVERTE]
  (anat.) דער גליד, ־ער; דער אבֿר, ־ים [ÉYVER, ÉYVRIM]
  (math.) דער גליד, ־ער
  member in good standing דער באַצאָלטער מיטגליד, ־ער
  member of family דער משפּחה־גליד, ־ער; דער אייגענער געב' [MIShPÓKhE]
membership די מיטגליד(ער)שאַפֿט
  (belonging) די/דאָס צוגעהעריקייט
membership drive די ווערבירן־‹מיטגלידער־›אַקציע, ־ס
membership dues דאָס חבֿר־געלט; דאָס מיטגלידגעלט; דער מיטגליד־אָפּצאָל; דאָס אײַנקויפֿגעלט [KhÁVER]
membrane די מעמבראַן, ־ען; דאָס הײַטל, ־עך
membranous מעמבראַנ...; הײַטלדיק
memento דאָס אָנדענקל, ־עך; דער אָנדענק, ־ען
memento mori דער מעמענטאָ מאָרי; די טויט־דערמאָנונג
memo דער מעמאָראַנדום, ־ס
memoirist דער בעל־זכרונות, בעלי־...; דער מעמואַרן־שרײַבער, ־ס; דער מעמואַריסט, ־ן [BALZIKhRÓYNES, BÁLE-...]
memoirs זכרונות; מעמואַרן [ZIKhRÓYNES]
memo pad דאָס בלאָקל, ־עך; דאָס נאָטיצביכל, ־עך
memorabilia דאָס אָנדענקוואַרג קאָל'
memorable צו(ם) געדענקען; געדענקעוודיק; פֿאַרגעדענקלעך; מערקווערדיק
  be memorable לאָזן זיך געדענקען
memorandum דער מעמאָראַנדום, ־ס
  (reminder note) די נאָטיץ, ־ן; דאָס צעטעלע, ־ך
  memorandum of understanding דער אָפּמאַך־מעמאָראַנדום, ־ס
memorial, *adj.* אָנדענק...; געדענק...
memorial, *n.* דער דענקמאָל, ־ן/...מעלער; דער געדענקשטיין, ־ער
Memorial Day דער געדענקטאָג; דער אָנדענקטאָג
memorialize פֿאַראייביקן דעם אָנדענק פֿון; פֿאַרגעדענקען
memorial service די הזכּרה ‹אַזכּרה›, ־ות [(H)ASKÓRE]
memorial stamp די אָנדענק־מאַרקע, ־ס
memoriam
  in memoriam לזכּרון; לזכר(־עולם); צום אָנדענק פֿון [LEZIKÓRN] [LEZÉYKhER(-ÓYLEM)]
memorize אויסלערנען (זיך) פֿון ‹אויף› אויס(נ)ווייניק; אויסשטודירן
memory דער זכּרון, ־ס [ZIKÓRN]
  (single recollection) די דערמאָנונג, ־ען; דאָס געדעכעניש, ־ן; דער אָנדענק, ־ען
  call to memory דערמאָנען זיך אין
  from memory פֿון ‹אויף› אויס(נ)ווייניק
  have a good memory האָבן אַן אײַזערנעם זכּרון; זײַן אַ בעל־זכּרון [BALZIKÓRN]
  have a poor memory שוואַך ‹קנאַפּ› געדענקען; האָבן אַ קורצן ‹ווײַבערשן› זכּרון; האָבן אַ קעצישן מוח [MÓYEKh]
  have no memory of נישט קענען זיך דערמאָנען
  if memory serves (me) אויב דער זכּרון דינט מיר
  in memory of לזכּרון; לזכר; צום אָנדענק פֿון [LEZIKÓRN] [LEZÉYKhER]
  lose one's memory אָנווערן ‹פֿאַרלירן› דעם (חוש־ה)זכּרון [(KhUSh-HA)ZIKÓRN]
  of blessed memory (*m.*) זכרונו־לבֿרכה [= ז"ל] [ZIKhRÓYNE-LIVRÓKhE]
  of blessed memory (*f.*) זכרונה־לבֿרכה [= ז"ל]

memories זכרונות [ZIKhRÓYNES]
memory board דאָס זכּרון־טעװעלע, ־ך [ZIKÓRN]
memory card דאָס זכּרון־קאַרטעלע, ־ך [ZIKÓRN]
memory chip דאָס זכּרון־טשיפּל, ־עך [ZIKÓRN]
memory loss די שכחה; די אָפּשוואַכונג פֿונעם זכּרון; דאָס פֿאַרלירן דעם זכּרון [ShÍKKhE] [ZIKÓRN]
menace, *n.* די סכּנה, ־ות [SAKÓNE/SEKÓNE]
menace, *v.* סטראַשע|ן; שטעלן אין סכּנה [SAKÓNE/SEKÓNE]
menacing(ly) סטראַשענדיק
ménage דאָס הויזגעזינד
ménage a trois די ליבע־טראָיקע; דער דרײַלינג
have a ménage a trois לעבן זאַלבע דריט; זײַן אַ דרײַלינג
menagerie די מענאַזשעריע, ־ס; דער זאָאָ־גאָרטן, ־גערטנער
mend, *n.*
be on the mend פֿאַרריכטן זיך; פֿאַפּראַווע|ן זיך; האַלטן שוין בײַם געזונט ווערן
mend, *v.*
(darn) צירעווע|ן; לאַטע|ן
(fix) פֿאַרריכטן; צו רעכט מאַכן
mend fences אײַנאָרדענען גוטע באַציִונגען
mend one's ways (פֿאַר)בעסערן זיך; צוריק אַרויפֿגיין אויפֿן דרך־הישר [DÉREKh-HAYÓShER]
mendacious ליגנעריש; שקרנדיק; כּזב־ושקרדיק [ShÁKRENDIK] [KÓZEV-VEShÉKERDIK]
mendacity
(lie) דער שקר, ־ים; דער ליגן, ־ס [ShÉKER, ShKÓRIM]
(untruthfulness) די/דאָס ליגנערישקייט
mendelevium דער מענדעלעוויום
mendicancy דאָס בעטלערײַ
mendicant דער בעטלער, ־ס
mending, *n.* דאָס פֿאַרריכטן
menfolk מענער; מאַנסלײַט; מאַנספּאַרשוינען
menial נידעריק; געמיין
(of servant) משרתיש; לאַקייִש [MEShÓRSISh]
menial work די שוואַרצאַרבעט; די שוואַרצע אַרבעט
meninges די מעניִנגען־שייד ל״ר; דאָס מוח־הײַטל ל״ר [MÓYEKh]
meningitis דער מענינגיט
menopausal פֿון דער מענאָפּויזע
She's menopausal ס'איז בײַ איר די מענאָפּויזע; זי האַלט אין די איבערבײַט־יאָרן; ס'האָט איר אויפֿגעהערט זײַן דער שטייגער ווי בײַ ווײַבער
menopause די מענאָפּויזע; איבערבײַט־יאָרן ל״ר
(iro./hum.) די מענער־פּויזע
menorah די מנורה, ־ות [MENÓYRE]
(Hanukkah) די (חנוכּה־)מנורה, ־ות; דער חנוכּה־לאָמפּ, ־ן; דאָס חנוכּה־לעמפּל, ־עך [KhÁNIKE/KhÁNUKE]
(Temple/hist.) די מנורה
Mensa (astr.) דער טישבאַרג
mensch דער (לײַטישער) מענטש; דער לײַט, –/־ן
menses *see* **menstruation**
men's room דער מענער־וואַשצימער‹־אָפּטריט›, ־ן
menstrual מענסטרויִר...; מענסטרואַציע־...
menstrual cycle דער מענסטרויִר־ציקל, ־ען
menstrual period די צײַט
(inf./_**slg.**_**)** דאָס פּעקל
menstruate מענסטרויִרן; האָבן די צײַט ‹ווסת/ווסת› [VÉS(E)T/VÉYSES]
(J./rel.) זײַן אַ נידה [NÍDE]
(hum.) קריגן דעם יום־טובֿ [YÓNTEF/YÓNTEV]
(inf./_**slg.**_**)** האָבן דאָס פּעקל
menstruation די צײַט; די מענסטרואַציע; די ווסת ‹ווסת› [VÉS(E)T/VÉYSES]
(J./rel./_**euph.**_**)** דער ווײַבלעכער שטייגער; דער שטייגער בײַ ווײַבער
(hum.) דער פֿרויען־יום־טובֿ [YÓNTEF/YÓNTEV]
menswear די מענער־קליידונג; מענער־קליידער ל״ר
mental פּסיכיש; גײַסטיק
be a mental case זײַן שטאַרק נעוורשאָטיש; זײַן אַ צעדרייטער געב׳
do some mental arithmetic רעכענען אויפֿן קאָפּ
make a mental note פֿאַרצײכענען זיך אין די געדאַנקען; פּרוּוון פֿאַרגעדענקען
mental age דער גײַסטיקער עלטער, ־ס
mental block דער גײַסטיקער שטער, ־ן
have a mental block against נישט קענען זיך נעמען צו
mental capacity גײַסטיקע פֿעיִקייטן ל״ר
mental cruelty דאָס גײַסטיקע מוטשעניש ‹מאַטערניש›
mental health דאָס גײַסטיקע ‹פּסיכישע› געזונט
mental health professional דער ספּעציאַליסט אין גײַסטיקן געזונט
mental hospital דער/דאָס פּסיכיאַטרישע(ר) שפּיטאָל, ־ן/שפּיטעלער
mental illness די גײַסטיקע ‹פּסיכישע› קרענק, ־ען
mentality די מענטאַליטעט, ־ן
mentally גײַסטיק; פּסיכיש
be mentally ill ליידן פֿון אַ גײַסטיקער ‹פּסיכישער› קרענק; זײַן גײַסטיק ‹פּסיכיש› קראַנק
mentally disturbed גײַסטיק געשטערט ‹צערודערט›
mentally retarded (med.) אָפּגעשטאַנען; צוריקגעשטאַנען
mentally retarded *(pop.)* נישט־דערבאַקן
mental retardation די/דאָס אָפּגעשטאַנענקייט; די/דאָס צוריקגעשטאַנענקייט; דאָס זײַן אָפּגעשטאַנען ‹צוריקגעשטאַנען›
mental status דער פּסיכישער ‹גײַסטיקער› מצבֿ [MÁTSEV]
menthol דער מענטאָל
mentholated מענטאָל...
mention, *n.* די דערמאָנונג, ־ען
special mention די אויסטיילונג, ־ען
make special mention of אויסטיילן
mention, *v.* דערמאָנען
Don't mention it! נישטאָ פֿאַר וואָס!
make no mention of בכלל נישט דערמאָנען [BIKhLÁL]
not to mention ווער רעדט נאָך; שוין אָפּגערעדט; (הײַנט) ווער שמועסט
mentor דער מענטאָר, ־ס/...אָרן; דער מורה־דרך, מורי־...; דער מדריך, ־ים; דער וועגווײַזער, ־ס [MOYRE-DÉREKh, MOYRE-...] [MÁDREKh, MADRÍKhIM]
menu דער מעניו, ־ען
menu-driven מעניו־געפֿירט
meow, *n.* דער מיאַו, ־ען
meow, *v.* מיאַוקע|ן
Mephistophelean מעפֿיסטאָפֿעליש
Mephistopheles (דער) מעפֿיסטאָ; (דער) מעפֿיסטאָפֿעלעס
mercantile האַנדל...; מיסחר־... [MÍSKhER]
mercantile exchange די האַנדל־בערזע
mercenary, *adj.* געדונגען; הענדלעריש
(greedy) געלטזשעדנע; געלטגײַציק
mercenary, *n.* דער געדונגענער זעלנער, ־ס; דער געדונגענער געב׳; דער לוינזעלנער, ־ס
merchandise, *n.* די סחורה; די וואַרע [SKhÓYRE]
merchandise, *v.* האַנדלען מיט
merchant דער קרעמער, ־ס; דער סוחר, ־ים; דער הענדלער, ־ס [SÓYKhER, SÓKhRIM]
merchant marine דער האַנדלפֿלאָט

merchant ship די האַנדלשיף, ־ן
merciful דערבאַרעמדיק; מרחמדיק; באַרעמהאַרציק; גנעדיק [MERÁKhEMDIK]
merciful person דער בעל־רחמים, בעלי־...; דער רחמן, ־ים; דער דערבאַרעמדיקער געב'; דער באַרעמהאַרציקער געב' [BALRÁKhMIM, BÁLE-...] [RÁKhMEN, RAKhMÓNIM]
mercifully [RAKhMÓNES] [RÁKhMIM] מיט רחמנות ‹רחמים›
merciless אומברחמנותדיק; אומדערבאַרעמדיק; אומבאַרעמהאַרציק [ÚMBERAKhMÓNESDIK]
mercilessly [RAKhMÓNES] אָן רחמנות
mercurial
(volatile) קוועקזילבערדיק; בײַטעוודיק; טעמפּעראַמענטיק
(quick-witted) אײַנפֿאַלעריש; דערלאַנגעריש
mercurial, *n.* דער קוועקזילבער־פּרעפּאַראַט, ־ן
mercuric oxide דער קוועקזילבער־אָקסיד, ־ן
Mercury (דער) מערקור
mercury דאָס קוועקזילבער
(bot.) דאָס קוועקזילבערל
mercury poisoning די קוועקזילבער־פֿאַרסמונג [FARSÁMUNG]
mercy דאָס/דער רחמנות; דאָס רחמים; די/דאָס באַרעמהאַרציקייט; דער חסד; די ג(ע)נאָד [RAKhMÓNES] [RÁKhMIM] [KhÉSED]
at the mercy of בײַ + דאַט' אין די הענט; אויף + פּאָס' באַראָט
beg for mercy בעטן רחמים (בײַ)
have mercy (on) רחמנות האָבן (אויף); דערבאַרעמען זיך (אויף); האָבן גאָט אין האַרצן
show mercy (to) אַרויסווײַזן ‹האָבן› רחמנות (אויף); דערבאַרעמען זיך (אויף)
show no mercy (to) נישט אַרויסווײַזן ‹האָבן› קיין רחמנות (אויף)
mercy killing דער רחמנות־מאָרד; די אייטאַנאַזיע [RAKhMÓNES]
mere בלויז; נאָר; סתם; נישט מער ווי (אַ) [STAM]
by mere chance דורך אַ ריינעם צופֿאַל
merely בלויז; נאָר
merest מינדסט; קלענסט
meretricious שרײַיק; אויספּײַנעריש; אויסשטעלעריש; קיטשיק
merge, *n.* דער צונויפֿגאָס, ־ן
merge, *vt./vi.* צונויפֿגיסן (זיך)
merged צונויפֿגעגאָסן
merger דער צונויפֿגאָס, ־ן; די אַמאַלגאַמאַציע, ־ס
meridian, *adj.* מיטאָג...
meridian, *n.* דער מערידיאַן, ־ען; די מיטאָג־ליניע, ־ס
meringue די געבאַקענע פּיאַנע, ־ס
merino, *adj.* מערינאָסן; מערינאָסן־וואָליק
merino, *n.* דער מערינאָס, ־ן
(wool) די מערינאָסן־וואָל
merit, *n.* דער זכות, ־ן; די מעלה, ־ות; די/דער ווערט, ־ן; דער פֿאַרדינסט, ־ן [SKhUS] [MÁYLE]
on the merits אויפֿן סמך פֿון די מעלות; מעריטאָריש; לויט די מעלות ‹ווערטן› [SMAKh] [MÁYLES]
merit, *v.* פֿאַרדינען זיך + אַק'; זוכה זײַן צו [ZÓYKhE]
meritocracy די מעריטאָקראַטיע
meritorious לויבווערדיק
merit pay דאָס שׂכר־געלט [SKhAR]
mermaid דאָס ים־מיידל, ־עך [YAM]
merrily מיט שׂימחה; פֿריילעכערהייט [SÍMKhE]
merriment די שׂימחה; די/דאָס פֿריילעכקייט; די הילולא [SÍMKhE] [HILÚLE]
merry פֿריילעך; לוסטיק; לעבעדיק
make merry משׂמח זײַן זיך; לוסטיק און לעבעדיק זײַן [MESAMÉYEKh]
merry-bells דער גלעקלקלווייט
(*hum./pej.*) אַ פֿריילעכן קראַצמעך!
merry-go-round די קאַרוסעל, ־ן
merrymaking די שׂימחה; דאָס שׂימחהוועןן; דאָס הוליען; די הילולא [SÍMKhE] [SÍMKhEVEN] [HILÚLE]
mésalliance *see* **misalliance**
mescaline דער מעסקאַלין
mesembryanthemum דאָס האַלבטאָגל
mesh, *adj.* נעצ...
mesh, *n.* דאָס אייגל; דאָס נעצגעפֿלעכט; די נעץ
a mesh of lies אַ נעץ מיט ליגנס
in the mesh of אין דער נעץ פֿון
mesh, *v.* צוזאַמענוועבן זיך
(mech.) פֿאַרטשעפּען זיך
mesh with (*fig.*) שטימען מיט
mesmerism דער היפּנאָז; דער מעסמעריזם
mesmerist דער היפּנאָטיזירער, ־ס; דער מעסמעריסט, ־ן
mesmerize היפּנאָטיזירן; מעסמערירן
(*fig.*) פֿאַרכּישופֿן; פֿאַרכאַפּן [FARKÍShEFN]
Mesoamerica (די) מעזאָאַמעריקע
mesoderm די מעזאָדערמע
Mesozoic מעזאָזאָיש
mesquite דער מעסקיט
mess, *n.* דער באַלאַגאַן; דאָס איבערקערעניש; דאָס פּאַטשקערײַ; דער מושבֿ; דאָס חזירײַ; דער הקדש [MÓYShEV] [KhAZERÁY] [HÉGDESh]
(predicament) דער פּלאָנטער; די קלעם; די צרה [TSÓRE]
get into a mess אַרײַנ(פֿאַל)ן אין אַ קלעם ‹צרה›; אַרײַנפֿאַלן אין אַן אומגליק
look a mess אויסזען אין גאַנצן צעשויבערט ‹צעכראַסטעט›
make a mess אָנמאַכן אַ מושבֿ ‹הקדש/באַלאַגאַן/פּאַסקודיע›; אָנמאַכן אַן איבערקערעניש
make a mess (of) אַ תּל מאַכן (פֿון); קאַליע מאַכן + אַק'; פֿאַרקאָכן אַ קאַשע (פֿון); פֿאַרפּאַרטאַטשעווען [TEL]
What a mess! סאַראַ איבערקערעניש!; אײַ, איז דאָ לעבעדיק!
mess, *v.*
mess around פּוסטעפּאַסעווען; אַרומגיין ליידיק; שפּילן זיך
mess up קאַליע מאַכן; אַ תּל מאַכן (פֿון); צעטשאַכמערן; כאַלטורעווען [TEL]
mess with sb. שפּילן זיך מיט; אָנהייבן זיך מיט; טשעפּען זיך צו
message דער אָנזאָג, ־ן; די בשׂורה, ־ות; די ידיעה, ־ות; דער זײַ־וויסן, ־ס [PSÚRE] [YEDÍE]
(appeal) די ווענדונג, ־ען
(comp.) דאָס בריוול, ־עך
(*fig.*) דער מוסר־השׂכּל [MÚSER-HÁSKL]
get one's message across (to) געבן + דאַט' צו פֿאַרשטיין
get the message (*fig.*) פֿאַרשטיין; באַנעמען; כאַפּן דעם סטרי
leave a message for (איבער)לאָזן + דאַט' אַן אָנזאָג; לאָזן + אַק' וויסן
message board דער מעלדטאָוול, ־ען
messenger דער שליח, ־ים; דער קוריער, ־ן; דער שטאַפֿעט, ־ן; דער לייפֿער, ־ס [ShELÍEKh, ShLÍKhIM]
messenger boy דאָס שיקייִנגל, ־עך
mess hall דער (מיליטערישער) עסזאַל, ־ן
messiah דער משיח, ־ים [MEShÍEKh, MEShÍKhIM]
the Messiah משיח; דער גואל־צדק [GÓYEL-TSÉDEK]

the coming of the Messiah די ביאת־הגואל; דער קץ [BÍES-HAGÓYEL] [KETS]
when the Messiah comes אַז משיח וועט קומען; לעתיד־לבֿוא [LEÓSED-LÓVE]
messianic משיחיש; משיחיסטיש; מעסיאַניש [MEShÍKhISh] [MEShIKhÍSTISh]
messianism דער משיחיזם; דער מעסיאַניזם [MEShIKhÍZEM]
messianist דער משיחיסט, ־ן; דער מעסיאַניסט, ־ן [MEShIKhÍST]
mess kit דאָס (סאָלדאַטישע) עסגעצייג; דאָס סאָלדאַטישע קעסעלע, ־ך; די מענאַשקע, ־ס
Messrs. חח' [= חבֿרים]; הה' [= הערן] [KhAVÉYRIM]
messy אָן אַ סדר ‹אָרדענונג›; אָפּגעלאָזן [SÉYDER]
mestizo דער מעטיס, ־ן
metabolic מעטאַבאָליש
metabolism דער מעטאַבאָליזם; דער שטאָפֿ(אויס)בײַט
metabolization די מעטאַבאָליזירונג
metabolize מעטאַבאָליזירן
metacarpal דער מיטלהאַנט־ביין, ־ער
metal, *adj.* מעטאַלן; פֿון מעטאַל
metal, *n.* דער מעטאַל, ־ן
metalanguage די מעטאַשפּראַך, ־ן
metal detector די מעטאַל־שפּירקע, ־ס
metal fatigue די/דאָס מעטאַל־אָפּגעשוואַכטקייט
metallic מעטאַל...; מעטאַלן; מעטאַליש
metallurgic מעטאַלורגיש
metallurgist דער מעטאַלורג, ־ן
metallurgy די מעטאַלורגיע
metalwork די מעטאַל־באַאַרבעטונג
metalworker דער מעטאַליסט, ־ן; דער מעטאַל־אַרבעטער, ־ס
metamorphic מעטאַמאָרפֿיש
metamorphic rock דער מעטאַמאָרפֿישער שטיין, ־ער
metamorphose (אַ)דורכמאַכן אַ מעטאַמאָרפֿאָז; מגולגל ווערן; •פֿאַרוואַנדלט ווערן; מעטאַמאָרפֿאָזירן [MEGÚLGL]
metamorphosis דער מעטאַמאָרפֿאָז; דער גילגול; די •פֿאַרוואַנדלונג [GILGL]
metanalysis דער מעטאַנאַליז
metaphor דער מעטאַפֿאָר, ־ן; דער מעטאַפֿער, ־ס
metaphoric מעטאַפֿאָריש
metaphorically מעטאַפֿאָריש (גערעדט)
metaphysical מעטאַפֿיזיש
metaphysics די מעטאַפֿיזיק ל״י
metastasis דער מעטאַסטאַז, ־ן; די פֿאַרשפּרייטונג, ־ען
metastasize פֿאַרשפּרייטן זיך
metastatic cancer דער מעטאַסטאַטישער ‹פֿאַרשפּרייטער› ראַק, ־ן
metatarsal דער מיטלפֿוס־ביין, ־ער
metathesis דער מעטאַטעז
mete (out) צופּסקענען; אָפּמעסטן [TSÚPÁSKENEN]
(punishment) באַשטראָפֿן + אַק'
metempsychosis דער גילגול־נשמות; דער מעטעמפּסיכאָז [GILGL-NEShÓMES]
meteor דער מעטעאָר, ־ן
meteoric מעטעאָריש
meteorite דער מעטעאָריט, ־ן
meteorologic מעטעאָראָלאָגיש
meteorologist דער מעטעאָראָלאָג, ־ן; דער וועטער־נבֿיא, ־ים [NÓVI, NEVÍIM]
meteorology די מעטעאָראָלאָגיע
meteor shower דער מעטעאָרן־רעגן, ־ס
meter, *n.*
(unit of measure) דער מעטער, ־ס
(instrument) דער ציילער, ־ס; דער מעסטער, ־ס
(mus.) דער מעטער, ־ס
(poetic) דער מעטער, ־ס; דער מישקל, ־ים [MIShKL, MIShKÓLIM]
six meters זעקס מעטער
meter, *v.* (אָפּ)מעסטן
meter maid די פּאַרקיר־פּאָליציאַנטקע, ־ס
meter reading דאָס אָפּלייענען דעם ציילער
methadone דער מעטאַדאָן
methamphetamine דער מעטאַמפֿעטאַמין, ־ען
methanal דער מעטאַנאַל
methane דער מעטאַן
methanol דער מעטאַנאָל; דער מעטילספּירט; דער האָלצספּירט
methinks (ס')דאַכט זיך מיר
method דער מעטאָד, ־ן; דער אופֿן, ־ים; דער גאַנג, גענג [OYFN, OYFÁNIM]
(school of thought) די שיטה, ־ות [ShÍTE]
method of payment דער אופֿן באַצאָלן
method acting דער מעטאָד
methodical מעטאָדיש
methodically מעטאָדיש; אויף אַ מעטאָדישן אופֿן [OYFN]
Methodism דער מעטאָדיזם
Methodist, *adj.* מעטאָדיסטיש
Methodist, *n.*
m./unsp. דער מעטאָדיסט, ־ן
f. די מעטאָדיסטקע ‹מעטאָדיסטין›, ־ס
methodological מעטאָדאָלאָגיש
methodologically מעטאָדאָלאָגיש; אויף אַ מעטאָדאָלאָגישן אופֿן [OYFN]
methodology די מעטאָדאָלאָגיע, ־ס; די מעטאָדיק, ־עס
Methusaleh מתושלח [MESUShÉLEKh]
methyl דער מעטיל, ־ן
methyl alcohol *see* **methanol**
methylate דענאַטורירן; מעטיליזירן
methylated spirit דער דענאַטוראַט, ־ן
meticulous קפּדניש; איבערפּינקטלעך; שטרענג אָפּגעהיט [KAPDÓNISh]
be meticulous (about) מדקדק זײַן (אויף); מקפּיד זײַן (אויף); זײַן אַ קפּדן (אויף) [MEDÁKDEK] [MÁKPED] [KAPDN]
meticulous person (*m./unsp.*) דער קפּדן, ־ים; דער מדקדק, ־ים [KAPDN, KAPDÓNIM]
meticulous person (*f.*) די קפּדנטע, ־ס [KÁPDNTE]
métier די בראַנזשע, ־ס; די מלאכה, ־ות [MELÓKhE]
Metis (דער) מעטיס
metonymic מעטאָנימיש
metonymy די מעטאָנימיע
metric מעטריש
go metric אַריבערגיין אויף דער מעטרישער סיסטעם
metric length דער מעטראַזש; די לענג אין מעטערס
metrics די מעטריק ל״י
metric system די מעטרישע (מאָסן־)סיסטעם
metric ton די מעטרישע טאָן, ־ען
metritis דער (הייב)מוטער־אָנצינד; דער מעטריט
metro די אונטערבאַן, ־ען; דער מעטראָ, ־ען
metronome דער מעטראָנאָם, ־ען
metropolis די מעטראָפּאָליע, ־ס; די גרויסשטאָט, ...שטעט; דער כּרך, ־ן [KRAKh]
metropolitan, *adj.* (גרויס)שטאָטיש
metropolitan, *n.*
(citizen) דער (גרויס)שטאָט־אײַנוווינער, ־ס
(Chr.) דער מעטראָפּאָליט, ־ן

metrotome דער מעטראָטאָם, ־ען
mettle דער ברען; דער קוראַזש; דער כאַראַקטער
  on one's mettle אויפֿן פֿאַסטן
  show one's mettle אַרויסווײַזן דעם כאַראַקטער; אַרויסווײַזן אַ ברען
mettlesome פֿײַערדיק; מיט אַ ברען
mew, *n.* דער מיאַו, ־ען
mew, *v.* מיאַוקע|ן
mews די שטאַלגאַס ל״י
Mexican, *adj.* מעקסיקאַניש
Mexican, *n.*
  m./unsp. דער מעקסיקאַנער, –
  f. די מעקסיקאַנערקע ‹מעקסיקאַנערין›, ־ס
Mexico (די) מעקסיקע
Mexico City די שטאָט מעקסיקע
mezuzah די מזוזה, ־ות [MEZÚZE]
  kiss the mezuzah אַ קוש טאָן די מזוזה
mezzanine דער מעזאַנין, ־ען
  (thea.) דער בעלעטאַזש, ־ן
mezzo-relievo דער מעצאָרעליעף, ־ן
mezzo-soprano דער מעצאָסאָפּראַן, ־ען
mg מג [= מיליגראַם]
MHz דער מעגאַהערץ, –
mi דער מי, ־ען
MIA *see* **missing in action**
miasma די מיאַזמע, ־ס; שעדלעכע אויסדאַמפּונגען ל״ר
mica דער גלימער(שטיין)
micaceous גלימער...; פֿון גלימער(שטיין)
Micah (bib.) מיכה [MÍKhE]
Michigan (דאָס) מישיגאַן
Mickey Mouse מיקי־מײַזל
micro... מיקראָ...
microbe דער מיקראָב, ־ן
microbial מיקראָביש
microbiological מיקראָביאָלאָגיש
microbiologist דער מיקראָביאָלאָג, ־ן
microbiology די מיקראָביאָלאָגיע
microchip דאָס מיקראָטשיפּל, ־עך
microcircuit די מיקראָסכעמע, ־ס; דער אינטעגרירטער שטראָמקרײַז, ־ן
microcomputer דער מיקראָקאָמפּיוטער, ־ס
microcosm דער מיקראָקאָסמאָס, ־ן
microcosmic מיקראָקאָסמיש
microdot דאָס מיקראָפּינטל, ־עך
microeconomics די מיקראָעקאָנאָמיק ל״י
microelectronics די מיקראָעלעקטראָניק ל״י
microfiche דער מיקראָפֿיש, ־ן
microfilm, *n.* דער מיקראָפֿילם, ־ען
microfilm, *v.* מיקראָפֿילמיר|ן
micromanage אַרײַנמישן זיך אין יעדער קלייניקייט
micromeria די זוטע
micrometer דער מיקראָמעטער, ־ס
micron דער מיקראָן, ־ען
microorganism דער מיקראָאָרגאַניזם, ־ען
microphone דער מיקראָפֿאָן, ־ען
microprocessor דער מיקראָפּראָצעסירער, ־ס
microscope דער מיקראָסקאָפּ, ־ן
microscopic מיקראָסקאָפּיש
microscopically מיקראָסקאָפּיש; ניצנדיק אַ מיקראָסקאָפּ
microsecond די מיקראָסעקונדע, ־ס
microwave, *n.* **(phys.)** די מיקראָכוואַליע, ־ס
microwave, *v.* אָפּקאָכן ‹אָפּבאַקן/אָנוואַרעמען› אין אַ מיקראָכוואַלניק; מיקראָכוואַליע(ווע)|ן
microwave oven דער מיקראָכוואַלניק, ־עס
mid... אין מיטן; האַלב...; מיט...; מיטל; דער מיטן + נאָמ׳
  in the mid-1960s אין די מיט־1960ער ‹מיטעלע 1960ער› יאָרן
  in midafternoon אין מיטן נאָכמיטאָג
  in midmorning אין מיטן פֿרימאָרגן
midair אין דער לופֿטן
midair collision דער צונויפֿשטויס אין דער לופֿטן
midday, *adj.* מיטאָג...; אין מיטן טאָג
midday, *n.* דער האַלבער טאָג; די מיטאָגצײַט
midden די קופּע מיסט
middle, *adj.* מיטל(סט)
middle, *n.* דער מיטן, ־ס; די מיט, ־ן; דער צענטער, ־ס
  (waist) די טאַליע, ־ס
  in the middle אין מיטן; אין דער מיט; אין צענטער
  in the middle of nowhere (location) אין האַצעפּלאַץ ‹בויבעריק›; אין אַ העק; ווי אויף דער לבֿנה [LEVÓNE]
  in the middle of nowhere (suddenly) אין מיטן העלן טאָג; אין מיטן דרינען
middle age די מיטעלע יאָרן ל״ר
middle-aged אין די מיטעלע יאָרן; מיטל־יאָריק ‹־יעריק›
  middle-aged person דער מיטל־יאָריקער ‹־יעריקער› געב׳
Middle Ages דער מיטל־עלטער ל״ין; ימי־הבינים [YEMÉY-HABEYNÁYEM]
middlebrow דורכשניטלעך
middle C דער מיטעלער דאָ
middle class דער מיטלקלאַס; דער מיטלשטאַנד
middle course דער מיטלוועג, ־ן
middle ear דער/דאָס מיטלסטע(ר) אויער, ־ן
Middle East דער מיטעלער מיזרח; דער מיטל־מיזרח [MÍZREKh]
Middle Eastern מיטל־מיזרחדיק [MÍZREKhDIK]
middle finger דער מיטלסטער ‹לאַנגער› פֿינגער, –
middleman דער פֿאַרמיטלער, ־ס; דער מעקלער, ־ס; דער סרסר, ־ים [SÁRSER, SARSÓRIM]
middle management דער מיטלסטער קאַדער
middle name דער צווייטער נאָמען, נעמען
  Modesty is my middle name! איך בין די באַשיידנקייט אַליין!
middle-of-the-road, *adj.* מאָסיק; געמעסיקט
middle school
  (Am.) די אונטערמיטלשול, ־ן
  (Eur.) די פּראָגימנאַזיע, ־ס
middleweight דער מיטלוואָגיקער געב׳
middling דורכשניטלעך; מיטלמאָסיק
Mideast *see* **Middle East**
midfield דאָס מיטעלע פֿעלד
midge די מוק, ־ן
midget, *adj.* מיני...; מיניאַטור־...; ליליפּוטן־...
midget, *n.* דער ליליפּוט, ־ן; דער קאַרליק, ־עס; דער קליינער מענטש, ־ן
midlevel מיטל־ראַנגיק
midlife, *adj.* אין די מיטעלע יאָרן
midlife, *n.* מיטעלע יאָרן ל״ר
midlife crisis דער קריזיס פֿון די מיטעלע יאָרן
midnight די האַלבע נאַכט
midnight snack דער נאַכטנאַש, ־ן
midnight sun די זון האַלבע נאַכט; די מיטנאַכט־זון
midpoint דער מיטלפּונקט, ־ן
midrange מיטל־גרייכיק
Midrash דער מדרש, ־ים [MÉDRESh, MEDRÓShIM]
midriff די טאַליע, ־ס
midshipman דער פֿלאָטקאַדעט, ־ן; דער מיטשמאַן, ־עס

midsized פֿון מיטעלער גרייס ‹מאָס›
midst, *n.* דער מיטן
in the midst of אין מיטן + דאַט׳
in their midst צווישן זיי
midstream דער מיטן טײַך
in midstream (*fig.*) אין מיטן (שטראָם); אויפֿן האַלבן וועג
midsummer
(midseason) דער מיטן זומער
(solstice) דער זומערדיקער זונשטאַנד
midterm election מיטקאַדענץ־וואַלן ל״ר
midterm examination דער מיטזמן־עקזאַמען, ־ס [MÍTZMAN]
midtown, *adj.* מיטלשטאָטיש; מיט־שטאָטיש
midtown, *n.* די מיטלשטאָט; די מיט־שטאָט; דער שטאָטצענטער
midway אויפֿן האַלבן וועג
midweek אין מיטן דער וואָך
midwest דער מיטעלער מערבֿ [MÁYREV]
midwife, *n.* די היבאַם, ־ען; די הייבן, ־ס; די באָבע, ־ס; די אַקושערקע, ־ס [BÚBE]
midwife, *v.* אַקושירן
(*fig.*) צו שטאַנד ברענגען
midwifery די אַקושעריע; דאָס אַקושערײַ
midwinter
(midseason) דער מיטן ווינטער
(solstice) דער ווינטערדיקער זונשטאַנד
midyear, *adj.* מיטיאָריק; מיטיאָר...
midyear, *n.* דער מיטן יאָר
mien
(bearing) די האַלטונג, ־ען; דאָס געשטאַלט, ־ן
(expression) די מינע, ־ס; די מראה, ־ות [MÁRE]
miff באַלײדיקן; זאַטשעפּען|ן; פּוגע־בכּבֿוד זײַן [POYGÉYE-BEKÓVED]
miffed באַלײדיקט; ברוגז [BRÓYGES]
might, *n.* דער כּוח; די מאַכט; די גבֿורה [KÓYEKh] [GVÚRE]
Might makes right מיט דער פֿויסט פֿירט מען אויס; כּל דאַלים גבֿר [KOL DÁLIM GVAR]
with all one's might מיטן גאַנצן כּוח; מיט אַלע כּוחות; וואָס כּוח נאָר; מיט לײַב און לעבן [KÓYKhES]
might, *v.* קענען; מעגן; קערן
He asked if he might come ער האָט געפֿרעגט צי ער קען קומען
I might as well go שוין גלײַכער ‹בעסער› אַז איך זאָל אַוועקגיין
I might have known כ׳האָב (געוווּסט) געדאַרפֿט וויסן
I thought it might rain כ׳האָב געמיינט אַז ס׳וועט אפֿשר רעגענען [ÉFShER]
She might have warned me! זי האָט מיך באַדאַרפֿט ‹געמעגט› וואָרענען!
might-have-been די פֿאַרפֿאַלענע געלעגנהייט, ־ן
mightily שטאַרק; גו(ע)וואַלדיק
mighty מעכטיק; מאַכטיק; שטאַרק; גו(ע)וואַלדיק
mignonette די רעזעדע, ־ס
migraine די מיגרען, ־ען
have migraines לײַדן פֿון מיגרען
migrant, *adj.* וואַנדער...; נע־ונדיק [NAVENÁDIK]
migrant, *n.* דער וואַנדערער, ־ס; דער נע־ונדניק, ־עס [NAVENÁDNIK]
migrant worker דער וואַנדער־אַרבעטער, ־ס
migrate מיגרירן; איבערוואַנדערן; נע־ונדעווע|ן [NAVENÁDEVEN]
migration די מיגראַציע, ־ס; די וואַנדערונג, ־ען
migratory מיגרירנדיק; וואַנדער...
migratory bird דער וואַנדער־פֿויגל, ־פֿייגל
mikado דער מיקאַדאָ, ־ס
mike, *n.* *see* **microphone**
mike, *v.* צושטעלן + דאַט׳ אַ מיקראָפֿאָן
mikveh די מיקווה, מיקוואָות [MÍKVE, MIKVÓES]
mikveh lady די טוקערין ‹טוקערקע›, ־ס
Milan (דאָס) מילאַן
milch cow די מעלקעדיקע קו, קי
mild מילד; צאַרט; ווייך; איידל; לינד; לאַגאָדנע
mildew, *n.* דער שימל
mildew, *v.* פֿאַרשימלט ווערן
mildewed/mildewy פֿאַרשימלט
mildly מילדערהייט
(somewhat) אַ ביסל; עפּעס
to put it mildly איידל ‹מילד› גערעדט
mildness די/דאָס מילדקייט; די/דאָס צאַרטקייט
mile די מײַל, ־ן
for miles מײַלן ווײַט
six miles זעקס מײַל
miles apart מײַלן ווײַט איינס פֿון ס׳אַנדערע
mileage די מײַלנצאָל; דאָס געמײַל
milestone דער מײַלשטיין, ־ער; דער מײַלצייכן, ־ס
milieu די סבֿיבֿה, ־ות [SVÍVE]
militancy די/דאָס מיליטאַנטישקייט
militant, *adj.* מיליטאַנטיש; קעמפֿעריש
militant, *n.*
m./unsp. דער מיליטאַנט, ־ן; דער מיליטאַנטישער געב׳; דער קעמפֿער, ־ס
f. די מיליטאַנטקע, ־ס; די קעמפֿערין, ־ס
militarism דער מיליטאַריזם
militarist דער מיליטאַריסט, ־ן
militaristic מיליטאַריסטיש
militarization די מיליטאַריזירונג
militarize מיליטאַריזירן
military, *adj.* מיליטעריש; מיליטער־...
military, *n.* דאָס מיליטער; מיליטער־לײַט ל״ר
military academy די קאַדעטן־‹מיליטער־›שול, ־ן; די מיליטערישע אַקאַדעמיע, ־ס
military base די מיליטערישע באַזע, ־ס
military drill דער מושטיר, ־ן; די מושטירונג, ־ען
military engineer דער סאַפּיאָר, ־ן
military machine דער מיליטערישער אַפּאַראַט; באַוואָפֿנטע כּוחות ל״ר [KÓYKhES]
military police די מיליטער־פּאָליצײַ
military service דאָס מיליטער־דינסט; דאָס דינען אין מיליטער; דאָס זעלנערײַ
militate (against) ווירקן (קעגן); שטעלן מניעות + דאַט׳ [MENÍES]
militia די מיליץ, ־ן
militiaman דער מיליציאָנער, ־ן
milk, *n.* די מיל(ע)ך
No use crying over spilt milk וואָס געווען איז געווען; מילא, פֿאַרפֿאַלן [MÉYLE]
give milk מעלקן זיך
milk, *v.*
imp. מעלקן
pf. אָנמעלקן; אויסמעלקן
milk can די מילכקאַן, ־ען
milk chocolate דער מילך־שאָקאָלאַד; דער מילכיקער שאָקאָלאַד
milk churn די מילכקאַן, ־ען
milk crate דאָס מילכקעסטל, ־עך
milk duct דער מילכקאַנאַל, ־ן

milk-ejection reflex דער מילך־אַרויס־רעפֿלעקס
milking דאָס מעלקן
milking machine דער מעלק־אַפּאַראַט, ־ן
milkmaid די מעלקערין, ־ס
milkman דער מילכטרעגער, ־ס; דער מילכיקער, –; דער שווייגער, ־ס; דער פּאַכטער, ־ס
milk of magnesia די מילך־מאַגנעזיע
milk pail די דיניצע, ־ס; די מילכקאַן, ־ען; דאָס מעלקשעפֿל, ־עך
milk products דאָס מיל(ע)כוואַרג קאָל'; דאָס מיל(ע)כיקס קאָל'
milk run דער רוטינפֿלי, ־ען
milkshake די מישמיל(ע)ך, ־ן; די מילכשוימקע, ־ס
milksop די לעמישקע, ־ס; דאָס לאַפּן־מיצל, ־עך
milk tooth דער מילכצאָן, ...ציינער; דאָס ציינדעלע, ־ך
milk vetch דער אַסטראַגאַל, ־ן
milk vine דאָס שוואַלבנגראָז
milkweed דער/דאָס וואַטניק, ־עס
milk-white מילך ווייַס
milkwort דאָס אייַטערל
milky מיל(ע)כיק; ווי מילך
Milky Way דער מילכוועג; די מילכגאַס
mill, *n.* די מיל, ־ן
(kitchen tool) דאָס מיל(ע)כל, ־עך
go through the mill זייַן אין מיל, אין באָד און אין הקדש; אויסשטיין אַ שווערן נסיון; פֿאַרשוואַרצט ווערן [HÉGDESh] [NISÓYEN]
mill, *v.*
imp./pf. **(grain)** (צע)מאָלן
imp./pf. **(tech.)** (אויס)וואַלצן
mill about אַרומדרייען זיך
millboard דאָס פּאַפּן־דעקל, ־עך
mill dam די מילדאַמבע, ־ס
millennial טויזנט־יאָריק
millennium דער יאָרטויזנט, ־ער; דער מילעניום, ־ס
miller
m./unsp. דער מילנער, ־ס
f. די מילנערקע ‹מילנערין›, ־ס
millet דער הירזש; די פּראָסע
(bot.) דער מויזן־קאָרן
millet grass דאָס הירזשגראָז
milliard דער מיליאַרד, ־ן
milligram דער מיליגראַם, ־ען
milliliter דער מיליליטער, ־ס
millimeter דער מילימעטער, ־ס
9-millimeter pistol דער נייַן־מילימעטערדיקער פּיסטויל, ־ן
milliner
m. דער מאָדיסט, ־ן; דער (פֿרויען־)היטל־מאַכער, ־ס
f. די פּוצערקע ‹פּוצערין›, ־ס; די מאָדיסטקע, ־ס
millinery
(store) דאָס הוטגעשעפֿט, ־ן
(trade) דאָס (הוטן־)פּוצערייַ
milling, *n.*
(coins) דאָס פֿרעזירן
(metal) די צעמאָלונג
milling machine דער פֿרעזער־ווערקשטעל, ־ן; די פֿרעזמאַשין, ־ען
milling-machine operator דער פֿרעזער, ־ס
million, *n.* דער מיליאָן, ־ען
millions of מיליאָנען
millions of (*fig.*) [ShÍER] [ShLAL] אָן אַ שיעור; אַ שלל מיט

feel/look like a million bucks פֿילן זיך אויסערגעוויינ(ט)לעך; זייַן אין זיבעטן הימל
one in a million איינער אין טויזנט; איינער אין אַ מדינה [MEDÍNE]
six million זעקס מיליאָן
millionaire
m./unsp. דער מיליאָנער, ־ן
f. די מיליאָנערשע, ־ס
millionth מיליאָנסט
millipede דאָס טויזנט־פֿיסל, ־עך; דער טויזנט־פֿיסלער, ־ס
millisecond די מיליסעקונדע, ־ס
millstone דער מילשטיין, ־ער; די זשאָרנע, ־ס
(lower) דער ספּידניאַק, ־עס
(upper) דער ווערכניאַק, ־עס
millwheel די/דאָס מילראָד, ...רעדער
milometer דער מייַלן־מעסטער, ־ס
milquetoast די לעמעשקע, ־ס; דער פּאַנטאָפֿל־מאַן, ־מענער
milt
(fish sperm) די מיל(ע)ך
(spleen) די מילץ
milter דער מילכהערינג, –
mime, *n.*
(art) די פּאַנטאָמימע
(artist) דער (פּאַנטאָ)מימיקער, ־ס
mime, *v.* נאָכמאַכן; אויפֿטרעטן ווי אַ מימיקער
mimeograph, *n.* דער מימעאָגראַף, ־ן
mimeograph, *v.* (אָפּ)מימעאָגראַפֿירן
mimeography די מימעאָגראַפֿיע
mimic, *adj.* מימיש
mimic, *n.* דער נאָכמאַכער, ־ס; דער מימיקער, ־ס; דער אימיטאַטאָר, ־ס
mimic, *v.* נאָכמאַכן; אימיטירן; נאָכקרימען; נאָכשפּעטן
mimicry
(biol.) די מימיקריע; די מימיקרי
(thea.) די מימיק
mimosa די מימאָזע, ־ס
minaret דער מינאַרעט, ־ן; דער מעטשעט־טורעם, ־ס
minatory סטראַשענדיק
mince, *n.* דאָס געהאַקטע; דער פֿאַרש; דאָס האַק(נ)פֿלייש
mince, *v.* פֿאַרשירן; צעהאַקן (אויף פּיץ־פּיצלעך)
not mince words רעדן מיטן פֿולן מויל; רעדן מיט באַקציינער; רעדן ווערטער ‹קלאָרע דיבורים›
mincemeat דאָס קרעפּלפֿלייש; דער פֿליישפֿאַרש; דאָס האַק(נ)פֿלייש
make mincemeat of מאַכן קרעפּלפֿלייש פֿון; מאַכן אַ מאָטשינקע פֿון
mincer דאָס פֿליישמילכל, ־עך
Mincha די מינחה [MÍNKhE]
mind, *n.* דער מוח; דער זינען; דער געדאַנק; דער גייַסט; דער שׂכל; דער פֿאַרשטאַנד [MÓYEKh] [SEYKhL]
be of one mind זייַן בייַ דער זעלבער מיינונג; אייַנשטימען איינס מיטן צווייטן; זייַן בדעה־אַחת [BEDÉYE-ÁKhES]
be of two minds שלאָגן זיך מיט דער דעה [DÉYE]
be on one's mind ליגן + דאַט' אויפֿן זינען
bear in mind האַלטן ‹האָבן› אין זינען + אַק'/צו
blow one's mind פֿריטשמעליע|ן; אַוועקלייגן
bring to mind דערמאָנען אין
change one's mind באַרעכענען זיך; איבערקלערן; בייַטן די מיינונג
come to mind קומען + דאַט' אויפֿן זינען
give sb. a piece of one's mind געבן + דאַט' אַ פּאָרציע ‹חלק› [KhÉYLEK]

Great minds think alike! איין חכם איז אַ מבֿין אויפֿן צווייטן!; האָבן מיר בײדע דעם זעלבן שׂכל! [KhÓKhEM] [MEYVN]

have a dull mind האָבן אַ טעמפּן קאָפּ; זײַן אַ קנאַפּער חכם [KhÓKhEM]

have a good mind to האָבן שטאַרק חשק ‹בדעה› צו; זײַן אַ בעלן צו [KhÉYShEK] [BEDÉYE] [BALN]

have a mind of one's own זײַן אַ מענטש ‹בעל־הבית› פֿאַר זיך; ניצן ‹האָבן/צוליגן› דעם אײגענעם שׂכל [BAL(E)BÓS]

have an open mind נישט האָבן קיין פֿאָראורטל; זײַן אָביעקטיוו

have half a mind to זײַן אַ בעלן צו; נישט אָפּזאָגן זיך צו

have/keep in mind to האָבן ‹האַלטן› אין אויג ‹זינען› צו; האָבן בדעה ‹בכּוונה› צו ‹אַז [BEKAVÓNE]

in one's right mind בײַם פֿולן זינען; מיט אַלעמען

in the back of one's mind אונטערבאַוווּסטזיניק; אונטערוויסיק; טיף אין האַרצן; אין הינטערגעדאַנק

It crossed my mind ס'איז מיר אײַנגעפֿאַלן

It's all in his mind סע דאַכט זיך אים נאָר

keep one's mind on קאָנצענטרירן זיך אויף

know one's own mind גוט וויסן וואָס מע וויל; נישט וואַקלען זיך

lose one's mind אַראָפּגיין פֿון זינען

make up one's mind באַשליסן ‹אָפּמאַכן› בײַ זיך

make up one's mind to פֿירנעמען זיך צו; אַרײַננעמען זיך אין זינען

Make up your mind! נו שוין!; אָדער אַהין אָדער אַהער!; אײנס פֿון די בײדע!; ממה־נפֿשך! [MÓNE(F)ShEKh]

mind over matter גײַסט איבער גוף

not enter one's mind נישט אײַנפֿאַלן + דאַט'; נישט קומען + דאַט' אויפֿן זינען

out of one's mind חסר־דעה; משוגע [KhÓSER-DÉYE] [MEShÚGE]

put one's mind to נעמען זיך צו

read one's mind טרעפֿן + דאַט' די געדאַנקען; (אַרײַנ)טרעפֿן וואָס בײַ + דאַט' טוט זיך אין האַרצן

set one's mind at ease/rest באַרויִקן זיך

slip one's mind אַרויסגיין + דאַט' פֿון זינען ‹קאָפּ/די געדאַנקען›

speak one's mind אַרויסזאָגן זיך; רעדן אָפֿן; זאָגן וואָס סע קוועטשט + דאַט' אונטערן לעפֿעלע

stick in one's mind בלײַבן + דאַט' אין קאָפּ ‹זכּרון›; ליגן + דאַט' אין טעם ‹מאָגן› [ZIKÓRN] [TAM]

take one's mind off אָפּציִען דעם אויפֿמערק פֿון

to my mind לויט מײַן מיינונג; לויט מיר נאָך

turn one's mind to ווענדן דעם אויפֿמערק אויף; קאָנצענטרירן זיך אויף

What's on your mind? וואָס נאָגט דיך ‹אײַך›?; וואָס טראַכסטו ‹טראַכט איר›?; וואָס ליגט דיר ‹אײַך› אויפֿן האַרצן?

mind, *v.*

(bother) אַרן אומפּ' + אַק'/פֿ"ק; אָנגיין אומפּ' + אַק'/דאַט'/פֿ"ק

(watch) האַלטן אַן אויג אויף; אָפּהיטן; אַכטונג געבן אויף; צוזען + דאַט'

I don't mind (if) ס'אַרט מיך נישט (אַז); פֿון מײַנעט וועגן (מעג)

If you don't mind my saying so זאָלסט ‹איר זאָלט› נישט האָבן קיין פֿאַראיבל, אָבער

mind the store (*fig.*) האַלטן אַן אויג; אָפּהיטן

Mind your own business! מיש(ט) זיך נישט אין יענעמס געשעפֿטן!; ס'איז נישט דײַן ‹אײַער› באָבעס עסק! [ÉYSEK]

Would you mind? צי וואָלט דיך ‹אײַך› געאַרט?; צי שטערט עס דיר ‹אײַך›?

mind-bending האַלוצינירִיק

mind-blowing פֿריטשמעליענדיק

mind-body problem די פּסיכאָפֿיזישע דילעמע

mind-boggling

It's mind-boggling סע שפּאַלט זיך אַזש דער קאָפּ ‹מוח›; סע צענעמט דעם מוח [MÓYEKh]

mind control דער געדאַנקען־קאָנטראָל

minded

be ...-minded האָבן ... אין זינען

minder דער אויפֿזעער, ־ס; דער משגיח, ־ים [MAZhGÍEKh, MAZhGÍKhIM]

mindful

be mindful of געדענקען אַז; האַלטן ‹האָבן› אין זינען אַז

mindless

(violence) אומזיניק

(work) מעכאַניש

be mindless of נישט קלערן וועגן

mind-numbing שרעקלעך נודנע

mind-reader דער טעלעפּאַט, ־ן

What am I, a mind-reader? איך זיץ דאָך נישט בײַ + דאַט' אין קאָפּ; ווי קען איך דען וויסן וואָס סע טוט זיך בײַ יענעם?

mind-reading די טעלעפּאַטיע

mindset די מענטאַליטעט, ־ן; דער אופֿן טראַכטן [OYFN]

mind's eye דער דמיון [DÍMYEN]

in the mind's eye אין געדאַנק

mine, *n.*

(explosive) די מינע, ־ס

(ore) די שאַכטע, ־ס; די גרוב, ־ן

mine, *adj./pron.* מײַנ(יק)ער געב'

a friend of mine מײַנער ‹מײַנס› אַ חבֿר [KhÁVER]

mine, *v.*

(lay explosives) (פֿאַר)מינירן; (אונטער)מינעווע|ן

(ore) גראָבן

mine detector דער מינען־זוכער, ־ס

minefield דאָס מינענפֿעלד, ־ער

minelayer דער מינען־לייגער, ־ס; די מינירשיף, ־ן; דער מינירער, ־ס

miner דער גרעבער, ־ס; דער בערגער, ־ס; דער מינע־אַרבעטער, ־ס; דער שאַכטיאָר, ־ן

(ship) דער מינען־לייגער, ־ס; דער מינירער, ־ס

mineral, *adj.* מינעראַל(ן)־...

mineral, *n.* דער מינעראַל, ־ן

mineral bath די מינעראַל־באָד, ־בעדער

mineral deposit דאָס געלעגער, ־ס; די לאַגערונג, ־ען

mineral kingdom די מינעראַלן־וועלט; מינעראַלן ל"ר

mineralogical מינעראַלאָגיש

mineralogist דער מינעראַלאָג, ־ן

mineralogy די מינעראַלאָגיע

mineral oil דער מינעראַל־אייל

mineral rights דאָס רעכט אויף מינעראַלן

mineral spirits דער מינעראַל־ספּירט

mineral water דאָס מינעראַל־וואַסער

mineral wax דער ערדוואַקס; דער אָזאָקעריט

minestrone די מינעסטראָנע

minesweeper די אָפּמינירשיף, ־ן; דער מינען־טראַולער, ־ס

minesweeping די אָפּמינירונג

mineworker *see* **miner**

mingle אויסמישן זיך

mingle in the crowd אויסמישן זיך מיטן עולם [ÓYLEM]

mini... מיני...
miniature, *adj.* מיניאַטור־...; פּיצלדיק
miniature, *n.* די מיניאַטור, ־ן
(painting) *also* דאָס מיניאַטור־בילד, ־ער
in miniature אין מיניאַטור
miniature golf דער מיניגאָלף
miniaturist דער מיניאַטוריסט, ־ן; דער מיניאַטורן־מאָלער, ־ס
miniaturization די מיניאַטוריזירונג
miniaturize מיניאַטוריזירן
miniblinds מינירולעטן
minibus דער מיניבוס, ־ן
minicourse דער מיניקורס, ־ן
minim דער מינים, ־ס
(mus.) די האַלבע נאָטע, נאָטן
minimal מינימאַל
minimalism דער מינימאַליזם
minimalist, *adj.* מינימאַליסטיש
minimalist, *n.* דער מינימאַליסט, ־ן
minimart דאָס שפּעטקרעמל, ־עך; דאָס גאַנץ־מעת־לעתיקע קרעמל, ־עך [MESLÉSIKE]
minimization די מינימיזירונג, ־ען
minimize מינימיזירן; פֿאַרמינערן; דערפֿירן ביז צו(ן) אַ מינימום; מאַכן צו קליינגעלט
minimizer bra דער פֿאַרקלענער־סטאַניק, ־עס
minimum, *adj.* מינימאַל
minimum, *n.* דער מינימום, ־ס
minimum wage דער מינימום־לוין
mining
(explosives) דאָס (אונטער)מינירן; דאָס מינעווען
(ore) דאָס בערגערײַ; דאָס מינערײַ; דאָס מינירן; די באַרג־אינדוסטריע
mining engineer דער באַרג־אינזשעניר, ־ן
minion דער אונטערלינג, ־ען; דאָס שיקיינגל, ־עך; דער משרת, ־ים [MEShÓRES, MEShÓRSIM]
miniscule *see* **minuscule**
miniseries די מיניסעריע, ־ס
miniskirt דאָס מיניקליידל, ־עך
minister, *n.*
(Chr.) דער גײַסטלעכער גוב'
(pol./*m./unsp.*) דער מיניסטער, ...טאָרן
(pol./*f.*) די מיניסטאָרשע, ־ס
minister without portfolio דער מיניסטער אָן אַ פּאָרטפֿעל
minister, *v.*
(Chr.) (אַ)דורכפֿירן דאָס גאָטסדינסט
minister to the sick אָפּגעבן זיך מיט קראַנקע (לײַט)
ministerial מיניסטעריש; פֿון אַ מיניסטער
minister of defense דער שיץ־מיניסטער, ...טאָרן
minister of education דער בילדונג(ס)־מיניסטער, ...טאָרן
ministry
(Chr.) דער גײַסטלעכער אַמט, ־ן
(pol.) די מיניסטעריום, ־ס
enter the ministry אָננעמען אַ גײַסטלעכן אַמט
ministry of defense דער שיץ־מיניסטעריום
ministry of education דער בילדונג(ס)־מיניסטעריום
minivan דער קאַמיאָנעט, ־ן
miniver דער האַרמל־פֿוטער, ־ס
mink, *adj.* מינקן
mink, *n.* דער מינק, ־ען; די נאָרקע, ־ס
mink coat דער מינקפֿוטער, ־ס; דער מינקפּעלץ, ־ן; דער נאָרקעפּעלץ, ־ן
Minnesota (די) מינעסאָטע

Minnie Mouse מיני־מײַזל
minnow דאָס פּלאָטקעלע, ־ך
minor, *adj.*
(lesser) מינערדיק; מינערוווערטיק
(underage) אומפּוליעריק; מינער־יעריק
(mus.) מינאָר...; מאָל...
in a minor key אין מינאָר ‹מאָל›
It's a minor problem ס'איז אַ האַלבע צרה; צווישן צרות איז דאָס נישט קיין צרה [TSÓRE] [TSÓRES]
minor, *n.*
(acad.) דער בײַלימוד, ־ים [BÁYLÍMED, BÁYLIMÚDIM]
(mus.) דער מינאָר
(underage) דער אומפּוליעריקער גוב'; דער מינער־יעריקער גוב'
minor, *v.* **(in)** האָבן ... פֿאַר אַ בײַלימוד [BÁYLÍMED]
minor age די/דאָס אומפּוליעריקייט; די/דאָס מינער־יעריקייט
minor chord דער מינאָר־אַקאָרד, ־ן; דער מאָלאַקאָרד, ־ן
minor clause דער טפֿל־זאַץ, ־ן [TOFL]
minority, *adj.* מינאָריטעט(ן)־...; מיעוט־... [MÍET]
minority, *n.* די מינאָריטעט, ־ן; דער מיעוט, ־ים [MÍET, MIÚTIM]
(age) די/דאָס מינער־יעריקייט
be in the minority זײַן אַ מינאָריטעט
minority enrollment די צאָל סטודענטן מינאָריטעטן
minority hiring דאָס אָנשטעלן אַרבעטערס מינאָריטעטן
minority opinion די מינאָריטעט־מיינונג, ־ען
minority party די מינאָריטעט־פּאַרטיי, ־ען
minority representation דער פֿאָרשטעלנט מינאָריטעטן
minority rights מינאָריטעטן־רעכט
minor league די אונטערליגע, ־ס
minor planet דער אַסטעראָיִד, ־ן; דער פּלאַנעטאָיִד, ־ן
Minor Prophets תּרי־עשׂר [TREY-ÓSER]
minor scale די מינאָר־גאַמע, ־ס
the C minor scale די דאָ־מינאָר־גאַמע
minor second די קליינע סעקונדע, ־ס
minor seventh די קליינע סעפּטימע, ־ס
minor sixth די קליינע סעקסטע, ־ס
minor third די קליינע טערצע, ־ס
Minotaur דער מינאָטאַוור
Minsk (דאָס) מינסק
minster דער מינסטער, ־ס
minstrel דער מינסטרעל, ־ס; דער מינע־זינגער, ־ס; דער שפּילמאַן, ...מענער
mint, *adj.*
in mint condition פֿונק ‹שפּאָגל› נײַ
mint, *n.*
(bot.) די מ(י)ענטע; די מיאַט(ק)ע
(candy) דאָס מ(י)ענטע־צוקערל, ־עך; די מ(י)ענטע־צוקערקע, ־ס
(coin) די מינץ; די מינצערײַ
It cost a mint ס'האָט אָפּגעקאָסט אַ מאַיאָנטיק (מיט געלט)
make a mint מאַכן אַ פֿאַרמעגן ‹פּותיקי›; פֿאַרדינען אַן אוצר ‹מאַיאָנטיק› מיט געלט [ÓYTSER] [PÓYTIKE]
mint, *v.*
(money) שלאָגן; (אויס)מינצן
(a phrase) שאַפֿן; פֿורעמען; צוטראַכטן; אויסמינצן
newly minted פֿריש פֿון דער נאָדל; פֿריש פֿונעם איי; פֿריש־געבאַקן; שפּאָגל נײַ
minter דער מינצער, ־ס
mint julep דער מ(י)ענטע־זשולעפּ, ־ן
minuend די געמינערטע צאָל, ־ן; דער מינוענד, ־ן

minuet דער מינועט, ־ן
minus, *conj.* מינוס
minus, *n.* דער מינוס, ־ן
  (drawback) *also* דער חסרון, ־ות/־ים [KhESÓRN, KhESRÓYNES/KhESRÓYNIM]
minus, *prep.* מינוס
minuscule קליינטשי(נ)ק אטר'; קליינינק אטר'; פיצינק אטר'; פיטשעמאַנטשיק אטר'; דראָבנע
  (hum.) קליין ווי אַ מאַנדעלע; גרויס ווי אַ גענעץ; אַ חיריק די גרייס
minus sign דער מינוס, ־ן; דער חיסור־צייכן, ־ס [KhíSER]
minute, *adj.*
  (tiny) *see* **minuscule**
  (detailed) דראָבנע; תּגינדיק; פּרטי־פּרטימדיק [TÁGNDIK] [PRÓTE-PRÓTIMDIK]
  in minute detail מיט די קלענסטע ‹מינדסטע› פּרטים [PRÓTIM]
minute, *n.* די מינוט, ־ן
  at the last minute אין דער לעצטער מינוט ‹רגע›; אַ מינוט פֿאַר ליכטבענטשן [RÉGE]
  in a minute (duration) אין משך פֿון איין מינוט [MÉShEKh]
  in a minute (soon) אין אַ מינוט אַרום; באַלד; שוין
  Just a minute! וואַרט צו (אַ מינוטקעלע)!
  the minute that באַלד ווי; ווי נאָר
minute, *v.* פֿירן דעם פּראָטאָקאָל
minute hand דער מינוטניק, ־עס; דער מינוטן־ווײַזער, ־ס
minutes (of meeting) דער פּראָטאָקאָל, ־ן
  take minutes (of) פֿירן ‹פֿאַרשרײַבן› דעם פּראָטאָקאָל (פֿון); פּראָטאָקאָלירן + אַק'
minute steak דער מינוטסטייק, ־ן
minutiae קלייניקייטן; פּי(ש)טשעווקעס; תּגין [TAGN]
minx די קאָקעטקע, ־ס; די עזותניצע, ־ס [ÁZESNITSE]
minyan דער מנין, ־ים [MÍNYEN, MINYÓNIM]
miracle דער נס, נסים; די פּלא, פּלאָים; דער/דאָס מופֿת, ־ים [NES, NÍSIM] [PÉ(Y)LE, PLÓYEM] [MÓYFES, MÓFSIM]
  It'll take a miracle! מע דאַרף האָבן רחמים! [RÁKhMIM]
  miracle of miracles דער נס־בתּוך־נס; דער נסי־נסים; דער פּ(י)לאי־פּלאָים [NÉS-BETÓKh-NÉS] [NÍSE-NÍSIM] [PÍLE-PLÓYEM]
  wondrous miracles נסים־ונפֿלאָות [NÍSIM-VENIFLÓES]
miracle drug די נסים־רפֿואה, ־ות; די נסימדיקע רפֿואה, ־ות [NÍSIM-REFÚE] [NÍSIMDIKE]
miracle worker דער בעל־מופֿת, בעלי־מופֿתים; דער בעל־שם, בעלי־שם/בעלי־שמות [BALMÓYFES, BÁL(E)-MÓFSIM] [BALShÉM, BALEShÉM/BÁLE-ShÉYMES]
miraculous נסימדיק [NÍSIMDIK]
miraculously ווי דורך אַ נס; על־פּי נס [NES] [ÁLPI]
mirage דאָס לופֿטבילד, ־ער; דער מיראַזש, ־ן
mire, *n.* די בלאָטע, ־ס; דער טוואַן, ־יעס; דאָס געמוזעכץ, ־ן/־ער
mire, *v.*
  mired in אײַנגעזונקען אין
Miriam (bib.) מרים הנבֿיאה [MÍRYEM (H)ANEVÍE]
mirror, *n.* דער שפּיגל, ־ען
mirror, *v.* אָפּשפּיגלען
mirror carp דער קיניגקאַרפּ, ־ן; דער שפּיגלקאַרפּ, ־ן
mirror image דאָס שפּיגלבילד, ־ער
mirth די פֿרייד; די שׂימחה; די/דאָס פֿריילעכקייט; די הילולא [SÍMKhE] [HILÚLE]
mirthful פֿריילעך; צעפֿריילעכט; שׂימחהדיק [SÍMKhEDIK]
mirthless אָנפֿריידיק; אומעטיק
mirthlessly אָן פֿרייד ‹שׂימחה› [SÍMKhE]

mis... אומ...; פֿאַלש; שלעכט; קרום
misadventure דאָס אומגליק, ־ן; דאָס פֿאַרפֿירעניש, ־ן
  death by misadventure דער טויט דורך אַן אומגליק
misalign שלעכט אײַנרייען
misaligned שלעכט אײַנגערייט
misalliance די אומפּאָר, ־ן; דער אומזיווג; דער קרומער שידוך; דער מעזאַליאַנס, ־ן [ÚMZIVEG] [ShIDEKh]
  (hum.) דער קורץ־פֿרײַטיק מיטן שבת־הגדול [ShÁBES-HAGÓDL]
misanthrope דער מיזאַנטראָפּ, ־ן; דער מענטשנפֿײַנד, –; דער בעזלאַדניק, ־עס
misanthropic מיזאַנטראָפּיש
misanthropy די מיזאַנטראָפּיע
misapplication דער פֿאַלשער אָנווענד, ־ן; דאָס פֿאַלש אָנווענדן
misapply פֿאַלש אָנווענדן
misapprehend שלעכט פֿאַרשטיין
misapprehension דער טעות אין פּשט; דאָס אומפֿאַרשטייעניש, ־ן; די מיספֿאַרשטענדעניש, ־ן [TÓES] [PShAT]
  be under a misapprehension *see* **misapprehend**
misappropriate צואייגענען ‹אויסניצן› אָן רעכט; פֿאַלש ‹קרום› באַניצן
  misappropriate funds קרום באַניצן געלט(ער)
misappropriation דאָס פֿאַלש ניצן; דער קרומער באַניץ
  misappropriation of funds דער קרומער געלטבאַניץ
misbegotten
  (ill-conceived) נישט גוט (אַ)דורכגעקלערט
  (illegitimate) אומגעזעצלעך
misbehave אויפֿפֿירן זיך שלעכט ‹קרום›; מאַכן שטיק; אַרומקאַמאַנדעווע|ן; נישט פֿירן זיך ווי ס'קער צו זײַן
misbehavior דער קרומער ‹שלעכטער› אויפֿפֿיר; דאָס אַרומקאַמאַנדעווען
miscalculate פֿאַררעכענען זיך; נישט גוט אויסרעכענען; פֿאַלש באַרעכענען; האָבן אַ טעות אין חשבון; טועה זײַן זיך אין חשבון [TÓES] [KhEZhBM] [TÓYE]
miscalculation די פֿאַררעכענונג, ־ען; דער טעות אין חשבון; דער טעותדיקער חשבון, ־ות [TÓES] [TÓESDIK] [KhEZhBM, KhEZhBÓYNES]
miscarriage דאָס מפּיל זײַן; די מפּלונג; דאָס פֿאַרלירן אַ קינד [MÁPL] [MÁPLUNG]
  I had a miscarriage כ'האָב געמפּלט; כ'האָב מפּיל געווען; כ'האָב זיך אונטערגעריסן; כ'האָב עס פֿאַרלוירן [GEMÁPLT]
  miscarriage of justice דער געריכט־טעות, ־ן [TÓES]
miscarry
  (pregnancy) מפּלען; מפּיל זײַן; פֿאַרלירן אַ קינד; אונטעררײַסן זיך [MÁPLEN] [MAPL]
  (plans) אויספּאַלן באָקעם; אויסלאָזן זיך אַ בוידעם
miscast נישט גוט צופּאַסן אַ ראָלע
  She was miscast די ראָלע איז איר נישט געווען צוגעפּאַסט
miscellaneous פֿאַרשיידן ‹פֿאַרשידן›; כּלערליי [KÓLERLÉY]
miscellany פֿאַרשיידנס ‹פֿאַרשידנס›; פֿאַרשידענע ל"ר
mischief
  (damage) דער שאָדן
  (pranks) דאָס שטיפֿערײַ; דאָס קונדסערײַ; דאָס שאַלטיקערײַ; קרומע שטיק ל"ר [KUNDESERÁY]
  be up to mischief קונדסעווע|ן; קונדסן; שטיפֿן [KUNDÉYSEVEN] [KÚNDESN]
  do sb. mischief אָפּטאָן + דאַט' שלעכטס
  get into mischief אָנמאַכן צרות; אָפּטאָן שטיק; אָנגעבן; פֿאַרפֿירן וועלטן ‹מעשׂים› [TSÓRES] [MÁYSIM]
  make mischief between זייען מחלוקת צווישן [MAKhLÓYKES]

mischief-maker דער שטערער, ־ס; דער צרות־מאַכער, ־ס; דער שאָדן־ווינקל, ־ען [TSÓRES]
mischievous שטיפֿעריש; אָפּטועריש; ווילעריש; קונדייסקע
mischievous person דער מזיק, ־ים; דער שטיפֿער, ־ס; דער קונדס, ־ים; דער ווײַסער־חבֿרהניק, ווײַסע־חבֿרהניקעס [MÁZEK, MAZÍKIM] [KÚNDES, KUNDÉYSIM] [KhÉVRENIK]
mischievous act דאָס שפּיצל, ־עך; שטיק ל״ר; די זבֿיטקע, ־ס
miscible צונויפֿמיש(עווד)יק
be miscible לאָזן זיך צונויפֿמישן
miscommunicate שלעכט קאָמוניקירן; שלעכט פֿאַרשטיין זיך
miscommunication דער טעות אין פּשט; דאָס שלעכט קאָמוניקירן [TOES] [PShAT]
misconceive פֿאַלש פֿאַרשטיין
misconception די קרומע ‹פֿאַלשע› השׂגה, ־ות; די געגאַרטע דעה, ־ות; דאָס אײַנרעדעניש, ־ן [HASÓGE] [DÉYE]
misconduct דער אומאויפֿפֿיר; דער שלעכטער אויפֿפֿיר; די שלעכטע הנהגה [HANHÓGE]
misconstrue שלעכט אויסטײַטשן
miscount, *n.* דאָס נישט גוט איבערציילן
miscount, *v.* נישט גוט איבערציילן; האָבן אַ טעות בײַם איבערציילן [TÓES]
miscreant דער רשע, ־ים; דער גזלן, ־ים [RÓShE, REShÓYEM] [GÁZLEN, GAZLÓNIM]
misdeed די מעשׂה־רע, מעשׂים־רעים; דער קרומער אַקט, ־ן; די מעשׂה־תּעתּועים, מעשׂים־... [MAYSERÁ, MÁYSIM-RÓYEM] [MÁYSE-TATÚIM, MÁYSIM-...]
misdemeanor דער לײַכטער פֿאַרברעך, ־ן; דאָס איבערשפּרײַזל, ־עך; די לײַכטע עבֿירה, ־ות [AVÉYRE]
misdiagnose שטעלן דעם פֿאַלשן ‹נישט־ריכטיקן› דיאַגנאָז
misdiagnosis דער פֿאַלשער דיאַגנאָז, ־ן
misdirect שיקן אין דער פֿאַלשער ריכטונג
(letter) פֿאַלש אַדרעסירן
misdoing די מעשׂה־רע, מעשׂים־רעים [MAYSERÁ, MÁYSIM-RÓYEM]
mise en scène די מיזאַנסצענע, ־ס
miser דער קמצן, ־ים; דער קאַרגער גער׳ [KAMTSN, KAMTSÓNIM]
(*hum.*) דער קמצניוק, ־עס [KAMTSENYÚK]
(*vlg.*) דער חזיר, ־ים [KhÁZER, KhAZÉYRIM]
miserable
(unhappy) אומגליקלעך; צעווייטיקט
(incompetent) אומפֿעיִק; אומקאָמפּעטענט
(pathetic) נעבעכדיק; קלאָגעדיק; צרהדיק [TSÓREDIK]
be in a miserable state ליגן אין דער אַדמה; ליגן אין דר׳ערד; ליגן אין געהאַקטע ווונדן [ADÓME]
have a miserable time שרעקלעך ‹שלעכט› פֿאַרברענגען; אָפּמוטשע|ן זיך
make life miserable (for) פֿאַרשוואַרצן + דאַט׳ די יאָרן; פֿאַרפֿינצטערן
make oneself miserable מאַכן זיך אומגליקלעך
miserable person (mean) דער פּאַסקודניאַק, ־עס; דער פּאַסקודנער גער׳
miserable person (unhappy) דער אומגליקלעכער גער׳
miserably שרעקלעך; ביטער; שטאַרק
miserliness די/דאָס קמצנישקייט; די קאַרגשאַפֿט [KAMTSÓNIShKEYT]
miserly קמצניש; קאַרג [KAMTSÓNISh]
misery די/דאָס אומגליקלעכקייט; ליידן ל״ר; יסורים ל״ר; דער ווייטיק; די נויט; די בידע; צרות ל״ר [YESÚRIM] [TSÓRES]
put out of one's misery אַרויסראַטעווע|ן + אַק׳ פֿון יסורים ‹פּײַן›
misfire פֿאַרהאַקן זיך; נישט אויסשיסן
(*fig.*) (אַ)דורכפֿאַלן
misfit
(clothing) דאָס/דער נישט־צוגעפּאַסטע(ר) מלבוש, ־ים [MÁLBESh, MALBÚShIM]
(person) דער טשודאַק, ־עס; דער שלימזל, ־ען/־ס [ShLIMÁZL]
misfortune דאָס אומגליק; דאָס שלימזל; די בידע, ־ס; דאָס מאַלער, ־ן; דאָס אָנשיקעניש, ־ן; דאָס פּורעניות, ־ן; דאָס משולחת, ־ן [ShLIMÁZL] [PURÓNYES] [MISh(U)LÁKhES]
misgiving דער איבערקלער, ־ן; דער חשש, ־ים; דער ספֿק, ־ות [KhShASh, KhShÓShIM] [SÓFEK, SFÉYKES]
have misgivings איבערקלערן; האָבן אַ חשש; האָבן ספֿקות
misguide פֿאַרפֿירן
misguided פֿאַרפֿירט; פֿאַרבלאָנדזשעט
mishandle אומבאַלעבאַטעווע|ן; נישט גוט אָנפֿירן מיט
(mistreat) שלעכט באַגיין זיך מיט
mishap די סיבה, ־ות; דאָס אומגליק, ־ן [SÍBE]
mishear נישט דערהערן
mishmash דער מיש־מאַש; דאָס געמיש
Mishnah די מישנה [MÍShNE]
(set of books) דער משניות, ־ן [MIShNÁYES]
Mishnaic מישנה־...; מישניש [MÍShNE]
misinform פֿאַלש אינפֿאָרמירן ‹איבערגעבן›; דיסאינפֿאָרמירן
misinformation די פֿאַלשע אינפֿאָרמאַציע; די דיסאינפֿאָרמאַציע
misinformed פֿאַלש אינפֿאָרמירט
misinterpret פֿאַלש אויסטײַטשן; שלעכט פֿאַרשטיין
misinterpretation דער פֿאַלשער אויסטײַטש, ־ן
misjudge פֿאַלש אָפּשאַצן
misjudgment דער פֿאַלשער אָפּשאַץ, ־ן; דאָס פֿאַלש אָפּשאַצן
mislay פֿאַרלייגן; פֿאַרוואַרפֿן
mislead פֿאַרפֿירן; אַרײַנפֿירן אין אַ טעות; אַראָפּפֿירן פֿון וועג [TÓES]
misleading פֿאַרפֿירעריש
mismanage אומבאַלעבאַטעווע|ן; נישט גוט אָנפֿירן מיט; אַראָפּפֿירן פֿון וועג
mismanagement דאָס אומבאַלעבאַטעווען; די שלעכטע פֿאַרוואַלטונג
mismatch, *n.* די אומפּאָר; דער אומזיווג [ÚMZIVEG]
mismatch, *v.* נישט ריכטיק צופּאַסן
mismatched
be mismatched זײַן נישט קיין פּאָר ‹זיווג› [ZÍVEG]
mismatched couple (*hum.*) דער קורץ־פֿרײַטיק מיטן שבת־הגדול; אַ לולבֿ מיט אַן אתרוג [ShÁBES-HAGÓDL] [LÚLEV] [ÉSREG]
misnomer דער נישט־צוגעפּאַסטער ‹נישט־ריכטיקער› נאָמען, נעמען
misogynist דער ווײַבער־שׂונא, ־ים; דער פֿרויענפֿײַנד, – [SÓYNE, SÓNIM]
be a misogynist *also* פֿײַנט האָבן פֿרויען
misogynistic פֿרויענפֿײַנדלעך
misogyny די ווײַבער־שׂינאה; די מיסאָגיניע [SÍNE]
misperception
have a misperception נישט ריכטיק באַנעמען ‹פֿאַרשטיין›
misplace פֿאַרלייגן; פֿאַרוואַרפֿן
misplace a comma שטעלן אַ קאָמע אויפֿן פֿאַלשן אָרט
misplaced (erroneous) טעותדיק [TÓESDIK]
misprint, *n.* דער דרוקפֿעלער, ־ן; דער דרוקגרײַז, ־ן; דער טיפּאָגרײַז, ־ן; דער טעות־הדפּוס, ־ן [TÓES-HATFÚS]

mispronounce פֿאַלש אַרױסרעדן
mispronunciation דער פֿאַלשער אַרױסרעד, ־ן
misquotation דער פֿאַלשער ציטאַט, ־ן; דאָס פֿאַלש ציטירן
misquote פֿאַלש ציטירן; פֿאַרפּלאָנטערן + דאַט' די װערטער
misread פֿאַלש אױסטײַטשן ‹פֿאַרשטײן›
misrepresent פֿאַרקרימען; פֿאַרדרײען; נישט ריכטיק ‹פֿאַלש› פֿאַרשטעלן
misrepresent the facts פֿאַרדרײען די פֿאַקטן
misrepresentation דאָס פֿאַלשע בילד, ־ער; די פֿאַרדרײונג, ־ען; דאָס פֿאַרדרײען
misrule, *n.*
(misgovernment) די שלעכטע פֿירערשאַפֿט ‹רעגירונג›
(disorder) די אומאָרדענונג
misrule, *v.* שלעכט אָנפֿירן ‹רעגירן›
Miss (title) [KhÁVERTE] ח'טע [= חבֿרטע]; פֿרל [= פֿרײַלין]
miss,[1] *n.* **(young woman)** דאָס מײדל, ־עך; די פֿרײַלין, ־ס; די מאַמזעל, ־ן
miss,[2] *n.*
(failure) דער דורכפֿאַל, ־ן
(opportunity) די (אַ)דורכגעלאָזענע ‹פֿאַרלױרענע› געלעגנהײט, ־ן
(shot) דער פֿאַרבײַשאָס, ־ן
a miss is as good as a mile פֿאַרפֿעלט איז פֿאַרשפּילט
give stg. a miss פֿאַרבײַלאָזן; (אַ)דורכלאָזן
It was a near miss ס'האָט שױער נישט געטראָפֿן
miss, *v.*
(be absent) פֿאַרפֿעלן
(be late for) פֿאַרשפּעטיקן; פֿאַרזאַמען
(by driving too far) פֿאַרפֿאָרן; פֿאַרבײַפֿאָרן
(by oversleeping) פֿאַרשלאָפֿן
(long for) בענקען נאָך; אױספֿעלן + דאַט'/פּ"ק
(not hear) נישט דערהערן; פֿאַרהערן
(train/bus) נישט באַװײַזן; פֿאַרשפּעטיקן
(meal) פֿאַרפֿעלן; איבערהיפּן
miss by a mile װײַט־װײַט נישט טרעפֿן; העט פֿאַרפֿאָרן
miss one another (fail to meet) אױסמײַדן זיך (אין װעג)
miss out on פֿאַרפֿעלן + אַק'
miss the ball לאָזן ‹נישט כאַפּן› דעם באַלעם
miss the boat (*fig.*) פֿאַרפֿעלן די געלעגנהײט; פֿאַרשפּעטיקן
miss the deadline פֿאַרשפּעטיקן דעם טערמין
miss the target נישט טרעפֿן אין ציל ‹פֿינטל›; פֿאַרבײַשיסן; פֿאַרשיסן זיך; כּיבֿין
miss the point [ÍNYEN] נישט פֿאַרשטײן ‹כאַפּן› דעם ענין
not to be missed אױף בילעטן צו גײן; נישט צום פֿאַרפֿעלן
He's missing a leg סע פֿעלט אים אַ פֿוס
missal די מיסאַלע, ־ס; דאָס געבעטבוך, ...ביכער
misshapen צעקרימט; דעפֿאָרמירט
missile דער ראַקעט, ־ן; דער מיסל, ־ען
missile battery די ראַקעטן־באַטעריע, ־ס
missile launcher דער ראַקעטן־װאַרפֿער, ־ס; דער ראַקעטניק, ־עס
missing, *adj.* פֿעלנדיק; פֿאַרפֿאַלן
be/go missing פֿעלן; פֿאַרפֿאַלן װערן; פֿאַרלױרן גײן; אַהינקומען; זײַן נישטאָ
missing in action אַהינגעקומען ‹פֿאַרפֿאַלן געװאָרן› אין שלאַכט
There's something missing עפּעס פֿעלט
missing link דער פֿעלנדיקער רינג
missing person דער אַהינגעקומענער געב'; דער פֿאַרפֿאַלענער געב'
mission [ShLÍKhES] דאָס שליחות, ־ן; די מיסיע, ־ס
(assignment/mil.) די קאָמאַנדירונג, ־ען
(building/Chr.) דער מיסיאָן, ־ען
go on a mission to פֿאָרן מיט אַ מיסיע ‹שליחות› צו
Mission accomplished! שליחות (אַ)דורכגעפֿירט!
one's mission in life דאָס שליחות אין לעבן; דער לעבנס־באַרוף
missionary, *adj.* [ShLÍKhESDIK] מיסיאָנעריש; שליחותדיק
missionary, *n.* דער מיסיאָנער, ־ן; דער שליח, ־ים [ShELÍEKh, ShLÍKhIM]
missionary position די מיסיאָנערן־פּאָזיציע
missionary work דער מיסיאָן
missionary zeal דער מיסיאָנערישער ‹חסידישער› ברען [KhSÍDIShER]
mission control דער קאָנטראָל־צענטער, ־ס; די קאָנטראָל־סטאַנציע, ־ס
missionize אַרבעטן ‹דינען› װי אַ מיסיאָנער
mission statement די שליחות־‹מיסיע־›דעקלאַראַציע, ־ס [ShLÍKhES]
Mississippi (דאָס) מיסיסיפּי
missive דער אָפֿיציעלער ‹לאַנגער› בריװ, –
Missouri (דאָס) מיזורי
misspeak פֿאַררעדן זיך; פֿאַרפּלאָנטערן זיך
misspell פֿאַלש ‹נישט ריכטיק› אױסלײגן
misspelling דער אָרטאָגראַײַז, ־ן; דער נישט־ריכטיקער אױסלײג, ־ן
misspent youth צעפּטרטע ‹צעטרענצלטע› יונגע יאָרן ל"ר [TSEPÁTERTE]
misstate פֿאַלש ‹נישט ריכטיק› אַרױסזאָגן
misstatement דער פֿאַלשער ‹נישט־ריכטיקער› אַרױסזאָג, ־ן
misstep, *n.* דער פֿעלער, ־ן; דער פֿאַלשער טראָט, טריט
misstep, *v.* [TÓES] אָפּטאָן אַ פֿעלער; אַרײַנטרעטן אין אַ טעות
missus (wife) דאָס/די װײַב; די פֿרױ
mist, *n.* דער נעפּל, ־ען; דער טומאַן, ־ען
mists of time דער נעפּל ‹טומאַן› פֿון יאָרן
mist, *v.* פֿאַרנעפּלט װערן; באַצױגן װערן מיט אַ נעפּל
mistake, *n.* דער/דאָס טעות, ־ן/־ים; דער גרײַז, ־ן; דער פֿעלער, ־ן [TÓES, TEÚSIM]
by mistake [ÁLPI] על־פּי טעות; דורך אַ טעות
Everyone makes mistakes טעות לעולם חוזר; בײַ יעדערן קען זיך טרעפֿן אַ טעות; מ'איז דאָך נישט מער װי אַ מענטש [LEÓYLEM KhÓYZER]
make a mistake טועה זײַן זיך; האָבן אַ טעות; אַרײַנפֿאַלן אין אַ טעות; אָפּטאָן ‹באַגײן› אַ פֿעלער [TÓYE]
Make no mistake מע זאָל זיך נישט לאָזן אָפּנאַרן
There's no mistaking what she said נישטאָ קײן פֿראַגע װאָס זי האָט געזאָגט
She's making a big mistake זי האָט אַ גרױסן טעות; זי איז זיך שטאַרק טועה
mistake, *v.*
mistake sb./stg. for (על־פּי טעות) אָננעמען + אַק' פֿאַר [ÁLPI TÓES]
mistaken [TÓESDIK] טעותדיק; פֿאַלש
be mistaken (about) טועה זײַן זיך (װעגן); האָבן אַ טעות (אין); גענאַרן זיך (אין) [TÓYE] [TÓES]
(case of) mistaken identity דער פֿלאָנטער ‹טעות› אין דערקענען; די נישט־דערקענונג; דער קוני־לעמל־פּלאָנטער
mistakenly [ÁLPI TÓES] על־פּי טעות; דורך אַ טעות
mister [KhÁVER] מיסטער; פֿרײַנד; חבֿר; הער
Hey, mister! *also* פֿעטער!
Hey, mister! (to a Jew) [REB] רב ‹ר'› ייִד!
mistime נישט + װערב צו דער רעכטער ‹ריכטיקער› צײַט
mistletoe דער מיסטל
mistreat שלעכט טראַקטירן ‹באַהאַנדלען›

mistreatment דאָס שלעכט טראַקטירן ‹באַהאַנדלען›
mistress
 (lover) די געליבטע, ־ס; די מעטרעסע, ־ס; די ליובאָווניצע, ־ס
 (of house) די בעל־הביתטע, ־ס; די עקרת־הבית, ־ן [BAL(E)BÓSTE] [AKÉRES-HABÁYES]
mistrial דער אוממישפּט, ־ים; דער פּסול געוואָרענער פּראָצעס, ־ן [ÚMMÍShPET, ÚMMIShPÓTIM] [POSL]
 declare a mistrial פּסלען דעם מישפּט ‹פּראָצעס› [PÁSLEN] [MÍShPET]
mistrust, *n.* **(of)** דער אומצוטרוי (צו)
mistrust, *v.* נישט געטרויען + דאַט'
mistrustful (of) פול מיט אומצוטרוי (צו)
 be mistrustful קיינעם נישט געטרויען
misty נעפּלדיק
misunderstand שלעכט פֿאַרשטיין
 Don't misunderstand me כ'וויל זאָלסט ‹איר זאָלט› מיך גוט פֿאַרשטיין
 He's misunderstood מע ‹קיינער› פֿאַרשטייט אים נישט
misunderstanding דאָס נישט־דערדערגעניש, ־ן; דער טעות אין פּשט; דער מקח־טעות; דאָס אומפֿאַרשטייעניש, ־ן; די ״מיספֿאַרשטענדעניש, ־ן [TÓES] [PShAT] [MÉKEKh-TÓES]
 have a misunderstanding האָבן אַ טעות אין פּשט; נישט פֿאַרשטיין זיך
misuse, *n.* דאָס קרום באַניצן; דאָס פֿאַלש אויסניצן
misuse, *v.* קרום באַניצן; פֿאַלש אויסניצן
mite די מילב, ־ן
 (*fig.*) דער מאַנץ, ־ן; דאָס מאַנצעלע, ־ך
 a mite אַ קאַפּעלע; אַ ביסינקעלע
mite-infested מילביק
miter די מיטרע, ־ס
mitigate לינדערן; מילדערן; פֿאַרגרינגערן
 mitigate one's anger איינשטילן דעם כּעס [KÁAS]
 mitigating circumstances מילדער(נדיק)ע אומשטאַנדן
mitigation די לינדערונג, ־ען; די מילדערונג, ־ען
mitochondrial מיטאָכאָנדריאַל
mitochondrion די מיטאָכאָנדריע, ־ס
mitral valve דאָס צוויטייליקע ‹מיטראַלע› דעקל, ־עך
mitt (baseball) די בייסבאָל־הענטשקע, ־ס
mitten דאָס קוליקל, ־עך
mitten clip דאָס קוליקל־קלעמערל, ־עך; דאָס קוליקלעמערל, ־עך
mitzvah די מיצווה, ־ות [MÍTSVE]
 do a mitzvah טאָן אַ מיצווה
 fulfill a mitzvah מקיים זיין אַ מיצווה [MEKÁYEM]
 observe the mitzvahs האַלטן ‹אָפּהיטן› די מיצוות; זיין אַ שומר־מיצוות [MÍTSVES] [ShÓYMER]
mix, *n.* דאָס געמיש, ־ן; דאָס פֿאַרמישעכץ, ־ן
mix, *v.*
 imp. מישן
 pf. אויסמישן; צונויפֿמישן
 mix in, *vt.* **(cul.)** צומישן; אַריינמישן; אונטערשלאָגן מיט; איבערשלאָגן מיט
 mix in, *vi.* אַריינמישן זיך
 mix up, *vt.* **(confuse)** פֿאַרמישן; צעמישן; פֿאַרפּלאָנטערן; אַראָפּשלאָגן + דאַט' פֿון וועג
 get mixed up in פֿאַרמישן זיך אין; פֿאַרמישט ווערן אין; פֿאַרדרייען זיך מיט
mixed געמישט
 be a mixed bag זיין פֿון כּל־המינים [KOL(H)AMÍNIM]
 be a mixed blessing האָבן סיי מעלות סיי חסרונות [MÁYLES] [KhESRÓYNES]
 give sb. a mixed message רעדן מיט ביידע זייטן צונג; רעדן אַהין און אַהער
 play mixed doubles שפּילן אין געמישטע צווייען
mixed company מענער און פֿרויען אין איינעם; מאַנצבילן און ווייבספּאַרשוינען אין איינעם
mixed drink דאָס מישגעטראַנק, ־ען
mixed feelings געמישטע ‹צווייענדיקע› געפֿילן
mixed marriage די געמישטע חתונה, ־ות [KhÁSENE]
mixed metaphor דער געמישטער מעטאַפֿאָר, ־ן
mixed results סיי גוטע סיי נישט־גוטע רעזולטאַטן
mixed signals סתּירותדיקע סיגנאַלן [STÍRESDIKE]
mixer דער (פֿאַר)מישער, ־ס; די מישמאַשין, ־ען
 (social) די באַקענ־שימחה, ־ות [SÍMKhE]
mixing bowl די מאַקרעטע, ־ס
Mixolydian mode די מיקסאָלידישע גאַמע
mixture דאָס געמיש, ־ן; דאָס געמישעכץ, ־ן/־ער; די מישונג, ־ען
 a mixture of כּלערליי; מכּל־המינים [KÓLERLÉY] [MIKÓL-HAMÍNIM]
 (pharm.) די מיקסטור, ־ן
mix-up דער פּלאָנטער, ־ס
mizzen דער הינטערמאַסט, ־ן
ml מל [= מיליליטער]
mm ממ [= מילימעטער]
mnemonic, *adj.* מנעמאָניש; מנעמאָטעכניש
mnemonic, *n.* דאָס געדענק־מיטל, ־ען; דאָס מנעמאָנישע מיטל, ־ען; דער סימן, ־ים [SÍMEN, SIMÓNIM]
mnemonics די מנעמאָניק ל״י; די מנעמאָטעכניק ל״י
moan, *n.* דער קרעכץ, ־ן; דער יענק, ־ען
moan, *v.* קרעכצן; אָכצן; אָכקע|ן; יענקע|ן
 moan and groan אָכצן און קרעכצן
moat דער וואַסער־גראָבן, ־ס; דער שלאָסגראָבן, ־ס
mob, *n.* דער (ווילדער) המון, ־ים; דאָס אויפֿגעלאַף, ־ן; דאָס/דער אָנגעלאַף, ־ן [HAMÓYN]
 the Mob די מאַפֿיע
mob, *v.* אָנפֿאַלן מאַסנווייז (אויף)
mobile, *adj.* באַוועגלעך; באַוועגיק; ריריק; אויף רעדער; מאָביל...
mobile, *n.* דאָס מאָבילעכל, ־עך
mobile home דאָס מאָבילהויז, ...הייזער
mobile library די ביבליאָטעק אויף רעדער
mobile phone די מאָבילקע, ־ס; די צעלקע, ־ס
mobile warfare די מאַנעווויר־קריג
mobility די/דאָס באַוועגלעכקייט; די/דאָס ריריקייט
mobilization די מאָביליזאַציע, ־ס; די מאָביליזירונג, ־ען
mobilize, *vt./vi.* מאָביליזירן (זיך)
mobster דער גענגסטער, ־ס; דער מאַפֿיעניק, ־עס; דער מאַפֿיע־באַנדיט, ־ן
moccasin דער מאָקאַסין, ־ען
mocha דער מאָקאַ
mock, *adj.* כּמו־...; געמאַכט; פּוסט; סימולירט [KMOY]
mock, *v.* נאָכקרימען; חוזק מאַכן פֿון; אָפּלאַכן פֿון; נאָכשפּעטן; אָפּשפּעטן פֿון; מאַכן אַ קאָטער אויס; מאַכן ‹פֿירן› טורעס פֿון [KhÓYZEK]
mock epic דער חוזק־עפּאָס, ־ן [KhÓYZEK]
mocker דער (אָפּ)שפּעטער, ־ס; דער חוזק־מאַכער, ־ס [KhÓYZEK]
mockernut דער האַרטער היקאָרי
mockery דער חוזק; דער שפּאָט; דאָס געשפּעט; דאָס געלעכטער; דאָס לצנות [KhÓYZEK] [LETSÓNES]
 make a mockery of מאַכן פֿון + דאַט' אַ חוזק
mock hero דער שטרויענער קאָזאַק, ...אַקן; דער פּלאַקן־שיסער, ־ס
mocking חוזקדיק [KhÓYZEKDIK]
mockingbird דער שפּאָטפֿויגל, ...פֿייגל; דאָס שפּעטערל, ־עך

mock orange דער כּמו־יאַסמין [KMOY]
mock trial דער כּמו־פּראָצעס, ־ן; דער סימולירטער ‹געמאַכטער› מישפּט, ־ים [KMOY] [MÍShPET, MIShPÓTIM]
mock turtle soup די כּמו־טשערעפּאַכע־זופּ; די כּמו־שילדקראָטזופּ [KMOY]
mock-up דער מאַקעט, ־ן
modal מאָדאַל
modality די/דאָס מאָדאַלקייט, ־ן
modal music די מאָדאַלע מוזיק
modal word דאָס מאָדאַלע וואָרט, ווערטער
mode
  (ling.) דער שטייגער, ־ס; דער מאָדוס, ־ן
  (phil.) די מאָדאַליטעט, ־ן
  (mus.) דער מאָדוס, ־ן
  (liturgical) דער שטייגער, ־ס; דער נוסח, ־אָות [NÚSEKh, NUSKhÓES]
model, *adj.* דוגמא־...; מוסטער... [DÚGME]
model, *n.* דער מאָדעל, ־ן
  (artist's) דער לעבעדיקער מאָדעל, ־ן
  (fashion/*m./unsp.***)** דער מאָדעל, ־ן
  (fashion/*f.***)** די מאָדעלקע, ־ס
  (ideal) דער מוסטער, ־ן
  (math.) די דוגמא, ־ות/דוגמאָות [DÚGME, DÚGMES/DUGMÓES]
  (sample) *also* דאָס פּרוּוול, ־עך; דער מוסטער, ־ן; די דוגמא, ־ות/דוגמאָות
model, *v.*
  (clothing) זײַן אַ מאָדעל (פֿון)
  (mold) מאָדעלירן
  model oneself on אָפּלערנען זיך פֿון; נעמען זיך אַ מוסטער פֿון; פֿאַרקוקן זיך אויף
modeling, *n.* די מאָדעלירונג; דאָס מאָדעלירן
modeling clay דער פּלאַסטעלין
modem דער מאָדעם, ־ס
moderate, *adj.* מאָסיק; געמעסיקט; מילד; לאַגאָדנע; אײַנגעהאַלטן
moderate, *n.* דער מאָסיקער גענ׳
moderate, *v.*
  vt. **(discussion)** אָנפֿירן מיט; זײַן אַ שליש בײַ; פֿירן דעם פֿאָרזיץ בײַ [ShÓLESh]
  vt. **(lessen)** פֿאַרמילדערן; פֿאַרווייכערן
  vi. **(storm/wind)** אײַנשטילן זיך
moderately מיט אַ מאָס; מאָסיק
  moderately priced לויט מאָסיקע פּרײַזן
moderation די/דאָס מאָסיקייט; די מאָס
  in moderation מיט אַ מאָס
moderato מאָדעראַטאָ
moderator דער שליש, ־ים; דער פֿאַרמיטלער, ־ס; דער פֿאָרזיצער, ־ס [ShÓLESh, ShLÍShIM]
modern מאָדערן; הײַנטצײַטיק; הײַנטוועלטיק; נײַצײַטיק; נײַצײַטיש
modern-day הײַנטיק; הײַנטצײַטיק
modern history די מאָדערנע ‹הײַנטצײַטיקע› געשיכטע
modernism דער מאָדערניזם
modernist דער מאָדערניסט, ־ן
modernistic מאָדערניסטיש
modernity די/דאָס הײַנטצײַטיקייט
modernization די מאָדערניזאַציע
modernize, *vt./vi.* מאָדערניזירן (זיך); פֿאַרהײַנטיקן (זיך)
modernized מאָדערניזירט; פֿאַרהײַנטיקט
modest
  (humble) עניוותדיק; באַשיידן [ANÍVESDIK]
  (small) באַשיידן
  (virtuous) צניעותדיק [TSNÍESDIK]
  live in modest circumstances לעבן מיט אַ מאָס; לעבן אַ באַשיידן ‹פּשוט› לעבן [PÓShET]
  modest person (humble/*m./unsp.***)** דער ענו, ־ים; דער באַשיידענער גענ׳ [ÓNEV, ANÓVIM]
  modest person (humble/*f.***)** די ענווטע, ־ס; די באַשיידענע, – [ÓNEFTE]
  modest person (virtuous/*f.***)** די צנועה, ־ות [TSNÚE]
modestly
  (humbly) באַשיידן; באַשיידענערהייט
  (virtuously) מיט צניעות; אויף אַ צניעותדיקן אופֿן [TSNÍES] [TSNÍESDIKN]
modesty די/דאָס באַשיידנקייט; דאָס עניוות [ANÍVES]
  (virtue) דאָס צניעות [TSNÍES]
  in all modesty מיט דער גאַנצער באַשיידנקייט; מיטן גאַנצן עניוות
modicum (of) דאָס קאָפּעלע; דאָס ביסעלע; דער שמץ [ShÉMETS]
modification דער בײַט, ־ן
  (act) *also* די מאָדיפֿיצירונג, ־ען; די מאָדיפֿיקאַציע, ־ס
  (state) *also* די/דאָס מאָדיפֿיצירטקייט
modified איבערגעמאַכט; געביטן; מאָדיפֿיצירט
  place on modified duty געבן אַ געמאָסטענע אַרבעט
modifier דער מאָדיפֿיצירער, ־ס
  (gram.) דער אַטריבוט, ־ן
modify בײַטן; מאָדיפֿיצירן
  (gram.) צוגן זיך צו; באַשטימען; מאָדיפֿיצירן
modish מאָדיש
modiste די מאָדיסטקע ‹מאָדיסטין›, ־ס
modular מאָדל...; חלקימדיק [KhALÓKIMDIK]
modular furniture דאָס חלקימדיקע מעבל; דאָס מאָדל־מעבל [KhALÓKIMDIKE]
modulate
  (ling.) איבערברוקן דעם קוועטש ‹טראָפּ›
  (mus.) מאָדולירן
modulation
  (ling.) דער קוועטש־איבערברוק, ־ן
  (mus.) די מאָדולאַציע, ־ס
module דער מאָדול, ־ן; דער מאָדל, ־ען; דער (אָפּטייליקער) חלק, ־ים [KhÉYLEK, KhALÓKIM]
modus דער מאָדוס, ־ן
modus operandi דער מאָדוס אָפּעראַנדי; דער האַנדל־שטייגער
modus vivendi דער מאָדוס וויווענדי; דער שטייגער לעבן
Mogul דער מאָגול, ־ן
mogul דער מאַגנאַט, ־ן
mohair, *adj.* ראַצעמאָרן; פֿון מאָרע ‹מאַהערוואָל›
mohair, *n.* די (ראַצע)מאָרע; די מאַהערוואָל
Mohammed *see* **Muhammad**
Mohawk, *adj.* מאָהאָקער אינוו׳
Mohawk, *n.* דער מאָהאָק, ־ן
  (hairstyle) דער איראָקעז
mohel דער מוהל, ־ים [MÓYEL]
Mohican, *adj.* מאָהיקאַנער אינוו׳
Mohican, *n.* דער מאָהיקאַנער, –
  the last of the Mohicans דער לעצטער מאָהיקאַנער
moiety
  (half) די העלפֿט, ־ן; די האַלב, ־ן
  (portion) דער חלק, ־ים [KhÉYLEK, KhALÓKIM]
moist פֿײַכט; נאַס; נאַסלעך; וואָכקע; ווילגאָטנע
moisten באַנעצן; צונעצן; אײַננעצן; באַפֿײַכטן; באַנעצלען
moisture די נעץ; די/דאָס פֿײַכטקייט; דער ווילגאָטש
moisturize באַפֿײַכטן; צונעצן

moisturizer דער באַפֿײַכטקרעם, ־ען
molar, *adj.*
(dental) באַקציינ...; פֿון די באַקציין
(chem.) מאָלאַר(יש)
molar, *n.* דער באַקצאָן, ...ציין; דער ריַיבער, ־ס; דער ריַיבצאָן, ...ציין
molasses די פּאַטיקע
mold,[1] *n.* **(cast)** דער פֿורעם, ־ס
When they made him, they broke the mold נאָך אים וועט שוין קיין צווייטער נישט זײַן; ממשה ועד משה לא קם כמשה [MIMÓYShE VEÁD MÓYShE LOY KOM KEMÓYShE]
mold,[2] *n.* **(fungus)** דער שימל, ־ען
mold, *v.* (אויס)גיסן; אויספֿורעמען
Moldavia (region in Romania) (די) מאָלדעווע
Moldavian, *adj.* מאָלדעוויש
Moldavian Jew דער מאָלדעווער געב'; דער מאָלדעווער ייִד, ־ן
Moldavian, *n.*
m./unsp. דער מאָלדאַוואַן, ־עס
f. די מאָלדאַוואַנקע, ־ס
(language) דאָס מאָלדאַוויש; די מאָלדאַווישע שפּראַך
molder, *n.* דער גיסער, ־ס; דער אויספֿורעמער, ־ס
molder, *v.* שימלען; פֿוילן; צעפֿוילט ‹צעקראָכן› ווערן
molding, *n.* דער גזימס, ־ן
molding clay דער פּלאַסטעלין
Moldova (former Soviet republic) (די) מאָלדאָווע
moldy שימלדיק; פֿאַרשימלט
become moldy שימלען; פֿאַרשימלט ווערן
mole[1] **(on skin)** די בראָדעווקע, ־ס; דאָס פּעפּערל, ־עך
mole[2]
(zool.) דער קראָט, ־ן/קרעט; דער מולוואָרף, ־ן; דער מולטוואָרעם, ...ווערעם
(informant/*m./unsp.*) דער מסור, מוסרים; דער מסורניק, ־עס; דער פּראָוואָקאַטאָר, ...אָרן [MÓSER] [MÓSERNIK]
(informant/*f.*) די מסורקע, ־ס; די מסורניצע, ־ס; די פּראָוואָקאַטאָרשע, ־ס [MÓSERKE] [MÓSERNITSE]
mole[3] **(chem.)** דער מאָל, ־ן
molecular מאָלעקולאַר
molecular biologist דער מאָלעקולאַרער ביאָלאָג, ־ן
molecular biology די מאָלעקולאַרע ביאָלאָגיע
molecular weight די מאָלעקולאַרע וואָג, ־ן
molecule דער מאָלעקול, ־ן
molehill דאָס קראָטבערגל, ־עך
moleskin, *adj.* פֿון מאָלסקין
moleskin, *n.* דער מאָלסקין
molest
(harass) טשעפּען|; טשעפּען| זיך צו; רודפֿן; פּלאָגן; טאָן + דאַט' שלעכטס [RÓYDEFN]
(sexually) סעקסועל באַעוולען ‹באַלעסטיקן›; סעקסועל טשעפּען| זיך צו [BAÁVLEN]
molestation דאָס טשעפּען זיך; די באַלעסטיקונג
molester דער קינדער־‹פֿרויען›־טשעפּער, ־ס; דער באַלעסטיקער, ־ס
mollify באַרויִקן; אײַנשטילן
mollusk דער מאָלוסק, ־ן
mollycoddle, *n.* דער מאַמעס־פּאַרטעכניק, ־עס; דער מאַמעס זינדעלע, ־ך; דער כניאָק, ־עס
mollycoddle, *v.* ציטערן איבער; (אויס)פּאַנקעווע|ן; (אויס)צערטלען
mollycoddled פֿאַרצערטלט; אויסגעפּאַנקעוועט
Molotov cocktail דאָס צינדפֿלעשל, ־עך; די צינדפֿלאַש, ...פֿלעשער; די מאָלאָטאָוו־פֿלאַש, ־פֿלעשער
molt, *n.* דאָס ליניען
molt, *v.* ליניע|ן; הויטלען זיך; אַראָפּוואַרפֿן ‹פֿאַרלירן› די הויט
molten צעשמאָלצן
molybdenum דער מאָליבדען
mom די מאַמע, ־ס; די מאַמעשי, ־ס
mom-and-pop store דאָס קרעמל, ־עך; דאָס געוועלבל, ־עך; דאָס קלייטל, ־עך
moment [RÉGE] דער מאָמענט, ־ן; די רגע, ־ס; די מינוט, ־ן
a moment ago נאָר וואָס; אָקערשט; ערשט אָ
at any moment צו יעדן מאָמענט; יעדע מינוט; אָ ליאָדע מינוט
at that moment אין יענעם מאָמענט; אין יענער רגע
at the last moment אין דער לעצטער סעקונדע ‹רגע›
at the moment אין איצטיקן מאָמענט; גראָד איצט
for a moment אויף אַ מאָמענט ‹רגע›
for the moment לעת־עתּה; דערווײַל; אויף דער רגע; לפֿי־שעה [LESÁTE] [LEFIShÓ]
have one's moment in the sun באַקומען אויף אַ מינוטקעלע אָנערקענונג
He has his moments ער האָט זיך זײַנע מאָמענטן; ווי אַ מאָל בײַ אים
in a moment (from now) אין אַ מינוט אַרום; אָט־אָט
in a moment (past or future) מיט אַ רגע ‹מינוט› שפּעטער
in a moment of אין אַ מאָמענט ‹רגע› פֿון
in the heat of the moment אויף דער (הייסער) מינוט; אויפֿן מאָמענט
Just a moment! וואַרט צו (אַ מינוטקעלע)!
live for the moment האָבן חיי־שעה; כאַטש איין מינוט, נאָר לעבן גוט [KhAYEShÓ]
moment of force דער קראַפֿטמאָמענט, ־ן
moment of need די עת־צרה [EYS-TSÓRE]
moment of silence די רגע פֿון שווײַגן; די מינוט שטילשווײַגן
moment of truth די רגע פֿון אמת [ÉMES]
the moment that באַלד ווי; ווי נאָר; אין דער סעקונדע ‹אותו־רגע› וואָס [ÓYSE-RÉGE]
momentarily אויף אַ רגע ‹סעקונדע› [RÉGE]
momentary פֿאַרבײַגייענדיק; פֿאַרבײַפֿליִענדיק; רגעדיק; אויף אַ מאָמענט ‹רגע› [RÉGEDIK] [RÉGE]
momentous גאָר ‹עקסט› וויכטיק; וואָגיק; ברומו־של־עולמדיק [BERÚME-ShELÓYLEMDIK]
momentum דער מאָמענטום; דער אימפּעט
gain/gather momentum פֿאַרגיכערן אַלץ מער און מער דעם טעמפּ
mommy די מאַמעשי ‹מאַמעניו/מאַמינקע/מאַמעלע›
Monaco (דאָס) מאָנאַקאָ
monarch דער מאָנאַרך, ־ן
monarch butterfly [MÁLKhES] דאָס מלכות־פֿלאַטערל, ־עך
monarchical מאָנאַרכיש
monarchism דער מאָנאַרכיזם
monarchist, *adj.* מאָנאַרכיסטיש
monarchist, *n.* דער מאָנאַרכיסט, ־ן
monarchy די מאָנאַרכיע, ־ס
monastery דער מאָנאַסטיר, ־ן
enter a monastery ווערן אַ מאָנאַך
monastic מאָנאַכיש; מאָנאַכנ...; מאָנאַסטיש
monasticism דער מאָנאַסטיציזם
Monday, *adj.* מאָנטיקדיק
Monday, *n.* (דער) מאָנטיק, ־ן
Monday's מאָנטיקדיק

on Monday מאָנטיק
Monday-morning quarterback דער חכם אויף צו מאָרגנס; דער חכם לאַחר־המעשה [KhÓKhEM] [LEÁKhER-HAMÁYSE]
Monday-morning quarterbacking די חכמה אויף צו מאָרגנס [KhÓKhME]
monetarism דער מאָנעטאַריזם
monetarist, *adj.* מאָנעטאַריסטיש
monetarist, *n.* דער מאָנעטאַריסט, ־ן
monetary מאָנעטאַריש; געלטיק; געלט...
monetary policy די געלט־פּאָליטיק
monetary system די געלטסיסטעם, ־ען; די מטבע־סיסטעם, ־ען [MATBÉYE]
monetize מאַכן צו געלט; מאָנעטאַריזירן
money דאָס געלט, ־ער
be in the money האָבן די מטבע; זײַן בײַ געלט; האָבן (בײַ זיך) די מזומנים [MATBÉYE] [MEZUMÓNIM]
be rolling in money/made of money באָדן זיך אין גאָלד; שאַרן גאָלד; שווימען אין געלט
for my money לויט מײַן מיינונג; לפֿי־דעתּי [LEFIDÁTI]
get one's money back צוריקבאַקומען דאָס געלט
have money to burn האָבן געלט ווי בלאָטע ‹מיסט›
have money problems האָבן געלט־צרות [TSÓRES]
I got my money's worth ס'איז מיר געווען ווערט דאָס גאַנצע געלט; ס'האָט זיך מיר שוין גאָר געלוינט
make money פֿאַרדינען געלט
Money talks ווער סע האָט די מאה האָט די דעה; אַ גאָלדענער שליסל עפֿנט אַלע טירן; געלט רעגירט די וועלט [MÉYE] [DÉYE]
not for all the money in the world פֿאַר קיין שום געלט נישט; פֿאַר כּל־הון־דעלמא נישט; מע זאָל מיך אָפּגילטן [KOL-HÓN/HÓYN-DEÁLME]
not have the money (to do stg.) נישט האָבן מיט וואָס
old money אַלטשטאַמיקע גבֿירים ל״ר [G(E)VÍRIM]
put money into אינוועסטירן אין
put one's money on גיין אין געוועט אויף
throw one's money around וואַרפֿן זיך מיט געלט
money-back guarantee דער גאַראַנטירטער קריקצאָל ‹צוריקצאָל›
moneybags דער געלטזאַק, ...זעק
money belt דער געלטגאַרטל, ־ען; דער בײַגאַרטל, ־ען
money box די פּושקע, ־ס
money changer דער חלפֿן, ־ים; דער געלטבײַטער, ־ס; דער וועקסלער, ־ס [KhALFN, KhALFÓNIM]
moneyed פֿאַרמעגלעך; רײַך; גבֿיריש; נגידיש [G(E)VÍRISh] [NEGÍDISh]
be moneyed *also* האָבן די מטבע; האָבן דעם גראָשן; זײַן בײַ געלט [MATBÉYE]
moneygrubber דער אײַנרײַסער, ־ס; דער חומד־ממון, חומדי־... [KhÓYMED-MÓMEN, KhOMDE-...]
money laundering דאָס וואַשן געלט; דער געלטוואַש; דאָס כּשרן טרײפֿענע געלטער [KÁShERN]
moneylender דער מלווה, ־ים; דער בעל־הלוואה, בעלי־הלוואות [MÁLVE, MÁLVIM] [BALHALVÓE, BÁLE-HALVÓES]
moneymaker (project/investment)
be a moneymaker ברענגען ‹טראָגן/געבן› רווח [RÉVEKh]
moneymaking, *adj.* רווחדיק; פֿאַרדינעוודיק; טראָגיק [RÉVEKhDIK]
moneymaking, *n.* דאָס פֿאַרדינען געלט
money manager דער געלט־אַדמיניסטראַטאָר, ...אָרן
money market דער געלטמאַרק, ...מערק/־ן
money-market fund דער געלטמאַרק־פֿאָנד, ־ן

money matters געלט־ענינים [INYÓNIM]
money order דער געלטאָנווײַז, ־ן; דער פּאָסטאָנווײַז, ־ן; די פּאָסט־אָנווײַזונג, ־ען; דער געלט־איבערווײַז, ־ן
money plant דער/דאָס יאָריקע(ר) זילבערבלאַט
money-saving שפּאָרעריש; שפּאָרעוודיק; אײַנברענגעריש
money-spinner דער גאָלדשפּינער, ־ס
money supply דער געלטזאַפּאַס
money trail דער נאָכריח פֿון געלט; געלטשפּורן ל״ר [NÓKhREYEKh]
moneywort די געלט־ליסיאַמאַכיע
monger דער פֿאַרקויפֿער, ־ס; דער הענדלער, ־ס
Mongolia (די) מאָנגאָליע
Mongolian, *adj.* מאָנגאָליש
Mongolian, *n.*
m./unsp. דער מאָנגאָל, ־ן
f. די מאָנגאָלקע, ־ס
Mongolian spot דער געבוירן־סיניק, ־עס
mongoose די מאַנגוסטע, ־ס
mongrel דער הויפֿהונט, ...הינט
(person/*pej.***)** דער מישלינג, ־ען
monied *see* **moneyed**
monitor, *n.*
(device) די נאָכשפּירקע, ־ס; די אָפּשפּירקע, ־ס
(person) דער בעלפֿער, ־ס; דער צוהעלפֿער, ־ס; דער אויפֿפּאַסער, ־ס
(screen) דער מאָניטאָר, ־ן; דער עקראַן, ־ען
He's on a monitor מע שפּירט אים נאָך מיט אַן עקראַן
monitor, *v.* נאָכשפּירן; האַלטן אַן אויג אויף; קאָנטראָלירן
monitor lizard די וואַראַנע, ־ס
monk דער מאָנאַך, ־ן
monkey, *n.* די מאַלפּע, ־ס
(*nurs.***)** דאָס מאַלפּעלע, ־ך
make a monkey out of שטעלן ‹מאַכן› + אַק׳ צום נאַר
monkey in the middle די פּילקע אין דער לופֿטן
monkey, *v.* **(around)** אַרומשפּילן זיך
monkey bars די קריכלקע, ־ס
monkey business דער קונקל־מונקל; (פּוילע) שטיק ל״ר; קונצן ל״ר
monkey flower די מאַסקנבלום, ־ען
monkey nut דער ערדנוס, ...ניס
monkeypot (bot.) דער טעפּלבוים, ...ביימער
monkey puzzle די טשילענער אַראַוקאַריע
monkey wrench דער פֿראַנצייזישער שליסל, ־/־ען
throw a monkey wrench into פֿאַרלייגן + דאַט׳ אַ קלאָץ; רוקן + דאַט׳ פֿלעקענער אין די רעדער; אַרײַנהאַקן + דאַט׳ אַ קלין
monkish מאָנאַכיש
monkshood (bot.) דער אַקאָניט; דער שטורעמהוט
mono... מאָנאָ...; איינ...
monobasic איינבאַזיק
monocable די איינקאַבל־הענגבאַן, ־ען
monocausality די/דאָס איין־סיבהדיקייט [SÍBEDIKEYT]
monochromatic איין־קאָליריק; מיט ‹פֿון› איין קאָליר
monochrome, *adj.* איין־קאָליריק; שוואַרץ־ווײַס; מאָנאָכראָם־...
monochrome, *n.* דאָס איינקאָליריקע ‹שוואַרץ־ווײַסע› געמעל, ־ן; דער מאָנאָכראָם, ־ען
monocle דער מאָנאָקל, ־ען
monody די מאָנאָדיע, ־ס
monogamist דער מאָנאָגאַמיסט, ־ן
monogamous מאָנאָגאַמיש
monogamy די מאָנאָגאַמיע
monogram, *n.* די מאָנאָגראַם, ־ען

monogram, *v.* מאָנאָגראַמירן
monograph די מאָנאָגראַפֿיע, ־ס
monolingual, *adj.* אײנשפּראַכיק
monolingual, *n.* דער אײנשפּראַכיקער געב׳; דער אײנשפּראַכלער, ־ס
monolith דער מאָנאָליט, ־ן
monolithic מאָנאָליטיש; געאײניקט
monologist דער מאָנאָלאָגיסט, ־ן
monologue, *n.* דער מאָנאָלאָג, ־ן
monologue, *v.* מאָנאָלאָגירן; פֿירן אַ מאָנאָלאָג
monomania די מאָנאָמאַניע
monomaniac דער מאָנאָמאַן, ־ען; דער משוגע־לדבֿר־אחד [MEShÚGE-LEDÓVER-ÉKhED]
monomaniacal מאָנאָמאַניש; משוגע־לדבֿר־אחד [MEShÚGE-LEDÓVER-ÉKhED]
mononucleosis דער מאָנאָנוקלעאָז
monophonic מאָנאָפֿאָניש
monophthong דער מאָנאָפֿטאָנג, ־ען
monoplane דער מאָנאָפּלאַן, ־ען
monopolist דער מאָנאָפּאָליסט, ־ן
monopolistic מאָנאָפּאָליסטיש
monopolization די מאָנאָפּאָליזירונג, ־ען
monopolize מאָנאָפּאָליזירן
monopoly דער מאָנאָפּאָל, ־ן
play Monopoly שפּילן אין מאָנאָפּאָל
monorail דער אײנרעלס, ־ן
monosaccharide, *adj.* מאָנאָסאַכאַריד־...
monosaccharide, *n.* דער מאָנאָסאַכאַריד, ־ן
monosodium glutamate דער מאָנאָנאַטריום־גלוטאַמאַט
monosyllabic אײנטראַפֿיק; מאָנאָסילאַביש
monosyllable דער אײנטראַף, ־ן
monotheism דער מאָנאָטעיִזם
monotheist דער מאָנאָטעיִסט, ־ן
monotheistic מאָנאָטעיִסטיש
monotone דער מאָנאָטאָן, ־ען
monotonous מאָנאָטאָנ(יש); אײנטאָניק; נודנע
monotony די/דאָס מאָנאָטאָנ(יש)קייט; די/דאָס אײנטאָניקייט
monounsaturated fat דאָס מאָנאָאומגעזעטיקטע פֿעטס
monovalent אײנווערטיק
monoxide דער מאָנאָקסיד, ־ן
monsignor דער מאָנסיניאָר, ־ן
monsoon דער מאָנסון, ־ען; דער מוסאָן, ־ען
mons pubis דאָס געניטאַל־בערגל; דאָס ליבבערגל; דאָס בושה־בערגל; דאָס פֿעלעכל [BÚShE]
f. also דאָס װײַבערשע בערגל; דאָס שולמית־בערגעלע [ShULÁMIS]
monster דער מאָנסטער, ־ס; די משונהדיקע בריאה, ־ות/ברואים; דאָס פֿאַרזעעניש, ־ן [MEShÚNEDIKE] [BRÍE, BRÚIM]
(legendary) דער פּיפּערנאָטער, ־ס
monster flower די ראַפֿלעזיע
monstrosity די מאָנסטראָזיטעט, ־ן
monstrous מאָנסטעריעז; מאָנסטערדיק
(huge) ריז(עד)יק; אומגעהײַער
mons veneris *see* **mons pubis** (*f.*)
montage דער מאָנטאַזש, ־ן
Montana (די) מאָנטאַנע
Montenegrin, *adj.* מאָנטענעגריש
Montenegrin, *n.*
m./unsp. דער מאָנטענעגרער, –
f. די מאָנטענעגרערין, ־ס
Montenegro (דאָס) מאָנטענעגראָ

Montezuma cypress דער פֿעמפּיק־בלאָטע־ציפּרעס
month דער חודש, חדשים [KhÓYDESh, KhADÓShIM]
beginning of the month (J.) דער ראש־חודש [REShKhÓYDESh]
not in a month of Sundays נישט אין לעבן; קײן מאָל נישט
monthly, *adj.* חודשדיק; חודשלעך; חודש־... [KhÓYDEShDIK] [KhÓYDEShLEKh] [KhÓYDESh]
monthly, *n.*
(publication) דער חודשניק, ־עס [KhÓYDEShNIK]
(menstrual period) די מאָנאַטלעכע
Montreal (דאָס) מאָנטרעאָל
monument דער מאָנומענט, ־ן; דער דענקמאָל, ־ן/...מעלער
monumental מאָנומענטאַל; אומגעהײַער
moo, *n.* דער מו, ־ען
moo, *v.* מו(ר)קען
mooch, *n.* דער שנאָרער, ־ס; דער אױסבעטלער, ־ס
mooch, *v.* שנאָרען; אױסבעטלען
moocher *see* **mooch**
mood, *n.* דאָס געמיט, ־ער; די שטימונג, ־ען; דער מצבֿ־רוח [MÁTSEV-RÚEKh]
(gram.) דער מאָדוס, ־ן; דער שטיגער, ־ס
be in the mood for גלוסטן זיך אומפּ׳ + דאַט׳/פּ״ק
He's in a good mood ער איז גוט אױפֿגעלייגט; ער איז אין אַ גוטער שטימונג; ס׳איז אים גוט אױפֿן האַרצן
She's in a bad mood זי איז שלעכט אױפֿגעלייגט; זי איז אין אַ שלעכטער שטימונג; ס׳איז איר ביטער אױפֿן האַרצן
mood disorder דער געמיט־פֿעלער, ־ן
moodiness די/דאָס שטימונגדיקייט
mood swing דער געמיטבײַט, ־ן; דער בײַט אין דער שטימונג
He has frequent mood swings סע בײַט זיך בײַ אים אָפֿט די שטימונג
moody קאַלעמוטנע; שטימונגדיק
moody person דער קאַלעמוטנער געב׳; דער מענטש מיט שטימונגען
mooing דער מו; דאָס מו(ר)קען
moon, *n.* די לבֿנה, ־ות [LEVÓNE]
ask for the moon פֿאַרלאַנגען דאָס טעלערל פֿון הימל
Is there a moon tonight? (צי) שײַנט הײַנט די לבֿנה?
jump over the moon שפּרינגען אַזש איבער דער לבֿנה
over the moon (*fig.*) אין זיבעטן הימל
promise sb. the moon צוזאָגן + דאַט׳ דאָס טעלערל פֿון הימל
moon, *v.*
(pine) שמאַכטן; חלומען [KhÓLEMEN]
(expose one's backside/*hum.*) אַרױסװײַזן דעם תחת ‹הינטן/מולד› [TÓKhES] [MÓYLED]
moonbeam דער לבֿנה־שטראַל, ־ן [LEVÓNE]
moonfish דער לבֿנה־פֿיש, ־ן [LEVÓNE]
moonflower די לבֿנה־בלום, ־ען [LEVÓNE]
moong bean *see* **mung bean**
moon landing די לבֿנה־לאַנדונג, ־ען; דאָס לאַנדן אױף דער לבֿנה [LEVÓNE]
moonless אָנלבֿנהדיק [ÓNLEVÓNEDIK]
moonlight, *n.* די לבֿנה־שײַן; דאָס לבֿנה־ליכט; די שײַן פֿון דער לבֿנה [LEVÓNE]
moonlight, *v.* צואַרבעטן; צופֿאַרדינען
(illegally) האָבן לינקע פֿאַרדינסטלעך
moonlit לבֿנהדיק; באַלױכטן מיט לבֿנה־שײַן [LEVÓNEDIK] [LEVÓNE]
moonroof דאָס קלאָרע גליטשדעכל, ־עך
moonscape דער/די לבֿנה־לאַנדשאַפֿט [LEVÓNE]
moonseed דער/די לבֿנה־זױם [LEVÓNE]

moonshine די לבֿנה־שײַן; די שײַן פֿון דער לבֿנה [LEVÓNE]
(liquor) דער הײמישער בראָנפֿן; דער סאַמאָגאָן
moon shot דער לבֿנה־פֿלי, ־ען [LEVÓNE]
moonstone דער לבֿנה־שטיין [LEVÓNE]
moonstruck לונאַטיש; צעדרײט
moonwort דאָס לבֿנה־גראָז [LEVÓNE]
moony פֿאַרחלומט [FARKhÓLEMT]
Moor
m./unsp. דער מוריִן, ־ען
f. די מוריִנקע, ־ס
moor, *n.* דער טאָרפֿזומפּ, ־ן
moor, *v.* צופֿעסטיקן
moor grass דאָס מורגראָז
moorhen די טײַכהון, ...הינער
mooring די צושיפֿשטעל, ־ן
lose one's moorings פֿאַרלירן דעם אַנקער
mooring line דער (צו)פֿעסטשטריק, ־ן
Moorish מוריִניש
moorland דאָס טאָרפֿלאַנד
moose דער אַמעריקאַנער לאָס, ־ן
moot, *adj.* אָפֿן; אומפֿאַרענטפֿערט; תּיקודיק; צום דיסקוטירן ווײַטער [TÉYKEDIK]
It's a moot point די פֿראַגע בלײַבט אָפֿן ‹אומפֿאַרענטפֿערט›; תּיקו; ס'איז (שוין) נישט שייך [TÉYKU/TÉYKE] [ShÁYEKh]
moot, *v.* שטעלן ‹אויפֿוואַרפֿן› אַ פֿראַגע
moot court דער כּמו־פּראָצעס; דער סימולירטער ‹געמאַכטער› מישפּט [KMOY] [MÍShPET]
mop, *n.*
(dry) דער ווישבעזעם, ־ס; די מיטעלקע, ־ס
(wet) דער וואַשבעזעם, ־ס
mop, *v. imp./pf.* (אָפּ)ווישן די פּאַדלאָגע ‹פּאָדלעקע/דיל/בריק›
mop the floor with (*fig.*) מאַכן פֿון + דאַט' אַש און פּאָרעך
mop up (kill) אָפּפּאַרטיקן; דערהרגע|(נע)ן [DERHÁRGE(NE)N]
mop up (mil.) אָפּפּטרן; אָפּרײניקן [ÓPPÁTERN]
mop up after נאָכווישן הינטער
mope אַרומשלעפּן ‹אַרומשלאָנדערן› זיך; אַרומגיין פּוסט־און־פּאַס; אַרומגיין ווי אַ הונט אין די נײַן טעג
moped דער מאָפּעד, ־ן
moppet דאָס קינדעלע, ־ך
mopping-up operation די אָפּרייניק־‹אויסקער־›אַקציע, ־ס; דער אָפּרייניק, ־ן
moquette דער מאָקעט
moraine די (גלעטשער־)מאָרענע
moral, *adj.* מאָראַליש
moral high ground די מאָראַלישע אײבערהאַנט
moral, *n.* די מאָראַל, ־ן
(of story) דער מוסר־השׂכּל, ־ען [MÚSER-HÁSKL]
morals די מאָראַל ל"ר; מידות [MÍDES]
moral code דער מאָראַלישער שטייגער; מאָראַלישע אײַנפֿירן ל"ר
(J.) הילכות מוסר־און־מידות ל"ר [HÍLKhES MÚSER-UN-MÍDES]
moral defect דער מאָראַלישער פֿעלער, ־ן; די מידה־רעה, מידות־רעות [MÍDE-RÓE, MÍDES-RÓES]
morale די מאָראַל; דער קעמפֿערישער גײַסט; די שטימונג
have low morale האָבן אַ דערשלאָגענעם גײַסט; זײַן אָן בטחון [BITÓKhN]
keep up morale אונטערהאַלטן דעם (קעמפֿערישן) גײַסט; אָנהאַלטן דעם בטחון
moralism דער מאָראַליזם
moralist דער מוסרניק, ־עס; דער מוסר־זאָגער, ־ס; דער מאָראַליסט, ־ן [MÚSERNIK] [MÚSER]
moralistic מאָראַליסטיש
morality די מאָראַל; די עטיק
morality play די מוסר־דראַמע, ־ס [MÚSER]
morality squad די מאָראַל־פּאָליצײ
moralize זאָגן + דאַט' מוסר; מוסרן [MÚSER] [MÚSERN]
moralizing, *n.* דער מוסר [MÚSER]
morally אויף אַ מאָראַלישן אופֿן; מאָראַליש [OYFN]
moral philosophy די מאָראַלישע פֿילאָסאָפֿיע
moral support די מאָראַלישע שטיץ
give sb. moral support שטיצן + אַק' מאָראַליש
moral victory דער מאָראַלישער נצחון, ־ות [NITSÓKhN, NITSKhÓYNES]
morass די בלאָטע, ־ס; דער זומפּ, ־ן
moratorium דער מאָראַטאָריום, ־ס
moray eel די מאָרענע, ־ס
morbid גרויליק; מאַקאַבער
(med.) קרענקלעך; מאָרביד
morbidity די/דאָס קרענקלעכקייט
mordant, *adj.* בײַסיק
(sarcastic) *also* שאַרף
mordant, *n.* דאָס בײַצוואַרג
more
(additional amount) נאָך
(greater amount) מער(ער); מיין
She is no more זי איז שוין נישטאָ; זי לעבט שוין נישט
more and more אַלץ מער (און מער); וואָס אַ מאָל + קאָמפּ'; וואָס ווײַטער אַלץ + קאָמפּ'
more of the same ווידער דאָס זעלביקע
more often than not גאַנץ ‹צו› אָפֿט
more or less מער אָדער ווייניקער; מער־ווייניקער; פֿיל־ווייניק; פֿיל־ווינציק
more so than (נאָך) מער ווי
more than מער ווי + נאָמ'; מער פֿון + דאַט'
more than a little נישט ווייניק
more than once נישט איין מאָל
no more מער נישט; אויס
see more of אָפֿטער זען
That's more like it! אָט אַזוי!; דאָס פּאַסט שוין טאַקע!
the more ..., the more ... וואָס ...ער, אַלץ ...ער
the more the merrier גרעסער דער עולם, גרעסער די שׂימחה [ÓYLEM] [SÍMKhE]
what's more דערצו נאָך
morel די שמאָרשקע; דאָס מוח־שוועמל [MÓYEKh]
moreover דערצו (נאָך); אַחוץ דעם; הײַנט
mores פֿירונגען; אײַנפֿירן; מינהגים; ניטן; דער מאָראַל־קאָדעקס ל"י; שטייגער־זמען [MINHÓGIM]
morganatic מאָרגאַנאַטיש
morgue דער מאָרג, ־ן; דאָס מתים־שטיבל, ־עך [MÉYSIM]
moribund גוססדיק; שטאַרבנדיק; נוטה־למות [GÓYSESDIK] [NÓYTE-LÓMES]
(industry) אָפּגעלעבט; פֿאַרעלטערט; צעפֿוילט
Mormon, *adj.* מאָרמאָניש
Mormon, *n.*
m./unsp. דער מאָרמאָן, ־ען
f. די מאָרמאָנקע, ־ס
Mormonism דער מאָרמאָניזם
morning, *adj.* אינדערפֿריִיק; פֿרימאָרגנדיק
morning, *n.* דער פֿרימאָרגן, ־ס; דער אינדערפֿרי, ־ען
in the morning אין דער פֿרי; פֿאַר מיטאָג
in the early morning גאַנץ ‹גאָר› פֿרי

mornings (אין די) פֿרימאָרגנס
tomorrow morning מאָרגן אין דער פֿרי
the next morning דעם צווייטן פֿרימאָרגן ‹אינדערפֿרי›; צו מאָרגנס (אין דער פֿרי)
morning-after pill די צומאָרגנס־פּיל, ־ן
morning coat די וויזיטקע, ־ס
morning glory דאָס קאַיאָרל, ־עך
morning paper די פֿרימאָרגנדיקע צײַטונג, ־ען
morning prayers (J.) (דער) שחרית, ־ים [ShÁKhRES, ShAKhRÉYSIM]
say the morning prayers (אָפּ)דאַווענען שחרית
morning sickness די/דאָס נישט־גוטסקייט אין דער פֿרי
She has morning sickness ס'איבלט איר אין דער פֿרי; ס'איז איר נישט־גוט אין דער פֿרי
morning star דער מאָרגן־שטערן
Moroccan, *adj.* מאַראָקאַניש
Moroccan, *n.*
m./unsp. דער מאַראָקאַנער, –
f. די מאַראָקאַנערין ‹מאַראָקאַנערקע›, ־ס
Morocco (דאָס) מאַראָקאָ
morocco leather דער סאַפֿיאַן
of morocco leather סאַפֿיאַנען
moron דער מאַראָן, ־ען; דער אידיאָט, ־ן; דער באַלוואַן, ־עס; די בהמה, ־ות; דער קאַטשן, קאַטשענעס [BEHÉYME]
moronic מאַראָניש; אידיאָטיש; באַלוואַנסקע; בהמיש [BEHÉYMISh]
morose עצבֿותדיק; אָנגעכמורעט; פֿאַרמרה־שחורהט [ÁTSVESDIK] [FARMÓREShKhÓYRET]
morph, *v.* **(into)** מגולגל ווערן (אין) [MEGÚLGL]
morpheme דער מאָרפֿעם, ־ען
Morpheus מאָרפֿעוס
morphine די מאָרפֿין, ־ען
morphine addiction דער מאָרפֿיניזם; די מאָרפֿין־אַדיקציע
morphologic מאָרפֿאָלאָגיש
morphologist דער מאָרפֿאָלאָג, ־ן
morphology די מאָרפֿאָלאָגיע
morrow דער מאָרגן, ־ס; דער אויפֿצומאָרגנס, ־ן
on the morrow אויף צו מאָרגנס
Morse code דער מאָרזע־שליסל; מאָרזע־סיגנאַלן ל"ר
morsel דער ביסן, ־ס; דאָס ברעקל, ־עך; דאָס כּזית, ־ן [KEZÁYES]
mortal, *adj.* שטאַרביק; שטאַרבלעך; טויט...
mortal, *n.* דער בשׂר־ודם, ־ס; דער בן־אָדם, בני־אָדם; דער שטאַרביקער געב' [BÓSERVEDÓM] [BEN-ÓDEM, BNEY-...]
mere mortal דער פּשוטער בשׂר־ודם; דער מענטש פֿון אַ גאַנץ יאָר [PÓShETER]
mortal agony די גסיסה [KSÍSE]
be in mortal agony גוססן; ראַנגלען זיך מיטן מלאך־המוות [GÓYSESN] [MALEKhAMÓVES]
mortal blow דער טויטקלאַפּ, ...קלעפּ
mortal combat די טויטשלאַכט; די שלאַכט אויף לעבן און טויט
mortal danger די טויט־סכּנה; דאָס סכּנות־נפֿשות [SAKÓNE/SEKÓNE] [SAKÓNES-NEFÓShES]
mortal enemy דער דם־שׂונא, ־ים [DÁMSOYNE, DÁMSONIM]
mortal fear דער טויטשרעק
mortality די/דאָס שטאַרביקייט; די/דאָס שטאַרבלעכקייט
mortally אויף ‹צום› טויט
mortally wounded אויף טויט פֿאַרווונדיקט
mortal sin די טויטזינד, –
mortar
(cannon) דער מינען־‹גראַנאַטן־›וואַרפֿער, ־ס; דער מאָרטיר־האַרמאַט, ־ן; די מאָרטיר(ק)ע, ־ס
(cement) די (בוי)וואַפּנע, ־ס
(vessel) דאָס שטייסל, ־ען; דער מערזשער, ־ס; די סטופּע, ־ס
mortarboard די וואַפּנע־מולטער, ־ס
(acad.) דאָס סיום־היטל, ־עך [SÍEM]
mortar fire דאָס שיסערײַ פֿון מינען־וואַרפֿערס
mortar launcher דער מינען־וואַרפֿלער, ־ס
mortar shell די מינע, ־ס
mortgage, *n.* די היפּאָטעק, ־ן
pay off the mortgage אויסצאָלן די היפּאָטעק
mortgage, *v.* פֿאַרהיפּאָטעקירן; פֿאַרמשכּ(ו)נען [FARMÁShKENEN]
mortgage bank די היפּאָטעקן־באַנק, ־בענק
mortgage broker דער היפּאָטעק־מעקלער, ־ס; דער היפּאָטעק־אַגענט, ־ן; דער היפּאָטעקלער, ־ס
mortgage closing דאָס (אָפּ)שליסן די היפּאָטעק
mortgaged פֿאַרהיפּאָטעקירט; פֿאַרמשכּ(ו)נט [FARMÁShKNT]
mortgagee דער היפּאָטעק־האַלטער, ־ס
mortgage interest דער היפּאָטעק־פּראָצענט
mortgage payment דער היפּאָטעק־אָפּצאָל, ־ן
mortgagor דער היפּאָטעק־נעמער, ־ס
mortician דער לוויה־אונטערנעמער, ־ס [LEVÁYE]
mortification
(humiliation) די בושה; די חרפּה; דער בזיון [BÚShE] [KhÁRPE] [BIZÓYEN]
(med.) דאָס אָפּשטאַרבן
(of flesh) סיגופֿים ל"ר
mortify
(humiliate) שטאַרק פֿאַרשעמען; מבֿזה זײַן; קרענקען [MEVÁZE]
(med.) אָפּשטאַרבן
be mortified (*fig.*) רויט ווערן פֿאַר חרפּה ‹בושה›; שטאַרק פֿאַרשעמען זיך; זײַן ווי אָפּגעשמיסן [KhÁRPE] [BÚShE]
mortify the flesh פּראַווע(ן) סיגופֿים
mortise די/דער צאַפּנלאָך, ...לעכער
mortise-and-tenon joint די צאַפּן־פֿאַרבינדונג, ־ען
mortuary *see* **morgue**
mosaic, *adj.* מאָזאַיש
Mosaic, *adj.* משה רבנוס; לויט משה רבנוס ירושה [MÓYShE RABÉYNES] [YERÚShE]
mosaic, *n.* די מאָזאַיִק, ־עס
Mosaic law (די) תּורת־משה [TÓYRES-MÓYShE]
moschatel דאָס פּיזעמל, ־עך
Moscow (די) מאָסק(ע)ווע
Moses (bib.) משה רבנו [MÓYShE RABÉYNE]
mosey (on) (אַ)דורכגיין זיך; שפּאַציר(ן) זיך
Moslem *see* **Muslim**
mosque דער מעטשעט, ־ן
mosquito דער מאָסקיט, ־ן; דער קאָמאַר, ־ן
mosquito net די מאָסקיטן־נעץ, ־ן; די קאָמאַרן־נעץ, ־ן
moss דער מאָך, ־ן
mosses *also* מאָכגעוויקסן
moss-grown באַוואַקסן מיט מאָך
mossy מאָכיק
most, *adj.* מערסטע; מײַנסטע; ס'רובֿ [ROV]
for the most part על־פּי רובֿ; מערסטנס; מערסטן טייל; צום מערסטן ‹מיינסטן› [ÁLPI]
most, *adv.* צום מערסטן ‹מיינסטן›
(almost) כּמעט [KIMÁT]
(majority) ס'רובֿ; דאָס רובֿ; מערסטע; דער גרעסטער טייל [ROV]

most everyone כּמעט אַלע
most of all מער פֿון אַלץ
most of the time ס'רובֿ
most, *n.*
at the (very) most העכסטנס; נישט מער ווי; מאַקסימום
make the most of אויסניצן ביזן מאַקסימום; אויסגוסטירן
mostly [BEÍKER] בעיקר; מערסטנס; מערסטן טייל
Most Valuable Player דער ווערטיקסטער שפּילער, ־ס
Most Valuable Player Award די פּרעמיע פֿאַרן ווערטיקסטן שפּילער
most-wanted סאַמע געזוכט
most-watched סאַמע באַקוקט
mot [KhÓKhMELE] דאָס חכמהלע, ־ך
mote דאָס שטײַבעלע ‹שטײַבעלע›, ־ך
motel דער מאָטעל, ־ן
motet דער מאָטעט, ־ן
moth דער מאָל, ־ן; דאָס נאַכט־פֿלאַטערל, ־עך
mothball, *n.* דאָס נאַפֿטאַלינעכל, ־עך
mothball, *v. imp./pf.* (אײַנ)נאַפֿטאַלירן; (אײַנ)נאַפֿטאַלינעווע|ן
moth-eaten צעפֿרעסן; צעעסן
mother, *n.* די מאַמע, ־ס; די מוטער, ־ס
(*aff.*) די מאַמעשי ‹מאַמעניו/מאַמינקע/מאַמעלע›
new mother די געווינערין, ־ס
mother, *v.* (באַ)מאַמעווע|ן; מאַמע|ן; זאָרגן זיך ווי אַ מאַמע פֿאַר; זײַן + דאַט' אַ מאַמע
motherboard דאָס יסוד־ברעטל, ־עך; דאָס גרונטברעטל, ־עך [YESÓD]
mother cell דאָס מוטער־קעמערל, ־עך
mother country (of empire) דאָס מוטערלאַנד
Mother Earth די מוטער ערד
mother figure די מאַמע־פֿיגור, ־ן
motherfucker (*vlg.*) דער מנוול, ־ים; דער הונט, הינט; די הינטישע לעבער, ־ס [MENÚVL, MENUVÓLIM]
motherhood די מאַמעשאַפֿט; די מוטערשאַפֿט
mother-in-law די שוויגער, ־ס
motherland דאָס פֿאָטערלאַנד, ...לענדער; דאָס היימלאַנד, ...לענדער
motherless אָן אַ מאַמע(ן); אַ יתום ‹יתומה› נאָך דער מאַמע(ן) [YÓSEM] [YESÓYME]
motherly מאַמעדיק; מאַמיש; מוטעריש
Mother Nature די מאַמע נאַטור
mother-of-pearl, *adj.* פּערל־מוטער־...; פּערל־מוטערן
mother-of-pearl, *n.* דער פּערל־מוטער; דער מוטער־פּערל
mother-of-thyme דער פֿעלדקימל(־טימיאַן)
Mother's Day דער מוטער(ס)טאָג
mother ship די מוטערשיף, ־ן
mother superior די איגומענשע ‹איהומענשע›, ־ס; די אַבאַטיצע, ־ס
mother-to-be [M(E)UBÉRESE] די טראָגעדיקע; די מעוברתע
mother tongue דאָס מאַמע־לשון; די מוטערשפּראַך, ־ן; די היימשפּראַך, ־ן [LOShN]
motherwort דער פּוסטירניק
mothproof מאָל־באַוואָרנט
motif [NIGN, NIGÚNIM] דער מאָטיוו, ־ן; דער ניגון, ־ים
motility די/דאָס באַוועגיקייט; די/דאָס רירעקייט
motion, *n.*
(movement) די באַוועגונג, ־ען; דער באַוועג, ־ן; דער ריר, ־ן
(gesture) די תּנועה, ־ות; דער מאַך, ־ן; דער צייכן, ־ס [TNÚE]
(parliamentary) דער פֿאָרשלאָג, ־ן; דער פֿירלייג, ־ן
go through the motions טאָן פֿון יוצא וועגן; מאַכן דעם אָנשטעל [YÓYTSE]
put forward a motion אַרײַנטראָגן ‹מאַכן› אַ פֿאָרשלאָג
set stg. in motion לאָזן + אַק' אין גאַנג; געבן דעם אימפּעט צו
The motion was carried מ'האָט אָנגענומען דעם פֿאָרשלאָג
motion, *v.* **(to)** געבן + דאַט' אַ צייכן; צווינקען + דאַט'
motion sb. in אַרײַנווינקען + דאַט'
motionless אומבאַוועגלעך
motion picture דער פֿילם, ־ען; דאָס קינאָבילד, ־ער
motion sickness די/דאָס נישט־גוטקייט בײַם פֿאָרן
He suffers from motion sickness ס'ווערט אים נישט־גוט בײַם פֿאָרן
motion verb דער באַוועגווערב, ־ן
motivate מאָטיווירן
motivated מאָטיווירט
motivation די מאָטיווירונג, ־ען; די מאָטיוואַציע, ־ס
motivational מאָטיוויר־...
motivational speaker דער מאָטיוויר־רעדנער, ־ס
motive, *adj.* באַוועג־...; (אָנ)טרײַב־...
motive, *n.* [TAM, TÁYMIM] דער מאָטיוו, ־ן; דער טעם, ־ים
motive power [KÓYEKh] דער (אָנ)טרײַב־כּוח
mot juste פּונקט דאָס ריכטיקע וואָרט
motley פֿיל־קאָליריק; פֿאַרשיידן־פֿאַרביק; געמישט
motley crew די געמישטע ‹צונויפֿגעוואָרפֿענע› חבֿרה, ־ות; דאָס אויפֿגעלאַף, ־ן [KhÉVRE]
motor, *adj.* מאָטאָר־...
(bio.) באַוועג־...
motor, *n.* דער מאָטאָר, ־ן
motor, *v.* פֿאָרן (מיטן אויטאָ)
motorbike דער מאָטאָר־ביציקל, ־ען
motorboat דאָס מאָטאָר־שיפֿל, ־עך
motorcade די אויטאָ־קאָלאָנע, ־ס; די ריי ‹שורה› אויטאָמאָבילן [ShÚRE]
motorcar דער אויטאָמאָביל, ־ן
motorcycle דער מאָטאָציקל, ־ען
motorcyclist
m./unsp. דער מאָטאָציקליסט, ־ן
f. די מאָטאָציקליסטקע, ־ס
motorist
m./unsp. דער שאָפֿער, ־ן; דער מאָטאָריסט, ־ן; דער אויטאָמאָביליסט, ־ן
f. די שאָפֿערשע, ־ס; די מאָטאָריסטקע, ־ס; די אויטאָמאָביליסטקע, ־ס
motorize מאָטאָריזירן
motorized מאָטאָריזירט; מאָטאָר־...
motor lodge דער מאָטעל, ־ן
motorman דער מאַשיניסט, ־ן
motormouth דער פּלוידערזאַק, ...זעק
be a motormouth *also* האָבן נײַן מאָס רייד
motor nerve דער באַוועגנערוו, ־ן
motor neuron דער באַוועג־נעוראָן, ־ען
motor oil דער מאָטאָראייל, ־ן
motor racing דער אויטאָ־פֿאַרמעסט
motor scooter דער מאָטאָראָלער, ־ס; דער מאָטאָר־סקוטער, ־ס
motor vehicle דער אויטאָמאָביל, ־ן; דער אויטאָ, ־ס
motor vehicles *also* דאָס פֿאָרוואַרג קאָל'
motor vehicle department דער אויטאָ־דעפּאַרטעמענט ‹־אָפּטייל›, ־ן
mottle, *v.* באַדעקן מיט פֿלעקן ‹שפּרענקעלעך›
mottled באַפֿלעקט; באַשפּרענקלט
motto דער/די לאָזונג, ־ען; דער מאָטאָ, ־ס; דער דעוויז, ־ן
mound, *n.* דאָס בערגל, ־עך

(heap) די קופּע, ־ס; דער הויפֿן, ־ס
(hill) דאָס בערגל, ־עך; דער היגל, ־ען
(baseball) דאָס וואַרפֿבערגל; דאָס פּיטשבערגל
(vulva/*slg./vlg.***)** דאָס ווײַבערשע בערגל
mound, *v.* אָנהויפֿענען
mount, *n.*
(mountain) דער באַרג, בערג; דאָס בערגל, ־עך
(horse) דאָס רײַטפֿערד, –
mount, *v.*
(a horse) אויפֿרײַטן ‹אַרויפֿשפּרינגען› אויף; אויפֿזיצן אויף; אַרויפֿזעצן זיך אויף
(fix) מאָנטירן; אויפֿשטאַפּלען; צופֿעסטיקן
(a picture/photo) אַרויפֿציִען; אָנקלעפּן; מאָנטירן
(an animal/sexually) פֿאָליעווע\|ן; באַדעקן; באַלויפֿן
(an exhibition) מאָנטירן
(gymnastics) אַרויפֿ(גיין) אויף; אַרויפֿקריכן אויף; אויפֿהייבן זיך אויף
(increase) וואַקסן; אויפֿשטײַגן
(jewels) אײַנפֿאַסן
(stairs) אַרויפֿגיין (מיט) די טרעפּ
mount an attack (on) אָנפֿאַלן (אויף); באַפֿאַלן + אַק׳
mount the throne אַרויפֿגיין אויפֿן טראָן; אָנהייבן קיניגן
mountain דער באַרג, בערג(ער)
make a mountain out of a molehill מאַכן פֿון אַ פֿליג ‹מילב› אַ העלפֿאַנד; מאַכן פֿון אַ וואָרט אַ קוואָרט; מאַכן פֿון אַ האָר אַ גאָר
mountains *also* דאָס געבערג קאָל׳
mountain air די באַרגלופֿט
mountain ash די ראָבינע, ־ס
mountain bluet דאָס געבערג־בלאָעלע, ־ך
mountain climbing *see* **mountaineering**
mountain cranberry די ברוסניצע, ־ס
mountaineer דער בערגקריכער, ־ס; דער אַלפּיניסט, ־ן
mountaineering דאָס בערגקריכן; דאָס באַרג־קלעטערײַ; דער אַלפּיניזם; דער בערגספּאָרט
mountain goat די באַרגציג, ־ן
mountain holly דער/דאָס פּאַראַלעל־בלאַט, ...בלעטער
mountain laurel די ברייטבלאַט־קאַלמיע, ־ס
mountain lion די פּומע, ־ס
mountain mahogany די עקפּרוכט, ־ן
mountainous באַרגיק
mountain railway די באַרגבאַן, ־ען; די געבערגבאַן, ־ען
mountain range די בערגקייט, ־ן; דאָס געבערג
mountain sickness די באַרגקרענק
mountainside דער באַרגאַראָפּ, ־ן; דער באַרגנייג, ־ן; דער באַרג־שיפּוע, ־ים [ShIPÚE, ShIPÚIM]
mountain sorrel דער באַרגכטשוף
mountaintop דער/די באַרגשפּיץ, ־ן; דער/די שפּיץ באַרג
mountebank דער שאַרלאַטאַן, ־ען; דער גענאַרער, ־ס; דער מאַרקשרייער, ־ס
mounted, *adj.* מאָנטירט
mounted on the dashboard אויף דער קאָנטראָלברעט מאָנטירט
mounted police די רײַטער־פּאָליציי
mounting, *adj.* וואַקסנדיק; אויפֿשטײַגנדיק
mounting, *n.* דער מאָנטאַזש, ־ן
Mount Sinai דער באַרג סיני [SÍNAY]
mourn
vt. טרויערן איבער; באַוויינען
vi. טרויערן
mourner
m./unsp. דער אָבֿל, ־ים; דער קלאָגער, ־ס; דער מקונן, ־ים [OVL, AVÉYLIM] [MEKÓYNEN, MEKÓNENIM]
f. די אָבֿלטע, ־ס; די אֲבֿלה, ־ות; די קלאָגערין, ־ס [ÓVLTE] [AVÉYLE]
mournful פֿאַרטרויערט; סומנע
mournfully פֿול מיט טרויער
mourning דער טרויער; דאָס אֲבֿלות [AVÉYLES]
be in mourning זײַן אַן אָבֿל; אָפּריכטן ‹פּראַווע\|ן› אֲבֿלות [OVL]
in mourning פֿאַראָבֿלט [FARÓVLT]
wear mourning גיין אין קלאָג
tear one's clothes in mourning (J.) רײַסן קריעה [KRÍE]
mourning dove דאָס טרויערל, ־עך
mouse די מויז, מײַז; דאָס מײַזל, ־עך
(comp.) דאָס מײַזל, ־עך
(*nurs.***)** דאָס מײַזעלע, ־ך
mouse-ear cress דער מײַזל־אויער
mousehole די/דער מויזנלאָך ‹מײַזנלאָך›, ...לעכער
mouse pad דאָס מײַזל־קישל, ־עך
mouser דער מײַזן־כאַפּער, ־ס
mousetail דער מויזן־עק, ־ן
mousetrap די מײַזן־פֿאַסטקע, ־ס; דער מײַזן־כאַפּער, ־ס
moussaka די מוסאַקאַ
mousse
(cul.) דער מוס; דער שוים
(hair) דער האָרמוס; דער האָרשוים
moustache *see* **mustache**
mousy
(color) מײַז גראָ
(nondescript) אָן קאָליר ‹פֿאַרב›
(timid) פּחדליווע [PAKhEDLÍVE]
mouth, *n.* דאָס מויל, מײַלער
(of animal) דער פּיסק, ־עס
(of child) דאָס מײַלעכל, ־עך; דאָס פּיסקעלע, ־ך
(of river) די לעפֿצונג, ־ען
be all mouth האָבן אַ מויל ווי אַ כאַליעווע ‹טויער›
From your mouth/lips to God's ears! הלוואַי!; פֿון דײַן מויל אין גאָטס אויערן! [(H)ALEVÁY]
have a big mouth האָבן אַ גרויסן פּיסק; האָבן אַ לאַנגע צונג
It makes my mouth water סע רינט מיר אַזש די סלינע פֿון מויל
mouth, *v.*
(speak) אַרויסזאָגן
(silently) מאַכן מיט די ליפּן; רעדן אָן אַ קול [KOL]
mouth off רעדן מיט חוצפּה; עפֿענען דעם ‹אַ› פּיסק [KhÚTSPE]
mouth feel דער רושם (אין מויל) [RÓYShEM]
mouthful דער ביסן, ־ס; דער שלונג, ־ען
(tongue-twister) די צינגלקונץ
a mouthful of אַ פֿול מויל מיט; אַ מויל פֿול מיט
mouth organ די (מויל־)האַרמאָניקע, ־ס
mouthpiece
(mus.) דאָס מוילשטיק, ־ער; דאָס פּיסקל, ־עך
(spokesperson) דער וואָרטזאָגער, ־ס
mouth-to-mouth resuscitation דאָס געבן צו אָטעמען פֿון מויל צו מויל
mouthwash דאָס (מויל)שווענקעכץ, ־ן
mouthwatering גאָר אַפּעטיטלעך ‹געשמאַק›; טעם־גן־עדן [TAM-GANÉYDN]
It's mouthwatering סע רייצט דעם אַפּעטיט; סע גייט דערפֿון איבער די סלינע
movable באַוועגלעך; אַריבערפֿיריק

movable property/movables מטלטלים; דאָס באַוועגלעכע פֿאַרמעגן ל״י [METÁLTELIM]
move, *n.*
(motion) דער באַוועג, ־ן; די באַוועגונג, ־ען; דער ריר, ־ן; דער מאַך, ־ן; דער קער, ־ן
(in game) דער גאַנג, גענג
(of residence) דאָס (איבער)ציִען זיך; דאָס איבערקלײַבן זיך; דער איבערציִ, ־ען
be on the move (busy) זײַן שטאַרק פֿאַרנומען ‹באַשעפֿטיקט/אַקטיוו›; נישט אויפֿהערן זיך צו רירן
be on the move (travel) אַרומפֿאָרן
Don't make a move! נישט רירן זיך פֿון אָרט!
get a move on געבן זיך אַ ריר
make a move (motion) געבן זיך אַ ריר; אַ ריר טאָן זיך
make a move (in game) גיין אַ גאַנג
make a move (to do stg.) לאָזן זיך ...; נעמען זיך צו ...
make the first move מאַכן דעם ערשטן טראָט; מקדים זײַן זיך [MÁKDEM]
move, *v.*
vt. **(motion)** (איבער)רוקן; רירן
vt. **(by carrying)** אַריבערטראָגן
vt. **(transport)** טראַנספּאָרטירן; אַריבערפֿירן
vt. **(emotions)** (אָנ)רירן
vt. **(in parliament)** פֿאָרשלאָגן; פֿירלייגן
vi. **(change residence)** איבערציִען זיך; איבערקלײַבן זיך
vi. **(motion)** באַוועגן זיך; רירן זיך
vi. **(in game)** גיין (אַ גאַנג)
vi. **(vehicle)** פֿאָרן
move about (change position) איבעררוקן זיך; אַרומגיין
move about (travel) אַרומפֿאָרן; זײַן אונטער וועגס
move ahead גיין ‹פֿאָרן› פֿאָרויס
move along, *vt.* פֿאָרויסטרײַבן
move along, *vi.* רוקן זיך פֿאָרויס; גיין ווײַטער
move away, *vt.* **(object)** אַוועקרוקן
move away, *vi.* **(change residence)** אַוועקציִען זיך
move away, *vi.* **(pull back)** אַוועקרוקן זיך; אָפּרוקן זיך
move for בעטן + אַק׳; בעטן אַז מע זאָל
move in, *vt.* **(furniture)** אַרײַנציִען
move in, *vi.* **(into house)** אַרײַנציִען זיך; אַרײַנקלײַבן זיך
move in, *vi.* **(police)** אַרײַנדרינגען
move off אָפּפֿאָרן
move on פֿאָרן ‹גיין› ווײַטער; לאָזן זיך ווײַטער גיין
move out אַרויסציִען זיך; אַרויסקלײַבן זיך
move over, *vt./vi.* איבעררוקן (זיך); אָפּרוקן (זיך)
move towards צורוקן זיך נע(ע)נטער
move up, *vt.* **(date)** פֿאָרויסרוקן; אַרויפֿרוקן
move up, *vt.* **(in line)** לאָזן פֿאָרויסגיין
move up, *vi.* **(come closer)** צורוקן זיך נע(ע)נטער
move up, *vi.* **(in society/job)** אַרויפֿאַרבעטן זיך
moved (touched) גערירט; איבערגענומען
move-in
be in move-in condition זײַן גרייט, מע זאָל זיך אַרײַנציִען ‹אַרײַנקלײַבן›
movement דער באַוועג, ־ן; די באַוועגונג, ־ען; דער קער, ־ן; דער מאַך, ־ן
(mus.) דער/די טייל, ־ן; די באַוועגונג, ־ען
mover (furniture) דער מעבל־פֿירער, ־ס
movers and shakers קנאַקערס ל״ר; גרויסע מאַכערס ל״ר; בעלי־בתּים ל״ר [BAL(E)BÁTIM]
movie דער פֿילם, ־ען; דער פֿילעם, ־ס
the movies דער קינאָ ל״י
at the movies אין קינאָ
Let's go to the movies לאָמיר גיין אין קינאָ; לאָמיר גיין זען אַ פֿילם
movie camera די פֿילמירקע, ־ס; דער פֿילמיר־אַפּאַראַט, ־ן
moviegoer דער קינאָ־גייער, ־ס
moviehouse דער קינאָ, ־ס
moviemaker דער פֿילם־רעזשיסאָר ‹־פּראָדוצענט›, ־ן; דער פֿילם־פּראָדוצירער, ־ס
movie producer דער פֿילם־פּראָדוצענט, ־ן; דער פֿילם־פּראָדוצירער, ־ס
movie star דער קינאָ־שטערן, –
movie studio די פֿילמסטודיע, ־ס
movie theater דער קינאָ, ־ס; דער קינאָ־טעאַטער, ־ס
moving (touching) רירנדיק
moving expenses איבערציִ־הוצאָות [HOYTSÓES/HETSÓES]
moving sidewalk דער פֿאָרנדיקער טראָטואַר ‹טרעטאָר›, ־ן; דער שלעפּטראָטואַר, ־ן
moving staircase וויקלטרעפּ ל״ר; דער עסקאַלאַטאָר, ...אָרן
moving van די מעבלפֿור, ־ן
mow, *n.* דער הײַבוידעם, ...ביידעמער
mow, *v.*
(lawn) (אָפּ)שנײַדן דאָס גראָז
(grain) קאָסי(י)ען; קאָשען; שנײַדן
mow down אויסווישן; אָפּרוימען פֿון וועג; מאַכן אויס
mower דער גראָז־שנײַדער, ־ס
mowing machine די שנײַדמאַשין, ־ען; די קאָסילקע, ־ס
moxie די/דאָס דרייסטקייט; די העזה [HÓZE]
Mozambican, *adj.* מאָזאַמביקער אינוו׳; מאָזאַמביקיש
Mozambican, *n.*
m./unsp. דער מאָזאַמביקער, –
f. די מאָזאַמביקערין, ־ס
Mozambique (דאָס) מאָזאַמביק
mozzarella דער מאָצאַרעלאַ
MP3 player דער עם־פּע־דרײַ־שפּילער, ־ס
mpg מײַל אויפֿן גאַלאָן
mph מײַל אַ שעה
Mr. מ״ר [= מיסטער]; פֿ׳ [= פֿרײַנד]; ח׳ [= חבֿר]; ה׳ [= הער] [KhÁVER]
Mr./Miss Right דער (רעכטער) זיווג [ZÍVEG]
MRI דער עם־ער־אײַ; דער עם־אַר־אײַ
Mrs. מר״ס [= מיסעס]; פֿר׳ [= פֿרוי]; ח׳טע [= חבֿרטע]; מאַדאַם; מרת [MÓRES] [KhÁVERTE]
MS *see* **multiple sclerosis**
Ms. ח׳טע [= חבֿרטע]; פֿר׳ [= פֿרוי] [KhÁVERTE]
much אַ סך; אַ פֿולע [SAKh]
a bit much (שוין) איבערגעטריבן
as much אַזוי פֿיל
as much as אַזש; אַזוי פֿיל ווי
how much וויפֿל; ווי פֿיל
How much (is ...)? וויפֿל קאָסט ‹באַטרעפֿט› ...?; מה־יקר? [MA-YÓKER]
I thought as much! פּונקט אַזוי האָב איך געמיינט!
make much of מאַכן אַ גרויסע גדולה איבער; מאַכן אַ גאַנצן צימעס פֿון [G(E)DÚLE]
make too much of איבערטרײַבן; איבערזאַלצן
much as (however much) נישט־געקוקט אויף דעם וויפֿל
much as (similarly) פּונקט ‹גלײַך› ווי
much less (certainly not) ווער רעדט נאָך; שוין אָפּגערעדט
much less (quantity) אַ סך ווייניקער ‹ווינציקער/קנאַפּער›
much more אַ סך מער
much of ס׳רובֿ; אַ סך פֿון [ROV]

much the same אַן ערך דאָס זעלבע [ÉREKh]
much to my surprise ס'איז מיר געווען אַ חידוש וואָס [KhÍDESh]
not much of a ... אַ קנאַפּער גענ׳ ...; נישט קיין גרויסער ‹וואַזשנער› גענ׳ ...; אויך מיר אַ ...!; אַבי׳ סע הייסט ...!
not so much as אַפֿילו נישט (קיין) [AFÍLE]
say as much זאָגן (אויך) אַזוי
so much אַזוי פֿיל
So much for that! גענוג!; עד־כּאן!; האַדיע! [ADKÁN]
so much so that אויף אַזוי פֿיל אַז
So much the better! אַדרבא!; נאָך בעסער! [ÁDERABE]
this much אַזוי פֿיל
too much צו פֿיל; מער ווי גענוג
very much גאָר ‹זייער› אַ סך
very much so גרייַלעך
much-loved סאַמע ‹גאָר/זייער/שטאַרק› באַליבט
mucilage דער קלעפּשטאָף; דער (גוויקסן־)שלײַם
muck, *n.* די בלאָטע; דאָס מיסט; דאָס געמויזעכץ
muck, *v.*
muck about פּוסטעפּאַסעווע|ן; דרייען זיך אויפֿן קאַריק
muck up קאַליע מאַכן; פֿאַרטאַטשעווע|ן
muckrake אויפֿגראָבן בלאָטע
muckraker דער בלאָטע־אויפֿגראָבער, ־ס
mucky בלאָטיק; שמוציק
mucolipidosis דער מוקאָליפּידאָז
mucous שלײַמיק
mucous membrane דאָס שלײַמהײַטל, ־עך
mucous plug דער שלײַמקאָריק, ...קאָרקעס
mucus דער שלײַם; דער לײַכעץ; דער ראָץ; דאָס שמאָרגלעכץ
mud די בלאָטע
drag sb. through the mud מאַכן אַש און בלאָטע פֿון; מאַכן + אַק׳ מיט דער בלאָטע צו בלאָטע צו גלײַך
His name is mud ער איז מיט דער בלאָטע (צו) גלײַך
throw mud (on) בלאָטיקן + אַק׳; באַוואַרפֿן + דאַט׳ מיט שמוץ
mud bath די שלאַמבאָד, ...בעדער
muddle, *n.* דער פּלאָנטער, ־ס; די מהומה, ־ות; די סומאַטאָכע, ־ס [MEHÚME]
I'm in a real muddle כ'האָב זיך גוט פֿאַרפּלאָנטערט
muddle, *v.* פֿאַרפּלאָנטערן; צעפּלאָנטערן; צעטומלען; פֿאַרנעפּלען
muddle through ספּראַווע|ן זיך ווי׳ נישט איז; אַרויספּלאָנטערן זיך; (קוים) אַרויסקריכן
muddled, *adj.* פֿאַרפּלאָנטערט; אומקלאָר; צעטומלט
muddy, *adj.*
(dirty) פֿאַרבלאָטיקט; בלאָטיק; שלאַמיק
(unclear) אומקלאָר; מוטנע; פֿאַרנעפּלט
muddy, *v.* פֿאַרבלאָטיקן; מוטנע מאַכן
muddy the waters (*fig.*) פֿאַרנעפּלען דעם ענין [ÍNYEN]
mudflap/mudguard דער בלאָטע־פֿליגל, ־ען
mud flat דער שלאַם־שטח, ־ים [ShÉTEKh, ShTÓKhIM]
mudhole דאָס טינטערל, ־עך
mud hut דאָס ערדשטיבל, ־עך; די זעמליאַנקע, ־ס
mudpack די קאָסמעטישע מאַסקע, ־ס
mudpie דאָס בלאָטעקעלע, ־ך; דאָס זאַמדפּלעצל, ־עך
make mudpies מאַכן ‹שפּילן זיך אין› בלאָטעקעלעך
mud puddle די בלאָט(ק)ע, ־ס
mudslide דער בלאָטעגליטש, ־ן
mudslinging די בלאָטע־קאַמפּאַניע; דאָס צעלאָזן בילבולים [BILBÚLIM]
mudwort דאָס זומפּל
Muenster cheese דער מינסטערער קעז
muesli מיזלי
muezzin דער מועדזין, ־ען
muff, *n.* די מופֿטע, ־ס
muff, *v.* פֿאַרפֿוש(ער)ן; פֿאַרפּאַרטאַטשעווע|ן
muffin דער מאָפֿין, ־ס; דאָס זיסע בולקעלע, ־ך
muffle פֿאַרטויבן; פֿאַרדושען; צודושען
(words) פֿאַרשטיקן
muffled פֿאַרטויבט; פֿאַרדושעט; פֿאַרדומפּן
muffler
(car) דער פֿאַרטויבער, ־ס; דער פֿאַרדומפּער, ־ס
(scarf) דער שאַליק, ־עס; דער קאַשנע, ־ען
mufti
(clothing) ציוויִלע מלבושים ל״ר; די ציוויל־קליידונג [MALBÚShIM]
(person) דער מופֿטי, ־ס
in mufti אין ציוויל
mug, *n.*
(cup) דער קופּל, ־ען
(face/*slg.*) דער פּרצוף, ־ים; די פּאַרצע, ־ס; דער/דאָס ציפֿערבלאַט, ...בלעטער; דער מיסטקאַסטן, ־ס [PÁRTSEF, PARTSÚFIM]
mug, *v.* באַפֿאַלן; אָנפֿאַלן אויף
mugful (of) דער פֿולער קופּל (מיט)
mugger דער באַפֿאַלער, ־ס; דער אָנפֿאַלער, ־ס
mugging דער באַפֿאַל, ־ן; די באַפֿאַלונג, ־ען; דער אָנפֿאַל, ־ן
muggy דושנע; שטיקעדיק
mugshot די פּאָליציייִשע פֿאָטאָגראַפֿיע, ־ס
mugwort דאָס געווירנטלעכע ביטערגראָז
mugwump דער אומאָפּהענגיקער גענ׳; דער נייטראַלער גענ׳
Muhammad מחמד [MÁKhMED]
Muhammadan *see* **Muslim**
Muharram דער מוהאַראַם
mujahedeen מודזשאַהעדין ל״ר
mulatto
m./unsp. דער מולאַט, ־ן
f. די מולאַטקע, ־ס
mulberry די טוטן־יאַגדע, ־ס
(tree) דער טוטנבוים, ...ביימער; דער זײַדנבוים, ...ביימער
mulch, *n.* דער מולטש
mulch, *v.* מולטשירן
mulct, *n.* די געלטשטראָף, ־ן
mulct, *v.* שטראָפֿירן; באַשווינדלען
mule דער מולאייזל, ־ען
(smuggler/*slg.*) דער נאַרקאָטיק־קוריער, ...יערן
work like a mule אָנאַרבעטן זיך ווי אַן אייזל
muleteer דער אייזל־טרײַבער, ־ס
mulish אײַנגעשפּאַרט ווי אַן אייזל
mull, *v.* צווירצן
mull over, *vt./vi.* איבערקלערן (זיך); באַקלערן (זיך); אַרײַנטראַכטן (זיך)
mullah דער מולאַ, ־ען; דער מאָלנאַ, ־ען
mulled wine דער ווײַנזויף
mullein קבֿרים־מנורות ל״ר [KVÓRIM-MENÓYRES]
mullet די קעפֿאַל, ־ן
mulligatawny די קאַריזופּ
mullion דער מוליאָן, ־ען
multi... סך־...; מולטי...; פֿיל...; עטלעך־... [SAKh]
multicolored קאָלירנדיק; בונט; פֿילפֿאַרביק; פּיסטרע
multicultural סך־קולטוריק; מולטיקולטורעל; פֿון כּל־המינים קולטורן [SAKh] [KOL(H)AMÍNIM]
multidimensional סך־דימענסיעדיק; מולטידימענסיעדיק [SAKh]
multidisciplinary פֿון פֿאַרשיידענע פֿעלדער; סך־‹פֿיל־› שטחימדיק [SAKh] [ShTÓKhIMDIK]

multiethnic סך־פֿעלקערדיק [SAKh]

multifaceted פֿילזײַטיק; מיט אַ סך אַספּעקטן [SAKh]

multifarious פֿאַרשײדן־מיניק; פֿיל־מיניק; כּלערלײיק [KÓLERLÉIK]

multiform פֿאַרשײדן־פֿאָרעמדיק

multigenerational סך־דורותדיק [SAKh-DÓYRESDIK]

multigravida די סך־טראָגערין, ־ס [SAKh]

multilateral פֿילזײַטיק

(multipartite) פֿיל־צדדימדיק [TSDÓDIMDIK]

multilateral trade agreement דער פֿיל־צדדימדיקער מיסחר־אָפּמאַך [MÍSKhER] [TSDÓDIMDIKER]

multilingual פֿילשפּראַכיק; סך־שפּראַכיק; עטלעך־שפּראַכיק [SAKh]

multilingualism די/דאָס פֿילשפּראַכיקייט

multimedia, *adj.* מולטימעדיע־...; מיט מולטימעדיע

multimedia, *n.* די מולטימעדיע

multimillionaire דער מולטימיליאָנער, ־ן

multinational, *adj.* סך־לענדערדיק; סך־פֿעלקערדיק; טראַנסנאַציאָנאַל [SAKh]

multinational, *n.* די טראַנסנאַציאָנאַלע פֿירמע ‹קאָרפּאָראַציע›, ־ס

multipara די סך־האָבערין, ־ס; די קינדלערין, ־ס [SAKh]

multiple, *adj.* פֿילפֿאַכיק; פֿילטײליק; אַ סך; סך־... [SAKh]

multiple, *n.* די פֿאַכיקע צאָל, ־ן; דער כּפֿל, ־ען [KEYFL]

multiple birth דער סכלינג, ־ען/־ער [SÁKhLING]

multiple-choice question די ברירה־פֿראַגע, ־ס; די ברירה־שאלה, ־ות [BRÉYRE] [ShÁYLE]

multiple-choice test דער עקזאַמען מיט ברירה־פֿראַגעס [BRÉYRE]

multiple dwelling דאָס סך־דירותדיקע הויז, הײַזער [SAKh-DÍRESDIK]

multiple partners אַ סך פּאַרטנערס ‹בײַשלעפֿערס›

multiple personality די פֿילפֿאַכיקע פּערזענלעכקייט, ־ן

multiple pregnancy די/דאָס סכלינגשאַפֿט; דאָס פֿילפֿרוכטיקע טראָגן [SÁKhLINGShAFT]

multiple rocket launcher דער סך־ראַקעטניק, ־עס [SAKh]

multiple sclerosis דער מולטיסקלעראָז

multiplex, *adj.* מולטיפּלעקס־...

multiplex, *n.* דער מולטיפּלעקס־קינאָ, ־ס

multiplicand די כּפֿל־צאָל, ־ן [KEYFL]

multiplication דער כּפֿל [KEYFL]

multiplication table די כּפֿל־טאַבעלע, ־ס; דער אײן־מאָל־אײנס, ־ן [KEYFL]

multiplier דער כּפֿלער, ־ס [KÉYFLER]

multiply

(math.) כּפֿלען [KÉYFLEN]

vt./vi. **(reproduce)** (פֿאַר)מערן (זיך)

multipurpose פֿילניציק; סך־ציליק; עטלעך־ציליק; מיט אַ סך צוועקן [SAKh]

multiracial עטלעך־ראַסנדיק; פֿון פֿאַרשײדענע ראַסעס

multistage מיט אַ סך סטאַדיעס [SAKh]

multistory סך־גאָרנדיק; פֿיל־גאָרנדיק [SAKh]

multisyllabic פֿילטראַפֿיק; סך־טראַפֿיק; מיט אַ סך טראַפֿן [SAKh]

multitask (אויפֿ)טאָן פֿאַרשײדענע אַרבעטן ‹זאַכן› מיט אַ מאָל

(*hum.*) טאַנצן אויף אַלע חתונות [KhÁSENES]

multitude די מאַסע, מאַסן; די מחנה, ־ות; דער המון, ים/־ען [MÁKhNE] [HAMÓYN]

a multitude of אַן אַ שיעור ‹צאָל› [ShÍER]

the multitudes דער המון ל״ר; די מאַסן

multitudinous אָן אַ שיעור ‹צאָל›; מיליאָסן [ShÍER]

multivitamin די סך־וויטאַמיניקע פּיל, ־ן; דער פֿאָליוויטאַמין, ־ען

mum, *adj.* שטיל; שווײַגנדיק

keep mum מאַכן אַ שווײַג; צושווײַגן; האַלטן דאָס מויל; אָננעמען אַ פֿול מויל מיט וואַסער; נישט אַרויסלאָזן קיין פּאַרע; שווײַגן ווי יורקעס הונט

mum,[1] *n.* **(silence)**

Mum's the word! (פּתח שין) שאַ!; האַלט דאָס מויל!; מאַכ(ט) אַ שווײַג!; נישט אַרויסלאָזן קיין פּאַרע!; לאַוו דיבורים!; כאַטע פּאָקרישקע! [PÁSEKh ShIN]

mum,[2] *n.* **(bot.)** די כריזאַנטעמע, ־ס

mumble, *v.* בעבען|; פֿרעפֿלען; שלינגען די ווערטער; רעדן אונטער דער נאָז; פֿאָנפֿען|

mumbo-jumbo דאָס קוידריש; דאָס געפּרעפּל

mummification די מומיפֿיקאַציע

mummified מומיפֿיצירט

mummify מומיפֿיצירן

mummy די מומיע, ־ס

mumps דאָס חזירל; דער מומס; די סווינקע ‹שווינקע› [KhÁZERL]

munch קײַען; קנאַקן

munchies

I have the munchies סע גלוסט זיך מיר עפּעס איבערנאַשן ‹עסן›

mundane וואָכעדיק; געווײנ(ט)לעך; טאָג־טעגלעך

mung bean די מונגלינדז, ־ן

Munich (דאָס) מינכן

municipal שטאָטיש; שטאָט...

municipal bond די שטאָטישע אָבליגאַציע, ־ס

municipal college דער שטאָטישער קאָלעדזש, ־ן

municipal court דאָס שטאָטגעריכט, ־ן

municipality די מוניציפּאַליטעט, ־ן

munificence די/דאָס ברײטהאַרציקייט; דאָס געבן מיט אַ ברײטער האַנט

munificent ברײטהאַרציק

munificently מיט אַ ברײטער האַנט

munitions די אַמוניציע ל״ין; דאָס געווער קאָל׳

mural דאָס וואַנטבילד, ־ער; דאָס וואַנטגעמעל, ־ן; דאָס וואַנט־מאַלערײַ, ־ען

murder, *n.* דער מאָרד, ־ן; די הריגה, ־ות; דאָס רצחנות; דאָס מערדערײַ, ־ען [HARÍGE] [RATSKhÓNES]

attempted murder דער מאָרדפּרווו, ־ן; דער פּרווו צו דערהרגע|(נע)ן [DERHÁRGE(NE)N]

get away with murder אָפּקומען מיט אַ גאָרנישט ‹פּעטשל›; אַרויסדרייען זיך; זײַן פּטור בלא כלום [PÓTER BELÓY KLUM]

murder for hire דער באַשטעלטער מאָרד

murder, *v.* דערהרגע|(נע)ן; דערמאָרדן; קאַלט מאַכן [DERHÁRGE(NE)N]

murderer דער מערדער, ־ס; דער רוצח, ־ים; דער רצחן, ־ים; דער גזלן, ־ים [RETSÉYEKh, RÓTSKhIM] [RATSKhN, RATSKhÓNIM] [GÁZLEN, GAZLÓNIM]

murderess די מערדערין, ־ס; די רוצחטע, ־ס; די רצחנטע, ־ס; די גזלנטע, ־ס [RETSÉYEKhTE] [RÁTSKhNTE] [GÁZLENTE]

murderous מערדעריש; רוצחיש; רציחהדיק; רצחניש; גזלניש; גזלעווויע [RÓTSKhISh] [RETSÍKhEDIK] [RATSKhÓNISh] [GAZLÓNISh] [GAZLEVÓYE]

murder-suicide דער מאָרד־זיךמאָרד, ־ן

murder victim דער דערהרגעטער געב׳; דער געהרגעטער געב׳; דער הורג, ־ים [DERHÁRGETER] [GEHÁRGETER] [HÓYREG, HARÚGIM]

murk דאָס פֿינצטערניש; דער חושך; דער טיפֿער נעפּל [KhÓYShEKh]

murky פֿינצטערלעך; פֿאַרנעפּלט; אומקלאָר
murmur, *n.* דער מורמל, ־ען; דאָס געמורמל, ־ען
(med.) דאָס (האַרץ)גערויש, ־ן
murmur, *v.* (אונטער)מורמלען; ברומבלען
murmur against מורמלען אויף; האָבן תּרעומות צו [TARÚMES]
Murphy's Law מאַטיעס מזל; מערפֿיס געזעץ [MAZL]
murrain די פֿיך־מגפֿה [MAGÉYFE]
muscat דער מושקעט ‹מושקאַט›, ־ן
muscatel דער מושקעט ‹מושקאַט›, ־ן
(wine) דער מושקעטווייַן
muscle, *n.* דער מוסקל, ־ען
(strength/*fig.***)** די מוסקלקראַפֿט
without moving a muscle אָן זיך צו געבן אַ ריר; נישט געבנדיק זיך קיין ריר
muscle, *v.*
muscle in on אַרייַנרייַסן זיך מיט ג(ע)וואַלד צו ‹אין›; אַרייַנדרינגען אין
muscle out אַרויסשטויסן
muscle-bound מלא־מוסקלען; גאָלע מוסקלען [MÓLE]
muscleman [GVAR] דער גבֿר, ־ן; דער אויסמוסקולירטער געב׳
muscle mass די מוסקל־מאַסע
muscle tissue דאָס מוסקל־געוועב
muscle tone דער מוסקל־טאָנוס
Muscovite דער/די מאָסק(ע)ווער, –
muscovite דער מאָסקאָוויט
muscular מוסקל...; מוסקלענ...
(well-built) אויסמוסקולירט; מוסקולעז
muscular dystrophy די מוסקלען־דיסטראָפֿיע
musculature די מוסקולאַטור, ־ן
muse, *n.* די מוזע, ־ס
(inspiration) *also* [RÚEKh-HAKÓYDESh] דער רוח־הקודש
in a muse פֿאַרזונקען אין געדאַנקען ‹מחשבֿות› [MAKhShÓVES]
muse, *v.* קלערן; טראַכטן; פֿאַרקלערן זיך; טראַכטן הוריות [HÓYRIES]
museum דער מוזיי, ־ען
museum piece די מוזייזאַך, ־ן
Mush!, *int.* וויאָ!
mush, *n.* די ווייכע מאַסע; דער צעמאַזשעטער חומר [KhÓYMER]
(cornmeal) די מאַמעליגע
mush, *v.* צעמאַזשע|ן; צעקוועטשן
(sled) פֿאָרן מיט אַ הונטשליטן
mushroom, *n.* דאָס שוועמל, ־עך; דער/די שוואָם, ־ען
grow like mushrooms וואַקסן ווי שוועמלעך נאָך אַ רעגן
mushroom, *v.* צעוואַקסן זיך ווי אַ שוואָם; צעשוועמלען זיך
mushroom-barley soup דער שוואָמען־‹שוועמל־›קרופּניק; די גרויפּנזופּ מיט שוואָמען ‹שוועמלעך›
mushroom cloud דער וואָלקנשוואָם, ־ען
mushroom soup די שוואָמענזופּ; די שוועמלזופּ
mushy איבער ווייך; מאַזשעוואַטע; צעקראָכן
(emotional) איבעריק סענטימענטאַל
music די מוזיק
(score) נאָטן ל״ר
(J./song) די נגינה [NEGÍNE]
face the music באַקומען ‹אָננעמען› די שטראָף
It's music to my ears ס'אַ מחיה ‹נחת› דאָס צו הערן [MEKhÁYE] [NÁKhES]
musical, *adj.* מוזיקאַליש; מוזיק...
be musical קענען גוט שפּילן ‹זינגען›; זייַן אַ גוטער ‹פֿעיִקער› מוזיקער

musical, *n.* די מוזיקאַלישע פּיעסע, ־ס; דער מוזיקאַל, ־ן; דער מיוזיקל, ־ען
musical chairs (game) אַ שפּאַציר קיין ירושלים; מיר פֿאָרן קיין וואַרשע [YERUShOLÁYEM]
(pol./*fig.***)** מוזיקאַלישע בענקלעך
musical comedy די מוזיקאַלישע קאָמעדיע, ־ס
musical instrument דער (מוזיקאַלישער) אינסטרומענט, ־ן; דער מוזיק־אינסטרומענט, ־ן
musically מוזיקאַליש; אויף אַ מוזיקאַלישן אופֿן [OYFN]
music box דאָס שפּילקעסטל, ־עך; דאָס ניגון־טרעפּערל, ־עך [NIGN]
musician דער מוזיקער, ־ס
(J.) [KLÉZMER, KLEZMÓRIM] דער כּלי־זמר, ־ים/־ס/–
(*hum./iro./pej.***)** דער מוזיקאַנט, ־ן
musicianship דאָס קענען מוזיק; די/דאָס מוזיקאַלישקייט
music lesson די מוזיק־לעקציע, ־ס
music lover דער מוזיק־ליבהאָבער, ־ס; דער ליבהאָבער פֿון מוזיק
musicological מוזיקאָלאָגיש
musicologist דער מוזיקאָלאָג, ־ן; דער מוזיק־פֿאָרשער, ־ס
musicology די מוזיקאָלאָגיע
music paper דאָס נאָטן־פּאַפּיר
music school די מוזיקשול, ־ן
music stand דער מוזיק־‹נאָטן־›שטענדער, ־ס
musings רעיונות; טרוימערייַען; הוריות [RAYÓYNES] [HÓYRIES]
musk דער פּיזעם; דער מוסק(וס)
musk deer די קאַבאַרגע, ־ס
muskellunge די מאַסקע, ־ס
musket דער מושקעט, ־ן
musketeer דער מושקעטיר, ־ן
musketry מושקעטן ל״ר
(troops) מושקעטירן ל״ר
muskie די מאַסקע, ־ס
musk mallow דער אַבלמאָסק
muskmelon די דינקע, ־ס; דער מעלאָן, ־ען
musk ox דער מוסקוסאָקס, ־ן; דער פּיזעמאָקס, ־ן
muskrat די פּיזעמקאַץ, ...קעץ
muskroot דאָס פּיזעמל, ־עך
musk rose די מוסקוסרויז, ־ן
musky, *adj.* מיט אַ פּיזעם־‹מוסק־›ריח [RÉYEKh]
Muslim, *adj.* מוסולמעניש
Muslim, *n.*
m./unsp. דער מוסולמענער, –; דער מוסולמאַן, ...מענער; דער מחמדאַנער, – [MAKhMEDÁNER]
f. די מוסולמענערין, ־ס; די מחמדאַנערין, ־ס [MAKhMEDÁNERN]
muslin, *adj.* מוסלינען
muslin, *n.* דער מוסלין
muss, *vt./vi.* **(up)** צעשויבערן (זיך)
mussed (up) צעשויבערט
mussel די מושל, ־ען
Mussaf [MÚSEF, MUSÓFIM] דער מוסף, ־ים
must,[1] *n.* **(imperative)** דער מוז
must,[2] *n.* **(juice)** דער מאָסט
must, *v.* מוזן; דאַרפֿן
(probably) קערן
must not נישט טאָרן
He must have known ער האָט זיכער געוווּסט
She must have come זי האָט שוין געקערט ‹געמוזט› קומען; זי איז שוין זיכער געקומען; זי איז אַוודאי שוין געקומען [AVÁDE]

They must be tired זיי קערן זײַן מיד; זיי זע̇נען זי̇כער ‹אַוודאי› מיד

You mustn't tell anyone זאָלסט ‹איר זאָלט› קיי̇נעם נישט אוי̇סזאָגן; דאָס בלײַבט צווישן אונדז; זאָל דאָס בלײַבן אונטער פֿיר אויגן

mustache וואָנצעס ‹וואָנצן› ל״ר

mustached וואָנציק; מיט וואָנצעס

mustache wax די פֿיקסאַטו̇ר

mustachio געדי̇כטע וואָנצעס ל״ר

mustang דער מוסטאַ̇נג, ־ען; דאָס פּריי̇ריפֿערד, –

mustard דער זע̇נעפֿט; די גאַ̇רטשיצע

mustard gas דער זע̇נעפֿטגאַז; דער איפּערי̇ט

mustard plaster דער זע̇נעפֿט־פּלאַ̇סטער, ־ס

mustard seed דאָס זע̇נעפֿט־קערל, ־עך; דער זע̇נעפֿט־זו̇מען, ־ס

muster, *n.* די (צונוי̇פֿ)זאַ̇מלונג, ־ען

He passed muster מ'האָט אים דערקלע̇רט פֿאַר פֿע̇יִק; מ'האָט באַשטי̇מט אַז ער טויג

muster, *v.* צונוי̇פֿנעמען; צונוי̇פֿזאַמלען; צונוי̇פֿרופֿן

muster up one's courage אָ̇ננעמען זיך מיט קוראַ̇זש ‹האַרץ›; מאַכן זיך האַרץ

muster up one's strength צונוי̇פֿנעמען ‹אָ̇נשטרענגען› די כּוחות; אָ̇נטאָן זיך אַ כּוח [KÓYEKh] [KÓYKhES]

must-have דער מוז, ־ן; די מוזזאַך, ־ן

mustiness די/דאָס פֿאַרדו̇מפּנקייט; די/דאָס פֿאַרשי̇מלטקייט

must-read

It's a must-read מע מוז עס למען־השם לייענען; ס'איז גאָר כּדאַי עס צו לייענען [KEDÁY] [LEMANAShÉM]

must-see

It's a must-see מע מוז עס למען־השם זען; ס'איז גאָר כּדאַי עס צו זען [KEDÁY] [LEMANAShÉM]

musty פֿאַרדו̇מפּן; פֿאַרשי̇מלט; טו̇כלע

mutability די/דאָס בײַ̇טעוודיקייט; דאָס לאָזן זיך בײַטן

mutable בײַ̇טעוודיק

mutant, *adj.* מוטי̇רט

mutant, *n.* דער מוטאַ̇נט, ־ן

mutate מוטי̇רן זיך

mutation די מוטאַ̇ציע, ־ס

mutative מוטאַטי̇וו

mute, *adj.* שטום

mute, *n.* דער שטו̇מער געב׳

(mus.) די סורדי̇נ(ק)ע, ־ס; דער דע̇מפּער, ־ס

mute, *v.* פֿאַרשטו̇מען; פֿאַרשטי̇לן; פֿאַרדו̇מפּן

mute button דאָס שטו̇מקנעפּל, ־עך

muted פֿאַרשטי̇ל(ער)ט; אײַ̇נגעהאַלטן

(mus.) פֿאַרשטי̇לט

muted praise אײַ̇נגעהאַלטענע שבֿחים ל״ר [ShVÓKhIM]

muteness די/דאָס שטו̇מקייט

mute swan דער הו̇יקערשוואַן, ־ען

mutilate [TSEMÁZEKN] צעקאַלי̇עטשע|ן; צעמו̇מען; צעמזיקן

mutilation די/דאָס צעמו̇מטקייט; די/דאָס צעקאַלי̇עטשעטקייט; די/דאָס צעמזיקטקייט [TSEMÁZEKTKEYT]

mutineer דער בונטאַ̇ר, ־ן; דער מורד, ־ים; דער בונטאָ̇ווטשיק, ־עס [MOYRED, MÓRDIM]

mutinous בונטאַ̇ריש; צעבו̇נטעוועט

mutiny, *n.* דער בונט, ־ן; די מרידה, ־ות; די קראַמאָ̇לע [MERÍDE]

mutiny, *v.* צעבו̇נטעווע|ן זיך

mutt דער הו̇יפֿהונט, ...הינט; דער הונט פֿון געמי̇שטן ייִחוס [YÍKhES]

mutter בו̇רטשע|ן; מו̇רמלען; מרו̇קע|ן; רעדן אונטער דער נאָז

mutton דאָס שאָ̇פֿנפֿלייש; דאָס שע̇פּסענע פֿלייש; דאָס שעפּסנס

muttonchops שאָ̇פֿן־קאָטלע̇טן

(whiskers/*fig.*) קאָטלע̇טן

muttonhead דער איי̇זלקאָפּ, ...קעפּ

mutual [BETSÍBER] (קעגנ)אַנאַ̇נדיק; בציבור־...; ˚קעגנזײַ̇טיק

our mutual friend אונדזער בײַ̇דנס אַ חבֿר(טע) [KhÁVER(TE)]

by mutual consent [HASKÓME] מיט ביידנס הסכּמה

mutual admiration society די געזע̇לשאַפֿט פֿאַר אַנאַ̇נדיקער באַוווּ̇נדערונג

mutual aid society די געזע̇לשאַפֿט פֿאַר אַנאַ̇נדיקער הי̇לף

(J.) דאָס/דער גמילות־חסד, ־ים; די חבֿרה גמילות־חסדים; דער גמ״ח [KhÉVRE] [GMÍLES-KhÉSED, -Kh(A)SÓDIM] [GMÁKh]

mutual fund [BETSÍBER] דער בציבור־פֿאָנד, ־ן

mutuality די/דאָס (קעגנ)אַנאַ̇נדיקייט

mutually איינס ס'אַ̇נדערע ‹ס'צווייטע›

be mutually beneficial ברע̇נגען אַ נוצן בײַ̇דע צדדים [TSDÓDIM]

be mutually exclusive אוי̇סשליסן זיך איינס ס'אַ̇נדערע

mutual respect דער דרך־ארץ איינס פֿאַר ס'אַ̇נדערע [DERKhÉRETS]

muzzle, *n.*

(artillery) דאָס האַרמאַ̇טן־מויל, ...מײַלער

(firearm) דאָס (שי̇ס)מויל, ...מײַלער; דאָס רע̇רמויל, ...מײַלער

(restraint) דער מו̇ילשלאָס, ...שלעסער; דער מו̇ילבאַנד, ...בענדער

(snout) די מאָ̇רדע, ־ס; דער פּיסק, ־עס

muzzle, *v.* פֿאַרמאַ̇כן ‹פֿאַרשלי̇סן› + דאַט' דאָס מויל

MVP *see* **Most Valuable Player**

my מײַן

myalgia די מיאַ̇לגיע; מוסקל־ווײ̇טיקן ל״ר

Myanmar (דאָס) מיאַנמאַ̇ר; (די) בו̇רמע

mycological מיקאָלאָ̇גיש

mycologist דער מיקאָלאָ̇ג, ־ן

mycology די מיקאָלאָ̇גיע

myelin דער מיעלי̇ן

myelin sheath די מיעלי̇ן־שייד, ־ן

mynah די מײַ̇נע, ־ס

myocardial infarction דער האַ̇רצאַטאַק, ־ן; דער האַ̇רצאינפֿאַרקט, ־ן

myopia [RÍE] די ני̇דעריקע ראיה; די/דאָס קו̇רצזעיִקייט

(*fig.*) די/דאָס שמאָ̇לקעפּיקייט

myopic (vision) קו̇רצזעיִק

(*fig.*) שמאָ̇לקעפּיק

be myopic (vision) זײַן אַ קו̇רצזעיִקער געב׳; האָבן אַ ני̇דעריקע ראיה [RÍE]

myriad, *n.* דער מיליאַ̇ס, ־ן; דער מיריאַ̇ד, ־ן

(hist.) צען טויזנט

myriads מי̇לי־מיליאַ̇סן

a myriad of אָן אַ שיעור ‹צאָל›; נישט אי̇בערצוציילן; אָ̇נצאָליק [ShÍER]

myriapod דאָס טוי̇זנט־פֿיסל, ־עך; דער פֿי̇לפֿיסלער, –

myrrh די מי̇רע

myrrh tree דער מי̇רעבוים, ...ביימער

myrtle די מירט, ־ן; דער מי̇רטנבוים, ...ביימער

myrtle branch (J.) [HÓDES, HADÁSIM] דער הדס, ־ן/־ים

myself זיך (אַליי̇ן)

by myself איי̇נע(ר) אַליי̇ן

I myself [GÚFE] איך אַליי̇ן ‹גופֿא›

I'm not myself איך פֿיל זיך (ע̇פּעס) נישט מיט אַ̇לעמען

mysterious מיסטעריעֿז; פֿול מיט סודות ‹רעֿטעניש›; סודותדיק; רעֿטענישדיק [SÓYDES] [SÓYDESDIK]
mysteriousness די/דאָס מיסטעריעֿזקייט
mystery די מיסטעֿריע, ־ס; דאָס רעֿטעניש, ־ן; דער סוד, ־ות [SOD, SÓYDES]
mystery wrapped in intrigue די טיפֿע מיסטעֿריע
mysteries of the Torah סיתרי־תּורה [SÍSRE-TÓYRE]
mystery island דער אינדזל פֿול מיט רעֿטעניש
mystery meat דאָס פֿלייש נישט צום דערקעֿנען
mystery novel דער דעטעקטיוו־ראָמאַן, ־ען; דער קרימינאַל־ראָמאַן, ־ען
mystery play (thea.) די מיסטעֿריע
mystic דער מיסטיקער, ־ס
mystical מיסטיש
mysticism דער מיסטיציזם; די מיסטיק
mystification די מיסטיפֿיקאַציע
mystified מיסטיפֿיציִרט
mystify מיסטיפֿיציִרן
mystique די מיסטיק, ־עס
myth דער מיטאָס, ־ן
mythical מיטיש
mythological מיטאָלאָגיש
mythology די מיטאָלאָגיע, ־ס
myxoma די מיקסאָמע, ־ס
myxomatosis דער מיקסאָמאַטאָז

N

N דער ען, ־ען

nab כאַפּן; פּאַקן; דערטאַפּן; דערווי‫ש‬ן

nabob דער נאַבאָב, ־ן

nacho דער נאַטשאָ, ־ס

nacre דאָס פּערל־מוטער

nadir דער נאַדיר; דער פֿוספּונקט

nag, *n.*

(horse) די קליאַטשע, ־ס; די שקאַפּע, ־ס

(person) דער נודניק, ־עס; דער קליעשטש, ־עס; דאָס אָנשיקעניש, ־ן; די פּריטשעפּע, ־ס

nag, *v.* יאַדע\|ן; טאָטשע\|ן; דערגיין + דאַט׳ די יאָרן; גריזשע\|ן; דערקוטשע\|ן + דאַט׳

nag at טאָטשע\|ן

nagging question די זלידנע ‹דערקוטשיקע› פֿראַגע, ־ס

nagging pain דער נויענדיקער ווייטיק

Nahum (bib.) נחום [NÓKhEM]

naiad די נאַיאַדע, ־ס

naif דער תּמימותדיקער געב׳; דער נאַיִווער געב׳ [TMÍMESDIKER]

nail, *n.*

(metal) דער טשוואָק, טשוועקעס; דער נאָגל, נעגל

(finger) דער נאָגל, נעגל

(child's) דאָס נעגעלע, ־ך

be the nail in the coffin דערלאַנגען דעם טויטקלאַפּ

hard as nails האַרט ווי שטיין ‹שטאָל›; קאַלטבלוטיק

hit the nail on the head טרעפֿן אין סאַמע פּינטל (אַריין); טרעפֿן אין קאַרב אַריין; צוטרעפֿן + דאַט׳

nail, *v.*

(metal) צוקלאַפּן; צושלאָגן; צונאָגלען; צוטשוואָקעווע\|ן

(catch) כאַפּן; פֿאַנגען

(learn) אויסלערנען זיך; אײַנקריצן זיך אין מוח [MÓYEKh]

nail a lie אויפֿדעקן אַ ליגן

nail sb. down (to do stg.) צושפּאַרן + אַק׳ צום ווענטל

nail down (*fig.*) באַשטימען; באַשטעטיקן

nailbiting, *adj.* (*fig.*) געשפּאַנט; אָטעם־פֿאַרכאַפּנדיק; פֿול מיט שפּאַנונג

nailbiting, *n.* דאָס קײַען ‹בײַסן› די נעגל

nailbrush דאָס נעגל־בערשטל, ־עך

nail clipper דאָס נעגל־שערל, ־עך; דער נעגל־שנײַדער, ־ס

nail file דאָס (נעגל־)פֿײַלעכל, ־עך

nail polish דער נעגל־לאַקיר, ־ן

nail polish remover די/דאָס פֿליסיקייט אַראָפּצונעמען דעם נעגל־לאַקיר

nail salon דער מאַניקיר־סאַלאָן, ־ען

nail scissors דאָס נעגל־שערל, ־עך

nailwort דער נאָגלניק

naive נאַיִוו; אומשולדיק; תּמימותדיק; הינטערנאַוויוונדיק [TMÍMESDIK]

be naive *also* נישט קענען קיין צוויי ציילן

naive person דער לעמזשיק, ־עס; דער/די לעמישקע, ־ס; דער תּמים, ־ים [TÓMEM, TMÍMIM]

naively נאַיִווערהייט; בתּמימות; אומשולדיקערהייט [BITMÍMES]

naiveté די/דאָס נאַיִווקייט; דאָס תּמימות; די/דאָס אומשולדיקייט [TMÍMES]

naked נאַקעט; הויל; גאָל

naked as the day he was born נאַקעט ווי די מאַמע האָט אים געהאַט; מוטער נאַקעט

with the naked eye מיטן בלויזן ‹נאַקעטן› אויג; מיט דער הוילער ראיה; מיט נישט קיין באַוואָפֿנט אויג [RÍE]

(nursery rhyme upon seeing a naked child) „נאַקעטע האָליצע,/ קריך אויף דער פּאָליצע,/ כאַפּ אַראָפּ אַ ברויט/ די שונאים צום טויט!" [SÓNIM]

nakedness די/דאָס נאַקעטקייט; די/דאָס הוילקייט

namby-pamby דער מאַמעס זינדעלע, ־ך

name, *n.* דער נאָמען, נעמען

(J./given at circumcision) דער ברית־נאָמען, ־נעמען [BRIS]

(J./in calling to the Torah) דער אויפֿרוף־נאָמען, ־נעמען

acquire a name קונה־שם זײַן (זיך) [KOYNE-ShÉM]

answer to the name of ענטפֿערן אויפֿן נאָמען

big name דער באַוווּסטער געב׳; דער באַרימטער געב׳; דער מפֿורסם, ־ים [MEFÚRSEM, MEFURSÓMIM]

by name מיטן נאָמען

by the name of וואָס הייסט; מיטן נאָמען

carry the name of זײַן אַ נאָמען נאָך

change one's name בײַטן דעם נאָמען; משנה־שם זײַן זיך [MEShÁNE-ShÉM]

give sb. a bad name מאַכן + דאַט׳ אַ שם; לאָזן אויף + דאַט׳ אַ שם־רע; פֿאַרשוואַרצן + דאַט׳ דאָס פּנים [ShEM] [ShÉMRA] [PÓNEM]

go by the name of הייסן

have a name as האָבן אַ שם פֿאַר; שמען פֿאַר [ShÉMEN]

have nothing to one's name נישט האָבן קיין גראָשן בײַ דער נשמה [NEShÓME]

in name only בלויז לויטן נאָמען; נאָר אויפֿן פּאַפּיר

in the name of (on behalf of) אין נאָמען פֿון; פֿאַר + פּאָס׳ וועגן

in the name of (a person) אויפֿן נאָמען (פֿון)

in the name of God למען־השם [LEMANAShÉM]

in the name of the law אין נאָמען פֿונעם געזעץ

made-up name דער נאָמען פֿון דער הפֿטורה; דער אויסגעטראַכטער נאָמען [HAFTÓYRE]

make a name for oneself פֿאַרדינען אַ שם; קונה־שם זײַן זיך

name of God דער שם

put a name to אָנרופֿן + אַק׳ ווי געהעריק

take God's name in vain מחלל־שם זײַן [MEKhÁLEL-ShÉM]

That's the name of the game טאַקע אין דעם גייט עס; אָט דאָס איז דער (סאַמע) עיקר [ÍKER]

What's the name of ...? ווי הייסט + נאָמ׳?

What's your name? ווי הייסטו ‹הייסט איר›?

name, *v.* באַנאָמענען; געבן + דאַט׳ אַ נאָמען

(identify) אויסרעכענען; אידענטיפֿיצירן; אָנרופֿן

(appoint) באַשטימען

be named after זײַן אַ נאָמען נאָך

name sb. after געבן + דאַט׳ אַ נאָמען נאָך

name names אויסזאָגן; מסרן [MÁSERN]

You name it! וואָס מע וויל נאָר!; ביז אַ האַלבער מלוכה! [MELÚKhE]

name brand די פֿירמע־מאַרקע, ־ס

name-calling דאָס באַליידיקן; דאָס זידלען

name day דער נאָמענטאָג, ...טעג

name-dropping דאָס באַרימען זיך מיט באַקאַנטשאַפֿט

name label די פֿירמע, ־ס; די מאַרקע, ־ס

nameless אָן אַ נאָמען

namely (ד)הײַנו; דאָס הייסט [(DE)HÁYNE]

nameplate דאָס נאָמען־שילדל, ־עך
name recognition די/דאָס באַקאַנטקייט
namesake דער חבֿר צום נאָמען [KhÁVER]
I'm his namesake איך בין אַ נאָמען נאָך אים
name tag דער עטיקעט, ־ן; דאָס עטיקעטל, ־עך; דער נאָמען־צעטל, ־עך
naming ceremony דאָס געבן אַ נאָמען; דאָס באַנאָמענען
(for J. girl) די שׂימחת־בת; די בריתניצע, ־ס [SÍMKhES-BÁS] [BRÍSNITSE]
naming rights דער רשות אַ נאָמען (צו) געבן [REShÚS]
nankeen די נאַנקע
nanny די ניאַנקע, ־ס; די ניאַניע, ־ס
nanny goat די ציג, ־ן
nanometer דער נאַנאָמעטער, ־ס
nanophysics די נאַנאָפֿיזיק ל״י
nanorobot דער נאַנאָראָבאָט, ־ן
nanosecond די נאַנאָסעקונדע, ־ס
nanotube דאָס נאַנאָ־רערל, ־עך
nap,[1] *n.* **(short sleep)** דער דרימל; דער דרעמל
lie down for a nap צושפּאַרן זיך; צולייגן זיך
take a nap כאַפּן אַ דרימל; צולייגן זיך
catch sb. napping כאַפּן אומגעריכט
nap,[2] *n.* **(fabric)** די באַרווע
nap, *v.* דרימלען; דרעמלען
napalm דער נאַפּאַלם
napalm bomb די נאַפּאַלם־באָמבע, ־ס
nape דער נאַקן, ־ס; די פּאַטילניצע, ־ס; דער קאַרק, ־עס/קערק; דאָס געניק, ־ן
naphtha דער נאַפֿט
naphthalene דער נאַפֿטאַלין
napier grass דאָס העלפֿאַנדגראָז
napkin די סערוועטקע, ־ס
napkin holder די סערוועטניצע, ־ס
napkin ring דער סערוועטקע־רינג, ־ען
Naples (דאָס) נעאַפּאָל
narcissism דער נאַרציסיזם; דאָס זײַן אײַנגעליבט אין זיך
narcissist דער נאַרציסיסט, ־ן; דער אין זיך אײַנגעליבטער געב׳
narcissistic נאַרציסיסטיש
narcissus דער נאַרציס, ־ן
narcolepsy די נאַרקאָלעפּסיע
narcoleptic, *adj.* נאַרקאָלעפּטיש
narcoleptic, *n.* דער נאַרקאָלעפּטיקער, ־ס/–
narcotic, *adj.* נאַרקאָטיש
narcotic, *n.* דער נאַרקאָטיק, ־ן/־עס
narcotics *also* דער נאַרקאָטיק קאָל׳
narcotraffic דער נאַרקאָשמוגל
narcotrafficker דער נאַרקאָשמוגלער, ־ס
nares נאָזלעכער
narrate דערציילן
narration די נאַראַציע, ־ס; דאָס דערציילן
narrative, *adj.* דערצייל...; דערציילעריש
narrative, *n.* די נאַראַציע, ־ס; די דערציילונג, ־ען; דער נאַראַטיוו, ־ן
(account) די געשיכטע, ־ס; די היסטאָריע, ־ס
(ling.) די דערצייל־פֿאָרעם, ־פֿאָרמען
narrative sentence דער דערציילערישער זאַץ, ־ן
narrator דער נאַראַטאָר, ...אָרן; דער דערציילער, ־ס
narrow, *adj.* שמאָל; ענג
I had a narrow escape כ׳בין קוים אַרויס מיטן לעבן; כ׳וואָלט געדאַרפֿט בענטשן גומל [GOYML]
narrow, *vt./vi.* פֿאַרשמעלערן (זיך); אײַנענגען (זיך); פֿאַרענגען (זיך)
become narrow *also* ענג ווערן
narrow down פֿאַרמינערן; רעדוצירן; באַגרענעצן
narrow-gauge שמאָלמאָסיק; שמאָל־אָפּשטאַנדיק
narrowly
lose narrowly פֿאַרלירן איבער אַ האָר
narrowly escape injury אַרויס מיט די ביינער; שיִער נישט פֿאַרווּנדיקט ‹געראַניעט› ווערן
narrow-minded קליין־קעפּלדיק; שמאָלקעפּיק; באַגרענעצט; חמור(י)ש; מחמיריש [KhÁMER(I)Sh/KhAMÓYRISh] [MAKhMÍRISh]
narrowness די/דאָס שמאָלקייט; די/דאָס ענגקייט
narrows דער דורכגאָס, ־ן; דער ענגפּאַס, ־ן
narwhal דער איינהאָרן־וואַלפֿיש, –; דער נאַרוואַל, ־ן
nary קוים; אָן קיין שום
NASA די נאַסאַ
nasal, *adj.* נאַזאַל; נאָז...
(tone) פֿאָנפֿ(עוו)אַטע
(ling.) נאַזאַלירט; גענעזלט
nasal, *n.* דער נאָזקלאַנג, ־ען; דער נאַזאַל, ־ן
nasal cavity דער נאָז־חלל, ־ס [KhÓLEL]
nasality די/דאָס נאַזאַלקייט
nasalization די נאַזאַל(יז)ירונג
nasal spray דאָס נאָז־שפּריצעכץ, ־ן
nascent אויפֿגייענדיק; אויפֿקומענדיק
nasopharynx דער נאָז־שלונג, ־ען
nastily בייזערהייט; פֿאַרביסענערהייט
nastiness די/דאָס מיגלדיקייט; די/דאָס חלשותדיקייט [KhALÓShESDIKEYT]
(meanness) די/דאָס בייזקייט; די/דאָס פֿאַרביסנקייט
nasturtium די נאַסטורציע, ־ס
nasty מיגלדיק; אָפּשטויסנדיק; דערווידערדיק; חזיריש; פּאַסקודנע; פּאַרשיווע [KhÁZERISh]
(disease) פּאַרשיווע
(mean) בייז; פּאַסקודנע; פֿאַרביסן; הינטיש
(weather) פּאַסקודנע; מיאוס [MÍES]
nasty person *also* דער פּאַסקודניאַק, ־עס
natal געבוירן־...
nation דאָס פֿאָלק, פֿעלקער; די אומה, ־ות; דאָס לאַנד, לענדער [ÚME]
national, *adj.*
(nationwide) לאַנדיש; לאַנד...
(of government) מלוכיש [MELÚKhISh]
(of the people) נאַציאָנאַל
go national פֿאַרשפּרייטן זיך איבערן גאַנצן לאַנד
national, *n.* דער בירגער, ־ס
National Aeronautics and Space Administration די מלוכישע אַדמיניסטראַציע פֿון אַעראָנאַווטיק און קאָסמאָס [MELÚKhIShE]
national anthem דער נאַציאָנאַלער הימען, ־ס
National Association for the Advancement of Colored People די לאַנדישע אַסאָציאַציע פֿאַרן פֿאָרויסגאַנג פֿונעם נעגערפֿאָלק
national convention דער לאַנדישער צוזאַמענפֿאָר ‹צונויפֿפֿאָר›, ־ן
National Council on the Arts דער מלוכישער קונסטראָט [MELÚKhIShER]
national debt דער מלוכה־חובֿ [MELÚKhE-KhOYV]
National Endowment for the Arts דער מלוכישער עולמות־פֿאָנד פֿאַר קונסט [MELÚKhIShER] [ÓYLEMES]
National Endowment for the Humanities דער מלוכישער עולמות־פֿאָנד פֿאַר הומאַניסטיק [MELÚKhIShER] [ÓYLEMES]
national flag די מלוכה־פֿאָן, ־ען/פֿענער [MELÚKhE]

National Guard די לאַנדוואַך; די נאַציאָנאַלע גוואַרדיע
National Guardsman דער לאַנדוועכטער, ־ס
national holiday דער נאַציאָנאַלער ‹מלוכישער/ציווילער› יום־טובֿ, ־ים [MELÚKhIShER] [YÓNTEF/YÓNTEV, YONTÓYVIM]
nationalism דער נאַציאָנאַליזם
nationalist דער נאַציאָנאַליסט, ־ן
nationalistic נאַציאָנאַליסטיש
nationality
  (citizenship) די בירגערשאַפֿט
  (national group) די נאַציאָנאַליטעט, ־ן; די נאַציע, ־ס
nationalization דאָס פֿאַרמלוכה|ן; די נאַציאָנאַליזירונג [FARMELÚKhEN]
nationalize [FARMELÚKhEN] פֿאַרמלוכה|ן; נאַציאָנאַליזירן
National League די לאַנדישע ליגע
nationally איבערן גאַנצן לאַנד
national park דער נאַציאָנאַלער פּאַרק, ־ן
National Science Foundation די מלוכישע וויסנשאַפֿט־פֿונדאַציע [MELÚKhIShE]
nation-building דאָס אויפֿשטעלן אַ מלוכה; דער מלוכה־אויפֿשטעל [MELÚKhE]
nationhood די/דאָס מלוכישקייט; די מלוכהשאַפֿט [MELÚKhIShKEYT] [MELÚKhEShAFT]
nation-state די פֿאָלק־מלוכה, ־ות [MELÚKhE]
nationwide לאַנדיש; איבערן גאַנצן לאַנד
native, *adj.*
  (indigenous) אָרטיק; איינגעבוירן; הי־געוואַקסן; עלטסט־געזעסן
  (innate) איינגעבוירן
  (of one's birth) געבוירטיק; הי־געבוירן; היגלענדיש; (דאָרט־)געבוירן; געבוירן־...; היימ...
  go native לעבן ווי די היגע
native, *n.*
  (local) דער אָרטיקער געב׳; דער היגער געב׳; דער הי־געבוירענער געב׳
  (original resident) דער איינגעבוירענער געב׳; דער אַבאָריגען, ־ען
  a native (of) אַ געבוירענער (אין); דער (...ער) נולד [NÓYLED]
  He's a native of New York ער איז אַ געבוירענער אין ניו־יאָרק; ער איז אַ ניו־יאָרקער געבוירענער ‹נולד›
Native American, *adj.* אינדיאַניש
Native American, *n.*
  m./unsp. דער אינדיאַנער, –
  f. די אינדיאַנערקע ‹אינדיאַנערין›, ־ס
native-born, *adj.* הי־געבוירן
native land דאָס היימלאַנד, ...לענדער
native language די מוטערשפּראַך, ־ן; די היימשפּראַך, ־ן; די געבוירן־שפּראַך, ־ן
native speaker דער געבוירענער ‹נאַטירלעכער› רעדער, ־ס
native species דער אָרטיקער ‹איינגעבוירענער› זגאַל, ־ן
nativity די געבוירנשאַפֿט; די/דאָס געבורט
Nativity דער ניטל
  Church of the Nativity דער ניטל־קלויסטער
Nativity scene די ניטל־סצענע
NATO דער נאַטאָ
natter באַלעבעטשען; מאָטלען
natty מאָדיש; כוואַטיש; עלעגאַנט
natural, *adj.* נאַטור...; נאַטירלעך
  (usual) נאַטירלעך
  die of natural causes שטאַרבן מיט אַ נאַטירלעכן טויט; שטאַרבן בדרך־הטבֿע [BEDÉREKh-HATÉVE]
natural, *n.*
  (mus.) דער אויפֿלייז, ־ן; דער בעקאַר, ־ן; דער נאַטוראַל, ־ן
  (natural sign) דער בעקאַר, ־ן
  be a natural האָבן אַ געבוירענעם טאַלאַנט
natural-born געבוירן
natural childbirth דאָס נאַטירלעכע האָבן ‹גיין צו קינד›
natural death דער נאַטירלעכער טויט
natural gas דער נאַטירלעכער גאַז, ־ן; דער נאַטורגאַז, ־ן
natural gift דאָס געשאַנק פֿון גאָט; די איינגעבוירענע מעלה, ־ות; דער איינגעבוירענער טאַלאַנט, ־ן [MÁYLE]
natural history די נאַטור־וויסנשאַפֿט
natural history museum דער נאַטור־וויסנשאַפֿט־מוזיי, ־ען
naturalism דער נאַטוראַליזם
naturalist דער נאַטוראַליסט, ־ן
naturalistic נאַטוראַליסטיש
naturalization די איינבירגערונג; די נאַטוראַליזירונג
naturalization papers איינבירגער־‹נאַטוראַליזיר־› דאָקומענטן; בירגער־פּאַפּירן
naturalize איינבירגערן; נאַטוראַליזירן
  become a naturalized citizen איינבירגערן זיך; נאַטוראַליזירן זיך; ווערן אַ בירגער
natural language די נאַטירלעכע שפּראַך, ־ן
naturally [BEDÉREKh-HATÉVE] בדרך־הטבֿע; פֿון דער נאַטור
  (unaffected) נאַטירלעך; ניט־געקינצלט
  (surely) פֿאַרשטייט זיך; געוויינ(ט)לעך
  It comes naturally to her סע קומט איר אָן גרינג
natural mother די לייבלעכע מאַמע, ־ס
naturalness די/דאָס נאַטירלעכקייט
natural number די נאַטוראַלע צאָל, ־ן
natural philosophy די נאַטור־וויסנשאַפֿט
natural resource דער נאַטור־אוצר, ־ות; דער נאַטירלעכער אוצר, ־ות [ÓYTSER, ÓYTSRES]
natural sciences די נאַטור־וויסנשאַפֿט, ־ן
natural selection דער נאַטירלעכער אָפּקלייב
nature, *n.* די נאַטור, ־ן
  (habit) די טבֿע, ־ס [TÉVE]
  (essential character) *also* דער מהות, ־ן [MEHÚS]
  by nature [BETÉVE] בטבֿע; לויטן כאַראַקטער
  in the nature of things בדרך־הטבֿע [BEDÉREKh-HATÉVE]
  laws of nature דאָס נאַטור־געזעץ
  let nature take its course לאָזן די נאַטור זיך טאָן אירס
  Nature calls! כ׳מוז גיין פֿון מיינעט וועגן; כ׳מוז גיין וווּ דער קייסער ‹מלך› גייט (צו פֿוס) [MÉYLEKh]
  nature versus nurture נאַטור אָדער קולטור; הפֿקר אָדער האָדעווען [HÉFKER]
  nature's call דאָס באַדערפֿעניש; דער געברויך; דער צורך [TSÓYREKh]
  of a personal nature פּערזענלעך
  things of that nature אַזוינע ‹אַזעלכע› זאַכן
nature conservation דער נאַטור־אויפֿהיט; די שמירת־הטבֿע [ShMÍRES-HATÉVE]
nature enthusiast דער נאַטוריסט, ־ן
nature reserve/preserve דער (נאַטור־)רעזערוואַט, ־ן
nature trail דער נאַטורשטעג, ־ן
naturism דער נודיזם
naturist דער נודיסט, ־ן
naturopath דער נאַטוראָפּאַט, ־ן
naturopathic נאַטוראָפּאַטיש
naturopathy די נאַטוראָפּאַטיע
naught גאָרנישט; נול; זעראָ
  come to naught אויסלאָזן זיך אַ בוידעם
  for naught אומזיסט(־אומנישט)

naughtiness דאָס קונדסערײַ; דאָס שטיפֿערײַ [KUNDESERÁY]
(risquéness) די/דאָס פֿעפֿערדיקייט; די/דאָס פּיקאַנטקייט
naughty שטיפֿעריש; נישט־פֿאָלגעוודיק
(risqué) פֿעפֿערדיק; פּיקאַנט
act naughty שטיפֿן; קונדסעווע|ן; קאַמאַנדעווע|ן; נישט פֿאָלגן [KUNDÉYSEVEN]
naughty child דער שטיפֿער, ־ס; דער קונדס, ־ים [KÚNDES, KUNDÉYSIM]
nausea די/דאָס נישט־גוטקייט; דער מיגל; דאָס חלשות; דאָס נודיען; דאָס נודנאַסט [KhALÓShES]
nauseate מיגלען + דאַט'; מאַכן + דאַט' נישט־גוט; שלאָגן + דאַט' צום האַרצן; קערן + דאַט' די גאַל; אַרויסרופֿן מיגל בײַ; מלוהען (בײַם האַרצן); נודיע|ן + דאַט'; האַדיע|ן
nauseated נישט־גוט; מלאַסנע
become nauseated (by) מיגלען אומפּ'/פּ"ק + דאַט' (פֿון); נישט־גוט ווערן אומפּ'/פּ"ק + דאַט' (פֿון); האַדיע|ן זיך (פֿאַר)
nauseating [KhALÓShESDIK] מיגלדיק; חלשותדיק; האַדקע
nauseous נישט־גוט
I'm nauseous ס'איז מיר נישט־גוט (אויף צו ברעכן); סע מלוהעט מיך בײַם האַרצן; ס'שלאָגט מיר צום האַרצן
nautical ים־...; שיפֿ... [YAM]
nautical mile די ים־מײַל, ־ן [YAM]
naval פֿלאָט...; שיפֿ...; ים־... [YAM]
naval attack דער ים־אַטאַק, ־ן [YAM]
naval base די פֿלאָטבאַזע, ־ס
naval gun דער שיפֿהאַרמאַט, ־ן
naval officer דער ים־פֿלאָט־אָפֿיציר, ־ן [YAM]
nave
(church) דער קירכצענטראַל, ־ן
(of wheel) דער ראָדצענטער, ־ס; די בוקשע, ־ס; דער מיטלפּונקט, ־ן
navel דער פּופּיק, ־עס; דער נאַפּל, ־ען
(child's) דאָס פּופּיקל, ־עך; דאָס נאָפּעלע, ־ך
navel orange דער ניוול־מאַראַנץ, ־ן
navelwort דאָס פּופּיקל
navigable שיפֿיק
navigate נאַוויגירן
navigation די נאַוויגאַציע; דאָס שיפֿערײַ
navigational נאַוויגיר־...
navigation equipment דאָס נאַוויגירוואַרג
navigation system די נאַוויגיר־סיסטעם, ־ען
navigator דער נאַוויגאַטאָר, ...אָרן; דער שטורמאַן, ...מענער
navy דער (ים־)פֿלאָט, ־ן [YAM]
navy-blue, *adj.* גראַנעט(ן); גראַנאַט(ן); טונקל בלאָ
nay דער ניין, ־ען; די שטים אויף ‹אַז› ניין
The nays have it די מאַיאָריטעט האָט געשטימט אויף ‹אַז› ניין
naysayer דער ניינזאָגער, ־ס; דער ניינהאַלטער, ־ס
Nazarene דער נוצרי, ־ם [NÓYTSRI]
Nazareth (דאָס) נצרת [NATSÉRES]
Nazi, *adj.* נאַציסטיש; נאַציש; היטלעריסטיש
Nazi, *n.*
m./unsp. דער נאַצי, ־ס; דער היטלעריסט, ־ן
f. די נאַציכע, ־ס
Nazi sympathizer דער נאַצי־סימפּאַטיקער, ־ס
NB נ"ב [= נאָטאַבענע]
Neanderthal, *adj.* נעאַנדערטאַליש
Neanderthal, *n.* דער נעאַנדערטאַלער, –
(*fig.*) דער טעמפּער קאָפּ, קעפּ; דער גולם, ־ים/־ס [GÓYLEM, GOYLÓMIM]
Neapolitan, *adj.* נעאַפּאָליטאַנער אינוו'
Neapolitan, *n.*
m./unsp. דער נעאַפּאָליטאַנער, –
f. די נעאַפּאָליטאַנערין, ־ס
Neapolitan ice cream דער נעאַפּאָליטאַנער אײַזקרעם
Neapolitan wafer דער נאַפּאָליטאַנער, –
near, *adj.* נאָענט
near and dear ליב און טײַער
near, *adv.*
as near as can be נע(ע)נטער קען שוין נישט זײַן
be near (close) נאָענט; לעבן; ˙נעבן
be near (*fig.*) האַלטן דערבײַ
draw near דערנע(ע)נטערן זיך
near and far נאָענט און ווײַט; אומעטום
near at hand צו דער האַנט
near enough (approximately) קנאַפּ
near enough (close) גענוג נאָענט
nowhere near ווײַט נישט
nowhere near enough ווײַט נישט גענוג
near, *prep.* בײַ; לעבן
be near tears שטיקן זיך מיט טרערן; האַלטן בײַם צעוויינען זיך
near, *v.* ‹נע(ע)נטער› דערנע(ע)נטערן זיך צו; צוקומען נאָענט צו; גענענען צו
near-beer דאָס שיער־ביר
nearby, *adj.* נאָענט; דערבײַיִק
nearby, *adv.* דערלעבן; לעבן דעם; דערבײַ; אין דער נאָענט; דאָ נישט ווײַט
nearly [KIMÁT] [KÓREV] שיער (נישט); כּמעט; קרובֿ צו; באַלד
nearly a day אַ קאַרגער ‹קנאַפּער› טאָג; כּמעט אַ טאָג
not nearly ווײַט נישט
nearness די/דאָס נאָענטקייט
nearsighted קורצזעיִק; שוואַכזעיִק; קורץ־‹שוואַך־›ראיהדיק [RÍEDEK]
be nearsighted *also* האָבן אַ קורצע ‹שוואַכע/נידעריקע› ראיה [RÍE]
nearsightedness [RÍE] די קורצע ‹שוואַכע/נידעריקע› ראיה
neat ציכטיק; נעט; ריינטלעך; אויפֿגעראַמט; אויפֿגערוימט
neaten (up) אויפֿראַמען; אויפֿרוימען; צוקלײַבן
neatly ציכטיק; נעט
neatly dressed נעט געקליידט
neatly turned phrase די פֿײַנקטלעכע פֿאָרמולירונג, ־ען
neatness די/דאָס ציכטיקייט; די אָרדענונג
nebbish דער נעבעך, ־ן; דאָס נעבעכל, ־עך; דער לא־יוצלח, ־ס [LOY-YÚTSLEKh]
Nebraska (דאָס) נעבראַסקאַ
nebula די נעבולע, ־ס; דער נעפּל, ־ען
nebulize צעשטויבן; אַטאָמיזירן
nebulizer דער צעשטויבער, ־ס; דער אַטאָמירער, ־ס
nebulous אומקלאָר; נעפּלדיק
necessaries דאָס נייטיקע ל"ר
necessarily [DÁFKE] [BEHÉKhREKh] דווקא; בהכרח; ממילא [MEMÉYLE]
not necessarily [LAV-DÁFKE] לאַוו־דווקא
necessary נייטיק
whenever necessary ווען ס'איז נאָר נייטיק; ווען מע דאַרף נאָר
if necessary אויב נייטיק; פֿאַר נויט
it's necessary to מע דאַרף
necessary evil דאָס נייטיקע ‹אומפֿאַרמיידלעכע› שלעכטס
necessitate [MEKhÁYEV] פֿאָדערן; נייטיק מאַכן; מחייבֿ זײַן
necessity דער מוז, ־ן; די מוזזאַך, ־ן
(need) דאָס נויט־באַדערפֿעניש, ־ן; די/דאָס נייטיקייט; דער מוז, ־ן; דער הכרח [HÉKhREKh/HEKhRÉYEKh]

Necessity is the mother of invention די נויט שאַרפֿט דעם שׂכל [SEYKhL]
of necessity במילא [BEMÉYLE]
neck, *n.* דער האַלדז, העלדזער; דער קאַרק, ־עס; דאָס גענִיק, ־ן; דער נאַקן, ־ס; דער האַלדז־און־(נ)אַקן, ־ס
(of bottle) דאָס העלדזל, ־עך; דאָס גערגעלע, ־ך
(of fowl) דאָס גערגעלע, ־ך; דאָס העלדזל, ־עך
(of garment) דער קאָלנער, ־ס/קעלנער
(of string instrument) דער גריף, ־ן
break one's neck ברעכן דעם קאַרק ‹קאָפּ›; ברעכן האַלדז־און־(נ)אַקן
by a neck מיט אַ נאָז
get it in the neck אַרײַנכאַפּן אין קאַרק אַרײַן
in our neck of the woods בײַ אונדז; אין אונדזערע מקומות [MEKÓYMES]
neck and neck אָקסל צו ‹בײַ› אָקסל
risk one's neck ריזיקירן מיטן קאָפּ
stick one's neck out אויסשטעלן זיך אויף סכּנות; ברענגען אויף זיך צרות [TSÓRES] [SAKÓNES/SEKÓNES]
up to one's neck in איבער די אויערן מיט; איבערן קאָפּ מיט
neck, *v.* האַלדזן זיך; ליבן זיך
neck brace די האַלדז־שינע, ־ס
neck-breaking קאַרק־ברעכעריש
at neck-breaking speed מיט קאַרק־ברעכערישן אימפּעט
neckerchief דאָס האַלדזטיכל, ־עך
necklace די האַלדזבאַנד, ...בענדער; דאָס קייטל, ־עך; דער האַלדז־שנור, ־ן; די קאָליע, ־ס
neckline דער אויסשניט; דער האַלדזקנייטש; דאָס האַלדזקנייטשעלע
low neckline דער דעקאָלטע, ־ען; דער דעקאָלט, ־ן
necktie דער קראַוואַט, ־ן; דער שניפּס, ־ן; דער אויסבינדער, ־ס
neckwear קראַוואַטן ל״ר; די האַלדז־באַקליידונג ‹־באַפּוצונג›
nec plus ultra נעק פּלוס אולטראַ; סאַמע נײַסט ‹מאָדערנסט›
necromancer דער נעקראָמאַנט, ־ן
necromancy די נעקראָמאַנטיע
necrophilia די נעקראָפֿיליע
necrophiliac דער נעקראָפֿיל, ־ן
necropolis די מתים־שטאָט, ־שטעט; די נעקראָפּאָליס, ־ן [MÉYSIM]
nectar דער נעקטאַר; דאָס געטער־געטראַנק
nectarine דער נעקטאַרין, ־ען
née געבוירן; פֿון דער היים; אַ געבוירענע
need, *n.* די/דאָס נייטיקייט
(poverty) די נויט, ־ן
(stg. needed) דאָס באַדערפֿעניש, ־ן; דער באַדאַרף, ־ן; דאָס הצטרכות, ־ן [HITSTÁRKhES]
as the need arises ווען ‹אויף וויפֿל› ס'איז נייטיק; ווען מע דאַרף (נאָר)
be in need of נייטיקן זיך אין; דאַרפֿן
have no need of נישט דאַרפֿן
if need be פֿאַר נויט; באַדײַ; טאָמער מע דאַרף; טאָמער דאַרף מען
in need (נויט־)באַדערפֿטיק
There's no need for that דאָס איז (שוין) איבעריק
There's no need to מע דאַרף נישט
need, *v.* (באַ)דאַרפֿן
need to מוזן; דאַרפֿן
He needn't stay ער דאַרף נישט בלײַבן; ער איז נישט מחויבֿ צו בלײַבן [MEKhÚYEV]
He needn't have stayed ער האָט נישט געדאַרפֿט בלײַבן
I need hardly say/Need I say שוין איבעריק צו זאָגן; דאַרף מען דען אַפֿילו זאָגן [AFÍLE]
not need נישט דאַרפֿן
not need at all בכלל נישט דאַרפֿן; דאַרפֿן + אַק' אויף כּפּרות [BIKhLÁL] [KAPÓRES]
not need to נישט דאַרפֿן; פֿאַרשפּאָרן צו
That's all I need! נאָך דאָס דאַרף איך (אויפֿן קאָפּ)!; מער פֿעלט מיר נישט!
Who needs ...! (*iro.*) ווער דאַרף דען ...?; אַ כּפּרה ...! [KAPÓRE]
needed נייטיק
be needed פֿאָדערן זיך; בעטן זיך
needful נייטיק
do the needful אָפּטאָן דאָס נייטיקע
neediness די/דאָס באַדערפֿטיקייט; דאָס נייטיקן זיך
needle, *n.* די נאָדל, ־ען
look for a needle in a haystack זוכן אַ שפּילקע ‹נאָדל› אין אַ וואָגן היי
needle, *v.*
(puncture) געבן אַ שטאָך
(tease) רייצן; שטעכלען; פּראָוואָצירן
needlecraft די נאָדל־אַרבעט; די (היימישע) האַנטאַרבעט; די האַק־און־שפּיזל־אַרבעט; דאָס אויסנייעכץ
needle exchange דער נאָדלען־אויסבײַט
needlefish דער נאָדלפֿיש, –
needle grass דאָס (נ)אָלגראָז
needlepoint די נאָדלקונסט; דאָס שטיקן
needless איבעריק; אומנייטיק
needless to say ס'איז שוין איבעריק צו זאָגן
needlessly איבעריק; אומזיסט
needlewoman די נייטאָרין, ־ס
needlework *see* **needlecraft**
needs, *adv.*
must needs (to) מוזן; זײַן מחויבֿ צו [MEKhÚYEV]
needy (נויט־)באַדערפֿטיק; אין נויט
be emotionally needy פֿאָדערן אַ סך אויפֿמערק ‹גײַסטיקע שטיץ› [SAKh]
needy person דער ניצרך, ־ים; דער נויט־באַדערפֿטיקער געב' [NÍTSREKh, NITSRÓKhIM]
ne'er-do-well דער לאָ־יוצלח, ־ס [LOY-YÚTSLEKh]
nefarious שענדלעך; סקאַנדאַליעז; אינפֿאַם
negate פֿאַרניינען; נעגירן; אָפּפֿרעגן
negation די פֿאַרניינונג, ־ען; די נעגאַציע, ־ס; דאָס אָפּפֿרעגן
negative, *adj.* נעגאַטיוו; פֿאַרניינק
negative, *n.* די פֿאַרניינונג, ־ען; דער נעגאַטיוו, ־ן
(math./photo.) דער נעגאַטיוו, ־ן
(ling.) דאָס פֿאַרניינוואָרט, ...ווערטער
answer in the negative זאָגן ניין
negative pole דער נעגאַטיווער מאַגנעטישער פּאָלוס
negativism דער נעגאַטיוויזם; דער נעגאַטיווער צוגאַנג, ־ען
negativity דער נעגאַטיוויזם; די/דאָס נעגאַטיווקייט
negativize פֿאַרנעגאַטיווירן
neglect, *n.* די/דאָס אָפּגעלאָזנקייט; די פֿאַרוואָרלאָזונג; דאָס הפֿקרות [HEFKÉYRES]
in a state of neglect פֿאַרלאָזן; פֿאַרוואָרלאָזט; פּוסט; צעהפֿקרט [TSEHÉFKERT]
neglect, *v.* פֿאַרלאָזן; אָפּלאָזן; פֿאַרוואָרלאָזן; פֿאַרוואָרלייזן; נישט לייגן קיין ‹גענוג› אַכט אויף
(overlook) פֿאַרזען + אַק'
neglect to פֿאַרפֿעלן צו
neglected פֿאַרלאָזן; אָפּגעלאָזן; פֿאַרוואָרלאָזט
neglectful אָפּגעלאָזן

be neglectful אָפּלאָזן; פֿאַרוואָרלאָזן; פֿאַרוואָרלייזן

negligée דער נעגליזשע, ־ען

negligence די/דאָס אָפּגעלאָזנקייט; די/דאָס אומגעהיטקייט; די אומאַכט(ונג); דער דורכלאָז; דער פּאַרזע

criminal negligence דער קרימינעלער דורכלאָז ‹פּאַרזע›

negligent אָפּגעלאָזן; אומגעהיט

be negligent about אָפּלאָזן

negligible נישטיק; מיעוטיק; טפֿלדיק; בטל־בשישים פּר׳ [MÍETIK] [TÓFLDIK] [BÓTL-BEShÍShIM]

a negligible amount בטל־בשישים; קײַ־און־שפּײַ

negotiable אָפּדינגלעך; פֿאַרקויפֿלעך

negotiate פֿאַרהאַנדלען

(manage) זיך אַן עצה געבן; אויסקומען; באַהייבן [ÉYTSE]

(an obstacle) פֿאַרגײַן ‹פֿאַרפֿאָרן› אַרום

negotiate a deal שליסן אַן אָפּמאַך

negotiate down אַראָפּשלאָגן דעם מקח [MÉKEKh]

negotiate terms פֿאַרהאַנדלען וועגן תּנאָים [TNÓYEM]

willing to negotiate גרייט צו פֿאַרהאַנדלען

negotiating ploy די פֿאַרהאַנדל־סטראַטעגיע, ־ס

negotiating table דער פֿאַרהאַנדל־טיש, ־ן

negotiation דאָס פֿאַרהאַנדלען; דאָס דינגעניש

negotiations פֿאַרהאַנדלונגען

enter into negotiations אַרײַנלאָזן זיך אין פֿאַרהאַנדלונגען

negotiator דער פֿאַרהאַנדלער, ־ס; דער אונטערהאַנדלער, ־ס

Negro, *adj.* שוואַרץ; נעגער...; נעגער(י)ש

Negro, *n.*

m./unsp. דער שוואַרצער געב׳; דער נעגער, ־ס

f. די שוואַרצע, –; די נעגערטע, ־ס

neigh הירזשע|ן

neighbor

m./unsp. דער שכן, ־ים [ShOKhN, ShKhÉYNIM]

f. די שכנה, ־ות; די שכנהטע, ־ס; די שכנטע, ־ס [ShKhÉYNE] [ShKhÉYNETE] [ShÓKhNTE]

neighbor, *v.* זײַן ‹ווערן› אַ שכן מיט; גרענעצן זיך מיט [ShOKhN]

neighborhood די/דער (וווינ)געגנט, ־ן; דער קוואַרטאַל, ־ן; דער ראַיאָן, ־ען

in the neighborhood of בערך; אַן ערך; אַרום [BEÉREKh] [ÉREKh]

neighboring שכנותדיק; שכניש; שכנות־...; אַרומיק; דערבײַיִק [ShKhÉYNESDIK] [ShKhÉYNISh] [ShKhÉYNES]

neighboring country דאָס שכנות־לאַנד, ־לענדער

neighborly גוט־שכניש [ShKhÉYNISh]

neither, *adj./pron.* נישט קיין איינער געב׳; נישט דער נישט יענער

neither, *adv.* אויך נישט

Me neither איך אויך נישט

neither, *conj.*

neither ... nor... נישט ... נישט ...

He neither drinks nor smokes נישט ער טרינקט נישט ער רייכערט

neither fish nor fowl נישט פֿליישיק, נישט מילכיק; פֿאַרעוועו לאָקשן

neither here nor there אומוויכטיק; אומרעלעוואַנט; נישט צו דער זאַך

nemesis (archenemy) דער פֿאַרבּיסענער שונא; דער דם־שונא, ־ים [SÓYNE] [DÁMSOYNE, DÁMSONIM]

neo... נעאָ...

neoclassical נעאָקלאַסיש

neocolonialism דער נעאָקאָלאָניאַליזם

neocolonialist, *adj.* נעאָקאָלאָניאַליסטיש

neocolonialist, *n.* דער נעאָקאָלאָניאַליסט, ־ן

neoconservative, *adj.* נעאָקאָנסערוואַטיוו; נײַ־קאָנסערוואַטיוו

neoconservative, *n.* דער נעאָקאָנסערוואַטיוו, ־ן; דער נײַ־קאָנסערוואַטיווער געב׳

neodymium דער נעאָדימיום

neolithic נעאָליטיש

neologism דער נעאָלאָגיזם, ־ען; די נײַ־פֿורעמונג, ־ען; די נײַשאַפֿונג, ־ען

neologize אײַנפֿירן ‹שאַפֿן› נײַע ווערטער

neon, *adj.* נעאָן...

neon, *n.* דער נעאָן

neonatal *see* **newborn**

neonatal ICU די אינטענסיווקע פֿאַר נײַ־געבוירענע

neonatal period די צײַט ‹דער פּעריאָד› פֿון נײַ־געבוירנשאַפֿט

neonate *see* **newborn**

neonatologist דער נעאָנאַטאָלאָג, ־ן

neonatology די נעאָנאַטאָלאָגיע

neon light דער נעאָנלאָמפּ, ־ן

neon sign דער/די נעאָנשילד, ־ן

neophyte

(convert) דער נײַ־געקריסטיקטער געב׳; דער נעאָפֿיט, ־ן

(novice) דאָס נעוויקל, ־עך; דער רויער געב׳; דער נײַנקער געב׳; דער פּריץ, ־ן

neoplasm די נעאָפּלאַזמע

Nepal (דאָס) נעפּאַל

Nepalese, *adj.* נעפּאַליש

Nepali

m./unsp. דער נעפּאַלער, –

f. די נעפּאַלערין, ־ס

nepenthes דאָס פֿרעסקריגל

nepeta דער קאַצניק, ־עס

nephew דער פּלימעניק, ־עס; דער ברודערן־זון, ־זין; דער שוועסטערן־זון, ־זין

nephritis דער נעפֿריט; די נירן־אָנצינדונג ‹־פֿאַרצינדונג›

nephrological נעפֿראָלאָגיש; נירן...

nephrologist דער נעפֿראָלאָג, ־ן; דער נירן־ספּעציאַליסט, ־ן

nephrology די נעפֿראָלאָגיע

nepotism דער נעפּאָטיזם

Neptune (דער) נעפּטון

neptunium דער נעפּטוניום

nerd

(intellectual) דער שפּיצקאָפּ, ...קעפּ, ־ן; דער קאָמפּיוטערניק, ־עס

(misfit) דער טשודאַק, ־עס

nerve דער נערוו, ־ן

(courage) דער קוראַזש; דאָס האַרץ

(impudence) דאָס עזות; די חוצפּה; דאָס געהײַ; דאָס יאַנדעס [ÁZES] [KhÚTSPE]

(sensory) דער שפּירנערוו, ־ן

bundle of nerves (*fig.*) גאָלע נערוון; אַ בינטל נערוון

get up the nerve אַרומגאַרטלען זיך; צונויפֿנעמען דעם קוראַזש; אָננעמען זיך מיט האַרץ

have the nerve האָבן דאָס עזות ‹יאַנדעס›; האָבן די חוצפּה

He gets on my nerves ער גייט ‹קריכט/שפּילט› מיר אויף די נערוון; ער דורעט מיר אַ קריזש

lose one's nerve פֿאַרלירן דעם קוראַזש; אַראָפּלאָזן די פֿליגל

Of all the nerve! סאַראַ חוצפּה!

suffer from nerves לײַדן נערוונקרענק

nerve agent/gas דער נערוונגאַז, ־ן

nerve cell דאָס נערוון־קעמערל, ־עך; דער נעוראָן, ־ען

nerve center דער נערוון־צענטער, ־ס
nerve fiber דער נערוון־פֿאָדעם, ־פֿעדעם; די נערוון־פֿיִברע, ־ס
nerve-wracking דענערווירנדיק; אויפֿרייצנדיק
nervous
 (of nerve) נערוונ...
 (psych.) נערוועז; נערוועיש
 be nervous זײַן נערוועז ‹נערוועיש›; דענערווירן זיך
 be a nervous wreck זײַן גאָלע נערוון; זײַן אַ בינטל נערוון
 make nervous מאַכן נערוועז; נערווירן
nervous breakdown דער פּסיכישער (אײַנ)בראָך, ־ן; דער נערוון־צוזאַמענבראָך, ־ן
nervousness די/דאָס נערוועזקייט; די/דאָס נערוועישקייט
nervous stomach דער נערוועזער מאָגן
nervous system די נערוון־סיסטעם; דאָס נערוון־געוועב
nervy חוצפּהדיק; עזותדיק [KhÚTSPEDIK] [ÁZESDIK]
nest, *n.* די נעסט, ־ן
 nest of tables דער זאַץ טישן
nest, *v.*
 vt. **(build nest)** נעסטן; אײַננעסטיקן; בויען די נעסט
 vi. **(settle in)** מאַכן זיך אַ היים; אײַננעסטיקן זיך
nest egg דאָס קניפּל, ־עך
nesting די אײַננעסטיקונג; דאָס אײַננעסטיקן
nestle צוטוליע|ן זיך; צודריקן זיך; געפֿינען זיך אַן אָרט
net, *adj.* נעטאָ...; ריין
 net balance דער נעטאָ־בילאַנץ, ־ן
 net income די ריינע הכנסה [HAKhNÓSE]
 net profit דער ריינער רווח [RÉVEKh]
 net result דער לעצטגילטיקער רעזולטאַט, ־ן
net, *adv.* נעטאָ
net, *n.* די נעץ, ־ן
 (internet) די (אינטער)נעץ
net, *v.*
 (catch) כאַפּן ‹פֿאַנגען› אין נעץ; אַרײַנצויען
 (earn) אַרײַנברענגען; פֿאַרדינען נעטאָ
netball דער נעטבאָל
nether אונטערשט; נידער...
Netherlands (דאָס) האָלאַנד; נידערלאַנדן
nethermost סאַמע נידעריקסט
netherworld דאָס גיהנום; דער/די שאול־תּחתּיה [G(EH)ÉNEM] [ShO(Y)L-TAKhTÍE]
 (crime/*fig.*) די אונטערוועלט
neti pot דאָס נעטי־טעפּל, ־עך
netiquette די נעץ־עטיקעט; די נעטיקעט
netizen דער נעצבירגער, ־ס
netting די נעץ
nettle די קראָפּעווע; דאָס בריִעכץ
 be stung by nettles אָפּבריִען זיך מיט קראָפּעווע
nettlefish דאָס נעסטל, ־עך
nettle rash די קראָפּיווניצע; דער ברי־אויסשיט
nettlesome פֿול מיט שטעכלקעס ‹בערעלעך›
network, *n.* די נעץ, ־ן
network, *v.* שאַפֿן זיך פֿאַרבינדונגען ‹קאָנטאַקטן›
networking, *n.* דאָס שאַפֿן זיך פֿאַרבינדונגען ‹קאָנטאַקטן›
neural נערוונ...
neuralgia די נעוראַלגיע, ־ס
neuralgic נעוראַלגיש
neurasthenia די נעוראַסטעניע
neurolinguistics די נעוראָלינגוויסטיק ל״ר
neurological נעוראָלאָגיש
 neurological disease די נערוונקרענק, ־ען; די נעוראָלאָגישע קרענק, ־ען
neurologist דער נעוראָלאָג, ־ן
neurology די נעוראָלאָגיע

neuron דער נעוראָן, ־ען; דאָס נערוון־קעמערל, ־עך
neuronal נעוראָניש; נעוראָנען־...
neuropsychosis דער נעוראָפּסיכאָז, ־ן
neurosis דער נעוראָז, ־ן
neurosurgeon דער נעוראָכירורג, ־ן
neurosurgery די נעוראָכירורגיע
neurosurgical נעוראָכירורגיש
neurotic, *adj.* נעוראָטיש
neurotic, *n.* דער נעוראָטיקער, ־ס
neurotoxin דער נעוראָטאָקסין, ־ען
neuter, *adj.* נייטראַל
 (bot.) אָנמיניִמדיק; אַסעקסועל
 (gram.) זאַכלעך; נייטראַל
neuter, *n.* דער דריטער ‹נייטראַלער/זאַכלעכער› מין
neuter, *v.* קאַסטרירן; מסרס זײַן [MESÁRES]
neutral, *adj.* נייטראַל
 (*hum.*) פֿאַרעווע
neutral, *n.*
 (gear position) דער פּוסטער ‹נייטראַלער› גאַנג
 (person) דער נייטראַלער געב׳; דער נייטראַלער צד, צדדים [TSAD, TSDÓDIM]
 (nonaligned state) די נייטראַלע מלוכה, ־ות [MELÚKhE]
neutrality די נייטראַליטעט
neutralization די נייטראַליזירונג; די נייטראַליזאַציע
neutralize נייטראַליזירן
neutral vowel דער פֿאַרטונקלטער וואָקאַל, ־ן; דער שוואָ, ־ען
neutrino דער נייטרינאָ, ־ס
neutron דער נייטראָן, ־ען
neutron bomb די נייטראָן־באָמבע, ־ס
neutron star דער נייטראָן־שטערן, –
Nevada (דאָס) נעוואַדאַ
never קיין מאָל (נישט)
 like never before ווי קיין מאָל פֿריִער
 never before have I seen כ׳האָב נאָך (אין לעבן) קיין מאָל נישט געזען
 Never mind! מילא!; גאָרנישט!; זאָל עס ‹מײַנס› איבערגיין!; נישקשה!; ס׳מאַכט נישט אויס!; נישט וויכטיק! [MÉYLE] [NIShKÓShE]
 Never say die! גיב ‹גיט› זיך נישט אונטער!; זאָג נישט קיין מאָל אַז דו גייסט דעם לעצטן וועג!; זײַ(ט) זיך נישט מיאש!; נישט אַראָפּלאָזן די הענט! [MEYÁESh]
 Never say never! אַל(צ)דינג ‹אַלץ› איז מעגלעך!
 never so much as אַפֿילו נישט [AFÍLE]
 never to be forgotten נישט צום פֿאַרגעסן; אומפֿאַרגעסלעך
 Well, I never! קיין מאָל אַזאַנס נישט געזען ‹געהערט›!
 That will never do! דאָס קומט נישט אַרײַן אין חשבון! [KhEZhBM]
 You never had it so good! ס׳איז דיר ‹אײַך› וווּל ווי די וועלט!
never-ending story די מעשׂה אָן אַ סוף [MÁYSE] [SOF]
nevermore (קיין מאָל) מער נישט
nevertheless פֿונדעסטוועגן; פֿאָרט; דאָך; אַלץ
new נײַ
 as good as new ווי נײַ; ווי נאָר וואָס פֿון דער נאָדל (אַרויס)
 be new to זײַן אָן אָנהייבער בײַ(ם)
 it's not new that ס׳איז נישט קיין נאָווינע ‹נײַעס› אַז...
 new blood דאָס פֿרישע בלוט
 What's new? וואָס הערט זיך (עפּעס) גוטס ‹נײַס›?; וואָס הערט זיך אין שטעטל?
newbie דער גרינער געב׳
newborn, *adj.* (ערשט) נײַ־געבוירן

newborn period די נײַ־געבוירנשאַפֿט
newborn, *n.* דאָס נײַ־געבוירענע קינד, ־ער; דאָס נײַ־געבוירענע עופֿעלע, ־ך; דאָס קימפּעטקינד, ־ער [ÉYFELE]
newborn jaundice די געלע זאַך פֿון נײַ־געבוירענע
newcomer דאָס פּנים־חדשות; דער נײַ־געקומענער געב'; דער ערשט צוגעקומענער געב' [PÓNEM-KhADÓShES]
New England דאָס נײַ־ענגלאַנד
newfangled נײַמאָדיש
newfound נײַ־געפֿונען
Newfoundland דאָס נײַ־פֿונדלאַנד
New Hampshire (דאָס) ניו־האַמפּשיר
new home sales דער פֿאַרקויף פֿון נײַע הײַזער
New Jersey (דאָס) ניו־דזשערזי
newly נײַ־...; ערשט; אָקערשט; נישט לאַנג
  the newly monied די (נײַ־)אויפֿגעקומענע
newlywed דער ערשט ‹נאָך וואָס› חתונה־געהאַטער געב' [KhÁSENE]
  newlyweds חתן־כּלה ל"ר; דאָס יונגע פּאָרפֿאָלק, ־ן/...פֿעלקער [KhOSN-KÁLE]
New Mexico (די) ניו־מעקסיקע
new moon דער מולד; די נײַע לבֿנה; די נײַ־לבֿנה [MÓYLED] [LEVÓNE]
newness די/דאָס נײַקייט
news, *n.* נײַעס
  (item) די ידיעה, ־ות; די בשורה, ־ות; די שמועה, ־ות [YEDÍE] [PSÚRE] [ShMÚE]
  good news די גוטע בשורה, ־ות; די בשורה־טובֿה, בשורות־טובֿות [PSÚRE-TÓYVE, PSÚRES-TÓYVES]
  bad news די שלעכטע בשורה, ־ות; די בשורה־רעה, בשורות־רעות [PSÚRE-RÓE, PSÚRES-RÓES]
  No news is good news (אַז) נישטאָ קיין נײַעס איז אַ גוטע בשורה
  terrible news די שרעקלעכע בשורה; שרעקלעכע נײַעס; איובֿס בשורות [ÍEVS PSÚRES]
news agency די נײַעס־אַגענטור, ־ן
news anchor דער נײַעס־דיקטאָר, ...אָרן
newsboy דאָס צײַטונג־ייִנגל, ־עך
news brief דער נײַעס־קיצור, ־ים; דאָס בקיצורל, ־עך [KÍTSER, KITSÚRIM] [BEKÍTSERL]
news bulletin די לעצטע נײַעס
newscast די נײַעס־אוידיציע, ־ס
newscaster
  m./unsp. דער נײַעס־דיקטאָר, ...אָרן; דער נײַעס־זשורנאַליסט, ־ן
  f. די נײַעס־דיקטאָרשע, ־ס; די נײַעס־זשורנאַליסטקע, ־ס
news conference די פּרעסע־קאָנפֿערענץ, ־ן
newsdealer דער צײַטונג־פֿאַרקויפֿער ‹־הענדלער›, ־ס
newsfeed דער נײַעסשטראָם, ־ען
newsflash די בליצנײַעס
newsgroup די נײַעס־גרופּע, ־ס
newshound דער רעפּאָרטער, ־ס
news item דאָס נײַעסל, ־עך; דאָס שטיקל נײַעס
newsletter דאָס נײַעס־בלעטל, ־עך
newsmagazine דער נײַעס־זשורנאַל, ־ן
news media נײַעס־מעדיע; נײַעס־מיטלען
newsmonger
  m./unsp. דער רכילותניק, ־עס [REKhÍLESNIK]
  f. די רכילותניצע, ־ס [REKhÍLESNITSE]
newspaper די צײַטונג, ־ען; דער/דאָס בלאַט, בלעטער
newspaperman דער צײַטונג(ס)מאַן, צײַטונג(ס)לײַט; דער זשורנאַליסט, ־ן
newsprint דאָס צײַטונג־פּאַפּיר
newsreader דער נײַעס־לייענער, ־ס
newsreel די קינאָ־כראָניק; דער נײַעספֿילם, ־ען; דער אַקטואַליטעטן־פֿילם, ־ען
news release דער פּרעסע־קאָמוניקאַט, ־ן
newsroom דער נײַעס־צימער, ־ן
news show די נײַעס־פּראָגראַם, ־ען
  morning news show די פֿרימאָרגנדיקע ‹אינדערפֿריִיִקע› נײַעס־פּראָגראַם, ־ען
newsstand דער קיאָסק, ־ן
news ticker דער נײַעס־טיקער, ־ס
newsworthy כּדאַי אָפּצודרוקן [KEDÁY]
newsy פֿול מיט נײַעס
newt דער טריטאָן, ־ען; די סאַלאַמאַנדרע, ־ס
New Testament דער ברית־חדשה; דער נײַער טעסטאַמענט; די עוואַנגעליע [BRIS-KhADÓShE]
Newton's law of universal gravitation ניוטאָנס שווערקראַפֿט־געזעץ
new wave די נײַע כוואַליע
New World די נײַע וועלט
New Year דער נײַיאָר
  Happy New Year! אַ גוט יאָר!; אַ גליקלעך יאָר!
  Happy New Year! (J.) אַ גוט יאָר!; (זאָלסט [איר זאָלט] האָבן) אַ גוט, געזונט, גליקלעך יאָר!; לשנה טובֿה תּכּתבֿו (ותחתמו); אַ כּתיבֿה וחתימה טובֿה!; מע זאָל זיך אויסבעטן אַ גוט יאָר! [LEShÓNE TÓYVE TIKOSÉYVU (VESIKhOSÉYMU)] [KSÍVE VEKhSÍME TÓYVE]
New Year's card דאָס נײַיאָר־קאַרטל, ־עך
  (J.) דאָס (ל)שנה־טובֿהלע, ־ך; די (ל)שנה־טובֿה, ־ות [(LE)ShÓNE-TÓYVE(LE)]
New Year's Day דער סילוועסטער; דער נײַיאָר
New Year's Eve דער סילוועסטער(־אָוונט); דער ערבֿ־נײַיאָר [ÉREV]
New Year's wishes באַגריסונגען ‹ווינטשעוואַניעס› צום נײַעם יאָר
New York
  (city) (די שטאָט) ניו־יאָרק
  (state) (דער שטאַט) ניו־יאָרק
New Zealand (דאָס) נײַ־זעלאַנד
next, *adj.* קומעדיק; אַנדער; נאָענטסט
  next week די קומעדיקע ‹אַנדערע› וואָך; איבער אַכט טאָג; איוודע וואָך
  next year ס'קומעדיקע יאָר; איבער אַ יאָר; אויף ס'יאָר; איוודעס יאָר
  (on) the next day אויף מאָרגן(ס); דעם צווייטן ‹אַנדערן› טאָג
  (on) the next morning (אויף) צו מאָרגנס; דעם צווייטן אינדערפֿרי
  the next week מיט אַ וואָך שפּעטער
  the next year דאָס צווייטע יאָר
  in the next world אין עולם־הבא; אויף דער אמת(דיק)ער ‹בעסערער› וועלט; אויף יענער וועלט [ÓYLEM-HÁBE] [ÉMES(DIK)ER]
next, *adv.* ווײַטער
  next door (to) אין שכנות (מיט); בשכנות (מיט); אַ טיר לעבן אַ טיר (מיט); טיר צו טיר (מיט); די אַנדערע ‹צווייטע› טיר (פֿון) [ShKhÉYNES] [BIShKhÉYNES]
  next left באַלד לינקס
  next right באַלד רעכטס
  right next to האַרט בײַ; פּונקט לעבן
  the next best thing די צווייטע ברירה [BRÉYRE]
  We play next ס'איז באַלד אונדזער ריי (צו שפּילן)
  What's next? וואָס ווײַטער?
next, *prep.*
  next to (nearby) לעבן

next to (nearly) כמעט (ווי) [KIMÁT]
next to nothing כמעט (ווי) גאָרנישט; קיי־און־שפּיי
for next to nothing בחצי־חינם; האַלב אומזיסט; שפּאָט ביליק [BEKhÓTSE-KhÍNEM]
next-day אויף מאָרגנ(ס)
next-day delivery דער צושטעל אויף מאָרגנ(ס)
next-door, *adj.* שכניש [ShKhÉYNISh]
next-door neighbor *also* דער נאָענטסטער שכן, ־ים [ShOKhN, ShKhÉYNIM]
next-door neighbor (Am.) דער נעקסטדאָריקער געב׳
next of kin דער נאָענטסטער קרובֿ [KÓREV]
next-to-last פֿאַרלעצט
nexus די פֿאַרבינדונג, ־ען; דאָס שייכות, ־ן [ShÁYKhES]
nib דער/די שפּיץ פֿעדער ‹פֿען›
nibble, *n.* דער גריזשע, ־ס; דער (קליינער) ביסן, ־ס
nibble, *v.* גריזשע|ן; רידזע|ן; אַרומבייסן; שטשיפּע|ן; נאַשן
Nicaragua (די) ניקאַראַגווע
Nicaraguan, *adj.* ניקאַראַגוויש
Nicaraguan, *n.*
m./unsp. דער ניקאַראַגוועער, –
f. די ניקאַראַגוועערין, ־ס
nice סימפּאַטיש; פֿײַן; ליב; ווויל
(attractive) שיין
(respectable) בעל־הבתּיש [BAL(E)BÁTISh]
It's a nice day ס׳איז אַ שיינער וועטער ‹טאָג›
nice and slow פּאַוואָלינקע
nice and warm גוט ‹פֿײַן› וואַרעם
Nice guys finish last דער בעסטער בלײַבט דער לעצטער
Nice try! גוט געפּרוּווט!
nicely פֿײַן; גוט
He's doing nicely סע גייט אים גוט; ער האָט הצלחה [HATSLÓKhE]
nicety די/דאָס דעליקאַטקייט; די/דאָס פֿײַנקייט
to a nicety פּונקט; פּינקטלעך
niceties פֿײַנקייטן; פּרטימלעך [PRÓTIMLEKh]
niche די נישע, ־ס
(archit.) די (וואַנט)נישע, ־ס; די פֿראַמוגע, ־ס
(cranny) *also* דאָס ווינקעלע, ־ך
niche market דער נישמאַרק, ...מערק/־ן
nick, *n.* דער קאַרב, ־ן; דער אײַנשניט, ־ן; דער ראַץ, ־ן
(in skin) דער שניט, ־ן; די שניטוווּנד, ־ן
in the nick of time אינעם סאַמע לעצטן מאָמענט; פּונקט צו דער צײַט
nick, *v.* אײַנקאַרבן; אַ ראַץ טאָן
nick oneself צעשנײַדן זיך
nickel, *adj.* ניקעלן
nickel, *n.*
(coin/Am.) דער ניקל, ־ען; דאָס פֿינפֿעלע, ־ך
(mineral) דער ניקל
nickel, *v.* ניקעלירן
nickel-plated באַניקלט; געניקלט
nickname, *n.* דאָס צונעמעניש, ־ן; דער צונאָמען, ...נעמען; דער שפּיצנאָמען, ...נעמען
nickname, *v.* געבן + דאַט׳ אַ צונעמעניש
nicotine דער ניקאָטין
nicotine patch דער ניקאָטין־פּלאַסטער, ־ס
nicotine poisoning די ניקאָטין־פֿאַרסמונג [FARSÁMUNG]
nicotine-stained פֿאַרגעלט ‹געל› פֿון ניקאָטין
niece די פּלימעניצע, ־ס; די ברודערן־טאָכטער, ־טעכטער; די שוועסטערן־טאָכטער, ־טעכטער
nifty ערשטקלאַסיק; פֿײַן
(skillful) געניט; פֿעיק
nigella די טשערניטשקע, ־ס
Nigeria (די) ניגעריע
Nigerian, *adj.* ניגעריש
Nigerian, *n.*
m./unsp. דער ניגעריאַנער, –
f. די ניגעריאַנערין, ־ס
niggard דער קמצן, ־ים; דער קמצניוק, ־עס; די קאַרגע צרה, ־ות [KAMTSN, KAMTSÓNIM] [KAMTSENYÚK] [TSÓRE]
niggardly קמצניש; קאַרג [KAMTSÓNISh]
nigger (*pej./off.*)
m./unsp. דער שחור, ־ים [ShÓKhER, ShKhÓYRIM]
f. די שחורטע, ־ס [ShÓKhERTE]
niggle
vt. **(worry)** פּלאָגן; נאָגן
vi. **(be petty)** פֿאַרנעמען זיך מיט קליניקייטן
niggling קלײנלעך; נאָגנדיק; גראָשנדיק
nigh נאָענט
draw nigh דערנע(ע)נטערן זיך; אָנרוקן זיך
night, *adj.* נאַכט...; בײַנאַכטיק
night, *n.* די נאַכט, נעכט
a night off אַ פֿרײַער אָוונט
all night long אַ גאַנצע נאַכט
at night בײַ נאַכט
call it a night זאָגן אַ גוטע נאַכט; מאַכן נאַכט
Good night! אַ גוט(ינק)ע נאַכט!
last night די נאַכט; נעכטן בײַ נאַכט; נעכטן אין אָוונט; נעכטן אויף דער נאַכט
late at night שפּעט בײַ נאַכט
make a night of it הוליע|ן אַ גאַנצע נאַכט
night after night נאַכט־אײַן נאַכט־אויס
night and day טאָג ווי נאַכט
one of these nights אין איינער אַ נאַכט
spend the night (איבער)נעכטיקן
the other night מיט עטלעכע נעכט צוריק
night bird דער נאַכטפֿויגל, ...פֿייגל
night blindness די/דאָס אָוונט־בלינדקייט; די/דאָס נאַכטבלינדקייט
nightcap
(hat) דאָס שלאָפֿמיצל, ־עך; דער קאָלפּיק, ־עס
(drink) דאָס שלאָפֿגעטראַנק, ־ען; דאָס שנעפּסל צום שלאָפֿן גיין
nightclothes די פּיזשאַמע, ־ס; דאָס נאַכטהעמד, ־ער
nightclub דער נאַכטקלוב, ־ן; דער נאַכטלאָקאַל, ־ן; דער קאַבאַרעט, ־ן
night combat דער נאַכטקאַמף, ־ן
night duty דאָס נאַכטדינסט; דער נאַכטדיזשור; דער בײַנאַכטיקער דיזשור
nightfall דאָס בין־השמשות, ־ן; דער פֿאַרנאַכט, ־ן [BEYNAShMÓShES]
by nightfall פֿאַר נאַכט צו; צו בין־השמשות; ביז אויף דער נאַכט
nightgown/nightie דאָס נאַכטהעמד, ־ער; דאָס שלאָפֿהעמד, ־ער
(child's) דאָס נאַכטהעמדל, ־עך
nighthawk דער נאַכטפֿאַלק, ־ן; דער נאַכטניק, ־עס
nightingale דער סאָלאָוויי, ־ען; די נאַכטיגאַל, ־ן
night jasmine דער אומעטבוים, ...ביימער
night letter די בריוו־טעלעגראַם, ־ען
nightlife דאָס נאַכט־פֿאַרברענגען; די נאַכט־פֿאַרווײַלונג
night light דאָס נאַכטלעמפּל, ־עך
nightly, *adj.* בײַנאַכטיק; נאַכט...
nightly, *adv.* אַלע ‹יעדע› נאַכט
nightmare דער קאָשמאַר, ־ן; דער ווילסטער ‹בייזער› חלום, ־ות [KhÓLEM, KhALÓYMES]

nightmarish קאַשמאַריש; שוידערלעך
night owl די נאַכטסאָווע, ־ס
(*fig.*) דער נאַכטפֿויגל, ...פֿייגל
nights, *adv.* אין די נעכט
night school די אָוונטשול, ־ן
nightshade דער נאַכטשאָטן
night shift דער נאַכטשיכט; דער ביינאַכטיקער דיזשור
nightshirt דאָס נאַכטהעמד, ־ער
nightstick דער פּאָליציי־קאָנטשיק, ־עס
night table דאָס נאַכטטישל, ־עך
nighttime, *adj.* ביינאַכטיק; נאַכט...
nighttime, *n.* די נאַכט
night vision די נאַכט־ראיה [RÍE]
night-vision goggles נאַכטברילן
night watchman דער נאַכטוועכטער, ־ס; דער נאַכט־שומר, ־ים [ShÓYMER, ShÓMRIM]
nightwear דאָס שלאָפֿוואַרג
nightwetting דאָס באַנעצן זיך ביי נאַכט
nightwork די נאַכטאַרבעט
nihilism דער ניהיליזם
nihilist דער ניהיליסט, ־ן
nihilistic ניהיליסטיש
nil נול; גאָרנישט (מיט נישט)
Nile דער ניל(וס)
nimble פֿלינק; ריררעוודיק; בייגעוודיק; שמיידיק; זשוואָווע; לופֿטיק
nimble-footed לייכטפֿיסיק
nimbleness די/דאָס פֿלינקייט; די/דאָס ריררעוודיקייט
nimbus
(rain cloud) דער רעגן־וואָלקן, ־ס
(halo) דער אָרעאָל, ־ן; דער ליכטקרייז, ־ן
nincompoop דער נאַרישער קאָפּ ‹טראָפּ›; דער תּם, ־ען; דער טיפּש, ־ים; דער ויזתא; דער דאַנדיק, ־עס [TAM] [TÍPESh, TÍPShIM] [VAYZÓSE]
nine, *n.*
(digit) די נייַן, ־ען
(cards) דאָס נייַנטל, ־עך; די נייַנטיע, ־ס; דער טיתער [TÉSER]
nine, *num.* נייַן
nine-eleven דער עלו(ע)פֿטער סעפּטעמבער
nine o'clock נייַן אַ זייגער; נייַנע
ninepin די קעגליע, ־ס
ninepins דאָס קעגליען; דאָס שפּילן אין קעגליעס; די/דאָס קעגלשפּיל; די/דאָס קעגליעשפּיל
nineteen נייַנצן
talk nineteen to the dozen רעדן ווי פֿאַר צען; רעדן אָן אויפֿהער; האָבן נייַן מאָס רייד
nineteenth נייַנצעט; נייַנצנט
nineties
be in one's nineties זייַן אין די נייַנציקער (יאָרן); זייַן אַ נייַנציקער
in the nineties (era) אין די נייַנציקער יאָרן
ninetieth נייַנציקסט
nine-to-five פֿון נייַן ביז פֿינ(ע)ף
have a nine-to-five job אַרבעטן פֿון נייַן ביז פֿינ(ע)ף
ninety נייַנציק
ninety-nine times out of a hundred נייַן און נייַנציק מאָל פֿון הונדערט
ninny *see* **nincompoop**
ninja דער נינדזשאַ, ־ס
ninth, *adj.* נייַנט
ninth, *n.*
(fraction) דאָס נייַנטל, ־עך
(mus.) די נאָנע, ־ס
niobium דער ניאָביום
nip, *n.*
(bite) דער ביס, ־ן
(pinch) דער קניפּ, ־ן
(drink) דער זופּ, ־ן; דער שלוק, ־ן; דער שלונג, ־ען
nip in the air דאָס פֿרעסטל
There's a nip in the air סע כאַפּט אַ פֿרעסטל
nip, *v.*
imp. קנייפּן; שטשיפּע|ן; צופּן
pf. אַ קניפּ ‹שטשיפּע/צופּ› טאָן + אַק; געבן + דאַט׳ אַ קניפּ ‹שטשיפּע/צופּ›
nip at one's heels שטשיפּע|ן ביי די פּיס; נאָכלויפֿן אונטער די פּיס
nip in the bud דערשטיקן אין קנאָספּ; אָפּשטעלן דאָס בייס אין זיין וואָרצל; פֿאַרכאַפּן ביי צייטנס
nip and tuck, *adv.* קאָפּ אויף קאָפּ; אַקסל צו אַקסל
nip and tuck, *n.* דער הויט־אונטערצי
nipple דער אַפּל, ־עך; דער ברוסט(נ)אַפּל, ־ען; דער ברוסטוואַרצל, ־עך; דער ברוסט־פּיטום, ־ס; די פּיפּקע, ־ס [PÍTEM]
(bottle) די פּיפּקע, ־ס; די סאָסקע, ־ס; דער סמאָטשיק, ־עס; דאָס גומע־ציצל, ־עך
(tech.) דער ניפּל, ־ען
put the nipple into the baby's mouth אַרייַנרוקן דעם קינד ‹עופֿעלע› די ברוסט [ÉYFELE]
nipple shield דאָס אַפּל־שיצל, ־עך
nipplewort דער אַפּלניק
nippy פֿרעסטלדיק; קילוואַטע
niqab דער ניקאַב
nirvana דער נירוואַנאַ
Nisan (דער) ניסן [NISN]
nit דאָס (לייַז)ניסל, ־עך; די גנידע, ־ס
nit grass דאָס אָנגעפּוישטע בויכגראָז
nitpick טשעפּע|ן זיך (צו קלייניקייטן); זוכן חסרונותלעך ‹חסרונימלעך› [KhESRÓYNESLEKh/KhESRÓYNIMLEKh]
nitpicker דער חסרונות־זוכער, ־ס; דער פּעדאַנט, ־ן; דער קפֿדן, ־ים [KhESRÓYNES] [KAPDN, KAPDÓNIM]
nitpicky
be nitpicky טשעפּע|ן זיך
nitrate דער ניטראַט, ־ן; די סעליטרע
nitric אַזאָט...
nitric acid דאָס אַזאָט־זייערס; דאָס שיידוואַסער
nitric oxide דער אַזאָט־אָקסיד
nitrite דער ניטריט, ־ן
nitrogen דער אַזאָט; דער שטיקשטאָף; דער ניטראָגען
nitrogen-fixing bacteria אַזאָט־באַקטעריעס
nitrogen narcosis דער אַזאָט־נאַרקאָז
nitroglycerine דער ניטראָגליצערין
nitrous oxide דער צווייאַזאָט־אייינאָקסיד; דער לאַכגאַז
nitty-gritty, *adj.* פּרטימדיק; עצמדיק [PRÓTIMDIK] [ÉTSEMDIK]
nitty-gritty, *n.* קלייניקייטן ל״ר; פּרטימלעך ל״ר; דער עצם ענין [PRÓTIMLEKh] [ÉTSEM] [ÍNYEN]
get down to the nitty-gritty רעדן תּכלית; קומען צו דער זאַך [TÁKhLES]
nitwit דער שוטה, ־ים; דער טיפּש, ־ים; דער נאַר, נאַראָנים [ShÓYTE, ShÓYTIM] [TÍPESh, TÍPShIM]
nix, *n.* דער גאָרנישט
nix, *v.* אָפּוואַרפֿן; פּסלען; וועטאָירן [PÁSLEN]
no, *art.* קיין
I have no time כ׳האָב נישט קיין צייט
no ... at all קיין שום

no holds barred אָן שום אָפּהאַלט ‹כּללים› [KLÓLIM]

That's no way to ... נישט אַזוי ...

No!, *int.* ניין!

(Don't!) ניו־ניו־ניו!; ניטע!

no, *n.* דער ניין, ־ען; דער לאַוו, ־ן

not take no for an answer נישט אָננעמען קיין ניין

A thousand times no! לא־ולא! [LÓY-VELÓY]

No. (number) נומ'; נ'

Noah (bib.) נח (הצדיק) [NÓYEKh (HATSÁDEK)]

Noah's ark נחס תּבֿה; די תּבֿה [(NÓYEKhS) TÉYVE]

Nobelist דער נאָבל־פּרעמירטער געב'

nobelium דער נאָבעליום

Nobel prize די נאָבל־פּרעמיע

nobility דער אַדל

(of character) די/דאָס איידלקייט

old nobility דער אַלטער אַדל

noble, *adj.* אַדלדיק; איידל־‹נאָבל›־געבוירן

(character) איידל(מוטיק); געהויבן

noble, *n.* דער אַדלמאַן, אַדללײַט

noble gas דער איידעלער גאַז, ־ן

nobleman דער אַדלמאַן, אַדללײַט

noblewoman די אַדלפרוי, ־ען

nobody, *n.* דער גאַרנישט, ־ן; דער נול, ־ן; דער ים־קאָטער, ־ס [YAM]

nobody, *pron.* קיינער ... נישט

no-brainer

It's a no-brainer דאָס פֿאַרשטײט זיך אַלײן; ס'איז נישט קיין גרויסע חכמה; ס'איז אַ שפּיל [KhÓKhME]

noctiluca דאָס ים־לײַכטערל, ־עך [YAM]

nocturnal נאַכט...; (בײַ)נאַכטיק

nocturnal emission דער נאַכטיקער אַרויסלאָז ‹זאָמענשטראָם›; די פּאָלוציע

nocturne דער נאָקטורן, ־ען

nod, *n.* דער שאָקל מיטן קאָפּ (אויף יאָ); דער יאָ, ־ען

give sb. the nod געבן + דאַט' די הסכּמה [HASKÓME]

nod, *v.* שאָקלען ‹מאַכן› מיטן קאָפּ אויף יאָ; אַ שאָקל טאָן מיטן קאָפּ אויף יאָ

(agree) צושאָקלען מיטן קאָפּ

have a nodding acquaintance with זײַן מיט + דאַט' באַקאַנט פֿון דער ווײַטנס

nod off אײַנדרימלען; אײַנדרעמלען

nodal קנופּ...

node

(anat.) דאָס קניפּל, ־עך

(connecting point) דער קנופּפּונקט, ־ן

(knot) דער קנופּ, ־ן

(math.) דער דורכשנײַדפּונקט, ־ן

nodule דאָס קניפּל, ־עך

Noel דער ניטל

no-fault אָן שולד

no-fault insurance די אָנשולד־פֿאַרזיכערונג‹־סטראַכירונג›

no-fly zone די פֿאַרווערטע פֿליזאָנע, ־ס

no-frills אָן פֿליטערלעך

noggin

(head/*slg.*) דער קאָפּ, קעפּ; דער שׂכל [SEYKhL]

(measure) דאָס פֿערטל פּינט

no-good (person) מיאוס; פּאַסקודנע [MÍES]

nohow (*slg.*) בשום־אופֿן נישט [BEShÚM-ÓYFN]

noise דער טומל, ־ען; דאָס געטומל; דאָס גערודער; דאָס געפּילדער; דער ליאַרעם, ־ס; דער רעש; קולות ל"ר [RASh] [KÓYLES]

hear noises הערן קלאַנגען

make noise מאַכן אַ טומל ‹גערודער/געפּילדער/רעש›; טומלען; רודערן; פּילדערן; ליאַרעמען; רעשן [RAShN]

make the right noises ריכטיק רעאַגירן

make a lot of noise (about an issue) אויפֿהייבן ‹מאַכן› אַ געשריי

make noises לאָזן פֿון זיך הערן

street noise דאָס גאַסגערויש; דאָס גאַס־געטומל

noiseless אָנקלאַנגיק; שטיל

noiselessly אָן אַ קלאַנג; שטילערהייט

noisemaker דער גראַגער, ־ס

noisy טומלדיק; ליאַרעמדיק; רעשיק [RÁShIK]

nomad דער נאָמאַד, ־ן; דער וואַנדערלינג, ־ען; דער נע־ונדניק, ־עס [NAVENÁDNIK]

nomadic נאָמאַדיש; נאָמאַדן־...; וואַנדער...

nomadic life דאָס נאָמאַדן־לעבן; דאָס וואַנדער־לעבן

no-man's land (דאָס) קיינעמסלאַנד

nom de guerre דער פּסעוודאָנים, ־ען

nom de plume דער פֿעדנאָמען, ...נעמען; דער פּסעוודאָנים, ־ען

nomenclature די נאָמענקלאַטור, ־ן

nominal, *adj.*

(in name) נאָמינעל; לפּנימדיק [LEPÓNEMDIK]

(token) נאָמינעל; סימבאָליש

(ling.) סובסטאַנטיוויש

nominal, *n.* די/דאָס סובסטאַנטיווקייט

nominalization די סובסטאַנטיווירונג

nominalize סובסטאַנטיווירן

nominally נאָר אין ‹לויטן› נאָמען; אויפֿן פּאַפּיר; להלכה; לפּנים; נאָמינעל [LEHALÓKhE] [LEPÓNEM]

nominal value די/דער נאָמינאַל־ווערט

nominate נאָמינירן

nominating committee די נאָמיניר־קאָמיסיע, ־ס

nomination די נאָמינירונג, ־ען; די נאָמינאַציע, ־ס

nomination campaign די נאָמיניר־קאַמפּאַניע, ־ס

nominative, *adj.* נאָמינאַטיוו

nominative, *n.* דער נאָמינאַטיוו, ־ן

nominative pronoun דער נאָמינאַטיווער פּראָנאָם, ־ען

nominee דער נאָמינאַט, ־ן; דער נאָמינירטער געב'

nomocracy די נאָמאָקראַטיע, ־ס

nomocratic נאָמאָקראַטיש

nomogram/nomograph די נאָמאָגראַם, ־ען

non... נישט...; אומ...; אַנ...

nonagenarian דער נײַנציקער, –

m. also דער בן־תּשעים, בני־... [BEN-TÍShIM, BNEY-...]

f. also די בת־תּשעים, ־ס [BAS-TÍShIM]

nonaggression דאָס נישט־אָנפֿאַלן

nonaggression treaty דער אָפּמאַך וועגן נישט־אָנפֿאַלן

nonagon דער נײַנעק, ־ן

nonagonal נײַנעק(עכ)יק

nonalcoholic אומאַלקאָהאָליש

nonalcoholic beer דאָס אומאַלקאָהאָלישע ביר

nonaligned נייטראַל; נישט־אַלינירט

nonappearance דאָס נישט־באַווײַזן זיך (צום משפּט) [MÍShPET]

nonbeliever דער אומגלייביקער געב'; דער כּופֿר, ־ים [KÓYFER, KÓFRIM]

nonbelligerent נישט־מלחמה־פֿירנדיק; נישט־קריגעריש [MILKhÓME]

nonce די אָקאַזיע, ־ס; דאָס איינמאַליקע

for the nonce אויף דערווײַל; לעת־עתּה [LESÁTE]

nonce word דער אָקאַזיאָנאַליזם, ־ען; דער עפּעמעריזם, ־ען

nonchalance דער גלײַכגילט; די/דאָס קאַלטבלוטיקייט

nonchalant גלײַכגילטיק; אומבאַזאָרגט; קאַלטבלוטיק

nonchalantly אָן דאגות; פֿון דער גרינג; גלײַכגילטיק; אומבאַזאָרגט; קאַלטבלוטיק; פּונקט ווי גאָרנישט; אַבי ווי; כּלאַחר־יד [DÁYGES] [KILAKhERYÁD]
noncombatant דער נישט־קריגער, ־ס
noncommercial נישט־קאָמערציעל; אומקאָמערציעל
noncommissioned officer דער אונטעראָפֿיציר, ־ן
noncommittal נייטראַל; נישט־געבונדן; נישט־בינדנדיק; פֿאַרעווע
be noncommittal נישט בינדן זיך; נישט וועלן זיך אַרויסזאָגן
nonconformism דער אומקאָנפֿאָרמיזם
nonconformist, *adj.* אומקאָנפֿאָרמיסטיש
nonconformist, *n.* דער אומקאָנפֿאָרמיסט, ־ן
nonconformity דער אומקאָנפֿאָרמיזם
noncooperation דער אָפּזאָג צוזאַמענצואַרבעטן
nondairy פֿאַרעווע; אָן מילכ(ע)כיקס
nondenominational אומסעקטאַנטיש
nondescript (מיט גאָרנישט) נישט מערקווערדיק; שווער צו באַשרײַבן; נישט איבעריק שיין
none קיין איינער געב' נישט; קיינער נישט
none at all בכלל נישט [BIKhLÁL]
none but רק; נאָר [RAK]
none of them נישט קיין איינער געב' (פֿון זיי)
none other than he טאַקע ער אַליין; דווקא ער; נישט קיין צווייטער, נאָר ער; בכּבֿודו־ובֿעצמו [DÁFKE] [BIKhVÓYDE-UVEÁTSME]
nonentity דאָס נישטל, ־עך; דער גאָרנישט(־שבנישט); דאָס אָנממשותדיקס [ShEBENÍShT] [ÓNMAMÓShESDIKS]
nonessential נישט אַבסאָלוט נייטיק
nonesuch דער מוסטער, ־ן; דער פּאַראַגאָן, ־ען; אַזוינס ווי אַזעלכס
nonet דער נאָנעט, ־ן
nonetheless פֿונדעסטוועגן; פֿאָרט; דאָך
non-event
It was a non-event ס'האָט זיך אויסגעלאָזט אַ בוידעם
nonexistence די אומעקסיסטענץ; דאָס נישט־זײַן
nonexistent אומעקסיסטירנדיק; נישט־עקסיסטירנדיק
It's nonexistent ס'איז נישט בנימצא; נישטאָ אַזוינס [BENÍMTSE]
(*hum.*) נישט געשטויגן נישט געפֿלויגן
nonfat אָנפֿעטיק; אָן פֿעטס
nonfatal נישט־פֿאַטאַל; איבערלעבּיק
nonfiction די פֿאַקטפּראָזע; די תּכלית־פּראָזע; די פֿאַקט־ליטעראַטור [TÁKhLES]
nonfinite אין־סופֿיק [EYNSÓFIK]
nonflammable נישט־אויפֿפֿלאַמיק; נישט־אָנצינדלעך
nongovernmental נישט־רעגירונג־...; חוצרעגירונג־...
non-Hodgkin's lymphoma די נישט־האָדזשקין־לימפֿאָמע
non-interference/non-intervention דאָס נישט מישן זיך; דער נישט־אַרײַנמיש; די נישט־אַרײַנמישונג
noninvasive נישט־אַרײַנדרינגלעך
non-iron
It's a non-iron shirt דאָס העמד דאַרף מען נישט פּרעסן
nonissue
It's a nonissue ס'איז נישט שייך [ShÁYEKh]
non-Jew דער נישט־ייִד, ־ן; דער גוי, ־ים
non-Jewish נישט־ייִדיש; גויִש
nonkosher טרייפֿן; טריף
nonmember דער נישט־מיטגליד, ־ער
nonmetal דער נישט־מעטאַל, ־ן
nonmetallic אוממעטאַליש; נישט־מעטאַליש
nonnegotiable נישט־אָפּדינגלעך
It's nonnegotiable נישטאָ וואָס זיך צו דינגען
nonnuclear נישט־יאָדער־...; נישט־נוקלעאַר; אָן יאָדער־געווער
nonnuclear state די מלוכה אָן יאָדער־געווער [MELÚKhE]
no-no
It's a no-no מע טאָר נישט; ס'איז אָסור; ס'איז אַבסאָלוט נישט דערלאָזלעך; ניו־ניו [ÓSER]
no-nonsense ערנצט; ניכטער; אָן חכמות [KhÓKhMES]
nonorthodox אומאָרטאָדאָקסיש
non-Orthodox (J.) נישט־אָרטאָדאָקסיש
nonpareil, *adj.* נישט צום פֿאַרגלײַכן; אָן קיין גלײַכן
nonpareil, *n.* דער פּאַראַגאָן, ־ען
(typ.) די נאָנפּאַרעל
nonpayment די אומצאָלונג, ־ען; דאָס נישט צאָלן
nonperishable אומקאַליעוודיק
be nonperishable נישט (גיך) קאַליע ווערן; האַלטן זיך לאַנג
nonplussed
be nonplussed צעמישט ווערן; פֿאַרלירן זיך; בלײַבן אָן לשון [LOShN]
non plus ultra נאָן פּלוס אולטראַ
nonprescription אָן אַ רעצעפּט
nonprofit, *adj.* נישט־פּראָפֿיטיק; נישט־רווחדיק [RÉVEKhDIK]
nonprofit, *n.* די נישט־פּראָפֿיטיקע ‹נישט־רווחדיקע› אָרגאַניזאַציע, ־ס [RÉVEKhDIKE]
nonproliferation די נישט־פֿאַרשפּרייטונג; דאָס נישט פֿאַרשפּרייטן
Non-Proliferation Treaty דער אָפּמאַך נישט צו פֿאַרשפּרייטן יאָדער־געווער
nonrefundable נישט־קריקצאָליק
It's nonrefundable מע צאָלט נישט קריק ‹צוריק›; מע קערט נישט אום דאָס געלט
nonrenewable נישט־באַנײַיק
nonresident
be a nonresident נישט זײַן קיין אײַנוווינער
nonresistant נישט־(אַנט)קעגנשטעליק; נישט־אויסהאַלט(עווד)יק
nonrestrictive נישט־באַגרענעצדיק
nonreturnable
It's nonreturnable מע קען עס נישט צוריקגעבן ‹צוריקשיקן/קריקשיקן›
nonsectarian ברייטגײַסטיק; אומסעקטאַנטיש
nonsense די/דאָס נאַרישקייט; פּוסטע רייד ל"ר; שטותים ל"ר; דער אומזינען; דבֿרים בטלים ל"ר; דאָס טיפּשות־פּה; דער הבֿל; שמאָנצעס ל"ר; דער קוואַטש; די באָדניע [DVÓRIM B(E)TÉYLIM] [TÍPShES-PÉ] [HEVL]
Nonsense! נאַרישקייטן!; באָבקעס!; בלאָטע!; פּוסטע רייד!; קיין ממש נישט!; ווייס איך וואָס! [MAMESh]
talk nonsense רעדן נאַרישקייטן; רעדן פֿון היץ ‹וועג›
nonsense syllable דער אומזיניקער טראַף, ־ן
nonsense word דאָס אומזינוואָרט, ...ווערטער
nonsensical אומזיניק; נאַרישוואַטע; אַבסורדיש
nonsequitur
It's a nonsequitur ס'איז גאָר נישט שייך; איינס מיטן דריטן איז נישט קיין מחותּן [ShÁYEKh] [MEKhÚTN]
nonskid/nonslip גליטש־באַוואָרנט
nonsmoker דער נישט־רייכערער, ־ס
nonstandard נישט על־פּי סטאַנדאַרד; נישט לויט דער מדרגה [ÁLPI] [MADRÉYGE]
nonstarter
It's a nonstarter ס'איז שוין פֿאַרפֿאַלן; שוין נישטאָ וואָס צו רעדן

nonstick קלעפּ־באַוואָרנט
nonstop כּסדר; אָן אויפֿהער ‹איבעררײַס›; בלי־סוף [KESÉYDER] [B(E)LÍ-SOF]
nonstop flight דער פֿלי אָן אָפּשטעל; דער אָנאָפּשטעל־פֿלי, ־ען
non-support (jur.) דאָס נישט־אויסהאַלטן; דאָס נישט־אָפּצאָלן אַלימענטן
nontaxable נישט־שטײַערדיק
nontenured אָנחזקהדיק [ÓNKhAZÓKEDIK]
be nontenured נישט האָבן קיין חזקה [KhAZÓKE]
nontenured faculty די אָנחזקהדיקע לערערשאַפֿט [ÓNKhAZÓKEDIKE]
nontoxic נישט־סמיק [SÁMIK]
nonunion נישט־יוניאָניזירט
nonverbal נישט מיט ווערטער; אָן ווערטער ‹לשון› [LOShN]
nonviolence די/דאָס גוואַלדפֿרײַקייט
nonviolent ג(ע)וואַלדפֿרײַ; אָן ג(ע)וואַלד
noodle דער לאָקש, ־ן
(head/*slg.*) דער קאָפּ, קעפּ; דער שׂכל [SEYKhL]
noodle board דאָס/די לאָקשנברעט, ־ער
noodle pudding דער לאָקשן־קוגל
noogie די באַרנע, ־ס
nook דאָס ווינקעלע, ־ך; דער אַלקער, ־ס
in every nook and cranny אין יעדן (פֿאַרבאָרגן) ווינקעלע; אין מינדסטן ‹קלענסטן› שפּאַרונקעלע
noon דער האַלבער טאָג; דער האַלבטאָג; די מיטאָגצײַט
at noon אום האַלבן טאָג; מיטאָגצײַט
at twelve noon צוועלף(ע) אַ זייגער מיטאָגצײַט ‹בײַ טאָג›
noon hour די מיטאָג־שעה [ShO]
noose די פּעטליע, ־ס; דער (ווערג)שלייף, ־ן
Nope! ניין!
nor אויך נישט
Nordic נאָרדיש
no-risk אָן שום ריזיקע; אָן צו ריזיקירן
norm די נאָרמע, ־ס; דער (אָנגענומענער) כּלל, ־ים [KLAL, KLÓLIM]
normal, *adj.* נאָרמאַל
normal, *n.* [MÁTSEV] דער נאָרמאַלער ‹געוויינ(ט)לעכער› מצבֿ
above normal איבער ‹העכער› דער נאָרמע; איבערנאָרמאַל
below normal אונטער דער נאָרמע; אונטערנאָרמאַל
return to normal אומקערן זיך צום נאָרמאַלן מצבֿ
the new normal דער נײַער סטאַנדאַרד
normalcy/normality די/דאָס נאָרמאַלקייט
normalization די נאָרמאַליזירונג
normalize נאָרמאַליזירן
normally געוויינ(ט)לעך; בדרך־כּלל [BEDÉREKh-KLÁL]
Norman, *adj.* נאָרמאַניש
the Normans די נאָרמאַנען
Normandy (די) נאָרמאַנדיע
normative נאָרמאַטיוו
Norse סקאַנדינאַוויש; נאָרוועגיש
Norseman דער וויקינג, ־ער
north, *adj.* צפֿון; צפֿונדיק [TSÓFN] [TSÓFNDIK]
north, *adv.*
north of אויף צפֿון פֿון [TSÓFN]
north, *n.* דער צפֿון [TSOFN]
North America (די) צפֿון־אַמעריקע [TSOFN]
North Atlantic Treaty Organization די אָרגאַניזאַציע פֿונעם צפֿון־אַטלאַנטישן אָפּמאַך [TSOFN]
northbound אויף צפֿון [TSOFN]
North Carolina (די) צפֿון־קאַראָלײַנע [TSOFN]
North Dakota (די) צפֿון־דאַקאָטע [TSOFN]
northeast, *n.* דער צפֿון־מיזרח [TSOFN-MÍZREKh]
northeastern צפֿון־מיזרח־...; צפֿון־מיזרחדיק [TSOFN-MÍZREKh] [TSOFN-MÍZREKhDIK]
northerly, *adj.* צפֿון־...; צפֿונדיק [TSOFN] [TSÓFNDIK]
northerly, *n.* דער צפֿון־ווינט, ־ן [TSOFN]
northern צפֿון־...; צפֿונדיק [TSOFN] [TSÓFNDIK]
northerner דער צפֿונדיקער געב' [TSÓFNDIKER]
Northern Hemisphere די צפֿון־העמיספֿער; דער צפֿונדיקער האַלבקײַלעך [TSOFN] [TSÓFNDIKER]
northern lights דאָס צפֿון־ליכט ל"י [TSOFN]
northernmost סאַמע צפֿונדיק(סט) [TSÓFNDIK(ST)]
northern pike דער קאַנאַדער העכט
North Korea די צפֿון־קאָרעע [TSOFN]
North Pole דער צפֿון־פּאָלוס; דער צפֿונדיקער פּאָלוס [TSOFN] [TSÓFNDIKER]
North Star דער פּאָלאַר־שטערן
northward אויף צפֿון (צו) [TSOFN]
northwest, *adj.* צפֿון־מערבֿ־... [TSOFN-MÁYREV]
northwest, *n.* דער צפֿון־מערבֿ [TSOFN-MÁYREV]
northwestern צפֿון־מערבֿ־...; צפֿון־מערבֿדיק [TSOFN-MÁYREV] [TSOFN-MÁYREVDIK]
Norway (די) נאָרוועגיע
Norwegian, *adj.* נאָרוועגיש
Norwegian Jew דער נאָרוועגישער געב'; דער נאָרוועגישער ייִד, ־ן
Norwegian, *n.*
m./unsp. דער נאָרוועגער, –
f. די נאָרוועגערין, ־ס
(language) דאָס נאָרוועגיש
nose, *n.* די נאָז, נעזער/נעז
(child's) דאָס נעזעלע, ־ך; דאָס נעזל, ־עך
(of plane) דער שנאָבל, ־ען
(of rocket) דער (ראַקעטן־)שפּיץ, ־ן
cut off one's nose to spite one's face זיך אַליין אַרויסנעמען אַן אויג, אַבי יענעם צוויי
do a nose count אָפּציילן די נעז
follow one's nose גיין ווו די אויגן טראָגן; פֿאָלגן דעם אינסטינקט
(from) right under sb.'s nose ממש (פֿון) אונטער דער נאָז [MÁMESh]
His nose is running סע רינט ‹קאַפּעט› אים פֿון דער נאָז
hold one's nose צוהאַלטן זיך די נאָז
keep one's nose clean נישט אַרײַנלאָזן זיך אין קיין צרות [TSÓRES]
look down one's nose at קוקן מיט ביטול אויף; קוקן פֿון אויבן אַראָפּ אויף [BITL]
not see beyond one's nose נישט זען ווײַטער פֿון דער (אייגענער) נאָז
On the nose! געטראָפֿן!
pay through the nose טײַער באַצאָלן; צאָלן אַ ריזיקן פּרײַז
plain as the nose on sb.'s face קלאָר ווי דער טאָג
rub noses (game) מאַכן נעזעלע־נעזעלע
stick one's nose into אַרײַנשטעקן (אומעטום) די נאָז; שטופּן די נאָז אין יענעמס געשעפֿטן; אַרײַנמישן זיך
stuffy nose די פֿאַרלייגטע נאָז
turn up one's nose at (פֿאַר)דרייען ‹ציִען› מיט דער נאָז אויף
win by a nose געווינען אויף אַ האָר
nose, *v.*
nose around אויסשמעקן; זוכן צו דערשמעקן
nose forward פּאַוואָליע רוקן זיך פֿאָרויס
nose into אַרײַנשטעקן די נאָז אין

nosebag דאָס האָבער־זעקל, ־עך

nosebleed

She's having a nosebleed סע בלוטיקט איר פֿון דער נאָז

nosecone דער ראַקעטן־שפּיץ, ־ן

nosedive

do a nosedive פּיקירן; פֿאַלן גאָר טיף

nosedrops נאָזטראָפּנס

nosegay דאָס בוקעטל בלומען

nose hair נאָזהערלעך ל"ר

nose hair trimmer דאָס נאָזהערל־שערל, ־עך

nose job די רינאָפּלאַסטיע; די נאָז־אָפּעראַציע, ־ס

nose ring דער נאָזרינג, ־ען

nose wheel די/דאָס פֿעדערראָד, ...רעדער

nosh, *n.* דער נאַש, ־ן

nosh, *v.* נאַשן; עפּעס איבערכאַפּן

no-show

He was a no-show ער האָט זיך נישט באַוויזן

nosocomial פֿון שפּיטאָל באַקומען; נאָזאָקאָמיאַל

nostalgia די נאָסטאַלגיע; די בענקשאַפֿט

nostalgic נאָסטאַלגיש; פֿאַרבענקט

nostalgically נאָסטאַלגיש; פֿאַרבענקטערהייט

nostril די/דער נאָזלאָך, ...לעכער

nostrum דאָס (אוניווערסאַלע) היילמיטל, ־ען; די באַבסקע רפֿואה, ־ות [REFÚE]

nosy

be nosy אַרײַנמישן זיך; אַרײַנשטעקן די נאָז; רוקן זיך

not ני(ש)ט

Absolutely not! לא מיט אַן אַלף!; בשום־אופֿן נישט! [LOY] [ÁLEF] [BEShÚM-ÓYFN]

I hope not איך האָף אַז נישט

Is that not so? אַיאָ?; נישט אמת? [ÉMES]

not a נישט קיין איין

not a few נישט ווייניק

not a thing גאָרנישט נישט

not at all בכלל נישט; לחלוטין נישט; אין גאַנצן נישט [BIKhLÁL] [LAKhLÚTN]

not only ... but also ... נישט נאָר... נאָר אויך ...

not so ... as נישט אַזוי ... ווי

not that ... נישט וואָס ...

not that I'm aware נישט אויף וויפֿל איך ווייס

say not a word נישט אויסרעדן קיין וואָרט; נישט קיין פּיפּס טאָן

nota bene דער נאָטאַבענע

notable, *adj.* מערקווערדיק; באַטײַטיק

(distinguished) אָנגעזען; באַרימט; באַוווּסט

notable, *n.* דער נאָטאַבל, ־ען

notably ספּעציעל

most notably איבער הויפּט

She was notably absent מע האָט באַמערקט אַז זי פֿעלט; ס'איז אַלעמען געווען קלאָר אַז זי פֿעלט

notarial נאָטאַריש

notarization די נאָטאַריזירונג, ־ען

notarize נאָטאַריזירן

notary public דער נאָטאַר, ־ן; דער רייענט, ־ן

notate נאָטירן

notation די נאָטאַציע, ־ס; די נאָטירונג, ־ען

notch, *n.* דער שטשערב, ־ן/־עס; דער אײַנשניט, ־ן; דער קאַרב, ־ן; דער אָנשניט, ־ן

be a notch above שטיין מיט אַ קאָפּ העכער

notch, *v.* אײַנשטשערבע|ן; אײַנשנײַדן

notch it up to צושרײַבן + דאַט'

notch stg. up (קענען) פֿאַרצייכענען

note, *n.* דער צעטל, ־ען; דאָס קוויטל, ־עך; די נאָטיץ, ־ן

(letter) דאָס בריוול, ־עך; דאָס בריוועלע, ־ך

(mus.) דער טאָן, טענער; די נאָטע, נאָטן

(econ.). די אַסיגנאַציע, ־ס; דער וועקסל, ־ען

compare notes אויסבײַטן זיך מיט די מיינונגען ‹געדאַנקען›; האָבן צווישן זיך אַ מיינונגען־אויסבײַט

make a note of פֿאַרצייכענען; פֿאַרשרײַבן

notes (written) נאָטיצן; פֿאַרצייכענונגען

of note *see* **notable**

take note of באַמערקן; נעמען צו קענטעניש

take notes מאַכן ‹פֿאַרשרײַבן זיך› נאָטיצן

note, *v.*

(notice) באַמערקן

(recall) געדענקען; דערמאָנען זיך

note down פֿאַרצייכענען; פֿאַרשרײַבן; נאָטירן

notebook די (נאָטיץ)העפֿט, ־ן; דאָס נאָטיצביכל, ־עך; דער קאַיעט, ־ן

noted באַקאַנט; באַוווּסט; באַרימט

notepad דער בלאָקנאָט, ־ן; דאָס נאָטיצביכל, ־עך; די נאָטיץ־שרײַבקע, ־ס

notepaper דאָס שרײַבפּאַפּיר

note verbale די ווערבאַלע נאָטע, ־ס

noteworthy מערקווערדיק; באַמערק־ווערדיק; אַכטווערדיק; כדאַי צו באַמערקן [KEDÁY]

not-for-profit *see* **nonprofit**

nothing, *pron.* גאָרנישט; קיין זאַך נישט

absolutely nothing גאָר־גאָר־גאָרנישט

as if nothing had happened ווי קיין מאָל גאָרנישט

be nothing compared to זײַן גאָרנישט ‹אַ הונט› אַ(נט)קעגן

be/mean nothing to sb. זײַן + דאַט' נישט וויכטיק

come to nothing אויסלאָזן זיך אַ בוידעם; גאָרנישט ווערן; ווערן צו נישט

for nothing אומזיסט

have nothing on (advantage) נישט האָבן קיין מעלות אַ(נט)קעגן [MÁYLES]

have nothing on (jur.) נישט האָבן קיין ראַיות קעגן [RÁYES]

have nothing on (nude) זײַן נאַקעט

have nothing to do with גאָר נישט האָבן צו טאָן מיט; נישט האָבן קיין מחזקות מיט [MAKhZÓKES]

have nothing to show (for) נישט דערגרייכן קיין שום רעזולטאַטן (אין)

He thinks nothing of בײַ אים שפּילט נישט קיין ראָלע + נאָמ'

I have nothing better to do (*iro.*) כ'האָב שוין נישט וואָס צו טאָן!; פֿאָלג מיך אַ גאַנג!; אָט לויף איך!

It's better than nothing לעולם תּיקח; נעמ(ט) וואָס מע גיט דיר ‹אײַך›; בעסער ווי גאָרנישט [LEÓYLEM-TÍKEKh]

make nothing of (make light of) מאַכן זיך גאָרנישט פֿון

make nothing of (not comprehend) נישט באַנעמען ‹פֿאַרשטיין›

not for nothing נישט אומזיסט

nothing but לויטער; ריין; סאַמע

Nothing doing! בשום־אופֿן ‹אַבסאָלוט› נישט!; נישט בײַ מאָטיען!; האָצע־קלאָצע!; אַ מכּה! [BEShÚM-ÓYFN] [MÁKE]

nothing less than נישט ווייניקער ווי; דווקא [DÁFKE]

nothing like בכלל נישט ווי [BIKhLÁL]

nothing much נישט קיין סך [SAKh]

Nothing of the sort! ס'הייבט זיך (גאָר) נישט אָן!; אַ נעכטיקער טאָג!

Nothing to be done! (שוין) פֿאַרפֿאַלן!

Nothing to it! ס'איז שפּילעכל!
Nothing ventured, nothing gained אַז מע שטעלט ניט איַין נעמט מען ניט אויס; אַז מע לייגט ניט אַריַין נעמט מען ניט אַרויס
stop at nothing ניט שפּאָרן קיין כּוחות; ניט נאָכלאָזן; טאָן אַל דאָס מעגלעכע [KÓYKhES]
to say nothing of ווער רעדט נאָך; שוין אָפּגערעדט
You ain't seen nothing yet! דאָס איז נאָך גאָרניט!; וואַרט נאָך צו!; וואַרט, וואַרט, וועסט ‹איר וועט› נאָך זען!
nothing, *n.* דער גאָרניט, ־ן
(zero) דער נול, ־ן
sweet nothings פּוסטע ליבערייד
nothingness דער גאָרניט; דאָס ניט־זיַין; דער הבֿל [HEVL]
notice, *n.*
(announcement) די מעלדונג, ־ען; דער אָנזאָג, ־ן; די מודעה, ־ות; די ידיעה, ־ות [YEDÍE] [MOYDÓE/MEDÓE]
(attention) די אַכט; דער באַמערק
(printed) די נאָטיץ, ־ן; די רעקלאַמע, ־ס; די מודעה, ־ות
(warning) די וואָרענונג
draw notice ציִען דעם אויפֿמערק
escape notice בליַיבן אומבאַמערקט; ניט ציִען דעם אויפֿמערק
give notice (of) לאָזן + אַק' וויסן (אַז/וועגן); געבן + דאַט' צו וויסן (אַז/וועגן); מעלדן + דאַט' (אַז/וועגן)
give notice (to employee) לאָזן + אַק' וויסן אַז מע שאַפֿט ‹זאָגט› + אַק' אָפּ
give notice (to employer) לאָזן + אַק' וויסן אַז מע זאָגט זיך אָפּ
hang a notice אויפֿהענגען אַ מודעה
on short notice מיט אַ קנאַפּער ‹קורצער› וואָרענונג
put on notice וואָרענען; לאָזן וויסן
serve sb. notice געבן + דאַט' צו קענטעניש; אַוויזירן + אַק'
She came to my notice כ'האָב זיך וועגן איר דערוווּסט
take notice of נעמען + אַק' צו קענטעניש; אַכטונג געבן (אויף); לייגן אַכט (אויף)
take no notice of ניט אומקוקן זיך אויף
until further notice ביז וויַיטערדיקע ניַיעס
on/with two days' notice מיט אַן אָנזאָג פֿון צוויי טעג
without prior notice אָן צו לאָזן וויסן; אָן צו האָבן געלאָזט וויסן
notice, *v.* באַמערקן; דערזען
get noticed לאָזן זיך באַמערקן
noticeable (באַ)מערקלעך; אָנזעעוודיק; קענטיק
be noticeable מערקן זיך; אָנזען זיך
noticeably צו(ם) באַמערקן; קענטיק
notice board דער מעלדטאַוול, ־ען; דאָס/די מעלדברעט, ־ער; דאָס מעלדברעטל, ־עך
notification דער אָנזאָג, ־ן; די הודעה, ־ות; דער אַוויז, ־ן [HOYDÓE]
notify געבן + דאַט' צו וויסן; אָנזאָגן + דאַט'; אַוויזירן + אַק'; מודיע זיַין + דאַט' [MEDÍE/MOYDÍE]
notion דער איַינפֿאַל, ־ן; די השגה, ־ות; דער באַגריף, ־ן; די אידעע, ־ען; די מיינונג, ־ען [HASÓGE]
give sb. notions ברענגען + דאַט' אויפֿן געדאַנק
I have a notion to do stg. סע גלוסט זיך מיר עפּעס צו טאָן
notions (sewing) דער צעלניק קאָל'; די גאַלאַנטעריע קאָל'
notochord די נאָטאָכאָרדע; די פּרימיטיווע שדרה [ShÉDRE]
notoriety די/דאָס פֿאַרנאַנטקייט
notorious פֿאַרנאַנט; נאָטאָריש; טרויעריק באַרימט
He's notorious *also* ער האָט אַ שאָטנדיקן נאָמען; מע קען אים ווי אַ בייזן שילינגער
notwithstanding, *adv.* פֿונדעסטוועגן; פֿאָרט; דאָך
notwithstanding, *conj.* ניט־געקוקט אויף דעם (וואָס/אַז); כאָטש(בע)
notwithstanding, *prep.* ניט־געקוקט אויף
nougat דער נוגאַט
nought דער נול, ־ן
come to nought ווערן צו ניט; אויסלאָזן זיך אַ בוידעם
noughts and crosses איקס־מיקס־דריקס
noun, *adj.* סובסטאַנטיוויש
noun, *n.* דער סובסטאַנטיוו, ־ן; דאָס זאַכוואָרט, ...ווערטער
noun phrase די סובסטאַנטיווישע ווערטער־גרופּע, ־ס
nourish שפּיַיזן; נערן
nourishing נער(עווד)יק; זעטיק
nourishment די (דער)נערונג; די שפּיַיזונג
(spiritual) די יניקה [YENÍKE]
nous (phil.) דער שׂכל־הישר [SEYKhL-HAYÓShER]
nouveau riche דער אויפֿגעקומענער גבֿיר, ־ים; דער פֿאַרווענין, ־ען; דער נוואַריש, ־ן [G(E)VÍR]
(*pej.*/Am.) דער אָלרײַטניק, ־עס
nouvelle cuisine די נײַע (פֿראַנצייזישע) קיך
nova דער נײַער שטערן, –
Nova Scotia (דאָס) נײַ־שאָטלאַנד
novel, *adj.* (שפּאָגל) נײַ; נאָוואַטאָריש; חידושדיק [KhÍDEShDIK]
novel, *n.* דער ראָמאַן, ־ען
novelette/novella די נאָוועלע, ־ס
novelist
m./unsp. דער ראָמאַניסט, ־ן
f. די ראָמאַניסטקע, ־ס
novelty דאָס נײַס, ־ן; דער חידוש, ־ים [KhÍDESh, KhIDÚShIM]
November (דער) נאָוועמבער
novice דער נעוויק, ־עס; דאָס נעוויקל, ־עך; דער רויער גב'; דער צניף, ־ן; דער פּריץ, ־ן; דער נײַנקער גב'
novitiate (period) די פּראָבעצײַט, ־ן; דער לערן־פּעריאָד, ־ן
now איצט(ער); אַצינד(ער)
as of now אין איצטיקן מאָמענט
before now ביז איצט; פֿריִער
for now לעת־עתּה; אויף דערווײַל [LESÁTE]
from now on פֿון איצט(ער) אָן (און ווײַטער)
now and then פֿון צײַט צו צײַט; פֿון מאָל צו מאָל; אַלע װײַלע
now or never די צײַט שטייט ניט אויף אַן אָרט; איצטער און ניט שפּעטער; איצט איז די העכסטע ‹ריכטיקע› צײַט
now that אַזוי ווי; איצט אַז; היות (ווי) [HEYÓYS]
now then נו, גוט
right now די מינוט ‹רגע›; איצט אָ [RÉGE]
until now ביז איצט
nowadays בײַם הײַנטיקן טאָג; הײַנטיקע טעג ‹צײַטן›
nowhere אין ערגעץ ניט
be nowhere near (in quality) ניט קומען צו
get nowhere גאָרניט ניט דערגרײכן
go nowhere (*fig.*) ניט רירן זיך פֿון אָרט; ניט האָבן ‹זײַן› קיין תּכלית [TÁKhLES]
He came out of nowhere ער איז מיט אַ מאָל אויסגעוואַקסן; ער האָט זיך באַוויזן ווי פֿון דער העלער הויט
nowhere near ווײַט פֿון; בכלל ניט [BIKhLÁL]
nowhere to be found משה־זוך־מיך [MÓYShE]
That will get you nowhere! ס'וועט דיר גאָר ניט העלפֿן!
no-win
It's a no-win situation ניט גוט אַזוי, ניט גוט אַזוי; ס'טויג ניט פֿאַרביידן; קיינער פֿירט ניט אויס
noxious סמיק; שעדלעך [SÁMIK]

nozzle דאָס נעזל, ־עך
nth
for the nth time צום וויפֿלטן מאָל
to the nth degree אויף ווי ווײַט מעגלעך; אויף וויפֿל מעגלעך
nuance, *n.* דער ניואַנס, ־ן; דער קנייטש, ־ן; די שאַטירונג, ־ען; דער וואָרטקנייטש, ־ן
nuance, *v.* ניואַנסירן
nub
(crux) דער עיקר, ־ים; דער/דאָס תּמצית, ־ים [ÍKER, ÍKRIM] [TÁMTSES, TAMTSÉYSIM]
(protuberance) דער אויסוווקס, ־ן
nubile
(attractive) יצר־הרעדיק [YÉYTSER-HÓREDIK]
(marriageable) ראוי־לחופּה; אין די יאָרן [RÓE-LEKhÚPE]
nuclear יאָדער...; נוקלעאַר
nuclear arms יאָדער־געווער קאָל׳
nuclear bomb די יאָדער־באָמבע, ־ס; די נוקלעאַרע באָמבע, ־ס
nuclear bomber דער יאָדער־באָמבאַרדירער, ־ס
nuclear disarmament די נוקלעאַרע אָפּוואָפֿענונג
nuclear energy די יאָדער־ענערגיע; די נוקלעאַרע ענערגיע
nuclear engineering די יאָדער־אינזשעניריע‹־טעכניק›
nuclear explosion דער יאָדער־אויפֿרײַס, ־ן; דער נוקלעאַרער אויפֿרײַס, ־ן
nuclear fallout דער/דאָס ראַדיאָאַקטיווע(ר) שטויב
nuclear family די ענגערע ‹נוקלעאַרע› משפּחה, ־ות [MIShPÓKhE]
nuclear fission די יאָדער־שפּאַלטונג
nuclear-free אָן יאָדער־געווער
nuclear fuel דאָס יאָדער־ברענוואַרג
nuclear fusion דער יאָדערשמעלץ
nuclear generating plant די יאָדער־עלעקטריע, ־ען
nuclear material דאָס יאָדערוואַרג
nuclear medicine די יאָדער־מעדיצין; די נוקלעאַרע מעדיצין
nuclear meltdown דער יאָדער־צעשמעלץ
nuclear missile דער יאָדער־ראַקעט, ־ן; דער נוקלעאַרער ראַקעט, ־ן
nuclear physicist דער יאָדער־פֿיזיקער, ־ס; דער נוקלעאַרער פֿיזיקער, ־ס
nuclear physics די יאָדער־פֿיזיק ל״י; די נוקלעאַרע פֿיזיק ל״י
nuclear power די יאָדער־ענערגיע; די נוקלעאַרע ענערגיע
nuclear-powered יאָדער־באַכּוחט‹־געטריבן› [BAKÓYEKhT]
nuclear proliferation די פֿאַרשפּרייטונג פֿון יאָדער־געווער
nuclear reactor דער יאָדער־רעאַקטאָר, ...אָרן; דער נוקלעאַרער רעאַקטאָר, ...אָרן
Nuclear Regulatory Commission די יאָדער־רעגולירקאָמיסיע
nuclear submarine די יאָדער־טונקשיף, ־ן
Nuclear Test Ban Treaty דער אָפּמאַך צו פֿאַרווערן נוקלעאַרע אויספּרוּוון
nuclear war די יאָדער־מלחמה, ־ות [MILKhÓME]
nuclear waste דער יאָדער־אָפּפֿאַל; דער נוקלעאַרער אָפּפֿאַל
nuclear weapons דאָס יאָדער־געווער קאָל׳; יאָדער־וואָפֿנס
nuclear winter דער יאָדער־ווינטער
nucleic acid דאָס נוקלעין־זײַערס
nucleus דער יאָדער, ־ס; דער קערן, ־ס
nude, *adj.* נאַקעט; הויל
nude, *n.* די נאַקעטע פֿיגור, ־ן
(in art) דער אַקט, ־ן; דער ניוד, ־ן
in the nude נאַקעטערהייט

nudge,[1] *n.* **(jab)** דער שטורך, ־ן
nudge,[2] *n.* **(pest)** דער נודניק, ־עס
be a nudge דערקוטשע|ן; דערגיין + דאַט׳ די יאָרן
nudge, *v.* געבן + דאַט׳ אַ שטורך; אַ טאָרע ‹שטורך› טאָן + דאַט׳; אונטערשטופּן
nudism דער נודיזם
nudist, *adj.* נודיסטיש; נודיסטן־...
nudist, *n.* דער נודיסט, ־ן
nudist colony די נודיסטן־קאָלאָניע, ־ס
nudity די/דאָס נאַקעטקייט
nugatory אומגילטיק; נישטיק; אומבאַטײַטיק
nugget דער קלומפּ, ־
gold nugget די/דאָס גאָלדשטיק, ־ער
nugget of truth דאָס ברעקעלע אמת [ÉMES]
nuisance דאָס אָנשיקעניש, ־ן; דאָס משלחת, ־ן; דאָס צוטשעפּעניש, ־ן; דער שלאַק, שלעק; דער טאַרכענער, ־ס [MIShLÁKhES]
be a nuisance/make a nuisance of oneself קריכן + דאַט׳ אין די בײנער ‹אויגן›
have nuisance valueווירקן ווי אַ שטער(פֿאַקטאָר)
nuke, *n.* *(slg.)* די יאָדער־באָמבע, ־ס
(microwave) דער מיקראָכוואַלניק, ־עס
nuke, *v.* *(slg.)*
(bomb) אַטאַקירן מיט אַ יאָדער־באָמבע
(microwave) מיקראָכוואַליעווע|ן
null, *adj.* בטל [BOTL]
null and void בטל־ומבֿוטל [BOTL-UMVÚTL]
declare null and void דערקלערן פֿאַר בטל־ומבֿוטל
null, *n.* דער נול, ־ן
nullification די נוליפֿיקאַציע, ־ס; די אַנולירונג, ־ען; דאָס בטל מאַכן [BOTL]
nullify נוליפֿיצירן; אַנולירן; בטל מאַכן [BOTL]
nullity די/דאָס פּוסטקייט; די/דאָס נוליקייט; די/דאָס נישטיקייט
numb, *adj.* אָפּגעטעמפּט; פֿאַרטויבט; אָפּגעטייט; געליימט; אַנטשלאָפֿן
numb with cold פֿאַרגליווערט ‹פֿאַרשטאַרט› פֿון קעלט
numb with grief פֿאַרטויבט פֿון צער ‹יסורים› [TSAR] [YESÚRIM]
numb, *v.* אָפּטעמפּן; פֿאַרטויבן
number, *n.* די צאָל, ־ן; דער סכום, ־ען
(telephone) דער נומער, ־ן
(math.) דער נומער, ־ן; די/דער ציפֿער, ־ן/–
(digit) די/דער ציפֿער, –
any number of times וויפֿל מאָל
(Book of) Numbers (bib.) (ספֿר) במדבר [(SÉYFER) BAMÍDBER]
by the numbers כּהלכה; ווי סע באַדאַרף צו זײַן [KEHALÓKhE]
He's got my number ער קען זיך אויף מיר; ער קען מיך שוין; ער וועט זיך שוין אָפּרעכענען מיט מיר
His number is up זײַן שעה האָט געשלאָגן [ShO]
in number סך־הכּל [SAKhÁKL]
without number אָן אַ שיעור ‹צאָל›; נישט איבערצוציילן [ShÍER]
number, *v.*
(count) ציילן
(total) באַטרעפֿן
(with number) נומערירן
number off אָפּציילן
number-crunching דער ציפֿער־אַנאַליז
numbered
(few) געציילט

(with number) נומערירט
be numbered among ציילן ‹פֿאַררעכענען› זיך צווישן
Her days are numbered אירע טעג זענען געציילטע
numberless אָן אַ צאָל; אָנצאָליק
number one דער נומער איינס
(chief/*slg.*) דער מאַכער, ־ס; דער קנאַקער, ־ס
make number one (urinate/*euph.*) מאַכן איינס
number sign דער נומער־צייכן, ־ס
number theory די טעאָריע פֿון צאָלן
numbness די/דאָס אָפּגעטעמפּטקייט; די/דאָס אָפּגעטייטקייט
numeracy דאָס קענען רעכענען; דאָס קענען גוט אַריטמעטיק
numeral, *adj.* נומעריש ‹נומעריש›; ציפֿער...; צאָל...
numeral, *n.* די/דער ציפֿער, ־; דער נומערישער צייכן, ־ס
(gram.) דאָס צאָלוואָרט, ...ווערטער; דאָס ציילוואָרט, ...ווערטער; דער צאָלנאָמען, ...נעמען
numerate, *adj.*
be numerate קענען גוט רעכענען ‹אַריטמעטיק›
numerate, *v.* אויסרעכענען
numeration די נומעראַציע, ־ס
numerator דער ציילער, ־ס
numeric(al) נומעריש ‹נומעריש›; צאָליק; ציפֿערדיק
in numerical order לויט דער ‹לויטן› ציפֿער
numerological אַריטמאַנטיש
numerology די אַריטמאַנטיע; דאָס טרעפֿן לויט ציפֿערן
numerous פֿילצאָליק
numerus clausus דער נומערוס־קלאַוזוס
numismatic נומיזמאַטיש
numismatics די נומיזמאַטיק ל״י
numismatist דער נומיזמאַטיקער, –
numskull דער טיפּש, ־ים; דער שוטה, ־ים; דער טעמפּער קאָפּ, קעפּ; דער קאָצמעלאָך [TÍPESh, TÍPShIM] [ShÓYTE, ShÓYTIM]
nun די מאָנאַשקע, ־ס
nuncio דער נונציוס
nunnery דער (פֿרויען־)מאָנאַסטיר, ־ן
nuptial חתונה־... [KhÁSENE]
nuptials די חתונה ל״י [KhÁSENE]
(J.) חופּה־וקידושין [KhÚPE-VEKDÚShN]
Nuremberg (דאָס) נירנבערג
Nuremberg trials די נירנבערגער פּראָצעסן
nurse, *n.*
m. דער סאַניטאַר, ־ן; דער קראַנקן־ברודער, ־ברידער
f. די (קראַנקן־)שוועסטער, –; די וואַרטאָרין, ־ס
nurse, *v.*
vt. **(to health)** פּילנ(נ)עווען; קורירן
vt. **(breastfeed)** זייגן; געבן + דאַט' די ברוסט; געבן + דאַט' צו זייגן
vi. **(breastfeed)** זייגן
nurse a grievance/grudge אַרומטראָגן זיך מיט טענות; באַהאַלטן אין זיך אַ פֿאַרדראָס [TÁYNES]
nurse anesthetist די שוועסטער־אַנעסטעטיקער, ־ס
nursemaid די ניאַניע, ־ס; די ניאַנקע, ־ס
nurse midwife די אַקושערקע, ־ס; די אַקושער־שוועסטער, –
nurse practitioner
m. דער סאַניטאַר־פּראַקטיקער, ־ס
f. די שוועסטער־פּראַקטיקערין, ־ס
nursery
(baby) די עופּל־שטוב, ־ן/־שטיבער; דער קינדער־צימער, ־ן [EYFL]
(bot.) די ביימערשול, ־ן; דער פֿלאַנצגאָרטן, ...גערטנער
nursery rhyme דאָס קינדערלידל, ־עך
nursery school די קינדערהיים, ־ען

nurse's aide דער שוועסטער־געהילף, ־ן
nurse's station די שוועסטער־צענטראַלע ‹־סטאַנציע›, ־ס
nursing, *adj.* **(feeding)** זייגעדיק; זייג...
nursing baby דאָס זייגקינד, ־ער
nursing mother די זייגערין, ־ס
nursing, *n.*
(profession) דאָס (קראַנקן־)שוועסטעריי; דאָס וואַרטאָריי
(feeding) דאָס זייגן; דאָס געבן די ברוסט
nursing bottle דאָס זייג־פֿלעשעלע, ־ך
nursing bra דער זייגסטאַניק, ־עס
nursing care די וואַרטונג, ־ען; די קורירונג; דאָס אָפּהיטן דעם חולה ‹קראַנקן› [KhÓYLE]
nursing home דער מושבֿ־זקנים, ־ס; די קורירהיים, ־ען [MÓYShEV-SKÉYNIM]
nursing pad דאָס זייג־קישעלע, ־ך
nursing school די שוועסטערשול, ־ן
nursing supervisor די שוועסטער־אויפֿזעערין, ־ס
nursling (child) דאָס זייגקינד, ־ער
nurture, *n.* די האָדעוואַניע; דאָס האָדעווען
nurture, *v.* (אויפֿ)האָדעווע|ן; אָווירן; אויסכאַווע|ן; אויפֿציִען; דערציִען
nurturing, *adj.* אָוויריק; דערציִעריש; שטיצנדיק
nurturing environment די אָוויריקע סבֿיבֿה, ־ות [SVÍVE]
nut דער נוס, ניס
(mech.) די מוטערקע, ־ס
(small) דאָס ניסעלע, ־ך
(testicle/*slg.*) דאָס איי, ־ער; די ביצה, ־ים [BÉYTSE, BÉYTSIM]
a hard nut to crack אַ האַרטער נוס (צו צעקנאַקן); אַ האַרבער ענין [ÍNYEN]
What a nut! משוגע מײַנע שונאים!; אַ שטיקל צעדרייטער! [MEShÚGE] [SÓNIM]
nut-brown נוס ברוין
nutcase דער משוגענער גער'; דער חסר־דעהניק, ־עס; דער צעדרייטער גער'; דער גערירטער גער' אויפֿן קאָסטן [MEShÚGENER] [KhÓSER-DÉYENIK]
nutcracker דאָס קנאַקניסל, ־עך
nut grinder דאָס נוסן־מילכל, ־עך
nuthouse דאָס משוגעים־הויז, ־הײַזער [MEShUGÓYEM]
nutmeg דער מושקעט ‹מושקאַט›, ־ן; די מושקעטקויל, ־ן
(tree) דער מושקעטבוים, ...ביימער
nutrient דאָס שפּײַז־שטאָף, ־ן; דער/די נערטייל, ־ן
nutrients *also* דאָס נערוואַרג קאָל'; דאָס שפּײַזוואַרג קאָל'
nutriment די נערונג
nutrition די שפּײַזונג; די (דער)נערונג
nutritional נער(עווד)יק
nutritional deficiency דער דוחק אין שפּײַז־שטאָף; די/דאָס נישט־דערשפּײַזטקייט; דער נערבלויז, ־ן [DÓYKhEK]
nutritionist דער דיעטעטיקער, ־ס; דער דערנער־ספּעציאַליסט, ־ן
nutritious נער(עווד)יק
nutritive נער(עווד)יק; שפּײַזיק
nuts
be nuts about sb. זײַן די כּפּרה נאָך ‹פֿאַר›; זײַן משוגע פֿאַרליבט אין [KAPÓRE] [MEShÚGE]
Nuts! אין דר'ערד אַרײַן!
nuts and bolts (*fig.*) גרונט־יסודות; דער אַלף־בית [YESÓYDES] [ÁLEFBEYS]
nutshell די/דאָס נוסשאָלעכץ, ־ן/־ער
in a nutshell בקיצור; אין קורצן; קורץ און גוט; קורץ פֿון דער זאַך ‹מעשׂה›; מיט איין וואָרט; על־רגל־אַחת [BEKÍTSER] [MÁYSE] [AL-RÉGL-ÁKhES]

nutty מיט אַ טעם פֿון ניס [TAM]
  (crazy) צעדרייט; משוגע [MEShÚGE]
nuzzle רייַבן מיט דער נאָז
  nuzzle up צוטוליע|ן זיך; צודריקן זיך; איַנניורע|ן זיך
nylon, *adj.* נייַלאָנען ‹נייַלאָנען›
nylon, *n.* דער נייַלאָן ‹נייַלאָן›
nylons נייַלאָן־זאָקן; נייַלאָנענע זאָקן
nymph
  (myth.) די נימפֿע, ־ס
  (zool.) די לאַרווע, ־ס; די מאָד, ־ן
nymphet די נימפֿעטקע, ־ס
nymphomania די נימפֿאָמאַניע
nymphomaniac די נימפֿאָמאַנקע, ־ס

O

O (letter) דער אָ, ־ען
o, *int.* אָ
oaf דער לײמענער גולם, ־ים/־ס; דער קלאָץ, קלעצער; דער באַכמאַט, ־עס; דער צלאַפּ, ־עס; דער ויזתא; דער לעקיש בער [GÓYLEM, GOYLÓMIM] [VAYZÓSE]
oafish [GÓYLEM] [MEGÚShEM] ווי אַ גולם ‹קלאָץ›; מגושם פּר׳
oak, *adj.* דעמבן
oak, *n.* דער דעמב, ־ן
oaken דעמבן
oakum די קל(י)אָטשע
oar דער רודער, ־ס; די וועסלע, ־ס
  put in one's oar אַרײַנמישן זיך
  rest on one's oars אָפּשפּאַנען זיך
oarlock די/דער רודערלאָך, ...לעכער
oarsman דער רודערער, ־ס
oarsmanship די רודערקונסט
oasis דער אָאַז, ־ן; דער אָאַזיס, ־ן
oat, *adj.* האָבער...; האָבערן; פֿון האָבער
oat(s), *n.* דער/דאָס האָבער קאָל׳
  He's feeling his oats סע שטעכט אים דער האָבער
  sow one's wild oats הוליען יונגערהייט; אָפּגעבן זיך צום יוגנטלעכן ברען
oatcake דער האָבער־קוכן, ־ס
oat flour דאָס/די האָבערמעל
oatgrass דער האָבערניק
oat groats האָבערגרויפּן; האָבערנע גרויפּן
oath די שבֿועה, ־ות [ShVÚE]
  (curse) די קללה, ־ות [KLÓLE]
  administer an oath (to) משביע זײַן + אַק׳ [MAShBÍE]
  solemn oath דער נדר, ־ים; די הייליקע שבֿועה, ־ות [NÉYDER, NEDÓRIM]
  oath of office די אַמט־שבֿועה, ־ות
  oath of silence די שווײַג־שבֿועה, ־ות
  be under oath האָבן געשווירן; זײַן אונטער אַ שבֿועה
  take an oath געבן אַ שבֿועה; טאָן אַ נדר
oatmeal דער האָבערגריץ; די האָבערנע קאַשע
Obadiah (bib.) עובֿדיה [OVÁDYE]
obduracy דאָס עקשנות; די/דאָס אײַנגעשפּאַרטקייט [AKShÓNES]
obdurate [AKShÓNESDIK] עקשנותדיק; אײַנגעשפּאַרט
  be obdurate [AKShN] זײַן אַן עקשן; אײַנשפּאַרן זיך
obedience די/דאָס פֿאָלגעוודיקייט; דאָס פֿאָלגן; די/דאָס געהאָרכיקייט; דאָס האָרכן
obedient פֿאָלגעוודיק; (גע)האָרכיק
  be obedient פֿאָלגן; האָרכן
obeisance דער אָפּשײַ; די אַכפּערונג
obelisk דער אָבעליסק, ־ן
Oberon דער אָבעראָן
obese פֿעטלײַביק; שווערלײַביק; איבערפֿעט
obesity די/דאָס פֿעטלײַביקייט; די/דאָס שווערלײַביקייט; די/דאָס איבערפֿעטקייט
obey פֿאָלגן + דאַט׳; האָרכן; אונטערוואַרפֿן זיך + דאַט׳; הערן
obfuscate צעטומלען; מבֿלבל זײַן; פֿאַרטונקלען; פֿאַרנעפּלען [MEVÁLBL]
obituary דער נעקראָלאָג, ־ן
object, *n.* דער אָביעקט, ־ן; דער חפֿץ, ־ים [KhÉYFETS, KhFÉYTSIM/KhFÓTSIM]
  (gram.) דער אָביעקט, ־ן
  (purpose) דער ציל, ־ן; דער צוועק, ־ן
  Money is no object געלט איז דאָ גענוג; געלט שפּילט נישט קיין ראָלע
  object of ridicule די חוזק־פֿיגור; דער אויסגעלאַכטער [KhÓYZEK] געב׳
object, *v.* **(to)** האָבן (קעגן); האָבן אויסצוזעצן (קעגן); אײַנווענדן (קעגן); קעגנשטעלן זיך (קעגן); פּראָטעסטירן (קעגן)
object clause דער אָביעקטזאַץ, ־ן
objection דער אײַנוואַנד, ־ן; דער קעגנשטעל, ־ן
  Objection overruled אײַנוואַנד אָפּגעוואָרפֿן
  Objection sustained אײַנוואַנד אָנגענומען; דער אײַנוואַנד גילט
  I have no objection כ׳האָב (גאָר)נישט דערקעגן; בײַ מיר איז נישטאָ קיין מניעה [MENÍE]
  take objection to אַקעגנשטעלן זיך + דאַט׳
objectionable אָפּשטויסנדיק; דערווידערדיק; אומאײַנגענעם
  His theory is really objectionable כ׳האָב שטאַרק אײַנצוווענדן קעגן זײַן טעאָריע
objective, *adj.* אָביעקטיוו
objective, *n.*
  (goal) דער ציל, ־ן
  (lens) דער אָביעקטיוו, ־ן
  attain one's objective צוקומען צום ציל
  the main objective דער עיקר־ציל, ־ן; דער הויפּטציל, ־ן [ÍKER]
objective case דער אָביעקטפֿאַל
objectively אָביעקטיוו (גערעדט); אויף אַן אָביעקטיוון אופֿן [OYFN]
objectivity די/דאָס אָביעקטיווקייט
object lesson די אָנלערנונג, ־ען; דער מוסר־השׂכּל, ־ען [MÚSER-HÁSKL]
objector דער קעג(ע)נער, ־ס; דער נײַנזאָגער, ־ס
objet d'art די קונסטזאַך, ־ן
oblation די אָבלאַציע, ־ס
obligate [MEKhÁYEV] מחייבֿ זײַן; ־פֿאַרפֿליכטן
obligated [MEKhÚYEV] מחויבֿ
obligation דאָס התחייבֿות, ־ן; דער חיובֿ, ־ים; דער מוז, ־ן; די מוזזאַך, ־ן; די ־פֿאַרפֿליכטונג, ־ען [HISKhÁYVES] [KhÍEV, KhIÚVIM]
  under an obligation [MEKhÚYEV] מחויבֿ
  undertake an obligation נעמען אויף זיך דאָס התחייבֿות; מתחייבֿ זײַן זיך [MISKhÁYEV]
obligatory מוז...; אָבליגאַטאָריש
oblige [MEKhÁYEV] מחייבֿ זײַן; נייטן
  (do a favor for) טאָן + דאַט׳ צו ליב; טאָן + דאַט׳ אַ טובֿה [TÓYVE]
obliged [MEKhÚYEV] מחויבֿ; גענייט
  Much obliged! אַ גרויסן ‹שיינעם› דאַנק!; איך קום דיר ‹אײַך› אַ גרויסן דאַנק!
obliging גרייט צו העלפֿן
oblique קאָסע; אוקאָסנע; אוקאָס...; גענייגט; באַלכסונדיק [BALÁKhSNDIK]
  (angle) גענייגט
  (devious) דריידלדיק
  (hint/reference) אומדירעקט
oblique case דער קרומער פֿאַל
obliquely אין דער קרים; אין ‹אויף› אוקאָס; באַלכסון [BALÁKhSN]
  (deviously) דריידלדיק; מיט הינטערגענג

obliqueness דער אוֹקאָס, ־ן; דער אָפּנייג, ־ן
oblique prism די גענייגטע פּריזמע, ־ס
obliterate אָפּמעקן; אָפּווישן; צענישטן
be obliterated from one's memory אָפּגעווישט ווערן פֿונעם זכּרון [ZIKÓRN]
obliteration דאָס אָפּמעקן; דאָס אָפּווישן
oblivion דאָס פֿאַרגעסעניש; די פֿאַרגעסונג; די שיכחה [ShÍKKhE]
drink oneself into oblivion שיכּורן ביז חלשות ‹אומוויסיקייט› [ShÍKERN] [KhALÓShES]
sink into oblivion פֿאַרגעסן ווערן
oblivious אומוויסיק
be oblivious נישט וויסן וואָס סע טוט זיך אַרום זיך; נישט וויסן וואָס און ווו
be oblivious to גאָר נישט (באַ)מערקן + אַק'
oblong לענגלעך
obloquy די חרפּה [KhÁRPE]
(abusive language) דאָס זידלערײַ
obluing דאָס בלאָעכץ
obnoxious זלידנע; דערווידערדיק; אָפּשטויסנדיק; דערווידער פּר'
oboe די אָבאָע, ־ס
oboist
m./unsp. דער אָבאָיסט, ־ן
f. די אָבאָיסטקע, ־ס
obscene מיאוס; גראָב; ניבול־פּהיק [MÍES] [NIBLPÉIK]
obscenity דאָס גראָבע וואָרט, ווערטער; די/דאָס גראָבקייט, ־ן; דער ניבול־פּה [NIBLPÉ]
obscurantism דער אָבסקוראַנטיזם
obscurantist דער אָבסקוראַנט, ־ן; דער אָבסקוראַנטיסט, ־ן; דער פֿינצטערלינג, ־ען
obscure, *adj.* טונקל; פֿאַרטונקלט; פֿאַרנעפּלט; אומקלאָר
(unknown) אומבאַקאַנט
(language) שווער צו פֿאַרשטיין
obscure, *v.* פֿאַרטונקלען; פֿאַרנעפּלען
(truth) פֿאַרשלײערן
obscurity דאָס פֿינצטערניש; די/דאָס אומבאַקאַנטקייט
live in obscurity קיינעם נישט זײַן באַקאַנט
obsequious אונטערטעניק; ניכנעדיק; הכנעהדיק; אונטערלעקעריש; קריכעריש [HAKhNÓEDIK]
observable (באַ)מערקלעך
be observable מערקן זיך
observance דאָס פּראַווען; דאָס האַלטן; די אָפּהיטונג; דאָס אָפּהיטן; דאָס אָפּמערקן
(J./rel.) דאָס שמירת־מיצוות [ShMÍRES-MÍTSVES]
(of rule/law) דאָס אָפּהיטן; דאָס פֿאָלגן
observant באַמערקעריש; אָבסערווירעריש; מהדרדיק [MEHÁDERDIK]
be observant (aware) האָבן אַ שאַרף אויג
be observant (J./rel.) זײַן (אַ) שומר־מיצוות; היטן די מיצוות; זײַן פֿרום [(ShÓYMER-)MÍTSVES]
strictly observant (J./rel.) חרדיש; גאָר פֿרום [KhARÉYDISh]
Very observant of her! זי האָט טאַקע גוט באַמערקט!
observant Jew דער פֿרומער ייִד, ־ן; דער שומר־מיצוות, שומרי־... [ShÓYMER-MÍTSVES, ShÓMRE-...]
strictly observant Jew דער חרד, ־ים; דער חרדישער געב' [KhÓRED, KhARÉYDIM] [KhARÉYDIShER]
strictly observant Jews *also* מהדרין־מן־המהדרין [MEHÁDRIN-MIN-HAMEHÁDRIN]
observation
(comment) דער באַמערק, ־ן; די באַמערקונג, ־ען
(watching) די אָבסערוואַציע, ־ס; די אַכטגעבונג, ־ען
He's under observation מע גיט אַכט אויף אים; מע האַלט אַן אויג אויף אים
observation car דער אָבסערוויר־וואַגאָן, ־ען
observation deck דער אָבסערוויר־דעק, ־ן
observation post דער אָבסערוויר־פּונקט, ־ן; דער אויסשפּירפּונקט, ־ן
observation tower דער וואַכטורעם, ־ס; דער אָבסערוויר־טורעם, ־ס
observatory די אָבסערוואַטאָריע, ־ס
observe באַמערקן; אָבסערווירן; אַכטגעבן; נאָכמערקן; נאָכקוקן; האַלטן אויפֿן אויג; מהדר זײַן [MEHÁDER]
(holiday) אָפּמערקן
(holiday/J.) היטן; האַלטן; פּראַווע|ן
(obey) אָפּהיטן; פֿאָלגן
observer דער צוקוקער, ־ס; דער אָבסערוואַטאָר, ...אָרן; דער אַכטגעבער, ־ס
obsess אָבסעסירן
She's obsessed (with) זי האָט אַן אָבסעסיע (מיט/פֿאַר); ס'האָט זי באַנומען + נאָמ'; זי האָט זיך אַרײַנגענומען אַ מאַנקאָליע ‹שגעון› אין קאָפּ אַרײַן; זי איז משוגע־לדבֿר־אחד [ShIGÓEN] [MEShÚGE-LEDÓVER-ÉKhED]
obsession די אָבסעסיע, ־ס; דער שגעון, ־ות; דאָס באַנעמעניש, ־ן; די מאַנקאָליע, ־ס [ShIGÓEN, ShIGÓYNES]
obsessive אָבסעסיוו; שגעונדיק [ShIGÓENDIK]
obsessive-compulsive, *adj.* אָבסעסיוו־קאָמפּולסיוו
obsessive-compulsive, *n.* דער אָבסעסיוו־קאָמפּולסיווער געב'
obsessive-compulsive disorder די/דאָס אָבסעסיוו־קאָמפּולסיווקייט
obsidian דער אָבסידיאַן; דער גלאָז־שטיין
obsolescence די פֿאַרעלטערונג; די/דאָס פֿאַרעלטערטקייט
planned obsolescence די/דאָס פּלאַנירטע פֿאַרעלטערטקייט
obsolescent אַלטלעך; פֿאַרעלטערט ווערנדיק
be obsolescent האַלטן אין פֿאַרעלטערט ווערן; האַלטן אין אַרויסגיין פֿון באַניץ
obsolete פֿאַרעלטערט; אַרויס פֿון באַניץ; עבֿר־זמניק; אויסגעשפּילט [ÓVER-ZMÁNIK]
obstacle דער מיכשול, ־ים; די מניעה, ־ות; די שטרויכלונג, ען; דער שטער, ־ן; דער אָפּהאַלט, ־ן; די האָקע, ־ס; די שווערִיקייט, ־ן [MIKhShL, MIKhShÓYLIM] [MENÍE]
be an obstacle to שטיין + דאַט' אין וועג
put obstacles in sb.'s way אַוועקשטעלן + דאַט' אַ מיכשול ‹שטרויכלונג/שטיין› אין וועג; לייגן שטיינער + דאַט' אויפֿן וועג
obstacle course דער באַריערלויף, ־ן
(fig.) איין מיכשול ‹שטרויכלשטיין› נאָך אַ צווייטן [MÍKhShL]
obstetric אָבסטעטריש
obstetrician דער אָבסטעטריקער, ־ס; דער דאָקטער־אַקושאָר, דאָקטוירים־אַקושאָרן
obstetrics די אָבסטעטריק ל"י; דאָס אַקושערײַ ל"י
obstetrics ward די קימפּעט־פּאַלאַטע, ־ס
obstinacy דאָס עקשנות; די/דאָס אײַנגעשפּאַרטקייט; די/דאָס אײַנגעגעסנקייט [AKShÓNES]
obstinate עקשנותדיק; אײַנגעשפּאַרט; אײַנגעגעסן; האַרטנעקיק [AKShÓNESDIK]
be obstinate אײַנעקשענען זיך; בריקעווע|ן זיך [ÁYNÁKShENEN]
obstinate person דער עקשן, ־ים; דער האַרטנעקיקער געב'; דער קשה־עורף, קשי־... [AKShN, AKShÓNIM] [KShEY-ÓYREF]
obstreperous טומלדיק; ליאַרעמדיק; רעשיק [RÁShIK]
(defiant) ווידערשפּעניק; נישט־פֿאָלגעוודיק

obstruct פֿאַרשטעלן; בלאָקירן
(jur.) אָבסטרויִרן
(med.) פֿאַרשטאָפּן
obstruct justice שטערן די יוסטיץ
obstruction די פֿאַרשטעלונג, ־ען; די בלאָקירונג, ־ען; דאָס פֿאַרשטעלן
(jur.) די אָבסטרוקציע, ־ס
(med.) די פֿאַרשטאָפּונג, ־ען
obstruction of justice דער יוסטיצשטער, ־ן
obstructionism דער אָבסטרוקציאָניזם
obstructionist, *adj.* אָבסטרוקציאָניסטיש
obstructionist, *n.* דער אָבסטרוקציאָניסט, ־ן
be an obstructionist אָבסטרויִרן
obstructive שטערעריש; פֿאַרהאַלטנדיק
be obstructive (to) שטערן + דאַט׳; אָנמאַכן + דאַט׳ שווערִיקייטן
obtain קריגן; באַקומען; אײַנשאַפֿן זיך
be obtainable זײַן צו(ם) באַקומען
(by pleading) אויסבעטן
(after a long struggle) אויסקעמפֿן; דערשלאָגן זיך צו
(by cunning) אַרויסנאַרן
obtrusive בולט; אַרויסשטאַרציק [BÓYLET]
be obtrusive אַרויסשטאַרצן; אָנזען זיך
be obtrusive (pushy) שטופּן זיך; דערקוטשע|ן
obtuse טעמפּ
(angle) *also* ברייט
(intellect) *also* האַרטקעפּיק; אָקסן
obtuseness די/דאָס טעמפּקייט; די/דאָס האַרטקעפּיקייט
obtuse triangle דער ברייט־‹טעמפּ־›ווינקלדיקער דרײַעק, ־ן
obverse, *n.*
(of coin) דאָס פּנים, ־ער; די פֿאָדערזײַט, ־ן [PÓNEM, PÉNEMER]
(*fig.*) דאָס פֿאַרקערטע
obviate אויסמײַדן; אויסשליסן
obvious קענטיק; קלאָר (ווי דער טאָג); באַשײַמפּערלעך
Don’t be so obvious! רײַס(ט) נישט די אויגן!; וואַרפֿ(ט) זיך נישט יענעם אין פּנים אַרײַן! [PÓNEM]
It’s obvious that מע קען זען אַז; ס׳איז קלאָר אַז; מע דערקענט אַז
state the obvious רײַסן ‹ברעכן› זיך אין אַן אָפֿענער טיר
obviously פֿאַרשטייט זיך, אַז; קלאָר איז, אַז; דאָך
ocarina די אָקאַרינע, ־ס
occasion, *n.* די געלעגנהייט, ־ן; די אָקאַזיע, ־ס
have occasion to אויסקומען אומפּ׳ + דאַט׳/פּ״ק צו
if the occasion arises אויב סע וועט זיך מאַכן; אַז מע וועט באַדאַרפֿן
on occasion צו מאָל; פֿון צײַט צו צײַט; ווען סע מאַכט זיך
on the occasion of לכּבֿוד; צו דער געלעגנהייט פֿון [LEKÓVED]
on this occasion בײַ דער געלעגנהייט
rise to the occasion ווײַזן וואָס מע קען (אין אַן עת־צרה); אויסצייכענען זיך אין אַ שווערער צײַט [EYS-TSÓRE]
occasion, *v.* גורם זײַן; ברענגען ‹דערפֿירן› צו [GÓYREM]
occasional צומאָליק; טיילמאָליק
She drinks an occasional glass of wine זי טרינקט אַ מאָל אויס אַ גלעזל ווײַן
occasionally פֿון צײַט צו צײַט; (פֿון מאָל) צו מאָל; ווען נישט ווען
occasional table דאָס אײַנלייג־טישל, ־עך
Occident דער מערבֿ [MÁYREV]
occidental מערבֿדיק [MÁYREVDIK]
occipital הינטערן שאַרבן
occiput דער הינטערשאַרבן, ־ס; דער אָקציפּוט, ־ן
Occitan דאָס אָקסיטאַניש
occlude פֿאַרשליסן; פֿאַרשטעלן; פֿאַרשטאָפּן
occlusion די אָקלוזיע, ־ס
(dental) *also* דאָס געביס
(med.) דער פֿאַרשלאָס, ־ן; די פֿאַרשטאָפּונג, ־ען
occult, *adj.*
(hidden) באַהאַלטן; פֿאַרהילט; פֿאַרהוילן
(mystical) אָקולט; מיסטיש; ניסתּרדיק [NÍSTERDIK]
occult, *n.*
the occult דער אָקולטיזם; די חכמת־הניסתּר [KhÓKhMES-HANÍSTER]
occupancy דאָס באַוווינען; די באַוווינונג
occupant דער (באַ)וווינער, ־ס; דער אײַנוווינער, ־ס
occupation
(job) דער פֿאַך, ־ן; די פּראָפֿעסיע, ־ס; די באַשעפֿטיקונג, ־ען
(mil.) די אָקופּאַציע; דאָס אָקופּירן
(of territory) דאָס פֿאַרנעמען; די פֿאַרנעמונג; דאָס באַזעצן
occupational פֿאַכ...; מלאָכה־...; אַרבעט... [MELÓKhE]
occupational disease די אַרבעטקרענק
occupational hazard די אַרבעט־ריזיקע, ־ס
occupational health דאָס געזונט בײַ דער אַרבעט
occupational therapist דער באַשעפֿטיקונג־‹אַרבעט־›טעראַפּעווט, ־ן
occupational therapy די באַשעפֿטיקונג־‹אַרבעט־›טעראַפּיע
occupational training די פֿאַך־אויסבילדונג; די פּראָפֿעסיאָנעלע צוגרייטונג
occupation forces אָקופּיר־כּוחות [KÓYKhES]
occupied פֿאַרנומען
(mil.) אָקופּירט
(territory) פֿאַרנומען; באַזעצט
occupier דער אָקופּאַנט, ־ן; דער אָקופּירער, ־ס; דער פֿאַרנעמער, ־ס
occupy פֿאַרנעמען
(mil.) אָקופּירן
(territory) פֿאַרנעמען; באַזעצן
occupy oneself with פֿאַרנעמען ‹באַשעפֿטיקן› זיך מיט; עוסק זײַן זיך מיט; עוסק זײַן אין [ÓYSEK]
occur פֿירקומען; פֿאָרקומען
occur to אײַנפֿאַלן
it occurred to her that זי איז געפֿאַלן אויפֿן שׂכל אַז; ס׳איז איר אײַנגעפֿאַלן אַז [SEYKhL]
occurrence די פֿאַסירונג, ־ען; דער פֿאַל, ־ן; דער טראַף, ־ן; דער פֿאָרקום, ־ען; דער פֿירקום, ־ען; דאָס פֿאַרלויפֿעניש, ־ן
(ling.) דער פֿירקום, ־ען
ocean דער ים, ־ען/־ים; דער אָקעאַן, ־ען [YAM]
oceans of אַ ים מיט
oceanfront, *adj.* בײַם ברעג ים [YAM]
ocean-going אָקעאַן־...
oceanic אָקעאַניש; ים־... [YAM]
oceanographer דער אָקעאַנאָגראַף, ־ן
oceanographic אָקעאַנאָגראַפֿיש
oceanography די אָקעאַנאָגראַפֿיע
ocelot דער אָצעלאָט, ־ן
ocher/ochre די אָכרע; דער אָקער
o-clock, *adj.* ...־אַ־זייגערדיק
the 2-o’clock train די צוויי־אַ־זייגערדיקע באַן
o’clock, *adv.* אַ זייגער; ...ע
at 2 o’clock צוויי אַ זייגער; צווייע
approximately 2 o’clock אַ זייגער צוויי; אַרום צוויי אַ זייגער

exactly at 2 o'clock פונקט צוויי אַ זייגער
It's 2 o'clock ס'איז צוויי אַ זייגער
OCR *see* **optical character recognition**
octagon דער אָקטאַגאָן, ־ען; דער אַכטעק, ־ן
octagonal אָקטאַגאָנאַל; אַכטעק(עכ)יק
octane דער אָקטאַן
octane gasoline דער אָקטאַן־בענזין
octant דער אָקטאַנט, ־ן
octave די אָקטאַווע, ־ס
octavo דער אָקטאַוו, ־ן
octet דער אָקטעט, ־ן
October (דער) אָקטאָבער
octogenarian דער אַכציקער, –
m. also [BENShMÓYNIM, BNEY-...] דער בן־שמונים, בני־...
f. also [BAS-ShMÓYNIM] די בת־שמונים, ־ס
octopus דער אַכטפֿוס, ...פֿיס; דער אָקטאָפּוס, ־ן
octoroon דער אַכטל שוואַרצער געב׳
octuplets דער אַכטלינג, ־ען/־ער
ocular אויגן...
oculist דער אָקוליסט, ־ן; דער אויגן־דאָקטער, ...טוירים
OD *see* **overdose**
odalisque די אַדאַליסקע, ־ס; די פּלגש, ־ים [PILÉGESh, PILÁKShIM]
odd, *adj.*
(unusual) [MEShÚNE] מאָדנע; טשודנע; טשיקאַווע; משונה
(extra) איבעריק
(math.) אומגראַד; אום; נומ(יק)
at odd moments פֿון צײַט צו צײַט
be the odd man out זײַן אַ פֿינפֿטע ראָד אין ‹צום› וואָגן; זײַן דער איבעריקער פֿלאָקן
odd number די אומגראַדע ‹אומיקע› צאָל, ־ן; דער אום ‹נום›, ־ען; די לישקע, ־ס
...-odd עטלעכע און
oddball, *adj.* טשודאַקיש
oddball, *n.*
m./unsp. דער טשודאַק, ־עס; דער אָריגינאַל, ־ן; דער שאַלעמויז, ־ן; די שטוקע, ־ס; דער טיפּ, ־ן
f. די טשודאַטשקע, ־ס
odd couple דאָס אומגעווײנ(ט)לעכע פּאָרל, ־עך
(*hum.***)** דער קורץ־פֿרײַטיק מיטן שבת־הגדול [ShÁBES-HAGÓDL]
odd function די אומיקע פֿונקציע, ־ס
oddity דאָס טשיקאַוועס, ־ן; די/דאָס מאָדנעקייט, ־ן
odd job דער צופֿעליקער פֿאַרדינסט, ־ן; דאָס פֿאַרדינסטל, ־עך; די צומאָליקע אַרבעט, ־ן
oddly [OYFN] אויף אַ מאָדנעם אופֿן
oddly enough ווי טשיקאַווע סע זאָל נישט אויסזען ‹קלינגען›
oddment דאָס רעשטל, ־עך
oddness די/דאָס מאָדנעקייט; די/דאָס משונהדיקייט [MEShÚNEDIKEYT]
odds שאַנסן; מעגלעכקייטן
against all odds נישט־געקוקט אויף אַלע שוועריקייטן
be at odds with נישט שטימען מיט; סותר זײַן; זײַן אין סתירה מיט [SÓYSER] [STÍRE]
be at odds with one another זײַן (זיך) קיידער־ווידער
odds of survival די איבערלעבן־שאַנסן
odds or evens אום צי גראַד
the odds are good that ס'איז זייער מעגלעך אַז; ס'קען גרײַלעך זײַן, אַז
What are the odds? גיי ווייס! ווי געפֿעלט דיר ‹אײַך› דאָס?

odds and ends רעשטלעך; דאָס און יענץ; שטיקלעך מיט פֿיצלעך; דאָס דרויב קאָל׳; דראָביסקעס; דער ראַמש, ־ן/־עס; שאָר־ירקות [ShOR-YERÓKES]
odds-on
odds-on favorite דער געווינער לויט אַלע פּראָגנאָזן
ode די אָדע, ־ס
Odessa (דאָס) אַדעס
odious דערווידערדיק; פֿאַרהאַסט; פּאַסקודנע; אָדיעז; דערווידער פּר׳; מאָוס פּר׳ [MÓES]
odium די שינאה [SÍNE]
odometer דער אָדאָמעטער, ־ס; דער מהלך־מעסטער, ־ס [MEHÁLEKh]
odor דער ריח, ־ות [RÉYEKh, RÉYKhES]
It has a bad odor סע פֿילט ‹הערט› זיך פֿון דעם; סע שטינקט אונטער
offensive odor דאָס געשטאַנק; די געסרחה; דער אַוויר; דער עיפּוש [GESRÓKhE] [ÁVER] [ÍPESh]
pleasant odor דער אַראָמאַט, ־ן; דער אָנגענעמער ‹פֿײַנער› ריח; דער ריח־ניחוח [NIKhÓYEKh]
odoriferous *see* **odorous**
odorless [ÓNRÉYEKhDIK] [RÉYEKh] אָנריחדיק; אָן קיין ריח
odorous
(offensive) [ÍPEShDIK] שטינקעדיק; עיפּושדיק
(pleasant) אַראָמאַטיש; שמעקעדיק; ריחדיק; דופֿטיק [RÉYEKhDIK]
Odysseus אָדיסיי
odyssey די אָדיסייע, ־ס
Oedipal עדיפּוס־...
Oedipus עדיפּ(וס)
Oedipus complex דער עדיפּוס־קאָמפּלעקס
of פֿון
a boy of nine אַ נײַניעריק ‹נײַניאָריק› ייִנגל
a cup of coffee אַ טעפּעלע קאַווע
a friend of hers [KhÁVER] אירער ‹אירס› אַ חבֿר
How kind of you! ווי שיין פֿון דײַן ‹אײַער› זײַט!
she of all people [DÁFKE] דווקא זי; זי גאָר
the four of us מיר פֿיר
What of it? נו, איז וואָס?
his letter of May 1 זײַן בריוו פֿונעם ‹דאַטירט דעם› ערשטן מײַ
off, *adj.* אָפּגעדרייט; אויסגעשלאָסן
(odor/taste) פֿאַרפֿוילט; קאַליע פּר׳
have an off day אויפֿשטיין אויף דער לינקער זײַט
in the off position אָפּגעדרייט; פֿאַרדרייט; נישט אָנגעשטעלט
on the off chance טאָמער (מאַכט זיך)
off, *adv.* אַראָפּ; אַוועק; אָפּ
a day off אַ פֿרײַער טאָג
be off (leave) אָפּפֿאָרן
be off (free) זײַן פֿריי
be way off [TÓES] האָבן אַ גרויסן טעות
feel a bit off פֿילן זיך נישט אין גאַנצן מיט אַלעמען
go off (alarm) צעקלינגען זיך
go off (become angry) [KÉYLIM] אַרויסגיין פֿון די כּלים
off and on ווי אַ מאָל; ווי ווען; פֿון צײַט צו צײַט; אַ מאָל יאָ און אַ מאָל נישט
Off we go! הײַדאַ!; געגאַנגען!; געפֿאָרן!
Sales are off סע פֿאַרקויפֿט זיך נישט אַזוי איי־איי־איי; סע לייזט זיך ווייניק
some way off (נאָך) גאַנץ ווײַט
The wedding is off [KhÁSENE] די חתונה איז אויס

three dollars off מיט אַ הנחה פֿון דרײַ דאָלאַר; מיט אַ דרײַ־דאָלאַרדיקער הנחה; מיט דרײַ דאָלאַר ווײניקער [HANÓKhE]
Where is she off to? וווּהין גייט ‹פֿאָרט› זי?
He'll be better off ס'וועט אים בעסער זײַן; אים איז עס אַ טובֿה [TÓYVE]
off, *prep.* לעבן; נישט ווײַט פֿון; אַראָפּ פֿון
get off the subject פֿאַררעדן זיך
get off the subject (*hum.*) פֿאַרקריכן אין גושן; פֿאַרפֿאָרן אין בױבעריק [GOYShN]
off the table אַראָפּ פֿון טיש
It's a mile off the highway ס'איז מיט אַ מײַל פֿונעם שאָסיי
off, *v.* דערהרגע|(נע)ן; מאַכן אַ סוף צו [DERHÁRGE(NE)N] [SOF]
offal דאָס געשלינדער; דער פֿלײשאָפּפֿאַל; פּאָטרעכעס ל"ר
(garbage) דער אָפּפֿאַל; דאָס פּסולת [PSÓYLES]
off-balance נישט־באַלאַנסירט
offbeat, *adj.*
(mus.) סינקאָפּירט
(unusual) אומגעווײנ(ט)לעך
offbeat, *n.* **(mus.)** די סינקאָפּע, ־ס
off-center נישט (פּונקט) אין צענטער; איבערגערוקט
off-color
(joke) זאַפּטיק; געזאַלצן; פּראָסט; גראָב
(health) נישט מיט אַלעמען
offcut רעשטלעך ל"ר; דאָס אָפּגעשניטענע
offend
(be unpleasant) אָפּשטויסן; דערווידערן
(insult) באַליידיקן; פֿאַרשולדיקן זיך אַ(נט)קעגן; פּיקירן; אָנרירן + דאַט׳ דעם האָנער; שטאַרק פֿאַרדריסן אומפּ׳ + אַק׳/דאַט׳; פּוגע־בכּבֿוד זײַן [POYGÉYE-BEKÓVED]
offending party דער שולדיקער צד, צדדים; דער שולדיקער געב׳ [TSAD, TSDÓDIM]
offended (at/by) באַליידיקט (פֿון); געקרענקט (פֿון); ברוגז (אויף); אָנגעשטויסן (אויף) [BRÓYGES]
I was offended by it ס'האָט מיך ‹מיר› שטאַרק פֿאַרדראָסן; כ'האָב זיך דערפֿון געפֿילט שטאַרק געטראָפֿן
offender (lawbreaker) דער פֿאַרברעכער, ־ס; דער עובֿרניק, ־עס; דער עבֿרין, ־ים; דער איבערטרעטער, ־ס; דער איבערשפּרײַזער, ־ס [ÓYVERNIK] [AVÁRYEN, AVARYÓNIM]
offense
(insult) די באַליידיקונג, ־ען
(jur.) דער פֿאַרברעכן, ־ס; דער עובֿר, ־ים; דער איבערשפּרײַז, ־ן; די רעכטברעכונג, ־ען; די געזעץ־ברעכונג, ־ען [ÓYVER, ÓYVRIM]
(spo.) די אָפֿענסיווע, ־ס
(J./rel.) דער חטא, חטאָים [KhET, KhATÓYEM]
mean no offense נישט בדעה האָבן צו באַליידיקן [BEDÉYE]
No offense! האָב ‹האָט› נישט קיין פּאַראיבל!; נעמ(ט) דאָס נישט פֿאַר אומגוט!
play offense שפּילן אין דער אָפֿענסיווע
take offense (at) באַליידיקן זיך (פֿון); נעמען זיך + אַק׳ צום האַרצן; האָבן פּאַראיבל אויף
offensive, *adj.*
(disagreeable) דערווידערדיק; מיגלדיק
(insulting) באַליידיקנדיק
(mil./spo.) אָפֿענסיוו; אַטאַקיר־...
be on the offensive end זײַן דער אַטאַקירער; אַטאַקירן
offensive, *n.* די אָפֿענסיווע, ־ס; דער אַטאַק, ־ן
land offensive די יבשה־אָפֿענסיווע, ־ס [YABÓShE]
on the offensive גרייט צו אַטאַקירן
mount an offensive עפֿענען ‹אויפֿהייבן› אַן אָפֿענסיווע
offensiveness די/דאָס דערווידערדיקייט; די/דאָס מיגלדיקייט
offer, *n.* דער אָנבאָט, ־ן; די אָפֿערטע, ־ס; דער פֿירלייג, ־ן; דער פֿאָרלייג, ־ן; דער אָנשלאָג, ־ן; דער נאַרײַ, ־ען
be on offer פֿאַרקויפֿן זיך מיט אַ הנחה [HANÓKhE]
open to offers גרייט צו האַנדלען
offer, *v.* אָנבאָטן; פֿירלייגן; פֿאָרלייגן; אָנשלאָגן; נאַרײַע|ן
(a course) געבן
(a hand) דערלאַנגען; געבן
offer one's services אָנשלאָגן ‹אָנבאָטן› זיך
have stg. to offer (*fig.*) האָבן וואָס צו זאָגן
What can I offer you? מיט וואָס קען איך דיר ‹אײַך› מכבד זײַן? [MEKhÁBED]
offering
(bus.) דער אָנבאָט, ־ן
(rel.) דער קרבן, ־ות; דער אָפּפֿער, ־ס [KORBM, KORBÓNES]
offer price דער פֿאַרקויפֿפּרײַז, ־ן
offhand, *adj.*
(casual) נישט־צוגעגרייט; צופֿעליק; עקספּראָמפּטיק
(unfriendly) ביטולדיק; מיט ביטול [BÍTLDIK] [BITL]
in an offhand manner כּלאַחר־יד [KILAKhERYÁD]
offhand, *adv.* אויפֿן מאָמענט; אויף איין פֿוס; עקספּראָמפּט
office דאָס/דער ביוראָ, ־ען; די ביורע, ־ס; די קאַנטאָר, ־ן; דער קאַבינעט, ־ן
(position) דער אַמט, ־ן; דער פּאָסטן, ־ס
be in/hold office אַמטירן
remove from office באַפֿרײַען פֿונעם פּאָסטן; מעבֿיר זײַן [MÁYVER]
take office אָננעמען דעם אַמט
through the good offices of אַ דאַנק דער פֿאַרמיטלונג פֿון; מיט דער הילף פֿון
office building דער ביוראָ־בנין, ־ים [BÍNYEN, BINYÓNIM]
officeholder דער באַאַמטער געב׳; דער אַמטהאַלטער, ־ס
office hours ביוראָ־‹אויפֿנעם־/אַרבעט־›שעהען [ShÓEN]
office job/work די ביוראָ־אַרבעט
officer
(mil./*m.*/*unsp.*) דער אָפֿיציר, ־ן
(mil./*f.*) די אָפֿיצירין ‹אָפֿיצירשע›, ־ס
(of company) דער באַאַמטער געב׳
(police) *see* **police officer**
officer of the court דער געריכט־אויספֿירער, ־ס
office-seeker דער אַמטזוכער, ־ס; דער פּאָסטן־זוכער, ־ס
office supplies דאָס ביוראָוואַרג קאָל׳
office worker דער ביוראַליסט, ־ן; דער ביוראָ־אָנגעשטעלטער געב׳
official, *adj.* אָפֿיציעל
(of office) אַמטיק
official misconduct דער אומאויפֿפֿיר מצד באַאַמטע [MITSÁD]
official, *n.* דער באַאַמטער געב׳; דער פֿונקציאָנער, ־ן; דער פּקיד, ־ים [PÓKED, PKÍDIM]
officialdom די באַאַמטנשאַפֿט
officialese דאָס ביוראָקראַטן־לשון [LOShN]
official language די מלוכה־שפּראַך [MELÚKhE]
officially אָפֿיציעל (גערעדט)
officially approved אָפֿיציעל אָנערקענט
officiate אַמטירן
(at J. wedding) זײַן דער מסדר־קידושין; געבן + דאַט׳ חופּה־וקידושין [MESÁDER-K(I)DÚShN] [KhÚPE-VEK(I)DÚShN]
(at non-J. wedding) חתונה מאַכן [KhÁSENE]
officious

be officious — אַרײַנמישן זיך אין יעדער קלייניקייט; צוטשעפּע|ן זיך
offing
War is in the offing — די מלחמה שטייט שוין אויפֿן האָריזאָנט; סע האַלט שוין בײַ מלחמה; ס'איז שוין נישט לאַנג ביז צו מלחמה [MILKhÓME]
off-key — פֿאַלש; אַרויס ‹אַראָפּ› פֿון טאָן; דעטאָנירט
play/sing off-key — דעטאָנירן; נישט דערגרייכן; פֿאַלשעווע|ן; פֿעלטשן
off-limits — פֿאַרווערט; נישט־דערלויבט; מחוץ דעם תּחום [MEKhÚTS]
off-limits area — דער פֿאַרווערטער שטח, ־ים; דער אָסור־שטח, ־ים [ShÉTEKh, ShTÓKhIM] [ÓSER]
offline, *adj.* — ...אָפֿליין־
offline, *adv.*
(comp.) — נישט פֿאַרבונדן מיט דער אינטערנעץ; אָפֿליין
(*fig.*) — אויף אַ (מער) פּריוואַטן אָרט
be off-line (mech.) — נישט פֿונקציאָנירן
offload — אויסלאָדן; אָפּוואַרפֿן
off-peak (hours) — נישט אין די שפּיץ־שעהען [ShÓEN]
offprint — דאָס סעפּאַראַטל, ־עך; דער סעפּאַראַט(־אָפּדרוק), ־ן
off-putting — נישט־אײַנגענעם; דערווידערדיק
off-season — דער אומסעזאָן, ־ען
offset, *n.* — דער אָפּבייג, ־ן
(typ.) — דער אָפֿסעט
offset copy — דאָס אָפֿסעטל, ־עך; דער פֿאָטאָ־אָפֿסעט, ־ן
print by offset — אָפֿסעטירן
offset, *v.* — אַ(נט)קעגנווועגן; קאָמפּענסירן פֿאַר
offshoot — דער אָפּשפּראָץ, ־ן; דער אָפּצווײַג, ־ן
offshore
(away from land) — פֿונבאָרטנדיק
(near land) — בײַבאָרטנדיק
offside, *adj.* **(spo.)** — אין אָפֿזײַט ‹אָפֿסײַד›
offside, *n.* **(spo.)** — די אָפֿזײַט; דער אָפֿסײַד
off-site — נישט אויפֿן אָרט
offspring — דער זוימען; דער נאָכוווקס; דער נאָכשפּראָץ; (קינדער און) קינדסקינדער ל"ר; דער נאָכקומלינג
(*fig.*) — די פֿרוכט
offstage — הינטער די קוליסן
off-the-cuff — אימפּראָוויזירט; עקספּראָמפּטיק; נישט־צוגעגרייט; פֿון אַרבל (אַרויס)
off-the-rack — גרייט; פֿונעם הענגער אַראָפּ
off-the-record — אומאָפֿיציעל
off-the-wall [MEShÚGE] [METÚREF] — צעדרייט; משוגע; מטורף
off-topic — אַראָפּ פֿון דער טעמע; נישט צו דער זאַך
off-white — ווײַסלעך; נישט אין גאַנצן ווײַס
oft *see* **often**
oft-asked — אָפֿט געפֿרעגט
often — אָפֿט (מאָל); אַ סך מאָל [SAKh]
every so often — פֿון צײַט צו צײַט; דאָ און דאָרט(ן)
how often...? — ווי אָפֿט...?
it's not often that — זעלטן וואָס
more often than not — גאַנץ אָפֿט
not as often as — ווייניקער ווי; נישט אַזוי אָפֿט ווי
often enough — גענוג אָפֿט
often times — אָפֿט מאָל; אַ סך מאָל
ogle — אויסשטעלן אַ פּאָר אויגן אויף; קוקן אויף + דאַט' מיט תּאווה ‹גלוסט›; מאַכן חנדלעך צו; וואַרפֿן אויגן ‹אייגעלעך› צו [TÁYVE] [KhÉYNDLEKh]
ogre — די משונהדיקע בריאה, ־ות/ברואים; דער מענטשן־פֿרעסער, ־ס; דער מאָנסטער, ־ס [MEShÚNEDIKE] [BRÍE, BRÚIM]
(*fig.*) — דער רשע־מרושע, ־ס [RÓShE-MERÚShE]
ogress — די משונהדיקע בריאה, ־ות; די מענטשן־פֿרעסערקע, ־ס [MEShÚNEDIKE] [BRÍE]
oh
Oh! (regret/disappointment) — אַך!
Oh! (pain) — אוי!; אוי־וויי!
Oh! (realization) — טאַקע!; אַזוי גאָר!
Oh! (relief) — אוי, דאַנקען גאָט!; ברוך־השם! [BOR(E)KhAShÉM]
Oh? — טאַקע?
Oh, no! — אָ ניין!
Oh, for a cup of tea! — אַ גלעזעלע טיי וואָלט גוט געווען!
Oh no, you don't! — נישט בײַ מאַטיען!
Oh, that he would come! — הלוואַי זאָל ער קומען! [(H)ALEVÁY]
Ohio — (דאָס) אָהײַאָ
ohm — דער אָם, ־ען
ohmmeter — דער אָממעטער, ־ס
Oho! — אָ־האָ־האָ!
...oholic — ...(אָה)אָליקער; ...אָמאַן; ...־אַדיקט
oil, *n.* — דער אייל, ־ן
(cul.) *also* — דער בוימל, ־ען
(crude) — דער נאַפֿט
oil of ... — ...־אייל
in oils — מיט אייל־פֿאַרבן
oil, *v.*
imp. — איילן; באַשמירן מיט אייל
pf. — אײַנאיילן; אָנאיילן; באַשמירן מיט אייל
oil baron — דער נאַפֿטמאַגנאַט, ־ן
oil-bearing — נאַפֿטגיביק
oil burner
(furnace) — דער נאַפֿטברענער, ־ס
(mech.) — דער (אייל־)ברענער, ־ס
oil cake
(cul.) — דער איילקוכן, ־ס
(fodder) — די מאַקוכע
oilcan — דאָס איילקענדל, ־עך; דער איילער, ־ס; די איילקאַן, ־ען
oilcloth, *adj.* — צעראַטן; פֿון צעראַטע
oilcloth, *n.* — די צעראַטע, ־ס; דער וואַקסטוך
oil color *see* **oil paint**
oil deposits — נאַפֿט־געלעגערס
oil drilling — דאָס נאַפֿט־בויערײַ
oil-eating — נאַפֿט־פֿרעסנדיק
oilfield — דאָס נאַפֿטפֿעלד, ־ער
oil filter — דער איילפֿילטער, ־ס
oil gauge — דער איילמעסטער, ־ס
oil lamp — דער נאַפֿטלאָמפּ, ־ן
oilman — דער נאַפֿטהענדלער, ־ס; דער נאַפֿטלער, ־ס
oil-packed — קאָנסערווירט אין בוימל
oil paint — די איילפֿאַרב, ־ן
oil painting
(art) — די איילפֿאַרב
(picture) — דאָס איילבילד, ־ער
oil pan — די איילשיסל, ־ען
oil-producing — נאַפֿט־אַרויסבאַקומענדיק
oil-rich — נאַפֿטיק; פֿול מיט נאַפֿט
oil rig — דער בויער־טורעם, ־ס; די נאַפֿט־פּלאַטפֿאָרמע, ־ס
oilskin — דער רעגן־מאַנטל, ־ען
oilskins — וואַסער־באַוואָרנטע קליידער
oil slick
(at sea) — דער נאַפֿטשיכט, ־ן
(on road) — דער נאַפֿטגליטש, ־ן
oil spill — דער נאַפֿטאויסגאָס, ־ן
oil tanker — דער נאַפֿטטאַנקער, ־ס

oil well דער נאַפֿטקוואַל, ־ן
oily בוימלדיק; אייליק; פֿעט; פֿאַרנאַפֿטיקט
(skin) אייליק
oink, *n.* דער כרוקע, ־ס; דער חזיר־קוויטש, ־ן [KhÁZER]
oink, *v.* כרוקע|ן; אַ כרוקע טאָן; יוטשע|ן; קוויטשע|ן
ointment די זאַלב, ־ן; די מאַשטש, ־ן; דאָס שמירעכץ, ־ן
OK *see* **okay**
okapi דער אָקאַפּי, ־ס
okay, *adj.* גוט; ריכטיק; אין אָרדענונג
if he's okay with it אויב ער איז מסכּים; אויב ס'איז אים ניחא; אויב ס'איז בײַ אים רעכט; אויב ס'אַרט אים נישט [NÍKhE] [MÁSKEM]
It'll be okay ס'וועט זײַן גוט ‹רעכט›; מע וועט זיך אַן עצה געבן; ס'וועט זיך אויספּרעסן [ÉYTSE]
Okay!, *int.* גוט!; מסכּים!; געפּועלט!; אָקיי! [MÁSKEM] [GEPÓY(E)LT]
okay, *v.* אַפּראָבירן; באַוויליקן
Oklahoma (דאָס) אָקלאַהאָמאַ
okra די באַמיע
old אַלט
any old ... (אַ)יעדער; וואָסער ... סע זאָל נישט זײַן; דער ערשטער־בעסטער ...
be extremely old האָבן מתושלחס יאָרן; זײַן גאָר אַלט [MESUShÉLEKhS]
in the old days (גאָר) אַ מאָל; אַמאָליקע יאָרן; אַ מאָל; אין די אַלטע טעג
not just any old נישט סתּם [STAM]
of old פֿאַר צײַטן
old as the hills פֿאַרצײַטיש; פֿון כמעלניצקיס צײַטן
old enough גענוג אַלט
the good old days די אַלטע גוטע צײַטן
old man דער זקן, ־ים; דער אַלטער געב'; דער אַלטיטשקער געב' [ZOKN, SKÉYNIM]
old woman די זקנה, ־ות; די אַלטע, –; די אַלטיטשקע, – [SKÉYNE]
old-age, *adj.* עלטער...
old age, *n.* די עלטער; די זיקנה [ZÍKNE]
old-age home די עלטערן־היים, ־ען; דער מושבֿ־זקנים, ־ס [MÓYShEV-SKÉYNIM]
old-age pension די עלטער־פּענסיע
old-boy network דאָס קלײַזל (געוועזענע) שול־חבֿרים [KhAVÉYRIM]
old country די אַלטע היים
olden *see* **old**
older עלטער
oldest עלטסט
oldest son (J./trad.) דער בכור, ־ים [PKhOR, PKhÓYRIM]
old fart (*pej.*) דער אַלטער קאַקער, ־ס
old-fashioned אַלטמאָדיש; אַלט־פֿעטעריש; אַלטפֿרענקיש
old fogey דער אַלטמאָדישער געב'
old fogeys/folks *also* דאָס אַלטוואַרג קאָל'
old fool דער אַלטער תּרח [TÉREKh]
old-growth forest דער אַלטער וואַלד, וועלדער
old guard די אַלטע גוואַרדיע
old hand דער געניטער געב'; די אויסגערייכערטע ליולקע, ־ס; דער אַלטער הינער־פֿרעסער, ־ס
old hat
It's old hat ס'איז שוין קאַלטע לאָקשן; ס'האָט שוין אַ באָרד און פּאות [PÉYES]
oldish אַלטלעך
old maid די אַלטע ‹פֿאַרזעסענע› מויד, ־ן/מיידן
remain an old maid פֿאַרזיצן; פֿאַרזעסן ווערן
Old Man Winter דער פֿעטער שנייער ‹שניאור›
old master דער אַלטמײַסטער, ־ס
Old Nick דער שׂטן; דער שוואַרץ־יאָר [SOTN]
old people עלטערע לײַט
old-school, *adj.* פֿון דער אַלטער גוואַרדיע
old school, *n.* די אַלטע גוואַרדיע
old soldier דער אויסגעדינטער געב'; די אויסגערייכערטע ליולקע
old story אַ מעשׂה מיט אַ באָרד [MÁYSE]
It's the same old story ס'איז דער זעלבער פּיזמון [PÍZMEN]
Old Testament די תּורה־שבכתבֿ; דער תּנך [TÓYRE-ShEBIKSÁV] [TANÁKh]
old things דאָס אַלטוואַרג קאָל'; אַלטע זאַכן
old-time אַמאָליק; פֿון אַמאָל; פֿון די אַלטע צײַטן; לאַנגאָנ(עד)יק
old-timer דער וועטעראַן, ־ען; דער אויסגעוועזענער געב'; דער אַלט־געזעסענער געב'
old wives' tale די באָבע־מעשׂה, ־יות [MÁYSE]
Old World די אַלטע וועלט
oleaginous פֿעט; בוימלדיק
oleander דער אָלעאַנדער
olfactory ריח־...; שמעק... [RÉYEKh]
olfactory nerve דער ריח־נערוו, ־ן; דער שמעקנערוו, ־ן [RÉYEKh]
oligarch דער אָליגאַרך, ־ן
oligarchic אָליגאַרכיש
oligarchy די אָליגאַרכיע, ־ס
olive, *adj.* מאַסלינע־...; אָליוון
olive, *n.* די מאַסלינע, ־ס; דער אײלבערט, ־ן; דער אָליוו, ־ן
hold out an olive branch געבן די האַנט אויף שלום [ShÓLEM]
olive drab אָליוו ‹אײלבערט› גרין
olivenite דער אָליווענייט
olive oil דער בוימל; דער אײלבערטאייל; דער שמן־זית; די אָליווקע [ShÉMEN-ZÁYES]
olive press די אָליווניצע, ־ס
olive tree דער אײלבערטבוים, ...ביימער
Olympiad די אָלימפּיאַדע, ־ס
Olympian, *adj.* אָלימפּיש
Olympian, *n.*
(contestant) דער אָלימפּישער קאָנקורענט, ־ן
(deity) דער אָלימפּיער, –; דער אָלימפּישער גאָט, געטער
Olympic אָלימפּיש
Olympics די אָלימפּיאַדע ל"י
Olympus דער אָלימפּ
Oman (דאָס) אָמאַן
Omani, *adj.* אָמאַניש
Omani, *n.*
m./unsp. דער אָמאַנער, –
f. די אָמאַנערין, ־ס
omasum די קניהע, ־ס; דאָס ביכל, ־עך
ombudsman דער אָמבודסמאַן, אָמבודסלײַט
omega די אָמעגאַ
omelet דער אָמלעט, ־ן; דער פֿײַנקוכן, ־ס; די פּרעזשעניצע, ־ס
omen דער סימן, ־ים; דער אָנזאָג, ־ן; דער וואָרצייכן, ־ס [SÍMEN, SIMÓNIM]
bad omen דער שלעכטער ‹בייזער› סימן
good omen דער סימן־טובֿ; דער גוטער סימן [SÍMENTOV]
omer דער עומר [ÓYMER]
count the Omer ציילן (דעם) עומר; ציילן ספֿירה [SFÍRE]
ominous שלעכט־‹בייז־›סימנדיק; פּחדימדיק; סטראַשענדיק [SÍMENDIK] [PKhÓDIMDIK]

be ominous זײַן אַ שלעכטער סימן; נישט זײַן קיין גוטער סימן; סטראַשען|ען (מיט) [SÍMEN]
ominously
it sounds ominously like סע קלינגט ווי אַן אָנצוהערעניש אויף
omission דער/דאָס פֿאַרזען, ־ס; דער דורכלאָז, ־ן; דער אויסלאָז, ־ן; דער לאַפּסוס, ־ן
(typ.) די השמטה, ־ות [HAShMÓTE]
omit אַרויסלאָזן; אויסלאָזן; (אַ)דורכלאָזן; איבערהיפּן
omnibus, *adj.* כּל־בו־...; אַרומנעמיק [KOLBÓY]
omnibus, *n.* דער אָמניבוס, ־ן
omnidirectional אין ‹פֿון› אַלע ריכטונגען
omnipotence די/דאָס אַלמאַכטיקייט; די אָמניפּאָטענץ
omnipotent אַלמאַכטיק; אָמניפּאָטענט
the Omnipotent דער כּל־יכול; דער אַלמאַכטיקער [KOL-YÓKhL]
omnipresence די/דאָס אומעטומיקייט
omnipresent אומעטומיק
omniscience די/דאָס אַלצוויסיקייט
omniscient אַלצוויסיק; אַלצוויסעריש; יודע־הכּלדיק [YEDÉYE-HÁKLDIK]
be omniscient זײַן אַ יודע־הכּל [YEDÉYE-HÁKL]
the Omniscient One דער יודע־הכּל
omnivore דער אָמניוואָר, ־ן; דער אַלצפֿרעסער, ־ס
omnivorous אָמניוואָר־...; אַלצפֿרעסעריש
on, *adj.*
(light) אָנגעצונדן
(not off) אָנגעשטעלט; אײַנגעשלאָסן
(operating) אין גאַנג; אָנגעשטעלט
in the on position אָנגעשטעלט
on, *adv.*
on and off פֿון צײַט צו צײַט; ווי אַ מאָל
go on and on רעדן אָן אַ שיעור; אָנרעדן אַ פֿולן זאַק [ShÍER]
You're on! אָפּגעמאַכט!
on, *prep.* אויף
(about) וועגן; אויף דער טעמע
(during) במשך; בשעת; בעת [BEMÉShEKh] [BEShÁS] [BEYS]
(in a vehicle) אין; אויף; מיט
on Mondays מאָנטיק; יעדן ‹אַלע› מאָנטיק
on the Sabbath אום שבת [ShÁBES]
She doesn't have it on her זי האָט עס נישט בײַ זיך
be on medication אײַננעמען מעדיקאַמענטן
It's on me איך צאָל; על חשבון הגבֿיר [AL KhEZhBM HAG(E)VÍR]
on-again off-again אָט יאָ, אָט נישט
onanism דער אָנאַניזם
onanist דער אָנאַניסט, ־ן
onanistic אָנאַניסטיש
once, *adv.*
(one time) איין מאָל
(at one time) אַ מאָל
all at once מיט ‹אויף› אַ מאָל; גאַנץ פּלוצעם; מיט איין מאָל ‹קלאַפּ›
at once שוין; אויפֿן שטעל; תּיכּף(־ומיד) [TÉYKEF-(UMIYÁD)]
every once in a while פֿון צײַט צו צײַט; פֿון מאָל צו מאָל; פֿאַר ‹אין› אַ נאָוונע
just for once כאָטש נאָר איין ‹דאָס› מאָל
not once קיין איין מאָל נישט
once a month איין מאָל אַ ‹אין› חודש [KhÓYDESh]
once again נאָך אַ מאָל; ווידער אַ מאָל
once and for all איין מאָל פֿאַר אַלע מאָל
once in a blue moon איין מאָל אין אַ נאָוונע ‹יובֿל/שמיטה›; פֿון איין פּסח ביז צום אַנדערן [YOYVL] [ShMÍTE] [PÉYSEKh]
once more נאָך איין מאָל
once or twice איין אָדער צוויי מאָל; איין מאָל, צוויי מאָל
once too often שוין צו אָפֿט
once upon a time אַ מאָל, אַ מאָל
not try even once אַפֿילו קיין איין מאָל נישט פּרוּוון [AFÍLE]
once, *conj.*
(after) נאָך דעם ווי ‹וואָס›
(as soon as) ווי נאָר
once-in-a-lifetime, *adj.* אײנמאָליק; איין־און־אײנציק
once-over
give stg./sb. a once-over געבן + אַק׳ אַ קוק איבער
oncilla די טיגערקאַץ, ...קעץ
oncological אָנקאָלאָגיש; ראַק...
oncologist דער אָנקאָלאָג, ־ן; דער ראַקדאָקטער, ...טוירים
oncology די אָנקאָלאָגיע
oncoming אַקעגנקומ(עד)יק; אָנקומעדיק
one-... איינ...
one, *adj.* איין
(numeral) איין; אײנער
(in counting) איינס
(only) אײנציק
at one and the same time אין דער זעלבער צײַט; אײנצײַטיק
at one time אַ מאָל; מיט אַ צײַט צוריק
be one up on האָבן דעם יתרון קעגן [YÍSREN]
be one with זײַן אײניק ‹איינס› מיט
one and only איין־און־אײנציק
one or two עטלעכע; איין אָדער צוויי
one, *n.* די/דער איינס, ־ן
one, *pron.* אײנער געב׳
(indefinite) מע(ן)
all in one אַלץ אין אײנעם
by ones אײנציקווײַז; איינס און איינס
He's the one who came דאָס איז ער געקומען
I, for one ... פֿון מײַן זײַט ...; איך, אַ שטייגער, ...
not one of them נישט קיין אײנער פֿון זיי
one after another איינס נאָכן צווייטן; איינס נאָך אַנאַנד; אײנער נאָכן אַנדערן
one another איינס ס׳אַנדערע; אײנער דעם צווייטן; אײנע די צווייטע
one by one אײנציקווײַז; איינס און איינס
one of these days הײַנט־מאָרגן; די טעג; אין די נאָענטסטע טעג
one or the other איינס פֿון די בײדע ‹צוויי›
one way or another אַזוי צי אַזוי ‹אַנדערש›; אַהין אָדער אַהער
the bigger one דער גרעסערער געב׳
the one that דער געב׳ וואָס
the ones we heard די וואָס מיר האָבן געהערט
Which one? וועלכער געב׳?
one-acter דער אײנאַקטער, ־ס; די פּיעסע אין איין אַקט; די אַקטוווקע, ־ס
one-armed אײנהאַנטיק
one-armed bandit דער שפּיל־אויטאָמאַט, ־ן
one-celled איין־קעמערלדיק
one-child policy די אײנקינד־פּאָליטיק
one-dimensional איין־דימענסיעדיק; איין־געמעסטיק
one-engine אײנמאָטאָריק

one-eyed אײנאױגיק
one-family house דאָס אײן־משפּחהדיקע הױז, הײַזער [MIShPÓKhEDIKE]
one-horse town דאָס פֿאַרװאָרפֿענע ‹אָפּגעלעגענע› שטעטל, ־עך
one-hour אײן־שעהיק‹־שעהדיק› [ShÓIK] [ShÓEDIK]
one-legged אײנפֿוסיק
one-man band דער אָרקעסטער אין אײן פּערזאָן
one-man rule די אַבסאָלוטע דיקטאַטור
one-man show די סאָלאָ־פֿאָרשטעלונג, ־ען
oneness די אײנסקײט, ־ן
(**of God/J.**) דער ייִחוד [YÍKhED]
one-night stand דאָס אײננאַכטל, ־עך; די ליבע אױף אײן נאַכט
one-of-a-kind אוניקאַל; יחיד־במינודיק [YÓKhED-BEMÍNEDIK]
one-on-one
(**spo.**) אײנס אױף אײנס
talk one-on-one with רעדן אײנע(ר) אַלײן מיט; רעדן אונטער פֿיר אױגן מיט
one-person אײן־פּערזאָניק
one-piece אין אײן שטיק; גאַנץ
one-room אײן־צימערדיק
onerous שװער; האַרב
oneself זיך (אַלײן)
all by oneself אײנער גענ׳ אַלײן
see for oneself אַלײן זען; זען מיט די אײגענע אױגן
one-sided אײנזײַטיק
onesie דאָס אײן־מלבושל, ־עך [MÁLBEShL]
one-star אײן־שטערנדיק; מיט אײן שטערנדל
one-step דער אײנטריט
one-stop, *adj.* אַלץ אין אײנעם; אַלץ־אין־אײנעם־...
one-stop shopping דאָס אײַנקױפֿן אַלץ אין אײנעם
one-time
(**erstwhile**) אַמאָליק; געװעזן
(**single**) אײנמאָליק
one-to-one
one-to-one correlation די הונדערט־פּראָצענטיקע קאָרעלאַציע
one-track אײן־קאָלײִק
have a one-track mind האָבן נאָר דאָס אױפֿן קאָפּ; זײַן משוגע־לדבֿר־אחד; האַלטן זיך בײַ אײן פּיזמון [MEShÚGE-LEDÓVER-ÉKhED] [PÍZMEN]
one-up זוכן אַריבערצושטײַגן
one-upmanship דאָס זוכן אַריבערצושטײַגן
one-way אַהין...
one-way fare דער אַהין־אָפּצאָל, ־ן
one-way street די אַהינגאַס, ־ן
one-way ticket דער אַהין־בילעט, ־ן
ongoing שטענדיק; כּסדרדיק; אין גאַנג [KESÉYDERDIK]
onion די ציבעלע, ־ס; דאָס ציבלקע, ־ס
add fried onions פֿאַרריישן
fried/browned onions דאָס רײשעכץ ל״י
onion bagel דער ציבעלע־בײגל, –
onion dome דער ציבל־קופּאָל, ־ן
oniongrass דאָס האָניקגראָז
onion pletzel דאָס ציבעלע־פּלעצל, ־עך
onion rings ציבעלע־רינגלעך‹־רעדלעך›
onion roll די ציבעלע־בולקע, ־ס
onionskin דאָס/די ציבעלע־שאָלעכץ
onionskin paper דאָס דינע ‹דינינקע› פּאַפּיר
onion soup די ציבעלע־זופּ
onion stalks ציבעכעס

online, *adj.*
(**comp.**) אָנלײַנ...; אינטערנעץ־...; װעב...
be online (mech.) פֿונקציאָנירן
online, *adv.* פֿאַרבונדן מיט דער אינטערנעץ; אָנלײַן
onlooker דער צוקוקער, ־ס; דער צוזעער, ־ס
only, *adj.* אײנציק
only, *adv.* נאָר; בלױז; אין גאַנצן; נישט מער װי
(**not before**) ערשט
He arrived only yesterday ער איז ערשט נעכטן אָנגעקומען
only just/now נאָר װאָס; ערשט אָ; ערשט איצט
only too זײער; גאָר; שטאַרק
only, *conj.* נאָר; נײַערט; מערנישט
not only נישט נאָר; לאו־די אַז ‹װאָס›; טאָמער איז נישט גענוג װאָס [LOYDÁY]
only child דאָס אײנציקע קינד, ־ער; דאָס אײנציקל, ־עך
only daughter די בת־יחידה, ־ות [BASYEKhÍDE]
(*aff./iro.*) דאָס בת־יחידהלע‹־יחידקעלע›, ־ך [BASYEKhÍDELE] [BASYEKhÍTKELE]
only son דער בן־יחיד, בני־יחידים [BENYÓKhED, BNEY-YEKhÍDIM]
(*aff./iro.*) דאָס בן־יחידל, ־עך [BENYÓKhEDL]
onomastic אָנאָמאַסטיש
onomastics די אָנאָמאַסטיק ל״י
onomatopoeia די אָנאָמאַטאָפּײע, ־ס; דער נאָכמאַכקלאַנג, ־ען
onomatopoetic אָנאָמאַטאָפּאָעטיש; קלאַנג־נאָכמאַכ(נד)יק
onrush
(**assault**) דער אָנפֿאַל, ־ן; דער אָנדראַנג, ־ען
(**flow**) דער גאָס; דער שטראָם; דער אָנפֿלײץ
on-screen אױפֿן עקראַן
onset
(**attack**) דער אָנפֿאַל, ־ן; דער אַטאַק, ־ן
(**beginning**) דער אָנהײב, ־ן
onset of labor די ערשטע װײען; דאָס אָנהײבן גײן צו קינד; דאָס לײגן זיך אין קימפּעט
onshore יבשה־... [YABÓShE]
onshore wind דער ים־װינט, ־ן; דער װינט פֿון ים [YAM]
onside נישט אין אָפּזײַט
on-site אױפֿן אָרט
on-site day care די טאָגהײם בײַם אַרבעטפּלאַץ
onslaught דער אָנדראַנג, ־ען; דער אָנפּראַל, ־ן; דער אָנפֿלײץ, ־ן
onstage אױף דער בינע
on-the-air טראַנסמיטירט; אױף ‹דורך› טעלעװיזיע; אױפֿן ‹אין/דורך› ראַדיאָ
on-the-job בײַ דער אַרבעט
on-the-job training דאָס לערנען זיך בײַ דער אַרבעט
on-the-spot אױפֿנאָרטיק; אױפֿן אָרט; אױף דער שטעל
onto אױף
I grabbed onto him כ׳האָב זיך אָנגעכאַפּט אין אים
I'm onto him כ׳האָב אים דערשנאַפּט ‹אױפֿגעדעקט›; כ׳בין געקומען אױף זײַן שפּור
She is onto something זי האָט עפּעס דערשנאַפּט
ontogenic אָנטאָגעניש
ontogeny דער אָנטאָגענעז; די אָנטאָגעניע
ontological אָנטאָלאָגיש
ontology די אָנטאָלאָגיע
onus דער/דאָס עול, ־ן [OL]
onward(s) (װײַטער) פֿאָרױס
onyx, *adj.* פּעך שװאַרץ
onyx, *n.* דער אָניקס; דער אָניקלשטײן
oocyte דער אָאָציט, ־ן

oodles (of) אַ שלל ‹ים/וועלט› מיט [ShLAL] [YAM]
oodles of money אַ מטמון ‹אוצר/ים› מיט געלט [MÁTMEN] [ÓYTSER]
oogonium די אָאָגאָניע, ־ס
oomph
(appeal) דער פֿינקל; דער צוצי־כּוח; דער סעקסאַפּיל [KÓYEKh]
(strength) דער זעץ; דער כּוח
Oops! אוף!; אופּס!; אוי!; איי־איי־איי!
ooze, *n.* דער שלאַם
(med.) דאָס טריפֿעכץ
ooze, *v.* טריפֿן; נעצן; דריפּע(ן); רינען
He oozes confidence דער זיכצוטרוי שטראַלט פֿון אים; ער איז אין גאַנצן זיכער בײַ זיך
opacity די/דאָס אומדורכזעיִקייט; די/דאָס אומקלאָרקייט
opal דער אָפּאַל, ־ן
opalescent אָפּאַלן; אָפּאַלאָווע
opaque מאַט; אומדורכזעיִק
(dull-witted) טעמפּ
(unclear) שווער צו פֿאַרשטיין
op art די אָפּטישע קונסט; דער אָפּ־אַרט
op. cit. דצ"וו [= דאָס ציטירטע ווערק]
OPEC *see* **Organization of Petroleum Exporting Countries**
op-ed article דער מיינונג־אַרטיקל, ־ען
op-ed page די פֿרײַע טריבונע
open, *adj.* אָפֿן
be an open book זײַן אַן אָפֿענער זעקסאונזעכציק
It's open to interpretation מע קען טײַטשן ווי מע וויל; ס'איז צווייטײַטשיק
keep an open mind האַלטן די אויגן אָפֿן
open to all אָפֿן פֿאַר אַלעמען
open to suggestions גרייט צו הערן אַ פֿירלייג
open, *n.*
be out in the open זײַן אויף דער פֿרײַ; זײַן אויפֿן פֿרײַען פֿעלד
come out in the open אַרויסקומען; אויפֿגעדעקט ווערן
open, *vt./vi.* עפֿענען (זיך); אויפֿמאַכן (זיך)
(book) (אויפֿ)עפֿענען; אויפֿמישן
(business) אָנהייבן; אויפֿשלאָגן
(discussion) אָנהייבן
(flower) צעעפֿענען זיך
open a can of worms פֿאַרקריכן אין אַ בלאָטע; זוכן זיך צרות [TSÓRES]
open a meeting עפֿענען אַ זיצונג; רופֿן צום סדר־היום [SÉYDER-HAYÓM]
open fire עפֿענען אַ שיסערײַ ‹פֿײַער›; אָנהייבן שיסן
open onto אַרויסגיין אויף
open sb.'s eyes to (אויפֿ)עפֿענען + דאַט' די אויגן; אויפֿקלערן + דאַט'
Open, sesame! עפֿן זיך, סומסום!
open up, *vt./vi.* אויפֿעפֿענען (זיך); אויפֿמאַכן (זיך)
open up (to) רעדן אָפֿן און פֿרײַ (מיט); אויסרעדן זיך (פֿאַר)
open with אָנהייבן מיט
open admissions/enrollment דער אָפֿענער אײַנטריט ‹צולאָז›
open-air אָפֿן; אונטערן פֿרײַען הימל
open-and-shut קלאָר ווי דער טאָג
open-armed מיט אָפֿענע אָרעמס
open back (of dress) דער טיפֿער רוקן־אויסשניט
open-book test דער עקזאַמען מיטן ביכל; דער עקזאַמען מיט מקורים [MEKÓYRIM]
opencast קאַריער־...
open curve די אָפֿענע קרומע, ־ס
open-ended אָפֿן; אומבאַגרענעצט
opener דער עפֿענער, ־ס
for openers ערשטנס; ראשית־כּל [RÉYShES-KOL]
open-eyed מיט (ברייט) צעעפֿנטע אויגן
open-faced sandwich די אָפֿענע שניטקע, ־ס
open-handed
(generous) ברייטהאַרציק; מיט אַ ברייטער האַנט
(of a slap) מיט אַן אָפֿענער האַנט
open-hearted ליבהאַרציק; גוטהאַרציק
open-heart surgery די אָפֿענע האַרץ־אָפּעראַציע ‹־כירורגיע›
open house
(viewing) דאָס לאָזן באַקוקן דאָס הויז
(social event) דער קומגעניס, ־ן; דער קומזיץ, ־ן
opening, *adj.* עפֿנ...
opening, *n.* די עפֿענונג, ־ען
(aperture) *also* דאָס מויל, מײַלער; דאָס לעכל, ־עך
(job) די פֿרײַע שטעלע, ־ס
opening bid דער עפֿנפּרײַז, ־ן
opening ceremony די עפֿן־צערעמאָניע, ־ס; די עפֿענונג, ־ען
opening day דער ערשטער טאָג, טעג; דער עפֿנטאָג, ...טעג
opening game דער עפֿנמאַטש, ־ן
opening move דער ערשטער טראָט, טריט
opening night די פּרעמיערע, ־ס
opening number דער ערשטער נומער, ־ן
opening remarks דאָס אַרײַנפֿיר־וואָרט ל"י; דאָס עפֿנוואָרט ל"י
opening salvo דער ערשטער שאָס, ־ן
opening speech די עפֿן־רעדע, ־ס
opening statement די אַרײַנפֿיר־טענה, ־ות [TÁYNE]
open letter דער עפֿנטלעכער בריוו, –
openly אָפֿן; אָפֿענערהייט; בגילוי; בפּרהסיא; ביודעים [BEGÍLE] [BEF(E)RÉSYE] [BEYÓYDIM]
open market דער אָפֿענער מאַרק, ...מערק/־ן
open marriage דאָס פֿרײַע צוזאַמענלעבן
open-minded אָפֿן; אומצדדימדיק; אָן פֿאָראורטלען [ÚMTSDÓDIMDIK]
open-mouthed מיט אַ צעעפֿנט מויל
open-necked מיט אַן אָפֿענעם קאָלנער
openness די/דאָס אָפֿנקייט
open pit (of a mine) דער קאַריער, ־ן; דער אָפֿענער גרוב, גריבער
open sandwich *see* **open-faced sandwich**
open school day דער גאַסטטאָג אין שול
open season דער געיעג־סעזאָן
It's open season on him אַלע וואַרפֿן זיך אויף אים; מע זוכט פּגימות בײַ אים [PGÍMES]
open secret אַ סוד פֿאַר גאַנץ בראָד [SOD]
open-source אָפֿנקאָדיק
open space דאָס רחבֿות; דער אָפֿענער שטח [RÁKhVES] [ShÉTEKh]
open-top מיט אַן אָפֿענעם דאַך
opera די אָפּערע, ־ס
operable אָפּערירלעך
be operable לאָזן זיך אָפּערירן
opera buffa די בופֿאַ־קאָמעדיע; די אָפּערע־בוף
opera glasses דער בינאָקל, ־ען; אָפּערע־ברילן ל"ר
opera house די אָפּערע, ־ס; דער אָפּערע־טעאַטער, ־ס
operate
vt. **(mech.)** אַרבעטן בײַ ‹מיט›; ריכטעווע(ן); אָפּערירן מיט
vt. **(manage)** אָנפֿירן (מיט)
vt. **(surgery)** אָפּערירן + אַק'

vt. **(vehicle)** פֿירן; שאָפֿירן
vi. **(mech.)** פֿונקציאָנירן; אַרבעטן; אָפּערירן
vi. **(surgery)** אָפּערירן; מאַכן אַן אָפּעראַציע
vi. **(vehicle)** פֿאָרן
operatic אָפּערע־...
operating expenses לויפֿיקע הוצאָות; אַרבעט־הוצאָות [HOYTSÓES/HETSÓES]
operating room/theater דער אָפּעריר־צימער ‹־זאַל›, ־ן
operating system די אָפּעריר־סיסטעם, ־ען
operating table דער אָפּעריר־טיש, ־ן
operation די אָפּעראַציע, ־ס
(functioning) די אָפּערירונג; דאָס אַרבעטן
(mil.) *also* די אַקציע, ־ס
be in operation פֿונקציאָנירן; אַרבעטן; זײַן אין גאַנג
come into operation אָנהייבן צו פֿונקציאָנירן ‹אַרבעטן›
He had an operation מע האָט אים אָפּערירט; ער האָט זיך געלאָזט אָפּערירן
perform an operation *see* **operate**
operational אָפּעראַטיוו; אָפּעריר־...
be operational פֿונקציאָנירן; פּועלן [PÓY(E)LN]
operations headquarters דער אָפּעראַציע־שטאַב, ־ן
operations research די דורכפֿיר־פֿאָרשונג
operative, *adj.*
(functional) נוציק; אין גאַנג ‹קראַפֿט›
(key) עיקר־...; ווירקנדיק; שליסל... [ÍKER]
the operative word דאָס שליסלוואָרט, ...ווערטער
operative, *n.* דער אַגענט, ־ן; דער שפּיאָן, ־ען
operator
(manager) דער פֿאַרוואַלטער, ־ס; דער אָפּעראַטאָר, ...אָרן
(of machine) דער מאַשיניסט, ־ן
(telephone/*m./unsp.***)** דער טעלעפֿאָניסט, ־ן
(telephone/*f.***)** די טעלעפֿאָניסטקע, ־ס
operetta די אָפּערעטע, ־ס
Ophiuchus דער שלאַנגען־טרעגער
ophthalmic אויגן...
ophthalmologic אָפֿטאַלמאָלאָגיש; אויגן...
ophthalmologist דער אויגן־דאָקטער, ...טוירים; דער אָפֿטאַלמאָלאָג, ־ן; דער אָקוליסט, ־ן
ophthalmology די אָפֿטאַלמאָלאָגיע; די אויגן־מעדיצין; די אָקוליסטיק
opiate, *adj.* אָפּיאַטיש; אײַנשלעפֿעריק
opiate, *n.* דער אָפּיאַט, ־ן
opine אַרויסזאָגן ‹אויסדריקן› אַ מיינונג; אַרויסזאָגן זיך
opinion די מיינונג, ־ען; די דעה, ־ות; דער קוק, ־ן; די סבֿרא, ־ות [DÉYE] [SVÓRE]
be of the opinion האַלטן; מיינען; זײַן בײַ דער מיינונג
get a second opinion הערן אַ צווייטע מיינונג; הערן מבֿינות בײַ אַ צווייטן [MEVÍNES]
have a high opinion of האַלטן פֿון
have a low opinion of נישט האַלטן פֿון
in my opinion לויט ‹נאָך› מײַן מיינונג; לפֿי־דעתּי; אויף מײַן מבֿינות; בײַ[illegible]מיר [LEFIDÁTI]
opinion is split on ס'איז דאָ אַ חילוקי־דעות וועגן [KhILÚKE-DÉYES]
state one's opinion אַרויסזאָגן זיך
opinionated אײַנגעשפּאַרט; אייגנוויליק
opinion poll דער מיינונג־אויספֿרעג, ־ן
opium דער אָפּיום
opium poppy דער אָפּיוממאָן; דער ווײַסער מאָן
opossum דער אָפּאָס, ־ן; דער בײַטלשטשאָר, ...שטשערעס
opponent דער קעג(ע)נער, ־ס; דער אָפּאָנענט, ־ן; דער קעגנשטייער, ־ס; דער כּנגד, ־ים; דער צד־שכּנגד [KENÉGED, KENÉGDIM] [TSAD-ShEKENÉGED]
(spo.) דער קעגנשפּילער, ־ס; די קעג(ע)נער־‹קעגן־›מאַנשאַפֿט, ־ן
opportune פּאַסיק; אָנגעמאָסטן; גינציק
opportune time די שעת־הכּושר [ShAS-HAKÓYShER]
opportunism דער אָפּאָרטוניזם; דאָס/די צופּאַסלערײַ
opportunist
m./unsp. דער אָפּאָרטוניסט, ־ן; דער כּדאַיניק, ־עס; דער צופּאַסלער, ־ס [KEDÁYNIK]
f. די אָפּאָרטוניסטקע, ־ס; די כּדאַיניצע, ־ס; די צופּאַסלערין, ־ס [KEDÁYNITSE]
opportunistic אָפּאָרטוניסטיש
opportunity די געלעגנהייט, ־ן; די אָקאַזיע, ־ס
at the first opportunity בײַ דער ערשטער געלעגנהייט
golden opportunity די גאָלדענע געלעגנהייט
I had the opportunity to ס'האָט זיך מיר געמאַכט אַ געלעגנהייט צו
miss an opportunity (אַ)דורכלאָזן ‹פֿאַרלירן› אַ געלעגנהייט
missed opportunity די (אַ)דורכגעלאָזענע ‹פֿאַרלוירענע/פֿאַרשפּילטע› געלעגנהייט, ־ן
Opportunity knocks! כאַפּ(ט) אַרײַן!
take the opportunity אויסניצן די געלעגנהייט
oppose אַקעגנשטעלן זיך; שטעלן זיך אַ(נט)קעגן; אָפּאָנירן
opposed
as opposed to להיפּוך צו; אַ(נט)קעגן [LEHÉYPEKh]
be opposed to זײַן קעגן
opposing אַ(נט)קעגנדיק; קעגנעריש; קעגנ...
opposing party דער צד־שכּנגד [TSAD-ShEKENÉGED]
opposite, *adj.* קעגנ...; פֿאַרקערט; היפּוכדיק; (אַנט)קעגנדיק; קאַפּויערדיק [HÉYPEKhDIK]
opposite, *adv.*
(reverse) פֿאַרקערט; קאַפּויער
(across) אַ(נט)קעגן איבער
opposite, *n.* דער היפּוך, ־ים/הפֿכים; דאָס פֿאַרקערטע [HÉYPEKh, HIPÚKhIM/HAFÓKhIM]
Opposites attract ס'איז זומער מיט ווינטער
quite the opposite פּונקט פֿאַרקערט ‹להיפּוך›; איפּכא מסתּברא [LEHÉYPEKh] [ÍPKhE MISTÁBRE]
opposite, *prep.* אַ(נט)קעגן (איבער)
opposite angles (אַ)קעגנליגנדיקע ‹איבעראַנטקעגנדיקע› ווינקלען
opposite number דער כּנגד, ־ים [KENÉGED, KENÉGDIM]
opposite sex דער צווייטער ‹אַנדערער› מין
opposition
(action) דאָס אַנטקעגנשטעלן זיך
(astr.) דאָס קעגנשטיין (פֿון אַ פּלאַנעט)
(pol.) די אָפּאָזיציע, ־ס
(contrast) דער קעגנאַנאַנד, ־ן
(resistance) דער קעגנשטעל, ־ן; דער ווידערשטאַנד, ־ן
be in opposition to אַקעגנשטעלן זיך + דאַט'; זײַן קעגן
oppositional אָפּאָזיציאָנעל
opposition candidate דער קעגנקאַנדידאַט, ־ן
oppress (באַ)דריקן; גנאָטעווע|ן; אונטערדריקן; נוגש זײַן [NÓYGES]
oppressed by באַדריקט ‹געדריקט› פֿון; אין גלות בײַ [GÓLES]
oppression די באַדריקונג; די אונטערדריקונג
oppressive (באַ)דריקנדיק; אונטערדריקנדיק
(heat) דריקנדיק
be oppressive (of burden) זײַן אַן עול [OL]
oppressor דער באַדריקער, ־ס; דער אונטערדריקער, ־ס; דער נוגש, ־ים [NÓYGES, NÓKSIM]
opprobrious בזיונדיק; שענדלעך [BIZÓYENDIK]

opprobrium דער בזיון; די נבֿלה; די שאַנד [BIZÓYEN] [NEVÓLE]
opt
opt for אויסקלײַבן
opt out (of) באַשליסן זיך נישט צו באַטייליקן (אין)
optative, *adj.* אָפּטאַטיוו
optative, *n.* דער ווינטשמאָדוס; דער אָפּטאַטיוו
optic אָפּטיש; זע...
optical אָפּטיש
optical character recognition דאָס אָפּטישע אותיות־דערקענען [ÓYSYES]
optical illusion די אָפּטישע אילוזיע, ־ס; דער אָפּטישער טעות, ־ן; דאָס אויגן־פֿאַרבלענדעניש, ־ן [TÓES]
optician דער אָפּטיקער, ־ס
optic nerve דער זעענערוו, ־ן; דער אָפּטישער נערוו, ־ן
optics די אָפּטיק ל״י
optimal, *adj.* אָפּטימאַל; (סאַמע) בעסט
optimal, *adv.* צום (סאַמע) בעסטן
optimism דער אָפּטימיזם
optimist דער אָפּטימיסט, ־ן; דער בעל־בטחון, בעלי־... [BALBITÓKhN, BÁLE-...]
optimistic אָפּטימיסטיש
Be optimistic! מע דאַרף זײַן אַן אָפּטימיסט!; טראַכט גוט, וועט זײַן גוט!; דאָס גלאָז איז דאָך פֿאָרט האַלב פֿול!
optimistically אָפּטימיסטיש; אויף אַן אָפּטימיסטישן אופֿן [OYFN]
optimize אָפּטימיזירן
optimum, *adj.* אָפּטימאַל; (סאַמע) בעסט
optimum, *n.* דער אָפּטימום; דער (סאַמע) בעסטער פֿאַל
option די ברירה, ־ות; דער אויסקלײַב, ־ן; די אַלטערנאַטיוו, ־ן [BRÉYRE]
(econ.) דאָס אָפּטירעכט
(possibility) די ברירה, ־ות; די/דאָס מעגלעכקייט, ־ן
have no option נישט האָבן קיין (אַנדערע) ברירה
leave one's options open לאָזן ‹רעזערווירן› פֿאַר זיך דאָס רעכט צו באַשטימען
optional מעג...; ברירהדיק [BRÉYREDIK]
It's optional מע מעג ...; מע האָט אַ ברירה [BRÉYRE]
option-click, *v.* געבן אַ ברירה־קליק ‹־קנאַק› [BRÉYRE]
option key דער ברירה־קלאַוויש, ־ן [BRÉYRE]
optometric אָפּטאָמעטריש
optometrist דער אָפּטאָמעטריקער, ־ס
optometry די אָפּטאָמעטריע
opulence די גבֿירישאַפֿט; דאָס עשירות; די/דאָס רײַכקייט [G(E)VÍREShAFT] [AShÍRES]
(ostentation) דער שוווילטאַג
(plenty) די שפֿע [ShÉFE]
opulent גבֿיריש; רײַך [G(E)VÍRISh]
(plentiful) שפֿעדיק [ShÉFEDIK]
opus דאָס ווערק, –; דער אָפּוס, ־ן
or אָדער; צי
or (else) אַניִשט
I haven't seen or heard anything כ'האָב גאָרנישט נישט געזען און נישט געהערט
orach די לאָבעדע
oracle דער אָראַקל, ־ען
(prophecy) די נבֿואה, ־ות [NEVÚE]
oracular אָראַקל־...; נבֿיאיש [NEVÍISh]
oral מויל...; מויליק
(verbal) בעל־פה־...; בעל־פהיק [BALPÉ] [BALPÉIK]
oral agreement דער הסכם ‹אָפּמאַך/אָפּרעד› בעל־פה [BALPÉ]
reach an oral agreement אָפּמאַכן בעל־פה; מאַכן אַ וואָרט [BALPÉ]
oral cavity דער מויל־חלל [KhÓLEL]
oral comprehension דאָס פֿאַרשטיין דאָס גערעדטע
oral contraceptive די טראָגפֿאַרהיט־פּיל, ־ן
oral examination דער בעל־פה־עקזאַמען, ־ס; דער עקזאַמען בעל־פה [BALPÉ]
oral fixation די פֿיקסירונג אויפֿן מויל
oral history רעקאָרדירטע זכרונות; זכרונות בעל־פה [ZIKhRÓYNES] [BALPÉ]
oral literature די בעל־פה־ליטעראַטור [BALPÉ]
orally דורכן ‹מיטן› מויל
(verbally) בעל־פה; פֿון מויל צו מויל [BALPÉ]
oral sex דער מוילסעקס; דער תשמיש־הפה [TÁShMESh-HAPÉ]
oral temperature די מויל־טעמפּעראַטור
oral thermometer דער מויל־טערמאָמעטער, ־ס
oral Torah די תורה־שבעל־פה [TÓYRE-ShEBALPÉ]
oral tradition די בעל־פה־טראַדיציע, ־ס; די קבלה [BALPÉ] [KABÓLE]
orange, *adj.*
(color) אָראַנזשן; אָראַנזש פּר׳
(fruit) מאַראַנצן־...
orange, *n.*
(color) דער אָראַנזש
(fruit) דער מאַראַנץ, ־ן; דער פּאָמעראַנץ, ־ן
orangeade דער אָראַנזשאַד
orange blossom דער מאַראַנצן־צוויט
orange juice דער מאַראַנצן־זאַפֿט
orange peel דאָס/די מאַראַנצן־שאָלעכץ, ־ן/־ער
orangutan דער אָראַנגוטאַנג, ־ען
orate דרשענען ‹דרשע|נען/נען›; האַלטן אַ רעדע [DÁRShENEN - DARShN/DÁRShE]
oration [DRÓShE] די אָראַציע, ־ס; די דרשה, ־ות; די רעדע, ־ס
orator
m./unsp. דער אָראַטאָר, ...אָרן; דער רעדנער, ־ס
f. די אָראַטאָרשע, ־ס; די רעדנערין, ־ס
oratorical אָראַטאָריש
oratorio די אָראַטאָריע, ־ס
oratory די רעדנערקונסט; די אָראַטאָריע
(chapel) די קאַפּליצע, ־ס
orb
(eye) דאָס אויג, ־ן
(sphere) דער קײַלעך, ־ן
orbit, *n.* דער אָרביט, ־ן
(anat.) טרערן־בײנדלעך ל״ר; יאָכבײנדלעך ל״ר
be in orbit (אַרום)אָרביטירן; פֿליִען ‹זײַן› אין אָרביט
put in orbit אַרויסלאָזן ‹אַרויפֿשטויסן› אין אָרביט
orbit, *v.* (אַרום)אָרביטירן; אַרומקרײַזן
orbital, *adj.* אָרביטיר־...; אָרביטאַל
orbital, *n.* דער אָרביטאַל, ־ן
orbiter דער אָרביטירער, ־ס
orca די אָרקע, ־ס
orchard דער סאָד, סעדער; דער פּרוכטגאָרטן, ...גערטנער; דער פּרדס, ־ים [PÁRDES, PARDÉYSIM]
orchardist דער סעדער, ־ס; דער סאַדאָווניק, ־עס
orchestra דער אָרקעסטער, ־ס
orchestral אָרקעסטער־...
orchestra pit דער פּאַרטער; דער פּאַרקעט
orchestrate
(mus.) אָרקעסטרירן; אינסטרומענטירן; אַראַנזשירן פֿאַר אַן אָרקעסטער
(organize) אַראַנזשירן; אויספּלאַנירן

orchestrated אָרקעסטרירט
orchestration די אָרקעסטראַציע, ־ס; די אינסטרומענטאַציע, ־ס
orchestrator דער אָרקעסטראַטאָר, ...אָרן
orchid די אָרכידעע, ־ס
ordain אָרדינירן
(J.) געבן + דאַט' סמיכה; מסמיך זײַן [SMÍKhE] [MÁSMEKh]
ordeal דאָס אָפּקומעניש, ־ן; דער נסיון, ־ות; די פּרוּוונג, ־ען; די מוטשעניִע, ־ס [NISÓYEN, NISYÓYNES]
go through an ordeal געפּרוּווט ווערן; (אַ)דורכמאַכן אַ נסיון
order, *n.*
(arrangement) דער סדר; די אָרדענונג; דער טאָלק [SÉYDER]
(bio.) די אָרדענונג, ־ען; די ריי, ־ען
(bus./request) די באַשטעלונג, ־ען
(jur.) דאָס געהייס, ־ן
(math./of polynomial) די מדרגה, ־ות; דער גראַד, ־ן [MADRÉYGE]
(med.) די אָרדינירונג, ען; דאָס פֿאַרשרײַבן
(medal) דער אָרדן, ־ס
(mil.) דער באַפֿעל, ־ן
(organization) דער אָרדן, ־ס
(sequence) דער סדר, ־ים [SDÓRIM]
(society) דער אָרדן, ־ס
be in good working order גוט פֿונקציאָנירן
be out of order (broken) נישט פֿונקציאָנירן; זײַן קאַליע; נישט גיין ‹אַרבעטן›
be out of order (disorganized) נישט זײַן אינעם ריכטיקן סדר
be out of order (procedurally) נישט רעדן לויטן סדר־היום [SÉYDER-HAYÓM]
by order of לויטן באַפֿעל פֿון
call for order בעטן זײַן שטיל
call to order רופֿן צום סדר־היום; עפֿענען ‹אָנהייבן› די זיצונג
doctor's orders are דער דאָקטער האָט געהייסן (אַז); דער דאָקטער האָט פֿאַרשריבן ‹אָרדינירט› (אַז)
follow orders אויספֿירן דעם באַפֿעל; מקיים זײַן דעם באַפֿעל [MEKÁYEM]
give an order הייסן; באַפֿעלן; אָרדינירן
He's under orders (to) מע הייסט אים + אינפֿ'; מ'האָט באַפֿוילן אַז ער זאָל + אינפֿ'
in order אין אָרדענונג; כּשורה; אויפֿן אָרט; ווי סע באַדאַרף צו זײַן [KEShÚRE]
in order of על־פּי ‹לויטן› סדר פֿון [ÁLPI]
in order to כּדי צו; בכדי צו [KEDÉY] [BIKhDÉY]
in short order אין גיכן; באַלד; שוין
issue an order אַרויסלאָזן ‹אַרויסגעבן› אַ באַפֿעל
keep order האַלטן אַן אָרדענונג; האַלטן אַ סדר
made to order געמאַכט אויף באַשטעלונג; געמאַכט צום באַשטעלן
of a higher order פֿון אַ העכערער אָרדענונג
on order (שוין) באַשטעלט
on/per sb.'s order לויט + פּאָס' באַפֿעל
out of order נישט אין אָרדענונג; קאַליע (געוואָרן)
order of protection דער באַשיץ־באַפֿעל, ־ן
pay to the order of אויסשטעלן ‹אויסשרײַבן› אַ טשעק צו
place an order באַשטעלן
point of order די פֿראַגע צום סדר
Point of order! צום סדר!
put in order אויססדרן; (אײַנ)אָרדענען; ברענגען אין אָרדענונג; מאַכן אַ טאָלק פֿון ‹אין› [ÓYSSÁDERN]
two orders of French fries צוויי פֿאַרציעס פֿריטלעך
order, *v.*
(command) הייסן + דאַט'; באַפֿעלן + דאַט'; געבאָטן + דאַט'
(in restaurant) באַשטעלן; הייסן דערלאַנגען ‹ברענגען›
(med.) הייסן (אײַנגעבן); פֿאַרשרײַבן; אָרדינירן
(merchandise/taxi) באַשטעלן
order around קאָמאַנדעווען ‹באַלעבאָטעווען› איבער; שאַפֿן זיך מיט
order book דאָס באַשטעלבוך, ...ביכער
order form דער באַשטעל־צעטל, ־ען; דער באַשטעלבלאַנק, ־ען
orderliness דער סדר [SÉYDER]
(peacefulness) די/דאָס רויִקייט; די/דאָס פֿרידלעכקייט
orderly, *adj.* מיט אַ סדר ‹טאָלק›; סדרדיק; מעטאָדיש; אָרגאַניזירט [SÉYDER] [SÉYDERDIK]
(peaceful) רויִק; פֿרידלעך
orderly, *n.*
(med.) דער סאַניטאַר, ־ן; דער געהילף־ברודער, ־ברידער; דער באַהעלפֿער, ־ס
(mil.) דער אָרדינאַנס, ־ן
ordinal, *adj.* סדר־... [SÉYDER]
ordinal, *n.* די סדר־צאָל, ־ן; דער אָרדינאַל, ־ן [SÉYDER]
ordinance די פֿאַראָרדענונג, ־ען
ordinand דער קאַנדידאַט אויף אָרדינאַציע ‹גלח› [GÁLEKh]
ordinarily בדרך־כּלל; געוויינ(ט)לעך [BEDÉREKh-KLAL]
ordinary געוויינ(ט)לעך; סתם אַ ...; פּשוט; פּראָסט; געמיין; וואָכעדיק; גלאַט; פֿון אַ גאַנץ יאָר [STAM] [PÓShET]
on an ordinary day אין סתם אַ טאָג; אין אַ פּראָסטן מיטוואָך
out of the ordinary אומגעוויינ(ט)לעך; אויסנעמיק; מיט העכער
ordinary person סתם אַ מענטש; דער פּשוטער בשׂר־ודם; דער פּראָסטער חי־וקים [STAM] [PÓShETER] [BOSERVEDÓM] [KhÁY-VEKÁYEM]
ordinary person (*hum.*) דער פּראָסטער מיטוואָך
ordinate דער אָרדינאַט, ־ן
ordination די אָרדינאַציע, ־ס
(J./rabbinic) די סמיכה, ־ות; די היתּר־הוראה, ־ס [SMÍKhE] [HÉTER-HOYRÓE]
ordnance די אָרדינאַנץ, ־ן; דאָס שיסוואַרג
ordure די צואה; דאָס (שטאַל)מיסט; דער גנוי [TSÓYE]
ore דאָס אַרץ, ־ן; די רודע, ־ס
ore concentrate דער אַרץ־קאָנצענטראַט, ־ן
ore deposit דאָס אַרץ־געלעגער, ־ס; דער אַרצלאַגער, ־ן
oregano דער אָריגאַן
Oregon (דאָס) אָרעגאָן
organ
(bio.) דער אָרגאַן, ־ען
(mus.) דער אָרגל, ־ען
(penis/_euph._**)** דער (מענלעכער) אבֿר, ־ים [ÉYVER, ÉYVRIM]
(periodical) דער אָרגאַן, ־ען
organ donation דאָס שענקען אַן אָרגאַן
Organ donations have fallen די צאָל אָרגאַנען וואָס מע שענקט איז געפֿאַלן
organ donor דער אָרגאַן־געבער ‹־דאָנאָר›, ־ס
organdy דער אָרגאַנדי(ן)
organ grinder דער קאַטערינשטשיק, ־עס
organic אָרגאַניש
organically אָרגאַניש; אויף אַן אָרגאַנישן אופֿן [OYFN]
organic chemistry די אָרגאַנישע כעמיע

organic food דאָס אָרגאַניש עסן, ־ס; דאָס אָרגאַנישע עסנוואַרג
organic law דאָס גרונטגעזעץ, ־ן
organism דער אָרגאַניזם, ־ען
organist דער אָרגלער, ־ס; דער אָרגל־שפּילער, ־ס
organization
(act) דאָס אָרגאַניזירן; די אָרגאַניזירונג
(institution) די אָרגאַניזאַציע, ־ס
(composition) די סטרוקטור
organizational אָרגאַניזאַטאָריש; אָרגאַניזאַציאָנעל
at an organizational level וואָס שייך סטרוקטור [ShÁYEKh]
Organization of Petroleum Exporting Countries די אָרגאַניזאַציע פֿון נאַפֿט־עקספּאָרטירנדיקע לענדער
organize, *vt./vi.* אָרגאַניזירן (זיך); פֿאָרמירן (זיך)
organized אָרגאַניזירט
get organized אָרגאַניזירן זיך; איינאָרדענען זיך
organized crime דאָס אָרגאַניזירטע פֿאַרברעכערײַ
organized labor די פֿאַראייניקטע אַרבעטערשאַפֿט
organizer
(file) די אָרגאַניזירקע, ־ס; די אָרגאַניזיר־טעקע, ־ס
m./unsp. דער אָרגאַניזאַטאָר, ...אָרן; דער אָרגאַניזירער, ־ס
f. די אָרגאַניזאַטאָרשע, ־ס; די אָרגאַניזירערין, ־ס
organizing committee דער אָרגאַניזיר־קאָמיטעט, ־ן
organ rejection דאָס אָפּשטויסן דעם ‹אַן› אָרגאַן; דער אָרגאַן־אָפּשטויס
orgasm, *n.* דער אָרגאַזם, ־ען; דער שפּיץ, ־ן
orgasm, *v.* דערגרייכן ‹האָבן› אַן אָרגאַזם; קומען צום אָרגאַזם ‹שפּיץ›; אָרגאַזמירן
orgasmic אָרגאַזמיש
orgiastic אָרגיע...; אָרגיאַסטיש
orgy די אָרגיע, ־ס; די וואַקכאַנאַליע, ־ס; דער שוואַרץ־שבת [ShÁBES]
orgy of killing די בלוטאָרגיע, ־ס
drunken orgy די וואַקכאַנאַליע, ־ס
oriel דער ערקער, ־ס
Orient, *n.* דער מיזרח; דער אָריענט [MÍZREKh]
orient, *vt./vi.* אָריענטירן (זיך)
Oriental, *adj.* אָריענטאַליש
Oriental, *n.*
m./unsp. דער אָריענטאַל, ־ן
f. די אָריענטאַלין, ־ס
Orientalia די אָריענטאַליע
orientation די אָריענטירונג, ־ען
(class) דער אָריענטיר־קורס, ־ן
(pol./ideological) *also* די אָריענטאַציע, ־ס; די נייגונג, ־ען; דאָס זײַן ... געשטימט
(getting one's bearings) דאָס אָריענטירן זיך
(sexual) *also* די נייגונג, ־ען
oriented אָריענטירט
get well oriented גוט אָריענטירן זיך; פֿונאַנדערקלײַבן זיך
orifice די עפֿענונג, ־ען; דאָס מײַל(ע)כל, ־עך
origami דער אָריגאַמי
origin
(beginning) [BRÉYShES] דער אָנהייב, ־ן; דער בראשית, ־ן
(development) דער אויפֿקום, ־ען
(parentage) דער אָפּשטאַם, ־ען
(source) דער קוואַל, ־ן; דער מקור, ־ים [MÓKER, MEKÓYRIM]
original, *adj.* אָריגינעל; ערשטיק; תּחילתדיק; לכתּחילהדיק; קדמון־... [TKhÍLESDIK] [LEKhATKhÍLEDIK] [KÁDMEN]
original, *n.* דער אָריגינאַל, ־ן
in the original אין (דעם) אָריגינאַל; אין די מקורים [MEKÓYRIM]
originality די/דאָס אָריגינעלקייט
originally לכתּחילה; תּחילת [LEKhATKhÍLE] [TKhÍLES]
original sin דער חטא־הקדמון; דער חטא אָדם הראשון; די קדמון־זינד [KhET-HAKÁDMEN] [KhET ÓDEM HORÍShN] [KÁDMEN]
originate
vt. איניציִירן; שאַפֿן; אָנהייבן
vi. אויפֿקומען; אָנהייבן זיך; שטאַמען; וואַקסן; נעמען זיך
Who originated the idea? פֿון וועמען שטאַמט ‹נעמט זיך› דער אײַנפֿאַל?
origination דער אויפֿקום; דער אָנהייב
origination fee דאָס אַקטיוויר־געלט
originator דער מתחיל, ־ים; דער איניציאַטאָר, ...אָרן; דער שאַפֿער, ־ס [MÁSKhL, MASKhÍLIM]
oriole דאָס אײוועלע, ־ך; די אָריאָלע, ־ס
Orion דער אָריאָן; דער יעגערריז
orison דאָס געבעט, ־ן; די תּפֿילה, ־ות [TFÍLE]
Orlon דער אָרלאָן
ormolu דער אַרמאָלו
ornament, *n.* דער אָרנאַמענט, ־ן; דער באַפּוץ; די באַפּוצונג, ־ען; דער (אויס)ציר; דער פּאר; דאָס שײַנדל, ־עך; די צאַצקע, ־ס [PER]
(Christmas tree) די יאָלקע־צאַצקע, ־ס
ornament, *v.* אָרנאַמענטירן; באַצירן; באַפּוצן
ornamental אָרנאַמענטאַל; פּוץ...; ציר...
ornamental art די אָרנאַמענטאַלע קונסט
ornamentation די אָרנאַמענטירונג, ־ען; די באַפּוצונג, ־ען
(mus.) די אָרנאַמענטיק
ornate באַפּוצט; אָרנאַמענטירט; געצאַצקעט
(flowery) מליצהדיק [MELÍTSEDIK]
(overly decorated) שטאַרק ‹רײַך› באַפּוצט; צאַצקעדיק; צאַצקעוואַטע
ornate
(speech) מליצהדיק [MELÍTSEDIK]
(writing) געצוקט; פֿאַרצוקט
ornery עקשנותדיק; בייז; פֿאַסקודנע [AKShÓNESDIK]
ornithological אָרניטאָלאָגיש
ornithologist דער אָרניטאָלאָג, ־ן
ornithology די אָרניטאָלאָגיע
orphan, *n.*
(having lost one parent/*m.***)** דער יתום, ־ים [YÓSEM, YESÓYMIM]
(having lost both parents/*m.***)** דער קײַלעכ(ד)יקער יתום, ־ים
(having lost one parent/*f.***)** [YESÓYME] די יתומה, ־ות
(having lost both parents/*f.***)** די קײַלעכ(ד)יקע יתומה, ־ות
(typ.) די הענג־שורה, ־ות [ShÚRE]
orphan, *v.* מאַכן פֿאַר אַ יתום [YÓSEM]
be orphaned פֿאַריתומט ווערן; ווערן אַ יתום [FARYÓSEMT]
orphanage דאָס יתומים־הויז, ־הײַזער; דאָס בית־יתומים, בתּי־... [YESÓYMIM] [BEYS-YESÓYMIM, BÓTE-...]
orphaned פֿאַריתומט [FARYÓSEMT]
Orpheus אָרפֿיי
orpine דער ראַסכאָדניק
orthocenter דער אָרטאָצענטער, ־ס
orthodontic אָרטאָדאָנטיש
orthodontics די אָרטאָדאָנטיק ל״י
orthodontist דער אָרטאָדאָנט, ־ן; דער אָרטאָדאָנטיסט, ־ן
orthodox אָרטאָדאָקסיש; אָרטאָדאָקסאַל

orthodox person (*m./unsp.*) דער אָרטאָדאָקס, ־ן
orthodox person (*f.*) די אָרטאָדאָקסין, ־ס
Orthodox Jew (*m./unsp.*) דער אָרטאָדאָקסישער געב׳
Orthodox Jew (*f.*) די אָרטאָדאָקסישע, –
the Orthodox (**J.**) אָרטאָדאָקסישע ייִדן
Orthodox Church די צערקווע, ־ס; די פּראַוואָסלאַוויע
orthodoxy די אָרטאָדאָקסיע; די/דאָס אָרטאָדאָקסישקייט
orthographer דער אָרטאָגראַף, ־ן
orthographic אָרטאָגראַפיש; אויסלייג...
orthography די אָרטאָגראַפיע; דער אויסלייג
orthopedic אָרטאָפּעדיש
orthopedics די אָרטאָפּעדיק ל״י
orthopedic surgeon דער אָרטאָפּעדישער כירורג, ־ן
orthopedic surgery די אָרטאָפּעדישע כירורגיע
orthopedist דער אָרטאָפּעד, ־ן
orthotic דער אָרטאָז, ־ן
ortolan דער גאָרטן־אַמער, ־ס; דער אָרטאָלאַן, ־ען
OS *see* **operating system**
Oscar award די אָסקאַר־פּרעמיע, ־ס
oscillate אָסצילירן
 (**waver**/*fig.*) וואַקלען זיך
oscillation די אָסצילירונג, ־ען
 (**wavering**/*fig.*) דאָס וואַקלעניש, ־ן
oscillator דער אָסצילירער, ־ס; דער אָסצילאַטאָר, ־ס
oscillogram די אָסצילאָגראַם, ־ען
oscillograph דער אָסצילאָגראַף, ־ן
osculate אָסקול(ט)ירן
 (**kiss**/*hum.*) סמאָטשען (מיט די ליפּן)
osculation די אָסקול(ט)אַציע
 (**kissing**/*hum.*) דאָס סמאָטשקעריַי
osier די ווערבע, ־ס
Oslo (די) אָסלע
osmium דער אָסמיום
osmosis דער אָסמאָז
osmotic אָסמאָטיש
osprey דער פֿישאָדלער, ־ס
osseous ביינ(ער)...; ביינערן
ossification די פֿאַרביינערונג; דאָס פֿאַרביינערט ווערן
ossifrage דער ביינברעכער, ־ס
ossify פֿאַרביינערט ווערן
osteitis דער אָסטעיִט
ostensible באַשײַמפּערלעך; קלאָר; כּלומרשטיק [KLÓYMERShTIK]
ostensibly לפּנים; לכאורה; כּלומרשט [LEPÓNEM] [LIKhÓYRE] [KLÓYMERShT]
ostentation דאָס אויסשטעלעריַי; דאָס אויספּײַנעריַי; דער פּוץ; דאָס באַרימעניש
 (**luxury**) דער שווילטאָג
ostentatious אויסשטעלעריש; אויספּײַנעריש; באַרימעריש
ostentatiously דעמאָנסטראַטיוו; אויף אַן אויסשטעלערישן ‹אויספּײַנערישן› אופֿן [OYFN]
osteoarthritis דער אָסטעאָאַרטריט
osteomyelitis דער אָסטעאָמיעליט
osteopath דער אָסטעאָפּאַט, ־ן
osteopathic אָסטעאָפּאַטיש
osteopathy די אָסטעאָפּאַטיע
osteoporosis דער אָסטעאָפּאָראָז; די/דאָס ביינער־פֿאַרלעכערטקייט
ostler דער שטאַלדינער, ־ס; דער קאָניוך, ־עס
ostracism דער אָסטראַקיזם; דאָס אויסשליסן פֿון כּלל; דאָס פֿאַרטרײַבן פֿון דער געזעלשאַפֿט [KLAL]
 (**J.**) דער חרם [KhÉYREM]
ostracize אָסטראַקירן; שטעלן מחוץ־למחנה; אויסשליסן פֿון כּלל [MEKhÚTS-LAMÁKhNE] [KLAL]
 (**J.**) (אַרײַנ)לייגן אין חרם; מחרים זײַן [KhÉYREM] [MÁKhREM]
ostrich דער שטרויס, ־ן
ostrich fern די שטרויספֿעדער
other, *adj.* אַנדער
 every other day יעדן צווייטן טאָג; אַ טאָג איבער אַ טאָג; אַלע צוויי טעג
 every other line יעדע צווייטע שורה; אַ שורה איבער אַ שורה [ShÚRE]
 every other page יעדעס צווייטע זײַטל; אַ זײַט(ל) איבער אַ זײַט(ל)
 one or the other איינס פֿון די בײדע ‹צוויי›
 other than (אַ)חוץ
 some other time אַן אַנדערט ‹אַנדערש› מאָל
 the other day אַנומלט(ן); מיט עטלעכע טעג צוריק
 the other woman די אַנדערע
other, *pron.* אַנדער געב׳
 I can't tell one from the other איך קען נישט אונטערשיידן ‹דערקענען› איינס פֿונעם צווייטן; איך קען נישט אונטערשיידן ‹דערקענען› צווישן די בײדע
 others אַנדערע
otherwise [BEÍM-LÁV] אַניִשט; אַנדערש; (אַ)זיסט; באם־לאַוו
otherworldly יענוועלטיק; פֿון יענער וועלט; נישט פֿון דער וועלט
otolaryngological אָטאָלאַרינגאָלאָגיש
otolaryngologist דער אָטאָלאַרינגאָלאָג, ־ן
otolaryngology די אָטאָלאַרינגאָלאָגיע
otological אָטאָלאָגיש
otologist דער אָטאָלאָג, ־ן
otology די אָטאָלאָגיע
otoscope דער אָטאָסקאָפּ, ־ן
otter די ווידרע, ־ס; דער וואַסער־מאַרדער, ־ס
 (**fur**) די ווידרע
ottoman די אָטאָמאַנ(ק)ע, ־ס
Ottoman Empire די אָטאָמאַנישע אימפּעריע
Ouch! אוי!; אַך!
ought דאַרפֿן; זאָלן; וואָלטן באַדאַרפֿט ‹געדאַרפֿט›
 as it ought to be ווי ס׳באַדאַרף צו זײַן
 She ought to have come זי האָט געדאַרפֿט ‹געזאָלט› קומען
 She ought to know זי וואָלט דאָס געדאַרפֿט ‹באַדאַרפֿט› וויסן
 He ought to see this ער וואָלט דאָס געדאַרפֿט ‹געמעגט› זען; ס׳איז כּדאַי ער זאָל דאָס זען [KEDÁY]
Ouija board דאָס/די סעאַנסברעט, ־ער
ounce די אונץ, ־ן
our אונדזער
 our man אונדזער מענטש ‹יאַט/בחור›; אַן אונדזעריקער [BÓKhER]
ours אונדזער געב׳; אונדזעריק
 a friend of ours אונדזערס אַ חבֿר; אַ חבֿר אונדזערער [KhÁVER]
 one of ours אַן אונדזעריקער
ourselves זיך אַליין
 all by ourselves מיר אַליין; מיר גופֿא [GÚFE]
oust אַראָפּזיצן; באַזײַטיקן; אַרויסוואַרפֿן; אַרויסשטופּן; הייסן + דאַט׳ גיין
 (**dethrone**) אַראָפּזיצן פֿון טראָן
ouster דאָס אַראָפּזעצן; דער אַראָפּזעץ, ־ן; די באַזײַטיקונג, ־ען; דאָס באַזײַטיקט ווערן
out, *adj.*

(not home) נישטאָ ‹נישט› אין דער היים
(not in) אַרויס
(not on) אויסגעלאָשן; פֿאַרלאָשן
(extinguished) פֿאַרלאָשן; אויסגעלאָשן
be out sick זײַן קראַנק (אין דער היים)
be out there (visible) אָנזען זיך
He's out (away) ער איז נישטאָ
He's out (gay) ער איז אַן אָפֿענער האָמאָסעקסואַליסט
She's out (gay) זי איז אַן אָפֿענע לעסבערקע ‹לעסביאַנקע›
out and about אויף די פֿיס
out there (crazy) משוגע; צעדרייט [MEShÚGE]
out there (outside) (דאָרטן) אין דרויסן
School is out for the summer די שול איז פֿאַרמאַכט אויפֿן זומער
The ball is out ס'איז אַוט ‹טרייף›
out, *adv.* אַרויס
(away) אַוועק
(spo.) אַוט; טרייף; פֿאַרפֿאַלן
have it out with דעררעדן זיך צו(ן) אַ טאָלק מיט; (אַ)דורכרעדן ‹(אַ)דורכשמועסן› זיך מיט
out and away אָן קיין שום ספֿק; ווײַט; פֿון יעדן קוקווינקל [SÓFEK]
out front פֿון ‹אין› פֿאָרנט
out loud אויף אַ קול [KOL]
She's out cold זי האָט אַוועקגעחלשט [AVÉKGEKhÁLESht]
Out!, *int.* אַרויס!
(baseball) אַוט!
Out with it! נו, זאָג(ט) שוין!; גיב ‹גיט› לשון! [LOShN]
out, *prep.*
be out of it זײַן צעפּלויגן ‹צעטראָגן›; נישט וויסן וואָס און ווו; זײַן נישט־הי׳; זײַן אַ נישט־דאָ׳קער געב׳
out of (having emerged) אַרויס פֿון
out of (because of) אויס; מתּוך [MITÓKh]
out of the way (far) אויסן וועג; אין אַ העק
out of work אָן אַרבעט
We're out of ס'איז אונדז אויסגעגאַנגען + נאָמ׳; ס'איז אונדז מער נישט געבליבן קיין + נאָמ׳
out, *n.*
(spo.) דער אַוט, –
look for an out זוכן אַן אויסוועג; זוכן אַ וועג אַרויס
leave oneself an out מאַכן אַ קנופּ מיט אַ שלייף
out, *v.* אויפֿדעקן; אַרויסאַנטפּלעקן
out oneself לאָזן זיך דערקענען; אַרויסאַנטפּלעקן זיך
He was outed מע האָט אים אַרויסאַנטפּלעקט ‹אויפֿגעדעקט›
outage
(lost goods) דאָס פֿאַרפֿאַלענע
(power) דער אויסלעש, ־ן; דער אָפּשטעל, ־ן
out-and-out לחלוטינדיק; אַבסאָלוט; דורך און דורך [LAKhLÚTNDIK]
outback די/דאָס העק
outbalance איבערוועגן
outbid אויסקאָנקורירן; איבערבאָטן; איבערליציטירן
outboard motor דער חוצבאָרטיקער מאָטאָר, ־ן
outbound אַרויס...
outbound flight דער אַרויספֿלי, ־ען
outbound train די אַרויסבאַן, ־ען
outbox די אַרויספּאָסט
outbrave אַרויסווײַזן מער קוראַזש פֿון
(stand up to) נישט מורא האָבן פֿאַר [MÓYRE]
outbreak דער אויסבראַך, ־ן
outbuilding די בײַגעבײַ, ־ען
outburst
(storm) דער אויסבראַך, ־ן
(of tears) דאָס אויספּלאַצן מיט אַ געוויין
outcast דער אויסוואָרף, ־ן; דער אַרויסגעשטויסענער געב׳; דער אויסגעשלאָסענער געב׳
outclass אַריבערשטײַגן; איבערלאָזן ווײַט פֿון הינטן
outcome דער רעזולטאַט, ־ן; דער פּועל־יוצא, ־ס; דער אַרויסקום, ־ען [PÓY(E)L-YÓYTSE]
outcrop דער (שטיין־)אַרויסשטאַרץ, ־ן
outcry דער אויסגעשריי, ־ען; דער פּראָטעסט, ־ן; דאָס ווייגעשריי, ־ען; דער ויצעקו [VAY(I)TSÁKU]
outdated פֿאַרעלטערט; אָפּגעלעבט; עבֿר־זמניק [OVERZMÁNIK]
outdistance איבעריאָגן
outdo אַריבערשטײַגן; פֿאַרשטעקן + אַק׳ אין גאַרטל
not be outdone רעוואַנשירן זיך
not to be outdone כּדי נישט אָפּצושטיין ‹שטיין אויף צוריק› [KEDÉY]
outdoor דרויסנדיק; אויף דער פֿרײַער לופֿט
outdoor game די דרויסנדיקע שפּיל, ־ן
outdoors, *adv.* אין דרויסן
outdoors, *n.* דער (אינ)דרויסן
outdoor wedding די חתונה אויף דער פֿרײַער לופֿט [KhÁSENE]
outer, *adj.* דרויסנ...; דרויסנדיק; אויסנווייניקסט; אייבער...
outer ear דער/דאָס דרויסנדיקע(ר) אויער, ־ן
outer garment דער אייבערבגד, ־ים [ÉYBERBÉGED, ÉYBERB(E)GÓDIM]
outermost סאַמע דרויסנדיקסט
outer space דער קאָסמאָס
outerwear דרויסנדיקע ‹אייבערשטע› מלבושים ל״ר; אייבערבגדים ל״ר [MALBÚShIM] [ÉYBERB(E)GÓDIM]
outfield דאָס ווײַטפֿעלד, ־ער
outfielder דער ווײַטפֿעלדניק, ־עס
outfit, *n.*
(clothing) דער גאַרניטער, ־ס; דער קאָסטיום, ־ען
(company) די פֿירמע, ־ס
(gear) דער אויסריכט, ־ן; די אויסשטאַטונג, ־ען; די עקיפּירונג, ־ען
(unit) דער איינס, ־ן; די גרופּע, ־ס
outfit, *v.* אויסריכטן; עקיפּירן
outfitter דער צושטעלער, ־ס; דער אויסשטאַטער, ־ס
sports outfitter's דאָס ספּאָרטגעשעפֿט, ־ן
outflank איבערמאַנעווּרירן
outflow דער אַרויספֿלייץ, ־ן
outfox איבערכיטרעווע(ו)ן
outgeneral טאַקטיש אַריבערשטײַגן
outgoing
(direction) אַרויס...
(leaving office) אָפּטרעטנדיק
(sociable) געזעלשאַפֿטלעך; חבֿרותאדיק; עקסטראַווערט [KhAVRÚSEDIK]
outgoing mail די אַרויספּאָסט
outgoing message דער אַרויסאָנזאָג, ־ן
outgrow אַריבערוואַקסן
(in maturity) אַרויסוואַקסן פֿון
outgrowth
(growth) דער אויסוווּקס, ־ן
(result) דער אַרויסוווּקס, ־ן; דער רעזולטאַט, ־ן; דער פּועל־יוצא, ־ס [PÓY(E)L-YÓYTSE]
outgun זײַן בעסער באַוואָפֿנט ‹אַנגעוואָפֿנט› פֿון
(*fig.*) בײַקומען; צעקלאַפּן; אַוועקלייגן

out-Herod אַריבערשטײַגן מיטן אַכזריות ‹ברוטאַלקייט› [AKhZÓRYES]
outhouse דער אָפּטריט ‹אָפּטרעט›, ־ן
outing
(excursion) דער אַרויספֿאָר, ־ן; די עקסקורסיע, ־ס
(exposing) די אויפֿדעקונג; די (אַרויס)אַנטפּלעקונג
outlandish [MEShÚNEDIK] אויסטערליש; טשודנע; משונהדיק
outlast איבערלעבן; אויסדויערן; אויסהאַלטן
outlaw, *n.* דער אויסערגעזעצלעכער געב׳; דער אַנטלאָפֿענער געב׳; דער באַנדיט, ־ן
outlaw, *v.* פֿאַרווערן; אַוועקשטעלן מחוצן געזעץ; אַסרן [MEKhÚTSN] [ÁSERN]
outlay, *n.* [HOYTSÓE/HETSÓE] די הוצאה, ־אות
outlay, *v.* אויסגעבן
outlet
(elec.) דער קאָנטאַקט, ־ן; די ראָזעטקע, ־ס
(exit) דער אויסגאַנג, ־ען; דער אויסוועג, ־ן
(of river) דער אויסגאָס, ־ן
(shopping) דער פֿאַרקויף־צענטער, ־ס; דער פֿאַרקויפֿמאַרק, ...מערק/־ן
be an outlet (psych.) לאָזן רעדן ‹אַנטפּלעקן זיך› די געפֿילן; העלפֿן אויסגיסן דאָס (ביטערע) האַרץ
He needs a sexual outlet ער נייטיקט זיך אין סעקסועלער באַפֿרידיקונג
outline, *n.*
(drawing) דער קאָנטור, ־ן; די סכעמע, ־ס; דער עסקיז, ־ן; דער קאָנצעפּט, ־ן; דער אָנוואַרף, ־ן
(summary) דער קאָנספּעקט, ־ן; דער קיצור, ־ים; ראָשי־פּרקים ל״ר [KÍTSER, KITSÚRIM] [RÓShE-PRÓKIM]
outline, *v.*
(draw) (אָנ)קאָנטורירן; אָנצייכענען; אָנוואַרפֿן; סקיצירן
(summarize) קאָנספּעקטירן
outlive איבערלעבן
outlive its usefulness שוין מער נישט קומען צו ניץ
outlive one's usefulness זײַן שוין אַן אָפּגעדאַוונטער
outlook
(attitude) דער קוקווינקל, ־ען; דער בליק, ־ן
(prospect) דער אויסבליק, ־ן; דער אויסקוק, ־ן; דער האָריזאָנט, ־ן; פּערספּעקטיוון ל״ר
(view) דער אַרויסקוק, ־ן; דער אויסבליק, ־ן
outlying ווײַט; אָפּגעלעגן
outmaneuver איבערמאַנעווּרירן; אַריבערשטײַגן
outmoded פֿאַרעלטערט; אַלטמאָדיש; שוין נישט אין דער מאָדע; עבֿר־זמניק [OVERZMÁNIK]
outnumber אַריבערשטײַגן אין צאָל; באַטרעפֿן מער(ער) פֿון
completely outnumber אַריבערשטײַגן בכּפֿל־כּפֿליים [BEKÉYFL-KEFLÁYEM]
be outnumbered (by) זײַן ווייניקער (מיט); באַטרעפֿן אַ קלענערע צאָל (ווי)
We were outnumbered four to one מיר זענען געווען מיט פֿיר מאָל ווייניקער; זיי האָבן באַטראָפֿן פֿיר מאָל אַזוי פֿיל ווי מיר
out-of-control צעווילדעוועט; אומגעצוימט
out-of-court [MEKhÚTSN] מחוצן געריכט
out-of-date פֿאַרעלטערט; שוין נישט אין דער מאָדע
out-of-doors אין דרויסן; אויף דער פֿרײַער לופֿט; אונטערן פֿרײַען הימל
out-of-pocket פֿון דער (אייגענער) קעשענע
out-of-print אויספֿאַרקויפֿט; נישטאָ צו באַקומען
out-of-state חוצשטאַטיש; אויסערשטאַטיש
out-of-the-way אין אַ העק; אין האַצעפּלאַץ ‹בויבעריק›
out-of-town חוצשטאָטיש; אויסערשטאָטיש; נישט־היג אַטר׳
out-of-towner דער חוצשטאָטישער געב׳; דער נישט־היגער געב׳
out-of-work אָן אַרבעט; אַרבעטסלאָז
outpatient, *adj.* אַמבולאַטאָריש
outpatient, *n.* דער אַמבולאַטאָריע־‹קליניק־›פּאַציענט, ־ן
outpatient department די אַמבולאַטאָריע, ־ס
outperform אַריבערשטײַגן; איבעריאָגן
outplay שפּילן בעסער פֿון ‹ווי›
outpoint געווינען לויט די פּונקטן
outpost דער אַוואַנפּאָסט, ־ן; דער פֿאָרפּאָסט, ־ן
outpouring דער פֿלייץ, ־ן; דער אויסגאָס, ־ן
outpouring of emotions דאָס אויסגיסן דאָס האַרץ; דאָס השתּפּכות־הנפֿש [HIShTÁPKhES-HANÉFESh]
output, *n.* די פּראָדוקציע; די אויסאַרבעטונג
(comp.) דאָס אַרויסוואַרג
output, *v.* פּראָדוצירן; אַרויסגעבן
(comp.) אַרויסגעבן
outrage, *n.*
(anger) דער (גרימ)צאָרן; די/דאָס אויפֿגעבראַכטקייט; די רציחה [RETSÍKhE]
(offensive act) דער סקאַנדאַל; די מיאוסע האַנדלונג; די באַליידיקונג; די מעשׂה־רע [MÍESE] [MAYSERÁ]
It's an outrage! ס׳אַ סקאַנדאַל!; ס׳איז סקאַנדאַליעז!; ס׳איז הימל עפֿן זיך!
outrage, *v.* דערצערענען; שטאַרק אויפֿברענגען
He was outraged (by) ער איז שטאַרק אויפֿגעבראַכט געוואָרן (פֿון); ער איז אַרײַנגעפֿאַלן אין גרימצאָרן (פֿון)
outrageous סקאַנדאַליעז; שענדלעך; נישט געהערט געוואָרן; הימל־שרײַענדיק
outrank האָבן אַ העכערן ראַנג פֿון; זײַן העכער אין ראַנג פֿון
outré טשודאַקיש; עקסצענטריש; איבערגעטריבן
outreach [KÍREV] [MEKÁREV] דער קירובֿ; דאָס מקרבֿ זײַן
outreach worker [KÍREV] דער קירובֿ־טוער, ־ס
outride
(on bicycle) פֿאָרן בעסער פֿון ‹ווי›
(on horse) רײַטן בעסער פֿון ‹ווי›
outright, *adj.* אַבסאָלוט; בפֿירוש; קאַטעגאָריש; אָפֿן; דורכויסיק; ריין [BEFÉYRESh]
It's an outright lie! ס׳איז אַ ריינער ליגן!
outright, *adv.* גלײַך אויפֿן אָרט; אָפֿענערהייט; לגמרי; אַבסאָלוט; בפֿירוש [LEGÁMRE] [BEFÉYRESh]
outrun איבעריאָגן
outsell פֿאַרקויפֿן זיך בעסער פֿון
outset דער אָנהייב, ־ן
at the outset [LEKhATKhÍLE] אין אָנהייב; לכתּחילה
from the outset שוין פֿון סאַמע אָנהייב
outshine אַריבערשײַנען; איבערשטראַלן; פֿאַרשטעלן + אַק׳ אין גאַרטל
outshout אַריבערשרײַען
outside, *adj.* דרויסנדיק; אויסנווייניקסט
an outside possibility אַ ווײַטע מעגלעכקייט; אַ גאָר קליינער שאַנס
outside, *adv.* אין דרויסן; אויסנווייניק; אויסן
be outside זײַן אין דרויסן
go outside אַרויסגיין אין דרויסן
outside, *n.* דער (אינ)דרויסן; דער אויסנווייניק
at the outside (latest) דאָס סאַמע שפּעטסטע
at the outside (most) העכסטנס; מאַקסימום
be on the outside (*fig.*) שטיין פֿון דרויסן; שטיין אויף די ראַנדן; אויסן בלײַבן
from the outside פֿון דרויסן
on the outside אויסנווייניק
outside, *prep.* **(of)** [MEKhÚTS] אין דרויסן פֿון; מחוץ

(city/town) מחוץ; הינטער
outside angles אויסנווייניקסטע ‹דרויסנדיקע› ווינקלען
outsider דער דרויסנדיקער געב'; דער זײַטיקער געב'; דער פֿרעמדער געב'
outsize אומגעווײנ(ט)לעך גרויס
outskirts די פּעריפֿעריע ל״ן; דער ראַנד, ־ן
on the outskirts אויף דער פּעריפֿעריע; אויף די ראַנדן
on the outskirts of town הינטערן שטעטל; הינטער דער שטאָט
outsmart איבערכיטרעווע(ן); איבערקליגלען; איבערשפּיצן
outsource אויסלאַגערן; איבערגעבן (אַרבעט) מחוצנע [MEKhÚTS(E)NE]
outsourcing די אויסלאַגערונג
outspend אויסגעבן מער פֿון
outspoken אַרויסזאָגעריש; אָפֿן־האַרציק; אָפֿן
outspread צעשפּרייט; אויסגעשפּרייט
outstanding אויסגעצייכנט; אויסנעמיק; אויסערגעווײנ(ט)לעך
(prominent) אָנגעזען; באַמערק־ווערדיק; בולט [BÓYLET]
(remaining) (איבער)געבליבן; פֿאַרבליבן; נישט־אויסגעפֿירט; נישט־געסילוקט [GESÍLEKT]
outstretched אויסגעצויגן; אויסגעשטרעקט
with outstretched arms מיט אויסגעצויגענע ‹אויסגעשטרעקטע/אָפֿענע› אָרעמס
outstrip איבעריאָגן; לאָזן הינטער זיך
outtake דער אַרויסשניט, ־ן
outvote איבערשטימען
He was outvoted מע האָט אים איבערגעשטימט
outward
(direction) אַרויס (צו)
(external) דרויסנדיק; חצוניותדיק [KhITSÓYNIESDIK]
to all outward appearances אויף וויפֿל מע דערקענט; למראית־עין; כּלפּי־חוץ [LEMÁRES-ÁYEN] [KLÁPE-KhÚTS]
outward appearance דאָס חצוניות [KhITSÓYNIES]
outwardly פֿון דרויסן; כּלפּי־חוץ [KLÁPE-KhÚTS]
outweigh אַריבערוועגן; איבערוועגן
outwit *see* **outsmart**
outyell איבערשרײַען
ouzel די וואַסער־אַמסטל, ־ען
ouzo דער אוזאָ
oval, *adj.* אָוואַל
oval, *n.* דער אָוואַל, ־ן
Oval Office דער אָוואַלער קאַבינעט ‹אָפֿיס›
ovarian אייערנעסט־...
ovarian cycle דער אייער(נעסט)־ציקל, ־ען
ovarian cyst דער ציסט אין אייערנעסט
ovarian follicle דאָס גראַאַפֿס פּענכערל
ovarian ligaments דאָס אייערנעסט־געבינד קאָל'
ovary די אייערנעסט, ־ן; דער אייערשטאָק, ־ן
(bot.) דאָס פֿרוכטקניפּל, ־עך
ovation די אָוואַציע, ־ס; דאָס געפּליעסקערײַ
oven דער אויוון, ־ס
put in the oven זעצן; רוקן; (אַרײַנ)שטעלן אין אויוון
oven door די זאַסלינקע, ־ס; דאָס אויוון־טירל, ־עך
oven mitt די קאָכהענטשקע, ־ס; די אויוון־הענטשקע, ־ס
ovenproof אויוון־באַוואָרנט; אויוונפֿעסט
oven-ready גרייט אָפּצוקאָכן ‹אָפּצובאַקן›
ovenware דאָס באַקוואַרג; באַק־כּלים ל״ר [KÉYLIM]
over... איבער...; צו (פֿיל); איבעריק
over, *adj.* געענדיקט; אויס; פֿאַרבײַ
be over זײַן אויס; שוין זײַן פֿאַרענדיקט
over and done with געענדיקט; פּטור און עסק [PÓTER] [ÉYSEK]
get it over with שוין מאַכן אַ סוף; אָפּענדיקן [SOF]

It's not over till it's over ס'איז נאָך ווײַט נישט געענדיקט ‹אויס›; ס'איז נאָך אַ מהלך ביזן סוף [MEHÁLEKh]
over, *adv.* אַריבער
all over (everywhere) אומעטום
all over the ground איבער דער גאַנצער ערד
be left over איבערבלײַבן; פֿאַרבלײַבן
I'm not over him כ'האָב אים נאָך נישט פֿאַרגעסן; ער איז מיר נאָך נישט אַרויס פֿון האַרצן
Come over here! קום(ט) אַהער!
eighteen and over אַכצן־יאָריקע און העכער ‹עלטער›
eighteen and over (J./*iro.*) שמונה־עשׂרה־לחופּה [ShIMENÉSRE-LEKhÚPE]
over again נאָך ‹ווידער› אַ מאָל
over against אַ(נט)קעגן
over and over נאָך ‹אָבער› אַ מאָל און ווידער אַ מאָל; כּמה־וכּמה מאָל [KÁME-VEKÁME]
over here דאָ
over there דאָרט(ן)
several times over עטלעכע מאָל (נאָך אַנאַנד)
Want to come over? ווילסט ‹ווילט איר› זיך צוכאַפּן ‹אַריבערכאַפּן›?
over, *prep.* איבער; אַריבער; אויף
(more than) *also* העכער
go over the line דערגיין צו ווײַט; איבערציִען דאָס שטריקל
Over (the net)! אַריבער!
over a cup of coffee בײַ אַ טעפּעלע קאַווע
over and above פֿאַר ‹ווי› אַ צוגאָב; (אַ)חוץ
over dinner בשעת (דער) וועטשערע [BEShÁS]
over the hill שוין נישט יונג
over the limit צו פֿיל; צו לאַנג
over the radio אויפֿן ‹אין/דורכן› ראַדיאָ
over the summer במשך פֿונעם זומער; איבערן זומער [BEMÉShEKh]
It was way over the top ס'איז געווען העט איבער דער מאָס; ס'איז געווען אַ גרויסע גוזמא [GÚZME]
over three years ago מיט איבער ‹העכער› דרײַ יאָר צוריק
overabundant איבעריק; איבער דער מאָס
overact איבערשפּילן; רײַסן קוליסן
overactive איבעראַקטיוו
overage, *adj.* צו אַלט; איבער דער עלטער
overage, *n.* דער עודף [ÓYDEF]
overall, *adj.* כּוללדיק; אַלגעמיין [KÓYLELDIK]
overall, *adv.* בסך־הכּל; בדרך־כּלל [BESAKhÁKL] [BEDÉREKh-KLÁL]
overalls די קאָמבינאַציע, ־ס; דער קאָמבינעזאָן, ־ען; די ספּעצקליידונג ל״י
overanxious איבעריק אומרויִק ‹ציטערדיק›
be overanxious איבעריק באַאומרויִקן זיך; ציטערן צו פֿיל
overarching (אַלץ־)אַרומנעמיק; אַלץ־אַרומכאַפּנדיק
overbearing באַפֿעלעריש; הערשעריש
be overbearing דאָמינירן; קאָמאַנדעווע(ן)
overbid, *n.* דער צו הויכער אָנבאָט, ־ן
overbid, *v.* אָנבאָטן צו פֿיל
overblown גוזמאדיק; איבערגעטריבן [GÚZMEDIK]
overboard פֿון באָרט אַראָפּ
go overboard איבערטרײַבן; איבערציִען דאָס שטריקל; איבערכאַפּן די מאָס
overboil צעקאָכן
overbook פֿאַרקויפֿן צו פֿיל בילעטן
overbooked איבערפֿול
overburden איבערלאָדן

overcapacity די/דאָס איבערפֿולקייט
overcapitalize שלאָגן צו פֿיל קאַפּיטאַל; איבערקאַפּיטאַליזירן
overcast וואָלקנדיק; פֿאַרוואָלקנט; פֿאַרכמאַרעט; פֿאַרכמורעט
overcautious
be overcautious היטן זיך איבער דער מאָס
overcharge רעכענען צו פֿיל (בײַ); איבערנעמען (בײַ/פֿון); באַרײַסן; רײַסן ‹שינדן› + דאַט' אַ פֿאַס
overcoat דער מאַנטל, ־ען; דער פּאַלטן, ־ס; דער סורדוט, ־ן
overcome, *adj.*
(moved) גערירט
She was overcome by sleep דער שלאָף האָט זי גענומען
I was overcome by fear ס'האָט מיך אַרומגעכאַפּט אַ מורא [MÓYRE]
We were overcome with joy ס'האָט אונדז אַרומגעכאַפּט אַ פֿרייד; מיר זענען איבערגעפֿילט געוואָרן מיט פֿרייד
overcome with grief מיט אַ צעבראָכן האַרץ
He was overcome by the fumes ער איז געפֿאַלן אַ קרבן פֿון די גאַזן; די גאַזן האָבן אים אַוועקגעלייגט [KORBM]
overcome, *v.* בײַקומען; איבערקומען; גובֿר זײַן [GÓYVER]
overcome a hurdle בײַקומען אַ שוועריקייט ‹נסיון› [NISÓYEN]
overcompensate איבערקאָמפּענסירן
overcompensation די איבערקאָמפּענסירונג
overconfident צו זיכער בײַ זיך
overcook איבערקאָכן; צעקאָכן; קאָכן צו לאַנג
overcrowd איבערפּאַקן
overcrowded איבערגעפּאַקט; פֿאַרפּראָפּט; פֿול געפּאָקט
It was overcrowded מ'איז געשטאַנען קאָפּ אויף קאָפּ
overdo מגזם זײַן; איבערטרײַבן; איבערכאַפּן; איבערזאַלצן [MEGÁZEM]
(cul.) איבערקאָכן; צעקאָכן; איבערבראָטן; איבערבאַקן
(work/exercise) איבעראַרבעטן זיך; איבערהאָרעווע|ן זיך
overdone איבערגעטריבן; איבערגעזאַלצן
(cul.) איבערגעקאָכט; צעקאָכט; איבערגעבראָטן; איבערגעבאַקן
overdose, *n.* די איבערדאָזע, ־ס; די צו שטאַרקע דאָזע, ־ס
overdose, *v.*
vt. איבערדאָזירן; אײַנגעבן + דאַט' צו אַ הויכע דאָזע
vi. איבערדאָזירן זיך; אײַננעמען צו אַ הויכע דאָזע
overdraft די איבערציִונג, ־ען
(amount) דאָס איבערגעצויגענע
make an overdraft איבערציִען די קאָנטע
overdramatize דראַמאַטעווע|ן
overdraw איבערציִען די קאָנטע
My account is overdrawn כ'האָב איבערגעצויגן די קאָנטע
overdressed
(fancy) אויסגעסטרויעט; אויסגעשטראָצט
(too warmly) אָנגעפּעלצט; אָנגעבאַבעט
overdrive דער גיכגאַנג
be in overdrive (*fig.*) זײַן איבערגעהיצט; איבעראַרבעטן זיך
overdue פֿאַרשפּעטיקט; איבערפֿעליק
be overdue פֿאַרשפּעטיקן זיך
It's long overdue ס'איז שוין לאַנג געקומען די צײַט; ס'איז שוין די העכסטע צײַט
overeat איבערעסן זיך
overeater
m. דער איבערעסער, ־ס
f. די איבערעסערין ‹איבערעסערקע›, ־ס
overemphasize לייגן צו אַ גרויסן טראָפּ אויף; צו שטאַרק אַרויסהייבן
I can't overemphasize how איך קען נישט גענוג אַרויסהייבן ווי
overestimate, *n.* די איבערשאַצונג, ־ען
overestimate, *v.* איבערשאַצן
overexpose (phot.) איבערבאַלײַכטן; איבערעקספּאָנירן
overexposure (phot.) די איבערבאַלײַכטונג; די איבערעקספּאָנירונג
overextend
overextend oneself מתחייבֿ זײַן זיך אויף צו פֿיל ‹ווײַט› [MISKhÁYEV]
She was overextended זי האָט זיך אויף צו פֿיל ‹ווײַט› מתחייבֿ געווען
overfeed איבערקאָרמע|ן; (איבער)שטאָפּן
overfill איבערגיסן; איבערפּאַקן; איבערפֿילן
overflight דער אַריבערפֿלי, ־ען
overflow, *n.* דער איבערפֿלייץ, ־ן
overflow, *v.*
vt. אַריבערגיסן זיך (איבער); איבערגיין (איבער); איבערלויפֿן + אַק'; אַריבערגיין (איבער)
vi. אַריבערגיסן זיך; איבערגיסן זיך; צעגיסן זיך; פֿונאַנדערפֿלייצן זיך; אויסלויפֿן
overflow crowd דער איבערגעפּאַקטער עולם, ־ס [ÓYLEM]
overgrown
(person) איבערגעוואָקסן; איבערגעוואַקסן
(plants) פֿאַרוואָקסן; באַוואָקסן
overgrown with weeds פֿאַרוואָקסן מיט ווילדגראָז
overhand(ed) אײַבערהאַנטיק
throw overhand וואַרפֿן אײַבערהאַנטיק
overhand stroke דער אײַבערקלאַפּ, ...קלעפּ
overhand throw דער אײַבערוואָרף, ־ן
overhang, *n.* דער אַריבערהאַנג, ־ען
overhang, *v.* אַריבערהענגען
overhaul, *n.* דער רעמאָנט, ־ן
overhaul, *v.* רעמאָנטירן
overhead, *adj.* איבערן קאָפּ; סטעליע...
(expenses) גענעראַל
overhead, *adv.* איבערן קאָפּ; איבער + דאַט'; אויבן
overhead, *n.* גענעראַלע הוצאָות ל"ר [HOYTSÓES/HETSÓES]
overhead compartment דער באַגאַזש־האַלטער איבערן קאָפּ
overhead lamp דער סטעליעלאָמפּ, ־ן
overhead projector דער ליכט־פּראָיעקטאָר איבערן קאָפּ
overhear (צופֿעליק) אונטערהערן
overheat
vt. שטאַרק צעוואַרעמען; איבערוואַרעמען
vi. איבערוואַרעמען זיך; איבערגעוואַרעמט ווערן
overindulge געניסן איבער דער מאָס
(in food) איבערכאַפּן די מאָס מיטן עסן; איבערעסן זיך
(in wine) טרינקען צו פֿיל ווײַן
overjoyed איבערגליקלעך; מלא־פֿרייד ‹־שׂימחה› [MÓLE] [SÍMKhE]
be overjoyed קוועלן פֿאַר פֿרייד ‹שׂימחה/פֿאַרגעניגן› [SÍMKhE]
overkill
It's overkill ס'איז שוין (בפֿירוש) איבערגעטריבן; ס'איז שוין העט איבער דער מאָס; מע שיסט מיט האַרמאַטן אויף שפּערלעך [BEFÉYRESh]
overland, *adj.* אויף דער יבשה [YABÓShE]
overland, *n.* דער יבשה־וועג [YABÓShE]
overlap, *n.* די טיילווײַזע דעקונג

There was some overlap זיי האָבן זיך צום טייל געדעקט
overlap, *v.* דעקן זיך
overlay, *n.* דער איבערלאַג, ־ן
overlay, *v.* איבערלייגן
overleaf אויף דער אַנדערער ‹פֿאַרקערטער› זײַט
overlie ליגן איבער; באַדעקן
overload, *n.* די איבערלאָדונג, ־ען; דאָס איבערלאָדן
overload, *v.* איבערלאָדן
overloaded איבערגעלאָדן
overloaded with work פֿאַרוואָרפֿן מיט אַרבעט
overlook
(look out on) אַרויסקוקן אויף; אַרויסגיין אין; אַראָפּקוקן אויף
(miss) פֿאַרקוקן; פֿאַרזען; פֿאַרפֿעלן; אַרויסלאָזן פֿונעם אויג
(excuse) צומאַכן די אויגן צו; קוקן דורך די פֿינגער אויף
overlord דער אייבערהאַר, ־ן
overlordship די אייבערהאַרשאַפֿט, ־ן
overly איבעריק(ס); צו; איבער דער מאָס
not overly נישט איבעריק
overman אָנשטעלן צו פֿיל אַרבעטערס
be overmanned האָבן צו פֿיל אַרבעטערס
overmedicate אײַנגעבן צו פֿיל מעדיקאַמענט(ן)
overnight, *adj.* איבערנאַכטיק
overnight, *adv.* איבער נאַכט
stay overnight איבערנעכטיקן
overnight, *v.*
vt. שיקן + אַק׳ אויף מאָרגן
vi. איבערנעכטיקן
overnight bag דאָס (האַנט)רענצל, ־עך
overpass דער אַריבערפֿאָר, ־ן
overpay באַצאָלן צו פֿיל; איבערצאָלן
He's overpaid מע באַצאָלט אים צו פֿיל
overplay
(exaggerate) מגזם זײַן; איבערטרײַבן [MEGÁZEM]
(overestimate) איבערשאַצן
(thea.) דראַמאַטעווע|ן; איבערשפּילן
overplay one's hand איבערשאַצן דעם אייגענעם כּוח [KÓYEKh]
overpopulate איבערבאַפֿעלקערן
overpopulated איבערבאַפֿעלקערט
overpopulation די איבערבאַפֿעלקערונג
overpower גובֿר זײַן; איבערשטאַרקן [GÓYVER]
overpowering [GÓYVER] נישט בײַצוקומען; נישט גובֿר צו זײַן
overprice פֿאָדערן צו אַ הויכן פּרײַז
It's overpriced סע פֿאַרקויפֿט זיך פֿאַר צו אַ הויכן פּרײַז; מע פֿאָדערט דערפֿאַר צו אַ הויכן פּרײַז
overprotective איבערבאַשיצעריש
overqualified איבערקוואַליפֿיצירט
overrate איבערשאַצן
It's way overrated ס'איז בכלל נישט כּדאַי [BIKhLÁL] [KEDÁY]
overreach פּרוּוון צו ווײַט דערגרייכן
overreach oneself איבעראָנשטרענגען זיך; איבערכאַפּן די מאָס
overreact איבעררעאַגירן
overreaction די איבעררעאַקציע, ־ס
overrestrict צו פֿיל באַגרענעצן
override בטל מאַכן; אַנולירן [BOTL]
overriding ווייכטיקסט; עיקרדיק; העכסט [ÍKERDIK]
of overriding importance דאָס סאַמע ווייכטיקסטע
overriding factor דער סאַמע ווייכטיקסטער ‹עיקרדיקער› פֿאַקטאָר, ...אָרן [ÍKERDIKER]
overripe איבערצײַטיק

overrule
(objection) אַנידערפּסקענען; אָפּוואַרפֿן; נישט אָנערקענען [ANÍDERPÁSKENEN]
(verdict) אַנולירן; בטל מאַכן [BOTL]
overrun, *n.* איבערהוצאָות ל״ר [ÍBERHOYTSÓES/...HETSÓES]
overrun, *v.* פֿאַרפֿלייצן; באַדעקן
be overrun with שווימען און גריבלען מיט; זײַן פֿאַרפֿלייצט מיט
oversalt איבערזאַלצן
overseas מעבֿר־לים; פֿון ‹אויף› יענער זײַט ים [MEÉYVER-LEYÁM] [YAM]
go overseas פֿאָרן מעבֿר־לים; פֿאָרן ‹פֿליען› אין אויסלאַנד
overseas student program די פּראָגראַם פֿאַר סטודענטן מעבֿר־לים
oversee אַכטיק ‹אַכטונג› געבן אויף; אויפֿזען
overseer דער אויפֿזעער, ־ס; דער משגיח, ־ים [MAZhGÍEKh, MAZhGÍKhIM]
oversell פֿאַרקויפֿן מער ווי מע האָט (אויפֿן לאַגער)
(fig.) צו פֿיל רעקלאַמירן
oversensitive איבעריק סענסיטיוו ‹שפּירעוודיק›
oversexed
be oversexed האָבן אַ שטאַרקן יצר ‹כּוח־הדם› [YÉYTSER] [KÓYEKh-HADÁM]
overshadow פֿאַרשאָטענען; אָנשאָטענען
overshoe דער קאַלאָש, ־ן
overshoot פֿאַרבײַשיסן
overshoot the mark דערגרייכן ‹דערגיין› צו ווײַט
overshoot the truth איבערטרײַבן דעם אמת [ÉMES]
overshoot the station פֿאַרבײַפֿאָרן די סטאַנציע
oversight
(omission) דער/דאָס פֿאַרזען, ־ס; דער פֿאַרזע, ־ען; דער דורכלאָז, ־ן
(supervision) די השגחה; דאָס אויפֿזען [HAZhGÓKhE/HAShGÓKhE]
due to an oversight צוליב ‹מחמת› אַ פֿאַרזען [MÁKhMES]
oversimplification (of) דאָס שטאַרק פֿאַרפּשוטערן [FARPÓShETERN]
oversimplify שטאַרק פֿאַרפּשוטערן; מאַכן צו פּשוט [FARPÓShETERN] [PÓShET]
oversized איבער גרויס
oversleep פֿאַרשלאָפֿן + אַק׳; פֿאַרשלאָפֿן זיך
(a long time) שלאָפֿן ביזן ווײַסן טאָג אַרײַן
overspend זײַן צו אויסגעבעריש ‹אויסברענגעריש›; זײַן אַן אויסברענגער; אויסגעבן צו פֿיל
overstaffed
be overstaffed האָבן צו אַ גרויסן פּערסאָנאַל
overstate מגזם זײַן; איבערטרײַבן [MEGÁZEM]
overstatement די גוזמא, ־ות/־אָות [GÚZME, GÚZMES/GUZMÓES]
overstay
overstay one's welcome פֿאַרגאַסטיעווע|ן זיך; פֿאַרזיצן זיך לאַנג צו גאַסט; ווערן אַן איבערגעשטאַנענער גאַסט; ווערן איבעריק
overstep איבערטרעטן; איבערשפּאַנען
overstep the mark איבערטרעטן די גרענעץ
overstock אָננעמען צו פֿיל אויפֿן לאַגער
overt אָפֿן
overtake
(catch up) אָניאָגן
(emotion) אַרומנעמען
(event/change) פֿאַרכאַפּן אומגעריכט
(pass) איבעריאָגן

overtax
(econ.) אַרױפֿלייגן ‹רעכענען› צו אַ הויכן שטײַער
(strength/patience) אויסשעפּן
overtax oneself אָנשטרענגען זיך איבער דער מאָס
overthrow, *n.* דער אַראָפּזעץ, ־ן; דער איבערקער, ־ן
overthrow, *v.*
(pol.) אַראָפּזעצן; איבערקערן; אַראָפּוואַרפֿן
(spo.) אַריבערוואַרפֿן
overtime, *adj.* איבערשעיִק [ÍBERShÓIK]
overtime, *n.* איבערשעהען ל״ר [ÍBERShÓEN]
overtime pay די איבערשעהען־‹איבעראַרבעט־›לוין [ÍBERShÓEN]
overtly אָפֿענערהייט; אָפֿן; ביודעים; בגילוי [BEYÓYDIM] [BEGÍLE]
overtone דער איבערטאָן, ...טענער
overture די אוווערטור, ־ן
make overtures מאַכן אוווערטורן
make sexual overtures to אָנהייבן זיך מיט; מאַכן + דאַט' סעקסועלע אוווערטורן
overturn, *vt./vi.* איבערקערן (זיך); קאַפּױערשטעלן (זיך)
overturn a verdict בטל מאַכן אַ פּסק־דין ‹ווערדיקט› [BOTL] [PSAKDÍN]
overuse, *n.* דאָס איבערניצן
overuse, *v.* איבערניצן
overvalue איבערשאַצן
overview דער איבערבליק, ־ן
overweening
(conceited) גרויס (פֿאַרריסן) בײַ זיך
(excessive) איבער דער מאָס; איבערגעטריבן
overweight, *n.* די איבערוואָג
overweight, *adj.*
be overweight וועגן צו פֿיל
overwhelm
(mil.) אַוועקלייגן; באַגראָבן; באַקומען די איבערהאַנט איבער
(*fig.*) גנאַטעווע|ן; פּריטשמעליע|ן; אַוועקלייגן
(with emotions) איבערפֿילן
overwhelming impression דער אַלגעמיינער רושם [RÓYShEM]
overwhelming majority דער רובֿ־מנין־ורובֿ־בנין; די איבערוועלטיקע מאַיאָריטעט [ROV-MÍNYEN-VERÓV-BÍNYEN]
overwhelmed איבערגענומען; איבערן קאָפּ; אָן אַ קאָפּ
overwork, *n.* די איבעראַרבעט
overwork, *v.*
overwork oneself איבעראַרבעטן זיך; איבערהאָרעווע|ן
overwrought איבערגעשפּאַנט; איבערגערייצט
oviduct דאָס אייטרײַבל, ־עך
oviparous אייער־לייגנדיק
ovoid איי־פֿאָרמיק; איי־פֿאָרעמדיק
ovulate אָוווּלירן
ovulation די אָוווּלאַציע
ovum דאָס איי־עלע, ־ך; דאָס איי־קעמערל, ־עך
owe קומען + דאַט'; זײַן שולדיק + דאַט'; האָבן צו פֿאַרדאַנקען + דאַט'
I owe him money איך קום אים געלט; איך בין אים שולדיק געלט
I owe this honor to אַ דאַנק + דאַט' האָב איך דעם כּבֿוד צו ...; דעם כּבֿוד האָב איך צו פֿאַרדאַנקען + דאַט' [KÓVED]
She owes me one זי קומט מיר אַ טובֿה ‹תשואות־חן› [TÓYVE] [TShÚES-KhÉYN]
owe a favor to קומען + דאַט' אַ טובֿה; זײַן + דאַט' שולדיק
owe one's success to מצליח זײַן אַ דאַנק + דאַט' [MATSLÍEKh]
owing to צוליב; מחמת; איבער [MÁKhMES]
owl די סאָווע, ־ס
owlet דאָס סאָוועלע, ־ך
owlish ווי אַ סאָווע; מעשׂה סאָווע [MÁYSE]
own, *adj.* אייגן
(blood-related) *also* לײַבלעך
a poet in her own right אַ פּאָעטעסע אין איר אייגענעם זכות; אַ פּאָעטעסע פֿאַר זיך [SKhUS]
be one's own person זײַן פֿאַר זיך
for its own sake לשמה [LIShMÓ]
Her own daughter איר לײַבלעכע ‹אייגענע› טאָכטער
with my own eyes אַליין; מיט די אייגענע אויגן
own, *pron.*
all of its own (דורכויס) אייגן
be on one's own זײַן פֿאַר זיך
come into one's own אָנערקענט ווערן ווי געהעריק; קריגן ‹אָפּנעמען› דאָס וואָס סע קומט + דאַט'; צײַטיק ווערן; צעבליִען זיך
(do stg.) on one's own איינער געב' אַליין
hold one's own (איינ)האַלטן זיך; באַשטיין דאָס אייגענע שטעטל; נישט לאָזן זיך שפּײַען אין דער קאַשע
of one's own אייגן
own,[1] *v.* (possess) פֿאַרמאָגן; האָבן אַן אייגן געב' ...; האָבן + פּאָס' אייגנס אַ ...
Who owns this car? וועמעס אויטאָ איז דאָס?; וועמען געהערט דער אויטאָ?
I have my own car כ'האָב אַן אייגענעם אויטאָ; כ'האָב מײַן אייגנס אַן אויטאָ
own,[2] *v.* (acknowledge)
own up to the truth מודה(־ומתוודה) זײַן זיך [MÓYDE(-UMISVÁDE)]
own,[3] *v.* (humiliate)
I own him ער איז בײַ מיר אַ משרת [MEShÓRES]
owner
m./unsp. דער בעל־הבית, בעלי־בתּים; דער פֿאַרמאָגער, ־ס; דער ˙אייגנטימער, ־ס [BAL(E)BÓS, BAL(E)BÁTIM]
f. די בעל־הביתטע, ־ס; די פֿאַרמאָגערין, ־ס; די ˙אייגנטימערין, ־ס [BAL(E)BÓSTE]
ownerless אָן אַ בעל־הבית; הפֿקר [BAL(E)BÓS] [HÉFKER]
owner-operator דער פּריוואַטניק, ־עס; דער שאָפֿער פֿונעם אייגענעם אויטאָ
ownership די פֿאַרמאָגערשאַפֿט; דאָס בעלות; דאָס פֿאַרמאָגן [BÁALES]
ox דער אָקס, ־ן; דאָס עקסל, ־עך
(of an ox) אָקסן
oxalis די קיסליצע
oxcart דער אָקסן־וואָגן, ־ס/־וועגענער
oxeye daisy דאָס קאַלבאויג
oxidant דער אָקסידאַנט, ־ן
oxide דער אָקסיד, ־ן
oxidize אָקסידירן זיך; אָקסידירט ווערן
oxlike אָקסן
oxtail דער אָקסן־וויידל, ־עך
oxtongue
(bot.) דער הירטשאַק
(cul.) די (אָקסן)צונג
oxyacetylene דער אָקסיאַצעטילען
oxyacetylene torch דער אַצעטילען־ברענער, ־ס
oxygen דער זויערשטאָף; דער אָקסיגען
oxygenate אָקסיגענירן
oxygenation די אָקסיגענירונג

oxygen deprivation דער אויספֿעל פֿון זויערשטאָף; דער זויערשטאָף־הונגער
oxygen mask די זויערשטאָף־מאַסקע, ־ס
oxygen tank דער זויערשטאָף־קאַניסטער, ־ס
oxygen tent דאָס זויערשטאָף־געצעלט, ־ן
oxymoron דער אָקסימאָראָן, ־ען
oyster דער אויסטער, ־ס
oyster bed דאָס/די אויסטערבעט, ־ן
oystercatcher דער אויסטער־פֿישער, ־ס
oyster plant די קאָרעבלום, ־ען
ozone דער אָזאָן
ozone layer/ozonosphere די אָזאָנאָספֿער

P

P דער פּע, ־ען
p. ז' [= זײַט]
PA *see* **Palestinian Authority**
pabulum די נערונג; די קינדער־פּאַפּע
(*fig.*) די גײַסטיקע שפּײַז
PAC *see* **political action committee**
pace, *n.* דער טראָט, טריט; דער גאַנג, גענג
(measurement) דער שפּאַן, ־ען
(speed) דער טעמפּאָ, ־ס; דער טעמפּ, ־ן
pace of growth די/דאָס וואַקסיקייט
keep pace with מיטהאַלטן מיט; גיין אין טראָט מיט
put through the paces אויספּרווון; שטעלן + אַק' פֿאַר אַ נסיון [NISÓYEN]
set the pace אײַנשטעלן דעם טעמפּ(אָ)
pace, *v.* שפּאַנען; שפּרײַזן
pace back and forth אַרומשפּאַנען אַהין און צוריק
pace off אָפּמעסטן אויפֿן שפּאַן; אָפּמעסטן מיט די טריט
pace oneself שטעלן זיך אַ טעמפּ(אָ) ‹ריטעם›
pace the floor אַרומשפּאַנען (איבערן צימער)
pacemaker דער האַרץ־רעגולירער ‹רעגולאַטאָר›, ־ס
pacesetter דער טעמפּ־אײַנשטעלער, ־ס
pachyderm די גראָבהויטיקע חיה, ־ות [KhÁYE]
pacific, *adj.* שטיל; רויִק; פֿרידלעך; שלומדיק [ShÓLEMDIK]
Pacific (geog.) פּאַציפֿיש
Pacific Islands פּאַציפֿישע אינדזלען
Pacific Ocean דער פּאַציפֿישער ‹שטילער› אָקעאַן; דער פּאַציפֿיק
pacifier דער סמאָטשיק, ־עס; דאָס מיזשוקל ‹מיזיוקל›, ־עך; דאָס טשמאָטשיקל, ־עך
pacifier cord דאָס סמאָטשטריקל, ־עך
pacifism דער פּאַציפֿיזם
pacifist, *adj.* פּאַציפֿיסטיש
pacifist, *n.* דער פּאַציפֿיסט, ־ן
pacify אײַנשטילן; באַרויִקן; אײַנרויִקן; אײַננעמען
pack, *n.* דער פּאַק, פּעק; דאָס פּעקל, ־עך
(gang) די באַנדע, ־ס; די כנופֿיא, ־ות [KNÚFYE]
(of cards) דאָס טעשל, ־עך; דאָס פּעשל, ־עך; דער פּאַש, ־ן
(of dogs) די סטײַע, ־ס; די טשאַטע, ־ס
(of wolves) די טיטשקע, ־ס; די טשאַטע, ־ס
It's all a pack of lies! ס'איז הולע ‹גאָלע› ליגנס!
pack of cigarettes דאָס פּעקל פּאַפּיראָסן
pack, *v. imp./pf.* (אײַנ)פּאַקן
pack a gun טראָגן אַ פּיסטויל
pack a lunch מיטנעמען זיך אַ מיטאָג
pack a punch טראָגן אַ טרעף־כּוח; דערלאַנגען אַ שטאַרקן זעץ [KÓYEKh]
pack a suitcase (אײַנ)פּאַקן אַ וואַליז(ק)ע ‹טשעמאָדאַן/רענצל›
pack away/up, *vt./vi.* פֿאַרפּאַקן (זיך); אײַנפּאַקן (זיך)
pack for a journey פּאַקן זיך אין וועג אַרײַן
pack it in מאַכן אַ סוף [SOF]
pack off אַוועקשיקן; אַוועקפּעקלען
send sb. packing פּלוצעם אָפּשיקן ‹אָפּזאָגן›; אַרויסטרײַבן; אַוועקמשלחן; זאָגן + דאַט' ישקני [AVÉKMEShALÉYEKhN] [YIShOKÉYNI]
package, *n.* דאָס פּעקל, ־עך; דער פּאַקעט, ־ן; די פּאַקונג
Good things come in small packages קליין איז שיין; קליין איז נישט געמיין
package, *v.* אײַנפּאַקן
package deal דער פּעקל־אָפּמאַך, ־ן
package scale די פּאָסטוואָג, ־ן
packaging דאָס פּאַקפּאַפּיר; די (אײַנ)פּאַקונג
packaging tape די פּאַקלענטע, ־ס
pack animal די לאַסט־‹שלעפּ־›בהמה, ־ות [BEHÉYME]
packed
(luggage) אײַנגעפּאַקט
(filled to capacity) אָנגעפּאַקט; אָנגעשטאָפּט; פֿול ווי הערינג אין אַ פֿאַס
packer דער אײַנפּאַקער, ־ס
packet דאָס פּעקל, ־עך; דער פּאַקעט, ן
packhorse דאָס לאַסטפֿערד, –; דאָס שלעפּפֿערד, –
packing plant די פּאַקפֿאַבריק, ־ן
pact דער פּאַקט, ־ן; דער אָפּמאַך, ־ן; דער הסכּם, ־ס [HÉSKEM]
pad, *n.*
(cushion) דאָס קישעלע, ־ך
(soft mat) דער אויסבעט, ־ן
(writing) דער בלאָק(נאָט), ־ן
(sanitary) די פֿרויען־וואַטע, ־ס; די ווײַבערשע וואַטע, ־ס; דער דאַמען־באַנדאַזש, ־ן
pad, *v.*
(cushion) אויסוואַטעווע|ן; אויסוואַטירן; אויסבעטן
(inflate) אויפֿבלאָזן; אָנבלאָזן
padded, *adj.* אויסגעבעט; (אויס)וואַטירט
(account) אָנגעבלאָזן
padded cell די גומע־קאַמער, ־ן
padded jacket דער וואַטניק, ־עס; דאָס אויסוואַטירטע רעקל, ־עך
paddleboat דאָס פּעדאַל־שיפֿל, ־עך
paddle wheel די/דאָס רודעראַד, ...רעדער
paddock דער פֿערדזאַגאָן, ־ען
paddy field דאָס רײַזפֿעלד, ־ער
paddy wagon דער פּאָליצײַ־וואָגן, ־ס/־וועגענער
padlock, *n.* דער הענגשלאָס, ...שלעסער
padlock, *v.* פֿאַרשליסן מיט אַ הענגשלאָס
paean דאָס לויבליד, ־ער
paella פּאַעליאַ
pagan, *adj.* געצן־דינעריש; פּאַגאַניש
pagan, *n.* דער געצן־דינער, ־ס; דער פּאַגאַנער, ־ס; דער עבֿודה־זרהניק, ־עס [AVÓYDE-ZÓRENIK]
pagan god דער אָפּגאָט, ...געטער
paganism דאָס געצן־דינערײַ; דער פּאַגאַניזם; די עבֿודה־זרה [AVÓYDE-ZÓRE]
page,[1] *n.* **(leaf)** דאָס זײַטל, ־עך; די זײַט, ־ן
(of Gemorah) דער עמוד, ־ים [ÓMED, AMÚDIM]
(of Talmud) דער דף, ־ן/־ים/דפּים [DAF, DÁPIM]
be on the same page פֿאַרשטיין זיך אויפֿן ווונק; דאַוו(ע)נען פֿונעם זעלבן סידור [SÍDER]
take a page from אָפּלערנען זיך אַ משל פֿון [MOShL]
page,[2] *n.* **(person)** דער פּאַזש, ־ן
page, *v.* (אַרויס)רופֿן (צום טעלעפֿאָן); פּאַזשירן; פּיפּסן
I'm being paged מע רופֿט מיך (אַרויס) צום טעלעפֿאָן
pageant דער ספּעקטאַקל, ־ען
(historical show) די היסטאָרישע אויפֿפֿירונג, ־ען
(beauty) דער שיינקייט־קאָנקורס, ־ן
pageantry דער פּאַראַד; דער אויפֿצוג
(*fig./pej.*) דער פּוסטער גלאַנץ; דאָס באַפּוצעכץ
pageboy דער יונגער פּאַזש, ־ן

page layout
  (comp.) דער זײַטל־אױסשטעל, ־ן
  (typ.) דאָס ברעכן די זײַטן
  do page layout ברעכן די זײַטן; שטעלן
page proof די זײַטן־קאָרעקטור, ־ן; די גראַנקע, ־ס
pager דער פּיפּסער, ־ס; דער ביפּער, ־ס
pagoda די פּאַגאָדע, ־ס
paid-up באַצאָלט; אױסגעצאָלט
pail דער עמער, ־ס; דער קיבל, ־ען/־עס
pailful דער פֿולער עמער, ־ס
  a pailful of אַ פֿולער עמער מיט
pain, *n.* דער װײטיק ‹װײטאַג›, ־ן; דער װײ, ־ען; יסורים ל״ר [YESÚRIM]
  pain and suffering פֿיזישע און גײַסטיקע לײדן
  (do stg.) on pain of death אַנישט קומט + דאַט' טױטשטראָף
  be at pains (to) סטאַרע|ן זיך (צו); אָנשטרענגען זיך (צו); אָנטאָן זיך אַ כּוח (און); מטריח זײַן זיך (און/צו) [KÓYEKh] [MATRÍEKh]
  take great pains שטאַרק (באַ)מיִען זיך; אױסלײגן זיך אין דער לענג און אין דער ברײט
pain, *v.* װײ טאָן + דאַט'
  (*fig.*) אָנטאָן + דאַט' עגמת־נפֿש [ÁGMES-NÉFESh]
pain control דער װײטיק־קאָנטראָל
pained פֿול מיט װײטיק
painful װײטיקדיק; אָנגעװײטיקט; צעװײטיקט
  (psych.) פּײַנלעך
painkiller דאָס װײטיק־מיטל, ־ען
painless אָנװײטיקדיק; אָן װײטיקן
  painless childbirth דאָס גײן צו קינד אָן װײטיקן
pain medication/reliever די װײטיק־רפֿואה; דאָס װײטיק־מיטל, ־ען [REFÚE]
pain-relieving װײטיק־שטילנדיק
pain specialist דער װײטיק־ספּעציאַליסט, ־ן
painstaking מיִיק; טירחהדיק; פֿלײַסיק; זאָרגעװדיק [TÍRKhEDIK]
paint, *n.* די פֿאַרב, ־ן
paint, *v. imp./pf.* (אױס)פֿאַרבן; (אױס)מאָלן; (אױס)מאַליעװע|ן; (אױס)פּענדזלען
  paint oneself into a corner נישט לאָזן זיך קײן אױסװעג ‹ברירות›; פֿאַרקריכן אין אַ בלאָטע [BRÉYRES]
  paint stg. white אָפּמאָלן אױף װײס
paintbrush די (פֿאַרב)באַרשט, ...בערשט; דער פּענדזל, ־ען
  (artist's) דער פּענדזל, ־ען; דאָס בערשטל, ־עך
painter דער פֿאַרבער, ־ס; דער הױזמאָלער, ־ס; דער מאַליער, ־ס
  (artist) דער מאָלער, ־ס
pain threshold די/דער װײטיק־גרענעץ
painting דאָס מאָלערײַ, ־ען; דאָס געמעל, ־ן
paint job דאָס אױספֿאַרבן; די אױספֿאַרבונג; דאָס אױסמאַליעװען
paint store דאָס פֿאַרבגעשעפֿט, ־ן
paint thinner דער פֿאַרב־צעפֿירער, ־ס
pair, *n.* די פּאָר, ־ן
  a pair of אַ פּאָר
  as a pair זאַלבענאַנד
  in pairs פּאָרװײַז
pair, *vt./vi.* פּאָרן (זיך)
  pair off, *vi.* צונױפֿפּאָרן זיך; פֿאַראײניקן זיך פּאָר(לעכ)װײַז
  be paired against שפּילן קעגן
  pair up, *vt./vi.* צונױפֿפּאָרן (זיך)
paired טאָפּל; געפּאָרט
pairing (of) דאָס צונױפֿפּאָרן
pairs-skating גליטשן זיך פּאָר(לעכ)װײַז ‹זאַלבע צװײט›
paisley פּײַזלי...
pajamas (pair) די פּיזשאַמע, ־ס
  two pairs of pajamas צװײ פּיזשאַמעס
Pakistan (דאָס) פּאַקיסטאַן
Pakistani, *adj.* פּאַקיסטאַניש
Pakistani, *n.*
  m./unsp. דער פּאַקיסטאַנער, –
  f. די פּאַקיסטאַנערין, ־ס
pal, *n.* דער גוטער־ברודער, גוטע־ברידער; דער נאַשבראַט, ־עס; דער (ליבער) חבֿר, ־ים [KhÁVER, KhAVÉYRIM]
pal, *v.*
  pal around פֿאַרברענגען; אַרומדרײען זיך
  pal up פֿאַרחבֿרן זיך [FARKhÁVERN]
palace דער פּאַלאַץ, ...אַצן
paladin דער פּאַלאַדין, ־ען
palanquin דער פּאַלאַנקין, ־ען
palatable אַפּעטיטלעך; געשמאַק; צום גומען ‹געניסן›
  (*fig.*) אָננעמלעך; אָנצונעמען
palatal פּאַלאַטאַל
palatality די/דאָס פּאַלאַטאַלקײט
palatalization די פּאַלאַטאַליזאַציע
palate דער גומען, ־ס
  for my palate נאָך מײַן געשמאַק נאָך; װי כ'האָב ליב
palatial װי אַ פּאַלאַץ; לוקסוסדיק
palatine דער פּאַלאַנטין, ־ען
palaver דאָס פּוסטע פּלאַפּלערײַ
pale, *adj.* בלאַס; בלײך
  (of colors) העל; ליכטיק
  pale as a ghost טױט בלאַס ‹בלײך›; בלײך װי די װאַנט
  turn pale װערן בלאַס ‹בלײך›
pale,[1] *n.* **(post)** דער סטויפּ, ־ן; דער פּיקעט, ־ן
pale,[2] *n.* **(area)** דער תּחום, ־ען/־ים
  beyond the pale איבער דער גרענעץ ‹מאָס›
  Pale of Settlement דער תּחום־המושבֿ [TKhUM-HAMÓYShEV]
pale, *v.* בלאַס ‹בלײך› װערן
  pale in significance זײַן בלאַס אַ(נט)קעגן
pale ale דאָס העלביר
pale-faced מיט אַ בלאַס ‹בלײך› פּנים [PÓNEM]
paleness די/דאָס בלאַסקײט; די/דאָס בלײכקײט
paleography די פּאַלעאָגראַפֿיע
paleolithic פּאַלעאָליטיש
paleontologic פּאַלעאָנטאָלאָגיש
paleontologist דער פּאַלעאָנטאָלאָג, ־ן
paleontology די פּאַלעאָנטאָלאָגיע
Paleozoic פּאַלעאָזאָיִש
Palestine (די) פּאַלעסטינע
  (hist./J.) (דאָס) ארץ־ישׂראל [ERTSISRÓ(E)L/ÉRETS-YISRÓEL]
Palestinian, *adj.* פּאַלעסטיניש; פּאַלעסטינער אינװ'
  (hist./J.) ארץ־ישׂראליש [ÉRTSISRÉEYLISh]
Palestinian, *n.*
  m./unsp. דער פּאַלעסטינער, –
  f. די פּאַלעסטינערקע ‹פּאַלעסטינערין›, ־ס
Palestinian Authority די פּאַלעסטינער מאַכט ‹אינסטאַנץ›
Palestinian Liberation Organization די אָרגאַניזאַציע צו באַפֿרײַען פּאַלעסטינע
palette די פּאַליטרע, ־ס
palette knife דאָס פּאַליטרע־מעסערל, ־עך
palfrey דאָס רײַטפֿערד, –
palimony אַלימענטן ל״ר

palimpsest דער פּאַלימפּסעסט, ־ן
palindrome דער פּאַלינדראָם, ־ען
paling (fence) די/דער פּלעקערצוים, ־ען
palisade דער פּאַליסאַד, ־ן
pall (cloth) דאָס אָרון־טוך, ־טיכער [ORN]
cast a pall over וואַרפֿן אַ שאָטן אויף
palladium דער פּאַלאַדיום
pallbearer דער נושׂאים־מאַן, ־לײַט; דער מיטה־טרעגער, ־ס [NÓYSIM] [MÍTE]
pallbearers *also* נושׂאי־המיטה [NÓYSE-HAMÍTE]
pallet דאָס שטרוי־געלעגער, ־ס
palliate פֿאַרגרינגערן; לינדערן; פֿאַרגלעטן
palliative, *adj.* פּאַליאַטיוו; לינדערנדיק; לינדער...
palliative, *n.* דאָס פּאַליאַטיוו ‹לינדער־›מיטל, ־ען
palliative care דער פּאַליאַטיווער אָפּהיט
palliative therapy די פּאַליאַטיווע טעראַפּיע
pallid בלאַס; בלייך
pallor די/דאָס בלאַסקייט; די/דאָס בלייכקייט
palm,[1] *n.* **(tree)** די פּאַלמע, ־ס; דער פּאַלמענבוים, ...ביימער
palm,[2] *n.* **(of hand)** די ד(אָ)לאָניע, ־ס
have in the palm of one's hand האָבן אין וועסטל־קעשענע
palm, *v.*
palm stg. off on sb. אונטעררוקן + אַק׳ + דאַט׳; אָפּשטעקן + אַק׳ + דאַט׳
palm a card פֿאַרשטעקן אַ קאָרט אין אַרבל
palm oneself off as אויסגעבן זיך פֿאַר
palmaceous פּאַלמענ...
palm branch (J.) דער לולבֿ, ־ים [LÚLEV, LULÓVIM]
palmetto דער סאַבאַל, ־ן
palm-grass דער פּאַלמע־מויזן־קאָרן
palmist דער כיראָמאַנט, ־ן
palmistry די כיראָמאַנטיע; די חכמת־היד [KhÓKhMES-HAYÁD]
palm oil דער פּאַלמענאייל
Palm Sunday דער ווערבע־זונטיק
palmyra די דעלעב־פּאַלמע, ־ס
palomino דאָס פּאַלאָמינאָ־פֿערד, –
palpable ממשותדיק; בולט [MAMÓShESDIK] [BÓYLET]
be palpable (*fig.*) לאָזן זיך פֿילן
palpate אַרומטאַפּן; באַטאַפּן
palpation דאָס אַרומטאַפּן; דאָס באַטאַפּן
palpitate פֿלאַטערן; ציטערן; קלאַפּן
palpitation דאָס האַרץ־קלאַפּעניש; די פּאַלפּיטאַציע, ־ס
have palpitations האָבן ‹ליידן› האַרץ־קלאַפּעניש
palsied געליימט; ציטערדיק
palsy דער פּאַראַליז; די פּאַראַליטישע ציטערונג
palsy-walsy חבֿר־לאַפּ; פּאַני־בראַט [KhÁVER]
paltry בידנע; נעבעכדיק; נישטיק; גראָשנדיק
pampa די פּאַמפּאַ, ־ס
pampas grass דאָס פּאַמפּאַסגראָז
pamper באַלעווע|ן; פּיעשטשע|ן; פּעסטע|ן; פּאַנקעווע|ן; קעכלען; קאַשקען
pampered צעבאַלעוועט; צעפּיעשטשעט
pampered child *also* דאָס צערטלקינד, ־ער
pamphlet דער פּאַמפֿלעט, ־ן; די בראָשור, ־ן; דער פּראָספּעקט, ־ן
pamphleteer דער פּאַמפֿלעטיסט, ־ן; דער בראָשורן־שרײַבער, ־ס
pan... פּאַנ...; אַל...
pan, *n.* די פּאַן, ־ען; דאָס פֿענדל, ־עך; די פּאַטעלניע, ־ס; די סקאָווראָדע, ־ס
pan,[1] *v.*
(criticize) אַראָפּרײַסן
pan for gold אָנוואַשן גאָלד
pan out אויסלאָזן זיך; אײַנגעבן זיך
pan,[2] *v.* **(with camera)** פּאַנאָראַמירן
panacea די פּאַנאַצעע, ־ס; דאָס הײלאַלץ, ־ן; דאָס אוניווערסאַל־מיטל, ־ען
panache די כאַריזמע; די עלעגאַנץ
pan-African פּאַנאַפֿריקאַניש
Panama (די) פּאַנאַמע
Panama Canal דער פּאַנאַמע־קאַנאַל
panama hat די פּאַנאַמע, ־ס
Panamanian, *adj.* פּאַנאַמיש
Panamanian, *n.*
m./unsp. דער פּאַנאַמער, –
f. די פּאַנאַמערין, ־ס
pan-American פּאַנאַמעריקאַניש
pancake די (אַמעריקאַנער) לאַטקע, ־ס; די פּאַמפּושקע, ־ס; די פּענקע, ־ס
pancreas די אונטערמאָגן־דריז ‹־גיל›, ־ן
(animal) די גראַשיצע, ־ס
pancreatic cancer דער אונטערמאָגן־ראַק; דער ראַק פֿון דער אונטערמאָגן־דריז
panda די פּאַנדע, ־ס
pandemic, *adj.* פּאַנדעמיש
pandemic, *n.* די פּאַנדעמיע, ־ס
pandemonium די מהומה; די בהלה; דער פּאַנדעמאָניום; דער שדים־טאַנץ [MEHÚME] [BEHÓLE] [ShÉYDIM]
pander, *v.*
(cater to) אַ(נט)קעגנקומען + דאַט׳; נאָכגעבן + דאַט׳
(for illicit sex) צונויפֿפֿירן; זוכן אַ קונה [KÓYNE]
panderer (pimp) דער סוטענער, ־ס; דער אַלפֿאָנס, ־ן
pandit דער פּאַנדיט, ־ן
Pandora's box דאָס פּאַנדאָראַס קעסטל
pane די שויב, ־ן
panegyric דאָס לויבגעזאַנג, ־ען; דער פּאַנעגיריק, ־עס
panel, *n.*
(board) דער פּאַנעל, ־ן; די טאַפּליע, ־ס; דער טאָוול, ־ען
(discussion) דער פּאַנעל, ־ן; די דיסקוטיר־גרופּע, ־ס; דער דיסקוטיר־טיש, ־ן
(committee) די קאָמיסיע, ־ס
panel, *v.* (אויס)פּאַנעלירן; באַטאָוולען; באַשלאָגן מיט טאָוולען
panel discussion די פּאַנעל־‹פּאָדיום־›דיסקוסיע, ־ס
panelist דער פּאַנעליסט, ־ן; דער דיסקוטאַנט, ־ן
panelled באַשלאָגן מיט טאָוולען; אויסגעפּאַנעלירט
panelling פּאַנעלן ל״ר; דער פּאַנעליר; דאָס געטאָוול
pang דער ביס, ־ן; דער צופּ, ־ן; דער שטאָך, ־ן
pangs of hunger הונגערליידן
I felt pangs of conscience דאָס האַרץ ‹געוויסן› האָט מיך געפּלאָגט; כ׳האָב עס געהאַט אויפֿן האַרץ; כ׳האָב געליטן חרטה־פּײַן [KhARÓTE]
panhandle, *n.* דאָס פּאַנהענטל, ־עך
panhandle, *v.* שנאָרע|ן; בעטלען
panhandler דער שנאָרער, ־ס; דער בעטלער, ־ס; דער פּענטאַק, ־עס
panhandling דאָס שנאָרען; דאָס בעטלען
panic, *n.*
(fear) די פּאַניק; די פּאַניק־שטימונג; דער/די שרעק; דער פּחד [PÁKhED]
(outbreak) די פּאַניק, ־עס; די בהלה, ־ות [BEHÓLE]
in a panic אין פּאַניק; פּאַניש; אין איין פּחד; ווי אַן אונטערגעשאָסענער געב׳
He was a panic ער איז געווען היסטעריש קאָמיש
panic, *v.* אַרײַנפֿאַלן אין אַ פּאַניק

panic attack דער פּאַניק־אַנפֿאַל, ־ן

panic-buying דאָס אָנקויפֿן צוליב ‹מחמת› פּאַניק [MÁKhMES]

panicked/panicky פּאַניש

to become panicked אַרײַנפֿאַלן אין אַ פּאַניק

panic monger דער פּאַניק־מאַכער ‹־פֿאַרשפּרײַטער›, ־ס

panic-stricken

He was panic-stricken ס'האָט אים אַרומגעכאַפּט ‹געטראָפֿן› אַ פּאַניק

panicum די פּראָסע

panjandrum די גרױסע שישקע, ־ס; דער יאָ־טעבע־דאָם, ־ען

pannier דער קויש, ־ן; דער קאָרב, קערב

panoply דער הכל־בכּל; די גאַנצע גאַמע [HAKL-BÁKL]

panorama די פּאַנאָראַמע, ־ס; דער אױסבליק, ־ן

panoramic פּאַנאָראַמיש; פּאַנאָראַמע־...

panoramic sight (device) דאָס פּאַנאָראַמע־גלעזל, ־עך

panpipes דאָס פֿײַפֿל, ־עך

pan pizza די פּאַנפּיצע, ־ס

pansy דאָס חנהלעס אײגעלע, ־ך [KhÁNELES]

pant סאָפּען ‹סאָפּע|ן›; פּרײַכן; פֿירכע|ן

pantaloons ברײטע הױזן; פּאַנטאַלאָנען

pantheism דער פּאַנטעיזם

pantheist דער פּאַנטעיִסט, ־ן

pantheistic פּאַנטעיִסטיש

pantheon דער פּאַנטעאָן, ־ען

panther דער פּאַנטער, ־ן

panties הײזעלעך; מײַטקעס; מײַטקעלעך

pantomime, *n.* די פּאַנטאָמימע, ־ס

pantomime, *v.* רעדן מיט זשעסטן

pantomimic פּאַנטאָמימיש

pantry די שפּײַזאַרניע, ־ס; דער שפּײַזאַלמער, ־ס; די קלאַדאָװקע, ־ס; דאָס קעמערל, ־עך

pants הױזן; פּלודערן

with one's pants down מיט אַראָפּגעלאָזטע הױזן; אין די הױלע גאַטקעס

He was caught with his pants down מ'האָט אים אומגעריכט געכאַפּט ‹געטראָפֿן›

pantyhose דער נײַלאָנען־טריקאָ; נײַלאָנען ל"ר

papa דער פּאַפּע; דער טאַטעשי; דער טאַטע

papacy די פּויפּסנשאַפֿט, ־ן; דער פּאָנטיפֿיקאַט, ־ן

papal פּויפּסיש

paparazzi פּאַפּאַראַצי ל"ר

papaya די פּאַפּײַע, ־ס

(tree) דער פּאַפּײַע־בױם, ־בײמער

paper, *adj.* פּאַפּירן

paper, *n.* דאָס פּאַפּיר, ־ן

(composition) די אַרבעט, ־ן; די קאָמפּאָזיציע, ־ס; דער חיבור, ־ים [KhÍBER, KhIBÚRIM]

(scholarly) דער רעפֿעראַט, ־ן

(document) דער דאָקומענט, ־ן

(newspaper) די צײַטונג, ־ען; דער/דאָס בלאַט, בלעטער

give a paper האַלטן אַ רעפֿעראַט

on paper (written) בכתב [BIKSÁV]

on paper (in theory) טעאָרעטיש (גערעדט)

paper, *v.* טאַפּעצירן

paper over (*fig.*) פֿאַרטושן; פֿאַרשװײַגן; מינימיזירן

paperback, *adj.* בראָשירט; מיט װײכע טאָװלען

paperback, *n.* דאָס בראָשירטע ביכל, ־עך

in paperback בראָשירט(ערהײט)

paper bag דער שקאַרמוץ, ־ן; דער פּאַפּירענער בײַטל, ־ען

paperboy דער צײַטונג־טרעגער, ־ס

paper clip די קליאַמרע, ־ס; דאָס קלעמערל, ־עך

paperhanger דער טאַפּעצירער, ־ס

paper mill די פּאַפּירמיל, ־ן; די פּאַפּיר־פֿאַבריק, ־ן

paper money דאָס פּאַפּירענע געלט; דאָס פּאַפּירגעלט

paper products דאָס פּאַפּירװאַרג קאָל'

paper tape די פּאַפּירענע לענטע, ־ס

paper-thin דין װי אַ בױגן פּאַפּיר

paper tiger דער פּאַפּירענער טיגער, ־ס

paper trail פֿאַרשריבענע שפּורן ל"ר

paper tray דאָס פּאַפּירטעצל, ־עך

paperweight דער פּאַפּיר־האַלטער, ־ס

papery װי פּאַפּיר

papier-maché דער פּאַפּיע־מאַשע

paprika די פּאַפּריקע

Pap smear דער פּאַפּ־שמיר

Pap test דער פּאַפּ־טעסט

papyrus דער פּאַפּירוס, ־ן

par

(golf) דער פּאַר

at par לױט דער נאָמינאַל־װערט

par for the course גאַנץ נאַטירלעך ‹געװײנ(ט)לעך›

on a par with גלײַך מיט; אױף דער ‹אײן› מדרגה פֿון [MADRÉYGE]

under par אונטער פּאַר; אונטער דער װערט

parable דער/דאָס משל, ־ים [MOShL, MEShÓLIM]

parabola די פּאַראַבאָל, ־ן

parabolic פּאַראַבאָליש

parachute, *n.* דער פּאַראַשוט, ־ן

parachute, *v.* (אַראָפּ)פּאַראַשוטירן (זיך); אַראָפּשפּרינגען מיטן פּאַראַשוט

parachutist

m./unsp. דער פּאַראַשוטיסט, ־ן

f. די פּאַראַשוטיסטקע ‹פּאַראַשוטיסטין›, ־ס

parade, *n.* דער פּאַראַד, ־ן; די דעפֿילאַדע, ־ס

on parade אױסגעשטעלט

parade, *v.*

vt. פּאַראַדירן מיט; גרײסן זיך מיט; איבערנעמען זיך מיט

vi. פּאַראַדירן

paradigm די פּאַראַדיגמע, ־ס; די דוגמא, ־ות/דוגמאָות; דער מוסטער, ־ן [DÚGME, DÚGMES/DUGMÓES]

paradigm shift די געביטענע פּאַראַדיגמע, ־ס; דער פּאַראַדיגמע־בײַט, ־ן

paradise דער/דאָס גן־עדן, ־ס [GANÉYDN/GENÉYDEM]

paradox דער פּאַראַדאָקס, ־ן

paradoxical פּאַראַדאָקסאַל

paradoxically אױף אַ פּאַראַדאָקסאַלן אופֿן [OYFN]

paradrop, *n.* דער פּאַראַשוטיסטן־דעסאַנט

paradrop, *v.* אַראָפּלאָזן מיט אַ פּאַראַשוט

paraffin דער פּאַראַפֿין

paragon דער פּאַראַגאָן, ־ען; דער בחיר, ־ים [PKhIR]

paragon of virtue דער בעל־מידות, בעלי־... [BALMÍDES, BÁLE-...]

paragraph דער פּאַראַגראַף, ־ן

Paraguay (דאָס) פּאַראַגװײַ

Paraguayan, *adj.* פּאַראַגװײַיש

Paraguayan, *n.*

m./unsp. דער פּאַראַגװײַער, –

f. די פּאַראַגװײַערין, ־ס

parakeet דער פּאַראַקיט, ־ן; דער לאַנגעקיקער פּאַפּוגײַ, ־ען

paralegal, *adj.* פּאַראַיורידיש

paralegal, *n.* דער פּאַראַיורידישער געב'

parallel, *adj.* פּאַראַלעל

parallel, *n.* דער פּאַראַלעל, ־ן

parallel of latitude דער פּאַראַלעל־קרײַז, ־ן

draw a parallel ציִען אַ פּאַראַלעל

in parallel פּאַראַלעל אין דער זעלבער ריכטונג
without parallel אָן קיין גלײַכן
parallel, *v.*
(be parallel) גיין פּאַראַלעל מיט
(compare) גלײַכן זיך מיט
parallel bars דער צווײשטאַנג ל״י
parallelism דער פּאַראַלעליזם
parallel line די פּאַראַלעל־ליניע, ־ס; די פּאַראַלעלע ליניע, ־ס
parallelogram דער פּאַראַלעלאָגראַם, ־ען
paralysis דער פּאַראַליז, ־ן
paralytic, *adj.* פּאַראַליטיש
paralytic, *n.* דער פּאַראַליטיקער, –; דער געליימטער געב׳
paralyze פּאַראַליזירן; אָפּנעמען אומפּ׳ + דאַט׳
paralyzed פּאַראַליזירט; אָפּגענומען; געליימט
paramecium די פּאַראַמעציע, ־ס; דאָס פּאַנטאָפֿעלע, ־ך
paramedic דער פּאַראַמעדיקער, ־ס; דער בײַמעדיקער, ־ס
parameter די/דאָס איגנקייט, ־ן; די כאַראַקטעריסטיק, ־עס
(math.) דער פּאַראַמעטער, ־ס
paramilitary, *adj.* פּאַראַמיליטעריש
paramilitary, *n.* פּאַראַמיליטער־לײַט ל״ר
paramount העכסט
be paramount האָבן די פּריאָריטעט ‹בכורה› [PKhÓYRE]
of paramount importance פֿון דער העכסטער וויכטיקייט
paramour
m. דער ליובאָווניק, ־עס; דער געליבטער געב׳; דער קאָכאַניק, ...נקעס
f. די ליובאָוויניצע, ־ס; די געליבטע, –; די קאָכאַנקע, ־ס
paranoia די פּאַראַנויע; די פֿאַרפֿאָלג־מאַניע
paranoid פּאַראַנויִש
paranoid person דער פּאַראַנויִקער, ־ס
paranoid schizophrenia די פּאַראַנויִשע סכיזאָפֿרעניע
paranormal איבערחושימדיק
parapet דער פּאַראַפּעט, ־ן; דאָס געלענדער, ־ס
(mil.) דאָס ברוסטווערק; דער פּאַראַפּעט, ־ן
paraphernalia דאָס קלאָפּער־געצײַג קאָל׳; כּלים; בעבעכעס [KÉYLIM]
paraphilia די פּאַראַפֿיליע
paraphrase, *n.* דער פּאַראַפֿראַז, ־ן; די אַרומשרײַבונג, ־ען
paraphrase, *v.* פּאַראַפֿראַזירן; אַרומשרײַבן (מיט אַנדערע ווערטער)
paraplegia די פּאַראַפּלעגיע; דער פּאַראַליז אין אונטערשטן גוף
paraplegic, *n.* דער פּאַראַפּלעגיקער, ־ס; דער פּאַראַליטיקער אין אונטערשטן גוף
parapsychology די פּאַראַפּסיכאָלאָגיע
parasite דער פּאַראַזיט, ־ן
(*fig.*) *also* דער טראַמבעניק, ־עס
parasitic פּאַראַזיטיש
parasol דער זונשירעם, ־ס
parasympathetic nervous system די פּאַראַסימפּאַטעטישע נערוון־סיסטעם
parathyroid gland די בײַשילדדריז, ־ן
paratrooper דער פּאַראַשוטיסט, ־ן; דער דעסאַנטלער, ־ס
paratroops דאָס פּאַראַשוט־מיליטער ל״י
paratyphoid דער פּאַראַטיף
parboil אָפּפּאַרע|ן
parboiled אָפּגעפּאַרעט
parcel, *n.* דאָס פּעקל, ־עך
parcel of land דער ערד־חלק, ־ים [KhÉYLEK, KhALÓKIM]
parcel, *v.* **(out)** פּאַרצעלירן; אויסטיילן; פֿאַרטיילן; אויסחלקן [ÓYSKhÉYLEKN]
parcel bomb דאָס אויפֿרײַס־פּעקל, ־עך
parcel post די פּעקלפּאָסט
parch אויסטריקענען
parched אויסגעטריקנט
I'm parched ס׳איז מיר שטאַרק טרוקן אין האַלדז; כ׳גיי אויס פֿון דאָרשט
parchment, *adj.* פּאַרמעטן; פּאַרמעט...
parchment, *n.* דער פּאַרמעט, ־ן
parchment paper דאָס פּאַרמעט־פּאַפּיר
pardon, *n.* די מחילה [MEKhÍLE]
(jur.) די באַגנעדיקונג, ־ען
begging your pardon במחילה [BIMKhÍLE]
I beg your pardon כ׳בעט איבער דײַן ‹אײַער› כּבֿוד; האָב ‹האָט› קיין פֿאַראיבל נישט [KÓVED]
Pardon? וואָס?; וואָס האָסטו ‹האָט איר› געזאָגט?
pardon, *v.* מוחל זײַן [MOYKhL]
(jur.) באַגנעדיקן
Pardon me זײַ(ט) מוחל
pardon the expression/pardon my saying so כ׳בעט איבער דײַן ‹אײַער› כּבֿוד [KÓVED]
pare אָפּשיילן; אָפּציִען די הויט; (אַרומ)שנײַדן; (אָפּ)שאָבן
pare down to essentials אַרומשיילן ביז צום עיקר [ÍKER]
parenchyma דער פּאַרענכים, ־ען
parent, *n.* דער טאַטע; דער פֿאָטער; די מאַמע; די מוטער
parents טאַטע־מאַמע; עלטערן
parent, *v.* אויפֿכאָווע|ן ‹אויפֿהאָדעווע|ן/אויפֿציִען› קינדער
parentage דאָס אָפּשטאַם; דער ייִחוס [YÍKhES]
parental טאַטע־מאַמע־...; טאַטע־מאַמעס; עלטערן־...
parental consent טאַטע־מאַמעס הסכּמה [HASKÓME]
parental leave דער טאַטע־מאַמע־אורלויב
parental neglect דאָס פֿאַרוואָרלאָזן מצד טאַטע־מאַמע [MITSÁD]
parent cell דאָס מוטער־קעמערל, ־עך
parent company די מוטער־פֿירמע, ־ס
parenthesis די האַלבע לבֿנה, ־ות; דער קלאַמער, ־ן [LEVÓNE]
in parentheses אין האַלבע לבֿנות; אין קלאַמערן
put in parentheses *see* **parenthesize**
parenthesize שטעלן אין האַלבע לבֿנות; אײַנקלאַמערן; אײַנרינגלען [LEVÓNES]
parenthetical, *adj.* פּאַרענטעטיש
parenthetical remark דער מאמר־המוסגר; דאָס באַמערקוואָרט, ...ווערטער [MÁYMER-HAMÚSGER]
make a parenthetical remark אַרײַנפֿלעכטן אַ באַמערקוואָרט
parenthood די טאַטע־מאַמעשאַפֿט; די עלטערנשאַפֿט
parenting דאָס אויפֿכאָווען ‹אויפֿהאָדעווען› קינדער; דער גידול־בנים; דאָס זײַן טאַטע־מאַמע [GIDL-BÓNIM]
parent language די אָפּשטאַמשפּראַך, ־ן
parent organization די דאַך־אָרגאַניזאַציע, ־ס
parents-in-law שווער־און־שוויגער
parent-teacher association דער פֿאַראיין פֿון עלטערן און לערערס
paresis דער פּאַרעז
par excellence מיטן הא־הידיעה; פּאַר עקסעלאַנס; אין דער ערשטער ריי; וואָס בעסער קען שוין נישט זײַן [HÉY-HAYEDÍE]
pariah דער פּאַריער, ־ס; דער פֿאַרשטויסענער געב׳; דער מחוץ־למחנהניק, ־עס [MEKhÚTS-LAMÁKhNENIK]
parietal פּאַריעטאַל
parietal bone דער שײַטלביין, ־ער
paring knife דער/דאָס שאָבמעסער, ־ס
paring(s) דאָס אָפּגעשיילטע; דאָס אַרומגעשניטענע
pari passu זײַט בײַ זײַט; בײַנאַנד

Paris (דאָס) פּאַריז
parish, *adj.* פּאַראַפּיאַל; פּאַראַפּיע־...
parish, *n.* די פּאַראַפּיע, ־ס
parishioner דער פּאַראַפּיע־מיטגליד, ־ער
Parisian, *adj.* פּאַריזער
Parisian, *n.*
m./unsp. דער פּאַריזער, –
f. די פּאַריזערין, ־ס
parity די פּאַריטעט; די/דאָס גלײַכקייט
bring up to parity אויסגלײַכן
park, *n.* דער פּאַרק, ־ן; דער שטאָטגאָרטן, ...גערטנער
park, *v.* פּאַרקירן; אַוועקשטעלן דעם אויטאָ
park oneself אַוועקזעצן ‹אַנידערזעצן› זיך
parka די פּאַרקע, ־ס
park bench די באַנק אין פּאַרק
parking, *adj.* פּאַרקיר...
parking, *n.* דאָס פּאַרקירן
2-hour parking אויף צוויי שעה פּאַרקירן [ShO]
No parking פּאַרקירן פֿאַרווערט; נישט פּאַרקירן
parking brake דער פּאַרקיר־טאָרמאָז, ־ן
parking fine דער פּאַרקירשטראָף, ־ן
parking garage דער פּאַרקיר־גאַראַזש, ־ן
parking lights פּאַרקיר־לעמפּלעך
parking lot דאָס פּאַרקירפּלאַץ, ...פּלעצער; דאָס פּאַרקירפֿעלד, ־ער
parking-lot attendant דער פּאַרקיר־באַדינער, ־ס
parking meter דער פּאַרקיר־ציילער, ־ס
parking space דאָס פּאַרקיראָרט, ...ערטער; דאָס אָרט צום פּאַרקירן
parking ticket דער פּאַרקירקוויט, ־ן; דער שטראָפֿקוויט, ־ן
Parkinson's disease די פּאַרקינסאָן־קרענק
park keeper דער פּאַרק־אויפֿזעער, ־ס
parkland די פּאַרקלאַנדשאַפֿט
parkway דער אַליי־שאָסיי, ־ען
parlance דער אופֿן רעדן; די שפּראַך [OYFN]
in legal parlance יורידיש גערעדט
parlay אײַנשטעלן אין צווייען
He parlayed a few dollars into a fortune ער האָט פֿון עטלעכע דאָלאַרן געמאַכט אַ מאַיאָנטיק
parley פּאַרהאַנדלונגען ל״ר; דער איבערשמועס, ־ן; דער משא־ומתן, ־ס [MASEMÁTN]
parliament דער פּאַרלאַמענט, ־ן
(Israeli) די כּנסת [KNÉSET]
parliamentarian דער פּאַרלאַמענטאַריער, ־ס
parliamentary פּאַרלאַמענטאַר(יש)
parliamentary law דאָס פּאַרלאַמענטאַר(יש)ע געזעץ, ־ן
parlor די זאַל, ־ן; די סאַליע, ־ס; דער/דאָס גאַסטצימער, ־ן
parlous געפֿערלעך
Parmesan cheese דער פּאַרמעזאַנער קעז
parnassia די פּאַרנאַסיע
parochial
(Chr.) פּאַראַפּיאַל; פּאַראַפּיע־...
(fig.) שמאָלקעפּיק; קליינשטעטלדיק
parochial school די פּאַראַפּיע־שול, ־ן
parody, *adj.* פּאַראָדירט; פּאַראָדיסטיש
parody, *n.* די פּאַראָדיע, ־ס
parody, *v.* פּאַראָדירן
parole, *n.* דאָס ערנוואָרט; דער פּאַראָל; די תּנאַי־פֿרײַ [TNAY]
on parole אויף ערנוואָרט ‹פּאַראָל›; פּאַראָלירט
on medical parole פּאַראָלירט צוליב מעדיצינישע סיבות [SÍBES]
parole, *v.* אַרויסלאָזן אויף פּאַראָל; פּאַראָלירן; באַפֿרײַען אויף ערנוואָרט ‹תּנאַי› [TNAY]
parole board די פּאַראָל־קאָלעגיע, ־ס
parolee דער פּאַראָלירטער געב'
parole officer דער פּאַראָל־אָפֿיציר, ־ן
paroxysm דער פּאַראָקסיזם, ־ען; דער אָנפֿאַל, ־ן
He had paroxysms of laughter ס'האָט אים אָנגעכאַפּט דאָס געלעכטער; ער האָט באַקומען אַ לאַך־היסטעריע
parquet דער פּאַרקעט, ־ן
parquetry דער פּאַרקעט
parricide דער פֿאָטערמאָרד; דער מוטערמאָרד
(murderer) דער פֿאָטערמערדער, ־ס; דער מוטערמערדער, ־ס
parrot, *n.* דער פּאַפּוגײַ, ־ען; די פּאַפּוגע, ־ס
parrot, *v.* נאָכפּלאַפּלען + דאַט'; נאָכפּלוידערן + דאַט'; נאָכרעדן + דאַט'; נאָכמאַלפּעווע|ן
parrot-fashion מעשׂה ‹ווי אַ› פּאַפּוגײַ [MÁYSE]
parrot's-feather (bot.) דער/דאָס פֿליבלאַט, ...בלעטער
parry, *n.* דער פּאַריר, ־ן; דער אָפּוווער, ־ן
parry, *v.* (אָפּ)פּארירן; אָפּווערן; אָפּווענדן; אָפּשפּאַרן
parse צענעמען; צעטרײַבערן; צעגלידערן; אַנאַליזירן
Parsi דער פּאַרסי, ־ס
parsimonious קמצניש; קאַרג [KAMTSÓNISh]
parsimony דאָס קמצנות; די קאַרגשאַפֿט [KAMTSÓNISh]
parsley די פּעטרישקע
parsnip דער פּאַסטערנאַק
parson דער פּאַסטאָר, ...אָרן; דער גײַסטלעכער געב'
parsonage דער פּאַסטאָראַט, ־ן
part, *adv.* צום טייל
part, *n.*
(element) דער טייל, ־ן; דער חלק, ־ים [KhÉYLEK, KhALÓKIM]
(in hair) דער שרונט ‹שרינט›, ־ן; דאָס שטעגעלע, ־ך
(mech.) דער (מאַשין־)דעטאַל, ־ן
(role) די ראָלע, ־ס; דער אָנטייל, ־ן
(mus.) די פּאַרטיע, ־ס
(singing voice) *also* די שטים, ־ען
distant parts (ווײַטע) מרחקים [MERKhÁKIM]
do one's part טאָן מײַנס/דײַנס/זײַנס/אירס/...
for my/your/his/her part פֿון מײַנעט/דײַנעט/זײַנעט/אירעט/... וועגן; וועגן מע פֿרעגט מיך/דיך/אים/זי/...
for the most part מערסטנס; מייסטנס; ס'רובֿ; על־פּי רובֿ; מער פֿאַר אַלץ [ROV] [ÁLPI]
four-part harmony די פֿירשטימיקע האַרמאָניע
in large part ס'רובֿ; צום גרויסן טייל
in part צום טייל
in these parts אין די מקומות; דאָ־הי [MEKÓYMES]
learn one's part אויסלערנען זיך די ראָלע
on the part of מצד + דאַט'; פֿון + פּאָס' זײַט [MITSÁD]
part and parcel אַ תּוכיקער ‹עיקרדיקער› טייל; אַ פֿעסטער באַשטײַטייל; נישט אָפּצוטיילן [TÓKhIKER] [ÍKERDIKER]
part by weight דער וואָגטייל, ־ן
part of speech דער וואָרטקלאַס, ־ן
part of the way אַ שטיק וועג(ס)
part of אַ טייל ‹חלק› פֿון [KhÉYLEK]
take part *see* **partake**
the greater part דער רובֿ־מנין־ורובֿ־בנין [ROV-MÍNYEN-VERÓV-BÍNYEN]
part, *v.*
vt. צעשיידן
vi. געזעגענען זיך; צעשיידן זיך
part company/ways צעשיידן זיך
part one's hair צעקעמען די האָר

partake באַטייליקן זיך; אָנטייל ‹אײַנטייל› נעמען; נעמען אַן אָנטייל ‹אײַנטייל›
  partake of געניסן פֿון; נהנה זײַן פֿון; פֿאַרזוכן [NÉ(E)NE]
parterre
  (garden) די בלומענבייט, ־ן
  (thea.) דער פּאַרטער, ־ן
parthenogenesis דער פּאַרטענאָגענעז
partial טיילווײַז
  (biased) פּאַרטייִש; אײַנזײַטיק; פּניותדיק; צדדימדיק [PNÍESDIK] [TSDÓDIMDIK]
  be partial to האָבן אַ שוואַכקייט ‹נטיה/נײַגונג› צו [NETÍE]
partiality די/דאָס פּאַרטייִשקייט; די/דאָס אײַנזײַטיקייט; די/דאָס צדדימדיקייט; דער משׂא־פּנים [TSDÓDIMDIKEYT] [MASEPÓNEM]
  treat with partiality נושׂא־פּנים זײַן [NÓYSE-PÓNEM]
partially צום טייל; טיילווײַז
participant דער אָנטייל‹־אײַנטייל›־נעמער, ־ס; דער באַטייליקטער געב'
participate (in) אָנטייל ‹אײַנטייל› נעמען (אין); נעמען אַן אָנטייל ‹אײַנטייל› (אין); באַטייליקן זיך (אין); זײַן אַ שותּף (צו); משתּתּף זײַן זיך (אין) [ShÚTEF] [MIShTÁTEF]
  (in a discussion) *also* נעמען אַ וואָרט
participation די (מיט)באַטייליקונג; דאָס באַטייליקן זיך; דער אָנטייל, ־ן; דער אײַנטייל, ־ן
participatory אָנטייל־נעמעריש
participle דער פּאַרטיציפּ, ־ן
particle
  (dust) דאָס שטײַבעלע ‹שטיבעלע›, ־ך; דאָס שטײַבל ‹שטיבל›, ־עך
  (gram.) דער פּאַרטיקל, ־ען
  (phys.) דאָס טייל(ע)כל, ־עך
  There's not a particle of truth in it נישטאָ אין דעם קיין ברעקל אמת [ÉMES]
particle accelerator דער טיילעכל־פֿאַרגיכערער, ־ס
particleboard דאָס/די שפּענדלברעט, ־ער
particolored פֿאַרשיידן־קאָליריק
particular, *adj.* ספּעציעל; באַזונדער
  (detailed) פּרטימדיק [PRÓTIMDIK]
  be particular (about) איבערקלײַבן (וואָס שייך); זײַן איבערקלײַבעריש (וואָס שייך); מקפּיד זײַן (אויף) [ShÁYEKh] [MÁKPED]
  fo no particular reason גלאַט אין דער וועלט אַרײַן; גלאַט אַזוי; אָן אַ פֿאַרוואָס און אָן אַ פֿאַרווען
  in particular באַזונדערש; בפֿרט; ספּעציעל [BIFRÁT]
particular, *n.* דער פּרט, ־ים; די פּי(ש)טשעווקע, ־ס [PRAT, PRÓTIM]
  in every particular אין יעדן פּרט
  go into particulars אַרײַנלאָזן זיך אין פּרטים
particularism דער פּאַרטיקולאַריזם
particularly באַזונדערש; בפֿרט; ספּעציעל; דער הויפּט [BIFRÁT]
  not particularly נישט איבעריק(ס) ‹ספּעציעל/באַזונדערש›
parting, *n.* דאָס געזעגענען ‹צעשיידן› זיך
  parting of the Red Sea (דער) קריעת־ים־סוף [KRÍES-YÁMSUF]
  parting of the ways דער שיידוועג
parting glance דער אָפּשיידבליק, ־ן
parting shot דער לעצטער שטאָך בײַם אַוועקגיין
partisan, *adj.*
  (fighter) פּאַרטיזאַניש; פּאַרטיזאַנער־...
  (party) פּאַרטייִש; פּאַרטיי־...; סעקטאַנטיש; צדדימדיק; קלײַזלדיק [TSDÓDIMDIK]

partisan, *n.*
  (fighter/*m./unsp.*) דער פּאַרטיזאַנער, ־ס; דער פּאַרטיזאַן, ־ען
  (fighter/*f.*) די פּאַרטיזאַנ(ער)קע, ־ס
  (supporter/*m./unsp.*) דער אָנהענגער, ־ס
  (supporter/*f.*) די אָנהענגערין ‹אָנהענגערקע›, ־ס
partisan forces די פּאַרטיזאַנקע ל"י
partisanship די פּאַרטיי־אָנהענגערשאַפֿט
partition, *n.* די צעטיילונג, ־ען; דער אײַנטייל, ־ן; די אײַנטיילונג, ־ען
  (wall) די מחיצה, ־ות; די צווישנוואַנט, ...ווענט; דער צווישנשייד, ־ן; די שירמע, ־ס [MEKhÍTSE]
partition, *v.* צעטיילן; אײַנטיילן
partly צום טייל; טיילווײַז
partner, *n.*
  m./unsp. דער פּאַרטנער, ־ס
  f. די פּאַרטנערין ‹פּאַרטנערקע›, ־ס
  (bus./*m./unsp.*) *also* דער שותּף, ־ים [ShÚTEF, ShÚTFIM]
  (bus./*f.*) *also* די שותּפֿטע, ־ס [ShÚTEFTE]
  (dancing) דער (טאַנצ)פּאַרטנער, ־ס; דער מיטטענצער, ־ס
  (sexual) דער פּאַרטנער, ־ס; דער געליבטער געב'; דער בײַשלעפֿער, ־ס
  (spo.) דער מיטשפּילער, ־ס
  partners in crime מיטפֿאַרברעכערס
partner, *v.* אַרבעטן בשותּפֿות [BEShÚTFES]
partnership דאָס שותּפֿות, ־ן; די פּאַרטנערשאַפֿט, ־ן [ShÚTFES]
  go into partnership with מאַכן אַ שותּפֿות מיט; צוטרעטן ווי אַ שותּף מיט [ShÚTEF]
partridge די פּעלדהון, ...הינער; די קוראָפּאַט(וו)ע, ־ס
partridge pea דער פֿויגל־אַרבעס, –
part-time, *adj.* טיילצײַטיק; האַלבצײַטיק; האַלב
  on a part-time basis טיילצײַטיק; אויף אַ האַלבן פּאָסטן
  part-time position די טיילצײַטיקע ‹האַלבע› פּאָזיציע, ־ס
parturient די געווינערין, ־ס; די קימפּעטאָרין, ־ס
parturition דאָס געבערן
partway אויפֿן האַלבן וועג
party, *n.*
  (celebration) די שׂימחה, ־ות; דאָס קערמעשל, ־עך; די מסיבה, ־ות; די ליאַמע, ־ס [SÍMKhE] [MESÍBE]
  (group) די פּאַרטיע, ־ס
  (person) דער צד, צדדים [TSAD, TSDÓDIM]
  (pol.) די פּאַרטיי, ־ען
  be party to זײַן אַ שותּף צו [ShÚTEF]
  the party concerned דער נוגע־בדבֿר, ־ס [NEGÉYE-BEDÓVER]
  party of the second part דער צווייטער צד
  throw a party פּראַווען ‹מאַכן› אַ קערמעשל ‹שׂימחה›
party, *v.* פֿאַרברענגען; (אַרומ)הוליען; שׂימחהווען [SÍMKhEVEN]
party animal דער הוליאַקע, ־ס; דער הוליאַק, ־עס
party girl די הוליאַטשקע, ־ס
party line
  (phone) די בשותּפֿותדיקע ‹אינאײַנעמדיקע› ליניע, ־ס [BEShÚTFESDIKE]
  (pol.) די פּאַרטיי־ליניע, ־ס
party man דער פּאַרטיי־מענטש, ־ן/פּאַרטיילײַט; דער פּאַרטייער, ־ס
party politics די פּאַרטיי־פּאָליטיק ל"י
party pooper דער פֿרייד־‹פֿאַרגעניגן־›פֿאַרשטערער, ־ס; דער מרוק, ־עס; די נאַסע שמאַטע, ־ס; די ביטערע ציבעלע, ־ס

Don't be a party pooper! (פֿאַרשטערט(ט + דאַט' נישט די שׂימחה! [SÍMKhE]
par value די/דער נאָמינאַל־ווערט, ־ן
parvenu דער פּאַרוועניו, ־ען; דער אויפֿגעקומענער געב'
(*pej.*/**Am.**) דער אָלרײַטניק, ־עס
paschal
(**Chr.**) פּאַסכע־...
(**J.**) פּסחדיק; פּסח־... [PÉYSEKh] [PÉYSEKhDIK]
Paschal Lamb דער קרבן־פּסח [KORBM-PÉYSEKh]
Pashto דאָס פּאַשטאָ
pass, *n.*
(**route**) דער דורכגאַנג, ־ען
(**aircraft**) דער פֿאַרבײַפֿלי, ־ען
(**permit**) דער פּאַסיר־צעטל, ־ען; דער פּאַס, פּעסער; דאָס פּאַסירל, ־עך; דער שיצבריוו, –
(**mil.**) דער אורלויב־צעטל, ־ען
a pretty pass אַ שווערער מצבֿ [MÁTSEV]
be on pass זײַן אויף אורלויב
come to a pass דערגיין אַזוי ווײַט; צושפּיצן זיך
make a pass at אַ טשעפּע טאָן + אַק'; פֿלירטעווע|ן מיט
pass, *v.*
vt. (**a ball**) דערלאַנגען; אַריבערוואַרפֿן
vt. (**overtake**) איבעריאָגן
vt. (**serve**) דערלאַנגען
vi. (**go by**) (אַ)דורכגיין; (אַ)דורכפֿאָרן
vi. (**be valid**) גילטן (פֿאַר); אָנגיין (פֿאַר)
bring to pass ברענגען ‹דערפֿירן› צו
come to pass געשען; פּאַסירן; טרעפֿן זיך; קומען צו דעם
I'll let it pass זאָל מײַנס איבערגיין
let pass פֿאַרבײַלאָזן; (אַ)דורכלאָזן
pass a course (אַ)דורכגיין ‹אויסהאַלטן› אַ קורס
pass a law אָננעמען אַ געזעץ
pass along איבערגעבן
pass around אַרומשיקן
pass as healthy, *vt.* (**by doctor**) באַשטעטיקן וואָס שייך געזונט [ShÁYEKh]
pass as healthy, *vi.* (**appearance**) אויסזען ווי אַ געזונטער געב'
pass away פֿעלן זיך; ניפֿטר ווערן; שטאַרבן; פֿאַרגיין; אַוועקגיין פֿון דער וועלט; אַוועקגיין אויף יענער וועלט [NÍFTER]
pass between געשען ‹פּאַסירן› צווישן
pass by פֿאַרבײַגיין; פֿאַרבײַפֿאָרן
pass for (אַ)דורכגנבֿע|(נע)ן זיך ווי [(A)DÚRKhGÁNVE(NE)N]
pass gas לאָזן לופֿט
pass gas (*slg.*/*vlg.*) געבן אַ פֿאָרץ
pass on איבערגעבן; דערלאַנגען ווײַטער
pass oneself off as אויסגעבן זיך פֿאַר; אָנגעבן (זיך) פֿאַר; אַוועקשטעלן זיך ווי
pass out, *vt.* אויסטיילן; פֿאַרטיילן
pass out, *vi.* (אַוועק)חלשן; געבן אַ חלש אַוועק; אַוועקפֿאַלן [KhÁLESh] [KhÁLEShN]
pass over (**for promotion**) באַעוולען ‹פֿאַרקוקן› מיטן פֿאַסטן ‹ראַנג› [BAÁVLEN]
pass stg. off (**as genuine**) פֿאַרשלײַערן
pass through (אַ)דורכגיין; (אַ)דורכפֿאָרן
pass up פֿאַרבײַלאָזן; באַגיין זיך אָן; מוותר זײַן אויף [MEVÁTER]
The years are passing by די יאָרן גייען זיך; די יאָרן לויפֿן אַפּ; די יאָרן גייען פֿאַרבײַ
passable דורכגייעוודיק; דורכפֿאָרעוודיק
(**tolerable**) נישקשה(דיק) [NIShKÓShE(DIK)]
passage
(**anat.**) דער גאַנג, גענג
(**corridor**) דער דורכגאַנג, ־ען; דער פּאַסאַזש, ־ן; דער קאָרידאָר, ־ן
(**in text**) די שטעל, ־ן; דער פֿראַגמענט, ־ן
(**mus.**) דער פּאַסאַזש, ־ן
(**of bill**) דאָס אָננעמען; דאָס דורכפֿירן
(**part of journey**) דער פּאַסאַזש, ־ן; דער איבערגאַנג, ־ען
(**in road**) דער דורכפֿאָר, ־ן
(**transition**) דער איבערגאַנג, ־ען
with the passage of time מיטן אָפּלויף פֿון צײַט
passageway דער דורכגאַנג, ־ען; דער פּאַסאַזש, ־ן
passbook דאָס באַנקביכל, ־עך
passé פֿאַרגאַנגען; אויסגעשפּילט
passementerie דער פּאַזומענט, ־ן
passenger, *adj.* פּאַסאַזשיר־...
passenger, *n.* דער פּאַסאַזשיר, ־ן; דער פּאַרשוין, ־ען; דער פֿאָרער, ־ס
passenger car דער פּאַסאַזשיר־אויטאָ, ־ס
(**on train**) דער פּאַסאַזשיר־וואַגאָן, ־ען
passenger-operated פּאַסאַזשיר־געפֿירט
passenger seat דער פּאַסאַזשיר־זיץ, ־ן; די פּאַסאַזשיר־באַנק, ־בענק
passenger ship די פּאַסאַזשיר־שיף, ־ן
passenger-side door די פּאַסאַזשיר־טיר, ־ן
passenger train די פּאַסאַזשיר־באַן, ־ען; דער פּאַסאַזשיר־צוג, ־ן
passerby דער פֿאַרבײַגייער, ־ס; דער דורכגייער, ־ס
pass-fail grade דער אַריבער־אַרונטער־צייכן, ־ס
passim (אין) כּמה ערטער; דאָ און דאָרט [KÁME]
passing, *adj.* פֿאַרבײַגייענדיק; פֿאַרבײַפֿאָרנדיק
(**temporary**) פֿאַרגייִק; איבערגייִיק
make a passing reference to פֿאַררופֿן זיך דרך־אַגבֿ אויף [DÉREKh-ÁGEV]
passing glance דער לויפֿיקער בליק, ־ן
passing grade דער (מינימאַלער) אויסהאַלט־צייכן, ־ס
passing, *n.*
(**by foot**) דער פֿאַרבײַגאַנג, ־ען
(**by plane**) דער פֿאַרבײַפֿלי, ־ען
(**by vehicle**) דער פֿאַרבײַפֿאָר, ־ן
passing of years דער אָפּלויף (פֿון יאָרן)
in passing פֿאַרבײַגייענדיק; דרך־אַגבֿ(דיק); אַגבֿ־אורחא(דיק); כּלאַחר־יד [DÉREKh-ÁGEV(DIK)] [ÁGEV-ÚRKhE(DIK)] [KILAKhERYÁD]
passion די לײַדנשאַפֿט, ־ן; די תּאווה, ־ות; די פּאַסיע, ־ס; דער/דאָס פֿײַער, ־ן; דער יצר־הרע, ־ס; געבליטן ל"ר; דאָס התלהבֿות; די תּשוקה [YÉYTSER-HÓRE] [TÁYVE] [TShÚKE] [HISLÁYVES]
the Passion ישוס יסורים [YÉYShUS YESÚRIM]
Passions ran high ס'האָבן זיך צעשפּילט די געבליטן
the passion for די תּשוקה צו; דער יצר־הרע צו
wild passion די צעווילדעוועטע פּאַסיע ‹תּאווה›
passionate לײַדנשאַפֿטלעך; תּאווהדיק; פֿאַרברענט; פּאַטעטיש; פֿלאַמיק; הייסבלוטיק [TÁYVEDIK]
be passionate *also* האָבן הייס בלוט
passionate lover (*m.*) *also* דער בעל־אַהבֿהניק, ־עס [BALAHÁVENIK]
passionate lover (*f.*) *also* די בעל־אַהבֿהניצע, ־ס [BALAHÁVENITSE]
passionately פֿאַרתּאווהט; פֿײַערדיק הייס; מיט ברען [FARTÁYVET]
love sb. passionately ליב האָבן אַהבֿת־נפֿש; ליב האָבן מיט אַלע רמח־אבֿרים [Á(H)AVES-NÉFESh] [RAMÁKh ÉYVRIM]

passion flower די לײַדנבלום, ־ען

passion fruit די לײַדנפֿרוכט

passive, *adj.* פּאַסיוו

passive, *n.* דער פּאַסיוו, ־ן

passive-aggressive פּאַסיוו־אַגרעסיוו

passive auxiliary דער העלפֿווערב פֿאַרן פּאַסיוו

passively פּאַסיוו(ערהייט); אויף אַ פּאַסיוון אופֿן [OYFN]

passive resistance דאָס אַנטקעגנשטעלן זיך פּאַסיוו

passive vocabulary דער פּאַסיווער וואָקאַבולאַר

passive voice דער פּאַסיוו; דער פּאַסיווער גענוס

passivity די/דאָס פּאַסיוויקייט

passkey דער נאָכשליסל, ־ען; דער האַקשליסל, ־ען

Passover, *adj.* פּסח(ד)יק [PÉYSEKh(D)IK]

Passover, *n.* דער פּסח [PÉYSEKh]

passport דער פּאַספּאָרט, ־ן; דער פּאַס, פּעסער

passport control דער פּאַסקאָנטראָל

password דער פּאַראָל, ־ן; דער וואָרטצייכן, ־ס

password-protected פּאַראָל־באַשיצט

past, *adj.* פֿאַרגאַנגען; פֿריִערדיק; אַמאָליק; געוועזן; עבֿרדיק [ÓVERDIK]

for the past few days שוין די לעצטע עטלעכע טעג

past, *adv.* פֿאַרבײַ; פֿריִער

for some time past שוין אַ שטיק צײַט (ווי/וואָס)

past, *n.* דער אַמאָל; דער (זמן־)עבֿר; די פֿאַרגאַנגענהייט [(ZMAN-)ÓVER]

in the past פֿריִער; אַ מאָל; געווען אַ צײַט ווען

It's a thing of the past ס'איז שוין פֿאַרגאַנגען; סע געהערט שוין צום אַמאָל

past, *prep.* פֿאַרבײַ; נאָך; ווײַטער פֿון

He's past it ער איז עס שוין בײַגעקומען

He's past seventy ער איז שוין אַריבער די זיבעציק ‹שבֿעים›; ער איז שוין העכער זיבעציק יאָר אַלט [ShİVIM]

I'm past caring מיר איז שוין אַלץ איינס

It's past midnight ס'איז שוין נאָך האַלבער נאַכט

I wouldn't put it past her אויף איר וואָלט איך עס געגלייבט

half past three האַלב פֿיר; האַלב נאָך דרײַ

past hope אָן האָפֿענונג

The patient is past saving דעם פּאַציענט קען מען שוין נישט ראַטעווען

pasta פּאַסטאַ; לאָקשן

past conditional דער פֿריִער־תּנאַי־מאָדוס [TNAY]

paste, *n.* דער פּאַפּ; די פּאַסטע, ־ס; דאָס בערליים

paste, *v.*

imp. קלעפּן

pf. צוקלעפּן (צו); אָנקלעפּן (אין)

pasteboard דאָס טאָוול־‹קאַרטאָן›־פּאַפּיר

pastel, *adj.* פּאַסטעל...

pastel, *n.*

(crayon) דאָס פּאַסטעל־קרײַדל, ־עך

(drawing) דער פּאַסטעל, ־ן; די פּאַסטעל־צייכענונג, ־ען; דאָס פּאַסטעלבילד, ־ער

pasteurization די פּאַסטעריזירונג

pasteurize פּאַסטעריזירן

pasteurized milk די פּאַסטעריזירטע מיל(ע)ך

pastiche דער פּאַסטיש; די נאָכמאַכונג

(hodgepodge) דער מיש־מאַש

(mus.) דער פּאָפּורי, ־ען

pastille די פּאַסטילקע, ־ס

pastime די פֿאַרווײַלונג, ־ען; דער צײַטפֿאַרברענג, ־ען; דער צײַטפֿאַרטרײַב, ־ן

pastor דער פּאַסטאָר, ...אָרן

pastoral, *adj.*

(Chr.) פּאַסטאָראַל

(of shepherd) פּאַסטעכ...; פּאַסטעכיש

(rural) דאָרפֿיש

pastoral, *n.* דער פּאַסטאָראַל, ־ן

pastorale דער פּאַסטאָראַל, ־ן

pastoral letter דער פּאַסטאָראַל, ־ן

pastorate דער פּאַסטאָראַט, ־ן; די פּאַסטאָרשאַפֿט

past participle דער (עבֿר־)פּאַרטיציפּ; דער פֿאַרגאַנגענער פּאַרטיציפּ [ÓVER]

pastrami די פּאַסטראָמע

pastry דאָס (צוקער־)געבעקס, ־ן

pastry bag דאָס זיסזעקל, ־עך

pastry board דאָס/די טייגברעט, ־ער; דער קריזשיק, ־עס

pastry brush דאָס באַקבערשטל, ־עך

pastry chef

m./unsp. דער צוקער־בעקער, ־ס

f. די צוקער־בעקערין, ־ס

pastry crumbs שטשיפּקעס

pastry shop די צוקער־בעקערײַ, ־ען; די קאָנדיטערײַ, ־ען

past tense דער עבֿר; די פֿאַרגאַנגענע צײַט [ÓVER]

pasture, *n.*

(field) דאָס פּאַשעפֿעלד, ־ער; דער וויגאָן, ־עס; די טאָלעקע, ־ס; די וויזע, ־ס

(grazing) די פּאַשע; דער פּאַפּאַס

put out to pasture (animal) אַרויסלאָזן ‹אַרויספֿירן› אויף פּאַשע

put out to pasture (person) אַרויסשיקן אויף פּענסיע; פּענסיאָנירן

pasture, *v.* פּאַשע|ן

pasty, *adj.* טייגיק; קלעפּ(עד)יק; ווי פּאַסטע ‹פּאַפּ›

(complexion) בלאַס; בלייך; קרענקלעך

pasty, *n.* דער פּיראָג, ־ן

PA system *see* **public address system**

pat, *adj.* גלאַט(יק)

pat, *adv.* פּונקט; אַקוראַט

have down pat קענען ווי אַ מיזמור [MÍZMER]

stand pat האַלטן זיך בײַם אייגענעם

pat, *n.*

(caress) דער גלעט, –

(light slap) דאָס קלעפּל, ־עך; דאָס פּעטשעלע, ־ך

pat, *v.*

(caress) גלעטן

(slap lightly) קלעפּלען (אין); פּעטשלען; אַ קלעפּל ‹פּעטשל› טאָן + דאַט'

pat sb. on the back (*fig.*) געבן + דאַט' אַ קניפּ אין בעקל

pat oneself on the back (*fig.*) געבן זיך אַליין אַ קניפּ אין בעקל; פּאַטשן זיך אין בײַכל

patch, *n.*

(adhesive) דער פּלאַסטער, ־ס

(cloth) די לאַטע, ־ס

(comp.) דער פֿאַרבעסערטער נוסח, ־אָות [NÚSEKh, NUSKhÓES]

bad patch די שווערע צײַט; די הייט

patch, *v.* לייגן לאַטעס (אויף); אַרויפֿלייגן אַ לאַטע (אויף); לאַטע|ן

patch up (sew) פֿאַרלאַטע|ן; אויסלאַטע|ן; צופֿאַרריכטן

patch up a quarrel איבערבעטן זיך

patch up one's differences אויסגלײַכן די חילוקי־דעות [KhILÚKE-DÉYES]

patchouli פּאַטשולי

patchwork

(hodgepodge) דער מיש־מאַש

(sewing) דאָס געלאַטעכץ; די געשטוקעוועטע אַרבעט

pate דער קאָפּ, קעפּ
pâté דער פּאַשטעט, ־ן
pâté de foie gras דער פּאַשטעט פֿון געגנדזענער לעבער
patella דאָס קני־דעקל, ־עך; דאָס קני־שיסעלע, ־ך
patent, *adj.*
(open) אָפֿן
(obvious) באַשײַמפּערלעך; אָפֿנוואָר; קלאָר ווי דער טאָג
(of patents) פּאַטענטן־...; פּאַטענטירט
patent, *n.* דער פּאַטענט, ־ן
patent, *v.* פּאַטענטירן
patented פּאַטענטירט
patentee דער בעל־פּאַטענט, ־ן [BAL]
patent leather די לאַקלעדער; די פּאַטענט־לעדער; די גלאַנצלעדער
patent-leather bag דער לאַקטאַש, ־ן; דער לאַקירטער בײַטל, ־ען
patent-leather shoes לאַקירטע שיך
patently באַשײַמפּערלעך; אָן ספֿק [SÓFEK]
patent medicine דער פּרעפּאַראַט, ־ן; דאָס פּאַטענטירטע (היילן)מיטל, ־ען
patent office דער/די פּאַטענטן־אַמט
patent pending פּאַטענט (שוין) אָנגעמאָלדן
pater דער טאַטע, ־ס; דער פֿאָטער, ־ס
paterfamilias דער ראָש־המשפּחה [RÓSh-HAMIShPÓKhE]
paternal פֿאָטעריש; פֿאָטער...; ווי אַ טאַטע ‹פֿאָטער›
(lineage) פֿון טאַטנס ‹פֿאָטערס› צד [TSAD]
paternalism דער פּאַטערנאַליזם
paternalistic פּאַטערנאַליסטיש
paternity די פֿאָטערשאַפֿט
paternity leave דער פֿאָטער־אורלויב
paternity suit די פֿאָטערשאַפֿט־תּביעה, ־ות [TVÍE]
Pater Noster דער פֿאַטער נאָסטער; דער פֿאָטער אונדזערער
path
(trail) די סטעזשקע, ־ס; די סטע(ט)שקע, ־ס; דאָס וועגל, ־עך
(course) דער וועג, ־ן; דער שטעג, ־ן
(*fig.*) דער דרך, ־ים [DÉREKh, DRÓKhIM]
(comp.) די פֿאַפּקע־רשימה, ־ות; דער נאָמענשנור, ־ן [RESHÍME]
beat a path to sb.'s door אָפּשלאָגן + דאַט' די טירן ‹שוועלן›
go off the path (morally) אַראָפּ(גיין) פֿון דרך
off the beaten path אין אַ העק
stand in sb.'s path שטיין + דאַט' אין וועג
path-breaking נאָוואַטאָריש
pathetic נעבעכדיק; קלאָגעדיק; בידנע; אומבאַהאָלפֿן
pathetic person דאָס נעבעכל, ־עך
pathfinder דער שפּורן־פֿאָרשער, ־ס; דער פּיאָניר, ־ן
(av.) דער ציל־באַלײַכטער, ־ס
pathname דער פֿולער טעקע־נאָמען, ־נעמען
pathogen דער פּאַטאָגען, ־ען
pathogenic פּאַטאָגעניש
pathological פּאַטאָלאָגיש; קרענקיק; קרענקלעך
pathological liar דער פּאַטאָלאָגישער ליגנער, ־ס
pathologist דער פּאַטאָלאָג, ־ן
pathology די פּאַטאָלאָגיע
pathos דער פּאַטאָס
pathway דער וועג, ־ן; דער דרך, ־ים [DÉREKh, DRÓKhIM]
patience די/דאָס געדולד; דער אויסדויער; דאָס סבֿלנות; די/דאָס פֿאַרליטנקייט [SAVLÓNES]
have no patience for/with נישט קענען פֿאַרטראָגן ‹אויסהאַלטן/פֿאַרלײַדן›; נישט האָבן קיין געדולד צו
Patience is a virtue מיט געדולד פֿליקט מען רויזן; מיט געדולד שעפּט מען אויס אַ קוואַל
She lost her patience ס'האָט איר געפּלאַצט די געדולד; זי האָט פֿאַרלוירן די געדולד
try one's patience אויספּרוּוון די געדולד
patient, *adj.*
(have patience) געדולדיק; סבֿלניש; פֿאַרליטן [SAVLÓNISh]
(med.) פּאַציענטן־...
patient person (*m./unsp.*) דער סבֿלן, ־ים; דער געדולדיקער געב' [SÁVLEN, SAVLÓNIM]
patient person (*f.*) די סבֿלנטע, ־ס [SÁVLENTE]
patient, *n.*
m./unsp. דער קראַנקער געב'; דער חולה, ־ים/חולאים; דער פּאַציענט, ־ן [KhÓYLE, KhÓYLIM/KhALÓYEM]
f. די פּאַציענטקע, ־ס
patient advocacy דאָס אײַנשטעלן זיך פֿאַר פּאַציענטן
patiently מיט געדולד; געדולדיק
patients' rights פּאַציענטן־רעכט
patina די פּאַטינע, ־ס
patio דער פּאַטיאָ, ־ס; די טעראַסע, ־ס; דאָס הייפֿל, ־עך
patisserie די צוקער־בעקערײַ, ־ען; די קאָנדיטערײַ, ־ען
patois דאָס אָרטיקע ‹לאָקאַלע› רעדעניש
patriarch דער פּאַטריאַרך, ־ן
the Patriarchs די (דרײַ) אָבֿות [ÓVES]
patriarchal פּאַטריאַרכאַליש
patriarchy דער פּאַטריאַרכאַט, ־ן
patrician, *adj.* פּאַטריציש; ייִחוסדיק; ייִחוס־אָבֿותדיק; אַריסטאָקראַטיש [YÍKhESDIK] [YÍKhES-ÓVESDIK]
be patrician האָבן ייִחוס־אָבֿות [YÍKhES-ÓVES]
patrician, *n.*
m./unsp. דער פּאַטריציער, ־ס
f. די פּאַטריציערקע, ־ס
patricide דער פֿאָטערמאָרד
(murderer) דער פֿאָטערמערדער, ־ס
patrilineal פֿון טאַטנס צד ‹אָפּשטאַם› [TSAD]
patrilineal descent דער אָפּשטאַם פֿון טאַטנס צד [TSAD]
(J.) דאָס ייִד־זײַן פֿון טאַטנס צד ‹אָפּשטאַם›
patrimony דעם טאַטנס ירושה; די ירושה [YERÚShE]
patriot דער פּאַטריאָט, ־ן
patriotic פּאַטריאָטיש
patriotism דער פּאַטריאָטיזם
patrol, *n.* דער פּאַטראָל ‹פּאַטרול›, ־ן
joint patrol דער שותּפֿותדיקער ‹אינאײַנעמדיקער› פּאַטראָל, ־ן [ShÚTFESDIKER]
patrol, *v.* פּאַטראָלירן
patrol boat דאָס פּאַטראָליר־‹באַוואַך־›שיפֿל, ־עך; די פּאַטרולקע, ־ס
patrol car דער פּאַטראָליר־אויטאָ, ־ס
patroller דער פּאַטראָל־גייער, ־ס
patrolman/patrol officer דער פּאַטראָל־פּאָליציאַנט, ־ן
patrol wagon דער פּאַטראָל־וואָגן, ־ס
patron
(benefactor) דער מעצענאַט, ־ן; דער פּאַטראָן, ־ען; דער גוטסגינער, ־ס; דער (אונטער)שטיצער, ־ס
(customer) דער שטענדיקער קונה, ־ים [KÓYNE, KÓYNIM]
be a patron of the arts שטיצן ‹מעצענירן› די קונסטן
patronage
(support) די (אונטער)שטיץ
(customer) די קונימשאַפֿט [KÓYNIMShAFT]
(pol.) דאָס צעגעבן רעגירונג־שטעלעס; די שטעל־באַטײלונג
patronize

(as customer) זײַן אַ שטענדיקער קונה בײַ; געבן + דאַט' צו לײזן [KÓYNE]
(condescend) קוקן פֿון אויבן אַראָפּ אויף
patronizing פֿון אויבן אַראָפּ
patronymic, *adj.* פּאַטראָנימיש
patronymic, *n.* דער פֿאָטער־נאָמען, ־נעמען
patsy דער פֿרײַער, ־ס; דער יאָלד, ־ן; דער קרבן, ־ות [KORBM, KORBÓNES]
patter,[1] *n.*
(chatter) דאָס פּלאַפּלערײַ; דאָס גראַגערײַ
(rapid speech) די רעציטאַציע
patter,[2] *n.* (footsteps) דער קליפּ־קלאַפּ; לײַכטע טריטעלעך ל״ר
patter, *v.*
(chatter) פּלאַפּלען; גראַגערן
(speak rapidly) רעדן גיך־גיך; רעציטירן
pattern, *n.*
(design) דער אוזער, ־ס; דער אוזאָר, ־ן; דער מוסטער, ־ן; דער דעסן, ־ס
(ling.) דער מישקל, ־ים [MIShKL, MIShKÓLIM]
(sewing) דער שניטמוסטער, ־ן
follow a pattern נאָכגײן לויטן מוסטער
pattern of behavior דער אויפֿפֿיר־פֿורעם, ־ס
sleeping pattern דער שלאָפֿפֿורעם, ־ס
pattern, *v.*
(design) באַצירן מיט אַן אוזער
patterned on לויטן מוסטער פֿון
patterned (cloth) געמוסטערט
patternmaker
m./unsp. דער מאָדעליסט, ־ן
f. די מאָדעליסטקע ‹מאָדעליסטין›, ־ס
pattern sentence דער מישקל־‹משל־›זאַץ, ־ן [MOShL]
patty
(cutlet) דער קאָטלעט, ־ן
(pastry) די פּירעזשקע, ־ס
pattycake (game) פּאַטשע פּאַטשע קיכעלעך
paucity דער דוחק; די/דאָס נישט־גענוגיקייט; די/דאָס קנאַפּקייט [DÓYKhEK]
paulownia די פּאַוולאָווניע
paunch דאָס בײַכל, ־עך; דער בויך, בײַכער; דער טרעלבוך, ־עס; די פּוזע, ־ס; דער פּאַנץ, ־ן; דאָס פּענצל, ־עך
pauper דער (בידנער) אָרעמאַן, אָרעמע־לײַט; דער קבצן, ־ים; דער אבֿיון, ־ים; דער דלפֿון, ־ים; דער דלות, דליתים; דאָס נעבעכל, ־עך; דער פּויפּער, ־ס [KAPTSN, KAPTSÓNIM] [ÉVYEN, EVYÓYNIM] [DALFN, DALFÓNIM] [DÁLES, DALÉYSIM]
penniless pauper דער קבצן אין זיבן פּאָלעס
pauperism די אָרעמשאַפֿט; דער פּויפּעריזם; דאָס אבֿיונות [EVYÓYNES]
pauperization די פֿאַראָרעמונג; די פֿאַראבֿיונונג; די פּויפּעריזאַציע [FARÉVYENUNG]
pauperize פֿאַראָרעמען; פֿאַראבֿיונען; ברענגען ‹דערפֿירן› צו אָרעמקייט; פּויפּעריזירן [FARÉVYENEN]
pauper's grave דער/דאָס קבצנישע(ר) קבֿר, ־ים [KAPTSÓNIShe(R)] [KÉYVER, KVÓRIM]
pause, *n.* [HAFSÓKE] די פּויזע, ־ס; די (קורצע) הפֿסקה, ־ות
give pause געבן צו קווענקלען ‹טראַכטן›
pause, *v.* אָפּשטעלן זיך (אויף אַ רגע); בלײַבן שטיין; פּויזירן; מפֿסיק זײַן [RÉGE] [MÁFSEK]
pause button דאָס פּויזע־קנעפּל, ־עך
pave
(with asphalt/cement) (אויס)אַספֿאַלטירן; (אויס)פֿלאַסטערן
(with cobblestone) (אויס)ברוקירן
pave the way for עפֿענען + דאַט' דעם ‹אַ› וועג
paved
(with asphalt/cement) אויסאַספֿאַלטירט; אויסגעפֿלאַסטערט
(with cobblestone) אויסברוקירט
paved with the best intentions אויסגעפֿלאַסטערט מיטן בעסטן מײן ‹מיט די בעסטע כּוונות› [KAVÓNES]
pavement דער טראָטואַר, ־ן; דער טרעטאָר, ־ן
(cobblestone) דער ברוק, ־ן
(of road) דער אַספֿאַלט
pavement artist דער טראָטואַר־צײכענער, ־ס
pavilion דער פּאַוויליאָן, ־ען
paving stone דער ברוקשטײן, ־ער
paw, *n.* די לאַפּע, ־ס
paw, *v.* אָנרירן ‹שלאָגן› מיט דער לאַפּע
(person) טאַפּן; טשעפּען (מיט דער האַנט)
pawl דאָס פֿאַרהאַלט־העקעלע, ־ך
pawn, *n.*
(chess) די פּעשקע, ־ס; דער פּיאָן, ־ען; דער פּויער, ־ים; דער ציגל, –
(hostage) דער משכּון, משכּנות [MAShKN, MAShKÓNES]
pawn, *v.* [FARMÁShKENEN] פֿאַרזעצן; פֿאַרמשכּנ(ו)נען
pawnbroker דער בעל־משכּון, בעלי־משכּנות; דער לאָמבאַרדיר, ־ן [BALMÁShKN, BÁLE-MAShKÓNES]
pawnshop דער לאָמבאַרד, ־ן
pawn ticket דער קוויט, ־ן; דער משכּון־‹לאָמבאַרד־›צעטל, ־ען [MAShKN]
pawpaw דער פּאַפּאַבױם, ...ביימער
pay, *n.* [SKhÍRES] דאָס שׂכירות; שׂכירות ל״ר; דאָס געצאָלט(ס)
(Am.) די פּײדע
be in the pay of אַרבעטן פֿאַר
pay, *v.* (באַ)צאָלן; אײַנצאָלן
(be worthwhile) לוינען זיך; אויסצאָלן זיך; אויסטראָגן זיך; זײַן כּדאַי [KEDÁY]
He'll pay dearly ס'וועט אים קאָסטן זײער טײַער; ס'וועט אים נאָך קאָסטן רבי־געלט [RÉBE]
pay a call on *see* pay a visit to
pay sb. a compliment מאַכן + דאַט' אַ קאָמפּלימענט; זאָגן + דאַט' אַ שײן וואָרט
pay a condolence call [MENÁKhEM-ÓVL] מנחם־אָבֿל זײַן
pay a fine (באַ)צאָלן קנס ‹קאַרע›; באַצאָלן אַ שטראָף [KNAS]
pay a sick call [MEVÁKER-KhÓYLE] מבֿקר־חולה זײַן
pay a visit to קומען צו גאַסט צו; אָפּשטאַטן ‹אָפּשטעקן› אַ וויזיט צו
pay back אָפּצאָלן
pay back (*fig.*) נוקם זײַן זיך אין; אָפּרעכענען זיך מיט; אָפּצאָלן (מיט דער אײגענער מטבע) [NÓYKEM] [MATBÉYE]
pay by check באַצאָלן מיט אַ טשעק
pay cash [MEZÚMEN] צאָלן מיט מזומן (געלט)
pay close attention גוט אײַנקוקן ‹אײַנהערן› זיך
pay down אויסצאָלן; באַצאָלן אַ חלק (פֿונעם חשבון) [KhÉYLEK] [KhEZhBM]
pay down the deficit אויסצאָלן דעם דעפֿיציט
pay for itself באַצאָלן פֿאַר זיך אַלײן; אויסצאָלן זיך אַלײן
pay off, *vt.* (bribe) אונטערשמירן; צאָלן כאַבאַר
pay off, *vt.* (debt) אָפּצאָלן; אויסצאָלן; סילוקן; צעצאָלן זיך; אַרומצאָלן זיך [SÍLEKN]
pay off, *vi.* לוינען זיך; אויסצאָלן זיך
pay one's respects to [KÓVED] אָפּגעבן + דאַט' כּבֿוד

pay one's way באַצאָלן פֿאַר זיך; דעקן די אייגענע הוצאָות; שטיין אויף די אייגענע פֿיס [HOYTSÓES/HETSÓES]
pay up, *vt.* [KhOYV] אויסצאָלן; באַצאָלן דעם גאַנצן חובֿ
pay up, *vt./vi.* באַצאָלן; סילוקן
You get what you pay for וואָס וואָלוול איז טײַער
payable צו(ם) באַצאָלן
payback time די צײַט צוריקצודערלאַנגען ‹אָפּצוצאָלן/אָפּצוגעבן›
paycheck דער שכירות־טשעק, ־ן [SKhÍRES]
pay cut די שכירות־פֿאַרקלענערונג, ־ען [SKhÍRES]
payday דער צאָלטאָג, ...טעג
pay dirt
hit pay dirt געפֿינען גאָלד; אַרײַנפֿאַלן אין אַ שמאַלצגרוב
payee דער באַצאָלטער גאַב'
payer דער צאָלער, ־ס
paying guest דער קוואַרטיראַנט, ־ן
payload די טראָגלאַדונג, ־ען
paymaster דער צאָלמײַסטער, ־ס; דער צאָלער, ־ס
payment
(of wages) דער לוין; דאָס געצאָלט(ס)
(of bill) דער אײַנצאָל, ־ן; די (אײַנ)צאָלונג, ־ען; דאָס באַצאָלן
(punishment) די שטראָף, ־ן
make a payment אײַנצאָלן
stop payment (on check) אָפּרופֿן ‹אָפּשטעלן› דעם טשעק
payment plan די אויסצאָל־סיסטעם, ־ען
payoff די אויסצאָלונג, ־ען
(bribe) דער כאַבאַר; דער באַקשיש
(reward) דאָס פֿאַרדינסטל, ־עך
payola דאָס געלט אונטערן טיש
payout די אויסצאָלונג, ־ען
pay phone דער צאָל־טעלעפֿאָן, ־ען
pay raise די הוספֿה, ־ות [HOYSÓFE/HESÓFE]
payroll
(money) דאָס אויסצאָלגעלט
(paysheet) די שכירות־‹אויסצאָל־›ליסטע, ־ס [SKhÍRES]
be on the payroll קריגן שכירות ‹געצאָלט›
cut the payroll פֿאַרקלענערן דעם אויסצאָל ‹פּערסאָנאַל›
put on the payroll אַרײַנשרײַבן אין דער שכירות־ליסטע
payroll tax דער אַרבעטלוין־שטײַער, ־ן
pay stub דאָס בלײַבל, ־עך
PC *see* **personal computer**
pea דער אַרבעס, –
like two peas in a pod ווי צוויי טראָפּנס וואַסער
peace דער שלום; דער פֿרידן [ShÓLEM]
at peace בשלום; אין פֿרידן [BEShÓLEM]
at peace (*fig.*) רויִק; שלווהדיק [ShÁLVEDIK]
have no peace נישט האָבן קיין רו
hold one's peace שווײַגן
in peace בשלום; שטילערהייט
in peace and quiet בשלום־ושלווה [BEShÓLEM-VEShÁLVE]
I want some peace and quiet! זאָל זײַן שאַ־שטיל!
keep the peace היטן די (געזעלשאַפֿטלעכע) רו
live in peace לעבן ווי די טויבן; הויזן
make peace שליסן ‹מאַכן› שלום
peace of mind די מנוחת־הנפֿש; די קאָפּ־מנוחה; די (פּסיכישע) מנוחה [MENÚKhES-HANÉFESh] [MENÚKhE]
peace activist דער שלום־טוער, ־ס; דער שלום־אַקטיוויסט, ־ן [ShÓLEM]
Peace Corps דער שלום־קאָרפּוס [ShÓLEM]
peaceful רויִק; פֿרידלעך
(mil.) שלום־... [ShÓLEM]
peaceful person דער פֿרידלעכער גאַב'; די שטילע טויב
peacekeeper דער שלום־אײַנהיטער, ־ס [ShÓLEM]
peacekeeping דאָס אײַנהיטן דעם שלום [ShÓLEM]
peacekeeping force שלום־כּוחות ל"ר [ShÓLEM-KÓYKhES]
peace-loving שלומדיק [ShÓLEMDIK]
peacemaker דער רודף־שלומניק, ־עס; דער שלום־מאַכער, ־ס [RÓYDEF-ShÓLEMNIK] [ShÓLEM]
peacemaking דאָס שליסן שלום; אַרײַנלייגן זיך אין שלום (אַרײַן) [ShÓLEM]
peace offering דער שלום־אָנבאָט, ־ן [ShÓLEM]
peace pipe די שלום־ליולקע, ־ס [ShÓLEM]
peace rally די שלום־דעמאָנסטראַציע, ־ס [ShÓLEM]
peace settlement דער שלום־אָפּמאַך, ־ן [ShÓLEM]
peace talks שלום־פֿאַרהאַנדלונגען [ShÓLEM]
peacetime די צײַט פֿון שלום [ShÓLEM]
peach די פֿער(י)שקע, ־ס; די פּערישקע, ־ס; דער פֿאַרזשעך, ־ער
peach-colored פֿון אַ פֿער(י)שקע־קאָליר
peaches and cream, *adj.* בלוט־און־מיל(ע)ך
peaches and cream, *n.* פֿער(י)שקעס מיט שמאַנט
peach fuzz די (פֿרוכט)באַרווע, ־ס
(*fig.*) די יוגנט־באַרווע
peach tree דער פֿער(י)שקע־בוים, ־ביימער
peacock/peafowl די פּאַווע, ־ס
pea-green אַרבעס גרין
peahen די פּאַווע, ־ס
pea jacket דאָס מאַטראָסן־רעקל, ־עך; דער פּידזשאַק, ־ן
peak, *adj.* העכסט; הויכ...
in peak condition אין אַן אויסגעצייכנטן מצבֿ [MÁTSEV]
peak, *n.* דער/די שפּיץ, ־ן; דער הויכפּונקט, ־ן
(ling./of syllable) דער/די טראַפֿשפּיץ
peak, *v.* דערגרייכן דעם שפּיץ ‹הויכפּונקט›
peaked שפּיציק
peaked cap די פֿוראַזשקע, ־ס
peak hours שפּיץ־שעהען [ShÓEN]
peak season דער הויכסעזאָן
peal, *n.* דאָס קלינגען
peal of thunder דאָס דונער־געקנאַק
peals of laughter דער אויפֿברויז פֿון געלעכטער
peal, *v.* קלינגען (אויף אַלע גלעקער)
peanut דאָס רבי־‹בעבע־›ניסל, ־עך; די (פֿי)סטאַשקע, ־ס; דאָס משה־רבינו־ניסל, ־עך [RÉBE] [MÓYShE-RABÉYNU]
peanuts (*fig.*) באָבקעס; דאָס קדחת ל"י [KADÓKhES]
peanut brittle דאָס נוסברעטל, ־עך
peanut butter די סטאַשקעשמיר
peanut oil דער סטאַשקע־בוימל
pear די באַר, ־ן; די באַרנע, ־ס
pear cider דער באַרנקוואַס
pearl דער פּערל, –
pearl of wisdom דער פּערל (חכמה); דאָס קלוגע וואָרט, ווערטער [KhÓKhME]
pearl barley פּערלגרויפּן ל"ר; דער פּענצעק
pearl diver/fisher דער פּערל־פֿישער, ־ס; דער פּערלער, ־ס
pearl gray פּערל גראָ
pearl hen די פּערלהון, ...הינער
pearl millet דאָס פּערל־בערשטל
pearl necklace דאָס שנירל פּערל; דער/די פּערלשנור, ־ן
pearl onion די פּערל־ציבעלע, ־ס
pearl oyster דער פּערל־אויסטער, ־ס
pearl white פּערל ווײַס
pearlwort דאָס פּערעלע

pearly gates שערי־שמים [ShÁYRE-ShOMÁYEM]
pearly teeth ציין ווי פּערל
pear-shaped אין דער פֿאָרעם פֿון אַ באַר
pear tree דער באַרנבוים, ...ביימער
peasant, *adj.* פּויעריש
(boorish) פּויערש
peasant, *n.* דער פּויער, ־ים; דער כלאָפּ, ־עס
peasant woman די פּויערטע ‹פּײַערטע›, ־ס
peasantry די פּויערימשאַפֿט
peashooter דער אַרבעס־שיסער, ־ס
pea soup די אַרבעסזופּ
(*fig.*) דער געדיכטער נעפּל
peat דער טאָרף
peat moss דער טאָרפֿמאָך
peavine דאָס אַרבעסל
pebble דאָס שטיינדל, ־עך; דאָס שטײנדעלע, ־ך
pebbly שטיינדלדיק
pecan דער פּעקאַן, ־ען
(tree) דער פּעקאַננוס־בוים, ־ביימער
pecan pie דער פּעקאַנפּײַ, ־ען
peccadillo דאָס עבֿירהלע, ־ך; דאָס חטאל(ע), חטאימלעך [AVÉYRELE] [KhETL/KhÉTELE, KhATÓYEMLEKh]
peccary דער פּעקאַרי, ־ס
peck, *n.*
(measurement) דער פּעק, ־ן
(with beak) דער פּיק, ־ן
a peck of אַן אַ שיעור [ShÍER]
give a peck on the cheek געבן אַ לײַכטן קוש אין באַק
peck, *v.* **(at)** פּיקן; פּיקע|ן; דזשובע|ן ‹דזשאָבע|ן›
pecker
(bird) דער פּיקער, ־ס
(penis/*slg./vlg.***)** די פּעצקע, ־ס; דאָס שמעקל, ־עך
pecking דאָס פּיק(ע)|ן; דאָס שנאָבלען; דאָס שנאָבלערײַ
pecking order די (אומאָפֿיציעלע) היעראַרכיע
pectic פּעקטיש
pectin דער פּעקטין
pectoral ברוסט...
pectoral muscles/pectorals ברוסטמוסקלען
peculate אויסנייזן; פֿאַרשווינדלען; אונטערשלאָגן
peculation די אויסנייזונג; דאָס אונטערשלאָגן
peculiar מאָדנע; משונהדיק [MEShÚNEDIK]
(unique) באַזונדער; קרײַטיש; כאַראַקטעריסטיש
peculiar to כאַראַקטעריסטיש פֿאַר
peculiarity די/דאָס מאָדנעקייט; די/דאָס משונהדיקייט [MEShÚNEDIKEYT]
(uniqueness) די/דאָס באַזונדערקייט; די/דאָס אייגנקייט, ־ן
pecuniary געלט...; פֿינאַנציעל
pecuniary affairs געלט־ענינים; געלטזאַכן [INYÓNIM]
pecuniary loss דער חסרון־כּיס; דער געלטשאָדן; דער פֿינאַנציעלער היזק [KhESÓRN-KÍS] [HÉZEK]
pedagogical פּעדאַגאָגיש
pedagogue דער פּעדאַגאָג, ־ן; דער דערציִער, ־ס
(pedant) דער קפּדן, ־ים; דער פּעדאַנט, ־ן [KAPDN, KAPDÓNIM]
pedagogy די פּעדאַגאָגיק
pedal, *n.*
(mech.) דער (מאַשין־)טרעטער, ־ס
(of bicycle) דער פּעדאַל, ־ן; דער/דאָס טרעטל, ־ען/־עך
(of vehicle) דער פּעדאַל, ־ן; דער (פֿוס)הייבער, ־ס; דער/דאָס טרעטל, ־ען/־עך; דער טרעטער, ־ס
pedal, *v.* פּעדאַלירן; טרעטלען
pedal boat דאָס פּעדאַל־שיפֿל, ־עך

pedal point די פּעדאַל־נאָטע, ־נאָטן
pedant דער פּעדאַנט, ־ן; דער קפּדן, ־ים; דער מקפּיד, ־ים; דער מדקדק, ־ים [KAPDN, KAPDÓNIM] [MÁKPED, MAKPÍDIM] [MEDÁKDEK]
pedantic פּעדאַנטיש
be pedantic מקפּיד זײַן; זײַן אַ פּעדאַנט; מדקדק זײַן [MÁKPED] [MEDÁKDEK]
pedantry די/דאָס פּעדאַנטישקייט; דער פּעדאַנטיזם; די פּעדאַנטעריע; דיקדוקי־עניות ל״ר [DIKDÚKE-ANÍES]
peddle אַרומגיין איבער די הײַזער; גיין איבער דער מדינה; פּעדלען אַמ׳ [MEDÍNE]
peddler דער (מדינה־)גייער, ־ס; דער מקום־גייער, ־ס; דער קאַראַבעלניק, ־עס; דער פּעדלער, ־ס אַמ׳ [MEDÍNE] [MÓKEM]
peddling דער גייער־האַנדל; דאָס קאַראַבעלניקערײַ; דאָס פּעדלערײַ אַמ׳
pederast דער פּעדעראַסט, ־ן
pederasty די פּעדעראַסטיע
pedestal דער פּעדעסטאַל, ־ן; דער פּאַסטאַמענט, ־ן
be put on a pedestal ווערן געהייכט און געקריינט
put on a pedestal הייכן און קריינען
pedestrian, *adj.* פֿוס...; פֿוסגייער־...
(ordinary) וואָכעדיק; באַנאַל; פּעכאָטנע
pedestrian, *n.* דער פֿוסגייער, ־ס
pedestrian bridge די קלאַטקע, ־ס; די פֿוסגייער־בריק, ־ן
pedestrian mall די שפּאַציר־גאַס, ־ן
pedestrian traffic פֿוסגייערס ל״ר
pediatric קינדער...
pediatric cardiologist דער קינדער־קאַרדיאָלאָג, ־ן
pediatrician דער פּעדיאַטריקער, ־ס; דער קינדער־דאָקטער, ...טוירים
pediatrics די פּעדיאַטריע ל״י; דאָס קינדער־דאָקטערײַ ל״י
pedicure דער פּעדיקור, ־ן
pedigree דער ייחוס(־בריוו); דער אָפּשטאַם [YÍKhES]
pediment דער פֿראָנטאָן, ־ען
pedophile דער פּעדאָפֿיל, ־ן
pedophilia די פּעדאָפֿיליע
pedophilic פּעדאָפֿיליש
pee, *n./slg.* דאָס פּישעכץ
pee, *v.* פּישן
(*nurs.*) מאַכן פּי־פּי ‹נומער איינס/פּישי/פּיש־פּיש›
peek, *n.* דאָס אונטערקוקעכץ; דאָס קוקעלע; דער בליק בגנבֿה [BIGNÉYVE]
peek, *v.* אונטערקוקן (זיך); אַ קוק טאָן בגנבֿה [BIGNÉYVE]
peek in כאַפּן אַ קוק אַרײַן
Peekaboo! קו־קו!
peel, *n.* דאָס/די שאָלעכץ, ־ן/־ער
peel, *vt./vi. imp./pf.* (אָפּ)שיילן (זיך)
vi. **(paint)** אָפּשיילן זיך
vi. **(wallpaper)** אָפּקלעפּן זיך
keep one's eyes peeled קוקן מיט זיבן אויגן; האַלטן אָפֿן די אויגן
peel away (leave) אָפּציִען
peel off, *vt.* **(skin)** אָפּשיילן
peel off, *vi.* **(av.)** אויסקערן; אָפּדרייען
peel off, *vi.* **(skin)** אָפּקריכן
peeler דער שיילער, ־ס
peelings דאָס/די שאָבעכץ ל״י; שאָלעכצער
peep,[1] *n.* **(sound)** דער פּיפּס, ־ן
Not a peep! נישט קיין פּיפּס!
utter a peep געבן אַ פּיפּס; אַ פּיפּס טאָן
peep,[2] *n.* **(glimpse)** *see* **peek**
peep,[1] *v.* **(sound)** פּיפּסן

peep,[2] *v.* (glimpse) *see* **peek**
peeper (zool.) די בלעטערפֿראָש, ־ן
peepers (eyes/*iro.*) אויגאַנעס; שליפֿעס; עינים [EYNÁYEM]
peephole דאָס קוקערל, ־עך; דאָס טיראייגל, ־עך; דאָס אויג, ־ן; דאָס לעכל, ־עך
Peeping Tom דער אונטערקוקער, ־ס; דער וואַיעריסט, ־ן
peep show דאָס קוקערײַ, ־ען; די קוקאָרניע, ־ס
(*hum.*) די קוקע דע לאָכע
peer, *n.* דער גלײַכער געב׳
(noble) דער פּער, ־ן
He has no peer קיינער איז צו(ן) אים נישט גלײַך; ער האָט נישט קיין גלײַכן
one's peers מײַנס/דײַנס/זײַנס/אירס/... גלײַכן
peer, *v.* אײַנקוקן זיך (אין)
peer down (at) אַראָפּקוקן (אויף)
peerless אָן קיין גלײַכן
peer pressure די דריקונג מצד גלײַכע ‹חבֿרים›; די חבֿרים־דריקונג; דער אָנדריק [MITSÁD] [KhAVÉYRIM]
peer review די פּראָפֿעסיאָנעלע רעצענזיע; דער קאָלעגן־אָפּשאַץ
peer-review system די פּראָפֿעסיאָנעלע רעצענזיר־סיסטעם, ־ען; דער אָפּשאַץ מצד קאָלעגן [MITSÁD]
peeve, *n.* די דענערווירונג, ־ען
be one's pet peeve דענערווירן + אַק׳; קריכן + דאַט׳ אין די אויגן; אָנרירן + דאַט׳ אַ שוואַך אָרט
peeve, *v.* פֿאַרדריסן + אַק׳/דאַט׳; דענערווירן
be peeved at stg. פֿאַרדריסן אומפּ׳ + אַק׳/דאַט׳ + פּ״ק
I'm peeved at her סע פֿאַרדריסט מיך ‹מיר› אויף איר
peevish(ly) קאַפּריזנע; ברוגז; וואָרטשענדיק [BRÓYGES]
peewee דער צוציק, ־עס; דאָס שנעקל, ־עך; דער קלײנטשיקער געב׳
peg, *n.* דאָס פּלעקל, ־עך
a peg to hang stg. on דער תּירוץ, ־ים [TÉRETS]
be a square peg in a round hole נישט געפֿינען זיך קיין אָרט
take sb. down a peg אונטערהאַקן + דאַט׳ די פֿליגל
peg, *v.* אײַנפּלעקלען; צופּעסטיקן; צונאַגלען
(price) סטאַביליזירן; האַלטן סטאַביל
peg away אַרבעטן מיט התמדה [HASMÓDE]
peg sb. as פֿאַררעכענען + אַק׳ פֿאַר
Pegasus דאָס פֿליגלפֿערד; דער פּעגאַז
pegleg דער הילצערנער פֿוס, פֿיס
peignoir דער פּעניואַר, ־ן
pejorative אַראָפּרײַסעריש; פּעיאָראַטיוו
pekoe די/דער פּעקאָטיי
pelargonium די פּעלאַרגאָניע
pelican דער פּעליקאַן, ־ען
pelican flower דער גרויסצוויט־ציבעך
pellagra די פּעלאַגרע
pellet דאָס שרײטל, ־עך; דאָס קײַלעכל, ־עך; דאָס גרײַפּל, ־עך
pellets (buckshot) דער שרויט ל״י
pellitory דער וואַנטקוויט, ־ן
pell-mell העדעם־פּעדעם; איבער האַלדז און קאָפּ; כאַפּ־לאַפּ
pellucid דורכזעוודיק; קלאָר
pelt, *n.* די פֿעל, ־ן; דער פּעלץ, ־ן
at full pelt מיט דער פֿולער גיכקייט
pelt, *v.* באַוואַרפֿן מיט; פֿאַרוואַרפֿן מיט
pelting rain דער שלאַקסרעגן, ־ס
pelvic בעקנ...
pelvic bones בעקנביינער
pelvic cavity דער בעקן־חלל [KhÓLEL]
pelvic exam דער בעקן־באַקוק, ־ן; דאָס באַטראַכטן דעם בעקן
pelvis דער בעקן, ־ס
pen,[1] *n.* (for writing) די פּען, ־ען; די פֿעדער, ־ס
in pen מיט טינט; מיט אַ פּען; שוואַרץ אויף ווײַס
put pen to paper נעמען ‹אָנהייבן› שרײַבן
pen,[2] *n.* (enclosure) די אַרומצוימונג, ־ען; דער זאַגאָן, ־עס
pen,[1] *v.* (write) אָנשרײַבן
pen,[2] *v.* (in) אַרומצוימען; פֿאַרשפּאַרן
penal שטראָף...; קרימינעל
penal code דער קרימינאַל־קאָדעקס, ־ן; דער קרימינעלער קאָדעקס, ־ן
penal colony די שטראָף־‹פֿאַרברעכער־›קאָלאָניע, ־ס
penalize (באַ)שטראָפֿן
penal reform די תּפֿיסה־רעפֿאָרעם [TFÍSE]
penalty די שטראָף, ־ן; דער עונש, ־ים [ÓYNESh, ONÓShIM]
pay a penalty צאָלן שטראָף
under penalty of צום שטראָפֿן מיט
penalty box דער שטראָפּפּלאַץ, ...פּלעצער; די האָקי־‹האָקײ־›קונע, ־ס
penalty shot דער שטראָפּשאָס, ־ן
penance
(punishment) סיגופֿים ל״ר
(remorse) די תּשובֿה [TShÚVE]
do penance תּשובֿה טאָן
pen-and-ink די פֿעדער־צײַכענונג, ־ען
pen case דער פּענאַל, ־ן
pence פּעניס
penchant (for) די נייגונג ‹נטיה› (צו); די/דאָס שוואַכקייט (צו) [NETÍE]
pencil דער בלײַער, ־ס; די בלײַפֿעדער, ־ס
pencil case דער פּענאַל, ־ן
pencil pusher דער פּענקראַצער, ־ס
pencil sharpener דער אָנשלײַפֿער, ־ס; דער שניצער, ־ס
pencil sketch די בלײַ־צײַכענונג, ־ען
pendant, *adj.* אויף אַ קייטל; הענגענדיק
pendant, *n.* דאָס באָמבעלע, ־ך; דאָס באָמבערל, ־עך; דער ברעלאָק, ־עס
pending, *adj.* הענגענדיק; וואַרטנדיק אויף
be pending הענגען
It's pending appeal מע וואַרט אויף דער אַפּעלאַציע
pending, *prep.* ביז (צו)
pendulous אַראָפּהענגענדיק; אונטערהענגענדיק
pendulum דער פּענדל, ־ען; דער פּאַמפּעדיקל, ־ען; דער אומרו, ־ען
penetrate
vt. (אַ)דורכדרינגען; (אַ)דורכנעמען; אַרײַנדרינגען
vi. אַרײַנדרינגען; (אַ)דורכשנירלען זיך
penetrate as far as דערבײַוו|ען זיך צו ‹ביז›; פֿאַרגײן אין
penetrating דורכדרינגענדיק אַטר׳; אַרײַנדרינגענדיק אַטר׳; שאַרף
penetrating force די דורכשלאָגקראַפֿט
penetration דער אַרײַנדרונג; דער דורכדרונג; דאָס אַרײַנדרינגען; דאָס דורכדרינגען
penguin דער פּינגווין, ־ען
penicillin דער פּעניצילין, ־ען
penile פּעניס...
penile prosthesis דער פּעניס־פּראָטעז, ־ן
peninsula דער האַלבאינדזל, ־ען
penis דער פּעניס, ־ן; דער (מענלעכער) אבֿר, ־ים; די מילה, ־ות [ÉYVER, ÉYVRIM] [MÍLE]
(of child) דאָס אבֿרל, אבֿרימלעך; דאָס פּישערל, ־עך; דאָס פּיגעלע, ־ך; דאָס פּעמפּיקל, ־עך [ÉYVERL, ÉYVRIMLEKh]

(*euph.*) דער דאָס; דער בחור [BÓKhER]
(*vlg.*) דער שמאָק, שמעק; דאָס שמעקל, ־עך; דער פּאָץ, פּעץ; דער ווײַדל, ־ען; דער זנבֿ, ־ים [ZÓNEV, ZNÓVIM]
penis envy די אבֿר־‹פּעניס־›קינאה [ÉYVER] [KÍNE]
penitence [KhARÓTE] [TShÚVE] די חרטה; דאָס תּשובֿה טאָן
penitent, *adj.*
be penitent חרטה האָבן; תּשובֿה טאָן [KhARÓTE] [TShÚVE]
penitent, *n.*
m./unsp. דער בעל־תּשובֿה, בעלי־...; דער בעל־תּשובֿהניק, ־עס [BALTShÚVE, BÁLE-...] [BALTShÚVENIK]
f. די בעל־תּשובֿהטע, ־ס; די בעל־תּשובֿהניצע, ־ס [BALTShÚVETE] [BALTShÚVENITSE]
penitentiary דאָס שטראָפֿהויז, ...הײַזער; דער שטראָפֿאַנשטאַלט, ־ן
penknife דאָס (פֿען)מעסערל, ־עך; דאָס פֿעדער־מעסערל, ־עך; דער קניפּיק, ־עס
penmanship דער/דאָס כּתבֿ; די האַנטשריפֿט [KSAV]
(calligraphy) די קאַליגראַפֿיע
pen name דער פּסעוודאָנים, ־ען; דער פֿעננאָמען, ...נעמען
pennant דאָס פֿענדל, ־עך
penniless אָן אַ גראָשן געלט; אָן אַ גראָשן ‹פּרוטה› בײַ דער נשמה
be penniless נישט האָבן קיין גראָשן געלט
Pennsylvania (די) פּענסילווייניע
penny דער פּעני, ־ס
(*fig.*) דער גראָשן, ־ס; די פּרוטה, ־ות [PRÚTE]
a penny for your thoughts וואָס טראַכסטו ‹טראַכט איר› עפּעס?
cost a pretty penny אָפּקאָסטן אַ היפּשע פּותּיקי ‹היפּשן מאַיאָנטיק›; אָפּקאָסטן אַ שיינע קאָפּעקע ‹שיינעם גראָשן›; אויסלאָזן זיך צו + פּאָס' קעשענע [PÓYTIKE]
not have a penny to one's name נישט האָבן קיין פּרוטה בײַ דער נשמה [NEShÓME]
penny-wise and pound-foolish וואָס וואָלוול איז טײַער; אײַנגעבערענגט אַ גראָשן, אויסגעבערענגט אַ קערבל; אַז פֿיש איז ביליק, איז פֿיש טײַער
penny arcade די פּעני־אַרקאַד, ־ן
pennycress דאָס טאַשנגראָז
penny-pincher דער קמצן, ־ים; דער קמצניוק, ־עס; דער קאַרגער געב' [KAMTSN, KAMTSÓNIM] [KAMTSNYÚK]
penny-pinching קאַרג; קמצניש [KAMTSÓNISh]
pennyroyal די פֿליי־מיאַטקע
penny stock די גרײַצער־אַקציע, ־ס; די גרײַצערקע, ־ס
pennywort דער גראַצער
penology די פּענאָלאָגיע
pen pal דער בריוובֿרודער, ...ברידער; די בריוושוועסטער, ־
pension, *n.* די פּענסיע, ־ס
(hotel) דער פּאַנסיאָן, ־ען
pension, *v.* **(off)** אַרויסשיקן אויף פּענסיע (פֿאַר דער צײַט); פּענסיאָנירן
pensionable באַרעכטיקט ‹ראוי› אויף פּענסיע [RÓE]
pensioner דער פּענסיאָנער, ־ן; דער פּענסיאָנירטער געב'; דער פּענסיע־נעמער, ־ס
pensive פֿאַרטראַכט; פֿאַרקלערט
pentagon דער פּענטאַגאָן, ־ען; דער פֿינ(ע)פֿעק, ־ן
the Pentagon דער פּענטאַגאָן
pentagonal פּענטאַגאָנאַל; פֿינפֿעק(עכ)יק
pentagram די פּענטאַגראַם, ־ען
pentameter דער פּענטאַמעטער, ־ס
Pentateuch דער חומש; די תּורה; חמישה חומשי־תּורה ל"ר [KhÚMESh] [TÓYRE] [KhAMÍShE KhÚMShE-TÓYRE]
pentathlon דער פֿינפֿקאַמף, ־ן
pentatonic scale די פּענטאַטאָניק
Pentecost
(J.) דער שבֿועות [ShVÚES]
(Chr.) די גרין־חגא; דער גרינער זונטיק [KhÓGE]
Pentecostal, *adj.* פּענטעקאָסטיש
Pentecostal, *n.* דער פּענטעקאָסטאַלער, ־
penthouse די דאַך־דירה, ־ות; דאָס פּענטהויז, ...הײַזער [DÍRE]
pentose דער פּענטאָז, ־ן
pent-up אָנגעזאַמלט; אָנגעקליבן; פֿאַרשטיקט; אײַנגעהאַלטן
penultimate פֿאַרלעצט
penumbra דער האַלבשאָטן, ־ס
penurious
(destitute) שטאַרק פֿאַראָרעמט; בדיל־הדל [BEDILADÁL]
(stingy) קמצניש; קאַרג [KAMTSÓNISh]
penury די/דאָס אָרעמקייט; דאָס עניות; דער דלות [ANÍES] [DÁLES]
peony די פּיוואָניע, ־ס
people, *n.*
(humans) מענטשן; לײַט
(cultural/ethnic) דאָס פֿאָלק, פֿעלקער
(nationality) דאָס פֿאָלק, פֿעלקער; די אומה, ־ות [ÚME]
(relatives) די משפּחה ל"י; קרובֿים [MIShPÓKhE] [KRÓYVIM]
consisting of six people זעקס־אירעדיק
go to the people רעדן מיטן פֿאָלק
people's פֿאָלקס...
she, of all people ... דווקא זי; זי גאָר [DÁFKE]
people, *v.* באַפֿעלקערן
peopled באַפֿעלקערט
people person דער עקסטראָווערט, ־ן; דער נוח־לבריות, ־ן [NÓYEKh-LEBRÍES]
pep, *n.* דער ברען; דאָס הייבעכץ; דער פּעפּ
pep, *v.* אויפֿמונטערן
pepper, *n.* דער פֿעפֿער
red pepper flakes פֿעפֿער־שופּעלעך
pepper, *v.* באַפֿעפֿערן; באַשיטן מיט פֿעפֿער
pepper with questions באַוואַרפֿן ‹באַשיטן› מיט פֿראַגעס
pepperbox די פֿעפֿערניצע, ־ס; דאָס פֿעפֿערל, ־עך
peppercorn דאָס (שוואַרצע) פֿעפֿערל, ־עך
pepper mill דאָס פֿעפֿער־מילכל, ־עך
peppermint
(bot.) דאָס פֿעפֿערמינץ; די ענגלישע מענטע
(flavor) דער פֿעפֿערמינץ־אַראָמאַט
peppermint tree דער פֿעפֿערמינץ־בוים, ־ביימער
pepper spray דער טרײַבפֿעפֿער, ־ס
peppertree דער פֿעפֿערבוים, ...ביימער
pepperweed דער קרעס; דאָס פֿעפֿערגראָז
peppery פֿעפֿערדיק; געפֿעפֿערט; שאַרף
pep pill די מונטערפּיל, ־ן; די פּעפּפּיל, ־ן
pepsin דער פּעפּסין, ־ען
pep talk מוטיקרייד ל"ר
peptase דער פּעפּטאַז
peptic מאָגן...
peptic ulcer דאָס מאָגן־געשוויר, ־ן; דער אולצער, ־ס
peptide דער פּעפּטיד, ־ן
per לויט; פּער; אַ
as per our conversation ווי מיר האָבן גערעדט; לויט אונדזער שמועס
as per usual ווי געוויינ(ט)לעך
as per his request לויט זײַן בקשה; ווי ער האָט געבעטן [BAKÓShE]

miles per gallon מײַל אויפֿן גאַלאָן
miles per hour מײַל אַ שעה [ShO]
per person [NÉFESh] אויף אַ קאָפּ ‹נפֿש›; אויף יעדן איינעם
peradventure אפֿשר; טאָמער [ÉFShER]
perambulate (אַ)דורכגיין זיך; (אַ)דורכוואַנדערן
perambulator דאָס (גאַנג־)וועגעלע, ־ך
per annum אַ יאָר
percale דער פּערקל
per capita פּער קאָפּ; אַ מענטש
per capita income די הכנסה פּער קאָפּ; די פּער־קאָפּ־הכנסה [HAKhNÓSE]
perceive באַמערקן; אויפֿנעמען; באַנעמען; שפּירן
percent דער פּראָצענט, –
percentage דער פּראָצענט, ־ן
There's no percentage in סע לוינט זיך נישט צו; נישטאָ קיין מעלה אין [MÁYLE]
percentage point דער פּראָצענט, ־ן; דער פּראָמיל, ־ן
percentile, *adj.* פּראָצענט...
percentile, *n.* דאָס הונדערטסטל, ־עך; דער פּראָצענטיל, ־ן; דער פּראָצענט־שטאַפּל, ־ען
in the ...th percentile אויפֿן ...(ס)טן פּראָצענטיל
perceptible מערקלעך; מערק(עווד)יק
be perceptible לאָזן זיך באַמערקן ‹פֿילן›; זײַן צו(ם) באַמערקן
perception
(comprehension) די מערקונג; דער באַנעם; די תּפֿיסה [TFÍSE]
(of sensation) דאָס דערזען; דאָס דערהערן; דאָס דערשפּירן; דאָס דערפֿילן; דאָס דערשמעקן
perceptive באַמערקעריש; צאַרטפֿיליק; פֿײַנפֿיליק; אויפֿנעם־פֿעיִק; שאַרפֿזעיִק
be perceptive גרינג באַמערקן ‹אויפֿנעמען›
perceptiveness די תּפֿיסה; די/דאָס שאַרפֿזעיִקייט; די/דאָס אויפֿנעם־פֿעיִקייט [TFÍSE]
perch,[1] *n.* **(zool.)** דער אָקון, ־יעס; די אָקענע, ־ס
perch,[2] *n.* **(roost)** די (נאָ)סידעלע, ־ס
knock sb. off one's perch אַראָפּזעצן + אַק׳ פֿון זאָטל
perch, *v.* זיצן; אַראָפּלאָזן זיך
perchance אפֿשר; צופֿעליק [ÉFShER]
percolate
vt. (אַ)דורכזײַען; לאָזן פֿילטרירן
vi. (אַ)דורכטריפֿן; (אַ)דורכרינען
percolate (into) (*fig.*) אַרײַנדרינגען (אין); פֿאַרשפּרייטן זיך (צווישן)
percolator דער קאַווע־קאָכער, ־ס; דער בולבלער, ־ס
percuss באַקלאַפּן
percussion
(med.) די באַקלאַפּונג
(mus.) שלאַג־‹קלאַפּ־›אינסטרומענטן ל״ר
percussion cap דאָס צינדקאַפּסל, ־עך
percussion instrument דער שלאַג־‹קלאַפּ־›אינסטרומענט, ־ן
percussionist דער קלאַפּער, ־ס; דער פּײַקלער, ־ס; דער צימבלער, ־ס
percussive שלאַג...; קלאַפּ...
per diem
(payment) דאָס טאָגגעלט; דער טאָגלוין, ־ען
(worker) דער טאָגאַרבעטער, ־ס
on a per diem basis לויטן טאָג
perdition דער מאַראַלישער אומקום; די אייביקע שטראָף; דער/דאָס גיהנום [G(EH)ÉNEM]
peregrinate אַרומוואַנדערן; אַרומפֿאָרן
peregrine falcon דער וואַנדערפֿאַלק, ־ן

peremptory באַפֿעלעריש; קאַטעגאָריש; לעצטגילטיק
perennial, *adj.* יאָר־יערלעך
(bot.) פֿיליאָריק
perennial, *n.* דאָס פֿיליאָריקע געוויקס, ־ן
perennially יאָר־אײַן יאָר־אויס; אייביק; שטענדיק; תּמיד [TÓMED]
perestroika די פּערעסטרויקע
perfect, *adj.* פּערפֿעקט; (ב)שלמותדיק; קפֿריסינדיק; פֿולקום [(BI)ShLÉYMESDIK] [KAFRÍSNDIK]
It's a perfect fit ס'איז ווי אָנגעמאָסטן
She has a perfect right זי האָט דאָס פֿולע רעכט
He's a perfect stranger ער איז אַווילד ‹טאָטאַל› פֿרעמדער
Nobody's perfect טעות לעולם חוזר; טויטע האָבן נישט קיין טעות [TÓES LEÓYLEM KhÓYZER] [TÓES]
perfect, *v.* פֿאַרפֿולקומען; פֿאַרגאַנצן; פּערפֿעקטירן; משלים זײַן [MÁShLEM]
perfect cube דער ריכטיקער קוב, ־ן
perfect fifth די ריינע קווינטע
perfect fourth די ריינע קוואַרטע
perfect infinitive דער פֿריִער־אינפֿיניטיוו, ־ן
perfection דאָס שלמות; די/דאָס פּערפֿעקטקייט; די/דאָס פֿולקומקייט [ShLÉYMES]
strive for perfection שטרעבן צו שלמות
to perfection ביז שלמות; פּערפֿעקט; פֿיקס און פֿאַרטיק; פֿולקום
perfectionism דער פּערפֿעקציאָניזם
perfectionist, *adj.* פּערפֿעקציאָניסטיש
perfectionist, *n.* דער פּערפֿעקציאָניסט, ־ן
perfective, *adj.* פּערפֿעקטיוו
perfective, *n.* דער פּערפֿעקטיוו, ־ן
perfectly אין גאַנצן; פּערפֿעקט; פֿולקום; בשלמות [BIShLÉYMES]
perfect number די גאַנצע צאָל, ־ן
perfect pitch דאָס אַבסאָלוטע ‹פּערפֿעקטע› געהער
have perfect pitch האָבן דאָס אַבסאָלוטע ‹פּערפֿעקטע› געהער; האָבן אַ קאַמערטאָן אין אויער
perfect storm דער שטורעם־שבשטורעמס [ShEBESShTÚREMS]
perfidious אומגעטרײַ; פֿאַלש
perfidy די אומגעטרײַשאַפֿט; די/דאָס פֿאַלשקייט
perforate פּערפֿאָרירן
(paper) *also* (אַ)דורכלעכלען
(med.) *also* (אַ)דורכלעכערן
perforation
(on paper) די פּערפֿאָריר־ליניע, ־ס
(med.) דער דורכבראָך, ־ן; די פּערפֿאָראַציע, ־ס
perforce ווילנדיק נישט־ווילנדיק; בלית־ברירה; ממילא; בהכרח [B(E)LÉS-BRÉYRE] [MEMÉYLE] [BEHÉKhREKh]
perform (אַ)דורכפֿירן; אויספֿירן
vt. **(ceremony)** אָפּריכטן
vt. **(thea.)** פֿאַרשטעלן; אויפֿפֿירן
vi. **(thea./mus.)** אויפֿטרעטן; געבן ‹מאַכן› קאָנצערט
perform poorly (acad./mech.) האָבן אַ שוואַכע פּעולה; האָבן שוואַכע ‹שלעכטע› רעזולטאַטן [PÚLE]
performance
(acad.) [PÚLE] די פּעולה; די דערגרייכונג; דער רעזולטאַט, ־ן
(econ.) די/דאָס עפֿעקטיווקייט
(mech.) די פּעולה; דער רעזולטאַט
(of task) דאָס (אַ)דורכפֿירן; דאָס אויספֿירן
(sexual) דאָס קענען
(thea./of play) די פֿאַרשטעלונג, ־ען; די אויפֿפֿירונג, ־ען
(thea./of actor) דער אויפֿטריט, ־ן; דער אַרויסטרעט, ־ן

poor performance (acad./mech.) די שוואַכע ‹שלעכטע› פּעולה; שוואַכע ‹שלעכטע› רעזולטאַטן ל״ר; די/דאָס אָנפּעולהדיקייט [ÓNPÚLEDIKEYT]
performance-enhancing drugs מיטלען צו שטאַרקן די רעזולטאַטן
performer
m./unsp. דער אַרויסטרעטער, ־ס; דער אַרטיסט, ־ן
f. די אַרויסטרעטערין ‹אַרויסטרעטערקע›, ־ס; די אַרטיסטקע, ־ס
performing arts בינעקונסטן
perfume, *n.* דער פּאַרפֿום, ־ען
perfume, *v.* פּאַרפֿומירן
perfume oneself פּאַרפֿומירן זיך
perfume bottle דאָס פּאַרפֿום־פֿלעשעלע, ־ך
perfumed שמעקעדיק; פּאַרפֿומירט
perfumed soap די/דאָס שמעקזייף, ־ן
perfumery די פּאַרפֿומעריע, ־ס
perfunctorily פֿון יוצא וועגן; אויף יוצא צו זײַן; כּלאַחר־יד; אַבי אויף אָפּצוקומען [YÓYTSE] [KILAKhERYÁD]
perfunctory אויבנאויפֿיק; שלעגיש
perhaps אפֿשר; קען (טאַקע) זײַן אַז [ÉFShER]
per head פּער קאָפּ
pericardium דער פּעריקאַרדיום, ־ס; דער האַרצבײַטל, ־ען
perigee דער פּעריגײ, ־ען
perihelion דער פּעריהעליום, ־ס
peril די סכּנה, ־ות; די ˙געפֿאַר, ־ן [SAKÓNE/SEKÓNE]
at one's own peril אויפֿן אײגענעם אַחריות [AKhRÁYES]
perilla די פּערילע, ־ס
perilous סכּנהדיק; געפֿערלעך [SAKÓNEDIK/SEKÓNEDIK]
perimenopause די איבערגאַנג־צײַט; די איבערבײַט־יאָרן
perimeter די קרײַזליניע, ־ס; דער פּערימעטער, ־ס
perinatal period די קימפּעטצײַט
perineum דער צווישנטייל
period
(punctuation) דאָס פּינטל, ־עך; דער פּונקט, ־ן
(acad.) די (קלאַס־)שעה, ־ען; די לעקציע, ־ס [ShO]
(menstrual) די צײַט; די וסת ‹וסת› [VÉS(E)T/VÉYSES]
(temporal) דער פּעריאָד, ־ן; די צײַט, ־ן; די תּקופֿה, ־ות [TKÚFE]
for a period אויף אַ צײַט
for a period of אויף אַ טערמין פֿון
have one's period האָבן די צײַט ‹וסת/וסת›; האָבן דאָס פּעקל
have one's period (J./*rel./lnd.*) זײַן אַ נידה [NÍDE]
She missed her period די צײַט האָט זיך איר פֿאַרהאַלטן; זי האָט פֿאַרפֿעלט ‹איבערגעהיפּט› די צײַט
Period! שוין!; עד־כּאַן!; פּינטעלע! [ADKÁN]
periodic (ally) פּעריאָדיש; רעגולער
periodical די צײַטשריפֿט, ־ן
periodic decimal דער פּעריאָדישער דעצימאַל, ־ן
periodic table די עלעמענטן־טאַבעלע
periodontics די פּאַראָדאָנטאָלאָגיע ל״י
periodontist דער פּאַראָדאָנטאָלאָג, ־ן
periodontitis דער פּאַראָדאָנטיט
periosteum דאָס בײנהײַטל, ־עך; דער פּעריאָסטיום, ־ס
peripatetic וואַנדערנדיק; פּעריפּאַטעטיש
peripheral, *adj.* פּעריפֿעריש
peripheral, *n.* דער פּעריפֿערישער מכשיר, ־ים [MÁKhShER, MAKhShÍRIM]
periphery די פּעריפֿעריע, ־ס
periphrasis דער פּעריפֿראַז, ־ן
periphrastic פּעריפֿראַסטיש
periphrastic verb דער פּעריפֿראַסטישער ווערב, ־ן
periscope דער פּעריסקאָפּ, ־ן
perish אומקומען
Perish the thought! חס־וחלילה!; חס־ושלום!; בײַס(ט) זיך אָפּ די צונג! [KhÁS-VEKhOLÍLE] [KhÁS-VEShÓLEM]
perishable קאַליעוודיק
It's perishable סע ווערט גיך קאַליע; סע האַלט זיך נישט לאַנג
perishables קאַליעוודיקע פּראָדוקטן
peristalsis די פּעריסטאַלטיק
peritoneum די בויכהויט; דער פּעריטאָנעום, ־ס
peritonitis די אָנצינדונג פֿון דער בויכהויט; דער פּעריטאָניט
periwig דער פּאַרוק, ־ן
periwinkle די קבֿר־מירט, ־ן [KÉYVER]
perjure (oneself) פֿאַלש עדות זאָגן; פֿאַלש שווערן; עובֿר־שבֿועה זײַן [ÉYDES] [ÓYVER-ShVÚE]
perjurer
m./unsp. דער פֿאַלשער עדות; דער יאָר־עדות; דער עובֿר־שבֿועהניק, ־עס; דער פֿאַלששווערער, ־ס [ÉYDES] [ÓYVER-ShVÚENIK]
f. די עובֿר־שבֿועהניצע, ־ס; די פֿאַלששווערערין, ־ס [ÓYVER-ShVÚENITSE]
perjury דאָס פֿאַלש עדות־זאָגן; דאָס שווערן פֿאַלש; די פֿאַלשע שבֿועה; די עבֿירת־שבֿועה [ÉYDES] [ShVÚE] [AVÉYRES-ShVÚE]
commit perjury *see* **perjure oneself**
perk, *n.* די פּריווילעגיע, ־ס; דאָס בײַפֿאַרדינסט, ־ן
perks דאָס מאַכעכץ ל״י
perk, *v.*
perk up, *vt.* אויפֿלעבן
perk up, *vi.* אויפֿמינטערן זיך; אויפֿלעבן
perk up one's ears אויפֿשפּיצן זיך די אויערן
He perked up ער האָט (אַ ביסל) אויפֿגעלעבט; אַ נײַע נשמה איז אין אים אַרײַן [NEShÓME]
perky לעבעדיק; פֿול מיט לעבן; ענערגיש
perm, *n.* די אָנדולירונג, ־ען; די אײַנגעקרײַזלטע פֿריזור, ־ן; דער פּערמאַנענט, ־ן
get a perm לאָזן אָנדולירן ‹אײַנפֿריזירן/אײַנקרײַזלען› די האָר
perm, *v.* אָנדולירן ‹אײַנפֿריזירן/אײַנקרײַזלען› די האָר
permafrost דער אײביקער פֿרירבאָדן
permanence די פּערמאַנענץ; די/דאָס באַשטענדיקייט; די האַפֿט
permanent, *adj.* פּערמאַנענט; (באַ)שטענדיק; (פֿאַר)בלײַביק; באַשטײיִק
permanent, *n.* *see* **perm**
permanently אויף אײביק ‹תּמיד›; לדורות [TÓMED] [LEDÓYRES]
permanent-press תּמיד געפּרעסט [TÓMED]
permanent tooth דער שטענדיקער צאָן, ציין
permanganate דער פּערמאַנגאַנאַט
permeability די/דאָס דורכדרינגלעכקייט
permeable דורכדרינגלעך
permeate (אַ)דורכדרינגען; (אַ)דורכנעמען; (אַ)דורכוועפּן זיך
(of aroma) פֿאַרשמעקן
permissible דערלאָזלעך; דערלויבט
(J./rel.) מותּר [MÚTER]
permission דער רשות; דאָס/די דערלויבעניש; די הרשאה [REShÚS] [HARShÓE]
(J./rabbinic) דער היתּר, ־ים [HÉTER, HETÉYRIM]
get permission from נעמען רשות בײַ
give permission to געבן + דאַט' רשות ‹דערלויבעניש›; דערלאָזן; דערלויבן

request permission from בעטן רשות ‹דערלויבעניש› בײַ

permissive דערלאָזעריש; דערלויבעריש

permissiveness די/דאָס דערלאָזערישקייט; די/דאָס דערלויבערישקייט

permissive society די אַלץ־דערלאָזערישע געזעלשאַפֿט

permit, *n.* דאָס/די דערלויבעניש, ־ן; דער דערלויב, ־ן; דאָס בלעטל, ־עך

permit, *v.* געבן רשות ‹דערלויבעניש›; דערלאָזן; דערלויבן; צולאָזן [RESHÚS]

(J./rel.) מתּיר זײַן [MÁTER]

permitted דערלאָזט; דערלויבט

(J./rel.) מותּר [MÚTER]

permutation די פּערמוטאַציע, ־ס

permute איבערשטעלן; בײַטן דעם סדר פֿון [SÉYDER]

pernicious טויט־שעדלעך; טויט־געפֿערלעך

pernicious anemia די פּערניציעזע אַנעמיע

perorate דרשענען ‹דרשע|נען› [DÁRShENEN - DARShN/DÁRShE]

peroration שליסווערטער ל"ר; די פּעראָראַציע, ־ס

peroxide דער סופּעראָקסיד, ־ן

perpendicular, *adj.* פּערפּענדיקולאַר

perpendicular, *n.* דער פּערפּענדיקולאַר, ־ן

perpetrate אָפּטאָן; באַגיין

perpetration דאָס אָפּטאָן; דאָס באַגיין

perpetrator דער פֿאַרברעכער, ־ס; דער שולדיקער געב'

perpetual תּמידיק; אייביק; אָנאויפֿהערדיק; כּסדרדיק; דורותדיק [TÓMEDIK] [KESÉYDERDIK] [DÓYRESDIK]

perpetually אָן אויפֿהער; כּסדר [KESÉYDER]

perpetual motion די אייביקע באַוועגונג

perpetuate פֿאַראייביקן; אויפֿהיטן אויף אייביק

perpetuation די פֿאַראייביקונג

perpetuity די/דאָס אייביקייט

in perpetuity אויף אייביק

perplex פּלעפֿן; פֿאַרלייגן + דאַט' אַ קלאָץ; צעמישן; מבֿלבל זײַן [MEVÁLBL]

perplexing puzzle דאָס קלאָץ־רעטעניש, ־ן

perplexed געפּלעפֿט; מבֿולבל; צעמישט; מבֿוהל [MEVÚLBL] [MEVÚEL]

become perplexed מבֿולבל ווערן

perplexity די צעמישונג; דאָס געפּלעף

perquisite *see* **perk**

perron דער קרילעץ, ...לצעס

perry דער באַרנקוואַס

per se אַליין פֿאַר זיך; פּער סע

persea די פּערסעע, ־ס

persecute רודפֿן; ׳פֿאַרפֿאָלגן [RÓYDEFN]

persecution די רדיפֿה, ־ות; די ׳פֿאַרפֿאָלגונג, ־ען [REDÍFE]

persecutions *also* נגישות [NEGÍShES]

persecution complex דער רדיפֿה־קאָמפּלעקס [REDÍFE]

persecutor דער רודף, ־ים [RÓYDEF, RÓDFIM]

Perseus פּערסעוס

perseverance דאָס עקשנות; די התמדה [AKShÓNES] [HASMÓDE]

(hum.) דאָס זיצפֿלייש

persevere (אַ)דורכהאַלטן; האָרעווע|ן מיט התמדה [HASMÓDE]

persevering עקשנותדיק; מתמידיש [AKShÓNESDIK] [MASMÍDISh]

Persia (די) פּערסיע

Persian, *adj.* פּערסיש

Persian Jew דער פּערסישער געב'; דער פּערסישער ייִד, ־ן

Persian, *n.*

m./unsp. דער פּערסער, –

f. די פּערסערין, ־ס

(language) דאָס פּערסיש; די פּערסישע שפּראַך

Persian carpet דער פּערסישער טעפּעך, ־ער; דער פּערסישער דיוואַן, ־ען

Persian Gulf דער פּערסישער אײַנגאָס

Persian melon דער מאַליאָן

persimmon די כורמע, ־ס

persist אָנהאַלטן; איבערבלײַבן; עקשנען זיך; אײַנשפּאַרן זיך [ÁKShENEN]

persist in ווײַטער + ווערב

persistence די אָנהאַלטונג; דאָס עקשנות; די/דאָס אײַנגעשפּאַרטקייט; די/דאָס פֿעסטקייט [AKShÓNES]

persistent אָנהאַלט(נד)יק; עקשנותדיק; תּקומהדיק [AKShÓNESDIK] [TKÚMEDIK]

persnickety פּעדאַנטיש; קפּדניש; איבערקלײַבעריש [KAPDÓNISh]

person דער מענטש, ־ן; דער פּאַרשוין, ־ען; די פּערזאָן, ־ען

(ling.) די פּערזאָן; דער צד [TSAD]

(self/psych.) דער (אייגענער) איך; די פּערזענלעכקייט

in person פּנים־אל־פּנים; אַליין; גופֿא; בכּבֿודו־ובֿעצמו [PÓNEM-EL-PÓNEM] [GÚFE] [BIKhVÓYDE-(U)VEÁTSME]

persons (with numbers) *also* אירע

seven-person committee דער זיבן־אירעדיקער קאָמיטעט, ־ן

two-person tent דאָס צוויי־אירעדיקע געצעלט, ־ן; דאָס געצעלט פֿאַר צוויי אירע ‹מענטשן›

persona די פּערזאָן, ־ען

personable אָנגענעם; אײַנגענעם; סימפּאַטיש

personage דער פּערסאָנאַזש, ־ן; דער פּאַרשוין, ־ען; די אָסאָבע, ־ס

personal, *adj.* פּערזענלעך

(private) *also* אייגן; פּריוואַט

(bodily) לײַבלעך

(of persons) פּערסאָנעל

(in person) פּנים־אל־פּנימדיק [PÓNEM-EL-PÓNEMDIK]

personal, *n.* **(advertisement)** די שידוכים־נאָטיץ, ־ן; די שידוך־רעקלאַמע, ־ס [ShÍDEKh]

personal assistant

m./unsp. דער פּריוואַטער אַסיסטענט, ־ן

f. די פּריוואַטע אַסיסטענטקע, ־ס

personal computer דער פּערזענלעכער קאָמפּיוטער, ־ס

personal effects דאָס (פּריוואַטע) האָב־און־גוטס

personal identification number דער פּערזענלעכער אידענטיפֿיציר־נומער, ־ן

personal injury דער (פּערזענלעכער) ניזוק [NÍZEK]

suffer personal injury גניזוקט ווערן [GENÍZEKT]

personal injury lawyer דער ניזוק־אַדוואָקאַט, ־ן [NÍZEK]

personality די פּערזענלעכקייט, ־ן

(prominent person) די באַרימטע פּערזענלעכקייט, ־ן

personality cult דער פּערזאָנען־קולט, ־ן

personality disorder דער פּערזענלעכקייט־פֿעלער, ־ן

personalize צופּאַסן; אינדיווידואַליזירן

(be offended) נעמען זיך צום האַרצן

(personify) פּערסאָניפֿיצירן; פֿאַרקערפּערן

personalized צוגעפּאַסט; אינדיווידואַליזירט

personally פּערזענלעך

(by oneself) אַליין

She personally gave it to me זי האָט עס מיר אַליין געגעבן

personal organizer דער פּלאַנירער, ־ס

(comp.) דער קעשענע־פּלאַנירער, ־ס

personal physician (to VIP) דער לײַבדאָקטער, ...טוירים

personal pronoun דער פּערזענלעכער פּראָנאָם, ־ען

personal property דאָס אײגענע האָב־און־גוטס; דאָס אייגנס

personal space דאָס אָרט פֿאַר זיך אַליין

personal touch דער פּערזענלעכער צוגאַנג

personal trainer דער פּריוואַטער טרענירער, ־ס

persona non grata דער פּערסאָנאַ נאָן גראַטאַ; דער נישט־געוווּנטשענער גוב׳

personification די פֿאַרקערפּערונג; די פּערסאָניפֿיקאַציע; די פֿאַרלײַבונג

personify פֿאַרקערפּערן; פּערסאָניפֿיצירן; פֿאַרלײַבן; פֿאַרגופֿן

personnel דער פּערסאָנאַל; דער עפֿעקטיוו, ־ן

personnel carrier דער פֿאַנצער־טראַנספּאָרטירער, ־ס

personnel file די פּערסאָנאַל־טעקע, ־ס

person-to-person פֿון מענטש צו מענטש; פֿון איינעם צום אַנדערן

person-to-person call דער פּערזאָנקלונג, ־ען

perspective די פּערספּעקטיוו, ־ן; דער קוקווינקל, ־ען

from his perspective פֿון זײַן קוקווינקל

put into perspective שטעלן אין דער געהעריקער פּערספּעקטיוו

see in perspective זען אין דער געהעריקער פּערספּעקטיוו

perspicacious שאַרפֿזיניק; טיף ‹ווײַט› זעעוודיק

perspicacious person דער פּיקח, ־ים [PIKÉYEKh, PÍKKhIM]

perspicacity דאָס פּיקחות; די תּפֿיסה [PÍKKhES] [TFÍSE]

perspicuity די/דאָס קלאָרקייט; די/דאָס פֿאַרשטענדלעכקייט

perspicuous קלאָר; דײַטלעך; פֿאַרשטענדלעך

perspiration דער שווייס; דאָס שוויצן

perspire שוויצן

perspiring פֿאַרשוויצט

persuade אײַנרעדן; צורעדן; איבעררעדן; (אויס)פּועלן בײַ; איבערצײַגן/איבערצײַגן; אײַנדרינגען + דאַט׳; אײַנשמועסן [PÓY(E)LN]

persuade by imploring אײַנבעטן (זיך בײַ)

He can be persuaded מע קען אים איבערצײַגן ‹איבערצײַגן/איבעררעדן›; מע קען בײַ אים פּועלן

persuasion די איבערצײַגונג, ־ען

(act of persuading) דאָס אײַנרעדן; דאָס אײַנדרינגען; דאָס אײַנשמועסן

(rel.) דער גלויבן, ־ס; די אמונה, ־ות [EMÚNE]

obtain stg. by persuasion אויספּועלן + אַק׳ בײַ [ÓYSPÓY(E)LN]

persuasive איבערצײַג(עוו)יק

pert

(impudent) פֿאַרשײַט

(vivacious) לעבעדיק; זשוואַווע; פֿול מיט לעבן

pertain (to) זײַן שייך + דאַט׳; האָבן אַ שײַכות (צו); זײַן נוגע + דאַט׳; געהערן (צו); אָנקערן זיך (מיט) [ShÁYEKh] [ShÁYKhES] [NEGÉYE]

pertinent רעלעוואַנט; באַטײַטיק; שייכדיק; צודערזאַכיק [ShÁYEKhDIK]

be pertinent האָבן אַ שײַכות; זײַן שייך; זײַן צו דער זאַך [ShÁYKhES] [ShÁYEKh]

perturb שטערן; באַאומרויִקן; אויפֿרעגן; אויפֿברענגען; צעבערקען; צעטאָר(ק)ען

perturbed באַאומרויִקט; אויפֿגערעגט; אויפֿגעבראַכט; צעטאָר(ק)עט

Peru (דאָס) פּערו

perusal דער דורכקוק, ־ן

peruse (אַ)דורכקוקן; (אַ)דורכלייענען ‹איבערלייענען› מיט קאָפּ; (אַ)דורכבלעטערן

Peruvian, *adj.* פּערואַניש

Peruvian, *n.*

m./unsp. דער פּערואַנער, –

f. די פּערואַנערין ‹פּערואַנערקע›, ־ס

pervade (אַ)דורכנעמען; (אַ)דורכדרינגען; אָנפֿילן

pervasive דורכנעמיק; דורכדרינגענדיק; אומעטומיק; שטאַרק פֿאַרשפּרייט

pervasiveness די/דאָס דורכנעמיקייט; די/דאָס אומעטומיקייט

perverse

(altered) פֿאַרדרייט; פֿאַרקערט; קאַפּויערדיק

(depraved) פּערווערס; פֿאַרדאָרבן; פֿאַרקרימט

perversion

(alteration) די פֿאַרדרייונג, ־ען; די פֿאַרקרימונג, ־ען

(depravity) די פּערווערסיע, ־ס; די/דאָס פֿאַרדאָרבנקייט, ־ן

pervert, *n.* דער פּערווערט, ־ן; דער (סעקסועל) פֿאַרדאָרבענער גוב׳

pervert, *v.* קאַליע מאַכן; איבערפֿירן; פֿאַרפֿירן; פֿאַרקרימען; איבערקערן; קאָרומפּירן

perverted (sexually) פּערווערס; פֿאַרדאָרבן

pervious דורכדרינגלעך

be pervious (אַ)דורכלאָזן

peseta די פּעזעטע, ־ס

pesky דערקוטשענדיק; זלידנע

be pesky דערקוטשע|ן; טשעפּע|ן זיך צו; זײַן אַן אָנשיקעניש

peso די פּעזאָ, ־ס

pessary דער הייבמוטער־רינג, ־ען

pessimism דער פּעסימיזם

pessimist דער פּעסימיסט, ־ן; דער שוואַרצזעער, ־ס

pessimistic פּעסימיסטיש

pest

(animal/plant) דער שעדיקער, ־ס

(disease) די פּעסט

(person) דער נודניק, ־עס; די גנידע, ־ס; דער שלאַק, שלעק; די/דער זלידנע, ־ס; דאָס צוטשעפּעניש, ־ן; דאָס אָנשיקעניש, ־ן; דער טאַרכענער, ־ס; דאָס משולחת, ־ן [MEShULÁKhES]

pest control דער שעדיקער־קאָנטראָל

pester פֿאַרדרייען ‹דולן› + דאַט׳ אַ קאָפּ; נודיע|ן; דערקוטשע|ן; צוטשעפּע|ן זיך צו; אָנטשעפּע|ן זיך אין; דערגיין + דאַט׳ די יאָרן; שטעכעלירן

pesticide דער פּעסטיציד, ־ן

pestilence די מגפֿה; די פּעסט [MAGÉYFE]

pestle, *n.* דער טוקאַטש, ־ן; דער שטאַמפּ, ־ן; דאָס אייבערשטע פֿון שטייסל

pestle, *v.* צעשטויסן ‹צעמאָלן› אין שטייסל

pest repellent דער פּעסט־אָפּטרײַבער, ־ס

pet, *adj.*

(animal) חיות־...; גלעטלינג... [KhÁYES]

(favorite) באַליבט

pet, *n.*

(animal) די גלעט־‹שטוב־›חיה, ־ות; דער גלעטלינג, ־ען [KhÁYE]

(person) דער ליבלינג, ־ען; דער פֿאַוואָריט, ־ן

pet, *v.* גלעט(יק)ן; צערטלען; קאַשקע|ן

petal דאָס קרוינבלעטל, ־עך

petard די פּעטאַרדע, ־ס

be hoisted by one's own petard אַרײַנפֿאַלן אין דער אײגענער פֿאַסטקע; אַלײן אַרײַנפֿאַלן
petcock דער אַראָפּלאָז־קראַן, ־ען
peter, *n./slg./vlg.* דער פּאָץ, פּעץ; דאָס פּעצל, ־עך
Peter (Chr./bib.) (שמעון) פּעטרוס [ShÍMEN]
rob Peter to pay Paul באַצאָלן אײן חובֿ מיט אַן אַנדער חובֿ; אײן לאָך פֿאַרשטאָפּן מיט אַ צװײטער [KhOYV]
peter, *v.* **(out)** אױסלאָזן זיך; אױסגײן
pet food די שפּײַז פֿאַר שטוב־חיות [KhÁYES]
petit bourgeois, *adj.* קלײן־בירגערלעך; בעל־הביתלדיק; פֿיליסטעריש [BALEBÉSLDIK]
petit bourgeois, *n.* דער קלײנבירגער, ־ס; דאָס בעל־הביתל, בעלי־הבתּימלעך; דער פֿיליסטער, ־ס [BALEBÉSL, BALEBÁTIMLEKh]
petite דראָבנע; דריבנע; קלײנטשיק; זגראַבנע
petition, *n.* די פּעטיציע, ־ס
petition, *v.* פּעטיציאָנירן; דערלאַנגען + דאַט' אַ פּעטיציע ‹בקשה› [BAKÓShE]
petitioner דער פּעטיציע־דערלאַנגער, ־ס; דער בעל־בקשה, בעלי־... [BALBAKÓShE, BÁLE-...]
petit jury דער/די זשורי, ־ען; די געשװוירענע ל״ר
petit mal די לײַכטע עפּילעפּסיע
pet name דער צערטל־נאָמען, ־נעמען; דער פֿאַרצערטגענער נאָמען, נעמען; דער גלעטנאָמען, ...נעמען
pet project דער באַליבטער פּראָיעקט, ־ן
petrel דער שטורעם־פֿויגל, ־פֿײגל; דער בראַנד, ־ן
petri dish דאָס פּעטרי־טעצעלע, ־ך
petrified פֿאַרשטײנערט
be petrified with fear נישט קענען זיך אַ ריר טאָן פֿאַר שרעק
petrify
vt. פֿאַרשטײנערן
vi. פֿאַרשטײנערט װערן
petrochemical פּעטראָכעמיש
petrochemical fumes פּעטראָכעמישע גאַזן
petrodollars פּעטראָגעלטער; נאַפֿטדאָלאַרן
petrol דער בענזין
petrolatum דער װאַזעלין
petroleum דער נאַפֿט; דער פּעטראָל(עום)
petroleum-based נאַפֿטיק
petroleum-based fuel דאָס נאַפֿטיקע ברענװאַרג
petroleum jelly דער װאַזעלין
petrology די פּעטראָלאָגיע
pet store די חיות־קראָם, ־ען [KhÁYES]
petticoat דאָס אונטערקלײד, ־ער; די האַלקע, ־ס; די ספּאָדניצע, ־ס; די יופּקע, ־ס
pettifog פּשטלען זיך [PShÉTLEN]
pettifogger (lawyer) דער װינקל־אַדװאָקאַט, ־ן
pettiness די/דאָס קלײנלעכקײט; די/דאָס גראָשנדיקײט
petting, *n.* דאָס גלעט(יק)ן
petting zoo דער גלעט־זאָאָפּאַרק
petty
(jur.) קלײן...
(small-minded) קלײנלעך; גראָשנדיק
(trivial) נישטיק; קלײנ...
petty bourgeois *see* **petit bourgeois**
petty cash דאָס קלײנגעלט; דאָס דראָבנע געלט
petty criminal דער קלײנער־גנבֿ, ־ים; דער מאַרװיכער, ־ס [GÁNEF, GANÓVIM]
petty larceny די קלײן־גנבֿה [GANÉYVE/G(E)NÉYVE]
petty officer דער אונטעראָפֿיציר, ־ן
petty theft קלײנע גנבֿהלעך ל״ר [GANÉYVELEKh]
petulant [BRÓYGESLEKh] ברוגזלעך; אָנגעכמורעט; קאַפּריזנע
petunia די פּעטוניע, ־ס
pew די (קלױסטער)באַנק, ...בענק
pewter, *adj.* פֿון ענגלישן צין
(color) צינע(ר)ן
pewter, *n.* דאָס ענגלישע צין
pewterer דער צינגיסער, ־ס
phacelia די פֿאַצעליע
phaeton דער פֿאַעטאָן, ־ען
phagocyte דאָס אײַנשלינג־קעמערל, ־עך; דער פֿאַגאָציט, ־ן
phalanx
(finger) דער פֿינגערבײן, ־ער; דאָס פֿינגערבײנדל, ־עך; די פֿינגער־פֿאַלאַנגע, ־ס
(mil.) די פֿאַלאַנגע, ־ס; דער פֿאַלאַנקס, ־ן
phalarope דער װאַסער־טרעטער, ־ס
phallic פֿאַליש; פֿון מענלעכן אבֿר [ÉYVER]
phallus דער פֿאַלוס, ־ן; דער מענלעכער אבֿר [ÉYVER]
phantasm די פֿאַנטאַזמע, ־ס
phantasmagoria די פֿאַנטאַזמאַגאָריע
phantasmology די פֿאַנטאַזמאָלאָגיע
phantom, *n.* דער פֿאַנטאָם, ־ען; דער רוח, ־ות; דער גײַסט, ־ער; דער אָפּדוכט, ־ן [RÚEKh, RÚKhES]
phantom limb דער פֿאַנטאָם־אבֿר [ÉYVER]
phantom orchid די קעפּל־אָרכידעע, ־ס
phantom ship די גײַסטערשיף, ־ן
Pharaoh דער פּרעה, ־ס [PÁRE]
pharaonic מעשׂה פּרעה; פּרעהדיק [MÁYSE] [PÁRE] [PÁREDIK]
Pharisaic (J./hist.) פֿון די פּרושים [PRÚShIM]
pharisaic(al) צבֿועקיש; היפּאָקריטיש [TSVU(Y)ÁKISh]
pharisee [TSVU(Y)ÁK] דער צבֿועק, ־עס; דער היפּאָקריט, ־ן
Pharisee (J./hist.) דער פּרושי, ־ם
pharmaceutical, *adj.* פֿאַרמאַצעװטיש; אַפּטײקעריש
pharmaceutical, *n.* דער פֿאַרמאַצעװטישער פּרעפּאַראַט, ־ן
pharmaceuticals *also* מעדיקאַמענטן; דאָס אַפּטײקװאַרג קאָל'
pharmaceutics דאָס אַפּטײקערײַ ל״ר; די פֿאַרמאַצעװטיק ל״י
pharmacist דער אַפּטײקער, ־ס; דער פֿאַרמאַצעװט, ־ן; דער פּראָװיזאָר, ־ס
pharmacological אַפּטײקער(י)ש; פֿאַרמאַקאָלאָגיש
pharmacologist דער פֿאַרמאַקאָלאָג, ־ן
pharmacology די פֿאַרמאַקאָלאָגיע
pharmacopeia די פֿאַרמאַקאָפּײע
pharmacy די אַפּטײק, ־ן
(profession) דאָס אַפּטײקערײַ; די פֿאַרמאַצעװטיק
pharyngitis די גאָרגל־פֿאַרצינדונג‹־אָנצינדונג›; דער פֿאַרינגיט
pharynx דער גאָרגל, ־ען; די שלונג, ־ען
phase, *n.* די פֿאַזע, ־ס; די סטאַדיע, ־ס; דער עטאַפּ, ־ן
(astr.) די פֿאַזע, ־ס
go through a phase (אַ)דורכגײן אַ סטאַדיע
phase, *v.*
phase in אײַנפֿירן בהדרגה ‹ביסלעכװײַז› [BEHADRÓGE]
phase out אָפּשאַפֿן בהדרגה ‹ביסלעכװײַז›
phaser דער פֿאַזער, ־ס
PhD דער דאָקטאָראַט (אין פֿילאָסאָפֿיע)
pheasant דער פֿאַזאַן, ־ען
pheasant's eye (bot.) די אַדאָניס־רױז, ־ן
phenomenal פֿענאָמענאַל; אױסערגעװײנ(ט)לעך
phenomenology די פֿענאָמענאָלאָגיע
phenomenon דער פֿענאָמען, ־ען; די װײַזגעבונג, ־ען; די דערשײַנונג, ־ען
pheromone דער פֿעראָמאָן, ־ען
Phew! אוף!; פֿע!

Phi Beta Kappa פֿי־בעטאַ־קאַפּאַ
philander נאָכשלעפּן ‹יאָגן› זיך נאָך פֿרויען; אַרומפּאַדקעווען ‹אַרומטאַנצן› אַרום פֿרויען; אַרומליובקעווען ‹אַרומליבן› זיך
philanderer דער ווײַבערניק, ־עס; דער נאָכשלעפּער, ־ס; דער פֿרויען־יעגער, ־ס; דער בעל־עבֿירהניק, ־עס [BALAVÉYRENIK]
philanthropic צדקה־...; פֿילאַנטראָפּיש [TSDÓKE]
philanthropist דער בעל־צדקה, בעלי־...; דער פֿילאַנטראָפּ, ־ן; דער מענטשנפֿרײַנד, – [BALTSDÓKE, BÁLE-...]
philanthropy די צדקה; די פֿילאַנטראָפּיע [TSDÓKE]
philatelic פֿילאַטעליש; מאַרקעס...
philatelist דער פֿילאַטעליסט, ־ן; דער מאַרקעס־זאַמלער, ־ס
philately די פֿילאַטעליע; די פֿילאַטעליסטיק
Philemon (Chr./bib.) פֿילעמאָן
philharmonic פֿילהאַרמאָניש
philharmonic orchestra די פֿילהאַרמאָניע, ־ס
Philippians (Chr./bib.) פֿיליפּער
philippic די פֿיליפּיקע, ־ס
Philippines פֿיליפּינען
Philistine, *adj.* פּלישתּיש
philistine, *adj.* פֿיליסטעריש; בעל־הביתלדיק [BALEBÉSLDIK]
philistine, *n.* דער פֿיליסטער, ־ס; דאָס בעל־הביתל, בעלי־הבתּימלעך [BALEBÉSL, BALEBÁTIMLEKh]
Philistine, *n.* דער פּלישתּי, ־ם
phillyrea דער לאָבערניק
philological פֿילאָלאָגיש
philologist דער פֿילאָלאָג, ־ן
philology די פֿילאָלאָגיע
philosemite דער אוהבֿ־ישׂראל, אוהבֿי־... [ÓYEV-YISRÓEL, ÓYEVE-...]
philosopher דער פֿילאָסאָף, ־ן
philosopher's stone דער פֿילאָסאָפֿישער שטיין
philosophical פֿילאָסאָפֿיש
philosophize פֿילאָסאָפֿירן
philosophy די פֿילאָסאָפֿיע
phlebitis דער פֿלעביט
phlebotomize לאָזן ‹עפֿענען› אַן אָדער; שלאָגן צו דער אָדער
phlebotomy דאָס אָדער־לאָזן; די פֿלעבאָטאָמיע
phlegm דער שלײַם; דאָס לײַכעץ
phlegmatic פֿלעגמאַטיש; גלײַכגילטיק
phlox דער פֿלאָקס
phobia די פֿאָביע, ־ס
phobic פֿאָביש
Phobos דער פֿאָבאָס
Phoenician, *adj.* פֿיניקיש
Phoenician, *n.* דער פֿיניקער, –
(**language**) די פֿיניקישע שפּראַך, ־ן
phoenix דער פֿעניקס, ־ן
phone, *n.* דער טעלעפֿאָן, ־ען
answer the phone אויפֿהייבן דאָס טרײַבל
be on the phone רעדן אויפֿן ‹דורכן› טעלעפֿאָן
by phone טעלעפֿאָניש
phone, *v. imp./pf.* (אָנ)קלינגען; (אָנ)טעלעפֿאָנירן
phone back צוריקקלינגען
phone up אָנקלינגען; אָנטעלעפֿאָנירן
phone book דאָס טעלעפֿאָן־בוך, ־ביכער
phone booth די טעלעפֿאָן־בודקע, ־ס
phone call דער טעלעפֿאָנישער קלונג, ־ען
phoneme דער פֿאָנעם, ־ען
phonemic פֿאָנעמיש
phone-tapping דער טעלעפֿאָנישער אונטערהער
phonetic פֿאָנעטיש
phonetician דער פֿאָנעטיקער, ־ס
phonetics די פֿאָנעטיק ל"י
phonograph דער פֿאָנאָגראַף, ־ן; דער גראַמאָפֿאָן, ־ען; דער פּאַטעפֿאָן, ־ען
phonological פֿאָנאָלאָגיש
phonology די פֿאָנאָלאָגיע
phony, *adj.* געמלאָכהט; געפֿעלשט; פֿאַלש; אומעכט [GEMLÓKhET]
phony, *n.* די פֿאַלשע בריאה, ־ות; דער שאַרלאַטאַן, ־ען; דער שווינדלער, ־ס [BRÍE]
Phooey!, *int.* פֿע!
phooey, *n.* נאַרישקייטן ל"ר
phosphate דער פֿאָספֿאַט, ־ן
phosphorescence די פֿאָספֿאָרעסצענץ
phosphoric פֿאָספֿאָר...
phosphoric acid דאָס פֿאָספֿאָר־זײַערס
phosphorus דער פֿאָספֿאָר
photo די פֿאָטאָגראַפֿיע, ־ס
photo album דער פֿאָטאָאַלבאָם, ־ען
photocell דער פֿאָטאָעלעמענט, ־ן; דאָס עלעקטרישע אויג, ־ן
photocopier די (פֿאָטאָ)קאָפּיר־מאַשין, ־ען
photocopy, *n.* די פֿאָטאָקאָפּיע, ־ס
photocopy, *v.* פֿאָטאָקאָפּירן
photoelectric פֿאָטאָעלעקטריש
photoelectric cell *see* **photocell**
photo-engraving די פֿאָטאָגראַווור
photo finish דער פֿאָטאָפֿיניש, ־ן
photoflash דאָס בליצלעמפּל, ־עך
photogenic פֿאָטאָגעניש
photograph, *n.* די פֿאָטאָגראַפֿיע, ־ס; די פֿאָטאָ, ־ס
take a photograph אַראָפּנעמען ‹מאַכן› אַ בילד; פֿאָטאָגראַפֿירן
photograph, *v.* פֿאָטאָגראַפֿירן
be photographed לאָזן זיך פֿאָטאָגראַפֿירן; פֿאָטאָגראַפֿירן זיך
photographer דער פֿאָטאָגראַף, ־ן
photographic פֿאָטאָגראַפֿיש
photography די פֿאָטאָגראַפֿירונג; דאָס פֿאָטאָגראַפֿירן
photo ID דאָס פֿאָטאָאידענטיטעטל, ־עך
photo lab די פֿאָטאָלאַבאָראַטאָריע, ־ס
photo lens דער פֿאָטאָאָביעקטיוו, ־ן
photometer דער פֿאָטאָמעטער, ־ס
photometry די פֿאָטאָמעטריע
photomontage דער פֿאָטאָמאָנטאַזש, ־ן
photon דער פֿאָטאָן, ־ען
photo op די פֿאָטאָגעלעגנהייט, ־ן
photosensitive פֿאָטאָסענסיטיוו; שפּירעוודיק ‹סענסיטיוו› אויף ליכט
photo shoot די פֿאָטאָסעסיע, ־ס
photosphere די פֿאָטאָספֿער
photosynthesis דער פֿאָטאָסינטעז
photosynthetic פֿאָטאָסינטעטיש
phrasal פֿראַזע...
phrase, *n.* די פֿראַזע, ־ס
(**gram.**) *also* די (ווערטער־)גרופּע, ־ס
(**mus.**) די פֿראַזע, ־ס
phrase, *v.* פֿאָרמולירן
(**mus.**) פֿראַזירן
phrase a letter צונויפֿשטעלן אַ בריוו
phrasebook דאָס שמועס־ביכל, ־עך
phraseological פֿראַזעאָלאָגיש
phraseology די פֿראַזעאָלאָגיע

phrase structure די פֿראַזע־סטרוקטור
phrasing די פֿראַזירונג; דער רעדסטיל
phrenological פֿרענאָלאָגיש
phrenologist דער פֿרענאָלאָג, ־ן
phrenology די פֿרענאָלאָגיע
Phrygian mode די פֿריגישע גאַמע
phylactery
(on arm) דער של־יד, ־ן [ShELYÁD]
(on head) דער של־ראָש, ־ן [ShELRÓSh]
phylacteries תּפֿילין [TFÍLN]
put on phylacteries לייגן תּפֿילין
phyllo דאָס בלעטערטייג; דאָס געבלעטערטע טייג
phylum דער פֿילום, ־ס
physical, *adj.* פֿיזיש
(phys.) פֿיזיקאַליש
(bodily) *also* גופֿיק; קערפּערלעך
physical, *n.* די גוף־באַטראַכטונג, ־ען
have a physical לאָזן זיך באַזוכן ‹באַקוקן/באַטראַכטן›
physical education די גימנאַסטיק; די פֿיזקולטור
physical examination די גוף־באַטראַכטונג, ־ען
physical fitness דאָס פֿיזישע געזונט
physical labor די טאַטשקע־אַרבעט; די שווערע אַרבעט; די האַרעוואַניע
physically פֿיזיש
physically impossible ממש אוממעגלעך [MÁMESh]
physical plant בנינים ל״ר [BINYÓNIM]
physical sciences פֿיזישע וויסנשאַפֿטן
physical therapist דער פֿיזישער טעראַפּעווט, ־ן; דער פֿיזיאָטעראַפּעווט, ־ן
physical therapy די פֿיזישע טעראַפּיע; די פֿיזיאָטעראַפּיע
physical training די פֿיזישע טרענירונג ‹צוגרייטונג›
physician
m./unsp. דער דאָקטער, ...טוירים
f. די דאָקטערשע, ־ס
physician-assisted suicide דער אַליינמאָרד מיטן דאָקטערס (צו)הילף
physicist דער פֿיזיקער, ־ס
physics די פֿיזיק ל״י
physiognomy די פֿיזיאָגנאָמיע; דער קלסתּר־פּנים [KLASTER-PÓNEM]
physiological פֿיזיאָלאָגיש
physiologist דער פֿיזיאָלאָג, ־ן
physiology די פֿיזיאָלאָגיע
physiotherapist *see* **physical therapist**
physiotherapy *see* **physical therapy**
physique דער קערפּער־‹גוף־›געבוי
phytogeography די געוויקסן־געאָגראַפֿיע
phytotherapy די פֿיטאָטעראַפּיע
pi דער פּי
pianissimo פּיאַניסימאָ
pianist
m./unsp. דער פּיאַניסט, ־ן; דער פּיאַנע־שפּילער, ־ס
f. די פּיאַניסטקע, ־ס; די פּיאַנע־שפּילערין, ־ס
piano, *adv.* פּיאַנאָ; שטיל
piano, *n.* די פּיאַנע, ־ס
piano bench דאָס פּיאַנע־בענקל, ־עך
pianoforte די פּיאַנע, ־ס
pianola די פּיאַנאָלע, ־ס
piano tuner דער אָנשטימער, ־ס
piassava די פּיאַסאַווע
piastre דער פּיאַסטער, ־ס
pica
(med.) דער פּיקאַ(־שגעון) [ShIGÓEN]
(typ.) דער ציצראָ(־שריפֿט)
picador דער פּיקאַדאָר, ־ן
picaresque שעלמיש־אַוואַנטוריסטיש
picayune קליינלעך; גראָשנדיק
piccolo דער פּיקאָלאָ, ־ס
pick, *n.*
(tool) די שפּיצהאַק, ...העק; די קירקע, ־ס
(guitar) דאָס ביינדל, ־עך
(selection) דער אָפּקלייב ‹אָפּקלויב›, ־ן
take one's pick (of) אויסקלייבן זיך
the pick of the bunch דאָס סאַמע בעסטע; דאָס אייבערשטע פֿון שטייסל; די סמעטענע
pick, *v.* אויסקלייבן (זיך)
(fruits/vegetables) קלײַבן; קלויבן
(flowers) אָנרײַסן
(pluck strings) צופּן די סטרונעס
pick a fight (with) טשעפּען זיך (צו); בינדן זיך (צו); רײַבן די פֿויסטן
pick one's teeth אויסמאַכן די ציין
pick a lock ברעכן אַ שלאָס
pick a quarrel with פֿאַרטשעפּען זיך מיט; זוכן אַ געלעגנהייט זיך צו קריגן מיט; צערייצן + אַק׳
pick and choose בראַקירן; גוט אויסקלײַבן
pick at one's food עסן אָן חשק; עסן ווי אַ פֿייגעלע [KhÉYShEK]
pick clean אויסרייניקן; אָפּרייניקן
pick off (shoot) (דער)שיסן איינציקווײַז
pick off (spo.) איבערכאַפּן
pick on אָנזעצן זיך אויף; (צו)טשעפּען זיך צו; אָנטשעפּען זיך אין; קריוודען זיך אויף
pick sb.'s brain האַלטן זיך אַן עצה מיט; באַראָטן זיך מיט; אויספּרעגן [ÉYTSE]
pick one's nose קאַלופּען ‹דלובען/אויספּאָרען› די נאָז; גריבלען זיך די נאָז
pick one's way היטן זיך בײַם (אַ)דורכגיין
pick oneself up אויפֿהייבן זיך
pick out אויסקלײַבן; אויסזוכן
pick out a tune (on instrument) צוקלײַבן
pick over (אַ)דורכזוכן
pick sb.'s pocket צוגנבֿע(נע)ן בײַ + דאַט׳ פֿון קעשענע [TSÚGÁNVE(NE)N]
pick to pieces צעקריטיקירן; שאַרף קריטיקירן; אַראָפּרײַסן
pick up (an object) אויפֿהייבן
pick up (a date) אונטערכאַפּן; דערטאַפּן; געפֿינען זיך
pick up (a habit) צוגעוווינען ‹צוגעוויינען› זיך צו
pick up (a virus) אָננעמען ‹אָנשטעקן› זיך מיט
pick up (detect) דערשנאַפּן; דערשפּירן; באַמערקן; דערזען
pick up (fetch) אָפּנעמען
pick up (from airport/station) אָפּוואַרטן
pick up (improve) פֿאַרבעסערן זיך
pick up bad habits אָפּלערנען זיך מיאוסע ‹שלעכטע› טבֿעס [MÍESE] [TÉVES]
pick up on באַנעמען; באַמערקן
pick up speed פֿונאַנדעריאָגן זיך; אָננעמען גיכקייט
pick up the pace אונטעריאָגן זיך; העכערן ‹פֿאַרגיכערן› דעם טעמפּ(אָ)
pick up the phone אויפֿהייבן דאָס טרײַבל
pick up the pieces צונויפֿנעמען די שערבלעך ‹שטיקלעך›
be picked on זײַן דאָס כּפּרה־הינדל [KAPÓRE]
pickaxe די שפּיצהאַק, ...העק; די קירקע, ־ס
picker (harvester) דער פּראַסלער, ־ס; דער קלײַבער, ־ס

pickerelweed דער/דאָס האַרצבלאַטיקע פֿיש־מאכל [MAYKhL]
picket, *n.*
(in strike) דער פּיקעט, ־ן
(in fence) דער שטאַכעט, ־ן
picket, *v.* פּיקעטירן
picket fence דער שטאַכעט־פּאַרקן, ־ס; דער שטאַכעט, ־ן
picket line די פּיקעטיר־ליניע, ־ס
be on the picket line פּיקעטירן
pickiness די/דאָס איבערקלײַבערישקייט
pickings שיריים; איבערבלײַבעכצער [ShIRÁYEM]
pickle, *n.*
(cucumber) די זויערע ‹געזײַערטע› אוגערקע, ־ס
be in a pickle זײַן אין אַ קלעם; ליגן אין ראָסל ‹פּעקל›; האָבן אויף זיך קאַלטס און וואַרעמס
pickles (vegetables) דאָס (אײַנ)געזײַערטס קאָל; געזײַערטע מאכלים [MAYKhÓLIM]
pickle, *v. imp./pf.* (אײַנ)זײַערן; (אײַנ)מאַרינירן; אײַנפּעקלען
(vegetables) *also* שטעלן; (אײַנ)זײַערן
pickled (אײַנ)געזײַערט; מאַרינירט; געפּעקלט; אײַנגעלייגט; זויער
pickled herring דער מאַרינירטער הערינג; דער ביסמאַרק־הערינג
pick-me-up דאָס שטאַרקמיטל, ־ען; די טאָניק, ־עס
pickpocket דער קעשענע־גנבֿ, ־ים; דער בײַטל־שנײַדער, ־ס; דער כּיסלער, ־ס [GÁNEF, GANÓVIM]
pickup
(collection/removal) דער אָפּנעם, ־ען; דער אָפּפֿיר, ־ן
(mus.) דער פֿאָרטאַקט, ־ן; דער אויפֿטאַקט, ־ן
He's looking for a pickup ער וויל עמעצן אונטערכאַפּן ‹דערטאַפּן›
make three pickups (of stg.) a day אָפּנעמען ‹אָפּפֿירן› דרײַ מאָל אין טאָג
pickup line אונטערכאַפּ־ווערטער ל״ר; אָנקניפּווערטער ל״ר
pickup sticks הײבשטעקלעך
pickup truck דער טענדער, ־ס
picky איבערקלײַבעריש
be picky איבערקלײַבן; פּערעבענדעווען
picky person דער מפֿונק, ־ים; דער איבערקלײַבער, ־ס; דער בראַקירער, ־ס [MEFÚNEK, MEFUNÓKIM]
Picky, picky! אוי, איז דאָס אַ מפֿונק ‹בראַקירער›!; איידל געפּאַטשקעט!
picnic, *n.* דער פּיקניק, ־ן; די מײַאָווקע, ־ס
It was no picnic מ'האָט נישט געלעקט קיין האָניק
picnic, *v.* מאַכן אַ פּיקניק; גיין אויף אַ פּיקניק
go picnicking גיין אויף אַ פּיקניק
picnic basket/hamper דער פּיקניקקויש, ־ן
picnicker דער פּיקניק־באַטײליקטער געב׳
picric acid דאָס פּיקרין־זײַערס
pictogram די פּיקטאָגראַם, ־ען
Pictor דעם מאָלערס געשטעל
pictorial בילדער...; בילדערדיק
picture, *n.* דאָס בילד, ־ער
be in the picture (*fig.*) האָבן אַ צד אין באַד; זײַן אַ נוגע־בדבֿר [TSAD] [NEGÉYE-BEDÓVER]
be left out of the picture שטיין פֿון יענער זײַט פּלויט; נישט ווערן אינפֿאָרמירט
get the picture פֿאַרשטײן (דעם מצבֿ); כאַפּן [MÁTSEV]
take a picture (of) פֿאָטאָגראַפֿירן + אַק; אַראָפּנעמען אַ בילד (פֿון)
have one's picture taken פֿאָטאָגראַפֿירן זיך
the pictures פֿילמען
picture, *v.* אויסמאָלן זיך; פֿאָרשטעלן זיך
Just picture that! מאָל(ט) זיך נאָר אויס!
picture book דאָס בילדערביכל, ־עך
picture frame די בילדעררעם, ־ען
picture gallery די בילדער־גאַלעריע, ־ס
picture-perfect אידעאַל ווי אין בילד; אָן (קיין) שום פּגימות [PGÍMES]
picture-postcard, *adj.* שײן ווי אַ בילד; בילד שײן
picture postcard, *n.* דאָס בילדקאַרטל, ־עך; דאָס פֿאָטאָקאַרטל, ־עך
picture puzzle דאָס בילד־רעטעניש, ־ן
picturesque בילדעריש; מאָלעריש
piddle
(squander) צעטרענצלען
(urinate) פּישן
(waste time) פּוסטעפּאַסעווען
piddling נישטיק; אומבאַטײַטיק
pidgin דער פּידזשין, ־ס
pie דער פּײַ, ־ען
pie in the sky דאָס טעלערל פֿון הימל
piebald געפֿלעקט (מיט ווײַס און שוואַרץ)
piece, *n.* דאָס שטיק, ־ער; דאָס שטיקל, ־עך
(thea.) די פּיעסע, ־ס
(chess) די פֿיגור, ־ן
(composition) די שאַפֿונג, ־ען
(gun/*slg.*) דער שפּײַער, ־ס; די כּלי, ־ם [KÉYLE, KÉYLIM]
(in game) דער ציגל, –
piece of furniture דאָס שטיק מעבל
piece of information די ידיעה, ־ות [YEDÍE]
piece of news די ידיעה, ־ות; די בשורה, ־ות; דאָס שטיקל נײַעס [PSÚRE]
get a piece of the action האָבן אַ פֿוס אין טשאָלנט; אָפּלעקן אַ ביינדל; האָבן אַ חלק (פֿונעם גאַנצן) [KhÉYLEK]
go to pieces ווערן אויס מענטש; אײַנברעכן זיך; צעבראָכן ‹מבֿולבל› ווערן [MEVÚLBL]
in one piece בשלום; מיט גאַנצע בײנער; גאַנצערהייט [BEShÓLEM]
in pieces צעבראָכן (אויף שטיקלעך)
of a piece פֿון איין מין
piece by piece שטיקערווײַז; שטיקלעכווײַז
piece of bread דאָס שטיקל ברויט; די מוציא, ־ס [MÓYTSE]
piece of eight דער אַכטער, ־ס
piece of work דאָס שטיק אַרבעט
say one's piece אַרויסזאָגן די מיינונג
She's a piece of work! אוי, איז זי אַן אַנטיק!; אַ מיידל מיט אַן אוירינגל!
piece, *v.* **(together)** צונויפֿשטוקעווען
pièce de résistance דאָס הויפּטגעריכט; דער הויפּט־מאכל [MAYKhL]
(*fig.*) דער הויכפּונקט; דאָס לעקערל
piecemeal, *adj.* אומסיסטעמאַטיש
piecemeal, *adv.* שטיקערווײַז; שטיקלעכווײַז; ביסלעכווײַז; חלקימווײַז [KhALÓKIMVAYZ]
piecework די שטיקאַרבעט
pieceworker
m./unsp. דער שטיקאַרבעטער, ־ס
f. די שטיקאַרבעטערין, ־ס
pie chart די רעדל־דיאַגראַם, ־ען
pie crust דאָס פּײַטייג
pied-à-terre די (טײלמאָליקע) קוואַרטיר, ־ן
pier דער דאָק, ־ן; דער פּירס, ־ן; די צושיפֿשטעל, ־ן
pierce (אַ)דורכלעכערן; (אַ)דורכשטעכן

pierce one's ears לעכערן ‹שטעכן› זיך די אויערן
pierced ears (אַ)דורכגעלעכערטע אויערן
piercing
(cold) שנײַדיק
(eyes) שאַרף; דורכדרינגענדיק
(pain) שאַרף
(sound) דורכנעמיק; שנײַדיק; גרילצ(נד)יק
pierogi דער וואַרעניק, ־עס; דער פּיראָג, ־ן
piety די/דאָס פֿרומקייט; דער יִראת־שמים; דאָס צידקות [YÍRES-ShOMÁYEM] [TSÍTKES]
piffle, *n.* נאַרישקייטן ל״ר; פּלאַפּלערײַען ל״ר
piffle, *v.* רעדן נאַרישקייטן; האַקן אַ טשײַניק; פּלאַפּלען גלאַט אין דער וועלט אַרײַן
piffling נישטיק; אומוויכטיק
pig, *n.* דער חזיר, ־ים [KhÁZER, KhAZÉYRIM]
(*fig.*) *also* דער זשלאָב, ־עס; דער דבֿר־אַחר, ־ס [DÓVER-ÁKhER]
buy a pig in a poke קויפֿן אַ קאַץ אין זאַק
in a pig's eye נישט בײַ מײַן לעבן
make a pig of oneself אָנפֿרעסן זיך
pig in a poke (game) שטעקל־גריבל
when pigs fly ווען ס'וועט זײַן דרײַ טעג ראש־חודש [REShKhÓYDESh]
pig, *v.* **(out)** אָנפֿרעסן זיך; אָנעסן זיך ביז איבער די אויערן; אָכלען
pigeon די טויב, ־ן; דאָס טײַבל, ־עך
pigeonhole, *n.* די/דער טויבנלאָך, ...לעכער
(compartment) די פֿאַליצקע, ־ס
pigeonhole, *v.* (אויס)רובריקירן; קאַטעגאָריזירן
pigeon pea דער אַנגאָלער קאַיאַנוס
pigeon-toed
be pigeon-toed האָבן אַרײַנגעדרייטע פֿיס; האָבן קדמא־ואַזלא־פֿיס [KÁDME-VEÁZLE]
pig farm די חזירים־פֿאַרם, ־ען [KhAZÉYRIM]
piggish חזיריש; כאַמוליש [KhÁZERSh]
piggyback, *adv.* באַראַנטשיק; קוטשעקאַלב
carry piggyback טראָגן באַראַנטשיק ‹קוטשעקאַלב›
ride piggyback פֿאָרן באַראַנטשיק
piggyback, *v.*
piggyback stg. on (*fig.*) אויסניצן + אַק' אויפֿן חשבון פֿון [KhEZhBM]
piggy bank די (שפּאָר)פּושקע, ־ס; דאָס קניפּל, ־עך
pigheaded פֿאַרעקשנט; אײַנגעשפּאַרט [FARÁKShNT]
pig iron דאָס רויאײַזן; דער טשוגון
Pig Latin דאָס שפּיגל־לשון [LOShN]
piglet דאָס חזירל, חזירימלעך [KhÁZERL, KhAZÉYRIMLEKh]
pigment, *n.* דער פּיגמענט, ־ן
pigment, *v.* אָפּפֿאַרבן מיט פּיגמענט
pigmentation די פּיגמענטירונג
pigment cell דאָס פּיגמענט־קעמערל, ־עך
pigmented פּיגמענטירט
pignut דער ברויטנוס, ...ניס
pigpen די חזיר־שטאַל, ־ן [KhÁZER]
pigskin די/דאָס חזיר־לעדער [KhÁZER]
(football) דער פֿוטבאָל, ־ן
pigsty די חזירים־שטאַל, ־ן; דער כליעוו, ־עס [KhAZEYRIM]
(*fig.*) די חזיר־שטאַל, ־ן [KhÁZER]
pigswill פּאָמויעס ל״ר
pigtail דאָס צעפּעלע, ־ך; דאָס צעפּל, ־עך
pigtailed באַצעפּלט; באַצאָפּט
pigweed דער אַמאַראַנט; די ווײַסע געגנדזן־לאַפּקע
pike
(fish) דער העכט, –
(turnpike) דער אָפּצאָלשטראָז, ־ן
(weapon) די פּיקע, ־ס
pikeperch דער סודעק, ־עס; דער סענדאַק, ־עס
pilaf דער פּילאָוו, ־ן
pilaster דער פּילאַסטער, ־ס
pilchard די קילקע, ־ס
pile,[1] *n.* **(heap)** דער הויפֿן, ־ס; דאָס בערגל, ־עך; די קופּע, ־ס; די קוטשע, ־ס; די קוגע, ־ס; דער בורט, ־ן; דער סטויג, ־ן
in a pile אין אַ קופּע ‹בערגל›
make a pile (*fig.*) פֿאַרדינען אַ מאַיאָנטיק
pile,[2] *n.* **(nap)** די באַרווע; דער פֿוך; האָר ל״ר
pile,[3] *n.* **(stake)** די פּאַליע, ־ס; דער סלופּ, ־עס; דער סטויפּ, ־ן
pile, *v.*
pile in אַרײַנשטופּן זיך (איינס איבערן צווייטן)
pile (it) on מגזם זײַן; איבערטרײַבן; איבערכאַפּן די מאָס; איבערזאַלצן [MEGÁZEM]
pile out אַרויסקריכן איינס איבערן צווייטן
pile up, *vt.* אָנזאַמלען; אָנהויפֿענען; אָנגאָרענען; אָנקויפּן
pile up, *vi.* אָנוואַלגערן זיך; אָנזאַמלען זיך; אָנהויפֿענען זיך
piles (med.) מערידן
pileup דער מאַסן־צוזאַמענשטויס ‹־צונויפֿשטויס›, ־ן
six-car pileup דער צונויפֿשטויס פֿון זעקס אויטאָס
pilfer באַגנבֿע(נע)ן; צולקחענען [BAGÁNVE(NE)N] [TSÚLÁKKhENEN]
pilferage גנבֿות ל״ר [GANÉYVES/G(E)NÉYVES]
pilferer דער גנבֿעץ, ־ן; דער קליינער גנבֿ, ־ים [GANEFÉTS] [GÁNEF, GANÓVIM]
pilgrim דער פּילגרים, ־ען
(J.) דער עולה־רגל, עולי־... [ÓYLE-RÉGL]
pilgrimage די פּילגרים־נסיעה, ־ות [NESÍE]
(J.) די עלית־רגל; דאָס עולה־רגל זײַן [ALÍES-RÉGL] [ÓYLE-RÉGL]
make a pilgrimage (J.) עולה־רגל זײַן
pill, *n.* די פּיל, ־ן
be on the pill נעמען טראָגפֿאַרהיט־פּילן
pill, *v.*
vt. **(dose)** אײַנגעבן פּילן
vi. **(cloth)** אָפּקריכן
pillage, *n.* די ראַבירונג; דאָס רויב; די גזלה [GZÉYLE]
pillage, *v.* צעראַבעווע(נע)ן; צעראַבירן; אַוועקגזל(ענ)ען; צעגראַמירן [AVÉKGÁZLEN]
pillager דער צעראַבירער, ־ס
pillar דער זײַל, ־ן; דער פּילאַר, ־ן
from pillar to post אַהין און אַהער; פֿון איין צרה צו דער צווייטער [TSÓRE]
pillar of the community דער זײַל פֿון דער קהילה [KEHÍLE]
pillared פֿון זײַלן ‹פּילאַרן›
pillbox דאָס פּילן־פּודעלע, ־ך
(mil.) די שיס־פּאָזיציע, ־ס
pillion דער הינטערשטער זיץ, ־ן; דער פֿרויען־זאָטל, ־ען
ride pillion זיצן הינטערן זאָטל
pillory, *n.* דער שאַנדסלופּ, ־עס; דער שאַנדקלאָץ, ...קלעצער
pillory, *v.* צושטעלן + אַק' צום שאַנדסלופּ ‹שאַנדקלאָץ›; מאַכן + אַק' צו שאַנד און צו שפּאָט; מאַכן ‹פּירן› טורעס פֿון; מאַכן + אַק' ללעג־ולקלס [LELÁAG-UL(E)KÉLES]
pillow דער קישן, ־ס; דאָס קישעלע, ־ך
pillowcase דאָס ציכל, ־עך; דער איבערציִ, ־ען
pillow fight די קישנשלאַכט, ־ן
pillow talk דער בעטשמועס
pilot, *n.*

m./unsp. דער פּילאָט, ־ן; דער פֿליִער, ־ס
f. די פּילאָטקע ‹פּילאָטין›, ־ס; די פֿליִערין, ־ס
(program) די פּרוּווּפּראָגראַם, ־ען
pilot, *v.* פּילאָטירן
(*fig.*) פֿירן; אָנפֿירן מיט
pilotage דער פּילאָטאַזש
pilothouse די דעק־קאַבינע, ־ס
pilot light דאָס צינדפֿלעמל, ־עך
pilot project דער פּרוּווּפּראָיעקט, ־ן
pimenta דער פּימענטבוים, ...ביימער
pimento דער פּימענט; דאָס פֿעפֿערל, ־עך
pimp, *n.* דער אַלפֿאָנס, ־ן; דער סוטענער, ־ס; דער פֿרויען־הענדלער, ־ס
(*slg.*) דער אָוולניק, ־עס
pimp, *v.* האַנדלען מיט פֿרויען ‹לעבעדיקער סחורה› [SKhÓYRE]
pimpernel די אויגנבלום, ־ען
pimping דער פֿרויען־האַנדל
pimple דער פּרישטש(יק), ־עס; דאָס ווײַמפּערל, ־עך; די פּיפּקע, ־ס
pimply פּרישטשעוואַטע
pin, *n.* די שפּילקע, ־ס
(brooch) די בראָש, ־ן
(mech.) דער שטיפֿט, ־ן
have pins and needles שטעכן ווי מיט שפּילקעס אומפּ׳ + דאַט׳/פּ״ק
sit on pins and needles זיצן (ווי) אויף שפּילקעס
PIN *see* **personal identification number**
pin, *v.* צושפּיליע|ן
pin the blame on אַרויפֿלייגן די שולד אויף
pin down (determine) פֿעסטשטעלן
pin down (pressure) צוקוועטשן ‹צודריקן› צו דער וואַנט
pin down (wrestling) צודריקן צו דער מאַטע
pin one's hopes on לייגן גרויסע האָפֿענונגען אויף
piña colada די פּיניאַ־קאָלאַדע, ־ס
pinafore דאָס שערצל, ־עך; דער/דאָס פֿאַרטעך, ־ער
pince-nez קוועטש־ברילעכלעך ל״ר; פּענסנע ל״ר; צוויקערס ל״ר
pincer attack דער צווײַזײַטיקער אָנפֿאַל, ־ן
pincers דער פּינצעט, ־ן; דער צוויקער, ־ס; דאָס צווענגל, ־עך; די שטשיפּצע, ־ס
pinch, *n.* דער קניפּ, ־ן
(distress) די קלעם; די נויט
a pinch of ... אַ לעק ...; ... אויפֿן שפּיץ מעסער
pinch of salt דער לעק זאַלץ
take with a pinch of salt אָננעמען מיט אַ לעק זאַלץ; צוגיין מיט שׂכל [SEYKhL]
pinch of snuff דער שמעק טאַביקע
feel the pinch פֿילן זיך געניט ‹געדריקט›; פֿילן דעם קוועטש
in a pinch פֿאַר נויט; אין אַ קלעם; אין ערגסטן פֿאַל
pinch, *v.*
imp. קנײַפּן; קוועטשן
pf. געבן אַ קניפּ (אין); אַ קניפּ ‹קנײַפּ› טאָן (אין)
(dough) צונויפֿדריקן
pinch sb.'s cheek געבן + דאַט׳ אַ קניפּ אין בעקל
pinch and scrape זשאַלעווע|ן זיך דעם ביסן
pinchable cheek דאָס בעקל וואָס בעט זיך קנײַפּן
pinched, *adj.*
(face) אָפּגעצערט; אָפּגעצויגן; אַראָפּ פֿון פּנים [PÓNEM]
(for money) געענגט (אין געלט)
(for time) געענגט אין צײַט
pinch-hitter דער פֿאַרטרעטער, ־ס; דער ממלא־מקום, ־ס [MEMÁLE-MÓKEM]

pincushion דאָס נאָדל־קישעלע, ־ך; דאָס נײ־קישעלע, ־ך
pine, *adj.* סאָסנע...; סאָסנאָווע
pine, *n.* די סאָסנע, ־ס; דער סאָסנעבוים, ...ביימער
pine, *v.* שמאַכטן
pine away פֿאַרשמאַכטן
pine for בענקען נאָך
pineal gland די עפּיפֿיז, ־ן; די מוח־שישקע, ־ס [MÓYEKh]
pineapple, *adj.* אַנאַנאַס(ן)־...; אַנאַנאַס־...
pineapple, *n.* דער אַנאַנאַס ‹אַנאַנאַס›, ־ן
(plant) דער אַנאַנאַס־‹אַנאַנאַס־›בוים, ־ביימער
pineapple juice דער אַנאַנאַסן־‹אַנאַנאַס־›זאַפֿט
pine cone די שישקע, ־ס; דאָס שלאָף־(ק)עפּעלע, ־ך
pine forest דער סאָסנעוואַלד, ...וועלדער
pine nut דאָס סאָסנע־קערל, ־עך
pinewood דאָס סאָסנעהאָלץ
ping, *n.* דער פּײַף, ־ן; דער קלאַנג, ־ען
ping, *v.* פּײַפּן
ping-pong דער פּינגפּאָנג; דער טישטעניס
ping-pong ball דאָס פּינגפּאָנג־באַלעכל, ־עך; דאָס פּינגפּאָנגעלע, ־ך
pinhead דאָס שפּילקע־קעפּל, ־עך; דאָס שפּילקענע קעפּל, ־עך
(fool) דער טעמפּער מוח; דער פֿאַרשטאָפּטער קאָפּ [MÓYEKh]
the size of a pinhead ווי אַ שפּילקע־קעפּל (די גרייס); די גרייס פֿון אַ שפּילקע
pinion, *n.*
(feather) די פֿליגלשפּיץ, ־ן
(mech.) די/דאָס צאָנראָד, ...רעדער
pinion, *v.*
(bird) אָפּהאַקן די פֿליגל בײַ
(person) אײַנקלעמען; אײַנצאַמען; צובינדן + דאַט׳ די הענט
pink, *adj.* ראָזע(ווע)
pink, *n.* (bot.) דאָס נעגעלע, ־ך; די גוואָזדיקע, ־ס
in the pink געזונט; אין דער העכסטער פֿאָרעם
pink-eye די לעפּל־‹לעדל־›אָנצינדונג
pinking shears די געצײַנדלטע שער ל״י
pinkish ראָזעוואַטע; ראָזלעך
pinko דער לינקער געב׳
pink salmon די גאָרבושע, ־ס
pink slip דאָס אָפּזאָג־קוויטל ‹־בריוול›, ־עך; דאָס ראָזעווע קוויטל, ־עך
pinky דער קלײנער ‹מינדסטער› פֿינגער, –; דער מיזיניק, ־עס; דער זרת [ZÉRES]
Pinky swear! ווי כ׳בין אַ ייִד!; אויף מײַן נאמנות!; כלעבן! [NEMÓNES]
pin money דאָס קעשענע־געלט
pinna דער אויער־מושל, ־ען
pinnacle דער (סאַמע) שפּיץ, ־ן; דער הויכפּונקט, ־ן; די הייך, ־ן; די העכסטע מדרגה, ־ות [MADRÉYGE]
pinnate געפֿעדערט
pinochle דער פּינאָקל
pinpoint, *adj.* האָר־האָריק; פּרעציז אָנגעצילט
pinpoint, *v.* אָנצילן פּינקטלעך ‹פּרעציז›; פֿאַרפֿיקסירן דעם ציל
(*fig.*) באַשטימען ביז אַ האָר
pinpoint accuracy די/דאָס האָר־האָריקע פּינקטלעכקייט ‹פּרעציזקייט›
pinpoint bombing די פּרעציז אָנגעצילטע באָמבאַרדירונג, ־ען
pinprick דער נאָדלשטאָך, ־ן
pinstripe דאָס (נאָדל־)פּאַסיקל, ־עך
pinstriped אין (נאָדל־)פּאַסיקלעך

pint דער פּינט, ־ן; דער פּײַנט, –
pintail דאָס שפּיזעגטל, ־עך
pinto דער שעק, ־ן
pinto bean די געשריבענע פֿאַסאָליע, ־ס
pint-sized קלײנטשיק אַטר׳; מאָנטשינק אַטר׳; פּיצינק אַטר׳
pin-up girl די/דאָס בילדמיידל, ־עך; די וואָנטשײנקייט, ־ן
pin-up guy דער בילד־אַדאָניס, ־ן; דער וואַנט־גבֿר, ־ן [GVAR]
pinwheel דאָס שטעקל־רעדל, ־עך
piny סאָסנע...; ווי אַ סאָסנע
pioneer, *n.*
m./unsp. דער פּיאָניר, ־ן
f. די פּיאָנירקע, ־ס
(in Palestine/*m./unsp.***)** דער חלוץ, ־ים [KhÓLETS/KhALÚTS, KhALÚTSIM]
(in Palestine/*f.***)** די חלוצה, ־ות [KhALÚTSE]
pioneer, *v.* זײַן אַ פּיאָניר פֿון ‹אין›
pioneering פּיאָניריש; נאָוואַטאָריש
pious פֿרום; ייִראת־שמימדיק [YÍRES-ShOMÁYEMDIK]
(J.) פֿרום; אָפּגעהיט(ן); ערלעך
pious man (J.) דער צדיק, ־ים [TSÁDEK, TSADÍKIM]
pious woman (J.) די צדקת, ־ן; די צדקתטע, ־ס; די צנועה, ־ות [TSADÉYKES] [TSADÉYKESTE] [TSNÚE]
piousness די/דאָס פֿרומקייט; דאָס ייִראת־שמים [YÍRES-ShOMÁYEM]
pip[1] **(on cards/dice)** דאָס אויג, ־ן
pip[2] **(disease)** דער פּיפּיטש, ־ן/־עס
pipe, *n.* די/דער רער, ־ן; די טרויב, ־ן
(smoking) די ליולקע, ־ס; די פּיפּקע, ־ס; די פּײַקע, ־ס
pipe, *v.* צופֿירן ‹אַריבערפֿירן/ברענגען› דורך רערן
pipe down אײַנשטילן זיך; האַלטן דאָס מויל
pipe in אַרײַנלאָזן דורך רערן
pipe up אָנרופֿן ‹אָפּרופֿן› זיך; מעלדן זיך פּלוצעם; אָנהייבן ‹נעמען› רעדן
pipe bomb די אַליין־געמאַכטע באָמבע, ־ס; די רערן־באָמבע, ־ס
pipe cleaner דער ליולקע־אויסרייניקער, ־ס
pipe dream פּוסטע חלומות ל״ר [KhALÓYMES]
pipefish דער נאָדלפֿיש, ־ן; דער שפּילקעפֿיש, ־ן
pipe fitter דער רערן(ן)־אינסטאַלאַטאָר, ...אָרן
pipeline די רערן־ליניע, ־ס
(oil) די נאַפֿטליניע, ־ס
be in the pipeline ווערן געגרייט; זײַן אין גאַנג
piper
(on fife) דער פֿײַפֿלער, ־ס
(on bagpipes) דער זאַקפֿײַפֿלער, ־ס
He who pays the piper calls the tune ווער סע האָט די מאה האָט די דעה [MÉYE] [DÉYE]
pay the piper טראָגן די הוצאָות [HOYTSÓES/HETSÓES]
pipette די פּיפּעטקע, ־ס
piping, *adv.*
piping hot זודיק (הייס); קאָכעדיק; הייס פֿון פֿײַער
piping, *n.* די רערן־סיסטעם; רערן ל״ר
pipit דער פֿיפֿער־פֿויגל, ...פֿייגל
pippin דאָס קערעלע, ־ך
(apple) די פּאַפּינקע, ־ס
pipsissewa דער ווינטערהאַלט
pipsqueak דער (גאָלער) גאָרנישט, ־ן
piquancy די/דאָס פּיקאַנטקייט; די/דאָס שאַרפֿקייט
piquant פּיקאַנט; שאַרף
pique, *n.* דער פֿאַרדראָס; די אויפֿגערייצטע אייגן־ליבע
pique, *v.* פֿאַרדריסן + אַק׳/דאַט׳
(stimulate) פֿאַרכאַפּן; אויפֿרייצן
(offend) פּיקירן; טרעפֿן; אָנרירן + דאַט׳ דעם אָנער

I was really piqued כ׳האָב זיך געפֿילט שטאַרק געטראָפֿן
piqué דער פּיקע; דער פּיקײ
piracy דאָס פּיראַטעריי; דאָס ים־רויבעריי [YAM]
(*fig.***)** די קאָנטראַפֿאַקציע; דער פּלאַגיאַט
piranha די פּיראַניע, ־ס
pirate, *n.* דער פּיראַט, ־ן; דער ים־גזלן, ־ים; דער ים־רויבער, ־ס [YÁM-GÁZLEN, -GAZLÓNIM]
pirate, *v.* גזלען; (אַוועק)פּיראַטעווע(ן) [GÁZLEN]
(produce illegally) איבערדרוקן אָן רשות; פֿאַרשפּרייטן אומלעגאַל [REShÚS]
pirate radio דער פּיראַטן־ראַדיאָ
pirate ship די פּיראַטן־שיף, ־ן; די רויבערשיף, ־ן
pirouette, *n.* די פּירועט, ־ן
pirouette, *v.* מאַכן אַ פּירועט; פּירועטירן
piscatorial פֿיש(ער)...
Pisces מזל דגים; דער פֿיש [MAZL DÓGIM]
piss, *n.* דאָס פּישעכץ
piss, *v.*
imp. פּישן
pf. אויספּישן זיך
piss off (*slg.***)** אויפֿרעגן; אַרײַנברענגען אין כּעס; צעכּעסן [KÁAS] [TSEKÁASN]
Piss off! פֿאַרנעמ(ט) זיך!; טראָג(ט) זיך אָפּ!
pissed (off), *adj.* **(***slg.***)** גוט אויפֿגערעגט; גוט אין כּעס; צעכּעסט [KÁAS] [TSEKÁAST]
pistache דער פּיסטוקבוים, ...ביימער
pistachio די פּיסטאַשקע, ־ס; דער פּיסטוק, ־עס
pistil דער פּעסטל, ־ען
pistol דער פּיסטויל, ־ן; דער פּיסטאַלעט, ־ן
pistol-whip דערלאַנגען פּיסטוילן־קלעפּ
piston דער פּיסטאָן, ־ען
(mech.) *also* דער שטאָפּער, ־ס; דער קאָלבן, ־ס
piston engine דער קאָלבן־מאָטאָר, ־ן
pit, *n.*
(ditch) דער/די גרוב, גריבער
(stone) דאָס קערל, ־עך
(mining) דער/די קוילנגרוב, ...גריבער
pit of the stomach דאָס האַרצגריבל; דאָס לעפּעלע
It's the pits ערגער קען שוין נישט זײַן
pit, *v.*
(fruit) אָפּקערלען; אַרויסנעמען דאָס קערל (פֿון); אויסיאָדערן
(oppose) אַ(נט)קעגנשטעלן
(pockmark) שטופּלען
pita די פּיטע, ־ס
pitanga די פּיטאַנגע
pit-a-pat *see* **pitter-patter**
pit bull terrier דער פּיטבול־טעריער, ־ס
pitch,[1] *n.* **(tar)** דאָס/דער פּעך; די סמאָלע; דאָס דזשעגעכץ ‹דיעגעכץ›; דאָס בערלייס
pitch,[2] *n.*
(av.) די פֿליהייך
(degree) דער גראַד, ־ן
(mus./of instrument) די שטימונג
(mus./of voice) דער טאָנשטאַפּל, ־ען; די הייך פֿון טאָן
(nav.) דאָס געוויג
(sales) דער אופֿן פֿאַרקויפֿן; די רעקלאַמציע, ־ס [OYFN]
(slope) דער שיפּוע, ־ים [ShIPÚE, ShIPÚIM]
(spo.) דער וואָרף, ־ן; דער פּיטש, ־ן
raise the pitch (mus.) העכערן דעם טאָנשטאַפּל
pitch, *v.*
(nav.) וויגן זיך
(spo.) (צו)וואַרפֿן; פּיטשן

pitch a plan פֿירלייגן ‹אַרויסלייגן› אַ פּלאַן
pitch a tent אויפֿשלאָגן אַ געצעלט
pitch camp רוען
pitch in אַרויסהעלפֿן; צושטעלן אַ האַנט; אונטערשטעלן אַ פּלייצע
pitch of an arch די בויגנהייך
pitch black פּעך שוואַרץ; שוואַרץ ווי פּעך
pitchblende דער פּעכבלענד
pitch dark שטאָק פֿינצטער; פֿינצטער ווי סמאָלע ‹פּעך›; חושך־מצרים [KhÓYShEKh-MITSRÁYEM]
pitched (sloping) משופּעדיק [MEShÚPEDIK]
pitched battle די שלאַכט מיט שווערד־און־נאָגל; די שווערע שלאַכט
pitcher[1] **(baseball)** דער (בייסבאָל־)וואַרפֿער, ־ס; דער פּיטשער, ־ס
pitcher[2] **(vessel)** די קרוג, קריג; דאָס קריגל, ־עך
pitcher plant דאָס לאָגל־בלימל, ־עך
pitcher's mound דאָס וואַרפֿבערגל ‹פּיטשבערגל›, ־עך
pitchfork דער הייגאָפּל, ־ען; דיווידלע, ־ס
pitching, *n.* דאָס וואַרפֿן; דאָס פּיטשן
pitching coach דער וואַרף־‹פּיטש־›טרענירער, ־ס
pitching count די פּיטשציילונג; די צאָל פּיטשן ‹וואַרפֿן›
pitching rotation דער וואַרף־‹פּיטש־›סדר; דער סדר וואַרפֿערס ‹פּיטשערס› [SÉYDER]
pitching staff וואַרפֿערס ל״ר; פּיטשערס ל״ר
piteous רירנדיק; האַרץ־רײַסנדיק; ביטערלעך
pitfall דער/די פֿאַלגרוב, ...גריבער; דער/די כאַפּגרוב, ...גריבער; דער שטומפּ, ־ן
(*fig.*) דער מיכשול, ־ים; די פֿאַסטקע, ־ס [MIKhShL, MIKhShÓYLIM]
pith דאָס ווײַכלײַב; דאָס האַרץ
(of orange/lemon) די ווײַסע הויט
(essence) [TÁMTSES] דער תּמצית; דאָס האַרץ; דער קערן
pithily [ÍNYEN] צו דער זאַך; צום ענין
pithy [TÁMTSESDIK] יאָדערדיק; תּמציתדיק
pitiful נעבעכדיק; קלאָגעדיק
It's pitiful to look at קוק(ט) עס נעבעך אָן; ס'איז אַ רחמנות אָנצוקוקן [RAKhMÓNES]
pitiless אָנרחמנותדיק; אומברחמנותדיק [ÓNRAKhMÓNESDIK] [ÚMBERAKhMÓNESDIK]
pitman דער קוילן־גרעבער, ־ס
pittance [ShÍBESh] דער שיבוש; דער ביטערער גראָשן
sell for a pittance פֿאַרקויפֿן פֿאַר אַ שיבוש
pitted אָפּגעקערלט
(pockmarked) געשטופּלט
pitter-patter
(of feet) דער קליפּ־קלאַפּ; לײַכטע טריטעלעך ל״ר
(of heart) דער טיק־טאַק; דאָס טיאָכקען
(of rain) דער קאַפּ־קאַפּ
pittosporum דער קלייזומען
pituitary שלײַמ...
pituitary gland די שלײַמדריז, ־ן; די שלײַמגיל, ־ן; דער היפּאָפֿיז, ־ן
pity, *n.* [RAKhMÓNES] דאָס/דער רחמנות; די מיטלייד
(shame) דער שאָד; דער פֿאַרדראָס
feel pity for רחמנות האָבן אויף
for pity's sake איך בעט דיך ‹אײַך›
it's a pity that אַזאַ שאָד ‹פֿאַרדראָס› וואָס
more's the pity אַ גרויסער שאָד
out of pity אויס רחמנות
take pity רחמנות קריגן; מרחם זײַן זיך; דערבאַרעמען זיך [MERÁKhEM]
What a pity! סאַראַ שאָד ‹פֿאַרדראָס›!; אוי, אַ שאָד!

pity, *v.* רחמנות האָבן (אויף); האָבן מיטלייד (מיט) [RAKhMÓNES]
pity the one who ווי איז דעם וואָס
pivot, *n.* דער דרייפּונקט, ־ן
pivot, *v.* (אַרומ)דרייען זיך
pivotal
(tech.) דרייוודיק; דריי...
(*fig.*) עיקר־...; עיקרדיק; גורלדיק; צענטראַל; שליסל... [ÍKER] [ÍKERDIK] [GOYRLDIK]
pivotal point
(tech.) דער דרייפּונקט, ־ן
(*fig.*) דער עיקר־‹גורל־›פּונקט, ־ן; דער צענטער, ־ס [ÍKER] [GOYRL]
pivot kick דער דרייפּונקט־קלאַפּ, ־קלעפּ
pixel דער בילדצעל, ־ן
pixie דער עלף, ־ן; דאָס שרעטל, ־עך
pizza די פּיצע, ־ס
pizzazz [KhEYN] דער שאַרם; דער חן; דער פֿינקל
pizzeria די פּיצעריע, ־ס; די פּיצערײַ, ־ען
pizzicato פּיציקאַטאָ
PJ's *see* **pajamas**
placable פֿאַרגיביק
placard, *n.* דער פּלאַקאַט, ־ן
placard, *v.* אויפֿקלעפּן; צעקלעפּן
placate [MEFÁYES] באַרויִקן; מפֿייס זײַן; אײַנרויִקן; אײַנשטילן
place, *n.* דער פּלאַץ, פּלעצער; דאָס אָרט, ערטער; די שטעל, ־ן
(*iro.*) [MÓKEM, MEKÓYMES] דער/דאָס מקום, ־ות
all over the place אומעטום; אָן קיין שום סדר; הפֿקר [SÉYDER] [HÉFKER]
find one's place געפֿינען דאָס אָרט
go places (travel) אַרומפֿאָרן איבער דער וועלט
go places (succeed) [MATSLÍEKh] מצליח זײַן; דערגרייכן
Her place is here זי קער ‹געהער(ט)› אַהער
in high places אין די הויכע פֿענצטער
in place גרייט; אויפֿן אָרט
in place of [BÍMKEM] אַנשטאָט; שטאָטס; במקום
in places (in text) שטעלנווײַז
it's not my place to ס'איז נישט מײַן אחריות צו [AKhRÁYES]
know one's place וויסן וווּ מע געהער(ט); וויסן פֿון וואַנען מע שטאַמט; וויסן ווער עלטער איז
make place for באַפֿרײַען אַן אָרט פֿאַר
out of place נישט אויפֿן אָרט; נישט צוגעפּאַסט; ווי אַ פֿיש אויף דער יבשה [YABÓShE]
put oneself in his place שטיין אויף זײַן אָרט; אַרײַנגיין אין זײַן מצבֿ [MÁTSEV]
put sb. in his place אָפּפּאַטשן ‹אָפּהאַקן› + דאַט' די פֿליגל; שטעלן אין ביוש [BÍESh]
take place פֿירקומען; פֿאָרקומען
take place (unexpected event) אָפּשפּילן זיך
take the place of פֿאַרבײַטן; פֿאַרטרעטן; פֿאַרנעמען דאָס אָרט פֿון; ממלא־מקום זײַן [MEMÁLE-MÓKEM]
Places! (thea.) (פֿאַרנעמט די) ערטער!
place, *v.*
(set down) (אַוועק)שטעלן
(lay down) (אַוועק)לייגן
(seat) (אַוועק)זעצן; אויסזעצן; אײַנפּלאַצירן; אײַנאָרטן
(position) (אײַנ)פּלאַצירן; אײַנאָרטן
(recruit/match) אײַנשטעלן
(recall) דערמאָנען זיך
(determine rank/acad.) אַרײַנזעצן
place a call to אָנקלינגען + דאַט'; אָנטעלעפֿאָנירן + דאַט'
place an ad שטעלן ‹אַרײַנגעבן› אַן אַנאָנס ‹רעקלאַמע›

place an order (for) באַשטעלן
place first פֿאַרנעמען דאָס ערשטע אָרט
place out (of) באַפֿרײַט ווערן פֿון דער פֿאָדערונג
She placed in the advanced class מ'האָט זי אַרײַנגעזעצט אין אַוואַנסירטן קלאַס
placebo די צוקערפּיל, ־ן
have a placebo effect ווירקן ווי אַ צוקערפּיל
place card דאָס טישקאַרטל, ־עך; דאָס זיצקוויטל, ־עך
place kick דער ערדקלאַפּ, ...קלעפּ
placemat דאָס טישטעכל, ־עך; דער אונטערלאַג, ־ן
placement די פּאָזיציע, ־ס; די פּלאַצירונג
(acad.) דאָס אַרײַנזעצן; די אַרײַנזעצונג
(of worker) דאָס אײַנשטעלן; די אײַנשטעלונג
placement exam דער אָפּשאַץ־עקזאַמען, ־ס
placement service דאָס פּאָסטנדינסט; די שטעלע־פֿאַרמיטלונג
place name דער אָרטנאָמען, ערטערנעמען; דער טאָפּאָנים, ־ען
placenta די פּלאַצענטע, ־ס; דאָס אָרט; די בערט
placental tissue דאָס פּלאַצענטע־געוועב
place setting דאָס געדעק
placid רויִק; פֿרידלעך; שלווהדיק [ShÁLVEDIK]
placidly רויִק(ערהייט)
plagiarism דער פּלאַגיאַט
plagiarist דער פּלאַגיאַטאָר, ...אָרן
plagiarize פּלאַגיִרן
plagiarized פּלאַגיִרט
stg. plagiarized דער פּלאַגיאַט, ־ן
plague, *n.* די מגפֿה, ־ות; די פּלאָג; די מכּה, ־ות; די פּעסט, ־ן [MAGÉYFE] [MÁKE]
A plague on both your houses! שלאָגט אײַך בײדע קאָפּ אין וואַנט!; שאַנדער באַנדער, אַ כּפּרה אײנס פֿאַר ס'אַנדערע!; אַ מכּה אויף אײַער בײדנס לײַב־און־לעבן! [KAPÓRE]
A plague on her! אַ שוואַרץ־יאָר אויף איר קאָפּ!; אַ מכּה אויף איר!
plague, *v.* פּלאָגן; דערקוטשע|ן; דערגײן + דאַט' די יאָרן; מוטשע|ן; מאַטערן
be plagued with לײַדן פֿון; מוטשע|ן זיך מיט
plaid געקעסטלט; שאָטיש
plain, *adj.* סתּם; פּשוט; פּראָסט [STAM] [PÓShET]
(clear) קלאָר; דײַטלעך
(homely) פּשוט; נישט איבעריק שײן
plain and simple פּראָסט־פּשוט
plain as day קלאָר ווי דער טאָג
in plain view אָפֿן און קלאָר; בפֿרהסיא; פֿאַר אַלעמען אין די אויגן [BEF(E)RÉSYE]
just plain stupid סתּם נאַריש
plain talk קלאָרע דיבורים ל"ר
plain text דער סתּם טעקסט [STAM]
plain vanilla מאַמעליגע־... ; פּשוט; סתּם
She's a plain Jane זי איז נישט קײן איבעריק שײנע
the plain truth דער פּראָסטער אמת; די רײנע וואָרעט [ÉMES]
plain, *n.* דער פּליין, ־ען; דאָס פֿלאַכלאַנד, ...לענדער; די פֿלאַך, ־ן
plainclothes ציוויל באַקלײדט
plainness די/דאָס פּשוטקייט [PÓShETKEYT]
plainsong דער גרעגאָריאַנישער כאָראַל, ־ן
plainspoken אָפֿן־האַרציק
plaint
(complaint) די טענה, ־ות; די תּרעומה, ־ות [TÁYNE] [TARÚME]
(lamentation) די קינה, ־ות; דאָס געיאָמער [KÍNE]
plaintiff דער אָנקלאָגער, ־ס; דער מאָנער, ־ס; דער בעל־תּביעה, בעלי־תּביעות; דער תּובֿע, ־ים; דער בעל־דין, בעלי־... [BALTVÍE, BÁLE-TVÍES] [TOYVÉYE, TÓYVIM] [BALDÍN, ... BÁLE-...]
plaintive קלאָגנדיק; וויִנעוודיק; ריִרנדיק
plait, *n.* דער צאָפּ, צעפּ
plait, *v. imp./pf.* (אויס)פֿלעכטן
plaited (אויס)געפֿלאָכטן
plan, *n.* דער פּלאַן, פּלענער
go according to plan גײן לויטן ‹על־פּי› פּלאַן; גײן ווי געשמירט; קלאַפּן [ÁLPI]
plan B דער צווייטער פּלאַן
plan of study דער שטודירפּלאַן, ...פּלענער
plan, *v.* (אויס)פּלאַנירן; (אויס)פּלאַנעווע|ן
(intend) בדעה האָבן; האָבן אין זינען; קלײַבן זיך [BEDÉYE]
plan ahead פּלאַנירן אין פֿאָרויס
plan out אויספּלאַנירן; אויספּלאַנעווע|ן
not plan for נישט ריכטן זיך אויף
Planck's constant דער פּלאַנק־קאָנסטאַנט
plane, *adj.* פֿלאַך
plane,[1] *n.* **(airplane)** דער (אַ)עראָפּלאַן, ־ען
plane,[2] *n.*
(level) דער ניוואָ, ־ען; די מדרגה, ־ות [MADRÉYGE]
(surface/math.) די פֿלאַך, ־ן
on a higher plane אויף אַ העכערן ניוואָ
on the same plane as אויפֿן זעלבן ניוואָ ווי
plane,[3] *n.* **(tool)** דער הובל, ־ען; די ציקלינע, ־ס
plane, *v. imp./pf.* (אָפּ)הובלען; (אָפּ)הובלעווע|ן
plane crash דער עראָפּלאַן־קראַך, ־ן; די עראָפּלאַן־אַוואַריע, ־ס
plane geometry די פֿלאַך־געאָמעטריע
planeload (of) דער פֿולער עראָפּלאַן (מיט)
plane sailing דאָס פֿלאַכזעגלען
planet דער פּלאַנעט, ־ן
plane table דער פּלאַנשעט, ־ן
planetarium דער פּלאַנעטאַר, ־ן; דער פּלאַנעטאַריום, ־ס
planetary פּלאַנעטן־...; פּלאַנעטאַריש
planetary system די פּלאַנעטאַרע סיסטעם, ־ען; די פּלאַנעטן־סיסטעם, ־ען
plane ticket דער פֿליבילעט, ־ן
planetoid דער פּלאַנעטאָיִד, ־ן
planetree דער פּלאַטאַן, ־ען
planimetry די פּלאַנימעטריע
planing machine די הובל־מאַשין, ־ען
plank, *n.* דער פּלאַנקען, ־ס; דאָס/די ברעט, ־ער
(pol.) דער פּראָגראַמפּונקט, ־ן
walk the plank גײן איבערן ברעט ‹פּלאַנקען›
plank, *v.* באַלײגן מיט פּלאַנקען ‹ברעטער›
plank bed די נאַרע, ־ס; דער טאַפּטשאַן, ־עס
planken ברעטערן; פֿון ברעטער
planking ברעטער ל"ר
plankton דער פּלאַנקטאָן
planned אויסגערעכנט; (אויס)פּלאַנירט
planned parenthood די פּלאַנירטע טאַטע־מאַמעשאַפֿט
planner דער פּלאַנירער, ־ס
(book) דאָס פּלאַניר־ביכל, ־עך
planning, *adj.* פּלאַניר...
planning, *n.* דאָס פּלאַנירן; די פּלאַנירונג
planning commission די פּלאַניר־קאָמיסיע, ־ס
plant, *n.* דאָס געוויקס, ־ן
(factory) די פֿאַבריק, ־ן; דער זאַוואָד, ־ן; דער פֿאַבריק־בנין, ־ים [BÍNYEN, BINYÓNIM]

(person) דער אונטערגעשטעלטער געב'
plant, *v.*
(plants/trees) פֿאַרזעצן; פֿאַרפֿלאַנצן
(sow seeds) פֿאַרזייען
(a garden) *also* פֿאַרפֿירן אַ גאָרטן
(conceal) אונטערשטעלן; אַריינפֿלעכטן; אונטערוואַרפֿן
plant a bomb אונטערלייגן אַ באָמבע
plant a kiss דערלאַנגען ‹געבן/טאָן› אַ קוש
plant a mine אונטערלייגן אַ מינע
plant an idea אונטערררוקן + דאַט' אַ געדאַנק
plant one's feet/oneself אַוועקשטעלן זיך; אַנידערשטעלן זיך; פֿעסט איינשטעלן זיך; שטעלן זיך מיט די פֿיס
plantain דער קאָכבאַנאַן, ־ען; די קאָך־באַנאַנע, ־ס
plantar's wart די פּיאַטע־בראָדעוועקע, ־ס
plantation די פּלאַנטאַציע, ־ס
plant-based גרינסנדיק
plant biologist דער באָטאַניקער, ־ס
plant biology די באָטאַניק
planter
(container) דער בלומענטאָפּ, ...טעפּ
(machine) די זיימאַשין, ־ען
(person) דער פּלאַנטאַטאָר, ...אָרן
plant food די געוויקסן־שפּייז
plant kingdom די געוויקסן־וועלט; דאָס מלכות געוויקסן [MÁLKhES]
plant louse די בלאַטלויז, ...לייַז
plant manager דער פֿאַבריק־פֿאַרוואַלטער, ־ס
plaque דער טאַוול, ־ען; דאָס שילדל, ־עך
(memorial) דער געדענק־‹אָנדענק־›טאַוול, ־ען
(dental) דער צאָנאָפּזעץ
plasma די פּלאַזמע
plaster, *n.* דער טינק
plaster of Paris דער גיפּס
plaster, *v. imp./pf.* (אויס)טינקעווע|ן
plasterboard דאָס/די גיפּסברעט, ־ער
plaster cast דער גיפּס, ־ן
plastered (drunk) אָנגעשיכּורט [ÓNGEShíKERT]
plasterer דער טינק(עוו)ער, ־ס; דער ליימער, ־ס
plastering די טינקעוואַניע
plastic, *adj.* פּלאַסטיש; פּלאַסטיק...; פּלאַסטיקן
(flexible) פּלאַסטיש; קנעטיק
plastic, *n.* דער פּלאַסטיק, ־ן; די פּלאַסטמאַסע, ־ס
plastic bag דער פּלאַסטישער בייטל, ־ען; דאָס פּלאַסטישע זעקל, ־עך
plastic bomb די פּלאַסטיק־באָמבע, ־ס
plastic bottle די פּלאַסטישע פֿלאַש, פֿלעשער; דאָס פּלאַסטישע פֿלעשל, ־עך
plastic explosives דאָס פּלאַסטיק־אויפֿרייסוואַרג קאָל'
plastic goods דאָס פּלאַסטיקוואַרג קאָל'
plasticine דער פּלאַסטילין
plasticity די/דאָס פּלאַסטישקייט
plastics די פּלאַסטיק ל"ר
plastic surgeon דער פּלאַסטישער כירורג, ־ן
plastic surgery די פּלאַסטישע כירורגיע
plastic wrap דער פּלאַסטיק־איינוויקל, ־ען
plat du jour דאָס טאָגגעריכט; דער מאכל פֿון טאָג; דער שפּעציאַל־מאכל [MAYKhL]
plate, *n.*
(for food) דער טעלער, –
(tech.) די פּלאַטע, ־ס
(typ.) די דרוקפּלאַטע, ־ס; די מאַטריצע, ־ס
a plate of soup אַ טעלער (מיט) זופּ
behind the plate (baseball) הינטער דער קלאַפּבאַזע
have too much on one's plate האָבן צו פֿיל אויפֿן קאָפּ; טראָגן צו פֿיל אויף די פּלייצעס
step up to the plate (baseball) קומען קלאַפּן
step up to the plate (*fig.*) אָננעמען ‹איבערנעמען› דאָס אַחריות [AKhRÁYES]
plate, *v.*
(food) אויסשטעלן אויפֿן טעלער
(tech.) פּלאַטירן; איבערציִען; באַציִען
plateau, *n.* דער פּלאַטאָ, ־ען; די באַרגפֿלאַך, ־ן
plateau, *v.* פּלאַטאָירן
plateful (of) דער פֿולער טעלער (מיט)
plate glass דאָס שפּיגלגלאָז
plate-glass window דאָס/דער שפּיגל־פֿענצטער, –; דאָס שפּיגלגלאָז
platelet דאָס פּלאַט־קערפּערל, ־עך
plate rack די כּלים־‹טריקן־›שאַטקע, ־ס; דאָס טעלער־‹טריקן־›געשטעל, ־ן [KÉYLIM]
platform די פּלאַטפֿאָרמע, ־ס
(railroad) *also* דער פּעראָן, ־ען
(of railway carriage) דער טאַמבור, ־ן
(pol.) די (פּאָליטישע) פּלאַטפֿאָרמע, ־ס
platform shoes פּלאַטפֿאָרמע־שיך
plating די פּלאַטירונג
platinum, *adj.* פּלאַטינען
platinum, *n.* דאָס פּלאַטין
platinum blonde די פּלאַטין־בלאָנדינקע, ־ס
platinum wire דאָס פּלאַטין־דרעטעלע, ־ך
platitude דער שאַבלאָן, ־ען; די אויסגעדראָשענע פֿראַזע, ־ס; די/דאָס באַנאַלקייט, ־ן; די/דאָס פּלאַטשיקייט, ־ן
platitudinous אויסגעדראָשן; באַנאַל; פּלאַטשיק
Plato פּלאַטאָן
platonic פּלאַטאָניש
platonic love די פּלאַטאָנישע ליבשאַפֿט
platoon דער פּלאַטאָן, ־ען
platoon commander דער פּלאַטאָן־פֿירער, ־ס
platter דער פּאַלומעסיק, ...סקעס; די טאַץ, ־ן
platypus די שנאָבל־חיה, ־ות [KhÁYE]
plaudits לויבווערטער; אַפּלאָדיסמענטן
win plaudits פֿאַרדינען לויבווערטער
plausible גלייבלעך; גלייבווערדיק; אָננעמלעך; קרובֿ־אל־השׂכלדיק [KÓREV-EL-HASÉYKhLDIK]
be plausible לייגן זיך אויפֿן שׂכל; קענען גרינג געמאָלט זײַן; שיקן זיך [SEYKhL]
play, *n.*
(thea.) די פּיעסע, ־ס; די/דאָס שפּיל, ־ן
(playful activity) דאָס שפּילן זיך
(spo.) דער גאַנג, גענג; דער כאָפּ, ־ן; דער וואָרף, ־ן
(*nurs.*) פּילעניו
come into play קומען אין גאַנג; אָנהייבן
in play אין גאַנג
make a play for sb. פּרוּוון געווינען + פּאָס' האַרץ
out of play נישט אין גאַנג
play on words דאָס/די ווערטערשפּיל, ־ן
put on a play אויפֿפֿירן אַ פּיעסע
play, *v.*
(game) שפּילן אין
(instrument) שפּילן (אויף)
begin to play (game) נעמען (זיך) שפּילן; אָנהייבן (צו) שפּילן
begin to play (mus.) אויפֿשפּילן
play a part שפּילן אַ ראָלע
play a trick אָפּטאָן ‹אָפּשפּילן› אַ שפּיצל

play along צובאַמקען|; פֿאַטאַקעווען|
play around (be silly) אַרומשפּילן זיך; טרײַבן קאַטאָווועס; שטיפֿן
play around (philander) זײַן אומגעטרײַ; נאָכשלעפּן ‹יאָגן› זיך נאָך פֿרויען
play around with the idea שפּילן זיך מיטן געדאַנק
play back צוריקשפּילן
play by the rules שפּילן לויט די כּללים; פֿירן זיך כּדין־וכּדת [KLÓLIM] [KEDÍN-VEKEDÁS]
play cards שפּילן אין קאָרטן; כאַפּן ‹מאַכן› אַ קערטל
play doctor שפּילן זיך אין דאָקטער
play down אַוועקמאַכן מיט דער האַנט; מאַכן צו קלײנגעלט ‹גאָרנישט›
play first שפּילן דער ערשטער גענ׳; זײַן דער ערשטער שפּילער; האָבן די ערשטע ריי
play God זײַן דער כּביכול [KAVYÓKhL]
play hard to get נישט נאָכגעבן; נישט לאָזן זיך; לאָזן זיך בעטן
play host to אויפֿנעמען
play into sb.'s hands אָפּגעבן + דאַט׳ די איבערהאַנט; אַרײַנשפּילן + דאַט׳ (אין די הענט)
play it by ear (improvise) אימפּראָוויזירן
play itself out לאָזן זיך אויסשפּילן
play off against one other אָנצינדן ‹אָנרעגן› בײדע צדדים [TSDÓDIM]
play on, *vi.* שפּילן ווײַטער
play one's hand שפּילן ‹ריזיקירן› מיט די אײגענע קאָרטן
play one's part טאָן מײַנס/דײַנס/זײַנס/אירס/...
play out, *vi.* אויסשפּילן זיך; אויסלאָזן זיך
play the ace גײן מיט דער טויז
play the cards right אויסרעכענען אין פּאָרויס
play the piano שפּילן (אויף דער) פּיאַנע
play the violin שפּילן (אויפֿן) פֿידל
play up (highlight) אַרויסהײבן
play with dolls שפּילן זיך אין ליאַלקעס
play with oneself (*slg.*) אָנאַנירן
play-act מאַכן דעם אָנשטעל
playback דאָס איבערשפּילן
playback button דאָס איבערשפּיל־קנעפּל, ־עך
playbill די פּראָגראַמקע, ־ס; דער פּראָגראַם־צעטל, ־ען; דער אַפֿיש, ־ן
playbook דאָס שפּילהעפֿטל, ־עך
playboy דער לעביונג, ־ען; דער הוליאַקע, ־ס; דער פֿליאַדער, ־ס
play-by-play דער מאַטש גאַנג נאָך גאַנג
playdate
have a playdate צוגײן ‹צופֿאָרן› זיך שפּילן אין אײנעם
playdough דאָס שפּילטײג; דער פּלאַסטילין
played out אויסגעמאַטערט; אויסגעשעפּט
player דער (מיט)שפּילער, ־ס
(pol.) דער מאַכער, ־ס; די שישקע, ־ס
player piano די פּיאַנאָלע, ־ס; דער פּיאַנע־שפּילער, ־ס
playful שפּילעוודיק; שטיפֿעריש
playgoer דער טעאַטער־גײער, ־ס
playground דער שפּילפּלאַץ, ...פּלעצער
playgroup די שפּילגרופּע, ־ס
playhouse
(child's) דאָס שפּיל־שטיבעלע, ־ך
(theater) דער טעאַטער, ־ס
playing, *n.* דאָס שפּילן (זיך)
playing card די קאָרט, ־ן
playing field דאָס שפּילפֿעלד, ־ער
playlist די שפּיל־רשימה, ־ות [REShÍME]
playmate
m./unsp. דער מיטשפּילער, ־ס; דער (שפּיל־)חבֿר, ־ים; דאָס חבֿרל, חבֿרימלעך [KhÁVER, KhAVÉYRIM] [KhÁVERL, KhAVÉYRIMLEKh]
f. די מיטשפּילערין, ־ס; די (שפּיל־)חבֿרטע, ־ס [KhÁVERTE]
play materials דאָס שפּילוואַרג קאָל׳
playoff(s) פֿינאַלן ל״ר; דער מכריעדיקער מאַטש, ־ן [MAKhRÍEDIKER]
playpen דאָס שפּילבעטל, ־עך
playroom דער שפּילצימער, ־ן
playseat דאָס שפּיל־זיצעלע‹־בענקעלע›, ־ך
plaything דאָס שפּילעכל, ־עך
playtime די שפּילצײַט, ־ן
playwear שפּילקלײדער ל״ר
playwright דער דראַמאַטורג, ־ן
playwriting די דראַמאַטורגיע; דאָס פּיעסע־שרײַבערײַ
plaza דער פּלאַץ, פּלעצער; דער סקוועד, ־ן
plea, *n.* דאָס געבעט, ־ן; די בקשה, ־ות [BAKÓShE]
(jur.) דער ענטפֿער, ־ס
plea bargain, *n.* דער שולדאָפּמאַך, ־ן
plea-bargain, *v.* אויסדינגען אַ שולדאָפּמאַך
plea-bargaining דאָס אויסדינגען אַ שולדאָפּמאַך
plead
vt. **(argue/jur.)** פֿאַרטײדיקן
vi. **(beg)** בעטן זיך
vi. **(respond/jur.)** ענטפֿערן
plead on behalf of פֿאַרטײדיקן + אַק׳; זײַן דער ‹אַ› פֿירשפּרעכער פֿאַר
plead guilty אָנערקענען זיך פֿאַר שולדיק; ענטפֿערן שולדיק
plead insanity ענטפֿערן אומשולדיק צוליב ‹מחמת› משוגעת [MÁKhMES] [MEShUGÁS]
plead not guilty אָנערקענען זיך פֿאַר אומשולדיק; ענטפֿערן אומשולדיק
plead sb.'s case פֿאַרטײדיקן + אַק׳
plead the fifth אָננעמען אַ פֿול מויל מיט וואַסער; פֿאַרשטעקן דעם צאַפּן; מאַכן אַ שוויַיג
plead with בעטן זיך בײַ; אײַנטענה|ן מיט [ÁYNTAYNEN]
pleasant אײַנגענעמ(ען); אָנגענעמ(ען); ווויל; ליב; סימפּאַטיש; בנעימותדיק; טעמע(וו)דיק [BENEÍMESDIK] [TÁME(V)DIK]
(weather) שײן; פֿײַן
pleasant person דער סימפּאַטישער גענ׳; דער ליבער גענ׳; דער ווויִלער גענ׳
pleasantly אײַנגענעמ(ען); אָנגענעמ(ען); בנעימות [BENEÍMES]
He was pleasantly surprised ער האָט געהאַט אַ שײנעם סורפּריז
pleasantry
(jest) דאָס קאַטאָוועסל, ־עך; די הלצה, ־ות [HALÓTSE]
pleasantries (polite words) העפֿלעכע רייד; אײדלקייטן
exchange pleasantries שמועסלען; פּלוישן; רעדן העפֿלעכע רייד
please, *int.* זײַ(ט) אַזוי גוט; זײַ(ט) זשע מוחל; איך בעט דיך ‹אײַך› [MOYKhL]
please, *v.* הנאה טאָן + דאַט׳; געפֿעלן (ווערן) + דאַט׳; ליב זײַן + דאַט׳; צוטרעפֿן + דאַט׳; נושא־חן זײַן בײַ; פֿאַליובע|ן + דאַט׳ [HANÓE] [NÓYSE-KhÉYN]
please God אם־ירצה־השם [MIRTSEShÉM/MÉRTShEM]
please oneself טאָן ווי מע וויל נאָר; נאָכגעבן זיך אַלײן
do as he pleases טאָן וואָס אים געפֿעלט ‹פֿאַרוולט זיך›
Do as you please! (*iro.*) שמיר(ט) ‹פֿאַרדרײ(ט)› זיך דעם קאָפּ!; שלאָג(ט) זיך קאָפּ אין וואַנט!
if you please זײַ(ט) (מיר) אַזוי גוט
pleased צופֿרידן

pleased as punch העכסט צופֿרידן; אויסער זיך פֿון פֿרייד
Pleased to meet you! זייער איינגענעם זיך צו באַקענען!
be pleased פֿרייען זיך; זײַן צופֿרידן
pleasing איינגענעם; אָנגענעם; שיין; פֿײַן
pleasurable איינגענעם; פֿריידיק; פֿאַרגעניגיק; תּענוגדיק; עונגדיק; הנאהדיק [TÁYNEGDIK] [ÓYNEGDIK] [HANÓEDIK]
be pleasurable זײַן אַ פֿאַרגעניגן ‹תּענוג/הנאה› [TÁYNEG] [HANÓE]
pleasure, *n.*
(physical) דאָס/דער פֿאַרגעניגן, ־ס; דער תּענוג, ־ים [TÁYNEG, TAYNÚGIM]
(enjoyment) די הנאה, ־ות; דאָס/דער פֿאַרגעניגן, ־ס [HANÓE]
(spiritual) דאָס/דער נחת; דער נחת־רוח; דער תּענוג [NÁKhES] [NÁKhES-RÚEKh]
at your pleasure ווען איר ווערט (נאַר) וועלן
derive proud pleasure from שעפּן ‹קלײַבן› נחת פֿון
for pleasure פֿון הנאה וועגן; (סתּם) צוליב פֿאַרווײַלונג [STAM]
It's been a pleasure! זייער איינגענעם!
It's no pleasure ס'איז נישט קיין נחת; ס'איז נישט קיין גרויס פֿאַרגעניגן; ס'איז אַ קנאַפּער פֿאַרגעניגן
passing pleasure די חיי־שעה, ־ען [KhAYEShÓ]
take pleasure in הנאה האָבן פֿון; האָבן פֿאַרגעניגן פֿון; שעפּן נחת פֿון
With pleasure! אַדרבא!; מיט פֿאַרגעניגן!; מהיכא־תּיתי! [ÁDERABE] [MEKh(E)TÉYSE]
With the greatest pleasure! אַדרבא־ואַדרבא!; מיטן גרעסטן פֿאַרגעניגן!; מיטן שענסטן כּבֿוד! [ÁDERABE-VEÁDERABE] [KÓVED]
worldly pleasures דער/די עולם־הזה ל״ני [ÓYLEM-HÁZE]
pleasure, *v.* [HANÓE] געבן + דאַט׳ הנאה; הנאה טאָן + דאַט׳
pleasure boat די פֿאַרווײַלשיף, ־ן; די ווּולטאַגשיף, ־ן; דאָס שפּאַציר־שיפֿל, ־עך
pleasure seeker
m./unsp. דער עולם־הזהניק, ־עס [ÓYLEM-HÁZENIK]
f. די עולם־הזהניצע, ־ס [ÓYLEM-HÁZENITSE]
pleasure-seeking
be pleasure-seeking נאָכלויפֿן פֿאַרגעניגנס ‹תּענוגים› [TAYNÚGIM]
pleasure trip די פֿאַרווײַל־נסיעה, ־ות [NESÍE]
pleat, *n.* די פֿאַלב, ־ן; די פֿאַלד, ־ן; די סקלאַדקע, ־ס
pleat, *v.* פֿאַלבעווע\|ן; פֿאַלדעווע\|ן
pleated געפֿאַלבעוועט; געפֿאַלדעוועט; געפֿאַלבט; געפֿעלבלט; געקנײַטשט
plebeian, *adj.* פּראָסט; פּלעבעיִש; פֿון פּשוטן פֿאָלק; פֿון המון־עם; נחות־דרגאדיק [PÓShETN] [HAMOYNÁM] [(NE)KhÓS-DÁRGEDIK]
plebeian, *n.* דער פּלעבעי, ־ען; דער נחות־דרגא, ־ס [(NE)KhÓS-DÁRGE]
plebiscite דער פּלעביסציט, ־ן
pledge, *n.* דער צוזאָג, ־ן; די הבֿטחה, ־ות; דאָס וואָרט [HAFTÓKhE]
(pawn) דער משכּון, משכּנות [MAShKN, MAShKÓNES]
(security for debt) דער פֿאַנט, ־ן
as a pledge of ווי אַ צייכן פֿון
pledge, *v.* [MAFTÍEKh] צוזאָגן; מבֿטיח זײַן; געבן דאָס וואָרט
(money) מנדר זײַן [MENÁDER]
(pawn) [FARMÁShKENEN] פֿאַרמשכּונען; פֿאַרזעצן; אײַנלייגן
pledge of secrecy די הבֿטחה נישט אויסצוזאָגן [HAFTÓKhE]
Pleiades די פּלעיאַדע
Pleistocene דער פּלייסטאָצען; די אײַזצײַט

plenary פּלענאַר
plenary power די פֿולמאַכט
plenary session דער פּלענום, ־ס
plenipotentiary דער פּלעניפּאָטענט, ־ן; דער באַפֿולמאַכטיקטער געב׳
plenitude די שפֿע; די/דאָס פֿולקייט [ShÉFE]
plentiful שפֿעדיק; רײַך; בשפֿע [ShÉFEDIK] [BEShÉFE]
plentifully בשפֿע [BEShÉFE]
plenty, *adv.* גענוג; שטאַרק; אַ סך [SAKh]
plenty, *n.* די שפֿע; די זעט; דאָס גערעטעניש [ShÉFE]
in plenty בשפֿע [BEShÉFE]
in plenty of time בײַ צײַטנס; גענוג פֿרי
plenty of אַ סך; (מער ווי) גענוג; איבער גענוג; אַ מאַסע; די־והותר [SAKh] [DÁY-VEHÓYSER]
have plenty of האָבן גענוג; באָדן זיך אין
pleonasm דער פּלעאָנאַזם, ־ען
plethora דער עודף; די איבערמאָס [ÓYDEF]
pleura די פּלעווּרע; די ברוסטפֿעל; דאָס לונגען־הײַטל, ־עך
pleurisy דער פּלעווּריט
plexiglass דאָס פּלעקסיגלאָז
pliability די/דאָס בייג(עווד)יקייט; די/דאָס שמיד(עווד)יקייט; די/דאָס נאָכגיביקייט
pliable בייג(עווד)יק; שמיד(עווד)יק; קנעטיק; נאָכגיביק
pliant (person) נאָכגיביק
pliers די צוואַנג, ־ען; די דראָטצוואַנג, ־ען; דאָס צווענגל, ־עך
plight דער (טרויעריקער) מצבֿ; די (טרויעריקע) מערכה; די קלעם [MÁTSEV] [MARÓKhE]
plink קלינגלען
plinth דער פּלינט(וס), ־ן
Pliocene דער פּליאָצען
PLO דער פּי־על־אָ; דער אָ־בע־פּע
plod טאָפּטשעןֹ\|ן (זיך); בראָדיען\|ן; שלעפּן זיך
plodding טאָפּטשענדיק; בראָדיענדיק
plop, *n.* דער פֿאַל אַרײַן אין וואַסער
plop, *v.* אַרײַנפֿאַלן אין וואַסער
plop down געבן ‹טאָן› זיך אַ זעץ אַוועק; געבן אַ פֿאַל אַוועק
plosive דער אויפֿרײַסקלאַנג, ־ען
plot, *n.*
(of story) דער סיפּור־המעשׂה; דער סוזשעט, ־ן [SÍPER-HAMÁYSE]
(of land) דער ערד־חלק, ־ים; דער פּאַרצעל, ־ן; די נחלה, נחלאָות [KhÉYLEK, KhALÓKIM] [NÁKhLE, NAKhLÓES]
(chart) די דיאַגראַם, ־ען; די סכעמע, ־ס
(secret plan) דער קאָמפּלאָט, ־ן; די אינטריגע, ־ס; די קאָנספּיראַציע, ־ס
plot, *v.*
(intrigue) אינטריגירן; פּלאַנעווע\|ן; קאָנספּירירן
plot against גראָבן אַ גרוב אויף
plot out אויסכעמאַטיזירן; אויסצײַכענען אַ דיאַגראַם
plotter דער אינטריגאַנט, ־ן
plough *see* **plow**
plover דער רעגן־פּײַפֿער, ־ס
plow, *n.* דער אַקער, ־ס
plow, *v.* אַקערן
plow into אַרײַנפֿאָרן אין ... אַרײַן
plow money into אַרײַנלייגן ‹אינוועסטירן› אַ סך געלט אין [SAKh]
plow snow (אָפּ)שאַרן דעם שניי (פֿון די גאַסן)
plow through (אַ)דורכאַקערן
plow up אויפֿאַקערן; צעאַקערן
plowed field דאָס צעאַקערטע פֿעלד, ־ער; די אַרינע, ־ס
plower דער אַקערער, ־ס; דער אַקערמאַן, אַקערלײַט
plowing די אַקערונג

plowshare דער אַקער־אײַזן, ־ס; דער פֿלוג, ־ן; דער לעמיש, ־ן
ploy דאָס דרײדל, ־עך; דאָס איבערשפּיצל, ־עך
pluck, *n.*
(courage) די/דאָס באַהאַרצטקייט; די/דאָס בראַווקייט; דער קוראַזש
(offal) פּאָטערעכעס ל״ר; דאָס דרויב
(tug) דער פֿליק, ־ן; דער שטשופּ, ־ן; דער צופּ, ־ן
pluck, *v. imp./pf.* (אויס)פֿליקן; (אָפּ)שטשיפּע|ן; (אויס)צופּן
pluck (the strings of) stg. צופּן די סטרונעס פֿון; (אַ)דורכגיין זיך מיט די פֿינגער איבער
pluck up one's courage אָננעמען זיך מיט קוראַזש ‹האַרץ›
plucky באַהאַרצט; בראַוו; ˈמוטיק
plug, *n.* דער צאַפּן, ־ס; דאָס פֿאַרשטעקל, ־עך
(elec.) דער גאָפּל, ־ען; דאָס (שטעפּסל־)גאָפּעלע, ־ך
(favorable mention) דאָס רעקלאַמקעלע, ־ך
make a plug for אַרײַנוואַרפֿן אַ גוט וואָרט פֿאַר; דערמאָנען + אַק׳ לשבֿח; רעקלאַמירן [LIShVÁKh]
pull the plug (on) אָפּשטעלן; ענדיקן; איבעררײַסן
pull the plug (on) (med./*fig.*) מאַכן אַ סוף (צו) [SOF]
plug, *v.* פֿאַרשטאָפּן; פֿאַרשטעקן
plug a hole פֿאַרשטאָפּן אַ לאָך
plug away האָרעווע|ן מיט התמדה [HASMÓDE]
plug in אַרײַנשטעקן
plug up פֿאַרשטאָפּן; פֿאַרשטעקן
plugged פֿאַרשטאָפּט; פֿאַרשטעקט
plug-in דאָס צוגאָבל, ־עך
plum, *adj.* פֿלוימענ...
(highly desirable) גאָלדן; אויסגעחלומט; באַמבנ... [ÓYSGEKhOLEMT]
plum role די באַמבן־ראָלע, ־ס
plum, *n.* די פֿלוים ‹פֿלאָם›, ־ען; די ליבישקע, ־ס
plumage די באַפֿעדערונג; דאָס פֿעדערוואַרג
plumb, *adj.* ווערטיקאַל
plumb, *adv.* אין גאַנצן; אַבסאָלוט
plumb, *n.* די גרונטוואָג, ־ן
plumb, *v.* גריבלען זיך; דערגרונטעווע|ן זיך; זאָנדירן
plumbago דער בלײַניק, ־עס
plumber דער אינסטאַלאַטאָר, ...אָרן
plumbing
(pipes) דאָס (וואַסער־)געריער
(trade) די אינסטאַלאַציע
plumb line דער בלײַשנור, ־ן; דער לאָט, ־ן; דער זינקבלײַ, ־ען
plum brandy דער שליוואָוויץ; דער פֿלוימענשנאַפּס
plumcot דער פֿלוימענקאָט
plume, *n.* די פֿעדער, ־ן
(of molten material/spray) דער אַרויפֿשפּריץ, ־ן
plume of smoke דער זײַל רויך
plume, *v.* פּוצן זיך (די פֿעדערן)
plumed באַפּוצט מיט פֿעדערן
plume grass דער באַוולגראָז
plummet, *n. see* **plumb line**
plummet, *v.* שטאַרק פֿאַלן; פֿאַלן מיט אימפּעט
plump, *adj.* דיקלעך; פֿעטלעך; קײַלעכדיק; אויסגעפּאַשעט; פֿלײשיק
(cheeks) אויסגעפּאַשעט; אויסגערונדיקט
pleasantly plump זאַפֿטיק; פּוכקע; מיט אויסגעפּילטע רמח אבֿרים [RAMÁKh ÉYVRIM]
plump, *v.*
plump for שטיצן
plump out אויספּאַשען; אויסקאָרמע|ן
plump up אויפֿפּוישן; אויפֿשלאָגן
plum pudding דער פֿלוימען־פּודינג

plum tomato דאָס פֿלוים־פּאָמידאָרקעלע, ־ך
plunder
vt. **(village)** באַראַבעווע|ן; צעגראַמירן
vt. **(booty)** צעראַבעווע|ן; צעראַבירן; אַוועקגזל|ען [AVÉKGÁZLEN]
vi. ראַבעווע|ן; גזלען [GÁZLEN]
plunderer דער צעראַבירער, ־ס
plunge, *n.* דער שפּרונג, ־ען
take the plunge אַרײַנשפּרינגען מיט די שיך; מאַכן אַ מכריעדיקן טראָט [MAKhRÍEDIKN]
plunge, *v.* אַראָפּוואַרפֿן זיך
(into water) טונקען זיך; אַרײַנשפּרינגען
(decrease) שטאַרק פֿאַלן
plunge headlong אַרײַנטאָן זיך ‹אַרײַנשפּרינגען› מיט אימפּעט
plunge in אַרײַנשפּרינגען
plunge into a deep sleep אַרײַנפֿאַלן ‹פֿאַרזונקען ווערן› אין אַ טיפֿן שלאָף
plunge into work אַרײַנטאָן ‹אַרײַנוואַרפֿן› זיך אין דער אַרבעט
plunged in thought פֿאַרזונקען אין געדאַנקען
plunger
(of syringe) דאָס שטויסהענטל, ־עך
(toilet) דער זויגפּלומפּ, ־ן; דער אויסשטאָפּער, ־ס
plunging טיף
plunging neckline דער טיפֿער דעקאָלט ‹אויסשניט›, ־ן
plunk, *adv.* מיט אַ קנאַק ‹בראַזג›
plunk, *v.* **(down)**
vt. אַניִדערלייגן מיט אַ קנאַק ‹קנויל›; געבן אַ פּראַל אַראָפּ
vi. אַוועקפּאַלן
pluot דער פֿלוימענקאָט
pluperfect דער פּריִער־עבֿר; דער פּלוסקוואַמפּערפֿעקט; די לאַנג־פֿאַרגאַנגענע צײַט [ÓVER]
plural, *adj.* לשון־רבים־...; מערצאָל... [LOShN-RÁBIM]
plural, *n.* דאָס לשון־רבים; דער רבים, ־ס; די מערצאָל, ־ן; דער פּלוראַל, ־ן [LOShN-RÁBIM]
plurale tantum דער תּמיד־רבים [TÓMED-RÁBIM]
plurality די פּלוראַליטעט, ־ן; די רעלאַטיווע מאַיאָריטעט, ־ן; דאָס רעלאַטיווע רובֿ [ROV]
pluricentric פּלוריצענטריש
plus, *conj.* פּלוס
plus or minus מער אָדער ווייניקער; פֿיל־ווייניקער
plus, *n.* דער פּלוס, ־ן; די מעלה, ־ות; דער יתרון, ־ות [MÁYLE] [YÍSREN, YISRÓYNES]
plush, *adj.* פּליושן
plush, *n.* דער פּליוש
plus sign דער פּלוס, ־ן; דער צוגאָב־‹חיבור־›צייכן, ־ס [KhÍBER]
plus size די פּלוסגרייס
Pluto (דער) פּלוטאָן
plutocracy די פּלוטאָקראַטיע; די גבֿיראָקראַטיע [GVIROKRÁTYE]
plutonium דער פּלוטאָניום
ply, *n.*
(of wool/rope) דער פֿאָדעם, פֿעדעם
(of wood) דער שיכט, ־ן
three-ply דרײַשיכטיק
ply, *v.*
(travel over) קורסירן
ply one's trade אַרבעטן בײַ; פֿאַרנעמען זיך מיט
ply with drinks אַרײַנגיסן
ply with food אַרײַנשטופּן; אַרײַנרוקן
ply with questions באַשיטן ‹באַוואַרפֿן› מיט פֿראַגעס

plywood, *adj.* דיכטן
plywood, *n.* דער דיכט
PM
in the PM (early afternoon) נאָך מיטאָג
in the PM (late afternoon) פֿאַר נאַכט
in the PM (evening) אין אָוונט; אויף דער נאַכט
PMS *see* **premenstrual syndrome**
pneumatic פּנעוומאַטיש; לופֿט(דרוק)...
pneumatic drill דער אָפּקלאַפּ־האַמער, ־ס; דער לופֿטדרוק־האַמער, ־ס
pneumatic pressure דער געדריקטער לופֿטדרוק
pneumatics די פּנעוומאַטיק ל״י
pneumococcal פּנעוומאָקאָקן־...
pneumococcus דער פּנעוומאָקאָק, ־ן
pneumonia די לונגען־אָנצינדונג ‹פֿאַרצינדונג›
walking pneumonia די קאַלטע לונגען־אָנצינדונג
pneumonic plague די לונגען־מגפֿה [MAGÉYFE]
poach, *v.*
vt. **(cul.)** אָפּקאָכן (אין מלױענדיק װאַסער)
vi. **(hunt)** מסיג־גבֿול זײַן; טרײַבן געיעג אָן רשות; פֿאַנגען אויף יענעמס לאַנד [MÁSEG-GVÚL] [REShÚS]
poached egg דאָס פֿאַרלױרענע איי, ־ער
poacher דער בראַקאָניער, ־ן
poaching דאָס בראַקאָניערײַ
pock, *n.* דער פּאָק, ־ן
pocked געשטופּלט
pocket, *n.* די קעשענע, ־ס
(billiards) דער ביליאַרדן־בײַטל, ־ען
pocket of resistance די קעגנשטעל־נעסט, ־ן
be in sb.'s pocket זײַן בײַ + דאַט' אין קעשענע
be out of pocket זײַן ‹בלײַבן› אָן געלט; צולייגן צום געשעפֿט
have deep pockets זײַן אַ גרױסער גבֿיר; האָבן טיפֿע קעשענעס; זײַן אָנגעשטאָפּט מיט געלט [G(E)VÍR]
pocket, *v.* (אַליין) אַרײַנשטעקן אין קעשענע; צונעמען פֿאַר זיך
pocketbook
(bag) דער טאַש, ־ן; דער האַנטבײַטל, ־ען
(book) דאָס קעשענע־ביכל, ־עך
pocketbook issue דער קעשענע־‹געלט־›ענין, ־ים [ÍNYEN, INYÓNIM]
pocket calculator דער קעשענע־קאַלקולאַטאָר, ־ס; דאָס רעכן־מאַשינדל, ־עך
pocket change דאָס קליינגעלט
pocket-dial צופֿעליק געבן אַ רעדל אָן; אָנקלינגען מיטן געזעס
pocket dictionary דאָס קעשענע־װערטערביכל, ־עך
pocket flashlight דאָס קעשענע־לעמפּל, ־עך
pocketful (of) די פֿולע קעשענע (מיט)
pocketknife דאָס קעשענע־‹אײַנלייג־›מעסערל, ־עך
pocket money דאָס קעשענע־געלט
pocket-sized קליין; קעשענע־...
pocketwatch דאָס קעשענע־זייגערל, ־עך
pockmark דער שטופּל, ־ען; דאָס פּאָקן־גריבל, ־עך
pockmarked (אױס)געשטופּלט
pod דער שויט, ־ן
podagra די פּאָדאַגרע
podcast, *n.* דער פּאָדקאַסט, ־ן
podcast, *v.* פּאָדקאַסטירן
podiatric פֿיס...
podiatrist דער פּאָדיאַטריקער, ־ס; דער פֿיסדאָקטער, ...טוירים
podiatry די פּאָדיאַטריע; די פֿיסהיילונג
podium דער פּאָדיום, ־ס; די בימה, ־ות [BÍME]
poem דאָס (לײענ)ליד, ־ער
(epic) די פּאָעמע, ־ס
(*esp.* **Hebrew)** דער שיר, ־ים
poesy די פּאָעזיע
poet דער פּאָעט, ־ן; דער דיכטער, ־ס
(J./rel./hist.) דער פּייטן, פּײַטאָנים
poetaster דער גראַמען־פֿלעכטער, ־ס
poetess די פּאָעטעסע, ־ס
poetic פּאָעטיש; דיכטעריש
poetic justice די/דאָס פּאָעטישע גערעכטיקייט
poetic license די פּאָעטישע ליצענץ ‹פֿרײַשאַפֿט›
poetics די פּאָעטיק ל״י
poet laureate דער פּאָעט־לאַורעאַט, ־ן; דער מלוכה־פּאָעט, ־ן [MELÚKhE]
poetry די פּאָעזיע
(J./liturgical) דער פּיוט, ־ים [PÍET, PIÚTIM]
pogrom דער פּאָגראָם, ־ען; די ייִדן־העצע, ־ס
pogromist דער פּאָגראָמשטשיק, ־עס
poignancy די/דאָס ריִרנדיקייט; די/דאָס װײטיקדיקייט
poignant (טיף) ריִרנדיק; װײטיקדיק
poinsettia דער/דאָס פֿלאַמבלאַט, ...בלעטער
point, *n.*
(sharp end) דער/די שפּיץ, ־ן
(dot) דאָס פּינטל, ־עך
(in game) דער פּונקט, ־ן
(comment) דער באַמערק, ־ן; די באַמערקונג, ־ען
(issue) דער ענין, ־ים; די זאַך; די פֿראַגע, ־ס [ÍNYEN, INYÓNIM]
(location) דער פּונקט, ־ן
(math./decimal) דער פּונקט, ־ן; די קאָמע, ־ס
(purpose) דער זינען; דער מיין; דער באַטײַט
(typ.) פּונקט
at that point דעמאָלט; צו יענער צײַט
at this point איצט; אין איצטיקן מאָמענט
be at the point of death שטיין פֿאַרן טויט; האַלטן בײַם שטאַרבן; גוססן [GÓYSESN]
be on the point of האַלטן אַט־אַט בײַ(ם)
get the point באַנעמען; כאַפּן דעם געדאַנק ‹סטרי›; תּופֿס זײַן [TÓYFES]
get to the point צוטרעטן (גלײַך) צום ענין; קומען צו דער זאַך; קומען צום פּסוק; רעדן תּכלית [PÓSEK] [TÁKhLES]
have a point (be correct) זײַן גערעכט
make a point אַרױסברענגען אַ געדאַנק; מאַכן אַ באַמערק(ונג)
make a point of דווקא; לייגן אַ ספּעציעלן טראָפּ אויף [DÁFKE]
more to the point נאָך װיכטיקער
not speak to the point רעדן נישט צו דער זאַך; רעדן שטראָם־גראָם; רעדן פֿון היטל אַרױס
off the point נישט צום ענין; נישט צו דער זאַך
point by point פּונקט נאָך פּונקט
point of contact דער באַריִרפּונקט, ־ן
point of contention דער סלע־המחלוקת [SÉLE-HAMAKhLÓYKES]
point of departure דער אַרױסגײפּונקט, ־ן; דער אַרױספּונקט, ־ן
point of diminishing returns דער פּונקט פֿון געמינערטער לוינעוודיקייט
point of impact דער טרעפֿפּונקט, ־ן
point of interest דאָס טשיקאַוועס, ־ן; די/דאָס מערקווערדיקייט, ־ן
point of no return דער פּונקט װאָס פֿון אים קערט מען זיך שוין נישט אום

point of the nose דער/די שפּיץ נאָז
point of view (perspective) דער קוקווינקל, ־ען; דער קוק, ־ן; דער באַטראַכט־ווינקל, ־ען; די פּערספּעקטיוו, ־ן; דער אויסבליק, ־ן
point of view (sight) דער זעפּונקט, ־ן; דער זעווינקל, ־ען
Point taken ביסט ‹איר זענט› טאַקע גערעכט
That's my point אָט דאָס טענה איך דאָך; אָט דאָס מיין איך [TÁYNE]
That's not the point נישט אין דעם גייט עס; סע גייט נישט אין דעם
there's no point in נישטאָ קיין זינען ‹שׂכל› אין ‹צו›; ס'איז נישט שייך צו [SEYKhL] [ShÁYEKh]
three point two (3.2) דריַי פּונקט ‹קאָמע› צוויי
to the point of ביז
to the point טרעפיק; זאַכלעך; צום ענין; צו דער זאַך
up to a point ביז אַהער; עד־כּאן; ביז אַ געוויסער מאָס [AD-KÁN]
What's the point? צו וואָס?; וואָס פֿאַר אַ זינען האָט עס?; וואָס איז דער תּכלית ‹שׂכל›?; (ה)למאַי? [(H)ALEMÁY]
What's her point? וואָס איז זי דאָ אויסן?; וואָס וויל זי זאָגן ‹אַרויסברענגען›?
4-point type דער דימענט; פיר פּונקט
6-point type דער נאָנפּאַרעל; זעקס פּונקט
7-point type דער מיניאָנעט; זיבן פּונקט
8-point type דער פּעטיט; אַכט פּונקט
9-point type נײַן פּונקט
10-point type קאָרפּוס; גאַרמאָנד; לאַנג פּרימער; צען פּונקט
11-point type קליינע פּײַקע
12-point type דער ציצעראָ; פּײַקע
14-point type מיטל; ענגליש; פערצן פּונקט
16-point type די טערציע; זעכצן פּונקט
18-point type דער טעקסט; אַכצן פּונקט
24-point type דער טאָפּל־ציצעראָ
point, *v.* **(at)**
(with finger) ווײַזן (אויף); טיטשען ‹טיקען› מיטן פינגער (אויף)
(aim) (אָנ)צילעווען ‹אָנשטעלן› (אויף)
(indicate) טײַטלען (אויף)
(indicate Hebrew vowels) שטעלן נקודות [NIKÚDES]
point fingers (accuse) באַשולדיקן + אַק'
point one's feet (direction) שטעלן די פיס קיין
point one's feet (in dance) אויסשפּיצן די פיס
point out אָנווײַזן (אויף); אויפווײַזן; אַרויסהייבן; איבערגעבן
point-blank, *adj.*
shoot at point-blank range אויסשיסן גלײַך ‹דירעקט› אין לײַב אַרײַן
point-blank refusal דער גלאַטער אָפּזאָג, ־ן
point-blank, *adv.* דירעקט
point duty דאָס פֿאַרקערדינסט
pointe
(dance) די פּוענטפּאָזע; דאָס טאַנצן אויף די שפּיץ פינגער; דאָס טאַנצן על פּוענטע [AL]
(tips of toes) שפּיץ פינגער ל"ר
pointed פֿאַרשפּיצט; שפּיציק; צוגעשפּיצט
(*fig.*) שאַרף; בײַסיק
pointed remark דער שאַרפֿער זאָג, ־ן; דער שטאָך, ־ן
pointer דער טײַטל, ־ען; דער ווײַזער, ־ס
(J./Torah) דער יד, ־ן [YAD]
(hint) די עצה, ־ות; דער רמז, ־ים [ÉYTSE] [RÉMEZ, REMÓZIM]
(dog) דער פּוינטער, ־ס
pointe shoes דער פּוענטשוך, ...שיך

pointillism דער פּואַנטיליזם
pointillist, *adj.* פּואַנטיליסטיש
pointillist, *n.* דער פּואַנטיליסט, ־ן
pointless אָן אַ זינען ‹טעם› [TAM]
point man דער פֿירשפּרעכער, ־ס
point size די שריפֿטגרייס, ־ן
poise, *n.*
(balance) די גלײַכוואָג
(bearing) די האַלטונג; דאָס האַלטן זיך; דער סטאַטיק
have poise האַלטן זיך מיט ווערדע
poise, *v.*
vt. באַלאַנסירן
vi. שוועבן; הויערן; הענגען
poised
(dignified) ווערדיק; זיכער בײַ זיך
(ready) אָנגעשטעלט; צוגעגרייט; אָנגעברייט
be poised for שטיין גרייט צו
poison, *n.* דער סם, ־ען; דער °גיפֿט, ־ן [SAM]
poison, *vt.* פֿאַרסמען; אָפּסמען [FARSÁMEN] [ÓPSAMEN]
poison oneself אײַננעמען סם; סמען זיך [SAM] [SÁMEN]
poison sb.'s mind פֿאַרדאַרבן + אַק'
It won't poison you וועסט ‹איר וועט› זיך דערמיט נישט סמען
poison control center דער צענטער פֿאַר סמען־קאָנטראָל [SÁMEN]
poisoned פֿאַרסמט [FARSÁMT]
poisoner דער אָפּסמער, ־ס [ÓPSAMER]
poison gas דער סמיקער גאַז, ־ן [SÁMIKER]
poison hemlock דער העמלאָק, ־ן; דער געפֿלעקטער קאָניום, ־ס
poisoning די פֿאַרסמונג; די אָפּסמונג [FARSÁMUNG] [ÓPSAMUNG]
poison ivy סם־בלעטלעך ל"ר [SAM]
I got poison ivy כ'האָב זיך אָנגענומען פֿון סם־בלעטלעך
poison oak דאָס סם־האָלץ [SAM]
poisonous סמיק; °גיפֿטיק [SÁMIK]
poison-pen letter די אַנאָנימקע, ־ס; דער אַנאָנימער בריוו, –
poison sumac דאָס סומאַק־סם־האָלץ [SAM]
poison-tipped אָנגעסמט [ÓNGESAMT]
poke, *n.*
(dawdler/*slg.*) דער קריכער, ־ס; דער פּוסטעפּאַסניק, ־עס
(jab) דער שטורך, ־ן; דער שטופּ, ־ן; דער שטאָך, ־ן; דער שטויס, ־ן
poke, *v.* שטורכע(ו)ן; שטופּן
(with finger) טיטשע(ו)ן; טיקע(ו)ן
poke a finger in sb.'s eye (*fig.*) מאַכן + דאַט' צום נאַר
poke around נישטערן; אַרומזוכן
poke fun at טרײַבן קאַטאָוועס ‹לצנות/שפּאַס› מיט; רייצן זיך מיט [LETSÓNES]
poke sb. in the ribs געבן + דאַט' אַ שטאָך אין די ריפּן ‹זײַטן›
pokeberry דער פֿיטאָלאַק, ־ן
poker[1] **(rod)** די קאָטשערע, ־ס; דער/דאָס פֿײַער־אײַזן, ־ס; דער שאַרער, ־ס
poker[2] **(game)** דער פּאָקער
poker chip דאָס פּאָקער־מינצל, ־עך
poker-faced מיט אַ שטיינערנ(עם) פּנים; אָן קיין אויסדרוק אויפֿן פּנים [PÓNEM]
pokerwork דאָס בראַנד־מאָלערײַ
pokey, *n.* **(inf.)** די תּפֿיסה, ־ות; די קאָזע, ־ס [TFÍSE]
poky
(cramped) קליינטשיק; ענג

(slow) פּאַוואָליע; ווי אַ קריכער; קוים וואָס + נאָמ׳ רירט זיך

pol *see* **politician**

Poland (דאָס) פּוילן

polar פּאָלאַר; פּאָלוס...

polar bear דער ווײַסער בער, ־ן

polar circle דער פּאָלוסקרײַז, ־ן

polar fox דער אײַזפֿוקס, ־ן; דער פּאָלאַרפֿוקס, ־ן; דער ווײַסער פֿוקס, ־ן

Polaris דער פּאָלאַר־שטערן

polarity די פּאָלאַריטעט, ־ן

polarization די פּאָלאַריזאַציע

polarize פּאָלאַריזירן

pole,[1] *n.* **(of axis)** דער פּאָלוס, ־ן

be poles apart זײַן ווײַט אָפּגעשיידט; זײַן ווי מיזרח פֿון מערבֿ [MÍZREKh] [MÁYREV]

pole,[2] *n.* **(rod)** דער סלופּ, ־עס; דער סטויפּ, ־ן; דער דראָנג, ־ען/־עס/דרענגער; די פּאַליע, ־ס; דער פֿלאָקן, ־ס/פֿלעקער

Pole, *n.*

m./unsp. דער פּאָליאַק, ...אַקן

f. די פּאָלקע, ־ס

pole, *v.* **(propel)** (פֿאָרױס)טרײַבן מיט אַ שטאַנג

polecat דער טכויר, ־ן

polemic, *adj.* פּאָלעמיש

polemic(s), *n.* די פּאָלעמיק, ־עס

polemicist דער פּאָלעמיקער, ־ס

polemicize פּאָלעמיזירן

polenta די מאַמעליגע

pole pruner די פֿלאָקנזעג, ־ן

Polestar דער פּאָלאַר־שטערן

pole-vault הויכשפּרינגען מיט אַ דראָנג ‹שטאַנג›; דראָנגשפּרינגען

pole-vaulting דאָס הויכשפּרינגען מיט אַ דראָנג ‹שטאַנג›

police, *adj.* פּאָליציי־...; פּאָליצייִש

police, *n.* די פּאָליציי

police, *v.* פּאָליצייִש באַוואַכן; אַכטונג געבן אויף דער אָרדענונג

tightly policed אונטער שטאַרקער פּאָליצייִשער וואַך

police action די פּאָליציי־אַקציע, ־ס

police brutality די/דאָס פּאָליצייִשע ברוטאַלקייט

police car דער פּאָליציי־אויטאָ, ־ס

police commissioner דער פּאָליציי־קאָמיסאַר, ־ן

police court דאָס פּאָליצייִשע געריכט

police department דער/די פּאָליציי־אַמט, ־ן

police force דער פּאָליציי־כּוח; די פּאָליציי [KÓYEKh]

policeman דער פּאָליציאַנט, ־ן

police officer

m./unsp. דער פּאָליציאַנט, ־ן

f. די פּאָליציאַנטקע, ־ס

police state די פּאָליצייִשע ‹טאָטאַליטאַרישע› מלוכה, ־ות [MELÚKhE]

police station די פּאָליציי־סטאַנציע, ־ס; דער צירקל, ־ען

policewoman די פּאָליציאַנטקע, ־ס

policy

(rule) די פּאָליטיק, ־ן

(insurance) דער פּאָליס, ־ן

set policy פֿעסטשטעלן ‹באַשטימען› די פּאָליטיק

policyholder דער פּאָליס־האַלטער, ־ס

policymaker דער פֿעסטשטעלער ‹באַשטימער› פֿון דער פּאָליטיק

policymaking דאָס פֿעסטשטעלן ‹באַשטימען› די פּאָליטיק

polio(myelitis) דער קינדער־פּאַראַליז; דער פּאָליאָ(מיעליט)

polish, *n.* די פּאָליטור

(shoe) דער שוכוואַקס; דער שוּוואַקס

(shine) דער פּאָליר; דער גלאַנץ; דער שליף

polish, *v.*

imp./pf. **(shoes/silver)** (אָפּ)פּוצן

imp./pf. **(diamond/glass)** (אָפּ)שלײַפֿן

imp./pf. **(furniture)** (אָפּ)פּאָלירן

(buff) פֿראָט(ער)ירן

(*fig.*) טאָקן

polish off (food/drink) צו רעכט מאַכן

Polish, *adj.* פּויליש

Polish Jew דער פּוילישער געב׳; דער פּוילישער ייִד, ־ן

Polish, *n.* **(language)** דאָס פּויליש

polished אָפּגעפּוצט; אָפּפּאָלירט; גלאַנציק

(refined) ראַפֿינירט; איידל

polishing machine די פּאָליר־מאַשין, ־ען

Politburo דער פּאָליטביוראָ

polite איידל; העפֿלעך; (ב)נימוסדיק; תּרבותדיק [(BE)NÍMESDIK] [TÁRBESDIK]

politely בנימוס; איידל; העפֿלעך; בתּרבות [BENÍMES] [BETÁRBES]

politeness דער נימוס; די/דאָס איידלקייט; די/דאָס העפֿלעכקייט; דאָס תּרבות [NÍMES] [TÁRBES]

politic, *adj.* באַרעכנט; שׂכלדיק; קלוג [SÉYKhLDIK]

political פּאָליטיש

political action committee דער פּאָליטישער אַגיטיר־קאָמיטעט, ־ן

political animal דער פּאָליטיש מאָטיווירטער געב׳

political asylum דער (פּאָליטישער) אַזיל

political capital דער פּאָליטישער קאַפּיטאַל

political correctness די/דאָס פּאָליטישע קאָרעקטקייט

political hack דער פּאַרטייער, ־ס

politically פּאָליטיש

politically correct פּאָליטיש קאָרעקט

political office דער/די פּאָליטישע(ר) אַמט, ־ן

political prisoner דער מלוכה־געפֿאַנגענער געב׳ [MELÚKhE]

political science די פּאָליטישע װיסנשאַפֿט

political scientist דער פּאָליטישער װיסנשאַפֿטלער, ־ס

politician דער פּאָליטיקער, ־ס; דער פּאָליטיקאַנט, ־ן

politicize

(make political) מאַכן פֿאַר פּאָליטיש

(discuss politics) פּאָליטיקירן; רעדן פּאָליטיק

politicking דאָס פּאָליטיקאַנערײַ

politico דער פּאָליטיקער, ־ס; דער פּאָליטישער מאַכער, ־ס

politics די פּאָליטיק ל״י

polity די פּאָליטישע אָרדענונג

(state) די מלוכה [MELÚKhE]

polka, *n.* די פּאָלקע, ־ס

polka, *v.* גיין ‹טאַנצן› אַ פּאָלקע

polka dot דער פּינטל־מוסטער, ־ן

polka-dotted געפּינטלט; געשפּרענקלט

poll, *n.* דער אויספֿרעג, ־ן; די אַנקעטע, ־ס

(voting place) דער שטימלאָקאַל, ־ן

go to the polls (אָפּ)שטימען

poll, *v.* מאַכן אַן אויספֿרעג; אַנקעטירן

pollard

(tree) דער געקעפּטער בוים, ביימער

(zool.) די שוין אָנהערנערדיקע חיה, ־ות [KhÁYE]

pollen דער/דאָס (בלומען)שטויב

pollen count דער סכום בלומענשטויב (אין דער לופֿט)

pollinate באַשטױבן

pollination די באַשטויבונג

polling, *adj.*

(survey) אויספֿרעג...; אַנקעטע־...

(voting) שטים...

polling booth די שטימבודקע, ־ס
polling station דער שטימלאָקאַל, ־ן
pollster דער אויספֿרעגער, ־ס; דער אַנקעטירער, ־ס; דער אַנקעטיסט, ־ן
poll tax דער קאָפּשטײַער, ־ן; דער שטימשטײַער, ־ן
pollutant דער פֿאַרפּעסטיקער, ־ס; דער פֿאַרשמוצער, ־ס; דער פֿאַרברודיקער, ־ס
pollute פֿאַרפּעסטיקן; פֿאַרשמוציקן; באַשמוצן; פֿאַרברודיקן; פֿאַראומרײניקן
polluter דער פֿאַרפּעסטיקער, ־ס
pollution די פֿאַרפּעסטיקונג
pollution control דער פֿאַרפּעסטיק־קאָנטראָל
polly דער פּאָפּוגײַ, ־ען; די פּאַפּוגע, ־ס
polo דער פּאָלאָ
polonaise דער פּאָלאָנעז
polonium דער פּאָלאָניום
polo shirt דער פּאָלאָ, ־ס
poltergeist דער שטוב־שד, ־ים [ShED, ShÉYDIM]
poltroon דער פּחדן, ־ים [PAKhDN, PAKhDÓNIM]
poly... סך־...; פֿיל...; פּאָלי... [SAKh]
polyamory די פּאָליאַמאָריע
polyandry דאָס פֿיל־מענערײַ
polycarbonate דער פֿיל־קאַרבאָנאַט, ־ן
polyester, *adj.* פֿון פּאָליעסטער; פּאָליעסטער־...
polyester, *n.* דער פּאָליעסטער
polyethnic פֿילעטניש
polyethylene, *adj.* פּאָליעטילען־...; פּאָליעטילענען
polyethylene, *n.* דער פּאָליעטילען
polygala דאָס אײַטערל
polygamist דער פּאָליגאַמיסט, ־ן; דער פֿילווײַבערניק, ־עס
polygamous פּאָליגאַמיש
polygamy די פּאָליגאַמיע; דאָס פֿילווײַבערײַ
polyglot, *adj.* פֿילשפּראַכיק; פּאָליגלאָט(יש)
polyglot, *n.* דער שפּראַכן־קענער, ־ס; דער בעל־לשון, בעלי־לשונות; דער פּאָליגלאָט, ־ן [BALLÓShN, BÁLE-LEShÓYNES]
polyglotism די/דאָס פֿילשפּראַכיקייט
polygon דער פּאָליגאָן, ־ען; דער פֿילעק, ־ן
polygraph דער פּאָליגראַף, ־ן
polygraphic פּאָליגראַפֿיש
polygraphy די פּאָליגראַפֿיע
polymath דער ברײטקענער, ־ס; דער ערודיט, ־ן
polymer דער פּאָלימער, ־ן
polymerization די פּאָלימעריזאַציע
polymerize פּאָלימעריזירן
polyp דער פּאָליפּ, ־ן
polyphonic פּאָליפֿאָניש; פֿילשטימיק
polyphony די פּאָליפֿאָניע
polypody דאָס סך־פֿיסל, ־עך [SAKh]
polysaccharide דער פּאָליסאַכאַריד, ־ן
polysemy די פּאָליסעמיע; די/דאָס סך־טײַטשיקייט [SAKh]
polystyrene דער פּאָליסטירען
polysyllabic פֿילטראַפֿיק; מערטראַפֿיק; סך־טראַפֿיק [SAKh]
polytechnic דער (פּאָלי)טעכניקום, ־ס
polytheism דער פּאָליטעיזם
polytheist דער פּאָליטעיסט, ־ן
polytheistic פּאָליטעיסטיש
polyunsaturated סך־אומגעזעטיקט [SAKh]
polyunsaturated fat דאָס סך־אומגעזעטיקטע פֿעטס [SAKh]
polyurethane, *n.* דער פּאָליאורעטאַן
polyurethane, *v.* אָפּפּאָלירן מיט פּאָליאורעטאַן
pomade די פּאָמאַדע, ־ס
pomander דאָס בשׂמים־זעקל, ־עך [PSÓMIM]
pomegranate דער מילגרוים, ־ען
 (tree) דער מילגרויםבוים, ...ביימער
pomelo די פּאָמעלע, ־ס
pommel (saddle) דער זאָטלשפּיץ, ־ן
pomp די פּאָמפּע; די פּראַכט; דער פּאַראַד; דער אויפֿצוג; דער שטאַט
pompom די פּאָמפּאָנע, ־ס
pomposity די/דאָס אויפֿגעבלאָזנקייט; די/דאָס פּאָמפּעזקייט; די/דאָס באָמבאַסטישקייט
pompous אויפֿגעבלאָזן; אָנגעבלאָזן; פּאָמפּעז; באָמבאַסטיש; מליצהדיק [MELÍTSEDIK]
 He's a pompous ass ר'איז אַן אָנגעבלאָזענער פּענכער
poncho דער פּאָנטשאָ, ־ס
pond די סאַזשלקע, ־ס; דער סטאַוו, ־ן
ponder
 vt. באַטראַכטן; באַקלערן
 vi. אַרײַנקלערן; אַרײַנטראַכטן; פֿאַרטראַכטן זיך
ponderous שווער(וואָגיק)
pond scum דער סטאַוושלײַם
pondweed דאָס געמײזעכצל
pongee פּאָנדזשי; די האַלבזײַד
poniard דער קינזשאַל, ־ן
pontifex דער פּאָנטיפֿעקס, ־ן
pontiff דער פּויפּס, ־ן; דער פּאָנטיף, ־ן
pontificate, *n.* דער פּאָנטיפֿיקאַט, ־ן
pontificate, *v.*
 (Chr.) אָפּריכטן דאָס גאָטסדינסט
 (speech) רעדן גדלותדיק ‹גרויסהאַלטעריש›; זײַן אַ בעל־מוסר [GÁDLESDIK] [BALMÚSER]
pontonier דער פּאָנטאָניר, ־ן
pontoon[1] **(mil.)** דער פּאָנטאָן, ־ען
pontoon[2] **(cards)** דער אײנאונצוואַנציק
pontoon bridge די פּאָנטאָנבריק, ־ן
pony, *n.* דער פּאָני, ־ס
pony, *v.* **(up)** אָפּצאָלן
ponytail דאָס שווענצעלע, ־ך; דאָס לאָשיק־עקל, ־עך
pooch דער הונט, הינט
poodle דער פּודל, ־ען
Pooh! טפֿו!; עד וואָס!; ווײס איך וואָס!
pooh-pooh אַוועקמאַכן + אַק' מיט דער האַנט; מאַכן + אַק' צו קלײנגעלט; מאַכן בלאָטע פֿון + דאַט'
pool,[1] *n.*
 (swimming) דער שווימבאַסײַן, ־ען
 (puddle) די קאַלוזשע, ־ס; די סאַזשלקע, ־ס
 (of money) די ציבור־קאַסע, ־ס [BETSÍBER]
 (group) דער קאָלעקטיוו, ־ן
 (of applicants) די רשימה קאַנדידאַטן [REShÍME]
pool,[2] *n.* **(billiards)** דער ביליאַרד
pool, *v.* צונויפֿגיסן; צונויפֿלייגן; פֿאַראײניקן; צוזאַמענעמען
pooled צונויפֿגעגאָסן; פֿאַראײניקט
poolroom דער ביליאַרדזאַל, ־ן; דער ביליאַרד־צימער, ־ן
pool table דער ביליאַרדטיש, ־ן
poop,[1] *n.* **(stern)** די קאָרמע, ־ס
poop,[2] *n.* (*nurs.*) דרעקעלע
poop, *v.* אויסמאַכן זיך
pooped אויסגעשעפּט; אויסגעמאַטערט
pooper-scooper דער קופּע־שופֿל, ־ען
poor אָרעם; דלותדיק; בדלות אַטר' [DÁLESDIK] [BEDÁLES]
 (to be pitied) נעבעכ(דיק); בידנע; אָרעם
 (of low quality) שלעכט; שוואַך
 in poor shape אויף צרות ‹חוזק› [TSÓRES] [KhÓYZEK]
 Poor thing! נעבעכינקער!; נעבעכדיקער!; אָרעמינקער!

Poor little girl! דאָס בײדנע מײדעלע!; ווײ איז דעם מײדעלע!; דאָס מײדעלע נעבעך!
poor man דער אָרעמאַן, אָרעמע־לײַט; דער קבצן, ־ים; דער אבֿיון, ־ים; דער דלפֿן, ־ים; דער דלות, דליתים [KAPTSN, KAPTSÓNIM] [ÉVYEN, EVYÓYNIM] [DALFN, DALFÓNIM] [DÁLES, DALÉYSIM]
extemely poor man דער קבצן אין זיבן פּאָלעס [KAPTSN]
poor health דאָס שוואַכע געזונט
poor quality דער נידעריקער ניוואָ; די שוואַכע ‹נישטיקע/נידעריקע› קוואַליטעט
poor relation דאָס שטיפֿקינד, ־ער
poor woman די אָרעמע פֿרוי, ־ען; די קבצנטע, ־ס; די אבֿיונטע, ־ס; דאָס אָרעם־מענטש, ־ן [KÁPTSNTE] [ÉVYENTE]
poorhouse דאָס אורחים־הויז, ־הײַזער; דאָס אָרעמהויז, ...הײַזער; דער/דאָס הקדש, ־ים [ÓRKhIM] [HÉGDESh, HEGDÉYShIM]
poorly שלעכט; שוואַך; שוואַכלעך
be poorly off זײַן אַן עני; זײַן אויף צרות; זײַן אין אַ שווערן מצבֿ [ÓNI] [TSÓRES] [MÁTSEV]
poorly prepared נישט־צוגעגרייט
think poorly of שטאַרק נישט האַלטן פֿון
poor man's pepper (bot.) דאָס פֿעפֿערגראָז
Pop! פּוק!; כלאַפּ!
pop,[1] *n.*
(sound) דער פּוק, ־עס; דער קנאַל, ־ן; דאָס קנאַל(ע)כל, ־עך
(soda) די סאָדע
pop,[2] *n.* **(father)** דער טאַטע; דער טאַטעשי
pop, *v.*
(sound) פּוקע|ן; קנאַקן; אַ קנאַק טאָן
(burst) פּלאַצן
pop out אַרויסשפּרינגען
pop over אַריבערכאַפּן זיך; צוכאַפּן זיך
pop (stg.) into אַרײַנוואַרפֿן אין
pop pills שלינגען פּילן
pop the question פֿירלייגן ‹פֿאָרלייגן› + דאַט' חתונה צו האָבן [KhÁSENE]
pop up באַווײַזן זיך; אַרויסשפּרינגען; (פּאָ)יאַווע|ן זיך
pop art די פּאָפּקונסט; די פּאָפּולערע קונסט
popcorn קאָקאָשעס ל״ר
popcorn popper די קאָקאָשקע, ־ס
pop culture די פּאָפּולערע קולטור; די פּאָפּקולטור
pope דער פּויפּסט, ־ן
popeyed מיט אויסגעגלאָצטע אויגן
pop fly דער הויכקלאַפּ, ...קלעפּ
popgun דאָס קנאַלעכל, ־עך
poplar די טאָפּאָליע, ־ס
poplin דער פּאָפּלין
poplin dress דאָס פּאָפּלינקלייד, ־ער
pop music די פּאָפּמוזיק; די פּאָפּולערע מוזיק
poppy דער מאָן
poppycock דער/דאָס שטות; דער קוואַטש; די בלאָטע; נאַרישקייטן ל״ר
poppyhead די מאָקעווקע, ־ס; דאָס מאָנקעפּל, ־עך
poppyseed דאָס מאָנקערל, ־עך; דאָס מאָנדעלע, ־ך
poppyseed bagel דער מאָנבייגל, –
poppyseed bun דאָס מאָנדל, ־עך
poppyseed cake דער מאָנקוכן, ־ס; דאָס מאָנעלע, ־ך
pop quiz דאָס אומגעריכטע פֿאַרהערל, ־עך
popsicle דאָס אײַז־לעקערל, ־עך
populace די באַפֿעלקערונג; מאַסן ל״ר; דאָס (פּראָסטע) פֿאָלק; דער המון־עם [HAMOYNÁM]
popular באַליבט; פּאָפּולער
(of the people) פֿאָלק(ס)...
(suited to the public) צוטריטלעך פֿאַר אַלעמען
become widely popular אַרײַנגיין אין (דער) שוסטערגאַס
He's popular with the girls ער איז באַליבט ‹פּאָפּולער› בײַ די מיידלעך; די מיידלעך קלעפּן זיך צו(ן) אים (ווי בינען צו האָניק)
popular edition די פֿאָלקס־אויסגאַבע, ־ס
popular front דער פֿאָלקספֿראָנט
popularity די/דאָס באַליבטקייט; די/דאָס פּאָפּולערקייט
popularize פּאָפּולאַריזירן
popular support די/דער געזעלשאַפֿטלעכע(ר) שטיץ; די/דער שטיץ מצד דעם פֿאָלק [MITSÁD]
popular vote די ווילערשאַפֿט־שטים, ־ען
populate באַפֿעלקערן
population די באַפֿעלקערונג, ־ען; די אײַנוווינערשאַפֿט; אײַנוווינערס ל״ר
population control די דעמאָגראַפֿישע באַגרענעצונג
population explosion דער דעמאָגראַפֿישער אויפֿרײַס, ־ן
populism דער פּאָפּוליזם
populist, *adj.* פּאָפּוליסטיש; פֿאָלק(ס)...
populist, *n.* דער פּאָפּוליסט, ־ן
populist party די פֿאָלקספּאַרטיי, ־ען
populous געדיכט באַפֿעלקערט
pop-up, *adj.* אַרויסשפּרינג...; אויפֿשפּרינג...
pop-up ad די אויפֿשפּרינג־רעקלאַמע, ־ס
pop-up book דאָס אַרויסשפּרינג־ביכל, ־עך
pop-up store די סעזאָנקראָם, ־ען
porcelain, *adj.* פּאָרצעלײַען
porcelain, *n.* דאָס פּאָרצעלײַ
porch די וועראַנדע, ־ס; דער גאַניק, ־עס
porch roof דער פֿידאַשיק, ...שקעס
porcine חזיר־... [KhÁZER]
porcupine דער שטעכלער, ־ס; דער שטעכל־חזיר, ־ים [KhÁZER, KhAZÉYRIM]
pore, *n.* די פּאָרע, ־ס
pore, *v.* **(over)** פֿאַרטיפֿן ‹רײַע|ן› זיך אין
porge טרײבערן
pork דאָס חזיר(־פֿלייש) [KhÁZER]
pork barrel דאָס מלוכה־ביינדל [MELÚKhE]
pork-barrelling דאָס פֿאַרטיילן מלוכה־ביינדלעך [MELÚKhE]
pork chop דאָס חזיר־ריפּל, ־עך [KhÁZER]
porn די פּאָרנאָגראַפֿיע
porn actor דער פּאָרנאָאַקטיאָר, ־ן
pornographer דער פּאָרנאָגראַף, ־ן; דער פּאָרנאָגראַפֿיע־פֿאַרשפּרייטער, ־ס
pornographic פּאָרנאָגראַפֿיש; פּאָרנאָ...
pornographic film דער פּאָרנאָפֿילם, ־ען
pornography די פּאָרנאָגראַפֿיע
porn shop דאָס פּאָרנאָגעשעפֿט, ־ן
porous פּאָרעדיק; פּאָרעז
porphyry דער פּאָרפֿיר
porpoise דער ים־חזיר, ־ים [KhÁZER, KhAZÉYRIM]
porridge די קאַשע; די לעמישקע
port[1]
(harbor) דער פּאָרט, ־ן; דער האַוון, ־ס
(city) די פּאָרטשטאָט, ...שטעט
(on ship) דער לינקער באָרט

port of call דער אָפּשטעל־האַוון, ־ס; דער אָפּשטעלפּאָרט, ־ן
port of embarkation דער אָפּשיף־האַוון, ־ס; דער אָפּשיפֿפּאָרט, ־ן
port of entry דער אײַנשיף־האַוון, ־ס; דער אײַנשיפּפּאָרט, ־ן
any port in a storm אין אַן עת־צרה איז יעדער אויסוועג אַ גוטער [EYS-TSÓRE]
port[2]
(portal) דער פּאָרטאַל, ־ן
(comp.) דאָס פֿאַרבינד־לעכל, ־עך; דער פּאָרט, ־ן
port[3] **(wine)** דער פּאָרטווײַן
portability די/דאָס טראָגעוודיקייט; די/דאָס פּאָרטאַטיוויקייט
portable, *adj.* פּאָרטאַטיוו; טראָג(עווד)יק
portable crib דאָס פּאָרטאַטיווע ‹טראָג(עווד)יקע› בעטעלע, ־ך
portable toilet דער פּאָרטאַטיווער אָפּטריט, ־ן
portage דאָס טראָגן; דער טראַנספּאָרט
portal דער פּאָרטאַל, ־ן; דער טויער, ־ן
portal vein די פּאָרטאַלע ווענע, ־ס
portamento פּאָרטאַמענטאָ
portend אָנזאָגן; זײַן אַן אָנזאָג אויף
portent דער אָנזאָג, ־ן; דער בײזער ‹שלעכטער› סימן, ־ים; דער וואָרצייכן, ־ס [SÍMEN, SIMÓNIM]
portentous שלעכט־סימנדיק; פּחדימדיק [SÍMENDIK] [PKhÓDIMDIK]
porter[1] **(carrier)** דער (באַגאַזש־)טרעגער, ־ס
porter[2] **(doorman)** דער פּאָרטיע, ־ען; דער שווייצאַר, ־ן
(beer) דאָס פּאָרטערביר
portfolio דער פּאָרטפֿעל, ־ן; די טעקע, ־ס
(econ.) דער וועקסל־פּאָרטפֿעל, ־ן
(post) דער (מיניסטער־)פּאָרטפֿעל, ־ן
without portfolio אָן פּאָרטפֿעל
portfolio assessment דער פּאָרטפֿעל־אָפּשאַץ, ־ן
portfolio manager דער פּאָרטפֿעל־פֿאַרוואַלטער, ־ס
porthole די לוקע, ־ס; דער אילומינאַטאָר, ־ס
(mil.) די/דער האַרמאַטן־לאָך, ־לעכער; דאָס האַרמאַטן־פֿענצטערל, ־עך
portico דער פּאָרטיק, ־עס; דער פּאָרטאַל, ־ן
portière דער פּאָרטיער, ־ן; דער גאַרדין, ־ען
portion, *n.* די פּאָרציע, ־ס; דער חלק, ־ים [KhÉYLEK, KhALÓKIM]
portion, *v.* אויסטיילן; פֿאַרטיילן
portly באַלײַבט; דיק; היפּש
portly person *also* די אַסאָבע, ־ס
portmanteau דער טשעמאָדאַן, ־ען
portrait דער פּאָרטרעט, ־ן
paint a portrait (of) פּאָרטרעטירן
portraitist דער פּאָרטרעטיסט, ־ן; דער פּאָרטרעטן־מאָלער, ־ס
portray אָפּמשלען; אויסמאָלן [ÓPMOShLEN]
(thea.) שפּילן די ראָלע פֿון
portrayal דאָס אָפּמשלען; די אָפּמשלונג, ־ען [ÓPMOShLEN] [ÓPMOShLUNG]
(thea.) דאָס אויסשפּילן
Portugal (דאָס) פּאָרטוגאַל
Portuguese, *adj.* פּאָרטוגעזיש; פּאָרטוגאַליש
Portuguese Jew דער פּאָרטוגעזישער ‹פּאָרטוגאַלישער› גוב'; דער פּאָרטוגעזישער ‹פּאָרטוגאַלישער› ייִד, ־ן
Portuguese, *n.*
m./unsp. דער פּאָרטוגעזער ‹פּאָרטוגאַלער›, –
f. די פּאָרטוגעזערין ‹פּאָרטוגאַלערין›, ־ס

portulaca דער פּאָרטולאַק
pose, *n.* די פּאָזע, ־ס
(attitude) דער אָנשטעל; די האַלטונג
pose, *v.* פּאָזירן
vt. also אויסשטעלן
vi. also שטעלן זיך אין אַ פּאָזע
pose as מאַכן דעם אָנשטעל פֿון; אויסגעבן זיך פֿאַר; פֿאַרשטעלן זיך פֿאַר
pose a danger (to) שטעלן + אַק' אין אַ סכּנה [SAKÓNE/SEKÓNE]
pose a question (to) שטעלן + דאַט' אַ פֿראַגע
poseur דער אָנשטעלער, ־ס; דער אָנשטעל־מאַכער, ־ס
posh לוקסוסדיק; ראַסקאָשנע
posit אָננעמען
position, *n.* די פּאָזיציע, ־ס
(location) די פּלאַצירונג, ־ען; דער פּלאַציר, ־ן
(job) דער פּאָסטן, ־ס; די שטעלע, ־ס
(social) דער מעמד; דער שטאַנד, ־ן [MÁYMED]
be in a position to זײַן אין שטאַנד צו
in position אויפֿן (ריכטיקן) אָרט
in position (soldiers) אויסגעשטעלט
in position (weapons) אויפֿגעשטעלט
out of position נישט אויפֿן אָרט
take a position (for/against) שטעלן ‹אַרויסזאָגן› זיך פֿאַר/קעגן
position, *v.* (אַוועק)שטעלן; (אײַנ)פּלאַצירן; אײַנאָרטן
position oneself אַוועקשטעלן זיך; עטאַבלירן זיך
positional פּאָזיציאָנעל
position paper דאָס ווײַס בלעטל, ־עך
positive, *adj.* פּאָזיטיוו
(certain) זיכער; בטוח [BETÚEKh]
(elec./math.) פּאָזיטיוו
give a positive response ענטפֿערן מיט יאָ; געבן אַ פּאָזיטיוון ענטפֿער
keep a positive attitude זײַן אָפּטימיסטיש
positive, *n.* דער יאָ־ענטפֿער, ־ס
positively, *adv.* דורכויס; אַבסאָלוט; בפֿירוש; נישט אַנדערש (ווי) [BEFÉYRESh]
positive pole דער פּאָזיטיווער מאַגנעטישער פּאָלוס
positive proof אומאָפּפֿרעגלעכע ‹זיכערע› ראַיות ל"ר [RÁYES]
positive reinforcement דער פּאָזיטיווער אונטערשפּאַר
positivism דער פּאָזיטיוויזם
positivist דער פּאָזיטיוויסט, ־ן
positivistic פּאָזיטיוויסטיש
positron דער פּאָזיטראָן, ־ען
posse
(gang) די באַנדע, ־ס; די שײַקע, ־ס; די כּנופֿיא, ־ות [KNÚFYE]
(of sheriff) דעם שעריפֿס כּוחות [KÓYKhES]
possess פֿאַרמאָגן; האָבן (בײַ זיך); האָבן (אַן אייגן ...); האָבן אין רשות; ˙באַזיצן [REShÚS]
What possessed her? וואָס פֿאַר אַ דיבוק ‹שגעון› איז אין איר אַרײַן?; וואָס האָט זי באַנומען?; וואָס איז איר עפּעס אײַנגעפֿאַלן? [DÍBEK] [ShIGÓEN]
possessed באַנומען
possession דאָס פֿאַרמאָגן; דאָס האָבן (בײַ זיך); דער ˙באַזיץ
be in possession of פֿאַרמאָגן; האָבן (בײַ זיך); האָבן אין רשות [REShÚS]
in possession of one's powers בײַ די (פֿולע) כּוחות [KÓYKhES]
in possession of one's faculties בײַם פֿולן זינען
possession of narcotics דאָס האָבן נאַרקאָטיק בײַ זיך

possessions דאָס האָב־און־גוטס קאָל'; דאָס אייגנס קאָל'; דער פֿאַרמאָג ‹פֿאַרמעג› קאָל'
take possession of ווערן דער בעל־הבית פֿון ‹איבער›; איינאייגענען זיך; נעמען אין רשות; איבערנעמען [BAL(E)BÓS]
possessive כאַפּעריש; גייציק; פֿאַרמאָגעריש
(gram.) פּאָסעסיוו
possessive adjective דער פּאָסעסיווער אַדיעקטיוו, ־ן
possessive case דער פּאָסעסיווער בייגפֿאַל, ־ן
possessive pronoun דער פּאָסעסיווער פּראָנאָם, ־ען
possessor דער פֿאַרמאָגער, ־ס; דער ˙באַזיצער, ־ס
possibility די/דאָס מעגלעכקייט ‹מיגלעכקייט›, ־ן
possibilities *also* דער פּאָטענציאַל ל״י
possible מעגלעך ‹מיגלעך›; עווענטועל
as fast as possible וואָס גיכער; ווי צום גיכסטן
as late as possible וואָס שפּעטער; ווי צום שפּעטסטן
as soon as possible וואָס פֿריִער; ווי צום פֿריסטן
be possible לאָזן זיך (טאָן)
do everything possible איינלייגן ‹קערן› וועלטן; אַרבעטן מעשׂים; אַרבעטן אויף אַלע כּלים [MÁYSIM] [KÉYLIM]
everything possible אַלץ וואָס (נאָר) סע לאָזט זיך
How's that possible? ווי איז דאָס מעגלעך?; סטייטש?; היתּכן?; ווי געשיקט זיך דאָס? [HAYETÓKhN]
if (at all) possible אויב סע לאָזט זיך (נאָר); אויב (נאָר) מעגלעך
Is it possible that ...? (נישט) שוין זשע איז ‹האָט›...?
make it possible for געבן + דאַט' די מעגלעכקייט (צו)
possibly [ÉFShER] אפֿשר; מעגלעך; ס'קען זיין אַז; עווענטועל
possum דער אָפּאָס, ־ן; דער בייטלשטשאַר, ...שטשערעס
play possum מאַכן זיך פֿאַר טויט; מאַכן זיך געפּגרט [GEPÉYGERT]
post,[1] *n.* **(wooden)** דער סלופּ, ־עס; דער סטויפּ, ־ן
post,[2] *n.* **(position)** דער פּאָסטן, ־ס; דער/די אַמט, ־ן; די שטעלע, ־ס
post,[3] *n.* **(mail)** די פּאָסט
(comp.) די מעלדונג, ־ען
by post מיט דער פּאָסט
post,[1] *v.*
(a notice) אַרויסהענגען; אויסהענגען
(bookkeeping) אַריינשרייבן ‹צושרייבן› צו די חשבונות [KhEZhBÓYNES]
(comp.) אַרויפֿשטעלן; מעלדן; שטעלן אַ מעלדונג
keep posted האַלטן אינפֿאָרמירט; האַלטן אין קורס
post grades אַרויסהענגען די צייכנס
Post no bills! נישט אַפּישירן!; נישט קלעפּן קיין אַפֿישן!
post,[2] *v.* **(a guard)** אַוועקשטעלן
post... נאָכ...; נאָכ...יק; פּאָסט...
postage דאָס פּאָסטגעלט; דער פּאָרטאָ
postage and handling דאָס פּאַק־און פּאָסט־געלט
postage due דער נאָכצאָל
postage-free פּאָסטפֿריי
postage-paid card דאָס פּאָסט־באַצאָלטע קאַרטל, ־עך
postage stamp די (פּאָסט)מאַרקע, ־ס
postal פּאָסט...
postal clerk דער פּאָסט־באַאַמטער געב'
postal delivery דאָס צושטעלן די פּאָסט; דער פּאָסטצושטעל
postal order דער געלטאָנווייז, ־ן; דער פּאָסטאָנווייז, ־ן
postal rate דער פּאָסטאָפּצאָל, ־ן; דער פּאָסטטאַריף, ־ן
postal scale די פּאָסטוואָג, ־ן
postal service דאָס פּאָסטדינסט
postbox דאָס פּאָסטקעסטל, ־עך

postcard דאָס פּאָסטקאַרטל, ־עך
postcoital נאָכן סעקס
(hum.) לאַחר־המעשׂה [LEÁKhER-HAMÁYSE]
postdated לאַחר־...; לאַחר־דאַטירט [LEÁKhER]
postdoc, *adj.* נאָכדאָקטאָראַט־...
postdoc, *n.*
m./unsp. דער נאָכדאָקטאָראַנט, ־ן; דער נאָכדאָקטאָראַט־פֿאָרשער, ־ס
f. די נאָכדאָקטאָראַנטקע, ־ס; די נאָכדאָקטאָראַט־פֿאָרשערין, ־ס
postdoc research די נאָכדאָקטאָראַט־פֿאָרשונג
postdoctoral *see* **postdoc**
poster דער פּלאַקאַט, ־ן; דער אַפֿיש, ־ן
poster child דאָס מוסטערקינד, ־ער
posterior, *adj.* הינטערשט; הינטער...
posterior, *n.* דער הינטן; דער הינטערחלק [HÍNTERKhEYLEK]
posterity קומעדיקע ‹שפּעטערדיקע› דורות ל״ר; קינדסקינדער ל״ר [DÓYRES]
for posterity [LEÓSED-LÓVE] אויף דורות; לעתיד־לבֿוא
poster paint די פּלאַקאַטן־פֿאַרב
postgraduate, *adj.* נאָכגראַדויִר־...
postgraduate student
m./unsp. דער נאָכגראַדויִר־סטודענט, ־ן
f. די נאָכגראַדויִר־סטודענטקע, ־ס
posthaste שוין; די מינוט
posthumous נאָכן טויט; אַחרי־מות־...; פּאָסטום; פֿון עזבֿון [ÁKhREY-MÓ(Y)S] [IZÓVN]
posthumous award די אויסצייכענונג צוגעטיילט נאָכן טויט; די אַחרי־מות־אויסצייכענונג, ־ען
posthumous work דער עזבֿון, ־ות; די ווערק פֿונעם עזבֿון [IZVÓYNES]
posthumously נאָכן טויט; לאַחרי־מות; פּאָסטום [LEÁKhREY-MÓ(Y)S]
posting[1] **(comp.)** די מעלדונג, ־ען
posting[2] **(mil.)** די (אָפּ)קאָמאַנדירונג, ־ען
post-it note דאָס קלעפּצעטעלע, ־ך; דאָס קלעפּקוויטל, ־עך
postman דער בריוון־טרעגער, ־ס; דער בריוטרעגער, ־ס
postmark, *n.* דער פּאָסטשטעמפּל, ־ען
postmark, *v. imp./pf.* (אָפּ)שטעמפּלען
be postmarked New York טראָגן דעם פּאָסטשטעמפּל פֿון ניו־יאָרק
postmaster דער פּאָסטמייסטער, ־ס
Postmaster General דער גענעראַל־פּאָסטמייסטער
postmature פֿאַרשפּעטיקט
postmenopausal נאָך די מענסטרואַציע־יאָרן
postmenopausal woman די פֿרוי נאָך די מענסטרואַציע־יאָרן
post meridiem
(afternoon) נאָך מיטאָג
(late afternoon) פֿאַר נאַכט
(evening) אין אָוונט; אויף דער נאַכט
postmodernism דער פּאָסטמאָדערניזם
postmodernist, *adj.* פּאָסטמאָדערניסטיש
postmodernist, *n.* דער פּאָסטמאָדערניסט, ־ן
postmortem, *adj.* נאָכן טויט
do a postmortem exam פּאַלמעסן
postmortem, *n.* דער פּאַלמעס, ־ן; דאָס פּאַלמעסן
(fig.) דער אַנאַליז לאַחר־המעשׂה [LEÁKhER-HAMÁYSE]
post-nasal drip דאָס קאַפּען הינטער דער נאָז
postnatal נאָכן געבוירן ווערן
postnuptial נאָך דער חתונה; נאָך־חתונה־... [KhÁSENE]

post office די פּאָסט; דער/די פּאָסטאַמט, ־ן; די פּאָסטסטאַנציע, ־ס
go to the post office גיין אויף דער פּאָסט; גיין אין פּאָסטאַמט
post-office box דאָס פּאָסטאַמט־קעסטל, ־עך
postop נאָך דער אָפּעראַציע; נאָכאָפּעריר־...
postop care דער אָפּהיט נאָך דער אָפּעראַציע
postoperative *see* **postop**
postop nurse די נאָכאָפּעריר־(קראַנקן)שוועסטער, –
postop recovery דאָס קומען צו זיך נאָך דער אָפּעראַציע; די נאָכאָפּעריר־גענעזונג
post-paid פּאָסטפֿרײַ; פֿראַנקאָ
postpartum נאָכקימפּעט...
postpartum blues די/דאָס נאָכקימפּעט־דערשלאָגנקייט
postpartum depression די נאָכקימפּעט־דעפּרעסיע ‹־מעלאַנכאָליע›
postpartum period דער נאָכקימפּעט־פּעריאָד
postpartum recovery דאָס קומען צו זיך נאָכן האָבן אַ קינד
postpone (until) אָפּלייגן (אויף)
postponement דער אָפּלייג, ־ן; דאָס אָפּלייגן
postposition די פּאָסטפּאָזיציע, ־ס
postprandial נאָכן מאָלצײַט; נאָך (דער) וועטשערע
postscript דער עיקר־שכּתבֿ; דער פּאָסטסקריפּט, ־ן; דאָס נאָכוואָרט, ...ווערטער; דער שיִער־נישט־פֿאַרגעסן [ÍKER-ShOKhÁKhTI]
posttraumatic stress disorder די נאָכווייעניש־קרענק; די טראַוומעקרענק
postulate, *n.* דער פּאָסטולאַט, ־ן; די הנחה, ־ות [HANÓKhE]
postulate, *v.* אָננעמען; האַלטן פֿאַרן אמת [ÉMES]
posture, *n.* דער שטעל; די האַלטונג
(attitude) די שטעלונג; די האַלטונג; דאָס האַלטן זיך; דער צוגאַנג, ־ען
posture, *v.* מאַכן אַן אָנשטעל; שטעלן זיך
posturing, *n.* דאָס שטעלן זיך; דער אָנשטעל; די (פּאָליטישע) פּאָזע(ס)
postwar נאָכמלחמהדיק [NÓKhMILKhÓMEDIK]
pot, *n.* דער טאָפּ, טעפּ
(coffeepot) דער קאַווניק, ־עס; דער קאַווטאָפּ, ...טעפּ
(teapot) דער טשײַניק, ־עס
(marijuana/*slg.***)** די קטורת; די גוטע סחורה; די מאַריכואַנע [KTÓYRES] [SKhÓYRE]
(betting pool) דער קאָן, ־ען
A watched pot never boils אַז מע וואַרט ציט זיך די צײַט
go to pot צעפֿאַלן זיך; פֿאַרדאַרבן ווערן; אַ תּל ווערן [TEL]
It's the pot calling the kettle black! זע(ט) נאַר ווער סע רעדט!
pot of gold דער/די שמאַלצגרוב, ...גריבער
pots and pans קאָך־כּלים [KÉYLIM]
pot, *v.* אײַנטאָפּן
potable צום טרינקען
potash דער פּאָטאַש
potassium דער קאַליום
potassium cyanide דער ציאַנקאַלי
potassium hydroxide דער קאַליום־הידראָקסיד
potassium iodide דער קאַליום־יאָדיד
potassium salts קאַליום־זאַלצן
potation
(drink) די משקה; דאָס (אַלקאָהאָלישע) געטראַנק, ־ען [MÁShKE]
(drinking) דאָס טרינקען

potato דער קאַרטאָפֿל, –; די קאַרטאָפֿליע, ־ס; די בולבע, ־ס; די באַראַבאַליע, ־ס
potato beetle דער קאַרטאָפֿל־בלאַט־זשוק, ־עס
potato chip דאָס (קאַרטאָפֿל־)טשיפּל, ־עך; דאָס (קאַרטאָפֿל־)טשיפּקעלע, ־ך
potato digger דער קאַרטאָפֿל־אויסגראָבער, ־ס; די קאַרטאָפֿל־אויסגראָב־מאַשין, ־ען
potato dumpling די בולבע־קליסקע, ־ס; דאָס בולבע־קניידל, ־עך
potato flour דאָס/די קאַרטאָפֿל־מעל
potato kugel דער קאַרטאָפֿל־‹בולבע־›קוגל; דער טאַטש
potato pancake די (קאַרטאָפֿל־)לאַטקע, ־ס
potato peel דאָס/די קאַרטאָפֿל־שאָלעכץ, ־ן/־ער
potato peeler דער קאַרטאָפֿל־שיילער, ־ס
potato planter דער קאַרטאָפֿל־פֿאַרזעצער, ־ס; די קאַרטאָפֿל־פֿאַרזעץ־מאַשין, ־ען
potato pudding דער קאַרטאָפֿל־קוגל; דער טאַטש
potato salad דער קאַרטאָפֿל־סאַלאַט
potato soup די קאַרטאָפֿל־זופּ
potato yam דער ברויטוואָרצל, ־ען
pot-bellied בײַכיק; פּוזאַטע
be pot-bellied האָבן אַ בויך ‹בײַכל/טרעלבוך›
pot-bellied man דער פּוזאַק, ־עס; דער קאַדוניע, ־ס; דער טרעלבוך, ־עס
pot belly די פּוזע, ־ס; דער טרעלבוך, ־עס; דער פּאַנץ, ־ן
potboiler, *adj.* שמאַטעוואַטע; שונדאָווע
potboiler, *n.* דער שונד; די כאַלטורע; די ליטעראַרישע מאַכערײַקע, ־ס
pot cheese דער טרוקענער צוואָרעך
potency די פּאָטענץ; דער כּוח; די קראַפֿט [KÓYEKh]
potent שטאַרק; שטאַרק־ווירקעוודיק; פּאָטענט; מאַכטיק
potentate דער פּאָטענטאַט, ־ן; דער מאַכטהאָבער, ־ס
potential, *adj.* פּאָטענציעל; עווענטועל
potential, *n.* דער פּאָטענציאַל, ־ן
potentially פּאָטענציעל; מעגלעך; בכּוח [BEKÓYEKh]
potful (of) דער פֿולער טאָפּ (מיט)
potholder דער האַנטהיטער, ־ס
pothole דאָס טינטערל, ־עך; די וויבאָיע, ־ס; דער/די וועגגרוב, ...גריבער
full of potholes פֿול מיט טינטערלעך; גריבערדיק
potion דאָס כּישוף־געטראַנק, ־ען; דאָס וואַסערל, ־עך [KÍShEF]
pot likker/liquor די גרינסנזייד
potluck די צונויפֿגעלייגטע וועטשערע, ־ס
We had a potluck dinner מיר האָבן זיך צונויפֿגעלייגט און געפּראַוועט אַ וועטשערע
pot marigold דאָס סגולה־ראש־חודשל, ־עך [SGÚLE-REShKhÓYDEShL]
potpourri דער פּאָפּורי, ־ען
pot roast דאָס ראָסלפֿלייש; דאָס טאָפּ־געבראָטנס; דאָס (צו)געדעמפּטע פֿלייש
potsherd דאָס (טאָפּ)שערבל, ־עך
potshot
take a potshot at אומזיסט ‹אומגעריכט› אָנפֿאַלן אויף
pot smoker דער מאַריכואַניקער, ־ס
potted אײַנגעטאָפּט
potted plant די וואַזאָנע, ־ס; דאָס אײַנגעטאָפּטע געוויקס, ־ן
potter דער טעפּער, ־ס
potter's clay די/דאָס טעפּערליים
potter's wheel די/דאָס טעפּעררעד, ...רעדער
pottery דאָס טעפּערײַ; דאָס טעפּערוואַרג
pottery oven דער ברענאויוון, ־ס
potty דאָס טעפּעלע, ־ך

potty-train לערנען גיין ‹זיצן› אויפֿן טעפּעלע
be potty-trained קענען שוין גיין ‹זיצן› אויפֿן טעפּעלע
pouch דאָס זעקל, ־עך; דער בײַטל, ־ען; די/דער טאַש, ־ן
(anat./zool.) דער בײַטל, ־ען
pouffe דער פּוף, ־ן; דער זיצקישן, ־ס
poultice די פּריפּאַרקע, ־ס
poultry עופֿות ל״ר; הינער ל״ר [ÓYFES]
poultry farm די עופֿות־פֿאַרם, ־ען; די הינערפֿאַרם, ־ען [ÓYFES]
poultry farming די עופֿות־האָדעוואַניע [ÓYFES]
poultryman דער עופֿות־הענדלער, ־ס [ÓYFES]
pounce, *n.* דער (אומגעריכטער) שפּרונג, ־ען; דער אָנפֿאַל, ־ן
pounce, *v.* שפּרינגען אומגעריכט
(*fig.*) אָנפֿאַלן; אַרויפֿוואַרפֿן זיך
pound, *n.* דער פֿונט, ־ן
a pound of meat אַ פֿונט פֿלייש
one-pound איינפֿונטיק
pound, *v.*
vt. **(crush)** צערײַבן; צעמאָלן; צעמורשטן; צעשטויסן
vt. **(strike)** האַמערן; (צע)שלאָגן
vi. **(of heart)** שטאַרק קלאַפּן
I have a pounding headache סע שלאָגט מיר אַ האַמער אין קאָפּ ‹מוח›; סע שפּאַלט זיך מיר דער קאָפּ ‹מוח› [MÓYEKh]
poundage די וואָג (אין פֿונט)
pound cake דער לעקעך, ־ער/־ן
pour
vt. imp./pf. **(liquid)** (אָנ)גיסן
vt. imp./pf. **(solid)** (אָנ)שיטן
vi. **(liquid)** גיסן זיך
vi. **(solid)** שיטן זיך
It's pouring סע גיסט ווי פֿון ‹מיט› עמערס; סע מבולט [MABLT]
pour cold water on (*fig.*) אָפּגיסן מיט (אַן עמער) קאַלט וואַסער
pour from (smoke) אַרויסשפּאַרן; אַרויסזעצן
pour in אַרײַנגיסן
pour off אָפּגיסן
pour oil on the flames גיסן בוימל אויפֿן פֿײַער
pour out אויסגיסן
pour out one's emotions אויסגיסן זיך דאָס האַרץ
pouring rain דער שלאַקסרעגן
pourable
(liquid) גיס(עווד)יק
(solid) שיט(עווד)יק
be pourable (liquid) לאָזן זיך גיסן
be pourable (solid) לאָזן זיך שיטן
pout, *n.* די לופּע, ־ס; פֿאַרשאַרצטע ליפּן ל״ר
pout, *v.*
vt. פֿאַרשאַרצן ‹פֿאַרשנעבלען› די ליפּן
vi. בלאָזן זיך; אָנדרודלען זיך; דויען זיך; פּיסקלען זיך; מאַכן פּיסקעס ‹לופּעס›; מאַכן אַ ליאַמפּע; זײַן אָנגעבלאָזן
pouting, *n.* דאָס בלאָזניש; דאָס זײַן אָנגעבלאָזן
poverty די/דאָס אָרעמקייט; דער דלות; דאָס עניות [DÁLES] [ANÍES]
poverty line די/דער דלות־גרענעץ [DÁLES]
poverty rate דער פּראָצענט אָרעמע־לײַט
poverty-stricken פֿאַראָרעמט
POW *see* **prisoner of war**
powder, *n.* דער פּודער, ־ס; דער פּראָשיק, ...שקעס
(facial) דער פּודער, ־ס; דער פּוידער, ־ס
(gunpowder) דער פּולווער
take a powder נעלם ‹פֿאַרשווינדן› ווערן [NÉL(E)M]
powder, *v.* באַפּודערן; באַפּראָשעװ|ן
powder one's nose באַפּודערן ‹אָנפּודערן/אויספּודערן› זיך
powdered ...פּראָשיק
powdered eggs דער אייער־פּראָשיק
powdered milk דער מילכפּראָשיק
powdered sugar דער/דאָס צוקערשטויב; דער מעלצוקער
powder keg דאָס פּולווער־פֿעסל, ־עך
(*fig.*) דער צינדיקער מצבֿ [MÁTSEV]
powder magazine דער פּולווער־מאַגאַזין, ־ען
powder puff דאָס פּודער־קישעלע, ־ך
powder room דער פֿרויען־קלאָזעט, ־ן
powdery ווי פּודער
power, *adj.*
(elec.) עלעקטריש; עלעקט(רי)ע־...
(motor) מאָטאָר...
power, *n.* דער כּוח, ־ות; די קראַפֿט, ־ן; די פּאָטענץ [KÓYEKh, KÓYKhES]
(authority/pol.) די שליטה; די מאַכט; דאָס תּקיפֿות [ShLÍTE] [TKÍFES]
(elec.) די קראַפֿט
(math.) דער גראַד, ־ן; די מדרגה, ־ות; די פּאָטענץ, ־ן [MADRÉYGE]
be in power שטיין בײַ דער מאַכט
have in one's power האַלטן אין די הענט
have it in one's power זײַן ביכולת ‹מסוגל› [BIKhÓYLES] [MESÚGL]
have power over האָבן די מאַכט ‹שליטה› איבער
major power די גרויסמאַכט, ־ן
More power to you! יישר־כּוח! [YÁShER-KÓYEKh/ShKÓYEKh]
person in power דער מאַכטהאָבער, ־ס; דער מאַכטהאַלטער, ־ס
power behind the throne די מאַכט הינטערן טראָן; דער באַהאַלטענער כּוח
power of attorney די פֿולמאַכט; דער כּוח־הרשאה [KÓYEKh-HARShÓE]
power of attraction דער צוציִ־כּוח; דער כּוח־המושך [KÓYEKh-HAMÓYShEKh]
power of conception די השׂגה [HASÓGE]
power of imagination דער כּוח־המדמה [KÓYEKh-HAMEDÁME]
power of persuasion דער איבערצײַג־כּוח
power of positive thinking דער פּאָזיטיוויזם
power of speech דער כּוח־הדיבור [KÓYEKh-HADÍBER]
Power to the people! כּוח דעם כּלל ‹פֿאָלק›! [KLAL]
the powers that be דאָס מלכות ל״י; די מאַכטן; די הויכע פֿענצטער [MÁLKhES]
power, *v.* באַכּוחן; (אָנ)טרײַבן [BAKÓYEKhN]
power base די מאַכטבאַזע, ־ס
power board *see* **power strip**
powerboat די מאָטאָרשיף, ־ן; דאָס מאָטאָרשיפֿל, ־עך
power brake דער קראַפֿטטאָרמאָז, ־ן
power broker
m./unsp. דער מאַכער, ־ס; דער (גאַנצער) דעה־זאָגער, ־ס; דער תּקיף, ־ים [DÉYE] [TÁKEF, TKÍFIM]
f. די מאַכערקע, ־ס; די (גאַנצע) דעה־זאָגערקע, ־ס; די תּקיפֿטע, ־ס [TKÍFESTE]
power button דאָס אויסשליס־קנעפּל, ־עך; דער אויסשליסער, ־ס
power cord דער עלעקטרישער שנור, ־ן
power door lock דער צענטראַלער שלאָס, שלעסער
power drill דער מאָטאָר־עקבער ‹־בויערער›, ־ס

...-powered ...־געטריבן; ...־באַכּוחט [BAKÓYEKhT]
powerful מעכטיק; מאַכטיק; שטאַרק; כּוחדיק [KÓYEKhDIK]
(influential) תּקיף פּר'
be powerful האָבן מאַכט ‹כּוח›; זײַן אַ תּקיף [TÁKEF] [KÓYEKh]
(argument) איבערצײַג(עווד)יק
powerful motive דער שלאָגיקער ‹שטאַרקער› מאָטיוו; דער טרײַבמאָטיוו, ־ן
power grab דאָס פֿאַרכאַפּן די מאַכט; דער מאַכטפֿאַרכאַפּ, ־ן
power grid די עלעקטר(י)ע־נעץ, ־ן
powerhouse (*fig.*) דער קוואַל פֿון ענערגיע
power-hungry [LÓET/LÓER] מאַכטגײַציק; להוט נאָך מאַכט
powerless אָן כּוח [KÓYEKh]
be powerless בלײַבן אָן כּוח ‹מאַכט›; נישט האָבן קיין מאַכט
be powerless to נישט האָבן קיין כּוח צו
power outage דער עלעקטר(י)ע־אויסלעש ‹־אָפּשטעל›, ־ן
power plant די קראַפֿטסטאַנציע, ־ס; די עלעקטראָסטאַנציע, ־ס; די עלעקטרײַ, ־ען
power play דאָס מאַכטגעשפּיל, ־ן
(spo.) דאָס כּוח־געשפּיל [KÓYEKh]
power politics די מאַכט־פּאָליטיק ל"י
power saw די מאָטאָרזעג, ־ן
power-sharing דאָס מאַכט־שותּפֿות [ShÚTFES]
power station *see* **power plant**
power strip דאָס/די עלעקטר(י)ע־ברעט, ־ברעטער
power struggle [KÓYEKh] דאָס כּוח־‹מאַכט־›גראַנגל, ־ען
power supply
(delivery) די עלעקטראָשפּײַזונג; דער עלעקטר(י)ע־צושטעל
(device) דער עלעקטר(י)ע־קוואַל, ־ן
power surge דער עלעקטר(י)ע־אָנפֿלייץ, ־ן
power tool דער מאָטאָר־מכשיר, ־ים [MÁKhShER, MAKhShÍRIM]
power window דער/דאָס עלעקטרישע(ר) פֿענצטער, –
powwow, *n.* די אַסיפֿה, ־ות [ASÍFE]
powwow, *v.* מאַכן אַן אַסיפֿה [ASÍFE]
pox
(smallpox) פּאָקן ל"ר
(syphilis) דער סיפֿיליס; פֿראַנצן ל"ר
pp. זז' [= זײַטלעך]
PR דער פּירסום [PÍRSEM]
practicable דורכפֿירלעך; אויספֿירלעך
practical פּראַקטיש; תּכליתדיק [TÁKhLESDIK]
(of plan) דורכפֿירלעך
for all practical purposes למעשה [LEMÁYSE]
practical person (*m./unsp.*) דער פּראַקטישער געב'; דער בעל־תּכלית, בעלי־... [BALTÁKhLES, BÁLE-...]
practical person (*f.*) די בעל־תּכליתניצע, ־ס; די בעל־תּכליתטע, ־ס [BALTÁKhLESNITSE] [BALTÁKhLESTE]
practicality די/דאָס פּראַקטישקייט; די/דאָס דורכפֿירלעכקייט
practical joke דאָס שפּיצל, ־עך; די זבֿיטקע, ־ס
play a practical joke אָפּטאָן + דאַט' אַ שפּיצל ‹זבֿיטקע›
practical joker דער שפּיצלינג, ־ען
practically שיִער נישט; אַזוי גוט ווי; פּאַקטיש
practical nurse די געהילף־שוועסטער, –; די וואַרטאַרין, ־ס
practice, *adj.* לערן...; טרעניר...
practice, *n.*
(experience) די פּראַקטיק; די געניטשאַפֿט
(habit) דער אײַנפֿיר, ־ן; דאָס פֿירעכץ, ־ן; די טבֿע, ־ס [TÉVE]
(office) די פּראַקטיק, ־עס; דער קאַבינעט, ־ן
(spo.) די טרעניר־סעסיע, ־ס; די טרענירונג

be in private practice האָבן אַ פּריוואַטע פּראַקטיק; האָבן אַ פּריוואַטן קאַבינעט
get into practice אײַנגעניטן ‹אײַנטרענירן› זיך
have a medical practice פֿירן דאָס דאָקטערײַ; האָבן אַ דאָקטער־פּראַקטיק ‹־קאַבינעט›
have practice האָבן פּראַקטיק
in practice למעשה; אין דער פּראַקטיק ‹אמתן› [LEMÁYSE] [ÉMESN]
It's accepted practice אַזוי איז אײַנגעשטעלט ‹אָנגענומען›; אַזוי פֿירט זיך
make a practice of צוגעוווינען ‹צוגעווינען› זיך צו
out of practice אָפּגעניט; צוגעלעגערט; אָפּגעוווינט ‹אָפּגעווינט›
Practice makes perfect אַ מײַסטער ווערט נישט געבוירן; מע ווערט נישט פֿריִער געניט ביז מע האָט זיך נישט אָפּגעבריט
put into practice (אַ)דורכפֿירן; אויספֿירן
practice, *v.* פּראַקטיצירן
(spo.) טרענירן ‹געניטן› זיך אין
He practices what he preaches זײַן אומר דעקט זיך מיטן עושה; ער איז אַ נאה־מקיים [ÓYMER] [ÓYSE] [NÓE-MEKÁYEM]
practiced געניט; פֿעיִק
to the practiced eye בײַם געניטן ‹פֿעיִקן› צוקוקער (אין די אויגן)
practice run דער טרענירלויף, ־ן
practice session די פּראַקטיציר־‹טרעניר־›סעסיע, ־ס
practice teacher דער סטודענטישער לערער, ־ס
practicing אַקטיוו
practicum דער פּראַקטיקום, ־ס
practitioner דער פּראַקטיקער, ־ס
pragmatic פּראַגמאַטיש
pragmatically פּראַגמאַטיש (גערעדט); אויף אַ פּראַגמאַטישן אופֿן [OYFN]
pragmatics די פּראַגמאַטיק ל"י
pragmatism דער פּראַגמאַטיזם
pragmatist דער פּראַגמאַטיקער, –
Prague (דאָס) פּראָג
prairie די פּרעריע, ־ס; די פּריִרי, ־ס
prairie dog דער פּריִריהונט, ...הינט
prairie wolf דער פּריִריוואָלף, ...וועלף
praise, *n.* די לויב, ־ן; דער שבֿח, ־ים [ShVAKh, ShVÓKhIM]
in praise לשבֿח [LIShVÁKh]
Praise be to God! געלויבט איז גאָט!; געלויבט דער אײבערשטער!; געלויבט איז זײַן ליבער נאָמען!
sing the praises of פֿאַרלויבן
praise, *v.* לויבן; רימען; דערמאָנען לשבֿח [LIShVÁKh]
praise highly/to the skies לויבן אין הימל ‹טאָג› אַרײַן
highly praised אויסגעלויבט; אויסגעקלונגען
praiseworthy לויבווערדיק
praline דער צוקער־מאַנדל, ־ען
pram דאָס (גאַנג־)וועגעלע, ־ך
prance, *v.*
(of horse) שטעלן זיך דיבעם
(of person) בלאָזן פֿון זיך; פֿאַררײַסן די נאָז; אַרומטאַנצן
prank דאָס שפּיצל, ־עך; די/דאָס קונדסערײַ, ־ען [KUNDESERÁY]
pranks *also* שטיק
play a prank on אָפּטאָן + דאַט' אַ שפּיצל ‹זבֿיטקע›
prank call דער שפּיצלקלונג, ־ען
prankster דער קונדס, ־ים; דער לץ, ־ים; דער שפּיצלינג, ־ען; דער ווײַסער־חבֿרהניק, ווײַסע־חבֿרהניקעס [KÚNDES, KUNDÉYSIM] [LETS, LÉYTSIM] [KhÉVRENIK]

praseodymium פּראַזעאָדימיום
prat (buttocks/*slg.*) דער הינטן; דער תּחת [TÓKhES]
pratfall
(fall) דער פֿאַל אויפֿן הינטן
(blunder) דער גראָבער פֿעלער, ־ן
prattle, *n.* דאָס פּלאַפּלעריַי; דאָס געפּלאַפּל; דאָס פּלוידעריַי
prattle, *v.* פּלאַפּלען; פּלוידערן; מאָטלען; באַלעבעטשע|ן
prattler דער פּלאַפּלער, ־ס; דער פּלוידעריזאַק, ...זעק
prawn די קרעוועטקע, ־ס
praxis די פּראַקטיק
pray [TFÍLE] [MISPÁLEL] תּפֿילה טאָן; מתפּלל זײַן; בעטן גאָט
(J.) *also* דאַוו(ע)נען
(Chr.) *also* מאָליע|ן זיך
finish praying (J.) אָפּדאַוו(ע)נען
pray for stg. בעטן אויף + דאַט'
pray for sb. בעטן גאָט פֿאַר + דאַט'
prayer [TFÍLE] די תּפֿילה, ־ות; דאָס געבעט, ־ן
say one's prayers (J.) דאַוו(ע)נען; תּפֿילה טאָן
He doesn't have a prayer! ס'וועט אים גאָר נישט העלפֿן!; גיי שרײַ חי־וקים!; קיין טערק און קיין טאָטער וועלן נישט העלפֿן! [KhÁY-VEKÁYEM]
prayer book דאָס געבעטבוך, ...ביכער; דאָס תּפֿילה־בוך, ־ביכער [TFÍLE]
(J./daily/Sabbath) [SÍDER, SIDÚRIM] דער סידור, ־ים
(J./holiday) [MÁKhZER, MAKhZÓYRIM] דער מחזור, ־ים
prayerhouse דאָס געבעטהויז, ...הײַזער
(J.) די שיל ‹(דאַוונ)שול›, ־ן; דער/דאָס בית־תּפֿילה, בתּי־...; דאָס בית־הכּנסת, בתּי־כּנסיות [BEYSTFÍLE, BÓTE-...] [BEYSAKNÉSES, BÓTE-KNÉSYES]
prayer meeting [TFÍLE BETSÍBER] די תּפֿילה בציבור
prayer rug [TFÍLE] דער תּפֿילה־טעפּעך, ־ער
prayer shawl (J.) [TÁLES, TALÉYSIM] דער טלית, ־ים
praying mantis דאָס מאָנאַשקעלע, ־ך
pre... פּרע...; פֿאַר...יק; ביז...; אין ‹פֿון› פֿאָרױס
preach פּריידיקן; זאָגן; דרשענען ‹דרשע|נען›; זאָגן מוסר; מוסרן [DÁRShENEN - DARShN/DÁRShE] [MÚSER] [MÚSERN]
preach to the choir ברעכן ‹רײַסן› זיך אין אַן אָפֿענער טיר
preach to the wind רעדן צום לאָמפּ; רעדן צו דער וואַנט
preacher דער פּריידיקער, ־ס; דער זאָגער, ־ס
(J.) דער דרשן, ־ים; דער בעל־דרשן, ־ס; דער מגיד, ־ים [DARShN, DARShÓNIM] [BALDÁRShN] [MÁGED, MAGÍDIM]
preaching, *n.* די פּריידיקונג, ־ען; דאָס פּריידיקן; דאָס זאָגן מוסר; דאָס לערנען מאָראַל [MÚSER]
preadolescent, *adj.* ביזדערוואַקסלינג־...; פּרעאַדאָלעסצענט
preadolescent, *n.* דער ביזדערוואַקסלינג, ־ען
preamble [HAGDÓME] די הקדמה, ־ות; די פּרעאַמבל, ־ען
preapproved פֿון פֿריִער אַפּראָבירט
prearrange צוגרייטן ‹אויספּלאַנירן/אויססדרן› אין פֿאָרױס [ÓYSSÁDERN]
prebend די פּרעבענדע, ־ס
precancerous פֿאַרראַקיק
precarious וואַקלדיק; אויף הינערפֿיסלעך ‹הינערשע פֿיסלעך›; אויף משקולת; געפֿערלעך [MIShKÓYLES]
precaution דאָס פֿאַרהיט־מיטל, ־ען; דאָס באַוואָרעניש, ־ן
take precautions באַוואָרענען זיך; אָננעמען פֿאַרהיט־מיטלען
precautionary measure *see* **precaution**
take precautionary measures אָננעמען פֿאַרהיט־מיטלען
precede גיין ‹קומען/זײַן› פֿאַר; קומען (אַ)פֿריִער פֿון ‹פֿאַר›
He preceded her ער איז געגאַנגען ‹געקומען/געווען› פֿאַר איר; ער איז געקומען (אַ)פֿריִער פֿון ‹פֿאַר› איר
precedence [PKhÓYRE] די פּריאָריטעט; די בכורה
take precedence האָבן די פּריאָריטעט ‹בכורה›
precedent דער פּרעצעדענט, ־ן
It has no precedent אַזוינס איז נאָך קיין מאָל נישט געשען ‹געהערט געוואָרן›; דאָס האָט נישט קיין פּרעצעדענט
set a precedent אַוועקשטעלן אַ פּרעצעדענט
precedent-setting פּרעצעדענטיק; פּרעצעדענט־...
precedent-setting case דער פּרעצעדענט־פֿאַל, ־ן
preceding פֿריִערדיק; פֿאָרדעמדיק
precept דער כּלל, ־ים; דער פּרינציפּ, ־ן; די תּקנה, ־ות [KLAL, KLÓLIM] [TAKÓNE]
preceptor דער פּרעצעפּטאָר, ...אָרן; דער לערער, ־ס; דער דערציִער, ־ס; דער מדריך, ־ים [MÁDREKh, MADRÍKhIM]
precinct דער פּרעצינקט, ־ן; דער קאָמיסאַריאַט, ־ן; דער רעוויר, ־ן
precious טײַער
(metal) איידל
(overly refined) (איבער)געצאַצקעט
precious few העט צו ווייניק אינוו'; געציילטע
precious to sb. טײַער + דאַט'
stg. precious דער אַנטיק, ־ן
precious stone דער איידלשטיין, ־ער; דער אבֿן־טובֿ, אבֿנים־טובֿות [ÉVNTOV, AVÓNIM-TÓYVES]
precipice דער אָפּריס, ־ן
(*fig.*) [THOM] דער תּהום, ־ען; דער אָפּגרונט, ־ן
at the precipice בײַם אָפּגרונט
precipitate, *adj.* געכאַפּט; אײַליק
precipitate, *n.* דער אָפּזעץ, ־ן
precipitate, *v.*
vt. [GÓYREM] גורם זײַן; דערפֿירן צו (דעם אַז)
vi. אָפּזעצן זיך
precipitately סטראָם־האַלאַוואָ; משוגענערווײַז [MEShÚGENERVAYZ]
precipitation דער (אַטמאָספֿערישער) אָפּזעץ
precipitous אָפּריסיק; שטאָציק; טיף משופּעדיק [MEShÚPEDIK]
(hasty) געכאַפּט; אײַליק; צוגעאײַלט; האַסטיק
precipitous labor מיטאַמאָליקע ווייען ל"ר
précis דער קאָנספּעקט, ־ן; דער קיצור, ־ים; דער רעזומע, ־ען [KÍTSER, KITSÚRIM]
precise אַקוראַט; פּרעציז; פּינקטלעך; גענוי
precisely אַקוראַט; פּינקטלעך; גענוי; בדיוק; אויפֿן קווינט [BEDÍEK]
Precisely! פּונקט אַזוי!; אָט (טאַקע) אַזוי!; גאַנץ ריכטיק!; גענוי!
precision די/דאָס אַקוראַטקייט; די/דאָס פּרעציזקייט
precision bombing דאָס פּינקטלעכע ‹פּרעציזע› באָמבאַרדירן
precision engineering דער פּרעציזער מאַשינבוי
precision-guided munitions דאָס פּרעציז־געווער
precision instruments פּינקטלעכע ‹פּרעציזע› מכשירים [MAKhShÍRIM]
preclude אויסשליסן
preclude sb. from doing שטערן + דאַט' צו
preclusion דאָס אויסשליסן
precocious [ILÚISh] אַלטקלוג; פֿאַרפֿריצײַטיק; יונג־עילויִש
He's a precocious child ער אַנטוויקלט זיך גאָר נישט לויט די יאָרן; ער איז אַ פֿרי געראָטן קינד; ער איז אַן אַלט געמיט; ער איז אַן אַלטער קאָפּ
pre-Columbian פֿון פֿאַר קאָלומבוס

preconceived פֿאַרױסיק; פֿאַרױסגענומען
preconceived idea/preconception די פֿאַרױסגענומענע מײנונג, ־ען; דער פֿאָראורטל, ־ען
precondition דער פֿאַרױסבאַדינג, ־ען; דער פֿאַרױסיקער תּנאַי, תּנאָים; דער תּנאַי־קודם־למעשׂה [TNAY, TNÓYEM] [TNÁY-KÓYDEM-LEMÁYSE]
preconscious, *n.* די/דאָס פֿאַרױס(עווד)יקייט
precook אָפּקאָכן אין פֿאַרױס
precooked פֿאַרױסגעקאָכט; שױן אָפּגעקאָכט
precursor דער פֿירלױפֿער, ־ס; דער פֿאַרױסגײער, ־ס; דער פֿירגײער, ־ס
precursor cell דאָס פֿירקעמערל, ־עך
predate
 (era) שטאַמען פֿון אַ פֿריִערדיקער עפּאָכע
 (in advance) פֿאַרױסדאַטירן; דאַטירן אין פֿאַרױס
predator די רױב־חיה, ־ות [KhÁYE]
 (person) דער באַרױבער, ־ס; דער גזלן, ־ים [GÁZLEN, GAZLÓNIM]
predatory רױב...; גזלניש; באַפּאַלעריש; הױטשינדעריש [GAZLÓNISh]
predatory bird דער רױבפֿױגל, ...פֿײגל
predatory lender דער מלווה דער גזלן, מלווים גזלנים; דער הױטשינדער, ־ס [MÁLVE] [GÁZLEN] [MÁLVIM GAZLÓNIM]
predatory practices גזלנישע ‹הױטשינדערישע› געשעפֿטן [GAZLÓNIShE]
predawn, *adj.* פֿאַרקאַיאָריק
predawn, *n.* דער פֿאַרקאַיאָר; דער פֿאַרבאַגינען
predecease שטאַרבן פֿאַר
predecessor דער פֿירגײער, ־ס; דער פֿאַרױסגײער, ־ס
predefined פֿאַרױסדעפֿינירט
predestination די/דאָס באַשערטקייט; דער/דאָס גורל [GOYRL]
predestine באַשערן + דאַט'
predestined באַשערט
 stg. predestined די גאָטזאַך, ־ן; דאָס באַשערטע
predetermine באַשטימען אין פֿאַרױס; פֿאַרױסבאַשטימען
predetermined באַשערט; פֿאַרױסבאַשטימט
predicament די פֿאַרלעגנהייט; די קלעם
predicate, *n.* דער פּרעדיקאַט, ־ן
 in the predicate פּרעדיקאַטיװ
predicate, *v.* באַזירן; סומך זײַן זיך [SÓYMEKh]
predicative פּרעדיקאַטיװ
predict פֿאַרױסזאָגן; פֿאַרױסזען; פּראָגנאָזירן; זײַן אַ נבֿיא אַז [NÓVI]
predictable פֿאַרױסזאָגעװדיק; פֿאַרױסזעעװדיק
 be predictable פֿאַרױסזען זיך
 It was predictable מ'האָט עס געקענט פֿאַרױסזען
prediction דער פֿאַרױסזאָג, ־ן; דער פּראָגנאָז, ־ן
predictive analysis דער פֿאַרױסאַנאַליז, ־ן
predictor דער פֿאַרױסזאָגער, ־ס
predilection די נטיה, ־ות; די נײגונג, ־ען [NETÍE]
 have a predilection for האָבן אַ נטיה צו; באַזונדערש שטאַרק ליב האָבן
predispose געניגט מאַכן אין פֿאַרױס
predisposed (to) געניגט אין פֿאַרױס (אויף)
predisposition די נטיה, ־ות; די נײגונג, ־ען [NETÍE]
 have a genetic predisposition זײַן גענעטיש געניגט
predominance די איבערהאַנט
predominant איבערװעגנדיק; הערשנדיק
predominantly דער עיקר; ס'רובֿ [ÍKER] [ROV]
predominate געװעלטיקן; דאָמינירן; איבערװעגן; הערשן
pre-eclampsia די פּרעעקלאַמפּסיע; די טראָג־טאָקסעמיע
preemie *see* **preterm baby**

preeminence די/דאָס העכערקייט; די/דאָס פּראָמינענטקייט; דער פּרימאַט
preeminent פּראָמינענט
 preeminent person *also* דער מופֿלג, ־ים [MÚFLEG, MUFLÓGIM]
preempt פֿאַרכאַפּן (פֿאַר אַנדערע); פֿאַרנעמען דאָס אָרט פֿון
preemption דער פֿאַרכאַפּ, ־ן
 (purchase) דאָס קױפֿרעכט
preemptive strike דער פֿאַרהיט־אַטאַק, ־ן
preen פּוצן זיך; סטרױען זיך
pre-Enlightenment פֿאַרמשׂכּיליש; ביזמשׂכּיליש [FÁRMASKÍLISh] [BÍZMASKÍLISh]
preexist עקסיסטירן אין פֿאַרױס; זײַן (שױן) פֿאַראַנען
preexisting שױן פֿאַראַנען
preexisting condition די שױן פֿאַראַנענע קרענק, ־ען/–
prefab, *n.* דאָס פֿאַרױספֿאַבריצירטע הויז, ...הײַזער; דאָס פֿאַרטיקהויז, ...הײַזער
prefabricate פֿאַרױספֿאַבריצירן
prefabrication די פֿאַרױספֿאַבריקאַציע, ־ס
preface, *n.* די הקדמה, ־ות; דאָס אַרײַנפֿיר־װאָרט, ־װערטער; דאָס װאָרט פֿריִער [HAGDÓME]
preface, *v.* אַרײַנפֿירן; צושטעלן אַ הקדמה צו [HAGDÓME]
 I want to preface my words איידער כ'הייב אָן צו רעדן
prefatory אַרײַנפֿיר־...; הקדמה־... [HAGDÓME]
prefect דער פּרעפֿעקט, ־ן
prefecture די פּרעפֿעקטור, ־ן
prefer בעסער ‹ליבער(שט)› װעלן; פּרעפֿערירן; העלטער האָבן
 I would prefer כ'װאָלט ליבערשט געװאָלט; מיר װאָלט ליבער ‹גלײַכער› געװען
 prefer charges (jur.) אַרױסרוקן אַ באַשולדיקונג; באַשולדיקן
preferable בילכער; גלײַכער; אָנגעלייגטער; מער אָנגעלייגט
preferably ס'װאָלט גוט געװען װען; ס'איז געװוּנטשן אַז
preferans דער פּרעפֿעראַנס
preference די פּרעפֿערענץ, ־ן; די/דאָס ליבערשטקייט, ־ן
 in preference to אַנשטאָט; שטאָטס
preferential ספּעציעל; באַזונדער
 give preferential treatment to אָפּגעבן + דאַט' די בכורה [PKhÓYRE]
preferential rate דער באַזונדערער פּרײַז, ־ן
preferred בילכער; בכורה־...; פּרעפֿערירט [PKhÓYRE]
preferred stock בכורה־אַקציעס ל"ר [PKhÓYRE]
prefigure פֿאַרױסזאָגן; אױסמאָלן זיך אין פֿאַרױס
prefix, *n.* דער פּרעפֿיקס, ־ן
prefix, *v.* שטעלן פֿאַר; פּרעפֿיקסירן
prefrontal פֿונעם שטערנביין
pregnancy דאָס טראָגן; די שװאַנגערשאַפֿט; די/דאָס טראָגעדיקייט; די/דאָס מעוברתקייט [M(E)UBÉRESKEYT]
 have a difficult pregnancy טראָגן שװער; האָבן אַ שװער טראָגן
 be far along in the pregnancy זײַן אין די הױכע חדשים; זײַן אויף דער צײַט [KhADÓShIM]
pregnancy test דער טראָגטעסט, ־ן; דער שװאַנגערטעסט, ־ן
pregnant טראָגעדיק; שװאַנגערדיק; מעוברת [M(E)UBÉRES]
 (pause) פֿיל־באַטײַטיק
 be pregnant טראָגן; שװאַנגערן; זײַן אויף דער צײַט
 become pregnant פֿאַרגײן אין טראָגן; פֿאַרשװאַנגערן; טראָגעדיק ‹מעוברת› װערן
 get sb. pregnant טראָגע(װ)דיק מאַכן; צושטעלן + דאַט' אַ בײַכל

pregnant woman די טראָגעדיקע ‹שווע́נגערדיקע› פֿרוי, ־ען; דאָס טראָגעדיקע ווײַבל, ־עך; די מעוברתע, ־ס [M(E)UBÉRESE]
preheat אוי́סהייצן; אָנהייצן
preheated אוי́סגעהייצט; אָנגעהייצט
prehensile אָנכאַפּ...
prehistoric פּרעהיסטאָריש; פֿאַרהיסטאָריש
prehistory די פּרעהיסטאָריע; די קדמון־צײַט; די פֿריִ́יקע צײַט [KÁDMEN]
pre-Holocaust פֿאַרחורבנדיק [FÁRKhÚRBNDIK]
prehuman פֿאַרמענטשיש
pre-ignition די פֿרי́צינדונג
preimplantation פֿאַרן אַרײַנפֿלאַנצן
prejudge באַשלי́סן ‹מישפּטן› אין פֿאָרוי́ס [MÍShPETN]
prejudice, *n.* דער פֿאָראורטל, ־ען
without prejudice to נישט שאַטנדיק; אָן שאָדן פֿאַר
prejudice, *v.*
(harm) שאַטן
prejudice sb. in favor of ווירקן אויף + דאַט' לטובֿת [LETÓYVES]
prejudice sb. against אַרוי́סרופֿן אַ פֿאָראורטל בײַ + דאַט' קעגן
prejudiced
be prejudiced (against) האָבן אַ פֿאָראורטל (קעגן); באַצי́ען זיך (צו + דאַט') מיט אַ פֿאָראורטל
prejudicial שע́דלעך
be prejudicial to שאַטן + דאַט'
prekindergarten דער ביז־קינדער־גאָרטן, ־גע́רטנער
preknowledge די/דאָס פֿרי́וויסיקייט
prelate דער פּרעלאַ́ט, ־ן
prelature די פּרעלאַטו́ר, ־ן
pre-law student
m./unsp. דער ביז־יורי́־סטודע́נט, ־ן
f. די ביז־יורי́־סטודע́נטקע, ־ס
preliminary, *adj.* פּרילימינאַ́ר; פֿאָרוי́סיק; קודם־...; פֿאַר... [KÓYDEM]
preliminary, *n.*
(spo.) די פֿאָרשפּיל, ־ן; די פּרעלימינאַ́רע ראָנדע, ־ס; דער פּרעלימינאַ́רער אָפּקלײַב, ־ן
preliminaries צוגרייט־(מאָס)מיטלען; דער איי́דער־וואָס־ווען ל״י
preliminary exam דער קודם־עקזאַמען, ־ס; דער פּרעלימינאַ́רער עקזאַמען, ־ס [KÓYDEM]
prelude די/דאָס פֿאָרשפּיל, ־ן; דער פּרעלו́ד, ־ן
(mus.) דער פּרעלו́ד, ־ן
premarital פֿאַר דער חתונה; פֿאַרן חתונה האָבן [KhÁSENE]
premarital counseling די באַראָטונג פֿאַר דער חתונה [KhÁSENE]
premarital sex דער סעקס פֿאַרן חתונה האָבן [KhÁSENE]
engage in premarital sex שלאָפֿן צוזאַמען פֿאַרן חתונה האָבן [KhÁSENE]
engage in premarital sex (*hum.*) עסן פֿאַרן דאַווענען
premature צו פֿריִ́יק; פֿרי́־געבוירן; פֿרי́צײַטיק
premature baby דאָס זיבעלע, ־ך; דאָס פֿרי́־געבוי́רענע קינד, ־ער
premature ejaculation דאָס אָפּשפּריצן צו פֿרי
premature labor דאָס גיין צו קינד צו פֿרי; דאָס צופֿריִ́יקע גיין צו קינד
prematurely צו פֿרי
prematurity די/דאָס צופֿריִ́יקייט; די/דאָס פֿרי́צײַטיקייט
(obst.) די זיבעלעשאַפֿט
premeditate אוי́ספּלאַנירן אין פֿאָרוי́ס; פֿי́רפּלאַנירן

premeditated אוי́ספּלאַני́רט; (אין פֿאָרוי́ס) פּלאַני́רט; פֿי́רפּלאַני́רט
premeditated murder דער (אין פֿאָרוי́ס) פּלאַני́רטער מאָרד, ־ן
pre-med student
m./unsp. דער ביזמע́ד־סטודע́נט, ־ן
f. די ביזמע́ד־סטודע́נטקע, ־ס
premenstrual פֿאַרמענסטרואי́ר־...
premenstrual syndrome דער פֿאַרמענסטרואי́ר־סינדראָם
premier, *adj.* ע́רשטיק; ע́רשטקלאַסיק
premier, *n.*
m./unsp. דער פּרעמיע́ר, ־ן; דער פּרעמיע́ר־מיני́סטער, ...אָרן
f. די פּרעמיע́רשע, ־ס; די פּרעמיע́ר־מיניסטאָרשע, ־ס
premiere, *n.* די פּרעמיע́רע, ־ס
premiere, *v.* אָפּהאַלטן די פּרעמיע́רע פֿון
The film premiered today הײַנט האָט מען אָפּגעהאַלטן די פּרעמיע́רע פֿונעם פֿילם
premiership די פּרעמיע́רשאַפֿט
premise, *n.* [HANÓKhE] די (פֿאָר)הנחה, ־ות; דער פּרעמי́ס, ־ן
on the premise that אין דער הנחה אַז
premise, *v.*
be premised on זײַן באַזי́רט אויף; אַרוי́סגיין פֿון דער הנחה אַז [HANÓKhE]
premises דאָס אָרט ל״י; דער לאָקאַל ל״י
on the premises אויפֿן אָרט
premium, *adj.* פֿון אַ הו́יכער קוואַליטע́ט; פֿונעם ערשטן סאָרט
premium, *n.*
(bonus) דער באָנוס, ־ן
(insurance) די ראַטע, ־ס; די פּרע́מיע, ־ס
It's at a premium ס'איז שווער צו באַקומען; ס'איז אַ יקרות אויף דעם; מע זוכט עס ווי מצה־וואַסער [YÁKRES] [MÁTSE]
put a premium on (שטאַרק) אָפּשאַצן; לייגן אַ ספּעציע́לן ווערט אויף
sell at a premium פֿאַרקויפֿן איבער דער ווערט
premodernity די/דאָס פֿאַרמאָדע́רנקייט
premonition דאָס פֿאָרוי́סגעפֿיל, ־ן; דאָס פֿאָרגעפֿיל; די אָנונג, ־ען
I have a premonition that דאָס האַרץ זאָגט מיר אַז; כ'פֿיל פֿאָרוי́ס אַז; כ'האָב אַ פֿאָרגעפֿיל אַז
prenatal טראָג...; וולד־...; פֿאַרן האָבן; בעתן ‹בשעתן› טראָגן [VLAD] [BEYSN] [BEShÁSN]
prenatal care [HAZhGÓKhE/HAShGÓKhE] די טראָג־השגחה
prenatal screening די טראָגזיפּונג
prenatal testing דער וולד־טעסט [VLAD]
pre-need planning דאָס פּלאַני́רן די לוויה אין פֿאָרוי́ס [LEVÁYE]
prenuptial agreement דער חתן־כּלה־אָפּמאַך, ־ן; דער אָפּמאַך ערבֿ דער חתונה [KhOSN-KÁLE] [ÉREV] [KhÁSENE]
(J./between both sets of parents) תּנאָים ל״ר [TNÓYEM]
preoccupation די/דאָס פֿאַרזאָרגטקייט; דער איי́ביקער זאָרג
preoccupied פֿאַרזאָרגט; פֿאַרטרודט; פֿאַרהאַוועט; פֿאַרטאָן [FARTÓRET]
be preoccupied with oneself זײַן פֿאַרטאָן מיט זיך; האָבן מיט זיך צו טאָן
preoperative פֿאַר דער אָפּעראַציע
preordain פֿאָרוי́סבאַשטימען
preordained באַשע́רט; פֿאָרוי́סבאַשטימט
pre-order באַשטעלן אין פֿאָרוי́ס
pre-owned געני́צט

prep, *n.* די צוגרייטונג
prep, *v.* (צו)גרייטן
prepackage אײַנפּאַקן פֿון פֿאָרויס ‹פֿריִער›
prepackaged פֿון פֿריִער ‹פֿאָרויס› אײַנגעפּאַקט
prepaid באַצאָלט אין פֿאָרויס
  (postage) פֿראַנקאָ
preparation דער צוגרייט; די צוגרייטונג; דאָס צוגרייטן (זיך); די הכנה, ־ות [HAKhÓNE]
  (chem.) דער פּרעפּאַראַט, ־ן
  in preparation for [BEShÁSN] בשעתן צוגרייטן (זיך) אויף
preparatory צוגרייט...
  (to stg.) פֿאַר
  (to doing stg.) אײדער
prepare
  vt. imp. גרייטן
  vt. pf. צוגרייטן; אָנגרייטן; אָנברייטן; צוריכטן; מכין זײַן [MEYKhN]
  vi. imp. גרייטן זיך
  vi. pf. צוגרייטן זיך; מאַכן זיך גרייט; מכין זײַן זיך
  prepare in advance פֿאַרגרייטן; צוגרייטן אין פֿאָרויס
prepared צוגעגרייט
  be prepared (for) זײַן גרייט (אויף); אָנריכטן זיך (אויף)
preparedness די/דאָס צוגעגרייטקייט
prepay באַצאָלן אין פֿאָרויס
  (postage) פֿראַנקירן
prep course דער צוגרייטקורס, ־ן
preplanned פּלאַנירט אין פֿאָרויס
preponderance (of) די איבערוואָג ‹איבערוואָג› (אין); דער/דאָס רובֿ; די הכרעה (פֿון) [HAKhRÓE] [ROV]
preposition די פּרעפּאָזיציע, ־ס
prepositional פּרעפּאָזיציאָנעל
prepositional phrase די פּרעפּאָזיציאָנעלע פֿראַזע, ־ס
prepossessing צוציִענדיק; צוציִיק; אײַנגענעם
preposterous אַבסורדיש; לעכערלעך; אומזיניק; פּידרעכדיק
  It's preposterous סע הימלט; ס'איז נישט געשטויגן נישט געפֿלויגן
  preposterous idea [RÚEKh-ShTÚS] דער רוח־שטות
preppy, *n.* דער פּרעפּי, ־ס
preprinted געדרוקט אין פֿאָרויס
preprogrammed פֿאָרויספּראָגראַמירט
prep school די (פּריוואַטע) צוגרייטשול, ־ן
prepuberty [ÉREV] די ערבֿ־צײַטיקונג; די פֿאַרצײַטיקונג
prepubescent פֿאַרצײַטיק
prepuce [ÓRLE] די ערלה, ־ות
prequalified קוואַליפֿיצירט ‹אַפּראָבירט› אין פֿאָרויס
prequalify קוואַליפֿיצירן ‹אַפּראָבירן› אין פֿאָרויס
prequel די פֿאַרגעשיכטע, ־ס
prerecorded רעקאָרדירט אין פֿאָרויס
preregister, *vt./vi.* פֿאַרשרײַבן (זיך) אין פֿאָרויס
preregistration די פֿאַרשרײַבונג אין פֿאָרויס; די פֿאָרויסיקע פֿאַרשרײַבונג
prerequisite, *n.* דער פֿאָרבאַדינג, ־ען; דער תּנאַי־קודם־למעשׂה, ־ס [TNAY-KÓYDEM-LEMÁYSE]
  (acad.) [KÓYDEM] דער קודם־קורס, ־ן
pre-revolutionary ביזרעוואָלוציאָנער; פֿאַררעוואָלוציאָנער
prerogative די פּרעראָגאַטיוו, ־ן
presage פֿאָרויסזאָגן; אָנזאָגן אויף
presbyopia די פּרעסביאָפּיע
presbyopic ווײַטזעיִק; פּרעסביאָפּיש
presbyter דער פּרעסביטער, ־ס
Presbyterian, *adj.* פּרעסביטעריאַניש
Presbyterian, *n.* דער פּרעסביטעריאַנער, –
presbytery די פּרעסביטעריע, ־ס

preschool, *adj.* ביז־שול...
preschool, *n.* די פֿירשול, ־ן; די פֿאַרשול, ־ן
preschool-age דער ביז־שול־עלטער
preschool education די ביז־שול־בילדונג
preschooler
  m./unsp. דער ביז־שולניק, ־עס; דער פֿירשולניק, ־עס
  f. די ביז־שולניצע, ־ס; די פֿירשולניצע, ־ס
prescience די/דאָס נבֿיאישקייט; די/דאָס פֿאָרוויסיקייט [NEVÍIShKEYT]
prescient [NEVÍISh] נבֿיאיש; האָבן אַ פֿאָרגעפֿיל
prescribe פֿאַראָרדענען; פֿירשרײַבן
  (med.) פֿאַרשרײַבן
prescription דער רעצעפּט, ־ן
  available by prescription only צום באַקומען נאָר לויט ‹מיט› אַ רעצעפּט
  It's a prescription for disaster פֿון דעם וועט קיין גוטס נישט אַרויס; ס'איז אַן אָפֿענע גרוב
prescription drug coverage די רעצעפּטן־פֿאַרזיכערונג
prescription glasses פֿאַרשריבענע ברילן
prescription medication די פֿאַרשריבענע רפֿואה, ־ות; דער פֿאַרשריבענער מעדיקאַמענט, ־ן [REFÚE]
prescription plan דער רעצעפּטן־פּלאַן, ־פּלענער
prescriptive נאָרמאַטיוו
presence די/דאָס פֿאַראַנענקייט
  (attendance) דאָס בײַזײַן
  establish a presence אײַנייִשובֿן זיך; ווערן אַן אײגענער [ÁYNYÍShEVN]
  have presence of mind האַלטן דעם קאָפּ; האָבן די שליטה איבער זיך; אָריענטירן זיך [ShLÍTE]
  in the presence of אין + פּאָס' בײַזײַן; אין + פּאָס' דלת אַמות [DÁLET ÁMES]
  make one's presence felt מאַכן אַ רושם; לאָזן זיך באַמערקן [RÓYShEM]
presenile dementia די/דאָס עובֿר־בטלדיקייט פֿאַר דער צײַט; די פֿריִע דעמענציע [ÓYVER-BÓTLDIKEYT]
present, *adj.*
  (current) הײַנטיק; איצטיק
  (attending) דאָ; פֿאַראַ(נע)ן; בײַזײַיִק
  all present and accounted for אַלע זענען דאָ
  present company excluded נישט אונדז ‹דיך/אײַך› מיינט מען
present,[1] *n.*
  (time) דער איצט; דער הווה; דער הײַנט; די/דאָס איצטיקייט [HÓYVE]
  at present איצט; אַצינד; אַצינדער(ט)
  at the present time (now) איצט; אין איצטיקן מאָמענט; הײַנט
  at the present time (these days) בײַם הײַנטיקן טאָג
  be present בײַזײַן (בײַ/אויף); זײַן דערבײַ
  for the present [LESÁTE] לעת־עתּה; דערווײַל(ע)
present,[2] *n.* **(gift)** די מתּנה, ־ות; דאָס געשאַנק, ־ען; דער פּרעזענט, ־ן [MATÓNE]
present, *v.*
  (display) ווײַזן; פּרעזענטירן
  (thea.) אויפֿפֿירן
  (introduce) פֿאָרשטעלן
  (an award/prize) דערלאַנגען; אָפּגעבן אין די הענט אַרײַן
  (a gift) געבן; שענקען; אונטערטראָגן
  Present arms! סאַליוטירן מיטן געווער!; פּרעזענטירן דאָס געווער!
  present evidence [RÁYES] ברענגען ‹צושטעלן› ראַיות
  present itself באַווײַזן זיך; אונטערקומען

present oneself באַווײַזן זיך; אַרויסשטעלן זיך; (אָנ)מעלדן זיך
be presented with (dilemma) שטיין פֿאַר
be presented with (gift) אָפּנעמען
presentable בעל־הבתּיש ‹לײַטיש› אָנגעטאָן; פּרעזענטאַבל [BAL(E)BÁTISh]
be presentable נישט האָבן מיט וואָס זיך צו שעמען
make oneself presentable צו רעכט מאַכן זיך
presentation
(display) די פּרעזענטאַציע, ־ס; די פּרעזענטירונג, ־ען
(thea.) די אויפֿפֿירונג, ־ען; די פֿאָרשטעלונג, ־ען
(manner) דער פֿאָרברענג
(verbal) דער פֿאָרברענג בעל־פּה [BALPÉ]
(obst.) דאָס באַווײַזן זיך; דאָס גיין
present-day הײַנטוועלטיק; הײַנטיק
presentencing פֿאַרן פֿאַרמישפּטן [FARMÍShPETN]
presentiment דאָס פֿאָרגעפֿיל, ־ן; די אָנונג, ־ען
I have a presentiment that דאָס האַרץ זאָגט מיר אַז
presenting part (obst.) דאָס באַווײַז־אבֿר [ÉYVERL]
presently אין קורצן; אָט־אָט; באַלד
present participle דער גערונד, ־ן
present perfect tense דער פּערפֿעקטיווער הווה; די פּערפֿעקטיוו־איצטיקע צײַט [HÓYVE]
present tense די איצטיקע צײַט; דער הווה [HÓYVE]
preservation די אויפֿהיטונג; דער אויפֿהיט; די/דאָס אויפֿגעהיט(נ)קייט
(architectural) דער סטרוקטור־אויפֿהיט
(of capital) דאָס באַשיצן דעם (גרונט)קאַפּיטאַל
(of land) דער לאַנדאויפֿהיט
preservation instinct דער קיום־אינסטינקט [KÍEM]
preservationist דער אויפֿהיטער, ־ס
preservation work די אויפֿהיט־אַרבעט
preservative, *n.* דער קאָנסערוואַנט, ־ן; דאָס קאָנסערוויר־ ‹אויפֿהיט־›מיטל, ־ען
preserve, *n.*
(domain) דער תּחום, ־ען/־ים
(nature) דער רעזערוואַט, ־ן
fruit preserves דאָס אײַנגעמאַכטס ל״י
preserve, *v.* אויפֿהיטן; באַשיצן; באַשירעמען
(can) קאָנסערווירן; פּרעזערווירן; אײַנפּעקלען
(fruit) אײַנמאַכן
preset, *adj.* אין פֿאָרויס אײַנגעשטעלט ‹אָנגעשטעלט›
preset, *v.* אײַנשטעלן ‹אָנשטעלן› אין פֿאָרויס
preshrunk אין פֿאָרויס פֿאַרקלענערט
preside (over) פֿירן דעם פֿאָרזיץ (אויף); זײַן דער פֿאָרזיצער (אויף/פֿון); פּרעזידירן + אַק׳
presidency די פּרעזידענטשאַפֿט, ־ן
president
m./unsp. דער פּרעזידענט, ־ן
f. די פּרעזידענטקע ‹פּרעזידענטין›, ־ס
(acad.) דער רעקטאָר, ...אָרן
president's office (acad.) דער רעקטאָראַט
run for president קאַנדידירן אויף פּרעזידענט
(of Israel) דער נשׂיא, ־ים [NÓSI, NESÍIM]
presidential פּרעזידענטיש
(of the president) דעם פּרעזידענטס; פּרעזידענטן־...
presidential election פּרעזידענטישע וואַלן
presidential office די פּרעזידענטשאַפֿט
presidium דער פּרעזידיום, ־ס
press, *n.*
(mech.) דער פּרעס, ־ן
(printing) די דרוק, ־ן; די דרוקמאַשין, ־ען; דער פּרעס, ־ן
(media) די פּרעסע
go to press גיין אין דרוק
come off the press(es) אַרויסגיין פֿון דרוק
hot off the press(es) ערשט ‹נאָר וואָס› אַרויס פֿון דרוק
in press אין דרוק
press, *v.*
imp. **(force)** דריקן; קוועטשן
imp./pf. **(iron)** (אויס)פּרעסן; (אויס)ביגלען
pf. **(force)** צודריקן; אָנדריקן; אָנקוועטשן; צוקוועטשן
pf. **(once)** געבן אַ קוועטש ‹דריק›; אַ קוועטש ‹דריק› טאָן
(pressure) מאָנען בײַ; בעטן זיך בײַ; רײַסן + דאַט׳ די פּאָלעס
press ahead שפּאַרן פֿאָרויס
press into service אײַנשפּאַנען אין דינסט
press the flesh געבן ‹דריקן› אָלעמען די האַנט
press agent דער פּרעסע־אַגענט, ־ן
press box די פּרעסע־גאַלעריע, ־ס
press corps דער פּרעסע־קאָרפּוס; די פּרעסע־קאָרפּערשאַפֿט
press coverage די נײַעס־דעקונג; דאָס דעקן די נײַעס; דער רעפּאָרטאַזש
press department דער פּרעסע־ביוראָ, ־ען
pressed געענגט
be pressed for time אײַלן זיך; זײַן געענגט אין צײַט
presser דער פּרעסער, ־ס
pressing אײַליק; ברענענדיק; דרינגענדיק
be pressing ברענען
press kit דאָס פּרעסע־פּעקל, ־עך
pressman
(journalist) דער זשורנאַליסט, ־ן
(printer) דער דרוקער, ־ס
press release דער פּרעסע־קאָמוניקאַט, ־ן
press report דער פּרעסע־רעפּאָרטאַזש, ־ן
pressroom די דרוקערײַ, ־ען
press run דער טיראַזש, ־ן
press stud די קנאָפּקע, ־ס
pressure, *n.* די דריקונג, ־ען; דער דרוק
(sudden) דער אָנדריק, ־ן; דער אָנדראַנג, ־ען
bring pressure to bear דריקן אויף
create pressure פֿאַרשטאַרקן ‹פֿאַרגרעסערן› די דריקונג
lose pressure אָנווערן די דריקונג
put pressure on דריקן אויף
under pressure אונטער אַ דריקונג
pressure, *v.* דריקן אויף; דריקן (צו דער וואַנט); צושפּאַרן צום ווענטל
pressure cooker דער דרוקטאָפּ, ...טעפּ
pressure gauge דער מאַנאָמעטער, ־ס
pressure point דער דרוקפּונקט, ־ן
pressurize הערמעטיזירן
pressurized הערמעטיש; געפּרעסט
pressurized air די געפּרעסטע לופֿט
pressurized cabin די הערמעטישע קאַבינע, ־ס
pressurized suit דער הערמעטישער קאָסטיום, ־ען
presswork די דרוקאַרבעט
prestidigitation די שוואַרצקונסט
prestige דער פּרעסטיזש
prestigious פּרעסטיזשיק; בכּבֿודיק [BEKÓVEDIK]
presto פּרעסטאָ
prestressed concrete דער געשפּאַנטער בעטאָן
presumably מע נעמט אָן אַז; משמעות [MAShMÓES]
presume אָננעמען; משער זײַן זיך [MEShÁER]
He's presumed dead ער איז משמעות געשטאָרבן; מע נעמט אָן אַז ער איז געשטאָרבן [MAShMÓES]
She's presumed innocent מע נעמט אָן אַז זי איז אומשולדיק

presume to מעכטיקן זיך צו; דערוועגן זיך צו; דערלויבן זיך צו; האָבן די העזה צו [HÓZE]
presumption די השערה, ־ס [HAShÓRE]
(audacity) די העזה; די/דאָס דרייסטקייט; די/דאָס אומפֿאַרשעמטקייט [HÓZE]
the presumption is that מע נעמט אָן אַז
presumptive אָנגענומען; אינדיציע־...; דרינג...
presumptive evidence דער אינדיציע־דערווײַז, ־ן; דער דרינגדערווײַז, ־ן
presumptive mood דער השערה־מאָדוס [HAShÓRE]
presumptive morality די אָנגענומענע מאָראַל
presumptuous העזהדיק; חוצפּהדיק; האָפֿערדיק [HÓZEDIK] [KhÚTSPEDIK]
presumptuousness די העזה; די חוצפּה; די/דאָס האָפֿערדיקייט [HÓZE] [KhÚTSPE]
presuppose אָננעמען אויף ‹אין› פֿאָרויס; נעמען אויף זיכער; האָבן + אַק׳ פֿאַר אַ תּנאַי־קודם־למעשה [TNÁY-KÓYDEM-LEMÁYSE]
presupposition די פֿאָרהנחה, ־ות; דער תּנאַי־קודם־למעשה [FÓRHANÓKhE] [TNÁY-KÓYDEM-LEMÁYSE]
pretax ברוטאָ...; פֿאַרן אַראָפּרעכענען די שטײַערן
preteen, *n.* דער בײַזדערוואַקסלינג, ־עון; דער בײַזצענערלינג, ־עון/־ער
pretend מאַכן אַן אָנשטעל (פֿון/אַז); מאַכן זיך (אַז); פּרעטענדירן (אַז)
pretend not to know מאַכן זיך נישט וויסנדיק; מאַכן זיך כּלא־ידע [KILEYÓDE]
pretend to be מאַכן זיך פֿאַר
Let's pretend לאָז זיך אונדז דאַכטן
pretender דער פּרעטענדענט, ־ן
pretense דער אָנשטעל, ־ן; די אויסגעבונג, ־ען; די סיגע, ־ס
under false pretenses אויף אַ שווינדלערישן אופֿן; אונטער פֿאַלשע אויסגעבונגען [OYFN]
pretension די פּרעטענציע, ־ס
pretentious פּרעטענציעז
be pretentious *also* האָבן פֿליי ‹פֿליגן› אין דער נאָז
pretentiousness די/דאָס פּרעטענציעזקייט
preterm פֿרי...; פֿריִיק
preterm baby דאָס זיבעלע, ־ך; דאָס פֿריִעלע, ־ך; דאָס פֿרי־געבוירענע קינד, ־ער
preterm delivery דאָס פֿריִיקע האָבן
preternatural איבערנאַטירלעך
pretest דער פֿאָרויס־עקזאַמען, ־ס
pretext דער תּירוץ, ־ים; דער אויסרעד, ־ן; דער פּרעטעקסט, ־ן; דער פּיתחון־פּה [TÉRETS, TERÚTSIM] [PISKhNPÉ]
under the pretext אונטערן אויסרעד ‹תּירוץ›; באשר [BÁ(N)ShER]
pretrial פֿאַרן פּראָצעס ‹מישפּט› [MÍShPET]
hold in pretrial detention אײַנזעצן ‹פֿאַרהאַלטן› פֿאַרן פּראָצעס ‹מישפּט›
pretrial hearing דער אויספֿרעג פֿאַרן פּראָצעס ‹מישפּט› [MÍShPET]
prettify פֿאַרשענערן; באַשיינען
pretty, *adj.* שיין
pretty as a picture בילד שיין; נאָר אָפּצומאָלן
pretty, *adv.* גאַנץ
pretty good גאַנץ גוט; גאָר נישט שלעכט; נישקשה(דיק) [NIShKÓShE(DIK)]
pretty much מער־ווייניקער; כּמעט [KIMÁT]
pretty much the same מער־ווייניקער דאָס זעלבע
be sitting pretty זיצן ווי די לאָרדן; אָפּלעקן אַ ביינדל
pretzel דאָס בייגעלע, ־ך; דער פּרעצל, ־עך

prevail קריגן ‹געווינען/האָבן› די איבערהאַנט; האָבן די שליטה; מתגבר זײַן זיך; פּרעוואַלירן [ShLÍTE] [MISGÁBER]
prevail upon פּועלן בײַ; אײַנבעטן זיך בײַ [PÓY(E)LN]
prevailing אָנגענומען; איצטיק; פּרעוואַלירנדיק
prevalence די/דאָס פֿאַרשפּרייטקייט
prevalent (שטאַרק/ברייט) פֿאַרשפּרייט; אײַנגעשטעלט
prevaricate זוכן ווי זיך אַרויסצודרייען; זאָגן נישט וואָס געמיינט
prevarication די/דאָס אויסדרייערישקייט
prevent פֿאַרהיטן; פֿאַרמײַדן
prevent sb. from doing שטערן + דאַט׳ צו; נישט לאָזן + אַק׳; אָפּהאַלטן + אַק׳ פֿון
preventable פֿאַרהיטעוודיק; פֿאַרמײַדלעך
be preventable לאָזן זיך פֿאַרהיטן ‹פֿאַרמײַדן›
preventable disease די פֿאַרמײַדלעכע קרענק, ־ען
preventative *see* preventive
prevention די פֿאַרהיטונג; דאָס פֿאַרהיטן
preventive, *adj.* פֿאַרהיט...; פֿאַרהיטנדיק; פּרעווענטיוו
preventive, *n.* דאָס פֿאַרהיט־מיטל, ־ען; דאָס שיצמיטל, ־ען
preventive care די קרענק־פֿאַרהיטונג; די געזונט־השגחה [HAZhGÓKhE/HAShGÓKhE]
preventive maintenance די פֿאַרהיט־באַדינונג
preventive medicine די פּרעווענטיווע מעדיצין
preventive war די פּרעווענטיווע מלחמה, ־ות [MILKhÓME]
preview, *n.* דער פֿאָרווײַז, ־ן; די פֿאָרויסיקע ווײַזונג, ען
preview, *v.* ווײַזן ‹זען› אין פֿאָרויס
previous פֿריִערדיק; ביזאיצטיק; ביזאַהעריק
previous to פֿאַר; אײדער
previously (אַ)פֿריִער; ביז אַהער
prewar פֿאַרמלחמהדיק [FÁRMILKhÓMEDIK]
prey, *n.* דאָס רויב; דער קרבן [KORBM]
fall prey to ווערן אַ קרבן פֿון
prey, *v.* (on) יאָגן זיך נאָך; באַפֿאַלן + אַק׳
be preying on one's mind דריקן אויף + דאַט׳; מוטשען + אַק׳; פּלאָגן + אַק׳
price, *n.* דער פּרײַז, ־ן; דער מקח, ־ים [MÉKEKh, MEKÓKhIM]
at a price פֿאַר גאָר אַ הויכן פּרײַז; גאָר טײַער
at a reasonable price אין גלײַכן געלט
at any price וויפֿל סע זאָל נישט (אָפּ)קאָסטן; פֿאַר יעדן פּרײַז
lower the price אַראָפּלאָזן דעם פּרײַז
not at any price פֿאַר קיין שום געלט נישט
pay a steep price צאָלן אין טאָג אַרײַן
price of admission דאָס אַרײַנטריט־געלט
price-to-earnings ratio די פּראָפּאָרציע פּרײַז/פֿאַרדינסט
put a price on באַשטימען די ווערט פֿון
raise the price העכערן ‹אויפֿשלאָגן› דעם פּרײַז
set a price באַשטימען ‹שטעלן› אַ פּרײַז
price, *v.* באַשטימען ‹שטעלן› דעם פּרײַז פֿון
priced at פֿאַרן באַשטימטן פּרײַז פֿון
price basket דער פּרײַזנקויש
price ceiling די פּרײַזסטעליע, ־ס
price control דער פּרײַזן־קאָנטראָל, ־ן
price decrease דער פּרײַזן־אַראָפּלאָז, ־ן
price-fixing די פּרײַזן־מאַניפּולירונג
price gouging דאָס פּרײַזן־שינדערײַ; דער אַרויפֿשרויף; דאָס רײַסן פּאַסן (בײַם קונה) [KÓYNE]
price increase די פּרײַזן־העכערונג, ־ען; דאָס העכערן די פּרײַזן; די פֿאַרטײַערונג, ־ען
price index דער פּרײַזן־אינדעקס, ־ן; דער פּרײַזקוראַנט, ־ן
priceless נישט אָפּצושאַצן; אָן אַ שאַץ
price list דער פּרײַזקוראַנט, ־ן; דער טאַריף, ־ן
price quote דער אָפּיציעלער פּרײַז, ־ן

price support דער פּרײַז־אונטערשפּאַר, ־ן
price tag די פּרײַז־עטיקעטקע, ־ס; דאָס פּרײַזקוויטל, ־עך; דער פּרײַזצעטל, ־ען
It comes with a price tag ס'וועט קאָסטן געלט ‹טײַער›
price war די פּרײַזן־‹באַטרעף־›מלחמה, ־ות [MILKhÓME]
pricey קאָסטיק; טײַער
prick, *n.*
(of pin) דער שטאָך, ־ן
(penis/*slg./vlg.*) דאָס פּעצל, ־עך; דער פּאָץ, פּעץ; דער שוואַנץ, שווענץ; דאָס שמעקל, ־עך
(person/*slg./vlg.*) דער שוואַנץ, שווענץ; די זלידנע בריאה, ־ות; דער אָנגעבלאָזענער פּענכער, ־ס; דער שמאָנדאַק, ...אָקעס [BRÍE]
prick, *v. imp./pf.* (צע)שטעכן
prick oneself צעשטעכן זיך; אַ שטעך טאָן זיך
prick up one's ears אויפֿשפּיצן ‹אָנשפּיצן/אָנשטעלן› די אויערן; אָנשפּיצן זיך
prickle, *n.* די שטעכלקע, ־ס
prickle, *v.* שטעכן
(sensation) שטעכן ווי מיט נאָדלען
prickly שטעכיק; שטעכלדיק; בײַסיק
prickly heat דער אויספּרי
have prickly heat זײַן אויסגעפּריִעט
prickly pear די סאַברע, ־ס
pride, *n.* דער שטאָלץ; די/דאָס שטאָלצקייט
He's my pride and joy ער איז מײַן אוצר ‹שמעלצל›; איך שעפּ פֿון אים נאָר נחת [ÓYTSER] [NÁKhES]
pride of place דער ערנפּלאַץ, ...פּלעצער
take pride in שטאָלצירן מיט; שעפּן ‹קלײַבן› נחת פֿון; צאַצקען זיך מיט; שמעלצן זיך אין
pride, *v.*
pride oneself on שטאָלצירן מיט; גרייסן זיך מיט; איבערנעמען זיך מיט ‹פֿון›
priest דער גײַסטלעכער געב'; דער פּריסטער, ־ס
(Chr., *esp.* Catholic) דער גלח, ־ים [GÁLEKh, GALÓKhIM]
(Greek Orthodox) דער פּאָפּ, ־ן; דער גלח, ־ים
(J./bib.) דער כּהן, ־ים [KÓYEN, KOYÁNIM/KEHÁNIM]
priestess די גײַסטלעכע, –; די פּריסטערין, ־ס
priesthood די פּריסטערשאַפֿט
(Chr./clergy) דאָס גלחות; דער קלער [GÁLKhES]
(Chr./office) דער פּריסטעראַמט
(J./bib.) די כּהונה; די כּהנימשאַפֿט [KEHÚNE] [KOYÁNIMShAFT/KEHÁNIMShAFT]
priestly
(Chr.) גלחיש [GALÓKhISh]
(J./bib.) כּהניש [KOYÁNISh]
priestly clothes (J./bib.) בגדי־כּהונה [BÍGDE-KEHÚNE]
prig דער צדיק בײַ זיך (אין די אויגן) [TSÁDEK]
prim קאָרעקט; פֿאָרמעל; מאַנירלעך; שטײַף; אַפּעקטירט
prim and proper צירלעך־מאַנירלעך
prima ballerina די ערשטע באַלערינע, ־ס
primacy די/דאָס ערשטיקייט; די איבערשאַפֿט
(eccl./Chr.) דער פּרימאַט, ־ן
prima donna די פּרימאַדאָנע, ־ס
prima facie לכאורה; אין פֿלוג [LIKhÓYRE]
prima facie evidence לכאורה־ראיות‹־באַווײַזן› ל"ר [RÁYES]
primal קדמוניש [KADMÓYNISh]
primal scream דאָס געשריי פֿון דער נשמה אַרויס [NEShÓME]
primary, *adj.* ערשטיק; עיקר־...; עיקרדיק; הויפּט...; גרונט... [ÍKER] [ÍKERDIK]
of primary concern די הויפּטזאָרג ‹די הויפּט־דאגה› איז וואָס [DÁYGE]
of primary importance פֿון ערשטראַנגיקער וויכטיקייט
primary, *n.* נאָמינירֿ־‹פּרימאַר־›וואַלן ל"ר
primary campaign די נאָמינירֿ־קאַמפּאַניע, ־ס
primary care דער ערשטיקער געזונט־אָפּהיט
primary caregiver דער הויפּט־אַכטונג־געבער, ־ס
primary care physician דער ערשטיקער דאָקטער, ־טוירים...
primary cell דער גאַלוואַנישער עלעמענט, ־ן
primary color דער גרונטקאָליר, ־ן
primary education די גרונט־דערציִונג
primary election נאָמינירֿ־‹פּרימאַר־›וואַלן ל"ר
primary-level ערשטיק
primary materials ערשטיקע מאַטעריאַלן
primary meaning דער גרונטבאַטײַט, ־ן
primary reason די הויפּט־סיבה, ־ות; דער גורם־ראשון; דער עיקר־גורם, ־ים [SÍBE] [GÓYREM-RÍShN] [ÍKER-GÓYREM, -GÓRMIM]
primary school די עלעמענטאַר־שול, ־ן; די פֿאָלק(ס)שול, ־ן
primary sources ערשטיקע מקורים [MEKÓYRIM]
primary stress (ling.) דער עיקר־אַקצענט, ־ן [ÍKER]
primate[1] **(zool.)** דער פּרימאַט, ־ן
primate[2] **(eccl./Chr.)** דער פּרימאַט, ־ן; דער אַרציבישאָף, ־ן
primatologist דער פּרימאַטן־פֿאָרשער, ־ס; דער פּרימאַטאָלאָג, ־ן
primatology די פּרימאַטאָלאָגיע
prime, *adj.* הויפּט...; ערשטראַנגיק; ערשטסאָרטיק; פֿונעם ערשטן סאָרט [ÍKER]
(math.) פּשוט; ערשטיק [PÓShET]
prime,[1] *n.*
(stage) די בליצײַט; דער (פֿולער) בלי
in one's prime אין די בעסטע יאָרן; אין פֿולן ‹רעכטן› בלי; אין + פּאָס' בליצײַט
past one's prime שוין נאָך דער בליצײַט; שוין נישט יונג
prime,[2] **(paint)** די גרונטפֿאַרב
prime, *v.*
(paint) גרונטעווען
(a pump) אונטערגיסן
(a gun) אָנלאָדן
(prepare) אונטערגרייטן; צוגרייטן
prime cost דער קערנקאָסט
prime cut דאָס/די שטיק פֿון בעסטער קוואַליטעט
prime factor דער פּשוטער כּפֿלער, ־ס; דער פּשוטער פֿאַקטאָר, ...אָרן [PÓShETER] [KÉYFLER]
prime meridian דער גריניטש־‹נול־›מערידיאַן
prime minister
m./unsp. דער פּרעמיער, ־ן; דער פּרעמיער־מיניסטער, ...אָרן
f. די פּרעמיערשע, ־ס; די פּרעמיער־מיניסטאָרשע, ־ס
prime ministership די פּרעמיערשאַפֿט
prime mover
(energy source) די טרײַבקראַפֿט, ־ן
(phil.) דער שׂכל־הפּועל [SEYKhL-HAPÓYEL]
(tractor) דער שלעפּטראַקטאָר, ...אָרן
prime number די פּשוטע ‹ערשטיקע› צאָל, ־ן [PÓShETE]
primer דער אָנהייבער, ־ס; דאָס אַלף־בית־ביכל, ־עך; דער אָנפֿאַנגער, ־ס [ÁLEFBEYZ]
prime suspect דער הויפּט־חשוד, ־ים [KhÓShED, Kh(A)ShÚDIM]
prime time די (טעלעוויזיע־)שפּיץ־שעהען [ShÓEN]

primeval קדמוניש; בראשיתדיק [KADMÓYNISh] [BRÉYShESDIK]
primeval forest דער בראשית־וואַלד [BRÉYShES]
primeval times קדמונים [KADMÓYNIM]
primigravida די ערשט־טראָגערין, ־ס
primitive פּרימיטיוו
primogeniture די בכורה [PKhÓYRE]
primordial קדמון־...; קדמוניש; ערשטיק [KÁDMEN] [KADMÓYNISh]
primordial matter דער קדמון־מאַטעריאַל [KÁDMEN]
primordial soup די קדמון־יויך [KÁDMEN]
primp אויספּוצן זיך; באַצירן זיך
primrose דער פּרימל, ־ען; די שליסלבלום, ־ען; די פּרימולע, ־ס; דער ערשטלינג, ־ען
primula די פּרימולע, ־ס
prince דער פּרינץ, ־ן; דער בן־מלך, בני־מלכים; דער שׂר, ־ים [BENMÉYLEKh, BNEY-MELÓKhIM] [SAR, SÓRIM]
Prince of Wales דער ענגלישער קרוינפּרינץ
prince charming דער אויסגעחלומטער פּרינץ; דער בחור דער פּרינץ [ÓYSGEKhÓLEMTER] [BÓKhER]
prince consort דער מלכּהס מאַן [MÁLKES]
princedom די פּרינצשאַפֿט, ־ן
princely ווי אַ פּרינץ; מעשׂה פּרינץ [MÁYSE]
prince regent דער פּרינצרעגענט, ־ן
princess די פּרינצעסין, ־ס; די בת־מלכּה, ־ות [BASMÁLKE]
princess dress די פּרינצעסקע, ־ס; די פּרינצעסין, ־ס
principal, *adj.* הויפּט...
principal, *n.*
(school) דער (שול־)דירעקטאָר, ...אָרן; דער פּרינציפּאַל, ־ן אַמ'
(econ.) דער/דאָס קרן [KERN]
principality די פּרינצשאַפֿט, ־ן
principally בעיקר; דער עיקר [BEÍKER] [ÍKER]
principle דער פּרינציפּ, ־ן; דער עיקר, ־ים [ÍKER, ÍKRIM]
in principle אין פּרינציפּ; פּרינציפּיעל; להלכה [LEHALÓKhE]
It's a matter of principle/It's the principle that counts סע גייט אין פּרינציפּ
on principle פּרינציפּיעל
principled פּרינציפּיעל; מיט פּרינציפּן
print, *adj.* געדרוקט
print, *n.* דער דרוק, ־ן
(of photograph) די קאָפּיע, ־ס
in print צו(ם) באַקומען
out of print אויספֿאַרקויפֿט; נישט צו(ם) באַקומען
print on demand דאָס פֿאַרלעגעריַי לויט דער באַשטעלונג
print, *v.*
(from printer) אַרויסדרוקן; אָפּדרוקן
(with block letters) שרייַבן מיט געדרוקטע אותיות [ÓYSYES]
print out אַרויסדרוקן; אָפּדרוקן
printable דרוקעוודיק; דרוקפֿאַרטיק; דרוקפֿעיִק
printed געדרוקט
printed matter דאָס דרוקוואַרג; די דרוקזאַך
printed sheet דער דרוקבויגן, ־ס
printer
(worker) דער דרוקער, ־ס
(machine) דער אָפּדרוקער, ־ס
printer's ink די דרוקפֿאַרב
printhead דאָס דרוקקעפּל, ־עך
printing, *n.* די דרוקאַרבעט
printing block די קלישע, ־ס
printing paper דאָס קאַפּיר־פּאַפּיר
printing press די דרוקמאַשין, ־ען; די דרוק, ־ן; דער פּרעס, ־ן
printing shop די דרוקעריַי, ־ען; די דרוק, ־ן
printing supplies דאָס דרוקוואַרג קאָל'
print options ברירות אויף אַרויסצודרוקן [BRÉYRES]
printout דער אַרויסדרוק, ־ן
print preview דער איבערקוק פֿאַרן אַרויסדרוקן
print shop די דרוקעריַי, ־ען
prion דער פּריאָן, ־ען
prior, *adj.* פֿריִערדיק; פֿאַרדעמדיק
prior to (נאָך) פֿאַר; (נאָך) פֿריִער ווי ‹פֿון›
He has a prior conviction מ'האָט אים שוין איין מאָל פֿאַרמישפּט [FARMÍShPET]
prior, *n.* (Chr.) דער פּריאָר, ־ן
prioress די פּריאָרין, ־ס
prioritize אייַנשטעלן פּריאָריטעטן; אויססדרן לויט דער פּריאָריטעט [ÓYSSÁDERN]
priority די פּריאָריטעט, ־ן; די/דאָס בילכערקייט, ־ן; דער זכות־הבכורה [SKhÚS-HAPKhÓYRE]
first priority די ערשטע פּריאָריטעט; אויפֿן ערשטן אָרט ‹פּלאַן›; אויפֿן פֿאָדערפּלאַן
take priority זיַין בילכער; האָבן ‹באַקומען› די פּריאָריטעט ‹בכורה› [PKhÓYRE]
top priority די העכסטע פּריאָריטעט
priority list די פּריאָריטעטן־רשימה, ־ות [REShÍME]
priory דער פּריאָראַט, ־ן
prise אויפֿברעכן ‹אַרויסרייַסן› מיט כּוח [KÓYEKh]
prism די פּריזמע, ־ס
prismatic פּריזמאַטיש
prison דער קרימינאַל, ־ן; די תּפֿיסה, ־ות; די טורמע, ־ס; דער קוטשעמענט, ־ן; דאָס געפֿענקעניש, ־ן [TFÍSE]
be in prison זיצן
prison break דער אַרויסרייַס פֿון תּפֿיסה ‹טורמע/געפֿענקעניש›
prison camp דער לאַגער פֿאַר קריגס־געפֿאַנגענע
prisoner דער אַרעסטאַנט, ־ן; דער תּפֿיסהניק, ־עס; דער געפֿאַנגענער געב'; דער פֿאַרשפּאַרטער געב' [TFÍSENIK]
prisoner of conscience דער פּאָליט־אַרעסטירטער געב'
prisoner of war דער פּלעניק, ־עס; דער קריגס־געפֿאַנגענער געב'
prison guard דער תּפֿיסה־‹טורמע־›וועכטער, ־ס; דער שליסער, ־ס [TFÍSE]
prison inmate *see* **prisoner**
prissy (איבעריק) מאַנירלעך
pristine נישט־באַרירט; לויטער
privacy די/דאָס פּריוואַטקייט; די/דאָס אַליינקייט; דאָס יחידות [YEKhÍDES]
(comp.) דער דאַטנשיץ
privacy protection דאָס אָפּהיטן פּריוואַטקייט
privacy rights דאָס רעכט אויף פּריוואַטקייט
privacy settings דאַטנשיץ־פֿיקסירונגען
private, *adj.* פּריוואַט; פּריוואַט...; אייגן; פּערזענלעך
(secluded) באַזונדער; אָפּגעזונדערט
(secret) בסודיק; קאָנפֿידענציעל [BESÓDIK]
private, *n.*
(mil.) דער פּשוטער ‹פּראָסטער› זעלנער, ־ס; דער פּשוטער ‹פּראָסטער› סאָלדאַט, ־ן; דער פּריוואַט, ־ס אַמ' [PÓShETER]
in private פּריוואַטערהייט
privates *see* **private parts**
private domain דער רשות־היחיד [REShÚS-HAYÓKhED]
privateer דער פּריוואַטיר, ־ן; דער קאַפּער, ־ס

private eye דער פּריוואַטער דעטעקטיוו, ־ן; דער פּריוואַטער אויספֿאָרשער, ־ס
private joke דער פּריוואַטער ‹אינעווייניקסטער› וויץ, ־ן
private life דאָס אייגענע ‹פּריוואַטע› לעבן, ־ס
privately פּריוואַט(ערהייט); אויג אויף אויג; אונטער פֿיר אויגן
 (in solitude) ביחידות [BIKhíDES]
 (secretly) שטילערהייט
private parts דער בוכוונקל ל״י; אינטימקייטן; שאַנדגלידער; עזותקייטן; די חרפּה ל״י [ÁZESKEYTN] [KhÁRPE]
private property דאָס פּריוואַט־אייגנס
private school די פּריוואַטע שול, ־ן
private sector דער פּריוואַטער סעקטאָר, ...אָרן
private tutor דער הויזלערער, ־ס
privation די נויט
privatization די פּריוואַטיזירונג
privatize פּריוואַטיזירן
privet דער ליגוסטער, ־ס
privilege, *n.* די פּריווילעגיע, ־ס; די לגאַטע, ־ס
 (honor) די זכיה; דער זכות; דער זעלטענער כּבֿוד [SKhíE] [SKhUS] [KÓVED]
 It would be a privilege ס׳איז מיר אַ באַזונדערער זכות ‹כּבֿוד›
 That's her privilege דאָס איז איר רשות [REShÚS]
privilege, *v.* פּריווילעגירן
privileged פּריווילעגירט; הייס ‹איידל› געבאָדן
 the privileged few יחידי־סגולה [YEKhíDE-ZGÚLE]
 privileged person (*m./unsp.*) *also* דער יחסן, ־ים [YAKhSN, YAKhSÓNIM]
 privileged person (*f.*) *also* די יחסנטע, ־ס [YÁKhSNTE]
privy, *adj.*
 be privy to וויסן פֿון אינעווייניק
privy, *n.* דער קלאָזעט, ־ן; דער פּריוועט, ־ן
prix fixe דער געשטעלטער פּרייַז, ־ן; דער פּרי־פֿיקס, ־ן
prize, *adj.* מוסטער...; פּריז...; פּרעמיע...
prize, *n.* די פּרעמיע, ־ס; דער פּריז, ־ן; דאָס געווינס, ־ן
prize, *v.* האַלטן פֿאַר טייַער; טייַער האַלטן; הויך שאַצן
prize animal די מוסטער־חיה, ־ות [KhÁYE]
prizefight דער פּרייַזקאַמף, ־ן; דער באָקסמאַטש, ־ן
prizefighter דער (פּראָפֿעסיאָנעלער) באָקסער, ־ס
prize money דער געלטפּריז
prizewinner דער פּרעמירטער געב׳; דער פּריז־געווינער, ־ס
prizewinning פּרעמירט
pro... פּראָ...
pro, *adj.* פּראָפֿעסיאָנעל
pro,[1] *n.*
 (expert) דער קענער, ־ס; דער געניטער געב׳
 (spo.) דער פּראָפֿעסיאָנעלער ספּאָרטלער, ־ס; דער פּראָפֿעסיאָנאַל, ־ן
 She's a real pro זי איז אַ פּראָפֿעסיאָנעלע ‹געניטע›; זי איז אַן אמתע קענערין [ÉMESE]
pro,[2] *n.*
 (advantage) די מעלה, ־ות; דער פּלוס, ־ן [MÁYLE]
 pros and cons מעלות און חסרונות; טענות פּראָ און קאָנטרע; אַרגומענטן ‹ראַיות› פֿאַר און קעגן [MÁYLES] [KhESRÓYNES] [TÁYNES] [RÁYES]
proactive פּראָאַקטיוו
probability דאָס משמעות [MAShMÓES]
 (math.) די/דאָס משמעותדיקייט, ־ן [MAShMÓESDIKEYT]
 in all probability לויט אַלע אויסקוקן ‹אויסבליקן›
probability theory די משמעות־טעאָריע [MAShMÓES]
probable גאַנץ מעגלעך
 It's probable (that) משמעות (אַז); סע לייגט זיך אויפֿן שׂכל (אַז); ס׳קען גרינג געמאָלט זייַן (אַז); סע שיקט זיך (אַז) [MAShMÓES] [SEYKhL]
probably משמעות; מסתּמא; מן־הסתּם; (ס׳איז) אַ סבֿרא אַז [MAShMÓES] [MISTÁME] [MINASTÁM] [SVÓRE]
 most probably גיכער פֿאַר ‹פֿון› אַלץ
pro basketball דער פּראָפֿעסיאָנעלער קוישבאָל
probate, *n.* די באַעכטיקונג, ־ען
probate, *v.* באַעכטיקן
probate court דאָס באַעכטיק־געריכט, ־ן
probation די פּראָבע, ־ס
 be on probation (acad.) זייַן אַ סטודענט בתּנאַי; זייַן אַ תּנאַי־סטודענט [BITNÁY] [TNAY]
 be on probation (jur.) זייַן אויף פּראָבע; האָבן פּראָבע
 put on probation (jur.) נעמען ‹שטעלן› אויף פּראָבע
probationary פּראָבע...
probation officer דער פּראָבע־אָפֿיציר, ־ן
probation period די פּראָבעצייַט, ־ן
probative דערווייַזיק
probe, *n.*
 (device) דער זאָנד, ־ן
 (investigation) די אויספֿאָרשונג, ־ען
probe, *v.*
 (device) זאָנדירן
 (investigate) אויספֿאָרשן; גריבלען זיך אין
 probing question די אייַנקוק־‹גרונט־›קשיא, ־ות [KÁShE]
probity די/דאָס סאַמע רעכטפֿאַרטיקייט
problem, *adj.* פּראָבלעמאַטיש; צרהדיק [TSÓREDIK]
 be a problem drinker ליב האָבן דאָס גלעזל; זייַן נוטה־לשיכּרות [NÓYTE-LEShíKRES]
problem, *n.* די פּראָבלעם, ־ען; די צרה, ־ות; די דאגה, ־ות [TSÓRE] [DÁYGE]
 (math.) די פּראָבלעם, ־ען; די אויפֿגאַבע, ־ס; די קשיא, ־ות [KÁShE]
 (med.) צרות ל״ר [TSÓRES]
 be a problem solver קענען פֿאַרענטפֿערן אַ קשיא ‹צרה/פּראָבלעם›
 Does she have a problem with it? ס׳געפֿעלט איר נישט?; ס׳אַרט זי?; ס׳איז איר נישט ניחא?; איז זי נישט צופֿרידן דערמיט? [NÍKhE]
 have many problems האָבן (וואָס) צו זינגען און צו זאָגן; האָבן צרות־צרורות; האָבן אַ פֿולן טאָפּ מיט דאגות [TSÓRES-TSRÚRES] [DÁYGES]
 have stomach problems האָבן צרות מיטן מאָגן; האָבן צו טאָן מיטן מאָגן
 He has his own problems ער האָט זיך די אייגענע צרות; ער האָט זיך זייַניקס
 Everyone has his/her own problems יעדער האָט זיך זייַן ‹איר› פּעקל ‹בינטל› צרות
 It shouldn't be a problem דאָס דאַרף נישט זייַן קיין שטער; נישטאָ קיין פּראָבלעם דערבייַ
 No problem! קיין מניעה ‹דאגה› נישט! [MENÍE]
 set of problems די פּראָבלעמאַטיק, ־עס
 That's his problem! האָט ער בייַ מיר אַן עוולה!; ס׳איז נישט מייַן באָבעס דאגה! [ÁVLE]
 That's the problem אָט דאָ ליגט דער הונט באַגראָבן
 What's the problem (with) ...? וואָס איז (מיט) ...?
 without a problem ווי געשמירט; גלאַטיק
problematic פּראָבלעמאַטיש
problem child דאָס שווערע קינד, ־ער
pro bono אָן ‹נישט› באַצאָלט; אויף געזעלשאַפֿטלעכע יסודות; לשם שמים [YESÓYDES] [LEShÉM-ShOMÁYEM]

proboscis
(insect) דאָס זויג־שנוּקעלע, ־ך
(trunk) דער שנוק, ־ן; דער שנויץ, ־ן
(human/*slg.***)** דער שנאָבל; די נ(י)אָניע, ־ס
pro-business לטובֿת געשעפֿטן; לטובֿת דעם האַנדל ‹מיסחר› [MÍSKhER] [LETÓYVES]
procedural פּראָצעדורעל
procedure די פּראָצעדור, ־ן
(comp.) *also* די פֿונקציע, ־ס; די אונטערפּראָגראַם, ־ען
have procedures in place זײַן גרייט אויף אַלעמען
What's the procedure in this case? וואָס טוט מען אין אַזאַ פֿאַל?
proceed
(approach) צוטרעטן
(continue) גיין ‹פֿאָרן› ווײַטער; גיין ‹פֿאָרן› פֿאָרויס; רוקן זיך (פֿאָרויס); ממשיך זײַן [MÁMShEKh]
(originate) שטאַמען; קומען
proceedings די פּראָצעדור, ־ן
(acad.) (וויסנשאַפֿטלעכע) שריפֿטן
(jur.) דער פּראָצעס ל״י
(minutes) דער פּראָטאָקאָל ל״י
(record) אַקטן
start legal proceedings פֿאַרפֿירן אַ פּראָצעס
proceeds דאָס לײַזעכץ ל״ן; די לײַזונג ל״ן; אַרײַנגעקומענע געלט(ער); די הכנסה ל״י [HAKhNÓSE]
process, *n.* דער פּראָצעס, ־ן; דער גאַנג, גענג
in process אין גאַנג
in the process (of) אין ‹פֿאַר› איין וועג (מיט); אין גאַנג (פֿון); בשעתן [BEShÁSN]
process, *v.* פּראָצעסירן; באַאַרבעטן
(chem.) (כעמיש) באַהאַנדלען
processed פּראָצעסירט
processed cheese דער שמעלצקעז, ־ן
processed foods פּראָצעסירטע שפּײַזן
processing, *n.* די באַאַרבעטונג; דאָס באַאַרבעטן; די פּראָצעסירונג; דאָס פּראָצעסירן
procession די (צערעמאָניעלע) פּראָצעסיע, ־ס; די דעפֿילאַדע, ־ס
(line) די ריי, ־ען
processional, *n.* **(march)** דער אַרײַנמאַרש, ־ן
processor דער פּראָצעסירער, ־ס
pro-choice פּראָאַבאָרט־...; פֿאַר אַבאָרט
pro-choice movement די פּראָאַבאָרט־באַוועגונג; די באַוועגונג פֿאַר אַבאָרט
proclaim פּראָקלאַמירן; דעקלאַרירן; אויסרופֿן; מכריז זײַן [MÁKhREZ]
proclamation די פּראָקלאַמאַציע, ־ס; דער קול־קורא, ־ס; די הכרזה, ־ות [HAKhRÓZE] [KOLKÓYRE]
(J./rabbinic) דער כּרוז, ־ים [KRUZ]
proclivity די נטיה, ־ות; די נייגונג, ־ען [NETÍE]
proconsul דער פּראָקאָנסול, ־ן
procrastinate אָפּלייגן (אין דער לאַנגער באַנק אַרײַן); מאַכן שהיות; באַלעמוטשע(ן); הײַע(ן) (זיך); קראַצן זיך [ShíES]
procrastination דאָס אָפּלייגן; דאָס מאַכן שהיות; דאָס באַלעמוטשעניש; די הײַקע [ShíES]
procrastinator דער אָפּלייגער, ־ס; דער באַלעמוט, ־ן
procreate פֿרוכפּערן זיך און מערן; ברענגען אַ נײַעם דור [DOR]
procreation די פֿרוכפּערונג און מערונג; דאָס ברענגען אַ נײַעם דור [DOR]
Procrustean bed דאָס סדום־בעטל [SDOM]
proctor, *n.* דער (עקזאַמען־)משגיח, ־ים [MAZhGÍEKh, MAZhGÍKhIM]
proctor, *v.* האַלטן אַן אויג בײַם עקזאַמען; זײַן אַ משגיח (בײַ אַן עקזאַמען) [MAZhGÍEKh]
procure אײַנשאַפֿן; פֿאַרשאַפֿן; נאַרײַען; נעמען
procurement דער אײַנשאַף; די אײַנשאַפֿונג; דאָס אײַנשאַפֿן
procurer דער (אײַנ)שאַפֿער, ־ס; דער פּראָקוריסט, ־ן; דער סרסר, ־ים [SÁRSER, SARSÓRIM]
(pimp) דער אַלפֿאָנס, ־ן; דער סוטענער, ־ס
procuress די מומע, ־ס; די מאַטקע, ־ס
prod, *n.*
(jab) דער שטאָד, ־ן; דאָס שטעכן; דער שטויס, ־ן
(stick) דער שטעכשטעקן, ־ס
(stimulus) דער סטימול, ־ן; דער שטויס, ־ן
prod, *v.*
(jab) שטעכן; שטויסן; געבן + דאַט׳ אַ שטאָד ‹שטויס›
(urge) אונטעריאָגן; אונטערשטופּן; צורעדן; געבן + דאַט׳ אַ שטויס
prodigal אויסברענגעריש; פּזרניש [PAZRÓNISh]
prodigal son דער בלאָנדזשענדיקער זון
prodigious ריז(עד)יק; ריזן...; גיגאַנטיש; אומגעהײַער
(amazing) וווּנדערלעך; אויסערגעוויי(נ)טלעך
prodigy דער עילוי, ־ים; דאָס וווּנדערקינד, ־ער [ÍLE, ILÚIM]
produce, *n.* ערדפּראָדוקטן ל״ר; פֿאַרמפּראָדוקטן ל״ר; דאָס גאָרטנוואַרג
produce, *v.* פּראָדוצירן
(thea.) אויפֿפֿירן; שטעלן
(bear fruit) טראָגן
(bring forth) אויפֿווײַזן
(fabricate) *also* אויסאַרבעטן; פֿאַבריצירן
(sound) *also* אַרויסברענגען; אַרויסגעבן
produce oil אַרויסברענגען נאַפֿט
produce market דער גרינסנמאַרק, ...מערק/־ן
producer דער פּראָדוצירער, ־ס; דער פּראָדוצענט, ־ן
(thea.) דער אויפֿפֿירער, ־ס; דער פּראָדוצירער, ־ס; דער פּראָדוצענט, ־ן
producer gas דער גענעראַטאָר־גאַז, ־ן
product
(commodity) דער פּראָדוקט, ־ן; דער פֿאַבריקאַט, ־ן; די סחורה, ־ות [SKhÓYRE]
(math./chem.) דער פּראָדוקט, ־ן
(result) דער רעזולטאַט, ־ן
production די פּראָדוקציע, ־ס
make a big production of מאַכן אַ גרויסן רעש ‹צימעס/טאַרעראַם› פֿון [RASh]
means of production פּראָדוציר־מיטלען
production line דער קאָנווייער, ־ס
production manager דער פּראָדוקציע־אָנפֿירער, ־ס
production plan דער פּראָדוציר־פּלאַן, ־פּלענער
production worker דער פֿאַבריק־אַרבעטער, ־ס
productive פּראָדוקטיוו; אויפֿטויִק
(creative) שאַפֿעריש
(fertile) גיביק
productivity די/דאָס פּראָדוקטיוויקייט; די/דאָס פּראָדוציר־פֿעיִקייט
profanation דער חילול־הקודש; די פּראָפֿאַנאַציע [KhÍLEL-HAKÓYDESh]
profanation of God's name (J.) דער חילול־השם [KhíLEL-HAShÉM]
profane, *adj.*
(worldly) וועלטלעך
(vulgar) גראָב; פּראָסט; וווּלגאַר
profane, *v.* מחלל זײַן; פּראָפֿאַנירן [MEKhÁLEL]
profane God's name מחלל־שם זײַן; לעסטערן [MEKhÁLEL-ShÉM]

profane language דער ניבול־פּה; גראָבע ‹וווּלגאַרע› רייד ל״ר [NIBLPÉ]
profanity
(oath) די קללה, ־ות [KLÓLE]
(vulgarity) די/דאָס גראָבקייט
profess
(a belief) גלייבן אין; אָפֿן דעקלאַרירן זיך אין
(claim) טענה|ן (אַז) [TÁYNEN]
profess to be אָנגעבן זיך פֿאַר
professed כּלומרשטיק [KLÓYMERShTIK]
profession
(occupation) די פּראָפֿעסיע, ־ס; דער פֿאַך, ־ן
(of belief) די פֿאַרזיכערונג, ־ען
professional, *adj.* פּראָפֿעסיאָנעל; פֿאַכמעניש
professional, *n.* דער פּראָפֿעסיאָנאַל, ־ן; דער פֿאַכמאַן, פֿאַכלייט
professional ethics די פּראָפֿעסיאָנעלע עטיק ל״י
professionalism דער פּראָפֿעסיאָנאַליזם
professionally פּראָפֿעסיאָנעל; פֿון פֿאַך
professional sports דער פּראָפֿעסיאָנעלער ספּאָרט ל״י
professional student דער אײביקער סטודענט, ־ן
professor
m./unsp. דער פּראָפֿעסאָר, ...אָרן
f. די פּראָפֿעסאָרשע, ־ס
professor emeritus דער עמעריטירטער פּראָפֿעסאָר, ...אָרן
professorial פּראָפֿעסאָריש; מעשׂה פּראָפֿעסאָר [MÁYSE]
professoriate די פּראָפֿעסאָרנשאַפֿט; די פּראָפֿעסור
professorship די פּראָפֿעסור, ־ן
proffer, *n.* דער אָנבאָט, ־ן
proffer, *v.* אָנבאָטן
proficiency די גוטקענטשאַפֿט; דאָס בקיאות; די/דאָס באַהאַוונטקייט [BEKÍES]
proficiency exam דער בקיאות־עקזאַמען, ־ס [BEKÍES]
proficient באַהאַוונט; (אײַנ)געניט; בקי [BÓKE]
be proficient in זײַן באַהאַוונט אין; גוט קענען; זײַן (אַ) בקי אין
proficient person דער בקי, בקיאים; דער געניטער געב׳ [BEKÍIM]
profile, *n.* דער פּראָפֿיל, ־ן
profile in courage דאָס פּנים פֿון קוראַזש [PÓNEM]
profile in leadership דאָס פּנים פֿון פֿירערשאַפֿט
in profile אין פּראָפֿיל
keep a low profile נישט וואַרפֿן זיך אין די אויגן
profile, *v.*
(describe) אויסמאָלן; באַשרײַבן; אָפּמשלען [ÓPMOShLEN]
(draw) צײכענען אין פּראָפֿיל
profiling דאָס פּראָפֿילירן
racial profiling דאָס פּראָפֿילירן לויט דער ראַסע
profit, *n.* דער רווח, ־ים; דאָס געווינס, ־ן; דער פּראָפֿיט, ־ן; דער פֿאַרדינסט, ־ן [RÉVEKh, REVÓKhIM]
make a profit פֿאַרדינען; שעפּן רווח
sell at a profit פֿאַרקויפֿן מיט רווח ‹געווינס/פּראָפֿיט›
profit, *v.* פֿאַרדינען; פּראָפֿיטירן; ציִען פּראָפֿיטן; שעפּן רווח; מרוויח זײַן [RÉVEKh] [MARVÍEKh]
(benefit) געניסן; האָבן נוצן
profitability די/דאָס רווחדיקייט; די/דאָס אײַנטראָג(עווד)יקייט [RÉVEKhDIKEYT]
profitable רווחדיק; טראָגיק; אײַנטראָג(עווד)יק [RÉVEKhDIK]
(beneficial) ניצלעך; לוינעוודיק; כּדאַי [KEDÁY]
be profitable טראָגן ‹ברענגען› רווח [RÉVEKh]
be profitable (beneficial) לוינען זיך

profit-and-loss statement דער רווח־און־היזק־באַריכט, ־ן [RÉVEKh] [HÉZEK]
profiteer דער ספּעקולאַנט, ־ן; דער פּראָפֿיטירער, ־ס; דער יקרן, ־ים [YÁKREN, YAKRÓNIM]
profiteering די ספּעקולאַציע
profit margin די פּראָפּאָרציע פֿאַרדינסט־עודף [ÓYDEF]
profit-sharing די רווחים־באַטייליקונג [REVÓKhIM]
profit-taking דאָס שעפּן רווחים [REVÓKhIM]
profligacy
(extravagancy) די/דאָס אויסברענגערישקייט
(dissolution) די/דאָס אויסגעלאַסנקייט; דאָס פּריצות; די/דאָס פֿאַרשײַטקייט [PRÍTSES]
profligate
(extravagant) אויסברענגעריש; °פֿאַרשווענדעריש
(dissolute) אויסגעלאַסן; צעלאָזן; פּריצותדיק; פֿאַרשײַט [PRÍTSESDIK]
pro forma פֿון יוצא וועגן; לפנים וועגן [YÓYTSE] [LEPÓNEM]
profound (גאָר) טיף
(intellectually) טיפֿזיניק; עמוק [ÓMEK]
(thorough) גרינטלעך; גרונטיק; דורכאונדורכיק
profoundly טיף; שטאַרק; פֿון טיפֿן האַרצן
profundity די/דאָס טיפֿקייט; די/דאָס גרונטיקייט; דאָס עמקות [ÁMKES]
profuse שפֿעדיק; איבערגענוג; בשפֿע פּר׳ [ShÉFEDIK] [BEShÉFE]
(bleeding) שטאַרק
profusely בשפֿע; גאָר אַ סך [BEShÉFE] [SAKh]
thank profusely אָנדאַנקען אַ פֿולן קאָפּ ‹ספּאָדיק›
profusion דער איבערפֿלוס
in profusion בשפֿע; איבער גענוג [BEShÉFE]
progenitor דער פֿאָרגייער, ־ס; דער אָבֿ, ־ות; דער געבוירער, ־ס [OV]
(creator) דער שאַפֿער, ־ס; דער איניציאַטאָר, ...אָרן
progeny די זרע; דער נאָכקום; דער אָפּשפּראָץ; קינדסקינדער ל״ר; יורשים ל״ר [ZÉRE] [YÓRShIM]
progesterone דער פּראָגעסטעראָן
prognathous מיט אַ בולטן ‹פּראָמינענטן› באָרדביין [BÓYLETN]
prognose פּראָגנאָזירן; שטעלן אַ פּראָגנאָז; פֿאָרויסזאָגן
prognosis דער פּראָגנאָז, ־ן
prognosticate פֿאָרויסזאָגן; זאָגן נבֿיאות [NEVÍES]
prognostication די פֿאָרויסזאָגונג; דאָס פֿאָרויסזאָגן
program, *n.* די פּראָגראַם, ־ען
(thea.) דער פּראָגראַם־צעטל, ־ען; די פּראָגראַמקע, ־ס
program, *v.* (אויס)פּלאַנירן
(comp.) פּראָגראַמירן
programmable פּראָגראַמיר(עווד)יק
be programmable לאָזן זיך פּראָגראַמירן
programme music די פּראָגראַם־מוזיק
programmer דער פּראָגראַמירער, ־ס; דער פּראָגראַמיסט, ־ן
programming, *adj.* פּראָגראַמיר־...
programming, *n.* דאָס פּראָגראַמירן
programming change דער פּראָגראַמבײַט, ־ן; דער בײַט אין פּראָגראַם
programming language די פּראָגראַמיר־שפּראַך, ־ן
program planning די פּראָגראַם־פּלאַנירונג
progress, *n.* דער פּראָגרעס
(movement) דער (רוק) פֿאָרויס; דער גאַנג
in progress אין גאַנג
make progress רוקן ‹רירן› זיך פֿון אָרט; האָבן ‹טאָן› אַ פּעולה [PÚLE]
make progress (acad.) האָבן ‹טאָן› אַ פּעולה; שטײַגן

make progress (med.) היילן זיך; קומען צו די כּוחות [KÓYKhES]
progress, *v.* פּראָגרעסירן; גיין ‹פֿאָרן› פֿאָרױס ‹װײַטער›
(acad.) האָבן אַ פּעולה; שטײַגן [PÚLE]
progression דער רוק פֿאָרױס; די פּראָגרעסיע, ־ס
(math./mus.) די פּראָגרעסיע, ־ס
progressive, *adj.* פּראָגרעסיװ
progressive, *n.* דער פּראָגרעסיװער געב׳
progressive tax דער פּראָגרעסיװ־שטײַער, ־ן
progress report דער מצבֿ־‹פּעולות־›באַריכט, ־ן [MÁTSEV] [PÚLES]
prohibit פֿאַרװערן; פֿאַרזאָגן; מכריע זײַן; ·פֿאַרבאָטן [MAKhRÍE]
(J./rel.) אַסרן [ÁSERN]
prohibited פֿאַרװערט
(J./rel.) אָסור [ÓSER]
It's prohibited (to) מע טאָר נישט ...; ס׳איז פֿאַרװערט (צו)
prohibition דער פֿאַרװער, ־ן
(rel.) דער לאָװ, ־ן
(J./rel.) דער איסור, ־ים [ÍSER, ISÚRIM]
Prohibition די פּראָהיביציע
Prohibitionist דער פּראָהיביציאָניסט, ־ן
prohibitive (cost) אומבאַהײַבלעך; נישט צו(ם) באַצאָלן; העט איבער די כּוחות [KÓYKhES]
prohibitive measures פֿאַרװער־(מאָס)מיטלען
project, *n.* דער פּראָיעקט, ־ן
(housing) דער װױנקאָמפּלעקס, ־ן; דער הײַזער־מאַסיװ, ־ן
project, *v.*
(plan) פּראָיעקטירן
(extend) אַרױסשטאַרצן; אַרױסשטעקן
project on screen פּראָיעקטירן אױפֿן עקראַן
project one's feelings onto אַריבערטראָגן די געפֿילן אױף
project one's voice פּראָיעקטירן ‹װאַרפֿן› דאָס קול [KOL]
projected פּלאַנירט
projectile דער פּראָיעקטיל, ־ן
projectile vomiting דאָס שפּריץ־אױסברעכן
projection
(cinematic) די פּראָיעקציע, ־ס
(extension) דער אַרױסשטאַרץ, ־ן
(math.) די פּראָיעקציע, ־ס
(fin.) דער רװח־פּראָגנאָז [RÉVEKh]
projectionist דער פּראָיעקטאָריסט, ־ן; דער קינאָ־אָפּעראַטאָר, ...אָרן
projection room דער פּראָיעקטיר־זאַל־‹צימער›, ־ן; די אַפּאַראַט־קאַמער, ־ן
projector דער פּראָיעקטאָר ‹פּראָזשעקטאָר›, ...אָרן
(film) דער פּראָיעקטיר־אַפּאַראַט, ־ן; דער (קינאָ־)פּראָיעקטאָר, ...אָרן; דער קינאָ־אַפּאַראַט, ־ן
(light) דער ליכט־פּראָיעקטאָר, ...אָרן
prolapse, *n.* דער פֿאַרױספֿאַל, ־ן; דער אַראָפּלאַז, ־ן
prolapse, *v.* פֿאַרױספֿאַלן; אַראָפּלאָזן זיך
proletarian, *adj.* פּראָלעטאַריש
proletarian, *n.*
m./unsp. דער פּראָלעטאַריער, ־ס
f. די פּראָלעטאַריערין, ־ס
proletariat דער פּראָלעטאַריאַט
pro-life אַנטיאַבאָרט־...; קעגן אַבאָרט
pro-life movement די אַנטיאַבאָרט־באַװעגונג; די באַװעגונג קעגן אַבאָרט
proliferate, *vt./vi.* צעמערן (זיך); צעשפּרײטן (זיך)
proliferation די צעמערונג; די צעשפּרײטונג
prolific פּראָדוקטיװ; שפֿעדיק; פֿרוכפּערדיק [ShÉFEDIK]
prolix װערטערדיק; באַריכותדיק [BARÍKhESDIK]
prologue דער פּראָלאָג, ־ן
prolong פֿאַרלענגערן; פּראָלאָנגירן; אױסציִען
prom דער גראַדויר־באַל, ־בעלער
prom dress דאָס גראַדויר־באַלקלײד, ־ער
promenade, *n.* דער פּראָמענאַד, ־ן; דער שפּאַצירװעג, ־ן
promenade, *v.* גײן שפּאַצירן
promenade deck דער אײבערדעק, ־ן
promethium דער פּראָמעטיום
prominence
(importance) דאָס חשיבֿות; די פּראָמינענץ; דער/דאָס אָנזען [KhShÍVES]
(bulge) דער אַרױסשטאַרץ, ־ן
come to prominence באַקומען אָנזען
prominent
(important) פּראָמינענט; אָנגעזען; אָנזעװדיק; חשובֿ(דיק) [KhÓShEV(DIK)]
(bulging) אַרױסשטאַרצנדיק; בולט [BÓYLET]
attain a prominent position עולה־לגדולה זײַן [ÓYLE-LIG(E)DÚLE]
prominent person דער אָנגעזעענער ‹פּראָמינענטער› געב׳; דער חשובֿ, ־ים; דער גדול, ־ים [KhÓShEV, Kh(A)ShÚVIM] [GODL, GDÓYLIM]
prominent person (*iro.*) דער גאַנצער שמעלקע
promiscuity די/דאָס אױסגעלאַסנקײט; דאָס הפֿקרות; די פּראָמיסקויִטעט [HEFKÉYRES]
promiscuous אױסגעלאַסן; טליקעװאַטע; מופֿקרדיק [MÚFKERDIK]
promise, *n.* דער צוזאָג, ־ן; דאָס װאָרט; די הבֿטחה, ־ות [HAFTÓKhE]
break a promise נישט האַלטן װאָרט
Is that a promise? זאָגסט ‹איר זאָגט› צו?
keep a promise האַלטן װאָרט
make a promise צוזאָגן
Promises, promises! צוזאָגן און ליב האָבן קאָסט נישט קײן געלט!
She shows (great) promise מע לײגט אױף איר (גרױסע) האָפֿענונגען
the Promised Land דאָס צוגעזאָגטע ‹אױסגעבענקטע› לאַנד
promise, *v.* צוזאָגן + דאַט׳; געבן + דאַט׳ דאָס װאָרט; מבֿטיח זײַן + דאַט׳ [MAFTÍEKh]
promise the moon צוזאָגן דאָס טעלערל פֿון הימל; צוזאָגן גילדענע בערג
promising פֿיל צוזאָגנדיק
He's a promising student ער איז אַ סטודענט מיט פּאָטענצן ‹מיט אַ פּאָטענציאַל›; מע לײגט אױף אים האָפֿענונגען
promissory note דער װעקסל, ־ען; דער שטר־חובֿ, ־ות [ShTARKhÓYV]
promo די רעקלאַמע, ־ס
promontory דער קאַפּ, ־ן
(anat.) דער אַרױסשטאַרץ, ־ן
promote
(advertise) רעקלאַמירן; פֿאַרשפּרײטן
(advocate) פּראָטעזשירן
(acad.) אַריבערפֿירן
(rank) פּראָמאָװירן; העכערן + דאַט׳ דעם ראַנג; אַװאַנסירן
He was promoted to fifth grade ער איז אַריבער אין פֿינפֿטן קלאַס; מ׳האָט אים אַריבערגעפֿירט אין פֿינפֿטן קלאַס

She was promoted in rank מ'האָט איר געהעכערט דעם ראַנג; מ'האָט איר געגעבן אַ העכערן פּאָסטן; מ'האָט זי פּראָמאָווירט ‹אַוואַנסירט›

promoter
(advertiser) דער צורעדער, ־ס
(entertainment) דער אימפּרעסאַריאָ, ־ס; דער אונטערנעמער, ־ס
(supporter) דער (אונטער)שטיצער, ־ס

promotion
(acad.) דאָס אַריבערפֿירן
(advertising) די רעקלאַמע; די רעקלאַמירונג; די פֿאַרשפּרייטונג; די צורעדונג
(advocacy) די פּראָפּאַגירונג
(of rank) די ראַנג־העכערונג, ־ען; די העכערונג אין ראַנג; דאָס העכערן די מדרגה [MADRÉYGE]

promotional רעקלאַמיר־...; רעקלאַמע־...; פּירסום־... [PÍRSEM]

promotional material די פּראָפּאַגאַנדע; דאָס רעקלאַמעוואַרג; דאָס פּירסומוואַרג [PÍRSEMVARG]

prompt, *adj.* צודערציַיטיק; בײַציַיט(נד)יק; באַלדיק; גיך

prompt, *n.* דער אונטערזאָג, ־ן

prompt, *v.* באַוועגן; שטויסן; טריַיבן; סטימולירן
(thea.) אונטערזאָגן; סופֿלירן

prompter דער סופֿליאָר, ־ן

prompter's box די סופֿליאָר־בודקע, ־ס; דער סופֿליאָר־קאַסטן, ־ס

promptly
(punctually) פּינקטלעך; צו דער צײַט
(quickly) פּראָמפּט; שוין; באַלד; אומגעזאַמט

promptness די/דאָס פּינקטלעכקייט; די/דאָס פּראָמפּטקייט

promulgate פֿאַרשפּרייטן; מפֿרסם זיַין [MEFÁRSEM]

prone, *adj.*
(face down) אויסגעצויגן; מיטן פּנים אַראָפּ; אויפֿן בויך [PÓNEM]
(inclined) נוטה; גענייגט [NÓYTE]

prong דער שפּיץ, ־ן; דער צאָן, ציין/צײנער; דער גאָפּל, ־ען

pronominal פּראָנאָמינאַל

pronominal adjective דער פּראָנאָם־אַדיעקטיוו, ־ן

pronoun דער פּראָנאָם, ־ען

pronounce
(declare) דערקלערן (פֿאַר)
(phon.) אַרויסרעדן; אַרויסברענגען
have difficulty pronouncing ברעכן זיך די צונג אויף ‹מיט›
pronounce dead דערקלערן פֿאַר טויט
pronounce one's opinion אַרויסזאָגן די אייגענע מיינונג; אָננעמען די שטעלונג

pronounceable אַרויסרעדעוודיק; לאָזן זיך אַרויסרעדן

pronounced בולט; בפּירוש [BÓYLET] [BEFÉYRESh]

pronouncement די דעקלאַראַציע, ־ס

pronto תּיכּף(־ומיד) [TÉYKEF(-UMEYÁD)]

pronunciation דער אַרויסרעד, ־ן
(Hebrew/trad.) די הבֿרה, ־ות [HAVÓRE]

...proof, *adj.* ...־באַוואָרנט; באַוואָרנט קעגן

proof, *n.*
(evidence) דער דערוויַיז, ־ן; די ראיה, ־ות [RÁYE]
(math.) דער דערוויַיז, ־ן; די דערוויַיזונג, ־ען
(typ.) די קאָרעקטור, ־ן; די קאָרעקטע, ־ס; דער אָפּצוג, ־ן
in proof of (כּדי) צו באַוויַיזן [KEDÉY]
and here's the proof והאָ־ראיה [VEHÓ-RÁYE]
proof to the contrary דער קעגנבאַוויַיז
put to the proof אויספּרוּוון
80-proof whiskey דער אַכציקער

The proof is in the pudding אַז מע פּרובירט ‹פֿאַרזוכט› נישט ווייסט מען נישט

proof, *v.* לייענען קאָרעקטור (פֿון)

proof positive די קלאָרע ראיה, ־ות [RÁYE]

proofread לייענען קאָרעקטור פֿון

proofreader דער קאָרעקטאָר, ...אָרן; דער קאָרעקטן־לייענער, ־ס

proofreading דאָס לייענען קאָרעקטור

proof sheet די קאָרעקטע, ־ס

prop,[1] *n.* (propellor) דער פּראָפּעלער, ־ס

prop,[2] *n.*
(support) דער אונטערשפּאַר, ־ן; דער אָנשפּאַר, ־ן
props (thea.) דער רעקוויזיט ל״ן; די בוטאַפֿאָריע ל״י

prop, *v.*
prop up אונטערהאַלטן; אונטערשפּאַרן
prop against צושפּאַרן צו; אָנשפּאַרן אין

propaganda, *adj.* פּראָפּאַגאַנדע־...; פּראָפּאַגאַנדיסטיש

propaganda, *n.* די פּראָפּאַגאַנדע

propagandist, *adj.* פּראָפּאַגאַנדיסטיש

propagandist, *n.* דער פּראָפּאַגאַנדיסט, ־ן

propagandize פּראָפּאַגאַנדירן

propagate, *vt./vi.* פֿאַרמערן (זיך); פֿאַרשפּרייטן (זיך)

propagation די פֿאַרמערונג; די פֿאַרשפּרייטונג

propagator דער פֿאַרשפּרייטער, ־ס

propane דער פּראָפּאַן

propane stove דער פּראָפּאַן־אויוון, ־ס

propane tank דער פּראָפּאַן־רעזערוואַר, ־ן

propel פֿאָרויסטריַיבן; אָנטריַיבן; באַכּוחן; שטויסן [BAKÓYEKhN]

propellant, *adj.* טריַיב...

propellant, *n.* דאָס טריַיבוואַרג
(gas) דער טריַיבגאַז, ־ן

propelled פֿאָרויסגעטריבן; אָנגעטריבן

propeller דער פּראָפּעלער, ־ס

propensity די נטיה, ־ות; די נייגונג, ־ען [NETÍE]

proper
(seemly) לײַטיש; בעל־הבתּיש; קאָרעקט [BAL(E)BÁTISh]
(suitable) געהעריק
(true) רעכט
(designating stg.) גופֿא [GÚFE]
at the proper time צו דער געהעריקער צײַט
be proper פּאַסן (זיך); זיַין געהעריק ‹צוגעפּאַסט›; שיקן זיך
the town proper דאָס שטעטל גופֿא

proper fraction די עכטע בראָכצאָל, ־ן

properly ווי געהעריק; רעכט; ווי ס'קער ‹ס'געהער› צו זיַין; לײַטיש; בעל־הבתּיש; כּדבעי [BAL(E)BÁTISh] [KEDEBÓE]
(*hum.*) ווי אין פּסוק שטייט [PÓSEK]
properly dressed לײַטיש ‹בעל־הבתּיש› אָנגעטאָן

proper name/noun דער פּרט־נאָמען, ־נעמען; דער פּרט־סובסטאַנטיוו, ־ן [PRAT]

property
(characteristic) די/דאָס אייגנקייט, ־ן
(possessions) דער פֿאַרמאָג; דאָס פֿאַרמעג; דאָס אייגנס; דאָס האָב; דאָס האָב־און־גוטס; דאָס ״אייגנטום

property damage דער מאַטעריעלער שאָדן

property man דער רעקוויזיטאָר, ...אָרן; דער בוטאַפֿאָר, ־ן

property owner דער בעל־הבית, בעלי־בתּים; דער ״אייגנטימער, ־ס [BAL(E)BÓS, BAL(E)BÁTIM]

property rights דאָס פֿאַרמאָגרעכט; דאָס פֿאַרמעגנס־רעכט

property tax דער גרונטשטיַיער, ־ן; דער אייגנס־שטיַיער, ־ן

prophase דער פּראָפֿאַז, ־ן

prophecy די נבֿואה, ־ות [NEVÚE]

prophesy נבֿיאות זאָגן; פֿאָרויסזאָגן [NEVÍES]

prophesying דאָס נבֿיאות [NEVÍES]

prophet דער נבֿיא, ־ים [NÓVI, NEVÍIM]

Prophets (bib.) נבֿיאים

prophet of doom דער נבֿיא פֿון אונטערגאַנג

prophetess די נבֿיאהטע, ־ס; די נבֿיאה, ־ות [NEVÍETE] [NEVÍE]

prophet flower די נבֿיא־אַרנעבֿיע [NÓVI]

prophetic נבֿיאיש; וויזיאָנעריש [NEVÍISh]

prophylactic, *adj.* פּראָפֿילאַקטיש; פֿאַרהיטיק; פֿאַרהיט...

prophylactic, *n.* די פּראָפֿילאַקטיק; דאָס פֿאַרהיט־מיטל, ־ען; דער פּרעזערוואַטיוו, ־ן

(condom) דער קאָנדאָם, ־ען; דער פּרעזערוואַטיוו, ־ן

prophylaxis דער פּראָפֿילאַקסיס; די פֿאַרהיטונג

propinquity די/דאָס נאָענטקייט; די/דאָס קרובֿישאַפֿט [KRÓYVEShAFT]

propitiate באַרויִקן; אײַננעמען; מפּייס זײַן [MEFÁYES]

propitious מזלדיק; גינציק [MÁZLDIK]

propitious time די מזלדיקע ‹גינציקע› צײַט; דער/די עת־רצון [MÁZLDIKE] [EYS-RÓTSN]

prop manager דער רעקוויזיטאָר, ...אָרן; דער בוטאַפֿאָר, ־ן

proponent דער אָנהענגער, ־ס; דער פּראָפּאָנענט, ־ן; דער פֿירלייגער, ־ס

proportion די פּראָפּאָרציע, ־ס

in (direct) proportion to (גלײַך) פּראָפּאָרציאָנעל צו

out of proportion אומפּראָפּאָרציאָנעל

out of all proportion איבער אַלע מאָסן

proportions (of figure) מאָסן

proportional פּראָפּאָרציאָנעל

proportionality די/דאָס פּראָפּאָרציאָנעלקייט

proportionate פּראָפּאָרציאָנעל

proportioned פּראָפּאָרציאָנירט

proposal דער פֿירלייג, ־ן; דער פֿאָרלייג, ־ן; דער אָנשלאָג, ־ן; דער אָנבאָט, ־ן; דער נאַרײַ, ־ען; דער •פֿאָרשלאָג, ־ן

(marriage) דער חתונה־פֿירלייג ‹פֿאָרלייג›, ־ן [KhÁSENE]

propose

vt. **(suggest)** פֿירלייגן; פֿאָרלייגן; אָנשלאָגן; אָנבאָטן; פּראָפּאָנירן; נאַרײַען; •פֿאָרשלאָגן

vi. **(intend)** בדעה האָבן צו [BEDÉYE]

propose marriage (*unsp.*) פֿירלייגן + דאַט׳ חתונה צו האָבן [KhÁSENE]

propose marriage (to man) פֿירלייגן + דאַט׳, ער זאָל ווערן + פּאָס׳ מאַן

propose marriage (to woman) פֿירלייגן + דאַט׳, זי זאָל ווערן + פּאָס׳ ווײַב

Man proposes and God disposes דער מענטש טראַכט און גאָט לאַכט

proposition, *n.*

(suggestion) דער פֿירלייג, ־ן; דער פֿאָרלייג, ־ן

(business) דאָס געשעפֿט, ־ן; דער עסק, ־ים [ÉYSEK, ASÓKIM]

(logic) די פּראָפּאָזיציע, ־ס

(math.) די פּראָפּאָזיציע, ־ס; די טעאָרעם, ־ען

(sexual) דער אומלײַטישער פֿירלייג; דער סעקסאָנבאָט

It's no easy proposition ס׳איז נישט קיין שפּעטנע קלײניקייט; ס׳איז נישט קיין גרינגער ענין; פֿאָלג מיך אַ גאַנג! [ÍNYEN]

proposition, *v.* מאַכן + דאַט׳ אַן אומלײַטישן פֿירלייג

propound אַרויסשטעלן

proprietary פּריוואַט; פּאַטענטירט

proprietary medicine דער פּאַטענטירטער מעדיקאַמענט, ־ן

proprietary name דער מאַרקע־נאָמען, ־נעמען

proprietary notice די מעלדונג פֿון רעכט

proprietary right דאָס אייגנסרעכט

proprietor דער בעל־הבית, בעלי־בתּים; דער (גרונט־)פֿאַרמאָגער, ־ס; דער •אייגנטימער, ־ס [BAL(E)BÓS, BAL(E)BÁTIM]

proprietorship די פֿאַרמאָגערשאַפֿט

sole proprietorship די יחידישע פֿירמע, ־ס; די איינצל־פֿירמע, ־ס [YEKhÍDIShE]

proprietress די בעל־הביתטע, ־ס; די (גרונט־)פֿאַרמאָגערין, ־ס; די •אייגנטימערין, ־ס [BAL(E)BÓSTE]

propriety די/דאָס לײַטישקייט; די/דאָס קאָרעקטקייט

proprieties דער לײַטישער אויפֿפֿיר ל״י; די האַלטונג ל״י

props (recognition/*slg.*) די ספּעציעלע אָנערקענונג; דער ספּעציעלער יישר־כּוח [YÁShER-KÓYEKh/ShKÓYEKh]

propulsion דער אָנטרײַב; דער טרײַב־כּוח; די פּראָפּולסיע [KÓYEKh]

pro rata פּראָ ראַטאַ; פּראָפּאָרציאָנעל

prorate פֿאַרטיילן ‹באַצאָלן› לויט דער פּראָפּאָרציע

prorated פּראָפּאָרציאָנעל

prosaic פּראָזאַיש

prosaically אויף אַ פּראָזאַישן אופֿן [OYFN]

proscenium די אַוואַנסצענע, ־ס

proscribe פֿאַרווערן; אַסרן; מחרים זײַן [ÁSERN] [MÁKhREM]

proscription דער פֿאַרווער, ־ן; דער איסור, ־ים [ÍSER, ISÚRIM]

prose די פּראָזע

prosecute

(jur.) פּראָקורירן; שטעלן פֿאַר אַ משפּט [MÍShPET]

(pursue) ווײַטער פֿירן; (אַ)דורכפֿירן

prosecute a war פֿירן מלחמה [MILKhÓME]

prosecuting angel (J.) דער קטיגור, ־ס [KATÉYGER]

prosecuting attorney דער פּראָקוראָר, ־ן

prosecution די פּראָקורירונג; דאָס פּראָקורירן

(attorneys) די פּראָקוראַטור

(pursuance) די דורכפֿירונג

prosecutor דער פּראָקוראָר, ־ן

prosecutorial פּראָקוראָריש

prosecutorial misconduct פּראָקוראָרישע חטאָים ל״ר [KhATÓYEM]

proselyte דער פּראָזעליט, ־ן

proselytism דער פּראָזעליטיזם

proselytize מיסיאָנירן; פֿאַרנעמען זיך מיט פּראָזעליטיזם

prose writer דער פּראָזאַיקער, ־ס

Prosit! לחיים! [LEKhÁYEM]

proso דער הירזש; די פּראָסע

prosody די פּראָסאָדיע, ־ס

prospect, *n.* דער אויסקוק, ־ן; דער אויסבליק, ־ן; די פּערספּעקטיוו, ־ן; די/דאָס מעגלעכקייט, ־ן

a prospect of אַן אויסקוק ‹אויסבליק/פּערספּעקטיוו› אויף

be in prospect פֿאָרויסזען זיך

face the prospect of מוזן זיך רעכענען מיט

have stg. in prospect האָבן אַן אויג אויף

a job with no prospects אַ שטעלע אָן קיין צוקונפֿט

prospect, *v.* **(for)** זוכן

prospective צוקונפֿטיק; פּראָספּעקטיוו; פֿאָרויסגעזען; פּאָטענציעל

(buyer) *also* פֿאַראינטערעסירט

prospector דער אַרצזוכער, ־ס

prospectus דער פּראָספּעקט, ־ן

prosper מצליח זײַן; געדײַען; בליִען; פּראָספּערירן [MATSLÍEKh]

start to prosper אויפֿבליִען

prosperity די מזל־ברכה; דער ווי׳לטאָג; די בלי׳ונג; די הצלחה; די פּראָספּעריטע׳ט [MAZL-BRÓKhE] [HATSLÓKhE]
prosperous
  (thriving) בלי׳ענדיק
  (wealthy) פֿאַרמעגלעך; מזל־ברכהדיק [MAZL-BRÓKhEDIK]
  be prosperous (thrive) בלי׳ען
  be prosperous (wealthy) זײַן אַ גבֿיר ‹עושר› [G(E)VÍR] [ÓYShER]
  He's very prosperous סע גייט אים זײַער גוט
  become prosperous *also* אוי׳פֿגעריכט ווערן
prostaglandin דער פּראָסטאַגלאַנדי׳ן, ־ען
prostate/prostate gland דער פּראָסטאַ׳ט, ־ן
prosthesis דער פּראָטע׳ז, ־ן
prosthesis training דאָס אײַ׳נגעניטן זיך מיטן פּראָטע׳ז
prosthetist דער פּראָטעזי׳סט, ־ן
prostitute, *n.*
  (male) דער פּראָסטיטו׳ט, ־ן; דער זונה, ־ים [ZÓYNE, ZÓYNIM]
  (female) די פּראָסטיטו׳טקע, ־ס; די זונה, ־ות; די גאַ׳סנפֿרוי, ־ען
prostitute, *v.* פּראָסטיטוי׳רן
  prostitute oneself פּראָסטיטוי׳רן זיך; פֿאַרקוי׳פֿן זיך (פֿאַר געלט); מזנה זײַן [MEZÁNE]
prostitution די פּראָסטיטוציע; דער/דאָס זנות [ZNUS]
  engage in prostitution טרײַבן זנות
  lead/force into prostitution טרײַבן צו זנות
prostrate, *adj.* אוי׳סגעצויגן; אוי׳סגעשטרעקט; אַני׳דערגעוואָרפֿן
prostrate, *v.*
  prostrate oneself אַני׳דערוואַרפֿן זיך; אַני׳דערפֿאַלן; פֿאַלן כּורעים [KÓYRIM]
prosy פּראָזאַ׳יש; לאַנגווײַליק
protactinium דער פּראָטאַקטי׳ניום
protagonist דער (הויפּט)העלד, ־ן; דער פּראָטאַגאָני׳סט, ־ן
protasis דער אוי׳ב־זאַץ, ־ן
protean פֿאַרשיי׳דן־מיניק; בײַ׳טעוודיק
protect (באַ)שי׳צן; באַשי׳רעמען ‹באַשע׳רעמען›; באַהי׳טן; אוי׳סהיטן
  protect and save (of God) שומר־ומציל זײַן; אָפּהיטן און ראַ׳טעווע(ן) [ShÓYMER-UMÁTSL]
  Are you protected? האָסט זיך באַוואָ׳רנט?
protection די באַשי׳צונג, ־ען; דער שיץ, ־ן
  (patronage) די פּראָטע׳קציע
protectionism דער פּראָטעקציאָני׳זם
protectionist, *adj.* פּראָטעקציאָני׳סטיש
protectionist, *n.* דער פּראָטעקציאָני׳סט, ־ן
protection money דאָס שי׳צגעלט
protection racket דאָס אוי׳ספּרעס־געשע׳פֿט, ־ן
protective (באַ)שי׳צ...
protective clothing שיץ־מלבושים ל״ר; די שי׳צקליידונג [MALBÚShIM]
protective custody דער שי׳צאַרעסט
protective measure דאָס שי׳צמיטל, ־ען
protector דער באַשי׳צער, ־ס
protectorate דער פּראָטעקטאָראַ׳ט, ־ן
protégé דער פּראָטעזשע׳, ־ען
protégée די פּראָטעזשע׳, ־ען
protein דער פּראָטעי׳ן, ־ען
protein bar דאָס פּראָטעי׳ן־בריע׳טעלע ‹־טע׳וועלע›, ־ך; די פּראָטעי׳ן־פּלי׳טקע, ־ס
pro tem דערווײַ׳ליק
protest, *n.* דער פּראָטע׳סט, ־ן
  in protest אויס פּראָטע׳סט; ווי אַ סימן פֿון פּראָטע׳סט [SÍMEN]
  letter of protest דער פּראָטע׳סטבריוו, –
  make a protest אוי׳סדריקן ‹דערלאַ׳נגען/אָ׳נגעבן› אַ פּראָטע׳סט
  under protest אונטער פּראָטע׳סט; קעגן דעם (אײ׳גענעם) ווילן
  without protest אָן פּראָטע׳סט; אָן צו פּראָטעסטי׳רן
  There's no use in protesting (כאָטש) גיי שרײַ חי־וקים [KhÁY-VEKÁYEM]
protest, *v.* פּראָטעסטי׳רן (קעגן)
Protestant, *adj.* פּראָטעסטאַ׳נטיש
Protestant, *n.* דער פּראָטעסטאַ׳נט, ־ן
Protestantism דער פּראָטעסטאַנטי׳זם
protestation דער פּראָטע׳סט, ־ן; דער קע׳גנשטעל, ־ן
protest demonstration די פּראָטע׳סט־דעמאָנסטראַ׳ציע, ־ס
protester דער פּראָטעסטי׳רער, ־ס
protest march דער פּראָטע׳סטמאַרש, ־ן
protest song דאָס פּראָטע׳סטליד, ־ער
prothesis דער פּראָטע׳ז
proto... פּראָטאָ...; קדמון־... [KÁDMEN]
protocol דער פּראָטאָקאָ׳ל, ־ן; כּללים פֿון עטיקע׳ט ל״ר [KLÓLIM]
  (comp.) דער פּראָטאָקאָ׳ל
  according to protocol לויטן פּראָטאָקאָ׳ל ‹עטיקע׳ט›
protohuman, *adj.* קדמון־מע׳נטשיש [KÁDMEN]
protohuman, *n.* דער קדמון־מענטש, ־ן [KÁDMEN]
proton דער פּראָטאָ׳ן, ־ען
protonema דער מאָ׳כפֿאָרשפּראָץ
protoplasm די פּראָטאָפּלאַ׳זמע; די קדמון־פּלאַ׳זמע [KÁDMEN]
prototype דער פּראָטאָטי׳פּ, ־ן
protozoa פּראָטאָזאָ׳אַ ל״ר; איי׳ן־קע׳מערלדיקע בעלי־חיים [BÁLE-KhÁYEM]
protozoic פּראָטאָזאָ׳יש
protract פֿאַרצי׳ען; אוי׳סציִען; פֿאַרשלע׳פּן
protracted אוי׳סגעצויגן; פֿאַרשלע׳פּט
  be protracted צי׳ען זיך; פֿאַרשלע׳פּן זיך
protractor דער ווי׳נקל־מע׳סטער, ־ס
protrude אַרוי׳סשטעקן; אַרוי׳סשטאַרצן
protuberance דער אוי׳סוווקס, ־ן
protuberant פּו׳קלדיק; בולט [BÓYLET]
proud שטאָלץ; האָפֿ׳ערדיק
  proud of שטאָלץ מיט
  be proud of שטאָלצי׳רן מיט; ייִחוסן זיך מיט [YÍKhESN]
  do oneself proud זײַן אַ קוואַט
  do sb. proud פֿאַרשאַ׳פֿן + דאַט' נחת [NÁKhES]
proud flesh דאָס ווי׳לדפֿלייש
proudly שטאָ׳לצערהייט
provable דערווײַ׳זלעך
prove
  vt. דערווײַ׳זן; אוי׳פֿווײַזן; באַע׳כטיקן
  vi. אַרוי׳סווײַזן זיך אַז ‹פֿאַר›
  It proved to be difficult ס'האָט זיך אַרוי׳סגעוויזן אַז ס'איז שווער; צום סוף איז געווע׳ן שווער [SOF]
  prove one's case דערווײַ׳זן אַז מ'איז גערע׳כט
proven דערוויזן; אוי׳סגעפּרוווט
  (remedy) אוי׳סגעפּרוווט
provenance דער אָ׳פּשטאַם, ־ען; דער מקור, ־ים [MÓKER, MEKÓYRIM]
provender
  (cattle) דאָס טרו׳קענע פֿי׳טער

(provisions) דער פּראָוויאַנט
proverb דאָס ווערטל/ווערטעלע, ־עך; דאָס שפּריכוואָרט, ...ווערטער
(Book of) Proverbs (bib.) (ספֿר) משלי [(SÉYFER) MÍShLE]
proverbial אַלעמען באַקאַנט
provide (sb. with) צושטעלן + דאַט׳; באַזאָרגן ‹פֿאַרזאָרגן› + אַק׳ מיט; פֿאַרזען + דאַט׳ מיט
provided (that) בתּנאַי (אַז); מיטן תּנאַי (אַז) [BITNÁY] [TNAY]
Providence די השגחה(־פּרטית) [HAShGÓKhE/HAZhGÓKhE(-PRÓTES)]
providence (frugality) די/דאָס אויסגערעכנטקייט; די/דאָס שפּאָרעוודיקייט
provident
(frugal) אויסגערעכנט; שפּאָרעוודיק
(with foresight) פֿאָרויסזעעוודיק; ווײַטזעיִק
providential מן־השמים; באַשערט [MINAShOMÁYEM]
be providential זײַן פֿון דער השגחה [HAZhGÓKhE/HAShGÓKhE]
provider
(supplier) דער צושטעלער, ־ס; דער באַזאָרגער, ־ס
(breadwinner) דער פּרנסה־געבער, ־ס; דער שפּײַזער, ־ס; דער פֿאַרזאָרגער, ־ס; דער ברויטגעבער, ־ס [PARNÓSE]
province די פּראָווינץ, ־ן
(in tsarist Russia) די גובערניע, ־ס
provincial, *adj.* פּראָווינציעל; קליין־שטעטלדיק
provincial, *n.* דער פּראָווינצער, –; דער פּראָווינציאַל, ־ן
provincialism דער פּראָווינציאַליזם
proving ground דאָס אויספּרוּווּפֿעלד, ־ער
provision
(condition) דער תּנאַי, תּנאָים; דער באַדינג, ־ען; די באַדינגונג, ־ען [TNAY, TNÓYEM]
(supply) דער צושטעל; די באַזאָרגונג; די פֿאַרזאָרגונג
make provision for פֿאַרזאָרגן + אַק׳; זאָרגן וועגן; צוגרייטן זיך אין פֿאָרויס אויף; באַוואָרענען זיך קעגן
provisions דער פּראָוויאַנט ל״י; די פּראָוויזיע ל״י; דער כאַרטש ל״י
provisional
(conditional) באַדינגיק
(temporary) דערווײַליק; פּראָוויזאָריש; לעת־עתּהדיק [LESÁTEDIK]
proviso דער באַדינג, ־ען; דער תּנאַי, תּנאָים [TNAY, TNÓYEM]
with one proviso מיט איין באַוואָרעניש ‹באַדינג/תּנאַי›; נאָר ווען איז דאָס גערעדט געוואָרן
with the proviso that בתּנאַי (אַז); מיטן תּנאַי (אַז) [BITNÁY]
provocateur
m./unsp. דער פּראָוואָקאַטאָר, ...אָרן; דער העצער, ־ס
f. די פּראָוואָקאַטאָרשע, ־ס; די העצערקע, ־ס
provocation די פּראָוואָקאַציע, ־ס; די פּראָוואָצירונג, ־ען; די אויפֿהעצונג, ־ען
at the slightest provocation בײַ דער קלענסטער ‹מינדסטער› פּראָוואָקאַציע
provocative פּראָוואָקאַטיוו; אויפֿרייצנדיק; (צע)רייצנדיק; אַרויסרופֿעריש
provoke
(emotion) אַרויסרופֿן
(person) פֿאַרטשעפּע|ן; פּראָוואָצירן; אויפֿהעצן; (צע)רייצן; אויפֿרייצן
provost דער פּראָוואָסט, ־ן
prow
(ship) דער פֿאָדערבאָרט, ־ן; דער שנאָבל, ־ען
(airplane) די נאָז
prowess די מײַסטערשאַפֿט; די גבֿורה; דער העלדנמוט [GVÚRE]
(sexual) דער כּוח־גבֿרא; די פּאָטענץ; די מענערקראַפֿט [KÓYEKh-GÁVRE]
prowl, *n.*
be on the prowl אַרומשלײַכן; זוכן בגנבֿה ‹בשתּיקה› [BIGNÉYVE] [BIShTÍKE]
prowl, *v.* שלײַכן זיך; אַרומשלײַכן; גנבֿע|(נע)ן זיך; דרייען זיך [GÁNVE(NE)N]
prowl car דער פּאָליציי־אויטאָ, ־ס
prowler דער נאַכטשלײַכער, ־ס
proximate נאָענטסט; דירעקט
proximity די נאָענט; די/דאָס נאָענטקייט
in (close) proximity to (זייער) נאָענט צו
proxy, *n.* דער במקום, ־ס; דער פֿאַרטרעטער, ־ס; די פֿולמאַכט, ־ן [BÍMKEM]
by proxy דורך אַ פֿאַרטרעטער
proxy vote די פֿאַרטרעטשטים, ־ען
prude דער איבערצניעותדיקער געב׳; דאָס שמים־פּנימל, ־עך [ÍBERTSNÍESDIKER] [ShOMÁYEM-PÉ(Y)NEML]
prudence דער שׂכל; די/דאָס אויסגערעכנטקייט; דאָס זהירות [SEYKhL] [ZEHÍRES]
prudent שׂכלדיק; באַרעכנט; באַדאַכט; באַקלעריק; אויסגערעכנט; ווײַטזעיִק; קלוג [SÉYKhLDIK]
prudery דאָס איבערצניעות [ÍBERTSNÍES]
prudish איבערצניעותדיק [ÍBERTSNÍESDIK]
prudishness *see* **prudery**
prune, *n.* די געטריקנטע פֿלוים ‹פֿלאָם›, ־ען
prune, *v.* אַרומשנײַדן; אונטערשנײַדן
(budget/*fig.*) פֿאַרקלענערן; רעדוצירן; שנײַדן
prune butter/jam די פּאָווידלע
prune juice דער פֿלוימענזאַפֿט
pruning knife דער/דאָס צווײַגמעסער, ־ס; דער/דאָס גאָרטן־מעסער, ־ס
pruning shears די גאָרטנשער ל״י
prurience די/דאָס תּאווהדיקייט [TÁYVEDIKEYT]
prurient תּאווהדיק; גלוסטשאַפֿיק [TÁYVEDIK]
Prussia (דאָס) פּרײַסן
Prussian, *adj.* פּרײַסיש
Prussian Jew דער פּרײַסישער געב׳; דער פּרײַסישער ייִד, ־ן
Prussian, *n.*
m./unsp. דער פּרײַס, ־ן
f. די פּרײַסין, ־ס
(language) דאָס פּרײַסיש
Prussian blue דאָס פּרײַסישע בלאָ
prussic acid דאָס בלאָזײַערס
pry, *n.* דער הייבער, ־ס
pry, *v.*
pry into אונטערקוקן זיך; אַרײַנשטעקן ‹אַרײַנרוקן› די נאָז אין; אַרײַנשמעקן אין
pry loose אָפּרײַסן
pry open אויפֿרײַסן; אויפֿברעכן
PS שנ״פֿ [= שיִער נישט פֿאַרגעסן]; ע״ש [= עיקר שכחתּי]; פּ״ס [= פּאָסטסקריפּטום]; נ״ב [= נאָטאַבענע] [ÍKER ShOKhÁKhTI]
psalm
(J.) דאָס/דער קאַפּיטל תּהילים; דער מיזמור, ־ים [TÍLIM] [MÍZMER, MIZMÓYRIM]
(Chr.) דער פּסאַלם, ־ען
(Book of) Psalms (bib.) דער (ספֿר) תּהילים [SÉYFER]
psalmist דער פּסאַלמיסט, ־ן
psalmody די פּסאַלמאָדיע, ־ס

psalter
(J.) דאָס תּהילימל, ־עך [TÍLIML]
(Chr.) דער פּסאַלטער, ־ס
psalterium די קניִהע, ־ס; דאָס ביכל, ־עך
psaltery דער פּסאַלטער, ־ס
psephologist דער וואַל־סטאַטיסטיקער, ־ס
psephology די וואַל־סטאַטיסטיק
pseudo... פּסעוודאָ...; כּמו־... [KMOY]
pseudonym דער פּסעוודאָנים, ־ען
pseudonymous אונטער אַ פּסעוודאָנים
pseudoscience די כּמו־וויסנשאַפֿט; די פּסעוודאָוויסנשאַפֿט [KMOY]
pseudoscientific כּמו־וויסנשאַפֿטלעך; פּסעוודאָוויסנשאַפֿטלעך [KMOY]
psittacosis די פּאַפּוגײַ־קרענק
psoriasis דער פּסאָריאַז; דער לישײַ
psych, *adj.* פּסיכיאַטריש
psych, *v.*
psych out ווירקן פּסיכיש אויף; אײַנשרעקן
psych up אָנגורטן; צוגרייטן פּסיכאָלאָגיש
get psyched up אָנגורטן זיך; צוגרייטן זיך פּסיכאָלאָגיש
psyche די פּסיכיק; די נשמה [NEShÓME]
psychedelic פּסיכעדעליש
psychiatric פּסיכיאַטריש
psychiatric hospital דער/דאָס פּסיכיאַטרישע(ר) שפּיטאָל, ־ן/שפּיטעלער
psychiatrist
m./unsp. דער פּסיכיאַטער, ־ס
f. די פּסיכיאַטערשע, ־ס
psychiatry די פּסיכיאַטריע
psychic, *adj.* פּסיכיש
(telepathic) טעלעפּאַטיש
psychic, *n.* דער מעדיום, ־ס
psycho דער משוגענער געב'; דער צעדרייטער געב'; דער מטורף, ־ים [MEShÚGENER] [METÚREF, METURÓFIM]
psychoanalysis דער פּסיכאָאַנאַליז
psychoanalyst דער פּסיכאָאַנאַליטיקער, ־ס
psychoanalytic פּסיכאָאַנאַליטיש
psychoanalyze פּסיכאָאַנאַליזירן
psychobabble די פּסיכאָפּלאַפּלערײַ; דער פּסיכאָזשאַרגאָן
psychodrama די פּסיכאָדראַמע
psychogenic פּסיכאָגעניש
psychokinesis דער פּסיכאָקינעז
psycholinguistics די פּסיכאָלינגוויסטיק ל"י
psychological פּסיכאָלאָגיש
psychological warfare די נערוונקריג
psychologist
m./unsp. דער פּסיכאָלאָג, ־ן
f. די פּסיכאָלאָגין, ־ס
psychology די פּסיכאָלאָגיע
psychopath דער פּסיכאָפּאַט, ־ן
psychopathic פּסיכאָפּאַטיש
psychopathy די פּסיכאָפּאַטיע, ־ס
psychosis דער פּסיכאָז, ־ן
psychosomatic פּסיכאָסאָמאַטיש
psychotherapeutic פּסיכאָטעראַפּעווטיש
psychotherapist דער פּסיכאָטעראַפּעווט, ־ן
psychotherapy די פּסיכאָטעראַפּיע
psychotic, *adj.* פּסיכאָטיש
psychotic, *n.* דער פּסיכאָטיקער, ־ס
PTA *see* **parent-teacher association**
PT boat דאָס טאָרפּעדאָ־שיפֿל, ־עך
pteridophyte דער פּטערידאָפֿיט, ־ן
pterodactyl דער פּטעראָדאַקטיל, ־ן
ptomaine דער פּטאָמאַיִן
pub די/דער (ביר)שענק, ־ען; די קנײַפּ(י)ע, ־ס; דער מאַנאָפּאָל, ־ן; די מאַנאָפּאָלקע, ־ס
pub crawl דאָס גיין הוליען פֿון איין באַר אין צווייטן
puberty די צײַטיקונג; די צײַטיק־יאָרן; די פּובערטעט
pubescent (כּמעט) צײַטיק [KIMÁT]
pubic area דאָס געשלעכטס
(*pop.*) דאָרטן
pubic hair שאַנדהאָר
pubic louse די מענדעוועשקע, ־ס; די מאַלדעוועשקע, ־ס; די פֿלצלויז, ...לײַז
pubis דער שאַנדביין, ־ער
public, *adj.* עפֿנטלעך; פֿאָלקס...; כּלל־...; קהלש; געזעלשאַפֿטלעך; מלוכיש; מלוכה־...; שטאָטיש; שטאָט... [KLAL] [KÓOLSh] [MELÚKhISh] [MELÚKhE]
go public דעקלאַרירן עפֿנטלעך; מודה זײַן זיך פֿאַר דער וועלט [MÓYDE]
in the public eye פֿאַר אַלעמען אין די אויגן
make public אַנאָנסירן; מפֿרסם זײַן; פֿאַרפּירסומען; אַרויסברענגען אין ‹פֿאַר› דער עפֿנטלעכקייט; פּובליקירן [MEFÁRSEM] [FARPÍRSEMEN]
public, *n.* דער עולם; דער/דאָס פּובליקום; דער ציבור; דער כּלל; די/דאָס עפֿנטלעכקייט [ÓYLEM] [TSÍBER] [KLAL]
in public עפֿנטלעך; פֿאַר אַלעמען; צווישן מענטשן; בפֿרהסיא; בפּומבי [BEF(E)RÉSYE] [BEFÚMBI]
public at large דער ברייטער עולם; דער כּלל; די/דאָס ברייטע עפֿנטלעכקייט
public address system די הודעה־סיסטעם, ־ען [HOYDÓE]
public administration די כּלל־אַדמיניסטראַציע [KLAL]
public affairs כּלל־ענינים; קהלשע ענינים [KLÁL-INYÓNIM] [KÓOLShE]
publican דער שענקער, ־ס
public assistance דער מלוכה־פֿאַרזאָרג [MELÚKhE]
publication די אויסגאַבע, ־ס; די פּובליקאַציע, ־ס
(publishing) די פּובליקירונג; דאָס אַרויסגעבן
public company די אַקציעס־פֿירמע, ־ס
public convenience דער עפֿנטלעכער קלאָזעט, ־ן
public defender דער פֿאָלקס־פֿאַרטיידיקער, ־ס
public domain דער רשות־הרבים [REShÚS-HORÁBIM]
public education די פֿאָלקסבילדונג
public figure דער געזעלשאַפֿטלעכער טוער, ־ס
public funds קהלשע געלטער [KÓOLShE]
public health דאָס פֿאָלקסגעזונט
school of public health דער פֿאָלקסגעזונט־פֿאַקולטעט, ־ן
public health nurse די פֿאָלקסגעזונט־שוועסטער, –
public house די/דער (ביר)שענק, ־ען
public housing מלוכישע ‹שטאָטישע› דירות ל"ר; דירות־מלוכה ל"ר [MELÚKhIShE] [DÍRES] [DÍRES-MELÚKhE]
publicity דער פּירסום; די רעקלאַמע [PÍRSEM]
publicity hound דער כּבֿוד־‹פּירסום־›זוכער, ־ס [KÓVED] [PÍRSEM]
publicity stunt די פּירסום־קונץ, ־ן [PÍRSEM]
publicize רעקלאַמירן; פֿאַרפּירסומען; מפֿרסם זײַן; געבן פּירסום + דאַט' [FARPÍRSEMEN] [MEFÁRSEM] [PÍRSEM]
highly publicized שטאַרק רעקלאַמירט
public knowledge דער רשות־הכּלל [REShÚS-HAKLÁL]
It's public knowledge דאָס איז שוין אַלעמען באַקאַנט; אַלע ווייסן דאָס שוין; ס'איז ידוע־לכּל [YEDÚE-LÁKL]
public library די פֿאָלקס־‹שטאָט־›ביבליאָטעק, ־ן; די שטאָטישע ביבליאָטעק, ־ן
publicly עפֿנטלעך

publicly traded stock די אָפֿענע אַקציע, ־ס
public nuisance דאָס אָנשיקעניש (פֿאַרן עולם) [ÓYLEM]
public offering דער עפֿנטלעכער אָנבאָט, ־ן
public opinion דער דעת־הקהל; די עפֿנטלעכע ‹געזעלשאַפֿטלעכע› מיינונג; די אָפּיניע [DÁAS-HAKÓOL]
according to public opinion *also* דער עולם האַלט אַז [ÓYLEM]
public-opinion poll דער אויספֿרעג בײַם עולם [ÓYLEM]
public park דער שטאָטגאָרטן, ...גערטנער; דער עפֿנטלעכער פּאַרק, ־ן; דער פֿאָלקספּאַרק, ־ן
public property דאָס עפֿנטלעכע אייגנס
be made public property (*fig.*) אַלעמען באַקאַנט ווערן
public relations דער פּירסום (פֿאַרן פּובליקום); באַציִונגען מיטן עולם [PÍRSEM] [ÓYLEM]
It's bad public relations סע טויג נישט פֿאַר פּירסום
It's good public relations סע העלפֿט צו פּירסום
public-relations disaster דער פּירסום־בראָך, ־ן; דער בזיון פֿאַר לײַטן [PÍRSEM] [BIZÓYEN]
public-relations person דער פּירסומניק, ־עס [PÍRSEMNIK]
public school די פֿאָלק(ס)שול, ־ן; די מלוכה־שול, ־ן; די עפֿנטלעכע ‹געזעלשאַפֿטלעכע› שול, ־ן [MELÚKhE]
public sector דער מלוכישער סעקטאָר [MELÚKhIShER]
public servant דער מלוכה־באַאַמטער געב' [MELÚKhE]
public service די אַרבעט לטובֿת־הכּלל; דאָס מלוכה־דינסט [LETÓYVES-HAKLÁL] [MELÚKhE]
do stg. as a public service טאָן לשמה ‹לטובֿת־הכּלל› [LIShMÓ]
public service announcement די מעלדונג לטובֿת־הכּלל [LETÓYVES-HAKLÁL]
public transit/transport דער עפֿנטלעכער ‹שטאָטישער› טראַנספּאָרט; דער פֿאָלקסטראַנספּאָרט
public works עפֿנטלעכע אַרבעטן
publish אַרויסגעבן; פּובליקירן
be published אַרויסגיין; אַרויסקומען
publisher דער פֿאַרלעגער, ־ס; דער אַרויסגעבער, ־ס
publishing דאָס פֿאַרלעגערײַ; דאָס אַרויסגעבערײַ
publishing house דער פֿאַרלאַג, ־ן
puce רויטלעך ברוין
puck דאָס האָקי־‹האָקיי־›דיסקל, ־עך
pucker, *n.* דער רונצל, ־ען; דער קנייטש, ־ן
pucker, *v.* **(up)** מאַכן אַ ווײַנשל ‹קאַרש› פֿון די ליפּן; פֿאַרשנורעווע|ן די ליפּן
puckish מזיקדיק; ווילעריש [MÁZEKDIK]
pudding
(baked) דער קוגל, ־ען; די פּאַליניצע, ־ס
(dessert) דער פּודינג, ־ען
have a pudding face [PÓNEM] האָבן אַ פּנים ווי אַ טעלער
puddle די (קאַ)לוזשע, ־ס; די קאַלעזשע, ־ס
pudendal געניטאַל
pudendum דער געניטאַל, ־ן
pudgy פּוכקע; קײַלעכ(ד)יק; קורץ און גראָב
pudgy fingers פֿינגער ווי ווורשטלעך
puerile קינדער...; קינדערש
(childish) קינד(ער)יש
puerpera די קימפּעטאָרין, ־ס; די געווינערין, ־ס
puerperal קימפּעט...
puerperal fever די קימפּעטהיץ; דער קימפּעט־פֿיבער
puerperium די קימפּעט(צײַט)
Puerto Rican, *adj.* פּאָרטאָריקאַניש
Puerto Rican, *n.*
m./unsp. דער פּאָרטאָריקאַנער, –
f. די פּאָרטאָריקאַנערין, ־ס
Puerto Rico (דאָס) פּאָרטאָריקאָ
puff, *n.*
(on pipe) דער צי, ציִען
(powder) דער פּוף, ־ן; דאָס פּודער־קישעלע, ־ך
puff of smoke דאָס רויך־וואָלקנדל, ־עך
puff, *v.*
(a pipe) ציִען (פֿון דער ליולקע); פּיפּקע|ן
puff and blow סאָפּע|ן ‹סאַפּע|ן›; שווער אָטעמען
puff out אויספּושן זיך
puff up (swell) אָנבלאָזן זיך; אָנפּושן זיך; אויפֿגיין; געשוואָלן ‹אָנגעדראָלן› ווערן
puff up (exaggerate) אויפֿבלאָזן; מגזם זײַן; איבערטרײַבן [MEGÁZEM]
puff up with pride קוועלן; שעפּן ‹קלײַבן› נחת; אָנטייע|ן; ווערן ברייטער ווי לענגער [NÁKhES]
puffed up (swollen) אָנגעבלאָזן; אויפֿגעבלאָזן; אויפֿגעגאַנגען; געשוואָלן; אָנגעדראָלן
puffed up (arrogant) אָנגעבלאָזן; פֿאַרריסן; גדלותדיק [GÁDLESDIK]
puffball דער פּולווערשוואָם, ־ען
puffed rice רײַזבלעזלעך ל"ר
puffed wheat ווייצבלעזלעך ל"ר
puffery די מויל־מלאָכה [MELÓKhE]
puffin דער פּאָפּוגײַ־טוקער, ־ס; דער טופּיק, ־עס
puffiness די/דאָס אָנגעבלאָזנקייט; די/דאָס אויפֿגעשוואָלנקייט
puff pastry דאָס בלעטערטייג
puffy אויפֿגעפּושט; פּושיק; אויפֿגעבלאָזן
pug דער מאָפּס, ־ן
pugilism דער באָקס; דער פֿויסטנקאַמף; דער פּוגיליזם
pugilist דער באָקסער, ־ס; דער פּוגיליסט, ־ן
pugnacious קריגעריש; קעמפֿעריש; שלעגעריש
be pugnacious כאַפּן זיך שלאָגן
pug nose די קאַרנאָסע ‹קורנאָסע› נאָז
puissance די/דאָס מעכטיקייט; די מאַכט
puke ברעכן; מייקע|נען
pulchritude די/דאָס שיינקייט
pulchritudinous (פּרעכטיק) שיין
Pulitzer prize די פּוליצער־פּרעמיע
pull, *n.* דער צי, ציִען; דאָס ציִען; דער שלעפּ; דאָס שלעפּן
(influence) די פּראָטעקציע
have pull (with) האָבן פּראָטעקציע (בײַ); האָבן אַ צד (בײַ + דאַט') אין טיש ‹שיסל› [TSAD]
give stg. a pull געבן אַ צי ‹שלעפּ›; אַ צי ‹שלעפּ› טאָן
pull, *v.* ציִען; שלעפּן; טערעפּע|ן
(muscle) איבערציִען
(tooth) אַרויסרײַסן; אַרויסציִען
pull ahead פֿאָרן ווײַטער
pull apart צענעמען; צערײַסן
pull at ציִען
pull away one's hand צוריקציִען די האַנט
pull away (drive away) אַוועקלאָזן זיך; אַוועקפֿאָרן; אָפּציִען
pull back, *vt./vi.* צוריקציִען זיך
pull down (demolish) צעוואַרפֿן
pull down (earn) פֿאַרדינען; אַרײַנטראָגן
pull down (tug at) אַראָפּשלעפּן; אַראָפּציִען
pull in, *vt.* **(restrain)** אײַנהאַלטן; צוריקהאַלטן
pull in, *vi.* **(arrive)** אָנקומען
pull into the station אַרײַנפֿאָרן ‹אָנקומען› אין דער סטאַנציע
pull off (clothing) אַראָפּציִען; אַראָפּשלעפּן (פֿון זיך)

pull off (bring off) באַוויַיזן; האָבן מזל; מצליח זייַן; גערעראָטן אומפּ׳ + דאַט׳/פּ״ק [MAZL] [MATSLÍEKh]
pull on (clothing) אַרויפֿציִען; אַרויפֿשלעפּן (אויף זיך)
pull oneself together נעמען זיך אין די הענט; מוּנטש(לע)ן זיך
pull oneself up אויפֿשטעלן זיך; אויפֿהייבן זיך
pull out, *vt.* **(extract)** אַרויסציִען
pull out, *vt./vi.* **(withdraw)** צוריקציִען (זיך)
pull out, *vi.* **(drive away)** אָפּפֿאָרן
pull over, *vt.* **(clothing)** אַריבערציִען איבערן קאָפּ
pull over, *vt.* **(vehicle)** הייסן + דאַט׳ זיך אָפּשטעלן בייַם ראַנד פֿון וועג
pull over, *vi.* **(vehicle)** אָפּשטעלן זיך בייַם ראַנד פֿון וועג
pull sb.'s ear אָנדרייען + דאַט׳ די אויערן; אָנדרייען + אַק׳ אַן ‹פֿאַרן› אויער
pull sb.'s leg אָנציִען; נעמען + אַק׳ אויף פּעווגע
pull through (recover) קומען צו זיך; בריה|ן זיך [BÉRYEN]
pull to pieces צענעמען ‹צערייַסן› אויף שטיקער
pull up, *vt.* **(act of pulling)** אַרויפֿציִען; אַרויפֿשלעפּן
pull up (to), *vi.* **(vehicle)** אָפּשטעלן זיך (בייַ); צופֿאָרן (צו); בלייַבן שטיין (בייַ)
pull up a chair צורוקן אַ בענקל
pullback דער צוריקצי; דער צוריקגאַנג
pulled (muscle) איבערגעצויגן
puller (typ.) דער פּרעסן־ציִער, ־ס
pullet די יונגע הון, הינער
pulley דער בלאָק, ־ן; דער טריץ, ־ן; די ראָלקע, ־ס; דער שקיוו, ־ן
Pullman דער שלאָפֿוואַגאָן, ־ען
pull-on אַרויפֿצי־...
pullout, *adj.* אַרויסצי־...
pullout, *n.* **(mil.)** דער צוריקצי, ־ען
pullover דער איבערצי־סוועטער, ־ס; דער פּולאָווער, ־ס
pull-ups
(exercise) אַרויפֿצי־געניטונגען
(diapers) ווינדל־מייַטקעס ‹־הייזעלעך›
do pull-ups מאַכן אַרויפֿצי־געניטונגען; אַרויפֿציִען זיך אויפֿן שטאַנג
pulmonary לונגען...
pulmonary artery די לונגען־אַרטעריע, ־ס
pulmonary disease די לונגענקרענק, ־ען
pulmonary fibrosis דער לונגען־פֿיבראָז
pulp
(of fruit) דאָס ווייכע; די ווייכעניש
(of paper) די פּאַפּיר־מאַסע; די קאַשע; דער פּאַפּ
beat to a pulp שרעקלעך צעממיתן ‹צעמזיקן›; שלאָגן שיִער נישט אויף צו דערהרגענען; מאַכן פֿון + דאַט׳ אַ פּרעזשעניצע [TSEMÉYMESN] [TSEMÁZEKN] [DERHÁRGENEN]
pulp fiction די שמאַטע־‹שונד־›ליטעראַטור
pulpit דער פּולפּיט, ־ן
(J.) דער עמוד, ־ים [ÓMED, AMÚDIM]
pulpit rabbi דער שיל־‹שול־›רבֿ, ־רבנים [ROV, RABÓNIM]
pulp mill די קאַשעמיל, ־ן
pulpy ווייך
pulsar דער פּולסאַר, ־ן
pulsate פּולסירן; דפּקן [DÉYFEKN]
pulsation דאָס פּולסירן; די פּולסירונג, ־ען
pulse, *n.* דער/די שלאָגאָדער, ־ן; דער פּולס, ־ן; דער דפּק, ־ן; דער האַרצקלאַפּ, ...קלעפּ [DÉYFEK]
take sb.'s pulse (אָנ)טאַפּן + דאַט׳ דעם דפּק
pulse, *v.* פּולסירן; קלאַפּן; שלאָגן; טיקע|ן

pulse meter דער דפּק־מעסטער, ־ס [DÉYFEK]
pulverization די פּולווערעזירונג; די צעשטויבונג; די צערייַבונג; די צעפּראָשונג
pulverize פּולווערעזירן; צעשטויבן; צערייַבן; צעפּראָשע|ן
puma די פּומע, ־ס
pumice דער פּימס; דער פּימסנשטיין
pummel שלאָגן (מיט די פֿויסטן); כמאַליע|ן
pump, *n.* דער פּלומפּ, ־ן; די פּאָמפּע, ־ס
pump, *v.* *imp./pf.* (אָנ)פּלומפּעווע|ן; (אָנ)פּאָמפּ(עווו)ע|ן
pump breast milk אָפּציִען די מילך; לאָזן אָפּשפּריצן די מילך; אַרויסדריקן מילך פֿון דער ברוסט
pump dry אויספּאָמפּעו|ן (ביז אַ טראָפּן)
pump gas אָנצאַפּן בענזין
pump iron הייבן געוויכטן
pump the brakes אָנפּאָמפּעווע|ן די טאָרמאַזן
pumpernickel דער פּאָמפּע(ר)ניקל; דאָס שוואַרצברויט
pumpkin די דיניע, ־ס; די באַניע, ־ס; דער קירבעס, ־ן
pumpkin pie דער דיניעפּיַי, ־ען
pumpkin seed דאָס דיניע־‹באַניע־›קערעלע, ־ך; דאָס יאָדערל, ־עך
pun, *n.* די/דאָס ווערטערשפּיל, ־ן; דער קאַלאַמבור, ־ן
pun, *v.* מאַכן אַ ווערטערשפּיל
punch,[1] *n.* **(strike)** דער זעץ, ־ן
not pull any punches שלאָגן מיטן גאַנצן כּוח; נישט אייַנהאַלטן זיך; נישט שעמען זיך [KÓYEKh]
The punches came fast and furious ס׳האָט געהאָגלט מיט קלעפּ
throw a punch געבן אַ זעץ
punch,[2] *n.* **(tool)** דער פּאַנץ, ־ן; דער לעכלער, ־ס
punch,[3] *n.* **(drink)** דער פּאָנטש, ־ן; דער פּונטש, ־ן
punch,[1] *v.* **(strike)**
imp. זעצן
pf. געבן אַ זעץ
punch a hole (in a wall) (אַ)דורכהאַקן
punch in (clock) אייַנזייגערן זיך
punch out (beat) צעשלאָגן; צעממיתן [TSEMÉYMESN]
punch out (clock) אויסזייגערן זיך
punch sb. in the face געבן + דאַט׳ אַ זעץ אין פּנים [PÓNEM]
punch sb. in the mouth געבן + דאַט׳ איבערן פּיסק; געבן + דאַט׳ אַ קלונג אין די ציין; געבן + דאַט׳ אַ בינטל פֿינגער
get punched in the mouth כאַפּן איבערן פּיסק; כאַפּן אַ קלונג אין די ציין; כאַפּן אַ בינטל פֿינגער
punch,[2] *v.* **(perforate)** (אַ)דורכלעכלען
punchball דער זעצבאַל
punch bowl די פּאָנטששיסל, ־ען
punch card דאָס געלעכלטע קאַרטל, ־עך
punch clock דער קלאַפּזייגער, ־ס; דער רעגיסטריר־זייגער, ־ס
punch-drunk אין גאַנצן צעטומלט; פֿאַרטויבט ווי פֿון אַ זעץ אין פּנים [PÓNEM]
punching bag דער שלאָגזאַק, ...זעק
(*fig.*) דאָס כּפּרה־הינדל [KAPÓRE]
punch line דער שפּיץ; דער טשוואַק
punctilio די/דאָס פּעדאַנטישקייט; דיקדוקי־עניות ל״ר [DIKDÚKE-ANÍES]
punctilious פּעדאַנטיש; קאָרעקט; דיקדוקי־עניותדיק [DIKDÚKE-ANÍESDIK]
punctual פּינקטלעך
punctuality די/דאָס פּינקטלעכקייט
punctually פּונקט (צו דער צייַט); פּינקטלעך
punctuate אינטערפּונקטירן

(emphasize) אַרויסהייבן
punctuate one's speech with (אַ)דורכוואַרפֿן; אַרײַנוואַרפֿן
punctuation די פּונקטואַציע; די אינטערפּונקציע
punctuation mark דער אָפּשטעל־צייכן, ־ס; דער (אינטער)פּונקטיר־צייכן, ־ס
puncture, *n.* דער אײַנשטאָך, ־ן; דער דורכשטאָך, ־ן; דאָס לעכל, ־עך; דאָס לעכעלע, ־ך
puncture, *v.* אײַנשטעכן; (אַ)דורכשטעכן
vt. **(blister)** אויפֿשטעכן
vt. **(med.)** פּערפֿאָרירן
vi. **(tire/balloon)** פּלאַצן
punctured lung די פּערפֿאָרירטע לונג, ־ען
pundit [MÚMKhE, MÚMKhIM] דער פּאָליטישער מומחה, ־ים
pungent שאַרף; בײַסיק; עסעריק; שטעכיק
punish (באַ)שטראָפֿן
(physically) אָנשלאָגן; שטראָפֿן מיט דער האַנט; אָנקאַטעווען
punishable באַשטראָפֿלעך; ווערט זײַן שטראָף
be punishable by טראָגן אַ שטראָף פֿון
be punishable by death טראָגן אַ טויטשטראָף
punishing האַרב; ביטער
punishment די שטראָף, ־ן; דער עונש, ־ים [ÓYNESh, ONÓShIM]
punitive שטראָפֿעריש; (באַ)שטראָפֿ...
take punitive measures אָנווענדן שטראָפֿמיטלען
punitive damages [KNAS] דאָס באַשטראָפֿגעלט; דער קנס
punk, *adj.* פּאַנק...
punk, *n.*
(hoodlum) דער כוליגאַן, ־עס
(style) דער פּאַנק
punk rock דער פּאַנקראָק
punster דער קאַלאַמבוריסט, ־ן
be a good punster פֿאַרשטיין ווי צו מאַכן אַ ווערטערשפּיל ‹קאַלאַמבור›
punt,[1] *n.* **(boat)** דאָס פֿלאַכשיפֿל, ־עך
punt,[2] *n.* **(football)** דער פֿאַלשטויס, ־ן
punt,[1] *v.* **(in boat)** פֿאָרן ‹שווימען› אין אַ פֿלאַכשיפֿל
punt,[2] *v.* **(football)** שטויסן אין דער לופֿטן
(fig.) אַרויסדרייען זיך
punter דער פֿאַלשטויסער, ־ס
puny שוואַכינק אַטר׳; נעבעכדיק; דאַר און קוואַר; נישטיק
puny person דער שוואַכינקער געב׳; דער נעבעכדיקער געב׳; די כראַנדיע, ־ס; דער סנאַסט, ־ן
pup
(dog) דאָס הינטל, ־עך; דאָס הינטעלע, ־ך
(fox) דאָס פֿיקסל, ־עך; דאָס פֿיקסעלע, ־ך
(wolf) דאָס וועלפֿעלע, ־ך
pupa [GÓYLEML] דאָס גולמל, ־עך; די לעלע, ־ס
pupil[1] **(of eye)** דאָס שוואַרצאַפּל, ־ען
pupil[2] **(student)**
m./unsp. [TÁLMED, TALMÍDIM] דער תּלמיד, ־ים
f. [TALMÍDE] די תּלמידה, ־ות
puppet די ליאַלקע, ־ס; די מאַריאָנעטקע, ־ס; די מאַריאָנעט, ־ן; דאָס טעקל, ־עך
puppeteer דער שטריקל־ציער, ־ס
puppet government די מאַריאָנעטן־רעגירונג, ־ען
puppet show די/דאָס ליאַלקע־‹מאַריאָנעטן›שפּיל, ־ן
puppy דאָס הינטעלע, ־ך
puppy love די קינדישע ‹קעלבערנע› ליבע
pup tent דאָס סקויטן־געצעלט, ־ן
purblind [KIMÁT] כּמעט בלינד; שוואַך באַנעמיק
purchase, *n.* [KNÍE] דער אײַנקויף, ־ן; די קניה, ־ות
(act) *also* דאָס אײַנקויפֿן
(stg. puchased) *also* דאָס אײַנגעקויפֿטע
purchase, *v.* (אײַנ)קויפֿן; אײַנהאַנדלען
purchase price דער אײַנקויפֿפּרײַז, ־ן
purchaser דער (אײַנ)קויפֿער, ־ס; דער אָפּנעמער, ־ס; דער קונה, ־ים [KÓYNE, KÓYNIM]
purchasing power דער קויף־כּוח [KÓYEKh]
purdah (seclusion) די פֿרויען־אָפּזונדערונג
pure ריין; לויטער; גאָלע; הויל; פּורע
as pure as the driven snow ריין ווי שניי
pure and simple [PÓShET] פּראָסט־פּשוט
pure folly די לויטערע ‹הוילע› נאַרישקייט; דער ריינער שטות
pure gold דאָס פֿײַנגאָלד; דאָס גינגאָלד; זהבֿ־טהור [ZÓHEV-TÓHER]
pure mathematics די ריינע מאַטעמאַטיק ל״י
by pure chance [MÁMESh] ריין ‹ממש› צופֿעליק
pureblooded [ÉMES] ריין; אמת; עכט
purebred ריינבלוטיק
purée, *n.* דער פּיורע, ־ען; דאָס צערײַבנס
purée, *v.* מאַכן אַ פּיורע; צערײַבן
puréed, *adj.* צעריבן; פּיורע־...; קאַשע־...
purely [RAK] ריין; לויטער; רק
purgation
(med.) דאָס אָפּפֿירן
(spiritual) די רייניקונג
purgative דאָס לאַקסיר־‹אָפּפֿיר־/אָפּטרײַב־›מיטל, ־ען
purgatory דער כּף־הקל(ע); דער פּורגאַטאָריום; דער לײַטערבראַנד [KAFAKÁL(E)/KAFEKÉLE]
purge, *n.* די רייניקונג, ־ען
purge, *v.* אויסרייניקן
(bowels) אָפּפֿירן
purification די רייניקונג, ־ען; די לײַטערונג, ־ען
(of dead body/J./ritual) [TÁ(A)RE] די טהרה
purifier דער רייניקער, ־ס
purify רייניקן; לײַטערן
(dead body/J./ritual) [METÁER] מטהר זײַן
Purim, *adj.* פּורימדיק
Purim, *n.* דער פּורים
Purim feast די פּורים־סעודה, ־ות; די סעודת־פּורים [SÚDE] [SÚDES]
Purim gifts (of food) דער/דאָס שלח־מנות [Sh(A)LAKhMÓNES]
Purim play די פּורים־שפּיל, ־ן
Purim refreshments דאָס פּורים־גרעט
purism דער פּוריזם
purist דער פּוריסט, ־ן
puristic פּוריסטיש
puritan, *adj.* פּוריטאַניש
puritan/Puritan, *n.*
m./unsp. דער פּוריטאַנער, ־ס
f. די פּוריטאַנערין, ־ס
puritanical פּוריטאַניש
purity די/דאָס רייניקייט
(J./ritual) [TÁ(A)RE] די טהרה
(innocence) די אומשולד
purloin [TSÚLÁKKhENEN] צולקחנען; אונטערשלאָגן
purl stitch דער פּערלשטאָך
purple, *adj.* פּערפּעלן; פּערפּל...; פּורפּעלן; פּורפּל...; לילאַ
purple, *n.* דער פּערפּל; דער פּורפּל; דאָס לילאַ
purport, *n.* [KAVÓNE] די כּוונה, ־ות
purport, *v.*
purported [KLÓYMERShTIK] אַזוי גערופֿן; כּלומרשטיק

purported to be זאָל כּלומרשט זײַן [KLÓYMERShT]
purpose דער ציל, ־ן; דער צוועק, ־ן
(intention) דער כּיוון, ־ס [KIVN]
on purpose אומישטן; אומישנע; בכּיוון; בכּוונה; אויף צופּלײַסנס [BEKÍVN] [BEKAVÓNE]
practical purpose דער תּכלית, ־ים [TÁKhLES, TAKhLÉYSIM]
serve a useful purpose (object) קומען צו ניץ
serve a useful purpose (person) האָבן אַ נוצן; שפּילן אַ ראָלע; צודינען
to no purpose בחינם; אָן אַ צוועק ‹זײַנען›; אומזיסט; אַרויסגעוואָרפֿן [BEKhÍNEM]
to the purpose רעלעוואַנט; שייך; צום ענין [ShÁYEKh] [ÍNYEN]
use to good purpose אויסניצן צום גוטן; אויסניצן מיט גוטע רעזולטאַטן
what's the purpose of צו ‹נאָך› וואָס
purposeful
(intentional) כּיוונדיק; אומישטן [KÍVNDIK]
(resolute) תּכליתדיק; צילגעווענדט; צילוויסיק [TÁKhLESDIK]
purposeless אָן אַ צוועק ‹ציל›
purposely בכּיוון; בכּוונה; עקסטרע; אויף צופּלײַסנס [BEKÍVN] [BEKAVÓNE]
purpura דער פּורפּל־אויסשיט
purr, *n.* דאָס מורקען; דאָס מרוקען
purr, *v.* מורקע|ן; מרוקע|ן
purse, *n.* דאָס טעשל, ־עך; דער בײַטל, ־ען; דאָס בײַטעלע, ־ך; דער טײַסטער, ־ס
purse, *v.*
purse one's lips צונויפֿשנורעווע|ן ‹אײַנשנורעווע|ן/ אײַנציִע|ן› די ליפּן; מאַכן אַ קאַרש ‹ווײַנשל› פֿון די ליפּן
purser דער שיפֿקאַסיר, ־ן
pursestrings דער (געלט)בײַטל
hold the pursestrings האָבן אין רשות דאָס געלט [REShÚS]
purslane דער פּאַרטולאַק
pursuance די אויספֿירונג; דאָס אויספֿירן
in pursuance of בײַם אויספֿירן
pursuant (to) בהסכּם (מיט); אויפֿן סמך (פֿון); לויט; כּפֿי [BEHÉSKEM] [SMAKh] [KEFÍ]
pursue יאָגן; נאָכיאָגן זיך נאָך; נאָכלויפֿן נאָך
(carry on) ממשיך זײַן [MÁMShEKh]
(a discussion) אַרומרעדן (ווײַטער)
(an interest) פֿאַרנעמען זיך מיט
(strive for) זוכן; שטרעבן צו
pursuit
(of person) דאָס נאָכיאָגן; דער יאָג (נאָך)
(pastime) דער צײַטפֿאַרברענג, ־ען; די באַשעפֿטיקונג, ־ען
(striving) די שטרעבונג (צו); דאָס זוכן
in hot pursuit האַרט אויף די פֿרישע שפּורן
in pursuit of בײַם נאָכיאָגן זיך נאָך; זוכנדיק
pursuit of happiness דאָס זוכן גליק
purulence דער אייטער
purulent אייטערדיק
purulent matter דער אייטער; די מאַטעריע
purvey צושטעלן
purveyor דער צושטעלער, ־ס; דער ליווראַנט, ־ן
purview דער תּחום, ־ען/־ים
pus דער אייטער; די מאַטעריע
push, *n.* דער שטופּ, ־ן; דער שטויס, ־ן
(of button) דער קוועטש, ־ן; דאָס קוועטשן; דער אָנדריק, ־ן; דאָס אָנדריקן
(*fig.*) דער סטימול; דער שטויס
at a push [BRÉYRE] אויב נייטיק; אַז קיין ברירה איז נישטאָ
give the push to פּטור ווערן פֿון [PÓTER]
the final push דער לעצטער פּרווו
when push comes to shove אַז סע קומט צו(ן) עפּעס; אין אַן עת־צרה; ווען ס'קומט צו(ן) אַ קריטישן מאָמענט [EYS-TSÓRE]
push, *vt./vi.* שטופּן (זיך); שטויסן (זיך); (שפּאַרן זיך)
(during labor) קוועטשן זיך
be pushing fifty האַלטן ‹זײַן› קרובֿ צו די פֿופֿציק; זײַן (אַלט) בײַ די פֿופֿציקער; האַלטן אָט־אָט בײַ די פֿופֿציקער [KÓREV]
not let oneself be pushed around נישט לאָזן זיך שפּײַען אין (דער) קאַשע
push along אונטערשטופּן
push and shove שטופּן זיך; שטורכע|ן זיך
push aside אָפּשטופּן; אָפּשטויסן
push for פֿאָדערן
push forward שטופּן זיך פֿאָרויס
push hard (*fig.*) [KÓYEKh] אָנטאָן זיך אַ גרויסן כּוח
push off, *vt.* **(postpone)** אָפּלייגן
push in, *vt./vi.* אַרײַנשטופּן (זיך)
push off, *vi.* לאָזן זיך אין וועג אַרײַן
push one's way in אַרײַנשטופּן זיך; אַרײַנרײַסן זיך; אַרײַנשפּאַרן זיך
push oneself hard שטאַרק דריקן אויף זיך; טרײַבן זיך אַליין
push open אויפֿפּראַלן
push out אַרויסשטופּן; אַרויסשטויסן
push out (at birth) אַרויסשטויסן
push over the edge [KÉYLIM] אַרויסברענגען פֿון די כּלים
push sb. around הייסן + דאַט' וואָס צו טאָן; אַרומקאָמאַנדעווע|ן אַרום + דאַט'
push the door open צעפּראַלן ‹אויפֿפּראַלן› די טיר
push the door shut צוקלאַפּן מיט דער טיר
push through (a crowd) (אַ)דורכשטופּן זיך (דורך); (אַ)דורכשפּאַרן זיך (דורך); (אַ)דורכרײַסן זיך (דורך); (אַ)דורכשלאָגן זיך (דורך)
push through (a measure) אויספּועלן; (אַ)דורכזעצן; (אַ)דורכפֿירן [ÓYSPÓY(E)LN]
push too far דערגיין צו ווייט; דערלאַנגען איבער דער גרענעץ
push up אַרויפֿשטופּן; אַרויפֿשפּאַרן
That's really pushing it! דאָס איז שוין העט איבער דער מאָס!
push-and-pull toy דאָס שטופּ־און־שטויס־שפּילעכל, ־עך
pushbutton, *adj.* מיט דריקקנעפּלעך
pushbutton, *n.* דאָס דריקקנעפּל, ־עך; די קנאָפּקע, ־ס
pushcart דאָס שטופּוועגל, ־עך; דאָס האַנט־וועגעלע, ־ך; דאָס מאַרק־וועגעלע, ־ך
pusher דער נאַרקאָטיק־הענדלער, ־ס
pushover די מאַמעליגע, ־ס; דער/די לעמישקע, ־ס; דער פֿאַנטאָפּל־מענטש, ־ן; דער שטופּשטויס, ־ן; דער שוואַכינקער געב'
She's a real pushover זי קען נישט זאָגן ניין; זי איז גרינג ווי אַ האָר אין מילך
She's no pushover זי לאָזט זיך נישט שפּײַען אין דער קאַשע
He's a pushover for a pretty girl אַז ער דערזעט אַ שיין מיידל ווערט ער אין גאַנצן אַ שוואַכינקער
push-polling [KLÓYMERShT] דער כּלומרשט־אויספֿרעג, ־ן
push-up bra דער אַרויסהייב־סטאַניק, ־עס
push-ups אַרויפֿשפּאַר־געניטונגען

do push-ups אַרױפֿשפּאַרן זיך מיט די הענט; מאַכן אַרױפֿשפּאַר־געניטונגען

pushy העזהדיק; אַגרעסיוו [HÓZEDIK]

be pushy האָבן עלנבויגנס; שטופּן זיך; רײַסן זיך צום אויבנאָן

pusillanimous מוראוודיק; פּחדניש; שוואַכמוטיק [MÓYREVDIK] [PAKhDÓNISh]

puss (mouth/*slg.*) דער פּיסק, ־עס; די מאָרדע, ־ס

pussy

(cat) דאָס קעצעלע, ־ך; די קאַטינקע, ־ס

(vulva/*vlg.*) די שמוע, ־ס; די שמוטשקע, ־ס; די פּירגע, ־ס; דאָס קרעפּל, ־עך

pussycat דאָס קעצעלע, ־ך; די קאַטינקע, ־ס

pussyfoot

(be cautious) וואַקלען זיך; היטן זיך

(equivocate) דרייען מיט דער צונג

(act stealthily) גנבֿע|(נע)ן זיך קעציש [GÁNVE(NE)N]

pussy willow די קעצעלעך־ווערבע, ־ס

pustule דער פּרישטש, ־עס; דער טשיריק, ־עס

put, *adj.*

put together (in total) אַלע ‹אַלץ› אין איינעם

stay put אײַנשטיין; שטיין ‹בלײַבן› אויף אַן אָרט; נישט רירן זיך פֿון אָרט

well put together סאָליד; גוט פֿאָרמולירט

put, *v.*

imp./pf. **(lay down)** (אַוועק)לייגן

imp./pf. **(place)** (אַוועק)שטעלן

imp./pf. **(seat)** (אַוועק)זעצן

(in unspecified location) אַהינטאָן

(spo.) שטויסן; שלײַדערן

(a question) פֿרעגן; שטעלן

How shall I put it? ווי זאָל איך זאָגן ‹פֿאָרמולירן›?

not know where to put oneself נישט וויסן ווו זיך אַהינצוטאָן; שעמען זיך אין טיפֿן ‹ווײַטן› האַלדז אַרײַן

put across איבערגעבן

put aside אַוועקלייגן אין אַ זײַט; פֿאַראיבעריקן

put aside differences אויסקומען אָן מחלוקתן [MAKhLÓYKESN]

put away (consume) אײַנשלינגען; אויפֿאַכלען; אַרײַנרײַבן

put away (in prison) אײַנזעצן

put away (store) אַוועקלייגן; אָפּלייגן

put away (straighten up) אַוועקראַמען; אַוועקלייגן; אַנידערלייגן

put back צוריקלייגן; צוריקשטעלן

put down (disparage) אָפּפּאָרן; חוזק מאַכן פֿון; צו נישט מאַכן; אַ שטאָך טאָן + דאַט' [KhÓYZEK]

put down (euthanize) אײַנשלעפֿערן (אויף טויט)

put down (in writing) פֿאַרשרײַבן

put down (lay down) אַוועקלייגן

put down (rebellion) דערשטיקן

put down for פֿאַרשרײַבן פֿאַר

put down to צושרײַבן צו

put forth (suggest) אַרויסשטעלן; פֿירלייגן

put forth an effort באַמיִען זיך; אָנשטרענגען זיך; אָנטאָן זיך אַ כּוח [KÓYEKh]

put forth buds אַרויסגעבן קנאָספּן

put forth roots אַרויסגעבן ‹שלאָגן› וואָרצלען

put forward אַרויסשטעלן; אַרויסזאָגן; אַרויסברענגען; פֿירברענגען

put in אַרײַנלייגן ‹אַרײַנשטעלן› אין

put in a word אַרײַנוואַרפֿן אַ וואָרט

put in another place איבערלייגן; איבערשטעלן; איבערזעצן

put in for אָנגעבן אויף

put in time אָפּגעבן ‹אַרײַנלייגן› צײַט

put off (postpone) אָפּלייגן (אויף)

put off (repulse) אָפּשטויסן; מיִגלען + דאַט'

put off (turn aside) אָפּווענדן

put on, *vt./vi.* **(clothing)** אָנטאָן (זיך)

put on, *vt.* **(a play)** אויפֿפֿירן

put on, *vi.* **(feign)** מאַכן זיך

put one over on גוט אָפּנאַרן; אָפּפּאַריִצעווע|ן

put oneself out מטריח זײַן זיך; שטאַרק באַמיִען זיך [MATRÍEKh]

put out, *vt.* **(emit)** אַרויסלאָזן

put out, *vt.* **(extinguish)** אויסלעשן; פֿאַרלעשן

put out, *vt.* **(inconvenience)** פֿאַרשאַפֿן + דאַט' אומבאַקוועמקייט

put out, *vt.* **(publish)** אַרויסגעבן

put out, *vt.* **(sprain)** אויסדרייען; אויסווערכנען זיך; אויסלינקען ‹אויסלענקען› זיך

put out, *vi.* (*slg./vlg.*) לאָזן זיך באַשלאָפֿן

put out a hand אויסשטרעקן ‹אויסציִען› די האַנט

put sb. up to do stg. שטויסן + אַק' צו

put through (on phone) פֿאַרבינדן (מיט)

put to work אײַנשפּאַנען; שטעלן + אַק' אַרבעטן

put together (compile) צונויפֿנעמען

put together (construct) צוזאַמענשטעלן

put up (erect) אויפֿשטעלן; אַנידערשטעלן

put up (guests) אײַנקוואַרטירן; באַלייגן

put up (signs) אויסהענגען; אַרויסהענגען

put up (to cook) צושטעלן

put up for adoption לאָזן אַדאָפּטירן; אַוועקגעבן צום אַדאָפּטירן

put up for sale לאָזן פֿאַרקויפֿן

Put up or shut up! אָדער שווים אָדער שווײַג!

put up with sb./stg. אויסהאַלטן פֿון; סובֿל זײַן; טאָלערירן; אויסשטיין פֿון [SOYVL]

put up with stg. *also* אָננעמען פֿאַר ליב; פֿאַרשווײַגן; מקבל־באַהבֿה זײַן [MEKÁBL-BE(AH)ÁVE/BEÁHAVE]

putative אַזוי גערופֿענט ‹געמײנט›; כּלומרשט [KLÓYMERShT]

putdown דער אָפּפּאָר, ־ן; דער שטאָך, ־ן; דאָס שטעכווערטל, ־עך

put-off

(excuse) דער (פֿולער) תּירוץ, ־ים; דער אויסרייד, ־ן [TÉRETS, TERÚTSIM]

It's a real put-off סע שטויסט ממש אָפּ [MÁMESh]

put-on דער אָנשטעל, ־ן

putrefaction דאָס פֿוילן; דאָס פֿאַרפֿוילט ווערן

putrefy (פֿאַר)פֿוילן

putrescent פֿוילנדיק

putrid פֿאַרפֿוילט; פֿויל; יעלקע

putsch דער פּוטש, ־ן

putt, *v.* אַ לײַכטן קלאַפּ טאָן אין גריבל אַרײַן

putter, *n.*

(golf club) דער קורצער גאָלפֿשטעקן, ־ס

(golfer) דער לײַכטקלאַפּער, ־ס

putter, *v.* פּאָרען זיך; פּאַטשקע|ן זיך; פּוסטעפּאַסעווע|ן

putting green די גאָלפֿלאַנקע, ־ס; די צילפֿלאַך, ־ן

putting hole דאָס צילגריבל, ־עך

putty דער קיט

putty knife דער שפּאַכטל, ־ען

put-upon אויסגעניצט; עקספּלואַטירט

putz (*slg./vlg.*) דער שמאָנדאַק, ...אַקעס; דער פּאָץ, פּעץ

puzzle, *n.* דאָס רעטעניש, ־ן; די/דאָס געדולדשפּיל, ־ן; דער פּלעף, ־ן; די/דאָס טרעפֿשפּיל, ־ן; די האַרבע קשיא, ־ות [KÁShE]
puzzle, *v.* פּלעפֿן; פֿאַרלייגן + דאַט' אַ קלאָץ; (פֿאַר)אינטריגירן
puzzled געפּלעפֿט
be puzzled as to why חידושן ‹פֿרעגן› זיך פֿאַר וואָס [KhÍDEShN]
puzzlement די צעמישונג; דאָס געפּלעף
puzzling פּלעפֿנדיק; רעטענישדיק; האַרב; קשה [KÓShE]
pygmy דער פּיגמיי, ־ען
pylon דער פּילאָן, ־ען
pylorus דער פּילאָריס, ־ן; דער טויער־היטער, ־ס
pyorrhea דער אייטער־אויסשייד
pyramid דער פּיראַמיד, ־ן
pyramidal פּיראַמידאַל
pyre דער שייַטער, ־ס
Pyrenees פּירענעען
pyromania די פּיראָמאַניע
pyromaniac, *adj.* פּיראָמאַניש
pyromaniac, *n.* דער פּיראָמאַן, ־ען
pyrotechnics די פּיראָטעכניק ל״י
pyroxyline דער פּיראָקסילין
Pyrrhic victory דער פּירוס־נצחון [NITSÓKhN]
python דער פּיטאָן, ־ען

Q

Q דער קו, ־ען
Qatar (דאָס) קאַטאַ́ר
Qatari, *adj.* קאַטאַ́ריש
Qatari, *n.*
m./unsp. דער קאַטאַ́רער, –
f. די קאַטאַ́רערין, ־ס
quack, *n.*
(duck) דאָס קוואַ́קען
(fake) דער זנאַ́כער, ־ס; דער קאָנאָוואַ́ל, ־ן/־עס; דער שאַרלאַטאַ́ן, ־ען; דער פֿלע́קל־דאָ́קטער, ...טוי́רים
quack, *v.* קוואַ́קע|ן
quackery דאָס זנאַכערײַ́
quacking, *n.* דאָס קוואַ́קען
quadragenarian דער פֿע́רציקער, –
m. also [BEN-ARBÓYEM, BNEY-...] דער בן־אַרבעים, בני־...
f. also [BAS-ARBÓYEM] די בת־אַרבעים, ־ס
quack remedy [REFÚE] די שאַרלאַטאַ́נסקע רפֿואה, ־ות
quadrangle דער פֿי́רעק, ־ן
(archit.) דער (פֿי́רע́קיקער) הויף, ־ן
quadrangular פֿי́רע́ק(עכ)יק
quadrant דער קוואַדראַ́נט, ־ן; דער פֿע́רטלקרײַז, ־ן
quadratic קוואַדראַ́ט...; קוואַדראַ́טיש
quadratic equation די קוואַדראַ́ט־גלײַ́כונג, ־ען
quadriceps דער פֿי́רקע́פּיקער מוסקל, ־ען; דער פֿי́רקעפּל־מוסקל, ־ען
quadrilateral, *adj.* פֿי́רזײַטיק
quadrilateral, *n.* די פֿי́רזײַט, ־ן
quadrille דער קאַדרי́ל
quadrillion דער קוואַדריליאָ́ן, ־ען
quadriparesis די/דאָס אָפּגעשוואַכקייט אויף אַ́לע אבֿרים ‹פֿיר› [ÉYVRIM]
quadriplegia דער פּאַראַלי́ז אויף אַ́לע אבֿרים ‹פֿיר› [ÉYVRIM]
quadriplegic דער פּאַראַליזי́רטער געב׳ אויף אַ́לע אבֿרים ‹פֿיר› [ÉYVRIM]
quadroon דער פֿערטל שוואַ́רצער געב׳
quadruped דער פֿי́רפֿיסיקער געב׳
quadruple, *adj.* פֿי́רפֿאַכיק
quadruple, *n.* דער/די פֿי́רפֿאַכיקע(ר) צי́פֿער, ־ן/–
quadruple, *v.* (פֿאַר)פֿי́רפֿאַכן
quadruplet דער פֿי́רלינג, ־ען/־ער
quaff, *v.* אוי́סטרינקען מיט איין שלוק
quagmire די בלאָ́טע, ־ס; דאָס געמוי́זעכץ, ־ן
quail דער וואַכטל, ־ען
quaint אַלטפֿרע́נקיש; אַ́לט־פֿע́טעריש; מיט אַן אַמאָ́ליקן חן [KhEYN]
(unusual) טשיקאַ́ווע; אוי́סטערליש
quake, *n.* דאָס צי́טערניש, ־ן; דער צאַפּל, ־ען
quake, *v.* צי́טערן; צאַ́פּלען; וואַרפֿן זיך
quake with cold צי́טערן פֿאַר קעלט
quake with fear צי́טערן פֿאַר שרעק
Quaker דער קווײ́קער, ־ס
quaking aspen דער צי́טערבוים, ...ביימער
qualification די קוואַליפֿיקאַ́ציע, ־ס
(limited condition) [TNAY, TNÓYEM] דער תּנאַי, תּנאָים
qualified קוואַליפֿיצי́רט
(limited) [TNAY] באַגרע́נעצט; תּנאַי־...
be qualified to זײַן קוואַליפֿיצי́רט צו
qualified for [RÓE] באַרע́כטיקט צו; ראָוי צו
qualifier
(gram.) דער אַטריבו́ט, ־ן
(spo.) דער קוואַליפֿיצי́רער, ־ס
qualify
(describe) באַצײ́כענען; קלאַסיפֿיצי́רן
(gram.) באַשטי́מען; מאָדיפֿיצי́רן
(limit) באַוואָ́רענען; אײַ́נענגען; באַגרע́נעצן
(specify) פֿאַרפּי́נקטלעכן
qualify as (acquire degree) באַקו́מען ‹קריגן› די קוואַליפֿיקאַ́ציעס אויף
qualify for (be eligible) טויגן אויף; ראָוי זײַן צו; זײַן פּאַ́סיק אויף ‹צו› [RÓE]
qualify for (be entitled) זײַן באַרע́כטיקט אויף
qualify for (spo.) קוואַליפֿיצי́רן זיך אויף
qualitative [ÉYKhES] איכות־...; איכותדיק; קוואַליטאַטי́וו [ÉYKhESDIK]
qualitative adjective [ÉYKhES] דער איכות־אַדיעקטי́וו, ־ן
quality, *adj.* איכות־...; פֿון אַ גו́טער ‹הוי́כער› קוואַליטע́ט [ÉYKhES]
spend quality time with אָ́פּגעבן זיך ע́טלעכע (אינטענסי́ווע) שעה + דאַט׳
quality, *n.*
(characteristic) די/דאָס אײ́גנקייט, ־ן; די אײ́גנשאַפֿט, ־ן
(standard) [ÉYKhES] די קוואַליטע́ט, ־ן; דאָס איכות, ־ן
of the best quality ע́רשטקלאַסיק; ע́רשטסאָרטיק; פֿון בעסטן מין ‹סאָרט/קלאַס›; פֿון עקסטער פֿאַס
of the worst quality לע́צטסאָרטיק; פֿון ערגסטן מין ‹סאָרט/קלאַס›
quality of life דער לעבנס־נחת; די הנאה פֿון לעבן; דאָס לעבנ(ס)־איכות [NÁKhES] [HANÓE]
quality control [ÉYKhES] דער איכות־קאָנטראָ́ל
quality health care דער געזו́נט־אָ́פּהיט פֿון אַ הוי́כער קוואַליטע́ט
qualm
(queasiness) דער מיגל; די/דאָס ני́שט־גו́טקייט
(scruple) דער אי́בערטראַכט, ־ן; דער (אי́בער)קלער; דער חשש, ־ים [KhShASh, KhShÓShIM]
quandary די פֿאַרלע́גנהייט, ־ן; די קלעם, ־ען; די דילע́מע, ־ס
be in a quandary זײַן אין אַ פֿאַרלע́גנהייט ‹קלעם›; נישט (אָ́נהייבן צו) וויסן וואָס צו טאָן
quantifiable
be quantifiable לאָזן זיך (אָפּ)מעסטן; לאָזן זיך באַשטי́מען קוואַנטיטאַטי́וו
quantify באַשטי́מען קוואַנטיטאַטי́וו
quantitative [KÁMESDIK] כּמותדיק; קוואַנטיטאַטי́וו
quantity
(amount) דער סכום, ־ען
(number) די צאָל, ־ן
(property) [KÁMES] דאָס כּמות, ־ן; די קוואַנטיטע́ט, ־ן
in equal quantities אין גלײַ́כע מאָסן
in quantity אין אַ גרויסן סכום
What quantity of ... וויפֿל
quantum, *adj.* קוואַ́נטיש; קוואַנטנ...
quantum, *n.* דער קוואַנט, ־ן
(quantity) די קוואַנטיטע́ט, ־ן
quantum leap דער קוואַ́נטנשפּרונג, ־ען
quantum mechanics די קוואַנטן־מעכאַ́ניק ל״י
quantum number די קוואַ́נטנצאָל, ־ן
quantum theory די קוואַ́נטן־טעאָ́ריע

quarantine, *n.* דער קאַראַנטין, ־ען
quarantine, *v.* שטעלן אונטער אַ קאַראַנטין
quark דער קוואַרק, ־ן
quarrel, *n.* דאָס קריגערײַ, ־ען; דאָס מחלוקת, ־ן; דאָס צעוואָרטלעניש, ־ן; די/דאָס עסעניש, ־ן [MAKhLÓYKES]
pick a quarrel (with) אײַנרײַסן זיך (מיט); פֿאַרטשעפּען זיך (מיט); טשעפּען זיך (צו)
quarrel, *v.* קריגן זיך; פֿירן ‹האָבן› אַ מחלוקת; צעוואָרטלען זיך; אַרומרײַסן זיך; פֿירן אַ קידער־ווידער [MAKhLÓYKES]
quarrelsome [MAKhLÓYKESDIK] קריגעריש; מחלוקתדיק
quarry, *n.*
(prey) דאָס געפֿאַנג; דער פֿאַנג
(stone) די שטיינערײַ, ־ען; די שטיינברעכערײַ, ־ען
quarry, *v.* אַרויסבאַקומען שטיין (פֿון)
quart די/דאָס קוואָרט, ־ן/קווערט
quartan [KADÓKhES-REVÍES] דאָס קדחת־רבֿיעית
quarter, *n.*
(fourth) דאָס פֿערטל, ־עך
(money/Am.) דער קוואָדער, ־ס
(neighborhood) דער קוואַרטאַל, ־ן; דער/דאָס קוואַרטל, ־ען
(of year) דער/דאָס קוואַרטל, ־ען
(acad.) דער/דאָס קוואַרטל, ־ען; דער קוואַרטל־זמן, ־ים [ZMAN]
(spo.) דאָס (שפּיל)פֿערטל, ־עך
a quarter past nine אַ פֿערטל נאָך נײַן; אַ פֿערטל צען
a quarter to nine אַ פֿערטל פֿאַר נײַן; דרײַ פֿערטל נײַן
from all quarters פֿון אומעטום; פֿון אַלע זײַטן
quarter, *v.*
(lodge) אײַנקוואַרטירן
(fourth) צעפֿערטלען
quarterback דער קוואָדערבעק, ־ס
quarterdeck דער קוואַרטערדעק, ־ן
quarterfinals פֿערטל־פֿינאַלן
quarterly, *adj.* קוואַרטלדיק; פֿיר מאָל אַ יאָר
quarterly, *n.* דער קוואַרטלניק, ־עס; די פֿערטליאָר־שריפֿט, ־ן
quartermaster דער קוואַרטיר־מײַסטער, ־ס
quarter note די פֿערטל־נאָטע, ־נאָטן
quarters
(lodging) די קוואַרטיר, ־ן; די וווינונג, ־ען
(mil.) די קאַזאַרמע, ־ס
quartet דער קוואַרטעט, ־ן
quartile דאָס (סטאַטיסטישע) פֿערטל, ־עך
quarto דער פֿערטל־פֿאָרמאַט, ־ן; דער קוואַרטאָ, ־ס; דער קוואַרט, ־ן
quartz, *adj.* קוואַרצן; קוואַרצ...
quartz, *n.* דאָס קוואַרץ
quartz lamp דער קוואַרצלאַמפּ, ־ן
quasar דער קוואַזאַר, ־ן
quash דערשטיקן
(jur.) אַנולירן
quasi- [KMOY] כּמו; קוואַזי...
quatercentenary דער פֿירהונדערט־יאָריקער יובֿל ‹יאָרטאָג› [YOYVL]
quatrain דער קאַטרען, ־ען
quaver, *n.* דער טריל, ־ן
quaver, *v.* ציטערן
quavering ציטערדיק
quay דער צושטייפּונקט, ־ן; דער האַוון, ־ס
queasiness
(discomfort) די/דאָס אומבאַקוועמקייט
(nausea) דער מיגל; די/דאָס נישט־גוטקייט

queasy
(uncomfortable) אומבאַקוועם
I'm queasy (= nauseous) ס'איז מיר נישט־גוט; סע מיגלט מיר; סע נודיעט מיר אונטערן האַרצן
queen [MÁLKE] די מלכּה, ־ות; די קיניגין, ־ס
queen of hearts די מלכּה רויטס
Queen of Sheba [MÁLKE-ShVÓ] די מלכּה־שבֿאָ
Queen Anne's lace (bot.) דאָס שפּיצן־שלייערל
queen bee די בינען־קיניגין, ־ס; די מלכּה, ־ות; די ביניכע, ־ס [MÁLKE]
queen consort [MÉYLEKhS] דעם מלכס ווײַב ‹פֿרוי›
queen mother דעם מלכס מאַמע; דער מלכּהס מאַמע [MÉYLEKhS] [MÁLKES]
queer, *adj.* טשודנע; מאָדנע; משונה(דיק); אויסטערליש [MEShÚNE(DIK)]
(homosexual) האָמאָסעקסואַליסטיש
queer person (odd/*m./unsp.*) דער טשודאַק, ־עס
queer person (odd/*f.*) די טשודאַטשקע, ־ס
queer, *n.* דער האָמאָסעקסואַליסט, ־ן
quell אײַנשטילן; אײַנרויִקן; באַרויִקן
quench לעשן
(thirst) *also* שטילן
querulous
be querulous יאַבעדע(ווע)|ן; כניקע|ן; באַקלאָגן זיך; זײַן אומצופֿרידן
querulous person (*m./unsp.*) דער יאַבעדניק, ־עס
querulous person (*f.*) די יאַבעדניצע, ־ס
query, *n.* דער נאָכפֿרעג, ־ן; די פֿראַגע, ־ס
query, *v.* נאָכפֿרעגן זיך
quest דאָס זוכן; דאָס זוכעניש; די זוכונג
in quest of זוכנדיק
question, *n.* די פֿראַגע, ־ס; דער פֿרעג, ־ן; די שאלה, ־ות; די קשיא, ־ות [ShÁYLE] [KÁShE]
(rabbinical) די שאלה, ־ות
(Talmudic) די קשיא, ־ות
(doubt) [SÓFEK, SFÉYKES] דער ספֿק, ־ות
be a question of גיין אין; זײַן אַ רייד וועגן; האַנדלען זיך וועגן
be in question זײַן אַ ספֿק
beyond question זיכער; געוויס
call into question קוועסטיאָנירן; שטעלן אונטער אַ ספֿק ‹פֿרעגצייכן›
difficult question די האַרבע קשיא, ־ות
foolish question די קלאָץ־קשיא, ־ות
It's only a question of time אויב נישט הײַנט איז מאָרגן
It's out of the question נישטאָ וואָס צו רעדן; וועגן דעם איז אַפֿילו נישטאָ קיין רייד; דאָס קומט גאָר נישט אין חשבון ‹באַטראַכט› [AFÍLE] [KhEZhBM]
no questions asked אָן קיין שום פֿראַגעס; ווי סע שטייט און גייט; פּיקס און פֿאַרטיק
profound question די שאַרפֿע ‹טיפֿע/טיפֿזיניקע› קשיא, ־ות
question of life and death די לעבנס־פֿראַגע, ־ס
the person in question [BALDÓVER] דער בעל־דבֿר, ־ס
There's no question נישטאָ קיין ספֿק; וואָס איז דאָ צו רעדן?
What a question! וואָס פֿאַר אַ פֿראַגע!; אַ שאלה!; פּטור נו! [PÓTER]
without question בלי־(שום־)ספֿק; אָן שום פֿראַגעס; נישט אָפּצופֿרעגן [BELÍ-(ShUM-)SÓFEK]
question, *v.*
(ask) פֿרעגן + אַק; פֿרעגן (זיך) בײַ; שטעלן + דאַט' אַ פֿראַגע ‹קשיא› [KÁShE]

(challenge) אָפּפֿרעגן; אויפֿפֿאָדערן
(doubt) ספֿקן אין; קוועסטיאָנירן [SÓFEKN]
(interrogate) אויספֿרעגן
questionable פּראָבלעמאַטיש; מסופּקדיק; ספֿקדיק; מוטל־בספֿק; אונטער אַ פֿרעגצייכן [MESÚPEKDIK] [SÓFEKDIK] [MÚTL-BESÓFEK]
question-and-answer session דער פֿרעג־און־ענטפֿער; די שאלה־און־תּשובֿה [ShÁYLE] [TShÚVE]
questioning, *adj.* פֿרעגנדיק
questioning, *n.* דער אויספֿרעג; דאָס אויספֿרעגן
question mark דער פֿרעגצייכן, ־ס
questionnaire דער פֿרעגבויגן, ־ס; די אַנקעטע, ־ס
question word דאָס פֿרעגוואָרט, ...ווערטער
queue, *n.* די ריי, ־ען
queue, *v.* **(up)** שטעלן זיך אין (דער) ריי
quibble, *n.* די יאַבעדע, ־ס; דער פּילפּול; דאָס פּשטל, ־עך [PILPL] [PShETL]
quibble, *v.* שפּאַרן זיך; אַמפּערן זיך איבער קלייניקייטן; יאַבעדע(ווע)|ן; פּילפּולען זיך; פּשטלען זיך [PÍLPLEN] [PShÉTLEN]
quibbler דער יאַבעדניק, ־עס
quibbling, *adj.* פּילפּולדיק; פּשטלדיק [PÍLPLDIK] [PShÉTLDIK]
quiche דער קיש, ־ן
quick, *adj.* גיך
be a quick study גיך אויסלערנען זיך
be quick to see באַלד דערזען
quick fix דאָס דערווײַליקע מיטל, ־ען
quick, *n.*
to the quick ביזן ביין
cut/touch sb. to the quick נעמען + דאַט' די לעבער; נעמען + אַק' ביי דער לעבער; אָננעמען + דאַט' ביים האַרצן; דערלאַנגען + דאַט' אין דער זיבעטער ריפּ
quick-acting
be quick-acting ווירקן גיך ‹באַלד›
quick-drying
be quick-drying אויסטריקענען זיך גיך
quicken, *vt./vi.* פֿאַרגיכערן (זיך)
quickening, *n.* **(obst.)** ריִרעלעך ל"ר; די דערפֿילונג
quickie, *adj.* כאַפּ־לאַפּ; אָפּגעכאַפּט; גיך
quickie, *n.*
(meeting) די אָפּגעכאַפּטע זיצונג, ־ען
(drink) דאָס אָפּגעכאַפּטע שנעפּסל; דער אָפּגעכאַפּטער לחיים [LEKhÁYEM]
(sex) דאָס אָפּגעכאַפּטס; דאָס אַרײַנגעכאַפּטס
have a quickie (sex) אָפּכאַפּן ‹אַרײַנכאַפּן› אַ ליבע; אַ ליב טאָן זיך
quickie divorce דער עקספּרעס־גט [GET]
quicklime דער נישט־געלאָשענער קאַלך
quickly געשווינד; (אויף דער) גיך
quicksand זינק־געזעמדן ל"ר; דאָס/דער זינקזאַמד
quicksilver דאָס קוועקזילבער
quick-tempered היציק; הייס־געבאָדן
quick-witted געשײַט; חריפֿותדיק; דערלאַנגעריש [Kh(A)RÍFESDIK]
quid pro quo עפּעס פֿאַר עפּעס; דו גיב מיר, גיב איך דיר; קווי פּראָ קוואָ
quiescent רויִק; שטיל; אומאַקטיוו
quiet, *adj.* רויִק; שטיל
very quiet שאַ־שטיל
keep quiet שווײַגן; האַלטן דאָס מויל
keep stg. quiet האַלטן בסוד; פֿאַרשווײַגן [BESÓD]
Quiet!, *int.* (פּתח שין) שאַ! [PÁSEKh]
quiet, *n.* די רו; די שטיל
on the quiet/QT בסוד; שטיל(ינק)ערהייט [BESÓD]
the quiet before the storm די/דאָס שטילקייט פֿאַרן שטורעם
quiet, *v.* **(down)** אײַנשטילן זיך
quietism דער קוויעטיזם
quietist דער קוויעטיסט, ־ן
quietly שטיל(ינק)ערהייט; אין דער שטיל
quietus דער טויט; דער סוף [SOF]
give the quietus to מאַכן אַ סוף צו
quill
(of bird) די פֿעדער, ־ס; די פּענקע, ־ס
(of porcupine) די נאָדל, ־ען
(pen) די גענדזענע פֿעדער, ־ס; די גענדזענע פּען, ־ען
quilt, *n.* די (געשטעפּטע) קאָלדרע, ־ס; די פּערענע, ־ס
quilt, *v. imp./pf.* (צו)שטעפּן
quilt cover די ציך, ־ן
quilted געשטעפּט
quilted jacket די וואַטאָווקע, ־ס
quilter
m./unsp. דער שטעפּער, ־ס
f. די שטעפּערקע, ־ס
quilting דאָס שטעפּעכץ; וואַטן ל"ר
quince די גויטע, ־ס
(tree) דער גויטעסבוים, ...ביימער
quincentenary דער פֿינפֿהונדערט־יאָריקער יובֿל ‹יאָרטאָג› [YOYVL]
quinine דער כינין; די כינע
quinoa דער קינוואַ
quinquagenarian דער פֿופֿציקער
m. also דער בן־חמישים, בני־... [BEN-KhAMÍShIM, BNEY-...]
f. also די בת־חמישים, ־ס [BAS-KhAMÍShIM]
quintessence דער תּמצית; דער עיקר; די קווינטעסענץ; דער/די/דאָס ... אַלײן [TÁMTSES] [ÍKER]
quintessential תּמציתדיק; עיקרדיק [TÁMTSESDIK] [ÍKERDIK]
quintet דער קווינטעט, ־ן
quintuplet דער פֿינ(נ)פֿטלינג, ־ען/־ער
quip, *n.* די חכמה, ־ות; דער שאַרפֿער וויץ, ־ן [KhÓKhME]
quip, *v.* חכמה|ן זיך; וויצלען זיך [KhÓKhMEN]
quire די ליברע, ־ס
quirk די פּרימכע, ־ס
quirks *also* חפֿצ(י)ות; ניקן [KhÉFTS(Y)ES]
by some quirk of fate געווען באַשערט אַז
quirky מיט פּרימכעס ‹חפֿצ(י)ות›; משונהדיק [KhÉFTS(Y)ES] [MEShÚNEDIK]
quisling דער קוויסלינג, ־ען
quit
(cease) אויפֿהערן
(comp.) אַרויס(גיין) פֿון פּראָגראַם; פֿאַרמאַכן די פּראָגראַם
quit a job אַוועקגיין פֿון דער אַרבעט; אָפּזאָגן זיך
quit school אַוועקוואַרפֿן ‹אָפּלאָזן› דאָס לערנען
quite גוט; טאַקע; גאַנץ
quite a few אַ היפּשע ‹שיינע› צאָל
quite angry גוט אין כּעס; גאַנץ ברוגז [KÁAS] [BRÓYGES]
quite the thing פּונקט דאָס וואָס מע דאַרף
He's quite a man! אָט דאָס הייסט ביי מיר אַ זכר ‹מאַן›! [ZÓKhER]
not quite נישט אין גאַנצן (אַזוי)
quits קוויט
be quits with זײַן קוויט מיט
call it quits (resign) רעזיגנירן; דעמיסיאָנירן
call it quits (stop) אָפּשטעלן זיך; איבערײַסן

quitter
  She's not a quitter זי גיט זיך נישט (אַזוי גרינג) אונטער
quiver, *n.* די פֿײַלנטאַש, ־ן
quiver, *v.* ציטערן; צאַפּלען; וואַרפֿן זיך; פֿאָרפּלען זיך
qui vive
  on the qui vive אויף דער וואַך; אָנגעשפּיצט
quixotic דאָן־קיכאָטיש
quiz, *n.* דאָס פֿאַרהערל, ־עך
quiz, *v.* פֿאַרהערן; אויספֿרעגן
quizmaster דער פֿראַגע־שטעלער, ־ס
quiz show דער הער־און־טרעף, ־ן; די פֿרעגפּראָגראַם, ־ען
quizzical אָפּלאַכעריש; אָפּשפּעטעריש
quondam געוועזן
quorum דער קוואָרום, ־ס; דער מיספּר, ־ים [MÍSPER, MISPÓRIM]
  (J./10 or more Jews) דער מנין, ־ים [MÍNYEN, MINYÓNIM]
  (J./3-9 Jews) [MEZÚMEN, MEZUMÓNIM] דער מזומן, ־ים
quota די קוואָטע, ־ס
quotable
  be quotable לאָזן זיך ציטירן
quota system די קוואָטע־סיסטעם, ־ען

quotation
  (cited passage) דער ציטאַט, ־ן
  (econ.) די פּרײַז־נאָטירונג, ־ען; די קאָטירונג, ־ען
quotation marks גענדזן־פֿיסלעך; ציטיר־צייכנס; ציטירלעך
quote, *n.* דער ציטאַט, ־ן
  in quotes אין גענדזן־פֿיסלעך
quote, *v.*
  (cite) ציטירן
  (econ.) נאָטירן; קאָטירן
  open quote איך ציטיר; ציטאַט־אײַן
  close quote [SOF] סוף ציטאַט; ציטאַט־אויס
  quote unquote איך ציטיר ... סוף ציטאַט
quoth האָט געזאָגט
quotidian געוויינ(ט)לעך; טאָג־טעגלעך; וואָכעדיק
quotient דער פֿאַקטאָר, ...אָרן
Q-tip דאָס וואַטקעלע, ־ך; דער אויער־‹וואַטע־›שטעכער, ־ס
Quran דער קאָראַן
Quranic קאָראַניש
QWERTY keyboard די קווערטי־‹סטאַנדאַרד־› קלאַוויאַטור

R

R דער ער, ־ן
the three Rs דאָס לייענען, שרײַבן און אַריטמעטיק; די עלעמענטאַרע דערציִונג
rabbet, *n.* דער שפּונט, ־ן
rabbet, *v.* פֿאַרשפּונטעווע|ן
rabbi דער רבֿ, רבנים [ROV, RABÓNIM]
(Hasidic) *also* דער רבי, ־ים; דער צדיק, ־ים; דער גוטער־ייִד, גוטע־ייִדן [RÉBE, RABÉIM] [TSÁDEK, TSADÍKIM]
(Reform) דער ראַבינער, ־ס; דער ראַביי, ־ס אַמ'
female rabbi די ראַבינערטע ‹ראַבינערשע›, ־ס; די רבֿטע, ־ס [RÓVTE]
Rabbi (title) הרבֿ [HORÁV]
rabbi's רבניש [RABÓNISh]
rabbi's wife די רביצין, ־ס [RÉBETSN]
rabbinate דאָס רבנות [RABÓNES]
(institution) דער ראַבינאַט, ־ן
(non-Orthodox) דאָס ראַבינערײַ
(rabbis collectively) די ראַבינערשאַפֿט
rabbinic(al) רבניש [RABÓNISh]
(non-Orthodox) ראַבינעריש
rabbinical assembly [RABÓNIM] דער רבנים־פֿאַרבאַנד, ־ן
(Reform) דער ראַבינער־פֿאַרבאַנד, ־ן
rabbinical court דאָס בית־דין, ־ס [BEZ(D)N]
rabbinical school
(Orthodox) דער רבנים־פֿאַקולטעט, ־ן [RABÓNIM]
(non-Orthodox) דער ראַבינער־סעמינאַר, ־ן
rabbinical student
(Orthodox/Conservative) דער ישיבֿה־בחור, ־ים; דער ישיבֿהניק, ־עס; דער רבנות־סטודענט, ־ן; דער סמיכה־תּלמיד, ־ים [YEShÍVE-BÓKhER, -BÓKhERIM/BOKhÚRIM] [YEShÍVENIK] [RABÓNES] [SMÍKhE] [TÁLMED, TALMÍDIM]
(Reform/*m.*) דער ראַבינער־סטודענט, ־ן
(Reform/*f.*) די ראַבינער־סטודענטקע, ־ס
rabbinic opinion די תּשובֿה, ־ות; דער פּסק, ־ן/־ים [TShÚVE] [PSAK, PSÓKIM]
rabbit דאָס קיניגל, ־עך; דער קראָליק, ־עס; דאָס קראָליקל, ־עך
rabbit ears האָזנע אויערן
rabbit fur דער קיניגלעך־פֿוטער; דער קראָליק
rabbit hole די/דער קראָליקלאָך, ...לעכער
rabbit hutch די קיניגלעך־שטאַל, ־ן; די קראָליקשטײַג, ־ן
rabbit punch דער זעץ אין נאַקן
rabbit warren די קראָליקאַרניע, ־ס
rabble דער המון; דער ערבֿ־רבֿ; דאָס פּעבל; די האַוויע; די הושטשע; דאָס געהינטעכץ; די באָסע־קאָמאַנדע [HAMÓYN] [ÉREVRAV]
rabble-rouser דער אונטערהעצער, ־ס; דער המון־העצער ‹־אָנרייצער›, ־ס [HAMÓYN]
rabble-rousing דאָס אונטערהעצן ‹אָנרייצן› דעם המון [HAMÓYN]
rabid הידראָפֿאָביש; משוגען אַטר' [MEShÚGN]
(*fig.*) ווילד; משוגע פּר'; מטורפֿדיק; פֿאַנאַטיש [MEShÚGE] [METÚREFDIK]
rabies די וואַסער־שרעק; די הידראָפֿאָביע; דאָס הינטישע משוגעת [MEShUGÁS]
raccoon, *adj.* שאָפּן
raccoon, *n.* דער שאָפּ, ־ן

race,[1] *n.* **(human group)** די ראַסע, ־ס; די גזע, ־ס; דער שטאַם, ־ען [GÉZE]
play the race card אָנהעצן קעגן אַן אַנדער ראַסע
race,[2] *n.*
(spo.) דער פֿאַרמעסט, ־ן; דער קאָנקורס, ־ן; דאָס געיעג, ־ן
have a race פֿאַרמעסטן זיך
race against time דער פֿאַרמעסט מיט דער צײַט; דער פֿאַרמעסט קעגן דער שעה [ShO]
race, *v.*
vt. **(engine)** העכערן ‹פֿאַרגיכערן/פֿאַרשטאַרקן› די אומדרייען
vi. **(contest)** יאָגן זיך; לויפֿן ‹פֿאָרן/רײַטן/שווימען› אין אַ פֿאַרמעסט
vi. **(hurry)** יאָגן זיך
vi. **(pulse)** שטאַרקער קלאַפּן
race by פֿאַרבײַפֿליִען
race through (doing stg.) אָפּכאַפּן; ווערב + אויף איין פֿוס
Race you to school! אַ וועטגעלויף אין שול אַרײַן!
race-baiting דאָס ראַסע־העצערײַ
race car דער יאָגאויטאָ, ־ס; דער פֿאַרמעסט־אויטאָ, ־ס
racecourse *see* **racetrack**
racehorse דאָס לויפֿפֿערד, –; דאָס געוועטפֿערד, –
race relations צווישנראַסן־באַציִונגען
racetrack
(automobile) דער יאָגוועג, ־ן; די יאָגערײַ, ־ען; דער פֿאַרשטעג, ־ן; דער אימפּעטוועג, ־ן; דער טרעק, ־ן
(horse) דער היפּאָדראָם, ־ען
racewalk שפּאַנען
racewalking דאָס שפּאַנען
Rachel (bib.) רחל (אמנו); די מוטער רחל [ROKhL (IMÉYNU)]
rachitic ראַכיטיש
rachitis דער ראַכיט; די ענגלישע קרענק
racial ראַסנדיק; ראַסן...; ראַסע...; ראַסיש
racial discrimination די ראַסן־דיסקרימינאַציע
racial disturbance די ראַסן־מהומה, ־ות [MEHÚME]
racing, *n.* דאָס יאָגן; דאָס יאָגגעוועט
racism דער ראַסיזם
racist, *adj.* ראַסיסטיש
racist, *n.* דער ראַסיסט, ־ן
rack,[1] *n.*
(dish) די כּלים־‹טריקן›שאַטקע, ־ס; דאָס טעלער־‹טריקן›געשטעל, ־ן [KÉYLIM]
(newspaper) דער (צײַטונג־)שטענדער, ־ס
(torture) די עינוי, ־ים; די רינע, ־ס; דאָס פּײַניק־בעטל, ־עך; טאַרטורעס ל"ר [ÍNE, INÚIM]
rack and pinion דאָס צאָנשטאַנג־געטרײַב
stretch on the rack ציִען ‹נעמען› אויף דער עינוי ‹רינע›; ציִען אויף טאַרטורעס; מאַטערן אויף דער באַנק
rack,[2] *n.*
He went to rack and ruin פֿון אים איז אַ תּל געוואָרן; ער איז חרובֿ געוואָרן [TEL] [KhÓREV]
rack,[1] *v.*
(cause pain) פּלאָגן
(torture) ציִען אויף דער עינוי ‹רינע›; פּײַניקן [ÍNE]
be racked with pain לײַדן שטאַרקע ווייטיקן ‹יסורים›; קאָרטשעון זיך פֿון ‹פֿאַר› ווייטיק [YESÚRIM]
rack,[2] *v.*

rack one's brains ברעכן ‹דאַרן› זיך דעם קאָפּ ‹מוח›; שׂכלען זיך; קליגן זיך [MÓYEKh] [SÉYKhLEN]
racket
(noise) דאָס גערודער; דער טומל; דאָס געליאַרעם; דאָס געפּילדער; דאָס קלאַפּעניש; דער האַרמידער; קולות ל״ר [KÓYLES]
(spo.) די ראַקעטקע, ־ס
(criminal) דאָס (גרויסע) שווינדלערײַ, ־ען; דער שווינדל, ־ען; די אַפֿערע, ־ס
make a racket טומלען; ליאַרעמען; פּילדערן; לישען
What a racket! (swindle) אַ מאַכערײַקע!; אַ גאַלער שווינדל!
racketeer דער שווינדלער, ־ס; דער שווינדלאַק, ־עס; דער אַפֿעריסט, ־ן
racketeering דאָס שווינדלעווען; דאָס שווינדלערײַ
racquet *see* **racket**
racquetball דער ראַקעטקעבאָל
racy געזאַלצן; פּיקאַנט; זאַפּטיק
radar, *adj.* ראַדאַר...
radar, *n.* דער ראַדאַר
under the radar אונטערן ראַדאַר; נישט צו(ם) באַמערקן
radar blip דער ראַדאַרפּלעק, ־ן
radar-controlled ראַדאַר־קאָנטראָלירט
radar gun דער ראַדאַר־מעסטער, ־ס
radar tracking system די ראַדאַר־נאָכשפּיר־סיסטעם, ־ען
radar trap די ראַדאַר־פּאַסטקע, ־ס
radial ראַדיאַל; שטראַל(נ)...
radial artery די שטראַל־אַרטעריע, ־ס
radial tire די/דער ראַדיאַלרייף, ־ן
radian דער ראַדיאַן, ־ען
radiance דער גלאַנץ; דאָס לײַכטן
radiant שטראַלנדיק; לײַכטנדיק
be radiant אויסשטראַלן פֿון זיך
radiant energy די ראַדיִירטע ענערגיע; די שטראַל־ענערגיע
radiate (אויס)שטראַלן
radiation די אויסשטראַלונג; די באַשטראַלונג; די ראַדיאַציע
radiation detector דער שטראַלונג־דעטעקטאָר, ־ס
radiation exposure די באַשטראַלונג
radiation sickness די שטראַלנקרענק
radiation therapy די ראַדיאָטעראַפּיע; די באַשטראַל־טעראַפּיע
radiator די באַהייצונג, ־ען; דער ראַדיאַטאָר, ...אָרן; דער קאַלאָריפֿער, ־ן
(automobile) דער ראַדיאַטאָר, ...אָרן; דער קילער, ־ס
radiator cap דאָס קילער־דעקל, ־עך
radiator fluid די/דאָס ראַדיאַטאָר־פֿליסיקייט
radiator hose די קילער־קישקע, ־ס
radical, *adj.*
(fundamental) ראַדיקאַל; גרונטיק; פֿונדאַמענטאַל
(pol.) ראַדיקאַל
radical, *n.* דער ראַדיקאַל, ־ן
(math.) *also* דער וואָרצל, ־ען
radicalism דער ראַדיקאַליזם
radicalize ראַדיקאַליזירן; טרײַבן צו ראַדיקאַליזם
radically ראַדיקאַל; ביזן וואָרצל
radical sign דער וואָרצל־‹ראַדיקאַל־›צייכן, ־ס
radio, *n.* דער ראַדיאָ, ־ס
on the radio אויפֿן ‹אין› ראַדיאָ
radio, *v.* (איבער)ראַדירן; ראַדיאָירן; איבערגעבן דורך ראַדיאָ
radioactive ראַדיאָאַקטיוו; אויסשטראַליק
radioactive decay דער ראַדיאָאַקטיווער צעפֿאַל
radioactive metal דער אויסשטראַלער, ־ס
radioactive waste דער ראַדיאָאַקטיווער אָפּפֿאַל
radioactivity די/דאָס ראַדיאָאַקטיוויקייט
radio announcer דער ראַדיאָ־דיקטאָר, ...אָרן; דער ראַדיאָ־אַנאָנסירער, ־ס
radio beacon דער ראַדיאָ־אָריענטירער, ־ס
radio button דאָס ראַדיאָ־קנעפּל, ־עך
radiocarbon דער ראַדיאָקוילנשטאָף
radiocarbon dating דאָס דאַטירן לויט ראַדיאָקוילנשטאָף
radio commentator דער ראַדיאָ־קאָמענטאַטאָר, ...אָרן
radio communications די ראַדיאָ־פֿאַרבינדונג ל״י
radio equipment די ראַדיאָ־אויסריכטונג; די ראַדיאָ־אַפּאַראַטור
radio-equipped ראַדיאָפּיצירט; באַראַדיאָט
radio frequency די ראַדיאָ־פֿרעקווענץ, ־ן
radiogram
(image) דאָס רענטגען־בילד, ־ער
(entertainment device) די ראַדיאָלע, ־ס
(message) די ראַדיאָגראַם, ־ען
radiograph דאָס רענטגען־בילד, ־ער
radiographer דער ראַדיאָגראַף, ־ן
radiography די ראַדיאָגראַפֿיע; די רענטגענאָגראַפֿיע
radioisotope דער ראַדיאָאיזאָטאָפּ, ־ן
radiological ראַדיאָלאָגיש; רענטגענאָלאָגיש; רענטגען־...
radiologist דער ראַדיאָלאָג, ־ן; דער רענטגענאָלאָג, ־ן
radiology די ראַדיאָלאָגיע; די רענטגענאָלאָגיע
radio operator דער ראַדיסט, ־ן
radio program די ראַדיאָ־אױדיציע, ־ס; די ראַדיאָ־פּראָגראַם, ־ען
radio receiver דער ראַדיאָ־אויפֿנעמער, ־ס
radio station די ראַדיאָ־סטאַנציע, ־ס
radiotherapy *see* **radiation therapy**
radiowave די ראַדיאָ־כוואַליע, ־ס
radish דער רעטעך, ־ער; דאָס רעטעכל, ־עך
red radish דאָס (ראש־)חודש־רעטעכל, ־עך; די רעדיסקע, ־ס [(RESh-)KhÓYDESh]
radium דער ראַדיום
radius דער ראַדיוס, ־ן
(anat.) דער שטראַלביין, ־ער
radon דער ראַדאָן
raffia די ראַפֿיע, ־ס
raffish הולטײַעוואַטע; פּראָסט
raffle, *n.* דער פלעט, ־ן; די אויספלעטונג, ־ען
raffle, *v.* (אויס)פלעטן
raft דער פּליט, ־ן; די טראַטווע, ־ס
a raft of אַ שלל ‹ים› מיט [ShLAL] [YAM]
rafter דער באַלקן, ־ס; די בעלקע, ־ס; די קראָקווע, ־ס
(person) דער פּליטניק, ־עס
raftsman דער פּליטניק, ־עס
rag, *n.* די שמאַט(ק)ע, ־ס; די סצירקע ‹שטשירקע›, ־ס
(newspaper/*slg.*) דער/דאָס שמאַטעבלאַט, ...בלעטער
in rags אָפּגעריסן־אָפּגעשליסן; קרוע־בלוע
dressed in rags גיין קרוע־בלוע
be like a red rag to a bull ווירקן ווי אַ רויט טיכל
rags (tatters) לאַכמאַנעס; קאָדערס
rag, *v.* חוזק מאַכן פֿון; רייצן [KhÓYZEK]
raga די ראַגע, ־ס
ragamuffin דער גאַסניונג, ־ען; דער האָלעדריגע, ־ס; דער לאַפּסערדאַק, ־עס
rag dealer דער שמאַטע־הענדלער, ־ס; דער שמאַטניק, ־עס
rag doll די שמאַטענע ליאַלקע, ־ס; די שטאָפּליאַלקע, ־ס
rage, *n.* דער צאָרן; די רוגזה; די יוכע; דער ירגזון; די רציחה [RÚGZE] [YIRGÓZN] [RETSÍKhE]

be all the rage זײַן די נײַסטע מאָדע; זײַן דאָס נײַסטע משוגעת; זײַן דאָס לעצטע וואָרט; מאַכן פּוראָר [MEShUGÁS]
be in a rage (against) צערענען ‹צאָרענען› (אויף); פּרעגלען זיך (וועגן)
fly into a rage אַרײַנ(פֿאַלן) אין אַ רציחה; אַרײַנקומען אין דער פּאַסיע; אָנכאַפּן זיך; אַרויסגיין פֿון די כּלים ‹האַלאַבליעס›; ווערן אַ צעקאָכטער געב׳; קריגן די פּלאַץ; צעבושעווען זיך; צעווילדעווען זיך [KÉYLIM]
rage, *v.*
(with anger) צערענען ‹צאָרענען› זיך; שרפֿע(נע)ן פֿון כּעס; שטורעמען; ווילעווען; בושעווען [SÁRFE(NE)N] [KÁAS]
(disease) אומגיין; בושעווען
(fire) בושעווען
rage with fever ברענען פֿון היץ
The battle is raging סע גייט דאָס געשלעג; סע גייט די שלאַכט
ragged אָפּגעריסן־אָפּגעשליסן; קרוע־בלועדיק; צעקאָדערט; שמאַטעדיק; צעפֿליקט
raglan
(coat) דער רעגלאַן, ־ען; דער רעגלאַן־מאַנטל, ־עז
(sleeve) דער רעגלאַן־אַרבל, –
ragout דער ראַגו
rag paper דאָס שמאַטע־פּאַפּיר
rags-to-riches story די מעשה פֿון אַ פֿאַרד אַ מאַנאַרד; די נתעשר־מעשה [NISÁShER-MÁYSE]
ragtag דער ערבֿ־רבֿ [ÉREVRAV]
ragtime דער רעגטײַם
rag trade דער שמאַטע־האַנדל
ragweed דאָס הײַפֿיבערל
ragwort יעקבֿס זקנדל [YÁNKEVS ZOKNDL]
raid, *n.*
(ground) דער אָנפֿאַל, ־ן; די אַקציע, ־ס
(aerial) דער אָנפֿלי, ־ען
(police) די אַבלאַווע, ־ס
raid, *v.* אָנפֿאַלן אויף
(police) מאַכן אַן אַבלאַווע אויף
raider דער אָנפֿאַלער, ־ס
rail, *n.* דער רעלס, ־ן
go off the rails (train) אַראָפּ(פֿאָרן) פֿון די רעלסן
go off the rails (*fig.*) אַראָפּגיין פֿון די רעלסן; פֿאַרלירן זיך
rail, *v.* **(against)** שעלטן + אַק׳; אויסגיסן די תּוכחה אויף + דאַט׳ [TÓYKhEKhE]
railhead די סוף־סטאַנציע, ־ס [SOF]
railing די פּאַרענטשע, ־ס; דער פּאַרענטש, ־ן; דאָס געלענדער, ־ס
raillery דאָס אונטערשפּאַסן
rail link די באַן־פֿאַרבינדונג, ־ען
railroad, *n.* די (אײַזן)באַן, ־ען
railroad, *v.* (אַ)דורכשטופּן מיט כּוח [KÓYEKh]
railroad bed דער באַנגרונט, ־ן
railroad flat די באַן־דירה, ־ות [DÍRE]
railroading דאָס באַנערײַ
railroad tie דער (באַן)שפּאַל, ־ן; דער שוועל, ־ן
railroad track דער (באַן)רעלס, ־ן
railway די אײַזנבאַן, ־ען
railwayman/railroad worker דער (אײַזן)באַנער, ־ס
railway station די באַנסטאַנציע, ־ס
railway yard די באַנערײַ, ־ען
raiment די הלבשה [HALBÓShE]
rain, *n.* דער רעגן, ־ס
fine rain דער דריבנער רעגן; דאָס דריבנע רעגנדל
rain or shine היץ צי האָגל; וואָס דער וועטער זאָל נישט זײַן
a rain of blows קלעפּ ווי האָגל
Looks like rain דאַכט זיך, ס׳וועט באַלד רעגענען; דער הימל זאָגט אָן אויף רעגן; ס׳רײַסט זיך אַ רעגן
right as rain אין גאַנצן געזונט; אין בעסטער אָרדענונג
rain, *v.* רעגענען
Don't rain on my parade! פֿאַרשטער(ט) מיר נישט די שימחה! [SÍMKhE]
It's raining סע רעגנט; סע גייט אַ רעגן
rain cats and dogs גיין אַ שלאַקסרעגן ‹מבול›; גיסן ווי פֿון ‹מיט› עמערס [MABL]
rain down אַראָפּרעגענען
rain down (*fig.*) האָגלען (מיט)
rain out פֿאַררעגענען
When it rains, it pours! (ס׳איז) אָדער גאָר אָדער גאָרנישט!
rainbow דער רעגן־בויגן, ־ס
rain check דער בילעט אויף אַן אַנדער(ט) ‹אַנדערש› מאָל
I'll take a rain check לאָמיר עס אָפּלייגן אויף אַן אַנדער(ש) ‹אַנדערט› מאָל
raincoat דער רעגן־מאַנטל, ־ען
rain delay דער רעגן־איבעררײַס, ־ן
There was a rain delay צוליבן רעגן האָט מען דעם מאַטש איבערגעריסן
raindrop דער טראָפּן רעגן
rainfall דער (סכום) רעגן
rainforest דער רעגנוואַלד, ...וועלדער; דער טראָפּישער וואַלד, וועלדער
raingear דאָס רעגנוואַרג; רעגן־קליידער ל״ר
rainmaker דער בעל־מופֿת, בעלי־מופֿתים [BALMÓYFES, BÁLE-MÓFSIM]
rainout (spo.) דער פֿאַררעגנטער מאַטש, ־ן
rainproof רעגן־באַוואָרנט
rainsoaked (אַ)דור־כגעווייקט
rainstorm דער רעגן־שטורעם, ־ס
rainwater דאָס רעגן־וואַסער
rainy רעגנדיק; פֿאַררעגנט
save for a rainy day אָפּשפּאָרן מע זאָל נישט באַדאַרפֿן; אָפּשפּאָרן אויפֿן טאָמער
rainy-day funds דאָס קניפּל; דאָס טאָמערגעלט
rainy season די רעגנצײַט
raise, *n.* די הוספֿה, ־ות; די העכערונג, ־ען [HOYSÓFE/HESÓFE]
raise, *v.* (אויפֿ)הייבן
(children) אויפֿציִען; דערציִען; אויפֿהאָדעווען; אויסהאָדעווען; אויפֿכאָוועען
(children/*rel.*/*lnd.*) מגדל זײַן [MEGÁDL]
(cattle) האָדעווען; ציִען
(plants) האָדעווען; קולטיווירן
(price) העכערן ‹פֿאַרטײַערן/אויפֿשרויפֿן› דעם פּרײַז
raise a doubt אַרויסרופֿן ספֿקות [SFÉYKES]
raise a hue and cry מאַכן אַ ג(ע)וואַלד
raise an issue עפֿענען ‹אַוועקשטעלן/אָנרירן› אַן ענין [ÍNYEN]
raise Cain/hell מאַכן אַ ג(ע)וואַלד ‹גראַטשקע/טרעוואָגע›; בויאַנעווען
raise money שאַפֿן געלט ‹פֿאַנדן›
raise objections to אַרויסזאָגן זיך קעגן
raise one's hopes קעכלען די האָפֿענונג
raise one's profile אַרויסהייבן די רענאָמע
raise one's spirits אויפֿמונטערן
raise one's voice רעדן העכער; העכערן דאָס קול [KOL]
raise the flag אַרויפֿציִען די פֿאָן

raise a red flag אָנוואָרענען
raise a white flag אויפֿהייבן ‹ווײַזן› דאָס ווײַסע פֿענדל
raise the roof [KÓYLES] מאַכן קולות; מאַכן אַ גערודער
raise the volume מאַכן העכער ‹שטאַרקער›
raise to the power of three דערהײבן אין דער דריטער מדרגה [MADRÉYGE]
be raised from the dead אויפֿשטיין תּחית־המתים [TKhÍES-HAMÉYSIM]
raiser דער האָדוועער, ־ס; דער (אויפֿ)ציִער, ־ס
raisin די ראָזשינקע, ־ס
raisins *also* צימוקים
raisin bread דאָס ראָזשינקע־ברויט
raising, *n.*
(children) דאָס אויפֿציִען; דאָס (אויפֿ)כאָווען
(children/*rel./lnd.***)** [GIDL-BÓNIM] דער גידול־בנים
(cattle) [BEHÉYMES] די בהמות־האָדוואַניע; די פֿיכציִונג
(plants) די האָדוואַניע; די קולטיווירונג
raison d'être [SKhUS-HAKÍEM] דער/דאָס זכות־הקיום
rajah דער ראַדזשאַ, ־ס
rake, *n.* די גראַבליע, ־ס
(person) דער לעביונג, ־ען; דער מופֿקר, ־ים; דער הולטײַ, ־עס; דער מה־יעשׂהניק, ־עס [MÚFKER, MUFKÓRIM] [MAYÁYSENIK]
rake, *v.*
(soil) גראַבליעווען
(leaves) צונויפֿשאַרן
(with gunfire) באַשיסן (פֿון אַלע זײַטן)
rake it in שאַרן געלט מיט לאָפּעטעס
rake over the coals מאַכן + דאַט' אַ שוואַרצן ‹וויסטן/ביטערן› סוף; געבן + דאַט' אַ מיאוסן פּסק [SOF] [MÍESN] [PSAK]
rake through (אַ)דורכנישטערן
rake up old gossip אויסגראָבן אַלטע פּליאָטקעס
be raked over the coals האָבן אַ שוואַרצן ‹וויסטן/ביטערן› סוף; כאַפּן אַ מיאוסן פּסק
rakish כוואַטסקע
rally, *n.* די מאַסן־פֿאַרזאַמלונג, ־ען; דער מיטינג, ־ען
(tennis) דער נאָכאַנאַנד, ־ן
rally, *v.*
vt./vi. **(gather)** צונויפֿזאַמלען (זיך)
vi. **(recover)** [KÓYKhES] קומען צו זיך; קומען צו די כּוחות
vi. **(spo.)** דעריאָגן
rally around אויפֿמונטערן
rally one's strength שטאַרקן זיך
rallying cry דער רוף צום קאַמף
rallying point דער זאַמלפּלאַץ, ...פּלעצער; דער זאַמלפּונקט, ־ן
ram, *n.*
(battering ram) דער טאַראַן, ־ען
(zool.) דער באַראַן, ־עס; דער ווידער, ־ס
ram, *v.* טאַראַנעווען
ram through טאַראַנעווען (אויף דורך און דורך); (אַ)דורכברעכן (מיט אַ טאַראַן)
ram through (*fig.***)** [KÓYEKh] (אַ)דורכשטויסן מיט כּוח
ram one's fist (into) אַ זעץ טאָן מיט דער פֿויסט (אין)
RAM *see* **random access memory**
Ramadan דער ראַמאַדאַן
ramble, *n.* דער געלאַסענער שפּאַציר, ־ן
ramble, *v.*
(speak) רעדן נישט צו דער זאַך
(take a walk) אַרומשפּאַצירן
(wander) אַרומוואַנדערן; אַרומבלאָנקען; אַרומבלאָנדזשען; (אַרום)שליאָנדערן; (אַרום)שליאָנדרעווען
rambler
(wanderer) דער וואַנדערער, ־ס
(bot.) דער קלעטערניק, ־עס
rambunctious [RÁShIK] רעשיק; צעווילדעוועט
ramie דאָס זײַדגראָז; די ראַמי
ramification
(branching) דער צעצווײַג, ־ן; דער אָפּצווײַג, ־ן; די צעצווײַגונג, ־ען
(consequence) די קאָנסעקווענץ, ־ן; דער רעזולטאַט, ־ן; דער פּועל־יוצא, ־ס [PÓY(E)L-YÓYTSE]
ramify, *vt./vi.* צעצווײַגן (זיך)
ramp די ראַמפּע, ־ס
rampage, *n.* די/דאָס צעווילדעוועטקייט; די וואַקכאַנאַליע, ־ס
go on a rampage צעווילדעווען זיך; צעבושעווען זיך; בויאַנעווען; צעיאַכמערן זיך
rampage, *v.* ווילדעווען; בושעווען; אָפּטאָן ווילדע מעשׂים [MÁYSIM]
rampant אומגעצוימט; אומגעצאַמט; ווילד; הפֿקרדיק [HÉFKERDIK]
be rampant בושעווען
run rampant (children) אַרומלויפֿן הפֿקרדיק
run rampant (weeds) וואַקסן אומגעצוימט
rampart דער ראַמפּאַרט, ־ן; דער (שיץ)וואַל, ־ן; דער אָנשיט, ־ן
ramrod דער שאָמפּאָל, ־ן
ramrod straight שטאָק שטײַף; מיט גלײַכן שטרענגן רוקן
ramshackle צעפֿאַלן; חרובֿ; וואַקלדיק; אויף הינערשע פֿיסלעך [KhÓREV]
ram's horn [ShÓYFER, ShÓYFRES] דער שופֿר, ־ות
ranch דער ראַנטש, ־ן; דער פֿאַלוואַרק, ־עס
rancher דער ראַנטש־אַרבעטער, ־ס
rancid יאָלקעדיק; פֿאַראײַלעצט; ביטערלעך; פֿאַרדומפּן; יעלקע; טוכלע
rancor די ביטערע פֿײַנדשאַפֿט; די/דאָס פֿאַרביסנקייט
random, *adj.* צופֿעליק; טראַפֿ...; ראַנדאָמאַל
(apropos of nothing) נישט צו דער זאַך
random acts of kindness אומגעריכטע גוטסקייטן ‹טובֿות› [TÓYVES]
random gunfire דאָס צופֿעליקע (גע)שיסערײַ
random, *n.*
at random אויף טראַף
random access memory דער אָפּעראַטיווער זכּרון [ZIKÓRN]
randomize ראַנדאָמיזירן
randomized ראַנדאָמיזירט
randomly [STAM] סתּם אַזוי; אויף טראַף
random sample דער טראַפֿמוסטער, ־ן; דער צופֿעליקער מוסטער, ־ן
ranee די ראַני, ־ס
range, *n.*
(distance) דער גרייד, ־ן; די דיסטאַנץ, ־ן; דער מרחק, ־ים [MÉRKhEK, MERKhÓKIM]
(mountain) די קייט, ־ן
(mus.) דער דיאַפּאַזאָן, ־ען
(oven) די פּליטע, ־ס; דער אויוון, ־ס; די קיך, ־ן
(series) די ריי, ־ען
(shooting) דער שיספּלאַץ, ...פּלעצער
(spectrum) די גאַמע, ־ס
at close range פֿון דער נאָענט
out of range נישט צו(ם) דערגרייכן

out of one's price range נישט פֿאַר + פּאָס' קעשענע

range of motion דער באַוועגגרייך

range, *v.*

(extend) ציִען זיך; גרייכן

(price) קענען קאָסטן

range between ... and גרייכן פֿון ... ביז

rangefinder דער ווײַטמעסטער, ־ס; דער ווײַטקייט־מעסטער, ־ס

range hood דער אָפּציִער, ־ס

ranger

(forest) דער וועלדערער, ־ס; דער וואַלד־אויפֿזעער, ־ס

(mounted) דער רײַטער־פּאָליציאַנט, ־ן

(state) דער שטאַטישער פּאָליציאַנט, ־ן

(wanderer) דער וואַנדערער, ־ס; דער נע־ונדניק, ־עס [NAVENÁDNIK]

rank, *adj.*

(complete) טאָטאַל; דורכויסיק

(odor) עיפּושדיק; פֿאַראײַלעצט; דערווידערדיק; אָפּשטויסנדיק [ÍPEShDIK]

(profuse/bot.) געדיכט; פֿאַרוואַקסן

rank nonsense ריינע נאַרישקייטן; גאָלע שטות

rank, *n.* דער ראַנג, ־ען; די מדרגה, ־ות [MADRÉYGE]

(mil.) דער טיטל, ־ען; דער ראַנג, ־ען; די ריי, ־ען

(acad.) דער (אַקאַדעמישער) טיטל, ־ען

(spo.) דער קוואַליטאַטיווער סדר [SÉYDER]

break ranks אַרויסטרעטן פֿון די רייען

climb the ranks אַרויפֿדראַפּע|ן זיך אויפֿן לייטער; אַרויפֿאַרבעטן זיך

close ranks (צונויפֿ)שליסן די רייען

of the first ranks פֿון דער ערשטער ריי

pull rank אויסניצן דעם ראַנג; דערמאָנען ווער ס'איז ווער

rank, *v.*

vt./vi. **(put in row)** אויסשורה|ן (זיך); אויסרייען (זיך) [ÓYSShÚREN]

rank among, *vt.* פֿאַררעכענען צווישן

rank among, *vi.* פֿאַררעכנט ווערן צווישן

rank as גילטן פֿאַר

rank fourth in a class of ten זײַן דער פֿערטער צווישן צען

ranked number one אויף דער העכסטער מדרגה; אויפֿן ערשטן אָרט [MADRÉYGE]

rank and file די פּעכאָטע; סתּם סאָלדאָטן ל"ר [STAM]

(*fig.*) מאַסן ל"ר; דאָס פּשוטע פֿאָלק; די מאַסע [PÓShETE]

ranking, *adj.* העכסטראַנגיק

ranking, *n.* דער ראַנג, ־ען

rankle גרילצן; פּלאָגן; מוטשע|ן; יאָדע|ן; רופּע|ן

ransack

(loot) צעראַבעווע|ן

(search) (אַ)דורכזוכן; (אַ)דורכנישטערן (דורך)

ransom, *n.* די אויסלייזונג

(money) דאָס אויסלייזגעלט; דאָס אויסקויפֿגעלט; דער פּדיון, ־ות [PÍDYEN, PIDYÓYNES]

kidnap for ransom פֿאַרכאַפּן אויף צו באַקומען אויסלייזגעלט

hold for ransom האַלטן אויף צו באַקומען אויסלייזגעלט

demand ransom פֿאַרלאַנגען אויסלייזגעלט

ransom, *v.* אויסלייזן; אויסקויפֿן

ransoming of prisoners דער פּדיון־שבֿויים [PÍDYEN-ShVÚIM]

rant, *n.* היציקע רייד ל"ר

rant, *v.* ג(ע)וואַלדעווע|ן; וויעווע|ן; פּילדערן; ליאַרעמען; זרקע|ן זיך [ZÁRKEN/ZÁRGEN]

rant and rave שרײַען משוגענערהייט; רעדן פֿון היץ [MEShÚGENERHÉYT]

rap, *n.*

(strike) דער קלאַפּ, קלעפּ

(blame) די שולד

(mus.) די ראַפּמוזיק

beat the rap אויסמײַדן די שולד

take the rap נעמען אויף זיך די שולד ‹שטראָף›

rap, *v.*

(strike) (אָנ)קלאַפּן אין; געבן אַ קלאַפּ אין

(criticize) קריטיקירן; באַשולדיקן

rap sb. on the knuckles געבן + דאַט' איבער די פֿינגער

rapacious

(predatory) רויב...

(voracious) פֿרעסעריש; זשעדנע; להוט; נישט אָנצוזעטיקן [LÓET/LÓER]

rapacity די/דאָס אומאָנזעטיקייט

rape, *n.* דאָס מאַנס זײַן; די פֿאַרג(ע)וואַלדיקונג; דאָס פֿאַרג(ע)וואַלדיקן [MEÁNES]

rape, *v.* מאַנס זײַן; פֿאַרג(ע)וואַלדיקן; שענדן; נעמען מיט ג(ע)וואַלד [MEÁNES]

rapeseed דער רעפּאַק

rape victim דער פֿאַרגוואַלדיקטער געב'; דער מאַנס־קרבן, ־ות [MEÁNES-KORBM, -KORBÓNES]

rapid גיך; ראַפּטעם; ביסטרע; *שנעל

rapid-fire גיכשיסיק

rapidity די/דאָס גיכקייט; די/דאָס געשווינדקייט

rapidly גיך; ראַפּטעם; ביסטרע; געשווינד; *שנעל

rapid response team די גיך־רעאַגיר־קאָמאַנדע, ־ס

rapids די שטראָמשוועל, ־ן

rapid transit דער גיכטראַנספּאָרט

rapier די ראַפּיר, ־ן

rapine די ראַבירונג, ־ען; די רויבערײַ, ־ען

rapist דער פֿאַרג(ע)וואַלדיקער, ־ס; דער בעל־אונס, בעלי־... [BALÓYNES, BÁLE-...]

rappel אַראָפּלאָזן זיך (פֿון פֿעלדז) מיט אַ שטריק

rappelling דאָס אַראָפּלאָזן זיך (פֿון פֿעלדז) מיט אַ שטריק

rapper דער ראַפּזינגער, ־ס

rapport דאָס אַנאַנדיקע פֿאַרשטענדעניש; די צונויפֿפֿילונג

have a rapport with sb. צונויפֿפֿילן זיך מיט; פֿאַרשטיין זיך איינס ס'אַנדערע

rapprochement די דערנע(ע)נטערונג

rapscallion דער זשוליק, ־עס; דער שווינדלער, ־ס; דער פּאַסקודניאַק, ־עס

rap sheet דער פֿאַרברעך־צעטל, ־ען

rapt פֿאַרכאַפּט; געשפּאַנט; אַרײַנגעטאָן

with rapt attention מיט געשפּאַנטן אויפֿמערק

raptor דער רויבפֿויגל, ...פֿייגל

raptorial רויב...

rapture דאָס התפּעלות; דאָס התלהבֿות; דער עקסטאַז [HISPÁYLES] [HISLÁYVES]

go into raptures over אַרײַנפֿאַלן אין התפּעלות פֿון

rapture of the deep דער אַזאָט־נאַרקאָז

rapturous התפּעלותדיק; התלהבֿותדיק [HISPÁYLESDIK] [HISLÁYVESDIK]

rare זעלטן

(extraordinary) אויסערגעוויינ(ט)לעך; ראַר

(thin/of gas) שיטער

(cul.) נישט־דערבראָטן

rare earth די זעלטענע ערד

rare earth element דער זעלטן־ערדישער מעטאַל, ־ן

rarefied געהויבן

(gas) צעשיטערט

rare gas דער אײדעלער גאַז, ־ן
rarely זעלטן (װען)
rareness די/דאָס זעלטנקייט
rarity די זעלטענע זאַך, ־ן; די/דאָס זעלטנקייט, ־ן; דאָס יקר־המציאות, ־ן; דער ראַר, ־ן; דער אַנטיק, ־ן [YEKÁR-HAMTSÍES]
rascal דער מזיק, ־ים; דער יונגאַטש, ־עס; דער שעלמאַק, ־עס; דער שיבעניק, ־עס; דער װעװעריק, ־עס; דער שופֿט, ־ן; דער כּל־בוניק, ־עס [MÁZEK, MAZÍKIM] [KOLBÓYNIK]
rash, *adj.* אומבאַטראַכט; נישט־אױסגערעכנט; האַסטיק; גרינג־דעהדיק [DÉYEDIK]
rash, *n.* דער אױסשיט, ־ן; דער אױסשלאַג, ־ן
He developed a rash ס'האָט זיך אים אױסגעשאָטן (אױפֿן לײַב); ער האָט באַקומען ‹געקראָגן› אַן אױסשיט
Rashi רשי ‹רש"י› [RÁShE]
Rashi script דער רשי־כּתב [RÁShE-KSAV]
rashly אומבאַטראַכטערהײט
rasp, *n.* די ראַשפּײַל, ־ן
(surgical) דער ראַספּאַטאָריום, ־ס
(harsh noise) דאָס גרילצן
(wheeze) דער כאָרכל, ־ען
rasp, *v.*
(scrape) אָפּפּײַלן
(make a harsh noise) גרילצן
(wheeze) כאָרכלען; כריפּען|
raspatory *see* **rasp**
raspberry, *adj.* מאַלינע־...
raspberry, *n.* די מאַלינע ‹מאַלענע›, ־ס
raspberry wine די מאַלינאָװקע, ־ס
rasping/raspy גרילציק; כאָרכלדיק
rat, *n.* דער שטשאַר, שטשערעס; דער שטשור, ־עס; דער ראַץ, ־ן
(despicable person/*slg.*) דער פּאַסקודניאַק, ־עס; דער פּאַרך, ־עס
(informer/*slg.*) דער מסורניק, ־עס; דער זאָגטער, ־ס [MÓSERNIK]
smell a rat דערשפּירן עפּעס נישט־גוטס; דערשמעקן אַ צרה [TSÓRE]
rat, *v.* **(on)** פֿאַרמסרן; אַרױסגעבן; אונטערטראָגן [FARMÁSERN]
rata דער מערדערבױם, ...בײמער
ratable שטײַערדיק
ratafia די נאַליװקע; דער מאַנדל־ליקער
rat-a-tat-tat דער פּיף־פּאַף, ־ן
ratcatcher דער ראַצן־כאַפּער, ־ס
ratchet, *v.*
ratchet down רעדוצירן; פֿאַרקלענערן
ratchet up אױפֿשרױפֿן; פֿאַרשטאַרקן; פֿאַרגרעסערן; פֿאַרשאַרפֿן
ratchet wheel די/דאָס פֿאַרהאַלטראָד, ...רעדער; די/דאָס שפּאַרראָד, ...רעדער
rate, *n.*
(price) דער פּרײַז, ־ן
(ratio) דער ניװאָ, ־ען; די פּראָפּאָרציע, ־ס
at a low rate צו אַ ביליקן פּרײַז; אױף אַ נידעריקן פּרײַז
at any rate אױף יעדן פֿאַל; בכל־אופֿן; װי ס'זאָל נישט זײַן; על־כּל־פּנים [BEKhÓL-ÓYFN] [ÁLK(O)L-PÓNEM]
at the rate of מיט אַ גיכקייט פֿון
at the same rate אין דער זעלבער מאָס
at this rate אױב ס'װעט אַזױ װײַטער גײן; ס'זאָל אַזױ גײן װײַטער
rate of exchange דער קורס, ־ן
rate of growth די/דאָס װאַקסיקייט
rate of inflation דער פּראָצענט אינפֿלאַציע
rate of interest דער צינדזנקורס, ־ן; די/דאָס פּראָצענטיקייט, ־ן
rate of return דער צוקום; דער צוװוקס
rate of speed דער טעמפּ, ־ן; דער טעמפּאָ, ־ס
rate, *v.* (אָפּ)שאַצן
(film) קלאַסיפֿיצירן (לױטן עלטער)
How does he rate? װי װאַלט מען אים אָפּגעשאַצט?
rather
(more accurately) גיכער; גלײַכער; בעסער
(preferably) ליבער(שט); ענדער(שט)
(quite) גאַנץ
(to some extent) עפּעס
rather dark פֿינצטערלעך; גאַנץ פֿינצטער
rather than אַנשטאָט ‹שטאַטס› צו; אײדער
but rather אלא (װאָס דען); נאָר װאָס (זשע) דען [ÉLE]
or rather אָדער גיכער; אָדער בעסער געזאָגט
ratification די ראַטיפֿיצירונג, ־ען
ratify ראַטיפֿיצירן
rating דער (אָפּ)שאַץ, ־ן; די שאַצונג, ־ען; דער ראַנג, ־ען
(film) די עלטער־קלאַסיפֿיקאַציע
ratings agency די אָפּשאַץ־אַגענטור, ־ן
ratio די פּראָפּאָרציע, ־ס
ration, *n.* די ראַציע, ־ס; דער פּאַיאָק, ־עס
ration, *v.* ראַציאָנירן
ration out צעטײלן אױף פּאָרציעס ‹ראַציעס›
rational ראַציאָנעל; שׂכלדיק; בר־דעתדיק [SÉYKhLDIK] [BARDÁ(A)SDIK]
rationale דער שׂכל; די באַגרינדונג, ־ען [SEYKhL]
rationalism דער ראַציאָנאַליזם
rationalist דער ראַציאָנאַליסט, ־ן
rationalistic ראַציאָנאַליסטיש
rationalization די ראַציאָנאַליזאַציע, ־ס
rationalize ראַציאָנאַליזירן
rationally על־פּי שׂכל; אױף אַ ראַציאָנעלן ‹שׂכלדיקן› אופֿן [ALPI SÉYKhL] [SÉYKhLDIKN]
rational number די ראַציאָנעלע צאָל, ־ן
rational thinking דער שׂכל־הישר [SEYKhL-HAYÓShER]
ration card די באָנע, ־ס
rat poison דער ראַצן־סם [SAM]
rat race דאָס געריסעריַ נאָך מאַכט ‹פּרנסה›; די גראַטשקע [PARNÓSE]
Rats!, *int.* אין דר'ערד אַרײַן!; צום טײַװל (זאָל עס גײן)!
rattan
(tree) די ראָטאַנג־פּאַלמע, ־ס
(cane) דער ראָטאַנג
rattle, *n.*
(noise) דאָס גראַגערײַ
(toy) דאָס קלאַפּערל, ־עך; דער גראַגער, ־ס; די קאַלעקאָטקע, ־ס
rattle, *v.*
vt. (noise) קלאַפּערן ‹גראַגערן/קאַלעקאָטשען|› מיט
vt./vi. (shake) שאָקלען (זיך); קאַלעקאָטשען| (זיך)
vt. (upset) צערודערן; אױפֿרודערן
vi. (of voice) כאָרכלען
rattle off אָפּכאַפּן; אױף גיך אָפּזאָגן
rattle on באַלעבעטשען|; לעפּעטשען|; דברן אָן אַ סוף [DÁBERN] [SOF]
rattle the sabers סטראַשען| די געגנדז ‹װאַנצן›; שרעקן מיטן שטעקן
rattlesnake/rattler דער/די קלאַפּערשלאַנג, ־ען
rattletrap די קאַטערינקע, ־ס
rattling, *n.* דאָס גראַגערײַ

rat trap די ראַצן־פּאַסטקע, ־ס
ratty
(dilapidated) צעקראַכן; צעפּאַלן
be ratty (infested) שווימלען און גריבלען מיט שטשורעס
raucous [RÁShIK] רױשיק; רעשיק; טומלדיק
ravage, *n.* די פֿאַרװיסטונג, ־ען; דער חורבן, ־ס; די צעשטערונג, ־ען [KhURBM]
ravage, *v.* פֿאַרװיסטן; חרובֿ מאַכן; פֿאַרלענדן; צעשטערן; מחריבֿ זײַן; מאַכן אַ תּל־עולם [KhÓREV] [MÁKhREV] [TEL-ÓYLEM]
ravaged by war חרובֿ ‹צעשטערט› געװאָרן אין דער מלחמה [MILKhÓME]
rave, *n.*
(review) די ענטוזיאַסטישע רעצענזיע, ־ס
(event) די רייװ־שׂימחה, ־ות [SÍMKhE]
(mus.) די רייװמוזיק
It got a rave review מ׳האָט עס געלויבט אין הימל אַרײַן
It's all the rave ס׳איז די נײַסטע מאָדע
rave, *v.* ברעדיע\|ן; רעדן פֿון היץ ‹װועג›
rave about שטאַרק לויבן + אַק׳; לויבן + אַק׳ אין הימל אַרײַן; נישט קענען זיך אָפּלויבן פֿון + דאַט׳
ravel
(disentangle) אויפֿפּלאָנטערן; פֿונאַנדערפּלאָנטערן
(fray) אויספֿראַנדזן; אויספֿרענדזלען
raven, *adj.* שוואַרצגלאַנציק
raven, *n.* דער װאָראָן, ־עס; דער ראָב, ־ן
ravenous הונגעריק װי אַ בער ‹װאָלף›; װעלפֿיש
ravine דער באַרגשפּאַלט, ־ן; דער יאַר, ־ן; די שלוכט, ־ן
raving, *adj.* [MEShÚGE] װילד; משוגע
go raving mad אין גאַנצן משוגע װערן
raving beauty די יפֿת־תּואר, ־ן/־ס; די יפֿת־מראה; די גרױסע שיינהייט, ־ן [YEFASTÓYER] [YEFASMÁRE]
raving lunatic דער װילדער ‹טשיסטער› משוגענער געב׳ [MEShÚGENER]
raving success דער ג(ע)װאַלדיקער סוקצעס, ־ן
raving, *adv.*
go (stark) raving mad אין גאַנצן משוגע װערן [MEShÚGE]
ravings, *n.* [MEShÚGENE] משוגענע רייד; װילדע קולות [KÓYLES]
ravioli ראַװיאָלי ל״ר
ravish [MEÁNES] פֿאַרג(ע)װאַלדיקן; מאַנס זײַן
ravishing [FARKÍShEFNDIK] װוּנדער שיין; פֿאַרכּישופֿנדיק
raw רוי
(unedited) נישט־רעדאַקטירט
completely raw קיז רוי; אין גאַנצן רוי
in the raw (nude) נאַקעט
in the raw (crude) [MÁTSEV] רוילעך; אין אַ רוין מצבֿ
He got a raw deal [BAÁVLT] מ׳האָט אים (גוט) באַעװלט
rawboned בײנערדיק; מיט שטאַרצנדיקע ביינער
raw earth די קיזל־ערד; די רויערד
raw food די רויע שפּײַז, ־ן; דאָס רויע עסן, ־ס
rawhide די/דאָס רוילעדער
raw material/products דאָס רויװאַרג קאָל׳; דער רוי־מאַטעריאַל, ־ן
raw sewage דאָס נישט־פּראַצעסירטע מיסטװאַסער
raw silk די/דאָס רויזייד
raw sugar דער נישט־פּראַצעסירטער צוקער
ray דער שטראַל, ־ן; דער סנאָפּ, ־עס
ray of hope די שטראַל האָפֿענונג; דער פֿונק האָפֿענונג
ray of light דער סנאָפּ ליכט
rayon, *adj.* קונסטזײַדן
rayon, *n.* די/דאָס קונסטזייד

raze חרובֿ־ונחרבֿ מאַכן; מאַכן גלײַך מיט דער ערד; צעשטערן; דעמאָלירן [KhÓREV-VENÉKhREV]
razor דער/דאָס גאָלמעסער, ־ס; די בריטװע, ־ס
(electric) די ראַזיר־מאַשינקע, ־ס; דער/דאָס עלעקטרישע(ר) גאָלמעסער, ־ס
razor blade דאָס גאָלמעסערל, ־עך; דאָס ראַזיר־מעסערל, ־עך
razor-edge (*fig.*)
on a razor-edge פֿאַר אַן אָפּגרונט; אין גרויס סכּנה [SAKÓNE/SEKÓNE]
razor-sharp [KhÁLEF] שאַרף װי אַ מעסער ‹חלף›
(*fig.*) [Kh(A)RÍFESDIK] גאָר חריפֿותדיק
razor-thin דין װי אַ העראלע
razzle-dazzle [RASh] דער רעש; דער בלישטש
re... איבער...; צוריק; קריק...; װידער; אויף ‹פֿון› ס׳ניי; רע...
re, *n.* **(mus.)** דער רע, ־ען
re, *prep.* בנוגע; מכּוח; װעגן; שייך צו; װאָס שייך; אַ(נט)קעגן [BENEGÉYE] [MEKÓYEKh] [ShÁYEKh]
reach, *n.* דער גרייך, ־ן
out of/beyond reach נישט צו(ם) דערגרייכן; נישט צוצוקומען
keep out of reach (באַ)האַלטן אַז מע זאָל נישט קענען דערלאַנגען
within reach צו(ם) דערגרייכן ‹דערלאַנגען›; אין גרייך
within easy reach גרינג צו(ם) דערגרייכן
reach, *v.* דערגרייכן; דערלאַנגען
(goal) דערגרייכן
(by foot) דערגיין (ביז)
(by vehicle) דערפֿאָרן (ביז)
(by plane) דערפֿליען (ביז)
(by phone) דערקלינגען זיך צו; דערגרייכן
reach a deal דעררעדן זיך; קומען צו(ן) אַן אָפּמאַך
reach down אַראָפּשטרעקן די האַנט
reach for פּרוּװן דערלאַנגען
reach for the moon װעלן דאָס טעלערל פֿון הימל; שטרעקן נאָך די עקן
reach out one's hand אויסציִען ‹אויסשטרעקן› די האַנט
reach out to (*fig.*) פּרוּװן אָנקומען צו; מקרבֿ זײַן [MEKÁREV]
reach to גרייכן ביז
reach with difficulty דערבײַװע\|ן ‹דערשלאָגן› זיך צו
reachable צו(ם) דערגרייכן
She's reachable מע קען זי דערגרייכן; זי איז צום דערגרייכן
react (to) רעאַגירן (אויף); אָפּרופֿן זיך (אויף)
reaction די רעאַקציע, ־ס; דער אָפּרוף, ־ן
reactionary, *adj.* רעאַקציאָנער(יש)
reactionary, *n.* דער רעאַקציאָנער, ־ן
reaction time די רעאַגיר־צײַט, ־ן
reactivate קריקאַקטיװירן
reactivation די קריקאַקטיװירונג
reactive רעאַקטיװ
reactor דער רעאַקטאָר, ...אָרן
reactor coolant דאָס רעאַקטאָר־קילמיטל, ־ען
reactor coolant system די רעאַקטאָר־קילסיסטעם, ־ען
reactor fuel דאָס רעאַקטאָר־ברענװאַרג
read, *n.*
a good read [MEKhÁYE] אַ מחיה צו לייענען
read, *v.*
vt. imp./pf. (איבער)לייענען
vi. לייענען זיך
vi. **(clock/dial)** װײַזן
read a paper (acad.) האַלטן אַ רעפֿעראַט

read aloud [KOL] לייענען אויף אַ קול
read between the lines אַרױסלייענען פֿון צווישן די שורות; דערגײן וואָס סע שטייט נישט געשריבן [ShÚRES]
read from the Torah [TÓYRE] לייענען (פֿון דער תּורה)
read into [ARÁYNPShETLEN] אַרײַנטײַטשן; אַרײַנפּשטלען
read music לייענען נאָטן
read off אַרױסלייענען
read over איבערלייענען
read poorly נישט קענען גוט לייענען
read poorly (J.) *also* זײַן שטומפּיק ‹געשלאָגן› אויף דער עבֿרי [ÍVRE]
read sb. the riot act געבן + דאַט' דעם רעכטן פּסק; אָנרייבן + דאַט' אַ מאָרדע [PSAK]
read the room [ÓYLEM] גוט פֿאַרשטײן דעם עולם
read through (אַ)דורכלייענען
read through carefully (אַ)דורכלייענען מיט קאָפּ; (אַ)דורכקנייטשן
read to sb. פֿירלייענען ‹פֿאָרלייענען› + דאַט'
read up on אַרײַנלייענען זיך אין; צולייענען וועגן
widely read (book) ווײַט געלייענט
widely read (person) אָנגעלייענט
readable (גרינג־)לייענוודיק
be readable לאָזן זיך לייענען; זײַן גרינג צו לייענען
reader
(book) דאָס לייענביכל, ־עך; דאָס לייענבוך, ...ביכער; די כרעסטאָמאַטיע, ־ס
(machine) די לייען־מאַשין, ־ען
(person) דער לייענער, ־ס
(proofreader) דער קאָרעקטאָר, ...אָרן
readership די לייענערשאַפֿט
readily גערן; מיט גוטן ווילן; גרינג(ערהייט)
readiness די/דאָס גרייטקייט
in readiness for גרייט אויף ‹צו›
reading, *adj.* לייענ...
reading, *n.*
(of book) דאָס לייענען
(event) די פֿירלייענונג ‹פֿאָרלייענונג›, ־ען
(measurement) די אָפּמעסטונג, ־ען
do some reading in אַרײַנלייענען זיך אַ ביסל אין
on second reading בײַם איבערלייענען צום צווייטן מאָל
reading from the Torah די קריאת־התּורה; דאָס לייענען (פֿון דער תּורה) [KRÍES-HATÓYRE] [TÓYRE]
reading assignment דאָס פֿאַרגעבן צום לייענען
reading comprehension דאָס פֿאַרשטײן דאָס געלייענטע
reading glasses לייען־ברילן
reading lamp דער לאָמפּ צום לייענען
reading material/readings דאָס לייענוואַרג קאָל'; דער לייען־מאַטעריאַל, ־ן; די לעקטור קאָל'
reading period די לייענצײַט
reading room דער לייענזאַל, ־ן
reading skills דאָס קענען לייענען
readjust
vt. איבעררעגולירן; צופּאַסן אויף ‹פֿון› ס'נײַ
vi. צופּאַסן זיך אויף ‹פֿון› ס'נײַ
readjustment דאָס צופּאַסן (זיך) אויף ‹פֿון› ס'נײַ
readmission דאָס ווידער צולאָזן
readmit ווידער צולאָזן
read-only נאָר צום לייענען
read-only memory דער זכּרון נאָר אויף צום לייענען [ZIKÓRN]
readout דער דאַטן־אַרױסדרוק, ־ן
ready, *adj.* גרייט; פֿאַרטיק
get ready, *vt.* מאַכן גרייט; אָנגרייטן
get ready, *vi.* מאַכן זיך גרייט; אױספֿאַרטיקן זיך
make ready מאַכן גרייט; צוגרייטן; אָנברייטן; אױספֿאַרטיקן
ready for גרייט אויף
ready to גרייט אויף ‹צו›
I'm a ready talker מיר דאַרף מען די צונג נישט פּיקן
Ready, set, go! איינס, צוויי, דרײַ!
ready, *n.*
at the ready (שוין) גרייט; אָנגעגרייט
ready, *vt./vi.* (צו)גרייטן (זיך)
ready cash מזומנים ל"ר; דאָס גרייטע געלט; דאָס קאָסעגעלט [MEZUMÓNIM]
ready-cooked שוין אָפּגעקאָכט ‹אָפּגעבאַקן› אין פֿאָרױס; גרייט צום עסן
ready-made שוין גרייט (אין פֿאָרױס); פֿאַרטיק
ready-made clothing [MALBÚShIM] גרייטע מלבושים
ready-to-eat גרייט (צום עסן)
ready-to-wear גרייט (צום טראָגן); גרייט אָנצוטאָן
reaffirm ווידער באַשטעטיקן; באַשטעטיקן אויף ‹פֿון› ס'נײַ
reagent דער רעאַגענט, ־ן; דער רעאַקטיוו, ־ן
real [ÉMES(DIK)] אמת(דיק); וואָר; עכט; רעאַל; פֿאַקטיש
Get real! וואָס טוט זיך מיט דיר ‹אײַך›?
in the real world למעשה; פּראַקטיש גערעדט; בײַ לײַטן [LEMÁYSE]
Is he for real? ער מיינט עס אויף אַן אמת?
It's the real thing ס'איז אַ ריכטיקער געב' ...; ס'איז אַן עכטער געב' ...
real estate [MÍSKhER] דער גרונט־מיסחר; דער הײַזער־האַנדל
(property) דאָס גרונטאייגנס; דאָס אומבאַוועגלעכע אייגנס
real-estate agent/broker דער גרונטמעקלער, ־ס; דער הײַזער־מעקלער, ־ס
real-estate dealer דער גרונטהענדלער, ־ס; דער גרונט־סוחר, ־ים [SÓYKhER, SÓKhRIM]
realign
(mech.) ווידער אױסגלײַכן ‹אײַנרייען›
(regroup) איבערגרופּירן (זיך)
realignment די אױסגלײַכונג, ־ען; די אײַנרייונג, ־ען; די איבערגרופּירונג, ־ען
realism דער רעאַליזם
realist דער רעאַליסט, ־ן
realistic רעאַליסטיש
realistically רעאַליסטיש; פּראַקטיש גערעדט
reality די וואָר; די רעאַליטעט; דער פֿאַקט; דאָס ממשות [MAMÓShES]
become a reality [MEKÚYEM] מקוים ווערן
in reality למעשה; פֿאַקטיש; בעצם; אויף אַן אמת; אויף דער וואָר [LEMÁYSE] [BEÉTSEM] [ÉMES]
reality check דער ניכטערער בליק, ־ן
realization
(comprehension) די אײַנזעונג, ־ען; דער אײַנזע, ־ען; דאָס קומען צום שׂכל; דאָס אײַנגעפֿינס, ־ן; דאָס דערגײן צו דער וואָר [SEYKhL]
(becoming real) [MEKÚYEM] דאָס מקוים ווערן
(making real) די רעאַליזירונג; דאָס מקיים זײַן [MEKÁYEM]
realize
(comprehend) אײַנזען; פֿאַרשטײן; אײַנגעפֿינען; באַרעכענען זיך; כאַפּן זיך; אַרומזען זיך
(make real) רעאַליזירן; מקיים זײַן; צו שטאַנד ברענגען [MEKÁYEM]
realize a profit אײַנליזן; אײַנברענגען; רעאַליזירן
be realized [MEKÚYEM] מקוים ‹רעאַליזירט› ווערן
real-life [ÉMESDIK] אמתדיק; רעאַל

reallocate ווידער צוטיילן ‹אַלאָקירן›; צוטיילן ‹אַלאָקירן› אויף ‹פֿון› ס׳נײַ
really
  (in reality) טאַקע; באמת; אויף אַן אמת; ממש [BEÉMES] [ÉMES] [MÁMESh]
  (truly) באמת; אמתדיק [ÉMESDIK]
  Really? טאַקע?; אַזוי גאָר?
realm
  (of monarch) דאָס מלכות, ־ן [MÁLKhES]
  (*fig.*) דאָס פֿעלד, ־ער; די ספֿערע, ־ס; דאָס געגבֿול, ־ן; דאָס ·געביט, ־ן [GEGVÚL]
  be in the realm of possibility זײַן אין די גרענעצן פֿון מעגלעכקייט; טראָגן מיט זיך די מעגלעכקייט; זײַן בגדר־היכולת [BEGÉDER-HAYEKhÓYLES]
realpolitik די רעאַל־פּאָליטיק
real-time אַקטועל; אינעם מאָמענט
realtor *see* **real estate broker**
realty *see* **real estate**
real-world פּראַקטיש
ream, *n.* דער ריז, ־ן; דאָס תּקערל, ־עך [TÁKERL]
  reams of אַ באַרג ‹שלל› מיט [ShLAL]
ream, *v.* צעעגבערן; אויסעגבערן גרעסער די לאָך
reamer די רײַבאַל, ־ן
reap שנײַדן
  reap the benefits/fruits שנײַדן די פּרוכט; געניסן פֿון די פּרוכטן
  You reap what you sow וואָס מע פֿאַרזייט, דאָס שנײַדט מען
reaper דער שניטער, ־ס
reaping machine די שנײַדמאַשין, ־ען
reappear ווידער באַווײַזן זיך
reappearance דאָס ווידער באַווײַזן זיך
reapply (for) ווידער אָנגעבן (אויף)
reapportion פֿאַרטײלן אויף ‹פֿון› ס׳נײַ
reappraisal די איבערטאַקסירונג, ־ען
reappraise איבערטאַקסירן
rear, *adj.* הינטערשט; הינטער...
rear, *n.* דער הינטערטייל, ־ן
  (buttock) *see* **rear end**
  (mil.) דאָס הינטערלאַנד; דער הינטערפֿראָנט
  bring up the rear קומען דער לעצטער געב׳
  reach the enemy's rear פֿאַרגיין דעם שונא פֿון הינטן אַרום [SÓYNE]
rear, *v.*
  vt. **(raise)** (אויפֿ)כאָווע|ן; (אויפֿ)האָדעווע|ן; קאָרמע|(נע)ן
  vi. **(of horse)** שטעלן זיך דיבעם ‹דיבאָם›
  rear its ugly head (פֿאַ)יאַווע|ן זיך; ווײַזן דאָס פּנים [PÓNEM]
  be reared on אויסהאָדעווע|ן ‹אויסכאָווע|ן› זיך מיט
rear admiral דער קאָנטעראַדמיראַל, ־ן
rear axle די הינטערשטע אַקס, ־ן
rear end, *n.* דער תּחת, ־ער; דער הינטערחלק, ־ים; דער הינטערטייל, ־ן; דער הינטן, ־ס; דער הינטערשטער; דאָס געזעס, ־ן; דער אחור, ־ס/אחורים [TÓKhES, TÉKhESER] [HÍNTERKhEYLEK, ...KhALÓKIM] [ÓKhER, AKhORÁYEM]
rear-end, *v.* אָנשטויסן + אַק׳ פֿון הינטן; געבן + דאַט׳ אַ זעץ פֿון הינטן
  be rear-ended כאַפּן אַ זעץ פֿון הינטן
rear exit דער הינטערשטער אַרויסגאַנג, ־ען
rearguard דער אַריערגאַרד, ־ן
rearguard action אַריערגאַרד־שלאַכטן ל״ר
rear lights הינטערשטע לעמפּלעך
rearm, *vt./vi.* ווידער באַוואָפֿענען (זיך); איבערבאַוואָפֿענען (זיך)
rearmost סאַמע הינטערשט
rear pocket די הינטערשטע קעשענע, ־ס; די תּחת־קעשענע, ־ס [TÓKhES]
rearrange איבעראַראַנזשירן; אײַנאָרדענען אויף ‹פֿון› ס׳נײַ
rearrangement די איבעראַראַנזשירונג, ־ען
rear seat דער הינטערשטער זיץ, ־ן
rear sight דער אָנציל; דער וויזיר, ־ן
rear-view mirror דער הינטערשפּיגל, ־ען
rearward, *adv.* אויף צוריק ‹הינטן›
rearward, *n.* דער אַריערגאַרד, ־ן
rear wheel די/דאָס הינטערשטע ראָד, רעדער
rear-wheel drive דער הינטערשטער אָנטרײַב
rear window דאָס/דער הינטערפֿענצטער, –
reason, *n.*
  (logic) דער שׂכל [SEYKhL]
  (cause) די סיבה, ־ות; דער טעם, ־ים; דער גרונד, ־ן; דער פֿאַרוואָס, ־ן [SÍBE] [TAM, TÁYMIM]
  by reason of אין זכות פֿון; מחמת; צוליב; פֿון וועגן [SKhUS] [MÁKhMES]
  for no good reason סתּם ‹גלאַט› אַזוי; אָן אַ פֿאַרוואָס (און אָן אַ פֿאַרוועגן) [STAM]
  it stands to reason סע לייגט זיך אויפֿן שׂכל; דער שׂכל טראָגט אויס; דער שׂכל איז מחייבֿ [MEKhÁYEV]
  not without reason נישט סתּם ‹גלאַט› אַזוי; נישט אומזיסט
  see reason לאָזן זיך איבעררעדן
  the reason is די מעשׂה איז; איז דער תּירוץ [MÁYSE] [TÉRETS]
  There was reason to fear ס׳איז געווען וואָס מורא צו האָבן [MÓYRE]
  with reason מיט רעכט
  within reason מיט שׂכל
reason, *v.* קלערן
  reason with אײַנטענה|ן מיט; רעדן על־פּי שׂכל מיט; ברענגען + אַק׳ צום שׂכל [ÁYNTAYNEN] [ÁLPI] [SEYKhL]
reasonable שׂכלדיק [SÉYKhLDIK]
  at a reasonable price אין גלײַכן געלט
  be reasonable (argument) לייגן זיך אויפֿן שׂכל; לאָזן זיך הערן [SEYKhL]
  be reasonable (person) רעדן ‹טראַכטן› מיט שׂכל ‹פֿאַרשטאַנד›
  beyond a reasonable doubt אָן קיין חשש [KhShASh]
reasonableness די/דאָס שׂכלדיקייט [SÉYKhLDIKEYT]
reasoning דער געדאַנקען־גאַנג; דער אַרגומענט
reassert באַשטעטיקן
reassess אָפּשאַצן אויף ‹פֿון› ס׳נײַ; קוועסטיאָנירן
reassessment דאָס אָפּשאַצן אויף ‹פֿון› ס׳נײַ
reassurance די באַרויִקונג, ־ען; דער חיזוק, ־ים; די ווידער־(פֿאַר)זיכערונג, ־ען [KhÍZEK, KhIZÚKIM]
  I received reassurances that מ׳האָט מיר פֿאַרזיכערט אַז
reassure באַרויִקן; פֿאַרזיכערן + דאַט׳; שטאַרקן + דאַט׳ דעם בטחון [BITÓKhN]
  be reassuring צוגעבן האָפֿענונג ‹בטחון›
reattach ווידער ‹צוריק› צוטשעפּע|ן
reattempt אַ פּרוּוו טאָן אויף ‹פֿון› ס׳נײַ; ווידער געבן אַ פּרוּוו
rebar דער אַרמאַטור־שטאַנג, ־ען
rebate דער צוריקצאָל, ־ן; די צוריקצאָלונג, ־ען; דער קריקצאָל, ־ן
rebec די ריפּלקע, ־ס

Rebecca (bib.) רבֿקה (אמנו); די מוטער רבֿקה [RÍFKE (IMÉYNU)]
rebel, *n.* דער אויפֿשטענדלער, ־ס; דער רעבעל, ־ן; דער בונטאַר, ־ן; דער אויפֿגעשטאַנענער גבֿ'; דער מורד, ־ים [MÓYRED, MORDIM]
rebel, *v.*
imp. בונטעווען זיך; רעבעלירן; ווידערשפּעניקן
pf. צעבונטעווען זיך; מורד זײַן [MÓYRED]
rebellion דער אויפֿשטאַנד, ־ן; דער בונט, ־ן; די מרידה, ־ות [MERÍDE]
rebellious רעבעליש; בונטאַריש; צעבונטעוועט; ווידערשפּעניק
rebirth די איבערגעבוירונג
(*fig.*) דער רענעסאַנס, ־ן
reboot אָנשטעלן אויף ‹פֿון› ס'ניי; ווידער לאָזן אין גאַנג
reborn ווידער געבוירן; געבוירן אויף ‹פֿון› ס'ניי
rebound, *n.* דער קריקשפּרונג, ־ען
catch on the rebound אַראָפּכאַפּן
rebound, *v.*
vt. **(ball)** אַראָפּכאַפּן
vi. **(ball)** אָפּשפּרינגען; אונטערשפּרינגען; שפּרינגען אויף קריק ‹צוריק›; אָפּבאַלעמען זיך
(recover) קומען צו זיך
rebuff, *n.* דער אָפּשטויס, ־ן; דער באַגראָב, ־ן; דער אָפּשניט, ־ן; די מפּלה, ־ות [MAPÓLE]
rebuff, *v.* גראָב ‹אומגעריכט› אָפּשטויסן; באַגראָבן; שאַרף ‹גראָב› אָפּזאָגן
be rebuffed (by) כאַפּן אַן אָפּשניט (פֿון)
rebuild איבערבויען; ווידער אויפֿבויען
rebuke, *n.* דער אָנגעבייזער, ־ס; דער אויסרעד, ־ן; דער אויספֿוואָרף, ־ן; דער מוסר [MÚSER]
rebuke, *v.* אָנבייזערן זיך אויף + דאַט'; אויסרעדן + אַק'; אויסוואַרפֿן + דאַט'; זאָגן + דאַט' מוסר [MÚSER]
rebus דער רעבוס, ־ן
rebut אָפּענטפֿערן אויף; קריקטענה|ן [KRÍKTAYNEN]
rebuttal דער אָפּענטפֿער, ־ס
recalcitrance די/דאָס ווידערשפּעניקייט; די/דאָס אומפֿאָלגעוודיקייט
recalcitrant ווידערשפּעניק; אומפֿאָלגעוודיק; האַרטנעקיק
recall, *n.*
(memory) דער זכּרון [ZIKÓRN]
(revocation) דער צוריקרוף, ־ן; דער צוריקצי, ־ען
(diplomatic) דאָס צוריקרופֿן (די אַמבאַסאַדאָרן)
beyond recall שוין לאַנג פֿאַרגעסן
safety recall דער צוריקצי ‹צוריקרוף› מחמת סכּנה [MÁKhMES] [SAKÓNE/SEKÓNE]
She has total recall זי געדענקט אַלצדינג
recall, *v.*
(remember) דערמאָנען זיך
(revoke) צוריקרופֿן; צוריקציִען
recall election צוריקצי־וואַלן ל״ר
recant צוריקציִען; אָפּזאָגן זיך פֿון; מכחיש זײַן [MÁKKhESh]
recantation דאָס צוריקציִען; דער צוריקצי, ־ען; דאָס אָפּזאָגן זיך; די הכחשה, ־ות [HAKKhÓShE]
recap
(replace cap) ווידער צודעקן ‹צושטערצלען›
(summarize) *see* **recapitulate**
recapitulate רעזומירן; ציִען דעם סך־הכּל (פֿון); רעקאַפּיטולירן; איבערחזרן די הויפּט־פּרטים [SAKhÁKL] [ÍBERKhÁZERN] [PRÓTIM]
recapitulation דער סך־הכּל, ־ען; די רעקאַפּיטולירונג, ־ען [SAKhÁKL]
recast אָפּגיסן אויף ‹פֿון› ס'ניי; ווידער אָפּגיסן
(*fig.*) איבערפֿורעמען; באַאַרבעטן

recede אָפּגיין; אָפּטרעטן
receding gums דאָס אָפּציִען זיך פֿון די יאַסלעס
He has a receding hairline די האָר קריכן אים אויס (פֿון שטערן)
receipt
(payment) די קבלה, ־ות; דאָס קוויטל, ־עך; דער קוויט, ־ן [KABÓLE]
(receiving) דאָס באַקומען; דאָס קריגן
acknowledge receipt of קוויטירן
be in receipt of האָבן באַקומען
receipts די הכנסה ל״י; די לייזונג ל״י; דאָס לייזעכץ ל״י; דער פּדיון ל״י [HAKhNÓSE] [PÍDYEN]
receipt book דאָס קבלה־בוך, ־ביכער; דאָס קוויטנבוך, ...ביכער [KABÓLE]
receivable(s), *n.* דאָס אײַנגעמאָנטע ל״י
receive (אַרײַנ)באַקומען; קריגן
(guests) אויפֿנעמען
be on the receiving end זײַן דער קרבן; זײַן אַ מקבל [KORBM] [MEKÁBL]
receiver
(recipient) דער באַקומער, ־ס; דער אָפּנעמער, ־ס
(in bankruptcy) דער ערבֿ, ־ים [ÓREV, ÓRVIM/ARÉYVIM]
(of stolen goods) דער פּאַסער, ־ס; דער שאַפֿער, ־ס; דער אויסבאַהאַלטער פֿון גנבֿות [GANÉYVES/G(E)NÉYVES]
(phone) דאָס טרײַבל, ־עך
(stereo) דער אויפֿנעמער, ־ס
receivership דער ערבֿ־באַנקראָט [ÓREV]
receiving antenna די אויפֿנעם־אַנטענע, ־ס
receiving blanket דאָס קימפּעט־קאָציקל, ־עך
receiving line די קבלת־פּנים־ריי, ־ען [KABÓLES-PÓNEM]
recent אַנומלטיק; נישט־לאַנג(סט)יק; אָקערשטיק
recently (דאָ) אַנומלט(ן); דאָ נישט לאַנג; גאָר לעצטנס
recent news די לעצטע נײַעס
receptacle די כּלי, ־ם [KÉYLE, KÉYLIM]
(bot.) דער פֿרוכטבאָדן
reception
(event) דאָס/דער קבלת־פּנים; דער אויפֿנעם, ־ען; דער לעקעך־און־בראָנפֿן, ־ס [KABÓLES-PÓNEM]
(acoustic/elec.) דער אויפֿנעם; די/דאָס אויפֿנעמעוודיקייט
give a cordial reception אויפֿנעמען מיט אַ ברייטן ברוך־הבא [BORKhÁBE]
have reception (audio) אויפֿנעמען ‹אויפֿכאַפּן› דעם קלאַנג
have reception (cell phone) אויפֿנעמען ‹אויפֿכאַפּן› דעם סיגנאַל
reception desk דער אויפֿנעמטיש, ־ן
reception hall דער גאַסטזאַל, ־ן; דער אויפֿנעמזאַל, ־ן
receptionist
m./unsp. דער אויפֿנעמער, ־ס
f. די אויפֿנעמערין ‹אויפֿנעמערקע›, ־ס
receptive אויפֿנעמעריש; אויפֿנעמ(עווד)יק; גרייט אָנצונעמען; אָפֿן
receptive aphasia די אויפֿנעם־אַפֿאַזיע
receptivity די/דאָס אויפֿנעמעוודיקייט
receptor דאָס אויפֿנעם־קעמערל, ־עך
recess, *n.*
(break) די הפֿסקה, ־ות; דער איבעררײַס, ־ן; די פּויזע, ־ס [HAFSÓKE]
(hollow) די פֿאַרטיפֿונג, ־ען; די נישע, ־ס; דאָס פֿאַרבאָרגענע אָרט, ערטער
in the recesses of the mind טיף־טיף אין די רעיונות ‹געדאַנקען›; פֿאַרבאָרגן אין מוח [RAYÓYNES] [MÓYEKh]

recess, *v.* [HAFSÓKE] [MÁFSEK] מאַכן אַ הפֿסקה; מפֿסיק זײַן
recession די רעצעסיע, ־ס
recessional דאָס אַרױסמאַרש־ליד, ־ער
  (march) דער אַרױסמאַרש, ־ן
recessive
  (genetics) רעצעסיװ
  (receding) אָפּטרעטנדיק
recessive trait דער רעצעסיװער שטריך, ־ן
recharge, *vt./vi.* קריק ‹צוריק› אָנלאָדן (זיך); אָנלאָדן (זיך) אויף ‹פֿון› ס'נײַ
rechargeable קריקאָנלאָדלעך
  It's rechargeable מע קען עס קריק ‹צוריק› אָנלאָדן
recherché (זאָרגעװדיק) אָפּגעקליבן; גאָר ראַפֿינירט
recidivism דער רעצידיװיזם
recidivist, *adj.* רעצידיװיסטיש
recidivist, *n.* דער רעצידיװיסט, ־ן
recipe דער (קאָכ)רעצעפּט, ־ן; דער באַקרעצעפּט, ־ן
recipient דער באַקומער, ־ס; דער אָפּנעמער, ־ס
  (of award) דער פּרעמירטער געב'
reciprocal, *adj.* קעגנאַנאַנדיק; אַנטקעגנדיק; ˙קעגנזײַטיק
  (math.) אומגעקערט; אומגעװענדט
reciprocal, *n.* די אומגעקערטע גרײס, ־ן
reciprocally קעגנאַנאַנדיק; אײנס ס'אַנדערע
reciprocate אָפּדינען + דאַט'; אָפּצאָלן (מיט דער אײגענער מטבע) [MATBÉYE]
reciprocity די/דאָס קעגנאַנאַנדיקײט; די קעגנאַנאַנדיקע באַציִונג, ־ען; די ˙קעגנזײַטיקײט
recital
  (mus.) דער קאָנצערט, ־ן
  (reading) די רעציטאַציע, ־ס; דער װאָרטקאָנצערט, ־ן; די דערצײלונג, ־ען
recitative דער רעטשיטאַטיװ, ־ן
recite דעקלאַמירן; רעציטירן
  recite quickly אָפּזאָגן; אָפּקנאַקן
reckless אומבאַטראַכט; אומגעקלערט; הפֿקרדיק; מופֿקרדיק; אָן (צו מאַכן) אַ חשבון [HÉFKERDIK] [MÚFKERDIK] [KhEZhBM]
  reckless person (*m./unsp.*) דער מופֿקר, ־ים [MÚFKER, MUFKÓRIM]
  reckless person (*f.*) [MÚFKERTE] די מופֿקרטע, ־ס
reckless endangerment דאָס הפֿקרדיקע שטעלן אין סכּנה [HÉFKERDIKE] [SAKÓNE/SEKÓNE]
recklessness די/דאָס הפֿקרדיקײט; די/דאָס אומבאַטראַכטקײט [HÉFKERDIKEYT]
reckon
  (believe) מײנען; האַלטן
  (count) [KhÉZhBENEN] רעכענען; חשבונען
  reckon sb. as פֿאַררעכענען + אַק' װי ‹פֿאַר›; האַלטן + אַק' פֿאַר
  reckon with (consider) רעכענען זיך מיט
  reckon with (get even) אָפּרעכענען זיך מיט
reckoning
  (of accounts) [KhEZhBM] דער חשבון; די רעכענונג
  (retribution) דער דין־וחשבון; די אָפּרעכענונג, ־ען [DIN-VEKhÉZhBM]
  day of reckoning [YOM-HADÍN] דער יום־הדין
  Her day of reckoning will come ס'װעט קומען אויף איר אַ טאָג
reclaim
  (bring back) צוריקברענגען; צוריקפֿירן
  (repossess) צוריקפֿאָדערן
  (land) צוריקגעװינען; (אַ)מעליִאָרירן
  (tame) אײַנצאַמען; פֿאַרהײמישן
  (from waste) רעגענערירן
reclamation (of land) די אַמעליִאָרירונג
recline אָנלענען זיך; זיצן אָנגעלענט
recliner די ליגשטול, ־ן; דער אָנלען־פֿאָטעל, ־ן
recluse דער אָפּגעזונדערטער געב'; דער נזיר, ־ים; דער מתבודד, ־ים [NÓZER, NEZÍRIM] [MISBÓYDED]
  (J.) [PÓRESh, PRÚShIM] דער פּרוש, ־ים
reclusive אָפּגעזונדערט
  be reclusive פֿירן אַן אָפּגעזונדערט לעבן; נישט קומען צװישן מענטשן
recognition די דערקענונג; דאָס דערקענען
  (acknowledgment) די אָנערקענונג; דאָס אָנערקענען
  beyond recognition נישט צו(ם) דערקענען
recognition technology די דערקען־טעכנאָלאָגיע
recognizable דערקענעװדיק
  be recognizable לאָזן זיך דערקענען
recognizance דאָס שריפֿטלעכע התחײַבֿות; דאָס התחײַבֿות בכּתבֿ [HISKhÁYVES] [BIKSÁV]
  be released on one's own recognizance אַרױסלאָזן אויף נאמנות; געבן אַ חתימה נישט אַרױסצופֿאָרן [NEMÓNES] [KhSÍME]
recognizant
  be recognizant of אָנערקענען אַז
recognize דערקענען
  (acknowledge) אָנערקענען
  (realize) באַרעכענען זיך; כאַפּן זיך; אײַנזען
recognized (פֿון אַלעמען) אָנערקענט
recoil, *n.*
  (gun) דער אָפּפּראַל; דער קריקשטויס
  (in horror) דער אָפּשפּרונג; דער אָפּפּראַל
recoil, *v.*
  (gun) אָפּפּראַלן זיך; קריקשטויסן
  (in horror) אָפּשפּרינגען; שפּרינגען אויף צוריק; אָפּפּראַלן; צוריקפּראַלן
recollect, *vt./vi.* דערמאָנען (זיך)
recollection די דערמאָנונג, ־ען; דאָס געדעכעניש, ־ן
  It's beyond my recollection איך קען זיך שוין (מער) נישט דערמאָנען
  to the best of my recollection אויף װיפֿל איך דערמאָן זיך; װעדליק איך געדענק
recombinant רעקאָמבינאַנט
recombination די רעקאָמבינאַציע, ־ס; די רעקאָמבינירונג, ־ען
recommend רעקאָמענדירן
recommendation די רעקאָמענדאַציע, ־ס
recommendation letter דער רעקאָמענדיר־‹הסכּמה־› בריװ, – [HASKÓME]
recompense, *n.* דאָס שאָדנגעלט; די פֿאַרגיטיקונג
recompense, *v.* קאָמפּענסירן; משװה זײַן; באַלױנען; פֿאַרגעלטן; פֿאַרגיטיקן [MÁShVE]
reconcile
  vt. **(accounts)** אויסגלײַכן; אויסשטימען; משװה זײַן [MÁShVE]
  vi. **(relationship)** איבערבעטן זיך; מאַכן שלום אײנס מיטן אַנדערן [ShÓLEM]
  be reconciled [MÚShVE] איבערבעטן זיך; מושװה װערן
  be reconciled to שלום מאַכן מיט
reconciliation
  (of accounts) דער אויסגלײַך, ־ן; די אויסשטימונג, ־ען
  (in relationship) דאָס איבערבעטן זיך; די איבערבעטונג, ־ען
recondite װייניק באַקאַנט ‹פֿאַרשטאַנען›; פֿאַרבאָרגן
recondition באַנײַען; רעסטאַװרירן

reconditioned באַנײַט; רעסטאַווריִרט
reconfigure אַנדערש אויסשטעלן
reconnaissance דער רעקאָנעסאַנס; דער אויסשפּיר
reconnaissance flight דער אויסשפּירפֿלי, ־ען
reconnaissance plane דער אויסשפּיר־עראָפּלאַן, ־ען
reconnoiter רעקאָגנאָסצירן; אויסשפּירן
reconsider
  vt. איבערקלערן; איבערטראַכטן
  vi. באַקלערן זיך; באַטראַכטן זיך; מיישבֿ זײַן זיך [MEYÁShEV]
reconstitute
  (liquid) צעלאָזן אין וואַסער; קריקקאָנסטיטויִרן
  (restructure) צוריק ‹קריק› אויפֿשטעלן
reconstruct רעקאָנסטרויִרן; ווידער ‹צוריק› אויפֿבויען
reconstruction די רעקאָנסטרוקציע, ־ס; די ווידעראויפֿבויונג, ־ען
Reconstructionism דער רעקאָנסטרוקציאָניזם
Reconstructionist, *adj.* רעקאָנסטרוקציאָניסטיש
Reconstructionist, *n.* דער רעקאָנסטרוקציאָניסט, ־ן
reconstructive surgery די רעקאָנסטרויִר־כירורגיע
record, *adj.* רעקאָרד...; רעקאָרדיש
  in record time אין אַ רעקאָרדישן טערמין
  record harvest דאָס רעקאָרדישע גערעטעניש, ־ן
  record sales דער רעקאָרדישער פֿאַרקויף ל״ר
record, *n.*
  (achievement) דער רעקאָרד, ־ן
  (notes) דאָס פֿאַרצײַכעניש, ־ן
  (phonograph) דער דיסק, ־ן; די פּלאַטע, ־ס
  (register/book of records) דער פּינקס, ־ים [PÍNKES, PINKÉYSIM]
  break a record שלאָגן ‹ברעכן› אַ רעקאָרד
  hit a record שלאָגן אַ רעקאָרד
  for the record למען־ידעו; פֿאַר דער געשיכטע ‹אײביקייט›; זאָל עס קלאָר זײַן; מע זאָל וויסן [LEMÁN-YÉYDE]
  go on record אָפֿן מעלדן; מעלדן לפֿני־כּל־עם־ועדה [LIFNÉY-KOL-AM-VEÉYDE]
  have a (police) record זײַן געבוכט בײַ דער פּאָליציי
  off the record נישט צום פֿאַרצײַכענען ‹פֿאַרשרײַבן›; אומאָפֿיציעל
  on record פֿאַרצײַכנט; פֿאַרשריבן
  our records show לויט אונדזערע ביכער
  records (files) אַקטן; רעקאָרדן
  set a record שטעלן אַ רעקאָרד
  set the record straight אויסקלאָרן דעם אמת; אויפֿקלערן [ÉMES]
record, *v.*
  (register) פֿאַרצײַכענען; פֿאַרשרײַבן; פּראָטאָקאָלירן
  (sound) רעקאָרדירן
  record grades פֿאַרשרײַבן די צייכנס
record breaker דער רעקאָרד־ברעכער, ־ס
recorded רעקאָרדירט
recorded message דער רעקאָרדירטער אָנזאָג, ־ן
recorder
  (mus.) דאָס פֿלייטל, ־עך
  (recording device) די רעקאָרדירקע, ־ס
record holder דער רעקאָרד־האַלטער, ־ס
recording, *n.*
  (sound) די רעקאָרדירונג, ־ען
  (transcription) די פּראָטאָקאָלירונג
recording artist דער רעקאָרדיר־מוזיקער, ־ס
recording device דער רעקאָרדיר־מכשיר, ־ים [MÁKhShER, MAKhShÍRIM]
recording machine די רעקאָרדירקע, ־ס; די רעקאָרדיר־מאַשין, ־ען
recording secretary
  m./unsp. דער פּראָטאָקאָל־סעקרעטאַר, ־ן
  f. די פּראָטאָקאָל־סעקרעטאַרשע, ־ס
recording studio דער רעקאָרדיר־סטודיאָ, ־ס
record jacket/sleeve די דיסקהילע, ־ס
record player דער פֿאָנאָגראַף, ־ן; דער גראַמאָפֿאָן, ־ען
recount, *n.* דאָס איבערציילן אויף ‹פֿון› ס'נײַ; דאָס ווידער איבערציילן
recount, *v.*
  (narrate) דערציילן; פֿאַרציילן
  (count again) איבערציילן אויף ‹פֿון› ס'נײַ; ווידער איבערציילן
recoup צוריקכאַפּן; צוריקצאָלן; קאָמפּענסירן
recourse די ווענדונג נאָך הילף; דער אויסוועג
  (fin.) דער רעגרעס
  have recourse to ווענדן זיך צו; אָנקומען צו
recover
  vt. **(find)** אָפּזוכן
  vt. **(regain)** צוריקבאַקומען; צוריקקריגן
  vt. **(extract)** אַרויסבאַקומען
  vi. **(econ.)** פֿאַרבעסערן זיך
  vi. **(from illness)** קומען צו זיך; קומען צו די כּוחות; גענעזן ווערן [KÓYKhES]
re-cover איבערדעקן; באַדעקן אויף ‹פֿון› ס'נײַ
recovery
  (econ.) די (עקאָנאָמישע) פֿאַרבעסערונג, ־ען
  (extraction) דער אַרויסבאַקום
  (from illness) דאָס קומען צו זיך; דאָס געזונט ווערן; די גענעזונג
  (search) דער אָפּזוך; דאָס געפֿינען
  complete recovery די רפֿואה־שלמה; די פֿולקומע אויסהיילונג [REFÚE-ShLÉYME]
  recovery of damages די קאָמפּענסאַציע פֿאַרן היזק ‹שאָדן› [HÉZEK]
  wish sb. a speedy recovery ווינטשן + דאַט' אַ רפֿואה־שלמה [REFÚE-ShLÉYME]
recovery room דער נאָכאָפּעריר־זאַל, ־ן
re-create צוריק באַשאַפֿן; (באַ)שאַפֿן אויף ‹פֿון› ס'נײַ
recreation די (פֿאַר)ווײַלונג; דער צײַטפֿאַרברענג
re-creation דאָס צוריק (באַ)שאַפֿן; די (באַ)שאַפֿונג אויף ‹פֿון› ס'נײַ
recreational פֿאַרווײַל...; פֿאַרברענג...
recreational drugs די פֿאַרווײַל־נאַרקאָטיק
recreational vehicle דער קוואַרטיר־אויטאָ, ־ס
recreation center דער פֿאַרווײַל־‹פֿאַרברענג־›צענטער, ־ס
recreation room דער שפּילזאַל, ־ן
recriminate באַשולדיקן זיך איינס ס'אַנדערע
recrimination די קעגנבאַשולדיקונג, ־ען
recruit, *n.* דער רעקרוט, ־ן
  (new member) דער נײַער מיטגליד, ־ער; דער נײַער געב'; דער נײַנקער געב'
recruit, *v.* ווערבירן; רעקרוטירן
recruiter דער ווערבירער, ־ס; דער רעקרוטירער, ־ס
recruiting office דער ווערבירפּונקט, ־ן; דער ווערביר־‹רעקרוטיר־›צענטער, ־ס
recruitment דאָס ווערבירן; דאָס רעקרוטירן
  athletic recruitment דאָס ווערבירן ספּאָרטלערס
rectal הינטערשט; פֿון דער גראָדער קישקע
rectal examination דאָס באַקוקן די גראָדע קישקע
rectal temperature די הינטערשטע טעמפּעראַטור, ־ן
rectal thermometer דער הינטערשטער טערמאָמעטער, ־ס
rectangle דער גראָדעק, ־ן
rectangular גראָדעקיק

rectification די אויסגלײַכונג; די אויסבעסערונג
rectify אויסגלײַכן; צו רעכט מאַכן; אויסבעסערן
rectilinear גראָדליניק
rectitude [YAShRÓNES] די/דאָס גערעכטיקייט; דאָס ישרנות
rector דער רעקטאָר, ...אָרן
(Chr.) *also* [KÓYMER, KÓMRIM] דער כּומר, ־ים
rectorate דער רעקטאָראַט, ־ן
rectory די רעקטאָריע, ־ס
rectum די גראָדע ‹גלײַכע› קישקע, ־ס; דער רעקטום, ־ס
recumbent ליגנדיק
recuperate געזונט ‹געניזן› ווערן; קומען צו זיך; קומען צו די כּוחות; פֿאַרריכטן זיך [KÓYKhES]
recuperation דאָס קומען צו זיך; די געניזונג
recuperative פֿאַרשטאַרקנדיק
recur [ÍBERKhÁZERN] איבערחזרן זיך
recurrence [ÍBERKhÁZERN] דאָס איבערחזרן זיך
(med.) דער רעצידיוו, ־ן; דער צוריקפֿאַל, ־ן
recurrent [ÍBERKhÁZERNDIK] זיך איבערחזרנדיק
(med.) רעצידיווירנדיק
recurring שטענדיק אויפֿקומענדיק; זיך איבערחזרנדיק [ÍBERKhÁZERNDIK]
recurring decimal דער פּעריאָדישער דעצימאַל, ־ן
recusant, *adj.* ווידערשפּעניק; בונטאַריש
recusant, *n.* דער ווידערשפּעניקער געב׳; דער בונטאַר, ־ן
recuse צוריקציִען; אָפּוואַרפֿן
recuse oneself צוריקציִען זיך
recyclables דאָס איבערניצוואַרג קאָל׳
recycle איבערניצווע|ן; איבערציקלען
recycling דער איבערניץ; דאָס איבערניצעווען
recycling plant די איבערניצערײַ, ־ען
red, *adj.* רויט
go red in the face/turn red פֿאַררייטלען זיך; רויט ווערן
red, *n.*
be in the red [BALKhÓYV] זײַן אַ בעל־חובֿ
see red ווערן רויט פֿאַר כּעס; אַרײַנפֿאַלן אין דער רציחה [KÁAS] [RETSÍKhE]
Red, *n.* **(***slg.***)** דער רויטער געב׳
red blood cell דאָס רויטע בלוט־קערמערל, ־עך; דאָס רויטע בלוט־קײַקעלע, ־ך
red-blooded (*fig.***)** פֿולבלוטיק; שטאַרק; פֿול מיט ברען
redbreast *see* **robin**
redbud דאָס רויטאייגל, ־עך
red carpet דער רויטער טעפּעך, ־ער
roll out the red carpet (for) אויפֿוויקלען דעם רויטן טעפּעך פֿאַר + דאַט׳; אויפֿנעמען + אַק׳ ווי אַן אָדם־חשובֿ [ÓDEM-KhÓShEV]
red cent
I don't have a red cent כ׳האָב נישט קיין גראָשן בײַ דער נשמה [NEShÓME]
not worth a red cent נישט ווערט זײַן קיין גראָשן
redcoat דער בריטישער סאָלדאַט, ־ן
Red Crescent [LEVÓNE] די רויטע האַלבע לבֿנה
Red Cross דער רויטער קרייץ
red currant דאָס רויטע ווײַמפּערל, ־עך
redden
vt. מאַכן רויט
vi. פֿאַררייטלען זיך; רויט ווערן
reddish רויטלעך
redecorate איבערדעקאָרירן
redeem
(spiritually) (אַרויס)ראַטעווע|ן; מחזיר־למוטבֿ זײַן [MÁKhZER-LEMÚTEV]
(fin.) אויסלייזן; אויסקויפֿן; אײַנקאַסירן

his one redeeming feature is צו(ן) אַלע זײַנע חסרונות האָט ער איין מעלה, אַז [KhESRÓYNES] [MÁYLE]
redeemer דער אויסלייזער, ־ס; דער גואל, ־ים [GÓYEL, GÓYELIM/GOYÁLIM]
redemption דער אויסלייז, ־ן; די אויסלייזונג, ־ען
be beyond redemption זײַן אַ פֿאַרלוירענער געב׳
redemption note דאָס אויסלייז־בריוול, ־עך
redemptive אויסלייזעריש
redeploy, *vt./vi.* איבערגרופּירן (זיך)
redeployment די איבערגרופּירונג, ־ען
redevelop איבערבויען; אַנטוויקלען אויף ‹פֿון› ס׳נײַ
redevelopment דער איבערבוי, ־ען; דאָס אויפֿבויען אויף ‹פֿון› ס׳נײַ
red-eye
(av.) דער איבערנאַכט־פֿלי, ־ען
(phot.) דער רויטע־אויגן־עפֿעקט
red-faced פֿאַרשעמט; פֿאַררייטלט
red flag דאָס רויטע פֿענדל, ־עך; דאָס וואָרנדל, ־עך
red-handed
catch red-handed כאַפּן בשעת־‹בעת־›מעשׂה; כאַפּן בײַ דער האַנט; כאַפּן אין דער אַרבעט [BEShÁS-‹BEYS-›MÁYSE]
redhead דער געלער געב׳; דער רויטהאָריקער געב׳
redheaded געל; רויטהאָריק; ריזשע
red heat דער רויטגלי
red herring דאָס פֿאַרפֿירעניש, ־ן
red-hot אָנגעגליט; גליִיק; (הייס) צעגליט; אָנגעשׂרפֿעט [ÓNGESÁRFET]
(coals) גליִיק
(brand new/*slg.***)** שפּאָגל נײַ; (פֿריש) פֿון דער נאָדל אַרויס
redial, *n.* דאָס ווידערקנעפּל, ־עך
press redial אַ קוועטש טאָן דאָס ווידערקנעפּל
redial, *v.* ווידער אָנדרייען ‹אָנרעדלען›
redirect פֿירן אין אַ פֿרישער ‹נײַער› ריכטונג
rediscover ווידער געפֿינען ‹אַנטפּלעקן›; געפֿינען אויף ‹פֿון› ס׳נײַ
redistribute איבער(פֿאַר)טיילן; פֿאַרטיילן אויף ‹פֿון› ס׳נײַ
redistribution די איבער(פֿאַר)טיילונג
redistrict איבעררײאָנירן
red-letter day דער טאָג צום געדענקען; דער יום־טובֿדיקער ‹מזלדיקער/גליקלעכער› טאָג [YÓNTEVDIKER] [MÁZLDIKER]
red light דאָס רויטע ליכט
(*fig.***)** דער וואָרן־סיגנאַל, ־ן; די סכּנה, ־ות [SAKÓNE/SEKÓNE]
go through a red light גנבֿע|(נע)ן דאָס רויטע ליכט; (אַ)דורכפֿאָרן דורכן רויטן ליכט [GÁNVE(NE)N]
red-light district די/דער רויט־לעמפּלדיקע(ר) געגנט, ־ן; די רויטע זאָנע, ־ס
red meat דאָס רויטפֿלייש
redness די/דאָס רויטקייט
redo איבערמאַכן
redolent שמעקעדיק
be redolent of שמעקן מיט
be redolent of (*fig.***)** דערמאָנען אין
redouble פֿאַרטאָפּלען
redoubt די (שיץ)פֿעסטונג, ־ען; די רעדוטע, ־ס
redoubtable
(formidable) [MÓYREDIK] מוראדיק
(worthy of respect) יִראת־הכּבֿודיק [YÍRES-HAKÓVEDIK]
red pepper דער רויטער פֿעפֿער, ־ס; דאָס רויטע פֿעפֿערל, ־עך
redraw איבערפּלאַנירן

redress, *n.* די פֿאַרגי́טיקונג, ־ען; דער תּיקון, ־ים [TIKN, TIKÚNIM]

redress, *v.* פֿאַרגי́טיקן פֿאַר; צורי́קשטעלן; מתקן זײַן [MESÁKN]

Red Sea דער ים־סוף [YÁMSUF]

Red Star of David דער רו́יטער מגן־דוד [MOGN-DÓVED]

red tape דאָס (פֿאַר)שלע́פּעניש; די/דאָס ביוראָקראַ́טישקייט; די ביוראָקראַ́טיע

red tide דער רו́יטער צו́פֿלאָס

reduce רעדוצי́רן; פֿאַרקלע́נערן; פֿאַרמי́נערן

vt. **(math.)** צעלײ́גן

vi. **(lose weight)** פֿאַרלי́רן וואָג; אָ́פּצערן זיך

reduce the price אַראָ́פּלאָזן דעם ‹פֿון› פּרײַז

reduce the speed פֿאַרקלע́נערן די גי́כקייט

reduce the volume מאַכן שטי́לער

reduce to דערפֿי́רן צו

reduce to poverty ברע́נגען צו אָ́רעמקייט ‹בע́טלברויט›; שטעלן בדלות [BEDÁLES]

reduce to rubble חרובֿ מאַכן; רויִני́רן; מאַכן אַש־און־פּאָ́רעך פֿון [KhÓREV]

reduce to tears אַרײַ́נברענגען אין געוויי́ן ‹טרערן›

reduce to the ranks דעגראַדי́רן

reduced רעדוצי́רט; פֿאַרקלע́נערט

in reduced circumstances פֿאַראָ́רעמט

reduced fare די פֿאָ́ר־הנחה; די הנחה בײַם פֿאָ́רן [HANÓKhE]

reducible רעדוצי́ר(עווד)יק

be reducible לאָזן זיך רעדוצי́רן

reductio ad absurdum דאָס דערפֿי́רן ‹ברע́נגען› צו(ן) אַן אַבסו́רד

reduction די פֿאַרקלע́נערונג, ־ען; די מי́נערונג, ־ען; די רעדוצי́רונג, ־ען; די רעדו́קציע, ־ס

redundancy די/דאָס אי́בעריקייט

redundant אי́בעריק

red wine דער רו́יטוויַין, ־ען; דער רו́יטער ווײַן, ־ען

redwood

(tree) די רו́יטע סעקוווי́ע, ־ס

(wood) דאָס רו́יטהאָלץ

reed דער ראָר, ־ן; די טראָשטשי́נע, ־ס; דער אַי́ר קאָל׳; דער טשע́רעט, ־ן

reed bunting דער ראָ́ראַמער, ־ס

reed organ די פֿי́סהאַרמאָניע, ־ס

reeducate אי́בערדערציִען; אוי́סלערנען אויף ‹פֿון› ס׳נײַ

(pol./*euph.*) צוואָגן דעם מוח [MÓYEKh]

reeducation די אי́בערדערציִונג

(pol./*euph.*) די מוח־צוואָג [MÓYEKh]

reedy

(voice) שנײַ́דיק; גרי́לציק

(water) פֿול מיט אַי́ר

reef דער ריף, ־ן

reefer (*slg.*) דאָס צי́נגעלע, ־ך; דאָס פּי́פּטל, ־עך

reef knot דער ים־קנופּ, ־ן [YAM]

reek (of) פֿילן ‹הערן› זיך (פֿון); עיפּושן (פֿון); סרחע|נען (פֿון); שמוכטן (מיט); שטי́נקען (פֿון); פֿאַרשלאָ́גן אין נאָז [ÍPEShN] [SÁRKhENEN]

reel, *n.*

(dance) דער ריל

(spool) די שפּול, ־ן; די שפּו́לקע, ־ס; די צי́פּקע, ־ס

reel, *v.*

vt. **(spool)** אוי́פֿשפּולן

vi. **(stagger)** טאַ́מלען; וואַ́קלען זיך; וויגן זיך

reel in (fishing) אוי́פֿשפּולן

reel in (*fig.*) נע́מען אין די הענט אַרײַ́ן

reel off אוי́סרע́כענען (באַריכות) [BARÍKhES]

My head is reeling סע דרייט זיך מיר אַזש דער קאָפּ

He's still reeling (from the shock) ער איז געבלי́בן אוי́פֿגעשוידערט ‹אוי́פֿגעטרייסלט›

reelect ווי́דער אוי́סקלײַבן ‹˙אוי́סוויילן›

reelection דאָס ווי́דער אוי́סגעקליבן ‹˙אוי́סגעוויילט› ווערן; דאָס ווי́דער אוי́סקלײַבן ‹˙אוי́סוויילן›

seek reelection סטאַ́רע|ן זיך ווי́דער אוי́סגעקליבן צו ווערן

reelection bid דער פּרוּוו ווי́דער אוי́סגעקליבן צו ווערן

reemerge ווי́דער באַווײַ́זן זיך; אַנטפּלע́קן זיך אויף ‹פֿון› ס׳נײַ

reemergence דאָס ווי́דער באַווײַ́זן זיך

reenact אי́בערשפּילן אַ סצע́נע; רעקאָנסטרויִ́רן

reenactment דאָס אי́בערשפּילן; די רעקאָנסטרויִ́רונג

reenter קריק ‹צורי́ק› אַרײַ́נקומען ‹אַרײַ́נגיין›

reentry דער קרי́קקום, ־ען; דער קריקאַרײַ́ן, ־ען

reexamine אי́בערפּרוּוון

(med.) באַקו́קן ‹באַטראַ́כטן› אויף ‹פֿון› ס׳נײַ

ref *see* **referee**

reface באַדע́קן אויף ‹פֿון› ס׳נײַ

refectory דער ע́סזאַל, ־ן

refer אי́בערשיקן; אָ́פּשיקן

refer to (mention) דערמאָ́נען

refer to (allude to) פֿאַררו́פֿן זיך אויף

referring to בנוגע [BENEGÉYE]

referee, *n.* דער שופֿט, ־ים [ShÓYFET, ShÓFTIM]

referee, *v.* זײַן דער שופֿט בײַ(ם) [ShÓYFET]

reference

(in print) דער אָ́פּשיק, ־ן

(allusion) דער פֿאַררו́ף, ־ן

(recommendation) די רעקאָמענדאַ́ציע, ־ס

in reference to וואָס שייך; בנוגע; מכּוח; שייך צו [ShÁYEKh] [BENEGÉYE] [MEKÓYEKh]

make reference to פֿאַררו́פֿן זיך אויף

reference book דאָס אײַ́נקוקבוך, ...ביכער; דאָס נאָ́כקוקבוך, ...ביכער

reference check דאָס באַשטע́טיקן אַ רעקאָמענדאַ́ציע

reference library די אײַ́נקוק־ביבליאָטע́ק, ־ן

reference point דער אָריענטי́ר, ־ן

referendum דער רעפֿערע́נדום, ־ס

referral די רעקאָמענדאַ́ציע, ־ס

(referred person) דער אי́בערגעשיקטער געב׳

job referral די רעקאָמענדאַ́ציע אויף אַ שטע́לע ‹פּאָסטן›

need a referral for דאַרפֿן אַ רעקאָמענדאַ́ציע אויף

referral service דאָס אָ́פּשיקדינסט, ־ן

referred pain דער אַרי́בערגעטראָגענער ווייטיק

refill, *n.*

get a refill ווי́דער לאָזן אָ́נגיסן

refill, *v.*

(glass) ווי́דער אָ́נגיסן

(prescription) באַנײַ́ען

refine ראַפֿיני́רן; פֿאַרפֿײַ́נערן; אוי́סאיידלען

refine oil ראַפֿיני́רן ‹לײַ́טערן› נאַפֿט

refined ראַפֿיני́רט; איידל

refined sugar דער (צו́קער־)ראַפֿינאַ́ד; דער ווײַ́סער צו́קער

refinement די/דאָס ראַפֿיני́רטקייט; די/דאָס איי́דלקייט

refinery די ראַפֿינע́ריע, ־ס

refit רעמאָנטי́רן; אוי́סשטאַטן ‹אוי́סריכטן› אויף ‹פֿון› ס׳נײַ

reflect

vt. אָ́פּשפּיגלען; אָ́פּשלאָגן; צורי́קוואַרפֿן

vi. אָ́פּשפּיגלען זיך; אָ́פּשטראַלן זיך; אָ́פּשלאָגן זיך; אָ́פּשײַנען; אָ́פּגלאַנצן

reflect on פֿאַרטראַ́כטן ‹פֿאַרקלע́רן› זיך וועגן; אי́בערטראַכטן; אַרײַ́נטראַכטן זיך אין ‹וועגן›

reflect well on גוט אָפשפיגלען + אַק׳
reflection
(image) די אָפשפיגלונג, ־ען; די אָפגלאַנצונג, ־ען; דער אָפגלאַנץ, ־ן; דער אָפשײַן, ־ען; דאָס שפיגלבילד, ־ער
(thinking) די באַטראַכטונג; דער ייִשובֿ־הדעת; דער הירהור, ־ים [YÍShEV-HADÁAS] [HÍRER, HIRHÚRIM]
on reflection צוריק גערעדט
reflective אָפשפיגלענדיק; רעפֿלעקטיוו
(mood) (טיף) פֿאַרטראַכט
reflector דער רעפֿלעקטאָר, ...אָרן; דער אָפשפיגלער, ־ס
reflex דער רעפֿלעקס, ־ן
(muscle) דער באַוועג־רעפֿלעקס, ־ן; דער מאָטאָרישער רעפֿלעקס, ־ן
reflex action די רעפֿלעקס־באַוועגונג, ־ען
reflex center דער רעפֿלעקס־צענטער, ־ס
reflexive רעפֿלעקסיוו
reflexive pronoun דער רעפֿלעקסיווער פראָנאָם, ־ען
reflexive verb דער רעפֿלעקסיווער ווערב, ־ן
reflux דער קריקשטראָם
(esophageal) דער (זײַערס־)קריקפֿלייץ
reforest באַוואַלד(יק)ן ‹באַוועלדערן› אויף ‹פֿון› ס׳נײַ
reforestation די באַוואַלד(יק)ונג ‹באַוועלדערונג› אויף ‹פֿון› ס׳נײַ; די (קריק)באַוואַלד(יק)ונג
reform, *n.* די רעפֿאָרעם, ...רמען; דער תּיקון, ־ים; דאָס איבערמאַכן צום גוטן [TIKN, TIKÚNIM]
reform, *v.* רעפֿאָרמירן; פֿאַרבעסערן; מתקן זײַן [MESÁKN]
(a person) אַרויפֿפֿירן אויפֿן דרך־הישר; אומקערן צום גוטן; מחזיר־למוטבֿ זײַן [DÉREKh-HAYÓShER] [MÁKhZER-LEMÚTEV]
reform oneself רעפֿאָרמירן זיך; פֿאַרבעסערן זיך; אַרויפֿגיין אויפֿן דרך־הישר
re-form (אויס)פֿורעמען אויף ‹פֿון› ס׳נײַ
reformation די רעפֿאָרמאַציע
Reformation (Chr.) די רעפֿאָרמאַציע
reformative רעפֿאָרמיר־...
reformatory, *adj.* רעפֿאָרמירנדיק
reformatory, *n.* דאָס אויסבעסערונג־הויז, ־הײַזער; דער אויסבעסער־אַנשטאַלט, ־ן
reformed רעפֿאָר(ע)ם־...; רעפֿאָרמירט
Reformed רעפֿאָרמירט
reformer דער רעפֿאָרמירער, ־ס; דער רעפֿאָרמאַטאָר, ...אָרן; דער רעפֿאָרמיסט, ־ן
reformism דער רעפֿאָרמיזם
reformist, *adj.* רעפֿאָרמיסטיש
reformist, *n.* דער רעפֿאָרמיסט, ־ן
Reform Jew דער רעפֿאָרעם־ייִד, ־ן
Reform Judaism דער (רעפֿאָרעם־)יודאַיִזם; די/דאָס רעפֿאָרעם־ייִדישקייט
reform-minded מיט אַ ציל צו פֿאַרבעסערן
reform school *see* **reformatory**
refract ברעכן; רעפֿראַקטירן
refraction די ברעכונג, ־ען; די רעפֿראַקציע, ־ס
refractory
(obstinate) נישט־פֿאָלגעוודיק; אײַנגעשפאַרט; ווידערשפעניק
(to heat) שווערשמעלציק; פֿײַערפֿעסט
refrain, *n.* דער רעפֿרען, ־ען; דער צוזינג ‹צוזונג›, ־ען
(*iro./fig.*) דער פיזמון, ־ים [PÍZMEN, PIZMÓYNIM]
refrain, *v.* אָפהאַלטן זיך; צוריקהאַלטן זיך
refrain from אָפהאַלטן ‹צוריקהאַלטן› זיך פֿון; אײַנהאַלטן זיך און נישט + אינפֿ׳
reframe איבעררעמ(ל)ען
(question) איבערפֿאָרמולירן

refresh דערפֿרישן; אָפפֿרישן; דערקוויקן; באַנײַען
refresh one's memory אָפפֿרישן דעם זכּרון; דערמאָנען זיך [ZIKÓRN]
refresher course דער איבערחזר־קורס, ־ן [ÍBERKhÁZER]
refreshing דערפֿרישנדיק; דערקוויקנדיק
refreshment די דערפֿרישונג; די אָפפֿרישונג; דאָס דערקוויקעניש; די לאָבונג
refreshments דער כּיבוד קאָל׳; טראַקטאַמענטן [KÍBED]
refrigerant דאָס קילמיטל, ־ען
refrigerate האַלטן אין פֿרידזשידער; אָפקילן
refrigerated (אָפ)געקילט
keep refrigerated האַלטן אין פֿרידזשידער
refrigerator דער פֿרידזשידער, ־ן; דער קעלטערער, ־ס
refuel
(automobile) פֿריש אָננעמען ‹אָנגיסן› מיט בענזין
(airplane) פֿריש אָננעמען ‹אָנגיסן› מיט ברענוואַרג
refuge דער (מקום־)מיקלט; דער אַזיל, ־ן; דער מקום־מנוחה; דאָס אָנשפאַרעניש, ־ן; די אַנטרינונג; דער אָפדאַך, ־ן [(MÓKEM-)MÍKLET, -MIKLÓTIM] [MÓKEM-MENÚKhE]
find/take refuge געפֿינען אַ (מקום־)מיקלט; געפֿינען אַנטרינונג
seek refuge זוכן אַ (מקום־)מיקלט
refugee דער פליט, ־ים; דער אַנטלאָפֿענער געב׳; דער בורח, ־ים [PÓLET, PLÉYTIM] [BOYRÉYEKh, BÓRKhIM]
refugee camp דער פליטים־לאַגער, ־ן [PLÉYTIM]
refund, *n.* דער קריקצאָל, ־ן
refund, *v.* קריקצאָלן; צוריקצאָלן; אומקערן (דאָס געלט)
refundable קריקצאָליק
It's refundable מע וועט קריקצאָלן; מע וועט אומקערן דאָס געלט
refurbish אָפפֿרישן; רעמאָנטירן
refusal דאָס אָפזאָגן; דער אָפזאָג, ־ן
refuse, *n.* דאָס מיסט; דער אָפפֿאַל; דאָס פסולת [PSÓYLES]
refuse, *v.*
vt. אָפזאָגן
vi. אָפזאָגן זיך (פֿון/צו)
refuse collector דער מיסטלער, ־ס
refuse disposal דאָס אַרויספֿירן דאָס מיסט
refusenik דער רעפֿיוזניק, ־עס
refutation די אָפלייקענונג, ־ען; דער אָפפֿרעג, ־ן; די הכחשה, ־ות [HAKKhÓShE]
refute אָפפֿרעגן; אָפלייקענען; אָפווענדן; אָפשפאַרן
(prove false) דערווײַזן די פֿאַלשקייט (פֿון)
regain צוריקבאַקומען; צוריקקריגן
regain consciousness קומען צו זיך; קומען צום באַוווסטזײַן; קומען צו די רעיונות [RAYÓYNES]
regain control איבערנעמען די לייצעס אויף ‹פֿון› ס׳נײַ; צוריקקריגן די שליטה [ShLÍTE]
regain one's balance צוריקבאַקומען די גלײַכוואָג
regain one's composure ווידער נעמען זיך אין די הענט אַרײַן
regain one's strength (צוריק)קומען צו די כּוחות; קומען צו זיך; שטעלן זיך אויף די פֿיס [KÓYKhES]
regal מלכותדיק; מאַיעסטעטיש [MÁLKhESDIK]
regale פֿאַרווײַלן; אַמוזירן
regalia די רעגאַליע
regard, *n.*
(look) דער בליק, ־ן; דער אָנקוק, ־ן
(aspect) דער פרט, ־ים [PRAT, PRÓTIM]
(heed) די אַכט
(respect) דער דרך־ארץ [DERKhÉRETS]
hold in high regard (שטאַרק) האַלטן פֿון

in that regard אין דעם פּרט
with regard to *see* **regarding**
regards דער ג(ע)רו́ס, ־ן
send regards שיקן אַ ג(ע)רו́ס; (לאָזן) גריסן
(with) warm regards אַ וואַ́רעמען ג(ע)רו́ס ל״י
regard, *v.*
(look) אָ́נקוקן
(consider) באַטראַ́כטן
regarding אַ(נט)קעגן; בנוגע; מכּוח; וועגן; וואָס שייך; שייך צו [BENEGÉYE] [MEKÓYEKh] [ShÁYEKh]
regardless, *adv.* נישט־געקוקט ‹נישט קוקנדיק› אויף דעם
regardless, *prep.*
regardless of נישט־געקוקט אויף; נישט קוקנדיק אויף; אומאָפּהענגיק (פֿון)
regatta די רעגאַ́טע, ־ס
regency די רעגע́נטשאַפֿט
regenerate, *vt./vi.* רעגענערי́רן (זיך)
regeneration די רעגענעראַ́ציע
regent דער רעגע́נט, ־ן
Regents examination דער רעגע́נטן־עקזאַ́מען, ־ס
reggae די רע́גע(־מוזי́ק)
regicide דער קי́ניגמאָרד
regime דער רעזשי́ם, ־ען
(government) *also* די ממשלה, ־ות; די מאַכט; די מלוכה, ־ות [MEMShÓLE] [MELÚKhE]
regime change דער מלוכה־בײַט, ־ן [MELÚKhE]
regimen דער רעזשי́ם, ־ען
regiment, *n.* דער רעגימע́נט, ־ן; דער פּאָלק, ־ן
regiment, *v.* רעגימענטי́רן; רעגלאַמענטי́רן; אײַ́נטיילן אין רעגימע́נטן
regimentation די רעגימענטי́רונג
regimented רעגימענטי́רט; רעגלאַמענטי́רט
region דער ראַיאָ́ן, ־ען; די/דער געגנט, ־ן; דער קאַנט, ־ן; דאָס געמאַ́רק, ־ן
in the region (nearby) דאָ נישט ווײַט; דאָ אין געגנט
in the region of (*fig.*) אַן ערך; בערך [ÉREKh] [BEÉREKh]
regional געגנט...; ראַיאָ́נ...; רעגיאָנאַ́ל
regional anesthesia די רעגיאָנאַ́לע אַנעסטע́זיע
regionalism דער רעגיאָנאַלי́זם, ־ען
register, *n.*
(book) דער רעגי́סטער, ־ס; דער רײ́סטער, ־ס; דער פּינקס, ־ים [PÍNKES, PINKÉYSIM]
(cash) די אָ́פּקלינג־קאַסע, ־ס; די גע́לטקאַסע, ־ס; דער גע́לט־רעגי́סטער, ־ס
(mus.) דער דיאַפּאַזאָ́ן, ־ען; דער רעגי́סטער, ־ס
register, *vt./vi.* רעגיסטרי́רן (זיך); פֿאַרשרײַ́בן (זיך); אײַ́נשרײַבן (זיך); אײַ́נרײסטערן (זיך)
It didn't register that כ׳האָב זיך נישט געכאַ́פּט אַז
registered רעגיסטרי́רט
registered letter דער רעגיסטרי́רטער ‹רעקאָמענדי́רטער› בריוו, –; דער אײַ́נשרײַבבריוו, –
registered nurse די רעגיסטרי́רטע קראַ́נקן־שוועסטער, –
registrant דער רעגיסטראַ́נט, ־ן; דער פֿאַרשרײ́בענער געב׳
registrar דער רעגיסטראַ́טאָר, ...אָ́רן; דער רעגיסטראַ́ר, ־ן
registrar's office די רעגיסטראַטו́ר, ־ן
registration די רעגיסטרי́רונג, ־ען; די רעגיסטראַ́ציע, ־ס; די פֿאַרשרײַ́בונג, ־ען
The registration has expired די רעגיסטראַ́ציע איז שוין או́יס(געגאַ́נגען)
registration desk דער פֿאַרשרײַ́בטיש, ־ן; דער אײַ́נשרײַבטיש, ־ן; דער רעגיסטרי́ר־טיש, ־ן
registration fee דאָס פֿאַרשרײַ́בגעלט; דאָס אײַ́נשרײַבגעלט; דאָס רעגיסטרי́ר־געלט
registration form דער רעגיסטרי́ר־פֿאָרמולאַ́ר, ־ן
registry דער רעגי́סטער, ־ס
regnant רעגי́רנדיק
regress וואַקסן ‹גיין› אויף צורי́ק; רעגרעסי́רן
regression די רעגרע́סיע, ־ס
regressive רעגרעסי́וו
regret, *n.* די חרטה, ־ות; דער באַדוי́ער [KhARÓTE]
have no regrets גאָ́רנישט נישט באַדוי́ערן
much to my regret צום (גרויסן) באַדוי́ערן
No regrets! וואָס פֿאַרפֿאַ́לן זאָל נישט באַנג טאָן!
send regrets באַדוי́ערן וואָס מע קען נישט קו́מען
regret, *v.* חרטה האָבן (אויף); באַדוי́ערן + אַק׳; באַנג טאָן אומפּ׳ + דאַט׳/פּ״ק; קו́מען צו די אויגן + דאַט׳/פּ״ק [KhARÓTE]
come to regret חרטה קריגן ‹באַקו́מען›
I regret that איך באַדוי́ער וואָס; סע טוט מיר באַנג וואָס
regretful באַדוי́ערנדיק
regretfully צום באַדוי́ערן; מיט באַדוי́ער
regrettable באַדוי́ערלעך
be regrettable זײַן צום באַדוי́ערן
regrettably צום באַדוי́ערן
regroup, *vt./vi.* אי́בערגרופּי́רן (זיך); אי́בערפֿאָרמי́רן (זיך)
regular
(normal) געווײ́נ(ט)לעך
(periodic) רעגולע́ר
(fixed) שטע́נדיק
regular as clockwork פּי́נקטלעך ווי אַ זײ́גער
on a regular basis רעגולע́ר(ערהײ́ט)
regular army דאָס רעגולע́רע מיליטע́ר
regular coffee די געווײ́נ(ט)לעכע קאַ́ווע, ־ס
regular customer דער שטע́נדיקער קונה, ־ים [KÓYNE, KÓYNIM]
regular folks מענטשן פֿון אַ גאַנץ יאָר; פּשוטע בשׂר־ודמס [PÓShETE BÓSERVEDÓMS]
regular guy דער גוטער־ברו́דער, גוטע־ברי́דער; דער וווי́לער בחור, ־ים; דער נאַשבראַ́ט, ־עס [BÓKhER, BÓKhERIM/BOKhÚRIM]
regularity די/דאָס רעגולע́רקייט
regularly געווײ́נ(ט)לעך
regularly scheduled געווײ́נ(ט)לעך פּלאַני́רט
regulate רעגולי́רן; רעגלאַמענטי́רן
regulated רעגולי́רט; געזע́ץ־מע́סיק; געזע́ציק
regulation
(rule) דער רעגלאַמע́נט, ־ן; די תּקנה, ־ות [TAKÓNE]
(process) די רעגולי́רונג; דאָס רעגולי́רן; די רעגלאַמענטי́רונג
regulations דער רעגולאַמי́ן ל״י; די רעגולאַ́ציע ל״י; רעגלאַמע́נטן
regulator דער רעגולאַ́טאָר, ־ס
regulatory רעגולי́ר־...
regulatory agency די רעגולי́ר־אַגענטו́ר, ־ן
regurgitate צורי́קגעבן; או́יסברעכן; או́יסקרעקן; או́יסמײ́קע|(נע)ן
(*fig.*) אי́בערקײַען; מעלה־גירה|ן [MÁLE-GÉYREN]
regurgitation דאָס צורי́קגעבן; דאָס או́יסברעכן
rehab *see* **rehabilitation**
rehabilitate רעהאַביליטי́רן
rehabilitation די רעהאַביליטאַ́ציע; די רעהאַביליטי́רונג
rehabilitation center דער רעהאַביליטי́ר־צענטער, ־ס; דער או́יפֿריכט־צע́נטער, ־ס
rehabilitation therapy די רעהאַביליטי́ר־טעראַ́פּיע
rehash, *n.* דאָס איבערגעחזרטע; דאָס אי́בערגעקײַטע [ÍBERGEKhÁZERTE]
rehash, *v.* איבערחזרן; אי́בערקײַען [ÍBERKhÁZERN]

rehearsal די רעפּעטי֯ציע, ־ס; די פּראָבע, ־ס

rehearse (אוי֯ס)רעפּעטי֯רן; מאַכן פּראָבע; אוי֯ספּרוּוון

reheat צורי֯ק אָנוואַ֯רעמען

rehire צורי֯ק אָנשטעלן

Reich דער רייַך, ־ן

Reichstag דער רייַ֯כסטאַג

reign, *n.* די ממשלה; די ˙הע֯רשאַפֿט [MEMShÓLE]

reign, *v.* קי֯ניגן; זייַן דער קי֯ניג; טראָגן די קרוין; אַמטי֯רן; ˙הערשן

reigning champion דער אַמטי֯רנדיקער טשעמפּיאָ֯ן, ־ען

silence reigns סע הערשט די שטי֯לקייט ‹רו›

reignite אָנצינדן אויף ‹פֿון› ס'נייַ

reimburse אוֹמקערן די הוצאָות; אָפּגעבן צורי֯ק [HOYTSÓES/HETSÓES]

reimbursement דאָס אוֹמקערן די הוצאָות [HOYTSÓES/HETSÓES]

(money) אוֹמגעקערטע הוצאָות ל"ר

rein, *n.* די לייצע, ־ס; די ווי֯שקע, ־ס; די שלייע, ־ס

give free rein to געבן + דאַט' אַ פֿרייַע האַנט

keep a tight rein on האַלטן + אַק' אין ציימל; שטרענג קאָנטראָלי֯רן + אַק'

put the reins on נעמען די לייצעס אין די הענט; איינהאַלטן

take the reins אי֯בערנעמען די לייצעס ‹מאַכט›

rein, *v.* **(in)** איינצוימען; איינהאַלטן די לייצעס

reincarnate, *adj.* ווי פֿון יענער וועלט; אין אַ נייַעם גילגול [GILGL]

reincarnate, *v.*

be reincarnated (as) מגולגל ווערן (אין) [MEGÚLGL]

reincarnation דער גילגול [GILGL]

reindeer דער רעניפֿע֯ר, ־ן

reindeer moss דער הי֯רשנמאָך

reinette דער ראַנע֯ט, ־ן

reinforce פֿאַרשטאַ֯רקן; איינמאָצעווע|ן

reinforced concrete דער אייַזן־בעטאָ֯ן

reinforcement די פֿאַרשטאַ֯רקונג, ־ען

reinforcements (mil.) פֿאַרשטאַ֯רק־כּוחות‹־טרופּעס› [KÓYKhES]

reinstate אָפּגעבן ‹צורי֯קגעבן› + דאַט' דעם פּאָסטן; צורי֯קשטעלן אויפֿן אָרט

reinstatement דאָס אָפּגעבן ‹צורי֯קגעבן› דעם פּאָסטן; דאָס צורי֯קשטעלן אויפֿן אָרט

reinvent

reinvent oneself איינשאַפֿן זיך אַ נייַעם פּרצוף; מחדש זייַן זיך אַליין [PÁRTSEF] [MEKhÁDESh]

reinvent the wheel אַנטדעקן אַמע֯ריקע

reissue, *n.* די נייַע אוי֯פֿלאַגע, ־ס

reissue, *v.* אַרוי֯סגעבן אויף ‹פֿון› ס'נייַ; ווי֯דער אַרוי֯סגעבן

reiterate (כּסדר) איבערחזרן [KESÉYDER] [ÍBERKhÁZERN]

reiteration די (כּסדרדיקע) איבערחזרונג, ־ען [KESÉYDERDIKE] [ÍBERKhÁZERUNG]

reject, *n.*

(person) דער אָפּגעוואָרפֿענער געב'

(thing) דאָס אָפּגעוואָרפֿענע

(loser/*slg.*) דאָס נעבעכל, ־עך

reject, *v.* אָפּוואַרפֿן; אָפּשטויסן; אָפּשלאָגן; אוי֯סבראַקי֯רן; אוי֯סבראַ֯קעווע|ן; פֿאַרבראַקי֯רן; פּסלען [PÁSLEN]

(as ritually impure/J.) פּסלען

(an organ) אָפּשטויסן

(for military service) אוי֯סבראַקי֯רן

reject out of hand גלאַט אָפּוואַרפֿן; נישט וועלן הערן פֿון; אָפּוואַרפֿן איינס און צוויי

feel rejected פֿילן זיך אָפּגעוואָרפֿן ‹אָפּגעשטויסן›

rejection דער אָפּזאָג, ־ן; דאָס אָפּזאָגן; דער אָפּשטויס, ־ן; דאָס אָפּשטויסן

rejection slip דאָס אָפּזאָג־בריוול, ־עך

rejoice משׂמח זייַן זיך; פֿרייען זיך; יוֹבלען [MESAMÉYEKh]

rejoicing די שׂימחה; די פֿרייד [SÍMKhE]

rejoin

(join again) ווי֯דער צוֹשטיין צו; צורי֯ק אָנשליסן זיך אין

(jur.) (אָפּ)ענטפֿערן

rejoinder דער (אָפּ)ענטפֿער, ־ס

rejuvenate מאַכן יינגער; פֿאַריי֯נגערן; צוֹגעבן יאָרן; באַנייַען די כּוחות; מאַכן צורי֯ק יונג [KÓYKhES]

rejuvenation די פֿאַריי֯נגערונג; דאָס באַנייַען די כּוחות [KÓYKhES]

rekindle אָנצינדן אויף ‹פֿון› ס'נייַ; ווי֯דער אָנצינדן

relapse, *n.* דער צורי֯קפֿאַל ‹קרי֯קפֿאַל›, ־ן; דער אוֹמקער, ־ן

(med.) דער רעצידי֯וו, ־ן

relapse, *v.* צורי֯קפֿאַלן; קרי֯קפֿאַלן

relate

(connect) פֿאַרבי֯נדן

(recount) דערציילן; פֿאַרציילן; אי֯בערגעבן

I can relate to that איך פֿיל דעם טעם; איך פֿאַרשטיי דאָס זייער גוט [TAM]

related פֿאַרבוֹנדן; שייַכותדיק; קרובֿיש; קרובֿותדיק [ShÁYKhESDIK] [KRÓYVISh] [KRÓYVESDIK]

be related to (relevant) האָבן אַ שייַכות צו; האָבן אַ פֿאַרבי֯נדונג מיט; זייַן שייך צו [ShÁYKhES] [ShÁYEKh]

be related to (family) אָנקערן זיך מיט ‹צו›

We're related ער איז מייַנער אַ קרובֿ; זי איז מייַנע אַ קרובֿה; מיר קערן זיך אָן (קרובֿים) [KÓREV] [KRÓYVE] [KRÓYVIM]

We're not related מיר קערן זיך נישט אָן

relation

(connection) די באַציִונג, ־ען; דאָס שייַכות, ־ן [ShÁYKhES]

(family) דער קרובֿ, ־ים [KÓREV, KRÓYVIM]

have bad relations נישט אוי֯סקומען; זייַן קידער־ווי֯דער

in relation to פֿאַרבוֹנדן מיט; אין שייַכות מיט; לגבי + דאַט' [ShÁYKhES] [LEGÁBE]

relation by marriage (*m.*) דער מחותּן, ־ים [MEKhÚTN, MEKhUTÓNIM/MAKhETÓNIM]

relation by marriage (*f.*) די מחותּנתטע, ־ס [MEKhUTÉNESTE/MAKh(E)TÉNESTE]

relations (family) קרובֿים; די משפּחה ל"י [KRÓYVIM] [MIShPÓKhE]

relations (sexual) (סעקסוע֯לע) באַציִונגען

relationship די באַציִונג, ־ען; דאָס אָנקע֯רעניש, ־ן

(family) די קרובֿישאַפֿט [KRÓYVEShAFT]

(gram.) די ציִונג, ־ען

have a relationship (connection) האָבן אַ פֿאַרבי֯נדונג ‹שייַכות› [ShÁYKhES]

have a relationship (personal) פֿירן ‹האָבן› אַ באַציִונג

relative, *adj.* רעלאַטי֯וו; לפֿי־ערכדיק [LEFIÉREKhDIK]

relative to אין פֿאַרגלייַך מיט; אַ(נט)קעגן; ווע֯דליק; כּלפּי [KLÁPE]

It's all relative סע ווענדט זיך ווו דער חמור שטייט [KhÓMER]

relative, *n.*

m./unsp. דער קרובֿ, ־ים; דער אייגענער געב' [KÓREV, KRÓYVIM]

f. די קרובֿה, ־ות [KRÓYVE]

relatively רעלאַטי֯וו; לפֿי־ערך [LEFIÉREKh]

relative pitch דאָס רעלאַטי֯ווע געהע֯ר

relative pronoun דער רעלאַטי֯ווער פּראָנאָ֯ם, ־ען

relativism דער רעלאַטיוויזם
relativistic רעלאַטיוויִסטיש
relativity די רעלאַטיוויטעט; די/דאָס רעלאַטיוויקייט; די/דאָס ווערדליקייט
relax
vt. **(facilitate)** פֿאַרגרינגערן
vt. **(loosen)** נאָכלאָזן
vi. אָפּרוען זיך; אויסשפּאַנען זיך; אָפּשפּאַנען זיך
relax one's muscles אָפּשפּאַנען (זיך) די מוסקלען
Relax! זאָרג(ט) זיך נישט!; שפּאַנ(ט) זיך אויס!
relaxant דאָס אָפּשפּאַן־מיטל, ־עך
relaxation די אויסשפּאַנונג, ־ען; די אָפּשפּאַנונג, ־ען; דער אָפּשפּאַן, ־ען; דער אָפּרו, ־ען
relaxation technique די אָפּשפּאַן־טעכניק, ־עס
relaxed אויסגעשפּאַנט; אָפּגעשפּאַנט
relay, *n.*
(elec.) דער רעלע, ־ען
(process) דאָס איבערגעבן
relay, *v.* איבערגעבן; אַריבערטראָגן
relay race דער שטאַפּעטן־פֿאַרמעסט, ־ן
release, *n.* די באַפֿרײַונג, ־ען; דער אַרויסלאָז, ־ן
(of new product) דער אַרויסלאָז, ־ן
for (press) release צום פּובליקירן
release, *v.* באַפֿרײַען; אַרויסלאָזן
(product) אַרויסלאָזן
(publish) אַרויסגעבן
(tension) אָפּלאָזן; אָפּשפּאַנען
release the brake אָפּלאָזן דעם טאָרמאָז
relegate
(exile) פֿאַרשיקן
(consign) פֿאַרשטופּן; פֿאַררוקן; פֿאַרשטעקן; פֿאַרטפֿלען [FARTÓFLEN]
relent אָפּלאָזן; נאָכגעבן
relentless אומברחמנותדיק; אומדערבאַרעמדיק; פֿאַרביסן [ÚMBERAKhMÓNESDIK]
(determined) אומפֿאַרמאַטערלעך
relevance די/דאָס שייכדיקייט [ShÁYEKhDIKEYT]
relevant רעלעוואַנט; שייכדיק; צודערזאַכיק; באַטײַטיק; שייך פּר'; צו דער זאַך פּר'; אויפֿן אָרט פּר' [ShÁYEKhDIK] [ShÁYEKh]
reliability די/דאָס פֿאַרלאָזלעכקייט; די/דאָס באַגלייבטקייט
reliable פֿאַרלאָזלעך; באַגלייבט; ראַיעל; ק(ו)ראַנט; סאָליד
reliance (on) דאָס פֿאַרלאָזן זיך (אויף); דער צוטרוי (צו); דער בטחון (אין) [BITÓKhN]
reliant
be reliant on פֿאַרלאָזן זיך אויף
relic די רעליקוויע, ־ס; דער איבערבלײַב, ־ן; דאָס איבערבלײַבס, ־ן
be a relic from the past איבערבלײַבן פֿון אַ פֿאַרגאַנגענער צײַט
relief,[1] *n.* די אָפּשפּאַנונג, ־ען; די פֿאַרגרינגערונג; די פֿאַרלײַכטערונג
(welfare) די קיצבֿה; די הילף [KÍTSVE]
be on relief נעמען קיצבֿה; דאַרפֿן אָנקומען צו קיצבֿה
There's no relief in sight מע הערט נישט פֿון קיין הילף; מע זעט נישט קיין סוף; נישטאָ קיין ישועה [SOF] [YEShÚE]
What a relief! אַ שטיין אַראָפּ פֿון האַרצן!; אַן עול אַראָפּ פֿון קאָפּ! [OL]
relief,[2] *n.* **(sculpture)** דער רעליעף, ־ן
in relief בולט; אין רעליעף [BÓYLET]
relief map די רעליעף־מאַפּע, ־ס
relieve
(free) איבערבײַטן; פֿאַרנעמען דאָס אָרט (פֿון); באַפֿרײַען
(pressure) לינדערן; פֿאַרגרינגערן; פֿאַרלײַכטערן
relieve oneself טאָן דאָס באַדערפֿעניש
She was relieved ס'איז איר אַראָפּ אַ שטיין פֿון האַרצן; ס'איז איר אַראָפּ אַן עול פֿון קאָפּ [OL]
religion די רעליגיע, ־ס; דער דת [DAS]
religiosity די/דאָס רעליגיעזקייט; די/דאָס פֿרומקייט
religious פֿרום; רעליגיעז
(entity) רעליגיעז; רעליגיע־...
religiously פֿרומערהייט; רעליגיעזערהייט
(fig.) קפּדניש [KAPDÓNISh]
relinquish אָפּטרעטן פֿון; אָפּלאָזן; איבערלאָזן; אַוועקגעבן; אויפֿגעבן; מוותּר זײַן אויף [MEVÁTER]
relish, *n.*
(cul.) דאָס זויערס
(zest) דער אַפּעטיט; דער חשק [KhÉYShEK]
relish, *v.* באַלעקן זיך מיט; פֿאַסמאַקעווע(ו)ן זיך מיט; לאָבן זיך מיט; שטאַרק הנאה האָבן פֿון [HANÓE]
I don't relish the prospect of איך קוק נישט אַרויס אויף; כ'האָב נישט קיין חשק צו [KhÉYShEK]
relish the spotlight ליב האָבן דעם עמוד; ליב האָבן צו זײַן אין צענטער [ÓMED]
relive איבערלעבן אויף ‹פֿון› ס'נײַ
reload צוריק אָנלאָדן
relocate איבערציִען זיך; איבערקלײַבן זיך
relocation דאָס איבערציִען ‹איבערקלײַבן› זיך
reluctance דער אומחשק; דער אומווילן [ÚMKhEYShEK]
reluctant אָנחשקדיק; אומוויליק [ÓNKhÉYShEKDIK]
be reluctant שײַען ‹שייע(ו)ן› זיך צו; נישט האָבן קיין חשק צו; ברעקלען זיך [KhÉYShEK]
reluctantly אָן חשק; אומוויליק; בעל־כּרחודיק [KhÉYShEK] [BAL-KÓRKhEDIK]
rely פֿאַרלאָזן זיך; שטיצן זיך; סומך זײַן זיך [SÓYMEKh]
rely on miracles פֿאַרלאָזן זיך אויף נסים [NÍSIM]
rely on oneself פֿאַרלאָזן זיך אויף זיך אַליין; אייגענען זיך
remain (איבער)בלײַבן; פֿאַרבלײַבן
It remains to be seen מע וועט נאָך זען; אַז מ'עט לעבן וועט מען זען
remainder דער/די/דאָס רעשט, ־ן; דאָס איבערגעבליבענע; דאָס איבעריקע; די שארית, ־ן; דער נישאר [ShÉYRES] [NÍShER]
remaining איבעריק; איבערגעבליבן
remains
(corpse) דאָס געבײן ל"ר; דער בר־מינן, ־ס; דער/דאָס מת, ־ים [BÁRMENEN] [MES, MÉYSIM]
(leftovers) רעשטלעך; איבערבלײַבעכצער; שיריים [ShIRÁYEM]
remake, *n.* דער איבערגעמאַכטער פֿילם, ־ען
remake, *v.* איבערמאַכן; איבעראַרבעטן
remand, *n.*
on remand אונטער אַרעסט
remand, *v.* צוריקשיקן; אָפּגעבן
remand to custody צוריקשיקן ‹אָפּגעבן› אין אַרעסט
remark, *n.* דער באַמערק, ־ן; די באַמערקונג, ־ען
remark, *v.* באַמערקן
remark on באַמערקן אַז
remarkability די/דאָס (באַ)מערקווערדיקייט
remarkable (באַ)מערקווערדיק; חידושדיק [KhÍDEShDIK]
stg. remarkable דער חידוש; דאָס (באַ)מערקווערדיקע; דאָס בייז־וווּנדער [KhÍDESh]
remarkably (באַ)מערקווערדיק; אויסטערליש
remarriage דאָס ווידער חתונה האָבן; דאָס חתונה האָבן צום צווייטן מאָל [KhÁSENE]

remarry ווי׳דער חתונה האָבן; חתונה האָבן צום צווייטן מאָל [KhÁSENE]
rematch דער רעוואַנש, ־ן
remedial פֿאַרבעסער־...
remedial course דער פֿאַרבעסער־קורס, ־ן
remedy, *n.* דאָס מיטל, ־ען; די תּחבולה, ־ות [TAKhBÚLE]
(med.) די רפֿואה, ־ות; דאָס (הײל)מיטל, ־ען; די תּרופֿה, ־ות; די סגולה, ־ות [REFÚE] [TRÚFE] [ZGÚLE]
remedy, *v.* פֿאַרריכטן; צו רעכט מאַכן; מתקן זײַן [MESÁKN]
remember געדענקען; דערמאָנען זיך (אין); האַלטן קאָפּ
(memorize) פֿאַרגעדענקען
remembrance [ZÉYKhER] די דערמאָנונג, ־ען; דער זכר, ־ס
remind
remind sb. of דערמאָנען + דאַט׳ אין
remind sb. to דערמאָנען + דאַט׳ צו
reminder
(verbal) די דערמאָנונג, ־ען; דער דערמאָן, ־ען
(written) דאָס דערמאָנדל, ־עך; דער דערמאָן־צעטל, ־ען
reminisce [ZIKhRÓYNEVEN] דערמאָנען זיך; זכרונעווע|ן
reminiscence די דערמאָנונג, ־ען
reminiscences [ZIKhRÓYNES] זכרונות
reminiscent
be reminiscent of דערמאָנען אין
remiss אָפּגעלאָזן
be remiss זײַן שולדיק (אין דעם וואָס)
remission
(debt cancellation) די אויסלייזונג
(of money) די איבערשיקונג
(med.) די רעמיסיע
The cancer is in remission דער ראַק איז אין אַ רעמיסיע־צושטאַנד; דער ראַק האָט אָפּגעלאָזט
remit
(cancel) אַנולירן; אויסלייזן
(send) איבערשיקן; צושיקן
remittance די געלטשיקונג, ־ען
remix, *n.* די איבערגעמישטע מוזיק
remix, *v.* איבערמישן
remnant דער איבערבלײַב, ־ן; דאָס איבערבלײַבס, ־ן; דער/די/דאָס רעשט, ־ן; דער זכר, ־ס; דער שׂריד, ־ים [ZÉYKhER] [SÓRED, SRÍDIM]
(tailor's) remnants [YÍTER] דער ייִתּור; דער לי
remonstrate שטאַרק פּראָטעסטירן
remorse [KhARÓTE] די חרטה
remorseful [KhARÓTE] פֿול מיט חרטה
remorseless [RAKhMÓNES] אָן רחמנות
remote, *adj.* גאָר ווײַט(יק); ווײַט אָפּגעשיידט; דערווײַטערט; אָפּגעלעגן; העט־העטיק
in a remote location אין ‹הינטער› די הרי־חושך; אין (די) מרחקים; אין האָצעפּלאָץ [HÓRE-KhÓYShEKh] [MERKhÁKIM]
remote control דער ווײַטקאָנטראָל, ־ן; דער טעלעקאָנטראָל, ־ן
remote-controlled קאָנטראָלירט פֿון דער ווײַטנס
remotely פֿון דער ווײַטנס
not remotely [BIKhLÁL] בכלל נישט
remote memory [ZIKÓRN] דער ווײַטער זכּרון
remoteness די/דאָס ווײַטקייט; די/דאָס אָפּגעלעגנקייט
removable אַראָפּנעמ(עווד)יק; אָפּטייל(עווד)יק
It's removable מע קען עס צענעמען ‹אָפּטיילן›; סע לאָזט זיך צעטיילן ‹אָפּנעמען›
removal דאָס אַוועקנעמען; די באַזײַטיקונג; דאָס אַראָפּנעמען
remove אַוועקנעמען; צונעמען; אַראָפּנעמען; אָפּראַמען (פֿון וועג); באַזײַטיקן
remove stitches (surgically) אַרויסציִען די פֿעדעם ‹שטעך/נעט›; אָפּשנײַדן; אַראָפּנעמען
removed, *adj.*
my first cousin once removed מײַן גליד־שוועסטערקינד, ־ער; מײַן שוועסטערקינד מיט אַ דור גערוקט [DOR]
remover דער אַראָפּנעמער, ־ס; דאָס מיטל אַראָפּצונעמען
remunerate [MEShÁLEM] באַצאָלן; באַלוינען; משלם זײַן
remuneration דאָס געצאָלטס; דאָס באַצאָלן; די (געלט־)באַלוינונג
renaissance דער רענעסאַנס, ־ן; די איבערגעבוירונג
Renaissance דער רענעסאַנס
renal נירן...
renal disease די נירנקרענק, ־ען
renal failure דער נירנבראָך
rename געבן אַן אַנדער נאָמען; משנה־שם זײַן [MEShÁNE-ShÉM]
rend, *v. imp./pf.* (צע)רײַסן
rend a garment (mourning/J.) [KRÍE] רײַסן קריעה
render
(transform) מאַכן פֿאַר
(give due) אָפּגעבן
(perform) אויפֿפֿירן; פֿאָרשטעלן
(provide) צושטעלן
(translate) איבערזעצן
(fat) אויסלאָזן שמאַלץ
render a verdict [PSAK] אַרויסטראָגן אַ פּסק ‹ווערדיקט›
render aid to קומען + דאַט׳ צו הילף
rendering, *n.*
(performance) די אויפֿפֿירונג, ־ען; דער אויסטײַטש, ־ן; די אויסטײַטשונג, ־ען
(translation) די איבערזעצונג, ־ען; דער איבערזעץ, ־ן
rendezvous, *n.* די טרעפֿונג, ־ען; דער ראַנדעוווּ, ־ען; דער אויפֿטרעף, ־ן
(place) דער טרעפֿפּונקט, ־ן
rendezvous, *v.* טרעפֿן זיך
rending, *n.*
rending of garment (mourning/J.) [KRÍE] די קריעה
rendition *see* **rendering**
renegade דער רענעגאַט, ־ן
renege נישט האַלטן וואָרט; ברעכן דאָס וואָרט; צוריקציִען זיך
renegotiate פֿאַרהאַנדלען אויף ‹פֿון› ס׳נײַ
renegotiations פֿרישע פֿאַרהאַנדלונגען
renew באַנײַען; אָפּפֿרישן
renewable באַנײַעוודיק
renewable energy די באַנײַעוודיקע ענערגיע
renewal די באַנײַונג, ־ען; דאָס באַנײַען; דער באַנײַ, ־ען
renewed באַנײַט
renewed fighting באַנײַטע געשלעגן ל״ר
rennet/rennin דער רעניִן
renounce אָפּזאָגן זיך פֿון; אָפּשטיין פֿון; אָפּדאַנקען פֿון; פֿאַרלײקענען; אָפּלאָזן זיך פֿון; מוותּר זײַן אויף [MEVÁTER]
renovate רעמאָנטירן; באַנײַען
renovation דער רעמאָנט; די באַנײַונג
renown [ShEM] די/דאָס באַרימטקייט; דער שם
be of great renown זײַן באַרימט; זײַן ברייט באַוווּסט; האָבן אַ גרויסן שם
renowned באַרימט; באַוווּסט; באַקאַנט; פֿאַרשמט [FARShÉMT]
be renowned as [ShÉMEN] שמען פֿאַר
renowned person/thing דער שם־דבֿר, ־ס [ShÉMDOVER]
rent,[1] *n.* [DÍRE] דאָס דירה־געלט

for rent צום פֿאַרדינגען
rent,[2] *n.* **(tear)** דער ריס, ־ן; דער שפּאַלט, ־ן
rent, *v.*
rent from דינגען (בײַ); נעמען אויף ניצגעלט ‹פּראָקאַט› (בײַ)
rent to פֿאַרדינגען + דאַט'
rental דאָס דינגען
rental apartment [DÍRE] די דירה אויף צו (פֿאַר)דינגען
rental car דער דינגאויטאָ, ־ס; דער געדונגענער אויטאָ, ־ס
rental fee דאָס ניצגעלט; דער פֿאַרדינג־אָפּצאָל, ־ן
rent control [DÍRE] דאָס באַשיצן ‹באַוואָרענען› דירה־געלט
rent-controlled apartment די דירה מיט באַשיצטן ‹באַוואָרנטן› דירה־געלט [DÍRE]
renter דער לאָקאַטאָר, ...אָרן; דער קאָמעניק, ־עס
rent-free [DÍRE] אָן דירה־געלט
rent-stabilized apartment די דירה מיט סטאַביליזירטן דירה־געלט [DÍRE]
rent strike דער לאָקאַטאָרן־שטרײַק, ־ן
renunciation דאָס אָפּזאָגן זיך
reopen (אויפֿ)עפֿענען אויף ‹פֿון› ס'נײַ
reorder
(re-request) באַשטעלן אויף ‹פֿון› ס'נײַ
(rearrange) [ÓYSSÁDERN] אויסוסדרן אויף ‹פֿון› ס'נײַ
reorganization די איבעראָרגאַניזירונג
reorganize איבעראָרגאַניזירן
rep (fabric) דער ריפּס
see also **representative; reputation; repertory**
repair, *n.* די רעפּאַראַטור, ־ן; דאָס פֿאַרריכטן; דער רעמאָנט, ־ן; דאָס צורעכט־מאַכן
in good repair [MÁTSEV] אין אַ גוטן מצבֿ
It's beyond repair מע קען עס שוין נישט פֿאַרריכטן
It's in need of repair מע דאַרף עס פֿאַרריכטן
be under repair זײַן אונטער רעפּאַראַטור; זײַן אין רעמאָנט; רעמאָנטירט ווערן
repair, *v.* פֿאַרריכטן; רעפּאַרירן; רעמאָנטירן; צו רעכט מאַכן
repairman דער מײַנסטער, ־ס; דער פֿאַרריכטער, ־ס
repair shop דער רעפּאַריר־וואַרשטאַט, ־ן
repair warranty די רעפּאַריר־גאַראַנטיע, ־ס
reparable פֿאַרריכטלעך
be reparable לאָזן זיך פֿאַרריכטן
reparation(s) די רעפּאַראַציע, ־ס; די פֿאַרגיטיקונג
repartee דער דערלאַנגערישער ענטפֿער, ־ס; דער אָפּענטפֿער, ־ס; דאָס אָפּענטפֿערן
repast [SÚDE] די סעודה, ־ות; דער מאָלצײַט, ־ן
repatriate רעפּאַטרייִרן
repatriation די רעפּאַטריאַציע, ־ס
repay קריקצאָלן; צוריקצאָלן; אָפּצאָלן; פֿאַרגיטיקן
repay a debt [KhOYV] אָפּצאָלן אַ חובֿ
repay a favor [TÓYVE] אָפּדינען + דאַט'; אָפּגעבן אַ טובֿה
repayment דאָס אָפּצאָלן; דער אָפּצאָל, ־ן
repeal, *n.* דער אָפּשאַף, ־ן; די אַנולירונג, ־ען; די קאַסאַציע, ־ס; די קאַסירונג, ־ען; דאָס אָפּשאַפֿן; דאָס אַנולירן
repeal, *v.* אָפּשאַפֿן; אַנולירן; קאַסירן
repeat, *n.* [ÍBERKhÁZERUNG] די איבערחזרונג, ־ען
repeat, *v.* [ÍBERKhÁZERN] איבערחזרן
(say again) איבערזאָגן; נאָכזאָגן
repeat a question איבערפֿרעגן
repeat a story נאָכדערציילן
repeat oneself איבערחזרן זיך אַליין
repeat performance דער ביס, ־ן; די ביס־פֿאָרשטעלונג, ־ען
Repeat after me! זאָג(ט) מיר נאָך!

repeated פֿילמאָליק; איבערגעחזרט; נאָכאַמאָליק [ÍBERGEKhAZERT]
repeatedly [SAKh] נאָך אַ מאָל און ווידער אַ מאָל; אַ סך מאָל
do stg. repeatedly האַלטן אין איין ...; כּסדר ...; נישט איין מאָל ... [KESÉYDER]
repeating decimal דער פּעריאָדישער דעצימאַל, ־ן
repeat offender דער רעצידיוו־פֿאַרברעכער, ־ס; דער רעצידיוויסט, ־ן
repeat sign [ÍBERKhAZER] דער איבערחזר־צייכן, ־ס
repel אָפּטרײַבן; אָפּשטויסן; צוריקשטויסן; אָפּשלאָגן; צוריקשלאָגן
repellent, *adj.* אָפּטרײַביק; אָפּשטויסיק
repellent, *n.* דאָס אָפּטרײַבעכץ, ־ן; דער אָפּטרײַבער, ־ס
repent (for) חרטה האָבן (אויף); תּשובֿה טאָן (אויף); שלאָגן זיך על־חטא (אויף) [KhARÓTE] [TShÚVE] [ALKhÉT]
repentance [KhARÓTE] [TShÚVE] די חרטה; די תּשובֿה
repentant
be repentant [TShÚVE] תּשובֿה טאָן
repercussion דער קריקפּלייץ, ־ן; די קאָנסעקווענץ, ־ן; דאָס נאָכווייעניש, ־ן; דער אָפּקלאַנג, ־ען; דער אָפּשלאָג, ־ן
repertoire דער רעפּערטואַר, ־ן
repertory theater דער רעפּערטואַר־טעאַטער, ־ס
repetition דאָס איבערחזרן; די איבערחזרונג, ־ען [ÍBERKhÁZERN] [ÍBERKhÁZERUNG]
repetitious [ÍBERKhAZERNDIK] זיך איבערחזרנדיק
repetitive *see* **repetitious**
rephrase איבערפֿאָרמולירן; זאָגן מיט אַנדערע ווערטער
replace פֿאַרנעמען + פּאָס' אָרט; פֿאַרבײַטן
replace the receiver אוועקלייגן דאָס טרײַבל
replaceable פֿאַרבײַטלעך; פֿאַרבײַטעוודיק
replacement
(act) דאָס פֿאַרבײַטן; דער פֿאַרבײַט, ־ן
(person) דער בימקום, ־ס; דער ממלא־מקום, ־ס; דער פֿאַרבײַטער, ־ס [BÍMKEM] [MEMÁLE-MÓKEM]
(thing) דער פֿאַרבײַט, ־ן
replacement surgery די (פֿאַר)בײַט־אָפּעראַציע
replacement value די/דער פֿאַרבײַטווערט
replay, *n.* דער איבערשפּיל, ־ן
replay, *v.* איבערשפּילן
replay in one's mind איבערחזרן אין געדאַנק [ÍBERKhÁZERN]
replenish צוריק אָנפֿילן; אָנפֿילן אויף ‹פֿון› ס'נײַ; דערגיסן; דערגאַנצן
replete (איבער)פֿול
replica די רעפּליק, ־עס; די רעפּליק, ־ן; די קאָפּיע, ־ס; דאָס נאָכגעמאַכטס, ־ן
replicate רעפּליקירן; מאַכן אַ רעפּליקע פֿון; קאָפּירן
replication די רעפּליקירונג, ־ען; דאָס רעפּליקירן
reply, *n.* [TShÚVE] דער ענטפֿער, ־ס; די תּשובֿה, ־ות
in reply to ווי אַן ענטפֿער אויף
reply, *v.* ענטפֿערן
reply all ענטפֿערן יעדן ‹אַלעמען›
reply to stg. ענטפֿערן אויף
reply to sb. ענטפֿערן + דאַט'
reply-paid מיטן קריקענטפֿער שוין באַצאָלט
report, *n.* דער באַריכט, ־ן; דער ראַפּאָרט ‹רעפּאָרט›, ־ן
(loud noise) דער קנאַל, ־ן; דער אויסשאָס, ־ן
(rumor) [ShMÚE] דער קלאַנג, ־ען; די שמועה, ־ות
report from the front lines דער פֿראָנטבאַריכט, ־ן
report, *v.*
vt. **(give an account)** אָפּגעבן אַ באַריכט ‹ראַפּאָרט›; באַריכטן; באַריכטעוו(ע)ן; רעפּאָרטירן; ראַפּאָרטירן

vt. **(a person)** פֿאַרקלאָגן; פֿאַרמסרן; דערלאַנגען אַ מסירה אויף [FARMÁSERN] [MESÍRE]
vi. **(present oneself)** (אָנ)מעלדן זיך
report sb. missing איבערגעבן אַז ... איז פֿאַרפֿאַלן ‹נעלם› געוואָרן [NÉL(E)M]
report for duty (mil.) אָנמעלדן זיך ווי אַ זעלנער ‹סאָלדאַט›; אָנמעלדן זיך צום (מיליטער־)דינסט
report for duty (*fig.*) צושטעלן זיך (צו דער אַרבעט)
report live באַריכטן דירעקט פֿונעם אָרט
report to זײַן אונטער + פּאָס' אָנפֿירונג
report to class גיין אין קלאַס אַרײַן
reportage דער רעפּאָרטאַזש, ־ן
report card דאָס באַריכט־קאַרטל, ־עך; דער באַריכט־צעטל, ־ען; די ידיעה, ־ות [YEDÍE]
reportedly מע זאָגט אַז
reported speech די אומדירעקטע רייד ל"ר
reporter
m./unsp. דער רעפּאָרטער, ־ס; דער רעפּאָרטער, ־ן
f. די רעפּאָרטערקע, ־ס; די רעפּאָרטערשע, ־ס
reporting, *n.* דער רעפּאָרטאַזש
repose, *n.* די רו; די מנוחה [MENÚKhE]
repose, *v.* רוען
repository
(for safekeeping) די אָפּהיט־קאַמער, ־ן
(storage) דער סקלאַד, ־ן; דער מאַגאַזין, ־ען
(tomb) דער/דאָס קבֿר, ־ים [KÉYVER, KVÓRIM]
(of a secret) דער (אָפּ)היטער, ־ס
(of facts) דער קוואַל, ־ן
reprehensible
be reprehensible זײַן ווערט מוסר [MÚSER]
represent רעפּרעזענטירן; פֿאַרטרעטן
(constitute) פֿאָרשטעלן (מיט זיך)
represent oneself (jur.) פֿאַרטיידיקן זיך אַליין
represent oneself as פֿאָרשטעלן זיך פֿאַר
representation די רעפּרעזענטירונג, ־ען; די פֿאַרטרעטונג, ־ען
(image) די אויסמאָלונג, ־ען
representative, *adj.* רעפּרעזענטאַטיוו
be representative of זײַן כאַראַקטעריסטיש פֿאַר; שטעלן מיט זיך פֿאָר
representative, *n.*
m./unsp. דער רעפּרעזענטאַנט, ־ן; דער פֿאָרשטייער, ־ס; דער פֿאַרטרעטער, ־ס
f. די רעפּרעזענטאַנטקע, ־ס; די פֿאָרשטייערין, ־ס; די פֿאַרטרעטערין, ־ס
US Representative (*m./unsp.*) דער רעפּרעזענטאַנט, ־ן
US Representative (*f.*) די רעפּרעזענטאַנטקע, ־ס
repress דערשטיקן; פֿאַרשטיקן; צושטיקן
(psych.) פֿאַרשטויסן; פֿאַרשטיקן
repression די דערשטיקונג
(psych.) די פֿאַרשטויסונג; די פֿאַרשטיקונג; די רעפּרעסיע
repressive רעפּרעסיוו; דערשטיקנדיק
reprieve, *n.*
(relief) די לינדערונג, ־ען
(jur.) די שטראָף־אָפּלייגונג, ־ען
He got a reprieve מ'האָט אים אָפּגעלייגט די שטראָף
reprimand, *n.* דאָס אָנלערעניש, ־ן; דער אויסרעד, ־ן; שטראָפֿרייד ל"ר; די נזיפֿה, ־ות [NEZÍFE]
reprimand, *v.* אויסרעדן; אַרײַנזאָגן; געבן אַ פּסק; אויסמוסרן [PSAK] [ÓYSMÚSERN]
reprint, *n.* דאָס סעפּאַראַטל, ־עך; דער סעפּאַראַט (־אָפּדרוק), ־ן; דער איבערדרוק, ־ן; דער נאָכדרוק, ־ן
reprint, *v.* איבערדרוקן; נאָכדרוקן
reprisal דער נקמה־אַקט, ־ן; דאָס אָפּרעכענען זיך; די ווילדע נקמה [NEKÓME]
in reprisal for כּדי זיך אָפּצורעכענען; אויס נקמה; כּדי נקמה צו נעמען [KEDÉY]
reprise, *n.* די רעפּריזע, ־ס; די איבערחזרונג, ־ען [ÍBERKhAZERUNG]
reprise, *v.* איבערחזרן [ÍBERKhÁZERN]
reproach, *n.* דער פּסול, ־ן; דער פֿאָרוואָרף, ־ן; דער אויפֿוואָרף, ־ן; דער אויסרעד, ־ן; די טענה, ־ות [TÁYNE]
She's beyond reproach מע קען צו(ן) איר קיין טענות נישט האָבן; זי איז אָן אַ פּסול [TÁYNES]
reproach, *v.* געבן ‹מאַכן› + דאַט' אַ פּסק; פֿאָרוואַרפֿן + דאַט'; אויפֿוואַרפֿן + דאַט'; (אויס)מוסרן; אויסרעדן; האָבן טענות צו [PSAK] [(ÓYS)MÚSERN] [TÁYNES]
reprobate, *adj.* מנוולדיק [MENÚVLDIK]
reprobate, *n.* דער פּאַסקודניאַק, ־עס; דער מנוול, ־ים [MENÚVL, MENUVÓLIM]
reprocess באַאַרבעטן אויף ‹פֿון› ס'נײַ
reproduce
vt./vi. **(copy)** רעפּראָדוצירן (זיך)
vi. **(bio.)** (פֿאַר)מערן זיך
reproduction
(copy) די רעפּראָדוקציע, ־ס
(bio.) דאָס (פֿאַר)מערן זיך; די פֿאַרמערונג
reproductive פֿאַרמער...; פּראָכפּער...
reproductive cloning די פּראָכפּער־קלאָנירונג; דאָס קלאָנירן לטובֿת דער באַפּראָכפּערונג [LETÓYVES]
reproductiveness די/דאָס פֿאַרמערעוודיקייט
reproductive organs פֿאַרמער־אָרגאַנען
reproductive rights דאָס קינדלרעכט ל"י
reproductive years קינדל־יאָרן
reproductivity די/דאָס פֿאַרמערעוודיקייט
reprogram איבערפּראָגראַמירן
reprogrammable איבערפּראָגראַמירלעך
reproof שטראָפֿרייד ל"ר; דער מוסר; די נזיפֿה [MÚSER] [NEZÍFE]
reprove שטראָפֿן; מוסרן [MÚSERN]
reptile [ShÉRETS, ShRÓTSIM] דער שרץ, ־ים; די רעפּטיליע, ־ס
reptilian רעפּטילן־...
(*fig.*) נידעריק; געמיין
republic די רעפּובליק, ־ן
republican, *adj.* רעפּובליקאַניש
Republican, *adj.* רעפּובליקאַנער אינוו'
Republican, *n.*
m./unsp. דער רעפּובליקאַנער, –
f. די רעפּובליקאַנערין, ־ס
Republican Party די רעפּובליקאַנער פּאַרטיי
repudiate אָפּוואַרפֿן; אָפּזאָגן זיך פֿון; אָפּשטויסן; פֿאַרשטויסן; נישט אָנערקענען
repudiation דאָס אָפּזאָגן זיך; דאָס אָפּוואַרפֿן; די נישט־אָנערקענונג
repugnant (to) אָפּשטויסנדיק + דאַט'/אַקו'; דערווידערדיק + דאַט'/אַקו'; דערווידער + דאַט'/פּר'
It's repugnant *also* חלשות! [KhALÓShES]
repulse אָפּשטויסן; אָפּוואַרפֿן; אָפּטרײַבן; אָפּשלאָגן; צוריקשלאָגן
repulse the enemy אָפּוואַרפֿן ‹אָפּשלאָגן› דעם שונא [SÓYNE]
repulsion דער אָפּשטויס; דער דערווידער; דאָס ווידערגעפֿיל
repulsive מיגלדיק; חלשותדיק; אָפּשטויסנדיק; חולשה־חלשות פּר'; דערווידער פּר' [KhALÓShESDIK] [KhÚLShE-KhALÓShES]

reputable לײַטיש; בכּבֿודיק; יוסט [BEKÓVEDIK]
reputation דער שם; די רעפּוטאַציע, ־ס; דער רוף, ־ן [ShEM]
  earn a reputation קונה־שם זײַן זיך [KOYNE-ShÉM]
  have a reputation for זײַן באַקאַנט פֿאַר; האָבן אַ שם ווי ‹פֿאַר›
  ruin sb.'s reputation פֿאַרשוואַרצן + דאַט' דאָס פּנים; פֿאַרשמוצן + דאַט' דעם נאָמען; מאַכן + דאַט' אַ שם־רע [PÓNEM] [ShÉMRA]
repute, *n.* דער שם [ShEM]
  house of ill repute דער באַרדעל, ־ן; דאָס שאַנדהויז, ...הײַזער; דאָס הײַזל, ־עך
  of ill repute מיט אַ שלעכטן שם
reputed
  She's reputed to be זי שמט ווי ‹פֿאַר›; מע זאָגט אַז זי איז; ס'הייסט אַז זי איז [ShEMT]
  It's reputed that סע דאַרף הייסן אַז
request, *n.* די בקשה, ־ות; דער פֿאַרלאַנג, ־ען [BAKÓShE]
  at the request of אויפֿן פֿאַרלאַנג פֿון; לויט דער בקשה פֿון
  upon request אויפֿן פֿאַרלאַנג; לויט דער בקשה
request, *v.* בעטן; פֿאַרלאַנגען
requiem דער רעקוויעם, ־ס
require
  (need) (באַ)דאַרפֿן
  (order) פֿאָדערן; פֿאַרלאַנגען
required מוז...; געפֿאָדערט
  be required to מחויבֿ זײַן צו; מוזן [MEKhÚYEV]
required course דער מוז־לימוד, ־ים [LÍMED, LIMÚDIM]
required reading דאָס מוז־לייענוואַרג
requirement די פֿאָדערונג, ־ען; דער מוז, ־ן
  meet the requirements נאָכקומען די פֿאָדערונגען
  exceed the requirements אַריבערשטײַגן די פֿאָדערונגען
requisite נייטיק; געפֿאָדערט
requisition, *n.* די רעקוויזיציע, ־ס
requisition, *v.* רעקווירירן
requite באַלוינען; אָפּצאָלן + דאַט'
reread נאָך אַ מאָל איבערלייענען; איבערלייענען אויף ‹פֿון› ס'נײַ
rerelease ווידער אַרויסלאָזן; אַרויסלאָזן אויף ‹פֿון› ס'נײַ
reroute בײַטן אויף אַן אַנדער וועג ‹מאַרשרוט›
rerun, *n.* דער ווידערווײַז, ־ן; דער איבערשפּיל, ־ן
rerun, *v.* ווידער ווײַזן; איבערשפּילן
reschedule בײַטן די באַשטימטע צײַט; פּלאַנירן אַ נײַע צײַט
rescheduled אויף ‹פֿון› ס'נײַ באַשטימט ‹פּלאַנירט›
rescind צוריקציִען; אָפּרופֿן; אַנולירן; בטל מאַכן [BOTL]
rescript דער רעסקריפּט, ־ן
rescue, *adj.* ראַטיר...
rescue, *n.* דאָס ראַטעווען; דאָס ראַטירן; די ראַטירונג, ־ען; דער ראַטוניק, ...נקעס; די הצלה [HATSÓLE]
rescue, *v.* (אָפּ)ראַטעווע|ן; אַרויסראַטעווע|ן; ראַטירן; מציל זײַן [MATSL]
rescue boat דאָס ראַטיר־שיפֿל, ־עך
rescue effort דאָס פּרווון ראַטעווען
rescue ladder דער ראַטיר־לייטער, ־ס
rescue plan דער ראַטירפּלאַן, ...פּלענער
rescuer דער ראַטירער, ־ס
rescue team די ראַטיר־קאָמאַנדע, ־ס
research, *adj.* פֿאָרש...
research, *n.* די פֿאָרשונג; די פֿאָרשאַרבעט
research, *v. imp./pf.* (אויס)פֿאָרשן
  research thoroughly (אַ)דורכאַקערן; חוקר־ודורש זײַן [KhÓYKER-VEDÓYRESh]
research and development די פֿאָרש־און־אַנטוויקלונג
research assistant דער פֿאָרשגעהילף, ־ן
research associate דער מיטפֿאָרשער, ־ס
research center דער פֿאָרשצענטער, ־ס
researcher
  m./unsp. דער פֿאָרשער, ־ס
  f. די פֿאָרשערין, ־ס
research fellow דער פֿאָרש־סטיפּענדיאַנט, ־ן
research fellowship די פֿאָרש־סטיפּענדיע, ־ס
research grant די פֿאָרש־סובסידיע, ־ס
research method דער פֿאָרשמעטאָד, ־ן
research paper די פֿאָרשאַרבעט, ־ן
research professor דער פֿאָרש־פּראָפֿעסאָר, ...אָרן
research project דער פֿאָרשפּראָיעקט, ־ן
resemblance די/דאָס ענלעכקייט, ־ן; די/דאָס גראָטנקייט; די/דאָס געגליכנ(ט)קייט, ־ן
resemble זײַן ענלעך צו ‹אויף›; זײַן געראָטן אין; אויסזען ווי; זײַן געגליכן צו; האָבן ‹כאַפּן› דעם אָנבליק פֿון
resent פֿאַרדריסן אומפּ' + אַק'/דאַט'/פּ"ק; האָבן פֿאַראיבל אויף; האָבן ‹טראָגן› אַ האַרץ אויף; נעמען פֿאַר אומגוט; (ממש) ווי טאָן אומפּ' + דאַט'/פּ"ק [MÁMESh]
  I resent it סע פֿאַרדריסט מיך ‹מיר›; כ'האָב פֿאַראיבל אויף דעם; סע טוט מיר ממש ווי
resentful
  be resentful of האָבן אַ פֿאַרדראָס אויף; האָבן פֿאַראיבל אויף
resentment דער פֿאַרדראָס, ־ן; דער פֿאַראיבל, ־ען
reservation די רעזערוואַציע, ־ס
  (doubt) דער ספֿק, ־ות [SÓFEK, SFÉYKES]
  (Indian) דער רעזערוואַט, ־ן
  have reservations about האָבן ספֿקות וועגן [SFÉYKES]
  without reservations אָן (שום) באַוואָרעניש
reservation agent דער רעזערוויר־אַגענט, ־ן
reserve, *adj.* רעזערוו...
reserve, *n.* דער זאַפּאַס, ־ן; דער רעזערוו, ־ן
  (reticence) די/דאָס אײַנגעהאַלטנקייט; די/דאָס קילקייט
  in reserve אין רעזערוו ‹סקלאַד›
  on reserve (שוין) רעזערווירט
reserve, *v.* (לאָזן) רעזערווירן; באַשטעלן
  (retain) איבערלאָזן זיך; פֿאַרהיטן ‹רעזערווירן› פֿאַר זיך
  reserve judgment נאָך ‹דערווײַל› נישט אַרויסזאָגן קיין מיינונג
  reserve the right פֿאַרהיטן ‹רעזערווירן› פֿאַר זיך דאָס רעכט
reserve clause דער רעזערוופּונקט, ־ן
reserved רעזערווירט
  (reticent) אײַנגעהאַלטן
  all rights reserved אַלע רעכט באַוואָרנט
  reserved person דער אײַנגעהאַלטענער געב'; דער שווײַגער, ־ס
reserve fund דער רעזערוופֿאָנד, ־ן
Reserves דאָס רעזערוודינסט ל"י; רעזערוון
  (Israeli) מילואים [MILUÍM]
reservist דער רעזערוויסט, ־ן
  (Israeli) דער מילואימניק, ־עס [MILUÍMNIK]
reservoir דער רעזערוואַר, ־ן
reset, *v.* אײַנשטעלן אויף ‹פֿון› ס'נײַ
  reset a clock/watch רוקן דעם זייגער; איבעררוקן ‹איבערשטעלן› דעם זייגער
  reset a bone ווידער אײַנזעצן ‹צוריקשטעלן› אַ ביין
reset button דאָס רעסעט־קנעפּל, ־עך
resettle, *vt./vi.* באַזעצן (זיך) אויף ‹פֿון› ס'נײַ
resettlement דאָס באַזעצן (זיך) אויף ‹פֿון› ס'נײַ
reshape איבערפֿורעמען; איבער(גע)שטאַלטיקן

reshuffle, *n.*
(of Cabinet) דאָס איבערשטעלן די מיניסטאָרן אין קאַבינעט
reshuffle, *v.*
(cards) איבערטאַשן; איבערטאַסעווע|ן
(rearrange) איבערשטעלן
(remix) אויסמישן אויף ‹פֿון› ס'נײַ
reside וווינען
residence דאָס וווינאָרט, ...ערטער; די וווינונג, ־ען
(official) די רעזידענץ, ־ן
in residence אײַנווױנ...; אינעווייניקסט פּר'
take up residence נעמען וווינען; באַזעצן זיך
This is the Stein residence דאָ וווינט די משפּחה שטיין [MIShPÓKhE]
residence hall דער אינטערנאַט, ־ן
residency
(dwelling) די וווינשאַפֿט, ־ן
(physician) די רעזידענץ, ־ן; דער רעזידענץ־זמן, ־ים [ZMAN]
resident, *n.*
(dweller) דער אײַנוווינער, ־ס; דער תּושבֿ, ־ים [TÓYShEV, TÓYShVIM/TOYShÓVIM]
(physician) דער רעזידענץ־דאָקטער, ...טוירים; דער רעזידענט, ־ן
residential וווינ...
residential area דער וווינראַיאָן, ־ען; די/דער וווינגעגנט, ־ן
residential hotel דער וווינהאָטעל, ־ן
resident lecturer דער אינעווייניקסטער לעקטאָר, ...אָרן; דער אײַנוווין־לעקטאָר, ...אָרן
residual איבערגעבליבן; פֿאַרבליבן
residue דער אָפּזעץ ‹אָפּזאַץ›, ־ן; דער בלײַב, ־ן
resign רעזיגנירן; צוריקציִען זיך; אָפּזאָגן זיך (פֿון); אָפּדאַנקען (פֿון); דעמיסיאָנירן
resign oneself to שלום מאַכן מיט (דעם אַז); משלים זײַן מיט (דעם אַז) [ShÓLEM] [MÁShLEM]
be resigned to האָבן שלום געמאַכט מיט
resignation
(from job) די רעזיגנירונג; ־ען; דאָס רעזיגנירן; דאָס צוריקציִען זיך; דאָס אָפּזאָגן זיך; די דעמיסיע
(acceptance) דאָס שלום מאַכן (מיט); דאָס משלים זײַן (מיט) [ShÓLEM] [MÁShLEM]
(disappointment) דער ייִאוש [YÍESh/YÉYESh]
resilience די/דאָס עלאַסטישקייט
resilient
(econ.) סטאַביל
(phys.) עלאַסטיש; בייגעוודיק; גיביק; פֿעדערדיק
(person) פֿעסט
He's resilient ער איז אַ פֿעסטער; ער שפּרינגט גיך צוריק
resin די סמאָלע, ־ס; דער רעזין, ־ען
resinous סמאָלעדיק; ווי סמאָלע ‹רעזין›
resist (אַנט)קעגנשטעלן זיך + דאַט'; (אַנט)קעגנשטיין + דאַט'; אָפּהאַלטן ‹צוריקהאַלטן› זיך פֿון; בריקעווע|ן זיך (קעגן); בײַשטיין + דאַט'
resist temptation בײַשטיין ‹בײַקומען› דעם נסיון; בײַקומען ‹נישט נאָכגעבן› דעם יצר־הרע; נישט לאָזן זיך [NISÓYEN] [YÉYTSER-HÓRE]
resistance
(opposition) דער קעגנשטעל, ־ן; דאָס (אַנט)קעגנשטעלן זיך; דער ˙ווידערשטאַנד, ־ן
(endurance) דער אויסהאַלט(־כּוח) [KÓYEKh]
(elec.) די קעגנווירקונג; דער ווידערשטאַנד
(med.) די/דאָס אויסהאַלטעוודיקייט
the Resistance דער רעזיסטאַנס
resistant קעגנשטעליק; אויסהאַלט(עווד)יק
resistor דער רעזיסטאָר, ־ס
resole אַרויפֿקלאַפּן אַ נײַע זויל; באַזוילן אויף ‹פֿון› ס'נײַ
resolute פֿעסט ‹זיכער› בײַ זיך; צילוויסיק; נישט־ג(ע)וואַקלט
resolution
(decision) די רעזאָלוציע, ־ס; די החלטה, ־ות [HAKhLÓTE]
(determination) די/דאָס פֿעסטקייט; די/דאָס זיכערקייט
(mus.) דער אויפֿלייז, ־ן
(of image) די/דאָס דײַטלעכקייט
(solution) דער פֿאַרענטפֿער, ס; די פֿאַרענטפֿערונג, ־ען; דער פּיתרון, ־ות; די ˙לייזונג, ־ען [PÍSREN, PISRÓYNES]
make a New Year's resolution אָפּמאַכן בײַ זיך צום נײַעם יאָר
resolve, *n.* די/דאָס פֿעסטקייט; די/דאָס צילוויסיקייט
resolve, *v.*
vt. **(problem)** פֿאַרענטפֿערן; באַשיידן; ˙לייזן
vt./vi. **(mus.)** אויפֿלייזן (זיך)
vi. **(decide)** באַשליסן ‹אָפּמאַכן› בײַ זיך; פֿירנעמען זיך; באַשטימען; געבן זיך דאָס וואָרט; אָננעמען אַ החלטה [HAKhLÓTE]
be resolved (to) זײַן דעצידירט (צו); זײַן באַשלאָסן בײַ זיך (צו/אַז)
resonance די רעזאָנאַנץ; דער אָפּקלונג
resonant רעזאָנירנדיק; אָפּקלינגיק
resonate רעזאָנירן; אָפּקלינגען; אָפּהילכן; האָבן אַן אָפּקלאַנג
resonate with ווירקן שטאַרק אויף; האָבן אַ שטאַרקן אָפּקלאַנג בײַ
resonator דער רעזאָנאַטאָר, ...אָרן
resort, *n.*
(recreational) דער רעזאָרט, ־ן; דאָס וואַרעמבאָד, ...בעדער; דאָס/דער קוראָרט, ...ערטער
(recourse) דער אויסוועג, ־ן
as a last resort ווי אַן אויסוועג; ווי אַ לעצטע ברירה; אין ערגסטן פֿאַל; בלית־ברירה [B(E)LÉS-BRÉYRE] [BRÉYRE]
She was my last resort זי איז געווען מײַן לעצטע האָפֿענונג ‹ראַטירונג›
resort, *v.* **(to)** (דאַרפֿן) אָנקומען צו; נעמען זיך צו
resound (אָפּ)קלינגען; (אָפּ)הילכן
resounding קלינגעוודיק; הילכיק
resounding success דער ג(ע)וואַלדיקער סוקצעס, ־ן; די גרויסע הצלחה, ־ות [HATSLÓKhE]
resource דער רעסורס, ־ן; דער מקור, ־ים [MÓKER, MEKÓYRIM]
resourceful המצאהדיק; אײַנפֿאַלעריש [HAMTSÓEDIK]
resource guide דער רעסורסן־‹מקורים־›ווײַזער, ־ס [MEKÓYRIM]
resource-rich רײַך אין נאַטור־אוצרות [ÓYTSRES]
respect, *n.* דער דרך־ארץ; דער רעספּעקט; דער אָפּשײַ; דאָס תּרבות; דער כּבֿוד [DERKhÉRETS] [TÁRBES] [KÓVED]
have respect for האָבן דרך־ארץ ‹אָפּשײַ› פֿאַר; רעספּעקטירן + אַק'
I lost respect for him ער איז בײַ מיר געפֿאַלן אין די אויגן
in all respects אין אַלע פּרטים ‹אַספּעקטן› [PRÓTIM]
out of respect for אויס דרך־ארץ פֿאַר
show sb. respect בכּבֿוד האַלטן + אַק'; אַרויסווײַזן ‹אָפּגעבן› + דאַט' דרך־ארץ [BEKÓVED]
treat sb. with respect האָבן תּרבות פֿאַר
with all due respect מיט רעספּעקט צו מעלדן
with all due respect (to) מיטן גרעסטן ‹גאַנצן› דרך־ארץ פֿאַר; ס'זאָל + דאַט' צו קיין גנאַי נישט זײַן
with respect to בנוגע; לגבי; אין פּרט פֿון; אַפּראָפּאָ [BENEGÉYE] [LEGÁBE] [PRAT]

without respect to נישט־געקוקט אויף; אומאָפּהענגיק פֿון

respect, *v.* האָבן דרך־ארץ ‹תּרבות› פֿאַר; רעספּעקטירן; לייגן כּבֿוד אויף [DERKhÉRETS] [TÁRBES] [KÓVED]

respectability די/דאָס לײַטישקייט; די/דאָס בעל־הבתּישקייט; דאָס חשיבֿות [BAL(E)BÁTIShKEYT] [KhShÍVES]

respectable לײַטיש; בעל־הבתּיש; בכּבֿודיק; בכּבֿוד; חשובֿ; אָנשטענדיק [BAL(E)BÁTISh] [BEKÓVEDIK] [BEKÓVED] [KhÓShEV]

become respectable ווערן אַ לײַט; אויסמענטשלען זיך

look respectable האָבן אַ פּנים; אויסזען לײַטיש [PÓNEM]

in respectable company בײַ לײַטן

respectable person דער לײַטישער ‹בעל־הבתּישער› מענטש, ־ן; דער לײַט, ־ן [BAL(E)BÁTIShER]

respected חשובֿ; רעספּעקטירט; געאַכפּערט; מכובד [KhÓShEV] [MEKhÚBED]

respected man דער מכובד, ־ים [MEKhÚBED, MEKhUBÓDIM]

respectful דרך־ארצדיק [DERKhÉRETSDIK]

respectfully מיט דרך־ארץ ‹רעספּעקט› [DERKhÉRETS]

respecting בנוגע [BENEGÉYE]

respective אייגן; יעדערער גנבֿ'

He drove them to their respective homes ער האָט זיי אָפּגעפֿירט יעדערן צו זיך אַהיים

We found our respective seats מיר האָבן געפֿונען יעדערער זײַן זיצאָרט; מיר האָבן געפֿונען די אייגענע זיצערטער

respectively אין דעם סדר; יעדערער באַזונדער [SÉYDER]

respiration דאָס אָטעמען; דאָס עטעמען

respirator דער רעספּיראַטאָר, ־ס; די אָטעם־מאַשין, ־ען

(mask) די שיצמאַסקע, ־ס

respiratory אָטעמ...; עטעמ...

respiratory arrest דער אָטעם־פֿאַרהאַלט ‹־אָפּשטעל›

respiratory failure דער אָטעמבראָך

respiratory therapist דער אָטעם־טעראַפּעווט, ־ן

respiratory therapy די אָטעם־טעראַפּיע

respiratory tract דער אָטעם־קאַנאַל; דער אָטעמוועג

respire אָטעמען; עטעמען

respite דער אָפּאָטעם; דער אָטעם־אָפּכאַפּ; די מנוחה; דער אָפּרו; דאָס אָפּכאַפּן דעם אָטעם [MENÚKhE]

have no respite נישט קענען אָפּכאַפּן דעם אָטעם; נישט האָבן קיין צײַט אויף אָפּצואָטעמען; נישט האָבן קיין מנוחה

moment of respite די חיי־שעה, ־ען [KhAYEShÓ]

without respite אָן אויפֿהער

respite care דער דערוויַיליקער אָפּהיט

resplendent פּראַכטיק; גלענצנדיק

respond (to) ענטפֿערן (אויף); אָפּרופֿן זיך (אויף)

respondent

(in poll) דער ענטפֿערער, ־ס; דער ענטפֿער־‹תּשובֿה־› געבער, ־ס [TShÚVE]

(jur.) דער געמאַנטער גנבֿ'; דער ניטען, ־ים [NITN, NITÓNIM]

responder דער ענטפֿערער, ־ס

responsa (J.) שאלות־ותּשובֿות [ShÁYLES-(U)TShÚVES]

response דער ענטפֿער, ־ס; די תּשובֿה, ־ות; דער אָפּרוף, ־ן; דער אָפּקלאַנג, ־ען [TShÚVE]

in response (to) בתּשובֿה (אויף) [BITShÚVE]

responsibility דאָס אַחריות; די ˚פֿאַראַנטוואָרטלעכקייט [AKhRÁYES]

accept/take responsibility אָננעמען דאָס אַחריות

on one's own responsibility אויפֿן אייגענעם אַחריות

responsible אַחריותדיק; ˚פֿאַראַנטוואָרטלעך [AKhRÁYESDIK]

(guilty) שולדיק; חייבֿ [KhÁYEV]

be responsible for טראָגן דאָס אַחריות פֿאַר [AKhRÁYES]

responsible person דער אַחריותדיקער גנבֿ'; דער בעל־אַחריות, בעלי־... [AKhRÁYESDIKER] [BALAKhRÁYES, BÁLE-...]

responsive

(answering) ענטפֿערנדיק

(receptive) אויפֿנעמיק; אָפּרופֿיק

be responsive to אומקוקן זיך אויף; רעאַגירן אויף; אָפּרופֿן זיך אויף

responsive reading דער רעספּאָנסאָריום, ־ס

responsorial רעספּאָנסאָריש

responsory דער רעספּאָנסאָריום, ־ס

rest,[1] *n.*

(relaxation) די רו; דער אָפּרו; די מנוחה [MENÚKhE]

(support) דער אָנשפּאַר, ־ן; דער אָנלען, ־ען

(mus.) די פּויזע, ־ס

at rest (still) אין אַ רוצושטאַנד

at rest (dead) טויט

come to rest אָפּשטעלן זיך

for a rest אָפּצורוען זיך

Give it a rest! גענוג שוין!

lay to rest (bury) ברענגען צו קבֿורה; באַגראָבן; באַערדיקן [KVÚRE]

He was laid to rest מ'האָט אים געבראַכט צו קבֿורה; מ'האָט אים באַגראָבן ‹באַערדיקט›

lay to rest (*fig.*) פֿאַרענטפֿערן

place of rest דאָס אָפּרואָרט, ...ערטער; דער מקום־מנוחה [MÓKEM-MENÚKhE]

put to rest פֿאַרענטפֿערן

take a rest אָפּרוען זיך; אויסרוען זיך

rest,[2] *n.* **(remainder)**

the rest דאָס איבעריקע; דער/די/דאָס רעשט

the rest is history ווײַטער ווייסט מען שוין אַליין

rest, *v.*

vt./vi. pf. **(relax)** אָפּרוען (זיך); אויסרוען (זיך)

vt./vi. **(support)** אָנשפּאַרן (זיך); צושפּאַרן (זיך); אָנלענען (זיך)

vi. imp. **(relax)** רוען; ראַסטן

(be based) זײַן געבויט

rest assured that מעגסט ‹איר מעגט› זײַן גאַנץ זיכער אַז; פֿאַרלאָז(ט) זיך אַז

rest one's case (jur.) פֿאַרענדיקן דאָס טענהן [TÁYNEN]

I rest my case! (*fig.*) מער דאַרף איך נישט זאָגן!

May he rest in peace זאָל ער זײַן אָפּגעשיידט; עליו־השלום; זכרונו לבֿרכה; זאָל ער האָבן אַ ליכטיקן גן־עדן; זאָל אים די ערד גרינג זײַן [OLEVAShÓLEM] [ZIKhRÓYNE LEVRÓKhE] [GANÉYDN/GENÉYDEM]

May she rest in peace עליה־השלום; זכרונה לבֿרכה; זאָל זי זײַן אָפּגעשיידט; זאָל זי האָבן אַ ליכטיקן גן־עדן; זאָל איר די ערד גרינג זײַן [OLEHAShÓLEM]

restart, *n.* דאָס ווידער אָנהייבן; דאָס אָנהייבן אויף ‹פֿון› ס'נײַ

restart, *v.* ווידער אָנהייבן; אָנהייבן אויף ‹פֿון› ס'נײַ

restate

(repeat) קאָנסטאַטירן אויף ‹פֿון› ס'נײַ

(rephrase) איבערפֿאָרמולירן; זאָגן מיט אַנדערע ווערטער

restaurant דער רעסטאָראַן, ־ען

cheap restaurant די כאַרטשעווניע, ־ס; די פּרעסאַרניע, ־ס

restaurant car דער וואַגאָן־רעסטאָראַן, ־ען

restaurateur דער רעסטאָראַטאָר, ...אָרן

rest break די אָפּרו־הפֿסקה, ־ות [HAFSÓKE]

restful רויִק

rest hour די רו־שעה [ShO]

resting place דאָס רוּאָרט, ...ערטער
restitution דער צוריקקער; די רעסטיטוציע; די פֿאַרגיטיקונג; דאָס קאָמפּענסירן
  in restitution for כּדי צו פֿאַרגיטיקן ‹קאָמפּענסירן› פֿאַר [KEDÉY]
  make restitution for פֿאַרגיטיקן ‹קאָמפּענסירן› פֿאַר
restive אומגעדולדיק; אײַנגעשפּאַרט; ווידערשפּעניק
restless אומרויִק
  be restless נישט קענען אײַנזיצן ‹אײַנשטיין›; זיצן אויף שפּילקעס
  It made me restless ס׳האָט מיך גערופֿעט; ס׳האָט מיך געמאַכט אומרויִק
  restless child דער אומרו, ־ען; דאָס אומרויִקע קינד, ־ער; דאָס מזיקל, ־עך [MÁZEKL]
restlessness די/דאָס אומרויִקייט
restock ווידער אָנפֿילן; אָנפֿילן אויף ‹פֿון› ס׳נײַ
restoration די באַנײַונג; די אויפֿריכטונג; דאָס צוריק אויפֿשטעלן
Restoration די רעסטאַווראַציע
restorative רעסטאַוויר־...; פֿאַרשטאַרק...
restorative therapy די רעסטאַוויר־טעראַפּיע, ־ס
restore
  (renew) רעסטאַווירן; צוריק אויפֿשטעלן; אויפֿריכטן
  (return) צוריקברענגען; צוריקגעבן; אומקערן
  restore service ווידער צושטעלן באַדינונג
  restore to health אומקערן ‹אויפֿשטעלן› דאָס געזונט
  restore to life מחיה־מתים זײַן; צוריקרופֿן צום לעבן; אָפּשרײַען פֿון טויט [MEKhÁYE-MÉYSIM]
  restore to power ווידער אַרויפֿזעצן; צוריקברענגען צו דער מאַכט
  restore to the throne ווידער אַרויפֿזעצן אויפֿן טראָן
restrain אײַנהאַלטן; אײַנצאַמען; צוריקהאַלטן; אײַנהאַמעווע|ן; אָפּהאַלטן
restrained אײַנגעהאַלטן; געצאַמט
restraining order דער אָפּהאַלט־פּסק, ־ים [PSAK, PSÓKIM]
restraint
  (moderation) די/דאָס אײַנגעהאַלטנקייט; די/דאָס צוריקגעהאַלטנקייט
  (constraint) דער צוריקהאַלט, ־ן; דער אײַנהאַלט, ־ן; די צאַמונג, ־ען
  (physical) דער אײַנהאַלטפּאַס, ־ן
  (sexual) די/דאָס סעקסועלע אײַנגעהאַלטנקייט ‹צוריקגעהאַלטנקייט›
  show restraint אײַנהאַלטן זיך; צוריקהאַלטן זיך; צאַמען זיך
restrict באַגרענעצן
  restrict oneself באַגרענעצן זיך; מצמצם זײַן זיך [METSÁMTSEM]
restricted באַגרענעצט
restricted area די באַגרענעצטע זאָנע, ־ס
restriction די באַגרענעצונג, ־ען
restrictive באַגרענעצדיק
restring אָנסיליע|ן אויף ‹פֿון› ס׳נײַ
restroom דער וואַשצימער, ־ן; דער קלאָזעט, ־ן; דער טואַלעט, ־ן
restructure אויפֿבויען אויף ‹פֿון› ס׳נײַ; איבעראָרגאַניזירן
  restructure debt צעלייגן דעם חובֿ אויף ‹פֿון› ס׳נײַ [KhOYV]
rest stop די אָפּרו־סטאַנציע, ־ס
result, *n.* דער רעזולטאַט, ־ן; דער אַרויסקום, ־ען; דער פּועל־יוצא, ־ס; דער תּכלית, ־ים [PÓY(E)L-YÓYTSE] [TÁKhLES, TAKhLÉYSIM]
  as a result צוליב דעם; ווי אַ פּועל־יוצא ‹רעזולטאַט› דערפֿון; אין רעזולטאַט דערפֿון
  as a result of צוליב; ווי אַ פּועל־יוצא ‹רעזולטאַט› פֿון; אין רעזולטאַט פֿון
  get results ווירקן; אויספּועלן [ÓYSPÓY(E)LN]
  without result אָן רעזולטאַטן
result, *v.*
  result from אַרויסקומען פֿון
  result in דערפֿירן צו
resume, *v.* ווידער אָנהייבן; ממשיך זײַן; נעמען זיך ווידער (צו); באַנײַען [MÁMShEKh]
résumé דער רעזומע, ־ען; דער קוריקולום וויטע, ־ס
  pad one's résumé אָנבלאָזן דעם רעזומע
resumption דאָס באַנײַען; דאָס אָנהייבן אויף ‹פֿון› ס׳נײַ
  resumption of talks דאָס באַנײַען די שמועסן; דאָס זיצן ווידער אַרום טיש
resurface
  vt. **(a road)** אַספֿאַלטירן אויף ‹פֿון› ס׳נײַ
  vt. **(a building)** באַדעקן אויף ‹פֿון› ס׳נײַ
  vi. **(in water)** אַרויפֿשווימען אויף דער אייבערפֿלאַך
  vi. **(reappear)** ווידער באַווײַזן ‹יאַווע|ן› זיך
resurge צוריק אויפֿלעבן
resurgence די צוריקאויפֿלעבונג, ־ען
resurgent צוריק אויפֿגעלעבט
resurrect מחיה־מתים זײַן; צוריק באַלעבן [MEKhÁYE-MÉYSIM]
  be resurrected אויפֿשטיין תּחית־המתים [TKhÍES-HAMÉYSIM]
resurrection דער תּחית־המתים; די צוריק־אויפֿלעבונג [TKhÍES-HAMÉYSIM]
Resurrection די רעזורעקציע
resuscitate אָפּמינטערן; מאַכן פֿון טויט לעבעדיק
  Do not resuscitate נישט אָפּמינטערן
resuscitation די אָפּמינטערונג
retail, *adj.* לאַחדים־...; ענצל...; אייִנצל... [LAKhÓDIM]
retail, *adv.* (אויף) לאַחדים; אויף ענצל [LAKhÓDIM]
retail, *n.* דער לאַחדים־האַנדל; דער קלײַנהאַנדל [LAKhÓDIM]
retail, *vt./vi.* פֿאַרקויפֿן (זיך) לאַחדים; פֿאַרקויפֿן (זיך) אויף ענצל [LAKhÓDIM]
retail chain די לאַחדים־קייט, ־ן [LAKhÓDIM]
retailer דער לאַחדים־הענדלער, ־ס; דער לאַחדימניק, ־עס; דער קלײַנהענדלער, ־ס [LAKhÓDIM] [LAKhÓDIMNIK]
retain האַלטן ‹לאָזן› בײַ זיך; אָנהאַלטן; איבערלאָזן
  retain a lawyer אָנדינגען ‹אָנשטעלן› אַן אַדוואָקאַט
  retain water אײַנהאַלטן וואַסער
retainer
  (legal) דאָס פֿולמאַכטגעלט, ־ער
  (orthodontic) דער צײַן־פֿאַרפֿעסטיקער, ־ס
retaining wall די/דער שטיצמויער, ־ן
retake, *n.* די איבערפֿילמירונג, ־ען
  do a retake איבערפֿילמירן; פֿילמירן אויף ‹פֿון› ס׳נײַ
retake, *v.*
  (recapture) ווידער אײַננעמען
  retake an exam ווידער באַלייגן ‹אָפּגעבן› אַן עקזאַמען
retaliate דערלאַנגען קריק ‹צוריק›; אָפּצאָלן
  quick to retaliate דערלאַנגעריש
retaliation דער קריקדערלאַנג, ־ען; דער צוריקשלאַג, ־ן; די אָפּצאָלונג, ־ען
  in retaliation for אויף קריקצודערלאַנגען ‹צוריקצושלאָגן› אויף
retaliatory צוריקשלאַג־...
retaliatory strike דער קריקדערלאַנג, ־ען; דער צוריקשלאַג, ־ן

retard, *n.* (*slg./off.*) דער פֿאַרשטאָפּטער קאָפּ, קעפּ; דער לאָ־לנו; דער גולם, ־ים/־ס [LOY-LÓNU] [GÓYLEM, GOYLÓMIM]
retard, *v.* פֿאַרפּאַמעלעכן; פֿאַרהאַלטן; אָפּהאַלטן
retardant, *n.* דער פֿאַרהאַלטער, ־ס
retardation די/דאָס אָפּגעשטאַנענקייט; די/דאָס צוריקגעשטאַנענקייט
retarded אָפּגעשטאַנען; צוריקגעשטאַנען
retch מייקען|ען; מייקע|נען
retell איבערדערציילן
retention
(**keeping**) דאָס אָנהאַלטן
(**memory**) דער זכּרון [ZIKÓRN]
(**med.**) די פֿאַרהאַלטונג; דער פֿאַרהאַלט
retention of rights דאָס פֿאַרהיטן ‹רעזערווירן› פֿאַר זיך דאָס רעכט
rethink מיישבֿ זײַן זיך [MEYÁShEV]
reticence די/דאָס אײַנגעהאַלטנקייט; דאָס זײַן אײַנגעהאַלטן; דאָס שווײַגן
reticent אײַנגעהאַלטן; שווײַגעוודיק
reticent person דער שווײַגער, ־ס
reticulum (of ruminant) דער נעצמאָגן, ־ס
retina דאָס נעצהײַטל, ־עך
detached retina דאָס אָפּגעטײלטע נעצהײַטל, ־עך
retinue די סוויטע, ־ס; די פֿאָלגערשאַפֿט, ־ן
retire
(**from work**) פּענסיאָנירן זיך; אַרויסגיין אויף פּענסיע
(**acad.**) עמעריטירן זיך; גיין אויף עמעריטור
(**go to sleep**) מאַכן נאַכט; לייגן זיך שלאָפֿן
(**withdraw**) צוריקציִען זיך
retire the number (spo.) פֿאַראײביקן דעם אוניפֿאָרם־נומער
retired אויף פּענסיע; צוריקגעצויגן; אין צוריקציִונג
(**acad.**) אויף ‹אין› עמעריטור
retiree דער פּענסיאָנער, ־ן; דער פּענסיאָנירטער געב'; דער פּענסיע־נעמער, ־ס
retirement די פּענסיאָנירונג; די צוריקציִונג; דער צוריקצי
(**acad.**) די עמעריטור
in retirement אויף פּענסיע; צוריקגעצויגן; אין צוריקציִונג
in retirement (acad.) אויף ‹אין› עמעריטור
retirement account די פּענסיאָניר־קאָנטע, ־ס
retirement age פּענסיאָניר־יאָרן ל"ר
retirement benefits פּענסיאָניר־בענעפֿיטן
retirement home די פּענסיאָנערן־‹עלטערן־›היים, ־ען
retirement savings דער פּענסיע־אָפּשפּאָר
retort, *n.* דער אָפּענטפֿער, ־ס
(**chem.**) די רעטאָרטע, ־ס/רעטאָרטן
retort, *v.* אָפּענטפֿערן
retouch, *v.* רעטושירן
retouching, *n.* די רעטושירונג; דער רעטוש
retrace צוריקפֿירן
retrace one's steps צוריקגיין אויפֿן זעלבן וועג; אָפּגיין אויף צוריק
retract
vt./vi. צוריקציִען (זיך); קריקציִען (זיך)
vi. אײַנפֿאַלן
retractable קריקציִיִק; צוריקציִיִק; צוריקציִעוודיק
retractable awning דאָס צוריקצי־דעכל, ־עך
retraction [HAKKhÓShE] דער צוריקצי, ־ען; די הכחשה, ־ות
issue a retraction אַרויסטרעטן מיט אַ צוריקצי ‹הכחשה›
retrain איבערלערנען ‹אויסטרעניִרן› אויף ‹פֿון› ס'נײַ
retread, *n.* דער נײַער ראָדמאַנטל, ־ען
retread, *v.* באַנײַען ‹בײַטן› דעם ראָדמאַנטל

retreat, *n.*
(**event**) דער רעטריט, ־ן
(**place**) דער מקום־מנוחה; דאָס אָפּרואָרט, ...ערטער [MÓKEM-MENÚKhE]
(**withdrawal**) דאָס אָפּטרעטן; דער אָפּטראָט, ־ן; דער צוריקצי, ־ען; דער צוריקטריט, ־ן
beat a hasty retreat אויף גיך אָפּטרעטן
go into retreat צוריקציִען זיך פֿון דער וועלט
retreat, *v.* אָפּטרעטן; צוריקציִען זיך; צוריקטרעטן
retreat within oneself אַרײַנציִען זיך אין זיך אַלײן
retrench [HOYTSÓES/HETSÓES] פֿאַרקלענערן די הוצאָות
retrenchment די פֿאַרקלענערונג פֿון הוצאָות [HOYTSÓES/HETSÓES]
retrial [MÍShPET] דער מישפּט צום צווייטן מאָל
retribution די אָפּצאָלונג; די רעטריבוציע; די נקמה [NEKÓME]
retrieval דאָס צוריקקריגן; דער קריקבאַקום; דאָס צוריקברענגען; דאָס אָפּראַטעווען
retrieve
(**fetch**) צוריקטראָגן; צוריקברענגען; אָפּטראָגן; אָפּברענגען
(**regain**) צוריקבאַקומען; קריקבאַקומען; צוריקקריגן
(**salvage**) אָפּראַטעווע|ן
(**memory**) דערמאָנען זיך
retrieve eggs (med./obst.) אַרויסקריגן אייער
retro רעטראָ...
retroactive רעטראָאַקטיוו; קריקווירקיק
retroactively רעטראָאַקטיוו; אויף צוריק ‹קריק›
retrograde גייענדיק ‹טרעטנדיק› אויף צוריק
retro music די רעטראָמוזיק
retrorocket דער רעטראָראַקעט, ־ן
retrospect דער צוריקבליק, ־ן; דער קריקבליק, ־ן; דער רעטראָספּעקט, ־ן
in retrospect קוקנדיק אויף צוריק; אין רעטראָספּעקט; בדיעבֿד [BEDIÉVED]
retrospection די רעטראָספּעקציע
retrospective, *adj.* רעטראָספּעקטיוו
retrospective, *n.* די רעטראָספּעקטיוו, ־ן
retrovirus דער רעטראָווירוס, ־ן
retry אַ פּרוּוו טאָן אויף ‹פֿון› ס'נײַ; ווידער געבן אַ פּרוּוו
(**jur.**) [MÍShPETN] מישפּטן צום צווייטן מאָל
return, *adj.* קריק...; צוריק...
by return mail מיט קריקפּאָסט
return, *n.*
(**coming/going back**) דאָס אומקערן זיך; דער אומקער, ־ן; דער צוריקוועג(ס); דער צוריקקער, ־ן
(**sending back**) דאָס צוריקשיקן
(**econ.**) דאָס געטראָג, ־ן; דער רווח, ־ים [RÉVEKh, REVÓKhIM]
(**key/comp.**) [ShÚRE] דער שורה־קלאַוויש, ־ן
(**tax**) די שטײַער־דעקלאַראַציע, ־ס
in return דערפֿאַר; אַ(נט)קעגן דעם
in return for ווי אַן אויסבײַט פֿאַר; ווי אַן ענטפֿער אויף
law of return דאָס אומקער־געזעץ
Many happy returns! (איר זאָלט דערלעבן) ביז הונדערט און צוואַנציק ‹צוואָנציק›!
on his return אַז ער איז צוריק(געקומען); מיט זײַן אומקערן זיך
return home דאָס אומקערן זיך אַהיים; דער אומקער אַהיים
return to health דאָס קומען צו זיך; די געניזונג
There is no return קיין צוריקוועג איז שוין נישטאָ
return, *v.*

vt. אומקערן; צוריקגעבן; אָפּגעבן; קריקגעבן; אָפּטראָגן; אָפּפירן; געבן ‹שיקן› בחזרה [BEKhAZÓRE]
vi. אומקערן זיך; צוריקקערן זיך; צוריקקומען; צוריקגיין
return a compliment אָפּגעבן אַ קאָמפּלימענט
return a greeting אָפּגריסן
return a phone call צוריקקלינגען
return a verdict [PSAK] אַרויסטראָגן אַ פּסק ‹ווערדיקט›
return fire צוריקשיסן
return to Judaism אויסקומען
returnable
It's returnable מע קען עס צוריקגעבן ‹צוריקשיקן›
return address דער קריקאַדרעס, ־ן
return envelope דער קריקקאָנווערט, ־ן; דער רעטור־קאָנווערט, ־ן
return game דער רעוואַנש, ־ן
return receipt [KABÓLE] די קריק־קבלה, ־ות
return ticket דער צוריק־בילעט, ־ן; דער קריקבילעט, ־ן; דער בילעט אויף צוריק ‹קריק›
reunification די ווידער־פֿאַראייניקונג, ־ען
reunify, *vt./vi.* ווידער פֿאַראייניקן (זיך)
reunion דער ווידערטרעף, ־ן
reunite
vt. ווידער צוזאַמענברענגען ‹פֿאַראייניקן›
vi. ווידער צונויפֿקומען ‹פֿאַראייניקן› זיך
re-up
vt. **(contract)** באַנײַען
vi. **(reenlist)** ווידער פֿאַרשרײַבן זיך אין דער אַרמיי
reusable איבערניצ(עווד)יק
It's reusable מע קען עס ווידער ניצן
reuse ווידער (אַ מאָל) ניצן
rev, *n. see* **revolution**
rev, *v.* **(up)** פֿאַרגיכערן דעם מאָטאָר
revved up (*fig.*) ווילד ענטוזיאַסטיש; שטאַרק באַגײַסטערט
revalue (econ.) אָפּשאַצן אויף ‹פֿון› ס'נײַ; שטעלן אַ נײַע ווערט אויף; אַרויפֿווערטן
revamp איבערניצעווען; איבעראַרבעטן; באַנײַען
reveal אַנטפּלעקן; אויפֿדעקן; אויסזאָגן; מגלה זײַן; אויסדערציילן [MEGÁLE]
reveal a secret [SOD] אויסזאָגן אַ סוד; געבן צונג
reveal sb.'s name אויסזאָגן + פּאָס' נאָמען; פּורש־בשמו זײַן + אַק' [PÓYRESh-BIShMÓY]
revealed אַנטפּלעקט
be revealed [NISGÁLE] אַנטפּלעקן זיך; נתגלה ווערן
revealing אַנטפּלעקנדיק; אויפֿדעקנדיק
réveillé זאָרעס ל"ר; דער וועקסיגנאַל, ־ן; דער וועקרוף, ־ן
sound réveillé סיגנאַל(יז)ירן צום אויפֿשטיין
revel, *n.* די הוליאַנקע, ־ס; די הילולא־וחינגא [HILÚLE-VEKhÍNGE]
revel, *v.* הוליען; מאַכן הילולא־וחינגא; סעודהווען; שימחהווען [HILÚLE-VEKhÍNGE] [SÚDEVEN] [SÍMKhEVEN]
revel in געניסן פֿון; באָדן זיך אין; זײַן פֿאַרשיכּורט פֿון; לאָבן זיך מיט [FARShÍKERT]
revelation [HISGÁLES] די אַנטפּלעקונג, ־ען; דאָס התגלות, ־ן
It was a revelation to me ס'האָט מיר (אויפֿ)געעפֿנט די אויגן
Revelations (Chr./bib.) די אַנטפּלעקונג; דאָס התגלות
revelatory אַנטפּלעקעריש
reveler דער הוליאַק, ־עס; דער לעביונג, ־ען
revelry די הוליאַנקע, ־ס; דאָס הוליען
revenge [NEKÓME] די נקמה
take revenge on נוקם זײַן זיך אין; נעמען נקמה אויף [NÓYKEM]

get one's revenge זען ‹דערלעבן› אַ נקמה
revenue [HAKhNÓSE] די הכנסה, ־ות
revenue-sharing [HAKhNÓSE] די הכנסה־פֿאַרטיילונג
revenue stream [HAKhNÓSE] דער הכנסה־קוואַל, ־ן
reverberate אָפּקלינגען; אָפּהילכן; נאָכקלינגען
(*fig.*) האָבן אַן אָפּקלאַנג
reverberation דער אָפּקלאַנג, ־ען; דער נאָכקלאַנג, ־ען
revere אַכפּערן; האָבן גרויס דרך־ארץ ‹יִראת־הכּבֿוד/ אָפּשײַ› פֿאַר [DERKhÉRETS] [YÍRES-HAKÓVED]
reverence די אַכפּערונג; די/דאָס אַכפּערקייט; דאָס יִראת־הכּבֿוד; דאָס האַלטן פֿאַר הייליק [YÍRES-HAKÓVED]
reverend דער רעווערענד, ־ן
Reverend (title) רעווערענד
reverent [YÍRES-HAKÓVED] פֿול מיט יִראת־הכּבֿוד
reverential יִראת־הכּבֿודיק; אַכפּערדיק [YÍRES-HAKÓVEDIK]
reverie דאָס טרוימערײַ, ־ען; דער חלום אויף דער וואָר [KhÓLEM]
reveries *also* [HÓYRIES] הוריות
revers דער (אָפּגעלייגטער) לאַץ, ־ן
reversal דער איבערקער, ־ן; דער איבערדריי, ־ען; דער ראַדיקאַלער בײַט, ־ן; די מפּלה, ־ות [MAPÓLE]
(jur.) די קאַסאַציע, ־ס; די קאַסירונג, ־ען
in a reversal געשען פּלוצעם אַן איבערקערעניש און
suffer a reversal לײַדן אַ מפּלה; לײַדן אַ קלאַפּ אויף צוריק
He suffered a reversal of fortune *also* דאָס רעדעלע האָט זיך בײַ אים איבערגעדרייט
reverse, *adj.* פֿאַרקערט; קאַפּויערדיק
in reverse order [SÉYDER] אין אַ פֿאַרקערטן סדר
reverse, *n.* [HÉYPEKh] דער היפּוך; דאָס פֿאַרקערטע
go into reverse קערעווע\|ן אויף צוריק
in reverse פֿאַרקערט; אויף צוריק ‹קריק›; הינטערווײַלעכץ
Just the reverse! פּונקט ‹דווקא› פֿאַרקערט!; להיפּוך!; אַדרבא! [DÁFKE] [LEHÉYPEKh] [ÁDERABE]
reverse, *v.* איבערדרייען; איבערקערן; פֿאַרקערעווע\|ן אויף קריק
(jur.) קאַסירן
reverse a call (spo.) צוריקצײַען אַ באַשלוס
reverse course גיין ‹פֿאָרן› אין דער פֿאַרקערטער ריכטונג ‹זײַט›
reverse course (*fig.*) גיין אויף אַן אַנדער דרך ‹וועג›; בײַטן די ליניע [DÉREKh]
reverse oneself איבערקלערן; באַרעכענען זיך
reverse the situation איבערדרייען די האַלאַבאַליעס
reverse construction (ling.) די פֿאַרקערטע קאָנסטרוקציע
reverse discrimination די פֿאַרקערטע דיסקרימינאַציע
reverse gear דער גאַנג אויף צוריק
reverse psychology די פֿאַרקערטע פּסיכאָלאָגיע
reverse snobbery דער פֿאַרקערטער סנאָביזם
reversible צוריקקערלעך; איבערקעריק; איבערקערלעך
(jacket) איבערקעריק; צווייזײַטיק
revert צוריק(גיין); צוריקקערן זיך; צוריקקומען
(jur.) [BAL(E)BÓS] איבערגיין צום פֿריערדיקן בעל־הבית
review, *adj.* [ÍBERKhAZER] איבערחזר־...
review, *n.*
(critique) די רעצענזיע, ־ס; די אָפּשאַצונג, ־ען
(for exam) [ÍBERKhÁZERUNG] די איבערחזרונג
(inspection) די רעוויזיע, ־ס; דער איבערקוק, ־ן
(overview) דער איבערבליק, ־ן
(parade) דער פּאַראַד, ־ן
She came under review מ'האָט זי גענומען אויספֿאָרשן
review, *v.* איבערגיין

(critique) רעצענזי́רן; אָפּשאַצן
(for exam) אײַנחזרן ‹(אַ)דו́רכרעפּעטי́רן› אויף אַן עקזאַ́מען [ÁYNKhÁZERN]
(inspect) רעווידי́רן; איבערקוקן; אי́בערזען
review board די פֿאַרהע́ר־קאָלעגיע, ־ס
review class דער אי́בערחזר־קלאַס, ־ן [ÍBERKhAZER]
reviewer דער רעצענזע́נט, ־ן
revile בראַ́נדעווע|ן; או́סזידלען; זי́דלען און שני́דלען
(*hum.*) שלאָגן כּפּרות מיט [KAPÓRES]
revise באַאַ́רבעטן; אי́בעראַ́רבעטן; אי́בערקוקן; רעווידי́רן
revised באַאַ́רבעט; רעווידי́רט
revised edition די באַאַ́רבעטע ‹רעווידי́רטע› אוי́פֿלאַגע, ־ס
revision די באַאַ́רבעטונג, ־ען; די רעווי́זיע, ־ס; די אי́בעראַרבעטונג, ־ען
revisionism דער רעוויזיאָני́זם
revisionist, *adj.* רעוויזיאָני́סטיש
revisionist, *n.* דער רעוויזיאָני́סט, ־ן
revisit ווי́דער קו́מען ‹גיין/פֿאָרן› צו גאַסט
revisit the issue או́מקערן זיך צום ענין [ÍNYEN]
revitalization די אוי́פֿלעבונג אויף ‹פֿון› ס׳נײַ; דאָס ווי́דער אוי́פֿלעבן
revitalize ווי́דער אוי́פֿלעבן
revival די באַנײַונג, ־ען; די אוי́פֿלעבונג, ־ען; דער אוי́פֿלעב, ־ן
(rel.) די אמונה־שטאַ́רקונג [EMÚNE]
(thea.) די נײַע אוי́פֿפֿירונג, ־ען
revivalism דער אמונה־אוי́פֿלעב [ÉMUNE]
revival meeting די אמונה־פֿאַרזאַ́מלונג, ־ען [EMÚNE]
revive מחיה־מתים זײַן; אָפּמי́נטערן; אוי́פֿמינטערן; אוי́פֿלעבן; באַנײַען [MEKhÁYE-MÉYSIM]
revocable צורי́קציִיִק
revocation דער צורי́קצי, ־ען; דער צורי́קרוף, ־ן
revoke צורי́קציִען; אָפּרופֿן; צורי́קרופֿן
revoke a license צורי́קציִען אַ ליצע́נץ
revolt, *n.* דער רעוואָ́לט, ־ן; דער אוי́פֿשטאַנד, ־ן; דער בונט, ־ן; די מרידה, ־ות [MERÍDE]
revolt, *v.*
(rebel) רעוואָלטי́רן; אוי́פֿשטיין; בו́נטעווע|ן זיך; מורד זײַן [MÓYRED]
(disgust) מי́גלען + דאַט׳; אָפּשטויסן; ווי́דערצן + דאַט׳
revolting מי́גלדיק; אָפּשטויסנדיק; דערווי́דערדיק
revolution די רעוואָלו́ציע, ־ס
(mech.) די דרײונג, ־ען; דער (אַרו́מ)דריי, ־ען; דער או́מדריי, ־ען
100 revolutions per minute הו́נדערט או́מדרייען (אין) אַ מינו́ט
revolutionary, *adj.* רעוואָלוציאָנע́ר(יש)
revolutionary, *n.*
m./unsp. דער רעוואָלוציאָנע́ר, ־ן
f. די רעוואָלוציאָנע́רקע, ־ס
revolutionize רעוואָלוציאָני́רן
revolve, *vt./vi.* (אַרו́מ)דרייען (זיך)
revolve around (אַרו́מ)דרייען זיך אַרום
revolver דער רעוואָ́לווער, ־ס; דער שפּײַער, ־ס
revolving דריי...
revolving chair די/דער דריישטול, ־ן
revolving door די דרייטיר, ־ן
(*fig.*) אַ מעשׂה אָן אַן עק [MÁYSE]
revolving fund דער קרן־פֿאָנד, ־ן [KERN]
revue דער רעווי́ו, ־ען; דער רעווי́, ־ען
revulsion דער מיגל; דער דערווי́דער
reward, *n.* דער באַלוי́ן, ־ען; די באַלוי́נונג, ־ען; דער שׂכר, ־ן [SKhAR]
reward, *v.* באַלוי́נען; פֿאַרגע́לטן
rewarding נחתדיק; כּדאַיִק; הנאהדיק [NÁKhESDIK] [KEDÁYIK] [HANÓEDIK]
She has a financially rewarding job אויף דער שטע́לע פֿאַרדי́נט זי גוט
This is a very rewarding book סע לוינט זיך זייער צו לייענען דאָס ביכל
rewind
(clock) ווי́דער אָנציִען ‹אָנדרייען›
(tape) צורי́קדרייען; דרייען אויף צורי́ק ‹קריק›; צורי́קשפּילן
reword אי́בערפֿאָרמולירן; זאָגן מיט אַנדערע ווערטער
rework באַאַ́רבעטן
rewrite אי́בערשרײַבן
rezone אי́בערזאָני́רן
rezoning דאָס אי́בערזאָני́רן; די אי́בערזאָני́רונג
Rh רעזוס...
Rh factor דער רעזוס־פֿאַ́קטאָר
Rh-negative רעזוס־נעגאַטי́וו
Rh-positive רעזוס־פּאָזיטי́וו
Rh test דער רעזוסטעסט
rhapsodize רעדן ‹שרײַבן› מליצה [MELÍTSE]
rhapsody די ראַפּסאָ́דיע, ־ס
rhatany די ראַטאַ́ניע
rhea דער נאַנדו́, ־ען
rhenium דער רעניום
rheostat דער רעאָסטאַ́ט, ־ן
Rhesus factor *see* **Rh factor**
rhetoric די רעטאָ́ריק
empty rhetoric פּוסטע רייד ל״ר
rhetorical רעטאָ́ריש
rhetorician דער רעטאָ́ריקער, ־ס
rheum די ראָ́פּע; דער אוי́גנקויט
rheumatic רעוומאַ́טיש
rheumatic fever דער רעוומאַ́טישער פֿי́בער
rheumatic pain דאָס ברע́כעניש, ־ן
rheumatism דער רעמאַ́טעס; דער רעוומאַטי́זם
rheumatoid arthritis דער רעוומאַטאָי́דישער אַרטרי́ט
rheumatological רעוומאַטאָלאָ́גיש
rheumatologist דער רעוומאַטאָלאָ́ג, ־ן
rheumatology די רעוומאַטאָלאָ́גיע
rheumy וואַ́סערדיק; זיך טרע́רנדיק
Rhine דער רײַן
rhinestone דער סטראַז, ־ן; דער פֿאַ́לשער בריליאַ́נט, ־ן
Rhine wine דער רײַן־ווײַן
rhinoceros דער נאָ́זהאָרן, ־ס
rhinovirus דער רינאָווי́רוס, ־ן
rhizome דאָס וואָ́רצל־שטענגל, ־עך
Rhode Island (דאָס) ראָד־אײַלאַנד
rhodium דער ראָ́דיום
rhododendron דער ראָדאָדע́נדראָן, ־ס
rhomb דער ראָמב, ־ן
rhomboid דער ראָמבאָי́ד, ־ן
rhombus דער ראָמב, ־ן
rhubarb דער ראַבאַ́רבער
rhyme, *n.* דער גראַם, ־ען
rhyme, *vt./vi.* גראַ́מען (זיך)
without rhyme or reason אָן אַ פֿאַרוואָ́ס און אָן אַ פֿאַרווע́ן; אָן טעם און אָן (ג)ראַם; לאָקש־בו́דעם־צי́בעלע; ני־בע́־ני־מע(־ני־קוקעריקו́) [TAM]
rhymed געגראַ́מט
rhymester דער גראַ́מען־זאָגער ‹־פֿלע́כטער›, ־ס
rhyming dictionary דער גראַ́מען־לעקסיקאָן, ־ען; דאָס גראַ́מען־ווע́רטערבוך, ...ביכער
rhythm דער רי́טעם, ־ס/רי́טמען

fall into a rhythm אָננעמען אַ ריטעם
rhythm and blues דער ריטעם־און־בלוז
rhythmic ריטמיש
rhythmically ריטמיש; מיט אַ ריטעם
rhythm method דער ריטמישער מעטאָד
rial דער ריאַל, ־ן
rib, *n.* די ריפּ, ־ן
(cut of meat) דאָס ריפּל, ־עך
rib, *v.* טרייַבן שפּאַס מיט; רייצן זיך מיט
ribald געזאַלצן; גראָב; נישט־לײַטיש
ribaldry די/דאָס גראָבקייט; די/דאָס נישט־לײַטישקייט
riband די לענטע, ־ס
ribbed געריפּט; ריפּסן
ribbed fabric דער ריפּס
ribbon
(decoration) די סטענגע, ־ס; די לענטע, ־ס; דאָס בענדל, ־עך; די באַנד, בענדער
(mil.) דאָס בענדל, ־עך
(typewriter) די פֿאַרבבאַנד, ...בענדער
ribbon saw די באַנדזעג, ־ן
rib cage דער ברוסטקאַסטן, ־ס
riboflavin דער ריבאָפֿלאַווין
rib steak דער ריבשטיק, ־ן
rice דער/די רײַז
rice cake דאָס רײַזפּלעצל, ־עך; דאָס רײַזקיכל, ־עך
rice cereal די רײַזקאַשע; די רײַזנע קאַשע
rice crispies רײַז־מערבעלעך
rice milk די רײַזמילך(ע)
rice paper דאָס רײַזפּאַפּיר
rice pudding דער רײַזפּודינג
rice wine דער רײַזווײַן
rich רײַך
(food) זעטיק; פֿעט
(wine) שווער
(soil) פֿעט
be rich in האָבן אַ סך; זײַן רײַך אין [SAKh]
become rich נתעשר ווערן; ווערן רײַך [NISÁShER]
extremely rich שטיין ‹שטאָק› רײַך; רײַך ווי קורח ‹ראָטשילד› [KÓYREKh]
strike it rich אַרײַנפֿאַלן אין אַ שמאַלצגרוב
That's rich! ס'אַ חוזק! [KhÓYZEK]
the rich get richer געלט גייט צו געלט; גאָלד גייט צו גאָלד
the rich גבֿירים; נגידים; רײַכע [G(E)VÍRIM] [NEGÍDIM]
of the rich גבֿיריש; נגידיש [G(E)VÍRISh] [NEGÍDISh]
rich man דער גבֿיר, ־ים; דער נגיד, ־ים; דער עושר, עשירים [G(E)VÍR] [NÓGED, NEGÍDIM] [ÓYShER, AShÍRIM]
rich woman די גבֿירה, ־ות; די גבֿירהטע ‹גבֿיר(ינ)טע›, ־ס; די נגידיתטע, ־ס [GVÍRE] [G(E)VÍRETE/G(E)VÍR(N)TE] [NEGÍDESTE]
riches דאָס עשירות ל"ר; די/דאָס רײַכקייט ל"י [AShÍRES]
richness דאָס עשירות; די/דאָס רײַכקייט [AShÍRES]
(of food) די/דאָס זעטיקייט; די/דאָס פֿעטקייט
(of soil) די/דאָס פֿעטקייט
Richter scale די ריכטער־סקאַלע
rickets דער ראַכיט; די ענגלישע קרענק
rickety וואַקלדיק; שטייענדיק אויף הינערשע פֿיס(לעך)
(med.) ראַכיטיש
rickshaw דער ריקשאַ, ־ס
ricochet, *n.* דער ריקאָשעט, ־ן; דער אָפּשפּרונג, ־ען
ricochet, *v.* ריקאָשעטירן; אָפּשפּרינגען
rid פּטור [PÓTER]
be/get rid of פּטור ווערן פֿון; אָפּפּטרן [ÓPPÁTERN]
He wants to be rid of her ער וויל פּטור ווערן פֿון איר

riddance דאָס פּטרניש [PÁTERNISh]
Good riddance! אַ גוטן שליטוועג(ס)!; אַ גוט שליטן!; גיי דיר ‹גייט אײַך› געזונטערהייט!; ברוך שפּטרני! [BÓREKh ShEPOTRÁNI]
riddle, *n.* דאָס רעטעניש, ־ן
riddle, *v.*
riddle with bullets (אַ)דורכלעכערן ‹צעזיפּן› מיט קוילן
riddle with holes (אַ)דורכלעכערן
riddled with (*fig.*) (אַ)דורכגעפּרעסן מיט ‹פֿון›; פֿול מיט
riddle wrapped in an enigma דער סוד־שבסודות [SÓD-ShEBESÓYDES]
ride, *n.* דער פֿאָר, ־ן; דאָס פֿאָרן; די יאַזדע, ־ס
(in amusement park) די אַטראַקציע, ־ס
catch a ride געפֿינען ‹כאַפּן› אַ געלעגנהייט ‹טרעמפּ›
get a free ride (*fig.*) כאַפּן אַ מציאה [METSÍE]
give sb. a ride אונטערפֿירן; געבן + דאַט' אַ געלעגנהייט
go along for the ride מיטפֿאָרן; זײַן אַן אומזיסטער פּאַסאַזשיר
go for a ride (אַ)דורכפֿאָרן זיך
take for a ride (*fig.*) אָנזייפֿן; אַרויספֿירן אויף אַ ביטש; דרייען; מאַכן מיט דער רייף; פֿאַסקעווען
ride, *v.* פֿאָרן מיט ‹אין/אויף›
(on bicycle) פֿאָרן מיט
(on train) פֿאָרן מיט ‹אויף›
(on horse) רײַטן אויף
ride a horse רײַטן אויף אַ פֿערד; פֿאָרן רײַטנדיק
ride for a fall אויסשטעלן זיך אויף סכּנות; שפּילן זיך מיט פֿײַער [SAKÓNES/SEKÓNES]
ride high זײַן אויפֿן פֿערד; זיצן אויפֿן זאַטל
ride on ווענדן זיך אין
ride out איבערלעבן; איבערקומען
Let it ride! זאָל זײַן וואָס ס'וועט זײַן!
rider דער (מיט)פֿאָרער, ־ס; דער פּאַסאַזשיר, ־ן
(on horse) דער רײַטער, ־ס
(on bill/document) דאָס צוגאָבל, ־עך; דער רײַדער, ־ס
ridership די פֿאָרערשאַפֿט; די (צאָל) פּאַסאַזשירן
ridge
(geog.) דער באַרגרוקן, ־ס; דער (באַרג)קאַם, ־ען; די מעזשע, ־ס
(of nose) דער שפּיץ נאָז
ridge of high pressure דער שפּיץ פֿון הויכן לופֿטדרוק
ridicule, *n.* דער חוזק; דער שפּאַט; דאָס געשפּעט; דאָס געלעכטער [KhÓYZEK]
hold sb. up to ridicule מאַכן לײַטיש געלעכטער פֿון
ridicule, *v.* חוזק מאַכן פֿון; (אָפּ)חוזקן פֿון; (אָפּ)שפּעטן פֿון; אויסלאַכן; איזדיעקעווען זיך איבער [KhÓYZEK] [(ÓP)KhÓYZEKN]
ridiculed אויסגעלאַכט; פֿאַרלאַכט; אָפּגעשפּעט; אָפּגעחוזקט [ÓPGEKhOYZEKT]
ridiculous אַבסורד; לעכערלעך; חוזקדיק; שטותיק [KhÓYZEKDIK] [ShTÚSIK]
be ridiculous זײַן אַ געלעכטער
look ridiculous האָבן אַ פּנים פֿון חוזק; אויסזען לעכערלעך [PÓNEM] [KhÓYZEK]
riding, *n.* דאָס רײַטן
riding breeches גאַליפֿע(־הויזן); רײַטזון
riding crop/whip די רײַטבײַטש, ־ן; דער נאַראַפּניק, ־עס
riding gloves רײַטהענטשקעס
riding habit די אַמאַזאָנקע, ־ס; דער רײַטקאָסטיום, ־ען
Riesling wine דער ריסלינגער (ווײַן)
rife, *adj.* (ווײַט) פֿאַרשפּרייט
rife with פֿול מיט; מלא־... [MÓLE]
rife, *adv.* בשפֿע; איבער גענוג [BEShÉFE]

riffraff דער ערבֿ־רבֿ; דאָס געהינטעכץ; די באָסע־קאָמאַנדע [ÉREVRAV]
rifle, *n.* די ביקס, ־ן; די ווינטאָווקע, ־ס
rifle, *v.* **(through)** איבערקערן; אויסנישטערן; אויסלײדיקן זוכנדיק
rifleman דער ביקסן־שיסער, ־ס
rifle platoon דער שיסער־פּלאַטאָן, ־ען
rifle range
(distance) די שיסווייט
(place) דער שיספּלאַץ, ...פּלעצער
rift
(in rock) דער שפּאַלט, ־ן
(*fig.*) די שפּאַלטונג, ־ען; דער ריס, ־ן
rift valley דער שפּאַלטטאָל, ־ן
rig, *n.*
(drilling) דער בויער־טורעם, ־ס
(equipment) דער אויסריכט, ־ן; די אויסריכטונג, ־ען; די אויסשטאַטונג
(on ship) דער טאַקעלאַזש
rig, *v.*
(outfit) אויסריכטן
(manipulate) צושווינדלען; מאַנעווורירן; מאַניפּולירן
(on ship) טאַקעלירן
rig the jury קאָמפּראָמעטירן די זשורי
rig the elections פֿעלשן ‹מאַניפּולירן› די וואַל־רעזולטאַטן
Riga (די) ריגע
rigged
(pre-planned) פֿון פֿריִער אָפּגערעדט; געפֿעלשעוועט
(prices) אַרויפֿגעשרויפֿט
rigging דאָס געשטריק; דער טאַקעלאַזש
right, *adj.*
(correct/of person) גערעכט
(correct/of thing) ריכטיק
(direction) רעכט
be right-minded זײַן אַ בר־דעת [BAR-DÁ(A)S]
It's only right that על־פּי יושר; ס'איז נישט מער ווי רעכט אַז; ס'איז יושרדיק אַז [ÁLPI YÓYShER] [YÓYShERDIK]
It's the right thing to do אַזוי טוט מען; אַזוי איז ריכטיק
right and left אויף רעכטס און אויף לינקס
right, left and center אומעטום; אויף יעדן אָרט
Right you are! ביסט ‹איר זענט› טאַקע גערעכט!
the Right די רעכטע ל״ר
the far Right די עקסט ‹עקסטרעם› רעכטע ל״ר
the right moment דער פּאַסיקער מאָמענט; די שעת־הכּושר [ShAS-HAKÓYShER]
When you're right, you're right וואָס אמת איז אמת; גערעכט איז גערעכט [ÉMES]
right, *adv.*
(on the right) (אויף) רעכטס
correctly ריכטיק
get it right זײַן גערעכט; ריכטיק פֿאַרשטיין (אַן ענין) [ÍNYEN]
put right צו רעכט מאַכן; מתקן זײַן [MESÁKN]
right away שוין; תּיכּף; גלייך; זאָרעס [TÉYKEF]
right behind באַלד פֿון הינטן
Right face! (קערט זיך) רעכטס!
right in the middle of אין רעכטן מיטן + דאַט'; פּונקט אין מיטן + דאַט'
right now דאַ אויפֿן אָרט; פּונקט איצט; אין איצטיקן מאָמענט
right there אָט אַ דאָרטן
right off the bat פֿון סאַמע אָנהייב; פֿון אָנהייב אָן
right on the money גוט אויסגערעכנט

Right on! אָט אַזוי!; יישר־כּוח! [YÁShER-KÓYEKh/ShKÓYEKh]
right, *n.*
(legal) דאָס רעכט, –
(right side) די רעכטע זײַט, ־ן; דער רעכטער צד, צדדים [TSAD, TSDÓDIM]
be in the right זײַן גערעכט; האָבן רעכט
be within one's rights האָבן דאָס רעכט
by right of אין זכות פֿון; לויט [SKhUS]
by rights על־פּי יושר [ÁLPI YÓYShER]
have rights to האָבן דאָס רעכט צו; האָבן אַ חלק אין [KhÉYLEK]
in one's own right אינעם אייגענעם זכות [SKhUS]
make a right פֿאַרנעמען ‹פֿאַרקערעווען/דרייען› זיך אויף רעכטס
on the right אויף רעכטס
right of inheritance דאָס ירושה־רעכט [YERÚShE]
right of way די פּריאָריטעט (אַ)דורכצופֿאָרן ‹(אַ)דורכצוגיין›
give sb. the right of way אָפּטרעטן + דאַט' דעם וועג; לאָזן + אַק' (אַ)דורכפֿאָרן ‹(אַ)דורכגיין›
right to counsel דאָס רעכט אויף אַן אַדוואָקאַט
right to existence דאָס עקסיסטיר־רעכט
right to vote דאָס שטימרעכט
with equal rights גלײַכרעכטיק
with full rights פֿולרעכטיק
right, *v.* צו רעכט מאַכן; צוריק אויפֿשטעלן
right a wrong פֿאַרריכטן ‹מתקן זײַן› אַן עוולה [MESÁKN] [ÁVLE]
right itself אויסגלײַכן זיך
right angle דער גראָדער ווינקל, ־ען
right-angled גראָד־ווינקלדיק
right-click אַ קוועטש טאָן אויף רעכטס
righteous רעכטפֿאַרטיק
Righteous Among the Nations חסידי־אומות־העולם [KhSÍDE-ÚMES-HOÓYLEM]
righteousness די/דאָס רעכטפֿאַרטיקייט
rightful גערעכט; געזעצלעך
rightfully על־פּי יושר [ÁLPI YÓYShER]
right-hand(ed), *adj.* רעכט(האַנטיק)
He's my right-hand man ער איז בײַ מיר די רעכטע האַנט
right hand, *n.* די רעכטע האַנט, הענט
rightist, *adj.* רעכט...
rightist, *n.* דער רעכטער געב'
rightly ריכטיק
rightly or wrongly צי ס'איז ריכטיק צי נישט
rightly so מיט רעכט
right-minded פֿאַרשטאַנדיק; אויסגערעכנט
rightsize רעדוצירן; פֿאַרקלענערן
right-to-die advocate דער שטיצער פֿונעם רעכט צו שטאַרבן
right-to-life advocate דער שטיצער פֿונעם רעכט צו לעבן
right triangle דער גראָדווינקלדיקער דרײַעק, ־ן
rightward(s) אויף רעכטס
right-wing, *adj.* פֿון די רעכטע
right wing, *n.* דער רעכטער פֿליגל
right-winger דער רעכטער געב'
rigid אומבייגעוודיק; שטײַף
(of person) *also* מחמיריש [MAKhMÍRISh]
rigidity די/דאָס אומבייגעוודיקייט; די/דאָס שטײַפֿקייט
rigmarole דאָס פֿאַרשלעפּעניש; דאָס פֿאַרצויעניש; דאָס אָפּשלעפּעניש

(**nonsense talk**) פּוסטע רייד ל"ר; דאָס פּלוידערײַ
rigor די/דאָס שטרענגקייט; די/דאָס האַרבקייט
rigor mortis דער טויטגליווער; דער גליווער פֿון טויט
rigorous שטרענג; האַרב
rile אויפֿרעגן; דענערווירן
rill דאָס ריטשקעלע, ־ך
rim, *n.*
  (**of basket**) דער ראַנד, ־ן
  (**of cup**) דער ברעג, ־עס
  (**of glasses**) דאָס רעמל, ־עך
  (**of wheel**) דער ראָדראַנד, ־ן
  hit the rim טרעפֿן אין ראַנד
  off the rim אַראָפּ פֿון ראַנד
  Pacific Rim דער פּאַציפֿישער קרײַז
rim, *v.* (אַרומ)קײַקלען זיך אויפֿן ראַנד
rime דאָס זילבער־פֿרעסטל
rimmed אַרומגערינגלט
rind דאָס/די שאָלעכץ, ־ן/־ער
ring,[1] *n.*
  (**jewelry**) דאָס פֿינגערל, ־עך; דער רינג, ־ען; דאָס רינגל, ־עך
  (**circle**) דער רינג, ־ען
  (**circus**) די צירק־אַרענע, ־ס
  (**boxing**) דער באָקסרינג, ־ען
  (**crime**) די באַנדע, ־ס; די כּנופֿיא, ־ות; דאָס געזינדל, ־עך [KNÚFYE]
  large ring דער רונג, ־ען
  ring around the rosy רינגל אַרום דער תּורה [TÓYRE]
  run rings around sb. פֿאַרשטעקן + אַק' אין אַרבל; אויסטרייסלען + אַק' פֿון אַרבל
ring,[2] *n.* (**sound**) דאָס קלינגען (אין/מיט)
ring,[1] *v.* (**surround**) אַרומרינגלען
ring,[2] *v.* (**sound**) קלינגען (אין/מיט)
  ring in the new year אַרײַנפֿירן דאָס נײַע יאָר
  ring off the hook האַלטן אין איין קלינגען; נישט אויפֿהערן צו קלינגען
  ring out לאָזן זיך הערן; דערהערן זיך
  ring true מאַכן דעם רושם אַז ס'איז אמת [RÓYShEM] [ÉMES]
ring binder די רינגלהעפֿט, ־ן
ringed (by) אַרומגערינגלט (מיט)
ringer
  (**person who rings**) דער גלעקל־קלינגער, ־ס
  (**hired professional**) דער געדונגענער געב'
  He's a dead ringer for his father ער איז דער טאַטע מיט די ביינער; ער און דער טאַטע זענען ווי צוויי טראָפּנס וואַסער
ring finger דער רינגפֿינגער, –
ringing, *n.* דאָס קלינגערײַ; דאָס געקלאַנג
  I have a ringing in my ears סע שיפּעט ‹זשומעט› מיר אין די אויערן
ringleader דער רעדל־פֿירער, ־ס
ringlet די (רינגל)לאָק, ־ן; דאָס קרײַזל, ־עך
ringmaster דער צירק־דירעקטאָר, ...אָרן
ringside seat דער רינגפּלאַץ, ...פּלעצער
  (*fig.*) דאָס סאַמע בעסטע אָרט, ערטער
ringworm דער רינגוואָרעם; די טימעניצע
rink
  (**roller-skating**) די רעדלערײַ, ־ען
  (**ice-skating**) דער גליטש, ־ן
rinse, *n.*
  (**action**) דאָס (אויס)שווענקען; דער שווענק, ־ען
  (**agent**) דאָס שווענקעכץ, ־ן
  hair rinse דאָס האָרשווענקעכץ, ־ן
rinse, *v.* שווענקען
  rinse out אויסשווענקען; אָפּשווענקען; איבערשווענקען; (אַ)דורכשווענקען
rinse cycle דער שווענקציקל, ־ען
Rio de Janeiro (דאָס) ריאָ־דע־זשאַנײַראָ
riot, *n.* די מהומה, ־ות; דאָס געלויף, ־ן; דער טומל, ־ען; אומרוען ל"ר; עקסצעסן ל"ר [MEHÚME]
riot, *v.* מאַכן אַ מהומה [MEHÚME]
rioter דער מהומה־מאַכער, ־ס; דער מהומהניק, ־עס [MEHÚME] [MEHÚMENIK]
riot gear די שיץ־אויסריכטונג
rioting מהומות ל"ר; אומרוען ל"ר [MEHÚMES]
riotous טומלדיק; שטורעמדיק; ווילד; הפֿקרדיק [HÉFKERDIK]
riot police די מהומות־פּאָליצײַ [MEHÚMES]
rip, *n.* דער (גוואַלד)ריס, ־ן
rip, *v. imp./pf.* (צע)רײַסן
  let rip at sb. אויפֿעפֿענען דאָס מויל אויף
RIP זאָל ער ‹זי› רוען אין פֿרידן
  (**J.**) תּנצב"ה [TANÁTSBE/TENÁTSVE]
rip apart צערײַסן (אויף שטיקער)
  rip into דערלאַנגען + דאַט' אין דער זיבעטער ריפּ; מאַכן + דאַט' אַ שוואַרצן סוף [SOF]
  rip off (cheat) אָפּפֿליקן; שינדן + דאַט' די הויט; באַשווינדלען
  rip off (tear) אָפּרײַסן
  rip open אויפֿרײַסן
  rip open (when sewing) אויפֿטרענען; אויסטרענען
  rip up צערײַסן אויף שטיק־שטיקלעך
ripcord דער צירינג, ־ען
ripe צײַטיק; גרייט; פֿאַרטיק; ˚רײַף
  ripe for גרייט אויף
  ripe old age די טיפֿע עלטער
  when the time is ripe אַז ס'וועט אָנקומען די ריכטיקע צײַט
ripen צײַטיק ווערן; צײַטיקן זיך; דערגיין; אויפֿקומען
ripeness די/דאָס צײַטיקייט; די/דאָס גרייטקייט; די ˚רײַפֿקייט
rip-off דער שווינדל; דאָס באַרײַסעניש; דאָס באַרײַסערײַ; די גנבֿה [G(A)NÉYVE]
rip-off artist דער שווינדלער־שבשווינדלער, דער באַרײַסער, ־ס [...-ShÉBE...]
riposte, *n.*
  (**fencing**) דער קריקשטויס, ־ן
  (*fig.*) דער פֿלינקער ‹אײַנפֿאַלערישער› ענטפֿער, ־ס
riposte, *v.*
  (**fencing**) קריקשטויסן
  (*fig.*) ענטפֿערן פֿלינק (און אײַנפֿאַלעריש)
ripple, *n.* דאָס (גע)קרײַזל, ־עך; דאָס (גע)רונצל, ־עך; די כוואַלקע, ־ס
ripple, *v.* קרײַזלען זיך; רונצלען זיך
  ripple through (a crowd) לאָזן זיך הערן מורמלען
ripple effect דער כוואַליע־עפֿעקט
rip-roaring טשאַקע(נ)דיק; געשמאַק
ripsaw די האַנטזעג, ־ן
riptide שלעפּכוואַליעס ל"ר
rise, *n.* דער אויפֿקום, ־ען; דער אויפֿגאַנג, ־ען; דער אויפֿהייב, ־ן; דער אויפֿשטײַג, ־ן; די עליה, ־ות [ALÍE]
  (**elevation**) די פֿאַרהעכערונג, ־ען
  be on the rise (האַלטן אין) אויפֿגיין; פֿאַרגרעסערן זיך
  get a rise out of sb. אַרויסרופֿן בײַ + דאַט' אַ רעאַקציע
  give rise to גורם זײַן; דערפֿירן צו [GÓYREM]
rise, *v.* אויפֿקומען; אויפֿגיין; אויפֿהייבן זיך

(stand up) (אויפֿ)שטעלן זיך
(sun) אויפֿגיין; אויפֿשײַנען
rise above אויפֿהייבן זיך העכער פֿון
rise early אויפֿשטיין פֿרי; פֿעדערן זיך
rise from one's bed אויפֿשטיין (פֿון בעט)
rise from the dead אויפֿשטיין תּחית־המתים; אויפֿשטיין פֿון קבֿר [TKhíES-HAMÉYSIM] [KÉYVER]
rise to the bait אַרײַנפֿאַלן; פֿאַקן זיך אויף דער ווענטקע
rise to the rank of דערדינען זיך צו; אַרויפֿאַרבעטן זיך ביז
rise up אויפֿהייבן זיך
riser
(platform) די טרעפּ־פּלאַטפֿאָרמע, ־ס
be an early riser אויפֿשטיין פֿרי; פֿעדערן זיך
be a late riser אויפֿשטיין שפּעט
risible צום לאַכן; לעכערלעך
rising, *adj.* אויפֿגייענדיק; אויפֿוואַקסנדיק
rising, *n.* דאָס אויפֿשטיין
rising star דער אויפֿגייענדיקער שטערן, –
risk, *n.* די ריזיקע, ־ס; דאָס אײַנשטעלעניש, ־ן; דער אײַנשטעל, ־ן; די סכּנה, ־ות [SAKÓNE/SEKÓNE]
at one's own risk אויף אײגענעם אַחריות [AKhRÁYES]
at risk אײַנגעשטעלט; אין אַ סכּנה
at high risk שטאַרק אײַנגעשטעלט; אין אַ גרויסער סכּנה
at the risk of ריזיקירנדיק מיט; אַפֿילו אַז ס'קען זיך אויסלאָזן צום שלעכטן [AFÍLE]
at the risk of repeating myself זאָל זײַן אַפֿילו צום צווייטן מאָל
At your own risk! געזונטערהייט!
be at risk of שטיין אין סכּנה פֿון ‹צו›; זײַן אײַנגעשטעלט ‹אויסגעשטעלט› אויף
put at risk שטעלן אין אַ סכּנה; אויסשטעלן אויף סכּנה
be risk-averse אויסהיטן זיך פֿון אַ ריזיקע ‹סכּנה›
run the risk of שטיין אין סכּנה פֿון ‹צו›
take risks אײַנשטעלן; ריזיקירן
take the risk of אײַנשטעלן ‹ריזיקירן› און + אינפֿ׳
risk, *v.* ריזיקירן מיט; אײַנשטעלן; שטעלן אין סכּנה ‹קאָן› [SAKÓNE/SEKÓNE]
risk one's life אײַנשטעלן זיך; אײַנשטעלן דאָס לעבן; גיין אויף מסירת־נפֿש [MESÍRES-NÉFESh]
risk analysis דער אײַנשטעל־אַנאַליז, ־ן
risk capital דער אײַנשטעל־‹ריזיקיר־/וואַנטורע־›קאַפּיטאַל
risk factor [SAKÓNE/SEKÓNE] דער סכּנה־פֿאַקטאָר, ...אָרן
risk-free אָן שום ריזיקע
risk management דער ריזיקע־קאָנטראָל; דאָס קאָנטראָלירן די ריזיקע
risk sharing/distribution דאָס צעטיילן די ריזיקע
risk taker דער אײַנשטעלער, ־ס; דער ריזיקאַנט, ־ן
risk-taking, *adj.* ריזיקאַליש; אײַנשטעלעריש
risk-taking, *n.* דאָס אײַנשטעלן; דאָס ריזיקירן
risky ריזיקאַליש; אײַנשטעלעריש
risotto דער ריזאָטאָ
risqué פֿעפֿערדיק; פּיקאַנט; ריזיקאַליש
rissole דער קאָטלעט, ־ן
ritardando ריטאַרדאַנדאָ
rite [MÍNEG, MINHÓGIM] דער ריטוס, ־ן; דער מינהג, ־ים
rite of passage דער איבערגאַנג־ריטוס, ־ן; די איבערגאַנג־צערעמאָניע, ־ס
ritual, *adj.* ריטועל
ritual, *n.* דער ריטואַל, ־ן
ritual bath (J.) [MÍKVE, MIKVÓES] די מיקווה, מיקוואָות
ritual bath attendant (J./*f.*) די טוקערין, ־ס
ritualism דער ריטואַליזם
ritualist דער ריטואַליסט, ־ן
ritualistic ריטואַליסטיש
ritually ריטועל
ritually clean (J.) [TÓHER] טהור
ritually unclean (J.) [TÓME] טמא
ritual murder דער ריטועלער מאָרד
ritual objects (J.) [TAShMÍShE-KDÚShE] תּשמישי־קדושה
ritual slaughterer [ShÓYKhET, ShÓKhTIM] דער שוחט, ־ים
ritzy עלעגאַנט; לוקסוסדיק; ראַסקאָשנע
rival, *adj.* קאָנקורירנדיק
rival, *n.* דער קאָנקורענט, ־ן
rival, *v.* קאָנקורירן (מיט/קעגן); ריוואַליזירן (מיט)
rivalry די קאָנקורענץ
(animosity) [KÍNE-SÍNE] די קינאה־שינאה
riven צעשפּאָלטן; צעריסן
river דער טײַך, ־ן
be up the river [TFÍSE] זיצן (אין תּפֿיסה)
sell down the river [MÁSERN] אַרויסגעבן; מסרן
river bank דער ברעג טײַך
river basin דער טײַכבאַסיין, ־ען
riverbed דאָס (טײַך־)געלעגער; דאָס/די (טײַכ)בעט
riverboat די טײַכשיף, ־ן; דאָס טײַכשיפֿל, ־עך
riverboat casino דער טײַך־קאַסינאָ, ־ס
riverfront *see* **riverside**
riverside, *adj.* בײַם ברעג טײַך
riverside, *n.* דער ברעג טײַך
rivet, *n.* דער ניטשטיפֿט, ־ן; די ניטע, ־ס
rivet, *v.* פֿאַרניטן; צוניטעווען; פֿאַרניטעווען; צוקאָווען; פֿאַרקליאָפּעווען; צושמידן
(*fig.*) פֿאַרכאַפּן; צושמידן
riveted to the spot (ווי) צוגעשמידט צום אָרט
riveter דער פֿאַרניטעווער, ־ס
rivet hammer דער ניטהאַמער, ־ס
rivet head דער ניטנקאָפּ, ...קעפּ
riveting, *adj.* **(*fig.*)** פֿאַרכאַפּנדיק; שפּאַנענדיק
riveting, *n.* די ניטונג
rivulet די ריטשקע, ־ס; דאָס ריטשקעלע, ־ך; דאָס טײַכל, ־עך; דאָס טײַכעלע, ־ך
RN *see* **registered nurse**
RNA דער אַר־ען־איי; דער ער־ען־אַ
roach[1] (bug) דער טאַראַקאַן, ־ען; דער פּרײַס, ־ן
roach[2] (fish) די פּלאָט(יטש)קע, ־ס
road דער וועג, ־ן
(paved) דער שטראָז, ־ן
be on the road (on business) אַרומפֿאָרן (מאַכן געשעפֿטן)
be on the road (on the way) זײַן אונטער וועג(נ)ס
be on the road (on tour) גאַסטראָלירן; זײַן אויף גאַסטראָל
be on the road (spo.) זײַן צו גאַסט; זײַן בײַ יענע
be on the right road (*fig.*) זײַן ‹גיין› אויפֿן דרך־הישר ‹ריכטיקן דרך› [DÉREKh-HAYÓShER]
down the road (nearby) ווײַטער אויף דער גאַס
down the road (later) שפּעטער; אין דער צוקונפֿט; מיט דער צײַט
food for the road די צדה־לדרך; דאָס עסן אויף מיטצונעמען אין וועג אַרײַן [TSÉYDE-LADÉREKh]
one for the road נאָך אַ כּוס(י)ע אײדער מע לאָזט זיך אין וועג אַרײַן [KÓYS(Y)E]
on the road to אויפֿן וועג צו ‹אין/קיין›
roadbed דער באַנוועג, ־ן
roadblock דער פֿאַרצאַם, ־ען; די באַריקאַדע, ־ס
(*fig.*) דער מכשול, ־ים; די מניעה, ־ות [MIKhShL, MIKhShÓYLIM] [MENÍE]

road game דער מאַטש בײַ יענע
road hog דער וועג־פֿאַרכאַפּער, ־ס
roadhouse *see* **roadside inn**
road map די וועגן־מאַפּע, ־ס
road rage די שאַפֿערן־רציחה [RETSÍKhE]
roadrunner די וועג־קוקאַווקע, ־ס
road safety די/דאָס זיכערקייט בײַם פֿאָרן
road sense דער שׂכל בײַם שאָפֿירן [SEYKhL]
road show די גאַסטראָלשפּיל, ־ן
roadside, *adj.* בײַוועגיק; בײַם ראַנד פֿון וועג פּר׳
roadside, *n.* דער וועגראַנד, ־ן; דער ראַנד פֿון וועג
  by the roadside בײַ וועגנס; פֿאַזע דעם וועג; בײַם ראַנד פֿון וועג
roadside assistance די הילף בײַם ראַנד פֿון וועג
roadside bomb די באָמבע בײַם ראַנד פֿון וועג
roadside inn דער טראַקטיר, ־ן; די אַכסניא אין מיטן וועג [AKhSÁNYE]
road sign דער וועגצייכן, ־ס; דער/די וועגשילד, ־ן; דער פֿאַרקער־צייכן, ־ס
roadster דער ראָודסטער, ־ס; דער צווייאָרטיקער ‹צוויי־געזעסיקער› קאַבריאָלעט, ־ן
road team די גאַסט־קאָמאַנדע, ־ס; די גאַסטמאַנשאַפֿט, ־ן
road test דער שאָפֿירטעסט, ־ן
road trip די פֿאָר־נסיעה, ־ות [NESÍE]
  (spo.) די סעריע מאַטשן בײַ יענע
roadway דער וועג, ־ן
road work דער וועגבוי; די וועגאַרבעט
  road work ahead וועגאַרבעט דאָ ווײַטער
roam אַרומוואַנדערן; אַרומוואַגלען; אַרומבלאָנקען; אַרומבלאַנדזשען (זיך); אַרומדרייען זיך
roaming, *n.* **(telecommunications)** דער ראָומינג
roaming fee דער ראָומינג־אָפּצאָל, ־ן
roan, *adj.* רויטלעך גראָ
roan, *n.* דער סטראָקאַטש, ־עס
roar, *n.* דער ברום, ־ען; דאָס וווּען; דאָס געברום; דער בריל, ־ן; דאָס געבריל
  (wind) דאָס וווּען; דאָס געברום
  roar of laughter דאָס כאָכאָטשען
  roar of the crowd דאָס גערויש פֿון קולות [KÓYLES]
  There was a roar of approval דער עולם האָט צוגעשטימט מיט אַן אויסגעשריי; ס׳האָט זיך געהערט אַן אויסגעשריי פֿון שטיץ ‹הסכּמה› [HASKÓME]
roar, *v.* ברומען; וווּ|ען; רעווע|ן; ברילן; ריטשע|ן
  (wind) וווּען; ברומען
  roaring blaze די פֿלאַמענדיקע שׂרפֿה [SRÉYFE]
  roaring drunk שיכּור (ווי) לוט [ShÍKER] [LOT]
  a roaring success אַ גו(ע)וואַלדיקער סוקצעס
Roaring Twenties די צוואַנציקער ‹צוואַנציקער› צוואַנציקער
roast, *n.* דאָס (גע)בראָטנס
  (humorous tribute) דאָס אָפּבראָטעכץ
roast, *v.*
  imp. בראָטן; זשאַרע|ן
  pf. אָפּבראָטן; אויסבראָטן
  (give tribute/*hum.*) אָפּבראָטן; מאַכן פֿון + דאַט׳ אַ קרבן־פּסח [KORBM-PÉYSEKh]
roast beef דער ראָסטביף; דאָס געבראָטנס
roast chicken דאָס געבראָטענע הינדל; די געבראָטענע הון
roast duck די געבראָטענע קאַטשקע
roasted געבראָטן
roaster (chicken) די בראָטהון, ...הינער
roasting pan די בראָטפּאַן, ־ען; דער (בראָט)בעקן, ־ס

rob באַגנבֿע|(נע)ן; באַגזלען; באַראַבעווע|ן; באַרויבן; באַנעמען [BAGÁNVE(NE)N] [BAGÁZLEN]
  rob sb. blind אויסרויבן + אַק׳ ביז אַ פֿאָדעם
  rob the cradle פֿאַרפֿירן יונגע־לײַט
  I was robbed מ׳האָט מיך באַגנבֿעט ‹באַגזלט/באַראַבעוועט› [BAGÁNVET] [BAGÁZLT]
robber דער רויבער, ־ס; דער גזלן, ־ים [GÁZLEN, GAZLÓNIM]
robbery די רויבערײַ, ־ען; די גזלה, ־ות [GZÉYLE]
robe, *n.* דער שלאָפֿראָק, ־ן; דער (שטוב)כאַלאַט, ־ן
  (judicial) דאָס/דאָס ריכטער־מלבוש, ים; דער ריכטעררעק, ־ן [MÁLBESh, MALBÚShIM]
robe, *v.* אָנטאָן זיך
robed אָנגעטאָן
robin (redbreast) דאָס רויטהעלדזל, ־עך; די מאַלינאָווקע, ־ס; דאָס רויטקעלכל, ־עך
robot דער ראָבאָט, ־ן; דער גולמאַט, ־ן [GOYLEMÁT]
robotic ראָבאָט...; ראָבאָטיש
robotics די ראָבאָטיק ל״י
robust שטאַרק; געזונט; ·קרעפּטיק
rock,[1] *n.* דער שטיין, ־ער; דער פֿעלדז, ־ן
  between a rock and a hard place צווישן האַמער און קאָוואַדלע
  on the rocks (with ice) מיט אײַז
  on the rocks (in trouble) אויף (גרויסע/געהאַקטע) צרות [TSÓRES]
  rock of Gibraltar דער גיבראַלטאַר־פֿעלדז
  rocks (*coll.*) שטיינער; געשטיינען
rock,[2] *n.* **(music)** דער ראָק; די ראָקמוזיק
rock, *vt./vi.* וויגן (זיך); שאָקלען (זיך)
  rock the boat אָנמאַכן צרות; שטערן; קאַליע מאַכן [TSÓRES]
  rock to sleep אײַנוויגן; צוּוויגן; אײַנליוליע|ן
  be rocked by וויגן זיך פֿון
rock-a-bye baby (אײַ)ליו־ליו; ליולינקע, מײַן פֿייגעלע
rock-and-roll ראָק־און־ראָל
rock band די ראָק־קאַפּעליע, ־ס
rock-bottom, *adj.* סאַמע נידעריקסט
rock bottom, *n.* דער סאַמע דנאָ
  hit rock bottom נישט קענען ווײַטער פֿאַלן
rock candy דער קאַנדל־צוקער
rock-climbing דאָס קלעטערן אויף שטיינער
rock crystal דער באַרגקרישטאָל
rocker די/דער וויגשטול, ־ן
  He's off his rocker ס׳פֿעלט אים אַ שרײַפֿל; ער איז נישט קענען בײַם שׂכל; ער איז גערירט אויפֿן אײבערשטן קעסטל [SEYKhL]
rocker arm דער באַלאַנסיר־שטאַנג, ־ען
rocket, *n.* דער ראַקעט, ־ן
  It's not rocket science ס׳איז (גאַר) נישט קיין קונץ
rocket, *v.* הויך אַרויפֿפֿליִען ‹אַרויפֿשיסן›
rocket launcher דער ראַקעטן־וואַרפֿער, ־ס
rocket-propelled ראַקעטיק
rocket range די ראַקעטערײַ, ־ען
rocketry דאָס ראַקעטערײַ
rocket salad (עסעוודיקע) כמו־שאַלאַטן ל״ר; די אַרוגולע [KMOY]
rockfall דער אָפּוואַלגער (פֿון שטיינער)
rock garden דער שטיינגאָרטן, ...גערטנער
rock hard האַרט ווי שטיין
Rockies *see* **Rocky Mountains**
rocking, *adj.* וויג...
rocking chair די/דער וויגשטול, ־ן
rocking horse דאָס וויגפֿערדל, ־עך; דאָס וויגפֿערדעלע, ־ך

rock music די ראָקמוזיק
rockrose די קיסטרויז, ־ן
rock salt די/דאָס שטײנזאַלץ
rock solid אײַזן שטאַרק ‹פֿעסט›
rockweed דער פֿענכער־פֿוקוס
rocky שטײנערדיק; פֿעלדזיק
Rocky Mountains ראָקי־בערג
rocky road דער שטײנערדיקער װעג, ־ן
 (*fig.*) דער שװערער װעג; דער שטרױכלװעג
rococo דער ראָקאָקאָ
rod
 (pole) דאָס דרענגל, ־עך; דער פּרענט, ־ן/־עס; די שטאַבע, ־ס
 (for punishmant) די רוט, ריטער
 (fishing) די װענטקע, ־ס
 (measuring) דער מעסטשטעקן, ־ס
 (stirring/chem.) דאָס גלעזערנע שטעקעלע, ־ך
rodent דער נאָגער, ־ס
rodeo דער ראָדעאָ, ־ס; דאָס גערײַט, ־ן
roe דער רױג, ־ן; איקרע ל״ר
roebuck דער רעבאָק, ־ן
roe deer די סאַרנע, ־ס; דער רעהירש, ־ן
roentgen רענטגען
roentgenium דער רענטגעניום
rogue, *adj.* אומפֿאַרלאָזלעך; אומאַחריותדיק; באַנדיטיש [ÚMAKhRÁYESDIK]
rogue, *n.* דער זשוליק, ־עס; דער באַנדיט, ־ן; דער מה־יעשׂהניק, ־עס; דער שעלמאַק, ־עס; דער גאַלגאַן, ־עס [MAYÁYSENIK]
rogue elephant דער הפֿקר־העלפֿאַנד, ־ן [HÉFKER]
rogues' gallery דער פֿאַרברעכער־אַלבאָם, ־ען
rogue state די באַנדיטישע מלוכה, ־ות [MELÚKhE]
roguish *see* **rogue**
roil
 (annoy) אױפֿברענגען; דענערװירן
 (muddy) פֿאַרטונקלען; פֿאַרנעפּלען; קאַלעמוטיע|ן
role די ראָלע, ־ס
role model דער ראָלמאָדעל, ־ן
role-play, *v.* אױסשפּילן אַ ראָלע; ראָלעװע|ן
role-playing די/דאָס ראָלעשפּיל; דאָס ראָלעװען
role reversal דאָס פֿאַרבײַטן די ראָלעס; דער ראָלפֿאַרבײַט, ־ן
roll, *n.*
 (bread) די בולקע, ־ס; דאָס בולקעלע, ־ך; דער זעמל, –; דאָס ברײטל, ־עך
 (list) די רשימה, ־ות; דער רײסטער, ־ס [REShÍME]
 (rolled object) די ראָלקע, ־ס
 call the roll אױסרופֿן די נעמען
 flat roll דאָס פּלעצל, ־עך
 have a roll in the hay אַרײַנכאַפּן אַ טרען
 He's on a roll ס'גײט אים (זײער) גוט
 roll of coins דאָס טיטל, ־עך
 roll of money די ראָלקע, ־ס; דער רולאָן, ־ען
 roll of paper די ראָלקע, ־ס
 roll of thunder דאָס דונער־געקנאַל, ־ן
roll, *vt./vi.* קײַקלען (זיך); קאַטשע|ן (זיך); קאָלערן (זיך)
 imp./pf. **(dough)** (אױס)קאַטשע|ן; (אױס)װעלגערן; (אױס)װאַלגערן
 (cigarette) פֿאַרװיקלען; צונױפֿדרײען
 (metal) װאַלצעװע|ן; װאַלצן
 (string) צונױפֿװיקלען; צונױפֿדרײען
 all rolled into one אַלץ אין אײנעם
 Heads will roll ס'װעלן פֿאַלן קעפּ; מ'עט האַקן קעפּ
 Let's roll! הײַדאַ!; געגאַנגען!
 roll around (arrive) אָנקומען; קומען צו גײן
 roll around (wallow) װאַלגערן זיך
 roll back צוריקדרײען; צוריקציִען
 roll back and forth, *vt./vi.* װאַקעװע|ן (זיך); קאַטשע|ן (זיך)
 roll down (window) אַראָפּרוקן; אַראָפּדרײען; אַראָפּלאָזן
 roll one's eyes פֿאַרגלאָצן די אױגן
 roll over, *vt./vi.* איבערדרײען (זיך); איבערקאַטשע|ן (זיך)
 roll over money אַריבערפֿירן געלט
 roll the dice װאַרפֿן די בײנדלעך
 roll up צונױפֿדרײען; צונױפֿקאַטשע|ן; צונױפֿקאָלערן; צונױפֿװיקלען; אױפֿװיקלען; קנױלן
 roll with the punches געבן זיך אַן עצה (װאָס סע זאָל נישט זײַן) [ÉYTSE]
rollback
 (mil.) דער צוריקצי, ־ען
 (econ.) די רעדוצירונג, ־ען
roll call דער (נעמען־)אױסרוף, ־ן; דער אַפּעל, ־ן; דאָס געצײל, ־ן
rolled metal דאָס װאַלצבלעך
rolled oats האָבער־פֿאַרפֿל
roller
 (device) דער װאַל, ־ן; דער װאַלץ, ־ן; דער װאַליק, ־עס
 (person) דער װאַלצער, ־ס
roller blades אײן־שורהדיקע רעדלשיך [ShÚREDIKE]
roller coaster די באַרג־און־טאָל־באַן, ־ען
roller skate, *n.* דער רעדלשוך, ...שיך
roller-skate, *v.* רעדלען זיך
roller skater דער רעדלער, ־ס
roller-skating דאָס רעדלען זיך
rollicking שטאַרק לעבעדיק; פֿול מיט ברען
 have a rollicking time אַ הוליע טאָן
rolling (on wheels) אױף רעדלעך
rolling backpack דער רוקזאַק אױף רעדלעך
rolling blackouts פֿאַרפֿינצטערונגען אײנס נאָך ס'אַנדערע
rolling mill די װאַלצאַרניע, ־ס
rolling pin דאָס װאַלגערהעלץ, ...העלצער; די קאַטשלקע, ־ס
rolling stock די שלעפּקראַפֿט; דער באַרעדערטער אינװענטאַר
rolling stone דער נע־ונדניק, ־עס [NAVENÁDNIK]
roll-on deodorant דער רעדל־אָפּשמוכטער, ־ס
rollover funds דאָס אַריבערגעפֿירטע געלט ל״י
roly-poly, *adj.* פֿעסלדיק; קאַראַפּוזיק
roly-poly, *n.* דאָס פֿעסל, ־עך; דער קאַראַפּוז, ־ן; דער גראָבאַטש, ־עס; דער פּעמפּיק, ־עס
 play roly-poly שפּילן אין קאַטשעבאַל
Rom
 m./unsp. דער ציגײַנער, –
 f. די ציגײַנערין ‹ציגײַנערקע/ציגײַנערטע›, ־ס
ROM *see* **read-only memory**
Roma ציגײַנער
Romaine lettuce דער רױמישער סאַלאַט
Roman, *adj.* **(of Rome)** רױמיש
Roman, *n.*
 m./unsp. דער רױמער, –
 f. די רױמערין, ־ס
Roman alphabet דער לאַטײַנישער אַלפֿאַבעט; דאָס גלחות [GÁLKhES]
Roman Catholic, *adj.* רױמיש־קאַטױליש
Roman Catholic, *n.* דער רױמישער קאַטױל, ־ן
Roman Catholicism דער רױמישער קאַטױליציזם; די/דאָס רױמישע קאַטױלישקײט

Romance, *adj.* ראָמאַניש

romance, *n.* דער ראָמאַנס, ־ן; דער ראָמאַן, ־ען; די ליבע, ־ס

romance, *v.* פֿירן אַ ליבע מיט; ראָמאַנסירן

Romance language די ראָמאַנישע שפּראַך, ־ן

romance novel דער ליבע־ראָמאַן, ־ען

romancing דאָס ליבעראַי

Romanesque ראָמאַנעסק

Romani ציגײַנעריש

Romania (די) רומעניע

Romanian, *adj.* רומעניש

Romanian Jew דער רומענישער געב׳; דער רומענישער ייִד, ־ן

Romanian, *n.*

m./unsp. דער רומענער, –

f. די רומענערין, ־

(language) דאָס רומעניש

Roman nose די אָדלערנאָז

Roman numeral די/דער רוימישע(ר) ‹גלחישע(ר)/לאַטײַנישע(ר)› ציפֿער, ־ן/– [GÁLKhIShE(R)]

Romano cheese דער רוימער קעז

Romans (bib./Chr.) רוימער

romantic, *adj.* ראָמאַנטיש; ליבע...

romantic, *n.* דער ראָמאַנטיקער, ־ס

romantically אויף אַ ראָמאַנטישן אופֿן [OYFN]

be romantically involved פֿירן אַ ראָמאַן ‹ליבע›

romanticism די ראָמאַנטיק; דער ראָמאַנטיזם

romanticist דער ראָמאַנטיקער, ־ס

romanticize ראָמאַנטיזירן

romantic lead

m. דער ליובאָווניק, ־עס; דער ראָמאַנטישער העלד, ־ן

f. די ליובאָווניצע, ־ס

romantic tragedy די ליבע־טראַגעדיע, ־ס

Rome (דאָס) רוים

Rome wasn't built in a day קראָקע איז נישט מיט אַ מאָל געבויט געוואָרן; מע קען נישט אַלץ אַרײַנכאַפּן פֿאַר איין מאָל

When in Rome, do as the Romans do אויף וואָס פֿאַר אַ וואָגן מע זיצט, אַזאַ לידל זינגט מען; אין וואָס פֿאַר אַ שיל ‹שול› מע דאַוונט, אַזאַ קדושה שפּרינגט מען; אַז מע קומט צו קראָען מוז מען קראָקען מיט זיי [KDÚShE]

romp קאָמאַנדעווע|ן; טומלען

rompers שפּילהויזן; קריך־הײזעלעך

rondo דער ראָנדאָ, ־ס

roof, *n.* דער דאַך, דעכער

(of mouth) דער האַרטער גומען

removable roof (of sukkah/J.) דער/דאָס שלאַק, שלעק

through the roof ביז אין הימל אַרײַן

under the same roof אונטער איין דאַך; אין איין שטוב

roof, *v.* דעקן (דאָס הויז)

roofer דער דאַכלייגער, ־ס; דער דאַכדעקער, ־ס

roofing דאָס דעכערײַ

roofing tin דאָס דאַכבלעך

roof tile די דאַכלקע, ־ס; דער דאַכציגל, –

rooftop, *adj.* דאַכ...

rooftop, *n.* דער (שפּיץ) דאַך

from the rooftops פֿון די דעכער

shout from the rooftops צעטראָגן (ווי) אויף טעלערלעך

rook,[1] *n.* **(chess)** דער ראָד, ־ן/־עס

rook,[2] *n.*

(swindler) דער גנבֿעץ, ־ן; דער דרייקאָפּ, ...קעפּ [GANEFÉTS]

(zool.) די קאָרנקראַ, ־ען; די וואָראָנע, ־ס; דער ראָב, ־ן; דער גראַק, ־ן; די זאָטקראַ, ־ען

rook, *v.* (באַ)שווינדלען; אויסנאַרן (בײַ)

rookie, *adj.* רעקרוט...; אָנהייב...; נײַ...

rookie, *n.* דער רעקרוט, ־ן

(fig.) דער נײַער געב׳; דער נײַנקער געב׳; דער אָנהייבער, ־ס

Rookie of the Year דער ווערטיקסטער רעקרוט

Rookie of the Year award די פּרעמיע פֿאַרן ווערטיקסטן רעקרוט

rookie cop דער נײַער פּאָליציאַנט, ־ן

room, *n.* דער/דאָס צימער, ־ן; דער חדר, ־ים; די שטוב, ־ן/שטיבער [KhÉYDER, KhADÓRIM]

(space) דאָס אָרט; דער פּלאַץ

make room באַפֿרײַען אַן אָרט; מאַכן פּלאַץ

room and board די קעסט; די פֿאַרזאָרגונג; דער פּאַנסיאָן

have room and board *also* זײַן אויף אַלעם גרייטן

There's room for improvement סע קען זײַן נאָך בעסער

room, *v.* וווינען; אײַנשטיין

room with מיטוווינען מיט

roomer דער קוואַרטיראַנט, ־ן; דער לאָקאַטאָר, ...אָרן

roomful דער פֿולער צימער, ־ן

a roomful of אַ פֿולער צימער מיט

rooming house דער פּאַנסיאָן, ־ען

roommate

m./unsp. דער מיטוווינער, ־ס

f. די מיטוווינערין, ־ס

room service די צימער־באַדינונג

room temperature די שטוב־טעמפּעראַטור

at room temperature בײַ דער שטוב־טעמפּעראַטור

roomy גערוים; רחבֿותדיק [RÁKhVESDIK]

roost, *n.* די (נאָ)סידעלע, ־ס

roost, *v.* זיצן אויף דער סידעלע

come home to roost קאָסטן רבי־געלט [RÉBE]

rooster דער האָן, הענער

(J./used for atonement ritual) דער תּרנגול, ־ים [TÁRNEGL, TARNEGÓYLIM]

(nurs.) קו־קו־ריקו; קו־קו־רי־קו

small rooster דאָס הענדל, ־עך; דאָס האָנעכל, ־עך

root, *n.* דער וואָרצל, ־ען

(source) דער שורש, ־ים; דער מקור, ־ים [ShÓYRESh, ShERÓShIM] [MÓKER, MEKÓYRIM]

(math.) דער וואָרצל, ־ען

(of hair) דער האָרוואָרצל, ־ען

get to the root of דערגרונטעווע|ן זיך צו; דערגיין + אַק׳

have its roots in שטאַמען פֿון

pull up by the roots אַרויסרײַסן מיטן וואָרצל

put down new roots אײַנוואָרצלען זיך אויף ‹פֿון› ס׳נײַ

root of a chord דער גרונטטאָן, ...טענער

take root אָננעמען זיך; שלאָגן ‹לאָזן› וואָרצלען; אײַנוואָרצלען זיך; פֿאַרוואָרצלען זיך

the root of the matter דער תּמצית ‹תּוך› פֿון דער זאַך [TÁMTSES] [TOKh]

root, *v.* פֿאַרוואָרצלען

root around for אַרומזוכן + אַק׳

root for (אונטער)שטיצן

root out אויסוואָרצלען; אויסקאָרעניע|ן; עוקר־מן־השורש זײַן [ÓYKER-MIN-HAShÓYRESh]

root beer דאָס וואָרצלביר; דאָס רוטביר

root canal

(anat.) דער וואָרצל־קאַנאַל

(procedure) די צאָנוואָרצל־אָפּעראַציע, ־ס

I had a root canal מ׳האָט מיר אָפּערירט דעם צאָנוואָרצל

root cause די גרונט־סיבה, ־ות [SÍBE]
root crop וואָרצלפּרוכטן ל״ר
root directory די וואָרצל־רשימה, ־ות [REShÍME]
rooted פֿאַרוואָרצלט
  be rooted (האָבן) וואָרצלען; זײַן פֿאַרוואָרצלט; וואָרצלען זיך
  deeply rooted טיף פֿאַרוואָרצלט; אַלט־געזעסן
rootless אָנוואָרצלדיק; אָן אַ וואָרצלען; אָן אַן אָרט; אָן אַ באָדן
root sign דער וואָרצל־‹ראַדיקאַל־›צייכן, ־ס
root vegetable די וואָרצלפּרוכט, ־ן
rope, *n.* דער/די שטריק, –
  know the ropes וויסן ווו אַ טיר עפֿנט זיך; וויסן ווו אײַן און ווו אויס
  learn the ropes לערנען די מלאָכה [MELÓKhE]
  She was at the end of her rope ס׳האָט בײַ איר געפּלאַצט די געדולד; זי האָט שוין מער נישט געקענט (אויסהאַלטן)
  show sb. the ropes אויסלערנען + אַק׳ די מלאָכה [MELÓKhE]
rope, *v.* צובינדן מיט אַ שטריק
  rope in אַרײַנצײַען
  rope off אָפּטיילן ‹אָפּזונדערן› מיט אַ שטריק
rope ladder דער שטריקלייטער, ־ס
ropemaker דער שטריקדרייער, ־ס; דער שטריקל־דרייער, ־ס
ropewalker דער שטריקטענצער, ־ס
Rorschach test דער ראָרשאַך־טעסט
rosarium דער ראָזאַריום, ־ס; דער רויזן־גאָרטן, ־גערטנער
rosary פּאַטשערקעס ל״ר; דער רויזנקראַנץ
rose, *adj.* ראָזיק
  see everything through rose-colored glasses זען אַלץ אין העלע ‹ליכטיקע› פֿאַרבן; זען נאָר דאָס גוטס
rose, *n.* די רויז, ־ן
  be coming up roses גיין מיטן רעכטן פֿוס; גיין גוט
  be not all roses זײַן נישט אַזוי איי־איי־אײַ
rosé דער ראָזעווײַן
roseate ראָזע(ווע)
rosebay די געלקנאָפּ־אַזאַליע
rosebud דער רויזנקנאָספּ, ־ן
rosebush דער רויזנקוסט, ־ן/־עס; די רויז, ־ן
rose garden דער רויזן־גאָרטן, ־גערטנער; דער ראָזאַריום, ־ס
  (*fig.*) גרויסע גליקן ל״ר
rosehip דאָרנרויז־יאַגדעס ל״ר
rose honey דער רויזן־האָניק
rosella די ראָזעלע, ־ס
rosemallow דער היביסקוס
rosemary דער ראָזמאַרין
rose of Sharon דער סירישער היביסקוס
roseola דאָס קינדער־רייטל
rose red רויזן רויט
rosette די ראָזעטקע, ־ס; די קאָקאַרדע, ־ס
rosewater דאָס רויזן־וואַסער
rosewood דאָס רויזנהאָלץ
Rosh Hashanah דער ראָש־השנה [ROShEShÓNE]
Rosh Hodesh דער ראָש־חודש [REShKhÓYDESh]
rosin די קאַנ(י)פֿאָליע
roster דער רײַסטער, ־ס; דער לײַסטער, ־ס
rostrum די טריבונע, ־ס
rosy ראָזע(ווע); ראָזיק
  (*fig.*) אין העלע פֿאַרבן
rot, *n.* דאָס פֿוילעכץ
rot, *v.* פֿוילן; פֿאַרפֿוילט ווערן
  rot away (*fig.*) אָפּפֿוילן; פֿאַרפֿאַלן ווערן
Rotarian דער ראָטאַריער, –
rotary רעדל...; דריי...; ראָטיר...; אומלויפֿ...
rotary action די דריי־‹ראָטיר־›באַוועגונג, ־ען
rotary engine דער אומלויף־מאָטאָר, ־ן
rotary phone דער רעדל־טעלעפֿאָן, ־ען
rotary press די ראָטיר־‹ראָטאַציע־›מאַשין, ־ען
rotate, *vt./vi.* (אַרומ)דרייען (זיך); ראָטירן (זיך)
  rotate the tires ראָטירן די רייפֿן
  rotating presidency די ראָטירנדיקע פּרעזידענטשאַפֿט
rotation דער אומדריי, ־ען; דער אַרומדריי, ־ען; די ראָטאַציע, ־ס
  (*math.*) די ראָטאַציע, ־ס; די ראָטירונג, ־ען; די דרייונג, ־ען
rotator cuff דער דרייער, ־ס; דער אַקסל־טרעגער, ־ס
rote
  by rote ריין מעכאַניש
  learn by rote אײַנחזרן אויף אויסנווייניק; (אײַנ)זוברעווע|ן [ÁYNKhÁZERN]
rotgut די סיווּכע
rotor דער ראָטאָר, ...אָרן; דער דרייפֿליגל, ־ען
rotten פֿאַרפֿוילט; צעפֿוילט
  (*egg*) פֿאַרשטונקען; פֿויל; פֿאַרפֿוילט
  (*fig.*) פּאַסקודנע; פֿאַרשיווע; הינטיש
  (*weather*) פּאַסקודנע; מיאוס [MÍES]
  rotten person דער פּאַסקודניאַק, ־עס; דער מנוול, ־ים [MENÚVL, MENUVÓLIM]
  rotten wood צעפֿוילטע ברעטער ל״ר
rotten apple (*fig.*) דער פֿאַרשיווער שאָף, –
rottenstone דער טריפּל
rotund קײַלעכ(ד)יק; פּוכקע
roué דער לעביונג, ־ען; דער נואף, ־ים; דער אויסגעלאַסענער געב׳ [NÓYEF]
rouge, *n.* די שמינקע; דאָס (באַקן־)רייטל; דער רוזש
  apply rouge אָנרוזשן זיך; אָנרוזשעווע|ן זיך; אָנרייטלען זיך
rouge, *v.*
  rouge one's cheeks אָנרייטלען ‹אָנרוזשן/אָנרוזשעווע|ן› די באַקן
rough, *adj.*
  (*difficult*) שווער
  (*texture*) שאָרסטיק; שאָרסטקע; ראַציק; רוי; נישט־גלאַט
  (*unrefined*) גראָב; פּראָסט
  (*approximate*) בערכדיק [BEÉREKhDIK]
  make a rough estimate שאַצן בערך; טרעפֿן אויפֿן אויג [BEÉREKh]
  He had a rough ride/time ס׳איז אים געווען שווער; ער האָט זיך (נעבעך) געמאַטערט ‹געמוטשעט›
rough, *v.*
  rough it אָפּקומען אָן די געוויינ(ט)לעכע באַקוועמלעכקייטן
  rough up אָנהאַקן ‹אָנברעכן› + דאַט׳ די בײנער; צעממיתן; צענהרגן [TSEMÉYMESN] [TSENÉREKN]
roughage דאָס גראָבוואַרג; די גראָבע אַכילה [AKhÍLE]
rough-and-tumble, *adj.* שלעגעריש
rough-and-tumble, *n.* דאָס געשלעגערײַ; דאָס געשלעג
rough copy די שוואָרצקאָפּיע, ־ס
rough diamond דער נישט־געשליפֿענער דימענט, ־ן
rough draft דער אָנוואַרף, ־ן; דער אויפֿשוואָרץ, ־ן
rough-hewn נישט־געשליפֿן; נישט־געהובלט
roughhouse (אַרומ)קאָמאַנדעווע|ן; (אַרומ)ווילדעווע|ן
roughly אין דעם ערך; בערך; אַן ערך; מער־ווייניקער [ÉREKh] [BEÉREKh]
roughneck דער גראָביאַן, ־ען/־עס
roughness די/דאָס שאָרסטיקייט
roughshod שאַרף אונטערקאָווע|ן
  ride roughshod over טרעטן + דאַט׳ אויפֿן קאָפּ; קאָמאַנדעווע|ן איבער; פֿירן זיך דעספּאָטיש מיט

roulade די פּריפּלוֹע; די ראָלאַדע, ־ס; דער רולעט, ־ן
roulette די רולעטקע; דער רולעט
round, *adj.* קײַלעכ(ד)יק
round, *adv.*
  all year round אַ גאַנץ קײַלעכ(ד)יק יאָר
  go round and round דרײען זיך אָן אַ סוף; דרײען זיך אַרום און אַרום; דרײען זיך ווי אַ קאַרוסעל [SOF]
  round about אַרום און אַרום
round, *n.*
  (mus.) דער קאַנאָן, ־ען
  (of game) די פּאַרטיע, ־ס; די רונדע, ־ס; דער קאָן, ־ען
  (of playoffs) די רונדע, ־ס; די פּאַרטיע, ־ס
  make rounds (med.) גיין איבער די קראַנקן־צימערן; גיין איבערן אָפּטייל
  make the rounds אַרומגיין; אַרײַנשמעקן אין יעדן אָרט
  round of ammunition דער פּאַטראָן, ־עו
  round of applause אַפּלאָדיסמענטן ל״ר
  give a round of applause אַפּלאָדירן + דאַט'; פּאַטשן + דאַט' בראַוואָ
  He got a round of applause מע האָט אים אַפּלאָדירט ‹געפּאַטשט בראַוואָ›
round, *v.*
  round off פֿאַרקײַלעכן
  round out אויסענדיקן
  round up (cattle) צונויפֿמענטרײַבן
  round up (suspects) (אַ)דורכפֿירן אַן אָבלאַווע
roundabout, *adj.* אומוועגיק; אַרומיק; אומדירעקט; מיט הינטערגענג
  roundabout route דער אָנלייגוועג, ־ן
roundabout, *n.* די ראָנדע, ־ס
rounded פֿאַרקײַלעכ(ד)יקט
round-eyed מיט קײַלעכ(ד)יקע אויגן
round-figured זאַפּטיק; פּולכנע; רונדיק
roundly ווי געהעריק; שאַרף
roundness די/דאָס קײַליכ(ד)יקייט; די/דאָס רונדיקייט, ־ן
round number די/דער קײַלעכ(ד)יקע(ר) ציפֿער, ־ן/–
round robin דער יעדער־יעדן־טורניר, ־ן
round-shouldered אײַנגעהויקערט
round table (conference) די קאָנפֿערענץ בײַם קײַלעכ(ד)יקן טיש; דער דיסקוטיר־טיש, ־ן
round-the-clock טאָג און נאַכט; אַ גאַנצן מעת־לעת [MESLÉS]
round trip, *n.* דער אַהין־קריקפֿאָר, ־ן; דער אַהין־צוריק, ־ן; די נסיעה אַהין־קריק [NESÍE]
round-trip, *adj.* אַהין־(און־)קריק־...; אַהין־צוריק־...
round-trip fare דער אַהין־קריק־אָפּצאָל, ־ן
round-trip ticket דער אַהין־קריק־בילעט, ־ן
roundup
  (of cattle) דאָס צונויפֿמענטרײַבן
  (news) דער נײַעס־קיצור, ־ס; דער נײַעס־סך־הכּל, ־ען [KÍTSER] [SAKhÁKL]
  (of suspects) די אָבלאַווע, ־ס
roundworm דער אַסקאַריד, ־ן; דער קײַלוואָרעם, ...ווערעם
rouse, *v.*
  vt./vi. imp./pf. **(wake up)** (אויפֿ)וועקן (זיך)
  vt. **(emotionally)** אויפֿוועקן; באַוועגן; באַגײַסטערן; מעורר זײַן [MEÓYRER]
rousing וועקנדיק; באַגײַסטערנדיק
roust אַרויסרײַסן פֿון בעט; אויפֿוועקן
roustabout דער צירק־אַרבעטער, ־ס; דער באַהילפֿיקער אַרבעטער, ־ס
rout, *n.* די צעשמעטערונג; די מפּלה; דער בהלה־אַנטלויף [MAPÓLE] [BEHÓLE]
rout, *v.* צעשמעטערן; צעקלאַפּן; נייטן ‹צווינגען› אַנטלויפֿן
route, *n.* דער מאַרשרוט, ־ן; די רוטע, ־ס; דער וועג, ־ן
  en route אונטער וועג(נ)ס; אויפֿן וועג
  take a different route גיין ‹פֿאָרן› מיט אַן אַנדער וועג
route, *v.* רוטירן
router דער רוטירער, ־ס
routine, *adj.* אײַנגעשטעלט; רוטינירט; אײַנגעפֿאָרן
routine, *n.* די רוטין, ־ען; דער הרגל, ־ים; דאָס רגילות, ־ן [HERGL, HERGÉYLIM] [REGÍLES]
  daily routine די טאָג־טעגלעכע רוטין, ־ען; דער טאָגרעזשים, ־ען
routinely געוויינ(ט)לעך; בדרך־כּלל [BEDÉREKh-KLÁL]
roux דער אײַנברען; דאָס אײַנגעברענטס
rove אַרומוואָגלען; אַרומוואַנדערן; אַרומבלאָנקען
rover דער וואָגלער, ־ס; דער וואַנדערער, ־ס
  (vehicle) דער לבֿנה־וואָגן, ־ס; דער לונאָכאָד, ־ן [LEVÓNE]
roving commission די וואַנדער־קאָמיסיע, ־ס
roving eye דער בלאָנדזשענדיקער בליק
row,[1] *n.*
  (line) די ריי, ־ען; די שורה, ־ס; די ש(ע)רענגע, ־ס [ShÚRE]
  (in a table) די שורה, ־ות
  in a row כּסדר; אין אַ ריי; נאָך אַנאַנד [KESÉYDER]
  in the first row אין דער ערשטער ‹פֿעדערשטער› ריי
row,[2] *n.*
  (quarrel) דאָס קריגערײַ, ־ען; דאָס מחלוקת, ־ן [MAKhLÓYKES]
  (uproar) דאָס ג(ע)וואַלד; דאָס גערודער; דער ליאַרעם, ־ס; די אורע־בורע, ־ס; די סומאַטאָכע, ־ס; קולות ל״ר [KÓYLES]
row, *v.* רודערן
rowan
  (fruit) ראַבינע־יאַגדעס ל״ר
  (tree) די ראַבינע, ־ס; דער פֿויגלבוים, ...ביימער
rowboat דאָס רודער־שיפֿל, ־עך
rowdy, *adj.* צעיושעט; צעווילדעוועט; טומלדיק; רוישיק
rowdy, *n.* דער כוליגאַן, ־עס; דער בויאַן, ־עס
rowhouse דאָס רײענהויז, ...הײַזער
rowing machine די רודער־מאַשין, ־ען
rowlock דער רודער־גאָפּל, ־ען
royal, *adj.* קיניגלעך; קרוינ...; מלוכה־... [MELÚKhE]
  (king's) דעם מלכס ‹קיניגס› [MÉYLEKhS]
  He's a royal pain! וויי, קען ער דערקוטשען!; ער גייט באמת אויף די נערוון! [BEÉMES]
  give sb. the royal treatment באַהאַנדלען + אַק' כּיד־המלך; באַגיין זיך מיט + דאַט' כּיד־המלך [KEYÁD-HAMÉYLEKh]
royal, *n.*
  be a royal זײַן פֿון אַ קיניגלעכער משפּחה [MIShPÓKhE]
royal birth די/דאָס קיניגלעכע געבורט, ־ן
royal blue קיניגסבלאָ
royal family די קיניגלעכע משפּחה, ־ות [MIShPÓKhE]
royal flush דער ראָיאַלפֿלאָש
royal guard די גוואַרדיע, ־ס
royalism דער מאָנאַרכיזם
royalist, *adj.* מאָנאַרכיסטיש
royalist, *n.* דער מאָנאַרכיסט, ־ן
royal jelly דער בינענזאַפֿט
royally קיניגלעך; כּיד־המלך [KEYÁD-HAMÉYLEKh]
royal palm די מלכות־פּאַלמע, ־ס [MÁLKhES]
royal seal דער קיניגלעכער שטעמפּל, ־ען; דער חותם־המלכות [KhÓYSEM-HAMÁLKhES]
royal tax דער קרוינשטײַער, ־ן
royalty דאָס מלכות [MÁLKhES]
  (compensation) דער טאַנטיעם, ־ען; דער האָנאָראַר, ־ן

rpm *see* **revolutions per minute**
RSS feed דער ער־עס־עס־שטראָם
RSVP ענטפֿערט, זײַט אַזוי גוט; ענטפֿערט, זײַט (זשע) מוחל [MOYKhL]
rub, *n.* דאָס רײַבן
There's the rub אָט דאָ ליגט דער הונט באַגראָבן; אָט דאָס איז די צרה; דערויף קלאָגט דער מקונן [TSÓRE] [MEKÓYNEN]
rub, *v.* רײַבן
rub down אַרומרײַבן; מאַס(אַזש)ירן
rub in אײַנרײַבן
Don't rub it in! שיט מיר נישט קיין זאַלץ אויף די ווונדן!
rub off, *vt./vi.* אָפּרײַבן (זיך)
rub off, *vi.* (*fig.*) אַריבערטראָגן זיך
rub one's hands רײַבן זיך די הענט
rub out דערהרגע|(נע)ן; קוילע|ן [DERHÁRGE(NE)N]
rub shoulders with רײַבן ‹אַרומדרייען› זיך צווישן
rub sb. the wrong way דערקוטשע|ן; דענערווירן
rubber, *adj.* גומען; גומע...; גומי...; קויטשוקן
rubber, *n.* די גומע; די גומעלאַסטיק; דער קויטשוק
(condom/*slg.***)** די גומע; דער פֿאַריזער, –
rubber band די גומקע, ־ס; דאָס גומעלע, ־ך
rubber boot דער קאַלאָש, ־ן
rubber check דער טשעק אָן דעקונג
rubber-coated גומע־באַצויגן; מיט גומע באַצויגן
rubber game דער דעצידיר־מאַטש, ־ן
rubber glove די גומענע הענטשקע, ־ס
rubber hose די גומענע קישקע, ־ס
rubberneck, *n.* דער לײדיק־גייער, ־ס; דער גאַפֿער, ־ס
rubberneck, *v.* גאַפֿן; אויסציִען ‹אויסשטרעקן› דעם האַלדז
rubbers קאַלאָשן
rubber stamp, *n.* דער גומענער שטעמפּל, ־ען
rubber-stamp, *v.* אויטאָמאַטיש אַפּראָבירן
rubber tire די/דער גומרייף, ־ן
rubber tree דער קויטשוקבוים, ...ביימער
rubbery עלאַסטיש; ווי גומע
rubbing alcohol דער (אײַנרײַב)ספּירט
rubbish דאָס מיסט; דער אָפּפֿאַל
(nonsense) נאַרישקייטן ל״ר; דער קוואַטש; שטותים ל״ר [ShTÚSIM]
rubbish removal דאָס אַוועקפֿירן דאָס מיסט
rubble דאָס (בוי)ברעך; דער שטיינבראָך; דער רים
pile of rubble דער תּל [TEL]
rubdown די אַרומרײַבונג, ־ען; דער מאַסאַזש, ־ן
rubella די קעשעליע; די רויטע זאַך
rubeola מאָזלען ל״ר
Rubicon דער רוביקאָן
cross the Rubicon אַריבערטרעטן דעם רוביקאָן
rubidium דער רובידיום
ruble דער רובל, –; דאָס קערבל, ־עך
rubric די רובריק, ־ן
ruby דער רובין, ־ען
rucksack דער רוקזאַק, ...זעק
ruckus די מהומה; דער רעש; דער טומל [MEHÚME] [RASh]
make a ruckus *also* מאַכן אַ ויצעקו [VAY(I)TSÁKU]
rudder די קערמע, ־ס; דער רודער, ־ס
rudderless אָן אַ רודער
(*fig.*) אָן אַ פֿירער ‹קאַפּיטאַן›
ruddy רויט(לעך); רויטבאַקיק; געזונט; מיט רויטע באַקן
rude גראָב; גראָב־יונגיש; אומהעפֿלעך; פּראָסט; פֿאַרגרעבט; אומתּרבותדיק [ÚMTÁRBESDIK]
have a rude awakening זײַן שטאַרק ‹ביטער› אַנטוישט
have a rude shock בלײַבן ווי געליימט
rude person (*m./unsp.*) דער גראָביאַן, ־ען/־עס; דער גראָבער־יונג, גראָבע־יונגען; דער גראָבער פּליגל, –; די גראָבע זאַך, ־ן
rude person (*f.*) די גראָביאַנקע, ־ס
rudeness די/דאָס גראָבקייט; די/דאָס פּראָסטקייט; דאָס אומתּרבות [ÚMTÁRBES]
rudimentary עלעמענטאַר; רודימענטאַר; יסודותדיק [YESÓYDESDIK]
rudimentary knowledge קמץ אַלף אָ; דאָס עלעמענטאַרע וויסן [KÓMETS-ÁLEF]
rudiments יסודות; רודימענטן [YESÓYDES]
rue, *n.* **(bot.)** די רוטע, ־ס
rue, *v.* חרטה האָבן (אויף); באַדויערן [KhARÓTE]
rueful
be rueful חרטה האָבן; באַדויערן; קומען צו די אויגן + דאַט'/פּ״ק [KhARÓTE]
ruefully מיט באַדויער ‹חרטה› [KhARÓTE]
ruff
(bird) דער קאַמפּלויפֿער, ־ס
(collar) די האַלדזקריסקע, ־ס
ruffe דער באַרש, ־ן
ruffian דער כוליגאַן, ־עס; דער גראָבער־יונג, גראָבע־יונגען
ruffle, *n.* דאָס קרײַזל, ־עך; די שליאַרע, ־ס; די קריסקע, ־ס
ruffle, *v.*
(fabric) קרײַזלען; רונצלען
(upset) אויפֿרודערן; אויפֿרעגן; אָנרירן
be easily ruffled באַלד אויפֿגערודערט ווערן
ruffle sb.'s feathers אויפֿרעגן
ruffle sb.'s hair צעשויבערן + דאַט' די האָר; צעפּאַטלען
rug דער טעפּעך, ־ער; דער דיוואַן, ־ען; דער קאָץ, ־ן; דער קיליעם, ־עס
pull the rug out from under אונטערשטעלן + דאַט' אַ פֿיסל
rugby דער ראַגבי
rugelach ראָגעלעך ל״ר
rugged
(coarse) גראָב(לעך); שאָרסטיק
(harsh) האַרב; שווער
(robust) שטאַרק; פֿעסט געבויט; סאָליד
(uneven) גריבערדיק; בערגלדיק
ruin, *n.* די חורבה, ־ות; די רוינע, ־ס [KhÚRVE]
be the ruin of מאַכן + דאַט' דעם סוף [SOF]
in ruins חרובֿ [KhÓREV]
Everything was in ruins אַלץ איז געלעגן חרובֿ
utter ruin דער תּל־עולם [TEL-ÓYLEM]
ruin, *v.*
(devastate) צעשטערן; חרובֿ מאַכן; רויִנירן; אַ תּל מאַכן פֿון [KhÓREV] [TEL]
(spoil) קאַליע מאַכן; פּטרן; אַ תּל מאַכן פֿון [PÁTERN]
He was ruined פֿון אים איז אַ תּל געוואָרן
ruin utterly מאַכן אַ תּל־עולם פֿון [TEL-ÓYLEM]
ruined person דער געפֿאַלענער געב'; דער געבראָכענער געב'; דער יורד, ־ים [YÓYRED, YÓRDIM]
ruinous
(destructive) חרובֿ־מאַכנדיק; רויִנירנדיק; קאַטאַסטראָפֿאַל [KhÓREV]
(dilapidated) צעפֿאַלן
rule, *n.*
(authority) די רעגירונג; די ממשלה; די ־הערשאַפֿט [MEMShÓLE]
(law) דער חוק, ־ים [KhOK, KhÚKIM]
(norm) דער כּלל, ־ים; די תּקנה, ־ות [KLAL, KLÓLIM] [TAKÓNE]

(straightedge) די ווי́רע, ־ס; די לי́ניע, ־ס
as a rule [BEDÉREKh-KLÁL] בדרך־כּלל; געוויי́נ(ט)לעך
as a rule of thumb פּראַקטיש גערע́דט
make a rule that איַי́נפֿירן אַז
rule of law רע́כטלעכע נאָרמעס ל״ר
rules of engagement [KLÓLIM] שלאַכט־כּללים
rules of procedure די געשע́פֿט־אָרדענונג ל״י
rule, *v.*
(govern) רעגי́רן; געוועלטיקן ‹˙הערשן› איבער
(decide) באַשטי́מען; באַשלי́סן; פּסקענען ‹פּסקע|נען›
[PÁSKENEN - PASKN/PÁSKE]
(make lines) (אוי́ס)ווי́רע|ן; (אוי́ס)לי́ניעווע|ן
rule despotically הע́רשעווע|ן ‹שאַ́לטעווע|ן› איבער
rule out אוי́סשליסן; עלימיני́רן
rule the roost זײַן דער בעל־הבית; פֿירן די שטוב ‹גרע́נדע› [BAL(E)BÓS]
rule book [KLÓLIM] [TAKÓNES] כּללים ל״ר; תּקנות ל״ר
ruled paper דאָס געווי́רעטע פּאַפּי́ר
ruler[1] **(leader)** דער רעגי́רער, ־ס; דער מושל, ־ים; דער הע́רשער, ־ס [MOYShL, MÓShLIM]
ruler[2] **(measure)** די ווי́רע, ־ס
ruling, *adj.* רעגי́ר...; הע́רשנדיק
ruling, *n.* דער פּסק, ־ן/־ים; די פּסקענונג, ־ען; די החלטה, ־ות [PSAK, PSÓKIM] [PÁSKENUNG] [HAKhLÓTE]
ruling party די רעגי́ר־פּאַרטיי́, ־ען; די הע́רשנדיקע פּאַרטיי́, ־ען
rum דער ראָם
Rumania *see* **Romania**
rumba דער רו́מבאַ
rumble, *n.* דאָס געהי́לך; דאָס געקנאַ́ל; דאָס גערוי́ש; דאָס געקנאַ́קל
rumble, *v.* הילכן; קנאַלן; קנאַ́קלען
(stomach) בו́רטשע|ן
rumbling, *n.* דאָס געמו́רמל; דאָס בו́רטשען; טענות ל״ר [TÁYNES]
rumen דער גרוי́סער מאָגן, ־ס; דער וואַמפּ, ־ן
ruminant די מעלה־גירהדיקע חיה, ־ות [MAL(E)GÉYREDIKE] [KhÁYE]
ruminate [MAL(E)GÉYREN] מעלה־גירה|ן
(*fig.*) קלערן וועגן; גרי́בלען זיך אין
rumination [MAL(E)GÉYREN] דאָס מעלה־גירהן
(*fig.*) דאָס קלערן; דאָס גרי́בלען
rummage (אַ)דו́רכזוכן; (אַ)דו́רכני́שטערן; רי́ע|ן; פּאָ́רקע|ן זיך
rummage sale דער אַ́לטוואַרג־פֿאַרקוי́ף, ־ן; דער ראַ́משפֿאַרקויף, ־ן
rumor, *n.* דער קלאַנג, ־ען; די שמועה, ־ות; די פּליאָ́טקע, ־ס; דאָס גלימל, ־עך; די פּאַ́טשט [ShMÚE]
rumor has it that מע זאָגט אַז; מע הערט זאָגן אַז; ס'גייען (אַרו́ם) קלאַ́נגען אַז
start a rumor או́נטעררעדן; צו בי́סלעך באַרע́דן
rumored
He's rumored to be rich מע זאָגט אַז ער איז אַ גבֿיר [G(E)VÍR]
It's long been rumored מע שו́שקעט זיך שוין לאַנג
rumor mill די פּליאָ́טקע־אַגענטו́ר
(J./*hum.*) די ייִפּ״אַ [= יי́דישע פּליאָ́טקע־אַגענטו́ר]
rumormonger, *n.*
m./unsp. דער פּליאָ́טקע־‹קלאַ́נגען־›פֿאַרשפּריי́טער, ־ס; דער פּליאָ́טקע־פֿי́רער, ־ס
f. די פּליאָ́טקע־פֿי́רערקע, ־ס
rumormonger, *v.* פֿאַרשפּריי́טן פּליאָ́טקעס ‹קלאַ́נגען›
rump דער הי́נטערחלק; דער טי́ליק, טי́לקעס [HÍNTERKhEYLEK]
rumple צעקניי́טשן; רו́נצלען
rump state [MELÚKhE] די רע́שטל־מלוכה, ־ות
rump steak דער ראָ́מסטעקס, ־ן; דער ראָ́משטיק, ־ן
rumpus [MEHÚME] די מהומה; דער רעש; די סומאַטאָ́כע [RASh]
rumpus room דער שפּי́לצימער, ־ן
run, *n.* דער לויף, ־ן; דאָס לויפֿן
(jog) דער לויפֿל, ־ען
(series) די סע́ריע, ־ס
(in stocking) דאָס (אָ́פּגעלאָזטע) אייגל, ־עך
(on sales) דאָס אוי́סכאַפּעניש, ־ן
be on the run (rushing) איַילן זיך
be on the run (on the lam) זײַן אַן אַנטלאָ́פֿענער
give sb. the run of לאָזן + אַק׳ פֿרײַ ניצן
go for a run גיין לויפֿן ‹לוי́פֿלען›
I have a run in my stocking ס'האָט זיך מיר אָ́פּגעלאָזט אַן אייגל אין די זאָקן; כ'האָב פֿאַרלוי́רן אַן אייגל
There was a run on stocks געווע́ן אַן אוי́סכאַפּעניש ‹אָנרײַס› אויף אַקציעס
run, *v.* לויפֿן
vt. **(a distance)** אָ́פּלויפֿן
vt. **(manage/lead)** אָ́נפֿירן מיט; פֿירן
vt. **(mech.)** אַ́רבעטן בײַ ‹אויף›
vi. **(function)** גיין; אַ́רבעטן; פֿונקציאָני́רן; פּועלן [PÓY(E)LN]
vi. **(in elections)** קאַנדידי́רן
vi. **(liquid)** רי́נען; גיסן זיך
vi. **(mech.)** גיין; אַ́רבעטן
vi. **(of a play)** שפּילן; אוי́פֿגעפֿירט ווערן
run a bath לאָזן אָ́נגיסן ‹אָ́נפֿילן› די וואַ́נע
run a fever האָבן היץ
run a program (event) אָ́נפֿירן מיט אַ פּראָגראַ́ם
run a program (comp.) אוי́ספֿירן; (אַ)דו́רכפֿירן; לאָזן אין גאַנג
run about אַרו́מלויפֿן
run across טרעפֿן צו́פֿעליק; אָ́נטרעפֿן זיך צו́פֿעליק אויף
run after נאָ́כלויפֿן; נאָ́כיאָגן זיך נאָך
run against קאַנדידי́רן קעגן
run along אָ́פּטראָגן זיך
run alongside sb. לויפֿן + דאַט׳ בײַ דער זײַט
run away אַנטלוי́פֿן; אַװע́קלויפֿן; אָ́פּטראָגן זיך
run back צורי́קלויפֿן; קרי́קלויפֿן
run down (capture) דערי́אָגן; דערווי́שן
run down (review) [ÍBERKhÁZERN] איבערחזרן
run down (tire out) אוי́סמאַטערן; אוי́סמוטשע|ן; אוי́סשעפּן
run for cover לויפֿן באַהאַ́לטן זיך
Run for it! לויפֿ(ט) געשווי́נד!
run for office קאַנדידי́רן אויף
Run for your lives! ראַ́טעוועט זיך (דאָס לעבן)!; אַנטלוי́פֿט!
run in place לויפֿן ‹לוי́פֿלען› אויף איין אָרט
run into צו́פֿעליק טרעפֿן; אָ́נשטויסן זיך אין
run into a brick wall אָ́נשטויסן זיך אין אַן אײַ́זערנער וואַנט; נישט קע́נען ווײַ́טער גיין
run its course דערגיי́ן ביזן סוף; גיין זיך ווי געוויי́נ(ט)לעך [SOF]
run low אוי́סשעפּן זיך; בלײַבן ווייניק
run off, *vt.* **(copies)** אָ́פּדרוקן
run off, *vi.* **(run away)** אַנטלוי́פֿן
run off, *vi.* **(water)** אָ́פּרינען
run off the road אַראָ́פּפֿאָרן פֿון וועג
run sb. off the road אַראָ́פּטרײַבן + אַק׳ פֿון וועג

run out (end) אויסגיין; אויסשעפּן זיך
run out (liquid) אויסרינען
run out of (supplies) אויסגיין אומפּ + דאַט׳; אויסנעמען זיך אומפּ׳ + דאַט׳; פֿאַרפֿעלן אומפּ׳ + דאַט׳; אויסלאָזן זיך אומפּ׳ + דאַט׳
run out on sb. אַוועקוואַרפֿן + אַק׳
run over (with vehicle) איבערפֿאָרן
run over to the store צוגיין ‹צופֿאָרן/צולויפֿן› אין קראָם ‹געשעפֿט›
run stg. by sb. הערן וואָס + נאָמ׳ האָט צו זאָגן
run through איבערגיין; רעפּעטירן
run to (total) באַטרעפֿן
run up (collect) אָנקלײַבן
run up against אָנשטויסן זיך אין; פּאָפּאַדיע|ן אויף
run up close צולויפֿן
run wires ציִען דראָטן
runaround
give sb. the runaround שיקן + אַק׳ נאָך אַן עמער פֿאַרע; שיקן + אַק׳ נאָך אַ סוכּה־שער [SÚKE]
runaway, *adj.* אַנטלאָפֿן
(out of control) אומגעצאַמט
runaway, *n.* דער אַנטלאָפֿענער גנבֿ׳; דער בורח, ־ים; דער פּליטה־מאַכער, ־ס [PLÉYTE] [BOYRÉYEKh, BÓRKhIM]
runaway horse דאָס צעפּלאָשעטע פֿערד, –
run-down, *adj.*
(person) אויסגעמאַטערט; אויסגעדייוועט
(place) צעפֿאַלן; אָפּגעלעבט
rundown, *n.* דער קיצור, ־ים [KÍTSER, KITSÚRIM]
run-down אָפּגעלאָזן; נעבעכדיק; אין אַ בידנעם מצבֿ [MÁTSEV]
rung, *n.* דאָס לייטער־טרעפּל, ־עך; דער שטאַפּל, ־ען
run-in דער צוזאַמענשטויס, ־ן; די סטיטשקע, ־ס; דאָס צעווערטלעניש, ־ן
runner דער לויפֿער, ־ס
(messenger) דער קוריער, ־ן; דער שטאַפֿעט, ־ן; דער שליח, ־ים [ShELÍEKh, ShLÍKhIM]
(smuggler) דער שמוגלער, ־ס
(carpet) דאָס קאָבערצל, ־עך; דאָס סטעזשקעלע, ־ך; דער טרעטער, ־ס
(sled) דאָס גרינדזשעלע, ־ך; די קריוואַלניצע, ־ס
(table) דאָס איבערסערוועטל, ־עך
(bot.) דער אויסלויפֿער, ־ס
runner-up
be the runner-up פֿאַרנעמען דאָס צווייטע אָרט
running, *adj.*
(continuous) גייִק; לויפֿיק
(liquid) פֿליסנדיק
(physically) לויפֿנדיק
make a running catch כאַפּן לויפֿנדיק
running, *n.* דאָס לויפֿעניש; דאָס געלאָף
be in the running (for) האָבן אַ מעגלעכקייט ‹האָפֿענונג› צו געווינען; זײַן אַ קאַנדידאַט (אויף)
be out of the running (for) נישט האָבן קיין מעגלעכקייט ‹האָפֿענונג› צו געווינען; זײַן אויס קאַנדידאַט (אויף)
running back דער לויפֿער, ־ס
running board דאָס טרעפּל, ־עך; דאָס/די טרעטברעט, ־ער
running commentary דער לויפֿיקער קאָמענטאַר
running gear דאָס לויפֿוואַרג
running mate דער מיטקאַנדידאַט, ־ן
running shoe דער לויפֿשוך, ...שיך
running time די לויפֿצײַט

running water דאָס פֿליסנדיקע וואַסער; דאָס קראַנ(ט)וואַסער
runny
(of thin consistency) דין
He has a runny nose סע רינט ‹סמאַרקעט› אים פֿון דער נאָז
She has runny eyes ס׳טרערט איר פֿון די אויגן
runoff (water) דער אָפּפֿלייץ
runoff election גמר־וואַלן; די צווייטע רונדע וואַלן [GMAR]
run-of-the-mill סתּם [STAM]
runs
have the runs לײַדן פֿון אַ לויזן מאָגן; לײַדן פֿון שילשול [ShILShL]
runt
(zool.) דאָס קלענסטע פֿון פֿליד
(*fig.*) דער קליינטשיקער גנבֿ׳
run-up
(increase) דער שיס אַרויף
(preparation) די צוגרייטונג; דאָס צוגרייטן זיך
in the run-up to the election אין דער צײַט באַלד פֿאַר די וואַלן
runway דער סטאַרטפּאַס, ־ן; דער אימפּעטוועג, ־ן
rupee דער רופּי, ־ס
rupture, *n.* דער בראָך, ־ן; דער ריס, ־ן
rupture, *vt./vi.* צערײַסן (זיך); אײַנרײַסן (זיך); צעפּלאַצן (זיך); צעלעכערן (זיך)
Her membranes ruptured זי האָט פֿאַרלוירן דאָס וואַסער
ruptured געבראָכט; געבריכט; אונטערגעריסן; געפּלאַצט
ruptured disk דער אײַנגעריסענער רוקנדיסק, ־ן
ruptured hernia דער ווינקלבראָך, ־ן
rural דאָרפֿיש; דאָרפֿ(ס)...
ruse דער/דאָס פֿאָרטל, ־ען; דאָס דריידל, ־עך; דער ליוק, ־עס
rush, *adj.* אײַליק; אײַל...; בליץ...
rush, *n.*
(hurry) דאָס יאָגעניש; דאָס אײַלעניש; דאָס כאַפּעניש; דאָס געאײַל; דאָס געיאָג
(mil.) דער אָנפּראַל, ־ן; דער אָנפֿאַל, ־ן
(of water) דער גאָס; דער פֿלייץ; דאָס פֿלייצן; דאָס יושען
(bot.) דער קאַמיש, ־ן; דער טשערעט, ־ן
(football) דער פֿאָרויסשטויס, ־ן
(exhilaration) דער עמאָציאָנעלער שאָס
be in a mad rush יאָגן זיך האַלדז־און־נאַקן
I'm in no rush איך יאָג זיך נישט
What's the rush? ווו ברענט?; וווהין לויפֿט מען?; וואָס איז דאָס יאָגעניש?
rush, *v.*
(hurry) יאָגן זיך; אײַלן זיך; כאַפּן
(mil.) אָנפּראַלן ‹אָנפֿאַלן› אויף
(water) אַ פֿלייץ ‹גאָס› טאָן; פֿלייצן; זעצן; רוישן; וויכערן
Don't rush! כאַפּ(ט) נישט (די לאָקשן)!; ס׳ברענט נישט!
rush around אַרומלויפֿן; אַרומשמײַע|ן
rush into אַרײַנשפּרינגען אין
rush through אָפּכאַפּן
The blood rushed to my head דאָס בלוט איז מיר געקומען אין קאָפּ (אַרײַן)
rushed פֿאַריאָגט; טרוד; פֿאַרטרודט [FARTÓRET] [TÓRED]
be rushed for time אײַלן זיך; נישט האָבן קיין צײַט
rush hour די יאָג־‹אײַל־›שעה [ShO]
rushing זיך יאָגנדיק; בחפּזונדיק [BEKhIPÓZNDIK]
rush job דאָס אײַליקע שטיקל אַרבעט; דער אײַליקער פּראָיעקט

rush order די בליץ־באַשטעלונג, ־ען

rush shipment די אײַלשיקונג, ־ען

rusk דאָס סעכערל, ־עך; דער סוכאַריק, ־עס; דער סוכער, ־עס; די גאַלעט, ־ן

russet רויט ברוין

Russia (דאָס) רוסלאַנד

Russian, *adj.* רוסיש

(of Russia) רוסיש; רוסלענדיש

play Russian roulette (*fig.*) שפּילן זיך מיט פֿײַער

Russian Jew דער רוסישער געב׳; דער רוסישער ייִד, ־ן

Russian, *n.*

m./unsp. דער רוס, ־ן

f. די רוסקע ‹רוסין›, ־ס

(language) דאָס רוסיש

Russian dressing דער רוסישער סאַלאַטסאָס

Russian leather דער יוכט

Russian olive (bot.) דער שמאָלבלאַטיקער גן־עדן־בוים [GANÉYDN/GENÉYDEM]

Russian Orthodox פּראַוואָסלאַוונע

Russian thistle דער קוריַי; דאָס זאַלצגראָז

russula דאָס פֿעפֿער־שוועמל, ־עך

rust, *n.* דער זשאַווער

rust, *v.*

imp. זשאַווערן

pf. פֿאַרזשאַווערט ווערן

rust away פֿאַרזשאַווערט ווערן

rustic, *adj.* דאָרפֿיש; פּויעריש; פּראָסטלעך

rustic, *n.* דער פּויער, ־ים; דער כלאָפּ, ־עס

rusticate וווינען אויפֿן לאַנד

rustiness די/דאָס פֿאַרזשאַווערטקייט

rustle, *n.* דער שאָר(ע)ך, ־ן; דאָס שאָרכען; דער רויש, ־ן

rustle, *v.* שאָרכע|ן; שורשע|ן; רוישן

rustle up אויף גיך צוזאַמענעמען ‹צוגרייטן›

rustler דער פֿיך־גנבֿ, ־ים [GÁNEF, GANÓVIM]

rustproof אומזשאַווערדיק

be rustproof נישט זשאַווערן

rusty פֿאַרזשאַווערט

(*fig.*) צוגעלעגערט

My Yiddish is rusty כ׳האָב פֿאַרגעסן אַ היפּש ביסל ייִדיש

rut די רעדערשפּור, ־ן; די קאָלייע, ־ס

be in rut פּאָליעווע|ן; זײַן צעפֿלאַמט

get into a rut פֿאַרקריכן אין אַ לאָך; אַרײַנקריכן אין אַ בלאָטע; אַרײַנפֿאָרן אין אַ קאָלייע

get out of the rut אַרויסקריכן פֿון דער בלאָטע; אַרויסשלאָגן זיך פֿון דער קאָלייע

rutabaga די שוועדישע ברוקווע, ־ס; די גריזשנ(י)ע

Ruth (bib.) (ספֿר) רות [(SÉYFER) RUS]

ruthenium דער רוטעניום

rutherfordium דער רוטערפֿאָרדיום

ruthless אַכזריותדיק; אומברחמנותדיק [AKhZÓRYESDIK] [ÚMBERAKhMÓNESDIK]

ruthlessly אַכזריותדיק; אומברחמנותדיק; אָן רחמנות [AKhZÓRYESDIK] [ÚMBERAKhMÓNESDIK] [RAKhMÓNES]

Rwanda (די) רוואַנדע

Rwandan, *adj.* רוואַנדער אינוו׳

Rwandan, *n.*

m./unsp. דער רוואַנדער, –

f. די רוואַנדערין, ־ס

rye, *adj.* קאָרן; קאָרנ...

rye, *n.*

(grain) דער קאָרן

(liquor) דער קאָרנשנאַפּס

rye bread דאָס קאָרנברויט

ryegrass דאָס ריַיגראָז

rye whiskey דער קאָרנשנאַפּס

S

S דער עס, ־ן
sabadilla דער סאַבאַדיל, ־ן
Sabbatarian דער סובאָטניק, ־עס
Sabbath, *adj.* [ShÁBESDIK] [ShÁBES] שבתדיק; שבת־...
Sabbath clothes שבתדיקע קליידער; ביגדי־שבת [ShÁBESDIKE] [BÍGDE-ShÁBES]
Sabbath songs [ZMÍRES] זמירות
Sabbath, *n.* [ShÁBES, ShABÓSIM] דער שבת, ־ים
keep the Sabbath היטן שבת; זײַן (אַ) שומר־שבת [ShÓYMER-ShÁBES]
break the Sabbath [MEKhÁLEL-ShÁBES] מחלל־שבת זײַן
Have a good Sabbath! (J.) גוט־שבת!; (האָט) אַ גוטן שבת!
on the Sabbath (אום) שבת
sabbatical, *adj.* [ShMÍTE] שמיטה־...
sabbatical, *n.* [ShMÍTE] דאָס שמיטה־יאָר, ־ן
saber די סאַבליע, ־ס; די שאַשקע, ־ס
saber-rattling דאָס סטראַשען די געװער
saber-toothed tiger דער שװערדטיגער, ־ס
sable, *adj.* סױבעלן
sable, *n.* דער סױבל
sablefish דער קױלפֿיש
sabotage, *n.* דער סאַבאָטאַזש
sabotage, *v.* סאַבאָטירן
saboteur
m./unsp. דער סאַבאָטאַזשניק, ־עס
f. די סאַבאָטאַזשניצע, ־ס
sabra די/דער סאַברע, ־ס
sac דאָס זעקל, ־עך; דער בײַטל, ־ען
saccharine, *adj.* סאַכאַרינִיק; לאַקרעצדיק; לאַקרעץ זיס
saccharine, *n.* דער סאַכאַרין
(*fig.*) די/דאָס געמאַכטע זיסקייט
saccharine tablet די סאַכאַרינקע, ־ס
sacerdotal [GALÓKhISh] גלחיש; גײַסטלעך
sachet [PSÓMIM] דאָס בשׂמים־זעקל, ־עך
sack, *n.*
(bag) דער זאַק, זעק; די טאָרבע, ־ס
(booty) דאָס (זאַק)רויב
(dismissal) דאָס אָפּזאָגן; דער אָפּזאָג; דאָס באַפֿרײַען פֿון דער אַרבעט
(plundering) דאָס ראַבעװען
give sb. the sack אָפּזאָגן
I got the sack מ׳האָט מיך אָפּגעזאָגט
sack, *v.*
(dismiss) אָפּזאָגן; באַפֿרײַען פֿון דער אַרבעט
(get rid of) [PÓTER] פּטור װערן פֿון
(plunder) [BAGÁZLEN] (צע)ראַבעװע|ן; באַגזלען
sackcloth דאָס זאַקלײַװנט; די רעדנע
sack race דער זאַקפֿאַרמעסט, ־ן
sacrament דער (הײליקער) סאַקראַמענט, ־ן
sacramental הײליק
sacramental wine דער געהײליקטער װײַן, ־ען
(Chr.) דער סאַקראַמענט־װײַן
sacred הײליק
sacred cow די/דאָס הײליקייט, ־ן; דער דבֿר־שבקדושה, דבֿרים־... [DÓVER-ShEBIKDÚShE, DVÓRIM-...]
sacred duty [KhOYV] דער הײליקער חובֿ
sacredness [KDÚShE] די קדושה
sacred service (J.) די עבֿודת־הקודש [AVÓYDES-HAKÓYDESh]
sacrifice, *n.* דער קרבן, ־ות; דער אָפּפֿער, ־ס [KORBM, KORBÓNES]
make sacrifices ברענגען קרבנות
sacrifice, *v.* מקריבֿ זײַן; ברענגען (פֿאַר) אַ קרבן; מפֿקיר זײַן [MÁKREV] [MÁFKER]
sacrifice oneself מקריבֿ ‹מפֿקיר› זײַן זיך
sacrifice one's own life מוסר־נפֿש זײַן זיך [MÓYSER-NÉFESh]
willing to sacrifice oneself גרייט אויף מסירת־נפֿש [MESÍRES-NÉFESh]
sacrifice hit (baseball) [KORBM] דאָס קרבן־קלעפּל, ־עך
sacrificial [KORBM] קרבן־...
sacrificial lamb [SÓER-LAZÓZL] דער שׂעיר־לעזאָזל, ־ען
sacrilege [KhÍLEL-HAKÓYDESh] דער חילול־הקודש
sacrilegious [KhÍLEL-HAKÓYDEShDIK] חילול־הקודשדיק
sacristy די סאַקריסטיע, ־ס
sacrosanct עקסטע הײליק; קודש־קדשים פּר׳ [KÓYDESh-KODÓShIM]
sacrum דער קרייץ; דער קרײַזש; דער קרײַצביין
sad טרויעריק; פֿאַרטרויערט; אומעטיק; סומנע; פֿאַראומערט; עצבֿותדיק [ÁTSVESDIK]
sad to say [TSAR] צום באַדויערן ‹צער›
sadden פֿאַראומערן; טרויעריק מאַכן
saddened [BATSÁRT] באַצערט; פֿאַראומערט; טרויעריק װערן
be saddened *also* טרויערן
saddle, *n.* דער/דאָס זאָטל, ־ען
be in the saddle האַלטן די לייצעס
saddle, *v.* זאָטלען
saddle up אָנזאָטלען; באַזאָטלען
saddle sb. with באַלאָדן ‹באַלאַסטיקן› + אַק׳ מיט
saddleback די (באַרג־)פֿאַרטיפֿונג, ־ען
saddlebag די/דער זאָטלטאַש, ־ן
saddler דער זאָטלער, ־ס; דער רימער, ־ס; דער זאָטל־מאַכער, ־ס
saddlery די זאָטלערײַ, ־ען
(articles) דאָס זאָטלװאַרג
saddlesore, *adj.*
I got saddlesore ס׳האָט מיך אָנגעריבן דער זאָטל
saddlesore, *n.* די זאָטלװוּנד, ־ן
Sadducee [TSDÚKI] דער צדוקי, ־ם
sadism דער סאַדיזם
sadist דער סאַדיסט, ־ן
sadistic סאַדיסטיש
sadistically [OYFN] סאַדיסטיש; אויף אַ סאַדיסטישן אופֿן
sadly טרויעריק(ערהייט)
(unfortunately) [TSAR] צום באַדויערן ‹צער›
sadness [ÁTSVES] דער טרויער; דער אומעט; דאָס עצבֿות
sadomasochism דער סאַדאָמאַזאָכיזם
sadomasochist דער סאַדאָמאַזאָכיסט, ־ן
sadomasochistic סאַדאָמאַזאָכיסטיש
safari דער סאַפֿאַרי, ־ס
safari park דער סאַפֿאַרי־פּאַרק, ־ן
safe, *adj.* זיכער; באַװאָרנט
to be on the safe side װאָס סע זאָל זיך נישט מאַכן; אויף יעדן פֿאַל; פֿון זיכערקייט װעגן
better safe than sorry זיכער איז זיכער; גלײַכער פֿאַרזיכערן איידער שפּעטער באַדויערן

in safe hands אין זיכערע הענט
It's a safe bet ס'איז אַ זיכערע זאַך; סע ליגט שוין אין קעשענע
it's safe to say מע קען אויף זיכער ‹געוויס› זאָגן
play it safe היטן זיך די בײַנער; גיין מיט אָפּגעהיט(ענ)ע טריט ‹שריט›
safe and sound בשלום; באַהיט און באַשירעמט [BEShÓLEM]
Safe! (baseball) בשלום!
safe, *n.* די פֿײַער־קאַסע, ־ס; די אײַזערנע קאַסע, ־ס; דער סייף, ־ן
safebreaker דער סייפֿקנאַקער, ־ס
safe-conduct דער שיצבריוו, –
Safed (דאָס) צפֿת [TSFAS/TSVOS]
safe-deposit box דאָס זיכער־קעסטל, ־עך; די קאַסעטקע, ־ס
safeguard, *n.* דאָס באַוואָרעניש, ־ן
safeguard, *v.* באַוואָרענען
safe haven דער מקום־מיקלט [MÓKEM-MÍKLET]
safe house דאָס זיכערהויז, ...הײַזער; דער מקום־מיקלט; דער מקום־מנוחה [MOKEM-MÍKLET] [MOKEM-MENÚKhE]
safekeeping דאָס באַוואָרענען; דאָס באַהיטן
for safekeeping אויף צו באַוואָרענען ‹באַהיטן›
safely בשלום; גאַנצערהייט; מיט גאַנצע בײַנער [BEShÓLEM]
safe passage דער באַוואָרנטער דורכפֿאָר
safe sex דער באַוואָרנטער סעקס
safety, *adj.* זיכער...; באַוואָרנ...; שיצ...
safety, *n.* די/דאָס זיכערקייט; די/דאָס באַוואָרנטקייט
(on weapon) דער זיכערער, ־ס
(football play) דער צווײַער
(football player) דער באַוואָרענער, ־ס
safety alert די באַוואָרן־מודעה, ־ות [MOYDÓE/MEDÓE]
safety belt דער שיצפּאַס, ־ן; דער זיכערפּאַס, ־ן
safety catch דער זיכערער, ־ס
safety fuse די זיכערונג, ־ען
safety gate דאָס זיכער־ווענטל, ־עך
safety glass דאָס אײַזנגלאָז
safety goggles סכּנה־ברילן [SAKÓNE/SEKÓNE]
safety harness דאָס זיכער־געשפּאַן, ־ען
safety island דער פֿאַרקער־אינדזל, ־ען
safety match דאָס ווינט־שוועבעלע, ־ך
safety measures באַוואָרן־מיטלען
safety net די באַשיצנעץ, ־ן; די באַוואָרן־נעץ, ־ן
safety pin די זיכער־שפּילקע, ־ס; די זיכער־נאָדל, ־ען; די (נ)אַגראַפּקע, ־ס
safety razor דער גאָל־אַפּאַראַט, ־ן; די ראַזירקע, ־ס
safety seat דער זיכערזיץ, ־ן
safety valve די זיכער־קלאַפּע, ־ס
safflower די זײַפֿ(נ)בלום, ־ען; דער ווילדער זאַפֿרען
saffron, *adj.* זאַפֿרענ...; ווי זאַפֿרען
saffron, *n.* דער זאַפֿרען
(color) זאַפֿרען געל
saffron rice דער/די זאַפֿרענרײַז
sag, *n.*
the sag of her shoulders אירע אַראָפּהענגענדיקע אַקסלען
sag, *v.* אַראָפּהענגען
(prices) זינקען
saga די סאַגע, ־ס
sagacious חריפֿותדיק; שאַרף; קלוג [Kh(A)RÍFESDIK]
sagaciously מיט חריפֿות ‹חכמה› [Kh(A)RÍFES] [KhÓKhME]
sagacity דאָס חריפֿות; די חכמה; די קלוגשאַפֿט [Kh(A)RÍFES] [KhÓKhME]

sage, *adj.* קלוג; שׂכלדיק [SÉYKhLDIK]
sage,[1] *n.* **(bot.)** די שאַלוויִע
sage,[2] *n.* **(wise man)** דער חכם, ־ים [KhÓKhEM, KhAKhÓMIM]
sagebrush די פּיאָלע; דער פּאָלין; דאָס ביטערגראָז
saggy אַראָפּהענגע(נ)דיק
Sagitta די פֿײַל
Sagittarius מזל קשת; דער פֿײַלן־שיסער [MAZL KÉShES]
sago די סאַגע
sago palm די סאַגע־פּאַלמע, ־ס
sahib דער סאַהיב, ־ן
said דער דאָזיקער געב'; דער דערמאָנטער געב'
said party דער דאָזיקער ‹דערמאָנטער› צד [TSAD]
sail, *n.* דער זעגל, ־ען; די פּאַראָסטע, ־ס
go for a sail (גיין) זעגלען זיך
make sail (אָנ)זעגלען די שיף; אָנציִען ‹אויפֿזעגלען› די זעגלען
set sail אָפּזעגלען; אָפּפֿאָרן; אָפּשווימען
under sail אָנגעזעגלט; מיט אָנגעצויגענע זעגלען
sail, *v.* זעגלען (זיך); פֿאָרן (מיט אַ שיף)
sail away/off אַוועקזעגלען; אָפּשיפֿן; אָפּפֿאָרן (מיט אַ שיף)
sail into an attack אַרײַנלאָזן זיך אין אַן אַטאַק
sail through גרינג (אַ)דורכמאַכן
sailboard דאָס/די זעגלברעט, ־ער
sailboat די זעגלשיף, ־ן; דער זעגלער, ־ס
sailcloth דאָס זעגלטוך
sailing, *n.* דאָס זעגלען
(spo.) דער זעגלספּאָרט
sailing ship *see* **sailboat**
sailor דער מאַטראָס, ־ן; דער ים־מאַן, ים־לײַט [YAM]
sailor hat דאָס מאַטראָסן־היטל, ־עך
sailor suit מאַטראָסקעס ל"ר
sailplane דער פּלאַנער, ־ס
sainfoin דער עספּאַרצעט
saint דער הייליקער געב'
He's a real saint ער איז אַן אמתער צדיק [ÉMESER] [TSÁDEK]
She's a real saint זי איז אַן אמתע צדקת(טע) [ÉMESE] [TSEDÉYKES(TE)]
S/he's no saint ער/זי פֿאַסט נישט קיין תּעניתים [TANÉYSIM]
Saint *see* **St.**
sainted געהייליקט
saintliness די/דאָס הייליקייט
(J.) די קדושה; די/דאָס הייליקייט; דאָס צידקות [KDÚShE] [TSÍTKES]
saintly הייליק
saintly man (J.) דער צדיק, ־ים [TSÁDEK, TSADÍKIM]
saintly woman (J.) די צדקת, ־ן; די צדקתטע, ־ס [TSEDÉYKES] [TSEDÉYKESTE]
sake[1] (benefit)
for God's sake למען־השם [LEMANAShéM]
For God's sake! ג(ע)וואַלד געשריגן!; ווי גאָט איז דיר ‹אײַך› ליב!
for my/your/his/her/our/your/their sake פֿון מײַנ(ע)ט/דײַנ(ע)ט/זײַנ(ע)ט/איר(ע)ט/אונדזערט/אײַערט/זייערט וועגן
for its own sake גלאַט אַזוי; לשמה [LIShMÓ]
for Yankl's sake פֿון יאַנקלס (טובֿה) וועגן [TÓYVE]
for the sake of לטובֿת; לשם; צוליב [LETÓYVES] [LEShéM]
Let's say for the sake of argument לאָמיר אַפֿילו זאָגן אַז; מע קען דאָ אַרײַנוואַרפֿן דעם אַרגומענט אַז [AFÍLE]
sake[2] (drink) די סאַקע

salacious געזאַלצן; פֿעפֿערדיק; חלבֿדיק [KhÉYLEVDIK]
salad דער סאַלאַט, ־ן
salad bar דער סאַלאַט־בופֿעט, ־ן
salad bowl די (סאַלאַט)שיסל, ־ען; די סאַלאַטניצע, ־ס; די מאַקרעטע, ־ס
salad days יונגע יאָרן
salad dressing דער סאַלאַטסאָס, ־ן
salad greens דאָס סאַלאַטוואַרג קאָל'
salad oil דער סאַלאַטאייל; דער סאַלאַט־בוימל
salad spinner דער סאַלאַטן־דרייער, ־ס
salamander די סאַלאַמאַנדרע, ־ס
salami דער ווורשט, ־ן; דער סאַלאַמי, ־ס
salaried לוינ...; באַצאָלט
salary דאָס שׂכירות; שׂכירות ל"ר; דאָס געצאָלט, ־ן; פֿאַרדינסטן ל"ר [SKhÍRES]
salary increase די הוספֿה, ־ות [HOYSÓFE/HESÓFE]
sale
(selling) די מכירה, ־ות; דער פֿאַרקויף, ־ן; דער אָפּזעץ [MEKhÍRE]
(discount) דער אויספֿאַרקויף, ־ן
for sale צום (פֿאַר)קויפֿן
be on sale פֿאַרקויפֿן זיך מיט אַ הנחה; פֿאַרקויפֿן זיך אויף אַ רעדוצירטן פּרײַז [HANÓKhE]
put up for sale לאָזן פֿאַרקויפֿן
sales דער פֿאַרקויף ל"י; דער אָפּזעץ ל"י
saleable פֿאַרקויף־פֿעיִק
salep דער סאַלאַפּ
sales clerk *see* **salesperson**
sales department דער פֿאַרקויף־אָפּטייל, ־ן
sales figures פֿאַרקויף־ציפֿערן
sales force פֿאַרקויפֿערס ל"ר
salesman דער פֿאַרקויפֿער, ־ס
traveling salesman דער (קאָמי)וואָיאַזשאָר, ־ן
salesmanship די פֿאַרקויפֿקונסט; דער טאַלאַנט צו פֿאַרקויפֿן
salesperson
m./unsp. דער פֿאַרקויפֿער, ־ס
f. די פֿאַרקויפֿערין ‹פֿאַרקויפֿערקע›, ־ס
sales pitch דער אופֿן פֿאַרקויפֿן; די פֿאַרקויף־טאַקטיק; די רעציטאַציע, ־ס [OYFN]
His sales pitch was very persuasive ער האָט זײַער גוט פֿאַרקויפֿט די סחורה; ער איז אַ בריה אַ פֿאַרקויפֿער [SKhÓYRE] [BÉRYE]
sales promotion דאָס אָפּזעצערײַ
sales representative דער פֿאַרקויף־אַגענט, ־ן
sales slip די קבלה, ־ות [KABÓLE]
sales tax דער קויפֿשטייער, ־ן
saleswoman די פֿאַרקויפֿערין ‹פֿאַרקויפֿערקע›, ־ס
salience דער אַרויסשטאַרץ; דער שפּיץ
salient, *adj.* אַרויסשטאַרציק; בולט; פּראָמינענט [BÓYLET]
(most important/*fig.*) הויפּט
salient point דער הויפּטפּונקט, ־ן
salient, *n.* דער אַרויסשטאַרץ, ־ן
saline, *adj.* זאַלציק
saline, *n.* דער זאַלצצעלאָז
salinity די/דאָס זאַלציקייט
saliva דאָס שפּײַעכץ; די סלינע; דער גאַווער
salivary שפּײַעכצ...; סלינע...
salivary gland די שפּײַעכצדריז, ־ן; די סלינעדריז, ־ן; די שפּײַעכצגיל, ־ן; די סלינעגיל, ־ן
salivate סלינע|ן; גאַווערן
salivation דאָס סלינען
sallow, *adj.* געלבלעך; חולהוואַטע; קרענקלעך [KhOYLEVÁTE]
sallow, *n.* דער ציגענער הושענא־בוים, ־ביימער [(HE)ShÁYNE/HOYShÁYNE]
sally, *n.*
(mil.) דער אויספֿאַל, ־ן
(quip) די חכמה, ־ות [KhÓKhME]
sally, *v.*
(mil.) מאַכן אַן אויספֿאַל אויף
sally forth אַרויסלאָזן זיך
salmon, *adj.* **(color)** לאַקס רויט
salmon, *n.* דער לאַקס, ־ן; די ציאָנגע, ־ס; די סיאָמגע, ־ס
(color) דער לאַקסקאָליר
salmonella די סאַלמאָנעלע
salmon patty די לאַקסלאַטקע, ־ס; דאָס לאַקסעלע, ־ך
salmon trout די לאַקספֿאָרעל, ־ן
salon דער סאַלאָן, ־ען
Salonika (די) סאַלאָניקע
saloon די/דער שענק, ־ען; דער סאַלון, ־ען
saloonkeeper דער שענקער, ־ס
salsa די סאַלסע
salsify דאָס ציגן־בערדל, ־עך
salt, *adj.* זאַלצ...
salt, *n.* די/דאָס זאַלץ, ־ן
rub salt in sb.'s wound שיטן + דאַט' זאַלץ אויף די ווונדן
the salt of the earth דאָס זאַלץ פֿון דער ערד
salt, *v.*
imp. זאַלצן
pf. באַזאַלצן; אײַנזאַלצן; צוזאַלצן
salt away אָפּלייגן (געלט) אין אַ זײַט
salt down אײַנזאַלצן; אײַנפּעקלען
SALT *see* **Strategic Arms Limitation Talks**
salt-and-pepper שוואַרץ מיט ווײַס באַפּלעקט
saltbush די לאָבעדע, ־ס; די מעלדע, ־ס
salt cellar דאָס זאַלצמעסטל, ־עך
salted געזאַלצן
lightly salted אַ ביסל געזאַלצן
saltine דאָס זאַלצפּלעצל, ־עך
salt marsh דער זאַלצבאָדן
salt mine די זאַלצגרוב, ־ן
saltpeter די סעליטרע
salt refinery די זאַלץ־קאָכערײַ, ־ען
salt shaker דאָס זעלצערל, ־עך; דאָס זאַלצמעסטל, ־עך
salt spreader דער באַזאַלצער, ־ס
saltwater, *adj.* ים־...; פֿון זאַלצוואַסער [YAM]
salt water, *n.* דאָס זאַלצוואַסער
salty געזאַלצן
salty dog (sailor) דער געניטער ים־מאַן, ים־לײַט; דער ים־בער, ־ן [YAM]
salubrious געזונט
salutary געזונט; היילוודיק
salutation די באַגריסונג, ־ען; דער שלום־עליכם, ־ס [ShÓLEM-ALÉYKhEM]
salutatorian
m./unsp. דער באַגריס־רעדנער, ־ס
f. די באַגריס־רעדנערין, ־ס
salutatory speech די באַגריס־רעדע, ־ס
salute, *n.* דער סאַלוט, ־ן
(greeting) די באַגריסונג, ־ען
salute, *v.* סאַלוטירן; אָפּגעבן דעם סאַלוט; אָפּגעבן האָנער
(greeting) באַגריסן
Salvadoran, *adj.* סאַלוואַדאָרער אינוו'
Salvadoran, *n.*
m./unsp. דער סאַלוואַדאָרער, –
f. די סאַלוואַדאָרערין, ־ס

salvage, *n.* דאָס אָפּראַטעווען; די ראַטירונג
(rescued items) דאָס אָפּגעראַטעוועטע
salvage, *v.* אָפּראַטעווע\|ן; ראַטירן
salvageable אָפּצוראַטעווען
The car wasn't salvageable מ'האָט שוין נישט געקענט אָפּראַטעווען דעם אויטאָ
salvage value די/דער ליקווידיר־ווערט
salvation די ישועה; די גאולה; די דערלייזונג [YEShÚE] [GEÚLE]
Salvation Army די ראַטיר־אַרמיי
salve, *n.* די זאַלב, ־ן; די מאַסט ‹מאַשטש›, ־ן
salve, *v.* (איינ)זאַלבן
salver דער דערלאַנגטאַץ, ־ן; דער סערווירטאַץ, ־ן
salvo דער זאַלפּ, ־ן; די (קויל־)סאַלווע, ־ס
sal volatile *see* **smelling salts**
Samaritan דער שומרוני, ־ם [ShOMRÓYNI]
good Samaritan דער גוטהאַרציקער געב'
samarium דער סאַמאַריום
samba די סאַמבאַ
same, *adj.* זעלב(יק); אייגן; נעמלעך
at the same time (nevertheless) דאָך; פֿונדעסטוועגן
at the same time (as) בשעת־מעשה; אין דער זעלבער צייט (ווי); אין ‹פֿאַר› איין וועגס (מיט); אין איין צייט (מיט); (מיט ...) ביי גלייך [BEShÁS-MÁYSE]
of the same age גלייכיאָריק; אין די זעלבע יאָרן
same, *pron.*
all the same (nevertheless) דאָך; פֿונדעסטוועגן
It's all the same ס'איז נישטאָ קיין נפֿקא־מינה ‹חילוק› [NÁFKEMINE] [KhÍLEK]
It's all the same to me ס'איז מיר אַלץ איינס
Same here! איך אויך!; מיין מעשה!; ביי מיר דאָס אייגענע ‹זעלבע›; גם אני בתוכם [MÁYSE] [GAM ANÍ BESÓYKhEM]
Same to you! גם־אַתּם!; דאָס אייגענע ‹נעמלעכע› ביי דיר ‹אייך› צו הערן! [GAMÁTEM]
the same דאָס זעלב(יק)ע ‹אייגענע›
same-day דעם זעלבן טאָג
same-day delivery דער צושטעל דעם זעלבן טאָג
sameness די/דאָס זעלביקייט
same-sex, *adj.* זעלבמיניק
same-sex couple דאָס זעלבמיניקע פּאָרפֿאָלק, ...פֿעלקער; דאָס פּאָרפֿאָלק פֿון זעלבן מין
same-sex marriage די זעלבמיניקע חתונה [KhÁSENE]
samizdat דער סאַמיזדאַט
samosa די סאַמאָסע, ־ס
samovar דער סאַמאָוואַר, ־ן
sampan דער סאַמפּאַן, ־ען
sample, *n.* דער מוסטער, ־ן
(model) *also* די דוגמא, ־ות/דוגמאות [DÚGME, DÚGMES/DUGMÓES]
(specimen) *also* דאָס פּרוּוול, ־עך; די פּראָבקע, ־ס
free sample דאָס אומזיסטל, ־עך; דאָס אומזיסטע פּרוּוול, ־עך
take a blood sample נעמען אַ בלוטפּרוּוול; אָפּצאַפּן אַ ביסעלע בלוט
sample, *v.*
(taste) פֿאַרזוכן; געבן ‹טאָן› אַ פֿאַרזוך; נאַשן פֿון
(stat.) אַנקעטיזירן
sampler (embroidery) דער שטיקמוסטער, ־ן
sampling די מוסטערונג; דאָס ניצן מוסטערן
Samson (bib.) שמשון הגיבור [ShIMShN HAGÍBER]
Samuel (bib.) שמואל הנבֿיא [ShMÚEL HANÓVI]
(Book of) Samuel (bib.) (ספֿר) שמואל [SÉYFER]
samurai דער סאַמוריי, ־ען

sanatorium די סאַנאַטאָריע, ־ס; דאָס קורוואָרט, ...ערטער
sanctification די פֿאַרהייליקונג
sanctify פֿאַרהייליקן
(J.) *also* מקדש זיין [MEKÁDESh]
sanctimonious(ly) פֿרומאַקיש; צבֿועקיש; באַגאָטיש [TSVU(Y)ÁKISh]
sanctimoniousness די/דאָס פֿרומאַקישקייט; די צבֿועצטווע [TSVU(Y)ÁTSTVE]
sanction, *n.* די סאַנקציע, ־ס
sanction, *v.*
(approve) סאַנקציאָנירן
(penalize) אָנווענדן ‹אַרויפֿלייגן› סאַנקציעס
sanctity די/דאָס הייליקייט
(J.) *also* די קדושה [KDÚShE]
sanctuary
(asylum) דער מקום־מיקלט; דער אַזיל, ־ן [MÓKEM-MÍKLET]
(synagogue) דער מקום־קודש [MÓKEM-KÓDESh]
sanctum דאָס הייליקע אָרט
inner sanctum דאָס סאַמע הייליקסטע; דער קדשי־קדשים [KÓDShE-KODÓShIM]
sand, *n.* דאָס זאַמד
cover with sand באַזאַמדן
grain of sand דאָס זעמדל, ־עך; דאָס קערנדל זאַמד
sands געזעמדן; זאַמדן
throw sand in one's eyes שיטן + דאַט' זאַמד אין די אויגן
sand, *v.*
(abrade) אָפּזאַמדן; אָפּשמערגלען
(sprinkle) אָנזאַמדן; באַזאַמדן; באַשיטן ‹באַדעקן› מיט זאַמד
sandal דער סאַנדאַל, ־ן
sandalwood דאָס צינדל(האָלץ)
sandbag, *n.* דאָס זאַמדזעקל, ־עך
sandbag, *v.* באַשיצן ‹באַוואָרענען/פֿאַרשטעלן› מיט זאַמדזעקלעך
(force) נייטן; צווינגען
sandbank/sandbar די זאַמדבאַנק, ...בענק
sandblast אָפּזאַמדן מיט אַ זאַמדשטראָם
sandbox דער זאַמדקאַסטן, ־ס
(blotter) דער זעמדער, ־ס
sandcastle דאָס זאַמדשלעסל, ־עך; דער זאַמדשלאָס, ...שלעסער
sand drift דאָס טרייבזאַמד
sand dune די (זאַמד)דיונע, ־ס; דער זאַמדבאַרג, ...בערג
sandfish דאָס זאַמדפֿישל, ־עך
sandglass דער זאַמדזייגער, ־ס
sandgrass דאָס זאַמדגראָז
sandgrouse די סטעפּהון, ...הינער
sand pail דאָס זאַמד־עמערל, ־עך
sandpaper, *n.* דאָס שמערגל־פּאַפּיר; דאָס גלאָזפּאַפּיר
sandpaper, *v.* שמערגלען; אָפּזאַמדן
sandpiper דער זאַמדלויפֿער, ־ס
sandpit דער/די זאַמדגרוב, ...גריבער
(sandbox) דער זאַמדקאַסטן, ־ס
sand spurry די אַספּערגולאַריע
sandstone דער זאַמדשטיין
sandstorm דער זאַמדשטורעם, ־ס; דער סאַמום, ־ען
sandwich, *n.* די שניטקע, ־ס; דער סענדוויטש, ־ן
sandwich, *v.* אַרייננקוועטשן
sandwich board דער (צווייזייטיקער) רעקלאַמע־טאָוול ‹מעלדטאָוול›, ־ען
sandwich maker דער שניטקעניק, ־עס; דער שניטקע־מאַכער, ־ס

sandwort די אַרענאַריע, ־ס
sandy זאַמדיק
sane ביַי די קלאָרע געדאַנקען; קלאָר; בײַם רעיון ‹זינען›; גײַסטיק ‹פּסיכיש› געזונט [RÁYEN]
sangfroid די/דאָס געלאַסנקייט; די/דאָס קאַלטבלוטיקייט
with sangfroid געלאַסן; מיט אַ גראָדן קאָפּ; מיט שליטה איבער זיך; קאַלטבלוטיק [ShLÍTE]
sangria די סאַנגריִע
sanguinary בלוטיק; בלוטדאָרשטיק
sanguine האָפֿערדיק; אָפּטימיסטיש; סאַנגוויניש
Sanhedrin דער סנהדרין [SANÉDRIN]
sanicle דאָס רפֿואהכל, ־עך [REFÚEKhL]
sanitarium *see* **sanatorium**
sanitary סאַניטאַריש; היגיעניש; סאַניטאַר־...
sanitary belt דער וואַטע־האַלטער, ־ס
sanitary napkin/pad די פֿרויען־וואַטע, ־ס; די ווײַבערשע וואַטע, ־ס; דער דאַמען־באַנדאַזש, ־ן
sanitation
(cleanliness) די/דאָס ריינקייט
(service) דער מיסטאָפּפּיר; די סאַניטאַציע; די ריינקונג
sanitation worker דער מיסטלער, ־ס; דער ריניקער, ־ס
sanitize אויסריניקן; דיסאינפֿיצירן
(*fig.*) צענזורירן; איבערשרײַבן פֿאַר לײַטן
sanity די/דאָס קלאָרקעפּיקייט; די/דאָס קלאָרקייט; דאָס גײַסטיקע ‹פּסיכישע› געזונט
(reasonableness) [SÉYKhLDIKEYT] די/דאָס שׂכלדיקייט
Sanskrit דאָס סאַנסקריטיש
Santa Claus סאַנטאַ־קלאַוס
São Paulo (דאָס) סאַן־פּאַולאָ
sap, *n.* דער סאָק, ־ן; דער זאַפּט, ־ן
sap, *v.*
(mil.) אונטערמינירן; אונטערגראָבן
(*fig.*) אונטערגראָבן; פֿאַרשוואַכן
sap one's energy אויסזייגן ‹אַרויסציִען› דעם קליאָק פֿון די ביינער; אויסמאַטערן; אויסשעפּן
sapience די קלוגשאַפֿט; די חכמה [KhÓKhME]
sapient קלוג
sapling דאָס שפּראָצל, ־עך; דאָסביימעלע, ־ך
sapodilla די זאַפּאָטע
sapote דער מאַרמעלאַד־בוים, ־ביימער
sapper דער סאַפּיאָר, ־ן
sapphire דער שאַפֿיר ‹סאַפֿיר›, ־ן
sappy זאַפֿטיק
(sentimental) האַמעטנע; איבערסענטימענטאַל
sapwood די אונטערקאָרע
saraband די סאַראַבאַנדע
Saracen דער סאַראַצינער, –
Sarah (bib.) [SÓRE (IMÉYNU)] שׂרה (אמנו); די מוטער שׂרה
Sarajevo (דאָס) סאַראַיעוואָ
sarcasm דער סאַרקאַזם
sarcastic סאַרקאַסטיש
sarcastic conversation די קיבעצאַרניע
sarcastically סאַרקאַסטיש; אויף אַ סאַרקאַסטישן אופֿן [OYFN]
sarcophagus דער סאַרקאָפֿאַג, ־ן
sardine דער סאַרדין, ־ען; די סאַרדינקע, ־ס
packed like sardines ווי הערינג אין אַ פֿאַס; אַ שפּילקע־קעפּל נישט אַרײַנצוואַרפֿן
sardonic סאַרדאָניש
sardonically [OYFN] סאַרדאָניש; אויף אַ סאַרדאָנישן אופֿן
sari דער סאַרי, ־ס
sarong דער סאַראָנג, ־ען
sarsaparilla די פּערילע

sartorial
(clothing) [HALBÓShE] הלבשה־...; באַקלייד...
(tailoring) שנײַדער...
sash[1] **(cloth)** די שאַרף, ־ן
sash[2] **(frame)** די הייברעם, ־ען
sashay, *n.* (dance step) דער שאַסיי, ־ען
sashay, *v.* (strut) אַרומשטאָלצירן; אויספּײַנען זיך
sass די חוצפּה [KhÚTSPE]
sassafras דער סאַסעפֿראַס
sassy [KhÚTSPEDIK] חוצפּהדיק; פֿאַרשײַט; לעבעדיק
sassy seat דאָס צוטשעפּ־בענקעלע, ־ך
Satan דער שׂטן; דער טײַוול, טײַוואָנים; דער נישט־גוטער [SOTN]
satanic טײַוולאָניש
satanism [SOTN] דער שׂטן־קולט; דער סאַטאַניזם
satanist דער סאַטאַניסט, ־ן
satchel דאָס שעפּעטל, ־עך; דאָס זעקל, ־עך; דאָס רענצל, ־עך
sate (oneself) אָנזעטיקן זיך
sated אָנגעזעטיקט; זאַט
sateen דער באַוול־אַטלעס
satellite, *adj.* סאַטעליט(ן)־...
satellite, *n.* [LEVÓNELE] דער סאַטעליט, ־ן; דאָס לבֿנהלע, ־ך
via satellite סאַטעליטיש
satellite countries לענדער סאַטעליטן
satellite dish די סאַטעליטן־אַנטענע, ־ס
satellite hookup די סאַטעליטישע פֿאַרבינדונג, ־ען
sati דער סאַטי
satiate אָנזעטיקן
satiation די (אָנ)זעטיקונג; די זעט
satiety די/דאָס זאַטקייט; די זעט
to satiety צו זאַט; צו (דער) זעט
satin, *adj.* אַטלעסן
with a satin finish שאַטירט מיט אַטלעס
satin, *n.* דער אַטלעס
satintail דער אַטלעס־ווײַנדל, ־עך
satinwood דאָס אַטלעסהאָלץ
satiny גלאַט ווי אַטלעס
satire די סאַטירע, ־ס
satirical סאַטיריש
satirist דער סאַטיריקער, ־ס
satirize [KhÓYZEK] סאַטיריזירן; אויסלאַכן; חוזק מאַכן פֿון
satisfaction די/דאָס צופֿרידנקייט; די סאַטיספֿאַקציע, ־ס; די באַפֿרידיקונג, ־ען; דאָס נחת [NÁKhES]
(sexual) די באַפֿרידיקונג; די צופֿרידן־שטעלונג
derive satisfaction שעפּן ‹קלײַבן› נחת
Is this to your satisfaction? ביסטו ‹זענט איר› מיט דעם צופֿרידן?; איז דאָס דיר ‹אײַך› צום האַרצן?
satisfactorily נישקשהדיק; ווי ס׳קער ‹ס׳געהער› צו זײַן [NIShKÓShEDIK]
satisfactory צופֿרידנשטעליק; באַפֿרידיקנדיק; צום האַרצן
satisfied צופֿרידן; באַפֿרידיקט
(sexually) באַפֿרידיקט; ליבעזעט
be satisfied [MÚShVE] זײַן צופֿרידן ‹מושווה›
be satisfied with (settle for) באַגיין ‹באַנוגענען› זיך מיט
Is he satisfied now? נו, איצט איז ער צופֿרידן?
She's never satisfied אַלץ איז איר ווייניק; מע קען זי נישט צופֿרידן שטעלן; ס׳פֿעלט איר תּמיד אַ טאָג צו דער וואָך [TÓMED]
satisfy צופֿרידן שטעלן; באַפֿרידיקן
(requirement) נאָכקומען; פֿאַרענטפֿערן
(J./rel. requirement) [YÓYTSE] יוצא זײַן + אַק׳
(sexually) באַפֿרידיקן; צופֿרידן שטעלן; געניגן טאָן + דאַט׳

satisfy a craving באַפֿרידיקן ‹שטילן› אַ באַגער; שטילן אַ דאָרשט
satisfying באַפֿרידיקנדיק; צופֿרידנשטעליק; הנאהדיק [HANÓEDIK]
Satmar Hasid דער סאַטמערער חסיד, סאַטמערער חסידים [KhÓSID, KhSÍDIM]
satsuma די סאַצומע, ־ס
saturate אָנזעטיקן; סאַטורירן; אימפּרעגנירן
saturated אָנגעזעטיקט
saturated fat דאָס אָנגעזעטיקטע פֿעטס
saturation די אָנזעטיקונג
saturation point
(chem.) דער אָנזעטיק־פּונקט, ־ן
(limit/*fig.*) דער מאַקסימום, ־ס
Saturday, *adj.* שבתדיק; שבת־... [ShÁBESDIK] [ShÁBES]
Saturday, *n.* (דער) שבת, ־ים [ShÁBES, ShABÓSIM]
on Saturday (אום) שבת
Saturday's שבתדיק [ShÁBESDIK]
Saturday night שבת צו נאַכטס; מוצאי־שבת [ShPEYSENÁKhTS] [MÓTSE-ShÁBES]
Saturn דער סאַטורן; דער שבתאי [ShÁPSE]
Saturnalia (hist.) די סאַטורנאַליע
saturnalia די וואַקכאַנאַליע, ־ס; די אָרגיע, ־ס
saturnine פֿאַראומערט; פֿאַרמרה־שחורהט; פֿינצטער [FARMÓREShKhÓYRET]
satyr דער סאַטיר, ־ן
(lecher) דער נואף, ־ים [NÓYEF]
(zool.) *also* דאָס אויגן־פֿלאַטערל, ־עך
sauce, *n.* דער סאָס, ־ן; די זױזע, ־ס
sauce, *v.* פֿאַרפּראַווען ‹פֿאַרגיסן› מיט סאָס
sauceboat דער סאָסניק, ־עס; דאָס סאָסמעסטל, ־עך
saucepan דער טאָפּ, טעפּ; דאָס טעפּל, ־עך; דאָס פֿענדל, ־עך; די פֿאַן, ־ען; די ריין, ־ען
saucer דאָס (אונטער)טעצל, ־עך; דאָס טעלערל, ־עך; דאָס שעלעכל, ־עך; די טאַס, ־ן
saucer-eyed גלאָצאויגיק
saucily/saucy חוצפּהדיק; פֿאַרשײַט; שקאָציש [KhÚTSPEDIK]
Saudi, *adj.* סאַודיש
Saudi, *n.*
m./unsp. דער סאַודיער גװב'
f. די סאַודיערין, ־ס
Saudi Arabia די סאַודי־אַראַביע
sauerbraten דאָס עסיקפֿלייש; דאָס זױערפֿלייש; דער זױער־בראָטן
sauerkraut דאָס/די זױערע ‹געזײַערטע› קרויט; דאָס/די זױערקרויט
sauna די סאַונע, ־ס; די היצבאָד, ...בעדער
saunter שאַטײַען זיך; שליאָנדערן
saunter in אַרײַנשפּאַצירן
sausage דער וווּרשט, ־ן; דער קאָלבאַס; די דאַרע קישקע
sausage dog די טאַקסע, ־ס
sausage tree דער וווּרשטבוים, ...ביימער
sauté, *n.* דער/דאָס צוגרייַשטע(ר) מאכל, ־ים; דאָס צוגעריישטע [MAYKhL, MAYKhÓLIM]
sauté, *v.* צורײשן
sauté with onions אונטערפּרעגלען אַ ציבעלע; אויסריישן ‹אָפּריישן/צוריישן/צופּרעגלען› מיט אַ ציבעלע
sauteéd צוגערײשט
Sauterne (דער) סאָטערן
savage, *adj.* ווילד; פּרימיטיוו
(brutal/*fig.*) אַכזריותדיק; רציחהדיק; ברוטאַל [AKhZÓRYESDIK] [RETSÍKhEDIK]
savage, *n.* דער ווּאַלדמענטש, ־ן; דער ווילדער גװב'; דער פּרא־אָדם, ־ס; דער פּרימיטיווער גװב' [PÉRE-ÓDEM]
(brute/*fig.*) דער אַכזר, ־ים; דער רוצח, ־ים [ÁKhZER, AKhZÓRIM] [RETSÉYEKh, RÓTSKhIM]
savage, *v.* צעפּלײשן; צעפּלײשלען; צעקאַרדאַשען
(criticize/*fig.*) אַראָפּרײַסן
savagery דאָס אַכזריות; די/דאָס ווילדקייט [ÁKhZÓRYES]
savanna די סאַוואַנע
savant דער קענער, ־ס; דער ידען, ־ים [YADN, YADÓNIM]
save, *n.*
(baseball) דער גראַטעוועטער מאַטש, ־ן
(block/spo.) דער (באַלעם־)אָפּשטעל, ־ן
(comp.) דער אויפֿהיט
make a save ראַטעווען דעם באַלעם ‹דיסק›
save, *prep.* (אַ)חוץ
save, *v.* ראַטעווען; ראַטירן; מציל זײַן [MATSL]
(comp.) אויפֿהיטן
(economize) אײַנשפּאָרן; אײַנברענגען; פֿאַרשפּאָרן
(preserve) אויפֿהיטן
(salvage) אָפּראַטעווען
(set aside) אָפּשפּאָרן; אַוועקלייגן ‹האַלטן› אויף שפּעטער
save face אָפּהיטן ‹שאָנעווען› דעם אייגענעם כּבֿוד [KÓVED]
Save it! גיי(ט), גיי(ט)!; גענוג שוין!; לאָז(ט) געמאַך!
save one's own hide/skin (אַרויס)ראַטעווען דאָס אייגענע פֿעלכל; ראַטעווען זיך אַליין
save oneself a trip אײַנשפּאָרן ‹פֿאַרשפּאָרן› זיך אַ גאַנג
save oneself the expense אײַנברענגען זיך
save oneself the trouble of פֿאַרשפּאָרן (זיך) צו
save up אָנשפּאָרן ‹אָפּשפּאָרן/אַוועקלייגן/אײַנלייגן› געלט
saved by the bell געראַטעוועט אין דער לעצטער מינוט
be saved (rescued) ניצול ‹געראַטעוועט› ווערן [NITSL]
be saved (by a miracle) געהאָלפֿן ווערן
saver דער ראַטירער, ־ס
saving, *n.*
(rescuing) דאָס ראַטעווען; דאָס ראַטירן
(economizing) דאָס שפּאָרן; די אײַנשפּאָרונג
saving a life דער פּיקוח־נפֿש [PIKÚEKh-NÉFESh]
saving grace
He has one saving grace צו אַלע זײַנע חסרונות האָט ער איין מעלה [KhESRÓYNES] [MÁYLE]
savings דער אָפּשפּאָר; דאָס אָפּגעשפּאָרטע געלט; דאָס קניפּל
savings account די שפּאָרקאָנטע, ־ס
savings-and-loan association די/דער שפּאָר־און־לײַ־באַנק, ־בענק
savings bank די/דער שפּאָרבאַנק, ...בענק
savior דער אויסלייזער, ־ס; דער גואל, ־ים [GÓYEL, GÓYELIM/GOYÁLIM]
savoir-faire דאָס וויסן ווו אײַן און ווו אויס; דאָס פּראַקטישע וויסן
savor באַלעקן זיך מיט; גוסטירן; פֿאַסמאַקעווען זיך מיט; הנאה האָבן פֿון [HANÓE]
savory, *adj.* פּיקאַנט; געזאַלצן; געפּעפּערט; באַטעמט [BATÁMT]
savory, *n.*
(bot.) דער טשאַבער
(cul.) דאָס פּיקאַנטע; דאָס פּיקאַנטע פֿאַרבײַסעכץ, ־ן
savoy דאָס/די סאַוואָיער קרויט
savvy, *adj.* באַהאַוונט; פֿעיִק; אָנגעלערנט; קלוג; חריפֿותדיק [Kh(A)RÍFESDIK]
be computer-savvy פֿאַרשטיין זיך אויף קאָמפּיוטערס; זײַן פֿעיִק מיט קאָמפּיוטערס; זײַן אַ קאָמפּיוטער־בריה [BÉRYE]

savvy, *n.* דער פֿאַרשטאַנד; דער געזונטער שׂכל; דער שׂכל־הישר [SEYKhL] [SEYKhL-HAYÓShER]
saw, *n.* די זעג, ־ן
saw, *v.* זעגן
saw off אָפּזעגן
saw up צעזעגן
saw in two איבערזעגן
sawbuck *see* **sawhorse**
sawdust דאָס זעגעכץ; פּאַלעווינעס ל"ר
sawed-off shotgun דער אָבריז, ־ן
sawgrass דאָס שנײַדגראָז
sawhorse די קאָזלע, ־ס
sawmill די זעגמיל, ־ן; דער טאַרטאַק, ...אַקעס
sawwort דאָס צײַנדלגראָז
saxifrage דער שטיינברעכער, ־ס
saxophone דער סאַקסאָפֿאָן, ־ען
saxophonist דער סאַקסאָפֿאָניסט, ־ן; דער סאַקסאָפֿאָן־שפּילער, ־ס
say, *n.* דאָס וואָרט
have a say האָבן אַ דעה ‹וואָרט› [DÉYE]
have one's say אַרויסזאָגן זיך
I've had my say כ'האָב מײַנס אָפּגעזאָגט
say, *v.* זאָגן
do as sb. says פֿאָלגן + אַק'/דאַט'
hard to say שווער צו זאָגן
having said that מיט דעם
I say! הער(ט) נאָר!
I wouldn't say no איך וואָלט זיך דערפֿון נישט אָפּגעזאָגט
It goes without saying ס'איז שוין אָפּגערעדט; סע פֿאַרשטייט זיך אַליין
it says in the Torah סע שטייט (געשריבן) אין דער תּורה; אין חומש שטייט... [TÓYRE] [KhÚMESh]
No sooner said than done אומר־ועושה; געזאָגט און געטאָן; ווי געזאָגט, אַזוי געטאָן [ÓYMER-VEÓYSE]
not to say that דאָס הייסט נישט אַז
Say it ain't so! הלוואַי זאָל איך ליגן זאָגן! [(H)ALEVÁY]
Say no more! פֿאַרשטאַנען!
Say the word! זאָג(ט) נאָר!; דאַרפֿסט ‹איר דאַרפֿט› נאָר זאָגן!
say what you will מעגסט ‹איר מעגט› זאָגן וואָס דו ווילסט ‹איר ווילט›
Say when! לאָז(ט) וויסן ווען!
Says who? אַנו ווער זאָגט אַזוי?; מאַכט ווער?
She's said to be very smart מע זאָגט אַז זי איז גאָר אַ קלוגע; זי זאָל זײַן זייער קלוג
That's saying a lot! אַ ווערטעלע אויסצורעדן ‹צו זאָגן›!
there's no saying מע קען נישט וויסן
they say/it's said מע זאָגט
to say the least צום ווינציקסטן ‹ווייניקסטן›
What do you say to that? וואָס זאָגסטו ‹זאָגט איר› דערצו?
What I say goes! אַזוי זאָג איך און אַזוי בלײַבט!; מײַן וואָרט איז דאָס לעצטע וואָרט!
when all is said and done נאָך אַלעמען; די אונטערשטע שורה איז [ShÚRE]
where does it say that ... ווו שטייט (עס) געשריבן אַז ...
You can say that again! און נאָך ווי!; און ווי נאָך!
You don't say! טאַקע!; אַזוי גאָר?; וואָס רעדסטו ‹רעדט איר›?; וואָס דו זאָגסט ‹איר זאָגט›?
saying, *n.* דאָס ווערטל, ־עך
say-so די הסכּמה; דער רשות [HASKÓME] [REShÚS]
on her say-so מיט איר הסכּמה
scab, *n.* דער סטרופּ, ־עס
(strikebreaker) דער שטרײַקברעכער, ־ס; דער מחוצנער אַרבעטער, ־ס [MEKhÚTSNER]
scab, *v.* פֿאַרסטרופּע|ן זיך
(break a strike) ברעכן אַ שטרײַק
scabbard די שייד, ־ן; דאָס שיידל, ־עך
scabby באַדעקט מיט סטרופּעס
scabies קרעץ ל"ר
scabious, *adj.* קרעציק
scabious, *n.* די סקאַביאָזע, ־ס
scabrous ראַציק; שאָרסטקע
(scandalous) סקאַנדאַליעז
scad (zool.) די סטאַווורידע, ־ס
scads (of) (*fig.*) אַ ים ‹שלל› מיט [YAM] [ShLAL]
scaffold דאָס געשטעל, ־ן; די רישטאָוואַניע, ־ס
(for execution) דער עשאַפֿאָט, ־ן
scaffolding רישטאָוואַניעס ל"ר
scalawag דער ממזר, ־ים; דער באַנדיט, ־ן [MÁMZER, MAMZÉYRIM]
scald, *n.* דער (אָפּ)ברי, ־ען
scald, *v.* אָפּפּאַרע|ן; אויפֿזידן; אָפּגיסן מיט זאָט; אָפּבריִען; פֿאַרבריִען
(*esp.* milk) אויפֿוועלן
scald oneself אָפּבריִען זיך
scalding זודיק (הייס)
scale,[1] *n.*
(scope) דער מאַשטאַב, ־ן; דער פֿאַרנעם, ־ען; די סקאַלע, ־ס
(mus.) די גאַמע, ־ס
on a large scale פֿון ‹אויף› אַ גרויסן פֿאַרנעם ‹מאַשטאַב›
to scale לויט דער פּראָפּאָרציע
scale,[2] *n.* **(fish)** די שופּ, ־ן; די לושקע ‹ליסקע›, ־ס
scale,[3] *n.* **(weighing)** די וואָג, ־ן
(measure) דער מעסטער, ־ס
tip the scales at 300 lbs. וועגן אַזש דרײַ הונדערט פֿונט
scale,[1] *v.* **(mountain)** אַרויפֿקריכן (אויף); אַרויפֿקלעטערן (אויף)
scale back/down פֿאַרקלענערן
scale up פֿאַרגרעסערן
scale,[2] *v.* **(fish)** (אָפּ)שאָבן
scale model דער מאָקעט, ־ן; דער מאַשטאַב־מוסטער, ־ן; דער פֿאַרקלענערטער מאָדעל, ־ן
scalene פֿאַרשיידן־זײַטיק
scaling ladder דער שטורעם־לייטער, ־ס
scallions דאָס אַשלעד קאָל'; גרינע ‹יונגע› ציבעלעס; ציבינקעלעך
scallop, *n.*
(edging) די אַרומצײַנדלונג, ־ען; דער פֿעסטאָן, ־ען
(zool.) דער קאַממושל, ־ען
scallop, *v.* **(edge)** אַרומצײַנדלען; פֿעסטאָנירן
scalloped (edged) אַרומגעצײַנדלט; פֿעסטאָנירט
scalloped potatoes דער קאַרטאָפֿל־קאַסעראָל
scalp, *n.* דער סקאַלפּ, ־ן; דער האָרגרונט
My scalp itches סע בײַסט מיר דער קאָפּ
scalp, *v.* סקאַלפּירן; אָפּציִען די האָר פֿון קאָפּ
(tickets) ספּעקולירן מיט בילעטן
scalpel דער סקאַלפּעל, ־ן; דער/דאָס סקאַלפּיר־מעסער, ־ס
scalper דער בילעטן־ספּעקולאַנט, ־ן
scaly שופּיק
scam, *n.* דער שווינדל, ־ען; דאָס שווינדלערײַ
scam, *v.* באַשווינדלען
scamp דער באַנדיט, ־ן
scamper (אַרומ)לויפֿן פֿײַל אויסן בויגן; אַרומיאָגן זיך
scan, *n.* די סקאַנ(ד)ירונג, ־ען; דער נאָכזוך

scan, *v.*
(comp.) סקאַנ(ד)ירן
(examine) אײַנקוקן זיך אין; אויסגרונטעווע|ן
(med./tech.) נאָכזוכן
(survey) איבערקוקן אויף גיך; בעזעמען מיטן בליק
(verse) סקאַנדירן; ריטמירן
scandal
(disgrace) דער בזיון; די חרפה [BIZÓYEN] [KhÁRPE]
(gossip) דאָס רכילות, ־ן [REKhÍLES]
(incident) דער סקאַנדאַל, ־ן
scandalize סקאַנדאַליזירן; שאָקירן
scandalmonger
m./unsp. דער רכילותניק, ־עס [REKhÍLESNIK]
f. די רכילותניצע, ־ס [REKhÍLESNITSE]
scandalous סקאַנדאַליעז; שאָקירנדיק; שענדלעך; הימל־שרײַענדיק
It's scandalous! ס'אַ סקאַנדאַל!
scandal-plagued באַסקאַנדאַלירט; מלא־סקאַנדאַלן [MÓLE]
scandal sheet דאָס פליאַטקע־בלעטל, ־עך; דער/דאָס שמאַטעבלאַט, ...בלעטער
Scandinavia (די) סקאַנדינאַוויע
Scandinavian, *adj.* סקאַנדינאַוויש
Scandinavian, *n.*
m./unsp. דער סקאַנדינאַווער, –
f. די סקאַנדינאַווערין, ־ס
scandium דער סקאַנדיום
scanner דער סקאַנ(ד)ירער, ־ס
scansion די סקאַנדירונג
scant קנאַפּ
scantily קנאַפּ; קוים; בצימצום [BETSÍMTSEM]
scantily clothed קוים אָנגעטאָן
scapegoat, *n.* דאָס כּפּרה־הינדל, ־עך; דער שעיר־לעזאזל, ־ען; דער זינדבאָק, ...בעק; דאָס צאַפּיקל, ־עך [KAPÓRE] [SÓER-LAZÓZL]
scapegoat, *v.* מאַכן פֿאַר אַ כּפּרה־הינדל ‹שעיר־לעזאזל› [KAPÓRE] [SÓER-LAZÓZL]
scapula דער אַקסלבלאַט, ...בלעטער; די לאָפּעטקע, ־ס
scar, *n.* דער שנאַר, ־ן; דער שראַם, ־ען; דער שטראַם, ־ען; די בליזנע, ־ס; דער העפּט, ־ן; דער סימן, ־ים; דער צייכן, ־ס [SÍMEN, SIMÓNIM]
(*fig.*) די טראַוומע, ־ס
scar, *v.* פֿאַרשנאַרן זיך; פֿאַרסטרופּע|ן (זיך); איבערלאָזן אַ סימן ‹שנאַר/שראַם› [SÍMEN]
(*fig.*) טראַוומירן; שנײַדן טיף
scar for life איבערלאָזן סימנים אויפֿן גאַנצן לעבן; באַשעדיקן אויף אייביק [SIMÓNIM]
scarce שיטער; קנאַפּ
be scarce זײַן זעלטן צו באַקומען; נישט וואַלגערן זיך
make oneself scarce אַנטרונען ‹פֿאַרשווינדן/נעלם› ווערן [NÉL(E)M]
scarcely קוים(־קוים); כּמעט (ווי) נישט [KIMÁT]
scarcity (of) דער דוחק (אין); דער אויספֿעל (פֿון); דאָס יקרות (אויף) [DÓYKhEK] [YÁKRES]
scare, *n.* דער איבערשרעק, ־ן
have quite a scare גוט איבערשרעקן זיך
scare, *v.* איבערשרעקן; דערשרעקן
scare away/off אָפּשרעקן
scare the hell out of איבערשרעקן + אַק' אויף טויט
scarecrow די סטראַשידלע, ־ס; דער שרעקפֿויגל, ־ען; די פּודעלע, ־ס
scared איבערגעשראָקן; דערשראָקן
be scared מורא האָבן [MÓYRE]
be scared out of one's wits שטאַרק איבערשרעקן זיך; שיער נישט חלשן פֿון שרעק [KhÁLEShN]
be scared stiff (of) איבערשרעקן זיך אויף טויט (פֿון); נישט קענען רירן מיט אַ גליד; ציטערן אימת־מוות (פֿאַר) [ÉYMES-MÓVES]
scaredy-cat דער פּחדן, ־ים; דאָס העזעלע, ־ך; דער בויסע־זשעדע [PAKhDN, PAKhDÓNIM]
scaremonger דער פּאַניק־מאַכער, ־ס; דער אַלאַרמיסט, ־ן
scare tactic די דערשרעק־טאַקטיק; סטראַשונקעס ל"ר
scarf, *n.* דער שאַל, ־ן; דאָס שאַליקל, ־עך; די שאַרף, ־ן
scarf, *v.* **(down)** (אַראָפּ)שלינגען גאַנצערהייט
scarify אײַנשנײַדן
(*fig.*) שאַרף קריטיקירן
scarlatina *see* **scarlet fever**
scarlet שאַרלעך (רויט)
scarlet fever דער סקאַרלאַטין; דער שאַרלעך
scarlet pimpernel דאָס אויגנבלימל, ־עך
scarlet woman די פּרוצה, ־ות; די אויסגעלאַסענע, – [PRÚTSE]
scarred פֿאַרשנאַרט
(*fig.*) טראַוומירט
scar tissue דאָס שראַמגעוועב
scary שרעקעדיק; סטראַשנע
Scat!, *int. see* **Shoo!**
scat,[1] *n.* **(dung)** דאָס מיסט; באָבקעס ל"ר; גאָמלקעס ל"ר
scat,[2] *n.* **(mus.)** דער סקאַט
scat,[1] *v.* **(disappear)** אָפּטראָגן זיך; פֿאַרשווינדן ווערן
scat,[2] *v.* **(mus.)** זינגען סקאַט
scathe ברענגען ‹אָנטאָן› שאָדן
scathing בײַסיק; שנײַדיק; שרפֿעדיק; פֿאַרלענדנדיק [SÁRFEDIK]
scatological סקאַטאָלאָגיש
scatology די סקאַטאָלאָגיע
scatter, *vt./vi.* פֿונאַנדערשפּרייטן (זיך); צעשפּרייטן (זיך); צעשיטן (זיך); צעוואָרפֿן (זיך); צעזייען (זיך)
vt. also צעשפּרענקלען
vi. also צעלויפֿן זיך; צעפֿליען זיך
scatter the enemy צעשפּליטערן דעם שונא [SÓYNE]
scatterbrain
m./unsp. דער קאַצנקאָפּ, ...קעפּ; דער קאַצן־מוח, ־ות; דער צעטראָגענער מלאך; דער צעפֿלויגענער געב'; דער פֿלאַטערקאָפּ, ...קעפּ; דער פּלוט, ־ן; דער חסר־דעהניק, ־עס [MÓYEKh, MÓYKhES] [MÁLEKh] [KhÓSER-DÉYENIK]
f. די פּלוטיכע, ־ס; די חסר־דעהניצע, ־ס [KhÓSER-DÉYENITSE]
scatterbrained צעטראָגן; צעפֿלויגן; פּלוטיש
scatter diagram די פּינטל־דיאַגראַם, ־ען
scattered ווייט צעשפּרייט; אויסגעשפּרענקלט; צעוואָרפֿן; צעזייט
(sparse) שיטער
scattered to the four winds צעוואָרפֿן ‹צעשאָטן› איבער אַרבע־פּינות־(ה)עולם; צעזייט און צעשפּרייט [ÁRBE-PÍNES-(HO)ÓYLEM]
scavenge גראַבלען זיך אין מיסט
scavenger
(person) דער מיסטגראַבלער, ־ס
(animal) דער נבֿלה־פֿרעסער, ־ס [NEVÉYLE]
scavenger hunt דער גיי־געפֿין; דער זוך־און־זאַמל
scenario דער סצענאַר, ־ן
scene די סצענע, ־ס; דאָס בילד, ־ער
(thea.) די סצענע, ־ס
behind the scenes הינטער די קוליסן
come on the scene (arrive) אָנקומען

come on the scene (thea.) אויפֿטרעטן (אויף דער בינע)
make a scene סקאַנדאַלעווע|ן; מאַכן אַ סקאַנדאַל ‹סומאַטאָכע/ג(ע)ראַטשקע/סצענע›; אָפּשפּילן אַ חתונה; בויאַנעווע|ן; אויפֿשפּילן אַ וויסטן פֿרימאָרגן; מאַכן אַ באַד; מאַכן קולות [KhÁSENE] [KÓYLES]
not my scene נישט מײַן געשמאַק
on the scene אויפֿן אָרט; דערבײַ
set the scene אײַנשטעלן ‹באַשרײַבן› די סצענע
What a scene that was! אוי, האָט זיך דאָרט אָפּגעשפּילט אַ חתונה!
scenery דער/די לאַנדשאַפֿט
(thea.) די דעקאָראַציע
scenic בילדעריש שיין
scenographer דער סצענאָגראַף, ־ן; דער בינע־‹דעקאָראַציע־›מאָלער, ־ס
scenographic סצענאָגראַפֿיש
scenography די סצענאָגראַפֿיע
scent, *n.* דער ריח, ־ות; דאָס גערוך, ־ן; דער/די שמוכט, ־ן; דער פּאַרפֿום, ־ען [RÉYEKh, RÉYKhES]
(of animal) די/דער שפּור, ־ן
on the scent אויף דער שפּור
lose the scent פֿאַרלירן די שפּור
put/throw off the scent אַראָפּפֿירן פֿון דער שפּור
scent, *v.* פּאַרפֿומירן
scented פּאַרפֿומירט; גערוכיק
scepter דער סקעפּטער, ־ס; די בולאַווע, ־ס; דער הערשערשטאַק, ־ן
schadenfreude די שאָדנפֿרייד; די נקמה־פֿרייד; די בייזע פֿרייד [NEKÓME]
schav דער שטשאַוו
schedule, *n.* דער (צײַט)פּלאַן, ...פּלענער; דער צײַט־סדר [SÉYDER]
(acad.) דער לימודים־פּלאַן, ־פּלענער
(bus/train) דער פֿאָרפּלאַן, ...פּלענער
(plane) דער פֿליפּלאַן, ...פּלענער
(fee) דער טאַריף, ־ן
(form) דער פֿאָרמולאַר, ־ן; די טאַבעלע, ־ס
behind schedule הינטערשטעליק
change in schedule דער בײַט אין צײַטפּלאַן
have a tight schedule זײַן געענגט אין צײַט
on schedule לויטן צײַטפּלאַן; פּינקטלעך; צו דער צײַט; בײַ צײַטנס
on or near schedule כמעט פּינקטלעך [KIMÁT]
schedule, *v.* פּלאַנירן; באַשטימען די צײַט אויף; אָפּשטעלן; אויסזמנען [ÓYSZMANEN]
scheduled פּלאַנירט
as scheduled ווי (מ'האָט) פּלאַנירט
scheduled flight דער פּלאַנירטער פֿלי, ־ען
Scheherazade שעכערעזאַדע
schema דער פּלאַן, פּלענער; די סכעמע, ־ס
schematic, *adj.* סכעמאַטיש
schematic, *n.* די סכעמאַטיק
schematically סכעמאַטיש; אויף אַ סכעמאַטישן אופֿן [OYFN]
schematize סכעמאַטיזירן
scheme, *n.*
(plan) דער פּלאַן, פּלענער; די סכעמע, ־ס
(trick) די שטוקע, ־ס; דאָס שטוטשקעלע, ־ך; דאָס הינטערשיסעלע, ־ך; דאָס דריידל, ־עך
scheme, *v.* אינטריגירן; פּלאַנעווע|ן; מאַכן הינטערשיסעלעך
schemer דער אינטריגאַנט, ־ן
scheming, *n.* הינטערשיסעלעך ל"ר; אינטריגעס ל"ר
scherzando סקערצאַנדאָ
scherzo דער סקערצאָ, ־ס
schism די שפּאַלטונג, ־ען; די סכיזמע, ־ס
schismatic, *adj.* סכיזמאַטיש
schismatic, *n.* דער סכיזמאַטיקער, –; דער ראַסקאָלניק, ־עס
schist דער שיפֿער(שטיין)
schizandra די לימענע־יאַגדע, ־ס; דער לימאָניק
schizoid סכיזאָיִדיש
schizophrenia די סכיזאָפֿרעניע
schizophrenic, *adj.* סכיזאָפֿרעניש
schizophrenic, *n.* דער סכיזאָפֿרעניקער, –; דער קראַנקער געב' אויף סכיזאָפֿרעניע
schlep, *n.* דאָס שלעפּעניש
schlep, *vt./vi.* שלעפּן (זיך)
It's quite a schlep! פֿאָלג מיך אַ גאַנג!
schlimazel
m./unsp. דער שלימזל, ־ען; דער שלימזלניק, ־עס [ShLIMÁZL] [ShLIMEZÁLNIK]
f. די שלימזלניצע, ־ס [ShLIMEZÁLNITSE]
schlock דאָס באָוול
schmaltz
(grease) דאָס/די שמאַלץ
(sentimentality) דאָס סענטימענטלערײַ
schmaltz herring דער שמאַלצהערינג
schmear, *n.* דער שמיר, ־ן
the whole schmear דאָס גאַנצע(נע); דאָס גאַנצע געשעפֿט; אַלץ אין איינעם; הכל־בכל־מכל־פֿלעקל [HAKL-BÁKL-MIKL-FLÉKL]
bagel with a schmear דער בייגל מיט שמירקעז
schmooze, *n.* דאָס געפּלאַפּל
schmooze, *v.* באַלאַקע|ן; פּלאַפּלען
schmooze up אונטערשפּילן זיך מיט; פֿליאַדרעווע|ן; טשאַדע|ן
schmuck, *n.*
(penis/*vlg.***)** דער שמאָק, שמעק
(person/*pej.***)** *also* דער שוואַנץ, שווענץ; דער שמאָנדאַק, ...אַקעס
schnapps דער שנאַפּס, ־ן
schnitzel דער שניצל, ־ען
schnorr שנאָרע|ן
schnorrer
m./unsp. דער שנאָרער, ־ס; דער בעטלער, ס
f. די שנאָרערקע, ־ס; די בעטלערקע, ס
scholar
m./unsp. דער וויסנשאַפֿטלער, ־ס; דער געלערנטער געב'
f. די וויסנשאַפֿטלערין, ־ס; די געלערנטע געב'
(J./trad.) דער למדן, ־ים; דער לערנער, ־ס; דער בן־תּורה, בני־...; דער תּלמיד־חכם, תּלמידי־חכמים; דער קענער אין די קליינע פּינטעלעך ‹אותיותלעך› [LAMDN, LAMDÓNIM] [BENTÓYRE, BNEY-...] [ÓYSYESLEKh] [TÁLMED-KhÓKhEM, TALMÍDE-KhAKhÓKhIM]
scholar-in-residence
(long-term) דער אײַנוווין־געלערנטער געב'; דער אינעווייניקסטער געלערנטער געב'
(short-term) דער גאַסט־געלערנטער געב'
scholarly וויסנשאַפֿטלעך; געלערנט
(J.) לומדיש [LÓMDISh]
scholarly research די פֿאָרשונג
scholarship
(education) די בילדונג
(erudition) די וויסנשאַפֿט; די/דאָס געלערנטקייט
(J.) דאָס לומדות [LÓMDES]
(stipend) די סטיפּענדיע, ־ס; דאָס שטודירגעלט

scholarship recipient (*m./unsp.*) דער סטיפּענדיאַנט, ־ן
scholarship recipient (*f.*) די סטיפּענדיאַנטקע, ־ס
full scholarship די אויסהאַלט־סטיפּענדיע, ־ס; די פֿולע סטיפּענדיע, ־ס
scholastic סכאָלאַסטיש; שול...; לערנ...
scholasticism די סכאָלאַסטיק
school, *n.* די שול, ־ן
I have no school today היינט האָב איך נישט קיין לימודים ‹קלאַסן›; כ׳בין היינט פֿריי פֿון לימודים ‹קלאַסן›
school of thought די שיטה, ־ות; דער חדר, ־ים [ShÍTE] [KhÉYDER, KhADÓRIM]
school of general studies דער פֿאַקולטעט פֿאַר כּלל־בילדונג [KLAL]
school of international affairs דער פֿאַקולטעט פֿאַר אינטערנאַציאָנאַלע ענינים [INYÓNIM]
school, *v. imp./pf.* (אויס)שולן
school-age, *adj.* אין שולעלטער
school age, *n.* דער שולעלטער
schoolbag די/דער שולטאַש, ־ן; דאָס ביכער־רענצל, ־עך
school board די שול־קאָמיסיע, ־ס; די (לאָקאַלע) שולמאַכט
schoolboy/schoolchild דער תּלמיד, ־ים [TÁLMED, TALMÍDIM]
school days שוליאָרן; די שולבאַנק ל״י
schoolgirl די תּלמידה, ־ות [TALMÍDE]
school holiday דער אַקאַדעמישער יום־טובֿ, ־ים [YÓNTEF/YÓNTEV, YONTÓYVIM]
school hours די לערנצייט ל״י
schoolhouse דער שול־בנין, ־ים [BÍNYEN, BINYÓNIM]
schooling די דערציִונג; די אויסשולונג; די בילדונג
(J.) *also* דער חינוך [KhÍNEKh]
schoolmarm די (שטרענגע) לערערין, ־ס
schoolmaster דער לערער, ־ס
schoolmate דער שול־חבֿר, ־ים [KhÁVER, KhAVÉYRIM]
schoolmistress די לערערין, ־ס
schoolroom דער קלאַס(צימער), ־ן
school supplies דאָס שולוואַרג קאָל׳
school system די שולסיסטעם, ־ען
schoolteacher
m./unsp. דער לערער, ־ס
f. די לערערין, ־ס
schoolwork די שולאַרבעט
school year דאָס שוליאָר, ־ן; דאָס אַקאַדעמישע יאָר, ־ן
schooner די שקונע ‹שכונע›, ־ס
schwa דער שוואָ, ־ען
sciatica דער אישיאַס
sciatic nerve דער אישיאַדיקוס, ־ן; דער אישיאַסנערוו, ־ן; דער היפּטנערוו, ־ן
science די ווי־סנשאַפֿט, ־ן
science-based אויפֿן סמך פֿון דער ווי־סנשאַפֿט [SMAKh]
science editor דער ווי־סנשאַפֿט־רעדאַקטאָר, ...אָרן
science fiction די פֿאַקטאַזיע; די ווי־סנשאַפֿטלעכע פֿאַנטאַסטיק
scientific ווי־סנשאַפֿטלעך
scientifically ווי־סנשאַפֿטלעך; אויף אַ ווי־סנשאַפֿטלעכן אופֿן [OYFN]
scientist דער ווי־סנשאַפֿטלער, ־ס; דער געלערנטער געב׳; דער פֿאָרשער, ־ס
Scientology די סייענטאָלאָגיע
sci-fi *see* **science fiction**
scimitar דער סצימיטאַר, ־ן
scintilla דאָס ברעקל; דער שמץ [ShÉMETS]
scintillate שימערירן; פֿינקלען
scintillating שימערירנדיק; פֿינקלדיק
(witty) חכמהדיק; חריפֿותדיק [KhÓKhMEDIK] [Kh(A)RÍFESDIK]
scion דער אָפּשפּראָץ, ־ן
scissor kick (swimming) דער שערנקלאַפּ
scissors די שער, ־ן; דאָס שערל, ־עך; דאָס שערעלע, ־ך
scissors-and-paste-job די צונויפֿגעשטויקעוועטע אַרבעט
sclera דאָס ווייסל, ־עך
sclerose סקלעראָזירן
sclerosis דער סקלעראָז
sclerotic סקלעראָטיש
scoff, *n.* דער חוזק; דער שפּאָט [KhÓYZEK]
scoff, *v.* **(at)** אויסלאַכן + אַק׳; אָפּלאַכן (פֿון); אָפּשפּעטן (פֿון); חוזק מאַכן (פֿון); יעקן (פֿון) [KhÓYZEK]
scoffer דער אויסלאַכער, ־ס; דער אָפּלאַכער, ־ס; דער (אָפּ)שפּעטער, ־ס
scofflaw דער אויספֿייפֿער, ־ס; דער הפֿקרניק, ־עס [HÉFKERNIK]
scold, *n.* די מרשעת, ־ן; די מעגערע, ־ס [MARShÁS]
scold, *v.*
imp. שרייען אויף; בייזערן זיך אויף; זידלען; מוסרן; שטראָפֿן [MÚSERN]
pf. אָנשרייען אויף; אויסשרייען זיך אויף; אָנזידלען; אויסמוסרן; אויסשטראָפֿן; פֿירהאַלטן + דאַט׳; געבן + דאַט׳ אַ פּסק ‹אַן עליה›; מאַכן + דאַט׳ אַ מי־שברך ‹שוואַרצן סוף› [ÓYSMÚSERN] [PSAK] [ALÍE] [MIShEBÉYREKh] [SOF]
scolding, *n.*
He got a good scolding מ׳האָט זיך גוט אויסגעשריגן ‹אָנגעבייזערט› אויף אים; ער האָט געקריגן אַ פּסק ‹פּאַרציע›; מ׳האָט אים געגעבן אַ גאָב; מ׳האָט אים געמאַכט כּעפֿרה־דאַרעא [PSAK] [KEÁFRE-DEÁRE]
sconce דער וואַנטלייכטער, ־ס; די (ה)עסע, ־ס
scone דער סקאָן, ־ען
scoop, *n.* די שעפּ, ־ן; דער שופֿל, ־ען
(news) דער (נייעס־)אויסכאַפּ, ־ן
get the scoop אויסכאַפּן דער ערשטער
in one scoop מיט ‹אויף› איין מאָל
scoop, *v.* שעפּן
(news) אויסכאַפּן
scoop out אַרויסשעפּן; קאַלופּע(ו)ן
scoop up (liquid) אָנשעפּן
scoop up (papers) צונויפֿנעמען; צוזאַמענקלייבן
scoop up (child) אויפֿהייבן
scoot אַנטרונען ווערן; אַנטלויפֿן
scoot over איבעררוקן זיך
scooter דער סקוטער, ־ס; דאָס רייטוועגל, ־עך
(toy) דאָס סקוטערל, ־עך
scope, *n.* דער פֿאַרנעם, ־ען; דער גרייד, ־ן; דער אַרומנעם, ־ען; דער היקף, ־ים [HÉKEF, HEKÉYFIM]
scope, *v.* **(out)** אויספֿאָרשן; גוט באַטראַכטן ‹באַקוקן›
scorch, *n.* דער ברענפֿלעק, ־ן
scorch, *v.* פֿאַרשרפֿע(ו)ן; פֿאַרברענען; פֿאַרסמאַליע(ו)ן; אָפּברענען [FARSÁRFEN]
(food) צוברענען; צוסמאַליען; פֿאַרברענען
scorched פֿאַרשרפֿעט; פֿאַרברענט; אויסגעברענט [FARSÁRFET]
(food) צוגעברענט
become scorched *also* פֿאַליע(ו)ן
scorched-earth tactics די אויסראָט־‹פֿאַרוויסט־› טאַקטיק ל״י
scorcher די חמימה; דער שרעקלעך הייסער טאָג [KhMÍME]
scorching ברענענדיק
scorch mark דער ברענפֿלעק, ־ן

score, *n.*
(mus.) די פּאַרטיטור, ־ן
(spo.) דער (פּונקטן־)חשבון, ־ות; דער שפּיל־חשבון, ־ות; דער ווײַפּל־וועֶר, ־ן [KhEZhBM, KhEZhBÓYNES]
(twenty) צוויי צענדליק ‹צענדלינג›
an old score אַן אַלטער חשבון
by the scores מאַסנווײַז
keep score האַלטן דעם חשבון
know the score (*fig.*) וויסן ווו אײַן און ווו אויס; וויסן מיט וואָס מע גייט צום טיש
on that score וועגן דעם; אין דעם ענין [ÍNYEN]
scores of people צענדליקער (און צענדליקער) מענטשן
scores of times צענדליקער מאָל
What's the score? ווו האַלט די ‹דאָס› שפּיל?; וויפֿל איז דער חשבון?

score, *v.*
(criticize) אויסזידלען; אויסמוסרן [ÓYSMÚSERN]
(procure) אײַנשאַפֿן זיך
(keep count) פֿירן ‹האַלטן› דעם חשבון [KhEZhBM]
(notch) אײַנקאַרבן; אײַנקריצן
(spo.) מאַכן אַ פּונקט; אַרײַנשיסן; אַרײַנקלאַפּן (אַ גאָל)
score with sb. (sexually/*slg.*) אַרײַנהאַקן אין
score a hit אַרײַנטרעפֿן
score a victory אָפּהאַלטן אַ נצחון [NITSÓKhN]
score an exam שטעלן צייכנס אויף אַן עקזאַמען
score off/through אויסשטרײַכן
scoreboard דער חשבון־טאָוול, ־ען [KhEZhBM]
scorecard דאָס חשבון־קאַרטל, ־עך [KhEZhBM]
scorekeeper דער חשבון־האַלטער, ־ס [KhEZhBM]
scorn, *n.* דער ביטול [BITL]
pour scorn on אָפּגיסן מיט אַ פּאַמוינעץ; רעדן מיט ביטול פֿון
scorn, *v.* מבֿטל זײַן; באַצײַען זיך ביטול צו; אָפּשטויסן [MEVÁTL] [BITL]
scorned lover דער אָפּגעשטויסענער ‹אַוועקגעשטעלטער› געליבטער גוב'
scornful ביטולדיק [BÍTLDIK]
scornfully ביטולדיק; מיט ביטול [BÍTLDIK] [BÍTL]
Scorpio מזל עקרבֿ; דער סקאָרפּיאָן [MAZL ÁKREV]
scorpion דער עקדיש, ־ן; דער סקאָרפּיאָן, ־ען
Scotch, *n.* **(whisky)** דער שאָטלענדישער וויסקי
scotch, *v.* מאַכן אַ סוף צו; נישט דערלאָזן [SOF]
Scotch tape דער קלעפּ־צעלאָפֿאַן; די קלעפּלענטע, ־ס
Scotch terrier דער שאָטישער טעריער, ־ס
scot-free
get off scot-free אָפּקומען אָן אַ שטראָף; זײַן פּטור בלא כלום [PÓTER BELÓY KLUM]
Scotland (דאָס) שאָטלאַנד
Scotland Yard דער סקאָטלאַנד־יאַרד
Scotsman דער שאָטלענדער, –
Scotswoman די שאָטלענדערין, ־ס
Scottish, *adj.* שאָטיש; שאָטלענדיש
Scottish Jew דער שאָטישער גוב'; דער שאָטישער ייִד, ־ן
Scottish, *n.* **(people)** די שאָטלענדער ל"ר
Scottish Gaelic דאָס שאָטישע געליש
scoundrel דער פּאַסקודניאַק, ־עס; דער נבֿל, ־ים; דער שופֿט, ־ן; דער אויסוואָרף, ־ן; דער ימח־שמוניק, ־עס; דער מנוול, ־ים; דער כלאַמידניק, ־עס; דער שעלמאַק, ־עס; דער דבֿר־אַחר, ־ס; דער גנאַמניק, ־עס; דער לײַדאַק, ־עס [NOVL, NEVÓLIM] [YEMÁKh-ShMÓYNIK] [MENÚVL, MENUVÓLIM] [DÓVER-ÁKhER]
scour, *v.*
imp. שײַערן; שקראָבען
pf. אָפּשײַערן; אויסשײַערן; אָפּשקראָבען
(search) זוכן אין אַלע ווינקעלעך
scourge, *n.*
(cause of trouble) די פּלאָג, ־ן; די מכּה, ־ות; דאָס אָנשיקעניש, ־ן [MÁKE]
(whip) די בײַטש, ־ן
scourge, *v.* בײַטשלען; בײַטשן; שמײַסן
scouring pad דער שײַערשוואָם, ־ען
scouring powder דער שײַער־פּראָשיק
scout, *n.* דער אויספֿירער, ־ס; דער אויסקוקער, ־ס; דער סקויט, ־ן
scout, *v.*
scout around זוכן דאָ און דאָרט
scout out אויסשפּירן; אויספֿאָרשן
scouting, *n.*
(activity) דאָס זײַן אַ סקויט; די סקויטן־באַוועגונג
(investigating) דאָס אויסשפּירן
scoutmaster דער סקויטן־פֿירער, ־ס
scowl, *n.* דאָס אָנגעכמורעטע ‹פֿינצטערע› פּנים, ־ער; דער פֿינצטערער בליק, ־ן [PÓNEM, PÉNEMER]
scowl, *v.* כמורען זיך; אָנכמורען דאָס פּנים; אָנדרודלען זיך; אָנכמאַרען זיך; זײַן אָנגעכמורעט [PÓNEM]
Scrabble, *n.* דער סקרעבל
scrabble, *v.*
scrabble around נישטערן
scrabble at קלאַמערן זיך אין
scraggly צעקודלעט; צעפּאַטלט
(bony) הויט און ביין
(unkempt) צעשויבערט
(of plants) שיטער
Scram! טראָג(ט) זיך אָפּ (פֿון דאַנעט!); אַוועק!
scramble, *n.* דאָס רײַסעניש; דאָס דראַפּעניש
scramble, *v.*
(cul.) גוט צעמישן
(signals) צעמישן; פֿאַרפּלאָנטערן
scramble (for) רײַסן ‹דראַפּען› זיך (נאָך)
scramble up (climb) קאַראַפּקען זיך (אויף); גראַבלען זיך (אויף); דראַפּען זיך (אויף)
scrambled (גוט) צעמישט
scrambled eggs די פֿרעזשעניצע, ־ס; די יאַיטשניצע, ־ס
scrambler דער שיפֿרירער, ־ס
scrap,[1] *n.* **(small piece)** דאָס ברעקל, ־עך; דאָס ברעקעלע, ־ך; דאָס שטיקעלע, ־ך
(leftover food) (שפּײַז)רעשטלעך; שיריים [ShIRÁYEM]
(junk) דאָס בראַכוואַרג; דאָס ברעך; דאָס שמעלץ
(metal) דער מעטאַלבראַך; דאָס שמעלץ
scrap,[2] *n.* **(fight)** דאָס שלעגערײַ, ־ען; דאָס געשלעג, ־ן
get into a scrap אַרײַנלאָזן זיך אין אַ געשלעג
scrap,[1] *v.*
(at junkyard) אָפּגעבן אויף ברעך ‹שמעלץ›
(discard) אַרויסוואַרפֿן; אַוועקוואַרפֿן; פּטור ווערן פֿון [PÓTER]
Scrap that! אַרײַן אין מיסט!
scrap,[2] *v.* **(fight)** שלאָגן זיך
scrapbook דער (זאַמל־)אַלבאָם, ־ען; דאָס אײַנקלעפּבוך, ־ביכער...
scrape, *n.* דער (ק)ראַץ, ־ן; די דראַפּע, –; דער דראַפּ, ־ן; דער גראַטש, ־ן
(predicament) די פֿאַרלעגנהייט, ־ן; די קלעם
She has a scrape on her hand זי האָט זיך צעקראַצט ‹צעדראַפּעט/צעגראַטשעט› די האַנט
scrape, *v.* צעקראַצן; צעדראַפּען; צעגראַטשען
(peel) שאָבן

scrape against אָנרײַבן זיך אין
scrape along/by אָפּקומען מיט שהי־פּהי [ShÍE-PÍE]
scrape away אָפּקראַצן
scrape off אָפּקראַצן; אָפּשאָבן; אָפּשקראָבע|ן
scrape oneself צעקראַצן זיך; צעדראַפּע|ן זיך; צעגראַטשע|ן זיך
scrape out אויסקראַצן
scrape the bottom of the barrel צונויפֿשקראָבע|ן דאָס סאַמע לעצטע
scrape through (אַ)דורכקריכן
scrape together צונויפֿקראַצן; אויפֿקראַצן; צוזאַמענקראַצן; צונויפֿשקראָבע|ן
scraper דער שאָבער, ־ס; דער אָפּקראַצער, ־ס
(boot) דאָס שאָבאײַזן
(ice) דער אײַז־שאָבער, ־ס
scrapheap דער מיסטהויפֿן, ־ס
scrapings דאָס שאָבעכץ קאָל׳; דער וויסקראָב, ־עס; דאָס רײַבעכץ קאָל׳
scrap iron דאָס אײַזנברעך; דאָס בראָכאײַזן
scrap metal דאָס (מעטאַל)ברעך; דאָס שמעלץ
scrap paper דאָס פּאַטשקע־פּאַפּיר; דאָס שמירפּאַפּיר; די מאַקולאַטור
scrappy
(argumentative) קריגעריש
(sloppy) פּאַרטאַטשיש
scrap yard דער מיסטהויפֿן, ־ס
scratch, *n.* דער (ק)ראַץ, ־ן; די דראַפּע, –; דער דראַפּ, ־ן; דער גראַטש, ־ן; דער קרעל, ־ן
be up to scratch שטיין אויף אַ מדרגה [MADRÉYGE]
get a scratch צעקראַצן זיך; צעדראַפּע|ן זיך
make from scratch מאַכן פֿריש; מאַכן אויף ‹פֿון› ס׳נײַ
start from scratch אָנהייבן פֿון אָנהייב ‹בראשית/אַלף/מה־טובֿו› [BRÉYShES] [ÁLEF] [MATÓYVE]
without a scratch גאַנצערהייט; מיט גאַנצע ביינער
scratch, *v.*
imp. קראַצן; דראַפּע|ן; קרעלן
pf. צעקראַצן; צעדראַפּע|ן
pf. **(and draw blood)** צעקרעלן
get scratched צעקראַצן זיך; צעדראַפּע|ן זיך
scratch one's head קראַצן זיך אין קאָפּ ‹פּאַטילניצע›
scratch off אויסשטרײַכן
scratch oneself קראַצן זיך
scratch the surface קוים־קוים אָנהייבן ‹אָנרירן›
You scratch my back and I'll scratch yours איין האַנט וואַשט די צווייטע; דו מיר און איך דיר
scratching post דאָס קראַצביימל, ־עך
scratchpad דער בלאָקנאָט, ־ן
scratch-resistant
be scratch-resistant נישט לאָזן זיך צעקראַצן
scratchy שטעכיק; בײַסיק
(sound) סקריפּענדיק; גרילציק
scrawl, *n.* קאַטשערעס מיט לאַפּעטעס ‹פּאַמעלעס›
scrawl, *v.* פּאַטשקע|ן מיט דער פֿען; דראַקע|ן; טינטלען; טערכע|(נע)ן; שרײַבן קאַטשערעס מיט לאַפּעטעס
scrawny דאַר און קוואַר; גאָלע ביינער; דאַר ווי אַ דראָנג
scream, *n.* דער קוויטש, ־ן; דאָס געשריי, ־ען; דער ג(ע)וואַלד, ־ן
scream, *v.* שרײַען; קוויטשע|ן; שרײַען ג(ע)וואַלד; ג(ע)וואַלדעווע|ן
scream at (אָנ)שרײַען ‹קוויטשע|ן› אויף
scream with laughter צעפּלאַצט ווערן פֿון געלעכטער; האַלטן זיך בײַ די זײַטן (פֿון געלעכטער)
scree דאָס שטיינבראָך

screech, *n.* דאָס קריטשעניש; דאָס קריטשען; דער קוויטש, ־ן
screech, *v.* קריטשע|ן; קוויטשע|ן; כריפּע|ן
screech to a halt פֿאַרהאַלטן ‹אָפּשטעלן› זיך מיט אַ קריטשעניש
screed דער גידוף, ־ים; די מוסר־רעדע, ־ס; די אויסגעצויגענע רעדע, ־ס [GÍDEF, GIDÚFIM] [MÚSER]
screen, *n.*
(TV/film/comp.) דער עקראַן, ־ען
(of door/window) די נעץ, ־ן
(partition) דער פּאַראַוואַן, ־ען; די שירמע, ־ס; דאָס ווענטל, ־עך
(shield) דער שירעם, ־ס
on the (film) screen אין פֿילם
star of the screen דער פֿילמשטערן, –
screen, *v.*
(health) (נאָכ)זיפּן
(security) (אַ)דורכקאָנטראָלירן
(select) אָפּקלײַבן
(shield) באַשירעמען; פֿאַרשטעלן
(sift) (אַ)דורכזיפּן
screen a film ווייזן אַ פֿילם; אַרויסלאָזן אַ פֿילם אויפֿן עקראַן
screen for cancer נאָכזיפּן אַ ראַק
screen off אָפּזונדערן (מיט אַ ווענטל)
screen out (*fig.*) אויסשליסן
screen door די נעצטיר, ־ן
screener דער קאָנטראָלירער, ־ס
screening, *n.*
(health) די געזונט־זיפּונג, ־ען
(movie) די (פֿילמ)ווײַזונג, ־ען
(security) דער זיכערקייט־קאָנטראָל
screen name דער עקראַן־נאָמען, ־נעמען
screenplay דער סצענאַר, ־ן
screen reader די עקראַן־לייענקע, ־ס
screensaver דער עקראַן־באַשיצער, ־ס
screenshot דער עקראַן־אַראָפּכאַפּ, ־ן
screen size די גרייס פֿונעם עקראַן
screen test דער פֿילמטעסט, ־ן
screenwriter
m./unsp. דער סצענאַריסט, ־ן; דער סצענאַר־אויטאָר, ...אָרן
f. די סצענאַריסטקע, ־ס; די סצענאַר־אויטאָרשע, ־ס
screw, *n.* די/דער שרויף, ־ן
She has a screw loose סע פֿעלט איר אַ קלעפּקע (אין קאָפּ)
tighten the screws on (*fig.*) צושטיין צו + דאַט׳ מיטן חלף צום האַלדז [KhÁLEF]
screw, *v.* שרויפֿן
(have sex/*slg./vlg.*) (אָפּ)טרענען; טליקע|ן; באַרע|ן; שטופּן; רײַבן; שמונצן; טערכע|(נע)ן; אָנפּילן; יענצן אַמ׳; שלאָגן אייער
screw in אַרײַנשרויפֿן; פֿאַרשרויפֿן; אַרײַנדרייען
screw on אַרויפֿשרויפֿן; צושרויפֿן
screw out of באַשווינדלען + אַק׳
screw up, *vt.* אָנדאַסן; אויפֿשלימזלען; צעטערכע|ן; אַ תל מאַכן (פֿון); קאַליע מאַכן [ÚFShLIMÁZLEN] [TEL]
screw up, *vi.* אַרײַנפֿאַלן; אָפּטאָן אַ גרויסן פֿעלער
screw up one's courage צונויפֿנעמען דעם קוראַזש; אָננעמען זיך מיט האַרץ; קוראַזשירן זיך
screw up one's eyes פֿאַרזשמורע|ן די אויגן
screw up one's face פֿאַרציִע|ן דאָס פּנים [PÓNEM]
be screwed (in trouble) זײַן געבאַרעט; זײַן אויף (גרויסע) צרות [TSÓRES]

He has his head screwed on ער האָט אַ קאָפּ אויף די פּלייצעס

screwball דער צעדרייטער *געב'*; דער מטורף, ־ים [METÚREF, METURÓFIM]

screw cap/top דאָס שרויפֿדעקל, ־עך

screw-cutting lathe די שרויפֿנשנייַד־מאַשין, ־ען

screw die דער שנייַדבאַקן, ־ס

screwdriver דער שרויפֿן־ציִער, ־ס

screwed up

(work) פּאַרטאַטשיש; פֿושעריש; קאַליע געמאַכט

She's all screwed-up זי איז אין גאַנצן צעחושט; זי איז אַ מענטש (פֿול) מיט קאָמפּלעקסן

screwing, *n.* (*slg./vlg.*) דער טרען

screwpine דער שרויפֿנבוים, ...ביימער

screw plate דער שנייַדאייַזן, ־ס; דער שטאַנצאייַזן, ־ס

screw propeller די/דער וואַסערשרויף, ־ן

screw thread דער גווינט, ־ן; די שרויף־אייַנקאַרבונג, ־ען

screwup

m./unsp. דער לא־יוצלח, ־ס [LOY-YÚTSLEKh]

f. די לא־יוצלחטע, ־ס [LOY-YÚTSLEKhTE]

screw width דאָס/די גאַנגברעט פֿון גווינט

screwy (idea) נאַריש; משוגע [MEShÚGE]

scribble, *n.* קאָטשערעס מיט לאַפּעטעס ‹פּאָמעלעס›

scribble, *v.* פּאַטשקע|ן (מיט דער פֿעדער); געבן אַ שרייַב (אָן); דראַקע|ן; טינטלען; שרייַבן קאָטשערעס מיט לאַפּעטעס ‹פּאָמעלעס›

scribbler (*pej.*) דער גראַפֿאָמאַן, ־ען; דער שרייַבון, ־עס; דער טינטלער, ־ס; דער פּאַטשקון, ־עס

scribe דער שרייַבער, ־ס

(J./Torah) דער סופֿר, ־ים [SÓYFER, SÓFRIM]

scrimmage, *n.* דאָס גראַנגל, ־ען

scrimmage, *v.* ראַנגלען זיך

scrimp זשאַלעווע|ן; שפּאָרן; קאַרגן

scrimp and save זשאַלעווע|ן זיך דעם ביסן; זשאַלעווע|ן אַ גראָשן ‹פּעני›

script, *n.*

(handwriting) דער שריפֿט; דער כּתבֿ [KSAV]

(manuscript) דער סקריפּט, ־ן; דער סצענאַר, ־ן

script, *v.* אָנשרייַבן אַ סצענאַר ‹סקריפּט›

scripted צוגעגרייט

scriptural פֿון די כּיתבֿי־הקודש [KÍSVE-HAKÓYDESh]

Scriptures כּיתבֿי־הקודש [KÍSVE-HAKÓYDESh]

scriptwriter

m./unsp. דער סצענאַריסט, ־ן; דער סצענאַר־אויטאָר, ...אָרן

f. די סצענאַריסטקע, ־ס; די סצענאַר־אויטאָרשע, ־ס

scrod דער אַטלאַנטישער דאָרש, ־ן

scrofula דער שקראָפֿל; די זאָלאָטוכע

scroll, *n.* די מגילה, ־ות [MEGÍLE]

(of Torah) די ספֿר־תּורה, ־ות/ספֿרי־...; די/דאָס רייניקייט, ־ן [SEYFER-TÓYRE, SÍFRE-...]

scroll, *v.* (אַ)דורכבלעטערן

scroll up אַרויפֿבלעטערן

scroll down אַראָפּבלעטערן

scroll the Torah וויקלען דעם ספֿר־תּורה [SÉYFER-TÓYRE]

scroll arrow די בלעטערפֿייַל, ־ן

scroll bar דער דורכבלעטערער, ־ס

scroll saw די לאָבזעג, ־ן

scrooge דער קמצן, ־ים; דער קמצניוק, ־עס; דער קאַרגער הונט, הינט [KAMTSN, KAMTSÓNIM] [KAMTSENYÚK]

scrotum דער כּיס, ־ים; דער (אייער־)בייַטל, ־ען; דאָס (אייער־)זעקל, ־עך [KIS]

scrounge זשעבר(עוו)ע|ן; (אויס)בעטלען; שנאָרע|ן

scrounge around אַרומזוכן; נישטערן

scrounger דער שנאָרער, ־ס

scrub,[1] *n.* **(vegetation)** דאָס געשטרויך; דער קוסטאַרניק

scrub,[2] *n.* **(facial)** דער עקספֿאָליאַנט, ־ן

scrub, *v.* רייַבן; שייַערן; שקראָבע|ן

(cancel) אַנולירן

(gas) אויסוואַשן

scrubber דער גאַזוואַשער, ־ס

(vegetable) דער שאָבער, ־ס

scrub brush די שייַערבאַרשט, ־ן/...בערשט; דאָס שייַערבערשטל, ־עך; די קראַצבאַרשט, ־ן/...בערשט

scrub suit דער כירורגישער קאָסטיום, ־ען; דער אָפּעריר־קאָסטיום, ־ען

scruff דער שלומפּער, ־ס; דער אָפּגעריסענער *געב'*

the scruff of the neck דער נאַקן, ־ס; די פּאַטילניצע, ־ס; דער קאַרק, ־עס/קערק; דאָס געניק

scruffy אָפּגעריסן; אָפּגעטראָגן; אָפּגעפֿאָרן; קרוע־בלוע(דיק) [KRÚE-BLÚE(DIK)]

scrum דאָס גערדראַנג, ־ען

scrummage דאָס אָפֿענע גערדראַנג, ־ען

scrumptious טעם־גן־עדן [TÁM-GANÉYDN]

scrunch, *n.* דאָס קנאַקן; דאָס טרעשטשען

scrunch, *v.* קנאַקן; טרעשטשע|ן

scrunch up one's nose פֿאַרקנייטשן די נאָז

scrunchie די האָרגומקע, ־ס

scruple, *n.* דער סקרופּל, ־ען; דער פּיקפּוק, ־ים; דער איבערטראַכט, ־ן [PÍKPEK, PIKPÚKIM]

have no scruples נישט לייַדן קיין חרטה־פּייַן [KhARÓTE]

scruple, *v.* קווענקלען זיך

scrupulous געוויסנדיק; אָפּגעהיט(ן)

scrupulousness די/דאָס געוויסנדיקייט; די/דאָס אָפּגעהיט(נ)קייט

scrutinize גענוי (אַ)דורכקאָנטראָלירן ‹אַנאַליזירן›; בודק זייַן; חוקר־ודורש זייַן; גוט אייַנקוקן זיך אין; איבערפּרווון; קוקן מיט אויגן אויף [BÓYDEK] [KhÓYKER-VEDÓYRESh]

scrutiny די (דורכ)קאָנטראָלירונג; די בדיקה; די חקירה־ודרישה; דער אייַנקוק; דאָס אויג [BDÍKE] [Kh(A)KÍRE-(VE)DRÍShE]

He's under scrutiny מע האַלט אויף אים אַ שטרענג אויג

stand up to scrutiny אויסהאַלטן די קריטיק

scuba דער סקובאַ

scuba diver דער סקובאַ־טונקער, ־ס

scuba diving דאָס סקובאַ־טונקען

scuba tank דער זויערשטאָף־באַלאָן, ־ען

Scud missile דער סקאָד־ראַקעט, ־ן

scuff אָפּרייַבן; פֿראָטירן

scuffle, *n.* דאָס גראַנגל, ־ען; דאָס געשלעג, ־ן

scuffle, *v.* ראַנגלען זיך; שלאָגן זיך; אַרומהרגע|(נע)ן זיך [ARÚMHÁRGE(NE)N]

scuffmark דער אָפּגעריבענער צייכן, ־ס

scull, *n.* די קאָרמע־וועסלע, ־ס

scull, *v.* וועסלעווע|ן

scullery maid די געפֿעס־וואַשערין, ־ס

sculpt סקולפּטירן

sculpted אויס(גע)סקולפּטירט

sculptor

m./unsp. דער סקולפּטאָר, ...אָרן

f. די סקולפּטאָרשע, ־ס

sculptural סקולפּטור...; סקולפּטורעל

sculpture די סקולפּטור, ־ן

scum

(dregs) דער אָפּפֿאַל

(liquid) דער שלײַם
(of milk) די פּלעװקע
scum of the earth דאָס פּסולת ‹דער אָפּפֿאַל› פֿון דער געזעלשאַפֿט; אויסװאָרפֿן ל״ר [PSÓYLES]
scumbag
(condom/*vlg.*) דער פּאַריזער, ־ס
(mean person) די גנידע, ־ס; דער פּאַסקודניאַק, ־עס; דער מנוּװל, ־ים [MENÚVL, MENUVÓLIM]
scurf די טימעניצע
scurrility די/דאָס פּראָסטקייט; די/דאָס גראָבקייט
scurrilous פּראָסט; גראָב
scurry יאָגן זיך; אײַלן זיך; אַרומלויפֿן
scurry off אַנטלויפֿן; אַנטרונען װערן
scurvy דער סקאָרבוט
scutcher דער לײַנקלאַפּער, ־ס
scuttle, *n.*
(bucket) דער קױלן־עמער, ־ס
(hatch) דאָס שיפֿטירל, ־עך
scuttle,[1] *v.* **(sink)** זינקען; אָפּפּטרן; (בכיוון) לאָזן אונטערגיין [ÓPPÁTERN] [BEKÍVN]
scuttle,[2] *v.* **(scurry)** יאָגן זיך; אײַלן זיך
scuttlebutt די פּליאָטקע, ־ס; דער קלאַנג, ־ען; דאָס רכילות, ־ן [REKhÍLES]
scutwork די שמוציקע אַרבעט
scuzzy שמוציק; מיגלדיק; שפּעטנע
scythe די קאָסע, ־ס; די סטריהע, ־ס
sea דער ים, ־ען/־ים; דער אָקעאַן, ־ען [YAM]
a sea of faces אַ ים מיט פּנימער [PÉNEMER]
across the sea מעבֿר־לים [MEÉYVER-LEYÁM]
at sea אויפֿן ים
at sea (*fig.*) צעטומלט; פֿאַרמישט; מטושטש; װי אויפֿן װאַסער [METÚShTESh]
by sea אויפֿן ים
get one's sea legs צוגעװוינען זיך צום ים
go to sea אַרויספֿאָרן אויפֿן ים
out to sea אין (מיטן) ים
the high seas דער אָפֿענער ים ל״י
sea air די ים־לופֿט [YAM]
sea anemone די אַקטיניע, ־ס; די ים־אַנעמאָנע, ־ס; די ים־רויז, ־ן [YAM]
sea animals ים־בעלי־חיים [YÁM-BÁLE-KhÁYEM]
sea-based ים־... [YAM]
seabed די ים־בײט; דער דנאָ פֿון ים [YAM]
seabird דער ים־פֿויגל, ־פֿייגל [YAM]
seaboard דער ים־ברעג, ־ן; דער שטראַנד, ־ן; דאָס ברעגלאַנד [YAM]
seaborgium דער סיבאָרגיום
seaborne געפֿירט איבערן ים [YAM]
sea breeze דאָס ים־װינטל, ־עך [YAM]
sea change דער דראַמאַטישער בײַט, ־ן
sea cow דער ים־אָקס, ־ן; די ים־קו, ־קי [YAM]
sea crayfish דער לאַנגוסט, ־ן
sea cucumber די ים־אוגערקע, ־ס [YAM]
sea dog דער אַלטער מאַטראָס, ־ן
sea duty דאָס שיפֿדינסט
sea eagle דער האָפּיכט, ־ן; דער ים־אָדלער, ־ס [YAM]
sea eel דער ים־װענגער, ־ס [YAM]
sea egg דער ים־יאַזש, ־עס [YAM]
seafarer דער ים־פֿאָרער, ־ס [YAM]
seafaring ים־פֿאָרנדיק; ים־... [YAM]
seafood די ים־פּרוכט; דאָס פֿיליערוואַרג [YAM]
seafront, *adj.* בײַם ברעג ים [YAM]
seafront, *n.* דער ברעג ים [YAM]
seagoing *see* **seafaring**
sea green ים גרין [YAM]
seagull די מעװע, ־ס
seahorse דאָס ים־פֿערדל, ־עך [YAM]
seal,[1] *n.* **(zool.)** דער ים־הונט, ...הינט; די פֿאָקע, ־ס; דער קאָטיק, ־עס [YAM]
seal,[2] *n.* **(imprint)** די חתימה, ־ות [KhSÍME]
(stamp) דער חותם, ־ס; דער זיגל, ־ען [KhÓYSEM]
(metal) די פּלאָמבע, ־ס
seal of approval דער הסכּמה־שטעמפּל, ־ען; די חתימה, ־ות [HASKÓME]
seal of approval (*fig.*) די אַפּראָבירונג; די הסכּמה
set the seal on פֿאַרזיגלען
seal, *v.*
(envelope) פֿאַרקלעפּן; פֿאַרמאַכן
(with metal seal) (פֿאַר)פּלאָמבירן
(with stamp) פֿאַרחתמע\|(נע)ן; פֿאַרזיגלען; אָפּזיגלען [FARKhÁSMENEN]
seal in אָפּשליסן; אײַנשליסן
seal off אָפּצאַמען; אָפּריגלען
seal one's lips אָפּװישן דאָס מויל; אָפּװישן די ליפּן ‹װאָנצעס›
sea lane דער ים־װעג, ־ן; דער װאַסערװעג, ־ן [YAM]
sealant דאָס פֿאַרזיגל־מיטל, ־ען
seal blubber דער טראָן
sealed פֿאַרחתמעט; פֿאַרזיגלט [FARKhÁSMET]
His fate is sealed זײַן גורל איז שוין פֿאַרחתמעט
My lips are sealed! כ׳װעל קיינעם נישט אויסזאָגן!; פּתח שין שאַ! [PÁSEKh]
sealed orders פֿאַרזיגלטע באַפֿעלן
sealer (hunter) דער ים־הונט־יעגער, ־ס [YAM]
sea lettuce די אולװע
sea level דער ים־שפּיגל [YAM]
sealing פֿאַרזיגל־...
sealing tape די פֿאַרזיגל־לענטע, ־ס
sealing wax דער טריװאַקס; דער לאַק
sea lion דער ים־לייב, ־ן [YAM]
seal ring דער חותם־רינג, ־ען; דער זיגלרינג, ־ען [KhÓYSEM]
sealskin, *adj.* קאָטיקאָװע; קאָטיקן; פֿאָקן
sealskin, *n.* דער קאָטיק; די פֿאָקע
seam, *n.* די נאָט, נעט
burst at the seams (*fig.*) זײַן געפּאַקט װי די הערינג; שטיין קאָפּ אויף קאָפּ
come apart at the seams צענעמען זיך; אָפּטרענען ‹צעטרענען› זיך
fall apart at the seams (*fig.*) צעפֿאַלן זיך
seam, *v.* פֿאַרנעטעװע\|ן; מאַכן אַ נאָט
seaman דער מאַטראָס, ־ן; דער ים־מאַן, ים־לײַט; דער שיפֿמאַן, שיפֿלײַט [YAM]
seamanship דאָס (ים־)שיפֿערײַ; די נאַװיגיר־קונסט [YAM]
sea mile די ים־מײַל, ־ן [YAM]
seamless אָן (קיין) נעט
(*fig.*) גלאַטיק; אָן אויפֿהער ‹איבעררײַס›
seamstress די נייטאָרין, ־ס; די נייטערקע, ־ס
seamy שאָטנדיק; לינק
the seamy side of life די שאָטנדיקע ‹לינקע› זײַט (פֿון לעבן)
seance דער סעאַנס, ־ן
sea onion דער װינטער־אָנזאָגער, ־ס
sea otter די ים־װידרע, ־ס [YAM]
seaplane דער הידראָפּלאַן, ־ען
seaport דער ים־פּאָרט, ־ן [YAM]
seapower ים־כּוחות ל״ר [YÁM-KÓYKhES]

sear, *n.* דער ברענפֿלעק, ־ן
sear, *v.* צוברענען; צובראָטן
search, *adj.* זוך...
search, *n.* דאָס זוכעניש, ־ן; דאָס זוכן; די זוכונג, ־ען; דער דורכזוך, ־ן
 (comp.) דער דורכזוך, ־ן
 (jur.) דער נאָכפֿאָרש, ־ן; די רעוויזיע, ־ס
 be in search of זוכן
 in search of זוכנדיק
 set out in search of אַרויסלאָזן זיך זוכן
search, *v.* **(for)** (נאָכ)זוכן; אַרומזוכן
 (place) (אַ)דורכזוכן
 (bodily) באַזוכן; באַטאַפּן
 (jur.) נאָכפֿאָרשן; רעווידירן
 search all over זוכן מיט ליכט
 Search me! כ'הייב נישט אָן צו וויסן!; פֿרעג מיך בחרם! [BEKhÉYREM]
 search one's memory נישטערן אין די זכרונות [ZIKhRÓYNES]
 search out אויסזוכן
 search through איבערנישטערן; איבעררי̇ען
search-and-rescue mission די זוך־און־ראַטיר־מיסיע, ־ס; דאָס זוך־און־ראַטיר־שליחות, ־ן [ShLÍKhES]
search area דער זוך־שטח [ShÉTEKh]
search committee די זוך־קאָמיסיע, ־ס
search engine די זוכמאַשין, ־ען
searcher דער זוכער, ־ס
searching, *adj.* זוכנדיק; פֿאָרשנדיק
 (thorough) גרונטיק; (אַ)דורכדרינגענדיק
searching, *n.* דאָס זוכן; דאָס זוכעניש
searchlight דאָס זוכליכט, –; דער ליכטוואַרפֿער, ־ס; דער פּראָיעקטאָר, ...אָרן
search party די זוך־קאָמאַנדע, ־ס
search warrant דער זוכבאַפֿעל, ־ן; דאָס זוכבלעטל, ־עך
searing ברענענדיק
 (heat) *also* בראָטנדיק
sea rocket דער ים־זענעפֿט [YAM]
sea salt די/דאָס ים־זאַלץ [YAM]
seascape דער ים־פּייסאַזש, ־ן [YAM]
seashell דאָס ים־‹זשאַבע־›שיסעלע, ־ך; דאָס מייערקעפּל, ־עך; דאָס מולטערל, ־עך; די מושל, ־ען [YAM]
seashore דער ים־ברעג, ־ן; דער ברעג ים; דער שטראַנד, ־ן [YAM]
seasick ים־קראַנק [YAM]
 I'm seasick די ים־קרענק‹־חלאַת› האָט מיך געכאַפּט; כ'האָב באַקומען די ים־קרענק‹־חלאַת› [KhALÁS]
seasickness די ים־קרענק‹־חלאַת›; דער ים־שווינדל [YAM] [KhALÁS]
seaside, *adj.* אויפֿן ‹בײַם› ברעג ים [YAM]
seaside, *n.* דער ים־ברעג [YAM]
season, *n.* דער סעזאָן, ־ען; די צײַט פֿון יאָר
 in season אין סעזאָן
 out of season (מער) נישט אין סעזאָן
season, *v.* באַווירצן; צוווירצן; פֿאַרפּראַווע|ן; צופּראַווע|ן; צוריכטן
seasonable צוגעפּאַסט צום סעזאָן; צו דער רעכטער צײַט
seasonal, *adj.* סעזאָן...; סעזאָניק; צײַט...
seasonal work די סעזאָן־אַרבעט
seasonal worker דער סעזאָן־אַרבעטער, ־ס; דער זמניק, ־עס [ZMÁNIK]
seasoned באַווירצט; פֿאַרפּראַוועט; צוגעפּראַוועט
 (experienced) געניט; גוט באַהאַוונט; געפּרוּווט

seasoning די ווירצונג; די פּריפּראַווע, ־ס; בשׂמים ל"ר [PSÓMIM]
season's greetings גרוסן צום נײַעם יאָר
season ticket דער סעזאָן־‹אַבאָנעמענט־›בילעט, ־ן
sea star דער ים־שטערן, – [YAM]
seat, *n.*
 (chair) דער זיץ, ־ן; דאָס זיצאָרט, ...ערטער; דער זיצפּלאַץ, ...פּלעצער
 (in car) דער זיץ, ־ן; דאָס זיצל, ־עך; דאָס געזעס, ־ן
 (pants) דאָס געזעס; דאָס זעדל, ־עך
 (buttocks) דער הינטערחלק [HÍNTERKhEYLEK]
 be in the driver's seat פֿירן דאָס רעדל; האַלטן די לייצעס; זיצן אויפֿן ברעטל
 by the seat of one's pants לויטן אינסטינקט
 Have a seat! זעצ(ט) זיך אַוועק!; זיצ(ט)!
 keep one's seat בלײַבן זיצן; האַלטן דאָס אָרט
 lose one's seat פֿאַרלירן דאָס אָרט
 seat of government דאָס/דער זיצאָרט, ...ערטער
 take a back seat (to) פֿאַרנעמען דאָס צווייטע אָרט (אַקעגן); זײַן פֿאַרשאָטנט (פֿון)
 take a/one's seat אַוועקזעצן ‹אַנידערזעצן› זיך
 win a seat אויסגעקליבן ווערן
seat, *v.* אַוועקזעצן; אַנידערזעצן; באַזעצן
 (each in one's own place) אויסזעצן
 seat oneself אַוועקזעצן ‹אַנידערזעצן› זיך
 be seated זעצן זיך
 Be seated! זעצ(ט) זיך!; זעצ(ט) זיך אַוועק ‹אַנידער›!
 seat the bride (J.) באַזעצן די כלה [KÁLE]
seat belt דער שיצפּאַס, ־ן; דער זיכערפּאַס, ־ן
seat cover דער איבערצי̇ער, ־ס
seating, *n.* זיצערטער ל"ר
 seating of the bride (J.) דאָס באַזעצנס
seating arrangement דער זיצפּלאַן, ...פּלענער; דאָס אויסזעצן
seating capacity די צאָל זיצערטער
sea trout די ים־פֿאָרעל, ־ן [YAM]
sea turtle די ים־טשערעפּאַכע, ־ס [YAM]
sea urchin דער ים־יאָזש, ־עס [YAM]
seawall דער כוואַליע־ברעכער, ־ס; דער מאָל, ־ן
seaward(s) צום ים צו [YAM]
sea water דאָס ים־וואַסער [YAM]
seaway דער ים־וועג, ־ן; דער וואַסערוועג, ־ן [YAM]
seaweed דאָס ים־גראָז, ־ן [YAM]
seaworthy ים־באַוואָרנט [YAM]
sebaceous פֿעט...
sebaceous glands פֿעטדריזן; חלבֿ־דריזן [KhÉYLEV]
sec *see* **second**
secant
 (geom.) די שנײַדליניע, ־ס; דער סעקאַנט, ־ן
 (trigonometry) דער סעקאַנס, ־ן
secede אַרויסטרעטן
secession דער אַרויסטרעט, ־ן; די סעצעסיע, ־ס
secessionist, *adj.* סעצעסיאָניסטיש
secessionist, *n.* דער סעצעסיאָניסט, ־ן
seclude, *v.* אָפּזונדערן
 seclude oneself אָפּזונדערן זיך; פֿאַרקלײַבן זיך; דערווײַטערן זיך פֿון מענטשן; מיחד זײַן זיך [MEYÁKhED]
secluded אָפּגעזונדערט; יחידותדיק; פֿאַרוואָרפֿן [YEKhÍDESDIK]
seclusion די אָפּזונדערונג; די/דאָס אָפּגעזונדערטקייט; דאָס התבודדות [HISBÓYDEDES]
 be in seclusion זײַן אָפּגעזונדערט ‹ביחידות› [BIKhÍDES]
second, *adj.* צווייט

in second place אויפֿן צווייטן אָרט
be in second place זײַן אויפֿן צווייטן אָרט; זײַן דער צווייטער גוב׳
take second place (*fig.*) פֿאַרשאָטנט ווערן
second to none דער סאַמע בעסטער גוב׳
He is second only to her נאָר זי שטייט פֿאַר אים
the second sex דאָס אַנדערע מין
second, *adv.*
He finished second ער האָט געענדיקט דער צווייטער
second of all צווייטנס; והשנית [VEHAShÉYNES]
second,[1] *n.* **(after first)** דער צווייטער גוב׳
second,[2] *n.* **(time)** די סעקונדע, ־ס
Just a second! אַ מינוטקעלע!; אַ רגעלע!; אַ סעקונדעלע! [RÉGELE]
second,[3] *n.* **(aide)** דער געהילף, ־ן
(in duel) דער סעקונדאַנט, ־ן
second, *v.*
(support) (אונטער)שטיצן
(mil./transfer employment) אָפּקאָמאַנדירן
second a motion (אונטער)שטיצן אַ פֿירלייג
secondarily אין דער צווייטער ריי
secondary צווייטיק; צווייטראַנגיק; סעקונדער; טפֿלדיק [TÓFLDIK]
secondary matter דער צווייטראַנגיקער ענין, ־ים; דער טפֿל, ־ען/־ים; די בײַזאַך, ־ן [ÍNYEN, INYÓNIM] [TOFL, TFÉYLIM]
secondary education די מיטלעלע בילדונג
secondary school די מיטלשול, ־ן
secondary stress דער בײַאַקצענט, ־ן
second banana דער צווייטער קאָמיקער; דער/די צווייטע(ר) פֿידל
second base די צווייטע באַזע; דער צווייטער בייס
second-best צווייט בעסט
second childhood די זיקנה; די צווייטע יוגנט [ZÍKNE]
second-class צווייטראַנגיק
second-class mail די פּאָסט צווייטע קלאַס
Second Coming דער אומקער
second cousin דאָס גליד־(גע)שווסטערקינד, ־ער
second-degree צווייט...; פֿון צווייטן גראַד
second-degree burn די ברענוווּנד ‹ברייוווּנד› פֿון צווייטן גראַד
second gear דער צווייטער גאַנג
second-generation פֿון צווייטן דור [DOR]
(tech.) איבערגעאַרבעט; פֿאַרבעסערט
second-grader
be a second-grader זײַן אין צווייטן קלאַס ‹לערניאָר›
second-guess זײַן אַ חכם אויף צו מאָרגנס; זײַן אַ חכם־לאַחר־המעשה [KhÓKhEM] [LEÁKhER-HAMÁYSE]
secondhand, *adj.* (אָפּ)געניצט; פֿון דער צווייטער האַנט; אַנטיקוואַריש
sell secondhand goods טענדלען
second hand, *n.* דער סעקונדניק, ־עס; דער סעקונדע־ווײַזער, ־ס
secondhand bookseller דער אַנטיקוואַר, ־ן
secondhand bookstore דער אַנטיקוואַריאַט, ־ן
secondhand dealer דער טענדלער, ־ס
secondhand smoke דער אומדירעקטער רויך; יענעמס רויך
second helping די צווייטע פּאָרציע, ־ס
second home דאָס וואַקאַציע־הויז, ־הײַזער
second-in-command דער בימקום־קאָמאַנדיר, ־ן [BÍMKEM]
second lieutenant דער צווייטער ‹יינגערער› לייטענאַנט, ־ן
secondly צווייטנס; שנית [ShÉYNES]
and secondly און צווייטנס; והשנית [VEHAShÉYNES]
secondment די אָפּקאָמאַנדירונג
on secondment אָפּקאָמאַנדירט
second name די פֿאַמיליע, ־ס; דער פֿאַמיליע־‹משפּחה־› נאָמען, ־נעמען [MIShPÓKhE]
second nature די צווייטע נאַטור
It's second nature to him ס'איז אים אין די ביינער; ס'איז בײַ אים די צווייטע נאַטור
second person (ling.) די צווייטע פּערזאָן
second-rate צווייטראַנגיק
seconds
(goods) די צווייטראַנגיקע סחורה ל״י [SKhÓYRE]
(food) די צווייטע פּאָרציע ל״י
second sight דאָס העלזעערײַ
second string דער רעזערוו־שפּילער, ־ס
second wind דער נײַער ‹באַנײַטער› כּוח [KÓYEKh]
She got a second wind ס'איז איר צוגעקומען אַ נײַער ‹באַנײַטער› כּוח
secrecy די/דאָס בסודיקייט [BESÓDIKEYT]
swear sb. to secrecy באַשווערן אַז מע וועט האַלטן דעם סוד [SOD]
secret, *adj.* בסוד־...; בסודיק; קאָנספּיראַטיוו; ״געהיים [BESÓD] [BESÓDIK]
keep stg. secret האַלטן בסוד
secret, *n.* דער סוד, ־ות; דער סעקרעט, ־ן [SOD, SÓYDES]
dirty little secret יענץ סודעלע [SÓDELE]
It's an open secret ס'איז אַ סוד פֿאַר גאַנץ בראָד; אַ קינד אין וויג ווייסט דערפֿון
in secret *see* **secretly**
keep a secret האַלטן אַ סוד
keep secret האַלטן בסוד [BESÓD]
tell a secret אויסזאָגן אַ סוד [SOD]
secret admirer דער באַהאַלטענער ‹שטילער› באַוווּנדערער, ־ס
secret agent דער אויסשפּיר־אַגענט, ־ן; דער שפּיאָן, ־ען; דער שפּיצל, ־ען
secretarial סעקרעטאַריש
secretarial work דאָס סעקרעטאַרײַ
secretariat דער סעקרעטאַריאַט, ־ן
secretary
(office/*m./unsp.*) דער סעקרעטאַר, ־ן
(office/*f.*) די סעקרעטאַרשע, ־ס
(government) דער מיניסטער, ...אָרן; דער סעקרעטאַר, ־ן
secretary general דער גענעראַל־סעקרעטאַר, ־ן
Secretary of Defense דער שיץ־מיניסטער
Secretary of Education דער דערציִונג־מיניסטער
Secretary of State דער אויסלאַנד־מיניסטער; דער שטאַט־מיניסטער־‹סעקרעטאַר›
Secretary of the Interior דער אינלאַנד־מיניסטער ‹־סעקרעטאַר›
Secretary of the Treasury דער פֿינאַנץ־מיניסטער; דער אוצר־מיניסטער־‹סעקרעטאַר› [ÓYTSER]
secret ballot די אַנאָנימע אָפּשטימונג, ־ען
secret compartment דער סעקרעט, ־ן; דאָס (בסוד־)באַהעלטעניש, ־ן [BESÓD]
secrete[1] **(discharge)** אויסשיידן
secrete[2] **(hide)** באַהאַלטן; פֿאַרבאָרגן
secretion
(process) דאָס אויסשיידן; די אויסשיידונג
(substance) דער אויסשייד, ־ן
secretive סודותדיק; בשתיקהדיק [SÓYDESDIK] [BIShTÍKEDIK]

secretly שטיל(ינק)ערהייט; בסוד; בגנבֿה; בשתּיקה; פֿאַרשטילט; אונטערן שטערצל [BESÓD] [BIGNÉYVE] [BIShTÍKE]
secret police די בסוד־‹געהיים›־פּאָליציי [BESÓD]
Secret Service דאָס בסוד־דינסט; דאָס געהיימדינסט [BESÓD]
sect די סעקטע, ־ס; די כּיתּה, ־ות; די כּת, כּיתּות [KÍTE] [KAT, KÍTES]
sectarian סעקטאַנטיש
sectarianism די/דאָס סעקטאַנטישקייט
section, *n.* דער אָפּטייל, ־ן; די אָפּטיילונג, ־ען; די סעקציע, ־ס
  (incision/cut) דער שניט, ־ן
  (of book) דער אָפּטייל, ־ן
  (of fruit) דער חלק, ־ים; דאָס שטיקל, ־עך; דער פּענעץ, ־ער/־ן [KhÉYLEK, KhALÓKIM]
  (session) די סעסיע, ־ס; די שעה, ־ען [ShO]
  (thin slice of tissue) דער אָפּשניט, ־ן
section, *v.* **(off)** איינטיילן; אָפּטיילן
sectional, *adj.* סעקציאָנעל; אין סעקציעס ‹חלקים› [KhALÓKIM]
  (drawing) אין אַספּעקט
sectional, *n.*
  (mus.) די שטימ־רעפּעטיציע, ־ס
  (sofa) די חלקים־סאָפע, ־ס [KhALÓKIM]
sectionalism דער פּאַרטיקולאַריזם
sector דער סעקטאָר, ...אָרן; די זאָנע, ־ס; דער אָפּשניט, ־ן
  (econ.) דער סעקטאָר, ...אָרן
secular סעקולער; וועלטלעך
  stg. secular דער דבֿר־חול [DVARKhÓL]
secularism דער סעקולאַריזם
secularist, *adj.* סעקולאַריסטיש
secularist, *n.* דער סעקולאַריסט, ־ן
secularize סעקולאַריזירן; פֿאַרוועלטלעכן
secure, *adj.*
  (fixed) פֿעסט; פֿאַרפֿעסטיקט
  (safe) זיכער; געזיכערט; באַוואָרנט; באַשיצט
  (emotionally) עמאָציאָנעל זיכער ביי זיך
  (financially) פֿינאַנציעל באַוואָרנט
secure, *v.*
  (fix) פֿאַרפֿעסטיקן
  (make safe) באַוואָרענען; פֿאַרזיכערן
  (obtain) קריגן; איינשאַפֿן זיך; נאַרייַען זיך
secured באַוואָרנט; פֿאַרזיכערט
  (loan) באַמשכּונט [BAMÁShKNT]
securely פֿעסט; זיכער
Securities and Exchange Commission די ווערטפּאַפּירן־ און בערזע־קאָמיסיע
security די/דאָס זיכערקייט; די/דאָס באַוואָרנטקייט; די/דאָס געזיכערטקייט; די באַשערעמונג, ־ען
  (collateral) די דעקונג
  (guarantee) די גאַראַנטיע
  for security reasons צוליב זיכערקייט
  securities ווערטפּאַפּירן
security blanket דאָס טרייסט־קאָציקל, ־עך
security check דער זיכערקייט־קאָנטראָל
security checkpoint דער זיכערקייט־פּונקט, ־ן
security clearance די זיכערקייט־אויטאָריזאַציע, ־ס; דער געטרויבריוו, –
Security Council דער זיכערקייט־ראָט
security deposit דער גאַראַנטיע־(נ)אַדרויף, ־ן
security guard דער שומר, ־ים; דער וועכטער, ־ס; דער היטער, ־ס [ShÓYMER, ShÓMRIM]
security measure דאָס זיכערקייט־מיטל, ־ען
security risk די זיכערקייט־ריזיקע, ־ס
security screening דער זיכערקייט־קאָנטראָל
security system די באַוואָרן־סיסטעם, ־ען
security threat די זיכערקייט־סכּנה [SAKÓNE/SEKÓNE]
sedan דער סעדאַן, ־ען
sedan chair די לעקטיק, ־ס; די טראַג, ־ן
sedate, *adj.* געלאַסן; רויִק; מיושבֿדיק; געזעצט [MEYÚShEVDIK]
sedate, *v.* איינשטילן; באַרויִקן
sedation דאָס איינשטילן; דאָס באַרויִקן
  put under sedation (איינ)געבן אַ באַרויִק־מיטל
sedative, *adj.* איינשטיל...; באַרויִק־...
sedative, *n.* דאָס איינשטיל־‹באַרויִק־›מיטל, ־ען; דאָס איינשטילעכץ, ־ן; דאָס באַרועכץ, ־ן
  (pill) די באַרויִק־פּיל, ־ן
sedentary זיציק
  be sedentary זיצן (אַ גאַנצן טאָג); ליב האָבן צו זיצן
  sedentary work די זיצאַרבעט; די זיציקע אַרבעט
Seder דער סדר, ־ים [SÉYDER, SDÓRIM]
  have a Seder אָפּריכטן ‹פּראַווע|ן› אַ סדר; סדרן [SÉYDERN]
sediment דער אָפּזעץ, ־ן; די הושטשע; דער נאַמאָל
sedimentary אָפּזעצ...
sedimentary rock דער אָפּזעצשטיין, ־ער
sedimentation די אָפּזעצונג; די סעדימענטאַציע
sedimentation rate דער אָפּזעצטעמפּ
sedition די אויפֿהעצונג (צו בגידה); די קראַמאָלע; דער אויפֿריר [BGÍDE]
seditious אויפֿהעצעריש; אויפֿרירעריש; איבערקערעריש
seduce
  (corrupt) פֿאַרדאַרבן
  (entice) אַריינוואַרן; פֿאַרנאַרן
  (sexually) פֿאַרפֿירן; אָפּרעדן
seducer דער פֿאַרפֿירער, ־ס
seduction דאָס פֿאַרפֿירן; די פֿאַרפֿירונג, ־ען
seductive(ly) פֿאַרפֿירעריש
seductress די פֿאַרפֿירערין, ־ס
see זען
  (realize) כאַפּן זיך; איינזען
  (understand) פֿאַרשטיין
  (spend time with) זען זיך מיט
  (a patient) באַהאַנדלען; באַטראַכטן
  as far as I can see אויף וויפֿל איך ווייס; לפֿי־דעתּי [LEFIDÁTI]
  have seen better days זיין אָפּגעלעבט ‹אויסגעשפּילט›
  He didn't see it coming ער האָט נישט געוווּסט וואָס אַרום אים טוט זיך
  I see! אַהאַ!
  It remains to be seen דאָס וועט מען נאָך דאַרפֿן זען
  Now you see? איצט פֿאַרשטייסטו ‹פֿאַרשטייט איר› שוין?; איצט איז דיר ‹אייך› שוין קלאָר?
  see about פֿאַרנעמען זיך מיט; אויספֿאָרשן
  see after פֿאַרנעמען זיך מיט
  see for oneself אַליין זען; זען מיט די אייגענע אויגן
  see home אונטערפֿירן ‹באַ(ג)לייטן› אַהיים
  see into the future זען אין דער צוקונפֿט אַריין
  see more of אָפֿטער זען
  see off/out אונטערפֿירן; אַרויסבאַ(ג)לייטן
  see sb. about [ÉYTSE] האַלטן זיך אַן עצה מיט + דאַט׳ וועגן
  see someone (date) גיין מיט עמעצן
  see through (אַ)דורכזען דורך
  see through to the end דערפֿירן ביזן סוף [SOF]
  see to זאָרגן וועגן; באַזאָרגן; פֿאַרזאָרגן

see to it (ensure) צוזען; אָפּהיטן
see to it that זען אַז + נאָמ׳ זאָל + אינפֿ׳
See you later! זײַ(ט) מיר דערווײַל געזונט!
She's seeing things סע חלומט זיך איר [KhÓLEMT]
What did she see in him? וואָס האָט זי אין אים געפֿונען?
seed, *n.* דער זוימען; דער זאָמען; די זריעה [ZRÍE]
(of fruit) דאָס קערל, ־עך
(offspring) דער זוימען; די זרע; דער נאָכקום; דער נאָכשפּראָץ; קינדסקינדער ל״ר [ZÉRE]
(sperm) די זרע; די ספּערמע; דער זוימען
go to seed ווערן אָפּגעלאָזן
She's the number two seed זי איז די צווייטע אין ראַנג
seed, *v.* באַזוימענען
(spo.) אַרײַנזעצן; פּלאַצירן
seedbed די זוימענבייט, ־ן
seed cake דער קימלטאָרט, ־ן
seed corn דער פֿאַרזיי־זוימען
seeded bread דאָס קימלברויט
seeder דער זייער, ־ס; די זיימאַשין, ־ען
seedless אָן קערלעך; אָנקערלדיק
seedless grapes/raisins *also* דער קישמיש
seedling דער זעצלינג, ־ען; דער פֿלאַנצלינג, ־ען; דער פֿלאַנץ, ־ן
seed money דער זריעה־פֿאָנד; דער זוימענפֿאָנד [ZRÍE]
seedy
(rundown) אָפּגעלאָזן; אָפּגעטראָגן; אָפּגעפֿאָרן; פֿאַרכוימלט; אָפּגעכוימלט
(with seeds) פֿול מיט קערלעך
seeing, *adj.* זעעוודיק
seeing, *conj.*
seeing that אַזוי ווי; היות ווי; ווי באַלד; מה־דאָך [HEYÓYS] [MÁDEKh]
seeing, *n.* דאָס זען
Seeing is believing מע דאַרף זען כּדי צו גלייבן [KEDÉY]
It's worth seeing כּדאַי צו זען [KEDÁY]
seek זוכן
(strive to/for) שטרעבן צו
Seek and you shall find אַז מע זוכט, געפֿינט מען; וואָס דער מענטש זוכט, דאָס געפֿינט ער
seek one's fortune זוכן דאָס גליק
seek out אויסזוכן
seem
imp. דאַכטן זיך
pf. אויסדאַכטן זיך; אויסווײַזן זיך; אויסקומען
(appear) אויסזען
It seems that דאַכט זיך אַז
seeming קענטיק; כּלומרשטיק [KLÓYMERShTIK]
seemingly אַ פּנים; זעט אויס; ווײַזט אויס [PÓNEM]
seemly
(fitting) געהעריק; פּאַסיק
(handsome) שיין
seep רינען; טריפֿן
seep through (אַ)דורכרינען; (אַ)דורכטריפֿן; (אַ)דורכשנירלען זיך
seepage דאָס רינעכץ; דאָס טריפֿעכץ
seer דער זעער, ־ס
seersucker, *adj.* (געמאַכט) פֿון רונצלשטאָף
seersucker, *n.* דער רונצלשטאָף
seesaw, *n.* דאָס/די וויגברעט, ־ער; די הוידלקע, ־ס; דאָס/די הוידלקע־ברעט, ־ער
seesaw, *v.* וויגן זיך אויף אַ וויגברעט ‹הוידלקע(־ברעט)›
seethe קאָכן; זידן; צוואַלעווען
seethe with anger זידן; ברענען פֿאַר כּעס [KÁAS]
see-through דורכזעעוודיק; דורכזעיִק
segment, *n.* דער חלק, ־ים; דער/די טייל, ־ן [KhÉYLEK, KhALÓKIM]
(geom.) דער סעגמענט, ־ן
(of fruit) דער חלק, ־ים; דאָס שטיקל, ־עך; דער פּענעץ, ־ער/־ן
(of population) דער סעקטאָר, ...אָרן
segment, *v.* סעגמענטירן; צעטיילן אויף סעגמענטן; אײַנשנײַדן
segmentation די סעגמענטירונג, ־ען; די צעטיילונג, ־ען
segregate סעגרעגירן
segregation די סעגרעגאַציע, ־ס
segregationist, *adj.* סעגרעגאַציאָניסטיש
segregationist, *n.* דער סעגרעגאַציאָניסט, ־ן
segue, *n.* דער איבערגאַנג, ־ען
segue, *v.* אַריבערגיין
segue from one topic to the next אַריבערגיין פֿון איין טעמע אויף אַ צווייטער
seine, *n.* די (פֿיש)נעץ, ־ן
seine, *v.* כאַפּן ‹פֿאַנגען› פֿיש מיט אַ נעץ
seismic סייסמיש
seismic shift דער סייסמישער איבעררוק, ־ן; דער ערד־איבעררוק, ־ן
(*fig.*) דער ריזיקער בײַט, ־ן
seismic wave די סייסמישע כוואַליע, ־ס
seismograph דער סייסמאָגראַף, ־ן
seismographic סייסמאָגראַפֿיש
seismography די סייסמאָגראַפֿיע
seismologic סייסמאָלאָגיש
seismologist דער סייסמאָלאָג, ־ן
seismology די סייסמאָלאָגיע
seize
(confiscate) פֿאַרכאַפּן; קאָנפֿיסקירן
(grab) אָנכאַפּן (זיך אין); אָננעמען (פֿאַר)
seize by the throat אָנכאַפּן בײַם גאָרגל; אָננעמען פֿאַר דער גרגרת [GARGÉRES]
seize power פֿאַרכאַפּן די מאַכט
seize the moment אַרײַנכאַפּן (די געלעגנהייט)
seize up (mech.) פֿאַרהאַקן זיך; פֿאַרגליווערט ווערן
seize upon אָנכאַפּן זיך אין
She was seized with ס׳האָט זי אָנגעכאַפּט + נאָמ׳
seizure
(capture) דער אַרעסט, ־ן; די פֿאַרכאַפּונג, ־ען
(med.) דער (עפּילעפּטישער) אָנפֿאַל, ־ן; דער חולה־נופֿל־אָנפֿאַל, ־ן [KhOYLE-NÓYFL]
(of property) דער פֿאַרכאַפּ, ־ן; די פֿאַרכאַפּונג, ־ען; די קאָנפֿיסקאַציע, ־ס
seizure disorder די עפּילעפּסיע; די ניכפּה; די פּאַליקע (קרענק) [NÍKhPE]
seldom זעלטן (ווען)
select, *adj.* (אָפּ)געקליבן; אויסגעקליבן
a select few געציילטע; יחידי־סגולה [YEKhÍDE-ZGÚLE]
select, *v.* אויסקלײַבן; אָפּקלײַבן; אויסזוכן
select all שטעלן בײַ אַלץ אַ פֿייגעלע; אַלץ אויסקלײַבן ‹אַקטיווירן›
selection דער אָפּקלײַב, ־ן; די סעלעקציע, ־ס
selection committee די אָפּקלײַב־קאָמיסיע, ־ס
selective איבערקלײַבעריש; סעלעקטיוו
selectively אויף אַ סעלעקטיוון אופֿן [OYFN]
selective service דער מיליטער־אָפּקלײַב
selector
(elec.) דער סעלעקטאָר, ־ס

(person) דער אָפּקלײַבער, ־ס; דער אױסקלײַבער, ־ס
selenium דער סעלעניום
selenology די סעלענאָלאָגיע; די לבֿנה־פֿאָרשונג [LEVÓNE]
self, *n.* דער איך, ־ן; דער זיך, ־ן; דער איך־גופֿא, ־ס [GÚFE]
She's her old self again אַ נײַע הויט איז אויף איר געקומען; אַ נײַע פֿעל איז אויף איר אויסגעוואַקסן
self-... זיכ...; אַלײנ...; אויטאָ...; אין זיך
self-abnegation די זיך־פֿאַרלײקענונג; דער ביטול־היש [BÍTL-HAYÉSh]
self-absorbed פֿאַרטאָן אין זיך; פֿאַרזיכיק
self-accusation די זיך־באַשולדיקונג, ־ען
self-acting אויטאָמאַטיש
self-addressed זיך־אַדרעסירט
self-adhesive קלעפּיק; קלעפּ...
self-aggrandizing באַרימעריש; גרויסהאַלטעריש; גדלותדיק [GÁDLESDIK]
self-analysis דער אַלײן־אַנאַליז, ־ן
self-appointed זיך אַלײן באַשטימט ‹אויסגעקליבן›
self-assembly דער אַלײן־מאָנטאַזש; דאָס אַלײן מאָנטירן ‹צונויפֿשטעלן›
self-assertion דער זיך־אַוועקשטעל
self-assertive
be self-assertive אַוועקשטעלן זיך אַלײן
self-assurance דער צוטרוי אין זיך; די/דאָס אַלײן־זיכערקייט; דאָס אײַנגלייבעניש; דאָס בטוחות [BETÚKhES]
self-assured
be self-assured זײַן זיכער מיט זיך; האָבן צוטרוי צו זיך
self-aware
be self-aware זײַן אַ מבֿין אויף זיך [MEYVN]
self-awareness דאָס זײַן אַ מבֿין אויף זיך; דאָס זיך־מבֿינות [MEYVN] [MEVÍNES]
self-censorship די אויטאָצענזור; די אַלײן־צענזור
self-centered פֿאַרנומען מיט זיך; עגאָצענטריש
be self-centered טראַכטן נאָר וועגן זיך אַלײן
self-cocking אַלײן־שליסיק
self-cocking release דער אַלײן־אויפֿשליסער, ־ס
self-confessed (אַלײן) דעקלאַרירט
self-confidence דער זיכצוטרוי; דער אַלײן־צוטרוי; דער צוטרוי צו זיך; דאָס תּקיפֿות [TKÍFES]
self-confident זיכער בײַ זיך; האָפֿערדיק
be self-confident האָבן צוטרוי צו זיך (אַלײן); זײַן זיכער בײַ זיך; שטעלן אויף זיך
self-congratulatory זיך־לויבנדיק; לויבנדיק זיך אַלײן
self-conscious שײַעוודיק
feel self-conscious שײַע|ן זיך; האָבן זיך (אַלײן) אין אויג; פֿילן זיך אומבאַקוועם ‹פּריקרע›
self-contained געשלאָסן אין זיך; אומאָפּהענגיק; זעלבשטענדיק
self-contradictory
be self-contradictory סותר זײַן זיך אַלײן; נישט מיטשטימען מיט זיך אַלײן [SÓYSER]
self-control דער אַלײן־קאָנטראָל; די שליטה איבער זיך; דער קאָנטראָל איבער זיך; דאָס אײַנהאַלטן זיך [ShLÍTE]
exercise self-control האָבן שליטה איבער זיך; האַלטן זיך אין די הענט; גוט אײַנהאַלטן זיך
self-controlled אַלײן־קאָנטראָלירט
self-critical קריטיש פֿון זיך אַלײן
self-criticism די אַלײן־קריטיק
self-deception דאָס אַלײן־גענאַרערײַ
self-defense די אַלײן־פֿאַרטײדיקונג; די זיך־פֿאַרטײדיקונג; די/דער זעלבשוץ
in self-defense פֿאַרטײדיקנדיק זיך (אַלײן)
self-delusion דאָס נאַרן זיך אַלײן; דאָס זיך־גענאַר; דאָס זיך־אָפּנאַרערײַ
self-denial די זיך־פֿאַרלײקענונג
self-deprecating
be self-deprecating אַראָפּרײַסן זיך אַלײן; מאַכן זיך (אַלײן) צו קלײנגעלט
self-destruct צעשטערן ‹אויפֿרײַסן› זיך אַלײן
self-destruction די זיך־צעשטערונג
self-destructive זיך־צעשטערעריש
self-determination די אַלײן־באַשטימונג
self-diagnose שטעלן זיך אַלײן אַ דיאַגנאָז; פֿאַרשטײן די אײגענע קרענק
self-diagnosis דער אַלײן־דיאַגנאָז
self-directed אַלײן־געפֿירט
self-discipline דער אַלײן־דיסציפּלין; דער כּוח־הווילן [KÓYEKh-HAVÍLN]
self-disciplined אַלײן־דיסציפּלינירט
self-doubt ספֿקות אין זיך ל״ר [SFÉYKES]
self-educated אויטאָדידאַקטיש
self-educated person דער אויטאָדידאַקט, ־ן
self-effacing ענווותדיק; באַשײדן [ANÍVESDIK]
self-employed
be self-employed אַרבעטן פֿאַר זיך אַלײן
self-esteem די אײגן־ליבע
have high self-esteem האַלטן זײער פֿון זיך; האַלטן זיך גרויס
have low self-esteem נישט האַלטן פֿון זיך; האַלטן זיך קלײן
self-evident קלאָר ווי דער טאָג; אַבסאָלוט קלאָר; אָפּגערעדט; ממילאדיק [MEMÉYLEDIK]
It's self-evident סע פֿאַרשטײט זיך אַלײן
self-examination דאָס באַקוקן זיך אַלײן
self-explanatory
be self-explanatory נישט פֿאָדערן קײן דערקלערונג; רעדן פֿאַר זיך אַלײן
self-expression דאָס אויסדריקן זיך אַלײן
self-fulfilling prophecy די אונטערגעטריבענע נבֿואה, ־ות [NEVÚE]
self-fulfillment די זיך־דערפֿילונג; דאָס דערגרײכן דעם אײגענעם פּאָטענציאַל
self-government די אַלײן־רעגירונג‹־פֿאַרוואַלטונג›; די אויטאָנאָמיע
self-hating Jew דער ייִדישער אַנטיסעמיט, ־ן; דער ייִד דער אַנטיסעמיט, ייִדן אַנטיסעמיטן
self-hatred די שׂינאה צו זיך (אַלײן); די זיך־שׂינאה; דאָס פֿײַנט האָבן זיך אַלײן [SÍNE]
self-help די אַלײנהילף; דאָס געבן זיך אַלײן אַן עצה [ÉYTSE]
self-help book דאָס אַלײנהילף־ביכל, ־עך; דאָס עצה־טובֿה־ביכל, ־עך [ÉYTSE-TÓYVE]
self-help movement די אַלײנהילף־באַוועגונג
self-hypnosis דער אַלײן־היפּנאָז; דער אויטאָהיפּנאָז
selfie דאָס זיכעלע, ־ך
self-image דאָס בילד פֿון זיך אַלײן; דער זיכאימאַזש
self-immolation דאָס ברענגען זיך (פֿאַר) אַ קרבן; דער קרבן־אַקט, ־ן; די אימאָלאַציע [KORBM]
self-importance דאָס אײַנרעדעניש; דאָס אײַנגלייבעניש; דאָס גרויסהאַלטערײַ; די/דאָס אויפֿגעבלאָזנקייט
self-important אויפֿגעבלאָזן
be self-important בלאָזן פֿון זיך; האַלטן זיך גרויס
self-imposed גענומען אויף זיך אַלײן
self-incriminating זיך־אינקרימינירנדיק; זיך־שולדיקנדיק
self-indulgence דאָס נאָכגעבן דעם יצר־הרע ‹אַפּעטיט›; דאָס נאָכגעבן זיך די שמד [YÉYTSER-HÓRE] [ShMAD]

self-inflicted אַליין־פֿאַרשאַפֿן
self-interest דער אײגננוץ; די/דאָס אײגננוציקייט; דאָס היטן די אײגענע אינטערעסן; דאָס אויסן זײַן זיך אַליין; די/דאָס פֿאַרזיכיקייט
self-interested אײגננוציק; פֿאַרזיכיק
self-involved עגאָצענטריש; אַרײַנגעטאָן ‹פֿאַרטיפֿט› אין זיך
selfish עגאָיִסטיש; זיכיק; איכיק
selfish person (*m./unsp.*) דער עגאָיִסט, ־ן
selfish person (*f.*) די עגאָיִסטקע, ־ס
selfishness דער עגאָיִזם
self-justification די זיך־באַרעכטיקונג; די זיך־פֿאַרענטפֿערונג
self-knowledge דאָס קענען זיך אַליין
selfless מוסר־נפֿשדיק; קרבנות־גרייט [MÓYSER-NÉFEShDIK] [KORBÓNES]
selflessly אָן צו טראַכטן וועגן זיך; מיט מסירת־נפֿש [MESÍRES-NÉFESh]
selflessness דאָס מסירת־נפֿש [MESÍRES-NÉFESh]
self-loader דער אַליין־אָנלאָדיקער האַרמאַט, ־ן
self-loading אַליין־אָנלאָדיק
self-locking אַליין־שליסיק
self-love די אַליין־ליבע
self-made man דער געמאַכטער מענטש, ־ן
He's a self-made man *also* ער האָט זיך אַליין אַרויפֿגעאַרבעט
self-motivated מאָטיווירט פֿון זיך אַליין
self-pity דאָס קלאָגן זיך אויפֿן אײגענעם גורל [GOYRL]
self-portrait דער אויטאָפּאָרטרעט, ־ן
self-possessed
be self-possessed האָבן שליטה איבער זיך [ShLÍTE]
self-possession די שליטה איבער זיך [ShLÍTE]
self-preservation דער כּוח־החיים [KÓYEKh-HAKhÁYEM]
self-promoter דער זיך־אַרויסשטעלער ‹־רעקלאַמירער›, ־ס
self-propelled אַליין־באַכּוחט [BAKÓYEKhT]
self-realization *see* **self-fulfillment**
self-referential
be self-referential פֿאַררופֿן זיך אויף זיך אַליין
self-reliance דאָס שטיין אויף די אײגענע פֿיס; דער פֿעסטער גלויבן אין די אײגענע כּוחות [KÓYKhES]
self-reliant
be self-reliant שטיין אויף די אײגענע פֿיס; גלייבן אין די אײגענע כּוחות [KÓYKhES]
self-respect דער דרך־ארץ פֿאַר זיך אַליין [DERKhÉRETS]
self-respecting
be self-respecting האָבן דרך־ארץ פֿאַר זיך אַליין [DERKhÉRETS]
self-restraint די/דאָס אײַנגעהאַלטנקייט; די שליטה איבער זיך [ShLÍTE]
self-righteous זיכער אין זיך; רעכטפֿאַרטיק בײַ זיך; סטײַטשיק
self-righteousness די/דאָס זיכערקייט אין זיך; די/דאָס סטײַטשיקייט
self-rising flour דאָס/די באַקגרייטע מעל; דאָס/די מעל מיט באַקפּראָשיק
self-rule די אַליין־רעגירונג; די אויטאָנאָמיע
self-sacrifice דאָס מסירת־נפֿש [MESÍRES-NÉFESh]
self-sacrificing מוסר־נפֿשדיק; קרבנות־גרייט [MÓYSER-NÉFEShDIK] [KORBÓNES]
selfsame דאָס זעלב(יק)ע געב׳; דאָס אײגענע געב׳
self-satisfaction די/דאָס אַליין־צופֿרידנקייט
self-satisfied אַליין־‹זיך־›צופֿרידן; צופֿרידן מיט זיך (אַליין)
self-seeking אײגננוציק; עגאָיִסטיש
self-service די אַליין־באַדינונג
self-serving עגאָיִסטיש; עגאָצענטריש; אײגננוציק
self-starter
be a self-starter זײַן אַ מענטש מיט איניציאַטיוו
self-storage דער אַלײנסקלאַד; דער אַליין־לאַגער
self-styled אַליין־באַשטימט
self-sufficiency דער אַליין־אויסקום
self-sufficient
be self-sufficient קענען זיך אַליין באַזאָרגן; אויסקומען מיט אײגענע כּוחות; נישט דאַרפֿן אָנקומען צו יענעם; קענען דאָס אײגענע שטעטל באַשטײן [KÓYKhES]
self-supporting
be self-supporting אויסהאַלטן זיך אַליין; שטיין אויף די אײגענע פֿיס; זײַן פֿאַר זיך
self-taught *see* **self-educated**
self-understood
It's self-understood סע פֿאַרשטייט זיך אַליין
self-will דאָס עקשנות [AKShÓNES]
self-willed עקשנותדיק [AKShÓNESDIK]
be self-willed (*m./unsp.*) זײַן אַן עקשן [AKShN]
be self-willed (*f.*) זײַן אַן עקשנטע [ÁKShNTE]
self-winding אויטאָמאַטיש
sell, *n.*
(sales appeal) דער צוצי־כּוח; די צוציקראַפֿט [KÓYEKh]
(sales technique) די פֿאַרקויף־טאַקטיק
hard sell דאָס כויכערײַ
soft sell די סובטילע פֿאַרקויף־טאַקטיק
sell, *v.*
vt. פֿאַרקויפֿן; פֿאַרהאַנדלען
vi. פֿאַרקויפֿן זיך
It's sold there סע פֿאַרקויפֿט זיך דאָרט; מע קען עס דאָרט קויפֿן; מע פֿאַרקויפֿט עס דאָרט
sell at/for $10 פֿאַרקויפֿן זיך פֿאַר צען דאָלאַר
sell off אויספֿאַרקויפֿן
sell oneself (as prostitute) פֿאַרקויפֿן זיך (פֿאַר געלט)
sell oneself (promote) רעקלאַמירן זיך אַליין
sell oneself short אונטערשאַצן זיך אַליין
sell out, *vt.* **(betray)** אויסגעבן; מסרן; פֿאַרראַטן [MÁSERN]
sell out, *vt.* **(goods)** אויספֿאַרקויפֿן
sell out, *vi.* **(betray)** פֿאַרקויפֿן זיך (צום טײַוול)
sell slowly ציקע\|ן זיך; פֿאַרקויפֿן זיך פּאַוואָליע
sell up פֿאַרקויפֿן; מאַכן צו געלט
She was sold on the idea דער אײַנפֿאַל האָט זי באַגײַסטערט
sell-by date דער טערמין אויף צו פֿאַרקויפֿן
seller
m./unsp. דער פֿאַרקויפֿער, ־ס
f. די פֿאַרקויפֿערין ‹פֿאַרקויפֿערקע›, ־ס
(product) דער שלאַגער, ־ס
seller's market דער פֿאַרקויפֿמאַרק
selling, *n.* דער אָפּזעץ; דאָס פֿאַרקויפֿן
selling point דער קויפֿסטימול, ־ן
selling price דער פֿאַרקויפֿפּרײַז, ־ן
sell-off דער אויספֿאַרקויף, ־ן
sell-out
(betrayal) דער פֿאַרראַט
(merchandise) דער אויספֿאַרקויף, ־ן
seltzer דאָס סעלצער־‹זעלצער־›וואַסער; די זעלצערקע
selvage די קרײַקע, ־ס
semantic סעמאַנטיש
semantics די סעמאַנטיק ל״י
semaphore דער סעמאַפֿאָר, ־ן

semblance די/דאָס ענלעכקייט
a semblance of אַ שמץ + נאָמ'; אַן אָנצוהערעניש אויף + דאַט'; אַ ברעקעלע + נאָמ' [ShÉMETS]
semen דאָס זרע־זאָמען־‹וואַסער; די זרע [ZÉRE]
semester דער זמן, ־ים; דער סעמעסטער, ־ס [ZMAN]
one-semester course דער סעמעסטער־קורס, ־ן
semi... האַלב...
semiannual האַלביאָריק
semiautomatic, *n.* דער האַלבער אויטאָמאַט, ־ן
semibreve די גאַנצע נאָטע, נאָטן
semicircle דער האַלבקײַלעך, ־ן; דער האַלבער קרײַז, ־ן
semicircular האַלבקײַלעכ(ד)יק
semicolon די פּינטל־קאָמע, ־ס
semiconductor דער האַלבער דורכפֿירער, ־ס
semi-conscious האַלבוואַך
semifinal, *adj.* האַלבפֿינאַל־...
semifinal, *n.* דער האַלבפֿינאַל, ־ן
semifinalist דער האַלבפֿינאַליסט, ־ן
semifinals האַלבע פֿינאַלן
semiliquid האַלבגיסיק
semimonthly דער האַלב־חודשניק, ־עס [KhÓYDEShNIK]
seminal
(influential) ווענדווײַזעריש; נאָוואַטאָריש
(semen) זרע־...; זוימענ...; זאָמענ... [ZÉRE]
seminal fluid די זרע [ZÉRE]
seminal vesicle זרע־‹זוימען־/זאָמען־›בלעזלעך ל״ר [ZÉRE]
seminar דער סעמינאַר, ־ן
seminarian דער סעמינאַר־סטודענט, ־ן; דער סעמינאַריסט, ־ן
(Chr.) דער סטודענט אויף גלח [GÁLEKh]
seminary דער סעמינאַר, ־ן
(Chr.) דער גלחים־סעמינאַר, ־ן [GALÓKhIM]
(J.) דער ראַבינער־סעמינאַר, ־ן
seminiferous tubule דאָס זוימען־קאַנאַלעכל, ־עך
seminude האַלב נאַקעט
semi-official האַלב אָפֿיציעל
semiosis דער סעמיאָז
semiotic סעמיאָטיש
semiotics די סעמיאָטיק ל״י
semi-precious stone דער האַלבער איידלשטיין, ־ער
semiprofessional, *adj.* האַלב פּראָפֿעסיאָנעל
semiprofessional, *n.* דער האַלבער פּראָפֿעסיאָנאַל, ־ן
semiquaver די זעכצעטל־נאָטע, ־נאָטן
semi-retired האַלב פּענסיאָנירט
semiskilled האַלב קוואַליפֿיצירט
semisolid האַלב סאָליד
semi-sweet האַלב זיס
Semite דער סעמיט, ־ן
Semitic סעמיטיש
Semitics די סעמיטיק ל״י
semitone דער האַלבער טאָן, טענער
semitrailer דער נאָכפֿאָר־אויטאָ, ־ס; דער נאָכפֿאָרער, ־ס
semitropical סובטראָפּיש
semivowel דער האַלבער וואָקאַל, ־ן
semiweekly האַלבוואָכן־...; צוויי מאָל אַ וואָך
semolina מלך־גרײַפּלעך ל״ר; די סעמאָלינע [MÉYLEKh]
sempervivum דאָס חײַ־עולמל, ־עך [KhAYÓYLEML]
senate, *adj.* סענאַטן־...
senate, *n.* דער סענאַט, ־ן
senator
m./unsp. דער סענאַטאָר, ...אָרן
f. די סענאַטאָרשע, ־ס
senatorial סענאַטאָריש

send, *v.*
imp. שיקן
pf. אַרויסשיקן; אָפּשיקן; צושיקן
send after שיקן נאָך
send away (mail) אַוועקשיקן; אָפּשיקן
send away (fire) אָפּזאָגן (פֿון דער אַרבעט)
send away/off for באַשטעלן דורך דער פּאָסט
send back צוריקשיקן; קריקשיקן; אָפּשיקן; אַוועקשיקן
send down אַראָפּשיקן
send for שיקן נאָך
send in אַרײַנשיקן
send off (person) שיקן אין וועג אַרײַן; אַרויספּראַווען
send off (thing) אָפּשיקן; אַוועקשיקן; אַרויסשיקן
send on איבערשיקן
send out אַרויסשיקן
send out (to several people) צעשיקן
send round צעשיקן
send up (rocket) אַרויפֿשיסן
send up (balloon) לאָזן פֿליִען
send up (parody) פּאַראָדירן
send word לאָזן וויסן; געבן צו וויסן; מודיע זײַן; אָנזאָגן; באַפֿעלן [MEDÍE/MOYDÍE]
send button דאָס שיקקנעפּל, ־עך
sender דער אָפּשיקער, ־ס
send-off דער פֿאָר־געזעגנט, ־ן
send-up די פּאַראָדיע, ־ס
senescence די זיקנה; די עלטער [ZÍKNE]
in one's senescence אויף דער עלטער
senescent זיך עלטערנדיק
senile עובֿר־בטל; סעניל [ÓYVER-BÓTL]
become senile ווערן עובֿר־בטל; באַקומען קינדערשן שׂכל [SEYKhL]
senile man דער עובֿר־בטל, ־ס; דער עובֿר־בטלניק, ־עס [ÓYVER-BÓTLNIK]
senile woman די עובֿר־בטלניצע, ־ס [ÓYVER-BÓTLNITSE]
senility די/דאָס עובֿר־בטלדיקייט; די/דאָס סענילקייט [ÓYVER-BÓTLDIKEYT]
senior, *adj.*
(mil.) העכער
(older/title) עלטער
have a senior moment אויף אַ מינוטקעלע פֿאַרגעסן
senior year דאָס פֿערטע ‹לעצטע› יאָר
senior, *n.*
(student/*m./unsp.***)** דער לעצטיאָרלער, ־ס; דער פֿערטיאָרלער, ־ס; דער סטודענט אין לעצטן ‹פֿערטן› יאָר
(student/*f.***)** די לעצטיאָרלערין, ־ס; די פֿערטיאָרלערין, ־ס; די סטודענטקע אין לעצטן ‹פֿערטן› יאָר
six years her senior (מיט) זעקס יאָר עלטער פֿון איר
senior citizen דער עלטערער גוב'; דער בעל־יאָרן, בעלי־...; דער ישיש, ־ים [BAL..., BÁLE-...] [YÓShESh, YEShÍShIM]
senior commander דער העכערער קאָמאַנדיר, ־ן
seniority דער סטאַזש
senior lecturer דער עלטערער לעקטאָר, ...אָרן
senior thesis די דיפּלאָם־אַרבעט, ־ן
senna די קאַסיע; דער צענעס; די סענע
señor דער סעניאָר, ־ן
señora די סעניאָראַ, ־ס
señorita די סעניאָריטאַ, ־ס
sensation דאָס געפֿיל, ־ן; די (אָפּ)שפּירונג, ־ען
(success) די סענסאַציע, ־ס
(lit.) די פֿילונג, ־ען
create a sensation אָנמאַכן אַ סענסאַציע ‹רושם›; מרעיש־עולם זײַן [RÓYShEM] [MÁRESh-ÓYLEM]

sensational
(arousing interest) סענסאַציאָנעל
(spectacular) פּלאַדיק; ווונדערלעך [PÉLEDIK]
sensationalism דער סענסאַציאָנאַליזם
sensationalist סענסאַציאָנאַליסטיש
sensationalist paper דאָס געפּילדער־בלעטל, ־עך; די שמאַטע, ־ס
sensational news די סענסאַציע, ־ס
sense, *n.*
(faculty) דער חוש, ־ים
(feeling/perception) דאָס געפּיל, ־ן
(meaning) דער/די טײַטש, ־ן; דער פּשט, ־ים/־ן [PShAT, PShÓTIM]
(understanding) דער שׂכל; דאָס דעת; דער טאָלק, ־ן/־עס [SEYKhL] [DÁAS]
(point) דער זינען
bring to one's senses ברענגען צום שׂכל; אויסטשוכען
come to one's senses קומען צום שׂכל; אויסטשוכען זיך
get a sense (אָנ)טאַפּן דעם דפֿק; דערגיין; דערשנאַפּן [DÉYFEK]
have all of one's senses זײַן בײַם פֿולן זינען ‹דעת›
in a sense אין אַ געוויסן זינען
in the sense of אין זינען פֿון; וואָס שייך; בתורת + נאָמ׳ [ShÁYEKh] [BETÓYRES]
knock some sense into one's head ברענגען צום שׂכל
make sense לייגן זיך אויפֿן שׂכל; לייגן זיך אויף דער סבֿרא; האָבן אַ זינען [SVÓRE]
make sense of דערגיין דעם זינען ‹מיין› פֿון; דערגיין אַ טאָלק אין; פֿאַרשטיין; באַנעמען
sense of duty דאָס חובֿ־געפֿיל [KhÍEV]
talk sense רעדן מיט שׂכל; רעדן מיט אַ טאָלק
What's her sense of ...? ווי פֿאַרשטייט זי ...?; וואָס האַלט זי פֿון ... ?
sense, *v.* דערשפּירן; דערפֿילן; דערשמעקן; דערהערן
senseless
(pointless) אָן אַ זינען; אומזינ(ענד)יק; אָנזיניק; אָן שׂכל [SEYKhL]
(unconscious) פֿאַרחלשט; אָן שפּירונג [FARKhÁLEShT]
senselessness די/דאָס אומזיניקייט
sense organ דער חוש־אָרגאַן, ־ען; דער שפּיראָרגאַן, ־ען
sensibility די סענסיביליטעט; די/דאָס פֿילעוודיקייט
sensible
(perceptible) פֿיליק
(rational) שׂכלדיק; באַקלערט; אויסגערעכנט; באַרעכנט [SÉYKhLDIK]
(practical) פּראַקטיש
be a sensible person האָבן שׂכל; זײַן אַ בר־דעת [SEYKhL] [BARDÁ(A)S]
sensibly מיט שׂכל ‹קאָפּ› [SEYKhL]
sensitive
(emotionally) שפּירעוודיק; סענסיטיוו; פֿילעוודיק; באַלײַדעוודיק
(painful) ווייטיקדיק
be sensitive about נעמען זיך + אַק׳ צום האַרצן
a sensitive issue אַן אָנגעווייטיקטער ‹דעליקאַטער/ קיצלדיקער› ענין [ÍNYEN]
sensitivity די/דאָס שפּירעוודיקייט; די/דאָס סענסיטיוויקייט; די/דאָס פֿילעוודיקייט
sensitivity training דאָס לערנען זיך (צו) אַנטוויקלען אַ סענסיטיוויקייט
sensitize
vt. סענסיטיווירן; סענסיטיוו מאַכן
vi. סענסיטיוו ווערן
sensor דער סענסאָר, ...אָרן
sensory חושיק; חושים־...
sensual חושימדיק; סענסועל; יצר־הרעדיק; עולם־הזהדיק; תאוהדיק [YÉYTSER-HÓREDIK] [ÓYLEM-HÁZEDIK] [TÁYVEDIK]
sensuality די/דאָס חושימדיקייט; די/דאָס סענסועלקייט; דער סענסואַליזם
sensual pleasures דער/די עולם־הזה ל״י [ÓYLEM-HÁZE]
sensuous חושימדיק
be sensuous וועקן די חושים
sentence, *n.*
(jur.) די שטראָף, ־ן; דער אורטל, ־ען; דער פּסק, ־ים/־ן [PSAK, PSÓKIM]
(gram.) דער זאַץ, ־ן
lift the sentence פֿאַרהענגען די שטראָף ‹דעם פּסק›
He received a light sentence מ׳האָט אים אַרויסגעטראָגן אַ גרינגן פּסק; ער איז אָפּגעקומען מיט אַ קלײנער שטראָף
lighten the sentence פֿאַרגרינגערן די שטראָף ‹דעם פּסק›
sentence, *v.* פֿאַרמישפּטן; פֿאַראורטלען [FARMÍShPETN]
sentence to death פֿאַרמישפּטן צום טויט; פּסקענען ‹פּסקע|נען› טויטשטראָף ‹מיתה› [PÁSKENEN - PASKN/PÁSKE] [MÍSE]
sentence to life imprisonment פֿאַרמישפּטן אויף אײביקער תּפֿיסה ‹טורמע›; פֿאַרמישפּטן אויפֿן לעבן [TFÍSE]
sentence-initial זאַץ־אײַן
sentence unit דער זאַצאיינס, ־ן
sentient פֿילנדיק
sentiment
(feeling) דער סענטימענט, ־ן; דאָס געפֿיל, ־ן
(opinion) די מיינונג, ־ען
sentimental סענטימענטאַל
sentimentalism דער סענטימענטאַליזם
sentimentality די סענטימענטאַליטעט
sentimental value די/דער סענטימענטאַלע(ר) ווערט; די/דער געפֿילווערט
It has sentimental value *also* סע צופּט בײַם האַרצן
sentinel/sentry דער וועכטער, ־ס; דער שומר, ־ים; דער וואַכסאָלדאַט, ־ן [ShÓYMER, ShÓMRIM]
stand sentry שטיין אויף דער וואַך; שטיין שמירה; האַלטן וואַך [ShMÍRE]
sent items folder די טעקע געשיקטע בריוו
sentry box דאָס וואַכשטיבל, ־עך; די וואַכבודקע, ־ס
sentry palm די שומר־פּאַלמע, ־ס [ShÓYMER]
sepal דאָס בעכער־בלעטל, ־עך
separable צעטײלעוודיק; אָפּטײלעוודיק
separable prefix דער קאָנווערב, ־ן
separate, *adj.* באַזונדער; אָפּגעזונדערט
(discrete) אָפּגעטײלט
separate, *v.*
vt./vi. **(parts)** צעטײלן (זיך); פֿונאַנדערטײלן (זיך); אָפּטײלן (זיך); אָפּזונדערן (זיך); צעשיידן (זיך)
vi. **(of couple)** צעגיין זיך; פֿונאַנדערגיין זיך; צעשיידן זיך
vi. **(seclude oneself)** אָפּזונדערן זיך
separate out אָפּזונדערן
separated צעשיידט; צעטײלט
(of couple) צעשיידט; פֿונאַנדערגעגאַנגען
separately באַזונדער
separate peace דער סעפּאַראַט־שלום; דער סעפּאַראַטער שלום [ShÓLEM]
separates קאָאָרדינירטע קליידער

separation
  (of couple) דאָס צעגיין ‹פֿונאַנדערגיין› זיך; די צעשיידונג
  (of parts) די אָפּטיילונג, ־ען; די צעטיילונג, ־ען
  (seclusion) די אָפּזונדערונג, ־ען
separation anxiety [PÁKhED] דער פּחד ביים געזעגענען זיך
separatism דער סעפּאַראַטיזם
separatist, *adj.* סעפּאַראַטיסטיש
separatist, *n.* דער סעפּאַראַטיסט, ־ן
separator דער סעפּאַראַטער, ־ס
Sephardi [SFÁRDI] דער ספֿרדי, ־ם; דער ספֿרדישער ייִד, ־ן [SFÁRDIShER]
Sephardic [SFÁRDISh] ספֿרדיש
sepia די סעפּיע, ־ס
  (color) די סעפּיע
sepsis די סעפּסיס
September (דער) סעפּטעמבער
septet דער סעפּטעט, ־ן; דער ... פֿון זיבן חלקים ‹באַטייליקטע› [KhALÓKIM]
septic סעפּטיש
septic abortion די אַבאָרט־סעפּסיס
septicemia די בלוט־פֿאַרסמונג; די סעפּטיצעמיע [FARSÁMUNG]
septic tank דער/די סעפּטישע(ר) גרוב, גריבער
septuagenarian דער זיבעציקער, –
  m. also [BENShÍVIM, BNEY-...] דער בן־שיבֿעים, בני־...
  f. also [BAS-ShÍVIM, BNOYS-...] די בת־שיבֿעים, בנות־...
Septuaginta די סעפּטואַגינטע
septum דאָס נאָז־שיידוואַנטל, ־עך
  deviated septum דאָס פֿאַרקרימטע נאָז־שיידוואַנטל
septuplet דער זיב(נ)לינג, ־ען/־ער
sepulcher דער/דאָס קבֿר, ־ים; דער/די גרוב, גריבער [KÉYVER, KVÓRIM]
sepulchral [KÉYVER] ווי פֿון קבֿר אַרויס
sequel [HÉMShEKh, HEMShÉYKhIM] דער המשך, ־ים
sequence, *n.* דער סדר, ־ים; די/דאָס נאָכאַנאַנדיקייט, ־ן; די ריי, ־ען; די סעריע, ־ס [SÉYDER, SDÓRIM]
  (math.) די/דאָס נאָכאַנאַנדיקייט, ־ן; די סעקווענץ, ־ן
  (mus./poet.) די סעקווענץ, ־ן
  in sequence לויטן סדר
  sequence of events דער גאַנג פֿון די געשעענישן
sequence, *v.* [ÓYSSÁDERN] אויססדרן
  genome sequencing דאָס אויססדרן גענאָמען
sequential נאָכאַנאַנדיק
sequentially נאָך אַנאַנד
sequester סעקוועסטרירן; אָפּזונדערן; אַרויפֿלייגן אַ סעקוועסטער אויף
sequestered סעקוועסטרירט; אָפּגעזונדערט
sequestration די סעקוועסטרירונג; די סעקוועסטראַציע
sequined באַפֿליטערט; באַפּוצט מיט פֿליטערלעך
sequins פֿליטערלעך
sequoia די סעקוויע, ־ס
seraph [SÓREF, SRÓFIM] דער שׂרף, ־ים
Serb, *n.*
  m./unsp. דער סערב, ־ן
  f. די סערבקע ‹סערבין›, ־ס
Serbia (די) סערביע
Serbian, *adj.* סערביש
  Serbian Jew דער סערבישער געב׳; דער סערבישער ייִד, ־ן
Serbian, *n.* **(language)** דאָס סערביש
Serbo-Croatian, *adj.* סערבאָקראָאַטיש; סערביש־כאָרוואַטיש
Serbo-Croatian, *n.* **(language)** דאָס סערבאָקראָאַטיש; די סערבאָקראָאַטישע ‹סערביש־כאָרוואַטישע› שפּראַך

sere טרוקן; פֿאַרטריקנט
serenade, *n.* די סערענאַדע, ־ס
serenade, *v.* סערענאַדירן
serendipitous [MÁZLDIK] מזלדיק
  be serendipitous זיין אַ מזלדיקער טראַף ‹צופֿאַל› [MÁZLDIKER]
serendipity די אומגעריכטע אַנטדעקונג; דער מזלדיקער טראַף ‹צופֿאַל› [MÁZLDIKER]
serene [ShÁLVEDIK] רויִק; שלווהדיק
serenity [ShÁLVE] די/דאָס רויִקייט; די שלווה
serf דער לייבקנעכט, –
serfdom די לייבקנעכטשאַפֿט; די פּאַנשטשיזנע
serge דער שאַיעט; די סאַרזשע
sergeant דער סערזשאַנט, ־ן
sergeant-at-arms [MEMÚNE] דער ממונה אויף אָרדענונג
sergeant major דער עלטערער סערזשאַנט, ־ן
serial, *adj.* סעריע־...; אין המשכים; איינס נאָכן אַנדערן [HEMShÉYKhIM]
serial, *n.* די סעריע, ־ס
serialize [HEMShÉYKhIM] אַרויסגעבן ‹דרוקן› אין המשכים
serial killer דער סעריע־מערדער, ־ס
serial novel [HEMShÉYKhIM] דער ראָמאַן אין המשכים
serial number דער סעריע־נומער, ־ן
series דער ציקל, ־ען; די סעריע, ־ס; די ריי, ־ען
  (TV) די סעריע, ־ס
  a series of אַ סעריע; אַ ריי
  a series of (*hum.*) [SÉDRE] אַ גאַנצע סדרה
  in series [SÉYDER] לויטן סדר; סעריעווייַז; איינס נאָך אַנאַנד
serif דער סעריף, ־ן
seriocomic האַלב ערנצט האַלב קאָמיש
serious ערנצט
  dead serious טויט ערנצט; מיטן גאַנצן ערנצט
  stg. serious דער ערנצט
  (illness) געפֿערלעך; שווער
seriously ערנצט (גערעדט); אויף אַן אמת; אָן קאַטאָוועס ‹חכמות›; געלעכטער אין אַ זייַט [ÉMES] [KhÓKhMES]
  take sb./stg. seriously באַציִען זיך ערנצט צו
  Seriously! טרייַב(ט) נישט קיין קאַטאָוועס!; אָן חכמות!; אָן אַ שפּאַס!
seriousness די/דאָס ערנצטקייט; דער ערנצט
  in all seriousness אין פֿולן ערנצט
sermon [DRÓShE] די פּריידיק, ־ן; די דרשה, ־ות
  (J.) די דרשה, ־ות
  give a sermon האַלטן אַ דרשה
  the Sermon on the Mount די באַרגפּריידיק; די באַרג־דרשה
sermonize [MÚSER] פּריידיקן; זאָגן מוסר
serotherapy די סערום־טעראַפּיע
Serpens די שלאַנג
serpent די שלאַנג, ־ען
serpentine שלאַנגען...
serrated געציינדלט; מיט ציינדלעך
serried אין געשלאָסענע רייען
serum דער סערום, ־ס
servant
  m. דער באַדינער, ־ס; דער משרת, ־ים [MEShÓRES, MEShÓRSIM]
  f. די דינסט, ־ן
  servants *also* די דינערשאַפֿט קאָל׳
serve, *n.*
  My serve איך סערוויר
serve, *v.* דינען + דאַט׳
  (food) דערלאַנגען; סערווירן; אויפֿגעבן

(in office) אַמטירן
(mil.) דינען (אין דער אַרמיי); דינען אין מיליטער
(spo.) סערווירן; דערלאַנגען
(wait on sb.) באַדינען + אַק'; אויפֿוואַרטן + אַק'
(in prison) אָפּזיצן; אויסזיצן
serve a meal דערלאַנגען צום טיש
serve a summons דערלאַנגען אַ הזמנה [HAZMÓNE]
serve as דינען ווי ‹פֿאַר›
serve cold דערלאַנגען ‹סערווירן› קאַלטערהייט
serve hard time זיצן אויף קאַטאָרגע
serve time זיצן (אין תּפֿיסה/טורמע) [TFÍSE]
serve up צושטעלן; סערווירן
Serves him right! אַ מיצווה אויף אים!; ער האָט עס כּשר פֿאַרדינט!; סע קומט אים!; רעכט אויף אים!; אַ שיינע ריינע כּפּרה! [MÍTSVE] [KÓShER] [KAPÓRE]
We would be better served if ס'וואָלט גלייכער געווען ווען

server
(comp.) דער צושטעלער, ־ס
(spo.) דער סערווירער, ־ס

service, *n.*
(business) דער/דאָס דינסט
(favor) די טובֿה, ־ות; די צוליבזאַך, ־ן [TÓYVE]
(mil.) דאָס דינען; דאָס דינסט; די דינונג
(rel./J.) די עבֿודה [AVÓYDE]
(rel./non-J.) דאָס גאָטסדינסט, ־ן
(restaurant) די באַדינונג; דאָס באַדינען
(spo.) דער סערוויר, ־ן; דאָס דערלאַנגען
(tableware) דער סערוויז, ־ן
(wireless signal) די באַדינונג; די פֿאַרבינדונג; דער סיגנאַל
At your service! צו(ן) אייער דינסט!
be of service to באַדינען + אַק'
in the service אין מיליטער; אין דער אַרמיי; אויף דינסט
Services start at 9:00 (J.) מע הייבט אָן דאַוו(ע)נען ניין אַ זייגער

service, *v.* באַדינען; באַהאַנדלען
(mech.) טעכניש באַדינען
serviceable טויגעוודיק; ניצלעך
service area דער באַדינ־שטח, ־ים [ShÉTEKh, ShTÓKhIM]
serviceberry די שאַלאַמוקסנע, ־ס
service charge דער צוצאָל, ־ן; דער באַדינ־אָפּצאָל, ־ן
service industry די באַדינ־אינדוסטריע
service line די סערוויר־‹דערלאַנג־›ליניע, ־ס
serviceman
(mil.) דער מיליטער־מאַן, ...־לייט
(repairman) דער צורעכט־מאַכער, ־ס; דער פֿאַרריכטער, ־ס
service member דער מיליטער־מענטש, ...־לייט; דער מיליטערישער געב'
service provider דער צושטעלער, ־ס
(comp.) דער אינטערנעץ־צושטעלער, ־ס
service record דער דינסטצעטל, ־עו
service road די צופֿאָרגאַס, ־ן
service staff די באַדינערשאַפֿט
service station די בענזין־‹גאַזאָלין־›סטאַנציע, ־ס
service tree די גאָרטן־ראַבינע, ־ס
serviette די סערוועטקע, ־ס
servile סערוויל(יש); אונטערטעניק; קריכעריש; שקלאַפֿיש; קנעכטיש; לאַקייִש; הכנעהדיק [HAKhNÓEDIK]
be servile (to) לעקן די טעלער (ביי); שפּרינגען קדוש (פֿאַר) [KÓDESh]
servile person דער ניכנע, ־ים [NÍKhNE, NIKhNÓYEM]

servility די/דאָס סערווילישקייט; די/דאָס אונטערטעניקייט; דאָס קריכעריי; די הכנעה [HAKhNÓE]
serving, *adj.* סערוויר...; דערלאַנג...
serving, *n.* די פּאָרציע, ־ס; דער חלק, ־ים [KhÉYLEK, KhALÓKIM]
serving bowl (glass) דער קליאַש, ־ן
serving dish די/דער סערווירטאַץ, ־ן; דער פּאַלומעסיק, ...סקעס; די דערלאַנג־כּלי, ־ם [KÉYLE, KÉYLIM]
serving line
(cul.) די דערלאַנגריי, ־ען
(spo.) די סערוויר־‹דערלאַנג־›ליניע, ־ס
serving spoon דער סערוויר־לעפֿל, –
servitude די קנעכטשאַפֿט; דאָס שקלאַפֿעריי
in servitude פֿאַרשקלאַפֿט
servomechanism דער סערוואָמעכאַניזם, ־ען
servomotor דער סערוואָמאָטאָר, ־ן
sesame דער סומסום; דער קונזשוט
sesame bagel דער סומסום־בייגל, –
sesame oil דער סומסומאייל; דער סומסום־בוימל
sesame seed דאָס סומסום־קערל, ־עך
session די סעסיע, ־ס; דער סעאַנס, ־ן; די זיצונג, ־ען
Class is in session ס'איז די לערנצייט; מע לערנט איצט
Court is in session דאָס געריכט ווערט געעפֿנט

set, *adj.*
(established) איינגעשטעלט; רעגולער
(fixed) פֿעסט; פֿעסטגעשטעלט; באַשטימט
(ready) גרייט
be set to זיין גרייט אויף ‹צו›
be set on (doing stg.) צילעוויסיק + ווערב
dead set against קאַטעגאָריש קעגן; מיטן גאַנצן האַרצן קעגן
get set גרייטן זיך
set in one's ways פֿאַרעקשנט [FARÁKShNT]
set policy די באַשטימטע ‹איינגעשטעלטע› פּאָליטיק

set, *n.*
(collection) דער קאָמפּלעט, ־ן; דער גאַנג, גענג
(math.) דער סכום, ־ען
(of books) דער גאַנג, גענג; דער קאָמפּלעט, ־ן; דער/דאָס זאַץ, ־ן
(of dishes/furniture) די גאַרניטור, ־ן
(of tools) דאָס געצייג; די גאַרניטור, ־ן; דער/דאָס זאַץ, ־ן
(spo.) די רונדע, ־ס; דער גאַנג, גענג
(thea.) די דעקאָראַציע, ־ס
a set of אַ קאָמפּלעט; אַ גאַנג
radio set דער ראַדיאָ־אַפּאַראַט, ־ן
set of teeth דער קאַסטן ציין ‹ציינער›; דאָס געביס
the 5-10 set פֿינ(ע)ף־ביז צען־יאָריקע
TV set דער טעלעוויזאָר, ...אָרן

set, *v.*
vt. שטעלן; לייגן; זעצן
vi. **(jelly)** פֿאַרגליווערט ‹געדיכט› ווערן; זעצן זיך
vi. **(sun)** אונטערגיין; פֿאַרגיין; זעצן זיך
(determine) באַשטימען; פֿעסטשטעלן; אָפּרעדן
(a bone) איינזעצן; צוריקשטעלן
(a clock) אָנשטעלן
(a diamond) איינזעצן; איינפֿאַסן
be set back (hindered) אָנטרעפֿן זיך אויף אַ מיכשול [MIKhShL]
set about נעמען זיך צו; אָנהייבן
set apart אָפּזונדערן
set aside (jur.) מבֿטל זיין; אָפּשאַפֿן [MEVÁTL]
set aside (put aside) אַוועקלייגן אין אַ זייט; פֿאַראיבעריקן

set aside (reserve) רעזערווירן
set aside (time) באַשטימען
set back (delay) פֿאַרהאַלטן
set back (in cost) אָפּקאָסטן
set back from the street אָפּגערוקט פֿון דער גאַס
set before שטעלן פֿאַר
set down (place) אַוועקשטעלן; אַנידערשטעלן
set down (record) פֿאַרשרײַבן; אָנשרײַבן
set forth (describe) באַשרײַבן
set forth (on journey) *see* **set out**
set in (situation) אײַנשטעלן זיך
set off (bomb) אויפֿרײַסן
set off (create) אַרויסרופֿן; גורם זײַן [GÓYREM]
set off (depart) אָפּפֿאָרן; אַרויספֿאָרן; לאָזן זיך אין וועג אַרײַן
set off (distinguish) אַרויסהייבן; אַנטקעגנשטעלן
set out (lay out) אַוועקשטעלן; אַוועקלייגן
set out (on journey) נעמען דעם וועג; אַרויסלאָזן זיך; לאָזן זיך אין וועג אַרײַן
set out (undertake) פֿירנעמען זיך; שטעלן זיך
set to cook צושטעלן
set to music זעצן ווערטער; (צו)שטעלן נאָטן צו; צופּאַסן מוזיק צו; מוזיקירן
set up (arrange) אויפֿשטעלן; אײַנאָרדענען; אײַנשטעלן
set up (a business) אויפֿשלאָגן; אויפֿעפֿענען; אויפֿשטעלן
set sb. up (frame) מאַכן אַ בילבול אויף [BILBL]
set upon אָנפֿאַלן אויף; באַפֿאַלן; אַטאַקירן
setback דער קלאַפּ (אויף צוריק); דער מיכשול, ־ים; דער עיכּובֿ, ־ים [MIKhShL, MIKhShÓYLIM] [ÍKEV, IKÚVIM]
(health) די פֿאַרערגערונג; דאָס ערגער ווערן
set design די סצענאָגראַפֿיע; דאָס בינע־מאָלערײַ
set designer דער סצענאָגראַף, ־ן; דער בינע־מאָלער, ־ס
set phrase די אָנגענומענע פֿראַזע, ־ס; דער אידיאָם, ־ען
set piece די סטאַנדאַרד־סצענע, ־ס
set square דער ווינקלשטיק, ־ן
settee די אָטאָמאַנ(ק)ע, ־ס
setter (dog) דער סעטער, ־ס
set theory די סכומען־טעאָריע
setting
(at table) דאָס געדעק
(comp.) די פֿיקסירונג, ־ען; די אײַנשטעלונג, ־ען; די ספּעציפֿיקאַציע, ־ס
(context) דער קאָנטעקסט, ־ן
(mus.) די (מוזיקאַלישע) קאָמפּאָזיציע, ־ס
(of jewel) דער אײַנפֿאַס, ־ן
(surroundings) די סבֿיבֿה, ־ות [SVÍVE]
(thea.) דער סצענאַר, ־ן
setting of the sun דער זונפֿאַרגאַנג; דער זון־אונטערגאַנג; די שקיעה, ־ות [ShKÍE]
settle
vt. **(accounts)** סילוקן [SÍLEKN]
vt. **(land)** באַזעצן
vt. **(problem)** פֿאַרענטפֿערן; אויספּועלן (אַ פּשרה); אויסגלײַכן [ÓYSPOY(E)LN] [PShÓRE]
vi. **(dust, etc.)** אָפּלייגן זיך
vi. **(sediment)** (אָפּ)זעצן זיך; אײַנשטעלן זיך; אָפּשטיין זיך
settle a debt סילוקן אַ חובֿ; מסלק זײַן [KhOYV] [MESÁLEK]
settle a lawsuit אײַנרעגולירן אַ תּבֿיעה [TVÍE]
settle accounts סילוקן ‹שליסן› די חשבונות; צורעכענען זיך [KhEZhBÓYNES]
settle accounts (*fig.*) אָפּרעכענען זיך
settle back אויסשפּאַנען זיך
settle down (to live) באַזעצן זיך
settle down (mature) ווערן אַ מענטש; אויסמענטשלען זיך; ווערן אַ (גאַנצער) סטאַטעק; סטאַטקעווע|ן זיך
settle down (quiet down) אײַנשטילן זיך; באַרויִקן זיך
settle down (as a married man) ווערן אַ פֿאַמיליען־מענטש
settle for אײַנגיין אויף; באַגיין ‹באַנוגענען› זיך מיט
settle in דערפֿילן זיך היימיש
settle on אָפּרעדן; באַשטימען; באַדינגען זיך
settle out of court אויסגלײַכן דעם ענין מחוץ געריכט [ÍNYEN] [MEKhÚTSN]
settle with שליסן אַ חשבון מיט; אָפּעקן מיט [KhEZhBM]
settled
(land) באַזעצט
(stable) געשטעלט; אײַנגעזעסן; געזעצט
settlement
(community) דער ייִשובֿ, ־ים [YÍShEV, YIShÚVIM]
(of conflict) די רעגולירונג, ־ען; דער אויסגלײַך, ־ן; דער הסכּם, ־ס [HÉSKEM]
(econ.) דער סילוק, ־ים [SÍLEK, SILÚKIM]
come to a settlement אויסגלײַכן זיך
settler דער ייִשובֿניק, ־עס; דער באַזעצער, ־ס; דער קאָלאָניסט, ־ן [YIShÚVNIK]
setup
(equipment) דער צושטאַנד; דער אַפּאַראַט
(fraud) דאָס הינטערפֿיסל, ־עך; דאָס געגנאַר; דער שווינדלפּלאַן
(organization) די סטרוקטור; די אָרגאַניזירונג
setup disk דער אינסטאַליר־דיסק, ־ן
seven, *n.*
(digit) די זיבן, ־ס
(cards) דאָס זיבעלע, ־ך; דאָס זיבעטל, ־עך; דער זײַ(ע)נער
seven, *num.* זיבן
seven o'clock זיבן אַ זייגער; זיבענע
seven seas שיבֿעה ימים ‹ימען›; זיבן ימען [ShÍVE YÁMIM] [YÁMEN]
seventeen זיבעצן
seventeenth זיבעצעט
seventh, *adj.* זיבעט
in seventh heaven אין זיבעטן הימל
seventh, *n.*
(fraction) דאָס זיבעטל, ־עך
(mus.) די סעפּטימע, ־ס
Seventh-Day Adventist דער אַדווענטיסט פֿון זיבעטן טאָג; דער סובאָטניק, ־עס
seventh-inning stretch די הפֿסקה אין זיבעטן ניינטל [HAFSÓKE]
seventieth זיבעציקסט
seventy זיבעציק
be in one's seventies זײַן אין די זיבעציקער (יאָרן); זײַן אַ זיבעציקער
in the seventies (era) אין די זיבעציקער יאָרן
seventy-odd עטלעכע און זיבעציק; אַ זיבעציק
seven-year itch דער זיבן־יאָריקער פֿאַרגלוסט
sever אָפּטיילן; אָפּזונדערן; איבעררײַסן; אָפּהאַקן
(limb) אָפּרײַסן; אָפּהאַקן
sever relations איבעררײַסן די באַציִונגען
several עטלעכע
(separate) באַזונדער
severance דער אָפּזאָג; דאָס אָפּזאָגן
severance pay דאָס אָפּזאָגגעלט
severe(ly) שווער; שטרענג; האַרב; שטאַרק
(austere) שטרענג; אָן באַפּוצונגען

severity די/דאָס שטרענגקייט; די/דאָס האַרבקייט
sevruga די סעווריוגע
sew, *v.*
imp. נייען
pf. פֿאַרנייען; צונייען; צונויפֿנייען; אויפֿנייען
sew on a button צונייען אַ קנעפּל
sew up פֿאַרנייען
sew up a deal שליסן אַן אָפּמאַך
sewage דער אָפּגאַנג; דאָס מיסטוואַסער
sewage backup די פֿאַרשטאָפּטע קאַנאַליזאַציע
sewage system די קאַנאַליזאַציע
sewage treatment די אָפּגאַנג־רייניקונג
sewer[1] **(pipe)** דער (אָפּגאַנג־)קאַנאַל, ־ן
sewer[2] **(person)**
m./unsp. דער נייער, ־ס
f. די נייטאָרין ‹נייטערין/נייטערקע›, ־ס
sewerage די קאַנאַליזאַציע
sewing, *n.* דאָס נייען; דאָס נייוואַרג; דאָס גענײ
sewing machine די ניימאַשין, ־ען
sex, *adj.* געשלעכטלעך; געשלעכט...; סעקס...
sex, *n.*
(gender) דער/דאָס מין, ־ים; דאָס געשלעכט, ־ער
(intercourse) דער סעקס; דער תּשמיש(־המיטה) [TÁShMESh(-HAMÍTE)]
(*hum.*) יענע זיבן זאַכן
come to sb. for sex (*vlg.*) קריכן צו
have sex with שלאָפֿן ‹לעבן/זײַן› מיט; איבערשלאָפֿן זיך מיט; פֿאָרן זיך מיט; קומען צו
have sex with (of man) בועל זײַן; באַשלאָפֿן; באַמאַנען [BÓYEL]
have sex (*vlg.*) מאַכן זיך פֿליישיק
refuse to have sex with נישט וועלן שלאָפֿן מיט; נישט צולאָזן + אַק'
refuse to have sex (*slg.*/**of woman**) פֿאַרפֿלעכטן אַ קוילעטש
They had great sex זיי האָבן אַרײַנגעכאַפּט אַ גוטן (תּשמיש) [TÁShMESh]
They had great sex (*vlg.*) זיי האָבן אַרײַנגעכאַפּט אַ גוטן טרען
sex, *v.*
(determine gender) באַשטימען דעם מין
(have sex with/_slg._**)** האָבן סעקס מיט
sex act דער סעקסאַקט, ־ן; דער סעקסועלער אַקט, ־ן; דאָס סעקסשטיק, –
sex addict
m. דער עראָטאָמאַן, ־ען; דער סעקסאָמאַן, ־ען
f. די עראָטאָמאַנקע, ־ס; די סעקסאָמאַנקע, ־ס
sexagenarian דער זעכציקער, –
m. also דער בן־שישים, בני־... [BENShÍShIM, BNEY-...]
f. also די בת־שישים, בנות־... [BAS-ShÍShIM, BNOYS-...]
sex appeal דער סעקסועלער צוצי ‹רייץ›; דער סעקסאַפּיל [KÓYEKh]
sex bomb די סעקסבאָמבע, ־ס; די יצר־הרעניצע, ־ס [YÉYTSER-HÓRENITSE]
sexcapade די סעקסועלע אַוואַנטורע, ־ס
sex-change
He had sex-change surgery מ'האָט אים געמאַכט אַן אָפּעראַציע צו בײַטן דעם מין
sex crime דאָס סעקס־פֿאַרברעכן, ־ס
sex discrimination די דיסקרימינאַציע מחמת ‹צוליב› געשלעכט ‹מין›; די געשלעכט־דיסקרימינאַציע [MÁKhMES]
sex drive דער סעקסועלער יצר ‹אימפּולס›; דער כּוח־הדם [YÉYTSER] [KÓYEKh-HADÁM]
sex education די סעקסועלע דערציִונג ‹פּעדאַגאָגיק›
sexism דער סעקסיזם
sexist, *adj.* סעקסיסטיש
sexist, *n.* דער סעקסיסט, ־ן
sexless
(genderless) אָן אַ מין
(marriage) אָן קיין סעקס
sex life דאָס זיווג־לעבן; דאָס סעקסועלע לעבן [ZÍVEG]
have a good sex life (of couple/_euph._**)** לעבן גוט אין איינעם
have an active sex life זײַן סעקסועל אַקטיוו
sex object דער סעקסאָביעקט, ־ן
sex offender דער סעקס־פֿאַרברעכער, ־ס
sex offense דער סעקס־פֿאַרברעכן, ־ס
sexological סעקסאָלאָגיש
sexologist דער סעקסאָלאָג, ־ן
sexology די סעקסאָלאָגיע
sex organ די ערווה, ־ות; דאָס געשלעכטגליד, ־ער; דער געשלעכט־אָרגאַן, ־ען [ÉRVE]
sex play דאָס סעקסועלע שפּילן זיך
sexploitation די סעקספּלואַטאַציע
sexpot *see* **sexy woman**
sex-segregated אָפּגעזונדערט לויטן מין; מענער און פֿרויען באַזונדער
sex segregation דאָס אָפּזונדערן לויטן מין
sex selection דער מין־אָפּקלײַב
sex show דאָס סעקסערײַ, ־ען
sext סעקסטלען
sextant דער סעקסטאַנט, ־ן
sextet דער סעקסטעט, ־ן; דער זעקס...
sexting דאָס סעקסטלען
sexton דער קלויסטער־דינער, ־ס
(J.) דער שמש, ־ים [ShÁMES, ShAMÓSIM]
sex toy דאָס (עראָטישע) שפּיל(ע)כל, ־עך; דאָס סעקסועלע העלפֿמיטל, ־ען
sex trade דער סעקסהאַנדל
sextuple פֿאַרזעקסיקן
sextuplets דער זעקסלינג, ־ען/־ער
sexual סעקסועל; געשלעכטיק; געשלעכט...; סעקס...
sexuality די סעקסואַליטעט; דער סעקס
sexually סעקסועל; אויף אַ סעקסועלן אופֿן [OYFN]
sexually active סעקסועל אַקטיוו
sexually transmitted disease די סעקסועל פֿאַרשפּרייטע קרענק, ־ען
sexual maturity די/דאָס סעקסועלע צײַטיקייט
sexual orientation די סעקסועלע אָריענטירונג
sexual preference די סעקסועלע ‹געשלעכטלעכע› פּרעפֿערענץ
sexual relations סעקסועלע באַציִונגען
forbidden sexual relations (J./rabbinic) עריות [ARÁYES/ARÓYES]
sexy רייצנדיק; יצר־הרעדיק [YÉYTSER-HÓREDIK]
sexy man דער יצר־הרעניק, ־עס; דער רייצנדיקער געב' [YÉYTSER-HÓRENIK]
sexy woman די יצר־הרעניצע, ־ס; די רייצנדיקע, –; דער גוטער ‹פֿעסטער› נומער, ־ן [YÉYTSER-HÓRENITSE]
Sh! שש!; שאַ(ט)!
shabbiness די/דאָס אָפּגעטראָגנקייט; די/דאָס נעבעכדיקייט
shabby
(clothing) אָפּגעטראָגן; אָפּגעבאַרעט; אָפּגעניצט; אָפּגעריסן; אָפּגעכוימלט
(commonplace) געמיין; שפּעטנע

(dilapidated) דלותדיק; נעבעכדיק; אָפּגעלאָזן [DÁLESDIK]
Shacharit [ShÁKhRES, ShAKhRÉYSIM] דער שחרית, ־ים
shack, *n.* די כאַטע, ־ס; דאָס הײַזקעלע, ־ך; דאָס הײַזל, ־עך
shack, *v.* **(up)** נעמען צוזאַמענלעבן
shackle, *n.* די פּענטע, ־ס; די קייט, ־ן
shackle, *v.* פּענטעװן; צוקייטלען; שליסן ‹שמידן› אין קייטן
shad דער מײַפֿיש; דער מוטער־הערינג
shade, *n.*
(from sun) דער שאָטן, ־ס
(hue) די שאַטירונג, ־ען
(nuance) דער ניואַנס, ־ן
(window) די שטאָרע, ־ס/שטאָרן
a shade too... אַ קאָפּעלע ‹ביסינקעלע› צו ...
in the shade אין שאָטן
put in the shade שטעלן אין שאָטן
shade, *v.*
(eyes) פֿאַרשטעלן
(screen/darken) פֿאַרשאָטענען; פֿאַרטונקלען
shade in שאַטירן
shade into איבערגיין אויף
shaded
(from sun) פֿאַרשאָטנט
(with color) באַמאָלט
shades
(glasses) זונברילן
shades of סע דערמאָנט אין
shading די שאַטירונג
shadoof דער זשוראַװעל, ־ס
shadow, *adj.* שאָטנ...
shadow, *n.* דער שאָטן, ־ס
be in sb.'s shadow שטיין אין + פּאָס' שאָטן
beyond a shadow of a doubt אָן קיין שום ספֿק; אַוודאי און אַוודאי [SÓFEK] [AVÁDE]
cast a shadow פֿאַרשאָטענען
cast a shadow over (suspect) וואַרפֿן אַ חשד ‹שאָטן› אויף [KhShAD]
He's a shadow of his former self ער איז שוין געוואָרן אַ שאָטן ‹סנאַסט› פֿון אַ מענטשן
in the shadow of death אין שאָטן פֿון טויט
shadow, *v.*
(shade) פֿאַרשאָטענען; וואַרפֿן אַ שאָטן אויף
(trail) נאָכשפּירן; נאָכגיין (ווי אַ שאָטן)
shadowbox שאָטנבאָקסן; שאָטנבאָקסירן
shadowboxing דער שאָטנבאָקס
shadow government די שאָטן־רעגירונג, ־ען
shadow play די/דאָס שאָטנשפּיל, ־ן
shadowy
(in shade) שאָטנדיק
(blurry) נעפּלדיק; אומקלאָר
shady שאָטנדיק; שאָטנ...
(suspicious) [KÓShER] פֿינצטער; טונקל; נישט־כּשר; טריף
shaft, *n.*
(handle) די/דער שטיל, ־ן; דער טראָניק, ־עס; די אַנטאַב(ק)ע, ־ס
(mine) די שאַכטע, ־ס
(of light) דער סנאָפּ ליכט; דאָס בינטל שטראַלן
(of penis) דער שטאַם, ־ען
(of wagon) די האַלאָבליע, ־ס
get the shaft באַעוולט ווערן [BAÁVLT]
shaft, *v.*
(treat unfairly) באַעוולה|ן [BAÁVLEN]
(have sex with/*vlg.***)** באַרע|ן; טערכע|ן(נע)ן

shag,[1] *n.*
(hair) די קודלע, ־ס; די טשופּרינע, ־ס; דער צויט, ־ן
(tobacco) די מאַכאָרקע; די זשילקע
shag,[2] *n.* **(bird)** דער באַקלאַן, ־ען; דער קאַרמאָראַן, ־ען
shag, *v.* **(chase)** יאָגן זיך נאָך
shaggy באַהאָרט; צעשויבערט; קודלאַטע; ווילדלעד
shaggy-dog story די לאַנגע ‹אויסגעצויגענע› מגילה, ־ות [MEGÍLE]
shagreen דער שאַגראַן ‹שאַגרען›
shah דער שאַך, ־ן
shake, *n.*
(act of shaking) דער שאָקל, ־ען
(drink) די מישמיל(ע)ך; דער קאָקטייל, ־ס; די שומקע, ־ס
in two shakes אין צוויי סעקונדעס; איינס און צוויי
no great shakes נישט איבעריק גוט ‹פּעיִק›; נישט קיין גרויסע ‹ג(ע)וואַלדיקע› מציאה [METSÍE]
He has the shakes סע ציטערן אים די הענט
shake, *vt./vi.* שאָקלען (זיך); טרייסלען (זיך); האָצקע|ן (זיך)
(liquid) צעקלויצע|ן; אויפֿשאָקלען; צעשאָקלען; אויפֿטרייסלען; צעבויטע|ן
I'm shaking all over סע ציטערט מיר דער גאַנצער גוף; סע וואַרפֿט מיט מיר
It shook everyone up ס'האָט אַלעמען אויפֿגעטרייסלט ‹צעטרייסלט›
Shake a leg! שאָקל אַ פֿוס!
shake down אויספּרעסן
shake hands with געבן ‹אָפּשטעקן› + דאַט' שלום־עליכם; געבן ‹דריקן› + דאַט' די האַנט [ShÓLEM-ALÉYKhEM]
shake in one's shoes ציטערן פֿאַר מורא ‹שרעק› [MÓYRE]
shake off אָפּטרייסלען; אָפּטשעפּע|ן זיך פֿון
shake off sleep אויסטשוכע|ן זיך
shake on it געבן אַ תּקיעת־כּף; געבן זיך די הענט [TKÍES-KÁF]
shake one's fist (at) מאַכן מיט דער פֿויסט (אויף); ווײַזן + דאַט' אַ פֿויסט ‹קוליק›
shake one's head שאָקלען מיטן קאָפּ (אויף ניין)
shake out אָפּטרעסע|ן; צעטרעסע|ן; אויסטרייסלען
shake up (*fig.***)** צעבערקע|ן; צעטרייסלען; אויפֿטרייסלען
shakedown די אויספּרעסונג, ־ען
shaken צעטרייסלט
shakeup די ראַדיקאַלע איבעראָרגאַניזירונג, ־ען
shako די טשאַקע, ־ס
shaky ציטערדיק
(*fig.***)** וואַקלדיק; אומזיכער; ספֿקדיק; אויף משקולות; אויף הינערשע פֿיס(לעך) [SÓFEKDIK] [MIShKÓYLES]
shale דער שיפֿערשטיין
shall
(ought) זאָל + אינפֿ'
(will) וועל + אינפֿ'
I shall come איך וועל קומען
Shall I come? זאָל איך קומען?
You shall come זאָלסט ‹איר זאָלט› קומען
shall have to וועל דאַרפֿן ‹מוזן›
Shall I leave? זאָל איך אַוועק?
shallot דער שאַלאָט, ־ן
shallow פּלאַטשיק; פּליטקע; פֿלאַך
(*fig.***)** אויבנאויפֿיק; פּוסט
shallow person דער פּושטשאַק ‹פּוסטיאַק›, ־עס
shallowness די/דאָס פּלאַטשיקייט
(*fig.***)** די/דאָס אויבנאויפֿיקייט
shallows די זאַמדבאַנק ל"י
shalom, *n.*

(greeting) [ShÓLEM-ALÉYKhEM] דער שלום־עליכם, ־ס
(farewell) דער זײַ־געזונט, ־ן
sham, *adj.* פֿאַלש; געמאַכט; געמלאָכהט; אומעכט; כּלומרשטיק [GEMLÓKhET] [KLÓYMERShTIK]
sham, *n.* דער שווינדל, ־ען; דאָס אָפּנאַרערײַ, ־ען; די פֿעלשונג, ־ען
sham, *v.*
(deceive) אָפּנאַרן; באַשווינדלען; פֿעלשן
(pretend) מאַכן זיך; סימולירן
shaman דער שאַמאַן, ־ען
shamanism דער שאַמאַניזם
shambles דאָס איבערקערעניש ל״י; די מהומה ל״י; דער באַלאַגאַן ל״י; דער תּוהו־ובֿוהו ל״י [MEHÚME] [TOYEVÓYE]
(wreck) [ShÍVRE-KÉYLE] [TEL] די שיבֿרי־כּלי, ־ס; דער תּל
shame, *n.* די חרפּה; די בושה; דער בזיון; די שאַנד; דער ביוש [KhÁRPE] [BÚShE] [BIZÓYEN] [BÍESh]
(regrettable) דער שאָד
be put to shame ווערן צו שאַנד (און צו שפּאָט)
bring shame on פֿאַרשעמען; אָנטאָן + דאַט' אַ בושה
For shame! טפֿו־טפֿו!
Have you no shame? שעמ(ט) זיך אין ווײַטן האַלדז אַרײַן!
His work puts mine to shame אַ(נט)קעגן זײַן אַרבעט זעט מײַנע זיך אין גאַנצן נישט אָן
It's a shame that (ס'איז) אַ שאָד וואָס
put to shame פֿאַרשעמען; צו שאַנד מאַכן; שטעלן אין ביוש; שטעלן בחרפּה; מבֿויש שטעלן [BEKhÁRPE] [MEVÚYESh]
Shame on you! שעמען מעגסטו ‹מעגט איר› זיך!
terrible shame דער בזי־בזיון, ־ס [BÍZE-BIZÓYEN, -BIZYÓYNES]
to his/her great shame [BEKhARPÓSE] בחרפּתו
What a shame! אַזאַ ‹סאַראַ› שאָד!
shame, *v.* [MEVÁYESh] פֿאַרשעמען; מבֿייש זײַן
shamefaced פֿאַרשעמט
shameful [BIZÓYENDIK] [MÍES] בזיונדיק; מיאוס; שענדלעך
It's shameful! (אַזש) סע פֿלאַמט אַ חרפּה און אַ בושה!; דאָס פּנים! [KhÁRPE] [BÚShE] [PÓNEM]
shameless חוצפּהדיק; אומפֿאַרשעמט; אָן בזיון [KhÚTSPEDIK] [BIZÓYEN]
a shameless lie [KhÚTSPEDIKER] אַ חוצפּהדיקער ליגן, ־ס
shameless person (*m./unsp.*) דער בעזבוש(ה)ניק, ־עס; דער חצוף, ־ים; דער אומליַיט, – [BEZBÚSh(E)NIK] [KhÓTSEF, KhTSÚFIM]
shameless person (*f.*) די בעזבוש(ה)ניצע, ־ס; די חצופֿה, ־ות; די לויפֿערין, ־ס [BEZBÚSh(E)NITSE] [Kh(A)TSÚFE]
shammy דער זאַמש ‹זעמש›; די געמזע
shampoo, *n.* דער שאַמפּו, ־ען; דאָס צוואָגוואַסער; די צוואָג, ־ן
shampoo, *v.* (אויס)צוואָגן די האָר; (אויס)צוואָגן ‹אויסוואַשן› דעם קאָפּ; שאַמפּונירן
Shanghai (דאָס) שאַנכײַ
shanghai, *v.* **(sb. into doing stg.)** נייטן + אַק' עפּעס צו טאָן
Shangri-la [GANÉYDN/GENÉYDEM] דער/דאָס גן־עדן
shank דער אונטערשענקל, ־ען
(of implement) דער שטאַנג, ־ען; דאָס שטענגל, ־עך
shankbone [ZRÓYE] די זרוע, ־ס
shanty די כאַלופּקע, ־ס; דאָס הײַזקעלע, ־ך; די חורבֿה, ־ות [KhÚRVE]
(song) דאָס מאַטראָסן־לידל, ־עך
shantytown [KhÚRVES] דער חורבֿות־‹דלות־›קוואַרטאַל, ־ן [DÁLES]

shape, *n.* די פֿאָרעם, פֿאָרמען; דאָס/די געשטאַלט, ־ן; דער שטאַלט, ־ן
get into shape אויסגימנאַסטיקירן זיך; אַרײַנקומען אין גוטער פֿאָרעם
in any shape or form אין קיין שום פֿאָרעם נישט
in good shape (person) אין גוטער פֿאָרעם; אויסגימנאַסטיקירט; אין אַ גוטן צושטאַנד; (שיין און) געזונט
in good shape (thing) [MÁTSEV] אין אַ גוטן מצבֿ
out of shape נישט אין גוטער פֿאָרעם
take shape (אויס)פֿורעמען זיך; (אויס)קריסטאַליזירן זיך; אויסקנעטן זיך; אויסוועבן זיך
shape, *v. imp./pf.* (אויס)פֿורעמען; (אויס)קנעטן
shape up (events) אַנטוויקלען זיך
shape up (person) נעמען זיך אין די הענט (אַרײַן)
shaped געפֿורעמט
shaped like אין דער פֿאָרעם פֿון
shapeless אָן אַ פֿאָרעם ‹געשטאַלט›
shapely שיין געפֿורעמט; שטאַלטיק
shapewear דאָס פֿיגורוואַרג
shaping די פֿורעמונג
shard דאָס שערבל, ־עך; דאָס שערבעלע, ־ך
share, *n.* [KhÉYLEK, KhALÓKIM] דער חלק, ־ים
(fate) [GOYRL] די דאָליע; דער/דאָס גורל
(econ.) די אַקציע, ־ס; דער פּיי, ־ען
share, *v.* טיילן זיך (מיט)
(comp.) *also* (איבער)מעלדן
share in טיילן זיך מיט
He shares my values זײַנע ווערטן זענען אויך מײַנע
share and share alike טיילן זיך שווה־בשווה [ShÓVE-BEShÓVE]
sharecropper דער שערקראָפּער, ־ס
shared [BEShÚTFESDIK] בשותּפֿותדיק
shareholder דער אַקציאָנער, ־ן; דער פּײַטשיק, ־עס
shareware [BEShÚTFESVARG] דאָס בשותּפֿותוואַרג
sharia די שאַריאַ
shark דער הײַפֿיש, ־ן; די אַקולע, ־ס
sharp, *adj.* שאַרף
(clever) פֿאַרשפּיצט; כיטרע; געבײַפּט
(incisive) שנײַדיק
(taste) שאַרף; פּיקאַנט; טערפּקע
sharp, *adv.* פּונקט
two o'clock sharp פּונקט צוויי אַ זייגער
look sharp אויסזען עלעגאַנט
sing sharp זינגען ‹גיין› איבערן טאָן; איבערשפּרייזן; איבערשרײַען
sharp, *n.*
(mus.) דער דיעז, ־ן
(stg. sharp) די שאַרף, ־ן; דאָס שאַרפּס
(dishonest person) דער שולער, ־ס; דער זשוליק, ־עס
sharpen, *v. imp./pf.* (אָנ)שלײַפֿן; (אָנ)שאַרפֿן
(pencil) אָפּשניצן; פֿאַרשניצן
sharpen to a point אויסשפּיצן
sharpener
(knife) דער אָנשלײַפֿער, ־ס
(pencil) דער אָפּשניצער, ־ס
sharp-eyed שאַרפֿזעיק
be sharp-eyed האָבן גוטע ‹שאַרפֿע› אויגן
sharpshooter דער שאַרפֿשיסער, ־ס; דער גוטצילער, ־ס; דער גוטער ‹פּינקטלעכער› שיסער, ־ס
sharp-tempered היציק; ספּילשליוויע
sharp-tongued שאַרפֿצונגיק
be sharp-tongued האָבן אַ שאַרפֿע צונג

sharp-witted שפּיציק; חריפֿותדיק [Kh(A)RÍFESDIK]
shashlik דער שאַשליק
shatter צעשמעטערן; צעזעצן; אויסשלאָגן
  (a record) שלאָגן
shatterproof אומצעברעכלעך; נישט־צעברעכעוודיק
shave, *n.* דאָס גאָלן ‹ראַזירן› זיך; די גאָלונג, ־ען
  get a shave לאָזן זיך אָפּגאָלן ‹אָפּראַזירן›
  have a close shave גוט אָפּגאָלן זיך
  He had a close shave (*fig.*) ס'האָט אים שיִער נישט געטראָפֿן; ער איז קוים־קוים אַרויס
  He had a close shave (J.) ער וואָלט געדאַרפֿט בענטשן גומל [GOYML]
shave, *v.*
  imp. גאָלן זיך; ראַזירן זיך
  pf. אָפּגאָלן זיך; אָפּראַזירן זיך
  shave off אָפּגאָלן; אָפּראַזירן
  shave one's beard אָפּגאָלן ‹אָפּראַזירן› (זיך) די באָרד
shaven אָפּגעגאָלט; אָפּראַזירט
shaver
  (barber) דער גאָלער, ־ס
  (razor) דער/דאָס גאָלמעסער, ־ס; דער/דאָס ראַזיר־מעסער, ־ס; די ראַזיר־מאַשינקע, ־ס
shaving, *n.* דאָס גאָלן (זיך); דאָס גאָלעניש; דאָס ראַזירן (זיך)
shaving brush דאָס גאָלבערשטל, ־עך; דער גאָלפּענדזל, ־ען; דער ראַזיר־פּענדזל, ־ען
shaving cream דער/די גאָלקרעם
shaving mug דער ראַזיר־בעכער, ־ס
shavings סטרו(ז)שקעס; אָפּשניצלעך; דאָס אָפּשאָבעכץ קאָל'; הובלינקעס
Shavuot דער שבֿועות [ShVÚES]
  pertaining to Shavuot שבֿועותדיק [ShVÚESDIK]
shawarma די שוואַרמע
shawl די שאַל, ־ן; די פֿאַטשיילע, ־ס; די טוך, טיכער
she זי
she-... **(of animals)** די זי־...; די ...יכע, ־ס
sheaf
  (grain) דער סנאָפּ, ־עס; דער גאַרב, ־ן; די קוליע, ־ס
  (papers) דאָס בינטל, ־עך
  a sheaf of documents אַ בינטל דאָקומענטן
shear, *n.* דער שנייַד־כּוח [KÓYEKh]
shear, *v.*
  (wool) (אָפּ)שערן
  (mech.) אָפּברעכן זיך
  shear through צעשנייַדן
  shorn אָפּגעשוירן
  He was shorn of power מ'האָט בייַ אים אָפּגענומען די מאַכט
shearling (sheep) דאָס לעמעלע ‹שעפּסל› נאָכן ערשטן אָפּשערן
shears די שער, ־ן
sheath די שייד, ־ן; דאָס שיידל, ־עך
sheathe איינשיידן; אַרייַנטאָן די שווערד אינעם שיידל
sheathing
  (on building) די אַרמירונג; די אויספּאַנעלירונג
  (on ship) דער באַשלאָג
sheath knife די פֿינקע, ־ס
shebang
  the whole shebang הכּל־בכּל־מכּל־פֿלעקל [HAKL-BÁKL-MIKL-FLÉKL]
shed, *n.* דער אָפּדאַך, ־ן; דער סאַרייַ, ־ען; די שאָפּע, ־ס; די פּאַוויטקע, ־ס; דאָס שטעלכל, ־עך
shed, *v.*
  (animal) אַראָפּוואַרפֿן ‹פֿאַרלירן› האָר; ליניע|ן
  (person/hair) אויסקריכן אומפּ' + דאַט'/פּ"ק
  (skin) אָפּקריכן
  He's shedding סע קריכן אים אויס די האָר
  shed a load אַראָפּוואַרפֿן פֿון זיך דעם עול ‹יאָך› [OL]
  shed blood פֿאַרגיסן בלוט
  shed clothing אויסטאָן זיך; אַראָפּוואַרפֿן פֿון זיך די קליידער
  shed light on וואַרפֿן אַ שייַן אויף; אויפֿקלערן
  shed tears פֿאַרגיסן טרערן; לאָזן אַ טרער; וויינען מיט טרערן
  shed a few pounds פֿאַרלירן עטלעכע פֿונט
she-devil די שדיכע, ־ס [ShÉDEKhE]
sheen דער גלאַנץ; דער בליאַסק
sheep די שאָף, –; דער שעפּס, ־ן
  black sheep דער פֿאַרשיווער שאָף, –; דער אויסוואָרף, ־ן
  like sheep to the slaughter ווי שאָף צן דער שחיטה [ShKhÍTE]
  make sheep's eyes at וואַרפֿן ‹מאַכן› אייגעלעך אויף
  separate the sheep from the goats אָפּטיילן די פּלעווע פֿונעם ווייץ
sheepdog דער שאָפֿהונט ‹שעפּסנהונט›, ...הינט
sheep farming דאָס שעפּעריי
sheepfold די/דער שאָפֿנשטאַל, ־ן; די/דער שעפּסנשטאַל, ־ן
sheepish נאַרישוואָטע; בהמיש; קעלבערן [BEHÉYMISh]
sheepishly נאַרישוואָטע; בהמיש [BEHÉYMISh]
sheepskin, *adj.* פֿון שאָפֿנפֿעל; שאָפֿנ...; באַראַנקאָווע
sheepskin, *n.* די שאָפֿנפֿעל; די באַראַנקע
sheepskin coat דער שעפּסנפּעלץ, ־ן; דער טולעפּ ‹טיליפּ›, ־ן
sheer
  (purely) לויטער; ריין; איין; גאָלע
  (transparent) דורכזעיִק; דורכזעעוודיק
  by sheer פֿאַר לויטער
  by sheer chance ריין צופֿעליק; פֿון דער העלער הויט
  sheer goodness די/דאָס גוטסקייט אַליין
  sheer lunacy דאָס ריינע משוגעת [MEShUGÁS]
  sheer stupidity די/דאָס נאַרישקייט אַליין
sheet
  (linen) דער לייַלעך, ־ער
  (of dough) דער/דאָס בלאַט, בלעטער
  (of paper) דער בויגן, ־ס; דאָס/דער בלאַט, בלעטער
  sheets of rain דער גאָס רעגן; עמערס וואַסער; (דאָס גיסן) ווי מיט צעבערס
  between the sheets אין בעט
sheet anchor דער ראַטיר־אַנקער, ־ס
sheeting
  (fabric) דאָס לייַנען
  (plastic) דער פּלאַסטישער איבערצי
sheet iron דאָס אייַזנבלעך; דאָס בלאַטאייַזן
sheet lightning די געוויטער־שייַן
sheet metal דאָס בלעך
sheet music נאָטן ל"ר
sheet tin דאָס בלאַטצין
sheik דער שייך, ־ן
sheikdom די שייכשאַפֿט, ־ן
shekel דער שקל, ־ים [ShEKL, ShKÓLIM]
sheldrake/shelduck די קאַזאַרקע, ־ס
shelf די פּאָליצע, ־ס; דער פֿאַך, ־ן
  off the shelf פֿון דער פּאָליצע אַראָפּ
  be on the shelf (of woman) בלייַבן זיצן; פֿאַרזעסן ווערן
shelf life די/דאָס (אָנ)האַלטעוודיקייט
  have a short shelf life לאַנג זיך נישט האַלטן
shell, *n.* דאָס/די שאָלעכץ, ־ן/־ער; די שאָל, ־ן
  (blouse) די אונטערבלוזקע, ־ס

(mil.) די האַרמאַטקויל, ־ן; דער גראַנאַט, ־ן; דער סנאַריאַד, ־ן
(nut) דאָס/די (נוס)שאָלעכץ, ־ן/־ער
(invertebrate) *see* **seashell**
(of building) דאָס גערעֶם, ־ען
(of ship) דער קאָרפּוס, ־ן
crawl into one's shell אָפּשליסן זיך אין די אײגענע דלתּ אַמות; דערווײַטערן זיך פֿון מענטשן; צוריקציִען זיך פֿון דער וועלט [DÁLET ÁMES]
come out of one's shell אַרויסגיין פֿון זיך
shell, *v.*
(mil.) באַשיסן; באָמבאַרדירן
(nuts) (צע)קנאַקן
(peas) (אָפּ)לושטשע|ן
shell out אויסלייגן; (צע)עפֿענען דעם בײַטל
shellac, *n.* דער שעלאַק, ־ן
shellac, *v.* שעלאַקירן
shellacking
get a shellacking (*fig.*) כאַפּן קלעפּ
shell company דער פֿירמע־מאַנטל, ־ען
shellfish די מולטער־בריאה, ־ות [BRÍE]
shellproof באָמבע־זיכער; באָמבע־באַוואָרנט
shell shock די נאָכווייעניש־קרענק; די טראַוומעקרענק
shell-shocked
be shell-shocked לײַדן טראַוומעקרענק
shelter, *n.*
(protection) דאָס שיצאָרט, ...ערטער; דאָס באַהעלטעניש, ־ן
(refuge) דער האָרבעריק; די היים, ־ען; דער מקום־מנוחה; דער מיקלט, ־ים; דער דאַך איבערן קאָפּ; דאָס אָרט וווּ דעם קאָפּ אַוועקצולייגן [MÍKLET, MIKLÓTIM] [MÓKEM-MENÚKhE]
(roof) דער אָפּדאַך, ־ן
battered women's shelter דער האָרבעריק פֿאַר געשלאָגענע ‹ברוטאַליזירטע› פֿרויען
run for shelter לויפֿן זוכן שיץ
seek shelter זוכן באַהעלטעניש ‹שיץ›; זוכן אַ דאַך איבערן קאָפּ
take shelter (אויס)באַהאַלטן זיך; באַשיצן זיך
shelter, *v.* באַשיצן; געבן + דאַט' אַ דאַך איבערן קאָפּ
sheltered באַשיצט
(life) אָן זאָרג
shelve
(on shelf) שטעלן אויף דער פּאָליצע
(postpone) אָפּלייגן אין אַ זײַט; אָפּלייגן אין דער לאַנגער באַנק אַרײַן
shelving פּאָליצעס ל"ר
shelving paper דאָס פּאָליצע־פּאַפּיר
Shemini Atseret דער שמיני־עצרת [ShMÍN(I-)ATSÉRES]
shenanigans קונצן; שטיק; דרײדלעך
shepherd, *n.* דער פּאַסטעך, ־ער
shepherd, *v.* פּאַשע|ן די שאָף
(*fig.*) פֿירן
shepherdess די פּאַסטעכ(ער)ין, ־ס; די פּאַסטושקע, ־ס
sherbet דאָס פֿרוכטאײַז; דער שערבעט
sheriff דער שעריף, ־ן
sherry דער שערי
Shetland pony דער שעטלאַנדער פּאָני, ־ס
Sheva Brachot שבֿע־ברכות [ShÉVE-BRÓKhES]
Shevat (דער) שבֿט [ShVAT]
she-wolf די וואָלפֿיכע, ־ס
Shia *see* **Shiite**

shibboleth די שבולת, שבולים; דער/די לאָזונג, ־ען; דאָס קלינגוואָרט, ...ווערטער [ShIBÓYLES, ShIBÓYLIM]
shield, *n.* דער/די שילד, ־ן; דער פּאַנצער, ־ס
(*fig.*) דער שיץ, ־ן; דער שירעם, ־ס
shield, *v.* באַשיצן; באַשירעמען; פֿאַרשטעלן
shift, *n.*
(change) דער (איבער)בײַט, ־ן; דער איבעררוק, ־ן
(work) דער שיכט, ־ן; די וואַכטע, ־ס; דער אומבײַט, ־ן; דער מישמר, ־ים [MÍShMER, MIShMÓRIM]
shift, *vt./vi.* איבעררוקן (זיך)
shift for oneself געבן זיך אַן עצה; זאָרגן פֿאַר זיך; (אַליין) באַשטיין דאָס (אײגענע) שטעטל [ÉYTSE]
shift from one foot to the other איבערשטעלן זיך פֿון איין פֿוס אויפֿן אַנדערן
shift gears אַריבערפֿירן דעם גאַנג
shift gears (*fig.*) אַריבער(גיין) אויף אַנדערע רעלסן
shift into high gear (*fig.*) נעמען זיך מיט אימפּעט צו דער אַרבעט
shift into second gear אַריבערפֿירן אויפֿן צווייטן גאַנג
shift into third gear אַריבערפֿירן אויפֿן דריטן גאַנג
shifting wind דער בײַטווינט, ־ן
shift key דער איבעררוקער, ־ס; דער איבעררוק־קלאַוויש, ־ן
shiftless פֿויל
shiftwork
do shiftwork אַרבעטן לויט שיכטן ‹וואַכטעס›
shifty גנבֿיש; חשוד [KhÓShED] [G(E)NÉYVISh]
Shiism דער שיִיזם
Shiite, *adj.* שיִיטיש
Shiite, *n.* דער שיִיט, ־ן
shilling דער שילינג, ־ען
shilly-shally קווענקלען זיך; מאַכן לאַנגע שהיות; אָפּלייגן אין דער לאַנגער באַנק אַרײַן [ShÍES]
shimmer שימערירן; בלינצלען; פּערלען
shimmy, *n.* דער שימי
shimmy, *v.* שימיִירן
shimmy down אַראָפּקריכן; אַראָפּגליטשן זיך
shimmy up אַרויפֿקריכן
shin(bone) דער שינביין, ־ער
shindig די (טומלדיקע) שימחה, ־ות; דאָס קערמעשל, ־עך [SÍMKhE]
shine, *n.* די שײַן; דער גלאַנץ; דער בלישטש
He took a shine to her זי איז אים גלײַך געפֿעלן געוואָרן
take the shine off אַראָפּנעמען דעם גלאַנץ פֿון
shine,[1] *v.* **(light)**
vt. **(at)** שײַנען אַ ליכט (אויף)
vi. שײַנען; לײַכטן; גלאַנצן; בלישטשע|ן
shine a moon באַווײַזן דעם תּחת ‹הינטן/מולד› [TÓKhES] [MÓYLED]
shine,[2] *v. imp./pf.* **(polish)** (אָפּ)פּוצן; (אָפּ)פּאָלירן
shine one's shoes פּוצן די שיך
shiner דאָס אונטערגעשלאָגענע ‹אונטערגעהאַקטע› אויג, ־ן
shingle
(sign) דאָס אויסהענגל, ־עך
(tile) די דאַכלקע, ־ס; די שינדל, ־ען
hang out a shingle אויפֿעפֿענען אַ פּראַקטיק
shingler דער שינדלער, ־ס; דער שינדל־שלעגער, ־ס
shingle roof דער שינדלדאַך, ...דעכער
shingles (med.) די גאַרטלרויז
shining שײַנענדיק; גלאַנציק; בלישטשענדיק
(*fig.*) אויסגעצייכנט; גלענצנדיק
shinsplints דער שינביין־ווייטיק ל"י
Shinto דער שינטאָיזם
shiny גלאַנציק; בלאַנק; בלישטשענדיק

ship, *n.* די שיף, ־ן
run a tight ship אָנפֿירן מיט דיסציפּלין; זײַן שטרענג
ship, *v.*
(transport) אַריבערפֿירן איבערן ים; טראַנספּאָרטירן [YAM]
(send) אַרויסשיקן; איבערשיקן; אָפּשיקן; עקספּעדירן
(take in water) אָננעמען זיך מיט וואַסער
ship out (mil.) אַרויספֿאָרן
shipboard דער באָרט, ־ן
on shipboard אויפֿן באָרט
shipbuilder דער שיפֿבויער, ־ס
shipbuilding דאָס שיפֿבויערײַ
ship chandler דער שיף־אויסריכטער, ־ס
shipload די שיפֿלאָדונג, ־ען
shipmate דער שיף־חבֿר, ־ים; דער שיפֿברודער, ...ברידער; די שיפֿשוועסטער, — [KhÁVER, KhAVÉYRIM]
shipment די שיקונג, ־ען; דער פּאַק, פּעק; דער טראַנספּאָרט
shipowner דער שיף־בעל־הבית, ־בעלי־בתּים [BAL(E)BÓS, BAL(E)BÁTIM]
shipper דער אַרויסשיקער, ־ס; דער אָפּשיקער, ־ס; דער עקספּעדיטאָר, ...אָרן
shipping
(by mail) די עקספּעדיציע
(by ship) דאָס שיפֿערײַ
shipping and handling דאָס פּאַק־און פּאָסט־געלט
shipping agent דער שפּיליטער, ־ן; דער עקספּעדיטאָר, ...אָרן
shipping clerk דער פֿאַרפּאַקער, ־ס; דער עקספּעדיטאָר, ...אָרן
shipping costs פּאָסט־הוצאָות [HOYTSÓES/HETSÓES]
ship's biscuit דער שיפֿביסקוויט, ־ן
shipshape שטאַרק ציכטיק; אין פֿולער אָרדענונג
ship-to-ship missile דער צווישנשיף־ראַקעט, ־ן; דער שיף־שיף־ראַקעט, ־ן
shipwreck דער שיפֿבראָך, ־ן; די שיף־קאַטאַסטראָפֿע, ־ס
shipwrecked
be shipwrecked לײַדן שיפֿבראָך
shipwrecked person דער שיפֿבראָכיקער געב׳
shipwright דער שיפֿבויער, ־ס
shipyard די שיפֿבויערײַ, ־ען; די ווערף, ־ן
shire די גראַפֿשאַפֿט, ־ן
shire horse דאָס משׂא־פֿערד, — [MÁSE]
shirk אַרויסדרייען זיך פֿון
shirker דער אַרויסדרייער, ־ס
shirt דאָס העמד, ־ער
(child's) דאָס העמדל, ־עך; דאָס העמדעלע, ־ך; דאָס לײַבל, ־עך; דאָס לײַבעלע, ־ך
give sb. the shirt off one's back אַוועקשענקען + דאַט׳ דאָס לעצטע העמד
keep one's shirt on בלײַבן רויִק; האָבן געדולד; נישט אַרויסגייען פֿון די כּלים [KÉYLIM]
lose one's shirt פֿאַרלירן דאָס גאַנצע האָב־און־גוטס
shirtdress דאָס בלוז(ק)עקלייד, ־ער
shirtfront די העלדזיקע, ־ס
shirtless אָן אַ העמד
shirtmaker דער העמדל־שטעפּער, ־ס
shirtsleeves אַרבל פֿון העמד
in one's shirtsleeves אין די בלויזע אַרבל
shirttail(s) דער אונטן פֿון העמד
shirtwaist דאָס בלוז(ק)עקלייד, ־ער; דאָס ווייסטל, ־עך
shish kebab דער שישקעבאַב; דער שאַשליק
shit, *n.* *(vlg.)* דאָס דרעק; דער טינוף [TÍNEF]
beat the shit out of צעקײַלן און צעבײַלן) צעממיתן; [TSEMÉYMESN]
He doesn't know shit ער ווייסט אַ פֿײַג ‹קרענק›
I'm in deep shit! אוי, ס'איז בקאַקתּדו! [BEKÁKTEKhO]
Oh, shit! אין דר'ערד אַרײַן!; צו(ן) אַל די רוחות ‹שוואַרצע־יאָר›!; אַ רוח זאָל עס נעמען!; פֿאַרברענט זאָל עס ווערן! [RÚKhES] [RÚEKh]
have the shits האָבן אַ לויזן מאָגן
shit, *v.* *(vlg.)*
imp. קאַקן; מלאָכה(נע)ן; דריסקען [MELÓKhE(NE)N]
pf. אויסקאַקן זיך; אויסדאָסן זיך; אָנדאָסן
shithead *(vlg.)* דער קאַקער, ־ס
shitty *(vlg.)* דרעקיש; פֿאַרקאַקט; טינופֿתדיק [TINÓYFESDIK]
(contemptible) פּאַסקודנע
shiver, *n.* דער ציטער, ־ן
shiver, *v.* ציטערן
shiver with cold ציטערן פֿאַר קעלט
Shoah דער חורבן [KhURBM]
shoal די זאַמדבאַנק, ...בענק; דאָס פֿלאַכוואַסער
shock,[1] *n.* דער שאָק, ־ן
(elec.) דער עלעקטרישער שאָק, ־ן
(psych.) *also* דער קלאַפּ, קלעפּ; די אויפֿטרייסלונג, ־ען
(state) די/דאָס שאָקירטקייט; די/דאָס אויפֿגעשוידערטקייט
be in shock (med.) לײַדן שאָק
I got the shock of my life ס'האָט מיך ווי פֿון אַ שלאַק געטראָפֿן
The news gave us a shock די בשׂורה האָט אונדז אויפֿגעטרייסלט [PSÚRE]
shock,[2] *n.*
(of hair) דער וואַלד האָר
(stack) די קאָפּיצע, ־ס
shock, *v.*
(elec.) געבן ‹טאָן› אַן עלעקטרישן שאָק
(psych.) אויפֿטרייסלען; אויפֿשוידערן; שאָקירן; ״דערשיטערן
shock absorber דער רעסאָר, ־ן; דער אַמאָרטיזאַטאָר, ־ס
shock bomb די שאָקבאָמבע, ־ס
shocked אויפֿגעטרייסלט; אויפֿשוידערט; שאָקירט
be shocked אויפֿשוידערן; אויפֿציטערן
shocker
(news) די שרעקלעכע ‹מוראדיקע/שוידערלעכע› בשׂורה, ־ות [MÓYREDIKE] [PSÚRE]
(sensational novel) דער בולוואַר־ראָמאַן, ־ען
shocking שאָקירנדיק
shocking pink שרײַיק ראָזע(ווע)
shockproof שאָק־באַוואָרנט
shock treatment די שאָק־טעראַפּיע
shock troops אַטאַקיר־‹שטורעם־›כּוחות; שלאָגלערס [KÓYKhES]
shock value דער שאָקיר־כּוח; די/דאָס שאָקיריקייט [KÓYEKh]
shock wave די שלאָגכוואַליע, ־ס
(fig.) די אויפֿטרייסלונג; דער שאָק
shod באַשוכט
shoddy ביליק; פֿאַרטאָטשנע
shoe, *n.* דער שוך, שיך
(child's) דאָס שיכל, ־עך; דאָס שיכעלע, ־ך
if the shoe were on the other foot... ווען די מכּה וואָלט געווען בײַ ... אונטערן אָרעם [MÁKE]
in his shoes אויף זײַן אָרט
step into sb.'s shoes אַרײַנטרעטן אין + פּאָס׳ שיך

The other shoe dropped ס'האָט געמוזט טרעפֿן; ס'האָט געמוזט קומען דערצו

The shoe is on the other foot דאָס רעדל האָט זיך איבערגעדרייט

shoe, *v.*

(horse) אונטערשמידן; אונטערקאָווע|ן

(person) באַשוכן

shoeblack דער שיכפּוצער, ־ס

shoebrush די פּוצבאַרשט, ...בערשט

shoehorn, *n.* דער שוכלעפֿל, –

shoehorn, *v.* אַרײַנקוועטשן

shoelace דאָס שוכבענדל, ־עך; די שנורעוואַדלע, ־ס; דאָס שנירל, ־עך

shoemaker דער שוסטער, ־ס

shoe polish דער שוּוואַקס

shoe-repair shop די שוסטערײַ, ־ען

shoeshine די שיכפּוצונג

get a shoeshine לאָזן (זיך) פּוצן די שיך

shoeshine boy/shoeshiner דער שיכפּוצער, ־ס

shoestring דאָס שוכבענדל, ־עך; די שנורעוואַדלע, ־ס

live on a shoestring לעבן מיט גאָרנישט; לעבן פֿון שהי־פּהי [ShÍE-PÍE]

shoestring budget דער קנאַפּער בודזשעט, ־ן; דער שהי־פּהי־בודזשעט, ־ן [ShÍE-PÍE]

shoe tree דער שיכהעלצער, ־ס

shofar דער שופֿר, ־ות [ShÓYFER, ShÓYFRES]

blow the shofar בלאָזן שופֿר

shogun דער שאָגון, ־ען

shoo, *v.* **(away)** אַוועקטרײַבן; אָפּטרײַבן

Shoo!, *int.* טראָג(ט) זיך אָפּ!; אַרויס ‹אַוועק› פֿון דאַנען!; אַקיש!

(to cats) אַקאַטאַ!; פּשיק!

(to dogs) פּאַשאָל (וואָן)!

shoo-in דער זיכערער געווינער, ־ס

Shoot!, *int.* **(expressing disbelief)** פֿאַרברענט זאָל עס ווערן!; אַ רוח!; אין דר'ערד אַרײַן! [RÚEKh]

shoot, *n.* דער שפּראָצלינג, ־ען; דער שפּראָץ, ־ן

shoot, *v.*

imp. שיסן

pf. אויסשיסן

pf. **(single shot)** טאָן ‹געבן› אַ שאָס

Don't shoot! נישט שיסן!

Don't shoot the messenger! פֿאַל(ט) נישט אָן אויפֿן שליח! [ShELÍEKh]

like shooting ducks in a barrel לײַכט ווי אַ בייגל אויפֿצועסן; גרינג ווי אַרויסציִען אַ האָר פֿון מילך

shoot a film פֿילמירן; דרייען אַ פֿילם

shoot at שיסן אויף

shoot blanks שיסן אָן קוילן

shoot bullets שיסן מיט קוילן

shoot dead דערשיסן (אויף טויט)

shoot dice וואַרפֿן בײַנדלעך

shoot down (plane) אַראָפּשיסן; אַראָפּשלאָגן

shoot down (proposal) אַראָפּהאַקן

shoot for צילעווע|ן אויף ‹צו›

shoot from the hip שיסן אויף דער הייסער מינוט

shoot in all directions צעשיסן; שיסן אין דער לענג און אין דער ברייט

shoot off at the mouth (brag) באַרימען זיך; פּראַלן זיך

shoot off at the mouth (indiscreetly) רעדן אָן שׂכל; רעדן אומבאַקלערט [SEYKhL]

shoot past פֿאַרבײַשיסן

shoot pool שפּילן אין ביליאַרדן

shoot sb. a look אַ וואָרף טאָן + דאַט' אַ בליק

shoot straight שיסן אַקוראַט

shoot the ball שיסן (דעם באַלעם)

shoot the breeze/bull פּלאַפּלען; רעדן פּוסטע רייד

shoot to kill צילעווע|ן צו דערשיסן (אויף טויט)

shoot up, *vt.* **(drugs)** נאַרקאָטעווע|ן; אײַנשפּריצן נאַרקאָטיק

shoot up, *vt.* **(with gun)** צעשיסן

shoot up, *vi.* **(grow)** אויף גיך אויסוואַקסן

shoot up, *vi.* **(plant)** אויפֿבליִען; שפּראָצן

shooter דער שיסער, ־ס

shooting, *n.* דאָס (גע)שיסערײַ, ־ען

shooting gallery די שיס־גאַלעריע, ־ס

(drugs) דער נאַרקאָצענטער, ־ס

shooting pain דאָס שטעכעניש, ־ן; דער שטעכווייטיק, ־ן

shooting star דער פֿאַלשטערן, –; דער פֿאַלנדיקער ‹שיסנדיקער› שטערן, –

shootout דאָס (גע)שיסערײַ, ־ען; די איבערשיסונג, ־ען

shoot-to-kill order דער דערשיס־באַפֿעל, ־ן

... shop די ...ערײַ, ־ען

shop, *n.* די קראָם, ־ען; דאָס קרעמל, ־עך; די קלייט, ־ן

(workshop) דער וואַרשטאַט, ־ן; דער שאַפּ, שעפּער

close up shop שליסן דאָס געשעפֿט

set up shop אויפֿשלאָגן ‹אויפֿעפֿענען/אויפֿשטעלן› אַ געשעפֿט; אײַנאָרדענען זיך

talk shop רעדן (פֿון) צעך; רעדן געשעפֿטן; שמועסן עסק [ÉYSEK]

shop, *v.* אײַנקויפֿן

shop around זוכן אין פֿאַרשידענע ערטער

shop for אײַנקויפֿן + אַק'

shop till you drop אײַנקויפֿן ביז טיף אין דער נאַכט אַרײַן

shop course דער סטודיאָקורס, ־ן; דער מלאָכה־וואַרשטאַט, ־ן [MELÓKhE]

shop floor דער וואַרשטאַט, ־ן

shopfront די וויטרינע, ־ס

shopkeeper דער קרעמער, ־ס; דער קלייטניק, ־עס

shoplift באַגנבֿע|(נע)ן אַ קלייט [BAGÁNVE(NE)N]

shoplifter דער קלייט־גנבֿ, ־ים [GÁNEF, GANÓVIM]

shoplifting די קלייט־גנבֿה [G(E)NÉYVE]

shopper דער אײַנקויפֿער, ־ס

shopping, *adj.* אײַנקויפֿ...

shopping, *n.* דאָס אײַנקויפֿן

go shopping גיין אײַנקויפֿן; גיין אין געשעפֿט

go on a shopping spree אײַנקויפֿן אַ וועלט; קויפֿן וואָס נאָר די אויגן זעען

shopping bag דאָס אײַנקויף־זעקל, ־עך; דער אײַנקויף־בײַטל, ־ען

shopping cart דאָס אײַנקויף־וועגעלע, ־ך

shopping center דער אײַנקויף־צענטער, ־ס

shopping district די/דער אײַנקויף־געגנט, ־ן

shopping list די אײַנקויף־רשימה, ־ות; דער אײַנקויף־צעטל, ־ען [ReShÍME]

shopping mall דער אײַנקויף־צענטער, ־ס; דער האַנדל(ס)־צענטער, ־ס

shop steward דער יוניאָן־דעלעגאַט, ־ן

shop talk דאָס רעדן געשעפֿטן

shop teacher דער מלאָכה־לערער, ־ס [MELÓKhE]

shopworn אָפּגעניצט; אָפּגעטראָגן; אָפּגעבאַרעט

shopworn merchandise די לעגער־סחורה [SKhÓYRE]

shore, *n.* דער ברעג, ־ן; דער באָרטן, ־ס

shore, *v.* **(up)** (אונטער)שטיצן; פֿאַרשטאַרקן

shore leave דער מאַטראָסן־אורלויב

shoreline דער ים־ברעג, ־ן; די ברעגליניע, ־ס [YAM]
short, *adj.* קורץ
(brief) קורץ־טערמיניק
(curt) שאַרף
(height) נידעריק; קורץ; קליין געוואַקסן
(scant) קאַרג; קנאַפּ
be short of האָבן קאַרג; אויספֿעלן אומפּ׳ + דאַט׳/פֿ״ק
be short of breath נישט קענען אָפּכאַפּן דעם אָטעם
everything short of אַלץ (אַ)חוץ; אַלץ נאָר נישט
It was short on details ס׳האָבן געפֿעלט פּרטים [PRÓTIM]
for short פֿאַרקירצט(ערהייט)
I'm short of cash סע פֿעלט מיר אויס געלט
in short order אין גיכן; איינס און צוויי; אָט שוין
in the short run אויף דערווײַל
make short work of גיך פֿאַרטיק ווערן מיט; ספּראַווע|ן זיך מיט
nothing short of כמעט; ממש; שיִער נישט [KIMÁT] [MÁMESh]
one inch (too) short מיט איין צאָל צו קליין
short and sweet קורץ און שאַרף
short for פֿאַרקירצט פֿון
short of סײַדן; (אַ)חוץ
We're three short סע פֿעלן דרײַ
short, *adv.*
be caught short בלײַבן אָן געלט
cut short אָפּהאַקן; איבעררײַסן
fall short נישט קלעקן ‹סטײַע|ן›; כאַפּן קורץ
His temper grew short ער איז אַרויס פֿון די כּלים; ער איז אַרײַן אין אַ כּעס; ער איז בייז געוואָרן [KÉYLIM] [KÁAS]
sell sb. short אונטערשאַצן
Time grew short ס׳איז געוואָרן שפּעט
We're running short of time ס׳איז אונדז געבליבן ווייניק צײַט
short, *n.*
(film) דער קורצפֿילם, ־ען
(short-circuit) דער קורצשלאָס, ־ן
in short בקיצור; אין קורצן; קורץ גערעדט; מיט איין וואָרט [BEKÍTSER]
short, *v.*
(cheat) אָפּנאַרן אין חשבון [KhEZhBM]
(short-circuit) אַרויסרופֿן אַ קורצשלאָס
shortage דער דוחק; דער אויספֿעל, ־ן; די/דאָס נישט־גענוגיקייט [DÓYKhEK]
a shortage of אַ דוחק אין; אַן אויספֿעל פֿון; נישט גענוג
There's a food shortage פֿאַראַן אַ דוחק אין עסן; סע פֿעלט אויס עסנוואַרג
shortbread דאָס פּוטער־קיכל, ־עך; דאָס קאָרזשיקל, ־עך
shortcake דאָס פּוטער־געבעקס, ־ן; דאָס מערב
shortchange אָפּנאַרן אין חשבון [KhEZhBM]
(*fig.*) באַעוולה|ן [BAÁVLEN]
short circuit, *n.* דער קורצשלאָס, ־ן
short-circuit, *v.* אַרויסרופֿן ‹מאַכן› אַ קורצשלאָס (אין)
shortcoming דער חסרון, ־ות/־ים; דער פֿעלער, ־ן; די פּגימה, ־ות [KhESÓRN, KhESRÓYNES/KhESRÓYNIM] [PGÍME]
shortcut דער דורכוועג, ־ן; דער שניט, ־ן
take a shortcut מאַכן אַ קירץ ‹שניט›; פֿאַרגיין מיט אַ קירצערן וועג
short-eared owl די זומפּסאָווע, ־ס
shorten (פֿאַר)קירצן; פֿאַרקלענערן
shortening דאָס באַקפֿעטס; דאָס געשמילץ
shortfall דער דוחק; דער אויספֿעל, ־ן [DÓYKhEK]
There was a budget shortfall ס׳האָט אויסגעפֿעלט צום בודזשעט
shorthand די גיכשריפֿט; די סטענאָגראַפֿיע
in shorthand סטענאָגראַפֿיש; בקיצור [BEKÍTSER]
take down in shorthand פֿאַרסטענאָגראַפֿירן
short-handed
be short-handed (workers) נישט האָבן גענוג אַרבעטערס ‹שפּילערס›; האָבן צו אַ קליינעם פּערסאָנאַל
be short-handed (hockey) שפּילן געמינערטערהייט
shortish קליינלעך; קליינוווקסיק
short list, *n.* די לעצטע רשימה, ־ות [REShÍME]
short-list, *v.* שטעלן אויף דער לעצטער רשימה [REShÍME]
short-lived קיצור־ימימדיק; קורץ־געדויערדיק; קורציאָריק [KÍTSER-YÓMIMDIK]
shortly באַלד; בקרובֿ [BEKÓREV]
shortly thereafter באַלד דערנאָכדעם ‹נאָך דעם›
shortness די/דאָס קליינקייט; די/דאָס נידעריקייט; די/דאָס קורצקייט
short-order cook דער קליינקאָכער, ־ס
short-range נאָענט־גרייכיק
shorts הייזקעס; קורצקעס; טרוסיקעס
short selling דער קורצפֿאַרקויף
covered short selling דער קורצפֿאַרקויף מיט דעקונג
naked short selling דער קורצפֿאַרקויף אָן דעקונג
shortsighted קורץ־זעעוודיק; קורצזעיִק
(*fig.*) *also* אומבאַקלערט
be shortsighted האָבן אַ נידעריקע ראיה [RÍE]
be shortsighted (*fig.*) נישט קענען זען דעם מולד ‹מאָרגן› [MÓYLED]
shortsightedness די/דאָס קורץ־זעעוודיקייט; די/דאָס קורצזעיִקייט
(*fig.*) *also* די/דאָס אומבאַקלערטקייט
shortstop דער שאָרטסטאָפּ, ־ן; דער צווישניק, ־עס
short-tempered היציק; ספּילשליווע
short-tempered person (*m./unsp.*) דער היציקער גבֿ׳; דער כּעסן, ־ים; דער רגזן, ־ים [KAYSN, KAYSÓNIM] [RAGZN, RAGZÓNIM]
short-tempered person (*f.*) די כּעסנטע, ־ס; די רגזנטע, ־ס [KÁYSNTE] [RÁGZNTE]
short-term קורץ־משכדיק; קורץ־טערמיניק [MÉShEKhDIK]
short-term gain דער קורץ־טערמיניקער רווח, ־ים [RÉVEKh, REVÓKhIM]
short-term memory דער קורץ־טערמיניקער זכרון [ZIKÓRN]
short-wave קורץ־כוואַליעדיק
short-wave radio דער קורץ־כוואַליעדיקער ראַדיאָ
short-winded פֿאַרסאָפּעט
shorty (of child/*aff.*) דער פּוציפּאַק; דאָס פּוציפּאַקל; דאָס קוטערוצעלע; דער קוציפּעריק; דאָס קוציפּעריקל; דער קוצעפּינדריק; דער שנעק; דאָס שנעקל
shot, *adj.*
(gun) געשאָסן
(wasted) געפּטערט [GEPÁTERT]
He got shot מ׳האָט אים געשאָסן
shot, *n.*
(buckshot) דער שרויט
(from weapon) דער שאָס, ־ן
(injection) די אײַנשפּריצונג, ־ען; דער שטאָך, ־ן
(of whisky) די כּוס(י)ע, ־ס; דער קנאַק, ־ן [KÓYS(Y)E]
(spo.) דער שאָס, ־ן
bank shot (basketball) דער ריקאָשע־שאָס, ־ן
be a shot in the arm אונטערהייבן דאָס געמיט
get a good shot (phot.) גוט אַראָפּכאַפּן

give it one's best shot אַרײַנלייגן דעם טאַטן מיט דער מאַמען
give sb. a fair shot געבן + דאַט' אַ געלעגנהייט
give stg. a shot לאָזן פּרוּוון
be a good shot גוט שיסן
have a shot (at) אַ פּרוּוו טאָן
It's worth a shot כּדאַי אַ פּרוּוו צו טאָן [KEDÁY]
like a shot פֿײַל פֿון בויגן; ווי אַ בליץ
long shot די ריזיקאַלישע אונטערנעמונג, ־ען
not by a long shot לחלוטין ‹ווײַט› נישט; ווײַט נישט אַזוי [LAKhLÚTN]
open shot (basketball) דער פֿרײַער שאָס, ־ן
outside shot (basketball) דער ווײַטשאָס, ־ן
put the shot וואַרפֿן די קויל
shot in the dark דער טאַפּ אין דער פֿינצטער
without a single shot אָן קיין איין שאָס אַפֿילו [AFÍLE]
shot glass דאָס שנאַפּסגלעזל, ־עך
shotgun די שרויטביקס, ־ן
ride shotgun פֿאָרן ‹רײַטן› פֿון פֿאָרנט
ride shotgun (*fig.*) האַלטן אַן אויג אויף; באַוואָרענען
shotgun wedding די גענייטע ‹געצווּנגענע› חתונה, ־ות; די כאַפּ־לאַפּ־חתונה, ־ות [KhÁSENE]
shot put דער קוילנוואַרף
should
(ought) זאָל
(would) וואָלט
I should like כ'וואָלט געוואָלט ‹וועלן›
I should think so מיר דאַכט זיך אַזוי; אַזוי האַלט איך
She should have arrived today זי האָט הײַנט געזאָלט אָנקומען
Shoulda-woulda-coulda! העטעך־פֿעטעך!; געקענט, געוואָלט, געזאָלט – נו מילא!
shoulder, *n.* דער אַקסל, ־ען; די פּלייצע, ־ס
(child's) דאָס אַקסעלע, ־ך; די פּלייצקע, ־ס
(animal) די לאָפּעטקע, ־ס
(of road) דער ווערגאַנד, ־ן
shoulder of beef די רינדערנע לאָפּעטקע
shoulder of lamb די שעפּסענע לאָפּעטקע
shoulder to shoulder אַקסל צו אַקסל; פּלייצע צו פּלייצע
a shoulder to lean on דער אָנשפּאַר
give sb. the cold shoulder אַרויסדרייען זיך מיט דער פּלייצע צו; באַצײַען זיך צו + דאַט' עפּעס קאַלט ‹קילבלעך›
look over one's shoulder קוקן הינטער זיך; היטן די ביינער
put one's shoulder to the wheel פֿאַרקאַטשע|ן ‹פֿאַרקאַשערן› די אַרבל
straight from the shoulder דירעקט; אָפֿן; אָן מאַניפֿאַרגעס
shoulder, *v.* טראָגן אויף די אַקסלען
(spo.) שטויסן מיט די אַקסלען
shoulder a burden טראָגן אַ יאָך ‹פּאַק› אויף די פּלייצעס; טראָגן אַן עול אויפֿן קאָפּ; צײַען די ליאַמקע [OL]
shoulder a responsibility נעמען אויף זיך דאָס אחריות [AKhRÁYES]
shoulder bag דער אַקסלטאַש, ־ן
shoulder belt דער אַקסלפּאַס, ־ן
shoulder blade דער אַקסלבלאַט, ...בלעטער; די לאָפּעטקע, ־ס
shoulder-fired אַקסל...
shoulder-fired missile דער אַקסל־ראַקעט, ־ן
shoulder pad דאָס אַקסל־קישעלע, ־ך; די אַקסלקע, ־ס
shoulder strap
(of bag) דער אַקסל־רימען, ־ס
(of dress) די אַקסלבאַנד, ...בענדער
shout, *n.* דאָס געשריי, ־ען; דער שריי, ־ען
shout, *v.* שרײַען; אויסרופֿן הויך
It's nothing to shout about ס'איז גאָר נישט אַזוי וואונדערלעך; מה־רעש? [MARÁSh]
shout above the din אַריבערשרײַען דעם רעש [RASh]
shout at the top of one's lungs אַרויסשרײַען פֿון זיך די לונגען; שרײַען אויף קולי־קולות [KÓYLE-KÓYLES]
shout down איבערשרײַען
shout out אויסשרײַען
shouting, *n.* געשרײען ל"ר
shouting match דאָס איבערשרײַען זיך
get into a shouting match צעשרײַען זיך איינס אויף ס'אַנדערע; נעמען שרײַען איינס אויפֿן אַנדערן
shout-out, *n.*
give sb. a shout-out צוטײלן + דאַט' אַ יישר־כּוח ‹ספּעציעלע אָנערקענונג› [YÁShER-KÓYEKh/ShKÓYEKh]
shove, *n.* דער רוק, ־ן; דער שטופּ, ־ן; דער שטויס, ־ן
shove, *v.* געבן אַ רוק ‹שטופּ/שטויס›; אַ רוק ‹שטופּ/שטויס› טאָן
shove around אַרומשטופּן
shove off (in boat) אָפּשיפֿן זיך
shove off (in vehicle) אָפּפֿאָרן; לאָזן זיך אין וועג אַרײַן
shove out of the way אָפּשטופּן ‹אָפּשטויסן› אין אַ זײַט
shovel, *n.* די לאָפּעטע, ־ס; דער שופֿל, ־ען; דער רידל, ־ען
(fireplace) דער שאַרער, ־ס
(mechanical) דער עקסקאַוואַטאָר, ...אָרן
shovel, *v.* שאַרן; שופֿלען; רידלען
shovel in (food) אַרײַנרײַבן
shovel snow (אָפּ)שאַרן דעם שניי
shovelful (of) די פֿולע לאָפּעטע (מיט)
shoving match דאָס שטופּעניש אַהין און קריק
show, *n.*
(exhibition) די אויסשטעלונג, ־ען; די ווײַזונג, ־ען
(showiness) דער פּוץ
(thea.) די פֿאָרשטעלונג, ־ען; דער ספּעקטאַקל, ־ען; די/דאָס שפּיל, ־ן
(TV/radio) די פּראָגראַם, ־ען; די אודיציע, ־ס
for show לפּנים; לנוי [LEPÓNEM] [LENÓY]
get the show on the road נעמען זיך צו דער אַרבעט
Good show! גוט געמאַכט!; יישר־כּוח! [YÁShER-KÓYEKh/ShKÓYEKh]
have a show of force ווײַזן ווער שטאַרק ‹עלטער› איז
have a show of hands הייבן די הענט
run the show אָנפֿירן; זײַן דער בעל־הבית [BAL(E)BÓS]
show of emotion דאָס באַווײַזן די געפֿילן
steal the show אַוועקגיין מיט דער פּיעסע; אויפֿעסן די בינע
show, *v.*
vt. **(exhibit)** באַווײַזן
vt. **(point)** ווײַזן (מיטן פֿינגער)
vt. **(prove)** דערווײַזן
vt. **(film)** ווײַזן; דעמאָנסטרירן
vi. **(be visible)** אַרויסווײַזן זיך; (אַרויס)זען זיך; אַרויסשטעקן
show around אַרומפֿירן
show in אַרײַנפֿירן
show off באַווײַזן ‹באַרימען/פּראַלן/אויספּײַנען/ כוואַטעווע|ן› זיך (מיט)
show out אַרויספֿירן; אַרויסבאַ(ג)לייטן
show through (אַ)דורכזען זיך
show up (appear) באַווײַזן זיך; (פֿאַ)יאַווע|ן זיך
show up (embarrass) פֿאַרשעמען

Your slip is showing מע קען בײַ דיר אַרױסזען דאָס הינטערקלײד
Your slip is showing (*hum.*) דער מיטוואָך בײַ דיר איז לענגער פֿאַרן דאָנערשטיק
show-and-tell דער װײַז־און־דערצײל
showbiz/show business דאָס טעאַטערײַ
showboat די טעאַטער־שיף, ־ן
(show-off) דער זיך־רעקלאַמירער, ־ס; דער פּראַלער, ־ס; דער אױספּײַנער, ־ס
be a showboat מאַכן זיך רעקלאַמע; רימען זיך אַלײן
showcase, *n.* דער/דאָס אױסשטעל־פֿענצטער, –; די װיטרינע, ־ס; דאָס גלאָזקעסטל, ־עך
showcase, *v.* דעמאָנסטרירן
show-cause order דער פֿאַרענטפֿער־באַפֿעל, ־ן
showdown דער אָדער־אָדער, ־ס; דער לעצטער קאַמף ‹דועל›, ־ן
have a showdown with (poker) אױפֿדעקן + דאַט' די קאָרטן
shower, *n.* דער שפּריץ, ־ן; דער טוש, ־ן
(rain) דער שפּריצרעגן, ־ס; דאָס רעגנדל, ־עך; דאָס דריבנע רעגעלע, ־ך
take a shower אָפּשפּריצן זיך; מאַכן זיך ‹כאַפּן› אַ שפּריץ; אָפּטושן זיך
shower, *v.* שפּריצן זיך; טושן זיך
shower with kisses אױסקושן אַלע אבֿרים [ÉYVRIM]
shower favors upon אָפּגילטן
shower cap דאָס שפּריץ־היטעלע, ־ך
shower curtain דער שפּריצפֿירהאַנג, ־ען; דאָס טוש־פֿירהענגל, ־עך
shower gel דער שפּריצזשעלע
shower head דער שפּריצער, ־ס
showgirl דאָס רעװו־טענצערין, ־ס
showground דער אױסשטעלפּאַרק, ־ן
showing די װײַזונג, ־ען; דער סעאַנס, ־ן
make a a strong showing אױסנעמען
make a poor showing נישט אױסנעמען; אַרױסװײַזן זיך פֿאַר אַ דורכפֿאַל
show jumping דער פֿערדשפּרונג
showman דער טעאַטראַל, ־ן
showmanship דאָס קענען אָנמאַכן אַ טומל
It's just showmanship! ס'איז נאָר אַן אָנשטעל!; פּיש־פּיש־פּיש!
show-off דער באַרימער, ־ס; דער אױספּײַנער, ־ס; דער משה־גרױס [MÓYShE]
showpiece דאָס שײַנדל, ־עך
showplace די/דאָס מערקווערדיקײט, ־ן
showroom דער (באַ)װײַזזאַל, ־ן; דער אױסשטעלזאַל, ־ן
showstopper דער בראַװאָ־מאָמענט, ־ן
show-stopping applause פּריטשמעליענדיקע אַפּלאָדיסמענטן ל"ר
show trial דער אױסשטעל־פּראָצעס, ־ן
show window די װיטרינע, ־ס; דאָס/דער אױסשטעל־פֿענצטער, –; דאָס/דער װײַזפֿענצטער, –
showy אױסשטעלעריש; אױספּײַנעריש
shrapnel דער שראַפּנעל
shred, *n.* דאָס ברעקל, ־עך; דער שמץ; דאָס פּיצל, ־עך; דאָס שטיקל, ־עך; דאָס ברײזל, ־עך; דאָס דרױבל, ־עך [ShÉMETS]
a shred of truth אַ ברעקל אמת [ÉMES]
in/to shreds אױף שטיק־שטיקלעך
There's not a shred of evidence נישטאָ אַפֿילו די קלענסטע ראיה [AFÍLE] [RÁYE]
shred, *v.* צעפּיצלען; צעברעקלען; צעשטיקלען
(cabbage) שאַטקעװען ‹שעטקעװען›

shredded wheat דער צעפּיצלטער װײץ
shredder דער (פּאַפּיר־)צעפּיצלער, ־ס
shrew די גראָבמױז, ...מײַז
(woman/*fig.*) די זשמיגע, ־ס; די בײזע, –; די מרשעת, ־ן; די מעגערע, ־ס; די קליפּה, ־ות; די קליפּהניצע, ־ס; די אַרורה, ־ות [MARShÁS] [KLÍPE] [KLÍPENITSE] [ARÚRE]
shrewd פּיקחיש; שאַרף; אױסגערעכנט; געבױפֿט; כיטרע; קלוגעריש; פֿאַרשײַט; פֿאַרשאַרט; ממזריש [PÍKKhISh] [MÁMZERISh]
shrewd person (*m./unsp.*) דער פּיקח, ־ים; דער כיטראַק, ־עס [PIKÉYEKh/PÍKEKh, PÍKKhIM]
shrewd person (*f.*) דער פּיקחטע, ־ס; די כיטראַטשקע, ־ס [PIKÉYEKhTE/PÍKEKhTE]
shrewdness דאָס פּיקחות; דאָס חריפֿות [PÍKKhES] [Kh(A)RÍFES]
shrewish בײזיז; מחלוקתדיק [MAKhLÓYKESDIK]
shriek, *n.* דער קװיטש, ־ן; דער ג(ע)װאַלד, ־ן; דאָס ג(ע)װאַלד־געשרײ, ־ען
shriek, *v.* קװיטשען; ג(ע)װאַלדעװען; סקאַװוטשען
shrift
give short shrift to מאַכן + אַק' צו קלײנגעלט; מאַכן פֿון + דאַט' בלאָטע ‹אשפּה›; אָפּפּאַרן; אָפּפּטרן [ÁShPE] [ÓPPÁTERN]
shrike דער װערגער, ־ס
shrill קװיטש(עד)יק; שרײַיק
shrill voice דאָס אײבערקול [ÉYBERKOL]
shrimp, *n.* דאָס ראַקל, ־עך; דער שרימפּ, ־ן; די קרעװעטקע, ־ס
(*fig.*) דער קלײנטשיקער גענ'; דער שנעק, ־עס; דאָס מענטשל, ־עך; דער ליליפּוט, ־ן; דער קוצעפּינדריק, ־עס; דער פּאַרפּל, –
shrimp, *v.* ראַקלעװען; כאַפּן ראַקלעך
shrine די הײליקשאַפֿט, ־ן; דאָס היכלע, ־ך; די/דאָס הײליקײט, ־ן; דער מישכּן, ־ס [HÉYKhELE] [MIShKN]
shrink, *n.*
m./unsp. דער פּסיכיאַטער, ־ס; דער פּסיכאָאַנאַליטיקער, ־ס
f. די פּסיכיאַטערשע, ־ס; די פּסיכאָאַנאַליטיקערין, ־ס
shrink, *v.*
vt. אײַנציִען; אײַנשרומפּן; פֿאַרקלענערן
vi. אײַנגײן; אײַנציִען זיך; אײַנלױפֿן; אײַנגעשרומפּן ‹קלענער› װערן
shrink away אָפּפּראַלן; צוריקפּראַלן; אַװעקשאַרן זיך
shrinkage
(fabric) דאָס אײַנלױפֿן; דאָס אײַנגעשרומפּן װערן
(depreciation) די ירידה, ־ות [YERÍDE]
(loss of inventory) דאָס פֿאַרשװוּנדן װערן
shrinking violet
m./unsp. דער בײשן, ־ים [BAYShN, BAYShÓNIM]
f. די בײַשנטע, ־ס [BÁYShNTE]
shrink-wrap, *n.* דער פֿאַרזיגל־פּלאַסטיק
shrink-wrap, *v.* (ענג) פֿאַרזיגלען אין פּלאַסטיק
shrivel אײַנגעשרומפּן ‹אײַנגעטריקנט/אײַנגעדאַרט› װערן
shroud, *n.* די סאָװע, ־ס; די מתים־הלבשה; דער טױטן־לײַלעך, ־ער [MÉYSIM-HALBÓShE]
shrouds *also* מתים־קלײדער [MÉYSIM]
shrouds (J.) תּכריכים [TAKhRÍKhIM]
shroud, *v.* אײַנהילן; פֿאַרשלײערן
shrouded אײַנגעהילט; פֿאַרשלײערט
Shrove Tuesday די מאַסלעניצע
shrub דער קשאַק, ־עס; דער קוסט, ־ן/־עס
shrubbery דאָס געקשאַק; דער רױשט
shrug, *n.* דאָס ציִען ‹קװעטשן/הײבן› מיט די פּלײצעס

shrug, *v.* צי́ען ‹קוועטשן/הייבן› מיט די פּלייצעס; אַ פֿיר ‹צי› טאָן מיט די אַקסלען
shrug off (clothing) אַראָפּטרייסלען ‹אַראָפּצי́ען› פֿון זיך
shrug off (news) מאַכן גאָרנישט פֿון; אַוועקמאַכן מיט דער האַנט
shrunken אײַנגעשרומפּן; אײַנגעלאָפֿן; אײַנגעגאַנגען; פֿאַרקלענערט
shtick די שטיק, –
shtiebel דאָס שטיבל, ־עך
shuck, *n.* דאָס/די שאָלעכץ, ־ן/־ער
not worth shucks ווערט זײַן אַן אױסגעבלאָזן איי
shuck, *v.* לושטשע|ן; אָפּשיילן
Shucks!, *int.* אַ שאָד!
shudder, *n.* דער שוידער, ־ס; דער סקרוך, ־עס; דער גרויל, ־ן
shudder, *v.* אויפֿשוידערן; אויפֿטרייסלען; אויפֿציטערן
She shuddered זי האָט אויפֿגעשוידערט; ס'איז איר איבערגעגאַנגען אַ גרויל
shuffle, *n.*
(of cards) דאָס טאַשן; דאָס טאַסעווען
(of feet) דאָס שאַרעניש
get lost in the shuffle (ערגעץ) פֿאַרפֿאַלן ווערן
shuffle, *v.*
(cards) טאַשן; טאַסעווע|ן; מישן; טאַלירן
(mix up) אויסמישן
(move slowly) שאַרן זיך; שאַרן מיט די פֿיס; דרעפּטשע|ן
shuffle off, *vt.* פּטור ווערן פֿון [PÓTER]
shuffle off, *vi.* לאָזן זיך אין וועג אַרײַן
shuffleboard די שאַרלקע
shun אויסמײַדן; ווײַכן פֿון; אָפּקערן זיך פֿון
shunt, *n.* דער שונט, ־ן
(med.) *also* דאָס אָפּצי־רערל, ־עך
shunt, *v.* שונטירן
(med.) *also* אָפּציִען
(train) איבערמאַנעווורירן; איבערשליסן
Shush!, *int.* (זאָל זײַן) שאַ!; פּתח שין שאַ! [PÁSEKh]
shush, *v.* אײַנשטילן
Shushan (די) שושן־הבירה [ShÚShN-HABÍRE]
shut, *adj.* פֿאַרמאַכט; פֿאַרשלאָסן
keep one's mouth shut האַלטן דאָס מויל
shut, *vt./vi.* פֿאַרמאַכן (זיך); צומאַכן (זיך)
shut away פֿאַרשפּאַרן; פֿאַרשליסן
shut down, *vt.* **(comp.)** אויסלעשן; פֿאַרדרייען
shut down, *vt./vi.* **(close)** צומאַכן (זיך); פֿאַרמאַכן (זיך)
shut down, *vt./vi.* **(mech.)** אויסלעשן (זיך); פֿאַרמאַכן (זיך)
shut down, *vi.* **(comp.)** אויסלעשן זיך
shut in/up אײַנשפּאַרן; אײַנשליסן
shut off, *vt./vi.* פֿאַרדרייען (זיך); פֿאַרמאַכן (זיך)
shut one's eyes to קוקן דורך די פֿינגער אויף
shut out אויסשליסן
shut out (spo.) פֿאַרנולן
shut up, *vt.* פֿאַרשווײַגן; פֿאַרשטאָפּן ‹פֿאַרקלאַפּן› + דאַט' דאָס מויל
shut up, *vi.* פֿאַרמאַכן ‹פֿאַרשטאָפּן› דאָס מויל; מאַכן אַ שווײַג; אַנטשוויגן ווערן
Shut up! האַלט ס'מויל!; האַלט דעם פּיסק!; שווײַג(ט) שוין!; פֿאַרשוויגן זאָלסטו ‹זאָלט איר› ווערן!
shutdown
(comp./mech.) דאָס אויסלעשן
(permanent) דאָס שליסן; דאָס אָפּשטעלן
(government) דער דערווײַליקער אָפּשטעל פֿון דער רעגירונג
shut-eye דער שלאָף
get some shut-eye כאַפּן אַ שלאָף ‹כראָפּ›
shut-off valve דער אָפּשליס־ווענטיל, ־ן
shutout דער פֿאַרנול, ־ן; די פֿאַרנולונג, ־ען
shutter, *n.*
(camera) דאָס לעדל, ־עך
(window) דער לאָדן, ־ס; דער קוואַטיר, ־ן
shutter, *v.* צומאַכן די לאָדנס
shutterbug דער פֿאָטאָמאַן, ־ען
shuttle, *n.* **(weaving)** דאָס וועבשיפֿל, ־עך
shuttle, *v.* פֿאָרן אַהין און קריק ‹צוריק›; פּאָמפּעדיקלען
shuttle bus דער צופֿאָר־אויטאָבוס, ־ן
shuttlecock דאָס פֿייגעלע, ־ך; דאָס באַדמינטאָנדל, ־עך
shuttle diplomacy די אַהין־און־קריק־דיפּלאָמאַטיע
shuttle train די צופֿאָרבאַן, ־ען
shy, *adj.* שעמעוודיק
shy person דער שעמעוודיקער געב'; דער בײַשן, ־ים; דער בושת־פּנים, ־ער [BAYShN, BAYShÓNIM] [BÓYShES-PÓNEM, -PÉNEMER]
we're one shy of סע פֿעלט אונדז איינס צו
shy, *v.* **(away from)** אויסמײַדן
shyly שעמעוודיקערהייט
shyness [BAYShÓNES] די/דאָס שעמעוודיקייט; דאָס בײַשנות
shyster דער ווינקל־אַדוואָקאַט, ־ן; דער רמאַי, רמאָים [RÁMAY, RAMÓYEM]
si (mus.) דער סי, ־ען
Siam (דאָס) סיאַם
Siamese cat די סיאַמער קאַץ, קעץ
Siamese twins דער סיאַמער ‹צונויפֿגעוואָקסענער› צווילינג
Siberia (דאָס) סיביר
Siberian, *adj.* סיבירער אינוו'
Siberian, *n.*
m. דער סיביריאַק, ־עס
f. די סיביריאַטשקע, ־ס
sibilant ציִשעדיק; שיפּעדיק
sibling דאָס מיטקינד, ־ער; דער ברודער, ברידער; די שוועסטער, –
siblings *also* שוועסטער־ברידער; קינדער פֿון איין טאַטע־מאַמע
sibling rivalry די מיטקינדער־קינאה־שינאה; די מיטקינדער־קאָנקורענץ [KÍNE-SÍNE]
have sibling rivalry (*iro./hum.*) יעקבֿ־און־עשׂון זיך [YÁNKEF-UN-ÉYSEFN]
sibyl די נבֿיאהטע, ־ס; דער אָראַקל, ־ען [NEVÍETE]
sic אַזוי
Sicilian pizza די סיציליאַנער פּיצע
Sicily (די) סיציליע
sick, *adj.* קראַנק; שלאַף
be sick זײַן קראַנק; קרענקען
I'm sick to my stomach סע ווערט מיר נישט־גוט; סע שלאָגט מיר צוריק
call in sick מעלדן זיך קראַנק
fall/take sick קראַנק ‹פֿאַרשלאַפֿט› ווערן
I'm sick and tired/sick to death of ס'ווערט מיר שוין נימאס ‹נישט־גוט› פֿון + דאַט'; ס'איז מיר שוין דערעסן + נאָמ' [NÍMES]
look sick אויסזען קראַנק ‹ווי אַ קראַנקער›
She was sick at heart ס'איז איר געווען שווער ‹סומנע› אויפֿן האַרצן
sick person דער קראַנקער געב'; דער חולה, ־ים/חלאָים/חוליאים [KhÓYLE, KhÓYLIM/KhALÓYEM/KhELÍIM]
take a sick day נעמען זיך אַ קראַנקנטאָג
the sick *also* קראַנקע לײַט
sickbay די (שיף־)אַמבולאַטאָריע, ־ס

sickbed דאָס קראַנקנבעט, ־ן
sick benefit דער קראַנקן־בענעפֿיט, ־ן
sicken מאַכן קראַנק
(disgust) מיגלען; מאַכן + דאַט׳ נישט־גוט
sickening מיגלדיק
be sickening (to) מאַכן + דאַט׳ נישט־גוט; מיגלען + דאַט׳; שלאָגן + דאַט׳ צום האַרצן
sick joke דער מיגלדיקער ‹פּאַסקודנער/ווערעמדיקער› וויץ, ־ן
sickle דער סערפּ, ־עס/־ן
sick leave דער קרענקאורלויב
sickle-cell anemia די סערפּ־קעמערל־אַנעמיע
sicklegrass דאָס סערפּגראָז
sick list דער קראַנקן־בויגן, ־ס
be on the sick list זײַן קראַנק
go on the sick list מעלדן זיך קראַנק
sickly קרענקעווידיק; קרענקלעך; חולהוואַטע; קוואָלע [KhOYLEVÁTE]
be sickly אונטערקרענקען
sickly person דער חלוש, ־ים; דער כערליאַק, ־עס [KhÓLESh, KhALÚShIM]
sickly sweet האָניקדיק; לאַקרעצדיק
sickness די קרענק, ־ען; די חלאַת, ־ן; די מחלה, ־ות; די קראַנקייט, ־ן [KhALÁS] [MÁKhLE]
sick nurse די קראַנקן־שוועסטער, –
sick pay דאָס קראַנקנגעלט
sickroom דער קראַנקן־צימער, ־ן; דער קראַנקן־אַלקער, ־ס
side, *adj.* זײַטיק; זײַט(נ)...; בײַ...
side, *n.* די זײַט, ־ן
(of family/dispute) דער צד, צדדים [TSAD, TSDÓDIM]
(of triangle) דער קאַטעט, ־ן; די זײַט, ־ן
(of beef) דאָס זײַטל, ־עך; דאָס זײַטעלע, ־ך
at one's side בײַ דער זײַט
be on sb.'s side האַלטן מיט
from/on all sides פֿון אַלע זײַטן
his side of the story ווי ער דערציילט עס; וואָס ער האָט צו זאָגן; זײַן צד ‹נוסח› [NÚSEKh]
on the side (nearby) בײַ דער זײַט
on the side (part-time) זײַטיק; טײלצײַטיק
put to one side אַוועקלייגן אין אַ זײַט
see both sides פֿאַרשטיין בײדע צדדים
side by side בײַנאַנד; זײַט בײַ זײַט; איינס לעבן ס׳אַנדערע; לעבן אַנאַנד
side of the street די זײַט גאַס
split one's sides האַלטן זיך בײַ די זײַטן; פּלאַצן פֿון געלעכטער
take sides שטעלן זיך אויף + פּאָס׳ צד
this side of (nearly) שיער נישט
Whose side is he on? מיט וועמען האַלט ער?; אויף וועל(ע)כן צד שטייט ער?
side, *v.*
side against האַלטן קעגן
side with האַלטן מיט
sidearm, *adj.* זײַטיק
sidearm, *n.* דאָס זײַטגעווער
(spo.) דער זײַטנוואָרף, ־ן; דאָס וואַרפֿן זײַטיק
sidebar דאָס זײַטיקע קעסטעלע, ־ך
sideboard די קרעדענץ, ־ן; דער בופֿעט, ־ן
sideburns באַקנבערד
sidecar דאָס בײַוועגעלע, ־ך; דאָס רײַטוועגעלע, ־ך
sidecurl די פּאה, ־ות [PÉYE]
...sided ...זײַטיק

side dish/order די צושפּײַז, ־ן; דאָס בײַגעריכט, ־ן; דער/דאָס בײַמאכל, ־ים [BÁYMAYKhL, BÁYMAYKhÓLIM]
side door די זײַטיקע טיר, ־ן
side drum דאָס זײַטפּײַקל, ־עך
side effect דער בײַעפֿעקט, ־ן
side issue דער זײַטיקער ענין, ־ים [ÍNYEN, INYÓNIM]
sidekick דער אונטערהעלפֿער, ־ס; דער צווייטער פֿידל, ־ען
sideline, *n.*
(occupation) די בײַפּרנסה, ־ות [BÁYPARNÓSE]
(spo.) די זײַטן־ליניע, ־ס
sideline, *v.* באַזײַטיקן
be sidelined באַזײַטיקט ווערן
sidelong זײַטיק
give a sidelong glance at קוקן פֿון דער זײַט אויף
side pocket די זײַטיקע קעשענע, ־ס
sidereal סידערעאַל; שטערנ...
side road דער בײַוועג, ־ן; דער זײַטיקער וועג, ־ן
sidesaddle, *adv.* אויף דער זײַט
sidesaddle, *n.* דער/דאָס פֿרויען־זאָטל, ־ען; דער/דאָס קווערזאָטל, ־ען
sideshow דער בײַספּעקטאַקל, ־ען
sidesplitting אויף צו האַלטן זיך בײַ די זײַטן
sidestep אויסמײַדן
side street די זײַטיקע גאַס, ־ן; דער אָפּוועג, ־ן
sidestroke דער זײַטנשווום
swim sidestroke שווימען זײַטיק
sideswipe, *n.*
(blow) דער זעץ ‹טראַסק› אין דער זײַט
(gibe) דער שטאָך, ־ן
sideswipe, *v.* גיבן אַ זעץ ‹טראַסק› אין דער זײַט
sidetrack אָפּווענדן ‹פֿאַרפֿירן/אָפּפֿירן› אין אַ זײַט; אַראָפּפֿירן פֿון וועג
I got sidetracked כ׳בין פֿאַרפֿאָרן פֿון וועג
side-view mirror דער זײַטן־שפּיגל, ־ען
sidewalk דער טראָטואַר, ־ן; דער טרעטאָר, ־ן; די לאַווע, ־ס
sidewalk café דער אָפֿענער ‹דרויסנדיקער› קאַפֿע, ־ען; דער גאַסן־קאַפֿע, ־ען
sideward אין אַ זײַט
move sideward (אָפּ)רוקן זיך אין אַ זײַט; אַוועקזײַטלען זיך
sideways, *adj.* זײַטיק
give sb. a sideways look קוקן פֿון דער זײַט אויף
sideways, *adv.* אין אַ זײַט; פֿון ‹מיט› דער זײַט
sidewhiskers באַקנבערד
sidewind דער זײַטנווינט, ־ן
sidewinder דער זעץ פֿון דער זײַט
side window דער/דאָס זײַטפֿענצטער, –
siding
(building) (דרויסנדיקע) ווענטפּאַנעלן ל״ר
(railroad) דאָס בײַגערעלס, ־ן; די רעזערוו־ליניע ‹־קאָליע›, ־ס
sidle up צוגנבע(נע)ן זיך; דערנענטערן זיך [TSÚGÁNVE(NE)N]
SIDS *see* **sudden infant death syndrome**
siege, *n.* די באַלעגערונג, ־ען; די באַלאַגערונג, ־ען
lay siege to באַלעגערן; באַלאַגערן
under siege באַלעגערט; באַלאַגערט
lift the siege מאַכן אַ סוף צו דער באַלעגערונג [SOF]
siege mentality די בונקער־מענטאַליטעט; דער באַלעגער־קאָמפּלעקס
sienna די סיענע
burnt sienna סיענע ברוין; רויט ברוין
raw sienna געלע אָכרע; ברוין געל
sierra די סיעראַ

siesta די סיִעסטע, ־ס; דער נאָכמיטאָג־דרימל, ־ען

sieve, *n.* די זיפּ, ־ן; דאָס זיפּל, ־עך; די רעשעטע, ־ס; די סיטקע, ־ס

sieve, *v.*

imp. זיפּן; זייַען; בייַטלען

pf. (אָ)דורכזיפּן; (אָ)דורכזייַען

have a memory like a sieve האָבן אַ לעכערדיקן קאָפּ ‹שאַרבן›; האָבן גאָר אַ שוואַכן זכּרון [ZIKÓRN]

sift, *v.*

imp. זיפּן

pf. (אָ)דורכזיפּן

sift through (evidence) (אָ)דורכזיפּן

sifter די זיפּ, ־ן

sigh, *n.* דער זיפֿץ, ־ן

breathe a sigh of relief אָפּאָטעמען

let out a sigh אַ זיפֿץ טאָן

sigh, *v. imp./pf.* (אָפּ)זיפֿצן

sight, *n.*

(of gun) דאָס צילערל, ־עך

(spectacle) דער ספּעקטאַקל, ־ען; דאָס בילד, ־ער

(stg. worth seeing) די אַטראַקציע, ־ס; דאָס טשיקאַוועס, ־ן

(view) דאָס בילד, ־ער

(vision) די ראיה [RÍE]

a sight for sore eyes אַ מחיה ‹פֿאַרגעניגן› אָנצוקוקן [MEKhÁYE]

a sight more than אַ סך מער פֿון [SAKh]

a sight to behold אויף בילעטן צו גיין

at first sight אויפֿן ערשטן בליק

at the sight of בײַם דערזען

be unable to stand the sight of נישט קענען פֿאַרטראָגן ‹אויסהאַלטן פֿון›; נישט קענען אָנקוקן ‹אָנזען›

catch sight of דערזען; באַמערקן

in sight אין אויגנגרייך ‹זעפֿעלד›; ווי ווייַט דאָס אויג גרייכט

He came into sight מ'האָט אים דערזען

in the sight of פֿאַר + דאַט' אין די אויגן

keep out of sight בלייַבן פֿאַרבאָרגן ‹באַהאַלטן›

know by sight קענען אין פּנים [PÓNEM]

lose one's sight בלינד ווערן

lose sight of (view) זייַן מחוצן אויג; פֿאַרלירן פֿון די אויגן; נישט דערזען [MEKhÚTSN]

lose sight of stg. (perspective) נישט דערזען דעם מאָרגן; פֿאַרלירן פֿון די אויגן

on sight אויפֿן אָרט; אויפֿן ערשטן קוק ‹בליק›; אָן צו פֿרעגן קיין פֿראַגעס

on sight (mus.) *see* **sightread; sightsing**

out of sight (exorbitant) שרעקלעך טייַער; נישט צו(ם) באַצאָלן

out of sight (invisible) מחוץ דעם אויגנגרייך ‹זעפֿעלד› [MEKhÚTS]

out of sight (superb) פּרעכטיק

out of sight, out of mind ווייַט פֿון די אויגן, ווייַט פֿון האַרצן

see the sights טוריסטעווע|ן; זייַן אַ טוריסט

sense of sight דער זע־חוש; דער חוש־הראיה [KhÚSh-HARÍE]

set one's sights on צילעווע|ן אויף; אָנשטעלן דאָס אויג אויף

sight unseen אומגעזעענערהייט; נישט־געזעענערהייט

sight, *v.* דערזען; דערכאַפּן מיטן אויג; דערבליקן

(with gun) קוקן

sighted זעענדיק

be sighted (able to see) (קענען) זען

sighting, *n.* דאָס דערזען

the last sighting of ... was מ'האָט + אַק' ס'לעצטע מאָל געזען

sight-read לייענען ‹שפּילן› פֿון בלאַט ‹די נאָטן›

sightsee אָנקוקן ‹באַקוקן› די טשיקאַוועסן; טוריסטעווע|ן

sightseeing דאָס טוריסטעווען

sightseer דער טוריסט, ־ן; דער אָנקוקער, ־ס

sight-sing זינגען פֿון בלאַט ‹די נאָטן›

sight-singing דאָס זינגען פֿון בלאַט ‹די נאָטן›

sign, *n.*

(indication) דער סימן, ־ים; דער צייכן, ־ס; דער אָנווייַז, ־ן; דער באַווייַז, ־ן [SÍMEN, SIMÓNIM]

(notice) דער/די שילד, ־ן

(omen) דער סימן, ־ים; דער אָנזאָג, ־ן

(poster) דער פּלאַקאַט, ־ן; דער אַפֿיש, ־ן

(symbol) דער סימן, ־ים; דער סימבאָל, ־ן

(of Zodiac) דאָס מזל, ־ות [MAZL, MAZÓLES]

there's no sign of נישטאָ קיין סימן פֿון

a sign of the times אַ צייכן ‹סימבאָל› פֿון דער צייַט

as a sign of ווי אַ סימן פֿון

It's a bad sign (ס'איז) אַ שלעכטער סימן

sign of the cross דער צלם־צייכן [TSÉYLEM]

There's no sign of life מע זעט נישט קיין סימנים ‹שפּור› פֿון לעבן

sign, *v.*

vt./vi. imp. חתמע|(נע)ן (זיך) [KhÁSME(NE)N]

vt./vi. pf. אונטערשרייַבן (זיך); אונטערחתמע|(נע)ן (זיך) [ÚNTERKhÁSME(NE)N]

(language) רעדן אויף שטום־לשון [LOShN]

sign a bill into law חתמע|(נע)ן אַ געזעץ־פּראָיעקט

sign away/over אָפּשרייַבן; אָפּזאָגן

sign for באַשטעטיקן דאָס קריגן + אַק'

sign in/on (comp.) אַרייַנשרייַבן זיך (אין); אַרייַנלאָגירן (אין)

sign off/out (comp.) אַרויסשרייַבן זיך (פֿון); אַרויסלאָגירן (פֿון)

sign on (support) שטיצן; אונטערהאַלטן

sign one's name אונטערשרייַבן זיך; אונטערחתמע|(נע)ן זיך [ÚNTERKhÁSME(NE)N]

sign up (mil.) פֿאַרשרייַבן זיך אין מיליטער; אייַנגעבן זיך אין דינסט ‹דער אַרמיי›

sign up for פֿאַרשרייַבן ‹רעגיסטרירן› זיך אויף

signal, *n.* דער סיגנאַל, ־ן

be a signal of זייַן אַ סימן ‹סיגנאַל› פֿון [SÍMEN]

give the signal געבן דעם סיגנאַל; געבן דאָס וואָרט

signal, *v.* [SÍMEN] סיגנאַל(יז)ירן; זייַן אַ סיגנאַל ‹סימן› פֿון

signal to sb. ווינקען + דאַט'; שיקן + דאַט' אַ סיגנאַל; געבן + דאַט' אַ סימן ‹סיגנאַל›

signal bar סיגנאַל־פֿאַסיקלעך ל"ר

signal corps דער סיגנאַל־קאָרפּוס

signaler דער סיגנאַליסט, ־ן

signal flag דאָס סיגנאַל־פֿענדל, ־עך

signal gantry דאָס סיגנאַל־בריקל, ־עך

signal grass דאָס סיגנאַלגראָז

signalize באַצייכענען; אַרויסהייבן

signalized by באַצייכנט פֿון

signalman דער איבערשטעלער, ־ס

signal strength די סיגנאַל־פּאָטענץ

signatory דער חתום, ־ים; דער אונטערגעשריבענער געב' [KhÓSEM, KhSÚMIM]

signature, *adj.* כאַראַקטעריסטיש

signature, *n.* [KhSÍME] די חתימה, ־ות; די אונטערשריפֿט, ־ן

(mus.) די צייכענונג, ־ען

(typ.) דער דרוקבויגן, ־ס
signboard דער/די שילד, ־ן
signet דער חותם־רינג, ־ען; דער סיגנעט, ־ן; דער זיגלרינג, ־ען [KhÓYSEM]
significance דער באַטײַט, ־ן; דער באַטרעף, ־ן; דער מיין, ־ען; די ווערדע, ־ס; די/דאָס באַטײַטיקייט; די/דאָס וואָגיקייט
be of no significance נישט האָבן קיין באַטײַט ‹באַטרעף›; נישט זײַן וויכטיק
significant וואָגיק; באַטײַטיק; באַטרעפיק; וויכטיק; ממשותדיק [MAMÓShESDIK]
(large amount) היפּש
(meaningful) פֿול מיט באַטײַט; פֿיל־זאָגעוודיק
significantly ממשותדיק; באַטײַטיק [MAMÓShESDIK]
significant other דער לעבנס־באַ(ג)לייטער, ־ס
signify באַטײַטן; מיינען; הייסן
sign language דאָס שטום־לשון [LOShN]
signor דער סיניאָר, ־ן
signora די סיניאָראַ, ־ס
signorina די סיניאָרינאַ, ־ס
signpost דער וועגצייכן, ־ס
Sikh, *adj.* סיקכיש
Sikh, *n.*
m./unsp. דער סיקד, ־ן
f. די סיקכין, ־ס
silage דער סילאָס
Silence!, *int.* שאַ(ט)!; זאָל זײַן שאַ ‹שטיל›!; פּתח־שין שאַ! [PÁSEKh-ShÍN]
silence, *n.* דאָס שווײַגעניש, ־ן; דאָס שווײַגן; דאָס שווײַגנס; די/דאָס שטילקייט; די שתיקה [ShTÍKE]
awkward silence דאָס פּריקרע שווײַגעניש
in silence שטילערהייט; שווײַגנדיקערהייט
Silence gives consent שווײַגן הייסט מסכּים זײַן [MÁSKEM]
Silence is golden שווײַגן איז גאָלד
silence, *v.* אײַנשטילן; הייסן שווײַגן
(suppress criticism) פֿאַרשטאָפּן + דאַט' דאָס מויל
silencer דער קלאַנג־אָפּטעמפּער, ־ס
silent שטיל; שווײַגנדיק; שטום
be/keep silent שווײַגן; אָננעמען אַ מויל מיט וואַסער
fall silent אַנטשוויגן ‹פֿאַרשוויגן/אַנטשטומט› ווערן
silent as the grave שטום ווי דער קבֿר [KÉYVER]
silent film דער שטומפֿילם, ־ען; דער שטומער פֿילם, ־ען
silent letter דער/דאָס שטומע(ר) אות, ־יות [OS, ÓYSYES]
silently אין דער שטיל; שטילערהייט; אָן אַ שאָרך; בשתיקה [BIShTÍKE]
silent majority די שטומע מאַיאָריטעט
silent partner דער שטילער שותּף, ־ים [ShÚTEF, ShÚTFIM]
silhouette, *n.* דער סילועט, ־ן; דאָס שאָטנבילד, ־ער
in silhouette סילועטירט
silhouette, *v.* אויסמאָלן ‹פֿאָרשטעלן› סילועטירט
silhouetted סילועטירט
silica די קיזלערד
silica gel דער קיזל־זשעלע
silicate, *adj.* סיליקאַט(ן)־...
silicate, *n.* דער סיליקאַט, ־ן
silicon דער סיליציום
silicon chip דאָס סיליציום־טשיפּל, ־עך
silicone דער סיליקאָן
silicosis דער סיליקאָז
silk, *adj.* זײַדן
You can't make a silk purse out of a sow's ear פֿון אַ חזירשן עק קען מען קיין שטרײַמל נישט מאַכן; אַ פּויער בלײַבט אַ פּויער [KhÁZERShN]
silk, *n.* די/דאָס זײַד; דאָס זײַדנס
silken זײַדן; ווייך ווי זײַד
silk gland די זײַדשיידדריז, ־ן
silk oak דער אויסטראַלישער זײַדאַק
silk screen דער זײַדנזיפּ, ־ן
silk screening דאָס דרוקן דורך אַ זײַדנזיפּ
silk vine דער זײַדניק
silkworm דער זײַדוואָרעם, ...ווערעם
silkworm moth דער זײַדשפּינער, ־ס; דאָס זײַד־פֿלאַטערל, ־עך
silky זײַדן
sill דאָס פֿענצטערברעטל, ־עך; דאָס/די פֿענצטערברעט, ־ער
silliness די/דאָס נאַרישקייט
silly נאַריש; יאָלדעוואַטע
What a silly idea! נישטאָ ווער ס'זאָל לאַכן!; אַן אײַנפֿאַל פֿון אַ נאַר!
silly billy דאָס נאַרעלע, ־ך; דער טיפּש, ־ים [TÍPESh, TÍPShIM]
silly putty די קינדערליים
silo דער סילאָ, ־ס
silt, *n.* דער שלאַם; דער נאַמאָל
silt, *v.* **(up)** פֿאַרשלאַמען
silvan וואַלד...; וואַלדיק
silver, *adj.* זילבערן
have a silver tongue האָבן אַ געשליפֿענע צונג
silver, *n.* דאָס זילבער
silver, *v.* באַזילבערן
silverbell דאָס ווײַסגלעקל, ־עך
silverberry דער זילבער־גן־עדן־בוים, ־ביימער [GANÉYDN/GENÉYDEM]
silver bullet די כּישוף־רפֿואה, ־ות [KÍShEF-REFÚE]
silver chloride דער זילבער־כלאָריד
silvered באַזילבערט
silver foil דאָס זילבער־פּאַפּיר
silvergrass דאָס זילבערגראָז
silver-haired זילבער־האָריק
be silver-haired האָבן זילבערנע האָר
silvering די פֿאָלגע
silver jubilee דער זילבערנער יובֿל [YOYVL]
silverleaf דער זילבערשויט
silver lining דער שטראַל ‹פֿונק› האָפֿענונג
silver medal דער זילבערנער מעדאַל, ־ן
silver nitrate דער זילבער־ניטראַט; דער לאַפּיס
silver oxide דער זילבער־אָקסיד
silver-plated באַזילבערט; זילבערדיק
silver-plating די באַזילבערונג; דאָס וואַרשעווער זילבער
silver screen דער קינאָ
silversmith דער זילבערשמיד, ־ן
silverware דאָס זילבערוואַרג; כּלי־כּסף ל"ר; גאָפּל־לעפֿל ל"ר [KLE-KÉSEF]
silver wedding די זילבערנע חתונה [KhÁSENE]
silvery זילבערדיק
Simchat Torah דער שימחת־תּורה [SÍMKhES-TÓYRE]
simian מאַלפּע...; מאַלפּעדיק
similar (to) ענלעך (אויף/צו); געראָטן (אין); געגליכן (צו)
similarity די/דאָס ענלעכקייט, ־ן; די/דאָס געגליכנקייט, ־ן
similarly אַזוי טאַקע; פּונקט אַזוי; פּונקט אויף אַזאַ(ן) אופֿן [OYFN]
simile די פֿאַרגלײַכונג, ־ען
simmer

vt. מליִען; אײַנקאָכן
vi. מליִען זיך; אונטערזידן
simmer down אײַנשטילן זיך
He was simmering with anger דער כּעס האָט אין אים געקאָכט [KÁAS]
Simon says (game) שמעון ‹לעמעד› זאָגט [ShÍMEN]
simoom דער סאַמוּם, ־ען
simper חנדלען זיך; פֿראַווע|ן צירלעך־מאַניִרלעך [KhÉYNDLEN]
simple פּשוט [PÓShET]
simple fraction די פּשוטע בראָכצאָל, ־ן [PÓShETE]
simple fracture דער פּשוטער בראָך, ־ן [PÓShETER]
simple interest דער פּשוטער פּראָצענט [PÓShETER]
simple life דאָס פּשוטע לעבן [PÓShETE]
simple-minded תּמעוואַטע; הינטערנאַיִוונדיק; נאַרישעוואַטע [TAMEVÁTE]
simple sentence דער פּשוטער זאַץ, ־ן [PÓShETER]
simpleton דער יאָלד, ־ן; דער תּמעוואַטער געב׳; דער תּם, ־ען; דער פֿויערשער קאָפּ; דער פּראָסטער ‹פּשוטער› גוט־שבת; דער נאַרישער קאָפּ ‹טראָפּ›; דער חוזק(־נאַר) [TAMEVÁTER] [TAM] [PÓShETER] [ShÁBES] [KhÓYZEK]
simplicity דאָס פּשטות; די/דאָס פּשוטקייט [PÁShTES] [PÓShETKEYT]
be simplicity itself זײַן דאָס פּשטות אַליין
simplification די פֿאַרפּשוטערונג, ־ען [FARPÓShETERUNG]
simplify פֿאַרפּשוטערן; מאַכן פּשוטער [FARPÓShETERN] [PÓShETER]
simplistic סימפּליסטיש
simply (פּראָסט און) פּשוט [PÓShET]
(only) בלויז; נאָר
simulacrum דאָס אָפּבילד, ־ער; דער אימאַזש, ־ן
simulate סימולירן
simulated סימולירט
simulation די סימולאַציע, ־ס
simulator דער סימולירער, ־ס; דער סימוליר־אַפּאַראַט, ־ן
simulcast, *n.* די אײַנצײַטיקע טראַנסמיסיע, ־ס
simulcast, *v.* טראַנסמיטירן אײַנצײַטיק
simultaneous אײַנצײַטיק
simultaneously אײַנצײַטיק; אין זעלבן אָטעם; פֿאַר איין וועגס; מיט איין קלאַפּ
simultaneous translation די אײַנצײַטיקע איבערזעצונג, ־ען
sin, *n.* די עבֿירה, ־ות; די נעוויִרע, ־ס; די זינד, ־; דער חטא, חטאָים; דער עוון, ־ות [AVÉYRE] [KhET, KhATÓYEM] [OVN, AVÓYNES]
live in sin לעבן אין איינעם נישט־חתונה־געהאַטערהייט [KhÁSENE]
sins of youth חטאת־נעורים; יוגנטזינד [KhÁTES-NEÚRIM]
sin of commission דער לא־תעשה, ־ס [LÓYSESE/LÓYSAYSE]
commit a sin of commission עובֿר זײַן אויף אַ לא־תעשה [ÓYVER]
sin of omission דער עשה, ־ס [ÉSE]
commit a sin of omission עובֿר זײַן אויף אַן עשה
sin, *v.* אָפּטאָן ‹באַגיין› אַן עבֿירה; אָפּטאָן ‹באַגיין› אַ חטא; זינדיקן; חוטא|ן(נען) [AVÉYRE] [KhET] [KhÓYTE(NE)N]
sinapism דער זענעפֿט־פּלאַסטער
since, *adv.* פֿון דעמאָלט אָן; זינט דעמאָלט; פֿון יענער צײַט אָן
long since שוין לאַנג
since, *conj.*
(because) היות (ווי); אַזוי ווי; ווי באַלד; דערפֿאַר וואָס; ווײַל; באשר־בכן [HEYÓYS] [BÁ(N)ShER-BEKhÉYN]
(time) (פֿון) זינט; צײַט
since, *prep.* (פֿון) זינט; צײַט; פֿון ... אָן
since then פֿון דעמאָלט אָן; זינט דעמאָלט; פֿון יענער צײַט אָן
since when פֿון ווען אָן; זינט ווען
sincere (אָפֿן־)האַרציק; ריינהאַרציק; ˚אויפֿריכטיק
sincerely באמת [BEÉMES]
(in letter) אַל דאָס גוטס; מיט גרוס
sincerity די/דאָס (אָפֿן־)האַרציקייט; די/דאָס ריינהאַרציקייט
in all sincerity מיטן גאַנצן אָפֿן־האַרציקייט
Sin City (*fig./slg.*) סדום־ועמורה [SDOM-VAAMÓYRE]
sine דער סינוס, ־ן
sine of an angle דער סינוס־ווינקל
sinecure די סינעקור, ־ן; דער ליידיק־גייערישער פּאָסטן, ־ס
sine die אויף אַן אומבאַשטימטער צײַט
sine qua non דער תּנאַי־בל־יעבֿור; דער נייטיקער תּנאַי ‹באַדינג›; דער מוז [TNAY] [TNAY-BALYÁYVER]
sinew די שפּאַנאָדער, ־ן; די (סוכע)זשילע, ־ס
sinews of war קריגסמיטלען
sinewy אָדערדיק; נישט צום צעקײַען
(person) אויסמוסקולירט; מוסקולעז
sinful זינדיק
sinful Jew דער פּושע־ישׂראל, פּושעי־... [PÓShE-YISRÓEL]
sing, *n.* דאָס זינגערײַ, ־ען
sing, *v.* זינגען
sing along מיטזינגען
sing out אויסזינגען
sing-along דאָס זינגערײַ, ־ען; דאָס געזאַנג בציבור [BETSÍBER]
Singapore (דאָס) סינגאַפּור
singe, *v.*
imp. סמאַליע|ן; זענגען
pf. אָפּסמאַליע|ן; פֿאַרסמאַליע|ן; אָפּזענגען
singer
m./unsp. דער זינגער, ־ס
f. די זינגערין, ־ס
singing, *adj.* זינגענדיק
singing, *n.* דאָס געזאַנג
(J.) די נגינה [NEGÍNE]
single, *adj.*
(one-time) איינמאַליק
(sole) איינ...; איינצל...; איינציק; איינצלדיק
(unmarried) נישט־חתונה־געהאַט; פֿרײַ; פֿרײַלײדיק; אומבאַפּאָרט; אומבאַמאַנט; אומבאַווײַבט; סינגל אַמ׳/פּר׳ [KhÁSENE]
every single day טאָג־איין טאָג־אויס
Not a single one was left ס׳איז נישט פֿאַרבליבן קיין איינציקס
single man דער בחור, ־ים; דער אומבאַווײַבטער געב׳; דער נישט־חתונה־געהאַטער געב׳; דער פֿרײַלײדיקער געב׳ [BÓKhER, BÓKhERIM]
single woman דאָס מיידל, ־עך; די אומבאַמאַנטע געב׳; די נישט־חתונה־געהאַטע, –
single, *n.*
(baseball) דער איינקלאַפּ, ...קלעפּ
(dollar) דער איינסער, ־ס; דאָס איינצעלע, ־ך; דאָס איינסערל, ־עך
(unmarried) דער פֿרײַער געב׳; דער פֿרײַלײדיקער געב׳; דער סינגל, ־ס אַמ׳
single, *v.*
single out (choose) אָפּקלײַבן
single out (distinguish) אַרויסהייבן; אויסטיילן
single bed דאָס/די יחיד־בעט, ־ן [YÓKhED]
single-breasted איינרייִיק; איינבאָרטיק

single-celled אײן־קעמערלדיק
single-digit אײנציפֿערדיק
single-engine אײנמאָטאָריק
single-family home דאָס אײן־משפּחהדיקע הויז, הײַזער [MIShPÓKhEDIKE]
single father דער אומבאַווײַבטער טאַטע, ־ס; דער טאַטע אָן אַ ווײַב
single file אין אַ געַנדזענער ריי; שורותווײַז; שערענגעסווײַז [ShÚRESVAYZ]
singlehandedly אײנער געב׳ אַלײן
singlehood די/דאָס פֿרײַלידיקייט
single-issue candidate דער אײן־ענינדיקער קאַנדידאַט, ־ן; דער קאַנדידאַט מיט אײן ענין אין זינען [ÍNYENDIKER] [ÍNYEN]
singleminded צילגעווענדט; משוגע־לדבֿר־אחד; מיט אײן ציל ‹געדאַנק› אין זינען [MEShÚGE-LEDÓVER-ÉKhED]
single mother די אומבאַמאַנטע מאַמע, ־ס; די מאַמע אָן אַ מאַן
singleness of purpose די/דאָס צילגעווענדטקייט
single-parent family די האַלבע הײם, ־ען; די משפּחה מיט נאָר אַ טאַטן ‹מאַמען› [MIShPÓKhE]
single-room-occupancy hotel דער אײנצלשטוב־האָטעל, ־ן
singles, *n.* **(tennis)** דער סאָלאָמאַטש, ־ן
play singles שפּילן סאָלאָ
singles bar דער באַקענבאַר, ־ן; די באַקענשענק, ־ען
singles match דער סאָלאָמאַטש, ־ן
single-spaced אַ שורה נאָך אַ שורה; אָן אַן אינטערוואַל [ShÚRE]
singles weekend דער סוף־וואָך פֿאַר פֿרײַלײדיקע ‹סינגלס› [SOF]
single thread (die-cast) דאָס פּשוטע גווינט [PÓShETE]
singleton
(card) די אײנציקע קאָרט אײנעם מאַסט
(child) דאָס אײנציקע קינד, ־ער
(single object) דער עלעמענט, ־ן
single-use אַוועקוואַרפֿיק; אײנמאָליק
single-use item דאָס אַוועקוואַרפֿיקע; דאָס אײנמאָליקל, ־עך
singly אײנציקווײַז
singsong, *adj.* טראַלאַלײַיק; מאָנאָטאָניש
singsong, *n.* דער טראַלאַלײַ
singular, *adj.*
(exceptional) אויסערגעוויינ(ט)לעך; אויסנעמיק
(gram.) אין לשון־יחיד ‹אײנצאָל› [LOShN-YÓKhED]
(one-time) אײנמאָליק
(unique) אײנציק; יחיד־במינודיק; אוניקאַל [YÓKhED-BEMÍNEDIK]
singular, *n.* דאָס לשון־יחיד; דער יחיד; די אײנצאָל [LOShN-YÓKhED] [YÓKhED]
singularity
(one time) די/דאָס אײנמאָליקייט
(uniqueness) די/דאָס אײנציקייט; די/דאָס יחיד־במינודיקייט [YÓKhED-BEMÍNEDIKEYT]
singularly באַזונדער; איבעריק
singular noun דער סובסטאַנטיוו אין לשון־יחיד ‹אײנצאָל› [LOShN-YÓKhED]
sinister טונקל; פֿינצטער; בײז; שלעכט
sink, *n.* דער אָפּגאָס, ־ן
(bathroom) דער וואַשטיש, ־ן
sink, *v.* זינקען
vt. **(a well)** אויסגראָבן
vi. **(ship)** אונטערגײן; אײַנזינקען
vi. **(heart/spirits)** פֿאַלן; אײַנגײן
vi. **(sediment)** אָפּזעצן זיך
Her heart sank into her boots ס׳איז איר אָפּגעפֿאַלן אַ שטיק האַרץ; די נשמה אירע איז אַנטלאָפֿן אין די שפּיץ קנעכל; די נשמה איז איר אַרויסגעפֿאַלן [NEShÓME]
It didn't sink in כ׳האָב עס נישט באַנומען
sink in ווערן קלאָר (ווי דער טאָג)
sink into despair אַרײַנפֿאַלן אין ייִאוש; פֿאַרייִאושט ווערן; מיִאש זײַן זיך [YÍEShַ/YÉYESh] [FARYÍEShT] [MEYÁESh]
sink into mud גרוזנען
sink into thought פֿאַרזינקען אין געדאַנקען ‹מחשבֿות› [MAKhShÓVES]
Sink or swim! אָדער שווים אָדער שוויַג!
sink to the bottom זינקען; פֿאַרזונקען ווערן
sink without a trace אײַנגעזונקען ווערן (אָן קײן סימן) [SÍMEN]
I had a sinking feeling that דאָס האַרץ האָט מיר געזאָגט אַז
sinker דער זינקבלײַ
sinkhole די זינקטיף, ־ן
sinking, *n.*
(of ship) דאָס אונטערגײן
(of well) דאָס אויסגראָבן
sinking fund דער אַמאָרטיזיר־פֿאָנד, ־ן
sinner
m./unsp. דער זינדיקער געב׳; דער בעל־עבֿירהניק, ־עס; דער בעל־עבֿירה, בעלי־עבֿירות; דער חוטא, ־ים [BALAVÉYRENIK] [BALAVÉYRE, BÁLE-AVÉYRES] [KhÓYTE, KhÓYTIM/KhÓTIM]
f. די בעל־עבֿירהניצע, ־ס [BALAVÉYRENITSE]
sinologist דער סינאָלאָג, ־ן
sinology די סינאָלאָגיע
sinuous שלענגלדיק; געשלענגלט
sinus דער סינוס, ־ן; דער שטערן־חלל, ־ס [KhÓLEL]
sinusitis דער סינוסיט
sip, *n.* דער זופּ, ־ן
sip, *v.* זופּן
sip noisily כליאָפּטשע|ן
siphon, *n.* דער סיפֿאָן, ־ען
siphon, *v.* **(off)** אויסצאַפּן; אָפּציִען
sir מײַן הער; סער אַמ׳
(J.) ר׳ ייִד [REB]
sire, *n.*
(male animal) דער געבוירער, ־ס; דער באַלויפֿער, ־ס
Sire (title) אַדוני־מלך; מײַן האַר [ADÓYNI-MÉYLEKh]
sire, *v.* געבוירן; זײַן דער געבוירער פֿון
siren
(alarm) די סירענע, ־ס
(beauty) די קראַסאַוויצע, ־ס; די שײנהייט, ־ן
Siren (myth.) דאָס וואַסער־מיידל, ־עך
Sirius דער סיריוס
sirloin די שפּאָנדרע; די לעדוויצע
sirocco דער סיראָקאָ, ־ס
siskin דער טשיזשיק, ־עס
sissoo דאָס אינדישע רויזנהאָלץ
sissy דער ציטערדיקער געב׳; דאָס צוציקל, ־עך; דאָס נעבעכל, ־עך; דאָס ניונקעלע, ־ך
sister די שוועסטער, –
sisterhood די שוועסטערשאַפֿט
sister-in-law די שוועגערין, ־ס
sisterly ווי אַ ‹מעשׂה› שוועסטער [MÁYSE]
Sisyphean סיזיפֿיש
sit זיצן

He's sitting pretty סע גייט אים זייער גוט
It doesn't sit well with him סע געפֿעלט אים נישט
sit at the table זיצן בײַם טיש
sit back אויסשפּאַנען זיך
sit by זיצן מיט פֿאַרלייגטע הענט
sit down אַוועקזעצן ‹אַנידערזעצן› זיך
sit down for a moment צוזעצן זיך
sit down next to צוזעצן זיך צו; אַוועקזעצן זיך לעבן
sit for an exam (in) האַלטן עקזאַמען (אויף); באַלייגן ‹אָפּגעבן› אַן עקזאַמען (אויף)
sit for a portrait לאָזן זיך פֿאַרטרעטירן
sit in (on) בײַזײַן אויף ‹בײַ›
sit in for ממלא־מקום זײַן + אַק׳ [MEMÁLE-MÓKEM]
sit in on a class צוקוקן זיך אין קלאַס; זײַן אַ גאַסט אין קלאַס
sit out (endure) אויסהאַלטן; איבערהאַלטן
sit out a game נישט שפּילן
sit still אײַנזיצן
sit through (אַ)דורכזיצן
sit tight אײַנזיצן; צוּוואַרטן
sit up אויפֿזעצן זיך
sit up all night בלײַבן אויף אַ גאַנצע נאַכט
sit up and take notice אויפֿהאַרכן
sitar דער סיטאַר, ־ן
sit-com דער סיטקאָם, ־ס
sit-down meal דער מאָלצײַט אַרום ‹זיצנדיק בײַם› טיש
sit-down strike דער זיצשטרײַק, ־ן
site, *n.* דאָס אָרט, ערטער; דער פּלאַץ, פּלעצער; די לאָקירונג, ־ען
(comp.) דאָס אָרט, ערטער
site, *v.* שטעלן; לייגן
sit-in דער זיצשטרײַק, ־ן
sitter
(babysitter/*m./unsp.*) דער קינדהיטער, ־ס
(babysitter/*f.*) די קינדהיטערין, ־ס
(hen) די קוואָטש(ק)ע, ־ס; די קוואָקע, ־ס
sitting, *adj.* זיצנדיק
(incumbent) אַמטירנדיק
sitting, *n.* דאָס זיצן
at one sitting מיט ‹אויף› איין מאָל; אין איין אָטעם
They have two sittings for lunch מע סערווירט מיטאָג אין צוויי שיכטן
sitting duck/target דער געלײמטער טערק, ־ן; דער אומבאַשיצטער קרבן, ־ות [KORBM, KORBÓNES]
sitting room דער גאַסטצימער, ־ן
situate שטעלן
be situated געפֿינען זיך; ליגן
situation דער מצבֿ; די סיטואַציע, ־ס; די ·לאַגע, ־ס [MÁTSEV]
(job) די שטעלע, ־ס
We have a situation סהאָט זיך געמאַכט אַ צרה [TSÓRE]
situation comedy די סיטואַציע־קאָמעדיע, ־ס
sit-ups
do sit-ups מאַכן אויפֿזעץ־געניטונגען
sitz bath די זיצוואַנע, ־ס
Sivan (דער) סיוון [SIVN]
six, *n.*
(digit) די זעקס, ־ן
(cards) דאָס זעקסטל, ־עך; די זעקס, ־ן; דער וואָוער
at sixes and sevens קאַפּויער; מיטן קאָפּ אַראָפּ, מיט די פֿיס אַרויף
six of one, half a dozen of the other הײַנו־הך; איינס און דאָס זעלביקע [HAYNE-HÁKh]
six, *num.* זעקס
Six-Day War די זעקסטאָגיקע מלחמה [MILKhÓME]
six-figure salary זעקס־ציפֿערדיקע שׂכירות ל״ר [SKhÍRES]
six o'clock זעקס אַ זייגער; זעקסע
six-pack דער זעקסער, ־ס
six-shooter דער זעקסקויליקער רעוואָלווער, ־ס
sixteen זעכצן
sixteenth, *adj.* זעכצעט; זעכצנט
sixteenth, *n.* דאָס זעכצעטל, ־עך
sixteenth note די זעכצעטל־נאָטע, ־נאָטן
sixth, *adj.* זעקסט
have a sixth sense האָבן אינטויִציע; האָבן דעם זעקסטן חוש
sixth, *n.*
(fraction) דאָס זעקסטל, ־עך
(mus.) די סעקסטע, ־ס
sixtieth זעכציקסט
sixty זעכציק
be in one's sixties זײַן אין די זעכציקער (יאָרן); זײַן אַ זעכציקער
in the sixties (era) אין די זעכציקער יאָרן
sixty-fourth note די פֿיר־און־זעכציקסטל־נאָטע, ־נאָטן
sixty-four-thousand dollar question די שאלה־שבשאלות [ShÁYLE-ShEBEShÁYLES]
sixty-odd עטלעכע און זעכציק; אַ זעכציק
size, *n.* די גרייס, ־ן; די מאָס, ־ן; דער נומער, ־ן
(extent) די גרייס; דער מאַשטאַב; דער פֿאַרנעם
cut sb. down to size אָפּהאַקן ‹אָפּפּאַטשן› + דאַט׳ די פֿליגל; מאַכן + אַק׳ מיט אַ קאָפּ קלענער ‹קירצער›
one size fits all איין מאָס ‹גרייס› פֿאַר אַלע; צוגעמאָסטן גלײַך אַלעמען
That's the size of it אָט דאָס איז דער מצבֿ; אָט ווי סע האַלט [MÁTSEV]
size, *v.* אָפּמעסטן
size up (אָפּ)שאַצן
sizeable היפּש; נישקשהדיק [NIShKÓShEDIK]
sizzle צישע|ן; קנאַקלען; זידן
sizzler (hot day/*slg.*) די חמימה; די ברענענדיקע היץ [KhMÍME]
skate, *n.*
(ice skate) דער גליטששוך, ...שיך; דער גליטשער, ־ס
(roller skate) דער רעדלשוך, ...שיך
skate, *v.*
(on ice) גליטשן זיך
(on ground) רעדלען זיך
skate on thin ice שפּילן זיך מיט פֿײַער
skate over אויסמײַדן; איגנאָרירן
skate through (*fig.*) גרינג מצליח זײַן [MATSLÍEKh]
skateboard דאָס/די רעדלברעט, ־ער; דאָס רעדלברעטל, ־עך
skateboarding
go skateboarding פֿאָרן אויף אַ רעדלברעטל
skater
(on ice) דער גליטשלער, ־ס
(on ground) דער רעדלער, ־ס
skating rink
(ice) דער גליטש, ־ן
(roller) די רעדלערײַ, ־ען
skedaddle אַנטרונען ווערן; מאַכן פּליטה [PLÉYTE]
skeet shooting דאָס שיסן געוואָרפֿענע טויבן
skein דער מאָטיק, ־עס
skeletal סקעלעטיש; סקעלעט(ן)־...
skeletal remains דאָס געביין ל״ר; סקעלעט־רעשטלעך; עצמות [ATSÓMES]

skeleton דער סקעלעט, ־ן; דאָס געביין
He's a walking skeleton ער איז (גאָלע) הויט און ביינ(ער); ער איז אין גאַנצן דאַר און קוואַר
skeleton in the closet די קופּה־של־שרצים; דער משפּחה־סוד, ־ות [KÚPE-ShEL-ShRÓTSIM] [MIShPÓKhE-SOD, -SÓYDES]
skeleton key דער נאָכשליסל, ־ען; דער האַקשליסל, ־ען; דער וויטריך, ־ן
skeleton staff דער מינימאַלער פּערסאָנאַל
skeptic דער סקעפּטיקער, ־ס
be a skeptic about זײַן אַן אַפּיקורס אין [APIKÓYRES]
skeptical סקעפּטיש
skepticism דער סקעפּטיציזם; די/דאָס סקעפּטישקייט
sketch, *n.* די סקיצע, ־ס; די צייכענונג, ־ען
(draft) דער אָנוואַרף, ־ן
(thea.) דער סקעטש, ־ן
sketch, *v.* סקיצירן; (אויפֿ)צייכענען
(draft) אָנוואַרפֿן
sketch out אויסקיצירן; אויסצייכענען; אויפֿצייכענען
sketch artist דער סקיצירער, ־ס
sketching, *n.* די סקיצע, ־ס; די צייכענונג, ־ען
sketch pad דער סקיצירבלאָק, ־ן
sketchy סקיציק; סכעמאַטיש; אויבנאויפֿיק; קאָנטוריש
(questionable/*slg.*) נישט־זיכער; חשוד [KhÓShED]
(of a person/*slg.*) חשוד; נישט מיט אַלעמען [KhÓShED]
skew, *adj.* **(diagonal)** שרעג
skew, *v.*
vt. **(facts)** פֿאַרדרייען; איבערדרייען
vi. **(change direction)** אָפּנייגן זיך
skewbald, *adj.* שעקיק; העל געפֿלעקט
skewbald, *n.* דער שעק, ־ן
skewed קרום; געקרימט; קאָסע; שרעג
(facts) פֿאַרדרייט
skewer, *n.* דאָס (בראָט)שפּיזל, ־עך; די בראָטשפּיז, ־ן
skewer, *v.* אויפֿשפּיזן
(criticize) אַרײַנזאָגן; זידלען
ski, *n.* די נאַרטע, ־ס; דער סקי, –
ski, *v.* נאַרטלען זיך; גיין אויף סקי
skid, *n.* דער אויסגליטש, ־ן
be on the skids גיין באַרג־אַראָפּ
The car went into a skid דער אויטאָ האָט זיך אויסגעגליטשט; ס'האָט אָפּגעטראָגן דעם אויטאָ
skid, *v.* (אויס)גליטשן זיך
skid mark דער טאָרמאַז־סימן, ־ים [SÍMEN, SIMÓNIM]
skid row דער שיכּורים־קוואַרטאַל
skier דער נאַרטלער, ־ס; דער סקיִער, ־ס
skiff דאָס רודערשיפֿל, ־עך; דאָס (איינפּערזאָניקע) שיפֿל, ־עך
skiing דאָס נאַרטלען זיך; דאָס נאַרטלערײַ; דאָס סקיִערײַ; דאָס גיין אויף סקי
ski jump דער נאַרטלשפּרונג, ־ען
ski lift דער נאַרטל־‹סקי־›פֿוניקולאַר, ־ן; די/דער הייבשטול, ־ן
skill
(ability) די געניטשאַפֿט; די/דאָס פֿעיִקייט, ־ן; דער טאַלאַנט, ־ן
(expertise) די בריהשאַפֿט, ־ן; דאָס בקיאות [BÉRYEShAFT] [BEKÍES]
have poor reading skills זײַן אַ שוואַכער לייענער; נישט קענען גוט לייענען
learn new skills (צו)לערנען זיך עפּעס נײַס
skilled פֿעיִק; געניט; פֿאַכ...; קוואַליפֿיצירט; בקי פּר' [BÓKE]
skilled nursing facility דער מושבֿ־זקנים, ־ס [MÓYShEV-SKÉYNIM]
skilled work די פֿאַכאַרבעט
skilled worker דער פֿאַכאַרבעטער, ־ס; דער קוואַליפֿיצירטער אַרבעטער, ־ס
skillet די פֿאַן, ־ען; דאָס פֿענדל, ־עך; די סקאָווראָדע, ־ס; די פּאַטעלניע, ־ס; דאָס בעקעלע, ־ך
skillful(ly) פֿעיִק; געניט; בריהש [BÉRYESh]
be skillful (at) זײַן אַ בריה (אויף) [BÉRYE]
skillful person דער/די בריה, ־ות [BÉRYE]
skim, *v.* אָפּשעפּן; אַראָפּנעמען
(funds) אָפּציִען ‹אַראָפּנעמען› פֿון די געלטער
skim through (אַ)דורכקוקן אויף גיך; (אַ)דורכלויפֿן (מיט די אויגן); געבן ‹טאָן› אַ לייען (דאָ און דאָרט); כאַפּיק לייענען
skimmed אָפּגעשעפּט; אַראָפּגענומען
skimmer דער שוימלעפֿל, –; דער פּאַלאָניק, ־עס
skim milk די אָפּגעשעפּטע ‹אַראָפּגענומענע› מילך; די מאָגערמילך
skimp שפּאָרן; זשאַלעווע(ן) אַ גראָשן
skimp on קאַרגן + אַק'
skimpy קנאַפּ
skin, *n.* די הויט
(of animal) די פֿעל, ־ן
(of fruit) דאָס/די שאָלעכץ, ־ן/־ער
(of milk) די פּלעווקע
skin and bones הויט און ביינ(ער)
by the skin of one's teeth קוים־קוים
get under one's skin (annoy) פֿאַרקריכן + דאַט' אונטער די נעגל
get under one's skin (endear oneself) אַרײַנקריכן + דאַט' אין האַרצן
have delicate skin איידל־הויטיק
No skin off my back! מיך אַרט עס וויניק!; געזונטערהייט!
save one's (own) skin ראַטעווע(ן) זיך אַליין
She has a thick skin זי נעמט זיך נישט איבער
She has a thin skin זי נעמט זיך צו פֿיל איבער; זי איז צו שפּירעוודיק ‹סענסיטיוו›
skin, *v.*
vt. **(animal)** (אָפּ)שינדן; אָפּשינדן ‹אַראָפּנעמען/אָפּציִען› די פֿעל
vt. **(injure skin)** צעדראַפּע(ן)
skin condition די הויטקרענק, ־ען
skin-deep אויבנאויפֿיק
skin diving דאָס ספּאָרט־טונקערײַ
go skin diving טונקען זיך אונטערן וואַסער
skin flick דער פּאָרנאָפֿילם, ־ען
skinflint דער קמצן, ־ים; דער קמצניוק, ־עס; דער קאַרגער געב'; די קאַרגע צרה, ־ות; דער חזיר, ־ים; דער דבֿר־אַחר, ־ס [KAMTSN, KAMTSÓNIM] [KAMTSENYÚK] [TSÓRE] [KhÁZER, KhAZÉYRIM] [DÓVER-ÁKhER]
skinhead דער געגאָלטער קאָפּ, קעפּ
skin irritation די אויסגעפּריִעטע ‹אָנגערייצטע› הויט
skinner דער שינדער, ־ס
skinny, *adj.* דאַר; מאָגער
skinny person *also* די כראַנדיע, ־ס
skinny, *n./slg.* נײַעס ל"ר; פֿליאָטקעס ל"ר
skinny-dipping דאָס באָדן זיך נאַקעטערהייט
go skinny-dipping באָדן זיך נאַקעטערהייט
skin test דער הויטעסט, ־ן
skin-tight ענג ווי די אייגענע הויט; ענג אויסגעפּאַסט
be skin-tight (שטייפֿ) אַרומכאַפּן
skip, *n.* דאָס האָפּקען

do a couple of skips האָפּקע|ן; האָפּסלען; שפּרינגלען; אונטערשפּרינגען

skip, *v.*
vt. **(miss)** (אַ)דורכלאָזן; פֿאַרפֿעלן
vt. **(omit)** איבערהיפּ(ער)ן
vi. **(jump)** האָפּקע|ן; האָפּסלען; שפּרינגלען; אונטערשפּרינגען
skip a grade איבערהיפּ(ער)ן אַ קלאַס
skip a meal איבערהיפּ(ער)ן אַ מאָלצײַט; פֿאַרפֿעלן צו עסן
skip a payment פֿאַרפֿעלן ‹(אַ)דורכלאָזן› אַ צאָלונג; פֿאַרפֿעלן צו באַצאָלן
skip class (once) (אַ)דורכלאָזן אַ לעקציע
skip class (repeatedly) מאַנקירן; כּסדר נישט ווײַזן זיך אין קלאַס [KESÉYDER]
skip formalities נישט מקפּיד זײַן אויף פֿאָרמאַליטעטן [MÁKPED]
skip out אַרויסגנבֿע|(נע)ן זיך [ARÓYSGÁNVE(NE)N]
skip rope שפּרינגען מיט אַ (שפּרינג)שנור ‹(שפּרינג)שטריק›
skip stones (on water) מאַכן ‹וואַרפֿן› קאַטשקעלעד
skip through (אַ)דורכבלעטערן
skip town מאַכן פּליטה; אַנטלויפֿן [PLÉYTE]
ski pole דער סקישטעקן, ־ס
skipper דער (שיף־)קאַפּיטאַן, ־ען; דער שקיפּער, ־ס
ski resort דער נאַרטל־רעזאָרט, ־ן; דער סקירעזאָרט, ־ן
skirmish, *n.* דער צונויפֿשטויס, ־ן; דאָס שלאַכטל, ־עך
(verbal) דאָס מחלוקת, ־ן; דער סיכסוך, ־ים [MAKhLÓYKES] [SÍKhSEKh, SIKhSÚKhIM]
skirmish, *v.* צונויפֿשטויסן ‹שלאָגן› זיך
(verbally) האָבן אַ מחלוקת ‹סיכסוך› [MAKhLÓYKES] [SÍKhSEKh]
skirt, *n.* דאָס האַלבקליידל, ־עך; דאָס (האַלבע) קליידל, ־עך; די יופּע, ־ס; די ספּאָדניצע, ־ס; דאָס רעקל, ־עך
(border) דער/די זוים, ־ען
skirt, *v.* ווײַכן פֿון; אויסמײַדן; גיין ‹פֿאָרן› אַרום
(border) אַרומזוימען
skirt the rules ווײַכן פֿון ‹אויסמײַדן› די כּללים [KLÓLIM]
skirt chaser דער ווײַבערניק, ־עס; דער חמור־אייזל, ־ען; דער שיקסעניק, ־עס; דער הולטײַ, ־עס [KhÁMER]
ski slope דער נאַרטל־באַרגאַראָפּ, ־ן
skit דער סקעטש, ־ן; די לאַכערײַקע, ־ס; דאָס פּיעסקעלע, ־ך

skitter לײַכט טראָגן זיך
skittish נערוועז; אומרויִק
skivvies דאָס אונטערוועש קאָל'
skulduggery דאָס אָפּנאַרערײַ; דאָס שאַכער־מאַכערײַ
skulk שלײַכן זיך; גנבֿע|(נע)ן זיך; לאָקערן [GÁNVE(NE)N]
skull דער שאַרבן, ־ס; דאָס שאַרבן־קעסטל, ־עך
skull and crossbones דער טויטנקאָפּ
skullcap די יאַרמלקע, ־ס; דאָס קאַפּל, ־עך
(bot.) דער שליאָמניק, ־עס
skunk דער טכוי(ע)ר, ־ס; די שעשקע, ־ס
skunk cabbage דאָס/די טכויערקרויט
sky דער הימל, ־ען
out of the clear blue sky פֿון דער העלער הויט אַרויס; פּלוצעם אין אַ מיטוואָך
The sky's the limit! אַלץ איז נאָר מעגלעך!
skies *also* דער הימל ל"י
sky-blue הימל בלאָ; לאַזור
skybox די אײבערשטע לאָזשע, ־ס
skycap דער געפּעק־טרעגער, ־ס
skydiver דער עראָפּלאַן־שפּרינגער, ־ס
skydiving דאָס שפּרינגען פֿון עראָפּלאַן
skyflower די דוראַנטע, ־ס
sky-high העט אין די הימלען; הויך ווי דער הימל; הימל הויך
skyjacker דער אַוויאָן־‹עראָפּלאַן־›פֿאַרכאַפּער, ־ס
skyjacking דער אַוויאָן־‹עראָפּלאַן־›פֿאַרכאַפּ, ־ן
skylark דאָס בוים־טרילערל, ־עך; דער לאַרך, ־ן
skylight דאָס/דער דאַכפֿענצטער, –; די דאַכפֿאָרטקע, ־ס
skyline די הימל־ליניע, ־ס; דער האָריזאָנט, ־ן
sky marshal דער לופֿטמאַרשאַל, ־ן
Skype, *n.* (דער) סקײַפּ
Skype, *v.* רעדן סקײַפּיש; סקײַפּן
skyrocket, *n.* דער פֿײַערווערק־‹סיגנאַל־›ראַקעט, ־ן
skyrocket, *v.* אַ הייב טאָן זיך ביז אין הימל אַרײַן
skyscape די הימלשאַפֿט, ־ן
skyscraper דער וואָלקן־קראַצער, ־ס
skyward אין הימל אַרויף
slab
(meat) דאָס שטיק פֿלייש; דער כמאַל
(stone) די פּלאַטע, ־ס; די טאַפֿליע, ־ס
slack, *adj.*
(rope) לויז
(weak) שוואַך
Business is slack די געשעפֿטן גייען שלעכט
slack, *n.*
(loose part) דאָס לויזע
cut sb. some slack האָבן אײַנזעעניש מיט ‹פֿאַר›
pick up the slack (of rope) אָנשפּאַנען
take up the slack אויספֿילן די בלויזן; קאָמפּענסירן
slack, *v.* **(off)** פֿוילן זיך; פּוסטעפּאַסעווע|ן
slacken
vt. לויזער מאַכן; נאָכלאָזן
vi. לויז ווערן; אָפּגעשוואַכט ווערן
slacker דער פֿויליאַק, ־עס; משה רבנוס אַרבעטער [MÓYShE RABÉYNES]
slacks פּלודערן; הויזן
slack season דער אומסעזאָן, ־ען; דער שלעכטער ‹טויטער› סעזאָן; דער סלעק אַמ'
slag דער/דאָס שלאַק
slain געטייט; דערהרגעט [DERHÁRGET]
slain person דער געטייטער געב'; דער הורג, הרוגים [HÓYREG, HARÚGIM]
slake, *v.* (אָפּ)לעשן
slake one's thirst לעשן ‹שטילן› דעם דאָרשט
slalom דער סלאַלאָם
slam, *n.* דער זעץ, ־ן; דער כמאַל, ־ן
(cards) דער שלעם
slam, *v.* אַ זעץ ‹קלאַפּ› טאָן מיט
slam into אַרײַנקראַכן ‹אַרײַנפֿאָרן› אין
slam on the brakes אַ זעץ טאָן מיטן טאָרמאַז
slam the door אַ קלאַפּ ‹זעץ/טראַכקע› טאָן מיט דער טיר
slam dunk (basketball) דער אַראָפּשאָס, ־ן
(fig.) די זיכערע זאַך
slammer (jail/*slg.*) דער חד־גדיא, ־ס; די קאָזע, ־ס; דער חדר [KhAD-GÁDYE] [KhÉYDER]
slander, *n.* דאָס רכילות; דאָס לשון־הרע; דאָס באַרעדערײַ; דאָס מלשינות; דאָס בילערײַ [REKhÍLES] [LOShN-HÓRE] [MALShÍNES]
slander, *v.* טרײַבן ‹רעדן› רכילות אויף; רעדן לשון־הרע אויף; באַרעדן; מלשין זײַן; מוציא־שם־רע זײַן [REKhÍLES] [LOShN-HÓRE] [MALShN] [MÓYTSE-ShÉMRA]
slanderer דער רכילותניק, ־עס; דער באַרעדער, ־ס; דער מלשין, ־ים [REKhÍLESNIK] [MALShN, MALShÍNIM]
slanderous רכילותדיק [REKhÍLESDIK]
slang, *adj.* סלענג...

slang, *n.* דאָס וווּלגעריש לשון; די גאַסנשפּראַך; דער סלענג [LOShN]
slangy סלענג...
slant, *n.* די קרים, ־ען; דער אָנבייג, ־ן; דער אָנגייג, ־ן; דער אוֹקאָס, ־ן; די שיפּוע, ־ים [ShIPÚE, ShIPÚIM]
(perspective) די נטיה, ־ות; די נייגונג, ־ען [NETÍE]
slant, *v.*
vt. שטעלן קאָסע; אָנבייגן
vi. שטיין קאָסע; בייגן זיך
slanted קאָסע; אָנגעבויגן; משופּעדיק [MEShÚPEDIK]
slap, *n.* דער פּאַטש, פּעטש; דער טראַסק, ־/טרעסק; דער פּליק, ־ן; דער פּליאַסק, ־ן; דער פֿראַסק, ־ן; דער כמאַל, ־ן
(light) דאָס פּעטשל, ־עך; דאָס פּעטשעלע, ־ך
slap in the face דער פּאַטש אין פּנים; די חתימת־יד [PÓNEM] [KhSÍMES-YÁD]
give sb. a slap on the wrist דערלאַנגען + דאַט׳ אַ לפּנים־פּעטשל; לייַכט באַשטראָפֿן; אויסרעדן + אַק׳ [LEPÓNEM]
slap, *v.*
imp./pf. (אָנ)פּאַטשן; (אָנ)פּליאַסקען
pf. **(once)** געבן אַ פּאַטש ‹פּעטשל/פּעטשעלע›
slap around אָנליאַפּען
slap a fine קנסן|(נען); אַרויפֿלייגן אַ געלטשטראָף [KÁNSE(NE)N]
slap down money אַנידערלייגן ס׳געלט
Slap me five! מיטן יד אין דער הייד!; גיב מיר פֿינ(ע)ף! [YAD]
slap sb. on the back קלאַפּן + דאַט׳ אין (דער) פּלייצע; לויבן + אַק׳
slap the cuffs on אײַנקייטלען + דאַט׳ די הענט
slapdash נישט־געהיט
slaphappy אָן זאָרגן ‹דאגות› [DÁYGES]
slapstick די בופֿאָנאַדע, ־ס; דער סלעפּסטיק
slash, *n.* דער (טיפֿער) שניט, ־ן
(symbol) דער קאָסאַק, ־עס
slash, *v.* צעשנײַדן
slash prices שטאַרק פֿאַרקלענערן די פּרײַזן
slat דאָס לייַסטל, ־עך
slate, *n.*
(board) דער (שיווער־)טאָוול, ־ען; דער גריפֿל־טאָוול, ־ען
(list) דער צעטל, ־ען
(stone) דער שיווערשטיין
clean slate דער נײַער דף [DAF]
wipe the slate clean אָנהייבן פֿון אַ נײַעם דף; אָנהייבן אויף ‹פֿון› ס׳נײַ
slate, *v.*
(criticize) צעקריטיקירן
(destine) באַשטימען
(schedule) פּלאַנירן
slated for באַשטימט אויף
slate pencil דער גריפֿל, ־ען
slather גוט באַשמירן ‹אָנשמירן›
slatted געלייַסטלט
slattern די דראַבקע, ־ס; די דריפּקע, ־ס; די שלומפּערקע, ־ס; די טשוכט, ־ן
slaughter, *n.* די קוילונג
(J./rit.) די שחיטה, ־ות [ShKhÍTE]
(of people) די הריגה, ־ות; די שחיטה, ־ות; די בלוטבאָד, ־ן [HARÍGE]
slaughter, *v.* קוילע|ן; קוילן
(J./rit.) שעכטן
(people) אויסשעכטן; אויסקוילע|ן
(spo./*fig.*) גוט צעקלאַפּן ‹צעשלאָגן›

slaughterer דער קוילער, ־ס
(J./rit.) דער שוחט, ־ים [ShÓYKhET, ShÓKhTIM]
slaughterhouse דאָס שעכטהויז, ...הייַזער; די בוינע, ־ס
(J./rit.) דאָס שחיטה־שטיבל, ־עך [ShKhÍTE]
slaughtering knife (J./rit.) דער חלף, ־ים [KhÁLEF, KhALÓFIM]
Slav
m./unsp. דער סלאַוו, ־ן
f. די סלאַוויאַנקע, ־ס; די סלאַווין, ־ס
slave, *n.* דער שקלאַף, ־ן; דער קנעכט, –
be a slave to אונטערוואַרפֿן זיך + דאַט׳; זײַן פֿאַרשקלאַפּט בײַ ‹אונטער›
work like a slave האָרעווען|ן ווי אַ שקלאַף
slave, *v.* **(away)** שקלאַפֿן; האָרעווען|ן שווער; מוטשען|ן זיך; מאַטערן זיך
slavedriver דער שקלאַפֿן־טרײַבער, ־ס; דער שווייסיאָגער, ־ס
slave labor די שקלאַפֿן־אַרבעט; די עבֿודת־פּרך; די קאַטאָרגע [AVÓYDES-PÉREKh]
slaver
(ship) די שקלאַפֿנשיף, ־ן
(trader) דער שקלאַפֿן־הענדלער, ־ס
slavery דאָס שקלאַפֿערײַ; די קנעכטשאַפֿט
slave ship די שקלאַפֿנשיף, ־ן
slave trade/traffic דער שקלאַפֿן־האַנדל
slave trader דער שקלאַפֿן־הענדלער, ־ס
Slavic סלאַוויש
slavish שקלאַפֿיש; ווי אַ שקלאַף
slay (דער)הרגע|(נע)ן; טייטן [(DER)HÁRGE(NE)N]
sleaziness די/דאָס אָפּגעלאָזנקייט; די/דאָס געמיינקייט
sleazy אָפּגעלאָזן; געמיין; שפּעטנע; פֿון ערגסטן מין ‹סאָרט›
sled, *n.* דער שליטן, ־ס
(child's) דאָס שליטל, ־עך; דאָס שליטעלע, ־ך
sled, *v.* שליטלען זיך
sledding דער שליטנספּאָרט
go sledding שליטלען זיך
sledgehammer, *n.* די באַבע(צע), ־ס; דער זעצהאַמער, ־ס
sledgehammer, *v.* געבן אַ זעץ (מיט אַ זעצהאַמער)
sleek גלאַטיק; גליטשיק; עלעגאַנט; אויסגעסטרויעט
sleep, *n.* דער שלאָף
cry oneself to sleep אויסוויינען זיך ביזן אַנטשלאָפֿן ווערן
get a good night's sleep גוט אויסשלאָפֿן זיך
get enough sleep אויסשלאָפֿן זיך
get off to sleep אַנטשלאָפֿן ווערן; אײַנשלאָפֿן
go to sleep לייגן זיך שלאָפֿן
lose sleep (over) נישט שלאָפֿן קיין נעכט (צוליב)
not lose any sleep over נישט דאגה|ן וועגן [DÁYGEN]
put to sleep לייגן שלאָפֿן
put to sleep (*nurs.*) לייגן ליו־ליו
put to sleep (euthanize) אייטאַנאַזירן
talk in one's sleep רעדן פֿונעם ‹פֿון› שלאָף
sleep, *v.* שלאָפֿן
(*nurs.*) שלאָפּײַ; פּאָפּײַ; ליו־ליו; שלאָפֿעניו; שלאָפֿעלע
sleep around הורן; שלאָפֿן מיט וועמען נאָר סע לאָזט זיך
sleep in שלאָפֿן ביז שפּעט; אַרײַנשלאָפֿן אין ווײַטן ‹ברייטן› טאָג אַרײַן
sleep like a log שלאָפֿן ווי אַ פּריץ ‹געהרגעטער›; שלאָפֿן ווי געפּגרט [PÓRETS] [GEHÁRGETER] [GEPÉYGERT]
sleep it off אויסשלאָפֿן זיך
sleep on it מישבֿ זײַן זיך; (אַ)דורכקלערן; באַטראַכטן זיך [MEYÁShEV]
sleep poorly נישט דערשלאָפֿן זיך; שוואַך שלאָפֿן
sleep soundly האָבן אַ פֿעסטן ‹האַרטן› שלאָף; שלאָפֿן געשמאַק

sleep through (אַ)דורכשלאָפֿן
sleep through the night אָפּשלאָפֿן אַ גאַנצע נאַכט
sleep with (have sex with) איבערשלאָפֿן זיך מיט; שלאָפֿן מיט
The room can sleep four אין דעם צימער קענען שלאָפֿן פֿיר
sleep apnea די שלאָף־אַפּנעע
sleepaway camp דער שלאָפֿלאַגער, ־ן; דער שלאָפֿקעמפּ, ־ן; די שלאָף־קאָלאָניע, ־ס
sleep-deprived נישט־דערשלאָפֿן
sleeper
(car) דער שלאָפֿוואַגאָן, ־ען
(hit) דער אומגעריכטער שלאַגער, ־ס
be a heavy/sound sleeper האָבן אַ פֿעסטן ‹האַרטן› שלאָף; שלאָפֿן געשמאַק
be a light sleeper האָבן אַ לײַכטן שלאָף; שלאָפֿן לײַכט
sleeper cell דאָס שלעפֿער־קעמערל, ־עך
sleepers שלאָפֿקעס
sleepily פֿאַרשלאָפֿענערהייט
sleeping aid דאָס שלאָפֿמיטל, ־ען
sleeping bag דער שלאָפֿזאַק, ...זעק
sleeping car דער שלאָפֿוואַגאָן, ־ען
sleeping pill די שלעפֿפּיל, ־ן; דאָס שלאָפֿמיטל, ־ען
sleeping sickness די שלאָפֿקרענק
sleepless אָן שלאָף; ˙שלאָפֿלאָז(יק)
She's sleepless זי קען נישט שלאָפֿן; דער שלאָף נעמט זי נישט
sleeplessness דאָס זײַן אָן שלאָף; די/דאָס ˙שלאָפֿלאָזיקייט
sleep mode דער שלאָפֿמאָדוס
sleepover
have a sleepover (at sb.'s house) איבערנעכטיקן (בײַ)
sleepwalker דער לונאַטיקער, ־ס; דער סאָמנאַמבוליסט, ־ן; דער לבֿנה־גייער, ־ס; דער נאַכטוואַנדלער, ־ס [LEVÓNE]
sleepwalking דער לונאַטיזם; דער סאָמנאַמבוליזם
sleepwear דאָס שלאָפֿוואַרג; נאַכטקליידער ל״ר
sleepy פֿאַרשלאָפֿן; שלעפֿעריק
I don't feel sleepy דער שלאָף נעמט מיך נישט; איך בין נישט שלעפֿעריק
I feel sleepy סע ווילט זיך מיר שלאָפֿן; סע גלוסט זיך (צו) שלאָפֿן; סע ציט מיך דער שלאָף; סע ציט מיך אין בעט אַרײַן
sleepyhead
m./unsp. דער פּעפּער, ־ס
f. די פּעפּערקע, ־ס
sleet דער גרײַפּל־רעגן; דער אײַזרעגן
sleeve דער אַרבל, –
laugh in/up one's sleeve לאַכן ‹שמייכלען› אין אַרבל; לאַכן אין די פֿויסטן ‹הויפּנס›
have up one's sleeve האָבן אין אַרבל ‹בוזעם›
roll up one's sleeves פֿאַרקאַטשע|ן ‹פֿאַרקאַשערן› זיך די אַרבל; נעמען זיך צו דער אַרבעט
tug sb. by the sleeve ציִען + דאַט׳ בײַם אַרבל; שאַרפּע|ן
wear one's heart on one's sleeve אַרומטראָגן זיך מיט אַן אָפֿן האַרץ
sleeveless אָן אַרבל; אָנאַרבלדיק
sleeveless blouse די וועסטל־בלוזקע, ־ס; די אָנאַרבלדיקע בלוזקע, ־ס
sleeve notes באַלייט־באַמערקן
sleigh דער שליטן, ־ס
sleigh ride דער שליטנפֿאָר, ־ן
sleight
sleight of hand די שוואַרצקונסט; דער האָקוס־פּאָקוס; דער פֿאָקוס

slender שלאַנק; דאַר
(waist) שמאָל
slenderize מאַכן שלאַנק
slenderness די/דאָס שלאַנקייט
sleuth, *n.* דער דעטעקטיוו, ־ן
sleuth, *v.* שפּילן דעם דעטעקטיוו; נאָכשפּירן
slew, *n.*
a slew of [YAM] [ShLAL] אַ ים ‹באַרג/שלל› מיט; מיליאַסן
slew, *v.*
vt. **(rotate)** דרייען
vi. **(veer)** אויסקערעווע|ן זיך; אויסדרייען זיך
slice, *n.* דאָס רעפֿטל, ־עך; דער פּענעץ, ־ער/־ן; דאָס פּרענטל, ־עך
(large) די סקיבע, ־ס; די לוסטע, ־ס
a slice of life אַ בילד פֿונעם לעבן
slice, *v.* **(up)** צערעפֿטלען; אָנשנײַדן; צעשנײַדן (אויף רעפֿטלעך); צעפּענעצן
any way you slice it ווי מע זאָל עס נישט טײַטשן; ווי סע זאָל נישט זײַן
sliced צערעפֿטלט; אָנגעשניטן
sliced bread דאָס צערעפֿטלטע ‹אָנגעשניטענע› ברויט
It's the greatest thing since sliced bread! ס'איז אַ וווּנדער פֿון דער וועלט!
slicer דער צערעפֿטלער, ־ס
slick, *adj.* גליטשיק
(sly) כיטרע; צאַצקעדיק
slick, *n.* דער גליטש, ־ן
slick, *v.* **(down)** אַראָפּגלעטן
slicker דער רעגן־מאַנטל, ־ען
slide, *n.*
(downward) דער גליטש אַראָפּ
(playground) די גליטשלקע, ־ס
(microscope) דאָס אָביעקט־גלעזל, ־עך
(phot.) דאָס ליכטבילד, ־ער; דאָס שײַנבילד, ־ער; דער דיאַפּאָזיטיוו, ־ן
slide, *v.*
vt. רוקן
vi. גליטשן זיך; רוקן זיך
let slide נישט לייגן קיין אַכט אויף; נישט צוקוקן זיך צו
slide down אַראָפּגליטשן זיך
slide into אַרײַנגליטשן זיך אין
slide bank דער ליכטבילד־אַרכיוו, ־ן
slide projector דער ליכטבילד־פּראָיעקטאָר ‹פּראָזשעקטאָר›, ...אָרן
slide rule די רוקווירע, ־ס
sliding door די רוקטיר, ־ן
sliding pond די גליטשלקע, ־ס
sliding scale דער רוקטאַריף, ־ן
on a sliding scale לויט אַ רוקטאַריף
slight, *adj.* קנאַפּ; קליין
not in the slightest אויף קיין האָר נישט; בכלל נישט [BIKhLÁL]
have a slight build זײַן קליינוווקסיק ‹קליין־געוויקסיק›
I haven't the slightest idea כ'האָב נישט אָן צו וויסן
the slightest sound דער מינדסטער קלאַנג
slight, *n.* [ÁVLE] [ÚMKOVED] די עוולה, ־ות; דער אומכּבֿוד
slight, *v.* [BAÁVLEN] [KÓVED] באַעוולען; אָנרירן + פּאָס׳ כּבֿוד
slightly אַ ביסל; עפּעס
slightness די/דאָס קליינקייט
slim, *adj.* שלאַנק; דאַר
(waist) שמאָל
slim, *v.* **(down)** אָנווערן ‹פֿאַרלירן› וואָג; אָפּצערן זיך; ווערן שלאַנקער

be slimming מאַכן אויסזען שלאַנקער ‹דאַרער›
slime דער שלײַם
slimeball דער קריכער, ־ס
He's a real slimeball ער איז אַ שלאַק ‹פּאַסקודניאַק› פֿון זײַן ליבן נאָמען
slimness די/דאָס שלאַנקייט
slimy שלײַמיק
sling, *n.* די בינדע, ־ס
(weapon) *see* **slingshot**
sling, *v.* שלײַדערן
sling mud at באַוואַרפֿן מיט בלאָטע; וואַרפֿן בלאָטע אויף
sling over אַריבערוואַרפֿן
slingback shoes סאַנדאַלעטן; באַסאַנאָזשקעס
slingshot די וואַרפֿלקע, ־ס; די ראַגאַטקע, ־ס; דער שפּראָץ, ־ן; דער שטיינוואַרפֿער, ־ס
slink, *n.* דאָס מפּילע, ־ך [MÁPELE]
slink, *v.* **(away)** אָפּשאַרן זיך; אַוועקשלײַכן זיך; אַוועקגנבֿע|(נע)ן זיך [AVÉKGÁNVE(NE)N]
slinky ענג ווי די אייגענע הויט; ענג אויסגעפּאַסט
slip,[1] *n.*
(clothing) דאָס אונטערקלייד, ־ער; די האַלקע, ־ס
(slide) דער אויסגליטש, ־ן
(error) דער טעות, ־ן/־ים; דער פֿאַרזע, ־ען; דער לאַפּסוס, ־ן [TÓES, TEÚSIM]
slip of the tongue דער/דאָס (רעד־)טעות, ־ן/־ים
give the slip to אַרויסדרייען זיך פֿון; אויסמײַדן
slip,[2] *n.* **(paper)** דאָס בלעטל, ־עך; דער צעטל, ־ען; דאָס פּאַפּירל, ־עך
slip, *v. imp./pf.* (אויס)גליטשן זיך
It just slipped out ס'האָט זיך פּשוט אַרויסגעכאַפּט [PÓShET]
let slip אַרויסכאַפּן זיך מיט
let slip by (criticism) נישט אָפּרופֿן זיך אויף
let slip by (opportunity) (אַ)דורכלאָזן (די געלעגנהייט)
slip away אַוועקמאַכן זיך; נישט ווערן; נעלם ווערן [NÉL(E)M]
slip by/past, *vt.* **(person)** פֿאַרבײַשמוגלען זיך
slip by/past, *vi.* **(years)** פֿאַרפֿליִען
slip in, *vt.* אַרײַנרוקן; אַרײַנשטעקן
slip in, *vi.* אַרײַנגנבֿע|(נע)ן זיך; אַרײַנשלײַכן זיך; פֿאַרגנבֿע|(נע)ן זיך [ARÁYNGÁNVE(NE)N] [FARGÁNVE(NE)N]
slip into (clothing) אָנטאָן זיך
slip off (clothing) אויסטאָן זיך
slip on (clothing) אָנציִען; אָנטאָן
slip out אַרויסגנבֿע|נען זיך; אַרויסשלײַכן זיך; אַרויסכאַפּן זיך [ARÓYSGÁNVE(NE)N]
slip stg. to sb. אונטעררוקן + אַק׳ + דאַט׳
slip through (אַ)דורכשאַרן זיך; (אַ)דורכגליטשן זיך
slip up טועה זײַן זיך; האָבן אַ טעות [TÓYE] [TÓES]
slipcover דער באַדעק, ־ן; דער מעבל־באַצי, ־ען; די הילע, ־ס; דער טשעכאָל, ־ן
slipknot דער שלײַפֿקנופּ, ־ן
slip-on shoes שיך אָן בענדלעך (און שנאָלן)
slippage די ירידה, ־ות [YERÍDE]
slipped disk דער אײַנגעריסענער רוקנדיסק, ־ן
slipper דער פּאַנטאָפֿל, –; דאָס פּאַנטאָפֿעלע, ־ך
(indoor) דער שטעקשוך, ...שיך; דאָס הויז־שוך, ...שיך; דער לאַטש, ־ן; די מעשטע, ־ס; דער אײַנשטעקער, ־ס
slipperwort דער לאַטשנקווייט, ־ן
slippery גליטשיק
(evasive) פֿיפֿיק; געביפֿט
slippery slope דער גליטשיקער באַרגאַראָפּ

slipshod אָפּגעלאָזן; אָפּגעלאָזט
slip-up דער/דאָס טעות, ־ן/־ים [TÓES, TEÚSIM]
slit, *n.* דער שניט, ־ן
(in material) דער שפּאַלט, ־ן; די סליצע, ־ס
with a slit (skirt/coat) געהאַקט
slit, *v.*
(cut) אויפֿשנײַדן; האַקן
(tear) צעשפּאַלטן; צערײַסן
slither שלענגלען זיך; גליטשן זיך
slithery שלענגלדיק; גליטשיק
slit lamp דער שפּאַלטלאָמפּ, ־ן
sliver, *n.* דאָס שניצעלע, ־ך; דאָס שטיקעלע, ־ך; דאָס שפּעלטעלע, ־ך
(glass) דער שפּליטער, ־ס
(wood) דאָס שפּענדל, ־עך; דאָס שפּענדעלע, ־ך
slivovitz דער פֿלוימענשנאַפּס; דער שליוואָוויץ
slob
m./unsp. דער שליאַנדער, ־ס; דער מורז(ש)ע, ־ס; דער נאַכליִע, ־ס; דער שווינטוך, ־עס; דער שמאַדער, ־ס; דער צלאַפּ, ־עס; דער פֿליאָסקעדריגע, ־ס; די אָפּגעלאָזענע בריאה, ־ות [BRÍE]
f. די שליאַנדרע, ־ס; די פֿליאָסקעדריגע, ־ס; דער שליאַך, ־עס; די מורז(ש)ע, ־ס; די נאַכליִע, ־ס; די דראַבקע, ־ס
slobber, *n.* דער גאַווער; די סלינע
slobber, *v.* גאַווערן; סלינע|ן
slobber all over sb. באַנעצן + אַק׳ מיט סלינע
sloe דער טערן, ־ען; די דאַרנדיקע פֿלוים, ־ען
slog, *n.*
(blow) דער זעץ, ־ן; דער טראַסק, ־ן/טרעסק
(long walk) דאָס לאַנגע ‹שווערע› שלעפּעניש
It was a hard slog געווען אַ שווער שטיקעלע אַרבעט; געווען אַן אָפּקומעניש; מ'האָט גוט געשוויצט איבער דעם
slog, *v.*
vt. **(blow)** געבן אַ זעץ ‹טראַסק›
vi. **(walk)** שלעפּן זיך צו פֿוס; נאָכשלעפּן מיט די פֿיס
slog away at האָרעווע|ן ‹שוויצן› איבער
slogan דער/די לאָזונג, ־ען; דאָס קלינגוואָרט, ...ווערטער
slogger דער האָרעפּאַשניק, ־עס
sloop די שליופּקע, ־ס
slop, *n.* פּאַמויעס ל״ר
slop, *v.* אַרומפּליוכע|ן; אַרויספּליוסקע|ן; צעפּליוסקען
slope, *n.* דער באַרגנייג, ־ן; דער שיפּוע, ־ים; דער אָקאָס, ־ן; דער באַרגאַרויף, ־ן; דער באַרגאַראָפּ, ־ן [ShIPÚE, ShIPÚIM]
slope, *v.*
slope downward גיין באַרג־אַראָפּ; אַראָפּלאָזן זיך
slope upward גיין באַרג־אַרויף; הייבן זיך
sloped משופּעדיק [MEShÚPEDIK]
sloping קאָסע; משופּעדיק [MEShÚPEDIK]
slop pail די פּאַמוניצע, ־ס; דער פּאָמעשאַף, ־ן/...שעפֿער; דער קיבל, ־ען/־עס
sloppiness די/דאָס אומציכטיקייט; די/דאָס אָפּגעלאָזנקייט
sloppy אומציכטיק; אָפּגעלאָזן; פּאַרטאַטשיש
sloppy work *also* אַן אַרבעט אַבי אויף אָפּצוקומען
slosh (about) (צע)פּליושקע|ן זיך
sloshed שיכור (ווי) לוט [ShÍKER] [LOT]
slot, *n.* דאָס שפּעלטל, ־עך
(mail) דאָס בריוושפּעלטל, ־עך
(place) דאָס אָרט, ערטער
(position) דער/די אַמט, ־ן; דער פּאָסטן, ־ס
(time) די צײַט, ־ן
slot, *v.* אײַנשנײַדן (אַ שפּעלטל)
slot sb./stg. in אַרײַנקוועטשן

sloth
  (laziness) די/דאָס פֿוילקייט; דאָס/די עצלות [ÁTSLES]
  (zool.) דער פֿויליאַק, ־עס
slothful פֿויל
  slothful person (*m./unsp.*) דער פֿויליאַק, ־עס; דער עצל, ־ים [OTSL, ATSÉYLIM]
  slothful person (*f.*) די פֿויליאַטשקע, ־ס
slothfulness די/דאָס פֿוילקייט
slot machine דער שפּיל־אויטאָמאַט, ־ן
slotted מיט שפּעלטלעך
slotted spoon דער שומלעפֿל, –
slouch, *n.* דער אײַנגעבויגענער גוב'
  He's no slouch ער פֿוילט זיך נישט; ער איז נישט קיין שיפּע זיבעלע
slouch, *v.* שטיין אײַנגעבויגן ‹אײַנגעהויקערט›
slough,[1] *n.*
  (of wound) דער סטרופּ, ־עס
  (snakeskin) די אָפּגעוואָרפֿענע שלאַנגענהויט
slough,[2] *n.* **(swamp)** דער זומפּ, ־ן
slough, *v.* **(off)**
  vt. אַראָפּוואַרפֿן פֿון זיך (די הויט)
  vi. שיילן זיך
slough grass די בעקמאַניע
Slovak
  m./unsp. דער סלאָוואַק, ־ן
  f. די סלאָוואַטשקע, ־ס
Slovakia (דאָס) סלאָוואַקײַ
Slovakian, *adj.* סלאָוואַקיש
  Slovakian Jew דער סלאָוואַקישער גוב'; דער סלאָוואַקישער ייִד, ־ן
Slovakian, *n.* **(language)** דאָס סלאָוואַקיש; די סלאָוואַקישע שפּראַך
Slovak Republic די סלאָוואַקישע רעפּובליק
sloven די פּאָקראַקע, ־ס; דער צעקראָכענער גוב'; דער אָפּגעלאָזענער גוב'
Slovene, *adj.* סלאָווענִיש
Slovene, *n.*
  m./unsp. דער סלאָווענער, –
  f. די סלאָווענערין, ־ס
Slovenia (די) סלאָווענִיע
Slovenian, *adj.* סלאָווענִיש
  Slovenian Jew דער סלאָווענִישער גוב'; דער סלאָווענִישער ייִד, ־ן
Slovenian, *n.* **(language)** דאָס סלאָווענִיש; די סלאָווענִישע שפּראַך
slovenly צעקראָכן; נאַכלעסיק; אָפּגעלאָזן
slow, *adj.* פּאַוואָליע; פּאַמעלעך; באַזאַכט
  (not smart) טעמפּלעך
  (dull) נודנע; מאַרודנע
  be slow קריכן; שלעפּן זיך; מאַרודיע|ן
  be slow (of clock) קריכן
  be a slow learner לערנען זיך פּאַמעלעך; זײַן אַ פּאַמעלעכער ‹שטומפּיקער› לערנער; האָבן אַ טעמפּן ‹שווערן› קאָפּ
  be slow of speech רעדן פּאַמעלעך
  be slow off the mark נישט רעאַגירן גענוג גיך
slow, *adv.* פּאַוואָליע; פּאַמעלעך
  go slow גיין ‹פֿאָרן› פּאַמעלעך
slow, *v.* **(down)**
  vt. פֿאַרפּאַמעלעכן; אײַנהאַלטן
  vi. פֿאַרפּאַמעלעכן זיך; פֿאָרן/גיין פּאַמעלעכער; אײַנהאַלטן זיך
slow-acting
  be slow-acting ווירקן פּאַמעלעך ‹פּאַוואָליע›
slow cooker דער טשאָלנטטאָפּ, ...טעפּ
slow-dancing דאָס ראָמאַנטישע טאַנצן; ראָמאַנטישע טענץ ל"ר
slowdown די פֿאַרפּאַמעלעכונג, ־ען
  (econ.) די פֿאַרקלענערונג, ־ען; די פֿאַרקנאַפּונג, ־ען
slowly פּאַוואָליע; פּאַמעלעך
  move slowly קריכן; קוים רירן זיך (פֿון אָרט)
  slowly but surely פּאַוואָליע, אָבער זיכער
slow motion די/דאָס קריכגיכקייט
  in slow motion מיט קריכגיכקייט
slowness די/דאָס פּאַמעלעכקייט
slowpoke דער קריכער, ־ס; דער מאַרודניק, ־עס; דער/די קוויײַלע, ־ס; דער בלײַענער פֿויגל, פֿייגל
slow-witted טעמפּ; טעמפּקעפּיק
  be slow-witted האָבן אַ טעמפּן קאָפּ; שווער באַנעמען
sludge די געדיכטע בלאָטע
slug,[1] *n.* **(bullet)** די קויל, ־ן
  a slug of whisky אַ שלוק וויסקי
slug,[2] *n.* **(zool.)** דער וועגשנעק, ־עס
slug, *v.* געבן + דאַט' אַ זעץ ‹טראַסק/קלאַפּ›; קיפּן
  slug it out אויספּירן מיט אַ קוליק; (אַ)דורכשלאָגן זיך
slugfest דאָס פֿויסטן־געשלעג, ־ן
sluggard דער פֿויליאַק, ־עס; דער פֿוילער גוב'; די באָנדע, ־ס
sluggish פֿאַרשלאָפֿן; שלעפּעוואַטע; קריכעוודיק; פֿויל; לעפּיש
  (bus.) שוואַך
sluggishly פֿאַרשלאָפֿענערהייט; שלעפּעוואַטע
sluggishness די/דאָס פֿאַרשלאָפֿנקייט
sluice, *n.* דער שליוז, ־ן
sluice, *v.* **(out)** לאָזן אַרויספֿליסן
sluice gate די סטאַווידלע, ־ס
slum, *n.*
  (neighborhood) דער/די דלות־געגנט, ־ן; דער דלות־קוואַרטאַל, ־ן; די אָרעמקייט־‹טרושטשאָבע־›גאַס, ־ן [DÁLES]
  (building) דאָס דלות־הויז, ־הײַזער; די מפּולת, ־ן; די טרושטשאָבע, ־ס [DÁLES] [MAPÓYLES]
slum, *v.* **(it)** לעבן פּרימיטיוו
  go slumming דרייען זיך צווישן דעם המון [HAMÓYN]
slumber, *n.* דער דרימל ‹דרעמל›, ־ען
slumber, *v.* דרימלען; דרעמלען
slumber party די שלאָף־שׂימחה, ־ות [SÍMKhE]
slumlord דער בעל־מפּולת, בעלי־...; דער בעל־הבית פֿון דלות־הײַזער, בעלי־בתּים... [BALMAPÓYLES, BÁLE-...] [BAL(E)BÓS] [DÁLES]
slump, *n.*
  (econ.) די (פּלוצעמדיקע) ירידה; דער פּרײַזנפֿאַל, ־ן [YERÍDE]
  (faint) דאָס חלשות [KhALÓShES]
  be in a slump (spo.) שפּילן שוואַך; זײַן אין אַ ירידה
slump, *v.*
  (econ.) פּלוצעם ‹שאַרף› פֿאַלן
  (faint) חלשן; אַוועקפֿאַלן [KhÁLEShN]
  (slouch) שטיין אײַנגעבויגן
slur, *n.*
  (insult) די (רכילותדיקע) באַליידיקונג, ־ען [REKhÍLESDIKE]
  (mus.) דער לעגאַטאָ־צייכן, ־ס
  cast a slur on פֿאַרמיאוסן; וואַרפֿן אַ שאָטן אויף; בלאַמירן [FARMÍESN]
  racial slur די ראַסיסטישע באַליידיקונג, ־ען
slur, *v.*
  (insult) באַליידיקן; מאַכן צו נישט
  (speech) נישט אַרויסרעדן קלאָר; זופּן
  slur over (*fig.*) אַריבערגליטשן זיך איבער

slurp כליעפּטשע|ן; זופּן הויך
slush די סליאַטע, ־ס
slush fund דער קניפּלפֿאָנד, ־ן
slushy weather די סליאַטע; די שליוכאַטע
slut די דראַבקע, ־ס; די פּאַסקודסטווע, ־ס; די אויסגעלאַסענע, –; די קורווע, ־ס; די כאַנטע, ־ס; די זונה, ־ות [ZÓYNE]
slutty אויסגעלאַסן; צעלאָזן
sly, *adj.* כיטרע; פֿאַרשפּיצט; געביפּט
be a sly fox זײַן כיטרע ווי אַ פֿוקס
sly person (*m./unsp.*) דער כיטראַק, ־עס
sly person (*f.*) די כיטראַטשקע, ־ס
sly, *n.*
on the sly בגנבֿה; באַהאַלטענערהייט; פֿאַרשטילט; שטילערהייט [BIGNÉYVE]
smack, *adv.* גלײַך; דירעקט
smack in the middle פּונקט אין מיטן (דערינען)
smack on the lips גלײַך אין די ליפּן אַרײַן
smack,[1] *n.* **(blow)** דער פּאַטש, פּעטש; דער פּראַסק, ־ן; דער טראַסק, ־ן/טרעסק; דער פֿליאַסק, ־ן; דער כמאַל, ־ן; דער פֿלעם, ־ען; דער טעלעבענץ, ־עס
smack,[2] *n.* **(flavor)** דער טעם, ־ען [TAM]
(trace) דער בײַטעם, ־ען; דער לעק, ־ן [BÁYTAM]
smack,[1] *v.* **(strike)** געבן ‹דערלאַנגען› אַ פּאַטש ‹פּראַסק/פֿליאַסק/טראַסק›
smack one's lips (when eating) שמוצערן מיט די ליפּן; באַלעקן זיך; סמאַטשקע|ן; טשמאַטשקע|ן
smack one's lips (with pleasure) פֿילן אין פּאַרויס דעם פֿאַרגעניגן
smack,[2] *v.* **(of)** שמעקן (מיט)
smacker
(kiss/*slg.*) דער סמאַטשקע, ־ס
smackers (money/*slg.*) לאָקשן
smackers (lips/*slg.*) ליפּעלעך
smacking, *n.*
get a smacking כאַפּן פּעטש ‹קלעפּ›
small, *adj.* קליין
feel small פֿילן זיך נידעריק ‹אומבאַקוועם›
in the small hours of the morning פֿאַר טאָג; פֿאַרן קאַיאָר; מיטן שפּראָץ אויף טאָג; ווען ס'שאַריִעט אויף טאָג
small voice דאָס (קליינע) קולכל, ־עך [KÉLEKhL]
small wonder that נישט קיין חידוש וואָס [KhÍDESh]
smallest possible סאַמע מינדסט ‹קלענסט›
small, *n.*
small of the back קרײַזשעס ל״ר
small arms דאָס קליינגעווער קאָל׳; דאָס שיסגעווער קאָל׳
small-business operator דער קליינקרעמער, ־ס; דער קליינהענדלער, ־ס
small-caliber קליין־קאַליבערדיק; פֿון אַ קליינעם קאַליבער
small-cap firm די פֿירמע מיט אַ קנאַפּער קאַפּיטאַליזאַציע
small change דאָס קליינגעלט; דאָס מינץ; דאָס דראָבנע
small-claims court דאָס געריכט פֿון קליינע תּבֿיעות [TVÍES]
small fortune דער מאַיאָנטיק
small fry
(children) קינדערלעך; דאָס קליינוואַרג קאָל׳; דאָס דרויב ל״ר
(insignificant people) קליינע מענטשעלעך ‹פֿישעלעך›
small intestine די שמאָלע ‹לאַנגע› קישקע, ־ס
small-minded פּראָווינציעל; גראָשנדיק
smallness די/דאָס קליינקייט
smallpox פּאָקן ל״ר
small print די פּיצלשריפֿט; דריבנע אותיותלעך ‹אותיעלעך› ל״ר [ÓYSYE(S)LEKh]
small-scale קליין־פֿאַרנעמיק; קליין
small talk דאָס מאַטלערײַ; דאָס רעדערײַ; דאָס געפּלויש; פּלוידערערייד ל״ר
small-time thief דער קליינער גנבֿ, ־ים [GÁNEF, GANÓVIM]
small-town קליין־שטעטלדיק; פּראָווינציעל
small-vessel disease די קרענק פֿון די קליינע בלוטגעפֿעסן
smarmy חנפֿענדיק [KhÁNFENDIK]
smart, *adj.* קלוג; אינטעליגענט
(clever) געשײַט
(fashionable) (לעצט)מאָדיש; עלעגאַנט
be smart זײַן אַ קלוגער געב׳; האָבן אַ קאָפּ אויף די פּלייצעס
smart, *v.* שמאַרצן; וויטיקן
smart aleck/smartass דאָס סמאַרקל, ־עך; דער חוצפּהניק, ־עס; דער גרויסער חכם ‹מבֿין›; דער חכם־עתּיק; דער בעסער־ווייסער, ־ס [KhÚTSPENIK] [KhÓKhEM] [MEYVN] [KhOKhEMÁTIK]
m. also דער שייגעץ, שקצים [ShKÓTSIM]
f. also דאָס שלעפּל, ־עך; די חוצפּהניצע, ־ס; די בעסער־ווייסערקע, ־ס [KhÚTSPENITSE]
smarten (up) אָנטאָן זיך ווי אַ לײַט; צו רעכט מאַכן זיך; אויספּוצן זיך
smartly מאָדיש; עלעגאַנט
smartness די קלוגשאַפֿט
smartphone דער סמאַרטפֿאָן, ־ס; די קלוג־מאָבילקע, ־ס; די קלוגצעלקע, ־ס
smartweed די גריקע
smartypants *see* **smart aleck**
smash, *n.* דער זבענק, ־עס; דער זעץ, ־ן
smash, *v.* **(up)** צעשמעטערן; צעקלאַפּן; צעזעצן; צעדריזגע|ן; צעמורשטן [TSENÉREKN]
smash to pieces צעטראַסקע|ן
smashed (drunk/*slg.*) טויט שיכור [ShÍKER]
smash hit דער שלאָגער, ־ס
smashing (wonderful) וווּנדערלעך; אויסערגעוויינ(ט)לעך
smattering דער לעק, ־ן
know a smattering of *also* קענען אויפֿן שפּיץ מעסער
smear, *n.* דער שמיר, ־ן
(med.) די שמירפּראָבע, ־ס
(vilification) דאָס רכילות, ־ן [REKhÍLES]
take a smear נעמען אַ פּראָבע
smear, *v.*
imp. שמירן
pf. באַשמירן; אויסשמירן; באַפּאַטשקע|ן
(vilify) באַשמוצן; טרײַבן רכילות אויף; מאַכן בלאָטע פֿון [REKhÍLES]
smeared with blood באַשמירט מיט בלוט
smear campaign די רכילות־‹שמוץ־›קאַמפּאַניע, ־ס [REKhÍLES]
smear test די שמירפּראָבע, ־ס
smell, *n.* דער ריח, ־ות [RÉYEKh, RÉYKhES]
(pleasant) דער פֿײַנער ריח, ־ות; דער ריח־ניחוח; דאָס (וווּל)גערוך, ־ן [RÉYEKh-NIKhÓYEKh]
(unpleasant) דאָס געשטאַנק, ־ען; דער שלעכטער ‹מיאוסער/אומאײַנגענעמער› ריח, ־ות [MÍESER]
sense of smell דער שמעק־חוש; דער חוש־הריח [KhÚSh-HARÉYEKh]
smell, *v.*
vt. imp. שמעקן
vt. pf. **(one time)** געבן ‹טאָן› אַ שמעק
vt. pf. **(suddenly)** דערשמעקן
vi. פֿילן ‹הערן› זיך פֿון אומפּ׳ + דאַט׳

He smells סע פֿילט ‹הערט› זיך פֿון אים
smell bad עיפּושן; שטינקען; הערן זיך [ÍPEShN]
smell good האָבן אַ פֿײַנעם ‹גוטן› ריח; שמעקן אַ מחיה; שמעקן גוט ‹פֿײַן› [RÉYEKh] [MEKhÁYE]
smell of שמעקן מיט; נאָכגעבן זיך מיט
smell out דערשמעקן; אויסניוכע|ן
smelling salts יום־כּיפּור־‹חלשות־›טראָפּנס; דער האַרבשטאַרק [YONKÍPER/YOMKÍPER] [KhALÓShES]
smelly שטינקעדיק; פֿאַרעיפּושט; עיפּושדיק [FARÍPEShT] [ÍPEShDIK]
smelly person דער שטינקפּאַס, ...פּעסער
smelt, *n.* די שטינקע ‹סטינקע›, ־ס
smelt, *v.* צעשמעלצן
smelter
(factory) די שמעלצערײַ, ־ען
(furnace) דער שמעלצאויוון, ־ס
(person) דער שמעלצער, ־ס
smelting דאָס שמעלצן
smidgen
a smidgen אַ קאַפּעלע; אַ ביס(ינק)עלע; אַ טראָפּקעלע
smile, *n.* דער שמייכל, ־ען
break into a smile צעשמייכלען זיך
She was all smiles ס'האָט איר געשטראַלט פֿון פּנים [PÓNEM]
smile, *v.* שמייכלען
smiley face דאָס שמייכעלע, ־ך
smilo grass דאָס הירזש־רײַזגראָז
smirch באַפּלעקן; באַשמירן; באַשמוצן
smirk, *n.* דער שמוך, ־ן; דאָס שפּעט־שמייכעלע, ־ך
smirk, *v.* שמוכן; אַ שמוך טאָן
smite געבן אַ שטאַרקן זעץ ‹קלאַפּ/זבענג›; אַוועקלייגן
smite down צעשמעטערן
smith דער שמיד, ־ן
smithereens
to smithereens אויף פּיץ־פּיצלעך; אויף טויזנטער שטיקלעך
smithy די שמידערײַ, ־ען; די קוזניע, ־ס; די האַמאַרניע, ־ס
smitten
He was smitten by the plauge די מגפֿה האָט אים אַוועקגעלייגט [MAGÉYFE]
He was smitten by her ער איז געווען פֿאַרליבט אין איר ביז איבער די אויערן
He was smitten with anxiety אַ פּחד האָט אים אַרומגעכאַפּט [PÁKhED]
smock דער פֿאַרבפֿאַרטעך, ־ער; דער איבערפֿאַרטעך, ־ער; דער כאַלאַט, ־ן; די כלאַמידע, ־ס
smog דער טשאַדנעפּל, ־ען
smoke, *n.* דער רויך, ־ן
smoke and mirrors דאָס פֿאַרבלענדעניש; דער האָקוס־פּאָקוס
give off smoke קאָפּטשע|ן
go up in smoke אַוועקגיין מיטן רויך
gone up in smoke (*fig.*) יאכלוהו; פֿאַרפֿאַלן [YO(Y)KhLÚHU]
have a smoke פֿאַררייכערן אַ פּאַפּיראָס
Where's there's smoke, there's fire אַז מע קלינגט איז אַ שׂרפֿה ‹חגא›; דאָרט וווּ ס'איז אַ רויך איז אַ פֿײַער אויך [SRÉYFE] [KhÓGE]
smoke, *v.*
vt. **(cigarette)** רייכערן
vt. **(cul.)** רייכערן; ווייאַנדזלען
vt. **(meat/fish)** קאָפּטשע|ן
vi. **(oven)** טשאַדע|ן

smoke out אַרויסרייכערן
smoke bomb די רויכבאָמבע, ־ס
smoke box דער רויכקאַסטן, ־ס; דאָס רויכקעסטל, ־עך
smoked גערייכערט; געווייאַנדזלט
smoke detector דער רויך־דערשמעקער‹־דעטעקטאָר›, ־ס
smoked glass דאָס שוואַרצגלאָז
smoked herring די קאָפּטשאָנקע; דער גערייכערטער ‹געווייאַנדזלטער› הערינג
smoke-dried גערייכערט
smoke-filled אָנגערייכערט
smoke-free אָנרויכיק
smoke inhalation דאָס אײַנאָטעמען רויך
suffer from smoke inhalation לײַדן פֿונעם אײַנגעאָטעמטן רויך
smokeless אָנרויכיק
smoker דער רייכערער, ־ס
smoke ring דאָס רויכרעדל, ־עך; דאָס רויכרינגל, ־עך
smoker's cough דער רייכערהוסט
smokescreen דער רויכשלייער, ־ן; דער רויכנעפּל; די רויכוואַנט, ...ווענט
(excuse/*fig.*) דער פּוסטער תּירוץ; דער תּירוץ פֿאַר די בענטשליכט [TÉRETS]
smoke shop די רייכערײַ, ־ען
smokestack דער קוימען, ־ס/־עס
smoke-stained פֿאַררייכערט
smoke tree דער פּאַרוקן־בוים, ־ביימער
smoking, *n.* דאָס רייכערן
No smoking רייכערן פֿאַרווערט; (מע טאָר) נישט רייכערן
smoking car דער רייכער־וואַגאָן, ־ען
smoking gun די (אײַזערנע) ראיה־לדבֿר; די ראַיעלע ראיה; דער בולטער ‹קלאָרער› דערווײַז [RÁYE-LEDÓVER] [BÓYLETER]
smoking room דער רייכער־צימער, ־ן
smoky פֿאַררייכערט; רויכיק
smolder טליִע|ן; זשאַרע|ן זיך; גלימען
smooch, *n.* די טשמאָקטשקע, ־ס; דער קוש, ־ן
smooch, *v.* טשמאָקטשקע|ן זיך; קושן זיך
smooth, *adj.* גלאַט(יק); געשליפֿן
(as) smooth as glass גלאַט ווי אַ שפּיגל
(as) smooth as silk ווייך ווי זײַד
smooth, *v.*
smooth away פֿאַרגלעטן
smooth down/out אויסגלעטן; גלאַט מאַכן
smooth out (*fig.*) אויספּרעסן
smooth over פֿאַרגלעטן; פֿאַררײַבן
smooth the way פֿאַרגרינגערן (דעם וועג); שמירן די רעדער
smoothie דער פֿרוכטשייק, ־ס; די שוימקע, ־ס
smoothly גלאַט(יק); ווי געשמירט
go smoothly (אַריבער)גיין ווי געשמירט
smooth muscle דער גלאַטער מוסקל, ־ען
smoothness די/דאָס גלאַטקייט
smooth operator דער שוויצער, ־ס; דער פֿיפֿיקער געב'; דער גליטשיקער פֿויגל
smooth ride דער גלאַטיקער פֿאָר, ־ן
smooth-shaven גלאַט ‹ריין› אָפּגעגאָלט
smooth talker דער גלאַטצונגיקער געב'; דער שאַכער, ־ס
smooth-tongued גלאַטצונגיק; בוימלדיק
smorgasbord דער מכּל־המינים־בופֿעט, ־ן [MIKÓL-HAMÍNIM]
a smorgasbord of כּל־המינים; אַלע מינים [KÓL(H)AMÍNIM]
smother דערשטיקן; פֿאַרדושע|ן

smother with love דערשטיקן מיט ליבשאַפֿט; צעמאַמעווע|ן
SMS, *n.* דאָס טעקסטל, ־עך
SMS, *v.* טעקסטלען; שיקן אַ טעקסטל
smudge, *n.* דער שמיר, ־ן; דער פֿלעק, ־ן
smudge, *v.* פֿאַרשמירן; פֿאַרפֿלעקן; פֿאַרריסן
smudged/smudgy פֿאַרשמירט; פֿאַרפֿלעקט; פֿאַרריסט
smug פֿאַרריסן בײַ זיך; צופֿרידן מיט זיך
smuggle שמוגלען; פּעקלען; מולכן; שוואַרצן; וואַשעווע|ן [MÓYLEKhN]
smuggler דער שמוגלער, ־ס; דער פּעקל־פֿירער‹־מאַכער›, ־ס; דער מולכער, ־ס; דער קאָנטראַבאַנדיסט, ־ן [MÓYLEKhER]
smuggling דאָס שמוגלען; דאָס שמוגלערײַ
smugly פֿאַרריסענערהייט; אַ צופֿרידענער געב׳ מיט זיך
smugness די/דאָס פֿאַרריסנקייט; די/דאָס צופֿרידנקייט מיט זיך
smut
  (bot.) דאָס (בראַנד)שוועמל, ־עך
  (vulgar material) דאָס שמוץ
  (soot) די סאַזשע
smuttiness די/דאָס וווּלגאַרקייט
smutty וווּלגאַר; שמוציק
snack, *n.* דער נאַש, ־ן; דאָס איבערבײַסן, ־ס
  have a snack עפּעס איבערבײַסן ‹איבערכאַפּן›
snack, *v.* נאַשן
snack bar דער בופֿעט, ־ן; די קאַפֿעטעריע, ־ס
snaffle דער טרענזל
snafu דער (פֿאַלנער) באַלאַגאַן, ־ען; דער פּלאָנטער, ־ס
snag, *n.* דער פֿאַרטשעפּעטער פֿאָדעם, פֿעדעם
  (problem/*fig.*) דער פֿאַרהאַק, ־ן; דער שטער, ־ן; די מניעה, ־ות; דער מכשול, ־ים [MENÍE] [MIKhShL, MIKhShÓYLIM]
  (tree) דער וואָרצל, ־ען
  hit a snag פֿאַרטשעפּע|ן ‹פֿאַרהאַלטן/פֿאַרהאַקן› זיך; אָנקומען אויף אַ מכשול
snag, *vt./vi.* פֿאַרטשעפּע|ן (זיך)
snagged פֿאַרטשעפּעט; פֿאַרהאַקט
  get snagged (on) פֿאַרטשעפּען זיך (אין); פֿאַרהאַקן זיך (אין)
snail די פּוילע־רוילע, ־ס; דער שנעק, ־ן/־עס
  move at a snail's pace קריכן ווי אַ שנעק ‹טשערעפּאַכע›
snail mail די סתּם פּאָסט [STAM]
snake, *n.* די/דער שלאַנג, ־ען
  snake in the grass (person) די/דער כיטרע(ר) שלאַנג
  snake in the grass (danger) די באַהאַלטענע סכּנה [SAKÓNE/SEKÓNE]
snake, *v.* **(around)** (אַרום)שלענגלען זיך (אַרום)
snakebite דער שלאַנגענביס, ־ן
snake charmer דער שלאַנגען־פֿאַרכּישופֿער, ־ס [FARKÍShEFER]
snake dance דער שלאַנגענטאַנץ
snake oil די שאַרלאַטאַנסקע רפֿואה [REFÚE]
snake pit די שלאַנגענעסט, ־ן
snap, *adj.* ספּאָנטאַן; אָפּגעכאַפּט
  snap decision דער אָפּגעכאַפּטער באַשלוס, ־ן
snap, *n.*
  (fastener) די קנאָפּקע, ־ס
  (of fingers) דאָס קנאַקל, ־עך
  (sound) דער קנאַק, ־ן; דאָס קנאַקל, ־עך
  It's a snap! ס׳איז גאָר פּשוט!; אַ קינדערשפּיל!; אַ שפּילעכל! [PÓShET]
snap, *vt./vi.* צעברעכן (זיך)
  vi. **(lose control)** פֿאַרלירן זיך

  snap a photo אַראָפּכאַפּן אַ בילד ‹פֿאָטאָגראַפֿיע›
  snap at רעדן שאַרף צו; שרײַען אויף
  snap at the chance כאַפּן ‹פּאַקן› די געלעגנהייט
  snap in two, *vt./vi.* איבערברעכן (זיך) אויף צוויי|ען
  snap off, *vt./vi.* אָפּברעכן (זיך)
  snap on צוקנאָפּקע|ן
  snap one's fingers אַ קנאַק(ל) טאָן (מיט די פֿינגער)
  snap out of אַרויסרײַסן זיך פֿון
  snap sb.'s head off שפּרינגען + דאַט׳ אין פּנים אַרײַן [PÓNEM]
  snap shut צוקלאַפּן; פֿאַרמאַכן מיט אַ קנאַק
  Snap to it! גיב ‹גיט› אַ שאָקל!; הייב(ט) אַ פֿוס!; גיכער שווין!
  snap up אויסכאַפּן; צעכאַפּן ווי מצה־וואַסער; צעקויפֿן [MÁTSE]
snap bean דאָס לאָפּעטקעלע, ־ך; דער סטרוטשעבאָב, ־עס; די סטרוטשקע, ־ס
snapdragon דאָס לייבנמויל
snaplock דער קלאַפּשלאָס, ...שלעסער
snap-on קנאָפּקע...; מיט קנאָפּקעס
snapper דער לוטיאַן, ־ען
snappy גיך; אָפּגעכאַפּט; בײַסיק
  Make it snappy! שאָקל אַ פֿוס!
snapshot דאָס מאָמענטבילד, ־ער; די מאָמענט־פֿאָטאָגראַפֿיע, ־ס; דער אַראָפּכאַפּ, ־ן
snapweed דער אימפּאַציענס
snare, *n.* די פּאַסטקע, ־ס; דאָס כאַפּשטײַגל, ־עך; דער ליוק, ־עס; די סילצע, ־ס
snare, *v.* כאַפּן; פֿאַרטשעפּע|ן; פֿאַנגען
snare drum דאָס (זײַט)פּײַקל, ־עך
snarky גאַליק; בײַסיק; פֿאַרביסן
snarl, *n.* דער וואָרטשע, ־ס; דאָס בייזע וואָרט, ווערטער
snarl, *v.* קנורען; בייז צובילן
  (person) וואָרטשע|ן; ברומען
snatch, *n.*
  (snippet) דאָס ברעקעלע, ־ך; דאָס שטיקעלע, ־ך; דער פֿראַגמענט, ־ן
  (vulva/*vlg.*) די פּירגע, ־ס; די שמאָנדע, ־ס; די/דאָס שפּיל, ־ן
  do stg. in snatches פֿון צײַט צו צײַט
  snatches of *also* שטיקלעך מיט פּיצלעך
snatch, *v.* אָנכאַפּן; אַ כאַפּ טאָן
  (kidnap) פֿאַרכאַפּן
  snatch a moment אָפּרײַסן ‹אויסזוכן› אַ מינוטקעלע
  snatch away טאָן אַ כאַפּ אַוועק; אַרויסכאַפּן; אַרויסרײַסן
  snatch up אַ כאַפּ טאָן; אויפֿכאַפּן; אַרײַנכאַפּן
snatcher דער פֿאַרכאַפּער, ־ס
snazzy בליציק; בלענדיק
sneak, *n.* דער מנוול, ־ים; דער פּאַסקודניאַק, ־עס; דער קריכער, ־ס [MENÚVL, MENUVÓLIM]
sneak, *v.*
  sneak a peek אַ קוק טאָן בגנבֿה [BIGNÉYVE]
  sneak away/out אַוועקגנבֿע|(נע)ן זיך; אַוועקשאַרן זיך [AVÉKGÁNVE(NE)N]
  sneak in אַרײַנגנבֿע|(נע)ן זיך; אַרײַנשלײַכן זיך; פֿאַרנאַדיע|ן זיך [ARÁYNGÁNVE(NE)N]
  sneak up (on) צוגנבֿע|(נע)ן זיך (צו/הינטער) [TSÚGÁNVE(NE)N]
sneak attack דער בגנבֿה־אַטאַק, ־ן [BIGNÉYVE]
sneaker דער גומעשוך, ...שיך; דער ספּאָרטשוך, ...שיך; דער גימנאַסטישער שוך, שיך
sneaking שטיל; באַהאַלטן

I have a sneaking suspicion that בײַ מיר איז אַ שטילער ‹באַהאַלטענער› חשד אַז; ס'האָט זיך מיר פֿאַרגנבֿעט אַ חשד; כ'וואָלט נישט געוואָלט שווערן אַז [KhShAD] [FARGÁNVET]
sneak thief דער גנבֿעץ, ־ן [GANEFÉTS]
be a sneak thief האָבן קלעפּיקע ‹לעפּקע› פֿינגער
sneaky רמאָותדיק; גנבֿיש; מעשׂה גנבֿ [RAMÓESDIK] [GANÉYVISh] [MÁYSE GÁNEF]
sneer, *n.* דער שפּעטשמייכל, ־ען
sneer, *v.* **(at)** אָפּלאַכן (פֿון); שפּעטן (פֿון); לומע|ן זיך (איבער)
sneeze, *n.* דער נאָס, ־ן
(*nurs.***)** פּטשי־פּטשי
sneeze, *v.* ניסן
(once) געבן ‹טאָן› אַ נאָס
It's nothing to sneeze at ס'גייט נישט צו פּוס; ס'איז נישט אַבי וואָס
sneezeweed דער ניסניק
sneezewort די ניס־אַכילעע
snicker לאַכן אין אַרבל; קײַכן אין די הויפֿנס; כיכע|ן
snide שפּעטנדיק; אָפּלאַכעריש; פֿאַרביסן
sniff, *n.* דער שמעק, ־ן
sniff, *v.* שמעקן; ניוכע|ן; שנאַפּן; סמאָרע|ן
(once) געבן ‹טאָן› אַ שמעק
vt. **(drugs)** אײַנניוכע|ן
vi. **(when crying)** אונטערכליפּע|ן
sniff at stg. ציִען ‹דרייען› מיט דער נאָז אויף
sniff around אַרומשמעקן; שנאַפּן
sniff out אויסניוכע|ן
sniff dog דער שפּירהונט, ...הינט
sniffle, *v.* זיפּן מיט דער נאָז; פֿאָרקע|ן
sniffles די רינעדיקע נאָז; דער נאָזקאַטער
She has the sniffles ס'רינט איר פֿון (דער) נאָז
snifter דאָס קאָניאַקגלאָז, ...גלעזער
snigger (at) אַ כיכיקע טאָן (אויף/בײַ)
snip, *n.* דער שניט, ־ן
snip, *v.*
imp. שנײַדן
pf. אָפּשנײַדן
snipe, *n.*
(zool.) דער בעקאַס, ־ן
(shot) דער אַפּערשאָס, ־ן
snipe, *v.* **(at)**
(shoot) שאַרפֿצילעווע|ן (אויף); אַפּערשיסן (אויף)
(criticize) פּיקירן + אַק'; אַראָפּרײַסן + אַק' שטילערהייט
sniper דער שאַרפֿצילער, ־ס; דער שאַרפֿשיסער, ־ס; דער סנײַפּער, ־ס
snippet דאָס שטיקעלע, ־ך; דאָס ברעקעלע, ־ך; דער פֿראַגמענט, ־ן
snippy חוצפּהדיק; שאַרף [KhÚTSPEDIK]
snitch, *n.*
(informer/*m./unsp.***)** דער מסור, מוסרים; דער מסורניק, ־עס; דער יאַבעדניק, ־עס; דער זאָגטער, ־ס [MÓSER, MÓSRIM] [MÓSERNIK]
(informer/*f.***)** די מסורקע, ־ס; די מסורניצע, ־ס; די מסורטע, ־ס; די יאַבעדניצע, ־ס [MÓSERKE] [MÓSERNITSE] [MÓSERTE]
(thief) דער מאַרוויכער, ־ס; דער גנבֿעץ, ־ן [GANEFÉTS]
snitch, *v.*
(inform) מסרן; יאַבעדעווע|ן [MÁSERN]
(steal) (צו)לקחענען; אָרגאַניזירן [(TSÚ)LÁKKhENEN]
snivel יאָמערן; קלאָגן
sniveler דער קלאָגער, ־ס
snob דער סנאָב, ־ן; דער פֿאַרריסענער גענ'

snobbery דער סנאָביזם; די/דאָס פֿאַרריסנקייט
snobbish סנאָביש; סנאָביסטיש; פֿאַרריסן
snooker, *n.* דער סנוקער
snooker, *v.* אָפּנאַרן
He got snookered מ'האָט אים גוט אַרײַנגענאַרט
snoop, *n.* דער אונטערהערער, ־ס
snoop, *v.* ניוכע|ן; אונטערהערן זיך
snoop around אויסניוכע|ן; טשאַטעווע|ן; לאָקערן; נאָכשפּירן
snoopy ניוכעריש; נײַגעריק
be snoopy זײַן אַ ניוכער
snooty *see* **snobbish**
snooze, *n.* דער דרימל ‹דרעמל›, ־ען
snooze, *v.* כאַפּן אַ דרימל ‹דרעמל›; אַ דרימל ‹דרעמל› טאָן; כאַפּן אַ דזשים
snore, *n.* דער כראָפּע, ־ס; דער כראָפּ, ־ן
snore, *v.* כראָפּע|ן; שנאָרכ(צ)ן
snorer דער כראָפּון, ־עס; דער שנאָרכער, ־ס
snoring, *n.* דאָס כראָפּען; דאָס שנאָרכ(צ)ן
snorkel, *n.* דער סנאָרקל, ־ען
snorkeling
go snorkeling סנאָרקלען זיך
snort, *n.* דער שמאָרע, ־ס; דער שנאָרך ‹שנאָרכץ›, ־ן
snort, *v.* שמאָרע|ן; שנאָרכ(צ)ן; פֿאָרסקע|ן; פּירכע|ן; פֿאָרשקע|ן
vt. **(drugs)** אײַנניוכע|ן
vi. **(with laughter)** פּירסקע|ן; הירזשע|ן
snot, *n.* דער סמאַרק; דאָס סמאָרקעכץ; דאָס שמאָרגלעכץ; דער ראָץ
cover with snot פֿאַרסמאַרקע|ן; באַסמאַרקע|ן
snotty
(covered with snot) פֿאַרסמאַרקעט
(impudent) סמאַרקאַטע; גראָב; חוצפּהדיק; שייגעצדיק [KhÚTSPEDIK]
snotty person (*m./unsp.***)** דאָס סמאַרקל, ־עך; דער סמאַרקאַטש, ־עס
snotty person (*f.***)** דאָס שלעפּל, ־עך; די סמאַרקאַטשיכע, ־ס
snout דער פּיסק, ־עס; די מאָרדע, ־ס; דער שנויץ, ־ן; דער שנוק, ־ן
(nozzle) דאָס נעזל, ־עך
(person's nose/*pej.***)** דער שנאָבל, ־ען
snow, *n.* דער שניי, ־ען
snow, *v.* שנייען
It's snowing סע גייט ‹פֿאַלט› אַ שניי; סע שנייט
It's snowing hard סע שיט אַ שניי
snow under פֿאַרשנייען
snowed in אײַנגעשנייט
snowed under by פֿאַרוואָרפֿן (ביז איבערן קאָפּ) מיט
snowball, *n.* די סנעשקע, ־ס; די שנייקויל, ־ן; דער שנייבאַלעם, ־ס
have a snowball fight באַוואַרפֿן זיך מיט סנעשקעס ‹שנייקוילן›
snowball, *v.* צעוואַקסן זיך; אַרויפֿשיסן; עסקאַלירן
snowbell דאָס בליווײַסל, ־עך
snowberry די שניי־יאַגדע, ־ס
snowblind פֿון שניי פֿאַרבלענדט
snowblower דער שנייבלאָזער, ־ס
snowboard דאָס שנייברעטל, ־עך
snowboarder דער שנייברעטלער, ־ס
snowboarding
go snowboarding פֿאָרן אויף אַ שנייברעטל
snowboot דער שניישטיוול, –; דער באָטיק, ־עס

snowbound פֿאַרוויעט ‹פֿאַרשאָטן› מיט שניי; אײַנגעשנייט
snow-capped מיט שניי באַדעקט
snow-capped mountain דער שנייבאַרג, ...בערג; דער שנייער, ־ס
snow cover דער שנייאָנשיט; דער שניידעק
snow-covered פֿאַרשנייט; שנייִק; מיט שניי באַדעקט; שנייפֿאַרדעקט
snow day דער אײַנגעשנייטער טאָג, טעג
snowdrift דער (שניי)זאַווײַ, ־ען; דער פֿאַרשניי, ־ען; דאָס אָנגעשניי, ־ען; די שנייהורבע, ־ס; דאָס שנייבערגל, ־עך
snowdrop דאָס שנייגלעקל, ־עך
snowfall דער שנייפֿאַל; דער אָנגעפֿאַלענער ‹אָנגעשאָטענער› שניי
snowflake דאָס שנייעלע, ־ך
snow flurry דער שנייווייע, ־ן
snow globe דער שנייקריסטאַל, ־ן
snow-in-summer (bot.) דאָס שאָנקעדיקע האָרנגראָז
snow job דער טשאַד; דער שווינדל; דאָס אָפּנאַרערײַ
snow leopard דער שניילעמפּערט, ־ן
snow line די שניילייניע, ־ס
snowman דער שניימענטש, ־ן
snowmelt דאָס שנייוואַסער
snowmobile דער שניימאָביל, ־ן
snow pea דער צוקער־אַרבעס, –
snow plow דער שנייִשאַרער, ־ס; דער שניי־אָפּראַמער, ־ס
snowshoe דער שנייִשוך, ...שיך
snowstorm די זאַווערוכע, ־ס; דער שנייִשטורעם, ־ס; די מעטעליצע, ־ס
snowsuit שנייקעס ל״ר; דער שנייקאָסטיום, ־ען
snow tire די/דער שניירייף, ־ן
snow weasel דאָס שניי־ווייזעלע, ־ך
snow-white שניי ווײַס; ווײַס ווי (פֿריש געפֿאַלענער) שניי
snowy שנייִק
snub, *n.* דער אָפּפֿאָר, ־ן; דער אָפּשטויס, ־ן; דער אומכּבֿוד [ÚMKOVED]
snub, *v.* אָפּפֿאָרן; אָפּשטויסן; אָנטאָן + דאַט' אַן אומכּבֿוד; פּוגע־בכּבֿוד זײַן [ÚMKOVED] [POYGÉYE-BEKÓVED]
snub-nosed קאַרנאָסע; קורנאָסע
snuff, *n.* די טאַביקע; דער שמעקטאַביק
be up to snuff שטיין אויף אַ מדרגה [MADRÉYGE]
take snuff שמעקן טאַביקע
snuff, *v.* **(out)** אויסלעשן; פֿאַרלעשן; (אַרומ)שנײַצן
(*fig.*) דערשטיקן; מאַכן אויס
snuffbox דאָס טאַביק־פּושקעלע‹־שקעטעלע›, ־ך; די טאַביק־פּושקע, ־ס
snuffer דער (קנויטן־)שנײַצער, ־ס
snuffle פֿאָרקע|ן (מיט דער נאָז)
snug נוֹרעדיק; היימלעך
(tight) ענג צוגעפּאַסט; נעט; שליסיק
snug as a bug in a rug וואַרעם ווי אין אַן אויער
be a snug fit אַרומכאַפּן; (גוט) צושטיין
snuggle (up to) צוטוליע|ן זיך (צו); צונורע|ן זיך (צו); אײַננורע|ן זיך (אין); אײַנקוצערובע|ן זיך (אין); אײַנטוליע|ן זיך (אין); לאַשטשע|ן זיך (צו)
snuggling (*hum.*) (דאָס) קוצעניו־מוצעניו
so, *adj.* אמת [ÉMES]
if that is so אויב טאַקע אַזוי; אם־כּן [ÍMKEYN]
Is that so? טאַקע?; אַזוי גאָר?
Isn't that so? איאָ?; נישט אמת?
So it is! טאַקע!; באמת! [BEÉMES]
So it was! כּך־הווה!; און אַזוי איז טאַקע געווען! [KAKhÁVE]
so, *adv.*
(thus/very) אַזוי
and so forth/on און אַזוי ווײַטער
He so much as said ער האָט אַפֿילו ‹ממש› געזאָגט [AFÍLE] [MÁMESh]
I hope so איך האָף אַז יאָ; אַזוי האָף איך
not so ... as נישט אַזוי ... ווי ...
or so אַן ערך; בערך; אַרום; אַ; (אַ) וואָסערע [ÉREKh] [BEÉREKh]
So am I!/So do I! איך אויך!
So be it! זאָל זײַן (אַזוי)!
so far דערווײַל; ביז איצט; עד־עתּה; עד־כּאן [ADÁTE] [AD-KÁN]
So far, so good! הלוואַי ווײַטער נישט ערגער!; דערווײַלע גוט!; ביז אַהער נישט שלעכט! [(H)ALEVÁY]
So help me! איך שווער דיר ‹אײַך›!
So I understand אַזוי האָב איך פֿאַרשטאַנען ‹געהערט›
So long! זײַ(ט) מיר געזונט!
so much/many אַזוי פֿיל; אַזאַ סך [SAKh]
so much for עד־כּאן
So there! אַהאַ!; אָט האָסטו דיר!
So what? נו, איז וואָס?; מה־רעשׁ?; וואָס ‹ווו› איז דאָס אומגליק? [MARÁSh]
So what else is new? (*iro.*) (ס')אַן אַלטע מעשׂה!; אַ נײַעס – די קו האָט זיך געקעלבט! [MÁYSE]
so, *conj.* **(then)** איז; טאָ; זשע; הייסט עס
so as to כּדי ‹בכדי› צו [KEDÉY] [BIKhDÉY]
so that כּדי; בכדי; אַזוי אַז
soak, *n.* דאָס אײַנווייקן; דאָס אויסווייקן
give the laundry a good soak לאָזן דאָס וועש זיך גוט אײַנווייקן ‹אויסווייקן›
The garden needs a soak מע דאַרף דעם גאָרטן גוט באַוואַסערן
soak, *v.*
vt. pf. אויסווייקן; אײַנווייקן; אָנזאַפּן
vt./vi. imp. ווייקן (זיך)
vi. pf. אײַנווייקן זיך
soak in, *vt./vi.* אײַנזאַפּן (זיך)
soak in a bath (אײַנ)ווייקן זיך אין אַ וואַנע
soak oneself in פֿאַרטיפֿן זיך אין
soak the rich צאַפּן בײַ די נגידים [NEGÍDIM]
soak through (אַ)דורכווייקן
soak up אײַנזאַפּן; אײַנזויגן
soak up every second געניסן פֿון יעדער סעקונדע ‹רגע› [RÉGE]
soaking wet פּיטש נאַס; נאַס ווי אַ קאַטשקע
soaked (אַ)דורכגענעצט; אויסגעווייקט; (אַ)דורכגעווייקט
soaked to the skin (אַ)דורכגעווייקט; (אַ)דורכגענעצט אויף דורך און דורך
soakers אײַנזאַפּ־הויזן
so-and-so פּלוני(־בן־פּלוני); דער און דער; די און די; דער האָצמאַך [PLÓYNE(-BEN-PLÓYNE)]
soap, *n.* די/דאָס זייף, ־ן
soap, *v.* אײַנזייפֿן; אָפּזייפֿן
soapberry די זייפֿיאַגדע, ־ס
soap boiler דער זייפֿזידער, ־ס
soapbox די (אימפּראָוויזירטע) טריבונע, ־ס
soap bubble דאָס זייפֿבלעזל, ־עך; דאָס זייף־בולבעלע, ־ך; די זייפֿנבלאָז, ־ן
soap dish די זייפֿניצע, ־ס; דאָס זייפֿמעסטל, ־עך; דאָס זייף־שיסעלע, ־ך
soap dispenser דער זייף־צעגעבער, ־ס
soapflake דאָס זייפֿעלע, ־ך
soapmaker דער זייפֿזידער, ־ס
soap opera דער טעלעראָמאַן, ־ען; די זייף־אָפּערע, ־ס

soap powder דער זײַפֿפּראָשיק
soapstone דער זײַפֿשטיין; דער זײַלשטיין
soapsuds מולינעס; מידלענעס; דאָס זײַפֿעכץ ל״י; דער זײַפֿ(נ)שוים ל״י
soapwort דאָס זײַפֿגראָז
soapy זײַפֿיק; אײַנגעזײַפֿט; אָנגעזײַפֿט
  soapy water דאָס זײַפֿוואַסער; דאָס זײַפֿיקע וואַסער
soar (אַרױפֿ)שוועבן (אין דער הייך); פֿליִען
  (building) טורעמען זיך; הייכן זיך; שטײַגן אַזש ביזן הימל (אַרײַן)
  (price) אַ הייב טאָן זיך; אַ פֿלי טאָן
  (temperature) געבן זיך אַ הייב אויף
soaring פֿליִענדיק; שוועבנדיק
sob, *n.* דער כליפּ, ־ן
sob, *v.* כליפּען|; העשען|
sobbing, *n.* דאָס געכליפּ; דער כליפּ
sober, *adj.* ניכטער
  (moderate) מאָסיק
  What a sober man conceals, a drunkard reveals וואָס בײַ אַ ניכטערן אויף דער לונג איז בײַ אַ שיכּורן אויף דער צונג [ShÍKERN]
sober, *vt./vi.* **(up)** אױסניכטערן (זיך)
  It's a sobering thought ס'איז אַ געדאַנק וואָס ניכטערט אויס
soberly מיט יישובֿ־הדעת [YÍShEV-HADÁAS]
sobriety די/דאָס ניכטערקייט
sobriety test דער ניכטערטעסט
sobriquet דאָס צונעמעניש, ־ן
sob story די רירנדיקע ‹האַרץ־רײַסנדיקע› מעשׂה [MÁYSE]
  (*iro.*) דאָס כליפּערײַ
so-called אַזױ גערופֿן [= אַ״ג]; מישטײנס געזאָגט; שיִער נישט אַ
  a so-called girlfriend אַן אַזױ גערופֿענע חבֿרטע; שיִער נישט אַ חבֿרטע [KhÁVERTE]
soccer דער פֿוסבאָל
soccer ball דער פֿוסבאָל, ־ן
soccer player דער פֿוסבאָליסט, ־ן; דער פֿוסבאָל־שפּילער, ־ס
sociability די/דאָס געזעלשאַפֿטלעכקייט; די/דאָס חבֿרותאדיקייט [KhAVRÚSEDIKEYT]
sociable געזעלשאַפֿטלעך; חבֿרותאדיק; פֿאַרברענגעריש; עקסטראָווערט [KhÁVRÚSEDIK]
social, *adj.*
  (outgoing) *see* **sociable**
  (public-welfare) סאָציאַל; סאָציאַל...
  (societal) געזעלשאַפֿטלעך
  have good social skills קענען אומגיין מיט מענטשן
  He's not in a social mood ער וויל נישט פֿאַרברענגען; סע גלוסט זיך אים נישט זײַן צווישן מענטשן
social, *n.* די מסיבה, ־ות; דער צוזאַמענטרעף, ־ן [MESÍBE]
social anxiety דער פּחד פֿאַר לײַט ‹מענטשן/געזעלשאַפֿט› [PÁKhED]
social butterfly
  m./unsp. דער אַרומלויפֿער, ־ס
  f. די אַרומלויפֿערקע, ־ס
  be a social butterfly *also* אַרומפֿלאַטערן צווישן מענטשן; אַרומלויפֿן; ליב האָבן צו פֿאַרברענגען
social class דער סאָציאַלער קלאַס, ־ן
social climber
  m./unsp. דער קאַריעריסט, ־ן
  f. די קאַריעריסטקע, ־ס
  be a social climber *also* רײַבן זיך לעבן די פּני [PNEY]
social club דער פֿאַרברענגקלוב, ־ן
social contract דער געזעלשאַפֿטלעכער אָפּמאַך, ־ן
Social Democrat דער סאָציאַל־דעמאָקראַט, ־ן
social drinker דער בציבור־טרינקער, ־ס [BETSÍBER]
social event די געזעלשאַפֿטלעכע אונטערנעמונג, ־ען; דאָס געזעלשאַפֿטלעכע געשעעניש, ־ן
social fabric די/דאָס געזעלשאַפֿטלעכקייט
social graces נימוסים
social hall דער פֿאַרברענגזאַל, ־ן
socialism דער סאָציאַליזם
socialist, *adj.* סאָציאַליסטיש
socialist, *n.* דער סאָציאַליסט, ־ן
socialite די געזעלשאַפֿטלעכע גבֿירהטע ‹גבֿיר(ינ)טע›, ־ס [GVÍRETE/GVÍR(N)TE]
  be a socialite *also* דרייען זיך אין די הויכע קרייזן
socialize (with) קומען צווישן מענטשן; זען זיך (מיט); פֿאַרברענגען (מיט); באַגעגענען זיך (מיט); קאָנטאַקטירן (מיט); האָבן אַ באַריר ‹פֿאַרקער› (מיט)
  (collectivize) פֿאַרגעזעלשאַפֿטלעכן; קאָלעקטיווי(יז)ירן
socialized medicine די מלוכישע געזונט־סיסטעם [MELÚKhIShE]
social life דאָס געזעלשאַפֿטלעכע לעבן
socially געזעלשאַפֿטלעך
social media די סאָציאַלע מעדיע
social network די סאָציאַלע נעץ
social register דער סאָציאַלער רעגיסטער
social science די סאָציאַל־וויסנשאַפֿט, ־ן
social security דער סאָצפֿאַרזיכער; די סאָציאַל־פֿאַרזיכערונג
social security number דער סאָצנומער, ־ן; דער סאָצפֿאַרזיכער־נומער, ־ן
social services דאָס סאָציאַלדינסט ל״י
social studies די געזעלשאַפֿטלעכע לימודים
social welfare דער סאָצפֿאַרזאָרג
social work די סאָציאַל־אַרבעט
  school of social work דער פֿאַקולטעט פֿון סאָציאַל־אַרבעט
social worker
  m./unsp. דער סאָציאַל־אַרבעטער, ־ס
  f. די סאָציאַל־אַרבעטערין, ־ס
societal געזעלשאַפֿטיק; געזעלשאַפֿט־...
society די געזעלשאַפֿט, ־ן
  (fraternity) די חבֿרה, ־ות [KhÉVRE]
Society for the Prevention of Cruelty to Animals די צער־בעלי־חיים־געזעלשאַפֿט [TSÁR-BALEKhÁYEM]
socioeconomic סאָציאָעקאָנאָמיש
sociolinguist דער סאָציאָלינגוויסט, ־ן
sociolinguistic סאָציאָלינגוויסטיש
sociolinguistics די סאָציאָלינגוויסטיק ל״י
sociological סאָציאָלאָגיש
sociologist דער סאָציאָלאָג, ־ן
sociology די סאָציאָלאָגיע
sociopath דער סאָציאָפּאַט, ־ן
sociopathic סאָציאָפּאַטיש
sociopathy די סאָציאָפּאַטיע, ־ס
sock, *n.* דער זאָק, ־ן; דאָס זעקל, ־עך; די שקאַרפּעטקע, ־ס
  (child's) דאָס זעקעלע, ־ך
  pull one's socks up (*fig.*) פֿאַרקאַטשען| ‹פֿאַרקאַשערן› (זיך) די אַרבל
  Put a sock in it! האַלט דעם פּיסק!
sock, *vt.* געבן + דאַט' אַ זעץ ‹טראַסק/פֿליק›
  sock away אָוועקלייגן אַ קניפּל
socket
  (bone) דאָס ביין־בעכערל, ־עך

(elec.) דער קאָנטאַקט, ־ן; דער/דאָס שטעפּסל, ־עך; די (עלעקטרישע) ראָזעטקע, ־ס
(eye) דער אויג־חלל, ־ס; די אויגנלאָך, ...לעכער [KhÓLEL]
(light bulb) דאָס לעמפּל־בעכערל, ־עך; דער פּאַטראָן, ־ען
socket wrench דער שטעקשליסל, ־ען/־
Socrates סאָקראַט
sod, *n.* די פֿאַרגראָזיקטע ערד
sod, *v.* באַדעקן מיט פֿאַרגראָזיקטער ערד
soda די סאָדע, ־ס
soda fountain די סאָדאַרניע, ־ס; דער סאָדע־פֿאָנטאַן, ־ען
(store) דאָס זעלצער־קלייטל, ־עך
soda pop די סאָדע, ־ס
soda water דאָס סאָדע־וואַסער
sodden (אַ)דורכגעווייקט
sodden with drink פֿאַרטעמפּט פֿון בראָנפֿן
sodium דער נאַטריום
sodium bicarbonate דער נאַטריום־וואַסערשטאָף־קאַרבאָנאַט; דער נאַטריום־ביקאַרבאָנאַט; די (באַק)סאָדע
sodium carbonate דער נאַטריום־קאַרבאָנאַט; די וואַשסאָדע
sodium chloride דער נאַטריום־כלאָריד; די/דאָס קאָכזאַלץ
sodium citrate דער נאַטריום־ציטראַט
sodium hydroxide דער נאַטריום־הידראָקסיד; דער לויג
sodium nitrate דער נאַטריום־ניטראַט
sodium phosphate דער נאַטריום־פֿאָספֿאַט
sodium sulfate דער נאַטריום־סולפֿאַט
Sodom (דאָס) סדום [SDOM]
sodomist דער סדומניק, ־עס; דער סאָדאָמיסט, ־ן [SDÓMNIK]
sodomize סאָדאָמיזירן; טאָן מעשׂה סדום [MÁYSE-SDÓM]
sodomy די סאָדאָמיע; דאָס סדומערײַ; דער מישכּבֿ־זכר [SDOMERÁY] [MÍShKEV-ZÓKhER]
sofa די סאָפֿע, ־ס; דער דיוואַן, ־ען; די קאַנאַפּע, ־ס
sofa bed דאָס באַמבעטל, ־עך; דאָס/די סאָפֿעבעט, ־ן; דער בעטדיוואַן, בעטן־דיוואַנען
soft ווייך
(gentle) צאַרט; איידל
(sound) שטיל; רויִק
be soft on נאָכגעבן + דאַט׳; צוגיין מיט ליבשאַפֿט צו
soft as a baby's bottom ווייך ווי אַ תּחתּל [TÉKhESL]
softball די הילקע־פּילקע
(ball) דער ווייכבאַל, ־ן
soft-boiled לויז; שיטער
soft-boiled egg דאָס לויזע ‹שיטערע› איי, ־ער; די מאַטשינקע, ־ס
soft-core לײַכט
soft-core pornography די לײַכטע פּאָרנאָגראַפֿיע
softcover, *adj.* בראָשירט; מיט ווייכע טאָוולען
softcover, *n.* דאָס בראָשירטע בוך, ביכער; דאָס ביכל מיט ווייכע טאָוולען
soft currency די נישט־אויסבײַטעוודיקע וואַלוטע
soft drink די סאָדע, ־ס; דאָס אומאַלקאָהאָלישע געטראַנק, ־ען
soften פֿאַרווייכ(ער)ן; ווייך מאַכן
soften the blow פֿאַרווייכ(ער)ן דעם בראָך; פֿאַרקנאַפּן ‹פֿאַרקלענערן› דעם שאָק
softener דאָס פֿאַרווייכער־מיטל, ־ען
softhearted גוטהאַרציק; ווייכהאַרציק
be softhearted האָבן אַ גוט האַרץ; זײַן אַ בעל־רחמן; זײַן אַ פּוכקע ‹מיאַכקע› לבֿבֿות [BALRÁKhMEN] [LEVÓVES]
softly שטילערהייט
soft money דאָס ווייכגעלט
soft music די שטילע ‹רויִקע› מוזיק

softness די/דאָס ווייכקייט
soft palate דער ווייכער גומען
soft pedal, *n.* דער דעמפּער, ־ס; דער לינקער פּעדאַל, ־ן
soft-pedal, *v.* שפּילן מיטן דעמפּער ‹לינקן פּעדאַל›
(*fig.*) פֿאַרשטילערן; פֿאַרווייכערן
soft porn די לײַכטע פּאָרנאָגראַפֿיע
soft-spoken ווייכשטימיק
be soft-spoken רעדן ווייך ‹מילד›
soft spot (anat.) דאָס ווייכל, ־עך
have a soft spot for האָבן אַ שוואַכקייט צו
soft touch
have a soft touch האָבן אַ ווייך ‹גוט› האַרץ
He's a soft touch ער קען נישט זאָגן (קיין) ניין; ס׳איז לײַכט בײַ אים צו צאַפּן געלט
software דאָס פּראָגראַמוואַרג
software developer דער פּראָגראַמוואַרג־שאַפֿער, ־ס
softwood דאָס נאָדלהאָלץ
softy דער גוטינקער גענ׳
She's just an old softy זי איז אַזאַ גוטינקע; זי איז אַ מענטש אָן אַ גאַל
sogginess די/דאָס צעווייקטקייט
soggy
(food) צעווייקט; צעקוואַטשעט
(grass) נאַס(לעך); (אַ)דורכגעווייקט
soil, *n.* דער גרונט; די ערד; דער באָדן
soil, *v.* באַשמוצ(יק)ן; אײַנשמוצ(יק)ן; אויסשמירן; פֿאַרברודיקן; פֿאַרקויטיקן; פֿאַרפּאַטשקע|ן; אײַנחזירן; אײַנריכטן [ÁYNKhÁZERN]
(reputation) פֿאַרפֿלעקן; פֿאַרשמוצן; פֿאַרשוואַרצן
soil oneself באַמאַכן זיך
soil depletion די באָדן־אויסצערונג; די/דאָס אויסגעמאַגערטקייט פֿונעם באָדן
soiled שמוציק; קויטיק; פֿאַרשמוצ(יק)ט; פֿאַרקויטיקט
soirée די ליאַמע, ־ס; די אָוונט־שימחה ‹־מסיבה›, ־ות; די וועטשערינקע, ־ס [SÍMKhE] [MESÍBE]
sojourn, *n.* דאָס איבערזײַן; דער אויפֿהאַלט, ־ן
sojourn, *v.* איבערזײַן; אויפֿהאַלטן זיך; אײַנשטיין
sojourner
be a sojourner איבערזײַן
sol (mus.) דער סאָל, ־ן
solace, *n.* די טרייסט; די נחמה [NEKhÓME]
solace, *v.* טרייסטן; מנחם זײַן [MENÁKhEM]
solar זון...
solar cell דער זון־עלעמענט, ־ן
solar eclipse די ליקוי־חמה, ־ס; דער זונעקליפּס, ־ן [LÍKE-KhÁME]
solar energy די זון־ענערגיע
solar flare דער זונאויפֿבליץ, ־ן
solarium דער סאָלאַריום, ־ס; דער זונצימער, ־ן
solar panel דער זונפּאַנעל, ־ן
solar plexus דאָס זונגעפֿלעכט
solar-powered באַכּוחט פֿון דער זון [BAKÓYEKhT]
solar radiation די זון־אויסשטראַלונג
solar system די זונסיסטעם, ־ען
solar wind דער זונווינט, ־ן
solar year דאָס זוניאָר, ־ן
solder, *n.* דאָס לייטעכץ
solder, *v.*
imp. לייטן
pf. פֿאַרלייטן; צולייטן; צונויפֿלייטן
soldering iron דער/דאָס לייטאײַזן, ־ס
soldier, *n.*
m./unsp. דער זעלנער, ־ס; דער סאָלדאַט, ־ן

f. די זעלנערין, ־ס; די סאָלדאַטקע, ־ס
soldier's זעלנעריש; סאָלדאַטן...; סאָלדאַטיש; סאָלדאַטסקע
soldier, *v.* סאָלדאַטעווע|ן; דינען ווי אַ סאָלדאַט ‹זעלנער›
soldier on נישט אַראָפּלאָזן די הענט
soldierly סאָלדאַטיש; זעלנעריש; מעשׂה סאָלדאַט ‹זעלנער›; סאָלדאַטסקע [MÁYSE]
soldier of fortune דער געדונגענער סאָלדאַט, ־ן
soldiery דאָס זעלנערײַ
sold-out אויספֿאַרקויפֿט
sole, *adj.* (איין־און־)איינציק
sole,[1] *n.* **(zool.)** די ים־צונג, ־ען [YAM]
sole,[2] *n.*
(of foot) די פּיאַטע, ־ס
(of shoe) די פּאָדעשווע, ־ס; די זויל, ־ן
sole, *v.* באַזוילן
solecism דער סאָלעציזם, ־ען
soled באַזוילט
solely בלויז; נאָר; רק [RAK]
solemn יום־טובֿדיק; ערנצט [YÓNTEVDIK]
solemnity די/דאָס יום־טובֿדיקייט; דער ערנצט [YÓNTEVDIKEYT]
solemnize אָפּריכטן; פּראַווע|ן
solemnly ערנצט
solemnly swear הייליק שווערן; שווערן באמונה [BEEMÚNE]
solenoid דער סאָלענאָיד, ־ן
sol-fa די סאָלמיזאַציע; די סאָל־פֿאַ
solfeggio די סאָלפֿעדזשיאָ
solicit
(support) ווערבירן; ווענדן זיך נאָך
(beg) בעטלען; בעטן זיך בײַ
(for sex) אָנבאָטן סעקס
solicitation דאָס בעטן זיך; די בקשה, ־ות [BAKÓShE]
(for sex) דער סעקסאָנבאָט; דאָס אָנבאָטן סעקס
solicitor דער בעטער, ־ס
solicitor general
(in US) דער מלוכישער הויפּט־אַדוואָקאַט, ־ן [MELÚKhIShER]
(in UK) דער צווייטער קרוין־אַדוואָקאַט, ־ן
solicitous
(concerned) באַזאָרגט; זאָרגעריש
(eager) נײַגעריק
solicitude די/דאָס באַזאָרגטקייט
solid, *adj.*
(not hollow) גאַנץ
(not liquid) סאָליד; האַרט; פֿעסט
solid as a rock אײַזן פֿעסט
be on solid ground האָבן אונטער זיך אַ פֿעסטן באָדן
packed solid געדיכט געפּאַקט
two solid hours גאַנצ(ענ)ע צוויי שעה [ShO]
solid, *n.* דער סאָליד, ־ן; דער האַרטער קערפּער, ־ס
solidarity די/דאָס סאָלידאַרישקייט; די סאָלידאַריטעט; די/דאָס אייניקייט
be/stand in solidarity with זײַן סאָלידאַריש מיט
Solidarity (pol.) די סאָלידאַרנאָסט
solidary סאָלידאַריש
solid fuel דאָס סאָלידע ברענוואַרג; דאָס האַרטע הייצוואַרג
solid geometry די סטערעאָמעטריע
solid gold דאָס ריינע גאָלד
solidification די פֿאַרגליווערונג; דאָס פֿעסט ‹האַרט› ווערן; די סאָלידיפֿיקאַציע
solidify פֿאַרגליווערט ווערן; פֿעסט ‹האַרט› ווערן; אײַנשטיין; סאָליד(יפֿיצ)ירן
solidly סאָלידערהייט; שטאָל־און־אײַזן; אויף אַ סאָלידן אופֿן [OYFN]
solid majority די פֿעסטע מאַיאָריטעט, ־ן
solid meal דער געזונטער מאָלצײַט, ־ן
solidness די/דאָס סאָלידקייט
solid-state סאָלידן־...
solid-state physics די סאָלידן־פֿיזיק ל״י
soliloquize פֿירן אַ שמועס מיט זיך אַליין
soliloquy דער מאָנאָלאָג, ־ן
solipsism דער סאָליפּסיזם, ־ען
solitaire דער סאָליטער; דער פּאַסיאַנס; די/דאָס געדולדשפּיל
play solitaire שפּילן אין סאָליטער; לייגן אַ פּאַסיאַנס
solitary אָפּגעזונדערט; באַזונדער; איינצל...
(single) (איין־און־)איינציק
solitary confinement די איינצל־קאַמער; די איזאָלאַטקע; דער איזאָליר; די תּפֿיסה־איזאָלאַציע [TFÍSE]
be in solitary confinement זיצן אין איינצל־קאַמער ‹איזאָלאַטקע/איזאָליר/תּפֿיסה־איזאָלאַציע›
solitude די עלנט; די/דאָס אָפּגעזונדערטקייט; דאָס איינזײַן
in solitude ביחידות [BIKhÍDES]
solo, *adj.* סאָלאָ...
solo, *adv.* סאָלאָ
perform solo שפּילן ‹זינגען› סאָלאָ
solo, *n.* דער סאָלאָ, ־ס; די סאָלאָשטים, ־ען
solo flight דאָס פֿליִען איינער געב׳ אַליין
soloist דער סאָליסט, ־ן
Solomon (bib.) שלמה המלך [ShLÓYME HAMÉYLEKh]
Solomonic wisdom שלמה המלכס חכמה [ShLÓYME HAMÉYLEKhS KhÓKhME]
have Solomonic wisdom זײַן קלוג ווי שלמה המלך [ShLÓYME HAMÉYLEKh]
Solomon's plume (bot.) די סמילאַצינע, ־ס
Solomon's seal (bot.) שלמה המלכס זיגל [ShLÓYME HAMÉYLEKhS]
solstice די זונשטיל, ־ן; דער זונשטאַנד, ־ן
solubility די/דאָס צעלאָזעוודיקייט
soluble צעלאָזעוודיק; צעלאָזלעך
(solvable) באַשיידלעך
solution
(liquid) די צעפֿירונג, ־ען; די צעלאָזונג, ־ען; דער צעלאָז, ־ן
(to problem) דער באַשייד, ־ן; די פֿאַרענטפֿערונג, ־ען; דער פֿאַרענטפֿער, ־ס; די ˙לייזונג, ־ען
solvable באַשיידלעך; צו(ם) באַשיידן ‹פֿאַרענטפֿערן›
solve באַשיידן; פֿאַרענטפֿערן; ˙לייזן
solvency די/דאָס צאָלפֿעיִקייט; די/דאָס קאַראַנטקייט
solvent, *adj.* צאָלפֿעיִק; קאַראַנט
solvent, *n.* דער צעפֿירער, ־ס; דער צעלאָזער, ־ס
Somali, *adj.* סאָמאַליש
Somali, *n.*
m./unsp. דער סאָמאַליער, –
f. די סאָמאַליערין, ־ס
Somalia (די) סאָמאַליע
somatic סאָמאַטיש
somatology די סאָמאַטאָלאָגיע
somber(ly) טרויעריק; פֿינצטער
somberness די/דאָס טרויעריקייט; די/דאָס פֿינצטערקייט; דער טרויעריקער כאַראַקטער ‹קלאַנג›
sombrero דער סאָמבּרעראָ, ־ס
some, *adj.*
(a bit) אַ ביסל
(a few) עטלעכע; אַ טייל

(approximately) [ÉREKh] אַ; אַן ערך
(indeterminate) עפּעס (אַ); איינער (אַ)
and then some און נאָך מער
for some time שוין אַ שטיק צייַט (וואָס)
Some ...! (amazement) שוין איין מאָל אַ ...!; נישקשה פֿון אַ ...! [NIShKÓShE]
Some ...! (ridicule) אויך מיר אַ ...!; דאָס הייסט בייַ דיר ‹אייַך› אַ ...?; אַלץ הייסט ...!
Some child came עפּעס אַ קינד איז געקומען
Some man was just here איינער אַ מאַן איז דאָ ערשט געווען
some more נאָך (אַ ביסל)
some other time אַן אַנדער(ט) ‹אַנדערש› מאָל; אַ צווייט מאָל
some person עמעצער
some place ערגעץ ווו
some time ago מיט אַ צייַט צוריק; לענגער
some time soon [BEKÓREV] שוין באַלד; בקרובֿ
some (of), *pron.* געוויסע; טייל
somebody *see* **someone**
someday אַ מאָל
somehow ווי נישט איז; ווי סע זאָל נישט זייַן; עפּעס
someone עמעצער; עמעץ
someone or other עמעצער; עמעץ
There's someone for everyone צו יעדן טעפּל איז דאָ אַ שטערצל
someplace *see* **somewhere**
somersault, *n.* די קאָזשלקע, ־ס; דער קאָזשעליק, ...לקעס
do somersaults מאַכן קאָזשלקעס
somersault, *v.* מאַכן קאָזשלקעס; איבערקוליע|ן זיך
something עפּעס
He is something else! ער איז אַזוינס ‹איינס› און אַזעלעכס!; ער איז יענע כּלי! [KÉYLE]
I'll tell you something כ'ל דיר עפּעס ‹וואָס› זאָגן
It was really something else! געווען אויסער ווי געוויינ(ט)לעך!; געווען אַזוינס און אַזעלעכס!
It's something to see! דאָס דאַרף מען זען!
or something צי עפּעס אַזוינס
something of a עפּעס אַ; אַ שטיקל
something or other עפּעס
thirty-something דער מענטש אין די דרייַסיקער; דער בעל־שלושים [BALShLÓYShIM]
sometime, *adj.*
(occasional) צומאָליק
(former) געוועזן; געוועזט; אַמאָליק
sometime, *adv.* ווען נישט איז
sometimes אַ מאָל; אָפּט מאָל; טייל מאָל
someway *see* **somehow**
somewhat עפּעס; אַ ביסל
more than somewhat גאַנץ גוט ‹שטאַרק›
somewhat of a עפּעס אַ; אַ שטיקל
somewhere ערגעץ (ווו)
somewhere else אַנדערש ווו
somewhere in-between נישט אַהין (און) נישט אַהער; חצי אינער חצי דרינען; ספֿק מענטש און ספֿק חיה [KhÓTSE] [SÓFEK] [KhÁYE]
sommelier דער ווייַנסאַרווער, ־ס
somnambulism דער לונאַטיזם; דער סאָמנאַמבוליזם
somnambulist דער לונאַטיקער, ־ס; דער סאָמנאַמבוליסט, ־ן; דער לבֿנה־גייער, ־ס; דער נאַכטוואַנדלער, ־ס [LEVÓNE]
somnolence די/דאָס דרימלעוודיקייט; די/דאָס פֿאַרשלעפֿערטקייט
somnolent דרימלענדיק; דרעמלענדיק; פֿאַרשלעפֿערט

son דער זון, זין
(*aff.*) דאָס זונדעלע ‹זינדעלע›, ־ך
(*pej.*) [BENÓK] דער בנאָק, ־עס
My son! (*aff.*) [KÁDESh] זונעניו!; זונעשי!; קדיש מייַנער!
the son of ... (trad./J.) [BEN] בן־...
You son of a gun, you! דו ממזר(ל) איינער! [MÁMZER(L)]
sons (*hum.*) [BÓNIM] בנים
sonar דער סאָנאַר
sonata די סאָנאַטע, ־ס
sonatina די סאָנאַטינע, ־ס
song דאָס (זינג)ליד, ־ער
song and dance [TÉRETS] אַ תּירוץ פֿאַר די בענטשליכט
for a song בחצי־חינם; האַלב אומזיסט; פֿאַר אַ שיבוש [BEKhÓTSE-KhÍNEM] [ShÍBESh]
songbird דער זינגפֿויגל, ...פֿייגל; דאָס זינגפֿייגעלע, ־ך; דער שפּילפֿויגל, ...פֿייגל; דאָס שפּילפֿייגעלע, ־ך
songbook דאָס געזאַנגביכל, ־עך; דאָס געזאַנגבוך, ...ביכער
Song of Songs [ShIR-(H)AShÍRIM] שיר־השירים
songsheet דער לידער־בויגן, ־ס
songster דער זינגער, ־ס
(bird) דער זינגפֿויגל, ...פֿייגל
songwriter דער לידער־שרייַבער ‹־שאַפֿער›, ־ס
sonic סאָניש; קלאַנג...
sonic boom דער סאָנישער בום
son-in-law דער איידעם, ־ס
son-in-law's father דער מחותּן, ־ים [MEKhÚTN, MEKhUTÓNIM]
son-in-law's mother די מחותּנתטע, ־ס [MEKhUTÉNESTE]
sonnet דער סאָנעט, ־ן
sonny דאָס זונדעלע; דאָס זונעניו
son of a bitch דער הונט; דער ממזר־בן־הנידה; דער פּאַסקודניאַק [MÁMZER-BEN-HANÍDE]
son of a gun [MÁMZER] דער ממזר
Son of God/Man [YÉYShU (HANÓYTSRI)] ישו (הנוצרי)
sonogram די סאָנאָגראַם, ־ען
sonographer דער סאָנאָגראַף, ־ן
sonographic סאָנאָגראַפֿיש
sonography די סאָנאָגראַפֿיע
sonorous קלינגעוודיק; קלינגענדיק
soon [BEKÓREV] באַלד; אין גיכן; בקרובֿ
as soon as באַלד ‹גלייך› ווי; ווי נאָר
as soon as possible וואָס פֿריִער ‹גיכער›
I would sooner ... than כ'וואָלט גיכער ‹ליבער(שט)› + פּאַרט' איידער ...
no sooner ווי נאָר
none too soon ממש אין דער לעצטער סעקונדע ‹רגע› [MÁMESh] [RÉGE]
soon after באַלד ‹האַרט› נאָך דעם
sooner or later פֿריִער אָדער שפּעטער
the sooner the better וואָס פֿריִער אַלץ בעסער
too soon צו פֿרי ‹גיך›
very soon אָט־אָט; גאָר אין גיכן
soot די סאַזשע; דאָס רוס
blacken/cover with soot אייַנריסן
soothe אייַנשטילן; באַרויִקן; אייַנגלעטן; לינדערן
soothing באַרויִקנדיק
soothing words טרייסטווערטער
soothsayer דער וואָרזאָגער, ־ס
sooty פֿאַרסאַזשעט; רוסיק; אייַנגעריסט
sop, *n.*
(food) דער אייַנגעטונקענער ביסן

(to pacify) דאָס ביינדל
(weakling) די לעמישקע, ־ס
sop, *v.* (up) אײַנזאַפּן
sophism דער סאָפֿיזם
sophist דער סאָפֿיסט, ־ן
sophistic סאָפֿיסטיש
sophisticate, *n.* דער סאָפֿיסטיצירטער געב׳; דער װעלטקלוגער געב׳
sophisticated ראַפֿינירט; סאָפֿיסטיצירט; סאָפֿיסטיקירט; אויסגעקליגט; קולטיווירט; װעלטקלוג
(machinery/weapon) קאָמפּליצירט
sophistication די/דאָס סאָפֿיסטיצירטקייט; די/דאָס סאָפֿיסטיקירטקייט; די/דאָס ראַפֿינירטקייט
sophistry די סאָפֿיסטיק; דער פּילפּול [PILPL]
sophomore דער צווייטיאָרלער, ־ס
be a sophomore זײַן אַ צווייטיאָרלער; זײַן אין צווייטן יאָר
sophomore year דאָס צווייטע יאָר
sophomoric אַלצווייסעריש; פּרעטענציעז
soporific, *adj.* שלאָפֿ...; שלעפֿיק
soporific, *n.* דאָס שלאָפֿמיטל, ־ען; דאָס שלעפֿעכץ, ־ן
sopping פּיטש נאַס; אויסגעווייקט; (אַ)דורכגעווייקט
soprano
(singer) דער סאָפּראַן, ־ען; די סאָפּראַנאָ, ־ס; דער דיסקאַנט, ־ן
(voice) די סאָפּראַנשטים; די סאָפּראַנאָ־שטים; דאָס אייבערקול [ÉYBERKOL]
soprano clef דער סאָפּראַן־שליסל
sorbet דאָס פֿרוכטאײַז
sorcerer דער כּישוף־מאַכער, ־ס; דער מכשף, ־ים [KÍShEF] [MEKhÁShEF, MEKhÁShFIM]
sorceress די כּישוף־מאַכערין, ־ס; די מכשפֿטע, ־ס; די מכשפֿה, ־ות [KÍShEF] [MEKhÁShEFTE] [MAKhShÉYFE]
sorcery דער כּישוף [KÍShEF]
sordid
(dirty) שמוציק; ברודיק
(grasping) כאַפּעריש; אייגננוצעריש
(degrading) געמיין; אָפּגעלאָזן
sordine דער דעמפּער, ־ס; די סורדינ(ק)ע, ־ס
sore, *adj.*
(painful) ווייטיקדיק; אָנגעווייטיקט; צעווייטיקט
(inflamed) אָנגעריסן
(offended) באַליידיקט; ברוגז [BRÓYGES]
have a sore ... רײַסן אומפּ + דאַט׳/פּ״ק אין ...
I'm sore all over סע ברעכן מיר אַלע ביינער; ס׳רײַסט מיר אין אַלע אבֿרים [ÉYVRIM]
It's a sore point ס׳איז אַן אָנגעווייטיקטער ענין [ÍNYEN]
sore, *n.* די וווּנד, ־ן; די ראַנע, ־ס
sore loser דער אָנגעבלאָזענער ‹ברוגזער› פֿאַרשפּילער, ־ס [BRÓYGESER]
sorely זייער; שטאַרק
soreness ווייטיקן ל״ר; די/דאָס אָנגעווייטיקטקייט
sore throat דער האַלדזווייטיק, ־ן
I have a sore throat דער האַלדז טוט מיר וויי; סע טוט מיר וויי דער ‹אין› האַלדז
sorghum די סאָרגע
sororicide דער שוועסטערמאָרד
(murderer) דער שוועסטערמערדער, ־ס
sorority די שוועסטערשאַפֿט, ־ן
sorority house דאָס שוועסטערשאַפֿט־הויז, ...הײַזער
sorrel, *adj.* רויט ברוין
sorrel, *n.* דער שטשאַוו; דער כטשוף; דער קוואַסעץ
sorrel soup דער שטשאַוו; דער קוואַסעץ

sorrow דער טרויער; דער אומעט; דער צער; די לייד; דאָס עצבֿות [TSAR] [ÁTSVES]
sorrowful טרויעריק; עצבֿותדיק [ÁTSVESDIK]
sorry
(pathetic) נעבעכדיק; פּאַסקודנע; קלאָגעדיק
be in a sorry state זײַן אין אַ נעבעכדיקן ‹פּאַסקודנעם/קלאָגעדיקן› מצבֿ [MÁTSEV]
feel sorry for oneself קלאָגן זיך אויפֿן אייגענעם גורל [GOYRL]
I feel so sorry for ס׳איז מיר אַזאַ רחמנות אויף [RAKhMÓNES]
I'm sorry (that) ס׳טוט מיר באַנג (וואָס); איך באַדויער (וואָס); כ׳האָב חרטה וואָס [KhARÓTE]
I'm sorry to say that צום באַדויערן מוז מען ‹איך› זאָגן אַז
I'm/So sorry! זײַ(ט) (מיר) מוחל! [MOYKhL]
I'm so sorry for your loss לאָמיר (קיינס) נישט וויסן פֿון קיין צער; זאָלסט ‹איר זאָלט› מער נישט וויסן פֿון קיין צער; לאָמיר אָפּגעהיט זײַן פֿון צער [TSAR]
sort, *n.* דער סאָרט, ־ן; דער מין, ־ים; דער זגאַל, ־ן; דער טיפּ, ־ן
a sort of אַ מין; אַ סאָרט; עפּעס אַ
all sorts of אַלערליי; כּלערליי; כּל־המינים [KÓLERLÉY] [KOL(H)AMÍNIM]
all sorts of things מכּל־המינים; אַלערליי זאַכן; אַלערליי מיני קטניות; שאָר־ירקות [MIKÓL-HAMÍNIM] [MÍNE] [KÍTNYES] [ShORYERÓKES]
out of sorts (unwell) נישט מיט אַלעמען
of sorts אַ מין; אָדער עפּעס אַזאַנס
out of sorts (irritable) שלעכט אויפֿגעלייגט; ברוגזלעך [BRÓYGESLEKh]
sort of עפּעס
What sort of ...? וואָסער מין ‹סאָרט› ...?
sort, *v. imp./pf.* (אויס)סאָרטירן
get sorted out אויספּרעסן זיך; האַלטן ‹גיין/זײַן› אויף אַ לאַד
sort out אויססאָרטירן; אויססדרן [ÓYSSÁDERN]
sort out (*fig.*) אויספּלאָנטערן; אויסרעכענען; צעגלידערן; מאַכן אַ גראָדן חשבון פֿון [KhEZhBM]
sort through (אַ)דורכקוקן
sorter
(mech.) די סאָרטיר־מאַשין, ־ען; די סאָרטירקע, ־ס
(person) דער סאָרטירער, ־ס
sortie דער אַרויספֿלי, ־ען
sorting, *n.* דאָס אויססדרן [ÓYSSÁDERN]
SOS! ראַטעוועט!; עס־אָ־עס!
so-so אַזוי; נישט פֿויגלדיק; נישקשה [NIShKÓShE]
sot דער פֿאַרפֿאַלענער שיכּורניק, ־עס [ShIKÓRNIK]
sotto voce סאָטאָ וואָטשע; שטילערהייט
soubrette די סוברעטין ‹סוברעטקע›, ־ס
soufflé דער סופֿלע, ־ען; דער סופֿלעט, ־ן; דער אויפֿלויף, ־ן
sought-after געזוכט; באַגערט
soul די נשמה, ־ות [NEShÓME]
(person) דאָס/דער נפֿש, ־ות [NÉFESh, NEFÁShES]
Upon my soul! כּלעבן!
with all one's soul מיטן גאַנצן האַרצן
He's a good soul ער איז אַ גוט(ינק)ער
not a living soul קיין לעבעדיק נפֿש; קיין איין אחד נישט; קיין מוטערמענטש [ÉKhED/EKhÓD]
sell one's soul פֿאַרקויפֿן זיך צום טײַוול
soul-destroying
be soul-destroying אַוועקהרגע|(נע)ן די נשמה [AVÉKHÁRGE(NE)N] [NEShÓME]

soul food דאָס נשמה־עסן [NEShÓME]
soulful טיף־פֿילעוודיק
soulless אָן אַ האַרצן ‹נשמה› [NEShÓME]
  This is a soulless task דאָס טריקנט ‹צערט› אויס די נשמה
soulmate
  be soulmates זײַן נפֿש־אחת; זײַן איין האַרץ און איין נשמה [NÉFESh-ÁKhES] [NEShÓME]
soul music די נשמה־מוזיק [NEShÓME]
soul-searching דער חשבון־הנפֿש [KhEZhBM-HANÉFESh]
sound, *adj.*
  (healthy) געזונט
  (logical) שׂכלדיק [SÉYKhLDIK]
  (solid) פֿעסט; שטאַרק
  sound as a bell בײַם פֿולן געזונט
  of sound mind בײַם פֿולן שׂכל; בײַ אַלע געדאַנקען [SEYKhL]
sound, *adv.*
  be sound asleep שלאָפֿן געשמאַק ‹פֿעסט›; האָבן אַ האַרטן שלאָף
sound,[1] *n.* **(noise)** דער קלאַנג, ־ען
  It's all sound and fury ס'איז גאָלע קולות־וּבֿרקים [KÓYLES-UVRÓKIM]
  I don't like the sound of it סע געפֿעלט מיר נישט
  make a sound (noise) מאַכן ‹אַרויסגעבן› אַ קלאַנג
  make a (tiny) sound אַ פּיפּס טאָן
  without a sound אָן קיין פּיפּס; שטילערהייט
sound,[2] *n.* **(water)** דער דורכגאַס, ־ן
sound,[1] *v.*
  vt. קלינגען אין ‹מיט›; לאָזן אויפֿהילכן
  vi. קלינגען; (אויפֿ)הילכן
  sound as if קלינגען ווי; מאַכן אַ רושם פֿון [RÓYShEM]
  sound like קלינגען ווי
  sound off האָבן טענות; באַקלאָגן זיך [TÁYNES]
  sound sb. out אויספֿרעגן; טאַפּן + דאַט' דעם דפֿק [DÉYFEK]
  sound out (pronounce) אַרויסרעדן
  sound the alarm אויפֿהייבן ‹מאַכן› אַן אַלאַר(ע)ם; אַלאַרמירן; שרײַען ‹קלינגען› ג(ע)וואַלד; קלאַפּן ‹שלאָגן› טרעוואָגע
  sound the drums באַראַבאַנעווען; קלאַפּן אין די פּויקן
  sound the retreat געבן דעם צוריקצי־סיגנאַל
sound,[2] *v.* **(probe)** זאָנדירן
sound barrier דער קלאַנגבאַריער
sound bite די כאַפּיקע פֿראַזע, ־ס
sound block דאָס העמערל־געלעגער, ־ס
sound card דאָס קלאַנגקאַרטל, ־עך
sound check די קלאַנגפּראָבע, ־ס
sound effect דער קלאַנגעפֿעקט, ־ן
sound film דער קלאַנגפֿילם, ־ען
sounding, *n.* דאָס זאָנדירן; די זאָנדירונג
sounding board דאָס/די קלאַנגברעט, ־ער; דער רעזאָנאַטאָר, ...אָרן
  I use her as a sounding board כ'האָב ליב צו הערן איר מיינונג
soundly גרונטיק; טיף; פֿעסט; געזונט
soundness דער געזונטער מצבֿ ‹צושטאַנד› [MÁTSEV]
soundproof, *adj.* קלאַנג־באַוואָרנט
soundproof, *v.* קלאַנג־באַוואָרענען
sound recording די קלאַנג־רעקאָרדירונג, ־ען
soundtrack
  (film) דער פֿילמקלאַנג, ־ען
  (mus.) די באַ(ג)לייט־מוזיק
sound wave די קלאַנגכוואַליע, ־ס
soup, *n.* די זופּ, ־ן; די יויך, ־ן; די יושקע, ־ס
  soup du jour די הײַנטיקע זופּ
  from soup to nuts פֿון אַלף ביז תּוו [ÁLEF] [TOF]
  in the soup אויף צרות [TSÓRES]
soup, *v.* **(up)** שטאַרקן די מאָטאָרקראַפֿט
soupbone דער זופּ(נ)ביין, ־ער
soupçon די/דער שפּור; דער שמץ [ShÉMETS]
souped-up פֿאַרשטאַרקט; פֿאַרגיכערט
soup kitchen די גאָרקיך, ־ן
soupmeat דאָס זופּנפֿלייש
soup nuts מאַנדלען
soup plate דער זופּן־טעלער, ־ס
soup pot דער זופּנטאָפּ, ...טעפּ
soup spoon דער זופּלעפֿל, ־
sour, *adj.* זויער
  go/turn sour זויער ווערן; קאַליע ווערן; אויפֿשפּילן
sour, *v.* **(on)** געגנאַרן זיך (אין); אַנטוישן זיך (אין)
source, *n.* דער קוואַל, ־ן; דער מקור, ־ים; דער שורש, ־ים [MÓKER, MEKÓYRIM] [ShÓYRESh, ShERÓShIM]
  (comp.) דער קוואַל(טעקסט)
  (reference) דער מראה־מקום, ־ות [MARE-MÓKEM, -MEKÓYMES]
  have its source in שטאַמען פֿון
  source of income דער הכנסה־קוואַל, ־ן [HAKhNÓSE]
source code דער קוואַלקאָד, ־ן
source material דער מקורים־מאַטעריאַל, ־ן; רעסורסן ל״ר [MEKÓYRIM]
sour cherry דער ווײַנשל, –
sour cream די סמעטענע, ־ס
sourdough דאָס זויערטייג
sour grapes זויערע ווײַנטרויבן; די (ריינע) קינאה [KÍNE]
sourly זויערלעך; מיט אַ זויערער מינע
sour milk די זויערמילך ‹זויער־מילעך›
sourness די/דאָס זויערקייט
sourpuss די זויערע לימענע, ־ס; די קיסליצע, ־ס
soursop דער פֿלאַשנבוים, ...ביימער
sourwood דער זויעראַק
sousaphone דער סוזאַפֿאָן, ־ען
souse, *n.* **(*slg.*)** דער שיכּורניק, ־עס [ShIKÓRNIK]
souse, *v.* נאַס מאַכן
  (fire) לעשן
  (pickle) אײַנלייגן; מאַרינירן
soused שיכּור [ShÍKER]
soutane די סוטאַנע, ־ס
south, *adj.* דרום־...; דרומדיק [DÓREM] [DÓREMDIK]
south, *adv.*
  go south פֿאָרן ‹פֿליִען› אויף דרום [DÓREM]
  go south (*fig.*) פֿאַלן; גיין באַרג־אַראָפּ
south, *n.* דער דרום [DÓREM]
  the South (Am.) די דרומדיקע שטאַטן [DÓREMDIKE]
South Africa (די) דרום־אַפֿריקע [DÓREM]
South America (די) דרום־אַמעריקע [DÓREM]
southbound אויף דרום [DÓREM]
South Carolina (די) דרום־קאַראָלײַנע [DÓREM]
South Dakota (די) דרום־דאַקאָטע [DÓREM]
southeast, *adj.* דרום־מיזרח־... [DÓREM-MÍZREKh]
southeast, *n.* דער דרום־מיזרח [DÓREM-MÍZREKh]
southeasterly wind דער דרום־מיזרח־ווינט, ־ן [DÓREM-MÍZREKh]
southeastern דרום־מיזרח־...; דרום־מיזרחדיק [DÓREM-MÍZREKh] [DÓREM-MÍZREKhDIK]

southerly/southern דרום־...; דרומדיק [DÓREM] [DÓREMDIK]
southerner דער דרומדיקער גענ׳ [DÓREMDIKER]
Southern Hemisphere די דרום־העמיספּער; דער דרומדיקער האַלבקײַלעך [DÓREM] [DÓREMDIKER]
southern lights דאָס דרום־ליכט ל״י [DÓREM]
southernmost סאַמע דרומדיק [DÓREMDIK]
South Korea (די) דרום־קאָרעע [DÓREM]
southpaw דער געלינקטער גענ׳; דער לינקהאַנטיקער גענ׳
South Pole דער דרום־פּאָלוס; דער דרומדיקער פּאָלוס [DÓREM] [DÓREMDIKER]
southward אויף דרום (צו) [DÓREM]
southwest, *adj.* דרום־מערבֿ־... [DÓREM-MÁYREV]
southwest, *n.* דער דרום־מערבֿ [DÓREM-MÁYREV]
southwestern דרום־מערבֿ־...; דרום־מערבֿדיק [DÓREM-MÁYREV] [DÓREM-MÁYREVDIK]
souvenir דער סוווניר, ־ן; דאָס אָנדענקל, ־עך; דער אָנדענק, ־ען
sou'wester דער דרום־מערבֿ־ווינט, ־ן [DÓREM-MÁYREV]
sovereign, *adj.* סוווערען
sovereign, *n.* דער סוווערען, ־ען; דער הערשער, ־ס; דער איבערהאַר, ־ן
sovereign debt מלוכה־חובֿות ל״ר [MELÚKhE-KhÓYVES]
sovereignty די סוווערעניטעט; די איבער(האַר)שאַפֿט
Soviet, *adj.* סאָוועטן־...; סאָוועטיש
Soviet, *n.* דער סאָוועט, ־ן
Soviet regime די סאָוועטן־מאַכט
Soviet Russia (דאָס) סאָוועטן־רוסלאַנד
Soviet Union דער סאָוועטן־‹ראַטן›־פֿאַרבאַנד
sow, *n.* די חזיריכע, ־ס; די חזירטע, ־ס; די ליאָכע, ־ס [KhAZERÍKhE] [KhÁZERTE]
sow, *v.*
  imp. זייען
  pf. פֿאַרזייען; אויפֿזייען
  sow confusion צעטומלען; אָנמאַכן אַ בהלה [BEHÓLE]
sow bug דער נאַסטל, ־עך; דאָס נאַסטעלע, ־ך
sower די זיימאַשין, ־ען; דער זייער, ־ס
sowing די (פֿאַר)זייונג
sow thistle דער אָסאָט; דאָס ווײַצנגראָז
soy, *adj.* סויע...
soybean דער סויעבאָב, ־עס; דאָס סויעבעבל, ־עך
  soybeans די סויע קאָל׳
soybean oil דער סויע־בוימל
soy formula די סויע־פֿאָרמל, ־ען
soy sauce דער סויעסאָס
spa דער ספּאַ, ־ען
  (health) דער געזונטספּאַ, ־ען; דער געניטונג־קלוב, ־ן
  (spring) דער/דאָס קוראָרט, ...ערטער; דאָס וואַרעמבאָד, ...בעדער; דער היילקוואַל, ־ן
space, *adj.* **(cosmos)** קאָסמאָס...; ספּערן...
space, *n.*
  (area) דער שטח, ־ים [ShÉTEKh, ShTÓKhIM]
  (cosmos) דער קאָסמאָס; די ספּערן ל״ר
  (room) דאָס אָרט, ערטער; דער פּלאַץ, פּלעצער
  (empty) דער חלל, ־ס; דער בלויז, ־ן; דאָס ליידיקע אָרט, ערטער [KhÓLEL]
  (expanse) דאָס געשפּרייט, ־ן; די שפּרייטונג, ־ען
  (typ./between letters) דער שפּייַץ, ־ן; דער שפּאַץ, ־ן
  (typ./interlinear) דער אינטערוואַל, ־ן
  I need some space כ׳דאַרף צײַט ‹אָרט› אויף אָפּצואָטעמען
  not have any space נישט האָבן ווו; נישט האָבן קיין אָרט
space, *v.*
  (typ.) שפּאַצירן; (צע)שפּײַצן
  (people/objects) אויסשטעלן מיט אָפּרוקן
space-age, *adj.* פֿון דער קאָסמאָס־תּקופֿה [TKÚFE]
space age, *n.* די קאָסמאָס־תּקופֿה, ־ות [TKÚFE]
space bar דער שפּײַצער, ־ס
space capsule דער קאָסמאָס־קאַפּסל, ־ען
spacecraft די קאָסמאָסשיף, ־ן
spaced גערוקט
spaced-out ווי אויפֿן עולם־התוהו; מטושטש(דיק); נישט קיין היגער גענ׳ [ÓYLEM-(H)ATÓYE] [METÚShTESh(DIK)]
space flight דער קאָסמאָספֿלי, ־ען; דער ספּערנפֿלי, ־ען
space heater דאָס באַהייצערל, ־עך; דאָס הייצאייוועלע, ־ך; דער קאָנוועקטאָר, ־ס
spaceman דער קאָסמאָנויט, ־ן; דער קאָסמאָסניק, ־עס; דער אַסטראָנויט, ־ן
space probe די קאָסמאָס־פּראָבקע, ־ס; דער קאָסמאָסזאָנד, ־ן
spaceship די קאָסמאָסשיף, ־ן
space shuttle דאָס צופֿלי־שיפֿל, ־עך
space station די קאָסמאָס־סטאַנציע, ־ס
spacesuit דער קאָסמאָס־קאָסטיום, ־ען; דער קאָסמאָסטיום, ־ען
spacewalk דער קאָסמאָס־שפּאַציר, ־ן
spacial אָרט...
spacing (between lines) דער אינטערוואַל; דער אָפּשטאַנד
spacious רחבֿותדיק; גראַמ(יק) [RÁKhVESDIK]
spackle, *n.* דער שפּאַכל
spackle, *v.* שפּאַכליעווע|ן
spade
  (cards) דאָס שוואַרץ; דער פּיק; די שיפּע
  (shovel) די לאָפּעטע, ־ס; דער שפּאָדל, ־ען; דער רידל, ־ען; דער זאַסטופּ, ־עס
  call a spade a spade אָנרופֿן דאָס קינד בײַם ‹מיטן› נאָמען
  in spades מיט פּראָצענטער; מיט אַן עודף [ÓYDEF]
spadework די צוגרייט־אַרבעט
spaghetti ספּאַגעטי ל״ר
  spaghetti and meatballs ספּאַגעטי מיט קײַלעכלעך
Spain (די) שפּאַניע
spam, *n.* דאָס בליצמיסט
spam, *v.* שיקן בליצמיסט
span, *n.* דער גרייך, ־ן; דער שפּאַן, ־ען
  (bridge) דער בריקבויגן, ־ס
  (distance) די לענג, ־ען; דער שפּאַן, ־ען; דער גרייך, ־ן
  (of arms/wings) דער צעשפּרייט
  (of time) די צווישנצײַט; דער צײַט־משך [MÉShEKh]
span, *v.*
  (range) גרייכן; (אַ)דורכשפּאַנען
  (time/area) דעקן
spangle, *n.* דאָס פֿליטערל, ־עך
spangle, *v.* באַפֿליטערן
Spaniard
  m./unsp. דער שפּאַניער, –
  f. די שפּאַניערין, ־ס
spaniel דער ספּאַניעל, ־ס
Spanish, *adj.* שפּאַניש
  Spanish Jew דער שפּאַנישער גענ׳; דער שפּאַנישער ייִד, ־ן
Spanish, *n.* **(language)** דאָס שפּאַניש
Spanish broom (bot.) דער שפּאַנישער ביבערבוים
spank, *n.* דער פּאַטש, פּעטש; דאָס פּעטשל, ־עך; דער שמיץ, ־ן
spank, *v.*
  imp. שמײַסן; געבן אַ פּאָר פּעטש(עלעך)
  pf. אָנשמײַסן; אָפּשמײַסן; אָנפּאַטשן

get spanked כאַפּן (פּעטש)

(*hum.*) אַרײַנצימבלען + דאַט'

spanking, *adv.*

spanking clean ריין ווי (גינ)גאָלד ‹קרישטאָל›; ריין ווי ערבֿ פּסח [ÉREV PÉYSEKh]

spanking new שפּאָגל נײַ

spanking, *n.* דאָס שמײַסן

I'll give you a good spanking כ'ל דיך שוין גוט אָנשמײַסן; כ'ל דיר דערלאַנגען; וועסט בײַ מיר שוין כאַפּן

spanner דער מוטער־שליסל, ־ען/–

throw a spanner in the works קאַליע מאַכן; צעשטערן

spar, *n.*

(mineral) דער שפּאַט

(of roof) די קראָקווע, ־ס

spar, *v.*

(box) לײַכט באָקסן

(dispute) שפּאַרן זיך

spare, *adj.* איבעריק; רעזערוו...; זאַפּאַס...; זאַפּאַסיק

spare, *n.*

(extra) דאָס איבעריקע

(bowling) דער האַלבטרעף, ־ן

spare, *v.*

(not injure) שאַנעווע|ן

(save) זשאַלעווע|ן

Can you spare a dime? צי קענט איר מיר שענקען אַ דײַם?

enough to spare איבער גענוג; די־והותר [DÁY-VEHÓYSER]

spare no effort נישט זשאַלעווע|ן ‹קאַרגן› קיין כּוחות; אַוועקלייגן אַלע כּוחות [KÓYKhES]

spare oneself the need to פֿאַרשפּאָרן צו

spare no expense נישט זשאַלעווע|ן; לאָזן זיך קאָסטן

Spare the rod and spoil the child זשאַלעוועסט די רוט, באַלעוועסט דאָס קינד

spare change דאָס קליינגעלט; לויזע ‹איבעריקע› מטבעות [MATBÉYES]

spare part דער פֿאַרבײַטטייל, ־ן; דער פֿאַרבײַט־דעטאַל, ־ן; דער זאַפּאַסטייל, ־ן

spareribs (געבראָטענע) ריפּלעך

spare time די פֿרײַע צײַט

spare tire דער רעזערווריף, ־ן; דער זאַפּאַסרייף, ־ן

(flab/*slg.*) דאָס זאַפּטיקס; די/דאָס זאַפּטיקייט; דער שמאַלצרייף; דער שמאַלצגאַרטל

sparing

sparing with money אויסגערעכנט; קאַרג

be sparing with praise זײַן קאַרג מיט לויבווערטער; קאַרגן לויבווערטער

She's sparing with words זײַן קאַרג אויף ווערטער; בײַ איר איז אַ רענדל אַ וואָרט

sparingly בצימצום; קנאַפּ [BETSÍMTSEM]

spark, *n.* דער פֿונק, ־ען

(*fig.*) *also* דער ניצוץ, ־ות; דאָס ברעקעלע, ־ך [NÍTSETS, NITSÓYTSES]

spark of hope דאָס ברעקעלע האָפֿענונג; דער פֿונק האָפֿענונג

Sparks flew פֿונקען האָבן געשפּריצט

spark, *v.* אָנצינדן

spark off דערוועקן; גורם זײַן [GÓYREM]

sparkle, *n.* דער פֿינקל; דער שימער; דער בלישטש

sparkle, *v.* פֿינקלען; בלישטשע|ן

(effervesce) שומען; מוסירן; ברויזן

sparklers דער קאַלטער פֿײַער ל"י

sparkling פֿינקלדיק; בלישטשענדיק

sparkling wine דער שומווײַן, ־ען

spark plug דער פֿונקשטעפּסל, ־ען

sparring partner דער (באָקס)טרעניר־פּאַרטנער, ־ס

sparrow דער שפּערל, ־עך; דער וואָראָבײ, ־ען; דער וואָראָביטשיק, ־עס

sparrow hawk דער שפּאַרבער, ־ס; דער יאַסטרעב, ־ן/־ס; דער יאַסטער, ־ס

sparse שיטער(לעך); זעלטן

become sparse שיטערן זיך; ווערן אַלץ זעלטענער

sparsely שיטער; זעלטן; קאַרג

sparsely furnished קאַרג מעבלירט

spartan ספּאַרטאַניש

spasm, *n.* די ספּאַזמע, ־ס; דער קאָרטש, ־עס; דער קראַמפּ ‹קראַמף›, ־ן

have spasms ספּאַזמירן

spasm, *v.* ספּאַזמירן; קאָרטשע|ן זיך

spasmodic ספּאַזמיש; ספּאַזמאַטיש; קראַמפּיק

(intermittent/*fig.*) צומאָליק; איבעררײַסיק

spasmodic cough דער ספּאַזמאַטישער הוסט ‹היס›, ־ן; דער קראַמהיס, ־ן

spasmodically ספּאַזמאַטיש

spastic ספּאַסטיש

spat,[1] *n.* **(quarrel)** דער איבעררייד, ־ן; דאָס שטיקעלע מחלוקת; דאָס געווערטלערײַ, ־ען [MAKhLÓYKES]

spat,[2] *n.* **(shoe)** דער קאַמאַש, ־ן; די געטרע, ־ס

spat,[3] *n.* **(zool.)** דער אויסטעררויג

spate דער איבערשטראָם, ־ען; די סעריע, ־ס

a spate of אַ היפּש ‹שיין› ביסל

spate of words דער ווערטערשטראָם

spatial שטחדיק; געשפּרייטיק; געשפּרייט... [ShÉTEKhDIK]

spatter

vt. באַשפּריצן; אַ שפּריץ טאָן; אָפּשפּריצן; באַשפּרענקלען; באַפּלונטשן; באַפּליוכע|ן

vi. אַ שפּריץ טאָן

spatula דער שפּאַטל, ־ען; די לאָפּעטקע, ־ס

spawn, *n.* דער רויג, ־ן; איקרע ל"ר

(*fig.*) דער נאָכוווּקס

spawn, *v.*

vt. שלאָגן ‹אָפּלייגן› רויג

vi. (אָנ)רויגענען; אויספּלאָדיע|ן זיך; אויסרויגן

(*fig.*) דערפֿירן צו; אַרויסרופֿן; גורם זײַן [GÓYREM]

spawner דער רויגן־הערינג, –/־ען

spay סטעריליזירן; אַרויסנעמען די אייערנעסט בײַ; מאַכן אויס נקבֿה [NEKÉYVE]

SPCA *see* **Society for the Prevention of Cruelty to Animals**

speak, *v.*

(converse) שמועסן

(use voice) רעדן

(give a speech) האַלטן אַ רעדע ‹רעפֿעראַט›

as we speak תּוך־כּדי־דיבור [TÓKh-KEDÉY-DÍBER]

be on speaking terms רעדן איינס מיטן אַנדערן

generally speaking אין אַלגעמיין; בכלל [BIKhLÁL]

It speaks for itself סע רעדט פֿאַר זיך אַליין; סע נייטיקט זיך נישט אין קיין פּירושים; סע זאָגט שוין אַלץ [PEYRÚShIM]

no ... to speak of זייער ווייניק ...; קנאַפּ ...

so to speak אַזוי צו זאָגן

speak against רעדן קעגן

speak for (in favor) רעדן פֿאַר

speak for sb. רעדן אין נאָמען פֿון

Speak for yourself! רעד(ט) פֿאַר זיך אַליין!; רעד(ט) נישט פֿאַר אַנדערע!

speak ill of רעדן שלעכטס אויף; רעדן לשון־הרע אויף; באַרעדן; אָפּריכטן פֿון [LOShN-HÓRE]
speak on and on רעדן אָן אויפֿהער
speak out אַרויסזאָגן זיך; (אַרויס)זאָגן אַ מיינונג ‹דעה› [DÉYE]
speak softly רעדן שטיל ‹איידל›; רעדן ווייכע רייד
speak to (attest) באַשטעטיקן
speak to (resonate) ווירקן שטאַרק אויף; האָבן אַ שטאַרקן אָפּקלאַנג ביי
speak up אָנרופֿן זיך; געבן אַ וואָרט; געבן ‹אַרויסגיין מיט› לשון [LOShN]
speak volumes אָנזאָגן אַ וועלט
speak well of רעדן צו גוטן וועגן; האָבן אַ גוטע מיינונג וועגן; לויבן
strictly speaking פּינקטלעך ‹גענוי› גערעדט
speakeasy דער ספּיקיזי, ־ס
speaker
(of language) דער רעדער, ־ס
(lecturer/*m.*/*unsp.*) דער רעדנער, ־ס
(lecturer/*f.*) די רעדנערין, ־ס
(on panel) דער וואָרטנעמער, ־ס
(loudspeaker) דער הילכער, ־ס
(pol./*m.*/*unsp.*) דער ספּיקער, ־ס; דער פֿאָרזיצער, ־ס
(pol./*f.*) די ספּיקערין, ־ס; די פֿאָרזיצערין, ־ס
Is she a Yiddish speaker? (צי) רעדט זי ייִדיש?
be a poor speaker נישט קענען רעדן פֿאַר אַן עולם [ÓYLEM]
Speaking! דאָס בין איך!
This is ... speaking דאָ רעדט ...
speakerphone דער הילך־טעלעפֿאָן, ־ען; דער הילכער, ־ס
speaking style דער רעדשטייגער; דער רעדסטיל
spear, *n.* די שפּיז, ־ן
spear, *v.* איינשפּיזן
spearhead, *n.* דער שפּיזנשפּיץ, ־ן
spearhead, *v.* אָנפֿירן מיט; שטיין בראָש פֿון [B(E)RÓSh]
spearmint
(bot.) די געקרייזלטע ‹גרינע› מענטע
(flavor) די גרינע מענטע
spec די ספּעציפֿיקאַציע, ־ס
on spec אויף מזל ‹טראַף› [MAZL]
special, *adj.* ספּעציעל; באַזונדער; עקסטרע
It's nothing special ס'איז נישט אַזוי איי־איי־איי; ס'איז גאָרנישט ספּעציעלס
She has a certain special something זי האָט אַ געוויסן עפּעס
stg. special אַזוינס און אַזעלעכס
special, *n.*
(dish) דער שפּעציאַל, ־ן
(program) די ספּעציעלע פּראָגראַם, ־ען
on special מיט אַ הנחה [HANÓKhE]
special-delivery, *adj.* עקסטרע...
special delivery, *n.* דער עקסטרעצושטעל
special-delivery letter דער עקסטרעבריוו, –
special education די ספּעציעלע דערציִונג ‹בילדונג›
special effect דער קונצעפֿעקט, ־ן
Special Forces ספּעציעלע כּוחות [KÓYKhES]
special-interest group די אינטערעסן־‹איינשטעל־›גרופּע, ־ס
specialism די ספּעציאַליזירונג, ־ען; די ספּעציאַליטעט, ־ן
specialist
m./unsp. דער ספּעציאַליסט, ־ן; דער מומחה, ־ים [MÚMKhE, MÚMKhIM]
f. די ספּעציאַליסטקע, ־ס; די מומחהטע, ־ס [MÚMKhETE]

specialization די ספּעציאַליזירונג, ־ען
specialize ספּעציאַליזירן זיך
specialized ספּעציאַליזירט
specially עקסטער ‹עקסטרע›; ספּעציעל; באַזונדער
special-needs מיט ספּעציעלע (לערן־)באַדערפֿענישן
special situation דער ספּעציעלער ‹באַזונדערער› פֿאַל, ־ן
specialty
(dish) דער שפּעציאַל, ־ן
(field) די ספּעציאַליטעט, ־ן; די בראַנזשע, ־ס
Her specialty is זי צייכנט זיך אויס מיט; זי איז אַ בריה אויף; איר בראַנזשע איז [BÉRYE]
specie מטבעות ל"ר; דאָס מעטאַלגעלט [MATBÉYES]
species דער זגאַל, ־ן
specific, *adj.* ספּעציפֿיש; באַשטימט
be more specific אָנגעבן נאָך פּרטים [PRÓTIM]
specific, *n.*
specifics פּרטים [PRÓTIM]
get down to specifics צוקומען ‹אַריבערגיין› צו די פּרטים
specifically בפֿירוש; קאָנקרעט; ספּעציפֿיש [BEFÉYRESh]
specification די ספּעציפֿיקאַציע, ־ס
specifications (tech.) *also* (טעכנישע) בוי־פּרטים ‹־תּנאָים› [PRÓTIM] [TNÓYEM]
specific gravity די ספּעציפֿישע וואָג
specificity די/דאָס ספּעציפֿישקייט
specified באַשטימט; אָנגעגעבן
unless otherwise specified סיידן אַנדערש אָנגעגעבן
specify ספּעציפֿיצירן; אָנגעבן; פֿאַרפּינקטלעכן; באַזונדער באַשטימען
specimen דאָס פּרוּוול, ־עך; דער מוסטער, ־ן; די פּראָבקע, ־ס; דער עקזעמפּלאַר, ־ן
specious פֿאַרפֿירעריש
speck דאָס שפּרענקל, ־עך; דאָס שפּרענקעלע, ־ך
speck of dust דאָס שטייבעלע ‹שטיבעלע›, ־ך
speckle, *n.* דאָס שפּרענקל, ־עך; דער פֿלעק, ־ן
speckle, *v.* אויסשפּרענקלען; באַפּינטלען; פֿלעקן
speckled געשפּרענקלט; געפּינטלט; געפֿלעקט; ראַבע
specs *see* **specifications; spectacles**
spectacle דער ספּעקטאַקל, ־ען
make a spectacle of oneself מאַכן זיך צום נאַר; באַנאַרישן זיך
spectacles ברילן; שפּאַקולן
spectacular ספּעקטאַקלדיק; קנאַקעדיק; פּלאדיק; פּלאָימדיק [PÉLEDIK] [PLÓYEMDIK]
spectate צוקוקן זיך (צו)
spectator דער צוקוקער, ־ס; דער צוזעער, ־ס
spectator sport דער צוקוקספּאָרט, ־ן
specter דער ספּעקטער, ־ס; דאָס דערזעעניש, ־ן; די ווייַזגעבונג, ־ען
spectogram די ספּעקטאָגראַם, ־ען
spectral ספּעקטראַל
spectroscope דער ספּעקטראָסקאָפּ, ־ן
spectroscopic ספּעקטראָסקאָפּיש
spectroscopy די ספּעקטראָסקאָפּיע
spectrum דער ספּעקטער, ־ס; די גאַמע, ־ס; דער דיאַפּאַזאָן, ־ען
(color) דער ספּעקטער, ־ס
spectrum analysis דער ספּעקטרישער אַנאַליז
speculate
(infer) אַרויסדרינגען; אויספֿירן; בויען השערות [HAShÓRES]
(phil.) חקירה|ן זיך; חקרנען זיך; גריבלען זיך [Kh(A)KÍREN] [KhÁKRENEN]
(trade) ספּעקולירן; שפּעגעלירן; שפּילן אויף דער בערזע

speculate in gold ספּעקולירן מיט גאָלד
speculation
(inference) [HAShÓRE] די היפּאָטעזע, ־ס; די השערה, ־ות
(phil.) [Kh(A)KÍRE] די חקירה
(trading) די ספּעקולאַציע
speculative [HAShÓREDIK] ספּעקולאַטיוו; השערהדיק
(phil.) [KhAKRÓNISh] חקרניש
(far-fetched) [ÓYSGEKhKÍRET] אויסגעחקירהט
speculator דער ספּעקולאַנט, ־ן
speculum דער שפּיגל, ־ען
speech, *adj.* רעד...; רייד...; שפּראַכ...
speech, *n.* די רייד; דאָס רעדן
(address) די רעדע, ־ס
(delivery) דער רעדשטייגער
(lecture) דער רעפֿעראַט, ־ן
(school subject) די רעטאָריק; די ריידקונסט
(J./rel.) [DRÓShE] די דרשה, ־ות
make a speech האַלטן אַ רעדע
Speech, speech! נעמ(ט) אַ וואָרט!; זאָג(ט) אַ פּאָר ווערטער!; צום וואָרט!
speechify דרשענען ‹דרשען|› אָן אַ סוף
[DÁRShENEN - DARShN/DÁRShE] [SOF]
speechless [LOShN] אָן לשון ‹ווערטער›
be speechless בלײַבן אָן לשון ‹ווערטער›; נישט האָבן קיין ווערטער; נישט קענען עפֿענען קיין מויל
speech-recognition system דאָס קול־‹רייד־›דערקענען
[KOL]
speech therapist דער רעד־טעראַפּעווט, ־ן
speech therapy די רעד־טעראַפּיע
speechwriter דער רעדע־שרײַבער, ־ס
speed, *n.* די/דאָס גיכקייט, ־ן; די גיך
at full speed מיט דער פֿולער גיכקייט; הענדעם־פֿענדעם
be up to speed (current) דערהײַנטיקט
bring up to speed (current) דערהײַנטיקן
bring up to speed (at desired rate) דעריאָגן ‹דערגרייכן› די פֿולע גיכקייט
four-speed פֿירגענג...
Full speed ahead! פֿאָרויס מיטן פֿולן גאַנג!
pick up/gather speed אָננעמען גיכקייט; פֿונאַנדעריאָגן זיך
speed, *v.* פֿאָרן איבער דער מאַקסימאַלער גיכקייט; פֿאָרן איבער גיך
speed up, *vt./vi.* פֿאַרגיכערן (זיך); צואײַלן (זיך)
speedball דער גיכבאַל
speedboat דער גליסער, ־ס
speed bump דער גיך־פֿאַרהאַלטער, ־ס
speed dating דאָס עקספּרעס־ראַנדקעווען
speed dial, *n.* דאָס בליצקנעפּל, ־עך
speed-dial, *v.* אַ קוועטש טאָן דאָס בליצקנעפּל
speedily אויף גיך; געשווינד; אין איין אָטעם
speeding, *n.* דאָס פֿאָרן איבער דער מאַקסימאַלער גיכקייט; דאָס פֿאָרן צו גיך
speeding ticket דער שטראָפֿקוויט צוליב גיכקייט
speed limit די/דאָס מאַקסימאַלע גיכקייט
speed of light די/דאָס גיכקייט פֿון ליכט
speedometer דער גיכמעסטער, ־ס
speed-reading דאָס גיך־לייענען
speed reduction די פֿאַרפּאַמעלעכונג, ־ען
speedskater דער גליטשלויפֿער, ־ס
speed skating דער גליטשלויף
speedster דער גיכפֿאָרער, ־ס; דער גיכאַויטאָ, ־ס
speed trap די ראַדאַר־פּאַסטקע, ־ס
speedwalk שפּאַנען
speedwalking דאָס שפּאַנען
speedway דער יאָגוועג, ־ן; די יאָגערײַ, ־ען
speedwell די וועראָניקע
speedy גיך; געשווינד
speleologist דער הייל־פֿאָרשער, ־ס; דער ספּעלעאָלאָג, ־ן
speleology די הייל־פֿאָרשונג; די ספּעלעאָלאָגיע
spell,[1] *n.* **(magic)** דער כּישוף־שפּראָך, ־ן; דער כּישוף, ־ים
[KÍShEF, KIShÚFIM]
under a spell [FARKÍShEFT] פֿאַרכּישופֿט
spell,[2] *n.* **(time)** די ווײַל, ־ן; די צײַט, ־ן; דאָס צײַטל, ־עך; דער משך, ־ן [MÉShEKh]
for a spell אַ צײַט לאַנג; (אויף) אַ ווײַל; אויף אַ משך
(of illness) דער אָנפֿאַל
spell,[1] *v.* **(words)** [ÓYSYES] אויסלייגן; זאָגן די אותיות פֿון
spelled as one word (געשריבן) אין איינעם
spelled separately (געשריבן) באַזונדער
spell out for sb. (*fig.*) אַרײַנלייגן + דאַט׳ אַ פֿינגער אין מויל (אַרײַן); צעלייגן + דאַט׳ אויף טעלערלעך
spell,[2] *v.* **(work in place of)** לאָזן + אַק׳ אָפּאָטעמען
spellbind [FARKÍShEFN] פֿאַרכּישופֿן; פֿאַרכּאַפּן
spellbinding פֿאַרכּישופֿנדיק; פֿאַרכּאַפּנדיק
[FARKÍShEFNDIK]
spellbound (ווי) פֿאַרכּישופֿט; פֿאַרכּאַפּט; געפּלעפֿט; באַרופֿן
[FARKÍShEFT]
spellcheck דער אויסלייג־קאָנטראָל
spellchecker דער אויסלייג־קאָרעקטאָר
speller
be a good speller קענען גוט אויסלייגן
spelling דער אויסלייג, ־ן; די אָרטאָגראַפֿיע, ־ס
spelling bee דער אויסלייג־פֿאַרמעסט, ־ן
spelling error דער אָרטאָגראַפֿיז, ־ן; דער אויסלייג־טעות, ־ן/־ים [TÓES, TEÚSIM]
spelling pronunciation דער אותיותדיקער אַרויסרעד
[ÓYSYESDIKER]
spelt דער שפּעלץ; דער אָרקוש
spelt bread דאָס שפּעלצברויט
spelunker דער הייל־קריכער, ־ס
spelunking דאָס קריכן אין היילן
spend
(money) אויסגעבן
(time) פֿאַרברענגען; אָפּזײַן; צוברענגען
spend a lot of money וואַרפֿן זיך מיט געלט; אויסברענגען זיך
spend one's last cent אויסבײַטלען זיך; פּטרן דאָס ביסל געלט [PÁTERN]
spender *see* **spendthrift**
spending cut דאָס פֿאַרקנאַפּן ‹פֿאַרקלענערן› די הוצאָות
[HOYTSÓES/HETSÓES]
spending money דאָס קעשענע־געלט
spending power [KÓYEKh] דער קויף־כּוח
spendthrift דער צעטרענצלער, ־ס; דער אויסברענגער, ־ס; דער פּזרן, ־ים; דער בעל־הוצאה, בעלי־הוצאָות
[PÁZREN, PAZRÓNIM] [BALHOYTSÓE/BALHETSÓE, BAL(E)-HOYTSÓES/HETSÓES]
spent
(ammunition) אויסגעשאָסן; אויסגעניצט
(exhausted) אויסגעשעפּט
(fuel) אויסגעניצט
(used-up) פֿאַרניצט; אויסגעניצט
sperm [ZÉRE] די זרע; די ספּערמע, ־ס
spermaceti דער ספּערמאַצעט
spermatic ספּערמאַטיש
spermatic cord דער/די ספּערמאַטישע(ר) שנור, ־ן

spermatid דער ספערמאַטי́ד, ־ן
spermatoblast דער ספערמ(אַט)אָבלאַ́סט, ־ן
spermatocyte דער ספערמ(אַט)אָצי́ט, ־ן
spermatogenesis דער ספערמ(אַט)אָגענע́ז
spermatogonium דער ספערמ(אַט)אָגאָ́ניע, ־ס
spermatophyte דאָס זו́מען־געוויקס, ־ן; דער ספערמאַטאָפֿי́ט, ־ן
spermatozoa ספערמאַטאָ(זאָ)י́דן; זרע־פֿע́דעמלעך [ZÉRE]
sperm bank די זרע־באַנק, ־בענק [ZÉRE]
sperm count דער סכום זרע [ZÉRE]
sperm donor דער ספע́רמע־געבער‹־דאָ́נאָר›, ־ס
sperm head דאָס ספע́רמע־קעפל, ־עך
spermicidal cream דער ספערמיצי́ד־קרעם, ־ען
spermicidal foam דער ספערמיצי́ד־שוים, ־ען
spermicidal jelly דער ספערמיצי́ד־זשעלע́, ־ען
spermicide, *n.* דער ספערמיצי́ד, ־ן
sperm whale דער קאַשאַלאָ́ט, ־ן
spew, *v.*
imp. שפײַ́ען (מיט)
pf. או́יסשפײַען
sphagnum דער טאָ́רפֿמאָך
sphere די קויל, ־ן; דער קײַ́לעך, ־ער
(area) דער תּחום, ־ען/־ים; די ספֿע́רע, ־ס
in the political sphere אין דער וועלט פֿון פאָליטי́ק
sphere of influence די ווי́רקונג־ספֿע́רע
celestial spheres ספֿערן
spherical קײַ́לעכ(ד)יק; ספֿע́ריש
spheroid דער ספֿעראָי́ד, ־ן
sphincter דער שלי́סמוסקל, ־ען
sphinx דער ספֿינקס
spic and span פֿי́נקלדיק און פֿע́כלדיק; שיין און ריין
spice, *n.* דאָס געווי́רץ, ־ן
spices *also* בשׂמים [PSÓMIM]
spice, *v.* פֿאַרווי́רצן; צו́ווירצן
spice up פֿאַרפראַ́ווע|ן; צו́פראַווע|ן
spice box (J.) דאָס בשׂמים־ביקסל, ־עך; דאָס הדסל, ־עך [PSÓMIM] [HÓDESL]
spicebush דער בענזאָ́ע־בוים, ־ביי́מער
spiced אָ́נגעווירצט; צו́געווירצט
spice shop די בשׂמים־קראָם, ־ען [PSÓMIM]
spiciness די/דאָס שאַ́רפֿקייט; די/דאָס פיקאַ́נטקייט
spicy שאַרף; פיקאַ́נט; געווי́רציק; בשׂמימדיק [PSÓMIMDIK]
extremely spicy פֿײַ́ערדיק
spider די שפין, ־ען
spider flower דער שפי́נקווייט, ־ן
spider monkey די אַטע́לע, ־ס; די שפי́נמאַלפע, ־ס
spider's web דאָס שפי́נוועבס; דאָס שפי́נגעוועב; די פאָוועטי́נע, ־ס
spiderwort די טראַדעסקאַ́נציע, ־ס
spidery דין ווי אַ שפין
spiel די לאַ́נגע מגילה [MEGÍLE]
spigelia די ספיגע́ליע
spigot דער צאַפן, ־ס; דער שפונט, ־ן
(faucet) דער קראַן, ־ען
spike, *n.* דער נאָגל, נעגל
(ear of corn) די זאַנג, ־ען
(increase) דער (או́נטער)שפרונג, ־ען
(railroad) דער רע́לסן־נאָגל, ־נעגל
(volleyball) דער אַראָ́פקלאַפ, ...קלעפ; דער קלאַפ אַראָ́פ
spikes (of shoes) (שאַ́רפֿע) שפיצן
spike, *v.*
vt. **(impale)** צעשטע́כן; (אַ)דו́רכשטעכן
vt. **(fasten)** צו́נאָגלען
vt. **(volleyball)** אַראָ́פקלאַפן; געבן אַ קלאַפ אַראָ́פ
vt. **(with alcohol)** או́נטערגיסן מיט שנאַפס
vi. **(increase)** (או́נטער)שפרי́נגען; אַ הייב טאָן זיך
He spiked a temperature ס'האָט זיך בײַ אים אַ הייב געטאָ́ן די טעמפעראַטו́ר; די טעמפעראַטו́ר איז בײַ אים אַרו́יפֿגעשאָסן
Prices spiked די פרײַזן זע́נען או́נטערגעשפרונגען; די פרײַזן האָבן זיך אַ הייב געטאָ́ן
spike sb.'s guns או́נטערהאַקן + דאַט' די פֿליגל
spiked helmet די פי́קלהויב, ־ן
spikenard די אַראַ́ליע, ־ס
spiky שטע́כלדיק
spill, *n.* דער או́יסגאָס, ־ן
(fall) דאָס פֿאַלן
take a spill כאַפן אַ פֿאַל; אַ פֿאַל טאָן
spill, *v.*
vt./vi. **(liquid)** או́יסגיסן (זיך); צעגי́סן (זיך); פֿאַרגי́סן (זיך)
vt./vi. **(solid)** או́יסשיטן (זיך); פֿאַרשי́טן (זיך)
spill over, *vi.* אי́בערגיסן זיך; אי́בערלויפֿן
spill over, *vi.* (*fig.*) או́יסגיסן זיך; צעגי́סן זיך
spill the beans או́יסזאָגן פֿון חדר; או́יספלוי́דערן זיך; או́יספלאַפלען; או́יסדאָסן; או́יסמײקע|(נע)ן [KhÉYDER]
spillage דער פֿאַרגאָ́ס; דאָס פֿאַרגאָ́סענע
spillway די אי́בערלויף־רי́נווע, ־ס
spin, *n.* דער או́מדריי, ־ען; די דרײ́ונג, ־ען; דער ווי́קל, ־ען; דאָס געשפי́ן
(interpretation) דער פֿאַ́קטנדריי
go for a spin אַרו́יספֿאָרן; קאַטײַ́ע|ן זיך
go into a spin (av.) אַרײַ́ן אין אַ שטאָ́פער
put a spin on stg. דרײ́ען (מיט די פֿאַקטן)
spin, *v.*
vt./vi. **(turn)** דרײ́דלען (זיך); דרײ́ען (זיך); שפי́נען (זיך)
(thread) שפי́נען
(interpret) דרײ́ען מיט די פֿאַקטן
(yarn) בלו́טשקע|ן
My head is spinning סע דרייט זיך מיר דער קאָפ; סע שווינדלט מיר פֿאַר די אויגן
spin around, *vt./vi.* אַרו́מדרייען (זיך)
spin off (derive) אַרו́יסבאַקומען
spin one's wheels נישט רירן זיך פֿון אָרט; טאָ́פטשע|ן אין דער בלאָ́טע
spina bifida די געשפאָ́לטענע שדרה; דער ספי́נאַ בי́פֿידאַ [ShÉDRE]
spinach דער שפינאַ́ט; דער שפי́נאַק
baby spinach דער יו́נגער שפינאַ́ט
spinal שדרה־...; רו́קנביין־... [ShÉDRE]
spinal anesthesia די שדרה־אַנעסטע́זיע [ShÉDRE]
spinal canal דער שדרה־קאַנאַ́ל, ־ן [ShÉDRE]
spinal column די שדרה, ־ות; דער שדרה־זײַל, ־ן; דער וואַ́רבלביין, ־ער; דער מאַ́רכביין, ־ער; דער רו́קנביין, ־ער [ShÉDRE]
spinal cord דער חוט־השדרה, ־ות; דער רו́קנמאַרך [KhÚT-HAShÉDRE]
spinal cord injury די צעשע́דיקונג פֿו́נעם חוט־השדרה
spinal disk דער רו́קנדיסק, ־ן; דער (שדרה־)דיסק, ־ן; דאָס שדרה־קי́שעלע, ־ך [ShÉDRE]
spinal fluid די/דאָס רו́קן־פֿלי́סיקייט
spinal stenosis דער שדרה־סטענאָ́ז [ShÉDRE]
spinal tap דער לע́נדן־אײַ́נשטאָך, ־ן
do a spinal tap לאָזן אַרו́יסקאַפע|ן די רו́קן־פֿלי́סיקייט
spindle דאָס שפינדל, ־ען
spindly שפי́נדלדיק
spin doctor דער פֿאַ́קטן־דרײ́ער, ־ס

spin dryer דער וועש־שלײַדערער, ־ס
spine דער רוקנביין, ־ער; די שדרה, ־ות [ShÉDRE]
 (of book) דער רוקן, ־ס
spine-chilling שוידערלעך; מוראדיק; גאָר שרעקעדיק [MÓYREDIK]
spineless אָן אַ רוקנביין; שוואַכמוטיק
spinet דער שפּינעט, ־ן
spinning, *n.* דאָס שפּינען
spinning mill די שפּינערײַ, ־ען
spinning rod די שפּינוווענטקע, ־ס
spinning top דאָס דריידל, ־עך
spinning wheel די/דאָס שפּינראָד, ...רעדער; די שפּינשפּולקע, ־ס
spin-off דער דעריוואַט, ־ן; דער בײַפּראָדוקט, ־ן
spinster די נישט־חתונה־געהאַטע, ־; די אַלטע ‹פֿאַרזעסענע› מויד, ־ן/מיידן [KhÁSENE]
spiny שטעכלדיק
spiny lobster דער לאַנגוסט, ־ן
spiral, *adj.* געדרייט; ספּיראַליש
spiral, *n.* דער ספּיראַל, ־ן
 inflationary spiral דער אינפֿלאַציע־ספּיראַל
spiral, *v.* ראַפּטעם וואַקסן
 spiral downward ראַפּטעם פֿאַלן
spiral staircase שרױפֿטרעפּ; שווינדלטרעפּ; שנעקטרעפּ
spire דער טורעמשפּיץ, ־ן; דער שפּיץ טורעם
spirit, *n.*
 (enthusiasm) דער גײַסט; דאָס התלהבֿות [HISLÁYVES]
 (ghost) דער שד, ־ים; דער רוח, ־ות; דער גײַסט, ־ער [ShED, ShÉYDIM] [RÚEKh, RÚKhES]
 (manner) דער שטייגער, ־ס
 (mood) דאָס געמיט, ־ער; די שטימונג, ־ען
 (soul) דער רוח־החיים [RÚEKh-HAKhÁYEM]
 divine spirit דער רוח־הקודש [RÚEKh-HAKÓYDESh]
 evil spirit דער נישט־גוטער געב'; די קליפּה, ־ות [KLÍPE]
 get into the spirit כאַפּן דעם שניט ‹ריטעם›
 in good spirits גוט אויפֿגעלייגט ‹געשטימט›; מיט ‹אין› אַ גוט געמיט
 in low spirits שלעכט אויפֿגעלייגט ‹געשטימט›
 in the spirit of אין גײַסט פֿון
 lift one's spirits הייבן דאָס געמיט
 spirits (alcohol) דער ספּירט ‹שפּירט› ל"י; דער שנאַפּס ל"ר; דער יש ‹י"ש› ל"י [YASh]
 The spirit is willing but the flesh is weak ווילן וויל מען, נאָר קענען קען מען נישט
spirit, *v.* **(away/off)** אַרויסכּישופֿן; שטילערהייט אַרויסגנבֿ(ע)ן(נען) [ARÓYSKÍShEFN] [ARÓYSGÁNVE(NE)N]
spirited פֿול מיט ברען ‹לעבן/גײַסט›; לעבעדיק; פֿײַערדיק
spirit lamp די ספּירטאָווקע, ־ס
spiritless אָן גײַסט; אָן לעבן
spirit level די וואַסערוואָג, ־ן
spiritual, *adj.* גײַסטיק; רוחניותדיק [RÚKhNYESDIK]
spiritual, *n.* דער ספּיריטשועל, ־ן
spiritualism ספּיריטואַליזם
spiritualist, *adj.* ספּיריטואַליסטיש
spiritualist, *n.* דער ספּיריטואַליסט, ־ן
spirituality דאָס רוחניות; די/דאָס גײַסטיקייט [RÚKhNYES]
spiritual leader דער מנהיג, ־ים [MÁNEG, MANHÍGIM]
spiritually *see* **spiritual**
spirituous אַלקאָהאָליש
spit,[1] *n.*
 (saliva) דאָס שפּײַעכץ; די סלינע
 (of rain) דער שפּריירעגן, ־ס

 give it a little spit and polish איבעריק שקראָבען און רייניקן
spit,[2] *n.*
 (peninsula) די יבשה־צונג, ־ען [YABÓShE]
 (roasting) די בראָטשפּיז, ־ן
spit, *v.*
 imp. שפּײַען
 pf. אויסשפּײַען; געבן אַ שפּײַ (אויס)
 (fire) שיפּען
 spit in sb.'s face (אָנ)שפּײַען + דאַט' אין פּנים [PÓNEM]
 Spit it out! נו, זאָג(ט) שוין!
 spit up אויסשפּײַען; אויסכראַקען
 spit venom שפּײַען מיט סם ‹פֿײַער› [SAM]
spitball דאָס שפּײַעכל, ־עך
spite, *n.* דער צולהכעיס; דער להכעיס [TSELÓKhES] [LEHÁKhES]
 as if out of spite ווי אויף צו להכעיס; מעשה־שׂטן [MÁYSE-SÓTN]
 in spite of נישט־געקוקט אויף; נישט קוקנדיק אויף
 out of spite אויף צו להכעיס; אויף צעפּיקעניש
spite, *v.* טאָן + דאַט' אויף צו להכעיס; איבערקערן + דאַט' די גאַל [TSELÓKhES]
spiteful צולהכעיסדיק; להכעיסדיק; רישעותדיק [TSELÓKhESDIK] [LEHÁKhESDIK] [RÍShESDIK]
 spiteful person (*m./unsp.*) דער צולהכעיסניק, ־עס; דער להכעיסניק, ־עס [TSELÓKhESNIK] [LEHÁKhESNIK]
 spiteful person (*f.*) די צולהכעיסניצע, ־ס; די להכעיסניצע, ־ס [TSELÓKhESNITSE] [LEHÁKhESNITSE]
spitefully אויף צו להכעיס; בייז; מיט רישעות ‹סטירדעס› [TSELÓKhES] [RÍShES]
spitfire דער ספּילשליווער געב'; דער היצקאָפּ, ...קעפּ; דער כּעסן, ־ים [KAYSN, KAYSÓNIM]
spitter דער שפּײַער, ־ס
spitting image צווי טראָפּנס וואַסער
 She's the spitting image of her mother זי מיט דער מאַמען זענען ווי צווי טראָפּנס וואַסער; זי איז די מאַמע אויסן אויג; די איז די מאַמע מיט די ביינער
spittle די סלינע; דאָס שפּײַעכץ
spittoon דאָס שפּײַקעסטל, ־עך; דאָס שפּײַ־שיסעלע, ־ך
splash, *n.* דער פּליוך, ־ן; דער פּליעסק, ־ן; דער פּליושק, ־ן
 make a splash (*fig.*) אַרויסרופֿן אַ סענסאַציע
 splash of color דער שפּריץ פֿאַרב
splash, *v.* שפּריצן אויף; אָפּשפּריצן; באַשפּריצן; פֿאַרשפּריצן; פּליעסקען ‹פּליושקען› אויף
 splash around (אַרומ)פּליושקען ‹(אַרומ)פּליעסקען› זיך; (אַרומ)טאַלאַפּען זיך
 splash down אַראָפּפּלונטשן
 Splash! פּליוך!
splashdown דער אַראָפּפּלונטש, ־ן; די וואַסער־לאַנדונג, ־ען
splashguard דער שפּריצשיץ, ־ן
splashing, *n.* די פּליעסקערײַ
splashy סענסאַציאָנעל; טשאַקענדיק
 be splashy וואַרפֿן זיך אין די אויגן
Splat! פּליוך!
splatter, *n.* שפּריצטראָפּנס ל"ר; דאָס שפּרענקל, ־עך; דאָס באַשפּריצעכץ
splatter, *v.* באַשפּריצן; פֿאַרשפּריצן; צעפּליושקען
splay
 (dislocate) אויסלינקען; אויסוועכנען
 (spread) צעשפּרייטן
splayed (spread out) (ברייט) צעשפּרייט
splayfooted

be splayfooted האָבן אַרױסגעדרײטע פֿיס; האָבן פֿיס װי אַ מרכא־טיפּחא [MÉRKhE-TÍPKhE]
spleen די מילץ, ־ן
vent one's spleen at אױסלאָזן דעם גאַנצן כּעס אױף; אױסלאָזן דאָס ביטערע האַרץ אױף [KÁAS]
spleenwort די זאַניטיצע
splendid פּראַכטיק; גלענצנדיק; פּראַכטפֿול; אױסגעצײכנט; פֿױגלדיק; קעסטלעך; מהודרדיק [MEHÚDERDIK]
stg. splendid דער אַנטיק, ־ן; דער מהודר, ־ים [MEHÚDER, MEHUDÓRIM]
splendidly פּרעכטיק; אױסגעצײכנט; האַקנדיק און טשאַקנדיק
(*iro.*) מיטן גאַנצן טשאַק
splendor די פּראַכט
(*iro.*) דער טשאַק
splenectomy די ספּלענעקטאָמיע
splenetic מילצ...
be splenetic זײַן אַ רגזן ‹בײזער› [RAGZN]
splenitis דער ספּלעניט; די מילץ־פֿאַרצינדונג ‹־אָנצינדונג›
splice, *n.* דער צונױפֿפֿלעכט; די קלעפּונג
splice, *v.* צונױפֿפֿלעכטן; צונױפֿפֿעדעמען; צונױפֿקלעפּן
splicer דער קלעפּפּרעס, ־ן
splint, *n.* דאָס בינדברעטל, ־עך
splint, *v.* בינדן מיט אַ ברעטל
splinter, *n.* דער שפּליטער, ־ס; דער שפּילטער, ־ס; די סקאַבקע, ־ס
get a splinter in one's finger פֿאַרשטעכן ‹פֿאַרסקאַבען› זיך דעם פֿינגער
splinter, *vt./vi.* צעשפּליטערן (זיך)
splinter group די פֿראַקציע, ־ס; די כּיתה, ־ות [KÍTE]
split, *adj.* געשפּאָלטן; צעשפּאָלטן
split, *n.* דער שפּאַלט, ־ן
(**pol.**) די שפּאַלטונג, ־ען
do a split מאַכן אַ שפּאַגאַט
split, *v.*
vt./vi. (צע)שפּאַלטן זיך; צעגלידערן (זיך); פֿונאַנדערטײלן (זיך); צעטײלן (זיך)
vi. פּלאַצן
split even אױסקומען גלײַך
split hairs פּילפּולען זיך; שפּאַלטן האָר; מפֿלפּל זײַן זיך; שפּאַרן זיך איבער אַ שפּילקע־קעפּל [PÍLPLEN] [MEFÁLPL]
split off, *vt./vi.* אָפּשפּאַלטן (זיך)
split open, *vt./vi.* אױפֿשפּאַלטן (זיך)
split up (in groups) צעטײלן זיך
split up (of couple) פֿונאַנדערגײן ‹צעגײן› זיך
split up (of meeting) פֿאַרענדיקן זיך
split decision [PSAK, PSÓKIM] דער צעטײלטער פּסק, ־ן/־ים
split ends צעשפּאָלטענע הערעלעך
split infinitive דער געשפּאָלטענער אינפֿיניטיװ, ־ן
split-level אױף פֿאַרשידענע הײכן
split peas געשפּאָלטענע אַרבעס
split personality די טאָפּעלע פּערזענלעכקײט, ־ן; די/דאָס צעצװײטקײט פֿון דער פּערזענלעכקײט
split-second, *adj.* הרף־עינדיק; בליץ־סעקונדעדיק [HÉREF-ÁYENDIK]
split second, *n.* [HÉREF-ÁYEN] דער הרף־עין, ־ס
in a split second אין איין הרף־עין ‹אױגנבליק/שמע־ישׂראל/ויהי› [ShMA-YISRÓEL] [VAYHÍ]
splittable שפּאַלטעװדיק
splitting, *adj.* שפּאַלטעריש
I have a splitting headache ‹שפּאַלט זיך› סע ברעכט מיר דער קאָפּ
splitting, *n.* דאָס שפּאַלטן; די שפּאַלטונג
splitting of the atom די אַטאָם־שפּאַלטונג
splotch, *n.* דער פֿלעק, ־ן
splotch, *v.* באַפֿלעקן
splurge, *n.* דער אױסברענג
splurge, *v.* אױסברענגען זיך; לאָזן זיך קאָסטן; אײַנקױפֿן אַ װעלט
splutter *see* **sputter**
spoil
vt. imp. (**child**) באַלעװע|ן; פּעסטע|ן; פּיעשטשע|ן
vt. pf. (**child**) צעבאַלעװע|ן; פֿאַרפּעסטע|ן; צעפּיעשטשע|ן; צעלאָזן; קאַליע מאַכן; װיקלען אין װאַטע
vi. (**food**) פֿױלן; פֿאַרפֿױלט װערן; קאַליע װערן
He's spoiling for a fight ס'בײַסן אים די הענט (צו) דערלאַנגען; ער רײַסט זיך אין געשלעג; ער זוכט זיך גליקן ‹צרות› [TSÓRES]
spoilage דאָס פֿאַרפֿױלט ‹קאַליע› װערן
spoiled, *adj.*
(**child**) צעבאַלעװעט; פֿאַרפּעסטעט; צעפּיעשטשעט; צעלאָזן
(**food**) פֿאַרפֿױלט; גרױנען; קאַליע; פֿאַרשטונקען
spoiled child דער צעבאַלעװעטער געב'; דער פּיעשטשוך, ־עס; דער פּיעשטשון, ־עס; דער מאַמעס־פּאַרטעכניק, ־עס; דער פֿאַרצױגענער געץ, ־ן
spoiler
(**av./automobile**) דער ספּױלער, ־ס
(**person/thing that spoils**) דער שפּיל־פֿאַרשטערער, ־ס
spoils דאָס רױב קאָל'
spoilsport די ביטערע ציבעלע, ־ס; דער פֿאַרשטערער, ־ס; דער מרוק, ־עס
Don't be a spoilsport! פֿאַרשטער(ט) + דאַט' נישט די שׂימחה! [SÍMKhE]
spoke די ספּיצע ‹שפּיציע›, ־ס
put a spoke in sb.'s wheel אונטערשטעלן + דאַט' אַ פֿיסל
spoken גערעדט
She's spoken for זי איז שױן אַ גענומענע
spoken language דאָס רעד־לשון; די גערעדטע שפּראַך [LOShN]
spokesman/spokesperson דער פֿירשפּרעכער, ־ס; דער ראש־המדברים, ראשי־...; דער װאָרטזאָגער, ־ס [RÓSh-HAMEDÁBRIM, RÓShE-...]
spokeswoman די פֿירשפּרעכערין ‹פֿירשפּרעכערקע›, ־ס; די װאָרטזאָגערין, ־ס
sponge, *n.* דער שװאָם, ־ען
sponge, *v.* װאַשן ‹װײשן/רײַבן› מיט אַ שװאָם
sponge down/off אַרומװאַשן ‹אָפּװאַשן/אָפּװישן/אַרומרײַבן› מיט אַ שװאָם
sponge off of (*fig.*) שנאָרע|ן (בײַ); אױסניצן + אַק'; זיצן + דאַט' אױפֿן קאַרק
sponge up אײַנזאַפּן
spongebath דאָס אָפּװאַשן (זיך) מיט אַ שװאָם
give sb. a spongebath אָפּװאַשן + אַק' מיט אַ שװאָם
sponge cake דער צוקער־לעקעך, ־ער; דער סעטיען, ־ס
sponger
m./unsp. דער שנאָרער, ־ס; דער בעטלער, ס
f. די שנאָרערקע, ־ס; די בעטלערקע, ס
sponginess די/דאָס שװאָמיקײט
spongy שװאָמיק
sponsor, *n.* דער פּאַטראָן, ־ען; דער שטיצער, ־ס; דער גוטזאָגער, ־ס; דער אונטערנעמער, ־ס
(**guarantor**) [ÓREV, ÓRVIM/ARÉYVIM] דער ערבֿ, ־ים
sponsor, *v.* פּאַטראָנירן; שטיצן
(**guarantee**) [ÓREV] ערבֿ זײַן (פֿאַר)
sponsorship דער פּאַטראָנאַט, ־ן; דער פּאַטראָנאַזש, ־ן

(guarantee) דאָס ערבֿות [ÓRVES/ARÉYVES]
spontaneity די/דאָס ספּאָנטאַנקייט
spontaneous ספּאָנטאַן; פֿון זיך אַליין
spontaneous abortion די מפּלונג, ־ען; דער ספּאָנטאַנער אַבאָרט, ־ן [MÁPLUNG]
spontaneous combustion דאָס אָנצינדן זיך פֿון זיך אַליין
spontaneously ספּאָנטאַנערהייט; סטיכיש
spontaneous speech די ספּאָנטאַנע רייד ל״ר
spoof, *n.* די פּאַראָדיע, ־ס; דאָס פּאַראָדיעלע, ־ך; דאָס געלעכטערל, ־עך
spoof, *v.* פּאַראָדירן
spook, *n.*
(spirit) דער שד, ־ים; דער גייַסט, ־ער [ShED, ShÉYDIM]
(spy) דער שפּיצל, ־ען; דער שפּיאָן, ־ען
spook, *v.*
(haunt) נויע|ן; שדעווע|ן [ShÉDEVEN]
(startle) אויפֿשרעקן; צעספּוזשע|ן
be spooked אויפֿשרעקן זיך
spooky מוראדיק; שרעקעדיק; מאָדנע [MÓYREDIK]
spool, *n.* די שפּולקע, ־ס; דאָס קלעצל, ־עך; די קאַטושקע, ־ס; די ציפּקע, ־ס
spool, *v.* אָנציִען ‹אַרויפֿוויקלען› אויף אַ שפּולקע
spoon, *n.* דער לעפֿל, –
(teaspoon) דאָס לעפֿעלע, ־ך
be born with a silver spoon in one's mouth געבוירן ווערן אין אַ הייַבל ‹זייַדן העמדל›; געבוירן ווערן מיט אַ גילדע(ר)נעם לעפֿל אין מויל; זייַן הייס־געבאָדן
spoon, *v.* **(out)** אויסשעפּן (מיט אַ לעפֿל); אויסלעפֿלען
(lying in bed) לעפֿלען זיך
spoon bait דאָס לאָקערל, ־עך
spoonerism דער ספּונעריזם, ־ען
spoonfeed
imp./pf. (אָנ)האָדעווע|ן; (אָנ)קאָרמע|ן
spoonfeed stg. to sb. (*fig.*) צעלייגן + אַק׳ אויף טעלערלעך; אַרייַנלייגן + דאַט׳ אַ פֿינגער אין מויל; צעקייַען + אַק׳ + דאַט׳
spoonfeeding דאָס האָדעווען; דאָס קאָרמען; דאָס דערלאַנגען אַ לעפֿעלע אין מויל
spoonful דער (פֿולער) לעפֿל, –
a spoonful of אַ (פֿולער) לעפֿל מיט
by the spoonful לעפֿלווייַז; לעפֿעלעווייַז; איין לעפֿל ‹לעפֿעלע› נאָכן צווייטן
spoons (mus./*slg.*) דער באַריאַלניק ל״י
sporadic ספּאָראַדיש
sporadically ספּאָראַדיש; פֿון צייַט צו צייַט; דאָ און דאָרט
spore דער ספּאָר, ־ן
sport, *n.* דער ספּאָרט, ־ן
a good sport אַ בראַווער יאַט; אַ ווילער יונג
in sport אויף קאַטאָוועס
sport, *v.* אויסשטרויע|ן ‹אויסטראָצלען› זיך מיט; אַרומגיין מיט ‹אין›; אויסשטעלן זיך מיט
sportcoat דאָס רעקל, ־עך; דער פּידזשאַק, ־ן
sporting, *adj.*
(of sports) ספּאָרט...
(sportsmanlike) ספּאָרטלעריש; אומנצחניש [ÚMNATSKhÓNISh]
sporting event דער ספּאָרטמאַטש, ־ן; די ספּאָרט־אונטערנעמונג, ־ען
sporting goods דאָס ספּאָרטוואַרג קאָל׳
sporting-goods store די ספּאָרטוואַרגקראָם, ־ען
sport jacket דאָס ספּאָרטרעקל, ־עך
sports דער ספּאָרט ל״י
sports car דער ספּאָרטאויטאָ, ־ס
sportscast דער ספּאָרט־רעפּאָרטאַזש, ־ן; דער ספּאָרטבאַריכט, ־ן
sportscaster דער ספּאָרט־רעפּאָרטער, ־ס; דער ספּאָרט־קאָמענטאַטאָר, ...אָרן
sports equipment דער ספּאָרטאויסריכט; די ספּאָרט־אויסריכטונג
sports facility דער ספּאָרטפּלאַץ, ...פּלעצער
sports fan דער ספּאָרט־פּאַטריאָט, ־ן; דער ספּאָרט־אָנהענגער, ־ס
sports field דאָס ספּאָרטפֿעלד, ־ער; דאָס שפּילפֿעלד, ־ער
sportsman דער ספּאָרטלער, ־ס; דער ספּאָרטסמאַן, ספּאָרטסלייַט; דער ספּאָרטסמען, ־ער
sportsmanlike ספּאָרטלעריש; אומנצחניש [ÚMNATSKhÓNISh]
sportsmanship די/דאָס (גוט־)ספּאָרטישקייט
show real sportsmanship אַרויסווייַזן זיך ווי אַן אמתער ספּאָרטלער [ÉMESER]
sports medicine די ספּאָרט־מעדיצין
sportswear דאָס ספּאָרטוואַרג; די ספּאָרטקליידונג
sportswoman די ספּאָרטלערקע, ־ס
sport utility vehicle דער חוצוועגיקער אויטאָ, ־ס
sporty ספּאָרטיש
spot, *n.*
(place) דאָס אָרט, ערטער; דער לאָקאַל, ־ן
(stain) דער פֿלעק, ־ן; די פּליאַמע, ־ס; דאָס שפּרענקל, ־עך
(advertisement) די רעקלאַמע, ־ס
a spot of אַ ביסעלע; אַ לעק
weak spot דער שוואַכער פּונקט, ־ן
be in a tight spot זייַן אין אַ פֿאַרלעגנהייט ‹קלעם›; זייַן אויף צרות [TSÓRES]
bright spot דאָס פּינטעלע ליכט
in spots דאָ און דאָרט; ערטערווייַז; פֿון צייַט צו צייַט
on the spot (immediately) שוין; גלייַך אויפֿן אָרט; אויפֿן שטעל
on the spot (on-site) אויפֿן אָרט
put sb. on the spot שטעלן + אַק׳ אין אַ פֿאַרלעגנהייט ‹קלעם›
That hit the spot! אַ מחיה(ניש)! [MEKhÁYE(NISh)]
spot, *v.*
vt. **(loan)** אַנטלייַען
vt. **(notice)** דערזען; דערטאַפּן; אויסשפּירן
vt. **(stain)** באַפֿלעקן; פֿאַרפֿלעקן
vt. **(support/maneuver)** אונטערהעלפֿן
vi. **(obst./menstrual)** פֿלעקן
spot check
do a spot check אָפּכאַפּן אַ קוק דאָ און דאָרט
spotless(ly) אָן אַ פֿלעק ‹שפּרענקעלע›
spotlight, *n.* דער פּראָיעקטאָר, ...אָרן
be in/hold the spotlight זייַן ‹שטיין› אין צענטער
spotlight, *v.* אַרויסהייבן; וואַרפֿן די שייַן אויף
spot-on
be spot-on טרעפֿן אין סאַמע פּינטל (אַרייַן)
spotted געשפּרענקלט; געפּינטלט; געפֿלעקט; ראַבע
spotted fever דער פֿלעקטיפֿוס
spotter
(mil./sniper) דער קאָרעקטירער, –
(observer) דער אָבסערוואַטאָר, ...אָרן
spotty אומאויסגעהאַלטן; נישט פֿאַרלאָזלעך; אומסטאַביל
spousal מאַן־און־ווייַב־...; חתונה־... [KhÁSENE]
spouse דער זיווג, ־ים [ZÍVEG, ZIVÚGIM]
(husband) דער מאַן, ־ען/מענער
(wife) דאָס/די ווייַב, ־ער; די פֿרוי, ־ען
spout, *n.*

(**lip**) דער שנאָבל, ־ען; דאָס פּיסקל, ־עך
(**of water**) דער שטראָם, ־ען; דאָס שפּריצל, ־עך
spout, *v.* אַרויסשפּײַען; אַרויסשפּריצן
(*fig.*) שפּריצן ‹שיטן› מיט
sprain, *n.* דער לונק, ־ען
sprain, *v.* אויסדרייען; אויסוועכנען; אויסלינקען ‹אויסלענקען› זיך; אַ לונק טאָן
I badly sprained my foot כ'האָב זיך שטאַרק אויסגעדרייט ‹אויסגעוועכנט/אויסגעלונקען› דעם פֿוס
sprat דער שפּראָט, ־ן
sprawl, *n.* דער אויסשפּרייט, ־ן; דער צעשפּרייט, ־ן
sprawl, *v.* צעלייגן זיך; צעשפּרייטן זיך
(*fig.*) צעוואַקסן זיך; צעשפּרייטן זיך
send sprawling אומוואַרפֿן פֿון די פֿיס
spray, *n.* דאָס שפּריצעכץ, ־ן
spray, *v.*
imp. שפּריצן (מיט)
pf. באַשפּריצן (מיט); אָנשפּריצן; צעשפּריצן
spray bullets באַשיסן (מיט קוילן)
spray can דאָס שפּריצקענדל, ־עך
sprayer דער פּולוועריזאַטאָר, ...אָרן
spray gun דער פֿאַרבשפּריצער, ־ס; דער צעשטויבער, ־ס
spray paint, *n.* די שפּריצפֿאַרב, ־ן
spray-paint, *v.* שפּריצפֿאַרבן
spray pump דער שפּריצפּלומפּ, ־ן
spread, *n.* די פֿאַרשפּרייטונג; דער אויסשפּרייט
(**cover**) דער צודעק, ־ן
(**cul.**) דאָס באַשמירעכץ, ־ן
(**large meal**) דער מאָלצײַט כּיד־המלך [KEYÁD-HAMÉYLEKh]
(**stat.**) דער סטאַטיסטישער פֿאַרנעם, ־ען
(**typ.**) די צעעפֿנטע זײַט
two-page spread די זײַטלפּאָר
spread, *vt./vi.* פֿאַרשפּרייטן (זיך); אויסשפּרייטן (זיך)
vt. imp./pf. (**cul.**) (באַ)שמירן (מיט)
vt./vi. (**arms/wings**) אויסשפּרייטן (זיך)
vt./vi. (**disease**) פֿאַרשפּרייטן (זיך)
spread around פֿאַרשפּרייטן
spread one's legs צעעפֿענען די פֿיס
spread out (space) אויסשפּרייטן זיך; צעשפּרייטן זיך
spread out (time) ציִען זיך
spread over איבערשפּרייטן אויף ‹איבער›
spread the news פֿאַרשפּרייטן די בשורה [PSÚRE]
spread the word פֿאַרשפּרייטן די ידיעה [YEDÍE]
The rumor spread מ'האָט פֿאַרשפּרייט ‹צעלאָזט/צעפּויקט› דעם קלאַנג; דער קלאַנג האָט זיך צעטראָגן
spread-eagled מיט אויסגעצויגענע הענט און פֿיס
spreader דער אָנשיטער, ־ס; דער אַרומשיטער, ־ס
spreadsheet דער/דאָס צעגלידער־בלאַט, ־בלעטער; די טאַבעלע, ־ס
spree די הוליאַנקע, ־ס
go on a drinking spree פּיאַנעווע|ן; אָנשיכּורן זיך [ÓNShÍKERN]
go on a shooting spree נעמען זיך שיסן; צעשיסן זיך
go on a shopping spree צעקויפֿן זיך; אײַנקויפֿן וואָס נאָר די אויגן זעען
sprig דאָס שפּראָצל, ־עך; דער שפּראָצלינג, ־ען; דאָס צווײַגעלע, ־ך
sprightliness די/דאָס לעבעדיקייט
sprightly לעבעדיק; אויפֿגעלעבט; באַלעבט
spring, *n.*
(**water source**) דער קוואַל, ־ן; דאָס קוועלכל, ־עך; די קרעניצע, ־ס
(**of vehicle**) דער רעסאָר, ־ן
(**coil**) די ספּרו(נ)זשינע, ־ס; די (שפּרינג)פֿעדער, ־ן
(**jump**) דער שפּרונג, ־ען
(**season**) דער פֿרילינג; די וועסנע; דער פֿאַרפּסח [FARPÉYSEKh]
in the spring פֿרילינג(צײַט)
spring, *v.*
imp. שפּרינגען
pf. טאָן ‹געבן› אַ שפּרונג
spring a leak נעמען ‹אָנהייבן› רינען
spring back אָפּשפּרינגען; צוריקשפּרינגען
spring from שטאַמען פֿון
spring into action אַרײַנוואַרפֿן זיך (אין דער אַרבעט)
spring the news אומגעריכט אָנזאָגן די בשורה [PSÚRE]
spring to life אויפֿוועקן זיך צום לעבן
spring up (emerge) אויפֿקומען
spring up (person) אויפֿשפּרינגען
spring up (problem) אויפֿשווימען; אונטערקומען
spring balance די פֿעדערוואָג, ־ן
spring beauty (bot.) דער זונקוויט, ־ן
springboard דאָס/די שפּרינגברעט, ־ער; די שפּרינגלקע, ־ס
spring-bolt lock דער קלאַפּשלאָס, ...שלעסער
spring break די פֿרילינג־הפֿסקה, ־ות; דער פֿרילינג־איבעררײַס, ־ן [HAFSÓKE]
spring chicken דאָס הינדעלע, ־ך
He's no spring chicken ער איז שוין אַ געריכערטע ליולקע
spring cleaning די ערבֿ־פּסחדיקע רייניקונג; דער פֿרילינג־רעמאָנט [ÉREV-PÉYSEKhDIKE]
spring equinox די פֿרילינג־גלײַכנאַכט
springform די שפּרינגפֿאָרעם, ־ס
springlike פֿרילינגדיק
spring onion דאָס אַשלעך קאָל'; די יונגע ‹גרינע› ציבעלע, ־ס; די ווינטער־ציבעלע, ־ס
spring roll די פֿרילינג־בלינצע, ־ס
spring semester דער פֿרילינג־זמן, ־ים; דער צווייטער זמן, ־ים [ZMAN]
springtime די פֿרילינגצײַט
spring water דאָס קוואַלוואַסער
springy פֿעדער(ד)יק
sprinkle, *n.*
(**cul.**) דאָס ברעקעלע, ־ך
(**of rain**) דאָס שפּרענקעלע, ־ך; דער שפּריץ, ־ן
sprinkle, *v.*
(**dust/cul.**) באַשיטן מיט; (אָנ)פּראָשע|ן
(**water**) באַשפּרענקלען מיט; באַשפּריצן מיט
(**with salt**) באַזאַלצן
(**with pepper**) באַפֿעפֿערן
(**with sugar**) באַצוקערן
sprinkler
(**fire**) די אויטאָמאַטישע לעשסיסטעם, ־ען
(**lawn**) דער (באַ)שפּריצער, ־ס; דער (וואַסער־)צעשפּריצער, ־ס
sprinkling, *n.*
a sprinkling of דאָס הייפֿעלע; דאָס זשמענקעלע
sprint, *n.* דער בליצלויף, ־ן; דער ספּרינט, ־ן
sprint, *v.* טאָן אַ בליצלויף ‹ספּרינט›
sprinter דער בליצלויפֿער, ־ס; דער ספּרינטער, ־ס
sprite דאָס שרעטל, ־עך; דאָס פֿעעלע, ־ך
spritzer דער ווײַן מיט אַ שפּריץ
sprocket דאָס צײַנדל, ־עך
sprocket wheel די/דאָס צײַנראָד, ...רעדער; דאָס שטערנדל, ־עך

sprout, *n.* די שפּראָצונג, ־ען; דער שפּראָץ, ־ן; דאָס שפּראָצל, ־עך
sprout, *v.*
vt. לאָזן (פֿון זיך) שפּראָצונגען; געבן שפּראָצונגען
vi. imp./pf. (אויס)שפּראָצן (זיך)
(of beard) שיטן זיך
sprouting, *n.*
(of facial hair) די חתימת־זקן; די באָרדשפּראָצונג [KhSÍMES-ZÓKN]
spruce, *n.* דער טענענבוים, ...ביימער
spruce, *v.* **(up)** אויפֿפּרישן; צופּוצן; אַרויפֿפּירן אַ גלאַנץ אויף
spruce oneself up צופּוצן זיך
spruce oneself up (woman) *also* כּלה|(נע)ן זיך [KÁLE(NE)N]
spry פֿלינק; ריִרעווידיק; זשוואַווע; שמיַידיק
spud דער קאַרטאָפֿל, –; די קאַרטאָפֿליע, ־ס
spume, *n.* דער שוים
spume, *v.* שוימען
spun געשפּונען
spun gold דער גאָלדפֿאָדעם
spunk דער ברען; דער קוראַזש
spunky פֿול מיט ברען
spun silk דער זײַדפֿאָדעם
spun sugar די צוקער־וואַטע; דער צוקער־באַ(נ)וול
spun yarn די בלוטשקע
made of spun yarn בלוטשקען
spur, *n.* דער (שטיוול)שפּאָר, ־ן
(stimulus/*fig.*) דער סטימול, ־ן; דער שטויס, ־ן
on the spur of the moment אויף דער (הייסער) מינוט; אויפֿן מאָמענט; ספּאָנטאַנערהייט
spur, *v.* **(on)**
(horse) אָנשפּאָרענען; אונטערשפּאָרע|ן; אונטערשפּאָרעווע|ן
(*fig.*) אונטערטרײַבן; אונטערייאָגן; צואײַלן; אונטערגעבן + דאַט' חשק ‹כּויך›; טיטשען; צונייטן [KhÉYShEK]
spurflower דער שפּאָרל
spurge דער סם־סאַק [SAM]
spurious פֿאַלש; אומעכט
spurn
(a lover) אַוועקשטעלן; אַוועקוואַרפֿן
(an offer) אָפּוואַרפֿן
spurned אָפּגעוואָרפֿן; אַוועקגעוואָרפֿן
spur-of-the-moment ספּאָנטאַן
spurry דער שפּערגל
spurt, *n.* דער (אַרויס)שפּריץ, ־ן
spurt, *v. imp./pf.* (אַרויס)שפּריצן (מיט); אַ שפּראָץ טאָן
Blood was spurting out ס'האָט געשפּריצט מיט בלוט; ס'האָט געשלאָגן בלוט; ס'האָט זיך געגאָסן בלוט
spur track די בײַליניע, ־ס
sputter שפּריצלען; טרעשטשע|ן; אונטערהוסטן; אונטערהיסן
(person/*fig.*) שפּריצן מיט סלינע; אַרויספּלאַפּלען
sputum דאָס לייכעץ; דער שליים
spy, *n.* דער שפּיאָן, ־ען; דער שפּיצל, ־ען
spy, *v.* שפּיאָנירן; אויסשפּירן
spy on אויסשפּירן
spy out אויסשפּיאָנירן
spyglass דער שפּאַקטיוו, ־ן
spymaster דער הויפּטשפּיאָן, ־ען
spy ring די שפּיאָנען־נעץ, ־ן
spy satellite דער אויסשפּיר־סאַטעליט, ־ן
spyware דאָס שפּיאָנירוואַרג
squab
(pigeon) דאָס טײַבעלע, ־ך
(pigeon meat) דאָס טויבנפֿלייש
(roast) די געבראָטענע טויב
(cushion) דער קישן, ־ס
squabble, *n.* דאָס צעוועָרטלעניש, ־ן; דאָס געווערטלערײַ, ־ען; דאָס אָמפּערניש, ־ן; די/דאָס עסעניש, ־ן
squabble, *v.* צעווערטלען זיך; צעאָמפּערן זיך
squad די קאָמאַנדע, ־ס; די מאַנשאַפֿט, ־ן
(police/mil.) *also* דער אָפּטייל, ־ן
squad car דער פּאָליציי־אויטאָ, ־ס
squadron
(av.) די לופֿט־עסקאַדרע, ־ס
(mil.) דער עסקאַדראָן, ־ען
(naut.) די עסקאַדריליע, ־ס; די עסקאַדרע, ־ס
squalid אָפּגעלאָזן; קלאָגעדיק; פֿאַראָרעמט; דלותדיק; שמוציק; ברודיק; אָרעמאַנסקע [DÁLESDIK]
squall, *n.*
(scream) דאָס אויפֿגעשריי, ־ען; דאָס ג(ע)וואַלד־געשריי, ־ען
(storm) דער שקוואַל, ־ן; דער ווינטאויסבראָך, ־ן
squall, *v.*
(scream) אויפֿשרײַען; ג(ע)וואַלדעווע|ן
(storm) שקוואַלירן; שטורעמען
squalor די/דאָס אָפּגעלאָזנקייט; די/דאָס פֿאַראָרעמטקייט; דער דלות; דער שמוץ; דער ברוד [DÁLES]
squander צעטרענצלען; אויסברענגען (זיך); פֿאַרתּכלעווע|ן; פֿאַרבאַל(י)עווע|ן; צעבטלען; מאַכן אַ סך־הכּל פֿון [FARTÁKhLEVEN] [TSEBÁTLEN] [SAKhÁKL]
squanderer דער צעטרענצלער, ־ס; דער אויסברענגער, ־ס; דער פּזרן, ־ים [PÁZREN, PAZRÓNIM]
squandering, *n.* די צעטרענצלונג; די אויסברענגונג; דאָס פּזרנות [PAZRÓNES]
square, *adj.* קוואַדראַטיק; קוואַדראַטיש; קוואַדראַט...
be all square with זײַן קוויט מיט
ten square meters צען קוואַדראַט־מעטער
square, *adv.*
square in the middle פּונקט אין מיטן
square, *n.* דער קוואַדראַט, ־ן
(alg.) דער קוואַדראַט, ־ן; די צווייטע מדרגה [MADRÉYGE]
(geom.) דער קוואַדראַט, ־ן
(of chessboard/checkerboard) דאָס פֿעלד, ־ער
(plaza) דער פּלאַץ, פּלעצער; דער סקווער, ־ן
be back to square one אָנהייבן פֿון בראשית ‹אָנהייב/מה־טובֿו› [BRÉYShES] [MATÓYVE]
square, *v.*
(math.) קוואַדראַטירן; דערהייבן אין קוואַדראַט; דערהייבן אין דער צווייטער מדרגה [MADRÉYGE]
(a debt) סילוקן [SÍLEKN]
square up with sb. אָפּרעכענען זיך מיט
square away אויסגלײַכן; ברענגען אין אָרדענונג
square off for גרייטן זיך צו
square one's shoulders נישט אַראָפּלאָזן די הענט
square the circle שטרעבן צום אוממעגלעכן
square bracket דער קאַנטיקער קלאַמער, ־ן
square dance, *n.* דער קוואַדראַטטאַנץ, ...טענץ
square-dance, *v.* טאַנצן קוואַדראַטטענץ
go square-dancing (גיין) טאַנצן קוואַדראַטטענץ
square foot דער קוואַדראַטפֿוס, ...פֿיס
square-head bolt דער קוואַדראַטקאָפּ־באָלץ, ־ן
square iron דאָס קוואַדראַט־אײַזן
square kilometer דער קוואַדראַט־קילאָמעטער, ־ס
square knot דער ים־קנופּ, ־ן; דער פֿלאַכער קנופּ, ־ן [YAM]
squarely דירעקט
square meter דער קוואַדראַט־מעטער, ־ס
square mile די קוואַדראַטמײַל, ־ן
square root דער קוואַדראַט־וואָרצל, ־ען

take the square root אַרױסציִען דעם קוואַדראַט־וואָרצל
square root sign דער וואָרצל־צייכן, ־ס
square-shouldered ברײטפּלייציק
squash,[1] *n.* **(bot.)** דער קאַבאַק, ־ן; דאָס קאַבאַקל, ־עך; דאָס באַסטאָניקל, ־עך; דאָס אַרבוזיקל, ־עך
squash,[2] *n.* **(sport)** דער סקוואַש
squash, *v.* צעקוועטשן
squashberry די אײַנגעמאַכטס־קאַלענע, ־ס
squashy מאָטשיק; ווייך
squat, *adj.* קליין און דיקלעך ‹קײַלעכ(ד)יק›
squat, *v.* זיצן אויף די פּיאַטעס ‹קאָרטעטשקעס›
(occupy) באַזעצן אומלעגאַל
squat down צוזעצן זיך אויף די פּיאַטעס ‹קאָרטעטשקעס›
squatter דער פּיאַטניק, ־עס
(occupier) דער אומלעגאַלער באַזעצער, ־ס
squawk, *n.* דער קוויטש, ־ן; דאָס קוויטשען
squawk, *v.* קוויטשע|ן
squeak, *n.*
(door) דער סקריפּ, ־ן/־עס
(mouse) דער פּישטש, ־ן; דער פּיפּס, ־ן
squeak, *v.*
(door) סקריפּע|ן
(mouse) פּישטשע|ן
squeak by (narrowly succeed) קוים געווינען
squeaky סקריפּענדיק; פּישטשענדיק
squeaky-clean ריין שברײן; ריין ווי גאָלד [ShEBERÉYN]
(fig.) נקי־כּפּימדיק; אָן אַ חשד [NEKÍ-KAPÁYEMDIK] [KhShAD]
squeal, *n.* דער קוויטש, ־ן; דער פּישטש, ־ן
squeal, *v.* קאַנויקע|ן; פּישטשע|ן
(child) (אונטער)קוויטשע|ן; סקריטשע|ן; טאָן ‹געבן› אַ קוויטש
squeal (on) אַרױסגעבן; מסרן; דערלאַנגען אַ מסירה אויף; אונטערשטעלן + דאַט' אַ בענקעלע; אונטערטראָגן [MÁSERN] [MESÍRE]
squealer דער מסור, מוסרים; דער יאַבעדניק, ־עס [MÓSER, MÓSRIM]
squeamish
be/feel squeamish (about) מיאוסן זיך (פֿאַר/צו); מלוגע|ן אומפּ' + אַק'/פֿ"ק (פֿון); גענדזלען אומפּ' + אַק'/פֿ"ק אין בויך [MÍESN]
squeegee דער גומע־ווישער, ־ס
squeeze, *n.* דער קוועטש, ־ן; די דריקונג, ־ען
(econ.) די קלעם; די באַגרענעצונג
a squeeze of lemon אַ שפּריץ לימענע
in a tight squeeze *(fig.)* געענגט; אין אַ קלעם; אין אַן ענגן מצבֿ; צווישן האַמער און קאָוואַדלע [MÁTSEV]
It was a tight squeeze ס'איז געווען גאָר ענג
my main squeeze מײַן געליבטער געב'
put the squeeze on צודריקן + אַק' צו דער וואַנט
squeeze, *v.*
imp. קוועטשן; דריקן
pf. **(once)** אַ קוועטש ‹דריק› טאָן
(lemon) אויסקוועטשן
squeeze by (אַ)דורכקוועטשן זיך; (אַ)דורכשלײַכן זיך
squeeze into, *vt./vi.* אַרײַנקוועטשן (זיך) אין; אײַנמאַסטע(י)ע|ן (זיך) אין
squeeze out אויסקוועטשן; אַרױסקוועטשן
squeeze the trigger אַ צי טאָן בײַם צינגל
squeezebox די האַרמאָניע, ־ס; דער אַקאָרדיאָן, ־ען
squeezer (juicer) דער זאַפּטפּרעס, ־ן
squelch, *n.* **(sound)** דאָס כליופּקען
squelch, *v.*
vt. דערשטיקן
vi. כליופּקע|ן
squib (firecracker) די פּעטאַרדע, ־ס
squib kick דאָס שטויסל, ־עך
squid דער טינטפֿיש, –
squiggle, *n.*
(line) דאָס דרײדעלע, ־ך; דער צוק, ־ן
(scrawl) קאָטשערעס מיט לאָפּעטעס
squiggle, *v.* דראַפּקע|ן; שרײַבן קאָטשערעס מיט לאָפּעטעס
squill די ים־ציבעלע, ־ס [YAM]
squint, *n.* די/דאָס שילדיקייט
squint, *v.* שילעלן; קוקן קאָסע
(in the sun) פֿאַרזשמורע|ן ‹פֿאַרמרוזשע|ן› די אויגן
squire דער פּריץ, ־ים; דער אַדלמאַן, אַדללײַט [PÓRETS, PRÍTSIM]
squirm קאָרטשע|ן זיך; צאַפּלען (זיך); באַרבלען זיך
squirrel, *n.* דער וועוריק, ־עס; די וועווערקע, ־ס; דאָס וועוריקל, ־עך
gray squirrel דער פֿיי, ־ען
squirrel fur דער פֿיי
squirrel, *v.* **(away)** פֿאַרבאַהאַלטן; פֿאַרגרײטן זיך
squirt, *n.* דער שפּריץ, ־ן
(whippersnapper) דער יונגאַטש, ־עס; דער שנעק, ־עס
(insignificant person) דער גאָרנישט, ־ן
squirt, *v.* שפּריצן; אַ שפּריץ טאָן
squish צעקוועטשן
squishy מאָטשיק; ווייך
Sri Lanka (די) שרילאַנקע
Sri Lankan, *adj.* שרילאַנקיש
Sri Lankan, *n.*
m./unsp. דער שרילאַנקער, –
f. די שרילאַנקערין, ־ס
St./Saint דער הייליקער געב'; סאַנקט־...; סיינט־... אַמ'
stab, *n.* דער שטאָך, ־ן
a stab in the back אַ מעסער אין רוקן
a stab to the heart אַ שטאָך אין האַרצן (אַרײַן)
have/take a stab at געבן אַ פּרוּוו; אַ פּרוּוו טאָן
make a stab in the dark טאַפּן אין דער פֿינצטער
stab, *v.* שטעכן
stab sb. in the back *(fig.)* אַרײַנלאָזן + דאַט' אַ מעסער אין רוקן; אָפּטאָן + דאַט' הינטערווײַלעכץ ‹הינטער די פּלייצעס›
stab to death דערשטעכן (אויף טויט)
stabbing, *n.*
There was a stabbing מ'האָט עמעצן געשטאָכן
stability די/דאָס סטאַבילקייט; די/דאָס געזעצטקייט
stabilization די סטאַביליזירונג, ־ען; די סטאַביליזאַציע, ־ס
stabilize, *vt./vi.* סטאַביליזירן (זיך)
stabilizer דער סטאַביליזאַטאָר, ־ס
stable, *adj.* סטאַביל; געזעצט
She's in stable condition דער מצבֿ איז בײַ איר סטאַביל [MÁTSEV]
stable, *n.* די שטאַל, ־ן; די סטאַדאָלע, ־ס
stablehand דער פֿערדיונג, ־ען; דער שטאַלדינער, ־ס; דער קאָניוך, ־עס
stabling די פֿערדשטאַל, ־ן
staccato, *adj.* סטאַקאַטאָ־...
staccato, *n.* דער סטאַקאַטאָ, ־ס
stack, *n.*
(of hay) דער סטויג, ־ן; די סטערטע, ־ס; די סקירדע, ־ס; די קאָפּיצע, ־ס
(of papers) דער ריז, ־ן; דער באַרג, בערג
(of plates) דער שטויס, ־ן; דער באַרג, בערג

(of wood) דער סטאָס, ־ן
blow one's stack אַרויסגיין פֿון די כּלים; אַרויספּלאַצן פֿון כּעס [KÉYLIM] [KÁAS]
stacks (bookshelves) (הויכע) ביבליאָטעק־פּאָליצעס
stack, *v.* אויסשטאַפּלען; אָנלייגן (איינס אויף ס'אַנדערע)
(cards) שווינדלעריש אויסלייגן די קאָרטן
The cards are stacked against us קיין גרויסע שאַנסן האָבן מיר נישט
stack hay סטויגעווע|ן; פֿאַרסטערטעווע|ן; פֿאַרסקירדעווע|ן
stack up (compare) פֿאַרגלײַכן זיך
stack up (make sense) לייגן זיך אויפֿן שׂכל [SEYKhL]
stackable נעסטיק
stacking chair דאָס נעסטבענקל, ־עך
stadium דער סטאַדיאָן, ־ען
staff, *n.*
(flag) דאָס העלצל, ־עך
(mil.) דער שטאַב, ־ן
(mus.) די נאָטן־טאַבעלע, ־ס
(personnel) דער פּערסאָנאַל
(rod) דער שטעקן, ־ס/...קענעס
be on staff געהערן צום פּערסאָנאַל; זײַן אַ מיטאַרבעטער
staff, *v.* צושטעלן דעם פּערסאָנאַל
staffer *see* **staff member**
staff headquarters דער שטאַב, ־ן
staff meeting די זיצונג פֿונעם פּערסאָנאַל
staff member דער (אינעווייניקסטער) מיטאַרבעטער, ־ס; דער מיטגליד פֿונעם פּערסאָנאַל; דער אָנגעשטעלטער געב'
staff officer דער שטאַב־אָפֿיציר, ־ן
staff sergeant דער עלטערער סערזשאַנט, ־ן
staff writer דער אינעווייניקסטער שרײַבער, ־ס
stag דער הירש, ־ן
stage, *adj.* **(thea.)** בינע...; סצענע...
stage, *n.*
(phase) די סטאַדיע, ־ס; דער עטאַפּ, ־ן; די פֿאַזע, ־ס; דער/די שטאַפּל, ־ען
(thea.) די בינע, ־ס; די סצענע, ־ס
go through a difficult stage (אַ)דורכמאַכן אַ שווערע סטאַדיע
set the stage for (פֿאַר)לייגן דעם יסוד ‹פֿונדאַמענט› פֿון [YESÓD]
stage left פֿון דער לינקער זײַט
stage right פֿון דער רעכטער זײַט
three-stage rocket דער דרײַ־שטאַפּלדיקער ראַקעט, ־ן
stage, *v.*
(med.) באַשטימען די סטאַדיע פֿון
(organize) גרייטן; אַראַנזשירן
(thea.) אינסצענירן; שטעלן; אויפֿפֿירן; אָפּשפּילן
stage a war אַרויסגיין אין מלחמה [MILKhÓME]
stagecoach דער דיליזשאַנס, ־ן
stagecraft די טעאַטער־קונסט; די בינעקונסט
staged אינסצענירט
stage design די סצענאָגראַפֿיע; דאָס בינע־מאָלערײַ
stage designer דער סצענאָגראַף, ־ן; דער בינע־מאָלער, ־ס
stage door דער בינע־אַרײַנגאַנג, ־ען
staged reading די דראַמאַטישע פֿאָרלייענונג, ־ען; דראַמאַטישע רעציטאַציעס ל"ר
stage fright דער לאַמפּן־פֿיבער; די טרעמע
have stage fright לײַדן פֿון לאַמפּן־פֿיבער ‹טרעמע›; אַרומגיין פֿאַרצווייפֿלט
stagehand דער בינע־‹סצענע־›אַרבעטער, ־ס; דער סצעניסט, ־ן; דער מאַשיניסט, ־ן
stage-manage זײַן דער בינע־פֿאַרוואַלטער
stage manager דער בינע־פֿאַרוואַלטער, ־ס
stage name דער בינע־‹קינסטלער־›נאָמען, ־נעמען
stage producer דער טעאַטער־אונטערנעמער ‹־פּראָדוצירער›, ־ס
stage-struck פֿאַרכאַפּט ‹פֿאַרכישופֿט› פֿון דער בינע [FARKÍShEFT]
stage whisper דאָס שושקען אויף אַ קול [KOL]
say in a stage whisper שושקען אויף אַ קול
stagflation די סטאַגפֿלאַציע
stagger, *n.* דאָס וואַקלען זיך
stagger, *v.*
vt. **(hours/space)** צעשטאַפּלען; צעשיכטן
vt. **(shock)** פֿריטשמעליע|ן
vi. וואַקלען זיך; קוים האַלטן זיך אויף די פֿיס; טאַמלען; שאַטײַע|ן זיך; שטאָלפּערן; שטאָמפּערן; גיין ווי אַ שיכור [ShÍKER]
staggerbush די באַלעמל־לאָניע
staggered (hours) צעשטאַפּלט
staggering פֿריטשמעליענדיק; פּלעפֿנדיק; טאַמלדיק; שווינדלדיק
staging, *n.* **(thea.)** די מיזאַנסצענע; די אינסצענירונג
staging area דער צווישנראַיאָן, ־ען; דער צוגרייט־ראַיאָן, ־ען
staging post די צווישנסטאַנציע, ־ס
stagnant סטאַגנאַנט; פֿאַרדומפּן; שטייע(נ)דיק; שטייִיק
The economy is stagnant די עקאָנאָמיע סטאַגנירט
stagnant water דאָס שטייע(נ)דיקע ‹פֿאַרדומפּענע› וואַסער; דאָס שטייוואַסער
stagnate סטאַגנירן
stagnation די סטאַגנאַציע, ־ס
stag party דער חתן־מאָל; די בחורים־מסיבה [KhOSN] [BÓKhERIM-MESÍBE]
staid מיושבֿדיק; געזעצט; סאָליד [MEYÚShEVDIK]
stain, *n.* דער פֿלעק, ־ן; די פּליאַמע, ־ס
(ink) דער טינטפֿלעק, ־ן
(on reputation) די פּגימה, ־ות; דער (שאַנד)פֿלעק, ־ן [PGÍME]
(wood) דער בייץ, ־ן
stain, *v.* (פֿאַר)פֿלעקן; באַפּאַטשקע|ן
(reputation) פֿאַרפֿלעקן
(wood) בייצן ‹בײַצן›
stained פֿאַרפֿלעקט; געפֿלעקט
stained-glass window דער וויטראַזש, ־ן
stainless פֿלעק־‹זשאַווער־›באַוואָרנט; אומפֿלעקעוודיק
stainless steel דאָס זשאַווער־באַוואָרנטע ‹נישט־זשאַווערדיקע› שטאָל
stain remover דער פֿלעקן־אַרויסנעמער, ־ס
stair דאָס טרעפּל, ־עך
stairs *also* טרעפּ; שטיגן
by the stairs מיט די טרעפּ ‹שטיגן›
take the stairs גיין אויף די טרעפּ ‹שטיגן›
staircase טרעפּ ל"ר; שטיגן ל"ר
stairwell די טרעפּשאַכטע, ־ס
stake, *n.*
(for burning) דער שײַטער־הויפֿן, ־ס
(for plants) די טיטשקע, ־ס; דער צישטעקן, ־ס
(in game) די סטאַווקע, ־ס; דער קאָן, ־ען/קענער
(investment) דער חלק, ־ים [KhÉYLEK, KhALÓKIM]
(peg) דאָס פּלעקל, ־עך
(post) דער סטויפּ, ־ן
be at stake שטיין אין קאָן
have a stake האָבן אַ חלק
play for high stakes שפּילן גרויס; אײַנשטעלן ‹ריזיקירן› אַ סך אין שפּיל [SAKh]

pull up stakes פֿאַרלאָזן אויף אײביק; צונויפֿנעמען האַק־און־פּאַק און אַװעקפֿאָרן
stake, *v.*
(in ground) אונטערשפּאַרן (מיט אַ טיטשקע)
(risk) אײַנשטעלן; שטעלן אין קאָן
stake a claim to פּרעטענדירן אויף; פֿאָדערן פֿאַר זיך
stake out (land) אױסמאַרקירן; אָפּצוימען
stake out (surveillance) לאָקערן
stake stg. on שטעלן אויף
stakeholder דער נוגע־בדבֿר, ־ס; דער פֿאַראינטערעסירטער צד, צדדים [NEGÉYE-BEDÓVER] [TSAD, TSDÓDIM]
stakeout דאָס לאָקערן; די לאָקערונג
stalactite דער סטאַלאַקטיט, ־ן
stalagmite דער סטאַלאַגמיט, ־ן
stale
(air) פֿאַרדומפּן; דומפּיק; טוכלע
(beer/soda) אױסגעװעפּט
(bread) אַלט־געבאַקן; פֿאַרטריקנט; פּיסנע
(food) אומפֿריש; פֿאַרלעגן; פֿאַרשטאַנען
(*fig.*) פֿאַרעלטערט; אָפּגעשטאַנען
become stale (of beer/soda) אױסװעפּן זיך
stalemate, *n.* דער פּאַט, ־ן
(*fig.*) דער נישט־אַהין־נישט־אַהער, ־ן; דער טופּיק, ־עס
stalemate, *v.* שטעלן אין פּאַט
staleness די/דאָס פֿאַרעלטערטקייט; די/דאָס אָפּגעשטאַנענקייט
stalk, *n.*
(of flower) דאָס שטענגל, ־עך
(of fruit) דאָס הענגערל, ־עך
stalk, *v.* לאָקערן; אָפּטשאַטעװען; אונטערגנבֿע(נע)ן זיך צו [ÚNTERGÁNVE(NE)N]
stalk out אַרױסשפּאַנען (אַ ברוגזער) [BRÓYGESER]
stalker דער לאָקערער, ־ס
stall, *n.*
(booth) די בוד(ק)ע, ־ס; די שטעל, ־ן; דער קיאָסק, ־ן
(in market) דאָס שטעלעכל, ־עך; די לאַרע, ־ס
(stable) די שטאַל, ־ן; די סטאַדאָלע, ־ס
stall, *v.*
vt. **(delay)** (פֿאַר)ציִען; אָפּציִען; פֿאַרשלעפּן; אָפּהאַלטן
vi. **(delay)** מאַכן שהיות; פֿאַרהאַלטן זיך [ShÍES]
vi. **(automobile)** פֿאַרהאַקן זיך; בלײַבן שטיין
stalled labor דאָס אָפּגעשטעלטע גײן צו קינד
stallholder דער מאַרק־פֿאַרקױפֿער, ־ס
stallion דער אָגער, ־ס; דער זשערעבעץ, ־עס
stalwart, *adj.* (אײַזן) פֿעסט; גבֿורהדיק; באַהאַרצט [GVÚREDIK]
stalwart, *n.* דער אײַזן פֿעסטער געב׳
stamen דער שטױבפֿאָדעם, ...פֿעדעם
stamina דער אױסהאַלט־כּוח; דער אױסדױער [KÓYEKh]
stammer שטאַמלען; פֿאַרהיקע(װ)ן זיך; זאַהיקע(װ)ן ‹זאַיִקע(װ)ן› זיך; פּלאָנטערן מיט דער צונג; קעקעצן
stammerer דער שטאַמלער, ־ס; דער כּבֿד־פּה, ־ען [KVATPÉ]
stamp, *n.*
(die) דער שטאַמפּ, ־ן
(imprint) דער אָפּדרוק, ־ן
(postage) די (פּאָסט)מאַרקע, ־ס
(rubber) דער שטעמפּל, ־ען
(seal) דער חותם, ־ס [KhÓYSEM]
leave one's stamp on אַרױפֿלייגן דעם שטעמפּל אויף; לייגן אַ חותם אויף
stamp, *v.*
(envelope) אַרױפֿקלעפּן ‹אָנקלעפּן› אַ מאַרקע אויף
(with rubber stamp) שטעמפּלען
(with die) (אױס)שטאַמפּן
(feet) טופּען מיט די פֿיס
stamp out (eliminate) אױסװאָרצלען; אױסראָטן; אױסהאַבן; מאַכן אַ סוף צו [SOF]
stamp out (fire) צעטרעטן (מיט די פֿיס)
stamp out (with die) (אױס)שטאַמפּן
stamp album דער מאַרקעס־אַלבאָם, ־ען
stamp collecting די פֿילאַטעליע
stamp collection די זאַמלונג מאַרקעס
stamp collector דער פֿילאַטעליסט, ־ן; דער מאַרקעס־זאַמלער, ־ס
stamp duty דער הערבאָװער שטײַער, ־ן
stamped, *adj.*
(envelope) מאַרקירט
(with rubber stamp) געשטעמפּלט
stampede, *n.* דאָס (פֿיך)געלאַף, ־ן
(*fig.*) דאָס (מאַסן־)געלאַף, ־ן; דאָס שטופּעניש, ־ן; דאָס שטיקעניש, ־ן; די מהומה, ־ות; די פּאַניק, ־עס; די בהלה, ־ות [MEHÚME] [BEHÓLE]
stampede, *v.* לאָזן זיך אין אַ (מאַסן־)געלאַף
stamp pad דאָס שטעמפּל־קישעלע, ־ך
stance דער שטעל, ־ן; דער צוגאַנג, ־ען; די פּאָזיציע, ־ס
stanch פֿאַרהאַמעװע(ן); אָפּשטעלן; פֿאַרהאַלטן
stanchion דער סטויפּ, ־ן; דאָס געשטעל, ־ן
stand, *n.*
(in battle) דער קעגנשטעל, ־ן; דאָס געפֿעכט, ־ן; דער קאַמף, ־ן
(mus.) דער נאָטן־‹מוזיק־›שטענדער, ־ס
(position) די שטעלונג, ־ען
(stall) דער קיאָסק, ־ן; די שטעל, ־ן
(support) דאָס (אונטער)געשטעל, ־ן
make a last stand אױסקעמפֿן דעם לעצטן קאַמף; אױספֿעכטן דאָס לעצטע געפֿעכט; געבן אַ לעצטן פּרוּװ
take a stand (against) אָננעמען אַ שטעלונג (קעגן); אַ(נט)קעגנשטעלן זיך + דאַט׳
take the stand פֿאַרנעמען די עדות־באַנק; זאָגן עדות [ÉYDES]
stand, *v.*
vt. **(place)** אַװעקשטעלן; אױפֿשטעלן
vt. **(tolerate)** אױסהאַלטן פֿון; פֿאַרטראָגן; פֿאַרלײַדן; סובֿל זײַן [SOYVL]
vi. **(be valid)** בלײַבן אין קראַפֿט; גילטן
vi. **(on feet)** שטיין
as things stand װי סע האַלט איצט; אינעם איצטיקן מצבֿ [MÁTSEV]
Don't just stand there! װאָס שטייסטו ‹שטייט איר› װי אַ לײמענער גולם?; װאָס שטייסטו ‹שטייט איר› מיט פֿאַרלייגטע הענט? [GÓYLEM]
I can't stand him כ׳קען אים נישט פֿאַרטראָגן; כ׳קען פֿון אים נישט אױסהאַלטן; כ׳קען אים נישט סובֿל זײַן
not stand for נישט דערלאָזן
stand a chance האָבן אַ מעגלעכקייט
stand apart שטיין אין אַ זײַט
stand around אַרומשטיין זיך; אַרומדרייען זיך
stand aside אָפּטרעטן אין אַ זײַט
stand at attention שטיין אויף אַכטונג
stand back צוריקטרעטן; אָפּטרעטן
stand by (be ready) זײַן גרייט
stand by, *vt.* **(support)** בײַשטיין + דאַט׳; שטיצן; אָננעמען זיך פֿאַר
stand by, *vi.* **(be uninvolved)** שטיין מיט פֿאַרלייגטע הענט; שטיין דערבײַ
stand down (jur.) פֿאַרלאָזן די עדות־באַנק [ÉYDES]

stand down (withdraw) צוריקציִען זיך
stand firm בלײַבן פֿעסט; האַלטן זיך פֿעסט
stand for (represent) מײנען; באַטײַטן; רעפּרעזענטירן
stand for (permit) דערלאָזן
stand for (support) שטיצן
stand in for זײַן דער ממלא־מקום פֿאַר; פֿאַרטרעטן [MEMÁLE-MÓKEM]
stand in one's way פֿאַרשטעלן + דאַט' דעם וועג; שטערן + דאַט'
stand off, *vt.* האַלטן פֿון דער ווײַטנס
stand off, *vi.* אָפּשטיין; האַלטן זיך פֿון דער ווײַטנס
stand on firm ground האָבן אַ פֿעסטן באָדן אונטער די פֿיס
stand out (be noticeable) וואַרפֿן זיך אין די אויגן; בולט אָנווײַזן זיך [BÓYLET]
stand out (for) אויסשטײלן זיך (מיט)
stand still אײַנשטיין (אויפֿן אָרט)
stand to gain קענען (נאָך) געווינען ‹געניסן›
stand to lose קענען (נאָך) פֿאַרלירן
stand to reason לייגן זיך אויפֿן שׂכל [SEYKhL]
stand up אויפֿשטעלן זיך; אויפֿשטיין
stand sb. up לאָזן זיצן
stand up for פֿאַרטיידיקן; אײַנשטעלן ‹אָננעמען› זיך פֿאַר
stand up for oneself נישט לאָזן זיך שפּײַען אין דער קאַשע; קענען דאָס אייגענע שטעטל באַשטיין
stand up to אַקעגנשטעלן זיך + דאַט'
stand-alone פֿאַר זיך; אויטאָנאָמיש
standard, *adj.* סטאַנדאַרד; געוויינ(ט)לעך; נאָרמאַל; אָנגענומען
standard, *n.* דער סטאַנדאַרד, ־ן; די נאָרמע, ־ס; דער ניוואָ, ־ען; די מדרגה, ־ות; דער עטאַלאָן, ־ען [MADRÉYGE]
(flag) דער שטאַנדאַרד, ־ן; די פֿאָן, ־ען/פֿענער
below standard אונטערן סטאַנדאַרד; אונטער דער מדרגה
hold to a high standard מאָנען אַ הויכן ניוואָ
up to standard אויף אַ הויכער ‹געהעריקער› מדרגה; אויף ‹פֿון› אַ ניוואָ; אויפֿן געהעריקן ניוואָ
standard-bearer דער פֿאָנען־טרעגער, ־ס
standard deviation דער סטאַנדאַרד־אָפּווײַך, ־ן
standardization די נאָרמירונג, ־ען; די סטאַנדאַרדיזירונג, ־ען
standardize נאָרמירן; סטאַנדאַרדיזירן; אײַנרעגולירן
standardized סטאַנדאַרדיזירט
standardized orthography דער נאָרמירטער ‹אײנהייטלעכער› אויסלייג; די נאָרמירטע ‹אײנהייטלעכע› אָרטאָגראַפֿיע
standardized test דער נאָרמירטער עקזאַמען, ־ס
standard language די כּלל־שפּראַך, ־ן; די קולטורשפּראַך, ־ן [KLAL]
standard of living דער לעבן־סטאַנדאַרד
standard procedure די אײַנגעשטעלטע פּראָצעדור, ־ן
standard time די סטאַנדאַרדצײַט
standby, *adj.* רעזערוו...
standby, *n.* די/דאָס גרייטקייט
on standby גרייט
stand-in דער דובליאָר, ־ן; דער דובלירער, ־ס; דער במקום, ־ס; דער ממלא־מקום, ־ס [BÍMKEM] [MEMÁLE-MÓKEM]
standing, *adj.* שטייענדיק
(unchanging) שטענדיק
standing, *n.*
(jur.) דאָס רעכט
(social) דער מעמד; די פּאָזיציע; דער סטאַטוס; דער שטאַנד; דער גראַד [MÁYMED]
in good standing באַצאָלט
lose one's standing אַראָפּגיין פֿון דער מדרגה [MADRÉYGE]
of long standing לאַנגאָנ(עד)יק
of six weeks' standing שוין זעקס וואָכן לאַנג
standing committee דער שטענדיקער קאָמיטעט, ־ן
standing invitation די אָפֿענע פֿאַרבעטונג, ־ען
standing joke דער דייזשורנער ‹אַלטער› וויץ, ־ן
standing order
(bus.) די געוויינ(ט)לעכע באַשטעלונג, ־ען
(med.) די שטענדיקע ‹גילטיקע› אָרדינירונג, ־ען
(mil.) דער גילטיקער באַפֿעל, ־ן
standing ovation די שטייענדיקע ‹שטורעמדיקע› אָוואַציע, ־ס; שטייענדיקע אַפּלאָדיסמענטן ל"ר
He received a standing ovation מע האָט אים אַפּלאָדירט ‹געמאַכט אַן אָוואַציע› שטייענדיקערהייט
standing room only (פֿאַרבליבן) נאָר שטייפּלעצער
standoff דער פּאַט; דער פֿאַרהאַק, ־ן
standoffish אײַנגעהאַלטן; קיל
standpipe דער וואַנטפּלומפּ, ־ן; די/דער שטירער, ־ן
standpoint דער קוקווינקל, ־ען; דער ˈשטאַנדפּונקט, ־ן
St. Andrew's cross (bot.) דער שמאָלער צלמניק [TSÉYLEMNIK]
stands (stadium) בליטשערס
standstill דער שטילשטאַנד, ־ן
be at a standstill שטיין (אויפֿן אָרט); נישט רירן זיך
bring to a standstill אין גאַנצן אָפּשטעלן
come to a standstill בלײַבן שטיין; פֿאַרהאַקן זיך; אין גאַנצן אָפּשטעלן זיך
stand-up
(loyal/*slg.*) געטרײַ
(standing) שטייענדיק(ערהייט)
a stand-up guy אַ געטרײַער חבֿר, ־ים [KhÁVER, KhAVÉYRIM]
have a stand-up meal עסן שטייענדיקערהייט
stand-up comedian דער סטענדאַפּ־‹סאָלאָ־›קאָמיקער, ־ס
stand-up comedy דער סטענדאַפּ־הומאָר; די סאָלאָ־קאָמעדיע
do stand-up comedy אויפֿטרעטן ווי אַ סטענדאַפּ־קאָמיקער
stanza די סטראָפֿע, ־ס
stapes דער בייגל, –
staphylococcal סטאַפֿילאָקאָקן...
staphylococcus דער סטאַפֿילאָקאָק, ־ן
staple, *adj.* גרונט...
staple,[1] *n.* **(commodity)** דער גרונטפּראָדוקט, ־ן
staple,[2] *n.* **(wire)** דאָס דרעטל, ־עך
staple, *v.*
imp. דרעטלען
pf. צודרעטלען; צונויפֿדרעטלען; צונויפֿהעפֿטן
staple diet די גרונטנערונג
staple fiber די שטאַפּל־פֿיברע, ־ס; דער שטאַפּל־פֿאָדעם, ־פֿעדעם
staple goods גרונטפּראָדוקטן; די ראַזעווע ‹ראָזעווע› סחורה ל"י [SKhÓYRE]
staple gun דער שיסדרעטלער, ־ס
stapler דער דרעטלער, ־ס
staple remover דער דרעטל־ציִער, ־ס
star, *n.*
(astr.) דער שטערן, –
(actor) דער (פֿילם)שטערן, –; דער הויפּטראָליסט, ־ן; דער סטאַר, ־ס

(actress) דער (פֿילם)שטערן, –; די הױפּטראָליסטקע, ־ס; די סטאַרינע, ־ס
(mil.) דאָס שטערנדל, ־עך
be in the stars שטײן אַלץ אין די שטערן
His star is setting זײַן שטערן גײט שױן אונטער
see stars זען קראָקע מיט לעמבעריק; זען די עלטער־באָבע פֿאַר די אױגן
star, *v.* זײַן דער שטערן פֿון; סטאַרעװע|ן
starring ... מיט ... װי דעם שטערן ‹סטאַר›
star apple דער שטערן־עפּל, –
star athlete דער שטערן־אַטלעט, ־ן
star attraction דער הױכפּונקט; דער צימעס; די הױפּט־אַטראַקציע
starboard דער רעכטער באָרט
starch, *n.* דער קראָכמ(אַ)ל
starch, *v.* אָנקראָכמלען; אָנקראָכמאַליע|ן
starchy קראָכמ(אַ)לדיק
star-crossed שװאַרץ־מזלדיק [MÁZLDIK]
stardom די שטערנשאַפֿט; דאָס זײַן אַ שטערן
stardust דער/דאָס קאָסמישע(ר) שטױב
stare, *n.* דער גלאָץ, ־ן; דאָס גלאָצן
stare, *v.* (at) גלאָצן (אױף); אױסגלאָצן ‹אָנשטעלן/אױסשטעלן/פֿאַרגלײזן› אַ פּאָר אױגן (אױף); פֿאַרקוקן זיך (אױף); אױסטאַראַשטשע|ן די אױגן (אױף)
stare down אַװעקלײגן ‹בײַקומען› מיט אַ גלאָץ
stare sb. in the face גלאָצן + דאַט' אין פּנים אַרײַן; אױסשטאַרצן די אױגן + דאַט' אין פּנים אַרײַן [PÓNEM]
starfish דער ים־שטערן, – [YAM]
starflower די שטערנבלום, ־ען
stargazer דער שטערן־זעער, ־ס
stargazing דאָס שטערן־זעערײַ
star grass דאָס שטערנגראָז
stark, *adj.* האַרב; הױל; רײן
in stark contrast to בולט אַ(נט)קעגן; אין שאַרפֿן ‹בפֿירוש› קאָנטראַסט מיט [BÓYLET] [BEFÉYRESh N]
the stark truth דער הױלער ‹רײנער› אמת [ÉMES]
stark, *adv.* אין גאַנצן
stark naked אָדם ‹מוטער› נאַקעט; נאַקעט װי די מאַמע האָט אים ‹זי› געהאַט; הױל װי אַ פּיסטױל [ÓDEM]
stark raving mad משוגע אױף טױט; אין גאַנצן משוגע [MEShÚGE]
starless אָנשטערנדיק; אָן שטערן
starlet דער אױפֿגײענדיקער שטערן, –
starlight די שטערנשײַן; די שײַן פֿון די שטערן
starling דער שטאַר(שפּאַק), ־ן
Star-of-Bethlehem (bot.) די פֿױגל־מילך ‹פֿױגל־מילעך›
Star of David דער מגן־דוד, ־ן [MOGN-DÓVED]
starry אױסגעשטערנט
starry-eyed פֿאַרגאַפֿט; פֿאַרגלאָצט (פֿון װוּנדער)
Stars and Stripes שטערן און שטרײַפֿן
star-shaped שטערן־פֿאָרמיק; שטערן־פֿאָרעמדיק
star sign דער זאָדיאַק־צײכן, ־ס
star-spangled באַשטערנט
star-struck פֿאַרכאַפּט ‹פֿאַרכישופֿט› פֿון שטערן [FARKÍShEFT]
star-studded אױסגעשטערנט; באַשטערנט
star-studded cast דער אַנסאַמבל פֿון לױטערע שטערן
start,[1] *n.* **(beginning)** דער אָנהײב, ־ן; דער בראשית, ־ן [BRÉYShES]
(of race) דער סטאַרט, ־ן
for a start קודם־כּל [KÓYDEM-KOL]
from start to finish פֿון אָנהײב ביזן סוף [SOF]
make a fresh start אָנהײבן אױף ‹פֿון› ס'נײַ

start,[2] *n.* **(motion)** דער צאַפּל; דער ציטער אױף
start,[1] *v.*
vt. (engine) לאָזן אין גאַנג; אָנשטעלן
vt./vi. (begin) אָנהײבן
vt. (conversation) פֿאַרפֿירן
start back אָנהײבן דעם װעג אױף צוריק
start from אָנהײבן מיט ‹פֿון›
start in (to do stg.) אָנהײבן (צו)
start off אָנהײבן; שטעלן דעם ערשטן פֿוס
start out (to do) אָנהײבן (צו)
start out on/for לאָזן זיך אין װעג (אַרײַן) קײן
start the car אָנשטעלן דעם אױטאָ; לאָזן אין גאַנג דעם מאָטאָר
start up, *vt.* **(business)** אױפֿשלאָגן; אױפֿעפֿענען; אױפֿשטעלן
start up, *vi.* **(tantrum)** אָנהײבן; אָנהײבן די (משוגענע) שטיק; אָנהײבן די מענאַריעס [MEShÚGENE]
start up with אָנרײצן אַ קאָנפֿליקט מיט; פֿאַרטשעפּע|ן זיך מיט; אָנהײבן זיך מיט
to start with קודם־כּל [KÓYDEM-KOL]
starting (from) Tuesday פֿון דינסטיק אָן
start,[2] *v.* **(be startled)** אױפֿציטערן; אױפֿצאַפּלען; געבן אַ ציטער אױף
start button דאָס אָנשטעל־קנעפּל, ־עך
starter דער סטאַרטער, ־ס
for starters קודם־כּל; צום אַלעם ערשטן; ראשית־כּל [KÓYDEM-KOL] [RÉYShES-KOL]
starter crank דער דרײער, ־ס
starter gun דער סטאַרטפּיסטױל, ־ן
starting block דער סטאַרטבלאָק, ־ן
starting gate די סטאַרטמאַשין, ־ען
starting line די סטאַרטליניע, ־ס
starting lineup דער אָנהײב־(שפּיל־)סדר [SÉYDER]
starting point די גרונטליניע, ־ס; דער אַרױסגײ־פּונקט, ־ן; דער אַרױספּונקט, ־ן
(math.) דער אױסגאַנג (פֿון קאָאָרדינאַטן)
starting price (auction) דער עפֿנפּרײַז, ־ן
startle אױפֿשרעקן; דערשרעקן; איבערשרעקן; אױפֿציטערן; איבעררעשן
startling אױפֿשרעקנדיק; אױפֿציטערנדיק; איבעררעשנדיק
startup, *adj.* אָנהײב...; סטאַרטאַפּ...
startup, *n.* די סטאַרטאַפּ־פֿירמע, ־ס
startup costs די אָנהײב־הוצאָות [HOYTSÓES/HETSÓES]
startup disk דער אָנלאָדדיסק, ־ן
startup capital דער אױסלאָג
starvation דער הונגער(טױט)
starvation wages דער דלות־לױן [DÁLES]
starve
vt. אױסהונגערן
vi. הונגערן; שטאַרבן ‹אױסגײן› פֿון ‹פֿאַר› הונגער
be starved of oxygen לײַדן אַ דוחק אין זױערשטאָף [DÓYKhEK]
be starved for affection אױסגײן נאָך אַ ביסעלע ליבשאַפֿט
starving טױט הונגעריק; פֿאַרהונגערט
be starving (*fig.*) חלשן ‹שטאַרבן› פֿון ‹פֿאַר› הונגער; זײַן הונגעריק װי אַ הונט (אין די נײַן טעג); זײַן הונגעריק װי נאָך אַ תּענית [KhÁLEShN] [TÓNES]
Star Wars שטערן־מלחמות [MILKhÓMES]
star witness דער הױפּט־עדות, ־ן [ÉYDES]
starwort דאָס שטערנדל, ־עך
stash, *n.* דער זאַפּאַס; דאָס (פֿאַר)באַהאַלטענע
stash, *v.* פֿאַרבאַהאַלטן; פֿאַרשטעקן

stasis דער סטאַז
state, *adj.*
(national) מלוכיש; מלוכה־... [MELÚKhISh] [MELÚKhE]
(US) שטאַטיש
state, *n.*
(condition) דער מצבֿ; דער צושטאַנד, ־ן; דער מעמד; די הייט, ־ן; די לאַגע, ־ס [MÁTSEV] [MÁYMED]
(government) די מלוכה, ־ות [MELÚKhE]
(within US) דער שטאַט, ־ן
State of Israel (די) מדינת־ישׂראל; די מדינה [MEDÍNES-YISRÓEL] [MEDÍNE]
affairs of state מלוכה־ענינים [INYÓNIM]
get into a state אויפֿרעגן זיך
in a state אין אַ פּאַניק
lie in state ליגן אויסגעשטעלט פֿאַר אַלעמען
state of affairs דער מצבֿ
state of emergency דער נויטפֿאַל־מצבֿ; דער עת־צרה־מצבֿ [EYS-TSÓRE]
state of mind דער גײַסטיקער מצבֿ
State of the Union דער מלוכה־מצבֿ
state of war דער מלחמה־צושטאַנד [MILKhÓME]
state, *v.* קאָנסטאַטירן; פֿעסטשטעלן; אַרויסזאָגן
state college דער שטאַטישער קאָלעדזש, ־ן
stated אַרויסגעזאָגט; קאָנסטאַטירט
State Department דער אויסלאַנד־מיניסטעריום; דער שטאַט־דעפּאַרטעמענט
statehood די מלוכהשאַפֿט [MELÚKhEShAFT]
(of Israel) די מדינהשאַפֿט [MEDÍNEShAFT]
(within US) די שטאַטנשאַפֿט
stateless אָן קיין מלוכה; אָנמלוכהדיק; אָן בירגערשאַפֿט [MELÚKhE] [ÓNMELÚKhEDIK]
stately מאַיעסטעטיש; גראַנדיעז; שטאַלטיק; שטאַלטנע; סטאַטעטשנע
statement די קאָנסטאַטירונג, ־ען; די פֿעסטשטעלונג, ־ען; דער אַרויסזאָג, ־ן
(financial) דער פֿינאַנץ־באַריכט, ־ן
(of account) דער באַנק־חשבון, ־ות; דער (קאָנטע־)אויסצוג, ־ן [KhEZhBM, KhEZhBÓYNES]
(pol.) דער אַרויסזאָג, ־ן; די דעקלאַראַציע, ־ס
statement of claim די תּבֿיעה־מעלדונג, ־ען [TVÍE]
issue a statement אַרויסלאָזן אַ הודעה [HOYDÓE]
make a statement אַרויסזאָגן זיך; מאַכן אַ דעקלאַראַציע
state-of-being verb דער מצבֿ־ווערב, ־ן [MÁTSEV]
state-of-the-art (סאַמע) נײַסט; העכסט מאָדערן; מאָדערנסט; שפּיצן...
state-of-the-art technology די שפּיצן־טעכנאָלאָגיע; די (סאַמע) נײַסטע טעכנאָלאָגיע
state-owned מלוכה־... [MELÚKhE]
be state-owned געהערן דער מלוכה
stateroom די קאַיוט, ־ן; די קאַיוטע, ־ס
state's evidence דער מדינה־‹קרוין›־עדות [MEDÍNE] [ÉYDES]
turn state's evidence אויפֿטרעטן ווי אַ מדינה־‹קרוין›־עדות
stateside אין די פֿאַראייניקטע שטאַטן
statesman דער מלוכה־מאַן, ־לײַט; דער מלוכה־טוער, ־ס; דער פּאָליטיקער, ־ס [MELÚKhE]
statesmanlike ווי אַ מלוכה־מאַן [MELÚKhE]
statesmanship די מלוכה־קונסט [MELÚKhE]
state-sponsored געשטיצט פֿון דער מלוכה; מלוכה־געשטיצט [MELÚKhE]
state university דער שטאַטישער אוניווערסיטעט, ־ן
State University of New York דער ניו־יאָרקער שטאַטישער אוניווערסיטעט
state visit דער מלוכישער וויזיט, ־ן [MELÚKhIShER]
statewide גאַנצשטאַטיש; אַלשטאַטיש; איבערן גאַנצן שטאַט
state witness דער מלוכה־עדות, ־ן [MELÚKhE-EYDES]
static, *adj.* סטאַטיש
static, *n.* די סטאַטיק
(criticism) די היציקע קריטיק
static cling די/דאָס סטאַטישע קלעפּיקייט
static electricity די סטאַטישע עלעקטר(י)ע
static-free סטאַטיק־באַוואָרנט
statics די סטאַטיק ל"י
station, *n.* די סטאַ(נ)ציע, ־ס
(social) דער ראַנג, ־ען; די מדרגה, ־ות; דער שטאַנד; דער מעמד [MADRÉYGE] [MÁYMED]
(railway) דער וואָקזאַל, ־ן
station, *v.* לאָקירן; סטאַ(נ)ציאָנירן; צעשטעלן
stationary אויף אַן אָרט; פֿיקסירט; פֿעסט
stationary bicycle דאָס שטיירעדל, ־עך
stationer דער פּאַפּיר־הענדלער, ־ס
stationery דאָס שרײַבוואַרג; דאָס בריוופּאַפּיר
stationery store די פּאַפּירקראָם, ־ען
stationhouse
(fire) די לעשסטאַנציע, ־ס
(police) די פּאָליציי־סטאַנציע, ־ס
stationmaster דער סטאַנציעשעף, ־ן
station wagon דער פֿורגאָן־אויטאָ, ־ס
statistic די סטאַטיסטיק, ־עס
statistical סטאַטיסטיש
statistically סטאַטיסטיש (גערעדט)
statistician דער סטאַטיסטיקער, ־ס
statistics (science) די סטאַטיסטיק ל"י
statuary, *adj.* סטאַטוע־...
statuary, *n.* סטאַטועס ל"ר
statue די סטאַטוע, ־ס
statuesque שטאַלטיק; שטאַלטנע; ווי אַ סטאַטוע
statuette די סטאַטועטקע, ־ס
stature דער וווּקס; דאָס געשטעל
(respect) די (הויכע) פּאָזיציע, ־ס; דער מעמד [MÁYMED]
status
(health) דער געזונט־מצבֿ [MÁTSEV]
(social) דער סטאַטוס; דער מעמד; דער סאָציאַלער מצבֿ [MÁYMED]
What's the status of ...? ווי האַלט עס מיט ...?
status quo דער סטאַטוסקוואָ, ־ען
status-seeker דער כּבֿוד־זוכער ‹־רײַסער›, ־ס [KÓVED]
status symbol דער סטאַטוס־סימבאָל, ־ן
statute דער סטאַטוט, ־ן; דאָס געזעץ, ־ן; די תּקנה, ־ות [TAKÓNE]
by statute לויט די סטאַטוטן; געזעצלעך
statute law דאָס סטאַטוטן־רעכט
statute of limitations דאָס פֿאַרעלטער־געזעץ, ־ן
statutory געזעצ...; געזעצלעך
statutory rape דאָס מאנס זײַן מינער־יעריקע [MEÁNES]
staunch געטרײַ; איבערגעגעבן
staunchly געטרײַ
stave, *n.*
(mus.) די נאָטן־טאַבעלע, ־ס; נאָטן־ליניעס ל"ר
(barrel) די קלעפּקע, ־ס
stave, *v.* **(off)** אָפּהאַלטן; אָפּווענדן; אָפּשטויסן
stave off one's hunger איבערכאַפּן דאָס האַרץ; איבערכאַפּן דעם הונגער
stay, *n.*

(delay) דער אָפּהאַלט, ־ן
(corset) דער פֿישביין, ־ער
(naut.) דער/די זעגלשטריק, –
(sojourn) דאָס איבערזײַן; דאָס אײַנשטיין
(visit) דער וויזיט, ־ן
stay of execution דער אָפּהאַלט(־באַפֿעל), ־ן
stay, *v.*
vt. אָפּהאַלטן; אָפּליגן; דוחה זײַן; מאַכן אַ נידחה [DÓYKhE] [NÍTKhE]
vi. **(remain)** בלײַבן
here to stay פּערמאַנענט; באַשטענדיק
Nothing I eat stays down דאָס גאַנצע עסן ברעך איך אויס
stay ahead (of) בלײַבן פֿאָרויס (פֿון)
stay alive בלײַבן לעבן
stay at (sb.'s home) אײַנשטיין בײַ
stay awake בלײַבן אויף ‹וואַך›
stay away אַוועקשטיין; נישט קומען
stay back בלײַבן אויף צוריק
stay behind בלײַבן
stay down בלײַבן ליגן ‹אונטן›
stay for a while אָפּזײַן; איבערזײַן; אײַנשטיין
stay in בלײַבן ‹זיצן› אין דער היים
stay on בלײַבן (אויפֿן אָרט)
stay out אויסן בלײַבן
stay out of נישט אַרײַנמישן זיך אין
stay outside בלײַבן אין דרויסן
stay over איבערנעכטיקן
Stay safe! היט זיך!; היט די ביינער!
stay the course אויסהאַלטן ביזן סוף [SOF]
stay the night איבערנעכטיקן; בלײַבן נעכטיקן
stay too long הינען|
stay up בלײַבן אויף ‹וואַך›
stay up late בלײַבן אויף ‹וואַך› ביז שפּעט אין דער נאַכט
Stay with it! גיב ‹גיט› זיך נישט אונטער!; לאָז(ט) נישט אַראָפּ די הענט!
To stay or to go? אויף צו עסן דאָ צי אויף מיטצונעמען?
stay-at-home, *adj.* אינדערהײם־...
stay-at-home dad דער אינדערהײם־טאַטע, ־ס
stay-at-home mom די אינדערהײם־מאַמע, ־ס
stay-at-home, *n.* דער דרײמיזיצער, ־ס; דער הײמבלײַבער, ־ס; דער יושבֿ־אוהל, יושבֿי־... [YÓYShEV-ÓYEL, YÓShVE-...]
staying power דער אויסהאַלט־כּוח; די/דאָס אויסהאַלטעוודיקייט [KÓYEKh]
St. Bernard דער סאַנבערנאַר, ־ן
STD *see* **sexually transmitted disease**
stead
in his stead אויף זײַן אָרט; אַנשטאָט ‹שטאָטס› אים
stand sb. in good stead (גוט) צו ניץ קומען + דאַט'
steadfast
(person) איבערגעגעבן; געטרײַ
(refusal) (אײַזן) פֿעסט; נישט אָפּצוּווענדן
steadfastly אײַזן פֿעסט
steadily כּסדר; שטענדיק [KESÉYDER]
steadiness די/דאָס פֿעסטקייט; די/דאָס סטאַבילקייט
steady, *adj.*
(regular) כּסדרדיק; שטענדיק [KESÉYDERDIK]
(stable) פֿעסט; סטאַביל; פֿאַרלאָזלעך
steady as a rock פֿעלדזן פֿעסט
steady hand די זיכערע האַנט
steady nerves שטאַרקע נערוון
steady work די סטאַבילע אַרבעט
steady, *adv.*
go steady גיין מיט
They're going steady *also* זיי זענען אַ פּאָר(ל)
steady, *v.* סטאַביליזירן; אײַנפֿעסטיקן
steady oneself האַלטן זיך; שטאַרקן זיך
steak דער (ביף)סטייק, ־ן; דער בעפֿשטיק, ־ן
steak knife דער/דאָס סטייקמעסער, ־ס
steal, *n.* די מציאה פֿון אַ גנבֿ; די (גאָלדענע) מציאה [METSÍE] [GÁNEF]
steal, *v.*
imp. גנבֿע|(נע)ן [GÁNVE(NE)N]
pf. צוגנבֿע|(נע)ן; אַוועקגנבֿע|(נע)ן [TSÚGÁNVE(NE)N] [AVÉKGÁNVE(NE)N]
(*slg.*) אָרגאַניזירן
steal a glance אַ קוק טאָן בגנבֿה [BIGNÉYVE]
steal across the border שוואַרצן ‹גנבֿע|(נע)ן› די גרענעץ
steal away אַרויסמאַכן זיך; אַרויסגנבֿע|(נע)ן זיך; אַרויסשלײַכן זיך [ARÓYSGÁNVE(NE)N]
steal from באַגנבֿע|(נע)ן + אַק' [BAGÁNVE(NE)N]
steal in אַרײַנגנבֿע|(נע)ן זיך [ARÁYNGÁNVE(NE)N]
steal the show אַוועקגיין מיט דער פּיעסע; אויפֿעסן די בינע
stealth, *n.* די/דאָס גנבֿישקייט [GANÉYVIShKEYT]
stealth bomber דער בגנבֿה־באָמב(אַרד)ירער, ־ס [BIGNÉYVE]
stealthily בגנבֿה; בשתּיקה [BIGNÉYVE] [BIShTÍKE]
stealthy בשתּיקהדיק; אומבאַמערקט [BIShTÍKEDIK]
steam, *adj.* דאַמפֿ...
steam, *n.* די פּאַרע; דער דאַמף
Full steam ahead! פֿאָרויס מיט פֿולן גאַנג!
gain steam אָננעמען קראַפֿט; פֿאַרן גיכער
let off steam לאָזן אויסוועפּן דעם כּעס [KÁAS]
run out of steam פֿאַרלירן דעם כּוח; אויסגעשעפּט ווערן [KÓYEKh]
under one's own steam מיט די אייגענע כּוחות [KÓYKhES]
steam, *v.*
imp. פּאַרע|ן
pf. אָפּפּאַרע|ן; אויספּאַרע|ן
steam up (window) פֿאַרפּאַרעט ‹פֿאַרראָסיקט› ווערן
He got all steamed up ס'האָט אים געקאָכט אונטערן לעפֿעלע; ער האָט זיך גוט אויפֿגערעגט
steam bath די שוויצבאַד, ...בעדער; די שוויץ, ־ן
take a steam bath אויספּאַרע|ן זיך
steamboat די דאַמפֿשיף, ־ן; דער דאַמפֿער, ־ס; דער פּאַראַכאָד, ־ן
steam boiler דער דאַמפֿקעסל, ־ען
steam-clean אויספּאַרע|ן
steamed אָפּגעפּאַרעט; אויסגעפּאַרעט
steam engine דער דאַמפֿמאָטאָר, ־ן; דער פּאַרע־מאָטאָר, ־ן; דער פּאַראָוויק, ־עס
steamer
(cul.) דער פּאַרעטאָפּ, ...טעפּ; דער פּאַרעווניק, ־עס
(ship) די דאַמפֿשיף, ־ן; דער דאַמפֿער, ־ס
steam hammer דער דאַמפֿהאַמער, ־ס
steaming (hot) אַזוי הייס אַז סע זעצט אַ פּאַרע; הייס ווי אין אַן אויוון
steam laundry די דאַמף־וועשערײַ, ־ען
steam locomotive דער דאַמף־לאָקאָמאָטיוו, ־ן
steampipe די/דער פּאַרע־רער, ־ן; די/דער דאַמפֿרער, ־ן
steamroll גלאַט אויסוואַלצן
(a person) איבערשטאַרקן
(a bill) (אַ)דורכשטופּן
steamroller דער דאַמפֿוואַלץ, ־ן
steam room די שוויצבאַד, ...בעדער

steamship די דאַמפֿשיף, ־ן; דער דאַמפֿער, ־ס
steam shovel דער (דאַמף־)עקסקאַוואַטאָר, ...אָרן
steam turbine די דאַמפֿטורבין, ־ען
steamy פֿאַרעדיק
(erotic/*slg.*) היציק; רײַצנדיק; עראָטיש
stearic acid דאָס סטעאַרין־זײַערס
stearin דער סטעאַרין
steatite דער זײַלשטיין; דער סטעאַטיט
steed דאָס פֿערד, –
steel, *adj.* שטאָלן; פֿון שטאָל
steel, *n.* דאָס שטאָל
nerves of steel אײַזערנע נערוון
steel, *v.* (oneself) מאַכן זיך האַרץ; שטאַרקן זיך; אונטערגאַרטלען זיך
steel band די (קאַריבישע) שלאָג־קאַפּעליע, ־ס
steel guitar די האַוואַיִשע גיטאַר, ־ן
steel mill די שטאָלגיסערײַ, ־ען
steel plate די שטאָלפּלאַטע, ־ס
steel-reinforced אָנגעשטאָלט; פֿאַרשטאַרקט מיט שטאָל
steel-tipped שטאָלבאַשפּיצט
steel wool די שטאָלוואַטע
steelworks די שטאָלגיסערײַ, ־ען; דער שטאָלזאַוואָד, ־ן
steely שטאַרק ‹קאַלט› ווי שטאָל
(glance) אײַז קאַלט
steep, *adj.* שטאָציק; משופּעדיק [MEShÚPEDIK]
(expensive) גאָר טײַער; געזאַלצן און געפֿעפֿערט
steep descent דער שטאָציקער באַראַראָפּ
steep, *v.*
(soak) אײַנטונקען; ווייקן; אָנזאַפּן
(tea) (לאָזן) אָנציִען; פֿאַרפּאַרע|ן
steeped in אײַנגעזאַפּט מיט
steepen
vt. מאַכן שטאָציקער
vi. שטאָציקער ווערן
steeple דער קלויסטער־טורעם, ־ס
steeplechase דער באַריערלויף
steeplejack דער הייך־אַרבעטער, ־ס
steepness די/דאָס משופּעדיקייט [MEShÚPEDIKEYT]
steer, *n.* דער אָקס, ־ן; דאָס עקסל, ־עך
steer, *v.* קערעווע|ן; פֿירן + דאַט׳/מיט; ריכטעווע|ן
steer clear of אויסמײַדן; האַלטן זיך ווײַט פֿון
steerage דער צווישנדעק
steering, *n.* די קערעווונג
steering column דער קערעווע־שטאַנג, ־ען
steering committee דער אָנפֿיר־קאָמיטעט, ־ן
steering wheel
(of automobile) דאָס רעדל, ־עך; די קערעווע־ראָד, ־רעדער; דער קערעווער, ־ס
(of boat) דער רודער, ־ס; די קערמע, ־ס
steersman דער רודערער, ־ס
steganography די סטעגאַנאָגראַפֿיע
stein דאָס ביִרגלאָז, ...גלעזער
stele (monument) דער זײַלשטיין, ־ער
stellar
(excellent) ווונדערלעך; אויסערגעוויינ(ט)לעך; גלענצנדיק
(of stars) שטערנ...
stellar cluster דאָס שטערן־געזעמל, ־עך; דער שטערן־הויפֿן, ־ס
stem, *n.*
(bot.) דער שטאַם, ־ען; דאָס שטענגל, ־עך
(of glass) דאָס פֿיסל, ־עך
(of pipe) די אָטיפּקע, ־ס
stem, *v.*
vt. **(stop)** פֿאַרהאַלטן
vi. **(originate)** שטאַמען; קומען; נעמען זיך
from stem to stern פֿון פֿאָרנט ביז הינטן; אין גאַנצן
stem cell דאָס שטאַם־קעמערל, ־עך
stemware דאָס כּוסוואַרג [KÓSVARG]
stench דער עיפּוש; דאָס געשטאַנק, ־ען; די/דאָס געסרחה, ־ות [ÍPESh] [GESRÓKhE]
stencil, *n.* דער שטענצל, ־ען; דער שאַבלאָן, ־ען
stencil, *v.* אָנשטענצלען
stenocardia די סטענאָקאַרדיע; די אַנגינע פּעקטאָריס; די ברוסטזשאַבע
stenographer
m./unsp. דער סטענאָגראַפֿיסט, ־ן
f. די סטענאָגראַפֿיסטקע, ־ס
stenographic סטענאָגראַפֿיש
stenography די סטענאָגראַפֿיע; די גיכשריפֿט
stenose געענגט ווערן; פֿאַרשמעלערן זיך
stenosis דער סטענאָז
stenotic פֿאַרענגט; סטענאָזירט
stent, *n.* דער סטענט, ־ן
stent, *v.* אַרײַנרוקן אַ סטענט
stentor דאָס שופֿרל, ־עך [ShÓYFERL]
stentorian הילכיק
step... שטיפּ...
step, *n.* דער טראָט, טריט; דער טריט, –; דער שפּאַן, ־ען
(degree) דער שטאַפּל, ־ען
(footprint) דער פֿוסדרוק, ־ן
(gait) דער גאַנג, גענג
(measure) דאָס (מאָס)מיטל, ־ען
(of child) דאָס טראָטעלע, ־ך; דאָס שפּאַנדעלע, ־ך
(on stairs) דאָס טרעפּל, ־עך
a step away from אַ קאַצנשפּרונג פֿון
a step in the right direction דער ערשטער גוטער שריט
be in step with (conforming) מיטהאַלטן מיט; זײַן אין טראָט מיט
be one step ahead האַלטן מיט איין טראָט ווײַטער ‹פֿאָרויס›
be out of step (not conforming) נישט גיין אין טראָט; נישט מיטהאַלטן
be out of step (rhythm) נישט גיין ‹מאַרשירן› צום טאַקט; נישט האַלטן טאַקט
every step of the way מיט יעדן טראָט
in step (rhythm) צום טאַקט; אין גאַנג
keep in step מיטהאַלטן
one step at a time אַ שפּאַן נאָך אַ שפּאַן; אַ טראָט נאָך אַ טראָט; איין טראָט פֿאַר אַ מאָל
step by step טראָט אין טראָט; שריט נאָך שריט; טריט בײַ טריט; אַזוי צו ביסלעך
take steps (measures) אָננעמען (מאָס)מיטלען
take one's first steps שטעלן טריט; אָנהייבן צו גיין
Watch your step! פּאַמעלעך ‹פּאַוואָליע› ווי מע גייט ‹טרעט›!
step, *v.* טרעטן
step aside/away אַוועקטרעטן; אָפּטרעטן (פֿון אָרט)
step back טרעטן אויף צוריק; צוריקטרעטן
step down, *vt.* (decrease) פֿאַרקלענערן
step down, *vi.* (resign) רעזיגנירן; צוריקציִען זיך; אָפּגעבן דעם אַמט; דעמיסיאָנירן
step forward געבן אַ טראָט פֿאָרויס
step in (intervene) אינטערווענירן; צוטרעטן
step off אַראָפּטרעטן
step on אַרויפֿטרעטן ‹אָנטרעטן› אויף

Step on it! גיכער!; גיב ‹גיט› זיך אַ שאָקל!
step on sb.'s toes קריכן + דאַט' אויף די פֿיס; אָנטרעטן + דאַט' אויף די הינעראויגן
step on the brake אָנטרעטן אויפֿן טאָרמאָז(־פּעדאַל)
step on the gas אָנטרעטן ‹אָנדריקן› אויפֿן גאַזפּעדאַל
step out אַרויסטרעטן; אַרויסגיין
step outside אַרויסגיין אין דרויסן
step over אַריבערטרעטן + אַק'/איבער
step over the line אַריבערטרעטן די ליניע ‹גרענעץ›; אַרויסטאַנצן פֿון דער ריי; מעבֿיר־גבֿול זײַן [MÁYVER-GVÚL]
step up, *vt.* **(increase)** פֿאַרשטאַרקן; פֿאַרגרעסערן
step up, *vi.* **(approach)** צוגיין; דערנענטערן זיך
step up, *vi.* **(*fig.*)** לאָזן פֿון זיך הערן; אַרויסשטעלן זיך
step up to the plate (baseball) צוטרעטן צו דער קלאַפּבאַזע
step up to the plate (*fig.*) אָנבאָטן זיך; אָננעמען דאָס אַחריות [AKhRÁYES]
step aerobics די טרעט־אַעראָביק ל"י
stepbrother דער שטיפֿברודער, ...ברידער
stepchild דאָס שטיפֿקינד, ־ער
stepdaughter די שטיפֿטאָכטער, ...טעכטער
stepfather דער שטיפֿטאַטע, ־ס
stepladder דער טרעטלייטער, ־ס
stepmother די שטיפֿמאַמע, ־ס
steppe דער סטעפּ, ־עס
steppe marmot דער סטעפּמורמל, ־ען
steppingstone דער טרעטשטיין, ־ער; דאָס/די שפּרינגברעט, ־ער
stepsister די שטיפֿשוועסטער, –
stepson דער שטיפֿזון, ...זין
stereo דער סטערעאָ, ־ס; דער סטערעאָפֿאָן, ־ען
stereometry די סטערעאָמעטריע
stereophonic סטערעאָפֿאָניש
stereoscopic סטערעאָסקאָפּיש
stereotype, *n.* דער סטערעאָטיפּ, ־ן
(typ.) *also* דער מאַטריץ, ־ן
stereotype, *v.*
(typ.) סטערעאָטיפּירן; שטעמפּלען; מאַטריצירן
(*fig.*) באַטראַכטן לויט אַ סטערעאָטיפּ
stereotypical סטערעאָטיפּיש; שאַבלאָניש; שאַבלאָניק; קאַזיאָנע
sterile סטעריל
(infertile) *also* אומפֿרוכפּערדיק; עקרדיק [ÓKERDIK]
be sterile (*m.*) זײַן אַן עקר [ÓKER]
be sterile (*f.*) זײַן אַן עקרה [AKÓRE]
be sterile (*unsp.*) נישט קענען האָבן קיין קינדער
sterile gauze די סטערילע מערלע ‹גאַזע›
sterility די/דאָס אומפֿרוכפּערדיקייט; די/דאָס סטערילקייט; דאָס נישט קענען האָבן קיין קינדער
m. also די עקרשאַפֿט [ÓKERShAFT]
f. also די עקרהשאַפֿט [AKÓREShAFT]
sterilization די סטעריליזאַציע; דאָס סטעריליזירן
sterilize סטעריליזירן
sterlet דער סטערלעט, ־ן
sterling, *adj.* סטערלינג...
(pure) לויטער
(excellent) אויסגעצייכנט
sterling, *n.*
pound sterling דער פֿונט סטערלינג
sterling area/bloc די סטערלינג־זאָנע
sterling silver דאָס גינזילבער
stern, *adj.* שטרענג; ערנצט
stern, *n.* דער הינטערבאָרט
sternly שטרענג; שטרענגערהייט
sternness די/דאָס שטרענגקייט
sternum דער ברוסטביין, ־ער
steroid, *adj.* סטעראָידיש; סטעראָידן־...
steroid, *n.* דער סטעראָיד, ־ן
stertorous כראָפּע(וו)דיק
stet לאָזן ווי געווען
stethoscope דער סטעטאָסקאָפּ, ־ן
stevedore דער שיפֿלאָדער, ־ס; דער האַוון־אַרבעטער, ־ס
stew, *n.*
(meat) דאָס געדישעכץ, ־ן; דאָס (גע)דעמפּעכץ, ־ן; דאָס צוגעדעמפּטס
(vegetable) (צו)געדעמפּטע גרינסן
in a stew אויפֿגערעגט
stew, *v.* (צו)דעמפּן; אײַנקאָכן; דושע|ן; טושע|ן
stew in its/one's own juice פֿרעגלען זיך אינעם אייגענעם ראָסל
steward
(airplane) דער סטואַרד, ־ן
(of estate) דער עקאָנאָם, ־ען; דער אָקאָמאָן, ־ס
(overseer) דער פֿאַרוואַלטער, ־ס; דער עקזעקוטאָר, ...אָרן
stewardess די סטואַרדקע, ־ס
stewardship די אָנפֿירערשאַפֿט; דאָס אָנפֿירן
stewed געדעמפּט
stewed apples דער עפּל־קאָמפּאָט‹־צימעס› ל"י
stewed fruit דער צימעס, ־ן; דער קאָמפּאָט, ־ן
stewed meat דאָס (צו)געדעמפּטע פֿלייש
stewed plums די פֿלוימעניויד
stewed prunes דער פֿלוימער־צימעס
stewed tomatoes דאָס פּאָמידאָרן־דעמפּעכץ
stick, *n.* דער שטעקן, ־ס/...קענעס; דער דראָנג, ־ען/־עס/דרענגער; דאָס שטעקל, ־עך; דאָס דרענגל, ־עך
(cane) דער שפּאַציר־שטעקן, ־ס
carry a big stick האָבן די מאַכט; האַלטן די לייצעס
have the wrong end of the stick אין גאַנצן נישט פֿאַרשטיין
stick of chalk דאָס קרײַדל, ־עך
a few sticks of furniture אַ פּאָר שטיק מעבל
She looks like a stick! זי איז גאָלע הויט און ביינ(ער)!
take a stick to sb. אָנשלאָגן + אַק'; אָנברעכן + דאַט' די ביינער
stick, *v.*
vt. **(place)** שטעקן
vt. **(prick)** אַ שטאָך טאָן; שטעכן
vt. **(glue on)** צוקלעפּן (צו)
vi. **(adhere)** צוקלעפּן זיך צו
Stick 'em up! הענט אַרויף!
stick around נישט אַוועקגיין ‹אַרויסגיין›; פֿאַרבלײַבן; צוּוואַרטן
stick by זײַן געטרײַ + דאַט'
stick in אַרײַנשטעקן
stick it to באַעוולען; אויסניצן [BAÁVLEN]
stick on צוקלעפּן
stick one's neck out ריזיקירן; אײַנשטעלן
stick (it) out, *vt.* אויסהאַלטן; אויסדויערן; אָננעמען זיך מיט געדולד
stick out, *vi.* אַרויסשטעקן; אַרויסשטאַרצן; אַרויסקוקן
stick out one's tongue (at) ווײַזן ‹אַרויסשטעלן/ אַרויסשטעקן/אַרויסבלעקע|ן› + דאַט' די צונג
stick to (maintain) האַלטן זיך בײַ
stick to his guns נישט אָפּטרעטן; האַלטן זיך בײַ זײַנס
stick to one's ribs (of food) זײַן ווי אַ וואַרעם־קישעלע

stick together האַלטן זיך אין איינעם
stick up (באַ)ראַבעווע(ן); באַרויבן
stick up for אײַנשטעלן ‹אָננעמען› זיך פֿאַר; פֿאַרטיידיקן
stick with האַלטן זיך בײַ
sticker דער קלעפּצעטל, ־ען
sticker price דער אָנגעגעבענער ‹אָנגעגעבענער› פּרייַז, ־ן
stick figure די ליניע־פֿיגור, ־ן
sticking point דער מיכשול, ־ים; דער שטרויכלשטיין, ־ער; דער אבֿן־נגף, ־ן [MIKhShL, MIKhShÓYLIM] [EVN-NÉGEF]
stick-in-the-mud
He's a real stick-in-the-mud ער איז שטעקן געבליבן אין לעצטן יאָרהונדערט
stickleback דער שטעכלפֿיש, –
stickler דער מקפּיד, ־ים; דער קפּדן, ־ים [MÁKPED, MAKPÍDIM] [KAPDN, KAPDÓNIM]
be a stickler for זײַן אַ מקפּיד ‹קפּדן› אויף
stick-on, *adj.* קלעפּ...
stickpin דער שניפּסהאַלטער, ־ס
sticks די/דער העק ל״י
out in the sticks (ערגעץ) אין אַ העק; אין האַצעפּלאַץ ‹אוּסריַיסעניש›
stickseed דער קלעפּזוים, ־ען
stickshift (lever) דאָס גאַנגשטעקל, ־עך
I drive a stickshift כ'פֿיר אַן אויטאָ מיט שטעקלגענג ‹אַ האַנט־טראַנסמיסיע›
stick-to-it-iveness דער אויסהאַלט־כּוח [KÓYEKh]
stickup דער רויבערישער איבערפֿאַל, ־ן; די באַוואָפֿנטע רויבערײַ, ־ען
sticky קלעפּ(עד)יק; לעפּקע
(situation) קיצלדיק; דעליקאַט
have sticky fingers האָבן קלעפּיקע ‹לעפּקע› פֿינגער
sticky end דער קלעפּיקער עק, ־ן
sticky wicket די פֿאַרלעגנהייט; די קלעם
stiff, *adj.* שטײַף; אָנגעצויגן
(drink) שטאַרק
(expensive) גאָר טײַער
(muscles) פֿאַרשטאַרט; פֿאַרקליאַ(ק)נעט
(harsh) שטרענג; שווער; האַרב
grow stiff פֿאַרשטײַפֿט ‹פֿאַרהאַרטעוועט› ווערן
have a stiff neck האָבן אַ שטײַפֿקייט אין נאַקן ‹האַלדז›; האָבן אַ שטײַפֿן האַלדז
keep a stiff upper lip מאַכן זיך האַרץ; שטאַרקן זיך; אָננעמען זיך מיט האַרץ
stiff, *adv.*
She's bored stiff ס'איז איר נימאס געוואָרן ביז צום שטאַרבן [NÍMES]
stiff, *n.*
(average person) דער סתּם מענטש, ־ן; דער מענטש פֿון אַ גאַנץ יאָר [STAM]
(corpse/*slg.***)** דער/דאָס מת, ־ים [MES, MÉYSIM]
stiffen
vt. פֿאַרשטײַפֿן; אָנשטײַפֿן
vi. שטײַף ווערן; פֿאַרשטײַפֿן זיך
vi. (*fig.*) פֿאַרגליווערט ‹פֿאַרשטײנערט› ווערן
stiffen the sentence פֿאַרשאַרפֿן דעם אורטל
stiff-necked האַרטנעקיק
stiff-necked person דער עקשן, ־ים; דער קשה־עורף, קשי־...; דער האַרטנעקיקער געב' [AKShN, AKShÓNIM] [KShEY-ÓYREF]
stiffness די/דאָס שטײַפֿקייט; די/דאָס אָנגעצויגנקייט
stifle
vt. דערשטיקן; צושטיקן
vi. דערשטיקט ווערן

stifle a yawn דערשטיקן (אין זיך) אַ גענעץ
stifling שטיק(נד)יק
stigma די סטיגמע, ־ס; דער שאַנדפֿלעק, ־ן; קינס צייכן [KÁYENS]
(bot.) אַרײַנלאָז־לעכעלעך ל״ר
stigmata ישוס (בלוטיקע) סימנים [YÉYShUS] [SIMÓNIM]
stigmatize סטיגמאַטיזירן
stiletto (dagger) דער שטילעט, ־ן
stiletto heels שפּילקעס
still, *adj.* שטיל; רויִק
be still (silent) שווײַגן
be still (unmoving) נישט רירן זיך (פֿון אָרט); אײַנשטיין ‹אײַנזיצן› אויפֿן אָרט
Still waters run deep דאָס שטילע וואַסער(ל) גראָבט טיף
still, *adv.* נאָך; נאָך אַלץ ‹אילץ›
still, *conj.* דאָך; פֿאַרט; פֿונדעסטוועגן
still and all און דאָך; נישט־געקוקט אויף דעם
still,[1] *n.*
(calm) דער (ווינט)שטיל
(photo) דאָס שטייִקע בילד, ־ער
still,[2] *n.* **(liquor)** דאָס בריַיזל, ־עך; דער ליַיטער־קעסל, ־ען; דער דיסטילאַטאָר, ־ס
stillbirth דאָס טויט־געבוירענע קינד, ־ער; דאָס מפּיל־קינד, ־ער [MAPL]
stillborn טויט געבוירן
still life דער נאַטורמאָרט, ־ן; דאָס שטיללעבן, ־ס
stillness די/דאָס שטילקייט; די/דאָס רויִקייט
stilt
(pole) דער שטאָלץ, ־ן; די כאַדוליע, ־ס
(zool.) דער שטאָלצן־לויפֿער, ־ס
on stilts אויף שטאָלצן ‹כאַדוליעס›
stilted
(archit.) אויף שטאָלצן
(artificial) שטאָלצנדיק; הילצערן
(pompous) אָנגעבלאָזן; באָמבאַסטיש; מליצהדיק [MELÍTSEDIK]
stimulant, *adj.* סטימוליר...; רייצ...
stimulant, *n.* דאָס מינטערעכץ, ־ן; דאָס רייצמיטל, ־ען; דער סטימולאַנט, ־ן
stimulate אויפֿמינטערן; רייצן; סטימולירן; אַנטוועקן; צעוועקן
stimulation די סטימולירונג, ־ען; די סטימולאַציע, ־ס
stimulus דער סטימול, ־ן; דער שטויס, ־ן; דער רייץ, ־ן; דער/דאָס געווויין־אײַזן, ־ס
stimulus package דער (עקאָנאָמישער) סטימוליר־פּלאַן, ־פּלענער
sting, *n.* דער שטאָך, ־ן
(trap) די אונטערגעלייגטע פּאַסטקע, ־ס
plan a sting פֿאַרלייגן אַ פּאַסטקע
take the sting out of לינדערן; פֿאַרגרינגערן
sting, *v.*
imp. שטעכן; ברענען
pf. אײַנשטעכן; געבן אַ שטאָך; אַ שטאָך טאָן
My eyes are stinging סע ברענען מיר די אויגן
stinger די שטעכלקע, ־ס
(*fig.***)** דער שטאָך, ־ן; די בײַסיקע באַמערקונג, ־ען; דער ברייִקער אַרײַנזאָג ‹אויפֿוואָרף›, ־ן
stinginess די קאַרגשאַפֿט; די/דאָס קאַרגקייט; דאָס קמצנות [KAMTSÓNES]
stinging nettle די קראָפּעווע
stingray דער פֿישטשעכלער, ־ס
stingy קאַרג; קמצניש [KAMTSÓNISh]

be stingy קאַרגן; האָבן אַ פֿאַרמאַכטע האַנט; מקמץ זײַן [MEKÁMETS]
be stingy (*hum.*) זײַן אַ נעמעראָווער, נישט קיין געבעראָווער
be stingy with קאַרגן + אַק'; זײַן אַ קמצן אויף [KAMTSN]
be too stingy to נישט פֿאַרגינען זיך צו
stingy person דער קמצן, ־ים; דער קמצניוק, ־עס; דער קאַרגער געב'; דער קאַרגער הונט, הינט; דער חזיר, ־ים [KAMTSÓNIM] [KAMTSENYÚK] [KhÁZER, KhAZÉYRIM]
stink, *n.* דאָס געשטאַנק, ־ען; דער עיפּוש; די/דאָס געסרחה, ־ות [ÍPESh] [GESRÓKhE]
make a stink מאַכן אַ גאַנצן טאַרעראַם ‹צימעס›
stink, *v.* **(of)** פֿילן ‹הערן› זיך (פֿון); לאָזן אַן עיפּוש ‹געסרחה› (פֿון); שמוכטן (מיט); שטינקען (מיט) [ÍPESh] [GESRÓKhE]
He stinks סע פֿילט ‹הערט› זיך פֿון אים
That stinks! (disappointment) אוי, אַ בראָך!; אין דר'ערד זאָל עס גיין!
stinkbomb די שטינקבאָמבע, ־ס
stinkdragon דאָס פּיפּערנאָטערל, ־עך
stinker
(person/*m./unsp.*) דער פּאַסקודניאַק, ־עס
(person/*f.*) די פּאַסקודניאַטשקע, ־ס
It was a stinker of a test ס'איז געווען אַ שרעקלעך שווערער עקזאַמען
stinking פֿאַרשטונקען; עיפּושדיק [ÍPEShDIK]
stinking rich רײַך ווי קורח ‹ראָטשילד›; שטיין רײַך [KÓYREKh]
stint, *n.* די (באַשטימטע) אַרבעט, ־ן
do a five-year stint in jail אָפּזיצן פֿינ(ע)ף יאָר אין תּפֿיסה [TFÍSE]
do a stint as אָפּדינען ווי
without stint אומבאַגרענעצט
stint, *v.* **(on)** קאַרגן (מיט)
stipend די סטיפּענדיע, ־ס; דאָס שטודירגעלט
stipendiary דער סטיפּענדיאַנט, ־ן
stipple פּונקטירן
stippled פּונקטירט
stippling די פּונקטירקונסט
stipulate אויסנעמען אַ תּנאַי ‹באַדינג›; באַוואָרענען זיך [TNAY]
stipulation דאָס אויסנעמעניש, ־ן; דער תּנאַי, תּנאָים; דער באַדינג, ־ען [TNAY, TNÓYEM]
stir, *n.*
(commotion) דער טאַרעראַם; דאָס גערודער; דער טומל; דער אויפֿרודער; דער אויפֿריר; די סומאַטאָכע; די סענסאַציע
(emotions) די (אינעווייניקסטע) צערודערונג, ־ען
cause a stir אַרויסרופֿן אַ סענסאַציע; אָנמאַכן אַ טומל ‹סענסאַציע›
give stg. a stir געבן אַ מיש אויס
stir, *v.*
imp. מישן
pf. אויסמישן; (אַ)דורכמישן
vt. **(emotions)** אויפֿרודערן; אויפֿרירן
vi. **(move)** רירן זיך; באַוועגן זיך
stir awake אויפֿוועקן זיך; רירן זיך פֿון שלאָף
stir in אַרײַנמישן
stir interest אַרויסרופֿן דעם אינטערעס
stir up/stir the pot אויפֿהעצן; אויפֿרודערן; אויפֿרייצן; אויפֿרירן
stir-fried גיכגעפּרעגלט
stir-fry, *n.* דאָס גיכגעפּרעגלטס
stir-fry, *v.* דאָס גיכגעפּרעגלטס
stirrer דאָס מישערל, ־עך
stirring
(moving) רירנדיק
(rousing) אינספּירירנדיק; פּאַטעטיש
stirring rod דאָס גלאָז־שטעקל, ־עך
stirrup
(footrest) דער סטרעמען, ־עס; די סטרעמעניע, ־ס; דער אויפֿזעצרינג, ־ען
(stapes) דער בייגל, ־
stirrup pump דער האַנטשפּריץ, ־ן
stitch, *n.*
(knitting) דאָס אויג, ־ן; דאָס אייגל, ־עך
(sewing) דער שטאָך, שטעך
(surg.) די נאָט, נעט; דער שטאָך, שטעך
A stitch in time saves nine לייג נישט אָפּ אויף מאָרגן וואָס דו קענסט הײַנט באַזאָרגן
I have a stitch in my side סע שטעכט מיך אין דער זײַט
I don't have a stitch to wear כ'האָב נישט וואָס אָנצוטאָן
without a stitch of work אָן אַ שטאָך אַרבעט
without a stitch on אָדם נאַקעט [ÓDEM]
be in stitches האַלטן זיך בײַ די זײַטן (פֿון געלעכטער); פּלאַצן פֿון געלעכטער
I got four stitches מע האָט מיר צונויפֿגענייט ‹צונויפֿגעצויגן› מיט פֿיר נעט
stitch, *v.* נייען; שטעפּן
(embroider) העפֿטן
stitch up (sew) צונויפֿנייען; פֿאַרנייען
stitch up (surg.) צונויפֿנייען; צונויפֿציִען מיט נעט ‹שטעך›
stitcher
(typ.) דער בראָשירער, ־ס
(sewing) דער שטעפּער, ־ס
St. John's bread דער באָקסער, ־ן
St. John's wort דער שדים־שיץ; די פֿלאַנטערבלום, ־ען [ShÉYDIM]
stoat דער האַרמל, ־ען; דאָס האַרמעלע, ־ך
stock, *adj.*
(fin.) אַקציעס...
(clichéd) שאַבלאָניש; סקאַרבאָווע
stock, *n.*
(cul.) דער בוליאָן; די דינע ‹קלאָרע› זופּ
(fin.) אַקציעס ל"ר
(in store) דער אַסאָרטימענט, ־ן
(livestock) דאָס פֿיך; דער לעבעדיקער אינווענטאַר
(lineage) די גזע, ־ס [GÉZE]
(of rifle) די (ביקס)קאָלבע, ־ס
(supply) דער אינווענטאַר, ־ן; דער זאַפּאַס, ־ן; דער רעזערוו; דער לאַגער, ־ן
in stock (פֿאַראַן) צו באַקומען; (פֿאַראַן) אויפֿן לאַגער
keep in stock האַלטן אין רעזערוו ‹לאַגער›
of the same stock פֿון איין שטעטל
out of stock אויספֿאַרקויפֿט; נישטאָ אויפֿן לאַגער
put stock in האַלטן פֿון
stock in trade דער זאַפּאַס סחורה; די סחורה; די אויסריכטונג [SKhÓYRE]
It's his stock in trade ס'איז זײַן געווינ(ט)לעכע בראַנזשע
take stock (inventory) מאַכן אַן אינווענטאַר; אָפּשאַצן דעם אינווענטאַר
take stock of (*fig.*) אָפּגעבן זיך אַ דין־וחשבון פֿון; מאַכן אַן אָפּשאַץ פֿון [DIN-VEKhÉZhBM]
stock, *v.* האַלטן אין רעזערוו ‹אינווענטאַר›; אָננעמען אויפֿן לאַגער

stock up (on) פֿאַרגרייטן + אַק׳; זאַפּאַסעווע|ן + אַק׳; אָנקלייַבן רעזערוון (פֿון); פֿאַרזאָרגן (מיט)
stock with אָנפֿילן מיט
stockade
(fortification) די אייַנצאַמונג, ־ען
(jail) דער קאַראַל ‹קאַראַוול›, ־ן
stockbreeder דער פֿיך־האָדעווער, ־ס
stockbroker דער בערזע־מעקלער, ־ס; דער בערזיאַנער, –
stock car
(cattle) דער פֿיכוואַגאָן, ־ען
(racing) דער סטאָקאויטאָ, ־ס
stock clerk דער סקלאַדניק, ־עס; דער לאַגער־הייַזערניק, ־עס
stock company די אַקציעס־פֿירמע, ־ס
stock cube דאָס בוליאָן־קלעצל, ־עך
stock exchange די בערזע, ־ס; די בירזשע, ־ס
stockholder דער אַקציאָנער, ־ן
Stockholm (דאָס) שטאָקהאָלם
stockinette דער (באַנוול־)טריקאָ; דער וואַטין
in stockinette stitch גלאַט רעכטס געשטריקט
stocking דער זאָק, ־ן
in one's stocking feet אין די (בלויזע) זאָקן; נאָר ‹בלויז› אין די זאָקן; אָן די שיך
stocking stuffer דאָס זאָקן־מתּנהלע, ־ך [MATÓNELE]
stockman
(cattle) דער פֿיכציִער, ־ס
(clerk) *see* **stock clerk**
stock market די בערזע, ־ס; די בירזשע, ־ס
stock offering דער אַקציעס־אָנבאָט, ־ן
stock option דאָס אַקציעס־אָפּטירערעכט
stockowner דער אַקציאָנער, ־ן
stock phrase דער רעדשאַבלאָן, ־ען
stockpile, *n.* דער זאַפּאַס, ־ן; דער רעזערוו, ־ן; דער פֿאַרגרייט, ־ן
stockpile, *v.* (אָנ)זאַפּאַסעווע|ן; אייַנשפּייַכלערן; פֿאַרלייגן זיך אויף שפּעטער; אָנגרייטן זיך אויפֿן טאָמער; מטמונען [MÁTMENEN]
stockpot דער זופּנטאָפּ, ...טעפּ
stock room דער סקלאַד, ־ן; דער לאַגער, ־ן
stocks (device) דער שאַנדסלופּ ל״י; דער שאַנדקלאָץ ל״י
put in the stocks (צו)שטעלן צום שאַנדסלופּ ‹שאַנדקלאָץ›
stock-still פֿאַרגליווערט; ווי אַ ליימענער גולם [GÓYLEM]
stocktaking די אינווענטאַריזירונג; דאָס אינווענטאַריזירן; דער איבערקוק, ־ן
(*fig.*) דער חשבון־הנפֿש [KhEZhBM-HANÉFESh]
stock trader דער אַקציעס־הענדלער, ־ס
stocky פֿעסט געבויט; יאָדערדיק
stockyard דער פֿיכהויף, ־ן
stodgy נודנע; לאַנגווייַליק
stoic, *adj.* סטאָיִש
stoic, *n.* דער סטאָיִקער, ־ס
stoicism דער סטאָיִציזם; די/דאָס סטאָיִשקייט
stoke אָנהייצן ‹אונטערשפּאַרן› דעם אויוון
stokehold די הייצקאַמער, ־ן
stoker דער (קעסל־)הייצער, ־ס; דער אויוון־הייצער, ־ס
stole, *n.* דער פּוטערשאַל, ־ן
(Chr.) די סטאָלע, ־ס
stolen געגנבֿעט [GEGÁNVET]
stolen goods דאָס געגנבֿעטס; די בלינדע סחורה [GEGÁNVETS] [SKhÓYRE]
stolid גלייַכגילטיק; פֿלעגמאַטיש
stoma די עפֿענונג, ־ען

stomach, *n.* דער מאָגן, ־ס
(of child) דאָס מעגעלע, ־ך; דאָס בייַכעלע, ־ך
have a strong stomach האָבן אַ שטאַרקן מאָגן
have a strong stomach for קענען גוט פֿאַרטראָגן
have no stomach for נישט קענען פֿאַרטראָגן
on an empty stomach אויפֿן ניכטערן מאָגן ‹האַרצן›
second stomach (of ruminant) די טשעפּטשיכע, ־ס
third stomach (of ruminant) די קניהע, ־ס; דאָס ביכל, ־עך; דער סידור, ־ים [SÍDER, SIDÚRIM]
fourth stomach (of ruminant) די קיטניצע, ־ס
stomach, *v.* פֿאַרטראָגן
stomachache דער בויכווייטיק, ־ן
I have a stomachache סע טוט מיר וויי דער בויך; דער בויך טוט מיר וויי
stomach pump דער מאָגנפּלומפּ, ־ן
stomp, *n.* **(mus.)** דער סטאָמפּ
stomp, *v.*
stomp in אַרייַנטרעטן מיט שווערע טריט
stomp on צעטרעטן
stomp one's feet טופּעו|ן מיט די פֿיס
stomp out אַרויסטרעטן מיט שווערע טריט
stomping ground דאָס באַליבטע אָרט
stone, *adj.* שטיינערן
stone building דאָס געמויער, ־ן; דער/די מויער, ־ן; די קאַמעניצע, ־ס
stone, *n.* דער שטיין, ־ער
(gem) דער איידלשטיין, ־ער
(med.) דער שטיין, ־ער
(pebble) דאָס שטיינדל, ־עך; דאָס שטיינדעלע, ־ך
(pit) דאָס קערל, ־עך
(unit of mass) דער סטאָון
leave no stone unturned נישט לאָזן אַ שטיין אויף אַ שטיין; זוכן מיט ליכט
set a (grave)stone שטעלן אַ מצבֿה [MATSÉYVE]
within a stone's throw of עטלעכע טריט (ווייַט) פֿון; מיט דער האַנט צו דערלאַנגען; אַ קאַצנשפּרונג פֿון
stone, *v.*
(fruit) אויסיאָדערן; אָפּקערלען; אַרויסנעמען די קערנס ‹קערנדלעך›
(hurl stones) באַוואַרפֿן מיט שטיינער
(kill) פֿאַרשטיינען; געבן סקילה [SKÍLE]
be stoned (with stones) פֿאַרשטיינט ווערן
Stone Age די שטיין־תּקופֿה [TKÚFE]
stone blind שטאָק בלינד; בלינד ווי די נאַכט
stonebreaker דער שטיינברעכער, ־ס
stone cold קאַלט ווי אײַז; אײַז קאַלט; קאַלט ווי אַ מת [MES]
stonecress דער עץ־נעמטס
stonecrop דער זאַמדפֿעפֿער
stonecutter דער שטיינהאַקער, ־ס
stonecutting דאָס שטיינהאַקערײַ
stoned, *adj.* **(on drugs)** מבֿושׂם; פֿאַרבשׂמט; דערהויבן [MEVÚSEM] [FARBÓSEMT]
get stoned (on) מבֿושׂם ווערן (פֿון); אָנרייכערן זיך (מיט)
stone dead טויט ווי אַ שטיין
stone deaf טויב ווי די וואַנט
stone fruit די קערלפֿרוכט, ־ן
stone-ground מיט מילשטיינער צעמאָלן
stonemason דער שטיינטעסער, –; דער שטיין־מויערער, ־ס
stone wall, *n.* די/דער מויער, ־ן
stonewall, *v.* אָבסטרויִרן
stonewalling, *n.* די אָבסטרויִר־טאַקטיק
stoneware דאָס שטיינגעפֿעס
stonework די שטיין־מויערונג

stonewort ליִפּשיצעס טשערעט

stony שטיינערדיק; פֿול מיט שטיינער; פֿעלדזיק

stony-faced מיט אַ שטיינערנ(עם) פּנים [PÓNEM]

stooge דער לאַקיי, ־ען; די מאַריאָנעטקע, ־ס

(comic) דער צווייטער קאָמיקער, ־ס

stool די טאַבורעטקע, ־ס; דער טאַבורעט, ־ן; דאָס בענקל, ־עך

(excrement) דער שטולגאַנג; די צואה [TSÓYE]

stoolie/stool pigeon די קוואָטשקע, ־ס; דער מסור, מוסרים; דער פּראָוואָקאַטאָר, ...אָרן; דער זאָגטער, ־ס; דער שפּיצל, ־ען [MÓSER, MÓSRIM]

stoop,[1] *n.* **(posture)** די/דאָס אָנגעבויגנקייט

have a stoop זײַן אײַנגעבויגן ‹אײַנגעהויקערט›

stoop,[2] *n.* **(steps)** דער סטופּ, ־ן

stoop, *v.* אָנבייגן זיך; אײַנבייגן זיך; (אײַנ)הויקערן זיך

stoop to אַראָפּלאָזן זיך צו

stooped אָנגעבויגן; אײַנגעבויגן; אײַנגעהויקערט; אײַנגעהאָרבט

stop, *n.* דער אָפּשטעל, ־ן

(in musical instrument) די קלעפּקע, ־ס

(station) די סטאַנציע, ־ס; דער אָפּשטעל, ־ן

my first stop is צו ערשט ...

pull out all the stops נישט זשאַלעווע|ן קיין מי; אָנווענדן אַלע מיטלען ‹כּוחות› [KÓYKhES]

put a stop to מאַכן אַ סוף צו [SOF]

stop, *vt./vi.* אָפּשטעלן (זיך); פֿאַרהאַלטן (זיך); אָפּהאַלטן (זיך)

vi. also בלײַבן שטיין

Her breathing stopped זי האָט אויפֿגעהערט (צו) אָטעמען; דער אָטעם האָט זיך בײַ איר אָפּגעשטעלט

His watch stopped בײַ אים שטייט דאָס זייגערל

She will stop at nothing ס'וועט זי קיין זאַך נישט אָפּהאַלטן

stop and frisk דער פֿאַרהאַלט־און־באַזוך

stop at אָפּשטעלן זיך בײַ ‹אין›

stop by/in אַרײַנכאַפּן זיך (צו/אין)

stop dead/short בלײַבן שטיין ווי צוגעשמידט צום אָרט; בלײַבן שטיין ווי פֿאַרגליווערט; אָפּשטעלן זיך מיט אַ מאָל

stop doing stg. אויפֿהערן (צו)

stop for אָפּשטעלן זיך אויף

stop off/over (at/in) אָפּשטעלן זיך ערגעץ ווו (אין); אָפּטרעטן בײַ ‹צו/אין›; מאַכן אַן אָפּטריט (אין)

stop sb. from doing אָפּהאַלטן + אַק' פֿון + אינפֿ'

stop up (clog) פֿאַרשטאָפּן; פֿאַרשטעקן

stop up (with cork) פֿאַרפּראָפּקעווע|ן; פֿאַרקאָרקעווע|ן

Stop! (doing stg.) גענוג (שוין)!; הער(ט) (שוין) אויף!

Stop! (stand still) שטיי(ט)!; האַלט!

stop-and-go traffic דאָס ענג געפּאַקטע געפֿאָר

stopgap, *adj.* דערווײַל...; דערווײַליק

stopgap, *n.* דאָס פֿאַרשטעקל, ־עך; דאָס דערווײַליקע מיטל, ־ען; דער אײדער־וואָס־ווען, ־ען

stoplight דער סטאָפּסיגנאַל, ־ן

stopover דער אָפּשטעל אין וועג

stoppage

(blockage) דער פֿאַרהאַק, ־ן; דער שטער, ־ן; די מניעה, ־ות [MENÍE]

(halt to activity) דאָס ליידיקשטיין; דאָס אָפּשטעלן (זיך); דער אָפּשטעל, ־ן

stopper דער קאָריק, קאָרקעס; דער פּראָפּן, ־ס; דאָס פֿאַרשטעקל, ־עך; די שטאָפּקע, ־ס; דער שפּונט, ־ן

stop sign דער סטאָפּשילד, ־ן; דער סטאָפּ, ־ן; דער סטאָפּאָנווײַז, ־ן

stopwatch דער סטאָפּער, ־ס

storage, *adj.* לאַגער...

storage, *n.* דער לאַגער, ־ן; דער מאַגאַזין, ־ען; דער סקלאַד, ־ן

(comp.) דער זכּרון [ZIKÓRN]

in storage אין לאַגער

storage battery דער אַקומולאַטאָר, ...אָרן

storage capacity די/דאָס אַרײַננעמיקייט

storage fee דאָס לאַגערגעלט

storage tank דער רעזערוואַר, ־ן

store, *n.* די קראָם, ־ען; דאָס געוועלב, ־ן; דאָס געשעפֿט, ־ן; די קלייט, ־ן

(reserve) דער זאַפּאַס, ־ן

be in store for וואַרטן אויף; זײַן + דאַט' באַשערט; פֿאַרשטיין + דאַט'

set much store by לייגן גרויס וואָג אויף

store, *v.* האַלטן אויף לאַגער; מאַגאַזינירן

(comp.) אָפּהיטן

(maintain) האַלטן

store up/away אײַנשפּײַכלערן; אָפּלייגן

storehouse דער סקלאַד, ־ן; דער שפּײַכלער, ־ס

storekeeper דער קרעמער, ־ס; דער קלייטניק, ־עס; דער געוועלבער, ־ס

storeroom דער לאַגער, ־ן; דער סקלאַד, ־ן; די קלאַדאָווקע, ־ס

storied

(famous) באַוווּסט; פֿאַרשמט [FARShÉMT]

(floors) ...־גאָרנדיק; ...־עטאַזשיק

stork דער בושל, ־ען; דער שטערד, ־ן

storm, *n.* דער שטורעם, ־ס; דאָס געוויטער, ־ס/־ן

(assault) דער שטורעם־אָנפֿאַל‹־אַטאַק›, ־ן; דער שטורמישער אַטאַק, ־ן

ride out the storm איבערוואַרטן דעם שטורעם

ride out the storm (*fig.*) אויסהאַלטן די צרות; אַרויס(קומען) בשלום [TSÓRES] [BEShÓLEM]

take by storm נעמען אין אַ שטורעם־אָנפֿאַל‹־אַטאַק›; (אײַנ)נעמען מיט שטורעם

take by storm (*fig.*) מיטרײַסן; אַוועקטראָגן

storm, *v.* שטורעמען; (אײַנ)נעמען מיט שטורעם

storm out אַרויסשפּאַנען ‹אַרויסטרעטן› מיט כּעס [KÁAS]

stormbound אָפּגעהאַלטן פֿונעם שטורעם

storm cloud דער שטורעם־וואָלקן, ־ס; די פֿינצטערע כמאַרע, ־ס; די געוויטער־כמאַרע, ־ס

storm petrel דער שטורעם־פֿויגל, ־פֿייגל

storm sail דער שטורעם־זעגל, ־ען

storm trooper דער שטורמאָוויק, ־עס; דער שטורמיסט, ־ן

storm window דער/דאָס שטורעם־פֿענצטער, –

stormy שטורעמדיק

story,[1] *n.* **(account)** די מעשׂה, ־יות; די געשיכטע, ־ס [MÁYSE]

a long story אַ גאַנצע מסכתּא; אַ לאַנגע מגילה [MESÉKhTE] [MEGÍLE]

short story די דערציילונג, ־ען; די נאָוועלע, ־ס

tell stories (lies) ליגן זאָגן; לײַגן

That's another story entirely דאָס איז שוין גאָר עפּעס אַנדערש; דאָס איז אַחוץ אַ מעשׂה

the same old story דער זעלבער פּיזמון; די אייגענע מעשׂה [PÍZMEN]

the story goes that מע זאָגט ‹דערציילט› אַז

to make a long story short בקיצור; אַ כּלל; קורץ פֿון דער זאַך; לאָמיר נישט לאַנג ברײַען; הקיצור־המעשׂה; קיצור־הדבֿר [BEKÍTSER] [KLÁL] [HAKÍTSER-HAMÁYSE] [KÍTSER-HADÓVER]

story,[2] *n.*

(level) דער גאָרן, ־ס; דער עטאַזש, ־ן; דער ˙שטאָק, –

four-story פֿיר־גאָרנדיק; פֿיר־עטאַזשיק; ˙פֿירשטאָקיק

storybook דאָס מעשׂה־ביכעלע, ־ך [MÁYSE]

a storybook ending אַ גוטער סוף [SOF]
storyline דער סיפּור־המעשׂה [SÍPER-HAMÁYSE]
storyteller דער דערציילער, ־ס; דער פֿאַרציילער, ־ס
storytelling דאָס דערציילן ‹פֿאַרציילן› מעשׂיות [MÁYSES]
storytime די מעשׂה־שעה [MÁYSE-ShO]
stout, *adj.* דיק; פֿליישיק; באַלײַבט; לײַביק
stout person *also* די אָסאָבע, ־ס
stout, *n.* דער שטאַרקער פּאָרטער
stout-hearted באַהאַרצט; אומדערשראָקן
stove
(oven) דער אויוון, ־ס
(range) די (קאָכ)פּליטע, ־ס; די קיך, ־ן
stovepipe די/דער אויוונרער, ־ן; די ליוכטע, ־ס
stovepipe hat דער צילינדער, ־ס
stow, *v.* פֿאַרנעמען; צונעמען
stow away פֿאָרן ווי אַ האָז ‹בלינדער פּאַסאַזשיר›
stowaway, *n.* דער האָז, ־ן; דער בלינדער פּאַסאַזשיר, ־ן
St. Patrick's Day דער סיינט־פּאַטריק־טאָג
St. Petersburg (דאָס) פּעטערבורג; (דאָס) פּיטערבאַרג
strabismus די/דאָס שיקלדיקייט
have strabismus שיקלען
straddle
straddle the horse פֿאָרן ‹זיצן› רײַטנדיק אויפֿן פֿערד
straddle a border ציִען זיך איבער ביידע זײַטן גרענעץ
straddle the chair אײַנגאָפּלען דאָס בענקל מיט די פֿיס; זיצן רײַטנדיק אויפֿן בענקל
straddle the fence פֿאַרנעמען אַ נייטראַלע פּאָזיציע; וואַקלען זיך צווישן צוויי צדדים [TSDÓDIM]
strafe באַשיסן; באָמב(אַרד)ירן
straggle נאָכשלעפּן זיך; אונטערלויפֿן
straggler דער נאָכשלעפּער, ־ס; דער אונטערלויפֿער, ־ס
straight, *adj.* גלײַך; גראָד
(heterosexual) העטעראָסעקסואַליסטיש
(honest) אָפֿן; אָרנטלעך; אָפֿן־האַרציק; וויטיש
get stg. straight פֿאַרשטיין; אויפֿקלערן
give a straight answer רעדן אָפֿענע דיבורים
He's a straight arrow/shooter ער איז אַ אָפֿענער זעקס־און־זעכציקער; וואָס בײַ אים אויף דער לונג איז אויף דער צונג
in a straight line גראָדליניק
keep a straight face אויפֿהאַלטן דעם ערנסט; פּרוּוון זיך נישט צו צעלאַכן
lie with a straight face אָפּטאָקן אַ ליגן
She always gets straight As זי באַקומט לויטער אַלפֿן ‹אַען› [ÁLEFN]
win in straight sets געווינען דרײַ פּאַרטיעס כּסדר [KESÉYDER]
straight, *adv.* גלײַך; דירעקט
as straight as an arrow גלײַך ווי אַ סטרונע
drink vodka straight (אויס)טרינקען ריינע ‹נישט־צעפּירטע› וואָדקע
for six days straight זעקס טעג כּסדר ‹נאָך אַנאַנד› [KESÉYDER]
get straight פֿאַרשטיין
go straight אַרויפֿגיין אויפֿן גלײַכן וועג
put stg. straight מאַכן אַ טאָלק פֿון ‹אין›
stand straight שטיין גלײַך ‹אויסגעצויגן›
straight ahead גלײַך פֿאָרויס; גלײַך וועגס
straight away/off תּיכף־ומיד [TÉYKEF-UMEYÁD]
think straight טראַכטן מיט אַ קלאָרן קאָפּ
straight, *n.* **(in poker)** דער סטרייט, ־ן
straightaway, *adv.* תּוך־כּדי־דיבור [TÓKh-KEDEYDÍBER]
straightaway, *n.* די גראָדע, ־ס
straightedge די ליניע, ־ס; די ווירע, ־ס
straighten
straighten out, *vt.* אויספּרעסן; אויסגלײַכן; אײַנאָרדענען
straighten out, *vi.* אויסגלײַכן זיך; אויספּרעסן זיך
straighten up, *vt.* מאַכן אַן אָרדענונג אין; ברענגען אין אָרדענונג; מאַכן אַ טאָלק פֿון ‹אין›; צו רעכט מאַכן; אויפֿראַמען
straighten up, *vi.* אויפֿזעצן זיך גלײַך; אויפֿהאָדערן זיך
get straightened out (situation) אויספּרעסן זיך; האַלטן ‹גיין/זײַן› אויף אַ לאַד
straight-faced מיט אַן ערנצט(ן) פּנים [PÓNEM]
straight fight דער דירעקטער קאַמף, ־ן
straightforward אָפֿן; דירעקט; ערלעך
straight line די גראָדע, ־ס; די גראָדע ליניע, ־ס
straight man דער צווייטער קאָמיקער, ־ס
straightness די/דאָס גלײַכקייט
straight-out אָפֿן; דירעקט; דורך־און־דורך
(refusal) גלאַט
straight razor די בריטווע, ־ס
straight talk אָפֿענע ‹קלאָרע› דיבורים
strain,[1] *n.*
(effort) דער אָנשטרענג, ־ען; די אָנשטרענגונג, ־ען
(muscle) דער צי, ־ען; דער איבערגעצויגענער ‹אָנגעשטרענגטער› מוסקל, ־ען
(phys.) די דעפֿאָרמאַציע; די רעלאַטיווע פֿאַרלענגערונג
(tension) די שפּאַנונג, ־ען; די/דאָס אָנגעשטרענגטקייט
strain,[2] *n.*
(race) די גזע, ־ס; דער סאָרט, ־ן; די ראַסע, ־ס [GÉZE]
strains (mus.) טענער
strain, *v.*
vt. **(cul.)** איבערזײַען; (אַ)דורכזײַען
vt. **(fatigue)** איבערמאַטערן
vt. **(muscle)** איבערציִען; אָנשטרענגען
vt. **(phys.)** דעפֿאָרמירן
vt. **(relationship)** אויספּרוּוון
vi. **(at stool)** קוועטשן זיך
vi. **(make an effort)** אָנשטרענגען זיך; מוטשע|ן זיך
vi. **(one's voice)** פֿאַרסירן
strain at the leash פּרוּוון זיך אַרויסרײַסן (פֿון שטריקל)
strained אָנגעשטרענגט; אָנגעצויגן
strainer דער זײַער, ־ס; דער דורכשלאַק, ־ן
strait דער דורכגאָס, ־ן; דער ענגפּאַס, ־ן
(difficulty) די קלעם; די/דאָס שווערקייט; דער דחק [TKhAK]
Strait of Gibraltar דער גיבראַלטישער דורכגאָס
the strait and narrow דער דרך־הישר; דער גלײַכער וועג [DÉREKh-HAYÓShER]
straitjacket, *n.* דאָס משוגעים־העמדל, ־עך; דאָס צוואַנגהעמדל, ־עך; די/דער צוואַנגיאַק, ־ן/־עס [MEShUGÓYEM]
straitjacket, *v.* אָנטאָן + דאַט' אַ משוגעים־העמדל ‹צוואַנגהעמדל/צוואַנגיאַק› [MEShUGÓYEM]
strait-laced פּוריטאַניש
strand, *n.*
(beach) דער שטראַנד, ־ן; די פּלאַזשע, ־ס
(fiber) די פֿיברע, ־ס; דער פֿאָדעם, פֿעדעם; דאָס פֿעדעמל, ־עך
(of hair) דאָס הערעלע, ־ך
(of pearls) דאָס שנירל
strand, *v.* פֿאַרלאָזן; איבערלאָזן
stranded
(at sea) שטעקן געבליבן אין מיטן ים [YAM]
(fig.) שטעקן געבליבן

strange מאָדנע; טשודנע; משונה; אויסטערליש [MEShÚNE]
(unknown) פֿרעמד; אומבאַקאַנט
strangely אויף אַ מאָדנעם אופֿן [OYFN]
strangely enough ווי מאָדנע דאָס זאָל נישט זײַן ‹קלינגען›
strangeness די/דאָס מאָדנעקייט; די/דאָס משונהדיקייט [MEShÚNEDIKEYT]
stranger דער פֿרעמדער געב׳
be no stranger to New York אויסקענען זיך אין ניו־יאָרק; זײַן גוט באַקאַנט מיט ניו־יאָרק
She's no stranger to misfortune דאָס אומגליק איז איר נישט פֿרעמד
stranger anxiety דער פּחד פֿאַר פֿרעמדע [PÁKhED]
strangle
vt. דערשטיקן; דערוואָרגן
vi. דערשטיקן זיך; דערשטיקט ווערן; דערוואָרגן ווערן
stranglehold די וואַרגקלעם, ־ען
have a stranglehold on (*fig.*) הערשעווע|ן איבער
strangler דער דערוואָרגער, ־ס
strangulate אײַנקלעמען
become strangulated אײַנקלעמען זיך
strangulated hernia דער אײַנגעקלעמטערווינקלבראָך, ־ן
strangulation
(choking) די דערשטיקונג; דאָס דערוואָרגן ווערן
(med.) די אײַנקלעמונג
strap, *n.* דער רימען, ־ס; דאָס רימענדל, ־עך; דער פּאַסיק, ־עס
(of dress/slip) די אַקסלבאַנד, ...בענדער; דאָס בענדל, ־עך
(of pocketbook) דער אַקסל־רימען, ־ס
strap, *v.*
strap in אײַנפֿעסטיקן; פֿאַרגאַרטלען
strap on צופֿעסטיקן (מיט אַ רימען)
straphanger דער שטייענדיקער פּאַסאַזשיר, ־ן
strapless אָן בענדלעך
strapped געענגט
be strapped for cash (גע)נייטיקן זיך אין געלט; זײַן געענגט אין געלט; נישט האָבן
strapping געזונט (און שטאַרק); געוויקסיק; שטאַרק ווי אַ פֿויער; ˙קרעפּטיק
strapping person *also* דער ווערגעלעץ, ־עס
strapwort די שוועלבלצונג
stratagem די מאַנעוורע, ־ס; דאָס דריידל, ־עך; די אייבערהסברה, ־ות; די מאַניפּאָרגע, ־ס; דאָס שפּיצל, ־עך; די תּחבולה, ־ות [ÉYBERHAZBÓRE] [TAKhBÚLE]
strategic סטראַטעגיש
strategically סטראַטעגיש; אויף אַ סטראַטעגישן אופֿן [OYFN]
be strategically located שטיין אויף אַ סטראַטעגיש אָרט
Strategic Arms Limitation Talks דער אָפּמאַך צו באַגרענעצן דאָס סטראַטעגישע געווער
strategic weapons דאָס פֿאַרטיליק־‹־מאַסנטויט־›געווער קאָל׳
strategist דער סטראַטעגיקער, ־ס; דער סטראַטעג, ־ן
strategy די סטראַטעגיע, ־ס
stratification די צעשיכטונג, ־ען
stratify צעשיכטן
stratosphere די סטראַטאָספֿער, ־ן
stratospheric סטראַטאָספֿעריש
stratum דער שיכט, ־ן; דער פּלאַסט, ־ן
stratus דער שיכטנווײַזער וואָלקן, ־ס
straw, *adj.* שטרויען

straw, *n.* די שטרוי קאָל׳
(drinking/single straw) דער שטרוי, ־ען; דאָס שטרויעלע, ־ך
draw straws ציִען גורל [GOYRL]
straw in the wind דער אָנזאָג, ־ן; דער וואָרצייכן, ־ס
That's the last straw! מער פֿעלט מיר נישט!; נאָך דאָס דאַרף איך!; אַ רעשטל צו די צרות! [TSÓRES]
strawberry
(cultivated) די טרוסקאַפֿקע ‹טרוסקאַפֿקע›, ־ס; די רויטע יאַגדע, ־ס
(wild) די פּאָזעמקע, ־ס; די (וואַלד)יאַגדע, ־ס
strawberry blonde די רויט־בלאָנדינקע, ־ס
strawberry jam דאָס טרוסקאַפֿקע־אײַנגעמאַכטס
strawberry mark דער רויטלעכער מוטער־צייכן, ־ס
strawberry shortcake דאָס טרוסקאַווקע־מערב
strawberry tree דער פּאָזעמקע־בוים, ־ביימער
straw-colored שטרוי געל; שטרויִיק
strawflower דער אַמעריקאַנער זונגאָלד
straw hat דער שטרויענער הוט, היט
straw man די שטרויענע סטראַשידלע, ־ס
straw mat די שטרויענע מאַטע, ־ס
straw poll דער אומאָפֿיציעלער אויספֿרעג; דער אויספֿרעג אויף טראַף
stray, *adj.* בלינד; בלודנע; הפֿקר־...; וואַנדער... [HÉFKER]
stray bullet די בלינדע ‹צופֿעליקע› קויל, ־ן
stray dog דער הפֿקר־הונט, ־הינט; דער וואַנדערהונט, ...הינט [HÉFKER]
stray, *n.* די הפֿקר־חיה, ־ות [HÉFKER-KhÁYE]
stray, *v.* וואַנדערן; בלאָנדזשע|ן
(thoughts) בלאָנדזשע|ן
stray from the topic פֿאַרקריכן אין גושן [GOYShN]
streak, *n.*
(in hair) די פּאַסמע, ־ס
(record) דער נאָכאַנאַנד, ־ן
(stripe) דער פּאַס, ־ן
(trait) דער שטריך, ־ן; די נייגונג, ־ען
(of lightning) דער בליץ, ־ן
like a streak of lightning בליץ גיך
lucky streak דער געווין־נאָכאַנאַנד, ־ן
streak, *v.*
vi. **(run nude)** לויפֿן אַ נאַקעטער געב׳
streak one's hair (לאָזן זיך) פֿאַרבן פּאַסמעס אין די האָר
streak past (נאָענט) פֿאַרבײַפֿליִען ‹פֿאַרבײַלויפֿן›
streaked אין ‹מיט› פּאַסן; מיט פּאַסמעס
streaked with dirt מיט שמוץ פֿאַרשמירט
streaker דער נאַקעטער לויפֿער, ־ס
stream, *n.* דער שטראָם, ־ען
(body of water) דאָס וואַסערל, ־עך; דער טײַך, ־ן; די ריקע, ־ס; דער באָך, ־ן
come on stream אָנהייבן פֿליסן
stream, *v.* שטראָמען; פֿליסן
stream tears גיסן מיט טרערן
The blood was streaming דאָס בלוט האָט געשטראָמט; דאָס בלוט איז גערונען; ס'האָט זיך געגאָסן בלוט
streamer
(paper) די פּאַפּירשלאַנג, ־ען
(headline) די גרויסע קאָפּן־שורה, ־ות [ShÚRE]
streaming, *n.* דער דירעקטער שטראָם
data streaming דער דאַטנשטראָם
watch the game streaming זען דעם מאַטש מיט אַ דירעקטן שטראָם
streamline, *n.* די שטראָמליניע, ־ס
streamline, *v.*

(mech.) אַרומפֿלייצן
(modernize) מאָדערניזירן; ראַציאָנאַליזירן
(simplify) עפֿעקטיוויִרן; פֿאַרפּשוטערן [FARPÓShETERN]
streamlined עפֿעקטיוויִרט; ראַציאָנאַליזירט
(mech.) אַרומגעפֿלייצט; שטראָמליניק
stream of consciousness דער ווײַסיקייט־שטראָם
street, *adj.* גאַסנ...
street, *n.* די גאַס, ־ן
be on the street (*fig.***)** פֿאַרנעמען זיך מיט זנות ‹פּראָסטיטוציע› [ZNUS]
street battle דער גאַסנקאַמף, ־ן
streetcar דער טראַמוויַי, ־ען; די גאַסנבאַן, ־ען; דער טראַם, ־ען
street cred דאָס חשיבֿות אויף דער גאַס [KhShÍVES]
He has street cred אויף דער גאַס איז ער אַ חשובֿער; אויף דער גאַס האַלט מען פֿון אים [KhÓShEVER]
Does that improve my street cred? בין איך אויף דער גאַס דערמיט חשובֿער געוואָרן? [KhÉShEVER]
street door די גאַסנטיר, ־ן
street exchange דער גאַסן־אויסבײַט, ־ן
street justice די פֿעבל־יוסטיץ
streetlamp/streetlight דער גאַסנלאָמפּ, ־ן; דער (גאַס־)לאַמטערן, ־ס
street map דער גאַסנפּלאַן, ...פּלענער
street performer דער גאַסן־אַרטיסט, ־ן
street sign דער גאַסן־ווײַזער, ־ס; דער/די גאַסנשילד, ־ן
street sweeper דער גאַסן־קערער, ־ס
street talk דאָס גאַסן־לשון [LOShN]
street theater דער גאַסן־טעאַטער
street urchin דאָס הפֿקר־קינד, ־ער; דער גאַסניונג, ־ען [HÉFKER]
street value די/דער ווערט אויף דער גאַס
streetwalker די גאַסנפֿרוי, ־ען; די זונה, ־ות; די לויפֿערין, ־ס [ZÓYNE]
streetwise דורכגעטריבן; געביפֿט; פֿיפֿיק; כיטרע
strength
(phys.) דער כּוח; די קראַפֿט [KÓYEKh]
(human) דער כּוח; כּוחות ל״ר; די/דאָס שטאַרקייט [KÓYKhES]
(asset) די מעלה, ־ות; דער פּלוס, ־ן [MÁYLE]
at full strength מיטן גאַנצן כּוח
at full strength (undiluted) נישט־צעפֿירטערהייט
gain/gather strength אָנקלײַבן ‹זאַמלען› כּוחות
go from strength to strength גייז מחיל אל חיל [MEKhÁYEL EL KhÁYEL]
My strength failed me די כּוחות האָבן מיך פֿאַרלאָזט; סע זענען מיר אויסגעגאַנגען די כּוחות
on the strength of אויפֿן סמך פֿון [SMAKh]
There's strength in numbers אין צוויִען איז שטאַרקער
with all one's strength מיט אַלע כּוחות; מיטן גאַנצן כּוח; וואָס כּוח נאָר
strengthen, *v.*
imp. שטאַרקן; פֿעסטיקן
pf. פֿאַרשטאַרקן; פֿאַרפֿעסטיקן; באַפֿעסטיקן
strengthening די (פֿאַר)שטאַרקונג; דער חיזוק [KhÍZEK]
strengthening exercises פֿאַרשטאַרק־געניטונגען
strength training קראַפֿט־‹כּוח־›געניטונגען ל״ר [KÓYEKh]
strenuous אָנשטרענג(ענד)יק; מאַטערדיק; אײַנמידיק
(exercise) ענערגיש
make a strenuous effort אָנשטרענגען זיך; אײַנלייגן די וועלט
strenuously שטאַרק

streptococcal סטרעפּטאָקאָקן־...
streptococcus דער סטרעפּטאָקאָק, ־ן
streptomycin דער סטרעפּטאָמיצין
stress, *n.*
(emotional/pressure) די דריקונג, ־ען; דער דרוק, ־ן; דער (אָנ)דריק, ־ן
(phon.) דער טראָפּ, ־ן; דער קוועטש, ־ן
(phys.) די שפּאַנונג
stress and strain דער דריק־און־שטיק
under stress אָנגעשטרענגט; אונטער אַ דריקונג; אין אַ קלעם
be under a lot of stress זײַן אונטער אַ גרויסער דריקונג ‹גרויסן דרוק›
stress, *v.*
(emphasize) אַרויסהייבן (די וויכטיקייט פֿון); לייגן ‹שטעלן› דעם טראָפּ אויף; אונטערשטרײַכן
(phon.) קוועטשן
stressed (phon.) געקוועטשט; אַקצענטירט
stressed-out צעדריקט; אָנגעצויגן; אָנגעשפּאַנט
stress-free אָן קיין דריקונג ‹דרוק›
stressful אָנגעשטרענגט; דריקנדיק
stress group (phon.) דער רעדטאַקט, ־ן
stress mark דער אַקצענט־צייכן, ־ס; דאָס אַקצענטל, ־עך
stress reduction דאָס פֿאַרקלענערן די דריקונג
stress shift דער אַקצענט־איבעררוק, ־ן
stress test דער סטרעסטעסט
stretch, *n.*
(distance) דער מהלך, ־ן [MEHÁLEKh]
(of time) דער (צײַט־)משך; די צווישנצײַט [MÉShEKh]
(stretching) דער (אויס)צי, ־ען
at a stretch נאָך אַנאַנד; כּסדר [KESÉYDER]
days at a stretch גאַנצ(ענ)ע טעג נאָך אַנאַנד
down the stretch שפּעט אין מאַטש ‹סעזאָן›; ווען די שפּאַנונג איז גרויס
It's a stretch ס'איז אַ גוזמא; צו דעם איז נאָך ווײַט [GÚZME]
not by any stretch of the imagination סע קען נישט געמאָלט זײַן; אויף ‹פֿאַר› קיין פֿאַל נישט
stretch, *vt./vi.* צעציִען (זיך); אויסציִען (זיך)
stretch one's imagination אַ פֿאַנטאַזיר טאָן; אָנשטרענגען די פֿאַנטאַזיע
stretch one's legs אויסציִען (זיך) די פֿיס; אויסקנאַקן (זיך) די ביינער; אויסגלײַכן די ביינער
stretch out, *vt./vi.* אויסציִען (זיך)
stretch a point פּשטלען זיך [PShÉTLEN]
stretch the rules בייגן די כּללים [KLÓLIM]
stretch the truth מגזם זײַן; איבערטרײַבן [MEGÁZEM]
stretched-out אויסגעצויגן
stretcher דאָס טראָגבעטל, ־עך; דאָס פֿעלדבעטל, ־עך
stretcher-bearer דער בעטל־טרעגער, ־ס
stretching exercise די אויסצי־געניטונג, ־ען
stretch mark דער צעצי־צייכן, ־ס
stretch pants עלאַסטישע הויזן
stretchy אויסציִעוודיק; ציִיק; עלאַסטיש
strew
(material) אָנשיטן; צעוואַרפֿן
(on surface) באַשיטן (מיט); אָפּשיטן (מיט)
strewn all over צעוואָרפֿן אומעטום
strewn with באַשאָטן מיט
stria דער פּאַס, ־ן; דער °שטרײַף, ־ן
striated געפּאַסיקט; °געשטרײַפֿט; מיט פּאַסן
striated muscle דער קווער־געשטרײַפֿטער מוסקל, ־ען
striation די/דאָס געפּאַסיקטקייט; די °געשטרײַפֿטקייט

stricken פֿאַרשלאָפּט
(of ship/plane) אין נויט
be stricken פֿאַרשלאָפּט ‹פֿאַרקרענקט› ווערן
stricken with cancer געטראָפֿן ‹געשלאָגן› פֿון אַ ראַק
She was stricken with fear אַן אימה האָט זי אַרומגעכאַפּט [ÉYME]
strict שטרענג; האַרב
(J./rel.) אָפּגעהיט; מחמיר [MÁKhMER]
be strict (meticulous) זײַן פּינקטלעך; מדקדק זײַן [MEDÁKDEK]
be strict (J./observance) מחמיר זײַן; מהדר זײַן [MEHÁDER]
strict person דער שטרענגער געב'; דער מדקדק, ־ים [MEDÁKDEK]
strictly שטרענג; האַרב
The meeting is strictly business די זיצונג איז מיסחר לשם מיסחר [MÍSKhER] [LEShÉM]
He is strictly business ער איז די ערנצטקייט אַליין
not strictly true נישט אין גאַנצן אמת [ÉMES]
strictly prohibited שטרענג פֿאַרווערט
strictly speaking אויב (שוין) רעדן פּינקטלעך
stricture די פֿאַרשמעלערונג, ־ען
stride, *n.* דער שפּאַן, ־ען; דער שפּרײַז, ־ן; דער ברייטער טראָט, טריט
hit one's stride דערגרייכן אַ גוטן גאַנג
make great strides פֿאָרן ‹גיין› ממשותדיק פֿאָרויס [MAMÓShESDIK]
take stg. in stride צוגיין רויִק צו; אַן עצה געבן זיך מיט; אָננעמען + אַק', מאַלע וואָס סע מאַכט זיך [ÉYTSE]
stride, *v.* שפּאַנען; שפּרײַזן; מאַכן ברייטע טריט; שטעלן פּיס
strident שרײַיִק; קוויטש(עד)יק; טומלדיק; גרילציק
stridulate צירקע|ן
stridulation דאָס צירקען; דאָס צירקעניש
strife דער סיכסוך, ־ים; דאָס מחלוקת, ־ן; דער קאָנפֿליקט, ־ן [SÍKhSEKh, SIKhSÚKhIM] [MAKhLÓYKES]
strike, *n.*
(baseball) דער סטרײַק, ־ן
(bowling) דער טרעף, ־ן
(discovery) דאָס געפֿינס, ־ן
(hit) דער קלאַפּ, קלעפּ; דער זעץ, ־ן
(labor) דער שטרײַק, ־ן; דער סטרײַק, ־ן אַמ'
(mil.) דער אַטאַק, ־ן; דער אָנפֿאַל, ־ן
(targeted hit) דער אַרײַנטרעף, ־ן
be on strike שטרײַקן
go on strike פֿאַרשטרײַקן; ווארפֿן ‹לייגן› די אַרבעט
lucky strike דאָס אומגעריכטע מזל [MAZL]
Three strikes, you're out! דרײַ סטרײַקן און ביסט אַוט!; דרײַ מאָל און פֿאַרפֿאַלן!
strike, *v.*
vt. (discover) געפֿינען; (אָנ)טרעפֿן אויף
vt. (erase) אָפּמעקן; אויסמעקן
vt. (hit) געבן אַ זעץ ‹קלאַפּ›; אַ זעץ ‹קלאַפּ› טאָן; שלאָגן; דערלאַנגען + דאַט'
vt. (hit the target) (אַרײַנ)טרעפֿן (אין)
vt. (impress) מאַכן דעם רושם אַז [RÓYShEM]
vt. (mil.) אַטאַקירן; אָנפֿאַלן אויף; דערלאַנגען + דאַט' אַ קלאַפּ
vi. (clock) שלאָגן
vi. (labor) שטרײַקן
vi. (occur) טרעפֿן; פּאַסירן
strike a balance אָנטרעפֿן אויף אַ פּשרה; ברענגען אין גלײַכוואָג [PShÓRE]
strike a bargain קומען צו(ן) אַ הסכם [HÉSKEM]
strike a blow זײַן אַ (שטאַרקער) קלאַפּ
strike a blow for אַרויסטרעטן מיט שטיץ ‹הילף› פֿאַר
strike a chord האָבן אַן אָפּקלאַנג; אָנרירן דאָס פּינטל
strike a match אָנרײַבן אַ שוועבעלע
strike a nerve אויפֿרירן; עפּעס דערוועקן; אָנרירן אַ ווייטיק
strike a pose שטעלן ‹זעצן› זיך אין אַ פּאָזע; אָננעמען אַ פּאָזע
strike a tent אַראָפּציִען אַ געצעלט
strike back דערלאַנגען (אויף) צוריק
strike camp פֿאַרלאָזן דעם לאַגער
strike down (incapacitate/kill) אַוועקלייגן; אַוועקהרגע|(נע)ן [AVÉKHÁRGE(NE)N]
strike down (jur.) בטל מאַכן; קאַסירן [BOTL]
strike down (knock down) אַוועקלייגן; אומוואַרפֿן (פֿון די פֿיס)
strike first דערלאַנגען דעם ערשטן קלאַפּ
strike hands געבן זיך תּקיעת־כּף [TKÍES-KÁF]
strike home טרעפֿן אין פּינטל
strike it rich אַרײַנפֿאַלן אין אַ שמאַלצגרוב; אָפּנעמען דאָס גרויסע געווינס
strike oil אַרײַנטרעפֿן אין אַ נאַפֿטקוואַל
strike out (baseball) מאַכן אַ סטרײַקאַוט; פֿאַרקלאַפּן זיך
strike out (leave) אַרויסלאָזן זיך; לאָזן זיך אין וועג אַרײַן
strike out at (physically) געבן ‹דערלאַנגען› + דאַט' קלעפּ
strike out at (verbally) אַרויסגיין מיט האַרבע רייד קעגן
strike out/off (erase) אויסמעקן; אויסשטרײַכ(לע)ן
strike out on one's own ווערן אַ מענטש פֿאַר זיך; מאַכן שבת פֿאַר זיך [ShÁBES]
strike root שלאָגן ‹לאָזן› וואָרצלען; אײַנוואָרצלען זיך
strike sail פֿאַרנעמען ‹צונעמען› די זעגלען
strike terror אַרויסרופֿן אַן אימה [ÉYME]
strike the eye וואַרפֿן זיך + דאַט' אין די אויגן
strike the hour אויסשלאָגן די שעה [ShO]
strike the right note אָנטרעפֿן אויפֿן ריכטיקן טאָן
strike up (a song) אויפֿזינגען
strike up (music) אויפֿשפּילן
strike up a conversation פֿאַרפֿירן אַ שמועס
strike up a friendship אָנקניפּן ‹פֿאַרפֿירן› אַ חבֿרשאַפֿט; פֿאַרחבֿרן זיך [KhÁVERShAFT] [FARKhÁVERN]
Strike up the band! קלעזמער, אויפֿגעשפּילט!
strikebound אַרומגעכאַפּט פֿון אַ שטרײַק
strikebreaker דער שטרײַקברעכער, ־ס
strike force שלאָג־כּוחות ל"ר; די שלאָג־בריגאַדע [KÓYKhES]
strike pay דאָס שטרײַקגעלט
striker דער שטרײַקער, ־ס; דער סטרײַקער, ־ס אַמ'
striking מערקווערדיק; רײַסיק; רושמדיק; בולט [RÓYShEMDIK] [BÓYLET]
be striking וואַרפֿן זיך אין די אויגן
within striking distance זייער ‹גאַנץ› נאָענט; געננג נאָענט צו טרעפֿן
strikingly
(in a striking way) אויף אַ בולטן אופֿן [BÓYLETN] [OYFN]
(remarkably) אויסערגעוויינ(ט)לעך; וווּנדערלעך
(surprisingly) איבעראַשנדיק
string, *n.* דאָס בענדל, ־עך; דאָס שנירל, ־עך; דער פֿאָדעם, פֿעדעם; דאָס שטריקל, ־עך
(mus.) די סטרונע, ־ס
(twine) דער שפּאַגאַט
a string of אַ ריי ‹סעריע›
first string דער/די ערשטע(ר) פֿידל

keep on a string ציִ́ען דאָס שטריקל; האָבן שליטה איבער [ShLÍTE]
no strings attached אָן (קיין) תּנאָים [TNÓYEM]
pull strings פֿאַרלאָזן זיך אויף פּראָטעקציע; אוי́סניצן די פֿאַרבי́נדונגען; לאָזן אין גאַנג אַלע פֿאַרבי́נדונגען
second string דער/די צווייטע(ר) פֿידל
string of beads דאָס בײַטשל ‹שנירל› ק(אַ)רעלן; פֿאַטשערקעס ל״ר
string of islands די קייט אינדזלען
string of pearls דאָס שנירל פּערל
the strings (mus.) סטרונע־‹סמיטשיק־›אינסטרומענטן
string, *v.*
(mus.) אָנציִען די סטרונעס אויף; אָנסטרונען
(on a thread) אָנסיליען; אוי́פֿציִען
string along (fool) שטעלן צום נאַר; אָפּנאַרן
string along (keep waiting) לאָזן וואַרטן
string together צונויפֿסיליע|ן
string bean דאָס לאָפּעטקעלע, ־ך; די סטרוטשקע, ־ס; דער סטרוטשעבאָב, ־עס; די גרינע פֿאַסאָליע, ־ס
stringency די/דאָס שטרענגקייט
stringent שטרענג
string instrument דער סמיטשיק־‹סטרונע־› אינסטרומענט, ־ן; די געסטרונעוועטע כּלי, ־ם [KÉYLE, KÉYLIM]
string orchestra דער סטרונע־אָרקעסטער, ־ס
string quartet דער סטרונע־קוואַרטעט, ־ן
string theory די שטריקל־טעאָריע
stringy פֿיברעדיק; לאַנג און דין
(hair) פֿעדעמדיק דין
strip, *n.* די פּאַסמע, ־ס; דער פּאַס, ־ן
strip, *v.*
vt. **(unclothe)** אויסטאָן נאַקעט; אַראָפּציִען פֿון + דאַט׳ די קליידער; אַנטבלויזן
vt. **(denude)** אויסבלייזן
vt. **(paint)** אָפּקראַצן
vi. **(unclothe oneself)** אויסטאָן זיך נאַקעט; אַראָפּציִען ‹אַראָפּוואַרפֿן› פֿון זיך די קליידער; אַנטבלויזן זיך
strip down (mech.) צענעמען
strip down (simplify) פֿאַרפּשוטערן [FARPÓShETERN]
strip one's clothes אַראָפּציִען פֿון זיך די קליידער
strip sb. of (*fig.*) באַרויבן + אַק׳ בײַ; צונעמען + אַק׳ בײַ
strip club דער סטריפּקלוב, ־ן
stripe, *n.*
(color) דער פּאַס, ־ן; דער פּאַסיק, ־עס; דער °שטרײַף, ־ן
(mil.) דאָס טרעס(ט)ל, ־עך
get one's stripes ווערן אַן אונטעראָפֿיציר; באַקומען די טרעסטלעך
striped געפּאַסיקט; פּאַסקעוואַטע; °געשטרײַפֿט
strip mine די אָפֿענע שאַכטע, ־ס
strip-mining דאָס אָפֿענע בערגערײַ; דער אָפֿענער אַרויסבאַקום
stripper *see* **stripteaser**
strip-search, *n.* דער לײַבבאַזוך, ־ן
strip-search, *v.* באַזוכן דאָס לײַב
strip steel די שטאָלבאַנד
striptease דער סטריפּטיז, ־ן; דער בלייזטאַנץ, ...טענץ
do a striptease טאַנצן אַ סטריפּטיז
stripteaser
m./unsp. דער סטריפּטיז־טענצער, ־ס; דער בלייזטענצער, ־ס
f. די סטריפּטיז־טענצערין, ־ס; די בלייזטענצערקע, ־ס
strive (for) שטרעבן (צו); אַספּירירן (צו); שטרײַכן זיך (צו)
(pej.) רײַסן זיך (צו); יאָגן זיך (נאָך)
striving, *n.* דאָס שטרעבן; דער שטרעב, ־ן; די שטרעבונג, ־ען
strobe light דער סטראָבלאָמפּ, ־ן
stroboscope דער סטראָבאָסקאָפּ, ־ן
stroke, *n.*
(blow) דער קלאַפּ, קלעפּ; דער זעץ, ־ן
(clock) דער שלאָג, ־ן
(med.) דער מוח־אַטאַק, ־ן; דער שלאַק, שלעק; די (אַ)פּאָפּלעקסיע [MÓYEKh]
(swimming) דער שווים, ־ען
stroke of luck די מזל־זאַך; די גוטע מערכה; דער גליקלעכער טראַף [MAZL] [MARÓKhE]
stroke of genius די געניאַלע המצאה; דער געניאַלער ‹גאָלדענער› אײַנפֿאַל; דער גאונישער כאַפּ [HAMTSÓE] [GEÓYNIShER]
at a stroke מיט איין מאָל
at the stroke of four פּונקט פֿיר אַ זייגער; ווען דער זייגער שלאָגט (אויס) פֿיר(ע)
She had a stroke of luck ס'האָט איר אָפּגעגליקט
with a stroke of the pen מיט איין שטראָך ‹צי›
stroke, *v.* גלעטן
stroke sb.'s ego גלעטן + דאַט׳ דעם עגאָ
stroke play דער קלאַפּפֿאַרמעסט, ־ן
stroll, *n.* דער שפּאַציר, ־ן
go for a stroll (אַ)דורכשפּאַצירן זיך; מאַכן אַ שפּאַציר; (אַ)דורכגיין זיך; גולייַע|ן (זיך)
stroll, *v.*
imp. שפּאַצירן
pf. (אַ)דורכשפּאַצירן זיך; (אַ)דורכגיין זיך
stroller דאָס (קינדער־)וועגעלע, ־ך; דאָס שפּאַציר(ער)ל, ־עך
strong, *adj.* שטאַרק; געזונט; קראַפֿטיק
(durable) פֿעסט; סאָליד
(drink) שטאַרק; האַרט
strong as an ox געזונט ווי אַ פֿערד; שטאַרק ווי שמשון הגיבור [ShIMShN HAGÍBER]
be strong in זײַן אַ מומחה אין; זײַן אַ קענער פֿון [MÚMKhE]
strong person (*m./unsp.*) דער שטאַרקער; דער גבֿר, ־ן; דער גבֿרן, ־ים [GVAR] [GÁVREN, GAVRÓNIM]
strong person (*f.*) די גבֿרנטע, ־ס [GÁVRENTE]
strong, *adv.*
be going strong נאָך אַלץ האָבן די פֿולע כּוחות; פֿאַרנעמען אַ פֿעסטע פּאָזיציע [KÓYKhES]
They're fifty strong זיי זענען גאַנצע פֿופֿציק (אירע)
strong-arm, *v.* אויפֿנעמען ביד־חזקה [BEYÁD-KhAZÓKE]
strong-arm tactics די ביד־חזקה־טאַקטיק ל״י [BEYÁD-KhAZÓKE]
strongbox דער סייף, ־ן; די פֿײַער־קאַסע, ־ס
stronghold די פֿאַרפֿעסטיקונג, ־ען; די פֿעסטונג, ־ען
strong language קללות; זידלווערטער [KLÓLES]
strongly שטאַרק; שטאָל־און־אײַזן
be strongly of the opinion (that) האַלטן שטאַרק (אַז); האַלטן זיך שטאַרק בײַ דער מיינונג (אַז); זײַן שטאַרק געניי́גט (צו); האַלטן דורכויס (אַז)
I feel strongly about it סע רופֿט בײַ מיר אַרויס שטאַרקע געפֿילן
strongman דער אויטאָקראַט, ־ן
(performer) דער צירק־גיבור, ־ים [GÍBER, GIBÓYRIM]
strong measures האַרבע מיטלען
strong medicine (*fig.*) די האַרבע שטראָף
strong suit דער פֿאָרט, ־ן; די מעלה, ־ות [MÁYLE]
strong-willed מיט אַ שטאַרקן ווילן
be strong-willed האָבן אַ שטאַרקן ווילן; זײַן אַ בעל־רצון [BALRÓTSN]
strontium דער סטראָנציום
strophe די סטראָפֿע, ־ס

structural סטרוקטורעל; סטרוקטור...
structural analysis דער סטרוקטור־אַנאַליז
structuralism דער סטרוקטוראַליזם
structurally סטרוקטורעל
structural mechanics די סטרוקטור־מעכאַניק ל"י
structure, *n.* די סטרוקטור, ־ן
(edifice) *also* דער בנין, ־ים; דאָס געבײַ, ־ען [BÍNYEN, BINYÓNIM]
(form/composition) *also* דער (גע)בוי
structure, *v.* סטרוקטורירן
strudel דער שטרודל, ־ען
struggle, *n.* דאָס געראַנגל, ־ען
(physical) *also* דער קאַמף, ־ן; דאָס געשלעג, ־ן
(effort) *also* דאָס ראַנגלעניש, ־ן; דער אָנשטרענג, ־ען
struggle, *v.* **(with/to)** ראַנגלען זיך (מיט); אָנטאָן זיך אַ כּוח (צו); מאַטערן זיך (מיט); מוטשען זיך (מיט); קלאַפּאָטשען זיך (צו) [KÓYEKh]
struggle against ווערן זיך קעגן
struggle for breath (on deathbed) (קוים) זשיפּען
struggle for breath (pant) סאָפּען; אָטעמען שווער; מאַטערן זיך דעם אָטעם אָפּצוכאַפּן
strum (ג)רימפּלען
strumming דאָס (ג)רימפּלען
strumpet דאָס גאַסן־מיידל, ־עך
strung-out אין גאַנצן פֿאַרטויבט
strut, *n.* די שפּעהע, ־ס; דער אונטערשפּאַר, ־ן
strut,[1] *v.* **(be haughty)** אַרומגיין מיט אַ פֿאַררײסענער נאָז; אויספּײַנען זיך
strut one's stuff אויספּײַנען ‹באַרימען› זיך
strut,[2] *v.* **(support)** אונטערשפּאַרן
strutting, *n.* די/דאָס פֿאַררײסנקייט; די/דאָס אויספּײַנערישקייט
strychnine דער סטריכנין
stub, *n.*
(check) דאָס בלײַבל, ־עך
(cigarette) דאָס רעשטל, ־עך; דאָס שטאַרצל, ־עך
(pencil) דער שטומף, ־ן
(ticket) דאָס בילעט־בלײַבל, ־עך
stub, *v.*
stub one's toe אָנשטויסן ‹אָנשלאָגן› זיך דעם פֿוספֿינגער
stub out פֿאַרלעשן
stubble
(agr.) די סטערנ(י)ע, ־ס
(shaving) די שטשעטינע; (שטעכיקע) האָר ל"ר
field of stubble דאָס שניטפֿעלד; דאָס געשניט
stubbly (beard) געפּניאַקלט; שאַרסטיק; שטעכיק
stubborn עקשנותדיק; פֿאַרעקשנט; אײַנגעעקשנט; האַרטקעפּיק; האַרטנעקיק; נאַטערוואַטע; פֿאַרביסן [AKShÓNESDIK] [FARÁKShNT] [ÁYNGEÁKShNT]
be stubborn זײַן אַן עקשן; אײַנשפּאַרן זיך [AKShN]
be stubborn as a mule אײַנשפּאַרן זיך ווי אַן אייזל; זײַן אַ געבראָטענער ‹ווײסטער› עקשן
stubborn child דאָס עקשנדל, ־עך/עקשנימלעך [ÁKShNDL/AKShÓNIMLEKh]
You stubborn mule! גזלן! [GÁZLEN]
stubbornly עקשנותדיק [AKShÓNESDIK]
stubbornness דאָס עקשנות [AKShÓNES]
stucco, *adj.* שטוקאַטור־...
stucco, *n.* די שטוקאַטור
stuccowork די שטוקאַטור־אַרבעט
stuccoworker דער שטוקאַטור־אַרבעטער, ־ס
stuck
be stuck on (in love) זײַן פֿאַרליבט אין
get stuck שטעקן בלײַבן; פֿאַרגרוזנעט ‹פֿאַרזונקען› ווערן; פֿאַרקריכן
get stuck with (שטעקן) בלײַבן מיט
stuck for cash געענגט אין געלט
stuck-up פֿאַררײסן
be stuck-up האַלטן זיך גרויס; בלאָזן פֿון זיך; האָבן פֿליגן ‹פֿלײ› אין דער נאָז
stuck-up person דער גרויסהאַלטער, ־ס; דער גדלן, ־ים [GÁDLEN, GADLÓNIM]
stud,[1] *n.* **(horse)** דער באַלופֿער, ־ס
put to stud שיקן אויף האָדיוּולע ‹צויונג›
What a stud! ער איז דער יצר־הרע אַליין! [YÉYTSER-HÓRE]
stud,[2] *n.*
(boot) דער (שאַרפֿער) שפּיץ, ־ן
(collar) די זאַפּינקע, ־ס; די שפּאָנקע, ־ס; די שפּײַקע, ־ס
(nail) דער שטיפֿט, ־ן
(vertical post) דער וואַנטזײַל, ־ן
stud, *v.*
(scatter) באַשיטן
(set with studs) אַרײַנשלאָגן; אַרײַנקלאַפּן
studded (with) באַשאָטן (מיט)
studbook דאָס שטאַמבוך, ...ביכער
student, *adj.*
(non-university) תּלמידים־... [TALMÍDIM]
(university) סטודענטיש; סטודענטן־...
student, *n.*
(non-university/*m.*/*unsp.*) דער תּלמיד, ־ים [TÁLMED, TALMÍDIM]
(non-university/*f.*) די תּלמידה, ־ות [TALMÍDE]
(university/*m.*/*unsp.*) דער סטודענט, ־ן
(university/*f.*) די סטודענטקע, ־ס
(J./Talmudic/*m.*/*unsp.*) דער לערנער, ־ס
(J./Talmudic/*f.*) די לערנערקע, ־ס
student affairs סטודענטישע ענינים [INYÓNIM]
student body
(non-university) די תּלמידימשאַפֿט [TALMÍDIMShAFT]
(university) די סטודענטנשאַפֿט
student life דאָס סטודענטישע לעבן
student loan די סטודענטן־הלוואה, ־הלוואות [HALVÓE]
student services די סטודענטן־באַדינונגען
student teacher דער סטודענטישער לערער, ־ס
student teaching די פּעדאַגאָגישע פּראַקטיק
student union דער סטודענטן־פֿאַרבאַנד, ־ן
stud farm די פֿערדפֿאַרם, ־ען; דער (פֿערד)זאַוואָד, ־ן
studied געלערנט
studies לימודים; דער/דאָס שטודיום, ־ס
continue one's studies לערנען זיך ווײַטער; ממשיך זײַן דאָס לערנען [MÁMShEKh]
studio דער סטודיאָ, ־ס; דער אַטעליע, ־ען; דער וואַרשטאַט, ־ן
(thea.) די סטודיע, ־ס
studio apartment די סטודיאָ־דירה, ־ות; די אײנצימערדיקע דירה, ־ות [DÍRE]
studious אַרײַנגעטאָן אין לערנען; מתמידיש; פֿלײַסיק [MASMÍDISh]
studious person דער מתמיד, ־ים [MÁSMED, MASMÍDIM]
studiously מיט התמדה ‹חשק›; מתמידיש; פֿלײַסיק [HASMÓDE] [KhÉYShEK] [MASMÍDISh]
studiousness די התמדה; די/דאָס פֿלײַסיקייט; דער פֿלײַס [HASMÓDE]
study, *n.*
(artwork) דער עטיוד, ־ן
(of subject) די שטודיע, ־ס; די פֿאָרשונג, ־ען

(process of learning) דאָס לערנען
(research) דאָס פֿאָרשן
(room) דער קאַבינעט, ־ן
study abroad program די שטודיר־פּראָגראַם אין אויסלאַנד
the study of [LÍMED] דער לימוד פֿון; דער ...־לימוד
the study of cancer די ראַקפֿאָרשונג
a study in (acad.) אַ פֿאָרשאַרבעט ‹שטודיע› אין
study, *vt./vi.* לערנען (זיך)
(for exam) גרייטן ‹לערנען› זיך אויף ‹צו› אַן עקזאַמען; איינחזרן די לעקציעס אויף ‹צו(ן)› אַן עקזאַמען [ÁYNKhÁZERN]
(investigate) פֿאָרשן; שטודירן
(profession) לערנען (זיך) אויף
study hard צולייגן קאָפּ צו די שטודיעס ‹לימודים›; לערנען פֿלײַסיק; לערנען (זיך) מיט התמדה [HASMÓDE]
study voice [KOL] לערנען זיך זינגען; אויסשולן דאָס קול
I have a lot of studying to do כ'מוז (זיך) אַ סך לערנען [SAKh]
study group די שטודיר־גרופּע, ־ס
(J./trad.) [KhAVRÚSE] די חבֿרותא, ־ות
study guide דער לערן־ווײַזער, ־ס
stuff, *n.*
(substance) דער שטאָף, ־ן
(things) זאַכן ל"ר
know one's stuff [MELÓKhE] קענען די מלאָכה
show one's stuff באַווײַזן וואָס מע קען
stuff and nonsense נאַרישקייטן ל"ר; דאָס שטותערײַ; די בלאָטע; דער קוואַטש
stuff, *v.*
imp. שטאָפּן
pf. אָנשטאָפּן; אָנפּילן
(taxidermy) אויסשטאָפּן
(cul.) (אָנ)פּילן
(pad) אויסבעטן
(push in) פֿאַרשטעקן; פֿאַרשטופּן
stuff oneself אָנשטאָפּן זיך; עסן ‹קײַען› אויף ביידע באַקן; אָנפּילן די קישקע
stuffed
(cul.) געפּילט
(padded) געבעט
(satiated) אָנגעשטאָפּט
stuffed animal [KhÁYELE] דאָס אויסגעשטאָפּטע חיהלע, ־ך
stuffed cabbage האָלעפּצעס ‹האָלעשקעס› ל"ר; געוויקלט(ע) ‹געפּילט(ע)› קרויט; פּראַקעס; פֿילעכלעך
stuffed derma די געפּילטע קישקע
stuffed neck (of fowl) דאָס (געפּילטע) העלדזל, ־עך
stuffed nose די פֿאַרלייגטע נאָז
I have a stuffed nose ס'איז מיר פֿאַרלייגט די נאָז
stuffed shirt דער בלאָזזאַק, ...זעק; דער אויפֿגעבלאָזענער געב'; דער אויפֿגעבלאָזענער גאַרנישט, ־ן
stuffiness די/דאָס דושנעקייט; די/דאָס פֿאַרשטיקטקייט; די/דאָס שטיקעדיקייט
(of person) די/דאָס אָנגעבלאָזנקייט
stuffing דאָס (גע)פֿילעכץ; די פֿאַרש
stuffy דושנע; פֿאַרשטיקט; שטיקעדיק
stuffy person דער אינדיק, ־עס; דער אָנגעבלאָזענער געב'
stultify מאַכן צו נישט; פֿאַרטעמפּן; מאַכן צום נאַר
stultifying פֿאַרטעמפּנדיק
stumble, *n.* דאָס שטאָמפּערן
stumble, *v.* פֿאַלן איבער די פֿיס; פּלאָנטערן מיט די פֿיס; גיין און פֿאַלן; שטאָמפּערן; שטאָלפּערן
(fig.) [NIKhShL] געשטרויכלט ‹ניכשל› ווערן; ספּאָטיקען זיך

stumble across אָנטרעפֿן (זיך) אויף; אָנשטויסן זיך (אין)
stumble into אָנשלאָגן ‹אָנטרעפֿן› זיך אין
stumble over one's words פֿאַרהאַקן זיך; ספּאָטיקען זיך
stumbling block דער שטרויכלשטיין, ־ער; דער מיכשול, ־ים; דער שטיין אין וועג; דער אבֿן־נגף, ־ן [MIKhShL, MIKhShÓYLIM] [EVN-NÉGEF]
stump, *n.*
(of limb) דאָס (פֿוס)רעשטל, ־עך
(tree) דער פּניאַק ‹פּניאָק›, ־עס; דער קאָרטש, ־ן; דער סטאַטשיק, ־עס; דער שטומפּ, ־ן
be on the stump קאַמפּאַניעווען; האַלטן וואַלרעדעס
clear stumps אויסקאָרטש(עוו)ען
stump, *v.*
vt. **(baffle)** פּלעפֿן
vi. **(campaign)** קאַמפּאַניעווען
stumped [MEVÚLBL] געפּלעפֿט; מבֿולבל
stump speech די קאַמפּאַניע־רעדע, ־ס
stun פֿריטשמעליען
(incapacitate) *also* דערטשמעליען; פֿאַרדולן; פֿאַרגלושען; באַרעשן [BARÁShN]
(shock/surprise) *also* פּלעפֿן; צעחושן
stun gun דער עלעקטראָשאָק־פּיסטויל, ־ן
stunner די אַסאַבע, ־ס
m. also דער קראַסאַוועץ, ...ווצעס; דער בילדפֿאַרשוין, ־ען; דער אויסטערליש ‹פּרעכטיק› שיינער מאַן, מענער
f. also די קראַסאַוויצע, ־ס; די יפֿת־תּואר, ־ס/־ן; די אויסטערליש ‹פּרעכטיק› שיינע פֿרוי [YEFASTÓYER] [MÁMESh]
stunning פּלעפֿ(נד)יק
stunt, *n.* די קונץ, ־ן
pull off a stunt ווײַזן אַ קונץ
stunt, *v.* פֿאַרקאַרליקן; פֿאַרהאַלטן
stunted פֿאַרהאַלטן
stunted growth דער פֿאַרהאַלט פֿון ביינערוווקס
stunt man דער קונצן־אַקטיאָר, ־ן
stupefaction די/דאָס פֿריטשמעליעטקייט; די/דאָס געפּלעפֿטקייט
stupefied פֿריטשמעליעט; געפּלעפֿט
be stupefied נישט קענען זיך אַ ריר טאָן
stupefy פֿריטשמעליען; דערטשמעליען; פּלעפֿן; איבערראַשן
stupendous נשתּומםדיק; וווּנדערלעך; פּלאַדיק [NIShTÓYMEMDIK] [PÉLEDIK]
stupid נאַריש
Don't be stupid! זײַ(ט) נישט קיין נאַר!
I did something stupid דער נאַר האָט מיך געשטופּט; כ'האָב זיך באַנאַרישט; כ'האָב אָפּגעטאָן אַ נאַרישקייט
stupid person (*m./unsp.*) דער נאַר, נאַראָנים; דער טיפּש, ־ים; דער בהמהניק, ־עס; דער בוהײַ, ־עס [TÍPESh, TÍPShIM] [BEHÉYMENIK]
stupid person (*f.*) די נאַרישע פֿרוי, ־ען; די טיפּשה, ־ות; די בהמה, ־ות [TÍPShE] [BEHÉYME]
stupidity [TÍPShES] די/דאָס נאַרישקייט; דאָס טיפּשות
stupidly נאַרישערהייט
stupor דער הינערפּלעט
stuporous אין הינערפּלעט
sturdy קרעפֿטיק; פֿעסט
(firm build) *also* מאָצנע; פֿאַרהאַרטעוועט; געזונט און שטאַרק
sturgeon דער שטער, ־ן; דער באַליק, ־עס
stutter, *n.* דאָס פֿאַרהיקען ‹זאַהיקען› זיך; דאָס שטאַמלען
He has a stutter ער היקעט ‹שטאַמלט›

stutter, *v.* היקע|ן; שטאַמלען; פֿאַרהיקע|ן זיך; זאַהיקע|ן ‹זאַיִקע|ן› זיך
stutterer דער היקעוואַטער גאַב'; דער שטאַמלער, ־ס; דער זאַיִקע, ־ס; דער כּבֿד־פּה, ־עו [KVATPÉ]
St. Vitus' dance דער וויטוס־טאַנץ
sty די/דער חזיר־שטאַל, ־ן; דער כליעוו, ־עס [KhÁZER]
stye דער גערשט, ־ן; דאָס גערשטל, ־עך
Stygian סטיגיש
style, *n.*
  (fashion) דער פֿאַסאָן, ־ען; די מאָדע, ־ס; דער שניט, ־ן
  (type) דער סטיל, ־ן; דער שטייגער, ־ס; דער נוסח, ־אָות [NÚSEKh, NUSKhÓES]
  (bot.) דער גריפֿל, ־ען
  in style מאָדיש; אין דער מאָדע
  in the latest style לויט דער נײַסטער מאָדע
  in the style of אין סטיל פֿון; לויט
  It's not my style ס'איז נישט מײַן שטייגער
  live in high style פֿירן (אַ גרויסן) שטאַט
  out of style אַרויס פֿון דער מאָדע; אַלטמאָדיש
style, *v.*
  (give a title) באַטיטלען
  (give style) אויסטיל(יז)ירן; צופּאַסן לויט דער מאָדע
styling gel דער האָרזשעלע, ־ען
stylish מאָדיש; עלעגאַנט; שיק
stylishly מאָדיש; מיט שיק; מיטן גאַנצן טשאַק ‹קנאַק›
stylishness די/דאָס מאָדישקייט; די עלעגאַנץ
stylist דער סטיליסט, ־ן
  (hairdresser/*m./unsp.*) דער פֿריזירער, ־ס; דער פֿריזער, ־ן
  (hairdresser/*f.*) די פֿריזירערין, ־ס
stylistic סטיליסטיש
stylistics די סטיליסטיק ל"ר
stylization
  (act) די סטיליזירונג; דאָס סטיליזירן
  (product) די סטיליזאַציע, ־ס
stylize סטיל(יז)ירן
stylus
  (Braille) די בלינדע פֿעדער, ־ס
  (comp.) דאָס (עלעקטראָנישע) פענדל, ־עך
  (engraving tool) דער שרײַבגריפֿל, ־ען
  (phonograph) די נאָדל, ־ען
stymie פֿאַרלייגן + דאַט' אַ קלאָץ; צעפּלעפֿן
styptic דאָס אײַנצי־מיטל, ־ען
styrene דער סטיראָל
styrofoam דער סטיראָשוים
suave בנעימותדיק; העפֿלעך [BENEÍMESDIK]
  (*pej.*) גלאַט; סאַמעטיק
suavity דאָס נעימות [NEÍMES]
sub... סוב...; אונטער...; ווײַטער
sub *see* **submarine; substitute**
subacute סובאַקוטיש
subassembly דער צונויפֿשטעל־טייל, ־ן
subatomic סובאַטאָמיש
subbasement דער אונטערקעלער, ־ן
subcommittee די סובקאָמיסיע, ־ס; די אונטערקאָמיסיע, ־ס; דער סובקאָמיטעט, ־ן
subcompact דער מיניקאָמפּאַקט־אויטאָ, ־ס
subconscious, *adj.* אונטערווויס(עווד)יק; אונטערבאַוווסטזיניק
subconscious, *n.* די/דאָס אונטערווויס(עווד)יקייט; דער אונטערוויסיקער איך
subconsciously *see* **subconscious**, *adj.*
subcontinent דער סובקאָנטינענט, ־ן
subcontract אויסטיילן; צעגעבן
subcontractor דער סובקאָנטראַקטאָר, ...אָרן
subculture די אונטערקולטור, ־ן
subcutaneous אונטערהויט־...; אונטערהויטיק
subcutaneous fat דאָס אונטערהויטיקע פֿעטס
subcutaneously אונטער דער הויט
subdirectory דער אונטערקאַטאַלאָג, ־ן
subdividable אונטער(צע)טיילעוודיק
  be subdividable לאָזן זיך אונטער(צע)טיילן
subdivide (into) אונטער(צע)טיילן (אויף); ווײַטער צעטיילן (אויף)
subdivision דער אונטעראָפּטייל, ־ן; די סובדיוויזיע, ־ס
subdue
  (feelings) אײַנשטילן; אײַנצאַמען
  (pain) לינדערן
  (light) אָפּטונקלען
  (noise) פֿאַרדומפּן; פֿאַרשטיל(ער)ן
  (the enemy) אײַננעמען; באַצווינגען; באַהערשן
subdued
  (lighting) אָפּגעטונקלט
  (noise) פֿאַרדומפּן; פֿאַרשטיל(ער)ט
  (person) שטיל; עפּעס דערשלאָגן
subgenus דער אונטערמין, ־ים
subgroup די סובגרופּע, ־ס; די אונטערגרופּע, ־ס
subheading דער אונטערטיטל, ־ען
subhuman אונטערמענטשיש
subject, *adj.* **(to)**
  (exposed) אויסגעשטעלט (אויף)
  (liable) עלול (צו) [ÓLEL]
  (obligated) חייבֿ (צו) [KhÁYEV]
  (prone) נוטה (צו); געשטימט (צו) [NÓYTE]
  (subjugated) אונטערטעניק + דאַט'; אונטערגעוואָרפֿן + דאַט'
  It's subject to change סע קען זיך נאָך בײַטן
subject, *n.*
  (acad.) דער לימוד, ־ים [LÍMED, LIMÚDIM]
  (gram.) דער סוביעקט, ־ן
  (pol.) דער אונטערטאַנער, ־ס
  (topic) די טעמע, ־ס
  Let's change the subject לאָמיר בײַטן די טעמע; לאָמיר רעדן פֿון פֿריילעכערע זאַכן
  on the subject of אויף דער טעמע
  subjects (acad./secular) לימודי־חול [LÍMUDEY-KhÓYL]
  subjects (J./trad.) לימודי־קודש [LÍMUDEY-KÓYDESh]
  while we're on the subject אַז מע רעדט שוין וועגן דעם
subject, *v.* **(to)**
  (expose) אויסשטעלן (אויף)
  (subjugate) אונטעריאָכן; אונטערטעניקן
  subject oneself to אונטערוואַרפֿן זיך + דאַט'; מכניע זײַן זיך [MAKhNÍE]
subject area דאָס לימוד־פֿעלד, ־ער [LÍMED]
subject index דער טעמאַטישער זוכצעטל, ־ען
subjection די/דאָס אונטערגעוואָרפֿנקייט; די/דאָס אונטערטעניקייט
subjective סוביעקטיוו
subjective case דער נאָמינאַטיוו, ־ן
subjectively סוביעקטיוו (גערעדט); אויף אַ סוביעקטיוון אופֿן [OYFN]
subjectivity די/דאָס סוביעקטיווקייט
subject line די טעמע־שורה, ־ות [TÉME]
subject matter די טעמאַטיק; דער אינהאַלט

subjugate אונטערטעניקן; אונטערטעניק מאַכן; אונטערטריאַכן; מכניע זײַן; ˚באַצווינגען [MAKhNÍE]
subjugation די/דאָס אונטערטעניקייט
subjunctive דער קאָניונקטיוו; דער זאָל־מאָדוס
sublease אונטערפֿאַרדינגען; ווײַטער פֿאַרדינגען
sublet, *n.* די אונטערגעדונגענע דירה, ־ות [DÍRE]
sublet, *v.*
(by sublessee) אונטערדינגען
(by sublessor) אונטערפֿאַרדינגען
subletter דער סובלאַקאַטאָר, ...אָרן
sublimate סובלימירן
sublimation די סובלימאַציע; די סובלימירונג
sublime געהויבן
subliminal אונטערוויסיק; אונטערבאַוווּסטזיניק
subliminal advertising דאָס אונטערוויסיקע רעקלאַמערײַ
submachine gun דער אויטאָמאַט, ־ן
submachine gunner דער אויטאָמאַטלער, ־ס
submarine, *adj.* טונקשיפֿ...; אונטערוואַסער־...; סובמאַרין־...
submarine, *n.* די טונקשיף, ־ן; דער סובמאַרין, ־ען
submarine chaser דער טונקשיף־יאָגער, ־ס
submarine crew די טונקשיף־קאָמאַנדע, ־ס
submarine fleet דער טונקפֿלאָט; דער אונטערוואַסער־פֿלאָט
submarine mine די אונטערוואַסער־מינע, ־ס
submariner דער טונקשיפֿער, ־ס
submerge, *vt./vi.* אײַנטונקען (זיך); אונטערטונקען (זיך); אונטערטוקן (זיך); אַראָפּלאָזן (זיך)
submerged אונטערן וואַסער
submersible, *adj.* אײַנטונק(עווד)יק
submersible, *n.* דער אונטערוואַסער־אַפּאַראַט, ־ן
submersion דאָס אונטערטונקען (זיך); דאָס אַראָפּלאָזן (זיך) אין וואַסער
(J./ritual) די טבֿילה, ־ות [TVÍLE]
submission
(act of surrender) דאָס אונטערוואַרפֿן ‹אונטערגעבן› זיך
(state of surrender) די/דאָס אונטערטעניקייט
(of document) דאָס אָנגעבן; דאָס אײַנגעבן; דאָס דערלאַנגען
submissive אונטערגעוואָרפֿן; אונטערטעניק; הכנעהדיק; ניכנעדיק [HAKhNÓEDIK]
submissive person דער ניכנע, ־ים; דער אונטערגעוואָרפֿענער געב׳ [NÍKhNE, NIKhNÓYEM]
submissiveness די/דאָס אונטערגעוואָרפֿנקייט
submit
(a document) אָנגעבן; אײַנגעבן; דערלאַנגען
(for consideration) אַרײַנשיקן; צושיקן; אַרײַנטראָגן
submit to (permit) לאָזן זיך + אינפֿ׳; אונטערוואַרפֿן זיך + דאַט׳
subnormal אונטערנאָרמאַל; סובנאָרמאַל
suborbital סובאָרביטאַל
subordinate, *adj.* אונטער...; אונטערגעאָרדנט
subordinate, *n.* דער סובאָרדינאַט, ־ן; דער אונטער, ־ס
subordinate, *v.* סובאָרדינירן; אונטעראָרדענען
subordinate clause דער בײַזאַץ, ־ן
suborn אונטערקויפֿן; צורעדן
subplot דער אונטערסיפּור־המעשה [ÚNTERSÍPER-HAMÁYSE]
subpoena, *n.* דער רופֿצעטל, ־ען; דאָס לאַדעניש, ־ן; די סובפּענע, ־ס
answer a subpoena אויספֿאָלגן ‹מקיים זײַן› אַ סובפּענע [MEKÁYEM]
serve with a subpoena דערלאַנגען אַ סובפּענע

subpoena, *v.* סובפּענירן
sub rosa בשתיקה; סוב ראָזאַ [BIShTÍKE]
subroutine די אונטערפּראָגראַם, ־ען
sub-Saharan סובסאַהאַריש
subscribe
(to idea) שטיצן; האַלטן פֿון
(to publication) אַבאָנירן + אַק׳; אַבאָנירן זיך אויף; אויסשרײַבן + אַק׳
subscriber דער אַבאָנענט, ־ן
subscript דער סובסקריפּט, ־ן
subscription דער אַבאָנעמענט, ־ן
subscription drive די אַבאָניר־אַקציע, ־ס
subscription fee דאָס אַבאָניר־געלט
subsection דער אונטעראָפּטייל, ־ן
(jur.) דער פּאַראַגראַף, ־ן
subsequent [HÉMShEKh] ווײַטערדיק; נאָכדעמדיק; המשך־...
subsequently נאָך דעם; דערנאָכדעם; (אויף) ווײַטער; שפּעטער
subservience די/דאָס ניכנעקייט; די/דאָס אונטערטעניקייט
subservient ניכנע פּר׳; אונטערטעניק
subset דער אונטערסכום, ־ען
subside אײַנשטילן זיך; נאָכלאָזן; לייגן זיך; איבערנעמען זיך; אָפּגיין
subsidence דאָס זעצן זיך; דאָס אײַנפֿאַלן
subsidiary, *adj.*
(subordinate) אונטער...
(auxiliary) בײַ...
subsidiary, *n.* די פֿיליע, ־ס; די פֿיליאַלע פֿירמע, ־ס
subsidize סובסידירן; סובווענציאָנירן; שטיצן פֿינאַנציעל
subsidy די סובסידיע, ־ס; די סובווענץ, ־ן
subsist
(exist) עקסיסטירן
subsist on אויסקומען ‹אָפּקומען› מיט; אויסהאַלטן זיך פֿון
subsistence
(existence) די עקסיסטענץ
(livelihood) דאָס אויסקומעניש; די אויסהאַלטונג; די חיונה; די פּרנסה [KhEYÚNE/KhAYÚNE] [PARNÓSE]
subsistence farming די אויסקום־אַגריקולטור; דאָס אויסקום־פֿאַרמערײַ
subsistence level דער לעבנס־מינימום
subsoil דער אונטערגרונט; דער אונטערבאָדן
subsoil waters גרונטוואַסערן
subsonic סובסאָניש
subspecies דער סובזגאַל, ־ן; דער אונטערזגאַל, ־ן
substance דער שטאָף, ־ן; די סובסטאַנץ; די האַפּט; דאָס ממשות; דער חומר; דער עצם [MAMÓShES] [KhÓYMER] [ÉTSEM]
(fig.) [TOKh] דער תוך, ־ן; דער עצם; דער/דאָס תּמצית, ־ים [TÁMTSES, TAMTSÉYSIM]
in substance אין תוך (גערעדט)
substance abuse דאָס נאַרקאָטעווען; די נאַרקאָמאַניע; דער קרומבאַניץ פֿון נאַרקאָטיק; דאָס שיכּורן [ShÍKERN]
substandard סובסטאַנדאַרד; פֿון נידעריקער קוואַליטעט
substantial היפּש; ממשותדיק; תּוכיק; באַטײַטיק [MAMÓShESDIK] [TÓKhIK]
(meal) ממשותדיק; זעטיק
stg. substantial דער יש, ־ן; עפּעס רעכטס ‹ממשותדיקס› [YESh] [MAMÓShESDIKS]
substantially היפּש; ממשותדיק [MAMÓShESDIK]
substantiate באַגרינדן; באַקרעפֿטיקן; באַשטעטיקן; באַעכטיקן
substantiation די באַשטעטיקונג; די באַגרינדונג; די באַעכטיקונג

substantive, *adj.* תּוך־...; ממשותדיק [TOKh] [MAMÓShESDIK]
substantive issue די תּוך־זאַך, ־ן [TOKh]
substantive, *n.* דער סובסטאַנטיוו, ־ן; דאָס זאַכוואָרט, ...ווערטער
substation די סובסטאַנציע, ־ס
substernal אינפֿראַסטערנאַל
substitute, *adj.* בימקום־...; ממלא־מקום־...; פֿאַרבײַט...; פֿאַרטרעט... [BÍMKEM] [MEMÁLE-MÓKEM]
substitute, *n.*
(person) דער ממלא־מקום, ־ס; דער בימקום, ־ס; דער פֿאַרבײַטער, ־ס; דער פֿאַרטרעטער, ־ס [MEMÁLE-MÓKEM] [BÍMKEM]
(thing) דער סובסטיטוט, ־ן; דער סוראָגאַט, ־ן; דער פֿאַרבײַט, ־ן
substitute, *v.* **(for)** פֿאַרבײַטן (מיט); אַנשטאָט דעם שטעלן ‹לייגן/געבן›; סובסטיטויִרן (אויף); פֿאַרטרעטן (מיט); ממלא־מקום זײַן + אַק' [MEMÁLE-MÓKEM]
substitute teacher
m./unsp. דער בימקום־‹ממלא־מקום־›לערער, ־ס [BÍMKEM] [MEMÁLE-MÓKEM]
f. די בימקום־‹ממלא־מקום־›לערערין, ־ס
substitution דער פֿאַרבײַט, ־ן; די סובסטיטוציע, ־ס; די סובסטיטויִרונג, ־ען; די פֿאַרטרעטונג, ־ען
make a substitution פֿאַרבײַטן; סובסטיטויִרן
stg. substituted דאָס פֿאַרבײַטענע; דאָס סובסטיטויִרטע
substratum דער סובסטראַט, ־ן; דער אונטערשיכט, ־ן
substructure דאָס אונטערגעבײַ, ־ען; דער פֿונדאַמענט, ־ן
subsume אַרײַננעמען; אײַנשליסן (אין דער קאַטעגאָריע); סובסומירן; כּולל זײַן [KÓYLEL]
be subsumed by אַרײַנגענומען ‹אײַנגעשלאָסן› פֿון
subtenant דער סובלאָקאַטאָר, ...אָרן
subterfuge דער פֿאָרטל, ־ען; דאָס דריידל, ־עך; די תּחבולה, ־ות [TAKhBÚLE]
subterranean אונטערערדיש
subtext דער אונטערטעקסט; דאָס נישט־דערזאָגטע
subtitle, *n.*
(in film) דאָס אונטערקעפּל, ־עך
(in text) דער אונטערטיטל, ־ען
subtitle, *v.* שטעלן אונטערקעפּלעך
subtitled מיט אונטערקעפּלעך
subtle סובטיל; קוים צו באַמערקן; פֿײַן; ראַפֿינירט; פֿאַרשפּיצט
subtlety די/דאָס סובטילקייט; די/דאָס ראַפֿינירטקייט
subtonic דער סובטאָניק, ־ן
subtotal דער אונטערסך־הכּל, ־ען [ÚNTERSAKhÁKL]
subtract אַראָפּרעכענען; אַראָפּנעמען; מאַכן דעם חיסור [KhÍSER]
subtraction די אַראָפּרעכענונג; דער חיסור [KhÍSER]
subtropical סובטראָפּיש
subtype דער אונטערטיפּ, ־ן
suburb די פֿאָרשטאָט, ...שטעט; די פֿירשטאָט, ...שטעט; די הינטערשטאָט, ...שטעט
suburban פֿאָרשטאָטיש; פֿירשטאָטיש; הינטערשטאָטיש
suburbanite דער פֿאָרשטאָטישער געב'
suburbia די פֿאָרשטאָט; די פֿירשטאָט; די הינטערשטאָט
subvention די סובווענץ, ־ן
subversion דאָס אונטערגראָבעניש; די סובווערסיע
subversive, *adj.* אונטערברעכעריש; איבערקערעריש; אונטעררײַסעריש; אונטערגראָבעריש; סובווערסיוו
subversive literature די קראַמאָלע
subversive, *n.* דער אונטעררײַסער, ־ס; דער אונטערגראָבער, ־ס; דער איבערקערער, ־ס
subvert אונטעררײַסן; אונטערגראָבן; איבערקערן

subway די אונטערבאַן, ־ען
(New York) *also* די/דער סאָבוויי אַמ'
subway station/stop די אונטערבאַן־סטאַנציע, ־ס
subzero סובזעראָדיק
succeed
(follow) נאָכקומען; °נאָכפֿאָלגן
(manage to) אײַנגעבן זיך אומפּ' + דאַט'/פֿ"ק; געראָטן אומפּ' + דאַט'/פֿ"ק; באַוויזן צו
(be successful in/at) מצליח זײַן בײַ; אויסנעמען בײַ; געראָטן אומפּ' + דאַט'/פֿ"ק; אײַנגעבן זיך אומפּ' + דאַט'/פֿ"ק; גיין אומפּ' + דאַט'/פֿ"ק באַרג־אַרויף; באַגליקן [MATSLÍEKh]
if at first you don't succeed דער ערשטער קוילעטש קומט אַרויס נישט געראָטן
She succeeded in buying a ticket ס'האָט זיך איר אײַנגעגעבן צו קויפֿן אַ בילעט; זי האָט באַוויזן צו קויפֿן אַ בילעט
succeed to the throne אַרויפֿגיין אויפֿן טראָן
succeeding קומעדיק; ווײַטערדיק
success די הצלחה, ־ות; דער סוקצעס, ־ן; די מזל־ברכה; דער באַגליק, ־ן; דער °דערפֿאָלג, ־ן [HATSLÓKhE] [MAZL-BRÓKhE]
be a success מצליח זײַן; אויסנעמען [MATSLÍEKh]
make a success of מצליח זײַן בײַ
Nothing succeeds like success מזל גורם מזל [MAZL GÓYREM MAZL]
without success אומזיסט; אָן הצלחה
successful געראָטן; הצלחהדיק; אײַנגעגעבן; מצליחדיק [HATSLÓKhEDIK] [MATSLÍEKhDIK]
be successful in life האָבן מזל אין לעבן; אויספֿירן אַ וועלט [MAZL]
He was successful at work ער האָט אויסגענומען בײַ דער אַרבעט; ס'האָט זיך אים אײַנגעגעבן בײַ דער אַרבעט; ס'איז אים געראָטן בײַ דער אַרבעט
successful person דער מזלדיקער געב'; דער מוצלח, ־ים; דער באַגליקטער געב' [MÁZLDIKER] [MÚTSLEKh, MUTSLÓKhIM]
successful actor (thea./*slg.*) דער טומל
successfully הצלחהדיק; מיט הצלחה ‹מזל› [HATSLÓKhEDIK] [HATSLÓKhE] [MAZL]
succession
(descendants) די נאָכקומערשאַפֿט
(series) דער נאָכאַנאַנד; די ריי; די סעריע
in succession איינס נאָך אַנאַנד; איינס נאָכן צווייטן; כּסדר [KESÉYDER]
in succession to ווי דער נאָכקומער פֿון
first in line of succession דער ערשטער נאָכקומער; דער ערשטער בירושה [BEYERÚShE]
in quick succession איינס־צוויי נאָך אַנאַנד; גיך איינס נאָכן אַנדערן
his succession to the office זײַן איבערנעמען דעם אַמט
successive נאָכאַנאַנדיק
successively נאָך אַנאַנד
successor דער נאָכקומער, ־ס; דער יורש, ־ים [YÓYRESh, YÓRShIM]
successor to the throne דער טראָן־יורש, ־ים
success story די גרויסע הצלחה [HATSLÓKhE]
succinct תּמציתדיק; בקיצורדיק [TÁMTSEDIK] [BEKÍTSERDIK]
succinctly בקיצור; קורץ און צו דער זאַך [BEKÍTSER]
succisa דאָס טײַוולגראָז
succor, *n.* די הילף אין אַן עת־צרה [EYS-TSÓRE]
succor, *v.* העלפֿן ‹בײַשטיין› אין אַן עת־צרה [EYS-TSÓRE]
succubus די שדיכע, ־ס [ShÉDEKhE]

succulent, *adj.* זאַפֿטיק; סאָקיק

(bot.) דיק־בלעטערדיק; פֿליישיק; זאַפֿטיק

succulent, *n.* דאָס דיק־בלעטערדיקע געוויקס, ־ן

succumb (to)

(illness) שטאַרבן ‹אויסגיין› פֿון

(yield) פֿאַלן אונטער; ווערן אַ קרבן פֿון [KORBM]

succumb to temptation נאָכגעבן ‹נישט בײַשטיין› דעם יצר־הרע [YÉYTSER-HÓRE]

such, *adj.* אַזאַ

I said no such thing כ'האָב אַזוינס בכלל נישט געזאָגט [BIKhLÁL]

in such a way אַזוי

some such עפּעס אַזאַ

such a אַזאַ (מין)

such as אַזוי ווי; למשל; אַ שטייגער [LEMÓShL]

such that אַזוי אַז

to such a point אויף אַזוי ווײַט

such, *adv.*

such a delicious meal אַזאַ געשמאַקער מאָלצײַט

such a long time אַזוי לאַנג; אַ שאָק מיט יאָרן

such, *pron.* אַזוינער געב'; אַזעלכער געב'

as such אַזוי; עצם [ÉTSEM]

the project as such דער עצם פּראָיעקט

such as it is אַזוי גערופֿן; כּלומרשט; מישטײַנס געזאָגט [KLÓYMERShT]

such is life אַזוי איז דאָס לעבן

such-and-such אַזאַ און אַזאַ; דער און דער; די און די; דאָס און דאָס

such-and-such an amount אַזוי פֿיל און אַזוי פֿיל; כּך־וכּך [KÁKh-VEKÁKh]

suchlike, *adj.* ענלעך

suchlike, *pron.* אַזוינער געב'; און דאָס גלײַכן

suck, *n.*

give the straw a suck געבן אַ צי פֿון שטרוי

give suck to (a baby) שטילן

suck, *v.* זויגן; נאָגן; סמאָטשקע|ן

(candy) סמאָטשקען; סמאָקטשע|ן; טשמאָטשקע|ן

(thumb) זויגן דעם (גראָבן) פֿינגער

get sucked into אַרײַנגעצויגן ‹אַרײַנגעשלעפּט› ווערן

suck at (*fig.*) נישט טויגן צו

suck up אײַנזאַפּן; אײַנזויגן

suck up to (flatter/*slg.*) (אונטער)לעקן זיך צו; חנפֿע|(נע)ן זיך צו [KhÁNFE(NE)N]

suck up (*thea./slg.*) עסן פֿיש

That sucks! פֿע!; אוי, אַ בראָך!

sucker דער יאָלד, ־ן; דער פֿרײַער, ־ס; דער חסיד־שוטה [KhÓSID-ShÓYTE]

be a sucker לאָזן זיך שפּײַען אין דער קאַשע

sucking reflex דער זויגרעפֿלעקס, ־ן

suckle, *v. imp./pf.* (אויס)זייגן

suckling pig דאָס חזירל, חזירימלעך [KhÁZERL, KhAZÉYRIMLEKh]

suckup [Kh(A)NÍFENIK] דער חניפֿהניק, ־עס; דער לעקער, ־ס

sucrose דער סאַכאַראָז; די צוקראָזע

suction, *n.* דאָס זויגן; די זויגונג

suction, *v.* אַרויסזויגן; אָפּצײַען

suction cup דאָס צי־גלעזל, ־עך

suction pump די זויגפּאָמפּע, ־ס

Sudan (דאָס) סודאַן

Sudanese, *adj.* סודאַניש

Sudanese, *n.*

m./unsp. דער סודאַנער, –

f. די סודאַנערין, ־ס

sudden פּלוצעמדיק; פּלוצלינגדיק; מיטאַמאָליק; אומגעריכט

all of a sudden גאָר ‹גאַנץ› פּלוצעם; פּלוצלינג; מיט אַ מאָל; אין מיטן דרינען

all of a sudden (*hum.*) אין מיצקע דרינען; פּלוצטהאַלבן

sudden death דער פּלוצ(עמ)טויט; דער פּלוצעמדיקער ‹אומגעריכטער› טויט

sudden infant death syndrome דער פּלוצעמדיקער עופֿל־טויט [EYFL]

suddenly פּלוצעם; פּלוצלינג; מיט אַ מאָל

suddenly do stg. געבן ‹טאָן› אַ ...

suddenness די/דאָס פּלוצעמדיקייט; די/דאָס מיטאַמאָליקייט

suds מולינעס

sudsy פֿול מיט מולינעס

sue אײַנגעבן אין געריכט; לאָדן + אַק'; לאָדן זיך מיט

sue for damages אײַנגעבן אין געריכט אויף שאָדנגעלט

sue for divorce אײַנגעבן ‹דערלאַנגען› (אין געריכט) אויף אַ גט [GET]

suède, *adj.* פֿון שוועדישער לעדער; זאַמשן

suède, *n.* די/דאָס שוועדישע לעדער; דער זאַמש

suet דאָס חלבֿ [KhÉYLEV]

Suez Canal דער סועץ־קאַנאַל

suffer, *vt.*

vt. **(tolerate)** פֿאַרטראָגן; (פֿאַר)לײַדן; אויסהאַלטן פֿון; אויסשטיין

vi. **(undergo hardship)** לײַדן; מוטשע|ן זיך; מאַטערן זיך; אָפּקומען; אויסגעריסן ווערן

suffer from לײַדן + אַק'/פֿון/אויף; ביטערן זיך פֿון; פּלאָגן זיך מיט; האָבן יסורים פֿון; קראַנק זײַן אויף [YESÚRIM]

(pain/*hum.*) האָבן צו זינגען און צו זאָגן; זען די עלטער־באָבען פֿאַר די אויגן

suffer a loss [HÉZEK] לײַדן ‹האָבן› היזק; האָבן (אַ) שאָדן

suffer defeat אײַננעמען אַ מפּלה [MAPÓLE]

suffer for past sins (*fig.*) אויסקרענקען

suffer from pain לײַדן ‹איבערטראָגן› ווייטיקן ‹יסורים›

suffer terribly ביטער ‹שווער› אָפּקומען; לײַדן ביטערע יסורים; (אַ)דורכמאַכן אַלע שיבֿעה־מדורי־גיהנום [ShÍVE-MEDÚRE-G(EH)ÉNEM]

suffer the consequences לײַדן ‹טראָגן› די קאָנסעקווענצן

suffer the effects of a fall לײַדן פֿונעם האָבן געפֿאַלן

sufferance

on sufferance [KhÉYShEK] אָן איבעריקן חשק

sufferer דער לײַדנדיקער געב'

suffering דאָס לײַדן; לײַדן ל"ר; יסורים ל"ר; דאָס אָפּקומעניש [YESÚRIM]

terrible suffering די געברענטע ‹געבראָטענע› לייד; איובֿס יסורים [ÍEFS YESÚRIM]

suffice (for) קלעקן (אויף); סטײַע|ן (אויף); סטאַרטשע|ן (אויף); זײַן גענוג (אויף)

suffice it to say גענוג אַז מע זאָגט

sufficiency די/דאָס גענוגיקייט

sufficient גענוג(יק)

sufficiently גענוג

suffix דער סופֿיקס, ־ן

suffocate

vt. דערשטיקן; דערדושע|ן

vi. דערשטיקן זיך; דערשטיקט ‹דערדושעט› ווערן

suffocating שטיק(נד)יק; שטיקעדיק

suffocation די דערשטיקונג; דאָס דערשטיקט ווערן

suffragan דער סופֿראַגאַן, ־ען

suffrage דאָס שטימרעכט

suffragette די סופֿראַזשיסטקע, ־ס

suffuse (with) באַדן (אין); פֿאַרשווענקען (מיט)
sugar דער צוקער
sugar apple די זיססאַק־אַנאָנע, ־ס
sugar beet דער צוקער־בוריק, ־עס
sugar bowl די צוקערניצע, ־ס; די צוקער־פּושקע, ־ס
sugar cane דער צוקעררער
sugarcoat פֿאַרצוקערן; צופּוצן; פֿאַרשענערן
sugarcoated פֿאַרצוקערט; צוגעפּוצט
sugar cube דאָס קלעצל, ־עך; די קאָסקע, ־ס
sugar daddy דער רײַכער פֿעטער, ־ס; דער ליבע־פֿעטער, ־ס; דער פּאַטראָן, ־ען
sugar-loaf דאָס היטל צוקער
sugar palm די צוקער־פּאַלמע, ־ס
sugar pea דער צוקער־אַרבעס, –
sugar substitute דער כּמו־צוקער [KMOY]
sugary צוקערדיק; זיס
(*fig.*) זיסינק אַטר'
suggest פֿירלייגן; פֿאָרלייגן; אונטערזאָגן; אָנמוטן; סוגעסטירן; סוגערירן; עצהן; ראָטן; נאַרײַען [ÉYTSEN]
(evoke) דערמאָנען אין; האָבן אַ פּנים פֿון; אַרויפֿברענגען אויפֿן געדאַנק [PÓNEM]
(quietly hint) לאָזן פֿאַלן אַ וואָרט; געבן אָנצוהערן
What would she suggest I do? וואָס זשע לייגט זי פֿאָר, זאָל איך טאָן?; וואָס זשע איז איר עצה? [ÉYTSE]
suggestible
be suggestible לאָזן זיך אונטערזאָגן
suggestion דער פֿירלייג, ־ן; דער פֿאָרלייג, ־ן; דער אָנמוט, ־ן; די עצה, ־ות; דער נאַרײַ, ־ען [ÉYTSE]
through power of suggestion מיט דער הילף פֿון סוגעסטיע
suggestion box דאָס עצה־קעסטל, ־עך [ÉYTSE]
suggestive
(seductive) רייצנדיק; וועקנדיק
(suggesting) סוגעסטיוו
be suggestive of דערמאָנען אין
suicidal זיך־מערדעריש; זיך־הרגעוודיק [HÁRGEVDIK]
She's suicidal זי וויל זיך נעמען דאָס לעבן; זי וויל זיך אָנטאָן אַ מעשה ‹מיתה›; זי שטייט אויפֿן ראַנד פֿון אַליינמאָרד [MÁYSE] [MÍSE]
suicide, *adj.* אַליינמאָרד־...; זיכמאָרד...
He's on suicide watch מע היט אים, טאָמער וועט ער זיך פּרוּוון נעמען דאָס לעבן; מע היט אים פֿון אַליינמאָרד
suicide, *n.*
(act) דער אַליינמאָרד, ־ן; דער זיכמאָרד, ־ן; דער זעלבסטמאָרד, ־ן
(person) דער אַליינמערדער, ־ס; דער זיכמערדער, ־ס; דער מאַבד־עצמו־לדעת [MEÁBED-ÁTSME-LADÁAS]
commit suicide נעמען זיך דאָס לעבן; אָנטאָן זיך אַ מעשה; מאַכן אַן עק ‹אַ סוף› צו זיך; מאַבד־עצמו־לדעת זײַן זיך [MÁYSE] [SOF]
make a suicide attempt פּרוּוון נעמען זיך דאָס לעבן; פּרוּוון אָנטאָן זיך אַ מעשה ‹מיתה› [MÍSE]
suicide attack דער זיכמאָרד־‹אַליינמאָרד־›אַטאַק, ־ן
suicide bomber דער זיך־אויפֿרײַסער, ־ס; די לעבעדיקע באָמבע, ־ס
suicide bombing דאָס אויפֿרײַסן זיך (און יענעם) לעבעדיקערהייט
suicide note דאָס געזעגן־בריוול (פֿאַרן נעמען זיך דאָס לעבן)
suit, *n.*
(clothing) דער אָנצוג, ־ן; דער גאַרניטער, ־ס; דער קאָסטיום, ־ען
(jur.) דער פּראָצעס, ־ן
(cards) דער מאַסט, ־ן; דער קאָליר, ־ן
(set) דער קאָמפּלעט, ־ן
follow suit טאָן ווי אַנדערע (טוען); נאָכטאָן דעם בײַשפּיל; נאָכצײַען
suit, *v.*
vt. **(fit)** פּאַסן + דאַט'
vt. **(requirements)** באַפֿרידיקן
vt. **(satisfy)** זײַן ניחא + דאַט'; אָנשטיין + דאַט'; טויגן + דאַט' [NÍKhE]
suit sb. poorly (*hum.*) פּאַסן ווי אַ קו ‹חזיר› אַ זאָטל; קליידן ווי דעם הונט אַן אַרבע־כּנפֿות [KhÁZER] [ÁRBE-KÁNFES]
She can suit herself זאָל זי זיך טאָן ווי זי וויל ‹פֿאַרשטייט›; זאָל זי טאָן ווי איר געפֿעלט
be suited for פּאַסן זיך + דאַט'/צו
suitability די/דאָס צוגעפּאַסטקייט
suitable פּאַסיק; טויגעוודיק
a suitable occasion אַ פּאַסיקע געלעגנהייט; אַ שעת־הכּושר [ShAS-HAKÓYShER]
suitcase די וואַליז(ק)ע, ־ס; דער טשעמאָדאַן, ־עס; דאָס רענצל, ־עך
live out of a suitcase לעבן פֿון קופֿערט אַרויס
suite
(mus./retinue) די סוויטע, ־ס
(of rooms) דאָס געצימער, ־ן; די אַנפֿילאַדע, ־ס; דער גאַנג, גענג
suitor
(jur.) דער טוען, ־ים; דער אָנקלאָגער, ־ס [TÓYEN, TOYÁNIM]
(romantic) דער קאַוואַלער, ־ן; דער אָווירער, ־ס
Sukkah די סוכּה, ־ות [SÚKE]
Sukkot, *adj.* סוכּותדיק [SÚKESDIK]
Sukkot, *n.* דער סוכּות [SÚKES]
sulfa די סולפֿע
sulfa drug דער סולפֿע־מעדיקאַמענט, ־ן
sulfate דער סולפֿאַט, ־ן
sulfide דער סולפֿיד, ־ן
sulfur דער שוועבל
sulfur dioxide דער שוועבל־צווייאָקסיד
sulfuric שוועבל...
sulfuric acid דאָס שוועבל־זײַערס; דער וויטריאָל
sulfurous שוועבלדיק
sulk ברוגזן זיך; האָבן אַ לאַנגע נאָז; אַרומגיין מיט אַן אַראָפּגעלאָזטער נאָז [BRÓYGESN]
sulky אָנגעברוגזט [ÓNGEBROYGEST]
sullen אָנגעכמורעט; אָנגעבלאָזן; ברוגזלעך; צעשטאָרקעט [BRÓYGESLEKh]
sully פֿאַרפֿלעקן + דאַט' דעם נאָמען; פֿאַרשוואַרצן + דאַט' דאָס פּנים [PÓNEM]
sultan דער סולטאַן, ־ען
sultanate דער סולטאַנאַט, ־ן
sultry פֿאַרנע; שטיקעדיק; דושנע
(*fig.*) אָנצינדנדיק; תּאוהדיק [TÁYVEDIK]
sum, *n.* די סומע, ־ס; דער באַטרעף, ־ן
(math.) דער סך־הכּל, ־ען [SAKhÁKL]
in sum אַ כּלל; מיט איין וואָרט [KLAL]
sum of money די געלטסומע, ־ס
sum, *v.* **(up)**
(reckon) [SAKhÁKL] צונויפֿרעכענען; מאַכן אַ סך־הכּל (פֿון)
(summarize) פֿאַרסך־הכּלען; אונטערצײַען אַ סך־הכּל (פֿון); סומירן [FARSAKhÁKLEN]
sumac דער סומאַק
summa cum laude מיט דער העכסטער אויסצייכענונג; סומאַ קום לאַודע

summarily גלײַך; שוין; באַלד; תּיכּף [TÉYKEF]
summarize סומירן; פֿאַרסך־הכּלען; רעזומירן [FARSAKhÁKLEN]
summary, *adj.* אײַליק; תּמציתדיק; סומאַריש [TÁMTSESDIK]
summary, *n.* דער קיצור, ־ים; דער רעזומע, ־ען [KÍTSER, KITSÚRIM]
summation די פֿאַרסך־הכּלונג, ־ען [FARSAKhÁKLUNG]
(jur.) *also* די רעזומיר־רעדע, ־ס
summer, *adj.* זומער...; זומערדיק
summer, *n.* דער זומער, ־ן/־ס
in/during the summer זומער(צײַט); זומערלעב
summer, *v.* פֿאַרברענגען דעם זומער
summer house די דאַטשע, ־ס; דאָס זומערהויז, ...הײַזער; דאָס זומער־שטיבל, ־עך
summer school זומערקורסן ל״ר
summer session דער זומער־זמן, ־ים [ZMAN]
summer stock דער זומער־טעאַטער, ־ס
summertime די זומערצײַט
summer vacation די זומער־וואַקאַציע, ־ס
summery זומערדיק
summit, *n.* דער שפּיץ, ־ן; דער הויכפּונקט, ־ן
summit, *v.* דערגרייכן דעם שפּיץ; דערגיין צום הויכפּונקט
summit conference די שפּיצן־קאָנפֿערענץ, ־ן
summon, *v.* **(to)** רופֿן (צו/אויף)
(jur.) אַרויסרופֿן (אין געריכט)
summon in אַרײַנרופֿן
summon together צונויפֿרופֿן
summon up צונויפֿנעמען
summons, *n.*
(call) דער אײַנרוף, ־ן; דער אַרויסרוף, ־ן
(jur.) דער רופֿצעטל, ־ען
(J./rel.) די הזמנה, ־ות [HAZMÓNE]
sumptuous לוקסוסדיק; פּראַכטיק; טײַער; כּיד־המלך [KEYÁD-HAMÉYLEKh]
sun, *n.* די זון, ־ען
in the sun אויף דער זון
under the sun אונטער דער זון; אויף דער וועלט
There's nothing new under the sun אין כּל חדש תּחת השמש [EYN KOL KhÓDESh TÁKhES HAShÉMESh]
sun, *v.* וואַרעמען ‹באַקן› אויף דער זון
sun oneself ליגן ‹זיצן› אויף דער זון; וואַרעמען ‹באַקן› זיך אויף דער זון
sunbaked אָפּגעבאַקן (פֿון דער זון)
sunbathe ליגן ‹בראָטן זיך› אויף דער זון
sunbather
be a sunbather ליגן ‹בראָטן זיך› אויף דער זון
sunbeam דער זונענשטראַל, ־ן
sun bear דאָס זון־בערעלע, ־ך
Sunbelt דרום־שטאַטן ל״ר [DÓREM]
sun-bleached אָפּגעבליאַקעוועט ‹אָפּגעשאָסן› פֿון דער זון
sunblock דאָס זונשמירעכץ, ־ן
sunburn, *n.* דער זונענברען, ־ען
sunburn, *v.* אָפּברענען זיך פֿון דער זון
sunburnt אָפּגעברענט (פֿון דער זון); זונפֿאַרברענט
sundae דער סאַנדיי, ־ס
Sunday, *adj.* זונטיק...; זונטיקדיק
Sunday, *n.* (דער) זונטיק, ־ן
Sunday's זונטיקדיק
on Sunday(s) זונטיק
Sunday best שבתדיקע קליידער ל״ר [ShÁBESDIKE]
Sunday school די זונטיקשול, ־ן
sunder צענעמען זיך; צעטײלן זיך; צערײַסן זיך
sundew די ראָסע

sundial דער זונזייגער, ־ס
sundown, *n.* *see* **sunset**
sundown, *v.* ליידן נאָכט־דעליריום
sundowning דער נאָכט־דעליריום
sun-drenched פֿון דער זון באַגאָסן
sun-dried tomatoes פּאָמידאָרן געטריקנטע אויף דער זון
sundries פֿאַרשידנס ‹פֿאַרשײַדנס›
sundrops דאָס נאָכטליכטל
sundry כּלערליי; מכּל־המינים; אַלערליי; אילערליי; פֿון אַלע סאָרטן; פֿאַרשיידענערליי; אַלרהאַנט [KÓLERLÉY] [MIKÓL-HAMÍNIM]
all and sundry אַלץ מיט אַנאַנדער
sunflower די זונרויז, ־ן
sunflower oil דער רויזן־בוימל
sunflower seeds סעמעטשקעס; רויזן; יאַדערלעך
sunglasses זונברילן
sun god דער זונענגאָט, ...געטער
sunken אײַנגעזונקען; פֿאַרזונקען
sunken cheeks אײַנגעפֿאַלענע באַקן
sunken eyes אײַנגעגראָבענע אויגן
sunken treasures אײַנגעזונקענע אוצרות [ÓYTSRES]
sunlamp דער קוואַרצלאָמפּ, ־ן
sunless אָנזוניק; אָן קיין זונענשײַן
sunlight די זונ(ענ)שײַן
sunlit באַלויכטן פֿון דער זון
Sunni, *adj.* סוניטיש
Sunni, *n.* דער סוניט, ־ן
sunny זוניק; באַזונט
sunny day דער זוניקער טאָג, טעג; דער זונענטאָג, ...טעג
sunny-side-up דאָס זונאיי; דאָס שפּיגלאיי; דאָס אָקסנאויג; די אויג־פֿרעזשעניצע
sun protection factor דער זונשיץ־פֿאַקטאָר
sunray דער זונ(ענ)שטראַל, ־ן
sunrise דער זונאויפֿגאַנג, ־ען; דער זונשפּראָץ
sunroof דאָס זונדעכל, ־עך; דאָס גליטשדעכל, ־עך
sunroom דער זונצימער, ־ן; דער סאָלאַריום, ־ס
sunrose דאָס זונרייזל, ־עך
sunscreen דאָס זונשמירעכץ, ־ן
sunset דער זונפֿאַרגאַנג, ־ען; דער זון־אונטערגאַנג, ־ען; די זונזעצונג, ־ען; די שקיעה, ־ות [ShKÍE]
sunset provision דער אַנוליר־תּנאַי, ־תּנאָים [TNAY, TNÓYEM]
sunshade דער זונשירעם, ־ס; דער זאָנטיק, ־עס
sunshine די זון; די זונענשײַן
sunshower אַ זון מיט אַ רעגן (אין אײנעם)
sunspot דער זונפֿלעק, ־ן
sunstroke דער זונ(ענ)שלאַק, ...שלעק
sunsuit זונקעס ל״ר
suntan
have a suntan זײַן אָפּגעברוינט פֿון דער זון
suntan lotion דאָס זונשמירעכץ, ־ן
suntanned אָפּגעברוינט (פֿון דער זון)
sunup *see* **sunrise**
sup עסן וועטשערע
super, *adj.* אויסגעצייכנט; אויסערגעוויינ(ט)לעך; גאָר־גאָר וואַזשנע
Super! ג(ע)וואַלדיק!; איי־איי־איי!; פּרימאַ!
super, *adv.* זייער; שטאַרק
super, *n.* *see* **superintendent**
super... איבער...; סופּער...; ריזנ...; ...־שב... [ShÉBE]
superabundant גאָר בשפֿע [BEShÉFE]
superannuated פֿאַרעלטערט

superb עֶרשטקלאַסיק; הידורדיק; מהודרדיק; פּרעָכטיק; קפּריסינדיק [HÍDERDIK] [MEHÚDERDIK] [KAFRÍSNDIK]

supercharged איִבערגעלאָדן

supercilious פֿאַררײסן; גאווהדיק; גדלותדיק [GÁYVEDIK] [GÁDLESDIK]

supercluster דאָס איִבערגעזעמל, ־עך

supercollider דער איִבערצונויפֿשטויסער, ־ס

supercomputer דער סופּערקאָמפּיוטער, ־ס

superconductivity די/דאָס סופּערדורכפֿירעוודיקייט

superconductor דער סופּערדורכפֿירער, ־ס

superego דער סופּערעגאָ, ־ס; דער איִבעראיך, ־ן

superficial(ly) אויבנאויפֿיק; פֿונאויבנדיק

superfluity די/דאָס איִבערגענוגיקייט; דער עודף; מותרות ל״ר [ÓYDEF] [MÓYSRES]

superfluous איִבערגענוגיק; איִבעריק; אומנייטיק; אומניצלעך

superglue דער סופּערקלײ

superhighway דער סופּערשאָסײ, ־ען; דער סופּער־אויטאָסטראַד, ־ן

superhuman, *adj.* איִבערמענטשלעך

have superhuman strength האָבן אַ שוואַרצע גבֿורה; האָבן שמשונס גבֿורה [GVÚRE] [ShÍMShNS]

superhuman, *n.* דער איִבערמענטש, ־ן

superimpose אַרויפֿלייגן איינס איִבערן אַנדערן

superintendence דער אויפֿזיע

superintendent

(janitor) דער סטרוזש, ־ן/־עס; דער סטראָזש, סטרעָזשער; דער הויפֿהיטער, ־ס; דער בנין־‹הויז־›באַדינער, ־ס [BÍNYEN]

(official) דער אויפֿזעער, ־ס

superior, *adj.* העָכער; אײבערשט; אויף אַ העָכערן ניוואָ; אײבער...; פֿון אַ העָכערער קוואַליטעָט; לעילא־ולעילאדיק [LÉYLE-ULÉYLEDIK]

(higher) העָכער

(student) אויסנעמיק

be superior to איִבערשטײַגן; שטיין אויף אַ העָכערן ניוואָ ווי

superior, *n.* דער העָכערער געב׳

superiority די/דאָס העָכערקייט; די אײבערהאַנט

superiority complex דער יתרון־קאָמפּלעָקס [YÍSREN]

superlative, *adj.* אויסגעצייכנט; עֶרשטקלאַסיק

superlative, *n.* דער סופּערלאַטיוו, ־ן

superman דער איִבערמענטש, ־ן; דער סופּערמאַן, ...מענער

supermarket דער סופּערמאַרק, ...מערק/־ן

supernal הימליש

supernatural איִבערנאַטירלעך; מחוץ־לדרך־הטבֿע [MEKhÚTS-LEDÉREKh-HATÉVE]

supernova די סופּערנאָווע, ־ס

supernumerary, *adj.* איִבעריק

supernumerary, *n.* **(thea.)** דער סטאַטיסט, ־ן

superphosphate דער סופּערפֿאָספֿאַט, ־ן

superpower די גרויסמאַכט, ־ן

supersaturate איִבעראָנזעטיקן

superscript די איִבערשריפֿט; דער סופּערסקריפּט

supersede פֿאַרבײַטן; ממלא־מקום זײַן; פֿאַרנעמען דאָס אָרט פֿון [MEMÁLE-MÓKEM]

supersmart חריפֿותדיק; קלוג־שבקלוג; איִבערקלוג [Kh(A)RÍFESDIK] [...-ShÉBEKLÚG]

supersonic סופּערסאָניש; איִבערקלאַנגיק

superstar דער סופּערשטערן, –

superstition דאָס (אײַנ)גלײבעניש, ־ן; דאָס גלײבעכץ, ־ן; די זאַבאַבאָנע, ־ס

superstitious אײַנגעגלייבט; איִבערגלייבעריש; גלײבעכצדיק

superstratum דער סופּערסטראַט, ־ן; דער אײבערשיכט, ־ן

superstructure דאָס איִבערגעבײַ, ־ען

supertanker דער סופּערטאַנקער, ־ס

supertonic דער סופּערטאָניק, ־ן

supervise האַלטן אַן אויג אויף; אויפֿפּאַסן אויף; אַכטונג ‹אַכטיק› געבן אויף; האָבן די השגחה איִבער; אויפֿזען [HAZhGÓKhE/HAShGÓKhE]

supervised by אונטער + פּאָס׳ אויג; אונטער (דער) השגחה פֿון

supervision די השגחה; דער אויפֿזע; די אויגהאַלטונג [HAZhGÓKhE/HAShGÓKhE]

be under rabbinical supervision האָבן אַ השגחה; זײַן (כּשר) אונטער השגחה [KÓShER]

under medical supervision אונטער מעדיציניִשער השגחה; אונטער אַ דאָקטערס השגחה

supervisor דער אויפֿזעער, ־ס; דער אויגהאַלטער, ־ס; דער משגיח, ־ים; דער ממונה, ־ים; דער נאמן, ־ים [MAZhGÍEKh, MAZhGÍKhIM] [MEMÚNE, MEMÚNIM] [NÉMEN, NEMÓNIM]

supine אויסגעצויגן; נאַזנדיק; אויף דער פּלײצע

supper די וועָטשערע, ־ס; דאָס אָוונטברויט, ־ן

have supper עסן וועָטשערע ‹אָוונטברויט›

suppertime די צײַט צו עסן וועָטשערע

supplant אַרויסשטויסן; אַרויסשפּאַרן

supple בײג(עווד)יק

supplement, *n.* דער צוגאָב, ־ן; די הוספֿה, ־ות; דער סופּלעמעָנט, ־ן [HOYSÓFE/HESÓFE]

(food) דער צוגאָב, ־ן

supplement, *v.* צוגעבן; דערגאַנצן; צולייגן; מוסיף זײַן; סופּלעמענטירן [MÓYSEF]

supplement a baby's diet צוהאָדעווע|ן

supplement one's diet דערגאַנצן די דיעָטע

supplement one's income צופֿאַרדינען; דערגאַנצן די פּרנסה [PARNÓSE]

supplementary צוגאָב...

supplementary course דער צוגאָבקורס, ־ן

suppleness די/דאָס בײג(עוודי)קייט

supplicant, *adj.* בעָטנדיק

supplicant, *n.* דער בעָטער, ־ס; דער מתפּלל, ־ים [MISPÁLEL]

supplicate בעטן זיך בײַ

supplication דאָס געבעָט, ־ן

supplications (J./rel.) *also* תּחנונים [TAKhNÚNIM]

supplier

(econ.) דער צושטעלער, ־ס

(narcotic) דער נאַרקאָ־צושטעלער, ־ס

supply, *n.*

(delivery) דער צושטעל, ־ן; דאָס צושטעלן; דער צופֿיר, ־ן; דער פֿאַרזאָרג, ־ן; די פֿאַרזאָרגונג

(reserve) דער זאַפּאַס, ־ן

a supply of אַ זאַפּאַס מיט

supply and demand דער נאָכפֿרעג און אָנבאָט

supplies (food) דער פּראָוויאַנט ל״ת; די פּראָוויזיע ל״ר

supplies (medical) רפֿואות; דאָס רפֿואהוואַרג קאָל׳ [REFÚES] [REFÚEVARG]

supplies (stock) זאַפּאַסן

We're in short supply of food סע פֿעלט אונדז אויס עסן; ס׳איז דאָ אַ דוחק אין עסן [DÓYKhEK]

supply, *v.* צושטעלן; פֿאַרזאָרגן (מיט); ליווערן; באַזאָרגן (מיט)

supply line די צופֿיר־‹פֿאַרבינד־›ליניע, ־ס

supply pipe די/דער צופֿיררער, ־ן

supply ship די פֿאַרזאָרגשיף, ־ן

support, *adj.* שטיצ...

support, *n.*

(assistance) די הילף; די/דער שטיץ; די אונטערשטיצונג

(financial) די פֿינאַנציעלע שטיץ; דער אויפֿהאַלט; די תּמיכה [TMÍKhE]
(livelihood) דער אויסהאַלט
(physical) דער אונטערשפּאַר, ־ן; דער אָנשפּאַר, ־ן; דער אונטערהאַלט, ־ן; דער אויפֿהאַלט, ־ן
find oneself without support בלײַבן ווי אויפֿן וואַסער
in support of כּדי צו שטיצן [KEDÉY]
means of support די חיונה; די אויסהאַלטונג [KhEYÚNE/KhAYÚNE]
There was a show of support מ'האָט אַרויסגעוויזן שטיץ
throw one's support behind שטיצן; צוזאָגן שטיץ
with the support of מיט + פּאָס' שטיץ; מיט דער שטיץ פֿון

support, *v.*
(assist) (אונטער)שטיצן; אויפֿהאַלטן
(emotionally) געבן + דאַט' גײַסטיקע שטיץ
(morally) געבן + דאַט' מאָראַלישע שטיץ
(physically) אונטערשפּאַרן; אָנשפּאַרן; אויפֿהאַלטן; אונטערהאַלטן
(with livelihood) אויסהאַלטן; מפֿרנס זײַן; געבן תּמיכה [MEFÁRNES] [TMÍKhE]
(a cause/organization) שטיצן (מיט געלט); אונטערהאַלטן; סאָלידאַריזירן זיך מיט
support oneself אויסהאַלטן זיך אַליין; פֿאַרדינען אויפֿן לעבן

support bra דער שטיצסטאַניק, ־עס
supporter
(fan) דער אָנהענגער, ־ס
(financial) דער שטיצער, ־ס
support group די שטיצגרופּע, ־ס
supporting actor דער צווייטער אַקטיאָר, ־ן
supporting actress די צווייטע אַקטריסע, ־ס
supporting beam דער טראָגבאַלקן, ־ס
supporting cast דער אַנסאַמבל, ־ען
supporting evidence באַשטעטיקנדיקע ראיות ‹באַווײַזן› [RÁYES]
supporting role די צווייטע ראָלע, ־ס
supportive שטיצעריש; (אונטער)שטיציק
be supportive of שטיצן; אונטערהאַלטן; בײַשטיין + דאַט'
support network די שטיצנעץ, ־ן
support staff דער שטיץ־פּערסאָנאַל
support stockings (טעראַפּעווטישע) עלאַסטישע זאָקן
suppose פֿאָרשטעלן זיך; אָננעמען; משער זײַן זיך; אָנשטויסן זיך [MEShÁER]
be supposed to דאַרפֿן
He's supposed to know ער וואָלט געדאַרפֿט וויסן; מע ריכט זיך, אַז ער זאָל וויסן
How is he supposed to know? פֿון וואַנען זאָל ער וויסן?
I don't suppose so איך נעם אָן, אַז נישט; איך שטעל זיך פֿאָר, אַז נישט; מסתּמא נישט [MISTÁME]
(Let's) suppose that לאָמיר זאָגן ‹אָננעמען/דערלאָזן› אַז; לאָז זײַן אַז; זאָל זיך דאַכטן אַז
not be supposed to זאָל נישט
He was supposed to have ער האָט געדאַרפֿט ‹געזאָלט›
supposing אויב, למשל; אויב, אַ שטייגער [LEMÓShL]
supposed, *adj.* משמעותדיק [MAShMÓESDIK]
supposedly משמעות; זאָל האָבן + פּאַרט' [MAShMÓES]
supposition די השערה, ־ות [HAShÓRE]
suppository דאָס ליכטל, ־עך; דאָס צעפּל, ־עך
suppress
(rebellion) דערשטיקן
(scandal) פֿאַררײַבן; פֿאַרדעקן
suppress a newspaper דערשטיקן אַ צײַטונג; פֿאַרווערן דאָס אַרויסגעבן אַ צײַטונג
suppress one's emotions פֿאַרשטיקן ‹אײַנהאַלטן› די געפֿילן; אײַנשליסן אין זיך די צרות; שטיקן זיך [TSÓRES]
suppression די דערשטיקונג; דאָס דערשטיקן
(psych.) די פֿאַרשטיקונג
suppressor (tech.) דער פֿאַרדומפּער, ־ס
suppurate יאָטערן (זיך); אײַטערן
suppuration דאָס יאָטערן; דאָס אײַטערן
suppurative יאָטערנדיק; אײַטערנדיק
supranational איבערנאַציאָנאַל; איבערמלוכיש [ÍBERMELÚKhISh]
supremacist, *adj.* סופּרעמאַטיסטיש
supremacist, *n.* דער סופּרעמאַטיסט, ־ן
supremacy די/דאָס אײבערשטקייט; די/דאָס העכערקייט; די שליטה; די איבערוואָג; די סופּרעמאַטיע [ShLÍTE]
supreme אײבערשט; העכסט
Supreme Being דער אײבערשטער; דער רבונו־של־עולם; הקדוש־ברוך־הוא [REBÓYNE-ShELÓYLEM] [HAKÓDESh-BÓRKhU]
supreme command די העכסטע אַרמיי־אָנפֿירונג
Supreme Court דאָס העכסטע געריכט
Supreme Court Justice דער ריכטער פֿון העכסטן געריכט
supremely העכסט
supreme power די אײבערמאַכט
surcharge, *n.* דער צוצאָל, ־ן
surcharge, *v.* רעכענען אַ צוצאָל
sure, *adj.* זיכער
a sure thing אַ זיכערע זאַך
as sure as death/fate זיכער ווי דער טויט
a sure friend אַ געטרײַער חבֿר [KhÁVER]
sure, *adv.* זיכער; געוויס; פּעוונע
Be sure to ... זאָלסט ‹איר זאָלט› נישט פֿאַרגעסן צו
Be absolutely sure to... זאָלסט ‹איר זאָלט› למען־השם ... [LEMANAShÉM]
for sure אויף זיכער ‹געוויס›; געניו; טאַקע; אָן קיין שום ספֿק [SÓFEK]
He sure is right ער איז גוט ‹זיכער/געוויס› גערעכט
I'm sure I don't know כ'וויס באמת נישט [BEÉMES]
make sure of פֿאַרזיכערן זיך אַז
She is sure to be a hit זי וועט זיכער אויסנעמען; נישטאָ קיין ספֿק אַז זי וועט אויסנעמען
She's sure to come זי וועט זיכער ‹געוויס› קומען
sure enough און טאַקע אַזוי; כּך־הווה [KAKhÁVE]
sure of זיכער מיט
sure of oneself זיכער מיט זיך
Sure thing! אַוודאי!; זיכער! [AVADE]
That's her, for sure! דאָס איז זי טאַקע!
to be sure געוויס; זיכער; פֿאַרשטייט זיך; ס'וואָר
You can be sure that פֿאַרלאָז(ט) זיך אַז
surefire זיכער
surefooted זיכער בײַ זיך
be surefooted (steady) נישט ספּאָטיקע(ן) זיך; האַלטן זיך פֿעסט אויף די פֿיס
surely זיכער; אַוודאי; אָן ספֿק [AVÁDE] [SÓFEK]
surety
(guarantee) די גאַראַנטיע, ־ס; די באַוואָרענונג, ־ען; דאָס ערבֿות [ÓRVES/ARÉYVES]
(guarantor) דער גאַראַנטאָר, ...אָרן; דער ערבֿ, ־ים [ÓREV, ÓRVIM/ARÉYVIM]
surety bond די באַוואָרן־אַקציע, ־ס

surf, *n.* דער אי֯נדנבראַך
ride the surf אי֯נדלען זיך; רײַטן אויף די כוואַליעס
surf, *v.* אי֯נדלען זיך
surf the channels כּסדר בײַטן פֿון איין קאַנאַל אויף אַ צווייטן [KESÉYDER]
surf the internet בלעטערן די אינטערנעץ
surface, *n.* דער אויבנאויף, ־ן; די אייבערפֿלאַך, ־ן
(of water) דער שפּיגל
on the surface (פֿון) אויבן אויף
surface, *v.*
vt. באַדעקן
vi. באַווײַזן זיך אויפֿן וואַסער; אַרויפֿשווימען; אַרויסטונקען זיך; אויפֿטונקען
vi. (*fig.*) אויפֿשווימען; פֿאַראַווען זיך; באַווײַזן זיך
surface mail די געווײנ(ט)לעכע פּאָסט
surface mining דאָס אָפֿענע בערגערײַ; דער אָפֿענער אַרויסבאַקום
surface tension די אייבערפֿלאַך־שפּאַנונג
surface-to-air זעניט...; ערד־לופֿט־...
surface-to-air missile דער זעניט־ראַקעט, ־ן; דער ערד־לופֿט־ראַקעט, ־ן
surface-to-surface missile דער ערד־ערד־ראַקעט, ־ן
surfboard דאָס/די אינדלברעט, ־ער
surfeit, *n.* דער עודף [ÓYDEF]
a surfeit of מער ווי גענוג; איבער גענוג
surfeit, *v.* איבערזעטיקן
surfer
m./unsp. דער אינדלער, ־ס
f. די אינדלערקע, ־ס
surfing, *n.* דאָס אינדלען; דאָס אינדלערײַ
go surfing אינדלען זיך
surge, *n.* דער (אָנ)פֿלייץ, ־ן
surge, *v.*
(crowd) אַ לאָז טאָן זיך פֿאָרויס
(water) פֿלייצן; הייבן זיך; כוואַליען|ן
Relief surged through her ס'איז איר אַראָפּ אַ שטיין פֿון האַרצן
surgeon דער כירורג, ־ן
surgeon general דער גענעראַל־כירורג, ־ן
surge protector דער שטראָם־רעגולירער, ־ס
surgery
(operation) די אָפּעראַציע, ־ס; די כירורגיע
(profession) די כירורגיע
have surgery (אַ)דורכמאַכן אַן אָפּעראַציע
I need surgery מע דאַרף מיך אָפּערירן
She's in surgery (doctor) זי אָפּערירט (איצט)
She's in surgery (patient) מע אָפּערירט זי איצט; זי מאַכט איצט (אַ)דורך אַן אָפּעראַציע
surgical(ly) כירורגיש; דורך אַן אָפּעראַציע; אָפּעראַטיוו
surgical boot דער אָרטאָפּעדישער שוך, שיך
surgical glove די כירורגישע הענטשקע, ־ס
surgical gown דער כירורגישער כאַלאַט, ־ן
surgical mask די אָפּעריר־מאַסקע, ־ס; די כירורגישע מאַסקע, ־ס
surgical procedure די אָפּעראַציע, ־ס
surgical strike דער פּינקטלעכער אַטאַק ‹זעץ›, ־ן
surgical tape דער כירורגישער פּלאַסטער, ־ס
surgical team די אָפּעריר־קאָמאַנדע, ־ס; דער אָפּעריר־עקיפּאַזש, ־ן
Surinam (דאָס) סורינאַם
surly [BRÓYGESLEKh] אָנגעכמורעט; פֿאַרמרוקעט; ברוגזלעך
surly person דער כמוראַק, ־עס; דער מרוק, ־עס; דער וואָרטשון, ־עס
surmise, *n.* [HAShÓRE] די השערה, ־ות; דער אָנשטויס, ־ן
surmise, *v.* [MEShÁER] משער זײַן זיך; (אָנ)שטויסן זיך
surmount בײַקומען; גובֿר זײַן; מתגבר זײַן זיך איבער [GÓYVER] [MISGÁBER]
surmountable
It's surmountable מע קען עס בײַקומען ‹גובֿר זײַן› [GÓYVER]
surname די פֿאַמיליע, ־ס; דער פֿאַמיליע־‹משפּחה־›נאָמען, ־נעמען [MIShPÓKhE]
surpass אַריבערוואַקסן; אַריבערשטײַגן; פֿאַרשטעקן + אַק' אין גאַרטל
surplice דאָס כאָרהעמד, ־ער
surplus, *adj.* איבערבלײַב־...; איבעריק; עודף־...; עודפֿדיק [ÓYDEF] [ÓYDEFDIK]
surplus, *n.* דער עודף; דער איבערבלײַב [ÓYDEF]
surplus income איבעריקע פֿאַרדינסטן ל"ר; די איבעריקע הכנסה [HAKhNÓSE]
surplus value דער מערווערט
surprise, *adj.* אומגעריכט; סורפּריז...
surprise, *n.*
(act/event) דער סורפּריז, ־ן
(emotion) דער חידוש; די פֿאַרווונדערונג; די איבערראַשונג [KhÍDESh]
by surprise אומגעריכט(ערהייט)
It comes as no surprise (that) ס'איז נישט קיין חידוש (וואָס); יענער ווונדער (וואָס)
I was taken by surprise ס'האָט מיך פֿאַרחידושט ‹איבערגעראַשט› [FARKhÍDEShT]
spring a surprise (on) אין גאַנצן איבערראַשן + אַק'
to my surprise צו מײַן פֿאַרוווּנדערונג; שטעל(ט) זיך פֿאָר אַז
to the surprise of no one גאָר נישט אומגעריכט; ס'האָט קיינעם נישט פֿאַרחידושט ‹איבערגעראַשט›
What a surprise! (upon welcoming sb.) סקאָצל קומט!; זע(ט) נאָר ווער ס'איז דאָ!
surprise, *v.* טרעפֿן ‹כאַפּן› אומגעריכט
(astonish) פֿאַרחידושן; פֿאַרווונדערן; איבערראַשן [FARKhÍDEShN]
(make a surprise) מאַכן + דאַט' אַ סורפּריז
surprise sb. (at) כאַפּן אומגעריכטערהייט (בײַ)
It wouldn't surprise me ס'וואָלט מיר נישט געווען קיין חידוש [KhÍDESh]
surprise attack דער אומגעריכטער אַטאַק, ־ן
surprised איבערגעראַשט
be surprised (at) (פֿאַר)חידושן זיך (אויף); ווונדערן זיך (אויף) [KhÍDEShN]
look surprised אויסזען איבערגעראַשט; אָנשטעלן אַ פֿאַר קוקערס
You'd be surprised! ווּעסט ‹איר וועט› לאַכן!
surprise party די סורפּריז־שׂימחה, ־ות; די נישט־אָנגעזאָגטע שׂימחה, ־ות [SÍMKhE]
surprise quiz דאָס אומגעריכטע פֿאַרהערל, ־עך
surprise test דער אומגעריכטער עקזאַמען, ־ס
surprising חידושדיק; שטוינעוודיק; איבערראַשעוודיק [KhÍDEShDIK]
It's not surprising ס'איז נישט קיין חידוש ‹רבֿותא› [KhÍDESh] [REVÚSE]
surprisingly אַ חידוש וואָס [KhÍDESh]
surreal סורעאַל; ווי אין אַ חלום [KhÓLEM]
surrealism דער סורעאַליזם
surrealist דער סורעאַליסט, ־ן
surrealistic סורעאַליסטיש

surrender, *n.* דאָס אונטערגעבן זיך; די (פֿעלד־) קאַפּיטולאַציע, ־ס
(of claim/right) דאָס אָפּזאָגן זיך (פֿון)
surrender, *v.*
vt. **(claim/right)** אָפּזאָגן זיך פֿון
vt. **(deliver)** איבערגעבן; אָפּגעבן; אויפֿגעבן
vi. **(mil.)** אונטערגעבן זיך; איבערגעבן זיך; אָפּגעבן ‹אַוועקלייגן› דאָס געווער; קאַפּיטולירן
surreptitious פֿאַרבאָרגן; בשתּיקהדיק [BIShTÍKEDIK]
surreptitiously שטיל(ינק)ערהייט; בשתּיקה; בגנבֿה; בלחש [BIShTÍKE] [BIGNÉYVE] [BELÁKhESh]
surrogacy די בימקומשאַפֿט [BÍMKEMShAFT]
surrogate, *adj.* בימקום־... [BÍMKEM]
surrogate, *n.* [BÍMKEM] דער בימקום, ־ס; דער סוראָגאַט, ־ן
(judge) דער ירושה־ריכטער, ־ס [YERÚShE]
surrogate court דאָס ירושה־געריכט [YERÚShE]
surrogate father דער בימקום־טאַטע, ־ס [BÍMKEM]
surrogate mother די בימקום־מאַמע, ־ס [BÍMKEM]
surround
imp. רינגלען; גאַרטלען
pf. אַרומרינגלען; באַרינגלען; אַרומגאַרטלען
surround oneself with אַרומרינגלען זיך מיט; שאַפֿן אַ סבֿיבֿה פֿון [SVÍVE]
He was surrounded by ס'האָט ‹ס'האָבן› אים אַרומגערינגלט + נאָמ'; ער האָט געהאַט אַרום זיך + אַק'
surrounded אַרומגערינגלט
surrounding אַרומיק
surroundings דער אַרום ל"ײ; די סבֿיבֿה ל"ײ [SVÍVE]
surround-sound דער אַרומנעמיקער קלאַנג
surtax דער צואָב־שטײַער, ־ן
surveillance
(mil.) דער אויסשפּיר
(observation) די אויגהאַלטונג; דאָס האַלטן אַן אויג (אויף)
keep under surveillance האַלטן אַן אויג אויף
surveillance camera די געשלאָסענע טעלעוויזיע
survey, *n.*
(assessment) די אָפּשאַצונג, ־ען; דער איבערבליק, ־ן
(inspection) די אינספּעקציע, ־ס; דער אַרומקוק, ־ן
(land) די (אויס)מעסטונג, ־ען
(poll) דער אויספֿרעג, ־ן; די אַנקעטע, ־ס; דער אַרומפֿרעג, ־ן
(review) דער איבערבליק, ־ן
survey, *v.*
(assess) מאַכן אַן איבערבליק פֿון
(inspect) אַרומקוקן; מאַכן אַן אינספּעקציע (פֿון)
(land) (אויס)מעסטן
(poll) אויספֿרעגן; מאַכן אַן אַנקעטע פֿון; אַנקעטירן
(review) מאַכן אַן איבערבליק; סומירן
survey course דער איבערבליק־קורס, ־ן
surveying, *n.* די ערדמעסטונג
surveying rod דאָס ניוועליר־לײַסטל, ־עך
surveyor
(inspector) דער אינספּעקטאָר, ...אָרן
(land) דער ערדמעסטער, ־ס; דער פֿעלדמעסטער, ־ס; דער פּלאַנמײַסטער, ־ס
survival, *adj.* ניצול־...; קיום־... [NITSL] [KÍEM]
survival, *n.*
(continued existence) דער קיום; די תּקומה [KÍEM] [TKÚME]
(after ordeal) דאָס בלײַבן לעבן; דאָס איבערלעבן; דאָס ניצול ווערן [NITSL]
survival of the fittest דער קיום פֿון די שטאַרקסטע ‹געזינטסטע›
survival of the species דער קיום־המין [KÍEM-HAMÍN]
survival instinct דער קיום־אינסטינקט [KÍEM]
survival kit דאָס ניצול־געצײַג [NITSL]
survival rate די/דאָס איבערלעבעריקייט
survive
vt. איבערלעבן; איבערקומען
vi. בלײַבן לעבן; ניצול ווערן; אַרויס(גיין) מיטן לעבן; אַרויסקומען מיט גאַנצע ביינער; האָבן אַ קיום ‹תּקומה› [NITSL] [KÍEM] [TKÚME]
She is survived by her mother זי האָט איבערגעלאָזט ‹פֿאַראַבֿלט› די מאַמע [FARÓVLT]
She is survived by her daughter זי האָט איבערגעלאָזט ‹פֿאַראַבֿלט/פֿאַריתומט› די טאָכטער [FARÓVLT] [FARYÓSEMT]
survivor דער לעבן־געבליבענער געב'; דער ניצול־געוואָרענער געב' [NITSL]
(of Holocaust/*m./unsp.*) דער שארית־הפּליטהניק, ־עס; דער חורבן־געליטענער געב' [ShÉYRES-HAPLÉYTENIK] [KhURBM]
(of Holocaust/*f.*) די שארית־הפּליטהניצע, ־ס [ShÉYRES-HAPLÉYTENITSE]
Holocaust survivors *also* די שארית־הפּליטה קאָל' [ShÉYRES-HAPLÉYTE]
Susa (די) שושן־הבירה [ShUShN-HABÍRE]
susceptibility (to) דאָס זײַן אָנקרייטיק (צו/אויף); די/דאָס געניגטקייט (צו); די/דאָס שפּירעוודיקייט (אויף)
susceptible (to) אָנקרייטיק (צו/אויף); געניגט (צו)
He's susceptible to catching cold ער פֿאַרקילט זיך גרינג; ער איז אָנקרייטיק ‹געניגט› צו פֿאַרקילונגען
sushi דער סושי
suspect, *adj.* חשוד [KhÓShED]
suspect, *n.* דער חשוד, ־ים; דער בעל־חשוד, בעלי־... [KhÓShED, Kh(A)ShÚDIM] [BALKhÓShED, BÁLE-...]
murder suspect דער חשוד אין מאָרד [KhÓShED]
the usual suspects די שטענדיקע חשודים ‹חבֿרה›; איר ווייסט שוין ווער [KhÉVRE]
suspect, *v.* **(sb. of)** חושד זײַן + אַק' (אין); האָבן אויף + דאַט' אַ חשד (אַז) [KhÓYShED] [KhShAD]
suspect that האָבן אַ חשד אַז
suspend
(hang) אויפֿהענגען
(a license) צונעמען
(halt temporarily) אָפּהאַלטן; אָפּשטעלן (אויף אַ צײַט)
(from school) אויסשליסן (אויף דערווײַל)
(membership/sentence) פֿאַרהענגען; סוספּענדירן
(a game) איבעררײַסן
suspended animation דער אַנאַביאָז; די דערווײַליקע אײַנפֿרירונג
in suspended animation נישט טויט נישט לעבעדיק; צווישן לעבן און טויט
suspended sentence די פֿאַרהאַנגענע ‹פֿאַרהאָנגענע/סוספּענדירטע› שטראָף, ־ן
suspenders שלייקעס; שעלקעס
suspense די שפּאַנונג
keep in suspense האַלטן אָנגעשפּאַנט ‹אָנגעצויגן›; ציִען בײַ דער נשמה; ציִען די עצמות בײַ [NEShÓME] [ATSÓMES]
suspension, *adj.* הענג...; הענגל...
suspension, *n.* דאָס אויפֿהענגען; דאָס סוספּענדירן
(automobile) דער אַמאָרטיזאַטאָר, ־ס
(chem.) די קאָלאָיד־צעלאָזונג, ־ען
(from school) דאָס אויסשליסן
(mus.) די אויסגעהאַלטענע נאָטע, נאָטן
suspension of hostilities די וואָפֿנרו
suspension bridge די הענג(ל)בריק, ־ן; די קייטנבריק, ־ן

suspension points דרײַ פּינטעלעך
suspicion דער חשד, ־ים; דער חשש, ־ים/־ות
[KhShAD, KhShÓDIM] [KhShASh, KhShÓShIM/KhShÓShES]
He's above suspicion ער איז העכער חשד; נישטאָ וואָס + אַק' חושד צו זײַן; אים קען מען נישט חושד זײַן [KhÓYShED]
under suspicion (of) חשוד (אין) [KhÓShED]
suspicious
(distrustful) חשדימדיק [KhShÓDIMDIK]
(arousing suspicion) חשוד; חשדיק; נישט גלאַט(יק) [KhÓShED] [KhShÁDIK]
be suspicious of חושד זײַן + אַק' [KhÓYShED]
suspicious person דער בעל־חשדים, בעלי־... [BALKhShÓDIM, BÁLE-...]
suspiciously מיט חשד [KhShAD]
look at sb. suspiciously קוקן אויף + דאַט' מיט חשד
look suspiciously like עפּעס שטאַרק אויסזען ווי
sustain
(maintain) אויסהאַלטן; אָנהאַלטן
(provide for) אויסהאַלטן
(support) שטיצן; אונטערהאַלטן
sustain a note אויסהאַלטן אַ נאָטע
sustain an injury פֿאַרווונדיקט ווערן; לײַדן אַ נהרג; נהרג ווערן [NÉREK]
sustain damage/loss לײַדן אַ היזק ‹שאָדן› [HÉZEK]
sustain speed אָנהאַלטן די גיכקייט
sustaining member דער אונטערשפּאַר־מיטגליד, ־ער; דער אונטערשפּאַר, ־ן
sustainability די/דאָס אויסהאַלטעוודיקייט
sustainable אויסהאַלטעוודיק
sustainable energy די אויסהאַלטעוודיקע ענערגיע
sustained
(effort) כּסדרדיק [KESÉYDERDIK]
(note) אויסגעהאַלטן
sustain pedal דער רעכטער פּעדאַל, ־ן; דער פֿאָרטע־פּעדאַל, ־ן
sustenance
(livelihood) דער אויסקום; דאָס אויסקומעניש
(nourishment) די דערנערונג
suture, *n.* די נאָט, נעט
suture, *v.* צונייען; פֿאַרנייען; צונויפֿנייען ‹צונויפֿציִען› מיט נעט
suzerain דער סוזערען, ־ען
svelte שלאַנק; גראַציעז; ראַפֿינירט; סטרימקע
swab, *n.*
(act) דער וויש, ־ן
(cotton) דאָס וואַטקעלע, ־ך
(mop) דער וואַשבעזעם, ־ס
(med.) די שמירפּראָבע, ־ס
swab, *v.*
(with cotton) אויסווישן ‹איבערווישן› מיט אַ וואַטקעלע
(with mop) אָפּוואַשן
(med.) אַ שמיר טאָן
Swabian, *adj.* שוואַביש
Swabian, *n.* דער שוואַב, ־עס
swaddle איבערווינדלען; איבערפּאַקן; איבערוויקלען; אײַנוויקלען
swaddling clothes ווינדעלעך; וויקעלעך
swag
(booty) דאָס רויב
(freebie) דאָס אומזיסטל, ־עך
swagger, *n.* דאָס באַווײַזערישע ‹גרויס־קנאַקערישע› גענגעלע, ־ך; דאָס גרויסהאַלטערײַ
swagger, *v.* אַרומגיין מעשׂה בעל־הבית ‹קנאַקער›; גיין קוממיות; פּריצעווע|ן; טשאַקע|ן; פּראָלן זיך [MÁYSE] [BAL(E)BÓS] [KOYMEMÍES]
swaggering גרויסהאַלטעריש; גדלותדיק [GÁDLESDIK]
Swahili דאָס סוואַהיליש
swallow,[1] *n.* **(bird)** די שוואַלב, ־ן; דאָס שוועלבעלע, ־ך; די לאַסטעווקע, ־ס
One swallow does not a summer make מיט איין שוואַלב איז נאָך נישט קיין זומער
swallow,[2] *n.*
(of drink) דער שלונג, ־ען
(of food) דער ביסן, ־ס
swallow, *v. imp./pf.* (אַראָפּ)שלינגען
swallow up אײַנשלינגען
(an insult) פֿאַרשווײַגן
hard to swallow (*fig.*) שווער צו פֿאַרשטיין ‹באַנעמען/גלייבן›
swallow hard (before doing stg. unpleasant) צומאַכן די גענבע; אָפּווישן זיך דאָס פּיסקל ‹מויל›; פֿאַרבײַסן (מיט) די ליפּן
swallow one's feelings אײַנהאַלטן די געפֿילן
swallow one's pride אַראָפּשלינגען ‹פֿאַרשווײַגן› די באַליידיקונג; פֿאַרנייגן דעם אייגענעם כּבֿוד [KÓVED]
swallow one's words צוריקציִען די ווערטער
swallow the wrong way פֿאַרכליניע|ן זיך; אײַנשלינגען אין דער לינקער קעל ‹כּלי› [KÉYLE]
swallow up (a country) פֿאַרשלינגען
swallow up (one's savings) אויפֿעסן; אויפֿפֿרעסן
swallow whole אַראָפּשלינגען גאַנצערהייט
swallowtail
(butterfly) דער שוואַלבן־עק, ־ן
(tailcoat) דער פֿראַק, ־ן
swallowwort דער הינטווארגער
swami דער סוואַמי, ־ס
swamp, *n.* דער זומפּ, ־ן
swamp, *v.*
(with water) פֿאַרפֿלייצן
(with work) פֿאַרוואַרפֿן ביז איבערן קאָפּ
swampy זומפּיק
swan דער שוואַן, ־ען
swan dive דער שוואַנענשפּרונג, ־ען
swank, *adj.* עלעגאַנט; מיט שיק
swank, *n.* די עלעגאַנץ; דער שיק
swanky עלעגאַנט; מיט שיק
swan song דאָס שוואַנען־געזאַנג
swap, *n.* דער אויסבײַט, ־ן
swap, *v.* אויסבײַטן זיך
swap with ... for אויסבײַטן זיך מיט ... אויף
swap meet דער אויסבײַטמאַרק, ...מערק/־ן
(flea market) דער פֿליימאַרק, ...מערק/־ן; דער וואַנצנמאַרק, ...מערק/־ן
sward די פֿאַרגראָזיקטע ערד
swarf די סטרושקע, ־ס
swarm, *n.* דער שוואָרעם, ־ס; דער רוי, ־עס; די מחנה, ־ות; די טוטשע, ־ס [MÁKhNE]
in swarms שוואָרעמווײַז
swarm of locusts דער הײשעריק
swarm of wasps דער וועספּן־שוואָרעם, ־ס
swarm, *v.* קישע|ן; רויע|ן זיך; ווידמע|נען זיך
swarm with (*fig.*) שווימלען און גרימלען מיט
swarthy טונקל־הויטיק
swashbuckler דער פֿלאַקן־שיסער, ־ס; דער פּראָלער, ־ס; דער באַרימער, ־ס

swashbuckling, *adj.* פּראַלעריש; באַרימעריש; וויל־יונג(ער)יש
swastika דער האַקנקרייץ, ־ן; די סוואַסטיקע, ־ס
swat, *n.* דער קלאַפּ, קלעפּ
swat, *v.* טאָן ‹געבן› אַ קלאַפּ
swath דער (ברייטער) שטח, ־ים [ShÉTEKh, ShTÓKhIM]
(mown grass) דאָס אָפּקאָסעניש, ־ן
swathe (in)
(blankets) אײַנוויקלען (אין)
(bandages) אַרומוויקלען (מיט)
swatter דער פֿליגן־קלאַפּער, ־ס
sway, *n.* די מאַכט; די שליטה [ShLÍTE]
hold sway דאָמינירן; האָבן אַ שליטה
sway, *v.*
vt. **(wield)** מאַכן מיט
vt. **(influence)** איבערצײַגן/איבערצײַגן; אײַנרעדן; איבעררעדן; אײַנבעטן
vi. **(rock)** וויגן זיך; שאָקלען זיך; וואַקעווע|ן זיך
set swaying צעוויגן
swaying צעוויגט
swear שווערן (זיך)
(curse) זידלען זיך
I could have sworn כ'וואָלט געמעגט שווערן
I swear (to you) איך שווער דיר ‹אײַך›
make sb. swear באַשווערן
swear allegiance (to) שווערן געטרײַשאַפֿט + דאַט'
swear an oath געבן אַ שבֿועה; (אָפּ)שווערן (זיך) [ShVÚE]
swear at שעלטן; זידלען
swear by געטרויען + דאַט' מיטן גאַנצן האַרצן
swear in אײַנשווערן; אינויגורירן
swear like a trooper שעלטן מיט טויטע קללות [KLÓLES]
swear nonstop קללה|ן [KLÓLEN]
swear off פֿאַרשווערן זיך נישט צו + אינפֿ'
swear to it שווערן אויף דעם
swear word די קללה, ־ות; דאָס זידלוואָרט, ...ווערטער [KLÓLE]
sweat, *n.* דער שווייס
be soaked in sweat באָדן זיך אין שווייס
by the sweat of one's brow מיט ביטערן ‹בלוטיקן› שווייס; מיטן שווייס פֿונעם פּנים; בזעת־אַפּיך [PÓNEM] [BEZÉYES-APÉKhO]
He broke out in a cold sweat אַנגסטן האָבן אים באַשלאָגן
He broke out in a sweat ס'האָט אים באַשלאָגן אַ שווייס
No sweat! קיין דאגה נישט!; נישט געזאָרגט! [DÁYGE]
work oneself up into a sweat גוט אָנשוויצן ‹דערשוויצן› זיך
sweat, *v.* שוויצן
sweat blood/bullets אָפּגיין מיט שווייס; באַגאָסן ווערן מיט שווייס
sweat like a pig שוויצן ווי אַ ביבער; שוויצן ווי אין באָד
sweat it out (wait) וואַרטן ווי אויף שפּילקעס
sweat it out (work) אַרבעטן מיטן בלוטיקן שווייס
sweatband די שוויצבאַנד, ...בענדער
sweater דער סוועטער, ־ס
sweat glands שווייסדריזן; שווייסגילן
sweatpants שוויצהויזן; גימנאַסטיק־הויזן
sweatshirt דאָס שוויצהעמד, ־ער
sweatshop דער סוועטשאַפּ, ...שעפּער
sweatsuit דער גימנאַסטיק־‹טרעניר־›קאָסטיום, ־ען
sweaty פֿאַרשוויצט
sweaty brow דער פֿאַרשוויצטער שטערן
sweaty palms פֿאַרשוויצטע הענט

Swede
m./unsp. דער שוועד, ־ן
f. די שוועדקע ‹שוועדין›, ־ס
swede די שוועדישע ברוקווע, ־ס
Sweden (דאָס) שוועדן
Swedish, *adj.* שוועדיש
Swedish Jew דער שוועדישער געב'; דער שוועדישער ייִד, ־ן
Swedish, *n.* דאָס שוועדיש
sweep, *n.*
(curve) דער קאָנטור, ־ן; דער בייג, ־ן
(range) דער פֿאַרנעם
(with broom) די בעזעמונג
make a clean sweep (get rid of) פּטור ווערן פֿון אַלץ; אויסקערן דאָס אַלטע [PÓTER]
make a clean sweep (win) פֿאַרנעמען ‹פֿאַרכאַפּן› אַלע פּריזן
sweep of the arm דער ברייטער מאַך מיט דער האַנט
sweep, *v.*
imp. קערן
pf. אויסקערן; אָפּקערן; פֿאַרקערן
(of wind) בלאָזן; וויע|ן
(win) אָפּהאַלטן דעם גרויסן נצחון; אָפּרייניקן [NITSÓKhN]
sweep away (clean) אויסקערן
sweep away (enthrall) מיטרײַסן; אַוועקטראָגן (מיט זיך)
sweep away (in a current) אַראָפּשווענקען
sweep mines טראַליעווע|ן; טראַלירן
He swept her off her feet זי האָט זיך אין אים פֿאַרליבט ביז איבער די אויערן
sweep out אויסקערן
sweep the board געווינען גרויס
sweep the polls געווינען גרויס אין די וואַלן
sweep under the rug מאַכן אַ שווײַג; צערײַבן די מעשׂה; אַרונטערקײַקלען אונטערן טיש; פֿאַרשאַרן אונטערן בעט [MÁYSE]
sweep up, *vt.* צונויפֿקערן
sweep up, *vi.* צוקערן
sweeper די קערמאַשין, ־ען
sweeping, *adj.* כּוללדיק; (אַלץ־)אַרומנעמיק; אַלץ־אַרומכאַפּנדיק; ברייט; ווײַט(גרייכיק) [KÓYLELDIK]
sweeping changes ברייטע בײַטן
sweeping plan דער אַלץ־אַרומנעמיקער ‹־אַרומכאַפּנדיקער› פּלאַן, פּלענער
sweeping statement די כּוללדיקע דעקלאַראַציע, ־ס [KÓYLELDIKE]
sweepings דאָס (אָפּ)קערעכץ ל"י; די מעטיצע ל"י
sweepstake די לאָטעריע, ־ס; דאָס גרויסע געווינס, ־ן
sweet, *adj.* זיס
(person) *also* וויל; ליב
have a sweet tooth זײַן אַ נאַשער; ליב האָבן זיסוואַרג
smell sweet שמעקן אַ מחיה [MEKhÁYE]
taste sweet האָבן אַ זיסן טעם [TAM]
sweet, *n.* דער קאַנפֿע(ק)ט, ־ן; דאָס צוקערל, ־עך; די צוקערקע, ־ס
sweets *also* דאָס זיסוואַרג קאָל'; דאָס נאַשוואַרג קאָל'
sweet-and-sour זיס־און־זויער; זיס־און־ווײַניק
sweet-and-sour meat דאָס עסיקפֿלייש
sweetbread די גראַשיצע
sweet clover דאָס האָניקל
sweet corn די קוקורוזע; דער פּאַפּשוי
sweet cream דער (זיסער) שמאַנט; די סמעטאַנקע; די סליווקע
Sweet dreams! שלאָפֿ(ט) געזונט!; זאָלסט ‹איר זאָלט› האָבן זיסע חלומות! [KhALÓYMES]

sweeten פֿאַרזיסן; פֿאַרצוקערן
sweetened פֿאַרזיסט; פֿאַרצוקערט
sweetener דאָס פֿאַרזיסוואַרג; דאָס פֿאַרזיס־מיטל, ־ען
sweet fern דאָס זיסל
sweet flag דער שאַוער
sweet gale דער זומפּיקער וואָקס־הדס [HÓDES]
sweet grass די זוברעווקע
sweet gum דער/דאָס שטערנבלאַט, ...בלעטער
sweetheart, *n.*
m. דער טײַערער; דער ליב(ינק)ער; דער (הייס) געליבטער; דער קאַכאַנ(טש)יק, ־עס
f. די טײַערע; די ליב(ינק)ע; די (הייס) געליבטע; די קאַכאַנקע, ־ס
They're sweethearts זיי זענען אַ פּאָרל
Sweetheart/Sweetie! האַרצעניו!; נשמהניו!; דושעניו!; סערצעניו! [NEShÓMENYU]
sweetish זיסלעך
sweetleaf דאָס פּערדס־מאכל [MAYKhL]
sweetly זיס(ינק)ערהייט
sweetmeats זיסקייטן ל"ר; צוקערלעך; קאָנפֿע(ק)טן
sweetness די/דאָס זיסקייט
(*fig.*) דאָס מתיקות; די/דאָס אײַנגענעמ(ענ)קייט [MESÍKES]
sweet nothings צערטלווערטער
sweet pea דאָס (שמעקעדיקע) אַרבעסל, ־עך
sweet pepper דער זיסער פֿעפֿער, ־ס; דאָס זיסע פֿעפֿערל, ־עך
sweet potato די באַטאַטע, ־ס
sweetshop די קאָנדיטערײַ, ־ען
sweet shrub דער געווערצניק, ־עס
sweet-smelling שמעקעדיק; ווויל־שמעקנדיק; דופֿטיק
sweet sultan דאָס סולטאַנדל, ־עך
sweet talk, *n.* זיסע רייִדעלעך ל"ר; גלאַטע רייד ל"ר; די חניפֿה [Kh(A)NÍFE]
sweet-talk, *v.* פֿליאַדרעווע|ן; אַרײַנחנפֿע|(נע)ן; טשאַדע|ן; דרעשן מיט דער צונג [ARÁYNKhÁNFE(NE)N]
sweet vetch די זיסוויקע, ־ס
sweet william דאָס באָרד־נעגעלע, ־ך
swell, *adj.*
(elegant) עלעגאַנט; פֿראַנטיש
(wonderful) אויסערגעוויינ(ט)לעך; ג(ע)וואַלדיק
Swell! איי, ווי גוט!; פּרימאַ!
swell, *n.* דאָס כוואַליען זיך
swell, *v.*
(become engorged) געשוואָלן ווערן; אָנקוועלן; אויפֿלויפֿן; אָנגעקוואָלן ווערן
(numbers) (אויס)וואַקסן
(sound) וואַקסן
swell with indignation קוים אײַנהאַלטן דעם כּעס ‹בייזער› [KÁAS]
swell with pride אָנקוועלן; שעפּן ‹קלײַבן› נחת; ווערן ברייטער ווי לענגער [NÁKhES]
have a swelled head בלאָזן פֿון זיך; האָבן אַ געשוואָלענעם קאָפּ
swelling דאָס געשווילעכץ, ־ן; די/דאָס אָנגעשוואָלנקייט
swelter אָפּקומען פֿאַר היץ; צעשמאָלצן ווערן פֿון היץ; באָדן זיך אין שווייס
sweltering פּאַרנע
sweltering heat די שמעלצהיץ
swertia די זומפּבלום, ־ען
swerve, *n.* דער שאַרפֿער ‹פּלוצעמדיקער› קער, ־ן
swerve, *v.* געבן אַ שאַרפֿן ‹פּלוצעמדיקן› קער; אַ ריס טאָן זיך אין אַ זײַט
swift, *adj.* געשווינד; גיך; פֿלינק; אײַליק; ביסטרע
swift as an arrow פֿײַל אויסן בויגן
be swift to deny באַלד ‹תּיכּף› אָפּלייקענען [TÉYKEF]
swift, *n.* **(zool.)** די וואַנטשוואַלב, ־ן; די בערגשוואַלב, ־ן
swiftly געשווינד; פֿלינק(ערהייט)
swiftness די/דאָס גיכקייט; די/דאָס פֿלינקייט
swig, *n.* דער שלוק, ־ן; דער שלונג, ־ען; דער טרונק, ־ען
swig, *v.* אַ שלוק ‹שלונג/טרונק› טאָן (פֿון פֿלעשל)
swill, *n.* די פּוילע; פּאָמוידעס ל"ר
swill, *v.* **(down)** אָנטרינקען זיך; אָנשיכּורן זיך; זשליאָקע|ן; זויפֿן [ÓNShÍKERN]
swim, *n.* דער שווום, ־ען
be in the swim (about) זײַן אינפֿאָרמירט (וועגן); זײַן אין קורס (פֿון); וויסן ווי סע האַלט (מיט)
swim, *v.* שווימען
(leisurely) באָדן זיך
(a distance) אָפּשווימען; אַריבערשווימען
swim against the stream שווימען קעגן (דעם) שטראָם
swim over (toward) צושווימען (צו)
be swimming in (*fig.*) באָדן זיך אין
Her head is swimming סע דרייט זיך איר דער קאָפּ
swimmer דער שווימער, ־ס
swimming, *n.* דאָס שווימען; דאָס שווימערײַ
Let's go swimming לאָמיר זיך גיין באָדן; לאָמיר גיין שווימען
swimming coach דער שווים־טרענירער, ־ס
swimming competition דער שווימפֿאַרמעסט, ־ן
swimmingly ווי געשמירט; ווי אַ מיזמור [MÍZMER]
swimming pool דער שווימבאַסיין, ־ען; די שווימערײַ, ־ען
swimming trunks שווימקעס; שווימהייזקעס; טרוסיקעס
swim ring דער שווימרינג, ־ען; דער שווימגאַרטל, ־ען
swimsuit דער באָדקאָסטיום, ־ען
swimwear שווימקליידער ל"ר; באָדקליידער ל"ר
swindle, *n.* דער שווינדל; דאָס שווינדלערײַ; דאָס רמאָות [RAMÓES]
swindle, *v.* באַשווינדלען; אָפּנאַרן
swindle sb. out of אויסנאַרן + אַק' בײַ
swindler דער שווינדלער, ־ס; דער אָפּנאַרער, ־ס; דער דרייער, ־ס; דער אַפֿעריסט, ־ן; דער רמאַי, רמאָים; דער קונצן־מאַכער, ־ס; דער ממזרוק, ־עס; דער גענאַמניק, ־עס; דער שווינדלאַק, ־עס [RÁMAY, RAMÓYEM] [MAMZERÚK]
swine דער חזיר, ־ים [KhÁZER, KhAZÉYRIM]
(*fig.*) דער מנוול, ־ים; דער פּאַסקודניאַק, ־עס [MENÚVL, MENUVÓLIM]
swineherd דער חזירים־פּאַסטעך, ־ער [KhAZÉYRIM]
swing, *n.*
(blow) דער זעץ, ־ן; דער קלאַפּ, קלעפּ
(econ.) דער אַרויף־און־אַראָפּ, ־ן
(in mood) דער שטימונגבײַט, ־ן; דער בײַט אין שטימונג
(in playground) די הוידלקע, ־ס; די הוידע, ־ס
(movement) דער מאַך, ־ן
(mus.) דער סווינג
(spo.) דער קלאַפּפּרוּוו, ־ן; דער מאַך, ־ן
get into the swing of things אַרײַן אין ריטעם
in full swing אין פֿולן גאַנג ‹ברען›
push a swing הוידע|ן
take a swing at אַ שטאַרקן זעץ טאָן; גוט דערלאַנגען
swing, *v.*
vt. **(baseball)** אַ מאַך טאָן מיט דער הילקע
vt. **(in playground)** הוידע|ן
vi. **(in playground)** הוידע|ן זיך
vi. (*nurs.*) מאַכן הוידאַ
go down swinging פֿאַרקלאַפּן זיך

I can swing it איך קען זיך פֿאַרגינען; איך קען באַוויַזן; איך קען זיך אַן עצה געבן [ÉYTSE]
swing bridge די דריַיבריק, ־ן
swinger דער הולטיַ, ־עס; דער לעבעיונג, ־ען
swinging, *adj.*
(lively) לעבעדיק
(rocking) הוידענדיק; וויגנדיק
swinging door די וויגטיר, ־ן
swing plow די סאָכע, ־ס
swing shift דער אָוונטשיכט, ־ן
swing state דער וואַקלשטאַט, ־ן
swing vote די וואַקלשטים, ־ען
swing voter דער וואַקל־וויילער, ־ס
swinish חזיריש [KhÁZERISh]
(*fig.*) כאַמוליש; געמיין
swipe, *n.*
(with card) דער פֿיר, ־ן
(swing) דער שטאַרקער זעץ, ־ן
take a swipe at אַ שטאַרקן זעץ טאָן; גוט דערלאַנגען
swipe, *v.*
(on a screen) אַ פֿיר טאָן מיטן פֿינגער (אויפֿן עקראַן)
(card) (אַ)דורכפֿירן
(steal/*slg.*) (צו)לקחענען; אַרגאַניזירן [(TSÚ)LÁKKhENEN]
swirl, *n.* דאָס געדריי, ־ען; דאָס געווירבל, ־ען
swirl, *vt./vi.* דרייען (זיך);ווירבלען (זיך)
swish, *n.*
(rustle) דאָס שורשען; דער שאָרעך; דאָס גערויש
(tail) דער מאַך, ־ן
swish, *v.*
(rustle) שורשע|ן; שאָרכע|ן; רוישן
swish one's tail מאַכן מיטן וויידל
Swish! (basketball) !שוויש
Swiss, *adj.* שווייצאַריש; שווייצער אינוו'
Swiss Jew דער שווייצאַרישער געב'; דער שווייצאַרישער ייִד, ־ן
Swiss, *n.*
m./unsp. דער שווייצער, –
f. די שווייצערין, ־ס
Swiss army knife דאָס שווייצאַרישע מעסערל, ־עך
Swiss chard דער בלעטער־בוריק, ־עס; די באָטשווינע
Swiss cheese דער שווייצער קעז
Swiss roll דער רולעט מיט אײַנגעמאַכטס
switch, *n.*
(change) דער איבערבײַט, ־ן
(elec.) דער אויסשליסער, ־ס
(railroad) די סטרעלקע, ־ס
(rod) דאָס בײַטשל, ־עך; די רוט, ־ן; דאָס ריטל, ־עך
switch, *v.*
vt. **(change)** איבערבײַטן; אויסבײַטן
vi. **(exchange)** (אויס)בײַטן זיך מיט
vi. **(go onto)** אַריבערגיין (אויף)
switch around אַרומבײַטן; איבערבײַטן
switch for (exchange) אויסבײַטן אויף
switch lanes אַריבער(פֿאָרן) אין אַ צווייטן שפּאַליר
switch off (alternate) אויסבײַטן זיך
switch off (turn off) אויסשליסן; אויסלעשן
switch on אײַנשליסן; אָנצינדן; אָנשטעלן
switch over to אַריבער(גיין) אויף
switch places בײַטן זיך מיט די ערטער
switch trains איבערזעצן זיך (אויף אַן אַנדער באַן)
switchblade דאָס שפּרינג־מעסערל, ־עך
switchboard דאָס/די שליסברעט, ־ער; דער קאָמוטאַטאָר, ־ס
switchboard operator
m./unsp. דער טעלעפֿאָן־בינדלער, ־ס; דער טעלעפֿאָניסט, ־ן
f. די טעלעפֿאָן־בינדלערין, ־ס; די טעלעפֿאָניסטקע, ־ס
switched-off אויסגעשלאָסן; אויסגעלאָשן
switched-on אײַנגעשלאָסן; אָנגעצונדן; אָנגעשטעלט
switchman דער איבערשטעלער, ־ס
switch tower די איבערשטעל־בודקע, ־ס
Switzerland די שווייץ
in Switzerland אין דער שווייץ
swivel, *vt./vi.* אַרומדרייען (זיך)
swivel chair די/דער דרייִשטול, ־ן
swizzle stick דאָס קאָקטייל־‹משקה›־שטעקעלע, ־ך [MÁShKE]
swollen געשוואָלן; אויפֿגעלאָפֿן; אָנגעדראָלן; אָנגעקוואָלן
become swollen due to starvation פּעכנע|ן
swollen gums געשוואָלענע יאַסלעס
swoon, *n.* די אומאַכט
in a swoon פֿאַרחלשט; אין חלשות [FARKhÁLEShT] [KhALÓShES]
swoon, *v.* אַוועקחלשן; פֿאַלן (אין) חלשות [AVÉKKhÁLEShN] [KhALÓShES]
swoop, *n.*
(bird/plane) דער לאָז אַראָפּ
(police) דער אָנפֿאַל, ־ן
in one fell swoop מיט איין קנאַק ‹זעץ/קלאַפּ/מאַך›
swoop, *v.* אַ לאָז טאָן זיך
swoop down געבן זיך אַ לאָז אַראָפּ; אַ לאָז טאָן זיך אַראָפּ
(police) אָנפֿליִען
sword די שווערד, ־ן; די שפּאַגע, ־ס
put to the sword טייטן ‹הרגע|(נע)ן› מיט דער שווערד [HÁRGE(NE)N]
sword dance דער שווערדנטאַנץ
sword fern נירן־שיבן
swordfish דער שווערדפֿיש, –; די שפּאַגע, ־ס
sword of Damocles דאַמאָקלעסעס שווערד
swordplay דאָס פֿעכטערײַ
swordsman דער פֿעכטער, ־ס
swordsmanship די פֿעכטקונסט
sword swallower דער שווערדשלינגער, ־ס; דער מעסער־פֿרעסער, ־ס
sworn, *adj.* געשוווירן
sworn statement די געשוווירענע דעקלאַראַציע, ־ס
sybarite דער סיבאַריט, ־ן; דער עולם־הזהניק, ־עס [ÓYLEM-HÁZENIK]
sybaritic סיבאַריטיש; עולם־הזהדיק [ÓYLEM-HÁZEDIK]
sycamore דער פלאַטאַן, ־ען
sycamore fig דער סיקאַמאָר, ־ן
sycamore maple דער יאַוואָר; דער פלאַטאַן־קליאָן
sycophant דער חונף, ־ים; דער חניפֿהניק, ־עס; דער קריכער, ־ס; דער לעקער, ־ס [KhÓYNEF, KhÓNFIM] [Kh(A)NÍFENIK]
syllabic טראַפּיק
syllabification די טראַפֿן־פֿורעמונג
syllable דער טראַף, ־ן
syllable boundary די/דער טראַפֿן־גרענעץ, ־ן
syllabus די לערן־פּראָגראַם, ־ען
syllogism דער סילאָגיזם, ־ען
sylph די סילפֿע, ־ס
sylphid די סילפֿידע, ־ס
sylphlike גראַציעז; שלאַנק
sylvan וואַלדיק
symbiosis דער סימביאָז
symbiotic סימביאָטיש

symbol דער סימבאָל, ־ן
symbolic סימבאָליש
symbolically סימבאָליש; אויף אַ סימבאָלישן אופֿן [OYFN]
symbolism דער סימבאָליזם
symbolization די סימבאָליזירונג, ־ען
symbolize סימבאָל(יז)ירן; פֿאָרשטעלן מיט זיך + אַק'
symmetrical סימעטריש
symmetrically סימעטריש; אויף אַ סימעטרישן אופֿן [OYFN]
symmetry די סימעטריע, ־ס
sympathetic מיטפֿיל(נד)יק; וואַרעם
 be sympathetic to באַציִען זיך מיט מיטגעפֿיל צו
sympathetic nervous system די סימפּאַטעטישע נערוון־סיסטעם
sympathize (with)
 (a cause) סימפּאַטיזירן (מיט)
 (a person) האָבן ‹אַרויסווייַזן› מיטגעפֿיל (מיט); מיטפֿילן + דאַט'; סימפּאַטיזירן (מיט)
sympathizer דער סימפּאַטיקער, ־ס
sympathy
 (affinity/tendency) די סימפּאַטיע, ־ס
 (empathy) דאָס מיטגעפֿיל, ־ן; די מיטלייד
 have sympathy for האָבן סימפּאַטיע צו
 He has Democratic sympathies ער סימפּאַטיזירט ‹האַלט› מיט די דעמאָקראַטן
 strike in sympathy with מיטשטרייַקן
 You have our deepest sympathies מיר פֿילן ‹לייַדן› מיט מיט דיר ‹אייַך›
symphonic סימפֿאָניש
symphony די סימפֿאָניע, ־ס
symposium דער סימפּאָזיום, ־ס
symptom דער סימפּטאָם, ־ען
symptomatic סימפּטאָמאַטיש
symptomatically סימפּטאָמאַטיש; לויט די סימפּטאָמען
synagogal שיל...; שול...; סינאַגאָגאַל
synagogue די שיל ‹שול›, ־ן; די דאַוונשול, ־ן; דאָס בית־הכּנסת, בתּי־כּנסיות; דער/דאָס בית־מדרש, בתּי־מדרשים [BEYSAKNÉSES, BÓTE-KNÉSYES] [BESMÉDRESh, BÓTE-MIDRÓShIM]
 (Reform) דער טעמפּל, ־ען; די סינאַגאָגע, ־ס
sync, *n.* די סינכראָנ(יז)ירונג; די סינכראָניזאַציע
 in sync סינכראָנ(יז)ירט
 out of sync נישט סינכראָנ(יז)ירט
sync, *v.* סינכראָנ(יז)ירן
synchronic סינכראָניש
synchronization די סינכראָנ(יז)ירונג; די סינכראָניזאַציע
synchronize סינכראָנ(יז)ירן
synchronous סינכראָן; איינצייַטיק
syncopate סינקאָפּירן
syncopation די סינקאָפּע
syncope
 (med.) דאָס חלשות; די אומּמאַכט [KhALÓShES]
 (mus.) די סינקאָפּע
syncretic סינקרעטיש
syncretic system די מישסיסטעם, ־ען
syncretism דער סינקרעטיזם
syndicalism דער סינדיקאַליזם
syndicate, *n.* דער סינדיקאַט, ־ן
syndicate, *v.* סינדיקירן
syndicated סינדיקירט
syndrome דער סינדראָם, ־ען
synecdoche די סינעקדאָכע, ־ס
synergistic סינערגיש; סינערגיסטיש
synergy די סינערגיע, ־ס
synod דער סינאָד, ־ן
synonym דער סינאָנים, ־ען
synonymous סינאָנימיש; סינאָנים
 synonymous with איינס מיט; גלייַכטייַטשיק מיט
synonymy די סינאָנימיע
synopsis דער קאָנספּעקט, ־ן; דער קורצער איבערבליק, ־ן; דער קיצור, ־ים [KÍTSER, KITSÚRIM]
synoptic סינאָפּטיש
synoptic chart די סינאָפּטישע מאַפּע, ־ס
syntactic סינטאַקטיש
syntax דער סינטאַקס, ־ן
synthesis דער סינטעז, ־ן
synthesize סינטעזירן; צונויפֿגלידערן
synthesizer דער סינטעזאַטאָר, ־ס
synthetic סינטעטיש; קינסטלעך
synthetics די סינטעטיק ל"י
syphilis דער סיפֿיליס
 (*slg.*) פֿראַנצן ל"ר; דאָס שיפּל
 have syphilis לייַדן פֿון ‹אויף› סיפֿיליס
 have syphilis (*slg.*) פֿאָרן אויף אַ שיפּל
syphilitic, *adj.* סיפֿיליטיש
 (*slg.*) פֿראַנצעוואַטע
syphilitic, *n.* דער סיפֿיליטיקער, ־ס; דער ווענעריקער, ־ס
Syria (די) סיריע
Syrian, *adj.* סיריש
 Syrian Jew דער סירישער געב'; דער סירישער ייִד, ־ן
Syrian, *n.*
 m./unsp. דער סיריער, –
 f. די סיריערין, ־ס
syringe, *n.* דער שפּריץ, ־ן; דער שפּריצער, ־ס
syringe, *v.* אַרייַנשפּריצן
syrup דער סירעפּ ‹סיראָפּ›, ־ן; דער סאָק, ־ן
syrupy סירעפּדיק; געדיכט
 (*fig.*) האָניקדיק; לאַקרעצדיק; זיסינק אַטר'
system די סיסטעם, ־ען
 (method) די מעטאָדיק; די שיטה, ־ות [ShÍTE]
 (mus.) די נאָטן־סיסטעם, ־ען
 (order) דער טאָלק, ־ן
 All systems are go אַלץ איז גרייט
 be in the system (jail/*slg.*) זיצן (אין תּפֿיסה/ קרימינאַל) [TFÍSE]
 get out of one's system פּטור ווערן פֿון; אַרויסשפּטרן פֿון זיך; באַפֿרייַען זיך פֿון [PÓTER] [ARÓYSPÁTERN]
 the system (establishment) די מאה־דעה; מאה־דעהניקעס ל"ר [MÉYE-DÉYE] [MÉYE-DÉYENIKES]
systematic סיסטעמאַטיש
systematically סיסטעמאַטיש; מיט אַ טאָלק; אויף אַ סיסטעמאַטישן אופֿן [OYFN]
systematize סיסטעמאַט(יז)ירן; סיסטעמירן; אייַנפֿירן אַ סיסטעם
systemic סיסטעמיש
system program די סיסטעם־פּראָגראַם, ־ען
systems analysis דער סיסטעמען־אַנאַליז, ־ן
systems analyst דער סיסטעמען־אַנאַליטיקער, ־ס
systems engineering די סיסטעמען־אינזשעניריע; די סיסטעמען־טעכניק
systole דער האַרצקלאַפּ, ...קלעפּ; די סיסטאָל, ־ן; די צונויפֿציִונג (פֿון האַרץ)
systolic סיסטאָליש
syzygial סיזיגיש
syzygy די סיזיגיע, ־ס

T

T דער טע, ־ען
to a T. פּונקט; אַקוראַט; אויף אַ האָר; גענוי
tab,[1] *n.*
(loop/flap) דאָס שלייפֿל, ־עך
(on filing card/folder) דאָס אויערל, ־עך
tab,[2] *n.*
(bill) דער חשבון, ־ות [KhEZhBM, KhEZhBÓYNES]
(tabulator/comp.) דער טאַבעלירער, ־ס
I'll pick up the tab אויף מײַן חשבון; איך באַצאָל פֿאַר אַלעמען; על חשבון הגבֿיר [AL KhEZhBM HAG(E)VÍR]
keep tabs פֿירן אַ חשבון
keep tabs on האַלטן אַן אויג אויף
tabasco (sauce) דער טאַבאַסקאָ־סאָס
tabbouleh די טאַבולע
tabby די געפּאַסיקטע ‹געשטרײַפּטע› קאַץ, קעץ
tabernacle דער טאַבערנאַקל, ־ען
(J.) דער מישכּן, ־ס; דער אוהל־מועד [MIShKN] [ÓYEL-MÓYED]
tab key דער טאַבוליר־קלאַוויש, ־ן; דער טאַבקלאַוויש, ־ן
table, *n.* דער טיש, ־ן; דאָס טישל, ־עך
(chart) די טאַבעלע, ־ס
at the table בײַם טיש
clear the table אַראָפּנעמען ‹(אַר)אָפּראַמען› פֿון טיש
learn one's tables לערנען זיך כּפֿלען [KÉYFLEN]
set the table גרייטן ‹שטעלן› צום טיש; דעקן צום ‹דעם› טיש
table of contents דער תּוכן; דער אינהאַלט(־צעטל) [TOYKhN]
The tables are turned דאָס רעדל האָט זיך איבערגעדרייט
under the table אויף בלאַט; אונטערן טיש
table, *v.* **(postpone)** אָפּלייגן (אויפֿן טיש); אָפּלייגן אויף שפּעטער
tableau דער טאַבלאָ, ־ען; דאָס (לעבעדיקע) בילד, ־ער
tablecloth דער טישטעך, ־ער; דער/דאָס סערוועט, ־ן
table d'hote דער פֿעסטער ‹געשטעלטער› מעניו, ־ען
tableland דער פּלאַטאָ, ־ען
table linen דאָס טישגרעט
table manners טישמאַנירן
table salt די/דאָס טישזאַלץ; די/דאָס קאָכזאַלץ
tablespoon דער עסלעפֿל, –
a tablespoonful of אַ פֿולער לעפֿל (מיט)
tablet
(comp.) דאָס טעוועלע, ־ך
(pill) דער טאַבלעט, ־ן; די טאַבלעטקע, ־ס
(slab) דער טאָוול, ־ען; דאָס טעוועלע, ־ך
Tablets of the Law לוחות; שני לוחות הברית [LÚKhES] [ShNEY LÚKhES HABRÍS]
table tennis דער פּינגפּאָנג; דער טישטעניס
table-top, *adj.* אויפֿן טיש
table top, *n.* די טישפּלאַד, ־ן
tableware דאָס געפֿעס; דאָס געשיר
table wine דער טישווײַן, ־ען
tabloid, *adj.* טאַבלאָיִד; קלײנפֿאָרמאַטיק
tabloid, *n.* דער/דאָס בולוואַרבלאַט, ...בלעטער; די בולוואַר־צײַטונג, ־ען; דער טאַבלאָיִד, ־ן
tabloids *also* די געלע פּרעסע ל״י
taboo, *adj.* טאַבו; פֿאַרווערט
taboo, *n.* דער טאַבו, ־ען
break a taboo ברעכן אַ טאַבו
taboo, *v.* שטעלן אונטער אַ טאַבו
tabor דאָס פּײַקעלע, ־ך
tabouret די טאַבורעטקע, ־ס
tabular טאַבעלע...; טאָוול...
tabula rasa דער רײנער טאָוול; דער טאַבולאַ ראַסאַ
tabulate טאַבעלירן; אויסשטעלן אין אַ טאַבעלע; סיסטעמאַטיש אויסשטעלן
tabulation די טאַבעלירונג, ־ען
tabulator דער טאַבעלירער, ־ס
tachometer דער טאַכאָמעטער, ־ס
tacit נישט־דערזאָגט; שטיל; שווײַגנדיק
tacitly בשתיקה; שטילערהייט [BIShTÍKE]
taciturn שווײַגעוודיק; אײַנגעשוויגן; פֿאַרשוויגן; קאַרג אויף ווערטער
taciturn person דער שווײַגעוודיקער גב׳; דער שווײַגער, ־ס; דער שתקן, ־ים [ShATKN, ShATKÓNIM]
taciturnity די/דאָס שווײַגעוודיקייט
tack, *n.* דאָס שטיפֿטל, ־עך; דער שטיפֿט, ־ן
(thumbtack) די קנאָפּקע, ־ס
(approach) דער צוגאַנג, ־ען; די ריכטונג, ־ען
change tack פֿאַרנעמען זיך אין אַ נײַער ריכטונג
try a new tack פּרוּוון עפּעס נײַס
tack, *v.*
(maneuver) לאַוו(ר)ירן
tack down צופֿעסטיקן
tack on צוטשעפּען; צוקנאָפּקעווען; אָנהענגען
tackle, *n.*
(gear) דאָס געצײַג; דער אויסריכט; כּלים ל״ר [KÉYLIM]
(football play) דער בלאָקיר, ־ן
(football position) דער בלאָקירער, ־ס
(sailing) דער טאַקעלאַזש
tackle, *v.* אַנידערלייגן; אָנפֿאַלן אויף
(football) בלאָקירן
(task) נעמען זיך צו; אַ נעם טאָן זיך צו; ספּראַווען זיך מיט
tacky אומבאַטעמט; אָן טעם ‹געשמאַק›; ביליק; פּראָסט [ÚMBATÁMT] [TAM]
taco דער טאַקאָ, ־ס
taco sauce דער טאַקאָסאָס
tact דער טאַקט; דער טאַקט־חוש
tactful טאַקטיש; דיפּלאָמאַטיש
tactfully מיט טאַקט
tactic(s) די טאַקטיק
tactical טאַקטיש; טאַקטיק...
tactically אויף אַ טאַקטישן אופֿן [OYFN]
tactical weapons דאָס טאַקטיק־געווער קאָל׳
tactician דער טאַקטיקער, ־ס
tactile
(feeling) טאַפּ...; וואָס לאָזט זיך אָנטאַפּן
(tangible) ממשותדיק [MAMÓShESDIK]
tactile reflex דער טאַפּרעפֿלעקס, ־ן
tactless אומטאַקטיש
be tactless נישט האָבן קיין טאַקט
tactlessly אָן טאַקט; אויף אַן אומטאַקטישן אופֿן [OYFN]
tad
a tad קוים־קוים; אַ קאַפּעלע; אַ קאַפּיטשקע
tadpole דאָס קאָפּעקל, ־עך
taffeta, *adj.* טאַפֿטן; טאַפֿטנ...
taffeta, *n.* דער טאַפֿט

taffy דער איריס
tag, *n.*
  (game) כאַפּערלעך ל״ר; יאָגערלעך ל״ר; כאַפּינקעס ל״ר
  (HTML/XML) דאָס עטיקעטל, ־עך
  (label) דער צעטל, ־ען; דער עטיקעט, ־ן; דאָס קוויטל, ־עך
  play tag שפּילן זיך אין כאַפּערלעך ‹יאָגערלעך/כאַפּינקעס›
tag, *v.*
  (attach) צוטשעפּע|ן
  (in game) אָנרירן
  (label) באַצעטלען
  tag along נאָכשלעפּן זיך; נאָכלויפֿן
  tag on (add) צוגעבן
  tag on (hang) אָנהענגען
tagalong דער נאָכשלעפּער, ־ס; די קיבֿע, ־ס
tag end דער (סאַמע) סוף; די לעצטע טייל [SOF]
taiga די טײַגע, ־ס
tail, *n.*
  (of animal) דער וויידל, ־ען; דער עק, ־ן; דער זנבֿ, ־ים [ZÓNEV, ZNÓVIM]
  (of coin) די רעשקע, ־ס; די רעשעטע, ־ס; דער/דאָס שלאַק, שלעק
  (of coat) די פּאָלע, ־ס
  (follower) דער נאָכשפּירער, ־ס; דער סישטשיק, ־עס
  (flagellum) דאָס עקל, ־עך; דאָס עקעלע, ־ך
  on sb.'s tail האַרט אויף + פּאָס׳ פּוסטריט
  with one's tail between one's legs ווי אַן אָפּגעשמיסענער ‹אָפּגעגאָסענער›; ווי אויסגעפּאַטשט
tail, *v.* נאָכשפּירן; נאָכגיין; נאָכפּאָרן
  tail along נאָכשלעפּן זיך
  tail off (sound) אײַנשטילן זיך; שוואַכער ווערן
  tail off (interest) אָפּפֿאַלן
  tail off mid-sentence אָפּברעכן אין מיטן זאַץ
tailboard *see* **tailgate**
tailcoat דער פֿראַק, ־ן
tail end *see* **tag end**
tailfin די עק־פֿלוספֿעדער, ־ן
  (of vehicle/airplane) די עקפּלאַד, ־ן
tailgate, *n.* די הינטערטיר, ־ן; דאָס הינטערווענטל, ־עך
tailgate, *v.* פֿאָרן + דאַט׳ אויפֿן קאַרק; אָנהענגען זיך אָן ‹אין/אויף›
tailgate party דער פּיקניק בײַ דער הינטערטיר
tailless אָן אַ וויידל
taillight דאָס הינטערלעמפּל, ־עך; דאָס הינטערשטע לעמפּל, ־עך
tailor, *n.*
  m./unsp. דער שנײַדער, ־ס
  f. די שנײַדערין ‹שנײַדערקע›, ־ס
tailor, *v.*
  (a garment) אויפֿפּאַסן צו דער מאָס
  (*fig.*) צופּאַסן
tailorbird דער שנײַדער־פֿויגל, ...פֿייגל
tailoring דאָס שנײַדערײַ
tailor-made געמאַכט אויף מאָס; פּונקט צוגעשניטן
tailor shop די שנײַדערײַ, ־ען
tailpiece די הינטערשטע טייל, ־ן; דאָס/די עקשטיק, ־ער
tailpipe די/דער הינטעררער, ־ן; די/דער אויסקנאַלרער, ־ן
tails *see* **tailcoat**
tailspin דער שטאָפּער
  go into a tailspin אַרײַנ(פֿליִען) אין אַ שטאָפּער
tailwind דער גינציקער ווינט, ־ן
taint, *n.* דער פֿלעק, ־ן; דער פּגם, ־ים; די פּגימה, ־ות [PGAM, PGÓMIM] [PGÍME]
  (trace) דער שמץ [ShÉMETS]
taint, *v.*
  (food) קאַליע מאַכן
  (reputation) באַפֿלעקן; באַשמוצן
Taiwan (דאָס) טײַוואַן
Taiwanese, *adj.* טײַוואַניש
Taiwanese, *n.*
  m./unsp. דער טײַוואַנער, –
  f. די טײַוואַנערין, ־ס
  (language) דאָס טײַוואַניש
Tajik, *adj.* טאַדזשיקיש
Tajik, *n.*
  m./unsp. דער טאַדזשיק, ־ן
  f. די טאַדזשיקין, ־ס
  (language) דאָס טאַדזשיקיש; די טאַדזשיקישע שפּראַך
Tajikistan (דאָס) טאַדזשיקיסטאַן
take, *n.*
  (prey) די כאַפּונג
  (proceeds) די לייזונג; דאָס לייזעכץ; די קאַסע
  have a different take on פֿאַרשטיין ‹האַלטן› אַנדערש; זען פֿון אַ צווייטן קוקווינקל
  He's on the take ער לעקט אָפּ אַ ביינדל; ער האָט אָפֿענע קעשענעס; ער נייט זיך אַ בײַטל; מע שמירט אים
  What's her take? ווי מיינט ‹האַלט› זי?; וואָס זאָגט זי?
take, *v.*
  imp. נעמען
  pf. צונעמען
  imp. **(by vehicle)** פֿירן
  imp./pf. **(by foot)** צוברענגען; צוטראָגן; אָפּטראָגן
  pf. **(by vehicle)** אָפּפֿירן; צופֿירן; אַוועקפֿירן
  (capture) אײַננעמען; פֿאַרנעמען מיט כּוח [KÓYEKh]
  (grasp) אָננעמען; אָנכאַפּן
  (time) געדויערן; נעמען
  (medicine) (אײַנ)נעמען
  (occupy) פֿאַרנעמען
  (road/route) גיין ‹פֿאָרן› מיט
  (measures) אָננעמען
  (necessitate) פֿאָדערן זיך
  (sexually) באַשלאָפֿן; קומען צו
  (temperature) (אויס)מעסטן
  do what it takes טאָן אַלץ וואָס מע באַדאַרף; אָנטאָן זיך אַ כּוח; אָנשטרענגען זיך
  He's taken ער איז שוין אַ גענומענער
  I can't take it any more איך קען עס שוין מער נישט פֿאַרטראָגן ‹אויסהאַלטן›
  I take it that איך פֿאַרשטיי ‹נעם אָן› אַז; ס׳הייסט אַז
  it takes courage to סע פֿאָדערט קוראַזש צו
  take alive נעמען ‹פֿאַנגען› אַ לעבעדיקן גענ׳
  take after (be similar) (זײַן) געראָטן אין; זײַן פּאַכאָזשע ‹פּאָדאָבנע› אויף
  take after (chase) נאָכגיין + דאַט׳; נאָכלויפֿן + דאַט׳
  take apart צענעמען; פֿונאַנדערנעמען; צעגלידערן
  take around אַרומפֿירן
  take aside נעמען אין אַ זײַט
  take away from (grab) צונעמען בײַ
  take back (retract) צוריקציִען
  take back (return) אָפּנעמען; צוריקנעמען; אָפּטראָגן; צוריקפֿירן
  take sb. back to (remind) דערמאָנען + דאַט׳ אין
  take sb. for another מיינען אַז + נאָמ׳ איז אַן אַנדערער גענ׳
  take courses (in) הערן קורסן (פֿון); זײַן אַ סטודענט (פֿון)
  take down (dismantle) צענעמען; דעמאָנטירן
  take down (kill) אומברענגען; אָפּרוימען; אָפּראַמען

take down (write) פֿאַרצײכענען; פֿאַרשרײַבן
take for האַלטן פֿאַר
take for a walk פֿירן ‹נעמען› + אַק' שפּאַצירן
take in (a play) אַרײַנכאַפּן
take in (a view) זאַט אָנקוקן זיך אויף
take in (dress/waistband) אײַננעמען; אײַנציִען
take in (absorb/*fig.*) אײַנזאַפּן אין זיך; תּופֿס זײַן [TÓYFES]
take in (shelter) געבן + דאַט' אַ דאַך איבערן קאָפּ; באַשיצן
I'll take it from here איכ'ל איצט איבערנעמען
Take it from me! מעגסט ‹איר מעגט› מיר גלייבן!; הער(ט) מיך אויס!; (אָנו) פֿאָלג(ט) מיך!
Take it or leave it! אָדער־אָדער!; אָדער יאָ, אָדער ניין!; יאָ – יאָ, נישט – נישט!
take it out on sb. אויסלאָזן עס צו + פּאָס' קאָפּ
take it upon oneself (to) נעמען אויף זיך + אַק'/צו; אָננעמען דאָס אחריות (צו/פֿון); מעכטיקן זיך (צו) [AKhRÁYES]
take off, *vt.* (clothes) אויסטאָן
take off, *vi.* (fly) אָפּפֿליִען
take off, *vi.* (leave) לאָזן זיך אין וועג (אַרײַן); אָפּפֿאָרן; אַוועקגיין; אַרויסלאָזן זיך; נעמען דעם דרך [DÉREKh]
take off, *vi.* (running) לאָזן זיך לויפֿן; כאַפּן די פֿיס אויף די פּלייצעס
take on (אָנ)נעמען (אויף זיך)
take on a life of its own ווערן אַ ממשות ‹יש› פֿאַר זיך [MAMÓShES] [YESh]
take on sb.'s name אָננעמען + פּאָס' נאָמען
take out (eliminate) צעטראָסקען|ן; אומברענגען
take out (on a date) אַרויספֿירן + אַק' אויף אַ ראַנדקע
take out (remove) אַרויסנעמען
take out for dinner טראַקטירן ‹פֿונדעווען|ן› מיט אַ וועטשערע
take out one's anger on אויסלאָזן דעם כּעס צו; אויסלאָזן עס צו + פּאָס' קאָפּ; אויסגיסן די באַד אויף [KÁAS]
take over (assume control) איבערנעמען; נעמען אויף זיך
take over (bring by foot) צוברענגען; צוטראָגן; אָפּטראָגן
take over (bring by vehicle) צופֿירן
Take that! (when hitting) נאַ, נאַ, נאַ!
take to sb. ליב באַקומען; אײַנליבן ‹פֿאַרליבן› זיך אין; צובינדן זיך צו
take to stg. ליב באַקומען
take to one's bed (become ill) קראַנק ווערן
take to one's bed (go to bed) לייגן זיך אין בעט אַרײַן
take to the street(s) אַרויסגיין אין די גאַסן
take up (embark upon) נעמען זיך צו
take up (shorten) (פֿאַר)קירצן; קירצער מאַכן
take up a collection זאַמלען געלט; אַרומגיין מיט אַ פּאַטשיילע
take up a stitch אַרויפֿנעמען ‹אַרויפֿכאַפּן› אַן אייגל
take up a tune אויפֿכאַפּן אַ ניגון ‹מעלאָדיע› [NIGN]
take up arms נעמען זיך פֿאַרן געווער; נעמען דאָס געווער אין די הענט
take up arms (*fig.*) אַ(נט)קעגנשטעלן זיך
take up on (accept) אָננעמען
take up room פֿאַרנעמען אָרט
take up the cause פֿאַרנעמען זיך מיט דער זאַך; איבערגעבן זיך דעם צוועק
take up the matter אַרומרעדן דעם ענין [ÍNYEN]
take up with אַרײַנלאָזן זיך מיט; איזניוכען|ן זיך מיט

Take, for instance נעמ(ט), למשל; כאַפּ איך דיך ‹אײַך› אָן [LEMÓShL]
take Yiddish לערנען זיך ייִדיש
taken up with פֿאַרנומען ‹פֿאַרפֿאַרעט› מיט
taken with פֿאַרכאַפּט ‹פֿאַרבלענדט/פֿאַרכישופֿט› פֿון [FARKÍShEFT]
takeaway
What was her main takeaway? וואָס האָט זי דערפֿון אָפּגעלערנט
take-charge person דער אויפֿטוער, ־ס; דער איניציאַטאָר, ־אָרן....
takedown דער דעמאָנטאַזש
take-home exam דער היים־עקזאַמען, ־ס
take-home pay די נעטאָ־הכנסה; דאָס ריינע פֿאַרדינסט [HAKhNÓSE]
take-no-prisoners, *adj.* אומברחמנותדיק; שטאַרק אַגרעסיוו [ÚMBERAKhMÓNESDIK]
takeoff
(av.) דער אָפּפֿלי, ־ען; דאָס אָפּפֿליִען
(parody) די פּאַראָדיע, ־ס; דאָס נאָכמאַכערײַ; דאָס נאָכקרימערײַ
(spo.) דער סטאַרט, ־ן
do a takeoff of נאָכמאַכן + דאַט'; נאָכקרימען + דאַט'
takeout דאָס עסן אויף מיטצונעמען
takeover דער איבערנעם, ־ען
takeover bid דער אָנבאָט איבערצונעמען
taker דער קונה, ־ים; דער בעלן, ־ים [KÓYNE, KÓYNIM] [BALN, BALÓNIM]
taking, *adj.* (attractive) צוציִיק; חנעוודיק [KhÉYNEVDIK]
taking, *n.*
It's hers for the taking אַז זי וויל (נאָר) איז עס אירס
takings [HAKhNÓSE] דאָס פֿאַרדינסט ל"יי; דאָס לייזעכץ ל"יי
talc דער טאַלק
talcum powder דער טאַלק(פּודער); דער פּודער
tale די מעשׂה, ־יות; דאָס מעשׂהלע, ־ך [MÁYSE] [MÁYSELE]
tell tales (gossip) פּליאָטקעווען|ן; פֿירן פּליאָטקעס; טרייבן רכילות [REKhÍLES]
tell tales (secrets) [SÓYDES] אויסזאָגן סודות (פֿון חדר) [KhÉYDER]
talebearer
m./unsp. דער פּליאָטקע־מאַכער‹־פֿירער›, ־ס; דער רכילותניק, ־עס [REKhÍLESNIK]
f. די פּליאָטקע־מאַכערין‹־פֿירערקע›, ־ס; די רכילותניצע, ־ס [REKhÍLESNITSE]
talent דער טאַלאַנט, ־ן; דער כּשרון, ־ות; די/דאָס פֿעיִקייט, ־ן [KÍShREN, KIShRÓYNES]
(unit of weight/currency/bib.) דער צענטנער, –
have a talent for זײַן פֿעיִק צו; פֿאַרמאָגן אַ טאַלאַנט צו
That takes talent! (*iro.*) (אָט) דאָס דאַרף מען קענען!
waste one's talent צעבײַטן זיך אויף קליינגעלט
talent agent דער טאַלאַנט־אַגענט, ־ן
talented טאַלאַנטירט; כּישרונדיק [KÍShRENDIK]
talented person דער טאַלאַנט, ־ן; דער פֿעיִקער געב'; דער בעל־כּישרון, בעלי־כּישרונות [BALKÍShREN, BÁLE-KIShRÓYNES]
talent scout דער טאַלאַנטן־זוכער, ־ס
talent show די טאַלאַנטאַריע, ־ס; דער אַמאַטאָרן־באַווײַז, ־ן
Talib דער טאַליב, ־ן
Taliban, *adj.* טאַליבאַניש
the Taliban טאַליבאַנער ל"ר
talipot די כּבוד־פּאַלמע, ־ס [KÓVED]
talisman די קמיע, ־ות; דער טאַליסמאַן, ־ען [KAMÉYE]

talk, *n.* רייד ל״ר; דער שמועס, ־ן; דאָס גערייד
(lecture) דער רעפֿעראַט, ־ן; די לעקציע, ־ס
(speech) די רעדע, ־ס
all talk and no action מער רויך ווי געבראָטנס
have a talk (אַ)דורכרעדן זיך; (אַ)דורכשמועסן זיך; כאַפּן אַ שמועס
He's the talk of the town ער איז ביי אַלעמען אין מויל; סע קלינגט מיט אים די שטאָט
It's all the talk אַלע רעדן וועגן דעם; ס'איז ביי אַלעמען אין מויל
talks (negotiations) פֿאַרהאַנדלונגען
Talk is cheap/You're all talk צוזאָגן און ליב האָבן קאָסט קיין געלט נישט; פֿון זאָגן ווערט מען נישט טראָגן
talk, *v.* רעדן; שמועסן
He's a fine one to talk!/Look who's talking! זע(ט) נאָר ווער סע רעדט!
Now you're talking! (אַט) דאָס הייסט גערעדט!; אַזוי (זשע) רעד(ט)!; אַט דאָס הייסט קלאָרע דיבורים!; גערעדט צו דער זאַך!
talk a blue streak איינעמען פּלוידער־וואַסער; רעדן נישט אַנטשוויגן צו ווערן; רעדן אָן אויפֿהער
talk about/of רעדן וועגן ‹פֿון›; אַרומרעדן
talk back to אָפּענטפֿערן + דאַט׳ מיט העזה ‹חוצפּה›; אָקעגנרעדן + דאַט׳; ענטפֿערן + דאַט׳ גראָב [HÓZE] [KhÚTSPE]
talk big באַרימען זיך
talk down (calm) באַרויִקן + אַק׳
talk down (price) אַראָפּדינגען פֿון פּרייז
talk down to (condescend) רעדן צו + דאַט׳ פֿון אויבן ‹דער קאַטעדרע› אַראָפּ; רעדן צו + דאַט׳ ווי צו(ן) אַ קליין קינד
talk into איינרעדן; צורעדן; פּועלן ביי [PÓY(E)LN]
talk sb.'s ear off *see* **talk a blue streak**
talk out אויסדיסקוטירן
talk out of אָפּרעדן פֿון
talk over אַרומרעדן; אַרומשמועסן
talk to רעדן מיט
talk up אויסלויבן
talkative באַרעדעוודיק
be talkative האָבן אַ מויל אויף שרויפֿן; האָבן ניין מאָס רייד
talker דער רעדער, ־ס
talkie דער קלאַנגפֿילם, ־ען
talking points הויפּטפּונקטן ‹ראָשי־פּרקים› צום דיסקוטירן [ROShEPRÓKIM]
He's just repeating talking points ער האַלט אין איין איבערחזרן דאָס זעלביקע; ער חזרט איבער זיין אָפּגעדראָשענעם פּיזמון; ער זינגט אַ סקאַרבאָווען ניגון [ÍBERKhÁZERN] [KhÁZERT] [PÍZMEN] [NIGN]
talking-to
give sb. a good talking-to גוט אַריינזאָגן + דאַט׳; אויסמוסרן; געבן + דאַט׳ אַ מפֿטיר [ÓYSMÚSERN] [MÁFTER]
talk radio דאָס ראַדיאָ־רעדעריי
talk show די שמועס־פּראָגראַם, ־ען; דער טאָקשאָו, ־ען
tall הויך
(person) *also* ווּוקסיק; געוווּקסיק
How tall is he? ווי הויך איז ער?
six feet tall זעקס פֿוס די הייך; זעקס פֿוס הויך
tall, dark and handsome לאַנג־און־ליב
That's a tall order! דאָס איז שוין יענע אַרבעט!; ס'אַ שווערע עבֿודה! [ÚVDE]
tall man דער הויכער געב׳
tall man (*hum.*) דער דראַנג, ־ען/־עס/דרענגער; דער דראַנגאַטש, ־עס
tallboy דער הויכער קאָמאָד, ־ן
tallness די הייך
tallow דאָס חלבֿ [KhÉYLEV]
tallow candle דאָס חלבֿנע ליכטל, ־עך [KhÉYLEVENE]
tallow tree דער חלבֿניק, ־עס [KhÉYLEVNIK]
tall story/tale די באָבע־מעשה; די אויסגעקלערטע ‹איבערגעטריבענע/פֿאַנטאַסטישע› מעשה, ־יות; די ביי׳קע, ־ס; דער פּיזמון, ־ים/־ות [MÁYSE] [PÍZMEN, PIZMÓYNIM/PIZMÓYNES]
tell a tall tale בייקען; ביי׳ערן; דערציילן באָבע־מעשיות; דערציילן וואָס נישט געשטויגן נישט געפֿלויגן [MÁYSES]
tally, *n.* דער חשבון, ־ות; דער סך־הכּל, ־ען [KhEZhBM, KhEZhBÓYNES] [SAKhÁKL]
tally, *v.*
(count) רעכענען
(keep score) האַלטן ‹פֿירן› דעם חשבון [KhEZhBM]
tally up פֿאַרסך־הכּלען; צונויפֿרעכענען [FARSAKhÁKLEN]
tally with שטימען מיט
Tally-ho! אַטוי!
tally sheet דער חשבון־‹רעכן־›בויגן, ־ס; דער סחורה־צעטל, ־ען [KhEZhBM] [SKhÓYRE]
Talmud דער תּלמוד; די גמרא; דער ש״ס ‹שס›; די תּורה־שבעל־פּה [TÁLMUD] [GEMÓRE] [ShAS] [TÓYRE-ShEBALPÉ]
Babylonian Talmud דער תּלמוד־בבֿלי [TÁLMUD-BÁVLI]
Jerusalem Talmud דער (תּלמוד־)ירושלמי [YERUShÁLMI]
Talmudic תּלמודיש; פֿונעם תּלמוד; גמרא־... [TALMÚDISh] [TÁLMUD] [GEMÓRE]
Talmudic scholar/Talmudist דער תּלמודיסט, ־ן [TALMUDÍST]
(J.) דער למדן, ־ים; דער בעל־גמרא, בעלי־... [LAMDN, LAMDÓNIM] [BALGEMÓRE, BÁLE-...]
Talmud Torah די תּלמוד־תּורה, ־ות/־ס [TALMETÓYRE]
talon דער קרעל, ־ן; דער טאַלאָן, ־ען
(cards) דער טאַלאָן, ־ען
talus
(bone) דער קנעכלביין, ־ער
(rock) דער שטיינבראָך
tamarin דער טאַמאַרין, ־ען
tamarind דער טאַמאַרינד
tamarisk דער טאַמאַריסק
tambour דער טאַמבור, ־ן
tambourine דער טאַמבורין, ־ען
tame, *adj.* געצאַמט; פֿאָלגעוודיק; שטוביק
tame, *v. imp./pf.* (איינ)צאַמען; (איינ)שטוביקן
tamed געצאַמט; איינגעשטוביקט
tameness די/דאָס געצאַמטקייט; די/דאָס פֿאָלגעוודיקייט
tamer דער איינצוימער, ־ס
Tamil, *adj.* טאַמיליש
Tamil, *n.*
m./unsp. דער טאַמיל, ־ן
f. די טאַמילקע, ־ס
(language) דאָס טאַמיל(יש)
Tamilian *see* **Tamil**
Tammuz (דער) תּמוז [TÁMEZ]
tamp, *v.* **(down)** צושטאַפּן; פֿאַרשטאַפּן; צוקלאַפּן; צושלאָגן
tamp tobacco in a pipe אָנשטאָפּן אַ פּיפֿקע
tamper (with)
(disturb) שטערן; טשעפּען; שפּילן זיך מיט
(falsify) פֿעלשעווען; פֿעלשן; מאַניפּולירן
(jury) באַווירקן; קאָנספּירירן מיט; פּרוּוון אונטערקויפֿן

tamperproof באַוואָרנט קעגן מאַניפּולירונג
 (package) באַוואָרנט קעגן אויפֿברעכן
tampon דער טאַמפּאָן, ־ען
tan, *adj.*
 (color) געל־ברוין
 (from the sun) אָפּגעברוינט
 get a tan אָפּברוינען זיך (פֿון דער זון)
tan, *n.* די אָפּגעברוינטע הויט
tan, *v.*
 vt. **(leather)** גאַרבן
 vi. **(skin)** אָפּברוינען זיך; אָפּברענען זיך
 I'll tan his hide! איכ'ל אים שוין גוט אָנשלאָגן ‹געבן›; איכ'ל אים צולייגן!; איכ'ל אים שוין מאַכן אַ וויסטן סוף! [SOF]
tandem
 in tandem (horses) נאַשפּיץ
 in tandem (vehicle) איינס הינטערן צווייטן; איינס נאָכן אַנדערן
 in tandem (*fig.*) צוזאַמען; אין איינעם
tang[1] **(flavor/aroma)** דער שאַרפֿער טעם [TAM] ‹ריח› [RÉYEKh]
tang[2] **(sound)** דאָס געקלאַנג; דאָס קלינגערײַ
tangent
 (geom.) דער טאַנגענט, ־ן; די באַריר־ליניע, ־ס
 (trig.) דער טאַנגענס, ־ן
 go off on a tangent פֿאַרקריכן ‹פֿאַרפֿאָרן› אין בױבעריק ‹האָצעפּלאָץ›; פֿאַררעדן זיך; אַרײַנפֿאָרן אין אלף־השישי אַרײַן [ÉLEF-HAShÍShI]
tangential
 (digressing) אומדירעקט שייך; נישט צו דער זאַך; זײַטיק [ShÁYEKh]
 (math.) טאַנגענטיאַל; באַרירנדיק; באַריר...
tangentially אומדירעקט
tangerine דער מאַנדאַרין, ־ען; די מאַנדאַרינקע, ־ס
tangible ממשותדיק; אָנטאַפּיק; אָנצוטאַפּן, פּר'; אָנצוכאַפּן, פּר' [MAMÓShESDIK]
tangle, *n.*
 (confusion) די סומאַכאָטע; די צעמישונג
 (knot) דער קנופּ, ־ן; דער פּלאָנטער, ־ס
tangle, *v.*
 tangle up פֿאַרקניפּן; פֿאַרקניפּט ווערן; פֿאַרפּלאָנטערן זיך
 tangle with פֿאַרטשעפּע|ן ‹פֿאַרפּלאָנטערן/אַרײַנלאָזן› זיך מיט; אָנהייבן מיט
tangled פֿאַרקניפּט; פֿאַרפּלאָנטערט
 get tangled פֿאַרקניפּן זיך; פֿאַרפּלאָנטערן זיך; פֿאַרקנופּט ווערן
tango, *n.* דער טאַנגאָ, ־ס
tango, *v.* טאַנצן אַ טאַנגאָ
tangy שאַרף; פּיקאַנט
tank, *n.*
 (container) דער רעזערוואַר, ־ן; די ציסטערנע, ־ס; דער באַק, ־עס
 (mil.) דער טאַנק, ־ען
 (gasoline) דער (בענזין־)רעזערוואַר, ־ן
 fill up the tank אָננעמען ‹אָנגיסן/אָנפֿילן› מיט בענזין; אָנבענזינעווע|ן
tank, *v.* גיין באַרג־אַראָפּ; (אַ)דורכפֿאַלן
 tank up (with gas) אָננעמען ‹אָנגיסן/אָנפֿילן› מיט בענזין; אָנבענזינעווע|ן
 tank up (get drunk) אַרײַנגגיסן (אין לאָמפּ)
tankard דער (ביר)קופּל, ־ען; דאָס קריגל, ־עך
tank car דער ציסטערנע־וואַגאָן, ־ען
tank crew דער טאַנק־עקיפּאַזש, ־ן; די טאַנקמאַנשאַפֿט, ־ן
tank ditch דער קעגנטאַנקען־ריוו, ־ן
tank driver דער טאַנקיסט, ־ן
tanker דער טאַנקער, ־ס; די טאַנקשיף, ־ן
tanker truck דער ציסטערנע־אויטאָ, ־ס
tankette די טאַנקעטקע, ־ס
tank top די מײַקע, ־ס; דאָס העמד אָן אַרבל
tanned, *adj.*
 (in sun) אָפּגעברוינט; אָפּגעברענט
 (leather) געגאַרבט
 of tanned leather לײַקן
tanned leather די לײַקע
tanner דער גאַרבער, ־ס; דער פּאָסטילניק, ־עס; דער שטרײַכער, ־ס
tannery די גאַרבערײַ, ־ען
tannic acid דאָס גאַרבזײַערס
tannin דער טאַנין
tanning, *n.*
 (in sun) דאָס אָפּברוינען זיך
 (of leather) דאָס גאַרבערײַ
tanning bed די זונבאַנק, ...בענק
tanning salon דער זונסאַלאָן, ־ען
tansy דאָס קוקו־בלימל, ־עך
tantalize אָנרייצן; טאַנטאַליזירן; ציִען די עצמות בײַ [ATSÓMES]
tantalizing אָנרייצנדיק; טאַנטאַליזירנדיק
tantalum דער טאַנטאַל(ום)
tantamount (to) עלעהיי; אַלץ איינס (ווי); גלײַך (ווי/צו)
tantrum דאָס קידען זיך; דאָס וואַרפֿן זיך
 throw a tantrum קידע|ן זיך; וואַרפֿן זיך; פּיעשטשע|ן זיך; קאַפּריז(נ)עווע|ן; קריגן דעם פּיפּיטש; מאַכן סקאַנדאַלן
tap,[1] *n.*
 (faucet) דער קראַן, ־ען; דער קראַנט, ־ן
 (of screw) דער גווינט־בויערער, ־ס; דער גווינטאָווניק, ־עס; דער גווינטן־שנײַדער, ־ס
 (on barrel) דער צאַפּן, ־ס
 (on shoes) דער פֿליק, ־ן
 on tap פֿון פֿאַס ‹פֿעסל›; גרייט צום טרינקען
 on tap (*fig.*) גרייט (צום ניצן)
 wine on tap דער פֿאַסווײַן
tap,[2] *n.*
 (knock) דאָס קלעפּל, ־עך
 (pat) דער טאַפּ, ־ן; דאָס קלעפּל, ־עך
tap,[1] *v.*
 v. **(barrel)**
 imp. צאַפּן פֿון; אײַנשפּענטע|ן
 pf. **(liquid)** אָפּצאַפּן; אויסצאַפּן
 (resource) אויסניצן
 (screw) בויערן אַ גווינט
 tap a phone אונטערהערן זיך אויפֿן טעלעפֿאָן
 tap into אָנצאַפּן פֿון
 My phone was tapped מ'האָט זיך בײַ מיר אונטערגעהערט אויפֿן טעלעפֿאָן
tap,[2] *v.* **(pat)**
 imp. טאַפּן; קלעפּלען (אין)
 pf. געבן אַ טאַפּ; אַ טאַפּ ‹קלעפּל› טאָן
 tap on the window אָנקלאַפּן אין פֿענצטער
 tap one's feet טופּע|ן מיט די פֿיס
 tap out a rhythm אויסקלאַפּן אַ ריטעם
tap and die דער גווינטאָווניק, ־עס
tap dance, *n.* דער סטעפּטאַנץ
tap-dance, *v.* טאַנצן אַ סטעפּטאַנץ
tap-dancer
 m./unsp. דער סטעפּטענצער, ־ס

f. די סטעפּטענצערין, ־ס
tapdancing דער סטעפּטאַנץ
tape, *n.*
(adhesive) דער פּלאַסטער; די קלעפּבאַנד
(cellophane) דער קלעפּ־צעלאָפֿאַן; די קלעפּלענטע
(finish line) די פֿיניש־לענטע, ־ס
(cassette) די טאַשמע, ־ס; דער קאַסעט, ־ן
(ribbon) די לענטע, ־ס
tape, *v.*
(paste) פֿאַרקלעפּן; צוקלעפּן; פֿאַרפּלאַסטערן
(record) רעקאָרדירן
tape down פֿעסט צוקלעפּן
tape up פֿאַרפּלאַסטערן; אַרומקלעפּן
tape deck דער קאַסעטן־שפּילער, ־ס
tape dispenser דער צעלאָפֿאַן־צעגעבער, ־ס; דער טאַשמע־טײלער, ־ס
tapeline/tape measure די מאָס; די מעסטטאַשמע, ־ס; די מעסטשנור, ־ן; די רולעטקע, ־ס
(tailor's) דער שליאַק, ־ן; דער צענטימעטער, ־ס
tape player דער קאַסעטן־שפּילער, ־ס
taper, *n.*
(candle) דאָס שמאָלע ליכטל, ־עך
(narrowing) די פֿאַרשמעלערונג, ־ען
taper, *v.*
vt. פֿאַרשמעלערן; שמעלער מאַכן
vi. שמעלער ווערן
taper off (ביסלעכווײַז) צו נישט ווערן
tape-record רעקאָרדירן (אויף אַ טאַשמע)
tape recorder די רעקאָרדירקע, ־ס; דער מאַגנעטאָפֿאָן, ־ען
tape recording די (טאַשמע־)רעקאָרדירונג, ־ען
tapestry דער גאָבעלען, ־ען; דאָס וואַנטגעוועב, ־ן; דער וואַנטטעפּעך, ־ער; דער באַשלאַק, ־ן
tapeworm דער באַנדוואָרעם, ...ווערעם; דער סאָליטער, ־ן; דער גײַץ, ־ן
tapioca די טאַפּיאָקע
tapioca pudding דער טאַפּיאָקע־פּודינג
tapir דער טאַפּיר, ־ן
taproot דער אַקסוואָרצל, ־ען
taps (mil.) זאָרעס
tap water דאָס קראַנ(ט)וואַסער
tar, *n.* די סמאָלע; די/דאָס דיגעכץ ‹דזשעגעכץ›; דער גודראָן
tar, *v.* אָנסמאָליען|; באַשמירן מיט סמאָלע
tar and feather באַסמאָלען| און באַפֿעדערן
tar and feather (*fig.*) ברענען און בראָטן; אָפּשמײַסן
tar with the same brush באַשמירן מיטן זעלביקן שמוץ ‹בילבול› [BILBL]
be tarred פֿאַרשמוצט ווערן
tarantass דער טאַראַנטאַס, ־ן
tarantella די טאַראַנטעלע
tarantula דער טאַראַנטל, ־ען; די טאַראַנטולע, ־ס
tarboosh דער טאַרבוש, ־ן; די פֿעסקע, ־ס
tardily פֿאַרשפּעטיקטערהייט
tardiness די פֿאַרשפּעטיקונג; דאָס פֿאַרשפּעטיקן זיך
tardy שפּעט; פֿאַרשפּעטיקט
tare[1] **(bot.)** די וויקע, ־ס
tare[2] **(weight)** די טאַרע, ־ס
tar factory די סמאָלאַרניע, ־ס
target, *n.*
(board) דער ציל, ־ן; דאָס/די צילברעט, ־ער
(goal) דער ציל, ־ן
(mil.) דער צילפּונקט, ־ן
be right on target טרעפֿן אין פּינטל ‹ציל› (אַרײַן)
on target אַקוראַט (פּאָרױסגעזאָגט)
target, *v.*
(aim at) צילן ‹צילעווען|› אויף
(mil.) אָנצילן ‹אָנצילעווען|› אויף
We were targeted מ׳האָט אויף אונדז געציל(עווע)ט
target date דער געצילעוועטער טערמין, ־ען
targeted, *adj.* געציל(עווע)ט
targeted killing דער געציל(עווע)טער מאָרד
target language די צילשפּראַך, ־ן; דאָס ציל־לשון, ־ות [LOShN, LEShÓYNES]
target population די צילגרופּע, ־ס
target practice די שיס־געניטונג
target range די טשטשעלניצע, ־ס; דער שיספּלאַץ, ...פּלעצער
target sensor דער ציל־דערשנאַפּער, ־ס
target shooting דאָס ציל־שיסערײַ
tariff דער צאָל(טאַריף), ־ן
tarmac דער גודראָן(־שאָסיי), ־ען; דער פֿליפּלאַץ, ...פּלעצער
tarn די באַרג־אָזערע, ־ס
tarnish, *n.* דער באַשלאָג ‹באַשלעג›
tarnish, *v.*
vt. מאַט מאַכן; באַפֿלעקן
vi. פֿאַרלירן דעם גלאַנץ; פֿאַרלאָפֿן ווערן
(reputation) באַשמוצן; באַפֿלעקן; קאַליע מאַכן
taro דער טאַראָ, ־ס
tarot דער ט(אַ)ראָק
tarot card דאָס טראָקקאַרטל ‹טאַראָק־קאַרטל›, ־עך
tarp *see* **tarpaulin**
tarpaper דאָס סמאָלע־פּאַפּיר; דער טאָל
tarpaulin, *adj.* ברעזענטן
tarpaulin, *n.* דער ברעזענט, ־ן; די פּלאַנדעקע, ־ס; דער טאַרפּאָלין, ־ען; די פּלאַכטע, ־ס
tarragon דער עסטראַגאָן
tarry, *adj.* פּעכיק
tarry, *v.* (פֿאַר)זאַמען זיך; פֿאַרווײַלן זיך; הײַען (זיך); היניען; קראַצן זיך
tarsus דער פֿוסוואָרצל
tart, *adj.* זויערלעך; טערפּקע
(curt) בײַסיק; שאַרף
tart,[1] *n.* **(cul.)** דאָס (אויפֿס)טערטל, ־עך
tart,[2] *n.* **(prostitute/*vlg.*)** די נפֿקא, ־ות; די שליוכע, ־ס; די כאָנטע, ־ס [NÁFKE]
tartan דער טאַרטאַן
tartar דער ווײַנשטיין; דער קאַליום־וואַסערשטאָף־טאַרטראַט
(dental) דער צאָנשטיין
Tartar *see* **Tatar**
catch a Tartar כאַפּן אַ קאָזאַק
tartaric acid די טאַרטאַריק; דאָס ווײַנזײַערס
tartar sauce דער טאַרטאַרסאָס
tartly בײַסיק; שאַרף
tartrate דער טאַרטראַט, ־ן
Taser דער טאַזער, ־ס; דער עלעקטראָשאָק־פּיסטויל, ־ן
task, *n.* די עובֿדה ‹עובֿדא›, ־ות; די אַרבעט, ־ן; דאָס טועכץ, ־ן/־ער; די אויפֿגאַבע, ־ס [ÚVDE]
It's no mean task! פֿאַלג מיך אַ גאַנג!
take to task נעמען אויפֿן צימבל; נעמען אויף דער האַצקע; נעמען צום סמיק ‹סמיטשיק›
be up to the task of זײַן אין שטאַנד צו
task, *v.* פֿאַרגעבן אַן עובֿדה ‹עובֿדא› [ÚVDE]
taskbar די אַרבעט־ווירע, ־ס
task force די אָפּעראַטיווע גרופּע, ־ס; די ספּעציעלע קאָמיסיע, ־ס
taskmaster דער (שטרענגער) אויפֿזעער, ־ס
taskmistress די (שטרענגע) אויפֿזעערין, ־ס
taskwork

(piecework) די שטיקאַרבעט

(unpleasant work) די מיאוסע אַרבעט [MÍESE]

tassel דער טראָלד, ־ן

taste, *n.*

(flavor) דער טעם, ־ען [TAM]

(preference) דער געשמאַק; דער גוסט

bad taste (in mouth) דער ווידערטעם; דער שלעכטער טעם [VÍDERTAM]

be to one's taste שמעקן + דאַט'

get a taste of פֿאַרזוכן; טועם־טעם זײַן [TÓYEM-TÁM]

give sb. a taste of געבן צו שמעקן; געבן צו פֿאַרזוכן דעם טעם פֿון

have a good taste האָבן אַ גוטן טעם; זײַן באַטעמט [BATÁMT]

have good taste האָבן ‹פֿאַרמאָגן› געשמאַק

in bad taste פּראָסט; אָן געשמאַק

in good taste מיט געשמאַק; אויפֿן טעם [TAM]

There's no accounting for taste ס'איז אַ געשמאַקזאַך; יעדערער לויט זײַן ‹איר› געשמאַק

leave a bad taste מאַכן אַ שלעכטן רושם; איבערלאָזן אַ שלעכטן טעם אין מויל [RÓYShEM]

sense of taste דער טעם־חוש; דער חוש־הטעם [KhUSh-HATÁM]

to taste לויטן געשמאַק; צום טעם; נאָכן טעם נאָך

taste, *vt.* פֿאַרזוכן; טועם‹־טעם› זײַן [TÓYEM(-TÁM)]

vi. האָבן אַ טעם (פֿון) [TAM]

(*fig.*) פֿילן דעם טעם פֿון

I can't taste the salt איך פֿיל נישט קיין טעם פֿון זאַלץ

taste good to sb. שמעקן + דאַט'

taste of האָבן דעם טעם פֿון

taste bud דאָס טעם־וואָרצעלע, ־ך [TAM]

tasteful ווויל־טעמיק; מיט טעם ‹געשמאַק› [TAM] [TÁMIK]

tastefully מיט טעם ‹געשמאַק› [TAM]

tasteless אָן טעם ‹געשמאַק›; אומבאַטעמט [TAM] [ÚMBATÁMT]

taster דער פֿאַרזוכער, ־ס

(of wine) *also* דער דעגוסטאַטאָר, ...אָרן

tasty געשמאַק; באַטעמט [BATÁMT]

be very tasty זײַן טעם־גן־עדן; האָבן דעם זיבעטן טעם; האָבן טויזנט טעמען [TAM-GANÉYDN] [TAM] [TÁMEN]

tat, *n.* דער כלאַם; שמאַטעס ל"ר

tat, *v.* פֿלעכטן שפּיצן

Ta-ta! זײַ(ט) מיר געזונט!

Tatar, *adj.* טאָטעריש

Tatar, *n.*

m./unsp. דער טאָטער, ־ס

f. די טאָטערקע, ־ס

(language) דאָס טאָטעריש

tatter, *n.* די שמאַטע, ־ס; דער קאָדער, ־ס

tatters *also* לאַכמאַנעס

in tatters (clothing) קרוע־בלוע; אָפּגעריסן און אָפּגעשליסן; צעפֿליקט

in tatters (reputation) אַ תּל געוואָרן [TEL]

tatter, *v.* צעפֿליקן; צעקאָדערן

tatterdemalion דער האָלעדריגע, ־ס; דער אָפּגעריסענער־אָפּגעשליסענער

tattered צעריסן אויף שטיקלעך; צעפֿליקט, צעקאָדערט

tatting די שפּיצן־פֿלעכטונג

tattle אויסזאָגן; אונטערזאָגן; צושטעלן + דאַט' אַ בענקעלע; מסרן [MÁSERN]

tattler דער אונטערזאָגער, ־ס; דער מסור, מוסרים; דער יאַבעדניק, ־עס [MÓSER, MÓSRIM]

tattletale *see* **tattler**

tattling די יאַבעדע

tattoo, *n.* דער טאַטו, ־ען; די טאַטויִרונג, ־ען

beat a tattoo on the table דרומלען אין טיש

get a tattoo לאָזן זיך טאַטויִרן

tattoo, *v.* טאַטויִרן

tattoo artist דער טאַטויִסט, ־ן

tattooed טאַטויִרט

tattooed person דער טאַטויִרטער געב'

tattoo parlor דער טאַטויִר־סאַלאָן, ־ען

taunt, *n.* דער רייץ, ־ן; דער שפּאָט, ־ן

taunt, *v.* רייצן; פֿאַרשפּעטן; יעקן פֿון

tauntingly רייצנדיק; שפּעטנדיק; יעקנדיק

Taurus מזל שור; דער אָקס [MAZL ShOR]

taut (שטאַרק) אָנגעצויגן; שטײַף; אָנגעשפּאַנט

tauten אָנציִען; אָנשפּאַנען

tautological טאַווטאָלאָגיש

tautology די טאַווטאָלאָגיע; דער פֿאַרשטייט־זיך, ־ער

tavern דאָס אײַנפֿאָרהויז, ...הײַזער; די שענק, ־ען; די קרעטשמע, ־ס; די אַכסניא, ־ות; די קנײַפּיע, ־ס; די טרינקשטוב, ...שטיבער [AKhSÁNYE]

tawdry פּראָסט; ביליק; שטאַרק אָן טעם [TAM]

tawny געל־ברוין; גאָלד־ברוין

tax, *adj.* שטײַער...

tax, *n.* דער שטײַער, ־ן; דער מס, ־ים [MAS, MÍSIM]

be a tax dodger אַרויסדרייען זיך פֿון צאָלן שטײַערן

profits after taxes דער נעטאָ־רווח [RÉVEKh]

profits before taxes דער ברוטאָ־רווח

tax, *v.* אַרויפֿלייגן אַ שטײַער אויף; באַשטײַערן

(make demands on) אָנשפּאַנען; אָנשטרענגען

tax one's strength אויסשעפּן; אויסמאַטערן; פֿאַרמאַטערן; איבערמאַטערן

tax sb.'s patience אָנשטרענגען + דאַט' די געדולד

tax abatement די (דערווײַליקע) שטײַער־פֿאַרקלענערונג, ־ען

taxable שטײַערדיק

tax-and-spend policy דאָס געלט־אַרײַן־געלט־אַרויס

tax assessor דער טאַקסאַטאָר, ...אָרן

taxation די באַשטײַערונג

tax avoidance די שטײַער־אָפּטימיזירונג

tax bill דער שטײַער־חשבון, ־ות [KhEZhBM, KhEZhBÓYNES]

tax bracket דער שטײַערקלאַס, ־ן

tax burden דער/דאָס שטײַער־עול; די שטײַערלאַסט [OL]

tax cheat דער שטײַער־שווינדלער, ־ס

tax collector דער שטײַער־(אײַנ)מאָנער, ־ס; דער קאָלעקטאָר, ...אָרן

tax credit דער שטײַער־קרעדיט, ־ן

tax cut די שטײַער־פֿאַרקלענערונג, ־ען

tax-deductible

It's tax-deductible מע קען עס אַראָפּרעכענען פֿון די שטײַערן

tax deduction די שטײַער־אַראָפּרעכענונג, ־ען

tax deferral דאָס אָפּלייגן די שטײַערן

tax evasion דאָס אַרויסדרייען זיך פֿון צאָלן שטײַערן

tax-exempt שטײַערפֿרײַ; אָן שטײַערן; נישט־שטײַערדיק

tax exemption די שטײַער־באַפֿרײַונג, ־ען

tax-free *see* **tax-exempt**

tax haven דער שטײַער־אָאַזיס, ־ן

taxi, *n.* דער/די טאַקסי, ־ס

taxi, *v.*

(in taxicab) פֿאָרן מיט אַ טאַקסי

(plane) צוראָלן; אונטערפֿאָרן

taxicab דער/די טאַקסי, ־ס

taxidermal אויסשטאָפּ...

taxidermist דער אױסשטאָפּער, ־ס; דער טאַקסידערמיסט, ־ן
taxidermy דאָס אױסשטאָפּן חיות; די טאַקסידערמיע [KhÁYES]
taxi driver דער טאַקסי־שאָפֿער, ־ן
taximeter דער טאַקסי־מעסטער, ־ס; דער טאַקסאָמעטער, ־ס
taxing, *adj.* פֿאַרמאַטערנדיק; אױסשעפּנדיק
taxi stand די טאַקסי־סטאַנציע, ־ס
taxiway דער צוראָלװעג, ־ן
tax law דאָס שטײַער־געזעץ, ־ן
tax liability דאָס שטײַער־התחײַבֿות; געפֿאָדערטע שטײַערן ל״ר [HISKhÁYVES]
taxman *see* **tax collector**
taxonomic טאַקסאָנאָמיש
taxonomy די טאַקסאָנאָמיע
taxpayer דער שטײַער(ן)־צאָלער, ־ס
tax refund דער שטײַער־קריקצאָל, ־ן
tax relief די שטײַער־פֿאַרגרינגערונג
tax return די שטײַער־דעקלאַראַציע, ־ס
tax revenues די שטײַער־הכנסה ל״ת; שטײַער־געלטער [HAKhNÓSE]
tax shelter דער שטײַערשיץ, ־ן
tax withholding דער שטײַער־פֿאַרהאַלט
Tay-Sachs Disease די טײ־זאַקס־קרענק
(*pop.*) די װילנער קרענק
TB *see* **tuberculosis**
TBA (to be announced) מע װעט נאָך מעלדן
TBD (to be determined) מע װעט נאָך באַשטימען
tea די/דער טײ, ־ען
tea bag דאָס טײעלע, ־ך; דאָס סענצערל, ־עך; דאָס טײ־זעקעלע, ־ך
tea caddy/tin די טײפּושקע, ־ס
teacake דאָס טײגעבעקס, ־ן
tea cart די סערװואַנטקע, ־ס
teach
vt. imp. זײַן אַ לערער פֿון; לערנען (מיט)
vt. pf. אױסלערנען
vi. לערנען; זײַן אַ לערער(ין)
(J./Talmud) לערנען גמרא; זאָגן אַ שיעור [GEMÓRE] [ShÍER]
(moral lesson) לאָזן הערן
teach a course לײענען ‹געבן› אַ קורס; לײענען ‹געבן› לעקציעס
teach at זײַן אַ לערער אין; לערנען אין
teach sb. a lesson (reprimand) אָנלערנען + אַק׳; לערנען בלק מיט [BÓLEK]
teach sb. a thing or two לערנען + אַק׳/דאַט׳ שׂכל [SEYKhL]
teach sb. who's boss װײַזן + דאַט׳ װער עלטער איז; װײַזן + דאַט׳ װער ס׳איז דער בעל־הבית [BAL(E)BÓS]
That will teach him! ער װעט מיך שױן האָבן צו געדענקען!
What does this teach us? װאָס לאָזט עס אונדז (צו) הערן?
teachable פֿעיִק ‹גרײט› זיך צו לערנען
teachable moment די (ספּאָנטאַנע) לערן־געלעגנהײט, ־ן
teacher
m./unsp. דער לערער, ־ס
f. די לערערין ‹לערערקע›, ־ס
(at yeshiva) (J./trad.) דער רבי, ־ים [RÉBE, RABÉIM]
(of young boys) (J./trad.) דער מלמד, ־ים; דער רבי, ־ים [MELÁMED, MELÁMDIM]
teachers college דער לערער־סעמינאַר, ־ן; דער פּעדאַגאָגישער אינסטיטוט, ־ן
teacher's pet דעם לערערס ליבלינג, ־ען
m. also דעם לערערס בן־יקירל, ־עך [BEN-YÁKERL]
f. also דעם לערערס בת־יחידקעלע, ־ך [BAS-YEKhÍTKELE]
teachers' union דער לערער־פֿאַראײן, ־ען
teacher training די לערער־אױסשולונג
teaching, *adj.* לעריש; לערנ...; אױסשול...
teaching, *n.*
(field) דאָס לערערײַ
(instruction) דאָס לערנען; דער לימוד [LÍMED]
(rel./phil.) דאָס לערנען; די לערע, ־ס; די דאָקטרין, ־ען; די תּורה, ־ות [TÓYRE]
teachings (J./trad.) די תּורה
Spinoza's teachings were שפּינאָזאַ האָט געהאַלטן אַז
teaching ability די/דאָס לערערישע פֿעיִקײט; דאָס לערערישע יכולת [YEKhÓYLES]
teaching aids דאָס לערנװאַרג קאָל׳
teaching assistant דער לערער־געהילף, ־ן; דעם לערערס געהילף, ־ן
(J./trad.) דער ב(אה)עלפֿער, ־ס
teaching hospital דער/דאָס אױסשול־שפּיטאָל, ־ן/שפּיטעלער
teaching load די לערן־משׂא ‹־התחײַבֿותן› [MÁSE] [HISKhÁYVESN]
teaching materials דאָס לערנװאַרג קאָל׳; לערן־מאַטעריאַלן
teaching staff דער לערער־פּערסאָנאַל; לערערס ל״ר
tea cozy דאָס טײ־װאַרעמל, ־עך
teacup דאָס טײטעפּל, ־עך
tea grower דער טײ־קולטיװירער, ־ס
teahouse די טשײַני(י)ע, ־ס; דאָס טײהױז, ...הײַזער
teak
(tree) דער טיקבױם, ...בײמער
(wood) דאָס טיקהאָלץ
teakettle דער טשײַניק, ־עס
teal
(color) גרינלעך בלאָ
(zool.) דאָס קרעכצענטל, ־עך
tea leaves
(for prediction) טײבלעטלעך
(for tea) טײבלעטלעך; טײעלעך; טײ אױף צו פֿאַרפֿאַרע|ן; דאָס פֿאַרפֿאַרעכץ
team, *n.*
(group) דער קאָלעקטיװ, ־ן; דער ציבור, ־ס [TSÍBER]
(spo.) די קאָמאַנדע, ־ס; די מאַנשאַפֿט, ־ן; דער כּוח, ־ות [KÓYEKh, KÓYKhES]
(of animals) דאָס געשפּאַן, ־ען
be a team player גוט צוזאַמענאַרבעטן ‹צוזאַמענשפּילן›
team, *v.* **(up)** סקאָמפּאַנײען זיך; מיטאַרבעטן; אַרבעטן בשותּפֿות [BEShÚTFES]
team effort דער קאָלעקטיװער כּוח [KÓYEKh]
teammate/team member דער מיטשפּילער, ־ס; דער מיטגליד פֿון דער קאָמאַנדע ‹מאַנשאַפֿט›
team spirit דער ציבור־גײַסט; דער מאַנשאַפֿטגײַסט [TSÍBER]
teamster דער פֿורמאַן, ־עס/פֿורלײַט; דער משׂא־שאָפֿער, ־ן [MÁSE]
team teaching דאָס לערנען בשותּפֿות [BEShÚTFES]
teamwork די צוזאַמענאַרבעט; די אַרבעט בציבור [BETSÍBER]
Good teamwork! גוט צוזאַמענגעאַרבעט ‹צוזאַמענגעשפּילט›!
tea party דאָס טײ־טרינקען; דאָס גלעזל טײ
(pol.) די טײפּאַרטײ

teapot דער טשײַניק, ־עס; דאָס טשײַניקל, ־עך

tear,[1] *n.* **(from eye)** די טרער, ־ן

be all tears באַגיסן ‹באַוואַשן› זיך מיט טרערן

be in tears וויינען

be nearly in tears אַזש צעוויינען זיך; האַלטן בײַם צעוויינען זיך

burst into tears צעוויינען זיך

move to tears רירן ביז טרערן

reduce to tears ברענגען צו טרערן; אַרײַנברענגען אין טרערן

Tears came to my eyes טרערן האָבן זיך מיר געשטעלט אין די אויגן; טרערן זענען מיר געקומען אין די אויגן

tear,[2] *n.* **(rip)** דער ריס, ־ן

tear,[1] *v.* **(from eye)** טרערן

tear up צעטרערן זיך; פֿאַרטרערט ווערן

tear,[2] *v. imp./pf.* **(rip)** (צע)רײַסן

tear apart צערײַסן; פֿונאַנדעררײַסן

tear away one's eyes אָפּרײַסן די אויגן

tear down אַראָפּרײַסן; צעוואַרפֿן; אײַנוואַרפֿן

tear down completely מאַכן אַ תּל־עולם; נישט לאָזן אַ שטיין אויף אַ שטיין [TEL-ÓYLEM]

tear into (*fig.*) אַטאַקירן (מיט ציין און נעגל); גוט אויסזידלען

tear loose אָפּרײַסן ‹אַרויסרײַסן› זיך

tear off אָפּרײַסן

tear one's clothes צערײַסן זיך די קליידער

tear oneself away אַוועקרײַסן זיך

tear open אויפֿרײַסן

tear out אַרויסרײַסן

tear sb.'s heart out אַרויסרײַסן + דאַט' דאָס האַרץ

tear to pieces צערײַסן אויף שטיקער ‹שטיק־שטיקלעך/פּיץ־פּיצלעך›

tear up צערײַסן

torn between געריסן ‹צעריסן› צווישן

teardrop דאָס טרערעלע, ־ך; די טרער, ־ן

tear duct דער טרערן־קאַנאַל, ־ן; דער טרערנגאַנג, ־ען

tearful(ly) פֿאַרוויינט; פֿאַרטרערט

tear gas דער טרערנגאַז

tear gland די טרערנדריז, ־ן; די טרערנגיל, ־ן

tearjerker

be a tearjerker (*pej.*) צופּן בײַם האַרצן

tear-off אָפּרײַס...

tear-off slip דער אָפּרײַס־צעטל, ־ען

tearoom *see* **teahouse**

tea rose די טײ־רויז, ־ן

tear sac דאָס טרערן־זעקל, ־עך

tearthumb (bot.) דער פֿינגער־רײַסער, ־ס

teary *see* **tearful**

tease, *n.*

be a tease ליב האָבן זיך צו רייצן

tease, *v.*

(bother) רייצן (זיך מיט); טשעפּען זיך צו

(hair) גרעמפּליעווען זיך די האָר

tease out (*fig.*) פֿונאַנדערפּלאָנטערן

teasel די קעמשישקע, ־ס

teaser

(ad) די אָנרייץ־רעקלאַמע, ־ס

(problem) דאָס האַרבע רעטעניש, ־ן; דער האַרטער נוס, ניס

She's a real teaser זי האָט שטאַרק ליב זיך צו רייצן

tea service דער טייסערוויז; דאָס טייוואַרג

teaspoon דאָס (טיי־)לעפֿעלע, ־ך

teaspoonful (of) דאָס פֿולע לעפֿעלע (מיט)

tea strainer דאָס טיי־זײפֿעלע, ־ך; דאָס טיי־זײַערל, ־עך

teat דאָס ציצל, ־עך; די ציצ(ק)ע, ־ס

tea tree דער טייניק, ־עס

tea urn דער סאַמאָוואַר, ־ן

techie דער טעכנאָ־מומחה, ־ים; דער טעכנאָפֿיל, ־ן [MÚMKhE, MÚMKhIM]

technetium דער טעכנעציום

technical טעכניש; טעכנאָ...

for technical reasons צוליב טעכנישע סיבות [SÍBES]

due to technical difficulties צוליב טעכנישע מניעות ‹שוועריקייטן› [MENÍES]

technical drawing די טעכנישע צייכענונג, ־ען

technicality דער טעכנישער פּרט, ־ים [PRAT, PRÓTIM]

technically טעכניש

(in fact) פֿאַקטיש

technical school דער (פּאָלי)טעכניקום, ־ס

technical support די טעכנישע הילף

technician דער טעכניקער, ־ס

technicolor דער טעכניקאָליר

technique די טעכניק, ־עס

technocracy די טעכנאָקראַטיע

technocrat דער טעכנאָקראַט, ־ן

technological טעכנאָלאָגיש

technologist דער טעכנאָלאָג, ־ן

technology די טעכנאָלאָגיע, ־ס; די אינזשעניריע

technology company די טעכנאָפֿירמע, ־ס

technophobe דער טעכנאָפֿאָב, ־ן

technophobia די טעכנאָפֿאָביע

technophobic טעכנאָפֿאָביש

tech support *see* **technical support**

tectonic טעקטאָניש

tectonic plate די טעקטאָנישע פּלאַטע, ־ס

tectonics די טעקטאָניק ל"י

tectonic shift דער טעקטאָנישער איבעררוק, ־ן

teddy bear דאָס בערעלע, ־ך

tedious נודנע; דערעסנדיק אַטר'; לאַנגווײַליק; מאַרודנע

become tedious (to) צועסן זיך + דאַט'; דערעסן + דאַט'; נימאס ווערן + דאַט' [NÍMES]

tediousness די/דאָס נודנעקייט; די/דאָס לאַנגווײַליקייט

tedium די נודאָטע; די לאַנגווײַל

tee, *n.*

(golf area) דאָס אָפּקלאַפּאָרט, ...ערטער

(golf peg) דאָס אָפּקלאַפּ־פּלעקל, ־עך

tee, *v.*

tee off (golf) אָפּקלאַפּן דאָס (גאָלף־)באַלעכל

tee off (anger/*slg.***)** אַרויסברענגען פֿון די כּלים; אַרײַנברענגען אין כּעס [KÉYLIM] [KÁAS]

teem רויִען זיך; שוויבלען און גריבלען

teeming רויִענדיק

teenage צענער...; פֿון ‹בײַ› צענערלינגען

teenage boy דאָס צענער־ייִנגל, ־עך

teenage girl דאָס צענער־מיידל, ־עך

teenage crush די צענער־ליבע, ־ס

teenage mother די מיידל־מאַמע, ־ס

teenage pregnancy דאָס טראָגן מיידלווײַז

teenage sex דער סעקס בײַ צענערלינגען

teenager דער צענערלינג, ־ען/־ער

teens צענער־יאָרן

in one's teens (אין די) צענער־יאָרן; ווי אַ צענערלינג

teeny *see* **tiny**

teeny-weeny פּיץ־פּיצעלע; מאַנץ־מאַנצעלע

teepee דאָס אינדיאַנער געצעלט, ־ן

tee shirt *see* **T-shirt**

teeter וואַקלען זיך
teeter-totter די הוידלקע, ־ס; די הוידע, ־ס; דאָס/די וויגברעט, ־ער
teethe שנײַדן זיך צײַנדעלעך אומפּ/פּ"ק + בײַ; גיין צײַנדעלעך; צײַנדלען; מאַכן צײַנער
The child is teething סע שנײַדן זיך צײַנדעלעך בײַם קינד
teething דאָס צײַנדלען; דאָס צײַנער־שנײַדן
teething guard דער צײַנדלשיץ, ־ן
teething ring דאָס צײַנדל־רעדל, ־עך
teetotaler דער אַבסטינענט, ־ן
teetotum דאָס דריידל, ־עך
tefillin תּפֿילין ל"ר [TFILN]
Teflon דער טעפֿלאָן
Tel Aviv (דאָס) תּל־אָבֿיבֿ [TELAVÍV]
tele... טעלע...
telecast, *n.* די טעלעטראַנסמיסיע, ־ס
telecast, *v.* טעלעטראַנסמיטירן
telecom equipment דאָס טעלעקאָמ(וניקיר)וואַרג
telecommunications די טעלעקאָמוניקאַציע
telecommute אַרבעטן פֿון דער ווײַטנס
teleconference, *n.* די טעלעפֿאָנישע זיצונג, ־ען; די טעלעקאָנפֿערענץ, ־ן
teleconference, *v.* אָפּהאַלטן אַ טעלעפֿאָנישע זיצונג; טעלעקאָנפֿערענצירן
telefax, *n.* די טעלעקאָפּיע, ־ס; דער פֿאַקס, ־ן
telefax, *v.* טעלעקאָפּירן; פֿאַקסירן; פֿאַקסן
telegenic טעלעגעניש
telegram די טעלעגראַם, ־ען; די דעפּעש, ־ן
telegraph, *n.* דער טעלעגראַף, ־ן
telegraph, *v.* טעלעגראַפֿירן; דעפּעשירן; קלאַפּן אַ דעפּעש
telegrapher
m./unsp. דער טעלעגראַפֿיסט, ־ן
f. די טעלעגראַפֿיסטין, ־ס
telegraphic טעלעגראַפֿיש; טעלעגראַפֿן־...
telegraphic agency די טעלעגראַפֿן־אַגענטור, ־ן
telegraph pole דער טעלעגראַפֿן־סלופּ, ־עס
telegraphy די טעלעגראַפֿיע
telekinesis דער טעלעקינעז
telemarketer דער טעלעפֿאַרקויפֿער, ־ס
telemarketing דאָס טעלעפֿאַרקויפֿן
telemetric טעלעמעטריש
telemetry די טעלעמעטריע
teleological טעלעאָלאָגיש
teleologist דער טעלעאָלאָג, ־ן
teleology די טעלעאָלאָגיע
telepath דער טעלעפּאַט, ־ן
telepathic טעלעפּאַטיש
telepathy די טעלעפּאַטיע
telephone, *adj.* טעלעפֿאָניש; טעלעפֿאָן־...
telephone, *n.* דער טעלעפֿאָן, ־ען
answer the telephone אויפֿהייבן דאָס טרײַבל
be on the telephone רעדן אויפֿן ‹דורכן› טעלעפֿאָן
by telephone טעלעפֿאָניש
make a telephone call (to) אָנקלינגען + דאַט'; אָנטעלעפֿאָנירן + דאַט'
talk on the telephone רעדן אויפֿן ‹דורכן› טעלעפֿאָן; רעדן טעלעפֿאָניש
The telephone is busy די ליניע איז פֿאַרנומען
telephone, *v. imp./pf.* (אָנ)קלינגען + דאַט'; (אָנ)טעלעפֿאָנירן + דאַט'
telephone bill דער טעלעפֿאָן־חשבון, ־ות [KhEZhBM, KhEZhBÓYNES]
telephone book/directory דאָס טעלעפֿאָן־בוך, ־ביכער

telephone booth די טעלעפֿאָן־בודקע, ־ס
telephone call דער (טעלעפֿאָן)קלונג, ־ען; דער טעלעפֿאָנישער רוף, ־ן
telephone company די טעלעפֿאָן־פֿירמע, ־ס
telephone cord דער/די טעלעפֿאָן־שנור, ־ן
telephone exchange די טעלעפֿאָן־צענטראַלע ‹־סטאַנציע›, ־ס
telephone jack דאָס טעלעפֿאָן־שטעפּסל, ־עך
telephone number דער טעלעפֿאָן־נומער, ־ן
telephone operator
m./unsp. דער טעלעפֿאָניסט, ־ן
f. די טעלעפֿאָניסטקע, ־ס
telephone pole דער טעלעפֿאָן־סלופּ, ־עס
telephonic טעלעפֿאָניש
telephony די טעלעפֿאָניע
telephoto lens דער טעלעאָביעקטיוו, ־ן
teleprinter דער טעלעטיפּ, ־ן
teleprompter דער טעלעסופֿליאָר, ־ן
telescope, *n.* דער טעלעסקאָפּ, ־ן
telescope, *vt./vi.* אַרײַנרוקן (זיך) איינס אינעם אַנדערן; טעלעסקאָפּירן (זיך); צונויפֿרוקן (זיך)
telescopic טעלעסקאָפּיש
teletext דער טעלעטעקסט
telethon דער טעלעטאָן, ־ען
teletype דער טעלעטיפּ, ־ן
televangelist דער טעלעפּרײדיקער, ־ס
televise טעלעוויזי(אָנ)ירן; ווײַזן אויף טעלעוויזיע
televised, *adj.* טעלעוויזיע־...; טעלעוויזירט
televised address די טעלעוויזירטע רעדע, ־ס
television, *adj.* טעלעוויזיע־...
television, *n.*
(medium) די טעלעוויזיע
(television set) דער טעלעוויזאָר, ...אָרן
on television אויף ‹אין› טעלעוויזיע
telex, *n.* דער טעלעקס, ־ן
telex, *v.* שיקן דורך טעלעקס
tell
(say) זאָגן
(relate) דערציילן; פֿאַרציילן; איבערגעבן
(differentiate) דערקענען; אונטערשיידן; פֿונאַנדערשיידן
(order) הייסן + דאַט'/אַק'; זאָגן + דאַט' אַז ער/זי/מע זאָל
I told you so האָב איך דיר ‹אײַך› דען נישט געזאָגט?; אַנו, ווער איז געווען גערעכט?
tell apart אונטערשיידן צווישן; פֿונאַנדערשיידן צווישן
tell by/from דערקענען פֿון ‹לויט›
tell it like it is זאָגן דעם ריינעם אמת [ÉMES]
Tell me about it! (*iro.*) דאָס איז גאָר נישט קיין נײַעס!
tell off אַרײַנזאָגן + דאַט' (אין דער זיבעטער ריפּ אַרײַן); אָנזייפֿן + דאַט' אַן אויער; אויסזידלען; גוט אָפּבאָדן
tell on אויסזאָגן אויף
there's no telling what/when/where/who... מע קען נישט וויסן וואָס/ווען/ווו/ווער...; מאַלע וואָס/ווען/ווו/ווער ...
Who can tell? ווער קען (דען) וויסן?; ווער ווייסט?
You can never tell מע קען נישט וויסן
You're telling me? גייסט ‹איר גייט› מיר דערציילן?; מיר דאַרפֿסטו ‹דאַרפֿט איר› נישט דערציילן!
tell-all דאָס לשון־הרע־בוך, ־ביכער; דאָס בוך וואָס זאָגט אַלץ אויס [LOShN-HÓRE]
teller
m./unsp. דער קאַסיר, ־ן; דער קאַסירער, ־ס
f. די קאַסיר(ער)שע ‹קאַסיר(ער)קע›, ־ס
teller's check דער באַנקטשעק, ־ן

teller's window דאָס באַנק־פֿענצטערל, ־עך
telling, *adj.* ווירקעוודיק; באַטײַטיק; וואָגיק
telling, *n.*
the telling of דאָס דערצײלן + אַק'
telltale, *adj.* אַנטפּלעקנדיק; אַרויסגעבעריש
telltale, *n.*
(person) דער מסור, מוסרים; דער יאַבעדניק, ־עס; דער זאָגטער, ־ס [MÓSER, MÓSRIM]
(tech.) דער אָנווײַזער, ־ס; דער אינדיקאַטאָר, ־ס
tellural ערד...
tellurium דער טעלוריום
temerity די/דאָס דרײסטקייט; די/דאָס אומבאַדאַכטקייט; די/דאָס אײַנשטעלערישקייט
(impudence) די חוצפּה; די העזה [KhÚTSPE] [HÓZE]
have the temerity to אײַנשטעלן און + ווערב; מיט חוצפּה + ווערב
temp, *n.*
(temperature) די טעמפּעראַטור, ־ן
(worker) דער דערווײַליקער ‹צײַטווײַליקער› אַרבעטער, ־ס
temp, *v.* אַרבעטן אויף דערווײַל; אַרבעטן צײַטווײַליק
temper, *n.*
(nature) די נאַטור, ־ן; דער כאַראַקטער, ־ס; דער טעמפּעראַמענט, ־ן
(disposition) די שטימונג, ־ען; דער מזג, ־ן [MÉZEG]
(of metal) די/דאָס האַרטקייט
have a temper (*m./unsp.*) זײַן אַ כּעסן ‹היצקאָפּ› [KAYSN]
have a temper (*f.*) זײַן אַ כּעסנטע [KÁYSNTE]
keep one's temper נישט צעקאָכן זיך; האַלטן זיך אין דער מעלה; ˙באַהערשן זיך [MÁYLE]
lose one's temper ווערן אויפֿגעקאָכט ‹אויפֿגערעגט›; אַרויסגיין פֿון די כּלים; היצן זיך [KÉYLIM]
temper, *v.*
(moderate) פֿאַרמילדערן; (פֿאַר)ווייכערן
(steel) (פֿאַר)האַרטעווען
tempera
(paint) די טעמפּעראַ־פֿאַרב
(technique) דאָס טעמפּעראַ־מאָלערײַ
temperament דער טעמפּעראַמענט, ־ן; געבליטן ל"ר
temperamental טעמפּעראַמענטיק
temperamentally לויטן טעמפּעראַמענט
temperance די/דאָס מעסיקייט; די/דאָס אײַנגעהאַלטנקייט; די טעמפּעראַנץ; די/דאָס ניכטערקייט
temperance movement די ניכטערקייט־באַוועגונג
temperate מילד; מעסיק; געמעסיקט
temperate zone די מעסיקע זאָנע, ־ס
temperature די טעמפּעראַטור, ־ן
(fever) *also* די היץ
at a temperature of בײַ אַ טעמפּעראַטור פֿון
He has a temperature ער האָט היץ ‹טעמפּעראַטור›
take sb.'s temperature (אויס)מעסטן די היץ ‹טעמפּעראַטור›
tempered פֿאַרהאַרטעוועט
tempered steel דאָס פֿאַרהאַרטעוועטע שטאָל; דאָס פֿײַערשטאָל
temper tantrum *see* **tantrum**
tempest די בורע, ־ס; דער שטורעמווינט, ־ן
tempest in a teapot דער שטורעם אין אַ גלאָז וואַסער
tempest-tossed פֿון שטורעם געטריבן; צעשלאָגן פֿון אַלע זײַטן
tempestuous שטורעמדיק; שטורמיש; קאָכיק
template דער שאַבלאָן, ־ען
(comp.) דער מוסטער־דאָקומענט, ־ן

temple[1] (anat.) די שלייף, ־ן
(of glasses) די האַלאַבליע, ־ס
temple[2] (rel.) דער טעמפּל, ־ען
(J./*fig.*) *also* דער היכל, ־ען; דאָס/דער בית־המיקדש; דער היכל־הקודש [HEYKhL] [BEYSAMÍGDESh] [HÉYKhL-HAKÓYDESh]
tempo דער טעמפּאָ, ־ס; דער טעמפּ, ־ן
a tempo צום אָריגינעלן טעמפּאָ
temporal
(anat.) שלייפֿ...
(time) צײַט...; צײַטעדיק
temporal adverb דער צײַטאַדווערב, ־ן
temporal bone דער שלייפֿביין, ־ער
temporarily אויף דערווײַל
temporariness די/דאָס דערווײַליקייט; די/דאָס צײַטווײַליקייט
temporary דערווײַליק; צײַטווײַליק
temporize פֿאַרציִען; הײַען (זיך); רעדן מיטן האַלבן מויל
tempt
(entice) צוגעבן + דאַט' חשק; צוציִען; פֿאַרשמעקן + דאַט' [KhÉYShEK]
(provoke to do wrong) פֿאַרפֿירן; אויספּרוּוון; ברענגען צו אַ נסיון; שטעלן פֿאַר אַ נסיון; שטרויכלען [NISÓYEN]
be tempted to גלוסטן זיך; האָבן שטאַרק חשק צו
temptation דער יצר־הרע, ־ס; דער נסיון, ־ות; די שטרויכלונג, ־ען [YÉYTSER-HÓRE] [NISÓYEN, NISYÓYNES]
expose to temptation ברענגען צו אַ נסיון
tempter דער יצר־הרע, ־ס; דער פֿאַרפֿירער, ־ס [YÉYTSER-HÓRE]
tempting רײצנדיק; יצר־הרעדיק; נסיונדיק [YÉYTSER-HÓREDIK] [NISÓYENDIK]
(food) אַפּעטיטלעך
be tempting זײַן אַ יצר־הרע ‹נסיון› [YÉYTSER-HÓRE] [NISÓYEN]
temptress די פֿאַרפֿירערין, ־ס; די רײצערקע, ־ס; די יצר־הרעטע, ־ס; די לילית [YÉYTSER-HÓRETE] [LÍLIS]
tempus fugit די צײַט פֿליט; סע פֿליט די צײַט
ten, *n.*
(digit) די צען, ־ען
(cards) *also* דאָס צענטל, ־עך; דער עשׂר; דער יודער [ÉSER]
ten o'clock צען אַ זייגער; צענע
ten to one (ס'איז) כּמעט זיכער אַז; כ'וועל זיך גיין אין געווועט אַז [KIMÁT]
talk ten to the dozen רעדן אָן אויפֿהער; רעדן ווי פֿאַר צען
the number ten bus דער צענער(־אויטאָבוס)
ten, *num.* צען
tenable לאָגיש; האַפֿטיק; פֿעסט; אויסהאַלטעוודיק; צום פֿאַרטיידיקן
tenacious עקשנותדיק; פֿאַרעקשנט; פֿעסט [AKShÓNESDIK] [FARÁKShNT]
tenacity דאָס עקשנות; די/דאָס פֿאַרעקשנטקייט; די/דאָס פֿעסטקייט [AKShÓNES] [FARÁKShNTKEYT]
tenancy די אַרענדע, ־ס; דער אַרענדע־טערמין, ־ען
tenant דער לאָקאַטאָר ...אָרן; דער קאָמעניק, ־עס; דער קוואַרטיראַנט, ־ן; דער שכן, ־ים [ShOKhN, ShKhÉYNIM]
tenant farm די אַרענדע, ־ס
tenant farmer דער פּאַכטער, ־ס; דער פּאַכטהאַלטער, ־ס; דער (אַ)רענדאַר, ־ן/־עס
tenant farming די פּאַכט; די אַרענדע
tench דער שלײַען, ־ס
tend[1] (be inclined)

tend to נוטה זײַן צו; האָבן די טענדענץ ‹נטיה› צו [NÓYTE] [NETÍE]
tend² (watch) היטן
tend bar פֿירן דעם באַר
tend herd פּאַשען|
tend to (care for) פֿאַרנעמען ‹אָפּגעבן› זיך מיט; באַדינען; אויפֿפּאַסן אויף; מטפּל זײַן זיך מיט [METÁPL]
tend to stg. פֿאַרנעמען זיך מיט
tendency [NETÍE] די נטיה, ־ות; די נײַגונג, ־ען; די טענדענץ, ־ן
have a tendency to exaggerate האָבן אַ נטיה ‹נײַגונג/טענדענץ› מגזם צו זײַן [MEGÁZEM]
tendentious טענדענציעז
tender, *adj.* ווייך; ליבהאַרציק; ליבלעך; גינציק; צאַרט(פֿיליק); צערטלעך
(meat) מערביק
(painful) וויטיקדיק; טוטווײיִק
at a tender age אין אַ צאַרטן עלטער
tender loving care די מאַמישע ליבשאַפֿט
tender,[1] *n.* **(offer)** דער אָנבאָט, ־ן
tender,[1] *n.* **(ship)** דער טענדער, ־ס
tender, *v.* אָנבאָטן
tender one's resignation אָנגעבן זיך אין דעמיסיע; רעזיגנירן
tender one's thanks אַרויסזאָגן אַ דאַנק
tenderfoot דער נײַנקער געב'; דאָס נעוויקל, ־עך
tender-hearted ווייכהאַרציק
be tender-hearted *also* זײַן אַ פֿוכקע־‹מיאַכקע›־לבֿבֿות [LEVÓVES]
tenderize מאַכן ווייכער; פֿאַרווייכערן
tenderloin דער פֿילע, ־ען
tenderly צערטלעך; צאַרט(ערהייט)
tenderness די/דאָס צאַרטקייט; די/דאָס צערטלעכקייט; די/דאָס ליבהאַרציקייט; די/דאָס ליבלעכקייט
(pain) די/דאָס וויטיקדיקייט; די/דאָס טוטווײיִקייט
tendinitis דער טענדיניט
ten-dollar bill דאָס צענערל, ־עך; דער צענער, ־ס/–
tendon די/דער שפּאַנאָדער, ־ן; דאָס האַרפֿלאַקס קאָל'; די (סוכע)זשילע, ־ס
tendril
(bot.) דער אויסלויפֿער, ־ס; דער קלעטער־פֿאָדעם
(hair) דאָס קאָטשערל, ־עך; די רינגעללאָק, ־ן
tenement דאָס טענעמענט־הויז, ־הײַזער
tenet דער עיקר, ־ים; דער פּרינציפּ, ־ן [ÍKER, ÍKRIM]
tenfold צענפֿאַכיק; צען מאָל אַזוי פֿיל
Tennessee (דאָס) טענעסי
tennis דער טעניס
tennis ball דער טעניסבאָל, ־ן; דאָס טעניסל, ־עך
tennis court דער טעניספּלאַץ, ...פּלעצער
tennis elbow די עלנבויגן־פֿאַרצינדונג ‹־אָנצינדונג›
tennis player דער טעניס־שפּילער, ־ס; דער טעניסיסט, ־ן
tennis racket די טעניס־ראַקעטקע, ־ס
tenon דער צאַפּן, ־ס; די שפּעהע, ־ס
tenor, *adj.* טענאָר...
tenor, *n.*
(meaning) דער מיין; דער זינען; דער טאָן
(mus.) דער טענאָר, ־ן; די טענאָרשטים
tenor clef דער טענאָר־שליסל
tenpin די קעגליע, ־ס
tenpin bowling דאָס קעגליען; דאָס שפּילן אין קעגליעס; די/דאָס קעגליעשפּיל
tense, *adj.* אָנגעצויגן; אָנגעשפּאַנט
(emotionally) *also* אָנגעשטרענגט
tense, *n.* די צײַט, ־ן; די צײַטפֿאָרעם, ...רמען
tense, *v.*
imp./pf. (אָנ)שפּאַנען
tense up אָנשפּאַנען זיך
tenseness די/דאָס (אָנ)געשפּאַנטקייט; די/דאָס אָנגעשטרענגטקייט
tensile צעציִעוודיק; עלאַסטיש
tensile strength די/דאָס צערײַס־פֿעסטקייט
tension
(elec.) די שפּאַנונג
(physical) די/דאָס אָנגעצויגנקייט
(psych.) די שפּאַנונג, ־ען; די/דאָס אָנגעשטרענגטקייט; די/דאָס אָנגעשפּאַנטקייט
tensor דער שפּאַנמוסקל, ־ען; דער שפּאַנער, ־ס; דער טענסאָר, ־ס
tensor tympani דער פּויקהײַטל־מוסקל, ־ען
tent דאָס געצעלט, ־ן
tentacle דאָס טאַפּערל, ־עך; דאָס טאַפּ־הערנערל, ־עך; דער פֿאַנגאַרעם, ־ס
tentative טענטאַטיוו; פּרוּוו...
(provisional) פּראָוויזאָריש
tentatively טענטאַטיוו(ערהייט)
tenterhook דער שפּאַנהאָקן, ־ס
be on tenterhooks זיצן (ווי) אויף שפּילקעס
tenth, *adj.* צענט
tenth, *n.*
(fraction) דאָס צענטל, ־עך; דער צענט־חלק, ־ים [KhÉYLEK, KhALÓKIM]
(mus.) די דעצימע, ־ס
tent peg דאָס געצעלט־פּלעקל, ־עך
tenuous שוואַך; דין; אוממממשותדיק [ÚMMAMÓShESDIK]
tenuousness די/דאָס שוואַכקייט; די/דאָס דינקייט
tenure
(administrative) דער אַמטפֿאַרנעם, ־ען
(acad.) די חזקה; דאָס פֿאַסטנרעכט [KhAZÓKE]
be denied tenure נישט קריגן קיין חזקה
be up for tenure זײַן אַ קאַנדידאַט אויף חזקה; אָפּגעשאַצט ווערן פֿאַר חזקה
receive tenure קריגן ‹באַקומען› חזקה
tenured חזקהדיק; מיט חזקה [KhAZÓKEDIK] [KhAZÓKE]
be tenured האָבן חזקה
tenured faculty לערערס מיט חזקה; די חזקהדיקע לערערשאַפֿט [KhAZÓKEDIKE]
tenure-track, *adj.* חזקה־... [KhAZÓKE]
tenure-track position די חזקה־פּאָזיציע, ־ס
tepid לעבלעך; לוולעך
tequila די טעקילע
terbium דער טערביום
tercentenary דער דרײַהונדערט־יאָריקער יובֿל ‹יאָרטאָג› [YOYVL]
tercet די טערציִנע, ־ס
term, *n.*
(acad.) דער זמן, ־ים; דער סעמעסטער, ־ס [ZMAN]
(ling./tech.) דער טערמין, ־ען
(time) דער פּעריאָד, ־ן; דער משך, ־ן [MÉShEKh]
be on good terms with sb. גוט אויסקומען מיט; האָבן גוטע באַציִונגען מיט; זײַן שווה־בשווה ‹גוטע־פֿרײַנד› מיט; זײַן אויפֿגעטראָגן מיט [ShÓVE-BEShÓVE]
be on speaking terms with sb. רעדן איינס מיטן אַנדערן
come to terms אײניקן זיך; מאַכן שלום; (אַ)דורכקומען; ווערן איינס; מושווה ווערן [ShÓLEM] [MÚShVE]
in no uncertain terms קלאָר און דײַטלעך

in terms of (concerning) לגבי; וואָס שייך; אין שײַכות מיט [LEGÁBE] [ShÁYEKh] [ShÁYKhES]
in the long term אינעם לעצטן סך־הכּל; מיט דער צײַט [SAKhÁKL]
in those terms אין די טערמינען; בזה־הלשון [BEZÉ-HALÓShN]
on his terms לויט זײַנע תּנאָים [TNÓYEM]
term of office די קאַדענץ, ־ן
terms (conditions) תּנאָים; באַדינג(ונג)ען
terms of reference פּראָיעקט־תּקנות [TAKÓNES]
under the terms לויט די תּנאָים ‹באַדינג(ונג)ען›
term, *v.* אָנרופֿן
termagant די מרשעת, ־ן; די מעגערע, ־ס [MARShÁS]
terminal, *adj.*
(final) סוף־... [SOF]
(med.) אומהיילעוודיק; אומאויסהיילעוודיק; נישט אויסצוהיילן
terminal, *n.* דער טערמינאַל, ־ן
(airport) *also* דער לופֿטוואָקזאַל, ־ן
(train/bus) *also* די סוף־סטאַנציע, ־ס; דער וואָקזאַל, ־ן [SOF]
terminal illness די אומהיילעוודיקע ‹אומאויסהיילעוודיקע› קרענק, ־ען
terminally
He's terminally ill מע קען אים שוין נישט אויסהיילן
terminal semester דער סוף־סעמעסטער, ־ס [SOF]
terminate
vt. **(end)** (פֿאַר)ענדיקן; אָפּשטעלן; אויפֿהערן; אָפּשאַפֿן; מאַכן אַ סוף צו [SOF]
vt. **(fire)** אָפּזאָגן (פֿון דער שטעלע); אָפּשאַפֿן; באַפֿרײַען (פֿון דער אַרבעט)
vi. (פֿאַר)ענדיקן זיך; אָפּשטעלן זיך; אויפֿהערן; אויסלאָזן זיך
terminate a pregnancy איבעררײַסן דאָס טראָגן; אָפּטרײַבן; אַבאָרטירן
termination די אָפּשאַפֿונג; דאָס פֿאַרענדיקן; דאָס אויפֿהערן; דער סוף [SOF]
(firing) דאָס אָפּזאָגן; דאָס אָפּשאַפֿן; די באַפֿרײַונג
termination notice דאָס אָפּזאָג־קוויטל, ־עך
terminological טערמינאָלאָגיש
terminologist דער טערמינאָלאָג, ־ן
terminology די טערמינאָלאָגיע, ־ס
terminus די סוף־סטאַנציע, ־ס; די לעצטע סטאַנציע, ־ס; דער טערמינאַל, ־ן [SOF]
termite דער טערמיט, ־ן
term-limited קאַדענץ־באַגרענעצט
term limits די קאַדענצן־באַגרענעצונג ל"י
term paper די זמן־אַרבעט, ־ן [ZMAN]
tern די ים־שוואַלב, ־ן [YAM]
ternary דרײַפֿאַכיק
terpsichorean טאַנצ...
terrace, *n.* די טעראַסע, ־ס
(porch) *also* די וועראַנדע, ־ס
terracotta, *adj.* פֿון טעראַקאָטע
terracotta, *n.* די טעראַקאָטע
terra firma די יבשה [YABÓShE]
terrain דער טערען, ־ען; דער באָדן
terrapin די זומפּ־טשערעפּאַכע, ־ס
terrestrial, *adj.* ערדיש; ערד...; יבשה־... [YABÓShE]
terrible שרעקלעך; מוראדיק; געפֿערלעך; גרויליק [MÓYREDIK]
be in the terrible twos פּראַווען צוויי־יאָריקע שטיק
say terrible things about אויסרעדן אָסור־לדבר אויף [ÓSER-LEDÁBER]

terribly זייער; גאָר; שטאַרק; שרעקלעך
She's terribly interested (in) זי איז שרעקלעך ‹שטאַרק/בלויטיק› פֿאַראינטערעסירט (צו/מיט/אין); סע גייט איר אין לעבן (צו)
She's not terribly interested זי איז נישט איבעריק פֿאַראינטערעסירט
terrier דער טעריער, ־ס
terrific אויסערגעוויינ(ט)לעך; ג(ע)וואַלדיק
terrified גוט איבערגעשראָקן; אָנגעשראָקן; פֿאַרציטערט
terrify גוט איבערשרעקן; אָנשרעקן; פֿאַרציטערן; אָנוואַרפֿן אַ מורא ‹פּחד/שרעק› אויף [MÓYRE] [PÁKhED]
terrifying שוידערדיק; מוראדיק; שרעקלעך [MÓYREDIK]
territorial טעריטאָריעל
territorialism דער טעריטאָריאַליזם
territorialist, *adj.* טעריטאָריאַליסטיש
territorialist, *n.* דער טעריטאָריאַליסט, ־ן
territorial waters טעריטאָריעלע וואַסערן; מלוכה־וואַסערן [MELÚKhE]
territory די טעריטאָריע, ־ס; דער שטח, ־ים; דער קאַנט, ־ן [ShÉTEKh, ShTOKhIM]
It comes with the territory ס'איז אַ טייל פֿונעם גאַנצן (פּעקל)
terror דער/די שרעק, ־ן; די אימה, ־ות; דער פּחד, ־ים; דאָס שרעקעניש, ־ן [ÉYME] [PÁKhED, PKhÓDIM]
(pol.) דער טעראָר
He's a holy terror! ער טוט אָן גרויסע ‹געברענטע› צרות!; ר'איז אַ קינד אַ מזיק! [TSÓRES] [MÁZEK]
terrorism דער טעראָריזם
terrorist, *adj.* טעראָריסטיש; טעראָר...
terrorist, *n.* דער טעראָריסט, ־ן
terrorist act דער טעראָריסטישער אַקט, ־ן; דער טעראָראַקט, ־ן
terrorist plot די טעראָר־אינטריגע, ־ס
terrorist plotter דער טעראָר־אינטריגאַנט, ־ן
terrorize טעראָריזירן
terror-stricken מלא־פּחד; פֿאַרצאַפּלט (פֿון שרעק) [MÓLE-PÁKhED]
terror victim דער טעראָר־קרבן, ־ות [KORBM, KORBÓNES]
terrycloth, *adj.* מאַכקע; רײַביק
terrycloth towel דער מאַכקער ‹רײַביקער› האַנטעך, ־ער
terse(ly) קורץ און צו דער זאַך; תּמציתדיק [TÁMTSESDIK]
tertian דאָס קדחת־שלישית [KADÓKhES-ShLÍShES]
tertiary דריטיק; העכער
tertiary education די העכערע בילדונג
tessellate לייגן מאָזאַיִק
tessellated מאָזאַיִק־...
test, *n.*
(acad.) דער עקזאַמען, ־ס
(med./psych.) דער טעסט, ־ן
(trial) דער אויספּרוּוו, ־ן; די פּרוּוו, ־ן; דער נסיון, ־ות; די פּראָבע, ־ס [NISÓYEN, NISYÓYNES]
as a test אויף פּראָבע
be put to the test אויסגעפּרוּווט ווערן; שטיין פֿאַר אַ נסיון
put to the test אויספּרוּוון; איבערפּרוּוון; שטעלן צו דער פּרוּוו; שטעלן פֿאַר אַ נסיון
stand the test of time אויסהאַלטן אַלע יאָרן
take a test (in) האַלטן עקזאַמען (אויף); באַלייגן ‹אָפּגעבן› אַן עקזאַמען (אויף)
test, *v.*
(acad.) עקזאַמענירן
(hypothesis) איבערפּרוּוון
(physical/med./psych.) (אויס)טעסטירן
(try) אויספּרוּוון

be tested (in difficult situation) שטיין פֿאַר אַ נסיון; ווערן געפּרוּווט [NESÓYEN]
get tested לאָזן זיך מאַכן טעסטן
test positive האָבן פּאָזיטיווע טעסט־רעזולטאַטן
test the waters [DÉYFEK] אַ פּרוּוו טאָן; טאַפּן דעם דפֿק
testament
(bib.) דער טעסטאַמענט, ־ן
(will) די צוואה, צוואות [TSAVÓE]
be a testament to [ÉYDES] זאָגן עדות אויף
testate [TSAVÓE] מיט אַ צוואה
testator דער טעסטאַטאָר, ...אָרן; דער צוואה־שרײַבער, ־ס [TSAVÓE]
test case דער פּרוּווּפֿאַל, ־ן; דער פּרעצעדענט־פֿאַל, ־ן
test drive, *n.* דער פּרוּווּפֿאָר, ־ן
test-drive, *v.* אויספּרוּוון אַן אויטאָ
tested אויסגעפּרוּווט
tester דער עקזאַמענירער, ־ס
(of product) דער אויספּרוּווער, ־ס
testes [BÉYTSIM] ביצים; אײַער
test firing דער פֿײַער־אויספּרוּוו
test flight דער פּרוּווּפֿלי, ־ען
testicle דער טעסטיקל, ־ען; די ביצה, ־ים [BÉYTSE, BÉYTSIM]
testicular cancer [BÉYTSIM] דער ביצים־ראַק
testify [ÉYDES] עדות זאָגן; אויפֿטרעטן ווי אַן עדות
testimonial, *adj.* [KÓVED] כּבֿוד־...; ערנ...
testimonial, *n.*
(certificate) דער אַטעסטאַט, ־ן
(tribute) [KÓVED] דער כּבֿוד־‹ערן־›אויסדרוק, ־ן
testimonial dinner דער באַנקעט, ־ן
testimony דאָס עדות־זאָגן; דער גבֿית־עדות, ־ן; די עדותשאַפֿט [ÉYDES] [GVÍES-ÉYDES] [ÉYDESShAFT]
false testimony דאָס פֿאַלש עדות־זאָגן; די עבֿירת־שבֿועה [AVÉYRES-ShVÚE]
testis *see* **testicle**
testosterone דער טעסטאָסטעראָן
test pilot דער פּרוּווּפֿליִער, ־ס; דער פֿליִער־אויספּרוּווער, ־ס; דער פּרוּווּפּילאָט, ־ן
test preparation דאָס צוגרייטן זיך אויף אַן עקזאַמען
test result דער טעסטיר־רעזולטאַט, ־ן
test run דער אויספּרוּווטעסט, ־ן; די פּראָבע, ־ס
test score דער עקזאַמען־צייכן, ־ס
test-tube, *adj.* פּרובירל־...; פּרובירקע־...
test tube, *n.* דאָס פּרובירל, ־עך; די פּרובירקע, ־ס
test-tube baby דאָס פּרובירל־קינד, ־ער
testy אָנגעשטרענגט; נערוועיִש
tetanus דער טעטאַנוס
tête-a-tête דער אויג־אויף־אויג־שמועס, ־ן; דער שמועס אונטער פֿיר אויגן; דער טעט־אַ־טעט, ־ן
tether, *n.* דער/דאָס בינדדראָט, ־ן; דער/די פּאַסטראָניק, ...נקעס; דער צובונד, ־ן; דאָס שטריקל, ־עך; דער/די (פֿענט)שטריק, –
beyond one's tether [KÓYKhES] איבער די כּוחות
She's at the end of her tether זי קען שוין מער נישט (אויסהאַלטן); סע פּלאַצט איר שוין די געדולד; ס'זענען איר אויסגעגאַנגען די כּוחות; באָו מים עד נפֿש [BÓU MÁYEM AD NÓFESh/NÉFESh]
tether, *v.* צובינדן אויף אַ שטריקל ‹פּאַסטראָניק›; צושטריקלען; פֿאַרפֿענטע|ן
tetherball דער העַנגבאָל
(ball) דער העַנגבאַלעם, ־ס
tethered, *adj.* צוגעבונדן; פֿאַרפֿענטעט
tetragrammaton [ShÉM-HAMFÓYRESh] דער שם־המפֿורש
tetraplegia [ÉYVRIM] דער פּאַראַליז אויף אַלע אבֿרים ‹פֿיר›
tetraplegic דער פּאַראַליזירטער געב׳ אויף אַלע אבֿרים ‹פֿיר› [ÉYVRIM]
Teutonic טעווטאָניש; גערמאַניש
Tevet [TÉYVES] (דער) טבֿת
Texas (דאָס) טעקסאַס
text, *n.* דער טעקסט, ־ן
(electronic message) דאָס טעקסטל, ־עך
text, *v.* טעקסטלען; שיקן אַ טעקסטל
textbook, *adj.* (*fig.*) קלאַסיש; ווי סע שטייט אין די ביכער
textbook, *n.* דאָס/דער לערנבוך, ...ביכער; דאָס לערנביכל, ־עך
textbook answer דער קלאַסישער ‹סקאַרבאָווער› ענטפֿער, ־ס; דער ענטפֿער פֿון ביכל אַרויס
textbook case דער קלאַסישער פֿאַל, ־ן
text editor דער טעקסט־רעדאַקטאָר, ...אָרן; די רעדאַקטירקע, ־ס
textile, *adj.* טעקסטיל...
textile, *n.* [SKhÓYRE] דער טעקסטיל, ־ן; די שניט־סחורה
textile firm די טעקסטילן־פֿירמע, ־ס
textile industry די מאַנופֿאַקטור
textile worker דער טעקסטילער, ־ס; דער טעקסטיל־אַרבעטער, ־ס
text message דאָס טעקסטל, ־עך
text-to-speech software די טעקסט־רייד־פּראָגראַם, ־ען
textual טעקסט...
textural לויטן געוועב; לויט דער פֿאַקטור; סטרוקטורעל
texture
(feel) דאָס געטאַפּ
(of cloth) דאָס געוועב(ס), ־ן; די פֿאַקטור, ־ן
(of food) די טעקסטור, ־ן
textured vegetable protein דער סויע־טעקסטוראַט; דאָס סויע־פֿלייש
Thai, *adj.* טײַלענדיש
Thai, *n.*
m./unsp. דער טײַלענדער, –
f. די טײַלענדערין, ־ס
(language) דאָס טײַלענדיש
Thailand (דאָס) טײַלאַנד
thalamus דער טאַלאַמוס, ־ן
thalidomide דער טאַלידאָמיד
thallium דער טאַליום
than ווי + נאָמ׳; פֿון + דאַט׳; פֿאַר + דאַט׳; איידער + נאָמ׳
thank, *v.*
imp. דאַנקען
pf. באַדאַנקען; אָפּדאַנקען
I'll thank you to mind your business אַ דאַנק פֿאַרן נישט מישן זיך
No, thanks! ניין, אַ דאַנק!
She has only herself to thank for this זי האָט נאָר זיך אַליין צו באַדאַנקען דערפֿאַר
thank one's lucky stars [GOYRL] דאַנקען דעם גורל
Thank you/Thanks! אַ דאַנק (דיר/אײַך)!
Thank you very much!/Thanks a lot! אַ גרויסן ‹שיינעם/האַרציקן› דאַנק!
Thanks a lot! (*iro.*) נאָך דאָס האָב איך געדאַרפֿט!; נאָך דאָס האָט מיר געפֿעלט!
Thanks a million! לאַנג לעבן זאָלסטו ‹זאָלט איר›!
Thanks, but no thanks! [MOYKhL] מוחל!
thankful דאַנקגרייט; ׳דאַנקבאַר
be thankful to קומען + דאַט׳ אַ דאַנק; זײַן + דאַט׳ ׳דאַנקבאַר

be thankful (J./having avoided danger) מעגן בענטשן גומל [GOYML]
We should be thankful for small favors גם זו לטובֿה; ברוך־השם; האַלט דאָס פֿאַר אַ ברכה; נעמ(ט) דאָס אָן פֿאַר ‹ווי› אַ ברכה; מ׳האָט נאָך גוט אָפּגעשניטן [GAM ZU LETÓYVE] [BORKhAShÉM] [BRÓKhE]
thankfully צום גליק
thankless אָן קיין דאַנק; אָן אַ ברכה [BRÓKhE]
It was a thankless job מ׳האָט נישט אָפּגעשאַצט ‹אָנערקענט› די אַרבעט
thanks, *n.* דער דאַנק ל״י
give thanks to דאַנקען + דאַט׳
no thanks to + דאַט׳ קומט נישט קיין דאַנק
thanks to אַ דאַנק + דאַט׳
thanksgiving די דאַנקזאָגונג
Thanksgiving (Day) דער דאַנקטאָג
thank-you, *n.* דער דאַנק
without so much as a thank-you אָן אַפֿילו צו זאָגן אַ דאַנק; אַפֿילו אָן צו האָבן באַדאַנקט [AFÍLE]
that, *adj.* דער/די/דאָס; יענער געב׳
of that place דאָרטיק
that, *adv.* אַזוי
that, *conj.* אַז
in that דערמיט וואָס; מיט דעם וואָס
not that נישט וואָס
that, *pron.* דאָס; יענץ
at that דערצו נאָך; דערבײַ
just like that סתּם אַזוי [STAM]
like that אַזוי
that is דאָס הייסט; דהײַנו [DEHÁYNE]
that is to say הייסט עס
That'll do! גענוג שוין!
That's it! (right) פּונקט אַזוי!; דאָס איז עס!; געטראָפֿן!; הונדערט פּראָצענט!
That's it! (enough) שוין, גענוג!; גענוג שוין!
That's more like it! אָט אַזוי!
That's that! אַזוי איז עס!; פֿאַרטיק אַן עסק!; שוין! [ÉYSEK]
That's the way it is אַזוי איז עס; אַזוי גייט עס
Who's that? ווער איז דאָס?
that, *rel. pron.* וואָס; וועלכ(ע)ער געב׳
thatch, *n.* די דאַכשטרוי; דער שטרויענער דאַך, דעכער
thatch, *v.* באַדעקן מיט (דאַך)שטרוי
thatched שטרויען; באַדעקט מיט (דאַך)שטרוי
thaw, *n.*
(melting) דאָס צעגיין זיך; דאָס שמעלצן; די צעטאָפּונג
(weather) די אָדליגע, ־ס
thaw, *v.*
vt. צעטאָפּע|ן; צעלאָזן; לאָזן אָפּגיין ‹צעגיין›; אויסטײַע|ן
vi. צעטאָפּע|ן זיך; צעגיין זיך; אָפּטײַע|ן; אָפּגיין
the, *art.*
m. דער נאָמ׳; דעם אַק׳/דאַט׳
f. די נאָמ׳/אַק׳; דער דאַט׳
neut. דאָס נאָמ׳/אַק׳; דעם דאַט׳
pl. די
the, *conj.*
the ...er the ...er וואָס ...ער אַלץ ...ער
theater דער טעאַטער, ־ס
(profession) די בינע
go to the theater גיין אין טעאַטער
theater of operations דער מלחמה־פּלאַץ, ־פּלעצער [MILKhÓME]
theater of war דער מלחמה־טעאַטער, ־ס
theater arts טעאַטער־קונסטן; די דראַמאַטורגיע ל״י
theater-goer דער טעאַטער־גייער, ־ס
theater-going, *n.* דאָס גיין אין טעאַטער
theater-going public טעאַטער־גייערס; דער עולם [ÓYLEM]
theater music די טעאַטער־מוזיק
theatrical טעאַטראַליש; טעאַטער־...
theatricals טעאַטער־אויפֿפֿירונגען
theatrics די בינעקונסט ל״י
(histrionics) די/דאָס טעאַטראַלישקייט ל״י; דאָס שפּילן טעאַטער ל״י
thee דיר; דיך
theft די גנבֿה, ־ות [GANÉYVE/G(E)NÉYVE]
theft insurance די פֿאַרזיכערונג ‹סטראַכירונג› קעגן גנבֿה [GANÉYVE/G(E)NÉYVE]
their זייער
their own זייעריק; זייער אייגן געב׳
theirs, *adj.* זייעריק; זייער... געב׳
a ... of theirs זייערס אַ ...
theism דער טעיִזם
theist דער טעיִסט, ־ן
theistic טעיִסטיש
them זיי
theme דער סוזשעט, ־ן; די טעמע, ־ס
(mus.) דער מאָטיוו, ־ן; די מעלאָדיע, ־ס
theme park דער טעמעפּאַרק, ־ן
theme song די טעמע־מעלאָדיע, ־ס
Themis טעמיס
themselves זיך (אַליין)
by themselves אַליין
they themselves זיי אַליין ‹גופֿא› [GÚFE]
to themselves צו זיך (אַליין)
then, *adj.* דעמאָלטיק; יעמאָלטיק
then, *adv.*
(after that) דערנאָך; נאָך דעם; דערנאָכדעם; ווײַטער
(at that time) דעמאָלט; דענסטמאָל; יעמאָלט; בשעתו [BEShÁ(Y)TE]
And then some! און נאָך ווי!
before then פֿאַר דעם; פֿריער
by then ביז דעמאָלט
from then on פֿון דעמאָלט אָן
then again צוריק גערעדט ‹געשמועסט›; פֿון דער אַנדערער זײַט; וועגנטועל
then and there (תּיכּף) אויפֿן אָרט; אין דער אותו־רגע; אין יענער מינוט [TÉYKEF] [ÓYSE-RÉGE]
until then ביז דעמאָלט
then, *conj.*
(in that case) אויב אַזוי; אם־כּן; אַמער [ÍMKEYN]
(therefore) דעריבער; דערפֿאַר; בכן [BEKhÉ(Y)N]
thence פֿון דאָרטן
thenceforth פֿון דעמאָלט אָן
then-clause דער אויב־אַזוי־זאַץ, ־ן
theocracy די טעאָקראַטיע, ־ס
theocrat דער טעאָקראַט, ־ן
theocratic טעאָקראַטיש
theodolite דער טעאָדאָליט, ־ן
theologian דער טעאָלאָג, ־ן
theological טעאָלאָגיש
theology די טעאָלאָגיע, ־ס
theorem די טעאָרעם, ־ען
theoretical טעאָרעטיש
theoretically טעאָרעטיש (גערעדט); להלכה [LEHALÓKhE]
theoretician/theorist דער טעאָרעטיקער, ־ס

theorize טעאָריזירן; חקירה|ן זיך [KhKÍREN]
theory די טעאָריע, ־ס
  in theory טעאָרעטיש (גערעדט)
theory of relativity די רעלאַטיוויטעט־טעאָריע
therapeutic טעראַפּעווטיש; היילנדיק
therapeutics די טעראַפּעווטיק ל״י
therapeutic touch דער טעראַפּעווטישער ‹היילנדיקער› באַריר
therapist דער טעראַפּעווט, ־ן
therapy די טעראַפּיע, ־ס; די היילונג, ־ען
there, *adv.*
  (not here) דאָרט(ן)
  (existence) דאָ
  (in that direction) אַהין (צו)
  be all there זײַן בײַם (קלאָרן) שׂכל [SEYKhL]
  be there for sb. זײַן + דאַט' אַ גוטער־פֿרײַנד אין אַ שלעכטער ‹שווערער› צײַט
  get there אָנקומען (דערצו)
  Is someone there?/Who's there? ווער איז (דאָ)?
  up there דאָרט אויבן
  We're not there yet (*fig.*) מיר האַלטן נאָך נישט דערבײַ; ביז צו דער קרעטשמע איז נאָך ווײַט; די ישועה איז נאָך ווײַט [YEShÚE]
there, *int.*
  There you are! (exclamation of triumph) נאַ!; זעסט ‹איר זעט›!; וועלער ס'איז שיין, איך בין קלוג!; אָט האָסטו דיר ‹אָט האָט איר אײַך›!
  There you are! (presence) אָט ביסטו ‹זענט איר› דאָ!; זע(ט) נאָר ווער ס'איז דאָ!; סקאָצל קומט!
  There you go again... הייבסט ‹איר הייבט› שוין ווידער אָן?
  There's a good girl! אָט דאָס הייסט אַ גוט מיידעלע!
  There, there! שאַ, שאַ!; ס'איז גאָרנישט!; גענוג געוויינט!
there, *part.*
  There appears to be an error דאַכט זיך, אַז ס'איז דאָ אַ טעות [TÓES]
  there are ס'זענען דאָ; (ס'זענען) פֿאַראַן(נע)ן
  There are many kinds of פֿאַראַן פֿאַרשיידענערליי
  there are no/not (ס'זענען) נישטאָ; נישט פֿאַראַ(נע)ן; נישטאָ צו געפֿינען
  There are three of us מיר זענען דרײַ
  there is ס'איז דאָ; (ס'איז) פֿאַראַ(נע)ן; סע געפֿינט זיך
  there isn't (ס'איז) נישטאָ; נישט פֿאַראַ(נע)ן
  There's ... and then there's ...! ...! אַלץ הייסט
thereabouts
  (approximately) אַן ערך; אין דעם ערך; בערך; אַרום [ÉREKh] [BEÉREKh]
  (place) דאָרטן ערגעץ; ערגעץ דאָרטן
  or thereabouts צי עפּעס אין דעם ערך
thereafter נאָך דעם; דערנאָך; דערנאָכדעם
thereby דערמיט; אַזוי אַרום
therefore דערפֿאַר; דעריבער; לכן; במילא; על־כּן [LOKhN/LOKhÉYN] [BEMÉYLE] [ÁLKEYN/ALKN]
therefrom פֿון דאָרטן
therein אין דעם; דערין; אין דערינען
thereinafter פֿון דעמאָלט אָן
thereof פֿון דעם; (פֿונ)דערפֿון
thereon אויף דעם; דערויף
thereunder אונטער דעם; דערונטער
thereupon באַלד נאָך דעם; אין יענעם מאָמענט; און גלײַך
therewith מיט דעם; (מיט)דערמיט
therm דער טערם, ־ען
thermal, *adj.* טערמיש; היצ...; וואַרעמ...; טערמאָ...
thermal, *n.* די טערמיק
thermal blanket די וואַרעם־קאָלד(ע)רע, ־ס
thermal energy די וואַרעם־ענערגיע
thermal insulation די טערמאָאיזאָלאַציע
thermal sensor דער היץ־דערשפּירער, ־ס
thermal springs די וואַרעמבאָד, ...בעדער
thermal underwear לאַנגע ‹וואַרעמע› גאַטקעס ל״ר; וואַרעמע וועש ל״ר
thermion דער טערמאָעלעקטראָן, ־ען
thermionic טערמאָעלעקטראָנען־...
thermionics די טערמיאָניק ל״י
thermodynamic טערמאָדינאַמיש
thermodynamics די טערמאָדינאַמיק ל״י
thermodynamic temperature די אַבסאָלוטע טעמפּעראַטור
thermometer דער טערמאָמעטער, ־ס
thermonuclear טערמאָנוקלעאַריש; טערמאָיאָדער־...
thermoplastic טערמאָפּלאַסטיש
thermoplastics די טערמאָפּלאַסטיק ל״י
thermos דער טערמאָס, ־ן; די טערמאָספּלאַש, ...פּלעשער
thermostat דער טערמאָסטאַט, ־ן
thesaurus דער אוצר, ־ות; דאָס סינאָנימען־ווערטערבוך, ...ביכער [ÓYTSER, ÓYTSRES]
these די (אָ); אָט די; די דאָזיקע
thesis דער טעזיס, ־ן; די טעזע, ־ס
thespian, *adj.* אַקטיאָרן־...; דראַמאַטיש; טעאַטער־...
thespian, *n.*
  m./unsp. דער (דראַמאַטישער) אַקטיאָר, ־ן
  f. די (דראַמאַטישע) אַקטריסע, ־ס
Thessalonians (Chr./bib.) טעסאַלאָניקער
they זיי
  (one) מע(ן)
thiamine דער טיאַמין
thick, *adj.*
  (heavy) גראָב; שווער; דיק
  (viscous) געדיכט
  be in thick with זײַן פֿאַרמישט מיט
  be thick as thieves with זײַן שמעלקע־שבשמעלקע מיט [...-ShÉBEShMÉLKE]
  be thick with זײַן פֿול מיט; שווימען און גריבלען מיט
thick, *adv.* געדיכט
  thick and fast אָן אויפֿהער; איינס באַלד נאָכן צווייטן
thick, *n.*
  in the thick of אין רעכטן געדיכטן; אין סאַמע ברען פֿון
  through thick and thin דורך פֿײַער און (דורך) וואַסער
thicken
  vt. פֿאַרדיקן; פֿאַרגעדיכטיקן; געדיכט(ער) מאַכן
  vi. פֿאַרגעדיכטיקן זיך; פֿאַרדיקן זיך; געדיכט(ער) ווערן
  (milk) אײַנדיקן זיך; געדיכט ווערן
  The plot thickens! אַהאַ, איצט ווערט שוין אינטערעסאַנט!
thickener דאָס פֿאַרדיק־מיטל, ־ען
thickening די פֿאַרדיקונג, ־ען
thicket די/דאָס געדיכטעניש, ־ן; דער רוישט
thick-headed *see* **thick-witted**
thickness די גרעב, ־ן; די/דאָס געדיכטקייט
thickset
  (body) גראָב; דיק; לײַביק
  (hedge) געדיכט באַוואַקסן
thick-skinned גראָבהויטיק
  (fruit) מיט אַ גראָבן שאָלעכץ
thick-witted טעמפּ

be thick-witted האָבן אַ טעמפּן ‹געשטאָפּטן/גראָבן› קאָפּ; זײַן שווער אויף דער אײבערשטער כּלי [KÉYLE]

thief דער גנבֿ, ־ים; דער פֿוצער, ־ס [GÁNEF, GANÓVIM]

thieve גנבֿע|(נע)ן [GÁNVE(NE)N]

thievery די גנבֿה [GANÉYVE/G(E)NÉYVE]

thieving/thievish, *adj.* גנבֿיש [GANÉYVISh]

thieving, *n.* די גנבֿה [GANÉYVE/G(E)NÉYVE]

thigh די פּאָלקע ‹פּולקע›, ־ס; דער דיך, ־ן

thighbone דער דיכביין, ־ער

thimble דער פֿינגערהוט, ...היט

thimbleberry די אַמעריקאַנער מאַלענע, ־ס

thimbleful

a thimbleful of אַ טראָפּעלע; אַ פֿינגערהוט מיט; אַ קאַפּ ‹לעק›

thin, *adj.*

(slim) דאַר; דין; מאָגער

(sparse/not dense) שיטער

(narrow) שמאָל

get thin on top ווערן פּליכעוואַטע ‹ליסעוואַטע›

out of thin air פֿון (דער) העלער הויט

disappear into thin air ווי נישט ווערן; פֿאַרשווינדן ווערן ווי אין וואַסער (אַרײַן)

slice thin צעשנײַדן אויף דין

thin on the ground זעלטן; שווער צו געפֿינען

wear thin אויסרײַבן; אָפּגעטראָגן ‹אָפּגעניצט› ווערן; אויסקריכן

My patience is wearing thin איך פֿאַרליר שוין באַלד די געדולד

thin, *v.*

thin down פֿאַרלירן ‹אָפּנעמען› וואָג

thin out, *vt.* אויסשיטערן; שיטער מאַכן; פֿאַרוואַסערן

thin out, *vi.* אויסשיטערן זיך; שיטער ווערן

His hair is thinning סע קריכן אים אויס די האָר (פֿון קאָפּ)

thine דײַנער געב׳

thing די זאַך, ־ן; דער חפֿץ, ־ים [KhÉYFETS, KhFÉYTSIM/KhFÓTSIM]

(*iro.*) דאָס זאַכעניש, ־ן

be seeing things האַלוצינירן

do no such thing בשום־אופֿן נישט טאָן [BEShÚM-ÓYFN]

first thing דאָס סאַמע ערשטע

for one thing קודם־כּל; פֿריִער פֿון אַלץ [KÓYDEM-KOL]

have a thing for (sb.) האָבן שטאַרק חשק צו; זײַן פֿאַרקאָכט ‹פֿאַרליאַפּעט› אין [KhÉYShEK]

have a thing for (stg.) האָבן אַ שוואַכקייט ‹חשק/תּשוקה› צו ‹נאָך› [TShÚKE]

It doesn't mean a thing סע מיינט נאָך גאָרנישט; ס'איז גאָר נישט וויכטיק; ס'האָט קיין באַטרעף נישט

it would be a good thing if ס'וואָלט גוט געווען ווען ‹אַז›; גוט וואָלט געווען ווען ‹אַז›

It's a thing of the past ס'איז שוין לאַנג פֿאַרגאַנגען

just the thing for me פּונקט דאָס וואָס איך דאַרף; פּונקט דאָס ריכטיקע פֿאַר מיר

It was just one of those things סע מאַכט זיך

not be able to get a thing out of גאָרנישט קענען אַרויסקריגן ‹אַרויסבאַקומען› פֿון

the best thing is to... דאָס בעסטע ‹גלײַכסטע› איז ...

the first thing you have to do דאָס סאַמע ערשטע; אָנהייבן דאַרף מען מיט

the in thing די נײַסטע מאָדע; דאָס לעצטע וואָרט

the same thing דאָס זעלב(יק)ע; הײַנו־הך [HAYNE-HÁKh]

the thing is די צרה ‹מעשׂה› איז; סע גייט אין דעם אַז; נאָר וואָדען? [TSÓRE] [MÁYSE]

thingamajig דער שמיי־דריי; דער שאַלעמויז; דער ווי־הייסט־עס; דער ווייס־איך־וואָס

think, *n.*

I'll give it a good think איכ'ל עס גוט איבערקלערן

She's got another think coming! אוי, האָט זי אַ גרויסן טעות! [TÓES]

think, *v.* טראַכטן; קלערן

(believe) האַלטן; מיינען

Don't even think about it! שלאָג(ט) זיך דאָס אַרויס פֿון קאָפּ!; זאָלסט ‹איר זאָלט› וועגן דעם אַפֿילו נישט טראַכטן! [AFÍLE]

He speaks before he thinks די צונג שפּרינגט בײַ אים פֿאַרן געדאַנק; די אויערן הערן נישט וואָס דאָס מויל רעדט

I think/thought so אַזוי מיין איך

I wouldn't think of it! ס'וואָלט מיר גאָר נישט אײַנגעפֿאַלן!; אָסור מיר! [ÓSER]

not think much of נישט האַלטן פֿון

Think again! קלער(ט) עס איבער!

think ahead פּלאַנירן אין פֿאָרויס; אויספּלאַנירן

think aloud טראַכטן אויף אַ קול [KOL]

think back to דערמאָנען זיך אין

think better of באַרעכענען זיך וועגן

think big האָבן גרויסע השׂגות [HASÓGES]

think highly of שטאַרק האַלטן פֿון; האַלטן אַ וועלט פֿון

think in terms of נעמענדיק אין באַטראַכט; האָבנדיק אין זינען

He thinks nothing of it סע שפּילט בײַ אים קיין ראָלע נישט

think on one's feet קלערן אויף דער הייסער מינוט; קלערן תּוך־כּדי־דיבור [TÓKh-KEDEYDÍBER]

think (it) over באַטראַכטן זיך; באַקלערן זיך; איבערקלערן; מיישבֿ זײַן זיך [MEYÁShEV]

think through (אַ)דורכטראַכטן; אַרײַנטראַכטן (זיך) אין

think up אויסטראַכטן; אויסקלערן; צוקלערן

think up an excuse צוטראַכטן ‹געפֿינען› אַ תּירוץ [TÉRETS]

Who thought up that silly idea? וועמען איז דאָס אײַנגעפֿאַלן אַזאַ נאַרישקייט?

thinker דער טראַכטער, ־ס; דער דענקער, ־ס; דער בעל־מחשבֿות, בעלי־... [BALMAKhShÓVES, BÁLE-...]

thinking, *n.* דאָס טראַכטן; דאָס קלערן; דאָס דענקען

to my way of thinking לפֿי־דעתּי; לויט מײַן מיינונג; ווען מע פֿרעגט מיך [LEFIDÁTI]

think tank דער אידעען־צענטער, ־ס

thinner דער צעפֿירער, ־ס

thinness

(slimness) די/דאָס דינקייט; די/דאָס מאָגערקייט

(sparseness) די/דאָס שיטערקייט

thin-skinned דינהויטיק

(fruit) מיט אַ דינעם שאָלעכץ

(sensitive) דינהויטיק; שפּירעוודיק; סענסיטיוו

third, *adj.* דריט

be in third place זײַן אויפֿן דריטן אָרט; זײַן דער דריטער געב׳

third, *n.*

(fraction) דאָס דריטל, ־עך

(mus.) די טערצ(י)ע, ־ס

third base די דריטע באַזע; דער דריטער בייס

third-class דריטראַנגיק; פֿון דריטן קלאַס

third-class mail די פּאָסט דריטע קלאַס

third-degree, *adj.* דריט...; פֿון דריטן גראַד

third degree, *n.* דער שטרענגער פֿאַרהער

put through the third degree נעמען ‹שטעלן› אויפֿן צימבל; שטרענג פֿאַרהערן

third-degree burn די ברענוווּנד ‹בריוווּנד› פֿון דריטן גראַד

third-hand פֿון דער דריטער האַנט

thirdly דריטנס

third party דער דריטער צד, צדדים; דער זײַטיקער גענ׳ [TSAD, TSDÓDIM]

third person (ling./gram.) די דריטע פּערזאָן

Third Reich דער דריטער רײַך

third-world, *adj.* דריטוועלטיק; פֿון דער דריטער וועלט

Third World, *n.* די דריטע וועלט

thirst, *n.* דער דאָרשט

have a thirst for דאָרשטן נאָך; לעכצן נאָך

thirst for knowledge די/דאָס וויסן־דאָרשטיקייט

thirst, *v.* **(after/for)** דאָרשטן נאָך; לעכצן נאָך; אויסגיין נאָך

thirsty דאָרשטיק

be thirsty דאַרשטן אומפּ׳ + אַק׳/דאַט׳

I'm thirsty כ׳בין דאָרשטיק; סע דאַרשט מיך ‹מיר›; מיך ‹מיר› דאַרשט

thirteen דרײַצן

thirteenth דרײַצעט; דרײַצנט

thirtieth דרײַסיקסט

thirty דרײַסיק

in one's thirties אין די דרײַסיקער (יאָרן)

in the thirties (era) אין די דרײַסיקער יאָרן

thirty-odd עטלעכע און דרײַסיק; אַ דרײַסיק

thirty-second note די צוויי־און־דרײַסיקסטל־נאָטע, ־נאָטן; דאָס צוויי־און־דרײַסיקסטל, ־עך

this, *art.*

m. דער נאָמ׳; דעם אַק׳/דאַט׳

f. די נאָמ׳/אַק׳; דער דאַט׳

neut. דאָס נאָמ׳/אַק׳; דעם דאַט׳

pl. די

(emph.) אָט דער/די/דאָס

this and that דאָס און יענץ

This minute! (אָט) די מינוט; שוין!; תּיכּף־ומיד! [TÉYKEF-UMEYÁD]

of this place אָרטיק; היג

this, *adv.* אַזוי; אַזאַ

this much אַזוי פֿיל; אַזאַ סך [SAKh]

thistle דער באָדיק ‹בודיק›, ־עס

thistledown דער בודיקפּוך

as light as thistledown לײַכט ווי אַ פֿעדער

thither אַהין

thong

(shoes) דער פֿינגערשוך, ...שיך

(underwear) דאָס לענדן־בענדל, ־עך

thoracic ברוסט...

thoracic spine די ברוסט־שדרה, ־ות; ברוסטוואַרבלען ל״ר [ShÉDRE]

thorax דער ברוסטקאַסטן, ־ס

thorium דער טאָריום

thorn דער דאָרן, דערנער; די שטעכלקע, ־ס

She's a thorn in my side זי איז מיר אַ ביין אין האַלדז; זי דערגייט מיר די יאָרן; זי דערקוטשעט מיך

thorny דערנערדיק

(question/*fig.*) קניפּלדיק

thorough גרונטיק; דורכויסיק; פֿולשטענדיק; פּינקטלעך; קפּדניש [KAPDÓNISh]

thorough person דער קפּדן, ־ים; דער מדקדק, ־ים [KAPDN, KAPDÓNIM] [MEDÁKDEK]

thoroughbred, *adj.* רײַנבלוטיק

thoroughbred, *n.* די רײַנבלוטיקע חיה, ־ות [KhÁYE]

(person/*fig.*) דער וויל־געבוירענער גענ׳; דער וויל־דערצויגענער גענ׳; דער מיוחס, ־ים [MEYÚKhES, MEYUKhÓSIM]

thoroughfare די דורכפֿאַרגאַס, ־ן; דער דורכפֿאָר, ־ן; דער דורכגאַנג, ־ען

No thoroughfare! נישט (אַ)דורכפֿאָרן!

thoroughgoing דורכאונדורכיק; גרונטיק

thoroughly דורך און דורך; גרונטיק

(with adjective) הויפּט

thoroughly boring הויפּט נודנע

thoroughness די/דאָס גרונטיקייט; דאָס קפּדנות [KAPDÓNES]

those, *adj./pron.* יענע

thou דו

though, *adv.* פֿונדעסטוועגן; אָבער

as though עלעהיי; פּונקט ווי

It's not easy, though ס׳איז אָבער נישט לײַכט; פֿונדעסטוועגן איז (עס) נישט לײַכט

though, *conj.* כאָטש; הגם; אויב אַפֿילו [HAGÁM] [AFÍLE]

thought, *n.*

(cognition) דאָס טראַכטן; דאָס קלערן

(idea) דער געדאַנק, ־ען; די מחשבֿה, ־ות; דער רעיון, ־ות [MAKhShÓVE] [RÁYEN, RAYÓYNES]

(reasoning) דער געדאַנקען־גאַנג

coll. די געדאַנקען־וועלט

after much thought נאָכן לאַנג טראַכטן ‹קלערן›

give stg. some thought (אַ)דורכטראַכטן; איבערקלערן

give thought to אַ קלער ‹טראַכט› טאָן וועגן

It's the thought that counts ס׳איז נישט אַזוי ליב דאָס געשאַנק ווי דער געדאַנק; די מחשבֿה איז דער עיקר [ÍKER]

on second thought צוריק גערעדט

put thought into אַרײַנטראַכטן זיך אין

What a thought! וואָס פֿאַלט דיר ‹אײַך› אײַן?

without a second thought אָן ווײַטער צו קלערן ‹טראַכטן›

without thought אָן (אַפֿילו) איבערצוקלערן; אָן אַ קלער צו טאָן [AFÍLE]

thoughtful

(considerate) מיטפֿיליק; אײַנזעעריש

(full of thought) באַקלערט; אַרײַנגעטראַכט

(reflective) פֿאַרקלערט; פֿאַרטראַכט

thoughtful person דער בעל־מחשבֿות, בעלי־... [BALMAKhShÓVES, BÁLE-...]

thoughtfully מיט אײַנזעעניש

thoughtless אומבאַקלערט; אומבאַטראַכט; אומסענסיטיוו

thoughtlessly אָן אײַנזעעניש

thought-out (גוט) באַקלערט

thought pattern דער געדאַנקען־פֿורעם, ־ס

thought police די געדאַנקען־פּאָליציי

thought-provoking

be thought-provoking סטימולירן ‹אָנרעגן› די געדאַנקען

thought transference דער געדאַנקען־איבערטראָג; די טעלעפּאַטיע

thousand, *n.* דער טויזנט, ־ער

thousands of טויזנטער

People came by the thousands טויזנטער מענטשן זענען געקומען

thousand, *num.* טויזנט

a thousand dollars טויזנט דאָלאַר; דער טויזנטער

a thousand times טויזנט מאָל

a thousand to one אײנער אין טויזנט
I died a thousand deaths כ'בין אײַנגעגעזונקען אין דר'ערד פֿאַר חרפּה [KhÁRPE]
thousandfold טויזנט־פֿאַכיק
thousand-note דער טויזנטער, ־ס/–
thousandth טויזנטסט
thrall דער קנעכט, ־ן; דער שקלאַף, ־ן
in thrall to געפֿאַנגען ‹פֿאַרשקלאַפּט› פֿון
thralldom די קנעכטשאַפֿט; דאָס שקלאַפֿערײַ
thrash
(flog) שמײַסן; פֿיצקע|ן
(grain) דרעשן; מ(אָ)לויצע|ן
thrash about וואַרפֿן זיך; שמיצן זיך
thrash out דערגײן אַ טאָלק אין
thrashing דאָס שמײַסן
I'll give her a good thrashing זי וועט בײַ מיר שוין כאַפּן פעטש ‹שמיץ/מלקות›; כ'ל איר אַרײַנלייגן אין די בײנער [MÁLKES]
thread, *n.* דער פֿאָדעם, פֿעדעם
(screw) דער גווינט, ־ן; די שרויף־אײַנקאַרבונג, ־ען
hang by a thread הענגען אויף אַ האָר; האַלטן זיך אויף משקולת; הימלען [MIShKÓYLES]
thread, *v.* אײַנפֿעדעמען; (אַ)דורכסיליע|ן; אײַנסיליע|ן; אָנסיליע|ן; אויפֿציִען
thread one's way through (אַ)דורכשלענגלען זיך
threadbare אויסגעדריבלט; אויסגעריבן; אָפּגעכוימלט; אָפּגעקראַכן; אָפּגעבאַרעט
threader דער אײַנפֿעדעמער, ־ס
threat
(danger) די סכּנה, ־ות [SAKÓNE/SEKÓNE]
(verbal) דער סטראַשוניק, ...נקעס
by threats מיט בייזן
make a threat against סטראַשע|ן; רעדן מיט בייזן
threat of extinction די סכּנה אויסצושטאַרבן; די אויסשטאַרב־סכּנה
threaten סטראַשע|ן; רעדן מיט בייזן
(endanger) שטעלן אין (אַ) סכּנה; אויסשטעלן אויף אַ סכּנה [SAKÓNE/SEKÓNE]
threatened אין (אַ) סכּנה [SAKÓNE/SEKÓNE]
threatened abortion די מפּיל־סכּנה [MÁPL-SAKÓNE/SEKÓNE]
threatening סטראַשענדיק
(weather/situation) געפֿערלעך; סכּנהדיק [SAKÓNEDIK]
three, *n.*
(digit) די דרײַ, ־ען
(cards) דאָס דרײַטל, ־עך; די דרײַ, ־ען
eat for three עסן פֿאַר דרײַ(ען)
rule of three דער דרײַ־כּלל [KLAL]
three, *num.* דרײַ
three-cornered דרײַעק(עכ)יק
three-day דרײַטאָגיק
three-dimensional דרײַ־דימענסיעדיק; אין ‹מיט› דרײַ דימענסיעס; דרײַ־געמעסטיק
three-figure דרײַ־ציפֿערדיק
threefold דרײַפֿאַכיק; דרײַיִק
three-handed מיט דרײַ שפּילערס ‹הענט›
three-handed game די/דאָס דרײַשפּיל, ־ן
three-hole punch דער דרײַלעכלער, ־ס
three-legged race דער דרײַפֿוסיקער פֿאַרמעסט, ־ן
three o'clock דרײַ אַ זייגער; דרײַע
three-part/three-piece אין דרײַ טײלן ‹חלקים› [KhALÓKIM]
three-piece suit דער אָנצוג ‹קאָסטיום› אין דרײַ טײלן; דער זשילעט־קאָסטיום, ־ען
three-ply דרײַ־פֿאָדעמדיק; דרײַשיכטיק
three-point line די דרײַער־ליניע, ־ס
three-point shot דער דרײַער, ־ס
three-point turn דער אויסדריי אין דרײַען
do a three-point turn אויסדרייען זיך אין דרײַען
three-pronged דרײַצייניק
three quarters דרײַ פֿערטל
three-quarters of the way דרײַ פֿערטל וועג
threescore, *n.* דער/דאָס שאָק, –
threescore, *num.* זעכציק
threesome די טרויקע, ־ס
in a threesome זאַלבע דריט
three-star דרײַ־שטערנדיק; מיט דרײַ שטערנדלעך
three-way call דער דרײַקלונג, ־ען
three-wheeler דער טריציקל, ־ען
threnody די קינה, ־ות; דאָס קלאָגליד, ־ער [KÍNE]
thresh דרעשן; מ(אָ)לויצע|ן
thresher דער דרעשער, ־ס; די דרעשמאַשין, ־ען
threshing די דרעשונג; דאָס דרעשן
threshing barn די דרעשקלוניע, ־ס
threshing floor דער טויק, ־ן; די דרעשאַרניע, ־ס
threshing machine *see* **thresher**
threshold, *n.* די/דער שוועל, ־ן
on the threshold (doorstep) אויף דער ‹אויפֿן› שוועל
on the threshold (*fig.*) אויף דער ‹אויפֿן› שוועל ‹גרענעץ›
thrice דרײַ מאָל
thrift די/דאָס שפּאָרעוודיקייט; די/דאָס אויסגערעכנטקייט
(bot.) די אַרמעריע
thriftiness די/דאָס שפּאָרעוודיקייט
thrift institution די/דער שפּאָרבאַנק, ...בענק
thrifty שפּאָרעוודיק; אויסגערעכנט
thrill, *n.*
(delight) דער תּענוג, ־ים; די טיפֿע הנאה; די דערקוויקונג, ־ען [TÁYNEG, TAYNÚGIM] [HANÓE]
(excitement) דאָס התפּעלות; די שפּאַנענדיקע איבערלעבונג, ־ען; די סענסאַציע, ־ס [HISPÁYLES]
(shudder) דאָס ציטערניש, ־ן; דער פֿאַרציטער, ־ן; דער סקרוך, ־עס
(of heart) דאָס האַרץ־קלאַפּעניש, ־ן
thrill, *v.*
***vt.* (cause to shudder)** געבן + דאַט' סקרוכעס; מאַכן אויפֿציטערן
***vt.* (delight)** דערפֿרייען; דערקוויקן; שטאַרק הנאה טאָן [HANÓE]
***vt.* (excite)** מיטרײַסן; אויפֿוועקן; אַרײַנברענגען אין התפּעלות [HISPÁYLES]
***vi.* (shudder)** (אויפֿ)ציטערן
be thrilled זײַן מלא־שׂימחה; שטאַרק פֿרייען זיך [MÓLE-SÍMKhE]
She thrilled at the sound of his voice זי האָט אויפֿגעציטערט בײַם דערהערן זײַן קול [KOL]
thriller
(book) דער שפּאַנענדיקער ראָמאַן, ־ען
(movie) דער שפּאַנענדיקער פֿילם, ־ען
thrilling שפּאַנענדיק; פֿאַרכאַפּנדיק; סקרוכעדיק; סענסאַציאָנעל
thrive בליִען; זײַן אין פֿולן בליִ; געדײַען; אַנטוויקלען זיך
thrive on פּאַזשיווע|ן זיך מיט
thriving בליִענדיק
It's a thriving business די געשעפֿטן גייען זייער גוט
throat דער האַלדז, העלדזער; דער גאַרגל, ־ען; די קעל, ־ן

(child's) דאָס העלדזועלע, ־ך
be at each other's throats רײַסן זיך בײַ די האָר; רײַסן זיך בײַ ‹פֿאַר› די נעז(ער)
clear one's throat אָפּכראַקע|ן; אויסכראַקע|ן זיך; אָפּהוסטן
cut sb.'s throat איבערשנײַדן + דאַט' דעם האַלדז ‹גאָרגל›; כּיקע|ן
cut sb.'s throat (*hum.*) מאַכן + דאַט' כיק
force down sb.'s throat נייטן ‹צווינגען› אָנצונעמען
go for sb.'s throat אָנכאַפּן + דאַט' בײַם גאָרגל
It stuck in my throat ס'איז מיר שטעקן געבליבן אין האַלדז; כ'האָב זיך מיט דעם געקרעכצט
take by the throat אָננעמען ‹אָנכאַפּן› בײַם גאָרגל
throaty גאָרגלדיק; גאָרגל...
throb, *n.* דאָס קלאַפּן; דאָס שלאָגן; דאָס פּולסירן; דער טיאָד, ־ן; דער טיאָכקע, ־ס
throb, *v.* קלאַפּן; שלאָגן; טיקע|ן; פּולסירן; טיאָכקע|ן; אַ טיאָכקע טאָן
My heart's throbbing ס'טיאָכקעט מיר אין האַרצן
throbbing pain דער שלאָגנדיקער ווייטיק
throe דער ווײ, ־ען
be in the throes of איבערלײַדן; האַלטן אין אויסווייטיקן
be in the throes of death גוססן [GÓYSESN]
thrombolysis דער טראָמבאָליז
thrombolytic טראָמב־צענעמעוודיק‹־צעלאָזעוודיק›
thrombosis דער טראָמבאָז, ־ן; די וועגן־פֿאַרשטאָפּונג, ־ען
thrombus דער טראָמב, ־ן
throne דער טראָן, ־ען; דער/די כּיסא־מלוכה [KÍSE-MELÚKhE]
come to the throne אָנקומען צום טראָן; אַרויפֿגיין אויפֿן טראָן; געקריינט ווערן
Divine Throne דער/די כּיסא־הכּבֿוד [KÍSE-HAKÓVED]
throng, *n.* דער המון, ־ים; דאָס געדראַנג, ־ען; דאָס אויפֿגעלאַף, ־ן; דאָס אָנגעלאַף, ־ן [HAMÓYN]
throng, *v.* צונויפֿדרענגען זיך; אָנלויפֿן
throttle, *n.* דער דראָסל, ־ען; דאָס גערגל, ־עך
at full throttle מיט דער גאַנצער ‹פֿולער› גיכקייט
throttle, *v.*
imp./pf. (choke) (דער)וואָרגן; (דער)שטיקן
throttle back/down פֿאַרדראָסלען; פֿאַרגערגלען
throttle valve דער דראָסל־ווענטיל, ־ן
through, *adj.* דירעקט; (אַ)דורכ...; טראַנס...
(finished) פֿאַרטיק; געענדיקט
(over) אויס; פֿאַרבײַ
through, *adv.* (אַ)דורך
be through (with) פֿאַרענדיקן
walk through (אַ)דורכגיין
through and through (אַ)דורך און דורך
through, *prep.*
(space) (אַ)דורך
(time) במשך [BEMÉShEKh]
(by means of) מיט; בידי [BEYEDÉY]
through here (אַ)דורך דאַנען; דאָ אַרום ‹אַרומע(ר)ט›
through the back הינטן אַרומע(ר)ט
through the front פֿאָרנט; פֿאָרנט אַרומע(ר)ט
through there (אַ)דורך דאָרטן; דאָרט אַרום ‹אַרומע(ר)ט›
through bus דער טראַנסבוס, ־ן
throughout, *adv.*
(place) אומעטום
(time) דורכויס; די גאַנצע צײַט
throughout, *prep.* דורך; במשך; אין משך ‹פֿאַרלויף› פֿון [BEMÉShEKh] [MÉShEKh]
throughout the city אין גאַר דער שטאָט; איבער דער גאַנצער שטאָט
throughput די/דאָס פּראָדוקטיווקייט; די/דאָס דורכלאָז־פֿעיִקייט
through ticket דער טראַנסבילעט, ־ן
through traffic דער דירעקטער פֿאַרקער; דער דורכפֿאַרקער
throughway דער דורכשטראָז, ־ן
throw, *n.* דער וואָרף, ־ן; דער שלײַדער, ־ס
throw, *v.* וואַרפֿן
I was thrown from side to side ס'האָט מיך געוואָרפֿן אַהין און אַהער; ס'האָט מיך געוואָרפֿן פֿון איין זײַט אין דער אַנדערער
throw about/around אַרומוואַרפֿן
throw at each other איבערוואַרפֿן זיך מיט
throw away אַרויסוואַרפֿן; אַוועקוואַרפֿן
throw back צוריקוואַרפֿן
throw in אַרײַנוואַרפֿן; צוּוואַרפֿן
throw in sb.'s face וואַרפֿן + דאַט' אין פּנים אַרײַן [PÓNEM]
throw off (emit) אַרויסלאָזן; אַרויסגעבן
throw off (physically) אַראָפּוואַרפֿן; אַראָפּשלײַדערן; אָפּטרייסלען; פּטור ווערן פֿון; באַפֿרײַען זיך פֿון [PÓTER]
throw on אַרויפֿוואַרפֿן אויף זיך
throw oneself at/on אַרויפֿוואַרפֿן זיך אויף; וואַרפֿן זיך אין + פּאָס' הענט
throw oneself into אַרײַנוואַרפֿן זיך (מיט לײַב און לעבן) אין
throw open אויפֿפּראַלן; צעפּראַלן
throw out an idea מאַכן אַ (נײַעם) פֿירלייג
throw sb. out אַרויסוואַרפֿן; אַרויסטרײַבן; געבן + דאַט' האַלדז־און־נאַקן; ווײַזן + דאַט' דעם וועג
throw stg. out אַרויסוואַרפֿן; אַוועקוואַרפֿן
throw over (to) צוּוואַרפֿן + דאַט'/צו
throw over (across) איבערוואַרפֿן (איבער)
throw over (abandon) לאָזן שטיין
throw to the ground אומוואַרפֿן אויף דר'ערד
throw together אויף גיך צוזאַמענגעמען ‹צונויפֿזאַמלען›
throw together a meal אויף גיך צוגרייטן אַ מאָלצײַט
throw up (אויס)ברעכן; (אויס)מײַקע|(נע)ן
throwaway, *adj.*
(disposable) אַוועקוואַרפֿיק; אַוועקוואַרפֿ...; אויף אַוועקצוּוואַרפֿן; אײַנמאָליק
(casual) דרך־אַגבֿדיק; צופֿעליק (געזאָגט) [DEREKh-ÁGEVDIK]
throwaway, *n.* דאָס אײַנמאָליקל, ־עך
throwaway culture די אַוועקוואַרף־קולטור
throwback דער צוריקקער, ־ן; דער אַטאַוויזם, ־ען
thrower דער וואַרפֿער, ־ס
throw-in
(freebie) דאָס אומזיסטל, ־עך
(soccer/basketball) דער אַרײַנוואָרף, ־ן
throwing line די וואַרפֿליניע, ־ס
thrum, *n.* פֿרענדזן־שפּיצן ל"ר; טראָלדן ל"ר
(drone) דער דרומל
thrum, *v.* (mus.) (ג)רימפּלען
thrum one's fingers דרומלען ‹ריפּע|ן› מיט די פֿינגער
thrush[1] (med.) דער קאַנדידאָז
thrush[2] (zool.) דער דרעסלער, ־ס; דער דראָסל, ־ען
thrust, *n.* דער שטויס, ־ן; די שטויסקראַפֿט; דער שטויס־כּוח; דער פּראַל, ־ן [KÓYEKh]
(essence) דער תּמצית; דער עיקר [TÁMTSES] [ÍKER]
thrust, *v.*
imp. שטויסן; פּראַלן

pf. אַ שטויס ‹פּראַל› טאָן
It was thrust upon him מ'האָט עס אַרויפֿגעוואָרפֿן אויף אים
thrust aside אָפּשטויסן אין אַ זײַט
thrust one's hands into one's pockets אַרײַנשטעקן די הענט אין די קעשענעס
thrust oneself on אַרויפֿוואַרפֿן זיך אויף; וואַרפֿן זיך צו לאַסט אויף
thruster דער שטויסער, ־ס
thruway *see* **throughway**
thud, *n.* דער ליש, ־ן; דער בענטש, ־ן; דער טעמפּער ‹פּאַרדומפּענער› קלאַפּ, קלעפּ
thud, *v.* לישען|; געבן אַ טעמפּן ‹פּאַרדומפּענעם› קלאַפּ
thug [GÁZLEN, GAZLÓNIM] דער גזלן, ־ים; דער קוילער, ־ס
thuggery [GAZLÓNES] דאָס גזלנות
thulium דער טוליום
thumb, *n.* דער גראָבער פֿינגער, –; דער אַגודל, ־ס; דער (גראָבער) גוי, ־ים
be all thumbs האָבן צוויי לינקע הענט; האָבן ליימענע הענט
give a thumbs down to אָפּוואַרפֿן + אַק'
give a thumbs up to [HASKÓME] געבן + דאַט' די הסכּמה
give sb. a thumbs down געבן + דאַט' צו וויסן אַז אַלץ איז נישט אין אָרדענונג
give sb. a thumbs up געבן + דאַט' צו וויסן אַז אַלץ איז אין אָרדענונג
stand out like a sore thumb אַרויסשטאַרצן ווי אַ קראַנקער פֿינגער
suck one's thumb זויגן דאָס פֿינגערל; זויגן דעם גראָבן פֿינגער
under sb.'s thumb אונטערטעניק; אונטער + פּאָס' [ShLÍTE] שליטה
thumb, *v.*
thumb a lift כאַפּן אַ טרעמפּ; פֿאָרן מיט אַ געלעגנהייט
thumb one's nose at אויסשטעלן אַ נאָז אויף; אַרויסשטעלן אַ צונג אויף; ווײַזן + דאַט' אַ פֿײַג
thumb through (אַ)דורכבלעטערן
thumb index דער אותיותדיקער זוכצעטל, ־ען [ÓYSYESDIKER]
thumbnail, *adj.* בצימצומדיק; קליין; מיני... [BETSÍMTSEMDIK]
thumbnail, *n.*
(anat.) דער נאָגל פֿונ(עם) גראָבן פֿינגער
(picture) די מיניאַטור, ־ן
thumbprint דער אָפּדרוק פֿונעם גראָבן פֿינגער
thumbscrew דער/די פֿינגערשרויף, ־ן
thumbsucking דאָס זויגן דעם גראָבן פֿינגער
thumbtack די קנאָפּקע, ־ס
thumb-wrestling דאָס פֿינגער־געראַנגל
thump, *n.* דער זעץ, ־ן; דער טעמפּער קלאַפּ, קלעפּ
thump, *v.* פֿאַלן מיט אַ זעץ
thump one's chest באַרימען זיך
thunder, *n.* דער דונער, ־ן
(sound) דאָס געקנאַל, ־ן; דאָס דונערײַ, ־ען; דאָס דונערן
steal sb.'s thunder אונטערגראָבן; אונטערהאַקן + דאַט' די פֿיס
thunder and lightning דאָס דונערן און בליצן; דער בליצשטורעם, ־ס
thunder, *v.* דונערן; געבן אַ קנאַל ‹דונער›
thunderbolt דער דונער און בליץ; דער דונערקלאַפּ, ...קלעפּ
like a thunderbolt ווי אַ דונער אין מיטן העלן טאָג
thunderclap דער דונערקנאַל, ־ן
thundercloud די געוויטער־‹שטורעם־›כמאַרע, ־ס
thunderous דונערדיק
thunderous applause דער שטורעם ‹דונער› פֿון אַפּלאָדיסמענטן
thunderstorm דאָס געדונער, ־ס; דער דונער־שטורעם, ־ס; דער בליצשטורעם, ־ס
thunderstruck דערשטמעליעט; פֿאַרטשמעליעט; אויפֿגעטרייסלט; ווי אַ דונער וואָלט + אַק' געטראָפֿן
thundery שטורעמדיק; געוויטערדיק
Thursday, *adj.* דאָנערשטיק־...; דאָנערשטיקדיק
Thursday, *n.* (דער) דאָנערשטיק, ־ן
Thursday's דאָנערשטיקדיק
on Thursday דאָנערשטיק
thus
(in this manner) אַזויערנאָך; אַזוי נאָך ‹אַרום›
(therefore) דערפֿאַר
(to a stated degree) אַזוי; ביז
thus far ביז אַהער; ביז איצט
thwack, *n.* דער זעץ, ־ן; דער קלאַפּ, קלעפּ; דער טראַסק, ־ן/טרעסק
thwack, *v.* געבן אַ זעץ ‹קלאַפּ/טראַסק›
thwart, *n.* די באַנק, בענק
thwart, *v.* נישט דערלאָזן צו; קאַליע מאַכן; צעניִשט(יק)ן; צעשטערן
thy דײַן
thyme דער טימיאַן
thymus די טימוסדריז, ־ן
thyroid, *adj.* שילדדריז...; פֿון דער שילדדריז
thyroid, *n.* די שילדדריז, ־ן
thyroid cancer דער שילדדריזראַק, ־ן; דער ראַק פֿון דער שילדדריז
thyroid gland *see* **thyroid**
thyself דיך ‹דיר/זיך› אַליין
ti (mus.) דער סי, ־ען
tiara די טיאַרע, ־ס
Tiberias [TVÉRYE] (די) טבֿריה
Lake Tiberias [(YAM-)KINÉRES] דער (ים־)כּנרת
tibia דער (פֿאָדערשטער/גרויסער) שינביין, ־ער
tic דאָס צוקעניש, ־ן; דער צוק, ־ן; דער טיק, ־ן
tick,[1] *n.*
(sound) דער טיקטאַק; דאָס טיקען
(checkmark) דאָס פֿייגעלע, ־ך
tick,[2] *n.* **(zool.)** דער קלי(י)עשטש, ־עס
tick, *v.* [DÉYFEKN] טיקען|; גיין; קלאַפּן; דפֿקן
tick away (*fig.*) פֿאַרבײַפֿליען; פֿאַרגיין
tick off (annoy) אויפֿרעגן; דענערווירן
tick off (list) אויסרעכענען
What makes him tick? וואָס טרײַבט אים?
ticker
(telegraphic) דער טעלעדרוקער, ־ס
(heart/*slg.***)** דאָס האַרץ, הערצער
(watch/*slg.***)** דאָס זייגערל, ־עך
ticker tape די טעלעגראַף־לענטע, ־ס
ticker-tape parade דער קאָנפֿעטי־פּאַראַד, ־ן; דער גראַנדפּאַראַד, ־ן
ticket, *n.* דער בילעט, ־ן
(election) די וואַלליסטע, ־ס
(fine) דער שטראָפֿקוויט, ־ן
(airplane) דער פֿליבילעט, ־ן
(ship) די שיפֿסקאַרטע, ־ס
(train) דער באַנבילעט, ־ן
ticket, *v.* אַרויסגעבן + דאַט' אַ שטראָפֿקוויט
I got ticketed מ'האָט מיר אַרויסגעגעבן אַ שטראָפֿקוויט; כ'האָב באַקומען אַ שטראָפֿקוויט

ticket agent דער בילעטן־פֿאַרקױפֿער, ־ס; דער בילעטער, ־ס
ticket collector דער בילעטן־קאָנטראָליר, ־ן
ticket counter/office די קאַסע, ־ס
ticking, *n.* דער טיקטאַק; דאָס טיקען
tickle, *n.* דער קיצל, ־ען
tickle, *v.* קיצלען; געבן אַ קיצל
  be tickled pink מחיה זײַן זיך; שטאַרק דערפֿרײען זיך; פֿרײען זיך כּעל כּל הון [MEKhÁYE] [KEÁL KOL HOYN]
ticklish קיצלדיק
tick-tock דער טיקטאַק
  go tick-tock טיקען; מאַכן טיקטאַק
tic-tac-toe איקס־מיקס־דריקס; שורע־בורע; שור־בור־קילע; אָרדע־באָרדע־שאָרדע
tidal פֿלײץ...
tidal wave די פֿלײצכוואַליע, ־ס
  a tidal wave of אַ כוואַליע ‹פֿאַרפֿלײצונג/מבול› מיט [MABL]
tidbit דער געשמאַקער ביסן; דאָס לעקעכל, ־עך; די לאַקעטקע, ־ס
  (*fig.*) דאָס שטיקעלע רכילות [REKhÍLES]
  tidbits *also* דאָס נאַשערײַ קאָל'
tiddlywinks די/דאָס פֿלײשפּיל
  play tiddlywinks (*fig.*) צעטרענצלען די צײַט
tide, *n.* דער ים־פֿלײץ; דער צו־און אָפּ־פֿלײץ; דאָס געפֿלײץ, ־ן [YAM]
  stem the tide of אײַנטאָמעווען + אַק'
  swim against the tide שווימען קעגן שטראָם
  swim with the tide שווימען מיטן שטראָם
  The tide has turned דאָס רעדל האָט זיך איבערגעדרייט
tide, *v.*
  tide sb. over העלפֿן + דאַט' בײַקומען ‹איבערקומען›
tidemark דער פֿלײצצייכן, ־ס
tidewater דאָס פֿלײצוואַסער
tidily ציכטיק; אויף אַ ציכטיקן אופֿן [OYFN]
tidiness די/דאָס ציכטיקייט
tidings בשׂורות; ידיעות [PSÚRES] [YEDÍES]
tidy, *adj.* ציכטיק; נעט; זױבער; זױבער־ריין; סדרדיק [SÉYDERDIK]
  a tidy sum אַ היפּשער מאַיאָנטיק; אַ היפּשע ‹גאַנץ פֿײַנע› פּותיקי [PÓYTIKE]
  tidy woman די צוכטט, ־ן
tidy, *v.* (**up**) צורױמען; צוראַמען; צוקלײַבן; אײַנלייגן
tie, *n.*
  (**connection**) די פֿאַרבינדונג, ־ען; דאָס שײַכות, ־ן; דער קשר, ־ים; די פֿאַרקניפּונג, ־ען; דער (פֿאַר)בונד, ־ן [ShÁYKhES] [KÉShER, KShÓRIM]
  (**cravat**) דער שניפּס, ־ן; דער קראַוואַט, ־ן; דער (אויס)בינדער, ־ס
  (**mus.**) דער בינדשטריך, ־ן
  (**railroad**) דער (באַן)שפּאַל, ־עס
  (**spo.**) דער רעמי, ־ען
  It's a tie game ס'איז אַ רעמי
tie, *v.*
  (**a score**) אויסגלײַכן; ווערן גלײַך
  (**secure**) צובינדן; צונויפֿבינדן
  tied up with פֿאַרנומען מיט
  tie down צובינדן
  tie in with האָבן אַ שײַכות מיט; פֿאַרבינדן זיך מיט [ShÁYKhES]
  tie to (connect) פֿאַרבינדן מיט
  tie together צונויפֿבינדן; פֿאַרקניפּן
  tie up (funds) פֿאַרבינדן; (פֿעסט) אײַנלייגן
  tie up (impede) פֿאַרהאַלטן
  tie up (secure) פֿאַרפֿעסטיקן; צובינדן
  tie up (traffic) פֿאַרהאַלטן
tiebreaker דער דעצידיר־פּונקט, ־ן
tie clasp/clip דער שניפּסהאַלטער, ־ס
tied
  tied at ten צען גלײַך
  tied score דער גלײַכער חשבון, ־ות [KhEZhBM, KhEZhBÓYNES]
tie-dye, *n.* דאָס בינדפֿאַרבן
tie-dye, *v.* בינדפֿאַרבן
tie-dyed בינדגעפֿאַרבט
tie-in די פֿאַרבינדונג, ־ען
tie-on אויף אָנצובינדן
tie pin *see* **tie clasp**
tier דער רײענשיכט, ־ן; די ריי, ־ען
  (**thea./stadium**) דער צירקל, ־ען
tiered אין שיכטן ‹רייען›
tie-up דער פֿאַרהאַלט, ־ן
tiff דאָס שטיקל מחלוקת; דאָס צעווערטלעניש [MAKhLÓYKES]
tiger דער טיגער, ־ס
tiger cat די טיגערקאַץ, ...קעץ
tiger flower די טיגערבלום, ־ען
tigerish ווילד ווי אַ טיגער
tiger lily די טיגער־ליליע, ־ס
tight ענג; שטײַף; פֿעסט (אָנגעצויגן)
  (**control**) שטרענג
tighten פֿאַרענגערן; ענגער מאַכן; פֿאַרשטײַפֿן; אָנשפּאַנען
  (**laces**) אײַנציִען; אָנציִען
  (**screw**) צושרויפֿן; פֿאַרשרויפֿן
  (**noose**) פֿאַרציִען; אײַנציִען
  (**with pressure**) פֿאַרציִען; פֿאַרקוועטשן
tight-fisted קמצניש; קאַרג [KAMTSÓNISh]
tight-fistedness דאָס קמצנות; די קאַרגשאַפֿט [KAMTSÓNES]
tight-fitting ענג אויסגעפּאַסט
tight-lipped
  be tight-lipped פֿאַרבײַסן די ליפּן; אָננעמען אַ מויל מיט וואַסער; צומאַכן דאָס מויל; שווײַגן
tightly ענג; שטאַרק; פֿעסט
tightness די/דאָס ענגקייט
tight race דער פֿאַרמעסט גלײַך אויף גלײַך
tightrope דער/די באַלאַנסיר־שטריק, ־ן
  walk a tightrope גיין אויף אַ שטריק
  walk a tightrope (*fig.*) גיין צווישן צוויי פֿײַערן
tightrope walker דער שטריקטענצער, ־ס; דער דראָטטענצער, ־ס
tights דער זאָקן־טריקאָ, ־ען
  (**dancer's**) דער טריקאָ ל״י
tightwad דער קמצן, ־ים; דער קמצניוק, ־עס [KAMTSN, KAMTSÓNIM] [KAMTSENYÚK]
tigress די טיגעריכע ‹טיגעריצע›, ־ס
tilapia דער טבֿריה־פֿיש [TVÉRYE]
tilde די טילדע, ־ס
tile, *adj.* קאַכל...
tile, *n.*
  (**floor**) די קאַכל, ־ען; די קאַכליע, ־ס; די קאַפֿליע, ־ס
  (**roof**) די דאַכלקע, ־ס
tile, *v.* באַקאַכלען; אויסלייגן מיט קאַכלען
tiler דער קאַכל־דעקער, ־ס
till, *n.* די קאַסע, ־ס
till, *prep./conj.* ביז; ביזקל
till, *v.* אַקערן; באַאַרבעטן
tillage

(cultivation) די ערד־באַאַרבעטונג

(tilled land) דאָס אַקערפֿעלד

tiller דער אַקערמאַן, אַקערלײַט; דער אַקערער, ־ס

tilt, *n.* דער אָנבײג, ־ן; דער אָננייג, ־ן

at a tilt אויף דער ‹אַ› זײַט

at full tilt מיטן גאַנצן כּוח; מיט דער פֿולער גיכקייט [KÓYEKh]

tilt, *vt./vi.* אָנבייגן (זיך); אָננייגן (זיך); צובייגן (זיך)

tilt at קעמפֿן קעגן

tilt at windmills פֿעכטן זיך מיטן ווינט; דאָן־קיכאָטעווען

timber דאָס געהילץ; דאָס בויהאָלץ; דאָס וואַלד

Timber! היט זיך!; ציט אָפּ!

timberline די/דער וואַלדגרענעץ

timbre דער טעמבער, ־ס; די קלאַנגפֿאַרב, ־ן

timbrel דער טאַמבורין, ־ען

time, *n.* די צײַט, ־ן; די שעה, ־ען [ShO]

(allotted) דער זמן, ־ים/־ען [ZMAN]

(duration) דער משך [MÉShEKh]

(era) די תּקופֿה, ־ות; די צײַט, ־ן; די עפּאָכע, ־ס [TKÚFE]

(instance) דאָס מאָל

(mus.) דער טאַקט

a long time ago לאַנג צוריק; מיט יאָרן צוריק

against time קעגן דעם זייגער

ahead of one's time פֿאַר + פּאָס' צײַט; ווי אַ נבֿיא פֿאַר דער צײַט [NÓVI]

ahead of time פֿאַר דער צײַט; פֿרי

any time צו יעדער צײַט; אַבי ווען

any time but ווען־ווען, נאָר ניט

as time goes by מיט דער צײַט

at a time מיט אַ מאָל

at all times תּמיד; אַלע מאָל [TÓMED]

at one time אַ מאָל; אַמאָליקע צײַטן ‹טעג›

at that time בשעתו [BEShÁ(Y)TE]

at the same time (as) אין דער זעלבער צײַט (וואָס); אײַנצײַטיק (מיט); גלײַכצײַטיק (מיט); אין איין צײַט (מיט); פֿאַר איינס (מיט); צו ‹בײַ› גלײַך (מיט)

at the time (during) בעת־מעשׂה; בשעת־מעשׂה [BEYS-MÁYSE] [BEShÁS-MÁYSE]

at the time (then) דעמאָלט; אין יענער צײַט

at this point in time איצט; אין איצטיקן מאָמענט

at times אַ מאָל; צו מאָל; צײַטנווײַז; פֿון צײַט צו צײַט; פֿון מאָל צו מאָל

before my time נאָך אײדער איך בין אויף דער וועלט געקומען

before one's time פֿאַר דער צײַט

behind the times הינטערשטעליק; אָפּגעשטאַנען

by that time (ביז) דעמאָלט

do time [TFÍSE] זיצן; זיצן אין קרימינאַל ‹תּפֿיסה/טורמע›

during the time of אין + פּאָס' משך ‹צײַט›

each/every time יעדעס מאָל

for a time אַ צײַט לאַנג; אַ שטיק(ל) צײַט

for all time [LEÓYLEM-VÓED] לעולם־ועד; אויף אייביק

for the time being לעת־עתּה; (אויף) דערווײַל; לפֿי־שעה [LESÁTE] [LEFIShÓ]

from time to time פֿון צײַט צו צײַט; פֿון מאָל צו מאָל

have a good time גוט פֿאַרברענגען; ווײַלן זיך; אַמוזירן זיך; הנאה האָבן [HANÓE]

have no time for נישט האָבן קיין מינוט ‹צײַט› אויף

have the time of one's life לעבן אַ גוטן טאָג; שטאַרק גוט פֿאַרברענגען

have time for האָבן צײַט אויף; באַווײַזן צו

have time on one's hands זיצן מיט ליידיקע הענט

He had a hard time ס'איז אים אָנגעקומען שווער; ער האָט זיך שטאַרק געמאַטערט ‹געמוטשעט›

in good time צו דער רעכטער צײַט; בײַ צײַטנס

in good times and bad אין ליידן און אין פֿריידן

in her time [BEShÁ(Y)TE] בשעתּה

in his time בשעתו

in no time אין איין הרף־עין ‹שמע־ישׂראל›; אין אַן אויגנבליק; איינס־צוויי [HEREF-ÁYEN] [ShMÁ-YISRÓEL]

in one's own/free time אין אַ פֿרײַער שעה; אין דער פֿרײַער צײַט

in the course of time מיט דער צײַט

in their time [BEShÁTEM] בשעתּם

in three years' time (from now) אין דרײַ יאָר אַרום

in three years' time (from the past/future) מיט דרײַ יאָר שפּעטער

in time (eventually) מיט דער צײַט

in time (mus.) צום טאַקט

It's about time ס'איז שוין (די העכסטע) צײַט; געקומען איז שוין די צײַט

keep time (clock) ווײַזן די (ריכטיקע) צײַט; גיין ווי ס'דאַרף צו זײַן

keep time (mus.) האַלטן (דעם) טאַקט

keep time (spo.) (אָפּ)היטן די צײַט

keep up with the times מיטהאַלטן מיט דער צײַט ‹מאָדע›

lose no time [RÉGE] נישט פֿאַרלירן קיין סעקונדע ‹רגע›

make good time גוט באַווײַזן

make good time (by vehicle) גוט אײַנפֿאָרן

make time for איבערלאָזן צײַט אויף

many a time [SAKh] אַ סך מאָל; נישט איין מאָל

many times over [KÉYFL-KEFLÁYEM] כּפֿל־כּפֿלים

not give sb. the time of day נישט אומקוקן זיך אויף + דאַט'; נישט אָנערקענען + אַק'

not have the time נישט האָבן ווען; נישט האָבן קיין צײַט

one at a time אײנציקווײַז; איינס מיט ‹פֿאַר› אַ מאָל

One day at a time! הײַנט איז הײַנט!; אויף מאָרגן וועט זיך גאָט זאָרגן!; לאָמיר דעם איצטיקן טאָג איבערקומען בשלום!; אַ טאָג פֿאַר אַ מאָל! [BEShÓLEM]

on time צו דער צײַט; בײַ צײַטנס

pass the time פֿאַרברענגען; פֿאַרטרײַבן ‹פּטרן› די צײַט [PÁTERN]

pass the time of day באַגריסן זיך

play for time פּרוּוון פֿאַרציִען ‹אָפּציִען›; נעמען זיך צײַט

take one's time נישט אײַלן ‹יאָגן› זיך

take some time off באַפֿרײַען זיך אַ ביסל

take time out מאַכן אַ הפֿסקה; אָפּכאַפּן דעם אָטעם [HAFSÓKE]

tell time קענען זיך אויפֿן זייגער

three times דרײַ מאָל

time after time נאָך אַ מאָל און ווידער אַ מאָל

time and a half אָנדערטהאַלבן מאָל אַזוי פֿיל

time and again אָבער און ווידער

Time flies! אײַ, ווי סע פֿליט די צײַט!

time for a change צײַט פֿאַר אַ בײַט

Time for bed! צײַט זיך צו לייגן שלאָפֿן!; צײַט צו גיין שלאָפֿן!

Time is of the essence סע ברענט; די צײַט לויפֿט; יעדע רגע איז אַ שעה

time of death [PTÍRE] די צײַט פֿון טויט ‹דער פּטירה›

time off די פֿרײַע צײַט; די וואַקאַציע

time out די הפֿסקה; דער איבעררײַס; די אָפּרוצײַט

Time out! אָפּרוען זיך!

time was when you could אַ מאָל האָט מען געקענט

Time will tell ווער ווייסט וואָס דער מאָרגן וועט ברענגען?

Time's up! געענדיקט!; שוין צייַט!

We had a great time! ס'איז געווען חי־געלעבט! [KhAY]

What time is it? וויפֿל האַלט ‹איז› דער זייגער?

when the time comes אַז ס'וועט קומען די (ריכטיקע) צייַט

time, *v.*

(measure) אָפּזייגערן

(synchronize) צוזייגערן; סינכראָנ(יז)ירן; צוטרעפֿן מיט

time-and-motion study די צייַט־און־באַוועג־שטודיע, ־ס

time bomb די זייגער־באָמבע, ־ס; די געזייגערטע באָמבע, ־ס

time capsule דאָס תּקופֿה־קאַפּסל, ־עך; דאָס צייַטקאַפּסל, ־עך [TKÚFE]

time clock דער קלאַפּזייגער, ־ס; דער רעגיסטריר־זייגער, ־ס

time-consuming

be time-consuming פֿאָדערן ‹פֿאַרנעמען› אַ סך צייַט [SAKh]

time exposure די צייַט־באַלייַכטונג, ־ען

time frame די צייַטרעם, ־ען

time-honored פֿון קדמונים אָן [KADMÓYNIM]

timekeeper דער צייַטמעסטער, ־ס; דער כראָנאָמעטער, ־ס

She's a good timekeeper זי איז זייער אַ פּינקטלעכע

time killer דער צייַטפֿאַרטרייַב, ־ן; דער ביטול־זמן [BITL-ZMÁN]

time lag דער צייַט־חילוק; די צייַט־דיפֿערענץ; דאָס אָפּשטיין אין צייַט [KhÍLEK]

time-lapse פֿאַרגיכערט

timeless אייביק; אין־סופֿיק; איבערצייַטיש [ÉYN-SOFIK]

time limit דער טערמין, ־ען

timeline דער צייַטפּלאַן, ...פּלענער; די צייַטליניע, ־ס; די כראָנאָלאָגיע, ־ס

timeliness די/דאָס רעכטצייַטיקייט; די/דאָס אַקטועלקייט

timely (on time) בייַ צייַטנס; צודערצייַטיק; צו דער צייַט

timely (well-timed) רעכטצייַטיק; אַקטועל

in a timely manner צו דער צייַט; בייַצייַט(נד)יק

timeout

(spo.) דאָס הפֿסקהלע, ־ך [HAFSÓKELE]

put into timeout (child) לאָזן (אַ ביסעלע) אָפּזיצן; לאָזן זיך אָפּרוען ‹אויסברוגזן› [ÓYSBRÓYGESN]

timepiece דער זייגער, ־ס; דאָס זייגערל, ־עך

timer דער צייַטמעסטער, ־ס; דער זייגער, ־ס

times, *n.* צייַטן; די תּקופֿה ל"י [TKÚFE]

times, *prep.* מאָל; געכּפֿלט אויף [GEKÉYFLT]

three times bigger דרייַ מאָל גרעסער; אין דרייַען גרעסער

three times three דרייַ מאָל דרייַ

time-saving צייַטשפּאָריק; צייַט־שפּאָרעוודיק

timescale דער צייַט־משך [MÉShEKh]

timeserver דער אָפּאָרטוניסט, ־ן

time-share די אייַנגעטיילטע וואַקאַציע־היים, ־ען

buy a time-share קויפֿן אַ צייַט־חלק ‹צייַטטייל› [KhÉYLEK]

time-sharing די צייַט־אייַנטיילונג

time sheet דער צייַטבויגן, ־ס

time signature דער טאַקט־סימן [SÍMEN]

timestamp דער צייַטשטעמפּל, ־ען

time switch דער צייַטרעלע, ־ען

timetable דער פֿאָרפּלאַן ‹צייַטפּלאַן›, ...פּלענער

time-tested אויסגעפּרוווט

time travel די נסיעה דורך דער צייַט [NESÍE]

time warp די/דער צייַטלאָך

enter a time warp אַרייַנפֿליען אין אַן אַנדער צייַט ‹תּקופֿה› [TKÚFE]

be stuck in a time warp (*fig.*) שטעקן בלייַבן אינעם אַמאָל

time-worn אָפּגעניצט (מיט די יאָרן)

time zone די צייַטזאָנע, ־ס

timid שרעקעוודיק; מוראוודיק; פּחדיק; נישט־דרייסט; איבערגעפֿאַלן [MÓYREVDIK] [PÁKhEDIK]

timidity די/דאָס שרעקעוודיקייט; די/דאָס מוראוודיקייט [MÓYREVDIKEYT]

timing

(clocking) די צייַט־אויסמעסטונג; דער כראָנאָמעטראַזש; די אָפּזייגערונג

(coordination) די סינכראָנ(יז)ירונג; די צוזייגערונג

The timing couldn't be better קיין בעסערע צייַט האָט נישט געקענט זייַן

Perfect timing! פּונקט צו דער צייַט ‹רגע/מינוט›; אַן אידעאַלע צייַט! [RÉGE]

It's all in the timing סע ווענדט זיך אין דער סינכראָנירונג

timorous שרעקעוודיק; פּחדליווע; פּחדיק; ציטערדיק [PAKhEDLÍVE] [PÁKhEDIK]

timothy (bot.) די טימאָפֿייעווקע, ־ס

Timothy (Chr./bib.) טימאָטעוס

tin, *adj.* בלעכ(ער)ן; צינע(ר)ן

have a tin ear האָבן אַ בלעכענעם ‹בלעכן› אויער

tin, *n.* דאָס צין

tin, *v.* פֿאַרצינען; אויסצינען; אויסווייַסן

tin can די פּושקע, ־ס; די באַנקע, ־ס; די בלעך, ־ן; דאָס בלעכל, ־עך

tincture די טינקטור, ־ן

tin cup דאָס קווערטל, ־עך; דאָס בלעכענע טעפּל, ־עך

tinder, *n.* דער צונטער, ־ס; די הופּקע, ־ס

tinderbox דאָס צונטער־שאַכטל, ־עך; דאָס פֿייַער־געצייַג

It's a tinderbox (*fig.*) סע שטייט אויף אַ פֿאַס פּולווער; סע קען זיך גרינג אָנצינדן

tine דאָס ציינדל, ־עך; דער צאָן, ציין/ציינער

tinfoil דאָס זילבער־פּאַפּיר; די פֿאָלגע

ting, *n.* דאָס קלינגלען; דאָס געקלינגל

ting, *v.* קלינגלען; אַ לייַכטן קלונג טאָן

tinge, *n.* דער צופֿאַרב, ־ן

tinge, *v.* באַפֿאַרבן; צופֿאַרבן

have a tinge of regret האָבן אַ קאַפּיטשקע חרטה [KhARÓTE]

tinged with באַפֿאַרבט ‹צוגעפֿאַרבט› מיט

tingle, *n.* דאָס שטעכעניש, ־ן

tingle, *v.* דראַזשעןן אומפּ' + דאַט' אין; ברענען אומפּ' + דאַט'

My ears are tingling ס'ברענען מיר די אויערן; ס'קלינגט מיר אין די אויערן

tingle with excitement כאַפּן דרעשט(ש)עס פֿון התפּעלות; ברענען פֿון התפּעלות [HISPÁYLES]

tinker (with) מייַסטרעווען + אַק'; פּאַטשקען ‹פּאָרקען› זיך (מיט/בייַ)

tinkle, *n.* דאָס געקלינגל

tinkle, *v.* קלינגלען; אַ קלינגל טאָן

(urinate/*slg.*) פּישן; זאָליען

tinnitis דער טיניט

tinny ווי ‹פֿון› בלעך; ביליק

(sound) מעטאַליש

Tin Pan Alley די שלאַגער־אינדוסטריע

(district) דער צענטער פֿון דער שלאַגער־אינדוסטריע

tin plate דאָס צינבלעך

tinsel פֿליטערלעך ל"ר; דאָס שומגאָלד; די מישורע; דאָס שעך

tinsmith דער בלעכער, ־ס

tin soldier דאָס צינע(ר)נע זעלנערל ‹סאָלדאַטל›, ־עך

tint, *n.* דער צופֿאַרב, ־ן; די שאַטירונג, ־ען
tint, *v.* צופֿאַרבן; באַפֿאַרבן
tinted, *adj.* צוגעפֿאַרבט; באַפֿאַרבט
tintinnabulation דאָס גלאָקן־געקלאַנג
tiny קליינטשי(נ)ק אַטר'; קליינינק אַטר'; פּיצל אַטר'; פּיצינק אַטר'; מאָנטשינק אַטר'
a tiny bit אַ ביסינקעלע(ע); אַ קאַפּעלע; אַ קאַפּעטשקע
stg. tiny דער מאָן; דער מאַנץ, ־ן
tiny baby דאָס פּיצעלע, ־ך
tip,[1] *n.* **(end)** דער שפּיץ, ־ן; דער עק, ־ן
on the tip of one's tongue אויפֿן שפּיץ צונג; אויף דער צונג
the tip of the iceberg דער שפּיץ אײַזבאַרג
tip,[2] *n.* **(money)** דאָס טרינקגעלט; דאָס בירגעלט
leave a tip איבערלאָזן טרינקגעלט ‹בירגעלט›
tip,[3] *n.*
(advice) די עצה, ־ות [ÉYTSE]
(hint) דער אָנווונק, ־ען
He gave me a good tip ער האָט מיר עפּעס גוטס אונטערגעזאָגט
tip,[1] *v.* **(tilt)**
tip over, *vt./vi.* איבערקערן (זיך)
tip,[2] *v.* **(money)** געבן + דאַט' טרינקגעלט ‹בירגעלט›
tip,[3] *v.* **(hint)**
tip sb. off בשתיקה ‹בסוד› אָנזאָגן + דאַט'; אונטערזאָגן + דאַט'; אָנווינקען + דאַט' [BIShTÍKE] [BESÓD]
tip line די בסוד‹אַנאָנים›־ליניע, ־ס [BESÓD]
tip-off דער אָנווונק, ־ען; די וואָרענונג, ־ען
tipped באַשפּיצט
tipper
be a generous tipper געבן טרינקגעלט מיט אַ ברייטער האַנט
tipping point דערווענדפּונקט, ־ן; דער קריטישער מאָמענט, ־ן
tipple, *n.* די משקה, משקאות; דער בראָנפֿן, ־ס; דער שנאַפּס [MÁShKE, MAShKÓES]
tipple, *v.* שנאַפּסן; ליב האָבן דעם ביטערן טראָפּן; שתיה|(נע)ן [ShÁSYE(NE)N]
tippler דער שנאַפּסער, ־ס
tipster דער אונטערזאָגער, ־ס
tipsy בגילופֿין; אונטערן גלעזל; פֿאַרשנאָשקעט; פֿאַרכּוס(י)עט; פֿאַרקנאַקט [BEGILÚFN] [FARKÓYS(Y)ET]
tiptoe, *n.* די שפּיץ פֿינגער ל"ר; די ציפּקעס ל"ר
on tiptoe אויף די שפּיץ פֿינגער; אויף די ציפּקעס ‹נעגל›
tiptoe, *v.* גיין אויף די שפּיץ פֿינגער; גיין אויף די ציפּקעס ‹נעגל›; ציפּקעווע|ן
tiptoe around (*fig.*) שטאַרק היטן זיך
tiptop ערשטקלאַסיק; אויסגעצייכנט
tirade די טיראַדע, ־ס; דער גאַס רייד; דער ווערטער־מבול [MABL]
go on a tirade about אויסגיסן די תּוכחה אויף [TÓYKhEKhE]
tire, *n.* די/דער (גומע)רייף, ־ן
I blew a tire ס'האָט מיר געפּלאַצט אַ רייף
install a new tire אַרויפֿציִען אַ נײַע רייף
tire, *v.*
vt. פֿאַרמאַטערן; אײַנמידן
vi. מיד ווערן; נימאס ווערן פּ"ק + דאַט' [NÍMES]
He tired of the job די אַרבעט איז אים נימאס געוואָרן
tire out אויסמאַטערן; אויסשעפּן; אויסמוטשעו|ן
tired out אויסגעמאַטערט; אויסגעשעפּט; אויסגעמוטשעט
tire chain די רייפֿקייט, ־ן
tired מיד; פֿאַרמאַטערט
be tired of stg. זײַן מיד ‹זאַט› פֿון
I'm tired of him ער איז מיר שוין נימאס געוואָרן [NÍMES]
tiredness די/דאָס מידקייט; די/דאָס פֿאַרמאַטערטקייט
tireless אומפֿאַרמאַטערלעך
tirelessly אָן מיד צו ווערן; אָן אויפֿהער
tire patch די רייפֿלאַטע, ־ס
tire pressure די דריקונג ‹דער דרוק› אין רייף
tire-pressure gauge דער רייף־מאַנאָמעטער, ־ס
tire pump די לופֿטפּאָמפּע, ־ס
tiresome נודנע; מאַטערדיק; דערעסנדיק; נימאס; לאַנגווײַליק; נישט־געשמאַק [NÍMES]
Tisha b'Av דער תּשעה־באָבֿ [TÍShEBOV]
Tishre (דער) תּשרי [TÍShRE]
tissue
(anat.) דאָס געוועב, ־ן
(facial) דאָס ווישפּאַפּיר; דאָס ווישפּאַפּירל, ־עך
tissue of lies די נעץ ליגנס; דאָס געשפּינס שקר [ShÉKER]
tissue bank די געוועבבאַנק, ...בענק
tissue paper דאָס זײַדפּאַפּיר
tit[1] **(bird)** דאָס בלאָערל, ־עך
tit[2] **(teat/***slg./vlg.***)** דאָס ציצל, ־עך; די ציצקע, ־ס
titan דער טיטאַן, ־ען; דער גיגאַנט, ־ן
Titan טיטאַן
Titania טיטאַניע
titanic, *adj.* טיטאַניש; ריזיק
Titanic (ship) דער טיטאַניק
titanium דער טיטאַן; דער טיטאַניום
tit for tat אַן אויג פֿאַר אַן אויג; עין תּחת עין; אַ וואָרט פֿאַר אַ וואָרט; ווי דו מיר, אַזוי איך דיר [ÁYEN TÁKhES ÁYEN]
give tit for tat to אָפּטאָן + דאַט'; געבן + דאַט' רעשטע; נישט שולדיק בלײַבן + דאַט' קיין רעשטע
tithe, *n.* דער מעשׂר, ־ות [MÁYSER, MÁYSRES]
tithe, *v.* צאָלן ‹נעמען› מעשׂר; אָפּמעשׂרן [MÁYSER] [ÓPMÁYSERN]
titillate קיצלען
titillation דאָס קיצלען; דער קיצל
title, *n.* דער טיטל, ־ען
(heading) דאָס קעפּל, ־עך
(jur.) די חזקה, ־ות; דער רעכטטיטל, ־ען; דער רשות, ־ן [KhAZÓKE] [REShÚS]
take title of נעמען + אַק' אין רשות
title, *v.* באַטיטלען
(book) *also* געבן ‹שטעלן› אַ טיטל
title bar די טיטללײַסט, ־ן
titled באַטיטלט; מיטן טיטל
title deed דער שטר־קנין [ShTAR-KÍNYEN]
titleholder (spo.) דער טיטל־פֿאַרטיידיקער, ־ס; דער טשעמפּיאָן, ־ען
title page דער/דאָס שער־בלאַט, ־בלעטער [ShAR]
title role די טיטל־ראָלע, ־ס
title song דאָס טיטלליד, ־ער
titmouse דאָס בלאָערל, ־עך
long-tailed titmouse דאָס עק־בלאָערל, ־עך
titter, *n.* דאָס כיכיקעניש; דאָס כיכעניש
titter, *v.* כיכיקע|ן; כיכע|ן
tittle
(tiny amount) דאָס קאַפּעלע, ־ך; דאָס ביסינקעלע, ־ך; דאָס טראָפּנדל, ־עך
(typ.) דאָס פּינטעלע, ־ך
tittle-tattle, *n.* דאָס רכילות; פּליאָטקעס ל"ר [REKhÍLES]
tittle-tattle, *v.* טרייַבן רכילות; פּליאָטקעווע|ן; פֿירן פּליאָטקעס [REKhÍLES]

titular [ÁLPI] ... (נאָר) אין נאָמען; ... לויטן ‹על־פּי› טיטל

Titus (Chr./bib.) [HARÓShE] טיטוס הרשע

tizzy

be in a tizzy זײַן שטאַרק אױפֿגערעגט (צוליב אַ קלײניקײט)

get into a tizzy שטאַרק אױפֿרעגן זיך

TNT דער טע־ען־טע; דער טי־ען־טי

to צו

(a destination) אין

(preceding a place name) קיין; אין

(events) אויף

(in order to) [KEDÉY] [BIKhDÉY] כּדי; בכדי; אויף צו

(until) ביז

to and fro אַהין און קריק ‹צוריק/אַהער›

toad די לוהאַשקע, ־ס; די בראָסקע, ־ס; די ראַפּוכע, ־ס

toadflax דאָס לײַנעכל

toadstool [SAM] דאָס סם־שוועמל, ־עך; דער מוכאָמאָר, ־ן

toady דער חנפֿן, ־ים; דער חונף, ־ים; דער חניפֿהניק, ־עס; דער אונטערלעקער, ־ס; דער טעלער־לעקער, ־ס [KhANFN, KhANFÓNIM] [KhÓYNEF, KhÓNFIM] [Kh(A)NÍFENIK]

be a toady אונטערחנפֿ(נע)ן זיך; אונטערלעקן זיך [ÚNTERKhÁNFE(NE)N]

toast, *n.*

(bread) דער טאָסט; דאָס גרילברויט; דאָס ברוינברויט

(drink) [LEKhÁYEM] דער לחיים, ־ס; דער טאָסט, ־ן

She's the toast of the town סע קלינגט מיט איר די גאַנצע שטאָט

make a toast (to/for) טרינקען ‹מאַכן› אַ לחיים (פֿאַר); (אויס)טרינקען לכּבֿוד [LEKÓVED]

make a toast (when concluding a deal) טרינקען באַריש ‹מאַריטש›

propose a toast in honor of אויסרופֿן אַ טאָסט ‹לחיים› לכּבֿוד

This calls for a toast! דאָס דאַרף מען באַנעצן!

toast, *v.*

(bread) צוברוינען; צופֿרישן

(drink) טרינקען ‹מאַכן› אַ לחיים (פֿאַר); (אויס)טרינקען לכּבֿוד [LEKhÁYEM] [LEKÓVED]

toast one's feet by the fire אָנוואַרעמען זיך די פֿיס בײַם פֿײַער

toaster דער טאָסטער, ־ס; דער צוברוינער, ־ס

toaster oven דאָס טאָסטער־‹צוברוין־›אײוועלע, ־ך

toastmaster דער טאָסטמײַסטער, ־ס; דער בעל־לחיים, ־ס [BALLEKhÁYEM]

tobacco דער טאַבעק ‹טאַבאַק/טאַבאַק›; דער טיטון

tobacco farming דאָס טאַבעקערײַ; די טאַבעק־האָדעוואַניע

tobacconist דער טאַבאַטשניק, ־עס; דער טאַבעק־הענדלער, ־ס

tobacconist shop די טאַבעקקראָם, ־ען

tobacco pipe די פּיפּקע, ־ס; די ליולקע, ־ס

tobacco pouch דער טאַבעק־בײַטל, ־ען; דאָס טיטון־זעקעלע, ־ך; דער קיסעט, ־ן; דער קאַפּשיק, ־עס

...-to-be קומעדיק; צוקונפֿטיק

toboggan דער טאַבאָגאַן־שליטן, ־ס

toccata די טאָקאַטע, ־ס

tocsin דער אַלאַרעם־סיגנאַל, ־ן; דער גוואַלדגלאָק, ...גלעקער

today הײַנט

a week from today אין אַ וואָך אַרום; איבער אַכט טאָג (הײַנט)

today's הײַנטיק

toddle גײן ‹לויפֿן› וואַקלענדיק

toddler דער קלײנער גײער

toddy דער הײסער פּונטש

to-do די מהומה, ־ות; דער טאַרעראַם, ־ען; דער הו־האַ; די סומאַטאָכע, ־ס [MEHÚME]

make a whole to-do מאַכן אַ גאַנצן טאַרעראַם

to-do list [REShÍME] די דערמאָן־רשימה, ־ות

toe, *n.* דער פֿוספֿינגער, –; דער פֿינגער (פֿון פֿוס)

(of shoe) דער שפּיץ, ־ן; די קאַפּקע, ־ס

on one's toes (*fig.*) גרײט; אָנגעשפּיצט; אויף דער וואַך

step on sb.'s toes (*fig.*) (אָנ)טרעטן + דאַט' אויף די הינעראויגן

toe, *v.*

toe the line אונטערוואַרפֿן זיך ‹(אויס)פֿאָלגן› די כּללים [KLÓLIM]

toe the party line האַלטן זיך אין פּאַרטײיִשן גדר; האַלטן זיך מיט דער פּאַרטײ־ליניע [GÉDER]

toecap דאָס קעפּל; די קאַפּקע, ־ס; די נאָז, נעזער; דער נאָסיק, ...סקעס

toe dancer

m./unsp. דער שפּיצן־טענצער, ־ס

f. די שפּיצן־טענצערין, ־ס

toehold די/דער אָנשפּאַרלאַד, ...לעכער

have a toehold [DRÍSES-HORÉGL] האָבן אַ דריסת־הרגל

toenail דער (פֿוס)נאָגל, ...נעגל

toe shoe דער שפּיצפֿינגער־שוך, ־שיך

toffee דער איריס

toffee apple דער קאַראַמעליזירטער עפּל, –

toffee candy די איריסקע, ־ס

toga די טאָגע, ־ס

together צוזאַמען; צוזאַם; אין אײנעם; בײַנאַנד; בײַזאַמען; צו גלײַך; מיט אַנאַנד; צונויפֿ...; צוזאַמענ...

be together זײַן צוזאַמען

come together צונויפֿקומען זיך; פֿאַראײניקן זיך

get together, *vt.* צונויפֿזאַמלען; פֿאַרזאַמלען; צונויפֿרופֿן

get together, *vi.* טרעפֿן זיך; זען זיך; צונויפֿקומען זיך

get it together נעמען זיך אין די הענט (אַרײַן); אָרגאַניזירן זיך

more than the rest of the world put together מער ווי אַלע אין אײנעם

stay together בלײַבן צוזאַמען

together with צוזאַמען מיט; אין אײנעם מיט

togetherness דאָס אחדות; די/דאָס צוזאַמענ(די)קײט; די/דאָס אינאײנעמדיקײט [ÁKhDES]

toggle, *n.* דער איבערשליסער, ־ס

toggle, *v.* איבערשליסן

toggle joint דאָס קניגעלענק, ־ען

toggle switch דער איבערשליסער, ־ס

toil, *n.* די האָרעוואַניע; די שווערע אַרבעט; די מי; די פּראַצע; די מוטשעניניע

toil, *v.* האָרעווע|ן; פּראַצעווע|ן; ציִען ‹שלעפּן› די ליאַמ(ק)ע; טוואָרע|ן

toiler

m./unsp. דער האָרעפּאַשניק, ־עס; דער יגיע־כּפּימניק, ־עס [YEGÍE-KAPÁYEMNIK]

f. די האָרעפּאַשניצע, ־ס; די יגיע־כּפּימניצע, ־ס [YEGÍE-KAPÁYEMNITSE]

toilet, *n.*

(room) דער וואַשצימער, ־ן; דער/דאָס בית־הכּיסא, ־ס; דער קלאָזעט, ־ן; דער נוזשניק, ־עס; דער פּאַרטעמאַן [BEYSAKÍSE]

(seat) דאָס/די קלאָזעטברעט, ־ער

(seat/*hum./iro.*) דער טראָן; דער כּיסא־מלכותא [KÍSE-MALKhÚSE]

(grooming) דער טואַלעט

I have to go to the toilet כ'דאַרף גיין אין קלאָזעט; כ'דאַרף גיין פֿון מײַנעט װעגן
I have to go to the toilet (*hum.*) כ'דאַרף זיך זען מיטן קייסער; כ'דאַרף גיין װוּ דער קייסער גייט צו פֿוס; די מלכּה וואַרט אויף מיר [MÁLKE]
toilet, *v.* העלפֿן גיין אין קלאָזעט
toilet bowl די קלאָזעט־שיסל, ־ען
toilet paper/tissue דאָס אשר־יצר־פּאַפּיר; דאָס קלאָזעט־פּאַפּיר [AShERYÓTSER]
(single sheet) דאָס אשר־יצרל, ־עך [AShERYÓTSERL]
toiletries דאָס טואַלעטוואַרג קאָל'
toilet roll די ראָלקע אשר־יצר‹־קלאָזעט›־פּאַפּיר [AShERYÓTSER]
toiletry case דער נעסעסער, ־ן
toilet-train לערנען גיין אין קלאָזעט; אַרױספֿירן פֿון די װינדעלעך ‹װיקעלעך›
She is toilet-trained זי קען שוין גיין אין קלאָזעט; זי איז שוין אַרױס פֿון די װינדעלעך ‹װיקעלעך›
toilet-training דאָס לערנען גיין ‹זיצן› אױפֿן טעפּעלע
toilet water דאָס טואַלעט־װאַסער
toiling, *adj.* האָרעפּאַשנע
toing and froing דאָס אַרומשפּאַנען אַהין און קריק ‹צוריק/אַהער›
Tokay wine דער טאָקײַער (װײַן)
token, *adj.* סימבאָליש; פֿון יוצא װעגן [YÓYTSE]
token, *n.*
(coin) דאָס מינצל, ־עך
(keepsake) דאָס אָנדענקל, ־עך; דער אָנדענק, ־ען
(sign) דער סימן, ־ים; דער צייכן, ־ס [SÍMEN, SIMÓNIM]
as a token of װי אַ סימן ‹צייכן› פֿון
by the same token פּונקט אַזױ
He was hired as a token מ'האָט אים אָנגעשטעלט נאָר לשם־נוי [LEShÉM-NÓY]
token booth די מינצל־בודקע, ־ס
tokenism
It's just tokenism ס'איז נאָר לשם־נוי [LEShÉM-NÓY]
token payment די סימבאָלישע (אײַנ)צאָלונג, ־ען
tolerable אױסצוהאַלטן; צו(ם) פֿאַרטראָגן ‹דערלײַדן›; נישקשהדיק [NIShKÓShEDIK]
tolerably נישקשה [NIShKÓShE]
tolerance די טאָלעראַנץ
(acceptance) *also* דאָס פֿאַרטראָגן; דאָס סבֿלנות [SAVLÓNES]
(permitted deviation) דער דערלאָזלעכער אָפּנייג; דער דערלאָזטער אָפּװײַך
(med./physio.) די פֿאַרטראָגונג; דער איבערטראָג(־כּוח) [KÓYEKh]
tolerant טאָלעראַנט
tolerant person (*m./unsp.*) דער סבֿלן, ־ים; דער טאָלעראַנטער געב' [SÁVLEN, SAVLÓNIM]
tolerant person (*f.*) די סבֿלנטע, ־ס [SÁVLENTE]
tolerate [SOYVL] טאָלערירן; פֿאַרטראָגן; סובֿל זײַן; דערלאָזן
(med./phsyio.) פֿאַרטראָגן; איבערטראָגן
toll, *n.*
(fee) דער (אָפּ)צאָל, ־ן; דאָס װעגגעלט; דאָס בריקגעלט
(tax) דער צינדז, ־ן
(casualties) די צאָל קרבנות [KORBÓNES]
a heavy toll אַ גרױסע צאָל קרבנות
take a toll on אָפּקאָסטן + דאַט' אַ סך מי ‹געלט/געזונט›
toll, *v.* קלינגען
tollbooth די צאָלבודקע, ־ס
toll bridge די (אָפּ)צאָלבריק, ־ן
toll call דער צאָלקלונג, ־ען
toll-free בחינם; אומזיסט; אָן אָפּצאָל [BEKhÍNEM]
tollgate די (אָפּ)צאָל־פֿאָרטקע, ־ס; דער שלאַבאָן, ־ען; דער שראַנקען
toll road דער צאָלשאָסיי, ־ען; דער (אָפּצאָל)שטראָז, ־ן
tom
(male cat) *see* **tomcat**
(male turkey) דער גאַלאַגאַן; דער גאַלאַגאַנסקער האָן, העניער
(drum) *see* **tom-tom**
every Tom, Dick and Harry יעדער פּלוני־אַלמוני [PLÓYNE-ALMÓYNE]
tomahawk דער טאָמאַהאָק, ־ן
tomato דער פּאָמידאָר, ־ן; דער טאָמאַט, ־ן
tomato juice דער פּאָמידאָרן־‹טאָמאַטן›־זאַפֿט
tomato paste דער פּאָמידאָרן־‹טאָמאַטן›־קאָנצענטראַט
tomato sauce דער פּאָמידאָרן־‹טאָמאַטן›־סאָס
tomb דער/דאָס קבֿר, ־ים [KÉYVER, KVÓRIM]
tombola די טאָמבאָלע, ־ס; דער לאָטאָ, ־ס
tomboy די מױדורע, ־ס; די מױדטשיסקע, ־ס; די װילדע מױד, ־ן/מיידן
tombstone די מצבֿה, ־ות; דער שטיין, ־ער [MATSÉYVE]
tomcat דער קאָטער, ־ס; דער קאָט, ־עס
tome דער באַנד, בענד/בענדער
tomfoolery דאָס שקאָצערײַ; דאָס שטותערײַ; די/דאָס קונדסערײַ [KUNDESERÁY]
Tommy gun דער טאָמי־אויטאָמאַט, ־ן
tommyrot די/דאָס נאַרישקייט; פּוסטע רייד ל"ר
tomographer דער טאָמאָגראַף, ־ן
tomographic טאָמאָגראַפֿיש
tomography די טאָמאָגראַפֿיע
tomorrow, *adv.* מאָרגן
tomorrow, *n.* דער מאָרגן, ־ס
tomorrow's מאָרגנדיק; מאָרגעדיק
Who knows what tomorrow will bring? מע װײסט נישט װעמעס מאָרגן ס'איז; װער װײסט װאָס מאָרגן װעט ‹קען› זײַן?; װאָס טויג זאָרגן װעגן מאָרגן?
the day after tomorrow איבער מאָרגן
tomtit דאָס בלאָערל, ־עך
tom-tom דער טאָמטאָם, ־ס
ton די טאָן, ־ען
a ton of/tons of אַ גוזמא; אַ ים ‹שלל/װעלט› מיט; כּמה [GÚZME] [YAM] [ShLAL] [KÁME]
a ton of money אַ מאַיאָנטיק (מיט געלט); אַ גוזמא געלט; אָן אַ שיעור געלט [ShÍER]
two tons צװײ טאָן
weigh a ton (אָפּ)װעגן אַ טאָן
tonal טאָנאַל
tonality די/דאָס טאָנאַלקייט
tone, *n.*
(muscle) דער טאָנוס
(sound) דער טאָן, טענער
tone of voice דער טאָן
set the tone (אָנ)געבן דעם טאָן
tone, *v.*
tone down פֿאַרװײכערן ‹פֿאַרשטילערן› דעם טאָן
tone up שטאַרקן זיך די מוסקלען
tone-deaf
be tone-deaf נישט האָבן קיין (מוזיקאַליש) געהער; האָבן טױבע אױערן; הערן קלינגען און נישט קענען נאָכזינגען
tone language די טאָנשפּראַך, ־ן
toneless(ly) אָן אַ טאָן; אָן אױסדרוק
toner דער אָפּדרוקטינט, ־ן
toner cartridge דער טינטפּאַטראָן, ־ען

tongs די צוואַנג ל״י
tongue די צונג, ־ען/צינגער
  (language) די שפּראַך, ־ן; דאָס לשון, ־ות [LOShN, LEShÓYNES]
  (of baby) דאָס צינגעלע, ־ך
  get one's tongue around a word קענען אַרויסרעדן אַ וואָרט
  have a sharp tongue האָבן אַ צונג אויף שרויפֿן; האָבן אַ שאַרפֿע צונג
  hold one's tongue האַלטן דאָס מויל; שווײַגן; האַלטן די צונג (צווישן די ציין); אָפּווישן דאָס מויל; אָפּווישן די ליפּן ‹וואָנצעס›
  lose one's tongue בלײַבן אָן לשון ‹ווערטער›; פֿאַרלירן דאָס לשון
  set tongues wagging אַרויסרופֿן פּליאָטקעס ‹פּלאַפּלערײַען›; אָנמאַכן רכילות [REKhÍLES]
  tongues of fire פֿײַערצונגען
tongue depressor דאָס צונג־שטעקעלע, ־ך
tongue-in-cheek אויף קאַטאָוועס; נישט ערנצט געמיינט
tongue kiss, *n.* דער צונגענקוש, ־ן; דער פֿאַריזער קוש, ־ן
tongue-kiss, *v.* פֿאַריזעווע|ן
tongue-lashing
  give a tongue-lashing to אויפֿשפּילן + דאַט׳; אַרײַנזאָגן + דאַט׳; געבן + דאַט׳ אַ פּיזמון [PÍZMEN]
tongue-tie (med.) די/דאָס שווערצונגיקייט
tongue-tied (med.) שווערצונגיק
  be tongue-tied (*fig.*) בלײַבן אָן לשון; פֿאַרלירן דאָס לשון [LOShN]
tongue twister די צינגלקונץ, ־ן
tonic, *adj.* טאָניש
tonic, *n.*
  (med.) דאָס שטאַרקמיטל, ־ען; די רפֿואה, ־ות; דאָס שטאַרקעכץ, ־ן; דער סאַלץ, ־ן [REFÚE]
  (mus.) דער טאָניק, ־ן; דער אָנשפּאַרטאָן, ...טענער
  (soda) דאָס סאָדע־וואַסער
tonic chord דער גרונטאַקאָרד, ־ן
tonicity (of muscles) דער טאָנוס
tonic note דער טאָניק, ־ן
tonic water דער טאָניק; דאָס טאָניק־וואַסער
tonight
  (in the evening) הײַנט אויף דער נאַכט; הײַנט (אין) אָוונט; הײַנט בײַ נאַכט
  (at night) הײַנט בײַ נאַכט
tonka bean דאָס טאָנקע־בעבל, ־עך
tonnage דער טאָנאַזש
tonsil דער מאַנדל, ־ען
tonsillectomy
  He had a tonsillectomy מ׳האָט אים אַרויסגענומען ‹אויסגעשניטן› די מאַנדלען
tonsillitis די אַנגינע; דער מאַנדל־פֿאַרצינד; דער טאָנסיליט
tonsorial שערער...; ראַזירער־...
tonsure די טאָנזור
tony, *adj.* ערשטקלאַסיק; פֿון ערשטן קלאַס
Tony, *n.* **(award)** די טאָני־פּרעמיע, ־ס
too
  (also) אויך
  (excessively) צו; איבעריק
  too much of a good thing וואָס צו איז איבעריק ‹אומגעזונט›
Toodle-oo! אַ גוטן!
tool, *n.* דער מכשיר, ־ים [MÁKhShER, MAKhShÍRIM]
  set of tools מכשירים ל״ר; דאָס געצײַג קאָל׳
tool, *v.*
  tool around סתם ‹הפֿקרדיק› אַרומפֿאָרן [STAM] [HÉFKERDIK]
  tool up צוגרייטן דאָס געצײַג
tool and die maker דער שטאַנצן־מאַכער, ־ס; דער שניטמאַכער, ־ס
tool and die making דאָס שטאַנצן־מאַכערײַ; דאָס שניטמאַכערײַ
toolbar דער מכשיר־ווײַזער, ־ס [MÁKhShER]
toolkit דאָס געצײַג
toolmaker דער מכשירים־‹אינסטרומענטן־›מאַכער, ־ס [MAKhShÍRIM]
toot, *n.* דער פֿײַף, ־ן
toot, *v.*
  (horn) טרובע|ן; טרומייטערן
  (whistle) אַ פֿײַף טאָן; פֿײַפֿלען
  toot one's own horn לויבן זיך אַליין; באַרימען זיך מיט זיך אַליין; בלאָזן פֿון זיך
tooth דער צאָן, ציין/ציינער
  (of baby) דאָס ציינדעלע, ־ך; דאָס ציינדל, ־עך
  have a sweet tooth זײַן אַ (זיס)נאַשער
  in the teeth of קעגן; אויף צו להכעיס [TSELÓKhES]
  loose tooth דער לויזער צאָן, ציין/ציינער
  She has a loose tooth סע שאָקלט זיך איר אַ צאָן
  set one's teeth on edge ווערן + דאַט׳ הײליק אין די ציין
  show one's teeth ווײַזן די ציין; שטשירע|ן מיט די ציין
  sink one's teeth into נעמען זיך מיט ברען צו; אַרײַנוואַרפֿן זיך אין
  fight tooth and nail קעמפֿן מיט ציין און נעגל; קעמפֿן מיט לײַב און לעבן
toothache דער ציינווייטיק; דער צאָנווייטיק
toothbrush דאָס ציינבערשטל, ־עך; דאָס צאָנבערשטל, ־עך
tooth canal דער צאָנקאַנאַל, ־ן; דער נערווקאַנאַל, ־ן
tooth decay דער ציינקאַריאַז; דאָס ציין־פֿוילעניש
toothed געציינט; געציינדלט
toothed wheel די/דאָס צאָנראָד, ...רעדער
tooth enamel דער ציינעמאַל
toothless אָן ציין ‹ציינער›; אָנציינ(ערד)יק
  (*fig.*) אָן באַקציינער; אָן כּוח און אָן מוח [KÓYEKh] [MÓYEKh]
toothpaste די ציינפּאַסטע, ־ס
toothpick דער ציינשטעכער, ־ס; דאָס ציינשטעכערל, ־עך
tooth powder דער ציינפּראָשיק; דער ציינפּודער
toothsome געשמאַק
toothwort דאָס ציינקרײַטעכץ, ־ער
toothy מיט אַ סך ציין [SAKh]
  have a toothy smile שמייכלען מיט אַ פֿול מויל ציין
tootle פֿלייטלען
top, *adj.* אייבער...; אייבערשט
  (maximum) מאַקסימאַל
  (pre-eminent) העכסט; אייבערשט
top, *n.*
  (acme) דער שפּיץ, ־ן; דער אויבן, ־ס
  (blouse) די בלוזקע, ־ס
  (cover) דאָס דעקל, ־עך
  (shirt) דאָס העמד, ־ער
  (spinner) דאָס דריידל, ־עך
  at the top (mountain) אויפֿן שפּיץ
  at the top (of the class) בראָש [B(E)RÓSh]
  be on top of שטיין אויפֿן שפּיץ פֿון
  be on top of stg. (*fig.*) וויסן גענוי וואָס סע טוט זיך; פֿאַרשטיין דעם ענין
  blow one's top אַרויסגיין פֿון די כּלים; ווערן מלא־כּעס; צעהיצן זיך [KÉYLIM] [MOLE-KÁAS]

from top to bottom פֿון אויבן ביז אַראָפּ; פֿונעם שפּיץ ביזן דנאָ
from top to toe פֿון קאָפּ ביז די פֿיס
from the top (beginning) פֿון אָנהייב
from the top (summit) פֿון אויבן
get on top of stg. (*fig.*) אַרײַנטאָן זיך אינעם ענין [ÍNYEN]
get on top of (summit) אַרױפֿקריכן ‹אַרױפֿקלעטערן› אויף
off the top of my head אויף דער שטעל; אויף דער הייסער מינוט; אויפֿן הייסן מאָמענט
on top (פֿון) אויבן
on top of (on) אויף
on top of (informed) אינפֿאָרמירט ‹דערהײַנטיקט› וועגן
on top of everything else און דערצו נאָך
on top of the world אין זיבעטן הימל; מלא־שׂימחה [MÓLE-SÍMKhE]
on the very top בײַם ‹אויפֿן› סאַמע שפּיץ; העט פֿון אויבן
over the top איבער דער מאָס; איבערגעטריבן; שוין צו פֿיל
top, *v.*
(cover) באַדעקן
(cul.) באַדעקן; באַזיסן
(outdo) אַריבערשטײַגן
top off (complete) דערקײַלעכן; פֿאַרענדיקן
top off (liquid) דערגיסן (ביזן אויג)
Can you top that? אַנו, באַווײַז(ט)!; אַנו, שטײַג(ט) אַריבער!
to top it off דערצו (נאָך); טאָמער איז ווייניק; צו די אַלע זאַכן
topaz דער טאָפּאַז, ־ן
top brass רעדל־פֿירערס ל"ר; שישקעס ל"ר
topcoat דער מאַנטל, ־ען; דער פּאַלטן, ־ס; דער איבערציִער, ־ס
top copy דער אָריגינאַל, ־ן
top dog דער קנאַקער, ־ס; דער כּל־ולך; דער גאַנצער דעה־זאָגער [KÓLVELOKh] [DÉYE]
(spo.) דער פֿאַוואָריט, ־ן
be the top dog האָבן די גאַנצע דעה
top dollar דער סאַמע טײַערסטער ‹העכסטער› פּרײַז
top-down פֿון אויבן אַראָפּ
top drawer (*fig.*) דאָס אייבערשטע פֿון שטייסל
top-dress צוהאָדעווע|ן; אונטערהאָדעווע|ן
top dressing דאָס צוהאָדעווען; דאָס אונטערהאָדעווען
top-flight *see* **top-notch**
top hat דער צילינדער, ־ס
top-heavy פֿון אויבן איבערגעלאָדן
(buxom/*hum.***)** אויסגעבוזעמט
be top-heavy with האָבן צו פֿיל (אינעם העכערן עשעלאָן)
topiary (art) דער (קוסטן־)פֿורעמשניט
topic די טעמע, ־ס
be the topic of conversation זײַן בײַ אַלעמען אויף דער צונג ‹אין די מײַלער›
topical
(contemporary) אַקטועל
(med.) לאָקאַל
(thematic) טעמאַטיש
topicality די/דאָס טעמאַטישקייט; אַקטועלקייטן ל"ר
topknot דער קוּבליק, ־עס
topless אויבן נאַקעט; אַנטבלויזט
topless dancer די אויבן נאַקעטע טענצערין, ־ס
top-level אָנפֿירנדיק; העכסט
top loader דער אויבן־(אָנ)לאָדער, ־ס
topmost (סאַמע) העכסט; אייבערשט
top-notch פּרימאַ־שבפּרימאַ; ערשטקלאַסיק; סאַמע בעסט [...-ShÉBEPRÍMA]
top-of-the-line דאָס סאַמע בעסטע; די סמעטענע; דאָס אייבערשטע פֿון שטייסל
topographer דער טאָפּאָגראַף, ־ן
topographical טאָפּאָגראַפֿיש
topography די טאָפּאָגראַפֿיע
topological טאָפּאָלאָגיש
topologist דער טאָפּאָלאָג, ־ן
topology די טאָפּאָלאָגיע
topped (with/by) באַשאָטן (מיט); באַדעקט (מיט); פֿון אויבן (מיט)
topping דאָס באַשיטעכץ; דאָס באַגיסעכץ; דאָס באַדעקעכץ
topple, *vt./vi.* איבערקערן (זיך)
(building) אײַנוואַרפֿן
(government) אַראָפּוואַרפֿן; באַזײַטיקן
topple from the throne אַראָפּזעצן פֿון טראָן
top-ranking הויך געשטעלט
top-rated מיטן העכסטן ראַנג; לעילא־ולעילאדיק [LÉYLE-ULÉYLEDIK]
tops, *adv.*
(best) פּרימאַ; סאַמע בעסט
(at most) מאַקסימום; העכסטנס
topsail דער אייבערזעגל, ־ען
top secret (ב)סוד־סודותדיק [(BE)SÓD-SÓYDESDIK]
top-selling
It's a top-selling dress דאָס קלייד פֿאַרקױפֿט זיך ווי מצה־וואַסער; דאָס קלייד ווערט צעכאַפּט [MÁTSE]
topsoil די אייבערערד
top speed די/דאָס מאַקסימאַלע גיכקייט
topsy-turvy (משה־)קאַפּויער; כּאַדאַראַם ‹כּאַדאָראָם›; מיטן קאָפּ אַראָפּ, מיט די פֿיס אַרויף; האָרן־קאָרן; קאַפּויערדיק; הידרעך־פּידרעך; פּידרעכדיק [MÓYShE]
top-tier, *adj.* ערשטקלאַסיק; פֿונעם בעסטן סאָרט
top tier, *n.* דער העכסטער צירקל, ־ען
top-to-bottom פֿון אויבן ביז אַראָפּ
Torah די תּורה [TÓYRE]
(scroll) דער ספֿר־תּורה, ־ות/ספֿרי־תּורה; די ריינקייט, ־ן [SÉYFER-TÓYRE, SÍFRE-...]
Torah chanting דער טראָפּ, ־ן
torch, *n.* דער שטורקאַץ, ־ן
carry a torch for זײַן פֿאַרקאָכט אין
pass the torch איבערגעבן דאָס אַחריות [AKhRÁYES]
torch, *v.* אונטערצינדן
(*hum.***)** מאַכן הבֿדלה ‹בורא־מאורי־האש› [HAVDÓLE] [BÓYRE-MEÓYRE-HOÉYSh]
torchbearer דער שטורקאַצער, ־ס
torchlight דאָס ליכט ‹די שײַן› פֿון שטורקאַץ
toreador דער טאָרעאַדאָר, ־ן
torment, *n.* יסורים ל"ר; דאָס מאַטערניש, ־ן; דאָס פּלאָגעניש, ־ן; דאָס אָפּקומעניש, ־ן; נגישות ל"ר [YESÚRIM] [NEGÍShES]
be in torment זײַן אין ליידן ‹יסורים›
extreme torment איובֿס יסורים [ÍEFS]
torment, *v.* פּײַניקן; פּלאָגן; מאַטערן; מוטשע|ן; אָנטאָן + דאַט' יסורים; צאַפּן + דאַט' די דמים [YESÚRIM] [DÓMIM]
tormented by געפּײַניקט ‹געפּלאָגט› פֿון
tormentor דער פּײַניקער, ־ס
tornado דער טאָרנאַדאָ, ־ס
Toronto (די) טאָראָנטע
torpedo, *n.* די טאָרפּעדע, ־ס

torpedo, *v.* טאָרפּעדירן
torpedo boat די טאָרפּעדע־שיף, ־ן; דער מינען־טרעגער, ־ס
torpedo tube די/דער טאָרפּעדיר־רער, ־ן
torpid אָפּגעטייט; לעטאַרגיש; אַפּאַטיש
torpor די לעטאַרגיע; די/דאָס פֿאַרשטאַרטקייט
torque דער דרײמאָמענט, ־ן
torrent דער גאָס, ־ן; דער מבול, ־ען; דער פֿלייץ, ־ן; דער שטראָם, ־ען [MABL]
torrential איבערפֿלייציק
torrential rain דער שלאַקסרעגן; דער גאָסרעגן
torrid גליִיק; ברענענדיק; שרעקלעך הייס
(love affair) שטורעמדיק; הייס
torrid zone די הייסע זאָנע, ־ס; דער הייסער גאַרטל, ־ען
torsion די דרײונג
torso דער טאָרסאָ, ־ס; דער טול, ־ן
tort דער דעליקט, ־ן
torte דער טאָרט, ־ן
tortellini טאָרטעליני ל״ר
tortilla די טאָרטיִע, ־ס
tortilla chip דאָס טאָרטיִע־טשיפּל, ־עך; דאָס טאָרטיִע־טשיפּקעלע, ־ך
tort law דאָס דעליקט־געזעץ
tortoise די טשערעפּאַכע, ־ס; דער שילדקראָט, ־ן
tortoiseshell, *n.* דער שילדקראָט־פּאַנצער, ־ס
tortoiseshell glasses האָרן־ברילן
tort reform דאָס רעפֿאָרמירן ‹איבערמאַכן› דאָס דעליקט־געזעץ
tortuous געשלענגלט; געדרייט; געדריידלט; אָפּגענייגט; אַרומוועגיק
torture, *n.* די פּײַניקונג, ־ען; דאָס אָפּקומעניש, ־ן; טאָרטורעס ל״ר; עינויים ל״ר [INÚIM]
(severe) עינויים־קשים [INÚIM-KÓShIM]
torture, *v.* פּײַניקן; מוטשע|ן; מאַטערן; ציִען ‹נעמען› אויף דער עינוי ‹רינע›; ציִען אויף טאָרטורעס; מאַטערן אויף דער באַנק [ÍNE]
torture chamber דער עינוי־קעלער, ־ן/־ס; די רינע־קאַמער, ־ן [ÍNE]
tortured געמוטשעט
torturer דער פּײַניקער, ־ס
torture rack די עינוי, ־ים; די רינע, ־ס; דאָס פּײַניק־בעטל, ־עך; טאָרטורעס ל״ר
toss, *n.* דער וואָרף, ־ן
toss, *vt./vi.* וואַרפֿן (זיך)
(coin) אונטערוואַרפֿן
(noodles) איבערוואַרפֿן
(salad) אויסמישן
toss about (ship) וואַרפֿן זיך פֿון איין זײַט אויף דער צווייטער ‹אַנדערער›
toss and turn וואַרפֿן ‹דרייען› זיך; נישט קענען איינליגן; וואַלגערן זיך אין בעט
toss around (ball) אַרומוואַרפֿן
toss around ideas אויסבײַטן זיך מיט געדאַנקען ‹אײַנפֿאַלן›
toss aside אָפּוואַרפֿן ‹אַוועקוואַרפֿן› אין אַ זײַט
toss back/down a drink געבן אַ טרינק אויס; געבן אַ זשליאָקע; אײַנשלינגען פֿאַר איין מאָל
toss down אַראָפּוואַרפֿן; אַ שלײַדער טאָן אַראָפּ
toss off געבן אַ פּטר ‹טו› אָפּ [PÁTER]
toss one's head אַ וואָרף טאָן (אויף צוריק) מיטן קאָפּ
toss out (discard) אַרויסוואַרפֿן
toss over צוּוואַרפֿן
toss up אַרויפֿוואַרפֿן
toss-up
(basketball) די/דאָס אויפֿשפּיל, ־ן
(fortune) די גאָטזאַך; דאָס ריינע גורל [GOYRL]
It's a toss-up ס'איז אַ ספֿק; ס'איז אַן אָפֿענע פֿראַגע [SÓFEK]
tot דאָס פּיצל, ־עך; דאָס פּיצל קינד, פּיצלעך קינדער; דאָס ברעקל, ־עך
tots דאָס פּיצלוואַרג קאָל'
total, *adj.* גאַנץ; פֿולקום; טאָטאַל
total, *n.* דער סך־הכּל, ־ען; דער סכום, ־ען [SAKhÁKL]
a total of אַ קײַמא־לן פֿון; סך־הכּל [KÁYMELON]
total, *v.*
vt. **(add)** צונויפֿרעכענען; פֿאַרסך־הכּלען; מאַכן אַ סך־הכּל פֿון; אונטערציִען דעם סך־הכּל פֿון [FARSAKhÁKLEN] [SAKhÁKL]
vt. **(ruin)** אַ תּל מאַכן פֿון; רויִנירן [TEL]
vi. **(amount to)** באַטרעפֿן; זײַן בסך־הכּל [BESAKhÁKL]
total eclipse די פֿולע ‹גאַנצע› ליקוי, ־ים [LÍKE, LIKÚIM]
totalitarian טאָטאַליטאַריש
totalitarianism דער טאָטאַליטאַריזם; די/דאָס טאָטאַליטאַרישקייט
totality די גאַנצהייט, ־ן; די טאָטאַליטעט, ־ן
in its totality צוזאַמען גענומען; אין גאַנצן
totalizator דער טאָטאַליזאַטאָר, ־ס
totally אין גאַנצן
tote (bag), *n.* די/דער (אײַנקויפֿ)טאַש, ־ן; די/דער שלעפּטאַש, ־ן
tote, *v.* טראָגן; שלעפּן; פֿירן מיט זיך
tote a gun אַרומטראָגן זיך מיט אַ פּיסטויל ‹ביקס›; זײַן באַביקסלט
totem דער טאָטעם, ־ס
totem pole דער טאָטעמסלופּ, ־עס
totter וואַקלען זיך; וואַקעווע|ן זיך
toucan דער טוקאַן, ־ען
touch, *n.* דער אָנריר, ־ן; דער באַריר, ־ן; דער (צו)ריר, ־ן; דער טאַפּ, ־ן
a touch of אַ ביסל; אַ ביסעלע; אַ לעק; אַן עוקץ; אַ שמץ [ÓYKETS] [ShÉMETS]
at the touch בײַם אָנרירן
at the touch of a button (*fig.*) תּיכּף; אין אַן אויגנבליק [TÉYKEF]
be in touch (contact) זײַן אין קאָנטאַקט ‹פֿאַרבינדונג›
be in touch (current) זײַן קוראַנט; וויסן וואָס סע טוט זיך
be in touch with one's feelings וויסן וואָס מע פֿילט
get back in touch באַנײַען ‹אָפּפֿרישן› דעם קאָנטאַקט; פֿאַרבינדן זיך אויף ‹פֿון› ס'נײַ
get in touch פֿאַרבינדן זיך; צונויפֿרעדן זיך
lose one's touch פֿאַרלירן דעם חוש
lose touch פֿאַרלירן דעם קאָנטאַקט
a nice touch אַ שיינער ‹נעטער› זשעסט
out of touch נישט אין קאָנטאַקט ‹פֿאַרבינדונג›
be out of touch with reality לעבן אויף אַן אַנדער וועלט
put in touch פֿאַרבינדן
put the finishing touches to צונייען די (לעצטע) קנעפּלעך צו; אַרויסענדיקן די לעצטע פּי(ש)טשעווקעס; אויסענדיקן + אַק'
sense of touch דער טאַפּ־חוש; דער חוש־המישוש [KhUSh-HAMÍShESh]
stay/keep in touch בלײַבן אין קאָנטאַקט ‹פֿאַרבינדונג›
Stay in touch! לאָז(ט) פֿון זיך הערן!; לאָמיר בלײַבן אין קאָנטאַקט!; זײַ(ט) נישט קיין פֿרעמדע(ר)!; ווער(ט) נישט פֿאַרפֿאַלן!

to the touch אַז מע גיט אַ טאַפּ; אויפֿן טאַפּ
touch, *v.*
vt. imp. טאַפּן; רירן; טשעפּען
vt. pf. אָנטאַפּן; אָנרירן; באַריר̄ן; צורירן זיך צו; געבן אַ ריר ‹טאַפּ› אָן
(emotionally) רירן
I wouldn't touch it with a 10-foot pole דעם ענין וואָלט איך פֿאַר קיין שום געלט נישט אָנגערירט [ÍNYEN]
touch a nerve אויפֿרירן; עפּעס דערוועקן; אָנרירן אַ ווייטיק
touch the screen געבן אַ טאַפּ דעם עקראַן
touch base (contact) פֿאַרבינדן זיך
touch bottom דערגרייכן דעם דנאָ
touch down לאַנדן; אַראָפּלאָזן זיך
touch off (an explosion) לאָזן אויפֿרייסן
touch off (cause) גורם זײַן; דערפֿירן צו; לאָזן אין גאַנג [GÓYREM]
touch sb. last (spo.) אָנרירן + אַק' דער לעצטער
touch up (adjust) צו רעכט מאַכן; צופּוצן; אָפּפּרישן; רעטושירן
touch up (a story) אויסטאַקן
touch upon אָנרירן; דערמאָנען; באַרירן
touched with gray געפּלעקט מיט גראָ
touch-and-go ריזיקאַליש; געפֿערלעך
touchback דער נולער, ־ס
touchdown
(airplane) די לאַנדונג, ־ען; דער אַראָפּלאָז, ־ן
(football) דער טאָטשדאַון, ־ס
Touché! אָט אַזוי!; גוט (אַרײַנ)געזאָגט!
touched
(moved) גערירט
(psych.) גערירט; נישט מיט אַלעמען; צעדרייט
deeply touched שטאַרק ‹טיף› גערירט
touch football דער טאַפּפֿוטבאָל
touching רירנדיק; האַרציק
touchline די זײַטליניע, ־ס
touch-me-not דער נישט־ריר־מיך־אָן; דער אימפּאַציענס
touchpaper דאָס צינדפּאַפּיר
touchscreen דער טאַפּעקראַן, ־ען
touch-sensitive טאַפּ...
touch-sensitive keyboard די טאַפּ־קלאַוויאַטור, ־ן
touchstone דער אבֿן־בוחן, ־ס; דער פּרוּווּשטיין, ־ער [EVN-BÓYKhN]
touch therapy די אָנריר־טעראַפּיע
touch-tone phone דער קוועטש־טעלעפֿאָן, ־ען
touch-type טיפּירן בלינדערהייט
touchwood די הופּקע, ־ס
touchy באַליידעוודיק
(person) (איבער)סענסיטיוו; שפּירעוודיק; האַנערעוואָווע
(subject) דעליקאַט; אָנגעווייטיקט; קיצלדיק
tough, *adj.*
(difficult) שווער; האַרב
(durable) אויסהאַלטעוודיק; שווערברעכיק
(hard) האַרט
(meat) נישט אײַנצובײַסן; נישט צו(ם) צעקײַען
(person) האַרט; האַרטנעקיק; נישט אײַנצובײַסן
get tough with זײַן שטרענג מיט; נעמען + אַק' אויפֿן צימבל; רעדן קלאָרע דיבורים מיט
in a tough spot אין אַ פֿאַרלעגנהייט ‹קלעם›; צווישן האַמער און קאָוואַדלע
It's a tough call ס'איז אַ האַרבער ענין; שווער צו באַשליסן [ÍNYEN]
It's a tough sell ס'איז אַ האַרב שטיקל סחורה [SKhÓYRE]
talk tough רעדן מיט באַקציין; רעדן האַרבע דיבורים
That's tough! ס'איז טאַקע נישט גוט!; אַזוי איז עס!; אוי, נעבעך!
when the going gets tough אין אַן עת־צרה [EYS-TSÓRE]
tough, *v.* **(out)** איבערטראָגן; אויסדויערן; שטאַרקן זיך
tough customer דער שווערער פּאַסאַזשיר, ־ן
toughen פֿאַרהאַרטעווען
toughen up, *vt.* **(regulations)** שטרענגער מאַכן
toughen up, *vi.* **(attitude)** פֿאַרהאַרטעווען זיך
tough guy דער כוליגאַן, ־עס; דער באַנדיט, ־ן
tough love די שטרענגע ליבע
tough luck דאָס (שלים־)שלימזל; דאָס ביטערע מזל [ShLIMÁZL] [MAZL]
Tough (luck/shit)! אַ מיצווה אויף דיר ‹אײַך›!; האָסטו ‹האָט איר› (ביי מיר) אַן עוולה! [MÍTSVE] [ÁVLE]
toughness
(difficulty) די/דאָס שווערקייט
(hardness) די/דאָס האַרטקייט
(of person) די/דאָס האַרטקייט; די/דאָס האַרטנעקיקייט
(of meat) די/דאָס נישט־צעקײַעוודיקייט
toupee דער מענער־פּאַרוק, ־ן
tour, *n.* דער טור, ־ן
(thea./mus.) די גאַסטראָל, ־ן; דער (גאַסטראָל־)טורנע, ־ען
on tour אויף גאַסטראָלן
be on tour גאַסטראָלירן
tour, *v.*
vt. אַרומפֿאָרן איבער
vi. אַרומפֿאָרן
(thea./mus.) גאַסטראָלירן; גיין ‹פֿאָרן› אויף גאַסטראָלן
(museum) אַרומגיין אַרום
tour de force דער טור־דע־פֿאָרס, ־ן
tour guide דער טורפֿירער, ־ס; דער עקסקורסאַנטן־‹עקסקורסיע־›פֿירער, ־ס
tourism די טוריסטיק; דער טוריזם
tourist, *adj.* טוריסטן־...; טוריסטיש
tourist, *n.*
m./unsp. דער טוריסט, ־ן
f. די טוריסטקע, ־ס
tourist attraction די טוריסטן־אַטראַקציע, ־ס
tourist center דער טוריסטן־צענטער, ־ס
tourist class דער טוריסטן־קלאַס
touristy טוריסטיש
tournament/tourney דער טורניר, ־ן; דער טורנע, ־ען
tourniquet דער טורניקעט, ־ן
tour operator די טורן־פֿירמע, ־ס; די פֿאָר־אַגענטור, ־ן
tousle צעשויבערן; אויפֿשויבערן; צעפּאַטלען
tout, *n.* דער קונים־שלעפּער, ־ס [KÓYNIM]
tout, *v. imp./pf.* (אויס)לויבן
tout for זוכן קונים פֿאַר [KÓYNIM]
tout one's wares רעקלאַמירן די אייגענע סחורה [SKhÓYRE]
tow,[1] *n.* **(towing)** דאָס שלעפּן; דאָס בוקסירן
in tow אויפֿן בוקסיר; נאָכשלעפּנדיק
take in tow נעמען אויפֿן בוקסיר
tow,[2] *n.* **(fiber)** די קליאַטשע; די פּאַקוליע
tow, *v.* בוקסירן; (נאָכ)שלעפּן; אַוועקפֿירן
tow away אַוועקשלעפּן; אַוועקפֿירן
toward(s)
(direction) צו; צו ... צו; אין; אין ... אַרײַן; קיין
(with the purpose of) אויף צו; כּדי; לשם [KEDÉY] [LEShÉM]

toward one's expenses אויף צו דעקן די הוצאות [HOYTSÓES/HETSÓES]
toward evening אָוונטצײַט; צו אָוונט צו
toward the field צום פֿעלד (צו)
towaway zone די אַוועקפֿיר־זאָנע, ־ס
tow bar דער שלעפּפּרענט, ־ן/־עס
towel, *n.* דער/דאָס האַנטעך, ־ער
throw in the towel אױפֿהייבן די הענט; אונטערגעבן זיך
towel, *vt./vi.* אָפּווישן (זיך) מיט אַ האַנטעך
towel dispenser דער האַנטעך־צעגעבער, ־ס
towelette דאָס אָפּפֿריש־טיכעלע, ־ך
towel gourd די ליופֿע, ־ס
towel rack דער האַנטעך־האַלטער‹־הענגער›, ־ס
tower, *n.* דער טורעם, ־ס
tower of strength דער (שטיצ)זײַל, ־ן; די מעכטיקע שטיץ, ־ן
tower, *v.* טורעמען (זיך)
tower above/over (person) זײַן מיט אַ קאָפּ העכער פֿון ‹פֿאַר›
tower clock דער טורעם־זייגער, ־ס
towering אױפֿגעטורעמט
He has towering ambitions ער האָט ג(ע)וואַלדיקע אַמביציעס; ער רעכנט צו דערגרייכן ביזן הימל; פֿאַר אים זענען אַלע לייטערס צו קורץ
towering figure דער מופֿלג, ־ים; די אױסערגעוויינ(ט)לעכע פּערזענלעכקייט, ־ן [MÚFLEG, MUFLÓGIM]
town דאָס שטעטל, ־עך; די שטאָט, שטעט
be in town זײַן אין שטאָט; זײַן דאָ־הי׳
go into town פֿאָרן אין שטאָט (אַרײַן)
go to town with אַרבעטן מיט ברען בײַ; נעמען זיך צו
in town אין שטאָט
out of town מחוץ דער שטאָט; נישט אין שטאָט; נישטאָ הי׳ [MEKhÚTS]
be out on the town פֿאַרברענגען אין שטאָט
paint the town red שימחהווען; הוליען [SÍMKhEVEN]
town center דער צענטער שטאָט
town clerk דער שטאָטשרײַבער, ־ס
town council דער שטאָטראָט, ־ן
town crier דער (שטאָט־)אױסרופֿער, ־ס; דער אױסשרײַער, ־ס
town hall דאָס ראָטהויז
townhouse דאָס רייענהויז, ...הײַזער
township די שטאָטשאַפֿט, ־ן; דאָס שטעטל, ־עך
townsman דער שטאָט־אײַנוווינער, ־ס; דער שטאָטישער גענ׳
townspeople שטאָט־אײַנוווינערס ‹־תּושבֿים›; שטאָטישע אײַנוווינערס ‹תּושבֿים› [TÓYShVIM/TOYShÓVIM]
town square דער (שטאָט)פּלאַץ, ...פּלעצער; דער שטאָטישער סקווער, ־ן
townswoman די שטאָט־אײַנוווינערין, ־ס; די שטאָטישע, –
tow truck דער שלעפּאויטאָ, ־ס
toxemia די טאָקסעמיע; די בלוט־פֿאַרסמונג [FARSÁMUNG]
toxic טאָקסיש; סמיק [SÁMIK]
toxic fumes טאָקסישע ‹סמיקע› גאַזן [SÁMIKE]
toxicity די/דאָס טאָקסישקייט; די/דאָס סמיקייט [SÁMIKEYT]
toxicological טאָקסיקאָלאָגיש
toxicologist דער טאָקסיקאָלאָג, ־ן
toxicology די טאָקסיקאָלאָגיע
toxic waste דער טאָקסישער אָפּפֿאַל
toxin דער טאָקסין, ־ען; דער סם, ־ען [SAM]
toy, *adj.* שפּיל...
toy, *n.* דאָס שפּיל(ע)כל, ־עך; די צאַצ(ק)ע, ־ס
toys *also* דאָס שפּילוואַרג קאָל׳

toy, *v.* **(with)**
(a person) שפּילן זיך מיט; רייצן זיך מיט
(an idea) שפּילן זיך מיטן געדאַנק אַז
toy car דאָס שפּיל־אויטעכל, ־עך; דער שפּילאויטאָ, ־ס
toy gun דאָס שפּיל־שיסערל, ־עך; דער שפּילפּיסטויל, ־ן
toy soldier דער בלײַסאָלדאַט, ־ן; דאָס שפּיל־סאָלדאַטל, ־עך
toy store דאָס שפּילכל־געשעפֿט, ־ן; די שפּילכלקראָם, ־ען
trace, *n.* דער סליד, ־ן; דער שמץ; דער זכר, ־ס; דער סימן, ־ים; די/דער שפּור, ־ן; דער קענט, ־ן [ShÉMETS] [ZÉYKhER] [SÍMEN, SIMÓNIM]
a trace of אַ שמץ; אַ לעק
leave no trace נישט לאָזן הינטער זיך קיין שפּור
remove all traces of (sb.) נאָכווישן הינטער
without a trace אָן קיין סימן ‹שמץ/שפּור/זכר/שׂריד־ופּליט›; ווי אין וואַסער אַרײַן [SÓRED-UPÓLET]
trace, *v.*
(lineage) (אַרױס)פֿירן
(outline) אָנצייכענען
(copy) איבערצייכענען; נאָכצייכענען
(with tracing paper) קאַלקירן
(track) נאָכשפּירן; אַרױסזוכן; דערוויסן
trace back to (the time of) צוריקפֿירן ביז (צו)
traceable
be traceable to נעמען זיך פֿון; קערן וואַקסן ‹שטאַמען› פֿון
trace element דער שפּור־עלעמענט, ־ן; דער מיקראָעלעמענט, ־ן
tracer
(device) דער נאָכשפּיר־מכשיר, ־ים [MÁKhShER, MAKhShÍRIM]
(med.) דער מאַרקירטער אַטאָם, ־ען
(person) דער נאָכשפּירער, ־ס
tracer bullet די טראַסירקויל, ־ן; די לײַכטקויל, ־ן
tracery (pattern) דער פֿיליגראַן־מוסטער
trachea די/דער אָטעמרער, ־ן; די/דער לופֿטרער, ־ן; די טראַכייִ, ־ען
tracheal אָטעמרער־...; לופֿטרער...; טראַכייִען־...
tracheostomy די טראַכעאָסטאָמיע, ־ס
tracheotomy די טראַכעאָטאָמיע, ־ס
trachoma די טראַכאָמע, ־ס
tracing paper די קאַלקע, ־ס
track, *n.*
(race) דער לויפֿוועג, ־ן; דער לױפֿשטעג, ־ן; דער יאָגוועג, ־ן
(railroad) רעלסן ל״ר; דאָס גערעלס, ־ן; דער (באַן)פּלאַנט, ־ן
(trace) די/דער שפּור, ־ן; דער קענט, ־ן
be on sb.'s track נאָכגיין (די שפּורן) פֿון
be on track זײַן אויף אַ וועג
cover up one's tracks פֿאַרדעקן הינטער זיך די שפּורן
go off the beaten track פֿאַרקריכן אין אַ העק ‹אין האָצעפּלאַץ›
in one's tracks אויפֿן אָרט
keep track of (fully aware) האַלטן דעם חשבון פֿון [KhEZhBM]
keep track of (in view) האַלטן אַן אויג אויף; זײַן אויף דער שפּור פֿון
lose track פֿאַרלירן דעם חשבון ‹גאַנג›
lose track of time פֿאַרלירן דעם חשבון פֿון דער צײַט; פֿאַרגעסן אין זייגער ‹קאַלענדאַר›
make tracks (in snow) לאָזן שפּורן
make tracks (leave) אַוועקאײַלן זיך; אָפּטראָגן זיך; נעלם ווערן [NÉL(E)M]
on the right track אויפֿן ריכטיקן וועג ‹דרך› [DÉREKh]

on the wrong track אויפֿן פֿאַלשן וועג ‹דרך›
track, *v.* נאָכסלידעווען; נאָכשפּירן; נאָכגיין + פּאָס׳ קענט
track down אויסשפּירן; אויפֿשפּירן; אויסלאָקערן; אויסטשאַטעווען; דערווישן
track and field דער שפּרינג־און־לויף; די לײַכט־אַטלעטיק
tracker דער אויפֿשפּירער, ־ס; דער יעגער, ־ס
tracker dog דער שפּורהונט, ...הינט
track events שפּרינג־און־לויף־פֿאַרמעסטן
tracking station די נאָכשפּיר־סטאַנציע, ־ס
tracklayer דער רעלסן־אַרבעטער, ־ס
trackless אָנרעלסיק; אָן רעלסן
track record דער רעקאָרד, ־ן
track shoe דער לויפֿשוך, ...שיך
tracksuit דער טרעניר־קאָסטיום, ־ען
track team די לויף־קאָמאַנדע, ־ס; די לויפֿמאַנשאַפֿט, ־ן
tract
(anat.) דער טראַקט, ־ן; די סיסטעם, ־ען
(region) דער שטח, ־ים [ShÉTEKh, ShTÓKhIM]
(scholarly) דער מאמר, ־ים [MÁYMER, MAYMÓRIM]
tractable
(metal) נאָכגיביק; לײַכט צו באַאַרבעטן
(animal) געהאָרכיק; לײַכט צו טרענירן
tractate דער טראַקטאַט, ־ן; דער מאמר, ־ים; די אָפּהאַנדלונג, ־ען [MÁYMER, MAYMÓRIM]
(Talmud) די מסכתא, ־ות [MESÉKhTE]
traction די שלעפּקראַפֿט; די ציקראַפֿט; די ציִונג; דער צי־כּוח [KÓYEKh]
gain traction אָננעמען כּוח
He's in traction מע ציט אים אויס דעם ביין
traction control דער ציקראַפֿט־קאָנטראָל
traction engine דער דאַמפֿטראַקטאָר, ...אָרן
tractive force די שלעפּקראַפֿט
tractor דער טראַקטאָר, ־ס/...אָרן
tractor-trailer דער נאָכפֿאָר־אויטאָ, ־ס; דער נאָכפֿאָרער, ־ס
trade, *n.*
(business) דער האַנדל; דער מיסחר; דאָס געשעפֿט [MÍSKhER]
(exchange) דער אויסבײַט, ־ן
(occupation) די מלאָכה, ־ות; דער פֿאַך, ־ן; דאָס ...ערײַ [MELÓKhE]
be in trade זײַן אַ סוחר ‹הענדלער/געשעפֿטסמאַן› [SÓYKhER]
by trade פֿון פֿאַך
do a brisk trade מאַכן גוטע געשעפֿטן
do trade with האַנדלען מיט; פֿירן מיסחר ‹געשעפֿטן› מיט
learn a trade לערנען אַ מלאָכה ‹פֿאַך›
make a trade אויסבײַטן (זיך); מאַכן אַן אויסבײַט
trade, *v.*
vt. **(exchange)** אויסבײַטן זיך מיט
vi. **(exchange)** אויסבײַטן זיך; מאַכן אַ בײַט
vi. **(fin.)** האַנדלען (מיט); פֿירן מיסחר ‹געשעפֿטן›; טאָרגעווען [MÍSKhER]
trade down אויסבײַטן אויף ביליקערס
trade fire איבערשיסן זיך
trade in, *vt.* **(a car)** אײַנבײַטן
trade in, *vi.* **(goods)** מיסחרן ‹האַנדלען› מיט [MÍSKhERN]
trade off אויסבײַטן
trade on (fin.) ספּעקולירן אויף
trade on (take advantage) אויסניצן; עקספּלואַטירן
trade publicly האַנדלען אויף דער בערזע
trade up אויסבײַטן אויף בעסערס; אַרויפֿהאַנדלען
trade agreement דער האַנדל־אָפּמאַך, ־ן
trade balance דער האַנדל־באַלאַנס, ־ן
trade deficit דער האַנדל־דעפֿיציט, ־ן; דער דעפֿיציט פֿון האַנדל־באַלאַנס
trade dispute דאָס אַרבעט־מחלוקת, ־ן [MAKhLÓYKES]
trade fair דער האַנדל־יאַריד, ־ן
trade gap *see* **trade deficit**
trade-in דער אײַנבײַט, ־ן
trade journal דער פֿאַכזשורנאַל, ־ן
trademark, *n.* די האַנדל־מאַרקע, ־ס
(distinctive feature) דער דערקען־צייכן, ־ס; דער סימן־מובֿהק, סימנים־מובֿהקים [SÍMEN-MÚVEK, SIMÓNIM-MUVÓKIM]
trademark, *v.* באַוואָרענען מיט אַ האַנדל־מאַרקע
trade name דער האַנדל־נאָמען, ־נעמען
tradeoff דער קאָמפּראָמיס, ־ן; די פּשרה, ־ות [PShÓRE]
There's always a tradeoff עפּעס ווערט שטענדיק פֿאַרלוירן; עפּעס דאַרף מען מקריבֿ זײַן [MÁKREV]
trade price דער האַנדלפּרײַז, ־ן
trade protection דער מיסחר־באַשיץ [MÍSKhER]
trader דער סוחר, ־ים; דער הענדלער, ־ס; דער געשעפֿטסמאַן, געשעפֿטסלײַט [SÓYKhER, SÓKhRIM]
trade representative דער האַנדל־פֿאָרשטייער, ־ס
trade route דער האַנדל(ס)וועג, ־ן
trade school די פֿאַכשול, ־ן; די פּראָפֿעסיאָנעלע שול, ־ן
trade secret דער פֿירמע־סוד, ־ות [SOD, SÓYDES]
trade show *see* **trade fair**
tradesman דער פֿאַכמאַן, פֿאַכלײַט; דער בעל־מלאָכה, ־ות [BALMELÓKhE]
trade surplus דער האַנדל־עודף [ÓYDEF]
trade union דער פּראָפֿפֿאַראיין, ־ען; דער פּראָפֿעסיאָנעלער פֿאַראיין, ־ען; די געווערקשאַפֿט, ־ן; די יוניאָן, ־ס
trade unionist דער פּראָפֿפֿאַראייניק, ־עס; דער יוניאָנמאַן, יוניאָנלײַט
trade war די האַנדל־‹מיסחר־›מלחמה, ־ות [MÍSKhER] [MILKhÓME]
trade wind דער פּאַסאַט(ווינט), ־ן
trading, *adj.* האַנדל...; געשעפֿט...
trading, *n.* [MÍSKhER] דער האַנדל; דער מיסחר; געשעפֿטן ל״ר
trading company די האַנדל־פֿירמע, ־ס
trading floor דער האַנדלזאַל, ־ן
trading post די האַנדל־סטאַנציע, ־ס
trading stamp די ראַבאַט־מאַרקע, ־ס
trading vessel די האַנדלשיף, ־ן
tradition די טראַדיציע, ־ס; דער מינהג, ־ים; די מסורה, ־ות; די קבלה [MÍNEG, MINHÓGIM] [MESÓYRE] [KABÓLE]
break a tradition ברעכן אַ טראַדיציע
by tradition/tradition has it that *see* **traditionally**
It became a tradition (that) ס׳איז געוואָרן אַ טראַדיציע (אַז); מ׳האָט אײַנגעפֿירט אַ נײַע טראַדיציע (אַז)
traditional טראַדיציאָנעל; מסורהדיק; בקבלהדיק [MESÓYREDIK] [BEKABÓLEDIK]
traditionalism דער טראַדיציאָנאַליזם
traditionalist דער טראַדיציאָנאַליסט, ־ן
traditionalistic טראַדיציאָנאַליסטיש
traditionally לויט דער טראַדיציע ‹מסורה›; על־פּי טראַדיציע ‹מינהג/מסורה›; לויטן מינהג; בקבלה [MESÓYRE] [ÁLPI] [MÍNEG] [BEKABÓLE]
traduce טרײַבן רכילות; רעדן לשון־הרע [REKhÍLES] [LOShN-HÓRE]
traffic, *n.* דאָס געפֿאָר; דער טראַפֿיק; דער (גאַסן־)פֿאַרקער
(commerce) דער (אומלעגאַלער) האַנדל; דער פֿאַרקער

commit a traffic violation עובֿר זײַן אויף די טראַפֿי́ק־כּללים [ÓYVER] [KLÓLIM]
have no traffic with נישט האָבן צו טאָן מיט; נישט פֿי́רהאָבן מיט
traffic, *v.* **(in)** האַ́נדלען מיט
traffic circle די ראָ́נדע, ־ס
traffic control דער טראַפֿי́ק־קאָנטראָ́ל
traffic controller דער טראַפֿי́ק־קאָנטראָלי́ר, ־ן
traffic court דאָס טראַפֿי́ק־גערי́כט
traffic island דער גאַ́סן־אינדזל, ־ען
traffic jam די פּראָ́פּקע, ־ס; דאָס פֿאָ́רגעענג, ־ען; דאָס פֿאָ́רגעדראַנג, ־ען
trafficker דער הע́נדלער, ־ס
trafficking דער האַנדל
traffic lane דער שפּאַלי́ר, ־ן; דער פֿאָ́רוועג, ־ן
traffic light דער פֿאָ́רסיגנאַ́ל, ־ן
traffic police טראַפֿי́ק־פּאָליצײַ́
traffic regulations טראַפֿי́ק־‹פֿאַרקע́ר־›רעגלאַמע́נטן
traffic sign דער/די גאַ́סנשילד, ־ן
traffic ticket דער שטראָ́פֿקוויט, ־ן
tragedian דער טראַ́גיקער, –
tragedienne די טראַ́גיקערין, ־ס
tragedy די טראַגע́דיע, ־ס
tragic טראַ́גיש
tragically טראַ́גיש; אויף אַ טראַ́גישן אופֿן [OYFN]
tragicomedy די טראַגיקאָמע́דיע, ־ס
tragicomic טראַגיקאָ́מיש
trail, *n.* די סטע́זשקע, ־ס; די סטע́(ט)שקע, ־ס; דאָס וועגל, ־עך; דער שטעג, ־ן
  (clue) דער סליד, ־ן/־עס; די/דער שפּור, ־ן
  be on the trail of נאָ́כגיין + פּאָס׳ פֿו́סטריט; זײַן אויף דער שפּור פֿון
  follow sb.'s trail נאָ́כשפּירן; נאָ́כסלי́דעווע|ן; נאָ́כגיין + פּאָס׳ קענט
  The trail ran cold דער סליד ‹שפּור› האָט זיך או́יסגעלאָזט; די סטע́(ט)שקע האָט אין ע́רגעץ נישט געפֿי́רט
trail, *v.*
  vt. **(drag)** נאָ́כשלעפּן
  vt. **(follow)** נאָ́כשפּירן; נאָ́כגיין ‹נאָ́כשלעפּן זיך/נאָ́כפֿאָרן› נאָך
  vi. **(drag)** נאָ́כהענגען
  trail away/off שטי́לער ‹פֿאַרלאָ́שן› ווערן
  trail behind אָ́פּשטיין פֿון; נאָ́כשלעפּן זיך נאָך
  trail by 2 points זײַן הי́נטערשטעליק מיט צוויי פּונקטן
trailblazer דער ווע́גווײַזער, ־ס; דער פּיאָני́ר, ־ן; דער נאָוואַ́טאָר, ...אָ́רן
trailblazing ווע́גווײַזיק; פּיאָני́ריש; נאָוואַטאָ́ריש
trailer דער נאָ́כפֿאָרער, ־ס
  (film) דער פֿאָ́רווײַז, ־ן; די קי́נאָ־רעקלאַ́מע, ־ס
trailer park דער מאָבי́לפּאַרק, ־ן
trailing arbutus דאָס לי́גיקע לאָ́בערל, ־עך
trail mix דאָס או́פּס־ניס־געמי́ש
train, *n.* די באַן, ־ען; דער צוג, ־ן
  (mil.) דער אָבאָ́ז, ־ן; דער מיליטע́רישער טראַנספּאָ́רט, ־ן
  (of dress) די שלעפּ, ־ן
  (retinue) די סווי́טע, ־ס
  in its train מיט זיך
  take the train פֿאָרן מיט דער באַן
  train of thought די געדאַ́נקען־קייט, ־ן; דער פֿאָ́דעם, פֿע́דעם; די קלע́רונג, ־ען
train, *v.*
  vt. **(aim)** אָ́נשטעלן אויף; צילן ‹צי́לעווע|ן› אויף
  vt. **(animal)** (או́יס)טרעני́רן; (או́יס)דרעסי́רן
  vt. **(mil.)** או́יסמושטי́רן
  vt. **(spo.)** טרעני́רן
  vt. **(teach)** (או́יס)שולן; אײַ́נלערנען; (או́יס)דרעסי́רן
  vi. **(learn)** (או́יס)שולן זיך
  vi. **(spo.)** טרעני́רן זיך; געני́טן זיך
trained או́יסטרענירט; או́יסגעשולט
trainee דער פּראַקטיקאַ́נט, ־ן; דער לע́רנער, ־ס
traineeship די או́יסשול־סטיפּע́נדיע, ־ס
trainer דער טרעני́רער, ־ס
train fare דאָס באַ́נגעלט; באַ́ן־הוצאָות ל״ר [HOYTSÓES/HETSÓES]
training
  (mil.) די מושטי́רונג; דער מושטי́ר
  (non-athletic) די או́יסשולונג
  (spo./animals) די טרעני́רונג
  go into training נע́מען זיך טרעני́רן
  be in training (for job) לע́רנען זיך
  be in training (spo.) טרעני́רן זיך
training bra דער ע́רשטער סטאַ́ניק, ־עס
training camp דער טרעני́ר־לאַ́גער, ־ן
training pants טרעני́ר־הײ́זעלעך
training seat דאָס טרעני́ר־טע́פּעלע, ־ך
train set די שפּי́לבאַן, ־ען
traipse אַרו́מבלאָ́נקע|ן; (אַרו́מ)שלעפּן זיך
trait דער שטריך, ־ן; די/דאָס אײ́גנקייט, ־ן
traitor דער בוגד, ־ים; דער ״פֿאַררע́טער, ־ס [BÓYGED, BÓGDIM]
traitorous בגידיש; ״פֿאַררע́טעריש [BGÍDISh]
trajectory די טראַיעקטאָ́ריע, ־ס
  (mil.) *also* דער שאָ́סוועג, ־ן
tram דער טראַמווײַ́, ־ען
trammel, *n.* די פּע́נטע, ־ס
trammel, *v.* *imp./pf.* (אײַ́נ)פּע́נטע|ן
tramp, *n.*
  (promiscuous woman) די פֿליאָ́נדרע, ־ס; די דראַ́בקע, ־ס; די ווירזשו́טקע, ־ס; די זונה, ־ות [ZÓYNE]
  (vagabond) דער (אַרו́מ)שלע́פּער, ־ס; דער נע־ו́נדניק, ־עס; דער באָסיאַ́ק, ־עס; דער אָרחא־פּרחאניק, ־עס; דער לאָ́כמאַן, ...מאַ́נעס [NAVENÁDNIK] [ORKhEPÓRKhENIK]
tramp, *v.* (אַרו́מ)שלעפּן זיך; נע־ו́נדעווע|ן [NAVENÁDEVEN]
trample, *v.* **(on)** (צע)טרע́טן מיט די פֿיס; צעטאָ́פּטשע|ן; דורס זײַן [DÓYRES]
  (*fig.*) באַגיי́ן זיך שלעכט מיט; טרעטן + דאַט׳ אויפֿן קאַרק
trampoline דער טראַמפּאָלי́ן, ־ען
  jump on the trampoline שפּרי́נגען פֿו́נעם טראַמפּאָלי́ן
tramway די טראַמווײַ́־לי́ניע, ־ס
trance דער טראַנס, ־ן
tranquil רו́יִק; שלווהדיק; שטיל; באַרו́ט; זאַכט [ShÁLVEDIK]
tranquility די/דאָס רו́יִקייט; די שלווה; די/דאָס שטי́לקייט; די/דאָס זאַ́כטקייט [ShÁLVE]
tranquilize באַרו́יִקן; אײַ́נשטילן; אײַ́נגעבן אַ באַרו́יִק־מיטל
tranquilizer דאָס באַרו́יִק־‹אײַ́נשטיל־›מיטל, ־ען; דאָס אײַ́נשטילעכץ, ־ן; דאָס באַרו́עכץ, ־ן
  (pill) די באַרו́יִק־פּיל, ־ן
trans... טראַנס...
transact (אַ)דו́רכפֿירן
transaction די טראַנסאַ́קציע, ־ס; דער משׂא־ומתּן, ־ס; די (האַ́נדל־)אָפּעראַ́ציע, ־ס [MASEMÁTN]
transatlantic טראַנסאַטלאַ́נטיש
Transcarpathia (דאָס) קאַרפּאַ́טן־לאַנד; (די) טראַנסקאַרפּאַ́טיע
transceive או́יפֿנעמען און אי́בערגעבן

transceiver דער אויפֿנעם־איבערגעבער, ־ס
transcend אַריבערשטייַגן
transcendent אַריבערשטייַגיק
transcendental טראַנסצענדענטאַל
transcendentalism דער טראַנסצענדענטאַליזם
transcendentalist דער טראַנסצענדענטאַליסט, ־ן
transcendental meditation די טראַנסצענדענטאַלע מעדיטאַציע
transcontinental טראַנסקאָנטינענטאַל
transcribe
  (copy) איבערשרייַבן
  (mus./ling.) טראַנסקריבירן
transcriber
  m./unsp. דער איבערשרייַבער, ־ס
  f. די איבערשרייַבערין, ־ס
transcript
  (acad.) דער (אַקאַדעמישער) טראַנסקריפּט, ־ן
  (court) דער יורידישער טראַנסקריפּט, ־ן
transcription די טראַנסקריפּציע, ־ס
  (transcribed material) דאָס טראַנסקריבירטע
transcription machine די טראַנסקריבירקע, ־ס; די טראַנסקריביר־מאַשין, ־ען
transept דער טראַנסעפּט, ־ן
trans fat דאָס טראַנספֿעטס
transfer, *n.* דאָס אַריבערפֿירן; דער אַריבערפֿיר, ־ן; דער טראַנספֿער, ־ן
  (funds) דאָס אַריבערגעפֿירטע געלט; דער איבערווייַז, ־ן
  (mil.) דאָס אַריבערפֿירן; דאָס אַריבערוואַרפֿן
  (decal) דאָס קלעפּבילד, ־ער
  transfer of funds דאָס אַריבערפֿירן געלט
  transfer of power דאָס איבערגעבן די מאַכט
transfer, *v.*
  vt. **(move)** אַריבערפֿירן; אַריבערטראָגן; טראַנספֿערירן
  vt. **(funds)** אַריבערפֿירן; איבערווייַזן
  vt. **(mil.)** אַריבערפֿירן; אַריבערוואַרפֿן
  vt. **(on tape)** אַריבערטראָגן; אַריבערפֿירן
  vi. **(move)** אַריבערפֿאָרן; אַריבערקומען
  vi. **(to another train)** איבערזעצן זיך (אויף)
  transfer credits אַריבערפֿירן פּונקטן
  transfer ownership of stg. to sb. איבערשרייַבן + אַק' + דאַט'
transferable איבערפֿירעוודיק
transference דער אַריבערפֿיר
  (psych.) דער טראַנספֿער
transfer station די איבערזעץ־סטאַנציע, ־ס
transfer ticket דער איבערזעץ־בילעט, ־ן
transfiguration די איבערגעשטאַלטונג
Transfiguration (Chr.) די טראַנספֿיגוראַציע
transfigure איבערגעשטאַלטיקן; טראַנספֿיגורירן
transfix
  (pierce) (אַ)דורכשטעכן; (אַ)דורכלעכערן
  (render motionless) (אַ)דורכנעמען (אויף דורך און דורך); פֿאַרגליווערן
  be transfixed פֿאַרגליווערט ‹פֿאַרשטיינערט› ווערן; זייַן ווי געלייַמט; נשתּומם ווערן [NIShTÓYMEM]
transform
  vt. טראַנספֿאָרמירן; איבערמאַכן; ‧פֿאַרוואַנדלען
  vi. מגולגל ‹טראַנספֿאָרמירט› ווערן [MEGÚLGL]
  be transformed into מגולגל ‹טראַנספֿאָרמירט› ווערן אין
transformation די טראַנספֿאָרמאַציע, ־ס; דער גילגול, ־ים; די ‧פֿאַרוואַנדלונג, ־ען [GILGL, GILGÚLIM]
transformational/transformative טראַנספֿאָרמאַטיוו
transformer דער טראַנספֿאָרמאַטאָר, ...אָרן
transfuse געבן ‹מאַכן› אַ טראַנספֿוזיע
  She was transfused מע האָט איר געמאַכט אַ טראַנספֿוזיע
transfusion די טראַנספֿוזיע, ־ס
transgender, *adj.* טראַנס...; צווישנמיניק
  transgender man דער טראַנסמאַן, טראַנסלייַט
  transgender woman די טראַנספֿרוי, ־ען
transgenics די טראַנסגעניק ל"י
transgress עובֿר זייַן (אויף); איבערשפּרייַזן; פֿאַרזינדיקן זיך; פּורץ־גדר זייַן (אויף); מסיג־גבֿול זייַן [ÓYVER] [PÓYRETS-GÉDER] [MÁSEG-GVÚL]
transgression די עבֿירה, ־ות; דער איבערשפּרייַז, ־ן; דער חטא, חטאָים [AVÉYRE] [KhET, KhATÓYEM]
transgressor דער בעל־עבֿירהניק, ־עס; דער איבערשפּרייַזער, ־ס [BALAVÉYRENIK]
transient, *adj.* פֿאַרבייַגייענדיק; פֿאַרגייִק; קורצלעביק
transient, *n.*
  (homeless) דער היימלאָזער געב'
  (traveler) דער דורכפֿאָרער, ־ס
transistor דער טראַנסיסטאָר, ...אָרן
transistorized טראַנסיסטאָריזירט
transit, *adj.* טראַנזיט...; טראַנספּאָרט...
transit, *n.* דער טראַנזיט; דער דורכפֿאָר; דאָס דורכפֿאָרן
  (astr.) דער טראַנזיט
  be in transit זייַן אונטער וועגס; האַלטן אין (אַ)דורכפֿאָרן
transit, *v.* (אַ)דורכפֿאָרן ‹(אַ)דורכגיין› דורך
transit camp דער דורכגאַנג־לאַגער, ־ן
transit fare דאָס פֿאָרגעלט
transition, *n.* דער איבערגאַנג, ־ען; דער איבערגיי־שטאַפּל, ־ען
transition, *v.* **(to)** איבערגיין (אויף)
transitional איבערגאַנג־...; איבערגיי־...; דערווייַליק; לעת־עתּה־... [LESÁTE]
transitional government די דערווייַליקע רעגירונג, ־ען
transition team די איבערגאַנג־קאָמאַנדע, ־ס
transitive טראַנסיטיוו
transitive verb דער טראַנסיטיווער ווערב, ־ן
transitory פֿאַרבייַיִק; פֿאַרגייִק; קורצלעביק
  transitory pleasure די חיי־שעה, ־ען [KhAYEShÓ]
transit system די טראַנספּאָרט־סיסטעם, ־ען
transit visa די דורכפֿאָר־‹טראַנזיט־›וויזע, ־ס
Transjordan (דאָס) עבֿר־הירדן [ÉYVER-HAYÁRDN]
translatable איבערזעצעוודיק
  be translatable לאָזן זיך איבערזעצן
translate (into) איבערזעצן (אויף)
  (from/to a J. language) פֿאַרטייַטשן (אויף)
translation די איבערזעצונג, ־ען; דער איבערזעץ, ־ן; די העתּקה, ־ות [HATÓKE]
  (gloss) דער אָפּטייַטש, ־ן
  (from/to a J. language) די פֿאַרטייַטשונג, ־ען; דער פֿאַרטייַטש, ־ן
  Something gets lost in translation בייַם איבערזעצן גייט עפּעס פֿאַרלוירן
translation agency די איבערזעץ־אַגענטור, ־ן
translator דער איבערזעצער, ־ס; דער פֿאַרטייַטשער, ־ס
transliterate טראַנסליטערירן
transliteration די טראַנסליטעראַציע, ־ס
translucent דורכלייַכטיק
transmigration דער גילגול־הנפֿש [GILGL-HANÉFESh]
transmissible קלעפּיק; אָנשטעק(עווד)יק; אָננעמ(עווד)יק
transmission

(act of sending) דאָס איבערשיקן; דאָס איבערגעבן; דאָס טראַנסמיטירן
(stg. sent) דער איבערגאָב, ־ן; דאָס טראַנסמיטירטע
(mech.) די טראַנסמיסיע, ־ס
(radio/TV) די אוידיציע, ־ס; די טראַנסמיסיע, ־ס
(of disease) דאָס איבערטראָגן
transmission belt דער טרײַברימען, ־ס
transmission fluid די/דאָס טראַנסמיסיע־פֿליסיקייט
transmission valve דער טראַנסמיסיע־ווענטיל, ־ן
transmit איבערגעבן
(disease) איבערטראָגן
(radio/TV) טראַנסמיטירן; אַרויסשיקן דורך דער לופֿט
(send) איבערשיקן
transmitter דער איבערגעבער, ־ס; דער אויפֿגעבער, ־ס; דער טראַנסמיטאָר, ...אָרן
transmitting station די איבערשיק־‹אַרויסשיק־› סטאַנציע, ־ס
transmogrification דער מעטאַמאָרפֿאָז; דאָס טראַנספֿאָרמירט ‹מגולגל› ווערן אין אַן אַנדער פֿאָרעם [MEGÚLGL]
transmogrify טראַנספֿאָרמירט ‹מגולגל› ווערן אין אַן אַנדער פֿאָרעם [MEGÚLGL]
transmutable איבערבײַט(עווד)יק
transmutation די טראַנסמוטירונג; דאָס טראַנסמוטירן
transmute טראַנסמוטירן
transnational איבערמלוכיש [ÍBERMELÚKhISh]
transom דאָס/דער באַלקן־פֿענצטער, –; דער לופֿטשיק, ־עס
transparency די/דאָס דורכזעיִקייט; די/דאָס דורכזעעוודיקייט
(slide) דער דיאַפּאָזיטיוו, ־ן
transparent דורכזעיִק; דורכזעעוודיק; דורכבליקלעך
transpiration דער אויסדאַמף; דאָס אויסדאַמפּן
transpire געשען; פּאַסירן; פֿאָרקומען; פֿירקומען
(gas) אויסדאַמפּן זיך; אויסגעדאַמפּט ווערן
transplant, *n.*
(bot.) דאָס איבערגעטראָגענע ‹איבערגעפֿלאַנצטע› געוויקס, ־ן
(surgery) דער איבערפֿלאַנץ, ־ן; די טראַנספּלאַנטאַציע, ־ס
(organ/tissue) דאָס איבערגעפֿלאַנצטע
(person) דער אַריבערגעקומענער געב׳
transplant, *v.*
(bot.) איבערטראָגן; איבערפֿלאַנצן; איבערזעצן
(surgery) איבערפֿלאַנצן; טראַנספּלאַנטירן
transplant surgeon דער איבערפֿלאַנץ־‹טראַנספּלאַנטיר־› כירורג, ־ן; דער איבערפֿלאַנצער, ־ס
transpolar טראַנספּאָלאַר
transponder דער טראַנספּאָנדער, ־ס
transport, *n.* דער טראַנספּאָרט, ־ן; דער אַריבערפֿיר, ־ן; דאָס אַריבערפֿירן
means of transport דאָס טראַנספּאָרטוואַרג קאָל׳; דאָס טראַנספּאָרט־מיטל, ־עו
transport, *v.* טראַנספּאָרטירן; איבערפֿירן; אַריבערפֿירן
(*fig.*) אַוועקטראָגן; פֿאַרכאַפּן; מיטרײַסן
(mil.) אַריבערוואַרפֿן; טראַנספּאָרטירן
He was transported by the music די מוזיק האָט אים אַוועקגעטראָגן ‹פֿאַרכאַפּט/מיטגעריסן›
transportable איבערפֿירעוודיק
transportation דער טראַנספּאָרט
transporter דער טראַנספּאָרטירער, ־ס; דער טראַנספּאָרטלער, ־ס
transport plane דער טראַנספּאָרט־עראָפּלאַן‹־אַוויאָן›, ־ען
transport ship די טראַנספּאָרטשיף, ־ן
transport system די טראַנספּאָרט־סיסטעם, ־ען

transpose איבערשטעלן
(mus.) *also* טראַנספּאָנירן
transposition דאָס איבערשטעלן; די איבערשטעלונג
(mus.) די טראַנספּאָזיציע, ־ס
transputer דער טראַנספּיוטער, ־ס
transsexual, *adj.* טראַנססעקסועל
transsexual, *n.* דער טראַנססעקסואַליסט, ־ן
transship איבערלאָדן
transshipment דאָס איבערלאָדן
transshipping point דער איבערלאָד־פּונקט, ־ן
transverse קווער...; קווערי; אינדערברייטיק; פּאָפּעריק־...
transverse lie דאָס געליג אין דער ברייט
transversely אין דער ברייט ‹קווער›; פּאָפּעריק
transverse position די פּאָפּעריק־פּאָזיציע, ־ס
transverse section דער קווערשניט, ־ן
transvestism דער טראַנסווערסטיזם
transvestite דער טראַנסווערסטיט, ־ן
trap, *n.* די פּאַסטקע, ־ס; דאָס כאַפּשטייגל, ־עך
fall into a trap אַרײַנ(פֿאַלן) אין אַ פּאַסטקע
lay/set a trap (for) אונטערלייגן ‹פֿאַרלייגן› + דאַט׳ אַ פּאַסטקע
Shut your trap! האַלט דעם פּיסק!
trap, *v.* כאַפּן ‹פּאַקן› אין אַ פּאַסטקע
trap sb. into saying ברענגען דערצו, אַז + נאָמ׳ זאָל זאָגן
trap door דאָס כאַפּטירל, ־עך
trapeze דער טראַפּעז, ־ן; די טראַפּעציע, ־ס
trapeze artist דער טראַפּעז־גימנאַסט, ־ן
trapezium דער טראַפּעז, ־ן
trapezius muscle דער טראַפּעז־מוסקל, ־ען
trapezoid דער טראַפּעז, ־ן
trapper דער פּאַסטקע־אונטערלייגער, ־ס; דער יעגער, ־ס
trapping דאָס אונטערלייגן פּאַסטקעס
trappings (דרויסנדיקע) סימנים; אַטריבוטן; דער פּוץ ל״י [SIMÓNIM]
Trappist דער טראַפּיסט, ־ן
trapshooting דאָס שיסן געוואָרפֿענע טויבן
trash, *n.* דאָס מיסט; דער אָפּפֿאַל
(*fig.*) דער יוקס; די באָוול־סחורה [SKhÓYRE]
literary trash דער שונד
trash, *v.*
(criticize) אויסזידלען; אַראָפּרײַסן
(dispose of) אַרויסוואַרפֿן
(wreck) מאַכן אַ תּל פֿון; חרובֿ מאַכן [TEL] [KhÓREV]
trash bag דער מיסטבײַטל, ־ען; דער מיסטזאַק, ...זעק; דאָס מיסטזעקל, ־עך
trash can דער מיסטקאַסטן, ־ס
trash compactor דער מיסט־קאָמפּרעסאָר, ־ס
trash heap דער מיסטהויפֿן, ־ס
trash talk רײַצרייד ל״ר
trashy ביליק; שונד...
trashy novel דער שונדראָמאַן, ־ען
trauma די טראַוומע, ־ס
(psych.) די פּסיכישע טראַוומע; די אויפֿטרייסלונג, ־ען
trauma center דער טראַוומע־צענטער, ־ס
trauma surgeon דער טראַוומע־כירורג, ־ן
traumatic טראַוומאַטיש
traumatize טראַוומאַטיזירן
travail, *n.* די האָרעוואַניע; דאָס מאַטערניש, ־ן
(childbirth/*arch.*) (געבורט־)ווייען ל״ר; חבֿלי־לידה ל״ר [KhÉVLE-LÉYDE]
travail, *v.* האָרעווע|ן; מאַטערן זיך; פּראַצעווע|ן
(childbirth/*arch.*) האָבן די (געבורט־)ווייען
travel, *adj.* פֿאָר...

travel, *n.* דאָס (אַרומ)פֿאָרן
travels נסיעות; אַרומפֿאָרענישן; ˙רײַזעס [NESÍES]
travel, *v.* אַרומפֿאָרן (איבער/אין/דורך)
(basketball) שולדיק זײַן אין טריט
I hate to travel כ'האָב פֿײַנט אַרומצופֿאָרן
travel light פֿאָרן מיט ווייניק באַגאַזש
travel the world אויספֿאָרן די וועלט
travel agency די פֿאָר־‹נסיעה־›אַגענטור, ־ן [NESÍE]
travel agent דער פֿאָראַגענט, ־ן; דער נסיעה־אַגענט, ־ן [NESÍE]
travel directions פֿאָר־אינסטרוקציעס
traveled אויסגעפֿאָרן
(path) *also* אויסגעטראָטן
traveler דער פֿאָרער, ־ס; דער וועגסמאַן, וועגסלײַט; דער נוסע, ־ים [NESÉYE, NÓYSIM]
traveler's check דער וועגסטשעק, ־ן
travel expenses פֿאָר־‹וועג־›הוצאָות; הוצאָות־הדרך [HOYTSÓES/HETSÓES] [...-HADÉREKh]
travel guide דער וועגווײַזער, ־ס
traveling, *adj.* וועגס...
two days traveling time צוויי טעג פֿאָרן ‹אונטער וועגס›
traveling, *n.* דאָס אַרומפֿאָרן
(basketball) דער טריטפֿעלער
traveling bag דער שעפּעט, ־ן; דער סאַקוואַיאַזש, ־ן
traveling clothes וועגסקליידער
traveling companion דער מיטפֿאָרער, ־ס; דער מיטפּאַסאַזשיר, ־ן
travelogue דאָס נסיעה־בוך, ־ביכער; וועגסנאָטיצן ל"ר [NESÍE]
travel plan דער פֿאָרפּלאַן, ...פּלענער
travel writer דער נסיעה־שרײַבער, ־ס [NESÍE]
traverse, *adj.* קווער...; קווערִיק
traverse, *n.* דאָס דורכגיין; דאָס אַריבערשפּאַנען
(route) דער קווערגאַנג
traverse, *v.* (אַ)דורכגיין
(period) איבערדויערן
traverse rod די קווערשטאַבע, ־ס
travesty די טראַוועסטיע, ־ס; דער חוזק; דער פֿאַרס, ־ן [KhÓYZEK]
trawl, *n.* די שלעפּנעץ, ־ן; דער נעצזאַק, ...זעק; דער טראַל, ־ן
trawl, *v.* פֿאַנגען ‹כאַפּן› מיט אַ שלעפּנעץ ‹טראַל›
trawler דער טראַ(ו)לער, ־ס
trawling דאָס שלעפּנעצערײַ
trawling net *see* **trawl**
tray די טאַץ, ־ן
tray table דאָס טעצל־טישל, ־עך
treacherous
(dangerous) סכּנהדיק; געפֿערלעך [SAKÓNEDIK/SEKÓNEDIK]
(deceitful) פֿאַרפֿירעריש; פֿאַסטקעדיק
(traitorous) בגידהדיק; ˙פֿאַררעטעריש [BGÍDEDIK]
treachery די בגידה; די פֿעלטשונג, ־ען; דער ˙פֿאַרראַט [BGÍDE]
treacle די פּאַטיקע
(*fig.*) זיסינקע ריידעלעך ל"ר; האָניקדיקע ווערטער ל"ר
treacly זיסינק אַטר'
tread, *n.*
(step) דער טראָט, טריט
(tire) דער ראָדמאַנטל, ־ען
tread, *v.*
imp. טרעטן; טאָפּטשע|ן
pf. אָנטרעטן; צעטרעטן + אַק'
tread a path אויסטרעטן אַ וועג
tread grapes אויסטרעטן (ווײַנ)טרויבן
tread lightly צוגיין מיט טאַקט; באַהאַנדלען מיט זײַדענע הענטשקעס; היטן זיך מיט יעדן טראָט
tread on air גיין ‹טרעטן› ווי אויף וואָלקנס
tread on sb.'s corns אָנטרעטן + דאַט' אויף די הינעראויגן
tread water גיין טריט־וואַסער ‹וואַסערטריט›
treadle דער טרעטער, ־ס; דער פּעדאַל, ־ן
treadmill
(in mill) דער טאָפּטאַק
(spo.) די שפּאַנמאַשין, ־ען
treason די פֿעלטשונג; די בגידה; דער ˙פֿאַרראַט [BGÍDE]
treasonable/treasonous בגידהדיק; ˙פֿאַררעטעריש [BGÍDEDIK]
treasure, *n.* דער אוצר, ־ות; דער מטמון, ־ים [ÓYTSER, ÓYTSRES] [MÁTMEN, MATMÓYNIM]
art treasures קונסט־אוצרות
treasure, *v.* האַלטן פֿאַר טײַער; טײַער האַלטן
treasure chest דער אוצר־קאַסטן, ־ס [ÓYTSER]
treasure hunt דאָס אוצר־געיעג, ־ן [ÓYTSER]
treasurer
m./unsp. דער קאַסירער, ־ס; דער קאַסיר, ־ן
f. די קאַסיר(ער)שע, ־ס
(of corporation/government) דער אוצרער, ־ס; דער פֿינאַנץ־מיניסטער, ...אָרן [ÓYTSERER]
treasure trove דער (געפֿונענער) אוצר, ־ות; דער מטמון, ־ים; די שמאַלצגרוב, ...גריבער [ÓYTSER, ÓYTSRES] [MÁTMEN, MATMÓYNIM]
treasury די אוצר־קאַמער; די אויצאַרניע [ÓYTSER]
the Treasury די מלוכה־קאַסע; דער מלוכה־אוצר; דער פֿינאַנץ־מיניסטעריום [MELÚKhE]
treasury bill דער אוצר־וועקסל, ־ען [ÓYTSER]
treasury bond די אוצר־אָבליגאַציע, ־ס [ÓYTSER]
treasury note דער אוצר־אָנווײַז, ־ן; די אוצר־אָנווײַזונג, ־ען [ÓYTSER]
treat, *n.*
(present/special thing) דער/דאָס באַזונדערע(ר) פֿאַרגעניגן, ־ס
(food) דער/דאָס מאכל, ־ים; די לאַקעטקע, ־ס [MAYKhL, MAYKhÓLIM]
My treat! על חשבון הגבֿיר!; אויף מײַן חשבון! [AL KhEZhBM HAGVÍR] [KhEZhBM]
treats (snacks) *also* מעדנים [MAYDÁNIM]
treat, *v.*
(behave towards) באַהאַנדלען; באַגיין זיך מיט
(med.) באַהאַנדלען; קורירן; היילן
treat oneself to אַליין מכבד זײַן זיך מיט [MEKhÁBED]
treat sb. like dirt באַהאַנדלען + אַק' ווי פּסולת; באַגיין זיך מיט + דאַט' ווי אַן אָנגעוואָרפֿענעם; באַציִען זיך מיט ביטול צו + דאַט' [PSÓYLES] [BITL]
treat sb. well מטיבֿ זײַן מיט [MÉYTEV]
treat sb. to טראַקטירן + אַק' מיט; מכבד זײַן + אַק' מיט; פֿונדעווע|ן + דאַט'
treat with kid gloves באַהאַנדלען מיט זײַדענע הענטשקעס
treatable היילעוודיק
treatise די אָפּהאַנדלונג, ־ען; דער טראַקטאַט, ־ן; דער חיבור, ־ים [KhÍBER, KhIBÚRIM]
treatment
(approach) דער צוגאַנג (צו); דאָס באַגיין זיך (מיט); די אויפֿפֿירונג (לגבי) [LEGÁBE]
(med.) די באַהאַנדלונג, ־ען; די קוראַציע, ־ס; די היילונג, ־ען
(of topic) די באַהאַנדלונג, ־ען

course of treatment די קוראַציע; דער קוריר־קורס; דער קורס הײלונג
treatment plant די רײניק־אינסטאַלאַציע, ־ס
treaty דער אָפּמאַך, ־ן; דער טראַקטאַט, ־ן; דער פּאַקט, ־ן
treble, *adj.* דרײַיִק; דרײַפֿאַכיק
treble, *adv.* דרײַ מאָל אַזוי פֿיל
treble, *n.* דער דיסקאַנט, ־ן
(on stereo) די הויכע פֿרעקווענץ
treble, *v.* פֿאַרדרײַיִקן; פֿאַרגרעסערן אין דרײַען
treble clef דער פֿידל־שליסל
tree, *n.* דער בוים, בײמער
tree, *v.* פֿאַריאָגן ‹פֿאַרטרײַבן› אויף אַ בוים (אַרויף)
tree creeper דער בוימלויפֿער, ־ס
tree fern דער פֿעדערבוים, ...בײמער
tree frog די/דער בוימפֿראָש, ...פֿרעש; די/דער בלעטערפֿראָש, ־ן
treehouse דאָס בוימשטיבל, ־עך
treeless אָנבײמערדיק; אָן בײמער
tree line די/דער וואַלדגרענעץ
tree-lined באַבײמערט
tree of heaven (bot.) דער הימלבוים, ...בײמער
tree of knowledge (bib.) דער עץ־הדעת [EYTS-HADÁAS]
tree of life (bib.) דער עץ־החיים [EYTS-HAKhÁYEM]
tree ring דער האָלצרינג, ־ען; דער יאָררינג, ־ען
treetop דער שפּיץ בוים, בײמער; דער בוימשפּיץ, ־ן
tree trunk דער שטאַם, ־ען
trefoil די קאָנעשינע
(symbol) דער/דאָס דרײַבלאַט
trek, *n.* די שווערע נסיעה, ־ות; דאָס שלעפּעניש, ־ן [NESÍE]
trek, *v.* שלעפּן זיך אויף אַ שווערער נסיעה [NESÍE]
trellis דער שפּאַליר, ־ן
tremble, *n.* דער ציטער, ־ן
tremble, *v.* ציטערן; פֿלאַטערן; שוידערן
tremble with cold ציטערן ‹שוידערן› פֿאַר ‹פֿון› קעלט
tremble with fear ציטערן פֿאַר שרעק; ציטערן ווי אַ פֿיש אין וואַסער
trembling, *n.* דאָס ציטערניש
tremendous ריזיק; קאָלאָסאַל; אומגעהײַער גרויס
(amazing/*fig.*) וווּנדערלעך; צום באַוווּנדערן; פּלא־והפֿלא [PE(Y)LE-VEHÁFLE]
tremendously גאָר־גאָר; זייער־זייער
tremolo דער טרעמאָלאָ, ־ס
tremor דער ציטער, ־ן; דער שוידער, ־ן; דאָס ציטערן
tremulous ציטערדיק
trench די/דער טראַנשײ, ־ען; די טראַנשעע, ־ס; די אָקאָפּע, ־ס; דער שיצגראָבן, ־ס; דער שאַנץ, ־ן
trenchancy די/דאָס שאַרפֿקייט
trenchant שאַרף; בײַסיק
trench coat דער רעגן־מאַנטל, ־ען
trencher דער טראַנשײען־גרעבער, ־ס
trencherman דער אַכלן, ־ים; דער געזונטער עסער, ־ס; דער אַרײַנעסער, ־ס; דער פֿרעסער, ־ס [ÁKhLEN, AKhLÓNIM]
trench mortar דער מינען־וואַרפֿער, ־ס
trench warfare די פּאָזיציאָנעלע מלחמה, ־ות [MILKhÓME]
trend, *n.* די טענדענץ, ־ן; דער גאַנג, גענג; די נטיה, ־ות; דער שטראָם, ־ען [NETÍE]
follow the trend גײן ‹שווימען› מיטן שטראָם
set the trend געבן דעם טאָן; אײַנפֿירן די מאָדע
trend, *v.* האָבן די נטיה ‹ניגונג› [NETÍE]
trendiness די/דאָס נײַמאָדישקייט
trendsetter דער טאָנגעבער, ־ס
trendy נײַמאָדיש; הײַנטיק; נאָוואַטאָריש
trepan, *n.* דער טרעפּאַן, ־ען
trepan, *v.* טרעפּאַנירן
trepanation די טרעפּאַנירונג; די טרעפּאַנאַציע
trephine *see* **trepan**
trepidation דאָס פֿלאַטערניש; דאָס ציטערניש; דאָס האַרץ־קלאַפּעניש
trespass, *n.*
(property) דאָס הסגת־גבֿול; דאָס אַריבערטרעטן יענעמס גרענעץ [HASÓGES-GVÚL]
(sin/bib.) די זינד, ־ן
trespass, *v.*
(property) מסיג־גבֿול זײַן אויף; טרעספּאַסירן [MÁSEG-GVÚL]
(sin/bib.) זינדיקן
trespasser דער גרענעץ־ברעכער, ־ס; דער טרעספּאַסירער, ־ס
(sinner/bib.) דער זינדיקער געב׳
tress די לאָק, ־ן; דער צאָפּ, צעפּ
trestle דאָס געשטעל, ־ן; די קאָזלע, ־ס
trestle bridge די געשטעלבריק, ־ן
trey (in cards) דאָס דרײַטל, ־עך
treyf טרייפֿן; טרייף פּר׳
treyf food דאָס טרייפֿנס; דאָס טרייפֿענע עסן, ־ס
triad די טריאַדע, ־ס
(mus.) דער דרײַקלאַנג, ־ען
triage, *n.* די קראַנקן־סאָרטירונג
triage, *v.* סאָרטירן די קראַנקע
trial, *adj.*
on a trial basis אויף פּראָבע; אויף אויספּרוּוו
trial, *n.*
(experiment) דער (אויס)פּרוּוו, ־ן
(jur.) דער פּראָצעס, ־ן; דער משפּט, ־ים [MÍShPET, MIShPÓTIM]
(ordeal) דער נסיון, ־ות; די פּרווונג, ־ען [NISÓYEN, NISYÓYNES]
be on/stand trial שטיין פֿאַרן משפּט ‹געריכט›; געמישפּט ווערן; פּראָצעסירט ווערן [GEMÍShPET]
bring sb. to trial שטעלן + אַק׳ פֿאַרן משפּט; פֿאַרפֿירן אַ פּראָצעס קעגן
come to trial דערגײן צום משפּט ‹פּראָצעס›
go through a trial by fire ווערן אין פֿײַער געפּרוּווט
go through many trials אויסשטיין אַ סך צרות; (אַ)דורכמאַכן קאַלטס און וואַרעמס [SAKh] [TSÓRES]
trials and tribulations לאַנגע ליידן און ליידן; צער־און־צרות [TSAR-UN-TSÓRES]
through trial and error דורך טרעף און טעות; נישט אײן מאָל געפֿאַלן און ווײַטער געגאַנגען [TÓES]
trial balloon דער פּרוּווּבאַלאָן, ־ען
trial flight דער אויספּרוּוופֿלי, ־ען
trial period דער אויספּרוּוו־טערמין, ־ען
trial run די (גענעראַל־)פּראָבע, ־ס
triangle דער דרײַעק, ־ן
triangular דרײַעק(עכ)יק
triangulate אויסמעסטן לויט דרײַעקן; טריאַנגולירן
(pol.) טריאַנגולירן
triangulation דאָס אויסמעסטן לויט דרײַעקן; די טריאַנגולירונג
(pol.) די טריאַנגולירונג
triathlon דער דרײַפֿאַרמעסט, ־ן; דער טריאַטלאָן, ־ען
tribal שבֿט־...; שבֿטים־... [ShÉYVET] [ShVÓTIM]
tribal elder דער שבֿט־עלטסטער געב׳ [ShÉYVET]
tribalism די/דאָס שבֿט־אָנגעהעריקייט; דאָס שבֿט־געפֿיל [ShÉYVET]

tribe דער שבֿט, ־ים [ShÉYVET, ShVÓTIM]
 the lost tribes (bib.) די פֿאַרלוירענע שבֿטים; די עשׂרת־השבֿטים [ASÉRES-HAShVÓTIM]
tribesman דער שבֿט־ברודער, ־ברידער; דער שטאַמברודער, ...ברידער [ShÉYVET]
tribulation יסורים ל״ר; געברענטע ‹געהאַקטע› צרות ל״ר; דאָס פּורעניות, ־ן [YESÚRIM] [TSÓRES] [PURÓNYES]
tribunal דער טריבונאַל, ־ן; די פּאַלאַטע, ־ס
tribune די טריבונע, ־ס
 (hist.) דער (פֿאָלקס)טריבון, ־ען; דער מליץ, ־ים [MÉYLETS, MELÍTSIM]
tributary דער בײַטײַך, ־ן
tribute
 (honor) דער כּבֿוד; דער כּיבוד, ־ים [KÓVED] [KÍBED, KIBÚDIM]
 (payment) דער טריבוט, ־ן; דער צינדז, ־ן; די קאָנטריבוציע, ־ס
 pay tribute to אָפּגעבן + דאַט׳ כּבֿוד; שאַצן ווי געהעריק
trice דער אויגנבליק, ־ן; די רגע, ־ס [RÉGE]
 in a trice תּיכּף; אין אַן אויגנבליק [TÉYKEF]
tricentennial, *adj.* דרײַהונדערט־יאָריק
tricentennial, *n.* דער דרײַהונדערט־יאָריקער יובֿל ‹יאָרטאָג› [YOYVL]
triceps דער דרײַקעפּיקער מוסקל, ־ען; דער טריצעפּס
trichinosis דער טריכינאָז
trichology די טריכאָלאָגיע
Tricholoma שיפּקעס
trick, *n.*
 (in cards) דער לייז, ־ן; דער שטאָך, ־ן
 (magic) די קונץ, ־ן; דער פֿאָקוס, ־ן
 (ruse) דאָס שפּיצל, ־עך; די קונץ, ־ן; דער פֿאָרטל, ־ען; דאָס שטוטשקעלע, ־ך; די קרוטשקע, ־ס; דאָס גענגעלע, ־ך; די תּחבולה, ־ות [TAKhBÚLE]
 Be careful, it's a trick! היט זיך, ס׳איז אַ פֿאַסטקע!
 dirty trick דאָס שמוציקע ‹מיאוסע› שפּיצל, ־עך; די זבֿיטקע, ־ס; דאָס שמד־שטיק; דאָס/די חזירײַ, ־ען; דער פּאַקאָסט, ־ן; דער שטומפּ, ־ן [MÍESE] [ShMAD] [KhAZERÁY]
 play a dirty trick (on) אָפּטאָן + דאַט׳ מיאוסע שפּיצלעך; אָפּשפּילן + דאַט׳ גנבֿישע שטיק [GANÉYVIShE]
 do tricks מאַכן ‹ווײַזן› קונצן
 do the trick פֿאַרענטפֿערן די פּראָבלעם;ווירקן
 It's no simple trick ס׳איז גאָר נישט פּשוט [PÓShET]
 know every trick in the book וויסן וווּ אײַן און וווּ אויס; זײַן אויסגעקאָכט אין אַלע קונצן
 play a trick on sb. אָפּטאָן + דאַט׳ אַ שפּיצל; אָפּטאָן + דאַט׳ אויף טערקיש
 tricks of the trade פּראָפֿעסיאָנעלע סודות [SÓYDES]
 turn a trick באַזאָרגן אַ קונה [KÓYNE]
trick, *v.* אָפּנאַרן; אַרײַננאַרן; אַרויסשטעלן צום נאַר
 trick into אַרײַננאַרן; פֿאַרנאַרן
 trick sb. out of money אַרויסנאַרן דאָס געלט בײַ + דאַט׳
trickery דער שווינדל; דאָס גענאַרערײַ; די בליאַגע; דאָס קונצן־מאַכערײַ; קונצן ל״ר
trickle, *n.* דאָס געריזל; דאָס געריִנס
trickle, *v.* ריזלען; רינען; טריפֿן; קאַפּען|
 trickle down אַראָפּרינען; אַראָפּקאַפּעןן|; אַראָפּטריפֿן
 trickle out אַרויסרינען; אַרויסקאַפּען|; אַרויסטריפֿן
trick question די שפּיצל־פֿראַגע, ־ס; די כיטרע פֿראַגע, ־ס
trickster (swindler) דער שווינדלער, ־ס; דער שווינדלאַק, ־עס
tricky קונציק; אָפּנאַרעריש; קרײַטיש; כיטרע
tricolor, *adj.* דרײַ־קאָליריק
tricolor, *n.* די דרײַ־קאָליריקע פֿאָן, פֿענער
tricorn דאָס דרײַשפּיציקע היטל, ־עך
tricot דער טריקאָטאַזש
tricycle דער טריציקל, ־ען; די דרײַראָד, ...רעדער
trident די דרײַשפּיציקע שפּיז, ־ן
tried-and-true אויסגעפּרווווט; געטרײַ
triennial, *adj.* דרײַיאָריק; אַלע דרײַ יאָר
triennial, *n.* דער דריטער יובֿל ‹יאָרטאָג› [YOYVL]
trifle, *n.* די/דאָס קלייניקייט, ־ן; די/דאָס נאַרישקייט, ־ן; דאָס שפּיל(ע)כל, ־עך; דאָס נישטל, ־עך; דאָס באָוועלע, ־ך; דער שיבוש, ־ים; די שמאָכטע, ־ס; דער שמאָכטעלײַ, ־ען [ShÍBESh, ShIBÚShIM]
 trifles *also* שמאָנצעס; שאָר־ירקות; דער הבֿל קאָל׳ [ShOR-YERÓKES] [HEVL]
 a trifle אַ ביסעלע; אַ קאָפּעלע
trifle, *v.* שפּילן זיך
trifling נישטיק
 It's not a trifling matter! אײן קלייניקייט!; ס׳איז נישט קיין (שפּעטנע) קלייניקייט; ס׳איז נישט קיין שפּילעכל ‹שמאָכטעלײַ›
trigger, *n.*
 (of gun) דאָס (אַראָפּלאָז־)צינגל, ־עך
 (of bomb) דער צינדער, ־ס
 (*fig.*) דער סטימול, ־ן; דער גורם, ־ים [GÓYREM, GÓRMIM]
 pull the trigger אַ צי טאָן דאָס צינגל
 pull the trigger on (*fig.*) לאָזן אין גאַנג + אַק׳
 be quick on the trigger זײַן אַ היצקאָפּ; גיך רעאַגירן; זײַן אימפּולסיוו
trigger, *v.* **(off)** אַרויסרופֿן; אָנרעגן; לאָזן אין גאַנג; גורם זײַן [GÓYREM]
trigger finger דער ווײַזפֿינגער, –; דער צינגל־פֿינגער, –
trigger-happy שיסעריש; גרייט צו שיסן; מיטן פֿינגער אויפֿן צינגל
trigger lock דער צינגלשלאָס, ...שלעסער
triglyceride דער טריגליצעריד, ־ן
Trigonella דאָס דרײַקאַנטל
trigonometric טריגאָנאָמעטריש
trigonometry די טריגאָנאָמעטריע
trike *see* **tricycle**
trilateral דרײַזײַטיק
trilinear דרײַליניק
trilingual דרײַשפּראַכיק
trill, *n.* דער טריל, ־ן
trill, *v.* טרילערן; טערעלײַקען|
trillion דער טריליאָן, ־ען
trillium דער טריליום
trilobite דער טרילאָביט, ־ן
trilogy די טרילאָגיע, ־ס
trim, *adj.*
 (figure) אונטערגעצויגן; שטאַלטנע; שלאַנק
 (neat) ציכטיק; נעט; אָפּגעניגלט; אין גוטער אָרדענונג
trim, *n.*
 (decoration) די באַפּוצונג
 (edging) דער באַזאַץ
 I need a trim כ׳דאַרף זיך אונטערשערן (די האָר)
trim, *v.*
 (bushes) אַרומשנײַדן
 (decorate) באַפּוצן; צופּוצן
 (edge) באַזעצן; באַברעמען
 (hair) אונטערשערן; צושערן; אַרומשערן
 (reduce) רעדוצירן; פֿאַרקלענערן
 trim the budget פֿאַרקלענערן דעם בודזשעט
 trim the sails צופּאַסן די זעגלען (צום ווינט)

trim one's sails (*fig.*) אײַנצאַמען די הוצאות [HOYTSÓES/HETSÓES]
trimaran דער טרימאַראַן, ־ען
trimester דער טרימעסטער, ־ס
trimeter דער טרימעטער, ־ס
trimmed (hair) אונטערגעשוירן
trimming
(sewing) דאָס גאַרנירעכץ, ־ן
trimmings דער באַפּוץ ל״ר
with all the trimmings מיט אַלע פּ(ש)טשעווקעס
Trinidad (דאָס) טרינידאַד
Trinidadian, *adj.* טרינידאַדיש
Trinidadian, *n.*
m./unsp. דער טרינידאַדער, –
f. די טרינידאַדערין, ־ס
trinitrotoluene דער דרײַ־ניטראָטאָלועןן; דער טראָטיל
trinity די/דאָס דרײַקייט, ־ן
Trinity די/דאָס דרײַ־אײניקייט
the Holy Trinity די/דאָס הייליקע דרײַ־אײניקייט
Trinity Sunday דער גרינער זונטיק
trinket דאָס באַמבערל, ־עך; די צאַצקע ‹טשאַטשקע›, ־ס; דער ברעלאָק, ־עס; די שמאַכטע, ־ס; די שמאָנצע, ־ס
trio דער טריאָ, ־ס
trioxide דער דרײַאָקסיד, ־ן
trip, *n.*
(journey) די נסיעה, ־ות; די ־רײַזע, ־ס [NESÍE]
(outing) דער (אַרויס)פֿאָר, ־ן; די יאַזדע, ־ס
(stumble) דאָס ספּאָטיקען זיך; דאָס שטאָמפּערן
Have a nice trip! פֿאָר(ט) געזונט און קום(ט) געזונט!
make a trip to פֿאָרן אין ‹קיין›
take a short trip to (אַ)דורכפֿאָרן זיך אין ‹קיין›; צופֿאָרן אין ‹קיין›; צוכאַפּן זיך אין ‹קיין›
trip, *v.*
vt. אונטערשטעלן + דאַט׳ אַ פֿוס ‹פֿיסל›
vi. ספּאָטיקע\|ן זיך; פֿאַרטשעפּען זיך; פֿאַלן איבער די פֿיס; שטאָמפּערן
trip over פֿאַלן ‹שטאָמפּערן› איבער; ספּאָטיקע\|ן זיך אין
trip sb. up in a lie כאַפּן + אַק׳ אין אַ ליגן
tripartite דרײַ־צדדימדיק; דרײַטײליק [TSDÓDIMDIK]
tripe דער וואַמפּ, ־ן; דער טריבוך, ־עס
(cul.) דאָס גריישל; וועמפּ(ער)לעך ל״ר; פֿלאַקעס
(*fig.*) נאַרישקייטן ל״ר
triple, *adj.* דרײַיִק; דרײַפֿאַכיק
triple, *n.* **(baseball)** דער דרײַקלאַפּ, ...קלעפּ
triple, *v.* פֿאַרדרײַיִקן; כּפֿלען אויף דרײַ [KÉYFLEN]
Triple Alliance דער דרײַבונד
triple crown די דרײַיִקע קרוין
triple-digit דרײַ־ציפֿערדיק
triple jump דער דרײַשפּרונג, ־ען
triple meter דער דרײַקלאַפּטאַקט
triple play דער דרײַ־אויט, ־ן
triple-space (אָנ)שרײַבן ‹וואָרטירן/טיפּירן› מיט אַ דרײַיִקן אינטערוואַל
triple-spaced מיט אַ דרײַיִקן אינטערוואַל
triplet אײנער גענ׳ פֿון אַ דרײַלינג
set of triplets דער דרײַלינג, ־ען/־ער
They are triplets זיי זענען אַ דרײַלינג
triplet brother דער דרײַלינג־ברודער, ־ברידער
triple thread דער דרײַגענגיקער ‹דרײַפֿאַכיקער› גווינט, ־ן
triple time דער דרײַקלאַפּטאַקט
triplet sister די דרײַלינג־שוועסטער, –
triplex טריפּלעקס־...; דרײַ־גאָרנדיק
triplicate
in triplicate צו ‹אין› צוויי קאָפּיעס
tripod דער דרײַפֿוס, ־ן
Tripoli (דאָס) טריפּאָלי
tripoli דער טריפּל
triptych דער טריפּטיך, ־ן
tripwire די דראָטפּאַסטקע, ־ס
trireme די טרירעמע, ־ס
trisect איבערשנײַדן אין דרײַען
tristate דרײַשטאַטיש
trite סקאַרבאָווע; אויסגעדראָשן; באַנאַל; קאַזיאָנע
triton דער טריטאָן, ־ען
tritone דער טריטאָן, ־ען
triumph, *n.* דער טריומף, ־ן; דער נצחון, ־ות [NITSÓKhN, NITSKhÓYNES]
triumph, *v.* טריומפֿירן; מנצח זײַן [MENATSÉYEKh]
triumphal טריומפֿאַל
triumphant טריומפֿאַל; נצחונדיק [NITSÓKhDNIK]
be triumphant טריומפֿירן
triumvirate דער טריומוויראַט, ־ן
trivalent דרײַווערטיק; טריוואַלענט
trivet
(cooking) דער דרײַפֿוס, ...פֿיס
(table) דער אונטערלאַג, ־ן; דאָס אונטערטעצל, ־עך; דאָס אונטערשטעלעכל, ־עך
right as a trivet אין בעסטער אָרדענונג
trivia טריוויע ל״ר; נישטיקייטן ל״ר
trivia contest דער טריוויע־פֿאַרמעסט, ־ן
trivial נישטיק; גאָרנישטיק; טריוויאַל
no trivial matter נישט קיין שפּעטנע קלײניקייט
triviality די/דאָס נישטיקייט, ־ן; דער הבֿל [HEVL]
trivialize אַוועקמאַכן מיט דער האַנט
trochee די טראָכײ, ־ען
troglodyte דער טראָגלאָדיט, ־ן
troika די טרויקע, ־ס
Trojan, *adj.* טרויאַניש
work like a Trojan האָרעווע\|ן ווי אַ פֿערד
Trojan, *n.* דער טרויאַנער, –
Trojan horse דאָס טרויאַנישע פֿערד
troll, *n.* דער טראָל, ־ן
troll, *v.* קאַטשע\|ן זיך; קײַקלען זיך; דרייען זיך
(fish) פֿישן מיט אַ לאָקערל
(comp.) טראָלירן
trolley
(cart) דאָס וועגעלע, ־ך; די וואַגאָנעטקע, ־ס
(vehicle) דער טראַמוויי, ־ען
trolleybus דער טראָלייבוס, ־ן
trollop די נאַכלײע, ־ס; די גאַסנפֿרוי, ־ען; דער טליק, ־עס
trombone די טראָמבע, ־ס; דער טראָמבאָן, ־ען
trombonist דער טראָמבאָניסט, ־ן
troop, *n.*
(of scouts) די טרופּע, ־ס
troops דאָס מיליטער קאָל׳; סאָלדאַטן; זעלנערס; חיילות; טרופּן [KhAYÓLES]
send troops into battle אַרויסשיקן ‹וואַרפֿן› סאָלדאַטן אין שלאַכט
troop, *v.* באַוועגן זיך מיטן גאַנצן עולם [ÓYLEM]
troop carrier דער פּאַנצער־טראַנספּאָרטירער, ־ס; דער עשעלאָן, ־ען
trooper
(mil.) דער קאַוואַלעריסט, ־ן
(hard worker) דער האָרעפּאַשניק, ־עס
(police) דער שטאַטישער פּאָליציאַנט, ־ן
troopship די זעלנערשיף, ־ן

troop train/transport דער עשעלאָן, ־ען; די זעלנערבאַן, ־ען
trope דער טראָפּ, ־ן; די טראָפּע, ־ס
(J./cantillation) דער טראָפּ, ־ן
trophy די טראָפּעע; דער טראָפּיי, ־ען
trophy-hunting דאָס טראָפּעען־געיעג
trophy wife דעם גבֿירס יונג שיין ווייַבל, ־עך [G(E)VÍRS]
tropic דער טראָפּיק, ־ן
the Tropics די טראָפּישע זאָנע ל״ע; די טראָפּישע לענדער
tropic of Cancer די צפֿון־טראָפּיק; די טראָפּיק פֿון ראַק [TSOFN]
tropic of Capricorn די דרום־טראָפּיק; די טראָפּיק פֿון שטיינבאָק [DÓREM]
tropical טראָפּיש
tropical fever דער טראָפּישער פֿיבער
tropical heat די טראָפּישע היץ
troposphere די טראָפּאָספֿער, ־ן
trot, *n.* דער טליס, ־ן; דער טליסגאַנג
(of person) דער גיכער גאַנג, געננג
go at a trot גיין טליסגאַנג; טליסע|ן
trot, *v.* טליסע|ן
(of person) יאָגן זיך; גיין גיך; אונטערלויפֿן
trot out אַרויסווייַזן; באַווייַזן
trot out excuses קומען מיט תּירוצים [TERÚTSIM]
trot out (list) שיטן מיט
Trotskyism דער טראָצקיזם
Trotskyist דער טראָצקיסט, ־ן
trotter דאָס טליספֿערד, –
troubadour דער טרובאַדור, ־ן; דער שפּילמאַן, ...מענער
trouble, *n.*
(worry) די צרה, ־ות; די דאגה, ־ות; דער קלאַפּאָט, ־ן [TSÓRE] [DÁYGE]
(conflict) דער קאָנפֿליקט, ־ן; דער אייַנריס, ־ן
(inconvenience) די טירחה, ־ות; די מי; דאָס קאָפּ־דרייעניש, ־ן [TÍRKhE]
(mech./med.) צרות ל״ר [TSÓRES]
(pol.) אומרוען ל״ר; דער קאָנפֿליקט, ־ן
be in trouble זייַן אויף צרות; האָבן צרות
be in trouble with האָבן שוועריקייטן מיט; האָבן צו טאָן מיט
be asking for trouble זוכן זיך צרות
get into trouble אַרייַנפֿאַלן אין אַן אומגליק; פֿאַרקריכן אין אַ צרה ‹בלאָטע›
get a girl into trouble מאַכן ‹צושטעלן› + דאַט׳ אַ בייַכל ‹פּעקל›; פֿאַריאַטלען
get sb. into trouble אָנמאַכן + דאַט׳ צרות
go to a great deal of trouble (איבעריק) מטריח זייַן זיך [MATRÍEKh]
have no end of trouble (with/from) האָבן צו זינגען און צו זאָגן (פֿון)
have trouble with האָבן צו טאָן מיט; האָבן צרות מיט
have stomach trouble האָבן צו טאָן מיטן מאָגן; האָבן צרות מיטן מאָגן
in a lot of trouble אויף גרויסע(נע) צרות; ביז איבער די אויערן אין צרות
in a time of trouble אין אַן עת־צרה; אין אַ שווערער צייַט [EYS-TSÓRE]
He's more trouble than he's worth ער איז נישט ווערט די מי (וואָס מע לייגט אין אים אַרייַן)
It's more trouble than it's worth ס׳לוינט זיך נישט די מי
put to trouble מטריח זייַן; באַמיִען
run into trouble אָנטרעפֿן שוועריקייטן; אָנשטויסן זיך אין אַ צרה ‹מיכשול› [MIKhShL]
take the trouble to מטריח זייַן זיך און ‹צו›; נעמען זיך די מי צו ‹און›
the trouble is that די צרה איז אַז ‹וואָס›; סע גייט אין דעם וואָס
What's the trouble? וואָס איז (דער מער)?
trouble, *v.*
(inconvenience) מטריח זייַן; שטערן + דאַט׳ [MATRÍEKh]
(worry) באַאומרויִקן
be troubled by באַאומרויִקן זיך וועגן; שטאַרק זאָרגן זיך וועגן
trouble oneself to do stg. מטריח זייַן זיך; באַמיִען זיך
be troubled by mice האָבן צו טאָן מיט מייַז
troubled
(country) אומרויִק
(financially) פֿינאַנציעל אויף צרות; אויף געלט־צרות
(life) שווער; פֿאַרצרהט [FARTSÓRET]
troubled times די שווערע צייַט ל״י; די עת־צרה ל״י; אומרויִקע טעג [EYS-TSÓRE]
troublemaker דער סקאַנדאַליסט, ־ן; דער (אויפֿ)העצער, ־ס; דער צרות־מאַכער, ־ס; דער טאַרעראַמטשיק, ־עס; דער קישקע־מעקלער, ־ס [TSÓRES]
troubleshoot אויספֿלאָנטערן; דיאַגנאָזירן; דערגיין
troubleshooter דער על־כּל־צרהניק, ־עס; דער אויספֿלאָנטערער, ־ס [AL-KOL-TSÓRENIK]
troublesome שווער; דערקוטשיק
be troublesome אָנמאַכן צרות; דערקוטשע|ן; שטערן [TSÓRES]
stg./sb. troublesome דאָס אָנשיקעניש, ־ן
trouble spot דער צינדפּונקט, ־ן
trough
(drinking) די קאָרעטע, ־ס
(feeding) דער זשאָלעב, ־עס
(low point) דער טיפֿפּונקט, ־ן
(of wave) דער כוואַליעטאָל, ־ן
trounce צעקלאַפּן; צעטראַסקע|ן
(rebuke) אויסוואַרפֿן + דאַט׳
troupe די טרופּע, ־ס
trouper דער (געניטער) אַקטיאָר, ־ן
trouser leg דער הויז, ־ן; די קאַלאָשע, ־ס
trouser pocket די הויזן־קעשענע, ־ס
trouser role די הויזן־ראָלע, ־ס
trousers הויזן
trousseau דער כּלה־אויסשטייַער; דער שטאַפּיר; די (חופּה־)אויסשטאַפּירונג; די פּאָוועלע, ־ס [KÁLE] [KhÚPE]
trout די סטראָנגע, ־ס; די פֿאָרעל, ־ן
trout lily די לילקע, ־ס
trouvere דער טרוווער, ־ן
trowel די קעלניע, ־ס
Troy (די) טרויע
truancy דאָס פֿאַרפֿעלערייַ; דאָס אָפּציִערייַ
truant, *n.* דער פֿאַרפֿעלער, ־ס; דער אָפּציִער, ־ס
play truant פֿאַרפֿעלן; אָפּציִען
play truant (J.) נישט גיין אין חדר [KhÉYDER]
truce דער וואָפֿן־שטילשטאַנד, ־ן; די וואָפּנרו
truck,[1] *n.* (vehicle) דער משא־אויטאָ, ־ס; דער לאַסטאויטאָ, ־ס [MÁSE]
drive a truck פֿירן אַ משא־אויטאָ
hand truck דאָס האַנט־וועגעלע, ־ך
truck,[2] *n.* (dealings)
have no truck with נישט האָבן קיין עסקים מיט; נישט האָבן צו טאָן מיט [ASÓKIM]

truck, *v.*
vt. (צו)פֿירן מיט אַ משׂא־אויטאָ [MÁSE]
vi. פֿירן אַ משׂא־אויטאָ
truck driver/trucker דער משׂא־שאָפֿער, ־ן [MÁSE]
truck farm די (קאָמערציעלע) גרינסנפֿאַרם, ־ען
trucking industry די משׂא־פֿיר־אינדוסטריע [MÁSE]
truckle, *v.* אונטערוואַרפֿן זיך
truckload דער פֿולער משׂא־אויטאָ [MÁSE]
truckloads of פֿולע משׂא־אויטאָס מיט
truck stop די משׂא־אויטאָ־סטאַנציע, ־ס [MÁSE]
truck tractor דער שלעפּטראַקטאָר, ־ס/...אָרן
truculence די/דאָס קריגערישקייט; די/דאָס אַרויסרופֿערישקייט; דאָס נצחנות [NATSKhÓNES]
truculent [NATSKhÓNISh] קריגעריש; אַרויסרופֿעריש; נצחניש
trudge, *n.* דאָס שלעפּעניש
trudge, *v.* טאָפּטשע|ן (זיך); בראָדיע|ן; שלעפּן זיך
true, *adj.* [ÉMES(DIK)] אמת(דיק); וואָר
(faithful) איבערגעגעבן; געטריַי
come true [MEKÚYEM] מקוים ווערן
It rings true סע קלינגט אמת; ס'איז אַוודאי אמת; סע קער זיַין אמת [AVÁDE]
make (stg.) come true פֿאַראמתן; מקיים זיַין [FARÉMESN] [MEKÁYEM]
May it come true! הלוואַי!; פֿון דיַין ‹איַיער› מויל אין גאָטס אויערן! [(H)ALEVÁY]
true to form ווי מ'האָט זיך גערעכנט; ווי ס'באַדאַרף צו זיַין
true to life עכט; אמתדיק; רעאַליסטיש
true to oneself געטריַי זיך אַליין
true to type טיפּיש; לויט + פּאָס' גאַנג
true, *adv.* ריכטיק; אַקוראַט
true-blue מיט לייַב און לעבן געטריַי
true-born עכט; געבוירן; פֿון דורותדיקן ייִחוס [DÓYRESDIKN] [YÍKhES]
true-bred ריין(בלוטיק); עכט
true-hearted געטריַי; אויפֿריכטיק
true-life story [MÁYSE] [ÉMESN] די מעשׂה פֿון אמתן לעבן
true love
(love) [ÉMESE] די אמתע ליבע
(lover/*m.***)** דער הייס געליבטער געב'
(lover/*f.***)** די הייס געליבטע, –
true north [TSOFN] דער געאָגראַפֿישער צפֿון
true-or-false question די יאָ־צי־ניין־פֿראַגע, ־ס
true story [MÁYSE-ShEHÓYE] די מעשׂה־שהיה, ־ס
truffle די טרופֿליע, ־ס; דאָס טריפֿל, ־עך
(chocolate) די (שאָקאָלאַד־)טרופֿליע, ־ס
truism דער טרויִזם, ־ען; דער דבֿר־מוסכּם; דער קייַמא־לן, ־ען; דער אָנגענומענער אמת, ־ן [DÓVER-MÚSKEM] [KÁYMELON] [ÉMES]
truly [BEÉMES] באמת; ממש; אמתדיק; רעכט; פֿאַר וואָר [MÁMESh] [ÉMESDIK]
trump, *n.* דער קאָזער, ־ס
play one's trump card אויסשפּילן דעם לעצטן קאָזער
trump, *v.* דעקן ‹שלאָגן› מיט קאָזער
(*fig.***)** אַריבערשטייַגן; איבערקליגן
trump up אויסטראַכטן; פֿאַבריצירן
trump card דער קאָזער, ־ס
trumped-up אויסגעטראַכט; פֿאַבריצירט
trumpery דער פּוסטער גלאַנץ; די מישורע; דער קיטש
trumpet, *n.* דער טרומייט, ־ן; דער טרומייטער, ־ס
trumpet, *v.* טרומייטערן
(proclaim) אַרויסשאַלן; אויסטרומייטערן
trumpeter דער טרומייטער(ער), ־ס
trumpet flower די טרומייטן־בלום, ־ען

truncate, *v. imp./pf.* (פֿאַר)קירצן
truncheon דער שטאָק, ־ן
trundle, *n.* דאָס רעדל, ־עך; דאָס רעדעלע, ־ך
trundle, *v.* קאַטשע|ן; קייַקלען; רעדלען
trundle bed דאָס/די רעדלבעט, ־ן
trunk
(car) דער באַגאַזשניק, ־עס
(elephant) דער שנוק, ־ן
(suitcase) דער קופֿערט, ־ן
(torso) דער טול, ־ן
(tree) דער שטאַם, ־ען
trunks שווימקעס; שווימהייזקעס; טרוסיקעס
truss, *n.*
(archit.) דער שפּאַרבאַלקן, ־ס
(bot.) דאָס הענגל, ־עך
(bundle) דאָס בינטל, ־עך
(med.) דער בראָכגאַרטל, ־ען; דאָס קילע־בענדל, ־עך; די באַנדע, ־ס
truss, *v.* **(up)** צונויפֿבינדן
trust, *n.* [EMÚNE] דער צוטרוי; די אמונה; דער בטחון [BITÓKhN]
(confidence) [NEMÓNES] דאָס נאמנות
(fin.) דער טרעסט, ־ן
(entrusted thing) דער פּקדון, ־ס/־ות [PIKÓDN, PIKDÓYNES]
hold stg. in trust [NÉMEN] האַלטן ביַי אַ נאמן
I have every trust in her כ'האָב צו(ן) איר דעם פֿולן צוטרוי
take it on trust אָננעמען אויף נאמנות; אָננעמען פֿאַר אַ רעכטן אמת [ÉMES]
trust, *v.*
vt. [EMÚNE] געטרויען + דאַט'; האָבן אמונה (אין)
vi. [BETÚEKh] זיַין בטוח
trust but verify כּבדהו־וחשדו [KABDÉYHU-VEKhAShDÉYHU]
in God we trust מיר פֿאַרלאָזן זיך אויפֿן רבונו־של־עולם ‹אייבערשטן› [REBÓYNE-ShELÓYLEM]
trusted, *adj.* באַגלייבט
trustee
m./unsp. דער נאמן, ־ים; דער אַפּוטרופּס, ־ים; דער אַפּעקון, ־ען; דער קוראַטאָר, ...אָרן [NÉMEN, NEMÓNIM] [APETRÓPES, APETRÓPSIM]
f. די נאמנטע, ־ס; די אַפּוטרופּסטע, ־ס; די אַפּעקונשע, ־ס; די קוראַטאָרשע, ־ס [NÉMENTE] [APETRÓPESTE]
board of trustees די נאמנים־קאָלעגיע, ־ס
trusteeship דאָס נאמנות; די/דאָס אַפּוטרופּסות; די אַפּעקע, ־ס [NEMÓNES] [APETRÓPSES]
trustful צוטרוילעך; צוטרויִק
trust fund דער נאמנות־‹פּקדון־›פֿאָנד, ־ן; דער טרעסט, ־ן [NEMÓNES] [PIKÓDN]
trustworthy פֿאַרלאָזלעך; געטרויִלעך; באַגלייבט; בטוח [BETÚEKh]
He's trustworthy מע קען אים געטרויען; מע קען זיך אויף אים פֿאַרלאָזן; ער איז אַ בטוח
trustworthy person דער בטוח, ־ים [BETÚEKh, BETÚKhIM]
trusty, *adj.* געטריַי; איבערגעגעבן
trusty, *n.* דער תּפֿיסה־בטוח, ־ים [TFÍSE-BETÚEKh, -BETÚKhIM]
truth [ÉMES] דער אמת, ־ן; די וואָר; די/דאָס ריכטיקייט, ־ן
color the truth צופֿאַרבן דעם אמת
in truth [ÉMESN] אין דער אמתן
tell the truth זאָגן דעם אמת

tell the truth, the whole truth and nothing but the truth זאָגן דעם ריינעם אמת; זאָגן די גאַנצע וואָרעט; רעדן בנאמנות [BENEMÓNES]
the naked truth דער הוילער ‹ריינער› אמת; די ריינע וואָרעט
to tell the truth/truth be told דעם אמת געזאָגט ‹זאָגנדיק›; למען־האמת; אין דער אמתן [LEMÁN-HOÉMES]
Truth is stranger than fiction ס'איז אויסטערליש, אָבער פֿאָרט אמת
truthful אָרנטלעך; אמתדיק; וואָרהאַפֿטיק [ÉMESDIK]
be truthful זאָגן דעם אמת [ÉMES]
truthfully באמת [BEÉMES]
truthfulness די/דאָס אָרנטלעכקייט; די/דאָס אמתדיקייט [ÉMESDIKEYT]
truthteller דער אמת־זאָגער, ־ס [ÉMES]
try, *n.* דער פּרוּוו, ־ן
give it a try געבן ‹טאָן› אַ פּרוּוו
It doesn't hurt to try אַ טאַפּ אין וואַגן שאַט נישט
worth a try כּדאַי צו פּרוּוון [KEDÁY]
Let me have a try! אַנו, לאָמיך נאָר געבן ‹טאָן› אַ פּרוּוו!
try, *v.* פּרוּוון; פּרובירן
(jur.) מישפּטן [MÍShPETN]
(taste) פֿאַרזוכן; געבן ‹טאָן› אַ פֿאַרזוך
(test) אויספּרוּוון
try for שטרעבן; צילעווע|ן
try hard סטאַרע|ן זיך; פֿלייסן זיך
try on (clothing) אָנמעסטן; צומעסטן
try one's hand at פּרוּוון; געבן ‹טאָן› אַ פּרוּוו צו; פֿאַרלייגן זיך אויף
try one's luck פּרוּוון ‹פּרובירן› דאָס מזל [MAZL]
try out (test), *vt.* אויספּרוּוון
try out (audition), *vt.* פֿאַרהערן; נעמען ‹שטעלן› אויף פּראָבע
try out (audition), *vi.* לאָזן זיך פֿאַרהערן ‹אויספּרוּוון/אויספּרובירן›; אָפּגעבן אַ פּראָבע
trying שווער; אָנשטרענגיק; אויסמאַטערנדיק
trying times שווערע צייטן
tryout
(spo.) דער אויספּרוּוו, ־ן; די פּראָבע, ־ס; די פּראָבעשפּיל, ־ן
(thea.) דער פֿאַרהער, ־ן; די פּראָבע, ־ס; דער אויספּרוּוו, ־ן; די אודיציע, ־ס
give stg. a tryout אויספּרוּוון
give sb. a tryout געבן + דאַט' אַ שאַנס ‹געלעגנהייט›
tryst די (איינמאַליקע) ליבע־ראַנדעוווּ, ־ען
have a tryst כאַפּן אַ ליבע־ראַנדעוווּ
tsar דער קייסער, קייסאָרים/קיסרים; דער צאַר, ־ן
tsarina די קייסערינע, ־ס; די צאַרינע, ־ס
tsarist צאַריש
tsetse די צע־צע, ־ס; די צע־צע־פֿליג, ־ן
T-shirt דאָס לייבל, ־עך
tsimmes דער צימעס
Tsk-tsk! טע־טע־טע!; פֿכּע!
T-square די צייכן־ווירע, ־ס; דער טע־ווינקל, ־ען; דער טע־אייזן, ־ס
tsunami דער צונאַמי, ־ס; די פֿלייצכוואַליע, ־ס
tub די וואַנע, ־ס
(for baby) דאָס וועניענקעלע, ־ס; דאָס וואַנעלע, ־ך; דאָס ביטעלע, ־ך; די קינדער־וואַנע, ־ס
(pail) דער ביט, ־ן; דער צעבער, ־ס; די באַליע, ־ס
tuba די טובע, ־ס
tubal ligation דער אייטרייבל־אָפּשלאָס, ־ן
tubal pregnancy דאָס טראָגן מחוץ (דער הייבמוטער) [MEKhÚTS]
tuba player דער טובע־שפּילער, ־ס
tubby קורץ און גראָב; באַלייבט
tube דאָס טרייבל, ־עך; די/דער רער, ־ן; דאָס רערל, ־עך
(elec.) דאָס (וואַקוום־)לעמפּל, ־עך
(of toothpaste) די טובע, ־ס; דאָס טוביקל, ־עך
go down the tubes גיין באַרג־אַראָפּ; קאַליע ווערן
have one's tubes tied לאָזן זיך אָפּשליסן ‹אָפּבינדן› די אייטרייבלעך
The food went down the wrong tube כ'האָב זיך פֿאַרכליניעט; דאָס עסן איז אַרײַן אין דער לינקער קעל ‹כּלי› [KÉYLE]
tuber דער וואָרצלקנויל, ־ן
tubercle דער טובערקל, ־ען
tubercular *see* **tuberculous**
tuberculosis דער טובערקולאָז; דער לונגען־פֿעלער; די סוכאָטע; די דער
person with tuberculosis דער סוכאָטניק, ־עס; דער געדעריקער געב'
tuberculous קראַנק אויף טובערקולאָז; סוכאָטנע; דעריש; געדעריק
tuberose דער טובעראָז, ־ן
tubful (of) די פֿולע וואַנע (מיט)
tubing רערלעך ל"ר; טרייבלעך ל"ר
go tubing (לאָזן זיך) גיין טיובינג
Tu Bishvat דער חמישה־עשר; ט"ו בשבֿט [KhAMIShÓSER] [TU BIShVÁT]
tubular רערנדיק; טרייבלדיק
Tucana דער טוקאַן
tuck, *n.* די פֿאַלב, ־ן; די פֿאַלד, ־ן
tuck, *v.*
tuck away פֿאַרטייע|ן; פֿאַרבאַהאַלטן
tucked away פֿאַרטייעט; פֿאַרבאַהאַלטן
tuck in one's shirt אַרײַנשטעקן דאָס העמד
tuck into bed גוט אײַנדעקן; אײַנטוליע|ן
tuck under אַרונטערשטעקן
tuck up פֿאַרהייבן
tucker, *n.* **(cloth)** די שעמיזעטקע, ־ס
tucker, *v.* **(out)** אויסמאַטערן
tucuma די טוקום־פּאַלמע, ־ס
Tuesday, *adj.* דינסטיק...; דינסטיקדיק
Tuesday, *n.* (דער) דינסטיק, ־ן
on Tuesday דינסטיק
Tuesday's דינסטיקדיק
tuft דער זשמוט, ־ן; די פּאַטלע, ־ס; די קודלע, ־ס; דער טשאָפּ, ־עס; דער/די צוויט, ־ן
tufted grass בינטלעך גראָז
tuft root די דיפֿנבאַכיע
tug, *n.* דער צי, ־ען; דער שלעפּ, ־ן
tug, *v.*
imp. ציִען; שלעפּן; צופּן
pf. געבן אַ צי; אַ צי טאָן
tugboat די שלעפּשיף, ־ן; דער בוקסיר, ־ן; די צישיף, ־ן
tug of war דער שלעפּפֿאַרמעסט, ־ן
tuition דער שׂכר־לימוד [SKhAR-LÍMED]
tuition aid די שׂכר־לימוד־סובסידיע, ־ס [SKhAR-LÍMED]
tuition-free אָן שׂכר־לימוד [SKhAR-LÍMED]
tuition increase די העכערונג אין ‹פֿון› שׂכר־לימוד [SKhAR-LÍMED]
tulip דער טולי(י)פּאַן, ־ען
tulip tree דער טולפּאַנבוים, ...ביימער
tulipwood דער פֿינקבוים, ...ביימער
tulle, *adj.* טיולן
tulle, *n.* דער טיול

tumble, *n.* דער אומפֿאַל, ־ן; דער אַנידערפֿאַל, ־ן
tumble, *v.*
(fall) פֿאַלן
(do somersaults) קוליען זיך; מאַכן קאָזשלקעס
tumble down אומפֿאַלן; אַראָפּפֿאַלן; אַנידערפֿאַלן; קאַפּויערפֿאַלן
tumble out אַרויספֿאַלן
tumble over איבערקערן זיך
tumble dryer דער (וועש־)טריקענער, ־ס; די טריקן־מאַשין, ־ען
tumbler
(acrobat) דער אַקראָבאַט, ־ן
(glass) דער קעלישעק, ...שקעס; דאָס גלאָז, גלעזער
(of lock) די גאַשעטקע, ־ס
tumbleweed דער קוריײַ; דער נע־ונדניק [NAVENÁDNIK]
tumbling, *n.* די אַקראָבאַטיק
tumescent אָנגעשוואָלן
tummy דאָס בײַכעלע, ־ך; דאָס פּענצעלע, ־ך
I have a tummyache סע טוט מיר ווי דאָס בײַכעלע; דאָס בײַכעלע טוט מיר ווי
tumor דער אָנוווּקס, ־ן; דער טומאָר, ־ס
tumult דער ליאַרעם; דער האַרמידער; דאָס געטומל; דאָס געקאָך; די האַלעבורדע; די סומאַטאָכע; די מהומה [MEHÚME]
tumultuous שטורעמדיק; ליאַרעמדיק; רוישיק; טומלדיק
tumulus דער קורגאַן, ־ען
tun די טון, ־ען; די/דאָס/דער פֿאַס, פֿעסער
tuna fish דער טונפֿיש, ־ן
tuna melt די טונפֿיש־שניטקע מיט צעלאָזטן קעז
tuna salad דער טונפֿיש־סאַלאַט
tuna sandwich די טונפֿיש־שניטקע, ־ס
tundra די טונדרע
tune, *n.* די מעלאָדיע, ־ס; דער ניגון, ־ים; דער זמר, ־ס; דער מאָטיוו, ־ן [NIGN, NIGÚNIM] [ZÉMER]
change one's tune בײַטן דעם טאָן; אָננעמען אַן אַנדער טאָן; רעדן אַנדערש
in tune אָנגעסטרויעט; אָנגעשטימט
be in tune with (*fig.*) גיין דעם זעלבן גאַנג ווי; זײַן אין אײַנקלאַנג מיט; זײַן בהסכּם מיט [BEHÉSKEM]
out of tune נישט־אָנגעסטרויעט; נישט־אָנגעשטימט
to the tune of (mus.) צו דער מעלאָדיע פֿון
to the tune of (*fig.*) סך־הכּל [SAKhÁKL]
tune, *v.*
(instrument) אָנשטימען; אָנסטרויען; אָנשטעלן
tune in אָנשטעלן דעם ראַדיאָ ‹טעלעוויזאָר›
tune up (mech.) אויסרעגולירן
stay tuned ווײַטער צוהערן ‹צוקוקן› זיך
tuneful מעלאָדיש
tuneless אוממעלאָדיש
(silent) פֿאַרשטומט
tuner
(person) דער אָנשטימער, ־ס; דער סטרויער, ־ס
(radio) דער (ראַדיאָ־)אויפֿנעמער, ־ס
tuneup די אויסרעגולירונג, ־ען
tungsten דער וואָלפֿראַם; דער טונגשטיין
tunic דער טוניק, ־עס
tuning fork דער קאַמערטאָן, ...טענער; דער טאָנגאָפּל, ־ען
Tunisia (די) טוניזיע
Tunisian, *adj.* טוניזיש
Tunisian, *n.*
m./unsp. דער טוניזיער, –
f. די טוניזיערין, ־ס
tunnel, *n.* דער טונעל, ־ן
have tunnel vision זײַן משוגע־לדבֿר־אחד; וועלן ‹קענען› זען נאָר איינס [MEShÚGE-LEDÓVER-ÉKhED]
tunnel, *v.* גראָבן אַ טונעל
tunnel through (אַ)דורכטונעלירן; אויסגראָבן אַ טונעל
tunneler דער טונעלן־גראָבער, ־ס
tupelo דער טופּעלאָ, ־ס
turban דער טורבאַן, ־ען
turbid מוטנע; שמוציק
turbidity די/דאָס מוטנעקייט; די/דאָס שמוציקייט
turbine די טורבין, ־ען
turbojet דער טורבאָרעאַקטיווער מאָטאָר, ־ן
turboprop די פּראָפּעלער־טורבין, ־ען
turbulence דאָס געברויז
(av.) קעגנדיקע לופֿטשטראָמען ל״ר
(pol.) אומרוען ל״ר
(at sea) דאָס שטורעמדיקע וואַסער
turbulent ברויזיק; כוואַליעדיק; שטורעמדיק; אומרויִק
turd די באָבקע, ־ס
(person/*vlg.***)** דער גאַוניאַק, ־עס; דער טינוף; דאָס טינופֿת, ־ן [TÍNEF] [TINÓYFES]
tureen די טערינע, ־ס; די ליאָכענע, ־ס; די זופּשיסל, ־ען
turf, *n.*
(sod) דער טאָרף; דאָס גראָז; די פּאַרגראָזיקטע ערד
(horse racing) דער היפּאָדראָם; פֿערדפֿאַרמעסטן ל״ר
(territory/*slg.***)** דער (אייגענער) שטח [ShÉTEKh]
turf, *v.*
(sod) באַדעקן מיט טאָרף ‹גראָז›
(cancel) אַנולירן; פֿאַרוואַרפֿן
turf out אַרויסשלײַדערן; ווײַזן + דאַט' די טיר
turf war דאָס שטח־געראַנגל [ShÉTEKh]
turgid אָנגעשוואָלן
(*fig.*) מליצהדיק; באָמבאַסטיש [MELÍTSEDIK]
Turk
m./unsp. דער טערק, ־ן
f. די טערקין, ־ס; די טערקיניע, ־ס
turkey דער אינדיק, ־עס
(failure) דער דורכפֿאַל, ־ן
(bowling) דער דרײַטרעף, ־ן
quit cold turkey אויפֿהערן פֿון דער העלער הויט; אויפֿהערן מיט אַ מאָל
talk turkey רעדן אָפֿענע דיבורים; רעדן צום ענין [ÍNYEN]
Turkey (די/דאָס) טערקײַ
turkey-cock דער גאַלאַגאַן; דער גאַלאַגאַנסקער האָן, הענער
turkey-hen די אינדיטשקע, ־ס
Turkic טורקיש
Turkish טערקיש
Turkish Jew דער טערקישער געב'; דער טערקישער ייִד, ־ן
Turkish bath די שוויצבאָד, ...בעדער
Turkish delight דער ראַכאַט־לוקום
Turkish pipe דער ציביק, ־עס
Turkmen, *adj.* טורקמעניש
Turkmen, *n.* דער טורקמענער, –
Turkmenistan (דאָס) טורקמעניסטאַן
turmeric די קורקומע
turmoil די מהומה; די סומאַטאָכע; דער אויפֿברויז; די בהלה; דער קאָך; דאָס געקאָך; דער תּוהו־ובֿוהו [MEHÚME] [BEHÓLE] [TOYEVÓYE]
be in turmoil over זײַן מבֿוהל צוליב; זײַן אין אַ מהומה צוליב; קאָכן מיט [MEVÚEL]
turn, *n.* דער (אומ)דריי, ־ען; דער קער, ־ן; דער ווענד, ־ן; די ווענדונג, ־ען
(in game/order) די ריי, ־ען; דער גאַנג, גענג; די טשערע, ־ס; די קאָליע, ־ס

(in road) דער אויסדריי, ־ען; דער אויסבייג, ־ן
at every turn כּסדר; ווּ מע גייט און ווּ מע שטייט [KESÉYDER]
at the turn of the century בײַם אָנהייב יאָרהונדערט
bad turn די רעה, ־ות [RÓE]
by turns נאָך דער ריי; טשערעווײַז
do sb. a good turn טאָן + דאַט׳ אַ טובֿה ‹מיצווה› [TÓYVE] [MÍTSVE]
give sb. a turn איבערשרעקן; דערשרעקן
good turn די טובֿה, ־ות
in turn (in order) לויט דער ריי
in turn (on the other hand) אָבער; ווידער; אַ(נט)קעגן זשע
in turn (successively) איינס נאָכן אַנדערן; אַ מאָל איבער אַ מאָל
It's my turn ס׳איז (געקומען) מײַן ריי ‹קאָלייע/טשערע/גאַנג›
make a turn (while driving) פֿאַרקערעווע|ן זיך
One good turn deserves another אַ טובֿה פֿאַר אַ טובֿה; מיצווה גוררת מיצווה; קראַץ מיך און איך וועל דיך קראַצן [MÍTSVE GORÉRES MÍTSVE]
out of turn נישט לויט דער ריי
take a turn at אַ פּרווו טאָן + אינפֿ׳
take a different turn אַרויסשטעלן זיך אַנדערש
take a turn for the better פֿאַרבעסערן זיך; בעסער ווערן
take a turn for the worse פֿאַרערגערן זיך; ערגער ווערן
take a wrong turn פֿאַרפֿאָרן; פֿאַרקריכן
take turns (at) אויסבײַטן זיך (מיט); אָפּבײַטן זיך (מיט)
to a turn פּונקט ריכטיק
turn of events דער לויף פֿון די געשעענישן
turn of phrase דער אויסדרוק, ־ן
Whose turn is it? וועמעס ריי איז איצט?; ווער שפּילט איצט?

turn, *v.*
vt./vi. imp. דרייען (זיך)
vt. pf. אויסדרייען; געבן אַ דריי; אַ דריי טאָן
vt. imp./pf. **(on lathe)** (אויס)טאָקן
vi. pf. אַ דריי טאָן זיך; אויסדרייען זיך
vi. imp. **(in vehicle)** קערעווע|ן זיך
vi. pf. **(in vehicle)** פֿאַרקערעווע|ן זיך; אויסקערעווע|ן זיך
vi. **(sour)** זויער ‹קאַליע› ווערן; צוזויערן
(a page) מישן; בלעטערן
turn a deaf ear to טויב זײַן צו
turn a profit פֿאַרדינען; שעפּן רווח [RÉVEKh]
turn against אויפֿהעצן + אַק׳ קעגן; אויפֿרייצן + אַק׳ אויף; ווערן + דאַט׳ אַ שונא [SÓYNE]
turn around, *vt./vi.* **(improve)** פֿאַרבעסערן (זיך)
turn around, *vt./vi.* **(turn back)** אויסדרייען זיך (מיט דער פּלייצע); אומדרייען זיך
turn around, *vt./vi.* **(twirl)** אַרומדרייען (זיך)
turn aside, *vt./vi.* אָפּקערן (זיך); אָפּווענדן (זיך)
turn away, *vt.* **(dismiss)** אַוועקשיקן
turn away, *vt.* **(repel)** אָפּשטויסן
turn away, *vi.* **(turn)** אָפּקערן זיך; אַוועקדרייען זיך
turn back, *vt.* צוריקדרייען
turn back, *vi.* אומקערן זיך; צוריקגיין
turn back the clock צוריקדרייען דעם זייגער; רוקן דעם זייגער אויף צוריק
turn back the clock (*fig.*) אומקערן זיך צום נעכטן ‹אַמאָל›
turn down (cards) האַלטן פֿאַרדעקט
turn down (fold over) פֿאַרבייגן
turn down (volume) מאַכן שטילער; אַראָפּדרייען
turn down (heat/lights) אַראָפּדרייען
turn down (reject) אָפּזאָגן זיך פֿון; אָפּוואַרפֿן; אָפּזאָגן + דאַט׳
turn heads פֿאַרכאַפּן דאָס אויג
turn in, *vt.* **(assignment)** דערלאַנגען
turn in, *vt.* **(grades)** רעגיסטרירן
turn in, *vt.* **(to police)** איבערגעבן (צום אַרעסט); אָפּגעבן
turn in, *vi.* **(to sleep)** לייגן זיך
turn inside out איבערדרייען אויף דער לינקער זײַט; אויסקערן; אויסקערעווע|ן
turn into, *vt.* פֿאַרוואַרפֿן אין; מאַכן + אַק׳ פֿון
turn into, *vi.* מגולגל ווערן אין; פֿאַרקערן זיך אין; פֿאַרוואַרפֿן זיך אין [MEGÚLGL]
turn left, *vt.* **(screw/faucet)** (פֿאַר)דרייען אויף לינקס
turn left, *vi.* **(steer)** פֿאַרנעמען ‹פֿאַרקערעווע|ן/דרייען› זיך אויף לינקס
turn loose פֿרײַ לאָזן; באַפֿרײַען
turn the dog loose אַראָפּלאָזן ‹באַפֿרײַען› דעם הונט פֿון דער קייט
turn off, *vt.* **(comp.)** אויסלעשן
turn off, *vt.* **(elec.)** פֿאַרלעשן; אויסלעשן; אויסשליסן; פֿאַרדרייען
turn off, *vt.* **(faucet)** פֿאַרדרייען
turn off, *vt./vi.* **(motor)** פֿאַרדרייען (זיך); אויסלעשן (זיך)
turn off, *vt.* **(repel)** אָפּשטויסן; מיגלען + דאַט׳; אָפּשלאָגן + דאַט׳ דעם חשק [KhÉYShEK]
turn off, *vt./vi.* **(stove)** אויסלעשן (זיך)
turn on, *vt.* **(comp.)** אָנשטעלן
turn on, *vt.* **(depend)** ווענדן זיך אין; אָפּהענגען אין ‹פֿון›
turn on, *vt.* **(elec.)** אָנצינדן; אײַנשליסן
turn on, *vt.* **(faucet)** אויפֿדרייען; אָפּדרייען
turn on, *vt.* **(interest)** פֿאַרכאַפּן (דעם אינטערעס); ציִען
turn on, *vt.* **(mech.)** אָנשטעלן; אָנצינדן
turn on, *vt.* **(sexually)** צעוועקן; אויפֿרייצן; אַנטוועקן; אויפֿפֿלאַמען; אָנברענען; צערייצן; ציִען
turn on, *vt./vi.* **(stove)** אָנצינדן (זיך); אָנשטעלן (זיך)
turn on, *vt.* **(stove)** *also* אונטערהייצן
turn on its head איבערקערן קאַפּויער
turn on one's heel געבן זיך אַ דריי אויס און אַרויסגיין
turn on the light אָנצינדן ‹אײַנשליסן/אָנשטעלן› דעם לאָמפּ; אָנצינדן ‹אָנשטעלן› דאָס ליכט; מאַכן ליכטיק
turn one's attention to ווענדן דעם אויפֿמערק אויף
turn one's head away פֿאַרדרייען ‹אָפּדרייען› דעם קאָפּ
turn one's life around אַריבערגיין אויף אַ נײַעם וועג; איבערדרייען דאָס רעדל
turn one's stomach קערן + דאַט׳ די גאַל; ווערן אומפּ׳ + דאַט׳/פּ״ק נישט־גוט (פֿון)
turn out, *vt.* **(elec.)** פֿאַרלעשן
turn out, *vt.* **(produce)** פּראָדוצירן; פֿאַבריצירן
turn out, *vt.* **(throw out)** אַרויסוואַרפֿן
turn out, *vi.* **(result)** אויסלאָזן זיך; אַרויסווײַזן זיך; אַרויסשטעלן זיך
turn out to be אַרויסשטעלן ‹אַרויסווײַזן› זיך פֿאַר ‹אַז›
turn out well/for the better אײַנגעבן זיך; געראָטן; מצליח זײַן; גוט אָפּשנײַדן; אויסלאָזן זיך צום גוטן; גוט אויספֿאַלן; עולה־יפֿה זײַן [MATSLÍEKh] [ÓYLE-YÓFE]
turn over, *vt./vi.* איבערדרייען (זיך); איבערקערן (זיך) אויף דער אַנדערער זײַט

turn over a new leaf אָנהייבן אויף ‹פֿון› ס'ניַי; אָנהייבן אַ ניַי קאַפּיטל; איבערמישן ‹איבערבלעטערן› אַ ניַי בלאַט
turn over in one's grave איבערדרייען זיך אין קבֿר [KÉYVER]
turn over soil אָקערן די ערד
turn right, *vt.* **(screw/faucet)** (פֿאַר)דרייען אויף רעכטס
turn right, *vi.* **(steer)** פֿאַרנעמען ‹פֿאַרקערעווען/דרייען› זיך אויף רעכטס
turn the clock forward רוקן ‹דרייען› דעם זייגער פֿאָרויס
turn the corner (on street) פֿאַרקערעווען הינטערן ‹נאָכן› ראָג
turn the corner (*fig.*) בשלום (אַ)דורכקומען (דעם קריזיס) [BEShÓLEM]
turn the key איבערדרייען ‹געבן אַ דריי› דעם שליסל
turn the tables איבערדרייען דאָס רעדל
turn to, *vt.* **(address)** ווענדן זיך צו
turn to, *vt.* **(for help)** אָנקומען צו + דאַט' נאָך הילף; ווענדן זיך צו
turn to drugs נעמען זיך צו נאַרקאָטיק
turn up, *vt.* **(collar)** אויפֿהייבן; אויפֿשטעלן
turn up, *vt.* **(sleeves)** פֿאַרקאַטשען
turn up, *vt.* **(volume)** מאַכן העכער ‹שטאַרקער›; אַרויפֿדרייען
turn up, *vi.* **(appear)** באַוויַיזן זיך; אָפּגעפֿינען זיך; (פֿאַ)יאַווען זיך
turn up, *vi.* **(in unexpected place)** פֿאַרוואַלגערן זיך; פֿאַרוואָגלט ווערן; מגולגל ווערן
turn up one's nose פֿאַרריַיסן די נאָז
turn up the heat (temperature) אָנוואַרעמען; אָנהייצן
turn up the heat (*fig.*) צושיטן קוילן אויפֿן פֿיַיער
turns out that שטעלט ‹וויַיזט› זיך אַרויס אַז; ערשט
whatever turns you on וואָס (נאָר) סע גלוסט זיך דיר ‹איַיך›
turnabout די ווענדונג, ־ען; דער איבערקער, ־ן
do a turnabout אויסדרייען דעם דישל; מאַכן השיבֿנו [HAShIVÉYNU]
turnaround
What's the turnaround time? ווי לאַנג וועט (עס) געדויערן?
turncoat דער איבערגעלאָפֿענער געב'; דער בוגד, ־ים [BÓYGED, BÓGDIM]
turned-down (collar) אַריבערגעלייגט; אָפּגעלייגט
turner דער טאָקער, ־ס
turner's shop די טאָקאַרניע, ־ס; די טאָקעריַי, ־ען
turning point דער ווענדפּונקט, ־ן; דער קערפּונקט, ־ן
turnip די ברוקווע, ־ס; די בריקעווע, ־ס; די קרוטשקע, ־ס; דער ריב, ־ן; די גריזינ(י)ע
turnkey, *adj.* שליסלגרייט
turnkey, *n.* דער שליסלער, ־ס
turn-off די אָפּשטויסונג, ־ען
It's a real turn-off סע שטויסט אָפּ; סע מיגלט דערפֿון
turn-on
be a real turn-on קענען ממש אונטערצינדן אַ פֿיַיער; זיַין דער יצר־הרע אַליין [MÁMESh] [YÉYTSER-HÓRE]
turnout די צאָל באַטייליקטע; דער עולם [ÓYLEM]
turnover
(bus.) דער (סחורה־)אויסקער; דער 'אומזאַץ [SKhÓYRE]
(cul.) דער פּיראָג, ־ן; דער געפֿילטער קוכן, ־ס
(of employees) די/דאָס פֿליסוודיקייט
(of funds) דער געלטאויסקער, ־ן

turnpike דער (אָפּצאָל)שטראָז, ־ן; דער צאָלשאָסיי, ־ען
turn signal דער קערעווע־סיגנאַל, ־ן; דער קערסיגנאַל, ־ן
turnstile די דרייטיר, ־ן; דער טורניקעט, ־ן
turntable דער דיסקן־שפּילער, ־ס; די דרייקע, ־ס
turn-up (cuff) דער מאַנזשעט, ־ן
turpentine דער טערפּענטין; דער שפּיגינאַר
turpitude די/דאָס פֿאַרדאָרבנקייט; די/דאָס געמיינקייט
turquoise, *adj.* טורקיזן; טירקאָזן
turquoise, *n.* דער טורקיז; דער טירקאָז
turret דאָס (שיס)טורעמל, ־עך; דער האַרמאַט־טורעם, ־ס
turret hole די/דער שיסלאָך, ...לעכער
turret ship די טורעמשיף, ־ן
turtle די טשערעפּאַכע, ־ס; דער שילדקראָט, ־ן
turtledove די טערקלטויב ‹טורקלטויב›, ־ן
turtleneck דער גאָלף, ־ן; דער גאָלפֿסוועטער, ־ס
turtle soup די זופּ פֿון טשערעפּאַכעס; די טשערעפּאַכע־זופּ; די שילדקראָטזופּ
tush דער הינטן; דאָס געזעס
(of child) דאָס תּחתל, ־עך; דאָס טאָסיקל, ־עך [TÉKhESL]
tusk דער שטויסצאָן ...ציין
tussle, *n.* דאָס גראַנגל, ־ען; דאָס געשלעגעריַי
tussle, *v.* ראַנגלען זיך; אַרומשלאָגן זיך
tussock דאָס הרודקעלע, ־ך; דאָס (נידער־)בערגעלע, ־ך
tutee דער (צו)לערנער, ־ס
tutelage דאָס/די אַפּוטרופּסות; די הדרכה [APETRÓPSES] [HADRÓKhE]
tutelary אַפּוטרופּסים־...; אָפּעקוניש [APETRÓPSIM]
tutor, *n.* דער פּריוואַטער לערער, ־ס; דער רעפּעטיטאָר, ...אָרן
tutor, *v.* געבן + דאַט' (פּריוואַטע) לעקציעס; צולערנען ‹צוקנעלן› מיט
tutorial, *n.*
(comp.) דאָס פּראָגראַם־קורסל, ־עך
(group) די (אומפֿאָרמעלע) שטודיר־גרופּע, ־ס
tutoring דאָס פּריוואַט־לערנען; דאָס רעפּעטיטאָריַי
tutti-frutti דער פֿרוכטאַייזקרעם; דער טוטי־פֿרוטי
Tut-tut! וויַיס איך וואָס!; איַי־איַי־איַי!
tutu דער טוטו, ־ס; דאָס באַלעט־קליידל, ־עך
tuxedo דער סמאָקינג, ־ען; דער טאַקסידאָ, ־ס
TV *see* **television**
TV dinner די גרייטע ‹פֿאַרפֿרוירענע› וועטשערע, ־ס
TV movie דער טעלעפֿילם, ־ען
TVP *see* **textured vegetable protein**
twaddle די באַדניע
twain ביידע
twang, *n.*
(mus.) דער שאַרפֿער טאָן
(voice) דאָס פֿאָנפֿען
twang, *v.*
vt. **(mus.)** קלימפּערן מיט
vi. **(mus.)** אַרויסלאָזן אַ שאַרפֿן טאָן; קלימפּערן
vi. **(voice)** רעדן פֿאָנפֿעוואַטע; פֿאָנפֿען
with a twang פֿאָנפֿ(עוו)אַטע
twat (*vlg.*) די פּירגע, ־ס; די שמוע, ־ס; די שמוטשקע, ־ס
tweak, *n.*
(adjustment) די צופּאַסונג, ־ען; די אויספֿאַרריכטונג, ־ען
(pinch) דער קניפּ, ־ן
tweak, *v.*
(adjust) צופּאַסן; אויספֿאַרריכטן
(pinch) געבן אַ קניפּ; שטשיפּען; קניַיפּן
tweak sb.'s ear אָנדרייען + דאַט' די אויערן; אָנדרייען + אַק' פֿאַרן אויער
tweed, *adj.* טוויד...
tweed, *n.* דער טוויד

tweeds דער טוויִדקאָסטיום
tween דער כּמעט־צענערלינג, ־ען [KIMÁT]
tweet, *n.*
(bird) דער פֿישטשע, ־ס
(comp.) דער צוויט, ־ן
tweet, *v.*
(bird) פֿישטשע|ן; טשיריקע|ן; צוויטערן
(comp.) צוויט(ש)ערן
tweeter (mus.) דער צוויטהילכער, ־ס; דער סאָפּראַן־הילכער, ־ס
tweezers דער פּינצעט ל״ר; דער צוויקער ל״ר
twelfth, *adj.* צוועל(ע)פֿט
twelfth, *n.* דאָס צוועל(ע)פֿטל, ־עך
twelve צוועל(ע)ף
twelve o'clock צוועל(ע)ף אַ זייגער; צוועלעווע
twelve-tone דאָדעקאַפֿאָניש
twentieth צוואַנציקסט; צוואָנציקסט
twenty צוואַנציק; צוואָנציק
be in one's twenties זײַן אין די צוואַנציקער יאָרן
in the twenties (era) אין די צוואַנציקער יאָרן
twenty-dollar bill דער צוואַנציקער, ־ס/־
twenty-four-hour, *adj.* מעת־לעת־... [MESLÉS]
twenty-four-hour pharmacy דער מעת־לעת־אַפּטייק, ־ן [MESLÉS]
twenty-four seven אַ גאַנצן מעת־לעת; טאָג און נאַכט; סײַ בײַ טאָג (און) סײַ בײַ נאַכט [MESLÉS]
twenty-odd עטלעכע און צוואַנציק; אַ צוואַנציק
twenty-one (game) דער איין־און־צוואַנציק
twenty-something, *n.* דער/די עטלעכע און צוואַנציקער
twenty-twenty
have twenty-twenty hindsight זײַן אַ חכם אויף צו מאָרגנס [KhÓKhEM]
have twenty-twenty vision האָבן אַ פּערפֿעקטע ראיה [RÍE]
twerp דער יאָלד, ־ן; דער גאָרנישט, ־ן; דער מנוול, ־ים [MENÚVL, MENUVÓLIM]
twice צוויי מאָל
think twice נאָך אַ מאָל איבערקלערן
twice-told שוין גוט באַקאַנט; אויסגעדראָשן
twiddle, *v.* אַרומדרייען; שפּילן זיך מיט
twiddle one's thumbs שלאָגן בײַדעקעס; פּוסטעפּאַסעווע|ן; כאַפּן פֿליגן
twig דאָס צווײַגל, ־עך; דאָס ריטל, ־עך
twilight דאָס/דער בין־השמשות, ־ן [BEYNAShMÓShES]
in the twilight zone צווישן ליכט און פֿינצטער
twilight sleep דער האַלבדרימל; דער דעמערשלאָף
twill דער טוויל
twin, *adj.* צווילינג...
twin, *n.* איינער געב' פֿון אַ צווילינג ‹פּאָרל›
give birth to twins האָבן אַ צווילינג
set of twins דער צווילינג, ־ען/־ער; דאָס פּאָרל, ־עך
They are twins זיי זענען אַ צווילינג
twins דער צווילינג ל״ר
see also **fraternal; identical**
twin, *v.* צונויפֿפּאָרן
twin bed דאָס/די איינצלבעט, ־ן
twin brother דער צווילינג־‹פּאָרל־›ברודער, ־ברידער
twine, *n.* דער שפּאַגאַט
twine, *vt./vi.* פֿלעכטן (זיך); (אַרומ)וויקלען (זיך)
twin-engine צוויי־מאָטאָריק; מיט צוויי מאָטאָרן
twinge, *n.* דער שטאָך, ־ן; דער צופּ, ־ן
twinge of conscience דער חרטה־פּײַן [KhARÓTE]
twinge, *v.* דערפֿילן אַ שטאָך ‹צופּ›

twinkle, *n.* דער פֿינקל, ־ען
twinkle, *v.* פֿינקלען; בליצלען; שימערירן
twinkling
in the twinkling of an eye אין איין הרף־עין; אין אַ פֿינטל מיטן אויג; צווישן יאָ און ניין [HEREF-ÁYEN]
twinned צונויפֿגעפּאָרט
twin sister די צווילינג־‹פּאָרל־›שוועסטער, ־
Twin Towers דער וועלטהאַנדל־צענטער
twirl, *n.* דער גיכער דריי אַרום
twirl, *vt./vi.* דרייטלען (זיך); גיך אַרומדרייען (זיך)
twist, *n.* דער דריי, ־ען; דער בייג, ־ן; דער קרים, ־ען
(dance) דער טוויסט
(in road) דער (אויס)בייג, ־ן
(on loaf) די קרוטקע, ־ס; דאָס פֿלעכטל, ־עך
at every twist and turn וווּ מע גייט און וווּ מע שטייט; וווּ מע טוט זיך אַ דריי און אַ קער; מיט יעדן קער און ווענד
give a new twist שענקען אַ פֿרישן בליק; מאַכן אַ נײַעם פּירוש; מאַכן אַ פֿרישן גוט־שבת [PÉYRESh] [ShÁBES]
in a twist of fate ווי דאָס מזל האָט זיך אויסגעלאָזט [MAZL]
twist of lemon דער שפּריץ לימענע ‹ציטרין›
twist, *v.*
vt. **(interlace)** (אַרײַנ)פֿלעכטן; אויספֿלעכטן
vt. **(make crooked)** אויסקרימען; פֿאַרקרימען; פֿאַרדרייען; קאָרטשע|ן
vt. **(sprain)** אויסדרייען; אויסוועכנען; אויסלינקען ‹אויסלענקען›
vi. **(be crooked)** דרייען זיך; קאָרטשע|ן זיך; שלענגלען זיך
vi. **(meander)** שלענגלען זיך
twist off, *vt.* **(break off)** אָפּברעכן
twist off, *vt.* **(unscrew)** אָפּשרויפֿן; אָפּדרייען
twist off, *vi.* **(unscrew)** אָפּשרויפֿן זיך; לאָזן זיך אָפּשרויפֿן
twist sb.'s arm צודריקן + אַק' צו דער וואַנט; דריקן + אַק' מיט כּוח [KÓYEKh]
twist sb.'s words פֿאַרדרייען + דאַט' די ווערטער
twist together צונויפֿדרייען
twisted פֿאַרדרייט
(perverse) פּערווערס; פֿאַרדאָרבן
twister דער טאָרנאַדאָ, ־ס
twist tie דאָס דריידרעטל, ־עך
twit דער טיפּש, ־ים; דער פֿאַרשטאָפּטער קאָפּ, קעפּ [TÍPESh, TÍPShIM]
twitch, *n.* דער צוק, ־ן
twitch, *v.* צוקן (מיט); אַ צוק טאָן (מיט); צוקן אומפּ' + דאַט'
twitter, *n.* דער צוויטש, ־ן; דער ציפּצע, ־ס
Twitter, *n.* (דער) טוויטער
twitter, *v.* צוויטערן; צוויטשערן; טרילערן; ציפּצע|ן
twittering דאָס צוויטשערײַ; דאָס צוויטשערן; דאָס ציפּצעניש
two, *n.* די צוויי, ־ען
by twos זאַלבע צווייט
cut in two איבערשנײַדן אויף צווייען
eat for two עסן פֿאַר צוויי(ען)
put two and two together אַרויסדרינגען; אונטערציִען אַ סך־הכל [SAKhÁKL]
That makes two of us! איך אויך!; מײַן מעשה!; מסכּים! [MÁYSE] [MÁSKEM]
the two of them זיי בײדע; זאַלבענאַנד
two, *num.* צוויי
put in one's two cents אַרויסזאָגן די אייגענע בײַדנע מיינונג
two-bit ווייניק ווערט; ווערט אַ גראָשן; ביליק
two-by-four דאָס צוויי־אויף־פֿיר־געהילץ

two-cycle engine דער צווייטאַקטן־מאָטאָר, ־ן
two-dimensional צוויי־דימענסיעדיק; אין ‹מיט› צוויי דימענסיעס; צוויי־געמעסטיק
two-edged מיט צוויי שאַרפֿן
two-faced פֿאַלש; צוויי־פּנימדיק; צבֿועקיש [PÓNEMDIK/PÉNEMDIK] [TSVU(Y)ÁKISh]
twofer צוויי פֿאַרן זעלבן פּרייז
twofold אין צווייען; צוויי מאָל אַזוי פֿיל
two-handed פֿאַר צוויי הענט; צווייהענטיק
two o'clock צוויי אַ זייגער; צווייע
two-piece אין צוויי טיילן
two-piece suit דער אָנצוג ‹קאָסטיום› אין צוויי טיילן
two-ply צווייפֿאַכיק; צווייִשיכטיק
two-point shot דער צווייער, ־ס
two-pronged צווייזייטיק; פֿון צוויי זײַטן; צווייצייניק
  two-pronged attack דער אַטאַק פֿון צוויי זײַטן
  two-pronged plug דער צווייצייניקער גאָפּל, ־ען
two-seater די צווייזיצקע, ־ס
two-sided צווייזײַטיק
twosome דאָס פּאָרל, ־עך
  (spo.) די/דאָס שפּיל פֿאַר צוויי
  as a twosome זאַלבע צווייט
two-star צוויי־שטערנדיק; מיט צוויי שטערנדלעך
two-step דער צווייטריט
two-tiered אויף צוויי ניוואָען
two-time זײַן אומגעטרײַ דעם ווײַב ‹מאַן›
two-timer דער אומגעטרײַער געב'
two-tone צווייפֿאַרביק; צוויי־קאָליריק
two-way אַהין־קריק־‹־צוריק־›...
two-way mirror דער צווייזײַטיקער שפּיגל, ־ען
two-way radio דער אַהין־קריק־‹־צוריק־›ראַדיאָ, ־ס
two-way street די אַהין־אַהער־גאַס, ־ן; די גאַס אין ביידע ריכטונגען
two-wheeled צוויי־רעדערדיק; אויף ‹מיט› צוויי רעדער
two-wheeled cart די בידקע, ־ס
two-wheeler דער ביציקל, ־ען
two-year college דער אונטערקאָלעדזש, ־ן
two-year program די צווייִאָריקע פּראָגראַם, ־ען
tycoon
  m./unsp. דער מאַגנאַט, ־ן
  f. די מאַגנאַטקע, ־ס
tyke
  (child) דער קליינ(טשיק)ער געב'; דער מזיק, ־ים [MÁZEK, MAZÍKIM]
  (dog) דער הויפֿהונט, ...הינט
tympani טימפּאַנעס; קעסלפּויקן
tympanic טימפּאַניש
tympanic membrane דאָס פּויקהײַטל, ־עך
tympanist דער קעסלפּויקער, ־ס
tympanites דער מעטעאָריזם
tympanum
  (eardrum) דאָס פּויקהײַטל, ־עך
  (middle ear) דער/דאָס מיטלסטע(ר) אויער, ־ן
tympany די טימפּאַניע

type, *n.*
  (kind) דער/דאָס מין, ־ים; דער טיפּ, ־ן; דער סאָרט, ־ן
  (typ.) דער (דרוק)שריפֿט, ־ן; די ליטערע, ־ס
  (thea.) דער/די אַמפּלואַ, ־ען
type, *v.*
  imp./pf. **(on computer)** (אויס)וואָרטירן; (אַרײַנ)וואָרטירן
  imp./pf. **(on typewriter)** (אויס)טיפּירן; (אויס)קלאַפּן
typecast, *v.* טיפּיזירן; געבן אַ סטערעאָטיפּישע ‹פּאַסיקע› ראָלע
  be typecast זײַן טיפּיזירט; באַקומען נאָר סטערעאָטיפּישע ראָלעס
typeface דער שריפֿט, ־ן
type founder דער שריפֿטגיסער, ־ס
typescript דער טיפּאָסקריפּט, ־ן
typeset (אויס)זעצן; האַקן שורות [ShÚRES]
typesetter דער (שריפֿט)זעצער, ־ס
  (hum.) דער בחור־הזעצער, ־ס [BÓKhER-HAZÉTSER]
typesetting דאָס זעצערײַ
typewriter די שרײַבמאַשין, ־ען; די שרײַבמאַשינקע, ־ס
typewritten אויסטיפּירט; מאַשין־געשריבן
typhoid fever דער בויכטיפֿוס
typhoon דער טײַפֿון, ־ען
typhus דער (פֿלעק)טיפֿוס
typical טיפּיש
  typical of טיפּיש + דאַט'
typically בדרך־כּלל; געוויינ(ט)לעך [BEDÉREKh-KLÁL]
typify פֿאַרקערפּערן; טיפּיזירן; זײַן טיפּיש + דאַט'; פֿאָרשטעלן מיט זיך
typing דאָס טיפּירן; דאָס אויסקלאַפּן
typing pool די טיפּיר־צענטראַלע, ־ס
typist
  m./unsp. דער טיפּיסט, ־ן; דער מאַשין־שרײַבער, ־ס; דער שרײַבמאַשיניסט, ־ן
  f. די טיפּיסטקע, ־ס; די מאַשין־שרײַבערין, ־ס; די שרײַבמאַשיניסטקע, ־ס
typo *see* **typographical error**
typographer דער טיפּאָגראַף, ־ן
typographic(al) טיפּאָגראַפֿיש; טיפּאָ...; דרוק...
typographical error דער טיפּאָגרײַז, ־ן; דער דרוקפֿעלער, ־ן; דער דרוקגרײַז, ־ן; דער טעות־הדפֿוס, ־ן [TÓES-HATFÚS]
typography די טיפּאָגראַפֿיע
typological טיפּאָלאָגיש
typology די טיפּאָלאָגיע, ־ס
tyrannical טיראַניש
tyrannize טיראַניזירן
tyrannosaurus rex דער טיראַנאָזאַווער, ־ס
tyrannous טיראַניש
tyranny די טיראַניע, ־ס; די טיראַנײַ, ־ען
tyrant דער טיראַן, ־ען
tyro דער אָנהייבער, ־ס; דער צניף, ־ן; דאָס נעוויקל, ־עך; דאָס מלופּן־קינד, ־ער [MELÚPM]
tzitzit ציצית [TSÍTSES]

U

U דער או, ־ען

ubiquitous אומעטוּמיק

ubiquity די/דאָס אומעטוּמיקייט

U-boat די (דײַטשע) טוּנקשיף, ־ן

udder דער אײַטער, ־ס

UFO *see* **unidentified flying object**

Uganda (די) אוגאַנדע

Ugandan, *adj.* אוגאַנדיש

Ugandan, *n.*

m./unsp. דער אוגאַנדער, –

f. די אוגאַנדערין, ־ס

Ugh! פֿע!; (אַ) חלשות! [KhALÓShES]

ugliness די/דאָס מיאוסקייט [MÍESKEYT]

ugly מיאוס; ניִשט־שיִין; מיאוס־פּנימדיק; שפּעטנע [MÍES] [PÓNEMDIK]

(nasty) דערווידערדיק; בריִדקע; מיאוס

(threatening) געפֿערלעך

as ugly as sin מיאוס ווי די נאַכט

ugly person (*m./unsp.*) דער מיאוסניק, ־עס; די/דאָס מיאוסקייט, ־ן [MÍESNIK] [MÍESKEYT]

ugly person (*f.*) די מיאוסניצע, ־ס [MÍESNITSE]

ugly customer דער געפֿערלעכער קונה [KÓYNE]

ugly duckling דאָס שפּעטנע קאַטשקעלע, ־ך

uhlan דער אולאַן, ־ער

ukase דער אוקאַז, ־ן

Ukraine (די) אוקראַיִנע

Ukrainian, *adj.* אוקראַיִנער אינוו'; אוקראַיִניש

Ukrainian Jew דער אוקראַיִנישער געב'; דער אוקראַיִנישער ייִד, ־ן

Ukrainian, *n.*

m./unsp. דער אוקראַיִנער, –

f. די אוקראַיִנערקע ‹אוקראַיִנערין›, ־ס

(language) דאָס אוקראַיִניש

ukulele די אוקולעלע, ־ס

ulcer, *n.*

(skin) דער גרינד, ־ן; דאָס געשוויִר, ־ן; די מכּה, ־ות [MÁKE]

(stomach) דאָס מאָגן־געשוויִר, ־ן; דער אוּלצער, ־ס

He's giving himself an ulcer ער מאַכט זיך אַליין אַ מאָגן־געשוויִר ‹אוּלצער›

ulcerate

Her skin ulcerated ס'האָט זיך איר געזעצט ‹געמאַכט› אַ גרינד ‹געשוויִר› אויף דער הויט

His stomach ulcerated ס'האָט זיך אים געמאַכט אַ מאָגן־געשוויִר ‹אוּלצער›

ulcerated געשוויִריק

ulceration *see* **ulcer**

ulema אולעמאַ

ulna דער עלנביין

ulterior פֿאַרבאָרגן; באַהאַלטן; היִנטער...

ulterior motive די באַהאַלטענע כּוונה, ־ות; דער היִנטערגעדאַנק, ־ען; די פּניה, ־ות [KAVÓNE] [PNÍE]

ultimate לעצטגילטיק

pay the ultimate price באַצאָלן מיט דער נשמה; באַצאָלן מיטן לעבן [NEShÓME]

ultimately אין לעצטן סך־הכּל; סוף־כּל־סוף; צום סאַמע סוף; אין דער אונטערשטער שורה [SAKhÁKL] [SOFKLSÓF] [SOF] [ShÚRE]

ultimatum דער אולטימאַטום, ־ס

ultra, *adj.* אוּלטראַ...

ultra, *n.* דער אוּלטראַ, ־ס; דער עקסטרעמיִסט, ־ן

ultra-high אוּלטראַהויך

ultramarine, *adj.* אוּלטראַמאַריִן

ultramarine, *n.* דער אוּלטראַמאַריִן

ultramodern אוּלטראַמאָדערן

ultra-Orthodox, *adj.* חרדיש; גאָר פֿרום; שטרענג אָרטאָדאָקסיש [KhARÉYDISh]

ultra-Orthodox, *n.* דער חרד, ־ים; דער חרדישער געב'; דער גאָר פֿרוּמער געב' [KhÓRED, KhARÉYDIM] [KhARÉYDIShER]

ultraradical אוּלטראַראַדיקאַל

ultrasonic אוּלטראַסאָניש

ultrasonography די אוּלטראַסאָנאָגראַפֿיע

ultrasound, *n.*

(phys.) דער אוּלטראַקלאַנג

(med.) די אוּלטראַסאָנאָגראַם, ־ען

ultraviolet אוּלטראַוויאָלעט

ultraviolet rays אוּלטראַוויאָלעט־שטראַלן

ululate מאַכן יללות [YELÓLES]

ululation יללות ל"ר [YELÓLES]

umber, *adj.* אוּמבער ברוין

umber, *n.* דער אוּמבער

umbilical נאָפּל...

umbilical artery די נאָפּל־אַרטעריע, ־ס

umbilical cord דער נאָפּלשנור, ־ן

inf. דאָס שנירל, ־עך

cut the umbilical cord אָפּנאָפּלען; איִבערשנײַדן דעם נאָפּלשנור

umbilical hernia דער נאָפּלבראָך, ־ן; די נאָפּל־קיִלע, ־ס

umbilical vein די נאָפּל־וועגע, ־ס; די/דער נאָפּל־אָדער, ־ן

umbilicus דער נאָפּל, ־ען

umbra די אוּמברע, ־ס

umbrage

take umbrage באַליידיקן זיך; פֿילן זיך געטראָפֿן

umbrella, *adj.* דאַך...

umbrella, *n.* דער שיִרעם ‹שערעם›, ־ס

get under the umbrella אַרוּנטערקומען אונטערן שיִרעם

umbrella organization די דאַך־אָרגאַניזאַציע, ־ס

umlaut דער איִבערקלאַנג, ־ען

umpire דער שופֿט, ־ים [ShÓYFET, ShÓFTIM]

umpteen אָן אַ שיעור; נישט איִבערצוציילן [ShÍER]

umpteenth וויפֿלט

for the umpteenth time (שוין) צום וויפֿלטן מאָל

UN די/דער אוּנאָ; דער יו־ען; די פֿ"פֿ

un... ניִשט־...; אוּמ...; אָן

unabashed אָן חרפּה; אוּמפֿאַרשעמט; אָפֿן [KhÁRPE]

unabated אָן (אַן) אויִפֿהער; אוּמפֿאַרמיִנערט; ניִשט־אָפּגעשוואַכט

un...able נישט צו(ם) ...; אוּמ...לעך; ניִשט־...יק; ניִשט־...לעך

unable אוּמפֿעיִק; נישט אין שטאַנד

be unable to נישט קענען + אינפֿ'; נישט זײַן פֿעיִק ‹מסוגל› צו; נישט זײַן אין שטאַנד צו [MESÚGL]

unabridged ניִשט־פֿאַרקיִרצט

unacceptable נישט אָנצונעמען; ניִשט־אָננעמ(עווד)יק; ניִשט־דערלאָזלעך; נישט אויִסצוהאַלטן

unaccompanied ניִשט־באַ(ג)לייִט; אוּמבאַ(ג)לייִט; אָן באַ(ג)לייִטונג

unaccountable

be unaccountable נישט טראָגן דאָס אַחריות [AKhRÁYES]
unaccounted-for פֿאַרפֿאַלן געוואָרן
be unaccounted-for (missing) פֿעלן; נישט זײַן צו געפֿינען
be unaccounted-for (unexplained) נישט שטימען מיטן חשבון; נישט זײַן צו פֿאַרשטיין [KhEZhBM]
unaccustomed נישט־(צו)געוווינט
unacquainted
be unacquainted with נישט קענען; נישט זײַן באַקאַנט מיט
unadulterated ריין; לויטער; עכט
unaffected
(lacking pretense) נישט־געקינצלט; נישט־געמאַכט; ריינהאַרציק
(not affected) אומגעשטערט
He was unaffected by ס׳האָט אים נישט געשטערט ‹אָנגערירט› + נאָמ׳; ס׳האָט נישט געווירקט אויף אים + נאָמ׳
unaffordable נישט אויסצופֿירן
It's unaffordable for her זי קען עס נישט אויספֿירן; זי קען זיך נישט פֿאַרגינען; ס׳איז נישט פֿאַר איר קעשענע
unafraid אומדערשראָקן
be unafraid נישט מורא האָבן [MÓYRE]
unaided אָן יענעמס הילף; מיט די אייגענע כּוחות; אין גאַנצן אַליין; אומבאַוואָפֿנט [KÓYKhES]
unalloyed נישט־צונויפֿגעשמאָלצן; ריין; לויטער
unalterable אומבײַטעוודיק
unaltered נישט־געביטן
unambiguous אומצווייטײַטשיק; איינטײַטשיק; קלאָר ווי דער טאָג
un-American אומאַמעריקאַניש
un-Americanness די/דאָס אומאַמעריקאַנישקייט
unanimity די/דאָס איינשטימיקייט
unanimous איינשטימיק
unanimously איינשטימיק; פּה־אחד [PE-ÉKhED]
unannounced אָן צו האָבן געלאָזט וויסן; נישט האָבנדיק געלאָזט וויסן
unanswered אָן אַן ענטפֿער; אומגעענטפֿערט
unapologetic
be unapologetic נישט וועלן זיך פֿאַרענטפֿערן; נישט פֿאַרענטפֿערן זיך
unappealing נישט־צוציִיק
be unappealing (to) נישט געפֿעלן + דאַט׳; נישט ציִען + אַק׳
unappetizing נישט־אַפּעטיטלעך; אומאַפּעטיטלעך
It's unappetizing to me סע שמעקט מיר נישט; ס׳איז מיר נישט אַפּעטיטלעך
unappreciative
be unappreciative נישט אָפּשאַצן יענעמס אַ טובֿה [TÓYVE]
unapproachable אומצוטריטלעך; אומצוגענגלעך
be unapproachable האַלטן זיך פֿון דער ווײַטן; זײַן אַ קאַלטע נשמה [NEShÓME]
unarmed אומבאַוואָפֿנט; נישט־באַוואָפֿנט; אָן געווער
unasked נישט־געפֿרעגטערהייט; אומגעבעטענערהייט
unassailable
(impregnable) אומאײַננעמ(עווד)יק; נישט אײַנצונעמען
(undeniable) אומאָפּפֿרעגלעך; נישט צו(ם) פֿאַרלייקענען
unassisted *see* **unaided**
unassuming עניוותדיק; באַשיידן; מהיכא־תּיתידיק [ANÍVESDIK] [MEKhTÉYSEDIK]
unassuming person (*m./unsp.*) דער מהיכא־תּיתיניק, ־עס [MEKhTÉYSENIK]
unassuming person (*f.*) די מהיכא־תּיתיניצע, ־ס [MEKhTÉYSENITSE]
unattached נישט־צוגעטשעפּעט
(person) פֿרײַלײדיק
unattainable נישט צום דערגרייכן; אין די גאָר הויכע פֿענצטער
unattended אָפּגעלאָזן; נישט־אָפּגעהיט; אויף אייגענעם באַראָט
(lacking an audience) אָן אַן עולם [ÓYLEM]
unattractive נישט־צוציִיק; נישט שיין
unauthorized נישט־באַפֿולמאַכטיקט; נישט־אויטאָריזירט
unavailable נישט צו(ם) באַקומען; נישט פֿאַראַן
unavoidable אומאויסמײַדלעך; אומפֿאַרמײַדלעך
It's unavoidable מע קען עס נישט אויסמײַדן; ס׳איז נישט אויסצומײַדן
unaware נישט וויסנדיק
He was unaware ער האָט נישט געוווּסט; ער האָט זיך נישט געכאַפּט
unawares אומגעריכט; נישט־וועלנדיק; בשוגג [BEShÓYGEG]
catch unawares כאַפּן אומגעריכט; איבערראַשן
unbalanced אומבאַלאַנסירט
unbearable נישט צו(ם) פֿאַרטראָגן; נישט אויסצוהאַלטן
It's unbearable *also* באָו מים עד נפֿש [BÓU MÁYEM AD NÓFESh/NÉFESh]
unbeatable נישט בײַצוקומען; נישט צו(ם) צעשלאָגן ‹צעקלאַפּן›
They're unbeatable ס׳איז נישט צו געווינען קעגן זיי; מע קען זיי נישט בײַקומען ‹צעשלאָגן/צעקלאַפּן›
unbeaten נישט־צעשלאָגן; נישט־צעקלאַפּט
unbecoming אומפּאַסיק; נישט־פּאַסיק; נישט שיין ‹לײַטיש›
be unbecoming נישט האָבן קיין פּנים; נישט פּאַסן [PÓNEM]
unbeknownst (to) אָן + פּאָס׳ וויסן
unbelief דער אומגלויבן; די כּפֿירה [KFÍRE]
unbelievable נישט צו(ם) גלייבן; אומגלייבלעך
Unbelievable! (amazing) גאָטס נסים!; וווּנדער איבער וווּנדער! [NÍSIM]
Unbelievable! (implausible) נישט צו(ם) גלייבן!
unbelievably אומגלייבלעך
unbeliever דער אומגלייביקער געב׳; דער אַפּיקורס, ־ים; דער כּופֿר, ־ים [APIKÓYRES, APIKÓRSIM] [KÓYFER, KÓFRIM]
unbending אומבייגעוודיק
(not bending) *also* שטײַף; פֿעסט; האַרט
(unyielding) *also* נישט־נאָכגיביק; נישט אײַנצובעטן
unbiased אָן פֿאָראורטלען; אָנפּניותדיק; אָן פּניות [ÓNPNÍESDIK] [PNÍES]
unbidden אומגעבעטענערהייט
unblemished אָן אַ פּגם ‹פֿלעק/מום› [PGAM]
unblinking נישט פּינטלענדיק (מיט די אויגן); שטאַר
unbolt אויפֿריגלען; אָפּשרויפֿן
unborn נאָך נישט געבוירן
unborn child דאָס נאָך נישט געבוירענע קינד, ־ער; דער וולד, ־ן [VLAD]
unbosom *see* **unburden**
unbothered אומגעשטערט
She's unbothered by it זי נעמט זיך עס נישט צום האַרצן; סע שטערט איר גאָר נישט; סע גייט זי גאָר נישט אָן
unbound נישט־געבונדן
unbounded אומבאַגרענעצט; נישט־געצאַמט
unbowed נישט־אונטערטעניק; נישט־געבראָכן; נישט־געבויגן
unbreakable אומצעברעכלעך; אומברעכ(עווד)יק; נישט־צעברעכעוודיק
(link) אומאיבעררײַסלעך

It's unbreakable (glass) סע ווערט נישט צעבראָכן; מע קען עס נישט צעבראָכן
It's unbreakable (link) סע רײַסט זיך נישט איבער; סע ווערט נישט איבערגעריסן
unbridle אָפּצײַמלען; אָפּצוימען
(*fig.*) באַפֿרײַען; אָפּפֿענטע|ן
unbridled (*fig.*) נישט־אײַנגעהאַלטן; אומגעצוימט; הפֿקרדיק; צעיושעט [HÉFKERDIK]
unbroken נישט־צעבראָכן; נישט־איבערגעריסן
unbuckle, *vt./vi.* אָפּשנאָלן (זיך)
unburden (oneself) אַראָפּוואַרפֿן (פֿון זיך) דעם יאָך
(*fig.*) אַראָפּרעדן זיך פֿון האַרצן
unbusinesslike (גאָר) נישט מעשׂה סוחר; נישט ווי סע פֿירט זיך בײַ געשעפֿטסלײַט [MÁYSE SÓYKhER]
unbutton אויפֿשפּיליע|ן; צעשפּיליע|ן; אָפּשפּיליע|ן; צעקנעפּלען; אָפּקנעפּלען
uncalled-for נישט אויפֿן אָרט; אומבאַרעכטיקט; אומנייטיק
uncanny אומהיימלעך; נישט־היימלעך; טשודנע; געהײַריש
unceasing אָנאויפֿהער(ד)יק
unceasingly אָן (אַן) אויפֿהער
unceremonious גראָבלעך; אָן איבעריקע צערעמאָניעס
uncertain(ly) אומזיכער
be uncertain (outcome) הענגען אויף אַ האָר
uncertainty די/דאָס אומזיכערקייט
unchallenged
go unchallenged נישט אַרויסרופֿן קיין קעג(ע)נערשאַפֿט ‹קעג(ע)נער›
rule unchallenged רעגירן אָן קיין קעג(ע)נערשאַפֿט ‹אָפּאָזיציע›
unchangeable נישט־בײַטעוודיק; אומבײַטעוודיק; נישט איבערצומאַכן; נישט צו אַנדערשן
unchanged נישט־געביטן
uncharacteristic נישט־כאַראַקטעריסטיש; נישט־טיפּיש
uncharitable נישט־באַרעמהאַרציק; אומפֿרײַנדלעך
uncharted נישט פֿאַרצײכנט אויף דער מאַפּע; אומבאַקאַנט
uncharted territory דער אומבאַקאַנטער שטח, ־ים; דאָס אומבאַקאַנטע [ShÉTEKh, ShTÓKhIM]
unchecked נישט־קאָנטראָלירט; אומקאָנטראָלירט; נישט־געצאַמט
unchristian אומקריסטלעך
uncivil נישט־מענטשלעך; אומהעפֿלעך
uncivilized נישט־ציוויליזירט; באַרבאַריש
unclaimed נישט־אָפּגענומען; (אויף) הפֿקר [HÉFKER]
uncle דער פֿעטער, ־ס
say uncle בעטן דערבאַרעמען זיך; אונטערגעבן זיך
unclean אומריין
(J./ritually) טמא [TÓME]
unclear נישט־קלאָר; אומקלאָר; פֿאַרנעפּלט
Uncle Sam דאָס מלכות; דער אָנקל סעם [MÁLKhES]
uncombed נישט־פֿאַרקעמט
uncomfortable אומבאַקוועם; נישט־באַקוועם
(awkward) פּריקרע
feel uncomfortable פֿילן זיך אומבאַקוועם; נישט געפֿינען זיך קיין אָרט; האָבן אַרבעס אין די זאָקן ‹שיך›
make uncomfortable מאַכן אומבאַקוועם
uncommitted נייטראַל
be uncommitted נישט האָבן קיין מיינונג; האַלטן זיך נייטראַל
uncommon(ly) אומגעוויינ(ט)לעך
uncommunicative
(mute) שטום
(taciturn) שווײַגעוודיק; פֿאַרשלאָסן; אײַנגעשוויגן; נישט־חבֿרותאדיק [KhAVRÚSEDIK]
be uncommunicative נישט קאָמוניקירן; זײַן קאַרג מיט ווערטער
uncompetitive נישט־פֿאַרמעסטעריש
uncomplaining [TÁYNES] [TARÚMES] אָן טענות ‹תּרעומות›
be uncomplaining נישט האָבן קיין טענות ‹תּרעומות›
uncompress דעקאָמפּרימירן
uncompromising אומבייגעוודיק; נישט־נאָכגיביק; אָנפּשרהדיק; שטײַף [ÓNPShÓREDIK]
be uncompromising נישט גיין אויף קיין קאָמפּראָמיסן
uncompromisingly אָן פּשרות [PShÓRES]
unconcealed אומפֿאַרהוילן; אָפֿן
unconcerned אומבאַזאָרגט
be unconcerned (about) נישט זאָרגן ‹דאגה|ן› זיך (וועגן); נישט אַרן פּ״ק + אַק׳ [DÁYGEN]
unconditional אָן תּנאָים; אָנתּנאַייִק; אָן באַדינגען ‹באַדינגונגען›; אומבאַדינגיק; אַבסאָלוט [TNÓYEM] [ÓNTNÁYIK]
unconditional love די אַבסאָלוטע ליבשאַפֿט
unconfirmed נישט־באַשטעטיקט
unconnected נישט־פֿאַרבונדן
unconquerable אומאײַננעמיק; נישט אײַנצונעמען ‹בײַצוקומען›; נישט גובֿר צו זײַן [GÓYVER]
unconscionable
(excessive) גוזמאדיק; איבערגעטריבן; אומגעהערט; פּזרניש [GÚZMEDIK] [PAZRÓNISh]
(unscrupulous) אָן געוויסן; אָן גאָט אין האַרצן
unconscious, *adj.* נישט בײַם באַוווּסטזײַן; אין חלשות [KhALÓShES]
(unaware) אומוויס(עוו)יק; נישט־וויסיק; אונטערבאַוווּסטזיניק
be unconscious ליגן אין חלשות
become unconscious פֿאַלן (אין) חלשות
unconscious, *n.* די/דאָס אומוויס(עוו)יקייט; דער אומוויס(עוו)יקער איך; דאָס אומבאַוווּסטזײַן
unconsciousness די/דאָס אומוויס(עוו)יקייט; דאָס אומבאַוווּסטזײַן
unconstitutional נישט־קאָנסטיטוציאָנעל; נישט לויט דער קאָנסטיטוציע
uncontested אָן קיין קעג(ע)נער; אָנקעג(ע)נערדיק
uncontrollable אומקאָנטראָלירלעך
It's uncontrollable מע קען עס נישט קאָנטראָלירן; ס׳איז נישט צו(ם) קאָנטראָלירן; ס׳איז נישט אײַנצוצאַמען
uncontrollably
She cried uncontrollably זי האָט געוויינט און געכליפּעט; זי האָט געיאָמערט; זי האָט געכליפּעט אָן אויפֿהער
uncontrolled אומקאָנטראָלירט
uncontroversial אומקאָנטראָווערסיעל; אָן מחלוקת [MAKhLÓYKES]
unconventional נישט־געוויינ(ט)לעך; נישט־קאָנווענציאָנעל
unconventional weapons דאָס נישט־קאָנווענציאָנעלע געווער קאָל׳
unconvincing נישט־איבערצײַג(עוו)יק
uncooked נישט־געקאָכט; רוי
uncooperative
be uncooperative נישט קאָאָפּערירן
uncoordinated נישט־קאָאָרדינירט
uncork אַרויסציִען דעם פּראָפּן
uncorroborated נישט־באַשטעטיקט
uncountable נישט איבערצוציילן
uncouple אָפּקייטלען
uncouth מגושמדיק; אומאיידל; נישט־אַרומגעטעסעט; נישט־געשליפֿן [MEGÚShEMDIK]

uncover [MEGÁLE] אויפֿדעקן; אָפּדעקן; מגלה זײַן; אויסבלײזן
uncovered אויפֿגעדעקט; אָפּגעדעקט
  (pot) אָן אַ פּאָקרישקע ‹דעקל/שטערצל›
  with uncovered head אין הוילן ‹בלויזן› קאָפּ; בגילוי־ראָש; אויסגעשטערנט [BEGÍLE-RÓSh]
uncritical אומקריטיש
uncross
  uncross one's arms/legs אויסגלײַכן די הענט ‹פֿיס›
uncrowned אומבאַקרוינט
unction די זאַלב, ־ן
  (med.) *also* דאָס אײַנרײַב־מיטל, ־ען
  (rel.) *also* די זאַלבונג; די בוימלונג, ־ען
unctuous בוימלדיק; שמן־זיתדיק; חניפֿהדיק [ShÉMEN-ZÁYESDIK] [Kh(A)NÍFEDIK]
uncuff אָפּקייטלען; באַפֿרײַען
uncultured אומקולטורעל; פּראָסט; גראָב; ˙נישט־געבילדעט
uncurl, *vt./vi.* אויסשטרעקן (זיך)
  vi. *also* גלאַט ווערן
uncut נישט־צעשניטן
  (stone) רוי; נישט־געשליפֿן; אומגעשליפֿן
undamaged אומבאַשעדיקט
  (reputation) אומבאַפֿלעקט
undated נישט־דאַטירט; אָן אַ דאַטע
undaunted אומדערשראָקן; נישט־אָפּגעמוטיקט
undecided אומבאַשלאָסן; אומדעצידירט
  She's undecided זי האָט נאָך נישט באַשלאָסן; זי קען בײַ זיך נישט פּועלן ‹באַשליסן› [PÓY(E)LN]
undefeated אומגעשלאָגן; אָן מפּלות [MAPÓLES]
  (spirit) אומגעבראָכן
undefined נישט־דעפֿינירט
undeliverable נישט (מעגלעך) צוצושטעלן; אומצושטעליק
undelivered נישט־צוגעשטעלט
undemocratic אומדעמאָקראַטיש
undeniable אומאָפּלייקנדלעך; נישט צו(ם) פֿאַרלײקענען
undeniably אָן קיין (שום) ספֿק; בלי־ספֿק; מע קען נישט לײקענען אַז [SÓFEK] [BELÍ-SÓFEK]
under אונטער
under... נישט־דער...; אונטער...
underachieve נישט דערגרײכן; אָפּשטיין
underachiever דער אומדערגרײכער, ־ס
underage, *adj.* אונטערעלטער־...; מינער־יאָריק
underage, *n.* דער דוחק; דער אויספֿעל [DÓYKhEK]
underappreciate נישט דערשאַצן
underappreciated נישט־דערשאַצט
underarm, *adj.* אונטערן אָרעם
  (spo.) *see* **underhand**
underarm, *n.* די פּאַכווע, ־ס
underarm shield דאָס שווייס־קישעלע, ־ך
underbelly דער אונטערבויך, ...בײַכער
  (*fig.*) דאָס שוואַכע פּינטל
  in the underbelly of town אין די הינטערגעסלעך
underbid אונטערבאָטן
underbrush דאָס געקוסט; דער רוישט
undercapitalize אונטערקאַפּיטאַליזירן
undercarriage דער לאַנדונג־שאַסי, ־שאַסיען
undercharge אונטעררעכענען; רעכענען צו ווייניק
underclothes דאָס אונטערוועש קאָל'
undercoat
  (layer of paint) דער גרונט
  (paint) די גרונטפֿאַרב, ־ן
  apply an undercoat גרונטעווע|ן
undercooked נישט־דערקאָכט
undercover [BESÓD] בסוד־...; בסודיק; פֿאַרדעקט; ˙געהיים [BESÓDIK]
  be undercover שפּיאָנירן בסוד ‹פֿאַרדעקטערהייט›
undercover agent דער בסוד־אַגענט, ־ן; דער פֿאַרדעקטער אַגענט, ־ן
undercurrent דער אונטערשטראָם, ־ען
undercut
  (prices) אונטערבאָטן
  (undermine) אונטערגראָבן; אונטעררײַסן
underdeveloped אונטעראַנטוויקלט; ווייניק אַנטוויקלט; צוריקגעשטאַנען
underdog דער באַוולטער געב'; דער געקריוודעטער געב'; דער געדריקט־און־געשטיקטער געב' [BAÁVLTER]
  (spo.) די שוואַכערע קאָמאַנדע, ־ס; די שוואַכערע מאַנשאַפֿט, ־ן
underdone נישט־דערקאָכט; נישט־דערבאַקן; נישט־דערבראָטן
underemployment די אונטערבאַשעפֿטיקונג
underestimate, *n.* די אונטערשאַצונג, ־ען
underestimate, *v.* אונטערשאַצן; נישט דערשאַצן
underfed נישט־דערהאָדעוועט; נישט־דערשפּײַזט
underfoot אונטער די פֿיס
  be underfoot (*fig.*) פּלאָנטערן זיך + דאַט' אונטער די פֿיס; שטיין + דאַט' אין וועג
underfund נישט דערשטיצן
undergo (אַ)דורכמאַכן; איבערלעבן; (אַ)דורכטראָגן
  undergo treatment היילן זיך; (אַ)דורכמאַכן אַ קורס היילונג
  be undergoing repair זײַן אין רעפּאַראַטור
undergraduate, *adj.* ביזגראַדויר־...
undergraduate, *n.*
  m./unsp. דער ביזגראַדויר־סטודענט, ־ן; דער ביזגראַדוירטער געב'
  f. די ביזגראַדויר־סטודענטקע, ־ס; די ביזגראַדוירטע, –
undergraduate enrollment די צאָל ביזגראַדויר־פֿאַרשרײַבענע
undergraduate level [MADRÉYGE] די ביזגראַדויר־מדרגה
undergraduate school די ביזגראַדויר־שול, ־ן
underground, *adj.* אונטערערדיש; אונטערערדיק; אונטערגרונטיק
  (secret) אונטערערדיש
  go underground פֿאַרקאָנספּירירן זיך
underground, *adv.* אונטער דער ערד
underground, *n.* די אונטערערד; די אונטערערדישע אָרגאַניזאַציע
undergrowth דאָס געקוסט; קוסטעס ל"ר; דער קוסטאַרניק
underhand(ed), *adj.*
  (from below) אונטערהאַנטיק; פֿון אונטן
  (sly) [KÓShER] כיטרע; דרײדלדיק; נישט־כשר
  in an underhanded manner *also* הינטערווײַלעכץ
  underhand swing דער אונטערמאַך, ־ן; דער מאַך פֿון אונטן
  underhand throw דער אונטערוואָרף, ־ן; דער וואָרף פֿון אונטן
underlie [SMAKh] זײַן דער סמך פֿאַר
underline, *n.* דער אונטערשטריך, ־ן; דער אונטערשטראָך, ־ן
underline, *v.* אונטערשטרײַכן
  (emphasize) *also* אַרויסהייבן; אונטערציִען; שטעלן דעם טראָפּ אויף
underling דער סובאָרדינאַט, ־ן; דער אונטערלינג, ־ען
  (*pej.*) דאָס קלײנע מענטשעלע, ־ך
underlying [TÓKhIK] גרונט־...; פֿונדאַמענטאַל; תּוכיק
undermine

(dig) אונטערגראָבן
(mil.) אונטערמינירן; אונטערמינעווען
(*fig.*) קאַליע מאַכן + דאַט'; אונטערמינירן; אונטערגראָבן; אונטערשטעלן + דאַט' אַ פֿיסל; אונטעררײַסן
undermine one's health אונטעררײַסן דאָס געזונט
underneath, *adv.* (פֿון) אונטן; אין דער נידער
underneath, *prep.* אונטער
undernourished נישט־דערשפּײַזט; נישט־דערנערט
underpaid נישט־דערצאָלט
underpants הײזעלעך; מײַטקעס; גאַטקעס; תּחתּונים [TAKhTÓYNIM]
underpass דער אונטערוועג, ־ן
underpay נישט דערצאָלן
underpin (אונטער)שטיצן; אונטערמויערן; פֿאַרשטאַרקן
underpinning דאָס אונטערגעבײַ, ־ען
underplay פֿאַרמינערן
underplay one's hand (cards/*fig.*) נישט אין גאַנצן אויסשפּילן; נישט אויסשפּילן דעם לעצטן קאָזער
underpopulated אונטערבאַפֿעלקערט
underprivileged אונטערפּריווילעגירט; באַעוולט [BAÁVLT]
underrate אונטערשאַצן
underrepresented ווייניק ‹קנאַפּ› רעפּרעזענטירט; אונטעררעפּרעזענטירט
underscore *see* **underline**
undersea, *adj.* אונטערימיש; אונטערן ים [ÚNTERYÁMISh] [YAM]
undersecretary דער אונטערסעקרעטאַר, ־ן
undersell פֿאַרקויפֿן פֿאַר ביליקער ‹וואָלוועלער/וועלוועלער›; פֿאַרקויפֿן אונטערן קרן [KERN]
undershirt דאָס אונטערהעמד, ־ער; דאָס לײַבל, ־עך; דאָס קאַפּטל, ־עך
underside די אונטערשטע זײַט, ־ן; די אונטערזײַט, ־ן
undersigned, *adj.* (פֿון) אונטן געחתמעט [GEKhÁSMET]
undersigned, *n.*
the undersigned דער אונטן געחתמעטער געב'; דער אונטערגעשריבענער געב'; החתום־מטה, החתומים־... [GEKhÁSMETER] [HEKhÓSEM-MÁTO, HAKhSÚMIM-...]
underskirt דאָס אונטערקליידל, ־עך
undersoil דער אונטערבאָדן
understaffed
be understaffed האָבן צו אַ קלײנעם פּערסאָנאַל
understand פֿאַרשטיין; באַנעמען; תּופֿס זײַן; ׳באַגרײַפֿן [TÓYFES]
He gave me to understand ער האָט מיר געגעבן צו פֿאַרשטיין; כ׳האָב פֿאַרשטאַנען פֿון זײַנע רייד ‹ווערטער›
I understand that you know him כ׳הער אַז דו קענסט ‹איר קענט› אים
Now I understand! איצט פֿאַרשטיי איך שוין!; איצט איז מיר שוין קלאָר!; אַהאַ!
Now I understand! (*hum./iro.*) אַז אַזוי קאָכט מען די לאַקשן!; דעריבער גייען די קאַטשקעס באָרוועס!
So I understand אַזוי האָב איך געהערט; אַזוי זאָגט מען
understandable לײַכט ‹גרינג› צו פֿאַרשטיין; פֿאַרשטייִק
That's understandable (סע) פֿאַרשטייט זיך; סע לאָזט זיך פֿאַרשטיין
understandably פֿאַרשטייט זיך
understanding, *adj.* פֿאַרשטייענדיק
understanding, *n.*
(comprehension) דער פֿאַרשטאַנד; דאָס פֿאַרשטענדעניש; דאָס פֿאַרשטיין; די/דאָס פֿאַרשטענדיקייט; די הבֿנה [HAVÓNE]
(agreement) דער הסכּם, ־ס; די הסכּמה, ־ות; דער דורכקום, ־ען; דער אָפּמאַך, ־ן; דער מדובר, ־ס [HÉSKEM] [HASKÓME] [MEDÚBER]
be understanding האָבן פֿאַרשטאַנד; אַרויסווײַזן פֿאַרשטענדעניש ‹אײַנזעעניש›
come to an understanding דעררעדן זיך; קומען צו(ן) אַ טאָלק; אָפּמאַכן; דערגרייכן אַ הסכּם; (אַ)דורכקומען
with the understanding מיטן תּנאַי ‹באַדינג›; בתּנאַי [TNÁY] [BITNÁY]
understate נישט דערזאָגן
understate one's case פֿאַרמינערן + פּאָס' טענה [TÁYNE]
understated נישט־דערזאָגט
understatement דאָס נישט־דערזאָגטע; די נישט־דערזאָגונג, ־ען; די פֿאַרמינערונג, ־ען
What an understatement! אָט דאָס הייסט נישט דערזאָגט!; דאָס איז צו מילד געזאָגט!
understood פֿאַרשטאַנען
It's understood סע פֿאַרשטייט זיך אַליין; מע פֿאַרשטייט שוין אַליין; מע נעמט אָן
make oneself understood קענען זיך קלאָר מאַכן; קענען זיך אויסקלאָרן
understudy, *n.* דער דובלירער, ־ס
be an understudy (for) דובלירן + אַק'
undertake אונטערנעמען זיך; פֿירנעמען זיך; פֿאַרמעסטן זיך; נעמען זיך צו
undertaker דער לוויה־אונטערנעמער, ־ס; דער לוויהר, ־ס [LEVÁYE] [LEVÁYER]
undertaking די אונטערנעמונג, ־ען; דער פֿירנעם, ־ען
underthrow נישט דערוואַרפֿן
undertone דער אונטערטאָן, ...טענער
undertow דער אונטערשטראָם, ־ען
underutilized נישט־דערניצט; ווייניק געניצט
undervalue אונטערשאַצן
(a person) נישט דערשאַצן
underwater אונטערוואַסער־...; טונק...
under way אין גאַנג
get under way (leave) לאָזן זיך אין וועג (אַרײַן)
get under way (begin) אָנהייבן
underwear דאָס אונטערוועש
underweight אונטערוואָגיק
be underweight נישט וועגן גענוג
underwhelm ווייניק ‹קנאַפּ› באַגײַסטערן
underwhelming ווייניק ‹קנאַפּ› באַגײַסטערנדיק
underworld
(crime) די אונטערוועלט
(myth.) דער/די שאול־תּחתּיה [ShO(Y)L-TAKhTÍE]
underwrite פֿאַרסטראַכירן; גאַראַנטירן; ערבֿ זײַן פֿאַר [ÓREV]
underwriter
(fin.) דער גאַראַנט, ־ן; דער ערבֿ, ־ים [ÓREV, ÓRVIM/ARÉYVIM]
(insurance) דער פֿאַרסטראַכירער, ־ס
undescended (physio.) נישט־אַראָפּגעלאָזט
undeserved נישט־פֿאַרדינט
undeserving
He's undeserving ער האָט עס נישט פֿאַרדינט; סע קומט אים נישט; ער איז נישט ראָוי דערצו [RÓE]
undesirable נישט־אָנגעלייגט; נישט־געווונטשן; אומגעוווּנטשן
undetected נישט־באַמערקט; נישט־דערשפּירט
undeterred נישט־אָפּגעשראָקן
be undeterred (by) נישט לאָזן זיך אָפּשרעקן (פֿון)
undeveloped נישט־אַנטוויקלט
undiagnosed נישט־דיאַגנאָזירט

It went undiagnosed מ׳האָט עס נישט דיאַגנאָזירט; מ׳האָט נישט געשטעלט קיין דיאַגנאָז
undiaper אויסוויקלען; אויסווינדלען; אויספּאַקן
undies אונטערלעך
undignified נישט־בכּבֿודיק [BEKÓVEDIK]
undiminished אומגעמינערט; אומפֿאַרמינערט; נישט־פֿאַרקנאַפּט
undiplomatic אומדיפּלאָמאַטיש
undisciplined אומדיסציפּלינירט
undisclosed נישט־אויפֿגעדעקט; נישט־אויסגעזאָגט
undiscoverable נישט אויסצוגעפֿינען
undisguised אומפֿאַרהוילן; נישט־פֿאַרשטעלט; נישט־באַהאַלטן; אָפֿן פֿאַר אַלעמען
undisputably בלי־שום־ספֿק; אָן קיין שום ספֿק [BELÍ-ShUM-SÓFEK] [SÓFEK]
undisputed אָנספֿקדיק; אומאָפּגעפֿרעגט; נישט אָפּצופֿרעגן [ÓNSÓFEKDIK]
undistinguished נישט־מערקווערדיק; נישט־אָנגעזען
undisturbed נישט־געשטערט; אומגעשטערט
undivided נישט־צעטיילט; גאַנץ
undivided attention דער הונדערט־פּראָצענטיקער ‹גאַנצער› אויפֿמערק
undo
(nullify) מאַכן צו נישט; אַנולירן; בטל מאַכן [BOTL]
(ruin) קאַליע מאַכן; אַ תּל מאַכן [TEL]
(unfasten) אויפֿמאַכן
(take apart) צענעמען
(comp.) אַנולירן
(buttons) אויפֿשפּיליע|ן; צעשפּיליע|ן; אָפּשפּיליע|ן; צעקנעפּלען; אָפּקנעפּלען
(a zipper) אויפֿשלעסלען; אויפֿריטשן
undocumented נישט־לעגיטימירט
undocumented worker דער נישט־לעגיטימירטער אַרבעטער, ־ס; דער אַרבעטער אָן דאָקומענטן
undoing דער אומקום; דער אונטערגאַנג; דאָס אומגליק
undone
be undone by קאַליע ווערן פֿון ‹צוליב›
come undone (fall apart) צעפֿאַלן זיך
come undone (of laces) אויפֿבינדן זיך
come undone (open) עפֿענען זיך
leave undone נישט טאָן
I'm undone! אוי, בין איך אַ פֿאַרפֿאַלענער!
undoubtedly בלי־ספֿק; אָן שום ספֿק [B(E)LÍ-SÓFEK]
undreamt-of נישט־(אויס)געחלומט; קיין מאָל זיך נישט פֿאָרגעשטעלט ‹אויסגעמאָלט› [GEKhÓLEMT]
undress, *vt./vi.* אויסטאָן (זיך)
undress, *n.*
in a state of undress האַלב אָנגעטאָן ‹נאַקעט›
undressed אויסגעטאָן
get undressed אויסטאָן זיך
undrinkable נישט צום טרינקען
undue איבעריק
undulate כוואַליע|ן זיך
undulating כוואַליעדיק; געבערגלט
undulation דאָס כוואַליען זיך
unduly צו פֿיל; איבער...; איבעריק
undying אומשטאַרביק; אומפֿאַרגייִק; אייביק
unearned נישט־פֿאַרדינט
unearned income די אינוועסטיר־הכנסה; די נישט־פֿאַרהאָרעוועטע הכנסה [HAKhNÓSE]
unearth אויסגראָבן; אויפֿגראָבן; אַרויסריִען; אויפֿקאָפּע|ן
unearthly אומערדיש; איבערנאַטירלעך; מוראדיק; שוידערלעך [MÓYREDIK]
at an unearthly hour ווען גאָט אַליין שלאָפֿט נאָך; אין אַ שוידערלעך פֿריִער שעה; ווען ס׳שאַרויעט נאָך (נישט) אויף טאָג
unease/uneasiness דער/די אומרו; די/דאָס פּריקרעקייט
uneasy אומרויִק; פּריקרע
He has an uneasy conscience דאָס געוויסן פּלאָגט ‹נאָגט› אים
uneaten נישט־געגעסן
It went uneaten מ׳האָט עס נישט (אויפֿ)געגעסן
uneducated נישט־דערצויגן; *נישט־געבילדעט
unemployable אומאָנשטעלעוודיק
He's unemployable מע קען אים נישט אָנשטעלן; מע קען ‹וויל› אים נישט געבן קיין אַרבעט
unemployed אָן אַרבעט; אַרבעט(ס)לאָז
be unemployed זײַן אָן אַרבעט; נישט האָבן קיין אַרבעט
unemployment די/דאָס אַרבעט(ס)לאָזיקייט; דאָס נישט האָבן קיין אַרבעט
(benefit) דאָס אַרבעט(ס)לאָז־געלט
file for unemployment פֿאַרשרײַבן זיך אויף אַרבעט(ס)לאָז־געלט
unemployment claim די אַרבעט(ס)לאָז־תּבֿיעה, ־ות [TVÍE]
unemployment rate די/דאָס אַרבעט(ס)לאָזיקייט
unencumbered נישט־געשטערט; אומבאַלאַסטיקט; אָן קיין מיכשול [MIKhShL]
unending אָן אַ סוף (און אָן אַן עק) [SOF]
unendurable נישט אויסצוהאַלטן; נישט איבערצוטראָגן
unenthusiastic אומענטוזיאַסטיש; אָן ענטוזיאַזם ‹התלהבֿות› [HISLÁYVES]
unenviable קלאָגעדיק; נישט מקנא צו זײַן [MEKÁNE]
unequal נישט־גלײַך
unequaled אָן אַ ‹זײַנס/אירס› גלײַכן; נישט צו(ם) פֿאַרגלײַכן
be unequaled נישט האָבן קיין גלײַכן
unequivocal קאַטעגאָריש; אומצווייטײַטשיק; בפּה־מלאדיק [BEPÉ-MÓLEDIK]
unerring אָנטעותדיק; אומטעותדיק [ÓNTÓESDIK] [ÚMTÓESDIK]
UNESCO דער אונעסקאָ
unethical אומעטיש
uneven
(unequal) נישט־גלײַך; אומגלײַך; נישט־גלײַכמאָסיק
(odd) אום; אומגראָד
(rough) נישט־גלײַך; אומגלײַך; נישט־גלאַטיק
uneven fight דאָס נישט־גלײַכע געראַנגל, ־ען
uneventful גלאַטיק; אָן קיין קאָמפּליקאַציעס; אָן קיין איבעריקע פֿאַסירונגען ‹געשעענישן›
unexpected אומגעריכט
unexplained אומדערקלערט; נישט־דערקלערט; נישט צו(ם) פֿאַרשטיין
unfailing
(constant) כּסדרדיק [KESÉYDERDIK]
(dependable) פֿאַרלאָזלעך
(tireless) אומפֿאַרמאַטערלעך; אומאויסשעפּלעך
be unfailing in נישט פֿאַרפֿעלן צו
unfailingly כּסדר; תּמיד [KESÉYDER] [TÓMED]
unfair אומיושרדיק; אומגערעכט [ÚMYÓYShERDIK]
That's unfair ווו איז יושר?; ס׳איז נישט יושרדיק [YÓYShER] [YÓYShERDIK]
unfairly מיט אומרעכט; אומיושרדיק [ÚMYÓYShERDIK]
unfairness דער אומיושר; די/דאָס אומגערעכטיקייט [ÚMYÓYShER]
unfaithful אומגעטרײַ; נישט־געטרײַ; פֿאַלש
(inexact) אומפּינקטלעך

be unfaithful (to) נישט זײַן געטרײַ + דאַט׳
unfaltering פֿעסט; כּסדרדיק [KESÉYDERDIK]
unfamiliar אומבאַקאַנט; פֿרעמד
unfashionable נישט־מאָדיש; אַלטמאָדיש
unfasten אויפֿשפּיליע\|ן; אויפֿקנעפּלען; אויפֿשנאָלן; אָפּטשעפּע\|ן
unfathomable אומבאַנעמיק; אומבאַנעמלעך
be unfathomable ס׳איז נישט צו(ם) באַנעמען ‹דערגרונטעווע\|ן›; מע קען עס נישט באַנעמען ‹משׂיג זײַן› [MÁSEG]
unfavorable אומגינציק; נישט־פּאַסיק
unfazed אומגעשטערט
He was completely unfazed ס׳האָט אים גאָר נישט געשטערט ‹צעשרויפֿט›
unfeeling אומפֿילעוודיק; האַרט; אָן אַ האַרץ
unfettered נישט־געבונדן; באַפֿרײַט
unfettered access דער פֿרײַער ‹אומגעשטערטער/אומבאַגרענעצטער› צוטריט
unfinished נישט־געענדיקט; נישט־דערענדיקט; נישט־דערגאַנגען
unfinished business נישט־פֿאַרענדיקטע געשעפֿטן ל״ר; אומגעענדיקטקייטן ל״ר
unfit נישט־פּאַסיק; אומפּאַסיק
(for work) נישט אַרבעט־פֿעיִק
(spo.) נישט אין גוטער פֿאָרעם
be unfit for (incompetent) נישט טויגן אויף
unfit for duty (mil.) שלאַכט־אומפֿעיִק
It's unfit for publication דאָס קען מען נישט (אָפּ)דרוקן; ס׳איז נישט דרוקפֿעיִק ‹דרוקעוודיק›
unflagging אומפֿאַרמאַטערלעך
unflappable אומאויפֿרעגלעך
be unflappable נישט לאָזן זיך אויפֿרעגן
unflattering אומגינציק
have an unflattering opinion of האָבן נישט קיין גינציקע ‹וואַזשנע› מײנונג וועגן
It was an unflattering comment ס׳איז נישט געווען קיין קאָמפּלימענט
The blouse is unflattering to you די בלוזקע פּאַסט ‹קלײדט› דיר נישט
unflinching אומדערשראָקן; פֿעסט
unfocused
be unfocused (eyes) נישט פֿאָקוסירן זיך
be unfocused (*fig.*) נישט קאָנצענטרירן זיך; זײַן צעפֿאָרן
unfold, *vt./vi.* צעפֿענען (זיך); צעוויקלען (זיך)
vi. (*fig.*) אַנטוויקלען זיך; אויפֿדעקן זיך; אַנטפּלעקן זיך
unforeseeable נישט פֿאָרויסצוזען
It was unforeseeable מ׳האָט עס נישט געקענט פֿאָרויסזען
unforeseeable circumstance די גאָטזאַך, ־ן
unforeseen נישט־פֿאָרויסגעזען; אומגעריכט
unforgettable אומפֿאַרגעסלעך
be unforgettable נישט לאָזן זיך פֿאַרגעסן
unforgivable
It's unforgivable מע קען עס נישט מוחל זײַן; ס׳איז נישט מוחל צו זײַן [MOYKhL]
unforgiving נישט־פֿאַרגיביק; אוממוחלדיק; אומדערבאַרעמדיק [ÚMMÓYKhLDIK]
unforgiving person דער נוקם־ונוטר, ־ס; דער אומברחמנותדיקער געב׳ [NÓYKEM-VENÓYTER] [ÚMBERAKhMÓNESDIKER]
unformed נישט־פֿאָרמירט; אומפֿאָרמירט
unfortunate אומגליקלעך; נעבעכדיק; שלימזלדיק [ShLIMÁZLDIK]
What an unfortunate person! סאַראַ(ן) אומגליקלעכער געב׳; סאַראַ שלימזל! [ShLIMÁZL]
the unfortunate person *also* דער מענטש נעבעך
unfortunately צום באַדויערן ‹צער/אומגליק/שלימזל›; צום בײדנעם מזל; אַ שאָד וואָס [TSAR] [ShLIMÁZL] [MAZL]
unfortunately for צו + פּאָס׳ שלימזל
unfounded אומבאַגרינדט; נישט־באַרעכטיקט; פֿון פֿינגער אויסגעזויגן
unfreeze צעטאָפּע\|ן; צעלאָזן; לאָזן אָפּגײן ‹צעגײן›; אויסטײַע\|ן
unfreeze assets צולאָזן צו די אַקטיוון
unfriend אָפּלאָזן ווי אַ גוטער־פֿרײַנד
unfriendliness די/דאָס אומפֿרײַנדלעכקייט
unfriendly אומפֿרײַנדלעך
unfrock מאַכן פֿאַר אויס גלח; באַפֿרײַען פֿון דער פּריסטערשאַפֿט [GÁLEKh]
unfruitful אָנפֿרוכטיק
(without fruit) *also* אומפֿרוכטיק
(futile) *also* אומזיסט
unfulfilled
(desire) נישט־באַפֿרידיקט; אומבאַפֿרידיקט
(promise/dream) נישט־דערפֿילט; נישט מקוים געוואָרן [MEKÚYEM]
unfurl, *vt./vi.* אויפֿוויקלען (זיך); פֿונאַנדערוויקלען (זיך); צעוויקלען (זיך)
unfurnished נישט־מעבלירט
ungainly אומגעלומפּערט; לעפּיש
ungodly
(irreligious) אומגלייביק; אַטעיִסטיש
(sinful) זינדיק
(shocking) שוידערלעך; שרעקלעך
at an ungodly hour ווען גאָט אַליין שלאָפֿט נאָך
ungracious אומגנעדיק; נישט־חסדימדיק; אומלײַטזעליק; גראָב; פּראָסט [KhSÓDIMDIK]
ungrammatical נישט־גראַמאַטיש; אומגראַמאַטיש; נישט על־פּי דיקדוק [ÁLPI DÍKDEK]
ungrateful אָן דאַנק; ˚אומדאַנקבאַר
He's an ungrateful person ער זאָגט נישט קיין דאַנק; ער ווייסט נישט ווי אָפּצושאַצן; ער איז אַ כּפֿוי־טובֿהניק [KÓFE-TÓYVENIK]
unguarded אומבאַשיצט; נישט־באַשיצט; נישט־אָפּגעהיט(ן)
in an unguarded moment אין אַ מאָמענט פֿון נישט־אָפּגעהיט(נ)קייט
unguent דאָס שמירעכץ, ־ן; די זאַלב, ־ן; די מאַסט ‹מאַשטש›, ־ן
unhand אָפּלאָזן (פֿון די הענט)
unhappiness די/דאָס אומצופֿרידנקייט; די/דאָס אומגליקלעכקייט
unhappy אומצופֿרידן; אומגליקלעך
unharmed נישט־געשעדיקט; אומגעשעדיקט; בשלום [BEShÓLEM]
unhealthy נישט־געזונט; אומגעזונט; קרענקלעך
(dangerous) געפֿערלעך
be an unhealthy person זײַן אַ נישט־געזונטער געב׳; זײַן אַ קראַנקער געב׳
It's unhealthy (for you) סע קען שאַטן צום געזונט; ס׳איז נישט געזונט
unheard נישט־דערהערט
unheard-of
(unknown) אומבאַקאַנט
(unprecedented) אומגעהערט; נישט־געהערט; (קיין מאָל) נישט געהערט געוואָרן
(outrageous) סקאַנדאַליעז; אומגעהערט; הימל־שרײַענדיק

It's unheard-of! אַן אַקט אין דער וועלט!; אומגעהערט!

unhinge אַראָפּנעמען פֿון די זאַווּיסעס ‹שאַרנירן›

become unhinged (*fig.*) ווערן צעחושט ‹צעשרויפֿט›; פֿאַרלירן דעם שׂכל [SEYKhL]

unholy אומהייליק

unholy alliance דער אומהייליקער בונד, ־ן

unhook

(clothing) אָפּהעקלען

(fish) אַראָפּנעמען פֿון האָקן

unhurried געלאַסן; נישט־געאײַלט

unhurt *see* **unharmed**

unhygienic נישט־היגיעניש; אומהיגיעניש

uni... איינ...

Uniate דער אוניאַט, ־ן

UNICEF דער אוניצעף

Unicode דער אוניקאָד

unicorn דער איינהאָרן, ־ס

unicycle דער מאָנאָציקל, ־ען

unidentifiable נישט צום דערקענען; נישט־דערקענעוודיק

be unidentifiable נישט לאָזן זיך דערקענען ‹אידענטיפֿיצירן›

unidentified נישט־אידענטיפֿיצירט; נישט־דערקענט

unidentified flying object דער נישט־אידענטיפֿיצירטער פֿליִענדיקער אָביעקט, ־ן; דער קאָסמישער טעלער, –; דער טעלער אין הימל

unidimensional איין־דימענסיעדיק; איין־געמעסטיק

unidirectional אין איין ריכטונג ‹זײַט›

unification

(act) די פֿאַראייניקונג, ־ען; די אוניפֿיקאַציע, ־ס

(state) די/דאָס פֿאַראייניקטקייט

unified פֿאַראייניקט; איינהייטלעך

unifier דער פֿאַראייניקער, ־ס

uniform, *adj.* איינהייטלעך; גלײַכמאָסיק; גלײַכפֿאָרמיק; איינפֿאָרמעדיק; אויסגעאיינט

make uniform אויסאיינען; פֿאַראיינהייטלעכן

uniform, *n.* די אוניפֿאָר(ע)ם, ...רמען; דער מונדיר, ־ן

in uniform מונדירט; אוניפֿאָרמירט

out of uniform אין ציוויל(קליידער)

uniformed מונדירט

uniformity די/דאָס איינפֿאָרמעדיקייט; די/דאָס גלײַכמאָסיקייט; די/דאָס איינהייטלעכקייט

unify פֿאַראייניקן; אוניפֿיצירן

unilateral איינזײַטיק; פֿון איין צד [TSAD]

unilateralism די/דאָס איינזײַטיקייט

unimaginable נישט אויסצומאָלן ‹פֿאָרצושטעלן›

be unimaginable נישט לאָזן זיך אויסמאָלן ‹פֿאָרשטעלן›

unimaginative נישט־שאַפֿעריש; אָן כּוח־הדמיון [KÓYEKh-HADÍMYEN] ‹פֿאַנטאַזיע›

unimpaired

(undamaged) אומגעשעדיקט; נישט־געניזוקט; גאַנץ; בשלמותדיק [BIShLÉYMESDIK] [GENÍZEKT]

(sober) ניכטער

unimpeachable אומאָפּפֿרעגלעך; מחוץ יעדן ספֿק; אָן אַ פּסול [MEKhÚTS] [SÓFEK]

unimpeded אומגעשטערט; נישט־אָפּגעהאַלטן

unimportant אומוויכטיק; נישט־וויכטיק

unimpressed

I'm unimpressed by his work איך ווער נישט נתפּעל פֿון זײַן (שטיקל) אַרבעט [NISPÓEL]

unimpressive אומאימפּאָזאַנט

(argument) נישט־איבערצײַג(עווד)יק

be unimpressive נישט מאַכן קיין רושם [RÓYShEM]

uninformed אומאינפֿאָרמירט

uninhabitable נישט־וווינעוודיק

It's uninhabitable מע קען דאָרט ‹דערין› נישט וווינען

uninhabited נישט־באַוווינט

It's uninhabited ס'איז נישט באַוווינט; קיינער וווינט דאָ(רט) נישט

uninhibited אומגעפּענטעט; אומגעהאַמעוועט; אומגעצאַמט

uninitiated וואָס ווייסט נישט פֿאַסטפֿ'

the uninitiated [HÉDYET, HEDYÓYTIM] דער הדיוט, ־ים

uninspired נישט־באַגײַסטערט; נישט־שאַפֿעריש; נודנע

uninspiring נישט־אינספּירירנדיק

be uninspiring נישט באַגײַסטערן; נישט אינספּירירן

uninstall דעאינסטאַלירן; אָפּאינסטאַלירן

uninsured נישט־פֿאַרזיכערט; אומסטראַכירט

unintelligent אומאינטעליגענט

be unintelligent *also* נישט פֿאַרמאָגן קיין אינטעליגענץ

unintelligible נישט צו(ם) פֿאַרשטיין; אומפֿאַרשטענדלעך

unintentional נישט־בכּיוונדיק; נישט־געמיינט; נישט־ווילנדיק; אומגערנדיק; שוגגדיק [BEKÍVNDIK] [ShÓYGEGDIK]

unintentionally נישט בכּיוון; נישט־ווילנדיק; אומגערן; בשוגג [BEKÍVN] [BEShÓYGEG]

uninterested אומ(פֿאַר)אינטערעסירט; נישט־(פֿאַר)אינטערעסירט

uninteresting אומאינטערעסאַנט; נישט־אינטערעסאַנט

uninterrupted נישט־איבערגעריסן; כּסדרדיק; אומגעשטערט [KESÉYDERDIK]

uninvited, *adj.* אומגעבעטן

uninvited, *adv.* אומגעבעטנערהייט; נישט־געבעטנערהייט

uninviting אומאײַנגענעם; אומאַפּעטיטלעך; נישט־צוציִיק

union

(act) די פֿאַראייניקונג, ־ען; דאָס פֿאַראייניקן (זיך)

(state) די פֿאַראייניקונג, ־ען; דער פֿאַרבאַנד, ־ן; דער באַהעפֿט, ־ן

(sexual) די באַהעפֿטונג; באַציִונגען ל״ר

(trade) דער פּראָפֿפֿאַראיין, ־ען; דער סינדיקאַט, ־ן; די/דער יוניאָן, ־ס

unionism דער יוניאָניזם

unionist דער יוניאָנמאַן, יוניאָנלײַט

unionize, *vt./vi.* יוניאָניזירן (זיך); סינדיקאַליזירן (זיך)

unionized יוניאָניזירט; סינדיקאַליזירט

Union of Soviet Socialist Republics דער פֿאַרבאַנד פֿון סאָוועטישע סאָציאַליסטישע רעפּובליקן

union suit די קאָמבינאַציע, ־ס; גאַנצע גאַטקעס ל״ר

union worker דער יוניאָן־‹אַרבעטער־›טוער, ־ס

unique אוניקאַל; איינסיק; איין־און־איינציק; יחיד־במינודיק; איינמאַליק [YÓKhED-BEMÍNEDIK]

It's unique! *also* (ס'איז) אַן אוניקום!; (ס'איז) אַ יחיד־במינו!; (ס'איז) איינס אין דער וועלט! [YÓKhED-BEMÍNE]

uniquely אויסשליסלעך; נאָר

uniquely qualified אויסערגעווינ(ט)לעך קוואַליפֿיצירט

uniqueness די/דאָס איינסיקייט; די/דאָס איינציקייט; די/דאָס אוניקאַלקייט; די/דאָס יחיד־במינודיקייט [YÓKhED-BEMÍNEDIKEYT]

unisex פֿאַר מענער און פֿרויען; אוניסעקס־...

unison דער אוניסאָן; דער איינקלאַנג

in unison אין אוניסאָן ‹איינקלאַנג›; איינשטימיק; אין איין שטים; פּה־אחד [PE-ÉKhED]

unit [ÉKhED, EKhÓDIM] דער איינס, ־ן; דאָס איינצל, ־עך; דער אחד, ־ים

(mil.) דער טייל, ־ן; דער איינס, ־ן; די איינהייט, ־ן

(of textbook) די לעקציע, ־ס

(of organization) דער אָפּטייל, ־ן

(appliance) דער אַפּאַראַט, ־ן

unit of measurement דער מעסטאיינס, ־ן; דער מאָסאיינס, ־ן
unit of time דער צײַטאיינס, ־ן
10-unit apartment building דאָס צען־דירהדיקע הויז, הײַזער [DÍREDIKE]
Unitarian, *adj.* אוניטאַריש
Unitarian, *n.* דער אוניטאַריער, ־ס
Unitarianism דער אוניטאַריאַניזם
unitarism דער אוניטאַריזם
unitary איינסיק; איינצלדיק
(pol.) אוניטאַריסטיש; צענטראַליזירט
unite, *vt./vi.* פֿאַראייניקן (זיך); אויסאיינען (זיך); צונויפֿשליסן (זיך); באַהעפֿטן (זיך)
united פֿאַראייניקט; אייניק; באַהאָפֿטן
United Arab Emirates פֿאַראייניקטע אַראַבישע עמיראַטן
United Kingdom דאָס פֿאַראייניקטע מלכות [MÁLKhES]
United Nations פֿאַראייניקטע פֿעלקער ‹נאַציעס›
United States פֿאַראייניקטע שטאַטן
unity די/דאָס אייניקייט; די/דאָס געאייניקטקייט; די/דאָס איינסקייט; דאָס אחדות; די איינהייט [ÁKhDES]
univalent איינווערטיק; אוניוואַלענט
universal, *adj.* אוניווערסאַל; אַלוועלטלעך
universal, *n.* דער אוניווערסאַל, ־ן
universal (coordinated) time די (קאָאָרדינירטע) וועלטצײַט
universalism דער אוניווערסאַליזם
universalist דער אוניווערסאַליסט, ־ן
universalistic אוניווערסאַליסטיש
universalize אוניווערסאַליזירן
universally אוניווערסאַל; (פֿאַר) אַלעמען; איבער דער גאַנצער ‹גאָרער› וועלט
universe דער אוניווערס, ־ן; די אַלוועלט, ־ן; דער וועלטאַל
university, *adj.* אוניווערסיטעטיש; אוניווערסיטעט־...
university, *n.* דער אוניווערסיטעט, ־ן
university degree דער אוניווערסיטעטישער דיפּלאָם, ־ען
university library די אוניווערסיטעטישע ביבליאָטעק, ־ן; די אוניווערסיטעט־ביבליאָטעק, ־ן
university professor דער אוניווערסיטעט־פּראָפֿעסאָר, ...אָרן
university town דאָס אוניווערסיטעטישע שטעטל, ־עך; דאָס אוניווערסיטעט־שטעטל, ־עך [SVÍVE]
univocal איינטײַטשיק
unjust אומיושרדיק [ÚMYÓYShERDIK]
unjustifiable נישט צו(ם) באַרעכטיקן
It's unjustifiable *also* סע לאָזט זיך נישט באַרעכטיקן ‹פֿאַרענטפֿערן›; מע קען עס נישט באַרעכטיקן
unjustified אומבאַרעכטיקט; אומזיסט(יק)
unjustifiedly אומבאַרעכטיקטערהייט; אומזיסטערהייט
unjustly [ÚMYÓYShERDIK] מיט אומרעכט; אומיושרדיק
unkempt אָפּגעלאָזן
(uncombed) נישט־פֿאַרקעמט; צעשויבערט; צעפּלאָשעט
unkind אומפֿרײַנדלעך; בייז
unkind word דאָס קרומע ‹בייזע› וואָרט
unknowable, *adj.*
(truths) אומבאַנעמיק; אומבאַנעמלעך; ˙אומבאַגרײַפֿלעך
(person) פֿאַרשלאָסן
unknowable, *n.*
the unknowable די/דאָס אומבאַנעמיקייט; דאָס וואָס סע לאָזט זיך נישט וויסן; דאָס וואָס מע קען נישט וויסן
unknowingly [BELÓY-YÓYDIM] אָן (צו) וויסן; בלא־יודעים
unknown, *adj.* אומבאַקאַנט; אומבאַוווּסט
an unknown person דער אומבאַקאַנטער געב'

for unknown reasons ס'איז (פֿאַר קיינעם) נישט קלאָר פֿאַר וואָס
unknown, *n.*
the unknown דאָס אומבאַקאַנטע
unknown quantity
(math.) דאָס אומבאַקאַנטע
(riddle) דאָס רעטעניש, ־ן
unknown value (math.) די אומבאַוווּסטע ‹אומבאַשטימטע› גרייס, ־ן
unlace צעשנורעווען; אויסשנורעווען; אויפֿשנורעווען; אָפּשנורעווען; אויפֿבינדן
unladylike אומדאַמיש; נישט־ראַפֿינירט
be unladylike (of clothing/behavior) נישט פּאַסן פֿאַר אַ דאַמע
be unladylike (of person) פֿירן זיך נישט מעשה דאַמע [MÁYSE]
unlawful אומלעגאַל; נישט־לעגיטים
unleaded אָנבלײַיִק; אָן בלײַ
unleaded gasoline דער אָנבלײַיִקער בענזין
unlearn אָפּגעוויינען ‹אָפּגעוווינען› זיך
unleash אָפּקייטלען; אַראָפּלאָזן פֿון דער קייט
(*fig.*) אַרויסלאָזן; געבן + דאַט' די פֿרײַ
unleash one's anger (at) אויסלאָזן דעם כּעס (אויף) [KÁAS]
unleavened נישט־געזײַערט; אומגעזײַערט; נישט־געיוירן
unleavened bread דאָס נישט־געזײַערטע ברויט; די מצה [MÁTSE]
unless סײַדן; (אַ)כּיבע
unlettered אַנאַלפֿאַבעטיש; אומשריפֿטיק
(J.) אומעבֿרידיק [ÚMÍVREDIK]
unliberated נישט־באַפֿרײַט
unlicensed אומליצענצירט
be unlicensed נישט האָבן קיין ליצענץ
unlike, *adj.* נישט־ענלעך
unlike, *prep.* נישט ענלעך צו; (גאָר) נישט ווי
unlike, *v.* **(comp.)** צוריקציִען דעם לײַק
unlikeable אומסימפּאַטיש
unlikely, *adj.*
(explanation) שווער צו גלייבן
in the unlikely event that טאָמער(־טאָמער) זאָל זיך מאַכן אַז
unlikely, *adv.* אַ גרויסער ספֿק צי; מסתּמא נישט; וואָס גלייבט זיך קוים [SÓFEK] [MISTÁME]
She's unlikely to come אַ גרויסער ספֿק צי זי וועט קומען; מסתּמא וועט זי נישט קומען; סע גלייבט זיך קוים אַז זי וועט קומען
unlimited אומבאַגרענעצט
unlined
(dress) נישט־אונטערגעשלאָגן
(paper) נישט־געוווירעט; נישט־ליניִרט
unlisted נישט־אויסגערעכנט; אומפֿאַררעגיסטרירט; אומאָפֿנטלעך
(stock) נישט־נאָטירט
The number is unlisted דער נומער ווערט נישט אויסגערעכנט אין טעלעפֿאָן־בוך; דער נומער שטייט נישט אין טעלעפֿאָן־בוך
unlit נישט־באַלויכטן
unload אויסלאָדן; אויסהרוזשען
unloader דער אויסלאָדער, ־ס
unlock אויפֿשליסן
unlovable אומליבעוודיק
He's unlovable ס'איז אוממעגלעך אים ליב צו האָבן
unloved אומבאַליבט; אומגעליבט

She feels unloved סע דאַכט זיך איר אַז קיינער האָט זי נישט ליב
unloving נישט־ליבנדיק; קאַלט
be an unloving person זײַן אַ קאַלטער גוב'; קיינעם נישט ליב האָבן
unluckily צום שלימזל ‹אומגליק› [ShLIMÁZL]
unlucky שלימזלדיק; אומגליקלעך [ShLIMÁZLDIK]
be unlucky נישט האָבן קיין מזל [MAZL]
unlucky person (*m./unsp.*) דער שלימזל, ־ען/־ס; דער שלימזלניק, ־עס; דער אומגליקלעכער גוב' [ShLIMÁZL] [ShLIMEZÁLNIK]
unlucky person (*f.*) די שלימזלניצע, ־ס [ShLIMEZÁLNITSE]
very unlucky person דער שלים־שלימזל, ־ען/־ס
unmade (bed) נישט־פֿאַרבעט; נישט־צוגעבעט
unmade-up נישט־פֿאַרשמינקעוועט; נישט־באַשמינקעוועט
unmanageable
(child) שווער; ווידערשפעניק
(unwieldy) שווער צו מאַנעווירן ‹קאָנטראָלירן›
It's unmanageable מע קען זיך דערמיט נישט ספּראַווען; מע קען זיך דערמיט קיין עצה נישט געבן [ÉYTSE]
unmanly נישט־מאַנצבילש; נישט־מענעריש; שוואַכינק אַטר'; פּחדניש [PAKhDÓNISh]
unmanned נישט־עקיפּירט; נישט־פּילאָטירט; אומבאַמענטשט
unmarked נישט־באַצייכנט; אָן קיין סימן [SÍMEN]
unmarked envelope דער קאָנווערט אָן קיין נאָמען צי אַדרעס
unmarked grave דער/דאָס נישט־באַצייכנטע(ר) קבֿר, ־ים; דער/דאָס קבֿר אָן אַ מצבֿה [KÉYVER, KVÓRIM] [MATSÉYVE]
unmarried נישט־חתונה־געהאַט; פֿרײַלײדיק [KhÁSENE]
(man) *also* אומבאַווײַבט
(woman) *also* אומבאַמאַנט
unmask דעמאַסקירן; אויפֿדעקן + דאַט' דאָס פּנים [PÓNEM]
unmatched נישט צום פֿאַרגלײַכן; אָן אַ גלײַכן ‹גלײַכעניש›
It's unmatched *also* ס'האָט צו זיך קיין גלײַכן; קיין בעסערס איז נישטאָ
unmentionable נישט צו(ם) דערמאָנען; נישט־געדאַכט; נישט אויסצורעדן
It's unmentionable מע זאָל עס נישט ברענגען אויף די ליפּן
unmentionables תּחתּונים; דאָס אונטערוועש קאָל'; גאַטקעס [TAKhTÓYNIM]
unmerciful אָן רחמנות ‹רחמים›; אומברחמנותדיק [RAKhMÓNES] [RÁKhMIM] [ÚMBERAKhMÓNESDIK]
unmerited נישט־פֿאַרדינט; אומזיסטיק
unmistakeable אָנספֿקדיק; בולט; כאַראַקטעריסטיש [ÓNSÓFEKDIK] [BÓYLET]
It's unmistakeable מע קען קיין ספֿק נישט האָבן [SÓFEK]
unmistakeably בלי־שום־ספֿק; בפּירוש [B(E)LÍ-ShUM-SÓFEK] [BEFÉYRESh]
unmitigated אַבסאָלוט; בפּירוש [BEFÉYRESh]
unmitigated gall די ריינע חוצפּה [KhÚTSPE]
unmoved אומגערירט
He was unmoved *also* ס'האָט אים נישט גערירט
unmusical נישט־מוזיקאַליש; אוממוזיקאַליש
unnamed נישט־באַנאָמענט; אָן אַ נאָמען
unnatural אומנאַטירלעך; (מ)חוץ־לדרך־הטבֿע [(ME)KhÚTS-LEDÉREKh-HATÉVE]
(fake) געמאַכט; פֿאַלש
unnecessarily אומזיסט

unnecessary נישט־נייטיק; אומנייטיק
unnerve דענערווירן; אויפֿרודערן; באַאומרויִקן
unnerved דענערווירט; אויפֿגערודערט
unnerving דענערווירנדיק; אויפֿרודערנדיק
unnoticed אומבאַמערקט; נישט־באַמערקט
unobtrusive אומבאַמערקלעך; נישט־אָנזעעוודיק
be unobtrusive נישט אָנזען זיך; נישט וואַרפֿן זיך אין די אויגן; נישט שטופּן זיך
unoccupied נישט־פֿאַרנומען
unofficial אומאָפֿיציעל
unofficially אומאָפֿיציעל(ערהייט)
unopened נישט־געעפֿנט
unopposed אָן קיין קעגנשטים ‹קעג(ע)נער›
unorthodox אומגעווײנ(ט)לעך; נישט־קאָנווענציאָנעל
unpack, *vt./vi.* אויספּאַקן (זיך); צעפּאַקן (זיך)
unpaid נישט־באַצאָלט
unpaid debt דער אָפֿענער ‹נישט־באַצאָלטער› חובֿ [KhOYV]
unpainted נישט־געפֿאַרבט
unpalatable
The meat was unpalatable דאָס פֿלייש האָט מען נישט געקענט נעמען אין מויל אַרײַן; דאָס פֿלייש האָט (קיינעם) נישט געשמעקט
He finds the truth unpalatable דער אמת איז אים שווער צו פֿאַרדײַען; דער אמת שמעקט אים נישט [ÉMES]
unparalleled אָן אַ גלײַכעניש ‹גלײַכן›
be unparalleled נישט האָבן קיין גלײַכן
unpardonable נישט מוחל צו זײַן [MOYKhL]
unpatriotic אומפּאַטריאָטיש
unpaved נישט־אַספֿאַלטירט
(road) דער שליאַך, ־ן; דער גרונטוועג, ־ן
unpersuasive נישט־איבערצײַג(עווד)יק
be unpersuasive נישט איבערצײַגן/איבערצײַגן
unperturbed נישט־באַאומרויִקט; אומאויפֿגערעגט; געלאַסן
unplanned נישט־פּלאַנירט; אומפּלאַנירט
unplanned pregnancy דאָס נישט־פּלאַנירטע טראָגן
unpleasant נישט־אײַנגענעם; אומאײַנגענעם; נישט צום האַרצן; פּריקרע
(person) נישט־ליב; אומסימפּאַטיש
be unpleasant to זײַן + דאַט' אומסימפּאַטיש
unplowed נישט־צעאַקערט
unplug אָפּשטעקן
unpolished נישט־געפּוצט
(*fig.*) נישט־ראַפֿינירט; אומאײדל
unpolluted נישט־פֿאַרפּעסטיקט; אומפֿאַרפּעסטיקט
unpopular אומפּאָפּולער; אומבאַליבט
unprecedented (קיין מאָל) נישט געהערט געוואָרן; אָן אַ פּרעצעדענט; נאָך קיין מאָל נישט געווען ‹געשען/געהערט›
unpredictable אומפֿאָרויסזעעוודיק; נישט פֿאָרויסצוזען
(person) אומבאַרעכנט; קאַפּריזנע
It was unpredictable מ'האָט עס נישט געקענט פֿאָרויסזען
unprejudiced
(unbiased) אָן פֿאָראורטלען
(impartial) אָביעקטיוו; אָנפּניותדיק [ÓNPNÍESDIK]
unprepared נישט־צוגעגרייט
unprepossessing נישט איבעריק שיין ‹אײַנגענעם›
unpretentious פּשוט־פּאָלקיש; באַשיידן; אָן פֿליטערלעך [PÓShET]
unpretentiousness די/דאָס פּשוט־פּאָלקישקייט [PÓShET]
unprincipled אָנפּרינציפּנדיק; אָן פּרינציפּן; אָן גאָט אין האַרצן
unprintable נישט־דרוקפּעיִק; נישט צום דרוקן

The article is unprintable *also* מע קען ‹טאָר› דעם אַרטיקל נישט דרוקן
unprocessed ניט־פּראָצעסירט
unproductive ניט־פּראָדוקטיוו
(soil) אומפֿרוכטיק
unprofessional אומפּראָפֿעסיאָנעל
unprofitable אומרווחדיק [ÚMRÉVEKhDIK]
be unprofitable נישט ברענגען ‹טראָגן› קיין רווח; נישט לוינען זיך [RÉVEKh]
unpromising
look unpromising נישט אויסזען גוט
unprompted ספּאָנטאַן
unpronounceable נישט אַרויסצורעדן
unprotected ניט־באַוואָרנט; ניט־באַשיצט; אומבאַשיצט
unprotected sex דער ניט־באַוואָרנטער סעקס
unprovoked ניט־פּראָוואָצירט
unpublished ניט־געדרוקט; ניט־פּובליקירט
unpunished אומבאַשטראָפֿט
go unpunished בלײַבן אומבאַשטראָפֿט
unqualified
(absolute) אין גאַנצן; אַבסאָלוט; הונדערט־פּראָצענטיק
(lacking skill) ניט־קוואַליפֿיצירט; ניט־פֿעיִק
(ling.) ניט־באַשטימט
He's unqualified for the job ער איז נישט פֿעיִק צו דער אַרבעט; ער טויג נישט אויף דער אַרבעט; סע פֿעלט אים צו דער אַרבעט
unquestionably אָן קיין (שום) ספֿק; בלי־(שום־)ספֿק; קיין פֿראַגע נישט [SÓFEK] [B(E)LÍ-(ShUM-)SÓFEK]
unquestioned ניט־אָפּגעפֿרעגט; אומאָפּגעפֿרעגט
unquestioning אַבסאָלוט; בלינד
unquote סוף ציטאַט [SOF]
unrated ניט־געשאַצט
(film) ניט־קלאַסיפֿיצירט (לויטן עלטער)
unravel
vt. אויפֿוויקלען; אויפֿעפֿענען; פֿונאַנדערפּלאָנטערן; אויפֿלאָזן
vi. צעפֿאַלן זיך; אויפֿלאָזן זיך; צעדריבלען
unravel a mystery באַשיידן דאָס רעטעניש; אויפֿדעקן די מיסטעריע
unreadable נישט איבערצולייענען
unreal געדוכט; ניט־אמת; פֿאַנטאַסטיש [ÉMES]
unreality די אומרעאַליטעט; די/דאָס אומרעאַלקייט
unrealized נישט מקוים געוואָרן; ניט־(אַ)דורכגעפֿירט; ניט־רעאַליזירט [MEKÚYEM]
unreasonable
(accusation) ניט־באַרעכטיקט
(price/expectations) איבערגעטריבן
(idea) אומשׂכלדיק [ÚMSÉYKhLDIK]
be unreasonable (person) נישט לאָזן קומען צו קיין פּשרה; נישט אײַנזען; נישט וועלן נאָכגעבן; צו פֿיל פֿאַרלאַנגען; זײַן אײַנגעשפּאַרט [PShÓRE]
It's unreasonable to expect מע קען זיך נישט ריכטן
unrecognizable נישט צו(ם) דערקענען
unrecognized ניט־דערקענט
(not acknowledged) ניט־אָנערקענט
unrecorded
(in document) ניט־פֿאַרשריבן; ניט־פֿאַרצייכנט
(on tape) ניט־רעקאָרדירט
unrefined ניט־ראַפֿינירט
(person) אומאיידל; פּראָסט
unrehearsed ניט־רעפּעטירט; ספּאָנטאַן
unrelated באַזונדער
be unrelated to (family) נישט אָנקערן זיך מיט
be unrelated to (issue) נישט האָבן קיין שייכות ‹פֿאַרבינדונג› מיט [ShÁYKhES]
unrelenting אָן אויפֿהער ‹איבעררײַס›
unreliable אומפֿאַרלאָזלעך; ניט־פֿאַרלאָזלעך
She's unreliable *also* מע קען זיך אויף איר נישט פֿאַרלאָזן
unrelieved אומגעלינדערט
unremarkable אוממערקווערדיק; (מיט גאָרנישט) נישט מערקווערדיק
unremitting אָנאויפֿהעריק; אָן אויפֿהער; אומברחמנותדיק [ÚMBERAKhMÓNESDIK]
be unremitting נישט נאָכלאָזן
unrepeatable ניט־לײַטיש; גראָב; נישט איבערצוחזרן [ÍBERTSUKhÁZERN]
unrepentant אָן חרטה [KhARÓTE]
She's unrepentant זי האָט נישט קיין חרטה; זי שלאָגט זיך נישט על־חטא; סע טוט איר נישט באַנג [ALKhÉT]
unrequited
unrequited love די ליבע אָן קעגנליבע; די איינזײַטיקע ליבע
unresponsive אומאָפּרופֿיק
be unresponsive נישט אָפּרופֿן זיך; נישט האָבן קיין אָפּרוף
unrest אומרוען ל"ר
unrestrained ניט־אײַנגעהאַלטן; אומגעצאַמט
unrestricted אומבאַגרענעצט
unrewarded ניט־באַלוינט; מיט ליידיקע הענט; מיט ליידיקן
unrewarding אומכּדאַיִק [ÚMKEDÁYIK]
be unrewarding נישט זײַן כּדאַי; נישט באַפֿרידיקן [KEDÁY]
unripe ניט־צײַטיק; אומצײַטיק
unrivaled נישט צו(ם) פֿאַרגלײַכן; אָן אַ גלײַכן
unroll אויפֿוויקלען; צעוויקלען; אויפֿקאָלערן; אויפֿקאַטשע|ן; צעעפֿענען
unruffled גלאַט; אָן קרײַזלעך ‹שליאַרעס›
(person) געלאַסן; רויִק
be unruffled by נישט פֿאַרלירן זיך פֿון ‹צוליב›
unruled ניט־געווירעט; ניט־ליניִרט
unruly ניט־פֿאָלגעוודיק; ווילד; צעיושעט; נאַטערעוואַטע; שווער אײַנצוצאַמען
unsaddle אָפּזאָטלען; אויסזאָטלען; אויסטאָן דעם זאָטל
unsafe ניט־זיכער; געפֿערלעך; ניט־פֿאַרלאָזלעך
unsafe sex דער ניט־באַוואָרנטער סעקס
unsaleable
be unsaleable נישט לאָזן זיך פֿאַרקויפֿן
The milk is unsaleable after today נאָך הײַנט טאָר מען די מילך נישט פֿאַרקויפֿן
unsalted אומגעזאַלצן
unsanitary אומריין; ניט־סאַניטאַריש; ניט־היגיעניש; ניט־געזונט
unsated אומגעזעטיקט
unsatisfactory ניט־צופֿרידנשטעליק; נישט ווי ס'געהער ‹ס'קער› צו זײַן; נישט צום האַרצן
unsatisfied אומצופֿרידן; ניט־צופֿרידן
unsatisfying ניט־באַפֿרידיקנדיק; ניט־צופֿרידנשטעליק
unsaturated אומגעזעטיקט; ניט־געזעטיקט
unsaturated fat דאָס אומגעזעטיקטע פֿעטס
unsavory
(taste) אומבאַטעמט; אָן טעם [TAM] [ÚMBATÁMT]
(unpleasant) אומאײַנגענעם; ניט־אײַנגענעם
(disreputable) פֿאַרנאַנט; חשדיק; טרייף [KhShÁDIK]
unscathed ניט־באַשעדיקט; אומבאַשעדיקט
emerge unscathed בלײַבן אַ גאַנצער געב'; בלײַבן ניט־באַשעדיקט; אַרויסקריכן מיט די ביינער; אָפּשנײַדן טרוקן

unscented נישט־פֿאַרפֿומירט; אָנריחדיק; אָן קיין ריח [ÓNRÉYEKhDIK] [RÉYEKh]
unscheduled נישט־פּלאַנירט
unschooled נישט־געלערנט; נישט־אויסגעשולט; אומגעשולט
unscientific נישט־וויסנשאַפֿטלעך
unscramble אויפֿפּלאָנטערן
unscratched נישט־צעקראַצט
unscrew אָפּשרויפֿן; אַרויסשרויפֿן; אַרויסדרייען
unscripted נישט־פּלאַנירט; אימפּראָוויזירט
unscrupulous אָן פּרינציפּן ‹סקרופּלען›, אָנפּרינציפּנדיק; אָנגעוויסנדיק; אָן גאָט אין האַרצן
unseal אויפֿקלעפּן; אויפֿזיגלען; אויפֿחתמע|(נע)ן [ÚFKhÁSMENEN]
unseal an indictment אויפֿדעקן די פּרטים פֿון אַן איינקלאָגונג [PRÓTIM]
unseasonable נישט־סעזאָניש; נישט לויטן ‹נאָכן› סעזאָן
unseasoned נישט־פֿאַרפּראַוועט; נישט־צוגעפּראַוועט
unseat אַראָפּזעצן; פֿאַרנעמען + פּאָס' אָרט ‹פּאָסטן›
unseeing בלינד; אומזעעוודיק
unseemly נישט־פּאַסיק; נישט־לײַטיש; נישט־שיין
unseen נישט־געזען; אומגעזען
unselfish אומעגאָיסטיש; אומאייגננוציק; אָן אייגענעם אינטערעס
unsentimental אומסענטימענטאַל; נישט־סענטימענטאַל
unsettle אַרויסברענגען פֿון גלײַכוואָג; צעשטערן דעם סדר [SÉYDER]
(emotionally) אויפֿרודערן; אויפֿרעגן; באַאומרויִקן
unsettled
(changing) זיך בײַטנדיק
(emotionally) אויפֿגערודערט; אויפֿגערעגט; באַאומרויִקט
(undecided) נישט־באַשטימט; נישט־באַשלאָסן; אומבאַשלאָסן; אומקלאָר
(unpopulated) אומבאַזעצט
(debt) נישט־געסילוקט; אָפֿן [GESÍLEKT]
(weather) אומסטאַביל
unsettling אויפֿרודערנדיק; באַאומרויִקנדיק
unshaded אָנשאָטנדיק; אָן שאָטן
unshakable נישט־געוואַקלט; אומצעטרייסלעך; פֿעסט
unshaven נישט־אָפּגעגאָלט; נישט־אָפּראַזירט
unshoe אָפּקאָווע|ן; אָפּפּאָטקעווע|ן
unsightly נישט אָנצוקוקן; מיאוס [MÍES]
unsigned נישט־געחתמעט; נישט־אונטערגעשריבן [GEKhÁSMET]
unsinkable נישט אײַנצוזינקען
The ship is unsinkable די שיף קען נישט אײַנזינקען ‹פֿאַרזונקען ווערן›; מע קען די שיף נישט אײַנזינקען; די שיף וועט נישט אונטערגיין
unskilled נישט־קוואַליפֿיצירט; אומקוואַליפֿיצירט
unskilled labor די שוואַרצאַרבעט
unskilled laborer דער שוואַרצאַרבעטער, ־ס
unsmiling נישט־שמייכלענדיק
unsmilingly אָן צו שמייכלען
unsociable נישט־געזעלשאַפֿטלעך; נישט־חבֿרותאדיק [KhAVRÚSEDIK]
be unsociable נישט קומען צווישן מענטשן; אויסמײַדן מענטשן; האַלטן זיך פֿון דער ווײַטנס
unsold נישט־פֿאַרקויפֿט
unsolicited נישט־געבעטן; נישט־געפֿאָדערט
unsolvable נישט צו(ם) פֿאַרענטפֿערן ‹באַשיידן›
unsolved נישט־פֿאַרענטפֿערט; אָן אַ פּיתרון [PÍSREN]
unsophisticated נישט־סאָפֿיסטיצירט; נישט־ראַפֿינירט; פּשוט [PÓShET]
unsound
(foundation) אומזיכער; נישט־סאָליד; שוואַך; וואַקלדיק
(health) שוואַך; קראַנק
(policy) נישט־קלוג; אומשׂכלדיק [ÚMSÉYKhLDIK]
of unsound mind גײַסטיק נישט־געזונט
unsparing
(lavish) פֿאַרשווענדעריש; נישט־קלײַנלעך
(unmerciful) אומברחמנותדיק; אָן רחמנות [ÚMBERAKhMÓNESDIK] [RAKhMÓNES]
be unsparing in one's efforts נישט קאַרגן ‹זשאַלעווע|ן› קיין מי
unspeakable, *adj.* נישט איבערצוגעבן; שרעקלעך; נישט צו(ם) דערמאָנען ‹באַשרײַבן›
It's unspeakable מע טאָר עס אויף די ליפּן נישט ברענגען; ס'איז אָסור־לדבר; מע זאָל נישט געשטראָפֿט ווערן פֿאַר די רייד [ÓSER-LEDÁBER]
unspeakable, *n.*
the unspeakable דאָס וואָס מע טאָר אויף די ליפּן נישט ברענגען
unspecified נישט בפֿירוש דערמאָנט; נישט־ספּעציפֿיצירט [BEFÉYRESh]
unspoiled אומבאַרירט; אומפֿאַרדאָרבן
(land) *also* די קרקע־בתולה [KARKE-PSÚLE]
unspoken נישט־דערזאָגט; פֿאַרשוויגן
unstable אומסטאַביל; נישט־סטאַביל; וואַקלדיק
unstated נישט־אַרויסגעזאָגט
unsteady נישט־זיכער; אומזיכער
unstinting ברייטהאַרציק; אומפֿאַרמאַטערלעך
be unstinting in one's efforts נישט קאַרגן ‹זשאַלעווע|ן› קיין מי
unstintingly מיטן גאַנצן האַרצן
unstop
(cork) אַרויסציִען דעם פּראָפּן ‹קאָריק›; אויפֿקאָרקעווע|ן
(drain) אויפֿמאַכן; אויפֿעפֿענען
unstoppable נישט אָפּצושטעלן ‹אָפּצוהאַלטן›
unstrap אויפֿשנאַלן; פֿונאַנדערציִען דעם פּאַסיק
unstressed
(phon.) אומאַקצענטירט; נישט־אַקצענטירט; אומגעקוועטשט
(psych.) נישט־אָנגעשפּאַנט
unstructured נישט־סטרוקטורירט
unstuck אויפֿגעקלעפּט
come unstuck אויפֿקלעפּן זיך; אויפֿעפֿענען זיך; אויפֿהאַקן זיך
unstudied נאַטירלעך; נישט־געקינצלט
unsubscribe צוריקציִען ‹אָפּשטעלן› דעם אַבאָנעמענט; אָפּאַבאָנירן זיך
unsubstantiated אָן ראַיות ‹באַווײַז›; פֿון פֿינגער אויסגעזויגן [RÁYES]
unsubstantiated rumors סתּם פּליאָטקעס; קלאָנגען ‹שמועות› אָן ראַיות; פֿון פֿינגער אויסגעזויגענע שמועות [STAM] [ShMÚES]
unsuccessful
(plan) נישט־געראָטן; אומהצלחהדיק [ÚMHATSLÓKhEDIK]
be unsuccessful (person) נישט האָבן קיין מזל; נישט מצליח זײַן [MAZL] [MATSLÍEKh]
be unsuccessful (plan) נישט געראָטן; נישט אײַנגעבן זיך; נישט מצליח זײַן
unsuccessfully אָן הצלחה ‹מזל› [HATSLÓKhE] [MAZL]
unsuitable אומפּאַסיק; נישט־פּאַסיק
unsuited נישט־צוגעפּאַסט
unsullied נישט־באַפֿלעקט; אומבאַפֿלעקט; אומבאַשמוצט
unsung אומבאַזונגען

unsung hero דער אומבאַזונגענער ‹פֿאַרשאַטנטער/נישט־אָנערקענטער› העלד, ־ן
unsupported נישט־געשטיצט; אָן (אונטער)שטיץ; נישט־באַשטעטיקט
unsure אומזיכער
unsure of oneself נישט זיכער בײַ זיך; אומדרייסט
unsurpassed וואָס קיין בעסערס איז נישטאָ
unsuspecting
be unsuspecting גאָרנישט נישט חושד זײַן [KhÓYShED]
unswaddle אויסוויקלען; אויסווינדלען; אויספּאַקן
unsweetened נישט־פֿאַרצוקערט; נישט־פֿאַרזיסט
unswerving נישט־געוואַקלט; פֿעסט
unsympathetic אומסימפּאַטיש
unsystematic נישט־סיסטעמאַטיש; אומסיסטעמאַטיש; אָן אַ טאַלק
untainted אומבאַפֿלעקט; ריין פֿון פּגימות ‹חשדים› [PGÍMES] [KhShÓDIM]
untamed ווילד
(person) נישט־דערצויגן; נישט־ציוויליזירט
untangle
vt. **(clear up)** אויפֿפּלאָנטערן
vt./vi. **(extricate)** אָפּטשעפּען (זיך); באַפֿרײַען (זיך)
untapped
(barrel) נישט־אָנגעצאַפּט
(resources/*fig.*) נישט־אויסגעניצט; נישט־אָנגערירט
untenable נישט צו(ם) פֿאַרטיידיקן; נישט־אויסהאַלטעוודיק
be untenable *also* נישט האָבן קיין האַפּט; נישט לאָזן זיך פֿאַרטיידיקן; נישט אויסהאַלטן קיין קריטיק
untested נישט־געפּרוווט
unthinkable נישט צו(ם) באַנעמען; נישט משיג צו זײַן [MÁSEG]
the unthinkable מע זאָל דערפֿון אַפֿילו נישט קלערן ‹טראַכטן› [AFÍLE]
unthinking אומבאַקלערט; בלינד
unthinkingly אומבאַקלערטערהייט; אָן (צו) טראַכטן
unthought-of אין גאַנצן אומגעריכט
unthought-out נישט גוט (אַ)דורכגעטראַכט
untidy אומציכטיק; צעשויבערט; דיסאָרגאַניזירט; דעזאָרגאַניזירט; אָן אָרדענונג
untidy person *also* דער צלאָפּ, ־עס; די/דער אומצוכט, ־ן
untie
(knot) אָפּקניפּן; צעקניפּן; אויפֿקניפּן
(laces) אויפֿבינדן; אָפּבינדן; אויפֿשנורעווען
(package) אויפֿבינדן
(horse) אָפּפּענטען; אויספּענטען; אַרויסלאָזן פֿון די לייצעס
until ביז; ביזקל
until further notice ביז מע באַקומט ווײַטערדיקע ידיעות; ביז (אויף) ווײַטער [YEDÍES]
until now ביז איצט ‹אַהער›; עד־היום [AD(H)ÁYEM]
until recently ביז לעצטנס; ביז ערשט נישט לאַנג צוריק
until then ביז דעמאָלט
untimely פֿריצײַטיק; פֿאַר דער צײַט; צו פֿרי
untiring אומפֿאַרמאַטערלעך
untitled אומבאַטיטלט; אָן אַ נאָמען
unto
Do unto others as you would have them do unto you זאָלסט ליב האָבן דײַן חבֿר אַזוי ווי זיך אַליין; ואָהבֿת לרעך כּמוך [KhÁVER] [VEOHÁVTO LEREYÁKhO KOMÓYKhO]
He's a law unto himself ער טוט זיך וואָס ער וויל
untold
(quantity) אָן אַ שיעור ‹צאָל› [ShÍER]
(story) נישט־(אויס)דערציילט
untold wealth דאָס קאָלאָסאַלע עשירות; אָן אַ שיעור אוצרות [AShÍRES] [ShÍER] [ÓYTSRES]
untouchable, *adj.* נישט אָנצורירן; אומבאַריִרלעך
(J./ritual) מוקצה [MÚKTSE]
untouchable, *n.* דער אומבאַריִרלעכער געב׳
untouched נישט־אָנגערירט
(undamaged) אומבאַריִרט
(food) נישט־אָנגערירט; נישט־אויפֿגעגעסן
(topic) נישט־דערמאָנט
untoward אומגינציק; נעגאַטיוו; נישט ווי ס׳באַדאַרף צו זײַן
untraceable אָן אַ שפּור
be untraceable נישט לאָזן זיך נאָכשפּירן; נישט לאָזן קיין שפּור
untrained נישט־אויסטרענירט
untrammelled נישט־באַגרענעצט; אומגעשטערט
untranslatable נישט איבערצוזעצן
be untranslatable נישט לאָזן זיך איבערזעצן
untreated
(not given medical care) אומבאַהאַנדלט; אומגעהײלט
(unprocessed) נישט־פּראָצעסירט
untried נישט־(אויס)געפּרוווט
(jur.) נאָך נישט געמישפּט [GEMÍShPET]
untroubled אומגעשטערט; רויִק
untrue נישט־אמת; נישט־וואָר; נישט־ריכטיק; פֿאַלש [ÉMES]
completely untrue נישט געשטויגן נישט געפֿלויגן
untrustworthy נישט צו(ם) געטרויען; אומגעטרויִלעך
She's untrustworthy מע קען איר נישט געטרויען
untruth דער שקר, ־ים; דער ליגן, ־ס [ShÉKER, ShKÓRIM]
untruthful פֿאַלש
be untruthful נישט זאָגן דעם אמת [ÉMES]
unusable אומניצלעך; אומטויג(עווד)יק
be unusable נישט טויגן; טויגן צו גאָרנישט; נישט לאָזן זיך ניצן
unused נישט־געניצט
unused to נישט־צוגעוווינט‹־צוגעוווינט› צו
unusual(ly)
(not ordinary) אומגעוויינ(ט)לעך; אויסנעמיק; מחוץ־לדרך־הטבֿע [MEKhÚTS-LEDÉREKh-HATÉVE]
(strange) טשודנע; מאָדנע
unvarnished נישט־לאַקירט
the unvarnished truth דער ריינער ‹פּשוטער› אמת [PÓShETER] [ÉMES]
unveil, *vt./vi.*
(uncover) אויפֿדעקן (זיך); אָפּדעקן (זיך); אויפֿשלייערן (זיך)
(remove veil) אָפּשלייערן (זיך)
unveiling (of gravestone) די מצבֿה־אויפֿדעקונג; דער מצבֿה־אויפֿדעק; דאָס אויפֿדעקן אַ מצבֿה [MATSÉYVE]
unvoiced אומשטימיק
unwanted אומגעבעטן; נישט־געוואָלט; אומגעוואָלט; אומגעוווּנטשן
feel unwanted פֿילן זיך אומבאַגערט
unwanted pregnancy דאָס אומגעוווּנטשענע ‹אומגעוואָלטע› טראָגן
unwarranted אומבאַרעכטיקט
unwashed אומגעוואַשן; נישט־געוואַשן
unwashed masses דער המון(־עם) [HAMÓYN(-ÁM)]
unwavering פֿעסט; נישט־וואַקל(ענ)דיק
with unwavering faith באמונה־שלמה; מיטן פֿולן גלויבן [BEEMÚNE-ShLÉYME]
unwed נישט־חתונה־געהאַט; אָנקידושינדיק [KhÁSENE] [ÓNKDÚShNDIK]
(father) *also* אומבאַווײַבט
(mother) *also* אומבאַמאַנט

unwelcome נישט־געוווּנטשן; נישט־אָנגעלייגט
unwelcoming נישט־גאַסטפֿרײַנדלעך
unwell נישט־געזונט; אומגעזונט; נישט מיט אַלעמען
(*hum.*) לא־עליכמדיק [LOY-ALÉYKhEMDIK]
unwholesome נישט־געזונט; אומגעזונט; קאַליעוואַטע
unwieldy אומגעלומפּערט
unwilling נישט־ווילּיק; אָנחשקדיק [ÓNKhÉYShEKDIK]
unwillingly אָן דעם רצון ‹ווילן› [ROTSN]
unwind
vt./vi. **(loosen)** אויפֿוויקלען (זיך); אָפּשפּאַנען (זיך); אויסוויקלען (זיך)
vi. **(relax)** אויסשפּאַנען זיך; אָפּשפּאַנען זיך
unwinnable
The race is unwinnable מע וועט אין דעם פֿאַרמעסט נישט געווינען
unwise נישט־שׂכלדיק; נישט־קלוג [SÉYKhLDIK]
unwitting נישט־ווילנדיק; אומגעוואָרנדיק; נישט־בכּיוונדיק [BEKÍVNDIK]
unwittingly נישט־ווילנדיק; אומגערן; שלא־מדעת; שלא־בכּוונה; בלא־יודעים [ShELÓY-MIDÁAS] [ShELÓY-BEKAVÓNE] [BELÓY-YÓYDIM]
unwonted זעלטן; אומגעוווינ(ט)לעך
unworkable נישט (אַ)דורכצופֿירן
The plan is unworkable מע וועט דעם פּלאַן נישט קענען (אַ)דורכפֿירן; דער פּלאַן וועט נישט גיין ‹פּועלן› [PÓY(E)LN]
unworthy אומווערדיק
be unworthy of נישט זײַן ראָוי צו ‹אויף›; נישט ווערט זײַן + אַק׳ [RÓE]
unwrap אויפֿוויקלען; אויסוויקלען; אויספּאַקן
unwritten נישט־געשריבן; נישט בכּתבֿ [BIKSÁV]
unyielding נישט־נאָכגיביק; אײַנגעשפּאַרט
be unyielding נישט לאָזן זיך
unzip אויפֿשלעסלען; אויפֿריטשן; אויפֿמאַכן דעם זיפּער
(file) אויפֿזיפּן
up, *adj.* אויפֿגעשטאַנען; אויף
be up (awake) זײַן אויף ‹וואַך›
be up against שטיין פֿאַר; ראַנגלען זיך מיט; ווערן זיך מיט ‹קעגן›; האָבן צו באַקעמפֿן
be up and about שטיין אויף די פֿיס
be up at bat קלאַפּן; הילקען; זײַן בײַ דער הילקע
be up for גלוסטן זיך אומפּ׳ + דאַט׳; האָבן חשק צו [KhÉYShEK]
be up in the air הענגען אין דער לופֿטן
be up to (be capable) קענען; זײַן בכּוח ‹ביכולת› [BEKÓYEKh] [BIKhÓYLES]
be up to (as far as) האַלטן בײַ
be up to (be equal to) קענען באַהייבן
be up to (dependent on) ווענדן זיך אין ‹אָן›
up and running פֿונקציאָנירן; אין פֿולן גאַנג
up for renewal צײַט צו באַנײַען
up to (as many as) כּמעט; אַזש [KIMÁT]
up to (distance) ביז
up to (until) כּמעט; ביז
If it were up to her ווען מע זאָל זי פֿרעגן; פֿון איר־ט וועגן
Something is up עפּעס טוט זיך; סע רודערט זיך עפּעס
Time's up! פֿאַרבײַ די צײַט!; שוין צײַט!
What is he up to these days? וואָס טוט ער (עפּעס) די טעג?
What's up? וואָס הערט זיך (עפּעס)?; וואָס טוט זיך?
up, *adv.* אַרויף
up above אין די הימלען
up, *n.*
on the up-and-up כּשר־וישר; אָרנטלעך [KÓShER-VEYÓShER]
have one's ups and downs זײַן אויף דער באַנק און אונטער דער באַנק; האָבן ‹(אַ)דורכלעבן› גוטע און שלעכטע צײַטן; פֿילן זיך אַ מאָל בעסער, אַ מאָל ערגער
up, *prep.* אַרויף (מיט)
up and down אַרויף און אַראָפּ; אַהין און צוריק
up the river אַרויף מיטן טײַך
up the stairs אַרויף (מיט) די טרעפּ
up the wazoo העט איבער דער מאָס
Up yours! (*slg./vlg.*) כ׳האָב דיך ‹אײַך› אין תּחת!; וואַלגער(ט) זיך אָפּ! [TÓKhES]
up, *v.* העכערן
up the ante אײַנשטעלן מיט נאָך מער; העכערן די סטאַווקע
up-and-coming אויפֿגייענדיק; פּערספּעקטיוויש; אויפֿשטרעבנדיק
upas
(tree) דער אופּאַסבוים, ...ביימער; דער אַנטשאַר, ־ס
(poison) דער אופּאַס
upbeat, *adj.* פּאָזיטיוו; מונטער; אָפּטימיסטיש; גוט אויפֿגעלייגט
upbeat, *n.* דער אויפֿטאַקט, ־ן; דער פֿאָרטאַקט, ־ן
upbow דער שטריך אַרויף
upbraid אויסמוסרן; אויסרעדן [ÓYSMÚSERN]
upbringing דאָס אויפֿציִען; די אויפֿציִונג; די האָדעוואַניע; די דערציִונג
upchuck אויסברעכן
upcoming קומעדיק; צוקונפֿטיק; ווײַטערדיק
update, *n.*
(news) די דערהײַנטיקונג, ־ען; דער נײַסטער באַריכט, ־ן
(comp.) די דערהײַנטיקונג, ־ען; דער נײַער ‹פֿאַרבעסערטער› נוסח, ־אָות [NÚSEKh, NUSKhÓES]
update, *v.* דערהײַנטיקן; אַקטואַליזירן
updated דערהײַנטיקט; אַקטואַליזירט
upend שטעלן קאַפּויער; איבערקערן (מיטן קאָפּ אַראָפּ)
upfront, *adj.* **(honest)** אָפֿן; אָרנטלעך; ערלעך
upfront, *adv.* **(in advance)** אין פֿאָרויס; (נאָך) איידער מע הייבט אָן
upgrade, *n.*
(incline) דער באַרגאַרויף, ־ן
(product) דער פֿאַרבעסערטער נוסח, ־אָות [NÚSEKh, NUSKhÓES]
upgrade (to), *v.* פֿאַרבעסערן (אויף); פֿאַרשטאַרקן (אויף) [NÚSEKh]
upgraded, *adj.* פֿאַרבעסערט; פֿאַרשטאַרקט
upheaval דער אויפֿברויז, ־ן; די צערודערונג, ־ען; דאָס איבערקערעניש, ־ן
uphill, *adj.* באַרגאַרויפֿיק
an uphill battle אַ גראַנגל קעגן שטראָם; אַ מאַטערניש
uphill, *adv.* באַרג־אַרויף; פֿירנדיק אַרויף
uphold אונטערהאַלטן; פֿאַרטיידיקן; שטיצן; זײַן געטרײַ + דאַט׳
upholder דער פֿאַרטיידיקער, ־ס
upholster טאַפּעצירן; טופּעצירן; באַשלאָגן; שפּאַלירן
upholstered טאַפּעצירט; באַשלאָגן; געבעט
upholsterer דער טאַפּעצירער, ־ס; דער טופּיצער, ־ס; דער שפּאַלירער, ־ס
upholstery
(craft) דאָס טאַפּעצירערײַ; דאָס טופּיצערײַ; דאָס באַשלאָגן; דאָס באַציִען
(material) דאָס באַשלאָגעכץ; דאָס באַציִעכץ; דער באַשלאָג
upkeep דער אויסהאַלט; דאָס אויסקומעניש

for upkeep צום לעבן; אויף אויסצוהאַלטן
upland דאָס הויכלאַנד
uplift, *n.*
(geol.) דער אויפֿהייב, ־ן
(exhaltation) די דערהייבונג; דאָס התלהבֿות [HISLÁYVES]
uplift, *v.* דערהייבן (די נשמה) [NEShÓME]
uplift bra דער אונטערהייב־סטאַניק, ־עס
uplifted אויפֿגעהויבן
with uplifted arms מיט אויפֿגעהויבענע אָרעמס ‹העכט›
upload אַרויפֿלאָדן
upmarket *see* **upscale**
upon אויף
up-or-down vote די יאָ־צי־ניין־שטים, ־ען
upper, *adj.* אייבערשט; אייבער...
have the upper hand האָבן די אייבערהאַנט; פֿירן די גרעֿנדע
in the upper echelon אין די הויכע פֿענצטער
upper, *n.*
(of shoe) דער וועֿר(ע)ך, ־עס; די פּרישווע, ־ס; דאָס אונטערגעניי, ־ען
(teeth) אייבערשטע ציין ל״ר
(drug/*slg.***)** דאָס מונטער־מיטל, ־ען
upper case
in upper case מיט גרויסהאַנטיקע אותיות [ÓYSYES]
upper-case letter דאָס גרויסהאַנטיקע אות, ־יות [OS, ÓYSYES]
upper-class, *adj./adv.* פֿונעם אייבערקלאַס
upper class, *n.*
the upper class דער אייבערשטער קלאַס, ־ן; דער אייבערקלאַס; דער אייבערשיכט
upperclassman דער אייבעריאָרלער, ־ס; דער סטודענט אין העכערן קלאַס
upper crust *see* **upper class**
uppercut דער אונטערזעץ, ־ן; דאָס שטייסל, ־עך
upper deck
(of bridge) די אייבערבריק
(of bus) דער אימפּעריאַל, ־ן
(of ship) דער אייבערדעק, ־ן
Upper East Side די אייבערשטע איסט־סײַד; די אָפּער־איסט־סײַד
upper house (of parliament) דאָס אייבערהויז
upper-level אייבערשט
upper limit די אייבערשטע גרענעץ, ־ן; די סטעליע, ־ס
upper lip די אייבערליפּ, ־ן
uppermost (סאַמע) אייבערשט
be uppermost in one's mind זײַן בײַ + דאַט׳ די העכסטע פּריאָריטעט
upper respiratory system די אייבעראָטעם־סיסטעם
upper roadway דער אייבערשאָסיי, ־ען
uppity פֿאַרריסן; גרויס בײַ זיך
upright
(righteous) רעכטפֿאַרטיק
(vertical) גלייכאַרויפֿיק; גראַדאַרויפֿיק; שטייענדיק; אויפֿגעהאַדערט
upright piano די פּיאַנינע, ־ס; דער קלאַוויר, ־ן
uprising דער אויפֿשטאַנד, ־ן; דער בונט, ־ן; דער רעוואָלט, ־ן; די מרידה, ־ות [MERÍDE]
uproar די סומאַטאָכע, ־ס; דער ליאַרעם, ־ס; דער טאַרעראַם, ־ען; די אורע־בורע, ־ס
cause an uproar אָנמאַכן אַ סומאַטאָכע; טאַרעראַמע(ווע)ן
uproarious גאָר ‹שרעקלעך› קאָמיש

uproot אויסוואָרצלען; אויסרײַסן מיטן וואָרצל; אויסקאָרענייע|ן
uprooting די אויסוואָרצלונג; דאָס אויסוואָרצלען; דאָס אויסקאָרענייען
upscale עליטיש; פּרעסטיזשיק; פֿון העכסטן קלאַס
upset, *adj.* אויפֿגערעגט; צערודערט; אויפֿגעטרייסלט; צעטראָגן; צעטומלט; צעשרויפֿט; צעיאָכמערט; דענערווירט
get upset אויפֿרעגן זיך; צעיאָכמערן זיך
I have an upset stomach ס׳ברענט מיר אויפֿן האַרצן; דער מאָגן איז מיר קאַליע
upset, *n.*
(distress) די צערודערונג; די אויפֿרעגונג
(disturbance) דאָס איבערקערעניש, ־ן
(capsizing) דער איבערקער, ־ן
upset, *v.*
(distress) אויפֿרעגן; צערודערן; אויפֿטרייסלען; צעטראָגן; צעשרויפֿן
(capsize) איבערקערן; קאַפּויערוואַרפֿן
upset one's plans קאַליע מאַכן די פּלענער; צעטאַסעון די קאָרטן
upset the apple cart מאַכן אַן איבערקערעניש
upset price דער נידעריקסטער (אויסגאַנג)פּרײַז, ־ן
upset victory דער אומגעריכטער נצחון, ־ות [NITSÓKhN, NITSKhÓYNES]
upshot די אונטערשטע שורה; דער פּועל־יוצא; דער סוף [ShÚRE] [PÓY(E)L-YÓYTSE] [SOF]
upside די מעלה, ־ות; דער פּלוס, ־ן [MÁYLE]
upside-down, *adj.* איבערגעקערט (מיטן קאָפּ אַראָפּ)
upside down, *adv.* מיטן קאָפּ אַראָפּ (און מיט די פֿיס אַרויף); קאַפּויער
upstage, *n.* די הינטערבינע; דער פּאַסטסצעניום
upstage, *v.* פֿאַרשאָטענען; שטעלן + אַק׳ אין שאָטן
upstairs, *adj.* אייבערשט
upstairs, *adv.*
be upstairs זײַן אויבן
go upstairs אַרויפֿגיין (מיט) די טרעפּ; אַרויפֿגיין אויבן; גיין טרעפּ־אַרויף
upstairs, *n.*
the upstairs דער אויבן
upstart דער אויפֿגעקומענער קנאַקער, ־ס; דער (ניי־)אויפֿגעקומענער געב׳; דער פּאַרוועניו, ־ען; דער דורכקריכער, ־ס
(*pej.***/Am.)** דער אָלרײַטניק, ־עס
upstate, *adj.* אייבערשטאַטיש
upstate, *adv.*
(location) אין אייבערשטאַט
(directional) אַרויף־שטאַט
upstream, *adj.* קעגנשטראָם־...; קעגנשטראָמיק; אַרויפֿשטראָם־...
upstream, *adv.* קעגן שטראָם; שטראָם־אַרויף
upsurge די כוואַליע, ־ס; דער אויפֿהייב, ־ן
upswing דער אויפֿהייב, ־ן; די העכערונג, ־ען
be on the upswing הייבן זיך; אַ הייב טאָן זיך; העכער ווערן
Upsy-daisy! אופּאַ!
uptake די אײַנזאַפּונג; די אַבסאָרפּציע
be quick on the uptake גיך אויפֿכאַפּן
be slow on the uptake שווער אויפֿכאַפּן; שלאָפֿן אין שלייער
uptight אָנגעצויגן; אָנגעשפּאַנט; נערוועז
up-to-the-minute סאַמע נײַסט ‹לעצט›
uptown, *adj.* אייבערשטאַטיש; אָפּטאַונ...
uptown, *adv.* אַרויף־שטאָט; אָפּטאַון

upturn דער אױפֿהײב, ־ן; דער אױפֿשטײַג, ־ן
upward, *adj.* אַרױפֿ...
upwardly
  be upwardly mobile זוכן זיך אַרױפֿצואַרבעטן
upward mobility דאָס אַרױפֿאַרבעטן זיך
upwards, *adv.*
  (directional) אַרױף צו
  upwards of העכער; העכער װי ‹פֿון/פֿאַר›
  and upwards און נאָך העכער
upwind אַרױף־װינט; קעגן דעם װינט
uranium, *adj.* אוראַניום־...
uranium, *n.* דער אוראַניום
uranium-tipped אוראַניום־באַשפּיצט
Uranus (דער) אוראַן
urban (גרױס)שטאָטיש; שטאָט...
urban blight די שטאָט־ירידה [YERÍDE]
urbane ראַפֿינירט; גרױסשטאָטיש; בנימוסדיק; העפֿלעך [BENÍMESDIK]
urbanite דער שטאָטישער געב'; דער שטאָט־אײַנװױנער, ־ס
urbanity די/דאָס ראַפֿינירטקײט; די/דאָס גרױסשטאָטישקײט
urbanization די פֿאַרשטאָטיקונג; די אורבאַניזירונג
urbanize פֿאַרשטאָטישן; אורבאַניזירן
urbanized פֿאַרשטאָטישט; אורבאַניזירט
urban legend די שטאָטישע לעגענדע, ־ס
urban planner דער שטאָט־פּלאַנירער, ־ס
urban planning די שטאָט־פּלאַנירונג
urban renewal די שטאָט־באַנײַונג; דער שטאָטבאַנײַ
urban setting די שטאָטישע סבֿיבֿה, ־ות [SVÍVE]
urban sprawl דער שטאָטצעװאַקס
urchin דער שנעק, ־עס; דאָס צוציקל, ־עך; דער לאָבוס, ־עס/־ן; דער װײַסער־חבֿרהניק, װײַסע־חבֿרהניקעס; דאָס װעװעריקל, ־עך [KhÉVRENIK]
urea דער אורינשטאָף; דער השתּנה־שטאָף [(HA)ShTÓNE]
ureter דער אורעטער, ־ס; די/דער אורינרער, ־ן
urethra דער אורין־קאַנאַל, ־ן
urethritis דער אורעטריט; די פֿאַרצינדונג פֿונעם אורין־קאַנאַל
urge, *n.* דאָס באַדערפֿעניש, ־ן
  (drive/psych.) דער יצר, ־ים [YÉYTSER, YETSÓRIM]
  (sexual) דער חשק [KhÉYShEK]
  have an urge for/to האָבן חשק צו; זײַן אַ בעלן אויף ‹צו› [BALN]
urge, *v.*
  (advise) עצה|ן [ÉYTSEN]
  (try to persuade) צורעדן
  urge on אונטערטרײַבן; אָנטרײַבן; אונטעריאָגן; צואײַלן
  urge strongly אָפּרײַסן + דאַט' די פּאָלעס
urgency די/דאָס גענײטיקײט; די/דאָס אײַליקײט
  There's no urgency סע ברענט נישט; מע דאַרף זיך נישט אײַלן ‹יאָגן›
urgent גענײטיק; אײַליק; הײַליק; דרינגענדיק
urgent-care center דער צענטער פֿאַר אײַליקער הילף
uric acid דאָס אורין־זײַערס
urinal דער אורינאַל, ־ן; דער רענאַל, ־ן; די השתּנהקע, ־ס; דער פּיסואַר, ־ן [(HA)ShTÓNKE]
urinalysis דער אורין־אַנאַליז
urinary, *adj.* אורינ...
urinary retention די אורין־פֿאַרהאַלטונג
urinary tract דער אורין־אַפּאַראַט, ־ן
urinate אורינירן; פּישן; אָפּגעבן דעם אורין; לאָזן די השתּנה; משתּין זײַן [MAShTN] [(HA)ShTÓNE]
  (J./rel.) גײן קטנים [KTÁNIM]

urination די אורינירונג; דאָס פּישן; דאָס משתּין זײַן [MAShTN]
urine דער אורין; דאָס פּישעכץ; די השתּנה; דער שתּן [(HA)ShTÓNE] [ShÉTEN]
urine sample דאָס אורין־פּרוּװל, ־עך
URL דער או־ער־על ‹יו־אַר־על›; דער אײַנהײטלעכער װעבװײַזער, ־ס
urn די אורנע, ־ס
urobilin דער אוראָבילין
urological אוראָלאָגיש
urologist דער אוראָלאָג, ־ן
urology די אוראָלאָגיע
Ursa Major דער גרױסער בער
Ursa Minor דער קלײנער בער
urticaria דער בריצעכשיט; די אורטיקאַריע
urubu דער גריף, ־ן
Uruguay (דאָס) אורוגװײַ
Uruguayan, *adj.* אורוגװײַיש
Uruguayan, *n.*
  m./unsp. דער אורוגװײַער, –
  f. די אורוגװײַערין, ־ס
us אונדז
  to us אונדז
  He's one of us ער איז אײַן אײַגענער ‹אונדזער(יק)ער›; ער איז אַ נאַשבראַט
  He's one of us (in J. group) ער איז עמך ‹אַנשי־שלומנו›; ער איז פֿון אַחינו־בני־ישׂראל [ÁMKhO] [ÁNShE-ShLOMÉYNU] [AKhÉYNU-BNEY-YISRÓEL]
USA פֿש"אַ [= פֿאַראײניקטע שטאַטן פֿון אַמעריקע]
usable ניצלעך ‹נוצלעך›; (באַ)ניצעװודיק; טױגעװודיק
  be usable לאָזן זיך ניצן; טױגן
usage דער באַניץ ‹באַנוץ›, ־ן; דאָס באַניצן
use, *n.* דער באַניץ, ־ן; דאָס באַניצן
  be of no use בכלל נישט זײַן ניצלעך; נישט טױגן [BIKhLÁL]
  be of use to קומען + דאַט' צו ניץ; ברענגען + דאַט' נוצן; טױגן + דאַט'
  have no use for נישט דאַרפֿן; דאַרפֿן אויף כּפּרות; נישט װעלן הערן פֿון [KAPÓRES]
  It's no longer in use מע ניצט עס מער נישט
  make use of באַניצן זיך מיט; אױסניצן
  put to use אױסניצן
  put to good use גוט אױסניצן + אַק'; געבן + דאַט' אַ תּיקון [TIKN]
  still be of use נישט פֿאַרפֿאַלן װערן
  The phone's in use מע ניצט גראַד דעם טעלעפֿאָן
  It's no use! פֿאַרפֿאַלן!; אַרױסגעװאָרפֿן די טירחה! [TÍRKhE]
  What's the use of ...? װאָס טױג (מיר) ...?; װאָס װעט אַרױסקומען פֿון ...?
use, *v.* (באַ)ניצן
  I could use a כ'װאָלט געװען אַ בעלן אויף; סע גלוסט זיך מיר; ס'װאָלט מיר צו ניץ געקומען [BALN]
  use up פֿאַרניצן
  use it or lose it שפּיל אָדער פֿאַרשפּיל
used, *adj.* געניצט; פֿון דער צװײטער האַנט
used car דער געניצטער אױטאָ, ־ס
used-car dealer דער סוחר ‹פֿאַרקױפֿער/הענדלער› פֿון געניצטע אױטאָס [SÓYKhER]
used stamp די געשטעמפּלטע מאַרקע, ־ס
used to, *adj.* **(accustomed)**
  be used to זײַן שױן צוגעװױנט ‹אײַנגעװױנט›
  get used to צוגעװױנען זיך; אײַנגעװױנען זיך

get used to a new apartment אײַנלעבן זיך אין אַ נײַער דירה [DÍRE]

get used to a job אײַנאַרבעטן זיך אין אַ שטעלע

get used to not (doing stg.) אָפּגעוווינען זיך פֿון

You'll get used to it וועסט ‹איר וועט› זיך שוין צוגעוווינען

used to, *aux. v.* **(formerly)** פֿלעג

useful נוציק

be useful צו ניץ קומען

usefulness דער נוצן; די/דאָס נוציקייט

useless אומנוציק; אָן אַ נוצן; אַרויסגעוואָרפֿן; אומזיסט; פֿאַרפֿאַלן

be useless (hopeless) זײַן פֿאַרפֿאַלן ‹אומזיסט›; העלפֿן ווי אַ טויטן באַנקעס; העלפֿן ווי אַ קאָזאַק אַן עין־הרע [EYN(H)ÓRE/ÁYEN-HÓRE]

be useless (not working) נישט טויגן; נישט פֿונקציאָנירן; טויגן אויף כּפּרות ‹אויפֿן פֿײַער› [KAPÓRES]

useless remedy די קאַלטע רפֿואה [REFÚE]

uselessly אומזיסט

user דער (באַ)ניצער, ־ס

be user-friendly לאָזן זיך ניצן; זײַן גרינג צו ניצן

user fee דאָס (באַ)ניצגעלט

user name דער ניצער־נאָמען, ־נעמען

usher, *n.* דער אָרד(ע)נער, ־ס; דער בילעטיאָר, ־ן

usher, *v.*

usher in אַרײַנפֿירן; אַרײַנבאַ(ג)לייטן

usher out אַרויספֿירן; אַרויסבאַ(ג)לייטן; באַ(ג)לייטן צו דער טיר

usherette די אָרד(ע)נערין, ־ס

Ushpizin אושפּיזין [UShPÍZN]

USSR פֿסס"ר

usual געוויינ(ט)לעך

as usual ווי געוויינ(ט)לעך; ווי דער שטייגער ‹סדר› איז [SÉYDER]

the usual stuff אויפֿן געוויינ(ט)לעכן שטייגער; מיטן סקאַרבאָווען נוסח [NÚSEKh]

usually געוויינ(ט)לעך; בדרך־כּלל [BEDÉREKh-KLÁL]

usurer

m./unsp. דער וואָכערניק, ־עס; דער וואָכערער, ־ס; דער פּראָצענטניק, ־עס

f. די וואָכערניצע, ־ס; די וואָכערערקע, ־ס

usurious וואָכער...

lend at usurious rates וואָכערן

usurp פֿאַרכאַפּן (בכּוח); פֿאַרכאַפּן די מאַכט; אוזורפּירן [BEKÓYEKh]

usurper דער פֿאַרכאַפּער, ־ס; דער אוזורפּאַטאָר, ...אָרן; דער אוזורפּירער, ־ס

usury דער וואָכער; די ליכווע

Utah (דאָס) יוטאַ

UTC *see* **universal (coordinated) time**

utensil דער מכשיר, ־ים [MÁKhShER, MAKhShÍRIM]

uterine הייבמוטער־...; מוטער...

uterine artery די מוטער־אַרטעריע, ־ס

uterine cancer דער הייבמוטער־ראַק; דער ראַק פֿונעם הייבמוטער

uterine cavity דער (הייב)מוטער־חלל [KhÓLEL]

uterine ligaments דאָס מוטער־געבינד ל"י

uterine wall דאָס מוטער־ווענטל, ־עך

uterus די הייבמוטער, ־ס

utilitarian, *adj.* אוטיליטאַריש; ריין פּראַקטיש; לתּשמיש [LETÁShMESh]

utilitarian, *n.* דער אוטיליטאַריער, –

utilitarianism די/דאָס אוטיליטאַרישקייט; דער אוטיליטאַריזם

utility

(advantage) די מעלה, ־ות [MÁYLE]

(usefulness) די/דאָס נוציקייט; דער נוצן

utilities (public services) עפֿנטלעכע נוציקייטן ‹באַדינונגען›

utility knife דאָס קריקפּי־מעסערל, ־עך

utility pole דער עלעקטרישער סלופּ, ־עס; דער טעלעפֿאָן־סלופּ, ־עס

utilization די אוטיליזאַציע; דער באַניץ; דאָס באַניצן

utilize אוטיליזירן; מאַכן זיך אַ נוץ פֿון; באַניצן זיך מיט

utmost סאַמע העכסט ‹גרעסט/ווײַטסט›; עקסט

to the utmost ביז גאָר

utopia די אוטאָפּיע, ־ס

utopian, *adj.* אוטאָפּיש; אוטאָפּיסטיש

utopian, *n.*

m./unsp. דער אוטאָפּיסט, ־ן

f. די אוטאָפּיסטקע ‹אוטאָפּיסטין›, ־ס

utopianism דער אוטאָפּיזם

utter, *adj.* טאָטאַל; אַבסאָלוט; גאָר; אײן

be in utter confusion גיין כאַדאָראַם ‹כאַדאָראַם›

in utter terror אין אײנ(ע) שרעק

utter, *v.* אַרויסברענגען אויף די ליפּן; אַרויסברענגען פֿון מויל אַרויס; אַרויסזאָגן; אַרויסרעדן

not utter a word נישט זאָגן קיין וואָרט; אײַננעמען אַ שווײַגעניש ‹שטומעניש›; אָננעמען אַ מויל מיט וואַסער; שווײַגן ווי יורקעס הונט

utterance דאָס געזאָגטע; דער זאָג, ־ן; דער דיבור, ־ים [DÍBER, DIBÚRIM]

give utterance to אַרויסזאָגן; ברענגען צום אויסדרוק

utterly אין גאַנצן; אַבסאָלוט; טאָטאַל

U-turn דער כּף־‹או־›אויסבייג, ־ן [KhOF]

make a U-turn אומדרייען זיך (אויף הונדערט אַכציק גראַד); איבערדרייען ‹פֿאַרקערעווע|ן/אויסדרייען› דעם דישל; מאַכן אַ כּף

(fig.) ראַדיקאַל בײַטן די מיינונג

UV *see* **ultraviolet**

uvula דאָס (גומען־)צינגעלע, ־ך; דאָס האַלדזצינגל, ־עך; די אָוווּלע, ־ס; דאָס קליינע צינגעלע, ־ך

uvular אוווולאַר; צינגלדיק; צינגל...

uxorious

be uxorious toward *(pej.)* זײַן ‹ליגן› אונטער די פֿאַנטאָפֿל בײַ

Uzbek, *adj.* אוזבעקיש

Uzbek, *n.*

m./unsp. דער אוזבעקער, –

f. די אוזבעקין, ־ס

(language) דאָס אוזבעקיש

Uzbekistan (דאָס) אוזבעקיסטאַן

Uzi דער עוזי, ־ס [ÚZI]

V

V דער ווע, ־ען
vacancy
(empty space) דער חלל; די/דאָס לײדיקייט; די/דאָס פּוסטקייט [KhÓLEL]
(position) די וואַקאַנץ, ־ן; די פֿרײַע פּאָזיציע, ־ס
(available room) דער לײדיקער ‹פֿרײַער› צימער, ־ן
We have a vacancy for an editor מיר זוכן אַ רעדאַקטאָר
No vacancies נישטאָ קיין צימערן
vacant לײדיק; פּוסט; פֿרײַ; וואַקאַנט
have a vacant expression קוקן אין דער וועלט אַרײַן; קוקן ווי אַ נעכטיקער; קוקן ווי אַ האָן אין בני־אָדם [BNEY-ÓDEM]
stand vacant שטיין לײדיק ‹פּוסט/וואַקאַנט›; פּוסטעווע|ן
vacant land די פּוסטקע, ־ס; דער פּוסטער ‹לײדיקער› שטח, ־ים [ShÉTEKh, ShTÓKhIM]
vacant lot דער פּוסטפּלאַץ, ...פּלעצער
vacate אויסלײדיקן; פֿאַרלאָזן
vacate a judgment אַנולירן אַ פּסק [PSAK]
vacation, *n.* די וואַקאַציע, ־ס
on vacation אויף וואַקאַציע(ס)
vacation, *v.* זײַן ‹פֿאָרן› אויף וואַקאַציע; פֿאַרברענגען די וואַקאַציע
vacationer
be a vacationer זײַן אויף וואַקאַציע
vaccinate וואַקצינירן
(against smallpox) שטעלן + דאַט' פּאָקן
vaccination די וואַקצינירונג, ־ען
(smallpox) די פּאָקן־שטעלונג, ־ען
vaccine דער וואַקצין, ־ען
vacillate וואַקלען זיך; קווענקלען זיך
vacillation די וואַקלונג, ־ען; דאָס קווענקלעניש, ־ן
vacuity די/דאָס (גײַסטיקע) פּוסטקייט
vacuous לײדיק; פּוסט; אָן אַ געדאַנק אין קאָפּ
be vacuous (idle) אַרומגיין פּוסט־און־פּאַס ‹לײדיק›
vacuum, *n.* דער וואַקוום; די/דאָס פּוסטקייט; דער חלל [KhÓLEL]
(suction) דער וואַקוום, ־ס
vacuum, *v. imp./pf.* (אָפּ)שטויבן (מיט דער מאַשין); (אויס)וואַקומירן
vacuum cleaner די שטויבמאַשין, ־ען; דער וואַקומירער, ־ס
vacuum-packed הערמעטיש פֿאַרפּאַקט
vade mecum דאָס האַנטביכל, ־עך; דאָס האַנטבוך, ...ביכער
vagabond דער וואַגאַבונד, ־ן; דער וואָגלער, ־ס; דער נע־ונדניק, ־עס; דער וואַנדערער, ־ס; דער וואַנדראָווניק, ־עס; דער (אַרומ)שלעפּער, ־ס; דער לויפֿער, ־ס [NAVENÁDNIK]
vagabonds *also* אָרחי־פּרחי [ORKhEPÓRKhE]
vagary דער קאַפּריז, ־ן
vagaries *also* פּאָסטעמקעס
vagina די וואַגינע, ־ס
(*euph.*) די (ווײַבערשע) מעשׂה [MÁYSE]
(*rel./lnd.*) דער/דאָס אותו־מקום; דאָס בית־קיבול [ÓYSE-MÓKEM] [BEYS-KÍBL]
(*hum.*) דאָס קוטשקע־מוטשקעלע
(of child) דאָס קנישיקל, ־עך; דאָס קרעפּעלע, ־ך; דאָס פּאָנטשקעלע, ־ך; דאָס פּוטקעלע, ־ך
vaginal וואַגינאַל
vaginal birth דאָס וואַגינאַלע האָבן
vaginal delivery דער וואַגינאַלער אָפּנעם
vaginal examination דער וואַגינאַלער באַקוק ‹באַטראַכט›, ־ן
vaginitis דער וואַגיניט
vagrancy דאָס וואַגאַבונדישע לעבן; דער נע־ונד; דאָס בראָדיאַגע־לעבן; דאָס שלעפּערײַ [NAVENÁD]
vagrant דער נע־ונדניק, ־עס; דער שלעפּער, ־ס; דער בראָדיאַגע, ־ס; דער באָסיאַק, ־עס [NAVENÁDNIK]
vague אומקלאָר; אומבאַשטימט; מטושטש; נעפּלדיק; צעשוווּמען [METÚShTESh]
be vague about stg. נישט דערזאָגן
I have a vague recollection that עפּעס געדענק איך אַז; סע באָמבלט זיך מיר אין קאָפּ אַז
I haven't the vaguest idea איך האָב נישט אָן צו וויסן
vagueness די/דאָס אומקלאָרקייט; די/דאָס אומבאַשטימטקייט
vain, *adj.*
(conceited) פֿאַרריסן (בײַ זיך); אײַנגעגלייבט אין זיך; גדלותדיק; גרויסהאַלטעריש; אייטל [GÁDLESDIK]
(useless) אומזיסט(יק); אַרויסגעוואָרפֿן; געפּטרט; פּוסט [GEPÁTERT]
vain person (*m./unsp.*) דער גדלן, ־ים; דער גרויסהאַלטער, ־ס; דער כּבֿוד־זוכער, ־ס; דער רודף־כּבֿוד, רודפֿי־... [GÁDLEN, GADLÓNIM] [KÓVED] [RÓYDEF-KÓVED, RÓDFE-...]
vain person (*f.*) די גדלנטע, ־ס; די גרויסהאַלטערקע, ־ס [GÁDLENTE]
in vain אומזיסט(־אומנישט)
be in vain גאָר נישט העלפֿן; העלפֿן ווי אַ טויטן באַנקעס
vainglorious פּראָלעריש; באַרימעריש
vainglorious person דער פּראָלער, ־ס; דער באַרימער, ־ס; דער פּריץ בײַ זיך [PÓRETS]
vainglory דאָס פּראָלערײַ; דאָס באַרימערײַ
valance דער איבערפֿירהאַנג, ־ען
vale דער טאָל, ־ן/טעלער
valediction די געזעגענונג, ־ען; דאָס געזעגענען זיך
valedictorian דער סיום־געזעגענער, ־ס [SÍEM]
valedictory, *adj.* סיום־... [SÍEM]
valedictory, *n.* **(speech)** די סיום־געזעגענונג, ־ען [SÍEM]
valence די וואַלענץ, ־ן
(chem.) *also* די/דאָס ווערטיקייט, ־ן
valence bond די וואַלענץ־פֿאַרבינדונג, ־ען
valence bond theory די וואַלענץ־טעאָריע
valentine
(sweetheart/*m.*) דער געליבטער געב'
(sweetheart/*f.*) די געליבטע, –
(card) דער וואַלענטין־גרוס, ־ן; דאָס ליבקאַרטל, ־עך
Valentine's Day דער וואַלענטין־טאָג; דער ליבטאָג
valerian
(bot.) דער וואַלעריאַן; די וואַלעריאַנע
(med.) די וואַלעריאַנקע; וואַלעריאַן־טראָפּנס ל"ר
valet דער קאַמער־דינער, ־ס
valetudinarian, *adj.* קרענקלעך; היפּאָכאָנדריש
valetudinarian, *n.* דער היפּאָכאָנדריקער, ־ס
valiant גיבוריש; גבֿורהדיק; העלדיש; באַהאַרצט [GÍBERISh] [GVÚREDIK]
valid גילטיק; חל [KhAL]
be valid (for) גילטן (אויף); חל זײַן (אויף)
be valid (argument) אויסהאַלטן

validate באַקרעפֿטיקן; באַגילטיקן; באַשטעטיקן; פֿאַראמתן [FARÉMESN]
validation די באַקרעפֿטיקונג; די באַגילטיקונג; די באַשטעטיקונג
validity די/דאָס גילטיקייט; די גילטונג
valise די וואַליז(ק)ע, ־ס; דאָס רענצל, ־עך; דער טשעמאָדאַן, ־עס/־ען
valley דער טאָל, ־ן/טעלער
(small) די דאָלענע, ־ס
valor די/דאָס העלדישקייט; די גבֿורה; דער העלדנמוט [GVÚRE]
woman of valor די אשת־חיל(טע), ־ס [ÉYShES-KhÁYEL(TE)]
valorous העלדיש; העלדנמוטיק
valuable (היפּש)ווערטיק; טײַער; ·ווערטפֿול
(time) טײַער
valuables ווערטן; טײַערע ‹ווערטיקע› זאַכן ‹חפֿצים› [KhFÉYTSIM]
valuate אָפּשאַצן; באַווערטיקן; שטעלן אַ פּרײַז אויף
valuation דער (אָפּ)שאַץ, ־ן; די באַווערטיקונג; דאָס שטעלן אַ פּרײַז
value, *n.* די/דער ווערט, ־ן; די/דאָס ווערטיקייט, ־ן; דער באַטרעף, ־ן; דער ניצן, ־ס/–
be of value האָבן אַ ווערט ‹ניצן›
be of value to קומען + דאַט' צו ניץ
get value for one's money זײַן כּדאַי ‹ווערט› דאָס געלט [KEDÁY]
have no value זײַן ווערט אַ שיבוש; נישט האָבן קיין (גראָשן די) ווערט [ShÍBESh]
place a high value on שאַצן הויך
values ווערטן
value, *v.*
(cherish) האַלטן טײַער
(estimate) (אָפּ)שאַצן; באַווערטיקן
value-added tax דער מערווערט־שטײַער, ־ן
value fund דער ווערטפֿאָנד, ־ן
value judgment דער ווערטאָפּשאַץ, ־ן
valueless אָנווערטיק; אָן שום ווערט
valve
(anat./med.) די קלאַפּע, ־ס
(tech.) דער ווענטיל, ־ן; דער קלאַפּאַן, ־עס
heart valve די (האַרצ)קלאַפּע, ־ס; דאָס האַרצטירל, ־עך
valvular
(anat./med.) פֿון דער קלאַפּע
(tech.) ווענטיל...; קלאַפּאַן...
vamp,[1] *n.*
(mus.) די אימפּראָוויזאַציע
(of boot) די/דאָס איבערלעדער
vamp,[2] *n.* **(seductress)** די פֿאַרפֿירערין, ־ס
vamp,[1] *v.*
(mus.) אימפּראָוויזירן
(repair) פֿאַרלאַטע(ווע)ן; לייגן לאַטעס אויף
(fabricate) אויסזויגן פֿון פֿינגער; אויסטראַכטן
vamp,[2] *v.* **(seduce)** פֿאַרפֿירן
vampire דער וואַמפּיר, ־ן
vampire bat די וואַמפּיר־פֿלעדערמויז, ...מײַז
van די (משׂא־)פֿור, ־ן [MÁSE]
vanadium דער וואַנאַדיום
vandal דער וואַנדאַל, ־ן; דער מחבל, ־ים [MEKhÁBL, MEKhÁBLIM/MEKhABÓLIM]
vandalism דער וואַנדאַליזם
vandalize וואַנדאַליזירן

Vandyke (beard) דאָס קמץ־בערדל, ־עך; דאָס קמצל, ־עך [KÓMETS] [KÓMETSL]
vane
(in turbine) דער לאָפּן, ־ס; דאָס שוויװל, ־עך
(on projectile/tech.) דער סטאַביליזאַטאָר, ־ס
(weather vane) דער וועטערהאָן, ...הענער; דאָס וועלקן־פֿענדל, ־עך; די וועטערפֿאָן, ־ען; דאָס ווינטפֿענדל, ־עך
vanguard דער אַוואַנגאַרד, ־ן
in the vanguard אין אַוואַנגאַרד
vanilla, *adj.* וואַניל...
vanilla, *n.* דער וואַניל
vanilla-flavored מיט אַ וואַניל־אַראָמאַט
vanish פֿאַרשווינדן ווערן; נעלם ווערן; נישט ווערן [NÉL(E)M]
vanishing cream דער/די קאָלדקרעם
vanishing point דער צוניפֿגיס־פּונקט, ־ן
(*fig.*) דער נולפּונקט, ־ן
vanity דאָס גדלות; די פּוסטע גאווה; דאָס כּבֿוד־זוכערײַ; די/דאָס איטלקייט [GÁDLES] [GÁYVE] [KÓVED]
(futility) די/דאָס נישטיקייט; די/דאָס פּוסטקייט; דער הבֿל, ־ים [HEVL, HAVÓLIM]
(cabinet) דאָס טואַלעט־שאַפֿקעלע, ־ך
vanity of vanities הבֿל־הבֿלים [HEVL/HAVÉYL-HAVÓLIM]
vanity case דאָס טואַלעט־קעסטל, ־עך; דער נעסעסער, ־ן
vanity press (דער) פֿאַרלאַג אַליינעניו
vanity table דאָס טואַלעט־‹שמינקע־›טישל, ־עך
vanquish בײַקומען; גובֿר זײַן; אָפּהאַלטן אַ נצחון איבער [GÓYVER] [NITSÓKhN]
vantage די איבערהאַנט; די מעלה [MÁYLE]
vantage point דער אויסבליקפּונקט, ־ן
(*fig.*) דער קוקווינקל, ־ען
from his vantage point פֿון זײַן קוקווינקל; מצד אים [MITSÁD]
vapid
(boring) נודנע; סקוטשנע
(tasteless) אָן טעם [TAM]
vapor די פּאַרע, ־ס; דאָס וועפּעכץ, ־ן; דער וועפּ, ־ן; דער דאַמף, ־ן; דער גאַז, ־ן
vaporization די אויספּאַרונג
vaporize, *vt./vi.* אויספּאַרען (זיך)
vi. also צעפּאַרע(ן (זיך); אויסגעפּאַרעט ווערן
vi. (*fig.*) (ווי) נעלם ווערן; נישט ווערן [NÉL(E)M]
vaporizer דער פּאַרעניק, ־עס; דער שפּריצער, ־ס
vaporous פּאַרעדיק; דאַמפּיק
(*fig.*) אָנתּמציתדיק; נישט־ממשותדיק [ÓNTÁMTSESDIK] [MAMÓShESDIK]
vapor trail די/דער פּאַרעשפּור, ־ן
variability די/דאָס בײַטעוודיקייט; די/דאָס וואַריִיִקייט
variable, *adj.* בײַטעוודיק; וואַריִיִק
variable, *n.* דער בײַטעוודיקער עלעמענט, ־ן; דער וואַריאַבל, ־ען
variable cost בײַטעוודיקע הוצאָות ל"ר [HOYTSÓES/HETSÓES]
variance די/דאָס פֿאַרשיידנקייט, ־ן; דער אָפּווײַך, ־ן
be at variance with (sb.) האָבן אַ חילוקי־דעות מיט; זײַן מחולק מיט; פֿונאַנדערגיין זיך מיט [KhILÚKE-DÉYES] [MEKhÚLEK]
be at variance with (stg.) נישט שטימען מיט; זײַן אין סתּירה מיט; סותר זײַן; נישט הסכּמען זיך מיט [STÍRE] [SÓYSER] [HÉSKEMEN]
variant, *adj.* פֿאַרשיידן ‹פֿאַרשידן›; אָפּווײַכיק
variant, *n.* דער וואַריאַנט, ־ן
variation די וואַריאַציע, ־ס

varicella ווינטפּאָקן ל״ר
varicose veins געדראָלענע אָדערן; וואַריקאָז־אָדערן
varicosity דער וואַריקאָז, ־ן; די ווענען־פֿאַרברייטערונג, ־ען
varied וואַרייִרט; פֿאַרשיידן ‹פֿאַרשידן›; פֿאַרשיידן־מיניק; כּלערלייִיק [KOLERLÉIK]
variegated פֿאַרשיידן־קאָליריק ‹־פֿאַרביק›; פֿאַרשיידנדיק
variety
(diversity) די/דאָס פֿאַרשיידן־מיניקייט; די/דאָס פֿאַרשיידנקייט
(kind) דער סאָרט, ־ן; דער/דאָס מין, ־ים; דער גאַטוניק, ...נקעס
(assortment) דער אויסקלייַב, ־ן; דער אָפּקלייַב, ־ן
a variety of כּלערליי; אַלערליי; אילערליי; כּל־המינים [KÓLERLÉY] [KOL(H)AMÍNIM]
a wide variety of אַ ברייטע גאַמע מיט; אַ ברייטער אָפּקלייַב פֿון
for a variety of reasons צוליב פֿאַרשיידענע סיבות ‹טעמים›; צוליב אַ ריי סיבות ‹טעמים› [SÍBES] [TÁYMIM]
variety show דער וואַריעטע, ־ען; די קליינקונסט
various כּלערליי; אַלערליי; אילערליי; פֿאַרשיידנדיק; פֿאַרשידנדיק [KÓLERLÉY]
various kinds of פֿאַרשיידענערליי
varlet
(hist.) דער וואָפּן־טרעגער, ־ס
(rascal) דער שופֿט, ־ן; דער שעלמאַק, ־עס
varnish, *n.* דער לאַק; דער לאַקיר; דער פֿאָקאָסט
(furniture) די (מעבל־)פּאָליטור
varnish, *v. imp./pf.* (אָפּ)לאַקירן; (אָפּ)פּאָקאָסטירן
varnish over (*fig.*) פֿאַרדעקן; פֿאַרשענערן
varsity team די (אוניווערסיטעטישע) (ספּאָרט)מאַנשאַפֿט, ־ן
vary, *vt./vi.* בייַטן (זיך); וואַרייִרן (זיך)
vascular בלוטגעפֿעס־...
vascular system די בלוטגעפֿעס־סיסטעם, ־ען
vas deferens דער זרע־‹זוימען־›פֿירער, ־ס [ZÉRE]
vase די וואַזע, ־ס; דער וואַזאָניק, ־עס
vasectomy די וואַזעקטאָמיע, ־ס
Vaseline דער וואַזעלין
vassal דער וואַסאַל, ־ן
(*fig.*) דער קנעכט, ־ן; דער שקלאַף, ־ן
vast ריז(עד)יק; אומגעהייַער (גרויס); ברייט(פֿאַרנעמיק)
a vast sum אַ פֿאַרמעגן(ס); אַ פּותּיקי; אַן אוצר; אַ ריזיקע סומע [PÓYTIKE] [ÓYTSER]
vastness די/דאָס ריז(עד)יקייט; דאָס רחבֿות [RÁKhVES]
vat דער ביט, ־ן
VAT *see* **value-added tax**
Vatican דער וואַטיקאַן
vaudeville דער וואָדעוויל
vaudevillian דער וואָדעוויל־אַקטיאָר, ־ן; דער וואָדעווילשטשיק, ־עס
vault,[1] *n.*
(arch) דאָס געוועלב, ־ן; די געוועלבונג, ־ען
(bank) די געלטקאַמער, ־ן
vault,[2] *n.* **(jump)** דער שפּרונג, ־ען
vault, *v.* אַריבערשפּרינגען + אַק׳/איבער
vaulted געוועלביק; געוועלבט
vaulter דער שפּרינגער, ־ס
vaulting horse דאָס גימנאַסטיק־פֿערד; דאָס (שפּרינג)פֿערד
vaunt באַווייַזן ‹גרייסן/פּראַלן/רימען› זיך מיט
vaunted אויסבאַרימט; פֿאַרלויבט; געלויבט און גערימט
V-chip דאָס וועע־‹ווי־›טשיפּל, ־עך
VCR *see* **videocassette recorder**
VD *see* **venereal disease**
veal, *adj.* קעלבערן; פֿון קעלבערן פֿלייש
veal, *n.* דאָס קעלבערנע פֿלייש; דאָס קעלבערנס; דאָס קאַלב(נ)פֿלייש
veal chop דאָס קעלבערנע ריפּל, ־עך
vector
(bio.) דער טרעגער, ־ס; דער איבערטרעגער ‹פֿאַרשפּרייטער› פֿון קרענק ‹קראַנקייטן›
(math.) דער וועקטאָר, ...אָרן
(plane) דער פּליקורס, ־ן
veer
(wind) בייַטן דעם קורס; בייַטן די ריכטונג
(vehicle) (שאַרף) פֿאַרקערעווען| ‹אויסדרייען› זיך
vegan, *adj.* וועגאַניש
vegan, *n.*
m./unsp. דער וועגאַנער, –
f. די וועגאַנערין, ־ס
vegetable, *adj.* גרינס(נ)...; געוויקסן־...
vegetable, *n.* דאָס גרינס, ־ן
(plant) דאָס געוויקס, ־ן
vegetables גרינסן; דאָס גרינוואַרג קאָל׳; דאָס גאָרטנוואַרג קאָל׳
vegetable garden דער גרינסגאָרטן, ...גערטנער
vegetable oil דער געוויקסן־בוימל‹־אייל›
vegetarian, *adj.* וועגעטאַריש
vegetarian, *n.*
m./unsp. דער וועגעטאַריער, –
f. די וועגעטאַריערין, ־ס
vegetarianism די/דאָס וועגעטאַרישקייט
vegetate וועגעטירן; וואַקסן
(*fig.*) פֿירן אַ געוויקסן־לעבן; וועגעטירן
vegetation די וועגעטאַציע; צמחים ל״ר; דאָס געוועקס; די וואַקסונג; געוויקסן ל״ר [TS(E)MÓKhIM]
vegetative וועגעטאַטיוו
be in a vegetative state וועגעטירן
veggieburger דער גרינסן־‹סויע־›קאָטלעט, ־ן; דער וועגעטאַרישער האַמבורגער, ־ס
vehemence
(fervor) דער ברען; דאָס התלהבֿות; די לייַדנשאַפֿט; די היץ [HISLÁYVES]
(force) די/דאָס שטורעמדיקייט; די/דאָס ברוזיקייט
vehement
(fervent) פֿאַרברענט; התלהבֿותדיק; לייַדנשאַפֿטלעך [HISLÁYVESDIK]
(forceful) שטורעמדיק; ברוזיק
vehicle דאָס פֿאָרמיטל, ־ען
(bio.) דער טרעגער, ־ס
(*fig.*) דאָס מיטל, ־ען
vehicles פֿאָרמיטלען; דאָס פֿאָרוואַרג קאָל׳
vehicle identification number דער אויטאָ־אידענטיפֿיציר־נומער, ־ן
vehicular פֿאָר...
veil, *n.* דער שלייער, ־ס; דער וועאַל, ־ן
(bridal) דער שלייער, ־ס; דאָס דעקטוך, ...טיכער; דאָס דעקטיכל, ־עך
draw a veil over וואַרפֿן אַ שלייער איבער; פֿאַרדעקן
take the veil ווערן אַ מאָנאַשקע
veil, *v.* פֿאַרשלייערן
(the bride/J.) באַדעקן די כּלה [KÁLE]
(*fig.*) פֿאַרדעקן; פֿאַרהילן; פֿאַרבאָרגן
veiled פֿאַרשלייערט; פֿאַרצויגן
(hidden) באַהאַלטן; פֿאַרמאַסקירט
veiled threat דער באַהאַלטענער ‹פֿאַרהוילענער› סטראַשוניק, ...נקעס; דאָס בייזע אָנצוהערעניש, ־ן
veiling (of bride/J.) דאָס באַדעקנס

vein די וועָנע, ־ס; די/דער אָדער, ־ן
(in stone) די/דער אָדער, ־ן
in the same vein דאָס אײגענע; אַזױ טאַקע; אַזױ אױך; פּונקט אַזױ
veined/veiny געאָדערט; אָדערדיק
Vela זעגלען
velar וועלאַר
velcro דער וועלקראָ
veldt דאָס (אַפֿריקאַנער) גראָזלאַנד
vellum דאָס וועלין(־פּאַפּיר)
velocity די/דאָס גיכקייט, ־ן
velour דער וועליור
velum (anat.) דער ווײכער גומען; דאָס גומען־פּאָרהענגל, ־עך
velvet, *adj.* סאַמעטן
velvet dress דאָס סאַמעטענע קלייד, ־ער; דאָס סאַמעטקלייד, ־ער
velvet, *n.* דער סאַמעט
velveteen, *adj.* פּליסן
velveteen, *n.* דער פּליס
velvet grass דאָס סאַמעטגראָז
velvet plant דער סאַמעטניק, ־עס
velvety סאַמעטיק
(soft) סאַמעט ווייך; ווייך ווי סאַמעט
venal פֿאַרקױפֿלעך; קאָרומפּירט
be venal לאָזן זיך אונטערקויפֿן ‹שמירן›
venality די/דאָס פֿאַרקױפֿלעכקייט; די קאָרופּציע
vend פֿאַרקױפֿן
vendetta די בלוט־נקמה; די ווענדעטע, ־ס [NEKÓME]
vending machine די פֿאַרקױף־מאַשין, ־ען; דער פֿאַרקױף־אױטאָמאַט, ־ן
vendor דער פֿאַרקױפֿער, ־ס; דער מוכר, ־ים [MÓYKhER, MÓKhRIM]
veneer, *n.* דער פֿאַניר, ־ן; דער פֿאַניער, ־ן
veneer, *v.* פֿאַנירן
venerable געאַכפּערט; אַכפּערלעך; בכּבֿודיק; חשובֿ [BEKÓVEDIK] [KhÓShEV]
venerate אַכפּערן; האָבן גרױס אָפּשײַ פֿאַר
veneration דאָס יִראת־הכּבֿוד; דער גרױסער אָפּשײַ; די/דאָס אַכפּערקייט; די פּיעטעט; די אַכפּערונג [YÍRES-HAKÓVED]
venereal ווענעריש
venereal disease די ווענערישע קרענק, ־ען
(pop.) די ווענעראַ
Venetian, *adj.* ווענעציאַניש
Venetian, *n.*
m./unsp. דער ווענעציאַנער, –
f. די ווענעציאַנערין, ־ס
Venetian blind דער ווענעציאַנישער רולעט, ־ן; די שטאָרע, ־ס; די זשאַלוזיע, ־ס
Venezuela (די) ווענעזועלע
Venezuelan, *adj.* ווענעזועליש
Venezuelan, *n.*
m./unsp. דער ווענעזועלער, –
f. די ווענעזועלערין, ־ס
vengeance די נקמה; דאָס נוקם זײַן זיך; דאָס נקמה־נעמען; די אָפּרעכענונג [NEKÓME] [NÓYKEM]
take vengeance on נוקם זײַן זיך אין ‹אָן›; נקמה נעמען אין; אָפּרעכענען זיך מיט
with a vengeance מיט פּראַצענט
vengeful נקמה־דאָרשטיק [NEKÓME]
vengeful person *also* דער נוקם־ונוטר, ־ס [NÓYKEM-VENÓYTER]
veni, vidi, vici געקומען, געזען, געוווּנען

venial וואָס מע קען מוחל זײַן; פֿאַרגעבלעך [MOYKhL]
Venice (די) ווענעציע
venison דאָס הירשנפֿלייש; דאָס הירשנס
venom דער סם, ־ען; דער ״גיפֿט, ־ן [SAM]
(fig.) דאָס רישעות; די/דאָס בייזקייט; די רוגזה [RÍShES] [RÚGZE]
venomous סמיק; ״גיפֿטיק [SÁMIK]
(fig.) רישעותדיק; בייז; רוגזהדיק [RÍShESDIK] [RÚGZEDIK]
venous ווענע...; ווענאָז; אָדער...
venous blood דאָס טונקלבלוט
vent, *n.* דער ווענטיל, ־ן; דער לופֿטשיק, ־עס; די עפֿענונג, ־ען; דער אױסגאַנג, ־ען
give vent to anger אױסגיסן ‹אַרױסלאָזן› דעם כּעס [KÁAS]
vent, *v.* אַרױסלאָזן; אױסגיסן
vent to sb. אַראָפּרעדן זיך פֿון האַרצן (פֿאַר); אױסרעדן זיך דאָס האַרץ (פֿאַר)
ventilate, *v. imp./pf.* (אױס)לופֿטערן; (אָפּ)ווענטילירן
ventilation
(act) דאָס אױסלופֿטערן; דאָס אָפּווענטילירן
(state) די ווענטילאַציע
(system) די ווענטיליר־סיסטעם, ־ען
ventilation shaft די ווענטיליר־שאַכטע, ־ס
ventilator (respirator) די אָטעם־מאַשין, ־ען
ventouse די אָפּנעם־‹קימפּעט־›באַנקע, ־ס
ventricle די האַרצקאַמער, ־ן; דער ווענטריקל, ־ען
ventriloquism דאָס בויכרעדערײַ
ventriloquist דער בויכרעדער, ־ס
venture, *n.* די אונטערנעמונג, ־ען; די פּירנעמונג, ־ען; דער פּירנעם, ־ען; דער אײַנשטעל, ־ן; דאָס אײַנשטעלעניש, ־ן
venture, *v.*
vt. **(risk)** ריזיקירן; אײַנשטעלן
vi. **(dare)** דערוועגן זיך; אָננעמען זיך מיט קוראַזש
venture a guess דערוועגן זיך צו טרעפֿן
venture capital דער אײַנשטעל־‹ריזיקיר־›קאַפּיטאַל
venture capitalist דער אײַנשטעל־קאַפּיטאַליסט, ־ן
venturesome אַוואַנטוריסטיש; אײַנשטעלעריש; דרייסט
venue דער לאָקאַל, ־ן; דער טרעפֿפּונקט, ־ן
Venus (די) ווענוס; דער אָוונט־שטערן
Venus flytrap דער פֿליגן־כאַפּער, ־ס
Venus hair (bot.) שולמיתעס האָר [ShULÁMISES]
Venus' looking glass (bot.) דאָס שפּיגעלע
Venus' pride (bot.) דער ווענוס־שטאָלץ; דאָס בלאָיקל
veracious וואָרהאַפֿטיק; אמתדיק; גלײַכווערדיק [ÉMESDIK]
veracity די/דאָס וואָרהאַפֿטיקייט; די/דאָס אמתדיקייט; די/דאָס גלײַכווערדיקייט [ÉMESDIKEYT]
veranda די וועראַנדע, ־ס
verb דער ווערב, ־ן
verb of apprehension דער מורא־ווערב, ־ן [MÓYRE]
verb of communication דער קאָמוניקיר־ווערב, ־ן
verb of emotion דער געפֿילווערב, ־ן
verb of motion דער אָרטבײַט־ווערב, ־ן
verb of perception דער חוש־ווערב, ־ן
verbal, *adj.*
(of verbs) ווערבאַל
(of words) וואָרט...
(oral) בעל־פּה־...; בעל־פּהיק; ״מינדלעך [BALPÉ] [BALPÉIK]
verbal, *adv.* בעל־פּה [BALPÉ]
verbalization די ווערבאַליזירונג, ־ען
verbalize ווערבאַליזירן; אױסדריקן; איבערגעבן מיט ווערטער; אַרױסזאָגן (מיט ווערטער)
verbally בעל־פּה; מיט ווערטער [BALPÉ]

verbatim וואָרט בײַ ‹פֿאַר› וואָרט; וואָרטערלעך; וואָרט־װערטלעך; פּראָטאָקאָליש
verbena די ווערבענע
verbiage
  (phrasing) די פֿאָרמולירונג, ־ען
  (verbosity) די/דאָס באַריכותדיקייט; דער שלל רייד [BARÍKhESDIKEYT] [ShLAL]
verbose ווערטערדיק; פֿאַרווערטערט; באַריכותדיק [BARÍKhESDIK]
verbosity די/דאָס באַריכותדיקייט [BARÍKhESDIKEYT]
verdant גרין; פֿריש
verdict דער פּסק, ־ן/־ים; דער פּסק־דין, ־ים; דער ווערדיקט, ־ן [PSAK, PSÓKIM] [PSAKDÍN]
verdigris דער גרינשפּאָן
verdure דאָס גרינגעוועקס
verge, *n.* די/דער גרענעץ, ־ן; דער ראַנד, ־ן
  be on the verge of האַלטן (שוין ניט) בײַ(ם)
verge, *v.*
  verge on גרענעצן מיט; שטיין אויפֿן ראַנד פֿון
verifiable קאָנטראָלירלעך; צום קאָנטראָלירן ‹וועריפֿיצירן/באַגלײַביקן›
verification די (דורכ)קאָנטראָלירונג, ־ען; די וועריפֿיקאַציע, ־ס
verify (דורכ)קאָנטראָלירן; וועריפֿיצירן; באַגלײַביקן
verily באמת; פֿאַר וואָר [BEÉMES]
verisimilitude די/דאָס קרובֿ־לאמתדיקייט; די/דאָס גלײַבווערדיקייט [KÓREV-LEÉMESDIKEYT]
veritable אמת(דיק); עכט; רעכט [ÉMES(DIK)]
vermicelli ווערמישעל
vermiform appendix די בלינדע קישקע, ־ס
vermilion דער צינאָבער; דער ווערמיל
vermin
  (animals) שרצים [ShRÓTSIM]
  (insects) דאָס אומפֿלייט קאָל'; פּאַראַזיטן
verminous לײַזיק; פֿאַרלײַזיקט
  (*fig.*) פּאַסקודנע
Vermont (דאָס) ווערמאָנט
vermouth דער ווערמוט
vernacular, *adj.* היימיש; פֿאָלק...
vernacular, *n.* די פֿאָלקשפּראַך, ־ן; די לאַנדשפּראַך, ־ן; די וואָכעדיקע ‹טאָג־טעגלעכע› שפּראַך, ־ן
vernal פֿרילינג...
vernal equinox די פֿרילינג־גלײַכנאַכט
vernal grass דאָס פֿרילינגגראָז
vernix דאָס עופֿל־פֿעטס [EYFL]
veronica די וועראָניקע
verruca די בראָדעווקע, ־ס; דאָס וואָרצעלע, ־ך
versatile פֿילזײַטיק; בייגעוודיק; צופּאַסעוודיק; (גע)שמײַדיק
versatility די/דאָס פֿילזײַטיקייט; די/דאָס בייגעוודיקייט
verse דער פֿערז, ־ן
  (bib.) דער פּסוק, ־ים [PÓSEK, PSÚKIM]
  (poetry) די פּאָעזיע
versed
  be versed in גוט קענען; זײַן בקי ‹באַהאַוונט› אין; זײַן אַ מומחה אין [BÓKE] [MÚMKhE]
versification די ווערסיפֿיקאַציע; דאָס שאַפֿן פֿערזן ‹פּאָעזיע›
versify ווערסיפֿיצירן; שאַפֿן פֿערזן ‹פּאָעזיע›
version דער נוסח, ...אות; די ווערסיע, ־ס [NÚSEKh, NUSKhÓES]
  (reading/interpretation) די גירסא, גירסאָות [GÍRSE, GIRSÓES]
  (obst.) דער (עובֿר־)איבערדריי, ־ען [ÚBER]
versus אַ(נט)קעגן; כּנגד [KENÉGED]
vertebra דאָס שדרה־ביינדל, ־עך; דער וואַרבל, ־ען; די כּוליע, ־ס [ShÉDRE]
vertebral וואַרבל...
vertebral column די שדרה; דער וואָרבלביין; דער רוקנביין [ShÉDRE]
vertebrate, *adj.* שדרהדיק; רוקנבייניק [ShÉDREDIK]
vertebrate, *n.* די שדרהדיקע ‹רוקנבייניקע› חיה, ־ות [ShÉDREDIKE] [KhÁYE]
vertex דער/די שפּיץ, ־ן; דער הויכפּונקט, ־ן
  (anat.) דער שאַרבנדאַך; דער/די שפּיץ קאָפּ
  (geom.) דער/די שפּיץ, ־ן
vertical ווערטיקאַל; אויפֿגעהאָדערט
vertical-lift bridge די הייבבריק, ־ן
vertical line די ווערטיקאַלע ליניע, ־ס; דאָס ווערטיקאַלעכל, ־עך
vertiginous קאָפּשווינדלדיק
vertigo דער קאָפּשווינדל
vervain די רפֿואה־ווערבענע [REFÚE]
verve דער ברען; דאָס התלהבֿות [HISLÁYVES]
very, *adj.*
  (absolute) סאַמע; רעכט; גראָד; פּונקט
  (identical) זעלב(יק); אייגן; אותו [ÓYSE]
  (mere) בלויז
  that very moment אינעם זעלב(יק)ן מאָמענט; די אותו רגע [RÉGE]
  the very day גראָד ‹פּונקט› אינעם טאָג
  the very idea that בלויז דער געדאַנק גופֿא ‹אַליין› אַז [GÚFE]
  The very idea! ווי פֿאַלט דיר ‹אײַך› אַזוינס אײַן?
  the very worst דאָס סאַמע ערגסטע
  to the very top ביזן סאַמע ‹רעכטן› שפּיץ
very, *adv.* זייער; שטאַרק; גאָר
  a very good thing גאָר ‹זייער› אַ גוטע זאַך
vesicle דאָס בלעזל, ־עך; דאָס בלאָטערל, ־עך
vesicular בלעזלדיק
vespers דער וועספּער ל״י; דאָס אָוונט־געבעט ל״י
vessel
  (container) די כּלי, ־ם; דאָס געפֿעס, ־ן [KÉYLE, KÉYLIM]
  (ship) די שיף, ־ן
  (blood) דאָס בלוטגעפֿעס, ־ן; די/דער אָדער, ־ן
vest, *n.* דער וועסט, ־ן; דאָס וועסטל, ־עך; דער זשילעט, ־ן
  play one's cards close to one's vest ניט לאָזן זיך דערקענען
vest, *v.* באַשענקען
  (power) באַפֿולמאַכטיקן
  be vested in (fin.) ליגן בײַ אומפּ' + דאַט'/פֿ״ק אין די הענט
  have a vested interest האָבן אַ פּערזענלעכן ‹פֿאַרפֿונדעוועטן› אינטערעס
  vested right דאָס אַבסאָלוטע רעכט
vestibule דער וועסטיבו(י)ל, ־ן; דער פֿאָיע, ־ען; דאָס פֿירהויז, ...הײַזער; דער פּרוזדור, ־ס [PRÓYZDER]
vestige דאָס איבערבלײַבס, ־ן; דער שריד, ־ים; דער סימן, ־ים; דאָס רעשטל, ־עך; די/דער שפּור, ־ן [SÓRED, SRÍDIM] [SÍMEN, SIMÓNIM]
vestigial פֿאַרבליבן; רעשטל...; רודימענטאַר
vestments (Chr.) (גלחיש) תּפֿילה־קליידער [GALÓKhIShE] [TFÍLE]
vest-pocket, *adj.* (*fig.*) קלײנטשיק; פּיצינק
vest pocket, *n.* די וועסטל־קעשענע, ־ס
vestry דער תּפֿילה־זאַל, ־ן [TFÍLE]
vet, *n.* *see* **veterinarian; veteran**
vet, *v.* (אַ)דורכקאָנטראָלירן; אויספֿאָרשן
vetch די וויקע

veteran, *adj.* לאַנגאָניק; לאַנגיאָריק; אויסגעדינט
(of veterans) וועטעראַנען־...
veteran, *n.* דער וועטעראַן, ־ען
Veteran's Day דער וועטעראַנען־טאָג
veterinarian דער וועטערינאַר, ־ן
veterinary וועטערינאַריש
veterinary hospital די וועטערינאַרישע קליניק, ־עס; דער/דאָס זאָאָ־שפּיטאָל, ־ן/שפּיטעלער
veterinary medicine די וועטערינאַריע
veterinary school די וועטערינאַר־שול‹־פֿאַקולטעט›, ־ן
veto, *n.* דער וועטאָ, ־ס
veto, *v.* וועטאָירן
veto power דאָס וועטאָרעכט
vetting די דורכקאָנטראָלירונג
vex, *v.*
(afflict/distress) באַאומרויִקן; פּלאָגן; קלעמען; פֿאַרשאַפֿן + דאַט׳ עגמת־נפֿש; אָפּעסן + דאַט׳ דאָס האַרץ [ÁGMES-NÉFESh]
(annoy) דערקוטשען; דערגיין + דאַט׳ די יאָרן; פֿאַרדריסן + אַק׳/דאַט׳; טרענען + דאַט׳ די אָדערן; יאָדען; עדערן; שיקאַנירן
vexing פֿאַרדראָסיק; דענערווירנדיק; זלידנע
vexation דער קלעמעניש; די גריזאָטע; דאָס ערגערניש; דער פֿאַרדראָס; די באַאומרויִקונג; די דענערווירונג; די שיקאַנע
vexed דענערווירט
(issue/question) שווער; האַרב; אָנגעווייטיקט
I'm vexed about it ס'פֿאַרדריסט מיך ‹מיר›
I'm vexed with him איך בין דענערווירט מיט אים
via דורך; איבער; וויאַ; פּער
viability די/דאָס לעב(עווד)יקייט; די/דאָס לעבנס־פֿעיִקייט; דער קיום־כּוח [KÍEM-KÓYEKh]
viable לעב(עווד)יק; לעבנס־פֿעיִק
(feasible) (אַ)דורכפֿירלעך; אויספֿירלעך
viaduct דער וויאַדוקט, ־ן
vial דאָס פֿלעשעלע, ־ך; דער פֿיאַל, ־ן
viands דער פּראָוויאַנט ל״י; די פּראָוויזיע ל״י
vibrancy די/דאָס באַלעבטקייט; די/דאָס דינאַמישקייט
(of voice) די רעזאָנאַנץ, ־ן
vibrant באַלעבט; דינאַמיש
(of voice) רעזאָנאַנט; וויברירנדיק
vibraphone דער וויבראַפֿאָן, ־ען
vibrate
vt. לאָזן וויברירן
vi. וויברירן; ציטערן
vibrating bed די/דאָס וויברירבעט, ־ן
vibration די וויברירונג, ־ען; דאָס וויברירן; די וויבראַציע, ־ס; די ציטערונג, ־ען
(single vibration) דער וויבריר, ־ן
vibrato דער וויבראַטאָ, ־ס
vibrator דער וויבראַטאָר, ־ס
viburnum דער קאַלענע־בוים, ־ביימער
vicar
(Chr.) דער וויקאַר, ־ן
(substitute) דער פֿאַרטרעטער, ־ס; דער ממלא־מקום, ־ס [MEMÁLE-MÓKEM]
vicarage
(residence) די וויקאַרשטוב, ־ן
(duties/office) די וויקאַרשאַפֿט; דער וויקאַריאַט
vicar general דער גענעראַל־וויקאַר, ־ן
vicarious דורך יענעם; דורך אַן אַנדערן; אומדירעקט
vicariously
live vicariously through אויסלעבן זיך דורך; שעפּן פֿון + פּאָס׳ נחת; מיטשעפּן מיט + פּאָס׳ נחת; הנאה האָבן דורך [NÁKhES] [HANÓE]
vice, *n.* דער (מאָראַלישער) חסרון, ־ות/־ים; דער (מאָראַלישער) פֿעלער, ־ן; דער פֿאַרדאַרב, ־ן [KhESÓRN, KhESRÓYNES/KhESRÓYNIM]
(crime) מאָראַל־פֿאַרברעכנס ל״ר
vice-... וויצע...
vice-chairperson דער וויצעפּאָרזיצער, ־ס
vice-president דער וויצעפּרעזידענט, ־ן
viceroy דער שני־למלך; דער מישנה־למלך; דער וויצעקעניג, ־ן [ShÉYNE-LEMÉYLEKh] [MÍShNE-LEMÉYLEKh]
vice squad די מאָראַל־פּאָליציי
vice versa פֿאַרקערט
vicinity
(neighborhood) די/דער געגנט, ־ן; דאָס שכנות; די ׳אומגעגנט [ShKhÉYNES]
(proximity) די/דאָס נאָענטקייט; די שכנישאַפֿט [ShKhÉYNIShAFT]
in the vicinity of (near) אין געגנט ‹שכנות› פֿון
in the vicinity of (*fig.*) אַרום; בערך; אַן ערך [BEÉREKh] [ÉREKh]
vicious בייז; רישעותדיק; רוצחיש; אַכזריותדיק; ברוטאַל [RÍShESDIK] [RÓTSKhISh] [AKhZÓRYESDIK]
vicious dog דער בייזער הונט, הינט; דער כּלב, ־ים; דער כּלב־שבכּלבֿים, ־ים [KÉLEV, KLÓVIM] [KÉLEV-ShEBAKLÓVIM]
vicious cycle די פֿאַרכּישופֿטע ראָד [FARKÍShEFTE]
vicissitudes
the vicissitudes די דרייען פֿון רעדל; די/דאָס שפּיל פֿון גורל; דער גלגל־החוזר; די בײַטענישן [GOYRL] [GALGL-HAKhÓYZER]
victim דער קרבן, ־ות; דער געטראָפֿענער גב׳; דער געליטענער גב׳ [KORBM, KORBÓNES]
be a victim of זײַן אַ קרבן פֿון
be a victim of one's own success פֿאַלן אַ קרבן פֿון דער אייגענער הצלחה [HATSLÓKhE]
fall victim to פֿאַלן ‹ווערן› אַ קרבן פֿון; אומקומען איבער
victimhood די קרבנשאַפֿט [KÓRBMShAFT]
victimization (of) דאָס מאַכן + אַק׳ פֿאַר אַ קרבן [KORBM]
victimize מאַכן + אַק׳ פֿאַר אַ קרבן [KORBM]
become victimized by פֿאַלן אַ קרבן פֿון
victor דער געווינער, ־ס; דער מנצח, ־ים; דער בעל־נצחון, בעלי־... [MENATSÉYEKh, MENÁTSKhIM] [BAL-NITSÓKhN, BÁLE-...]
Victoria Cross דער וויקטאָריע־קרייץ
Victorian וויקטאָריאַניש
victorious נצחונדיק; מנצחדיק [NITSÓKhNDIK] [MENATSÉYEKhDIK]
be victorious אָפּהאַלטן אַ נצחון; מנצח זײַן [NITSÓKhN] [MENATSÉYEKh]
victory דער נצחון, ־ות; די געווינונג, ־ען; דער ׳זיג, ־ן [NITSÓKhN, NITSKhÓYNES]
a narrow victory אַ קנאַפּער נצחון
victualer די פּראָוויאַנט־שיף, ־ן
victuals דער פּראָוויאַנט ל״י; דער כאַרטש ל״י; די פּראָוויזיע ל״י; שפּייַזמיטלען; די צערונג ל״י
videlicet דהיינו; דאָס הייסט [DEHÁYNE]
video, *adj.* ווידעאָ־...
video, *n.* דער ווידעאָ, ־ס
video arcade די ווידעאָ־אַרקאַד, ־ן
video camera די (ווידעאָ־)פֿילמירקע, ־ס; דער ווידעאָ־אַפּאַראַט, ־ן

videocassette דער ווידעאָ־קאַסעט, ־ן

videocassette recorder דער ווידעאָ־רעקאָרדירער, ־ס

video clip דער ווידעאָ־אויסצוג, ־ן

videoconference די ווידעאָ־זיצונג, ־ען; די ווידעאָ־קאָנפֿערענץ, ־ן

videodisc דער ווידעאָ־דיסק, ־ן

video game די/דאָס ווידעאָ־שפּיל, ־ן

videographer דער ווידעאָגראַף, ־ן

videographic ווידעאָגראַפֿיש

videography די ווידעאָגראַפֿיע

videophone דער ווידעאָפֿאָן, ־ען

video production די ווידעאָ־אויפֿפֿירונג, ־ען

video recording די ווידעאָ־רעקאָרדירונג, ־ען

videotape, *n.* די ווידעאָ־טאַשמע, ־ס

videotape, *v.* רעקאָרדירן אויף אַ ווידעאָ־טאַשמע

vie (for) פֿאַרמעסטן ‹פֿאַרהערן› זיך (אין)

Vienna (דאָס) ווין

Viennese table דער זיסער טיש

Vietnam (דאָס) וויעטנאַם

Vietnamese, *adj.* וויעטנאַמיש

Vietnamese, *n.*

m./unsp. דער וויעטנאַמער, –

f. די וויעטנאַמערין, ־ס

view, *n.*

(scenery) די פּאַנאָראַמע, ־ס; דער (אויס)בליק, ־ן; דער אַרויסקוק, ־ן

(opinion) די מיינונג, ־ען; דער קוק, ־ן

be within view זען זיך; זײַן אין אויגנגרייך

come into view באַווײַזן זיך

in full view פֿאַר אַלעמען אין די אויגן

in my view בײַ מיר אין די אויגן; לויט מײַן מיינונג; לפֿי־דעתּי [LEFIDÁTI]

in view of מחמת; צוליב; איבער; אויף + דאַט׳ קוקנדיק [MÁKhMES]

on view אויסגעשטעלט

take the long view קוקן ווײַט פֿאָרויס

What a view! סאַראַ אויסבליק!; סאַראַ שיינע ‹ברייטע› פּאַנאָראַמע!

with a view to מיטן ציל ‹צוועק› צו; כּדי ‹בכדי› צו [KEDÉY] [BIKhDÉY]

view, *v.* אָנקוקן; זען

(a house) באַקוקן

(a situation) באַטראַכטן; אָפּשאַצן

viewer

(person) דער צוזעער, ־ס; דער צוקוקער, ־ס

(comp.) דער ווײַזער, ־ס

(phot.) דער קוקער, ־ס

viewfinder דער זוכער, ־ס

viewing, *n.* די ווײַזונג, ־ען

(wake/Chr.) די טויטנוואַך

There will be a viewing of מע וועט ווײַזן

viewing audience דער עולם צוקוקערס [ÓYLEM]

viewpoint דער קוקווינקל, ־ען; דער קוק, ־ן; דער שטאַנדפּונקט, ־ן

vigil די שמירה, ־ות; די וואַך, ־ן [ShMÍRE]

(rel.) די נאַכטוואַך

keep vigil וואַכן

vigilance דאָס זײַן אויף דער וואַך; די/דאָס וואַכיקייט

vigilant וואַכיק; אויף דער וואַך

vigilante

(group) די בירגערוואַך, ־ן

(person) דער בירגערוואַכניק, ־עס

be a vigilante נעמען דאָס געזעץ אין די אייגענע הענט

vigilante justice די אייגן־יוסטיץ; דער אייגן־מישפּט [MÍShPET]

vignette דער וויניעט, ־ן

vigor [KÓYEKh] דער כּוח; די ענערגיע; דער ברען; די קראַפֿט

vigorous כּוחדיק; קראַפֿטיק; ענערגיש; קערנדיק [KÓYEKhDIK]

vigorously [KÓYEKh] קראַפֿטיק; מיט כּוח; מיט לעבן ‹ברען›

Viking דער וויקינג, ־ען

vile מנווולדיק; שפֿל; געמיין; פּאַסקודנע; ניבֿזהדיק; פֿאַרשיווע [MENÚVLDIK] [ShÓFL] [NÍVZEDIK]

vile person דער נבֿל, ־ים; דער מנוול, ־ים; דער אויסוואָרף, ־ן [NOVL, NEVÓLIM] [MENÚVL, MENUVÓLIM]

vileness די/דאָס שפֿלקייט; די פּאַסקודסטווע; די/דאָס געמיינקייט; דאָס פּסלנות [ShÓFLKEYT] [PASLÓNES]

vilification דאָס לשון־הרע; די באַשמוצונג; דאָס מלשינות; זילזולים ל״ר [LOShN-HÓRE] [MALShÍNES]

vilify רעדן שלעכטס ‹לשון־הרע› אויף; באַשמוצן; באַרעדן; אויסרעדן אַל דאָס בייזס אויף; מוציא־שם־רע זײַן; מזלזל זײַן; מאַכן בלאָטע פֿון [LOShN-HÓRE] [MÓYTSE-ShÉMRA] [MEZÁLZL]

villa די ווילע, ־ס

village דאָס דאָרף, דערפֿער; דער ייִשובֿ, ־ים [YÍShEV, YIShÚVIM]

village idiot דער שטאָט־משוגענער געב׳; דער שטאָטנאַר, שטאָטנאַראָנים [MEShÚGENER]

village life דאָס דאָרפֿישע לעבן; דאָס לעבן אין ‹אויפֿן› דאָרף

villager דער דאָרפֿסמאַן, דאָרפֿסלײַט

villain

(evil person) דער רשע, ־ים; דער גזלן, ־ים; דער בייזער געב׳ [RÓShE, REShÓYEM] [GÁZLEN, GAZLÓNIM]

(scoundrel) דער פּאַסקודניאַק, ־עס; דער נבֿל, ־ים; דער שורקע, ־ס; דער הונטצוואָט [NOVL, NEVÓLIM]

villainous בייז(וויליק); רוצחיש [RÓTSKhISh]

villainy די/דאָס בייזוויליקייט; דאָס רישעות; דאָס פּסלנות [RÍShES] [PASLÓNES]

Vilna Ghetto (די) ווילנער געטאָ

Vilnius (די) ווילנע

vim [KÓYEKh] דער כּוח; די ענערגיע; דער ברען

vinaigrette דער ווינעגרעט, ־ן

vindicate גערעכטיקן; באַרעכטיקן; רעכטפֿאַרטיקן; כּשרן [KÁShERN]

vindication די באַרעכטיקונג; דאָס באַרעכטיקן; די רעכטפֿאַרטיקונג

vindictive [NEKÓME] נקמה־דאָרשטיק‹־זוכעריש›

vindictive person דער נוקם־ונוטר, ־ס; דער נקמה־דאָרשטיקער געב׳ [NÓYKEM-VENÓYTER]

vine דער ווײַנשטאָק, ־ן; קלעטער־בלעטער ל״ר; דער ווילדער ווײַן

vinegar דער עסיק

vinegary עסיק...; ווי עסיק; עסיקדיק

vineyard דער ווײַנגאָרטן, ...גערטנער; ווײַנבערג ל״ר

vino דער ווײַן, ־ען

vinous ווײַנ...; ווײַן רויט

vintage, *adj.*

(wine) אַלט; אָפּגעהיט(ן)

(classic) אַנטיקוואַריש; קלאַסיש; גוט־אַלטצײַטיק

vintage, *n.*

(yield) די לייז, ־ן

(of wine) דער יאָרגאַנג

of 1970 vintage פֿון דער לייז פֿון 1970

vintage car דער אַנטיקוואַרישער אויטאָ, ־ס

vintage wine דער אַלטער ‹אָפּגעהיט(ענ)ער› ווײַן, ־ען; דער מאַרקעווײַן, ־ען
vintner דער ווײַנהענדלער, ־ס; דער ווײַנער, ־ס
vinyl, *adj.* וויניל...
vinyl, *n.* דער וויניל
viola די וויאָלע, ־ס; דער/די אַלטפֿידל, ־ען; דער אַלט, ־ן; די אַלטוווּקע, ־ס
violate ברעכן; עובֿר זײַן אויף [ÓYVER]
  (rape) מאַנס זײַן; פֿאַרג(ע)וואַלדיקן [MEÁNES]
  violate the law ברעכן דאָס געזעץ; עובֿר זײַן אויפֿן געזעץ
  violate the Sabbath מחלל־שבת זײַן [MEKhÁLEL-ShÁBES]
violation
  (of law) דאָס עובֿר זײַן; דאָס ברעכן דאָס געזעץ; די געזעץ־ברעכונג [ÓYVER]
  (rape) דאָס מאַנס זײַן; די פֿאַרג(ע)וואַלדיקונג [MEÁNES]
  (profanation) דער חילול, ־ים [KhÍLEL, KhILÚLIM]
violator
  (of law) דער (געזעץ־)ברעכער, ־ס; דער עובֿר, ־ים [ÓYVER, ÓYVRIM]
  (rapist) דער פֿאַרג(ע)וואַלדיקער, ־ס
violence די ג(ע)וואַלד; די רציחה; ג(ע)וואַלד־מעשׂים ל״ר [RETSÍKhE] [MÁYSIM]
  act of violence דער ג(ע)וואַלדאַקט, ־ן; די ג(ע)וואַלדזאַך, ־ן
  cycle of violence דער גוואַלדספּיראַל
  do violence to פֿאַרג(ע)וואַלדיקן; שענדן; מאַנס זײַן [MEÁNES]
violent ג(ע)וואַלד...; רציחהדיק; רציחה־...; שטורמיש [RETSÍKhEDIK] [RETSÍKhE]
  die a violent death אײַננעמען אַ טויט ‹פּגירה/מיתה־משונה› [PGÍRE] [MÍSE-MEShÚNE]
  violent crime דער גוואַלדפֿאַרברעך, ־ן
violently מיט ‹איבער› ג(ע)וואַלד; בגוואַלד; מיט רציחה [BIGVÁLD] [RETSÍKhE]
violet, *adj.* וויאָלעט; לילאַ; לילאָווע
violet, *n.* די פֿיאַלקע, ־ס; דאָס סאַמעטל, ־עך
violin דער/די פֿידל, ־ען
  first violin דער/די ערשטע(ר) פֿידל
  second violin דער/די צווייטע(ר) פֿידל
  play second fiddle שפּילן דעם צווייטן פֿידל
violinist דער פֿידל־שפּילער, ־ס; דער פֿידלער, ־ס
violoncello דער/די וויאָלאָנטשעל, ־ן; דער טשעלאָ, ־ס
VIP די וויכטיקע ‹אָנגעזעענע› פּערזאָן, ־ען; דער חשובֿ, ־ים [KhÓShEV, Kh(A)ShÚVIM]
viper די/דער פּיפּערשלאַנג ‹וויפּערשלאַנג›, ־ען/...שלענג
viper's bugloss דער שלאַנגענקוסט
virago די מרשעת, ־ן; אַ ווײַבל אַ קאָזאַק [MARShÁS]
viralווירוס...
  go viral (ווילד) אָנרײַסן; אָנכאַפּן זיך
viral infection די ווירוס־אינפֿעקציע, ־ס
viral meningitis דער ווירוס־מענינגיט
virgin, *adj.* אומבאַרירט; אומבאַפֿלעקט
  virgin snow דער אומבאַפֿלעקטער ‹אומבאַטראָטענער› שניי
  virgin soil [KÁRKE-PSÚLE] די קרקע־בתולה; דער צעלעץ
virgin, *n.* די בתולה, ־ות [PSÚLE]
virginal [PSÚLISh] [PSÚLE] בתוליש; בתולה־...; אומבאַפֿלעקט
virgin forest דער בראשית־וואַלד [BRÉYShES]
Virginia (די) ווירדזשיניע
virginity די בתולהשאַפֿט; די מיידלשאַפֿט [PSÚLEShAFT]
Virgin Mary די הייליקע מאַריע ‹בתולה›; די מאַדאָנע [PSÚLE]
  (statue) די מאַטקע באָסקע
virgin's bower דער בתולה־קלעמאַטיס [PSÚLE]
Virgo מזל בתולה [MAZL PSÚLE]
virile [GÁVRESDIK] [GVÁRISh] גבֿורותדיק; גבֿריש; מאַנצבילש
  be virile *also* טויגן
virility דער כּוח־גבֿרא; דאָס גבֿרות; די מענערקראַפֿט; די/דאָס מאַנצבילשקייט [KÓYEKh-GÁVRE] [GÁVRES]
virological וויראָלאָגיש
virologist דער וויראָלאָג, ־ן
virology די וויראָלאָגיע
virtual פֿאַקטיש; בעעצמדיק; פּראַקטיש [BEÉTSEMDIK]
  (comp./phys.) ווירטועל
  It's a virtual impossibility ס'איז פֿאַקטיש ‹פּראַקטיש› אוממעגלעך
virtually כּמעט (ווי); פֿאַקטיש; בעצם; למעשׂה; אַזוי גוט ווי [KIMÁT] [BEÉYTSEM] [LEMÁYSE]
virtual private network די ווירטועלע פּריוואַטע נעץ
virtual reality די ווירטועלע וואָר
virtue
  (good trait) די גוטע מידה, ־ות; די מידה־טובֿה, מידות־טובֿות; די מעלה, ־ות [MÍDE] [MÍDE-TÓYVE, MÍDES-TÓYVES] [MÁYLE]
  (modesty) דאָס צניעות [TSNÍES]
  (righteousness) דאָס צידקות [TSÍTKES]
  by virtue of אין זכות פֿון; מיטן כּוח פֿון; אויפֿן סמך פֿון [SKhÚS] [KÓYEKh] [SMAKh]
  make a virtue out of necessity מאַכן פֿון אַ מום אַ מעלה
virtuosity די/דאָס ווירטואָזקייט
virtuoso, *adj.* ווירטואָז
virtuoso, *n.*
  m./unsp. דער ווירטואָז, ־ן
  f. די ווירטואָזין, ־ס
virtuous [KÓShER] ריין; אומבאַפֿלעקט; כּשר; צניעותדיק [TSNÍESDIK]
  virtuous person (*m./unsp.*) דער בעל־מידות, בעלי־... [BALMÍDES, BÁLE-...]
  virtuous person (*f.*) די צנועה, ־ות [TSNÚE]
virulence
  (hostility) די/דאָס ביטערע ‹שטאַרקע› פֿײַנדלעכקייט
  (med.) די/דאָס סמיקייט; די ווירולענץ [SÁMIKEYT]
virulent
  (hostile) בייז; גאַליק; שטאַרק פֿײַנדלעך
  (med.) [SÁMIK] סמיק; טויט...; טויט געפֿערלעך; בייזוווּקסיק
virus דער ווירוס, ־ן
visa די וויזע, ־ס
visage דאָס פּנים, ־ער; דער אויסדרוק אויפֿן פּנים [PÓNEM, PÉNEMER]
vis-à-vis כּלפּי; וויזאַווי; אַ(נט)קעגן [KLÁPE]
viscera געדערעם; דאָס/דער אינגעווייד, –/־ן
visceral
  (anat.) אינגעווייד־...
  (*fig.*) טיף אינסטינקטיוו; פֿון די קישקעס ‹געדערעם› אַרויס
viscerally
  feel viscerally פֿילן מיטן לײַב און מיט די געדערעם
viscid *see* **viscous**
viscose דער וויסקאָז
viscose rayon די/דאָס וויסקאָזזײַד
viscosity די/דאָס קלייִקייט
viscount דער וויקאָנט, ־ן
viscountess די וויקאָנטעסע, ־ס
viscous קלייִק

vise דאָס שרויפֿשטיק, ־ן; דער שרויבשטיק, ־ן; דער אָרוואַנט, ־ן; די קלעם
visibility די/דאָס זעיִקייט; די/דאָס זעעוודיקייט
(of persona) די/דאָס אָנזעעוודיקייט; דער אָנזען
There is low visibility due to fog קוים וואָס מע זעט צוליבן נעפּל
visible זעיִק; אָנזעעוודיק; קענטיק; צום זען
be visible אָנזען זיך; זײַן אין אויגנגרייד
visible light דאָס זעיִקע ליכט
visibly קלאָר; באַשײַמפּערלעך
vision די ראיה; די זעקראַפֿט [RÍE]
(ideal) דער טרוים, ־ען; דער חלום, ־ות [KhÓLEM, KhALÓYMES]
(prophetic) די זעונג, ־ען; דער חזיון, ־ות; די וויזיע, ־ס [KhIZÓYEN, KhIZYÓYNES]
have good vision האָבן אַ גוטע ראיה; קענען גוט זען
have poor vision האָבן אַ קורצע ‹נידעריקע/שוואַכע› ראיה; נישט קענען גוט זען
visionary, *adj.* וויזיאָנעריש; פֿאַנטאַזיאָריש
visionary, *n.* דער בעל־דמיון, בעלי־דמיונות; דער וויזיאָנער, ־ן; דער פֿאַנטאַזיאָר, ־ן; דער בעל־חזיונות, בעלי־...; דער חוזה, ־ים [BALDÍMYEN, BÁLE-DIMYÓYNES] [BÁL-KhIZYÓYNES, BÁLE-...] [KhÓYZE, KhÓYZIM]
visit, *n.* דער וויזיט, ־ן
(to a sick person) דער ביקור־חולים; דאָס געוואָר(ע) ‹געוויי(ע)ר› ווערן [BÍKER-KhÓYLIM]
(to doctor) דער וויזיט בײַם דאָקטער
visit, *v.* גיין ‹פֿאָרן/קומען› צו גאַסט; אָפּשטעקן ‹אָפּשטאַטן› אַ וויזיט; זײַן אַ גאַסט בײַ; וויזיטירן
(sick person) מבֿקר־חולה זײַן; געוואָר(ע) ‹געוויי(ע)ר› ווערן [MEVÁKER-KhÓYLE]
(a doctor) גיין צום דאָקטער
(condolence/J.) מנחם־אָבֿל זײַן [MENÁKhEM-ÓVL]
visit with זײַן צו גאַסט בײַ; גאַסטירן בײַ
be visiting זײַן צו גאַסט בײַ ‹אין›; גאַסטירן בײַ ‹אין›
visitation די וויזיטאַציע, ־ס
(rel./affliction) די שטראָף, ־ן; די באַשטראָפֿונג, ־ען; דער אָנשיק, ־ן
visitation rights דאָס וויזיטיר־רעכט; דאָס גאַסטרעכט
visiting, *adj.* גאַסט...; גאַסטירנדיק
visiting card דאָס וויזיט־קאַרטל, ־עך
visiting hours גאַסט־שעהען [ShÓEN]
visiting lecturer דער גאַסטלעקטאָר, ...אָרן
visiting nurse די היים־קראַנקן־שוועסטער, –
visiting professor דער גאַסט־פּראָפֿעסאָר, ...אָרן
visiting team די גאַסט־קאָמאַנדע, ־ס; די גאַסטמאַנשאַפֿט, ־ן
visitor
m./unsp. דער גאַסט, געסט; דער אורח, ־ים [ÓYREKh, ÓRKhIM]
f. די אורחטע, ־ס [ÓYREKhTE]
(frequent) דער אײַנגייער (בײַ)
(sightseer) דער אָנקוקער, ־ס
visitor's, *adj.* געסט...
visitors' book דאָס געסטבוך, ...ביכער; דער געסט־רעגיסטער, ־ס
visor דער דאַשיק, ־עס/דאַשקעס
Vistula די ווײַסל
visual, *adj.* וויזועל; ווײַז...; זע...
visual, *n.* דאָס בילד, ־ער; דער אימאַזש, ־ן
visuals *also* דאָס (באַ)ווײַזוואַרג קאָל'; דאָס זעוואַרג קאָל'
visual aids דאָס ווײַזוואַרג קאָל'; ווײַזמיטלען; וויזועלע לערנמיטלען

visual arts אָפּבילדנדיקע ‹פּלאַסטישע› קונסטן
visual cortex דער זע־צענטער, ־ס
visual field דאָס זעפֿעלד, ־ער
visualization דאָס אויסמאָלן זיך; די וויזואַליזירונג, ־ען
visualize אויסמאָלן זיך; וויזואַליזירן
visually וויזועל
be visually impaired האָבן אַ שוואַכע ראיה; זײַן שוואַך ‹געשטראָפֿט› אויף די אויגן; האָבן אַ זע־מום ‹זעפֿעלער›; נישט קענען דערזען [RÍE]
visual memory דער זע־זכּרון [ZIKÓRN]
vital לעבנ(ס)...
(essential) לעבנס־נייטיק; קיומדיק; חיותדיק; נייטיק ווי אין לעבן [KÍEMDIK] [KhÍESDIK]
(full of life) לעב(עוו)דיק; שפּרודלדיק
of vital importance לעבנס־וויכטיק
vital question די לעבנס־פֿראַגע, ־ס; די עיקר־פֿראַגע, ־ס [ÍKER]
vitality די/דאָס לעב(עוו)דיקייט; דער לעבנברען; דאָס חיות; די וויטאַליטעט [KhÍES/KhÁYES]
vitalization די באַלעבונג
vitalize באַלעבן
vitally לעבנ(ס)...
vitally important לעבנס־וויכטיק
vital signs לעבן־סימנים [SIMÓNIM]
vital statistics
(measurements) גוף־מאָסן
(population) די דעמאָגראַפֿישע סטאַטיסטיק ל"י
vitamin דער וויטאַמין, ־ען
vitamin A דער וויטאַמין אַ
vitamin B_1 דער וויטאַמין בע־איינס
vitamin B_{12} דער וויטאַמין בע־צוועל(ע)ף
vitamin B_6 דער וויטאַמין בע־זעקס
vitamin C דער וויטאַמין צע
vitamin D דער וויטאַמין דע
vitamin E דער וויטאַמין ע
vitamin K דער וויטאַמין קאַ
vitamin deficiency די/דאָס וויטאַמין־אָרעמקייט; דער דוחק ‹די/דאָס אָרעמקייט› אין וויטאַמינען [DÓYKhEK]
vitamin-enriched וויטאַמינ(יז)ירט
vitamin-rich פֿול מיט וויטאַמינען; וויטאַמינען־רײַך
vitamin supplement דער וויטאַמינען־צוגאָב, ־ן
vitiate פֿאַרדאַרבן; קאַליע מאַכן
vitiate sb.'s efforts צו נישט מאַכן + פּאָס' באַמיונגען
viticulture דאָס ווײַנגערטנערײַ
vitreous גלאָז...; גלעזערן
vitreous humor דער גלאָזקערפּער
vitrify
vt. פֿאַרגלאָזן
vi. פֿאַרגלאָזט ווערן; ווערן גלאָז
vitriol
(chem.) דער וויטריאָל; דאָס שוועבל־זײַערס
(*fig.*) די/דאָס בײַסיקייט; די/דאָס גאַליקייט
vitriolic (*fig.*) בײַסיק; גאַליק
vituperate זידלען און שנידלען
vituperation דאָס זידלערײַ; דער גידוף [GÍDEF]
vituperative זידלעריש; זידל...; שעלטנדיק
vivace וויוואַטשע
vivacious לעבנס־פֿריידיק; זשוואַוו(ע); לעבעדיק; רירעוודיק
vivacity די/דאָס לעבעדיקייט
vivarium דער וויוואַר, ־ן
viva voce בעל־פּה; ממש פֿון + פּאָס' מויל אַרויס [BALPÉ] [MÁMESh]
vivid

(colorful) שטאַרק; שאַרף; העל
(full of life) לעבעדיק
(powerful) שלאָגיק; בולט; בילדעריש; שאַרף [BÓYLET]
He has a vivid imagination בײַ אים ברענט די פֿאַנטאַזיע
vividness די/דאָס לעבעדיקייט; די/דאָס העלקייט; די/דאָס בולטקייט; די/דאָס בילדערישקייט [BÓYLETKEYT]
vivify אויפֿלעבן; באַלעבן
viviparous לעבעדיק־געבאָרנדיק
vivisect צעגלידערן לעבעדיקערהייט; (אַ)דורכפֿירן אַ וויוויסעקציע
vivisection די וויוויסעקציע, ־ס
vivisectionist דער וויוויסעקציאָניסט, ־ן
vixen
(zool.) די פֿוקסיכע, ־ס
(shrew) די מרשעת, ־ן [MARShÁS]
(sexy woman) די יצר־הרעניצע, ־ס [YÉYTSER-HÓRENITSE]
viz. *see* **vicelicet**
vizier דער וויזיר, ־ן
V-neck, *adj.* מיט אַ ווע־‹ווי־›אויסשניט
V-neck, *n.* דער ווע־‹ווי־›אויסשניט
vocabulary דער וואָקאַבולאַר, ־ן; דער ווערטער־אוצר; דער ווערטער־באַגאַזש [ÓYTSER]
vocal
(of voice) שטימ...; קול־...; געזאַנג... [KOL]
(loud) טומלדיק; רעשיק; קולותדיק [RÁShIK] [KÓYLESDIK]
be vocal לאָזן זיך הערן; אויפֿהייבן דאָס קול; מאַכן קולות [KÓYLES]
vocal arrangement די געזאַנג־אַראַנזשירונג, ־ען
vocal exercise די שטים־געניטונג, ־ען
vocal music דאָס געזאַנג
vocal part די שטים, ־ען; די פּאַרטיע, ־ס
vocal production דאָס אַרויסברענגען דאָס קול
vocal range דער דיאַפּאַזאָן, ־ען
vocal register דער געזאַנג־רעגיסטער, ־ס
vocal training דאָס אויסשולן דאָס קול
vocal warmups שטים־געניטונגען
vocal cords שטימבענדער
vocalist
m./unsp. דער זינגער, ־ס
f. די זינגערין, ־ס
vocalization די וואָקאַליזירונג, ־ען
vocalize
(express) אַרויסזאָגן; אויסדריקן
(mus.) וואָקאַליזירן; פּרווון דעם האַלדז; פּרווון די כּלי [KÉYLE]
vocally
(using the voice) מיטן קול; מיט דער שטים [KOL]
(loudly) טומלדיק; שרײַיק
vocation דער פֿאַך, ־ן
(mission) די מיסיע, ־ס; דאָס שליחות, ־ן [ShLÍKhES]
vocational פֿאַכ...
vocational guidance די פֿאַך־הדרכה [HADRÓKhE]
vocational school די פֿאַכשול, ־ן
vocational training די פֿאַך־אויסבילדונג
vocative, *adj.* וואָקאַטיוויש
vocative, *n.* דער וואָקאַטיוו, ־ן
vociferate שרײַען (אויף קולי־קולות) [KÓYLE-KÓYLES]
vociferous שרײַעריש; קולותדיק [KÓYLESDIK]
vodka די וואָדקע, ־ס; די האָרעלקע
vogue די מאָדע, ־ס
in vogue מאָדיש; אין דער מאָדע; גײיק
vogue word דאָס מאָדעוואָרט, ...ווערטער
voice, *n.* דאָס קול, ־ות/־ער; די שטים, ־ען [KOL, KÓYLES/KÉLER]
(phon.) דער דיאַטעז, ־ן
give voice to אַרויסזאָגן זיך וועגן
have a voice האָבן ‹זאָגן› אַ דעה [DÉYE]
have a good voice האָבן אַ שיינע שטים; זינגען שיין; האָבן אַ קול־נגינה [KOL-NEGÍNE]
with one voice איינשטימיק; פּה־אחד [PE-ÉKhED]
voice lesson די געזאַנג־לעקציע, ־ס
voice teacher דער געזאַנג־לערער, ־ס
voice, *v.* אַרויסרעדן; אַרויסברענגען
voice one's opinion אַרויסזאָגן זיך; אַרויסזאָגן די (אייגענע) מיינונג
voice-activated קול־אַקטיווירט [KOL]
voice activation דאָס אַקטיווירן מיטן קול [KOL]
voice box דער גאָרגל; דער שטימאָרגאַן
voiced שטימיק
voiceless
(mute) שטום; אומשטימיק
(silent) שווײַגנדיק; שטיל
(without a vote) אָן אַ שטים
voice mail
(message) דער גערעדטער אָנזאָג, ־ן
(system) די עלעקטראָנישע ענטפֿערקע, ־ס
voice-over דאָס הינטערקול [HÍNTERKOL]
voice recognition system דאָס קול־‹רייד־›דערקענען [KOL]
void, *adj.* ליידיק; פּוסט
(empty) ליידיק; פּוסט
(null) בטל; פּסול; אומגילטיק [BOTL] [POSL]
void of אָן (קיין) שום
void, *n.* דער חלל, ־ס; דער בלויז, ־ן [KhÓLEL]
void, *v.* בטל מאַכן; אַנולירן; אָפּשאַפֿן; אויסקאַסירן; דערקלערן פֿאַר אומגילטיק [BOTL]
(urinate) לאָזן וואַסער; אורינירן
volatile אויסוועפּיק
(emotionally) היציק; צינדיק; אויפֿקאָכיק
(pol.) אומסטאַביל
volatility די/דאָס אויסוועפּיקייט
(pol.) די/דאָס אומסטאַבילקייט
volcanic וואולקאַניש
volcano דער וואולקאַן, ־ען
volcanologist דער וואולקאַנאָלאָג, ־ן
volcanology די וואולקאַנאָלאָגיע
vole די פֿעלדמויז, ...מײַז
volition דער ווילן; דער רצון [ROTSN]
of one's own volition מיטן אייגענעם פֿרײַען ווילן
volley, *n.* דער זאַלפּ, ־ן
volley of questions דער שטראָם מיט פֿראַגעס
volley of stones דער האָגל מיט שטיינער
volley, *v.*
(mil.) אויסשיסן מיט אַ זאַלפּ; געבן אַ זאַלפּ; זאַלפּירן
(spo.) זאַלפּעווען; איבערשיסן
volley for serve דער זאַלפּ אָנצוהייבן (די שפּיל)
volleyball דער נעצבאָל
(ball) דער נעצבאָל, ־ן
volleyball player דער נעצבאָליסט, ־ן; דער נעצבאָל־שפּילער, ־ס
volley kick דער הייבקלאַפּ, ...קלעפּ
volt דער וואָלט, ־ן
voltage דער וואָלטאַזש, ־ן; די שפּאַנונג, ־ען
voltmeter דער וואָלטמעטער, ־ס

volubility די/דאָס באַרעדעוודיקייט
voluble באַרעדעוודיק
volume
  (book) דער באַנד, בענד/בענדער
  (measure) דער סכום, ־ען; דאָס כּמות [KÁMES]
  (sound) די/דאָס הויכקייט
  (space) דער פֿאַרנעם
  a high volume of אַ שלל ‹ים› מיט [ShLAL] [YAM]
volume control דער הויכקייט־קאָנטראָל, ־ן
voluminous גרויס־פֿאַרנעמיק
voluntarily פֿרײַוויליק; גערן־וויליק; מיטן אײגענעם ווילן; ברצון [BERÓTSN]
voluntary פֿרײַוויליק; גערן־וויליק
voluntary muscle דער וויליקער מוסקל, ־ען
volunteer, *n.* דער וואָלונטיר, ־ן; דער פֿרײַוויליקער גב׳; דער מתנדבֿ, ־ים [MISNÁDEV, MISNÁDVIM]
volunteer, *v.*
  vt. אָנבאָטן; פֿאָרלייגן; פֿירלייגן
  vi. וואָלונטירן; אָנבאָטן זיך (אַליין); גיין פֿרײַוויליק; מתנדבֿ זײַן זיך [MISNÁDEV]
voluptuary דער בעל־תּאווהניק, ־עס [BAL-TÁYVENIK]
voluptuous תּאווהדיק; יצר־הרעדיק; עולם־הזהדיק; סענסועל; חושימדיק [TÁYVEDIK] [YÉYTSER-HÓREDIK] [ÓYLEM-HÁZEDIK]
volvulus די געדערעם־פֿאַרפּלאָנטערונג; די איבערגעקערטע קישקע
vomit, *n.* דאָס ברעכעכץ; די קיאה; דאָס אויסגעבראָכענע; דאָס מייקעכץ [KÉYE]
vomit, *v.*
  imp. ברעכן; מײַקען|ען
  pf. אויסברעכן; אָפּברעכן; צוריקגעבן; אָפּגעבן; אויסמײַקענ|ען
vomiting, *n.* דאָס ברעכן; דאָס מײַקעניש
vomitus *see* **vomit**
voodoo דער וודו
voodooism דער וודויזם
voracious פֿרעסעריש; שלינגעריש; זולל־וסובֿאדיק [ZÓYLEL-VESÓYVEDIK]
  (fig.) אומאָנזעטיק
  be a voracious reader שלינגען ביכער
  voracious eater דער זולל־וסובֿא, ־ס; דער פֿרעסער, ־ס [ZÓYLEL-VESÓYVE]
voracity די/דאָס פֿרעסערישקייט; די/דאָס אומאָנזעטיקייט
vortex דאָס געדריי, ־ען; דאָס געווירבל, ־ען
vorticella דאָס גלעקעלע, ־ך; דער וואָרטיצעל, ־ן
votary דער אָנהענגער, ־ס; דער חסיד, ־ים [KhÓSID, KhSÍDIM]
vote, *n.* די שטים, ־ען
  get out the vote מאָביליזירן ‹ווערבירן› די ווײלערס
  vote of censure די שטים פֿון אומצוטרוי
  vote of confidence די צוטרוישטים
  vote of thanks די דאַנקשטים
  owe sb. a vote of thanks קומען + דאַט׳ אַ דאַנק
  put to a vote שטעלן אויף אָפּצושטימען; שטעלן צום אָפּשטימען
  take a vote אָפּשטימען; מאַכן ‹האַלטן› אַן אָפּשטים
  vote count דאָס ציילן די שטימען
vote, *v.* *imp./pf.* (אָפּ)שטימען
  vote down אָפּוואַרפֿן
  vote in אַרײַנבאַלאָטירן
  vote on אָפּשטימען וועגן
  vote out אַרויסבאַלאָטירן
  vote up or down אָננעמען צי אָפּוואַרפֿן; שטימען אַהין אָדער אַהער; שטימען יאָ אָדער ניין
vote getter דער שטימכאַפּער, ־ס
voter דער ווײלער, ־ס; דער אָפּשטימער, ־ס
  voters' concerns דאגות פֿון דער ווײלערשאַפֿט [DÁYGES]
voting, *adj.* שטימ...
voting, *n.*
  (act) דאָס שטימען
  (process) דער אָפּשטים, ־ען; די אָפּשטימונג, ־ען
voting booth די שטימבודקע, ־ס
voting rights דאָס שטימרעכט ל״י
votive, *adj.* נדר־... [NÉYDER]
votive candle דאָס נדר־ליכטל, ־עך [NÉYDER]
vouch ערבֿ זײַן; קאַווירן [ÓREV]
voucher דער קופּאָן, ־ען
vouchsafe באַוויליקן
vow, *n.* דער נדר, ־ים [NÉYDER, NEDÓRIM]
vow, *v.* טאָן אַ נדר; מנדר זײַן [NÉYDER] [MENÁDER]
vowel דער וואָקאַל, ־ן
vowel point די נקודה, ־ות [NEKÚDE]
  add the vowel points צוגעבן די נקודות; באַפּינטלען; מנקד זײַן [NEKÚDES] [MENÁKED]
vox populi דאָס קול־המון; דעם פֿאָלקס שטים [KOL-HAMÓYN]
voyage, *n.* די נסיעה, ־ות; דער וועג, ־ן; די ׳רײַזע, ־ס [NESÍE]
voyage, *v.* אַרומפֿאָרן; פֿאָרן אויף אַ נסיעה ‹׳רײַזע›; פֿאָרן (אויפֿן ים) [NESÍE] [YAM]
voyager
  (by land) דער וועגסמאַן, וועגסלײַט; דער וועגפֿאָרער, ־ס
  (by sea) דער ים־פֿאָרער, ־ס [YAM]
voyeur דער אונטערקוקער, ־ס; דער וואַיעריסט, ־ן
voyeurism דער וואַיעריזם
voyeuristic וואַיעריסטיש
VP *see* **vice-president**
VPN דער ווע־פּע־ען ‹ווי־פּי־ען›
vs. *see* **versus**
V-sign דער ווע־‹ווי־›־צייכן, ־ס
vulcanite דער וווּלקאַניט; דער עבאָניט
vulcanization די וווּלקאַניזירונג
vulcanize וווּלקאַניזירן
vulgar וווּלגאַר; פּראָסט; גראָב
vulgar fraction די פּשוטע בראָכצאָל, ־ן [PÓShETE]
vulgarism דער וווּלגאַריזם, ־ען
vulgarity די/דאָס וווּלגאַרקייט; די/דאָס פּראָסטקייט
vulgarization די וווּלגאַריזירונג
vulgarize וווּלגאַריזירן
Vulgar Latin דאָס פֿאָלק־לאַטײַניש
Vulgate די וווּלגאַטע
vulnerability די/דאָס שפּירעוודיקייט; די/דאָס פֿאַרוווּנדלעכקייט; די/דאָס אומבאַשיצטקייט
vulnerable
  (defenseless) פֿאַרוווּנדלעך; אומבאַשיצט
  (sensitive) שפּירעוודיק
  be vulnerable to catch cold פֿאַרקילן זיך גרינג; זײַן גענייגט צו פֿאַרקילונגען; זײַן שפּירעוודיק אויף פֿאַרקילונגען
  He's vulnerable to attack מע קען אים גרינג באַפֿאַלן; ס׳איז גרינג אים ווי צו טאָן; ער איז פֿאַרוווּנדלעך דורך אַן אַטאַק
Vulpecula דער קליינער פֿוקס
vulpine (sly) כיטרע; איבערגעשפּיצט
vulture דער גריף, ־ן
vulva די וווּלווע, ־ס; דרויסנדיקע ליפּן ל״ר
  (pop./slg.) די/דאָס שפּיל

W

W דער טאָפּלווע, ־ען

wacky טשודאַקיש; משוגעוואַטע; פּאַיאַציש; אַבסורדיש קאָמיש [MEShUGEVÁTE]

be wacky *also* זײַן אַ שטיקעלע טשודאַק ‹צעדרייטער›

wad, *n.*

(bundle) דער זשמוט, ־ן; דאָס בינטל, ־עך; דאָס פּעקל, ־עך

(cotton) די וואַטקע, ־ס; דאָס קנײַלעכל, ־עך

(ejaculate/*slg.*) דער אָפּשפּריץ

shoot one's wad (ejaculate) אָפּשפּריצן

shoot one's wad (money) צעטרענצלען דאָס פּעקל געלט

wad of money די (אַ)פּותיקי; דאָס פּעקל געלט [(A)PÓYTEKE]

wadding די וואַטע; דאָס אָנשטאָפּעכץ

waddle, *n.* דער קאַטשקעוואַטער גאַנג

waddle, *v.* גיין קאַטשקעוואַטע; קאַטשע|ן זיך

wade

wade into water אַרײַנלאָזן זיך אין וואַסער (אַרײַן)

wade into (*fig.*) אַרײַנלאָזן זיך אין; אַרײַנטרעטן אין

wade through (water/mud) בראָדיע|ן ‹שליאַפּע|ן/ שליאָפּע|ן› דורך

wade through (crowd) (אַ)דורכשטופּן זיך; (אַ)דורכרײַסן זיך

wader

(bird) דער זומפּפֿויגל, ...פֿייגל

waders (boots) וואַסער־שטיוול

wadi דער וואַדי, ־ס

wading pool דאָס באַסיינדל, ־עך

wafer דאָס בלעטעלע, ־ך; די וואַפֿליע, ־ס; דאָס ביסקוויטל, ־עך

(Chr.) די אָבלאַטע; די האָסטיע

(Chr./*inf./pl.*) גויִשע מצהלעך [GÓYEShE MÁTSELEKh]

wafer-thin דין ווי אַ בלעטעלע ‹סוכער›

waffle, *n.* די וואַפֿליע, ־ס; די וואַפֿלקע, ־ס

waffle, *v.* דרייען מיט דער צונג; נישט דערזאָגן

waffle cone דאָס וואַפֿליע־קאָנוסל, ־עך; דער וואַפֿליע־שקאָרמיץ, ־ן

waffle iron די וואַפֿליעניצע, ־ס; דער וואַפֿל־אײַזן, ־ס

waft, *n.* דער וויִע, ־ס; דער (לײַכטער) בלאָז, ־ן

waft, *v.* אָנווייע|ן; דערטראָגן זיך

wag, *n.* דער לץ, ־ים; דער וויצלער, ־ס; דער קונדס, ־ים [LETS, LÉYTSIM] [KÚNDES, KUNDÉYSIM]

wag, *v.*

wag one's finger מאַכן מיטן פֿינגער (יענעם אין פּנים אַרײַן) [PÓNEM]

wag one's tail מאַכן מיטן וויידל ‹עק›; פֿאָכע|ן מיטן וויידל ‹עק›

wage, *n.* דער (אַרבעט)לוין; דאָס געצאָלט(ס)

wage increase דער געהעכערטער (אַרבעט)לוין

wage, *v.*

wage battle פֿירן אַ קאַמף; קעמפֿן

wage war against פֿירן ‹האַלטן› מלחמה מיט [MILKhÓME]

wage earner דער לוינענעמער, ־ס; דער לוינאַרבעטער, ־ס

(breadwinner) דער פּרנסה־געבער, ־ס; דער שפּײַזער, ־ס; דער פֿאַרדינער, ־ס [PARNÓSE]

wager, *n.* דאָס געוועט, ן; דער וועט, ־ן

wager, *v.* גיין אין געוועט; פֿאַרוועטן זיך

wages *see* **wage**

wage slave דער לוינשקלאַף, ־ן

waggish לצנותדיק [LETSÓNESDIK]

waggishly מעשׂה לץ; לצנותדיק [MÁYSE LETS] [LETSÓNESDIK]

waggle אַ שאָקל טאָן

wagon די פֿור, ־ן; דער וואָגן, ־ס

be on the wagon אָפּהאַלטן זיך פֿונעם גלעזל

fall off the wagon ווידער נעמען זיך צום גלעזל

(horse-drawn) די עגלה, ־ות [AGÓLE]

wagoner דער פֿורמאַן, ־עס/פֿורלײַט; דער בינדיוזשניק, ־עס

wagonette דער וואַגאָנעט, ־ן; די וואַגאָנעטקע, ־ס

wagon-lit דער שלאָפֿוואַגאָן, ־ען

wagon shaft דער דישל, ־ען

wagtail דאָס ציטער־עקל, ־עך

wahoo די פֿלאַמיקע ברעסלינע

waif דאָס הפֿקר־קינד, ־ער [HÉFKER]

wail, *n.* די יללה, ־ות [YELÓLE]

wail, *v.* יאָמערן; קלאָגן; יעלה|ן; מאַכן יללות [YÁYLEN] [YELÓLES]

waist די טאַליע, ־ס

(of clothing) *also* דער סטאָן, ־ען

waistband דער (טאַליע־)גאַרטל, ־ען

waist-deep ביז צו ‹איבער› דער טאַליע

waistline די טאַליע, ־ס

wait, *n.* דאָס וואַרטן

long wait דאָס וואַרטעניש, ־ן; די פֿאַרשלעפּטע קרענק

It's a three-hour wait מע דאַרף (אָפּ)וואַרטן דרײַ שעה לאַנג [ShO]

There's no waiting period מע דאַרף נישט וואַרטן

wait, *v.*

imp. וואַרטן

pf. אָפּוואַרטן; צוּוואַרטן; אויסוואַרטן

keep waiting, *vt.* לאָזן וואַרטן

wait a bit צוּוואַרטן; אונטערוואַרטן

wait around סתּם וואַרטן [STAM]

wait for וואַרטן אויף; אָפּוואַרטן + אַק'

wait for the other shoe to drop וואַרטן אויפֿן צווייטן קלאַפּ

wait hand and foot on באַדינען + אַק' מיט אַלץ; אַרומטאַנצן אַרום

wait in the wings וואַרטן הינטער די קוליסן

wait on באַדינען; סערווירן; אויפֿוואַרטן

wait out איבערוואַרטן; אויסוואַרטן

wait tables סאַרווערן; זײַן אַ סאַרווער ‹קעלנער›

wait until אָפּוואַרטן ביז; איבערוואַרטן + אַק'

wait up for בלײַבן וואַך ‹אויף› וואַרטנדיק אויף

Wait! (in talking) שאַ(ט)!

Wait up! (in walking) וואַרט צו!

I can't wait איך קען זיך נישט דערוואַרטן

It can wait סע קען נאָך צוּוואַרטן; ס'וועט נישט קאַלט ווערן

It can't wait סע ברענט

Let's wait and see לאָמיר נאָך צוּוואַרטן; אַז מ'עט לעבן וועט מען זען

What is she waiting for? אויף וואָס וואַרט זי?; וואָס, זי וואַרט אויף משיחן? [MEShÍEKhN]

wait-and-see attitude די אויסוואַרט־טאַקטיק ‹־פּאָזיציע›

take a wait-and-see attitude אויסוואַרטן

waiter דער סאַרווער, ־ס; דער קעלנער, ־ס

waiting, *adj.* וואַרט...

waiting, *n.* דאָס וואַרטן
waiting area/room דער וואַרטזאַל, ־ן; דער וואַרטפּלאַץ, ...פּלעצער; דער וואַרטצימער, ־ן
waiting game *see* **wait-and-see**
waiting list די וואַרט־רשימה, ־ות [RESHíME]
waitress די סאַרווערין ‹סאַרווערקע›, ־ס; די קעלנערין ‹קעלנערשע/קעלנערקע›, ־ס
waitstaff די סאַרווערשאַפֿט; די קעלנערשאַפֿט; סאַרווערס ל״ר; קעלנערס ל״ר
waive
(relinquish) מוותּר זײַן אויף; אָפּזאָגן זיך פֿון [MEVÁTER]
(dismiss) בטל מאַכן; אַנולירן [BOTL]
waiver (for) דער וויתּור, ־ים (אויף) [VÍTER, VITÚRIM]
(J./rabbinic) דער היתּר, ־ים [HÉTER, HETÉYRIM]
tuition waiver דאָס באַפֿרײַט ווערן פֿון שׂכר־לימוד [SKhÁR-LÍMED]
waiver of immunity דער אימוניטעט־וויתּור
Qualified students receive tuition waivers קוואַליפֿיצירטע סטודענטן ווערן באַפֿרײַט פֿון שׂכר־לימוד
wake,[1] *n.*
(av.) דער לופֿטווירבל, ־ען
(naut.) דער נאָכברויז, ־ן; דער קילוואַטער
(*fig.*) די/דער שפּור, ־ן
in the wake of אויפֿן שפּור פֿון; ווי אַ רעזולטאַט פֿון; איבער; מחמת [MÁKhMES]
wake,[2] *n.* **(Chr.)** די טויטנוואַך; דער הזכּרה־מאָלצײַט [HASKÓRE]
wake, *v.*
vt./vi. אויפֿוועקן (זיך)
vi. also אויפֿכאַפּן זיך
wakeful וואַכיק
be wakeful (alert) זײַן וואַכיק; זײַן אויף דער וואַך
be wakeful (awake) נישט קענען שלאָפֿן; נישט צוטאָן ‹צומאַכן› קיין אויג
wake-up call דער וועקסיגנאַל, ־ן
(*fig.*) דער קול־קורא, ־ס [KOLKÓYRE]
waking hours וואַך־שעהען [ShÓEN]
Wales (דאָס) וויילז
walk, *n.*
(gait) דער גאַנג, גענג
(charity walk) דער מאַרש, ־ן
(path) דער שטעג, ־ן; די סטע(ז)שקע, ־ס
(stroll) דער שפּאַציר, ־ן
(baseball) די באַזע דורך באַלן
(basketball) טריט ל״ר
all walks of life אַלע שיכטן פֿון דער געזעלשאַפֿט
draw a walk (baseball) קריגן אַ פֿרײַע באַזע; קריגן אַ פֿרײַען בייס
go for/take a walk גיין שפּאַצירן; גיין אויף ‹מאַכן› אַ שפּאַציר; (אַ)דורכגיין זיך; איבערגיין זיך
go for a walk (*iro.*) גיין שפּאַנצ(ע)ירן
go for a walk (*nurs.*) גיין הײַטע
in a walk גרינג
It's a walk in the park! ס'אַ שפּילעכל!
It's within walking distance מע קען צוגיין צו פֿוס; מע קען צושפּאַצירן; ס'איז צוצוגיין צו פֿוס
It's a two-hour walk [ShO] ס'איז אַ צוויי שעה גאַנג ‹גיין›
walk, *v.* גיין; שפּאַצירן
(basketball) שולדיק זײַן אין טריט
(leave prison) אַרויסגיין פֿון תּפֿיסה [TFÍSE]
walk, *vt.* **(baseball)** געבן אַ באַזע דורך באַלן
walk, *vi.* **(baseball)** קריגן אַ באַזע דורך באַלן
walk all over sb. צעטרעטן + אַק' מיט די פֿיס
walk away אַוועקגיין; אַוועקשפּרײַזן
walk away from (an accident) אָפּקומען ‹בלײַבן לעבן› מיט אַ נס [NES]
walk away from (in anger) אַ קלאַפּ ‹זעץ› טאָן אין טיר
walk away/off with (win) געווינען דאָס גרויסע געווינס; גרינג געווינען
walk by פֿאַרבײַגיין
walk in(to) אַרײַנגיין אין
walk off אַוועקגיין
walk off with (steal) צוגנבֿע(נע)ן; צונעמען; לקחנען [TSÚGÁNVE(NE)N] [LÁKKhENEN]
walk on (continue) גיין ווײַטער
walk on air שוועבן אין דער לופֿטן; זײַן אין זיבעטן הימל
walk out אַרויסגיין; אַרויסשפּרײַזן
walk out (strike) וואַרפֿן די אַרבעט; אַרויסגיין אין אַ שטרײַק
walk out of negotiations אַרויסמאַרשירן פֿון די פֿאַרהאַנדלונגען
walk out on פֿאַרלאָזן + אַק'; לאָזן + אַק' שטיין; איבערלאָזן + אַק' אויף גאָטס באַראָט
walk sb. home אונטערפֿירן + אַק' אַהיים
walk the dog פֿירן דעם הונט פֿון זײַנעט ‹אירעט› וועגן; גיין מיטן הונט שפּאַצירן
walk the floor שפּאַנען הין־און־קריק
walk through (walk) (אַ)דורכגיין דורך
walk through (explain) געבן צו פֿאַרשטיין מיט אַלע פּי(ש)טשעווקעס; אַרײַנלייגן + דאַט' אַ פֿינגער אין מויל
walk through (rehearse) רעפּעטירן
walk up and down גיין ‹שפּאַנען› הין־און־קריק; אויסגיין פֿון עק ביז עק
walk up to צוגיין צו
walk/don't walk sign דער/די גיי־שטיי־שילד, ־ן
walker
(device) דער גייער, ־ס; דאָס גייערל, ־עך
(person) דער פֿוסגייער, ־ס; דער שפּאַצירער, ־ס
walkie-talkie די קאָמוניקירקע, ־ס; דער קעשענע־ראַדיאָ, ־ס; דער קאָמוניקיר־אַפּאַראַט, ־ן
walk-in
be a walk-in (of person) נישט האָבן קיין באַשטעלונג
walk-in closet די אַרײַנגיי־שאַפֿע, ־ס
walking encyclopedia די לעבעדיקע ענציקלאָפּעדיע, ־ס; די גייענדיקע שאַנק מיט ספֿרים [SFÓRIM]
walking papers דער שפּאַציר־‹אָפּזאָג־›צעטל ל״י
walking stick דער (שפּאַציר־)שטעקן, ־ס; דער וואַנדער־שטעקן, ־ס; דאָס שטעקל, ־עך
walk-on דער סטאַטיסט, ־ן
walk-on role די סטאַטיסטן־ראָלע, ־ס
walkout דער שטרײַק, ־ן; די סטאַטשקע, ־ס
walk-up דער טרעפּ־בנין, ־ים [BÍNYEN, BINYÓNIM]
walkway דאָס שפּאַציראָרט, ...ערטער; די סטע(ז)שקע, ־ס; דאָס שטעגל, ־עך
wall, *n.* די וואַנט, ווענט
(brick) די ציגלוואַנט, ...ווענט
(stone) די/דער מויער, ־ן
go to the wall (bus.) (אַ)דורכפֿאַלן; באַנקראָטירן; אָנזעצן
go to the wall (take a risk) אײַנשטעלן; אַרבעטן אויף אַלע כּלים; אײַנרײַסן וועלטן [KÉYLIM]
wall of fire די פֿײַערוואַנט, ...ווענט
wall of honor די שפּיגלוואַנט
wall of silence די שווײַג־שבֿועה [ShVÚE]
walls have ears ווענט האָבן אויערן (, גאַסן האָבן אויגן)
wall, *v.*

wall in אײַנמויערן
wall up פֿאַרמויערן
wallaby דער וואַלאַבי, ־ס; דאָס וואַלאַבעכל, ־עך
wallah דער משרת, ־ים; דער באַדינער, ־ס [MEShÓRES, MEShÓRSIM]
wallboard דער וואַנטפּלאַסטער, ־ס; דאָס/די וואַנטברעט, ־ער
wall calendar דער וואַנט־קאַלענדאַר, ־ן
walled געמויערט
walled-in אײַנגעמויערט
wallet דער טײַסטער, ־ס; דער פּאָרטמאָנע, ־ען; דער קעשענע־פּאָרטפּעל, ־ן; דער (געלט)בײַטל, ־עך
wallflower
(bot.) דער/דאָס גאָלדבלאַט, ...בלעטער
(*fig.*) די דאַמע אָן אַ קאַוואַליר
wall hanging דער שפּאַליר, ־ן; דאָס וואַנטגעוועב, ־ן; דער באַשלאַג, ־ן
wallop, *n.* דער זעץ, ־ן; דער טעלעבענץ, ־עס; דער שטאַרקער ‹שווערער› קלאַפּ, קלעפּ
wallop, *v.* געבן אַ זעץ; טעלעמעטשען; געבן אַ שטאַרקן ‹שווערן› קלאַפּ
get walloped כאַפּן קלעפּ ‹שמיץ›
walloping, *adj.* (*fig.*) ריז(עד)יק; גו(ע)וואַלדיק גרויס
wallow טאַפּטשען זיך; וואַלגערן זיך; שווימען
wallow in luxury שווימען אין לוקסוס; באָדן זיך אין געלד
wallow in mud טאַפּטשען ‹וואַלגערן› זיך אין בלאָטע
wallow in self-pity באָדן זיך אין די אייגענע טרערן
wall painting דאָס וואַנטגעמעל, ־ן
wallpaper, *n.* טאַפּעטן ל״ר; דער שפּאַליר; דאָס וואַנטפּאַפּיר
wallpaper, *v.* טאַפּעטירן; קלעפּן וואַנטפּאַפּיר (אויף)
wall rocket דער טאָפּלריי
Wall Street (דער) וואָל־סטריט
wall-to-wall גאַנצדיליק; פֿון איין וואַנט ביז דער צווייטער; פֿון עק ביז עק
(*fig.*) פֿול ביזן אויג; ברייט פֿאַרשפּרייט
wall unit די וואַנטשאַנק, ...שענק; די וואַנטשאַפֿע, ־ס
walnut דער וועל(ט)שענער ‹וועלישער› נוס, ניס
(tree) דער נוסנבוים, ...ביימער
walrus דאָס ים־פֿערד, –; דער מאָרזש, ־ן [YAM]
walrus mustache וואָנצעס ווי בײַ אַ מאָרזש ‹ים־פֿערד› [YAM]
waltz, *n.* דער וואַלס, ־ן
waltz, *v.* גיין ‹טאַנצן› אַ וואַלס; וואַלסירן
waltz in אַרײַנטאַנצן; אַרײַנוואַלסן
waltz off with גרינג געווינען
waltz through גרינג (אַ)דורכמאַכן
wan, *adj.* בלאַס; בלייך; אָפּגעשוואַכט; קרענקלעך
wand, *n.* דאָס שטעקל, ־עך; דאָס שטעקעלע, ־ך
wand, *v.* באַזוכן מיט אַ (מעטאַל־)שפּירקע
wander, *v.* [NAVENÁDEVEN] וואַנדערן; וואָגלען; נע־ונדעווע|ן
(river) שלענגלען זיך
(thoughts) בלאָנדזשע|ן
wander off אַראָפּגיין פֿון וועג; בלאָנדזשע|ן
have a wandering eye (med.) שילקען
have a wandering eye (*fig.*) בלאָנדזשע|ן מיט די אויגן
have wandering hands נישט קענען האַלטן די הענט בײַ זיך
wanderer דער וואַנדערער, ־ס; דער וואָגלער, ־ס; דער נע־ונדניק, ־עס [NAVENÁDNIK]
wandering, *n.* דאָס וואָגלעניש, ־ן; דער וואָגל ל״י; די וואַנדערונג, ־ען
wandering Jew
(bot.) דער נעכטיקער־טאָג
(myth.) דער אייביקער ייִד; אַהאַסווער
wanderlust דער וואַנדער־חשק; דער וואַנדערלוסט [KhÉYShEK]
wane, *n.*
be on the wane קלענער ‹שוואַכער› ווערן
wane, *v.* פֿאַרגיין; קלענער ‹שוואַכער› ווערן
the waning hours די לעצטע שעהען [ShÓEN]
wangle אויסשנאָרען; אויסדינגען; אַרויסבאַקומען
wangle one's way into אַרײַנדרינגען זיך אין
wannabe
He's a wannabe ער וויל נעבעך זײַן ...
want, *n.*
(desire) דער באַגער, ־ן; דער פֿאַרלאַנג, ־ען; דאָס גלוסטן; דאָס/די גלוסטעניש, ־ן
(lack) דער דוחק [DÓYKhEK]
(need) דאָס באַדערפֿעניש, ־ן
(poverty) די נויט; דער דלות [DÁLES]
be in want of דאַרפֿן; נישט האָבן
for want of צוליב ‹מחמת› דוחק אין; צוליב אויספֿעל פֿון [MÁKhMES]
want, *v.* וועלן
(lack) פֿעלן פּ״ק + דאַט׳/בײַ
want in (bus.) וועלן ווערן אַ שותּף [ShÚTEF]
want in (enter) וועלן אַרײַנ(קומען)
want out (bus.) וועלן ווערן אויס שותּף; וועלן אַרויס פֿון געשעפֿט
want out (exit) וועלן אַרויס(גיין)
You don't want to know נישט כּדאַי זאָלסט ‹איר זאָלט› וויסן [KEDÁY]
She wants for nothing זי האָט אַלץ וואָס נאָר מע דאַרף; סע פֿעלט איר גאָרנישט
He was found wanting ס'האָט אים געפֿעלט צו דער מדרגה [MADRÉYGE]
He's wanting in common sense סע פֿעלט בײַ אים דער שׂכל [SEYKhL]
want ad דער געזוכט־אַנאָנס, ־ן
wanted געזוכט
He's a wanted man מע זוכט אים
wanton
(promiscuous) אויסגעלאַסן; פֿאַרשײַט
(reckless) הפֿקרדיק; אומזיניק; אומזיסט; קאַפּריזיק [HÉFKERDIK]
wanton cruelty דאָס אומזיניקע אַכזריות [AKhZÓRYES]
wapiti דער אײדעלער הירש, ־ן
war, *adj.* מלחמה־...; קריג(ס)... [MILKhÓME]
on a war footing מיליטעריש גרייט; מלחמה־גרייט [MILKhÓME]
war, *n.* די מלחמה, ־ות; דער/די קריג, ־ן [MILKhÓME]
be at war האַלטן ‹פֿירן› מלחמה
go to war גיין אין מלחמה; גיין מלחמה האַלטן
the war to end all wars די מלחמה־שבמלחמות; די מלחמה אָפּצושאַפֿן מלחמות [ShÉBEMILKhÓMES] [MILKhÓMES]
war of attrition דער/די אויסמאַטער־קריג, ־ן; די אָפּשוואַך־מלחמה, ־ות
war of conquest די אײַננעם־מלחמה, ־ות
war of nerves דער/די נערוונקריג
war of resistance די קעגנשטעל־מלחמה, ־ות; דער/די קעגנשטעל־קריג, ־ן
war of succession די ירושה־מלחמה, ־ות [YERÚShE]
war of words די ווערטער־מלחמה; די פּאַפּירענע מלחמה
war, *v.*

(against) האַלטן ‹פֿירן› מלחמה (מיט); קריגן (אויף) [MILKhÓME]
warble, *n.* דער טריל, ־ן; דער טרעל, ־ן
warble, *v.* צוויטשע(ר)ן; טרילערן; טערעליײַקע|ן
(*fig.*) גאַרגלען זיך
warbler די סילוויע, ־ס; די גראָזמוק, ־ן; דער זינגפֿויגל, ...פֿייגל
war captive דער קריגס־געפֿאַנגענער געב׳; דער מלחמה־פֿאַרכאַפּטער געב׳ [MILKhÓME]
war chest די מלחמה־קאַסע, ־ס [MILKhÓME]
(pol.) די קאַמפּאַניע־קאַסע, ־ס
war correspondent דער מלחמה־קאָרעספּאָנדענט, ־ן [MILKhÓME]
war crime דאָס מלחמה־‹קריגס־›פֿאַרברעכן, ־ס [MILKhÓME]
...ward, *adv.* **(direction)** צום ...; אויף ...
ward, *n.*
(charge) דער דערצויגלינג, ־ען; דאָס קעסטקינד, ־ער; דער האַדעוואַניק, ־עס
(hospital) די פּאַלאַטע, ־ס
ward, *v.* **(off)** אָפּשטויסן; אָפּוערן; אָפּווענדן
ward off the evil eye אָפּשפּרעכן אַן עין־הרע; אָפּשפּרעכן אַ גוט־אויג ‹בייז־אויג› [EYN(H)ÓRE/ÁYEN-HÓRE]
war dance דער מלחמה־טאַנץ [MILKhÓME]
warden דער אויפֿזעער, ־ס; דער שומר, ־ים [ShÓYMER, ShÓMRIM]
(prison) דער תּפֿיסה־פֿאַרוואַלטער, ־ס [TFÍSE]
wardrobe
(closet) די/דער קליידערשאַנק, ...שענק; די קליידער־שאַפֿע, ־ס; דער גאַרדעראָב, ־ן
(clothing) דער גאַרדעראָב; מלבושים ל״ר [MALBÚShIM]
wardroom די קאַיוט־קאָמפּאַניע, ־ס
warehouse דער סקלאַד, ־ן; דער מאַגאַזין, ־ען
wares די סחורה ל״ין; די וואַרע ל״י [SkhÓYRE]
warfare די מלחמה־פֿירונג ‹־האַלטונג› [MILKhÓME]
war game די/דאָס מיליטערישע שפּיל, ־ן
warhead דער/די אויפֿרײַסשפּיץ, ־ן; דאָס אויפֿרײַס־קעפּל, ־עך
warhorse דאָס מלחמה־פֿערד, – [MILKhÓME]
(*fig.*) דער אַלטער וועטעראַן, ־ען
warlike קריגעריש
warlock דער מכשף, ־ים; דער כּישוף־מאַכער, ־ס; דער זנאַכער, ־ס [MEKhÁShEF, MEKhÁShFIM] [KÍShEF]
warlord דער בעל־מלחמהניק, ־עס [BAL-MILKhÓMENIK]
warm, *adj.* וואַרעם
(friendly) *also* האַרציק
get warm אָנוואַרעמען זיך
warm, *v.* וואַרעמען
warm to stg. דערשפּירן ‹דערפֿילן› אַן אינטערעס אין
warm to sb. דערשפּירן ‹דערפֿילן› אַ סימפּאַטיע צו
I warmed to him *also* ער איז מיר געוואָרן סימפּאַטישער
warm up, *vt./vi.* דערוואַרעמען (זיך)
warm up, *vt.* **(food)** אײַנוואַרעמען; אויפֿוואַרעמען
warm up, *vi. imp./pf.* (אָנ)וואַרעמען זיך
warm up, *vi.* **(spo.)** צוגרייטן זיך; מאַכן צוגרייט־גענויטונגען
warm up, *vi.* **(weather)** וואַרעם ווערן; אָנוואַרעמען זיך
warm up the oven אונטערהייצן ‹אײַנהייצן› דעם אויוון
warm-blooded וואַרעם־בלוטיק
warmer, *n.* דער אָנוואַרעמער, ־ס; דער (אויס)וואַרעמער, ־ס; דער וואַרעם־בעקן, ־ס
warm-hearted *see* **warm**
warming pan *see* **warmer**
warmonger דער מלחמה־(אונטער)צינדער, ־ס [MILKhÓME]
warmth די/דאָס וואַרעמקייט; די וואַרעם

warmup די צוגרייטונג, ־ען; דאָס צוגרייטן זיך
warmups (spo.) צוגרייט־גענויטונגען
warn וואָרענען; אָנזאָגן; מזהיר זײַן [MÁZER]
warn off וואָרענען אין פֿאָרויס
warning, *adj.* וואָרנ...
warning, *n.* די וואָרענונג, ־ען; דער וואָרן, ־ס; די אַזהרה, ־ות; די התראה, ־ות [AZHÓRE] [HASRÓE]
warning shot דער וואָרנשאָס, ־ן
warning sign (*fig.*) דאָס וואָרנדל, ־עך; דאָס רויטע פֿענדל, ־עך; די וואָרענונג, ־ען
warning signal דער וואָרן־סיגנאַל, ־ן
warp, *n.* די/דאָס פֿאַרקרימטקייט, ־ן; די דעפֿאָרמאַציע, ־ס
(weaving) די אָסנאָווע
at warp speed (*fig.*) גיך ווי דער ווינט; אויף דער סאַמע העכסטער גיכקייט
warp, *v.*
vt. אויסקרימען; אויסבייגן; דעפֿאָרמירן
vi. אויסקרימען זיך; אויסגעקרימט ‹אויסגעבויגן/דעפֿאָרמירט› ווערן
(weaving) צונויפֿקניפּן די אָסנאָוועס
war paint די מלחמה־פֿאַרב [MILKhÓME]
warpath
be on the warpath רײַסן זיך אין שלאַכט; זײַן מלא־כּעס [MOLE-KÁAS]
warplane דער קאַמף־‹שלאַכט־›עראָפּלאַן, ־ען
warrant, *n.* דער באַפֿעל, ־ן; דאָס בלעטל, ־עך
warrant, *v.*
(guarantee) גאַראַנטירן
(justify) באַרעכטיקן
warranted באַרעכטיקט
warranty די גאַראַנטיע, ־ס
warren די קאַנורע, ־ס
(*fig.*) דער לאַבירינט, ־ן
warring מלחמה־האַלטנדיק ‹־פֿירנדיק› [MILKhÓME]
warrior דער חייל־מאַן, ־לײַט; דער קריגער, ־ס; דער קריגסמאַן, קריגסלײַט; דער שלאַכטמאַן, שלאַכטלײַט [KhÁYEL]
war room דער קאָמאַנדיר־צענטער, ־ס
Warsaw (די) וואַרשע
Warsaw Ghetto (די) וואַרשעווער געטאָ
warship די קריגשיף, ־ן
wart די בראָדעווקע, ־ס; דער וואָרצל, ־ען; דאָס וואָרצעלע, ־ך
warts and all מיט אַלע מעלות און חסרונות [MÁYLES] [KhESRÓYNES]
warthog דער וואָרצל־חזיר, ־ים [KhÁZER, KhAZÉYRIM]
wartime, *adj.* מלחמה־...; קריג(ס)... [MILKhÓME]
wartime, *n.* די מלחמה־צײַט [MILKhÓME]
wary אָפּגעהיט; וואַכיק; אָנגעשפּיצט
wash, *n.*
(laundry) די/דאָס וועש; דאָס גרעט; דאָס געוועש
(of ship) דער קילוואַטער
(tint) דאָס וואַשעכץ
(rinse) דאָס שווענקעכץ, ־ן
wash, *v.*
imp. וואַשן
pf. אָפּוואַשן; אויסוואַשן
wash away (eliminate) אַוועקוואַשן; צעשווענקען
wash away (erode) אונטערשווענקען; אַוועקשווענקען
wash down (clean) אָפּוואַשן; אָפּרייניקן
wash down (with drink) פֿאַרטרינקען
wash off אָפּוואַשן

wash one's hair (אויס)וואַשן זיך דעם קאָפּ; (אויס)צוואָגן זיך די האָר
wash one's hands (אָפּ)וואַשן זיך די הענט
wash one's hands (J./before eating) וואַשן זיך די הענט; וואַשן זיך צו נטילת־ידים ‹שאו־ידיכם› [NETÍLES-YEDÁYEM] [SEÚ-YEDÉYKhEM]
wash one's hands of אָפּוואַשן זיך די הענט פֿון; אָפּטרייסלען ‹אויסטאָן› זיך פֿון
wash out (erode) *see* **wash away**
wash out (fade) אָפּבליאַקעווען
wash out (dirt/stain) אויסוואַשן; אַראָפּוואַשן
wash the dishes אָפּוואַשן דאָס געפֿעס ‹געשיר›; אָפּוואַשן די כּלים [KÉYLIM]
wash up (on shore) פֿאַרטראָגן זיך ‹אַרויפֿשווימען› אויפֿן ברעג
It'll come out in the wash (laundry) ס'וועט זיך אויסוואַשן
It'll come out in the wash (*fig.*) ס'וועט זיך (שוין) אויספּרעסן
washable וואַשעוודיק
washbasin די וואַששיסל, ־ען; דער וואַשבעקן, ־ס
washboard דאָס וואַשברעטל, ־עך; דאָס/די וואַשברעט, ־ער; די קיִענקע, ־ס
washcloth דאָס וואַשטיכל, ־עך
washed-out
be washed-out (faded) אָפּגעבליאַקעוועט
be washed-out (*fig.*) אויסגעמאַטערט; אויסגעמוטשעט; אויסגעשעפּט
become washed-out (faded) אָפּבליאַקעווען; אָפּגעבליאַקעוועט ווערן
washed-up געענדיקט; אָפּגעקאַטעוועט
washer
m./unsp. דער וואַשער, ־ס
f. די וועש(ער)ין, ־ס
(tech.) דאָס שײַבל, ־עך; די שײַב(ק)ע, ־ס; דאָס בלעטל, ־עך
washerwoman *see* **washer**
washing machine די וואַשמאַשין, ־ען
Washington (state) (דער שטאַט) וואַשינגטאָן
Washington, D.C. (דער) דיסטריקט פֿון קאָלאָמביע; (די שטאָט) וואַשינגטאָן
washout דער דורכפֿאַל, ־ן
(person) דער לא־יוצלח, ־ס; דער דורכפֿאַל, ־ן [LOY-YÚTSLEKh]
The game was a washout (spo.) די/דאָס שפּיל איז פֿאַררעגנט געוואָרן
washrag דאָס וואַשטיכל, ־עך; די שמאַטקע, ־ס
washroom דער וואַשצימער, ־ן
washstand דאָס וואַשטישל, ־עך; דער וואַשטיש, ־ן
washtub די באַליע, ־ס
wasp די אָסע, ־ס; די וועספּ, ־ן
WASP דער ווײַסער אַנגלאָסאַקסישער פּראָטעסטאַנט, ־ן
waspish בײַסיק; גאַליק
wasp-waisted שמאַל־טאַליעדיק
wastage דער הפֿסד; דער פֿאַרניץ [HÉFSED]
waste, *adj.*
(barren) וויסט
(excess) איבעריק
waste, *n.*
(act) דאָס פּטרן; די צעטרענצלונג; דער טרענצל [PÁTERN]
(excrement) די צואה ל״ן; עקסקרעמענטן [TSÓYE]
(garbage) דאָס מיסט; דער אָפּפֿאַל; דאָס פּסולת [PSÓYLES]
go to waste גיין חסר ‹לאיבוד›; גיין אין ניוועץ; פֿאַרפֿאַלן ווערן [KhÓSER] [LEÍBED]
It's a waste of money (ס'איז) אַן עבֿירה ‹אַ שאָד› דאָס געלט [AVÉYRE]
It's a waste of time ס'איז געפּטרט ‹אַרויסגעוואָרפֿן› די צײַט; ס'איז ביטול־זמן; ס'איז אַ שאָד ‹אַן עבֿירה› די צײַט [GEPÁTERT] [BITL-ZMÁN]
lay waste (to) חרובֿ מאַכן + אַק׳; מאַכן אַ תּל־עולם (פֿון); מאַכן אַש און רויך (פֿון); מחריבֿ זײַן + אַק׳ [KhÓREV] [TEL-ÓYLEM] [MÁKhREV]
What a waste! אַזאַ שאָד ‹עבֿירה›!
waste, *v.* (צע)פּטרן; (צע)טרענצלען; אויסברענגען; (צע)בטלען; אַרויסוואַרפֿן [(TSE)PÁTERN] [(TSE)BÁTLEN]
waste an opportunity (אַ)דורכלאָזן אַ געלעגנהייט
waste away אויסצערן זיך; ווערן הויט און ביין
waste one's breath פּטרן די רייד; רעדן אומזיסטע רייד; רעדן צום דאַשיק
waste time פּטרן ‹צערײַבן› צײַט
wastebasket דאָס מיסטקעסטל, ־עך; דאָס מיסטקערבל, ־עך; דער פּאַפּירקויש, ־ן
wasted אַרויסגעוואָרפֿן; געפּטרט; אויסגעברענגט; צעטרענצלט [GEPÁTERT]
(emaciated) אויסגעצערט; אויס מענטש
(intoxicated) פֿאַרבשׂמט; פֿאַרשיכּורט [FARBÓSEMT] [FARShÍKERT]
It was a wasted trip אומזיסט געפֿאָרן ‹געשלעפּט זיך›; שולדיק געוועזן דעם רוח אַ גאַנג [RÚEKh]
wasted effort די אַרויסגעוואָרפֿענע מי; די ברכה־לבֿטלה [BRÓKhE-LEVATÓLE]
waste disposal דאָס אַרויספֿירן ‹אַוועקפֿירן› דאָס מיסט
wasteful אויסברענגעריש; פּזרניש [PAZRÓNISh]
wastefulness די/דאָס אויסברענגערישקייט; דאָס פּזרנות [PAZRÓNES]
wasteland די פּוסטעניש; די פּוסטינע, ־ס; דאָס וויסטעניש; דאָס ניוועצלאַנד
wastepaper דאָס מיסטפּאַפּיר
waste pipe די/דער אָפּפֿליסרער, ־ן
waste products דער אָפּפֿאַל ל״ן; אָפּפֿאַל־פּראָדוקטן
wastrel דער צעטרענצלער, ־ס; דער אויסברענגער, ־ס; דער מחריבֿ־ומבֿטלניק, ־עס [MÁKhREV-UMEVÁTLNIK]
watch,[1] *n.* **(clock)** דאָס (האַנט)זייגערל, ־עך
watch,[2] *n.* **(duty)** די וואַך
keep watch האַלטן וואַך ‹שמירה›; היטן; באַוואַכן; שטיין וואַך [ShMÍRE]
on his watch אויף זײַנע אויגן; אין זײַן רשות; אונטער זײַן וואַך ‹פֿאַרוואַלטונג› [REShÚS]
watch, *v.* קוקן
(supervise) אַכטיק ‹אַכטונג› געבן אויף
watch for וואַרטן אויף; אויסקוקן
Watch it! גיב ‹גיט› אַכטיק ‹אַכטונג›!; היט זיך!
watch out היטן זיך; אַכטיק ‹אַכטונג› געבן
watch over היטן + אַק׳; אַכטיק ‹אַכטונג› געבן אויף; האַלטן אַן אויג אויף
watch television קוקן (אויף) טעלעוויזיע
watchband דאָס פּאַסיקל, ־עך; דאָס פּאַסקעלע, ־ך
watchdog דער וואַכהונט, ...הינט
watchdog agency די שומר־אַגענטור, ־ן [ShÓYMER]
watcher דער אָבסערווירער, ־ס; דער אָבסערוואַטאָר, ...אָרן; דער וועכטער, ־ס
watchful מיט אָנגעשטעלטע אויגן
watchlist די נאָכשפּיר־רשימה [REShÍME]
He's on a watchlist מע היט אים אָפּ יעדן שריט און טריט; ער פֿיגורירט אויף אַ נאָכשפּיר־רשימה

watchmaker דער זייגער־מאַכער, ־ס

watchman דער שומר, ־ים; דער וועכטער, ־ס; דער היטער, ־ס [ShÓYMER, ShÓMRIM]

watchtower דער אויסקוק־טורעם, ־ס; דער וואַכטורעם, ־ס

watchword דער פּאַראָל, ־ן

water, *n.* דאָס וואַסער, ־ן

water under the bridge וואָס געווען איז געווען; שוין פֿאַרפֿאַלן

above water אויבן ‹איבערן› וואַסער

be in deep/hot water זײַן אויף (גרויסע/געהאַקטע) צרות [TSÓRES]

by water מיט אַ שיף

Her water broke זי האָט פֿאַרלוירן דאָס וואַסער; דאָס וואַסער איז איר אָפּגעגאַנגען

keep one's head above water (*fig.*) היטן זיך די בײַנער

pass water אורינירן; משתּין זײַן [MAShTN]

throw cold water on sb. אָפּגיסן + אַק׳ מיט (אַן עמער) קאַלט וואַסער

under water אונטערן וואַסער

water, *v.* באַוואַסערן

imp. **(animals)** פּויען|; געבן טרינקען

pf. **(animals)** אָנפּויען|; אָנטרינקען

(plants) באַגיסן

water down פֿאַרוואַסערן; צעפּירן

waterbased אויף אַ וואַסער־באַזע

waterbed דאָס/די וואַסערבעט, ־ן

water biscuit דאָס מצה־פּלעצל, ־עך [MÁTSE]

waterboard טרענקען סימולירטערהייט

waterboarding דאָס סימולירטע טרענקען

water-borne געטראָגן פֿון וואַסער

water bottle דאָס וואַסער־פֿלעשל, ־עך

water buffalo דער וואַסעראָקס, ־ן

waterbug דער וואַסערזשוק, ־עס; דער וואַסער־קנײַפּער, ־ס

water cannon דער וואַסער־וואַרפֿער, ־ס

water carrier דער וואַסער־טרעגער‹־פֿירער›, ־ס

water chestnut דאָס וואַסער־ניסל, ־עך

water clock דער וואַסער־זייגער, ־ס; די קלעפּסידרע, ־ס

water closet דער קלאָזעט, ־ן

watercolor דער אַקוואַרעל, ־ן; די וואַסערפֿאַרב, ־ן

water cooler דאָס טרינקערל, ־עך; דער וואַסער־קילער, ־ס

water-cooler talk פּליאָטקעלעך ל״ר; דאָס רכילות [REKhÍLES]

watercress די זשערעכע

water dropwort דער פּערדס־קריפּ

watered-down פֿאַרוואַסערט; צעפּירט; אונטערגעשמדט [ÚNTERGEShMÁT]

water elm דער וואַסער־קנאָפּניק, ־עס

waterfall דער וואַסערפֿאַל, ־ן

water flea די/דער וואַסערפֿלוי, ...פֿליי; די וואַסערפֿליג, ־ן

water fountain דער וואַסער־פֿאָנטאַן, ־ען; די טרינקרער, ־ן

waterfowl שווימפֿייגל ל״ר; וואַסער־פֿייגל ל״ר

waterfront, *adj.* בײַם וואַסער

waterfront, *n.* די ברעגליניע, ־ס

(district) דער האַוון־קוואַרטאַל, ־ן

water glass דאָס וואַסערגלאָז, ...גלעזער

(chem.) דאָס וואַסערגלאָז

water gun דער וואַסער־פּיסטויל, ־ן

water heater דער זיד־אַפּאַראַט, ־ן

water hemlock די ציקוטע, ־ס

water hyacinth דער וואַסער־היאַצינט, ־ן

watering can דער גיסער, ־ס; דאָס גיסערל, ־עך

watering hole דער (אָנ)טרינקפּלאַץ, ...פּלעצער

(pub) דאָס טרינקשטיבל, ־עך; די/דער שענק, ־ען

waterleaf דער/דאָס וואַסערבלאַט, ...בלעטער

water lemon די לאַבערדיקע לײַדנבלום, ־ען

water level

(gauge) דער וואַטערפּאַס, ־ן; די וואַסערוואָג, ־ן

(height) דאָס געהייב

water lily די וואַסער־ליליע, ־ס

water line די וואַסער־ליניע, ־ס

waterlogged (אָ)דורכגעווייקט (מיט וואַסער)

Waterloo (*fig.*) די גרויסע מפּלה [MAPÓLE]

water louse די (נ)אַסטל, ־ען

water main דער הויפּט־וואַסער־קאַנאַל, ־ן

water-main break דער אײַנבראָך פֿונעם הויפּט־וואַסער־קאַנאַל

watermark, *n.* דער וואַסער־צייכן, ־ס

watermark, *v.* מאַכן דעם וואַסער־צייכן

watermelon די קאַווענע, ־ס; דער קאַוון, ־ס; דער אַרבוז, ־ן

water meter דער וואַסער־מעסטער, ־ס

water mill די וואַסערמיל, ־ן

water moss דער ברונעמאָך

water-packed קאָנסערווירט אין וואַסער

water parsnip דער סיום

water pill די וואַסערפּיל, ־ן

water pipe

(conduit) די/דער וואַסעררער, ־ן

(smoking) די וואַסער־ליולקע, ־ס

water pistol *see* **water gun**

water plantain דער פֿראָשלעפּל

water platter די וויקטאָריע

water pollution די וואַסער־פֿאַרפּעסטיקונג

water polo דער וואַסער־פּאָלאָ

water power די וואַסערקראַפֿט

water primrose דער וואַסער־פּרימל, ־ען

waterproof, *adj.* וואַסער־באַוואָרנט; וואַסערפֿעסט

waterproof, *v.* באַוואָרענען קעגן וואַסער ‹נעץ›; מאַכן וואַסערפֿעסט

water purification די וואַסער־לײַטערונג

water-purification plant די וואַסער־לײַטער־פֿאַבריק, ־ן

water rail די וואַסער־ראַלע, ־ס

water rat דער וואַסערשטשור, ־עס; דער וואַסערשטשאָר, ...שטשערעס

water-resistant וואַסער־קעגנשטעליק

water rights דאָס וואַסעררעכט ל״י

water scooter דער וואַסער־סקוטער, ־ס

watershed דער וואַסערשייד, ־ן

water ski, *n.* דער וואַסערסקי, –

water ski, *v.* גיין אויף וואַסערסקי

water snake די/דער וואַסערשלאַנג, ־ען/...שלענג

water softener דאָס וואַסער־פֿאַרווייך־מיטל, ־ען

water soldier (bot.) די אַליאַז־וואַסערזעג

water-soluble צעלאָזלעך אין וואַסער

waterspout די דאַכרינ(וו)ע, ־ס

water supply די וואַסער־פֿאַרזאָרגונג; דער וואַסער־צושטעל; דער וואַסער־צופֿיר

water tank די וואַסער־ציסטערנע, ־ס; דער וואַסער־רעזערוואַר, ־ן; דער (וואַסער)טאַנק, ־ען

water tap דער (וואַסער)קראַן, ־ען; דער (וואַסער)קראַנט, ־ן

watertight וואַסערפֿעסט

water tower דער וואַסער(דרוק)־טורעם, ־ס

water truck (for cleaning) דער אויטאָ־‹גאַסן›־שפּריצער, ־ס

water turbine די וואַסער־טורבינע, ־ס; די הידראַולישע טורבינע, ־ס

water vapor דער וואַסערדאַמף; די פּאַרע

waterway דער וואַסערוועג, ־ן; דער וואַסער־קאַנאַל, ־ן
waterweed די וואַסערפֿעסט
waterwheel די/דאָס וואַסערראָד, ...רעדער
water willow די שײַלקאָרע, ־ס
waterwort די עלאַטינע
watery וואַסערדיק
watt דער וואַט, ־ן
wattage דער וואַטן־פֿאַרניץ; דער שטראָמפֿאַרניץ
wave, *n.* די כוואַליע, ־ס; די פֿאַליע, ־ס; די אינד, ־ן
  (hair) די כוואַלקע, ־ס; די אָנדולירונג, ־ען
  (with hand) דער מאַך, ־ן
  in waves כוואַליעסווײַז
  It's the wave of the future אַט וואָס סע ברענגט די צוקונפֿט; אַזוי וועט זײַן
  make waves אָנמאַכן צרות; אויפֿקאָכן אַ טומל [TSÓRES]
  wave of protest די פּראָטעסט־כוואַליע, ־ס
wave, *v.* פֿאָכען מיט; כוואַליע(ן); וואַליע(ן)
  wave a gun פֿאָכע(ן) מיט אַ פּיסטויל
  wave aside (person) באַזײַטיקן
  wave aside (with hand) אַוועקמאַכן (מיט דער האַנט)
  wave down אָפּשטעלן
  wave good-bye פֿאָכע(ן) אַ זײַ־געזונט
  wave hello (to) באַגריסן + אַק' מיט דער האַנט
  wave off *see* **wave aside**
  wave on הייסן + דאַט' פֿאָרן ‹גיין› ווײַטער
waveguide דער כוואַליע־פֿירער, ־ס
wavelength די כוואַליעלענג, ־ען
  be on the same wavelength טראַכטן אויפֿן זעלביקן שטייגער; דאַווענען פֿונעם זעלבן סידור; זײַן ווי אַבעלע־און־גיטעלע [SÍDER]
waver
  (flicker) צאַנקען
  (of voice) אַ ציטער טאָן
  (sway) וויגן זיך
  (vacillate) וואַקלען זיך; קווענקלען זיך; האָבן ספֿקות [SFÉYKES]
wavering, *adj.* וואַקלדיק; קווענקל(ענ)דיק
wavering, *n.* דאָס וואַקלעניש, ־ן; די וואַקלונג, ־ען
wavy כוואַליק; כוואַליעדיק; געכוואַליעט
wax, *adj.* וועקסן; וואַקס...
wax, *n.* דער וואַקס, ־ן
  the whole ball of wax אַלע זיבן זאַכן
wax, *v.*
  vt. imp./pf. (אָנ)וועקסן; (אָנ)פֿאַלירן
  vi. וואַקסן; ווערן גרעסער
  wax and wane וואַקסן און אײַנגיין; גרעסער און קלענער ווערן
  wax one's legs אָפּוועקסן זיך די פֿיס
wax candle דאָס וועקסענע ליכט, –
waxed end די דראַטווע, ־ס
waxen וועקסן; וואַקס...
  (pale) בלייך ווי וואַקס
wax myrtle דער וואַקס־הדס, ־ים [HÓDES, HADÁSIM]
wax palm די וואַקספּאַלמע, ־ס
wax paper דאָס געוועקסלטע פּאַפּיר; דאָס וואַקספּאַפּיר
wax plant דער וואַקסקוויט, ־ן
waxwing דער זײַדן־עק, ־ן
waxy ווי וואַקס; וועקסן
way, *adv.* העט; גאָר; זייער; היפּש
  way back גאָר אַ מאָל; מיט יאָרן צוריק
  way out (far) העט ווײַט
  way out (extreme) עקסטרעם; פֿאַנאַטיש
way, *n.*
  (road) דער וועג, ־ן
  (manner) דער אופֿן, ־ים; דער דרך, ־ים [OYFN, OYFÁNIM] [DÉREKh, DRÓKhIM]
  (habit) די טבֿע, ־ס; די נטיה, ־ות [TÉVE] [NETÍE]
  be in the way (blocking) פֿאַרשטעלן דעם וועג
  be in the way (*fig.*) שטערן; זײַן אַ מיכשול [MIKhShL]
  be on one's way out (dying) האַלטן אין אויסגיין; האַלטן בײַם שטאַרבן; האַלטן בײַ נעילה [NÍLE]
  be well on the way האַלטן שוין אין וועג; האַלטן נע(ע)נטער ווי ווײַטער
  by the way (דרך־)אַגבֿ; מחשבֿותן [ÁGEV] [MAKhShÓVESN]
  by way of (as a means of) דורך; דרך־...
  by way of (via) דורך
  Do it this way טו(ט) עס אַזוי
  have a way of האָבן אַ טבֿע צו
  have a way with sb. קענען אויספֿירן בײַ; אויסקומען מיט
  have a way with words פֿאַרמאָגן דעם כּוח־הדיבור [KÓYEKh-HADÍBER]
  have no way out נישט האָבן קיין אויסוועג
  have one's way אויספֿירן
  I feel the way you do איך האַלט מיט דיר ‹אײַך›; איך מיין אויך אַזוי; איך שטים צו
  in a small way אויף אַ באַשיידענעם אופֿן [OYFN]
  in a way ביז אַ מאָס; אַזוי צו זאָגן
  in no way בשום־אופֿן נישט [BEShÚM-ÓYFN]
  make one's way to דערשלאָגן זיך צו ‹אין›
  make way (for) אָפּראַמען + דאַט' דעם וועג; (אַ)דורכלאָזן + אַק'; אָפּרוקן זיך (פֿאַר)
  Make way! מאַכט אַ וואָרע!
  No way! בשום־אופֿן נישט!; לא מיט אַן אלף!; איין מאָל ניין!; נישט בײַ מאַטיען!; אַ מכּה! [LOY] [ÁLEF] [MÁKE]
  on the way אונטער וועג(נ)ס; אין וועג
  on the way back צוריק (צו) וועגס
  on the way there אַהין (צו) וועגס
  one way or another (צי) אַזוי צי אַזוי
  out of the way (far) אויסן וועג; העט ווײַט
  out of the way (finished) אָפּגעפּטרט [ÓPGEPÁTERT]
  that way (direction) אַהין; דורך דאָרטן; דאָרט אַרומערט
  that way (thus) אַזוי
  the way back דער צוריקוועגס; דער קריקוועג
  the way out (exit) דער אַרויסגאַנג, ־ען
  the way out (solution) דער אויסוועג, ־ן
  way of life דער שטייגער לעבן
  Way to go! יישר־כּוח!; גוט געמאַכט! [YÁShER-KÓYEKh/ShKÓYEKh]
  this way (direction) אַהער; דורך דאָנען; דאָ אַרומערט
  this way (thus) אַזוי
  to my way of thinking לפֿי־דעתי; לויט מײַן מיינונג [LEFIDÁTI]
  ways and byways וועגן און שטעגן
  ways and means אופֿנים און מיטלען [OYFÁNIM]
  Ways and Means Committee די פֿינאַנץ־קאָמיסיע
wayfarer דער וואַנדערער, ־ס
wayfaring tree דער מעלבוים, ...ביימער
waylay אָפּטשאַטעווע(ן); לאָקערן אויף ‹נאָך›
way-out (unusual) יוצא־דופֿנדיק; גאָר אומגעווויינ(ט)לעך [YÓYTSE-DÓYFNDIK]
wayside, *n.* דער וועגראַנד, ־ן
  by the wayside אויפֿן ראַנד פֿון וועג
  fall by the wayside אַוועקפֿאַלן; אַרויסגיין פֿונעם סטרוי
way station די וועגסטאַ(נ)ציע, ־ס
wayward פֿרימכעדיק; טראָנצעוואַטע; קאַפּריזיק; קאַפּריזנע

we מיר
weak שוואַך; אָפּגעשוואַכט
  be weak-kneed האָבן אַ שוואַכן כאַראַקטער
  the weaker sex דער שוואַכערער מין
weaken
  vt. פֿאַרשוואַכן; אָפּשוואַכן
  vi. שוואַך ‹שוואַכער/אָפּגעשוואַכט› ווערן
weakened אָפּגעשוואַכט; פֿאַרשוואַכט
weakling דער שוואַכינקער געב׳; דער שוואַכלינג, ־ען
  (moral) די לעמישקע, ־ס; דער שוואַכוויליקער געב׳; די שמאַטע, ־ס
weakness די/דאָס שוואַכקייט; די/דאָס אָפּגעשוואַכטקייט
  have a weakness for האָבן אַ שוואַכקייט צו
weak-spirited קליינמוטיק
weak spot דאָס שוואַכע פּינטל, ־עך; דער שוואַכער פּונקט, ־ן; דאָס שוואַכע אָרט, ערטער
weal[1] (well-being) דאָס וווילזײַן
weal[2] (welt) דער שמײַסציכן, ־ס; דער שנאַר, ־ן
wealth דאָס עשירות; די/דאָס רײַכקייט; די נגידי(מ)שאַפֿט [AShÍRES] [NEGÍDI(M)ShAFT]
  (abundance) די שפֿע [ShÉFE]
  a wealth of אַן אוצר מיט [ÓYTSER]
wealthy רײַך; גבֿיריש; נגידיש [G(E)VÍRISh] [NEGÍDISh]
wean אַנטווײנען (פֿון דער ברוסט)
  (*fig.*) אָפּגעווינען ‹אָפּגעוויינען›
  wean on אויפֿהאָדעווע|ן אונטער דער השפּעה פֿון [HAShPÓE]
weapon דאָס געווער; דער וואָפֿן, ־ס
  weapons of mass destruction דאָס פֿאַרטיליק־‹מאַסנטוויט־›געווער קאָל׳
  weapons possession דאָס פֿאַרמאָגן געווער
weaponize
  (equip) אָנוואָפֿנען
  (refine) מאַכן פֿאַר געווער ‹שיסוואַרג›
weaponry דאָס געווער
weapons-grade געוועריק
weapons inspector דער געווער־אינספּעקטאָר, ...אָרן
wear, *n.*
  (clothing) קליידער ל״ר
  (damage) די/דאָס אָפּגעניצטקייט; די/דאָס אָפּגעטראָגנקייט
  wear and tear דער ניץ־און־קריץ; דער אָפּניץ
wear, *v.* טראָגן; גיין אין
  wear a look אָננעמען ‹אַרויסווײַזן› אַ מינע
  wear away, *vt./vi.* אָפּרײַבן (זיך)
  wear away, *vt.* **(by water)** אונטערשווענקען
  wear down, *vt.* **(overcome)** בײַקומען; אײַנברעכן
  wear down, *vi.* **(shoe)** אָפּרײַבן
  Wear it in good health! טראָג(ט) ‹צערײַס(ט)› געזונטערהייט!; תּתחדש! [TISKhÁDESh]
  wear off אויסוועפּן זיך
  wear out, *vt.* **(exhaust)** אויסמוטשע|ן; אויסמאַטערן; אַרויסציִען בײַ + דאַט׳ דעם קליאַק פֿון די ביינער
  wear out, *vi.* **(clothes)** אויסטראָגן; אָפּטראָגן; אָפּניצן; אָפּרײַבן
wearily מידערהייט; אויסגעשעפּטערהייט; פֿאַרמאַטערטערהייט
weariness די/דאָס מידקייט; די/דאָס אויסגעשעפּטקייט; די/דאָס פֿאַרמאַטערטקייט; די/דאָס מאַטקייט
wearisome מאַרודנע
weary מיד; אויסגעשעפּט; אויסגעמאַטערט; פֿאַרמאַטערט; מאַט
  I'm weary of ס׳איז מיר שוין נימאס געוואָרן + נאָמ׳ [NÍMES]

weasel, *n.* דאָס ווייזעלע, ־ך
  (person) דער פּאַסקודניאַק, ־עס
weasel, *v.* **(out)** אַרויסדרייען זיך
weather, *n.* דער וועטער, ־ן; דער דרויסן, ־ס
  weather permitting אויב דער וועטער וועט צושפּילן
  be under the weather פֿילן זיך נישט מיט אַלעמען; נישט זײַן בקו־הבריאות [BEKÁV-HABRÍES]
  dress for the weather אָנטאָן זיך לויטן וועטער
  in any weather אין אַ זון אָדער רעגן
  What's the weather like? ווי איז אין דרויסן?; וואָס פֿאַר אַ וועטער איז אין דרויסן?
weather, *v.* אויסוואַרטן; אויסהאַלטן; בײַקומען
  weather a storm איבערלעבן ‹איבערהאַלטן› אַ שטורעם
weather-beaten *see* **weathered**
weather bureau/service דער/דאָס וועטער־ביוראָ, ־ען; די וועטער־אַגענטור, ־ן
weathercaster דער וועטער־נבֿיא, ־ים [NÓVI, NEVÍIM]
weathercock *see* **weathervane**
weathered, *adj.*
  (eroded) צעוועטערט; אָפּגעריבן פֿון וועטער
  (skin) פֿאַרווינטיקט; פֿאַרהאַרטעוועט
  (*fig.*) געפּרוּווט
weather forecast דער וועטער־פּראָגנאָז, ־ן
weather map די וועטער־מאַפּע, ־ס
weatherproof, *adj.* וועטער־באַוואָרנט; וועטערפֿעסט
weatherproof, *v.* באַוואָרענען קעגן דעם וועטער; מאַכן וועטערפֿעסט
weather report דער וועטער־באַריכט, ־ן; דער וועטער־בולעטין, ־ען
weather station די וועטער־סטאַנציע, ־ס
weathervane דער וועטערהאָן, ...הענער; דאָס וואָלקן־פֿענדל, ־עך; די וועטערפֿאָן, ־ען; דאָס ווינטפֿענדל, ־עך
weave, *n.* דאָס געוועב
weave, *v.*
  (straw) פֿלעכטן
  imp./pf. **(textile)** (אויס)וועבן
  weave in and out of traffic שלענגלען זיך דורכן טראַפֿיק
  (web) שפּינען
weaver דער וועבער, ־ס; דער וועבערניק, ־עס
weaverbird דער וועבער־פֿויגל, ־פֿייגל
weaver's broom (bot.) דער שפּאַנישער ביבערבוים, ...ביימער
weaving דאָס וועבערײַ
weaving mill די וועבערײַ, ־ען
web
  (weave) דאָס געוועב
  (comp.) די וועב, ־ן
  (duck's) דאָס שווימהײַטל, ־עך; די פּלעטוווע, ־ס
  (spider's) דאָס שפּינוועבס; די פּאַוועטינע, ־ס
  (*fig.*) די נעץ, ־ן; דאָס געשפּינס, ־ן
  web of lies די נעץ ליגנס; דאָס געשפּינס שקר [ShÉKER]
  web of terror די טעראָרנעץ, ־ן
web-footed/webbed הײַטלדיק; פּלעטוועדיק
weblog דער (וועב)בלאָג, ־ן
webmaster דער וועבמײַסטער, ־ס
webpage דער/דאָס וועבבלאַט, ...בלעטער; דאָס וועבזײַטל, ־עך
web portal דער וועבפּאָרטאַל, ־ן
web posting די וועבמעלדונג, ־ען
website דאָס וועבזײַטל, ־עך; די וועבזײַט, ־ן
wed חתונה האָבן מיט [KhÁSENE]
  He's wedded to her ער איז איר מאַן

She's wedded to him זי איז זײַן פֿרוי
wedded (to an idea) צוגעבונדן; צוגעטאָן
wedding, *adj.* חתונה־... [KhÁSENE]
(J.) *also* חופּה־... [KhÚPE]
wedding, *n.* די חתונה, ־ות [KhÁSENE]
wedding anniversary דער חתונה־יובֿל, ־ען; דער חתונה־טאָג, ־טעג [KhÁSENE-YOYVL]
wedding announcement די חתונה־מודעה, ־ות [KhÁSENE-MOYDÓE]
wedding band[1] **(mus.)** די קלעזמער־קאַפּעליע, ־ס; קלעזמאָרים ל״ר
wedding band[2] **(ring)** דאָס חתונה־פֿינגערל‹־רינגל›, ־עך [KhÁSENE]
(J.) דאָס חופּה־רינגל, ־עך; דאָס קידושין־פֿינגערל‹־רינגל›, ־עך [KhÚPE] [K(I)DÚShN]
wedding cake דער חתונה־טאָרט, ־ן [KhÁSENE]
(J.) דער חופּה־קוכן, ־ס; דער חופּה־טאָרט, ־ן [KhÚPE]
wedding canopy (J.) די חופּה, ־ות [KhÚPE]
wedding ceremony די חתונה־צערעמאָניע, ־ס [KhÁSENE]
(J.) חופּה־וקידושין [KhÚPE-VEK(I)DÚShN]
wedding day דער טאָג פֿון דער חתונה; דער חתונה־טאָג [KhÁSENE]
(J.) *also* דער חופּה־טאָג [KhÚPE]
wedding feast די חתונה־סעודה [KhÁSENE-SÚDE]
(J.) די חופּה־וועטשערע [KhÚPE]
wedding gift די חתונה־מתּנה, ־ות [KhÁSENE-MATÓNE]
(J.) דאָס דרשה־געשאַנק, ־ען [DRÓShE]
wedding gown דאָס חתונה־קלייד, ־ער [KhÁSENE]
(J.) דאָס חופּה־קלייד, ־ער [KhÚPE]
wedding guests חתונה־געסט‹־לײַט› [KhÁSENE]
wedding invitation די חתונה־פֿאַרבעטונג, ־ען; דאָס חתונה־בריוול‹־קאַרטל›, ־עך; די חתונה־הזמנה, ־ות [KhÁSENE] [HAZMÓNE]
wedding ring *see* **wedding band**
wedge, *n.* דער קלין, ־ען; דאָס קליניקל, ־עך
(of food) דאָס רעפֿטל, ־עך; דאָס שטיקל, ־עך
drive a wedge into אַרײַנהאַקן אַ קלין אין
wedge, *v.* פֿאַרפֿעסטיקן מיט אַ קלין
wedge one's way into אַרײַנקוועטשן זיך אין
wedlock [ZÍVEGShAFT] די זיווגשאַפֿט; דאָס זײַן מאַן־און־ווײַב
(J.) חופּה־וקידושין [KhÚPE-VEK(I)DÚShN]
be born out of wedlock זײַן אַן אומלעגיטים
‹אומגעזעצלעך/אָנקידושינדיק› קינד [ÓNKDÚShNDIK]
have a child out of wedlock האָבן אַ קינד נישט־חתונה־געהאַטערהייט [KhÁSENE]
Wednesday, *adj.* מיטוואָכ...; מיטוואָכדיק
Wednesday, *n.* (דער) מיטוואָך, ־ן
Wednesday's מיטוואָכדיק
on Wednesday מיטוואָך
wee, *adj.*
a wee bit אַ קלײנטשיק ביסעלע; אַ ברעקעלע; אַ זשאַרקעלע
a wee child אַ פּיצל (קינד); אַ פּיצעלע
in the wee hours פֿאַר טאָג; פֿאַרן קאַיאָר; מיטן שפּראָץ אויף טאָג
weed, *n.* דאָס ווילדגראָז, ־ן
(marijuana/*slg.***)** דאָס גראָז
weed, *v. imp./pf.* (אויס)פּאָלע(ווע)ן; (אויס)יעטן; (אויפֿ)סאַפּעווען
weed cutter דער יעטהעקער, ־ס
weeder די יעטמאַשין, ־ען
weeding די יעטונג; דאָס אויסיעטן
weedkiller דער הערביציד, ־ן
week די וואָך, ־ן
week after week/week in, week out וואָך־אײַן וואָך־אויס; וואָכן לאַנג
five-day week די פֿינעף־טאָגיקע ‹פֿינפֿטאָגיקע› אַרבעטוואָך
a week from Monday איבער אַכט טאָג מאָנטיק
for weeks וואָכן לאַנג
Have a good week! אַ גוטע וואָך!
the other week יענע וואָך
weekday, *adj.* וואָכעדיק
weekday, *n.* דער וואָכנטאָג, ...טעג; דער וואָכעדיקער טאָג, טעג
on weekdays אין דער וואָכן
weekend, *adj.* סוף־וואָכיק [SOF]
weekend, *n.* דער סוף־וואָך, ־ן; דער שבת־זונטיק, ־ן [SOF] [ShÁBES]
weekly, *adj.* וואָכנ...; וואָכיק; וואָכנדיק
weekly allowance דאָס וואָכנגעלט
weekly wage earner דער וואָכנמענטש, ־ן
weekly, *adv.* אַלע ‹יעדע› וואָך; איין מאָל אַ וואָך
weekly, *n.* דער/דאָס וואָכנבלאַט, ...בלעטער
weeknight די וואָכננאַכט, ...נעכט
weep וויינען; יאָמערן
(of wound) נעצן
weeping, *adj.* וויינע(נ)דיק
weeping, *n.* דאָס געוויין
weeping merulius דאָס שטובשוועמל, ־עך
weeping willow די וויינע(נ)דיקע ווערבע, ־ס
weepy פֿאַרוויינט; פֿאַרטרערט
weevil דאָס לאַנגנעזל, ־עך
wee-wee, *n.* (*slg.*)
(penis) דאָס פּיגעלע, ־ך; דאָס פּעמפּיקל, ־עך
go wee-wee מאַכן פּי־פּי ‹פּיש־פּיש›; מאַכן (נומער) איינס
weft דער שוס; דער קווערפֿאָדעם
weigh, *v. imp./pf.* (אָפּ)וועגן
(*fig.*) איבערוועגן; אויסוועגן; אָפּשאַצן; איבערקלערן; (גוט) מישבֿ זײַן זיך [MEYÁShEV]
weigh anchor אָפּאַנקערן; אויפֿהייבן דעם אַנקער
weigh down שווער מאַכן + דאַט׳; דריקן אויף
weigh in (state) קאָנסטאַטירן; זאָגן אַ דעה [DÉYE]
weigh in, *vt./vi.* **(weight)** לאָזן (זיך) אָפּוועגן
weigh in at 70 pounds וועגן זיבעציק פֿונט
weigh one's words מעסטן ‹ציילן› די ווערטער; וועגן און מעסטן יעדעס וואָרט
weigh the pros and cons אויסוועגן ‹איבערקלערן› די מעלות און חסרונות [MÁYLES] [KhESRÓYNES]
weigh-in דאָס אָפּוועגן (זיך); די אָפּוועגונג, ־ען
weigh station דער אָפּוועגפּלאַץ, ...פּלעצער
weight, *n.* די וואָג
(for scales) דאָס געוויכט, ־ן
be worth one's weight in gold זײַן מיט גאָלד אָפּצוּוועגן
by weight אויף דער וואָג
carry a lot of weight (be heavy) זײַן גראָב ‹פֿעט/דיק/באַלײַבט›
carry a lot of weight (*fig.*) האָבן גרויס וואָג; האָבן אַ היפּשע דעה; האָבן אַ השפּעה ‹ווירקונג› [DÉYE] [HAShPÓE]
keep one's weight off האַלטן זיך בײַ דער וואָג; נישט צונעמען קיין איבעריקע וואָג
lift weights הייבן געוויכטן
pull one's weight אויספֿירן דאָס אייגענע אַחריות [AKhRÁYES]
put on weight אָנלייגן ‹צונעמען› וואָג; אָנצערן זיך; צוקומען אין וואָג אומפּ׳ + דאַט׳

throw one's weight around פּראַווע|ן תּקיפֿות; זאָגן דעות [TAKÍFES] [DÉYES]
What's your weight? וויפֿל וועגסטו ‹וועגט איר›?
weight, *v.* געוויכטיקן
weighted געוויכטיקט
weight gain דאָס אָנלייגן ‹צונעמען› וואָג; דאָס אָנצערן זיך; דער צוקום אין וואָג
weightless אָנוואָגיק
weightlessness די/דאָס אָנוואָגיקייט
weightlifter דער געוויכטן־הייבער, ־ס; דער שווערַאטלעט, ־ן
weightlifting דאָס הייבן געוויכטן
weight limit די מאַקסימאַלע וואָג
weight loss די אָפּצערונג; דאָס פֿאַרלירן וואָג; דער אָפּנעם אין וואָג
weight training דאָס הייבן געוויכטן
weight watcher דער וואָגהיטער, ־ס
be a weight watcher היטן (זיך) די וואָג
weighty שווערוואָגיק; שווער
(*fig.*) וואָגיק; וויכטיק; באַטרעפֿיק
weird מאָדנע; טשודנע; משונהדיק [MEShÚNEDIK]
weirdness די/דאָס מאָדנעקייט; די/דאָס משונהדיקייט; מאָדנע שטיק ל"ר [MEShÚNEDIKEYT]
weirdo
m./unsp. דער טשודאַק, ־עס; דער מאָדנער ‹משונהדיקער› פֿאַרשוין, ־ען [MEShÚNEDIKER]
f. די טשודאַטשקע, ־ס
welch *see* **welsh**
welcome, *adj.* אָנגעלייגט
be welcome to זײַן פֿאַרבעטן צו
Welcome! (formal) ברוך־הבאָ!; זײַט באַגריסט! [BOREKhABÓ]
Welcome! (informal) סקאָצל קומט!
make sb. welcome שיין אויפֿנעמען
You're welcome! זאָל דיר ‹אײַך› וווּל באַקומען!; נישטאָ פֿאַר וואָס!; אַ דאַנק פֿאַר אַ דאַנק!
welcome, *n.* דער ברוך־הבא; דאָס קבלת־פּנים; דער אויפֿנעם, ־ען; די באַגריסונג, ־ען [BOR(E)KhÁBE] [KABÓLES-PÓNEM]
give a warm welcome to געבן + דאַט' אַ ברייטן שלום־עליכם [ShÓLEM-ALÉYKhEM]
put out the welcome mat וואַרעם ‹האַרציק› באַגריסן; געבן + דאַט' אַ ברייטן שלום־עליכם
wear out one's welcome ווערן איבעריק
welcome, *v.* זאָגן ברוך־הבאָ; מקבל־פּנים זײַן; באַגריסן; אויפֿנעמען [BOREKhABÓ] [MEKÁBL-PÓNEM]
welcome to ברוך־הבאָ אין ‹אויף›
welcome wagon דער קבלת־פּנים־וואָגן, ־ס [KABÓLES-PÓNEM]
welcoming, *adj.* גאַסטפֿרײַנדלעך
welcoming committee דער אויפֿנעם־קאָמיטעט, ־ן
weld, *n.* דער שווייסניט, ־ן
weld, *v. imp./pf.* (צו)שווייסן
weld together צונויפֿשווייסן
weld a strong friendship שליסן אַ נאָענטע חבֿרשאַפֿט [KhÁVERShAFT]
welded steel דאָס געשווייסטע שטאָל
welder דער שווייסער, ־ס
welding די שווייסונג
welfare
(aid) דער (סאָצ)פֿאַרזאָרג; די קיצבֿה [KÍTSVE]
(well-being) דאָס ווויל(זײַן)
be on welfare לעבן פֿון (סאָצ)פֿאַרזאָרג
welfare rolls דער קיצבֿה־רייסטער ל"י [KÍTSVE]
welfare state די פֿאַרזאָרג־מלוכה, ־ות [MELÚKhE]
welkin הימלען ל"ר
well, *adj.* געזונט
well and good גוט און וווּל ‹פֿײַן›
get well געזונט ‹גענעזן› ווערן; קומען צו זיך; געהאָלפֿן ווערן; פֿאַרריכטן זיך
Get well soon! זאָלסט ‹איר זאָלט› האָבן אַ רפֿואה־שלמה! [REFÚE-ShLÉYME]
well, *adv.*
(good) גוט; וווּל; פֿײַן
(very) גוט; שטאַרק
All's well that ends well אַז דער סוף איז גוט איז אַלץ גוט; אַבי דער סוף איז אַ גוטער; ס'האָט זיך אויסגעלאָזט צום גוטן [SOF]
as well אויך; דערצו (נאָך)
as well as ווי אויך
be going well גיין ווי ס'באַדאַרף צו זײַן; גיין גוט
be well in with זײַן קוצעניו־מוצעניו ‹אַדרבא־ואַדרבא› מיט [ÁDERABE-VEÁDERABE]
go off well גוט איבערגיין
He's doing well (financially) ער פֿאַרדינט גוט; סע גייט אים גוט
He's doing well (healthwise) ער איז געזונט; סע גייט אים גוט
He's not doing so well (financially) ער הינקט אַ ביסל אונטער מיט פּרנסה; סע גייט אים נישט אַזוי איי־איי־איי [PARNÓSE]
He's not doing so well (healthwise) ער איז נישט בײַם גאַנצן געזונט; ער איז נישט אין גאַנצן מיט אַלעמען
I may as well stay שוין גיכער כּדאַי צו בלײַבן; שוין בעסער בלײַבן [KEDÁY]
It's just as well! גם זו לטובֿה! [GÁMZU LETÓYVE]
She would do well to ס'וואָלט איר נישט געשאַט אַז ‹צו›
well and truly אין גאַנצן
Well done! יישר־כּוח!; גוט געמאַכט! [YÁShER-KÓYEKh/ShKÓYEKh]
Well put! גוט געזאָגט!
well past העט ‹ווײַט› נאָך
well, *int.*
Well? נו?
Well, well! זע(ט) נאָר, זע(ט)!
Oh well! נו, מילא!; פֿאַרפֿאַלן!; איז נישט געפֿידלט! [MÉYLE]
well, *n.* דער ברונעם, ־ס/ברינעמער; די ברונע, ־ס; די קרעניצע, ־ס
well, *v.*
well up (water/*fig.*) קוואַלן; שפּרודלען
Her eyes welled up with tears ס'האָבן זיך איר געשטעלט טרערן אין די אויגן
well-adjusted אויסבאַלאַנסירט; גוט צוגעפּאַסט
well-advised
He would be well-advised ס'וואָלט אים געווען כּדאַי; ס'וואָלט זיך אים געלוינט [KEDÁY]
well-aged גוט געעלטערט
well-appointed אויסגעשטאַט; אויסגעריכט
well-balanced גוט באַלאַנסירט
well-beaten גוט צעשלאָגן
well-behaved גוט אויפֿגעפֿירט
well-behaved person *also* דער סטאַטיק, ־עס/סטאַטקעס
be well-behaved אויפֿפֿירן זיך שיין ‹גוט›; זײַן אַ מענטש; האַלטן זיך אין דער מעלה [MÁYLE]
well-being

(welfare) דאָס װױלזײַן
(physical) דאָס געזונט; דאָס בריאות(־הגוף) [BRÍES(-HAGÚF)]
well-born פֿון גוטן ייִחוס; מיוחסדיק [YÍKhES] [MEYÚKhESDIK]
well-bred גוט ‹װױל› דערצויגן
well-built פֿעסט געבױט; װי די בערן
well-connected
be well-connected האָבן גוטע פֿאַרבינדונגען; װיסן װוּ אַ טיר עפֿנט זיך; האָבן אַ פֿוס אין טשאָלנט ‹קוגל›
well-defined קלאָר; דײַטלעך
well-deserved גוט ‹כּשר› פֿאַרדינט [KÓShER]
well-disposed (גוט)גינציק; גוטהאַרציק; גוט געשטימט; סימפּאַטיש
well-done דערבראָטן; גוט אױסגעבראָטן
well-dressed עלעגאַנט ‹מאָדיש› אָנגעטאָן
well-endowed
(wealthy) גוט באַזאָרגט; רײַך
be well-endowed (of woman/*euph.***)** האָבן מזל־ברכה אין בוזעם; האָבן פֿולקלדיקע בריסט; זײַן געבענטשט [MAZL-BRÓKhE]
be well-endowed (of man/*euph.***)** זײַן געבענטשט
well-established אײַנגעפֿונדעװעט; שױן לאַנג אײַנגעשטעלט
be well-established (*hum.***)** האָבן אַ לאַנגע באָרד
well-fed אױסגעפּאַשעט
well-founded שטאַרק פֿאַרגרונטיקט; באַרעכטיקט
well-groomed נעט; ציכטיק
well-heeled פֿאַרמעגלעך; באַמיטלט
be well-heeled זײַן בײַ געלט; האָבן דעם גראָשן ‹די מטבע› [MATBÉYE]
well-hung (inf./*hum.***)** געבענטשט
well-informed גוט אינפֿאָרמירט
well-intentioned (פֿול) מיט גוטע כּװנות [KAVÓNES]
well-kept אָפּגעהיט; ציכטיק
well-known באַקאַנט; באַװוּסט
well-lit גוט באַלױכטן
well-mannered העפֿלעך; װױל דערצויגן; מיט אײדעלע מאַנירן ‹מידות› [MÍDES]
well-meaning *see* **well-intentioned**
wellness דאָס געזונט; דאָס געזונט־זײַן
wellness program די געזונט־פּראָגראַם, ־ען
well-nigh שיִער נישט; כּמעט [KIMÁT]
well-off בעל־הבתּיש; פֿאַרמעגלעך; רײַך [BAL(E)BÁTISh]
well-oiled גוט באַשמירט ‹באײלט›
(tipsy) פֿאַרכּוס(י)עט; בגילופֿין [FARKÓYS(Y)ET] [BEGILÚFN]
be well-oiled (going smoothly) גײן װי געשמירט; קלאַפּן
well-ordered סדרדיק [SÉYDERDIK]
well-paid גוט באַצאָלט
well-placed גוט פּלאַצירט
well-preserved גוט אָפּגעהיט
well-proportioned שטאַלטנע; שטאַלטיק; װױל געפֿורעמט
well-read אָנגעלײענט
well-read person דער אָנגעלײענטער געב׳
well-regarded
She is well-regarded מע האַלט פֿון איר (אַ װעלט)
well-rested אױסגערוט
well-rounded גוט באַהאַװנט; פֿעיִק; בקי [BÓKE]
well-spoken עלאָקװענט
be well-spoken רעדן עלאָקװענט ‹שײן›; קענען נעמען אַ װאָרט אין מױל אַרײַן
wellspring דער קװאַל, ־ן; דער מקור, ־ים [MÓKER, MEKÓYRIM]
well-thought-of אָנגעזען
well-thought-out גוט באַקלערט ‹(אַ)דורכגעטראַכט/אױספּלאַנירט›
well-thumbed פֿאַרשמאָלצעװעט
well-timed צו דער צײַט; רעכטצײַטיק
well-to-do בעל־הבתּיש; פֿאַרמעגלעך; באַמיטלט; רײַך [BAL(E)BÁTISh]
the well-to-do *also* נגידים; עשירים [NEGÍDIM] [AShÍRIM]
well-traveled אױסגעפֿאָרן
well-traveled road דער אױסגעפֿאָרענער ‹אױסגעטראָטענער› װעג, ־ן
He's well-traveled ער איז שױן אױסגעפֿאָרן אַ װעלט
well-tried אױסגעפּרוּװט
well-trodden אױסגעטראָטן
well-versed
be well-versed (in) גוט קענען + אַק׳; פֿאַרשטײן זיך (אױף); זײַן בקי ‹באַהאַװנט› (אין) [BÓKE]
be well-versed (J.) קענען די קלײנע אותיעלעך; גוט קענען; זײַן אַ בקי אין די שװאַרצע פּינטעלעך [ÓYSYELEKh]
well water דאָס ברונעם־װאַסער
well-wisher דער צװױנטשער, ־ס; דער פֿאַרגינער, ־ס; דער גוטװוּנטשער, ־ס; דער דורש־טובֿ [DÓYRESh-TÓV/TÓYV]
well-worn גוט אױסגעטראָגן ‹אָפּגעטראָגן›
Welsh, *n.*
(people) װײלזער
(language) דאָס װעלשיש; די װעלשישע שפּראַך
welsh, *v.* **(***slg./pej.***)** אַרױסדרײען זיך פֿון די חובֿות [KhÓYVES]
Welshman דער װײלזער, –
Welsh rarebit גרענקעס מיט קעז
Welshwoman די װײלזערין, ־ס
welt דער שראַם, ־ען; דער שמײַסצײכן, ־ס
weltanschauung דער װעלטבאַנעם; די השקפֿה [HAShKÓFE]
welterweight דער װעלטערװאָגיקער געב׳
welwitschia די װעלװיטשיע, ־ס
wench, *n.* דאָס (אַרבעט)מײדל, ־עך; די זונה, ־ות [ZÓYNE]
wench, *v.* אַרומשלעפּן זיך מיט זונות [ZÓYNES]
wend, *v.*
wend one's way to דערשלאָגן זיך צו ‹אין›
werewolf דער װאָלקעלאַק, ־עס
west, *adj.* מערבֿ [MÁYREV]
west, *adv.*
go west גײן ‹פֿאָרן› אױף מערבֿ [MÁYREV]
west, *n.* דער מערבֿ [MÁYREV]
West Bank דער מערבֿ־ברעג [MÁYREV]
westbound אױף מערבֿ (צו) [MÁYREV]
westerly, *adj.* מערבֿ־...; מערבֿדיק [MÁYREV] [MÁYREVDIK]
westerly, *n.* דער מערבֿ־װינט, ־ן [MÁYREV]
western, *adj.* מערבֿ־...; מערבֿדיק [MÁYREV] [MÁYREVDIK]
western, *n.* דער קאָװבױ־פֿילם, ־ען
Westerner דער מערבֿדיקער געב׳ [MÁYREVDIKER]
Western Hemisphere די מערבֿ־העמיספֿער; דער מערבֿדיקער האַלבקײַלעך [MÁYREV] [MÁYREVDIKER]
westernism דער מערבֿיזם, ־ען [MAYREVÍZM]
westernization די מערבֿיזירונג; די פֿאַרװעלטלעכונג [MAYREVIZÍRUNG]
westernize מערבֿיזירן; פֿאַרװעלטלעכן [MAYREVIZÍRN]
westernized מערבֿיזירט; פֿאַרװעלטלעכט [MAYREVIZÍRT]
westernmost סאַמע מערבֿדיקסט; סאַמע אױף מערבֿ [MÁYREVDIKST] [MÁYREV]
West Indian gherkin די עסיק־אוגערקע, ־ס

West Nile virus דער ניל־קדחת־ווירוס [KADÓKhES]
West Virginia (די) וועסט־ווירדזשיניע
westward אויף מערבֿ (צו) [MÁYREV]
wet, *adj.* נאַס
wet with tears באַנעצט מיט טרערן
get wet נאַס ווערן
He's still wet behind the ears ער האָט נאָך מילך אויף די וואָנצעס; דער מאַמעס מילך ליגט אים נאָך אויף די ליפּן; ער איז נאָך אַ גרינער
wet, *n.* דער נאַסער וועטער; דער רעגן
out in the wet דרויסן אין רעגן
wet, *v.* באַנעצן
wet one's bed באַנעצן דאָס בעט; נאַס מאַכן דאָס בעט
wet one's whistle באַנעצן די ליפּן; מאַכן אַ שנעפּסל; נעמען ‹מאַכן› אַ כּוס(י)ע [KÓYS(Y)E]
wet oneself, *imp.* זײַן נאַס
wet oneself, *pf.* באַנעצן זיך; אײַננעצן זיך; באַפּישן זיך
wet through (אַ)דורכווייקן
wet bar דער שטוביקער באַר, ־ן
wet blanket (*fig.*) די נאַסע שמאַטע, ־ס; די זויערע לימענע ‹אוגערקע›, ־ס
wet clothing נאַסע קליידער ל״ר; דאָס באַנעצטע אָנטועכץ
wet dream
(nocturnal emission) די פּאָלוציע
(*fig.*) דער עראָטישער חלום, ־ות; די סעקסועלע פֿאַנטאַזיע, ־ס [KhÓLEM, KhALÓYMES]
wetness די נעץ; די/דאָס פֿײַכטקייט
wetnurse די (נ)אַם, ־ען; די זייגערין, ־ס; די מאַמקע, ־ס
wet suit דער הידראָקאָסטיום, ־ען
wetting די באַנעצונג; די באַפֿײַכטונג
whack, *n.* דער זעץ, ־ן; דער קלאַפּ, קלעפּ; דער טראַסק, ־ן/טרעסק
out of whack נישט ווי ס'קער צו זײַן; נישט אין אָרדענונג; אַרויס פֿון די האַלאָבליעס; נישט מיט אַלעמען
whack, *v.* געבן אַ זעץ ‹קלאַפּ/טראַסק›
whacked (exhausted) אויסגעשעפּט; אויסגעמוטשעט
whale דער וואַלפֿיש, ־ן
have a whale of a time שטאַרק גוט פֿאַרברענגען
whale blubber דער (וואַלפֿיש)טראָן
whaleboat דאָס וואַלפֿיששיפֿל, ־עך
whalebone דער פֿישביין, ־ער
whaler
(person) דער וואַלפֿישפֿאַנגער, ־ס; דער וואַלפֿישער, ־ס
(vessel) די וואַלפֿיששיף, ־ן
whale watching דאָס אָבסערווירן וואַלפֿישן
whaling, *n.* דער וואַלפֿישפֿאַנג; דאָס וואַלפֿישערײַ
whaling ship די וואַלפֿיששיף, ־ן
Wham! זעץ!; זבענק!
whammy דער טראַסק, ־ן/טרעסק; דער קלאַפּ, קלעפּ
wharf די ווערף, ־ן
what, *adj.* סאַראַ; וואָס פֿאַר אַ; וואָסער
what, *pron.* וואָס
What? וואָס?
What? (in response to "What?"/*hum.*) וואָס? יקנה"ז! [YAKNEHÓZ]
What about ...? וואָס איז מיט ...?; וווּ איז ...?
What for? צו ‹נאָך› וואָס?; למאַי? [LEMÁY]
What goes around comes around וואָס פֿאַר אַ זריעה, אַזאַ תּבֿואה; וואָס מע זייט, דאָס שנײַדט מען; וואָס פֿאַר אַ גוט־מאָרגן, אַזאַ גוט־יאָר; ווי מע בעט זיך אויס, אַזוי שלאָפֿט מען [ZRÍE] [TVÚE/TVÍE]
what have you און דאָס גלײַכן; וכדומה; וכּדומה [UKhDÓYME] [VEKEDÓYME]
what if און טאָמער; וואָס וואָלט געווען ווען
What of it? נו, איז וואָס?
What on earth ...? וואָס, צו(ן) אַל די שוואַרצע־יאָר, ...?
what's what דער פּינקטלעכער מצבֿ ‹ענין›; אַלע פֿאַקטן [MÁTSEV] [ÍNYEN]
What's with him? וואָס טוט זיך מיט אים?
what's worse איז אַוודאי שלעכט, איז נאָך ערגער [AVÁDE]
what, *int.*
What? סטײַטש?; וואָס הייסט?; וואָס האָסטו געזאָגט?
What a ...! אַזאַ מין...!; סאַראַ ...!
what, *pron.-adj.* וואָסער; וועל(ע)כ...
whatchamacallit דער ווי־רופֿט־מען־דאָס; דער דזשימדזשיק; די מאַכערײַקע
Whatever!, *int.* וואָסער אַ חילוק!; מילא!; ווייס איך וואָס!; וואָס אַרט מיך?; מאַלע וואָס! [KhÍLEK] [MÉYLE]
whatever, *pron.* וואָס סע זאָל נישט זײַן; וואָס נאָר
whatever happens וואָס סע זאָל נישט געשען ‹טרעפֿן›; ווי סע זאָל נישט זײַן
whatever, *pron.-adj.* וועלכער ‹וואָסער› ... סע זאָל נישט זײַן
what for, *n.*
He's going to get what for! ער וועט שוין האָבן דעם רעכטן פּסק!; מע וועט אים שוין אַרײַנלייגן אין די ביינער!; מע וועט אים שוין געבן די ריכטיקע עליה!; ער וועט דערפֿאַר באַקומען אַ מי־שברך! [PSAK] [ALÍE] [MIShEBÉYREKh]
what's-his-name ווי רופֿט מען אים דאָרט?; יענער פּלוני; דער האָצמאַך [PLÓYNE]
whatsoever בכלל; ווי סע זאָל נישט זײַן [BIKhLÁL]
wheat, *adj.* ווייצן
wheat, *n.* דער ווייץ
wheat bread דאָס ווייצנברויט
wheat cereal די ווייצענע קאַשע
wheatear די ענאַנטע־טענצערין, ־ס
wheat flakes ווייץ־שנייעלעך
wheat flour דאָס/די ווייצנמעל
wheat germ די ווייצן־גערמע
wheat gluten דער ווייצגלוטן
wheatgrass דער ווילדווייץ
wheedle חנפֿע|(נע)ן [KhÁNFE(NE)N]
wheedle sb. into (doing stg.) פּרוּוון פּועלן בײַ + דאַט', ער ‹זי› זאָל ...; בעטן זיך בײַ + דאַט', ער ‹זי› זאָל... [PÓY(E)LN]
wheedle sb. out of אויסבעטן + אַק' בײַ + דאַט'; אויסחנפֿע|(נע)ן + אַק' בײַ + דאַט' [ÓYSKhÁNFE(NE)N]
wheel, *n.* די/דאָס ראָד, רעדער
wheel of cheese דאָס קעזל, ־עך; דאָס רעדל קעז
wheel of fortune דער גלגל־החוזר [GALGL-HAKhÓYZER]
wheels of justice מילן פֿון גערעכטיקייט
be at the wheel (automobile) פֿירן דעם אויטאָ; שאָפֿירן
be at the wheel (naut.) שטיין בײַם רודער
break sb. on the wheel ראָדברעכן; רעדערן
grease the wheels (*fig.*) שמירן
wheel, *v.*
wheel and deal (honestly) פֿירן ‹מאַכן› געשעפֿטן
wheel and deal (dishonestly) שאַכער־מאַכערן; פֿירן טונקעלע ‹טרייפֿענע/פֿוילע› געשעפֿטן
wheel around געבן זיך אַ דריי אויס
wheel alignment די ראָד־אויסגלײַכונג
wheelbarrow די טאַטשקע ‹טוטשקע›, ־ס
wheel base די ראָדדיסטאַנץ
wheelchair די רעדלשטול, ־ן; די רעדערשטול, ־ן
wheelchair-accessible צוצוקומען מיט אַ רעדלשטול

wheelchair-bound
 be wheelchair-bound נישט קענען אַרויס פֿון רעדלשטול; זײַן צוגעשמידט צו דער רעדלשטול
wheeled באַרעדערט; אויף ‹מיט› רעדלעך
 wheeled luggage דער באַגאַזש אויף רעדלעך
 wheeled toy דאָס שפּילעכל אויף רעדלעך; דאָס באַרעדערטע שפּילעכל, ־עך
wheeler-dealer דער דרייקאָפּ, ...קעפּ; דער שאַכער־מאַכער, ־ס; דער שווינדלער, ־ס; דער פּלוט, ־ן
wheel horse דער שפּיצאָק, ־ן
wheelhouse די דעק־קאַבינע, ־ס
wheelie
 do a wheelie פֿאָרן (נאָר) אויף דער הינטערשטער ראָד
wheeling and dealing דער שאַכער־מאַכער; דאָס שאַכער־מאַכערײַ; די מאַכינאַציע; אַ קנופּ מיט אַ שלייף
wheelwright דער סטעלמאַך, ־ן; דער רעדערניק, ־עס
wheeze, *n.* דער כאָרכל, ־ען; דאָס כריפּעניש, ־ן; דער פּרײַך, ־ן
wheeze, *v.* כאָרכלען; כריפּען; פּרײַכן
whelp, *n.*
 (dog) דער צוציק, ־עס; דאָס הינטעלע, ־ך
 (fox) דאָס פֿיקסעלע, ־ך
 (lion) דאָס לייבעלע, ־ך
 (wolf) דאָס וועלפֿעלע, ־ך
 (person) דער צוציק, ־עס; דאָס שנעקל, ־עך; דער חוצפּהניק, ־עס; דער/דאָס עזות־פּנים, ־ער [KhÚTSPENIK] [ÁZES-PÓNEM, -PÉNEMER]
whelp, *v.*
 (dog) צײַקלען זיך; האָבן הינטעלעך
 (wolf) וועלפֿלען זיך; האָבן וועלפֿעלעך
when, *adv./pron.* ווען
when, *conj.* ווען; אַז
whence פֿון וואַנען ‹וואַנעט›
whenever ווען (נאָר); ווען סע זאָל נישט זײַן; ווען סע זאָל זיך נישט מאַכן ‹טרעפֿן›
where, *adv.* וווּ
 (whither) וווּהין
where, *conj.* וווּ
 (wherever) וווּהין (נאָר)
 this is where אָט וווּ; אָט (אָ) דאָ
where, *pron.* וווּ
 Where has she been? וווּ איז זי געווען?; וווּ איז זי פֿאַרפֿאַלן געוואָרן?
 where to וווּהין
whereabouts
 No one knows his whereabouts מע ווייסט נישט וווּ ער איז (ערגעץ); מע ווייסט נישט וווּ ער ‹זײַן געביין› איז אַהינגעקומען
whereas
 (considering) היות (ווי); אַזוי ווי; באשר־בכן [HEYÓYS] [BÁ(N)ShER-BEKhÉYN]
 (while on the contrary) בשעת ווען [BEShÁS]
whereby דורך ‹מיט/לויט› וועל(ע)כ...
wherefore פֿאַר וואָס
wherein, *adv.* ווי אַזוי
wherein, *conj.* אין וועל(ע)כ...
whereof פֿון ‹וועגן› וועל(ע)כ...; פֿון ‹וועגן› וועמען
whereon אויף וועל(ע)כ...
whereupon (באַלד) נאָך וועל(ע)כ...
wherever וווּ (נאָר); וווּ סע זאָל נישט זײַן
wherewithal
 have the wherewithal האָבן מיט וואָס; האָבן די מיטלען
whet, *v. imp./pf.* **(sharpen)** (אָנ)שאַרפֿן; (אָנ)שלײַפֿן
 whet one's appetite צוגעבן + דאַט' אַפּעטיט ‹חשק›; שאַרפֿן ‹רייצן› + דאַט' דעם אַפּעטיט [KhÉYShEK]
whether צי
 whether... or... צי... צי...
whetstone דער שאַרפֿשטיין, ־ער; דער שלײַפֿשטיין, ־ער
Whew! אוף!; פֿיו!
whey די ס(ע)ראָוועטקע
which, *inter. pron.* וועל(ע)כער; וואָסער; ווער
 Which one of you...? ווער פֿון אײַך... ?
 which way (from whence) פֿון וואַנען ‹וואַנעט›
 which way (how) ווי אַזוי
 which way (whither) וווּהין
which, *rel. pron.* וועל(ע)כ...; וואָס
 I can't tell which is which כ'קען נישט דערקענען דעם חילוק; כ'קען זיי נישט פֿונאַנדערשיידן [KhÍLEK]
whichever וועל(ע)כס (נאָר); וועל(ע)כס סע זאָל נישט זײַן
whiff, *n.*
 (inhalation) דער אײַנאָטעם, ־ס; דער אָטעם אײַן
 (odor) דער ריח, ־ות [RÉYEKh, RÉYKhES]
 (waft) דער בלאָז, ־ן; דער ווייע, ־ס
 get a whiff of דערשמעקן; אויפֿכאַפּן דעם ריח פֿון
 He didn't like the whiff of ס'האָט אים נישט געשמעקט + נאָמ'
whiff, *v.*
 (inhale) געבן ‹טאָן› אַן אָטעם אײַן
 (waft) בלאָזן; ווייע|ן
 (baseball) מאַכן אַ סטרײַקאַוט
while, *conj.* בשעת; בעת; אין דער צײַט ווען; בײַם + אינפֿ' [BEShÁS] [BEYS]
while, *n.* די ווײַלע, ־ס; די ווײַל, ־ן; די רגע, ־ס [RÉGE]
 a little while אַ ווײַלינקע; אַ רגעלע [RÉGELE]
 a long while ago לאַנג צוריק
 a short while ago מיט אַ קורצער צײַט צוריק; (דאָ) נישט לאַנג
 after a while מיט דער צײַט
 all the while בשעת־מעשה; בעת־מעשה; די גאַנצע צײַט [BEShÁS-MÁYSE] [BEYS-MÁYSE]
 for a while אַ שטיק צײַט
 it's been quite a while since (ס'איז) שוין לאַנג וואָס
while, *v.* **(away)** פֿאַרברענגען (די צײַט)
whim, *n.* די פּרימכע, ־ס; דער קאַפּריז, ־ן; דאָס ווערלעכץ, ־ער; די מעליגנע, ־ס; דער שגעון, ־ות [ShIGÓEN, ShIGÓYNES]
 on a whim ספּאָנטאַנערהייט; נישט־געקלערטערהייט; סתם אַזוי [STAM]
 whims *also* חפֿצ(י)ות [KhÉFTS(Y)ES]
whimper, *n.* דער פּישטש, ־עס; דאָס כניקען
whimper, *v.* פּישטשע|ן; פּכי(נ)קע|ן; כניקע|ן; קאַנוקע|ן; ווימפּערן
whimsical קאַפּריזנע; קאַפּריזיק
whimsy קאַפּריזן ל"ר
whine, *n.* דער פּישטש; דער פּכיק
whine, *v.* פּישטשע|ן; קווענטשן זיך; פּכיקע|ן; באַקלאָגן זיך; סקאַווטשע|ן; קאַנוקע|ן
whiner דער פּישטשער, ־ס; דער קווענטשעדיקער געב'; דער ווײַנער, ־ס; די קלאַגמוטער, ־ס; דער קלאָגער, ־ס; דער טענה־האָבער, ־ס [TÁYNE]
whining, *n.* דאָס פּישטשען; דאָס קווענטשן זיך; דאָס האָבן טענות; דאָס סקאַווטשען [TÁYNES]
whinny, *n.* דער הירזשע, ־ס
whinny, *v.* הירזשע|ן
whip, *n.* די בײַטש, ־ן; די נאַגײַקע, ־ס
 (for disciplining) דער קאַנטשיק, ־עס

(riding) די ריַטבײַטש, ־ן
House Majority Whip דער שטימען־אָנטרײַבער פֿון מאַיאָריטעטן־פּאַרטיי
House Minority Whip דער שטימען־אָנטרײַבער פֿון מינאָריטעטן־פּאַרטיי
whip, *v.* שמײַסן; קאַטעווען
whip away (from) אַרויסרײַסן (בײַ); אַװעקרײַסן (בײַ)
whip cream אויפֿשלאָגן דעם שמאַנט
whip egg whites אויפֿשלאָגן אַ שניי; אויפֿשלאָגן די ווײַסלעך; אויפֿקלאַפּן אַ פּיאַנע
whip out אַרויסכאַפּן
whip through (blow) (אַ)דורכווייען; (אַ)דורכפֿליִען; (אַ)דורכבלאָזן
whip through (rush) (אַ)דורכיאָגן זיך דורך
whip up (a crowd) אויפֿרעגן; אויפֿרייצן; אויפֿהעצן
whip up (prepare hastily) געבן אַ גרייט צו; געבן אַ שטעל צונויף; צוגרייטן אויף גיך
whiplash, *n.*
(injury) דער טראַסקשאָדן, ־ס
(whip) דער שמיץ, –
whiplash, *v.* שמײַסן; געבן שמיץ; קאַטעווען
whipped cream דער (אויפֿגעשלאָגענער) קרעם
whippersnapper דער יונגאַטש, ־עס; דער שנעק, ־עס; דער חוצפּהניק, ־עס [KhÚTSPENIK]
whipping, *n.* שמיץ ל״ר; מלקות ל״ר [MÁLKES]
give a good whipping to גוט אָפּשמײַסן
whipping boy דער שעיר־לעזאָזל; דאָס כּפּרה־הינדל [SÓER-LAZÓZL] [KAPÓRE]
whipping cream דער שמאַנט
whippoorwill דער שרײַענדיקער ציגן־מעלקער, ־ס
whippy בייגעוודיק
whir, *n.* דאָס זשומעניש; דאָס זשומען; דאָס זשוזשעניש; דאָס זשוזשען
whir, *v.* זשומען; זשוזשען
whirl, *n.* דאָס געדריי; דאָס געווירבל; דער קאָך
give it a whirl געבן ‹טאָן› אַ פּרוּוו
whirl, *vt./vi.*ווירבלען (זיך); ווערבלען (זיך); דרייען (זיך)
whirl around געבן זיך אַ דריי אַרום
whirlpool די ווערבלקע, ־ס; דער וואַסער־ווירבל, ־ען; דער/די קעסלגרוב, ...גריבער
whirlwind דער וויכער, ־ס; דער ווערבלווינט, ־ן; דער ווירבל, ־ען
whirlwind tour דער בליצטור, ־ן
whisk, *n.* דער אייער־קלאַפּער, ־ס; דער אויפֿשלאָגער, ־ס
whisk, *v.*
(egg/cream) אויפֿשלאָגן
(stir quickly) צונויפֿשלאָגן
whisk away אַוועקכאַפּן; אַוועקרײַסן; צונעמען געשווינד
whiskbroom די קליידערבאַרשט, ...בערשט
whisker
win by a whisker געווינען מיט ‹אויף› אַ האָר
within a whisker of אויף אַ האָר פֿון; אויפֿן ראַנד פֿון
whiskers
(animal) וואָנצעלעך
(human) באַקנבערד
whisky דער וויסקי; דער שנאַפּס; דער בראָנפֿן
whisper, *n.* דער שושקע, ־ס; דער שעפּטש, ־ן
whisper, *v.* שושקען; שעפּטשען
whisper into sb.'s ear אַרײַנשושקען ‹שעפּטשען› + דאַט' אין אויער אַרײַן; שושקען + דאַט' אויפֿן אויער; אײַנרוימען + דאַט' אין אויער
whisper to one another (איבער)שושקען זיך; סודען זיך [SÓYDEN]

whispering, *adj.* שושקענדיק; שעפּטשענדיק
whispering, *n.* דאָס שושקעניש, ־ן; דאָס שעפּטשערײַ
whispering campaign די לשון־הרע־קאַמפּאַניע, ־ס [LOShN-HÓRE]
whistle, *n.*
(mus.) דאָס פֿײַפֿל, ־עך; דאָס פֿײַפֿעלע, ־ך
(of bullet) דער קוילנסווישטש, ־ן
(signal) דער (סיגנאַל)פֿײַף, ־ן; דער הודאָק, הודקעס
(sound) דער סווישטש, ־ן; דאָס סווישטשען; דאָס סווישטשערײַ
whistle, *v.*
(signal) הודיען; פֿײַפֿן
(with lips) פֿײַפֿלען; סווישטשען
whistle a tune אונטערפֿײַפֿן אַ לידל
whistle at אַ פֿײַף טאָן אויף; געבן אַ פֿײַף אויף
whistle past (אַ)דורכפֿײַפֿן
whistle-blower דער אויסדערציילער, ־ס; דער אויסזאָגער, ־ס
whistling, *adj.* סווישטשענדיק; פֿײַפֿנדיק
the whistling wind דאָס פֿײַפֿן ‹הודיען› פֿונעם ווינט
whistling, *n.* דאָס סווישטשערײַ; דאָס פֿײַפֿערײַ
whit דער שמץ; דאָס ברעקעלע [ShÉMETS]
white, *adj.* ווײַס
white as a sheet ווײַס ‹בלייך/בלאַס› ווי די וואַנט
go white בלייך ‹בלאַס› ווערן
go white with anger בלייך ווערן פֿון כּעס ‹רוגזא› [KÁAS] [RÚGZE]
white, *n.*
(of egg) דאָס ווײַסל, ־עך
(of eye) דאָס (אויגן־)ווײַסל, ־עך; דער ווײַסאַפּל, ־ען
white ant דער טערמיט, ־ן; די ווײַסע מערעטשקע ‹מוראַשקע›, ־ס
white blood cell דאָס ווײַסע בלוט־קערערל, ־עך; דאָס ווײַסע בלוט־קײַקעלע, ־ך
whiteboard דער ווײַסער טאָוול, ־ען
white bread דאָס ווײַסברויט
whitecap די שוימכוואַליע, ־ס
white-collar ווײַסקאָלנערדיק; ווײַסקאָלנער־...
white-collar worker דער ווײַסקאָלנערניק, ־ס
white dwarf (bot.) דער ווײַסער קאַרליק, ־עס
whitefish דער ווײַספֿיש, –; דאָס רויטאייגל, ־עך
white frost דאָס זילבער־פֿרעסטל; דער פֿראָסטטוי; דאָס געפֿרויר
White Guard
(militia/hist.) די ווײַסע גוואַרדיע
(person) דער ווײַסגוואַרדייער, ־ס
white-haired
be white-haired האָבן אַ ווײַסן קאָפּ האָר
whitehead דאָס ווײַסע פּרישטשיקל, ־עך
white heat דער ווײַסגלי
white horse דער שימל, ־ען
(wave) די שוימכוואַליע, ־ס
white-hot גליִיִק הייס
White House דאָס ווײַסע הויז
white-knuckled אָנגעשטרענגט; אָנגעצויגן
white lie דער ליגן פֿון שלום(־בית) וועגן; דער האַלבער אמת; דאָס ליגנדל, ־עך; דאָס ליגנימל, ־עך [ShÓLEM(-BÁYES)] [ÉMES]
white meat (poultry) דער בײַליק
whiten אָפּבליכן; אָפּווײַסן; פֿאַרווײַסן
(with cream/cul.) אונטערשלאָגן
whitener דאָס אָפּווײַסעכץ
white noise דער ווײַסער רעש [RASh]

whiteout
(blizzard) די זאַווערוכע־פֿאַרווײַסונג, ־ען
(correction fluid) דאָס אויסווײַסעכץ
white paper דאָס ווײַסבוך, ...ביכער
white pepper דער ווײַסער פֿעפֿער
white-skinned ווײַסהויטיק
white slavery דער פֿרויען־האַנדל
white supremacist דער ווײַסער סופּרעמאַטיסט, ־ן
white-tailed eagle דער האָפּיכט, ־ן; דער ים־אָדלער, ־ס [YAM]
whitethroat די דאָרן־סילוויע, ־ס; די דאָרן־גראַזמוק, ־ן
white-tie גאָר פֿאָרמעל
white trash דער ווײַסער המון [HAMÓYN]
whitewash, *n.* דער קאַל(ע)ך
(cover-up) די פֿאַרטושונג, ־ען; דאָס פֿאַרטושן
(exoneration) דאָס ריינוואַשן
whitewash, *v. imp./pf.* (אָפּ)קאַל(ע)כן
(cover up) פֿאַרטושן
(exonerate) ריינוואַשן
whitewater די שטראָמשוועל, ־ן; דאָס גיכוואַסער
go whitewater rafting פֿליטעווע|ן אויפֿן גיכוואַסער
white whale דער ווײַסער וואַלפֿיש, ־; די בעלוגע, ־ס
white wine דער ווײַסווײַן, ־ען; דער ווײַסער ווײַן, ־ען
whither ווו(אַ)הין
whiting דער מערלאַן, ־ען
whitish ווײַסלעך
whitlow די זאַניטעצע, ־ס
Whitsuntide די גרין־חגא [KhÓGE]
whittle, *v. imp./pf.* (אויס)שניצן
whiz, *n.* דער חריף, ־ים; דער שפּיצקאָפּ, ...קעפּ; דער זשעני, ־ען [KhÁREF, Kh(A)RÍFIM]
(*hum.*) דער קנאַקער, ־ס
whiz, *v.* זשומע|ן; זשוזשע|ן
whiz by (אַ)דורכשיסן; (אַ)דורכפֿליִען; (אַ)דורכפֿײַפֿן
whiz kid דאָס בליצקעפּל, ־עך; דאָס וווּנדערקינד, ־ער; דאָס קלוגע היטעלע, ־ך
who
inter. pron. ווער
rel. pron. וואָס; וועל(ע)כ...
Who cares about...? וועמען גייט עס אָן וואָס ...?
Who, me? וואָס, איך?; ווער דען, איך?
Who? (in response to "Who?"/*hum.*) ווער? לעקיש בער!
Whoa! (ט)פּרו!
whodunit דער דעטעקטיוו־ראָמאַן, ־ען
whoever ווער (נאָר); ווער סע זאָל נישט זײַן
whole, *adj.* גאַנץ; גאָר
a whole month long אַ גאַנצן חודש לאַנג [KhÓYDESh]
a whole month passed אַ גאַנצער חודש איז פֿאַרבײַ
a whole nother story גאָר אַן אַנדער מעשׂה [MÁYSE]
four whole days גאַנצע פֿיר טעג
That's the whole point! טאַקע אין דעם גייט עס דאָך!
the whole way אין גאַנצן; דעם גאַנצן וועג
whole, *n.* דאָס גאַנצע; די גאַנצקייט; די גאַנצהייט
as a whole ווי אַ גאַנצקייט
on the whole בסך־הכּל; אין גאַנצן (גענומען) [BESAKhÁKL]
the whole of Europe גאַנץ אייראָפּע
whole-grain פֿון גאַנצע קערנדלעך; פֿון גאַנצזאַנגוואַרג
whole-heartedly מיטן גאַנצן האַרצן
whole milk די פֿולע מיל(ע)ך
wholeness די/דאָס גאַנצקייט
whole note די גאַנצע נאָטע, נאָטן
whole number די גאַנצצאָל, ־ן; די גאַנצע צאָל, ־ן
wholesale, *adj.* הורט...; הורטאָווו(נ)ע
wholesale price דער הורטפּרײַז, ־ן
wholesale, *adv.* אויף ‹אין› הורט; הורטאָווו(נ)ע; הורטאָם
wholesale, *n.* דער הורט; דער הורטהאַנדל; דאָס הורטגעשעפֿט
wholesaler
m./unsp. דער הורטאָווניק, ־עס; דער הורטהענדלער, ־ס; דער הורטלער, ־ס; דער הורט־סוחר, ־ים [SÓYKhER, SÓKhRIM]
f. די הורטאָווניצע, ־ס; די הורטהענדלערקע, ־ס; די הורטלערקע, ־ס; די הורט־סוחרטע, ־ס [SÓYKhERTE]
wholesome געזונט
(virtuous) ערלעך; מידותדיק [MÍDESDIK]
whole-wheat, *adj.* ראַזעווע; קלײַענווייצן; גאַנצווייצן
whole wheat, *n.* דער קלײַענווייץ
whole-wheat bread דאָס ראַזעווע ‹קלײַענווייצענע/גאַנצווייצענע› ברויט
whole-wheat flour דאָס/די ראַזעווע מעל
wholly אין גאַנצן; פֿולשטענדיק
whom וועמען
whoop, *n.* דער אויסגעשריי, ־ען; דער אויסרוף, ־ן; דער הוק, ־עס
whoop, *v.* געבן אַ שרײַ ‹רוף› אויס; הוקע|ן
whoop it up אַ הוליע טאָן
whoopee
make whoopee הוליע|ן; פֿראַווע|ן אָרגיעס
Whoopee!, *int.* הוראַ!
whoopee cushion דאָס פֿערצל־קישל, ־עך
whooping cough דער קײַכהוסט; דער קײַכהיס; דער קאָקלהוסט; דער קאָקליוש
Whoops(-a-daisy)! אוף!; אופּס!; איי־איי־איי!
whop געבן + דאַט' אַ זעץ; אַ זעץ טאָן + דאַט'
whopper
(lie) דער שקר־וכּזבֿ, שקרים־וכּזבֿים; דער ליגן פֿון ליגונים־לאַנד; דער ריזיקער ‹קאָלאָסאַלער› ליגן, ־ס [ShÉKER-VEKÓZEV, ShKÓRIM-UKhZÓVIM]
a whopper of a ... אַ ריזיקער ‹ג(ע)וואַלדיקער/קאָלאָסאַלער› געב' ...
whopping ריזיק (גרויס); גוזמאדיק [GÚZMEDIK]
whore, *n.* (*vlg.*) די קורווע, ־ס; די הור, ־ן; די זונה, ־ות; די נפֿקא, ־ס; די בלאַטע, ־ס; די שליוכע, ־ס [ZÓYNE] [NÁFKE]
whore, *v.* (*vlg.*) הורן; הורעווע|ן; אַרומטליקע|ן; טרײַבן זנות [ZNUS]
whorehouse דאָס (פֿרײַלעכע) הײַזל, ־עך; דער באָרדעל, ־ן; דאָס בית־זונות, בתּי־...; דאָס נפֿקא־בית, ־ן [BEYS-ZÓYNES, BÓTE-...] [NÁFKE-BÁYES]
whoremonger (*vlg.*) דער קורעווניק, ־עס; דער נפֿקאניק, ־עס [NÁFKENIK]
whorl דאָס געדריי; דער וויקל, ־ען
(bot.) דאָס וויקל־בלעטל, ־עך
(fingerprint) דער פֿינגער־אויער, ־ס
(ringlet) די לאָק, ־ן
whortleberry די טשערניצע, ־ס
whose וועמע(נ)ס
Whose shoe is this? וועמע(נ)ס איז דער שוך?
why, *adv.* פֿאַר וואָס; צו וואָס; (ה)למאי; אַלמאַי [(HA)LEMÁY] [ALEMÁY]
Why, of all things...? וואָס עפּעס ...?
why, *int.* נו
Why, yes! נו, אַוודאי! [AVÁDE]
wick דער/די קנויט, ־ן; דאָס קנייטל, ־עך
wicked בייז; שלעכט; שלעכטהאַרציק; שאַלקהאַפֿטיק

wicked person (*m./unsp.*) דער רשע, ־ים; דער רשע פֿון דער הגדה; דער פֿאַסקודניאַק, ־עס; דער מנוול, ־ים; דער ימח־שמוניק, ־עס; דער הונט מיט אױערן; דער שלעכטער געב׳ [RÓShE, REShÓYEM] [HAGÓDE] [MENÚVL, MENUVÓLIM] [YEMÁKh-ShMÓYNIK]
wicked person (*f.*) די מרשעת, ־ן; די רשעטע, ־ס; די רשעת, ־ן; די ימח־שמוניצע, ־ס; די כּלבֿטע, ־ס; די זרש [MARShÁS] [RÓShETE/ROShÉYTE] [REShÁS] [YEMÁKh-ShMÓYNITSE] [KLÁFTE] [ZÉRESh]
wickedness די/דאָס שלעכטקייט
wicker, *adj.* געפֿלאָכטן
wicker, *n.* דאָס פֿלעכטוואַרג; דאָס פֿלעכטערײַ
wicker basket דאָס געפֿלאָכטענע קײשל, ־עך
wicker chair די/דער געפֿלאָכטענע(ר) שטול, ־ן
wicket
 (**gate**) די פֿאָרטקע, ־ס; די קאַליטקע, ־ס; דאָס טױערל, ־עך
 (**spo.**) דער טױער, ־ן
 (**window**) דאָס פֿענצטערל, ־עך
wick lamp דאָס קורניקל, ־עך; דאָס קאָפּטשערל, ־עך
wide ברײט
 wide apart װײַט אײנס פֿונעם צװײטן
 wide awake אין גאַנצן אױף «װאַך»; אױסגעטשוכעט
 wide of the mark װײַט פֿון ציל; נישט אַקוראַט
 wide open ברײט «פֿראַל» אָפֿן; צעפּראַלט; אױפֿגעפּראַלט
 three feet wide דרײַ פֿוס די ברײט
wide-angle lens דער ברײט־װינקלדיקער אָביעקטיװ, ־ן
wide-eyed מיט ברײט צעעפֿנטע אױגן
 (*fig.*) אומשולדיק; גרינגגלײביק
widely ברײט; װײַט
widen, *vt./vi.* פֿאַרברײטערן (זיך); אױסברײטערן (זיך); צעברײטן (זיך)
wide-ranging מיט אַ ברײטן פֿאַרנעם; ברײט־פֿאַרנעמיק
widescreen, *adj.* ברײטעקראַניק; מיט אַ ברײטן עקראַן
widescreen, *n.* דער ברײטעקראַן, ־ען
widespread (װײַט) פֿאַרשפּרײט
widgeon grass די ים־רופֿיע [YAM]
widget
 (**product**) די זאַך, ־ן; דאָס זאַכעלע, ־ך
 (**scraper**) דער שאָבער, ־ס
 (**comp.**) דאָס צפּיחתל, ־עך [TSEPÍKhESL]
widow די אַלמנה, ־ות [ALMÓNE]
 (**typ.**) דאָס ממזרל, ־עך [MÁMZERL]
widowed
 (**man**) פֿאַראַלמנט [FARÁLMENT]
 (**woman**) פֿאַראַלמנהט [FARALMÓNET]
widower דער אַלמן, ־ס [ÁLMEN]
widowerhood די אַלמנשאַפֿט [ÁLMENShAFT]
widowhood די אַלמנהשאַפֿט [ALMÓNEShAFT]
width די ברײט, ־ן
 two inches in width צװײ צאָל די ברײט
widthways/widthwise אין דער ברײט
wield האַבן «האַלטן» אין האַנט; מאַכן מיט; באַגײן זיך מיט
 wield a pen האָבן אַ פּען אין האַנט
 wield power געװעלטיקן
wife דאָס/די װײַב, ־ער; די פֿרױ, ־ען
 my wife מײַן װײַב(ל); מײַן פֿרױ; מײַנע; מײַן פּלוניתטע; זוגתי [PLÓYNESTE] [ZUGÓSI]
 take as a wife נעמען פֿאַר אַ װײַב
wifebeater דער װײַבשלעגער, ־ס
 (*slg.*) דער דאַמען־שנײַדער, ־ס
 be a wifebeater שלאָגן דאָס װײַב
 (**shirt**/*slg.*) די מײַקע, ־ס
wife-swapping דער װײַבער־אױסבײַט

wig דער פּאַרוק, ־ן
 (**J./rel.**) דאָס שײטל, ־ען/־עך
wiggle, *n.* דאָס װאַקעװען
wiggle, *v.*
 vt. באַװעגן מיט
 vi. װאַקעװע|ן זיך
 leave some wiggle room לאָזן (װוּ צו) מאַנעװרירן
 wiggle one's ears באַװעגן «רירן» מיט די אױערן
 wiggle one's hips באַװעגן מיט די היפּטן «באָקעס»
wigwam דער װיגװאַם, ־ען
wild, *adj.* װילד
 (**unrestrained**) *also* צעװילדעװעט; צעלאָזן
wild, *adv.* װילד(ערהײט)
 go wild צעװילדעװע|ן זיך; װילד װערן
 run wild װילד אַרומלויפֿן; אַרומלויפֿן הפֿקרדיק [HÉFKERDIK]
 run wild (passions) אַרױסרײַסן זיך
wild, *n.* די װילדעניש, ־ן
 in the wild אויף דער נאַטור; אין שױס פֿון דער נאַטור
wild boar דער קאַבאַן, ־עס; דער װילדער חזיר, ־ים [KhÁZER, KhAZÉYRIM]
wild card די װילדע קאָרט, ־ן
 He's a wild card *also* מע קען נישט װיסן װאָס ער װעט «קער» טאָן
wildcat די װאַלדקאַץ, ...קעץ
wildcat strike דער אומאָפּיציעלער שטרײַק, ־ן; דער שטרײַק פֿאַר זיך
wild celery די װאַליסנעריע
wild duck דאָס װילדעקטל, ־עך
wildebeest דער גנו, ־ס; דער גנוס, ־ן
wilderness די װילדעניש, ־ן; דער/די מידבר, ־יות [MÍDBER, MIDBÓRYES]
wildfire די װאַלד־שׂרפֿה, ־ות [SRÉYFE]
 spread like wildfire (virus) פֿאַרשפּרײטן זיך װי פֿײַער
 spread like wildfire (rumor) איבערגײן פֿון מױל צו מױל
wildflower די פֿעלדבלום, ־ען
wild ginger דער פֿערדנפֿוס
wild-goose chase
 be on a wild-goose chase זוכן דעם נעכטיקן טאָג; גײן נאָך אַ סוכּה־שער [SÚKE]
wilding, *n.* דאָס װילדעװען
 go wilding װילדעװע|ן
wildlife די בעלי־חיים־װעלט; די לעבעדיקע נאַטור; די פֿאַונע [BÁLE-KhÁYEM]
wildlife sanctuary דער בעלי־חיים־רעזערװאַט, ־ן [BÁLE-KhÁYEM]
wildly װילדערהײט
wild rice דער װילדער רײַז
wild rye דאָס האָרגראָז
wiles דרײדלעך; איבערשפּיצלעך; תּחבולות [TAKhBÚLES]
wiliness די/דאָס כיטרעקײט; די/דאָס איבערגעשפּיצטקײט
will, *aux. v.* װעל געב׳
will, *n.*
 (**desire**) דער װילן; דער רצון [ROTSN]
 (**testament**) די צװאה, צװאָות [TSAVÓE]
 against one's will קעגן דעם (אײגענעם) װילן; איבער דאַנק; בעל־כּרחו [BALKÓRKhE]
 at will װען סע װילט «גלוסט» זיך (נאָר)
 draw up/write a will אָנשרײַבן אַ צװאה
 have an iron will האָבן אַ דעמבענעם «אײַזערנעם/ קופּערנעם» יצר־הרע [YÉYTSER-HÓRE]
 last will and testament די צװאה, צװאָות

of one's own free will מיטן (אײגענעם) פֿרײַען װילן; פֿרײַװיליק
Where there's a will, there's a way װיל נאַר, װעסטו קענען; װער ס'װיל קען דערגײן; אַז מע קען נישט אַריבער מוז מען אַרונטער
will, *v.*
(bequeath) אָפּזאָגן בצוואה; אָפּשרײַבן אין דער צוואה [BETSAVÓE] [TSAVÓE]
(wish) װעלן
willful
(deliberate) אומישנע; אומיסטן; (ב)כּיוונדיק [(BE)KÍVNDIK]
(obstinate) אײַנגעשפּאַרט; אײַנגעעקשנט; פֿאַרעקשנט [ÁYNGEÁKShNT] [FARÁKShNT]
be willful זײַן אַן עקשן [AKShN]
willies
He gives me the willies ער מאַכט מיך נערװעז ‹אומבאַקװעם›; איך שרעק זיך עפּעס פֿאַר אים
willing גרײט; װיליק; גערן; מרוצה [MERÚTSE]
be a willing fool מאַכן זיך פֿאַר אַ משרת [MEShÓRES]
willingness די/דאָס גרײטקײט; די/דאָס װיליקײט; די/דאָס גערנקײט
will-o'-the-wisp די/דאָס בלאָנדזשעליכט; דאָס פֿאַרפֿיר־ליכטל, ־עך
willow די װערבע, ־ס; דער הושענה־בױם, ־בײמער [(HO)ShÁ(Y)NE]
(wood) די װערבע; די הושענה
willow ptarmigan די שנײהון, ...הינער
willow weed דאָס װערבעגראָז
willowy שלאַנק און בײגעװדיק
willpower דער רצון; דער כּוח־הװילן [ROTSN] [KÓYEKh-HAVÍLN]
willy-nilly װילנדיק נישט־װילנדיק
wilt פֿאַרװיאַנע(ן); פֿאַרװיאַנעט װערן; אָפּװיאַנע(ן); פֿאַרװעלקן
wilted פֿאַרװיאַנעט; אָפּגעװיאַנעט; פֿאַרװעלקט
become wilted *see* **wilt**
wily כיטרע; איבערגעשפּיצט; פֿאַרשפּיצט; געביפּט
wimp, *n.* דאָס נעבעכל, ־עך; די שמאַטע, ־ס; דער שװאַכלינג, ־ען; דער כניאָק, ־עס
wimp, *v.* **(out)** מורא באַקומען [MÓYRE]
wimp out of מורא באַקומען און נישט + װערב
wimple דער װימפּל, ־ען
wimpy נעבעכדיק; שמאַטעװאַטע; כניאָקיש
win, *n.* דער נצחון, ־ות [NITSÓKhN, NITSKhÓYNES]
win, *v.* געװינען
(mil./spo.) *also* מנצח זײַן; אָפּהאַלטן אַ נצחון [MENATSÉYEKh] [NITSÓKhN]
be winning האַלטן אין געװינען; זײַן פֿאָרױס
win by ... points געװינען מיט ... פּונקטן
win first place פֿאַרנעמען דאָס ערשטע אָרט
win hands down גרינג געװינען
win out גובֿר זײַן; אױספֿירן [GÓYVER]
win out over אױסקאָנקורירן + אַק'
win over געװינען; איבערצײַגן/איבערצײַגן; איבעררעדן
win the day (אַ)דורכזיעצן; אָפּהאַלטן אַ נצחון
win the lottery אױסשפּילן ‹געװינען› אין דער לאָטעריע
wince, *n.* דער צאַפּל, ־ען
wince, *v.* אַ צאַפּל טאָן; קנײטשן זיך (פֿאַר װײטיק)
winch די האַנטװינדע, ־ס
wind, *n.* דער װינט, ־ן
(breath) דער אָטעם
(med./gas) דער בױכװינט; גאַזן ל"ר

get wind of דערװיסן זיך; געװאָר ‹געװױ(ע)ר› װערן; דערהערן
He got the wind knocked out of him ס'האָט אים פֿאַרשלאָגן דעם אָטעם
He got wind of the news ער האָט זיך דערװוּסט װעגן דער בשורה; די בשורה איז צו(ן) אים דערגאַנגען [PSÚRE]
see which way the wind is blowing קוקן װוהין דער װינט בלאָזט; זען װי די זאַך שטײט
take the wind out of sb.'s sails אָפּהאַקן + דאַט' די פֿליגל
The wind was with us מיר זענען געגאַנגען ‹געפֿאָרן› מיטן װינט
there's stg. in the wind עפּעס טוט ‹רודערט› זיך
wind, *v.*
vt. **(ball of yarn)** װיקלען
vt. **(clock)** אָנציִען; אָנדרײען
vi. **(road)** שלענגלען זיך; דרײען זיך
wind ahead דרײען אױף פֿאָרױס
wind back דרײען אױף צוריק
wind down, *vt.* **(production)** רעדוצירן; פֿאַרשמעלערן; פֿאַרקירצן
wind down, *vi.* **(relax)** אױסשפּאַנען זיך; אָפּשפּאַנען זיך
wind up (clock) אָנציִען; אָנדרײען
wind up (complete) פֿאַרענדיקן; אױספֿאַרטיקן; אָפּשליסן
She wound up alone צום סוף איז זי געבליבן (אײנע) אַלײן [SOF]
windbag דער פּלױדערזאַק, ...זעק; דער פּלאַפּלער, ־ס
wind-blown צעװינטיקט; אָפּגעװינטיקט
windbreak דער װינטשיץ, ־ן; דער װינטבראַד, ־ן
windbreaker דאָס װינטערקל, ־עך; די װינטיאַקע, ־ס
windchill factor די װינטקילונג
winded אָן אָטעם
be winded זײַן פֿאַרסאָפּעט; נישט קענען אָפּכאַפּן דעם אָטעם
windfall דער װינטבראָך
(fruit) די פֿאַלפֿרוכט, ־ן; די אָפּאַדקע, ־ס
windfall profit דער אומגעריכטער רװח, ים; דאָס אומגעריכטע געװינס, ־ן [RÉVEKh, REVÓKhIM]
wind gauge דער װינטמעסטער, ־ס
wind-generated געטריבן פֿונעם װינט
winding שלענגלדיק; געשלענגלט; געדרײט
winding street דאָס געדרײטע ‹שלענגלדיקע› געסל, ־עך; דאָס װיקל־געסל, ־עך
winding sheet די מתים־הלבשה [MÉYSIM-HALBÓShE]
(J.) תּכריכים [TAKhRÍKhIM]
wind instrument דער בלאָז־אינסטרומענט, ־ן; די בלאָז־כּלי, ־ם [KÉYLE, KÉYLIM]
windjammer די זעגלשיף, ־ן
windlass די װינדע, ־ס; די/דאָס הײבראָד, ...רעדער
windless אָנװינטיק; אָן אַ װינט
windmill די װינטמיל, ־ן
window דער/דאָס פֿענצטער, –
(comp.) דאָס פֿענצטערל, ־עך
window of opportunity די אײנמאָליקע געלעגנהײט, ־ן
window box דאָס בלומען־קעסטל, ־עך
window casing די פֿענצטעררעם, ־ען
window crank דאָס פֿענצטער־הענטל, ־עך; דער פֿענצטער־דרײער, ־ס
window dresser דער װיטרינע־דעקאָראַטאָר, ...אָרן
window dressing די װיטרינע־דעקאָראַציע, ־ס
It's just window dressing! ס'איז נאָר אַן אָנשטעל!; פּיש־פּיש־פּיש!

window envelope דער פֿענצטערל־קאָנווערט, ־ן
window frame די פֿענצטעררעם, ־ען; די פֿוטרינע, ־ס; דער קוואַטיר, ־ן
window ledge דאָס/די פֿענצטערברעט, ־ער; דאָס פֿענצטער־ברעטל, ־עך
windowless אָנפֿענצטערדיק; אָן פֿענצטער
windowpane די פֿענצטערשויב, ־ן
window seat דער זיץ בײַם פֿענצטער
window shade די שטאָרע, ־ס/שטאָרן
window-shop/go window-shopping אַרײַנקוקן אין די וויטרינעס
windowsill דאָס/די פֿענצטערברעט, ־ער; דאָס פֿענצטער־ברעטל, ־עך
window washer דער פֿענצטער־פּוצער, ־ס
windpipe די/דער לופֿטרער, ־ן; די/דער אָטעמרער, ־ן; די לינקע קעל
wind rose די ווינטנרויז
wind shear דער ווינט־איבעררוק
windshield די ווינטשויב, ־ן
windshield wiper דער (שויב)ווישער, ־ס; דער פֿענצטער־ווישער, ־ס
windshield wiper fluid די/דאָס שויבוויש־פֿליסיקייט
wind speed די/דאָס גיכקייט פֿונעם ווינט
windstorm דער ווינטשטורעם, ־ס
windsurfer דער זעגלברעטלער, ־ס
 (board) דאָס/די זעגלברעט, ־ער
windswept אומבאַשיצט פֿונעם ווינט; אויסגעשטעלט אויפֿן ווינט
 (hair) צעשויבערט; צעפּאַטלט
wind tunnel דער ווינטטונעל, ־ן; דער ווינטקאַנאַל, ־ן
wind turbine די ווינטטורבין, ־ען
windup, *adj.* אָנצי...; אָנדריי...
 windup toy דאָס אָנצי־שפּילעכל, ־עך
windup, *n.*
 (conclusion) דער סוף; דער אויסלאָז [SOF]
 (mech.) דער אָנצי; דער אָנדריי
windward, *adj.* קעגנווינטיק
windward, *adv.* וואָס קעגן ווינט
windy ווינטיק
wine, *n.* דער ווײַן, ־ען
wine, *v.* מכבד זײַן מיט ווײַן [MEKhÁBED]
 wine and dine מכבד זײַן + אַק' כּיד־המלך; מכבד זײַן + אַק' מיט מאכל־און־משקה [KEYÁD-HAMÉYLEKh] [MÁYKhL] [MÁShKE]
wine-and-cheese reception די ווײַן־און־קעז־קאַלאַציע; דער ווײַן־און־קעז־כּיבוד [KÍBED]
wine barrel/cask דאָס ווײַנפֿעסל, ־עך; דער אַנקער, ־ס
wineberry די ווײַניאַגדע, ־ס
wine cellar דער ווײַנקעלער, ־ן; דער פּאַדוואַל, ־ן
wineglass דאָס ווײַנגלאָז, ...גלעזער; דאָס ווײַנגלעזל, ־עך
winegrower דער ווײַנגערטנער, ־ס
winemaker דער ווײַנער, ־ס; דער ווײַנמאַכער, ־ס
wine merchant דער ווײַנהענדלער, ־ס; דער ווײַנער, ־ס
winepress דער ווײַנפּרעס, ־ן; דער קעלטער, ־ס
winery די ווײַנערײַ, ־ען
wineskin דער לאָגל, ־ען
wine taster דער ווײַן־דעגוסטאַטאָר, ...אָרן; דער ווײַן־פּאַרזוכער, ־ס
wine tasting די ווײַן־דעגוסטאַציע; דאָס פּאַרזוכן ווײַנען
wine vinegar דער ווײַנעסיק
wing, *n.* דער פֿליגל, ־ען
 (thea.) דער קוליס, ־ן
 on the wing פֿליִענדיק
 take sb. under one's wings נעמען + אַק' אונטער די פֿליגל ‹אונטערן שיץ›
 take wing אָפּפֿליִען
wing, *v.*
 wing it אימפּראָוויזירן; רעדן אָרבל־פּראָזע
winged באַפֿליגלט; מיט פֿליגל
winged dragon דער לינדן־וואָרעם, ־ווערעם
wing flap דאָס פֿליגל־בלעטל, ־עך
wingnut
 (bot.) דאָס פֿליניסל, ־עך
 (mech.) די פֿליגל־מוטערקע, ־ס
wingspan דער פֿליגל־צעשפּרייט, ־ן
wingtip shoes שיך מיט באַפֿליגלטע נאָסקעס
wink, *n.* דער ווּונק, ־ען
wink, *v.* ווינקען; פֿינטלען ‹מאַכן› מיט די אויגן
 wink at sb. צווּינקען + דאַט'
 wink at stg. צומאַכן די אויגן צו; קוקן דורך די פֿינגער אויף
winner דער געווינער, ־ס; דער בעל־נצחון, בעלי־נצחונות [BAL-NITSÓKhN, BÁLE-NITSKhÓYNES]
 winner takes all אָדער גאָר אָדער גאָרנישט; דער געווינער געווינט אַלץ
winning, *adj.* געווינ...; געווינענדיק
 (smile) פֿאַרכּישופֿנדיק; שאַרמאַנט; פֿינקל(ענ)דיק [FARKÍShEFNDIK]
 winning number דער טרעפֿער, ־ס
 winning percentage דער געווין־דורכשניט, ־ן
 winning record דער געווין־חשבון, ־ות [KhEZhBM, KhEZhBÓYNES]
winning post דער פֿינישסלופּ, ־עס
winnings דאָס געווינס, ־ן
winning streak דער געווין־נאָכאַנאַנד; די געווין־סעריע, ־ס
winnow, *n.* די ווייעלקע, ־ס
winnow, *v.* איבערווייען; (אָ)דורכווייען
 (*fig.*) אויסשיידן; אָפּטיילן; אָפּקלײַבן
winnowing machine די ווייעלקע, ־ס
winsome צוציִיק; צוציִענדיק; שאַרמאַנט
winter, *adj.* ווינטערדיק; ווינטער...
winter, *n.* דער ווינטער, ־ס
 in the winter *see* **wintertime**
winter, *v.* ווינטערן; פֿאַרברענגען דעם ווינטער
winterberry שאַרפֿבלעטער ל"ר
winter break די ווינטער־וואַקאַציע, ־ס; דער בין־הזמנים, ־ס [BEYNAZMÁNIM]
winter clothing ווינטער־קליידער ל"ר
winter cress ווינטערקרעס
winterer דער ווינטערער, ־ס
winter garden דער ווינטער־גאָרטן, ־גערטנער
wintergreen דער ווינטערגרין
winter sport דער ווינטערספּאָרט, ־ן
winter squash דער קירבעס, ־ן; די הונדערט־פֿונטיקע דיניע, ־ס
winter term דער ווינטער־זמן; דער ווינטער־סעמעסטער, ־ס [ZMAN]
winter thorn די ווײַסצווײַג־אַקאַציע, ־ס
wintertime, *adv.* ווינטער(צײַט); ווינטערלעב
wintertime, *n.* די ווינטערצײַט
wintry ווינטערדיק
win-win
 It's a win-win situation בײדע צדדים פּירן אויס [TSDÓDIM]
winy ווײַניק
wipe, *n.* דאָס טיכל, ־עך
 (diaper) דאָס (אונטער)ווישערל, ־עך

wipe, *v. imp./pf.* (אָפּ)ווישן
wipe away אַוועקווישן; אָפּווישן
wipe down אָפּווישן; אָפּרייניקן
wipe off (אַר)אָפּווישן
wipe off the map *see* **wipe out**
wipe one's face אָפּווישן (זיך) דאָס פּנים [PÓNEM]
wipe one's nose אָפּווישן (זיך) די נאָז
wipe oneself אָפּווישן זיך
wipe out (destroy) אויסהרגע(נע)ן; חרובֿ מאַכן; פֿאַרטיליקן; אָפּווישן פֿון דער ערד [ÓYSHÁRGE(NE)N] [KhÓREV]
wipe out (exhaust) אויסמוטשען; אויסמאַטערן; אויסשעפּן
wipe the dishes אָפּווישן דאָס געפֿעס ‹געשיר›; אָפּווישן די כּלים [KÉYLIM]
wipe the floor with sb. אָפּפּאַרטיקן + אַק'
wipe up אָפּווישן
wiper דער (שויב)ווישער, ־ס; דער פֿענצטער־ווישער, ־ס
wire, *adj.* דראָטן
wire, *n.* דער/דאָס דראָט, ־ן
(telegraph) דער טעלעגראַף, ־ן
come down to the wire האַלטן ביי דער לעצטער רגע; קוים־קוים באַוויזן; האַלטן ביי נעילה [RÉGE] [NÍLE]
under the wire אין דער סאַמע לעצטער מינוט ‹רגע›
wire, *v.*
(with wires) פֿאַרדראָטעווען; באַדראָט(יק)ן
(telegraph) טעלעגראַפֿירן
(with explosives) באַדראָט(יק)ן מיט אויפֿרייסוואַרג
wire cutter דאָס דראָטצווענגל, ־עך; דאָס בייסצווענגל, ־עך
wired פֿאַרדראָטעוועט; באַדראָטיקט
(tense) אָנגעשפּאַנט; נערוועז; אָנגעצויגן
be wired (with wiretap) טראָגן אַ מיקראָפֿאָן
wire fraud דער עלעקטראָנישער שווינדל
wire gauze דאָס (דראָט)נעצל, ־עך
wire-haired דראָטהאָריק
wireless, *adj.* אָנדראָטיק; אָן דראָטן
wireless, *n.* דער ראַדיאָ־אויפֿנעמער, ־ס
wireless communications system די אָנדראָטיקע קאָמוניקיר־סיסטעם, ־ען
wire rack די רעשעטקע, ־ס
wire service די טעלעגראַף־אַגענטור, ־ן
wiretap, *n.* דער אונטערהער־אַפּאַראַט, ־ן; דער מיקראָפֿאָן, ־ען
wiretap, *v.* אונטערהערן זיך; אונטערשטעלן אַ מיקראָפֿאָן
wiretapping, *n.* דער טעלעפֿאָנישער אונטערהערער
wire transfer דער געלט־איבערווייז, ־ן
make a wire transfer (elec.) איבערווייזן ‹אַריבערפֿירן› געלט עלעקטראָניש
make a wire transfer (telegraph) איבערווייזן ‹אַריבערפֿירן› געלט טעלעגראַפֿיש
wire wool די שטאָלוואַטע
wireworm דער דראָטוואָרעם, ...ווערעם
wiring דאָס גדראָט
wiry דראָטעוודיק; סטרונע־אָדערדיק
Wisconsin (דאָס) וויסקאָנסין
wisdom די חכמה; די קלוגשאַפֿט; דער שׂכל־הישר [KhÓKhME] [SEYKhL-HAYÓShER]
(soundness) די/דאָס כּדאַיִקייט [KEDÁYIKEYT]
wisdom tooth דער חכמה־‹שׂכל־›צאָן, ־ציין [KhÓKhME] [SEYKhL]
wise, *adj.* קלוג; שׂכלדיק; מיט חכמה [SÉYKhLDIK] [KhÓKhME]
be none the wiser אַלץ ווייטער נישט פֿאַרשטיין
wise person (*m./unsp.*) דער חכם, ־ים; דער קלוגער געב' [KhÓKhEM, KhAKhÓMIM]
wise person (*f.*) די חכמת, ־ן [KhAKhÉYMES]
wise, *v.* **(up)** לערנען זיך שׂכל [SEYKhL]
wise up (to stg.) דערוויסן ‹כאַפּן› זיך (אַז)
wiseacre *see* **wise guy**
wisecrack דאָס וויצל, ־עך; דאָס חכמהלע, ־ך; דאָס שטעכווערטל, ־עך [KhÓKhMELE]
wise guy
m./unsp. דער אַלצוויסער, ־ס; דער חכם־עתּיק, ־עס [KhOKhEMÁTEK]
f. די אַלצוויסערקע, ־ס
Wise guy! חכם איינער!; חכם דער מאַמעס!; חכם פֿון דער מה־נשתּנה! [KhÓKhEM] [MA-NIShTÁNE]
wisely מיט שׂכל ‹חכמה›; גוט אויסגערעכנט [SEYKhL] [KhÓKhME]
wish, *n.* דער פֿאַרלאַנג, ־ען; דער ווונטש, ־ן; די ווינטשונג, ־ען; דאָס ווילעניש, ־ן
(greeting) די ווינטשעוואַניע, ־ס; דער צוווינטש, ־ן
Best wishes! כּל־טובֿ!; אַל דאָס גוטס! [KOLTÚV]
get one's wish באַקומען דאָס וואָס מע ווינטשט זיך
make a wish ווינטשן זיך
wish, *v.* פֿאַרלאַנגען; (וואָלט) וועלן; ווינטשן זיך [KhÉYShEK]
vt./vi. **(greeting)** ווינטשן (זיך)
wish sb. a happy birthday אָנווינטשן + דאַט' צום געבוירן־טאָג
wish sb. ill אָנווינטשן + דאַט' אַ וויסט מזל; וועלן + פּאָס' רעה [MAZL] [RÓE]
wish sb. luck אָנווינטשן ‹צוווינטשן› + דאַט' מזל
I wish! הלוואַי! [(H)ALEVÁY]
wishbone דאָס ווינטשביינדל, ־עך
wishful thinking דער הלוואַי־געדאַנק [(H)ALEVÁY]
That's just wishful thinking! הלוואַי!; העטעד־פֿעטעד!; פֿון דיין מויל אין גאָטס אויערן!
wishing well דער ווינטשברונעם, ־ס
wish list די הלוואַי־רשימה, ־ות; אַלץ וואָס מע ווינטשט זיך נאָר [(H)ALEVÁY]
wishy-washy פֿאַרעווע; פֿאַרשלאָפֿן; צעקראָכן; וואַסערדיק; נישט־אַהין־נישט־אַהער
wisp
(bundle) דאָס בינטל, ־עך
(person) דאָס ברעקעלע; דער שוואַכינקער געב'
wisp of hair דאָס זשמוטקעלע, ־ך; הערעלעך ל"ר
wisp of smoke דאָס שטראָמעלע רויך; דאָס דינע פֿעדעמל רויך
wisteria דער בלאָרעגן
wistful פֿאַרבענקט; נאָסטאַלגיש; אומעטיק; עצבֿותדיק [ÁTSVESDIK]
wit [KhÓKhME] [SEYKhL] די חכמה; דער שׂכל; דער פֿאַרשטאַנד
(humor) דער הומאָר; די/דאָס וויציקייט
(person) דער וויצלער, ־ס; דער וויצלינג, ־ען; דער שאַרפֿער קאָפּ, קעפּ; דער פּיקח, ־ים [PIKÉYEKh, PÍKKhIM]
be at wit's end אַרומגיין אָן אַ קאָפּ; נישט וויסן וואָס ווייטער
keep one's wits about one האַלטן דעם קאָפּ; אָריענטירן זיך
live by one's wits לעבן מיט חשבון; (אַ)דורכשלאָגן זיך [KhEZhBM]
to wit דאָס הייסט; דהײַנו [DEHÁYNE]
witch די מכשפֿה, ־ות; די כּישוף־מאַכערין, ־ס; די זנאַכערטע ‹זנאַכערין›, ־ס [MAKhShÉYFE] [KÍShEF]
witchcraft דער כּישוף [KÍShEF]

witch doctor דער כּישוף־דאָקטער, ...טוירים; דער כּישוף־היילער, ־ס [KÍShEF]
witches' brew דער כּישוף־טרונק, ־ען [KÍShEF]
witches' butter (bot.) די הימלבלום
witches' cauldron דער כּישוף־קעסל, ־ען [KÍShEF]
witch grass די פּראַסע
witch hazel דער האַמאַמעליס
witch-hunt דאָס מכשפֿה־געיעג, ־ן [MAKhShÉYFE]
witching hour די שדים־שעה [ShÉYDIM-ShO]
witch's milk די מכשפֿה־‹חזיר־›מיל(ע)ך [MAKhShÉYFE] [KhÁZER]
with מיט
with it (*fig.*) (ניי)מאָדיש; הײַנטיק; מאָדערן
with that מיט דעם; דערמיט
withdraw
(funds) אַרויסציִען (געלט)
(mil.) צוריקציִען זיך; אָפּטרעטן; צוריקטרעטן
(socially) צוריקציִען ‹אָפּשיידן/אָפּזונדערן› זיך פֿונעם ציבור [TSÍBER]
withdraw as a candidate צוריקציִען די קאַנדידאַטור
withdrawal
(funds) דער אַרויסצי; דאָס אַרויסציִען
(mil.) דער צוריקצי, ־ען; דער אָפּטראָט, ־ן
(narcotic) די אויסוועפּונג
(social) דאָס צוריקציִען ‹אָפּשיידן/אָפּזונדערן› זיך פֿונעם ציבור [TSÍBER]
(during sex) דער איבעררײַס; דער איבערגעריסענער קאָיטוס
have withdrawal symptoms לײַדן אויסוועפּ־סימפּטאָמען
withdrawal slip דער אַרויסצי־צעטל, ־ען
withdrawn
(funds) אַרויסגעצויגן
(socially) צוריקגעצויגן; פֿאַרשלאָסן (אין זיך)
become withdrawn פֿאַרשליסן זיך
wither פֿאַרוויאַנען; פֿאַרוויאַנעט ווערן; אָפּבליִען; אָפּלעבן; פֿאַרדאַרט ווערן
withered פֿאַרוויאַנעט; אָפּגעבליט; אָפּגעלעבט; פֿאַרדאַרט
withering שׂרפֿעדיק; פֿאַרלענדנדיק [SÁRFEDIK]
It got a withering review די רעצענזיע האָט געמאַכט אַש און פּאָרעך דערפֿון; מ'האָט עס ביטער רעצענזירט
withhold צוריקהאַלטן; אָפּהאַלטן זיך פֿון
withhold judgment אָפּהאַלטן זיך פֿון אַרויסזאָגן אַ מיינונג
withhold love צוריקהאַלטן די ליבשאַפֿט
withholding דער פֿאַרהאַלט
within
(location) אין; אינעווייניק
(time) במשך; אין משך פֿון [BEMÉShEKh] [MÉShEKh]
within reach צום דערגרייכן ‹דערלאַנגען›
without אָן; אָן צו + אינפֿ'; אומ...
without being seen אומגעזען
without his knowing אָן זײַן וויסן
without paying אָן צו באַצאָלן
without so much as אָן אַפֿילו צו [AFÍLE]
withstand אויסהאַלטן; בײַשטיין; געשטיין אַ(נט)קעגן
witless נאַריש; תּמעוואַטע; אָן אַ טראָפּן שׂכל [TAMEVÁTE] [SEYKhL]
I was scared witless כ'האָב זיך שרעקלעך איבערגעשראָקן
I'm bored witless ס'איז מיר שרעקלעך נימאס; איך נודיע זיך זייער [NÍMES]
witness, *n.* דער עדות, – [ÉYDES]
bear witness to עדות זאָגן אויף
bear false witness פֿאַלש עדות זאָגן
call as a witness אַרויסשטעלן פֿאַר אַן עדות
witness, *v.* זײַן אַן עדות אויף; אַליין זען; זען מיט די אייגענע אויגן [ÉYDES]
witness box/stand די עדות־באַנק, –; דער עדות־שטענדער, ־ס [ÉYDES]
take the witness stand אויפֿטרעטן ווי אַן עדות
witness-protection program דער עדות־(באַ)שיץ; די עדות־(באַ)שיץ־פּראָגראַם [ÉYDES]
wits דער שׂכל ל"ר [SEYKhL]
witticism די חכמה, ־ות; דאָס חכמהלע, ־ך; דאָס (גלײַכ)ווערטל, ־עך; דער וויץ, ־ן; דאָס סבֿראַלע, ־ך; דאָס אָפּשניצל, ־עך [KhÓKhME] [KhÓKhMELE] [SVÓRELE]
witty חכמהדיק; וויציק [KhÓKhMEDIK]
wizard דער מכשף, ־ים; דער כּישוף־מאַכער, ־ס; דער זנאַכער, ־ס [MEKhÁShEF, MEKhÁShFIM] [KÍShEF]
(*fig.*) דער מומחה, ־ים; דער מזיק, ־ים [MÚMKhE, MÚMKhIM] [MÁZEK, MAZÍKIM]
wizardry דער כּישוף [KÍShEF]
wizened געקנייטשט; גערונצלט
WMD *see* **weapons of mass destruction**
woad דער פֿאַרבער־איסאַטיס; דער ווייד
woadwaxen *see* **woodwaxen**
wobble וואַקלען זיך; וואַקעווע|ן זיך; פּלאָנטערן מיט די פֿיס; נישט קענען אײַנשטיין אויף די פֿיס; טעלעבענדע|ן זיך; אונטערהאַקן זיך
(*fig.*) וואַקלען זיך; שטיין אויף משקולות [MIShKÓYLES]
wobbly וואַקל(ענ)דיק; טעלעבענדיק; זיך שאָקלענדיק
woe די צרה, ־ות; דער צער [TSÓRE] [TSAR]
Woe is me! וויי (און ווינד) איז מיר!; וויסט ‹פֿינצטער› איז מיר!; אַ בראָך איז מיר!; אַ קלאָג צו מיר!
woebegone נעבעכדיק; פֿינצטער; חושכדיק [KhÓYShEKhDIK]
woeful קלאָגעדיק; טרויעריק
woefully שטאַרק; שרעקלעך; ביטער; (הימל־)שרײַענדיק
wok דער וואָק, ־ן
wolf, *n.* דער וואָלף, וועלף
a wolf in sheep's clothing דער וואָלף אין שאָפֿנפּעלץ; דער רשע מיט אַ יראת־שמים־פּנימל [RÓShE] [YIRES-ShOMÁYEM-PÉ(Y)NEML]
wolf, *v.* **(down)** אויפֿפֿרעסן; אַראָפּשלינגען גאַנצערהייט; אַרײַנבראָקן
wolfberry
(plant) דער באָקסדאָרן
(fruit) וואָלפֿישע יאַגדעס
wolfhound דער וואָלפֿהונט, ...הינט; דער וועלפֿישער הונט, הינט
wolfish וועלפֿיש
wolfram דער וואָלפֿראַם
wolfsbane דער אַקאָניט; דער שטורעמהוט
wolverine דער קאַרקאַזשו, ־ען; דער פֿרעסערוואָלף, ...וועלף
woman די פֿרוי, ־ען; דאָס/די ווײַב, ־ער; דאָס מענטש, ־ן
(married/young) דאָס ווײַבל, ־עך
(non-J.) די גוי(ט)ע, ־ס
(J./trad.) די ייִדענע, ־ס
(J./*rel./lnd.***)** די אישה, נשים [ÍShE, NÓShIM]
womanhood די פֿרויענשאַפֿט
womanish פֿרויִש; פֿרויענ...; ווײַבעריש
womanize נאָכלויפֿן די פֿרויען ‹מיידלעך›; יאָגן זיך נאָך פֿרויען; זײַן אַ ווײַבערניק
womanizer דער ווײַבערניק, ־עס; דער מיידלניק, ־עס; דער באָבניק, ־עס; דער שיקסעניק, ־עס; דער חמור־אייזל, ־ען [KhÁMER]

(*vlg.*) [NÁFKENIK] דער קורוועניק, ־עס; דער נפֿקאניק, ־עס

womankind פֿרויען ל״ר; ווײַבער ל״ר

womanly פֿרויִש; ווײַבלעך

womb די הייבמוטער, ־ס; די טראַכט, ־ן

(poet.) דער/די שויס, ־ן

in the womb (*pop.*) *also* אין דער מאַמעס בויך

in the womb (poet.) אין דער מוטערס ‹מאַמעס› שויס

wombat דער וואָמבאַט, ־ן

womenfolk פֿרויען; ווײַבער

women's פֿרויענ...; ווײַבער...

women's college דער פֿרויען־קאַלעדזש, ־ן

women's lib די פֿרויענפֿרײַ

women's section (of synagogue) דער עזרת־נשים; די ווײַבערשיל ‹ווײַבערשול› [ÉZRES-NÓShIM]

women's studies פֿרויען־לימודים

wonder, *adj.* [PÉ(Y)LEDIK] פּלאדיק; נסים־...; נסימדיק [NÍSIM] [NÍSIMDIK]

wonder, *n.* דער חידוש, ־ים; דער וווּנדער, ־ס/– [KhÍDESh, KhIDÚShIM]

do wonders [NÍSIM] אויפֿטאָן וווּנדער ‹נסים›

seven wonders of the world זיבן וווּנדער פֿון דער וועלט

small wonder that ... וואָס איז דאָ דער חידוש אַז ...; נישט קיין חידוש ‹וווּנדער› אַז...

wonder of wonders וווּנדער איבער וווּנדער

wonders (*hum.*) וווּנדיירים

wonder, *v.*

wonder at [KhÍDEShN] חידושן ‹וווּנדערן› זיך אויף

I wonder if כ׳וואָלט וועלן ‹געוואָלט› וויסן צי; כ׳בין אַ בעלן צו וויסן צי; איך פֿרעג זיך צי [BALN]

wonder drug [NÍSIM-REFÚE] די נסים־רפֿואה, ־ות

wonderful [MEKhÁYE] וווּנדערלעך; אַ מחיה!

What's so wonderful about it? וואָס איז די גדולה? [G(E)DÚLE]

They had a wonderful time ס׳איז געווען חי־געלעבט! [KhAY]

Wonderful! איַי־איַי־איַי!; אַ מחיה!

wonderland דאָס וווּנדערלאַנד

wonderment דער חידוש; די/דאָס איבערראַשטקייט [KhÍDESh]

wondrous [PLÓYEMDIK] פּלאָימדיק; חידושימדיק

wonk דער מתמיד, ־ים; דער שפּיצקאָפּ, ...קעפּ [MÁSMED, MASMÍDIM]

policy wonk דער פּאָליטישער שפּיצקאָפּ

be a policy wonk *also* זײַן אײַנגעטונקען ‹אויסגעווייקט› אין (די) פּאָליטישע פּרטים [PRÓTIM]

wont

be wont to [NÓYEG] נוהג זײַן זיך צו; האָבן אַ נטיה צו [NETÍE]

wonton דער וואָנטאָן, ־ס; דאָס כינעזישע קרעפּל, ־עך

wonton soup די וואָנטאָנזופּ; די כינעזישע קרעפּלזופּ

woo

(a woman) אָווירן; אוכאַזשעווע|ן; שאַרן ‹שדכנענ/פּוצן› זיך צו; קאַוואַליערסטוועווע|ן [ShÁTKhENEN]

(an audience) צוחנדלען זיך צו; אונטערקיצלען [TSÚKhEYNDLEN]

wood, *adj.* הילצערן

wood, *n.* דאָס האָלץ

wood alcohol דער האָלצספּירט; דער מעטילספּירט; דער מעטאַנאָל

woodbine דער/דאָס וואַלד־ציגנבלאַט, ...בלעטער

woodblock דער האָלצדרוק, ־ן

woodblock printing דער האָלצדרוק

wood carver דער (האָלצ)שניצער, ־ס

wood carving

(art) דאָס (האָלצ)שניצערײַ

(object) דאָס (האָלצ)געשניץ, ־ן

woodchip דאָס שפּענדל, ־עך; דאָס שפּענדעלע, ־ך

woodchuck דער אַמעריקאַנער פּײַפּער, ־ס; דער מערמל ‹מורמל›, ־ען; דער בײַבאַק, ־עס

woodcock דער וואַלדשנעפּ, ־ן

woodcraft דאָס האָלץ־שניצערײַ

woodcut דער האָלצשניט, ־ן; די האָלצגראַוויור, ־ן

woodcutter

(carver) דער האָלצשניצער, ־ס

(lumberjack) דער וואַלדהעקער, ־ס; דער האָלצהעקער, ־ס

woodcutting

(carving) דאָס האָלצשניצערײַ

(lumberjacking) דאָס האָלצהעקערײַ

wooded וואַלדיק

wooden הילצערן

(*fig.*) *also* אומגעלומפּערט

wooden shoes האָלענדער (שיך); הילצערנע שיך

wood fern דער פּאַפּערעט

wood glue דער לאַם

wood grouse דער אוערהאָן, ...הענער

woodland דער וואַלד, וועלדער

woodlouse דאָס נעסטל, ־עך

wood nettle דאָס האָלצבריִעכץ

woodpecker דער פּיקהאָלץ, ־ן

woodpile דער הויפֿן האָלץ

wood pulp די האָלצמאַסע

woodruff דער יאַסמיניק

woodrush די לוזולע, ־ס

woods דער וואַלד, וועלדער

We're not out of the woods yet מ׳איז נאָך נישט אַרויס פֿון דער סכנה; ס׳איז נאָך ווײַט צו פּסח [SAKÓNE/SEKÓNE] [PÉYSEKh]

woodshed דער האָלצסאַרײַ, ־ען

woodsia די ווודסיע

wood sorrel די קיסליצע

woodwaxen די געניסטע

woodwinds האָלץ־בלאָז־אינסטרומענטן; האָלצבלאָזערס

woodwork די האָלצאַרבעט; די האָלץ־באַפּוצונג

come out of the woodwork אַרויסקריכן פֿון באַהעלטעניש; אויסוואַקסן ווי פֿון אונטער דער ערד

woodworm דער האָלצוואָרעם, ...ווערעם

woody וואַלדיק

wooer דער קאַוואַליר, ־ן

woof דער האַווקע, ־ס; דער ביל, ־ן; דאָס האַווקען; דאָס בילן

woofer דער באַסהילכער, ־ס; דער ברומהילכער, ־ס

wool די וואָל

pull the wool over one's eyes שיטן + דאַט׳ זאַמד אין די אויגן; לאָזן אַ רויך + דאַט׳ אין די אויגן

woolen וואָלן

woolens וואָלענע קליידער; דאָס וואָלנס ל״י

woolen sweater דער וואָלענער סוועטער, ־ס

woolgathering די/דאָס פֿאַרחלומטקייט; די/דאָס פֿאַרטרוימטקייט [FARKhÓLEMTKEYT]

engage in woolgathering זיצן פֿאַרחלומט ‹פֿאַרטרוימט› [FARKhÓLEMT]

woolly

(like wool) וואָליק; ווי וואָל

(woolen) וואָלן

(*fig.*) [METÚShTESh] צעשוווּמען; מטושטש; אומקלאָר

woolly liberal דער סענטימענטאַלער ליבעראַל, ־ן

woolly mammoth דער וואָליקער מאַמאָנט, ־ן
woozy מטושטש; פֿאַרנעפּלט; שווינדלדיק [METÚShTESh]
word דאָס וואָרט, ווערטער
by word of mouth פֿון מויל צו מויל; מפּה־לפּה [MIPÉ-LEPÉ]
give one's word צוזאָגן; מבֿטיח זײַן [MAFTÍEKh]
have a word with אַ רעד טאָן מיט; כאַפּן אַ שמועס מיט
have the last word האָבן דאָס לעצטע וואָרט
have words with צעווערטלען זיך מיט
in a word בקיצור; קורץ גערעדט; מיט איין וואָרט [BEKÍTSER]
in other words מיט אַנדערע ווערטער
keep one's word האַלטן וואָרט
Not a word! פּתח שין שאַ! [PÁSEKh]
not in so many words נישט פּונקט מיט די ווערטער
one word led to another אַ וואָרט פֿאַר אַ וואָרט
put in a good word for זאָגן אַ גוט וואָרט וועגן; פֿאַרוואָרפֿן אַ וואָרט פֿאַר
put into words אויסדריקן ‹איבערגעבן› מיט ווערטער; געפֿינען ווערטער
take sb. at his word גלייבן + דאַט' אויפֿן וואָרט ‹אויף נאמנות›; האַלטן + אַק' בײַם וואָרט [NEMÓNES]
upon my word כלעבן; בהן־שלי; אויף מײַן (ערנ)וואָרט; ווי כ'בין אַ ייִד [BEHÉN-ShELÍ]
word for word פּסוק־בפּסוק; ווערטערלעך; וואָרט נאָך וואָרט [PÓSEK-BEPÓSEK]
word of honor דאָס ערנוואָרט; דער הן־צדק [HENTSÉDEK]
word blindness די אַלעקסיע
word count די ווערטערצאָל; די צאָל ווערטער
word formation די ווערטער־פֿורעמונג, ־ען
wording די פֿאָרמולירונג, ־ען
wordless אָן ווערטער ‹לשון› [LOShN]
word order דער ווערטער־סדר [SÉYDER]
word-perfect
be word-perfect (thea.) קענען פֿון אויסנווייניק יעדעס וואָרט
The speech was word-perfect די רעדע האָט מען וווּנדערלעך צוגעגרייט; יעדעס וואָרט אין דער רעדע איז געווען אויסגעהאַלטן
wordplay די/דאָס ווערטערשפּיל, ־ן
word processing דאָס וואָרטירערײַ
word processing software די וואָרטיר־פּראָגראַם, ־ען
do word processing (אויס)וואָרטירן
word processor
(comp.) די וואָרטיר־פּראָגראַם, ־ען
(person) דער וואָרטירער, ־ס
wordsmith דער וואָרטקינסטלער, ־ס
word-wrap דער ווערטער־שלענגל
wordy ווערטערדיק; פֿאַרווערטערט
work, *n.* די אַרבעט
(product) דאָס ווערק, –
at work בײַ ‹אויף› דער אַרבעט
be at work on אַרבעטן בײַ ‹איבער›
be out of work נישט האָבן קיין אַרבעט ‹שטעלע›; זײַן אָן אַרבעט; זײַן אַרבעט(ס)לאָז
get (down) to work שטעלן ‹נעמען› זיך צו דער אַרבעט; שטעלן זיך צום עמוד [ÓMED]
Get to work! נעמ(ט) זיך צו דער אַרבעט!
have one's work cut out שטיין פֿאַר אַ שווערער עובֿדה ‹עובֿדא› [ÚVDE]
It's a work in progress ס'איז אַ נישט־פֿאַרענדיקטע אַרבעט; ס'האַלט אין דער אַרבעט; די אַרבעט בויט זיך
It's all in a day's work ס'אַ קלייניקייט
put in work אַרײַנלייגן אַרבעט
work of art דאָס קונסטווערק, –
work, *v.* אַרבעטן
(function) *also* פֿונקציאָנירן; גיין
work at אַרבעטן בײַ ‹איבער›
work away at אַרײַנאַרבעטן זיך אין; אַרבעטן מיט גרויס התמדה אויף [HASMÓDE]
work hard אַרבעטן שווער; אַרײַנלייגן כּוח [KÓYEKh]
work in (cul.) גוט אַרײַנמישן
work in (squeeze in) אַרײַנקוועטשן; אַרײַנפּלעכטן
work like a charm גיין ווי אַ מיזמור [MÍZMER]
work loose, *vt.* לויזער מאַכן
work loose, *vi.* לויזער ווערן
work off a debt אָפּאַרבעטן אַ חובֿ [KhOYV]
work on sb. פּרוּוון איבעררעדן ‹איבערצײַגן/איבערצײַגן› + אַק'; צורעדן + אַק'
work one's tail off האָרעווע|ן; פּראַצעווע|ן; אַרבעטן שווער און ביטער
work one's way through (אַ)דורכאַרבעטן זיך ביז
work one's way through college אויסהאַלטן זיך אַליין אין קאָלעדזש ‹אוניווערסיטעט›
work one's way up אַרויפֿאַרבעטן זיך
work oneself to death מאַכן זיך דעם טויט; אויסהאָרעווע|ן זיך
work oneself up (get upset) אויפֿרעגן זיך
work oneself up (prepare) צוגרייטן זיך
work out, *vt.* **(math.)** אויסרעכענען; אויסחשבונען [ÓYSKhÉZhBENEN]
work out, *vi.* **(exercise)** מאַכן פֿיזישע ‹גימנאַסטישע› געניטונגען
It didn't work out ס'איז נישט געגאַנגען; ס'האָט זיך נישט אײַנגעגעבן; ס'איז נישט געראָטן
work over צעשלאָגן; צעממיתן; שלאָגן מכּות־רצח; שלאָגן מיט מערדערלעכע קלעפּ [TSEMÉYMESN] [MÁKES-RÉTSEKh]
work the land באַאַרבעטן די ערד
work through the night אָפּאַרבעטן אַ גאַנצע נאַכט
work to death פֿאַרמוטשע|ן אויף ‹צום› טויט
work toward אַרבעטן ‹צילעווע|ן› אויף
work up (develop) אויסאַרבעטן
work up (excite) אָנרעגן; אויפֿרעגן
work up an appetite אָנרייצן דעם אַפּעטיט
workable (אַ)דורכפֿירלעך; אויספֿירלעך; באַהײַבלעך
workaday טאָג־טעגלעך; געוויינ(ט)לעך
workaholic דער אַרבעט־אַדיקט, ־ן
workaholism די אַרבעט־אַדיקציע
workbench די ווערקשטעל, ־ן; דער וואַרשטאַט, ־ן; די באַנק, בענק
workbook די אַרבעטהעפֿט, ־ן
work clothes אַרבעט־קליידער; די ספּעצקליידונג ל"י
workday דער אַרבעטטאָג, ...טעג
worked-up צערודערט; צעשרויפֿט; אויפֿגעבראַכט; אויפֿגערעגט
worker
m./unsp. דער אַרבעטער, ־ס; דער אַרבעטאָרער, ־ס
f. די אַרבעטערין, ־ס; די אַרבעטאָרין, ־ס
work ethic די אַרבעט־עטיק; אַרבעט־פּרינציפּן ל"ר
workforce אַרבעטסלײַט; אַרבעטערס ל"ר; די אַרבעטער־רײַ, ־ען; דער עפֿעקטיוו, ־ן
working capital דער אויסקער־קאַפּיטאַל
working class דער אַרבעטער־קלאַס, ־ן; אַרבעטערס ל"ר
working conditions אַרבעט־באַדינג(ונג)ען

working group די אַרבעט־גרופּע, ־ס
working hours אַרבעט־שעהען [ShÓEN]
working knowledge די פּראַקטישע קענטשאַפֿט
  have a working knowledge of האָבן אַ פּראַקטישע קענטשאַפֿט פֿון
working model דער דוגמא־מאָדעל, ־ן [DÚGME]
working order
  be in good working order גוט פֿונקציאָנירן ‹אַרבעטן/גיין›
working paper דער אַרבעט־באַריכט, ־ן
working papers *see* **work permit**
working poor קבצנישע ‹אָרעמע› אַרבעטערס; די אַרבעטער־אָרעמשאַפֿט [KAPTSÓNIShE]
working stiff דער סתם אַרבעטער, ־ס [STAM]
working vacation די אַרבעט־וואַקאַציע, ־ס
workload די אָנלאָדונג, ־ען
workmanlike בעל־מלאָכיש [BALMELÓKhISh]
workmanship די קוואַליטעט פֿון דער אַרבעט
  (skill) די מײַסטערשאַפֿט; די/דאָס מײַסטערישקייט
  good workmanship די קונציקע ‹פֿײַנע› אַרבעט
  poor workmanship אַ גראָב שטיקל אַרבעט; די טאַנדעט־אַרבעט
Workmen's Circle דער אַרבעטער־רינג
workmen's compensation די אַרבעטער־קאָמפּענסיר ‹־סטראַכיר›
work order
  (sequence) דער אַרבעט־סדר [SÉYDER]
  (request) די אַרבעט־באַשטעלונג, ־ען; דער נאַריאַד אויף אַרבעט
workout פֿיזישע ‹גימנאַסטישע› געניטונגען ל״ר
  get a real workout גוט אָנשטרענגען זיך (בײַ די געניטונגען)
work permit דאָס/די אַרבעט־דערלויבעניש, ־ן
workplace דער אַרבעטפּלאַץ, ...פּלעצער; דאָס אַרבעטאָרט, ...ערטער
  in the workplace בײַ דער אַרבעט
  workplace accident דאָס אומגליק בײַ דער אַרבעט
works
  (factory) די פֿאַבריק, ־ן; דער זאַוואָד, ־ן
  (mech.) דאָס געווערק
  good works מעשים־טובֿים [MÁYSIM-TÓYVIM]
  in the works אין גאַנג
  the works אַלצדינג; דאָס גאַנצע; הכל־בכּל [HAKL-BÁKL]
worksheet דאָס געניטונג־בלעטל, ־עך
work shoes אַרבעטשיך
workshop דער וואַרשטאַט, ־ן; די מײַסטערײַ, ־ען
workstation די אַרבעטבאַנק, ...בענק; די אַרבעט־סטאַנציע, ־ס
work stoppage דער שטרײַק, ־ן; די זאַבאַסטאָווקע, ־ס
work-study דער אַרבעט־שטודיר
work-study program די אַרבעט־שטודיר־פּראָגראַם, ־ען
work-study student
  m./unsp. דער אַרבעט־שטודירניק, ־עס
  f. די אַרבעט־שטודירניצע, ־ס
workweek די אַרבעטוואָך, ־ן
world די וועלט, ־ן
  a world of אַ וועלט ‹ים/שלל› מיט [YAM] [ShLAL]
  for all the world (as if) ממש [MÁMESh]
  in the world אויף דער וועלט
  on top of the world אין זיבעטן הימל
  out of this world פּרעכטיק; אויסערגעוויינ(ט)לעך; אַזוינס און אַזעל(ע)כס; טשאַקעדיק; פּלעפּיק
  the world over איבער גאָר דער וועלט; איבער דער גאַנצער וועלט
  think the world of האַלטן אַ וועלט פֿון; האַלטן עולם־ומלואו פֿון [ÓYLEM-UMLÓYE]
  this world די וועלט; דער/די עולם־הזה [ÓYLEM-HÁZE]
  worlds apart פֿון צוויי אַנדערע ‹באַזונדערע› וועלטן
World Bank די וועלטבאַנק
world champion דער וועלטטשעמפּיאָן, ־ען
world-class ערשטראַנגיק
World Cup דער וועלטבעכער
world-famous וועלט באַרימט
World Health Organization די אַלוועלטלעכע געזונט־אָרגאַניזאַציע
World Jewish Congress דער ייִדישער וועלטקאָנגרעס
worldliness די/דאָס וועלטלעכקייט
worldly
  (earthly) עולם־הזהדיק; ערדיש [ÓYLEM-HÁZEDIK]
  (sophisticated) עולמש; וועלטלעך [ÓYLEMSh]
  worldly person דער וועלטסמענטש, ־ן
  worldly pleasures דער/די עולם־הזה; דאָס גשמיות [ÓYLEM-HÁZE] [GÁShMIES]
world power די וועלטמאַכט; די וועלט־מלוכה, ־ות [MELÚKhE]
world record דער וועלטרעקאָרד, ־ן
world-renowned וועלט באַרימט
World Series די וועלטסעריע
World's Fair דער וועלטיאַריד, ־ן; די וועלט־אויסשטעלונג, ־ען
world-shaking שטאַרק אויפֿטרייסלענדיק
  be world-shaking *also* אויפֿטרייסלען די וועלט
World Trade Center דער וועלטהאַנדל־צענטער
worldview דער וועלטבאַנעם, ־ען; דער וועלטבליק, ־ן; די השקפֿה [HAShKÓFE]
world war די וועלט־מלחמה, ־ות; די וועלטקריג, ־ן [MILKhÓME]
  World War I די ערשטע וועלט־מלחמה ‹וועלטקריג›
  World War II די צווייטע וועלט־מלחמה ‹וועלטקריג›
world-weary
  He's world-weary ס׳איז אים שוין איבעריק נימאס געוואָרן דאָס לעבן [NÍMES]
worldwide איבער דער גאָרער ‹גאַנצער› וועלט
World Wide Web די וועלטוועב; די וועלטנעץ
worm, *n.* דער וואָרעם, ווערעם
  (comp.) דער נעצוואָרעם, ...ווערעם
  (contemptible person) דער פּאַסקודניאַק, ־עס; דער מנוול, ־ים [MENÚVL, MENUVÓLIM]
  (screw thread) דער ג(ע)ווינט, ־ן
  worms (med.) מאָגן־ווערעם; בוכווערעם
worm, *v.*
  (crawl) קריכן ווי אַ וואָרעם
  (deworm) אויסווערעמען
  worm one's way in אײַנאַדז(ש)ע|ן ‹אַרײַננאַדיע|ן› זיך; אַרײַנווערעמען זיך
  worm out of sb. אַרויסציִען ‹אַרויסבאַקומען› פֿון; נעמען + אַק׳ אויף דער האַצקע
worm-eaten צעווערעמט; ווערעמדיק; צעקראָכן; צעגעסן פֿון ווערעם; טרוכליאַווע
worm gear דער שנעק, ־ן/־עס
wormhole די וואָרעמלאָך, ...לעכער
wormwood דאָס ביטערגראָז; דער פּאָלין; די פּיאָלע
wormy ווערעמדיק
worn/worn-out אויסגעריבן; אָפּגעטראָגן; אָפּגעניצט
  (carpet) (אַ)דורכגעטראָטן; אויסגעריבן

(clothes) אויסגעטראָגן; אָפּגעניצט; אָפּגעריבן
(exhausted) אויסגעמוטשעט; אויסגעמאַטערט
worried פֿאַרזאָרגט; פֿאַרדאגהט; באַזאָרגט; באַאומרויִקט [FARDÁYGET]
be worried sick זײַן שטאַרק פֿאַרזאָרגט ‹אומרויִק›; אַרומגיין אָן אַ קאָפּ מיט זאָרג; האָבן גרויסע יסורים [YESÚRIM]
worrier *see* **worrywart**
worrisome באַאומרויִקנדיק
be worrisome אַרויסרופֿן אַן אומרו; באַאומרויִקן; אָנמאַכן זאָרגן
worry, *n.* די דאגה, ־ות; די זאָרג, ־ן; יסורים ל״ר; דאָס קאָפּ־דרייעניש, ־ן; דער קלאַפּאָט, ־ן [DÁYGE] [YESÚRIM]
That's the least of my worries! אַ דאגה האָב איך!
worry, *v.* זאָרגן זיך; דאגה|ן; האָבן יסורים [DÁYGEN] [YESÚRIM]
Don't worry! נישט געזאָרגט ‹גערדאגהט›!; זאָרג(ט) זיך נישט!; האָב ‹האָט› נישט קיין יסורים! [GEDÁYGET]
worry oneself sick קרענקען זיך
worrying *see* **worrisome**
worrywart דער בעל־דאגה, בעלי־...; דער אײביק פֿאַרדאגהטער ‹פֿאַרזאָרגטער/אומרויִקער› געב׳ [BALDÁYGE, BÁLE-...] [FARDÁYGETER]
(iro./pej./f.) די כּלעמער מויד, ־ן/מיידן
worse, *adj./adv.* ערגער
Worse luck! אַ שאָד!
worse off אין אַן ערגערן מצבֿ [MÁTSEV]
worse than ערגער פֿאַר ‹פֿון/ווי›
It could've been worse ס׳איז נאָך מיט חסד; ס׳וואָלט געקענט נאָך ערגער זײַן [KhÉSED]
You could do worse נישקשה [NIShKÓShE]
worse, *n.*
if worse comes to worst אין סאַמע ערגסטן פֿאַל
She's none the worse for wear ס׳האָט איר גאָר ‹לחלוטין/בכלל› נישט געשאַט [LAKhLÚTN] [BIKhLÁL]
worsen, *vt./vi.* פֿאַרערגערן (זיך)
worship, *n.* דאָס גאָטסדינסט
(J.) *also* די עבֿודה, ־ות [AVÓYDE]
(idolization) די פֿאַרגעטערונג; די אָכּפֿערונג
place of worship דאָס געבעטהויז, ...הײַזער; דער בית־תּפֿילה, בתּי־תּפֿילה [BEYS-TFÍLE, BÓTE-...]
worship, *v.* מתפּלל זײַן (צו); דינען + דאַט׳ [MISPÁLEL]
(J.) *also* אָפּריכטן די עבֿודה; דינען דעם אײבערשטן ‹רבונו־של־עולם› [AVÓYDE] [REBÓYNE-ShELÓYLEM]
(idolize) פֿאַרגעטערן; אָכּפֿערן
worshiper דער מתפּלל, ־ים [MISPÁLEL]
worst, *adj.* ערגסט
in the worst case אין ערגסטן פֿאַל
want in the worst way אויסגיין ‹חלשן› נאָך [KhÁLEShN]
worst, *adv.* צום ערגסטן
worst, *n.*
at worst אין ערגסטן פֿאַל
get the worst of it שלעכט ‹מיאוס› אָפּשנײַדן [MÍES]
the worst came to pass ס׳איז דערגאַנגען צום ביטערסטן ‹ערגסטן›
the worst is yet to come וואַרט, ס׳וועט נאָך ווערן ערגער
worst, *v.* מנצח זײַן; גובֿר זײַן; בײַקומען [MENATSÉYEKh] [GÓYVER]
worst-case סאַמע ערגסט
the worst-case scenario דאָס סאַמע ערגסטע
worsted, *adj.* קאַמגאַרן־...; קאַנגאַרן־...
worsted, *n.* דער קאַמגאַרן; דער קאַנגאַרן
worst-ever סאַמע ערגסט

worth, *adj.*
be worth ווערט זײַן; האָבן ‹זײַן› די ווערט
be worth it לוינען זיך; זײַן כּדאַי [KEDÁY]
for what it's worth אויף וויפֿל ס׳איז ווערט ‹כּדאַי›; לפֿי עניות דעתּי [LEFÍ ANÍES DÁTI]
It's not worth my while ס׳איז מיר נישט כּדאַי; ס׳איז מיר אַ שאָד די צײַט; ס׳איז מיר נישט ווערט די מי; ס׳לוינט זיך מיר נישט
It's worth a try כּדאַי צו געבן ‹טאָן› אַ פּרוּוו
worth, *n.* די ווערט
a person of great worth דער חשובֿער געב׳ [KhÓShEVER]
get one's money's worth באַקומען עפּעס פֿאַרן געלט
ten pounds worth of books צען פֿונט ביכער
What's the current worth of this? וויפֿל איז דאָס הײַנט ווערט?
worthiness די/דער ווערט
worthless אָן קיין (שום) ווערט
be worthless נישט ווערט זײַן קיין גראַשן ‹קאָפּעקע/פּעני/פּרוטה›; ווערט זײַן אַן אויסגעבלאָזן איי; ווערט זײַן אַ שאָס פּולווער [PRÚTE]
worthless goods דער יוקס; די באָוול־סחורה [SKhÓYRE]
worthwhile, *adj.* כּדאַייִק; לוינעוודיק [KEDÁYIK]
be worthwhile זײַן כּדאַי; לוינען זיך [KEDÁY]
worthy ווערדיק; ווערט; ראוי [RÓE]
He's worthy of ער האָט זיך פֿאַרדינט + אַק׳; ער האָט זוכה געווען צו; עס קומט אים + נאָמ׳; ער איז ראוי צו [ZÓYKhE]
would, *aux. v.* וואָלט
would rather/sooner וואָלט גיכער ‹בעסער›
would that הלוואי וואָלט [(H)ALEVÁY]
would-be
He's a would-be writer ער איז אַ כּלומרשטיקער שרײַבער; ער איז אַ פּסעוודאָשרײַבער; אויך מיר אַ שרײַבער! [KLÓYMERShTIKER]
would-be assassin דער אַטענטאַטאָר, ־ס
wound, *n.* די וווּנד, ־ן; די ראַנע, ־ס
open old wounds אויפֿרייצן אַן אַלטע וווּנד
wound, *v.* פֿאַרוווּנדיקן; ראַניע|ן; ראַנירן
wounded, *adj.* פֿאַרוווּנדיקט; געראַניעט; ראַנירט
the wounded פֿאַרוווּנדיקטע
wound up
(clock) אָנגעצויגן; אָנגעדרייט
(tense) אָנגעשפּאַנט; אָנגעצויגן
woven אויסגעוועבט
Wow!, *int.* אוואַ!; אָוואַ!; הו־האַ!; איי־איי־איי!
wow, *v.* פֿאַרכאַפּן; שטאַרק אויסנעמען בײַ
wraith דער שד, ־ים; דער רוח, ־ות; דער גײַסט, ־ער [ShED, ShÉYDIM] [RÚEKh, RÚKhES]
wrangle
(bicker) שפּאַרן זיך; (ה)אַמפּערן זיך; בוצקע|ן זיך; רײַסן זיך; פֿירן וויכּוחים מיט [VIKÚKhIM]
(herd) טרײַבן
wrap, *n.*
(sandwich) די וויקל־שניטקע, ־ס; די געוויקלטע שניטקע, ־ס
(shawl) די (ברייטע) שאַל, ־ן; דער אײַנהיל, ־ן
keep under wraps האַלטן אונטער פֿיר אויגן; נישט אויסזאָגן קיינעם; נישט אַרויסלאָזן צווישן מענטשן
wrap, *v.*
imp. וויקלען
pf. אַרומוויקלען; אײַנוויקלען
wrap around one's finger פֿירן פֿאַר דער נאָז; אַרומוויקלען אַרום פֿינגער
wrap up (in paper) צונויפֿוויקלען; אײַנוויקלען

wrap up (conclude) אויספֿירן; פֿאַרענדיקן; שליסן; אַרויספֿאַרטיקן
wrapped up in (paper) אײַנגעוויקלט מיט
wrapped up in (absorbed) פֿאַרטאָן אין
all wrapped into one אַלץ אין אײנעם
wraparound (comp.) דער ווערטער־שלענגל
wraparound skirt די וויקל־ספּודניצע, ־ס; דאָס וויקל־קליידל, ־עך
wrapper דער אײַנהיל, ־ן; דאָס פּאַפּירל, ־עך
wrapping די פּאַקונג
wrapping paper דאָס וויקל־פּאַפּיר; דאָס פּאַקפּאַפּיר
wrath דער צאָרן; דער גרימצאָרן; דער ירגזון [YIRGÓZN]
wrathful צאָרנדיק
wreak
wreak anger on אויסלאָזן דעם כּעס צו [KÁAS]
wreak havoc (on) ברענגען ‹אָנטאָן› היזק + דאַט'; אָנמאַכן אַן איבערקערעניש (אין) [HÉZEK]
wreak vengeance on נקמה נעמען פֿון [NEKÓME]
wreath
(curling) דער וויקל, ־ען
(floral) דער (בלומען)קראַנץ, ־ן/...קרענץ
wreath of smoke דער וויקל רויך
wreck, *n.*
(collision) די אַוואַריע, ־ס
(person) די שיבֿרי־כּלי, ־ס; דער צעבראָכענער שאַרבן, ־ס [ShÍVRE-KÉYLE]
(shipwreck) דער שיפֿבראָך
(vehicle) די חורבֿה, ־ות; די שיבֿרי־כּלי, ־ס [KhÚRVE]
wreck, *v.* צעשטערן; צעשעדיקן; חרובֿ מאַכן; קאַליע מאַכן [KhÓREV]
wreckage דאָס ברעך; דער וראַק
wrecked צעשטערט; צעשעדיקט; קאַליע געוואָרן
wrecked marriage דאָס צעשטערטע זיווג־לעבן ‹שלום־בית› [ZÍVEG] [ShÓLEM-BÁYES]
wrecking ball די דעמאָליר־קויל, ־ן
wren דער ראָב, ־ן
wrench, *n.*
(tool) דער (מוטער־)שליסל, ־ען/–; דער שרויפֿן־שליסל, ־ען/–
(tug) דער לונק, ־ען
throw a wrench into קאַליע מאַכן; צעשטערן
wrench, *v.* אַרויסרײַסן; אַרויסציִען; אַ לונק טאָן
wrenching האַרץ־רײַסנדיק; פּײַנלעך
be wrenching רײַסן בײַם האַרצן
wrest away אַרויסרײַסן (בכּוח) [BEKÓYEKh]
wrestle באָרען| זיך; ראַנגלען זיך; שטײַערן זיך
wrestle out of אַרויסדראַפּען| ‹אַרויסדרייען› זיך פֿון
wrestle with an issue ראַנגלען ‹מאַטערן› זיך מיט אַן ענין; שלאָגן ‹קריגן› זיך מיט דער דעה [ÍNYEN] [DÉYE]
wrestling match דער באָרע־‹ראַנגל־/שטײַער־›פֿאַרמעסט, ־ן
wretch
(scoundrel) דער פּאַסקודניאַק, ־עס; דער מנוול, ־ים; דער/דאָס שלאַק, שלעק; דער ימח־שמוניק, ־עס [MENÚVL, MENUVÓLIM] [YEMÁKh-ShMÓYNIK]
(unfortunate person) דאָס נעבעכל, ־עך; דער נעבעכינקער געב'; דער אָרעמינקער געב'
be a miserable wretch זײַן אַ שלאַק פֿון זײַן ליבן נאָמען
wretched נעבעכדיק; קלאָגעדיק; בידנע; צרהדיק [TSÓREDIK]
wriggle, *n.* דער צאַפּל, ־ען; דאָס צאַפּלען; דאָס שלענגלען
wriggle, *v.* צאַפּלען זיך; שלענגלען זיך; וויקלען זיך
wriggle out of אַרויסשיילן ‹אַרויסדריבלען/אַרויסדרייען› זיך פֿון
wriggly צאַפּלדיק
wring
wring one's hands (פֿאַר)ברעכן די הענט
wring one's neck אַראָפּדרייען + דאַט' דעם קאָפּ; געבן + דאַט' האַלדז־און־נאַקן
wring out אויסקוועטשן; אויסדרייען; אויסדרינגען
wring out of sb. אַרויספּרעסן ‹אויספּרעסן/אַרויסבאַקומען› פֿון
wringing wet פּיטש נאַס
wringer דער אויסקוועטשער, ־ס
He was put through the wringer ס'איז (פֿאַר) אים געווען אַן אָפּקומעניש; מ'האָט אים שטאַרק געמוטשעט
wrinkle, *n.* דער קנייטש, ־ן; דער רונצל, ־ען
wrinkle, *v.* קנייטשן; רונצלען
wrinkle up צעקנײטשן; פֿאַרקנײטשן; צונויפֿרונצלען
wrinkle up one's nose פֿאַרקנײטשן די נאָז
wrinkled צעקנײטשט; פֿאַרקנײטשט; גערונצלט
wrist דאָס (האַנט)געלענק, ־ען
wristband דאָס פּאַסיקל, ־עך; דאָס פּאַסקעלע, ־ך
(spo.) די שווייצבאַנד, ...בענדער
wristwatch דאָס (האַנט־)זייגערל, ־עך
wrist-worn צו טראָגן אויף דער האַנט; געלענק...
writ, *n.* דער כּתבֿ, ־ים; דאָס געשריפֿט(ס), ־ן [KSAV, KSÓVIM]
writ large בולט; פֿאַרגרעסערט [BÓYLET]
writ of execution דער אויספֿיר־בויגן, ־ס
write שרײַבן
write a book אָנשרײַבן אַ ביכל ‹בוך›
write away for באַשטעלן + אַק' דורך דער פּאָסט
write back צוריקשרײַבן
write down (note) פֿאַרשרײַבן; אָנשרײַבן
write down (econ.) אָפּווערטיקן; אַראָפּהאַקן די ווערט
write off (debt) (אַר)אָפּשרײַבן (אַ חובֿ); אָפּבוכן; אַנולירן [KhOYV]
write off (dismiss) אַוועקמאַכן מיט דער האַנט
write out אויסשרײַבן
write up (report) אָנשרײַבן
write up (econ.) איבערווערטיקן
written into פֿאַרשריבן אין
It's written all over her face ס'ליגט בײַ איר אויפֿן פּנים; ס'איז בײַ איר אָנגעשריבן אויפֿן שטערן [PÓNEM]
It's written that סע שטייט (געשריבן) אַז
write-in אַרײַנגעשריבן
(vote) די אַרײַנגעשריבענע שטים, ־ען
(candidate) דער אַרײַנגעשריבענער קאַנדידאַט, ־ן
write-off די אָפּשרײַבונג, ־ען
write-protect שרײַב־באַוואָרענען
writer
m./unsp. דער שרײַבער, ־ס; דער מחבר, ־ים [MEKhÁBER, MEKhÁBRIM]
f. די שרײַבערין, ־ס; די מחברטע, ־ס [MEKhÁBERTE]
writer's block דער שרײַב־עיכובֿ; דער שרײַבקריזיס [ÍKEV]
writer's cramp דער שרײַבקראַמפּ, ־ן
writer's workshop דער שרײַבקרײַז, ־ן
write-up (review) די רעצענזיע, ־ס
writhe קאָרטשען| זיך
writhe in pain קאָרטשען| זיך פֿאַר ‹פֿון› ווייטיק
writing, *n.*
(handwriting) דער כּתבֿ; די האַנטשריפֿט [KSAV]
(lettering) די אויפֿשריפֿט, ־ן
in writing בכּתבֿ; געשריבענערהייט; שריפֿטלעך [BIKSÁV]
put into writing פֿאַרשרײַבן

read the writing on the wall איבערלייענען דאָס געשריפֿטס אויף דער וואַנט
the writing is on the wall די שעה האָט שוין געשלאָגן [ShO]
writing desk דער שרײַבטיש, ־ן
writing instruments דאָס שרײַבוואַרג קאָל'; שרײַב־מכשירים [MAKhShÍRIM]
writing pad דער בלאָק(נאָט), ־ן
writing paper דאָס שרײַבפּאַפּיר
writings כּתבֿים; שריפֿטן; דאָס ווערק, – [KSÓVIM]
Writings (bib.) (ספֿר) כּתובֿים [(SÉYFER) KSÚVIM]
written געשריבן; שריפֿטלעך; בכּתבֿ־...; בכּתבֿ פּר' [BIKSÁV]
written examination דער עקזאַמען בכּתבֿ; דער געשריבענער עקזאַמען, ־ס [BIKSÁV]
written language דאָס שרײַב־לשון [LOShN]
written Torah די תּורה־שבכּתבֿ [TÓYRE-ShEBIKSÁV]
wrong, *adj.*
(incorrect/of person) נישט גערעכט
(incorrect/of thing) נישט ריכטיק; פֿאַלש
(unjust) אומגערעכט
be wrong האָבן אַ טעות; טועה זײַן זיך; נישט זײַן גערעכט [TÓES] [TÓYE]
Don't get me wrong פֿאַרשטיי(ט) וואָס איך בין דאָ אויסן; נעמ(ט) נישט פֿאַר אומגוט
get off on the wrong foot אָנהייבן אויפֿן ‹מיטן› לינקן פֿוס
get up on the wrong side of the bed אויפֿשטיין אויף דער לינקער זײַט
go wrong (person) אַראָפּגיין פֿון דרך; פֿאַרבלאָנדזשע|ן; קאַליע ‹פֿאַרדאַרבן› ווערן; חוטא|(נע)ן [DÉREKh] [KhÓYTE(NE)N]
go wrong (thing) קאַליע ווערן; (אַ)דורכפֿאַלן
have it all wrong בכלל נישט פֿאַרשטיין; האָבן אַ גרויסן טעות; פֿאַרקריכן אין אַ בלאָטע [BIKhLÁL]
have the wrong end of the stick נישט ריכטיק פֿאַרשטיין דעם ענין [ÍNYEN]
He is so wrong! אוי, האָט ער אַ טעות!; ער פֿאַרשטייט דאָך גאָרנישט!
Is something wrong?/What's wrong וואָס איז?; איז עפּעס דער מער?
the wrong way פֿאַרקערט; קאַפּויער; נישט ריכטיק
There's nothing wrong אַלץ איז אין אָרדענונג
There's nothing wrong with that וואָס קען דאָ זײַן שלעכט?
There's stg. wrong with him עפּעס איז בײַ אים נישט אין אָרדענונג; עפּעס איז מיט אים דער מער
What did I do wrong? מיט וואָס האָב איך געזינדיקט?; וואָס האָב איך חוטא־בעגל געווען?; מה פּשעי?; ווו האָב איך דאָ געהאַט אַ טעות? [KhÓYTE-B(E)ÉYGL] [MA PÍShI]
wrong side (out) די לינקע זײַט
wrong, *n.* די עוולה, ־ות; דאָס אומרעכט; די רעה; דער אומיושר [ÁVLE] [RÓE] [ÚMYÓYShER]
be in the wrong האָבן אַ טעות [TÓES]
do wrong טאָן בייזס ‹שלעכטס›
do sb. wrong באַעוולען; קריוודע|ן [BAÁVLEN]
wrong, *v.* באַעוולען; טאָן + דאַט' אַן עוולה ‹אַ רעה›; קריוודע|ן [BAÁVLEN] [ÁVLE] [RÓE]
wrongdoer דער באַעוולער, ־ס; דער בעל־עוולה, בעלי־עוולות; דער שלעכטסטוער, ־ס [BAÁVLER] [BALÁVLE, BÁLE-ÁVLES]
wrongdoing דאָס שלעכטס; די עוולה, ־ות; די עבֿירה, ־ות; דער פֿאַרברעך, ־ן; די מעשׂה־רע, מעשׂים־רעים [ÁVLE] [AVÉYRE] [MAYSERÁ, MÁYSIM-RÓIM]
wrongdoings *also* קרומע גענג ל"ר
charge with wrongdoing באַשולדיקן אין טאָן אַן עוולה ‹עבֿירה›; באַשולדיקן אין קרומע גענג
wronged באַעוולט; געקריוודעט [BAÁVLT]
wrongful אומגערעכט; אומיושרדיק [ÚMYÓYShERDIK]
wrongheaded פֿאַרדרייט; פֿאַרבלאָנדזשעט; טעותדיק [TÓESDIK]
wrongly אומיושרדיק; אומגערעכט; קרום; פֿאַלש [ÚMYÓYShERDIK]
wrong number דער פֿאַלשער נומער, ־ן
wrought אויסגעאַרבעט; אויסגעשמידט
wrought iron דאָס שמידאײַזן
wrought-up צערודערט; צעשרויפֿט; אויפֿגעבראַכט; אויפֿגערעגט
wry
(contorted) קרום; פֿאַרקרימט; אויסגעקרימט; צעקרימט
(humor) טרוקן; סאַרקאַסטיש
make a wry face מאַכן גרימאַסן ‹העוויות/תּנועות›; האָבן אַ קרומע מינע [HAVÁYES] [TNÚES]
wunderkind דער עילוי, ־ים; דאָס וווּנדערקינד, ־ער [ÍLE, ILUÍM]
wurst דער ווורשט, ־ן
Wyoming (דאָס) ווײַאָמינג
wyvern דער לינדן־וואָרעם; די וויוועֶרנע

X דער איקס, ־ן

xanthan דער קסאַנטאַ́ן

xanthan gum די קסאַנטאַ́ן־גו́מע

xenogamy די קסענאָגאַ́מיע; די אַנאַ́נד־באַשטױ́בונג

xenon דער קסענאָ́ן

xenophobe דער קסענאָפֿאָ́ב, ־ן

xenophobia די קסענאָפֿאָ́ביע

xenophobic קסענאָפֿאָ́ביש

xeroderma די קסעראָדע́רמע

xeroform דער קסעראָפֿאָ́רם

xerosis דער קסעראָ́ז

xerox, *v. imp./pf.* (אָ́פּ)פֿאָטאָקאָפּי́רן; (אָ́פּ)קסעראָקסי́רן

xerox copy די פֿאָטאָקאָ́פּיע, ־ס; די קסעראָקאָ́פּיע, ־ס

xerox machine די קאָפּי́רקע; די קסע́ראָמאַשין, ־ען

xiphias דער שווע́רדפֿיש, –; די שפּאַ́גע, ־ס

xiphoid דאָס שווע́רדביינדל, ־עך

XL ע́קסטער גרויס

X-linked אי́קס־פֿאַרבו́נדן

X-mas דער ניטל

X-rated (בלויז) פֿאַר דערוואַ́קסענע; איקס...

X-rated movie דער אי́קספֿילם, ־ען

X-ray, *adj.* רע́נטגען־...

X-ray, *n.* דער רע́נטגען, ־ס

  (image) דאָס רע́נטגען־בילד, ־ער; דער רע́נטגען, ־ס

  (ray) דער רע́נטגען־שטראַל, ־ן; דער אי́קסשטראַל, ־ן

  chest X-ray דער רע́נטגען פֿו́נעם ברו́סטקאַסטן

  have an X-ray מאַכן זיך אַ רע́נטגען; לאָזן זיך מאַכן אַ רע́נטגען

X-ray, *v.* מאַכן אַ רע́נטגען; (אַ)דו́רכאיקסן; (אַ)דו́רכלײַכטן

X-ray machine דער רע́נטגען־אַפּאַראַ́ט, ־ן

X-ray technician דער רע́נטגען־טע́כניקער, ־ס

X-ray vision די רע́נטגען־ראיה [RÍE]

XS ע́קסטער קליין

xylene דער קסילאָ́ל

xylograph דער קסילאָגראַ́ף, ־ן; דער האָ́לצשניט, ־ן; די האָ́לצגראַווי́ר, ־ן

xylographer דער קסילאָגראַ́ף, ־ן; דער האָ́לצשניצער, ־ס

xylography די קסילאָגראַ́פֿיע

xylol דער קסילאָ́ל

xylophone דער קסילאָפֿאָ́ן, ־ען

xylose דער האָ́לצצוקער; דער קסילאָ́ז

xyster דער בײ́ן־אָפּשאָבער, ־ס; דער ראַספּאָטאָ́ריום, ־ס

Y

Y דער איגרעק, ־ן
yacht דער יאַכט, ־ן; די יאַכטשיף, ־ן
yacht basin דער יאַכטבאַסיין, ־ען
yacht club דער יאַכטקלוב, ־ן
yachting דער זעגלספּאָרט
yachtsman דער ספּאָרטזעגלער, ־ס
yak,[1] *n.* **(zool.)** דער יאַק, ־ן
yak,[2] *n.* **(chatter)** דאָס פּלאַפּלערײַ; דאָס פּלוידערײַ
yak, *v.* פּלאַפּלען; פּלוישן; פּלוידערן
yam דער יאַם, ־ען
yammer, *n.* דאָס קלאָגעניש; דאָס זיפּצעניש
yammer, *v.* האַלטן אין איין קלאָגן ‹זיפּצן›; קלאָגן זיך
yammerer די קלאָגמוטער, ־ס
yank, *n.* דער צי, ־ען; דער שלעפּ, ־ן
yank, *v.*
  imp. ציִען; שלעפּן
  pf. געבן אַ צי ‹שלעפּ/ריס›; אַ צי ‹שלעפּ/ריס› טאָן
Yankee דער יענקי, ־ס
yap, *n.*
  (mouth) דער פּיסק, ־עס
  (sound) דאָס האַווקען; דאָס סקאַווטשען
yap, *v.* אונטערהאַווקע|ן; סקאַווטשע|ן
yard[1]
  (depot) דער דעפּאָ, ־ען; דער סקלאַד, ־ן
  (area of land) דער הויף, ־ן
yard[2]
  (measurement) דער יאַרד, ־ן
  (naut.) די זעגללײַסט, ־ן
  by the yard (fabric) אויפֿן יאַרד
  by the yard (*fig.*) אָן אַ שיעור [ShÍER]
  the whole nine yards, *adv.* פֿולשטענדיק און אין גאַנצן
  the whole nine yards, *n.* הכּל־בכּל(־מכּל) [HAKL-BÁKL(-MÍKL)]
yardage די צאָל יאַרד
yard sale דער הויפֿפֿאַרקויף, ־ן
yardstick דער יאַרדמעסטער, ־ס
  (*fig.*) די קריטעריע, ־ס; די מאָס, ־ן; דער פּרוּווּשטיין, ־ער
yarmulke די יאַרמלקע, ־ס; דאָס קאַפּל, ־עך; דאָס קאַפּעלע, ־ך
  (*hum.*) די יאַמפּערקע, ־ס
yarn דער גאַרן
  (tale) די (באָבע־)מעשׂה, ־יות; דאָס מעשׂהלע, ־ך; די בײַקע, ־ס [MÁYSE] [MÁYSELE]
  spin a yarn דערציילן אַ באָבע־מעשׂה
yarrow די אַכילעע
yashmak דער יאַשמאַק
yatter פּלאַפּלען; באַלעבעטשע|ן; פּלוישן
yaw, *n.* דער קורסאָפּווײַך, ־ן
yaw, *v.* אָפּווײַכן פֿון קורס
yawn, *n.* דער גענעץ, ־ן
  give a big yawn אָפּגענעצן
yawn, *v.*
  imp. גענעצן
  pf. אָפּגענעצן; געבן ‹טאָן› אַ גענעץ
yawning, *adj.* גענעצנדיק
  (gaping) ברייט צעעפֿנט ‹אָפֿן›
yawning, *n.* דאָס גענעצן
yaws די פֿראַמבעזיע
yea דער יאָ, ־ען
  The yeas have it די מאַיאָריטעט האָט געשטימט אויף יאָ
yeah יאָ; יע
year דאָס יאָר, ־ן
  a year ago מיט אַ יאָר צוריק
  all one's years אַלע יאָרן
  all year אַ גאַנץ יאָר
  all year long אַ גאַנץ יאָר לאַנג; אַ גאַנץ קײַלעכ(ד)יק יאָר
  at year's end סוף יאָר [SOF]
  every year יעדעס ‹אַלע› יאָר
  for many years שוין לאַנגע יאָרן; שוין יאָרן לאַנג; שוין אַ סך יאָר [SAKh]
  for many years to come אויף לאַנגע יאָרן
  for years יאָרן לאַנג
  It's been many years שוין אַ שאָק מיט יאָרן
  over the years אין לויף ‹משך› פֿון די יאָרן [MÉShEKh]
  ten-year plan דער צעניאָריקער פּלאַן, פּלענער; דער צעניאָרפּלאַן, ...פּלענער
  this year הײַיאָר; דאָס הײַנטיקע יאָר; הײַנטיקס יאָר
  this year's הײַיאָריק
  year after year יאָר־אײַן יאָר־אויס; פֿון יאָר צו יאָר; יאָר נאָך יאָר; מיט יעדן יאָר
  year by year וואָס אַ יאָר
  year in, year out *see* **year after year**
yearbook דאָס יאָרבוך, ...ביכער
year-end סוף־יאָר־... [SOF]
  year-end clearance sale דער אויספֿאַרקויף סוף יאָר; דער סוף־יאָר־אויספֿאַרקויף, ־ן
yearling דאָס איינִיאָריקע, –
yearlong יאָריק
yearly, *adj.* יאָריק; יערלעך
yearly, *adv.* יעדעס ‹אַלע› יאָר
yearn (for) לעכצן (נאָך); אויסגיין (נאָך); גאַרן (נאָך); רײַסן זיך (צו); בענקען (נאָך); זײַן זשעדנע + אַק'
yearning, *adj.* פֿאַרבענקט; לעכצנדיק; זשעדנע
yearning, *n.* די בענקשאַפֿט; דאָס בענקעניש; די לעכצונג, ־ען; דאָס לעכצן; דאָס בענקען
...-year-old, *adj.* ...־יעריק‹־יאָריק›
...-year-old, *n.* ...־יעריקער‹־יאָריקער› געב'
year-round, *adj.* גאַנציאָריק
year-round, *adv.* אַ גאַנץ יאָר
year-to-date ביזן הײַנטיקן טאָג (אין שטײַעריאָר)
year-to-year פֿון יאָר צו יאָר
yeast הייוון ל"ר
  cake yeast דאָס הייוונשטיק
  powdered yeast דער הייוון־פּראָשיק
yeast infection די פֿונגוס־אינפֿעקציע, ־ס
yell, *n.* דאָס (אויס)געשריי, ־ען
yell, *v.* שרײַען
  yell at the top of one's voice שרײַען אויף קולי־קולות; רײַסן זיך דעם האַלדז [KÓYLE-KÓYLES]
  yell out אויסשרײַען; געבן אַ שריי אויס
yellow, *adj.* געל
  turn yellow פֿאַרגעלט ווערן
yellow, *n.* דער געל
yellow-bellied שרעקעוודיק
  be yellow-bellied זײַן אַ (בעל־)פּחדן; זײַן אַ שרעקעוודיקער געב' [(BAL)PAKhDN]
yellow-eyed grass דאָס געלעכל־גראָז
yellow fever דער געלער פֿיבער

yellowhammer די גאָלדאַמער, ־ס; די גאָלדציפּע, ־ס
yellowish געלבלעך
yellow journalism די געלע פּרעסע
yellowness די/דאָס געלקייט
Yellow Pages געלע זײַטן
Yellow River דער געלער טײַך
Yellow Sea דער געלער ים [YAM]
yellow-spotted lizard דאָס געלבײַכל, ־עך
yellow star-of-Bethlehem די גאַנדז־ציבעלע, ־ס
yellowwood
 (tree) געלהאָלץ־קלאַדראַסטיס
 (wood) דאָס געלהאָלץ
yellowwort דער געלניק
yelp, *n.* דער סקאַווּטשע, ־ס; דער קוויטש, ־ן
yelp, *v.* סקאַווּטשען|; געבן אַ סקאַווּטשע ‹קוויטש›
yelping, *n.* דאָס סקאַווּטשערײַ; דאָס קוויטשערײַ
Yemen (דאָס) תּימן [TÉYMEN]
Yemenite, *adj.* תּימנער אינװ' [TÉYMENER]
 Yemenite Jew דער תּימנער ייִד, תּימנער ייִדן
Yemenite, *n.*
 m./unsp. דער תּימנער, – [TÉYMENER]
 f. די תּימנערין, ־ס [TÉYMENERN]
yen[1] (econ.) דער יען, ־ען
yen[2] (craving) דאָס גלוסטעניש; דאָס ציִעניש, ־ן; דער שטאַרקער חשק [KhÉYShEK]
 get a yen for פֿאַרווּלען זיך פֿ״ק + דאַט'
 I had a sudden yen for ס'האָט זיך מיר פּלוצעם פֿאַרגלוסט ‹פֿאַרוואָלט›
yeoman
 (freeman) דער פֿרײַער ערדפּאַרמאָגער, ־ס
 (guard) דער לײַבוועכטער, ־ס
 Yeoman of the Guard דעם מלכּס לײַבוועכטער [MÉYLEKhS]
 do yeoman service געטרײַ דינען
yeomanly געטרײַ
yep יאָ; יע
yes יאָ; יע
yeshiva די ישיבֿה, ־ות [YEShÍVE]
yeshiva student דער ישיבֿה־בחור, ־ים [YEShÍVE-BÓKhER, -BÓKhERIM/BOKhÚRIM]
yes man דער צובאַמקער, ־ס; דער אָמן־זאָגער, ־ס; דער יאָ־זאָגער, ־ס; דער באַסאַק, ־עס [ÓMEYN]
 be a yes man *also* פּאַטאַקעווען|; צובאַמקען|
yester פֿאַרגאַנגען; געוועזן
yesterday נעכטן
 the day before yesterday איי(ער)נעכטן
 yesterday's נעכטיק
 yesterday morning נעכטן אין דער פֿרי
 yesterday's news אַלטע נײַעס
 yesterday's paper די נעכטיקע צײַטונג
yesteryear אין פֿאַרגאַנגענע ‹אַמאָליקע› יאָרן
 of yesteryear פֿון די פֿאַרגאַנגענע ‹אַמאָליקע› יאָרן
yet, *adv.*
 (someday) נאָך; נאָך אַ מאָל
 (still) נאָך (אַלץ)
 as yet ביזן הײַנטיקן טאָג; ביז איצט; ביז אַהער; עד־היום; עד־היום־הזה [AD(H)ÁYEM] [AD-HAYÓM-HAZÉ]
 not just yet דערווײַל נאָך נישט
 not yet נאָך (אַלץ) נישט
 She has yet to arrive זי דאַרף נאָך אָנקומען
 yet again נאָך אַ מאָל; אויף ‹פֿון› ס'נײַ
 yet another נאָך (אַ מאָל) אַ; נאָך איינער געב'
yet, *conj.* **(nevertheless)** פֿונדעסטוועגן; (דאָך) פֿאָרט; דאָך
 and yet (און) דאָך; פֿאָרט
yeti דער יעטי; דער שנײַמענטש
yew דער טאַקסוס
yichud דער ייִחוד [YÍKhED]
 yichud room דאָס ייִחוד־שטיבל, ־עך [YÍKhED]
Yid *(pej.)* דער זשיד, ־ן
Yiddish, *adj.* ייִדיש
 Yiddish studies ייִדיש־לימודים
Yiddish, *n.* דאָס ייִדיש; דאָס מאַמע־לשון [LOShN]
 Central Yiddish דאָס צענטראַל־ייִדיש; דאָס פּויליש ייִדיש
 Germanized Yiddish דאָס דײַטשמעריש; דאָס דיזן־דאַזן־לשון [LOShN]
 Northeastern Yiddish דאָס צפֿון־מיזרח־ייִדיש; דאָס ליטוויש ייִדיש [TSOFN-MÍZREKh]
 Southeastern Yiddish דאָס דרום־מיזרח־ייִדיש; דאָס אוקראַיִניש ‹וואָלינער› ייִדיש [DÓREM-MÍZREKh]
 Standard Yiddish דאָס כּלל־ייִדיש [KLAL]
 Transcarpathian Yiddish דאָס טראַנסקאַרפּאַטיש ייִדיש
Yiddishism דער ייִדישיזם, ־ען
Yiddishist, *adj.* ייִדישיסטיש
Yiddishist, *n.* דער ייִדישיסט, ־ן
yield, *n.*
 (bus.) דער רווח, ־ים [RÉVEKh, REVÓKhIM]
 (produce) דאָס גערעטעניש, ־ן; דאָס געטראָג
yield, *v.*
 (in traffic) לאָזן + אַק' (אַ)דורכפֿאָרן; אָפּטרעטן + דאַט' דעם וועג
 (produce) אַרויסגעבן; טראָגן
 (submit) אָפּטרעטן + דאַט'; נאָכגעבן + דאַט'
 yield to temptation נאָכגעבן דעם יצר־הרע; ניכשל ווערן [YÉYTSER-HÓRE] [NIKhShL]
 yield up (surrender) אָפּגעבן; אויפֿגעבן
 yield up (disclose) אויפֿדעקן
yielding, *adj.*
 (productive) גיביק
 (relenting) נאָכגיביק
 The ground is yielding די ערד גייט נאָך
Yippee! הוראַ!
YIVO Institute for Jewish Research דער ייִדישער וויסנשאַפֿטלעכער אינסטיטוט – ייִוואָ
Yizkor דער יזכּור [YÍSKER]
 recite Yizkor זאָגן יזכּור
YMCA דער קריסטן־פֿאַראיין פֿאַר יונגע־לײַט
YMHA דער ייִדן־פֿאַראיין פֿאַר יונגע־לײַט
yodel, *n.* דער יאָדלרוף, ־ן
yodel, *v.* יאָדלען
yodeler דער יאָדלער, ־ס
yoga די יאָגע
yogi דער יאָגי, ־ס
yogurt דער יאָגורט, ־ן
yoke, *n.* דער יאָך, ־ן; די יאַרמע, ־ס
 (fig.) דער יאָך; דער/דאָס עול; די משׂא [OL] [MÁSE]
 (for carrying buckets) דער קאָראָמיסל, ־ען
 throw off the yoke אַראָפּוואַרפֿן (פֿון זיך) דעם יאָך ‹עול›
 under the yoke of אונטערן יאָך ‹עול› פֿון
yoke, *v.* אײַנשפּאַנען (אין יאָך)
yokel דער פּויער, ־ים; דער זשלאָב, ־עס; דער בור, ־ים
yolk דאָס געל(ע)כל, ־עך
yolk sac דאָס געל(ע)כל־זעקל, ־עך

Yom Kippur, *adj.* יום־כּיפּורדיק [YONKÍPERDIK/YOMKÍPERDIK]
Yom Kippur, *n.* [YONKÍPER/YOMKÍPER] דער יום־כּיפּור
yon יענער געב׳
yonder אָט (אָ) דאָרט; אָן אָ ‹אַ› דאָרטן
Yoo-hoo! היי!; הוהו!
yore
  in days of yore אין אַמאָליקע ‹פֿאַרגאַנגענע› טעג ‹צײַטן›
you
  form./pl./accus./dat. אײַך
  form./pl./nom. איר
  inf./sing./accus. דיך
  inf./sing./dat. דיר
  inf./sing./nom. דו
young, *adj.* יונג
  (*aff.*) יונגיטשק אַטר׳; יונגטשיק אַטר׳; יונגינק אַטר׳
  young and old יונג און אַלט; פֿון קליין ביז גרויס; סײַ יונגע סײַ עלטערע
  be young at heart האָבן אַ יונגע נשמה [NEShÓME]
  very young בלוט ‹גאָר› יונג
  young love די יונגע ליבע
  young man דער יונגער־מאַן, יונגע־לײַט; דער בחור, ־ים [BÓKhER, BÓKhERIM/BOKhÚRIM]
  young woman די יונגע פֿרוי, ־ען; די מויד, ־ן/מיידן; דאָס/די מיידל, ־עך
  young people דאָס יונגוואַרג קאָל׳; יונגע־לײַט
young, *n.*
  (cattle) דאָס יונגפֿיך
  (wild animals) חיהלעך קאָל׳; דאָס יונג־ווילדוואַרג קאָל׳ [KhÁYELEKh]
  (people) דאָס יונגוואַרג קאָל׳; יונגע־לײַט; די יוגנט ל״י
  (children) דאָס קליינוואַרג קאָל׳
young blood פֿריש בלוט
younger ייִנגער
  You're not getting any younger מע ווערט נישט ייִנגער
youngest ייִנגסט
  youngest daughter די מיזיִנקע, ־ס
  youngest son דער מיזיִניק, ־עס
youngish יוגנטלעך
  be youngish אויסזען יונג; האַלטן זיך יונג
youngster
  m. דאָס בחורל, בחורימלעך; דאָס ייִנגעלע, ־ך; דער פּופּטשיק, ־עס; דער צוציק, ־עס [BÓKhERL, BÓKhERIMLEKh/ BOKhÚRIMLEKh]
  f. דאָס מיידל, ־עך; דאָס מיידעלע, ־ך
  youngsters *also* דאָס קליינוואַרג קאָל׳; דאָס יונגוואַרג קאָל׳; קינדער
your
  form./pl. אײַער
  inf./sing. דײַן
yours דײַנ...
  a friend of yours דײַנער ‹דײַנס› אַ חבֿר [KhÁVER]
  yours truly (about oneself) אַני־הקטן; מײַן ווייניקייט [ANI-HAKÓTN]
  Yours truly (in letter) דײַן; אײַער
yourself זיך (אַליין)
  be yourself זײַן געטרײַ זיך אַליין
  by yourself איינער געב׳ אַליין
  Did she hurt herself? האָט זי זיך צעקלאַפּט?
  to yourself (צו) זיך אַליין
  Keep it to yourself זאָלסט ‹איר זאָלט› קיינעם נישט אויסזאָגן; מאַכ(ט) אַ שווײַג
  you yourself דו ‹איר› אַליין ‹גופֿא› [GÚFE]
yourselves זיך (אַליין)
  you yourselves איר אַליין ‹גופֿא› [GÚFE]
youth, *n.*
  (people) דאָס יונגוואַרג; די יוגנט
  (person) דער יונגער געב׳
  (years) די יוגנט; די יונגע ‹ייִנגלשע/מיידלשע› יאָרן
  in one's youth יונגערהייט; אין די יונגע יאָרן
youth bed דאָס/די קינדערבעט, ־ן
youth club דער יוגנטקלוב, ־ן
youthful יוגנטלעך; בלוט און מיל(ע)ך
youthfully יוגנטלעך
youthfulness די/דאָס יוגנטלעכקייט
youth hostel די יוגנט־אַכסניא, ־ות [AKhSÁNYE]
youth movement די יוגנט־באַוועגונג, ־ען
yowl, *n.* דער רעווע, ־ס
yowl, *v.* רעווע\|ן; וויע\|ן
yo-yo דער יאָ־יאָ, ־ס
  (fool) דער טיפּש, ־ים; דער יאָלד, ־ן; דער שוטה, ־ים [TÍPESh, TÍPShIM] [ShÓYTE, ShÓYTIM]
  like a yo-yo אַראָפּ און אַרויף
yo-yo effect דער אַראָפּ־אַרויף־עפֿעקט
ytterbium דער איטערביום
yttrium דער איטריום
yuan דער יואַן, ־ען
yuca דער מאַניאָק
yucca די יוקע, ־ס
Yuck! פֿע!; (אַ) חלשות! [KhALÓShES]
yucky חלשותדיק; מיגלדיק [KhALÓShESDIK]
Yugoslav, *adj.* יוגאָסלאַוויש
  Yugoslav Jew דער יוגאָסלאַווישער געב׳; דער יוגאָסלאַווישער ייִד, ־ן
Yugoslav, *n.*
  m./unsp. דער יוגאָסלאַוו, ־ן
  f. די יוגאָסלאַווין, ־ס
Yugoslavia (די) יוגאָסלאַוויע
Yule דער ניטל
Yule log די ניטל־יאָלקע, ־ס
Yuletide די ניטלצײַט; דער ניטל־סעזאָן
Yummy! געשמאַק!; טעם־גן־עדן!; טויזנט טעמען! [TAM-GANÉYDN] [TÁMEN]
yuppie דער יאָפּי, ־ס
YWCA *see* **YMCA**
YWHA *see* **YMHA**

Z

Z דער זעט, ־ן
zaatara דער זאַטאַר
Zagreb (דאָס) זאַגרעב
Zaire (דאָס) זאַיִר
Zakarpattya די קאַרפּאַטן ל״ר; דאָס קאַרפּאַטן־לאַנד
Zambia (די) זאַמביע
Zambian, *adj.* זאַמביש
Zambian, *n.*
m./unsp. דער זאַמביער, –
f. די זאַמביערין, ־ס
zander דער סודעק, ־עס; דער סענדאַק, ־עס
zany אַבסורדיש ‹משוגע› קאָמיש; פּאַיאַציש [MEShÚGE]
be zany לצעווע|ן; פּאַיאַצעווע|ן [LÉTSEVEN]
Zap!, *int.* טראַד!; באַץ!; זבענג!
zap, *v.*
(delete) אָפּמעקן; אויסמעקן
(kill) געבן אַ הרגע ‹לייג› אַוועק [HÁRGE]
(microwave) מיקראָכוואַליעווע|ן
zappy פֿול מיט ברען; לעבעדיק; דינאַמיש
zeal דער ברען; די התמדה; דער פֿלײַס; דאָס התלהבֿות; דאָס קנאָות; דער אײַפֿער [HASMÓDE] [HISLÁYVES] [KANÓES]
zealot דער פֿאַנאַטיקער, ־ס; דער פֿאַרברענטער געב'; דער קנאָי, ־ם; דער זעלאָט, ־ן [KANÓI]
Zealots (J./hist.) קנאָים; זעלאָטן [KANÓYEM]
zealotry דער פֿאַנאַטיזם; דאָס קנאָות [KANÓES]
zealous פֿאַרברענט; התמדהדיק; פֿלײַסיק; קנאָיִש; אײַפֿערדיק [HASMÓDEDIK] [KANÓISh]
zebra די זעברע, ־ס
zebra crossing זעברע־פּאַסן ל״ר; דער געפּאַסיקטער אַריבערגאַנג, ־ען
zebrawood דאָס זעברעהאָלץ
zebu דער זעבו, ־ס; דער אינדישער אָקס, ־ן
Zechariah (bib.) זכריה [SKhÁRYE]
Zeitgeist דער צײַטגײַסט
Zen דער זען
zenana דאָס פֿרויען־געמאַך, ־ן
Zen Buddhism דער זען־בודיזם
zenith דער זעניט, ־ן; דער שפּיץ, ־ן
Zephaniah (bib.) צפֿניה [TSFÁNYE]
zephyr דער זעפֿיר, ־ן
zeppelin דער צעפּעלין, ־ען
zero, *adj.* נול...; נוליק
have zero visibility בכלל נישט קענען זען [BIKhLÁL]
zero degrees נול גראַד
zero, *n.* דער זעראָ, ־ס; דער נול, ־ן; דער גאָרנישט, ־ן
below zero אונטער נול
zero, *v.*
zero in on אָנצילעווע|ן אויף; דערפֿינטלען זיך צו
zero gravity די/דאָס אָנוואָגיקייט
zero hour די מכריעדיקע שעה [MAKhRÍEDIKE]
zero option די נול־ברירה [BRÉYRE]
zero plural דער נולפּלוראַל
zero sum דער נול־סך־הכל [SAKhÁKL]
zero-sum game די/דאָס שפּיל מיט (אַ) נול־סך־הכל [SAKhÁKL]
zero temperature די נוליקע טעמפּעראַטור
zero tolerance די נול־טאָלעראַנץ
zero-zip-zilch גאָר־גאָר־גאָרנישט
zest דער ברען; דער גוסט; דאָס התלהבֿות; דער חשק; דער אימפּעט, ־ן; דער ענטוזיאַזם [HISLÁYVES] [KhÉYShEK]
(citrus) דאָס/די שאָלעכץ, ־ן/־ער
lemon zest דאָס/די לימענע־שאָלעכץ
orange zest דאָס/די מאַראַנצן־שאָלעכץ
zest for life די לעבנספֿרייד; דער לעבנס־נחת [NÁKhES]
zesty
(full of life) ענערגיש; פֿול מיט ברען ‹ענערגיע›; לעבנספֿריידיק
(piquant) פּיקאַנט; שאַרף
ZIFT דער זיגאָטן־אַריבערפֿיר
zigzag, *adj.* זיגזאַגיש; זיגזאַגעדיק; הינהעריק
zigzag, *n.* דער זיגזאַג, ־ן; דאָס הינהערל, ־עך
zigzag, *v.* זיגזאַגעווע|ן; זיגזאַגירן
zilch *see* **zero**
zillion
a zillion מילי־מיליאַסן; כמה־וכמה [KÁME-VEKÁME]
Zimbabwe (די) זימבאַבווע
Zimbabwean, *adj.* זימבאַבוויש
Zimbabwean, *n.*
m./unsp. דער זימבאַבווער, –
f. די זימבאַבווערין, ־ס
zinc, *adj.* צינקעווע; צינק...
zinc, *n.* דאָס צינק
zinc, *v.* צינקע(ווע)|ן
zincograph דער צינקדרוק, ־ן
zincography די צינקאָגראַפֿיע
zinc ointment די צינקזאַלב, ־ן
zinc oxide דער צינקאָקסיד
zincplating דאָס צינקע(ווע)ן
zinc white דאָס צינקזײַערס
zing, *n.*
(sound) דאָס פֿײַפֿן
(vitality) דער ברען
zing, *v.* אַרײַנצימבלען
zinger דאָס שפּיציקע וואָרט, ווערטער; דאָס געדענקוואָרט, ...ווערטער
It was a real zinger ס'האָט געטראָפֿן ווי אַ באָמבע
zinnia די זיניע, ־ס
Zion (דאָס) ציון [TSÍEN]
Zionism דער ציוניזם [TSIENÍZM]
Zionist, *adj.* ציוניסטיש [TSIENÍSTISh]
Zionist, *n.*
m./unsp. דער ציוניסט, ־ן [TSIENÍST]
f. די ציוניסטקע, ־ס [TSIENÍSTKE]
Zionist Organization of America די ציוניסטישע אָרגאַניזאַציע פֿון אַמעריקע [TSIENÍSTIShE]
zip, *n.*
(energy) די/דאָס לעבעדיקייט; די/דאָס זשוואַוו(ע)קייט; דער ברען
(nothing) באָבקעס ל״ר; גאָרנישט מיט נישט
zip, *v.*
(a file) פֿאַרזיפּן
zip along גיין ‹פֿאָרן› פֿאָרויס מיט פֿולן גאַנג
zip by פֿאַרבײַפֿאָרן ‹פֿאַרבײַלויפֿן› הענדעם־פּענדעם; פֿאַרבײַאײַלן זיך; פֿאַרבײַיאָגן זיך
zip down אויפֿשלעסלען; אויפֿריטשן; אויפֿמאַכן דאָס (בליץ)שלעסל
zip one's lips האַלטן דאָס מויל; האַלטן דעם פּיסק

zip through (אַ)דוׂרכיאָגן זיך (דורך); (אַ)דוׂרכאײַלן זיך (דורך)
zip up פֿאַרשלעׂסלען; צוׂריטשן
zip code דער פּאָסטקאָד, ־ן; דער זיׂפּקאָד, ־ן
zipgun דער הײׂמישער פּיסטויׂל, ־ן
zip-out lining דער אוׂנטערשלאַק וואָס לאָזט זיך אָפּטשעפּען
zipped-up פֿאַרשלעׂסלט; צוׂגעריטשט
zipper, *n.* דאָס (בליׂצ)שלעסל, ־עך; דער ריׂטשער, ־ס; דער זיׂפּער, ־ס
zippered מיט אַ בליׂצשלעסל; ריׂטש...
zippered pocket די ריׂטש־קעׂשענע, ־ס
zippy לעׂבעדיק; זשוואַׂוו(ע)
zircon דער צירקאָׂן
zirconium דער צירקאָׂניום
zit דער פּריׂשטשיק, ־עס; דאָס פּריׂשטשיקל, ־עך
zither די ציׂטרע, ־ס
ziti זיׂטי ל"ר
zizz, *n.* דער דרימל ‹דרעמל›, ־ען
zizz, *v.* כאַפּן אַ דרימל ‹דרעמל›
zodiac דער זאָדיאַׂק
sign of the zodiac דאָס מזל, ־ות; דער זאָדיאַׂק־צייכן, ־ס [MAZL, MAZÓLES]
Zohar דער זוהר [ZÓYER]
zombie דער זאָׂמבי, ־ס; דער גולם, ־ים/־ס [GÓYLEM, GOYLÓMIM]
zonal זאָׂנע...
zone, *n.* די זאָׂנע, ־ס
zone, *v.* אײַׂנזאָניׂרן; אײַׂנראַיאָניׂרן
zoning, *adj.* זאָניׂר...
zoning, *n.* דאָס אײַׂנזאָנירן
zoning board די זאָניׂר־קאָמיׂסיע, ־ס
zonk, *v.* **(out)** אַוועׂקפֿאַלן אַ געהרגעטער געב'; פֿאַלן פֿון די פֿיס [GEHÁRGETER]
zonked געהרגעט; טויט מיד; אוׂיסגעשעפּט [GEHÁRGET]
zoo דער זאָׂאָ־גאָרטן, ־גערטנער; דער זאָׂאָפּאַרק, ־ן
zookeeper דער זאָׂאָ־גערטנער, ־ס
zoolatry די בעל־חי־פֿאַרגעׂטערונג; די זאָאָלאַׂטריע [BALKhÁY]
zoological זאָאָלאָׂגיש
zoological garden *see* **zoo**
zoologist דער זאָאָלאָׂג, ־ן
zoology די זאָאָלאָׂגיע
zoom, *n.*
(sound) דאָס ברוׂמען
(ascent) דער גיׂכער אוׂיפֿשטײַג
(phot.) דער זוׂם־אָביעקטיׂוו, ־ן
(increase) די (שטאַׂרקע) פֿאַרגרעׂסערונג
zoom, *v.*
zoom in (examine closely) אָׂנקוקן פֿון גאָר נאָׂענט; גאָר נאָׂענט אָׂנקוקן
zoom in (phot.) אײַׂנזומירן
zoom out (examine from afar) אָׂנקוקן פֿון דער ווײַטנס
zoom out (phot.) אוׂיסזומירן
zoom past (אַ)דוׂרכבליצן; פֿאַרבײַׂבליצן; פֿאַרבײַׂפֿליִען
zoom lens דער זוׂם־אָביעקטיׂוו, ־ן
zoomorphic זאָאָמאָרפֿיש
zoomorphism דער זאָאָמאָרפֿיׂזם
zoophilia די זאָאָפֿיׂליע
zoosperm דער ספּערמאַטאָ(זאָ)יׂד, ־ן; דאָס זרע־פֿעׂדעמל, ־עך [ZÉRE]
Zoroastrian, *adj.* זאָראָאַׂסטריש
Zoroastrian, *n.* דער זאָראָאַׂסטריער, –
Zoroastrianism דער זאָראָאַסטריאַניׂזם
zrazy די זראַׂזע, ־ס
zucchetto די (קאַטויׂלישע) יאַׂרמלקע, ־ס
zucchini דער זוקיׂני, ־ס
Zulu, *adj.* זולוׂסן־...; זולוׂסיש
Zulu, *n.*
m./unsp. דער זולוׂס, ־ן
f. די זולוׂסקע, ־ס
(language) דאָס זולוׂסיש; די זוׂלושפּראַך
Zulu time די קאָאָרדיניׂרטע וועׂלטצײַט
Zurich (דאָס) ציׂריך
zwieback דאָס סעׂכערל, ־עך; דער סוׂכער, ־עס; דער צוויׂבאַק
zygomatic arch דער יאָׂכבויגן, ־ס
zygomatic bone דער באַׂקביין, ־ער; דער יאָׂכביין, ־ער
zygote דאָס באַפֿרוׂכפּערטע אײׂעלע, ־ך; די זיגאָׂטע, ־ס